Gondring
Immobilienwirtschaft

Immobilienwirtschaft

Handbuch für Studium und Praxis

Prof. Dr. Hanspeter Gondring FRICS

3., vollständig überarbeitete Auflage

Verlag Franz Vahlen München

Prof. Dr. Hanspeter Gondring FRICS ist Studiendekan des Studienzentrums Finanzwirtschaft sowie Studiengangsleiter Immobilienwirtschaft und Versicherung an der Dualen Hochschule Baden-Württemberg (DHBW) in Stuttgart. Daneben fungiert er als wissenschaftlicher Leiter der Akademie der Immobilienwirtschaft (ADI) und ist Mitherausgeber und Wissenschaftlicher Leiter der Zeitschrift für immobilienwirtschaftliche Forschung und Praxis (ZfiFP).

ISBN 978 3 8006 4572 5

© 2013 Verlag Franz Vahlen GmbH
Wilhelmstr. 9, 80801 München
Satz: Fotosatz Buck, Zweikirchener Str. 7, 84036 Kumhausen
Druck und Bindung: CPI – Clausen & Bosse GmbH
Birkstr. 10, 25917 Leck
Umschlaggestaltung: simmel artwork
Bildnachweis: MEV, S.N.A.P Fotodesign
Gedruckt auf säurefreiem, alterungsbeständigem Papier
(hergestellt aus chlorfrei gebleichtem Zellstoff)

Vorwort zur 3. Auflage

Die rasch fortschreitenden Veränderungen der Immobilienwirtschaft, sowohl in der Theorie als auch in der Praxis, erfordern es, in regelmäßigen zeitlichen Abständen Grundlagenwerke wie dieses durchgehend zu aktualisieren und zu überarbeiten. Diese 3. Auflage wurde in Teilen neu überarbeitet und aktualisiert. Insbesondere wurden sämtliche Rechtsgebiete aktualisiert und um die aktuelle Rechtsprechung ergänzt. Ein Schwerpunkt ist die Novellierung des Baugesetzbuches und die neue Immobilienwertverordnung von 2010 (ImmoWertV10). Ebenso wurde in die 3. Auflage die Immobilienbewertung als Grundlage zur Ermittlung des Steuerwerts im Rahmen des novellierten Erbschaftsteuer- und Schenkungsgesetzes von 2009 mit aufgenommen. Die Bereiche Projektentwicklung, Markt- und Standortanalyse, Immobilienfinanzierung und die theoretischen Grundlagen wurden neu konzipiert und an die Novitäten der Praxis angepasst. Grundlage hierfür sind die wissenschaftlichen Arbeiten von Anja Geiger, Sabine Liebmann und Florian Werner. Aber auch die wenigen Anregungen von Lesern habe ich aufgegriffen und bei der Überarbeitung entsprechend berücksichtigt. Ein besonderer Dank geht an meine Absolventin, Frau Ekaterina Sleptschuk (B.A.), die in mühevoller Kleinarbeit das Manuskript Korrektur gelesen und die vielen Änderungen eingearbeitet hat. Ebenso danke ich dem Lektor des Verlages, Herrn Dipl.-Vw. Hermann Schenk, für die konstruktive Zusammenarbeit der letzten Jahre.

Einer Vielzahl von hochkarätigen Fachleuten, die einzelne Stellen und Kapitel kritisch durchgesehen und optimiert haben, bin ich zu großem Dank verpflichtet:

Den Rechtsanwälten von Menold Bezler Rechtsanwälte, Stuttgart, namens Steffen Bolai, Ulrich Eix, Sven Kaptur, Dr. Karsten Kayser, Dr. Steffen Kircher LL.M., Dr. Axel Klumpp, Alexander Knodel (Fachanwalt für Bau- und Architektenrecht), Dr. Frank Meininger, Dr. Steffen Meßmer, Verena Rösner, Dr. Jochen Stockburger und den Württ. Notariatsassessoren Andreas Kuhn und Christina Wohlwender. Ganz besonders aber habe ich Frau Württ. Notariatsassessorin Christiane Stoye-Benk für ihre Beiträge, aber auch für ihr unermüdliches Engagement und ihre Freundschaft zu danken.

Ebenso danke ich Frau RAin Karin Kirchberg für die Überarbeitung des Maklerrechts und des Gewerberaummietvertragsrechts. Auch sie gehört seit über 15 Jahren zu meinen treuen Wegbegleitern und Freunden.

Ganz besonders herzlich möchte ich Frau Athena Widmann B.A. danken, die fast über ein Jahr lang die Neuerungen verifiziert, sämtliche Fußnoten und Quellen aktualisiert und überarbeitet hat und mit großem Engagement und Kompetenz an der Vollendung der 3. Auflage mitgewirkt hat.

Stuttgart, im November 2012   Prof. Dr. Hanspeter Gondring FRICS

Vorwort zur 2. Auflage

Der Wandel in der Immobilienwirtschaft erfolgt mit sehr hohem Tempo. Große Teile der 1. Auflage mussten grundlegend überarbeitet werden. Rechtsänderungen wie das WEG-Recht, neue Managementansätze oder Finanzprodukte kamen hinzu, sodass mit der 2. Auflage nun ein aktuelles und fundiertes Studien- und Handbuch der Immobilienwirtschaft vorliegt.

Frau Diplom-Betriebswirtin (BA) Sabine Isenbeck und Frau Dipl. Verwaltungswissenschaftlerin Gaby Haas haben wesentlich zum Gelingen der 2. Auflage beigetragen. Ihnen ist für ihr Engagement und die fachlichen Beiträge besonders zu danken.

Stuttgart, im Dezember 2008   Prof. Dr. Hanspeter Gondring FRICS

Vorwort zur 1. Auflage

Das vorliegende Buch ist eine kompakte Einführung, eine Vertiefung sowie ein Nachschlagewerk für die immobilienwirtschaftlichen Themenfelder. Es soll für Interessenten, Studierende sowie Fachleute in knapper, systematisch aufbereiteter und leicht verständlicher Form einen umfassenden Einblick in das Fachgebiet der Immobilienwirtschaft geben.

Der Herausgeber hat dieses Lehrbuch gemeinsam mit seinen Studierenden im höheren Semester der Studienrichtung Immobilienwirtschaft an der Berufsakademie Stuttgart – University of Cooperative Education –, einer speziellen staatlichen Hochschuleinrichtung des Landes Baden-Württemberg, und den Fach-Dozenten aus der Immobilienwirtschaft verfasst, das sowohl didaktisch als auch fachlich auf die vielfältigen Bedürfnisse der Leserschaft zugeschnitten ist.

Konzeptionell orientiert sich dieses Lehrbuch an dem Ablauf des Lebenszyklus der Immobilie. Somit werden die Themengebiete aus unterschiedlichen Sichtweisen behandelt:

- die Immobilie als Wirtschaftsgut jeweils aus der Sicht der Nutzer, Eigentümer, Kreditgeber, Anleger,
- verschiedene Eigenschaften der Immobilienarten und -typen ertragswirtschaftlicher und risikotechnischer Sicht als Grundlage,
- das Immobilienmanagement sowie
- die interdisziplinäre Betrachtung der Immobilie, d. h. betriebswirtschaftlich, volkswirtschaftlich, rechtlich und bautechnisch relevante Aspekte der Immobilie.

Berücksichtigt wurden sowohl die traditionelle, als auch die in den Märkten aufkommenden und für die Zukunft richtungsweisenden Themengebiete. Diese ganzheitliche Betrachtungsweise führt zu einer Vernetzung der immobilienbezogenen Teilbereiche und damit zu einer umfassenden Zusammensetzung der Fachinhalte.

Dieses Lehrbuch ist nicht nur eine fachliche und didaktische Herausforderung, sondern bedingte auch eine führende und ordnende Koordination, für die sich insbesondere Frau Isabell-Esther Pflug, Herr Thomas Kübler, Herr Andreas Seybold, Herr Gerrit Linneweber sowie Frau Britta Knebl und Herr Nicolas Hoeltgen verantwortlich zeichnen.

Wir hoffen, unseren Lesern ein wertvolles und lehrreiches Buch an die Hand zu geben und freuen uns über Anregungen und Kritik, aber auch über Lob.

Stuttgart, im Januar 2004   Prof. Dr. Hanspeter Gondring FRICS

Inhaltsübersicht

Vorwort V
Inhaltsverzeichnis XI
Abkürzungsverzeichnis XXXIX
Abbildungsverzeichnis XLV

I. Allgemeiner Teil 1

1. Die historische Entwicklung der Immobilienwirtschaft –
   Ein interdisziplinärer Ansatz 1
2. Die Immobilie und ihr Markt 14
3. Der Immobilienmarkt 22
4. Strukturen und Teilmärkte des Immobilienmarktes 28
5. Die Beteiligten am Immobilienmarkt 32
6. Makroökonomische Eingliederung 36

II. Rechtlicher Teil 45

1. Das Grundstück 45
2. Das Grundbuch 54
3. Das Liegenschaftskataster 70
4. Das Erbbaurecht nach dem Erbbaurechtsgesetz 71
5. Dingliche Nutzungsrechte 88
6. Erwerbsrechte an Grundstücken, Vormerkung 97
7. Sicherungs- und Verwertungsrechte 103
8. Baulast 115
9. Vergabe- und Vertragsordnung für Bauleistungen (VOB) 119
10. Honorarordnung für Architekten und Ingenieure (HOAI) 145
11. Altlasten 163
12. Denkmalschutz 195
13. Grundstückskaufvertragsrecht 209
14. Zusammenschlusskontrolle bei Immobilientransaktionen 231

III. Planen, Bauen, Betreiben 243

1. Standort- und Marktanalyse 243
2. Projektentwicklung 269
3. Projektsteuerung 311
4. Bau-Projektmanagement 332
5. Bautechnik 355

IV. Vermarktung, Verwaltung und Bewirtschaftung 385

1. Grundlagen des Immobilien-Marketings 385
2. Instrumente des Immobilien-Marketings 393
3. Immobilien-Marketing im Internet 407

4	Marketing-Controlling	408
5	Maklerrecht	410
6	Verwaltung von Immobilien	445
7	Entwicklung und Grundlagen des Facility Managements	493
8	Instrumente und Funktionsweisen des Immobilien- und Facility Managements	519
9	Facility Management im Lebenszyklus einer Immobilie	550
10	In- und Outsourcingkonzeption im Facility Management	558
11	Wertorientiertes Facility Management	562
12	Die Immobilie im Fokus des Controllings	566
13	Operatives Immobiliencontrolling	569
14	Strategisches Immobiliencontrolling	593
15	Immobiliencontrolling als anhaltender Innovationsprozess	606
16	Wohn- und Geschäftsraummiete	607

V. Die Immobilie als Asset im Portfolio – Immobilieninvestitionsrisiken erkennen, bewerten und einpreisen ... 639

1	Einleitung	639
2	Immobilieninvestments als Asset-Klasse	640
3	Renditeberechnung mittels der Investitionsrechnung	641
4	Risikoanalyse bei Immobilieninvestitionen	663
5	Risikoberechnung mittels der Wahrscheinlichkeitsrechnung	673
6	Portfoliomanagement	683
7	Die Performancemessung durch Risikokennziffern	713
8	Zusammenfassung und Fazit	714

VI. Klassische Finanzierung ... 717

1	Kreditarten bei Immobilien	717
2	Das Bausparen	736
3	Grundlagen der Bauträgerfinanzierung	743
4	Die rechtlichen Rahmenbedingungen	749
5	Durchführung der Bauträgerfinanzierung	755
6	Implementierung eines Bauträger-Controllings	766
7	Immobilienfonds	769

VII. Strukturierte Instrumente und Real Estate Investment Banking ... 795

1	Grundlagen und Historie des Investment Banking	795
2	Instrumente des Real Estate Investment Banking	807
3	Produkte des Real Estate Investment Banking	831
4	Strukturierte Risikoinstrumente in der Immobilienwirtschaft	868
5	Real Estate Asset Management	887

VIII. Bilanzierung/Basel II/Basel III ... 891

1	Bilanzierung von Immobilien nach HGB und IAS	891
2	BASEL II – Die Eigenkapitalvereinbarung	918
3	BASEL III – Die neue Eigenkapitalvereinbarung	923

IX. Immobilienbewertung 929
  1 Grundlagen der Bewertung 929
  2 Die Immobilienbewertung in Deutschland............................. 934
  3 Verfahren der Wertermittlung.. 953
  4 Hedonische Immobilienbewertung..................................... 998
  5 Internationale Immobilienbewertung 1003
  6 Nicht normierte Wertermittlungsverfahren 1015

X. Immobilienmarkt und Ausbildung 1037
  1 Die Notwendigkeit immobilienspezifischer Aus- und Weiterbildung 1037
  2 Ausbildungsangebote 1038
  3 Studium und Ausbildung an der Dualen Hochschule Baden-Württemberg,
     Fachhochschule und Universität..................................... 1039
  4 Weiterbildungen in der Immobilienwirtschaft 1042

Literaturverzeichnis 1043
Weiterführende Literatur 1055

Stichwortverzeichnis 1063

Inhaltsverzeichnis

Vorwort		V
Inhaltsübersicht		VII
Abkürzungsverzeichnis		XXXIX
Abbildungsverzeichnis		XLV

I. Allgemeiner Teil 1

1 Die historische Entwicklung der Immobilienwirtschaft – Ein interdisziplinärer Ansatz 1

1.1	Die Bedeutung der Immobilie für die deutsche Volkswirtschaft	1
1.2	Die Immobilie als Erfahrungs- und Erkenntnisobjekt in der Betriebswirtschaftslehre	2
1.3	Die Nichtbeachtung der immobilienwirtschaftlichen Themen in der Betriebswirtschaftslehre	3
1.4	Die Wurzeln der Immobilienwirtschaft aus historischer Sicht	4
1.4.1	Die geschichtliche Ausgangssituation	5
1.4.2	Entwicklungslinien der Wohnungswirtschaft – Die Entstehung der verschiedenen Unternehmenstypen	6
1.4.3	Ordnungspolitische Rahmenbedingungen – Aus dem Wirtschaftsgut Wohnung wird ein Sozialgut	9
1.5	Die Immobilienbetriebslehre als interdisziplinäre Wissenschaft	10
1.5.1	Großbritannien und USA	10
1.5.2	Deutschland	11
1.5.3	Immobilienbetriebslehre als wissenschaftliche Disziplin	12
2	**Die Immobilie und ihr Markt**	**13**
2.1	Begriffliche, rechtliche und wirtschaftliche Definition	13
2.2	Immobilienarten und -typen	14
2.3	Besonderheiten der Immobilie als Wirtschaftsgut	16
2.3.1	Eigenschaften von Immobilien	16
2.3.2	Die Immobilie als Anlage	18
2.4	Die Immobilie als Produktionsfaktor	20
3	**Der Immobilienmarkt**	**21**
3.1	Definition	21
3.2	Angebot und Nachfrage auf dem Immobilienmarkt	23
3.3	Marktpreisbildung	25
3.4	Staatliche Einflussnahme auf das Marktgeschehen	26

4	**Strukturen und Teilmärkte des Immobilienmarktes**	28
4.1	Entwicklungszustand und -möglichkeiten der Immobilie	28
4.2	Nutzungsmöglichkeiten von Immobilien	30
4.3	Vertragliche Strukturen	30
4.4	Räumliche Strukturen	31
5	**Die Beteiligten am Immobilienmarkt**	32
5.1	Beteiligte bei Planung, Entstehung und Vermarktung	32
5.2	Beteiligte in der Nutzungsphase	35
5.3	Beteiligte im Redevelopment	35
5.4	Beteiligte im steuerlichen Kontext	36
6	**Makroökonomische Eingliederung**	36
6.1	Die Zyklen der Immobilie	36
6.1.1	Der Lebenszyklus	36
6.1.2	Der Immobilienzyklus	38
6.2	Auswirkungen auf die Angebotsseite der Volkswirtschaft	39
6.3	Auswirkungen auf die Nachfrageseite der Volkswirtschaft	42
6.4	Bedeutung der Immobilienwirtschaft für die Volkswirtschaft	43

II. Rechtlicher Teil 45

1	**Das Grundstück**	45
1.1	Begriffsdefinition	45
1.2	Veränderungen des Grundstücks	47
1.3	Bestandteile des Grundstücks	48
1.3.1	Überblick	48
1.3.2	Wesentliche Bestandteile	49
1.3.3	Rechte als Grundstücksbestandteile	50
1.3.4	Scheinbestandteile	50
1.3.5	Zubehör und Inventar	51
1.4	Das dingliche Recht	51
1.4.1	Einordnung	51
1.4.2	Begriffsbedeutung und Abstufungen	54
2	**Das Grundbuch**	54
2.1	Historische Entwicklung des Grundbuchs	55
2.2	Der öffentliche Glaube des Grundbuchs	57
2.3	Grundbuchprinzipien	58
2.4	Aufbau und Inhalt des Grundbuchs	59
2.5	Rangverhältnisse der eingetragenen Grundstücksrechte	68
2.6	Besondere Formen des Grundbuchs	69
3	**Das Liegenschaftskataster**	70
4	**Das Erbbaurecht nach dem Erbbaurechtsgesetz**	71
4.1	Definition des Erbbaurechts	72
4.2	Entstehungsgeschichte des Erbbaurechts	72

4.3	Inhalt eines Erbbaurechtsvertrages	73
4.4	Veräußerungs- und Belastungsbeschränkungen	75
4.5	Erbbauzins	76
4.5.1	Die Laufzeit des Erbbaurechts im Hinblick auf die Erbbauzinsanpassung	78
4.5.2	Der angemessene Erbbauzins und dessen Anpassung	79
4.6	Beendigung des Erbbaurechts	85
4.7	Besondere Formen des Erbbaurechts	87
4.8	Änderungen des ErbbauRG	88
5	**Dingliche Nutzungsrechte**	**88**
5.1	Einordnung	88
5.2	Grunddienstbarkeit	89
5.2.1	Rechtsinhalt	89
5.2.2	Entstehung, Grundbucheintragung	90
5.2.3	Dauer, Bedingung, Befristung, Erlöschen	91
5.2.4	Schuldrechtliches Grundgeschäft, schuldrechtliche Vereinbarungen	91
5.3	Die beschränkte persönliche Dienstbarkeit	92
5.3.1	Rechtsinhalt	92
5.3.2	Begünstigter, Dauer	92
5.3.3	Sonderformen: Wohnungsrecht, Dauerwohnrecht	92
5.4	Nießbrauch	93
5.4.1	Rechtsinhalt	93
5.4.2	Besonderheiten	94
5.4.3	Arten von Nießbrauch	94
5.5	Zusammenfassung	96
6	**Erwerbsrechte an Grundstücken, Vormerkung**	**97**
6.1	Einordnung	97
6.2	Vorkaufsrecht	97
6.2.1	Rechtsgeschäftliche Vorkaufsrechte	98
6.2.2	Gesetzliche Vorkaufsrechte	99
6.3	Vormerkung	99
6.4	Wiederkaufs- und Ankaufsrecht	101
6.4.1	Wiederkaufsrecht	101
6.4.2	Ankaufsrecht, Optionsrecht	101
6.5	Zusammenfassung	102
7	**Sicherungs- und Verwertungsrechte**	**103**
7.1	Einordnung	103
7.2	Grundpfandrechte	104
7.2.1	Wesen und Form	104
7.2.2	Arten	105
7.3	Reallast	107
7.3.1	Inhalt und Abgrenzung	107
7.3.2	Form und Haftung	108
7.3.3	Formen der Reallast	108
7.4	Zusammenfassung	109

7.5	Annex: Zwangsvollstreckung	110
7.5.1	Allgemeine Grundlagen	110
7.5.2	Ablauf und Inhalt der Zwangsversteigerung	111
7.5.3	Verfahrensgrundsätze	112
8	**Baulast**	**115**
8.1	Abgrenzung und Inhalt	115
8.2	Entstehung, Wirkung, Beendigung	116
8.3	Anwendungsfälle	117
9	**Vergabe- und Vertragsordnung für Bauleistungen (VOB)**	**119**
9.1	Gliederung der VOB	119
9.2	Rechtsnatur und Rechtsgrundlagen der VOB	119
9.2.1	Überblick	119
9.2.2	Rechtsgrundlagen der VOB/A	120
9.2.3	Rechtsgrundlagen von VOB/B und VOB/C	121
9.3	Sachlicher Anwendungsbereich der VOB	121
9.4	Bestimmungen der VOB/A	122
9.4.1	Inhalt und Gliederung der VOB/A	122
9.4.2	Vergabearten	122
9.4.3	Vergabeunterlagen	124
9.4.3.1	Überblick	124
9.4.3.2	Die Bedeutung der Leistungsbeschreibung	125
9.4.3.3	Formen der Leistungsbeschreibung	126
9.5	Ausführung des Bauvorhabens nach VOB/B	127
9.5.1	Bedeutung der VOB/B	127
9.5.2	Umfang der geschuldeten Leistung und zusätzliche Leistungen	127
9.5.3	Ausführungsunterlagen	128
9.5.4	Rechte und Pflichten während der Bauausführung	128
9.5.4.1	Koordinationspflicht des Auftraggebers	129
9.5.4.2	Überwachungsrecht des Auftraggebers	129
9.5.4.3	Anordnungsrecht des Auftraggebers	129
9.5.4.4	Bereitstellungspflicht des Auftraggebers	130
9.5.4.5	Verantwortlichkeit des Auftragnehmers für die Leistungserbringung	130
9.5.4.6	Prüfungs- und Anzeigepflicht des Auftragnehmers	130
9.5.4.7	Schutzpflicht des Auftragnehmers	131
9.5.4.8	Allgemeine Kooperationspflicht der Vertragsparteien	131
9.5.5	Zeitlicher Ablauf des Bauvorhabens	131
9.5.5.1	Ausführungsfristen	131
9.5.5.2	Behinderung und Unterbrechung der Ausführung	132
9.5.6	Kündigung des Vertrags	133
9.5.6.1	Kündigung durch den Auftraggeber	133
9.5.6.2	Kündigung durch den Auftragnehmer	134
9.5.7	Abnahme	135
9.5.7.1	Begriff und rechtliche Wirkung der Abnahme	135
9.5.7.2	Voraussetzungen der Abnahme	136
9.5.7.3	Formen der Abnahme	136

9.5.8	Mangelhafte Bauausführung	137
9.5.8.1	Mängel an der Bauleistung vor Abnahme	137
9.5.8.2	Mängelansprüche nach Abnahme der Leistung	137
9.5.8.2.1	Begriff des Mangels	137
9.5.8.2.2	Mängelansprüche	138
9.5.8.3	Verjährung der Mängelansprüche	140
9.5.9	Vergütung des Auftragnehmers	141
9.5.9.1	Allgemeines	141
9.5.9.2	Vertragsarten	141
9.5.9.3	Vergütungsarten	142
9.5.9.4	Anpassung der Vergütung	142
9.5.9.5	Abrechnung und Zahlung der erbrachten Leistungen	143
9.5.9.6	Die Zahlung der Vergütung	143
9.5.9.7	Sicherheitsleistung	144
10	**Honorarordnung für Architekten und Ingenieure (HOAI)**	**145**
10.1	Architekten- und Ingenieurvertrag als Werkvertrag	145
10.2	Grundlagen der Honorarberechnung	146
10.2.1	Die 6. Novelle der HOAI	147
10.2.2	Geltungsbereiche der HOAI	147
10.2.3	Leistung des Architekten/Ingenieurs	149
10.2.3.1	Leistungsarten	149
10.2.3.2	Einstufung der Leistung	151
10.2.4	Honorararten	152
10.2.4.1	Regelhonorar	153
10.2.4.2	Baukostenvereinbarung	154
10.2.4.3	Pauschalhonorar	154
10.2.4.4	Zeithonorar	154
10.2.4.5	Erfolgshonorar (sog. Bonus-Malus-Honorar)	155
10.2.4.6	Sonstiges (Nebenkosten/Umsatzsteuer)	155
10.2.5	Zahlungsarten des Honorars	156
10.2.5.1	Abschlagszahlung	156
10.2.5.2	Honorarschlussrechnung	156
10.2.6	Abrechnungsprinzipien anhand eines Beispiels	157
10.2.6.1	Allgemeine Grundlagen für die Berechnung eines Honorars	159
10.2.6.2	Beispiele zur Berechnung des Honorars bei einem Gebäude	159
11	**Altlasten**	**163**
11.1	Grundlagen und Begriffsbestimmung	163
11.2	Arten von Altlasten	164
11.2.1	Altstandorte	165
11.2.2	Altablagerungen	166
11.2.3	Altlastverdächtige Flächen	166
11.2.4	Militärische Altlasten und Rüstungsaltlasten	167
11.3	Altlastenverdacht und dessen Bestätigung	168
11.3.1	Boden und Bodenfunktionen	169
11.3.2	Altlasten und schädliche Bodenveränderungen	170

11.3.3	Aufnahme von Altlasten und altlastverdächtigen Flächen	172
11.3.3.1	Erfassung im Altlastenkataster	173
11.3.3.2	Bodeninformationssysteme und weitere Informationsquellen	174
11.3.4	Untersuchung und Bewertung	174
11.3.4.1	Historische Erkundung	175
11.3.4.2	Orientierende Untersuchung	176
11.3.4.3	Detailuntersuchung	178
11.4	Die Sanierung von Altlasten	180
11.4.1	Schritte der Altlastensanierung	180
11.4.1.1	Sanierungsuntersuchung und Sanierungsplan	181
11.4.1.2	Sanierungsvertrag	183
11.4.1.3	Sanierungsdurchführung	184
11.4.1.3.1	Sicherungsmaßnahmen	185
11.4.1.3.2	Dekontaminationsmaßnahmen	186
11.4.1.3.3	Schutz- und Beschränkungsmaßnahmen	186
11.4.1.4	Ergebniskontrolle	187
11.4.2	Sanierungsverantwortlichkeit, Haftungsverhältnisse und Kostenträgerschaft	189
11.4.2.1	Sanierungsverantwortlichkeit	189
11.4.2.1.1	Verhaltensverantwortlicher/Handlungsstörer	189
11.4.2.1.2	Der Gesamtrechtsnachfolger des Handlungsstörers	189
11.4.2.1.3	Zustandsverantwortlicher/Zustandsstörer	189
11.4.2.1.4	Der frühere Grundstückseigentümer	190
11.4.2.1.5	Der Inhaber der tatsächlichen Gewalt	191
11.4.2.1.6	Durchgriffshaftung nach Handels- und Gesellschaftsrecht	191
11.4.2.1.7	Haftung nach Eigentumsaufgabe	191
11.4.2.2	Zivilrechtliche Haftung	191
11.4.2.2.1	Verschuldenshaftung	191
11.4.2.2.2	Gefährdungshaftung nach § 89 WHG	191
11.4.2.2.3	Nachbarrechtliche Ansprüche	192
11.4.2.2.4	Vertragliche Beziehungen	192
11.4.3	Steuerliche Behandlung von Altlasten	193
11.4.4	Bewertung der Altlast	193
11.4.5	Finanzierungsmodelle	195
12	**Denkmalschutz**	195
12.1	Grundlagen	195
12.1.1	Denkmalbegriff	195
12.1.2	Zuständige Behörden	196
12.2	Denkmalschutzrecht	198
12.2.1	Bau- und Planungsrecht	198
12.2.2	Denkmalschutzgesetze	198
12.2.3	Erfassung schutzwürdiger Objekte	199
12.3	Rechte und Pflichten der Gemeinden und Eigentümer	200
12.3.1	Notwendigkeit der Denkmalpflege	200
12.3.2	Rechte und Pflichten der Gemeinden	201
12.3.3	Rechte und Pflichten der Eigentümer	201
12.3.4	Zumutbarkeit denkmalpflegerischer Forderungen und Entschädigung	202

12.4	Finanzielle Förderung bei denkmalgeschützten Bauwerken	203
12.4.1	Direkte Förderung – Zuschüsse und Beihilfen	203
12.4.2	Indirekte Förderung – Steuerliche Vergünstigungen	204
12.4.2.1	Einkommensteuer	204
12.4.2.2	Grundsteuer	204
12.4.2.3	Erbschaft- und Schenkungsteuer	205
12.4.3	Effizienz der finanziellen Förderungen	205
12.5	Auswirkungen auf die Immobilienbewertung	206
13	**Grundstückskaufvertragsrecht**	**209**
13.1	Rechtsgeschäftlicher Erwerb von Grundstücken	209
13.1.1	Rechtliche Teilschritte des Grundstückskaufs	210
13.1.1.1	Der schuldrechtliche Teil	211
13.1.1.2	Der sachenrechtliche Teil	211
13.1.1.3	Der grundbuchverfahrensrechtliche Teil	212
13.1.2	Besondere Formen des Grundstückskaufvertrages	213
13.2	Form des Kaufvertrages	214
13.2.1	Beurkundungspflicht	214
13.2.2	Umfang des Formerfordernisses	214
13.2.3	Folgen des Formverstoßes	215
13.3	Inhalt des Kaufvertrages	215
13.3.1	Vertragsparteien	215
13.3.1.1	Besonderheiten in der Person des Verkäufers oder Veräußerers	216
13.3.1.2	Vertretung der Vertragsparteien	218
13.3.1.2.1	Gesetzliche Vertretung	218
13.3.1.2.2	Rechtsgeschäftliche Vertretung	219
13.3.2	Kaufgegenstand	220
13.3.3	Kaufpreis	221
13.3.4	Sicherung von Leistung und Gegenleistung	222
13.3.4.1	Fälligkeitsvoraussetzungen zum Schutz des Käufers	222
13.3.4.2	Möglichkeiten der Vertragsgestaltung zum Schutz des Verkäufers	223
13.3.5	Übergabe und Besitzübergang	223
13.3.6	Mietverhältnisse	224
13.3.7	Öffentliche Lasten des Grundstücks, Kosten des Grundstückskaufvertrages	224
13.4	Ansprüche und Rechte bei Vorliegen eines Mangels	225
13.4.1	Mangel	225
13.4.2	Rechte des Käufers bei Vorliegen eines Mangels	226
13.4.3	Haftungsausschluss	226
13.4.3.1	Gesetzlicher Haftungsausschluss	226
13.4.3.2	Vertraglicher Haftungsausschluss	227
13.5	Eigentumsübertragung	227
13.5.1	Auflassung	228
13.5.2	Eintragung	228
13.6	Sicherung des Grundstückskäufers auf Eigentumserwerb, Auflassungsvormerkung	229
13.7	Verjährung von Ansprüchen aus dem Grundstückskaufvertrag	230

14	**Zusammenschlusskontrolle bei Immobilientransaktionen**	231
14.1	Einführung	231
14.2	Grundzüge der Zusammenschlusskontrolle	232
14.2.1	Formelle Zusammenschlusskontrolle	232
14.2.1.1	Vorrang der EU-Fusionskontrolle	232
14.2.1.2	Zusammenschlusskontrolle in Drittstaaten	233
14.2.1.3	Zusammenschlusstatbestände im GWB	233
14.2.1.3.1	Vermögenserwerb	233
14.2.1.3.2	Kontrollerwerb	234
14.2.1.3.3	Anteilserwerb	234
14.2.1.3.4	Erwerb wettbewerblich erheblichen Einflusses	234
14.2.1.4	Aufgreifschwellen	235
14.2.1.5	Berechnung der Umsatzerlöse	235
14.2.2	Materielle Zusammenschlusskontrolle	236
14.2.2.1	Marktabgrenzung	237
14.2.2.2	Begründung oder Verstärkung einer marktbeherrschenden Stellung	237
14.2.3	Verfahren	238
14.2.4	Rechtsfolgen der Nichtanmeldung von Zusammenschlussvorhaben	240
14.2.4.1	Schwebende Unwirksamkeit des zugrunde liegenden zivilrechtlichen Vertrags	240
14.2.4.2	Bußgeld wegen Verstoßes gegen das Vollzugsverbot	240
14.3	Bevorstehende Änderungen durch die 8. GWB-Novelle	241
III.	**Planen, Bauen, Betreiben**	243
1	**Standort- und Marktanalyse**	243
1.1	Einführung	243
1.1.1	Grundlagen und Zielsetzung	243
1.1.2	Bedeutung im Projektentwicklungsprozess	244
1.2	Standortanalyse	244
1.2.1	Ursprünge der Standortlehre	246
1.2.1.1	Die Standorttheorie der Landwirtschaft nach von Thünen	246
1.2.1.2	Die Standorttheorie der Industrie nach Weber	248
1.2.1.3	Die Theorie der zentralen Orte nach Christaller	253
1.2.2	Makrostandort	256
1.2.3	Mikrostandort	257
1.2.4	Ablauf der Standortanalyse	258
1.3	Marktanalyse	263
1.3.1	Angebots- und Wettbewerbsanalyse	263
1.3.2	Nachfrageanalyse	264
1.3.3	Preisanalyse	266
1.3.4	Ablauf der Marktanalyse	266
1.4	Methoden der Informationsgewinnung	267
2	**Projektentwicklung**	269
2.1	Grundlagen der Projektentwicklung	269
2.1.1	Definition der Projektenwicklung	269
2.1.2	Ausgangsfaktoren der Projektentwicklung	270

2.1.3	Projektbeteiligte	271
2.1.4	Gründe der Projektentwicklung	273
2.1.5	Wesentliche Formen von Projektentwicklungen	273
2.1.6	Zusammenhang zwischen Projektentwicklung und den Kosten eines Projekts	274
2.1.7	Darstellung der möglichen Kosten für eine selbstentwickelte und eigengenutzte Immobilie – Auswirkungen der Beteiligten auf die Planungs- und Umbaukosten	275
2.2	Phasen der Projektentwicklung	276
2.2.1	Projektinitiierung	277
2.2.2	Projektkonzeption	280
2.2.2.1	Standort- und Marktanalyse	281
2.2.2.2	Analyse des Bau- und Planungsrechts	282
2.2.2.2.1	Rechtliche Grundlagen	283
2.2.2.2.2	Der Flächennutzungsplan	285
2.2.2.2.3	Der Bebauungsplan	286
2.2.2.2.4	Art, Maß und Form der baulichen Nutzung, überbaubare Grundstücksflächen	287
2.2.2.3	Analyse des Nutzungskonzepts	290
2.2.2.4	Wettbewerbsanalyse	291
2.2.2.5	Risikoanalyse	293
2.2.2.6	Wirtschaftlichkeits- und Rentabilitätsanalyse	294
2.2.2.6.1	Methoden der Investitionsrechnung	295
2.2.3	Projektrealisierung	300
2.3	Bedarfsgerechte Projektentwicklung	302
2.4	Leistungsbilder der Projektentwicklung	303
2.4.1	Marktrecherche für Projektideen, Informationsmanagement (A)	304
2.4.2	Bestands- und Strukturanalyse mit Standortanalyse und -prognose sowie rechtliche Rahmenbedingungen (B)	305
2.4.3	Stakeholderanalyse, Projektanalyse (C)	305
2.4.4	Vermarktung oder Verkaufsvorbereitung (D)	306
2.4.5	Nutzungskonzeption, Erneuerungskonzept (E)	306
2.4.6	Grundstücksakquisition und -sicherung (F)	306
2.4.7	Vorplanungskonzept (G)	307
2.4.8	Kostenrahmen für Investition und Nutzung (H)	307
2.4.9	Ertragsrahmen (I)	307
2.4.10	Terminrahmen (J)	308
2.4.11	Steuern (K)	308
2.4.12	Rentabilitäts- mit Sensitivitätsanalyse, -prognose (L)	308
2.4.13	Risikoanalyse, -prognose (M)	308
2.4.14	Projektfinanzierung, Förderungsmöglichkeiten (N)	309
2.4.15	Entscheidungsvorbereitung (O)	309
2.5	Vergütungsmodelle	310
3	**Projektsteuerung**	**311**
3.1	Einführung	311
3.1.1	Definition „Projekt"	311
3.1.2	Definition der Projektsteuerung	311
3.1.3	Ursprung der Projektsteuerung	312

3.2		Leistungsbild der Projektsteuerung	313
3.2.1		Definition nach HOAI § 31	313
3.2.2		Definition nach DVP/AHO	313
3.2.2.1		Handlungsbereiche	314
3.2.2.2		Projektstufen	316
3.3		Instrumente und Beteiligte der Projektsteuerung	323
3.4		Honorarermittlung für Projektsteuerungsleistungen	329
3.4.1		Ermittlung nach HOAI § 31	329
3.4.2		Ermittlung nach AHO § 207 ff.	329
3.4.3		Ermittlung nach AHO § 212	331
4		**Bau-Projektmanagement**	**332**
4.1		Notwendigkeit des Bau-Projektmanagements	332
4.2		Begriffsdefinitionen und Abgrenzungen	333
4.2.1		Der Begriff „Projekt"	333
4.2.2		Der Begriff „Planen"	334
4.2.3		Bauen	334
4.2.4		Die Begriffe „Management" und „Projektmanagement"	335
4.2.5		Die Begriffe „Steuerung" und „Projektsteuerung"	335
4.2.6		Projektmanagement versus Projektsteuerung	336
4.3		Projektorganisation	337
4.3.1		Grundlagen der Projektorganisation	337
4.3.2		Projektbeteiligte und Partner des Baumanagers	339
4.3.2.1		Auftraggeber	340
4.3.2.2		Weitere Projektbeteiligte	340
4.4		Ziele und Praxis des Projektmanagements	342
4.4.1		Das Leitbild des Projektmanagers	342
4.4.2		Vertragsmanagement	343
4.4.3		Kapazitäten und Kapazitätsplanung	344
4.4.4		Der Zeitfaktor und ein effektives Terminmanagement	344
4.4.5		Informationsmanagement und Informationsabläufe bei Bauprojekten	346
4.4.6		Kosten und Kostenmanagement	348
4.4.7		Das Gebot der Wirtschaftlichkeit	351
4.4.8		Qualität und Qualitätsmanagement	353
5		**Bautechnik**	**355**
5.1		Allgemeines	355
5.2		Grundlagen Erdarbeiten und Baugruben	356
5.2.1		Baugrund und Erdarbeiten	356
5.2.2		Baugruben	357
5.3		Grundlagen Hochbau	358
5.3.1		Primäre Tragkonstruktion	359
5.3.1.1		Fundamente	359
5.3.1.1.1		Flächengründungen	359
5.3.1.1.2		Tiefengründungen	360
5.3.1.2		Bauwerksabdichtung	360
5.3.1.3		Wände/Stützen	361

5.3.1.4	Geschossdecken	363
5.3.1.5	Treppen	364
5.3.1.6	Fassade	366
5.3.1.7	Dächer	367
5.3.1.8	Dachformen	369
5.3.2	Sekundärstruktur	370
5.3.3	Tertiärstruktur	374
5.3.3.1	Heizung	374
5.3.3.2	Lüftung und Kühlung	376
5.3.3.3	Sanitär	379
5.3.3.4	Elektro	380
5.3.3.5	Aufzugsanlagen	381
5.3.3.6	Mess-, Steuer- und Regeltechnik	383

IV. Vermarktung, Verwaltung und Bewirtschaftung ... 385

1 Grundlagen des Immobilien-Marketings ... 385

1.1	Begriff des Immobilien-Marketings	385
1.2	Bedeutung des Immobilien-Marketings	386
1.3	Aufgaben und Ziele des Immobilien-Marketings	388
1.4	Besonderheiten der Immobilie und des Immobilienmarktes	389
1.5	Strategisches und operatives Immobilien-Marketing	390
1.6	Entwicklung und Phasen des Immobilien-Marketings	392

2 Instrumente des Immobilien-Marketings ... 393

2.1	Einleitung	393
2.2	Grundlagen der Produktpolitik	394
2.2.1	Das Produkt – Begriffsdefinition	394
2.2.2	Gestaltung der Produktpolitik	394
2.2.3	Instrumente der Produktpolitik	396
2.3	Servicepolitik im Lebenszyklus der Immobilie	398
2.4	Kommunikationspolitik	399
2.4.1	Grundlagen der Kommunikationspolitik	399
2.4.2	Ermittlung der Kommunikationsziele und Zielgruppen	400
2.4.3	Kommunikationsstrategie und Kommunikationsbudget	401
2.4.4	Kommunikationsinstrumente	402
2.5	Vertriebs- und Distributionspolitik	403
2.6	Kontrahierungspolitik	404
2.7	Preispolitik	405
2.7.1	Aufgaben und Ziele der Preispolitik	405
2.7.2	Preisermittlung	406

3 Immobilien-Marketing im Internet ... 407

4 Marketing-Controlling ... 408

4.1	Das Marketing-Controlling – Begriffsdefinition	408
4.2	Instrumente des Marketing-Controllings	409

5	**Maklerrecht**	410
5.1	Gesetzliche Grundlagen des Maklerrechts	410
5.1.1	Öffentlich-rechtliche Grundlagen des Maklerrechts	410
5.1.1.1	§§ 14 und 34c GewO – Grundvoraussetzung und Pflicht	410
5.1.1.2	Für den Makler relevante Pflichten der Makler- und Bauträgerverordnung	411
5.1.1.3	Das Wohnungsvermittlungsgesetz – Schutz für Suchende einer Mietwohnung	412
5.1.2	Privatrechtliche Grundlagen des Maklerrechts	413
5.1.2.1	§§ 652–654 BGB – Die Basis des Maklerrechts	413
5.1.2.2	§§ 305–310 BGB – Allgemeine Geschäftsbedingungen im Maklerrecht	414
5.2	Beginn der Maklertätigkeit	414
5.2.1	Das Erstellen einer eigenen Marktstrategie	414
5.2.2	Die Akquisition von Kunden und Objekten	417
5.2.3	Der Wandel der Nachfrager von der Zeitung zum Internet	418
5.2.4	Die Mitgliedschaft im Maklerverband als Unternehmenswerbung	420
5.3	Voraussetzungen für die Entstehung eines Provisionsanspruchs	420
5.3.1	Das Zustandekommen eines entgeltlichen Maklervertrages	420
5.3.2	Die Nachweis- und/oder Vermittlungstätigkeit des Maklers	421
5.3.3	Das Zustandekommen eines rechtswirksamen Hauptvertrages	422
5.3.4	Die Ursächlichkeit der Maklertätigkeit	422
5.3.5	Aufhebung des Provisionsanspruchs durch wirtschaftliche und/oder persönliche Verflechtung	423
5.4	Der Maklervertrag – Wesentliches Instrument des Provisionsanspruchs	425
5.4.1	Die Rechtsnatur des Maklervertrages	425
5.4.2	Der einfache Maklervertrag	426
5.4.3	Der Makleralleinauftrag – Mehr Rechte und Pflichten für beide Vertragsparteien	427
5.4.4	Die Erweiterung des Alleinauftrages – Der qualifizierte Makleralleinauftrag	427
5.4.5	Die Beendigung des Vertragsverhältnisses	428
5.5	Aus dem Maklervertrag resultierende Rechte und Pflichten – Das immer weiter wachsende Leistungsangebot des Maklers	429
5.5.1	Die Rechte und Pflichten beider Vertragsparteien	429
5.5.2	Das wachsende Leistungsangebot des Immobilienmaklers	431
5.5.2.1	Die Bewertung der zum Verkauf stehenden Immobilie	431
5.5.2.2	Das Erstellen eines Exposés	436
5.5.2.3	Steigendes Haftungsrisiko durch stetig wachsendes Leistungsangebot	437
5.5.3	Die Zusammenarbeit von Maklern	438
5.5.3.1	Der Untermaklervertrag zwischen Haupt- und Untermakler	438
5.5.3.2	Das Gemeinschaftsgeschäft zwischen Objektmakler und Interessentenmakler	439
5.5.3.3	Gemeinschaftsgeschäfte im Franchise-System	439
5.5.4	Die Doppeltätigkeit des Maklers und dessen Pflicht zur Neutralität	440
5.5.5	Die Reservierung des Kaufobjektes	440
5.6	Der Provisionsanspruch des Maklers	441
5.6.1	Die Höhe der Provision und der Zeitpunkt der Zahlung	441
5.6.2	Die Sicherung der Makler-Vergütung	442
5.6.3	Der Aufwendungsersatz als gesetzlich genehmigte Individualvereinbarung	443
5.6.4	Die Verwirkung der Provision	444
5.6.5	Die Verjährung des Provisionsanspruches	444

6	**Verwaltung von Immobilien**	445
6.1	Abgrenzung	445
6.1.1	Verwaltung von eigenen Immobilien	447
6.1.2	Verwaltung von Immobilien für Dritte	448
6.2	Wohnungseigentumsverwaltung	448
6.2.1	Begriffsbestimmung des Wohnungseigentums	448
6.2.1.1	Sondereigentum	449
6.2.1.2	Gemeinschaftseigentum	450
6.2.2	Begründung des Wohnungs- und Teileigentums	451
6.2.2.1	Begründung von Sondereigentum durch Teilungsvertrag	452
6.2.2.2	Begründung von Sondereigentum durch Teilungserklärung	455
6.2.3	Die Gemeinschaftsordnung	456
6.2.4	Die Eigentümergemeinschaft und ihre Rechte und Pflichten	458
6.2.4.1	Die Gemeinschaft der Eigentümer	458
6.2.4.2	Rechte der Miteigentümer	459
6.2.4.3	Pflichten der Miteigentümer	460
6.2.4.4	(Teil-)Rechtsfähigkeit / Insolvenzfähigkeit	462
6.2.5	Die Wohnungseigentumsverwaltung	463
6.2.5.1	Allgemeines	463
6.2.5.2	Bestellung des Verwalters	464
6.2.5.3	Verwaltervertrag	466
6.2.5.4	Aufgaben und Befugnisse des WEG-Verwalters	467
6.2.5.4.1	Die Aufstellung des Wirtschaftsplanes	471
6.2.5.4.2	Die Abrechnung des Wohngelds und Rechnungslegung	472
6.2.6	Die Eigentümerversammlung	472
6.2.6.1	Die Vorbereitung	472
6.2.6.2	Beschlussfähigkeit	474
6.2.6.3	Abstimmungen	474
6.2.6.4	Ablauf der Eigentümerversammlung	476
6.3	WEG-Streitigkeiten	477
6.4	Corporate Real Estate Management (CREM)	478
6.4.1	Definition, Entstehung und Notwendigkeit des CREM	478
6.4.2	Klassifizierung betrieblicher Immobilien	480
6.4.3	Das Fünf-Stufen Modell im Immobilienmanagement	481
6.5	Aufgabenfelder und Ziele des betrieblichen Immobilienmanagements	483
6.5.1	Immobilienbeschaffung	483
6.5.1.1	Passive Beschaffungswege	484
6.5.1.2	Aktiver Beschaffungsweg	485
6.5.2	Immobilienbestandsbetreuung/-bestandspflege	485
6.5.3	Immobilienverwertung	486
6.5.4	Ziele des betrieblichen Immobilienmanagements	487
6.6	Strategisches CREM	488
6.6.1	Portfoliomanagement als strategisches Instrument	488
6.6.2	Reformschritte zur Optimierung der Ressource Immobilie	489
6.6.3	Make or Buy	489
6.6.4	Finanzierung im CREM	490

6.7	Operatives CREM	490
6.7.1	Positive Effekte durch Einführung von Facility Management (FM)	491
6.7.2	Energiemanagement	492
7	**Entwicklung und Grundlagen des Facility Managements**	**493**
7.1	Entwicklung und Idee des Facility Management	493
7.1.1	Die historische Entwicklung des Facility Managements	493
7.1.2	Die Entstehungsgründe und Entwicklung des FM in Deutschland	496
7.1.3	Anforderungen an das Facility Management	499
7.1.3.1	Unterschiedliche Rollen und Interessen im Facility Management Prozess	499
7.1.3.2	Zielkonflikte und mögliche Lösungsansätze	503
7.1.4	Lehre und Ausbildung	505
7.2	Entwicklung des Facility Managements – ein internationaler Vergleich	507
7.2.1	Facility Management in den USA	507
7.2.2	Facility Management in Europa	507
7.2.3	Die wirtschaftliche Markt- und Angebotsentwicklung und das Marktvolumen	508
7.3	Begriffsbestimmungen und Definitionen	510
7.3.1	Ansätze der Begriffsbestimmung	510
7.3.2	Vergleich und Bewertung der verschiedenen Ansätze	512
7.4	Institutionen und rechtliche Normen im Facility Management	515
7.4.1	German Facility Management Association (GEFMA)	516
7.4.2	International Facility Management Association (IFMA)	516
7.4.3	Verband Deutscher Maschinen- und Anlagenbau e.V. (VDMA)	517
7.4.4	Deutsches Institut für Normung (DIN)	517
7.4.5	Weitere wichtige Regelsetzer im Facility Management	518
7.4.6	Ebenen der Normungseinheit	518
8	**Instrumente und Funktionsweisen des Immobilien- und Facility Managements**	**519**
8.1	Instrumente des Immobilienmanagements	519
8.1.1	Strategisches und operatives Immobilienmanagement	520
8.1.2	Asset Management	521
8.1.3	Property Management	523
8.1.4	Corporate Real Estate Management	524
8.1.5	Facility Management in Abgrenzung zum Gebäudemanagement	525
8.2	Instrumente und Funktionsbereiche des Facility Management	525
8.2.1	Kaufmännisches Gebäudemanagement	525
8.2.1.1	Gebäudebezogene Objektbuchhaltung	526
8.2.1.2	Kostenrechnung	527
8.2.1.3	Vertragsmanagement	529
8.2.1.4	Reporting – das Berichtswesen	531
8.2.1.5	Benchmarking im Facility Management	533
8.2.1.6	Immobiliencontrolling	534
8.2.1.6.1	Ziele und Aufbau des Controllings im Facility Management	535
8.2.1.6.2	Strategisches und operatives Controlling	536
8.2.1.7	Immobilienwirtschaftliche Kennzahlen und Kennzahlensysteme	536
8.2.2	Technisches Gebäudemanagement	538

8.2.2.1	Leistungsbereiche des technischen Gebäudemanagements	539
8.2.3	Infrastrukturelles Gebäudemanagement	542
8.2.3.1	Arbeitsplatz- und Büroservicemanagement	543
8.2.3.2	Umzugsmanagement	544
8.2.3.3	Reinigungsmanagement und Hausmeisterdienste	544
8.2.3.4	Verpflegungsmanagement	546
8.2.3.5	Sicherheitsdienste	546
8.2.4	Flächenmanagement	547
8.2.5	CAFM – Softwareunterstützung als Instrument der Bewirtschaftung	549
9	**Facility Management im Lebenszyklus einer Immobilie**	**550**
9.1	Der Life-Cycle-Cost-Ansatz (LCCA)	552
9.2	Die Investitionsrechnung und die Ermittlung der Lebenszykluskosten	553
9.3	Facility Management in der Planungs- und Entstehungsphase	554
9.4	Facility Management in der Nutzungs- und Betriebsphase	557
9.5	Facility Management und die Verwertungsphase – Der Exit einer Immobilie	557
10	**In- und Outsourcingkonzeption im Facility Management**	**558**
11	**Wertorientiertes Facility Management**	**562**
11.1	Bilanzierung von Immobilien nach HGB und IFRS – Auswirkung auf das Immobilienmanagement und die Bewertungsgrundsätze	563
11.1.1	Bilanzierung und Bewertung der Immobilie nach HGB	564
11.1.2	Bilanzierung und Bewertung der Immobilie nach IRFS	564
11.2	Einführungsbeispiel zum Wertorientierten Facility Management	565
11.3	Auswirkungen des Wertorientierten Facility Management auf die Rolle des Facility Managers	566
12	**Die Immobilie im Fokus des Controllings**	**566**
12.1	Immobiliencontrolling zur Durchsetzung von Eigentümerzielen	566
12.3	Das Immobilien-Profit-Center („IPC") und Immobiliencontrolling im Rahmen des Immobilienmanagements	567
13	**Operatives Immobiliencontrolling**	**569**
13.1	Die Informationsversorgung im Immobilienmanagement	569
13.1.1	Betriebsabrechnung – die immobilienbezogene Kosten- und Erlösrechnung	569
13.1.1.1	Die Kostenartenrechnung	569
13.1.1.2	Die Kostenstellenrechnung	572
13.1.1.3	Die Prozesskostenrechnung	574
13.1.1.4	Die immobilienbezogene Kostenträgerstückrechnung	578
13.1.1.4.1	Die immobilienbezogene Divisionskalkulation	579
13.1.1.4.2	Die immobilienbezogene Äquivalenzziffernkalkulation	579
13.1.1.5	Kostenträgerzeitrechnung als kurzfristige Erfolgsrechnung	580
13.1.1.6	Teilkostenrechnung (Deckungsbeitragsrechnung)	581
13.1.2	Die Cashflow-Rechnung im Immobiliencontrolling	583
13.1.3	Das Berichtswesen (Reporting) im Immobilienmanagement	583
13.2	Planung im Immobiliencontrolling	585

13.3	Kontrolle im Immobiliencontrolling	588
13.3.1	Kostenkontrolle mit Hilfe von Objektvergleichen (Benchmarking)	588
13.3.2	Kostenkontrolle anhand der Plankostenrechnung (Soll-Ist-Vergleich)	590
13.3.3	Prozesskontrolle und -optimierung	592
14	**Strategisches Immobiliencontrolling**	**593**
14.1	Koordination des Portfolio- mit dem Immobilienmanagement	593
14.2	Die strategische Betrachtung des Immobilienlebenszyklus	595
14.2.1	Immobilienprojektcontrolling in der Entstehungsphase	596
14.2.2	Immobiliencontrolling in der Nutzungsphase	596
14.2.3	Lebenszykluskosten und Lebenszyklusqualität	598
14.2.4	Das Immobilieninformationssystem	599
14.3	Mögliche Kennzahlensysteme im Immobilienmanagement	602
14.3.1	Darstellung des DuPont-Systems für die Immobilienwirtschaft	602
14.3.2	Das Betriebskosten-Kennzahlensystem	603
14.4	Strategieumsetzung mit der Balanced Scorecard	604
15	**Immobiliencontrolling als anhaltender Innovationsprozess**	**606**
16	**Wohn- und Geschäftsraummiete**	**607**
16.1	Mietrechtliche Grundlagen	607
16.1.1	Abgrenzung Wohnraum- und Geschäftsraummietvertrag	607
16.1.2	Anmietung einer Garage	608
16.1.3	Untermiete	608
16.1.4	Mietvorvertrag	609
16.1.5	Hausordnung	609
16.1.6	Haustürgeschäfte	610
16.2	Vertragsabschluss	610
16.2.1	Vertragsinhalte	610
16.2.2	Formvorschriften	611
16.2.3	Formularvertrag	612
16.2.3.1	Grundlagen	612
16.2.3.2	Einschränkungen bei Wohnraum	612
16.3	Vertragsparteien	613
16.3.1	Wer kann Vertragspartner sein?	613
16.3.2	Wechsel der Vertragspartner	613
16.3.2.1	Auf Mieterseite	613
16.3.2.2	Auf Vermieterseite	614
16.4	Mietzeit	615
16.4.1	Unbefristeter Mietvertrag	615
16.4.2	Zeitmietvertrag	615
16.4.2.1	Grundlagen	615
16.4.2.2	Einschränkungen bei Wohnraum	615
16.4.3	Verlängerungsmöglichkeiten	616
16.5	Mietzins	617
16.5.1	Grundmiete	617
16.5.2	Nebenkosten und deren Abrechnung	618

16.5.2.1	Grundlagen	618
16.5.2.2	Einschränkungen bei Wohnraum	619
16.5.3	Mietminderung	619
16.6	Mietsicherheiten	621
16.6.1	Grundlagen	621
16.6.2	Einschränkungen bei Wohnraum	621
16.7	Instandhaltung und Instandsetzung	621
16.7.1	Grundlagen	622
16.7.2	Schönheitsreparaturen	622
16.7.3	Instandsetzung	624
16.7.4	Modernisierung	624
16.8	Mieterhöhung	625
16.8.1	Staffelmiete	625
16.8.2	Wertsicherungsklauseln	626
16.8.2.1	Grundlagen	626
16.8.2.2	Einschränkungen bei Wohnraum	627
16.8.3	Mieterhöhungsverfahren bei Wohnraum	628
16.8.3.1	Mieterhöhung auf die ortsübliche Vergleichsmiete	628
16.8.3.2	Mieterhöhung wegen Modernisierung	630
16.8.3.3	Umlage erhöhter Betriebskosten	630
16.9	Mietvertragsbeendigung	631
16.9.1	Aufhebung	631
16.9.2	Kündigung	631
16.9.2.1	Grundlagen	631
16.9.2.2	Einschränkungen bei Wohnraum	632
16.9.2.2.1	Kündigung wegen Eigenbedarfs	633
16.9.2.2.2	Kündigung wegen Hinderung der wirtschaftlichen Verwertung	634
16.9.2.2.3	Sozialklausel	634
16.9.2.3	Außerordentliche Kündigungsgründe, insbesondere Kündigung wegen Zahlungsverzugs, §§ 543 Abs. 2 Ziffer 3, 569 BGB	635
16.9.3	Rückgabe der Mietsache	636
16.9.4	Verjährungsfristen	636
16.10	Prozessuales	637

V. Die Immobilie als Asset im Portfolio – Immobilieninvestitionsrisiken erkennen, bewerten und einpreisen ... 639

1	**Einleitung**	**639**
1.1	Problemstellung	639
1.2	Zielsetzung	639
1.3	Vorgehensweise	640
2	**Immobilieninvestments als Asset-Klasse**	**640**
3	**Renditeberechnung mittels der Investitionsrechnung**	**641**
3.1	Die Investitionsrechnung in der Immobilienwirtschaft und deren Verfahren	641
3.2	Statische Verfahren der Investitionsrechnung	642
3.2.1	Die Kostenvergleichsrechnung	643

3.2.2	Die Gewinnvergleichsrechnung	644
3.2.3	Die Rentabilitätsvergleichsrechnung	644
3.2.4	Die Amortisationsrechnung	645
3.3	Vergleich und kritische Betrachtung der statischen Investitionsverfahren	646
3.4	Dynamische Verfahren der Investitionsrechnung	647
3.4.1	Finanzmathematische Grundlagen	648
3.4.1.1	Zinsrechnung	648
3.4.1.2	Zinseszinsrechnung	649
3.4.1.3	Rentenrechnung	650
3.4.1.3.1	Restwertverteilungsfaktor	652
3.4.1.3.2	Annuitätenfaktor:	652
3.4.2	Kapitalwertmethode	653
3.4.3	Interne Zinsfußmethode	655
3.4.4	Annuitätenmethode	657
3.4.5	Discounted Cashflow	658
3.4.6	Der vollständige Finanzplan	662
3.5	Zusammenfassende kritische Betrachtung der Investitionsrechenverfahren	663
4	**Risikoanalyse bei Immobilieninvestitionen**	**663**
4.1	Einführung	663
4.1.1	Der Begriff Risiko	664
4.1.2	Risikobereitschaft	666
4.1.3	Risikoidentifikation	667
4.1.4	Risikobewertung	667
4.1.5	Risikotragfähigkeit	668
4.2	Methoden zur Risikoanalyse	668
4.2.1	Die Scoring-Methode	669
4.2.2	Die Stärken-Schwächen-Analyse	670
4.2.3	Die Sensitivitätsanalyse	671
4.2.3.1	Die Dreifachrechnung	672
4.2.3.2	Die Zielgrößen-Änderungsrechnung	672
4.2.3.3	Das Verfahren der kritischen Werte	673
5	**Risikoberechnung mittels der Wahrscheinlichkeitsrechnung**	**673**
5.1	Binomialverteilung	674
5.1.1	Voraussetzungen zur Anwendung der Binomialverteilung	674
5.1.2	Approximation	674
5.1.3	Normalverteilung	675
5.1.4	Allgemeine Normalverteilung	675
5.1.5	Standardnormalverteilung	676
5.1.6	Transformation zur Standardnormalverteilung	677
5.1.7	Spezielle Werte der standardisierten Normalverteilung	677
5.1.8	Tabellen zur Normalverteilung	678
5.1.9	Beispiel	679
5.2	Das Bernoulli-Prinzip	681
5.3	Die μ-σ-Regel	682
5.4	Ansätze für eine Risikopolitik	682

6	**Portfoliomanagement**	683
6.1	Portfoliomanagement in der Immobilienwirtschaft	683
6.2	Gesamtportfoliosteuerung	685
6.2.1	Quantitativer Ansatz – Asset Allocation	685
6.2.1.1	Erwartete Rendite des Portfolios	686
6.2.1.2	Normalverteilung der Renditen	687
6.2.1.3	Risikodiversifikation	688
6.2.1.4	Standardabweichung und Varianz	689
6.2.1.5	Kovarianz	692
6.2.1.6	Korrelation	693
6.2.1.7	Portfoliobildung	694
6.2.1.7.1	Das Effiziente Portfolio	694
6.2.1.7.2	Das Optimale Portfolio	697
6.2.1.8	Capital Asset Pricing Model (CAPM)	699
6.2.1.9	Arbitrage Pricing Theory (APT)	700
6.2.1.10	Neue Institutionenökonomie (NIÖ)	701
6.2.2	Qualitativer Ansatz	702
6.2.3	BCG-Matrix	703
6.2.4	McKinsey-Matrix	705
6.2.5	Mehrdimensionale Matrix-Modelle	708
6.2.6	Vorgehensweisen zur Strukturierung eines Portfolios	709
6.2.6.1	Strategische Asset Allocation	709
6.2.6.2	Taktische Asset Allocation	712
6.2.7	Anlagestrategien	712
7	**Die Performancemessung durch Risikokennziffern**	713
7.1	Aufgaben und Ziele der modernen Performancemessung	713
7.2	Sharpe-Ratio	713
7.3	Treynor-Ratio	714
7.4	Jensens-Alpha	714
8	**Zusammenfassung und Fazit**	714
VI.	**Klassische Finanzierung**	717
1	**Kreditarten bei Immobilien**	717
1.1	Einführung	717
1.2	Kurzfristige Fremdfinanzierung	720
1.2.1	Kontokorrentkredit	720
1.2.2	Avalkredit (Kreditleihe)	720
1.3	Langfristige Fremdfinanzierung	721
1.3.1	Realkredit (1. + 2. Hypothek)	721
1.3.2	Bausparen	722
1.3.3	Versicherungsdarlehen	723
1.3.4	Öffentliche Darlehen	724
1.3.5	Fremdwährungskredite	725
1.4	Kreditsubstitute	726

1.4.1	Leasing	726
1.4.2	Factoring	727
1.5	Tilgungsmodalitäten bei langfristigen Krediten	728
1.6	Zinsvereinbarungen	728
1.7	Kreditsicherung	732
1.7.1	Bürgschaft	733
1.7.2	Sicherungsabtretung (Zession)	733
1.7.3	Pfandrecht	734
1.7.4	Sicherungsübereignung	735
1.7.5	Grundpfandrechte	735
2	**Das Bausparen**	**736**
2.1	Bausparvertrag	737
2.1.1	Ansparphase	738
2.1.2	Zuteilung	739
2.1.3	Darlehensphase	740
2.1.4	Vertragsänderungen	741
2.2	Vor- und Zwischenfinanzierung	742
2.3	Staatliche Bausparförderung	742
3	**Grundlagen der Bauträgerfinanzierung**	**743**
3.1	Unterscheidung typischer Unternehmermodelle	743
3.1.1	Charakteristika der Generalübernehmer und Generalunternehmer	744
3.1.2	Charakteristika der Bauträger	745
3.2	Abgrenzung der Bauträgerfinanzierung von der Endfinanzierung einer Immobilieninvestition	746
3.3	Geschäftspolitische Bedeutung des Bauträgergeschäfts aus Sicht der Kreditinstitute	748
4	**Die rechtlichen Rahmenbedingungen**	**749**
4.1	Gewerbeordnung (GewO)	749
4.2	Makler- und Bauträgerverordnung (MaBV)	749
4.3	Kreditwesengesetz (KWG)	752
4.4	Steuerabzug bei Bauleistungen gemäß §§ 48 ff. EStG	753
4.5	Die Bedeutung der §§ 305 ff. BGB – Allgemeine Geschäftsbedingungen	754
5	**Durchführung der Bauträgerfinanzierung**	**755**
5.1	Einzureichende Unterlagen des Bauträgers zur Beurteilung des Bauvorhabens	755
5.2	Quantifizierung und Kalkulation der Finanzierungsmittel	756
5.3	Erlöskalkulation der Bauträgermaßnahme	758
5.4	Klassifizierung von Bauträgerrisiken und Aufbau eines speziellen Kreditratings	759
5.4.1	Voraussetzungen eines Bauträgerratings	760
5.4.2	Bestandteile eines Bauträgerratings	760
5.4.2.1	Bonitätsklassen und Bonitätskriterien	760
5.4.2.2	Sicherheitenklasse	761
5.4.2.3	Risikoeinstufung des Kreditengagements	762

5.5	Konditionengestaltung und Risikobetrachtung	762
5.6	Kreditvertragsmodalitäten und Besonderheiten bei Bauträgerfinanzierungen	764
6	**Implementierung eines Bauträger-Controllings**	766
6.1	Baukostenüberwachung	766
6.2	Bautenstandsüberwachung	767
6.3	Überwachung des Kosten- und Erlösstatus	768
7	**Immobilienfonds**	769
7.1	Der Fondsgedanke	769
7.2	Historische Entwicklung	769
7.3	Begriffsbestimmung	770
7.4	Der geschlossene Immobilienfonds	771
7.4.1	Gesellschaftsrechtliche Gestaltung	771
7.4.1.1	Die Gesellschaft bürgerlichen Rechts (GbR)	771
7.4.1.1.1	Konstruktion und Rechtsform	771
7.4.1.1.2	Gründung der GbR	772
7.4.1.1.3	Haftung	772
7.4.1.1.4	Geschäftsführung und Vertretung	773
7.4.1.2	Die Kommanditgesellschaft (KG)	773
7.4.1.2.1	Konstruktion und Rechtsform	773
7.4.1.2.2	Gründung der KG	774
7.4.1.2.3	Haftung	775
7.4.1.3	Sonderformen wie „Blind Pools", das Hamburger Modell und Leasingfonds	775
7.4.1.4	Die GmbH & Co. KG	777
7.4.2	Steuerrechtliche Behandlung von Beteiligungen	777
7.4.2.1	Bestimmung der Einkunftsart	777
7.4.2.2	Werbungskosten	779
7.4.2.3	Gefahren bei der Einkünftequalifikation	779
7.4.2.3.1	Gewinnerzielungsabsicht	779
7.4.2.3.2	Die Zurechnung der Einkünfte auf Fondsgesellschaft und Gesellschafter	780
7.4.2.3.3	Gewerblicher Grundstückshandel	780
7.4.2.4	Erbschaft- und Schenkungsteuer	781
7.4.3	Wirtschaftliche Charakteristik	781
7.4.3.1	Unterscheidung der Fonds hinsichtlich der Zielgruppen	781
7.4.3.2	Unterscheidung des Fonds nach der Einkunftsart	784
7.4.3.3	Unterscheidung der Fonds nach der Anzahl der Objekte	784
7.4.3.4	Fungibilität der Anteile	785
7.4.3.5	Rendite	786
7.4.3.6	Sicherheit	788
7.5	Der offene Immobilienfonds	789
7.5.1	Rechtsform und gesetzlicher Handlungsrahmen	789
7.5.2	Wirtschaftliche Charakteristik	791
7.5.2.1	Anlagestrategie	791
7.5.2.2	Transparenz	792
7.5.2.3	Fungibilität der Anteilscheine	792

7.5.2.4	Aufgaben des Fondsmanagement	793
7.5.3	Die Bewertung des Fondsvermögens	794
7.5.3.1	Die Bewertung des Grundvermögens und des sonstigen Vermögens	794
7.5.3.2	Die Bewertung des einzelnen Anteilscheins	794

VII. Strukturierte Instrumente und Real Estate Investment Banking ... 795

1	**Grundlagen und Historie des Investment Banking**	**795**
1.1	Begriffsbestimmung	795
1.1.1	Investment Banking	795
1.1.2	Abgrenzung Commercial Banking	796
1.1.3	Universalbankensystem	797
1.1.4	Trennbankensystem	797
1.1.5	Investmentbanken	797
1.1.6	Historische Entwicklung Investment Banking	797
1.1.6.1	Ursprünge	797
1.1.6.2	Erste Kapitalmärkte	798
1.1.6.3	Angelsächsische Investmentbanken	798
1.1.6.4	Neuausrichtung des Investment Banking	800
1.1.6.5	Aktuelle Entwicklungen	801
1.1.6.6	Differenzierungsmerkmale des Investment Banking	802
1.1.7	Systematisierung des Investment Banking	802
1.1.7.1	Geschäftsfelder	802
1.1.8	Kunden	807
2	**Instrumente des Real Estate Investment Banking**	**807**
2.1	Private Equity	809
2.1.1	Begriffsbestimmung	809
2.1.1.1	J-Kurve	809
2.1.1.2	Business Angels	810
2.1.1.3	Venture-Finanzierung	810
2.1.1.4	Wachstumsfinanzierung	812
2.1.1.5	Bridge Financing	813
2.1.1.6	Mezzanine Financing	813
2.1.1.7	Buy-out	816
2.1.2	Exit-Optionen	817
2.1.2.1	Initial-Public-Offering	817
2.1.2.2	Management-Buy-out	818
2.1.2.3	Trade Sale	819
2.1.2.4	Secondary Sale	819
2.2	Securitisation als modernes Finanzierungs- und Kapitalmarktinstrument	820
2.2.1	Asset Backed Securities	821
2.2.1.1	Definition, Motive	821
2.2.1.2	Auswahl der zu verbriefenden Aktiva	821
2.2.1.3	Weitere Arten der Securitisation	822
2.2.1.4	Konzeptionen einer ABS-Transaktion	823
2.2.1.5	Mortgage Backed Securities	825

2.2.1.6	Vorteile einer Asset Securitisation	827
2.2.1.7	Risiken einer Asset Securitisation	828
2.2.1.8	Abgrenzung zum Factoring	829
2.2.2	Property Securitisation	829
3	**Produkte des Real Estate Investment Banking**	**831**
3.1	Projektfinanzierung	831
3.1.1	Einführung	831
3.1.2	Begriffsbestimmung	831
3.1.3	Abgrenzung der Projektfinanzierung zur traditionellen Kreditvergabe	831
3.1.4	Merkmale der Projektfinanzierung	832
3.1.4.1	Konzeption	832
3.1.4.2	Cashflow related lending	834
3.1.4.3	Typische Risikostruktur	835
3.1.5	Beteiligte der Projektfinanzierung	837
3.1.6	Organisationsformen und Finanzierungsinstrumente der Projektfinanzierung	839
3.2	Leasing	841
3.2.1	Formen des Leasings	843
3.3	Phasen der Projektfinanzierung	844
3.4	Immobilienaktiengesellschaften	847
3.4.1	Geschichte und Grundlagen	847
3.4.1.1	Gründung einer Aktiengesellschaft	848
3.4.1.2	Risikostruktur	850
3.4.2	Analyse von Immobilien-AGs	852
3.4.2.1	Typologie und Abgrenzung einzelner Erscheinungsformen	852
3.4.2.2	Die Struktur einer Immobilien-AG	853
3.4.2.3	Risikostruktur	856
3.4.2.4	Strategische Ausrichtung einer Immobilien-AG	858
3.4.2.5	Bewertung einer Immobilien-AG	859
3.4.2.6	Bewertungsmethoden	860
3.4.3	Vergleich der Immobilien-AGs mit Alternativanlagen	862
3.4.4	Substitutionskriterien von Immobilien-AGs im Vergleich zu klassischen Investmentanlagen	864
3.4.5	Zusammenfassung und Schlussfolgerung	865
3.5	Real Estate Investment Trusts	866
3.5.1	Systematisierung der REITs	866
3.5.2	Historische Entwicklung	866
3.5.3	Struktur eines G-REIT	867
3.5.4	Abgrenzung zu ähnlichen Anlagevehikeln	867
4	**Strukturierte Risikoinstrumente in der Immobilienwirtschaft**	**868**
4.1	Systematisierung der einzelnen Finanzderivate	868
4.2	Einsatzmotive von Finanzderivaten in der Immobilienfinanzierung	870
4.3	Produkte	872
4.3.1	Swaps	872
4.3.1.1	Currency Swap (Währungsswap)	873
4.3.1.2	Interest Rate Swap (Zins-Swap)	875

4.3.1.3	Forward-Swap	877
4.3.1.4	Swaption	878
4.3.1.5	Cross-Currency Swap	878
4.3.2	Finanztermingeschäfte	879
4.3.2.1	Finanz-Futures	879
4.3.2.2	Forward-Rate-Agreement	882
4.3.2.3	Bedingte Termingeschäfte	882
5	**Real Estate Asset Management**	**887**
5.1	Asset-Klassen	888
5.2	Dienstleistungen des Investment Banking	888
5.3	Immobilien-Portfoliomanagement	888
VIII.	**Bilanzierung/Basel II/Basel III**	**891**
1	**Bilanzierung von Immobilien nach HGB und IAS**	**891**
1.1	Grundlagen und Arten der nationalen und internationalen Rechnungslegung	891
1.1.1	Grundlage und Art der nationalen Rechnungslegung nach Handelsgesetzbuch (HGB)	891
1.1.2	Grundlage und Art der internationalen Rechnungslegung nach International Accounting Standards (IAS)	892
1.1.3	Synoptischer Vergleich der einzelnen Rechnungslegungsstandards	895
1.2	Bilanzierung und Bewertung der Immobilie nach HGB	897
1.2.1	Die Immobilie in der Bilanz nach HGB	897
1.2.2	Bewertung der Immobilie bei Vermögenszugang	898
1.2.3	Folgebewertung der Immobilie	899
1.2.4	Planmäßige und außerplanmäßige Abschreibung der Immobilie	901
1.2.5	Bilanzierung und Bewertung des Immobilien-Leasings	904
1.3	Bilanzierung der Immobilie nach IAS	905
1.3.1	Die Immobilie in der Bilanz nach IAS	905
1.3.2	Bewertung der Immobilie bei Vermögenszugang	907
1.3.3	Folgebewertung der Immobilie	908
1.3.3.1	Folgebewertung im Umlaufvermögen nach IAS 2	908
1.3.3.2	Folgebewertung im Sachanlagevermögen nach IAS 16	909
1.3.3.3	Folgebewertung als Finanzinvestition gehaltener Immobilien nach IAS 40	910
1.3.4	Planmäßige und außerplanmäßige Wertminderung nach IAS	912
1.3.4.1	Planmäßige Wertminderung nach IAS 16.41 für Sachanlagevermögen	912
1.3.4.2	Außerplanmäßige Wertminderung nach IAS 36 für Sachanlagevermögen	912
1.3.5	Beispiel Jahresgewinn nach IAS mit und ohne Bewertungsdifferenz	914
1.3.6	Bilanzierung und Bewertung des Immobilien-Leasing nach IAS 17	914
1.4	Synoptischer Vergleich von Bilanzierung, Bewertung und Leasing	917
2	**BASEL II – Die Eigenkapitalvereinbarung**	**918**
2.1	Der Basler Ausschuss für Bankaufsicht	918
2.2	Basel I – seine Kernaussage und Kritikpunkte	918
2.3	Basel II – seine Kernaussage und Ziele	919
2.4	Die drei Säulen von Basel II	919

3	**BASEL III – Die neue Eigenkapitalvereinbarung**	923
3.1	Basel III – Regelwerk zur Weiterentwicklung von Basel II	923
3.2	Kernelemente und Auswirkungen der Basel III-Reform	923
3.3	Auswirkungen von Basel II und Basel III auf die Immobilienwirtschaft	925

IX. Immobilienbewertung ... 929

1	**Grundlagen der Bewertung**	929
1.1	Wirtschaftswissenschaftliche Bewertungslehren	929
1.2	Die Begriffe Preis und Wert	931
1.3	Anlässe und Funktion der Immobilienbewertung	933
2	**Die Immobilienbewertung in Deutschland**	934
2.1	Rechtsgrundlagen und Historie der Immobilienbewertung	934
2.2	Der Verkehrswert	936
2.3	Aufbau der Immobilienwertverordnung 2010	938
2.4	Anwendungsbereich und Verfahrensgrundsätze (§§ 1–8 ImmoWertV10)	939
2.4.1	Anwendungsbereich der Wertermittlung (§ 1 ImmoWertV10)	939
2.4.2	Grundlagen der Wertermittlung (§ 2 ImmoWertV10)	940
2.4.3	Wertermittlungsstichtag und allgemeine Wertverhältnisse (§ 3 ImmoWertV10)	940
2.4.4	Qualitätsstichtag und Grundstückszustand (§ 4 ImmoWertV10)	941
2.4.5	Entwicklungszustand (§ 5 ImmoWertV10)	942
2.4.6	Weitere Grundstücksmerkmale (§ 6 ImmoWertV10)	942
2.4.7	Ungewöhnliche und persönliche Verhältnisse (§ 7 ImmoWertV10)	944
2.4.8	Ermittlung des Verkehrswertes (§ 8 ImmoWertV10)	944
2.5	Bodenrichtwert und sonstige erforderliche Daten (§§ 9–14 ImmoWertV10)	946
2.5.1	Grundlagen der Ermittlung (§ 9 ImmoWertV10)	946
2.5.2	Bodenrichtwerte (§ 10 ImmoWertV10)	946
2.5.3	Indexreihen (§ 11 ImmoWertV10)	947
2.5.4	Umrechnungskoeffizienten (§ 12 ImmoWertV10)	948
2.5.5	Vergleichsfaktoren für bebaute Grundstücke (§ 13 ImmoWertV10)	949
2.5.6	Marktanpassungsfaktoren und Liegenschaftszinssätze (§ 14 ImmoWertV10)	951
3.	**Verfahren der Wertermittlung**	953
3.1	Vergleichswertverfahren, Bodenwertermittlung (§§ 15, 16 ImmowertV10)	953
3.1.1	Ermittlung des Vergleichswerts (§ 15 ImmoWertV10)	953
3.1.2	Ermittlung des Bodenwerts (§ 16 ImmoWertV10)	953
3.1.3	Vergleichswertverfahren für bebaute und unbebaute Grundstücke	954
3.2	Der Ertragswert	959
3.2.1	Ermittlung des Ertragswerts (§ 17 ImmoWertV10)	959
3.2.2	Reinertrag, Rohertrag (§ 18 ImmoWertV10)	960
3.2.3	Bewirtschaftungskosten (§ 19 ImmoWertV10)	960
3.2.4	Kapitalisierung und Abzinsung (§ 20 ImmoWertV10)	961
3.2.5	Das Ertragswertverfahren	961
3.2.5.1	Bewertungsverfahren	961
3.2.5.2	Allgemeines Ertragswertverfahren (§ 17 Abs. 2 Nummer 1 ImmoWertV10)	966
3.2.5.3	Vereinfachtes Ertragswertverfahren (§ 17 Abs. 2 Nummer 2 ImmoWertV10)	967

3.2.5.4	Discounted Cashflow-Verfahren (§ 17 Abs. 2 Nummer 3 ImmoWertV10)	968
3.3	Sachwertverfahren (§§ 21, 22 und 23 ImmoWertV10)	970
3.3.1	Ermittlung des Sachwert (§ 21 ImmoWertV10)	970
3.3.2	Ermittlung der Herstellkosten (§ 22 ImmoWertV10)	970
3.3.3	Berücksichtigung der Alterswertminderung (§ 23 ImmoWertV10)	971
3.3.4	Der Sachwert und die Sachwertermittlung	971
3.3.5	Die Richtlinie zur Ermittlung des Sachwerts (Sachwertrichtlinie – SW-RL)	972
3.3.6	Normalherstellungskosten 2010	972
3.3.6.1	Brutto-Grundflächen (BGF)	974
3.3.6.2	Baupreisindex	974
3.3.6.3	Lineare Alterswertminderung	975
3.3.6.4	*Sachwertfaktoren*	975
3.3.6.5	Besondere objektspezifische Merkmale	975
3.3.7	Beispiel für die Berechnung des Sachwertes	975
3.4	Exkurs: Erbschaftsteuer- und Schenkungsteuergesetz – Gemeiner Wert	977
3.5	Beleihungswertverordnung	982
3.5.1	Entwicklung der Beleihungswertermittlung	982
3.5.2	Philosophie des Beleihungswertes	984
3.5.2.1	Anwendungsbereich des Beleihungswertes	984
3.5.2.2	Alte und neue Definition des Beleihungswertes	986
3.7.3	Wesentliche Änderungen in der Beleihungswertermittlung	989
3.5.4	Schwachstellen des § 25 BelWertV (Auslandsimmobilien)	993
3.6	Die Gutachterausschüsse	994
3.6.1	Organisation der Gutachterausschüsse	994
3.6.2	Aufgaben und Transparenzwirkung der Gutachterausschüsse	994
4	**Hedonische Immobilienbewertung**	998
5	**Internationale Immobilienbewertung**	1003
5.1	Internationale Konvergenz der Immobilienbewertung und Wertdefinitionen	1003
5.1.1	Der britische Bewertungsansatz	1004
5.1.2	Der us-amerikanische Bewertungsansatz	1005
5.2	(Institutionelle) Immobilienbewertung auf europäischer Ebene	1007
5.2.1	Royal Institution of Chartered Surveyors (RICS)	1007
5.2.1.1	Ziele und Aufgaben der RICS	1007
5.2.1.2	Inhalte des Red Book	1007
5.2.1.3	Wertbegriffe des Red Book	1008
5.2.2	The European Group of Valuers' Association – TEGoVA	1010
5.2.3	International Valuation Standards Committee (IVSC) – Internationale Wertermittlungsstandards (White Book)	1013
6	**Nicht normierte Wertermittlungsverfahren**	1015
6.1	Die Systematisierung der Wertermittlungsverfahren	1015
6.1.1	Normierte und nicht normierte Wertermittlungsverfahren	1015
6.1.2	Gegenüberstellung der deutschen und britischen Wertermittlungsverfahren	1015
6.2	Nicht normierte Verfahren in Deutschland	1016
6.2.1	Überschlagsverfahren	1016

6.2.2	Residualwertverfahren	1018
6.2.3	Sonstige Verfahren	1020
6.3	Nicht normierte Verfahren in Großbritannien	1020
6.3.1	Comparitive Method	1021
6.3.2	Depreciated Replacement Cost Approach (DRC-Approach)	1022
6.3.3	Investment Method	1023
6.3.3.1	Grundlagen	1023
6.3.3.2	Wertermittlung von zur Marktmiete vermieteten Objekten	1025
6.3.3.3	Wertermittlung von vermieteten Objekten unter der Marktmiete	1026
6.3.3.4	Marktmiete von über Marktmiete vermieteten Objekten	1029
6.3.3.5	Gegenüberstellung – Deutsches Ertragswertverfahren/Investment Method	1033
6.3.4	Profit Method	1034

X. Immobilienmarkt und Ausbildung 1037

1   **Die Notwendigkeit immobilienspezifischer Aus- und Weiterbildung** 1037

2   **Ausbildungsangebote** 1038

3   **Studium und Ausbildung an der Dualen Hochschule Baden-Württemberg, Fachhochschule und Universität** 1039

3.1	Vollzeitstudiengänge mit immobilienwirtschaftlichem Schwerpunkt	1039
3.2	Das duale Studium an der Dualen Hochschule Baden-Württemberg	1039
3.3	Berufsakademien nach dem Baden-Württemberger Modell	1040
3.4	Fachhochschulstudium	1041
3.5	Universitätsstudium	1041

4   **Weiterbildungen in der Immobilienwirtschaft** 1042

Literaturverzeichnis 1043

Weiterführende Literatur 1055

Stichwortverzeichnis 1063

Abkürzungsverzeichnis

A	Annuität
a.A.	anderer Ansicht
Abb.	Abbildung
ABWL	Allgemeine Betriebswirtschaftslehre
AbfG	Abfallgesetz
AfA	Absetzung für Abnutzung
AG	Aktiengesellschaft
AG	Amtsgericht
AGB	Allgemeine Geschäftsbedingungen
AktienG	Aktiengesetz
AO	Abgabenordnung
AoE	Außerordentliches Ergebnis
APT	Arbitrage Pricing Theory
ARY	All Risk Yield
BAB	Betriebsabrechnungsbogen
BAFA	Bundesamt für Wirtschaft und Ausfuhrkontrolle
BaFin	Bundesaufsichtsamt für Finanzdienstleistungsaufsicht
BauFG	Bauforderungen-Sicherungsgesetz
BauGB	Baugesetzbuch
BauNV	Baunutzungsverordnung
BauO	Bauordnung
BauR	Baurecht, Zeitschrift für öffentliches und ziviles Baurecht
BBauG	Bundesbaugesetz
BBodSchG	Bundes-Bodenschutzgesetz
BBodSchV	Bundes-Bodenschutz- und Altlastenverordnung
BewG	Bewertungsgesetz
BFH	Bundesfinanzhof
BGB	Bürgerliches Gesetzbuch
BGF	Bruttogeschossfläche
BGH	Bundesgerichtshof
BMBVS	Bundesministerium für Bau, Verkehr und Stadtentwicklung
BMF	Bundesminister für Finanzen
BMU	Bundesministerium für Umwelt, Naturschutz und Reaktorsicherheit
BMZ	Baumassenzahl
BNK	Baunebenkosten
BOOT	Build – Operate – Own – Transfer (– Modell)
BOT	Build – Operate – Transfer (– Modell)
BRD	Bundesrepublik Deutschland
BRI	Bruttorauminhalt
BSC	Balanced Scorecard
BSpG	Bausparkassengesetz
BT-Dr.	Bundestags-Drucksache
BV	Berechnungsverordnung
BWA	Betriebswirtschaftliche Auswertungen
BWK	Bewirtschaftungskosten
BWL	Betriebswirtschaftslehre
c. p.	ceteris paribus
CAFM	Computer Aided Facility Management
CAPM	Capital Asset Pricing Model
cm	Zentimeter
DAX	Deutscher Aktienindex
dB	Dezibel

DB	Deckungsbeitrag
DCF	Discounted Cashflow
DCF-Methode	Discounted Cashflow-Methode
DHH	Doppelhaushälfte
DIN	Deutsche Industrie Norm/Deutsches Institut für Normung e. V.
DRC	Depreciated Replacement Cost
DSCR	Dept Service Coverage Ratio
DVCS	Deutscher Verband Chartered Surveyors e. V.
DVFA/SG	Deutsche Vereinigung für Finanzanalyse und Asset Management/Schmalenbach-Gesellschaft
DVP	Deutscher Verband der Projektsteuerer e. V.
E	Ereignis
e. V.	eingetragener Verein
EFH	Einfamilienhaus
EGBGB	Einführungsgesetz zum Bürgerlichen Gesetzbuch
EK	Eigenkapital
EMLV	European Mortgage Lending Value
EN	Europäische Normeninstitution
EnEV	Energieeinsparverordnung
EP	Erfolgspotential
ErbbauVO	Erbbaurechtsverordnung
ErbStG	Erbschaftsteuergesetz
ESCS	European Society of Chartered Surveyors
EStG	Einkommensteuergesetz
EUV	Existing Use Value
EUV-SH	Existing Use Value for Social Housing
FCF	Free Cashflow
FF	Funktionsflächen
FK	Fremdkapital
FlM	Flächenmanagement
FM	Facility Manager/Facility Management
FMG	Finanzmarktförderungsgesetz
FRA	Forward Rate Agreement
Frz.	Französisch
G. u. G.	Grundstücksmarkt und Grundstückswert
GAB	Gebäudeabrechnungsbogen
GAB	Gesellschaft für Altlastensanierung mbH.
GB	Gewerbebetrieb
GBO	Grundbuchordnung
GbR	Gesellschaft bürgerlichen Rechts
GE	Geldeinheiten
GEFMA	German Facility Management Association
GenG	Genossenschaftsgesetz
GewO	Gewerbeordnung
GewStG	Gewerbesteuergesetz
GFZ	Geschossflächenzahl
GG	Grundgesetz
gif	Gesellschaft für immobilienwirtschaftliche Forschung e. V.
GIK	Gesamtinvestitionskosten
GK	Gesamtkapital
GmbH	Gesellschaft mit beschränkter Haftung
GmbHG	Gesetz betreffend die Gesellschaften mit beschränkter Haftung
GN	Guidance Note
GrEStG	Grunderwerbsteuergesetz
GrStG	Grundsteuergesetz
GRZ	Grundflächenzahl
GU	Generalunternehmer
GÜ	Generalübernehmer
GuV	Gewinn- und Verlustrechnung
GVG	Gerichtsverfassungsgesetz
ha	Hektar

HBG	Hypothekenbankgesetz
HGB	Handelsgesetzbuch
HKVO	Heizkostenverordnung
HOAI	Honorarordnung für Architekten und Ingenieure
Hyp Zert	Gesellschaft für Zertifizierung von Immobiliensachverständigen für Beleihungswertermittlung
Hz	Hertz
i	Gesamtkapitalkostensatz/Kalkulationszinsfuß
i.d.F.	in der Fassung
IAS	International Accounting Standards
IDRC	International Development Research Center
IF	Immobilienfonds
IfS-Zert mbH	IfS Zertifizierungsstelle für Grundstückssachverständige mbH
IFV	Interne Flächen-Verrechnung
IGM	Infrastrukturelles Gebäudemanagement
IHK	Industrie- und Handelskammer
II. BV	Zweite Berechnungsverordnung
ImmowertV	Immobilienwertermittlungsverordnung
InsO	Insolvenzordnung
IPC	Immobilien Profit-Center
IPD	Investment Property Databank
IRR	Internal Rate of RetuRn
IRRV	The Institute of Revenues Rating and Valuation
ISVA	The Incorporated Society of Valuers and Auctioneers
IVS	International Valuation Standards
IVSC	The International Valuation Standard Committee
JA	Jahresabschluss
KAG	Kapitalanlagegesellschaften
KAGG	Gesetz für Kapitalanlagegesellschaften
Kfix	fixe Kosten
KFW	Kreditanstalt für Wiederaufbau
KG	Kammergericht
KG	Kommanditgesellschaft
KGM	Kaufmännisches Gebäudemanagement
KGV	Kurs-Gewinn-Verhältnis
KI	Kreditinstitute
Kn	Einmalzahlung nach n-Perioden
KStG	Körperschaftsteuer
KV	Kapitalvermögen
Kvar	variable Kosten
KWF	Kapitalwiedergewinnungsfaktor
KWG	Kreditwesengesetz
kWh	Kilowattstunden
KZF	Kalkulationszinsfuß
LBO	Landesbauordnung
LG	Landesgericht
lmi	leistungsmengeninduziert
lmn	leistungsmengenneutral
m	Meter
MaBV	Makler- und Bauträgerverordnung
mbH	mit beschränkter Haftung
MBO	Musterbauordnung
MD	Mieterdarlehen
MF	Mietfläche
MIT	Massachussetts Institute of Technology
MV	Market Value
MwSt	Mehrwertsteuer
NAV	Net Asset Value
NE	Nutzungseinheit
NF	Nutzflächen
Nij	Zielerreichungsgrad der Alternativen

NIÖ	Neue Institutionenökonomik
NJW	Neue juristische Wochenschrift
NPV	Net Present Value
NPVCR	Net Present Value Coverage Ratio
NZBau	Neue Zeitschrift für Baurecht und Vergaberecht
OCF	Operating Cashflow
OECD	Organisation of Economic Cooperation of Development
OHG	Offene Handelsgesellschaft
OIF	offener Immobilien Fonds
OLG	Oberlandesgericht
ÖPNV	Öffentlicher Personennahverkehr
OTC	Over the Counter
p. A.	per Annum
PE	Projektentwicklung
PFI	Private Finanzierung öffentlicher Investitionen
PPP	Public Private Partnership
PrAKG	Preisangaben- und Preisklauselgesetz
PrKV	Preisklauselverordnung
PS	Practice Statement
PSM	Portfolio Selection Model
QST	Qualitätsstichtag
RBF	Rentenbarwertfaktor
RBW	Restbuchwert
RDM	Ring Deutscher Makler e.V.
REIT	Real Estate Investment Trust
RH	Reihenhaus
RICS	The Royal Institution of Chartered Surveyors
RLBau	Richtlinien für die Planung und Durchführung von Bauaufgaben
RND	Restnutzungsdauer
RoCE	Rate of return on capital employed
RoI	Return on Investment
RRBau	Richtlinien für die Durchführung von Bauaufgaben des Bundes im Zuständigkeitsbereich der Finanzbauverwaltungen
RW	Restwert
SBV	Schädliche Bodenveränderung(en)
SGE	Strategische Geschäftseinheit
SPV	Special Purpose Vehicle
SRU	Der Rat von Sachverständigen für Umweltfragen
StGB	Strafgesetzbuch
SVG	Sachverständigengremium
t	Zeitpunkt
TA	Teilamortisation
TEGoVA	The European Group of Valuers Association
TGA	Trägergemeinschaft für Akkreditierung
TGM	Technisches Gebäudemanagement
TÖB	Träger Öffentlicher Belange
TÜV	Technischer Überwachungsverein
U	Umsatz
UBA	Umweltbundesamt
UmwG	Umwandlungsgesetz
URG	Umweltrahmengesetz
US-GAAP	United States Generally Accepted Accounting Principles
USP	Unique Selling Proposition
UStG	Umsatzsteuergesetz
UVU	Umweltverträglichkeitsuntersuchung
UW	Unternehmenswert
VA	Vollamortisation
VdH	Verband deutscher Hypothekenbanken
VDM	Verband Deutscher Makler e.V.
VF	Verkehrsflächen
VHB	Vergabehandbuch Bau

VOB	Verdingungsordnung für Bauleistungen
VOF	Verdingungsordnung für freiberufliche Leistungen
VOL	Verdingungsordnung für Leistungen
VPMB	Value of Plant and Machinery to the Business
VV	Vermietung und Verpachtung
VWL	Volkswirtschaftslehre
W	Watt
WährG	Währungsgesetz
WE	Wohneinheiten
WertR	Wertermittlungsrichtlinien
WF-Zert	Wertermittlungsforum Zertifizierungsgesellschaft für Grundstückssachverständige
WHG	Wasserhaushaltsgesetz
WiStG	Wirtschaftsstrafgesetz
WoBauG	Wohnungsbaugesetz
WoVermittG	Wohnungsvermittlungsgesetz
WpHG	Wertpapierhandelsgesetz
ZPO	Zivilprozessordnung
ZVG	Zwangsversteigerungsgesetz

Abbildungsverzeichnis

Abb. I 1:	Wurzeln der Immobilienwirtschaft	6
Abb. I 2:	Der interdisziplinäre Ansatz der Immobilienbetriebslehre	13
Abb. I 3:	Definition der Immobilie	14
Abb. I 4:	Grundstück aus wirtschaftlicher und rechtlicher Sicht	15
Abb. I 5:	Immobilienarten	15
Abb. I 6:	Eigenschaften der Immobilie	17
Abb. I 7:	Immobilien-Investments	18
Abb. I 8:	Indirekte Immobilienanlagen	19
Abb. I 9:	Übersicht über internationale Anlageformen	19
Abb. I 10:	Die betriebswirtschaftliche und immobilienwirtschaftliche Ebene	21
Abb. I 11:	Das funktionale System des Immobilienmarktes	22
Abb. I 12:	Der Immobilienmarkt als unvollkommener Markt	23
Abb. I 13:	Determinanten auf dem Immobilienmarkt	25
Abb. I 14:	Staatlicher Einfluss auf den Immobilienmarkt	27
Abb. I 15:	Teilmärkte des Immobilienmarktes	28
Abb. I 16:	Baulandentwicklung	29
Abb. I 17:	Gebiete gemäß Baunutzungsverordnung (BauNVO)	29
Abb. I 18:	Übersicht über die räumlichen Immobilienteilmärkte	32
Abb. I 19:	Beteiligte am Immobilienmarkt	33
Abb. I 20:	Lebensdauer verschiedener Immobilienarten	37
Abb. I 21:	Der Lebenszyklus der Immobilie	38
Abb. I 22:	Der Immobilienzyklus	39
Abb. I 23:	Entwicklung von Nachfrage und Angebot auf dem Immobilienmarkt	40
Abb. I 24:	Der Kapitalbegriff	40
Abb. I 25:	Zusammenhang von Investitionen und Immobiliensektor	41
Abb. II 1:	Begriffsdefinition „Grundstück"	46
Abb. II 2:	Grundstücksbestandteile	48
Abb. II 3:	Das Eigentumsrecht und die dinglichen Teilrechte	52
Abb. II 4:	Formen des Besitzes	52
Abb. II 5:	Eigentumsverhältnisse	53
Abb. II 6:	Das dingliche Recht	54
Abb. II 7:	Historie des Grundbuches	56
Abb. II 8:	Realfolium und Personalfolium	59
Abb. II 9:	Grundbuchaufteilung	60
Abb. II 10:	Lasten und Beschränkungen Abteilung II	62
Abb. II 11:	Grundbuchauszug Deckblatt und Bestandsverzeichnis (1. Seite)	64
Abb. II 12:	Grundbuchauszug Bestandsverzeichnis (2. Seite)	65
Abb. II 13:	Grundbuchauszug Abteilung I	65
Abb. II 14:	Grundbuchauszug Abteilung II	66
Abb. II 15:	Grundbuchauszug Abteilung III	67
Abb. II 16:	Aufbau des Liegenschaftskatasters	70
Abb. II 17:	Regelungen zum Erbbauzins	77
Abb. II 18:	Höhe des Erbbauzinsfußes (Richtwerte)	80
Abb. II 19:	Einordnung der Nutzungsrechte	89
Abb. II 20:	Zusammenfassung der Nutzungsrechte	96
Abb. II 21:	Einordnung der Erwerbsrechte	97
Abb. II 22:	Vorkaufsrechte im Überblick	98
Abb. II 23:	Zusammenfassung der Erwerbsrechte	102
Abb. II 24:	Einordnung der Sicherungs- und Verwertungsrechte	103
Abb. II 25:	Zusammenfassung der Sicherungs- und Verwertungsrechte	109
Abb. II 26:	Arten der Zwangsvollstreckung	110

Abb. II 27:	Ablauf und Inhalt der Zwangsversteigerung	111
Abb. II 28:	Beispielrechnung Zwangsversteigerung	114
Abb. II 29:	Einordnung Baulasten	115
Abb. II 30:	Situation zur Abstandsbaulast	117
Abb. II 31:	Situation zur Erschließungsbaulast	118
Abb. II 32:	Situation zur Stellplatzbaulast	118
Abb. II 33:	Aufbau der VOB	119
Abb. II 34:	Formen der Abnahme beim Bauvertrag nach VOB	137
Abb. II 35:	Werkvertragliche Regelung beim Architekten- und Ingenieurvertrag	146
Abb. II 36:	Geltungsbereiche der HOAI	147
Abb. II 37:	Leistungsarten	149
Abb. II 38:	Das Leistungsbild Objektplanung für Gebäude	150
Abb. II 39:	Bestandteile der Honorarermittlung	151
Abb. II 40:	Honorarzonen	152
Abb. II 41:	Honorararten	153
Abb. II 42:	Anforderungen an die Honorarschlussrechnung	158
Abb. II 43:	Ermittlung des Honorars bei Gebäuden	159
Abb. II 44:	Beispiel Gebäude (Wohngebäude): Allgemeine Berechnung Mindesthonorar	160
Abb. II 45:	Allgemeine Formel für die lineare Interpolation	161
Abb. II 46:	Beispiel Gebäude (Wohngebäude): Berechnung Mindesthonorar mit Formel der linearen Interpolation	161
Abb. II 47:	Beispiel Gebäude (Wohngebäude): Berechnung Mittelsatzhonorar	162
Abb. II 48:	Beispiel Gebäude (Wohngebäude): Honorarberechnung bei Erbringung von ausgewählten Leistungsphasen	163
Abb. II 49:	Beispiele für Altstandorte	166
Abb. II 50:	Beispiele für Altablagerungen	166
Abb. II 51:	Abgrenzung und Beispiele für militärische Altlasten	167
Abb. II 52:	Abgrenzung von Altlasten und schädlichen Bodenveränderungen	171
Abb. II 53:	Chronologischer Ablauf der Altlastenerforschung	172
Abb. II 54:	Informationen für die historische Erkundung	175
Abb. II 55:	Informationsquellen und ihre Eignung für die historische Erkundung	176
Abb. II 56:	Untersuchungsobjekte zur Feststellung von Exposition durch Schadstoffe	179
Abb. II 57:	Wichtige Kriterien im Rahmen der Sanierungsuntersuchung	182
Abb. II 58:	Verschiedene Maßnahmen im Rahmen der Sanierung	184
Abb. II 59:	Sicherungsmaßnahmen	185
Abb. II 60:	Dekontaminationsmaßnahmen	187
Abb. II 61:	Schutz- und Beschränkungsmaßnahmen	188
Abb. II 62:	Arten der Sanierungsverantwortlichkeit	190
Abb. II 63:	Verkehrswertermittlung eines kontaminierten Grundstücks (unbebaut)	194
Abb. II 64:	Gliederung der Denkmalschutzbehörden und deren Aufgaben	197
Abb. II 65:	Erfassung schutzwürdiger Objekte	200
Abb. II 66:	Möglichkeiten der finanziellen Förderung für denkmalgeschützte Objekte	206
Abb. II 67:	Ertragswertermittlung von Grundstücken mit Baudenkmälern	209
Abb. II 68:	Abstraktionsprinzip	210
Abb. II 69:	Teile des rechtsgeschäftlichen Grundstückserwerbs	210
Abb. II 70:	Wesentliche Bestandteile des Kaufvertrages	211
Abb. II 71:	Die dingliche Übereignung	212
Abb. II 72:	Eintragung im Grundbuch	212
Abb. II 73:	Übersicht über die Arten von Sachmängeln (§ 434 BGB)	225
Abb. II 74:	Vormerkung	230
Abb. II 75:	Ablauf eines Zusammenschlusskontrollverfahrens	239
Abb. III 1:	Standortdefinition	245
Abb. III 2:	Standortfaktoren	246
Abb. III 3:	Standortlehre nach Thünen	247
Abb. III 4:	Optimaler Produktionsstandort bei zwei Reingewichtsmaterialien	250
Abb. III 5:	Optimaler Produktionsstandort bei zwei Gewichtsverlustmaterialien	252
Abb. III 6:	Einfluss der Arbeitskosten auf die Wahl des Produktionsstandortes	253
Abb. III 7:	Das Prinzip der zentralen Orte	254
Abb. III 8:	Anordnungsmöglichkeiten der zentralen Orte	255
Abb. III 9:	Bienenwabensystem nach Christaller	256

Abb. III 10:	Standortfaktoren nach Nutzungsart der Immobilie	258
Abb. III 11:	Beispiel Nutzwertanalyse	259
Abb. III 12:	Beispiel Stärken-Schwächen-Analyse	260
Abb. III 13:	Beispiel Standortanalyse mittels Real Estate Norm	261
Abb. III 14:	Ablauf der Standortanalyse	262
Abb. III 15:	Ablauf der Marktanalyse	267
Abb. III 16:	Methoden der Informationsbeschaffung	268
Abb. III 17:	Methodenwahl – Primär- und Sekundärforschung	269
Abb. III 18:	Beziehung der Ausgangsfaktoren in der Projektentwicklung	271
Abb. III 19:	Akteure in der Projektentwicklung	271
Abb. III 20:	Kostenverlauf im Immobilienzyklus	274
Abb. III 21:	Bezug der Baukosten zu den Planungskosten (konventionell/nutzungsorientiert)	275
Abb. III 22:	Phasen der Projektentwicklung	276
Abb. III 23:	Darstellung der Phasen und Zwischenschritte der Entwicklung von Neubauprojekten	276
Abb. III 24:	Ablauf der Projektinitiierungsphase	277
Abb. III 25:	Frontdoor-Approach	278
Abb. III 26:	Backdoor-Approach	279
Abb. III 27:	Ablauf der Projektkonzeptionsphase	280
Abb. III 28:	Übersicht der Rechtsvorschriften im Baurecht	284
Abb. III 29:	Wettbewerbsanalyse für eine Büroimmobilie	292
Abb. III 30:	Rendite-Risiko-Spektrum bei ausgewählten Immobilieninvestitionen	293
Abb. III 31:	Systematische Risiken bei einer Immobilieninvestition	294
Abb. III 32:	Unsystematische Risiken bei einer Immobilieninvestition	295
Abb. III 33:	Ausgangsdaten der Projektinitiierung	297
Abb. III 34:	Grunderwerbskosten	297
Abb. III 35:	Kostengruppen der DIN 276 Kosten im Hochbau	297
Abb. III 36:	Baukosten	298
Abb. III 37:	Dienstleistungen	298
Abb. III 38:	Finanzierungskosten	299
Abb. III 39:	Gesamtinvestition	299
Abb. III 40:	Rendite und Trading Profit	300
Abb. III 41:	Stufen der Projektrealisierung	301
Abb. III 42:	Prozesskette A bis O der Projektentwicklung bei Bestandsimmobilien	304
Abb. III 43:	Zusammenhang der Leistungsphasen AHO und HOAI	314
Abb. III 44:	Detaillierungsgrad von Terminplänen	326
Abb. III 45:	Beispiel für einen Balkenplan	327
Abb. III 46:	Vorgangsfeld eines Netzplanes	328
Abb. III 47:	Unterschiedlich gewichtete Projektziele	332
Abb. III 48:	Bau-Projektmanagement im Lebenszyklus einer Immobilie	333
Abb. III 49:	Abgrenzung Projektleitung/Projektsteuerung	337
Abb. III 50:	Einbindung Projektleitung/-steuerung in die Bauherrenorganisation	337
Abb. III 51:	Der allgemeingültige Projektstrukturplan	339
Abb. III 52:	Die zentrale Stellung des Baumanagers in der Projektorganisation	340
Abb. III 53:	Kapazitätsplanung bei Bauprojekten	344
Abb. III 54:	Prüfliste für Termine	346
Abb. III 55:	Kommunikationsmodelle des Informationsmanagements	347
Abb. III 56:	Bestandteile der Kostenplanung	349
Abb. III 57:	Mittelabflussplanung als Instrument des Kostenmanagements	350
Abb. III 58:	Strategische Grundausrichtungen zur Gestaltung der Lebenszykluskosten von Immobilien	352
Abb. III 59:	Fehlerursachen im Bauwesen	354
Abb. III 60:	Baugrubenböschung mit Berme	357
Abb. III 61:	Beispiele Verbauarten	358
Abb. III 62:	Einzelfundament und Streifenfundament	359
Abb. III 63:	Plattenfundament und Tiefgründung	360
Abb. III 64:	Abdichtung und Dränage	361
Abb. III 65:	Mauerwerkskonstruktionen	362
Abb. III 66:	Schematische Darstellung einiger Grundformen ebener Massivdecken	363
Abb. III 67:	Plattenbalkendecke	364
Abb. III 68:	Treppengrundrisse (Schematische Darstellung nach DIN 18064)	364

Abb. III 69:	Bezeichnung von Stufenteilen	365
Abb. III 70:	Bezeichnung von Treppenteilen	366
Abb. III 71:	Bezeichnung der Fenster nach Öffnungs- bzw. Flügelarten	368
Abb. III 72:	Pultdach und Sheddach	369
Abb. III 73:	Satteldach und Walmdach	369
Abb. III 74:	Satteldach mit Krüppelwalm und Mansarddach	370
Abb. III 75:	Zeltdach und Flachdach	370
Abb. III 76:	Massivdecke	372
Abb. III 77:	Deckenkonstruktionen	373
Abb. III 78:	Strahlungs- und Konvektionsanteile verschiedener Heizungsarten	375
Abb. III 79:	Die Luft auf dem Weg durch die RLT-Anlage	376
Abb. III 80:	Schema Luftaufbereitungsstufen	377
Abb. III 81:	Wärmerückgewinnung	378
Abb. III 82:	Seilaufzug mit und ohne Triebwerksraum	382
Abb. III 83:	Hydraulikaufzug mit zentralem Kolben und Kolben neben dem Fahrkorb	383
Abb. IV 1:	Immobilien-Marketing aus der Sicht der Wissenschaft	385
Abb. IV 2:	Einflussgrößen auf das Immobilien-Marketing	387
Abb. IV 3:	Immobilienlebenszyklus und Aufgaben des Immobilien-Marketings	389
Abb. IV 4:	Strategische Zielsetzung bei der Vermietung von Großimmobilien	391
Abb. IV 5:	Abgrenzung von Strategie und Taktik	392
Abb. IV 6:	Klassische Marketinginstrumente	393
Abb. IV 7:	Portfolioanalyse in einer Neun-Feld-Matrix	396
Abb. IV 8:	Serviceleistungen in der Immobilienwirtschaft	398
Abb. IV 9:	Zielgruppenplanung bei der Vermarktung von Großimmobilien	401
Abb. IV 10:	Kriterien zur Wahl eines Distributionssystems	404
Abb. IV 11:	Handlungsfelder der Kontrahierungspolitik	405
Abb. IV 12:	Potentiale und Nutzen eines Internetauftritts	407
Abb. IV 13:	Funktionen des Marketing-Controllings	409
Abb. IV 14:	Immobilienarten	415
Abb. IV 15:	Mögliche Beziehungen zwischen Makler, Käufer/Mieter und Verkäufer/Vermieter	424
Abb. IV 16:	Exposéfunktionen	436
Abb. IV 17:	Einteilung der Immobilientypen	446
Abb. IV 18:	Abgrenzung der verschiedenen Verwaltungsformen	446
Abb. IV 19:	Zum Sondereigentum gehörende Räume und Gebäudebestandteile	450
Abb. IV 20:	Zum Gemeinschaftseigentum gehörende Räume und Gebäudebestandteile	451
Abb. IV 21:	Wesentliche Inhaltspunkte eines Teilungsvertrages	453
Abb. IV 22:	Im Teilungsvertrag aufgelistete Eigentumseinheiten und Miteigentumsanteile	454
Abb. IV 23:	Möglicher Gegenstand der Gemeinschaftsordnung	456
Abb. IV 24:	Regelungen die Gemeinschaft betreffend	459
Abb. IV 25:	Berechtigungen der Miteigentümer	460
Abb. IV 26:	Verpflichtungen der Miteigentümer	462
Abb. IV 27:	Verwaltungsorgane	464
Abb. IV 28:	Ablauf von der Bestellung bis zur Tätigkeitsaufnahme des Verwalters	464
Abb. IV 29:	Wesentliche Inhalte des § 26 WEG	466
Abb. IV 30:	Inhalt eines Verwaltervertrages	467
Abb. IV 31:	Aufgaben und Befugnisse des Wohnungseigentumsverwalters	469
Abb. IV 32:	Die drei Säulen der WEG-Verwaltung	470
Abb. IV 33:	Wirtschaftliche/kaufmännische Säule	470
Abb. IV 34:	(Bau-)technische Säule	470
Abb. IV 35:	Allgemeine und rechtliche Säule	471
Abb. IV 36:	Mögliche Tagesordnungspunkte einer Eigentümerversammlung	473
Abb. IV 37:	Prinzipien zur Mehrheitsberechnung	475
Abb. IV 38:	Betriebswirtschaftliches und technisches Immobilienmanagement	479
Abb. IV 39:	Klassifizierung betrieblicher Immobilien	480
Abb. IV 40:	Das Fünf-Stufen Modell	482
Abb. IV 41:	Ziele und Aufgaben des betrieblichen Immobilienmanagements	487
Abb. IV 42:	Entwicklung des Facility Management im Zeitverlauf	494
Abb. IV 43:	Beeinflussbarkeit der Kosten/Kostenverlauf im Lebenszyklus	498
Abb. IV 44:	Anbieter und Nachfrager im Facility Management	499
Abb. IV 45:	Unterschiedliche Schwerpunkte des FM	500

Abbildungsverzeichnis

Abb. IV 46:	Zielsystem der Beteiligten am Facility Management Prozess.	504
Abb. IV 47:	Ausbildungspyramide nach GEFMA	506
Abb. IV 48:	Marktvolumen der FM-Märkte in Europa (2005)	509
Abb. IV 49:	Begriffsvariationen rund um das Facility Management	510
Abb. IV 50:	Integrales Modell des Facility Managements	514
Abb. IV 51:	Überblick über den normativen Rahmen.	515
Abb. IV 52:	Ebenen der Normungseinheit	519
Abb. IV 53:	Aufgaben im Lebenszyklus eines Gebäudes	520
Abb. IV 54:	Die unterschiedlichen Sichten bei der Immobilienbewirtschaftung	521
Abb. IV 55:	Aufgaben des Property Managements.	523
Abb. IV 56:	Umsetzung der Bewirtschaftung	526
Abb. IV 57:	Formalaufbau einer Bilanz	527
Abb. IV 58:	Verrechnungstechnischer Ablauf.	528
Abb. IV 59:	Beispiel einer BSC für Immobilienunternehmen	533
Abb. IV 60:	Aufwand und Nutzen in Abhängigkeit der Benchmarking-Art.	534
Abb. IV 61:	Lebenszyklusorientierte Immobilienbewirtschaftung	535
Abb. IV 62:	Abgrenzung strategisches und operatives Controlling	536
Abb. IV 63:	Kennzahlenpyramide für Betriebskosten	538
Abb. IV 64:	Wandel in der FM-relevanten Gebäudetechnik.	539
Abb. IV 65:	Leistungsbild des technischen Gebäudemanagements	539
Abb. IV 66:	Leistungen des technischen Gebäudemanagements nach verschiedenen Richtlinien.	540
Abb. IV 67:	Gliederung der Instandhaltungsmaßnahmen und deren Ziele422.	541
Abb. IV 68:	Infrastrukturelle Dienstleistungen nach DIN 32 736, GEFMA 100 und VDMA 24 196.	543
Abb. IV 69:	Leistungsbilder der Reinigungsdienste nach DIN 32 736, GEFMA 100 und VDMA 24 196.	545
Abb. IV 70:	Leistungsbilder der Hausmeisterdienste nach DIN 32 736 und GEFMA 100	546
Abb. IV 71:	Leistungsbilder der Sicherheitsdienste nach DIN 32 736, GEFMA 100 und VDMA 24 196.	547
Abb. IV 72:	Flächengliederung gem. DIN 277.	548
Abb. IV 73:	Anforderungen eines CAFM-Systems nach GEFMA 400 (2002)	550
Abb. IV 74:	Der unendliche Lebenszyklus einer Immobili	551
Abb. IV 75:	Der Lebenszyklus und ganzheitliche FM-Ansatz	551
Abb. IV 76:	HOAI- und Lebenszyklusphasen nach Kahlen	553
Abb. IV 77:	Charakterisierung der Lebenszykluskosten.	554
Abb. IV 78:	Meilensteine des FM im Immobilienlebenszyklus angelehnt an GEFMA 100-1:2004	555
Abb. IV 79:	Lebensdauer von Immobilien	556
Abb. IV 80:	Lebensdauer von technischen Anlagen.	556
Abb. IV 81:	Zyklische Darstellung von GEFMA	558
Abb. IV 82:	Ablaufschema eines In- bzw. Outsourcings	559
Abb. IV 83:	Pro und Contra Beispiele für Outsourcing in der Immobilienwirtschaft	560
Abb. IV 84:	Spektrum des Outsourcing	561
Abb. IV 85:	Aspekte des Wertorientierten Facility Management	562
Abb. IV 86:	HGB und IFRS im Vergleich.	564
Abb. IV 87:	Endogene objektbezogene Erfolgsfaktoren der Immobilie.	568
Abb. IV 88:	Abgrenzungsrechnung in statistisch-tabellarischer Form	570
Abb. IV 89:	Charakter immobilienbezogener Kosten.	571
Abb. IV 90:	Hilfskostenstellenplan.	572
Abb. IV 91:	Funktionsweise des Gebäudeabrechnungsbogens (GAB).	573
Abb. IV 92:	Hauptprozesse im Gebäudemanagement	574
Abb. IV 93:	Teilprozesse des IPC	575
Abb. IV 94:	Bestimmung der Teilprozesskostensätze	577
Abb. IV 95:	Berechnung der Teilprozesskostensätze und Umlegung auf die Kostenträger	578
Abb. IV 96:	Die einstufigen, differenzierten immobilienbezogenen Divisionskalkulationen	579
Abb. IV 97:	Einstufige immobilienbezogene Äquivalenzziffernkalkulation	580
Abb. IV 98:	GAB II zur Kostenträgerzeitrechnung	581
Abb. IV 99:	Mehrstufige Deckungsbeitragsrechnung.	582
Abb. IV 100:	Reportingkalender des „IPC"	584
Abb. IV 101:	Betriebskostenreport des „IPC"	585
Abb. IV 102:	Nutzungsplanung des „IPC"	586
Abb. IV 103:	Betriebsplanung mit Fokus auf der Kostenart Reinigungskosten	586

Abb. IV 104:	Auszug aus der Instandhaltungsplanung.	587
Abb. IV 105:	Verbrauchsplanung mit Fokus auf der Kostenart Strom/Energie	587
Abb. IV 106:	Auszug aus der Serviceplanung mit Schwerpunkt auf Objektmanagerkosten	588
Abb. IV 107:	Liquiditäts- und Ergebnisplanung des „IPC"	589
Abb. IV 108:	Benchmarking-Prozess und Umsetzungsbeispiel	590
Abb. IV 109:	Kostenplanung bei flexibler Kostenrechnung	590
Abb. IV 110:	Kostenkontrolle bei flexibler Plankostenrechnung	591
Abb. IV 111:	Teilprozess Störungsmanagement	592
Abb. IV 112:	Betrachtungsdimensionen im Portfoliomanagement	594
Abb. IV 113:	Technologisches Zielsystem für den Objektlebenszyklus.	595
Abb. IV 114:	Vor- und Nachteile der Instandhaltungsstrategien.	597
Abb. IV 115:	Bestimmung der strategischen Bauteile mit Hilfe der DIN 276	598
Abb. IV 116:	Ausführungskosten für Bodenbeläge	599
Abb. IV 117:	Berechnung der Lebenszykluskosten für Bodenbeläge	600
Abb. IV 118:	SAP Real Estate Map, Edition 2003	601
Abb. IV 119:	Immobilienwirtschaftlich angepasstes DuPont-Kennzahlensystem	603
Abb. IV 120:	Kennzahlenpyramide für Betriebskosten	604
Abb. IV 121:	Ursachen-Wirkungs-Beziehungen.	605
Abb. IV 122:	Perspektiven der Balanced Scorecard	605
Abb. IV 123:	Beispiel einer Balanced Scorecard in einem Immobilienunternehmen	606
Abb. V 1:	Verfahren der Investitionsrechnung.	642
Abb. V 2:	Gegenüberstellung der statischen und dynamischen Verfahren	642
Abb. V 3:	Vergleich der statischen Investitionsverfahren	646
Abb. V 4:	Barwert wird zum Endkapital aufgezinst	649
Abb. V 5:	Grafische Darstellung des Zinseszinseffekts.	649
Abb. V 6:	Endkapital wird zum Barwert abgezinst	650
Abb. V 7:	Zeitpunkte der Einzahlungen ar in der Zahlungsreihe t	650
Abb. V 8:	Zeitstrahl	650
Abb. V 9:	Annuitäten werden zum Rentenendwert aufgezinst	651
Abb. V 10:	Annuitäten werden zum Rentenbarwert abgezinst	651
Abb. V 11:	Bestimmung der Annuität mit gegebenem Rentenendwert.	652
Abb. V 12:	Bestimmung der Annuität mit gegebenem Rentenbarwert	653
Abb. V 13:	Erklärung der Kapitalwertformel	654
Abb. V 14:	Negative und positive Kapitalwertdarstellung.	654
Abb. V 15:	Interner Zinsfuß.	655
Abb. V 16:	Schaubild zur linearen Interpolation.	656
Abb. V 17:	Ermittlung des Free Cashflows	658
Abb. V 18:	DCF-Methode als Grenzpreisbetrachtung.	660
Abb. V 19:	Dichtefunktion.	664
Abb. V 20:	Abgrenzung von Sicherheit und Ungewissheit	665
Abb. V 21:	Indifferenzkurven der drei Risikotypen.	666
Abb. V 22:	Übersicht der internen und externen Risiken bei Immobilieninvestitionen	667
Abb. V 23:	Beispiel einer Scoring-Analyse für die Standortwahl eines Wohngebäudeneubaus	669
Abb. V 24:	Beispiel einer SWOT-Matrix.	671
Abb. V 25:	Grafische Darstellung der Approximation	674
Abb. V 26:	Grafische Darstellung der Verteilungsfunktion.	675
Abb. V 27:	Dichtefunktion einer Standardnormalverteilung.	676
Abb. V 28:	Grafische Darstellung der Standardnormalverteilung.	677
Abb. V 29:	Übersicht der gebräuchlichsten Werte.	678
Abb. V 30:	Grafische Darstellung der Fläche D(z)	678
Abb. V 31:	Grafische Darstellung der Werte der Verteilungsfunktion $\Phi(-z)$	679
Abb. V 32:	Grafische Darstellung der Werte der Verteilungsfunktion $\Phi(+z)$	679
Abb. V 33:	Grafische Darstellung der Volatilität.	680
Abb. V 34:	Wahrscheinlichkeitswerte Ein- bis Drei-Sigma	680
Abb. V 35:	Wahrscheinlichkeitsverteilung	681
Abb. V 36:	Risikonutzenfunktion	681
Abb. V 37:	Entscheidungsmatrix	682
Abb. V 38:	Gesamtrisiko unter einer Verteilungskurve	683
Abb. V 39:	Das magische Dreieck der Investitionsziele	684
Abb. V 40:	Beispiel zu risikoreduzierender Wechselwirkung zwischen Assets	686

Abbildungsverzeichnis

Abb. V 41:	Beispiel zur Portfoliorendite	687
Abb. V 42:	Risikoübersicht	688
Abb. V 43:	Systematisches und unsystematisches Risiko	688
Abb. V 44:	Risikostruktur eines Immobilienportfolios	689
Abb. V 45:	Beispielangaben zur Berechnung der Standardabweichung	690
Abb. V 46:	Berechnung der Rendite der einzelnen Anlageobjekte	690
Abb. V 47:	Berechnung der Varianz bzw. Standardabweichung der einzelnen Anlageobjekte	690
Abb. V 48:	Veranschaulichung der Ergebnisse	691
Abb. V 49:	Beispielangaben zur Berechnung der Standardabweichung auf Portfolioebene	691
Abb. V 50:	Berechnung der Rendite und Standardabweichung auf Portfolioebene	691
Abb. V 51:	Grafische Darstellung der Ergebnisse	692
Abb. V 52:	Berechnung der Portfoliovarianz	692
Abb. V 53:	Rendite-Risiko-Auswirkungen	693
Abb. V 54:	Berechnung der Korrelation	693
Abb. V 55:	μ-σ-Diagramm	694
Abb. V 56:	Risikoeffizienz-Diagramm	695
Abb. V 57:	Traditionelle Nutzenindifferenzkurve	696
Abb. V 58:	Moderne Nutzenindifferenzkurve	696
Abb. V 59:	Optimales Portfolio	697
Abb. V 60:	Varianzminimales Portfolio	698
Abb. V 61:	Die Nutzenindifferenzkurve liegt unterhalb der risikoeffizienten Linie	698
Abb. V 62:	Die Nutzenindifferenzkurve liegt oberhalb der risikoeffizienten Linie	699
Abb. V 63:	Erfahrungskurve	702
Abb. V 64:	6-Phasen-Schema Lebenszyklusmodell	703
Abb. V 65:	Qualitativer Portfoliomanagement-Prozess	703
Abb. V 66:	Marktanteils-/Marktwachstumsportfolio	704
Abb. V 67:	Portfoliomatrix nach McKinsey	706
Abb. V 68:	Basisstrategien McKinsey-Matrix	707
Abb. V 69:	Dreidimensionales Portfoliomodell	708
Abb. V 70:	Charakterisierung der Asset Allocation	709
Abb. V 71:	Jones Lang LaSalle Büroimmobilienuhr – 4. Quartal 2011	711
Abb. V 72:	„Schweinezyklus"	711
Abb. VI 1:	Instrumente zur Finanzierung im Überblick	718
Abb. VI 2:	Einteilung von Krediten	719
Abb. VI 3:	Beleihungsgrenze bei Darlehen	722
Abb. VI 4:	Vergleichsrechnung Eurokredit–Fremdwährungskredit	725
Abb. VI 5:	Modellrechnung verschiedener Darlehensformen (€)	729
Abb. VI 6:	Bindungsverläufe verschiedener Darlehensformen	730
Abb. VI 7:	Modellrechnung der Gesamtausgaben (€)	731
Abb. VI 8:	Entwicklung eines Bausparvertrages	738
Abb. VI 9:	Berechnung einer Bewertungszahl	740
Abb. VI 10:	Idealtypische Vertragsbeziehungen am Bau beteiligter Personen	745
Abb. VI 11:	Der Immobilienlebenszyklus	746
Abb. VI 12:	Abgrenzung der Bauträgerfinanzierung von der Endfinanzierung	747
Abb. VI 13:	Kaufpreisraten nach Baufortschritt	750
Abb. VI 14:	Grundschema einer Bauträgerkalkulation	758
Abb. VI 15:	Schematische Darstellung der wesentlichen Bankenrisiken	763
Abb. VI 16:	Kostenanteile der Gewerke an den GIK	768
Abb. VI 17:	Unterschied geschlossener und offener Immobilienfonds	771
Abb. VI 18:	Treuhandverhältnis eines geschlossenen Immobilienfonds in Form einer KG	774
Abb. VI 19:	Interessen des Investors und des Nutzers bei Immobilien-Leasingfonds	776
Abb. VI 20:	Vereinfachte Darstellung der Ermittlung des jährlichen Nettozuflusses im Rahmen der Liquiditäts- und Steuerrechnung einer Fondsgesellschaft	778
Abb. VI 21:	Steuerorientierte und anlageorientierte Fonds	782
Abb. VI 22:	Anlage- versus Bertreiberimmobilie	785
Abb. VI 23:	Bestandteile einer Rendite	786
Abb. VI 24:	Risiken einer Beteiligung an einem geschlossenen Immobilienfonds	788
Abb. VII 1:	Finanzierungsinstrumente	795
Abb. VII 2:	Gegenüberstellung von Commercial Banking und Investment Banking	796

Abbildungsverzeichnis

Abb. VII 3:	Motive einer M & A-Transaktion	803
Abb. VII 4:	Durchführungsphasen einer M & A-Transaktion	804
Abb. VII 5:	Corporate-Finance-Transaktionen	805
Abb. VII 6:	Qualitative und quantitative Kriterien der Börsenreife	806
Abb. VII 7:	Wertschöpfungsstufen und Geschäftsfelder des REIB	808
Abb. VII 8:	J-Kurve	810
Abb. VII 9:	Struktur der Mezzanine-Finanzierung	813
Abb. VII 10:	Struktur der traditionellen (gewerblichen) Finanzierung	813
Abb. VII 11:	Instrumente zur Mezzanine-Strukturierung	814
Abb. VII 12:	Phasen des Mezzanine-Investments	816
Abb. VII 13:	Prozess eines Initial-Public-Offering	817
Abb. VII 14:	Motive für ein MBO	819
Abb. VII 15:	Übersicht der Vermögenswerte im Rahmen der ABS	822
Abb. VII 16:	Grundstruktur einer Asset Backed Securities-Transaktion	824
Abb. VII 17:	Unterteilung der Asset Backed Securities	825
Abb. VII 18:	Vorteile der Asset Securitisation	827
Abb. VII 19:	Risiken innerhalb einer ABS-Transaktion	828
Abb. VII 20:	Vergleich von ABS mit dem Factoring	829
Abb. VII 21:	Projektfinanzierung im Vergleich zur konventionellen Kreditfinanzierung	832
Abb. VII 22:	Grundstruktur einer Projektfinanzierung versus traditionellem Kredit	833
Abb. VII 23:	Kennziffern zur Beurteilung der Schuldendienstfähigkeit	834
Abb. VII 24:	Risiken einer Immobilien-Projektfinanzierung mit Absicherungsmöglichkeiten	836
Abb. VII 25:	Beteiligte einer Projektfinanzierung	837
Abb. VII 26:	Vorteile eines Immobilien-Joint-Ventures für Kunde und Bank	840
Abb. VII 27:	Strukturierung einer Projektfinanzierung als Joint Venture	840
Abb. VII 28:	Grundlegende Funktionsweise des Immobilien-Leasings	842
Abb. VII 29:	Kennzeichen des Mobilien- und des Immobilien-Leasings	843
Abb. VII 30:	Vergleich zwischen Operate- und Finanzierungs-Leasing	843
Abb. VII 31:	Vertragsformen im Überblick	844
Abb. VII 32:	Phasen einer Projektfinanzierung	844
Abb. VII 33:	Struktur des Planungsprozesses einer Projektfinanzierung	846
Abb. VII 34:	Historie der Verbriefung von Immobilienanteilen	848
Abb. VII 35:	Liquiditätskennzahlen	850
Abb. VII 36:	Chancen und Risiken der Aktionäre	851
Abb. VII 37:	Geschäftsfeldkategorisierung	853
Abb. VII 38:	Modell einer Immobilien-AG	854
Abb. VII 39:	Strukturbeispiel einer Immobilien-AG	856
Abb. VII 40:	Risikostruktur einer Immobilien-AG	857
Abb. VII 41:	Kombination möglicher Wertschöpfungsaktivitäten von Immobilien-AGs	859
Abb. VII 42:	Berechnung des Net Asset Value (NAV)	862
Abb. VII 43:	Klassifizierung von Finanzderivaten	869
Abb. VII 44:	Finanzderivate eingeteilt nach Symmetrie des Chancen-Risiko-Profils	870
Abb. VII 45:	Trennung von Grundgeschäft und Zinssicherungsgeschäft	871
Abb. VII 46:	Grundformen von Financial Swaps	872
Abb. VII 47:	Beispiel eines Währungsswaps	874
Abb. VII 48:	Cashflow-Struktur eines Währungsswaps	875
Abb. VII 49:	Struktur eines Zinsswaps	876
Abb. VII 50:	Zinssicherung mittels Forward-Swaps	877
Abb. VII 51:	Finanzielle Gestaltung eines Cross-Currency Swaps	879
Abb. VII 52:	Symmetrischer Chancen-/Risikoverlauf von unbedingten Termingeschäften	880
Abb. VII 53:	Strategie bei Abschluss eines Future-Geschäfts	881
Abb. VII 54:	Gesamtlaufzeit eines FRA	882
Abb. VII 55:	Gewinndiagramm bei Kauf eines Calls am Verfallstag	883
Abb. VII 56:	Gewinndiagramm bei Kauf eines Puts am Verfallstag	884
Abb. VII 57:	Gewinn- und Verlustdiagramm eines Long Floors	886
Abb. VIII 1:	Grundsätze der ordnungsgemäßen Bilanzierung (GoB)	893
Abb. VIII 2:	Grundsätze des Frameworks nach IAS	895
Abb. VIII 3:	Synoptischer Vergleich der einzelnen Rechnungslegungsstandards	896
Abb. VIII 4:	Bilanzauszug nach § 266 HGB	897
Abb. VIII 5:	Anschaffungskostenschema bei Immobilien	898

Abbildungsverzeichnis

Abb. VIII 6:	Aktivierbare Herstellungskosten nach HGB und IAS.	900
Abb. VIII 7:	Bewertungsansätze nach HGB	901
Abb. VIII 8:	Beispielaufgabe Folgebewertung nach HGB	903
Abb. VIII 9:	Leasingarten und ihre Merkmale.	904
Abb. VIII 10:	Bilanzgliederung nach IAS	906
Abb. VIII 11:	Entscheidungpfad für Bilanzierung und Bewertung von Immobilien nach IAS	907
Abb. VIII 12:	Folgebewertung nach IAS 2	909
Abb. VIII 13:	Folgebewertung nach IAS 16	909
Abb. VIII 14:	Folgebewertung als Finanzinvestition gehaltener Immobilien nach IAS 40.	911
Abb. VIII 15:	Durchführung eines Wertminderungstests	913
Abb. VIII 16:	Jahresgewinn mit und ohne Bewertungsdifferenz.	914
Abb. VIII 17:	Klassifizierung von Leasingverträgen nach IAS 17	915
Abb. VIII 18:	Sale-and-lease-back-Transaktionen.	916
Abb. VIII 19:	Vergleich HGB versus IAS	917
Abb. VIII 20:	Die drei Säulen von Basel II	920
Abb. VIII 21:	Gesamtübersicht der Säulen, Risiken und Ansätze	920
Abb. VIII 22:	Bonitätseinstufung nach Standard & Poor's	921
Abb. VIII 23:	Neudefinition der Eigenkapitalklassen	924
Abb. VIII 24:	Basel-III-Kapitalnormen im Überblick.	925
Abb. IX 1:	Preisbildung.	932
Abb. IX 2:	Einflussfaktoren auf den Verkehrswert	937
Abb. IX 3:	Gliederung der ImmoWertV in Abschnitte	938
Abb. IX 4:	Entwicklungszustand nach § 5 ImmoWertV	943
Abb. IX 5:	Vereinfachtes Ablaufschema der Verkehrswertermittlung	945
Abb. IX 6:	Bodenpreisindexreihen für Baureifes Land Wohnen.	947
Abb. IX 7:	Bodenpreisindexreihe für Wohnungseigentum	948
Abb. IX 8:	GFZ-Umrechnungstabelle Karlsruhe	949
Abb. IX 9:	Anwendungsbeispiel zum GFZ-Umrechnungskoeffizienten	949
Abb. IX 10:	Rechenbeispiel zum Ertragsfaktor	950
Abb. IX 11:	Zu- oder Abschläge bei der Festsetzung des Liegenschafszinssatzes	952
Abb. IX 12:	Bestimmungsfaktoren für die Ermittlung des Vergleichswertes	955
Abb. IX 13:	Methode zur Ermittlung des Vergleichswertes – dargestellt an einem Beispiel	957
Abb. IX 14:	Beispiel für einen Bodenrichtwert.	958
Abb. IX 15:	Umrechnungskoeffizienten nach Anlage 23 WertR96	959
Abb. IX 16:	Ermittlung des Ertragswertes	962
Abb. IX 17:	Vorgangsschema zur Ermittlung des Ertragswertes	963
Abb. IX 18:	Rechenbeispiel allgemeines Ertragswertverfahren	967
Abb. IX 19:	Rechenbeispiel vereinfachtes Ertragswertverfahren	968
Abb. IX 20:	Übersicht DCF-Verfahren	970
Abb. IX 21:	Ermittlung des Verkehrswerts nach dem Sachwertverfahren	973
Abb. IX 22:	a-, b- und c-Bereiche nach DIN 277-1:2005-02	974
Abb. IX 23:	Rechenbeispiel zur Berechnung des Sachwertes	976
Abb. IX 24:	Regelungen zu Bewertungsmethoden für Grundstücke	977
Abb. IX 25:	Änderungen der gesetzlichen Grundlagen	983
Abb. IX 26:	Sicherungsmechanismen der Kredit- und Pfandbrieffordersung	984
Abb. IX 27:	Entwicklung des Markt- und Beleihungswerts im Zeitverlauf	985
Abb. IX 28:	Unterschiedliche Anforderungen an den Beleihungswert.	986
Abb. IX 29:	Anpassung des Beleihungswertes nach § 26 BelWertV	992
Abb. IX 30:	Übersicht über Grundstücksmarktberichte in Niedersachsen	998
Abb. IX 31:	Zusammenhang von Wohnfläche und Kaufpreis in einer Punkte-Wolke	1000
Abb. IX 32:	Regressionsrechnung in einer Punkte-Wolke	1001
Abb. IX 33:	Punkte-Wolke-Untersuchung der Hypoport AG	1001
Abb. IX 34:	4-Quadranten-Modell des Immobilienmarktes	1002
Abb. IX 35:	Einflussbereiche von Gruppen, Verbänden und Gesetzen auf die internationale Immobilienbewertung	1006
Abb. IX 36:	International Valuation Standards 2011.	1014
Abb. IX 37:	Grundschema Residualwertverfahren	1018
Abb. IX 38:	Berechnung des Residualwertes	1019
Abb. IX 39:	Kapitalisierung Rentenbarwertfaktor auf ewig	1024
Abb. IX 40:	Kapitalisierung mit Rentenbarwertfaktor über eine bestimmte Laufzeit	1024

Abb. IX 41:	Investment Method (rack-rented properties)	1025
Abb. IX 42:	Berechnung Investment Method (rack-rented properties)	1026
Abb. IX 43:	Investment Method (underrented properties), Term und Reversion Approach	1026
Abb. IX 44:	Berechnung Investment Method (underrented properties), Term and Reversion Approach	1027
Abb. IX 45:	Investment Method (underrented properties), Hardcore-Method	1028
Abb. IX 46:	Berechnung Investment Method (underrented properties), Hardcore-Method	1029
Abb. IX 47:	Investment Method (overrented properties), Term and Reversion Approach	1030
Abb. IX 48:	Berechnung Investment Method (overrented properties), Term and Reversion Approach	1031
Abb. IX 49:	Investment Method (overrented properties), Hardcore-Method	1032
Abb. IX 50:	Berechnung Investment Method (overrented properties), Hardcore-Method	1032
Abb. IX 51:	Vergleich: Deutsches Ertragswertverfahren – Investment Method	1033
Abb. IX 52:	Berechnung Profit Method	1036
Abb. X 1:	Ausbildungsmarkt und Qualifikation	1038
Abb. X 2:	Weiterbildungsmarkt und Qualifikationsstufen	1039

I. Allgemeiner Teil

1 Die historische Entwicklung der Immobilienwirtschaft – Ein interdisziplinärer Ansatz

1.1 Die Bedeutung der Immobilie für die deutsche Volkswirtschaft

Immobilien spielen im Leben der Menschen eine zentrale Rolle. Menschen wohnen in Immobilien. Das Arbeiten und die Freizeit finden ebenfalls überwiegend in Immobilien statt. Aufgrund ihrer schieren Größe prägen Immobilien unsere Umwelt wie sonst kein anderes Wirtschaftsgut. Auch für die deutsche Volkswirtschaft – sowohl einzel- als auch gesamtwirtschaftlich – sind Immobilien von großer Bedeutung:

Im Rahmen der Unternehmung und des betrieblichen Leistungserstellungsprozesses stellen Immobilien eine relevante Aufwands- bzw. Kostengröße dar. Im Portfoliomanagement der privaten und insbesondere der institutionellen Anleger spielt die Immobilie unmittelbar bei der Asset Allocation eine immer bedeutendere Rolle. Als Gegenstand der Vermögensbildung ist sie von erheblicher Bedeutung. Mittelbar ist sie auch für den deutschen Rentenmarkt von großer Wichtigkeit.

Ferner ist Wohnen Teil der volkswirtschaftlichen Nachfrage. Wohnungsbau wird in den Bruttoinvestitionen der Verwendungsgleichung des Bruttoinlandprodukts erfasst, Miete hingegen bei den privaten Konsumausgaben. Welcher Anteil des verfügbaren Einkommens für Wohnen im weitesten Sinne ausgegeben wird, kann an den Ausgaben aller privaten Haushalte verdeutlicht werden. Gemäß dem Bundesministerium für Verkehr, Bau und Stadtentwicklung belaufen sich die Ausgaben für Wohnungsmieten auf 22,5 % des Nettoeinkommens. Hinzu kommen Ausgaben für Energie, sonstige Nebenkosten, Einrichtungsgegenstände und andere Güter/Dienstleistungen der Haushaltsführung, für die das Einkommen konsumtiv-betrieblich verwendet wird.[1]

Der Immobilie kommt in der Volkswirtschaft eine wichtige Bedeutung für Wachstum und Beschäftigung zu. In Bezug auf die Investitionstätigkeit erbringt die Immobilienwirtschaft nahezu ein Zehntel der Gesamtproduktion Deutschlands. Vom Immobiliensektor gehen hinsichtlich des Umfangs und der Struktur wichtige Arbeitsmarkteffekte aus. Insbesondere durch eine zunehmende Dienstleistungsintensität in der Immobilienwirtschaft, trägt sie durch die Schaffung von neuen Arbeitsplätzen im tertiären Sektor zur Lösung der Arbeitsmarktprobleme bei.

Der Immobilie kommt damit sowohl unter dem betriebswirtschaftlichen als auch unter dem volkswirtschaftlichen Aspekt, eine große Bedeutung zu. In der betriebswirtschaftswissenschaftlichen Forschung hingegen, wird ihr in Deutschland so gut wie keine Bedeutung beigemessen.[2] Immobilienwirtschaft wird zwar vereinzelt als Studiengang bzw. Wahlfach an Hochschulen angeboten,

---

[1] Vgl. Oettle, K. (1996), S. 7, Zahlen wurden vom Verfasser aktualisiert.
[2] Vgl. Gondring, H. (2001), S. 4

dennoch hat sich bis heute keine geschlossene Hochschulgemeinschaft gebildet, die in wissenschaftssystematischer Weise und mit methodisch überzeugender Arbeit Bedeutung erlangt hätte.[3]

1.2 Die Immobilie als Erfahrungs- und Erkenntnisobjekt in der Betriebswirtschaftslehre

Immobilienwirtschaftliche Fragestellungen umfassen die Gebiete Technik und Natur, Gesellschaft, Wirtschaft, Recht und Ethik. Die Immobilienwirtschaft reicht in weitaus mehr Dimensionen hinein, als die meisten anderen Erfahrungsobjekte. Diese Mehrdimensionalität führt dazu, dass immobilienwirtschaftliche Fragestellungen eine hohe Komplexität aufweisen. In die Untersuchungen fließen Erkenntnisse aus den verschiedensten Forschungsgebieten ein. Dies ist für den Stand der Forschung in der Immobilienwirtschaft jedoch nicht unbedingt von Vorteil, denn dort, „(…) wo sich die einzelnen Disziplinen überlappen, ist der Erkenntnisstand des Wissens meist niedriger als in der einzelnen Fachdisziplin".[4] Dazu tragen die Besonderheiten der Immobilie als Wirtschaftsgut und des Immobilienmarktes noch zusätzlich bei. Der Immobilienmarkt ist ein Spezialmarkt und zeichnet sich durch Intransparenz, Zersplitterung in unendlich viele Teilmärkte und geringe Anpassungselastizitäten aus. Die Immobilie als Wirtschaftsgut ist heterogen, nur beschränkt teilbar und vor allem standortgebunden.

Diese Eigenheiten haben zur Folge, dass bewährte Theorieansätze der BWL in Bezug auf immobilienwirtschaftliche Fragestellungen nur bedingt anwendbar sind und folglich einer inhaltlichen Modifizierung bedürfen.[5] Es wäre jedoch irreführend, die Komplexität immobilienwirtschaftlicher Problemstellungen als Begründung für die Nichtbeachtung der Immobilienwirtschaft in der deutschen BWL anzuführen. Vom Schwierigkeitsgrad eines Erkenntnisobjektes lässt sich das Forschungsinteresse dauerhaft nicht abhalten, vielmehr wird der Forscherdrang umso größer, je schwieriger und komplexer ein Erkenntnisobjekt oder ein wissenschaftliches Problem ist. Als Beleg hierfür wird auf die ausgeprägte immobilienwirtschaftliche Forschungs- und Lehrtradition in Großbritannien und den USA hingewiesen. Die Begründung ist daher an anderer Stelle zu suchen.

Die Wissenschaftstheorie differenziert die wissenschaftlichen Untersuchungsgegenstände und unterscheidet hierbei zwischen Erfahrungsobjekten und Erkenntnisobjekten einer wissenschaftlichen Disziplin. Diejenigen Erscheinungen, die in der Realität vorkommen, charakterisiert er als Erfahrungsobjekte (= Phänomen) der Wissenschaften. Hieraus wird, durch gedankliches Isolieren, anhand bestimmter Abgrenzungskriterien vom Wissenschaftler das Erkenntnisobjekt (= Denkobjekt) abgeleitet.[6] Dies verdeutlicht, dass die Auswahl von Erkenntnisobjekten in der Wissenschaft einerseits von den vorherrschenden Strömungen der Zeit und andererseits von individuellen Entscheidungen der Forscher selbst abhängig ist.[7] Die Immobilie ist zwar ein Erfahrungsobjekt der BWL, war aber nie Erkenntnisobjekt derselben. Die Gründe hierfür sind folglich nicht in der Immobilie selbst zu suchen, sondern in den Arbeiten der Betriebswirte, die diese Disziplin maßgeblich prägten – mit anderen Worten in der Entstehungsgeschichte der Betriebswirtschaftslehre.[8]

---

[3] Vgl. ebenda
[4] Vgl. Pfarr, K. (1984), S. 16
[5] Vgl. Schulte, K-W./Schäfers, W. (1998), S. 26
[6] Vgl. Raffée, H. (1974), S. 55
[7] Vgl. Oettle, K. (1996), S. 10
[8] Vgl. Gondring, H. (2001), S. 6 f.

1.3 Die Nichtbeachtung der immobilienwirtschaftlichen Themen in der Betriebswirtschaftslehre

Die Entwicklung der BWL als eigenständige Wissenschaft ist eine zwingende Folge aus der wirtschaftlichen Blütezeit am Ende des 19. Jahrhunderts. Diese Periode war gekennzeichnet durch enormen wirtschaftlichen Aufschwung, Entwicklung der Industrie, nationale und internationale Ausweitung des Handels, Fortschritte im Verkehrswesen und Kreditgewerbe sowie in der Entstehung von Großunternehmungen.[9]

In diese Phase fällt die Gründung der Handelshochschulen. Damit wurden in institutioneller und organisatorischer Hinsicht günstige Voraussetzungen geschaffen, damit eine intensive betriebswirtschaftliche Forschung entstehen konnte.[10] Als Folge des wirtschaftlichen Aufschwungs wuchs die Nachfrage nach gut ausgebildeten kaufmännischen Fachkräften. 1898 wurde in Leipzig die erste Handelshochschule gegründet, um den Bedarf an qualifizierten Handelslehrern zu decken. In der Anfangsphase lag der Schwerpunkt auf der akademischen Ausbildung von Handelslehrern.[11] Mit der ständig wachsenden Zahl von Handelslehrern und Forschern entstand in wenigen Jahren die BWL – damals noch „Privatwirtschaftslehre" genannt – als Wissenschafts- und Lehrgebiet und entwickelte sich zu einem eigenständigen akademischen Fach an den Hochschulen. Durch den „Streit um die Privatwirtschaftslehre als Wissenschaft" (1912) löste sich die Privatwirtschaftslehre von der rein deskriptiven Anhäufung von handelstechnischem Wissen und gewann als eigenständige wissenschaftliche Disziplin an Kontur. Die Gegner der Privatwirtschaftslehre polemisierten gegen die junge Disziplin und bezeichneten sie als „Profitlehre".[12] Die Privatwirtschaftler an den Handelshochschulen hatten sich in diesem Streit als geschlossene Hochschulgemeinschaft erfolgreich nach außen hin behauptet. Der als „Profitlehre" stigmatisierte Name „Privatwirtschaftslehre" wurde durch den neutralen Begriff „Betriebswirtschaftslehre" ersetzt. Jedoch erst die Veröffentlichungen von Schmalenbach, Schmitt und Mahlberg zum Thema der Geldentwertung und Bilanzierung in den zwanziger Jahren des 20. Jahrhunderts wurden vom Fachpublikum als wissenschaftliche Leistung gewürdigt und verhalfen der jungen Disziplin „zum Durchbruch".[13]

In der Gründungsphase konzentrierten sich die Betriebswirte vorwiegend auf die Allgemeine Betriebswirtschaftslehre. In der sich entwickelnden Institutionenlehre wandten sie sich den damals wichtigsten Betriebsarten zu. Das waren die Handels-, Industrie-, Bank-, Transport-, Versicherungs- und Genossenschaftsbetriebe. Als Folge kristallisierten sich diese Betriebsarten als Erkenntnisobjekte der BWL heraus und haben ihre Dominanz bis heute nicht verloren. Seit der Entstehung der BWL ließ sich beobachten, dass der Schwerpunkt des Erkenntnisinteresses nicht auf den Institutionen, also den Betriebsarten selbst lag, sondern vielmehr auf den betrieblichen Funktionen. Die deutsche BWL hat sich demnach hauptsächlich in funktioneller Richtung weiterentwickelt. Vor diesem Hintergrund bestand keine Veranlassung, die Erkenntnisobjekte über die traditionellen Betriebsarten Handel, Industrie, Bank usw. auszudehnen. Liegt der Schwerpunkt auf der Untersuchung der betrieblichen Funktionen, dann ist es nicht notwendig, auf die Besonderheit anderer Betriebsarten einzugehen. Der Großbetrieb, insbesondere der Industriebetrieb mit seinem geschlossenen Wertekreislauf von Beschaffung, Produktion und Absatz, umfasst alle Problemstellungen der betriebswirtschaftlichen Tätigkeit. Als Konsequenz beinhaltet dieser auch die gesamten

---

[9] Vgl. Sundhoff, E. (1979), S. 164
[10] Vgl. Gondring, H. (2001), S. 8 f.
[11] Vgl. Schneider, D. (1985), S. 129
[12] Vgl. ebenda, S. 132 f.
[13] Vgl. Gondring, H. (2001), S. 9 f.

betrieblichen Funktionen (z. B. Produktion, Beschaffung, Absatz, Personal, Organisation, Bilanzierung, Investition und Finanzierung usw.), die es zu erforschen gilt.

In Anlehnung an die Erkenntnisobjekte der BWL (Bankbetriebslehre usw.) wäre die immobilienwirtschaftliche Forschung konsequenterweise als „Immobilienbetriebslehre" zu bezeichnen. Der idealtypische Immobilienbetrieb, in dessen Wertschöpfungskette die gesamten betrieblichen Funktionen enthalten sind, existiert als Erfahrungsobjekt in der Praxis jedoch nicht. Die typischen Unternehmungen in der Immobilienbranche (z. B. Architekten, Projektentwickler, Bauunternehmungen, Baufinanzierer, Makler usw.) decken jeweils nur Teilaspekte ab. Ein weiteres Problem besteht in der Festlegung des Erkenntnisobjektes der Immobilienbetriebslehre. Die Immobilie ist – je nach Unternehmung – einmal Betriebsvermögen, dann Spezialimmobilie oder Wohnimmobilie. Folglich sind auch die Problemstellungen völlig unterschiedlich. Wohnungswirtschaftliche Unternehmungen (z. B. Bauträger) kommen dem Idealbild einer in sich geschlossenen Wertschöpfungskette noch am nächsten. Als Folge der Dominanz der ABWL, die ihren Schwerpunkt auf die Funktionenlehre legt, konnte sich die Immobilienbetriebslehre nicht als eigenständige Disziplin etablieren. Aus dieser Betonung der Funktionenlehre resultiert eine mangelnde Differenzierungsbereitschaft der BWL.[14] Als Konsequenz werden verschieden Betriebstypen und die praxisrelevanten Besonderheiten einzelner Wirtschaftszweige von der BWL nicht oder nur unzureichend berücksichtigt.[15]

1.4 Die Wurzeln der Immobilienwirtschaft aus historischer Sicht

In Deutschland war die Wohnimmobilie der Ausgangspunkt für die wirtschaftliche Beschäftigung mit dem Thema Immobilie. Die geschichtliche Entwicklung des Mietwohnungsbaus kann daher als eine wichtige Quelle für die Entstehung der Immobilienwirtschaft herangezogen werden. Die Wohnungswirtschaftslehre sowie die Planungs- und Bauökonomie entstanden relativ unabhängig voneinander. Da das Wohnungsproblem auch Lösungen aus technischer und planerischer Sicht – insbesondere im Bestreben nach kostengünstigem Bauen – erforderte, gingen vom Wohnungsbau wichtige Impulse für den Planungs- und Baubereich aus. Folglich bestehen wechselseitige Beziehungen zwischen der Entstehung der Wohnungsunternehmen und Neuerungen im Planungs- und Baubereich.

Der Hypothekarkredit ist im Hinblick auf die Immobilienfinanzierung eine wichtige Quelle. Dieser ist von großer Bedeutung für die wirtschaftliche Wachstums- und Verkehrsfinanzierung. Die Wachstumsfinanzierung zielt auf den Bau von Wohn- und Arbeitsstätten ab, die Verkehrsfinanzierung hingegen auf den Umschlag derselben[16] – also den Handel mit Immobilien. Bei dieser Kreditart ist die Ausleihung sehr eng mit der Refinanzierung verbunden.[17] Die hierzu benötigten langfristigen Mittel werden über Pfandbriefe beschafft.[18] Damit kommt dem Pfandbrief auch eine große Bedeutung in Bezug auf die „Mobilisierung" der Immobilie zu. Im Jahre 1900 wurde das Hypothekenbankgesetz – gleichzeitig mit dem BGB – eingeführt. Die gesetzlichen Rahmenbedingungen für die Hypothekenbanken waren geschaffen worden.[19] In der Folge haben sich, auf Basis

---

[14] Vgl. ebenda, S. 17 ff.
[15] Vgl. Oettle, K. (1996), S. 14
[16] Vgl. Schönmann, H. (1997), S. 823
[17] Vgl. ebenda, S. 825
[18] Vgl. Grill, W./Perczynski, H. (2000), S. 222
[19] Vgl. Schönmann, H. (1997), S. 835

des Hypothekarkredits, eine Reihe von innovativen Finanzierungsformen, z. B. Mortgage Backed Securities (MBS), entwickelt.

Infolge der im 19. Jahrhundert durchgeführten Bodenreform wurde die Teilung sowie die Beleihung und Veräußerung von Grund und Boden ermöglicht. Zusammen mit der einsetzenden Verstädterung wurden die Voraussetzungen für eine gewerbsmäßige Vermittlung von Immobilien geschaffen. Die Einführung des BGB regelte auch die Maklertätigkeit. Nur der Grundsatz der Gewerbefreiheit und die Paragraphen 652 bis 655 bilden – bis heute – hierfür die Grundlage. Diese Rechtsvorschriften regeln in knappen Worten nur die Maklercourtage, die ausschließlich im Erfolgsfalle fällig ist. Die Stellung der Vermittler als „Nachweismakler" war damit vorgegeben. Darüber hinaus gab und gibt es keine spezifischen Zulassungsvoraussetzungen für den Maklerberuf. Der Berufsstand der Immobilienmakler i. S. d. BGB hat folglich seinen Ursprung vornehmlich in der Wohnungswirtschaft. Erst in der jüngeren Vergangenheit ist zu beobachten, dass eine zunehmende Professionalisierung dieses Berufsstandes forciert wird. Die vierte Diplomrichtlinie der EU ist in Vorbereitung. Diese wird eine grundlegende Veränderung für die deutschen Immobilienberufe mit sich bringen.

Ausgehend vom 19. Jahrhundert waren die nachfolgenden geschichtlichen Ereignisse prägend für unser heutiges Verständnis der Immobilienwirtschaft. *Abb. I 1* zeigt die Wurzeln der Immobilienwirtschaft (= Immobilienbetriebslehre) auf.

1.4.1 Die geschichtliche Ausgangssituation

Vor dem Hintergrund der Aufklärung hatte die Nationalökonomie in England den Liberalismus hervorgebracht. Im 19. Jahrhundert vollzog sich auch in Deutschland, getragen vom liberalen Geist, ein gesellschaftlicher Wandel. Dieser war mit erheblichen sozialen Spannungen verbunden. Aus einem Agrarland entwickelte sich ab 1840 binnen weniger Jahrzehnte ein Industriestaat. Die bis dahin herrschende Wirtschaftsform des Merkantilismus wurde durch eine individualistische Wirtschaftsordnung abgelöst. Alte Bindungen (Freizügigkeitsbeschränkungen) brachen weg und wurden durch freie Berufswahl, Gewerbefreiheit und Vertragsfreiheit ersetzt. Die Bevölkerung nahm explosionsartig zu. Die Industrialisierung setzte ein und löste in der Folge eine Binnenwanderung („Landflucht") aus, die zu einer Verstädterung führte. Infolge der Agrarmodernisierung konnte die Produktivität in der Landwirtschaft erheblich gesteigert werden. Dennoch sah eine große Zahl von Landarbeitern und Gesinde keine Erwerbsgrundlage mehr in der Landwirtschaft. Handwerksbetriebe wurden durch die Konkurrenz der Industriebetriebe zunehmend verdrängt. Dies führte zur Freisetzung von Arbeitskräften in hohem Umfang. Auf der Suche nach Arbeit zogen sie in die Städte. Diese wuchsen in einem bisher nicht gekannten Ausmaß an. Zählte Dortmund 1816 noch 4.495 Einwohner, waren es 1900 bereits 142.418. Die Industrie befand sich ihrerseits in der Entstehungsphase und konnte die vorhandenen Arbeitskräfte nicht vollständig absorbieren. Ein immenses Überangebot an Hilfsarbeitern („industrielle Reservearmee") entstand. Die Folge waren unmenschliche Arbeitsbedingungen, ein Lohnniveau am Existenzminimum, Kinderarbeit und eine fehlende soziale Absicherung. Dies führte zu einer Verelendung der Arbeiterschaft.

Durch den Prozess der Verstädterung wuchs insbesondere bei der Arbeiterschaft der Bedarf an Wohnraum. Dem Gedanken des Liberalismus folgend, war die Wirtschaft eine rein private Veranstaltung, in der staatliche Eingriffe nicht erwünscht waren. Dies galt auch für den Wohnungsmarkt. Folglich war es dem freien Spiel der Marktkräfte überlassen, für die Deckung des Wohnbedarfs zu sorgen.[20] Mit dem Wachstum der Städte waren enorme Wohnbauzahlen verbunden. Durch das

---

[20] Vgl. Jenkis, H. W. (1996a) S. 69

```
┌─────────────────────────────────────────────────────────────────────────┐
│                           K a p i t a l i s m u s                        │
│   Bevölkerungswachstum  │   Verstädterung   │    Industrialisierung      │
│                        W o h n u n g s f r a g e                         │
│                                                                          │
│   ┌──────────────────────────────┐  ┌──────────────┐  ┌──────────────┐  │
│   │     Wohnungswirtschaft       │  │ Bauwirtschaft│  │  Kreditwesen │  │
│   └──────────────────────────────┘  └──────────────┘  └──────────────┘  │
│   ┌──────┐ ┌────────┐ ┌──────────────┐                ┌──────────────┐  │
│   │Makler│ │Wohnungs│ │  Entstehung  │                │ Hypothekar-  │  │
│   │      │ │politik │ │Wohnungsunter-│                │    kredit    │  │
│   │      │ │        │ │    nehmen    │                │              │  │
│   └──────┘ └────────┘ └──────────────┘                └──────────────┘  │
│            ┌────────┐ ┌────────┐ ┌──────────┐                            │
│            │Immobilie│ │„freie" │ │gemeinnüt-│                          │
│            │=Sozialgut│ │  WU   │ │ zige WU  │                          │
│            └────────┘ └────────┘ └──────────┘                            │
│   ┌──────────────────────────────┐    ┌──────────────┐ ┌──────────────┐ │
│   │   Wohnungswirtschaftslehre   │    │ Bau- u. Pla- │ │  Pfandbrief  │ │
│   │                              │    │ nungsökonomie│ │              │ │
│   └──────────────────────────────┘    └──────────────┘ └──────────────┘ │
│              W u r z e l n   d e r   I m m o b i l i e n w i r t s c h a f t │
└─────────────────────────────────────────────────────────────────────────┘
```

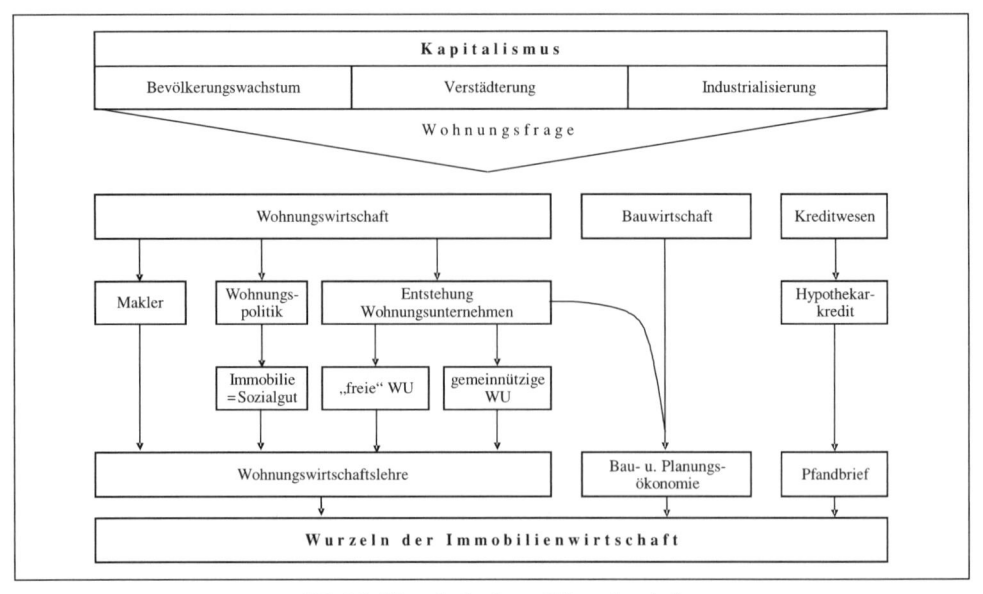

Abb. I 1: Wurzeln der Immobilienwirtschaft

Fehlen von städtebaulichen Konzepten und Steuerungsmöglichkeiten seitens der Städte und Gemeinden kam es zu einer massiven Verdichtung. In Berlin waren die Missstände am dringlichsten. Hier entstanden vier- bis fünfgeschossige Wohnblöcke in geschlossener Bauweise, an die sich bis zu vier Hinterhöfe anschlossen. Diese „Mietskasernen" waren Massenasyle. Die Bauform ließ keine Rückschlüsse auf die Bewohnerzahl zu.[21] Die kleinen Wohnungen in den engen Hinterhöfen litten unter der schlechten Belichtung, der mangelhaften Belüftung und den völlig unzureichenden sanitären Einrichtungen. Die Verdichtung wurde zu dieser Zeit in der Statistik u. a. als Behausungsziffer gemessen. Diese gab die durchschnittliche Zahl der Bewohner je Hauseinheit an. Anhand dieser Behausungsziffer lässt sich die Wohnungssituation in Berlin besonders eindrucksvoll aufzeigen. Sie lag bei 75,9 Einwohnern je Hauseinheit. Die Zahl des Jahres 1990 beträgt im Vergleich dazu 10,3.[22] Der wirtschaftliche Aufschwung hatte den Prozess der Verstädterung ausgelöst. Erst dadurch war die Grundlage für eine Wohnungsnachfrage geschaffen worden, die sich auch aus unternehmerischen Aspekten ausnutzen ließ. Die Wohnungsvermietung und die Vermarktung von Wohngebäuden als Unternehmenszweck hatten fortan eine wirtschaftlich tragfähige Basis.[23]

1.4.2 Entwicklungslinien der Wohnungswirtschaft – Die Entstehung der verschiedenen Unternehmenstypen

Die Entwicklung der Immobilienwirtschaft setzte ab der zweiten Hälfte des 19. Jahrhunderts ein. Als Folge des Liberalismus bestand auch in Bezug auf Bauvorhaben weitgehend Baufreiheit. Die städtischen Bauordnungsvorschriften erstreckten sich im Wesentlichen auf die Standsicherheit der Gebäude. Die Stadtentwicklung wurde daher vorwiegend von der Privatwirtschaft vorangetrieben.

---

[21] Vgl. Hämmerlein, H. (1988), S. 29
[22] Vgl. Murfeld, E. (2002), S. 5f.
[23] Vgl. Hämmerlein, H. (1988), S. 30

Terraingesellschaften, meist Tochtergesellschaften von Banken, widmeten sich der Baulandentwicklung. Sie kauften Parzellen auf, ordneten diese neu und führten die Erschließung durch. Die Bauplätze wurden schließlich an Bauunternehmungen, Bodenhändler oder private Bauherren verkauft. In der Folge setzte ein spekulativer Bodenhandel ein, der die Grundstückspreise in die Höhe trieb.[24]

Die Bauunternehmungen waren meist kleinere Betriebe. Anfangs wurden nur Auftragsarbeiten durchgeführt. Da jedoch mit dem Verkauf von Immobilien höhere Gewinne erzielbar waren,[25] gingen viele Unternehmer dazu über, Gebäude für den anonymen Markt zu produzieren. Diese wurden dann an private Wohnungsunternehmer und Privatleute verkauft. Die damaligen Bauunternehmungen vereinten die Elemente des heutigen Generalübernehmers und des Bauträgers in sich. Sie gelten daher als Ursprung der „freien" Wohnungsunternehmungen und der Bauträger/Projektentwickler. Der Bevölkerungszustrom vom Land in die Städte führte zu einer nahezu blinden Nachfrage nach Wohnraum. Die Höhe des Verkaufspreises der Gebäude richtete sich nach den erzielbaren Mieterträgen. Folglich wurden die baurechtlichen Möglichkeiten auch weitestgehend ausgeschöpft, um so viele vermietbare Wohnungen wie möglich zu schaffen.[26] Das beschriebene enorme Verdichtung, insbesondere die Erbauung von Mietskasernen in den Hinterhöfen.

Die privaten Wohnungsunternehmer betrieben im Haupt- oder Nebenberuf die gewerbsmäßige Vermietung von Wohnraum. Dabei gingen sie ein beträchtliches Risiko ein. Insbesondere Mietausfall infolge von Leerstand oder eine durch bankseitige Kündigung ausgelöste vorzeitige Rückzahlung der Hypothek drängten die Wohnungsunternehmer dazu, ständig die Mieten zu erhöhen, um ihr Risiko zu begrenzen.[27] Sie gelten als Vorläufer der freien Wohnungsunternehmungen mit Schwerpunkt auf der Wohnungsbewirtschaftung. Die Mietobjekte wurden jedoch überwiegend von Privatleuten gekauft. Sie hatten die Absicht, aus den Mieteinnahmen ihre Altersversorgung zu beziehen.

Die Versorgung der einkommensschwachen Bevölkerungsschichten mit Kleinwohnungen war unzureichend. Als Kleinwohnung galten zu dieser Zeit Zwei- bis Drei-Zimmerwohnungen mit einer Wohnfläche von 48 m² bis 60 m². Eine entscheidende Rolle in der Entstehung der unternehmerischen Wohnungswirtschaft spielt die Beseitigung des Mangels an Kleinwohnungen. Die spätere Aufspaltung in „freie" und gemeinnützige Wohnungsunternehmungen liegt hierin begründet.[28]

Auch den Industrieunternehmen selbst kommt eine bedeutende Rolle in der Bereitstellung von Wohnraum zu. Die Mieten für Kleinwohnungen waren im Verhältnis sehr hoch, da diese den Kapitaldienst, die Bewirtschaftungskosten und einen Gewinnaufschlag enthalten mussten. Die Wohnungsfrage war damit auch eine Lohnfrage. Infolge des Mangels an bezahlbaren Kleinwohnungen, sahen sich die Inhaber von Industrieunternehmen zunehmend verpflichtet, Werkswohnungen zu bauen. Dies erfolgte im Nebenbetrieb oder in eigens für diesen Zweck gegründeten Tochtergesellschaften. Im Laufe der Zeit entwickelten sie sich teilweise zu gemeinnützigen Wohnungsunternehmungen.

Angesichts der Verelendung der Arbeiter in den desolaten Mietquartieren formte sich zwischen 1845 und 1860 eine Bewegung, die sich für den Bau von Wohnungen für die ärmeren Bevölkerungskreise einsetzte. Die sog. „Wohnungsfrage" sollte durch Gemeinnützigkeit gelöst werden. Bereits 1848 wurde in Berlin die erste gemeinnützige Wohnungsunternehmung gegründet. Auch die Genossenschaften erklärten die Schaffung von Kleinwohnungen zu einem ihrer Ziele. 1862 erfolgte die

---

[24] Vgl. Murfeld, E. (2002), S. 6
[25] Vgl. Hämmerlein, H. (1988), S. 28
[26] Vgl. ebenda, S. 29
[27] Vgl. Murfeld, E. (2002), S. 7
[28] Vgl. Hämmerlein, H. (1988), S. 29

Gründung der ersten Wohnungsbaugenossenschaften. Der Genossenschaftsidee folgend, bauten sie auf dem Selbsthilfeprinzip auf. Eine wichtige Rolle im Wohnungsbau spielten sie erst nach 1918.

Mit dem Ende des Ersten Weltkriegs begannen die staatlichen Lenkungsmaßnahmen. Durch die Wohnungspolitik wurde der Bodenspekulation die Grundlage entzogen. Die Phase der Weimarer Republik läutete eine Wende auf dem Wohnungsmarkt ein. Das Bevölkerungswachstum ebbte ab und es gelang, den Wohnungsbedarf zu decken. Mit dem Beginn der aktiven Wohnungspolitik setzte die Förderung der gemeinnützigen Wohnungsunternehmungen bzw. der Baugenossenschaften ein. Sie wurden vom Staat durch Subventionen und Steuervorteile konsequent zum Träger der Wohnungspolitik aufgebaut. Gemeinnützige Wohnungsbauunternehmungen wurden in der Rechtsform einer AG bzw. einer GmbH gegründet, vornehmlich von Gewerkschaften, Kirchen, öffentlich-rechtlichen Körperschaften aber auch von Industrieunternehmen und Stiftungen. Ab 1930 wurde der Gemeinnützigkeitsbegriff gesetzlich geregelt und galt für gemeinnützige Wohnungsbauunternehmungen wie für Wohnbaugenossenschaften gleichermaßen. Damit wurden diese zu einer wichtigen Stütze des Kleinwohnungsbaus in dieser Zeit.

Nach dem Zweiten Weltkrieg war der Wohnungsbestand in den Städten weitgehend zerstört. Der einsetzende Zustrom von Heimatvertriebenen verschärfte die Wohnungsnot zusätzlich. Durch die Einführung der staatlichen Förderung für breite Schichten der Bevölkerung gelang es, die Bautätigkeit anzukurbeln. Das I. WoBauG von 1954 begründete die öffentliche Förderung des Mietwohnungsbaus. Dies war der Aufgabenbereich der Wohnbaugenossenschaften und der gemeinnützigen Wohnungsunternehmungen. Das II. WoBauG von 1956 führte eine Steuerbegünstigung für Einzeleigentum ein. Dieses wurde 2002 durch das Wohnraumförderungsgesetz abgelöst. Mit Inkrafttreten dieses Gesetzes wurde eine grundlegende Wende in der Wohnbauförderung vollzogen. Insbesondere die Abkehr von der Förderung der „breiten Schichten" ist in diesem Zusammenhang hervorzuheben. Mit dieser Förderung sollte der Schwerpunkt künftig auf der Unterstützung von Haushalten liegen, die sich auf dem Markt nicht selbständig mit angemessenem Wohnraum versorgen können. Hiervon abzugrenzen sind die Steuererleichterungen für den Bau oder den Erwerb von selbstgenutztem Wohnraum. Vor allem die Bauträger, als marktwirtschaftlich orientierte „freie" Wohnungsunternehmungen, profitierten von der Steuererleichterung für Ersterwerber und konnten sich bei der Wohnungsproduktion sehr gut positionieren.[29]

1991 entfiel die öffentlich-rechtliche Wohnungsgemeinnützigkeit. Bis zu diesem Zeitpunkt gab es eine klare Trennung zwischen dem gemeinnützigen und freien Wohnungsbau. Die gemeinnützigen Wohnungsunternehmungen bewegten sich in einem Bereich, der gesetzlich bis ins Detail geregelt war. Die Tätigkeitsfelder waren begrenzt und umfassten z. B. den Wohnungsbau, den Verkauf von selbst bebauten Grundstücken, die Bewirtschaftung des eigenen Wohnungsbestandes, sowie die Tätigkeit als Träger oder Treuhänder für öffentliche Erschließungs- und städtebauliche Sanierungsmaßnahmen.

Die „freien" Wohnungsbauunternehmungen hingegen unterlagen diesbezüglich keinerlei Beschränkungen. Sie beschafften die zur Erstellung eines Bauwerks notwendigen Bauleistungen im eigenen Namen und auf eigene Rechnung. Hierbei gab es im Hinblick auf den Zweck des Gebäudes keine Einschränkungen. Folglich wurde der Wohnungsbau auch nur als ein mögliches Betätigungsfeld unter vielen gesehen. Allein die Marktchancen waren ausschlaggebend, wie stark sich eine Unternehmung als Bauträger im Gewerbebau, im Bau von öffentlichen Gebäuden oder als Bauträger für Wohnbau – also als eigentliche Wohnungsunternehmung – engagierte.

---

[29] Vgl. Murfeld, E. (2002), S. 7 ff.

1 Die historische Entwicklung der Immobilienwirtschaft – Ein interdisziplinärer Ansatz

Seit dem Wegfall der Gemeinnützigkeit gibt es faktisch keinen Unterschied mehr zwischen „freien" und gemeinnützigen Wohnungsunternehmungen. Die Wohnungsproduktion in Deutschland wird dabei bis heute vorwiegend von privaten Bauherren getragen.[30]

1.4.3 Ordnungspolitische Rahmenbedingungen – Aus dem Wirtschaftsgut Wohnung wird ein Sozialgut

Nach dem Ersten Weltkrieg begannen die staatlichen Eingriffe und Lenkungsmaßnahmen in der Wohnungswirtschaft und setzten damit einen Schlusspunkt unter die liberale Phase. In diesem Zusammenhang wurde die Frage nach der Eigenschaft der Wohnung als Wirtschafts- oder Sozialgut diskutiert.

Bis zum Ersten Weltkrieg wurde die Wohnung als Wirtschaftsgut gesehen. Die Bereitstellung von Wohnungen erfolgte ausschließlich über den Markt.[31] Allein die Marktverhältnisse führten demnach zur Mietpreisbildung. Die zugrunde liegenden Normen beschränkten sich auf den Wucherparagraphen und den Grundsatz „Kauf bricht Miete nicht". Es gab weder sozialen Mieterschutz noch öffentliche Subventionen für den Wohnungsbau.[32] Die Folge war der oben beschriebene spekulative Wohnungsbau.[33] Im Jahre 1900 erfolgte die Einführung des Bürgerlichen Gesetzbuches (BGB). Geprägt von den liberalen Grundgedanken, fand die soziale Komponente des Wohnens keine Berücksichtigung. Ebenso bei Mietverträgen über Wohnraum herrschte Vertragsfreiheit. Jedoch führte die Vertragsfreiheit im Mietrecht regelmäßig zum Missbrauch durch den wirtschaftlich Stärkeren bzw. intellektuell Überlegenen.[34]

Nach dem Ersten Weltkrieg wandelte sich die Sichtweise hinsichtlich der Wohnung. Die Wohnung wurde immer mehr als Sozialgut definiert. Ökonomische Interessen traten in den Hintergrund und die sozialstaatlichen Aspekte bekamen mehr Gewicht. In der Folge kam es zu staatlichen Eingriffen in den Wohnungsmarkt. Dieses war der Beginn der staatlichen Wohnungswirtschaftspolitik. Hierdurch sollten die Marktergebnisse sozial korrigiert werden.[35] Es folgte eine Phase der Wohnungszwangswirtschaft. Der vorhandene Wohnungsbestand wurde einer Mietpreiskontrolle unterworfen. Der Staat setzte die Mieten unabhängig von den Selbstkosten der Anbieter und der Nachfragesituation auf dem Wohnungsmarkt fest.[36] Der vorhandene Mietraum wurde erfasst. Wohnungsämter übernahmen die Verteilung. Eine freie Vertragsbegründung zwischen den Parteien des Mietverhältnisses war damit ausgeschlossen. Die Einführung des Mieterschutzes stärkte zudem die Position des Mieters. Die Mietpreiskontrolle schmälerte die Rendite der wohnungsbaulichen Investitionen. Als Folge hiervon kam der Wohnungsneubau fast vollständig zum Erliegen. Auch beim Bestand setzte ein verstärkter Substanzverzehr infolge unterlassener Instandhaltung ein. Der Staat steuerte dieser Entwicklung durch Subventionen und steuerliche Anreize entgegen und versuchte so, die Rentabilität der Wohnungsinvestitionen wieder herzustellen, um die Aufrechterhaltung des Wohnungsangebots zu gewährleisten. Diese „Zangenbewegung" der staatlichen Wohnungswirtschaftspolitik wurde insbesondere nach 1923 infolge der Währungsstabilisierung entwickelt und vom Prinzip her bis heute fortgeführt. Anfang der 30er Jahre des 20. Jahrhunderts

---

[30] Vgl. ebenda, S. 11 ff.
[31] Vgl. Jenkis, H. W. (1996a), S. 69 f.
[32] Vgl. ebenda, S. 87 f.
[33] Vgl. ebenda, S. 69 f.
[34] Vgl. Schmitt-Futterer, W./Blank, H. (1979), S. 2
[35] Vgl. Jenkis, H. W. (1996a), S. 87 f.
[36] Vgl. ebenda, S. 70

galt die Wohnungsfrage als weitgehend gelöst und die Wohnungszwangswirtschaft wurde gelockert. Jedoch bereits 1935 erfolgte mit der beginnenden Aufrüstung erneut eine Mietpreiskontrolle. Diese fand ihren Höhepunkt in der Preisstoppverordnung vom 26. November 1936.

Nach dem Zweiten Weltkrieg – der Wohnungsbestand in den Städten war weitgehend zerstört – wurde die Wohnungszwangswirtschaft zunächst noch verschärft. Mit der Währungsreform im Jahre 1948 folgte in Deutschland die Einführung der „Sozialen Marktwirtschaft". Konsequenterweise wurde auch die Wohnungspolitik als „soziale Wohnungsmarktwirtschaft" fortgeführt. Sie vereinigte beide Sichtweisen der Wohnung. Die Regierung hatte erkannt, dass die Wohnung auch als Wirtschaftsgut eine Bedeutung haben musste. Andernfalls unterblieben Investitionen (= Neubau) und Modernisierungen. Dennoch lag die Betonung auf der Wohnung als Sozialgut. Es sollte sichergestellt werden, dass die Mieten für schwache Einkommensgruppen bezahlbar blieben. Erst ab 1950 erfolgte eine Lockerung der Zwangsbewirtschaftung von Altbauwohnungen. Durch das „1. Bundesmietengesetz" von 1955 wurde die schrittweise Erhöhung der Mieten zugelassen. Mit dem Lücke-Plan (benannt nach Paul Lücke, dem damaligen Bundeswohnungsbauminister) setzte eine ordnungspolitische Wende ein. Durch die Wohnungszwangswirtschaft waren die Marktkräfte ausgeschaltet worden. Lücke forderte die Wiedereinführung der Marktwirtschaft für den Wohnungsmarkt, konnte sich mit seinen Ideen aber nur sehr begrenzt durchsetzen. In der Folge wurde 1960 das „Gesetz zum Abbau der Wohnungszwangswirtschaft und über ein soziales Miet- und Wohnrecht" verabschiedet. Damit sollten Investitionen wieder rentabel werden und steigende Mieten gleichzeitig sozial verträglich bleiben. Hierzu wurde der Kündigungsschutz neu gefasst und die Einführung des Wohngeldes beschlossen.[37] Nach der Rezession von 1966/67 setzte Inflation ein. Als Reaktion folgte Anfang der 70er Jahre eine verstärkte Flucht in die Sachwerte – vornehmlich in Wohnungseigentum. Damit einher gingen deutliche Mietpreissteigerungen. Vor diesem Hintergrund wurde 1971 – zunächst begrenzt bis 1974 – das „1. Wohnraumkündigungsschutzgesetz" verabschiedet. 1974 wurde mit dem „2. Wohnraumkündigungsgesetz" aus der zeitlich befristeten Gesetzgebung dauerhaftes Recht. Das Bundesverfassungsgericht hatte in mehreren Entscheidungen deutlich gemacht, dass eine Sozialpflicht des privaten Wohneigentums aus Art. 14 und Art. 20 GG abgeleitet werden kann und damit die Sicht der Wohnung als Sozialgut unterstreicht.[38]

1.5 Die Immobilienbetriebslehre als interdisziplinäre Wissenschaft

Für eine Etablierung der Immobilienbetriebslehre als eigenständige wissenschaftliche Disziplin ist es zunächst erforderlich, die Besonderheiten dieser Disziplin klar herauszustellen. Diese ermöglichen eine Abgrenzung der Immobilienbetriebslehre gegenüber allen anderen Disziplinen. Hierzu werden im nachfolgenden Abschnitt die Entwicklungslinien, die zur Entstehung der wissenschaftlichen Disziplin Immobilienbetriebslehre geführt haben, dargelegt. Dabei lassen sich anglo-amerikanische und deutschsprachige Ansätze unterscheiden.

1.5.1 Großbritannien und USA

In Bezug auf Großbritannien soll in diesem Zusammenhang insbesondere auf die Rolle der Royal Institution of Chartered Surveyors (RICS) hingewiesen werden. In Großbritannien war bereits

---

[37] Vgl. Jenkis, H. W. (1996b), S. 227
[38] Vgl. Jenkis, H. W. (1996a), S. 72 f.

1 Die historische Entwicklung der Immobilienwirtschaft – Ein interdisziplinärer Ansatz

sehr früh erkannt worden, dass in der Immobilienbranche hoch qualifizierte Fachleute benötigt werden. Hierzu wurden Berufsverbände gegründet, die ohne staatliches Zutun, die Ausbildung, die Zulassung, die Arbeitsrichtlinien und die Standesregeln selbständig organisierten. Im Zuge des Eisenbahnbaus im Britischen Empire und der damit verbundenen Grundstücksgeschäfte, schlossen sich 1868 drei solcher Berufsverbände zur „Institution of Surveyors" zusammen. Diese wurde 1878 durch Aufnahme ins Regierungsgesetz anerkannt und erhielt 1881 die Royal Charter (königliche Verleihungsurkunde). Fortan nennt sich dieser Berufsverband „Royal Institution of Chartered Surveyors" (RICS). Dem Berufsbild des Chartered Surveyors liegt ein interdisziplinärer Ansatz zugrunde. Die Chartered Surveyors verstehen sich als Spezialisten, die über umfassendes Wissen in den Bereichen Grundbesitz, Immobilien und Bauwesen verfügen. Sie haben Kenntnisse der fachbezogenen Gesetzgebung, des Immobilienmarktes sowie der wesentlichen Dienstleistungsbereiche. Darüber hinaus besitzen sie Fachwissen in Bezug auf die Wirtschaftlichkeit von Baukonstruktionen, die Vermarktung (Erwerb und Verkauf), die Verwaltung sowie die Bewertung von Immobilien.[39]

In den USA setzte die akademische Beschäftigung mit der Immobilie und dem Produktionsfaktor Boden zu Beginn des 20. Jahrhunderts ein. Eine Pionierrolle hatten die Universität von Pennsylvania und New York. 1904/05 wurde dort das erste akademische Programm aufgelegt, das sich gezielt mit immobilienwirtschaftlichen Fragestellungen befasste. Bereits 1926 kam es an der Universität in Wisconsin zur Gründung eines Forschungsinstituts für Immobilienwirtschaft. Dieses „Institute for Research in Land Economics and Public Utilities" gilt als erstes seiner Art. In der Folge entwickelten sich in der anglo-amerikanischen immobilienwirtschaftlichen Literatur zwei grundlegende Strömungen.[40]

Dasso[41] prägte den „Financial Management Approach". Dieser legt den Schwerpunkt auf die finanzwirtschaftlichen Aspekte der Immobilienwirtschaft. Insbesondere die Steigerung des Grundstücks- bzw. Gebäudewertes steht im Vordergrund. Graaskamp[42] dagegen trat mit seinem „Multidisciplinary Approach" für eine interdisziplinäre und lösungsorientierte Annäherung an immobilienspezifische Problemstellungen ein. Er begründete diese Sichtweise dadurch, dass die von Menschen geschaffenen Immobilien in einem sozialen, psychologischen und politischen Zusammenhang eingebettet sind. Folglich ist bei der Erforschung auch eine ganzheitliche und vor allem problemorientierte Sichtweise erforderlich.

1.5.2 Deutschland

Deutschsprachige Ansätze haben ihren Ursprung in der Bau- und Wohnungswirtschaft. Die Bestrebungen nach wirtschaftlichem und kostengünstigem Bauen haben erst in der jüngeren Vergangenheit dazu geführt, dass nicht mehr einzelne Aspekte immobilienbezogener Problemstellung herausgegriffen und diese dann isoliert untersucht werden. Vielmehr wurde dazu übergegangen, systematisch „(…) umfassende Erkenntnisse über die Wirtschaftlichkeit von Baumaßnahmen zu gewinnen".[43] Vor diesem Hintergrund entwickelte Möller den Ansatz der Bau- und Planungsökonomie. Er definiert diese als die Wirtschaftslehre aus Sicht des Bauherrn. Dabei wird der gesamte wirtschaftliche Aspekt einer Immobilie über ihren Lebenszyklus hinweg betrachtet. Dieser reicht

---

[39] Vgl. Gabler, J./Lammel, E. (2001), S. 1182
[40] Vgl. ebenda, S. 27 f.
[41] Vgl. Dasso, J./Woodward, L. (1981), S. 413 ff.
[42] Vgl. Graaskamp, J. A. (1991b), S. 40 f.; Vgl. Graaskampf, J. A. (1991c), S. 53
[43] Möller, D.-A. (1988), S. 1

von der Planung bis zum Abbruch. Dieser Ansatz beschränkt sich nicht ausschließlich auf die wirtschaftliche Seite des Bauens, Planens und Nutzens von Immobilien.

Pfarr griff diesen Ansatz auf und nahm eine umfangreichere Differenzierung vor.[44] Hierzu entwarf er ein dreidimensionales Koordinatensystem. Die Achsen versinnbildlichen die Objekt-, Prozess- und Institutionendimension. Die Objektdimension steht für das Bauwerk selbst. Dieses ist einerseits als Endprodukt das Ziel aller Aktionen. Andererseits ist es während der Erstellung das Objekt, an dem die auszuführenden Tätigkeiten verrichtet werden. An diesen Arbeiten sind verschiedene Akteure und Institutionen beteiligt. Dies wird anhand der Institutionendimension dargestellt. Die Prozessdimension verknüpft unter dem zeitlichen Aspekt das Zusammenspiel der einzelnen Akteure von der Planung bis zur Nutzung. Darüber hinaus integrierte Pfarr auch faktor-, system- und entscheidungstheoretische Ansätze aus der BWL.

Daneben hat sich die Wohnungswirtschaftslehre als eigenständiger Ansatz entwickelt. Diese konzentriert sich auf die Bewirtschaftung des vorhandenen Bestands an Wohnungen sowie auf den Bau von Wohnimmobilien.[45] In einem engen Sinn fallen hierunter ausschließlich Wohnhäuser, Wohnungen und Grundstücke für die Wohnbebauung. In einem weiteren Sinn zählt hierzu auch die für das Wohnen nötige Infrastruktur. Hierbei kann zwischen dem durch die Marktwirtschaft regulierten Angebot („freie" Wohnungsunternehmen) und dirigistischem Wohnungsangebot (sozialer Wohnungsbau) unterschieden werden.[46]

1.5.3 Immobilienbetriebslehre als wissenschaftliche Disziplin

Den deutschsprachigen Ansätzen liegt eine interdisziplinäre Idee zugrunde. Dennoch sind sie in vielerlei Hinsicht unbefriedigend, da die Immobilienwirtschaft nicht in ihrer Gesamtheit abgebildet wird. Die Wohnungswirtschaft beschränkt sich auf das Wohnen und vernachlässigt dabei die Bedeutung des gewerblichen Baus. Die bauwirtschaftlichen Ansätze hingegen ignorieren weitgehend die Aspekte Investition, Finanzierung und Nutzung. Die in der Wissenschaft herrschende institutionelle Trennung zwischen Bau- und Wohnungswirtschaft lässt sich in der Praxis in dieser Form nicht beobachten. Vielmehr tendieren die Akteure dazu, ihre unternehmerischen Aktionsfelder auszudehnen. Wohnungsunternehmungen sind im gewerblichen Sektor, sowohl im Bau als auch in der Verwaltung, aktiv. Zur Finanzierung dieser Objekte initiieren sie oftmals geschlossene Immobilienfonds. Bauunternehmungen beschränken sich nicht mehr nur auf die Realisation von Bauwerken, sondern haben ihren Aktionsradius um Projektentwicklung und Bewirtschaftung erweitert. Diese Verschiebungen sind die natürliche Reaktion des Unternehmergeistes auf eine sich verändernde Umwelt. Der Tatendrang der Praktiker erfordert daher auch von der Wissenschaft ein Umdenken. Reale Entscheidungen bedürfen einer wissenschaftlichen Fundierung, insbesondere vor dem Aspekt der zunehmenden Internationalisierung der Immobilienwirtschaft. Dies kann nur eine Wissenschaftsdisziplin mit einem sehr breiten Ansatz leisten, indem sie die interdisziplinären Kenntnisse in einen übergreifenden Bezugsrahmen darstellt. Um die Vielschichtigkeit immobilienwirtschaftlicher Problemstellung erfassen zu können, ist eine interdisziplinäre Betrachtungsweise erforderlich. Die Grundlage bildet die ABWL. Diese wird ergänzt um Aspekte der VWL, der Rechtswissenschaften, der Raumplanung sowie der Architektur und den (Bau-)Ingenieurswissenschaften. Der Wissensstand dieser Fachdisziplinen kann jedoch nicht einfach übernommen werden.

---

[44] Vgl. Pfarr, K. (1984), S. 11 ff.
[45] Vgl. Lütge, F. (1949), S. 2
[46] Vgl. Oettle, K. (1996), S. 5 f.

Vielmehr ist, im Hinblick auf die spezifischen Fragestellungen, eine konstruktive Auseinandersetzung mit den jeweiligen Erkenntnissen erforderlich. Die Immobilienbetriebslehre betrachtet alle Erscheinungsformen von Immobilien über deren gesamten Lebenszyklus hinweg. In einem ersten Schritt werden Erklärungen für die Erscheinungen der Realität erarbeitet und dadurch Erkenntnisse für die optimale Gestaltung der beobachteten Prozesse abgeleitet. Dabei wird auch das Zusammenspiel von Objekten, Institutionen und Funktionen analysiert. Im Hinblick auf die Institutionen werden die Belange und Zielsetzungen der relevanten Akteure (Projektentwickler, Kreditinstitute, Makler, Nutzer usw.) durchleuchtet. Aus der Analyse werden Problemlösungen für die Praxis, also Handlungsalternativen für das Management, generiert. Bezogen auf Management als originäre Führungsaufgabe, fallen Planung, Organisation und Kontrolle hierunter. Daneben erstreckt sich das Management auch auf funktionelle Aspekte. Hierfür stehen die Bereiche Analyse, Bewertung, Finanzierung, Investition und Vermarktung von Immobilien. Schließlich beinhalten auch die einzelnen Phasen des Lebenszyklus einer Immobilie spezifische Managementaspekte. In der Planungsphase dominiert die Projektentwicklung, während der Realisationsphase das Bau- und Projektmanagement und in der Nutzungsphase schwerpunktmäßig das Facility-Management. Aus diesen Elementen konstituiert sich die Immobilienbetriebslehre, wie in *Abb. I 2* schematisch dargestellt:

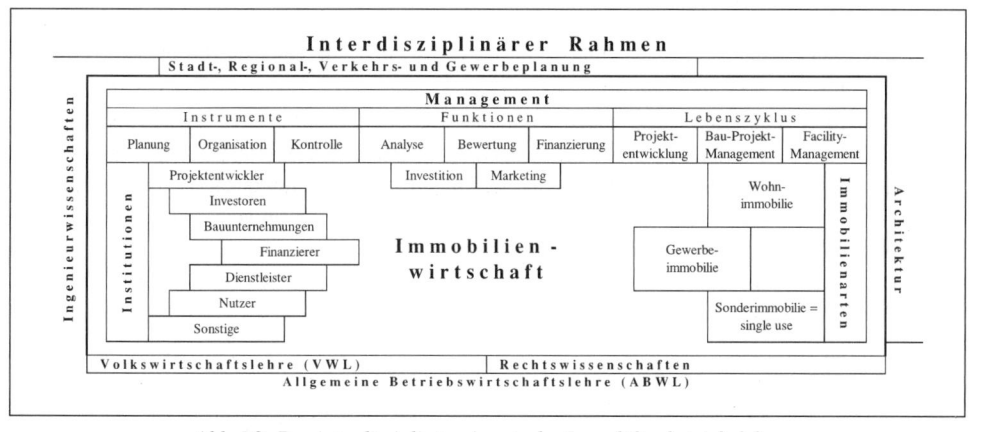

Abb. I 2: Der interdisziplinäre Ansatz der Immobilienbetriebslehre

2 Die Immobilie und ihr Markt

2.1 Begriffliche, rechtliche und wirtschaftliche Definition

In unseren Gesetzestexten findet sich keine Definition für den Begriff Immobilie. An seiner Stelle wird die Bezeichnung „Grundstück" verwendet. Dieses Grundstück ist laut § 94 (1) BGB *als die Verbindung eines Gebäudes mit dem Grund und Boden, auf welchem es errichtet wurde*, definiert. Weitere Regelungen finden sich zum einen in den §§ 94–98 BGB, und zum anderen in §§ 873–902 BGB. Das Grundstück ist in diesem Sinne als räumlich abgegrenzter Teil der Erdoberfläche zu verstehen, oder als eine wirtschaftliche Einheit in Form von Grund und Boden. Das Gebäude ist – ebenso wie bestehende Rechte – mit dem Grundstück verbunden. Auch einige andere Gesetze, wie z. B. das Einkommensteuergesetz oder die Wertermittlungsverordnung, befassen sich mit der Immobilie. Eines ist diesen Regelwerken gemeinsam: Sie alle definieren die Immobilie über den Grund und Boden und sehen das Gebäude als einen rechtlich nicht autonomen Bestandteil an.

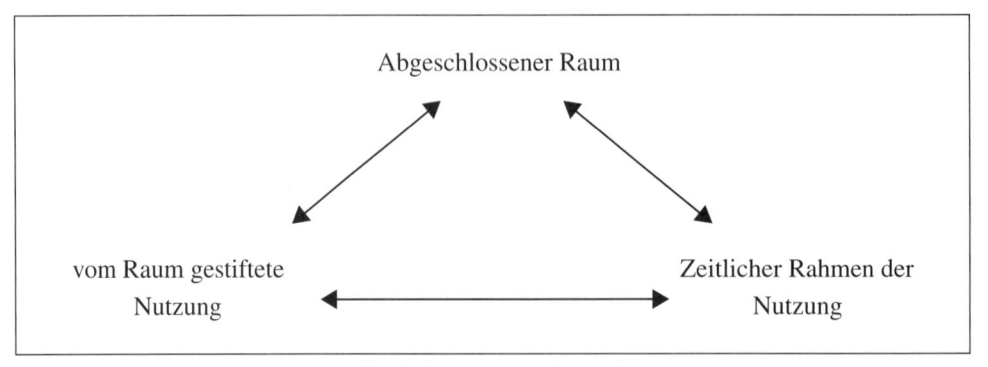

```
                    Abgeschlossener Raum
                      ↗            ↖
                    ↙                ↘

   vom Raum gestiftete                    Zeitlicher Rahmen der
        Nutzung        ←――――――――――→            Nutzung
```

Abb. I 3: Definition der Immobilie

Im wirtschaftlichen Sinn steht die Immobilie als ökonomische Einheit im Vordergrund. Die Immobilie definiert sich als ein abgeschlossener Raum, der innerhalb eines bestimmten Zeitrahmens einen bestimmten Nutzen stiftet.

Ihr wirtschaftlicher Charakter ergibt sich also nicht aus der Produktion, sondern aus der Nutzung. Für den Wert der Immobilie ist daher entscheidend, wie stark die Marktteilnehmer die angebotenen Nutzungsmöglichkeiten nachfragen. Die Ökonomie kennt zwei Sichtweisen: Einerseits kann die Immobilie als Investition – und somit als Kapitalanlage oder Sachvermögen – betrachtet werden, andererseits aber auch als Produktionsfaktor.

2.2 Immobilienarten und -typen

Immobilien können in verschiedene Gruppen eingeteilt werden. Möglich ist z. B. die Betrachtung von Immobiliennutzern. Die Nutzer lassen sich z. B. wie folgt einteilen: Privatleute, Non-Profit Organisationen und Unternehmen. Letztere lassen sich weiter aufgliedern in Handels-, Dienstleistungs- und Industrieunternehmen. Beispielsweise können Ein- oder Zweifamilienhäuser und Eigentumswohnungen den privaten Haushalten zugeordnet werden, während Anstalten, Kulturimmobilien und Verwaltungszentren zu den Gebäuden für Non-Profit Organisationen gehören. Bei den Handelsunternehmen können SB-Märkte, Einkaufszentren, Warenhäuser, Ladenlokale und Fachmärkte unterschieden werden, Dienstleistungsimmobilien lassen sich in Büros, Hotels, Kliniken, Seniorenresidenzen, Gastronomiegebäude, Freizeitimmobilien etc. einteilen. Zu den Industrieimmobilien zählen Produktions-, Lager- und Werkstattgebäude ebenso wie Distributionszentren und Industrieparks.

Eine weitere Möglichkeit ist das Typologisieren nach Immobilienarten. Die Anzahl der Immobilienarten variiert je nach der gewählten Aufteilung. Denkbar ist beispielsweise eine Einteilung in drei Kategorien: Wohn, Gewerbe- und Sonderimmobilien; zur Gruppe der Wohnimmobilien zählen unter anderem Ein- und Zweifamilienhäuser, Mehrfamilienhäuser und Eigentumswohnungen, also Immobilien mit Wohnfunktion. Sie können selbstgenutzt oder vermietet sein. Gewerbeim-

Das Grundstück	
Rechtliche Ebene	**Wirtschaftliche Ebene**
Amtliche Vermessung einer Fläche	Ökonomische Einheit
Erfassung: Katasteramt → Flurstück Grundbuchamt → Grundstück	Erfassung: Wohnungsunternehmen → Wirtschaftseinheit Darlehensgeber → Beleihungswert
Gebäude ist Grundstücksbestandteil	Trennung von Gebäude und Grund und Boden möglich

Abb. I 4: Grundstück aus wirtschaftlicher und rechtlicher Sicht

mobilien sind Flächen und Gebäude, die der Produktion von Gütern und Dienstleistungen oder der Distribution von Waren dienen. Sie können z. B. in Büros, Handels- und Industrieimmobilien eingeteilt werden. Sonderimmobilien werden für eine sehr spezifische Nutzung erstellt und sind nur schlecht für eine Drittverwendung geeignet, da sie für einen bestimmten Zweck sozusagen maßgeschneidert sind. Aus diesem Grund werden sie auch als „single use Immobilien" bezeichnet. Zu diesen Immobilien zählen unter anderem Gastronomie- und Beherbergungsgebäude wie Hotels und Restaurants, aber auch Seniorenimmobilien, Sport- und Freizeitimmobilien, Golfplätze,

Immobilienarten			
Wohnimmobilien	**Gewerbeimmobilien**		**Sonderimmobilien**
Ein- und Zweifamilienhäuser, Doppelhaushälften	Büroimmobilien	In City-Lage, City-Randlage, Stadtgebiet, Umland ...	öffentliche Verwaltungsgebäude
			Seniorenimmobilien
Mehrfamilienhäuser, Reihenhäuser	Handelsimmobilien	SB-Märkte, Einkaufszentren, Warenhäuser, Shopping Center, Ladenlokale, Fachmärkte	Kliniken
			Sport- und Freizeitimmobilien
Eigentumswohnungen	Industrieimmobilien	Fertigungsgebäude, Lagerhallen, Werkstätten, Distributionszentren, Industrieparks	Hotels, Pensionen
			Restaurants, Gaststätten

Abb. I 5: Immobilienarten

Kliniken, Verwaltungsgebäude, Veranstaltungshallen, Kraftwerke und Kläranlagen. Im Bereich der Sonderimmobilien finden sich Betreiber- und Managementimmobilien. Die Geschäftstätigkeit eines Betreibers liegt hauptsächlich darin, als Manager Nutzen aus der Sonderimmobilie zu ziehen, wobei der Betreiber nicht Eigentümer der Immobilie ist.

Hotels und Seniorenimmobilien sind typische Beispiele für Betreiberimmobilien. Wenn unterschiedliche Betreiber gleichzeitig eingesetzt und koordiniert werden müssen, liegt eine Managementimmobilie vor.

2.3 Besonderheiten der Immobilie als Wirtschaftsgut

Zunächst ist erwähnenswert, dass die Immobilie nicht nur als Wirtschafts- sondern auch als Sozialgut angesehen werden kann. Wäre die Immobilie in Deutschland ein reines Wirtschaftsgut, so würde lediglich die kaufkräftige Nachfrage nach Immobilien jeder Art befriedigt. Dies bedeutet, dass einkommensschwache Haushalte nicht mit einer Wohnung rechnen könnten, da für sie kein geeignetes Wohnungsangebot vorläge. Aus diesem Grund werden Immobilien im deutschen Sozialstaat auch als soziales Gut angesehen, was dazu führt, dass die weniger kaufkräftigen Nachfrager auf die Unterstützung des Staates zählen können, z. B. in Form von Sozialwohnungen, Subventionen für den Mietwohnungsbau, Eigenheimförderung und gesetzlichem Schutz.[47] In den folgenden Kapiteln steht die Immobilie als Wirtschaftsgut im Vordergrund.

2.3.1 Eigenschaften von Immobilien

Immobilien unterscheiden sich stark von anderen Wirtschaftsgütern; so sind sie zum Beispiel im wirtschaftlichen Bereich der Produktion gleich zweifach vertreten: Zum einen als Produktionsergebnis nach der Herstellung einer Immobilie, zum anderen als Produktionsfaktor in der Nutzungsphase.

Die wesentliche Unterscheidung von anderen Wirtschaftsgütern ist jedoch in folgenden Charakteristika der Immobilie begründet: Sie zeichnet sich durch ihre Immobilität, Heterogenität, lange Realisierungsphase und Lebensdauer, begrenzte Substitutionsfähigkeit sowie die Höhe der Investitions- und Transaktionskosten aus.

Die Immobilität, also die Gebundenheit der Immobilie an einen bestimmten Standort, ist das wesentlichste Merkmal. Die Lage wird in der Planungsphase festgelegt und kann dann nicht mehr verändert werden; sie beeinflusst die Nutzungsmöglichkeiten und den ökonomischen sowie subjektiven Wert der Immobilie. Grundstück und Gebäude bilden eine Einheit und schaffen in Verbindung mit ihrer Lage Abhängigkeiten zwischen benachbarten Nutzern, Eigentümern, Investoren und Entwicklern.

Die Ortsgebundenheit der Immobilie hat eine weitere Eigenschaft zur Folge: Jeder Standort ist einzigartig, und die architektonische Gestaltung sowie die unterschiedlichen Nutzungsarten führen dazu, dass es keine wirklich gleichen Immobilien geben kann. Selbst bei mehreren gleich geschnittenen Eigentumswohnungen im selben Gebäude kann sich ein Unterschied z. B. in der Belichtung oder Beschallung ergeben. Somit ist jede Immobilie ein einzigartiges, autonomes Wirtschaftsgut. Dieses Merkmal wird als die Heterogenität der Immobilie bezeichnet. Bedingt durch die schlechte Vergleichbarkeit der Immobilie ist ihre Fungibilität gering.

---

[47] Vgl. Jenkis, H. W. (1996a), S. 87 f.

Ein weiteres Charakteristikum ist die Tatsache, dass Raum durch andere Wirtschaftsgüter nur begrenzt substituiert werden kann. Entscheidend für die Nachfrage nach Raum ist nicht nur der Preis, sondern vor allem der Platzbedarf. Nutzer zeigen sich bezüglich ihres Flächenbedarfs als unflexibel.

Auch die lange Realisationszeit zeichnet die Immobilie aus. Je nach Umfang eines Projektes liegt dieser Zeitraum zwischen eineinhalb und fünf Jahren, gerechnet von der Projektidee an, bis zur Baufertigstellung und Übergabe an den Nutzer. Je größer das Projekt, desto länger wird die Vermarktungs- bzw. Vermietungsdauer und die Zeit für die Akquisition von Grund und Boden. Jedes neu zu schaffende Raumangebot bedarf also einer relativ langen Vorlaufzeit. Gleichzeitig bedeutet dies, dass das Immobilienangebot zeitlich stark verzögert auf verändertes Nachfrageverhalten reagiert.

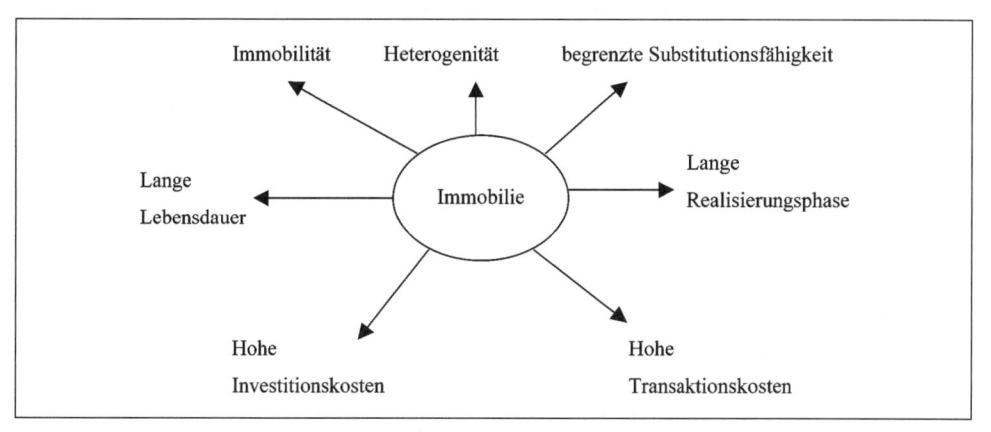

Abb. I 6: Eigenschaften der Immobilie

Der Lebenszyklus der Immobilie ist weitaus länger als der der meisten anderen Wirtschaftsgüter; diese Tatsache macht die Immobilie zu einem sehr langlebigen Wirtschaftsgut. Die Nutzungszeit des Bodens ist zeitlich sogar unbegrenzt; für das Gebäude ergibt sich eine Unterscheidung zwischen der technischen und ökonomischen Nutzungsdauer. Im Allgemeinen übertrifft erstere die wirtschaftliche Nutzungsdauer bei weitem. Die wirtschaftliche Nutzungsdauer endet, wenn die Erträge aus der Immobilie die entstehenden Kosten nicht mehr decken können, und wenn weder eine Sanierung noch eine Revitalisierung eine bedeutende Renditesteigerung bewirken würde.[48]

Die Investition in eine Immobilie ist mit einem hohen, meist langfristigen Kapitaleinsatz verbunden. Die breite Masse der Bevölkerung kann sich daher häufig die direkte Anlage in Immobilien nicht leisten. Auch die Transaktionskosten, Kosten für die Übertragung des Eigentums oder der Nutzung an einer Immobilie, sind hoch. Es entstehen beispielsweise Erwerbsnebenkosten in Form von Notargebühren, Grunderwerbsteuer und Maklercourtage. Gerade diese Kosten sind es, die – in Verbindung mit dem hohen Investitionsvolumen – die Notwendigkeit schaffen, Immobilien möglichst langfristig im Bestand zu halten. Hieraus ergeben sich auch die schlechte Fungibilität und die geringe Markttransparenz.

---

[48] Vgl. Heuer, J. H. B./Nordalm, V. (1996), S. 25

```
                    Immobilieninvestments
                    /                    \
      Direkte                         Indirektes
   Immobilienanlage              Immobilieninvestment
                                   /            \
                    Immobilienprodukte nach InvG    Sonstige Immobilienprodukte
                      (Offene Immobilienfonds)

          ▶ Immobilien-Publikumsfonds    ▶ Geschlossene Immobilienfonds.
                                         ▶ Immobilienaktien.
          ▶ Immobilien-Spezialfonds      ▶ REITS (Real Estate Investment
                                           Trusts; amerikanische Form der
                                           Immobilienaktiengesellschaft).
```

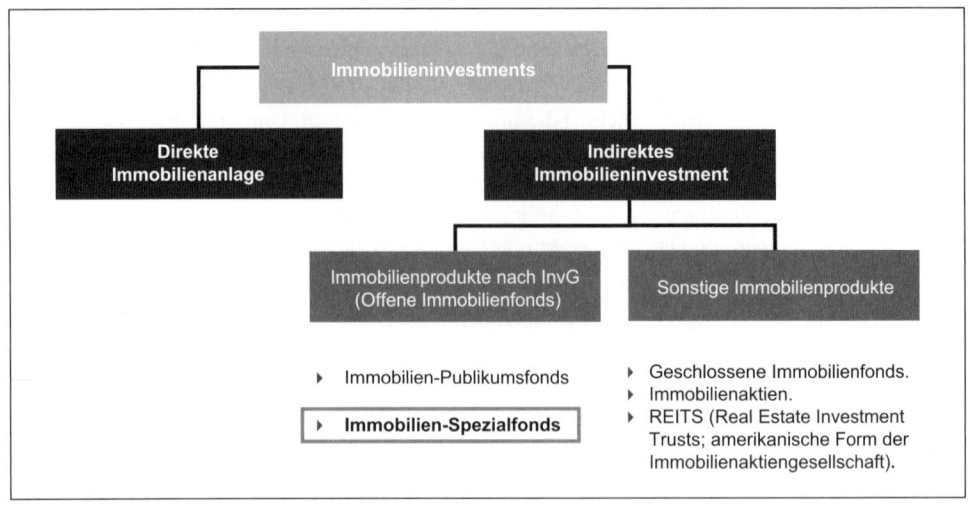

Abb. I 7: Immobilien-Investments

2.3.2 Die Immobilie als Anlage

Die Immobilie eignet sich auch als Anlageprodukt. Sie zeichnet sich durch eine hohe Inflationssicherheit aus. Das Kapital wird meist sehr langfristig gebunden, wodurch die Liquidität der Anleger eingeschränkt wird. Selbst qualitativ schlechte Immobilien enthalten ein Wertsteigerungspotential in Form des Grund und Bodens, mit dem die Gebäude verbunden sind. Erwähnenswert ist auch der Risikostreuungseffekt, den Immobilien als Portfoliokomponente entfalten können. Immobilien verfügen gegenüber anderen Asset-Klassen über eine starke Diversifikationswirkung, d. h. die Einnahmen aus Immobilienanlagen korrelieren nur gering mit der Entwicklung anderer Anlageformen, oder anders gesagt: Wenn der Großteil des Portfolios Verluste bringt, kann die Immobilienanlage immer noch Gewinne bringen, und umgekehrt.

Als Anleger kommen sowohl Privatleute als auch institutionelle Anleger und (Nicht-Immobilien-) Unternehmungen in Frage. Sie haben die Wahl zwischen einer Direktanlage und indirekten Anlageformen. Die direkte Anlage besteht im Kauf einer oder mehrerer Immobilien; die Rendite setzt sich aus den Mieteinnahmen abzüglich der Bewirtschaftungskosten und aus der Differenz zwischen Kauf- und Verkaufspreis zusammen. Als indirekte Anlageformen finden sich in Deutschland z. B. offene und geschlossene Immobilienfonds sowie Beteiligungen an Immobilien-Aktiengesellschaften.

Geschlossene Immobilienfonds geben einmalig Zertifikate in einer vorher festgelegten Höhe aus, um ein vorher bestimmtes Immobilienobjekt zu finanzieren. Nachdem die ausgegebenen Anteile platziert wurden, wird der Fonds geschlossen, d. h. es können keine weiteren Zertifikate ausgegeben werden. Ein geschlossener Fonds ist rechtlich selbständig, er wird i. d. R. in Form einer Gesellschaft bürgerlichen Rechts oder einer Kommanditgesellschaft gegründet. Offene Immobilienfonds geben laufend Anteile aus, die zum Erwerb einer vorher nicht festgelegten Anzahl von Objekten verwendet werden. Es handelt sich hierbei um ein Sondervermögen, das beliebig vergrößert werden kann. Der Anteilseigner hat im Gegensatz zum Geschlossenen Fonds einen Anspruch auf Rücknahme des Anteils durch die Fondsgesellschaft. Beim Geschlossenen Immobilienfonds ist nur ein Verkauf an Dritte zu den jeweiligen Marktkonditionen möglich. Immobilien-Aktiengesellschaften geben Anteilsscheine (Aktien) aus, die an der Börse gehandelt werden, aus. Der Börsenwert der

	Offene Immobilienfonds	Immobilienaktien	Geschlossene Fonds	REITs
Gründung des Investmentvehikels	InvG	AktG	GmbHG BGB, HGB	AktG REITG
Anlegerschutz	InvG (hoch)	niedrig, da Anleger Aktionäre sind	niedrig, da Anleger Gesellschafter sind	niedrig, da Anleger Aktionäre sind
Anlegerkreis	Spezialfonds: 1-30 jur.P. Publikumsfonds:ohne Beschränkung	ohne Beschränkung	ohne Beschränkung	Anleger <10%, 15% der Anteile müssen dauerhaft im Streubesitz sein
rechtl. Persönlkt. des Investmentvehikels	unselbständig, Vertretung durch KAG	jur. Person	Personengesellschaft	jur. Person
Ausschüttungen	werden durch KAG festgelegt	Hauptversammlung beschließt	Gesellschafterversammlung beschließt	Hauptversammlung beschließt; Vorgabe durch REITG
steuerliche Vorteile	keine Besteuerung auf Fondsebene	doppelte Besteuerung	steuertransparent	keine Besteuerung auf Gesellschaftsebene
mögliche Anlageobjekte	alle Anlageobjekte	alle Anlageobjekte	alle Anlageobjekte	keine Wohnungen
Eignung für SV* (Immobilienquote)	Ja	Nein	Nein	noch offen

Abb. I 8: Indirekte Immobilienanlagen

	Einordnung	Emission	Anleger	Fungibilität	Haftung
Limited Partnership (USA)	geschlossener Fonds in Form einer KG	geschlossen	vermögende private Anleger	schlecht	beschränkt auf den Anteil
SCPI (Frankreich)	geschlossener Fonds, viele Varianten	geschlossen	Kleinanleger	eher schlecht	beschränkt auf den Anteil
Plc (Großbritannien)	Immobilien-AG, börsennotiert	geschlossen	hoher Anteil institutioneller Investoren	gut	beschränkt auf den Anteil
SICAV (Luxemburg)	Investmentgesellschaft, börsennotiert, steuerbegünstigt	geschlossen	Kleinanleger	gut	beschränkt auf den Anteil
AG (Niederlande)	Immobilien-AG, Sonderstatus: steuerfrei	offen oder geschlossen	Kleinanleger	gut	beschränkt auf den Anteil

Abb. I 9: Übersicht über internationale Anlageformen

Aktien wird hauptsächlich durch den Wert der eigenen Immobilien beeinflusst. Eine solche AG wird entweder zur Investition in Immobilien oder zu anderen immobilienbezogenen Tätigkeiten, wie z. B. Verwaltung, gegründet. Die Immobilienaktien sind sehr fungibel, da sie börsentäglich verkauft werden können.

Darüber hinaus gibt es einige internationale Anlageprodukte, die sich in die Kategorien Immobilieninvestmentanteile, Immobilienanleihen und Immobilienderivate einteilen lassen. Investmentanteile sind handelbare, verbriefte Anteile an Immobilien. Der Anleger hat Anteil an den laufenden Einnahmen und am Wertzuwachs, ohne direkt am Management der Immobilie beteiligt zu sein. Zu dieser Anlageform zählen z. B. die amerikanischen Real Estate Limited Partnerships, Real Estate Investment Trusts (REITs) und die britischen Property Listed Companies. Immobilienanleihen sind verbriefte, handelbare Anteile an Immobilien, die durch Schuldverschreibungen gesichert sind. Der Anleiheinhaber erhält Zins- und Tilgungszahlungen. Mortgage Backed Bonds, Mortgage Backed Securities und Collateralized Mortgage Obligations sind Vertreter dieses Anlageproduktes. Immobilienderivate gehören zu den Wertpapieren. Ihre Wertentwicklung ist nur indirekt mit dem Immobilienmarkt verbunden. Zu diesen Derivaten zählen z. B. Property Index Certificates. Internationale Anlageformen können hinsichtlich ihrer Besteuerung, Markttransparenz, Fungibilität, Liquidität, Größe und Diversifikation sowie ihres Spezialisierungsgrades Vorteile gegenüber deutschen Immobilienanlagen aufweisen.

2.4 Die Immobilie als Produktionsfaktor

Aus betriebswirtschaftlicher Sicht lässt sich der betriebliche Leistungsprozess in die Phasen Beschaffung, Produktion und Absatz einteilen (s. Abb. I 10). Um die Rolle der Immobilie als Produktionsfaktor zu untersuchen, muss der Bereich der Produktion näher betrachtet werden. Immobilien können als Rahmen für die Erstellung anderer Güter dienen. Diese Eigenschaft macht die Immobilie zum Produktionsfaktor. Der betriebliche Leistungsprozess erfordert den Einsatz und die Kombination zahlreicher Produktionsfaktoren wie z. B. Arbeit, Maschinen, Werkstoffe und auch Immobilien. Um ihre Rolle im Leistungsprozess zu erfüllen, müssen Immobilien also mit anderen Faktoren kombiniert werden; nur so ist eine wirtschaftlich sinnvolle Nutzung möglich.

Grundstücke und Gebäude zählen zu den wesentlichen Faktoren für die Produktion, zu den so genannten Elementarfaktoren. Im betrieblichen Leistungsprozess bilden Immobilien die räumliche Dimension ab. Immobilien werden nicht verbraucht, sondern gebraucht, also genutzt. Demnach verkörpern sie ein so großes Nutzungspotential, dass sie eine Vielzahl von Nutzungsleistungen erbringen können. Bei unbebauten Grundstücken ist dieses Potential nahezu unendlich, da diese Grundstücke nicht an Größe verlieren oder altersbedingt ausfallen.

In diesem Zusammenhang sollen die Begriffe „Property Company" und „Non-Property Company" erklärt werden. Eine Property Company ist ein Immobilienunternehmen, also ein Unternehmen, das sich beispielsweise mit der Vermietung, Verwaltung, Projektentwicklung, dem Verkauf, der Finanzierung oder der Vermittlung von Immobilien befasst. Die primären, externen Leistungen der Unternehmung sind somit immobilienspezifisch ausgerichtet. Die Immobilie kann hier ebenfalls als Produktionsfaktor verstanden werden, da ohne sie eine Erbringung der gewünschten Dienstleistung nicht möglich wäre. Der Dienstleistungscharakter lässt die Grenzen zwischen Produktion und Absatz verschwimmen, da es sich um eine nicht materielle, nicht lagerbare Leistung handelt. Bei den Nicht-Immobilienunternehmen, den Non-Property Companies, sind die immobilienbezogenen

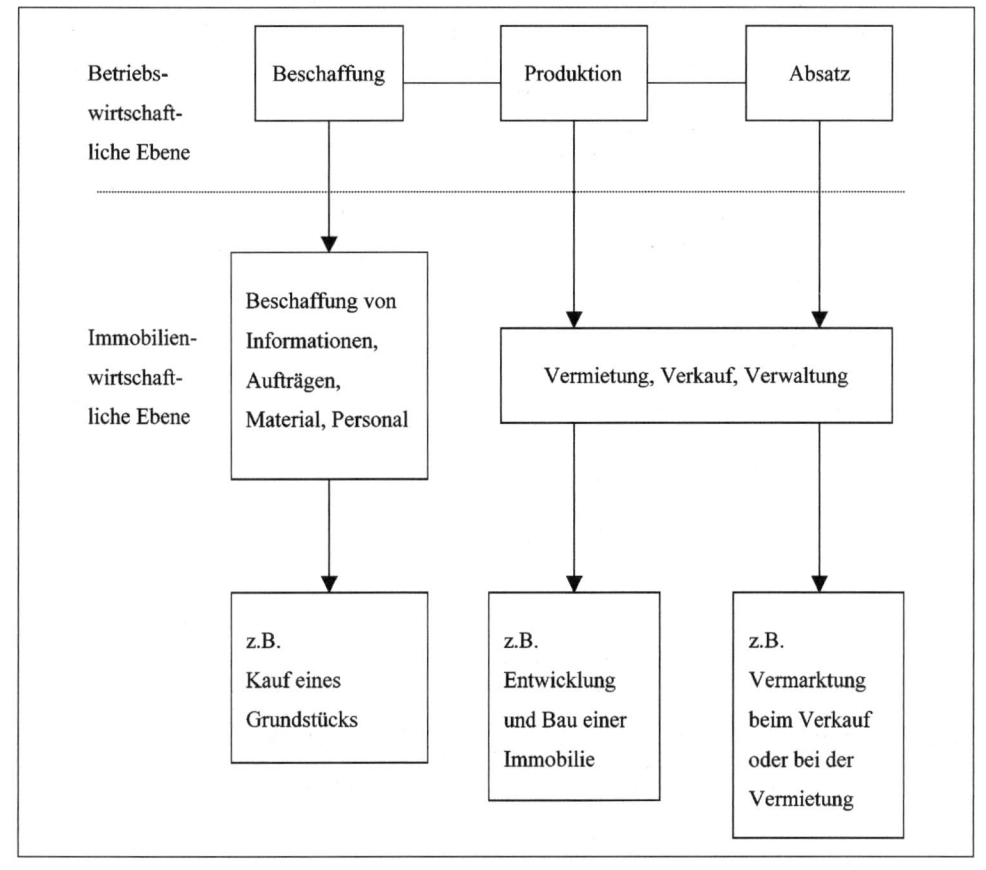

Abb. I 10: Die betriebswirtschaftliche und immobilienwirtschaftliche Ebene

Leistungen nach innen gerichtet und sekundär. Das bedeutet, dass sich diese Leistungen erst aus der erstrangigen Aufgabe der Unternehmung ergeben, aber dennoch für die Leistungserstellung erforderlich sind. Der Unternehmenszweck dient also nicht dem Immobiliengeschäft, es ist lediglich ein notwendiger Bestandteil.

3 Der Immobilienmarkt

3.1 Definition

Allgemein gesagt treffen auf dem Immobilienmarkt Angebot und Nachfrage aufeinander. Der Immobilienmarkt ist folglich der Ort des Tausches immobilienbezogener Güter gegen Geld. An diesem Tauschplatz treffen sich viele Anbieter und viele Nachfrager, was bedeutet, dass dieser Markt ein Polypol darstellt. Der Immobilienmarkt unterscheidet sich von anderen Märkten, da die Immobilie viele sehr spezifische Eigenschaften besitzt. Die größte Bedeutung kommt hierbei der Standortgebundenheit zu. Sie erzeugt die seltene Marktsituation, dass das Angebot räumlich gebunden ist und somit nicht überall, sondern nur an einem speziellen Ort angeboten werden kann. So kann es geschehen, dass eine Immobilie am Standort A nicht verkauft werden kann, da keine Nachfrage vorhanden ist, während am Standort B eine Vielzahl von Interessenten auf gerade dieses Angebot warten würden. Anders betrachtet bedeutet dies auch, dass sich der Immobilienmarkt aus vielen regionalen Teilmärkten zusammensetzt. Diese Märkte unterscheiden sich nicht nur durch die geographische Lage, sondern z. B. auch durch Abweichungen in ihrer Struktur, in der Bevölkerungs- und Bebauungsdichte, in der Finanzkraft, im Grundstückspreis und in den bevorzugten Gütern. So gibt es beispielsweise Gegenden, in denen sich Eigentumswohnungen schlechter verkaufen als Ein- und Zweifamilienhäuser, und umgekehrt.

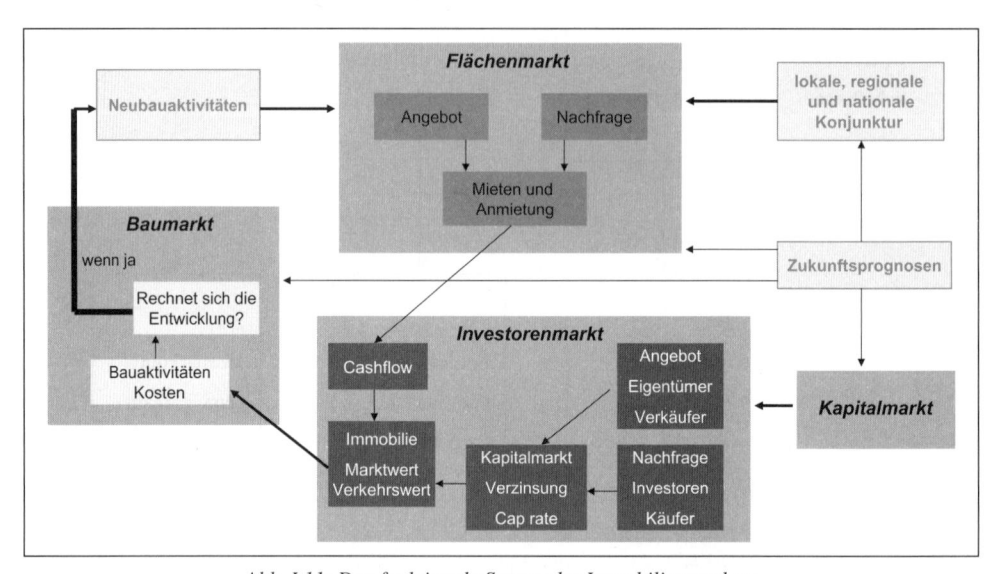

Abb. I 11: Das funktionale System des Immobilienmarktes

Der Immobilienmarkt weicht aufgrund der Eigenschaften der Immobilie stark vom Modell des vollkommenen Marktes ab. So sind beispielsweise die angebotenen Güter heterogen. Durch die fehlende Homogenität der Güter entstehen Präferenzen für bestimmte Angebote oder Anbieter, vor allem in räumlicher, zeitlicher und persönlicher Hinsicht. Bedingt durch die lange Realisationszeit der Immobilie können die Anbieter zeitlich nur stark verzögert auf Marktschwankungen reagieren; die Elastizität des Angebots ist also im Gegensatz zum vollkommen Markt gering. Ein weiteres Indiz für die Unvollkommenheit des Immobilienmarktes ist die Tatsache, dass die vielen Teilmärkte in Verbindung mit den zahlreichen unterschiedlichen Organisationsformen für die Immobilienvermarktung einen negativen Einfluss auf die Markttransparenz haben. Außerdem ist die Zahl der Anbieter und Nachfrager auf den Teilmärkten begrenzt. Zusammenfassend kann festgestellt werden, dass der Immobilienmarkt ein unvollkommener Markt ist, und dass es nicht den Immobilienmarkt schlechthin, sondern vielmehr eine große Zahl von Teilmärkten gibt.

```
┌─────────────────────────────────────────────────────────────────┐
│  Mangelnde              ↗          ↖    Geringe Angebotselastizität, │
│  Markttransparenz                        keine unendlich schnelle   │
│                    Der Immobilienmarkt ist   Reaktion               │
│                       ein unvollkommener                            │
│  Begrenzte                 Markt                                    │
│  Anbieter- und          ↗          ↖    Heterogenität der           │
│  Nachfrageranzahl                        angebotenen Güter          │
└─────────────────────────────────────────────────────────────────┘
```

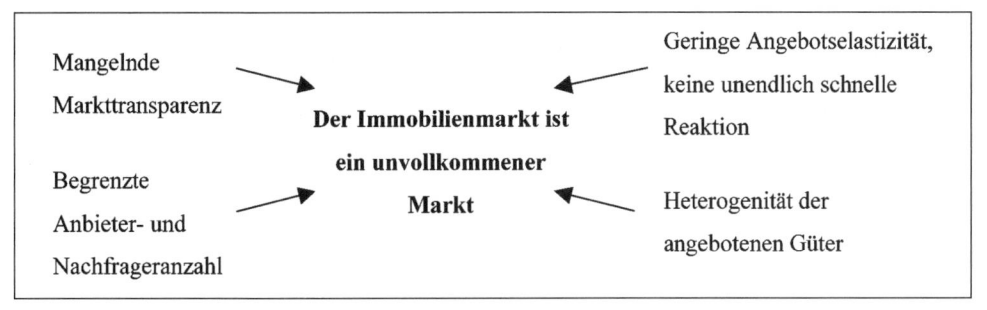

Abb. I 12: Der Immobilienmarkt als unvollkommener Markt

3.2 Angebot und Nachfrage auf dem Immobilienmarkt

Angebot und Nachfrage auf dem Immobilienmarkt unterscheiden sich deutlich von ihren Gegenstücken auf anderen Märkten. So bewirkt beispielsweise die Standortgebundenheit der Immobilie, dass das Angebot auf dem Immobilienmarkt nicht mobil, sondern immobil, also an einen Standort gebunden ist. Damit der Immobilienmarkt trotzdem funktionieren kann, setzt er also die Mobilität der Nachfrage voraus. Die Interessenten wählen eine Region aus und prüfen die hier vorhandenen Angebote. Diese unterscheiden sich, da die Anbieter keine völlig homogenen Güter offerieren können. Jede Immobilie ist einzigartig. Dies führt zu einer starken Nachfragerkonkurrenz, die sich auf anderen Märkten in dieser Ausprägung nicht findet: Es gibt dieselbe Immobilie mit demselben Standort und denselben Eigenschaften bezüglich Zuschnitt, Lage im Haus, Material, Belichtung, Beschallung etc. nur ein einziges Mal. Und meist treten mehrere Nachfrager auf, von denen nur einer tatsächlich zum Zuge kommt.

Als Anbieter können private und institutionelle Verkäufer auftreten. Privatleute agieren selten als Verkäufer von Immobilien und verfügen nur über geringe Marktkenntnisse und -erfahrungen. Institutionelle Anbieter nehmen regelmäßig am Marktgeschehen teil. Daher können sie auf weit mehr Informationen und Erfahrung zurückgreifen. Durch die Vielzahl der Anbieter entstehen dementsprechend viele Veräußerungsmotive: Privatleute wollen beispielsweise häufig die eigengenutzte Immobilie verkaufen, um umzuziehen. Private und institutionelle Anleger sehen eventuell die Möglichkeit einer lukrativeren Anlage und wollen das alte Objekt abstoßen. Auch die Erzielung von Spekulationsgewinnen, der Verkauf betrieblicher Erzeugnisse oder die Schaffung von Liquidität können einen Verkaufsgrund darstellen.[49] Die Angebotsseite wird vor allem im Wohnungsbereich vom Bestand dominiert. Es zeichnet sich eine Verlagerung vom Neubau zur Modernisierung und Sanierung von Bestandsgebäuden ab. Für den Neubaubereich im Wohnimmobiliensektor gilt der Grundsatz, dass Objekte nur dann umgesetzt werden, wenn sie eine Anfangsrentabilität für den Anbieter ausweisen; dies erfordert einen hohen Einsatz von Kaufkraft auf der Nachfrageseite.[50]

Die Nachfrageseite besteht ebenfalls aus Privatleuten und institutionellen Käufern. Privatleute suchen meist Wohnraum. Der Konsum des Gutes Wohnung befriedigt ein Grundbedürfnis des Menschen, da beispielsweise das Schlaf-, Schutz- und Erholungsbedürfnis gestillt werden kann. Das Gut Wohnung ist nicht substituierbar. Besonders in diesem Bereich ist der Nachfrager dem Anbieter unterlegen, da mit wachsendem Angebotsdefizit die Versorgungssicherheit – also die Ge-

---

[49] Vgl. Grosskopf, W./König, P. (2001), S. 81
[50] Vgl. Kühne-Büning, L. (1996), S. 254 ff.

wissheit, eine Wohnung zu haben – abnimmt und umgekehrt.[51] Daher werden die Nachfrager vom Gesetzgeber direkt und auch indirekt (durch Förderung des Angebots) vom Staat unterstützt. Auch nicht-private Gruppen fragen Wohnflächen nach, um diese weiterzuvermieten oder gewinnbringend zu verkaufen. Büros werden zur Selbstnutzung oder Vermietung erworben. Es ist häufig der Fall, dass ein Marktteilnehmer gleichzeitig Anbieter und Nachfrager – eventuell auf unterschiedlichen Teilmärkten – ist. So kann ein Unternehmen als Nachfrager einen kostengünstigeren Standort suchen und zur gleichen Zeit als Anbieter versuchen, das alte Objekt zu veräußern oder zu vermieten.

Für Angebot und Nachfrage gibt es zahlreiche Bestimmungsgrößen, die Determinanten. Ein wichtiger Einflussfaktor ist die allgemeine Konjunktur. Über lange Zeiträume wirkt sie sich auf die Bauwirtschaft aus. Im Hoch wird viel gebaut und viel nachgefragt, im Tief sinken die Investitionen und die Nachfrage ab. Dennoch entwickelt sich die Baukonjunktur nicht immer entsprechend der allgemeinen Konjunktur. Dies ist darauf zurückzuführen, dass es zahlreiche weitere Einflussfaktoren gibt. Die wichtigsten sind Zinsen, Preise und staatliche Maßnahmen. Hohe Zinsen dämpfen die Investitionsbereitschaft, was sich negativ auf Angebots- und Nachfrageseite auswirkt. Der Grund hierfür liegt darin, dass ein hoher Anteil der Investitionen fremdfinanziert ist. Bei einem angenommenen Fremdkapitalanteil von 75 % sind die Zinskosten der größte Posten der laufenden Aufwendungen. Dementsprechend sensibel reagieren Investoren auf Zinsänderungen. Da die Immobilienbranche langfristig orientiert ist, wirkt sich hauptsächlich der langfristige Zinssatz, der so genannte Kapitalmarktzinssatz, auf das Marktgeschehen aus. Besonders eng ist die Verbindung zwischen dem Wohnbau und dem realen, d.h. inflationsbereinigten Kapitalmarktzins. Der Einfluss der Zinsen auf den Immobilienmarkt ist jedoch ebenfalls nicht zwingend gegeben, da andere Determinanten entgegenwirken können. Darüber hinaus können z.B. politische Neuregelungen die hohen Zinsen ausgleichen, beispielsweise durch Zinszuschüsse oder ähnliche Fördermaßnahmen. Ein hoher Zinssatz spielt für die Investoren auch dann nur eine geringe Rolle, wenn sie ein hohes Maß an Eigenkapital einsetzen. Neben dem tatsächlichen wirkt sich der erwartete Zins auf Investitionsentscheidungen aus. Wird z.B. ein weiterer Anstieg des Zinsniveaus erwartet, so wird die Bautätigkeit trotz eines hohen aktuellen Zinssatzes gesteigert. Der Preis nimmt als Determinante eine Sonderrolle ein, denn er ist gleichzeitig Einflussfaktor auf Angebot und Nachfrage und Ergebnis des Zusammentreffens von Angebot und Nachfrage. Die allgemeine Preisentwicklung eines Landes, die z.B. am Bruttoinlandsprodukt gemessen wird, wirkt sich auf die Vermögensverteilung aus; während Geldvermögen im Inflationsfall an Wert verliert, gewinnt das Sachvermögen, z.B. die Immobilie. Bei der Betrachtung der reinen Baupreisentwicklung lässt sich feststellen, dass hohe Preise ein großes Angebot und eine geringe Nachfrage nach sich ziehen, und umgekehrt. Werden jedoch weiter steigende Preise erwartet, so steigt die Nachfrage trotz hoher Preise; werden sinkende Preise erwartet, sinkt die aktuelle Nachfrage und die Marktteilnehmer warten auf günstigere Angebote. Viele Nachfrager kompensieren hohe Preise, indem sie kleinere Grundstücke und Gebäude erwerben oder Abstriche in der Qualität machen. Der Staat kann Anbieter und Nachfrager unterstützen. Hierfür stehen ihm zahlreiche Mittel zur Verfügung, z.B. Subventionen, Wohnbauprämien, Steuernachlässe und Förderprogramme. Nicht zu verachten ist der Einfluss demographischer Entwicklungen: Schwankungen bei Geburts- oder Sterberaten und Bevölkerungsströmen verändern die Struktur und die Anzahl der privaten Haushalte, was sich stark auf den Wohnungsbaumarkt auswirkt. Auch der kulturelle Wandel einer Gesellschaft und der technische Fortschritt sind ausschlaggebende Determinanten des Immobilienmarktes.

---

[51] Vgl. Eichhorn, A. (1996), S. 161

Hauptdeterminanten	Weitere Determinanten
Konjunktur, Zinsen, Preise, staatliche Maßnahmen, Erwartung der Marktteilnehmer	Bevölkerungsentwicklung, Wanderungsbewegungen, Raumkapazitäten, kultureller Wandel, technischer Fortschritt, vorhandener Boden, Produktionsfaktoren, Produktivitätsveränderungen, Aufgabe von Standorten, z. B. durch Umzüge, Todesfälle, Betriebsverlagerungen und -auflösungen

Abb. I 13: Determinanten auf dem Immobilienmarkt

Untersuchungen stufen die Wichtigkeit der Determinanten für den Investor wie folgt ein: An erster Stelle steht die Rendite, sie ist der einflussstärkste Faktor; darauf folgen Steuern, Kosten für Bauland und Finanzierung sowie die Erwartungen der Investoren bezüglich weiterer Kostenentwicklungen. Allerdings ist diese Relevanz-Staffelung nicht für alle Investoren identisch. Für Wohnungsunternehmen, die an einer langfristigen Vermietung interessiert sind, ist vor allem die künftige Entwicklung der Nachfrage von Bedeutung und somit die Determinanten Haushalts- und Realeinkommen. Aber auch die Rentabilität in Form der möglichen Mieteinnahmen und -steigerungen haben großen Einfluss auf die Investitionsentscheidungen. Die Rentabilität im wohnungswirtschaftlichen Bereich setzt sich hauptsächlich aus drei Komponenten zusammen: Am wichtigsten für die Investoren sind die Objektrentabilität, die erwartete Steigerung des Sachwertes und die möglichen steuerlichen Vergünstigungen.[52]

3.3 Marktpreisbildung

Der Marktpreis einer Immobilie bildet sich durch das Zusammentreffen von Angebot und Nachfrage. Um die Kosten vergleichbar zu machen, werden meist Preise pro m² angegeben bzw. eine Umrechnung in Quadratmeterpreise ist leicht möglich. Das Verhältnis von Angebot und Nachfrage wirkt sich auf den Preis aus. Wenn der Markt zum Käufermarkt hin tendiert, d. h. wenn die Nachfrager das Marktgeschehen und somit die Preise bestimmen, ist das Angebot hoch und das Preisniveau niedrig. Geht der Trend hingegen zum Verkäufermarkt, so stehen nur wenige Anbieter einer Vielzahl von Nachfragern gegenüber. Dies sorgt für einen Anstieg der Preise. Ein bei Nachfragern begehrtes Grundstück, z. B. ein gut geschnittenes Grundstück in guter Wohnlage, erzielt einen höheren Quadratmeterpreis als ein unregelmäßig geschnittenes Grundstück in schlechter Lage, da für letzteres eine viel geringere Anzahl an Nachfragern Interesse zeigt. Gleichzeitig schließt jedoch ein hoher Grundstückspreis viele Nachfrager aus, da sie nicht in der Lage oder nicht willens sind, den geforderten Preis zu bezahlen. Also kann ein begehrtes Grundstück aufgrund seines hohen Wertes auch auf eine geringe Nachfrage treffen.

Die Marktpreisbildung erfolgt bei Bestandsimmobilien und Neubauten auf unterschiedliche Weise. Der Verkäufer einer bestehenden Immobilie versucht, einen möglichst hohen Preis für sein Objekt zu erzielen. Um den Preis richtig anzusiedeln, kann der Verkäufer, d. h. der Anbieter, Vergleichspreise ähnlicher Objekte heranziehen. Er kann auch ein Wertgutachten erstellen lassen. Es ist jedoch nicht gewährleistet, dass sich ein Käufer findet, der bereit ist, einen ebenso hohen Preis zu bezahlen. So kann eine Immobilie einen bestimmten Wert haben, der jedoch nicht umsetzbar ist. Wert ist also nicht gleich Preis. Der Preis wird auf dem Immobilienmarkt stark durch die nachfragende Seite

---

[52] Vgl. Kühne-Büning, L. (1996), S. 263 ff.

beeinflusst. Je mehr Interessenten sich finden, desto stärker steigt der Preis. Ziel des Verkäufers ist es, den höchstbietenden Interessenten ausfindig zu machen. Im Regelfall wird über den Preis verhandelt. Hierfür gibt es auf Anbieter- und Nachfragerseite eine gedachte Grenze: Der Verkäufer ist bestrebt, einen möglichst hohen Preis zu erzielen; er setzt also nach oben keine Grenzen fest, sondern nach unten: Einen bestimmten Betrag will er auf jeden Fall erhalten, sonst kommt kein Kaufvertrag zustande. Der Nachfrager hingegen möchte einen möglichst geringen Preis bezahlen, so dass sich für ihn nach unten keine Grenze ergibt. Er setzt sich ein oberes Preislimit. Mehr ist ihm die Immobilie entweder nicht wert, oder er kann aus finanziellen Gründen keinem höheren Preis zustimmen. Bewegen sich die Vertragspartner innerhalb des Preiskorridors, so ist das Geschäft aus ihrer Sicht für beide Seiten vorteilhaft. Muss einer von ihnen jedoch an seine Preisgrenze gehen, so ist der Vertrag nur noch für die andere Seite von Vorteil.

Bei neu erstellten Objekten, z. B. eines Bauträgers, erfolgt die Preisfindung anders. Als Basis dient hier die Preiskalkulation: Alle anfallenden Herstellungskosten und der gewünschte Gewinn werden addiert. Diese Beträge bilden den Angebotspreis. Liegt der am Markt erzielbare Preis unter den Herstellungskosten, wird das Objekt nicht gebaut, da es unrentabel ist. Der Bauträger kann seinen Gewinnaufschlag nicht frei wählen, sondern orientiert sich hierfür am Markt. Er prüft, ob genügend zahlungsfähige und -willige Käufer vorhanden sind, und welche Angebote seine Konkurrenz zur gleichen Zeit auf den Markt bringt. Hieran orientiert er seinen Preis; somit ist der Bauträger zunächst im Besitz der Preiskompetenz. Wenn er bei Abschluss des Verkaufsprozesses seinen angestrebten Gewinn nicht erreicht, hat er die Preiskompetenz an die Nachfrageseite verloren. Der Gewinnaufschlag kann vorwiegend aus zwei Gründen schmäler ausfallen: Zum einen können die Vorfinanzierungskosten höher sein als geplant. Dies ist der Fall, wenn nicht alle Verkäufe im zuvor festgelegten Zeitrahmen erfolgen können und der Bauträger länger als beabsichtigt (vor-)finanzieren muss. Zum anderen steigen die Kosten im Vertriebsbereich, wenn die Vermarktung länger als geplant dauert und intensiver betrieben werden muss. Um diese Zusatzkosten zu vermeiden und seine Produkte so schnell wie möglich zu verkaufen, muss der Anbieter seine Preisvorstellungen korrigieren. Der zunächst angebotene und der schließlich erzielbare Preis fallen also auseinander.

Bei Mietobjekten wirken sich Leerstandsquote und Laufzeit der Mietverträge sowie die Bonität der Mieter auf den Preis aus. Generell liegen die Mietpreise für Büroflächen über denen für Wohnflächen vergleichbarer Qualität. Die Vertragslaufzeit kann sich sowohl preissteigernd als auch preismindernd auswirken. Ein Eigennutzer ist bestrebt, das Objekt möglichst frühzeitig selbst zu nutzen und bevorzugt kurze Restlaufzeiten, während ein Kapitalanleger langfristige Verträge bevorzugt, da seine Erträge bei einem liquiden Mieter für einen festgelegten Zeitraum gesichert sind. Die Teilnehmer auf dem Markt für Mietobjekte investieren nur in Immobilienanlagen, wenn mindestens ihre Opportunitätskosten gedeckt sind, d.h. wenn sie mindestens dieselbe Rendite erwirtschaften, die bei einer anderen Anlageform erzielbar wäre.[53]

3.4 Staatliche Einflussnahme auf das Marktgeschehen

Der Staat nimmt in vielen Bereichen Einfluss auf den Immobilienmarkt. Um die Angebotsseite zu steuern, werden Subventionen gewährt, Steuern erhoben, Mindeststandards vorgeschrieben und ein staatliches Angebot, vor allem im Bereich der Wohnimmobilien, geschaffen. Zur Beeinflussung der

---

[53] Vgl. Grosskopf, W./König, P. (2001), S. 81

Nachfrage wird Wohngeld gewährt, das Bausparen gefördert und steuerliche Vorteile eingeführt; außerdem wird die Schaffung von Wohnraum über mehrere Wege gefördert: Zum einen werden zinsverbilligte oder zinsfreie Darlehen von Bund und Ländern zur Verfügung gestellt, zum anderen werden Zuschüsse von Ländern und Gemeinden gewährt und im Rahmen von Sonderaktionen verbilligte Bauplätze ausgegeben. Durch diese Eingriffe soll die Kaufkraft der Nachfrageseite gestärkt werden. Wenn ein Mietwohnungsbauvorhaben mit öffentlichen Mitteln gefördert wird, wird der maximale Mietpreis in der Regel vom Staat vorgegeben. Um die Transaktionen zwischen Angebot und Nachfrage zu regeln, wurde das Vertragsrecht geschaffen, z. B. für Miet- und Kaufverträge.[54]

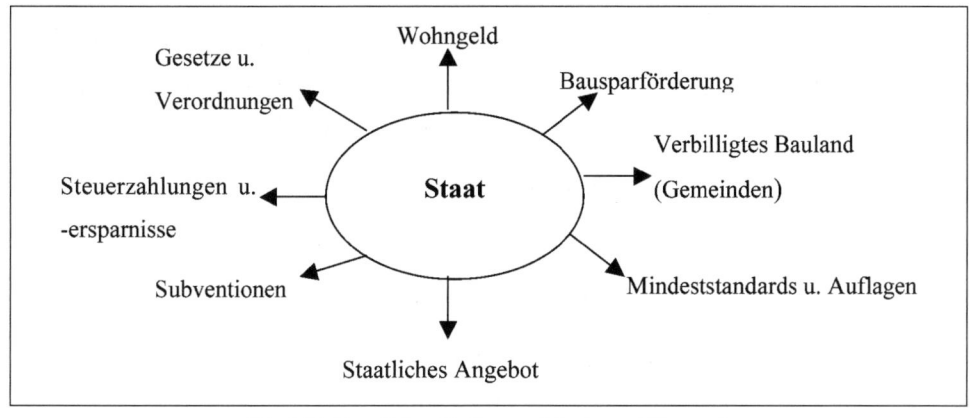

Abb. I 14: Staatlicher Einfluss auf den Immobilienmarkt

Aufgabe des Staates ist es in diesem Zusammenhang, einen marktwirtschaftlichen Rahmen auf dem Immobilienmarkt zu schaffen. Dies geschieht hauptsächlich durch Gesetze, die langfristig Rechtssicherheit für die Marktteilnehmer gewährleisten sollen, um das Investitionsrisiko möglichst gering zu halten. Neben diesen Allokationsmaßnahmen verfolgt der Staat auch versorgungspolitische Ziele. So soll das wohnungswirtschaftliche Existenzminimum gesichert werden und die gesamte Bevölkerung soll ausreichend mit Wohnraum versorgt werden. Dies wird zum einen durch Förderung des Wohnbaus und zum anderen durch Regelung der Mietbelastung, z. B. durch Wohngeld oder Mietpreisbindungen, erreicht. Problematisch ist, dass Mietpreisbindungen das Angebot von Mietwohnungen bremsen können; die Anbieter haben kein Interesse mehr an einer Investition in Mietwohnungen, da sie nur wenig bzw. gar nichts daran verdienen können. Diese staatliche Maßnahme würde eine Ausdehnung des Angebots verhindern. Deshalb muss der Staat gleichzeitig die Anbieter mit Steuervergünstigungen und Subventionen zu weiteren Baumaßnahmen anregen oder selbst zum Anbieter werden.[55] Die Tragbarkeit der Mietbelastung wird dadurch überprüft, dass die Miete einen bestimmten Prozentsatz des Haushaltseinkommens nicht übersteigen darf. Der Staat betreibt darüber hinaus Vermögenspolitik, indem er für eine breite Eigentumsstreuung sorgt.[56]

---

[54] Vgl. ebenda, S. 170
[55] Vgl. Eichhorn, A. (1996), S. 165 ff.
[56] Vgl. Grosskopf, W./König, P. (2001), S. 166 ff.

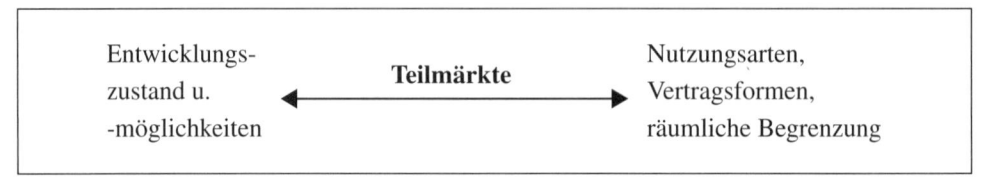

4 Strukturen und Teilmärkte des Immobilienmarktes

Der Immobilienmarkt besteht aus zahlreichen Teilmärkten, die sich nach unterschiedlichen Kriterien gliedern lassen. Am naheliegendsten ist die Einteilung in ortsbezogene Teilmärkte, welche unter anderem lokal, regional oder überregional gesehen werden können. Diese Märkte lassen sich wiederum unterteilen, z. B. nach der Art der gehandelten Immobilie in Grundstücks-, Wohnimmobilien-, Gewerbe- und Sonderimmobilienmärkte. Der Gewerbeimmobilienmarkt lässt sich weiter aufteilen, beispielsweise in den Büro-, Einzelhandels- und Industrieimmobilienmarkt. Auch hier ist eine weitere Untergliederung möglich, z. B. bezüglich Größe, Funktionalität und Nutzung. Bei Wohnimmobilien ist der Wohnwert ein wichtiges Kriterium. Er setzt sich aus Lage und Qualität einer Immobilie zusammen. Unabhängig von den Immobilienarten lassen sich zahlreiche weitere Teilmärkte wie der Käufer- und Mietermarkt aufzeigen.

```
┌─────────────────────────────────────────────────────────────────────┐
│   Entwicklungs-                              Nutzungsarten,         │
│   zustand u.         ◄── Teilmärkte ──►      Vertragsformen,        │
│   -möglichkeiten                             räumliche Begrenzung   │
└─────────────────────────────────────────────────────────────────────┘
```

Abb. I 15: Teilmärkte des Immobilienmarktes

4.1 Entwicklungszustand und -möglichkeiten der Immobilie

Immobilien durchlaufen mehrere Entwicklungsphasen. Diese Phasen können als Teilmärkte des Immobilienmarktes angesehen werden. Die Immobilienwertermittlungsverordnung (ImmowertV) definiert in § 4 die Entwicklungszustände des Grundstücks: Ausgehend von Agrarland entstehen Bauerwartungs- und Rohbauland, und schließlich liegt baureifes Land vor. Unter Agrarland versteht die ImmowertV land- und forstwirtschaftlich genutzte oder nutzbare Flächen; diese sind entweder nur in diesem Sinne nutzbar, oder eine andere Nutzung ist langfristig nicht vorgesehen. Flächen, die in absehbarer Zeit eine bauliche Nutzung erwarten lassen, da sie aufgrund ihrer Eigenschaft, ihrer Lage und Beschaffenheit dafür geeignet sind, werden als Bauerwartungsland bezeichnet. Dies kann z. B. schon aus dem Flächennutzungsplan oder aus der städtebaulichen Entwicklung der Gemeinde ersichtlich sein. Als Rohbauland gelten Flächen, die gemäß §§ 30, 33 und 34 BauGB zwar für eine bauliche Nutzung bestimmt sind, die aber nach Lage, Form, Größe oder wegen mangelnder Erschließungsmöglichkeit für eine bauliche Nutzung noch nicht geeignet sind. Flächen, die nach öffentlich-rechtlichen Vorschriften baulich nutzbar sind, werden als baureifes Land bezeichnet. Auf diesen Flächen entstehen Neubauobjekte, die im Lauf der Zeit zu Bestandsimmobilien und später zu Sanierungsobjekten werden. Am Ende der Entwicklung steht schließlich der Abbruch der Immobilie. Das Land kann wieder neu bebaut werden.

Durch die Entwicklungsmöglichkeiten des baureifen Landes ergeben sich neue Teilmärkte. So legt die Bauleitplanung fest, in welchen Gebieten sich beispielsweise reine Wohngebiete finden, wo das Gewerbe und wo Grünflächen angesiedelt werden. Eine Übersicht über die Nutzungsmöglichkeiten findet sich in Abb. I 17; sie können in den §§ 1 ff. der Baunutzungsverordnung genauer nachgelesen werden.

4 Strukturen und Teilmärkte des Immobilienmarktes

```
Agrarland                    ──────▶  Landwirte, Forstwirte
   ▼
Bauerwartungsland  ─────────┐
   ▼                         └─▶
Rohbauland         ──────────────▶  Projektentwickler, private/
   ▼                                institutionelle Eigentümer,
                             ┌─▶    Bauträger
Baureifes Land     ──────────┘
```

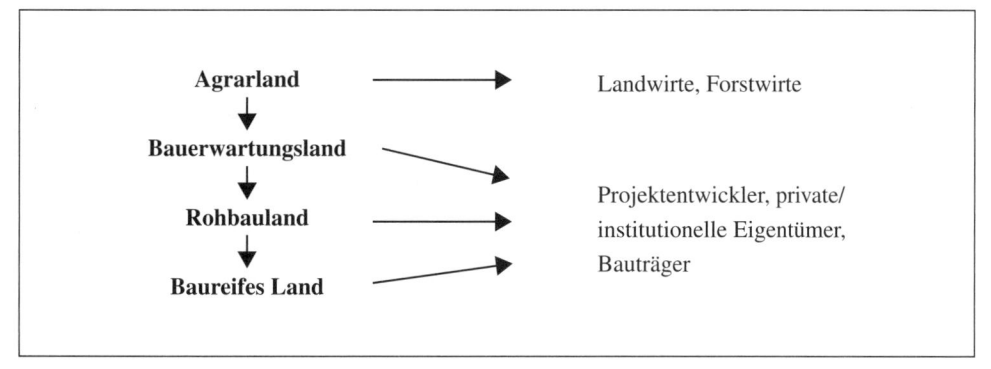

Abb. I 16: Baulandentwicklung

Die Entwicklungsmöglichkeiten werden auch über das im Bebauungsplan festgelegte Maß der Nutzung bestimmt. Der Bebauungsplan gibt z. B. vor, welcher Anteil an der Grundstücksfläche überbaut werden darf, und wie groß die geschaffene Fläche insgesamt – also auf allen Stockwerken sein darf. Maßgebend hierfür sind die Grund- und die Geschossflächenzahl (GRZ und GFZ). § 17 der Baunutzungsverordnung gibt z. B. für reine und allgemeine Wohngebiete eine GRZ von maximal 0,4 und eine GFZ von höchstens 1,2 vor; das bedeutet, dass bis zu 40 % der Grundstücksfläche überbaut werden dürfen und dass die Geschossfläche 120 % der Grundstücksfläche betragen

Baugebiet	Beschreibung
Kleinsiedlungsgebiete (WS)	Kleinsiedlungen: Wohngebäude, Gartenbau
Reine Wohngebiete (WR)	Wohnen
Allgemeine Wohngebiete (WA)	vorwiegend Wohnen
Besondere Wohngebiete (WB)	Erhaltung u. Fortentwicklung von vorhandenem Wohnen u. Gewerbe
Dorfgebiete (MD)	land- u. forstwirtschaftl. Betriebe; Wohnen, Gewerbe; Handwerksbetriebe
Mischgebiete (MI)	Wohnen und nicht wesentlich störendes Gewerbe
Kerngebiete (MK)	nicht erheblich belästigende Gewerbebetriebe
Gewerbegebiete (GE)	nicht erheblich belästigende Gewerbebetriebe
Industriegebiete (GI)	Gewerbebetriebe
Sondergebiete (SO)	z. B. Wochenend- u. Ferienhausgebiete, Campingplätze; Läden; Kliniken, Hafengebiete

Abb. I 17: Gebiete gemäß Baunutzungsverordnung (BauNVO)

darf. In Gewerbegebieten liegen die GRZ mit 0,8 und die GFZ mit 2,4 wesentlich höher. Es kann demnach auf einem gleich großen Grundstück weitaus mehr Geschossfläche hergestellt werden und ein größerer Anteil des Grundstücks darf überbaut werden. Außerdem legt der Bebauungsplan die erlaubte Anzahl der Vollgeschosse fest und regelt, ob offene, geschlossene oder halboffene Bauweise umgesetzt werden soll. Die Vorgaben des Bebauungsplans schaffen in Verbindung mit den unterschiedlichen Wohngebietstypen weitere Teilmärkte auf dem Immobilienmarkt.

4.2 Nutzungsmöglichkeiten von Immobilien

Wie oben beschrieben, werden Grundstücke vom Gesetzgeber in unterschiedliche Nutzungsarten eingeteilt. Es ergeben sich also Teilmärkte für wohnliche, gewerbliche, gemischte und sonstige Nutzung. Diese Gruppen können weiter unterteilt werden. Der Immobilienmarkt besteht zum einen aus dem Markt für Bestandsimmobilien, zum anderen aus dem Markt für Neubauten. Des Weiteren bilden sich z. B. im Bereich der Wohnimmobilien Teilmärkte für Eigentumswohnungen, Einfamilienhäuser, Reihenhäuser, Doppelhaushälften und vergleichbare Objekte. Die Immobilien können auch aufgrund ihrer Größe, Qualität, Ausstattung und Lage in weitere Teilmärkte eingeteilt werden. Die Lage spielt häufig ein entscheidendes Kriterium für die Rolle einer bestimmten Immobilie auf ihrem Teilmarkt. Einzelhandelsimmobilien werden z. B. in Fußgängerzonen dort angesiedelt, wo sich eine möglichst hohe Passantenfrequenz findet. Für eine Wohnimmobilie ist diese Eigenschaft völlig unbedeutend. Hier wird beispielsweise auf Aussichtslage, möglichst viel Grün in der Umgebung oder das soziale Umfeld geachtet. Eine weitere Unterscheidung liefert die Einordnung in eigen- und fremdgenutzte Objekte. Im gewerblichen Bereich können z. B. Büro-, Lager- und Verwaltungsgebäude eigengenutzt sein, ebenso wie Fertigungshallen, Kliniken, Hotels und Parkhäuser. Selbstverständlich ist auch eine Fremdnutzung dieser Immobilien möglich.

Weitere Teilmärkte eröffnen sich bei der Geldanlage in Immobilien. Hierbei können sich wieder Unterschiede in Größe, Nutzung, Lage, Besteuerung etc. ergeben. Darüber hinaus gibt es land- und forstwirtschaftlich genutzte Immobilien, für den Bergbau genutzte Grundstücke und vergleichbare Objekte. Zahlreiche Märkte finden sich auch für den Bereich der Sport- und Freizeitimmobilien: Fitnessstudios, Hallen- und Freibäder, Erlebnisparks, Golfplätze und viele andere Objekte werden hier gehandelt.

4.3 Vertragliche Strukturen

Die vertragliche Grundlage eines Immobiliengeschäfts liefert weitere Marktsegmente. Immobilien können vermietet, verpachtet, verkauft, verschenkt oder geleast werden. Auch die Einräumung eines Erbbaurechts ist möglich.

Bei einem Miet- oder Pachtvertrag wird das Objekt dem Mieter oder Pächter zur vertraglich vereinbarten Nutzung überlassen. Als Gegenleistung erhält der Vermieter bzw. Verpächter eine Zahlung. Die Verträge können zeitlich begrenzt oder auf unbestimmte Zeit abgeschlossen werden. Der Mieter erhält zwar den Besitz, aber nicht das Eigentum am Objekt. Bei einem Kaufvertrag geht das Eigentum am Objekt zeitlich unbegrenzt auf den Käufer über. Er erhält darüber hinaus den mittelbaren Besitz, wenn er die Immobilie vermietet, und den unmittelbaren Besitz, wenn er sie selbst nutzt. Das Erbbaurecht verschafft dem Erbbaurechtsnehmer für einen bestimmten Zeitraum das Eigentum am Gebäude. Beim Immobilien-Leasing gelangt die Immobilie zeitlich begrenzt in den unmittelbaren Besitz – nicht ins Eigentum – des Leasingnehmers. Er zahlt hierfür Leasingraten.

Die Nachfrager bewegen sich nicht strikt in ihren Bereichen. So kommt es häufig vor, dass Mieter nach einigen Jahren selbst Wohnungseigentümer werden möchten; sie wechseln vom Mieter- zum Käufermarkt. Dies ist allerdings nur auf dem Wohnimmobilienmarkt der Fall. Bei Gewerbeimmobilien kann sogar die umgekehrte Tendenz vorliegen. Eigentümer wählen in letzter Zeit häufig die Alternative des „Sale-and-lease-back", d. h. sie verkaufen ihre Immobilie an eine Leasingfirma und leasen sie dann zurück. Auf diese Weise kann sich die Unternehmung Liquidität verschaffen. Bei bestimmten Nachfragegruppen besteht die Wahlmöglichkeit zwischen Miete und Kauf. Sie weisen in der Regel ein hohes Einkommen oder Vermögen auf und entscheiden sich für die gewünschte Immobilie unabhängig davon, ob diese zum Kauf oder zur Miete angeboten wird.

Generell werden die Grenzen der Teilmärkte im vertraglichen Bereich selten überschritten. Die Marktteilnehmer entscheiden sich meist schon frühzeitig für die gewünschte Vertragsform und suchen dann geeignete Objekte. Nur vermögende und liquide Nachfrager können sich spontan entscheiden.

4.4 Räumliche Strukturen

Da die Immobilie standortgebunden ist, können die Anbieter ihre Ware nicht zu den Nachfragern transportieren. Folglich müssen sich die nachfragenden Privatleute und Institutionen zu den für sie interessanten Objekten begeben. Häufig haben sie Präferenzen bezüglich bestimmter Gebiete und Regionen, z. B. weil Privatleute an einen bestimmten Arbeitsplatz gebunden sind und sich nur innerhalb einer bestimmten Region nach Wohnraum umsehen können; daher bilden sich räumliche Teilmärkte heraus. Diese Teilmärkte können lokal, regional und überregional sein. Je weiter ein Objekt vom gewünschten Ort des Nachfragers entfernt ist, desto wahrscheinlicher ist es, dass dieses Objekt zu einem anderen Teilmarkt gehört.[57]

Die Art des räumlichen Teilmarktes lässt sich bestimmen, indem überprüft wird, inwiefern Objekte aus unterschiedlichen Gegenden miteinander in Angebotskonkurrenz stehen. Bei einem lokalen Markt ist der räumliche Abschnitt, in dem sich der Interessent bewegt, stark begrenzt. Dies ist beispielsweise bei Ladenflächen in sehr guter Innenstadtlage der Fall (1a-Lage). Der Nachfrager wählt die am häufigsten von Passanten frequentierten Orte und Straßen als potentiellen Standort aus und sucht sich dort die gewünschte Immobilie. Ein kleines Einkaufszentrum in einer umliegenden Gemeinde ist für ihn keine Standortalternative.

Regionale Märkte finden sich häufig im Bereich von Wohnimmobilien. Für viele Leute spielt es keine große Rolle, ob sie in Ort A, B oder C wohnen, wenn sie überall vergleichbare Einkaufsmöglichkeiten und einen ähnlich langen Arbeitsweg vorfinden. Sie vergleichen mehrere Orte miteinander und entscheiden sich vielleicht für das günstigste Angebot, vielleicht aber auch für einen anderen Ort, da es dort bessere Schulen etc. für die Kinder gibt. Wichtige Eigenschaft des regionalen Marktes ist die Feststellung, dass sich die Nachfrager nur für Angebote innerhalb einer bestimmten Region interessieren. Dieser Teilmarkt ist ebenso wie der lokale Teilmarkt räumlich begrenzt. Es konkurrieren nur diejenigen Anbieter miteinander, die Immobilien in der gewählten Region vorweisen können.

---

[57] Vgl. Heuer, J. H. B./Nordalm, V. (1996), S. 26

```
                    ┌─────────────────────┐
                    │ Räumliche Teilmärkte│
                    └─────────────────────┘
           ┌────────────────┼────────────────┐
       ┌───────┐        ┌─────────┐      ┌────────────┐
       │ lokal │        │ regional│      │ überregional│
       └───────┘        └─────────┘      └────────────┘
           │                │            ┌──────┴──────┐
           ▼                ▼         ┌────────┐  ┌─────────────┐
   z.B. bestimmte     z.B. Raum      │national│  │ international│
   Straßen            München        └────────┘  └─────────────┘
```

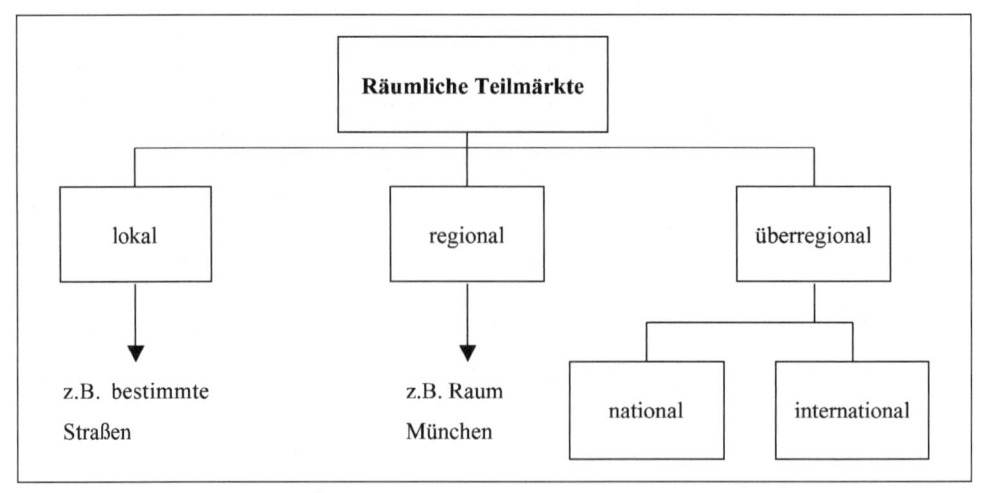

Abb. I 18: Übersicht über die räumlichen Immobilienteilmärkte

Im Gegensatz dazu machen überregional interessierte Nachfrager ihre Entscheidung nicht vom Objektstandort abhängig. Anbieter unterschiedlicher Regionen treten zueinander in Konkurrenz. Der überregionale Markt lässt sich weiter untergliedern in einen nationalen und einen internationalen Bereich. Vor allem institutionelle Anleger sind überregional aktiv. Für sie zählen neben dem Standort zahlreiche weitere Komponenten, wie z. B. der Preis des Objektes und die zu erwartende Rendite.

5 Die Beteiligten am Immobilienmarkt

Die Beteiligten am Immobilienmarkt lassen sich nach ihrer Stellung im Lebenszyklus der Immobilie einordnen. Es ist auch eine Gliederung nach Anbietern und Nachfragern möglich. In beiden Fällen kann eine Zuordnung jedoch nicht eindeutig sein. So werden beispielsweise die Facility Manager meist schon in der Planungs- und Entstehungsphase einbezogen, und nicht erst in der Nutzungsphase. Auch die Handwerksbetriebe werden in diesen beiden Phasen benötigt und zahlreiche weitere Beispiele lassen sich finden. Gleichzeitig ist z. B. der Architekt Anbieter einer Planungsleistung, kann aber auch als Nachfrager, z. B. für Handwerkerleistungen, fungieren. Auch die Fondsgesellschaften bieten auf der einen Seite eine Beteiligung an einer Immobilie an und fragen auf der anderen Seite Immobilien nach. Die gewählte Einteilung in Abb. I 19 ist daher nur beispielhaft, nicht als abschließend, zu verstehen.

5.1 Beteiligte bei Planung, Entstehung und Vermarktung

In der Planungs- und Entstehungsphase werden Architekten und Bauingenieure benötigt. Der Architekt plant die Immobilie gemäß geltendem Baurecht, holt erforderliche Genehmigungen ein und überwacht gegebenenfalls ihre Erstellung. Aufgabe des Bauingenieurs ist es, gemeinsam mit dem Architekt die Planung und Erstellung des Objektes zu begleiten. Hierbei kommen ihm vor

Phasen im Lebens- zyklus →	Planung, Entstehung und Vermarktung	Nutzung	Redevelopment: Umbau, Abriss
Angebots- seite	Grundstückseigentümer, Architekt, Bauherr, Pro- jektentwickler, Bauträger, Projektsteuerer, Bau- ingenieur, Investor, Financiers, Kreditinstitute, Bauunter- nehmer, Facility Manager, Immobilienberater, Städteplaner, Immobiliensachver- ständige, Insolvenz- und Zwangsverwalter, Notar, Verkäufer, Vermieter, Makler	Eigentümer, Facility Manager, Immobilienver- walter, Financiers und Kreditinstitute, Pensions- kassen, Wohnungsbau- genossenschaften, Wohnungsunternehmen, Handwerksbetriebe	Facility Management, Kreditinstitute, Investoren, Archi- tekt, Handwerker, Abrissunternehmer
Nach- frageseite	Architekt, Investor, Projektentwickler/-steuerer, Bauherr, Käufer, Mieter, Notar	Nutzer: Eigentümer, Mieter, Untermieter, Pächter	Eigentümer

Abb. I 19: Beteiligte am Immobilienmarkt

allem konstruktive, statische und baustoffbezogene Aufgaben zu. Dies erfolgt in Zusammenarbeit mit dem Bauherrn. Der Aufgabenbereich des Bauherrn ist die Beschaffung finanzieller Mittel, die Erteilung des Bauauftrages und das Übernehmen der Verantwortung für das Projekt. Er lässt für sich selbst oder einen Dritten bauen. Die Verwirklichung eines Projektes hängt stark vom Willen des Eigentümers sowie von Grund und Boden ab. Will dieser sein Grundstück anderweitig verwenden, so besteht kaum eine Chance auf Realisierung; hier sind Verhandlungsgeschick und ausreichende finanzielle Mittel von Nöten. Als Grundstückseigentümer können z.B. die öffent- liche Hand, kirchliche Institutionen, Stiftungen, Unternehmen und Privatpersonen auftreten. In der Planungs- und Entstehungsphase treten auch die Projektentwickler und -steuerer auf. Die Aufgabe des Projektentwicklers besteht kurz gesagt darin, Standort, Idee und Kapital miteinander zu verbinden und die Realisierung eines Projektes durchzuführen. In diesem Aufgabenfeld wird er auch als Developer bezeichnet. Häufig werden auch die Modernisierung und Revitalisierung von Bestandsimmobilien in die Hände von Projektentwicklern gelegt. Der Projektentwickler begleitet die Immobilie in ihrem gesamten Lebenszyklus.[58] Projektsteuerer vergeben Aufträge und steuern bzw. überwachen Bauleistungen im Sinne der Planvorgaben. Die einzelnen Bauvorhaben werden

---

[58] Vgl. Nestel, W. R. (2001), S. 250

hinsichtlich architektonischer, technischer, wirtschaftlicher und juristischer Belange vorbereitet, durchgeführt und betreut. Die Tätigkeiten des Bauträgers sind denen des Projektentwicklers relativ ähnlich. Der Bauträger erwirbt ein Grundstück und übernimmt die Entwicklung, Bebauung und Veräußerung der Immobilie. Die Arbeit des Bauträgers endet stets mit der fertigen Immobilie, nicht bereits vorher. Für die Verwirklichung eines Projekts ist häufig eine Beratung in Fachfragen von Nöten. Immobilienberater erstellen Standort- und Marktanalysen und geben Wettbewerbs- und Risikoeinschätzungen ab. Sie beraten auch hinsichtlich der bestmöglichen Nutzung.[59] Auch die finanzielle Seite muss abgesichert sein. Hierfür werden Investoren und Finanzierer benötigt. Bei den Investoren wird zwischen privaten und institutionellen Anlegern unterschieden. Privatleute nutzen ein erworbenes Objekt entweder um selbst darin zu wohnen oder als Kapitalanlage. Sie können sich auch durch Aktien oder Fondsanteile an einer Immobilie beteiligen. Institutionelle Anleger verfügen i. d. R. über mehr Kapital. Zu ihnen zählen unter anderem Fondsgesellschaften, Immobilienaktiengesellschaften, Versicherungen, Pensionskassen und Leasinggesellschaften.[60] Die Immobilienfinanzierung erfolgt durch Kreditinstitute oder andere Financiers. So werden langfristige Finanzierungen, Zwischenfinanzierungen, Projektfinanzierungen und Vorfinanzierungen angeboten. Ohne diese Bereitstellung von Geldmitteln wären die meisten Projekte gar nicht realisierbar, so dass die Kreditgeber als sehr wichtiger Partner von Immobilienunternehmen angesehen werden können. Zur Ausführung der Planung werden die Bauunternehmer eingesetzt. Die Gruppe der Bauunternehmer lässt sich in das Bauhaupt- und Baunebengewerbe sowie Stahlbauunternehmen und Bauhandwerker unterteilen. An einer Immobilie sind häufig mehrere Bauunternehmer beteiligt. Um Risiken einzugrenzen und die Organisation zu erleichtern, werden häufig Generalübernehmer oder Generalunternehmer eingeschaltet. Im Gegensatz zu den Generalunternehmern erbringen die Generalübernehmer keine eigenen Bauleistungen. Bauunternehmen können zusätzlich auch beispielsweise in der Projektentwicklung, Finanzierung oder im Facility Management tätig sein.[61] Auch die öffentliche Hand schaltet sich frühzeitig in die Bauaktivitäten ein. Im Bereich der Stadtplanung werden Flächennutzungs- und Bebauungspläne erstellt. Die Planung muss im Interesse der Bürger nach sozialen, gesundheitlichen und kulturellen Erfordernissen erfolgen. Sie hat Auswirkungen auf die sich später bildenden Immobilienteilmärkte, vor allem durch die Festlegung der Grundstücksnutzung und Infrastruktur. Außerdem sind baurechtliche Genehmigungen erforderlich, um ein Projekt realisieren zu können. Darüber hinaus legt der Staat z. B. im Wohnungsbau Höchstmieten fest und überwacht auch die Mietpreise; dies wirkt sich auf die Rentabilität von Projekten aus. Des Weiteren ist die öffentliche Hand im Falle einer Public Private Partnership Vertragspartner der Immobilienunternehmen.[62]

Bereits während der Planung und Entstehung wird häufig mit der Vermarktung begonnen. Sie ist aber auch für Bestandsimmobilien erforderlich. Beteiligt sind hieran z. B. Werbe- und Marketingfirmen. Darüber hinaus werden z. B. Wertgutachten für Gebäude und Boden von Immobiliensachverständigen erstellt. Allgemeine Anerkennung finden hierbei die Gutachterausschüsse der Gemeinden, da sie als unabhängig gelten. Darüber hinaus werden Sachverständige in Rechtsstreitigkeiten zur Beurteilung von Baumängeln und -schäden herangezogen. Ihre Wertermittlung gilt z. B. als Verhandlungsgrundlage für Käufer und Verkäufer. Wenn sie sich einigen können und alle rechtlichen Voraussetzungen erfüllt sind, geht das Eigentum vom Verkäufer auf den Käufer über, der neue Eigentümer wird im Grundbuch eingetragen. Er kann die Immobilie selbst nutzen oder

---

[59] Vgl. Isenhöfer, B./Väth, A. (2000b), S. 156
[60] Vgl. Nestel, W. R. (2001), S. 251
[61] Vgl. ebenda, S. 252
[62] Vgl. Isenhöfer, B./Väth, A. (2000b), S. 157

vermieten. Mieter und Vermieter stehen sich beim Mietvertrag als Vertragsparteien gegenüber. Dem Mieter wird im Normalfall gegen Entgelt die Nutzung einer Immobilie innerhalb gewisser Regeln gestattet. Er wird Besitzer der Immobilie. Der Makler vermittelt zwischen Anbieter- und Nachfragerseite, sowohl bei Vermietungen als auch bei Verkäufen. Er hat die Aufgabe, entweder die Gelegenheit zum Vertragsabschluss nachzuweisen oder einen Vertrag zu vermitteln. Besonders für schlecht informierte Marktteilnehmer wie z. B. Privatleute, die ein Haus suchen, ist der Makler eine große Hilfe, da er sich i. d. R. sehr gut am Markt auskennt und über zahlreiche Informationen verfügt, die dem Auftraggeber dienlich sein können. Im Falle eines Kaufvertrages wird der Notar eingeschaltet. Im immobilienwirtschaftlichen Bereich ist es Aufgabe des Notars, Rechtsgeschäfte zu beurkunden und Eintragungen, wie z. B. die Auflassung im Grundbuch, festzuhalten. Dies geschieht zum Schutz der Beteiligten.

5.2 Beteiligte in der Nutzungsphase

Naheliegendster Beteiligter in der Nutzungsphase ist der Nutzer selbst. Als Nutzer treten Privatleute, öffentliche Hand und Unternehmen aller Wirtschaftszweige auf. Ob sich die Immobilie im Besitz oder im Eigentum des Nutzers befindet, ist hierbei unwesentlich. Privatleute fragen in erster Linie Wohnraum nach, die öffentliche Hand benötigt beispielsweise Verwaltungsgebäude. Für Unternehmen gibt es zahlreiche Nutzungsmöglichkeiten, so z. B. Büros, Lagerhallen, Verkaufsräume, Forschungseinrichtungen und Produktionsstätten. Auch während der Nutzungsphase besteht immer wieder Liquiditätsbedarf. Es müssen beispielsweise Modernisierungs-, Sanierungs- oder Umbaumaßnahmen finanziert werden, so dass erneut Kreditinstitute, Finanzierer und Investoren auftreten. In der Nutzungsphase tritt häufig das Facility Management stark in den Vordergrund, obwohl es schon in die Planungsphase einbezogen werden soll, da so finanzielle Mittel gespart und bestmögliche Synergien geschaffen werden können. Ein Facility Manager bewirtschaftet die Immobilie möglichst umfassend und ganzheitlich nach kaufmännischen, infrastrukturellen und technischen Aspekten. Sein Tätigkeitsfeld beinhaltet beispielsweise Gebäudesicherheit, Bewachung, Schließsysteme, Reinigung, Energieversorgung, Müllentsorgung und Catering. Außerdem werden Immobilien häufig professionell verwaltet. Der Immobilienverwalter ist ein Dienstleister. Sein Aufgabenbereich umfasst verwaltungsbezogene, technische, wirtschaftliche und juristische Aspekte. Ziel ist es, die Immobilie so zu pflegen und zu erhalten, dass sie einen dauerhaften, wenn möglich steigenden Ertrag erwirtschaftet. In diesem Zusammenhang sind wiederum Handwerksunternehmen zu nennen, die zur Instandhaltung und Modernisierung des Gebäudes beitragen und Umbaumaßnahmen durchführen.

5.3 Beteiligte im Redevelopment

Redevelopment kann durch Umbau oder Abriss erfolgen. In beiden Fällen sind das Einverständnis und die Mitwirkung des Eigentümers erforderlich. Die Immobilie wird unter Umständen vor oder nach dem Redevelopment veräußert werden. In diesem Fall treten die Beteiligten in der Vermarktungsphase wieder auf. Für Umbau oder Abriss werden wieder finanzielle Mittel benötigt, so dass sich Investoren und Financiers einschalten. Für die technische Seite zeichnen sich Architekten, Spezialisten – wie z. B. Statiker –, Handwerker und Facility Manager verantwortlich. Sie übernehmen

Planung, Kontrolle und Ausführung. Bei einem Abriss und Neubau sind zusätzlich Abrissunternehmer erforderlich. Auch die Sachverständigen für eine Bewertung der Immobilie werden häufig eingeschaltet, um z. B. den bebauten und unbebauten Grundstückswert zu ermitteln. Das Ergebnis einer solchen Bewertung ist für die Entscheidung der Investoren und Kreditinstitute relevant, da sich die Investition rechnen muss und die Geldmittel gesichert sein müssen.

5.4 Beteiligte im steuerlichen Kontext

Im Zuge der Besteuerung einer Immobilie finden sich weitere Beteiligte. Zum einen tritt die öffentliche Hand als Gläubiger auf und fordert die Steuern ein. Diese Steuern werden im Fall einer Immobilie an ihrem Wert bzw. an der Grundstücksgröße bemessen. Für die Festlegung der Größe werden Vermesser eingesetzt, deren Messergebnisse im Grundbuch, Liegenschaftskataster und auch beim Finanzamt festgehalten werden. Ist der Wert einer Immobilie relevant, so werden Sachverständige eingeschaltet. Der Gutachterausschuss einer Gemeinde leitet die Informationen aus seiner Kaufpreissammlung an das zuständige Finanzamt weiter. Da viele steuerliche Fragen recht komplex sind, werden zahlreiche Steuerberater benötigt. Sie können die Marktteilnehmer bei der Steuererklärung und beim Einsparen von Steuern unterstützen. Häufig ist es Aufgabe eines Steuerberaters, die Vorteilhaftigkeit mehrerer Investitionsmöglichkeiten unter steuerlichen Aspekten zu prüfen und die günstigste Alternative aufzuzeigen. Das Finanzamt sammelt alle relevanten Daten, nimmt die Steuererklärungen entgegen und erhebt die anfallenden Steuern. Dies sind bei Immobilien vorwiegend die Grunderwerbsteuer, die einmalig beim Kauf anfällt, die Grundsteuer, welche jährlich zu entrichten ist, die Steuer auf Einkünfte aus Vermietung und Verpachtung und erzielte Veräußerungsgewinne. Da die Steuergesetzgebung einem ständigen Wandel unterlegen ist, ist es ratsam, bei der Prüfung der steuerlichen Situation einen Fachmann hinzuzuziehen.

6 Makroökonomische Eingliederung

6.1 Die Zyklen der Immobilie

Um die Abläufe in der Immobilienwirtschaft besser verstehen zu können, ist es hilfreich, die Zyklen der Immobilie zu kennen. Jede Immobilie durchläuft während ihrer Lebensdauer mehrere Phasen. Es kann in diesem Zusammenhang von großer Bedeutung sein, in welcher Phase sich die Immobilie zum aktuellen Zeitpunkt befindet und wie lange sie noch in diesem Abschnitt bleibt. Darüber hinaus ist es – besonders für die Anbieter- und Investorenseite – nützlich, sich neben dem Immobilienzyklus im engeren Sinne auch den Lebenszyklus einer Immobilie genauer vor Augen zu führen. Beide Zyklen sollen im Folgenden erklärt werden.

6.1.1 Der Lebenszyklus

Während der Grund und Boden, auf dem ein Gebäude steht, kein Verfallsdatum oder eine zeitlich befristete Lebensdauer hat, sind Immobilien an technische und ökonomische Nutzungsdauern gebunden. Die technische Nutzungsdauer eines Objektes kann sehr lang sein, z. B. 60 bis 100 Jahre bei Wohngebäuden. Dieser Zeitraum kann durch entsprechende Instandhaltungs- und Modernisierungsmaßnahmen noch verlängert werden. Die ökonomische Nutzungsdauer weicht davon meist stark ab, sie ist häufig deutlich kürzer.[63]

Erfahrungswerte zur Lebensdauer von Immobilien	
Einfamilienhaus	60–100 Jahre
Wohn- und Geschäftshaus	60–80 Jahre
Mehrfamilienhaus	80 Jahre
Hochhaus	60 Jahre
Hotels, Gastronomie	40–60 Jahre
Bürogebäude	30–60 Jahre
Discounter, Alten- u. Pflegeheime	40 Jahre
Lagergebäude, Kinos	30–40 Jahre
Tankstellen	10 Jahre

Abb. I 20: Lebensdauer verschiedener Immobilienarten

Der Lebenszyklus einer Immobilie lässt sich in mehrere Abschnitte einteilen. Zunächst (s. Abbildung I 21) wird die Immobilie geplant und erstellt, was zwei bis zehn Jahre – aber in Ausnahmefällen auch länger – in Anspruch nehmen kann. Diese Zeit wird als Projektentwicklungsphase bezeichnet. Daran schließt sich die Nutzungsphase an, deren Dauer stark von dem gewählten Standort und dem Gebäudetyp abhängt. Je besser ein Standort ist, desto aufwändiger wird die Bebauung gestaltet, und desto länger wird das Gebäude i. d. R. genutzt, da der alte Nutzer lange bleibt und sich schnell ein neuer Nutzer findet. Wenn es sich finanziell gesehen lohnt, ist auch eine Umnutzung möglich. An die erste Nutzung schließt sich die Leerstandsphase an. Sie kann in Teilen des Gebäudes beginnen und sich schließlich auf das ganze Objekt ausweiten. Gründe für Leerstand können beispielsweise schlechte Nutzbarkeit, Instandhaltungsstaus oder eine negative Standortentwicklung sein. Auch ein schlechtes Management im Mieterbereich kann Leerstand zur Folge haben. Auf den Leerstand folgt die Phase des Redevelopments. Hierbei gibt es zwei Lösungsansätze: Zum einen kann die Immobilie abgerissen und das Grundstück neu bebaut werden. Zum anderen kann die Bausubstanz neu strukturiert und saniert werden, wobei eventuell eine Umnutzung erfolgt. Welche Möglichkeit gewählt wird, hängt davon ab, wie sich Standort und Markt entwickeln, welche Qualität die vorhandene Bausubstanz aufweist und welche architektonischen und technischen Mittel für eine Umnutzung erforderlich sind. Darüber hinaus kann einem Abriss der Denkmalschutz entgegenstehen. Eine Sanierung nach denkmalschutzrechtlichen Bestimmungen wird gefordert. In diesem Fall muss die Wirtschaftlichkeit des Objektes geprüft werden. Nach dem Redevelopment folgt eine zweite Nutzungsphase, der in den meisten Fällen ein neuerlicher Leerstand folgt. Der Lebenszyklus der Immobilie endet schließlich mit dem Abriss des Gebäudes.

---

[63] Vgl. Isenhöfer, B./Väth, A. (2000a), S. 143

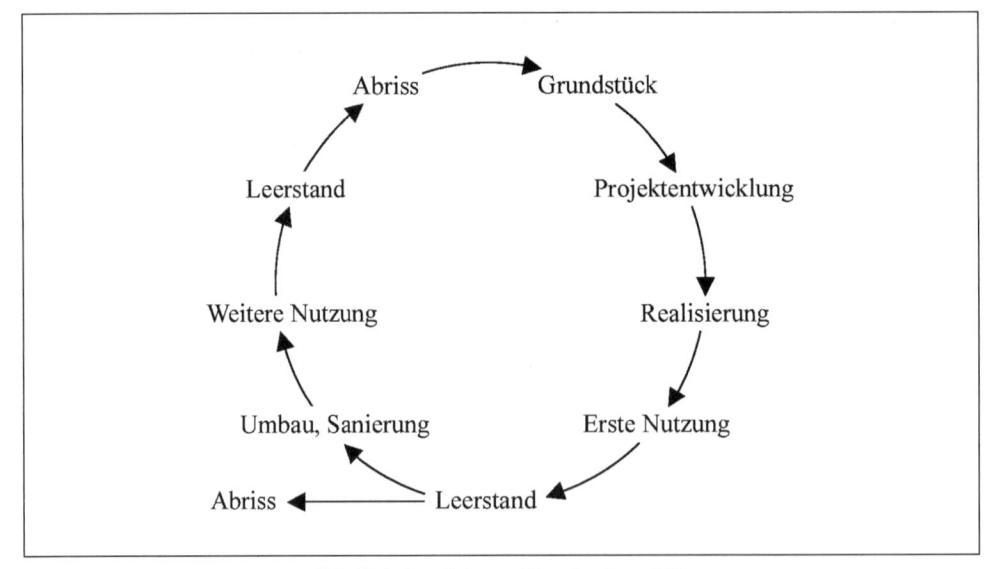

Abb. I 21: Der Lebenszyklus der Immobilie

6.1.2 Der Immobilienzyklus

Für den Erfolg einer Projektentwicklung ist vor allem das Timing entscheidend. Die neu erstellte Immobilie sollte auf entsprechende Nachfrage treffen. Um den richtigen Zeitpunkt besser zu erkennen, ist es hilfreich, den Immobilienzyklus zu kennen. Dieser Zyklus ist auch unter dem Begriff „Schweinezyklus" oder „Property Cycle" anzutreffen. Der Name „Schweinezyklus" geht auf eine Studie des Ökonomen Arthur Hanau zurück, der 1929 die verzögerte Marktanpassung des Schweinefleischangebots und die damit einhergehenden Preisreaktionen erörtert hat. Dass es zwischen dem Gut Immobilie und Fleisch deutlich unterschiedliche Charakteristika gibt, ist einleuchtend. Daher wird im Folgenden der neutralere Begriff „Immobilienzyklus" verwendet. Dieser wird üblicherweise als Sinuskurve dargestellt. In der Realität sind die Kurvenverläufe weder gleichmäßig noch vorhersehbar. Der Marktteilnehmer weiß nicht, an welchem Punkt der Kurve er sich gegenwärtig befindet, und ob die zukünftige Entwicklung positiv oder negativ ausfällt.

Der Immobilienzyklus setzt sich aus vier Phasen zusammen: Marktbereinigung, Marktstabilisierung, Projektentwicklungstätigkeit und Überbauung. Diese Phasen wiederholen sich in unterschiedlicher Ausprägung. Die Marktbereinigung (Phase II) schließt sich an die Überbauungsphase an. Aufgrund der vorher vorhandenen Euphorie besteht ein Überangebot, sodass die Leerstände zunehmen. Dieser Effekt wird häufig dadurch verstärkt, dass die allgemeine Konjunkturlage sich verschlechtert und die Nachfrage absinkt. Die Preise fallen in vielen Marktbereichen, es beginnt die Phase der Marktstabilisierung. Die inzwischen niedrigen Preise und eine positive Wende im Konjunkturverlauf reduzieren das Überangebot und der Leerstand geht zurück. Langsam beginnen die Preise wieder zu steigen. Nachdem die Projektentwickler in den beschriebenen Phasen sehr zögerlich waren, beginnt die Phase der Projektentwicklungstätigkeit (Phase IV): Die Nachfrage steigt wieder stark an, die Leerstandsquote sinkt, das Angebot wird knapp. Es folgt eine Preiserhöhung und verstärkte Projektentwicklungstätigkeit. Das Angebot nimmt daher wieder zu, und leitet die Phase der nächsten Überbauung ein. Die Nachfrage geht wieder zurück, während immer mehr Neubauten, die bereits ganz oder teilweise entwickelt sind, fertig gestellt werden und für ein noch größeres Angebot sorgen. Bei sinkenden Preisen steigt der Leerstand wieder und die Phase der Marktbereinigung fängt erneut an.

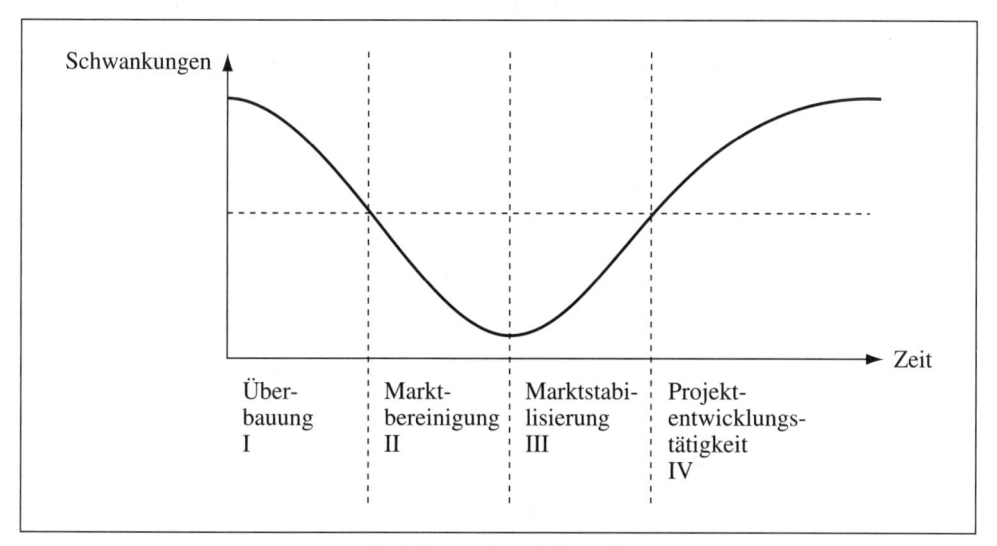

Abb. I 22: Der Immobilienzyklus

Diese Abläufe lassen sich wie folgt zusammenfassen: Das Angebot auf dem Immobilienmarkt reagiert zeitverzögert auf die Nachfrage. Dadurch kommt es zu sogenannten Time-lags, d. h. zeitlichen Verzögerungen. Das passende Angebot für eine bestimmte Nachfrage kann z. B. erst zwei bis fünf Jahre später eintreten als benötigt, da die Projektentwicklungsdauer die Reaktionsgeschwindigkeit der Anbieter stark verlangsamt. Inzwischen hat sich die Nachfrage wieder geändert und es liegt im beschriebenen Beispiel ein Überangebot vor. In anderen Phasen wird wiederum zu wenig angeboten. Die Nachfragekurve wird damit von der Fertigstellungskurve „verfolgt", aber sie können nicht gleichzeitig oder nur mit geringer Verzögerung ablaufen. Ziel der Anbieter ist es, die Entwicklung der Nachfragekurve möglichst genau abzuschätzen, damit sie rechtzeitig mit der Erstellung des in der Zukunft benötigten Angebots beginnen können. Je näher der Anbieter mit seiner Prognose an der Wahrheit liegt, desto mehr kann er verdienen bzw. desto weniger verliert er.

6.2 Auswirkungen auf die Angebotsseite der Volkswirtschaft

Auf der Angebotsseite in der Volkswirtschaft findet die Produktion von Gütern durch das Einsetzen und Kombinieren von Vorleistungen und Produktionsfaktoren statt. Letztere können in Arbeits- und Sachkapital eingeteilt werden.

Im engeren Sinn umfasst das Kapital sämtliche dauerhaft nutzbaren und reproduzierbaren Produktionsmittel. Beispiele hierfür sind Maschinen, Werkzeuge, Büro- und Ladeneinrichtungen, Computer, Fuhrparks und Bauten aller Art.

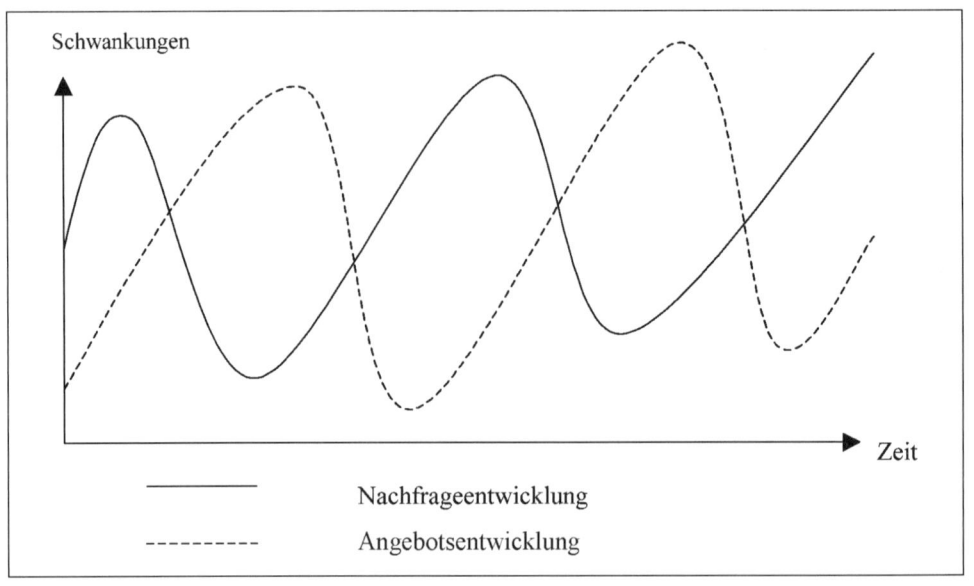

Abb. I 23: Entwicklung von Nachfrage und Angebot auf dem Immobilienmarkt

Der Kapitalbegriff

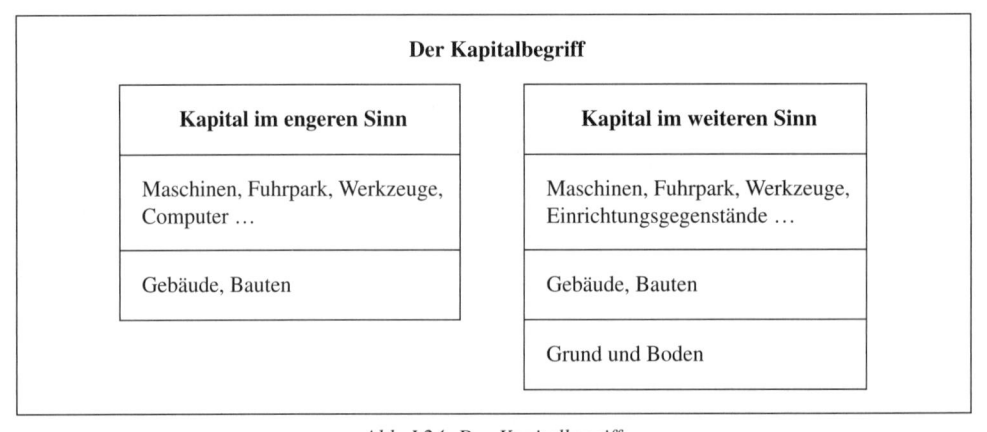

Kapital im engeren Sinn	Kapital im weiteren Sinn
Maschinen, Fuhrpark, Werkzeuge, Computer …	Maschinen, Fuhrpark, Werkzeuge, Einrichtungsgegenstände …
Gebäude, Bauten	Gebäude, Bauten
	Grund und Boden

Abb. I 24: Der Kapitalbegriff

Im weiteren Sinn wird der Kapitalbegriff noch um Grund und Boden erweitert. Erwähnenswert ist hierbei, dass der Boden auch häufig als dritter Produktionsfaktor angesehen wird. Das Vorhandensein der Immobilie in beiden Kapitaldefinitionen ist ein Hinweis auf ihre große Bedeutung für die Angebotsseite der Volkswirtschaft. Mit dem Grund und Boden auf der einen und den Bauten auf der anderen Seite liefert dieser Wirtschaftsbereich eine Grundvoraussetzung für jegliche Produktionstätigkeit einer Volkswirtschaft.

Durch die Bereitstellung von Gebäuden steuert die Immobilienwirtschaft einen entscheidenden Bestandteil für die Produktionskraft, das sogenannte Produktionspotential der Volkswirtschaft bei, denn die Bauten vergrößern oder erhalten das Kapital und schaffen dadurch die Grundlage für die Erweiterung der Produktionstätigkeit. So werden Wachstum und Wohlstand der Bevölkerung gesteigert.

6 Makroökonomische Eingliederung

Im Laufe des Produktionsprozesses treten bei den Produktionsmitteln Verschleißerscheinungen auf und fallen schließlich aus. Um dieser Abnutzung entgegenzuwirken, werden Ersatzinvestitionen getätigt, da sich ansonsten der Umfang bzw. der Wert des Sachkapitals negativ entwickelt. Für die Volkswirtschaft sind jedoch die Nettoinvestitionen, also eine Aufstockung des Sachkapitals, von größerer Bedeutung, da durch die Vergrößerung des Sachkapitals das Produktionspotential erweitert wird. Ersatz- und Nettoinvestitionen bringen in aller Regel eine qualitative oder quantitative Verbesserung des Sachkapitals mit sich. Wird ein neues Bürogebäude erstellt, so werden dem Bau die neuesten Standards zugrunde gelegt; es wird nicht eine exakte Kopie des alten Bürokomplexes gebaut, sondern technischer Fortschritt und geänderte Anforderungen an die Immobilie berücksichtigt.

Addition der Netto- und Ersatzinvestitionen ergeben die Bruttoinvestitionen. Diese lassen sich in Anlage- und Lagerinvestitionen unterteilen. Im Anlagebereich wird unterschieden zwischen Ausrüstungsinvestitionen sowie sonstigen Anlagen (z. B. Software). Letztere sind der Ansatzpunkt für den Immobiliensektor was die Angebotsseite der Volkswirtschaft betrifft.

Die Immobilienwirtschaft besitzt auch beträchtlichen Einfluss auf den Produktionsfaktor Arbeit, da sie in relativ großem Umfang Arbeitskräfte nachfragt. Es werden Arbeitskräfte für die Planung und Erstellung, die Finanzierung, Bewertung, Vermarktung, Nutzung, Verwaltung, Modernisierung und Sanierung sowie den Abriss usw. benötigt. Der Immobiliensektor schafft also eine Vielzahl von Arbeitsplätzen und trägt damit wesentlich zur Erreichung des wirtschaftspolitischen Ziels der Vollbeschäftigung bei und unterstützt darüber hinaus den Strukturwandel des Arbeitsmarktes. Heutzutage werden immer mehr Stellen im tertiären Bereich (Dienstleistungen) geschaffen, während der sekundäre Sektor (produzierendes Gewerbe) abgebaut wird. Diese Entwicklung ist auch in der Immobilienbranche erkennbar: Vermehrt treten Fonds-, Leasing- und Verwaltungsgesellschaften auf, während die Zahl der Tätigen im sekundären Bereich auf gleichem Niveau sinkt. Durch ihre zunehmende Tätigkeit im Dienstleistungsbereich leistet die Immobilienwirtschaft ihren Beitrag zur Lösung der Arbeitsmarktprobleme. Wichtig ist in diesem Zusammenhang die Qualifikation der Arbeitskräfte; daher sind in den letzten Jahren zahlreiche neue Aus- und Weiterbildungsmöglichkeiten im Immobiliensektor entstanden.

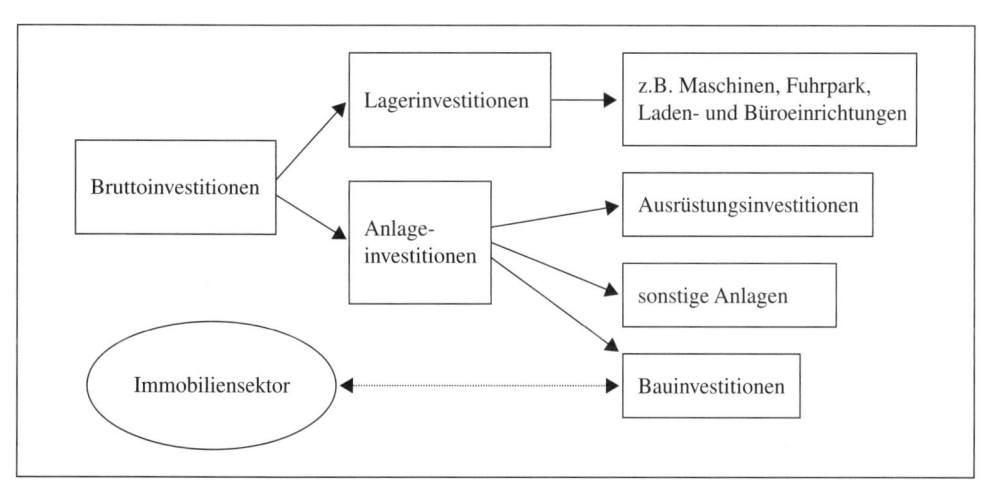

Abb. I 25: Zusammenhang von Investitionen und Immobiliensektor

6.3 Auswirkungen auf die Nachfrageseite der Volkswirtschaft

Die Angebotsseite ist ohne Nachfrager nicht aufrechtzuerhalten. Der Einsatz der Produktionsfaktoren setzt also Kaufinteressenten voraus. Die Nachfrage ist begründet durch die Bedürfnisse der Menschen. Im Fall der Immobilienwirtschaft handelt es sich in erster Linie um das Bedürfnis nach Wohn- und Arbeitsraum sowie Infrastruktureinrichtungen. Diese Wünsche können als Grundbedürfnisse eingestuft werden, zu deren Befriedigung Güter bereitgestellt werden müssen. Zu unterscheiden sind die Nachfrage nach dem Sachgut, der Immobilie an sich, und der Dienstleistung, wie z. B. Verwaltung einer Immobilie. Erwähnenswert ist, dass auch der Immobiliensektor als Nachfrager auftritt, nämlich dann, wenn z. B. ein neues Verwaltungsgebäude für eine Immobilienfirma erstellt wird.

Die Nachfrage einer Volkswirtschaft entspricht dem Bruttoinlandsprodukt. Letzteres beinhaltet den Wert alle Waren und Dienstleistungen, die innerhalb eines Jahres in einem Land hergestellt werden. Betrachtet wird in der Regel das reale Bruttoinlandsprodukt zu Marktpreisen, also das Bruttoinlandsprodukt unter Herausrechnung der Inflationsrate. An den Veränderungsraten dieses Wertes wird im Allgemeinen die Konjunktur abgelesen. Die Bauinvestitionen finden ihren unmittelbaren Eingang in das Bruttoinlandsprodukt über die Bruttoinvestitionen. Sie sind neben dem privaten und staatlichen Konsum sowie dem Außenbeitrag eine sogenannte Verwendungskomponente des Bruttoinlandsproduktes.

Die im vorangegangenen Kapitel angesprochenen Investitionen sind nicht nur für den Kapazitätseffekt auf der Angebotsseite, sondern auch für den Einkommenseffekt auf der Nachfrageseite verantwortlich. Dieser Effekt entsteht beispielsweise bei jedem Bauauftrag: Die Ausführung des Auftrags bringt den Beteiligten Einkommen (Löhne, Gehälter, Zinsen, Gewinne). Dies ist der Einkommenseffekt; er wirkt allerdings nur kurzfristig, und ist als primärer Effekt zu sehen. Er löst eine ganze Reihe von Reaktionen aus: Die Einkommensbezieher aus der Immobilienwirtschaft verwenden die finanziellen Mittel in erster Linie zum Kauf von Konsumgütern. Dadurch werden andere Wirtschaftsbereiche gefördert. Die Produktion steigt und die dort tätigen Leute erhalten Einkommen, das sie wiederum teilweise in Konsumgüter umsetzen, so dass erneut die Wirtschaft angekurbelt wird. Eine Kettenreaktion läuft ab, die immer neuen Konsum und neues Einkommen schafft. Es entstehen neue Arbeitsplätze, das Volkseinkommen steigt und ein konjunktureller Aufschwung bahnt sich an. Dieser Vorgang wird als das Prinzip des Investitionsmultiplikators bezeichnet. Der Multiplikatorprozess wird durch eine Investition ausgelöst. Dieser Prozess läuft aber nicht unendlich ab, da er durch Sickerverluste immer mehr abgeschwächt wird. Sickerverluste entstehen dadurch, dass das Einkommen nicht nur in Konsumausgaben fließt. Beträchtliche Teile des Einkommens werden für Importe, die Ersparnisbildung sowie für Steuern bzw. Zwangsabgaben an den Staat verwendet. In dieser Höhe können also keine Güter nachgefragt werden. Allgemein zeigt die Betrachtung dieses Prozesses, dass sich die Immobilienwirtschaft positiv auf das Bruttoinlandsprodukt und somit auf Beschäftigung und Konjunktur auswirkt. Dieser Zusammenhang birgt jedoch auch ein gewisses Risiko in sich, da infolge der gestiegenen Nachfrage die Inflation verstärkt werden kann. Sollte die Nachfrage nach Investitionen sinken, wirkt derselbe Effekt negativ, d. h. die Beschäftigungs- und Konjunkturlage verschlechtert sich, während die Preise stabilisiert werden.

Der Bauwirtschaft wird häufig die Rolle der „Konjunkturlokomotive" zugesprochen. Durch eine Art Initialzündung – in Form einer staatlichen Investition in den Bausektor – erhofft sich die Regierung positive Impulse für die Wirtschaft. Diese so genannte antizyklische Politik wirkt aber nur, wenn die Probleme einer Wirtschaft nachfragebedingt und somit kurzfristiger Natur sind. Liegt die Ursache auf der Angebotsseite und ist langfristig geprägt, so bewirkt diese Politik auf die Dauer nichts, außer einem Ansteigen der Staatsdefizite.

Eine andere Überlegung, die den Zusammenhang zwischen Investition und Konjunktur zum Inhalt hat, ist der Akzeleratoreffekt. Es geht davon aus, dass das Sachkapital einer Volkswirtschaft ein Mehrfaches der jährlichen Produktionsmenge umfasst. In Zeiten des Aufschwungs steigt die Renditeerwartung der Unternehmer überproportional an und bewirkt so, dass mehr Investitionsprojekte rentabel erscheinen. In einer Abschwungphase wirkt sich dieser Zusammenhang verstärkt negativ aus, so dass kaum investiert wird. Besonders stark reagieren die privaten Haushalte entsprechend des beschriebenen Effekts. Sobald sich das Einkommen konjunkturbedingt verbessert, wird mehr im Wohnungsbau investiert. Verschlechtert sich das Einkommen, so sinken die Zahlen wieder. Daraus folgt, dass Veränderungen des Bruttoinlandsproduktes auch zu überproportionalen Änderungen im Investitionsbereich führen. Bei dieser Theorie nimmt folglich die Entwicklung der Nachfrage Einfluss auf die Investitionstätigkeit, genau entgegen dem Prinzip des Investitionsmultiplikators.

Das Akzeleratorprinzip macht deutlich, dass Investoren sensibel auf Konjunkturschwankungen reagieren: Im Aufschwung steigen die Investitionen sogar anfangs stärker als das Inlandsprodukt, im Abschwung sinken sie stärker. Da die Investitionen Teil der Nachfrage und Konjunktur sind, verstärken sie die positiven oder negativen Auswirkungen noch.

6.4 Bedeutung der Immobilienwirtschaft für die Volkswirtschaft

Von einem Aufschwung im Baugewerbe profitieren zahlreiche andere Sektoren, und zwar über mehrere Jahre hin. Der Grund hierfür sind die Impulse, die vor- und nachgelagerte Märkte positiv beeinflussen und schließlich über den privaten Konsum der Einkommensempfänger auf weite Bereiche der Wirtschaft übergreifen. So werden zusätzliche Investitionen angeregt, die Volkswirtschaft stimuliert und die Konjunktur angetrieben. Diese Abläufe gelten aber auch im negativen Sinne, d. h. eine schwache Bauwirtschaft beeinflusst die anderen Bereiche nachteilig, was Nachfrage, Produktion und Beschäftigung betrifft.

Um die ökonomische Bedeutung der Immobilienwirtschaft in Zahlen zu fassen, kann beispielsweise der Bruttoproduktionswert herangezogen werden. Mit seiner Hilfe können die Daten des Immobiliensektors verglichen, bewertet und quantifiziert werden. Im Bruttoproduktionswert sind alle Vorleistungen, die von anderen Branchen in die Produktion eingebracht werden, enthalten. Erwähnenswert ist in diesem Zusammenhang, dass der Wohnungsbau den größten Anteil am jährlichen Bauvolumen ausmacht, vor anderen Gebäudearten, Straßen- und Tiefbau. Diese Größenordnung verdeutlicht die Rolle des Immobiliensektors in unserer Volkswirtschaft, vor allem auch im Bereich der Beschäftigung.

Da die Immobilienwirtschaft eine so wichtige Rolle im Bereich des Wachstums, des Wohlstands und der Beschäftigung einnimmt, ist es wirtschaftspolitisch nicht nur sinnvoll sondern auch notwendig, diesen Sektor zu unterstützen und zu stärken. Dies geschieht durch Schaffung geeigneter Angebotsbedingungen für Investoren. Zurzeit liegt hier aber noch einiges im Argen. So sind beispielsweise die Arbeitskosten zu hoch, das Steuer- und Abgabensystem zu wenig leistungsfreundlich, die Regulierungsmaßnahmen zu weitreichend und die Politik zu wechselhaft, um für die langfristige Planung berechenbar zu sein. Eine angebotsorientierte Wirtschaftspolitik ist in diesem Kontext dringend von Nöten, um die bestehenden Probleme zu beseitigen und geeignetere Rahmenbedingungen für den Immobiliensektor zu schaffen. Als wichtige Ansatzpunkte sind beim Staat der Bereich der Einnahmen- und Ausgabenpolitik sowie bei den Tarifparteien der Bereich der Lohnpolitik zu nennen.

II. Rechtlicher Teil

1 Das Grundstück

1.1 Begriffsdefinition

„Grundbesitz", „Liegenschaft", „Grund und Boden" oder „Flurstück" – ein einheitlicher Grundstücksbegriff ist im allgemeinen Sprachgebrauch nicht vorhanden. Da auch von Gesetzes wegen keine einheitliche Definition existiert, wird im Rechts- und Wirtschaftsverkehr zwischen dem Grundstücksbegriff im vermessungstechnischen, grundbuchrechtlichen sowie wirtschaftlichen Sinn unterschieden. Dabei entspricht der grundbuchrechtliche Grundstücksbegriff der im Rechtsverkehr gebräuchlichsten Begriffsdefinition.

Im **vermessungstechnischen Sinn** ist ein Grundstück als die Buchungseinheit der Bodenfläche im Liegenschaftskataster zu verstehen. Hierfür werden die Bezeichnungen Flurstück oder Parzelle verwendet. Ein Grundstück definiert sich hiernach mittels gerader, umschlossener Linien zwischen Vermessungspunkten, als ein exakt umgrenzter, zusammenhängender Teil der Erdoberfläche, der in der Flurkarte unter einer eigenen Nummer verzeichnet ist.[1]

Dem Begriff des Grundstücks im **grundbuchrechtlichen Sinn** liegt der vermessungstechnische Grundstücksbegriff zugrunde. Ein Grundstück im grundbuchrechtlichen Sinn wird als eine aus einem oder mehreren Flurstücken bestehende Fläche, die im Grundbuch an besonderer Stelle eingetragen ist, definiert. Da Flurstücke exakt abgegrenzt sind, lässt sich ein im Grundbuch eingetragenes Grundstück als ein räumlich exakt abgegrenzter Teil der Erdoberfläche bezeichnen, der im Bestandsverzeichnis eines besonderen Grundbuchblattes oder auf einem gemeinsamen Grundbuchblatt unter einer besonderen Nummer geführt ist. Ein Grundstück kann aus einem oder mehreren vereinigten Flurstücken bestehen. Vermessungstechnisch können diese Flurstücke ihre Selbständigkeit behalten – rechtlich bilden sie ein Grundstück. Soll im umgekehrten Fall das Buchgrundstück geteilt werden, ist das abzutrennende Teilstück zu vermessen und im vermessungsrechtlichen Sinn als Flurstück auszuweisen. Erst nach Zuweisung einer gesonderten Flurstücks- oder Parzellennummer kann das Teilgrundstück als selbständiges Grundstück im Grundbuch gebucht werden. Demnach können mehrere Flurstücke ein Grundstück, nicht jedoch mehrere Grundstücke ein Flurstück bilden.[2]

Im **wirtschaftlichen Sinn** sind Grundstücke Bodenflächen, die eine ökonomische Einheit bilden. Die Grenzen des sog. Wirtschaftsgrundstückes werden durch die wirtschaftliche Zwecknutzung und die Funktion der maßgeblichen Erdoberfläche festgelegt, weshalb es mit dem Grundstück im grundbuchrechtlichen Sinne nicht identisch sein muss. Da es lediglich auf die globale Nutzung ankommt, kann ein Grundstück im wirtschaftlichen Sinn aus mehreren Grundstücken und Flurstücken oder nur aus einem Teil hiervon bestehen. Die wirtschaftliche Bestimmung des Grundstücks

---

[1] Vgl. Berger, C. (2001), S. 68
[2] Vgl. Bengel, M./Bauer, R./Weidlich, D. (2000), S. 225 Rn. 33

kann, soweit das Liegenschaftskataster eine Nutzungsart ausweist, in das Bestandsverzeichnis des Grundbuchs aufgenommen werden, worauf sich der öffentliche Glaube des Grundbuchs jedoch nicht erstreckt.[3]

Zusammenfassung:

Sinn	vermessungstechnisch	grundbuchrechtlich	wirtschaftlich
Definition	durch Vermessung festgelegte Unterteilung der Erdoberfläche	aus einem oder mehreren Flurstücken zusammengesetzte Fläche	ökonomische Einheit
Bezeichnung	Flurstück/Parzelle	Buchgrundstück	Wirtschaftsgrundstück
Anwendungsbereich	Katasteramt	Rechtsverkehr (Grundbuchamt, Finanzamt, Verwaltung, Beleihung, etc.)	Wohnungswirtschaft, Bewertung, Finanzierung

Abb. II 1: Begriffsdefinition „Grundstück"

In rechtlicher Hinsicht zählt auch der Raum über und unter der Erdoberfläche zu einem Grundstück. Gemäß § 905 BGB gilt:

Das Recht des Eigentümers eines Grundstücks erstreckt sich auf den Raum über der Oberfläche und auf den Erdkörper unter der Oberfläche. Der Eigentümer kann jedoch Einwirkungen nicht verbieten, die in solcher Höhe oder Tiefe vorgenommen werden, dass er an der Ausschließung kein Interesse hat.

Nach § 905 S. 1 BGB erstreckt sich das Grundstückseigentum auf den Luftraum senkrecht über dem Grundstück als unendliche Luftsäule sowie auf den Erdkörper unter der Erdoberfläche einschließlich aller Bestandteile. Eine Einschränkung erfährt das Herrschaftsrecht des Grundstückseigentümers jedoch durch Satz 2 sowie durch gesetzliche Beschränkungen: Einwirkungen, an deren Ausschluss der Eigentümer nach der objektiven Verkehrsanschauung kein Interesse hat, z. B. Luftfahrzeuge in großer Höhe, berühren das Eigentumsrecht nicht und sind vom Eigentümer zu akzeptieren. Zum Erdkörper zählen nur Bestandteile soweit sie nicht dem Bergregal (Mineralien, Metalle, Erze) unterliegen.[4] Zudem gehören Grund- und Quellwasser nicht zum Erdkörper.[5]

---

[3] Vgl. Berger, C. (2001), S. 68 f.
[4] Vgl. Kremer, E./Neuhaus, P. (2001), S. 7 unter Bezugnahme auf BBergG 3 II 1
[5] Vgl. Palandt, O. (2012), § 905 Rn. 1

1.2 Veränderungen des Grundstücks

Der Eigentümer ist nach § 903 BGB dazu befugt mit einer Sache nach Belieben zu verfahren, sofern das Gesetz oder Rechte Dritter nicht entgegenstehen. Dies gilt sowohl für das Eigentum an beweglichen, als auch an unbeweglichen Sachen. Aufgrund dessen ist der Eigentümer eines Grundstücks auch berechtigt, sein Grundstück:

(1) zu teilen,
(2) zu vereinigen,
(3) einem anderen Grundstück zuzuschreiben.[6]

Zu (1): Teilung:

Die Teilung eines Grundstücks in mehrere selbständige Grundstücke im grundbuchrechtlichen Sinn ist gesetzlich nicht geregelt. Ihre zivilrechtliche Zulässigkeit ergibt sich jedoch aus § 903 BGB. Anwendung findet diese Art der Grundstücksveränderung meist in Fällen der Veräußerung von Teilflächen sowie der Aufteilung eines Grundstücks in mehrere selbständige Einheiten (z. B. mehrere Bauplätze). Zur Durchführung einer Grundstücksteilung sind eine Teilungserklärung, eine katastermäßige Vermessung der Teilgrundstücke in selbständige Grundstücke, ein Veränderungsnachweis gemäß § 2 (3) S. 1 GBO, eine Ausweisung im Katasterverzeichnis unter besonderer Nummer sowie die Buchung des Teilgrundstücks als selbständiges Grundstück im Grundbuch erforderlich. Mit dem EAGBau[7] entfiel das bauplanungsrechtliche Genehmigungserfordernis einer Grundstücksteilung. Im Bauordnungsrecht können jedoch landesrechtliche Genehmigungserfordernisse für die Grundstücksteilung noch bestehen.[8] Das Grundbuchamt prüft nicht, ob die Teilung dem Baurecht widerspricht. Entsteht durch die Teilung ein baurechtswidriger Zustand, ist es Aufgabe der Bauaufsichtsbehörden die Einhaltung des Baurechts gegenüber dem Eigentümer durchzusetzen. Neue Belastungen wirken dagegen nur auf das jeweilige, durch die Teilung neu gebildete Grundstück.[9]

Keine Teilung im vorgenannten Sinn ist die Zerlegung eines Flurstücks in zwei oder mehrere Flurstücke mit eigenen Nummern, wenn die neu gebildeten Flurstücke nach wie vor als Grundstück unter einer Nummer im Bestandsverzeichnis gebucht bleiben. In diesem Fall entsteht gerade kein neues Grundstück.

Zu (2): Vereinigung:

Die Vereinigung mehrerer Grundstücke ist in § 890 (1) BGB geregelt. Voraussetzung einer Grundstücksvereinigung sind die Zugehörigkeit der Grundstücke zum gleichen Grundbuchamtsbezirk, die unmittelbare Angrenzung der zu vereinigenden Grundstücke sowie die gleichen Eigentumsverhältnisse an den zu vereinigenden Grundstücken. Letztgenannte Voraussetzung ist erfüllt, wenn spätestens im Zeitpunkt der Neueintragung im Grundbuch, die zu vereinigenden Grundstücke demselben Eigentümer gehören.[10] Ferner bedarf es einer Vereinigungserklärung seitens des Eigentümers und eines Eintragungsantrages beim dem Grundbuchamt, welcher auf die Buchung der zu vereinigenden Grundstücke unter einer neuen laufenden Nummer im Bestandsverzeichnis des

---

[6] Vgl. ebenda, § 890 Rn. 1
[7] Vgl. Europarechtsanpassungsgesetz Bau, BGBl. 2004 I, 1359; seit 20.07.2004 in Kraft.
[8] Derzeit noch in Niedersachsen (§ 94 NdsBauO) und Nordrhein-Westfalen (§ 8 BauO NRW) sowie für Waldgrundstücke in Baden Württemberg (§ 24 LWaldG BW), Brandenburg (§ 18 LWaldG Bbg), Hessen (§ 15 ForstG Hessen), Schleswig-Holstein (§ 11 LWaldG SH) und Thüringen (§ 16 ThürWaldG) (Stand 01.12.2011).
[9] Vgl. Berger, C. (2001), S. 73
[10] Vgl. Palandt, O. (2012), § 890 Rn. 3

Grundbuchs gerichtet ist. Durch die Vereinigung entsteht ein neues Grundstück. Dennoch bleiben bisherige Belastungen auch weiterhin auf den bisherigen Grundstücksteil beschränkt bestehen. Ergeben sich aus diesen Belastungsverhältnissen verwirrende und unübersichtliche Grundbuchinhalte, muss das Grundbuchamt den Vereinigungsantrag gem. § 5 Abs. 1 GBO ablehnen.[11]

Zu (3): Zuschreibung:

Als Sonderfall der Vereinigung wird mittels Zuschreibung gemäß § 890 (2) BGB ein Grundstück zum Bestandteil eines anderen. Die Durchführung einer Zuschreibung erfolgt wie bei der Vereinigung und sie hat dieselben Voraussetzungen. Diese Form der Grundstücksänderung unterscheidet sich aber von der Vereinigung in ihrer Rechtswirkung auf Grundpfandrechte. Die das Hauptgrundstück belastenden Grundpfandrechte erstrecken sich auch auf das zugeschriebene Bestandteilsgrundstück. Dabei gehen jedoch die bereits vor der Zuschreibung bestehenden Belastungen des Bestandteilsgrundstücks den Grundpfandrechten des Hauptgrundstücks vor. Mit Ausnahme der Grundpfandrechte erstrecken sich andere Belastungen des Hauptgrundstückes nicht auf das zugeschriebene Grundstück. Umgekehrt haftet das Hauptgrundstück für bei der Zuschreibung bestehende Belastungen des zugeschriebenen Grundstücks nicht.[12]

1.3 Bestandteile des Grundstücks

1.3.1 Überblick

Gemäß den §§ 93–97 BGB gehören diejenigen Bestandteile zum Grundstück, die dessen rechtliches Schicksal teilen, also selbst nicht Gegenstand besonderer Rechte und somit nicht sonderrechtsfähig sind.[13] Die Abgrenzung der unterschiedlichen Grundstücksbestandteile stellt sich wie in Abb. II 2 beschrieben dar:

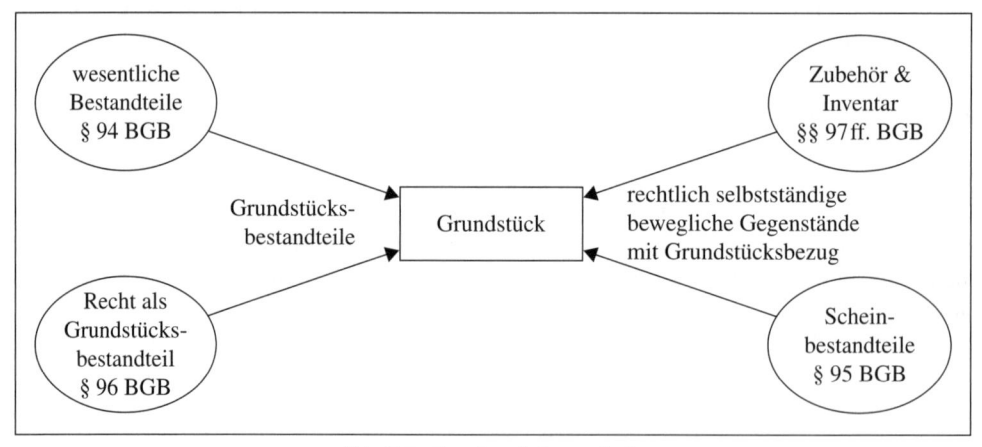

Abb. II 2: Grundstücksbestandteile

---

[11] Vgl. Berger, C. (2001), S. 70
[12] Vgl. ebenda, S. 72
[13] Vgl. Palandt, O. (2012), § 93 Rn. 4

Durch die gesetzliche Definition der Grundstücksbestandteile sollen klare und sichere Rechtsverhältnisse geschaffen werden. Der Erwerber eines Grundstücks soll sich darauf verlassen können, auch das darauf errichtete Gebäude samt den eingefügten Gegenständen zu erhalten. Zum anderen soll mit diesen Regelungen die nutzlose Zerstörung wirtschaftlicher Werte verhindert werden, die durch die Trennung von Sachen, die ihren wirtschaftlichen Zweck und damit ihren Wert nur in ihrer Einheit erzielen, hervorgerufen werden würde.

1.3.2 Wesentliche Bestandteile

In § 93 BGB sind wesentliche Bestandteile als Bestandteile einer Sache, die voneinander nicht getrennt werden können, ohne dass der eine oder der andere zerstört oder in seinem Wesen verändert wird, definiert. Gemäß § 94 BGB sind wesentliche Bestandteile eines Grundstücks die mit dem Grund und Boden fest verbundenen Sachen, wobei sich eine feste Verbindung in diesem Sinne bereits aus dem Gewicht der Sache ergeben kann. Zu den wesentlichen Bestandteilen eines Grundstücks zählen insbesondere Gebäude und über § 94 (2) BGB auch die zur Herstellung eines Gebäudes eingefügten Sachen. Eine feste Verbindung einer Sache mit dem Grundstück kann auch dann vorliegen, wenn eine Trennung nur mit unverhältnismäßigem Aufwand möglich ist.[14]

Ferner sind Erzeugnisse des Grundstücks, wie Getreide und Obst,[15] solange sie mit dem Boden zusammenhängen, wesentliche Bestandteile in diesem Sinn. Samen wird mit dem Aussäen, eine Pflanze mit dem Einpflanzen wesentlicher Bestandteil des Grundstücks.

Für die Immobilienpraxis bedeutet dies, dass eine Sache durch Verbindung mit dem Grundstück bzw. durch Einfügen bei der Herstellung von Gebäuden zum wesentlichen Bestandteil des Grundstücks wird. Mit dem Verbinden oder Einfügen gehen das Eigentum und sonstige Rechte an der zu einem wesentlichen Grundstücksbestandteil werdenden Sache gem. § 93 f. BGB und § 946 BGB unter, da ein wesentlicher Bestandteil nicht sonderrechtsfähig ist. Das Grundstückseigentum erstreckt sich automatisch auf den wesentlichen Bestandteil. War der bisherige Eigentümer der einzubauenden Sache mit deren Einbau oder Verbindung nicht einverstanden, kann er gemäß § 951 BGB nicht die Abtrennung oder Herausgabe der Sache verlangen, sondern hat lediglich einen Anspruch auf Entschädigung. Liegt dem Einbau bzw. der Verbindung jedoch ein Werkvertragsverhältnis zwischen dem bisherigen Eigentümer der eingebauten Sache und dem Grundstückseigentümer zugrunde, handelt es sich bei dem Einbau um keine ungerechtfertigte Bereicherung, sodass ein Anspruch nach § 951 BGB nicht besteht. In diesem Fall hat der bisherige Eigentümer allerdings einen vertraglichen Vergütungsanspruch gem. § 631 BGB.

Des Weiteren unterliegen wesentliche Bestandteile in rechtlicher Hinsicht als Teile der Hauptsache deren Rechtsänderungen (Eigentümerwechsel, Versteigerung, Wertschätzung, Versicherung).[16]

Beispiele: Wesentliche Bestandteile von Grundstücken,[17] gemäß § 94 (1) BGB:

Ja: Bootssteg, Drainageanlage, Fertiggarage, Fertighaus, Gebäude, bauliche Anlage, Gewächshaus (Stahlkonstruktion), Kies auf Hoffläche, Leitungsnetz (soweit nicht Scheinbestandteil; gilt in der Regel für Versorgungsleitungen und Hausanschlüsse), Schwimmbecken aus Fertigteilen, Spundwand, Zaun mit im Boden eingelassenen Pfählen.

Nein: Baracken, Grenzstein, Statue im Garten, Überbau auf überbautem Grundstück, Straßen und Wege.

---

[14] Vgl. ebenda, § 94 Rn. 2.
[15] Vgl. ebenda, § 94 Rn. 3.
[16] Vgl. Berger, C. (2001), S. 77 ff.
[17] Vgl. ebenda, S. 81 ff.

Wesentliche Bestandteile von Gebäuden, gemäß § 94 (2) BGB

Ja: Antenne, Aufzug, Beleuchtungsanlagen, Be- und Entlüftungsanlagen, Bodenbelag (vom Eigentümer), Dachgebälk, Einbauküchen (in Norddeutschland, in Süddeutschland fraglich), Fenster und Rahmen, Heizungsanlage, Sanitärinstallationen.

Nein: Beleuchtungskörper eines Hotels, Einbaumöbel einer Serienfertigung, Kegelbahnanlagen, Maschinen in Fabrikgebäude, Bierausschankanlage.

1.3.3 Rechte als Grundstücksbestandteile

Gemäß § 96 BGB stellen Rechte, die mit dem Eigentum an einem Grundstück verbunden sind, Bestandteile des Grundstücks dar. Hierunter fallen vor allem dingliche Rechte, die nicht vom Grundstück getrennt werden können und somit als sonderrechtsunfähige wesentliche Bestandteile des berechtigten Grundstücks gelten. Rechte öffentlich-rechtlicher Natur sowie privatrechtliche Rechte, die losgelöst vom Eigentum am Grundstück bestehen können, werden als einfache Bestandteile bezeichnet, deren Status sich aus den Vorschriften des jeweiligen Rechts bestimmt. Zweck des § 96 BGB ist es, Verfügungen über das Grundstückseigentum sowie die hypothekarische Haftung gem. §§ 1120 ff. BGB auf die mit dem Grundstück verbundenen Rechte auszudehnen. Sie haften folglich für alle auf dem Grundstück lastenden Grundpfandrechte.[18]

Beispiele: Rechte als Grundstücksbestandteile, gemäß § 96 BGB:

Ja: Grunddienstbarkeiten, Reallasten, subjektiv-dingliche Vorkaufsrechte gem. § 1094 Abs. II BGB, Anspruch auf Zahlung des Erbbauzinses, Heimfallanspruch, Anwartschaftsrecht auf Erwerb einer Grunddienstbarkeit.

Nein: Durch Vormerkung gesicherter Auflassungsanspruch, Brennrechte, Milchkontingent.

1.3.4 Scheinbestandteile

Ist eine Sache nur zu einem vorübergehenden Zweck mit dem Grund und Boden verbunden oder in ein Gebäude eingefügt worden, so wird stellt sie gemäß § 95 BGB keinen wesentlichen Bestandteil, sondern lediglich einen Scheinbestandteil dar. Das gleiche gilt für Gebäude oder andere Werke, die in Ausübung eines dinglichen oder öffentlich-rechtlichen Rechts an einem fremden Grundstück von dem Berechtigten mit dem Grundstück verbunden worden sind. Die spätere Aufhebung der körperlichen Verbindung muss von vornherein beabsichtigt oder bezweckt sein. Der vorübergehende Zweck wird zumeist bei der Ausübung eines zeitlich begrenzten schuldrechtlichen Nutzungsrechts (Miete, Pacht, Leihe etc.) angenommen. Im Gegensatz zu den wesentlichen Bestandteilen verlieren Scheinbestandteile ihre Sonderrechtsfähigkeit nicht. Sie können demnach unterschiedlichen Eigentümern gehören und mit beschränkten dinglichen Rechten unterschiedlicher Rechtsinhaber belastet sein.

Beispiel: Errichtet der Pächter für die Pachtzeit eine Lagerhalle, so ist sie Scheinbestandteil. Wollte der Pächter von vornherein nach Ablauf der Pachtzeit dem Eigentümer die Lagerhalle überlassen, so ist sie wesentlicher Bestandteil und steht sofort im Eigentum des Grundstückseigentümers.

Ist der vorübergehende Zweck erfüllt (z. B. bei einer Ausstellungshalle nach beendeter Messe) oder die Zweckbestimmung geändert worden, so bleibt die Sache Scheinbestandteil bis zur Einigung von Pächter und Eigentümer über den Eigentumsübergang.

---

[18] Vgl. Palandt, O. (2012), § 96 Rn. 1

Beispiel: Scheinbestandteile von Grundstücken,[19] § 95 BGB:
militärische Bunkeranlagen auf fremdem Grundstück, Eisenbahnschienen, Fernleitungen von E-Werken, Grabstein, Grenzstein, Gebäude, das vom Mieter auf angemietetem Grundstück für die Dauer seiner Mietzeit erbaut wurde, unterirdische Tankstelleneinrichtungen des Tankstellenpächters.

1.3.5 Zubehör und Inventar

Hierbei handelt es sich gemäß § 97 BGB um selbständige bewegliche Sachen. Ohne Bestandteil der Hauptsache zu sein, dienen sie deren wirtschaftlichem Zweck und stehen zu ihr in einem diesem Zweck entsprechenden räumlichen Verhältnis. Das Zubehör und Inventar teilt das Schicksal der Hauptsache nur in den gesetzlich geregelten Fällen. Im Übrigen ist das Zubehör im Gegensatz zu den wesentlichen Bestandteilen weiterhin sonderrechtsfähig und kann somit ohne die Hauptsache übereignet oder belastet werden. Gerade in der Sonderrechtsfähigkeit liegt die Bedeutung der Abgrenzung zu den wesentlichen Bestandteilen. Sondervorschriften, die eine entsprechende Erstreckung der Rechtswirkungen anordnen sind z. B. die §§ 311c, 926 (1) BGB und § 865 ZPO. Es muss unterschieden werden, ob das Zubehör und Inventar im Eigentum des Veräußerers steht oder nicht. Gehört es ihm, so erstrecken sich ein Kaufvertrag sowie die Einigung über den Eigentumsübergang an dem Grundstück im Zweifel auch auf die Zubehör- und Inventargegenstände.

Eine eindeutige Zuordnung stellt sich oft als problematisch dar, da sich die Einordnung einer Sache als Zubehör nach der Verkehrsanschauung richtet.

- Um einem Betriebsgrundstück (Hauptsache) eine Sache als Zubehör (Hilfssache) zuordnen zu können, muss die dauerhafte wirtschaftliche Nutzung der Hilfssache auf dem Grundstück erfolgen. So ist z. B. ein Bagger als Zubehör eines Kieswerks einzuordnen, die Fahrzeuge eines Speditionsunternehmens dagegen nicht, da der Gewerbebetrieb auf der Straße und nicht auf dem Grundstück stattfindet. Eine weitere Voraussetzung für eine Einordnung als Zubehör ist, dass die Hauptsache entsprechend dem wirtschaftlichen Zweck des Zubehörs dauerhaft genutzt werden kann. Entsprechend wird z. B. Heizöl nicht im Rohbaustadium, sondern erst mit Fertigstellung des Wohnhauses zu dessen Zubehör[20].

Beispiel: Zubehör und Inventar,[21] gemäß § 97 BGB:
Ja: Alarmanlage in Eigentumswohnung, Anschlussgleise für Fabrikgrundstück, Baumaterial auf Baugrundstück, Vorräte zum Heizen (Öl, Kohl, Gas), Fahrzeuge zum Gütertransport auf dem Grundstück, Kühlanlage einer Gaststätte, Kegelbahnanlagen, Maschinen in Fabrikgebäude, Bierausschankanlage, jeweils soweit das Grundstück auf eine entsprechende Benutzung dauerhaft eingerichtet ist.
Nein: Baumschulbestände zur Veräußerung, Rohstoffe für Fabrik, Bodenbelag (da in der Regel Bestandteil), zum Verkauf bestellte Ware, Speditionsfahrzeuge, Möbel.

1.4 Das dingliche Recht

1.4.1 Einordnung

Dingliche Rechte sind Rechte, die gegenüber jedermann wirken. Unter einem dinglichen Recht ist das Recht einer Person zur unmittelbaren Herrschaft über eine Sache zu verstehen.

---

[19] Vgl. Berger, C. (2001), S. 88 f.
[20] Vgl. Gablenz, K. B. (2000), S. 7 ff.
[21] Vgl. ebenda, S. 10

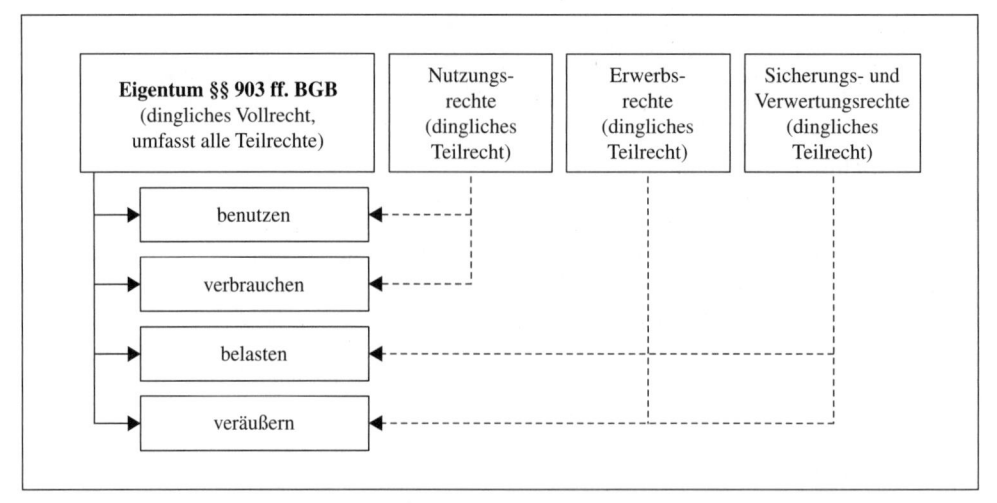

```
                                                                                             
  ┌─────────────────────┬──────────────┬──────────────┬──────────────────┐
  │  Eigentum §§ 903 ff. BGB │ Nutzungs-    │ Erwerbs-     │ Sicherungs- und  │
  │  (dingliches Vollrecht,  │ rechte       │ rechte       │ Verwertungsrechte│
  │  umfasst alle Teilrechte)│ (dingliches  │ (dingliches  │ (dingliches      │
  │                          │ Teilrecht)   │ Teilrecht)   │ Teilrecht)       │
  └─────────────────────┴──────────────┴──────────────┴──────────────────┘
```

Abb. II 3: Das Eigentumsrecht und die dinglichen Teilrechte

Das Eigentum ist das umfassendste dingliche Recht, und räumt dem Eigentümer in tatsächlicher und rechtlicher Hinsicht umfassende Herrschaftsrechte ein. Gemäß § 903 BGB kann der Eigentümer einer Sache nach Belieben verfahren und andere von jeder Einwirkung ausschließen, sofern nicht das Gesetz oder Rechte Dritter entgegenstehen.

Abzugrenzen das Eigentum vom bloßen Besitz. Der Besitz definiert sich durch die von einem Willen zur Sachherrschaft getragene tatsächliche Gewalt einer Person über eine Sache.

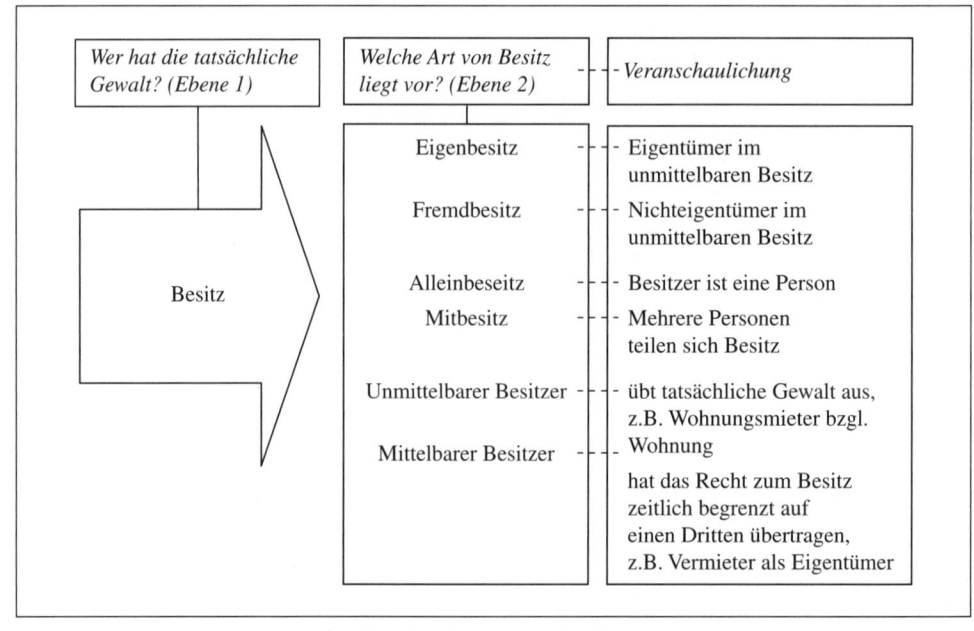

Wer hat die tatsächliche Gewalt? (Ebene 1)	Welche Art von Besitz liegt vor? (Ebene 2)	Veranschaulichung
Besitz	Eigenbesitz	Eigentümer im unmittelbaren Besitz
	Fremdbesitz	Nichteigentümer im unmittelbaren Besitz
	Alleinbeseitz	Besitzer ist eine Person
	Mitbesitz	Mehrere Personen teilen sich Besitz
	Unmittelbarer Besitzer	übt tatsächliche Gewalt aus, z.B. Wohnungsmieter bzgl. Wohnung
	Mittelbarer Besitzer	hat das Recht zum Besitz zeitlich begrenzt auf einen Dritten übertragen, z.B. Vermieter als Eigentümer

Abb. II 4: Formen des Besitzes

Darüber hinaus sind die verschiedenen Arten des Eigentums voneinander abzugrenzen. Hierbei handelt es sich jedoch weniger um inhaltliche Unterschiede, sondern allein um die Zuordnung des Eigentums zu einem oder mehreren Rechtsträgern.

Dabei ist nach dem BGB zwischen

- Alleineigentum
- Miteigentum/Bruchteilseigentum
- Gesamthandseigentum

zu differenzieren.

Rechtsinhaber des Alleineigentums kann eine natürliche oder juristische Person sein. Alleineigentum an Grundstücken ist immer dann gegeben, wenn in Abteilung I des Grundbuchs keine zusätzlichen Angaben zum Beteiligungsverhältnis am Eigentum vorhanden sind.

Durch Miteigentum/Bruchteilseigentum steht mehreren Miteigentümern jeweils ein ideeller Anteil an einer real ungeteilten Sache zu, über den jeder Einzelne frei verfügen kann. Besondere Ausprägung erfährt der Miteigentumsanteil durch das Wohnungs-/Teileigentum, das sich aus der Verbindung von Sondereigentum mit dem jeweiligen Miteigentumsanteil am gemeinschaftlichen Eigentum (Gemeinschaftseigentum) ergibt. Die Verbindung zwischen Sondereigentum und Miteigentumsanteil ist unlöslich. Für jeden Miteigentumsanteil wird ein besonderes Grundbuchblatt in Form eines Wohnungs- oder Teileigentumsgrundbuchs (nicht zu Wohnzwecken dienende Nutzung) angelegt. Das Wohnungs- bzw. Teileigentum kann selbständig veräußert und belastet werden.

Während die Miteigentümer lediglich durch die Sache (z. B. das Grundstück) miteinander verbunden sind, ergibt sich die Verbindung der Gesamthandseigentümer durch ihre Beteiligung an einer Gesamthandsgemeinschaft (z. B. GbR, Erbengemeinschaft, OHG, KG, etc.), deren Vermögen die Sache (z. B. Grundstück) umfasst. Es können nur alle Gesamthandseigentümer gemeinschaftlich über die gesamte Sache verfügen, die Beteiligung des einzelnen Gesamthandseigentümers an der Sache ist separat nicht übertragbar bzw. belastbar.

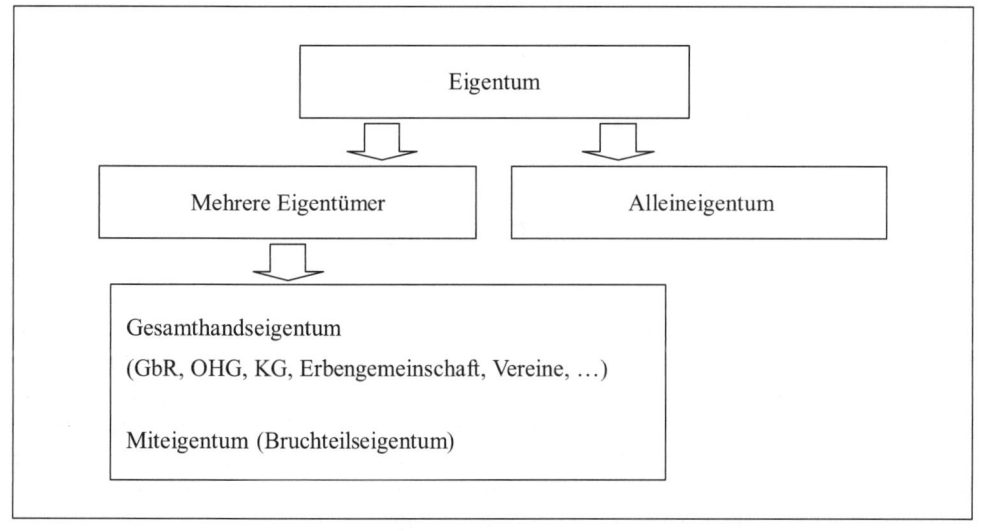

Abb. II 5: Eigentumsverhältnisse

1.4.2 Begriffsbedeutung und Abstufungen

Das Eigentum bündelt unterschiedliche Rechte privat-rechtlicher als auch öffentlich-rechtlicher Natur als Basis des unmittelbaren Herrschaftsrechts. Der privat-rechtliche Teil entspricht dem dinglichen Recht. Das Eigentumsrecht ist das umfassendste, grundsätzlich unbeschränkte dingliche Recht, sowohl in tatsächlicher (benutzen und verbrauchen) als auch in rechtlicher Hinsicht (belasten und veräußern).

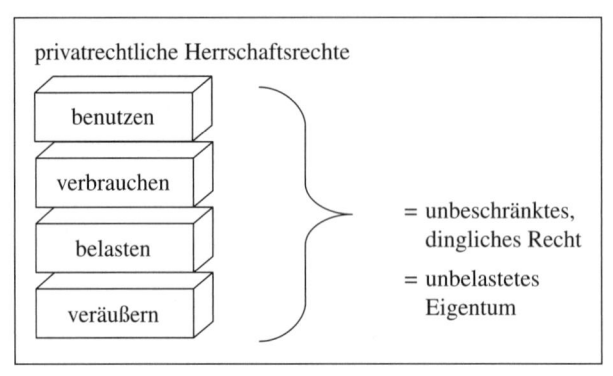

Abb. II 6: Das dingliche Recht

Aus dem dinglichen Recht können bestimmte Teile in Form von beschränkt dinglichen Rechten abgespalten oder übertragen werden. Diese Rechte (Dienstbarkeiten, Reallast, Grundpfandrechte, Erbbaurecht, Pfandrecht) sind auf bestimmte Bereiche des Herrschaftsrechts beschränkt. Die Beschränkung bedeutet für das Eigentumsrecht keinen Qualitätsverlust, sondern einen Quantitätsverlust. Das Fehlen des abgespalteten Teils wirkt sich als Belastung des dinglichen Rechts aus. Durch diese Belastung kann der Eigentümer bestimmte Befugnisse nicht mehr ausüben, die ihm kraft seines Eigentums grundsätzlich zustehen.

Ein dingliches Recht hat immer einen Bezug zu einer Sache (z. B. zu einem Grundstück) und ist somit vom Eigentumsrecht abhängig.

2 Das Grundbuch

Das Eigentum an beweglichen Sachen wird nach §§ 929 ff. BGB grundsätzlich durch Einigung über den Eigentumsübergang und die Übergabe der Sache übertragen. Die in § 873 BGB geregelte Übertragung des Eigentums an Grundstücken entspricht ihrer Struktur nach dem Eigentumsübergang an beweglichen Sachen. Auch hier ist zunächst eine Einigung erforderlich, jedoch muss diese gemäß § 925 (1) BGB bei gleichzeitiger Anwesenheit beider an der Eigentumsübertragung beteiligten Parteien vor einem Notar erklärt werden. Dieser Einigungsvorgang wird bei Grundstücksübertragungen „Auflassung" genannt. Die für den Eigentumsübergang an beweglichen Sachen erforderliche Übergabe wird bei Grundstücksübertragungen durch die Eintragung der Änderung der Eigentumsverhältnisse im Grundbuch ersetzt (vgl. § 873 BGB). Die sachenrechtliche Grundstücksübertragung ist demnach an eine bestimmte Form gebunden. Dies führt zur Erforderlichkeit eines formellen Grundbuchrechts.

Allerdings erschöpft sich der Zweck des Grundbuchs nicht in der Abbildung von Eigentumsübergängen an Grundstücken. Über die Eintragung von Eigentümerwechseln hinaus sieht das Grundbuchrecht eine Vielzahl von eintragungspflichtigen Rechtsgeschäften bzw. Rechtsänderungen in Bezug auf das Grundstück vor. Gem. § 873 BGB bedarf jede Verfügung (Begründung, Aufhebung, Übertragung oder inhaltliche Änderung eines Rechts) über ein Grundstück oder ein dingliches Recht an einem Grundstück der Eintragung in das Grundbuch. Eine Ausnahme hiervon gilt für verbriefte Grundpfandrechte. Zwar bedarf auch die Begründung von Briefhypotheken und Briefgrundschulden der Eintragung in das Grundbuch. Die Übertragung dieser Briefrechte erfolgt jedoch lediglich durch Einigung und Briefübergabe. Der vom Grundbuchamt ausgestellte Hypothekenbrief kann deshalb als „Repräsentant der Grundbuchs"[22] bezeichnet werden. Sinn und Zweck der Briefrechte ist die Erleichterung der Übertragbarkeit solcher verbrieften Sicherungsrechte im Rechtsverkehr, d. h. deren Verkehrsfähigkeit soll erleichtert werden.

Das Grundbuch lässt sich somit als das Verzeichnis aller eintragungspflichtigen Rechtsverhältnisse in Bezug auf ein Grundstück definieren. Es hat die Aufgabe, dem Immobilienverkehr eine sichere Grundlage zu geben. Anhand des Grundbuchs ist die zweifelsfreie Zuordnung eines Grundstücks zu einer oder mehrerer natürlicher oder juristischer Personen möglich. Das Grundbuch bildet somit die aktuelle rechtliche Situation des Grundstücks ab und ist dazu bestimmt, klar und übersichtlich über den dinglichen Rechtszustand von Grundstücken Auskunft zu geben.[23]

Eine weitere wichtige Funktion des Grundbuchs ist dessen öffentlicher Glaube. Der Rechtsverkehr soll von der Richtigkeit der Eintragungen im Grundbuch ausgehen können, auch wenn diese mit der tatsächlichen Rechtslage nicht übereinstimmen.

Gemäß § 891 BGB wird vermutet, dass ein im Grundbuch eingetragenes Recht auch tatsächlich besteht und dem im Grundbuch eingetragenen Rechtsinhaber auch zusteht. Ferner gilt die gesetzliche Vermutung, dass ein im Grundbuch gelöschtes Recht ab dessen Löschung auch tatsächlich nicht mehr besteht.

Zu berücksichtigen ist, dass gem. § 12 GBO nur derjenige ein Recht zur Einsichtnahme in das Grundbuch hat, der ein berechtigtes Interesse hieran darlegen kann. Ohne ein solches besonderes Interesse können nur dinglich am Grundstück Berechtigte und diejenigen, die mit Zustimmung des eingetragenen Eigentümers handeln, das Grundbuch einsehen. Ein berechtigtes Interesse liegt vor, wenn die Person, die in das Grundbuch Einsicht nehmen will, ein verständliches, nach der Sachlage gerechtfertigtes Interesse verfolgen will. Es reicht aus, dass zur Überzeugung des Grundbuchamtes sachliche Gründe vorgetragen werden, welche die Verfolgung unbefugter Zwecke oder bloßer Neugier ausgeschlossen erscheinen lassen.

2.1 Historische Entwicklung des Grundbuchs

Das deutsche Grundbuchrecht war von Anfang an vom Prinzip der Publizität geprägt, d. h., alle Veränderungen in Bezug auf das Grundstück wurden öffentlich festgehalten. Aufgrund dieses Prinzips entstand bereits im Mittelalter ein umfangreiches Urkundensystem. Im 13. Jahrhundert

---

[22] Vgl. Staudinger, J. (2008), S. 476
[23] Vgl. Schmidt, F. (1997), S. 67

gab es in einigen Städten sog. Stadtbücher, in denen die Veränderungen der Grundstücke, die zum Stadtgebiet gehörten, festgehalten wurden. Im späten Mittelalter verdrängte das römische Recht das Urkundensystem und die Stadtbücher.[24] Einige Städte, wie z. B. Hamburg und Lübeck behielten aber das System des Stadtbuchs bei.[25] Die durch einen formlosen Vertrag mögliche Übertragung von Grundstücken im Einflussbereich des französischen Rechts stellte eine der wesentlichsten Veränderung dar. In der nachfolgenden Zeit des Partikularismus entwickelten sich drei verschiedene Systeme des Immobilienrechts. Das gemeine Recht neigte zur Formlosigkeit von Grundstücksübertragungen. Demgegenüber sah das sog. Transkriptions- und Inskriptionssystem nach französischem Vorbild für gewisse Vorgänge eine Verpflichtung zur Eintragung vor. Im darüber hinaus zu jener Zeit existierenden Hypotheken- und Pfandbuchsystem waren nur hypothekarische Belastungen einzutragen.

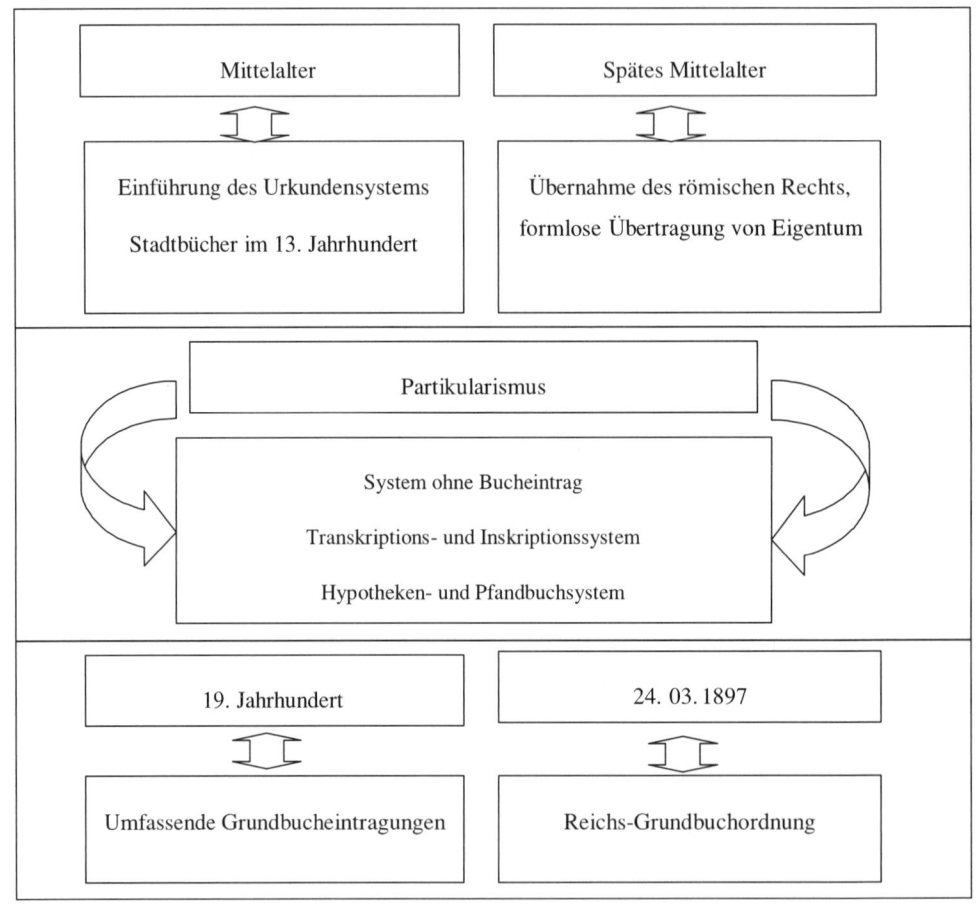

Abb. II 7: Historie des Grundbuches

---

[24] Vgl. Weirich, H.-A. (2006), Rn. 436 ff.
[25] Vgl. Wagemann, S. K. (2001), S. 3 f.

Erst im 19. Jahrhundert setzte sich das System der umfassenden Grundbucheintragung durch. Am 24.3.1897 führte die Reichs-Grundbuchordnung für alle deutschen Länder das bis heute geltende Grundbuchrecht ein.[26]

Der Grundbuchordnung ging die Vereinheitlichung der deutschen Zivilgesetze voraus. Mit der Einführung des BGB und der Institutionalisierung des Grundbuchs, die in Preußen bereits 1872 durch die Grundbuchordnung und durch das Eigentumserwerbsgesetz verwirklicht wurde, waren die Grundsteine für die Einführung der Grundbuchordnung (GBO) gelegt. Die Grundbuchordnung trat am 1.1.1900 in Kraft. Seit der Wiedervereinigung gilt die Grundbuchordnung auch wieder in den neuen Bundesländern. Aufgrund der abweichenden Regelungen in der damaligen DDR wurden für die neuen Bundesländer einige abweichende Regelungen, wie z. B. für erbbaubelastete Grundstücke, getroffen.

Durch § 126 GBO, eingefügt durch das Registerverfahrensbeschleunigungsgesetz vom 20.12.1993, wurden die Bundesländer dazu ermächtigt, das Grundbuch in maschineller Form als automatisierte Datei (elektronisches Grundbuch) zu führen. Am 20. April 1998 beschloss die Landesregierung, in Baden-Württemberg das elektronische Grundbuch flächendeckend einzuführen. Spätestens mit Abschluss der Grundbuchamtsreform am 31.12.2017 sollen in Baden-Württemberg alle Grundbücher elektronisch erfasst sein.

2.2 Der öffentliche Glaube des Grundbuchs

Wie bereits erwähnt wurde, ist das Grundbuch auch von materiellrechtlicher Relevanz. Das Sachenrecht setzt die Einrichtung des Grundbuchs als Wirksamkeitsvoraussetzung für viele materielle Rechtsänderungen an Grundstücken voraus.[27]

Das Grundbuch stellt den Bestand, Inhalt und Rang der eingetragenen Rechte (Eigentum und Grundstücksbelastungen) dar. Das Vertrauen auf die Richtigkeit des Grundbuchs ist für den rechtsgeschäftlichen Erwerb eines Grundstück oder eines Rechts an einem Grundstück gemäß § 892 BGB geschützt. Eintragungen im Grundbuch gelten als richtig und vollständig, es sei denn, ein Widerspruch gegen die Richtigkeit ist eingetragen (§ 899 BGB). Dies wird auch mit dem Begriff „materielles Publizitätsprinzip" umschrieben.[28] Nach dem Prinzip des öffentlichen Glaubens des Grundbuchs gilt diejenige Person auch dann als Eigentümer des Grundstücks, wenn sie ihr Eigentum an dem Grundstück verloren hat.

Konsequenz des öffentlichen Glaubens des Grundbuchs ist die Möglichkeit des gutgläubigen Erwerbs. Ein gutgläubiger Erwerber kann den positiven Rechtsschein des Grundbuchs beanspruchen, sodass ihm gegenüber der im Grundbuch Eingetragene als tatsächlicher Grundstückseigentümer gilt. Des Weiteren kann er darauf vertrauen, dass ein eingetragenes Recht an einem Grundstück auch tatsächlich besteht. Der öffentliche Glaube hat allerdings auch die negative Vermutungswirkung, dass ein durch einen Löschungsvermerk gemäß § 46 (1) GBO oder eine Nichtmitübertragung gemäß § 46 (2) GBO gelöschtes Recht tatsächlich erloschen ist bzw. nicht mehr besteht. Jedoch nehmen nichtige und inhaltlich unzulässige Eintragungen sowie Angaben über die tatsächlichen Verhältnisse des Grundstücks im Bestandsverzeichnis (z. B. Lage und Größe des Grundstücks, Bezeichnung der

---

[26] Vgl. Maaß, E. (1996), S. 103
[27] Vgl. Rombach, P. (2001), S. 570
[28] Vgl. Stöber, K. (1998), S. 20

Bebauung) am öffentlichen Glauben des Grundbuchs nicht teil.[29] Lediglich das Vertrauen in die Richtigkeit des Bestandes, Inhaltes, Ranges und der eingetragenen Rechte ist geschützt.

Beispiel: Einer Bank stehen an einem Grundstück eine Hypothek und eine Grundschuld zu. Nachdem das mit der Hypothek gesicherte Darlehen getilgt wurde, bewilligt die Bank die Löschung der Hypothek. Das Grundbuchamt löscht jedoch versehentlich die Grundschuld. Wenn der Eigentümer des Grundstücks das Eigentum an diesem auf einen Dritten überträgt, erwirbt dieser das Grundstück grundsätzlich ohne die darauf tatsächlich noch lastende Grundschuld, sofern im Grundbuch in Bezug auf die Löschung der Grundschuld kein Widerspruch eingetragen ist und der Dritte nicht wusste, dass die Grundschuld zu Unrecht gelöscht wurde (vgl. § 892 BGB). Der Bank kann in diesem Fall jedoch ein Amtshaftungsanspruch gegen das Grundbuchamt zustehen.

2.3 Grundbuchprinzipien

Aus der GBO ergeben sich einige Grundbuchprinzipien, die bei allen Grundbuchaktivitäten einzuhalten sind. Hierzu zählen:

- Antragsprinzip nach § 13 GBO,
- Bewilligungsprinzip nach §§ 19 und 20 GBO,
- Voreintragungsprinzip nach § 39 GBO,
- Formprinzip nach § 29 GBO,
- Legalitätsprinzip.

Gemäß dem in § 13 GBO normierten Antragsprinzip erfolgt eine Eintragung in das Grundbuch nur dann, wenn ein entsprechender Antrag gestellt wird oder ein behördliches Ersuchen gemäß § 38 GBO vorliegt.[30] Der Antrag bestimmt, was im Grundbuch einzutragen ist. Das Grundbuchamt darf keine über den Antrag hinausgehenden Eintragungen vornehmen. Antragsberechtigt ist nur derjenige, dessen Recht von der Eintragung betroffen ist oder zu dessen Gunsten die Eintragung erfolgen soll. Ein Eintragungsantrag ist beim Grundbuchamt erst dann eingegangen, wenn eine zuständige und befugte Person den Antrag entgegennimmt. Mehrere gleichzeitig vorgelegte Anträge sind zum gleichen Zeitpunkt eingegangen, unabhängig davon in welcher Reihenfolge sie geöffnet oder registriert werden. Der Zeitpunkt des Eingangs eines Antrags ist auf diesem zu vermerken (Eingangsvermerk).

Nach dem Bewilligungsprinzip des § 19 GBO darf eine Eintragung nur erfolgen, wenn derjenige, dessen Recht betroffen ist, diese auch bewilligt (sogenanntes „formelles Konsensprinzip"). Das Grundbuchamt prüft dabei die Verfügungsbefugnis, Geschäftsfähigkeit und ggf. die ordnungsgemäße Vertretung des Bewilligenden.

Der damit in Zusammenhang stehende Einigungsgrundsatz des § 20 GBO besagt, dass im Falle einer Auflassung eines Grundstückes oder der Bestellung oder Änderung des Inhaltes eines Rechts an einem Grundstück bzw. bei Übertragung eines Erbbaurechts, eine Einigung zwischen dem aus dem Grundbuch Ausscheidenden und dem Einzutragenden gegenüber dem Grundbuchamt nachzuweisen ist. In diesen Fällen reicht die einseitige Bewilligung des Betroffenen nicht aus.

Das in § 39 GBO geregelte Voreintragungsprinzip sieht vor, dass eine Eintragung nur dann erfolgt, wenn die Person, deren Recht betroffen ist, bereits als Berechtigter im Grundbuch eingetragen ist. Ausnahmen vom Voreintragungsprinzip gelten bei verbrieften Grundpfandrechten. Dies gilt aber

---

[29] Vgl. Debes, H./Lindner-Figura, J. (1996), S. 44
[30] Vgl. Müller, R. (1993), S. 206

nur dann, wenn der Grundpfandrechtgläubiger im Besitz des Briefes ist und sein Gläubigerrecht gemäß § 1155 BGB durch entsprechende Abtretungserklärungen nachweisen kann.

Für den Nachweis der Eintragungsunterlagen ist das in § 29 GBO geregelte Formprinzip maßgeblich. Eine Eintragung kann nur dann vorgenommen werden, wenn eine Eintragungsbewilligung oder die für eine Eintragung erforderliche Urkunde dem Grundbuchamt in öffentlicher oder öffentlich beglaubigter Form vorliegt. Alle übrigen Eintragungsvoraussetzungen bedürfen, soweit sie nicht offenkundig sind, des Nachweises durch öffentliche Urkunden. § 29 GBO gilt jedoch nicht für den Eintragungsantrag im Sinne von § 13 GBO. Dieser bedarf lediglich der Schriftform.

Schließlich regelt das Legalitätsprinzip, dass eine Eintragung nur dann erfolgen soll, wenn das Grundbuchamt im Eintragungsverfahren die Gesetzmäßigkeit der beantragten Eintragung geprüft hat. Das Grundbuchamt hat stets dafür Sorge zu tragen, dass das Grundbuch mit der tatsächlichen Rechtslage übereinstimmt.[31] Aus diesem Grund sieht § 53 GBO die Möglichkeit der Eintragung eines Widerspruchs (sog. Amtswiderspruch) vor, durch den ein gutgläubiger Erwerb verhindert wird.

2.4 Aufbau und Inhalt des Grundbuchs

Die Grundbücher werden bei den Amtsgerichten geführt, in Baden-Württemberg bei den Notariaten. Das Grundbuchamt führt die Bezeichnung des Amtsgerichts oder Notariats, zu dem es gehört.

Die Grundbücher wurden früher in festen Bänden geführt. Erst durch die Verordnung des Bundesministers der Justiz vom 26.6.1961 ist die Führung des Grundbuchs in Bänden bzw. in Einzelheften mit herausnehmbaren Einlagebögen ermöglicht worden.[32] Das Grundbuch im Sinne des BGB besteht aus Grundbuchblättern, die innerhalb eines Grundbuchbezirks fortlaufend nummeriert werden. Die Eintragungen im Grundbuch können handschriftlich oder maschinenschriftlich erfolgen. Mittlerweile wurde in den meisten Bundesländern die Umstellung auf das elektronische Grundbuch beschlossen. Die elektronische Erfassung ist aber teilweise noch nicht abgeschlossen.

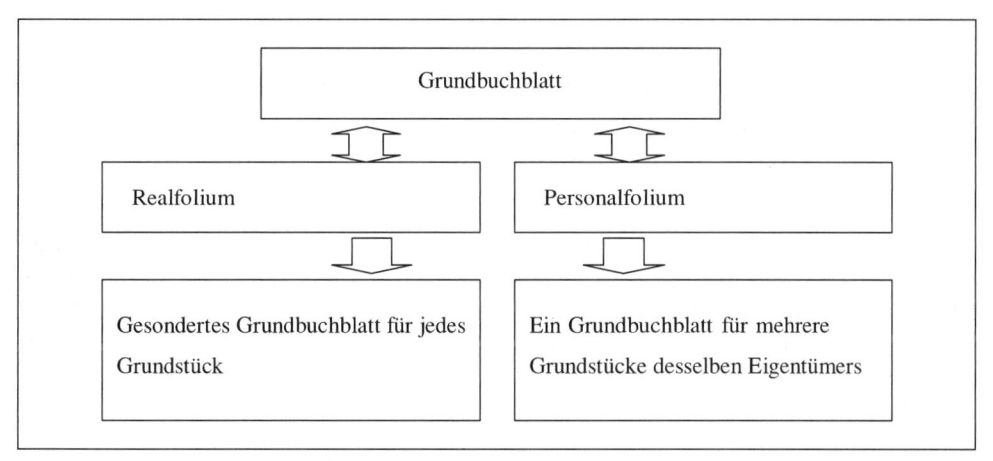

Abb. II 8: Realfolium und Personalfolium

---

[31] Vgl. Weirich, H.-A. (2006), Rn. 443, S. 158 ff.
[32] Vgl. Schmidt, W./Fröhlig, B. (1996), S. 39

Durch die Einrichtung des elektronischen Grundbuchs wurde gem. § 133 Abs. 2 GBO auch den Notaren die Möglichkeit eröffnet, das Grundbuch über das Internet einzusehen.

Nach § 3 (1) S. 2 GBO ist für jedes Grundstück ein gesondertes Grundbuchblatt anzulegen. Dieses Prinzip wird in der Fachsprache als Realfolium bezeichnet. Daneben kann nach § 4 GBO das Grundbuch auch als Personalfolium, d. h. als eigentümerorientiertes Grundbuch geführt werden (Abb. II 8). In diesem Fall können auf einem Grundbuchblatt mehrere Grundstücke desselben Eigentümers vermerkt sein. Hierdurch können beispielsweise mehrere, auch nicht benachbarte Flurstücke auf einem Grundbuchblatt eingetragen werden. Die eigentliche Funktion des Grundbuches wird vom Grundbuchblatt erfüllt. Das Grundbuchblatt weist sämtliche Eintragungen mit Datum und Unterschrift des für die Eintragung verantwortlichen Grundbuchbeamten auf.

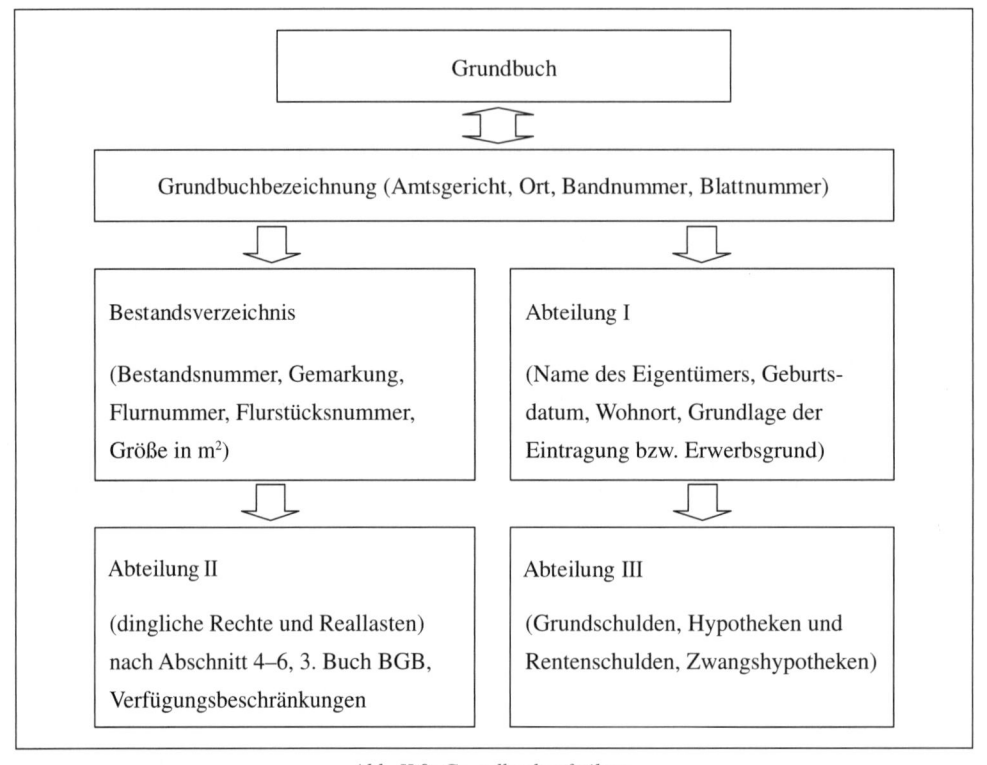

```
                    ┌─────────────────────┐
                    │     Grundbuch       │
                    └─────────────────────┘
                              ⇅
        ┌──────────────────────────────────────────────┐
        │ Grundbuchbezeichnung (Amtsgericht, Ort,       │
        │ Bandnummer, Blattnummer)                     │
        └──────────────────────────────────────────────┘
              ⇩                              ⇩
┌────────────────────────────┐   ┌────────────────────────────┐
│ Bestandsverzeichnis        │   │ Abteilung I                │
│                            │   │                            │
│ (Bestandsnummer, Gemarkung,│   │ (Name des Eigentümers,     │
│ Flurnummer, Flurstücks-    │   │ Geburtsdatum, Wohnort,     │
│ nummer, Größe in m²)       │   │ Grundlage der Eintragung   │
│                            │   │ bzw. Erwerbsgrund)         │
└────────────────────────────┘   └────────────────────────────┘
              ⇩                              ⇩
┌────────────────────────────┐   ┌────────────────────────────┐
│ Abteilung II               │   │ Abteilung III              │
│                            │   │                            │
│ (dingliche Rechte und      │   │ (Grundschulden, Hypotheken │
│ Reallasten) nach Abschnitt │   │ und Rentenschulden,        │
│ 4–6, 3. Buch BGB,          │   │ Zwangshypotheken)          │
│ Verfügungsbeschränkungen   │   │                            │
└────────────────────────────┘   └────────────────────────────┘
```

Abb. II 9: Grundbuchaufteilung

Ergänzend zum Grundbuch führt das Grundbuchamt sog. Grundakten, welche dieselbe Bezeichnung wie das dazugehörige Grundbuchblatt tragen. In den Grundakten werden folgende Unterlagen verwahrt:

- alle Anträge und Urkunden, welche als Eintragungsunterlagen für Grundbucheintragungen erforderlich waren.
- alle Eintragungsverfügungen, Zwischenverfügungen, Antragszurückweisungen und Kostenansätze.

Soweit Grundbucheintragungen auf Urkunden in den Grundakten Bezug nehmen, sind diese Teil des Grundbuchs und nehmen an dessen öffentlichen Glauben teil.

Das Grundbuchblatt hat eine feste Gliederung und besteht gemäß § 4 GBV aus der Aufschrift, dem Bestandsverzeichnis und den Abteilungen I, II und III. Zu den verschiedenen Teilen bzw. Vermerken des Grundbuchs siehe Abb. II 9.

Der Aufschrift bzw. der Grundbuchbezeichnung ist das Grundbuchführende Amtsgericht bzw. Notariat und der Grundbuchbezirk zu entnehmen.

In das Bestandsverzeichnis werden Grundstücke, grundstücksgleiche Rechte und separat gebuchte Miteigentumsanteile eingetragen.[33] Die Grundstücke erhalten in der Spalte 1 eine laufende Nummer. Jedes Grundstück erhält eine eigene Nummer. Falls das Grundstück aus mehreren Flurstücken besteht, erhält das Grundstück trotzdem nur eine laufende Nummer. Das Grundstück wird mit der Flurstücksnummer sowie nach Art, Lage und Größe beschrieben. Genauere Daten zum Grundstück können aus dem Liegenschaftskataster entnommen werden. Des Weiteren können im Liegenschaftskataster eingetretene Veränderungen im Bestandsverzeichnis eines Grundbuchblattes eingetragen werden.

Die im Bestandsverzeichnis angegebene Grundstücksgröße nimmt nicht am öffentlichen Glauben des Grundbuchs teil. Zur Überprüfung der Grundstücksgröße bedarf es deshalb eines Auszugs aus dem Liegenschaftskataster. Die im Bestandsverzeichnis eingetragenen, mit dem Eigentum verbundenen Rechte an anderen Grundstücken (z. B. Wegerecht auf Nachbargrundstück) werden Aktivvermerke bzw. Herrschvermerke genannt. Der Vermerk im Bestandsverzeichnis des Grundbuchblattes des herrschenden Grundstücks ist jedoch nicht zwingend. Grundbuchrechtlich gesicherte Grunddienstbarkeiten an fremden Grundstücken werden gemäß § 94 BGB zu einem wesentlichen Bestandteil des begünstigten Grundstücks.

In Abteilung I wird der Grundstückseigentümer eingetragen. Falls mehrere Eigentümer eingetragen sind, ist zu prüfen, ob es sich um Gesamthands- oder um Miteigentum handelt. Gibt es mehrere Eigentümer, so sind außer deren Namen, auch deren Anteile in der ersten Abteilung anzugeben. Bei den Sonderformen Erbbaugrundbuch und Wohnungseigentumsgrundbuch werden in der ersten Abteilung der Erbbauberechtigte bzw. der Wohnungseigentumsinhaber eingetragen. Im Falle rechtsgeschäftlichen Erwerbs von Grundstücken durch Auflassung und Eintragung ist die Eintragung in Abteilung I rechtsbegründend. Beim Erwerb von Grundstücken durch Zuschlag in der Zwangsversteigerung oder im Erbfall ist der Eintrag in Abteilung I nur berichtigend.

Gemäß § 10 (1) GBV werden in Abteilung II alle Belastungen des Grundstücks, von Grundstücksteilen oder des einzelner Flurstücke eingetragen. Ausgenommen sind Hypotheken, Grundschulden und Rentenschulden, die in Abteilung III eingetragen werden. Welche Lasten und Beschränkungen in Abteilung II vermerkt werden können, kann der Abb. II 10 entnommen werden. Daneben können Vormerkungen und Widersprüche, Verfügungsbeschränkungen des Eigentümers und Grundbuchvermerke, die auf eigentums-/grundbuchbezogene Verfahren hinweisen, in Abt. II eingetragen sein können. Gleiches gilt für das Erbbaurecht und Dauerwohn- und Dauernutzungsrechte nach den §§ 31 ff. WEG.

Nutzungsrechte, die als Dienstbarkeiten eingetragen wurden, räumen dem jeweils Begünstigten das Recht ein, das Grundstück in bestimmten Beziehungen zu nutzen oder dem Grundstückseigentümer die Ausübung gewisser grundstücksbezogener Handlungen und Rechte zu untersagen.[34]

Die Grunddienstbarkeiten sind in den §§ 1018–1029 BGB geregelt. Grunddienstbarkeiten sind Belastungen eines dienenden Grundstücks zugunsten des jeweiligen Eigentümers eines anderen Grundstücks. Grunddienstbarkeiten sind immer an das Grundstück gebunden.

---

[33] Vgl. Stöber, K. (1998), S. 50 ff.
[34] Vgl. Piehler, J. (1998), S. 13

Ein etwaiges Nutzungsentgelt für eine Grunddienstbarkeit kann nur schuldrechtlich vereinbart werden und somit nicht Inhalt eines Grundbucheintrags werden. Aus diesem Grund geht eine solche Vereinbarung über ein Nutzungsentgelt auch nicht im Zuge der Übertragung eines Grundstücks automatisch auf den jeweiligen Rechtsnachfolger über. Da eine Grunddienstbarkeit die Werthaltigkeit eines Grundstückes erheblich herabsetzen kann, wird diese im Regelfall bei der Wertermittlung des dienenden Grundstücks wertmindernd in Ansatz gebracht.

Im Gegensatz dazu kann eine Grunddienstbarkeit bei der Bewertung des herrschenden Grundstücks wertsteigernd sein. In Ausnahmefällen kann das dienende Grundstück aufgrund einer Grunddienstbarkeit nahezu vollständig entwertet sein. Falls ein Wegerecht oder ein Leitungsrecht im Grundbuch eingetragen ist, sollte vor Kaufvertragsschluss geprüft werden, wie sich die vorhandene Grunddienstbarkeit auf die Bebaubarkeit oder die Nutzung des Grundstücks auswirkt.

Lasten und Beschränkungen in Abteilung II nach BGB				
Nutzungsrechte bzw. Dienstbarkeiten			Erwerbsrechte	Verwertungsrechte (ohne Grundpfandrechte)
Grunddienstbarkeiten	Beschränkt persönliche Dienstbarkeiten	Nießbrauch	Dingliche Vorkaufsrechte	Reallasten
z.B. Wegerecht Leitungsrecht	z.B. Wohnungsrecht Wohnungsbesetzungsrecht Benutzungsrecht		Sonderformen: Ankaufsrecht oder Wiederkaufsrecht (gesichtet über Vormerkungen gemäß § 883 BGB)	z.B. Erbbauzins Leibrente

Abb. II 10: Lasten und Beschränkungen Abteilung II

Gemäß § 1025 BGB besteht bei Teilung des herrschenden Grundstückes die Grunddienstbarkeit fort. Die Grunddienstbarkeit darf aber für den Eigentümer des belasteten Grundstücks nach der Teilung nicht beschwerlicher sein. Falls das dienende Grundstück geteilt wird, können gemäß § 1026 BGB diejenigen Teile des Grundstücks, die nicht von der Ausübung der Grunddienstbarkeit betroffen sind, von der Dienstbarkeit frei werden.

Neben den Grunddienstbarkeiten gibt es auch beschränkte persönliche Dienstbarkeiten. Auch diese werden in Abteilung II des Grundbuches eingetragen. Die beschränkten persönlichen Dienstbarkeiten sind in den §§ 1090–1093 BGB geregelt. Der wesentliche Unterschied zu den Grunddienstbarkeiten liegt darin, dass beschränkte persönliche Dienstbarkeiten nur bestimmten natürlichen oder juristischen Personen zustehen. Beschränkte persönliche Dienstbarkeiten können aufgrund ihrer Rechtsnatur regelmäßig nicht übertragen oder vererbt werden. Ein Grundstück kann gemäß § 1090 BGB in der Weise mit einer beschränkten persönlichen Dienstbarkeit belastet werden, dass derjenige, zu dessen Gunsten die Belastung erfolgt, berechtigt ist, das Grundstück in einzelnen Beziehungen zu nutzen. Darüber hinaus können dem Begünstigten sämtliche Befugnisse eingeräumt werden, die auch Inhalt einer Grunddienstbarkeit sein könnten.

Ein weiteres dingliches Nutzungsrecht, welches in Abteilung II einzutragen ist, ist der sog. Nießbrauch (§§ 1030–1089 BGB). Gem. § 1030 (1) BGB kann durch einen Nießbrauch eine Sache in der Weise belastet werden, dass derjenige, zu dessen Gunsten die Belastung erfolgt, berechtigt ist, die Nutzung der Sache zu ziehen. Umfasst sind sowohl bewegliche als auch unbewegliche Sachen. Wie bei den beschränkten persönlichen Dienstbarkeiten kann ein Nießbrauch nur zugunsten natürlicher oder juristischer Personen eingeräumt werden. Der Nießbrauch ist im Regelfall nicht vererbbar und nicht übertragbar (Ausnahme in §§ 1059a ff. BGB). Im Gegensatz zu den beschränkten persönlichen Dienstbarkeiten kann die Ausübung des Nießbrauchs aber einer dritten Person auch ohne explizite Gestattung durch den Eigentümer des belasteten Grundstücks zur Ausübung überlassen werden. Die Rechtsnatur des Nießbrauchs berechtigt zur Inanspruchnahme sämtlicher Nutzungen an einem belasteten Grundstück. Einzelne Nutzungen können allerdings bei der Bestellung des Nießbrauchs ausgeschlossen werden. Derjenige, dem ein Nießbrauch eingeräumt wurde, ist für die Dauer dessen Bestandes Besitzer des belasteten Grundstücks. Der Nießbrauch kann auch nur an einem Miteigentumsanteil (Bruchteilsnießbrauch) bestellt werden oder sich nur auf einen Teil der Grundstücksnutzung beziehen (Quotennießbrauch).

In Abteilung III sind die Grundpfandrechte eingetragen. Zu diesen gehören Hypothek, Grundschuld und Rentenschuld. Zu den einzelnen Grundpfandrechten siehe Teil A II Abschnitt 7.2 Grundpfandrechte.

Öffentlich-rechtliche Belastungen und Verfügungsbeschränkungen an einem Grundstück werden nicht in das Grundbuch eingetragen, es sei denn die Eintragung ist gesetzlich besonders zugelassen oder angeordnet. Unter einer öffentlich-rechtlichen Belastung sind diejenigen Lasten zu verstehen, für die ein Grundstück aufgrund einer im öffentlichen Recht begründeten Abgabepflicht haftet. Erschließungsbeiträge gemäß §§ 127 ff. BauGB, fällige Grundsteuerbeträge gemäß § 9 GrStG oder fällige Kanalgebühren sind beispielsweise solche öffentliche Lasten.[35] Öffentlich-rechtliche Verfügungsbeschränkungen können sich z. B. aus dem BauGB oder aus dem Grundstücksverkehrsgesetz ergeben.

Anhand des Beispiels eines Grundbuchauszugs soll Aufbau des Grundbuchs nochmals verdeutlicht werden. Aus dem Beispiel ist ersichtlich, wie ein Grundbuch aussehen kann und welche Inhalte dieses enthalten kann (Abbildungen II 12 bis II 16).

Beispielsweise ist dem Bestandsverzeichnis Abb. II 11 zu entnehmen, dass die unter den laufenden Nummern 1 und 2 aufgeführten Flurstücke gelöscht wurden. Die Löschung ergibt sich aus der Unterstreichung der Eintragungen (sog. Rötung). Die Rötung wird erläutert durch den Änderungsvermerk zu den Grundstücken 1, 2, 4 auf der Rückseite des Bestandsverzeichnisses (Abb. II 12). Außerdem sind die Flurstücke 215 und 216 unter einer laufenden Nummer eingetragen und grundbuchrechtlich somit ein Grundstück.

In Abteilung I (Abb. II 13) ist ersichtlich, dass Herr Walter Schulz Eigentümer der Grundstücke „3, 4, 5 und 6" ist. Bei den betreffenden BV-Nummern. in Spalte 3 ist jeweils in Spalte 4 der dazu gehörige Erwerbs-/Eintragungsgrund angegeben. In Abteilung II (Abb. II 14) sind einige Lasten und Beschränkungen zu den einzelnen in Spalte 2 jeweils unter Angabe der BV-Nr. aufgeführten Grundstücken eingetragen. Beispielsweise ist das im Bestandsverzeichnis unter der laufenden Nummer 4 aufgeführte Grundstück mit einem Vorkaufsrecht für Herrn Alfons Schmitz belastet, (laufende Nr. 3 der Abt. II). Auf der Rückseite der Abt. II ist unter den Spalten 4 und 5 zu erkennen, dass dieses Verkaufsrecht nachträglich im Rang hinter die Hypothek Abt. III Nr. 2 zurückgetreten ist.

In Abteilung III (Abb. II 15) sind eine Grundschuld, eine Hypothek und eine Sicherungshypothek eingetragen. Zu beachten ist allerdings, dass nur das im Bestandsverzeichnis unter der laufenden

---

[35] Vgl. Weirich, H.-A. (2006), Rn. 798

Nummer 4 aufgeführte Grundstück mit der Hypothek und der Grundschuld belastet ist. Einem Rangvermerk ist zu entnehmen, dass der Hypothek (Abt. III Nr. 2) der Vorrang vor der Grundschuld (Abt. III Nr. 1) eingeräumt wurde. Die Sicherungshypothek belastet nur das unter der im Bestandsverzeichnis laufenden Nummer drei aufgeführte Grundstück. Für jede nachträgliche Veränderung einer Eintragung in Abt. III muss ein entsprechender Vermerk auf der Rückseite von Abt. III in den Spalten 5 bis 10 vorgenommen werden.

Amtsgericht Mettmann

Grundbuch von

Metzkausen

Blatt 0510

(Bemerkung: die auf den folgenden Seiten unterpunktierten Eintragungen sind gelöscht und im Grundbuch rot unterstrichen)

Amtsgericht Mettmann **Grundbuch von** Metzkausen **Blatt** 0510 **Bestandsverzeichnis** Einlegeblatt 1

Laufende Nummer der Grundstücke	Bisherige laufende Nummer der Grundstücke	Bezeichnung der Grundstücke und der mit dem Eigentum verbunden Rechte					Größe		
		Gemarkung (Vermessungsbezirk) a	Flur	Flurstück b	Liegenschaftsbuch c/d	X Wirtschaftsart und Lage e	ha	a	qm
1	2	3					4		
1	-	Metzkausen	5	215	96	Hof- und Gebäudefläche, Naumburger Weg 3		4	98
2	-	Metzkausen	5	216	96	Hof- und Gebäudefläche, Naumburger Weg 3		0	17
3	-	Metzkausen	5	420	98	Wiese, am Kirchendeller Weg		32	28
4	1,2	Metzkausen	5	215	96	Hof- und Gebäudefläche, Naumburger Weg 3	}	5	15
		Metzkausen	5	216	96	Hof- und Gebäudefläche, Naumburger Weg 3			
5 zu 3	-	Wegerecht an dem Grundstück Metzkauen Flur 5 Flurstück 217, eingetragen im Grundbuch von Metzkauen Blatt 0507 in Abt. 11 unter Nr. 1							
6 zu 4	-	1/10 (ein zehntel) Miteigentumsanteil an dem Grundstück							
		Metzkausen	6	86	38	Gemeinschaftlicher Weg, an der Leipziger Straße		0	86

Abb. II 11: Grundbuchauszug Deckblatt und Bestandsverzeichnis (1. Seite)

Bestand und Zuschreibungen		Abschreibungen	
Zur lfd. Nr. der Grundstücke		Zur lfd. Nr. der Grundstücke	
5	6	7	8
1	Von Blatt 197 hierher übertragen am 1. August 1993 **Meyer** **Koch**		
2	Von Blatt 201 hierher übertragen am 1. August 1993 **Meyer** **Koch**		
3	Von Blatt 008 hierher übertragen am 5. August 1993 **Meyer** **Koch**		
1,2,4	Nr. 2 der Nr. 1 als Bestandteil zugeschrieben und Nr. 2 mit Nr. 1 als Nr. 4 neu eingetragen am 10. September 1994 **Kummer** **Koch**		
5 / zu 3	Vermerkt am 12. Septmber 1997 **Schön** **Koch**		
6	Von Blatt 498 hierher übertragen am 12. November 1997 **Schön** **Koch**		

Fortsetzung auf Einlegeblatt

Abb. II 12: Grundbuchauszug Bestandsverzeichnis (2. Seite)

Amtsgericht Mettmann   **Grundbuch von** Metzkausen   **Blatt** 0510   **Erste Abteilung**   Einlegeblatt 1   Abt. I

Laufende Nummer der Eintragungen	Eigentümer	Laufende Nummer der Grundstücke im Bestandsverzeichnis	Grundlage der Eintragung
1	2	3	4
1	Wilhelm Schulz, Kaufmann, Metzkausen	1	Aufgelassen am 29. Juni 1993 und eingetragen am 1. August 1993 **Meyer** **Koch**
		2	Aufgelassen am 29. Juni 1993 und eingetragen am 5. August 1993 **Meyer** **Koch**
		3	Aufgelassen am 19. März 1993 und eingetragen am 5. August 1993 **Meyer** **Koch**
2	Walter Schulz, Ingenieur, geboren am 15. Dezember 1926, Mettmann	1,2,3,4	Aufgrund des Erbscheins des Amtsgerichts Mettmann vom 30. August 1997 – 6 VI 426/97 – eingetragen am 6. September 1997 **Schön** **Koch**
		5 / zu 3	Metzkausen Blatt 0507 eingetragen am 12. September 1997. Hier vermerkt am 12. September 1997 **Schön** **Koch**
		6	Aufgelassen am 14. September 1997 und in Blatt 498, eingetragen am 11. Oktober 1997. Gemäß § 3 Abs. 3 GBO hier eingetragen am 12. November 1997 **Schön** **Koch**

Abb. II 13: Grundbuchauszug Abteilung I

				Einlegeblatt	Abt.
Amtsgericht Mettmann	**Grundbuch von** Metzkausen	**Blatt** 0510	**Zweite Abteilung**	1	II

Laufende Nummer der Eintragungen	Laufende Nummer der betroffenen Grundstücke im Bestandsverzeichnis	Lasten und Beschränkungen
1	2	3
1	1,2 / 4	Nießbrauchsrecht für den Kaufmann Max Müller, Ratingen. Zur Löschung des Rechts genügt der Nachweis des Todes des Berechtigten. Unter Bezugnahme auf die Bewilligung vom 29. Juni 1993 eingetragen am 8. August 1993. **Hoffmann** **Koch**
2	3	Vormerkung zur Sicherung des Anspruchs auf Eigentumsübertragung für die Stadt Mettmann. Unter Bezugnahme auf die Bewilligung vom 10. September 1994 eingetragen am 23. September 1994 **Meyer** **Koch**
3	4	Vorkaufsrecht für alle Verkaufsfälle für Alfons Schmitz, Landwirt, Wülfrath. Unter Bezugnahme auf die Bewilligung vom 13. September 1994 eingetragen am 23. September 1994 **Meyer** **Koch**
4	4	Beschränkte persönliche Dienstbarkeit (Recht auf Verlegung und Unterhaltung eines Stromkabels verbunden mit einer Nutzungsbeschränkung) zu Gunsten der Rheinisch-Westfälisches Elektrizitätswerk Aktiengesellschaft, Essen/Ruhr. Unter Bezugnahme auf die Bewilligung vom 16. September 1994 eingetragen am 24. September1994 **Meyer** **Koch**
5	4	Beschränkt persönliche Dienstbarkeit (Wohnungsrecht) für die Eheleute Paul Schulz, Kaufmann, und Marion geb. Wilde, Hausfrau, Metzkausen, als Gesamtberechtigte nach § 428 BGB. Unter Bezugnahme auf die Bewilligung vom 16. September 1994 eingetragen am 24. September 1994. **Meyer** **Koch**
6	3,4	Die Zwangsversteigerung ist angeordnet. Eingetragen am 26. September 1996. **Meyer** **Koch**

(Rückseite von Abt II Einlegeblatt 1)

	Veränderungen		Löschungen
Laufende Nummer d. Spalte 1		Laufende Nummer d. Spalte 1	
4	5	6	7
3	Dem Recht Abt. III Nr. 2 ist der Vorrang eingeräumt. Eingetragen am 24. Oktober 1994. **Meyer** **Koch**		
4,5	Das Recht Abt. III Nr. 2 hat Vorrang. Eingetragen am 24. Oktober 1994. **Meyer** **Koch**		
1	Dem Recht Abt. III Nr. 2 ist der Vorrang eingeräumt. Eingetragen am 26. Oktober 1994 **Meyer** **Koch**		

Fortsetzung auf Einlegeblatt

Abb. II 14: Grundbuchauszug Abteilung II

2 Das Grundbuch

			Einlegeblatt	Abt.
Amtsgericht Mettmann	**Grundbuch von** Metzkausen	**Blatt** 0510	**Dritte Abteilung** 1	III

Laufende Nummer der Eintragungen	Laufende Nummer der betroffenen Grundstücke im Bestandsverzeichnis	Betrag	Hypotheken, Grundschulden, Rentenschulden
1	2	3	4
1	1,2 4	15.000,00 DM -5.000,00 DM 10.000,00 DM	Fünfzehntausend Deutsche Mark Grundschuld mit zwölf vom Hundert jährlich verzinslich für die Credit- und Volksbank eG, Wuppertal-Barmen. Unter Bezugnahme auf die Bewilligung vom 29. Juni 1993 eingetragen am 8. August 1993 **Hoffmann** **Koch**
2	4	50.000,00 DM	Fünfzigtausend Deutsche Mark Hypothek für ein Darlehn der Deutschen Centralboden-Aktiengesellschaft in Köln nebst 9,5 vom Hundert Jahreszinsen. Unter Umständen sind ferner ein Säumniszuschlag von jährlich 1 vom Hundert und eine Entschädigung von höchstens 2,5 vom Hundert des ursprünglichen Darlehensbetrages zu zahlen. Der jeweilige Eigentümer ist der sofortigen Zwangsvollstreckung unterworfen. Mit Bezug auf die Bewilligung vom 10. Oktober 1994 eingetragen am 24. Oktober 1994 mit Rang vor den Rechten Abt. II Nrn. 3, 4 und 5 sowie Abt. III Nr. 1 **Meyer** **Koch**
3	3	20.000,00 DM	Sicherungshypothek zum Höchstbetrag von zwanzigtausend Deutsche Mark für den Werkmeister Friedrich Schlapeit, Hagen/Westf. Unter Bezugnahme auf die Bewilligung vom 9. Oktober 1994 eingetragen am 24. Oktober 1994. **Meyer** **Koch**

(Rückseite von Abt III Einlegeblatt 1)

Veränderungen			Löschungen		
Laufende Nummer d. Spalte 1	Betrag		Laufende Nummer d. Spalte 1	Betrag	
5	6	7	8	9	10
1	10.000,00 DM	Dem Recht Abt. III Nr. 2 ist der Vorrang eingeräumt. Eingetragen am 24. Oktober 1994. **Meyer** **Koch**	1	5.000,00 DM	Fünftausend Deutsche Mark gelöscht am 10. Januar 1994 **Scholz** **Koch**
2	50.000,00 DM	Löschungsvormerkung für den jeweiligen Gläubiger des Rechtes Abt. III Nr. 1. Unter Bezugnahme auf die Eintragungsbewilligung vom 10. Oktober 1994 eingetragen am 24. Oktober 1994. **Meyer** **Koch**			
2	50.000,00 DM	Dem Recht Abt. III Nr. 2 ist der Vorrang vor dem Recht Abt. II Nr. 1 eingeräumt. Eingetragen am 26. Oktober 1994 **Meyer** **Koch**			
2	50.000,00 DM	Löschungsvormerkung für den Kaufmann Max Müller, Ratingen, als Berechtigter des Rechts Abt. II Nr. 1. Unter Bezugnahme auf die Bewilligung vom 10. Oktober 1994 eingetragen am 26. Oktober 1994. **Meyer** **Koch**			

Fortsetzung auf Einlegeblatt

Abb. II 15: Grundbuchauszug Abteilung III

2.5 Rangverhältnisse der eingetragenen Grundstücksrechte

Rechte an Grundstücken werden gemäß § 873 (1) BGB durch Einigung und Eintragung erworben. Da die Begründung von Rechten an Grundstücken in zwei Schritten erfolgt ergibt sich insbesondere für Grundpfandrechtsgläubiger die Problematik der Rangverhältnisse. Das Rangverhältnis der eingetragenen Grundstücksrechte ist im Rahmen einer Zwangsversteigerung oder einer Zwangsverwaltung von großer Relevanz.

In der Zwangsversteigerung hängt der Wert eines Grundstücksrechts von seinem Befriedigungsrang ab. Je besser der Rang eines Grundstücksrechts, umso höher sind die Befriedigungsaussichten für den Rechtsinhaber, wenn der Versteigerungserlös des Grundstücks nicht zur vollen Befriedigung aller Berechtigten ausreicht. Die Reihenfolge der Befriedigung aus dem Versteigerungserlös ergibt sich aus dem materiellen Rangverhältnis der Rechte untereinander.

§ 879 BGB stellt die gesetzliche Grundlage der Rangprinzipien dar. Zum einem gilt das sog. Prioritätsprinzip für die Bestimmung des Rangverhältnisses von Rechten, die in verschiedenen Abteilungen des Grundbuchs eingetragen sind. Dieses besagt, dass das zeitlich früher begründete Recht dem später begründeten Recht im Rang vorgeht. Somit ist bei Rechten aus verschiedenen Abteilungen die zeitliche Abfolge der Eintragung entscheidend.

Zum anderen ist das in § 879 (2) BGB geregelte Locusprinzip zu beachten. Dieses regelt das Rangverhältnis der eingetragenen Rechte innerhalb derselben Abteilung im Grundbuch. Beim Locusprinzip entscheidet, unabhängig vom Zeitpunkt der Eintragung die räumliche Aufeinanderfolge über den Rang. Das weiter vorne eingetragene Recht hat den besseren Rang. Ist lediglich ein Grundstücksrecht eingetragen spielt die Rangfolge keine Rolle. Bei mehreren eingetragenen Rechten entsteht ein Konkurrenzverhältnis, welches durch die genannten Prinzipien gelöst wird. Rechte können auch Gleichrang haben, entweder durch gleichzeitige Eintragung (bei Rechten in verschiedenen Abteilungen) oder durch einen entsprechenden Gleichrangvermerk bei aufeinander folgenden Rechten in derselben Abteilung.

Zu beachten ist, dass eine eingetragene Vormerkung rangwahrende Wirkung entfaltet. Wird das vorgemerkte Recht zu einem späteren Zeitpunkt eingetragen, nimmt dieses automatisch die Rangstelle der Vormerkung ein.

Die Prinzipien der Rangverhältnisse sollen an dem nachfolgenden Beispiel nochmals erläutert und verdeutlicht werden.

Beispiel: Herr Manfred Klein ist der Eigentümer eines unbelasteten 4-Familien-Wohnhauses in einer deutschen Großstadt. Er räumt seinem ältesten Sohn Ingo, der momentan ein Studium absolviert, einen auf fünf Jahre befristeten Nießbrauch ein. Der Nießbrauch wird am 20.06.2002 in das Grundbuch dieses Grundstücks eingetragen. Der jüngere Sohn Karl fühlt sich aufgrund des Nießbrauchs benachteiligt. Aus diesem Grund bestellt der Vater seinem jüngeren Sohn Karl ebenfalls einen Nießbrauch. Der Nießbrauch wird zu Gunsten des jüngeren Sohnes am 25.11.2002 mit einer Befristung von zehn Jahren in Abteilung II des Grundbuches eingetragen. Der ältere Sohn Ingo kann somit während seines Studiums fünf Jahre lang die Miete aus dem 4-Familien-Haus für sich beanspruchen. Da der Nießbrauch, der zu Gunsten des älteren Sohnes eingetragen wurde, vom zeitlichen Ablauf her vor dem Nießbrauch des jüngeren Sohnes eingetragen wurde, steht der Nießbrauch von Ingo im Rangverhältnis vor dem Nießbrauch von Karl. Der jüngere Sohn ist somit zunächst nicht berechtigt, die Miete einzufordern. Erst wenn der Nießbrauch von Ingo erlischt, hat Karl aufgrund seines Nießbrauchs einen Anspruch auf die Miete. Der Nießbrauch erlischt wenn die Dauer des Nießbrauchs zu Ende ist. Karl kann somit erst nach dem Ablauf von fünf Jahren die Miete für sich beanspruchen.

Zudem kann das Rangverhältnis von eingetragenen Grundstücksrechten verändert werden. Es ist möglich, bei gleichzeitiger Bestellung mehrerer Rechte von Anfang an eine Rangbestimmung vorzunehmen. Eine Rangänderung im Nachhinein ist gem. § 880 BGB ebenfalls möglich. Eine Rangänderung bedarf der Einigung des zurücktretenden und des vortretenden Berechtigten und der Eintragung der Änderung des Rangverhältnisses in das Grundbuch. Falls eine Hypothek, Grundschuld oder Rentenschuld im Rang zurücktreten soll, ist außerdem die Zustimmung des Eigentümers erforderlich. Ist das Recht, welches im Rang zurücktreten soll, mit dem Recht eines Dritten belastet, so muss dieser ebenfalls zustimmen. Der Inhaber eines vorrangigen Rechts ist demnach berechtigt, auf seine bessere Rangstelle zu verzichten. Eine solche Rangänderung ist für alle in den Abteilungen II und III eingetragenen Rechte möglich. Rechte, die im Rang zwischen dem zurücktretenden und dem vortretenden Recht stehen, bleiben in ihrem Rang unberührt.

Zu beachten ist, dass ein in Abteilung II eingetragenes Erbbaurecht zum Schutze des Erbbauberechtigten und derjenigen, die ein Recht an dem Erbbaurecht haben, grundsätzlich nur an erster Rangstelle stehen darf.

2.6 Besondere Formen des Grundbuchs

Im Folgenden soll das Registerrecht für Wohnungs- und Teileigentum dargestellt werden. Voraussetzung für eine Aufteilung nach dem WEG ist, dass für das in mehrere Eigentumseinheiten aufzuteilende Gebäude ein Aufteilungsplan mit Abgeschlossenheitsbescheinigung vorliegt. Mit der Abgeschlossenheitsbescheinigung bescheinigt die Baurechtsbehörde, dass gemäß dem Aufteilungsplan nur an in sich abgeschlossenen Räumen Sondereigentum gebildet werden soll. Aufgrund eines Teilungsvertrages, nach § 3 WEG oder einer Teilungserklärung nach § 8 WEG wird für jedes einzelne Raumeigentum ein eigenes Grundbuch angelegt. In Betracht kommt ein Teileigentumsgrundbuch, ein Wohnungsgrundbuch und ein Wohnungs- und Teileigentumsgrundbuch. Wohnungseigentum ist das Sondereigentum (= Alleineigentum) an einer Wohnung in Verbindung mit dem Miteigentumsanteil am gemeinschaftlichen Eigentum, insbesondere dem Grundstück. Teileigentum ist das Sondereigentum an nicht zu Wohnzwecken dienenden Räumen eines Gebäudes in Verbindung mit einem Miteigentumsanteil am gemeinschaftlichen Eigentum. Jedes der Grundbücher erhält ein eigenes Deckblatt, Bestandsverzeichnis und die Abteilungen I bis III. Im Anschluss daran wird das Grundbuch für das nach WEG aufgeteilte Grundstück geschlossen. Danach können die einzelnen Eigentumseinheiten unabhängig voneinander übertragen und belastet werden. Im Bestandsverzeichnis werden die einzelnen Miteigentumsanteile, das Stammgrundstück, das zugeordnete Sondereigentum sowie die Grundbuchstellen aller übrigen Raumeigentumseinheiten angegeben. Rechte Dritter, die am Stammgrundstück bereits bestanden, werden in alle Wohnungs- und Teileigentumsgrundbücher übertragen und bestehen als Gesamtrecht fort.

Eine weitere Sonderform des Grundbuchs ist das sog. Erbbaugrundbuch. Ein solches Grundbuch wird angelegt, wenn ein Grundstück mit einem Erbbaurecht belastet wird. Gemäß § 14 (1) S. 1 ErbbauRG wird für das Erbbaurecht als grundstücksgleiches Recht ein separates Grundbuch zusätzlich zum Grundstücksgrundbuch angelegt. Sowohl das Grundstücks als auch das Erbbaurecht können getrennt voneinander veräußert oder belastet werden.

Im Erbbaugrundbuch wird gemäß § 14 (1) S. 2 ErbbauRG der Grundstückseigentümer vermerkt. Des Weiteren enthält das Bestandsverzeichnis des Erbbaugrundbuchs eine genaue Beschreibung des Erbbaurechts (Beginn, Dauer, Gegenstand), eine Bezeichnung des belasteten Grundstücks sowie etwa vereinbarter Veräußerungs- und Belastungsbeschränkungen nach § 5 ErbbauRG.

Sowohl beim Wohnungs-/Teileigentumsgrundbuch als auch beim Erbbaugrundbuch muss zur genaueren Bezeichnung der eingetragenen Rechte auf die Urkunden verwiesen werden, die von den Beteiligten bei der Antragstellung dem Grundbuchamt vorgelegt wurden. Bei Einsicht des Grundbuchs empfiehlt sich daher, in den Grundakten auch diese Urkunden (Teilungserklärung oder Erbbaurechtsvertrag) einzusehen, um sich über den Inhalt des Grundbuchs umfänglich Kenntnis verschaffen zu können.

3 Das Liegenschaftskataster

Während das Grundbuch dazu dient die Rechtsverhältnisse an einem Grundstück abzubilden, werden im Liegenschaftskataster die tatsächlichen Verhältnisse eines Flurstücks, der sog. Parzelle, erfasst. Dem Liegenschaftskataster lässt sich insbesondere die Lage und Größe eines Flurstücks sowie dessen Bewirtschaftungsart entnehmen. Das Liegenschaftskataster stellt somit für das Grundbuch die Verbindung zwischen dem technisch umschriebenen Flurstück als vermessenen Teil der Erdoberfläche und dem Grundstück als Buchungseinheit des Grundbuchs dar. In Abgrenzung zum Grundbuch, welches ein Rechtsregister ist, stellt das Liegenschaftskataster ein amtliches Verzeichnis für Grundstücke dar. Das Liegenschaftskataster bildet das Katasterkartenwerk (Flurkarten) und die Katasterbücher. Es wird vom zuständigen Katasteramt bzw. dem regelmäßig damit identischen Vermessungsamt geführt. Das Liegenschaftskataster ist landesrechtlich geregelt und dient nicht wie das Grundbuch dem Grundstücksverkehr.

Im Liegenschaftskataster werden die einzelnen Flurstücke unter einer bestimmten Flurstücksnummer aufgeführt und verwaltet. Im Grundbuch hingegen können unter einer Grundstücksnummer mehrere Flurstücke aufgeführt werden. Wie viele Flurstücke unter einer Grundstücksnummer aufgeführt sind, kann aus dem Bestandsverzeichnis entnommen werden. In § 4 VermGBW ist für das Land Baden-Württemberg der Zweck des Liegenschaftskataster festgelegt: Das Liegenschaftskataster weist alle Flurstücke des Landes nach deren Entwicklung aus. Es beschreibt die Bodenflächen, dient der Sicherung des Grundstückseigentums, dem Grundstücksverkehr, der Ordnung von Grund und Boden und ist Grundlage für weitere raumbezogene Informationssysteme. In Abb. II 16 ist der Aufbau des Liegenschaftskatasters dargestellt.

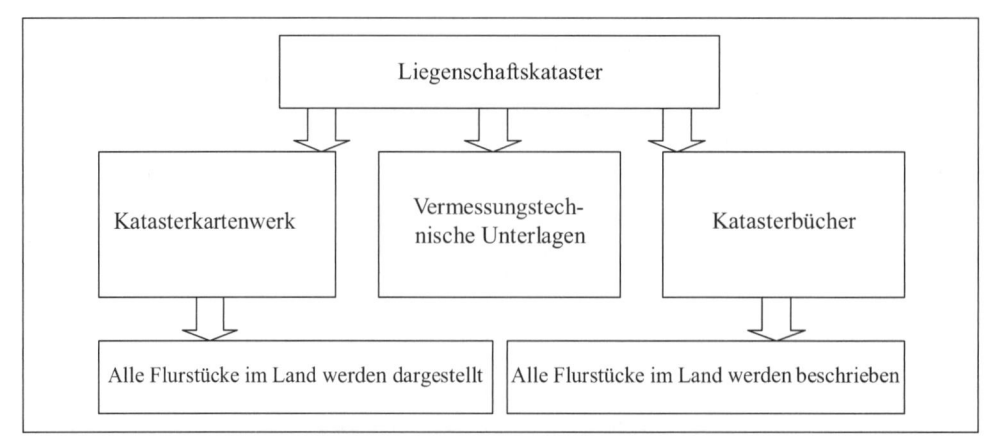

Abb. II 16: Aufbau des Liegenschaftskatasters

Im Katasterbuch sind Beschreibungen des Grundstücks mit Lagebezeichnung, Nutzungsart und Fläche enthalten. Das parallel geführte Katasterkartenwerk ist eine nach Vermessung erstellte Kartensammlung. Dem Katasterkartenwerk, Katasterbuch und den vermessungstechnischen Unterlagen können folgende Informationen entnommen werden: Flurstücke mit Flurstücksgrenzen, Buchungsmerkmale und Angaben zur Fläche, Lage, Nutzung und sonstigen Eigenschaften, Angaben über aufstehende Gebäude, Landes-, Gemeinde- und Gemarkungsgrenzen, topographische Objekte, Bodenschätzungsergebnisse, Grundstückseigentümer und Erbbauberechtigte, Eigentumsanteilen und der Eigentumsart sowie nachrichtliche Buchungsmerkmale des Grundbuchs.

Jedermann, der ein berechtigtes Interesse an einer Auskunft glaubhaft machen kann, hat gegenüber dem Kataster- bzw. Vermessungsamt einen Anspruch auf Erteilung von Auskünften bezüglich des Liegenschaftskatasters. Damit das Grundbuch immer auf dem aktuellen Stand ist, teilt das Kataster- bzw. Vermessungsamt dem entsprechenden Grundbuchamt sämtliche, das Grundbuch betreffende Änderungen mit. Dieses geschieht durch Übersendung der Fortführungsunterlagen und der Veränderungsnachweise. Auch in diesem Bereich wird verstärkt die elektronische Übermittlung von Daten genutzt.

4 Das Erbbaurecht nach dem Erbbaurechtsgesetz

Die wirtschaftliche Bedeutung des Erbbaurechts liegt im Wesentlichen darin, dass unterschiedliche Personenkreise ein Gebäude als Eigentümer errichten bzw. nutzen wollen, ohne Eigentümer eines Grundstücks zu werden. Entweder können diese Personen das benötigte Investitionskapital nicht aufbringen oder das für das Gebäude benötigte Grundstück steht bereits im Eigentum einer anderen Person, die nicht veräußern will. In Deutschland sind die beiden großen Kirchen, die Katholische Kirche und die Evangelische Kirche, die größten Erbbaurechtsgeber. In England hingegen ist das Königshaus Ausgeber aller Eigentums-/Nutzungsrechte. Dies kann aus der Historie her erklärt werden. Das englische Land Law kennt kein absolutes Eigentum, sondern ist auf dem seit 1066 bestehenden Lehnswesen aufgebaut, welches ein Recht an einem Grundstück nur als Lehen der Krone (tenure) darstellt.[36]

Mit dem Abschluss eines Erbbaurechtsvertrages spart der Erbbauberechtigte den Kaufpreis für das Baugrundstück und kann das Grundstück trotzdem als Bauplatz für das von ihm zu errichtende Gebäude nutzen. Der Eigentümer des Grund und Bodens erhält für die Einräumung des Erbbaurechts in der Regel einen so genannten Erbbauzins vom Erbbauberechtigten. Im Regelfall wird weiter vereinbart, dass das Erbbaurecht nach einer gewissen Zeit erlischt und das Bauwerk dem Grundstückseigentümer in der Regel gegen eine Entschädigung zufällt.[37] Grund und Boden sowie das errichtete Gebäude stellen für die Dauer des Erbbaurechtsvertrages zwar eine physikalische Einheit dar: Rechtlich gesehen stellt das auf dem Erbbaurecht errichtete Gebäude aber einen wesentlichen Bestandteil des Erbbaurechts dar. Das Eigentum am Gebäude steht daher dem Erbbauberechtigten zu.

---

[36] Vgl. Wagemann, S. K. (2001), S. 33
[37] Vgl. Murfeld, E. (2002), S. 98 f.

4.1 Definition des Erbbaurechts

Das Erbbaurecht ist gemäß § 1 Abs. 1 ErbbauRG das veräußerliche, vererbliche und beleihbare Nutzungsrecht, auf oder unter der Erdoberfläche eines fremden Grundstücks ein Bauwerk zu errichten bzw. zu besitzen. Das Erbbaurechtsgesetz (ErbbauRG) ist die gesetzliche Grundlage für das Erbbaurecht. Das Erbbaurecht stellt eine Ausnahme von dem Grundsatz dar, dass ein Gebäude gemäß §§ 93 und 94 BGB wesentlicher Bestandteil eines Grundstückes ist und nicht Bestandteil besonderer Rechte sein kann. Es ergibt sich somit aus der Einräumung eines Erbbaurechts die Möglichkeit der rechtlichen Trennung von Bauwerk und Grundstück auf Zeit. Das Bauwerk ist also nicht gemäß §§ 93 und 94 BGB ein wesentlicher Bestandteil des Grundstücks, sondern ein wesentlicher Bestandteil des Erbbaurechts und steht gemäß § 12 (1) und (2) ErbbauRG im Eigentum des Erbbauberechtigten.[38]

Als Erbbauberechtigter wird diejenige Person bezeichnet, die das Nutzungsrecht im Sinne des Erbbaurechts an einem bestimmten Grundstück erhält. Sowohl jede natürliche als auch jede juristische Person sowie eine Personenhandelsgesellschaft als auch eine EWIV kann Erbbauberechtigter werden. Das Erbbaurecht stellt ein beschränkt dingliches Recht an einem Grundstück dar, welches im Sinne von § 11 ErbbauRG im Wesentlichen wie ein Grundstück zu behandeln ist und infolgedessen als ein grundstücksgleiches Recht verstanden werden kann. Das Erbbaurecht ist als grundstücksgleiches Recht selbst eine Belastung des Grundstücks, zugleich können jedoch an dem Erbbaurecht selbst Grundpfandrechte bestellt werden.[39] Deshalb kann bereits an dieser Stelle festgehalten werden, dass sich das Wesen des Erbbaurechts aus dieser Doppelnatur heraus ergibt.

Aus der Sicht des Grundstückseigentümers ist das Erbbaurecht ein beschränktes dingliches Recht, da es einen Teil der aus dem Eigentum fließenden Rechte vom Eigentum selbst abspaltet und einem anderen zuordnet. Aus der Sicht des Berechtigten hingegen ist das Erbbaurecht ein umfassendes dingliches Recht, weil es ihm umfassendes Eigentum am Gebäude vermittelt. Sowohl das Gebäude, welches sich im Eigentum des Erbbauberechtigten befindet, als auch das mit dem Erbbaurecht belastete Grundstück kann separat veräußert, vererbt und belastet werden.[40]

4.2 Entstehungsgeschichte des Erbbaurechts

Für das Erbbaurecht gilt seit dem 30.11.2007 das ErbbauRG, welches inhaltlich unverändert mit der Verordnung über das Erbbaurecht vom 15.01.1919 übereinstimmt. Zuletzt wurde sie durch die Euro-Einführung am 09.06.1998 geändert. Zunächst wurde die Erbbaurechtsverordnung von der Reichsregierung erlassen und erlangte später durch den Reichstag Gesetzeskraft. Diese trat erst am 22.01.1919 in Kraft.

Das Erbbaurecht war bereits im Römischen Recht unter dem Namen „superficies" (d. h. über der Fläche der Erde befindlich) bekannt.[41] Das deutsche Recht entwickelte die so genannte „Bodenleihe", welche die erbbaurechtlichen Grundzüge trug und als Rechtsgrundlage für die Entwicklung der Städte im Mittelalter gesehen werden kann. Während des Hochmittelalters fand eine Verschmelzung des Deutschen und des Römischen Rechts statt. Zu dieser Zeit verlor das damalige Erbbaurecht an

---

[38] Vgl. Böttcher, R. (2002), S. 1
[39] Vgl. Schmidt, B. (1997), S. 61 f.
[40] Vgl. Schreiber, K. (2001), S. 729
[41] Vgl. Grundmann, B. (2001), S. 728

Bedeutung. Für die Verfasser des BGB stand das Erbbaurecht im Hintergrund. Die Unbeliebtheit des Erbbaurechts bei den Verfassern des BGB wurde darin bestätigt, dass nur sechs Paragraphen, §§ 1012–1017 BGB, zum Erbbaurecht in das BGB aufgenommen wurden. Erst durch die Industrialisierung und der dadurch bedingten Ausdehnung der Städte sowie infolge der Auswirkungen des Ersten Weltkrieges gewann das Erbbaurecht wieder an Bedeutung. Aufgrund der Bemühungen des „Bundes deutscher Bodenreformer" anfangs des 20. Jahrhunderts wurde durch den Erlass der Erbbaurechtsverordnung (ErbbauVO) einem großen Teil der Bevölkerung die Schaffung von eigenem Wohnraum ermöglicht. Aus diesem Grunde verbreitete sich das Erbbaurecht immer schneller.[42]

Die Bodenreformer sahen das Erbbaurecht als Mittel, mit dem eine langfristige Bodenordnung betrieben werden kann. Der soziale Gesichtspunkt, der den finanziell schwächeren Bevölkerungsschichten das Bauen von Häusern ermöglichen sollte, ohne für Grund und Boden zu bezahlen, war ebenfalls einer der Anreizpunkte für die Bodenreformer, das Erbbaurecht neu zu regeln. Aufgrund der ursprünglichen sozialen Zielsetzung wurden Erbbaurechte fast nur von Gemeinden vergeben. Angesichts des Zweiten Weltkrieges und der daraus resultierenden Inflation erkannten auch private Grundstücksbesitzer im Erbbaurecht eine Möglichkeit eine dinglich gesicherte und währungsbeständige Rente zu schaffen.[43] Infolge dieser Wendung wurden auch vermehrt Erbbaurechte an gewerblich genutzten Grundstücken bestellt.

Die Umbenennung von der ErbbauVO in ErbbauRG hatte lediglich klarstellende Bedeutung, da die ErbbauVO schon immer Gesetzesrang hatte.

4.3 Inhalt eines Erbbaurechtsvertrages

Ein Erbbaurechtsvertrag besteht aus einem Teil mit zwingenden dinglichen Inhalten, die aus § 1 ErbbauRG hervorgehen und bestimmten, fakultativen dinglichen Vereinbarungen, die ebenfalls zum Inhalt des Erbbaurechts im Grundbuch werden können. Die zwei verhandelnden Parteien haben somit die Möglichkeit, gemäß §§ 2, 5, 27 (1) S. 2 und 32 (1) S. 2 ErbbauRG, bestimmte gewünschte Inhalte in den Vertrag als dinglichen Inhalt des Erbbaurechts aufzunehmen.[44] Neben den dinglichen Vereinbarungen des Erbbaurechtsvertrages können auch schuldrechtliche Vereinbarungen getroffen werden.

Der mögliche vertragsmäßige dingliche Inhalt eines Erbbaurechtsvertrages ist in den §§ 2–8 ErbbauRG geregelt. Einige gesetzliche Bestimmungen sollen an dieser Stelle dargestellt werden. Zwingend notwendiger Inhalt eines Erbbaurechts ist das Recht ein Bauwerk zu errichten bzw. zu haben. Dieses Bauwerk muss nach Art und Umfang der zulässigen Bebauung beschrieben werden, d. h. nach herrschender Meinung muss das Bauwerk nach seiner Art, der Zweckbestimmung und der Anzahl der Gebäude (z. B. ein Einfamilienhaus) beschrieben werden. Die Veräußerlichkeit und Vererblichkeit gehören nach § 1 (1) ErbbauRG zum zwingenden Inhalt des Erbbaurechts, die im Erbbaurechtsvertrag nicht abbedungen werden können. Somit darf ein Veräußerungsverbot kein Bestandteil des Erbbaurechtsvertrages sein. Diese Regelung schließt auch ein Veräußerungsverbot auf bestimmte Zeit aus. Genau wie bei der Veräußerlichkeit kann kein Vererblichkeitsverbot Inhalt eines Vertrages werden. Des Weiteren ist ein dinglich vereinbarter Erbausschluss gewisser Personen nichtig.

---

[42] Vgl. Weirich, H.-A. (2006), Rn. 1703 f.
[43] Vgl. Gerardy, T. (Hrsg.) et al. (02/2003), S. 6.1.1/1
[44] Vgl. Grundmann, B. (2001), S. 739

Eine spezielle Vereinbarung zur Veräußerung darf nach §§ 5 bis 8 ErbbauRG als dinglicher Inhalt im Erbbaurechtsvertrag vereinbart werden.[45] Mögliche Inhalte einer solchen Vereinbarung sind im nachstehenden Abschnitt aufgeführt. Ein weiterer wichtiger gesetzlicher Bestandteil von Erbbaurechtsverträgen ist die dingliche Vereinbarung über die Dauer des Erbbaurechts. Die Parteien haben die Möglichkeit, die Dauer des Erbbaurechts selbst zu bestimmen. Eine Vereinbarung auf unbestimmte bzw. unendliche Zeit ist nach herrschender Meinung zulässig. In der Praxis sind solche Fälle aber äußerst selten.

Welchen Spielraum die Beteiligten bei dem fakultativen dinglichen Inhalt des Erbbaurechts haben, soll beispielhaft anhand einer Aufzählung dargestellt werden:
- Vereinbarungen über die Errichtung, Instandhaltung und Verwendung des Bauwerks gemäß § 2 Nr. 1 ErbbauRG,
- Vereinbarung über die Versicherung des Bauwerks und seinen Wiederaufbau im Falle der Zerstörung gemäß § 2 Nr. 2 ErbbauRG,
- Vereinbarung über die Tragung der öffentlichen und privatrechtlichen Lasten und Abgaben gemäß § 2 Nr. 3 ErbbauRG,
- Vereinbarung über eine Verpflichtung des Erbbauberechtigten, das Erbbaurecht dem Eigentümer zu übertragen gemäß § 2 Nr. 4 ErbbauRG,
- Vereinbarung über eine Verpflichtung des Erbbauberechtigten zur Zahlung von Vertragsstrafen gemäß § 2 Nr. 5 ErbbauRG sowie
- Vereinbarung von Verfügungsbeschränkungen gemäß §§ 5–8 und 15 ErbbauRG.

Anhand der Auflistung, welche nicht abschließend ist, wird ersichtlich, wie vielfältig die zusätzlichen dinglichen Vereinbarungen sein können. Der dingliche Inhalt des Erbbaurechts wird Inhalt des Grundbuchs und wirkt daher für und gegen jeden Sonderrechtsnachfolger des Erbbauberechtigten und des Grundstückseigentümers.

Vereinbarungen, welche gemäß §§ 2–8, 27 (1) S. 2 und 32 (1) S. 2 ErbbauRG nicht dinglicher Inhalt des Erbbaurechts werden können, werden häufig als schuldrechtliche Vereinbarungen in den Erbbaurechtsvertrag aufgenommen. Diese wirken dann nur unter den direkten Beteiligten des Erbbaurechtsvertrags und deren Erben, nicht aber gegenüber Sonderrechtsnachfolgern (wie z.B. einem Käufer des Erbbaurechts), es sei denn, dieser hat ausdrücklich den Eintritt in die schuldrechtlichen Verpflichtungen erklärt.

Merke:
Für die Ausgestaltung des Erbbaurechts ist der Erbbaurechtsvertrag maßgebend. Er enthält in der Regel Bestimmungen über:
- die Art des Bauwerks (zwingend),
- eine etwaige Bauverpflichtung,
- die Laufzeit des Erbbaurechts,
- Verpflichtungen des Erbbauberechtigten (Abschluss von Versicherungen, Unterhalt des Bauwerks, Höhe und Zahlungsweise des Erbbauzinses und etwaige Gleitklauseln),
- Regelungen bei Ablauf und bei vorzeitigem Heimfall des Erbbaurechts (vor allem die Festlegung einer Entschädigung für den Restwert des Bauwerks),
- etwaige Zustimmungsnotwendigkeiten des Erbbaurechtsausgebers (Grundstückseigentümers) bei Belastung und Verkauf des Erbbaurechts.

---

[45] Vgl. Holthausen-Dux, E. (1996), S. 335 ff.

Der Erbbaurechtsvertrag ist erst dann dinglicher Inhalt des Erbbaurechts, wenn der Grundstückseigentümer und der Erbbauberechtigte sich über die Bestellung mit dem vereinbarten Inhalt geeinigt haben und das Erbbaurecht unter Bezugnahme auf diese Einigung im Grundbuch eingetragen wurde.

4.4 Veräußerungs- und Belastungsbeschränkungen

Für eine mögliche Beleihung des Erbbaurechts ist für die finanzierende Bank entscheidend, ob die Belastung des Erbbaurechts (mit einem Grundpfandrecht oder mit einer Reallast), sowie die Veräußerung des Erbbaurechts der Zustimmung des Grundstückseigentümers bedürfen. Solch eine Beschränkung kann nach §§ 5 bis 8 ErbbauRG vereinbart werden.

Des Weiteren müssen Veräußerungs- und Belastungsbeschränkungen im Erbbaugrundbuch eingetragen werden. Durch die Eintragung der Veräußerungs- und Belastungsbeschränkungen im Erbbaugrundbuch, werden die Beschränkungen zum Inhalt des Erbbaurechts. Anhand der Eintragung kann eine wie oben aufgeführte Beschränkung für und gegen Rechtsnachfolger des Grundstückseigentümers und des Erbbauberechtigten wirken. Aufgrund des Zustimmungserfordernisses des Grundstückseigentümers kann der Grundstückseigentümer Einfluss auf die Verfügung über das Erbbaurecht nehmen.

Die folgenden drei Punkte stellen Gründe für das Zustimmungserfordernis dar:
- Verhinderung von übermäßigen Belastungen des Erbbaurechts,
- Verhinderung einer zweckwidrigen Veräußerung des Erbbaurechts,
- Verhinderung einer Veräußerung an einen unzuverlässigen Erwerber.

Da diese Gründe für den Grundstückseigentümer v. a. im Hinblick auf das Heimfallrisiko von Bedeutung sind, werden die Veräußerungs- und Belastungsbeschränkungen in nahezu allen Fällen zum Bestandteil des Erbbaurechtsvertrages. Ist eine Belastungsbeschränkung im Erbbaugrundbuch eingetragen, darf das Grundbuchamt ohne Zustimmung des Grundstückseigentümers in das Erbbaugrundbuch kein Grundpfandrecht eintragen, solange der Nachweis der Zustimmung des Grundstückseigentümers durch den Erbbauberechtigten nicht erbracht wurde. Das Grundpfandrecht wäre ohne die Zustimmung des Grundstückseigentümers gegenüber Dritten schwebend unwirksam (§ 6 (1) ErbbauRG). Das Grundbuchamt benötigt die Zustimmung des Grundstückseigentümers zur Belastung des Erbbaurechts mit einem Grundpfandrecht in öffentlich beglaubigter Form. Dieselben Einschränkungen gelten, wenn nach dem Inhalt des Erbbaurechts zur Veräußerung des Erbbaurechts die Zustimmung des Grundstückseigentümers erforderlich ist. Nach § 8 ErbbauRG ist ein Zustimmungserfordernis des Grundstückseigentümers, soweit dieser vereinbart und eingetragen wurde, auch Voraussetzung für den Erwerb durch Zuschlag in der Zwangsversteigerung.[46]

Grundsätzlich hat der Erbbauberechtigte aber einen Anspruch auf Erteilung der Zustimmung zur Belastung des Erbbaurechts (§ 7 ErbbauRG), solange die Belastung mit den Regeln einer ordnungsgemäßen Wirtschaft vereinbar ist und der mit der Bestellung des Erbbaurechts verfolgte Zweck nicht wesentlich beeinträchtigt oder gefährdet wird.[47] Dies ist in der Regel der Fall, wenn eine Belastung aufgrund eines Darlehens zur Errichtung oder Instandhaltung des vom Erbbaurecht erfassten Gebäudes aufgenommen wurde und der Nennbetrag der Hypothek bzw. der Grundschuld 70 % des Verkehrswertes des Erbbaurechts nicht übersteigt; die hierzu ergangene Rechtsprechung

---

[46] Vgl. ebenda, S. 339
[47] Vgl. Schmidt, B. (1997), S. 64

ist jedoch nicht einheitlich. Wichtig in diesem Zusammenhang ist, dass nicht der Verkehrswert des Grundstücks sondern nur der Verkehrswert des Erbbaurechts herangezogen wird und bei Vereinbarung von Zinsen oder sonstigen Nebenleistungen auch dieses Risiko angemessen berücksichtigt werden muss.

Des Weiteren hat der Erbbauberechtigte einen Anspruch auf Erteilung der Zustimmung zur Veräußerung gegenüber dem Grundstückseigentümer, wenn der im Erbbaurechtsvertrag vereinbarte Zweck der Erbbaurechtsbestellung nicht wesentlich beeinträchtigt wird und der neue Erwerber die daraus resultierenden Pflichten gewährleistet. Problematisch und Gegenstand mehrerer Gerichtsentscheidungen der jüngeren Vergangenheit[48] sowie Gegenstand von Aufsätzen[49] ist in diesem Zusammenhang die Übertragung des Erbbaurechts auf eine Gesellschaft. Hierbei ist stets zu prüfen, ob die Gesellschaft eine vergleichbare Sicherheit für die Zahlung des Erbbauzinses bietet wie die Privatperson als bisherige Rechtsinhaberin. Falls sich der Grundstückseigentümer trotz allem gegen die Zustimmung zur Belastung oder gegen die Veräußerung des Erbbaurechts wehrt, kann der Erbbauberechtigte bei dem zuständigen Gericht (§ 25 FamFG) Antrag auf Ersetzung der Zustimmung zur Belastung oder Veräußerung des Erbbaurechts stellen. Das Gericht muss dann unter Berücksichtigung aller Umstände des Einzelfalls, insbesondere auch der Heimfallregeln des Erbbaurechtsvertrages prüfen, ob kein ausreichender Verweigerungsgrund für den Eigentümer besteht. Falls eine Zustimmungsklausel zur Belastung oder Veräußerung des Erbbaurechts zum Inhalt des Erbbaurechtsvertrages geworden ist, wirkt sich diese Zustimmung negativ auf den Verkehrs- und Beleihungswert aus, da der Erbbauberechtigte und somit auch der verwertungsberechtigte Gläubiger durch die Verfügungsbeschränkungen in seinem Handlungsspielraum eingeschränkt ist. Der Verkehrs- und Beleihungswert des Erbbaurechts vermindert sich.

4.5 Erbbauzins

Der Erbbauzins ist die Gegenleistung des Erbbauberechtigten an den Grundstückseigentümer für die Einräumung des Erbbaurechts. Der Erbbauzins ist eine wiederkehrende Leistung, die der Erbbauberechtigte zu erbringen hat. Wird eine wiederkehrende Leistung, also ein Erbbauzins, vertraglich festgelegt, so finden die Vorschriften des BGB über die Reallasten entsprechende Anwendung (§ 9 ErbbauRG).[50] Somit ist es den Beteiligten überlassen, ob ein Erbbauzins vertraglich vereinbart wird. Die Ausgestaltung des Erbbauzinses ist nicht festgelegt und liegt grundsätzlich im Ermessen der Beteiligten. Somit kann ein Erbbaurecht völlig unentgeltlich bestellt werden oder Form und Art des Entgelts können beliebig vereinbart werden.[51]

Der Erbbauzins kann in einer Einmalzahlung oder in laufenden Zahlungen geleistet werden. Der zeitliche Abstand und die Höhe des Entgelts müssen nicht exakt gleich laufen und können in ihrer Art und Form vertraglich festgelegt werden. Damit der Erbbauzins in wiederkehrenden Leistungen vereinbart ist, ist die Wiederholung der Leistung in bestimmbaren Zeitabständen erforderlich. Üblicherweise legen beide Parteien das Entgelt als Geldleistung fest, welches einem bestimmten Prozentsatz des Grundstückswertes entspricht. Des Weiteren erfolgt die Zahlung in der Regel viertel- oder halbjährlich im Voraus; eine kapitalisierte einmalige Zahlung ist dennoch denkbar.[52]

---

[48] Vgl. OLG Hamm, FGPrax 2008, 8; LG Frankfurt a. M., NJOZ 2010, 1817; AG Karlsruhe, ZfiR 2008, 306
[49] Vgl. Winterstein, I/Nagel, M.B. (2009), S. 30; Bottin, S./Dusil, S. (2008), S. 287
[50] Vgl. Leesmeister, D. (1996), S. 185
[51] Vgl. Grundmann, B. (2001), S. 766
[52] Vgl. Holthausen-Dux, E. (1996), S. 342

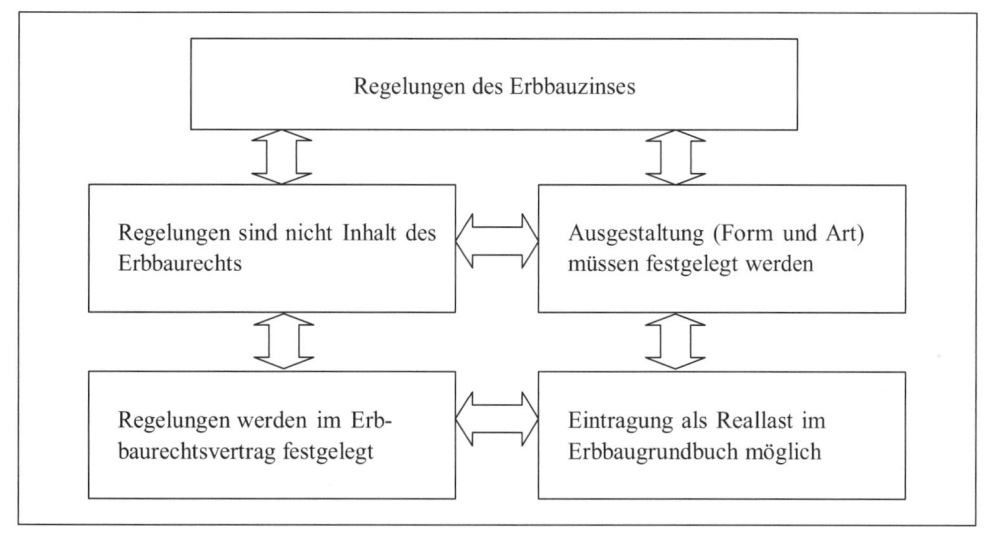

```
┌─────────────────────────────────────────────────────────────┐
│              Regelungen des Erbbauzinses                    │
│                    ⇕            ⇕                           │
│   Regelungen sind nicht  ⇔  Ausgestaltung (Form und Art)   │
│   Inhalt des Erbbaurechts    müssen festgelegt werden       │
│           ⇕                         ⇕                       │
│   Regelungen werden im   ⇔   Eintragung als Reallast im    │
│   Erbbaurechtsvertrag         Erbbaugrundbuch möglich       │
│   festgelegt                                                │
└─────────────────────────────────────────────────────────────┘
```

Abb. II 17: Regelungen zum Erbbauzins

Gemäß § 9 (2) ErbbauRG kann der Anspruch des Grundstückseigentümers auf Entrichtung des Erbbauzinses nicht von dem Eigentum bzw. vom Grundstück getrennt werden. Bei wiederkehrenden Leistungen ist daher der Erbbauzins stets als eine subjektiv-dingliche Reallast zu behandeln.

Der wiederkehrend geschuldete dingliche Erbbauzins besteht aus folgenden zwei Komponenten, die es zu unterscheiden gilt:

- Reallaststammrecht und
- die aus dem Stammrecht fließenden einzelnen wiederkehrenden Leistungen (Erbbauzinsraten).

Das Stammrecht ist mit dem Eigentum am Erbbaugrundstück verbunden.[53] Der Erbbauzins kann somit nicht an eine dritte Person abgetreten werden, wenn diese dritte Person nicht der Eigentümer des Grundstücks ist.

Eine Pfändung oder eine Abtretung des Erbbauzinses ist nicht möglich. Gemäß § 851 (1) ZPO, welcher gem. § 857 (6) ZPO auf die Erbbauzinsforderung anzuwenden ist, kann eine Forderung nur gepfändet werden, solange diese übertragbar ist. In diesem Fall ist der Erbbauzins die Forderung, die beispielsweise ein Gläubiger des Grundstückseigentümers pfänden will. Der Gläubiger kann sich nur Zugriff auf die Erbbauzinsforderung über die Vollstreckung in das Grundstück verschaffen.

Ein Problem des Erbbauzinses ist die Rechtsnatur der Reallast. Der Erbbauzins kann nicht Inhalt des Erbbaurechts sein, da er eine Belastung für das Erbbaurecht ist. Die Verpflichtung zur Zahlung des Erbbauzinses geht automatisch auf einen Rechtsnachfolger des Erbbauberechtigten nur über, wenn der Erbbauzins als Belastung im Grundbuch eingetragen wird. Durch diese Maßnahme kann keine dritte Person das Erbbaurecht gutgläubig erwerben, ohne dass die Verpflichtung zur Erbbauzinszahlung gleichzeitig übernommen wird.

Der Rechtsnachfolger des Erbbaurechts ist nach § 1108 BGB persönlich zur Leistung bzw. zur Zahlung des Erbbauzinses verpflichtet. Durch die Eintragung in das Grundbuch wird der Erbbauzins verdinglicht. Bei einer nur schuldrechtlichen Vereinbarung des Erbbauzinses trägt der Grundstücks-

---

[53] Vgl. Grundmann, B. (2001), S. 767

eigentümer das Risiko, dass dessen Anspruch auf Zahlung des Erbbauzinses nur von der Bonität des Erbbauberechtigten abhängig ist und im Veräußerungsfall nicht auf einen Rechtsnachfolger übergeht. Deshalb werden in der Praxis im Regelfall die Bestellung einer Erbbauzinsreallast und die daraus resultierende Eintragung zugleich mit der Ersteintragung des Erbbaurechts im Erbbaugrundbuch vollzogen.

Um die dingliche Absicherung des Erbbauzinses dauerhaft zu sichern, stehen dem Grundstückseigentümer folgende Vereinbarungen, die getroffen werden können, zur Verfügung[54]:

Gemäß § 9 (3) Nr. 1 ErbbauRG kann als dinglicher Inhalt des Erbbauzinses vereinbart werden, dass die Erbbauzinsreallast, einschließlich einer eventuellen dinglichen Wertsicherung in der Zwangsversteigerung, weiterhin bestehen bleibt, auch wenn der Inhaber eines vorgehenden oder gleichrangigen Rechts oder sogar der Eigentümer selbst aus der Reallast die Zwangsversteigerung des Erbbaurechts betreibt. Der Erbbauzins in Form einer Reallast erhält somit Festigkeit und Stabilität während einer Zwangsversteigerung. Die Erbbauzinsreallast ist aber nicht versteigerungsfest, wenn das Erbbaurecht wegen einer öffentlichen Last versteigert wird. Um das Erlöschen der Reallast und deren Kapitalisierung im Zwangsversteigerungsverfahren zu vermeiden, bleibt dem Grundstückseigentümer in diesem Fall nur eine Möglichkeit; die Ablösung der öffentlichen Last. Falls eine Versteigerungsfestigkeit nicht zu Anfang vereinbart wurde, kann dies auch nachträglich geschehen. Die Wirksamkeit der Vereinbarung ist aber nur dann gewährleistet, wenn die Inhaber der dinglichen Rechte, die der Reallast im Rang vorgehen oder gleichstehen, zustimmen.

Einen Lösungsweg bei einer nicht versteigerungsfesten Erbbauzinsreallast hat die kreditwirtschaftliche Praxis gefunden, wenn der Eigentümer des Grundstücks die öffentliche Hand oder die Kirche ist. In diesen Fällen erhält die Erbbauzinsreallast des Grundstückseigentümers häufig einen Rangvortritt vor dem Grundpfandrecht des Kreditgebers. Des Weiteren wird in der Regel zwischen dem vorrangigen beleihenden Kreditinstitut und dem Grundstückseigentümer eine so genannte Stillhalteerklärung getroffen. In dieser Stillhalteerklärung wird eine Zusicherung zwischen dem Grundstückseigentümer und dem Kreditinstitut vereinbart, dass der Erbbauzins für die Zukunft während einer Zwangsversteigerung durch entsprechende Änderung der Versteigerungsbedingungen gem. § 59 ZVG bestehen bleibt, wenn der Erbbauzins nicht in das geringste Gebot fällt.

Das Bestehen bleiben der Erbbauzinsreallast kann aber nur gewahrt werden, wenn ein entsprechender Antrag im Zwangsversteigerungsverfahren zum Verbleib der Erbbauzinsreallast gestellt wird oder eine Vereinbarung mit dem Ersteher besteht. Das Ergebnis einer solchen Vereinbarung ist die Übernahme der Erbbauzinsreallast durch den Ersteher. Die Erbbauzinsreallast wird trotz Nachrangigkeit aber infolge der Stillhalteerklärung als Vorlast gesehen. Diese Situation kann ggf. umgangen werden, indem das beleihende Kreditinstitut das Grundpfandrecht auf das Erbbaurecht und auf das mit dem Erbbaurecht belastete Grundstück bestellt, was aber nur bei wirtschaftlicher Verbundenheit von Grundstückseigentümer und Erbbauberechtigten in Betracht kommt.

4.5.1 Die Laufzeit des Erbbaurechts im Hinblick auf die Erbbauzinsanpassung

Ein weiteres Problem des Erbbaurechts ist die Bestimmung der Höhe des Erbbauzinses für die gesamte Laufzeit des Erbbaurechts. Im Vorfeld soll daher zuerst die Problematik der Laufzeit des Erbbaurechts diskutiert werden. In erster Linie stellt sich die Frage, für welche Zeitspanne bzw. Dauer ein Erbbaurechtsvertrag geschlossen werden soll. Aus dem Erbbaurechtsgesetz können zu

---

[54] Vgl. Schmidt, B. (1997), S. 65 ff.

dieser Frage jedoch keine Regelungen entnommen werden. Bei einer langen Laufzeit eines Erbbaurechtsvertrages, welche sich häufig aus der üblichen Nutzungsdauer des betreffenden Gebäudes von ca. 30 bis 50 Jahren ergibt, müssen besondere Regelungen im Hinblick auf die Festsetzung eines angemessenen Erbbauzinses getroffen werden. Dieses Problem wird anschließend aus der Sicht des Grundstückseigentümers sowie des Erbbauberechtigten diskutiert.

Die Laufzeiten von Erbbaurechten wurden in einer empirischen Erhebung des Deutschen Städtetages in 73 Städten in den alten Bundesländern im Jahre 1998 untersucht. Die Studie sollte eine marktgerechte Situation über die Verhältnisse der Erbbaurechtsdauer widerspiegeln. Die Studie ergab, dass sowohl die Mehrheit der mit einem Erbbaurecht belasteten Grundstücke, auf denen ein Einfamilienhaus errichtet wurde, als auch diejenigen mit einem Erbbaurecht belasteten Grundstücke, auf denen Mietwohnungen errichtet wurden, eine Laufzeit des Erbbaurechts über 99 Jahre vorweisen. Gewerblich genutzte Grundstücke, auf denen ein Erbbaurecht bestellt wurde, haben in der Regel eine Erbbaurechts-Laufzeit von 50 bis 75 Jahren. Eine Zukunftprognose über die Entwicklung der Bodenwerte für eine derartig lange Zeitspanne und die Fixierung eines angemessenen Erbbauzinses scheint zum Zeitpunkt der Vertragsunterzeichnung ein unmögliches Unterfangen zu sein. Aus diesem Grunde ist eine Anpassung des Erbbauzinses von Nöten. Nach dem SachenRBerG steht Nutzern von Grundstücken aus den spezifischen Nutzungstatbeständen des DDR-Rechts ein Wahlrecht auf Ankauf des genutzten Grundstücks oder Bestellung eines Erbbaurechts zu. Die regelmäßige Dauer des Erbbaurechts ist in diesen Fällen nach dem Inhalt des Nutzungsrechts und nach der zulässigen Bebauung zu bestimmen.

Bevor § 53 SachenRBerG jedoch analysiert wird, soll an dieser Stelle eine kleine Einführung in die Thematik des SachenRBerG erfolgen. Mit der Einführung des SachenRBerG wollte der Gesetzgeber eigentumsrechtliche Probleme, die aufgrund der unterschiedlichen Eigentumsverhältnisse an Immobilien zwischen der BRD und der DDR auftraten, lösen.[55] In der ehemaligen DDR war die Situation des getrennten Eigentums am Grundstück und dem darauf errichteten Gebäude aufgrund von Nutzungsrechten am Grundstück ein Bestandteil des damaligen Grundstücksrechts.

Die Aufgabe des SachenRBerG ist die Vereinheitlichung der Rechtslage auf der Grundlage des BGB und damit in der Regel die Verbindung des Eigentums an Gebäude und Grundstück in einer Hand. Der Nutzer, d.h. der Eigentümer des Gebäudes hat das Recht, gemäß § 43 SachenRBerG das Grundstück zum „halben Verkehrswert" zu erwerben oder er kann ein Erbbaurecht zum halben Erbbauzins (die Hälfte des für die entsprechende Nutzung üblichen Zinses) bestellen lassen.[56] Gemäß § 53 (2) SachenRBerG beträgt die regelmäßige Dauer des Erbbaurechtes vom Vertragsabschluss an 90 Jahre für Ein- und Zweifamilienhäuser sowie für Immobilien, die sozialen Zwecken dienen. Für den staatlichen oder genossenschaftlichen Wohnungsbau hingegen beträgt die Dauer des Erbbaurechts 80 Jahre. Dasselbe gilt auch für Büro- und Dienstgebäude. Zuletzt wird die Dauer des Erbbaurechts für land-, forstwirtschaftlich oder gewerblich genutzte Gebäude und für alle anderen Gebäude auf 50 Jahre bestimmt.

4.5.2 Der angemessene Erbbauzins und dessen Anpassung

Wie bereits erwähnt, soll sowohl die Interessenlage im Hinblick auf einen angemessen Erbbauzins des Eigentümers als auch die des Erbbauberechtigten diskutiert werden. Verständlicherweise will der Grundstückseigentümer im Falle einer Bodenwertsteigerung während der Vertragszeit eine

---

[55] Vgl. Frenz, N. (2001), S. 1254 f.
[56] Vgl. Lachmann, J.-P./Volhard, E. (1996) S. 979

entsprechende Erhöhung der Verzinsung. Ein Verzicht auf die Erhöhung des Erbbauzinses würde bedeuten, dass der Nutzen des Erbbauberechtigten im Laufe des andauernden Vertrages zu Lasten des Grundstückseigentümers erhöht würde. Der Erbbauberechtigte hingegen trägt das Risiko, falls der Grundstückswert im Laufe des Vertrages sinkt.

Bei einer Erhöhung des Erbbauzinses könnte sich jedoch die Rentabilitätssituation einer Immobilieninvestition für den Erbbauberechtigten prekär verändern, da sich die Bewirtschaftungskosten mit zunehmendem Alter des Gebäudes erhöhen und der Wert stetig sinkt. Der Erbbauberechtigte muss also im Vorfeld seiner Investitionsentscheidung dieses Risiko beispielsweise anhand eines Worst-case-Scenarios in seine Rechnung einfließen lassen.

Allerdings gibt das ErbbauRG keine Auskunft über die Höhe eines angemessenen Erbbauzinses. Der Erbbauzinssatz bzw. Erbbauzinsfuß wird somit häufig aus dem zur Zeit des Erbbauvertragsabschlusses geltenden Bodenwert abgeleitet.[57] In der Vergangenheit konnte beobachtet werden, dass sich der Erbbauzins an den Liegenschaftszinssätzen, die von den Gutachterausschüssen ermittelt werden, orientiert. Aus bodenpolitischen und sozialen Aspekten werden jedoch Abschläge vorgenommen. Der Erbbauzinsfuß für dasselbe Grundstück ist somit niedriger als der Liegenschaftszins. Neben der Abhängigkeit des Bodenwertes und des Erbbauzinsfußes ist die Nutzungsmöglichkeit des erbbaubelasteten Grundstücks ein entscheidendes Kriterium für die Festlegung der Erbbauzinshöhe. Demzufolge ist der Erbbauzins höher, wenn die Nutzung der Immobilie einen höheren Ertrag ermöglicht. In Abb. II 18 kann die Höhe des Erbbauzinsfußes bei unterschiedlichen Nutzungsmöglichkeiten abgelesen werden. Die dargestellten Werte sollten aber nur als Richtwerte verstanden werden.

Art der Nutzung	Erbbauzins
Eigengenutzte Wohngebäude	4 %
Vermietete Wohngebäude	5 %
Gemischt genutzte Gebäude	5,5 – 6 %
Geschäftsgrundstücke	6 – 8 %
Gewerblich genutzte Gebäude	6 – 10 %

Abb. II 18: Höhe des Erbbauzinsfußes (Richtwerte)

Die Idee der Anpassung des Erbbauzinses kam bereits schon 1923. Zu dieser Zeit erlitt die damalige Reichsmark einen verheerenden Werteverlust. Aus diesem Grund wurde der Erbbauzins nicht mehr an die Währung gebunden. Heute wird der Erbbauzins in der Regel an den Index für die Lebenshaltungskosten gekoppelt.

Bis zum 31.12.1998 bedurfte eine Wertsicherungsklausel nach § 3 Währungsgesetz (WährG) eine Genehmigung der zuständigen Landeszentralbank. Die automatische Anpassung an den Lebenskostenindex (sog. Gleitklausel) bewirkt, dass die Anpassung ohne Ermessens- oder Verhandlungsspielraum für die Vertragspartner automatisch erfolgt. Es bedarf keiner neuen Vereinbarung zwischen dem Erbbaurechtsgeber und dem Erbbauberechtigtem. Meistens werden gewisse Zeiträume und/ oder Punktzahlen des Indexes für die Anpassung festgelegt. Bei einer Überschreitung des Indexes

---

[57] Vgl. Gerardy, T. (Hrsg.) et al. (02/2003), S. 6.2.1/1

über einen festgelegten Punkt in gewisser Zeit passt sich der Erbbauzins automatisch an.[58] Die Genehmigung der zuständigen Landesbank wurde nur erteilt, wenn der vom Statistischen Bundesamt ermittelte Lebenskostenindex verwendet wurde, das Erbbaurecht für wenigstens zehn Jahre bestellt wurde und eine Anpassung sowohl nach oben als auch nach unten durchgeführt werden konnte.

Mit der Einführung des Euros am 01.01.1999 wurde § 3 WährG aufgehoben und das Preisangaben- und Preisklauselgesetz (PaPkG) und die Preisklauselverordnung (PrKV) traten in Kraft. Am 14.09.2007 trat das Gesetz über das Verbot der Verwendung von Preisklauseln bei der Bestimmung von Geldschulden (Preisklausel Gesetz) in Kraft. Durch das Preisklauselgesetz (PreisKlG) wird das behördliche Genehmigungssystem für Wertsicherungsklauseln abgeschafft. Da das grundsätzliche Indexierungsverbot für Geldschulden fortbesteht, sind nur solche Wertsicherungsklauseln wirksam, die im PreisKlG zugelassen sind.

Die Wertsicherungsklausel in Bezug auf den Erbbauzins zählt gem. § 4 PreisKlG zu diesen Klauseln, falls das Erbbaurecht mit einer Mindestlaufzeit von 30 Jahren ausgestattet ist, auch wenn es sich um eine Gleitklausel handelt.

Weiter ist eine sog. Spannungsklausel gem. § 1 (2) Ziff. 2 PreisKlG zulässig, mit welcher eine Anpassung des Erbbauzinses unter Heranziehung von anderen Gütern und Leistungen vereinbart wird, die als Wertmesser geeignet sind (z. B. Anpassung des Erbbauzinses gemäß den Miet- oder Pachtzinsen aus der Vermietung/Verpachtung des Erbbaurechtsgebäudes selbst). Ebenso ist ein sog. Leistungsvorbehalt gem. § 1 (2) Ziff. 1 PreisKlG zulässig, mit welchem nur die Anpassung des Erbbauzinses durch eine neue Vereinbarung unter bestimmten Vorgaben vorgesehen wird (z. B.: wenn Verbraucherpreisindex über bestimmter Punktzahl, kann die Angleichung des Erbbauzinses verlangt werden – keine Automatik!).

Der § 2 PaPkG regelt, dass der Betrag von Geldschulden nicht unmittelbar und selbsttätig durch den Preis oder Wert von anderen Gütern oder Leistungen bestimmt werden darf, die mit den vereinbarten Gütern oder Leistungen nicht vergleichbar sind.

Heutzutage werden Anpassungsklauseln in erster Linie nicht wegen des Geldwertverlustes in Bezug auf eine Inflation in Anspruch genommen. Vielmehr dient eine Anpassungsklausel vorrangig der angemessenen Verzinsung von Grund und Boden.[59] Für bis zum 30. September 1994 eingetragene Erbbaurechte bedurfte es einer besonderen Konstruktion, wenn eine Anpassungsklausel für den Erbbauzins dinglich gesichert werden sollte. Der Erbbauzins wurde durch das Aufnehmen einer Wertsicherungsklausel gespalten. Es entstanden ein dinglich abgesicherter Erbbauzins, welcher über die gesamte Vertragslaufzeit unverändert bestehen bleibt, und ein schuldrechtlich vereinbarter Teil des Erbbauzinses, der durch Anpassung des Erbbauzinses (Erhöhungsbeträge) entstand. Der Erbbauberechtigte konnte sich verpflichten, jeweils für den Erhöhungsbetrag eine neue Reallast zur Sicherung im Erbbaugrundbuch eintragen zu lassen. Für eine Übergangszeit für ab 1. Oktober 1994 bis 15. Juni 1998 eingetragene Erbbaurechte galt eine spezielle Fassung von § 9 (2) ErbbauVO, die eine dingliche Vereinbarung und Absicherung im Grundbuch eines wertgesicherten Erbbauzinses ermöglichte. Seit 16. Juni 1998 gilt über eine Änderung des § 1105 Abs. 1 BGB, dass nicht nur der Erbbauzins, sondern generell Reallasten auch wertgesicherte Leistungen dinglich absichern können.

Eine Anpassung aufgrund steigender Bodenwerte ist nur für gewerblich genutzte Grundstücke, Geschäftsgrundstücke und nicht zu Wohnzwecken genutzte Grundstücke zulässig. Der Erbbauzins

---

[58] Vgl. Holthausen-Dux, E. (1996), S. 344 f.
[59] Vgl. Gerardy, T. (Hrsg.) et al. (02/2003), S. 6.2.3/1

ist demnach nicht uneingeschränkt anpassungsfähig, wenn das Gebäude auf dem Erbbaurecht belasteten Grundstück wohnwirtschaftlich genutzt wird.

Mit der Einführung des § 9a ErbbauRG am 15.01.1974 wurden die Grundsätze zur Anpassung des Erbbauzinses bei wohnwirtschaftlich genutzten Grundstücken geregelt. Zu beachten sind folgende Grundregeln: Ein Erhöhungsanspruch ist regelmäßig als unbillig anzusehen, wenn und soweit die nach der vereinbarten Bemessungsgrundlage zu errechnende Erhöhung über die seit Vertragsabschluss eingetretene Änderung der allgemeinen wirtschaftlichen Verhältnisse hinausgeht.[60] Änderungen der Verhältnisse der Grundstückswerte werden nicht in Betracht gezogen. Gemäß § 9a S. 4 ErbbauRG können aber Ausnahmen vorliegen, wenn eine Änderung des Grundstückswertes aufgrund zulässiger Aufwendungen durch den Grundstückseigentümer erfolgt ist oder der Erbbauberechtigte aus der Änderung des Grundstückswerts Vorteile zieht. Eine Änderung des Erbbauzinses darf frühestens nach Ablauf von drei Jahren erfolgen.

Maßgebend ob überhaupt eine Anpassung des Erbbauzinses erfolgen muss, sind allein die Vereinbarungen im Erbbaurechtsvertrag. Die durch § 9a ErbbauRG resultierenden Grenzen und Regeln sind jedoch, falls eine solche Änderung im Vertrag vorgesehen ist, verbindlich und daher nicht disponibel. Hierzu ein Beispiel.

Beispiel: Der Erbbaurechtsvertrag beinhaltet eine Anpassungsklausel für den Erbbauzins. Laut Vertrag kann der Erbbauzins nur erhöht werden, wenn sich der zugrunde gelegte Index für die Lebenshaltungskosten um 5% nach oben oder nach unten ändert. Das Objekt, welches auf dem mit dem Erbbaurecht belasteten Grundstück errichtet wurde, wird wohnwirtschaftlich genutzt. Der Grundstückseigentümer will aufgrund der Tatsache, dass sich der Index für die Lebenshaltungskosten in den letzten zwei Jahren um 8% erhöht hat, den Erbbauzins anpassen. Der Grundstückseigentümer beruft sich auf den Erbbaurechtsvertrag. Er hat aber Folgendes nicht bedacht. Der Erbbauzins kann gemäß § 9a S. 4 ErbbauRG erst nach drei Jahren angepasst werden. Das Anpassungsverlangen ist unzulässig.

Die Höchstgrenze für die Erhöhung des Erbbauzinses bzw. die begrenzende Billigkeitsschranke nach § 9a ErbbauRG wurde vom Gesetzgeber in Bezug auf die genauen Berechnungsmodalitäten nicht festgelegt. Zu hinterfragen ist, in welchem Maße eine Erbbauzinserhöhung noch zu billigen ist. Hierfür dient eine bis dato geltende Formel, welche sich aus der Rechtsprechung zu § 9a ErbbauRG ergibt.[61] Die Höchstgrenze ist mit der unten aufgeführten Formel errechenbar.

$$EzEh = 0{,}5 \times \left[\left(\frac{X_{Erh}}{X_v} \right) + 0{,}5 \times \left(\left(\frac{Y_{Erh}}{Y_v} \right) + \left(\frac{Z_{Erh}}{Z_v} \right) \right) \right] \times EzUrspr$$

$EzEh$ = maximal zulässige Erbbauzinserhöhung i. S. des § 9a ErbbauRG
X_{Erh} = Preisindex (Monatsindex) für die Lebenshaltung für 4-Personen-Haushalte von Arbeitern und Angestellten mit mittlerem Einkommen zum Zeitpunkt des Erhöhungsverlangens
X_v = Preisindex wie zuvor, jedoch zum Zeitpunkt des Vertragsabschlusses des die Anpassungsklausel enthaltenden Vertrags
Y_{Erh} = Index (Monatsindex) für den durchschnittlichen Brutto-Wochen-Verdienst der Arbeiter im Produzierenden Gewerbe zum Zeitpunkt des Erhöhungsverlangens
Y_v = Index wie zuvor beschrieben, jedoch zum Zeitpunkt des Vertragsabschlusses des die Anpassungsklausel enthaltenden Vertrags
Z_{Erh} = Index (Monatsindex) des Bruttomonatsverdienstes der Angestellten im Produzierenden Gewerbe; Handel; Kredit- und Versicherungsgewerbe zum Zeitpunkt des Erhöhungsverlangens
Z_v = Index wie zuvor beschrieben, jedoch zum Zeitpunkt des Vertragsabschlusses des die Anpassungsklausel enthaltenden Vertrags[62]
$EzUrspr$ = der gemäß dem ursprünglichen, die Anpassungsklausel enthaltenden Vertrag geschuldete Erbbauzins

---

[60] Vgl. ebenda, S. 6.2.3/1
[61] Vgl. ständige Rechtsprechung des BGH u. a. NJW 1980, 2520 und NJW 2003, 354
[62] Vgl. Gerardy, T. (Hrsg.) et al. (02/2003), S. 6.2.3/6a und 6b

Grundstücke, die gewerblich oder industriell genutzt werden, unterliegen nicht dem § 9a ErbbauRG. Aus diesem Grunde kann in diesen Fällen ohne Beachtung des sich aus § 9a ErbbauRG ergebenden Höchstwerts der Erbbauzins angepasst werden, wenn sich die Grundstückswerte erhöhen. Des Weiteren gilt die in § 9a ErbbauRG festgelegte Drei-Jahres-Frist bei gewerblich und/oder nicht für Wohnzwecke genutzten Grundstücken nicht. Jedoch ist es das Ziel beider Beteiligten, Grundstückseigentümer und Erbbauberechtigten, dass sich der Bodenwert angemessen verzinst. Eine Lösung für die Bestimmung einer angemessenen Anpassung des Erbbauzinses für solche Grundstücke stammt vom OLG Celle. Der Bodenwertanteil wird mit Hilfe des ursprünglichen Anteils am Gesamtwert berechnet. D.h., dass bei vertraglich festgelegter „angemessener" Anpassung des Erbbauzinses entsprechend der Grundstückswertentwicklung nicht unmittelbar der Erbbauzins im Verhältnis des Bodenwerts angepasst wird, sondern den ursprünglich gezahlten, niedrigen Erbbauzins nur im Verhältnis des damals zugrunde gelegten Bodenwertes im Verhältnis zum Gesamtwert zum Bodenwert am Stichtag erhöht. Dieses Prinzip wird auch Äquivalenzprinzip genannt. Die Frage stellt sich aber nunmehr, wie der Anteil des Bodenwertes am Gesamtwert zum Zeitpunkt der Ermittlung der Erbbauzinsanpassung berechnet wird.

Das OLG Celle hat eine Formel entwickelt, die auf dem Verhältnis von Bodenwert und Gesamtwert im Zeitpunkt der Bebauung basiert und zugleich die Alterswertminderung des Gebäudes bis zur Erbbauzinsanpassung berücksichtigt.[63] Der Anteil des Bodenwertes am Gesamtwert des Grundstückes nach m Jahren wird in der Formel durch die Abkürzung b_m ersetzt. Der ursprüngliche Bodenwert b_0 und die prozentuale Wertminderung t_m, die der Gebäudewert aufgrund des Alters erleiden muss, kommen in der Formel ebenfalls zur Geltung. Die prozentuale Wertminderung der baulichen Anlage kann z.B. nach der Tabelle von Ross berechnet werden.

$$b_m = \frac{b_0 \times 100}{100 - 0{,}01 \times t_m \times (100 - b_0)}$$

Zur Verdeutlichung der Formel soll an dieser Stelle ein einfaches Beispiel dienen.

Beispiel: Aufgrund eines Erbbaurechtsvertrages wurde im Jahre 1960 ein nicht wohnwirtschaftlich genutztes Gebäude in einer kleinen süddeutschen Stadt errichtet. Das Grundstück bemisst eine Größe von 1.300 m². Dank der soliden Bauweise wurde bei der Wertermittlung damals eine Gesamtnutzungsdauer von 100 Jahren unterstellt. Der damalige Grundstückspreis pro m² entsprach einem Wert in Höhe von € 7,50. Somit betrug der Bodenwert damals € 9.75,-. Die Baukosten betrugen bei der Errichtung des Gebäudes € 93,-. Die für die Rechnung nötigen Gesamtherstellungskosten betrugen € 102.750,-. Der Erbbauzins soll gemäß dem Erbbaurechtsvertrag nach 25 Jahren angemessen entsprechend der Bodenwertentwicklung angepasst werden. Die Restnutzungsdauer beträgt 75 Jahre.

Als Erstes muss anhand der vorliegenden Daten das Verhältnis zwischen dem Bodenanteil und den Gesamtherstellungskosten zum Zeitpunkt der Bebauung des Grundstückes errechnet werden.

$$b_0 = \left(\frac{9\ 750}{102\ 750}\right) \times 100 = 9{,}49\%$$

Im zweiten Schritt soll die Höhe der Alterswertminderung nach der Tabelle von Ross ermittelt werden. Hierfür werden die oben aufgeführte Gesamtnutzungsdauer in Höhe von 100 Jahren und die Restnutzungsdauer in Höhe von 75 Jahren benötigt. Durch das Ablesen in der Ross'schen Tabelle für Alterswertminderung von Gebäuden ergibt sich ein Wert von 16%.

---

[63] Vgl. ebenda, S. 6.2.3/11 f.

Als Grundlage für den dritten und letzten Schritt dienen die oben errechneten Werte.

$$b_m = \frac{9{,}49 \times 100}{100 - 0{,}01 \times 16 \times (100 - 9{,}49)} = 11{,}1\%$$

Der Bodenwertanteil am Verkehrswert zum Wertermittlungsstichtag beträgt somit 11,1 %.

Ggf. kann diese Anpassungsmethode für die Ermittlung der „angemessenen Anpassung" mit anderen Berechnungsmethoden in der Weise kombiniert werden, dass nach verschiedenen Methoden die Anpassung ermittelt und dann für die Erhöhung ein Durchschnittswert herangezogen wird.[64]

Zur Abgrenzung der Anwendung des § 9a ErbbauRG auf Erbbaurechtsverträge ist Folgendes zu beachten:

- Zu Wohnzwecken dienen Bauwerke, die unmittelbar bewohnt werden und solche, die im Zusammenhang mit einer Wohnanlage stehen, also z. B. auch Garagen.
- Gleichgültig für die Zuordnung eines Gebäudes zu Wohnzwecken ist es, ob das Gebäude vom Erbbauberechtigten selbst bewohnt wird oder von Mietern bewohnt wird.
- Bei einer gemischten Verwendung ist § 9a ErbbauRG nur für den zu Wohnzwecken genutzten Teilbetrag des Erbbauzinses anzuwenden. Anstatt nach dem Verhältnis der Wohn- und Nutzfläche werden bei Objekten mit gewerblicher und Wohnnutzung die Anteile, Wohnraumteil und Gewerbeteil, nach dem Verhältnis der Rohrerträge ermittelt. Sowohl für den gewerblichen als auch für den wohnwirtschaftlichen Anteil wird ein fiktiver Erbbauzins ermittelt. Im Übrigen wird auf jeden Erbbauzinsteilbetrag das entsprechende Verfahren wie in den oben aufgeführten Beispielen verwendet.

Die oben dargestellten Sachverhalte und Beispiele haben eines gemeinsam. Eine Anpassungsklausel für den Erbbauzins ist jeweils Inhalt des Erbbaurechtsvertrages. Bei alten Erbbaurechtsverträgen kommt es allerdings gelegentlich vor, dass keine Wertsicherungsklausel vorhanden ist. In diesen Fällen kann ein Anspruch auf Neufestsetzung des Erbbauzinses nur gestützt werden, wenn die Geschäftsgrundlage gemäß § 313 BGB wegfällt. Ohne eine ausdrücklich vereinbarte Anpassungsklausel kann nach ständiger BGH-Rechtsprechung eine gerichtliche Änderung des Erbbauzinses nur ausnahmsweise und unter besonderen Umständen des Einzelfalls in Betracht kommen. Gerade bei Erbbaurechtsverträgen mit sehr langer Laufzeit ist es für die Vertragsbeteiligten vorhersehbar, dass sich das Verhältnis des Erbbauzinses während der Vertragsdauer zugunsten oder zu Lasten eines Vertragspartners ändert.[65] Somit muss es sich um sehr entscheidende Änderungen (Äquivalenzstörungen) handeln, damit ein Änderungsanspruch gemäß § 313 BGB durchsetzbar ist. Das Festhalten an dem alten Erbbauzins muss unzumutbar sein. Das Verhältnis zwischen der Leistung des Erbbaurechtsgebers und der Gegenleistung des Erbbaurechtsnehmers muss sich im Laufe der Zeit sehr stark verschoben haben. Bei Wohnerbbaurechten kann im Regelfall ein Änderungsanspruch durchgesetzt werden, wenn sich der Index für die Lebenshaltung für einen Vier-Personen-Haushalt mittleren Einkommens um 150 % geändert hat. Der zu Anfang festgelegte Erbbauzins muss folglich einen Kaufkraftschwund in Höhe von 60 % erlitten haben. Bei einem Erbbauzins mit Versorgungscharakter kann die dem Eigentümer zumutbare Grenze niedriger anzusetzen sein.

---

[64] Vgl. hierzu mit ausführlichen Berechnungsbeispielen Gerardy, T. (Hrsg.) et al. (02/2003). Abschnitt 6.2.3.2
[65] Vgl. Gerardy, T. (Hrsg.) et al. (02/2003), S. 6.2.3/16

4.6 Beendigung des Erbbaurechts

Das Erbbaurecht erlischt im Regelfall nach Ablauf der vertraglich vereinbarten Laufzeit. Das Erbbaurecht muss aber nicht zwingend mit einer festen Laufzeit vereinbart sein, so dass auch zeitlich unbefristete Erbbaurechte zulässig, jedoch praktisch selten sind. Die zeitliche Befristung erfolgt in der Regel auf 30–100, in den meisten Fällen auf 99 Jahre. Mit dem Erlöschen des Erbbaurechts wird das Bauwerk gemäß §§ 93 und 94 BGB wieder ein wesentlicher Bestandteil des Grundstücks. Somit ist der Erbbaurechtsgeber nach Beendigung des Erbbaurechts Eigentümer des Grundstücks und des Bauwerks. Das Grundbuch wird automatisch durch Zeitablauf unrichtig. Mit der Beendigung des Erbbaurechts hat der Erbbauberechtigte einen gem. § 27 ErbbauRG gesetzlichen Anspruch auf Entschädigung gegenüber dem Erbbaurechtsgeber.

Die Höhe der Entschädigung bestimmt sich nach dem Verkehrswert der Immobilie, dies kann jedoch im Erbbaurechtvertrag abweichend geregelt werden, im Zeitpunkt des Erlöschens des Erbbaurechts. An dieser Stelle muss aber zwischen wohnwirtschaftlich und gewerblich genutzten Immobilien differenziert werden. Bei einer wohnwirtschaftlich genutzten Immobilie, die der Befriedigung des Wohnbedürfnisses minderbemittelter Bevölkerungskreise dient, darf die Höhe der Entschädigung ⅔ des Verkehrswertes des Bauwerks bei Ablauf des Erbbaurechts nicht unterschreiten. Diese Regelung gilt allerdings nur, wenn das Erbbaurecht tatsächlich zur Befriedigung des Wohnbedürfnisses minderbemittelter Bevölkerungskreise diente, was eine genaue Ermittlung der Einkommensschichtung des jeweils Nutzenden (Erbbauberechtigte oder Mieter) voraussetzt. Die bei einer gewerblich genutzten oder anderweitig wohnwirtschaftlich genutzten Immobilie vertraglich festgelegte Höhe der Entschädigung kann die ⅔-Grenze jedoch unterschreiten. Es kann sogar der Wert Null vertraglich festgehalten werden. Dies hat jedoch erhebliche Folgen auf die Beleihbarkeit des Erbbaurechts, da gem. § 29 ErbbauRG mit Zeitablauf des Erbbaurechts Grundpfandrechte und Reallasten erlöschen und die Gläubiger als „Ersatz" ein Pfandrecht an der Entschädigungsforderung erhalten.

Das Erbbaurecht kann jedoch auch unter Beachtung von § 26 ErbbauRG vor dem Ablauf der vertraglich vereinbarten Zeit aufgehoben werden. Die Aufhebung des Erbbaurechts kann aber nur mit Zustimmung des Grundstückseigentümers erfolgen. Gemäß § 928 BGB in Verbindung mit § 11 (1) S. 1 ErbbauRG erfolgt die Aufhebung durch Verzichtserklärung des Erbbauberechtigten gegenüber dem Grundbuchamt nebst Vorlage aller erforderlichen Zustimmungserklärungen und Eintragung des Verzichts im Grundbuch. Die Zustimmung des Grundstückseigentümers ist gegenüber dem Grundbuchamt zu erklären und ist unwiderruflich. Des Weiteren bedarf die Aufhebung des Erbbaurechts der Zustimmung der betroffenen Grundpfandrechtsgläubiger und sonstigen Berechtigten, die dinglich am Erbbaurecht berechtigt sind. Die eingetragenen Belastungen in der Abteilung II und III des Erbbaugrundbuchs bestehen mit der Eintragung der Löschung nicht mehr weiter.

Mit der Eintragung der Löschung in das Grundbuch erlischt gleichzeitig auch das Erbbaurecht. Eine Übertragung des Erbbaurechts auf den Grundstückseigentümer ist im Falle einer Aufhebung des Erbbaurechts unzulässig bzw. unmöglich. Wie bereits erwähnt, hat der Erbbauberechtigte bei Zeitablauf des Erbbaurechts einen Anspruch auf Entschädigung. Dies gilt aber nicht im Falle einer Aufhebung des Erbbaurechts. Eine Entschädigung muss daher, falls diese auch gewünscht wird, im Rahmen der bei Aufgabe des Erbbaurechts zu treffenden Abreden vereinbart werden. Dieses Rechtsgeschäft muss nach herrschender Meinung aber ggf. notariell beurkundet werden da § 11 Abs. 2 ErbbauRG auf § 311b Abs. 1 BGB verweist.[66]

---

[66] Vgl. Grundmann, B. (2001), S. 775

Nur im Fall der Beendigung des Erbbaurechts durch Zeitablauf hat der Erbbauberechtigte einen gesetzlichen Entschädigungsanspruch gem. § 27 ErbbauRG für das Bauwerk. Auch nur für diesen Anspruch gilt § 28 ErbbauRG mit der Folge, dass der Erbbauberechtigte im Rang seines bisherigen Erbbaurechts ein eintragungsfähiges reallastähnliches dingliches Recht am Erbbaugrundstück zur Sicherung seines Zahlungsanspruchs auf Entschädigung erwirbt. Wird im Rahmen einer vorzeitigen Aufhebung des Erbbaurechts eine Entschädigung vereinbart, muss eine Sicherstellung am Grundstück extra vereinbart und bestellt werden, es besteht kein gesetzlicher Anspruch!

Da bei einem Erbbaurecht Kündigung, Rücktritt und auflösende Bedingungen unzulässig sind, kann zum Schutz des Grundstückseigentümers vereinbart werden, dass der Grundstückseigentümer in bestimmten festzulegenden Fällen die Übertragung des Erbbaurechts auf sich oder einen vom ihm benannten Dritten verlangen kann. Dieser Anspruch des Grundstückseigentümers wird auch Heimfallanspruch genannt und ist untrennbar gem. § 3 ErbbauRG mit dem Eigentum am Grundstück verbunden. Die Heimfallgründe müssen im Erbbaurechtsvertrag festgelegt werden. Es gilt hier grundsätzliche Vertragsfreiheit mit Ausnahme der §§ 9 Abs. 4, 6 Abs. 2 ErbbauRG. Nicht zulässig ist jedoch der Heimfall ohne Grund durch jederzeitig mögliches Verlangen des Grundstückseigentümers. Als Heimfallgründe können z. B. der Zahlungsverzug beim Erbbauzins mit mindestens zwei Jahresbeträgen gemäß § 9 (4) ErbbauRG, der Tod des Erbbauberechtigten oder des Grundstückseigentümers oder die Anordnung einer Zwangsversteigerung bzw. Zwangsverwaltung sein. Tritt einer der vertraglich festgelegten Fälle ein, schuldet der Grundstückseigentümer dem Erbbauberechtigten eine angemessene Entschädigung, im Zweifel in Höhe des Verkehrswertes zum Zeitpunkt der Erfüllung des Heimfallanspruchs. Auch dieser Entschädigungsanspruch kann im Erbbaurechtsvertrag inhaltlich ausgestaltet werden. Für ihn gelten dieselben inhaltlichen Schranken wie für den Entschädigungsanspruch bei Zeitablauf, insbesondere im Hinblick auf Erbbaurechte zur Befriedigung der Bedürfnisse minderbemittelter Bevölkerungskreise, vergleiche vorstehende Erläuterungen.

Das Erbbaurecht erlischt beim Eintreten eines Heimfallanspruchs nicht. Das Erbbaurecht geht mit allen bestehenden Belastungen auf den Eigentümer als Eigentümer-Erbbaurecht oder auf den vom Grundstückseigentümer benannten Dritten über. Des Weiteren gehen die abgesicherten Schulden, bis zur Höhe der zu ihrer Sicherung eingetragenen Hypotheken, Grund- und Rentenschulden bzw. Reallasten, die an der geschuldeten Entschädigung in Abzug gebracht werden, über. Alle anderen Belastungen, so insbesondere Dienstbarkeiten und Vormerkungen, erlöschen beim Heimfall gem. § 33 Abs. 1 S. 3 ErbbauRG.

Die Rechte und Pflichten aus dem Miet- und Pachtverhältnis gehen sowohl beim Heimfall als auch bei dem Erlöschen des Erbbaurechts auf den Grundstückseigentümer wie auf den Käufer eines Grundstücks gem. §§ 566, 578 Abs. 1 und 2 BGB über. Die Regel „Kauf bricht nicht Miete" kann im Falle einer vorzeitigen Löschung des Erbbaurechts ebenfalls angewendet werden. Zu beachten ist aber, dass dem Grundstückseigentümer gemäß § 30 (2) ErbbauRG nur bei Erlöschen durch Zeitablauf ein außerordentliches Kündigungsrecht zusteht. Selbstverständlich muss der Grundstückseigentümer die gesetzlichen Kündigungsfristen einhalten, falls er sich entscheiden sollte den Miet- bzw. Pachtvertrag zu kündigen.

4.7 Besondere Formen des Erbbaurechts

Neben dem eigentlichen Erbbaurecht, welches aufgrund eines Vertrages zwischen einem Erbbauberechtigten und dem Grundstückseigentümer als Erbbaurechtsgeber zustande kommt, gibt es weitere Formen des Erbbaurechts.

Zu diesen gehört das so genannte Untererbbaurecht. Ein Untererbbaurecht kommt zustande, wenn ein Erbbauberechtigter zulasten seines Erbbaurechts (Obererbbaurecht) wieder ein Erbbaurecht (Untererbbaurecht) bestellt. Bei einem Untererbbaurecht ist der Belastungsgegenstand nicht das Grundstück, sondern das Erbbaurecht, welches daher auch Obererbbaurecht genannt wird. Im Gesetz ist das Untererbbaurecht nur in § 6a (2) GBO geregelt. Da das Untererbbaurecht eine Belastung des Obererbbaurechts in Abt. II darstellt, bedarf die Bestellung des Untererbbaurechts im Regelfall der Mitwirkung des Grundstückseigentümers nur insoweit, als dieser mit den zu seinen Gunsten eingetragenen Belastungen des Obererbbaurechts (z. B. Erbbauzinsreallast) im Rang hinter das Untererbbaurecht zurücktreten muss. Zu beachten ist jedoch, dass das Untererbbaurecht in seinem Bestand abhängig ist vom Obererbbaurecht. Es erlischt, wenn das Obererbbaurecht durch Zeitablauf erlischt oder beim Obererbbaurecht ein Heimfall eintritt. Diese Gefahr kann für den Untererbbauberechtigten nur durch einen separaten Vertrag mit dem Grundstückseigentümer eingegrenzt werden, in welchem sich dieser verpflichtet, dem Untererbbauberechtigten für den Fall des Erlöschens des Untererbbaurechts in bestimmten Fällen ein neues Erbbaurecht entsprechend dem Untererbbaurechtsvertrag einzuräumen. Diese Verpflichtung kann durch Vormerkung am Grundstück gesichert werden.

Eine weitere Sonderform des Erbbaurechts ist das Gesamterbbaurecht, welches im ErbbauRG zwar nicht vorgesehen und auch nicht im Einzelnen geregelt ist, aber nach heute überwiegender Meinung in Rechtsprechung und Schrifttum für zulässig erachtet wird. Ein Gesamterbbauchrecht kommt zustande, wenn mehrere Grundstücke mit einem einheitlichen Erbbaurecht belastet werden. Es kann von vornherein aber auch nachträglich begründet werden.

Durch § 6a (1) GBO sind allerdings die Möglichkeiten der Entstehung eines Gesamterbbaurechts eingeschränkt worden. Ein Gesamterbbaurecht darf demnach, von wenigen Ausnahmefällen abgesehen, nur dann eingetragen werden, wenn die mit dem Erbbaurecht belasteten Grundstücke in demselben Grundbuchamts- und Katasteramtsbezirk liegen und außerdem unmittelbar aneinander grenzen. Diese Einschränkungen sind auch bei einer nachträglichen Ausdehnung eines Erbbaurechts auf weitere Grundstücke zu beachten. Sind die Eigentümer der belasteten Grundstücke verschieden, müssen im Erbbaurechtsvertrag Regelungen getroffen werden, wie Rechte, die den Eigentümern gemeinsam zustehen (z. B.: Erbbauzins, Heimfallanspruch), aufzuteilen sind bzw. ausgeübt werden können. Die Zulässigkeit eines Nachbarerbbaurecht für den Fall, dass die beteiligen Grundstückseigentümer kein gemeinsames einheitliches Gesamterbbaurecht wollen, das zu errichtende Bauwerk aber über alle Grundstücke hinweg errichtet wird, ist heftig umstritten und wird von der Rechtsprechung weitestgehend abgelehnt.

Eine weitere Besonderheit entsteht, wenn der Grundstückseigentümer für sich selbst ein Erbbaurecht bestellt. Dieser Sachverhalt wird auch als Eigentümererbbaurecht bezeichnet.

Ein Erbbaurecht kann unter denselben Voraussetzungen wie ein Grundstück in Wohnungs- und Teileigentumsrechte nach WEG aufgeteilt werden. Es entstehen somit Wohnungserbbaurechte und Teilerbbaurechte (§ 30 WEG).[67] Der einzige Unterschied von einem Teilerbbaurecht zu einem Woh-

---

[67] Vgl. Schmidt, F. (1997), S. 35

nungserbbaurecht liegt darin, dass die Einheiten in verschiedener Art und Weise genutzt werden. Ein Wohnungserbbaurecht kann also nur für Wohneinheiten im Sinne des WEG, ein Teilerbbaurecht nur an nicht zu Wohnzwecken dienende Räume bestellt werden.

Da die nachträgliche Umwandlung von Wohnungserbbaurechten in Wohnungseigentumsrechte sehr aufwendig ist, wird ein Zuerwerb der Wohnungs- und Teilerbbauberechtigten des mit dem Erbbaurecht belasteten Grundstücks in der Praxis regelmäßig in der Weise umgesetzt, dass diese Miteigentumsanteile an dem Grundstück erwerben, ohne dass das Erbbaurecht aufgehoben wird. Dies führt dann zu einem entsprechenden Rechtsverhältnis wie beim Eigentümererbbaurecht.

4.8 Änderungen des ErbbauRG

Mit Artikel 30 des Entwurfs eines Gesetzes über die weitere Bereinigung von Bundesrecht der Bundesregierung (BR-Drs. 230/10) sind kleinere Änderungen bzw. Anpassungen des ErbbauRG geplant. Durch die geplante Neufassung des § 10 (2) ErbbauRG wird klargestellt, dass eine abweichende Bestimmung im Sinne des § 10 (2) ErbbauRG durch Rechtsverordnung der jeweiligen Landesregierung getroffen werden kann. Die Verordnungsermächtigung soll dabei an die Vorgaben des Artikels 80 des Grundgesetzes angepasst.

§ 21 ErbbauRG soll ersatzlos gestrichen werden. § 21 ErbbauRG regelt bisher die früher umstrittene Frage, ob Versicherungsunternehmen Erbbaurechte beleihen dürfen. Er verweist in seiner derzeitigen Fassung auf § 54a des Versicherungsaufsichtsgesetzes (VAG). § 54a VAG ist mit Wirkung vom 1. Januar 2002 aufgehoben worden. An seine Stelle sind der neu gefasste § 54 (1) und (2) VAG und die Verordnung über die Anlage des gebundenen Vermögens von Versicherungsunternehmen (Anlageverordnung – AnlV) vom 20. Dezember 2001 getreten. Der Regelungsgehalt des § 21 (1) in Verbindung mit § 20 (1) Nr. 3 und 4 ErbbauRG findet sich nunmehr in § 2 (1) Nr. 1 AnlV in Verbindung mit § 13 (2) PfandBG. § 21 (1) ErbbauRG ist damit entbehrlich geworden und soll aufgehoben werden. Auch § 21 (2) ErbbauRG, der auf § 19 (2) ErbbauRG verweist, ist wegen der direkten Verweisung in § 2 (1) Nr. 1 AnlV auf § 14 PfandBG (Beleihungsgrenze) nicht mehr erforderlich und soll aufgehoben werden.

5 Dingliche Nutzungsrechte

5.1 Einordnung

Nutzungsrechte können an Grundstücken und an beweglichen Sachen bestehen. Sie gewähren dem Berechtigten als Nicht-Eigentümer bestimmte in dem konkreten Rechtsverhältnis näher bestimmte Möglichkeiten der Nutzung des Gegenstandes, die ansonsten nur dem Eigentümer zustehen. Nicht von dem Nutzungsrecht umfasst ist das Recht zum Verbrauch oder zur Verfügung über den Gegenstand. Das Recht zur Nutzung gewährt dem Berechtigten insbesondere kein Recht zur Veräußerung des Gegenstandes, an dem das Nutzungsrecht besteht. Nutzungsrechte an Grundstücken können schuldrechtlich (Miete, Pacht, Leihe) oder sachenrechtlich/dinglich begründet werden. Sachenrechtlich bzw. dinglich begründete Nutzungsrechte (Dienstbarkeiten/Servituten) sind sog.

beschränkte dingliche Rechte. Sie stellen Abspaltungen aus dem Vollrecht Eigentum an einem Grundstück im grundbuchrechtlichen Sinne dar. Je nach Art des beschränkten dinglichen Rechts sind einzelne näher bestimmte Nutzungsbefugnisse umfasst. Unter den beschränkten dinglichen Rechten sind die Grunddienstbarkeit, die beschränkte persönliche Dienstbarkeit, der Nießbrauch sowie das Erbbaurecht zu differenzieren. Der Themenbereich Erbbaurecht wurde im vorangehenden Abschnitt ausführlich erläutert; er wird deshalb nachfolgend nicht dargestellt. Die jeweiligen Nutzungsbefugnisse der beschränkten dinglichen Rechte unterscheiden sich nach dem zulässigen Nutzungsumfang und dem Rechtsinhaber. Im Vordergrund der dinglichen Nutzungsrechte stehen das Dulden (der Benutzung bzw. Nutzenziehung) oder das Unterlassen (tatsächlicher Handlungen, Rechtsausübung) bestimmter Nutzungen des belasteten Grundstücks. Der Eigentümer des mit dem dinglichen Nutzungsrecht belasteten Grundstücks wird durch die Belastung nicht selbst aktiv, sondern duldet lediglich die durch das Nutzungsrecht näher bestimmte Inanspruchnahme seines Grundstücks. Hier liegt der Unterschied zur Reallast als Verwertungsrecht, durch die der belastete Eigentümer dem Berechtigten wiederkehrend geschuldete Leistungen absichert, aber keine tatsächliche Inanspruchnahme gewährt.[68]

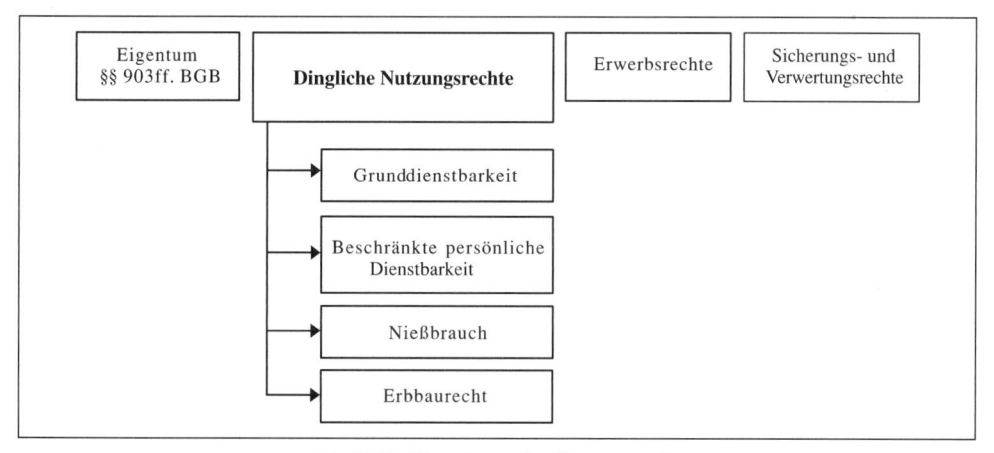

Abb. II 19: Einordnung der Nutzungsrechte

5.2 Grunddienstbarkeit

5.2.1 Rechtsinhalt

Gemäß den Regelungen der §§ 1018–1029 BGB sind Grunddienstbarkeiten beschränkte dingliche Rechte an (dienenden) Grundstücken zugunsten des jeweiligen Eigentümers eines anderen (herrschenden) Grundstücks. Mit der Gewährung einer Grunddienstbarkeit als beschränktem dinglichen Recht verliert der belastete Eigentümer einen Teil seines Herrschaftsrechts/Vollrechts aus dem Grundstückseigentum an den jeweiligen Eigentümer des berechtigten Grundstücks und kann die von der Grunddienstbarkeit umfassten konkret bezeichneten Nutzungen nicht mehr selbst ausüben. Dabei sind der Nachteil für das dienende Grundstück (Last) und der Vorteil für das herrschende

---

[68] Vgl. Gerardy, T. (Hrsg.) et al. (02/2003), S. 5.2.4/4

Grundstück (Recht) zu unterscheiden. Während der Nießbrauch alle Nutzungen des dienenden Grundstücks umfasst, beschränkt sich die Grunddienstbarkeit auf einzelne, genau umschriebene Nutzungsmöglichkeiten.

Beispiel: Anbaurecht, Arkadenrecht, Baubeschränkung, Bebauungsrecht, Bebauungsverbot, Brandmauermitbenutzungsrecht, Farbgebungsbeschränkung, Fensterrecht, Fernsehantennenrecht, Garagenrecht, Gartenbenutzungsrecht, Gaststättenbetriebsverbot, Geh- und Fahrrecht, Gewerbebetriebsbeschränkung, Grenzanbaurecht, Kraftfahrzeugabstell- oder -einstellrecht, Leitungsrecht (insbesondere für Ver- und Entsorgungsleitungen), Tankstellenrecht, Überbaurecht, Wegerecht, Weiderecht, Zaunrecht.

Die Belastungen für das dienende Grundstück können in der Weise charakterisiert werden, dass[69]

- der Berechtigte das dienende Grundstück in einzelnen Beziehungen benutzen darf, z. B. durch ein Wegerecht, Leitungsrecht (Benutzungsdienstbarkeit),
- auf dem dienenden Grundstück gewisse Handlungen verboten werden, z. B. durch Baubeschränkungen, Bauverbote (Verbotsdienstbarkeit),
- die Ausübung einer bestimmten Nutzung des dienenden Grundstücks ausgeschlossen wird, z. B. Abwehrrechte gegen Immissionen (Ausschließungsdienstbarkeit).

Da die Grunddienstbarkeit als Berechtigten auf den jeweiligen Eigentümers des berechtigten (herrschenden) Grundstücks und nicht auf eine bestimmte Person abstellt, wird sie als subjektivdingliches Rechts bzw. als Präsidialservitut bezeichnet.[70] Aufgrund dieser Dinglichkeit wirkt die Grunddienstbarkeit zu Lasten des Eigentümers des dienenden Grundstücks und nicht gegen die Person, wie z. B. bei Pacht- oder Mietverhältnissen.[71] Die Grunddienstbarkeit ist Bestandteil des herrschenden Grundstücks (§ 96 BGB). Sie kann von diesem nicht getrennt werden und nur mit dem herrschenden Grundstück übertragen werden; möglich ist lediglich die schuldrechtliche Vereinbarung, dass ein Dritter das Nutzungsrecht ausüben darf. Die Übertragung des Eigentums an dem dienenden Grundstück berührt die Grunddienstbarkeit nicht.

5.2.2 Entstehung, Grundbucheintragung

Die Grunddienstbarkeit wird durch rechtsgeschäftliche Einigung der Beteiligten und Eintragung in Abteilung II im Grundbuch des dienenden Grundstücks wirksam (§ 873 BGB). Im Grundbuch wird lediglich der Kerninhalt der Grunddienstbarkeit aufgeführt. Einzelheiten zur konkreten zulässigen Nutzung sind der zugehörigen Eintragungsbewilligung zu entnehmen, auf die im Grundbuch Bezug genommen wird. Die dortigen Angaben werden hierdurch automatisch zum Gegenstand der Eintragung. Aufgrund den in der Eintragungsbewilligung enthaltenen Angaben zum Gegenstand der Belastung, zur Ausübungsstelle, zum Umfang, zu etwaigen zeitlichen Beschränkungen, zu Kündigungsvorschriften und zu etwaigen Begleitschuldverhältnissen ist die Kenntnis über deren Inhalt unerlässlich.[72]

Beispiel: Grunddienstbarkeit (Geh- und Fahrrecht) für den jeweiligen Eigentümer des Grundstücks Heft 1954 BV Nr. 3 gemäß Bewilligung vom 16. März 1974, eingetragen am 19. März 1974.

Als Ausübungsstelle wird diejenige Fläche des dienenden Grundstücks bezeichnet, auf die sich die Nutzung erstreckt und zugleich beschränkt. Aus der abgespalteten Eigentumsposition („belasten") von dem Eigentumsrecht an dem belasteten Grundstück ergibt sich eine Vermehrung von Eigen-

---

[69] Vgl. Hildebrandt, H. (2001), S. 41
[70] Vgl. Gerardy, T. (Hrsg.) et al. (02/2003), S. 5.2.4/53
[71] Vgl. Berger, C. (2001), S. 781
[72] Vgl. ebenda, S. 785 f.

tumsrechten am herrschenden Grundstück. Dieses übertragene Recht kann bei dem berechtigten Grundstück als wesentlicher Bestandteil im Bestandsverzeichnis vermerkt werden und fällt aufgrund dessen in die Masse der hypothekarischen Haftung des herrschenden Grundstücks.[73]

Beispiel: Grunddienstbarkeit (Geh- und Fahrrecht) eingetragen in Heft 287 in Abt. II lfd. Nr. 2.

5.2.3 Dauer, Bedingung, Befristung, Erlöschen

Grunddienstbarkeiten entfalten ihre Wirkung im Grundsatz zeitlich unbegrenzt. Grunddienstbarkeiten können aber zeitlich befristet sowie auflösend oder aufschiebend bedingt bestellt werden. Eine Grunddienstbarkeit erlischt durch rechtsgeschäftliche Aufhebung in Form der Löschung im Grundbuch.[74] Sie kann darüber hinaus auch dann erlöschen, wenn der aus ihr resultierende Vorteil für das herrschende Grundstück aus rechtlichen oder tatsächlichen Gründen dauerhaft weggefallen oder ausgeschlossen ist. Die Grunddienstbarkeit erlischt ferner bei Grundstücksteilung auf einem neu gebildeten Grundstücksteil, wenn sie sich auf diesen Teil nicht bezieht (§§ 1025 S. 2, 1026 BGB). Ausnahmsweise kann die Grunddienstbarkeit erlöschen, wenn eine sie beeinträchtigende Anlage auf dem dienenden Grundstück neu errichtet wurde und der Anspruch auf Beseitigung der Beeinträchtigung verjährt ist (§ 1028 S. 2 BGB).

5.2.4 Schuldrechtliches Grundgeschäft, schuldrechtliche Vereinbarungen

Der Bestellung einer Grunddienstbarkeit liegt regelmäßig ein schuldrechtliches Grundgeschäft zugrunde. Dieses stellt den Rechtsgrund für die Grunddienstbarkeit dar und ist von letzterer zu unterscheiden (sog. Abstraktionsprinzip). Der Abschluss des Grundgeschäfts unterliegt den für seinen Abschluss geltenden gesetzlichen Bestimmungen und ist grundsätzlich formfrei möglich. § 311b I BGB (notarielle Beurkundung von Verpflichtungen zum Erwerb oder zur Veräußerung von Grundstücken) findet keine Anwendung.

Im Rahmen des Grundgeschäfts wird insbesondere geregelt, ob für die Rechtseinräumung eine Gegenleistung, z. B. eine Geldzahlung, geschuldet wird. Des Weiteren sind separate schuldrechtliche Vereinbarungen möglich, die die beiderseitigen Rechte und Pflichten gegenüber dem Umfang der dinglichen Wirkung der Grunddienstbarkeit einschränken oder erweitern.

Beispiel: Am dienenden Grundstück soll ein Wegerecht als Grunddienstbarkeit begründet werden. Der Eigentümer des dienenden Grundstücks und der Eigentümer des herrschenden Grundstücks können schuldrechtlich (nicht dinglich) vereinbaren, dass der Eigentümer des dienenden Grundstücks hierzu eine befestigte Fahrbahn zu errichten hat.

Solche separaten schuldrechtlichen Verpflichtungen werden nicht dinglicher Rechtsinhalt der Grunddienstbarkeit und wirken ohne rechtsgeschäftliche Übernahme der Verpflichtung nicht gegenüber einem Einzelrechtsnachfolger des Verpflichteten (z. B. beim Verkauf des Grundstücks).

---

[73] Vgl. Gerardy, T. (Hrsg.) et al. (02/2003), S. 5.2.4/66 f.
[74] Vgl. Berger, C. (2001), S. 785

5.3 Die beschränkte persönliche Dienstbarkeit

5.3.1 Rechtsinhalt

Nach den gesetzlichen Regelungen der §§ 1090–1093 BGB kann der Berechtigte der beschränkten persönlichen Dienstbarkeit das Grundstück in einzelnen Beziehungen benutzen, die dem Inhalt einer Grunddienstbarkeit entsprechen können. Diese beschränkte persönliche Dienstbarkeit unterscheidet sich von der Grunddienstbarkeit nicht durch ihren Inhalt, d.h. die konkrete Belastung, sondern in der Berechtigung. Während die Grunddienstbarkeit als subjektiv-dingliches Recht dem jeweiligen Eigentümer eines anderen Grundstücks zusteht, ist der Berechtigte der beschränkten persönlichen Dienstbarkeit eine bestimmte Person. Es handelt sich um ein sog. subjektiv-persönliches Recht bzw. Personalservitut. Eine Verknüpfung mit einem (herrschenden) Grundstück besteht gerade nicht.[75] Die beschränkte persönliche Dienstbarkeit wird demgemäß für eine bestimmte natürliche oder juristische Person bzw. rechtsfähige Personengesellschaft bestellt, unabhängig davon, ob sie Eigentümerin eines Grundstücks ist oder nicht. Wie die Grunddienstbarkeit wird sie wirksam mit rechtsgeschäftlicher Einigung und Eintragung in Abteilung II des Grundbuchs des belasteten Grundstücks.

Beispiel: Dingliches Wohnrecht einer Person, Mitbenutzungsrecht, wettbewerbsbeschränkende Dienstbarkeit, Leitungsduldungsrecht, Über- und Unterfahrungsrecht, Wohnungsbelegungsrecht, Wohnungsbesetzungsrecht, Dienstbarkeit zur Sicherung öffentlicher Belange (öffentliches Baurecht).[76]

5.3.2 Begünstigter, Dauer

Dem Begünstigten kann dieses Recht auf bestimmte Zeit, endlich oder kündbar eingeräumt werden. Da es sich hierbei um ein höchstpersönliches Recht handelt, ist dieses subjektiv-persönliche Recht nicht übertragbar und nicht vererblich (§ 1092 I 1 BGB). Die Ausübung kann einem Dritten nur überlassen werden, wenn dies gestattet ist (§ 1092 I 2 BGB). Die beschränkte persönliche Dienstbarkeit endet daher grundsätzlich mit dem Tod des Berechtigten.[77] Unter den einschränkenden Voraussetzungen der §§ 1092 II, 1059 a BGB (Gesamtrechtsnachfolge, Unternehmens(teil-)übertragung wenn die beschränkte persönliche Dienstbarkeit dem Unternehmenszweck dient) ist jedoch die beschränkte persönliche Dienstbarkeit einer juristischen Person auf ihren Rechtsnachfolger übertragbar.[78]

5.3.3 Sonderformen: Wohnungsrecht, Dauerwohnrecht

Das **Wohnungsrecht** nach § 1093 BGB ist eine Sonderform der beschränkten persönlichen Dienstbarkeit mit einer nießbrauchähnlichen Ausgestaltung. In § 1093 I 2 BGB wird weitgehend auf Regelungen zum Nießbrauch verwiesen. Bei dem Wohnungsrecht handelt es sich um ein entgeltliches oder unentgeltliches Recht zur Nutzung einer bestimmten Wohnung oder eines bestimmten Gebäude(-teils) zu Wohnzwecken. Entscheidendes Merkmal ist der Ausschluss des Eigentümers von der Wohnnutzung des Gebäudes. Das Recht ist auf das Wohnen als Hauptzweck beschränkt,

---

[75] Vgl. Gerardy, T. (Hrsg.) et al. (02/2003), S. 5.2.4/53
[76] Vgl. ebenda, S. 5.2.4/75
[77] Vgl. Palandt, O. (2012), § 1090 Rn. 3, 8
[78] Vgl. ebenda, § 1059 a Rn. 1 ff.

während weitere Nutzungen, z. B. Geschäftszwecke, nicht Inhalt eines Wohnungsrechts sein können. Des Weiteren kann gemäß vertraglicher Vereinbarung der Rechtsinhaber näher bezeichnete Dritte (z. B. Angehörige, Pflegeperson) an dem Wohnrecht teilnehmen lassen, ohne die Dienstbarkeit hinsichtlich des Berechtigten zu erweitern. Bezüglich der Bestellung, Übertragung und Löschung gelten die Regelungen der beschränkten persönlichen Dienstbarkeit.[79]

Durch das **Dauerwohnrecht** nach § 31 WEG wird ein Grundstück in der Weise belastet, dass der Berechtigte eine bestimmte Wohnung zu Wohnzwecken benutzen darf. Sofern die Wohnung wirtschaftliche Hauptsache bleibt, kann sich dieses Recht auch auf außerhalb des Gebäudes liegende Teile (Garten, Stellplätze) beziehen. Im Gegensatz zum Wohnungsrecht nach § 1093 BGB kann das Dauerwohnrecht veräußert und vererbt werden sowie dem Berechtigten verdinglichte Pflichten (Instandhaltung, Instandsetzung) auferlegen und Rechte (Nutzungen) einräumen. Ist das Dauerwohnrecht auf bestimmte Zeit vereinbart, handelt es sich um eine verdinglichte Miete. Nach Ablauf ist der Berechtigte aufgrund des Heimfallanspruchs zur Übertragung des Rechts auf den Grundstückseigentümer bzw. einen Dritten verpflichtet. Ist das Dauerwohnrecht auf unbestimmte Zeit bestellt, kommt dem Rechtsinhaber eine eigentümerähnliche Stellung zu.[80]

5.4 Nießbrauch

5.4.1 Rechtsinhalt

Der Nießbrauch kann an Rechten, an beweglichen und an unbeweglichen Sachen und an einem Vermögen gewährt werden. Der Nießbrauch gewährt die unveräußerliche und nicht vererbliche Befugnis, die Nutzungen (§ 100 BGB) einer Sache oder eines Rechts zu ziehen. Mit Ausnahme des Verbrauchs oder der Verfügung über die Sache selbst berechtigt der Nießbrauch zur Nutzung der Sache in einem umfassenden Sinn. Neben dem Erbbaurecht zählt der Nießbrauch an einem Grundstück daher zu den umfassendsten dinglichen Nutzungsrechten. Nachfolgend wird ausschließlich auf den Nießbrauch an unbeweglichen Sachen, d. h. an Grundstücken bzw. Grundstücksteilen eingegangen. Der Nießbrauch ist an eine (oder mehrere) natürliche oder juristische Person bzw. rechtsfähige Personengesellschaft als Berechtigten geknüpft. Wie die beschränkte persönliche Dienstbarkeit wird der Nießbrauch daher als subjektiv-persönliches Recht bezeichnet. Anders als bei einer Dienstbarkeiten, die nur bestimmte Nutzungsrechte gewährt, darf der Nießbraucher das Grundstück in seiner Gesamtheit nutzen und die Früchte ziehen. Lediglich auf die Grundstückssubstanz darf der Nießbraucher nicht einwirken, z. B. ein wesentliches Bauwerk auf dem Grundstück abreißen oder neu errichten. Einzelne Nutzungen können allerdings auch ausgeschlossen werden, solange das umfassende Nutzungsrecht als solches bestehen bleibt.[81]

Beispiel: Nießbrauch an einem Grundstück mit Wohnhaus: aber Ausschluss der Stellplatznutzung.

Der Nießbrauch umfasst als teilweise Übertragung des Vollrechts (Abspaltung) auch die wesentlichen Grundstücksbestandteile sowie das Zubehör und Inventar des belasteten Grundstücks. Der Nießbraucher ist zum Besitz und zur Verwaltung aus eigenem Recht berechtigt.

Der Nießbrauch an einem Grundstück entsteht durch rechtsgeschäftliche Einigung und Eintragung in Abteilung II im Grundbuch (§ 873 BGB). Das Nießbrauchrecht kann zeitlich befristet

---
[79] Vgl. Gablenz, K. B. (2000), S. 113
[80] Vgl. Gerardy, T. (Hrsg.) et al. (02/2003), S. 5.2.7/11 f.
[81] Vgl. Berger, C. (2001), S. 820

oder auf Lebenszeit des Berechtigten eingeräumt werden. Von der Bestellung des Nießbrauchs ist das schuldrechtliche Grundgeschäft zwischen Besteller und Nießbraucher zu unterscheiden. Als Grundgeschäft für einen Nießbrauch kommen etwa Schenkung, Vermächtnis oder Kauf in Betracht. Ohne zeitliche Befristung endet das Nießbrauchrecht mit dem Tod des Berechtigten. Des Weiteren ist dieses Nutzungsrecht nicht vererblich und nicht übertragbar, die Ausübung kann jedoch Dritten überlassen werden(§ 1059 BGB). Ausnahmeregelungen für die Übertragbarkeit bei juristischen Personen sind in den §§ 1059a ff. BGB enthalten.[82]

5.4.2 Besonderheiten

Die Nutzung des Nießbrauchs umfasst gemäß § 100 BGB die Gebrauchsvorteile und die „Früchte einer Sache oder eines Rechts" (Gebrauchsmöglichkeit, Gewinnung von Erzeugnissen, Erträge aus Miet- und Pachtverhältnissen). Im Unterschied zu dem Berechtigten des Wohnungsrechts nach § 1093 BGB ist der Nießbraucher zur Versicherung (§ 1045 BGB) und zur Tragung der Lasten der Sache (§ 1047 BGB) verpflichtet. Dazu gehören öffentliche Lasten (z. B. Grundsteuer, Müllabfuhr), außerordentliche Lasten (z. B. Erschließungskosten) und privatrechtliche Lasten (z. B. Reallasten, Überbau und Notwegrenten, Zinsen der Grundpfandrechte).[83]

Durch den Nießbrauch gehen sämtliche Nutzungsrechte an dem Grundstück auf den Berechtigten über. Durch den Nießbrauch entsteht für den Nießbraucher ein gesetzliches Begleitschuldverhältnis. Falls vertraglich nichts anderes vereinbart ist, hat er demgemäß Ausbesserungen und Erneuerungen zur gewöhnlichen Unterhaltung der Sache zu tragen (§ 1041 BGB) sowie wesentliche Umgestaltungen in der Substanz zu unterlassen. Zudem ist bei übermäßiger „Fruchtziehung" Wertersatz zu leisten (§ 1039 BGB).

Beispiel: Änderungsverbot von Waldstück in Obstplantage, Aufforstung nach gestattetem Kahlschlag.

5.4.3 Arten von Nießbrauch

Da der Nießbrauch vertraglich sehr unterschiedlich ausgestaltet werden kann, haben sich folgende Begrifflichkeiten herausgebildet:[84]

- Bruttonießbrauch/Nettonießbrauch: Bei Ersterem vereinbaren die Beteiligten, dass der belastete Eigentümer in Abweichung vom Gesetz alle öffentlichen und privaten Lasten übernimmt. Der Nießbraucher erhält alle (Brutto-)Einnahmen ohne Abzug. Bei dem Nettonießbrauch zieht der Nießbraucher sämtliche Nutzungen, hat aber auch gemäß den gesetzlichen Regelungen die Pflicht, die Sache zu erhalten und Lasten zu tragen.
- Bruchteilsnießbrauch: Der Nießbrauch ist an einem Miteigentumsanteil des Grundstücks bestellt.
- Quotennießbrauch: Dem Nießbraucher steht ein bestimmter Anteil (Quote) an den Nutzungen (insbesondere Früchten, z. B. Mieteinnahmen) des Grundstücks zu.
- Zuwendungsnießbrauch: In diesem Fall wird der Nießbrauch vom Grundstückseigentümer dem Berechtigten bestellt. Rechtsgrund für die Bestellung ist eine Schenkung.
- Vorbehaltsnießbrauch: Bei der Übertragung eines Grundstücks behält sich der bisherige Eigentümer einen (Eigentümer-)Nießbrauch vor.

---

[82] Vgl. Gablenz, K. B. (2000), S. 59
[83] Vgl. Berger, C. (2001), S. 821
[84] Vgl. Gablenz, K. B. (2000), S. 62

- Dispositionsnießbrauch/Versorgungsnießbrauch: Im Rahmen der vorweggenommenen Erbfolge wird ein Grundstück auf Nachkommen übertragen und für die Eltern ein Nießbrauchrecht vorbehalten. In Kombination mit einer Vollmacht (zur Verfügungsberechtigung) sichern sich die Eltern weiterhin die Verfügung über den Grundbesitz. Zu beachten ist, dass die Verpflichtung des Eigentümers, nicht über das Grundstück selbst zu verfügen, nicht als dinglicher Rechtsinhalt des Nießbrauchs vereinbart werden, sondern nur im Rahmen des Kausalgeschäfts als schuldrechtliche Verpflichtung vereinbart werden kann.
- Sicherungsnießbrauch: Die Vereinbarung des dinglichen Nutzungsrechts dient als dingliche Sicherheit für eine schuldrechtliche Forderung bzw. als Befriedigungsrecht im Fall einer Zwangsversteigerung.

Größte praktische Bedeutung kommt dem Nießbrauch bei der Gestaltung von Regelungen zur vorweggenommenen Erbfolge zu. Durch die Verlagerung der Einkünfte auf andere Personen, insbesondere Familienangehörige, stehen bei der Nießbrauchbestellung neben erbschaftsteuerlichen häufig auch einkommensteuerliche Einspareffekte im Vordergrund.[85]

---

[85] Vgl. Berger, C. (2001), S. 822

5.5 Zusammenfassung

Nutzungs-recht	Grund-dienstbar-keit §§ 1018 ff. BGB	Beschränkte persönliche Dienstbarkeit			Nießbrauch §§ 1030 ff. BGB
		Allgemein §§ 1090 ff. BGB	Wohnungs-recht § 1093 BGB	Dauerwohn-recht § 31 WEG	
Inhalt	Belastung eines Grund-stücks in einzelnen Beziehungen zugunsten eines anderen Grundstücks.	Belastung eines Grund-stücks in einzelnen Beziehungen zugunsten einer natür-lichen oder juristischen Person.	Nutzung eines Gebäude-teils als Wohnung unter Aus-schluss des Eigentü-mers.	Nutzung eines Gebäu-deteils als Wohnung oder in sons-tiger Weise unter Aus-schluss des Eigentümers.	Gewährung aller Nutzungen aus dem Grundstück zugunsten einer natürlichen oder juristischen Person.
Begründung	Einigung und Eintragung in Abteilung II des Grundbuchs des belasteten Grundstücks, § 873 BGB				
Übertragung	Keine Über-tragbarkeit	Keine Übertragbarkeit, Ausnahmeregelungen bei juristischen Personen gemäß §§ 1059 a ff. BGB	Veräußerbar, vererbbar, Vermietung und Ver-pachtung zulässig, § 35 WEG	Keine Über-tragbarkeit, Ausnahme-regelungen bei juristi-schen Perso-nen gemäß §§ 1059 a ff. BGB
Löschung	– Aufhebung, § 875 BGB, – Staatsakt, z.B. § 91 ZVG	– Aufhebung, § 875 BGB, – Staatsakt, z.B. § 91 ZVG, – Vertragliche Vereinba-rung, – Tod des Berechtigten	– Zeitablauf bei Befris-tung, §§ 163, 158 (II) BGB – Löschung auf Antrag, § 22 GBO	– Aufhebung – Staatsakt, z.B. § 91 ZVG – Tod des Nießbrau-chers, § 1061 BGB – Ende der juristischen Person

Abb. II 20: Zusammenfassung der Nutzungsrechte

6 Erwerbsrechte an Grundstücken, Vormerkung

6.1 Einordnung

Erwerbsrechte an Grundstücken sind dadurch gekennzeichnet, dass sie dem Begünstigten das Recht einräumen, ein Grundstück regelmäßig im Wege des Kaufs zu erwerben. Die in der Praxis gängigsten Fälle eines Erwerbsrechts sind das Vorkaufsrecht, das Ankaufsrecht und das Wiederkaufsrecht.

Bei der Vormerkung handelt es sich auch im weitesten Sinne nicht um ein Erwerbsrecht an einem Grundstück. Durch die Vormerkung wird vielmehr ein schuldrechtlicher Anspruch auf den Erwerb eines Grundstücks durch Eintragung im Grundbuch gesichert.

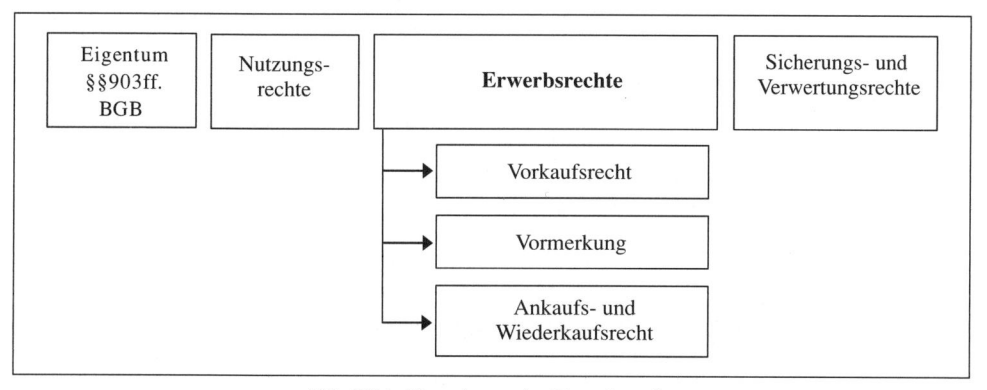

Abb. II 21: Einordnung der Erwerbsrechte

6.2 Vorkaufsrecht

Vorkaufsrechte begründen ihren Ursprung in den sog. „Näherrechten" aus dem spätrömischen Recht der Frühzeit des Mittelalters. Aufgrund der damaligen starken familiären Gemeinschaftsbindung kam den Näheren (Verwandte, Nachbarn) eine höhere Berechtigung zum käuflichen Erwerb einer bestimmten Sache zu, als anderen, fremden Personen. Im heutigen Vorkaufsrecht der Miterben nach §§ 2034 bis 2037 BGB spiegelt sich diese Zweckbestimmung wider.

Vorkaufsrechte an einem Grundstück räumen dem Begünstigten das Recht ein, vor anderen Käufern ein Grundstück zu erwerben. Genauer: Der Vorkaufsberechtigte erhält die Befugnis, ein Grundstück zu denselben Bedingungen zu erwerben, die der Verkäufer in einem anderen Kaufvertrag mit einem Dritten bereits rechtswirksam vereinbart hat. Durch einseitige Erklärung des Vorkaufsberechtigten kommt ein zweiter Kaufvertrag mit denselben Bedingungen des ersten zustande. Ein Verkaufsfall, der zur Ausübung eines Vorkaufsrechts berechtigt, setzt daher zwingend den Abschluss eines Kaufvertrages zwischen dem Vorkaufsverpflichteten und dem Drittkäufer voraus. Da ein Kaufvertrag vorliegen muss, gilt das Vorkaufsrecht daher grundsätzlich nicht bei anderen Formen der Grundstücksübertragung, z. B. Schenkung, Tausch oder Einbringung in eine Gesellschaft.[86]

---

[86] Vgl. Palandt, O. (2012), § 463, Rn. 5

Vorkaufsrechte werden entweder durch rechtsgeschäftliche Vereinbarung begründet (rechtsgeschäftliche Vorkaufsrechte) oder ergeben sich aus gesetzlichen Bestimmungen (gesetzliche Vorkaufsrechte).

```
                         Vorkaufsrechte
                        /              \
            Vertragliche            Gesetzliche
            Vorkaufsrechte          Vorkaufsrechte

      – Schuldrechtliches         – Gemeindliches
        Vorkaufsrecht               Vorkaufsrecht

      – Dingliches                 – Vorkaufsrecht
        Vorkaufsrecht                des Mieters,
                                     der Miterben
```

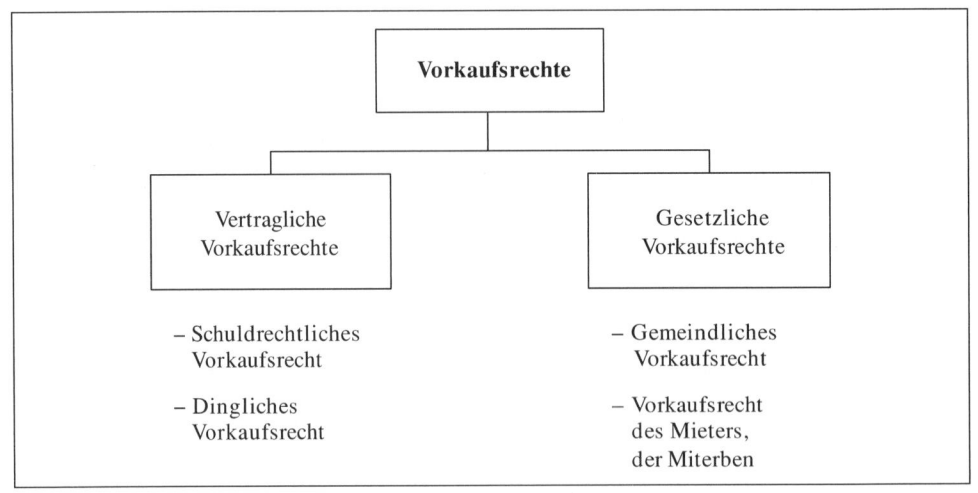

Abb. II 22: Vorkaufsrechte im Überblick

6.2.1 Rechtsgeschäftliche Vorkaufsrechte

Bei den rechtsgeschäftlich durch Vertrag begründeten Vorkaufsrechten ist zwischen dem schuldrechtlichen Vorkaufsrecht und dem dinglichen Vorkaufsrecht zu unterscheiden.

Schuldrechtliches Vorkaufsrecht nach §§ 463 ff. BGB
Das Vorkaufsrecht kann als schuldrechtliches Vorkaufsrecht nach §§ 463 ff. BGB ausgestaltet sein. Das schuldrechtliche Vorkaufsrecht kann an allen Sachen, somit auch an Grundstücken, eingeräumt werden. Die Einräumung eines schuldrechtlichen Vorkaufsrechts an einem Grundstück bedarf als bedingte Veräußerungsverpflichtung der notariellen Beurkundung gemäß § 311b Absatz 1 BGB. Zur Sicherung des Vorkaufsrechts kann und wird in der Praxis regelmäßig eine Vormerkung für den bedingten Erwerbsanspruch des Vorkaufsberechtigten im Grundbuch eingetragen. Das schuldrechtliche Vorkaufsrecht verpflichtet nur den Besteller des Vorkaufsrechts und seinen Gesamtrechtsnachfolger. Im Rahmen vertraglicher Vereinbarungen kann in weiten Teilen von den gesetzlichen Vorschriften der §§ 463 ff. BGB abgewichen werden. So ist es beispielsweise möglich, zu vereinbaren, dass bei Ausübung des Vorkaufsrechts der Kaufpreis auf einen Höchstbetrag beschränkt wird. Auch die gesetzlich vorgesehene Ausübungsfrist für das Vorkaufsrecht von zwei Monaten ab Mitteilung des Verkaufsfalls durch den Vorkaufsverpflichteten kann durch vertragliche Vereinbarungen verlängert oder verkürzt werden.[87]

Dingliches Vorkaufsrecht gemäß §§ 1094 ff. BGB
Vom schuldrechtlichen Vorkaufsrecht ist das dingliche Vorkaufsrecht zu unterscheiden. Im Gegensatz zum schuldrechtlichen Vorkaufsrecht kann sich das dingliche Vorkaufsrecht nur auf Grund-

---

[87] Vgl. Limmer, P. (2009), Teil 2, Rn. 118

stücke und Zubehör, nicht hingegen auf sonstige Sachen beziehen. Das dingliche Vorkaufsrecht kann zugunsten einer natürlichen oder juristischen Person bestellt werden (subjektiv-persönliches Vorkaufsrecht, § 1094 Absatz 1 BGB). Möglich ist auch die Bestellung zugunsten des jeweiligen Eigentümers eines anderen Grundstücks (subjektiv-dingliches Vorkaufsrecht, § 1094 Absatz 2 BGB). Als abstraktes dingliches Recht entsteht das dingliche Vorkaufsrecht durch rechtsgeschäftliche Einigung und Eintragung im Grundbuch, § 873 BGB. Das der Bestellung zugrunde liegende schuldrechtliche Grundgeschäft (z. B. kaufähnlicher Vertrag, Sicherungsvertrag oder Schenkung) bedarf der notariellen Beurkundung gemäß § 311b Absatz 1 BGB.[88] Dritten gegenüber hat das dingliche Vorkaufsrecht die Wirkung einer Vormerkung (§ 1098 Absatz 2 BGB). Anders als das schuldrechtliche Vorkaufsrecht kann das dingliche Vorkaufsrecht auch für mehrere Verkaufsfälle bestellt werden. Andererseits besteht bei dessen vertraglicher Ausgestaltung weniger Spielraum, Ausweitungen von den gesetzlichen Regelungen zu vereinbaren. So ist es beispielsweise nicht möglich, das dingliche Vorkaufsrecht so auszugestalten, dass bei Ausübung nur ein bestimmter Höchstpreis bezahlt wird.[89]

6.2.2 Gesetzliche Vorkaufsrechte

Gesetzliche Vorkaufsrechte sind in aller Regel nicht aus dem Grundbuch ersichtlich. Größte praktische Bedeutung hat das gemeindliche Vorkaufsrecht nach §§ 24 ff. Baugesetzbuch (BauGB). Das gemeindliche Vorkaufsrecht dient als wichtiges Sicherungsinstrument der geordneten städtebaulichen Entwicklung. Nach Abschluss eines Grundstückskaufvertrages wird der Eigentümerwechsel durch das Grundbuchamt erst dann vollzogen, wenn die Gemeinde das Nichtbestehen oder eine Nichtausübung des gemeindlichen Vorkaufsrechts bestätigt hat.

Neben dem gemeindlichen Vorkaufsrecht können weitere städtebauliche oder planungsrechtliche Vorkaufsrechte, insbesondere bei der Veräußerung land- und forstwirtschaftlicher Grundstücke nach dem RSiedlG oder landesrechtlichen Bestimmungen, z. B. landesrechtliche Denkmalschutzgesetze oder Forst- und Waldgesetze bestehen.

Von den öffentlich-rechtlichen Vorkaufsrechten, die primär ordnungspolitische Zielsetzungen verfolgen, zu unterscheiden sind privatrechtliche gesetzliche Vorkaufsrechte. Ein wichtiges Beispiel in der Praxis ist das Vorkaufsrecht des Mieters nach § 577 BGB im Fall der Umwandlung des Eigentums des Vermieters in Wohnungseigentum.

6.3 Vormerkung

Beispiel: Herr Huber verkauft Herrn Maier sein Grundstück mit Wohngebäude und Garage. Der Kaufvertrag (schuldrechtliches Verpflichtungsgeschäft) wird am 15. März 2003 abgeschlossen. Die Grundbucheintragung erfolgt zwei Wochen nach diesem Termin. Am 20. März 2003 schließt Herr Huber mit Herrn Schmid einen weiteren Kaufvertrag über sein Grundstück ab.

Bei der Übertragung von Grundstücksrechten vergeht oftmals längere Zeit zwischen dem Abschluss des schuldrechtlichen Verpflichtungsgeschäfts und der Eintragung im Grundbuch. Während dieser

---

[88] Vgl. Palandt, O. (2012), § 1094, Rn. 5
[89] Vgl. BGH NJW 01, 2883

Zeit kann der bisherige Rechtsinhaber trotz der bereits verbindlich gewordenen Einigung noch wirksam über das Grundstücksrecht zum Nachteil des Erwerbers verfügen. Gemäß § 883 BGB dient eine Vormerkung zur Sicherung des Anspruchs auf Einräumung oder Aufhebung sowie Inhalts- oder Rangänderung eines Rechts an einem Grundstück bzw. an einem das Grundstück belastenden Recht. Auch künftige oder bedingte Ansprüche können dadurch gesichert werden. Beispiel für einen durch Vormerkung sicherbaren bedingten Anspruch ist das schuldrechtliche Vorkaufsrecht. Durch Einigung und Eintragung in Abteilung II des Grundbuchs des belasteten Grundstücks wird die Sicherung eines schuldrechtlichen Anspruchs auf Eigentumsänderung oder Eintragung einer Grunddienstbarkeit erzielt. Dabei ist die Vormerkung kein dingliches Recht, sondern lediglich ein Sicherungsmittel eigener Art mit dinglicher Wirkung gegen Dritte. Es stellt einen schuldrechtlichen Anspruch auf dingliche Rechtsänderung sicher. Der Schuldner kann daraus nur insoweit über sein Grundstück bzw. Grundstücksrecht verfügen, wie die Erfüllbarkeit des abgesicherten Anspruchs nicht beeinträchtigt wird. Zum Kreis der absicherungsfähigen Ansprüche zählen nur solche, die durch Eintragung im Grundbuch erfüllt werden müssen.[90] Häufigster Fall stellt die Vormerkung zur Sicherung des Eigentumsübertragungsanspruchs, die sog. Auflassungsvormerkung, dar. Hierbei handelt es sich um eine Vormerkung auf Auflassung eines Grundstücks (Einigung über den Übergang des Eigentums an einem Grundstück). Sie verhindert im Zeitraum zwischen Abschluss des Kaufvertrags und der Eintragung des neuen Eigentümers im Grundbuch weitere Verfügungen sowie nachträgliche Eintragungen des Verkäufers (z. B. Grundschulden für seine Darlehen). Vom Verkäufer im Rang nach der Auflassungsvormerkung veranlasste Eintragungen sind relativ unwirksam, da der Käufer (= neuer Eigentümer) die Löschung dieser Eintragungen verlangen kann. In diesem Zusammenhang muss die den Käufer finanzierende Bank mit Blick auf die Werthaltigkeit der Grundschulden beachten, dass die Grundschulden im Rang vor der Auflassungsvormerkung eingetragen sind. Allgemein ist nach Eintragung der Vormerkung, als Vorläufer der Rechtsänderung, der Berechtigte gegen den Verpflichteten selbst, gegen dessen Rechtsnachfolger und gegen dessen Gläubiger in mehrfacher Weise geschützt[91]

- gegen Zwischenverfügungen des Verpflichteten durch Rechtsgeschäfte,
- gegen Einzelzwangsvollstreckungen eines Gläubigers,
- gegen die Wirkungen der Insolvenz des Verpflichteten,
- gegen eine Haftungsbeschränkung seines Erben sowie
- gegen Rangänderung der Vormerkung und somit des einzutragenden Rechts.

Der Bestand der Vormerkung hängt vom Bestand des gesicherten Anspruchs ab. Sie entsteht nicht ohne ihn und erlischt mit ihm. Besteht der durch die Vormerkung gesicherte Anspruch nicht mehr, wird das Grundbuch unrichtig. Der Verpflichtete kann vom Berechtigten daher die Zustimmung zur Löschung verlangen. Existiert der gesicherte Anspruch nicht mehr bzw. ist seine Entstehung ausgeschlossen, so kann die Vormerkung auch von Amts wegen gelöscht werden.

---

[90] Vgl. Palandt, O. (2012), § 883 Rn. 8
[91] Vgl. Gerardy, T. (Hrsg.) et al. (02/2003), S. 5.2.8/5

6.4 Wiederkaufs- und Ankaufsrecht

6.4.1 Wiederkaufsrecht

Das Wiederkaufsrecht findet sich in der Praxis hauptsächlich als Instrument der Grundstückspolitik der öffentlichen Hand. Beispielhaft kann der Fall angeführt werden, dass gemeindeeigene Baugrundstücke mit der Auflage vergeben werden, dass innerhalb einer bestimmten Frist bauliche Anlagen zu Wohn- und/oder Gewerbezwecken gebaut werden müssen. Bei Nichteinhaltung der Auflage behält sich die Gemeinde durch die Einräumung eines Wiederkaufsrechts die Möglichkeit vor, die Grundstücke zurück zu erwerben. Soweit nichts anderes vereinbart ist, gilt als Wiederkaufpreis der ursprünglich bezahlte Kaufpreis ohne Berücksichtigung von Zinsen. Des Weiteren ist das Grundstück lastenfrei zurück zu übertragen. Das Wiederkaufsrecht ist in den §§ 456 ff. BGB gesetzlich geregelt. Beim Wiederkaufsrecht handelt es sich um kein dingliches Recht, sondern um eine schuldrechtliche Rechtsposition, die es dem Wiederkaufsberechtigten ermöglicht, ein bereits verkauftes Grundstück durch einseitige Erklärung zurück zu erwerben. Dieser Anspruch auf Rückübertragung wird regelmäßig dinglich durch Eintragung einer Vormerkung zugunsten des Wiederkaufsberechtigten gesichert.

6.4.2 Ankaufsrecht, Optionsrecht

Das Ankaufsrecht bzw. Optionsrecht räumt dem Berechtigten das Recht ein, unter gewissen Voraussetzungen durch einseitige Erklärung einen Kaufvertrag mit dem Verpflichteten zu bereits im Voraus festgelegten Bedingungen zur Entstehung zu bringen. Im Unterschied zum Vorkaufsrecht ist bei diesem Erwerbsrecht kein vorheriger Kaufvertrag mit einem Dritten notwendig, sondern der Eintritt von Umständen, die im Voraus zwischen den Beteiligten festgelegt werden. Durch das Ankaufsrecht soll der Verkäufer gebunden werden, während der Käufer frei entscheiden kann. Grundsätzlich ist dieses Recht durch notarielle Beurkundung zu vereinbaren und kann durch eine Vormerkung gemäß § 883 (1) BGB im Grundbuch abgesichert werden.

In der Praxis kommt es überwiegend in folgenden Ausgestaltungen vor:

- Ein einseitiges Vertragsangebot des Grundstückseigentümers, ein Grundstück zu den im Angebot festgelegten Bedingungen an einen bestimmten Erwerber zu verkaufen. Der Erwerber ist berechtigt, das Angebot zu den festgelegten Bedingungen durch einseitige notariell zu beurkundende Annahmeerklärung anzunehmen. Zur Sicherung des Erwerbers kann eine Vormerkung im Grundbuch eingetragen werden.
- Es wird ein aufschiebend bedingter Kaufvertrag geschlossen, dessen Wirksamkeit durch die spätere Ausübung des Erwerbsrechts durch den Käufer herbeigeführt wird. Im Rahmen des bedingten Kaufvertrages werden bereits sämtliche Regelungen fest vereinbart. Die Ausübungserklärung des Erwerbers kann dann – soweit nichts anderes vereinbart ist – formfrei erfolgen. Der Anspruch des Erwerbsberechtigten kann wiederum durch eine Vormerkung im Grundbuch gesichert werden.

6.5 Zusammenfassung

Erwerbsrecht	Vorkaufsrecht			Vormerkung § 883 BGB	Wiederverkaufsrecht §§ 456 ff. BGB	Ankaufsrecht nicht gesetzlich geregelt
	dinglich	schuldrechtlich	gesetzlich			
Rechtsnatur	Dingliches Recht, § 1094 ff. BGB	Schuldrechtlicher Anspruch, §§ 463 ff. BGB	Kein dingliches Recht, lediglich Inhaltsbestimmung des Eigentums, z.B. §§ 24 f. BauGB	Kein dingliches Recht, lediglich Sicherungsmittel eigener Art mit dinglicher Wirkung gegen Dritte	kein dingliches Recht, durch Vormerkung dinglich, abzusichernde Ausübungsmöglichkeit	Kein dingliches Recht, sondern durch Vormerkung dinglich abgesichertes Recht, ein Grundstück zu im Vorfeld vereinbarten Bedingungen zu erwerben.
Inhalt	Befugnis, eine bestimmte Sache zu denselben Bedingungen zu erwerben, die der Verkäufer in einem Kaufvertrag mit einem Dritten rechtswirksam vereinbart hat			Sicherung eines schuldrechtlichen Anspruchs auf Eigentumsänderung oder Eintragung einer Grunddienstbarkeit	Ausübungsmöglichkeiten für bedingte Kaufverträge	Annahme eines notariellen Verkaufsangebots oder Ausübungsmöglichkeit für einen aufschiebend bedingt geschlossenen Kaufvertrag
Begründung	Einigung und Grundbucheintrag	Vertrag und notarielle Beurkundung	Kraft Gesetz mit Eintritt des Verkaufsfalls	Einigung und Grundbucheintrag	Vertrag und notarielle Beurkundung	Bindendes notarielles Verkaufsangebot an einen bestimmten Erwerber, dass dieser annehmen kann oder Aufschiebend bedingt abgeschlossener Kaufvertrag. Der Kaufvertrag wird durch einseitige Erklärung des Begünstigten wirksam.
Löschung, Beendigung	Nach fristgemäßer Ausübung oder Eintritt vertraglich vereinbarter Tatbestände (z.B. Zeitablauf) bzw. bei dinglichem Verkaufsrecht: je nach Vereinbarung			Bei tatsächlichem Nichtbestehen der Vormerkung oder des Anspruchs	Nach Fristablauf, spätestens nach 30 Jahren, § 503 BGB	Bei Wegfall des Rechts des Erwerbsberechtigten entsprechend der Ausgestaltung des Erwerbsrechts
Anwendungsgegenstand/-bereich	Grundstück	Grundstücke und bewegliche Sachen	Grundstücke, Sicherung der geordneten städtebaulichen Entwicklung	Häufig: Auflassungsvormerkung	Grundstücks-/Siedlungspolitik der öffentlichen Hand	Grundstücke, bewegliche Sachen, Rechte, Gesellschaftsanteile

Abb. II 23: Zusammenfassung der Erwerbsrechte

7 Sicherungs- und Verwertungsrechte

7.1 Einordnung

Die Kreditsicherung mit Grundstücken wird meist durch die Eintragung von Sicherungs- und Verwertungsrechten im Grundbuch vollzogen. Zu den Pfandrechten an Grundstücken (Grundpfandrechte) zählen die Hypothek, die Grundschuld und die Rentenschuld. In besonderen Fällen kommt auch die Eintragung einer Reallast in Frage, insbesondere zur Absicherung von Zahlungen auf ein Altenteil oder einen Erbbauzins. Die Reallast, die zur Sicherung laufend wiederkehrender Leistungen dient, kann dabei als eine Mischform von Nutzungsrecht sowie Sicherungs- und Verwertungsrecht angesehen werden.

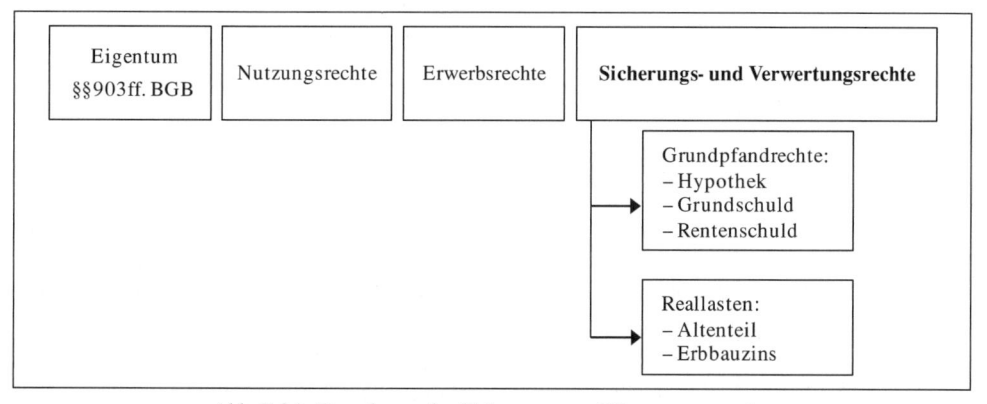

Abb. II 24: Einordnung der Sicherungs- und Verwertungsrechte

Eine gemeinsame Eigenschaft der Sicherungs- und Verwertungsrechte besteht in dem Anspruch auf Verwertung des belasteten Grundstücks. Dieser Anspruch ist auf die mit dem jeweiligen Recht begründete dingliche Schuld zurückzuführen. Das Gesetz beschreibt diese dingliche Schuld in den Definitionen der verschiedenen Sicherungsrechte jeweils mit dem Ausdruck, dass eine bestimmte Geldsumme „aus dem Grundstück" zu erbringen ist. Aus dieser Formulierung ergibt sich, dass der Eigentümer des belasteten Grundstücks aufgrund der Belastung nicht zur Zahlung verpflichtet ist, sondern dass die Substanz und die Nutzungen des Grundstücks selbst zugunsten des Berechtigten verwertet werden können. Die Verwertung der Substanz wird in der Zwangsversteigerung, die Verwertung der Nutzungen in der Zwangsverwaltung erreicht. Zwar bleibt der Schuldner der gesicherten Forderung daneben auch zur Zahlung verpflichtet. Diese Verpflichtung beruht aber nicht auf dem Grundpfandrecht bzw. der Reallast, sondern allein auf einer daneben bestehenden schuldrechtlichen Vereinbarung (z. B. einem Darlehensvertrag), die durch die Sicherungs- und Verwertungsrechte gesichert ist. Aus dem Sicherungs- und Verwertungsrecht folgt allein die Verpflichtung des Eigentümers, das belastete Grundstück zur Verwertung zur Verfügung zu stellen und diese Verwertung zu dulden. Der Eigentümer kann die Vollstreckung in sein Grundstück aber durch eine freiwillige Zahlung abwenden. Gesicherte Forderung und Sicherungsrecht stehen somit in einem engen Zusammenhang, sind aber grundsätzlich voneinander zu unterscheiden, insbesondere wenn es um die Vollstreckung des Gläubigers geht. Der Schuldner aus dem Schuldverhältnis muss bei derartigen Sicherungsgeschäften nicht identisch mit dem Grundstückseigentümer sein.[92]

Beispiel: Der Grundstückseigentümer A schließt mit der Bank B einen Darlehensvertrag ab; hierfür verlangt B eine Sicherheit. A räumt der Bank ein Grundpfandrecht auf seinem Grundstück ein. Zahlt A sein Darlehen nicht zurück, kann die Bank B ihn auf Zahlung verklagen. Das Urteil stellt einen Vollstreckungstitel dar, mit dem die Bank in das gesamte Vermögen des A vollstrecken kann. Die Bank B kann aber auch auf das Grundpfandrecht zurückgreifen. Auch hierzu benötigt sie einen (dinglichen) Titel, der ihr erlaubt, die Zwangsversteigerung oder Zwangsverwaltung durchzuführen. Eine Klage ist in beiden Fällen nicht erforderlich, wenn die Bank bereits über einen vollstreckbaren Titel gegen A verfügt. Ein solcher Titel kann beispielsweise auch in der Grundschuldbestellungsurkunde enthalten sein.

Alternativ kann A zur Sicherung seines Darlehens auch durch C ein Grundpfandrecht an dessen Grundstück bestellen lassen. In diesem Fall kann die Bank B Zahlung des Darlehens nur von A verlangen. Zahlt A nicht, kann sie – einen entsprechenden Vollstreckungstitel vorausgesetzt – von C verlangen, dass dieser sein Grundstück zur Zwangsvollstreckung zur Verfügung stellt. C ist hingegen nicht zur Tilgung des Darlehens verpflichtet. Will C den Verlust seines Grundstücks vermeiden, kann er der Bank aber den entsprechenden Geldbetrag zahlen.

7.2 Grundpfandrechte

7.2.1 Wesen und Form

Die Grundpfandrechte stellen eine Belastung des Grundstückseigentums dar, die auch bei einer Veräußerung des Grundstücks bestehen bleibt. Will der Eigentümer das Grundstück lastenfrei, also ohne das Grundpfandrecht verkaufen, benötigt er die Zustimmung des Grundpfandgläubigers (in Form einer Löschungsbewilligung). Andernfalls erhält der Erwerber das Grundstück mit der dinglichen Belastung und bleibt seinerseits verpflichtet, bei Eintritt des Sicherungsfalls die Verwertung des Grundstücks zu dulden. Durch diese Einschränkung des Eigentums definieren sich Grundpfandrechte als beschränkte dingliche Rechte. Die restlichen Befugnisse an dem Grundstück stehen weiterhin dem Eigentümer zu.

Im Gegensatz zu den Pfandrechten an beweglichen Sachen (Faustpfandrechten) befindet sich der „Gegenstand" des Grundpfandrechtes nicht im Besitz des Gläubigers. Dadurch wird die Erwirtschaftung der für die Zins- und Tilgungsleistung erforderlichen Mittel aus dem Grundstück für den Eigentümer möglich.[93] Um die vom Gesetz geforderte Erkennbarkeit der Verpfändung auch ohne den Besitzübergang sicherzustellen, ist neben der Einigung zwischen Eigentümer und Gläubiger über die Bestellung des Grundpfandrechts auch dessen Eintragung in Abteilung III des Grundbuchs des belasteten Grundstücks erforderlich. Grundlage der Eintragung ist eine Bewilligungserklärung, die der Eigentümer in notarieller Form abgeben muss. Nach der gesetzlichen Regelung wird zu dem Grundpfandrecht ein Brief (Grundschuldbrief oder Hypothekenbrief) gebildet, wenn Eigentümer und Gläubiger hierauf nicht verzichten. Bei einem Grundpfandrecht ohne nähere Bezeichnung handelt es sich deshalb stets um ein Briefrecht. Soll die Erteilung eines Briefes ausgeschlossen sein, ist dies ebenfalls im Grundbuch zu vermerken. Es handelt sich dann um ein sog. „Buchgrundpfandrecht". Diese Unterscheidung hat Auswirkungen auf die Übertragung des Grundpfandrechts. Ein Buchgrundpfandrecht wird durch Abtretungserklärung des bisherigen Gläubigers an den neuen Gläubiger und Eintragung der Abtretung im Grundbuch übertragen. Die

---

[92] Vgl. Will, H. (2001), S. 949
[93] Vgl. ebenda, S. 948 f.

Übertragung eines Briefgrundpfandrechts erfolgt durch Abtretungserklärung und Übergabe des Grundschuldbriefes an den neuen Gläubiger. Die Übertragung kann somit außerhalb des Grundbuches erfolgen, die Mitwirkung eines Notars ist – anders als beim Buchgrundpfandrecht – nicht erforderlich. Das Briefgrundpfandrecht kann dadurch einfacher und auch günstiger übertragen werden als ein Buchgrundpfandrecht. Dies bedeutet aber gleichzeitig, dass bei einem Briefgrundpfandrecht aus dem Grundbuch nicht zuverlässig ersichtlich ist, wer Inhaber des Grundpfandrechts ist. Diese Information ergibt sich nur aus dem Grundpfandbrief.

7.2.2 Arten

Folgende Grundpfandrechte lassen sich unterscheiden:

Als Grundform der Grundpfandrechte regelt das Gesetz die **Hypothek**. Gemäß §§ 1113–1190 BGB hat der Hypothekengläubiger das Recht, aus dem Grundstück die Zahlung eines bestimmten Geldbetrages zur Befriedigung einer ihm zustehenden Forderung zu verlangen. Auch für künftige oder bedingte Forderungen kann eine Hypothek bestellt werden. Entscheidende Voraussetzung dieses beschränkten dinglichen Rechts ist somit das Bestehen einer Forderung. Eine Hypothek entsteht nur, wenn ihr eine zu sichernde Forderung zugrunde liegt. Fehlt die Forderung von Beginn an, oder wird sie später getilgt, erlischt die Hypothek jedoch nicht, sondern fällt automatisch als Grundschuld dem Grundstückseigentümer zu. Hypothek und Grundschuld können also ineinander umgewandelt werden. Im Hinblick auf die Verwertung erstreckt sich der Gläubigeranspruch lediglich auf den aktuellen Forderungsbestand und nicht auf den ursprünglich eingetragenen Hypothekenbetrag. Bei einer Tilgung der gesicherten Forderung in Raten entsteht entsprechend schrittweise eine teilweise Eigentümergrundschuld. Die Abhängigkeit vom Bestehen der Forderung wird als „Akzessorietät" bezeichnet. Trotz dieser Verbindung bleibt es aber dabei, dass Hypothek und gesicherte Forderung zwei verschiedene Rechte darstellen. Nach Erfüllung der Forderung hat der nachrangige Gläubiger im Grundbuch einen Anspruch gegen den Eigentümer auf Löschung des Grundpfandrechts (gesetzlicher Löschungsanspruch gemäß § 1179a BGB) und somit Aktualisierung der Rangverhältnisse. Zudem kann die Hypothek auch aufgehoben werden, wofür die Aufhebungserklärung des Berechtigten, die Zustimmung des Grundstückseigentümers und die Löschung im Grundbuch erforderlich sind.[94]

Gemäß §§ 1191–1198 BGB belastet die **Grundschuld** ein Grundstück in der Weise, dass dem Inhaber der Grundschuld aus dem Grundstück ein bestimmter Geldbetrag zu bezahlen ist. Dabei setzt die Grundschuld das Bestehen einer Forderung nicht voraus, d.h. die Grundschuld steht dem Gläubiger unabhängig davon zu, ob eine gesicherte Forderung besteht oder nicht. Diese Abstraktheit der Grundschuld bildet den Hauptunterschied zur Hypothek, die an das Bestehen einer Forderung gebunden ist.[95] Die Grundschuld stellt somit ihrem Wesen nach kein eigentliches Sicherungsrecht dar, sondern gewährt dem Gläubiger einen Anspruch aus dem Grundstück, unabhängig von einer zu sichernden Forderung. Für die Grundschuld finden die gesetzlichen Regelungen der Hypothek nur soweit Anwendung, wie sie nicht auf der Akzessorietät zu einer gesicherten Forderung beruhen. Um zur Absicherung eines Kreditgeschäfts eine Verknüpfung zwischen der Forderung und der Grundschuld herzustellen, bedarf es eines besonderen schuldrechtlichen Vertrags, genannt Sicherungsabrede, Sicherungsvertrag, Zweckabrede oder auch Zweckerklärung. Darin vereinbaren der Grundstückseigentümer (der häufig mit dem Kreditnehmer identisch sein wird, dies aber

---

[94] Vgl. ebenda,, S. 951
[95] Vgl. Rauch, W./Zimmermann, S. (1998), S. 243

nicht sein muss) und der Grundschuldgläubiger, dass und in welchem Umfang die Grundschuld zur Sicherung einer (= enge Sicherungsabrede) oder mehrerer (= weite Sicherungsabrede) Forderungen dienen soll. Die Grundschuld wird damit zur Sicherungsgrundschuld. Der Gläubiger ist aufgrund des Sicherungsvertrags nur noch berechtigt, die Grundschuld in dem Umfang in Anspruch zu nehmen, wie es zur Sicherung seiner Forderung nötig ist. Er darf insbesondere die Zwangsvollstreckung aus der Grundschuld nur dann betreiben, wenn die gesicherte Forderung fällig ist. Diese Verknüpfung mit einer Forderung bleibt jedoch deutlich flexibler als bei einer Hypothek, die gesicherte Forderung kann ausgetauscht oder auch unabhängig von der Grundschuld abgetreten werden. Die Grundschuld wird durch Abtretung des dinglichen Rechts, die Forderung durch formlosen Abtretungsvertrag übertragen. Durch eine solche isolierte Grundschuldabtretung könnte der Grundstückseigentümer in Gefahr kommen, dem Erwerber der Grundschuld aus dinglicher Sicht in vollem Umfang zu haften, während zugleich auch der Kreditgeber Zahlung der nicht mit abgetretenen Forderung verlangen könnte. Um diese Gefahr zu vermeiden, erstreckt das Gesetz die Wirkung des Sicherungsvertrags auch auf den neuen Gläubiger. Der Eigentümer ist berechtigt, dem neuen Gläubiger sämtliche Einreden aus dem Sicherungsvertrag entgegenzuhalten. Zu diesen Einreden gehört auch das Nichtentstehen oder die Tilgung der gesicherten Forderung. Ist also der Kredit bereits zurückgezahlt, kann auch der neue Gläubiger der Grundschuld, der diesen Kredit nicht mit übernommen hat, nicht mehr aus der Grundschuld vollstrecken.

Anhand des mit der Grundschuld verfolgten Zwecks und dem Verhältnis zwischen Gläubiger und Schuldner können folgende Unterarten der Grundschuld unterschieden werden:[96]

- Sicherungsgrundschuld: Dient zur Sicherung eines gewährten oder zwar versprochenen, aber noch nicht ausgezahlten Kredits.
- Fremdgrundschuld: Sicherungsgeber und Sicherungsnehmer stellen nicht ein und dieselbe Person dar.
- Eigentümergrundschuld: Der Eigentümer des Grundstücks ist zugleich Gläubiger der Grundschuld. Kann dem Eigentümer als Absicherung zur späteren Kreditaufnahme (Vorratsgrundschuld) oder zur eigenen Rangsicherung dienen. Eine Eigentümergrundschuld entsteht automatisch, wenn die durch eine Hypothek gesicherte Forderung getilgt wird.
- Einzelgrundschuld: Grundschuld an einem Flurstück; jedes mit einer Einzelgrundschuld belastete Flurstück muss erst bewertet werden, um die Wertgrenze zu ermitteln, bis zu der eine Belastung sinnvoll erscheint. Auch wenn eine Forderung durch mehrere Einzelgrundschulden gesichert wird, ist keine einheitliche Verwertung der betroffenen Flurstücke möglich, vielmehr muss jede Grundschuld gesondert betrachtet werden; ein Fehlbetrag bei Verwertung einer Einzelgrundschuld kann nur dann bei Verwertung der übrigen Einzelgrundschulden kompensiert werden, wenn die übrigen Grundschulden einen ausreichend hohen Wert aufweisen.
- Gesamtgrundschuld: Gemeinsame Grundschuld an mehreren Flurstücken; im Grundbuch wird ein Mithaftvermerk eingetragen; jedes belastete Flurstück haftet für den vollen Grundschuldbetrag; der Gläubiger kann frei wählen, in welche Flurstücke er vollstreckt, der Grundschuldbetrag steht ihm jedoch nur einmal zu.

In der Kreditsicherungspraxis in Deutschland steht die Grundschuld im Vergleich zur Hypothek deutlich im Vordergrund. Sie hat die Hypothek fast vollständig verdrängt. Aufgrund der Unabhängigkeit vom Bestehen und der Höhe der Forderung gilt die Grundschuld als ein flexibleres Sicherungsinstrument. Für die inzwischen üblichen kürzeren Zinslaufperioden bei Kreditgeschäften

---

[96] Vgl. Gablenz, K. B. (2000), S. 258

und somit häufig geänderten Kredittranchen stellt sich die Hypothek durch die jeweils notwendigen neuen Grundbucheintragungen als zu statisch und gebührenintensiv dar.[97] Die vergleichsweise knappen gesetzlichen Vorschriften zur Grundschuld wurden durch die Kreditpraxis und die Rechtsprechung ergänzt und ausgestaltet. Zwar wird der konkrete Inhalt einer Sicherungsgrundschuld ganz maßgeblich durch den Sicherungsvertrag bestimmt. Inzwischen sind die von den Gerichten gemachten Vorgaben und Grenzen zur Gestaltung dieses Sicherungsvertrages aber so weitgehend akzeptiert, dass sich – ungeachtet von Abweichungen im Einzelfall – eine typische Gestaltung der Sicherungsgrundschuld herausgebildet hat, die den Grundstückseigentümer vor einer unberechtigten Inanspruchnahme seines Grundstücks schützt.

Bei der **Rentenschuld** handelt es sich um eine besondere Art der Grundschuld. Die Grundschuld verpflichtet zur (einmaligen) Zahlung einer bestimmten Geldsumme aus dem Grundstück. Gemäß §§ 1199–1203 BGB belastet die Rentenschuld dagegen ein Grundstück in der Weise, dass zu regelmäßig wiederkehrenden Terminen eine bestimmte Geldsumme aus dem Grundstück zu zahlen ist. Die Zahlung ist demnach nicht auf eine einmalige Summe gerichtet, sondern auf regelmäßig wiederkehrenden Leistungen in vorbestimmter Höhe zu festgesetzten Terminen.[98] Von der Reallast unterscheidet sich die Rentenschuld dadurch, dass ausschließlich die Zahlung eines Geldbetrags verlangt werden kann (die Reallast kann auch sonstige Leistungen zum Gegenstand haben) und dass die Wiederkehr der Zahlungen regelmäßig erfolgen muss. Im Grundbuch muss ein Kapitalbetrag eingetragen sein, durch dessen Zahlung der Grundstückseigentümer die Rentenschuld ablösen kann.

Die Rentenschuld findet nur in seltenen Fällen Anwendung.[99] In der Praxis wird an ihrer Stelle meist eine Reallast bestellt.

7.3 Reallast

7.3.1 Inhalt und Abgrenzung

Die Reallast stellt gemäß §§ 1105–1112 BGB die dingliche Belastung eines Grundstücks in der Weise dar, dass dem Berechtigten wiederkehrende Leistungen aus dem belasteten Grundstück zustehen. Im Gegensatz zu den Dienstbarkeiten begründet dieses Recht jedoch kein dauerndes Nutzungsrecht an dem Grundstück. Anders als bei einer Dienstbarkeit steht nicht die Duldung einer Nutzung durch den Berechtigten im Vordergrund, sondern die wiederkehrende Leistung aus dem Grundstück. Der Reallastberechtigte lässt sich das Gewollte geben, der Dienstbarkeitsberechtigte darf es sich nehmen.[100] Gegenstand einer Reallast können neben Geldzahlungen auch alle möglichen anderen Leistungen sein, beispielsweise die Lieferung von Naturalien, Energie, Wasser, Wärme oder auch die Gewährung einer Wohnmöglichkeit oder die Erbringung von Diensten.[101]

Beispiel: Der Grundstückseigentümer A gewährt dem Unternehmer B durch eine beschränkte persönliche Dienstbarkeit das Recht zur Kiesgewinnung aus seinem Grundstück. A muss lediglich dulden, dass B auf das Grundstück kommt und dort auf seine eigenen Kosten Kies abbaut und entfernt. Bewilligt A dem B jedoch die Kiesausbeutung durch eine Reallast, so *muss* A die vereinbarte Menge Kies auf seine eigenen Kosten gewinnen und an B liefern. B hat dem Grundstück des A fernzubleiben.

---

[97] Vgl. Will, H. (2001), S. 953 f.
[98] Vgl. Palandt, O. (2012), § 1199 Rn. 2
[99] Vgl. Will, H. (2001), S. 953
[100] Vgl. Palandt, O. (2012), vor § 1105 Rn. 3
[101] Vgl. ebenda, § 1105, Rn. 4

Die vereinbarte Leistung muss jedoch nicht zwingend aus dem belasteten Grundstück erbracht werden. Besonders deutlich wird dies, wenn durch die Reallast eine Geldforderung abgesichert wird. Der Eigentümer genügt seiner Verpflichtung auch, wenn er den zu zahlenden Geldbetrag nicht aus dem Grundstück erwirtschaftet, sondern auf anderem Wege. Die Reallast erlaubt dem Berechtigten aber, wegen seines Anspruchs auf die jeweiligen Leistungen in das Grundstück zu vollstrecken. Die Reallast ist also weniger den Nutzungsrechten als den Sicherungs- und Verwertungsrechten zuzuordnen.

7.3.2 Form und Haftung

Die Reallast entsteht durch Einigung und Eintragung in Abteilung II des Grundbuchs des belasteten Grundstücks. Sie kann zeitlich befristet oder unbefristet bestellt werden und auch vererbt und übertragen werden, soweit dies vertraglich nicht ausgeschlossen ist. Löschung kann durch einseitige Erklärung des Berechtigten, durch den Tod des Berechtigten, durch den Zuschlag bei der Zwangsversteigerung, durch Zeitablauf und nach Eintritt einer auflösenden Bedingung erfolgen.[102]

Hinsichtlich der Haftung ist die dingliche Belastung (Stammrecht, Grundlage der Leistungen) von der persönlichen Haftung für jede Einzelleistung zu unterscheiden. Während der Grundstückseigentümer für das Stammrecht nur mit dem Grundstück haftet, erfasst gemäß § 1108 (1) BGB die Haftung für die Entrichtung der Einzelleistung das gesamte Vermögen des Eigentümers. Letzteres ist aus dem Begleitschuldverhältnis als schuldrechtliche Verpflichtung abzuleiten, das von Gesetzes wegen entsteht, aber vertraglich eingegrenzt oder ganz ausgeschlossen werden kann.[103]

Daneben besteht die persönliche Haftung des Verpflichteten für eine durch die Reallast gesicherte persönliche Forderung.

Beispiel: A übernimmt gegenüber seiner Mutter eine monatliche Rentenverpflichtung (persönliche Forderung), die durch eine Reallast gesichert wird.

7.3.3 Formen der Reallast

Neben den oben genannten Ausgestaltungen nimmt die Reallast in folgenden Fällen praktische Bedeutung ein:

Das sog. **Altenteil oder Leibgedinge** ist kein einheitliches Recht, sondern stellt eine Vielzahl von Nutzungen und Leistungen dar, die aus und auf einem Grundstück zu gewähren sind. Es dient der regelmäßig langfristigen, meist lebenslänglichen und persönlichen Versorgung des Berechtigten und bezweckt eine Verknüpfung mit einem Grundstück. Das Altenteil stammt aus dem bäuerlichen Wirtschaftsleben, wo es häufig im Zusammenhang mit Hofübergaberegelungen bestellt wird. Meist wird das Altenteil durch eine beschränkte persönliche Dienstbarkeit, eine Reallast, einen Nießbrauch oder eine Kombination dieser Rechte dargestellt bzw. abgesichert. Die Reallast sichert dabei die Verpflichtung zu Pflege- und Sachleistungen oder zu einer monatlichen Rentenzahlung. Gemäß § 49 GBO kann dieses Recht unter dem Sammelbegriff „Altenteil" im Grundbuch eingetragen werden. Durch die Bezugnahme auf die Eintragungsbewilligung wird dieser Begriff mit Inhalt gefüllt.[104]

Sicherung von Erbbauzinsen durch Reallast, siehe Themenbereich Erbbaurecht.

---

[102] Vgl. Gablenz, K. B. (2000), S. 147 ff.
[103] Vgl. Gerardy, T. (Hrsg.) et al. (02/2003), S. 5.2.6/1
[104] Vgl. Hintzen, U. (2000), S. 51

7.4 Zusammenfassung

Sicherungs- und Verwertungs- recht	Grundpfandrecht §§ 1113–1203 BGB			Reallast §§ 1105–1112 BGB	
	Hypothek §§ 1113–1190 BGB	Grundschuld §§ 1191–1198 BGB	Rentenschuld §§ 1199–1203 BGB	Allgemein	Altenteil
Rechtsnatur	Beschränktes dingliches Recht				Zusatz: Kombination aus Dienstbarkeit und Reallast
Inhalt	Berechtigt den Gläubiger, die Zahlung eines bestimmten Geldbetrages aus dem Grundstück zu verlangen, an Bestand und Höhe einer Forderung gebunden	Berechtigt den Gläubiger, die Zahlung eines bestimmten Geldbetrages aus dem Grundstück zu verlangen, nicht an Bestand und Höhe einer Forderung gebunden	Unterart der Grundschuld, berechtigt den Gläubiger, die Zahlung von bestimmten Geldbeträgen zu regelmäßig wiederkehrenden Terminen aus dem Grundstück zu verlangen	Recht auf wiederkehrende Leistungen aus dem Grundstück, speziell beim Altenteil: Recht auf leibliche, persönliche, lebenslange Versorgung in Verbindung mit Sachleistungen/ monatlicher Rentenzahlung	
Begründung	Einigung und Eintragung in Abteilung III im Grundbuch des belasteten Grundstücks, im Regelfall Briefform, Voraussetzung bei Hypothek: Bestehen einer Forderung			Einigung und Eintragung in Abteilung II im Grundbuch des belasteten Grundstücks	
Übertragung	Mittels Abtretungserklärung und Briefübergabe (bei Briefgrundpfandrecht) oder Änderung im Grundbuch (bei Buchgrundpfandrecht)			Einigung und Eintragung	
Löschung	Eventuell nach Rückzahlung der Forderung (Eigentümerhypothek/Eigentümergrundschuld), auf Verlangen nachrangiger Gläubiger (§ 1179a BGB) bei Zuschlag in der Zwangsversteigerung, Folge: Anspruch auf Berichtigung des Grundbuches.			Aufhebung, Ablösung, Zwangsversteigerung	Durch Tod des Berechtigten, Aufhebung

Abb. II 25: Zusammenfassung der Sicherungs- und Verwertungsrechte

7.5 Annex: Zwangsvollstreckung

7.5.1 Allgemeine Grundlagen

In der Zwangsvollstreckung verwirklicht sich der Zweck der Sicherungs- und Verwertungsrechte. Die Zwangsvollstreckung dient zur Sicherung und Durchsetzung privatrechtlicher Ansprüche des Gläubigers gegenüber dem Schuldner mithilfe staatlicher Machtmittel. Das Zwangsversteigerungsgesetz sowie die Zivilprozessordnung stellen hierfür die notwendigen Regelwerke dar.[105]

In der Praxis der Immobiliarvollstreckung sind drei Vollstreckungsarten zu unterscheiden, wobei der Zwangsversteigerung zentrale Bedeutung zukommt. Durch die Zwangsverwaltung können wiederkehrende Zahlungen erzielt werden. Die Eintragung einer Zwangshypothek ist nur in Fällen sinnvoll, in denen dem Gläubiger nicht bereits ein Grundpfandrecht an dem betroffenen Grundstück zusteht, da die Zwangshypothek keine über ein rechtsgeschäftlich bestelltes Grundpfandrecht hinausgehenden Rechte gewährt. Zur Einordnung der verschiedenen Vollstreckungsarten dient Abb. II 26.

Diese drei Arten können in Kombination oder unabhängig voneinander, von einem oder mehreren Gläubigern betrieben werden. Kombiniert ein Gläubiger alle drei Arten, so sichert er sich durch die Zwangshypothek seinen Rang, durch die Zwangsverwaltung die Grundstückserträge bis zur Versteigerung und durch die Zwangsversteigerung den Versteigerungserlös nach erfolgreicher Versteigerung.

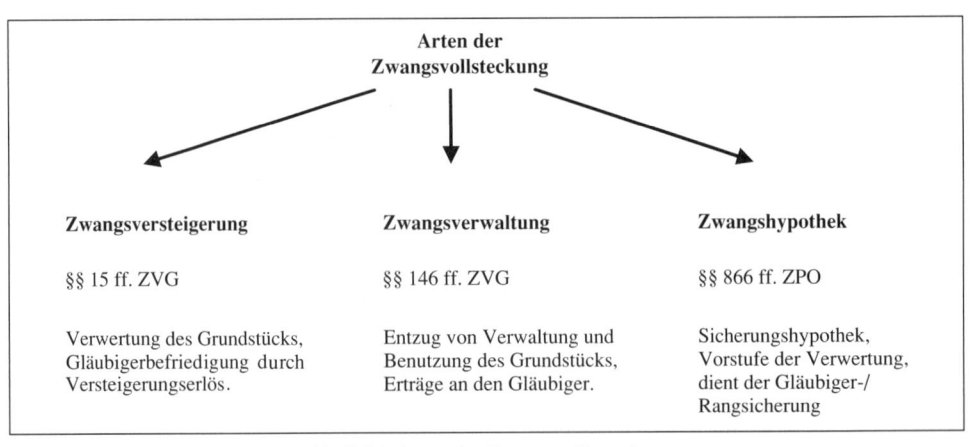

Arten der Zwangsvollstreckung		
Zwangsversteigerung	**Zwangsverwaltung**	**Zwangshypothek**
§§ 15 ff. ZVG	§§ 146 ff. ZVG	§§ 866 ff. ZPO
Verwertung des Grundstücks, Gläubigerbefriedigung durch Versteigerungserlös.	Entzug von Verwaltung und Benutzung des Grundstücks, Erträge an den Gläubiger.	Sicherungshypothek, Vorstufe der Verwertung, dient der Gläubiger-/Rangsicherung

Abb. II 26: Arten der Zwangsvollstreckung

Allgemeine Grundsätze der Zwangsvollstreckung:

- Vollstreckungsorgane werden nur auf Antrag des Gläubigers oder eines bereits bestellten Zwangsverwalters tätig, nie von Amts wegen.[106]
- Ein Vollstreckungstitel ist unverzichtbare Voraussetzung jeder Zwangsvollstreckung.
- Sachlich zuständig ist das Amtsgericht als Versteigerungsgericht, örtlich zuständig ist das Amtsgericht, in dessen Bezirk das Grundstück gelegen ist.

---

[105] Vgl. Becker, U. (2001), S. 1082
[106] Vgl. Walter, G. (2001), S. 65

- Gegenstände der Immobiliarvollstreckung sind Grundstücke (im grundbuchrechtlichen Sinn), Wohnungseigentum und andere grundstücksgleiche Rechte (insbesondere Erbbaurechte); mit erfasst werden das Grundstückszubehör, evtl. Forderungen.
- Bei öffentlich-rechtlichen Ansprüchen (z. B. von Finanzamt, Gerichtskasse, Kommune) gegen den Bürger gelten die Bestimmungen der ZPO und des ZVG nicht unmittelbar, sondern die Verwaltungsvollstreckungsgesetze des Bundes und der Länder bzw. spezialgesetzliche Regelungen (z. B. §§ 249 ff. der Abgabenordnung für Steuerschulden). Diese verweisen für die Durchführung der Immobilienvollstreckung jedoch regelmäßig auf die Bestimmungen des ZVG.[107]

Nachfolgend wird die Zwangsvollstreckung im Wege der *Zwangsversteigerung* näher dargestellt, die in der Praxis die größte Bedeutung hat.

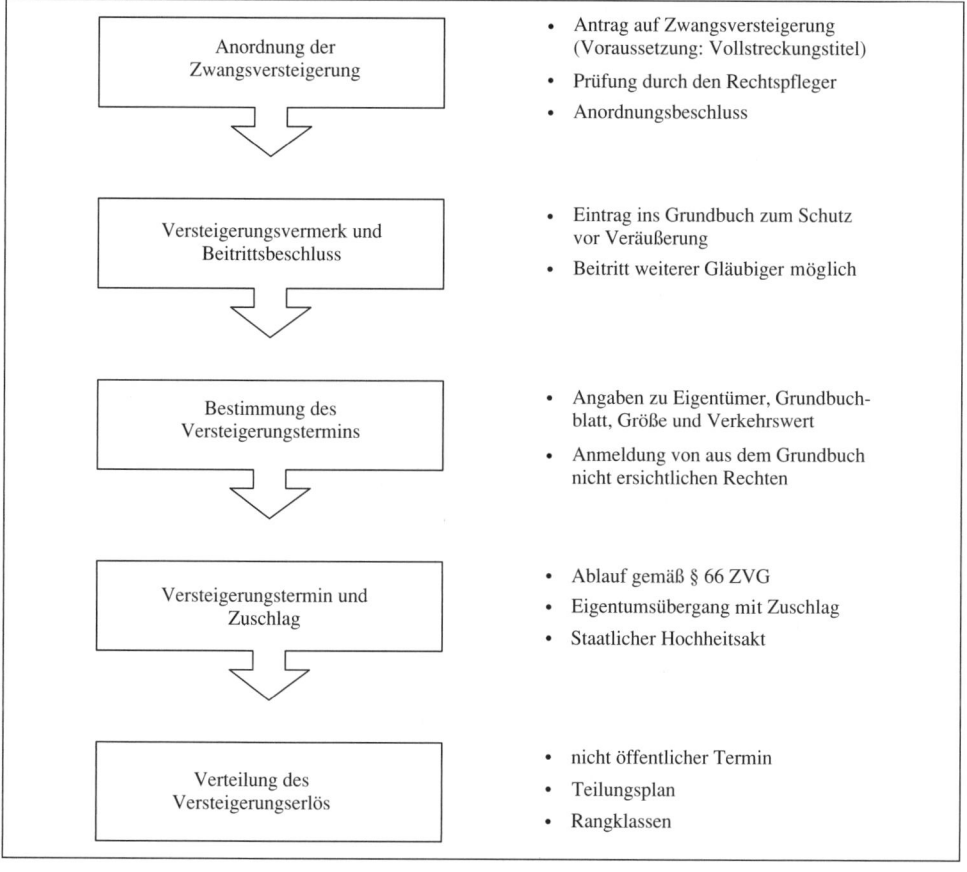

7.5.2 Ablauf und Inhalt der Zwangsversteigerung

Das Verfahren gliedert sich in verschiedene Abschnitte, die in einer Übersicht kurz zusammengefasst werden (vgl. Abb. II 27).

Anordnung der Zwangsversteigerung	• Antrag auf Zwangsversteigerung (Voraussetzung: Vollstreckungstitel) • Prüfung durch den Rechtspfleger • Anordnungsbeschluss
Versteigerungsvermerk und Beitrittsbeschluss	• Eintrag ins Grundbuch zum Schutz vor Veräußerung • Beitritt weiterer Gläubiger möglich
Bestimmung des Versteigerungstermins	• Angaben zu Eigentümer, Grundbuchblatt, Größe und Verkehrswert • Anmeldung von aus dem Grundbuch nicht ersichtlichen Rechten
Versteigerungstermin und Zuschlag	• Ablauf gemäß § 66 ZVG • Eigentumsübergang mit Zuschlag • Staatlicher Hoheitsakt
Verteilung des Versteigerungserlös	• nicht öffentlicher Termin • Teilungsplan • Rangklassen

Abb. II 27: Ablauf und Inhalt der Zwangsversteigerung

---

[107] Vgl. Becker, U. (2001), S. 1083 ff.

7.5.3 Verfahrensgrundsätze

Im Rahmen des Zwangsversteigerungsverfahrens sind folgende Begrifflichkeiten, Verfahrensrichtlinien sowie Versteigerungsbedingungen zu berücksichtigen:
- Rangstelle, Rangklasse,
- Deckungsgrundsatz, Übernahmeprinzip,
- Geringstes Gebot, Meistgebot, Mehrgebot, Bargebot, Mindestgebot,
- $^5/_{10}$-Grenze, $^7/_{10}$-Antrag,
- Sicherheitsleistung,
- Zinsforderung.

Bei der Durchsetzung und Verwertung der Grundpfandrechte kommt es auf die Rangstelle des Rechts im Grundbuch an. Die verschiedenen im Grundbuch eingetragenen Belastungen sind nicht gleichberechtigt, sondern stehen in einem eindeutigen Rangverhältnis. Es kann dabei aber auch der Gleichrang mehrerer Belastungen vereinbart werden. Jeder Gläubiger ist bestrebt, seine Forderungen an möglichst günstiger Rangstelle abzusichern. Durch vorrangige Eintragungen in Abteilung II oder III vermindert sich die Werthaltigkeit der nachrangigen Rechte. Sind die Rechte in derselben Abteilung im Grundbuch eingetragen, so bestimmt sich das Rangverhältnis nach der Reihenfolge der Eintragung. Das Rangverhältnis von Rechten in unterschiedlichen Abteilungen wird durch das Datum der Eintragung festgelegt.[108] Von diesem Rangverhältnis zu unterscheiden sind die Rangklassen im Rahmen der Zwangsvollstreckung in das Grundstück. Diese Rangklassen, die in § 10 ZVG bestimmt werden, haben Bedeutung für die Verteilung des Versteigerungserlöses. Ansprüche aus dinglichen Belastungen des Grundstücks werden grundsätzlich in die Rangklasse 4 eingeordnet. Innerhalb dieser Rangklasse ist für die Verteilung des Versteigerungserlöses dann wieder das Rangverhältnis im Grundbuch maßgeblich. Bevor also der erstrangige Gläubiger eines dinglichen Rechts aus dem Versteigerungserlös bedient wird, sind zunächst die Ansprüche aus den Rangklassen 0–3 (insbesondere Verfahrenskosten, Vorschuss des Gläubigers zur Erhaltung des Grundstücks, Lohnansprüche der Angestellten bei land- und forstwirtschaftlichem Grundstück, Grundsteuer) zu begleichen. Gläubiger, deren Recht im Grundbuch einen schlechteren Rang einnimmt, werden erst aus dem dann noch verbleibenden Erlös befriedigt. Ist das Grundstück mit zu vielen Rechten belastet, können nachrangige Gläubiger auch leer ausgehen. Zinsen auf Grundpfandrechte, die älter als drei Jahre sind, stehen in der Rangklasse 8.

Das geringste Gebot bestimmt die Höhe, die ein Gebot in der Zwangsversteigerung mindestens haben muss. Es errechnet sich abhängig vom Rang des Rechts, das ein die Zwangsvollstreckung betreibender Gläubiger innehat, und entspricht dem Wert aller dem betreibenden Gläubiger vorgehenden Rechte und Kosten. Betreibt der Gläubiger einer im Grundbuch im ersten Rang eingetragenen Grundschuld die Zwangsversteigerung, wird nur ein Gebot zugelassen, durch das die Rechte und Kosten aus Rangklasse 0–3 gedeckt werden. Steht dem betreibenden Gläubiger nur ein Grundpfandrecht im zweiten oder dritten Rang zu, muss außerdem noch der Wert der vorgehenden Rechten aus Rangklasse 4 gedeckt werden. Durch das Gebot in der Zwangsversteigerung muss also der Wert aller Rechte abgedeckt werden, die dem jeweils betreibenden Gläubiger vorgehen (Deckungsgrundsatz), § 44 ZVG. Dabei werden die im geringsten Gebot zu berücksichtigenden Rechte der Rangklasse 4 vom Erwerber übernommen, sind also nicht bar abzudecken (Übernahmeprinzip), § 52 ZVG.

---

[108] Vgl. Palandt, O. (2012), § 879 Rn. 9

Neben dem geringsten Gebot gibt es zahlreiche weitere Begriffe, mit denen verschiedene Aspekte des in der Versteigerung abgegebenen Gebots bezeichnet werden. Hierbei handelt es sich aber jeweils nur um Rechengrößen; die Interessenten können nicht etwa wählen, welches dieser Gebote sie im Versteigerungstermin abgeben. Das Meistgebot bezeichnet das höchste abgegebene Gebot. Das Mehrgebot ergibt sich aus der Differenz zwischen dem Meistgebot und dem geringsten Gebot. Das Bargebot bezeichnet den Betrag, den der Ersteher des Grundstücks unmittelbar zu zahlen hat. Es setzt sich zusammen aus dem in § 49 ZVG beschriebenen Teil des geringsten Gebots, der in bar abzudecken ist (= Mindestbargebot), und dem Mehrgebot. Die im geringsten Gebot berücksichtigten Rechte, die aufgrund des Übernahmeprinzips vom Ersteher übernommen werden, sind nicht Teil des Bargebots. Da diese Rechte bestehen bleiben, sind sie nicht durch eine Zahlung abzulösen. Zu berücksichtigen ist, dass das im Versteigerungstermin abgegebene Gebot stets ein Bargebot darstellt. Der Ersteher muss sich also darüber im Klaren sein, dass er zusätzlich zu seinem Gebot auch noch die Belastung aus den bestehen bleibenden, im Grundbuch vorrangig eingetragenen Rechten übernimmt. Ein Gläubiger, der bei Nichtzahlung des Bargebots beeinträchtigt würde, kann sofort nach Abgabe des Gebots vom Bieter eine Sicherheitsleistung in Höhe von $1/10$ des Verkehrswerts verlangen.

Erreicht das Meistgebot nicht $7/10$ des Verkehrswertes (= Mindestgebot) kann gemäß § 74a ZVG auf Antrag der Zuschlag versagt werden. Bleibt das Meistgebot unter $5/10$ des Verkehrswertes, so muss gemäß § 85a ZVG das Versteigerungsgericht von Amts wegen den Zuschlag versagen. Diese Wertgrenzen gelten aber nur im ersten Versteigerungstermin, in einem weiteren Termin finden sie keine Anwendung, sofern sie im ersten Termin den Zuschlag verhindert haben.

Bei einer Grundschuld können neben dem Kapitalbetrag auch Zinsen im Grundbuch eingetragen werden. Diese Grundschuldzinsen werden meist deutlich höher gewählt als die Verzinsung der gesicherten Forderung. In der Zwangsvollstreckung kann der Gläubiger auch Befriedigung aus den Grundschuldzinsen verlangen, die so zur Absicherung der wiederkehrenden Leistungen während der Kreditlaufzeit (erhöhte Zinskonditionen) sowie während der Mahnungs- und Zwangsvollstreckungsphase dienen – jedoch rückwirkend nur für den Zeitraum von drei Jahren.[109] Der Gläubiger kann den auf die Grundschuldzinsen verteilten Versteigerungserlös aber auch zur Befriedigung anderer gesicherter Forderungen verlangen. Aufgrund des Sicherungsvertrags darf er aus der Zwangsversteigerung aber immer nur so viel behalten, wie er aus der gesicherten Forderung (nebst Zinsen und Kosten) von seinem Schuldner verlangen kann.

Zusammenfassend werden die Begrifflichkeiten an einem Beispiel verdeutlicht (vgl. Abb. II 28).

---

[109] Vgl. Becker, U. (2001), S. 1116 ff.

Beispiel: Ein Grundstück mit einem Verkehrswert von EUR 200.000 ist belastet mit

			Rang
Abt. II lfd. Nr. 1:	Grunddienstbarkeit betr. das Einlegen, Halten und Unterhalten einer Abwasserleitung, eingetragen 16.10.1941.		1
Abt. II lfd. Nr. 2:	Wohnungsrecht gemäß § 1093 BGB zu Gunsten von Frau Eva Klein, Münchhausen, geb. am 22.11.1940, eingetragen am 06.03.1984.		2
Abt. III lfd. Nr. 1:	EUR 70.000,00, Grundschuld für die Volksbank nebst 15 % Jahreszinsen, eingetragen am 10.05.1989.		3
Abt. III lfd. Nr. 2:	EUR 40.000,00, Grundschuld für die KSK nebst 15 % Jahreszinsen, eingetragen am 07.02.1994.		4

Die KSK betreibt (aus dem 4. Rang) die Zwangsversteigerung.

Geringstes Gebot: Bestehen beleibende Rechte
Abt. II lfd. Nr. 1 (Grunddienstbarkeit), Abt. II lfd. Nr. 2 (Wohnungsrecht),
Abt. III lfd. Nr. 1 (Voba).
Verfahrenskosten: EUR 3.100,00 (ca. 2,2 % des geringsten Gebotes).
Es wird ein Bargebot von EUR 30.000,00 abgegeben. Das bedeutet, ein *Mehrgebot* von

Bargebot	EUR 30.000,00
./. Kosten aus dem geringsten Gebot	EUR 3.100,00
Mehrgebot	EUR 26.900,00

1/10 vom Verkehrswert (EUR 20.000,00) kann als *Sicherheitsleistung* verlangt und angeordnet werden kann.

Wird dieses   nicht überboten, ist es das *Meistgebot*, das auch das *Mindestgebot* (7/10 von EUR 200.000,00 = EUR 140.000) übersteigt. Durch sein Gebot übernimmt der Bieter tatsächlich:

Geringstes Gebot

Grunddienstbarkeit (gewählter Wertansatz)	EUR 3 000,00
Wohnungsrecht (gewählter Wertansatz)	EUR 22.000,00
Grundschuldkapital	EUR 70.000,00
Zinsen für 3 Jahre	EUR 31.500,00
	EUR 126.500,00
Mehrgebot	EUR 26.900,00
Meistgebot	EUR 153.400,00 (> EUR 140.000).

Aus dem Meistgebot werden zunächst die der KSK vorrangigen Kosten und Rechte bedient, so dass ihre eigene dinglich abgesicherte Forderung lediglich mit dem Mehrgebot i.H.v. EUR 26.900,00 bedient wird.

Abb. II 28: Beispielrechnung Zwangsversteigerung

8 Baulast

8.1 Abgrenzung und Inhalt

Von privatrechtlichen Rechten und Belastungen sind die Sicherungsmittel öffentlich-rechtlicher Art abzugrenzen. In diesem Zusammenhang nimmt die Baulast, ein den Grunddienstbarkeiten des Zivilrechts vergleichbares Institut des öffentlichen Rechts, eine zentrale Stellung ein. Mit Ausnahme von Bayern und Brandenburg, die ausschließlich auf zivilrechtliche Sicherungen durch Grunddienstbarkeiten abstellen, ist die Baulast in allen Bundesländern in der jeweiligen Landesbauordnung (LBO) geregelt.

Die Baulast dient dem Zweck, die Erteilung von Baugenehmigungen zu ermöglichen, die ohne die Baulastübernahme versagt werden müssten. Hierbei werden bauordnungsrechtliche Anforderungen (z. B. Nachweis der Abstandsflächen), die der Bauherr auf seinem Grundstück nicht erfüllen kann, auf einem anderweitigen, evtl. benachbarten Grundstück öffentlich-rechtlich gesichert. Die öffentlich-rechtliche Ausgestaltung führt dazu, dass der belastete Grundstückseigentümer der Bauaufsichtsbehörde und nicht dem begünstigten Eigentümer die Pflichtenübernahme erklärt. Diese

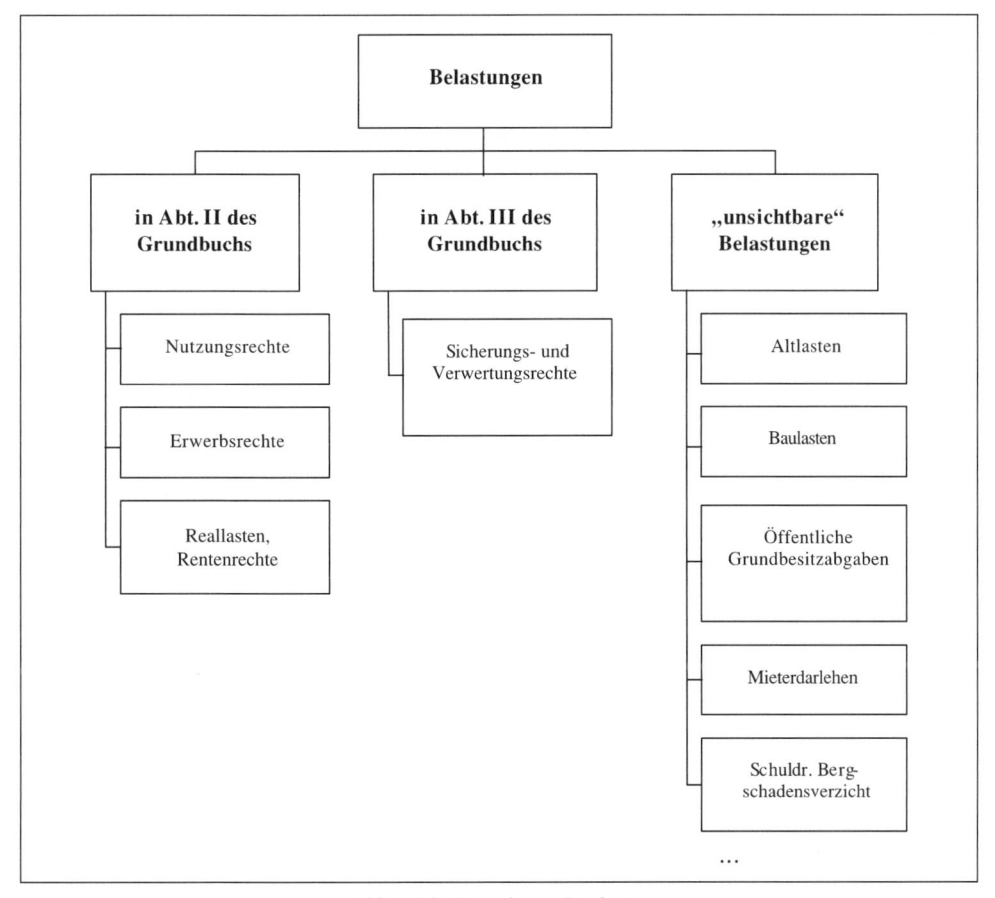

Abb. II 29: Einordnung Baulasten

Pflichtenübernahme beinhaltet die Übernahme von einem – über die bestehenden baurechtlichen Vorschriften hinausgehenden – Tun, Dulden oder Unterlassen.[110] Wesentlich ist dabei für die Baulast, nicht private Rechte Dritter zu begründen, sondern eine nach den Vorschriften des öffentlichen Rechts bisher nicht bestehende und erst durch die Baulast zu begründende, öffentlich-rechtliche Verpflichtung zu ermöglichen. Ist das Baugrundstück nicht in der Lage, die Bauvorschriften für das geplante Bauvorhaben selbst einzuhalten, wird die öffentlich-rechtliche Verpflichtung des Bauherrn auf ein anderes Grundstück ausgedehnt und somit auch zukünftig ein bestimmter baurechtlicher Zustand des Grundstücks gesichert.[111]

8.2 Entstehung, Wirkung, Beendigung

Die Baulast wird durch einseitige Erklärung des die Baulast übernehmenden Grundstückseigentümers gegenüber der Bauaufsichtsbehörde und nicht durch eine privat-rechtliche Vereinbarung. In Anlehnung an das Grundbuch hat die Eintragung der Baulast in das von der Bauaufsichtsbehörde geführte Baulastenverzeichnis grundsätzlich konstitutive Wirkung. Lediglich in Baden-Württemberg entsteht eine Baulast gemäß § 71 (1) der Landesbauordnung für Baden-Württemberg (LBO) durch bloße Erklärung des Grundstückseigentümers gegenüber der Bauaufsichtsbehörde. Zwar wird die Baulast nach § 72 (1) LBO in das Baulastenverzeichnis eingetragen. Diese Eintragung ist jedoch nicht konstitutiv, d. h. hat keine rechtsbegründende Bedeutung wie bei der Eintragung im Grundbuch, sondern ist nur von deklaratorischer Bedeutung. Im Gegensatz zum Grundbuch fehlt in Baden-Württemberg dem Baulastenverzeichnis der öffentliche Glaube. Das Baulastenverzeichnis schützt weder das Vertrauen in die Richtigkeit, noch das Vertrauen in die Vollständigkeit der Eintragungen. Die Eintragung in das Baulastenverzeichnis begründet demgemäß keine rechtliche Vermutung, sondern lediglich eine tatsächliche Vermutung.

Im Zivilrecht lässt sich durch sog. Dienstbarkeiten regeln, ob und in welcher Art und Weise der Begünstigte das belastete Grundstück nutzen darf. Einem Bauvorhaben evtl. entgegenstehende öffentlich-rechtliche Vorschriften können durch Grunddienstbarkeiten nicht überwunden werden. Diese tatsächlichen Voraussetzungen der Genehmigungsfähigkeit lassen sich Baulast erfüllen. Unabhängig von den privaten Interessen der Beteiligten ist dieses bauaufsichtsrechtliche Instrument der privatrechtlichen Disposition entzogen. Es besteht ein öffentlich-rechtliches Rechtsverhältnis zwischen dem jeweiligen Eigentümer des belasteten Grundstücks und der Bauaufsichtsbehörde. Durch die Baulastübernahmeerklärung entsteht für den Begünstigten nicht automatisch die Möglichkeit der Inanspruchnahme des belasteten Grundstücks. Ein einklagbares Recht besteht erst dann, wenn zusätzlich zwischen dem Eigentümer des begünstigten Grundstücks und dem des belasteten Grundstücks eine privatrechtliche Vereinbarung, z. B. eine ins Grundbuch eingetragene, inhaltsgleiche Grunddienstbarkeit, begründet wird.[112]

Beispiel: Grundstückseigentümer A gestattete seinem Nachbarn B, auf seinem Grundstück eine Garage als notwendigen Kfz-Stellplatz zu bauen. Darüber gab der Grundstückseigentümer A der Bauaufsichtsbehörde eine Baulastübernahmeerklärung ab. Nach Eintrag in das Baulastenverzeichnis erhielt B seine Baugenehmigung. Die zugleich hierüber bewilligte (Stellplatz-)Grunddienstbarkeit war im Grundbuch noch nicht eingetragen, als A einem Dritten C sein Grundstück verkaufte. C untersagte B die Nutzung der Garage.[113]

---

[110] Vgl. Gablenz, K. B. (2000), S. 153
[111] Vgl. Gerardy, T. (Hrsg.) et al. (02/2003), S. 5.3.2/24
[112] Vgl. ebenda, S. 5.3.2/20
[113] Vgl. ebenda, S. 5.3.2/27

Mit Wirksamwerden der Baulast ist diese der privaten Dispositionsbefugnis entzogen. Sie kann daher nur dadurch wieder erlöschen, dass die Bauaufsichtsbehörde auf die Baulast schriftlich verzichtet. Zu diesem Verzicht ist die Bauaufsichtsbehörde dann verpflichtet, wenn kein öffentliches Interesse an der Baulast mehr besteht. Sofern für das Entstehen einer Baulast die Eintragung in das Baulastenverzeichnis notwendig ist, wird der Verzicht nach der Löschung der Baulast im Baulastenverzeichnis wirksam. Sofern – wie in Baden-Württemberg – die Baulast durch Erklärung gegenüber der Bauaufsichtsbehörde entsteht, erlischt sie durch schriftliche Verzichtserklärung der Bauaufsichtsbehörde gegenüber dem Verpflichteten (vgl. § 71 (3) LBO). Bei Veräußerung und Vererbung des belasteten Grundstücks geht die Baulast als öffentlich-rechtliche Belastung auf den neuen Eigentümer über. Dasselbe gilt für den neuen Eigentümer des begünstigten Grundstücks.[114]

8.3 Anwendungsfälle

Dient eine Baulast zur Absicherung bestimmter baurechtlich relevanter Anlagen, Einrichtungen oder Zustände auf dem Baugrundstück selbst, so wird sie als Eigenbaulast bezeichnet. In den meisten Fällen handelt es sich jedoch um sog. Fremdbaulasten. Bei dieser nachbarrechtlichen Baulast handelt es sich um solche Baulasten, die jemand auf seinem Grundstück bestellt, um einem Dritten auf dessen Grundstück ein Bauvorhaben zu ermöglichen.

In diesem Zusammenhang sind zu unterscheiden:[115]

Abstandsflächenbaulast

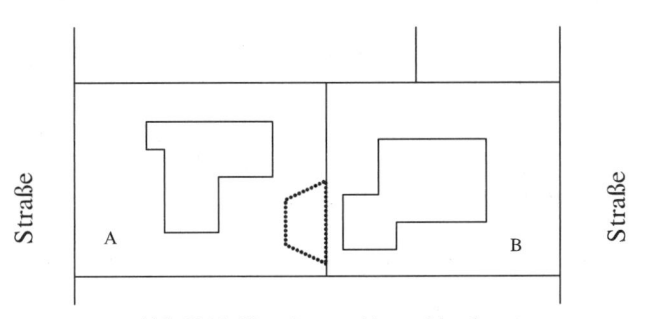

Abb. II 30: Situation zur Abstandsbaulast

Fall 1:
Um dem Eigentümer des Grundstücks B zu ermöglichen, das Grundstück baulich sinnvoll auszunutzen, hat der Eigentümer des Grundstücks A eine Abstandsflächenbaulast übernommen.

B bekommt eine Baugenehmigung und kann sie verwirklichen.

Fall 2:
Der Eigentümer des Grundstücks A hat statt einer Baulast eine gleich lautende Grunddienstbarkeit übernommen.

B bekommt keine Baugenehmigung, da die Abstandsfläche nicht öffentlich-rechtlich gesichert ist.

---

[114] Vgl. Gablenz, K. B. (2000), S. 156
[115] Vgl. Gerardy, T. (Hrsg.) et al. (02/2003), S. 5.3.2/32 ff.

Erschließungsbaulast

Fall 1:
Der Eigentümer des Grundstücks A hat eine Erschließungsbaulast und eine gleich lautende Grunddienstbarkeit übernommen.

Aufgrund der Baulast bekommt B eine Baugenehmigung. Wegen der Grunddienstbarkeit kann er die Zuwegung benutzen sowie die Leitungen verlegen und belassen.

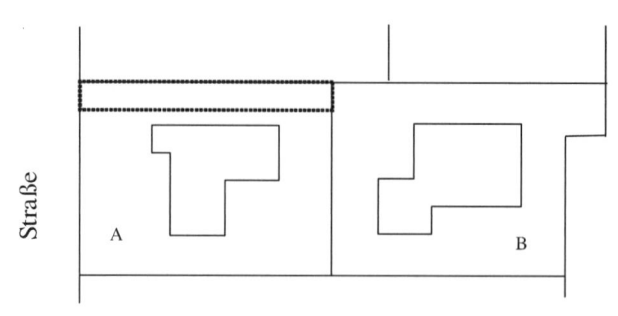

Abb. II 31: Situation zur Erschließungsbaulast

Fall 2:
Der Eigentümer des Grundstücks A hat nur eine Grunddienstbarkeit übernommen.

B bekommt keine Baugenehmigung, da die Zuwegung und Erschließung nicht öffentlich-rechtlich gesichert sind.

Fall 3:
Der Eigentümer des Grundstücks A hat nur eine Baulast übernommen.

B bekommt eine Baugenehmigung, kann jedoch mangels zivilrechtlicher Nutzungsvereinbarung das Grundstück des A nicht als Zuwegung und zur Leitungsführung benutzen. Prüfung der Notwege- und Notleitungssituation.

Stellplatzbaulast

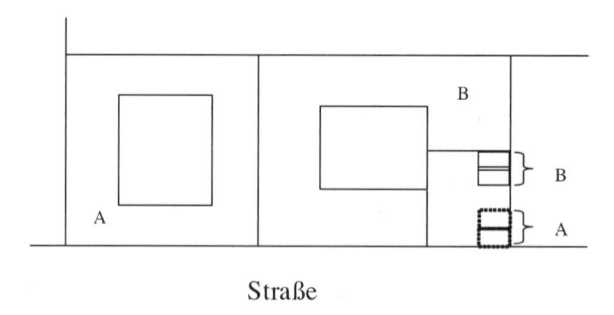

Abb. II 32: Situation zur Stellplatzbaulast

9 Vergabe- und Vertragsordnung für Bauleistungen (VOB)

9.1 Gliederung der VOB

Die Vergabe- und Vertragsordnung für Bauleistungen (VOB) gliedert sich in drei Teile:
- Teil A enthält „Allgemeine Bestimmungen für die Vergabe von Bauleistungen";
- Teil B enthält „Allgemeine Vertragsbedingungen für die Ausführung von Bauleistungen";
- Teil C enthält „Allgemeine Technische Vertragsbedingungen für Bauleistungen".

Während der VOB Teil A (VOB/A) das Verfahren für die Vergabe von Bauleistungen – also die Beauftragung eines Auftragnehmers – regelt und somit dem Abschluss eines Bauvertrages vorausgeht, enthalten VOB Teil B (VOB/B) und VOB Teil C (VOB/C) Vertragsbedingungen für die Ausführung der Bauleistungen. VOB/A und VOB/C regeln somit die Erbringung der Bauleistung nach Vertragsschluss. Insgesamt ergibt sich somit folgendes Bild:

VOB Teil A	VOB Teil B	VOB Teil C
Allgemeine Bestimmung über die *Vergabe* von Bauleistungen	Allgemeine Vertragsbedingungen für die *Ausführung* von Bauleistungen	Allgemeine Technische *Vereinbarungen* für Bauleistungen
Verfahren für die Suche des Auftragnehmers vor Vertragsabschluss	Vertragliche Regelungen für die Leistungserbringung	

Abb. II 33: Aufbau der VOB

9.2 Rechtsnatur und Rechtsgrundlagen der VOB

9.2.1 Überblick

VOB/A, VOB/B und VOB/C werden durch den Deutschen Vergabe- und Vertragsausschuss für Bauleistungen (DVA) erarbeitet und regelmäßig angepasst. Mitglieder des DVA sind neben Vertretern der öffentlichen Hand auch Vertreter der Bauwirtschaft. Hierdurch soll ein angemessener Ausgleich zwischen den Interessen von (öffentlichen) Auftraggebern und Auftragnehmern bei der Vergabe von Bauaufträgen erreicht werden. Wegen der dargestellten Form des Zustandekommens haben die Bestimmungen der VOB/B und VOB/C keinen Rechtsnormcharakter. Es handelt sich vielmehr um privatrechtliche Vorschriften, deren Geltung einer Vereinbarung der Vertragsparteien bedarf oder gesetzlich ausdrücklich bestimmt sein muss.[116]

---

[116] Vgl. Ingenstau, H./Korbion, H. et al. (2010), Einleitung Rn. 37 f.

9.2.2 Rechtsgrundlagen der VOB/A

Die VOB/A, die das Zustandekommen von Bauaufträgen regelt, findet regelmäßig nur für öffentliche Auftraggeber Anwendung. Hinsichtlich der Rechtsgrundlage für die Verpflichtung zur Beachtung der VOB/A ist zu differenzieren:

Die haushaltsrechtlichen Bestimmungen auf Bundes- und Landesebene (§ 30 Haushaltsgrundsätzegesetz (HGrG) und § 55 Bundeshaushaltsordnung (BHO) sowie die entsprechenden Vorschriften in den Landeshaushaltsverordnungen und Gemeindehaushaltsverordnungen der Länder) verpflichten die öffentliche Hand, Bauaufträge auszuschreiben. Diese Ausschreibungen richten sich regelmäßig nach der VOB/A. Zweck dieser Pflicht zur Durchführung eines Vergabeverfahrens sind die Gewährleistung sparsamer Verwendung staatlicher Mittel sowie die Korruptionsbekämpfung.[117]

Überschreitet der geschätzte Auftragswert der zu vergebenden Bauleistung – mehrere Gewerke sind hierbei gemäß § 3 (7) VgV zusammenzurechnen – den sogenannten „Schwellenwert" von derzeit 5,0 Mio. EUR netto[118], finden für die Vergabe öffentlicher Aufträge zusätzlich die Vorschriften für europaweite Vergabeverfahren (§§ 97 ff. Gesetz gegen Wettbewerbsbeschränkungen – GWB) Anwendung. Die Pflicht zur Beachtung der vergaberechtlichen Bestimmungen – u. a. auch der VOB/A – dient dann zusätzlich dem Schutz der potenziellen Vertragspartner der öffentlichen Hand. Durch die Vorgabe von Vergabevorschriften soll die Nachfragemacht der öffentlichen Hand auf den Beschaffungsmärkten kontrolliert und ein europaweiter Wettbewerb um öffentliche Aufträge geschaffen werden.[119] Der Durchsetzung dieses Ziels dienen die vergaberechtlichen Prinzipien „Wettbewerb", „Gleichbehandlung" und „Transparenz" sowie die Gewährleistung vergaberechtlichen Rechtsschutzes für die Unternehmen.[120] Den Vorschriften der VOB/A, die gemäß § 6 Vergabeverordnung (VgV) zu beachten sind, kommt in diesen Fällen Rechtsnormqualität zu.

Private Auftraggeber sind regelmäßig nicht zur Beachtung der VOB/A verpflichtet. Der verfassungsrechtlich geschützte Grundsatz der Vertragsautonomie gibt privaten Auftraggebern das Recht, ihre Vertragspartner grundsätzlich frei zu wählen. Gleichwohl können sich auch private Auftraggeber freiwillig der VOB/A unterwerfen und sich hierdurch bei der Auswahl des Auftragnehmers an die Verfahrensvorschriften der VOB/A binden.[121] Darüber hinaus können auch private Bauherren zur Beachtung der VOB/A verpflichtet sein, wenn sie für die Finanzierung des Bauvorhabens Mittel der öffentlichen Hand erhalten. Bei europaweiten Vergabeverfahren folgt dies für Tiefbau- und gesetzlich definierte Hochbaumaßnahmen aus § 98 Nr. 5 GWB. Bei nationalen Vergabeverfahren ist die Pflicht zur Beachtung der VOB/A regelmäßig als Nebenbestimmung Bestandteil des Zuwendungsbescheids.

---

[117] Vgl. Fabry, B./Meininger, F./Kayser, K. (2007), Ziffer 1.2
[118] Der durch die Verordnung (EU) Nr. 1251/2011 der Europäischen Kommission vom 30. November 2011 für die Jahre 2012 und 2013 auf 5,0 Mio. EUR erhöhte Schwellenwert wurde durch Verordnung der Bundesregierung, der der Bundesrat am 10. Februar 2012 zugestimmt hat, umgesetzt. Im Anwendungsbereich der Sektorenverordnung (SektVO) war dies nicht erforderlich, da § 1 (2) SektVO eine dynamische Verweisung enthält.
[119] Vgl. Kulartz, H.-P./Kus, A./Portz, N. (2009), § 97 Rn. 4 ff.
[120] Vgl. Fabry, B./Meininger, F./Kayser, K. (2007), Ziffer 2.5
[121] Vgl. BGH NZBau 2006, 456, 457

9.2.3 Rechtsgrundlagen von VOB/B und VOB/C

Die durch den DVA erarbeiteten Bestimmungen in VOB/und VOB/C zur Durchführung von Bauverträgen stellen Allgemeine Vertragsbedingungen gemäß §§ 305 ff. BGB dar. Aufgrund ihres Zustandekommens durch den um Ausgleich der divergierenden Interessen von Auftraggebern und Auftragnehmern bestrebten DVA wurde bislang die Auffassung vertreten, dass die Vorschriften der VOB/B in ihrer Gesamtheit eine ausgewogene Regelung für Auftraggeber und Auftragnehmer darstellen. Allerdings hatte der Bundesgerichtshof mit Urteil vom 24. Juli 2008 entschieden, dass die VOB/B auch dann, wenn sie als Ganzes ohne Änderungen vereinbart wird, der Inhaltskontrolle unterfällt, sofern sie Verbrauchern gegenüber verwendet wird. § 310 BGB wurde daraufhin dahingehend geändert, dass keine Inhaltskontrolle nach § 307 (1) und (2) BGB stattfindet, wenn die VOB/B als Ganzes in den Vertrag einbezogen wurde.[122]

Zur Anwendung der VOB/A verpflichtete Auftraggeber müssen gemäß §§ 8 (3) S. 1, 8 (3) S. 1 EG VOB/A in den Vergabeunterlagen vorschreiben, dass VOB/B und VOB/C Bestandteile des Vertrages werden. Allerdings dürfen – und sollten – auch öffentliche Auftraggeber bei der Erstellung der Vertragsbedingungen gewährleisten, dass die vertraglichen Bestimmungen den konkreten Erfordernissen gerecht werden. Gemäß §§ 8 (3) S. 2, (4), (5), 8 (3) S. 2, (4), (5) EG VOB/A dürfen öffentliche Auftraggeber die Allgemeinen Vertragsbedingungen der VOB/B und VOB/C daher durch Zusätzliche und Besondere Vertragsbedingungen ergänzen oder ändern. Werden in diesem Sinne einzelne Regelungen der VOB/B modifiziert, so unterfällt allerdings auch jede Regelung der VOB/B der AGB-Kontrolle.

9.3 Sachlicher Anwendungsbereich der VOB

Gegenstand der VOB sind Bauleistungen. Der Begriff der Bauleistung wird in § 1 VOB/A näher definiert und umfasst „Arbeiten jeder Art, durch die eine bauliche Anlage hergestellt, instand gehalten, geändert oder beseitigt wird." § 1 VOB/A ist eine Generalklausel und begründet einen weiten sachlichen Geltungsbereich der VOB. § 1 VOB/A erfasst alle Leistungen, die für ein funktionsfähiges Bauwerk erforderlich sind. Zu beachten ist, dass die Definition der Bauleistung im Anwendungsbereich des europäischen Vergaberechts (§§ 97 ff. GWB) zu einer Erweiterung des Begriffs der Bauleistung führt. Die Bestimmung der Bauleistung richtet sich in diesem Fall nach § 98 (3) GWB. Auch Arbeiten an Grundstücken, auf denen sich keine bauliche Anlage befindet, sowie Verträge über Lieferung und Montage technischer Einrichtungen für ein Bauwerk sind als Bauleistung im Sinne von § 1 VOB/A anzusehen.[123] Verträge über die Erbringung von Bauleistungen im Sinne von § 1 VOB/A stellen regelmäßig Werkverträge (§§ 631 ff. BGB) dar.[124]

Wesentliche Bedeutung hat der Begriff der Bauleistung nach § 1 VOB/A für die Abgrenzung zwischen VOB/A einerseits und der Vergabe- und Vertragsordnung für Leistungen (VOL/A) und die Allgemeinen Vertragsbedingungen für die Ausführung von Leistungen (VOL/B) sowie der Vergabeordnung für freiberufliche Leistungen (VOF). Diese regeln in ähnlicher Weise wie die VOB Vergabe und Durchführung von Leistungen außerhalb des Baubereichs. Allerdings ist für diese Leistungen in § 2 VgV ein deutlich geringerer Schwellenwert von 200.000 EUR netto vorgesehen.

---

[122] Vgl. BGH, Urteil vom 10.05.2007, AZ: VII ZR 226/05
[123] Vgl. Kulartz, H.-P./Kus, A./Portz, N. (2009), § 99, Rn. 174
[124] Vgl. Ingenstau, H./Korbion, H. et al. (2010)., Einleitung Rn. 4

9.4 Bestimmungen der VOB/A

9.4.1 Inhalt und Gliederung der VOB/A

Die VOB/A regelt die Vergabe – also das Zustandekommen – von Bauaufträgen. Den Auftraggebern werden durch die Vorschriften der VOB/A Vorgaben für das Verfahren zur Auswahl des Vertragspartners, welcher die Bauleistung erbringen soll, gemacht. Unter anderem enthält die VOB/A Vorschriften zu den Verfahrensarten und der öffentlichen Bekanntmachung des Verfahrens (§§ 3 ff., 3 ff. EG VOB/A), der Vergabe nach Losen (§§ 5, 5 EG VOB/A), den Kriterien für die Auswahl geeigneter Bieter (§§ 6 ff., 6 ff. EG VOB/A), die Leistungsbeschreibung und die weiteren Vergabeunterlagen (§§ 7 ff., 7 ff. EG VOB/A), die Verfahrensfristen (§§ 17 ff. VOB/A), Inhalt, Öffnung, Prüfung und Wertung der Angebote (§§ 13 ff., 13 ff. EG VOB/A), Aufhebung eines Vergabeverfahrens (§§ 17, 17 EG VOB/A) und Abschluss des Bauvertrags sowie Information der nicht berücksichtigten Bieter (§ 19, 19 EG. VOB/A). Darüber hinaus enthält die VOB/A aber auch Regelungen, die die Ausgestaltung der zu vergebenden Leistung regeln. Diese dienen insbesondere der Gewährleistung eines fairen und möglichst breiten Wettbewerbs, wie insbesondere am Verbot der Überbürdung ungewöhnlicher Wagnisse auf die Bieter (§§ 7 (1) Nr. 1, 7 (1) Nr. 1 EG VOB/A) und der Pflicht zur produktneutralen Ausschreibung (§§ 7 (8), 7 (8) EG VOB/A) deutlich wird.

Die VOB/A ist in insgesamt drei Abschnitte unterteilt, die hinsichtlich der jeweils anzuwendenden Vergabevorschriften weiter differenzieren. Zudem ist die SektVO zu beachten. Im Einzelnen gilt hierbei Folgendes:

- Abschnitt 1 der VOB/A („Basisparagrafen") findet bei nationalen Vergabeverfahren (geschätzter Auftragswert unter derzeit 5,0 Mio. EUR) Anwendung. Diese Regelungen gelten regelmäßig auch dann, wenn sich ein privater Auftraggeber freiwillig der VOB/A unterwirft.
- Abschnitt 2 der VOB/A (EG-Paragraphen) gilt bei europaweiten Vergabeverfahren (geschätzter Auftragswert über derzeit 5,0 Mio. EUR) durch öffentliche Auftraggeber nach §§ 98 Nr. 1 bis 3, 5 und 6 GWB.
- Abschnitt 3 der VOB/A findet bei der Vergabe von Aufträgen im Verteidigungs- und Sicherheitsbereich Anwendung.
- Bei der Vergabe von Bauleistungen im Zusammenhang mit den sog. Sektorentätigkeiten (Trinkwasser- und Energieversorgung sowie Verkehr) findet die SektVO Anwendung.

Anders als bislang finden die Basisparagraphen des Abschnitts 1 mittlerweile im Anwendungsbereich von Abschnitt 2 und 3 keine ergänzende Anwendung mehr.

9.4.2 Vergabearten

Sowohl bei europaweiten als auch bei nationalen Vergabeverfahren ist gemäß §§ 3, 3 EG VOB/A zwischen folgenden Verfahrensarten zu unterscheiden:

- Offenes Verfahren (europaweite Vergabeverfahren) bzw. öffentliche Ausschreibung (nationale Vergabeverfahren)
- Nicht offenes Verfahren (europaweite Vergabeverfahren) bzw. beschränkte Ausschreibung (nationale Vergabeverfahren)
- Verhandlungsverfahren (europaweite Vergabeverfahren) bzw. freihändige Vergabe (nationale Vergabeverfahren)

- Zusätzlich besteht für europaweite Vergabeverfahren die weitere Verfahrensart „wettbewerblicher Dialog".

Die vorgenannten Verfahrensarten für europaweite und nationale Vergabeverfahren unterscheiden sich lediglich dem Namen nach, enthalten jedoch keine wesentlichen strukturellen Unterschiede. Allerdings gelten – was ein Vergleich zwischen Abschnitt 1 und Abschnitt 2 der VOB/A verdeutlicht – für europaweite Vergabeverfahren meist etwas strengere bzw. formalere Vorgaben als für nationale Vergabeverfahren.

Für die Auswahl der richtigen Verfahrensart sehen § 3 VOB/A bzw. § 3 EG VOB/A eine Rangfolge der Verfahrensarten vor. Regelmäßig ist demnach ein offenes Verfahren bzw. eine öffentliche Ausschreibung durchzuführen. Nicht offenes Verfahren/beschränkte Ausschreibung und Verhandlungsverfahren/freihändige Vergabe sind lediglich in den in §§ 3, 3 EG VOB/A abschließend bestimmten Ausnahmefällen zulässig. Diese Hierarchie der Verfahrensarten soll einen möglichst großen und transparenten Vergabewettbewerb um öffentliche Aufträge gewährleisten. Die Verfahrensarten unterscheiden sich wie folgt:

Offenes Verfahren und öffentliche Ausschreibung sind einstufige Verfahren. Da eine zeitliche Unterteilung in einem Teilnahmewettbewerb zum Nachweis der Biefereignung und eine Angebotsphase nicht erfolgt, ist ein sehr weiter Vergabewettbewerb eröffnet, an dem sich grundsätzlich jedes Unternehmen mit Abgabe eines Angebotes beteiligen kann. Im offenen Verfahren gilt das vergaberechtliche Verhandlungsverbot, so dass der öffentliche Auftraggeber mit den Bietern grundsätzlich weder über die angebotenen Entgelte noch über den Leistungsinhalt verhandeln darf. Die Angebote werden in einem den Bietern offenstehenden Eröffnungstermin („Submissionstermin" – §§ 14, 14 EG VOB/A) geöffnet. Die angebotenen Entgelte gelangen damit zur Kenntnis aller weiteren Bieter.

Nicht offenes Verfahren und beschränkte Ausschreibung stellen demgegenüber zweistufige Verfahren dar. In einer ersten Stufe wird die Eignung der Bieter auf der Grundlage der vom Auftraggeber bekannt gemachten Eignungskriterien geprüft. Lediglich Bieter, die diesen Eignungsanforderungen genügen, werden vom Auftraggeber in der zweiten Stufe des Verfahrens zur Abgabe eines Angebots aufgefordert. Um auch hier einen hinreichenden Wettbewerb sicherzustellen, müssen bei europaweiten Vergaben in nicht offenen Verfahren mindestens fünf geeignete Bewerber zur Angebotsabgabe aufgefordert werden. Der Wettbewerb um die Vergabe der ausgeschriebenen Leistung beschränkt sich somit auf die zur Angebotsabgabe aufgeforderten Bewerber. Wie auch das offene Verfahren ist das nicht offene Verfahren bzw. die beschränkte Ausschreibung ein formales Verfahren, in welchem Verhandlungen über den Inhalt des Angebotes bzw. das zu zahlende Entgelt unzulässig sind. Auch hier findet ein Eröffnungstermin statt. Gründe, die die Durchführung eines nicht offenen Verfahrens bzw. einer beschränkten Ausschreibung ermöglichen, sind in §§ 3 (3), 3 (3) EG VOB/A genannt.

Bei **Verhandlungsverfahren und freihändiger Vergabe** handelt es sich wie beim nicht offenen Verfahren bzw. bei der beschränkten Ausschreibung um zweistufige Verfahren, bei denen auf der ersten Stufe die Biefereignung geprüft wird. Im Anschluss hieran ist der Auftraggeber jedoch berechtigt, mit den im Teilnahmewettbewerb ausgewählten Bewerbern – im europaweiten Verhandlungsverfahren müssen mindestens drei Bewerber ausgewählt werden – über die ausgeschriebene Leistung als auch über das angebotene Entgelt zu verhandeln. Formale Vorgaben zur Verfahrensdurchführung, wie für das offene und das nicht offene Verfahren bestehen für den Auftraggeber nicht, auch erfolgt keine Angebotsöffnung mit Bieterbeteiligung. Die Verhandlungskonzeption wird jedoch durch die vergaberechtlichen Prinzipien „Wettbewerb", „Gleichbehandlung" und „Transparenz" begrenzt.

Die Möglichkeit, mit Bietern im Rahmen eines Verhandlungsverfahrens bzw. einer freihändigen Vergabe über den Inhalt der zu vergebenden Leistung zu verhandeln, ist gemäß §§ 3 (5), 3 (4) EG

VOB/A nur bei Vorliegen besonderer Umstände gegeben. Insbesondere kann ein Verhandlungsverfahren bzw. eine freihändige Vergabe dann in Betracht kommen, wenn die Leistung z. B. aus patent- oder urheberrechtlichen Gründen lediglich durch ein Unternehmen erbracht werden kann. Ein weiterer Grund, der zur Wahl des Verhandlungsverfahrens bzw. der freihändigen Vergabe berechtigt, liegt vor, wenn die Leistung nach Art und Umfang vor der Vergabe nicht eindeutig und erschöpfend festgelegt werden kann. Dies ist bei sehr komplexen Bauvergaben, insbesondere unter Einbeziehung von Planungs- oder Betriebsleistungen, der Fall. Der von öffentlichen Auftraggebern häufig für die Wahl des Verhandlungsverfahrens bzw. der freihändigen Vergabe angeführte Tatbestand der „Dringlichkeit" (§§ 3 (5) Nr. 2, 3 (5) Nr. 4 EG VOB/A) liegt demgegenüber nur in seltenen Fällen vor, da der Auftraggeber die Dringlichkeit nicht selbst, z. B. durch die zu späte Einleitung des Vergabeverfahrens, verursacht haben darf.[125] Ein Verhandlungsverfahren bzw. eine freihändige Vergabe aufgrund von Dringlichkeit kommt insbesondere infolge von Naturkatastrophen (z. B. Beseitigung von Schäden durch Hochwasser, Sturm etc.) in Betracht.

Von wesentlicher Bedeutung für die Gewährleistung von Wettbewerb ist ungeachtet der zulässigen Verfahrensart die öffentliche Bekanntmachung bevorstehender Vergaben. Öffentliche Auftraggeber sind daher grundsätzlich verpflichtet, die Durchführung eines Vergabeverfahrens im Voraus bekannt zu machen. Ausnahmen hiervon bestehen bei europaweiten Vergaben gemäß § 3 EG VOB/A lediglich bei der Durchführung von Verhandlungsverfahren ohne vorherige Vergabebekanntmachung. Bei nationalen Vergabeverfahren ist ein öffentlicher Teilnahmewettbewerb demgegenüber nur bei der öffentlichen Ausschreibung sowie bei der Durchführung einer Beschränkten Ausschreibung in den in § 3 Abs. 4 VOB/A bestimmten Fällen erforderlich. Selbstverständlich ist der öffentliche Auftraggeber darin frei, auch dann einen öffentlichen Teilnahmewettbewerb durchzuführen, wenn er hierzu nicht verpflichtet ist. §§ 12, 12 EG VOB/A regeln, welchen Mindestinhalt Vergabebekanntmachungen haben müssen und welche Bekanntmachungsmedien zu wählen sind. Bei europaweiten Vergaben erfolgt die Bekanntmachung zwingend online im Supplement zum Amtsblatt der EU (http://simap.europa.eu). Zusätzliche nationale Bekanntmachungen sind unter den Voraussetzungen des § 12 (2) Nr. 6 EG VOB/A zulässig.

9.4.3 Vergabeunterlagen

9.4.3.1 Überblick

Bei der Durchführung eines Vergabeverfahrens hat der Auftraggeber Vergabeunterlagen (Ausschreibungsunterlagen/Verdingungsunterlagen) zu erstellen. Sie dienen der Information der am Erhalt des Auftrags interessierten Unternehmen über den Verfahrensablauf sowie über die zu erbringende Leistung. Die Vergabeunterlagen umfassen regelmäßig mehrere Dokumente, die wie folgt zu unterscheiden sind:

- Das Anschreiben (Leitfaden) enthält die Vorgaben des Auftraggebers für die Durchführung des Vergabeverfahrens bis zu dessen Beendigung mit Vertragsschluss (Zuschlagserteilung).
- Das Angebotsformular dient der Abgabe der Angebote durch die Bieter. Im Angebotsformular sind insbesondere die Entgelte, ggf. aber auch weitere (qualitative) Angaben zum Angebot zu machen. Ein gesondertes Angebotsformular ist jedoch nicht in jedem Fall erforderlich. Möglich ist auch eine Kombination mit der Leistungsbeschreibung.

---

[125] Vgl. OLG Düsseldorf, Beschluss vom 19.11.2003, AZ: VII – Verg 59/03

- Die Vertragsbedingungen regeln die Abwicklung des Vertrags nach Zuschlagserteilung. Hierzu verweisen sie – wie bereits dargestellt – regelmäßig auf die VOB/A, können hierüber hinaus jedoch auch weitere bzw. abweichende Bestimmungen enthalten.
- Von zentraler Bedeutung ist die Leistungsbeschreibung, in welcher der Auftraggeber die zu erbringende Leistung darstellt.

9.4.3.2 Die Bedeutung der Leistungsbeschreibung

Eine sorgfältig und vollständig erstellte Leistungsbeschreibung ist von wesentlicher Bedeutung für die Durchführung des Vergabeverfahrens. Die Leistungsbeschreibung bestimmt die vom Auftragnehmer zu erbringende Leistung und wird mit Vertragsschluss Inhalt des Bauvertrags. Aus diesem Grund müssen in der Leistungsbeschreibung alle Vorgaben für die zu erbringende Leistung enthalten sein, die für den Auftraggeber von Bedeutung sind.

Die besondere Bedeutung der Leistungsbeschreibung im Rahmen eines Vergabeverfahrens nach VOB/A wird auch dadurch begründet, dass – sofern nicht ausnahmsweise ein Verhandlungsverfahren bzw. eine freihändige Vergabe zulässig ist – Verhandlungen zwischen Auftraggeber und Bietern über die ausgeschriebene Leistung nicht zulässig sind. Allein auf Grundlage der Leistungsbeschreibung muss der Vertragsgegenstand daher abschließend beschrieben sein. Dies erfordert eine umfassende Vorbereitung des Vergabeverfahrens und insbesondere eine exakte und eindeutige Beschreibung der zu erbringenden Leistung durch den Auftraggeber. Die Einleitung des Vergabeverfahrens soll daher im Interesse sowohl des Auftraggebers als auch der Bieter erst erfolgen, wenn der Auftraggeber das Vergabeverfahren umfassend vorbereitet hat und die Durchführung der ausgeschriebenen Leistung innerhalb der vom Auftraggeber angegebenen Fristen möglich ist (Grundsatz der Vergabereife).

Für die Bieter muss die Erstellung des Angebots und somit insbesondere die Kalkulation des Entgelts allein auf Grundlage der Leistungsbeschreibung möglich sein. §§ 7 (1) Nr. 1, 7 (1) Nr. 1 VOB/A bestimmen daher, dass die Leistung durch den Auftraggeber eindeutig und so erschöpfend zu beschreiben ist, dass alle Bewerber die Beschreibung im gleichen Sinne verstehen müssen und ihre Preise sicher und ohne umfangreiche Vorarbeiten berechnen können.

Zur Gewährleistung eines möglichst großen Wettbewerbs sind öffentliche Auftraggeber gemäß §§ 7 (4), (8), 7 (4), (8) EG VOB/A verpflichtet, bei der Angabe technischer Spezifikationen und bei der Beschreibung der Leistung möglichst auf die Angabe einer bestimmten Produktion oder Herkunft oder eines besonderen Verfahrens sowie auf Markten, Patente oder Typen zu verzichten, wenn hierdurch bestimmte Unternehmen oder Produkte begünstigt oder ausgeschlossen werden. Ist eine neutrale Beschreibung nicht möglich, ist die Nennung lediglich mit dem Zusatz „oder gleichwertig" zulässig.

Dem Auftraggeber ist es gemäß § 7 (1) Nr. 3, 7 (1) Nr. 3 EG VOB/A zudem untersagt, ungewöhnliche Wagnisse für Umstände und Ereignisse, auf die die Bieter keinen Einfluss haben und deren Einwirkung auf Preise und Fristen nicht im Voraus geschätzt werden können, den Bietern aufzubürden. Diese Vorschrift soll verhindern, dass öffentliche Auftraggeber ihre bei der Vergabe öffentlicher Aufträge bestehende Marktmacht zu Lasten der Bieter ausüben und vor dem Hintergrund des vergaberechtlichen Verhandlungsverbots die Vertragsinhalte und -bedingungen einseitig diktieren. Insbesondere können auch im Rahmen eines Vergabeverfahrens keine Vertragsbedingungen vorgegeben werden, die unzulässig sind. Bedeutung hat dies insbesondere für Verstöße gegen das Recht der Allgemeinen Geschäftsbedingungen.

9.4.3.3 Formen der Leistungsbeschreibung

Für die Ausgestaltung der Leistungsbeschreibung stehen den Auftraggebern grundsätzlich zwei unterschiedliche Typen, die ggf. auch kombiniert werden können, zur Verfügung:
- Leistungsbeschreibung mit Leistungsverzeichnis, §§ 7 (9) ff., 7 (9) ff. EG VOB/A
- Leistungsbeschreibung mit Leistungsprogramm, §§ 7 (13) ff., 7 (13) ff. EG VOB/A

Gemäß §§ 7 (9), 7 (9) EG VOB/A stellt die Leistungsbeschreibung mit Leistungsverzeichnis den Regelfall dar. Sie zeichnet sich dadurch aus, dass die geforderte Leistung aus technischer Sicht in detaillierter Form vom Auftraggeber vorgegeben wird. Gemäß §§ 7 (12), 7 (12) EG VOB/A ist die Leistung hierbei so aufzugliedern, dass unter einer Ordnungszahl nur solche Leistungen aufgenommen werden, die nach ihrer technischen Beschaffenheit und für die Preisbildung als in sich gleichartig anzusehen sind. Das Leistungsverzeichnis kann gemäß §§ 7 (10), 7 (10) EG VOB/A durch Zeichnungen, Pläne oder Probestücke weiter erläutert werden.

Die Bieter müssen ihre angebotenen Entgelte bei Leistungsbeschreibungen mit Leistungsverzeichnis regelmäßig in der Leistungsbeschreibung einsetzen. Ein gesondertes Angebotsformular ist in diesem Fall nicht abzugeben.

Die Leistungsbeschreibung mit Leistungsprogramm nach §§ 7 (13) ff., 7 (13) ff. EG VOB/A wird auch als funktionale Leistungsbeschreibung bezeichnet. Sie unterscheidet sich von der Leistungsbeschreibung mit Leistungsverzeichnis dadurch, dass der Auftraggeber die Leistung weniger detailliert vorgibt und sich im Wesentlichen darauf beschränkt, das mit der Leistung zu erreichende Ziel sowie die bei der Leistungserbringung zu beachtenden Rahmenbedingungen vorzugeben. Teile der Leistungskonzeption werden bei der funktionalen Leistungsbeschreibung somit den Bietern überlassen. Die Angebote können daher stärker voneinander abweichen, als dies bei einer Leistungsbeschreibung mit Leistungsverzeichnis der Fall ist. Mit der Funktionalausschreibung eröffnet der Auftraggeber nicht nur einen Preiswettbewerb, sondern auch einen Wettbewerb um die besten Konzepte zur Erreichung des gewünschten Ziels. Im Rahmen einer Funktionalausschreibung wird daher häufig die Vergabe der Planungsleistung mit der Vergabe der Bauleistung kombiniert.

Die VOB/A sieht vor, dass Vergaben lediglich in Ausnahmefällen unter Verwendung einer Leistungsbeschreibung mit Leistungsprogramm durchgeführt werden sollen. Dem liegt die Überlegung zugrunde, dass eine Vergabe unter Zugrundelegung einer Leistungsbeschreibung mit Leistungsverzeichnis die Vergleichbarkeit der Angebote besser gewährleistet und dem Grundsatz fairen Wettbewerbs damit stärker Rechnung trägt.[126] Gerade bei der Vergabe komplexer Leistungen kann die Funktionalausschreibung jedoch durch die Förderung eines Wettbewerbs um die besten Konzepte und unter Wahrung des Wettbewerbsprinzips zu besseren und insgesamt auch wirtschaftlicheren Angeboten führen.

Funktionalausschreibungen führen aufgrund der weniger detaillierten Vorgaben des Auftraggebers und der Verlagerung von Planungsaufgaben auf die Bieter zu größerem Aufwand und höheren Kosten auf Seiten der Bieter. Ausgeglichen wird dies durch eine größere Freiheit in der Angebotserstellung, die den Unternehmen die Berücksichtigung ihrer individuellen Stärken ermöglicht. Die hierdurch anfallenden höheren Kosten werden gemäß §§ 8 (8) Nr. 1 S. 2, 3, Nr. 2, 8 (8) Nr. 1 S. 2, 3, Nr. 2 EG VOB/A zumindest teilweise durch die vom Auftraggeber zu zahlende Entschädigung abgedeckt. Diese ist dann zu leisten, wenn der Bieter im Rahmen der Angebotsabgabe Entwürfe, Pläne, Zeichnungen, statische Berechnungen, Mengenberechnungen oder andere Unterlagen ausarbeiten muss.

---

[126] Vgl. Noch, R. (2011), Rn. 286

9.5 Ausführung des Bauvorhabens nach VOB/B

9.5.1 Bedeutung der VOB/B

Die VOB/B enthält Allgemeine Vertragsbedingungen im Sinne der §§ 305 ff. BGB, die die Abwicklung von Bauverträgen regeln. Durch die VOB/B werden somit die werkvertraglichen Vorschriften des BGB für die Erbringung von Bauleistungen teilweise konkretisiert und modifiziert, da die Bestimmungen über den Werkvertrag in den §§ 631 ff. BGB den Besonderheiten des Bauvertrags nur unzureichend Rechnung tragen.

Als Allgemeine Vertragsbedingungen treten die Vorschriften der VOB/B an die Stelle fakultativer gesetzlicher Bestimmungen. Die Geltung des BGB wird hierdurch jedoch nicht ausgeschlossen. Soweit die Vorschriften der VOB/B keine Regelungen enthalten, finden daher die gesetzlichen Vorschriften des BGB, insbesondere die §§ 631 ff. BGB, Anwendung.

Nachfolgend werden die wesentlichen Regelungen der VOB/B dargestellt.

9.5.2 Umfang der geschuldeten Leistung und zusätzliche Leistungen

Art und Umfang der auszuführenden Leistung werden gemäß § 1 (1) S. 1 VOB/B durch den Vertrag bestimmt. Durch die Hervorhebung des zwischen den Vertragspartnern geschlossenen Vertrags als maßgebliches Dokument für die Bestimmung des Leistungsumfangs wird klargestellt, dass die Vorschriften der VOB/B nicht zwingend sind und durch Vereinbarung der Vertragspartner – oder durch Vorgabe in den Vergabeunterlagen bei der Vergabe durch öffentliche Auftraggeber – modifiziert werden können.

Auch die Allgemeinen Technischen Vertragsbedingungen der VOB/C sind gemäß § 1 (1) S. 2 VOB/B Bestandteil des Vertrags. Des Weiteren sind selbstverständlich alle weiteren Unterlagen, auf die der Vertrag Bezug nimmt, Gegenstand des Vertrags und bei der Bestimmung der vertragsgegenständlichen Leistung zu berücksichtigen. Ging der Auftragserteilung – insbesondere bei der Vergabe durch öffentliche Auftraggeber – ein Vergabeverfahren voraus, so ist die Gesamtheit aller künftigen Vertragsbestandteile durch den Auftraggeber bereits in den Vergabeunterlagen zu benennen.

Für den Fall von Widersprüchen zwischen Regelungen in verschiedenen Vertragsteilen enthält § 1 (2) VOB/B eine Auslegungsregel. Spezielle Regelungen haben demnach Vorrang vor allgemeinen Regelungen. Abweichende Regelungen bzw. Präzisierungen können im Rahmen der Vertragsautonomie durch die Vertragspartner erfolgen und sind regelmäßig zu empfehlen.

Nach § 1 (3) VOB/B ist der Auftraggeber berechtigt, Änderungen des Bauentwurfs anzuordnen. Dies stellt ein einseitiges Leistungsbestimmungsrecht des Auftraggebers (§ 315 BGB) dar. Einer Zustimmung des Auftragnehmers bedarf es für die Änderung des Bauentwurfs durch den Auftraggeber somit nicht. Allerdings rechtfertigt § 1 (3) VOB/B keine vollständige Änderung des Bauentwurfs. Änderungen, die nicht den Leistungsinhalt, sondern andere Regelungen des Vertrags, z. B. Bauablauf, Abnahme, Gewährleistung etc. betreffen, werden von § 1 (3) VOB/B regelmäßig nicht umfasst.[127] Zudem kann der Auftragnehmer gemäß § 2 (5) und (6) VOB/B einen Anspruch auf zusätzliche Vergütung haben.

---

[127] Vgl. Leinemann, R. (2010), § 1 Rn. 43

Gemäß § 1 (4) VOB/B ist der Auftragnehmer verpflichtet, vertraglich nicht vereinbarte Leistungen, die zur Ausführung der vertraglichen Leistung erforderlich werden, auf Verlangen des Auftraggebers auszuführen. Diese Regelung, die ebenfalls ein einseitiges Leistungsbestimmungsrecht des Auftraggebers nach § 315 BGB darstellt, soll dem bei größeren Bauvorhaben häufig auftretenden Problem Rechnung tragen, dass einzelne Probleme bei der Errichtung des Bauwerks und sich hieraus als notwendig ergebende Arbeiten erst nach Auftragserteilung festgestellt werden. Eine Verpflichtung des Auftragnehmers zur Erbringung der zusätzlichen Leistungen besteht jedoch dann nicht, wenn der Betrieb des Auftragnehmers zur Erbringung der Leistungen nicht eingerichtet ist. Dies beurteilt sich nach den tatsächlichen Verhältnissen im Einzelfall. Der Auftragnehmer erhält für derartige zusätzliche Leistungen eine zusätzliche Vergütung nach § 2 (6), (7) VOB/B.

§ 1 (4) S. 2 VOB/B stellt schließlich klar, dass Auftragnehmer und Auftraggeber gemeinsam die Erbringung weiterer Leistungen vereinbaren können. Allerdings ist zu beachten, dass diese bei der Realisierung privater Bauvorhaben selbstverständliche Möglichkeit zusätzlicher vertraglicher Abreden bei Bauverträgen, die im Rahmen eines Vergabeverfahrens nach VOB/A mit öffentlicher Auftraggebern geschlossen wurden, beschränkt ist, da nicht nur unwesentliche Vertragserweiterungen, die Hauptleistungspflichten betreffen, regelmäßig eine erneute Vergabepflicht auslösen.[128]

9.5.3 Ausführungsunterlagen

Während die Ausführung der Leistung vom Auftragnehmer zu erbringen ist, fällt die Planung eines Bauvorhabens regelmäßig in den Verantwortungsbereich des Auftraggebers bzw. der von diesem beauftragten Planer. § 3 VOB/B trägt der Tatsache Rechnung, dass der Auftragnehmer aufgrund dieser Aufgabenverteilung für die Ausführung der Leistung auf den Erhalt der Planungsunterlagen des Auftraggebers angewiesen ist. § 3 (1) VOB/B begründet daher die Pflicht des Auftraggebers, dem Auftragnehmer diese Unterlagen unentgeltlich und rechtzeitig zur Verfügung zu stellen.

§ 3 VOB/B umfasst alle Unterlagen, die für den Auftragnehmer für die Erbringung der vertragsgegenständlichen Leistung erforderlich sind. Hierzu zählen z. B. Ausführungspläne, Berechnungen, Kopien von Baugenehmigungen, Gutachten etc. Außerdem müssen dem Auftragnehmer die Hauptachsen der baulichen Anlage (d. h. Benennung der Lage des Grundstücks in vermessungstechnisch einwandfreier Weise), die Höhenfestpunkte und die Grundstücksgrenze (zur Vermeidung von Grenzverletzungen) genannt werden (§ 3 (2) VOB/B). Der Auftragnehmer ist verpflichtet, die Angaben zu überprüfen und dem Auftraggeber eventuell festgestellte oder vermutete Mängel mitzuteilen.

Zu beachten ist, dass die grundsätzlich dem Auftraggeber obliegende Pflicht, die Planungsunterlagen zur Verfügung zu stellen, ganz oder teilweise auf den Auftragnehmer übertragen werden kann.

9.5.4 Rechte und Pflichten während der Bauausführung

Neben den vertraglichen Hauptpflichten „Erbringung der vereinbarten Bauleistung" durch den Auftragnehmer und „Zahlung der Vergütung" sowie „Abnahme der Bauleistung" durch den Auftraggeber bestehen insbesondere im Zeitraum der Leistungserbringung bis zur Abnahme zahlreiche vertragliche Nebenpflichten der Vertragsparteien, die eine ordnungsgemäße Durchführung der

---

[128] Vgl. OLG Düsseldorf, Beschluss vom 12.1.2004, AZ: VII-Verg 71/03

9.5.4.1 Koordinationspflicht des Auftraggebers

Gemäß § 4 (1) Nr. 1 VOB/B kommt dem Auftraggeber eine Koordinationspflicht zu. Er muss für Ordnung auf der Baustelle sorgen und das Zusammenwirken mehrerer Auftragnehmer, z. B. durch Erstellung eines Bauablaufplans, sicherstellen. Zudem muss der Auftraggeber die Baustellenverordnung beachten und auf dieser Grundlage Bauordnungspläne erstellen. Zur Erfüllung dieser Aufgaben bedient sich der Auftraggeber häufig eines Dritten (z. B. Architekt).

Kommt der Auftraggeber seiner Koordinationspflicht nicht in der geschuldeten Weise nach, können dem Auftragnehmer Schadensersatzansprüche gemäß § 6 (6) VOB/B zustehen. Zudem kann der Auftragnehmer zur Kündigung des Vertrags gemäß § 9 (1) Nr. 1 VOB/B berechtigt sein.

9.5.4.2 Überwachungsrecht des Auftraggebers

Dem Auftraggeber steht gemäß § 4 (1) Nr. 2 VOB/B ein Recht zur Überwachung der vertragsgemäßen Leistungsausführung zu. Dieses Recht umfasst ein Zutrittsrecht zu Werkstätten und Lagerräumen, in welchen die vertragliche Leistung hergestellt wird oder dazu bestimmte Stoffe gelagert werden. Des Weiteren stehen dem Auftraggeber ein Auskunftsrecht und ein Einsichtsrecht über alle die Bauleistung betreffenden Bauunterlagen, wie z. B. Bauwerkszeichnungen, zu.

Das Überwachungsrecht des Auftraggebers ist im Werkvertragsrecht der §§ 631 ff. BGB nicht geregelt. Es soll den Besonderheiten des Bauvertrags Rechnung tragen und dem Auftraggeber die Möglichkeit geben, die ordnungsgemäße Leistungserbringung durch den Auftragnehmer zu überprüfen. Hieraus folgt, dass der Auftraggeber zur Überwachung des Auftragnehmers nicht verpflichtet ist. Zugleich kann sich der Auftragnehmer bei mangelhafter Leistungserbringung nicht darauf berufen, dass ihn der Auftraggeber nicht ausreichend überwacht habe.[129]

9.5.4.3 Anordnungsrecht des Auftraggebers

Der Auftraggeber kann gemäß § 4 (1) Nr. 3 VOB/B Anordnungen gegenüber dem Auftragnehmer treffen, die zur vertragsgemäßen Ausführung der Leistung notwendig sind. Bei Gefahr in Verzug – wenn also ein Schaden eingetreten ist oder unmittelbar bevorsteht – kann die Anordnung auch gegenüber den Beschäftigten des Auftragnehmers erfolgen. Falls der Auftragnehmer diese Bestimmungen für unberechtigt oder unzweckmäßig hält, kann er seine Bedenken gegen die Anordnung geltend machen (§ 4 (1) Nr. 4 VOB/B), muss jedoch den Anordnungen nachkommen, sofern dies nicht gegen gesetzliche Vorgaben verstößt. Mehrkosten durch eine eventuelle Erschwerung muss der Auftraggeber tragen. Die Beweislast liegt hier beim Auftragnehmer.

Das Anordnungsrecht des Auftraggebers kann Auswirkungen auf die Haftung des Auftragnehmers haben. Insbesondere kann der Auftragnehmer von der Haftung für Schäden befreit sein, wenn er Bedenken gegen eine Anordnung des Auftraggebers erhoben, dieser aber auf die Ausführung der Anordnung bestanden hat.[130]

---

[129] Vgl. Leinemann, R. (2010), § 4 Rn. 27 f.
[130] Vgl. Ingenstau, H./Korbion, H. et al. (2010), § 4 (1) VOB/B Rn. 107 ff.

9.5.4.4 Bereitstellungspflicht des Auftraggebers

Der Auftraggeber ist gemäß § 4 (4) VOB/B verpflichtet, dem Auftragnehmer unentgeltlich notwendige Lagerplätze auf der Baustelle, Zufahrtswege und vorhandene Anschlüsse für Wasser und Energie zu überlassen. Die Nutzung von Wasser und Energie ist für den Auftragnehmer allerdings kostenpflichtig.

9.5.4.5 Verantwortlichkeit des Auftragnehmers für die Leistungserbringung

§ 4 (2) Nr. 1 VOB/B bestimmt, dass der Auftragnehmer die Bauleistung in eigener Verantwortung auszuführen hat. Er ist hierbei zur Beachtung der anerkannten Regeln der Technik und der gesetzlichen und behördlichen Bestimmungen verpflichtet. Hierdurch wird die Verantwortung des Auftragnehmers für die Erbringung der vertraglich vereinbarten Leistung in Form einer Generalklausel festgestellt.

Eine bedeutende, von den Regelungen der §§ 631 ff. BGB abweichende Ergänzung erfährt die Generalklausel durch § 4 (8) VOB/B. Der Auftragnehmer hat demnach die mit dem Bauvertrag übernommenen Arbeiten grundsätzlich selbst auszuführen. Die VOB/B weicht hiermit vom Werkvertragsrecht des BGB, welches keine persönliche Leistungspflicht des Werkunternehmers kennt, ab. Grundlage ist die regelmäßig große Bedeutung von Bauverträgen, die ein besonderes Vertrauensverhältnis zwischen Auftraggeber und Leistungserbringer erfordern und somit einer Beauftragung von Nachunternehmern durch den Auftragnehmer entgegensteht.

Der Einsatz eines Nachunternehmers ist gemäß § 4 (8) Nr. 1 VOB/B nur mit schriftlicher Zustimmung des Auftraggebers zulässig. Dem Nachunternehmer muss durch den Auftragnehmer die Beachtung von VOB/B und VOB/C vorgeschrieben werden. Der Name des Nachunternehmers ist dem Auftraggeber auf dessen Verlangen zu nennen (§ 4 (8) Nr. 3 VOB/B). Falls der Auftragnehmer Nebenleistungen zu den eigentlichen vertraglichen Hauptleistungen zu erbringen hat, kann er auch ohne Genehmigung des Vertragspartners einen Nachunternehmer beauftragen. Verstößt der Auftragnehmer ohne Vorliegen der genannten Ausnahmen gegen den Vertrag, kann der Auftraggeber nach Aufforderung, die Leistung im eigenen Betrieb zu erbringen und einer angemessenen Fristsetzung, den Vertrag kündigen.

Die Vertragsparteien können im Rahmen der Vertragsautonomie Ausnahmen von der Eigenleistungspflicht der VOB/B vereinbaren oder ganz auf diese verzichten. Zu beachten ist, dass öffentliche Auftraggeber im Rahmen eines europaweiten Vergabeverfahrens den Einsatz von Subunternehmen zumindest nicht mehr vollständig ausschließen und auf einer Selbstausführung der Leistung durch den Auftragnehmer bestehen dürfen. Gemäß § 6 (8) EG VOB/A dürfen sich Bieter auch der Fähigkeiten Dritter bedienen, sofern sie nachweisen, dass sie über die erforderlichen Mittel des Dritten verfügen können.[131]

9.5.4.6 Prüfungs- und Anzeigepflicht des Auftragnehmers

Der Auftragnehmer ist gemäß § 4 (3) VOB/B verpflichtet, Zweifel über die Art der Ausführung von Arbeiten durch andere Unternehmer, sowie Bedenken über die Qualität der eingebauten bzw. durch den Auftraggeber gelieferten Materialien – auch wegen der Sicherung gegen Unfallgefahren – dem Auftraggeber oder dessen Vertretern schriftlich mitzuteilen.

---

[131] Vgl. EuGH, Urteil vom 18.03.2004, Rs. C – 313/01 – Siemens Österreich und ARGE Telekom & Partner

Diese Prüfungs- und Mitteilungspflicht soll den Auftragnehmer vor Schäden im Rahmen der Leistungserbringung schützen. Der Auftragnehmer ist daher verpflichtet, den Auftraggeber im Rahmen der Bauausführung auf Bedenken hinzuweisen, die einer vertragskonformen Leistungserbringung entgegenstehen könnten. Wegen der Bedeutung dieser Hinweis- und Anzeigepflicht wird § 4 (3) VOB/B als vertragliche Hauptpflicht des Auftragnehmers angesehen.[132]

§ 4 (3) VOB/B korrespondiert mit der Vorschrift des § 13 (3) VOB/B. Demnach ist der Auftragnehmer von der Haftung für Mängel, die auf die Leistungsbeschreibung oder Anordnungen des Auftraggebers zurückzuführen sind, befreit, wenn er der Hinweis- und Anzeigepflicht des § 4 (3) VOB/B genügt hat.

9.5.4.7 Schutzpflicht des Auftragnehmers

§ 4 (5) VOB/B begründet bis zur Abnahme Erhaltungs- und Schutzpflichten des Auftragnehmers, die neben den ausgeführten Leistungen auch Gegenstände umfasst, die dem Auftragnehmer zur Leistungsausführung übergeben wurden. Der Auftragnehmer muss diese vor Beschädigung und Diebstahl schützen. Der Auftragnehmer wird daher regelmäßig für eine Überwachung der Baustelle sorgen müssen. Eine Pflicht zum Abschluss einer Versicherung besteht jedoch nicht.

9.5.4.8 Allgemeine Kooperationspflicht der Vertragsparteien

Die in § 4 VOB/B geregelten Rechte und Pflichten der Vertragsparteien im Rahmen der Leistungserbringung sind in ihrer Gesamtheit Ausdruck der im Bauvertragsrecht grundsätzlich geltenden Kooperationspflicht. Die Besonderheiten des Bauvertrags, insbesondere die Verantwortung des Auftraggebers für Planung sowie die Notwendigkeit fortlaufender Abstimmung und Kommunikation erfordern daher auch in allen nicht ausdrücklich geregelten Fällen die Abstimmung zwischen den Vertragsparteien.[133]

9.5.5 Zeitlicher Ablauf des Bauvorhabens

9.5.5.1 Ausführungsfristen

Gemäß § 5 (1) VOB/B muss die Ausführung der Bauleistung nach den verbindlichen Fristen beginnen, angemessen gefördert und vollendet werden. Insbesondere die rechtzeitige Vollendung der geschuldeten Leistung ist sowohl für den Auftraggeber, der über die zu erbringende Bauleistung rechtzeitig verfügen will, als auch für den Auftragnehmer, der seine betrieblichen Dispositionen auf Grundlage der vereinbarten Bauzeit trifft, von wesentlicher Bedeutung.

Enthält der Bauvertrag keine Bestimmung zum Beginn der Leistung, so hat der Auftragnehmer innerhalb von 12 Werktagen nach Aufforderung durch den Auftraggeber mit der Bauausführung zu beginnen (§ 5 (2) VOB/B).

Zu beachten ist, dass die in einem Bauzeitenplan enthaltenen Einzelfristen gemäß § 5 (1) S. 2 VOB/B nur dann als verbindliche Vertragsfristen gelten, wenn dies im Vertrag ausdrücklich vereinbart wurde.[134] Im Vertrag sollten daher regelmäßig ausdrückliche und zweifelsfreie Regelungen hinsichtlich der vereinbarten Vertragsfristen getroffen werden.

---

[132] Vgl. OLG Karlsruhe, BauR 2002, 1593, 1594; Ingenstau, H./Korbion, H. et al. (2010) § 4 (3) VOB/B Rn. 4.; a. A. Leinemann, R. (2010), § 4 Rn. 73
[133] Vgl. Leinemann, R. (2010), § 4 Rn. 2 VOB/B
[134] Vgl. Ingenstau, H./Korbion, H. et al. (2010), § 5 (1)–(3) VOB/B Rn. 4

Kann der Auftragnehmer die vereinbarten Vertragsfristen nicht einhalten, so kommt er mit der geschuldeten Leistung in Verzug. Der Auftraggeber hat in diesem Fall gemäß § 5 (4) VOB/B das Recht, Schadensersatz entsprechend den Vorgaben in § 6 (6) VOB/B zu verlangen. Voraussetzung ist, dass der Auftragnehmer den Leistungsverzug zu vertreten hat. Dieser Schadensersatzanspruch ist auf Ersatz des entstandenen Schadens gerichtet, wobei entgangener Gewinn jedoch nur dann zu erstatten ist, wenn der Verzug durch ein vorsätzliches oder grob fahrlässiges Verhalten des Auftragnehmers verursacht wurde. Alternativ hat der Auftraggeber gemäß § 5 (4) VOB/B die Möglichkeit, dem Auftragnehmer eine angemessene Frist zur Vertragserfüllung zu setzen und zu erklären, dass er nach fruchtlosem Ablauf der Frist den Auftrag kündigt.[135]

Gemäß § 5 (3) VOB/B kann der Auftraggeber vom Auftragnehmer zudem Abhilfe verlangen, wenn die Einhaltung von Ausführungsfristen aufgrund unzureichender Arbeitskräfte, Geräte, Gerüste, Stoffe oder Bauteile nicht möglich ist. Eine Fristsetzung ist – solange nicht zugleich die Rechte des Auftraggebers nach § 5 (4) VOB/B geltend gemacht werden sollen – nicht erforderlich.

9.5.5.2 Behinderung und Unterbrechung der Ausführung

§ 6 VOB/B regelt die Folgen von Behinderungen bei der Leistungserbringung, die der vertragsgemäßen Leistungserbringung innerhalb der Ausführungsfristen (§ 5 VOB/B) entgegenstehen. Die Vorschrift trifft Regelungen für den Fall von Behinderungen, deren Auftreten bei Vertragsabschluss noch nicht vorhersehbar war, und soll einen angemessenen Ausgleich zwischen den Vertragsparteien herstellen. Sie regelt hierzu die Folgen von Pflichtverletzungen, die auf derartigen Behinderungen beruhen. § 6 VOB/B findet in den gesetzlichen Vorschriften zum Werkvertragsrecht keine Entsprechung.

Gemäß § 6 (1) VOB/B hat der Auftragnehmer dem Auftraggeber unverzüglich und schriftlich mitzuteilen, wenn er sich in der ordnungsgemäßen Ausführung seiner Arbeiten behindert glaubt. Unterlässt er die Anzeige, so kann er die behindernden Umstände nur beanspruchen, wenn dem Auftraggeber offenkundig die Tatsachen und somit auch die Auswirkungen bekannt waren. Eine Behinderung kann sowohl durch tatsächliche Umstände, die auf den Ablauf der Bautätigkeit einwirken (z. B. schlechte Witterungseinflüsse) als auch durch rechtliche Hinderungsgründe (Verzögerung von Genehmigungen) eintreten. Auch Behinderungen, die wie z. B. Leistungen aufgrund einer Anordnung des Auftragnehmers nach § 1 (3) VOB/B durch eine Vertragspartei zu vertreten sind, können eine Behinderung i. S. v. § 6 VOB/B darstellen.[136]

Hinsichtlich der Rechtsfolgen einer Behinderung nach § 6 (1) VOB/B ist danach zu unterscheiden, wer die Behinderung zu vertreten hat:

Ist die Behinderung durch

- einen im Risikobereich des Auftraggebers liegenden Umstand,
- einen Streik oder eine von der Berufsvertretung der Arbeitgeber angeordnete Aussperrung im Betrieb des Auftragnehmers oder in einem unmittelbar für ihn arbeitenden Betrieb oder durch
- höhere Gewalt oder andere für den Auftragnehmer unabwendbare Umstände verursacht,

so werden gemäß § 6 (2). Nr. 1 VOB/B die Ausführungsfristen verlängert. § 6 (2) Nr. 2 VOB/B stellt klar, dass Witterungseinflüsse, mit denen bei Abgabe des Angebots normalerweise gerechnet werden musste, nicht als Behinderung gelten.

---

[135] Die VOB/B bezeichnet die Kündigung des Vertrags auch als „Entziehen des Auftrags"
[136] Vgl. Ingenstau, H./Korbion, H. et al. (2010), § 6 VOB/B Rn. 6

Sind die Behinderungen durch den Auftragnehmer zu vertreten, findet eine Verlängerung der Ausführungsfristen demgegenüber nicht statt.

Auch dann, wenn die Ausführungsfristen gemäß § 6 (2) VOB/B zu verlängern sind, ist der Auftragnehmer gemäß § 6 (. 3) VOB/B verpflichtet, alles zu tun, was ihm billigerweise zugemutet werden kann, um die Weiterführung der Arbeiten zu ermöglichen. Der Auftragnehmer ist somit auch bei Vorliegen von Behinderungen nicht berechtigt, die Leistungserbringung einzustellen. Etwas anderes gilt nur dann, wenn Kündigungsgründe – z. B. eine Unterbrechung von mehr als drei Monaten, § 6 (7) VOB/B – vorliegen. Die Verpflichtung des Auftragnehmers zur Fortführung der Arbeiten stellt eine Konkretisierung der zwischen den Parteien bestehenden Kooperationspflicht dar.

§ 6 (4) VOB/B regelt die Berechnung von Fristverlängerungen im Fall von Verhinderungen. Demnach ist die Dauer der Behinderung maßgeblich, wobei ein Zuschlag für die Wiederaufnahme der Arbeiten und die etwaige Verschiebung in eine ungünstigere Jahreszeit zu berücksichtigen sind.

Gemäß § 6 (6) S. 1 VOB/B kann die Behinderung der Leistungsunterbrechung auch Schadensersatzansprüche begründen, sofern die Behinderung durch einen Vertragsteil zu vertreten ist. Neben dem Anspruch auf Schadensersatz sowie dann, wenn die Voraussetzungen des § 6 (6) S. 1 VOB/B nicht vorliegen, kann der Auftragnehmer gemäß § 6 (6) S. 2 VOB/B einen Anspruch auf angemessene Entschädigung nach § 642 BGB geltend machen, sofern die Behinderung gemäß § 6 (1) VOB/B angezeigt wurde oder offenkundig ist. Diese Regelung wurde durch die VOB 2006 neu eingeführt und beruht auf der Rechtsprechung des BGH, der im Jahr 2000 entschieden hat, dass ein Vorunternehmer grundsätzlich kein Erfüllungsgehilfe (§ 278 BGB) des später tätig werdenden Auftragnehmers ist.[137] Es ist somit klargestellt, dass der Auftragnehmer im Falle von Behinderungen, die durch einen anderen Auftragnehmer verursacht wurden, den verschuldensunabhängigen Entschädigungsanspruch des § 642 BGB geltend machen kann.

9.5.6 Kündigung des Vertrags

Die Kündigung stellt eine einseitige, empfangsbedürftige Willenserklärung dar, durch welche ein Vertrag vor Erfüllung der geschuldeten Leistungen für die Zukunft beendet wird. Hinsichtlich des Rechts zur Kündigung eines Bauvertrags ist zwischen dem Kündigungsrecht des Auftraggebers und dem Kündigungsrecht des Auftragnehmers zu unterscheiden.

9.5.6.1 Kündigung durch den Auftraggeber

Das Recht zur Kündigung des Vertrags durch den Auftraggeber ist in § 8 VOB/B geregelt.

Gemäß § 8 (1) Nr. 1 VOB/B kann der Auftraggeber den Bauvertrag bis zur Vollendung der Leistung jederzeit kündigen. Dieses Kündigungsrecht, das der Regelung in § 649 BGB entspricht, ist nicht an das Vorliegen besonderer Kündigungsgründe gebunden und stellt somit ein spezifisches werkvertragliches Kündigungsrecht zugunsten des Auftraggebers dar. Dem Auftragnehmer steht infolge der Kündigung die vertraglich vereinbarte Vergütung zu. Allerdings muss sich der Auftragnehmer die aufgrund der Kündigung ersparten Aufwendungen anrechnen lassen.

Weiterhin ist der Auftraggeber gemäß § 8 (2) Nr. 1 VOB/B zur Kündigung des Vertrags berechtigt, wenn der Auftragnehmer seine Zahlungen einstellt, von ihm oder zulässigerweise vom Auftraggeber oder einem seiner Gläubiger das Insolvenzverfahren bzw. ein vergleichbares gesetzliches Verfahren beantragt ist, ein solches Verfahren eröffnet wird oder dessen Eröffnung mangels Masse

---

[137] Vgl. BGH NJW 2000, 1336

abgelehnt wird. Grund des Kündigungsrechts ist die Tatsache, dass in den vorgenannten Fällen die Leistungsfähigkeit und Zuverlässigkeit des Auftragnehmers, die regelmäßig ein wesentlicher Grund für den Abschluss des Vertrages – und bei der Vergabe öffentlicher Aufträge Voraussetzung für die Feststellung der Bietereignung – sind, nicht mehr vorliegen.[138] Die Tatsache, dass hierdurch die vertragsgemäße Leistungsdurchführung und in der Folge die Vermögensinteressen des Auftraggebers geschädigt werden, berechtigt daher zur Kündigung des Vertrags. Infolge der Kündigung ist die bis zum Zeitpunkt der Kündigung tatsächlich ausgeführte Leistung des Auftragnehmers zu vergüten.

Der in der Praxis häufigste Kündigungsgrund des Auftraggebers ist in § 8 (3) Nr. 1 VOB/B geregelt. Der Auftraggeber ist demnach zur Kündigung des Vertrags berechtigt, wenn der Auftragnehmer eine mangelhafte oder vertragswidrige Leistung nach Fristsetzung mit Ablehnungsandrohung nicht beseitigt hat oder im Falle des Verzugs die Leistung nicht innerhalb einer angemessenen Frist erbringt. Der Auftraggeber kann diese Kündigung auf einen in sich abgeschlossenen Teil der vertraglich geschuldeten Leistung beschränken. Zu beachten ist, dass die Kündigung erst nach Ablauf der Frist mit Ablehnungsandrohung erklärt und nicht bereits mit der Fristsetzung verbunden werden darf.[139]

§ 8 (3) Nr. 2 VOB/B regelt die Folgen einer Kündigung aus wichtigem Grund. Demnach ist der Auftraggeber berechtigt, den noch nicht vollendeten Teil der Leistung durch einen Dritten ausführen zu lassen, wobei der Auftragnehmer zur Tragung der hiermit verbundenen Kosten verpflichtet ist. Die durch diese Ersatzvornahme ggf. anfallenden höheren Kosten des neu beauftragten Auftragnehmers sind somit vom ursprünglichen Auftragnehmer zu tragen. Alternativ ist der Auftraggeber berechtigt, Schadensersatz wegen Nichterfüllung zu verlangen, wenn er an der weiteren Ausführung der Leistung kein Interesse mehr hat. Voraussetzung hierfür ist allerdings, dass das fehlende Interesse an der Fertigstellung der Leistung in den Gründen, die zur Kündigung des Vertrags geführt haben, begründet liegt.

Zuletzt ist der Auftraggeber gemäß § 8 (4) VOB/B zur Kündigung des Vertrags berechtigt, wenn der Auftragnehmer aus Anlass der Vergabe eine Abrede getroffen hatte, die eine unzulässige Wettbewerbsbeschränkung darstellt. Dieser für den Fall der Vergabe öffentlicher Aufträge relevante Kündigungsgrund ist insbesondere dann gegeben, wenn der Auftragnehmer und andere Unternehmen anlässlich des Vergabeverfahrens Preisabsprachen oder andere aufeinander abgestimmte Verhaltensweisen getroffen haben, die regelmäßig überhöhte Entgelte zu Lasten des Auftraggebers zur Folge haben. Die Kündigung wegen unzulässiger Wettbewerbsbeschränkungen ist innerhalb von 12 Werktagen nach Bekanntwerden des Kündigungsgrundes auszusprechen.

Gemäß § 8 (5) VOB/B sind Kündigungen nach § 8 VOB/B schriftlich zu erklären. Es handelt sich hierbei um ein gewillkürtes, d.h. nicht gesetzlich vorgeschriebenes Schriftformerfordernis. Gemäß § 127 (2) BGB wird die Schriftform – anders als bei gesetzlich vorgeschriebener Schriftform – jedoch durch Übermittlung der Kündigungserklärung per Telefax oder E-Mail gewahrt, sofern im Einzelfall nicht ein anderer Wille der Vertragsparteien anzunehmen ist.

9.5.6.2 Kündigung durch den Auftragnehmer

Das Recht zur Kündigung durch den Auftragnehmer ist in § 9 VOB/B geregelt.

Der Auftragnehmer kann den Vertrag gemäß § 9 (1) VOB/B kündigen, wenn der Auftraggeber eine ihm obliegende Handlung unterlässt und dadurch den Auftragnehmer außerstande setzt, die Leistung auszuführen. Der Auftraggeber gerät hierdurch in Annahmeverzug gemäß §§ 293 ff. BGB, ohne dass

---

[138] Vgl. Ingenstau, H./Korbion, H. et al. (2010), § 8 (2) VOB/B Rn. 2
[139] Vgl. BGH NJW 1973, 1463

dies ein Verschulden des Auftraggebers voraussetzt. Annahmeverzug tritt ein, wenn der Auftragnehmer seine Leistung in der geschuldeten Form anbietet und den Auftraggeber zur Vornahme der erforderlichen Mitwirkung auffordert, dieser seiner Mitwirkungspflicht jedoch nicht nachkommt. Die Mitwirkungspflichten sind jeweils im Einzelfall nach dem Inhalt des Vertrags zu bestimmen (z. B. kein Überlassen von für die Leistungserbringung erforderlichen Planungsunterlagen). Voraussetzung der Kündigung ist gemäß § 9 (2) VOB/B, dass der Auftragnehmer dem Auftraggeber eine angemessene Frist zur Erfüllung seiner Pflichten mit Kündigungsandrohung gesetzt hat.

Gemäß § 9 (1) Nr. 2. VOB/B ist der Auftragnehmer darüber hinaus zur Kündigung des Vertrags berechtigt, wenn der Auftraggeber eine fällige Zahlung nicht leistet oder sonst in Schuldnerverzug gerät. Voraussetzung dieses Kündigungsgrundes ist somit, dass der Auftraggeber mit der Erbringung einer von ihm geschuldeten Hauptleistung in Schuldnerverzug (§§ 286 ff. BGB) gerät. Dies ist dann der Fall, wenn der Auftraggeber nach Eintritt der Fälligkeit auf eine Mahnung des Auftragnehmers hin nicht leistet. Anders als der Gläubigerverzug erfordert der Schuldnerverzug ein Verschulden des Auftraggebers.[140]

Die bis zum Zeitpunkt der Kündigung erbrachten Leistungen sind gemäß § 9 (3) S. 1 VOB/B nach den vertraglich vereinbarten Preisen abzurechnen. Darüber hinaus hat der Auftragnehmer gemäß § 9 (3) S. 2 VOB/B i. V. m. § 642 BGB einen Anspruch auf angemessene Entschädigung. Dieser Anspruch umfasst insbesondere Kosten der Vorhaltung von Geräten und Personal durch den Auftragnehmer aufgrund des Verzugs des Auftraggebers.

Gemäß § 9 (2) VOB/B gilt auch für die Kündigung durch den Auftragnehmer ein gewillkürtes Schriftformerfordernis.

9.5.7 Abnahme

9.5.7.1 Begriff und rechtliche Wirkung der Abnahme

Der Begriff der Abnahme wird weder in der VOB/B noch im BGB erläutert. Nach Sinn und Zweck des Werkvertrags handelt es sich bei der Abnahme um die körperliche Entgegennahme des vollendeten Werks durch den Auftraggeber und dessen Billigung als in der Hauptsache vertragsgemäß erbrachte Leistung. Neben der körperlichen Entgegennahme der Leistung bedarf es somit auch einer Billigung der Leistung als vertragsgemäßer Leistungserbringung durch den Auftraggeber.[141]

Die Abnahme ist für den Bauvertrag von wesentlicher Bedeutung. Aufgrund der mit der Abnahme verbundenen Erklärung des Auftraggebers, dass die vom Auftragnehmer erbrachte Leistung in der geschuldeten Form erbracht wurde, hat sie den Gefahrübergang vom Auftragnehmer auf den Auftraggeber zur Folge (§ 12 (6) VOB/B). Der Auftragnehmer hat hiermit seine Leistung endgültig erbracht, so dass die Pflicht zur Leistungserbringung als Hauptleistungspflicht des Auftragnehmers erlischt. Der Auftraggeber kann nach erfolgter Abnahme gegen den Auftragnehmer nur noch Mängelansprüche gemäß § 13 VOB/B geltend machen. Zudem wird der Vergütungsanspruch des Auftragnehmers mit Abnahme der Leistung fällig.

Wegen dieser weit reichenden Bedeutung der Abnahme für den Bauvertrag ist die Abnahme eine Hauptpflicht des Auftraggebers, deren Erfüllung vom Auftragnehmer notfalls eingeklagt werden kann.

---

[140] Vgl. BGH, BauR 1975, 280, 281
[141] Vgl. BGHZ 96, 111,120; BGHZ 48, 257, 262; Vgl. Kapellmann, K. /Messerschmidt, B., (2010), § 12 Rn. 10

9.5.7.2 Voraussetzungen der Abnahme

Voraussetzung der Abnahme ist die Erbringung der geschuldeten Leistung durch den Auftragnehmer. Zu beachten ist, dass die Abnahme durch Mängel in der Leistung sowie durch das Fehlen unbedeutender Leistungsteile nicht zwingend ausgeschlossen wird. Maßgeblich ist, ob die Leistung funktionell fertig gestellt ist, so dass das Werk durch den Auftraggeber ungehindert in den bestimmungsgemäßen Gebrauch genommen werden kann.[142]

9.5.7.3 Formen der Abnahme

Für die Abnahme ist keine bestimmte Form vorgesehen. Sie kann daher in unterschiedlicher Weise erfolgen:

Eine ausdrückliche Abnahme nach § 12 (1) VOB/B muss durch den Auftraggeber durch Entgegennahme der Leistung und deren ausdrückliche Billigung erfolgen, wenn ihn der Auftragnehmer hierzu auffordert. Verlangt der Auftragnehmer vom Auftraggeber nach Fertigstellung die Abnahme der Leistung oder auch einer Teilleistung, so hat der Auftraggeber diese innerhalb von 12 Werktagen durchzuführen, auch wenn sie bereits vor der vereinbarten Ausführungsfrist beantragt wird. Eine andere Frist kann ohne weiteres vereinbart werden. Bei einer grundlosen Nichtabnahme kann der Auftragnehmer all seine Rechte geltend machen, die er hat, wenn der Auftraggeber seiner Abnahmepflicht nicht nachkommt.

Bei der den §§ 631 ff. BGB unbekannten förmlichen Abnahme handelt es sich um eine ausdrückliche Annahme, für die die VOB/B besondere Formvorschriften vorgibt. Sie findet gemäß § 12 (4) Nr. 1 VOB/B auf Verlangen eines Vertragspartners vor Ort mit beiden Vertragspartnern statt. Durch die Anwesenheit beider Vertragsparteien bei der förmlichen Abnahme sollen insbesondere Beweisprobleme verhindert werden. Das Ergebnis der förmlichen Abnahme wird schriftlich im Abnahmeprotokoll festgehalten. Vorbehalte wegen bekannter Mängel oder Vertragsstrafen sowie Einwände des Auftragnehmers sind hierin aufzunehmen. Beide Parteien erhalten eine Ausfertigung (§ 12 (4) Nr. 1 VOB/B). Nur dann, wenn der Termin der förmlichen Abnahme zwischen den Vertragsparteien vereinbart war oder der Auftraggeber mit genügender Frist zur Abnahme eingeladen hatte, kann die Abnahme gemäß § 12 (4) Nr. 2 VOB/B auch ohne den Auftragnehmer stattfinden.

Bei der stillschweigenden Abnahme durch schlüssiges Verhalten muss eine Billigung und Anerkennung der erbrachten Arbeiten durch den Auftraggeber durch schlüssiges Verhalten erkennbar sein. Sie kann z.B. in einer ohne Vorbehalt erfolgten Zahlung der Vergütung oder Auszahlung eines Sicherheitseinbehalts liegen. Die Ingebrauchnahme des Werkes, z.B. durch Einzug in ein neu errichtetes Gebäude, stellt regelmäßig erst nach Ablauf einer Prüffrist eine Abnahme dar.[143]

Die fiktive Abnahme nach § 12 (5) VOB/B tritt bei Vorliegen bestimmter Voraussetzungen ein, ohne dass es hierfür auf die Billigung des Auftraggebers ankommt. Die fiktive Abnahme soll verhindern, dass der Auftraggeber die Mitwirkung an der Abnahme und somit den Eintritt der mit ihr verbundenen Rechtsfolgen grundlos verweigert. Die fiktive Abnahme erfolgt gemäß § 12 (5) Nr. 1 VOB/B mit Ablauf von 12 Werktagen nach schriftlicher Mitteilung des Auftragnehmers über die Fertigstellung der Leistung. Gemäß § 12 (5) Nr. 2 VOB/B tritt die Abnahmefiktion auch sechs Tage nach Ingebrauchnahme der Leistung durch den Auftraggeber ein. In beiden Fällen kann der Auftraggeber Vorbehalte nur innerhalb der in § 12 (5) VOB/B bestimmten Zeiträume geltend machen (§ 12 (5) Nr. 3 VOB/B). Weitere, auch bei Vereinbarung der VOB/B zu beachtende

---

[142] Vgl. OLG Düsseldorf BauR 1982, 168; Ingenstau, H./Korbion, H. et al. (2010), § 12 VOB/B Rn. 34
[143] Vgl. Leinemann, R. (2010), § 12 Rn. 19

Formen der Abnahme beim Bauvertrag nach VOB

- **Tatsächliche Abnahme**
  - Ausdrückliche Abnahme, § 12 Nr. 1 VOB/B
  - Förmliche Abnahme, § 12 Nr. 4 VOB/B
  - Stillschweigende Abnahme

- **Fiktive Abnahme**
  - Schriftliche Mitteilung über Fertigstellung der Leistung, § 12 (5) Nr. 1 VOB/B
  - Inbenutzungsnahme § 12 (5) Nr. 2 VOB/B
  - Nicht-Abnahme trotz Verpflichtung § 640 S. 3 BGB
  - Fertigstellungsbescheinigung, § 641a BGB

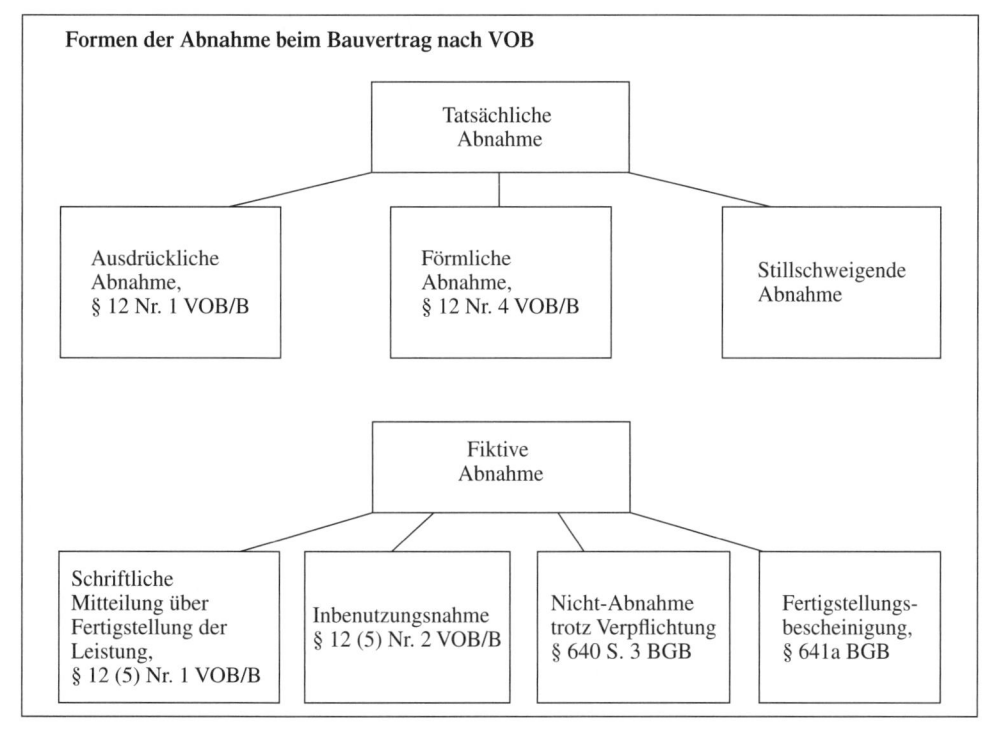

Abb. II 34: Formen der Abnahme beim Bauvertrag nach VOB

Abnahmefiktionen sind im BGB geregelt. So bestimmt § 640 (1) S. 3 BGB, dass es der Abnahme gleichsteht, wenn der Auftraggeber die Leistung nicht innerhalb einer ihm vom Auftragnehmer bestimmten angemessenen Frist abnimmt, obwohl er dazu verpflichtet ist.

9.5.8 Mangelhafte Bauausführung

9.5.8.1 Mängel an der Bauleistung vor Abnahme

Bis zur Abnahme kann der Auftraggeber vom Auftragnehmer Erfüllung des Vertrags und somit die Erbringung der vertraglich geschuldeten Leistung verlangen. Dieser Erfüllungsanspruch besteht nach § 4 (7) VOB/B bis zur Abnahme der Leistung.

9.5.8.2 Mängelansprüche nach Abnahme der Leistung

9.5.8.2.1 Begriff des Mangels

§ 13 VOB/B regelt die Haftung des Auftragnehmers für Bauwerksmängel, die sich daraus ergebenden Mängelansprüche des Auftraggebers sowie die Geltendmachung dieser Mängelansprüche nach Abnahme der Leistung.

Der Mangelbegriff der VOB/B stimmt mit dem des § 633 (2) BGB weitgehend überein. Er knüpft daran an, dass der Auftragnehmer nicht nur die Erbringung einer Leistung, sondern einen bestimmten Erfolg – nämlich die vertraglich vereinbarte Leistung – schuldet. Gemäß § 13 (1) VOB/B hat der Auftragnehmer dem Auftraggeber die Leistung zum Zeitpunkt der Abnahme frei von Sachmängeln zu verschaffen. Dieser Anspruch des Auftraggebers ist Grundlage des Gewährleistungsrechts. Gewährleistungsansprüche des Auftraggebers bestehen dann, wenn

- die Leistung zur Zeit der Abnahme Sachmängel aufweist,
- nicht über die vereinbarte Beschaffenheit verfügt oder
- nicht den anerkannten Regeln der Technik entspricht.

Ist die Beschaffenheit der Leistung nicht vereinbart, so ist die Leistung zur Zeit der Abnahme frei von Sachmängeln,

- wenn sie sich für die nach dem Vertrag vorausgesetzte oder
- für die gewöhnliche Verwendung eignet und eine Beschaffenheit aufweist, die bei Werken der gleichen Art üblich ist und die der Auftraggeber nach der Art der Leistung erwarten kann.

Maßgeblich für die Feststellung, ob ein Sachmangel vorliegt, ist somit in erster Linie die zwischen den Vertragsparteien vereinbarte Beschaffenheit der Leistung. Nur dann, wenn die Beschaffenheit nicht ausdrücklich vereinbart wurde, ist auf die Eignung des Werkes für die nach dem Vertrag vorausgesetzte oder gewöhnliche Verwendung der Leistung abzustellen.

Eine Beeinträchtigung der Beschaffenheit liegt vor, wenn der Wert oder die Tauglichkeit des Werkes von der vertraglich vereinbarten bzw. vorausgesetzten oder gewöhnlichen Beschaffenheit abweicht.

9.5.8.2.2 Mängelansprüche

§ 13 VOB/B enthält ein differenziertes System, welches dem Auftraggeber die Beseitigung von Mängeln gewährleisten soll. Die Vorschrift geht davon aus, dass der Anspruch des Auftraggebers in erster Linie auf Mangelbeseitigung und erst sekundär auf Ersatz des entstandenen Schadens oder Minderung gerichtet ist.

Hinsichtlich der möglichen Ansprüche des Auftraggebers aufgrund von Mängeln ist wie folgt zu unterscheiden:

Der Anspruch des Auftraggebers ist gemäß § 13 (5) Nr. 1 S. 1 VOB/B zunächst auf Beseitigung des Mangels gerichtet. Die Mangelbeseitigung hat auf Kosten des Auftragnehmers zu erfolgen. Begehrt der Auftraggeber die Beseitigung von Mängeln, so muss er dies schriftlich vom Auftragnehmer verlangen.

Kommt der Auftragnehmer der Aufforderung zur Mängelbeseitigung nicht innerhalb einer vom Auftraggeber gesetzten angemessenen Frist nach, kann der Auftraggeber die Mängel auf Kosten des Auftragnehmers beseitigen lassen (§ 13 (5) Nr. 2 VOB/B).

Zu beachten ist, dass dem Auftragnehmer regelmäßig nicht nur eine Nacherfüllungspflicht zukommt, sondern auch ein Recht zur Nacherfüllung zusteht. Der Auftraggeber verliert daher den Anspruch auf Mängelbeseitigung gemäß § 13 (5) VOB/B, wenn er vom Auftragnehmer keine Nachbesserung verlangt und den Mangel selbst oder durch Dritte beseitigen lässt. Erst nach Verstreichen einer dem Auftragnehmer gemäß § 13 (5) Nr. 1 VOB/B gesetzten Frist, kann der Auftraggeber die Mängel auf Kosten des Auftragnehmers durch einen Dritten beseitigen lassen.

Art und Weise der Mängelbeseitigung sind grundsätzlich vom Auftragnehmer zu bestimmen. Der Auftraggeber kann daher nicht verlangen, dass der Auftragnehmer die Mängelbeseitigung in einer bestimmten Art und Weise vornimmt.[144] Maßgeblich ist allein, dass der Auftragnehmer den mit der Nacherfüllung geschuldeten Erfolg – Beseitigung des Mangels – erbringt. Etwas anderes gilt dann, wenn sich z. B. aus dem Bauvertrag aufgrund einer besonderen Interessenlage des Auftraggebers

---

[144] Vgl. BGH, BauR 1974, 313

eine besondere Form der Nacherfüllung gebietet. Im Extremfall kann der Anspruch auf Nachbesserung auch die Neuerstellung des Werkes erfordern.[145]

Der Auftraggeber ist grundsätzlich zur Tragung aller im Zusammenhang mit der Mängelbeseitigung verbundenen Kosten verpflichtet. Er muss daher auch Nebenkosten für Transport und Material sowie Kosten für die Beseitigung von Schäden am Bauwerk oder sonstigen Eigentum des Auftraggebers, die aufgrund der Mangelbeseitigung entstanden sind, tragen.

Kommt der Auftragnehmer dem Anspruch auf Nachbesserung nicht innerhalb einer vom Auftraggeber gesetzten angemessenen Frist nach, so kann der Auftraggeber die Mängel gemäß § 13 (5) Nr. 2 VOB/B auf Kosten des Auftragnehmers beseitigen lassen. Mit diesem Selbsthilferecht des Auftraggebers ist auch bei Geltung der VOB/B ein Vorschussanspruch des Auftraggebers gemäß § 637 (3) BGB verbunden. Hierdurch soll verhindert werden, dass dem Auftraggeber durch den Einsatz eigener finanzieller Mittel ein weiterer Schaden entsteht, wenn der Auftragnehmer seinem Nachbesserungsrecht nicht nachkommt.[146]

§ 13 (6) VOB/B begründet einen Anspruch des Auftraggebers auf Minderung der dem Auftragnehmer zu zahlenden Vergütung. Dieser Anspruch ist gegenüber dem Anspruch auf Mängelbeseitigung subsidiär und auf folgende drei Gründe beschränkt:

- Unzumutbarkeit der Mangelbeseitigung für den Auftraggeber
- Unmöglichkeit der Mangelbeseitigung
- Erfordernis eines unverhältnismäßig hohen Aufwandes für die Mangelbeseitigung und daher Weigerung des Auftragnehmers, den Mangel zu beseitigen.

Die Beschränkung des Minderungsanspruches auf bestimmte Tatbestände weicht von der gesetzlichen Regelung in § 638 BGB ab. Sie liegt darin begründet, dass die VOB/B dem Anspruch des Auftraggebers auf vertragsgemäße und mangelfreie Leistung und der hiermit korrespondierenden Pflicht des Auftragnehmers, diese Leistung zu erstellen, Vorrang vor Sekundäransprüchen einräumt. Diese sollen daher nur dann gegeben sein, wenn die Mangelbeseitigung im Einzelfall nicht möglich oder zumutbar ist.

Zu beachten ist, dass das Recht zur Minderung aufgrund eines unverhältnismäßig hohen Aufwandes für die Mängelbeseitigung ausschließlich dem Auftraggeber zusteht. Der Auftragnehmer kann dem Auftraggeber daher nicht auf das Minderungsrecht verweisen.

Die Berechnung der Minderung erfolgt nach den Vorgaben des § 638 (3) BGB. Die Minderung erfolgt gemäß § 638 (3) S. 1 BGB in der Weise, dass die Vergütung in dem Verhältnis herabzusetzen ist, in welchem zur Zeit des Vertragsschlusses der Wert des Werkes in den mangelfreien Zustand zu dem wirklichen Wert gestanden haben würde. Abweichend von § 638 (3) S. 1 BGB ist jedoch nicht auf den Zeitpunkt des Vertragsschlusses, sondern auf den Zeitpunkt der Abnahme abzustellen. Soweit erforderlich, ist hierfür eine Schätzung durchzuführen (§ 638 (3) S. 2 BGB). Die Berechnung der Minderung erfolgt somit nach folgender Formel:

$$\text{Geminderter Werklohn} = \frac{\text{Wert der mangelhaften Leistung} \times \text{vereinbarter Werklohn}}{\text{Wert der mangelfreien Leistung}}$$

§ 13 (7) VOB/B regelt, unter welchen Voraussetzungen der Auftraggeber neben dem Anspruch auf Nachbesserung nach § 13 (5) VOB/B bzw. dem Anspruch auf Minderung im Sinne von § 13 (6) VOB/B Schadensersatzansprüche geltend machen kann. Hierbei gilt Folgendes:

---

[145] Vgl. BGH, NJW 1986, 711
[146] Vgl. BGHZ 47, 272

Voraussetzung des Schadensersatzanspruches ist zunächst, dass die Anspruchsvoraussetzungen des Mangelbeseitigungsanspruches oder des Minderungsanspruches (§ 13 (5), (6) VOB/B) vorliegen.

Der Schadensersatzanspruch nach § 13 (7) VOB/B wurde im Jahr 2002 im Hinblick auf die Neuregelung des § 309 Nr. 7a und 7b BGB wesentlich erweitert, um den Vorgaben des Rechts der Allgemeinen Geschäftsbedingungen zu genügen. Der Auftragnehmer haftet daher unbegrenzt bei schuldhaft verursachten Mängeln für Schäden aus der Verletzung des Lebens, des Körpers oder der Gesundheit (§ 13 (7) Nr. 1 VOB/B) sowie bei vorsätzlich oder grob fahrlässig verursachten Mängeln (§ 13 (7) Nr. 2 VOB/B).

§ 13 (7) Nr. 3 VOB/B enthält eine Anspruchsgrundlage für Schäden, die an der baulichen Anlage entstanden sind. Neben Schäden an der zu erbringenden Leistung selbst werden hiervon auch sog. „enge Mangelfolgeschäden" umfasst, die durch den Mangel an anderen Teilen des Gesamtbauwerks auftreten.[147] Voraussetzung ist das Vorliegen eines wesentlichen, die Gebrauchsfähigkeit der baulichen Anlage erheblich beeinträchtigenden Mangels. Ein derartiger Mangel liegt dann vor, wenn dieser nach der allgemeinen Verkehrsauffassung sowie dem Interesse des Auftraggebers als beachtlich anzusehen ist. Die Beurteilung erfolgt somit nach objektiven und subjektiven Kriterien. Erforderlich ist zudem ein Verschulden des Auftragnehmers.

Ein weitergehender Schadensersatzanspruch des Auftraggebers besteht nach § 13 (7) Nr. 3 S. 2 VOB/B (sog. „großer Schadensersatzanspruch"). Nach diesem Schadensersatzanspruch sind auch solche Schäden zu ersetzen, die nicht die bauliche Anlage selbst betreffen. Voraussetzung dieses Schadensersatzanspruches ist, dass

a) der Mangel auf einem Verstoß gegen anerkannte Regeln der Technik beruht
b) der Mangel in dem Fehlen einer vertraglich vereinbarten Beschaffenheit besteht oder
c) der Auftragnehmer den Schaden durch Versicherung seiner gesetzlichen Haftpflicht gedeckt hat oder durch eine solche zu tarifmäßigen nicht auf außergewöhnliche Verhältnisse abgestellten Prämien- und Prämienzuschlägen bei einem im Inland zum Geschäftsbetrieb zugelassenen Versicherer hätte decken können.

Bei Vorliegen eines der vorgenannten Tatbestände hat der Auftraggeber einen Anspruch auch auf Erstattung von sog. entfernten Mangelfolgeschäden. Zu diesen gehören z. B. Kosten eines selbstständigen Beweisverfahrens, Kosten einer notwendigen Zwischenfinanzierung entgangener Gebrauchsvorteile sowie Schäden an sonstigem Eigentum des Auftraggebers.

9.5.8.3 Verjährung der Mängelansprüche

§ 13 (4), (5) VOB/B treffen für die Verjährung der Mängelansprüche folgende Regelung:

- Enthält der Vertrag keine spezielle Regelung, so beträgt die Verjährungsfrist für Bauwerke vier Jahre.
- Für andere Werke, deren Erfolg in der Herstellung, Wartung oder Veränderung einer Sache besteht und für vom Feuer berührte Teile von Feuerungsanlagen beträgt die Verjährungsfrist zwei Jahre.
- Für Teile von maschinellen und elektrotechnischen/elektronischen Anlagen, bei denen die Wartung Einfluss auf Sicherheit und Funktionsfähigkeit hat, beträgt die Verjährungsfrist für diese Anlage zwei Jahre, wenn der Auftraggeber sich dafür entschieden hat, dem Auftragnehmer die Wartung für die Dauer der Verjährungsfrist nicht zu übertragen.

---

[147] Vgl. Ingenstau, H./Korbion, H. et al. (2010), § 13 (7) VOB/B Rn. 82 ff.

- Für feuerberührte und abgasdämmende Teile von industriellen Feuerungsanlagen beträgt die Verjährungsfrist ein Jahr.
- Eine besondere Regelung trifft § 13 (5) Nr. 1 VOB/B für den Fall, dass der Auftraggeber während der Verjährungsfrist vom Auftragnehmer die Beseitigung eines Mangels schriftlich verlangt. Der Anspruch auf Beseitigung verjährt in diesem Fall innerhalb von zwei Jahren seit Zugang der Aufforderung zur Mängelbeseitigung, nicht aber vor Ablauf der Regelfristen nach § 13 Nr. 4 VOB/B.
- Die Verjährungsfrist nach § 13 (4) VOB/B ist kürzer als die in § 634a (1) Nr. 2 BGB bestimmte Verjährungsfrist von fünf Jahren Durch die VOB 2002 wurde die Verjährungsfrist in § 13 (4) VOB/B jedoch an die gesetzliche Frist des § 634a (1) Nr. 2 BGB angenähert. Bis zu diesem Zeitpunkt verjährten die Mängelansprüche nach § 13 Nr. 4 (1) VOB/B bereits nach zwei Jahren.

Die Verjährungsfristen des § 13 (4) VOB/B finden dann keine Anwendung, wenn der Auftragnehmer einen Mangel bei der Abnahme arglistig verschwiegen hat. In diesem Fall gilt die allgemeine Verjährungsfrist des § 195 BGB mit der Maßgabe, dass die Verjährung nicht vor Ablauf der Verjährungsfrist des § 634a (1) Nr. 2 BGB abläuft. Arglist liegt dann vor, wenn der Auftragnehmer das Bewusstsein hat, dass ein gewisser Umstand für den Entschluss des Auftraggebers von Bedeutung ist und er ihn trotzdem nicht mitteilt, obgleich er hierzu nach Treu und Glauben verpflichtet wäre.

Die Verjährung beginnt gemäß § 13 (4) Nr. 3 VOB/B mit der Abnahme der gesamten Leistung. Erfolgt eine Teilabnahme gemäß § 12 (2) VOB/B, beginnt sie mit dieser.

Hinzuweisen ist darauf, dass die Verjährung gemäß § 203 BGB bei Verhandlungen der Parteien über den Anspruch oder die den Anspruch begründenden Umstände gehemmt sein kann. Dies ist etwa dann der Fall, wenn der Auftragnehmer die von ihm erbrachte Leistung auf das Vorhandensein von Mängeln im Einverständnis mit dem Auftraggeber überprüft oder mit ihrer Beseitigung begonnen hat. Die Hemmung endet gemäß § 203 S. 1 BGB, wenn eine Vertragspartei die Fortsetzung der Verhandlungen verweigert.

9.5.9 Vergütung des Auftragnehmers

9.5.9.1 Allgemeines

Die Vergütung des Auftragnehmers für die von ihm erbrachte Bauleistung ist neben der Abnahme des Werkes Hauptleistungspflicht des Auftraggebers. §§ 2, 15 VOB/B sehen gegenüber der gesetzlichen Regelung differenziertere Vergütungsvorschriften vor.

9.5.9.2 Vertragsarten

Die Vergütungsarten stehen im Zusammenhang mit den in § 4 VOB/A zu unterscheidenden Vertragsarten.
- Leistungsvertrag
- Stundenlohnvertrag und
- Selbstkostenerstattungsvertrag.

Im Leistungsvertrag erfolgt die Vergütung des Auftragnehmers nach der von ihm erbrachten Leistung. Hierbei wird zwischen dem Einheitspreisvertrag und dem Pauschalvertrag unterschieden. Während das Entgelt im Pauschalvertrag nach Ausführungsart und Umfang der zu erbringenden Leistung im Voraus bestimmt wird, erfolgt die Bestimmung des Entgelts im Einheitspreisvertrag nachträglich für die tatsächlich erbrachten Leistungen auf Grundlage der vom Auftragnehmer im Vertrag angegebenen Einheitspreise. Der Einheitspreisvertrag stellt nach der Systematik der VOB den Regelfall dar.

Der Stundenlohnvertrag nach §4 (2) VOB/A darf bei Bauleistungen geringeren Umfangs, die überwiegend Lohnkosten verursachen, zur Anwendung kommen.

Der Selbstkostenerstattungsvertrag hat in der Praxis keine Bedeutung und wird dementsprechend in der VOB nicht erwähnt.

9.5.9.3 Vergütungsarten

Für die Vergütung der Bauleistungen bestimmt §2 (1) VOB/B, dass durch die vertraglich vereinbarten Preise alle Leistungen, die nach dem Vertrag sowie den dessen Anlagen (vor allem der Leistungsbeschreibung) und der gewerblichen Verkehrssitte zur vertraglichen Leistung gehören, abgegolten sind. Diese Regelung umfasst alle in der VOB/A geregelten Vertragsarten.

Die Frage, ob die vereinbarte Vergütung verändert werden kann, ist in §2 (3) bis (8) VOB/B geregelt. Hierdurch werden Ausnahmen von dem Grundsatz, dass regelmäßig eine feste Vergütung geschuldet ist, vorgenommen. Die VOB/B differenziert hierbei nach unterschiedlichen Tatbeständen, bei denen eine Änderung der Vergütung als gerechtfertigt angesehen wird.

9.5.9.4 Anpassung der Vergütung

§2 (3) VOB/B regelt die Anpassung der Vergütung im Einheitspreisvertrag. Ändern sich die vertraglich vorgesehenen Mengensätze, so ist die Vergütung bei einer Änderung von mehr als 10% des Mengenansatzes auf Verlangen vorzunehmen. Hierbei wird zwischen Mengenüberschreitungen und Mengenunterschreitungen unterschieden:

Bei Mengenüberschreitungen erfolgt die Vereinbarung eines neuen Preises unter Berücksichtigung der über 10% hinausgehenden Überschreitungen des Mengenansatzes. Bei Mengenunterschreitungen von mehr als 10% wird demgegenüber die gesamte tatsächlich ausgeführte Leistung nach dem neu zu bestimmenden Einheitspreis berechnet.

§2 (5) VOB/B sieht die Anpassung der Vergütung für den Fall vor, dass Änderungen des Bauentwurfs oder andere Anordnungen des Auftraggebers die Grundlagen des Preises für eine im Vertrag vorgesehene Leistung ändern. Hierdurch soll eine Anpassung der Vergütung an die geänderte Leistungspflicht erfolgen. Die Anpassung soll von den Parteien vor der Ausführung vereinbart werden.

§2 (6) VOB/B betrifft den Fall, dass eine im Vertrag nicht vorgesehene Leistung durch den Auftraggeber gefordert wird. In diesem Fall hat der Auftragnehmer einen Anspruch auf besondere Vergütung, sofern er diesen vor Ausführung der Leistung gegenüber dem Auftraggeber ankündigt. Die Regelung nimmt Bezug auf §1 (4) VOB/B, die den Auftragnehmer zur Durchführung von Zusatzleistungen auf einseitiges Verlangen des Auftraggebers verpflichtet. Kündigt der Auftragnehmer den besonderen Vergütungsanspruch nicht entsprechend der Vorgabe in §2 (6) Nr. 1 VOB/B an, entsteht der Vergütungsanspruch nicht. Etwas anderes gilt nur dann, wenn für den Auftraggeber von vornherein erkennbar ist, dass die Zusatzleistung wegen ihres Umfangs nur gegen Vergütung erbracht werden wird. Lediglich Zusatzleistungen kleineren Umfangs werden demnach ohne gesonderten Vergütungsanspruch zu erbringen sein.

§2 (7) VOB/B regelt die Anpassung der Vergütung im Pauschalvertrag. Da es in der Natur des Pauschalvertrags liegt, dass der Leistungsumfang im Vorfeld nicht abschließend abzuschätzen ist, ist eine Anpassung der Vergütung an strenge Voraussetzungen geknüpft. Der Auftragnehmer kann demnach einen Ausgleich unter Berücksichtigung der Mehr- oder Minderkosten nur dann verlangen, wenn die ausgeführte Leistung von der vertraglich vorgesehenen so erheblich abweicht, dass ein Festhalten an der Pauschalsumme nicht zumutbar ist.

§ 2 (8) VOB/B bestimmt schließlich, dass Leistungen, die der Auftragnehmer ohne Auftrag oder unter eigenmächtiger Abweichung vom Auftrag ausgeführt hat, nicht zu vergüten sind. Dem gegenüber steht dem Auftraggeber in diesem Fall ein Anspruch auf Beseitigung der vertraglich nicht geschuldeten Leistungen zu.

9.5.9.5 Abrechnung und Zahlung der erbrachten Leistungen

Der Auftragnehmer hat seine Leistungen gemäß § 14 (1) VOB/B prüfbar abzurechnen. Hierbei muss die Rechnung übersichtlich aufgestellt werden und die Reihenfolge der Positionen und die in den Vertragsbestandteilen enthaltene Bezeichnung verwendet werden. Der Abrechnung sind Belege beizufügen. Der Anspruch auf Vorlage einer prüfbaren Abrechnung kann durch den Auftraggeber klagweise durchgesetzt werden. Insbesondere ist die Prüffähigkeit der Abrechnung Fälligkeitsvoraussetzung für den Vergütungsanspruch. Es liegt somit im eigenen Interesse des Auftragnehmers, eine prüffähige Abrechnung entsprechend den Vorgaben des § 14 (1) VOB/B vorzulegen. Die Pflicht zur Vorlage einer prüfbaren Abrechnung dient dem Schutz des Auftraggebers und seinem Interesse an einer Kontrolle der vom Auftragnehmer abgerechneten Vergütung.

§ 14 (2) VOB/B sieht vor, dass die für die Abrechnung notwendigen Feststellungen dem Fortgang der Leistung entsprechend möglichst gemeinsam von Auftraggeber und Auftragnehmer vorzunehmen sind. Für Leistungen, die bei Weiterführung der Arbeiten nur schwer feststellbar sind, hat der Auftragnehmer rechtzeitig gemeinsame Feststellung zu beantragen. Durch die gemeinsamen Feststellungen beider Vertragsparteien soll späteren Streitigkeiten vorgebeugt werden. Treffen beide Parteien gemeinsam Feststellungen nach § 14 (2) VOB/B, so liegt hierin regelmäßig ein deklaratorisches Schuldanerkenntnis.

Gemäß § 14 (3) VOB/B muss die Schlussrechnung des Auftragnehmers bei Leistungen mit einer vertraglichen Ausführungsfrist von höchstens drei Monaten spätestens 12 Werktage nach Fertigstellung eingereicht werden. Für je weitere drei Monate Ausführungsfrist ist die Frist zur Stellung der Schlussrechnung um sechs Werktage zu verlängern. Kommt der Auftragnehmer dieser Verpflichtung nicht nach, so kann der Auftraggeber nach Setzung einer angemessenen Frist die prüfbare Rechnung selbst auf Kosten des Auftragnehmers erstellen.

Etwas anderes gilt für die Abrechnung von Stundenlohnarbeiten. Für diese trifft § 15 VOB/B gesonderte Regelungen.

9.5.9.6 Die Zahlung der Vergütung

Die Zahlung der Vergütung kann gemäß § 16 VOB/B auf mehrere Arten erfolgen. Die VOB/B stellt hierzu ein differenziertes Zahlungssystem zur Verfügung, das den Besonderheiten des Bauvertrags besser gerecht wird als die gesetzliche Regelung.

§ 16 (1) Nr. 1 VOB/B begründet den Anspruch des Auftragnehmers auf Abschlagszahlungen, die auf Antrag in möglichst kurzen Zeitabständen oder zu den vereinbarten Zeitpunkten zu gewähren sind. Die Abschlagszahlungen sind gemäß § 16 (1) Nr. 1 S. 1 VOB/B in Höhe des Wertes der jeweils nachgewiesenen vertragsgemäßen Leistung zu bemessen. Auch in diesem Fall muss der Auftragnehmer eine prüfbare Aufstellung vorlegen, die dem Auftragnehmer die Beurteilung der erbrachten Leistungen ermöglicht. Eine Regelung, die den Auftraggeber berechtigt, die Höhe der

Abschlagszahlungen zu beschränken und einen Teil der Leistungen zurückzubehalten, verstößt bei der Vereinbarung in Allgemeinen Geschäftsbedingungen gegen § 307 BGB und ist daher unwirksam.[148]

Vorauszahlungen nach § 16 (2) VOB/B unterscheiden sich von Abschlagszahlungen dadurch, dass sie nicht voraussetzen, dass der Auftragnehmer die von ihm geschuldeten Leistungen bereits (ganz oder teilweise) erbracht hat. Regelmäßig hat der Auftragnehmer daher gemäß § 16 (2) Nr. 1 VOB/B eine ausreichende Sicherheit zu leisten. Vorauszahlungen sind gemäß § 16 (2) Nr. 1 VOB/B mit 3 % über dem Basissatz nach § 247 BGB zu verzinsen.

Die endgültige Begleichung der geschuldeten Vergütung wird als Schlusszahlung bezeichnet. Sie ist in § 16 (3) VOB/B geregelt. Gemäß § 16 (2) Nr. 1 VOB/B wird die Vergütung des Auftragnehmers spätestens innerhalb von zwei Monaten nach Zugang der Schlussrechnung fällig. Der Auftraggeber muss Einwendungen gegen die Prüfbarkeit unter Angabe der Gründe innerhalb von zwei Monaten nach Zugang der Schlussrechnung erheben. Zu einem späteren Zeitpunkt kann er sich auf die fehlende Prüfbarkeit nicht mehr berufen.

Von großer Bedeutung für den Auftragnehmer ist § 16 (3) Nr. 2 VOB/B. Die vorbehaltslose Annahme der Schlusszahlung schließt demnach Nachforderungen des Auftragnehmers aus, wenn der Auftragnehmer durch den Auftraggeber über die Schlusszahlung schriftlich unterrichtet und auf die Ausschlusswirkung hingewiesen wurde.

§ 16 (4) VOB/B nimmt schließlich Bezug auf die Möglichkeit der Teilabnahme für einzelne Leistungsbestandteile und sieht vor, dass diese ohne Rücksicht auf die Vollendung der übrigen Leistungen endgültig festgestellt und bezahlt werden können.

Zahlt der Auftraggeber bei Fälligkeit nicht, so kann ihm der Auftragnehmer gemäß § 16 (5) Nr. 3 VOB/B eine angemessene Nachfrist setzen. Nach erfolglosem Ablauf der Nachfrist steht dem Auftragnehmer ein Anspruch auf Zinsen zu, wobei die Höhe der Zinsen sich nach § 288 BGB bestimmt. Kann der Auftragnehmer einen höheren Verzugsschaden nachweisen, so ist dieser zu erstatten. Außerdem steht dem Auftragnehmer in diesem Fall ein Kündigungsrecht nach § 9 (1) Nr. 2 VOB/B zu.

9.5.9.7 Sicherheitsleistung

§ 17 VOB/B regelt die Zahlung von Sicherheitsleistungen. Hierdurch soll zugunsten des Auftraggebers die vertragsgemäße Ausführung der Leistung und die Sicherung von Mängelansprüchen abgesichert werden. Gemäß § 17(2) VOB/B hat der Auftraggeber das Recht, Sicherheit durch Einbehalt oder Hinterlegung von Geld oder durch Bürgschaft eines Kreditinstituts zu leisten. Eine Sicherheitsleistung des Auftragnehmers ist nur dann geschuldet, wenn diese im Vertrag ausdrücklich vereinbart wurde.

---

[148] Vgl. Ingenstau, H./Korbion, H. et al. (2010), § 16 (1) VOB/B Rn. 11

10 Honorarordnung für Architekten und Ingenieure (HOAI)

10.1 Architekten- und Ingenieurvertrag als Werkvertrag

Die HOAI ist eine Rechtsverordnung, bestimmt verbindlich das Honorar für Architekten- und Ingenieurleistungen und basiert auf dem Gesetz zur Regelung von Ingenieur- und Architektenleistungen, welches Bestandteil des MRVG[149] ist. Zweck der HOAI ist nach Vorstellung des Gesetzgebers die Senkung der Baukosten durch Regulierung der Architekten- und Ingenieurkosten. Außerdem soll die Honorarordnung einen ruinösen Preiswettbewerb der Planer verhindern und den Leistungswettbewerb fördern. Vor diesem Hintergrund ist in Art. 10 § 3 MRVG auch geregelt, dass eine Vereinbarung im Zusammenhang mit dem Erwerb eines Grundstücks unwirksam ist, wenn sich hierdurch der Grundstückskäufer bzgl. der Planung oder Ausführung eines Bauwerks auf dem Grundstück an einen bestimmten Ingenieur oder Architekt bindet (sog. Koppelungsverbot).

Die HOAI ist eine öffentliche Preisvorschrift (Gebührenrecht), welche einen Vergütungsanspruch voraussetzt und keine Leistungspflichten oder andere vertragsrechtliche Regelungen enthält. Was der Architekt/Ingenieur an Leistungen schuldet, ergibt sich primär nicht aus der HOAI. Die Pflichten sind dem Architekten-/Ingenieurvertrag, der Auslegung des dort beschriebenen Leistungsumfangs und aus den Bestimmungen des Bürgerlichen Gesetzbuches (BGB) zu entnehmen, falls der Vertrag Lücken enthält. Der Bundesgerichtshof (BGH) hat entschieden, dass der Architekten-/Ingenieurvertrag als Werkvertrag und nicht als Dienstvertrag anzusehen ist.[150] Damit ist jedoch noch nichts über den Inhalt sowie den Umfang der Leistungspflichten und den geschuldeten Werkerfolg gesagt.

Maßgeblich ist immer das zu erreichende Ziel, d.h. der zu erzielende Erfolg, am häufigsten die Errichtung eines Bauwerks. Im Gegensatz zum Bauunternehmer schuldet der Architekt bzw. Ingenieur nicht das Werk als körperliche Sache, sondern die Erbringung von technisch und wirtschaftlich einwandfreien Planungs- oder Überwachungsarbeiten. Das Werk des Architekten setzt sich dabei aus vielfältigen Einzelleistungen geistiger Art zusammen, die darauf gerichtet sind, die Pflichten aus dem Architekten- bzw. Ingenieurvertrag frei von Sach- und Rechtsmängeln zu erbringen. In der Regel ist damit das Bewirken der Entstehung eines mangelfreien Bauwerks als Hauptpflicht geschuldet (§ 631 (1) BGB). Zur Konkretisierung der zu erbringenden Arbeiten wird oftmals auf die, eigentlich nur preisrechtlichen Inhalte der HOAI verwiesen. Ist dies der Fall, schuldet der Architekt oder Ingenieur die Erbringung sämtlicher einzelner Leistungen, die in den sog. Leistungsbildern der HOAI aufgelistet sind.[151]

Die vertraglich vereinbarten Leistungen werden zur Berechnung der Vergütung auf die Leistungsbilder der HOAI übertragen, um somit ein Honorar für den Architekten bzw. Ingenieur bemessen zu können. Dies ist unabhängig davon, ob bei den Leistungspflichten auf die HOAI Bezug genommen wird.

Der Architektenvertrag unterliegt keiner Formvorschrift. Nur bei Verträgen mit öffentlichen oder kirchlichen Auftraggebern können besondere Formvorschriften zu beachten sein.[152] Er kann münd-

---

[149] Gesetz zur Verbesserung des Mietrechts und zur Begrenzung des Mietanstiegs sowie zur Regelung von Ingenieur- und Architektenleistungen vom 04.11.1971
[150] Vgl. Locher, H. et al. (2010), o. S.
[151] Vgl. BGH BauR 2004, 1640; 2005, 400
[152] Vgl. Locher, H. et al. (2010), o. S.

lich oder durch schlüssiges Handeln zwischen beiden Vertragsparteien zustande kommen, jedoch ist dies aus Gründen der Beweislast für den Auftragnehmer nicht zu empfehlen.

Im Idealfall wird der Vertragsschluss schriftlich i. S. v. § 126 BGB festgehalten, um den Inhalt und den Umfang der Leistungen sowie die sich daraus ergebenden Zahlungsleistungen für den Auftraggeber genau festzulegen. Der Vertrag kann mit Vorbehalten versehen sein, z. B. an eine Bedingung geknüpft sein oder einer stufenweisen Beauftragung unterliegen.

```
                 Architekten- bzw. Ingenieurvertrag
                              │
                              ▼
                         Werkvertrag
                         ╱          ╲
                        ╱            ╲
Werkvertragsrechtlicher Inhalt:    bei Übereinstimmung von
                                   Vertragsinhalt mit Leistungen
      Vergütungsanspruch                 der HOAI:
Errichtung eines Bauwerks          Honoraranspruch des
      (§ 631 BGB)                  Architekten bzw. Ingenieurs
    für Errichtung eines                 (§ 1 HOAI)
         Bauwerks
```

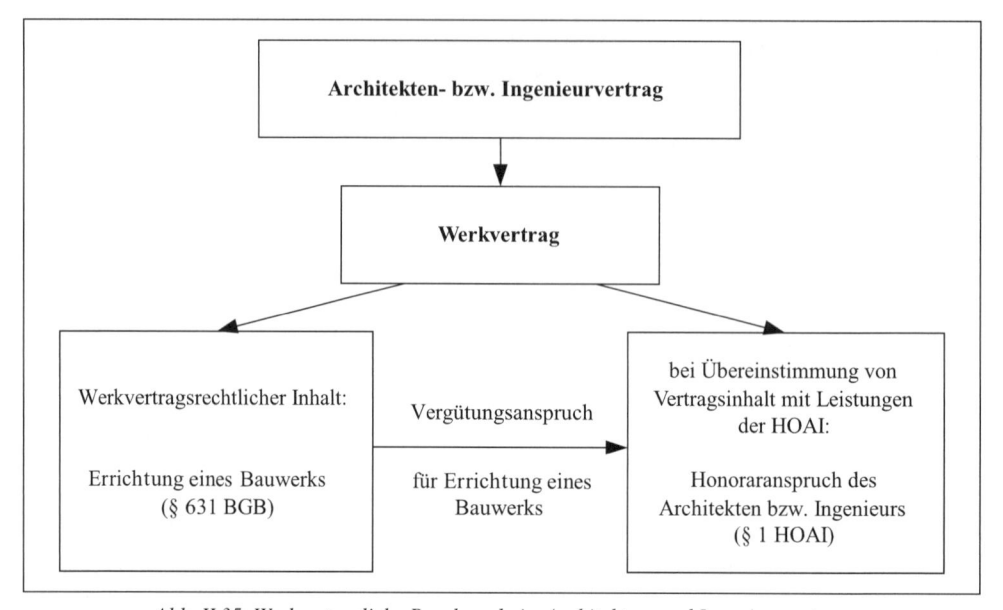

Abb. II 35: Werkvertragliche Regelung beim Architekten- und Ingenieurvertrag

Gelegentlich wird ein Vorvertrag geschlossen. Die Vertragsparteien verpflichten sich, auf dieser Basis einen schuldrechtlichen Vertrag, den Hauptvertrag, zu gegebener Zeit zu schließen (Verpflichtungserklärung). Außerdem erscheint der Abschluss von Rahmenverträgen bei mehreren Objekten zwischen einem Architekten und z. B. einem Wohnungsbauunternehmen als sinnvoll. Diese sollten jedoch einen Verweis auf den Abschluss eines konkreten Architekten- oder Ingenieurvertrages beinhalten. Vom Architektenvertrag, der formlos geschlossen werden kann, strikt zu trennen ist die zwischen dem Bauherrn und dem Architekten/Ingenieur zu treffende Honorarvereinbarung. Diese muss stets schriftlich und im Zeitpunkt der Auftragserteilung geschlossen werden. Gemäß § 7 (1) HOAI muss das dabei vereinbarte Honorar im Rahmen der festgesetzten Mindest- und Höchstsätze liegen. Fehlt eine (wirksame) Honorarvereinbarung, gelten gemäß § 7 (6) HOAI die jeweiligen Mindestsätze als vereinbart.

10.2 Grundlagen der Honorarberechnung

In diesem Teil werden die Grundlagen der Honorarberechnung insb. anhand des 2. Teils, Abschnitt 1. der HOAI für Leistungen bei Gebäuden und raumbildenden Ausbauten, insbesondere für Gebäude, beschrieben. Für die anderen Teile der HOAI gilt dies, mit leichten Abweichungen, stellvertretend.

10.2.1 Die 6. Novelle der HOAI

Am 18. August 2009 ist die HOAI in der Fassung vom 11. August 2009 in Kraft getreten. Bestrebung der 6. Novelle der HOAI war es, das Honorarrecht zu deregulieren, d. h. den Vertragsparteien mehr Raum für Vereinbarungen über die Berechnung und Höhe des Honorars einzuräumen. Gleichzeitig sollte die Struktur der Regelungen vereinfacht und den Vorgaben des europäischen Gesetzgebers aus der sog. Dienstleistungsrichtlinie Genüge getan werden. In diesem Zuge wollte der Verordnungsgeber außerdem Anreize für kostensparendes und ökologisches Bauen schaffen und im Gegenzug die Honorarsätze an die wirtschaftliche Entwicklung anpassen. Dementsprechend können die Eckpunkte der Novellierung wie folgt zusammengefasst werden:

- Reduzierung der Paragraphenanzahl von 103 auf 56.
- Unterscheidung zwischen einem verbindlichen und unverbindlichen Teil der HOAI.
- Einführung neuer Leistungsbegriffe.
- Abkoppelung der Honorarberechnung von den tatsächlichen Baukosten.
- Wegfall verbindlicher Stundensätze.
- Einführung der Möglichkeit, ein sog. Bonus-Malus-Honorar zu vereinbaren.
- Anhebung der Honorare um 10 %.

10.2.2 Geltungsbereiche der HOAI

Für die Berechnung des Honorars zwischen den Vertragsparteien auf Grundlage der HOAI in der Fassung vom 11. August 2009 müssen vier Voraussetzungen erfüllt sein, die im Weiteren näher beschrieben werden: Der sachliche, persönliche, räumliche und zeitliche Geltungsbereich.

Der sachliche Geltungsbereich der HOAI erstreckt sich gem. § 1 HOAI auf die Berechnung der Honorare für die Leistungen, die durch die HOAI erfasst werden. Sind die vom Auftragnehmer geschuldeten Leistungen nicht in der HOAI enthalten, kann die Vergütung frei gewählt werden. Die HOAI enthält in den §§ 17 ff. detaillierte Regelungen zur Flächen-, Objekt- und Fachplanung. Somit regelt die HOAI insb. Honorare für alle Architekten- und Ingenieurleistungen, die Bauwerke aller Art (Gebäude, bauliche Anlagen und Ingenieurbauwerke) betreffen. Dabei kann es sich um Objekte des Hoch-, Tief- oder Ingenieurbaus handeln. Die HOAI ist aufgrund ihres preisrechtlichen Charakters uneingeschränkt anwendbar – unabhängig davon, ob es sich um einen Werk- oder Dienstvertrag handelt.

Unter den persönlichen Geltungsbereich fallen seit einem BGH-Urteil von 1997 nicht nur die Berufsstände der Architekten und Ingenieure, sondern alle natürlichen und juristischen Personen, d. h. auch Berufsfremde, die Architekten- oder Ingenieurleistungen erbringen (leistungsbezogene

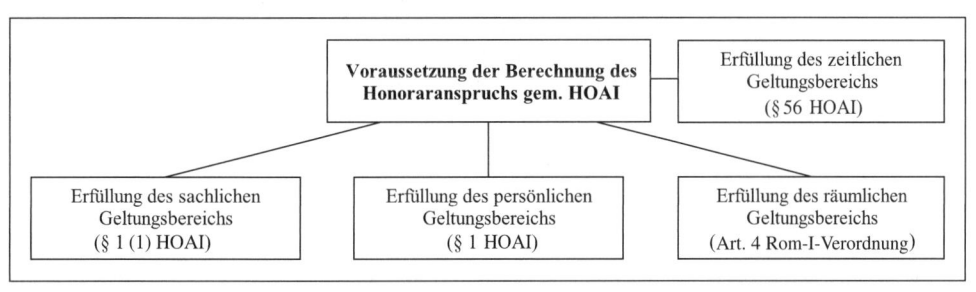

Abb. II 36: Geltungsbereiche der HOAI

Anwendung der HOAI). Voraussetzung nach § 1 HOAI ist allerdings, dass der Auftragnehmer seinen Sitz im Inland hat und die Leistungen vom Inland aus erbracht werden. Als „Sitz" ist ausreichend, wenn es sich um eine deutsche Niederlassung handelt. Auf Personen, die neben oder zusammen mit Ingenieur-/Architektenleistungen zusätzlich Bauleistungen anbieten (z. B. Bauträger), sind die Vorgaben der HOAI hingegen nicht anwendbar.

Der räumliche Geltungsbereich ist in der HOAI nicht speziell geregelt. Sie gilt unzweifelhaft für die Leistungen deutscher Architekten und Ingenieure, die im Inland erbracht werden. Bei Verträgen zwischen ausländischen Auftragnehmern und inländischen Auftraggebern an inländischen Bauwerken ist ihre Anwendbarkeit hingegen ebenso umstritten, wie bei Verträgen zwischen deutschen Planern und ausländischen Auftraggebern an ausländischen Bauvorhaben. Haben die Vertragsparteien keine ausdrückliche Rechtswahl getroffen, ist auf die Kollisionsregeln des Art. 4 der sog. Rom-I-Verordnung[153] zurückzugreifen. Nach Art. 4 (1) lit. b) bzw. (2) der Rom-I-Verordnung gilt die Vermutung für das Recht des Staates, in dem sich die (Haupt-) Niederlassung des Leistungserbringers befindet. Bei ausländischem Sitz des Architekten oder Ingenieurs kommt daher das entsprechende ausländische Recht zur Anwendung, es sei denn, er unterhält ein Büro im Inland.

Allein die Tatsache, dass die Architekten- und Ingenieurleistungen für ein deutsches Bauvorhaben und einen deutschen Bauherren erbracht werden, führt im Rahmen des Art. 4 (3) der Rom-I-Verordnung nicht zur Anwendbarkeit deutschen Rechts.

Im Falle einer von den Vertragsparteien getroffenen Rechtswahl ist gem. Art. 3 der Rom-I-Verordnung die Geltung zwingender Vorschriften zu berücksichtigen. Hierzu gehört auch die HOAI, die als öffentlich-rechtliche Verordnung kein disponibles Vertragsrecht, sondern zwingendes Preisrecht darstellt. Insofern sind die Regelungen der HOAI ungeachtet des auf den Vertrag anzuwendenden Vertragsstatus zu beachten.

Der zeitliche Geltungsbereich der aktuellen HOAI erstreckt sich auf Architekten- und Ingenieurverträge, die ab dem 18. August 2009 gültig sind. Für Verträge, die bis einschließlich 17. August 2009 abgeschlossen worden sind, gilt die Fassung der HOAI in einer der alten, bei Vertragsschluss gültigen Fassung. Maßgeblich ist also, wann die Beauftragung erfolgt ist, wobei selbstverständlich auch der mündliche Architekten- und Ingenieurvertrag ausreicht.

Sind vor dem 18. August 2009 zunächst nur Teilleistungen in Auftrag gegeben worden, wurden dann aber ab dem 18. August 2009 weitere Teilleistungen beauftragt (sog. stufenweise Beauftragung) oder waren vom Auftrag vor dem 18. August 2009 mehrere Bauabschnitte umfasst, wurden aber erst ab dem 18. August 2009 einzelne Bauabschnitte davon beauftragt (sog. abschnittsweise Beauftragung), so gilt für die ab dem 18. August 2009 abgerufenen Leistungen die HOAI in der Fassung vom 11. August 2009. Schließen die Vertragsparteien vor dem 18. August 2009 einen Vor- oder Rahmenvertrag gilt die HOAI in der „neuen" Fassung dann, wenn der Hauptvertrag über die konkrete Leistung nach dem Stichtag geschlossen wurde. Den Vertragsparteien steht es frei, bei Vertragsschluss schriftlich zu vereinbaren, dass die HOAI in der „alten" Fassung Anwendung finden soll. Wirksam ist eine solche Vereinbarung aber nur dann, wenn das danach bemessene Honorar innerhalb des Mindest- und Höchstsatzes nach der HOAI in der Fassung vom 11. August 2009 liegt.

---

[153] Verordnung (EG) Nr. 593/2008 des Europäischen Parlaments und des Rates vom 17. Juni 2008 über das auf vertragliche Schuldverhältnisse anzuwendende Recht

10.2.3 Leistung des Architekten/Ingenieurs

10.2.3.1 Leistungsarten

Einen Vergütungsanspruch nach den Regelungen der HOAI hat der Architekt bzw. Ingenieur nur dann, wenn die Arbeiten in der HOAI geregelt sind. Dass die Arbeiten zur Entstehung des Anspruchs auch beauftragt und tatsächlich erbracht sein müssen, versteht sich von selbst. Die HOAI unterscheidet zwischen sog. „Leistungen", „anderen Leistungen", „Beratungsleistungen" und „Besonderen Leistungen".

```
┌─────────────────────┐     ┌─────────────────────┐     ┌─────────────────────────────┐
│  Andere Leistungen  │─────│      Leistungen     │─────│    Besondere Leistungen     │
│    (§ 3 (2) HOAI)   │     │    (§ 3 (2) HOAI)   │     │  (§ 3 (3) i.V. m. Anlage 2 HOAI) │
└─────────────────────┘     └──────────┬──────────┘     └─────────────────────────────┘
                                       │
                            ┌──────────┴──────────┐
                            │  Beratungsleistungen│
                            │ (§ 3 I i.V. m. Anlage 1 HOAI) │
                            └─────────────────────┘
```

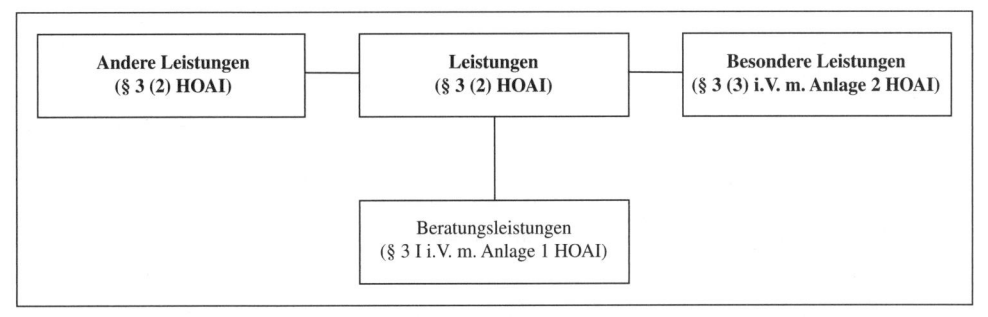

Abb. II 37: Leistungsarten

„Leistungen" – in der HOAI nach alter Fassung als „Grundleistungen" bezeichnet – definiert § 3 (2) HOAI als diejenigen Aufgaben, die zur ordnungsgemäßen Erfüllung eines Architekten- bzw. Ingenieurauftrages im Allgemeinen erforderlich sind. Die Summe von derartigen Leistungen ist in sog. Leistungsbildern erfasst. In den Anlagen 4–14 der HOAI sind 11 solcher Leistungsbilder detailliert beschrieben.

Die einzelnen Leistungsbilder gliedern sich in mehrere Leistungsphasen (§ 3 (4) HOAI). Die Leistungsphasen ihrerseits bestehen wiederum aus mehreren Leistungen. Grds. umfassen neun Leistungsphasen ein Leistungsbild. Wie aus Abb. II 38 ersichtlich, können nach dem Bautenstand beurteilt die Leistungsphasen 1 bis 4 als Planungsphase, die Leistungsphasen 5 bis 8 als Ausführungsphase und die Leistungsphase 9 als Phase nach Fertigstellung des Bauvorhabens betitelt werden.

Werden alle neun Leistungsphasen beauftragt, wird von einer Vollarchitektur gesprochen, d.h. das Honorar des Architekten oder Ingenieurs erstreckt sich auf 100 % des Leistungsbildes und beträgt dementsprechend 100 % des Honorars, welches die HOAI für das Leistungsbild vorsieht. Die HOAI ordnet den einzelnen Leistungsphasen je nach Arbeitsaufwand in der jeweiligen Phase prozentuale Anteile vom gesamten Leistungsbild zu. Für das Leistungsbild der Objektplanung für Gebäude und raumbildende Ausbauten z.B. geschieht dies in § 33 HOAI. Werden nicht alle Leistungsphasen eines Leistungsbildes beauftragt, dürfen nur die Prozentsätze berechnet werden, die in der HOAI den übertragenen Phasen zugeordnet sind (§ 8 (1) HOAI).

Falls innerhalb einer Leistungsphase nicht alle Leistungen übertragen werden, wird das Honorar entsprechend desjenigen prozentualen Anteils berechnet, der gemessen an der gesamten Leistungsphase den übertragenen Leistungen entspricht (§ 8 (2) HOAI). Die HOAI enthält allerdings keine Aussage dazu, wie sich Leistungsphasen prozentual auf die von ihnen umfassten Leistungen aufgliedern. Die HOAI bestimmt als kleinsten rechnerischen Baustein für die Honorierung die Leistungsphase als in sich abgeschlossenen Teilabschnitt. Die Praxis behilft sich mit Tabellen, in denen

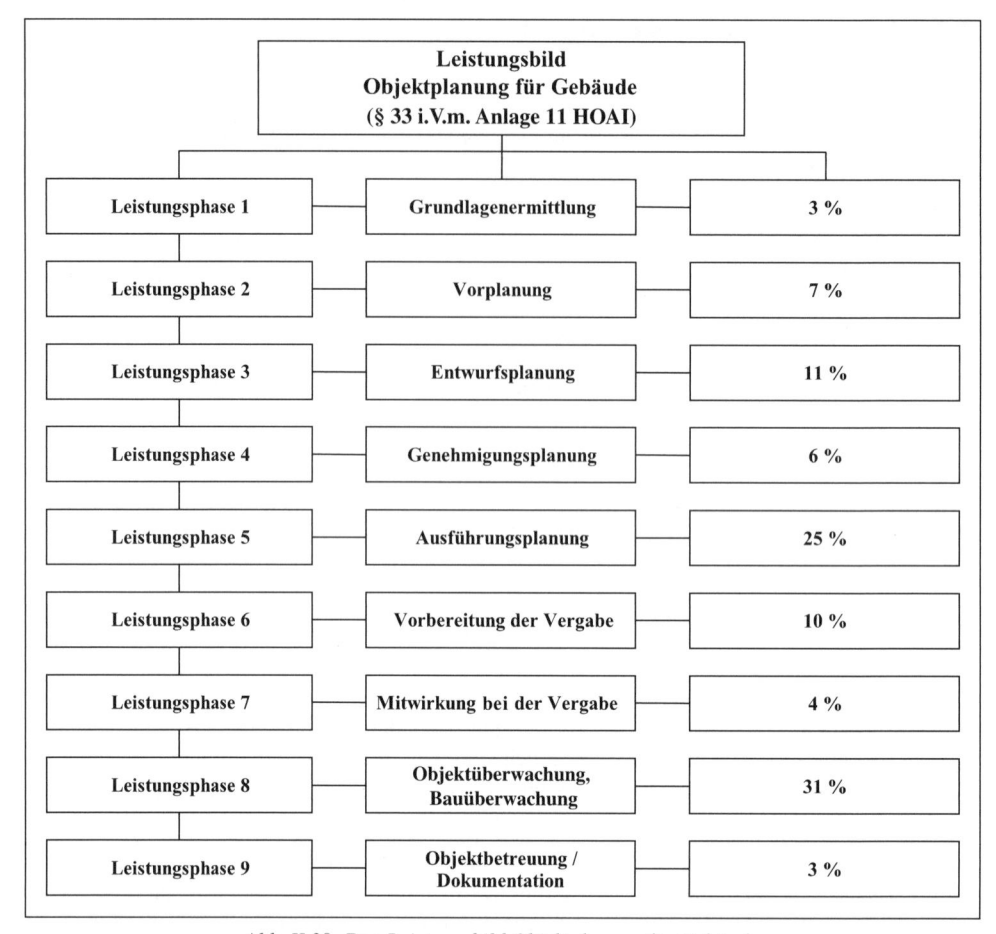

Leistungsbild Objektplanung für Gebäude (§ 33 i.V.m. Anlage 11 HOAI)		
Leistungsphase 1	Grundlagenermittlung	3 %
Leistungsphase 2	Vorplanung	7 %
Leistungsphase 3	Entwurfsplanung	11 %
Leistungsphase 4	Genehmigungsplanung	6 %
Leistungsphase 5	Ausführungsplanung	25 %
Leistungsphase 6	Vorbereitung der Vergabe	10 %
Leistungsphase 7	Mitwirkung bei der Vergabe	4 %
Leistungsphase 8	Objektüberwachung, Bauüberwachung	31 %
Leistungsphase 9	Objektbetreuung / Dokumentation	3 %

Abb. II 38: Das Leistungsbild Objektplanung für Gebäude

auf Basis der prozentualen Aufgliederung des Leistungsbildes in Leistungsphasen den einzelnen Leistungen ebenfalls Prozentsätze zugewiesen werden (z. B. Siemon-Tabelle, Steinfort-Tabelle).

Die einzelnen Aufgaben in jeder Leistungsphase sind in Abbildung II 39 für die Objektplanung für Gebäude (§ 33 i. V. m. Anlage 11 HOAI) grob beschrieben.

Unter „anderen Leistungen" versteht die HOAI solche, die z. B. durch eine Änderung des Leistungsziels, des Leistungsumfangs oder anderer Anordnungen des Auftraggebers erforderlich werden (§ 3 (2) HOAI). Diese sind von den Leistungsbildern nicht erfasst und gesondert frei zu vereinbaren und zu vergüten. Umstritten ist, was unter „anderen Leistungen" zu verstehen ist. Hierbei dürfte es sich nicht nur um solche handeln, die völlig außerhalb der Leistungsbilder der HOAI stehen. Vielmehr bedeutet der Begriff, dass über die normalerweise notwendigen Leistungen hinaus nochmals Leistungen aus einem der Leistungsbilder erbracht werden.[154]

Beratungsleistungen (z. B. Leistungen für Thermische Bauphysik) sind in der Anlage 1 zur HOAI mit Honorarvorschlägen definiert und teilweise in Leistungsbildern gefasst. Da diese Honorar-

---

[154] Vgl. Locher, H. et al. (2010), § 3 Rn. 15

vorschläge nicht verbindlich sind, kann die Vergütung von Beratungsleistungen frei vereinbart werden (§ 3 (1) HOAI).

Besondere Leistungen sind in der Anlage 2 zur HOAI beispielhaft für einzelne Leistungsbilder aufgeführt. Die Aufzählung ist nicht abschließen. Das Honorar für Besondere Leistungen können die Vertragsparteien frei vereinbaren (§ 3 (3) HOAI).

10.2.3.2 Einstufung der Leistung

Sind die verschiedenen Leistungen des Architekten oder des Ingenieurs in den einzelnen Leistungsphasen und somit im jeweiligen Leistungsbild bekannt, kann die Ermittlung der einzelnen Elemente der Honorarberechnung erfolgen. Die grundlegenden Bestimmungen über die Honorarberechnung der Leistungen hinsichtlich sämtlicher Leistungsbilder enthält § 6 (1) HOAI. Danach wird das Honorar im Normalfall neben dem Leistungsbild nach den anrechenbaren Kosten des Objekts, der Honorarzone und nach der Honorartafel berechnet.

Anrechenbare Kosten sind gem. § 4 (1) HOAI Teil der Kosten bzw. Aufwendungen, die bei dem konkreten Bauvorhaben entstehen (insb. Baukosten). Sie basieren auf den Kostengruppen der DIN 276-1 (Kosten im Bauwesen – Teil 1: Hochbau) in der Fassung vom Dezember 2008. Je nachdem, aus welchem Leistungsbild Arbeiten erbracht werden, bestimmt die HOAI unterschiedliche Kostengruppen als Teil der anrechenbaren Kosten. Die anrechenbaren Kosten werden auf der Grundlage der Kostenberechnung, soweit diese nicht vorliegt, auf Grundlage der Kostenschätzung berechnet (§ 6 (1) HOAI). Die Kostenberechnung ist in der Leistungsphase 3 vom Architekt/Ingenieur zu erstellen, die Kostenschätzung sogar bereits in der Leistungsphase 2. Dies hat zur Folge, dass die anrechenbaren Kosten losgelöst sind von den tatsächlichen Baukosten. Sie ergeben sich vielmehr aus den prognostizierten Kosten in der Planungsphase. Liegen die anrechenbaren Kosten außerhalb der in der HOAI enthaltenen Werte, können die Honorare grds. frei vereinbart werden (§ 7 (2) HOAI).

Bei Leistungen für Gebäude und raumbildende Ausbauten wird § 6 (1) HOAI durch § 32 HOAI konkretisiert. Danach sind Teil der anrechenbaren Kosten insb. die Kosten der Baukonstruktion (Kostengruppe 300 gem. DIN 276). Bei Umbauten und Modernisierungen regelt § 35 HOAI, in welchem Maße das Honorar zu erhöhen ist. Bei Instandhaltungen und Instandsetzungen gilt entsprechend § 36 HOAI. Umfasst der Auftrag mehrere „Objekte" nach § 2 HOAI, bestimmt § 11 HOAI gemeinsam mit § 33 (4) HOAI, wie sich das Gesamthonorar zusammensetzt.

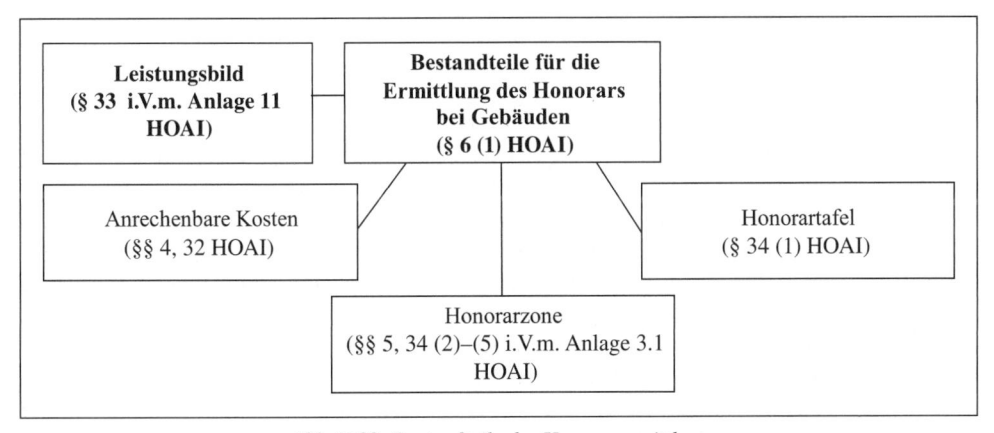

Abb. II 39: Bestandteile der Honorarermittlung

Die Honorarzone des jeweiligen Bauwerks wie z.B. für Gebäude (§ 34 HOAI) wird nach fünf Klassifizierungsmerkmalen festgelegt (vgl. § 5 HOAI):

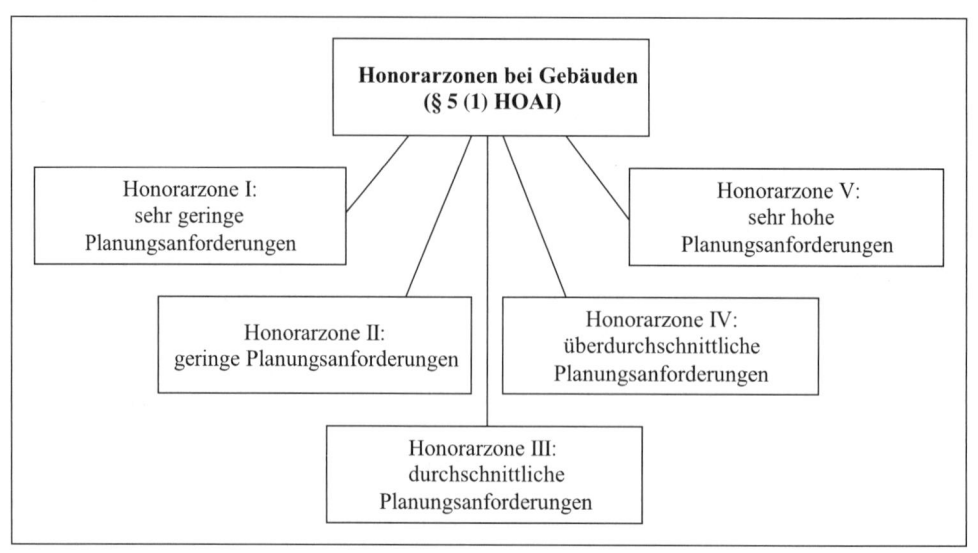

```
                    Honorarzonen bei Gebäuden
                          (§ 5 (1) HOAI)

   Honorarzone I:                              Honorarzone V:
   sehr geringe                                sehr hohe
   Planungsanforderungen                       Planungsanforderungen

         Honorarzone II:              Honorarzone IV:
         geringe Planungsanforderungen  überdurchschnittliche
                                        Planungsanforderungen

                    Honorarzone III:
                    durchschnittliche
                    Planungsanforderungen
```

Abb. II 40: Honorarzonen

Die Gebäude (oder raumbildende Ausbauten) werden nach einem Bewertungssystem den jeweiligen Honorarzonen zugeordnet. Daneben bietet § 5 (4) i.V.m. Anlage 3, Ziff. 3.1 HOAI eine Einordnungshilfe für die Honorarzonenermittlung und stellt eine Auswahl von Gebäuden dar, die ohne ein längeres Bewertungsverfahren direkt den Honorarzonen zuzuordnen sind.

Sind die anrechenbaren Kosten des Gebäudes sowie die Honorarzone bekannt, können aus der Honorartafel in § 34 HOAI die jeweiligen Mindest- und Höchstsätze des Honorars abgelesen werden. Die Tabelle geht von einem Leistungsumfang in Höhe von 100 %, mithin von einer beauftragten Vollarchitektur aus. Dementsprechend müssen die aus der Tabelle abgelesenen Mindest- und Höchstsätze ggfs. auf den zu vergütenden Anteil an der Vollarchitektur heruntergerechnet werden. Z.B. stellt die Leistungsphase 5, die sog. Ausführungsplanung für ein Gebäude 25 Prozent vom Gesamthonorar dar (§ 33 HOAI).

10.2.4 Honorararten

Der zwingende preisrechtliche Charakter der HOAI kommt in der zentralen Vorschrift des § 7 HOAI zum Ausdruck, indem die Mindest- und Höchstsätze des Honorars verbindlich festgesetzt werden. Der Honorarsatz bestimmt sich nach der schriftlichen Vereinbarung bei Auftragserteilung (§ 7 (1) HOAI). Grundsätzlich können die Vertragsparteien zwischen dem Mindestsatz und dem Höchstsatz jeden Bruchteil vereinbaren (z.B. Viertel-, Halb oder Dreiviertelsatz). Wenn nichts anderes schriftlich vereinbart wurde, gilt der Mindestsatz als vereinbart, d.h. jede Abweichung bedarf der Schriftform (§ 7 (6) HOAI). Dies trifft für ein Honorar zwischen Mindest- und Höchstsatz, bei Einigung über einen Höchstsatz und beim Unterschreiten des Mindestsatzes in Ausnahmefällen zu. Eine zulässige Ermittlung bei Zwischenstufen der in den Honorartafeln angegebenen Höchst- und Mindestsätze erfolgt durch die lineare Interpolation (§ 13 HOAI). Ein Rechenbeispiel hierzu folgt später. Unter welchen bestimmten Voraussetzungen die Mindestsätze unter- sowie die Höchstsätze überschritten werden können, regeln § 7 (3) und (4) HOAI.

Gem. § 7 (3) HOAI können die Mindestsätze in Ausnahmefällen durch schriftliche Vereinbarung bei Auftragserteilung unterschritten werden. Ein Ausnahmefall kann nach Ansicht des BGH[155] dann vorliegen, wenn die geschuldete Leistung nur einen besonders geringen Aufwand erfordert, sofern dieser Umstand nicht schon bei den Bemessungsmerkmalen in der HOAI zu berücksichtigen ist. Ferner, wenn beispielsweise zwischen den Vertragsparteien enge Beziehungen rechtlicher, wirtschaftlicher, sozialer oder persönlicher Art oder sonstige besondere Umstände gegeben sind, worunter sogar die mehrfache Verwendung einer Planung fallen soll. Eine unzulässige Mindestsatzunterschreitung führt zur Nichtigkeit der Honorarvereinbarung (§ 134 BGB), nicht aber zur Unwirksamkeit des Architekten-/Ingenieurvertrags.

Eine Überschreitung des Höchstsatzes (§ 7 (4) HOAI) ist nur bei außergewöhnlichen oder ungewöhnlich lange dauernden Leistungen, z.B. einer Bauzeitenüberschreitung oder bei künstlerisch hochwertigen Arbeiten zulässig und muss zudem schriftlich vereinbart werden. Umstände, die bereits bei der Einordnung in Honorarzonen, bei der Vereinbarung von Besonderen Leistungen oder für die Einordnung in Mindest- und Höchstsätze mitbestimmend waren, sind nicht zu berücksichtigen. Werden die Höchstsätze überschritten und liegt hierzu keine Berechtigung nach § 7 (4) HOAI vor, so ist die Honorarvereinbarung unwirksam (§ 134 BGB). Der Vertrag bleibt hiervon jedoch unberührt.

Indes schreibt die HOAI keine Abrechnungsvorschriften vor, d.h. dass Honorarvereinbarungen von den Abrechnungsgrundsätzen (dem sog. Regelhonorar) der HOAI abweichen können, wie z.B. bei einem Pauschalhonorar.

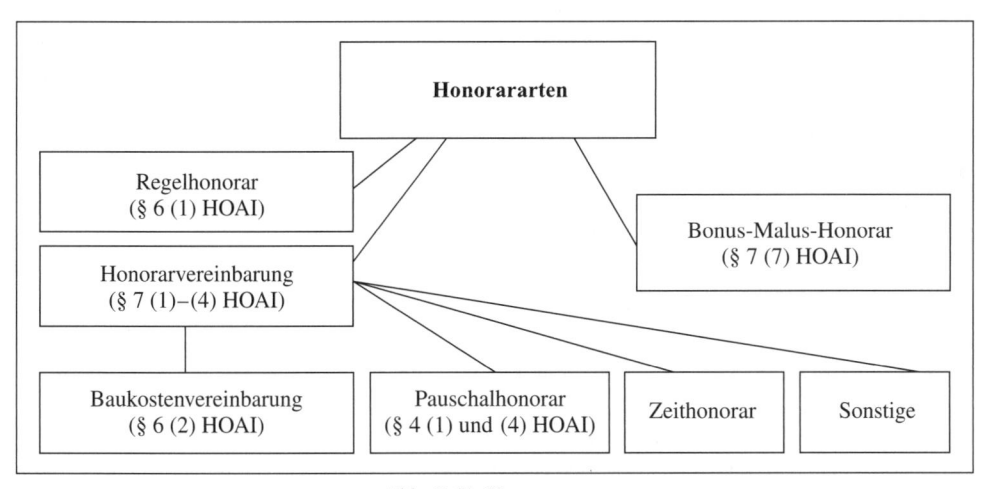

Abb. II 41: Honorararten

10.2.4.1 Regelhonorar

Die Berechnung des Regelhonorars orientiert sich an den Abrechnungskriterien der HOAI (§ 6 (1) HOAI), d.h. es werden die Leistungsprozente nach dem Leistungsbild, die anrechenbaren Kosten und die Honorarzone vereinbart, von denen die Vertragsparteien ausgehen, dass sie im konkreten

---

[155] Vgl. BGH BauR 1997, 677

Fall zutreffen. Darüber hinaus haben sie nach § 7 (1) HOAI die Möglichkeit, schriftlich eine Abweichung vom Mindestsatz zu vereinbaren.

10.2.4.2 Baukostenvereinbarung

Abweichend von der 3-Phasen-Abrechnung gem. § 6 (1) HOAI eröffnet § 6 (2) HOAI den Vertragsparteien die Möglichkeit, das Honorar auf Grundlage der voraussichtlichen Baukosten zu berechnen. Voraussetzung ist, dass zum Zeitpunkt der Beauftragung des Architekten od. Ingenieurs noch keine Planung vorliegt, auf deren Basis eine Kostenschätzung oder Kostenberechnung erstellt werden kann. Ist dies der Fall, können die Vertragsparteien vereinbaren, dass das Honorar auf Grundlage der anrechenbaren Kosten aus einvernehmlich vereinbarten Baukosten nach den Vorschriften der HOAI berechnet wird. Allerdings müssen die festgelegten Baukosten „nachprüfbar" sein. Wann dies der Fall ist, regelt die HOAI nicht. Den entsprechenden Nachweis werden die Vertragsparteien z. B. über Referenzobjekte oder Vergleichsobjekte führen können. Als Basis kommt auch eine Bedarfsplanung auf Grundlage der DIN 18 205 in Frage. Die Vereinbarung ist schriftlich bei Auftragserteilung zu treffen.

10.2.4.3 Pauschalhonorar

§ 7 HOAI stellt zwar Voraussetzungen für Honorarvereinbarungen auf, verlangt aber nicht, dass sich die Vertragsparteien an die übrigen Abrechnungskriterien halten. Dementsprechend kann das Honorar grds. auch pauschaliert werden.

Die Vereinbarung eines Pauschalhonorars ist wirksam, wenn die Schriftform eingehalten und der Mindest- und Höchstpreischarakter gewahrt werden, d. h. keine Unter- bzw. Überschreitung stattfindet. Außerdem muss die Vereinbarung bei Auftragserteilung erfolgen (§ 7 (1) HOAI).

Andernfalls käme die Regelung des § 7 (6) HOAI zur Anwendung, wonach mangels wirksamer Honorarvereinbarung der Mindestsatz als vereinbart gilt. Der Vorteil des Pauschalhonorars liegt in der vereinfachten Berechnung, da Aufwand und Schwierigkeiten beim Erstellen der prüffähigen Honorarschlussrechnung gem. § 15 (1) HOAI entfallen. Gleichwohl müssen die Parteien bei der Vereinbarung eines Pauschalhonorars bedenken, dass im Streitfall die Kostenermittlung entspr. der HOAI nachgeholt wird und der Vereinfachungseffekt verloren geht.

10.2.4.4 Zeithonorar

Gegenüber der HOAI vor der 6. Novelle wurden die Regelungen über Zeithonorare vollständig abgeschafft. Die HOAI verweist nunmehr an keiner Stelle mehr darauf, dass ein Zeithonorar abgerechnet werden kann oder darf. Nachdem die HOAI aber nicht vorschreibt, dass das Honorar nach den in der HOAI enthaltenen Abrechnungsvorschriften vereinbart werden muss, kann ein Zeithonorar auch für vom Preisrecht der HOAI erfasste Leistungen vereinbart werden.[156] Die Wirksamkeit einer solchen Honorarvereinbarung bemisst sich wiederum danach, ob das auf dieser Basis berechnete Honorar im Rahmen des betreffenden Mindest- und Höchstsatzes nach HOAI liegt und ob die Vereinbarung schriftlich bei Auftragserteilung geschlossen wurde (§ 7 (1) HOAI).

Zur Frage, welche Folge eine unwirksame Honorarvereinbarung hat, gilt dasselbe wie bei jeder unwirksamen Honorarvereinbarung, insb. der unwirksamen Pauschalhonorarvereinbarung: es gilt der Mindestsatz als vereinbart und das Honorar berechnet sich nach den Honorarparametern der HOAI.

---

[156] Vgl. BGH BauR 2009, 1162

10.2.4.5 Erfolgshonorar (sog. Bonus-Malus-Honorar)

§ 7 (7) HOAI regelt, dass für Kostenunterschreitungen, die unter Ausschöpfung technisch-wirtschaftlicher oder umweltverträglicher Lösungsmöglichkeiten zu einer wesentlichen Kostensenkung ohne Verminderung des vertraglich festgelegten Standards führen, ein Erfolgshonorar vereinbart werden kann. Dieses kann bis zu 20 % des vereinbarten Honorars betragen. Hierdurch soll es dem Auftraggeber ermöglicht werden, Anreize für kostengünstiges und qualitätsbewusstes Planen zu schaffen. Wann eine „wesentliche Kostensenkung" eintritt, regelt die HOAI nicht. Ob dies bei einer Unterschreitung von 1 %–2 % der Fall ist, darf bezweifelt werden. Insofern sollten die Vertragsparteien eine entsprechende vertragliche Regelung treffen, die ein Erfolgshonorar z. B. ab einer Kostensenkung von 10 % vorsieht. Die Vereinbarung über das Bonushonorar muss schriftlich getroffen werden, ausweislich des Wortlauts von § 7 (7) HOAI aber nicht zwingend bereits bei Vertragsschluss.

Ebenfalls in § 7 (7) HOAI wird den Vertragsparteien als Gegenstück zum Bonus-Honorar die Möglichkeit eröffnet, ein sog. Malus-Honorar für den Fall zu vereinbaren, dass einvernehmlich festgelegte anrechenbare Kosten überschritten werden. Im Gegensatz zum Bonus-Honorar sind Anknüpfungspunkt mithin nicht die Baukosten, sondern die anrechenbaren Kosten. Der Honorarabzug darf max. 5 % des Honorars betragen. Das Malus-Honorar braucht nicht wie das Bonus-Honorar im Rahmen einer schriftlichen Vereinbarung festgehalten werden. Nach dem Wortlaut der Vorschrift dürfte sie damit nicht nur nach der Auftragserteilung, sondern auch mündlich möglich sein. Dies ändert allerdings nichts an den Problemen hinsichtlich der Beweisbarkeit von mündlichen Vereinbarungen.

10.2.4.6 Sonstiges (Nebenkosten/Umsatzsteuer)

Gem. § 14 HOAI sind die bei der Ausführung des Auftrags entstandenen Nebenkosten wie z. B. Kosten für Baustellenbüro, Vervielfältigungen oder Reisen erstattungsfähig. Auslagen müssen durch die konkrete Aufgabe, z. B. die Erstellung eines Gebäudes, veranlasst sein und sind nur dann erstattungsfähig, wenn ihre Erforderlichkeit sowohl dem Grund als auch der Höhe nach vom Auftragnehmer dargelegt werden kann.

Wenn bei Auftragserteilung zwischen den Parteien keine Pauschale gem. § 14 (3) HOAI oder ein Verzicht gem. § 14 (1) HOAI vereinbart wurde, hat die Nebenkostenabrechnung auf Einzelnachweis zu erfolgen. Dabei sind die in § 14 (2) Nr. 1–7 HOAI genannten Nebenkosten abrechenbar. Die Aufzählung ist allerdings nicht abschließend.

In § 16 HOAI wird die Frage nach der Umsatzsteuer beantwortet. Der Anspruch des Auftragnehmers auf Erstattung der gesetzlichen Umsatzsteuer bezieht sich auf die nach der HOAI abrechenbaren Leistungen und die Nebenkosten sowie die Abschlagszahlungen nach § 15 (2) HOAI. Gem. § 16 (1) HOAI kommt die Erstattung der Umsatzsteuer jedoch nur dann in Betracht, wenn sie beim Auftragnehmer anfällt und nicht etwa nach § 19 UStG unerhoben bleibt.

Sofern der Auftragnehmer nach § 15 UStG vorsteuerabzugsberechtigt ist, ist die Umsatzsteuer von den Nebenkosten abzusetzen.

10.2.5 Zahlungsarten des Honorars

10.2.5.1 Abschlagszahlung

Gem. § 15 (2) HOAI kann der Auftragnehmer Abschlagszahlungen auf das zu erwartende Gesamthonorar verlangen, ohne dass es hierzu einer gesonderten vertraglichen Einigung bedarf. Gleiches gilt selbstverständlich erst recht, wenn die Stellung von Abschlagsrechnungen, ggfs. mit entsprechenden Zeitpunkten, vereinbart ist.

Die Leistungen, für die eine Abschlagszahlung verlangt wird, müssen nachgewiesen und vertragsgemäß erbracht worden sein, bevor das Abschlagshonorar mittels einer prüffähigen Abschlagsrechnung angefordert werden kann. Um den Auftraggeber vor Bagatellrechnungen zu schützen, sieht § 15 (2) HOAI die Forderung nach Abschlagszahlungen in angemessenen zeitlichen Abständen, d.h. abhängig vom Baufortschritt im Einzelfall vor.

Abschlagsrechnungen kommt regelmäßig keine Bindungswirkung zu. Sie haben nur vorläufigen Charakter und erfolgen daher stets unter dem Vorbehalt der rechtlichen Richtigkeit des angeforderten Honorars.

Die Fälligkeit der Abschlagszahlung tritt ein, wenn die entsprechenden Leistungen erbracht sind und deren Bezahlung verlangt wurde.[157]

10.2.5.2 Honorarschlussrechnung

Das Honorar wird vorbehaltlich anderer vertraglicher Vereinbarungen fällig, wenn der Auftragnehmer die Leistung vertragsgemäß erbracht hat und dem Auftraggeber eine prüffähige Honorarschlussrechnung überreicht hat. Nach Ansicht des BGH[158] ist die Prüffähigkeit nach objektiven Kriterien zu beurteilen: hiernach muss eine prüffähige Rechnung im Sinne des § 15 (1) HOAI diejenigen Angaben enthalten, die nach dem geschlossenen Vertrag und der HOAI unverzichtbar sind, um die sachliche und rechnerische Überprüfung des Honorars zu ermöglichen. Darüber hinaus kann sich der Auftraggeber nach Treu und Glauben dann nicht auf die fehlende Prüffähigkeit berufen, wenn die Rechnung auch ohne die objektiv unverzichtbaren Angaben seinen Kontroll- und Informationsinteressen genügt.

Eine weitere Voraussetzung für die Fälligkeit des Honorars stellt das Überreichen der prüffähigen Schlussrechnung dar. Sie muss dem Auftraggeber in schriftlicher Form zugehen, d.h. in seinen Einwirkungskreis gelangen.

Für die Fälligkeit des Honoraranspruchs nicht erforderlich ist z.B. im Gegensatz zu werkvertraglichen Bauverträgen die Abnahme der erbrachten Leistungen des Architekten.[159]

Auch ein Pauschalhonorar wird erst mit Übergabe einer prüffähigen Schlussrechnung fällig. Für die Prüffähigkeit reicht in diesem Fall jedoch i.d.R. die Angabe des vereinbarten Pauschalhonorars sowie der bereits geleisteten Abschlagszahlungen aus.

Einen Überblick über die unterschiedlichen Anforderungen an eine Honorarschlussrechnung gibt die Abbildung II 42.

Grundsätzlich kann der Architekt/Ingenieur seine einmal aufgestellte und übergebene Schlussrechnung korrigieren und neu überreichen. Von diesem Recht wird der Auftragnehmer insb. dann

---

[157] Vgl. Locher, H. et al. (2010), o. S.
[158] Vgl. BGH BauR 2004, 316
[159] Vgl. BGH BauR 1986, 596

Gebrauch machen, wenn die vertragliche Honorarvereinbarung mindestsatzunterschreitend ist und die zunächst erteilte Schlussrechnung sich an dieser Vereinbarung orientiert. Denn dem Auftragnehmer steht im Normalfall zumindest das Honorar entsprechend dem Mindestsatz nach der HOAI zu (sog. Mindestpreischarakter der HOAI). Eine Honorarvereinbarung, die gegen diesen Grundsatz verstößt, ist im Normalfall unwirksam. Mithin kann der Architekt/Ingenieur eine zweite Schlussrechnung „nachschieben", in welcher er den Mindestsatz in Rechnung stellt. Die Bindungswirkung der Honorarschlussrechnung, d. h. der Ausschluss einer Nachforderung nach Abgabe der prüffähigen Schlussrechnung durch den Auftragnehmer, ist nur dann ausnahmsweise gegeben, wenn in der Änderung der Schlussrechnung eine unzulässige Rechtsausübung i. S. d. § 242 BGB, d. h. ein Verstoß gegen Treu und Glauben liegt.[160] Voraussetzung ist, dass der Auftragnehmer mit der Erteilung der Schlussrechnung einen Vertrauenstatbestand geschaffen hat, d. h. der Auftraggeber auf die abschließende Rechnung vertraut hat bzw. vertrauen durfte. Im Streitfall bedarf es hierzu einer umfassenden Prüfung und Abwägung der beiderseitigen Interessen im Einzelfall.

10.2.6 Abrechnungsprinzipien anhand eines Beispiels

In diesem Teil werden die Grundlagen der Honorarberechnung anhand des Teils 3, Abschnitt 1 der HOAI für Leistungen bei Gebäuden und raumbildenden Ausbauten beschrieben.

Als Objektbeispiel wird hier ein Gebäude, ein Wohnhaus mit drei Wohnungen, gewählt. Der Auftrag für den Architekten besteht in der Erbringung aller neun Leistungsphasen zu 100 %, d. h. er übernimmt die Arbeiten im Rahmen einer Vollarchitektur.

Im ersten Teil sollen zunächst allgemein die Grundlagen der Honorarberechnung für ein Gebäude verdeutlicht werden. Der anschließende zweite Teil beschäftigt sich mit der beispielhaften Berechnung eines Architektenhonorars für ein Wohngebäude.

---

[160] Vgl. BGH BauR 1993, 236

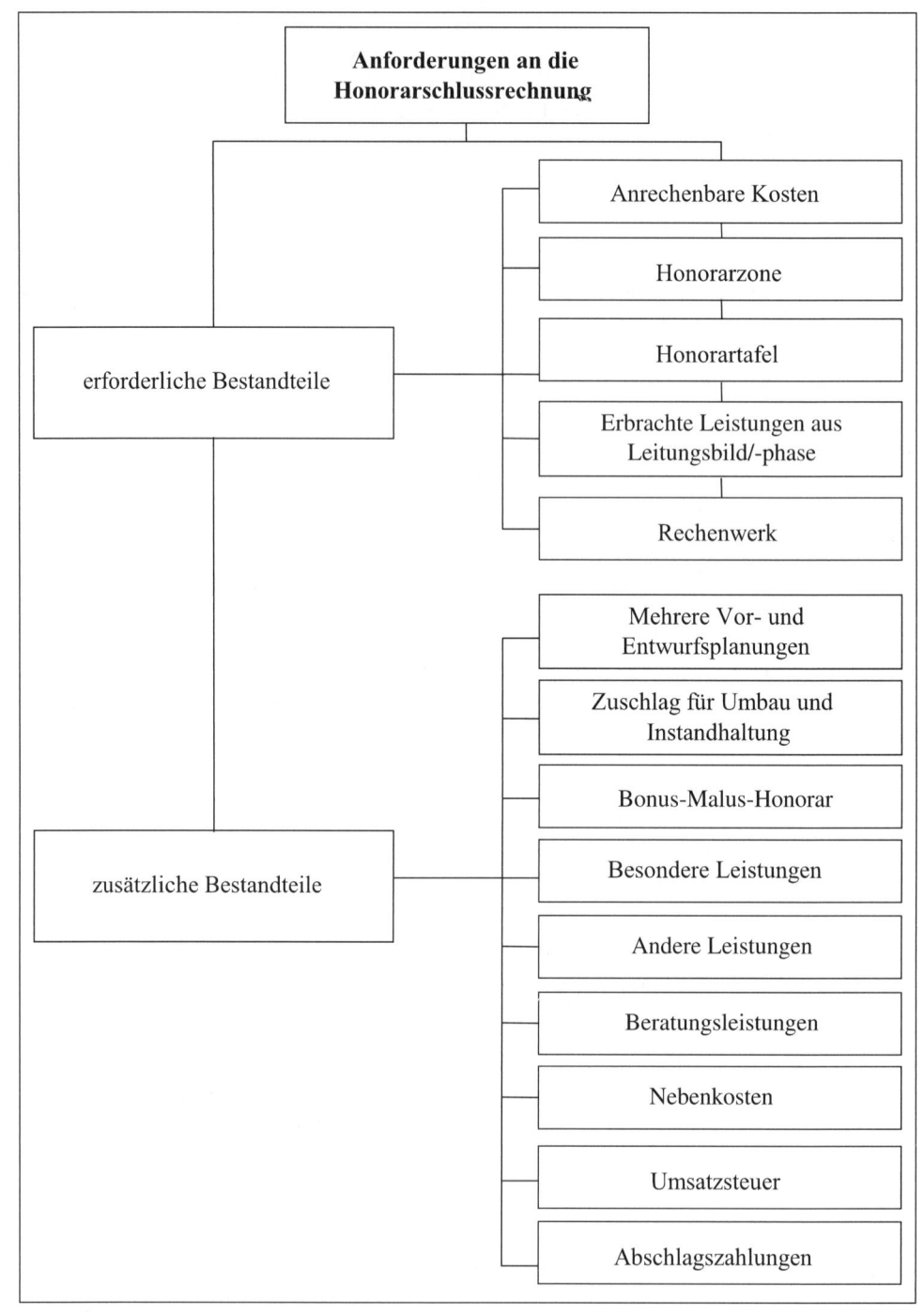

```
Anforderungen an die Honorarschlussrechnung
├── erforderliche Bestandteile
│   ├── Anrechenbare Kosten
│   ├── Honorarzone
│   ├── Honorartafel
│   ├── Erbrachte Leistungen aus Leitungsbild/-phase
│   └── Rechenwerk
└── zusätzliche Bestandteile
    ├── Mehrere Vor- und Entwurfsplanungen
    ├── Zuschlag für Umbau und Instandhaltung
    ├── Bonus-Malus-Honorar
    ├── Besondere Leistungen
    ├── Andere Leistungen
    ├── Beratungsleistungen
    ├── Nebenkosten
    ├── Umsatzsteuer
    └── Abschlagszahlungen
```

Abb. II 42: Anforderungen an die Honorarschlussrechnung

10.2.6.1 Allgemeine Grundlagen für die Berechnung eines Honorars

**Berechnung der Honorarhöhe für Teil B
Leistungen bei Gebäuden und raumbildenden Ausbauten
der HOAI (§ 32 ff. HOAI)**

Beispielobjekt: Gebäude (Wohngebäude)

Ermittlung der anrechenbaren Kosten für Gebäude
(§§ 4 i.V.m. 32 HOAI)

nach den Kostenermittlungsverfahren DIN 276 für die Leistungsphasen 1–9

anhand der Kostenberechnung;

anhand der Kostenschätzung (soweit die Kostenberechnung nicht vorliegt)

Festlegung der Honorarzone für Gebäude
(§§ 5 (1), 34 (2)–(5) i.V.m. Anlage 3 HOAI)

Honorarzone I: sehr geringer Planungsaufwand

Honorarzone II: geringer Planungsaufwand

Honorarzone III: durchschnittlicher Planungsaufwand

Honorarzone IV: überdurchschnittlicher Planungsaufwand

Honorarzone V: sehr hoher Planungsaufwand

Auswahl der Leistungsphasen des Leistungsbildes Objektplanung für Gebäude
(§ 33 i.V.m. Anlage 11 HOAI)

Leistungsphase 1: Grundlagenermittlung 3 %

Leistungsphase 2: Vorplanung 7 %

Leistungsphase 3: Entwurfsplanung 11 %

Leistungsphase 4: Genehmigungsplanung 6 %

Leistungsphase 5: Ausführungsplanung 25 %

Leistungsphase 6: Vorbereitung der Vergabe 10 %

Leistungsphase 7: Mitwirkung bei der Vergabe 4 %

Leistungsphase 8: Objektüberwachung 31 %

Leistungsphase 9: Objektbetreuung / Dokumentation 3 %

Wahl des Honorarsatzes (Mindest-, Höchst- oder anderer Satz) und Ermittlung des Vollhonorares in der jeweiligen Honorarzone
mit Hilfe der Honorartafel
(§ 34 (1) HOAI i.V.m. § 13 HOAI)

X

Addition der jeweiligen erbrachten/beauftragten Leistungsprozente

= Höhe des Honorars zzgl. Umsatzsteuer

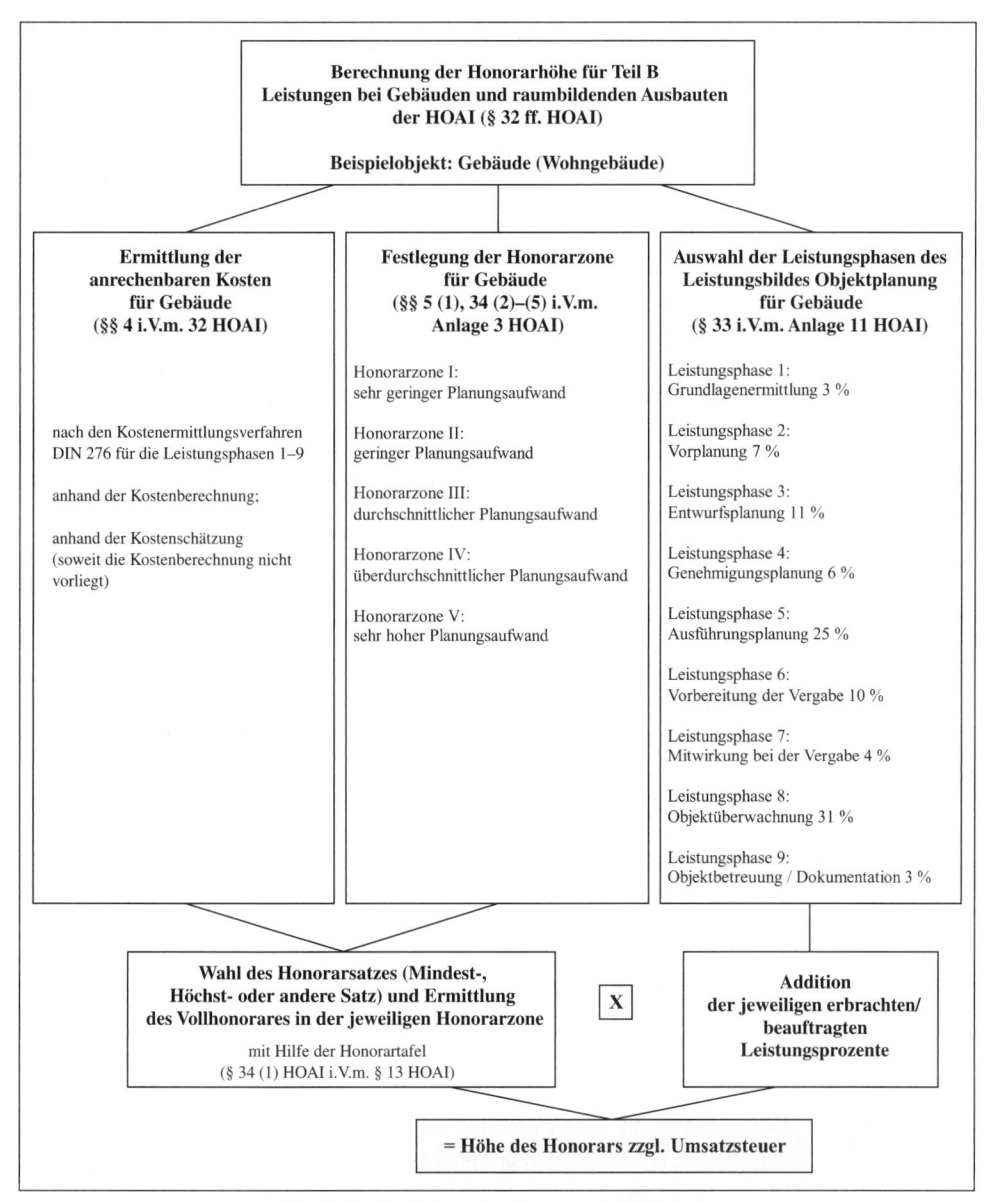

Abb. II 43: Ermittlung des Honorars bei Gebäuden

10.2.6.2 Beispiele zur Berechnung des Honorars bei einem Gebäude

An obigem Beispiel (Abb. II 44) lässt sich erkennen, dass in den Honorartafeln lediglich für eine beschränkte Anzahl von anrechenbaren Kosten, Werten, Verrechnungseinheiten und ha-Flächen Mindest- und Höchstsätze festgesetzt werden. Bei Zwischenwerten (im Beispielsfall € 240.000,00

> **Beispiel Gebäude (Wohngebäude)**
> **Berechnung Mindesthonorar:**
>
> Es handelt sich um ein Wohngebäude, mit 3 Wohnungen.
>
> Lt. Anlage 3.1.3 HOAI liegt dieses Objekt aufgrund seiner Anforderungen an den Architekten in der Honorarzone III. Die anrechenbaren Kosten belaufen sich auf 240.000 €. Eine Honorarvereinbarung wurde nicht getroffen, so dass dieser Berechnung der Mindestsatz zugrunde gelegt werden muss.
>
> Alle Leistungsphasen, d.h. das komplette Leistungsbild mit 100 Prozent, werden erfüllt.
>
> *Vorgehensweise:*
>
> Zunächst werden für das Honorar die Honorare der nächsthöheren und nächstniedrigeren anrechenbaren Kosten, jeweils der Mindestsatz, aus der Honorartafel abgelesen.
>
> Für die anrechenbaren Kosten aus 250.000 € ergibt sich ein Mindestsatz von 29.018 € und für die anrechenbaren Kosten von 200.000 € der Mindestsatz von 23.745 €.
>
> Anschließend wird der Differenzbetrag aus beiden Honoraren ermittelt:
>
> | | |
> |---|---|
> | Anrechenbare Kosten von 250.000 € | 29.018 € |
> | − Anrechenbare Kosten von 200.000 € | − 23.745 € |
> | = Differenz von 50.000 € | =   5.273 € |
>
> Durch eine Dreisatz-Rechnung:
>
> $$x = \frac{5.273 \ € \ \times \ 40.000 \ €}{50.000 \ €}$$
>
> $$= 4.218,40 \ €$$
>
> ergibt sich für 40.000 € einen Wert von 4.218,40 €.
>
> Im weiteren Verlauf sind der abgelesene Honorarsatz für die anrechenbaren Kosten von 200.000 € und der errechnete Honorarsatz für den Wert für 40.000 € zu addieren. Die Summe stellt das Mindesthonorar für die anrechenbaren Kosten von 240.000 € dar:
>
> | | |
> |---|---|
> | Anrechenbare Kosten von 200.000 € | 23.745   € |
> | + Wert für 40.000 € | + 4.218,40 € |
> | = Honorsatz für anrechenbare Kosten von 240.000 € | = 27.963,40 € |
> | | zzgl. Umsatzsteuer |
>
> ***Bitte beachten: grundsätzlich ist zuzüglich zum errechneten Honorar noch die Umsatzsteuer zu entrichten!***

Abb. II 44: Beispiel Gebäude (Wohngebäude): Allgemeine Berechnung Mindesthonorar

anrechenbare Kosten) muss die konkrete Bemessungsgrundlage für das Honorar erst noch ermittelt werden. Zum Zwecke der Klarstellung der Berechnungsmethode wurde in der HOAI eine eigenständige Regelung getroffen. Danach sind bei Zwischenstufen der Honorartafelwerte die zulässigen Mindest- und Höchstsätze durch lineare Interpolation gem. § 13 HOAI und nicht etwa aus den nächsthöheren festgelegten Honorartafelwerten zu ermitteln. Interpolation meint dabei die Einschaltung von Zwischengrößen in eine gesetzmäßige Reihe.

Allgemeine Formel für die lineare Interpolation:

$$x = a + \frac{b \times c}{d}$$

a: Honorar für die nächstniedrige Stufe der anrechenbaren Kosten
b: Differenz zwischen den tatsächlich anrechenbaren Kosten und den anrechenbaren Kosten der nächstniedrigeren Stufe
c: Differenz der Honorare für die nächstniedrigeren und nächsthöheren Stufe der anrechenbaren Kosten
d: Differenz der in der Honorartafel nacheinander genannten anrechenbaren Kosten

Abb. II 45: Allgemeine Formel für die lineare Interpolation

In der folgenden Abbildung werden die Werte des obigen Beispiels zur Ermittlung des Mindestsatzes beim Bau des Wohngebäudes mit drei Wohnungen daher in Zusammenhang mit der Formel für die lineare Interpolation gebracht. Für die Variablen a, b, c und d dieser Formel werden die jeweiligen Zahlenwerte eingesetzt und das gesuchte Mindesthonorar x wie folgt berechnet.

Beispiel Gebäude (Wohngebäude) (Abb. II 45)
Berechnung Mindesthonorar unter Anwendung der Formel für lineare Interpolation:

$$x = a + \frac{b \times c}{d}$$

$$= 23.745\ \text{€} + \frac{40.000\ \text{€} \times 5.273\ \text{€}}{50.000\ \text{€}}$$

$$= 23.745{,}-\ EUR\ \ zzgl.\ Umsatzsteuer$$

Für a:
Honorar für nächstniedrigere Stufe der anrechenbaren Kosten (200.000 €):
21.586 €

Für b:
Differenz zwischen den tatsächlich anrechenbaren Kosten und den anrechenbaren Kosten der nächstniedrigeren Stufe (240.000 € ./. 200.000 €): 40.000 €

Für c:
Differenz der Honorare der nächsthöheren und nächstniedrigeren Stufe der anrechenbaren Kosten (29.018 € ./. 23.745 €): 5.273 €

Für d:
Differenz der anrechenbaren Kosten für nächsthöhere und nächstniedrigere Stufe (250.000 € ./. 200.000 €): 50.000 €

Nach Einsetzen in die Formel ergibt sich auch hier das Ergebnis von 27.963,40 € zzgl. Umsatzsteuer als Mindesthonorar.

Abb. II 46: Beispiel Gebäude (Wohngebäude):
Berechnung Mindesthonorar mit Formel der linearen Interpolation

Das folgende Beispiel befasst sich mit der Berechnung des Mittelsatzes, d.h. der mittleren Honorarstufe zwischen Mindest- und Höchstsatz.

Beispiel Gebäude (Wohngebäude) (Abb. II 45)
Ermittlung des Mittelsatzes (mittlere Honorarstufe zwischen Mindest- und Höchstsatz):

Für obiges Beispiel (Abb. II 45) soll im Folgenden davon ausgegangen werden, dass eine wirksame Honorarvereinbarung geschlossen wurde, nach der der Mittelsatz anzusetzen ist.

Zunächst sind die Honorare für den Mindest- und Höchstsatz (anrechenbare Kosten: 240.000 €) zu berechnen.

Die Differenz aus diesen beiden ermittelten Honoraren ist durch 2 zu teilen, d.h. der Mittelwert aus Mindest- und Höchstsatz wird gebildet.

Die Summe aus dem berechneten Mittelwert und dem Mindesthonorar bildet dann das Honorar für die mittlere Stufe (zzgl. Umsatzsteuer).

Verdeutlicht anhand einer Formel:

$$x = \frac{b - a}{2} + a$$

$$= \frac{34.382,20\ € - 27.963,40\ €}{2} + 27.963,40\ €$$

$$= 31.172,80\ €\quad zzgl.\ Umsatzsteuer$$

Für a:
Honorar für Mindestsatz (anrechenbare Kosten: 240.000 €)
27.963,40 €

Für b:
Honorar für Höchstsatz (anrechenbare Kosten: 240.000 €)
34.382,20 €

Für x:
x stellt den gesuchten Mittelsatz dar: **31.172,80 € zzgl. Umsatzsteuer**

Nach Einsetzen in die Formel ergibt sich das Ergebnis x von 31.172,80 € zzgl. Umsatzsteuer als Mittelsatzhonorar.

Abb. II 47: Beispiel Gebäude (Wohngebäude): Berechnung Mittelsatzhonorar

Falls es sich nicht um eine Vollarchitektur handelt, d.h. nicht alle Leistungsphasen erbracht werden, errechnet sich das Honorar nach dem prozentualen Anteil der erbrachten Leistungsphasen 1-9 durch den Architekten:

Für den Fall, dass ein Wohngebäude nicht nur einmal, sondern mehrmals, d.h. mehrere im Wesentlichen gleichartige Gebäude, die im zeitlichen sowie im örtlichen Zusammenhang stehen und unter gleichen baulichen Verhältnissen geplant und errichtet werden sollen, durch den Auftraggeber beim Architekten in Auftrag gegeben wurde, ist das Honorar wie folgt zu reduzieren: für die erste bis vierte Wiederholung (2. bis 5. Haus) werden die Leistungsphasen 1-7 nur zu 50%, von der fünften bis zur siebten Wiederholung (6. bis 8. Haus) nur zu 40% und ab der achten Wiederholung nur zu

> **Beispiel Gebäude (Wohngebäude) (Abb. II 45)**
> **Honorarberechnung bei Nichterbringung aller Leistungsphasen:**
>
> Vorausgesetzt, der Auftragnehmer war in obigem Beispiel (Abb. II 48) nur zur Erbringung der Leistungsphase 8 (Objektüberwachung = 31 %) sowie der Leistungsphase 9 (Objektbetreuung/Dokumentation = 3 %) beauftragt, kann das Gesamthonorar (hier: Mittelsatz: 31.172,80 € zzgl. Umsatzsteuer) nur mit 34 Leistungsprozenten (31 Prozent + 3 Prozent) berechnet werden.
>
> Eine Dreisatzrechnung muss folgen:
>
> $$x = \frac{31.172,80 \text{ €} \times 34}{100}$$
>
> $$= 10.598,75 \text{ €} \; zzgl. \; Umsatzsteuer$$
>
> Der Architekt kann somit für die Leistungsphasen 8 und 9 als Honorarberechnung 10.598,75 € zzgl. Umsatzsteuer verlangen.

Abb. II 48: Beispiel Gebäude (Wohngebäude):
Honorarberechnung bei Erbringung von ausgewählten Leistungsphasen

10 % angesetzt. Die Leistungsphasen 8 und 9 werden dagegen immer voll angerechnet, da diese für jedes Haus individuell anfallen (§ 11 (2) HOAI). Gleiches gilt für Gebäude nach Typenplanung oder Serienbauten. Die Honorarreduzierung findet in vorgenanntem Umfang auch dann statt, wenn kein örtlicher oder räumlicher Zusammenhang besteht, Gegenstand zweier Aufträge allerdings die gleichen Leistungen sind.

11 Altlasten

11.1 Grundlagen und Begriffsbestimmung

Mit dem Beginn der Industrialisierung in Deutschland vor rund 150 Jahren erfolgte der Übergang von der Agrargesellschaft in das industrielle Zeitalter. Die industrielle Entwicklung nahm kontinuierlich und immer rasanter zu, es entstanden in großem Umfang Industriebetriebe. Dieser Prozess währte jedoch nicht ewig. Der in der zweiten Hälfte des 20. Jahrhunderts einsetzende Strukturwandel von der industriellen zur Dienstleistungs- und Informationsgesellschaft führte dazu, dass es vermehrt zur Schließung von Unternehmen und Produktionsstandorten kam. Die ehemaligen Liegenschaften wurden anderweitig verwendet oder lagen brach. Erst ab Ende der 70er Jahre des letzten Jahrhunderts trat ein Erbe dieser Zeit auf, das zuvor nicht bekannt war und dem deshalb bis dato auch kein Augenmerk geschenkt wurde: Altlasten. Betroffen sind ehemalige Industriestandorte bzw. Deponien, auf denen mit umweltgefährdenden Stoffen gearbeitet oder diese gelagert wurden. Von beiden gehen zum Teil noch heute erhebliche Gefahren für Umwelt und Menschen aus.

Altlasten, d.h. Bodenverseuchungen durch umwelt- und/oder gesundheitsgefährdende Stoffe aus früheren Abfallablagerungen oder früheren industriellen Grundstücksnutzungen, stellen ein hässliches Kapitel der Industriegeschichte und der neueren Zivilisationsgeschichte dar. Bis weit in die 70er Jahre des 20. Jahrhunderts hinein, bei Altlasten im Gebiet der neuen Länder sogar bis zur Wiedervereinigung 1990, wurde bei Abfallablagerungen und industriellen Produktionen den damit vielfach verbundenen langfristigen schädlichen Bodenbelastungen nur wenig Aufmerksamkeit gewidmet.[161]

Landläufig eilt Grundstücken, die in früherer Zeit gewerblich oder militärisch genutzt wurden, der Ruf voraus, mit Schadstoffen belastet zu sein. Dementsprechend ist das Interesse vieler Akteure des Immobilienmarktes begrenzt, da diese nicht kalkulierbare Umweltrisiken fürchten, die sich in überproportional hohen Kosten niederschlagen. Außerdem ist die Meinung weit verbreitet, dass kontaminierte oder kontaminationsverdächtige Flächen für eine sachgerechte Wertermittlung nicht zugänglich seien. Solche Vorurteile sind revisionsbedürftig. Gerade die Altlastensituation in den neuen Bundesländern und die an mehreren tausend Verdachtsflächen gewonnenen praktischen Erfahrungen brachten Erkenntnisse, die für die Altlastenbewertung von allgemeinem Interesse sein dürften.

Mittlerweile hat sich das Bewusstsein geändert. Da bei einer unterlassenen Sanierung i. d. R. große Industriebrachen zurückbleiben, die nicht oder nur in eingeschränktem Maße nutzbar sind, geht der Immobilienwirtschaft ein großes Potential an Flächen z. T. in hervorragenden Lagen verloren. Eine Sanierung kontaminierter Flächen ermöglicht es, mit der knappen Ressource Boden sparsam umzugehen und bereits zuvor genutzten Grundstücken eine neue Nutzung zukommen zu lassen, anstatt zusätzliche Flächen zu versiegeln.

Neben dem finanziellen Hintergrund sind Altlastenprobleme grundsätzlich auch Haftungsfragen. Zwischen beiden Gesichtspunkten besteht ein enger Zusammenhang. In finanzieller Hinsicht kann die Sanierung eines kontaminierten Standortes ein „Fass ohne Boden" sein.

Im weiteren Verlauf sollen zunächst die verschiedenen Arten von Altlasten vorgestellt und voneinander abgegrenzt werden. Das nachfolgende Unterkapitel beschäftigt sich mit den Untersuchungen einer verdächtigen Fläche und ihrer Erfassung, falls sich der Altlastenverdacht erhärten oder bestätigen sollte. Thema des sich daran anschließenden Abschnittes ist die Altlastensanierung. Zum Abschluss wird noch näher auf rechtliche und finanzielle Aspekte einer solchen Sanierung eingegangen.

11.2 Arten von Altlasten

Im allgemeinen Sprachgebrauch werden im Boden befindliche Schadstoffe als Altlasten bezeichnet. Der in diesem Buch verwendete Altlastenbegriff geht darüber hinaus und entspricht dem des Gesetzes zum Schutz vor schädlichen Bodenveränderungen und zur Sanierung von Altlasten, kurz Bundes-Bodenschutzgesetz (BBodSchG) vom 17.03.1998, in Kraft getreten am 01.03.1999. Die dort bundesgesetzlich erstmals enthaltene einheitliche Altlastendefinition folgt dem Sondergutachten Altlasten des Rates der Sachverständigen für Umweltfragen (SRU) aus dem Jahre 1989, die im Wesentlichen mit der Definition der Abfallgesetze der Länder korrespondiert. Aufbauend auf diesem Gutachten unterscheidet das BBodSchG gem. § 2 (5) Altlasten in Altstandorte und Altablagerungen. Gemäß § 2 (5) BBodSchG sind Altablagerungen und Altstandorte jedoch auch nur dann „Altlasten" i. S. d. BBodSchG, wenn durch sie „schädliche Bodenveränderungen oder sonstige Gefahren für den einzelnen oder die Allgemeinheit hervorgerufen werden". Mit „schädlichen

---

[161] Vgl. Knoche, J. P. (2001), S. 1

Bodenveränderungen" sind nach der Legaldefinition in § 2 (3) BBodSchG Beeinträchtigungen der Bodenfunktionen gemeint, die dazu geeignet sind, Gefahren, erhebliche Nachteile oder erhebliche Belästigungen für den einzelnen oder die Allgemeinheit herbeizuführen. Durch diese Regelung ist eindeutig geklärt, dass eine Altlast nur eine solche Anlage oder ein solches Grundstück ist, von der/dem auch eine Gefahr ausgeht.

Ergänzend wurde am 10.05.2007 das Gesetz über die Vermeidung und Sanierung von Umweltschäden, kurz Umweltschadensgesetz (USchadG) erlassen, das am 14.11.2007 in Kraft trat. Das USchadG dient der Umsetzung einer europäischen Richtlinie und ist eine öffentlich-rechtliche Ergänzung u. a. des Bodenschutzrechts.

Der Begriff des Bodenschadens im USchadG ist hinsichtlich der genannten Arten von Funktionsbeeinträchtigungen und Folgen allerdings enger als der Begriff der schädlichen Bodenveränderung des § 2 BBodSchG. Weiter muss es sich gemäß der gesetzlichen Definition in § 2 (3) BBodSchG bei einer Altlast um bereits stillgelegte Anlagen handeln. Umweltgefährdende Verunreinigungen durch noch im Betrieb befindliche Anlagen sind danach nicht mit eingeschlossen.[162]

§ 2 (5) BBodSchG bezieht sich sowohl auf Anlagen als auch auf Grundstücke. Der Bezug auf Anlagen und Grundstücke verdeutlicht, dass eine Altlast nicht eine Boden- oder Grundwasserbelastung voraussetzt, sondern sämtliche Gefahren berücksichtigt, die von stillgelegten Anlagen einschließlich ihrer Nebeneinrichtungen oder Leitungssystemen ausgehen können.[163]

Nicht zu den Altlasten zählen die altlastenverdächtigen Flächen i. S. d. § 2 (6) BBodSchG sowie die Verdachtsflächen i. S. d. § 2 (4) BBodSchG. Allerdings können sie sich zu Altlasten entwickeln, wenn gewisse Voraussetzungen dafür sprechen. Einen weiteren Spezialfall stellen militärische Altlasten dar. Sie fallen z. T. unter den in § 2 (5) BBodSchG definierten Altlastenbegriff, allerdings muss hier sorgfältig abgegrenzt werden. Auf beide Sonderfälle wird an späterer Stelle noch ausführlicher eingegangen.

11.2.1 Altstandorte

Das BBodSchG definiert Altstandorte in § 2 (5) Nr. 2 als Grundstücke stillgelegter Anlagen und sonstige Grundstücke, auf denen mit umweltgefährdenden Stoffen umgegangen worden ist, ausgenommen Anlagen, deren Stilllegung einer Genehmigung nach dem Atomgesetz bedarf. Mit der Übernahme dieser Definition in das BBodSchG sind neben belasteten ehemals gewerblich und industriell genutzten Grundstücken auch ehemalige Militärliegenschaften, Flächen öffentlicher Einrichtungen und Privatgrundstücke erfasst.

Zahlenmäßig bilden Altstandorte die größte Gruppe der Altlasten. Nach letzten Erhebungen des Umweltbundesamtes (UBA) sind in der Bundesrepublik rund 260.000 solcher Flächen bekannt.

Beispiele für Altstandorte gibt die folgende Übersicht:

---

[162] Vgl. Knopp, L./Albrecht, E. (1998), S. 24
[163] Vgl. ebenda, S. 24

- Mineralölgewinnung und -verarbeitung
- Gaswerke, Kokereien und Teerverarbeitungen
- Holz- und Papierherstellung sowie -bearbeitung
- Chemische Industrie
- Chemische Reinigungen
- Lackierbetriebe
- Druckereibetriebe, Schmelzanlagen, Gießereien, Stahl- und Walzwerke
- Metallbearbeitung
- Kunststoff- und Gummiindustrie
- Elektronikindustrie (Leiterplatten-, Batterien-, Akkumulatorenherstellung etc.)
- Schrott- und Autoverwertung

Abb. II 49: Beispiele für Altstandorte

11.2.2 Altablagerungen

Unter Altablagerungen im Sinne von § 2 (5) Nr. 1 BBodSchG werden stillgelegte Abfallbeseitigungsanlagen sowie sonstige Grundstücke bezeichnet, auf denen Abfälle behandelt, gelagert oder abgelagert worden sind.

Die „sonstigen Grundstücke" fungieren als Auffangtatbestand. Damit sollen vor allem die Flächen erfasst werden, auf denen ohne Genehmigung Abfall abgelagert wurde (sog. „wilde Müllkippen") sowie Ablagerungen aus der Zeit vor Inkrafttreten des Abfallbeseitigungsgesetzes (11.06.1972) bzw. des Abfallgesetzes in den neuen Bundesländern (01.07.1990).

- Kippen, aufgegebene Deponien aller Art
- Schlammteiche, Versickerungsgruben
- Abfallentsorgungsanlagen
- Halden
- Ablagerung umweltgefährdender Stoffe
- Verfüllungen, Deponien, Aufhaldungen

Abb. II 50: Beispiele für Altablagerungen

11.2.3 Altlastverdächtige Flächen

Ebenfalls Anwendung findet das BBodSchG auf altlastverdächtige Flächen, die in § 2 (6) BBodSchG definiert sind. Abzugrenzen ist die altlastverdächtige Fläche von der Altlast (§ 2 (5) BBodSchG) und von der Verdachtsfläche (§ 2 (4) BBodSchG). Die altlastverdächtigte Fläche ist dadurch gekennzeichnet, dass eine Altablagerung oder ein Altstandort vorhanden ist, allerdings noch unklar ist, ob aus ihnen schädliche Bodenveränderungen oder sonstige Gefahren für den Einzelnen oder die Allgemeinheit entstehen können. Es liegen also lediglich Verdachtsmomente vor, beispielsweise aus der Historie des Grundstücks. Erst nach genauerer Untersuchung und anschließender Bewertung können detaillierte Angaben zum tatsächlichen Sachverhalt gemacht und eine Gefährdungsabschätzung vorgenommen werden.

Beispiel: In einer ehemaligen Gerberei wurde mit stark umweltgefährdenden Chemikalien umgegangen, die eventuell auch ins Erdreich gelangten. Nun muss der Boden auf diese Stoffe untersucht werden, ob sie überhaupt vorhanden sind, in welcher Konzentration, an welchen Stellen und wo eine Ausbreitung möglich ist.

Sollte sich der Verdacht nach Untersuchungen bestätigen, liegt per Definition eine Altlast vor. Auf die entsprechenden Untersuchungen wird später noch genauer eingegangen.

Während eine altlastenverdächtige Fläche daher nur eine Altablagerung oder ein Altstandort sein kann, kann gemäß § 2 (4) BBodSchG eine Verdachtsfläche jedes Grundstück sein, bei dem der Verdacht besteht, dass eine schädliche Bodenveränderung vorliegt. Somit stellt die altlastenverdächtige Fläche einen Spezialfall der Verdachtsfläche dar.[164]

Ein solcher Verdacht ist immer der Ausgangspunkt für weitere Erfassungs- und Untersuchungsmaßnahmen, um das Ausmaß zu analysieren und dadurch das weitere Vorgehen zu disponieren.

11.2.4 Militärische Altlasten und Rüstungsaltlasten

Während bisher nur von zivilen Altlasten die Rede war, deren Ursachen in der industriellen Entwicklung zu suchen sind, existieren neben diesen auch die nicht zivilen Altlasten. Dieses sind die militärischen Altlasten und Rüstungsaltlasten. Beide Arten fallen ebenfalls nicht unter den Altlastenbegriff und werden in der Praxis oft synonym verwendet, wobei Rüstungsaltlast kein Rechtsbegriff ist. Er umfasst nur ein Teilgebiet und stellt somit eine Untergruppe der militärischen Altlasten dar.

Rüstungsaltlasten umfassen sowohl die umwelt- und gesundheitsgefährdenden Vermächtnisse der früheren Kampfmittelindustrie und der Deutschen Wehrmacht bis 1945 als auch die der Bundeswehr, der Nationalen Volksarmee, sowjetischer Truppen auf dem Gebiet der ehemaligen DDR und der alliierten Verbände in Westdeutschland nach Ende des Zweiten Weltkrieges. Eingeschlossen in diesen Begriff werden also nur Hinterlassenschaften die im Zusammenhang beider Weltkriege stehen.[165]

Der Begriff der militärischen Altlasten geht darüber hinaus. Diese Definition geht auf den SRU zurück und stammt aus seinem Gutachten Altlasten II. Hierunter fallen drei Gruppen: Altstandorte der Militärproduktion, Altstandorte des Militärbetriebes und militärchemische Altlasten, sofern von ihnen Gefährdungen für die Umwelt, insbesondere für die menschliche Gesundheit, ausgehen oder zu erwarten sind.[166] Die folgende Darstellung verdeutlicht die Abgrenzung:

Art der Altlast	Beispiele
Altstandorte der Militärproduktion	Forschungsanlagen, Produktionsstätten, Depots und Lagerplätze, Delaborierungswerke, ungeordnete Ablagerungen und Vernichtungsplätze
Altstandorte des Militärbetriebes	Truppenübungsplätze, Schieß- und Bombenabwurfplätze, Flugplätze, Truppenunterkünfte (Kasernen) und sonstige zugehörige Einrichtungen (z.B. Lager- und Umschlagplätze), Sonstige (z.B. Ablagerungsplätze)
militärchemische Altlasten	Kampfstoffe und Kampfmittel, z.B. Sprengstoffe, Initialsprengstoffe, pyrotechnische Sätze, chemische Kampf- und Reizstoffe, Brand- und Nebelstoffe und entsprechende Munitionsarten

Abb. II 51: Abgrenzung und Beispiele für militärische Altlasten

---

[164] Vgl. Schwartmann, R./Pabst, H. (2001), S. 39
[165] Vgl. Knoche, J. P. (2001), S. 21
[166] Vgl. Sachverständigenrat für Umweltfragen (1995), S. 161 ff.

Die Anwendung des BBodSchG ist bezüglich Aufsuchen, Bergen, Befördern, Lagern, Behandeln und Vernichten von Kampfmittel nach § 3 (2) S. 2 explizit nicht möglich. Es erfolgt hier eine Trennung von den Rüstungsaltlasten. Innerhalb des Gefahrabwehrrechts der Länder sind die zuvor genannten, ausgenommenen Handlungen jedoch zum Teil geregelt. Handelt es sich um andere als die o. g. Tätigkeiten, ist der Ausnahmetatbestand nicht erfüllt, d. h. die Anwendung des BBodSchG ist grundsätzlich möglich.[167]

11.3 Altlastenverdacht und dessen Bestätigung

Liegt der Verdacht einer schädlichen Bodenveränderung oder Altlast vor, ist die zuständige Behörde i. d. R. verpflichtet, den Sachverhalt näher zu erforschen, um den Verdacht auszuräumen (vgl. § 9 (1) BBodSchG). Unter bestimmten Voraussetzungen kann die Behörde sogar Untersuchungsanordnungen gegen private Dritte erlassen (vgl. § 9 (2) BBodSchG).

Wann der Verdacht einer schädlichen Bodenveränderung oder Altlast vorliegt, ist im BBodSchG nicht geregelt. Nach der Gesetzesbegründung müssen für den Verdacht konkrete Anhaltspunkte vorliegen[168], die sich z. B. aus der früheren Grundstücksnutzung ergeben. Weitere Hinweise für die Beurteilung von tatsächlichen Anhaltspunkten ergeben sich aus § 3 der Bundes-Bodenschutz- und Altlastenverordnung (BBodSchV) vom 12.07.1999. Die BBodSchV ist mit Wirkung zum 17.07.1999 in Kraft getreten und konkretisiert die Anforderungen des BBodSchG an bspw. die Untersuchung und Bewertung von Flächen, bei denen der Verdacht einer Altlast oder schädlichen Bodenveränderung besteht.

Nach § 3 (1) S. 1 BBodSchV liegt ein Altlastenverdacht bei einem Altstandort insbesondere dann vor, wenn auf Grundstücken über einen längeren Zeitraum oder in erheblicher Menge mit Schadstoffen umgegangen wurde und die jeweilige Betriebs-, Bewirtschaftungs- oder Verfahrensweise oder Störungen des bestimmungsgemäßen Betriebs nicht unerhebliche Einträge solcher Stoffe in den Boden vermuten lassen.

Beispiel: In einer stillgelegten Chemieanlage haben sich im Rahmen des früheren Betriebes des Öfteren Störfälle ereignet und giftige Stoffe gelangten ins Erdreich.

Anhaltspunkte für Altablagerungen sind gem. § 3 (1) S. 2 BBodSchV insbesondere dann gegeben, wenn die Art des Betriebes oder der Zeitpunkt der Stilllegung den Verdacht nahe legen, dass Abfälle nicht sachgerecht behandelt, gelagert oder abgelagert wurden. Vorstellbar ist hierunter eine „wilde Deponie", die noch zu der Zeit betrieben wurde, als Umweltbelangen keine weitere Aufmerksamkeit gewidmet wurde.

Neben den Anhaltspunkten für Altlasten werden aber auch Indizien für das Vorhandensein von schädlichen Bodenveränderungen vorgegeben. Gemäß § 3 (2) BBodSchV können diese Indizien vorliegen, wenn der Eintrag von Schadstoffen über einen längeren Zeitraum und in erheblicher Menge über die Luft oder Gewässer oder durch eine Aufbringung erheblicher Frachten an Abfällen oder Abwässern auf Böden erfolgte, eine erhebliche Freisetzung naturbedingt erhöhter Gehalte an Schadstoffen in Böden festgestellt wird, sich erhöhte Schadstoffgehalte in Nahrungs- oder Futterpflanzen am Standort nachweisen lassen oder das Austreten von Wasser mit erheblichen Frachten

---

[167] Vgl. Versteyl, L./Sondermann, W. (2002), S. 143
[168] Vgl. BR-Drs. 702/96, S. 87

an Schadstoffen aus Böden oder Altablagerungen bemerkt wird sowie erhebliche Bodenabträge und -ablagerungen durch Wasser oder Wind vorkommen.

Wie bereits in den vorherigen Abschnitten erwähnt wurde, spricht die BBodSchV wie auch das BBodSchG in Bezug auf Altlasten oftmals von „schädlichen Bodenveränderungen" bzw. „Beeinträchtigungen der Bodenfunktionen". Der Hauptzweck ist gem. § 1 S. 1 BBodSchG solche Funktionen zu sichern und wiederherzustellen. Um an späterer Stelle genauer auf diese Veränderungen und Beeinträchtigungen eingehen zu können, empfiehlt es sich in einem Exkurs zunächst einmal zu beleuchten, was überhaupt unter Boden und Bodenfunktionen zu verstehen ist.

11.3.1 Boden und Bodenfunktionen

Bereits im Altertum widmeten Menschen dem Boden großes Interesse. Seine primäre Aufgabe bestand in der Produktionsgrundlage für menschliche und tierische Nahrungsmittel. So wurden Böden beispielsweise in Griechenland und Rom schon vor Christi Geburt nach Aussehen, Ertrag und Anbauwürdigkeit verschiedener Pflanzkulturen eingeteilt. Erst im letzten Jahrhundert rückten naturwissenschaftliche Betrachtungsweisen in den Mittelpunkt. Die Bodenkunde entstand als wissenschaftliche Disziplin. Sie versteht Boden nicht nur als Schicht aus locker gelagerten Gesteinskörpern, sondern als ein belebtes Ökosystem.[169]

Diesem Ansatz folgt auch das BBodSchG. § 2 (1) BBodSchG definiert den Boden als die obere Schicht der Erdkruste, soweit sie Träger [...] bestimmter Bodenfunktionen ist, einschließlich der flüssigen Bestandteile (Bodenlösung) und der gasförmigen Bestandteile (Bodenluft), ohne Grundwasser und Gewässerbetten. Der Boden ist ein mehrphasiges System aus Festkörper, Bodenluft und Wasser. Die flüssigen und gasförmigen Bestandteile gehören mit zum Begriff des Bodens, weil sie die Leistungsfähigkeit dieses Systems bedingen. Diese Leistungsfähigkeit ihrerseits ist wiederum Voraussetzung für das Funktionieren des Bodens.[170]

Aus dieser Festlegung lässt sich recht einfach erkennen, dass der Boden aufgrund seiner Funktion definiert ist und nicht anhand von räumlichen Kriterien abgegrenzt wird. Bei diesen Funktionen handelt es sich um die eingangs bereits erwähnten Bodenfunktionen. Das BBodSchG kennt drei Arten solcher Funktionen und zählt sie in § 2 (2) BBodSchG auf.

Es handelt sich dabei um die natürlichen Funktionen, die Funktionen als Archiv der Natur- und Kulturgeschichte sowie die Nutzungsfunktionen. Zu den natürlichen Funktionen zählt in erster Linie der Boden als Lebensgrundlage und Lebensraum für Menschen, Tiere, Pflanzen und Bodenorganismen. Dazu gehören auch die Wasser- und Nährstoffkreisläufe sowie die Filter-, Puffer- und Stoffumwandlungseigenschaften. Gerade durch Letztere ist der Boden in der Lage, Schadstoffe zu speichern und zu binden. Als Archiv der Natur- und Kulturgeschichte hat der Boden die Funktion, seine eigene natürliche Entstehungsgeschichte sowie die des Menschen zu konservieren und zu dokumentieren. Darunter fallen z. B. archäologisch bedeutsame Funde. Die Nutzungsfunktionen verstehen den Boden als Rohstofflagerstätte, als Fläche für Siedlung und Erholung, für land-, forst- und sonstige wirtschaftliche sowie öffentliche Nutzungen, Verkehr, Ver- und Entsorgung.[171] Neben dieser Einteilung, die sich eng an § 2 (2) Nr. 1, 2, 3 BBodSchG orientiert, finden sich in der Literatur oftmals andere Aufgliederungen und Zuordnungen der verschiedenen Funktionen. Grundsätzlich besteht aber Einigkeit. Es handelt sich lediglich um begriffliche Abweichungen.

---

[169] Vgl. Bihler, M. et al. (2001), S. 24
[170] Vgl. Oerder, M./Numberger, U./Schönfeld, T. (1999), S. 23
[171] Vgl. Versteyl, L./Sondermann, W. (2002), S. 71 ff.

Aufgrund dieser großen Bandbreite an Aufgaben ist leicht zu erkennen, warum der Hauptzweck des Gesetzes speziell in der Sicherung und Wiederherstellung dieser Funktionen liegt. Eine pauschale Unterschutzstellung des Mediums Bodens wäre zu allgemein gehalten und ließe einen breiten Spielraum für Interpretationen zu.

Noch dazu ist Boden nicht beliebig vermehrbar und erneuert sich kaum bzw. nur sehr langsam. Die Belastbarkeit ist begrenzt, eingetretene Schäden sind oftmals irreversibel oder nur mit einem erheblichen Aufwand wieder rückgängig zu machen. Daher sind die Gefahren, die sich aus einer langsamen, nicht entdeckten Anreicherung umweltgefährdender Stoffe im Boden ergeben, umso größer. Die entstehenden Veränderungen bleiben vielfach zunächst unbemerkt, führen auf Dauer aber zu einer irreversiblen Schädigung des Bodens. Die Überschreitung der Belastbarkeit des Bodens kann u. a. dazu führen, dass es zu einer Weitergabe von Schadstoffen in Lebensmittel oder zu einer schädlichen Veränderung des Grundwassers kommt. Als Konsequenz können – je nach Art und Ausmaß der Belastungen – Nahrungs- und Futtermittel nicht mehr angebaut werden. Außerdem können solche Grundstücke auch wegen der möglichen Gesundheitsgefahren als Standort für Wohngebäude oder sonstige belastungsempfindliche Nutzungen nicht mehr geeignet sein.[172] Dadurch können der Immobilienwirtschaft möglicherweise sehr gut gelegene Flächen verloren gehen bzw. ihre Nutzung nur eingeschränkt möglich sein.

11.3.2 Altlasten und schädliche Bodenveränderungen

Gefahren für den Boden können sich aus Bodenveränderungen ergeben, die unter Umständen die Bodenfunktionen beeinträchtigen können. Der Begriff der „schädlichen Bodenveränderungen" ist einer der Zentralbegriffe des BBodSchG. Allerdings ist nicht jede Bodenveränderung unbedingt schädlich oder führt zu Nachteilen für den Boden als Ökosystem. Um von einer schädlichen Bodenveränderung sprechen zu können, müssen aufgrund von § 2 (3) BBodSchG Beeinträchtigungen der Bodenfunktionen vorliegen, die geeignet sind, Gefahren, erhebliche Nachteile oder erhebliche Belästigungen für den Einzelnen oder die Allgemeinheit herbeiführen. Wie einleitend schon kurz dargestellt wurde, fordert das Gesetz zwei Kriterien. Einerseits muss mindestens eine der im vorherigen Abschnitt vorgestellten Bodenfunktionen beeinträchtigt sein, andererseits muss diese Beeinträchtigung gleichzeitig in der Lage sein, jene Gefahren, Nachteile oder Belästigungen hervorzurufen. „Unter Gefahr ist die hinreichende Wahrscheinlichkeit eines Schadenseintritts zu verstehen. […] Als Nachteil wird die Beeinträchtigung von Interessen verstanden, mit der keine Verletzung eines Rechtsguts verbunden ist, dazu zählen beispielsweise Vermögenseinbußen. Belästigungen sind insbesondere Beeinträchtigungen des körperlichen oder seelischen Wohlbefindens, etwa durch Geruchsemissionen. Die Abgrenzung zwischen Gefahr, Belästigung und Nachteil kann im Einzelnen problematisch sein; da von der Begriffsbestimmung aber alle drei Bereiche erfasst werden, ergeben sich daraus keine Anwendungsschwierigkeiten."[173] Durch die recht allgemein gefassten Kriterien der schädlichen Bodenveränderungen sowie die Einbeziehung von Gefahren, Belästigungen und Nachteilen, schafft sich das Gesetz eine breite Anwendungsbasis. Damit sind z. B. auch Veränderungen der physikalischen Bodenbeschaffenheit wie Bodenverdichtung und Erosion, der Eintrag von Schadstoffen und die Versiegelung von Flächen erfasst.

Damit eine Altlast vorliegt, müssen – wie schon mehrfach aufgezeigt – von einem Altstandort bzw. einer Altablagerung schädliche Bodenveränderungen oder sonstige Gefahren für den Einzelnen oder

---

[172] Vgl. BT-Dr. 13/6701, S. 15
[173] Ebenda, S. 29

die Allgemeinheit hervorgerufen werden (§ 2 (5) BBodSchG). Durch die Erweiterung der „schädlichen Bodenveränderung" um „sonstige Gefahren" wurde eine zusätzliche „Auffangfunktion" geschaffen, um auch Gefahren erfassen zu können, die insbesondere von Altlasten, nicht jedoch von schädlichen Bodenveränderungen ausgehen können. Der Gesetzgeber wollte hier insbesondere für stillgelegte Deponien und Müllkippen die Anwendung des BBodSchG ermöglichen, bei denen die Gefahren nicht von schädlichen Bodenveränderungen, sondern von den dort abgelagerten Abfällen ausgehen.[174] Dazu ist der Begriff der schädlichen Bodenveränderungen nicht umfassend genug. Er bezieht sich nur auf Beeinträchtigungen von Bodenfunktionen. Insbesondere bei stillgelegten Deponien liegt gar kein Boden mehr vor, sondern eben nur der dort gelagerte Abfall. Abbildung II 52 zeigt graphisch die Abgrenzung bzw. Gemeinsamkeiten der verschieden, vom Gesetz verwendeten Fachbegriffe.

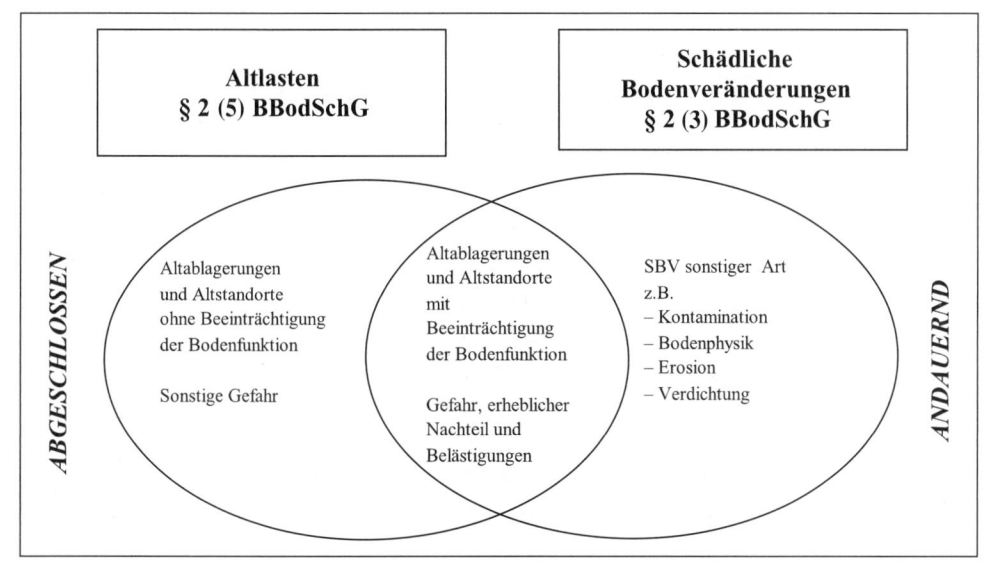

Abb. II 52: Abgrenzung von Altlasten und schädlichen Bodenveränderungen

Auf Anhaltspunkte für den Verdacht des Vorliegens einer Altlast oder einer schädlichen Bodenveränderung wurde bereits zuvor eingegangen. Nachdem die beiden Begriffe definiert sind, knüpft sich die Frage nach dem weiteren Vorgehen an, sofern entsprechende Anhaltspunkte vorliegen.

Ein Altlastenverdacht oder der Verdacht auf schädliche Bodenveränderungen hat maßgeblichen Einfluss auf das weitere „Schicksal" eines Grundstücks. Von elementarer Bedeutung ist dabei auch, wie die Behörde mit dem Bekanntwerden eines Verdachtes umgeht und welche weiteren Maßnahmen sie für notwendig erachtet.[175]

Die erfassten Flächen, bei denen sich der Verdacht auf Altlasten und schädliche Bodenveränderungen bestätigt, werden dann genauer untersucht und bewertet. Anschließend wird entschieden, ob weitere Maßnahmen zu treffen sind, oder aber kein weiterer Handlungsbedarf besteht. Der chronologische Ablauf wird aus Abb. II 53 deutlich.

---

[174] Vgl. Versteyl, L./Sondermann, W. (2002), S. 87
[175] Vgl. Bihler, M. et al. (2001), S. 105

11.3.3 Aufnahme von Altlasten und altlastverdächtigen Flächen

Nachdem die Vorstellung und Abgrenzung der Fachbegriffe erfolgte und auf die Thematik der Anhaltspunkte eingegangen wurde, stehen die Erfassung und die Untersuchung von Altlasten und altlastverdächtige Flächen im Mittelpunkt.

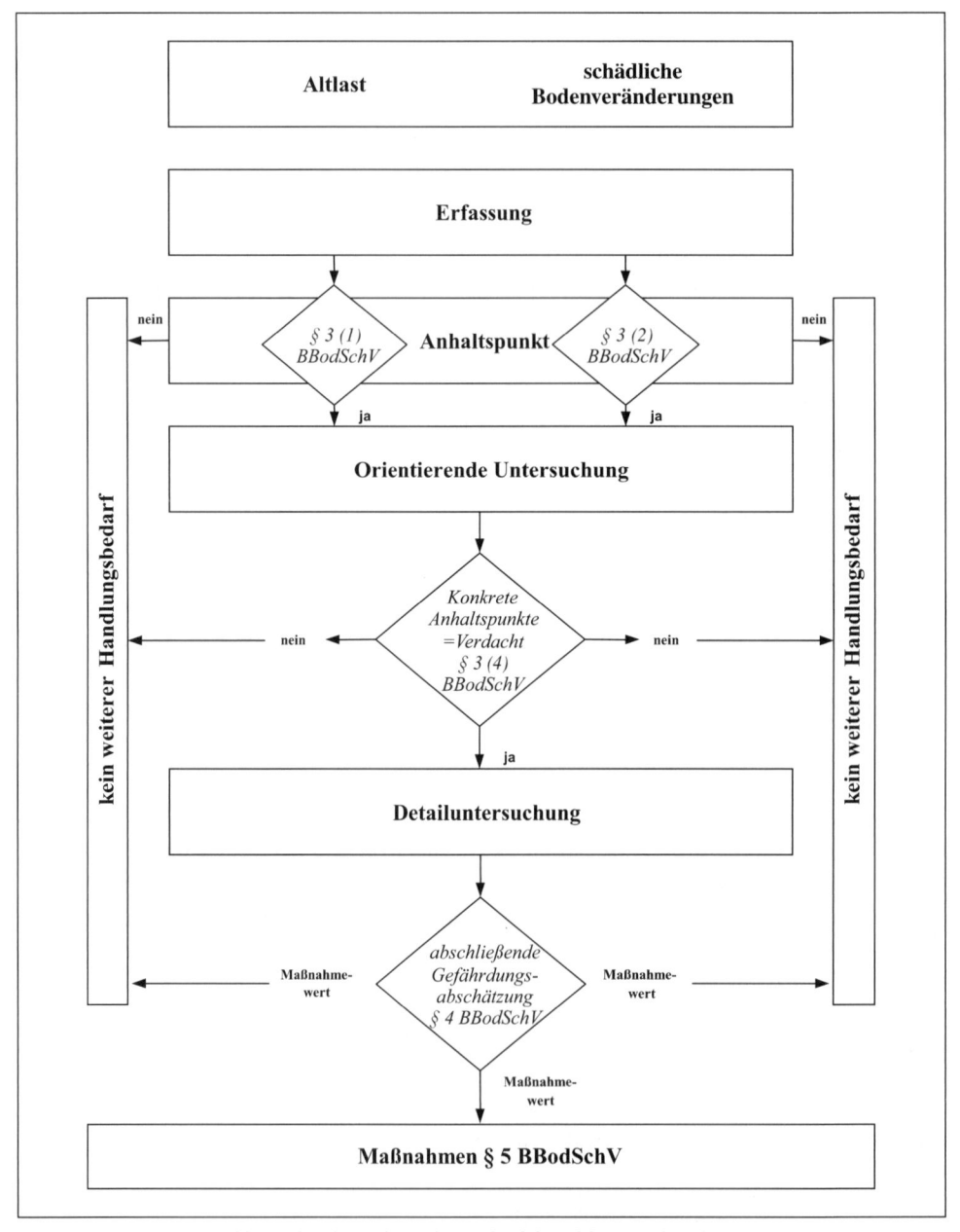

Abb. II 53: Chronologischer Ablauf der Altlastenerforschung

Wird ein Grundstück als altlastenverdächtig eingeschätzt, schließen sich an diesen Verdacht umfangreiche Erfassungs- und Erkundungsmaßnahmen an. Im Weiteren ist zunächst das Gefährdungspotential zu ermitteln. Damit wird die Ausgangsbasis für das weitere Vorgehen geschaffen und, falls notwendig, können Sanierungsziele und Sanierungsmaßnahmen festgelegt werden.[176]

Es gibt keine bundeseinheitliche Regelung, wie die Erfassung von Altlasten und altlastverdächtigen Flächen erfolgen soll. Der Gesetzgeber spricht die Regelungskompetenz gem. § 11 BBodSchG den Ländern zu: Die Länder können die Erfassung der Altlasten und altlastverdächtigen Flächen regeln. Belange, die jetzt das BBodSchG betreffen, waren vor dessen In-Kraft-Treten teilweise im Abfallrecht der einzelnen Bundesländer geregelt. Daher entschied sich der Bund bei Verabschiedung des BBodSchG dafür, die bisherigen Landesregelungen grundsätzlich bestehen zu lassen und den Ländern im Rahmen ihrer Gesetzgebungskompetenz weitere Ausgestaltungen zur Flächenerfassung zu ermöglichen.

Die Erfassung von Altlasten nach § 11 BBodSchG beinhaltet die Aufnahme von Daten über Größe, Zustand und Lage von Altablagerungen und Altstandorten. Diese sind besonders von Interesse, wenn sich in der Nachbarschaft Wasserschutzgebiete, Überschwemmungsgebiete und andere sensible Bereiche befinden. Zusätzlich werden Informationen über den früheren Betrieb stillgelegter Anlagen, über Art, Menge und Beschaffenheit abgelagerter Abfälle sowie über Stoffe aus dem Betriebsablauf zusammengetragen. Berücksichtigt werden dabei auch die potentiellen Umweltauswirkungen dieser Stoffe.[177]

11.3.3.1 Erfassung im Altlastenkataster

Entsprechend der Regelung des § 11 BBodSchG ist es Aufgabe der einzelnen Bundesländer, die Aufnahme von Altlasten, schädlichen Bodenveränderungen und altlastverdächtigen Flächen zu regeln, um das von ihnen ausgehende Gefährdungspotential genauer abschätzen zu können. Wie und in welchem Umfang diese Flächen zu erfassen sind, können die Länder nach § 21 (1) BBodSchG festlegen. Darüber hinaus eröffnet § 21 (2) BBodSchG den Ländern die Möglichkeit, weitere Verdachtsflächen zu erfassen bzw. eine Mitteilung an die zuständige Behörde bei Vorliegen eines Verdachtes vorzuschreiben. Sofern von ihnen Gefahren, Nachteile oder Belästigungen ausgehen, kann die Behörde des Weiteren Sanierungsuntersuchungen, die Erstellung eines Sanierungsplanes sowie die Durchführung von Kontrollmaßnahmen anordnen (s. u.).

Die Erfassung erfolgt i. d. R. innerhalb der sog. Altlastenkataster. Hierbei handelt es sich um eine systematische Zusammenstellung von sämtlichen, den Behörden vorliegenden Hinweisen und Erkenntnissen über eine Fläche. Da die Kataster fortgeschrieben werden, enthalten sie auch Informationen über bereits durchgeführte Maßnahmen, die bis hin zur erfolgreich abgeschlossenen Sanierung reichen können. Der Eintrag bedeutet aber nicht sofort, dass tatsächlich auch eine Altlast oder eine schädliche Bodenveränderung vorliegt. Der Grund dafür liegt darin, dass – wie zu Beginn dieses Abschnitts erläutert wurde – die Schwelle für das Vorliegen eines Altlastenverdachtes sehr niedrig liegt und teilweise Grundstücke nur aufgrund der Nutzung durch „kritische Branchen" oder aufgrund des Umgangs mit „gefährlichen Materialien" aufgenommen wurden. Dementsprechend können auch unbelastete Grundstücke innerhalb der Altlastenkataster aufgeführt sein.[178]

---

[176] Vgl. Knoche, J. P. (2001), S. 10
[177] Vgl. Kothe, P. (2000), S. 137
[178] Vgl. Bihler, M. et al. (2001), S. 112

11.3.3.2 Bodeninformationssysteme und weitere Informationsquellen

Neben dem Altlastenkataster werden Grundstücke mit Altlasten oder schädlichen Bodenveränderungen bzw. Verdachtsflächen noch anderweitig aufgenommen. So stellen beispielsweise behördliche Bauakten über einen Standort sowie die dazu im Liegenschafts- bzw. Ordnungsamt, bei anderen Umweltbehörden oder bei den Bergämtern geführten Vorgänge wichtige Ergänzungen dar.[179]

Darüber hinaus gibt § 21 (4) BBodSchG den Ländern die Möglichkeit, Bodeninformationssysteme für einzelne Gebiete oder das gesamte Land einzurichten und zu führen. Diese Informationssysteme können beispielsweise Daten von Dauerbeobachtungsflächen oder Bodenzustandsuntersuchungen über die physikalische, chemische oder biologische Beschaffenheit des Bodens und die Bodennutzung sowie dessen geologischen und hydrogeologischen Aufbau umfassen.

Altlastenkataster und Bodeninformationssysteme stellen wichtige Daten über erfasste Grundstücke zur Verfügung. Gerade im Hinblick auf die weitere Untersuchung haben diese Daten einen hohen Stellenwert.

Sie dienen der Bewertung der vorgefundenen Veränderungen des Bodens und liefern eine wichtige Informationsgrundlage für die Entscheidung über zu treffende Maßnahmen, die zur Abwehr, Beseitigung oder Verminderung der Belastungen, zur Vorsorge und zu Planungen der künftigen Flächennutzung getroffen werden müssen.[180]

Um die benötigten Informationen beschaffen zu können, haben die Länder zudem die Möglichkeit, spezielle Regelungen zur Mitarbeit bzw. Duldung der Eigentümer sowie den Inhabern der tatsächlichen Gewalt über ein Grundstück zu treffen gem. § 21 (4) BBodSchG. Die Einsicht in Kataster und Bodeninformationssysteme kann sich jedoch aufgrund von Datenschutzbestimmungen als recht schwierig gestalten. I. d. R. muss, ebenso wie beim Grundbuch, ein berechtigtes Interesse vorliegen.

Eine Übersicht verwendbarer Quellen, die geeignete Hinweise und Erkenntnisse zur Erfassung und zur Untersuchung liefern können, findet sich im späteren Abschnitt 11.3.4.1 „Historische Erkundung".

11.3.4 Untersuchung und Bewertung

Liegen auf einem erfassten Grundstück Anhaltspunkte für Altlasten oder schädliche Bodenveränderungen vor, schließen sich daran weitere Untersuchungen an, um den Verdacht entweder auszuräumen oder zu bestätigen. Diese Untersuchungen und die Bewertung der vorgefundenen Ergebnisse sind Gegenstand des folgenden Abschnittes.

Die rechtlichen Grundlagen hierzu finden sich in § 9 BBodSch sowie §§ 3, 4 BBodSchV.

Im Rahmen der Untersuchung findet zunächst die historische Erkundung statt. Die sich daran anschließende Untersuchung ist ein zweistufiges Verfahren, deren Abschluss auf jeder Stufe eine Bewertung bildet. Zunächst erfolgt die orientierende Untersuchung. Sollte sich dabei aufgrund konkreter Anhaltspunkte der bloße Verdacht in einen hinreichenden Verdacht wandeln, schließt sich die Detailuntersuchung an.

---

[179] Vgl. Schwartmann, R./Pabst, H. (2001), S. 117
[180] Vgl. BT-Dr. 13/6701, S. 45

11.3.4.1 Historische Erkundung

Bei der historischen Erkundung handelt es sich um eine Sammlung, Aufbereitung und Auswertung aller standortrelevanten Daten über eine altlastverdächtige Fläche. Dazu gehören unter anderem schriftliche Quellen aus Befragungen vorliegende Daten und sonstige Informationen über die frühere Nutzung einer Fläche. Zur Informationssammlung wird zwischen einem deduktiven und einem heuristischen Verfahren unterschieden, wobei beide Verfahren sich ergänzen. Das deduktive Verfahren versucht, den Zusammenhang zwischen der ehemaligen und der gegenwärtigen Nutzung und den daraus zu erwartenden Beeinträchtigungen zu erschließen.

Folgende Sachverhalte sind von besonderem Interesse:

- Geographische Lage der Verdachtsfläche
- Jeweilige Nutzer des Standortes
- Art, Menge, Zustand und Vorkommen der relevanten Stoffe
- Überwachungs- und Kontrolleinrichtungen
- Verträge und Schriftverkehr
- Zeitliche Entwicklung des Standortes
- Boden- und Untergrundverhältnisse einschließlich der hydrogeologischen Gegebenheiten
- Art der jeweiligen Nutzung
- Behördliche Genehmigungen und Auflagen
- Ausgewertete Urkunden

Abb. II 54: Informationen für die historische Erkundung

Heuristische Verfahren gehen darüber hinaus und untersuchen eine Verdachtsfläche durch Begehung, anhand von Karten und Luftbildauswertungen sowie der Sammlung, Sichtung und Auswertung vorliegender Informationen. Außerdem wird versucht, mögliche Kontaminationen räumlich abzugrenzen. Neben den zuvor genannten Maßnahmen bieten sich Recherchen bei Behörden und in der Bevölkerung an. Insbesondere Gespräche mit (ehemaligen) Betriebsangehörigen und Anrainern können wichtige „Insiderinformationen" über Produktionsbedingungen und -abläufe, Anlagen, Störfälle sowie örtliche Gegebenheiten liefern, die sonst nur sehr schwer zu ermitteln sind.

Außerdem kann aufgrund der früheren Nutzung besser eingeschätzt werden, wo es Sinn macht, intensivere Nachforschungen im Rahmen der orientierenden Untersuchung und der eventuellen Detailuntersuchung anzustellen und abzugrenzen, welche Flächen weniger gefährdet erscheinen. Beispielsweise wird dem Bereich eines ehemaligen Tanklagers größere Aufmerksamkeit geschenkt werden als dem ehemaligen Verwaltungsgebäude eines stillgelegten Betriebes. Die Übersicht Abb. II 55 zeigt verschiedene Quellen auf und bewertet ihre Eignung für die historische Erkundung. Die gewonnenen Informationen sind von großer Bedeutung für die darauf folgenden Untersuchungen und bilden die Grundlage für die genaue Planung der weiteren Maßnahmen.

Je richtiger und vollständiger die historische Erkundung gelingt, desto besser lassen sich die Maßnahmen bestimmen, die ergriffen werden können und müssen. Zusätzlich sinken die Kosten und der Arbeitsaufwand für die Koordination und die Durchführung der nachfolgenden Untersuchungen, ebenso erhöht sich deren Effizienz.[181]

---

[181] Vgl. Bihler, M. et al. (2001), S. 122

Die Ergebnisse der historischen Erkundung ermöglichen, dass eine erste Gefahrenabschätzung durchgeführt werden kann. Diese Erstbewertung der Verdachtsfläche bildet die Ausgangsbasis für weitere Untersuchungen.

11.3.4.2 Orientierende Untersuchung

Gemäß § 9 (1) BBodSchG soll die zuständige Behörde zur Ermittlung des Sachverhalts die „geeigneten" (§ 9 (1) S. 1) bzw. die „notwendigen" (§ 9 (1) S. 2) Maßnahmen ergreifen, sofern ihr Anhaltspunkte für eine schädliche Bodenveränderung oder eine Altlast vorliegen. § 9 (1) S. 1 und 2 BBodSchG bestimmen die Voraussetzungen, unter denen die Behörde von Amts wegen weitere Ermittlungen durchführen soll. Die dort geforderten Anhaltspunkte können beispielsweise in der bereits zuvor erwähnten früheren Nutzung eines Grundstückes liegen. Zu den i. S. v. § 9 (1) BBodSchG zulässigen Maßnahmen zählt auch die orientierende Untersuchung. Nach § 3 (3) BBodSchV soll die zuständige Behörde bereits bei allgemeinen Anhaltspunkten für eine schädliche Bodenveränderung oder Altlast im Rahmen der Amtsermittlung eine orientierende Untersuchung vornehmen. Die orientierende Untersuchung umfasst gemäß § 2 Nr. 3 BBodSchV insbesondere Messungen, d. h. es werden Bodenproben entnommen und Analysen durchgeführt. Zweck der orientierenden Untersuchung ist es, festzustellen, ob der hinreichende Verdacht einer schädlichen

Quelle	Altablagerungen	Altstandorte
Altlastenkataster	+	+
aktuelle und historische Stadtpläne	o	+
aktuelle und historische topographische Karten	+	+
Luftbilder aus verschiedenen Zeiten	+	+
Grundbücher	o	o
Kriegstrefferkarten	+	+
Geologische Karten	+	+
Stadtadressbücher	o	+
Telefonbücher	o	+
Firmenchroniken	o	+
Bauakten	–	+
Entwässerungsakten	–	+
Akten über genehmigungsbedürftge Anlagen	–	+
+ = wichtig; – = nicht geeignet; o = unwichtig		

Abb. II 55: Informationsquellen und ihre Eignung für die historische Erkundung

Bodenveränderung oder Altlast i. S. d. § 9 (2) S. 1 BBodSchG ausgeräumt oder bestätigt werden kann. Ist ein hinreichender Verdacht i. S. d. § 9 (2) S. 1 BBodSchG nicht begründet, sind Untersuchungsanordnungen gegen private Dritte nicht zulässig. Die Behörde muss in diesem Stadium des § 9 (1) BBodSchG auf ihre eigenen Kosten und selbst handeln.

Zur Konkretisierung der Maßnahmen i. S. v. § 9 (1) BBodSchG sowie zur Gefährdungsabschätzung sieht Anhang 2 der BBodSchV für ca. 80 boden- und altlastenrelevante Schadstoffe sog. Prüfwerte vor.

Die Prüfwerte definieren eine Belastungsschwelle, bei deren Erreichen gemäß § 8 (1) S. 2 Nr. 1 BBodSchG eine auf den Einzelfall gerichtete Prüfung notwendig wird. Im Rahmen dieser Prüfung ist zu klären, ob eine Gefährdung von Schutzgütern vorliegt, wobei die Bodenart, die Nutzung des Grundstücks, die bodenabhängige Mobilität der Schadstoffe und andere Umstände berücksichtigt werden müssen. Ein Prüfwert kann in zweierlei Hinsicht Aussagen treffen: Als stoffbezogener Konzentrationswert gibt er den Gesamtgehalt von Schadstoffen im Boden oder in einer Altlast an. Ebenso kann er die Mobilität eines Schadstoffes, den Transfer in Pflanzen oder andere Bewertungskriterien quantifizieren.[182]

Um die geforderte einzelfallbezogene Prüfung unter Berücksichtigung der Bodennutzung zu ermöglichen, sind verschiedene Kriterien zu beachten. Insbesondere sind die verschiedenen Wirkungspfade und Bodennutzungen von Interesse.

Als Wirkungspfad wird der Weg eines Schadstoffes bezeichnet, den dieser von der Quelle zu dem Ort einer möglichen Wirkung auf ein Schutzgut nehmen kann (§ 2 Nr. 8 BBodSchV). Die der Verordnung bekannten Schutzgüter sind die menschliche Gesundheit, die Qualität von Nahrungspflanzen und Futtermitteln sowie das Bodensickerwasser auf seinem Weg zum Grundwasser. Daraus ergeben sich folgende Wirkungspfade: Boden-Mensch, Boden-Nutzpflanze und Boden-Grundwasser. Ebenso wie die Wirkungspfade werden auch die Bodennutzungen unterschieden. Anhang 2 zur BBodSchV grenzt die Nutzung nach Kinderspielflächen, Wohngebieten, Park- und Freizeitanlagen sowie Industrie- und Gewerbegrundstücken ab. Für die verschiedenen Wirkungspfade und Bodennutzungen sind jeweils eigene Prüfwerte festgelegt.

Sind – was vielfach der Fall sein wird – für einen Schadstoff keine Prüfwerte festgesetzt, dann sind nach § 4 (5) BBodSchV für die Gefährdungsabschätzung die zur Ableitung der entsprechenden Werte in Anhang 2 der BBodSchV herangezogenen Methoden und Maßstäbe zu beachten.

Damit die orientierende Untersuchung ein möglichst aussagekräftiges Ergebnis liefern kann, müssen die vorzunehmenden Untersuchungen sinnvoll geplant werden. Dahinter verbirgt sich eine Vielzahl von Überlegungen: In welchem Raster sind Proben zu entnehmen, welche Stellen außerhalb des Rasters sind punktuell zu untersuchen, was ist die angebrachte Tiefe, welche Wirkungspfade können betroffen sein und welche Art von Proben (Boden-, Bodenluft-, Grundwasserproben) sind deshalb zu nehmen u. v. m. Aus den vorstehenden Fragen wird die bereits oben erwähnte, hohe Bedeutung der historischen Erkundung ersichtlich. Sie bildet die Basis, von der die Aussagekraft von Proben und damit die Qualität späterer Ergebnisse abhängt.

Liegen die Belastungen der Bodenuntersuchungen unterhalb der Prüfwerte, so besteht gem. § 4 (2) S. 1 BBodSchV keine Gefahr, ein zuvor bestehender Verdacht erweist sich als falsche Vermutung. Es besteht kein weiterer Handlungsbedarf und das Verfahren wird an dieser Stelle abgeschlossen. Dementsprechend sind weitere Untersuchungen oder gar Sanierungsmaßnahmen nicht erforderlich. Im Gegenzug erhärtet eine Überschreitung der Prüfwerte den Verdacht. Anhand einer Detailunter-

---

[182] Vgl. BT-Dr. 13/6701, S. 37

suchung ist dann endgültig festzustellen, ob eine Altlast oder eine schädliche Bodenveränderung und damit eine Sanierungspflicht vorliegt.[183]

Stellt die zuständige Behörde verbindlich fest, dass eine schädliche Bodenveränderung vorhanden ist, kann die Behörde die Sanierung anordnen Dies kann beispielsweise der Fall sein, wenn die im Anhang 2 der BBodSchV enthaltenen Maßnahmenwerte überschritten sind (vgl. § 8 (1) S. 2 Nr. 2 BBodSchG).

11.3.4.3 Detailuntersuchung

Steht als Ergebnis der orientierenden Untersuchung fest, dass Prüfwerte überschritten werden bzw. dieses zu erwarten ist, wird von einem hinreichenden Verdacht gesprochen. Der Gesetzgeber schreibt in diesem Fall gem. § 3 (4) BBodSchV eine weitere, genauere Untersuchung vor, die Detailuntersuchung. Die rechtliche Grundlage für diese Untersuchungsanordnung findet sich in § 9 (2) BBodSchG. Dort wird die zuständige Behörde zur Anordnung der erforderlichen Untersuchung und Abschätzung legitimiert. Im Gegensatz zur Sachverhaltsermittlung im Rahmen der Amtsermittlung nach § 9 (1) BBodSchG kann die Behörde auf der Grundlage von § 9 (2) BBodSchG private Dritte zu Untersuchungsmaßnahmen heranziehen.

Die anhand § 3 (4) BBodSchV vorgeschriebenen Untersuchungsmaßnahmen haben zwei Aufgaben. Zum einen soll definitiv festgestellt werden, ob eine Altlast oder schädliche Bodenveränderung vorliegt, andererseits dienen sie zur Feststellung, ob und in welchem Umfang Sanierungsmaßnahmen durchzuführen sind. Weiterhin können die Länder Einzelheiten dieser Untersuchungspflicht regeln sowie weitere Mitwirkungs- und Duldungspflichten durch die verschiedenen (auch indirekt beteiligten) Personen festlegen.[184]

Bei der Detailuntersuchung handelt es sich um eine vertiefte, weitere Untersuchung zur abschließenden Gefährdungsabschätzung, die insbesondere der Feststellung von Menge und räumlicher Verteilung von Schadstoffen, ihrer mobilen oder mobilisierbaren Anteile, ihrer Ausbreitungsmöglichkeiten in Boden, Gewässern und Luft sowie der Möglichkeit ihrer Aufnahme durch Menschen, Tiere und Pflanzen dient (§ 2 Nr. 4 BBodSchV). Des Weiteren soll auch festgestellt werden, ob sich aus räumlich begrenzten Anreicherungen von Schadstoffen innerhalb einer Verdachtsfläche oder altlastverdächtigen Fläche Gefahren ergeben bzw. ob und wie eine Abgrenzung von nicht belasteten Flächen geboten ist (§ 3 (5) S. 1 BBodSchV).

Aus dieser Definition ist bereits erkennbar, dass die Detailuntersuchung wesentlich mehr in die Tiefe geht, als die orientierende Untersuchung. Um in der abschließenden Bewertung eine Gefährdungsabschätzung erstellen zu können, werden alle möglichen Ein- und Auswirkungen der Schadstoffe auf Schutzgüter bzw. ihr Weg dorthin über die Wirkungspfade des betreffenden Standortes untersucht. Während die orientierende Untersuchung zur Aufgabe hat, einen Verdacht zu entkräften oder aber in einen hinreichenden Verdacht zu verstärken, ist im Rahmen der Detailuntersuchung zu klären, ob eine Altlast oder schädliche Bodenveränderung vorliegt sowie, im Fall der Bestätigung, deren Ausmaß und Folgen.

Unter Berücksichtigung der standortspezifischen Expositionsbedingungen und Wirkungspfade erfolgt eine breit angelegte Untersuchung vieler Medien und Bestandteile. Gem. § 2 Nr. 7 BBodSchV beschreiben die standortspezifischen Expositionsbedingungen eine durch örtliche Gegebenheiten

---

[183] Vgl. Schwartmann, R./Pabst, H. (2001), S. 63
[184] Vgl. ebenda, S. 39 f.

und Grundstücksnutzung im Einzelfall geprägte Art und Weise, in der Schutzgüter der Wirkung von Schadstoffen ausgesetzt sein können. Wichtige Untersuchungsobjekte verdeutlicht Abb. II 56.

- Wasser (Sickerwasser, Grundwasser, Oberflächenwasser)
- Bodenluft
- Pflanzen und Tiere (Biomonitoring)
- Boden (nach unterschiedlicher Vorbehandlung)
- Nutzpflanzen (für Menschen und Tiere)
- Menschen (Humanmonitoring)

Abb. II 56: Untersuchungsobjekte zur Feststellung von Exposition durch Schadstoffe

Die Detailuntersuchung stellt besondere Anforderungen an die Probenentnahme, Konservierung, Analytik und die Qualitätssicherung der Ermittlungen. Diese sind in Anhang 1 der BBodSchV festgelegt. Sie finden nicht nur Anwendung bei der Untersuchung von Böden, Bodenmaterialien und Bodenluft, sondern auch auf sonstige Materialien. Darunter sind weitere Stoffe zu verstehen, die im Boden oder auf den Böden und Verdachtsflächen vorkommen bzw. zum Auf- oder Einbringen vorgesehen sind.[185]

Die Vorgehensweise ist ähnlich der orientierenden Untersuchung, allerdings kommen anstelle von Prüfwerten sog. Maßnahmenwerte zur Anwendung. Sie sind in § 8 (1) Nr. 2 BBodSchG definiert als Werte für Einwirkungen oder Belastungen, bei deren Überschreiten unter Berücksichtigung der jeweiligen Bodennutzung in der Regel von einer schädlichen Bodenveränderung oder Altlast auszugehen ist und Maßnahmen erforderlich sind. Analog den Prüfwerten handelt es sich hier um Werte, die in Anhang 2 zur BBodSchV, unter Berücksichtigung des Einzelfalles, der Bodennutzung, den Wirkungspfaden und den betroffenen Schutzgütern, die maximale Konzentration eines Schadstoffes im Boden festlegen. Liegen keine Maßnahmenwerte vor, müssen diese ermittelt werden. Aufgrund der Gemeinsamkeiten mit den Prüfwerten wird an dieser Stelle auf die betreffenden Ausführungen hierzu verwiesen. Der Vorteil bundesweit einheitlich festgesetzter Prüf- und Maßnahmenwerte besteht in einem einfacheren Vollzug der Altlastenbehandlung. Außerdem wird Rechts- und daraus folgend auch Investitionssicherheit geschaffen, wenn bundesweit gleiche Beurteilungsgrundsätze und Standards gelten.

Wird ein Maßnahmenwert erreicht oder überschritten, ist die Rechtsfolge im Regelfall die Sanierungspflicht des Verantwortlichen gem. § 4 (3) BBodSchG. Zu deren Umsetzung muss aber noch eine Sanierungsanordnung erlassen werden. Ebenso besteht die Möglichkeit, einen Sanierungsvertrag zu schließen. Auf diese Weise definieren die Maßnahmenwerte die Gefahrenschwelle, ab der i. d. R. eine Altlast oder schädliche Bodenveränderung vorliegt und gehandelt werden muss.[186] Somit hat der Maßnahmenwert als Richtwert eine Doppelfunktion. Zum einen gibt er die Schwelle an, ab der normalerweise von einer schädlichen Bodenveränderung bzw. Altlast auszugehen ist. Zum anderen kann er die Sanierungspflicht auslösen.

---

[185] Vgl. Bihler, M. et al. (2001), S. 124 f.
[186] Vgl. Kothe, P. (2000), S. 52

11.4 Die Sanierung von Altlasten

Es ist eine weit verbreitete Meinung, dass es sich bei der Sanierung von Altlasten lediglich um Verfahren zur Reinigung von verschmutztem Boden handelt. Der Umfang geht jedoch weit darüber hinaus und beinhaltet nicht nur die praktischen und technischen Handlungen, sondern auch die entsprechende Planung und Organisation. Der Begriff Sanierung stammt aus dem Lateinischen und bedeutet so viel wie „bessern", „heilen", „gesund machen". Die Sanierung im Sinne des BBodSchG umfasst gemäß der Definition in § 2 (7) BBodSchG Maßnahmen zur Dekontamination (§ 2 (7) Nr. 1) und zur Sicherung (§ 2 (7) Nr. 2) sowie zur Beseitigung oder Verminderung schädlicher Veränderungen der Beschaffenheit des Bodens (§ 2 (7) Nr. 3).

Allgemein gesprochen sind es Maßnahmen, die Rechnung tragen sollen, dass nach Abschluss des Sanierungsverfahrens eine Altlast oder schädliche Bodenveränderung dauerhaft beseitigt ist bzw. keine Gefahren mehr für Schutzgüter von ihr ausgehen können. Die rechtliche Grundlage ist § 4 BBodSchG, der die Pflichten zur Gefahrenabwehr regelt. Während § 4 (1) und (2) BBodSchG Regelungen zur Vorbeugung von schädlichen Bodenveränderungen zum Inhalt haben, beschäftigt sich § 4 (3) BBodSchG mit bereits vorliegenden Altlasten bzw. schädlichen Bodenveränderungen. Danach haben die Verantwortlichen den Boden und Altlasten sowie durch schädliche Bodenveränderungen oder Altlasten verursachte Gewässerveränderungen so zu sanieren, dass dauerhaft keine Gefahren, erhebliche Nachteile oder erhebliche Belästigungen für den Einzelnen oder die Allgemeinheit entstehen.

Entsprechend dieser gesetzlichen Regelung ist nicht die vollständige Eliminierung der Verunreinigung als Ziel der Sanierung gefordert, es ist bereits ausreichend, wenn dauerhaft keine Gefährdung, kein Nachteil oder keine Belästigung von der eventuell übrigen Restverschmutzung mehr ausgeht. Der Idealfall der vollständigen Beseitigung der Verschmutzung wird in der Regel aber auch nicht zu erreichen sein.

Auf die verschiedenen Verfahren und Maßnahmen zur Sanierung wird an späterer Stelle noch genauer eingegangen. Zunächst erfolgt eine Betrachtung der rechtlichen Grundlagen, planerischen Maßnahmen und der Umsetzung der Sanierung. Die einzelnen Schritte werden in chronologischer Reihenfolge jeweils anhand eigener Unterkapitel abgehandelt.

11.4.1 Schritte der Altlastensanierung

Damit eine Sanierung wirksam, sorgfältig und kostengünstig durchgeführt werden kann, ist es angebracht, den Ablauf zu standardisieren. Dem trägt das BBodSchG in Verbindung mit der BBodSchV Rechnung. Dabei muss aber weiterhin die Möglichkeit bestehen, individuellen Fällen Rechnung zu tragen. Beide Regelwerke vereinheitlichen zwar den Weg vom Anfangsverdacht bis zur Sanierung, lassen aber die einzelfallbezogene Prüfung zu bzw. schreiben diese vor.

Diese Praktik ist sinnvoll, da anhand des bundesweit einheitlichen Vorgehens und der gleichen Standards zum einen Rechtssicherheit geschaffen wird, zum anderen aber auch Wirtschaftssicherheit, weil aufgrund der Erfahrung Kosten und Zeit gespart werden können. Das Altlastenrisiko wird dadurch kalkulierbarer und der benötigte Finanzbedarf kann exakter abgeschätzt werden. Als Folge sinken die Finanzierungskosten.[187] Gerade für Investoren sind beide Argumente von großer Bedeutung, da so von Altlasten betroffene Projekte besser zu planen und zu kalkulieren sind. Dieses sorgt für ein

---

[187] Vgl. BT-Dr. 13/1607, S. 18

größeres Interesse und führt dazu, dass öfter auch belastete Brachflächen „in Angriff" genommen werden. In letzter Konsequenz wird durch die Sanierung an der wertvollen Ressource Boden gespart und weniger neue Flächen versiegelt. Außerdem wird die Forderung von § 1 BBodSchG erfüllt, dass die Funktionen des Bodens nachhaltig gesichert und wiederhergestellt werden.

Soll eine festgestellte Altlast oder schädliche Bodenveränderung saniert werden, ist zunächst noch einmal eine weitere Untersuchung notwendig, die Sanierungsuntersuchung (vgl. § 13 (1) S. 1 BBodSchG). Ihre Ergebnisse und die bereits vorliegenden Ergebnisse aus der historischen, der orientierenden und der Detailuntersuchung werden anschließend in einem Sanierungsplan festgeschrieben (vgl. § 13 (1) S. 1 BBodSchG). Dieser Sanierungsplan ist die Voraussetzung für die Sanierungsanordnung, die in § 10 BBodSchG geregelt ist. Überdies bildet der Sanierungsplan die Grundlage für die konkrete Sanierungsdurchführung einschließlich der Sanierungsmaßnahmen. Zusätzlich besteht die Möglichkeit, dass ein Sanierungsvertrag gem. § 13 (4) BBodSchG geschlossen wird, der die Rechte und Pflichten von Behörde und Sanierungsverpflichteten regelt. Ihren Abschluss findet die Sanierung mit einer Ergebniskontrolle, die den Erfolg der Sanierung sicherstellen soll bzw. die Wirksamkeit der getroffenen Maßnahmen überwacht.

11.4.1.1 Sanierungsuntersuchung und Sanierungsplan

Für die Sanierung von Altlasten gibt es kein „Standardrezept". Lediglich das Instrumentarium, das BBodSchG und BBodSchV bereitstellen, ist standardisiert. Einige Flächen sind einfach und mit geringem Aufwand zu sanieren, bei anderen stellt es sich als sehr komplexes Unterfangen dar. Vor Beginn der Sanierungsmaßnahmen ist deshalb eine Sanierungsuntersuchung durchzuführen. Die Sanierungsuntersuchung ermittelt den notwendigen Umfang, die Art und den Ablauf der Sanierung (vgl. § 13 (1) S. 1 BBodSchG i. V. m. Anhang 3 BBodSchV). Außerdem erfolgt eine Prüfung, ob die Sanierungsziele erreichbar und technisch durchführbar sind. Zusätzlich werden die rechtlichen Anforderungen und das Verhältnis von Kosten und Nutzen berücksichtigt.

Die Sanierungsuntersuchung soll nach Möglichkeit auf die Ergebnisse der orientierenden Untersuchung und der Detailuntersuchung zurückgreifen. Außerdem sollen sonstige Erkenntnisse, sofern sie gesichert sind, berücksichtigt werden. Für den Fall, dass nicht genügend Informationen vorliegen, müssen weitere ergänzende Untersuchungen durchgeführt werden.[188] Abb. II 57 zeigt einige wichtige Kriterien auf, die im Rahmen der Sanierungsuntersuchung zu prüfen sind.

Sind alle diese Punkte geklärt, werden sie in einem Sanierungsplan festgeschrieben (vgl. § 13 (1) S. 1 BBodSchG i. V. m. Anhang 3 BBodSchV). Dieser Sanierungsplan bildet die „Anleitung" der Sanierung und somit die Basis für die gesamte weitere Umsetzung. Grundsätzlich ist der gemäß § 4 (3), (5) oder (6) BBodSch zur Sanierung Verpflichtete für die Erstellung des Sanierungsplanes verantwortlich. In besonderen Fällen kann aber gem. § 14 BBodSchG auch die zuständige Behörde bzw. ein von ihr beauftragter Sachverständiger den Plan entwickeln. Dies ist insbesondere der Fall, wenn der Sanierungspflichtige den Plan nicht, zu spät oder nur unzureichend erstellt, der Sanierungspflichtige nicht oder nicht rechtzeitig herangezogen werden kann oder es sich um eine sehr komplexe Verunreinigung handelt, die ein koordiniertes Vorgehen erfordert, weil eine massive Gewässerverschmutzung vorliegt oder aber die Sanierung mehrerer Verpflichtete betrifft.

Die Beteiligung eines Sachverständigen ist von Vorteil, um zu verhindern, dass Untersuchungsfehler entstehen, der Sanierungsverantwortliche selbst einen nicht fachgerechten Sanierungsplan erstellt und es deshalb zu einer zweiten Planerstellung durch die zuständige Behörde gem. § 14

---

[188] Vgl. Bihler, M. et al. (2001), S. 212

S. 1 Nr. 1 BBodSchG kommt. Ebenso besteht die Möglichkeit, dass die durchgeführte Sanierung die Gefahr nicht beseitigt und eine zweite Sanierung notwendig wird.[189] Die Vorteile der Verantwortlichkeit des Sanierungspflichtigen sind darin zu sehen, dass er die Sanierung selber planen und seine eigenen Prioritäten mit einbringen kann. Zum anderen aber trägt er auch das Risiko einer erfolgreichen Sanierung. Die Heranziehung eines Sachverständigen stellt grundsätzlich eine sinnvolle Investition dar, die zwar zunächst Kosten verursacht, im Endeffekt aber vor „bösen Überraschungen" im weiteren Verlauf schützt.

- Eignung der Verfahren hinsichtlich Schadstoff-, Boden-, Material- und Standortbeschaffenheit
- Technische Durchführbarkeit der Sanierung
- Darstellung des erforderlichen Zeitaufwands
- Wirksamkeit von Sanierungsmaßnahmen im Hinblick auf das Sanierungsziel
- Abschätzung der Kosten sowie Verhältnis zwischen Kostenaufwand und Sanierungswirksamkeit
- Auswirkung der Sanierungsmaßnahmen auf Betroffene nach § 12 BBodSchG (Nutzungsberechtigte, Eigentümer) und auf die Umwelt
- Notwendigkeit behördlicher Zulassungen für Sanierungsmaßnahmen
- Entstehen, Verwerten, und Beseitigen von Abfällen im Zuge der Sanierung
- Arbeitsschutzaspekte der Sanierungsmaßnahmen und deren weitere Überwachung
- Nachsorgeerfordernisse und Nachbesserungsmöglichkeiten

Abb. II 57: Wichtige Kriterien im Rahmen der Sanierungsuntersuchung

Nach § 13 (1) Nr. 1–3 BBodSchG i. V. m. § 6 (2) BBodSchV soll der Sanierungsplan eine Zusammenfassung der Gefährdungsabschätzung und Sanierungsuntersuchungen geben, Angaben über die bisherige und künftige Nutzung des zu sanierenden Grundstücks enthalten und das Sanierungsziel sowie die zu dessen Erreichung notwendigen Maßnahmen mit der dafür veranschlagten Zeit darstellen. Der Sanierungsplan besteht aus einem graphischen und einem Textteil. Eine genaue Auflistung der Details, die ein Sanierungsplan enthalten muss, findet sich in Anhang 3 der BBodSchV. In sehr einfachen Fällen ist ein Sanierungsplan nicht notwendig. Die zuständige Behörde kann eine Sanierung auch ohne das Vorliegen eines Planes anordnen. Zudem befreit § 7 BBodSchV von der Pflicht, eine Sanierungsuntersuchung durchzuführen und einen Sanierungsplan zu erstellen, wenn Gefahren, erhebliche Nachteile oder erhebliche Belästigungen mit einfachen Mitteln abgewehrt werden können.

Der Sanierungspflichtige hat aufgrund von § 13 (3) BBodSchG eine Informationspflicht gegenüber allen von der Sanierung Betroffenen und sie frühzeitig, in geeigneter Weise und unaufgefordert über die geplanten Maßnahmen zu informieren. Als Betroffene gelten alle, die durch die durchzuführenden Maßnahmen oder den Zustand des Grundstücks nach Abschluss der Maßnahme in ihren Schutzgütern berührt sein können. Information in geeigneter Weise bedeutet, dass die Betroffenen

---

[189] Vgl. BT-Dr. 13/1607, S. 25

die Möglichkeit haben, von sämtlichen Unterlagen Kenntnis zu nehmen, die sie zur Beurteilung der Auswirkungen der geplanten Maßnahmen auf ihre persönlichen Belange benötigen.[190]

Diese Informationspflicht hat den Vorteil, dass sämtliche Sanierungsbetroffene von Anfang an in die Planung der Sanierung mit einbezogen werden und ihre Meinungen und Anregungen berücksichtigt werden können. Die auf diese Weise getroffenen Entscheidungen genießen daher eine größere Akzeptanz und die Durchführung der Sanierung wird erleichtert.

Ist der Sanierungsplan erstellt, kann er gem. § 13 (6) S. 1 BBodSchG durch die zuständige Behörde für verbindlich erklärt werden. In diesem Zusammenhang soll kurz auf die sog. Konzentrationswirkung eingegangen werden. Dahinter verbirgt sich die Möglichkeit der zuständigen Behörde, verschiedene andere, die Sanierung betreffende Maßnahmen und behördliche Entscheidungen in einem Akt für verbindlich zu erklären. Wird der Sanierungsplan von der zuständigen Behörde für verbindlich erklärt, werden seine Regelungen wirksam. Dieses gilt auch gegenüber Dritten, wie z. B. den Betroffenen. Der Sanierungsplan ist für seine Umsetzung freigegeben, die o. g. Konzentrationswirkung tritt ein. Des Weiteren verpflichtet die Verbindlichkeitserklärung den Sanierungsverantwortlichen, die Sanierung der Altlast oder schädlichen Bodenveränderung durchzuführen und die im Plan festgelegten Ziele einzuhalten.[191]

Dieses Verfahren bietet Vorteile, indem es Planungs- und Rechtssicherheit, insbesondere für die Verantwortlichen und eventuelle Investoren, schafft. Zudem sinken die Kosten, da durch die o. g. Konzentrationswirkung Zeit und Aufwand bei Behördengängen und Verhandlungen gespart werden und die Planungen sich effektiver gestalten, weil der Sanierungspflichtige nur einen festen Ansprechpartner innerhalb der Behörde benötigt.

11.4.1.2 Sanierungsvertrag

Eine weitere Möglichkeit zur Durchführung einer Sanierung stellt der Sanierungsvertrag nach § 13 (4) BBodSchG dar. Dabei handelt es sich um einen öffentlich-rechtlichen Vertrag zwischen der zuständigen Behörde und dem Sanierungspflichtigen. Zusätzlich können noch Dritte, beispielsweise Betroffene, Investoren, Sachverständige etc., in den Vertrag mit eingebunden werden. Der Sanierungsvertrag wird zusammen mit dem erstellten Sanierungsplan der zuständigen Behörde zur Genehmigung vorgelegt. Stimmt diese dem Vertrag zu, bildet er die Grundlage für die weitere Sanierung.

Die Vorteile liegen vor allem darin, dass sich Behörde und Verpflichteter partnerschaftlich über die Maßnahmen einigen können und der getroffene Kompromiss eine höhere Akzeptanz genießt. Im Wege der Verhandlungen können zudem flexiblere Lösungen gefunden werden, z. B. im Hinblick auf den Umfang der Haftung, die durchzuführenden Maßnahmen, kostengünstigere Alternativen oder Zeitpunkt und Dauer der Sanierung. Durch das Festschreiben der beiderseitigen Rechte und Pflichten wird Rechtssicherheit geschaffen und das Verfahren beschleunigt.[192]

Allerdings macht ein solcher Sanierungsvertrag nicht in allen Fällen Sinn, bei „einfachen" Altlasten bzw. schädlichen Bodenveränderungen wäre der Aufwand zu hoch. „Der Abschluss eines Sanierungsvertrages bietet sich bei Vorliegen einer qualifizierten Altlast [...] an, weil dadurch das Risiko überraschender Verwaltungsentscheidungen im Zuge der Sanierung und das Risiko einer ausufernden Kostenlast verringert werden kann. [...] So vermag der Vertrag insgesamt Planungs-

---

[190] Vgl. ebenda, S. 41
[191] Vgl. Bihler, M. et al. (2001), S. 213 f.
[192] Vgl. ebenda S. 21 f.

```
                              Sanierung
        ┌────────────────────────┼────────────────────────┐
Dekontaminationsmaßnahmen   Sicherungsmaßnahmen      Schutz- und
                                                  Beschränkungsmaßnahmen
    § 2 (7) S. 1 BBodSchG    § 2 (7) S. 2 BBodSchG    § 2 (7) S. 3 BBodSchG
```

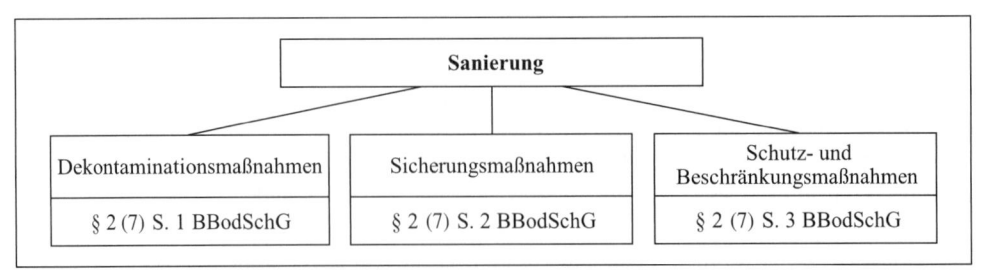

Abb. II 58: Verschiedene Maßnahmen im Rahmen der Sanierung

und Investitionssicherheit zu verschaffen, auch wenn dafür [...] Zugeständnisse finanzieller oder sonstiger Art gemacht werden müssen."[193]

Die Einigung von Behörde und Sanierungspflichtigem in einem Sanierungsvertrag schließt trotzdem die hoheitliche Anordnung der Sanierung nicht aus. Dieses ist dann der Fall, wenn der Sanierungsvertrag sich im Nachhinein als nichtig herausstellen sollte oder gekündigt wird. Insbesondere ist die Kündigung durch die Behörde möglich, wenn sich während der Durchführung große Nachteile für die Allgemeinheit herausstellen oder zu erwarten sind.

11.4.1.3 Sanierungsdurchführung

Zur Sanierung von Altlasten und schädlichen Bodenveränderungen stehen mittlerweile viele verschiedene Maßnahmen zur Verfügung. Grundlegend erfolgt zunächst eine Unterscheidung in Sicherungs-, Dekontaminations- und Schutz-/Beschränkungsmaßnahmen (siehe Abb. II 58), deren fachliche Anforderungen in § 5 BBodSchV konkretisiert sind. Wie zuvor bereits erläutert wurde, besteht das Ziel darin, die Altlast oder schädliche Bodenveränderung so zu sanieren, dass von ihr dauerhaft keine Gefahren, Nachteile oder Belästigungen ausgehen. Die Wahl des dabei anzuwendenden Verfahrens ist von vielen Faktoren abhängig. Je nach Art der Verunreinigung, der Intensität der Verschmutzung, den am jeweiligen Standort vorherrschenden Bedingungen und den betroffenen Medien (Boden, Bodenluft und Wasser) kommen verschiedene Methoden zur Anwendung.

In der Regel ist es ein Mix, der sowohl aus Sicherungs-, Dekontaminations- sowie Schutz- und Beschränkungsmaßnahmen besteht. Aber auch die technischen Möglichkeiten und nicht zuletzt das Verhältnis der Kosten zum erwarteten Sanierungserfolg dürfen nicht außer Acht gelassen werden.

Ebenso hat eine Sanierung unter Berücksichtigung der planungsrechtlich zulässigen Nutzung zu erfolgen, § 4 (4) BBodSchG schreibt dieses vor. Eine Sanierung muss vorrangig entsprechend der im Flächennutzungs- oder Bebauungsplan vorgesehenen Nutzung des Grundstücks und dem sich daraus ergebenden Schutzbedürfnis durchgeführt werden. Der Grund dafür liegt in der verschiedenen Art und Weise, in der Menschen je nach Nutzung mit den Schadstoffen in Berührung kommen. Von besonderer Bedeutung ist die Dauer, die der Mensch den Schadstoffen ausgesetzt ist. Dementsprechend gelten beispielsweise für Wohnnutzungen andere Anforderungen, als für gewerbliche Nutzungen oder Verkehrsflächen. Gerade wenn eine Fläche für Wohnen vorgesehen ist, muss insbesondere den Belangen von Kindern, alten und kranken Menschen besondere Aufmerksamkeit gewidmet werden.[194]

---

[193] Schwartmann, R./Pabst, H. (2001), S. 184
[194] Vgl. BT-Dr. 13/1607, S. 35

11.4.1.3.1 Sicherungsmaßnahmen

Die Aufgabe der Sicherungsmaßnahmen besteht darin, die schädlichen Auswirkungen von Altlasten und schädlichen Bodenveränderungen zu verhindern. Ebenso sollen sie die Ausbreitung der Schadstoffe über verschiedene Wirkungspfade und andere Medien vermeiden oder verringern und auch den Kontakt mit bereits kontaminierten Medien unterbinden (vgl. § 2 (7) Nr. 2 BBodSchG).

Sicherungsmaßnahmen sollen die Bodenverschmutzung auf ein tolerables Maß reduzieren. Eine Beseitigung der Gefahrenquelle wird im Gegensatz zur Dekontamination jedoch nicht angestrebt. Daraus folgend ist die Sicherung einer Altlast i. d. R. verhältnismäßig günstig. Allerdings reicht sie nicht in jedem Fall aus, um die Gefahrenlage zu entschärfen. So können zum Beispiel geographische Gegebenheiten und die Intensität der Verschmutzung eine Sicherung unmöglich machen. Des Weiteren ist nicht jede Nutzung nach abgeschlossener Sicherung der Altlast erlaubt. Hochwertige Nutzungen wie z. B. Wohnen und Landwirtschaft sind meistens ausgeschlossen, sofern nicht zusätzlich eine Dekontamination erfolgt. Für eine industrielle Nutzung kann eine Sicherung allerdings oftmals bereits ausreichend sein.[195]

Sicherungsmaßnahmen finden nur „in-situ" statt, d. h. der Boden verbleibt an Ort und Stelle und wird nicht ausgehoben. Ebenso verbleiben aber auch die Schadstoffe im Boden. Dementsprechend ist es erforderlich, die gesicherte Altlast zu überwachen und zu kontrollieren. Zudem handelt es sich um eine Lösung, die i. d. R. nur zeitlich befristet ist und ggf. erneuert werden muss. Die Bandbreite an Sicherungsmaßnahmen ist vielfältig. Abdichtungen (Einkapselungen) isolieren beispielsweise Schadstoffe von ihrer Umgebung, Immobilisierung bindet Schadstoffe im Boden, überführt sie in feste Bestandteile und verhindert dadurch die Auswaschung. Hydraulische Barrieren lenken Grundwasserströme um und verhindern auf diese Weise den Kontakt mit dem Grundwasser, während pneumatische Barrieren den Kontakt mit gasförmigen Medien verhindern. Abb. II 59 verdeutlicht dieses noch einmal graphisch.

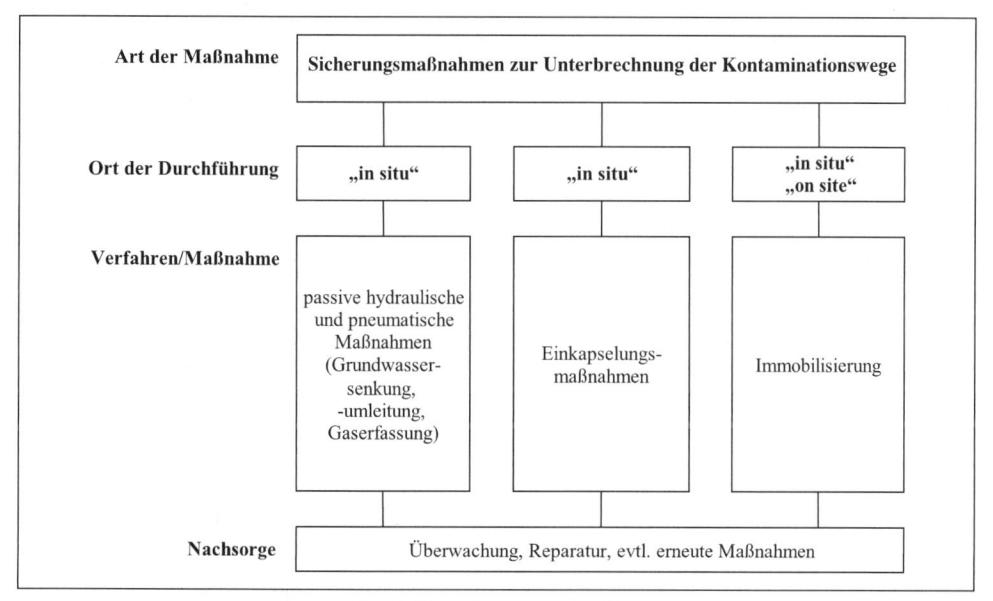

Art der Maßnahme	Sicherungsmaßnahmen zur Unterbrechung der Kontaminationswege		
Ort der Durchführung	„in situ"	„in situ"	„in situ" „on site"
Verfahren/Maßnahme	passive hydraulische und pneumatische Maßnahmen (Grundwassersenkung, -umleitung, Gaserfassung)	Einkapselungsmaßnahmen	Immobilisierung
Nachsorge	Überwachung, Reparatur, evtl. erneute Maßnahmen		

Abb. II 59: Sicherungsmaßnahmen

---

[195] Vgl. Knoche, J. P. (2001), S. 11

Im Rahmen eines einführenden Lehrbuches kann und soll nicht tiefer auf die technische Seite dieser Verfahren eingegangen werden. Zur Vertiefung sollte entsprechende Fachliteratur herangezogen werden. Dieses gilt auch für die anschließend erklärten Dekontaminations- sowie Schutz- und Beschränkungsmaßnahmen.

11.4.1.3.2 Dekontaminationsmaßnahmen

Über die Sicherungsmaßnahmen gehen die sog. Dekontaminationsmaßnahmen hinaus. Nach § 2 (7) Nr. 1 BBodSchG handelt es sich dabei um Maßnahmen zur Beseitigung oder Verminderung der Schadstoffe. Sie greifen „direkt an der Wurzel" an und streben nach Möglichkeit die vollständige Beseitigung der Gefährdung durch eine Altlast bzw. durch eine schädliche Bodenveränderung unmittelbar an der Quelle im Boden als auch im betroffenen Umfeld an. Langfristig bieten Dekontaminationsmaßnahmen den besseren und dauerhaften Schutz, außerdem ermöglichen sie höherwertige Nutzungen im Vergleich zu Sicherungsmaßnahmen. Dies ist jedoch nur der Fall, wenn die Maßnahmen ebenfalls umweltverträglich durchgeführt werden.

Dekontaminationsverfahren können sowohl in-situ als auch ex-situ erfolgen, d. h., sowohl ohne als auch mit Aushub des verschmutzten Bodens. Im Falle des Bodenaushubes kann die Dekontamination sowohl auf dem Gelände selbst mit Hilfe von mobilen Anlagen erfolgen (on-site) als auch in stationären Anlagen, die sich außerhalb des Grundstückes befinden (off-site). Dabei dürfen jedoch etwaige Probleme des Transports nicht übersehen werden. Je nach Verschmutzungsgrad wird der ausgehobene Boden entweder nach erfolgreicher Reinigung wieder eingesetzt (Reverfüllung), anderweitig verwendet (Recycling) oder muss gesondert auf Deponien gebracht werden, wenn eine Wiederverwendung aufgrund weiterhin bestehender Belastungen ausgeschlossen ist.[196]

Während Sicherungsverfahren, wie bereits erwähnt, immer in-situ durchgeführt werden, besteht bei Dekontaminationsverfahren hinsichtlich der Durchführung die Wahl, ob es mit oder ohne Bodenaushub, an Ort und Stelle oder außerhalb der Fläche geschieht. Grundsätzlich sind ex-situ-Verfahren wirksamer als in-situ-Verfahren, im Gegenzug sind die ex-situ-Verfahren aber in aller Regel auch wesentlich teurer. In Abhängigkeit von Topographie, Erschließung, Bebauung und Nutzung eines Grundstückes sind in manchen Fällen jedoch nur in-situ-Verfahren anwendbar.

Beispiel: Unter einem Gebäude ist das Erdreich zum Teil verschmutzt. Hier wird nur eine in-situ-Dekontamination in Frage kommen, es sei denn, dass Gebäude soll abgerissen und das Erdreich ausgehoben werden.

Auch an Dekontaminationsmaßnahmen steht mittlerweile eine große Auswahl zur Verfügung. Eine Unterscheidung ist beispielhaft in Abb. II 60 dargestellt.

11.4.1.3.3 Schutz- und Beschränkungsmaßnahmen

Neben den zuvor genannten Sanierungsmaßnahmen existieren auch Schutz- und Beschränkungsmaßnahmen. Sie stellen lediglich eine Alternative dar. § 4 (3) BBodSchG sieht ihre Anwendung vor, wenn der Einsatz von Sicherungs- bzw. Dekontaminationsnahmen nicht möglich, oder aber nicht zumutbar ist. Gem. § 2 (8) BBodSchG handelt es sich bei ihnen um sonstige Maßnahmen, die Gefahren, erhebliche Nachteile oder erhebliche Belästigungen für den Einzelnen oder die Allgemeinheit verhindern oder vermindern, insbesondere Nutzungsbeschränkungen.

Gegenüber den Sanierungsmaßnahmen nach § 2 (7) Nr. 1 und Nr. 2 BBodSchG wird das Gefährdungspotential einer Altlast oder schädlichen Bodenveränderung nicht reduziert, sondern bleibt

---

[196] Vgl. Martinetz, C./Martinetz, D. (1999), S. 28

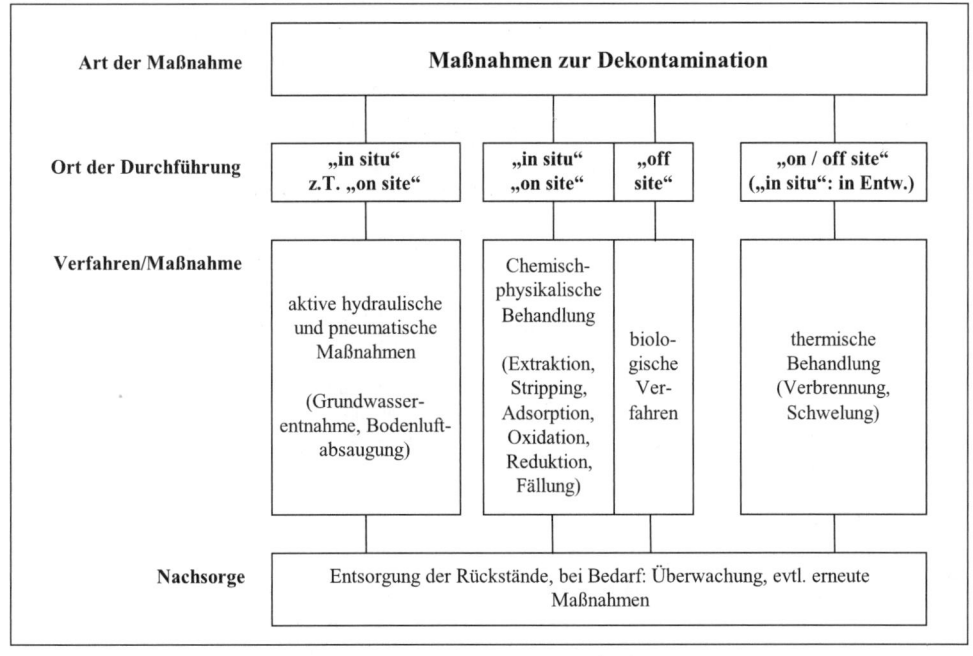

Art der Maßnahme	**Maßnahmen zur Dekontamination**			
Ort der Durchführung	„in situ" z.T. „on site"	„in situ" „on site"	„off site"	„on / off site" („in situ": in Entw.)
Verfahren/Maßnahme	aktive hydraulische und pneumatische Maßnahmen (Grundwasserentnahme, Bodenluftabsaugung)	Chemisch-physikalische Behandlung (Extraktion, Stripping, Adsorption, Oxidation, Reduktion, Fällung)	biologische Verfahren	thermische Behandlung (Verbrennung, Schwelung)
Nachsorge	Entsorgung der Rückstände, bei Bedarf: Überwachung, evtl. erneute Maßnahmen			

Abb. II 60: Dekontaminationsmaßnahmen

vollständig erhalten. Lediglich die Auswirkungen der Schadstoffe auf den Menschen und die Umwelt werden verhindert oder verringert. Dementsprechend handelt es sich hier nicht um eine „wirkliche" Sanierung. Aus diesem Grund sollten Schutz- und Beschränkungsmaßnahmen nur als „letztes Mittel" in Betracht gezogen werden, beispielsweise wenn andere Maßnahmen technisch nicht möglich sind oder das Verhältnis von Kosten und Nutzen unrentabel ist.[197]

Typische Schutz- und Beschränkungsmaßnahmen veranschaulicht die Abb. II 61.

11.4.1.4 Ergebniskontrolle

Um der Pflicht der Gefahrenabwehr gem. § 4 (3) BBodSchG nachzukommen und zu gewährleisten, dass von einer Altlast oder schädlichen Bodenveränderung keine Gefahren, Nachteile oder Belästigungen ausgehen, ist es wichtig, den Erfolg der Sanierung nach Abschluss der Maßnahmen, aber auch während deren Durchführung, zu überprüfen. Gemäß Anhang 3 der BBodSchV sind diese Kontrollmaßnahmen bereits im Sanierungsplan darzustellen. Die Überwachung kann entweder durch die zuständige Behörde oder durch den Sanierungspflichtigen selbst im Rahmen der Eigenkontrolle, § 15 (1,2) BBodSchG, erfolgen. Wird eine Eigenkontrolle durch den Verpflichteten vorgenommen, kann die zuständige Behörde auf Grundlage von § 15 (2) BBodSchG die Einbindung eines Sachverständigen nach § 18 BBodSchG verlangen, um einen optimalen Verlauf sicherzustellen.

Im Zusammenhang mit der Überwachung im Rahmen der Altlastensanierung soll noch kurz auf die Begriffe Sanierungserfolg und Monitoring eingegangen werden. Der Nachweis einer erfolgreichen Sanierung wird erteilt, wenn die Sanierung komplett abgeschlossen und die schädliche Bodenveränderung oder Altlast beseitigt ist. Dieses ist meistens bei einer vollständigen Dekontamination der

---

[197] Vgl. Versteyl, L./Sondermann, W. (2002), S. 93 f.

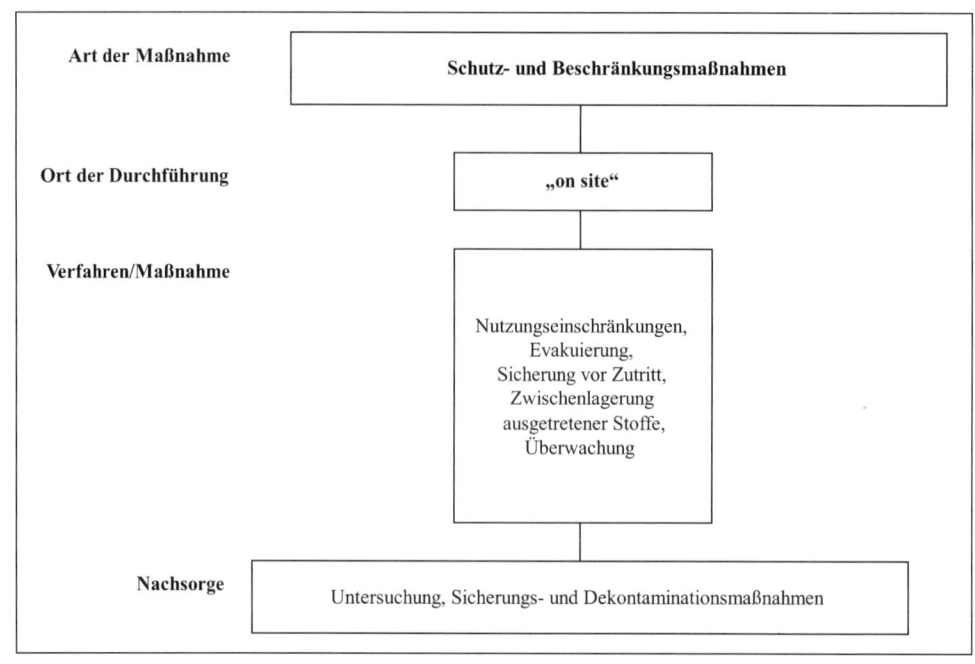

Art der Maßnahme	Schutz- und Beschränkungsmaßnahmen	
Ort der Durchführung	„on site"	
Verfahren/Maßnahme	Nutzungseinschränkungen, Evakuierung, Sicherung vor Zutritt, Zwischenlagerung ausgetretener Stoffe, Überwachung	
Nachsorge	Untersuchung, Sicherungs- und Dekontaminationsmaßnahmen	

Abb. II 61: Schutz- und Beschränkungsmaßnahmen

Fall. Erfolgt hingegen eine Sicherung, ist deren ständige Wirksamkeit fortlaufend nachzuweisen. Diese kontinuierliche Kontrolle wird als Monitoring bezeichnet.[198]

Der nachgewiesene Erfolg bzw. das Monitoring haben einen besonderen Stellenwert. So dienen sie einerseits dem Sanierungspflichtigen zur Dokumentation, dass er seiner Sanierungspflicht nachgekommen ist, andererseits kann das ausführende Unternehmen belegen, dass es seine vertragsgemäße Leistung erbracht hat. Nicht zuletzt gibt es allen Beteiligten die nötige Planungs- und Rechtssicherheit.

Nachdem die verschiedenen Arten von Altlasten, ihre Entstehung, Erkennung, Untersuchung, Bewertung und Sanierung erläutert wurden, soll jetzt noch auf haftungsrechtliche Belange und die Kosten eingegangen werden. Gerade für die Immobilienwirtschaft spielen sie eine wichtige Rolle. Im Rahmen von Transaktionen (Miet-, Kaufverträge, Projektentwicklung etc.) und dem damit verbundenen Vertragsmanagement muss Klarheit über Sanierungsverantwortlichkeit, Haftungsverhältnisse und Kostenträgerschaft herrschen, damit Verträge „sauber" abgewickelt werden können und eine solide Kalkulation möglich ist. Deshalb stehen diese Punkte im Mittelpunkt des folgenden Kapitels.

---

[198] Vgl. Bihler, M. et al. (2001), S. 223

11.4.2 Sanierungsverantwortlichkeit, Haftungsverhältnisse und Kostenträgerschaft

11.4.2.1 Sanierungsverantwortlichkeit

In der Praxis ist eine der wichtigsten Fragen in Bezug auf die Durchführung einer Untersuchungs- oder Sanierungsmaßnahme regelmäßig die nach den kostenverpflichteten Verantwortlichen. Das BBodSchG legt in § 4 (3) und (6) abschließend den Adressatenkreis fest, der für eine Sanierungsverfügung in Betracht kommt. Nach § 4 (3) und (6) BBodSchG können bei Vorliegen einer schädlichen Bodenveränderung oder Altlast folgende Adressaten zu einer Sanierung herangezogen werden: Der Verursacher (sog. Handlungsstörer, § 4 (3) S. 1, 1. Alt. BBodSchG), der Gesamtrechtsnachfolger des Verursachers (§ 4 (3) S. 1, 2. Alt.), der Grundstückseigentümer (sog. Zustandsstörer, § 4 (3) S. 1, 3. Alt. BBodSchG) der frühere Grundstückseigentümer (sog. Nachhaftung des Eigentümers, § 4 (6) BBodSchG), der Inhaber der tatsächlichen Gewalt (sog. Zustandsstörer, § 4 (3) S. 1, 4. Alt. BBodSchG), derjenige der aus handels- oder gesellschaftsrechtlichem Rechtsgrund für eine juristische Person einzustehen hat (sog. gesellschaftsrechtliche Durchgriffshaftung, § 4 (3) S. 4 BBodSchG) sowie derjenige, der das Eigentum an dem Grundstück aufgibt (sog. Dereliktion, § 4 (3) S. 4 a. E. BBodSchG).

11.4.2.1.1 Verhaltensverantwortlicher/Handlungsstörer

Als Verhaltensverantwortlicher oder so genannter Handlungsstörer wird derjenige bezeichnet, der eine Gefahr, d. h. hier eine schädliche Bodenveränderung oder Altlast durch sein Tun oder Unterlassen, unmittelbar verursacht. Die Verhaltenshaftung ist verschuldensunabhängig. Das Risiko der Nichterkennbarkeit der Gefährlichkeit des eigenen Handelns geht damit zu Lasten des Verursachers. Den Verhaltensverantwortlichen trifft nach § 4 (3) S. 1, 1. Alt. BBodSchG eine Sanierungsverpflichtung. Auch wenn das belastete Grundstück nicht mehr im Eigentum des Verursachers der Verunreinigung steht, wird dieser als Verursacher angesehen. Als Beispiele seien ehemals als Industriestandorte genutzte Grundstücke oder Tankstellen genannt. Schwieriger ist die Frage nach dem Verantwortlichen bei ehemaligen Abfallablagerungen (Deponien). Wird hier neben dem früheren Betreiber der Deponie ebenfalls der Abfalltransporteur oder der Abfallerzeuger als Verursacher benannt? Wie die Rechtsprechung zeigt, kann i. d. R. nur der frühere Betreiber der Deponie zur Rechenschaft gezogen werden.[199]

11.4.2.1.2 Der Gesamtrechtsnachfolger des Handlungsstörers

Als Gesamtrechtsnachfolger des Verursachers haften der Erbe oder ein Unternehmen nach einer Verschmelzung, Spaltung oder Umwandlung.

11.4.2.1.3 Zustandsverantwortlicher/Zustandsstörer

Gehen von einem Grundstück aufgrund einer Kontamination Gefahren für die Umwelt aus, so können behördliche Maßnahmen gegen den Grundstückseigentümer oder den Besitzer gerichtet werden (§ 4 (3) S. 1, 3. Alt BBodSchG). Das klassische Polizeirecht nimmt eine Zustandsverantwortlichkeit für die verunreinigten Flächen gegen o. g. Personen an, – ebenso wie bei der Verhaltensverantwortlichkeit – die nicht nach dem Verschulden und der Verursachung fragt. Der Grundstückseigentümer/

---

[199] Vgl. Knoche, J. P. (2001), S. 47 ff.

```
                    ┌──────────────────────────────────┐
                    │   Sanierungsverantwortlichkeit   │
                    └──────────────────────────────────┘
                           │                    │
                           ▼                    ▼
                    ┌──────────────┐     ┌──────────────┐
                    │ Verhaltens-  │     │  Zustands-   │
                    │verantwortlich│     │verantwortlich│
                    │keit          │     │keit          │
                    │(Handlungs-   │     │(Zustands-    │
                    │ störer)      │     │  störer)     │
                    └──────────────┘     └──────────────┘
                           │                    │
                           ▼                    ▼
                    ┌──────────────┐     ┌──────────────────┐
                    │Verursachung  │     │Gefahr aufgrund   │
                    │von Gefahren  │     │bestehender       │
                    │aufgrund von  │     │Kontaminationen,  │
                    │Tun oder      │     │keine Frage nach  │
                    │Unterlassen   │     │Verursachung      │
                    └──────────────┘     └──────────────────┘
```

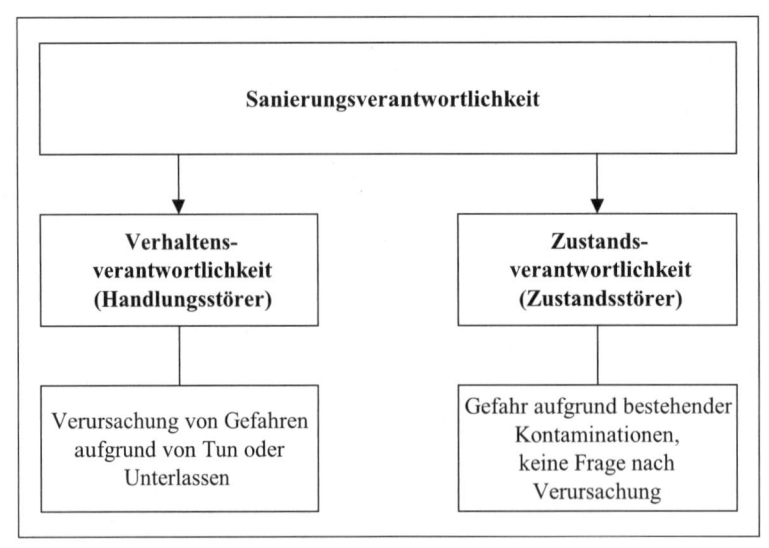

Abb. II 62: Arten der Sanierungsverantwortlichkeit

Besitzer haftet somit auch für Einwirkungen, die durch Natur- oder Kriegsereignisse hervorgerufen wurden. Eine Ausnahme besteht jedoch für eine bloße Grundwasserverunreinigung, für die der Eigentümer/Besitzer nicht verantwortlich gemacht werden kann, da der Zugriff auf das Grundwasser nicht vom Grundeigentum erfasst ist. Ist das Grundwasser jedoch durch das über ihm liegende Erdreich verschmutzt, so haftet der Eigentümer/Besitzer.[200]

Somit ist der Zustandsstörer, wie oben erläutert, polizeirechtlich grundsätzlich zeitlich unbegrenzt und in voller Höhe haftbar. Die Rechtsprechung des BVerfG hat der unbegrenzten Haftung des Zustandsstörers jedoch durch den Beschluss vom 16.02.2000 Grenzen gesetzt. Hiernach muss die Haftung des Zustandsstörers im Einzelfall auf das zumutbare Maß beschränkt werden. Im Grundsatz ist die Inanspruchnahme des Zustandsstörers auf den Verkehrswert des sanierungsbedürftigen Grundstücks begrenzt. Übersteigen die Sanierungskosten den Verkehrswert, kann der Eigentümer nur dann zulässigerweise über den Verkehrswert hinaus in Anspruch genommen werden, wenn er beim Erwerb des Grundstücks die vorhandene Altlast bewusst in Kauf nahm oder wenn er eine nicht bekannte Kontamination fahrlässig übersehen hat. Eine unbegrenzte Inanspruchnahme des Zustandsstörers ist aber auch in diesem Fall nicht möglich. Die absolute Grenze bildet der Wert des mit dem Grundstück in einem funktonalen Zusammenhang stehenden sonstigen Vermögens des Eigentümers.

11.4.2.1.4 Der frühere Grundstückseigentümer

Nach § 4 (6) S. 1 BBodSchG haftet bei Veräußerungen nach dem 01.03.1999 gleichwohl jeder frühere Eigentümer, der eine Verunreinigung des Grundstücks kannte oder zumindest kennen musste. Nach § 4 (6) S. 2 BBodSchG soll dies allerdings für denjenigen nicht gelten, der beim Erwerb des Grundstücks nachweislich auf die Altlastenfreiheit vertraut hat und sein Vertrauen unter Berücksichtigung der Umstände des Einzelfalls schutzwürdig ist.

---

[200] Vgl. Knopp, L./Albrecht, E. (1998), S. 43 f.

11.4.2.1.5 Der Inhaber der tatsächlichen Gewalt

Auch der Inhaber der tatsächlichen Gewalt, d. h. im Wesentlichen der Mieter und Pächter ist gemäß § 4 (3) S. 1, 4. Alt. BBodschG zur Sanierung verpflichtet.

11.4.2.1.6 Durchgriffshaftung nach Handels- und Gesellschaftsrecht

Nach § 4 (3) S. 4 BBodSchG ist zur Sanierung auch verpflichtet, wer aus handels- oder gesellschaftsrechtlichem Rechtsgrund für eine juristische Person einzustehen hat, der ein Grundstück, das mit einer schädlichen Bodenveränderung oder Altlast belastet ist, gehört. Die Haftungsregelung zielt vor allem auf die Fälle der Unterkapitalisierung oder der qualifizierten Konzernabhängigkeit ab.

11.4.2.1.7 Haftung nach Eigentumsaufgabe

§ 4 (3) S. 4 a. E. BBodSchG stellt klar, dass ein Eigentümer sich der Haftung nicht dadurch entziehen kann, dass er das Eigentum am kontaminierten Grundstück aufgibt.

11.4.2.2 Zivilrechtliche Haftung

11.4.2.2.1 Verschuldenshaftung

Mit Hilfe zivilrechtlicher Anspruchsgrundlagen können Grundstückseigentümer, deren Grundstücke mit Altlasten belastet sind, vom Verursacher der Altlast Schadensersatz fordern. Als Rechtsgrundlage kommt hier insbesondere § 823 BGB in Betracht. Danach ist derjenige einem anderen zum Ersatz des entstandenen Schadens verpflichtet, welcher vorsätzlich oder fahrlässig das Leben, den Körper, die Gesundheit, die Freiheit, das Eigentum oder ein sonstiges Recht eines anderen widerrechtlich verletzt. Grundsätzlich muss der Geschädigte einen individuellen Schadensnachweis erbringen, was häufig schon große Schwierigkeiten bereiten kann. Problematisch ist auch der Nachweis, dass eine Handlung zu einem Schaden geführt hat. Zum Beispiel kann die Erbringung des Nachweises, dass eine widerrechtliche Ablagerung zur Verschmutzung des Gartenteichs und dadurch zu negativen Folgen für die darin lebenden Fische führt, sehr schwierig sein. Zudem setzt die Haftung nach § 823 BGB ein Verschulden voraus, dessen Vorliegen grundsätzlich der Geschädigte zu beweisen hat. Der Schädiger muss entweder vorsätzlich oder fahrlässig gehandelt haben.

Ein Schadensersatzanspruch aus unerlaubter Handlung verjährt nach drei Jahren ab Kenntnis des Schadens und des Schädigers; unabhängig von dieser Kenntnis nach 10 Jahren.

11.4.2.2.2 Gefährdungshaftung nach § 89 WHG

Der § 89 Wasserhaushaltsgesetz (WHG) regelt die „Haftung für Änderung der Beschaffenheit des Wassers". Die Gefährdungshaftung gilt laut § 1 (1) WHG für alle Gewässer, d. h. alle oberirdischen Gewässer, Küstengewässer und das Grundwasser, für die Altlasten vielfach eine Gefahr darstellen. Bei § 89 WHG kommt es nicht wie bei § 823 (1) BGB auf die Verletzung eines Rechts oder Rechtsguts oder den Verstoß gegen ein Schutzgesetz an. Diese Haftungsnorm weist v. a. auf Vermögensschäden hin. Die Rechtsprechung schränkt den Kreis der Ersatzberechtigten ein. Hiernach sind nur die Wassernutzungsberechtigten ersatzberechtigt, die durch die Verschlechterung der Wasserqualität geschädigt wurden.[201] § 89 WHG regelt zwei unterschiedliche Haftungsformen:

---

[201] Vgl. Knoche, J. P. (2001), S. 216

Handlungshaftung: § 89 (1) WHG sieht als Grundtatbestand der Gefährdungshaftung ein Einbringen, Einleiten oder Einwirken von Stoffen in oder auf ein Gewässer. Die bloße Verursachung genügt nicht, um haftbar gemacht zu werden. Grundsätzlich muss eine Handlung gezielt geschehen.

Anlagenhaftung: Die Anlagenhaftung ist in § 89 (2) WHG geregelt. Die Form der Haftung greift, wenn aus einer Anlage (alle Anlagen, aus denen Altlasten im weitesten Sinne hervorgehen können) Stoffe ohne Einleitung oder Einbringung, also auch ungewollt oder zufällig, in ein Gewässer gelangen und dies verschmutzen. Entsteht dadurch einem anderen ein Schaden, so ist der Betreiber der Anlage demjenigen zum Ersatz des Schadens verpflichtet. Ebenfalls müssen sog. Rettungskosten erstattet werden. Darunter werden diejenigen Kosten verstanden, die zur Abwendung eines sicher bevorstehenden Gewässerschadens erforderlich waren. In diesem Zusammenhang sei der Tankauflieger-Fall genannt. Nach dem Umkippen eines Tanklastzuges mussten 1.500 m² Erdreich ausgehoben werden, um das Eindringen von 7.000 l Äthylacetat in das Grundwasser zu verhindern. Der Bundesgerichtshof entschied, dass die Kosten für die Maßnahme als Schadensersatz zu erstatten waren, obwohl ein Schaden noch gar nicht eingetreten war. Die bloße Gefahr für das Grundwasser reichte schon aus.[202]

11.4.2.2.3 Nachbarrechtliche Ansprüche

I.d.R. betreffen Altlasten nur das Grundstück, auf dem sie auch ins Erdreich gelangt sind. In einzelnen Fällen können jedoch auch benachbarte Grundstücke betroffen sein, die durch eine Verschmutzung geschädigt wurden. Hier treten dann nachbarrechtliche Ausgleichsansprüche auf. Wesentliche Anspruchsgrundlage ist in diesem Zusammenhang § 906 (2) S. 2 BGB.

Der nachbarrechtliche Ausgleichsanspruch nach § 906 (2) S. 2 BGB ist ein verschuldensunabhängiger, auf angemessene Entschädigung in Geld und nicht auf Schadensersatz gerichteter Anspruch. § 906 (2) BGB besagt, dass der Eigentümer eines Grundstücks vom Besitzer des Nachbargrundstücks einen Anspruch auf Ausgleich in Geld hat, wenn dieser durch eine verschmutzende Einwirkung die Benutzung oder den Ertrag des Grundstücks über das zumutbare Maß, also wesentlich, beeinträchtigt und der Grundstückseigentümer dies dulden muss.

Bei Verunreinigungen, die durch Altlasten (bspw. Grobimmissionen wie Bleiklumpen) verursacht wurden, besteht im Regelfall keine Verpflichtung zur Duldung. Demzufolge scheidet ein Anspruch aus § 906 (2) S. 2 BGB aus. Allerdings greift in jedem Fall der Beseitigungs- und Unterlassungsanspruch nach § 1004 (1) BGB. Des Weiteren ist ein Schadensersatzanspruch gemäß § 823 BGB in Betracht zu ziehen.

11.4.2.2.4 Vertragliche Beziehungen

Kaufverträge: Sind Altlasten des Grundstücks bereits bei Abschluss des Kaufvertrages den Parteien bekannt, kann dies im Kaufvertrag angemessen berücksichtigt werden. Werden Altlasten hingegen erst nach Kaufvertragsabschluss, aber noch vor Gefahrübergang bekannt, besteht die Möglichkeit, zur Anfechtung des Kaufvertrags gem. § 119 (2) BGB. Nach erfolgtem Gefahrübergang stehen dem Käufer Gewährleistungsansprüche zu. Vorhandene Altlasten des Grundstücks werden in der Regel einen Sachmangel gem. § 434 BGB darstellen. Ist das Grundstück mangelhaft, so hat der Käufer grundsätzlich zuerst Mängelbeseitigung zu verlangen (§ 437 Nr. 1, 439 BGB). Als weitere Ansprüche kommen der Rücktritt vom Vertrag (§§ 437 Nr. 2, 440, 323, 326 (5) BGB), eine Minderung des Kaufpreises (§§ 437 Nr. 2, 441 BGB), Schadensersatz (§§ 437 Nr. 3, 440, 280, 281,

---

[202] Vgl. Kothe, P. (2000), S. 176

283, 311a BGB) oder der Ersatz vergeblicher Aufwendungen (§§ 437 Nr. 3, 284 BGB) in Betracht. Waren dem Verkäufer die bestehenden Altlasten oder auch nur ein Altlastenverdacht bekannt und hat er den Käufer hierüber nicht aufgeklärt, kommt neben den Gewährleistungsrechten auch eine Anfechtung des Kaufvertrags wegen arglistiger Täuschung in Betracht (§ 123 (1) BGB).

Gebrauchsüberlassungsverträge: Diese Art von Verträgen bezeichnen z. B. Mietverträge. Von zentraler Bedeutung ist hierbei die kurze Verjährungsfrist von sechs Monaten (§ 548 BGB). Der Gesetzgeber bezweckt mit dieser kurzen Verjährungsfrist eine rasche Auseinandersetzung der Parteien.

11.4.3 Steuerliche Behandlung von Altlasten

Getätigte Sanierungsaufwendungen werden nach den allgemein gültigen Regeln für die Behandlung betrieblicher Aufwendungen steuerlich geltend gemacht. Bei einer dauernden Wertminderung verweist der Bundesfinanzhof mit seinem Urteil vom 19.10.1993 auf die Möglichkeit der Teilwertabschreibung (vgl. § 6 (1) Nr. 2 S. 2 EStG). Näher erläutert werden sollen Rückstellungen für Altlastensanierungen (i. S. v. ungewissen Verbindlichkeiten). Eine Rückstellung darf in diesem Zusammenhang nur gebildet werden, wenn Verbindlichkeiten durch Altlasten bestehen oder die Wahrscheinlichkeit gegeben ist, dass welche entstehen, dass die wirtschaftliche Verursachung vor dem Bilanzstichtag liegt und dass die ernsthafte Möglichkeit der Inanspruchnahme des Schuldners besteht. Rückstellungen für Altlastensanierungen dürfen nicht gebildet werden, wenn zum Zeitpunkt der Bilanzaufstellung Hinweise fehlen, dass die Behörden von dem betreffenden Altlastenschaden wissen oder in näherer Zukunft erfahren und der Verantwortliche deshalb ernsthaft mit einer Inanspruchnahme rechnen muss. Problematisch wird dieser Sachverhalt, wenn die Notwendigkeit einer zeitnahen Altlastensanierung seitens des Eigentümers besteht und diese Tatsache durch Gutachten belegt werden kann, die Behörden jedoch noch nicht tätig geworden sind. Diese Problematik trägt das Bundesland Baden-Württemberg mit der Einheitsbewertung des Grundvermögens bei Bodenverunreinigungen nach dem Erlass des Finanzministeriums Baden-Württemberg vom 9.2.1998 Rechnung. Danach kann eine Ermäßigung des Grundstückswerts auch erst bei o. g. Sachverhalt vorgenommen werden, jedoch kommt eine Ermäßigung auch dann in Betracht, wenn der Betroffene die Bodenkontamination und die dadurch entstehenden und entstandenen Beeinträchtigungen durch ein von einem Sachverständigen durchgeführtes Gutachten belegt und mit einer Prüfung durch die zuständige Ordnungsbehörde einverstanden ist.[203]

11.4.4 Bewertung der Altlast

Nach § 194 BauGB bemisst sich der Verkehrswert nach den rechtlichen Begebenheiten und (den) tatsächlichen Eigenschaften des Grundstücks. § 4 (2) ImmoWertV stellt klar, dass zu den tatsächlichen Eigenschaften auch „weitere Merkmale" und damit schädliche Bodenveränderungen (§ 6 (5) ImmoWertV) zählen, worunter die Altlasten fallen. In diesem Zusammenhang kommt der – im Altlastenrecht zentralen – Frage Bedeutung zu, wer die Kosten für eine Altlastensanierung trägt, d. h. wer der Sanierungsverpflichtete ist. Werden die Kosten nämlich nicht vom Eigentümer oder dem Erwerber des Grundstücks getragen – weil bspw. ein Dritter die Kontaminationen verursacht hat und damit als Handlungsstörer zur Kostentragung verpflichtet ist –, so werden evtl. Wertminderungen weitgehend durch die Kosten gefangen, die der Dritte zu tragen hat. In der Frage

---

[203] Vgl. Kothe, P. (2000), S. 189 f.

nach dem Sanierungsverantwortlichen liegt i.d.R. das Problem bei der Verkehrswertermittlung kontaminierter Flächen.

Abb. II 63 zeigt die Vorgehensweise zur Ermittlung des Verkehrswerts/Marktwerts eines kontaminierten Grundstücks.

Im Extremfall kann der Verkehrswert eines belasteten Grundstücks auch null sein.

Da Grund und Boden und Gebäude eines Grundstücks sozusagen eine Schicksalsgemeinschaft bilden, kann sich bei einer Nutzungseinschränkung des Grundstücks durch Altlasten auch eine Einschränkung der Nutzung der Gebäude ergeben. Somit mindert sich der Verkehrswert eines Gebäudes bei z.B. einer Unbewohnbarkeit entsprechend. Diese Wertminderung kann hier erst durch eine Dekontamination des Bodens rückgängig gemacht werden.[204]

```
┌─────────────────────────────────┐
│   Vergleichspreis / Bodenpreis  │
│     eines nicht kontaminierten  │
│           Grundstücks           │
└─────────────────────────────────┘
              =
┌─────────────────────────────────┐
│           Grundlage:            │
│       Fiktiver Bodenwert        │
│    eines nicht kontaminierten   │
│           Grundstücks           │
└─────────────────────────────────┘
              −
┌─────────────────────────────────┐
│           Kosten für:           │
│         − Erfassung             │
│     − Gefährdungsabschätzung    │
│       − Sanierungsmaßnahmen     │
│         − Überwachung           │
└─────────────────────────────────┘
              =
┌─────────────────────────────────┐
│          Bodenwert              │
│   des kontaminierten Grundstücks│
└─────────────────────────────────┘
              −
┌─────────────────────────────────┐
│      Merkantiler Minderwert     │
└─────────────────────────────────┘
              =
┌─────────────────────────────────┐
│          Verkehrswert           │
└─────────────────────────────────┘
```

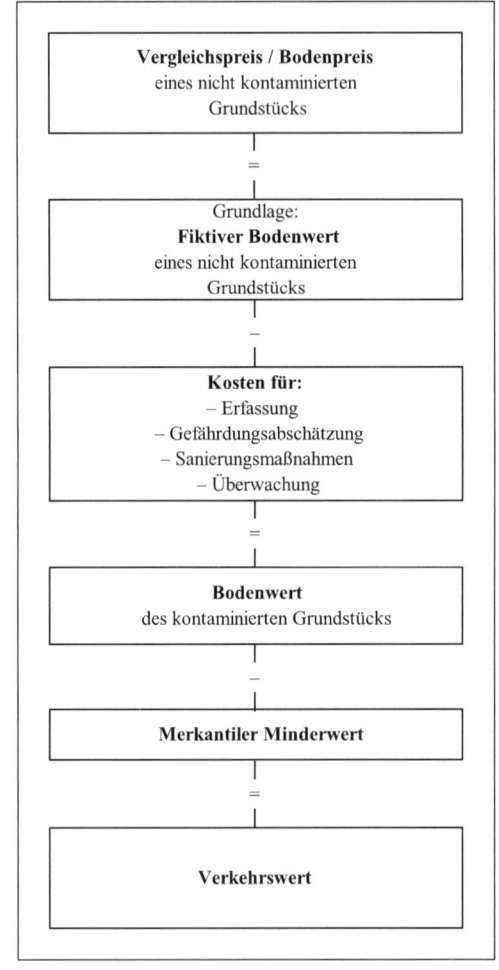

Abb. II 63: Verkehrswertermittlung eines kontaminierten Grundstücks (unbebaut)[205]

---

[204] Vgl. ebenda, S. 537 f.
[205] In Anlehnung an: Kleiber, W./Simon, J./Weyers, G. (2010), S. 877

11.4.5 Finanzierungsmodelle

Häufig übersteigen die durch eine Altlastensanierung auftretenden Kosten bei weitem die Finanzkraft der Verantwortlichen. Dazu zählen nicht nur Privatpersonen, sondern auch die Kommunen als Deponiebetreiber. Ist ein Verantwortlicher nicht mehr greifbar oder nicht ausreichend finanzkräftig und kann auch sonst kein Verantwortlicher herangezogen werden, so treffen die Kosten der Ersatzvornahme die öffentlichen Haushalte. Grundsätzlich stehen Regelungsmöglichkeiten des Bundes, der Länder und alternative Finanzierungsmöglichkeiten zur Verfügung.

Auf Bundesebene stehen Ansätze zur Finanzierung wie Technologieförderung, Städtebauförderung und Förderung von Infrastrukturinvestitionen zur Verfügung. Eine einheitliche Finanzierungsmöglichkeit gibt es jedoch nicht. Als Grundlage kämen hier Steuern in Betracht, mit deren Hilfe Mittel für Altlastensanierungen aufgebracht werden könnten. Auf Länderebene (in den alten Bundesländern) wurden verschiedene Modelle entwickelt (Kooperationsmodelle, Lizenzgebühren, Abgaben und Fondsmodelle).[206] Zum Beispiel erfolgt in Hessen die Finanzierung über eine Fonds- und Abgabenlösung bei Sonderabfall. In Bayern besteht seit 1989 die „Gesellschaft zur Altlastensanierung in Bayern mbH" (GAB). Diese privatwirtschaftliche Gesellschaft beruht auf einer freiwilligen Kooperation mit der Industrie und übernimmt die gewerblich-industrielle Altlastensanierung bei Zahlungsunfähigkeit des Verantwortlichen. Außerdem existiert in Bayern ein Altlastenfonds, aus dem durch Sanierungskosten gefährdete Unternehmen zinsgünstige Darlehen aufnehmen können. In Hannover wird aus den Einnahmen der Müllgebühren Geld für ein Sonderprogramm der Altlastensanierung bereitgestellt. In den neuen Bundesländern werden mit dem Umweltrahmengesetz (URG) in begründeten Fällen Grundstücksbesitzer und -erwerber von der Verantwortung von vor dem 01.07.1990 verursachten Schäden befreit.[207]

Aufgrund der angespannten Finanzsituation der öffentlichen Haushalte müssen neue Lösungsmöglichkeiten zur Finanzierung von Altlastensanierungen in Betracht gezogen werden. Beispielsweise können beim Grundstücksfondsmodell belastete Grundstücke erworben und mit Hilfe der Kommunen ein Nutzungs- und Sanierungskonzept entwickelt werden. Nach der Sanierung werden die Flächen vermarktet.[208]

12 Denkmalschutz

12.1 Grundlagen

12.1.1 Denkmalbegriff

Eine einheitliche Definition des Denkmalbegriffs gibt es nicht. Jedes deutsche Bundesland hat seine eigenen Gesetze, die zum Teil stark voneinander abweichen. Grundsätzlich hängt die Denkmaleigenschaft aber davon ab, ob ein öffentliches Erhaltungsinteresse aus geschichtlichen, künstlerischen, städtebaulichen, wissenschaftlichen oder volkskundigen Gründen besteht.[209] Denkmäler werden in

---

[206] Vgl. Knopp, L./Albrecht, E. (1998), S. 60
[207] Vgl. ebenda, S. 60 ff.
[208] Vgl. ebenda, S. 63
[209] Vgl. Falk, B. (2004), S. 199

den Landesgesetzen unter anderem unterteilt in Bodendenkmäler, Baudenkmäler und bewegliche Denkmäler. Einige Länder unterteilen den Denkmalgegenstand in noch andere Gruppen, jedoch decken die o.g. das Spektrum weitestgehend ab.

Bodendenkmäler sind bewegliche oder unbewegliche Denkmäler, die sich im Boden befinden oder befanden und in der Regel aus vor- oder frühgeschichtlicher Zeit stammen (z. B. Münzen, Keramik, Grabstellen, Reste von Befestigungsanlagen).

Baudenkmäler bestehen aus baulichen Anlagen oder aus Teilen baulicher Anlagen sowie deren Zubehör und Ausstattung, soweit diese mit der Hauptsache eine Einheit bilden. Eine besondere Form der Baudenkmäler ist das so genannte Ensemble, eine Mehrheit baulicher Anlagen (z. B. eine Burg- oder Klosteranlage, ein Straßenzug, eine Häuserreihe). Diese kann als Gesamtheit unter Schutz gestellt werden, auch wenn nicht alle Teile des Bereichs Denkmäler sind. Es muss jedoch jeder einzelne Bestandteil seinen erhaltenswerten Beitrag zur Schutzwürdigkeit des Ensembles leisten.

Bewegliche Denkmäler sind alle nicht ortsfesten Denkmäler.

Ebenso können Park- und Gartenanlagen unter Schutz gestellt werden. Auch die Umgebung von Denkmälern ist in einigen Bundesländern Teil des Baudenkmals. In allen Ländern ist die Veränderung der Umgebung von Baudenkmälern ebenso genehmigungspflichtig wie die Veränderung des Denkmals selbst. Nahezu überall ist mit dem Baudenkmal dessen historische Ausstattung bzw. Zubehör geschützt. Hierzu zählen beispielsweise Gemälde, Möbel, Skulpturen, Kirchenbänke.[210]

Um die später erläuterten Denkmalschutzgesetze anwenden zu können, ist es notwendig, die ständig auftauchenden Begriffe Denkmalschutz und Denkmalpflege zu definieren. Denkmalschutz bezeichnet alle Verwaltungsakte bzw. hoheitliche Maßnahmen, deren Ziel die Erhaltung von Denkmälern ist, also deren Genehmigung, ihre Versagung, Anordnungen und Verfügungen mit Eingriffscharakter etc. Denkmalpflege hat die Erhaltung von Denkmälern zum Ziel. Diese Handlungen und Maßnahmen sind nicht hoheitlich, werden also nicht nur von den Behörden ausgeführt, sondern auch von den Eigentümern. Unter die Denkmalpflege fallen z. B. Handlungen, die zur Instandsetzung oder Pflege eines Denkmals dienen oder die Beratung und Unterstützung der Denkmaleigentümer.[211]

12.1.2 Zuständige Behörden

Grundsätzlich sind für die Durchsetzung und Organisation des Denkmalschutzes und der Denkmalpflege die Länder zuständig. Allerdings können diese die Aufgaben auch den Kommunen und Landkreisen übertragen. Dies geschieht in den meisten Fällen. Somit sind die Länder und Kommunen mit unterschiedlichen Aufgabenstellungen für den Denkmalschutz und die Denkmalpflege verantwortlich.

Wie oben erwähnt, wird zwischen Denkmalschutz und Denkmalpflege unterschieden. Vereinfacht werden alle hoheitlichen Aufgaben von den Denkmalschutzbehörden, alle wissenschaftlichen Aufgaben von den Denkmalfachbehörden bearbeitet. Die Denkmalschutzbehörden sind meist in Oberste, Obere oder Mittlere und Untere Denkmalschutzbehörden untergliedert. In einigen Bundesländern und Stadtstaaten fehlt zum Teil die Mittelinstanz.

Die Oberste Denkmalschutzbehörde ist i. d. R. das jeweilige Wissenschaftsministerium. Dessen Aufgaben sind u. a. die rechtliche Regelung von Grundsatzfragen, die Beaufsichtigung der nach-

---

[210] Vgl. Kleeberg, R./Eberl, W. (2001), S. 75 ff.
[211] Vgl. ebenda, S. 43

12 Denkmalschutz

```
                    ┌─────────────────────────┐
                    │ Denkmalschutzbehörden   │
                    │    und deren Aufgaben   │
                    └─────────────────────────┘
                              │
                ┌─────────────┴─────────────┐
                │                           │
    ┌───────────────────────┐   ┌───────────────────────┐
    │  Hoheitliche Aufgaben │   │  Wissenschaftliche    │
    │                       │   │      Aufgaben         │
    └───────────────────────┘   └───────────────────────┘
         │         │         │             │
    ┌────────┐ ┌────────┐ ┌────────┐   ┌──────────┐
    │Oberste │ │ Obere/ │ │ Untere │   │Denkmal-  │
    │        │ │Mittlere│ │        │   │fachbe-   │
    │        │ │        │ │        │   │hörden    │
    └────────┘ └────────┘ └────────┘   └──────────┘
```

Oberste	Obere / Mittlere	Untere	Denkmalfachbehörden
– Rechtliche Regelung von Grundsatzfragen – Beaufsichtigung der nachfolgenden Behörden – etc.	Bundeslandabhängig meistens aber – Haushaltsrechtliche Abwicklung der Beihilfen – Überwachung der Unteren Behörde – etc.	– Ausführung der Denkmalschutzgesetze – Information – Prävention – Vollzug – etc.	– Denkmalpflege – Unterstützung der Denkmaleigentümer – Führung der Denkmalverzeichnisse – wissenschaftliche Untersuchungen – etc.

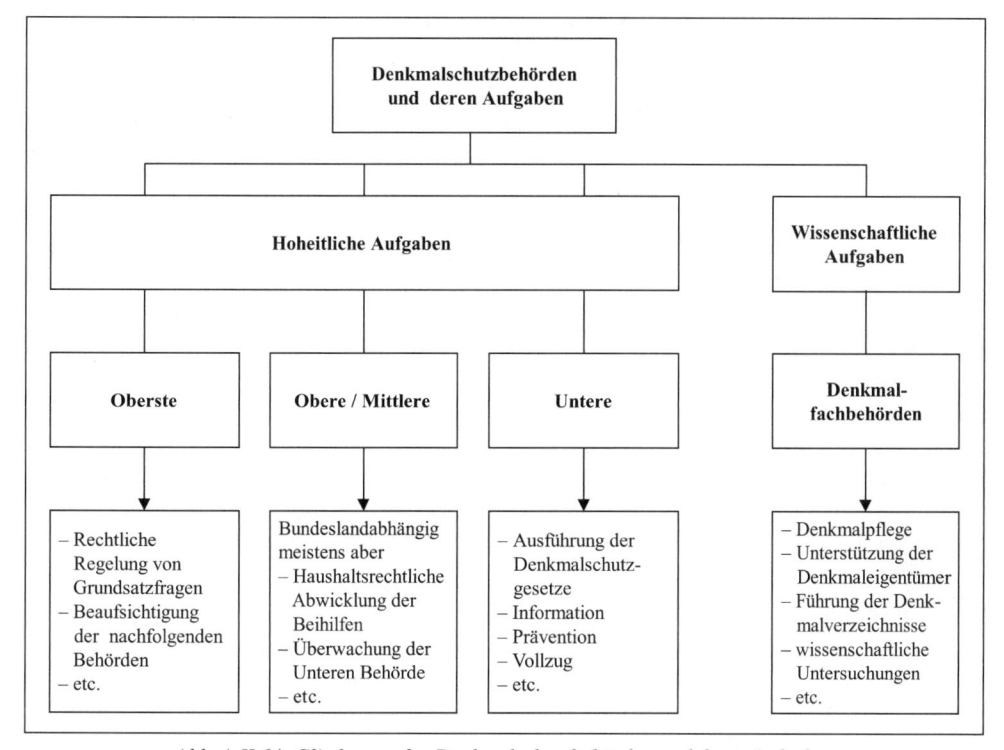

Abb. A II 64: Gliederung der Denkmalschutzbehörden und deren Aufgaben

geordneten Denkmalschutzbehörden und die Regelung von Unstimmigkeiten zwischen Denkmalschutz- und Denkmalfachbehörde.

Die Obere bzw. Mittlere Denkmalschutzbehörde ist meistens das Regierungspräsidium. Deren Aufgaben sind in den einzelnen Bundesländern sehr unterschiedlich. Zumeist haben sie aber die Untere Denkmalschutzbehörde zu überwachen und die Gewährung von Zuschüssen und Beihilfen haushaltsrechtlich abzuwickeln.

Die Untere Denkmalschutzbehörde ist grundsätzlich die ausführende Kraft für die Denkmalschutzgesetze, außer wenn für bestimmte Aufgaben andere Regelungen getroffen wurden. Ihr Tätigkeitsfeld ist im Groben die Information (z.B. Beratung), Prävention (z.B. Prüfung von Anträgen, Erteilung von Genehmigungen) und der Vollzug (z.B. Überwachung des Bestandes, Kontrolle der Genehmigungen).

Die Denkmalfachbehörde ist für die Denkmalpflege verantwortlich. Deren Aufgaben sind in den Denkmalschutzgesetzen klar geregelt. Zu ihrem Aufgabenbereich zählt beispielsweise die Feststellung der Denkmaleigenschaft, Unterstützung der Eigentümer und Besitzer von Denkmälern in Fragen der Pflege, Instandhaltung und -setzung, Führung der Denkmalinventare, wissenschaftliche Untersuchung der Kulturdenkmäler usw.

Außer den Behörden gibt es in Deutschland weitere Institutionen, die sich mit dem Denkmalschutz beschäftigen. Beispiele hierfür sind länderübergreifende Institutionen wie das Deutsche Nationalkomitee für Denkmalschutz, verschiedene Stiftungen usw.[212]

---

[212] Vgl. Seehausen, K.-R. (2000), S. 45 ff.

12.2 Denkmalschutzrecht

12.2.1 Bau- und Planungsrecht

Nicht nur die Denkmalschutzgesetze enthalten Bestimmungen zum Schutz der Denkmäler. Auch andere Bundes- und Ländergesetze befassen sich mit dem Denkmalschutz. Alle zusammen verbinden sich zu einem weit gespannten System zur Erhaltung der Denkmäler.[213]

Bestimmungen zum Denkmalschutz befinden sich im Baugesetzbuch (BauGB) und den Landesgesetzen.

Das BauGB regelt das allgemeine und das besondere Städtebaurecht, die Länder regeln über die Landesbauordnungen das Bauordnungsrecht.

Das allgemeine Städtebaurecht regelt u. a. die Bauleitplanung, die Zulässigkeit von Bauvorhaben, Enteignung, Erschließung und Maßnahmen für den Naturschutz. Darüber hinaus bildet es im Rahmen des besonderen Städtebaurechts die gesetzliche Grundlage u. a. für städtebauliche Sanierungsmaßnahmen und Wertermittlung. Die Belange des Denkmalschutzes und der Denkmalpflege sind bei der Bauleitplanung, d. h. der Aufstellung von Flächennutzungsplänen und Bebauungsplänen zu berücksichtigen.

In § 1 (6) Nr. 5 BauGB ist geregelt:

„Bei der Aufstellung der Bauleitpläne sind insbesondere zu berücksichtigen die Belange der Baukultur, des Denkmalschutzes und der Denkmalpflege, die erhaltenswerten Ortsteile, Straßen und Plätze von geschichtlicher, künstlerischer oder städtebaulicher Bedeutung und die Gestaltung des Orts- und Landschaftsbildes."

Das Bauordnungsrecht enthält Regelungen zur Errichtung, Änderung und dem Abbruch baulicher Anlagen. Die Landesbauordnungen bestimmen die Umsetzung des Bauordnungsrechts. U. a. enthalten diese Vorschriften zu Bauantrag und Baugenehmigung, zu Baulasten und zu Baueinstellung und Nutzungsuntersagung.

12.2.2 Denkmalschutzgesetze

Die Denkmalschutzgesetze befassen sich ausschließlich und unmittelbar mit den Denkmälern.

Wie bereits erwähnt, existiert kein einheitliches Denkmalschutzgesetz für das ganze Bundesgebiet. Jedes Bundesland hat sein eigenes Denkmalschutzgesetz. Unter den Gesetzen der Länder gibt es zum Teil erhebliche Abweichungen. Und das nicht nur bei unterschiedlichen Begrifflichkeiten, Behördenbezeichnungen oder Details, sondern ebenfalls bei Grundgedanken. Diese Tatsache resultiert aus Art. 70 GG. Hiernach untersteht der Denkmalschutz ebenso wie das Bauordnungsrecht der Gesetzgebungskompetenz der Länder.[214]

Als Beispiel für die Abweichungen sollen die unterschiedlichen Denkmalbezeichnungen genannt werden, wie sie in den verschiedenen Denkmalschutzgesetzen der Bundesländer vorkommen: Kulturdenkmal, Denkmal, Baudenkmal, unbewegliches Denkmal, bewegliches Denkmal, Bodendenkmal, Gartendenkmal, technisches Denkmal. Für Mehrheiten von Denkmälern sind folgende Begriffe

---

[213] Vgl. Kleeberg, R./Eberl, W. (2001), S. 39
[214] Vgl. Sabary, S. (2002), S. 133

vertreten, die alle im Grunde das Gleiche bezeichnen: Gesamtanlagen, Ensembles, Denkmalbereiche, Gruppen baulicher Anlagen, Denkmalzonen, Denkmalschutzgebiete und Denkmalensembles.

Die rechtlichen Schwerpunkte der Denkmalschutzgesetze sind im Folgenden aufgelistet. Sie sind in nahezu allen Denkmalschutzgesetzen, wenn auch in unterschiedlicher Reihenfolge, anzutreffen:

- Aufgabe des Denkmalschutzes,
- Gegenstand des Denkmalschutzes/Definition der Denkmalbegriffe,
- Organisation des Denkmalschutzes/Behörden/Zuständigkeiten,
- Rechte und Pflichten der Behörden und Eigentümer (inkl. finanzielle Förderungen),
- Verfahren der Eintragung der Denkmäler und Folgen der Eintragung (Pflichten/Schutz etc.),
- Gesamtanlagen von denkmalgeschützten Gebäuden und deren Behandlung,
- Enteignung und Entschädigung (Gründe/Maßnahmen),
- Fund von Kulturdenkmälern und dessen Folgen,
- Ordnungswidrigkeiten und deren Folgen.

12.2.3 Erfassung schutzwürdiger Objekte

Das Gebäude, das nach dem geltenden Denkmalschutzgesetz die Voraussetzungen für die Denkmaleigenschaft erfüllt, ist zweifelsfrei ein Baudenkmal. Würde die Denkmaleigenschaft nirgendwo erfasst, so wäre die Unsicherheit zu groß, dass bei Planungs- und Entscheidungsprozessen und später auch bei der Ausführung von Maßnahmen auf diese Eigenschaft keine Rücksicht genommen würde. Diese Tatsache erklärt die Notwendigkeit einer Erfassung denkmalgeschützter Objekte.

Die Denkmalschutzgesetze der Bundesländer schreiben daher ausnahmslos die Erstellung eines Denkmalverzeichnisses vor, in dem alle geschützten Objekte inventarisiert werden. Die Bezeichnung variiert in den unterschiedlichen Ländern zwischen Denkmalbuch, Denkmalliste und Verzeichnis.[215]

Die Denkmalverzeichnisse erheben aber keinen Anspruch auf Vollständigkeit. So kann es auch Kulturdenkmäler geben, die nicht in einem Verzeichnis geführt sind. Maßgeblich für die Denkmaleigenschaft nach dem geltenden Denkmalschutzgesetz ist also nicht die Eintragung in ein Verzeichnis, sondern die schriftliche Bestätigung der Denkmalfachbehörde.[216]

Es existieren je nach Bundesland zwei verschiedene Methoden für die Führung einer Denkmalliste: die konstitutive und die deklaratorische Liste, wobei die deklaratorische Liste die verbreitetere darstellt. Beide gehen von unterschiedlichen rechtlichen Positionen aus und haben deshalb auch unterschiedliche Verwaltungsakte zur Folge.

Die konstitutive Liste geht davon aus, dass die Bestimmungen des Denkmalschutzgesetzes erst mit Eintragung des zu schützenden Objekts in das Denkmalverzeichnis bindend sind. Diese Verfahrensweise wird auch das Eintragungsprinzip genannt.[217]

Bei der deklaratorischen Liste hat die Eintragung in das Denkmalverzeichnis keine unmittelbare rechtliche Wirkung, sondern nur eine deklaratorische Bedeutung. D.h., dass alle denkmalschutzrechtlichen Bestimmungen vom In-Kraft-Treten des Gesetzes an auf alle baulichen Anlagen Anwendung finden, die die Denkmaleigenschaft erfüllen. Grundsätzlich müssen dazu die Denkmäler aber nicht in ein Verzeichnis eingetragen sein.

---

[215] Vgl. Kleeberg, R./Eberl, W. (2001), S. 78
[216] Vgl. Seehausen, K.-R. (2000), S. 64 f.
[217] Vgl. Falk, B. (2004), S. 198

Der Vorteil des deklaratorischen Verfahrens liegt darin, dass nicht wie beim konstitutiven Verfahren dem Schutz eines Denkmals lange Verwaltungsakte vorausgehen. Allerdings schafft das konstitutive Verfahren größere Rechtsklarheit und es muss nicht, wie beim deklaratorischen Verfahren möglich, ein einstweiliger Schutz für einzelne Objekte geschaffen werden.[218]

Der Prüfung der Denkmaleigenschaft und der späteren Aufnahme in das Denkmalverzeichnis geht ein Antrag auf Eintragung voraus. Antragsberechtigt sind je nach Bundesland meist Eigentümer und Gemeinden. Über die Aufnahme entscheidet die Denkmalfachbehörde. Nachbarn, Heimatvereine und unbeteiligte Dritte sind i. d. R. nicht antragsberechtigt, auch wenn sie Interesse am Schutz des jeweiligen Objekts haben.[219]

12.3 Rechte und Pflichten der Gemeinden und Eigentümer

12.3.1 Notwendigkeit der Denkmalpflege

Baudenkmäler sind Immobilien, somit stets mit einem Grundstück verbunden und dadurch auch den Verhältnissen am Standort und den ständigen Veränderungen der dortigen Umwelt unterworfen, ebenso wie dem Engagement und Interesse des Eigentümers am Zustand seines Baudenkmals. Diese zwei Gegebenheiten können das Weiterleben oder den Zustand des Baudenkmals gefährden. Ebenso können unsachgemäßer Umgang oder ungeeignete Nutzungsvorstellungen das Baudenkmal oder Teile davon unwiderruflich auslöschen.[220]

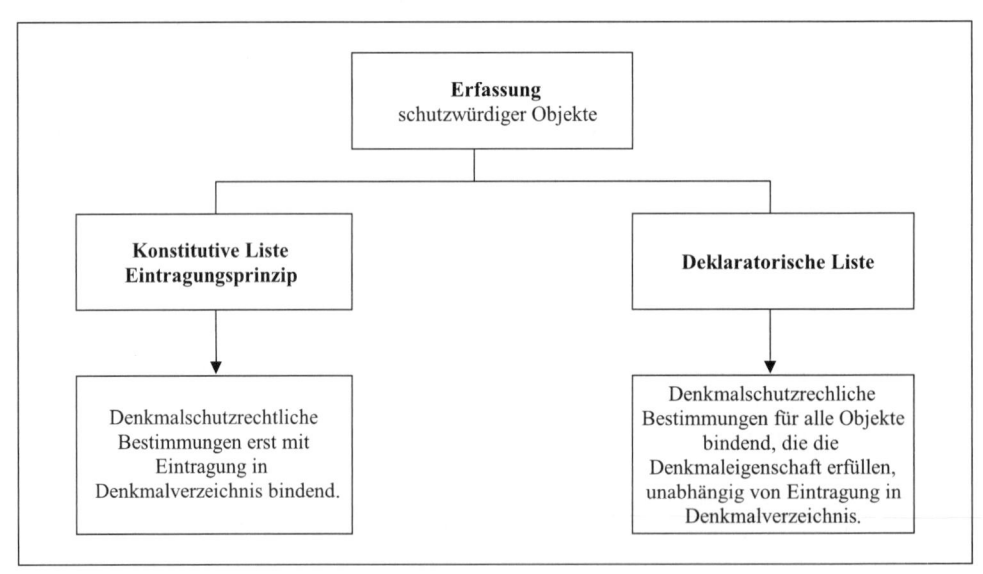

Abb. II 65: Erfassung schutzwürdiger Objekte

---

[218] Vgl. Kleeberg, R./Eberl, W. (2001), S. 78
[219] Vgl. Seehausen, K.-R. (2000), S. 65
[220] Vgl. Fischer, M.F./Kleeberg, R./Viebrock, J. (2000), S. 9

Aus diesem Grund müssen Behörden in öffentlichem Interesse sämtliche Denkmäler erfassen, inventarisieren und kontrollieren, ob deren sachgemäßer Zustand erhalten wird. Deshalb sind die Eigentümer gesetzlich verpflichtet, in einem gewissen zumutbaren Rahmen die Denkmaleigenschaft der Gebäude zu erhalten oder instand zu setzen. Dies muss auch bei Umbau-, Anbau- oder Neubaumaßnahmen kontrolliert und genehmigt werden. Im Folgenden werden die Rechte und Pflichten der Gemeinden und Eigentümer erläutert.

12.3.2 Rechte und Pflichten der Gemeinden

Länder und Gemeinden sind nach den Landesverfassungen dazu verpflichtet, gemeinsam Denkmäler zu schützen und zu pflegen. Allerdings wird in den Denkmalschutzgesetzen der Staat für den Denkmalschutz und die Gemeinden hauptsächlich für die Denkmalpflege verantwortlich gemacht. Auf Basis der Selbstverwaltung der Gemeinden haben diese einerseits ihre eigenen Kulturdenkmäler zu erhalten, andererseits die zugunsten der Denkmalpflege anfallenden Aufgaben der Selbstverwaltung wie z. B. „Planungshoheit, Stadtbildpflege, städtebauliche Denkmalpflege, Sanierungsförderung, Beihilfen und Öffentlichkeitsarbeit" zu bearbeiten und Inventarlisten zusammenzustellen.[221] Ebenso gehört es zu deren Pflicht, zur Erfüllung dieser Aufgaben Mittel im Haushalt zur Verfügung zu stellen.

Aufgrund der Planungshoheit der Gemeinden ergeben sich weitere Aufgaben in Bezug auf die Anweisungen des BauGBs und der Landesbauordnung. Danach sind bei der Aufstellung der Bauleitpläne die Gestaltung und Erhaltung der Ortsteile, Bauten, Straßen und Plätze mit kulturell wertvollem Charakter zu berücksichtigen. Diese Aufgaben schließen die denkmalpflegerischen Belange mit ein und stellen sicher, dass Baudenkmäler geschützt und erhalten bleiben.

Durch das Bauordnungsrecht i. V. m. dem Kommunalverfassungsrecht haben die Gemeinden die Möglichkeit zum Erlass von z. B. Ortsgestaltungssatzungen und über deren Aufnahme in Bebauungspläne ein Mitspracherecht bei der Gestaltung des örtlichen Denkmalschutzes (vgl. hierzu auch § 9 (4) BauGB, danach können die Länder auf Landesrecht beruhende Regelungen in den Bebauungsplan als Festsetzung aufnehmen).

Die Gemeinden haben mit diesen dargestellten Rechten zahlreiche Möglichkeiten, Denkmalschutz und Denkmalpflege zu leiten, zu fördern und zu gestalten.[222]

12.3.3 Rechte und Pflichten der Eigentümer

Die Denkmalschutzgesetze verbinden die Interessen der Eigentümer auf freie Verwertung ihres Besitzes mit den Interessen der Allgemeinheit auf Schutz und Erhaltung von Kulturdenkmälern. Dies räumt beiden Seiten Rechte, aber auch Pflichten ein. Der Eigentümer ist zur Mitarbeit im Rahmen seiner Möglichkeiten verpflichtet.[223]

Der Eigentümer ist nicht dazu berechtigt, sein Baudenkmal eigenhändig instand zu setzen und zu verändern. Dies muss erst beantragt und von der zuständigen Behörde genehmigt werden. Grundsätzlich haben alle Eigentümer eine Erhaltungs- und Instandsetzungspflicht des denkmalgeschützten Gutes. Ist ihm dies objektiv nicht zumutbar, kann er Förderung durch die öffentliche

---

[221] Vgl. Seehausen, K.-R. (2000), S. 56
[222] Vgl. ebenda, S. 57 f.
[223] Vgl. Art. 14 GG Inhalt und Schranken des Eigentums

Hand beantragen. Des Weiteren muss er dem Baudenkmal eine angemessene Nutzung zuführen, die Beschädigungen ausschließt. Ebenfalls ist der Eigentümer verpflichtet, Behördenvertretern nach vorheriger Terminabsprache Zugang zu seinem Eigentum zu verschaffen. Es besteht ebenso eine Mitteilungspflicht bei einem Wechsel des Eigentümers. Kommt ein Eigentümer diesen Verpflichtungen nicht nach, so können im öffentlichen Interesse alle Möglichkeiten des Verwaltungsvollzugs bis hin zur Enteignung ausgeführt werden.

Institutionen, die im weiteren Sinne die „Allgemeinheit" vertreten, werden besondere Rechte zugestanden. Zu diesen Institutionen gehören beispielsweise Gebietskörperschaften und Kirchen. Sie unterliegen nicht der Zumutbarkeitsklausel und müssen eigenverantwortlich die Auflagen des Denkmalschutzes beachten.[224]

12.3.4 Zumutbarkeit denkmalpflegerischer Forderungen und Entschädigung

In nahezu allen Denkmalschutzgesetzen ist die Erhaltungspflicht durch eine Zumutbarkeitsklausel begrenzt. Danach sind „Anordnungen, die auf unzumutbare Leistungen gerichtet sind (…), rechtswidrig".[225] Die Zumutbarkeit erhaltender denkmalpflegerischer Forderungen wird gemessen, indem die voraussichtlichen Investitions- und Bewirtschaftungskosten der von der Gemeinde geforderten Maßnahme mit den potentiellen Nutzungserträgen verglichen werden. Werden die Kosten der Erhaltung und Bewirtschaftung für das Objekt nicht nachhaltig durch Erträge aus dessen Nutzung aufgewogen, so gilt die Maßnahme als unzumutbar. Allerdings sind auch eventuell in Anspruch genommene Förderungen aus öffentlichen Mitteln oder geltend gemachte steuerliche Vorteile mit einzurechnen.[226] Liegt eine Unzumutbarkeit für den Eigentümer vor, so sind die unzumutbaren Mehrkosten von der öffentlichen Hand zu tragen.[227]

Sollte der Eigentümer nicht die Möglichkeit haben, das Denkmal in seiner bisherigen oder anderen zulässigen Form zu erhalten und zu nutzen, oder ist es ihm wirtschaftlich oder finanziell nicht möglich, das Denkmal zu behalten, so kann er eine Übernahme durch die Gemeinde verlangen.[228]

Sollte ein Eigentümer eines Baudenkmals durch eine von der Gemeinde geforderte Maßnahme oder durch die Unterschutzstellung seines bisher nicht denkmalgeschützten Gebäudes seinen Besitz nicht mehr wirtschaftlich zumutbar nutzen können, so kann er, wie oben erwähnt, die Übernahme durch die Gemeinde gegen eine angemessene Entschädigung verlangen.[229] Allerdings ist gesetzlich nicht geregelt, wann die Grenze zum wirtschaftlich Unzumutbaren überschritten ist bzw. wann die Wertminderung durch den Denkmalschutz so hoch ist, dass sie als unzumutbar gilt.[230] Der Bundesgerichtshof hat in einem Urteil vom 08.06.1978 dort eine Grenze gezogen, wo der Eigentümer beim Verkauf des denkmalgeschützten Objekts, um sich von den hohen Kosten zu befreien, einen Verkaufspreis hinnehmen muss, der lediglich ca. „zwei Drittel des Verkehrswerts des unbebauten Grund und Bodens ausmacht". Die Entschädigungspflicht wird ausgelöst, wenn diese, allerdings nicht konkret definierte Zumutbarkeitsgrenze überschritten wird.[231]

---

[224] Vgl. Seehausen, K.-R. (2000), S. 59 ff.
[225] Kleeberg, R./Eberl, W. (2001), S. 104
[226] Vgl. Falk, B. (2004), S. 199
[227] Vgl. Seehausen, K.-R. (2000), S. 75
[228] Vgl. Falk, B. (2004), a.a.O.
[229] Vgl. Seehausen, K.-R. (2000), S. 77
[230] Vgl. Falk, B. (2004), S. 200
[231] Vgl. Kleiber, W./Simon, J./Weyers, G. (2010), S. 2351

12.4 Finanzielle Förderung bei denkmalgeschützten Bauwerken

Jeder Eigentümer oder Besitzer von einem denkmalgeschütztem Gut ist verpflichtet, dieses zugunsten der Allgemeinheit zu erhalten, instand zu setzen und zu pflegen. Dies geht meistens über den normalen finanziellen Aufwand für ein nicht denkmalgeschütztes Gut hinaus. Aus diesem Grund hat sich die öffentliche Hand im Denkmalschutzgesetz verpflichtet, den Eigentümer oder Besitzer im Rahmen dieser Mehrleistung zu unterstützen. Auf diese Unterstützung hat der Begünstigte rechtlichen Anspruch, unabhängig von seinem privaten Vermögen. Allerdings wird nicht der komplette Mehraufwand für die Denkmalpflege vom Staat vergütet, sondern nur der Teil, der über einen gewissen zumutbaren Rahmen hinausgeht. Gesetzlich ist allerdings nicht angegeben, wie hoch diese Förderung sein soll. Vielmehr wird von Fall zu Fall entschieden, wie viel dem Antragsteller zusteht.

Grundsätzlich stehen zwei Wege der Förderung zur Verfügung, die direkte und die indirekte Förderung, welche im Folgenden kurz erläutert werden sollen.[232]

12.4.1 Direkte Förderung – Zuschüsse und Beihilfen

Der Etat für direkte Förderungen sowie die an die Förderung geknüpften Bedingungen werden in jedem Haushaltsjahr neu festgelegt. Aus diesem Grund ist eine Aufstellung aller direkten Fördermöglichkeiten ausgeschlossen. Bei Interesse sind diese aber bei den zuständigen Behörden zu erfragen.

Da die Fördermöglichkeiten von Bundesland zu Bundesland variieren können, werden im Folgenden die des Bundeslandes Baden-Württemberg exemplarisch dargestellt. Grundlage ist hier die Verwaltungsvorschrift des Innenministeriums für die Gewährung von Zuwendungen zur Erhaltung und Pflege von Kulturdenkmälern vom 01.01.1987 i.d.F. vom 26.04.2005:[233]

In Baden-Württemberg werden grundsätzlich diejenigen Aufwendungen an Kulturdenkmälern gefördert, die aus denkmalpflegerischen Gründen notwendig sind und den üblichen Aufwand bei vergleichbaren, nicht denkmalgeschützten Gebäuden übersteigen.

Der Regelfördersatz beträgt bei privaten Eigentümern, Besitzern oder Bauunterhaltungspflichtigen 50 %, bei Kommunen und Kirchen 33,3 % der förderungsfähigen Kosten. Zuständig ist das Landesdenkmalamt.

Zu beachten ist, dass die Maßnahme vor Antragsstellung mit der zuständigen Behörde abgestimmt werden muss. Die Anträge sind bis zum 01. Oktober eines Jahres einzureichen. Über die Förderung wird im Folgejahr entschieden. Es besteht kein Anspruch auf Förderung. Diese erfolgt im Rahmen der zur Verfügung stehenden Haushaltsmittel.

Grundsätzlich muss in jedem Bundesland bei den Zuschüssen und Beihilfen Folgendes beachtet werden:[234]

- Zuschüsse und Beihilfen sind voll einkommensteuerpflichtig.
- Sie können nur ausgezahlt werden, wenn vor deren Genehmigung und vor Zustellung des Bewilligungsbescheides nicht mit der Maßnahme begonnen wurde.
- Maßnahmen dürfen nur gefördert werden, wenn sie öffentlich-rechtlich genehmigt sind.

---

[232] Vgl. Seehausen, K.-R. (2000), S. 161
[233] Vgl. Innenministerium Baden-Württemberg (2005)
[234] Vgl. Seehausen, K.-R. (2000), S. 163

- Die Investitionssumme muss nachgewiesen werden. An dieser bemisst sich die Höhe der bewilligten Förderung. Wird die Investitionssumme überschritten, erhöht sich der Förderbetrag nicht. Wird sie unterschritten, kürzt sich der Förderbetrag anteilsmäßig.
- Die Bewilligung einer Förderung kann mit bestimmten Auflagen versehen werden, die über die Forderungen der öffentlich-rechtlichen Genehmigungen hinausgehen. Werden diese Auflagen nicht beachtet, darf der Förderbetrag nicht ausbezahlt werden.

12.4.2 Indirekte Förderung – Steuerliche Vergünstigungen

Steuerliche Vergünstigungen sind beim Denkmalschutz regelmäßig Steuerabschreibungen und -befreiungen. Absetzbar sind nur die Baukosten, die objektiv aufgewandt werden müssen, um ein Kulturdenkmal zu erhalten. Nicht absetzbar sind überdurchschnittliche Ausstattung und Aufwendungen für den Kauf. Die Höhe der Absetzung ist von der Investitionssumme und den Einkommensverhältnissen des Antragstellers abhängig.

Die meisten Möglichkeiten der Minderung der Steuerschuld aufgrund von Aufwendungen für Baudenkmäler bietet das Einkommensteuergesetz. Außerdem bieten Grundsteuer, Erbschaft- und Schenkungsteuer und Umsatzsteuer weitere Möglichkeiten der indirekten Förderung. Des Weiteren kann eine Einheitsbewertung angesetzt werden. Diese verschiedenen Möglichkeiten der derzeitigen Förderung sollen im Folgenden dargestellt werden.

12.4.2.1 Einkommensteuer

Bei der Einkommensteuer sehen §§ 7i, 10f., 10 g und 11b EStG Vergünstigungen vor:

§ 7i EStG begünstigt Herstellungskosten bei Baudenkmälern, die zu Einkünften führen (z.B. Vermietung und Verpachtung, Gewerbebetrieb, freie Berufe). Gemäß § 7i (1) S. 1 EStG kann der Herstellungsaufwand im Jahr der Herstellung und in den folgenden sieben Jahren jeweils bis zu 9 % und in den folgenden vier Jahren jeweils bis zu 7 % abgesetzt werden.

Bei Baudenkmälern, die der Einkommenserzielung dienen, kann des Weiteren gemäß § 1 b EStG der Erhaltungsaufwand gleichmäßig zwischen zwei bis fünf Jahre verteilt werden.

Bei eigenbewohnten Baudenkmälern können Aufwendungen, die zu Herstellungskosten führen, im Jahr des Abschlusses der Baumaßnahme und in den folgenden neun Jahren jeweils bis zu 9 % wie Sonderausgaben abgezogen werden (vgl. § 10f. EStG). Gleiches gilt für Aufwendungen, die als Erhaltungsaufwand zu qualifizieren sind.

Wird ein Baudenkmal weder selbst bewohnt noch dient es der Einkunftserzielung, können gemäß § 10 g EStG Aufwendungen, die zu Herstellungskosten führen, über 10 Jahre verteilt werden bis zu 9 % wie Sonderausgaben abgesetzt werden, wenn die Baudenkmäler der Allgemeinheit oder der öffentlichen Forschung zugänglich gemacht werden.

Zu beachten ist, dass die Baumaßnahmen vor Beginn mit den Denkmalschutzbehörden abgestimmt sein müssen. Diese bestätigt durch eine sog. Denkmalschutzbescheinigung für die Finanzbehörde die Denkmaleigenschaft des Grundstücks und die Erforderlichkeit der Erhaltungsaufwendungen (Instandsetzungs- und Modernisierungsaufwendungen).

12.4.2.2 Grundsteuer

Laut § 32 (1) Grundsteuergesetz (GrStG) ist die Grundsteuer bei Kulturgütern und Grünanlagen unter bestimmten Voraussetzungen zu erlassen. Danach kann laut Nr. 1 für denkmalgeschützte

Gebäude oder Teile davon die Grundsteuer erlassen werden, wenn der jährliche Rohertrag i. d. R. unter den jährlichen Kosten liegt. Bei denkmalgeschützten Park- und Gartenanlagen müssen diese zusätzlich die Voraussetzung erfüllen, öffentlich zugänglich zu sein.

Laut § 32 (2) GrStG wird der Rohertrag bei nicht denkmalgeschützten Gebäuden, deren Räume durch „Gegenstände von wissenschaftlicher, künstlerischer oder geschichtlicher Bedeutung, insbesondere Sammlungen oder Bibliotheken, dem Zweck der Forschung oder Volksbildung nutzbar gemacht sind, durch die Benutzung zu den genannten Zwecken nachhaltig gemindert", so ist von der Grundsteuer der Prozentsatz abzuziehen, um den der jährliche Rohertrag gemindert ist. Allerdings muss die Denkmaleigenschaft der untergebrachten Gegenstände von der Landesregierung oder der von ihr beauftragten Stelle anerkannt sein.

12.4.2.3 Erbschaft- und Schenkungsteuer

Der § 13 (2) Erbschaft- und Schenkungsteuergesetz (ErbStG) regelt die volle oder teilweise Steuerbefreiung in dieser Steuerart. Nach § 13 (2a) ErbStG sind 60 % von Bau- und sonstigen Denkmälern von der Erbschaft- und Schenkungsteuer befreit, wenn sie die Denkmaleigenschaft erfüllen, ihre Erhaltung also in öffentlichem Interesse liegt, die jährlichen Kosten i. d. R. die jährlichen Einnahmen übersteigen und die geschützten Güter der Forschung und Volksbildung zugänglich sind.

Nach § 14 (2b) ErbStG sind denkmalgeschützte Güter voll von der Erbschaft- und Schenkungsteuer befreit, wenn sie die Voraussetzungen des Abs. (2a) erfüllen und darüber hinaus der Steuerpflichtige bereit ist, die Gegenstände den geltenden Bestimmungen der Denkmalpflege zu unterstellen (Abs. (2a.aa)). Eine ebenfalls volle Steuerbefreiung erlangen Gegenstände, die seit mindestens 20 Jahren in Familienbesitz oder in das Verzeichnis national wertvoller Kulturgüter oder Archive eingetragen sind (Abs. (2a.bb)).

Sollten die Denkmäler innerhalb von zehn Jahren nach Schenkung oder Vererbung veräußert werden oder die Voraussetzung für die Steuerbefreiung fällt innerhalb dieses Zeitraumes weg, so entfällt die Steuerbefreiung für die Vergangenheit.

Eine weitere Vergünstigung besteht bei der Umsatzsteuer. Nach § 4 Nr. 20a UStG sind Umsätze der öffentlichen Hand steuerfrei, wenn sie sich auf die Einrichtungen „Denkmäler der Bau- und Gartenkunst" beziehen. Wenn Denkmäler der Bau- und Gartenbaukunst anderer Unternehmen die gleichen kulturellen Aufgaben erfüllen wie die der öffentlichen Hand und dies vom Regierungspräsidium bescheinigt wird, so sind diese Umsätze ebenfalls steuerfrei.

12.4.3 Effizienz der finanziellen Förderungen

Grundsätzlich liegt die Hauptlast erhaltender denkmalpflegerischer Aufwendungen beim Eigentümer eines Baudenkmals. Einen vollen Ausgleich für die entstehenden Belastungen gibt es i. d. R. nicht. Direkte und indirekte Förderungen durch die öffentliche Hand kommen hier unterstützend hinzu. Sie sollen die durch das Eigentum an einem Denkmal zusätzlich zu erfüllenden Aufgaben der Pflege nicht zu einem finanziellen Nachteil für die Eigentümer werden lassen. Ohne deren finanzielles Engagement bei der Denkmalpflege wären die Denkmalschutzbehörden und die öffentliche Hand nicht in der Lage, alle Aufgaben der Denkmalerhaltung zu erfüllen.

Die direkte öffentliche Förderung in Form von Zuschüssen und Beihilfen wird bei deren Auszahlung dem steuerpflichtigen Einkommen des Begünstigten zugerechnet und muss entsprechend versteuert werden, d. h. ein nicht unerheblicher Teil der Förderung fließt an das Finanzamt weiter.

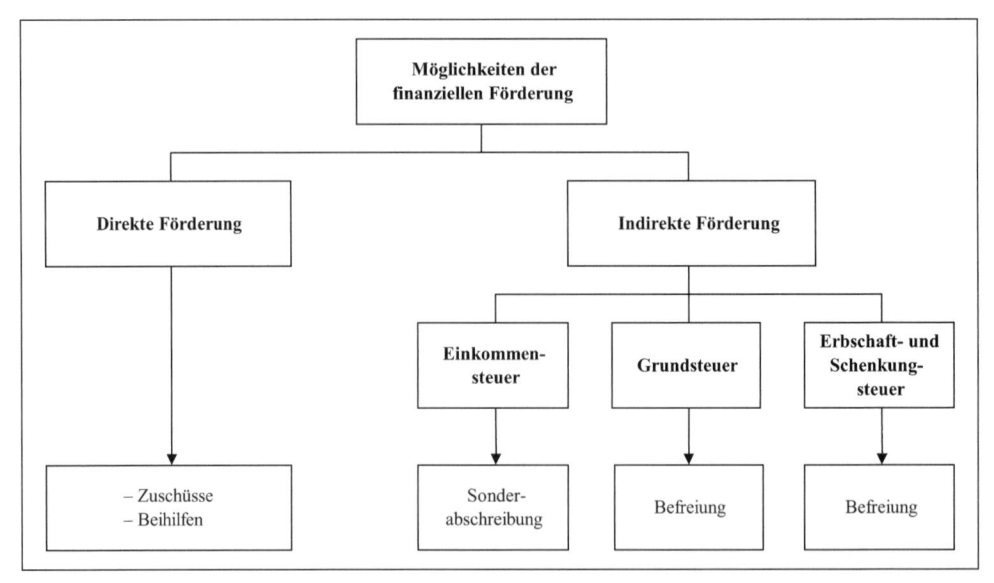

Abb. II 66: Möglichkeiten der finanziellen Förderung für denkmalgeschützte Objekte

Da dies nicht im Sinne der Denkmalpflege steht, wird diese Form der Förderung zumeist nur an solche Denkmaleigentümer gezahlt, die kein steuerpflichtiges Einkommen beziehen. Dem Großteil der Eigentümer wird daher eine indirekte Förderung durch Steuerabschreibungen für Denkmäler empfohlen.

12.5 Auswirkungen auf die Immobilienbewertung

Grundsätzlich ist es möglich, dass sich die Denkmaleigenschaft eines Gebäudes positiv auf dessen Wert auswirken kann. Denkbar ist dies z. B. bei Gastronomiebetrieben in historischen Bauten, die das Ambiente einer Lokalität steigern können. Ebenso kann sich die Denkmaleigenschaft auch wertneutral darstellen.

Im Großteil aller Fälle wirkt sich der Denkmalschutz jedoch wertmindernd auf ein Gebäude aus. Die Eintragung in ein Denkmalverzeichnis stellt eine zulässige öffentlich-rechtliche Beschränkung des Grundeigentums dar, bei der es sich um eine tatsächliche Eigenschaft und rechtliche Gegebenheit des Grundstücks handelt, die nach § 194 BauGB den Verkehrswert eines Objekts beeinflussen kann.

Die Denkmaleigenschaft kann Auswirkungen auf folgende Punkte haben:[235]

- Bodenwert (Nichtausnutzung der sonst zulässigen Bebaubarkeit (GRZ, GFZ), allerdings kann auch eine Übernutzung im Hinblick auf den Bestandsschutz gesichert sein),
- Wert der baulichen Anlagen (Veraltete Bauweisen und Bauformen dürfen nicht verändert werden, z. B. Raumhöhen, Raumgrößen etc.),
- Wert der sonstigen Anlagen (Erhöhter Unterhaltungsaufwand und Pflege von Außenanlagen),

---

[235] Vgl. Kleiber, W./Simon, J./Weyers, G. (2010), S. 2349 f.

- erhöhter Unterhaltungsaufwand,
- Abrissverbot.

Der nur zur Klarstellung sinnvolle Begriff „denkmalgeprägter" Verkehrswert ist erst dann zu verwenden, wenn der Denkmalschutz nach § 194 BauGB Eingang in den Verkehrswert findet. Des Weiteren muss die Annahme vorliegen, dass der Verkehrswert eines mit einem Denkmal bebauten Grundstücks von dem des gleichen Grundstücks ohne Denkmal abweicht, weil auf ihm ein Baudenkmal steht.

Die Minderung des Verkehrswerts eines Grundstücks aufgrund des Denkmalschutzes kann nur bis zur oben erwähnten Zumutbarkeitsschwelle sinken, da ansonsten ein Übernahmeanspruch bzw. Entschädigungsanspruch besteht. Es lassen sich keine allgemein gültigen Regeln aufstellen, wie hoch die Abschläge bei denkmalgeschützten Objekten sein können. Allerdings werden die Beeinträchtigungen nur so hoch sein, wie sie der Eigentümer zumutbar entschädigungslos hinnehmen kann.[236]

Die Auswirkung auf den Verkehrswert wird durch Aufrechnen der objektiven Vor- und Nachteile, die durch den Denkmalschutz entstehen, ermittelt. Vorteile aus dem Denkmalschutz können z. B. direkte und indirekte Förderungen sein. Nachteile können sich u. a. bei erhöhten Instandhaltungs- und Unterhaltungskosten, einer unwirtschaftlichen Bauweise, einem Abbruchverbot oder bei Einschränkungen der freien Verfügungserlaubnis und Nutzungsberechtigung ergeben.

Grundsätzlich muss bei der Wertermittlung entsprechend den Zielsetzungen des Denkmalschutzes, die wirtschaftliche Nutzung von Denkmälern zu erhalten, eine sinnvolle wirtschaftliche Nutzung des Objekts im Vordergrund stehen. Es müssen verschiedene Nutzungsmöglichkeiten diskutiert werden, von denen letztlich diejenige für die Wertermittlung zu wählen ist, die am Markt am wahrscheinlichsten realisiert werden kann und die höchste Rendite verspricht. Sollten mehrere Möglichkeiten mit den gleichen Wahrscheinlichkeiten vorliegen, ist die mit der höchsten Rendite zu wählen.

Grundsätzlich können alle in § 8 Immobilienwertermittlungsverordnung (ImmowertV) genannten Verfahren zur Ermittlung des Verkehrswerts herangezogen werden. I. d. R. erfolgt die Wertermittlung von denkmalgeschützten Gebäuden aufgrund der individuellen Einzelsachverhalte und mangels vergleichbarer Objekte nicht nach dem Vergleichswertverfahren. Allerdings wird der Bodenwert meist nach den Grundsätzen des Vergleichswertverfahrens ermittelt. In Betracht kommen demnach das Sach- und das Ertragswertverfahren, wobei das Ertragswertverfahren im Vordergrund steht.

Von der Anwendung des Sachwertverfahrens kann abgesehen werden. Die Abschläge, die nach § 8 Abs. 3 i. V. m. § 22 ImmowertV abgezogen werden müssten, wären so hoch, dass das Sachwertverfahren als ungeeignet erscheint. Des Weiteren wären die beim Sachwertverfahren anzusetzenden Normalherstellungskosten nicht anzusetzen, da sie den Besonderheiten von Denkmälern nicht Rechnung tragen. Außerdem haben die meisten Baudenkmäler ein so hohes Alter, dass es für sie schlichtweg keine Normalherstellungskosten gibt.[237]

Der Bodenwert von mit denkmalgeschützten Gebäuden bebauten Grundstücken bemisst sich nach der tatsächlich realisierten Nutzung (GFZ) des Grundstücks, auch wenn diese im Falle eines Neubaus baurechtlich nicht mehr zu realisieren wäre. Ließe sich das Gebäude denkmalschutzrechtlich noch erweitern, so ist diese Tatsache zu berücksichtigen.

---

[236] Vgl. ebenda, S. 2351
[237] Vgl. ebenda, S. 2379

$$BW = BW_{real.} + (BW_{zul.} - BW_{real.}) \times \frac{1}{q^n}$$

$BW_{real.}$ = Bodenwert aufgrund realisierter/bestehender Nutzung
$BW_{zul.}$ = Bodenwert aufgrund zulässiger Nutzung
q = Zinsfaktor 1 + p
p = Zinssatz
n = Restnutzungsdauer in Jahren[238]

Als Besonderheit ist zu nennen, dass sich die Ausführungen bzgl. des Bodenwerts lediglich auf die dem Denkmal zugeordnete Grundstücksfläche beziehen.

Die Ermittlung des Ertragswerts erfolgt hier unter Annahme einer unendlichen Restnutzungsdauer. Dies trägt der Tatsache Rechnung, dass es sich bei Baudenkmälern um auf Dauer zu erhaltende Gebäude handelt. Da es sich oft um baulich aufwendige Objekte handelt, aus denen auch erhöhte Bewirtschaftungskosten (vor allem Instandhaltungs- und Instandsetzungskosten oder u. U. auch Modernisierungskosten) resultieren, entstehen daraus folglich wiederum geminderte Erträge.

Die Formel für den Ertragswert lautet nach den §§ 17 ff. ImmoWertV:

$$\text{Ertragswert} = \text{Reinertrag} \times \text{Barwertfaktor} + \frac{\text{Bodenwert}}{q^n}$$

Da eine unendliche Restnutzungsdauer (n → ∞) angenommen wird, kann der Bodenwert vernachlässigt werden, da dieser folglich gegen null geht. Der Ertragswert errechnet sich somit auf Grundlage folgender Formel:

Ertragswert = Reinertrag × Barwertfaktor

Sollte die Restnutzungsdauer allerdings unter 50 Jahren liegen, ist der Bodenwert auf jeden Fall mit einzurechnen, da er einen zu großen Wert darstellt, als dass er vernachlässigt werden könnte.

Der Barwertfaktor setzt sich zusammen aus der Restnutzungsdauer (die hier unendlich ist und somit auf 100 festgesetzt wird) und dem Liegenschaftszinssatz (vgl. hierzu Anlage 1 zu § 20 ImmowertV). Der Liegenschaftszinssatz muss für Grundstücke mit denkmalgeschützter Bebauung gewählt werden. Dieser kann einfach mit folgender Formel berechnet werden:

$$\text{Liegenschaftszinssatz} = \frac{\text{Reinertrag} \times 100}{\text{Kaufpreis}}$$

Die Denkmaleigenschaft kann hingegen nicht als pauschaler Prozentsatz vom ermittelten Wert abgezogen werden, sondern muss differenziert in die beteiligten Größen eingerechnet werden.[239]

Folgende Abb. II 67 soll schematisch das Vorgehen bei der Ertragswertermittlung von Grundstücken mit Baudenkmälern darstellen. Grundlage hierfür ist der § 17 ImmowertV.

---

[238] Vgl. ebenda, S. 2370
[239] Vgl. ebenda, S. 2350 ff.

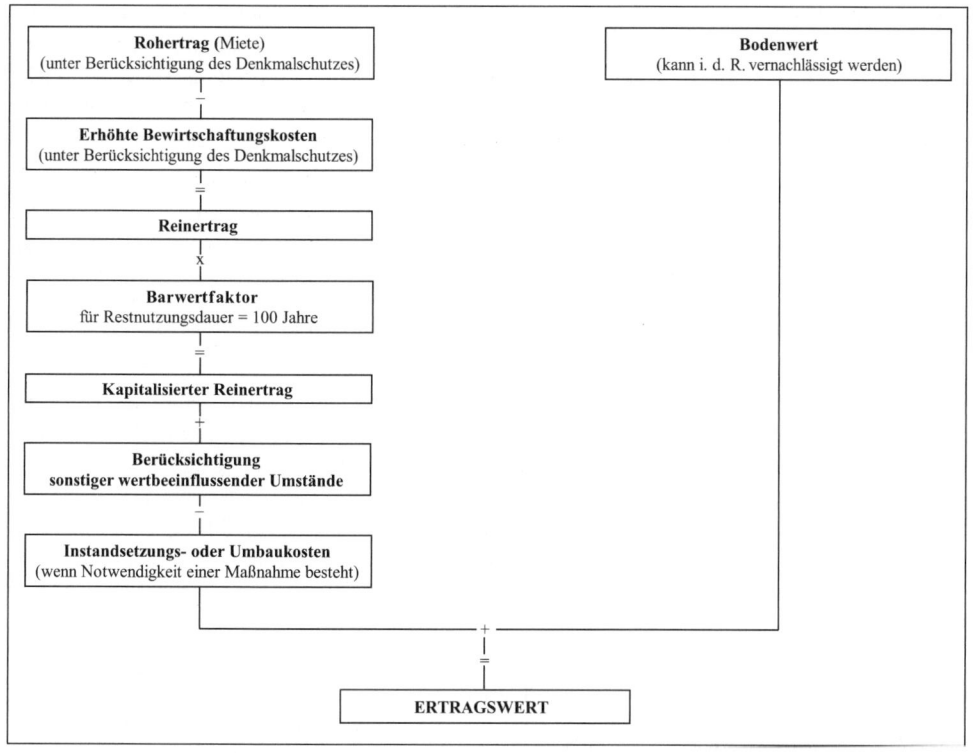

Abb. II 67: Ertragswertermittlung von Grundstücken mit Baudenkmälern[240]

13 Grundstückskaufvertragsrecht

13.1 Rechtsgeschäftlicher Erwerb von Grundstücken

Grundsätzlich kann sich der Eigentumserwerb an Grundstücken auf verschiedenen Wegen vollziehen. Neben dem rechtsgeschäftlichen Erwerb ist in unterschiedlichen Regelungen des Privatrechts und des öffentlichen Rechts ein Erwerb kraft Gesetzes und ein Erwerb durch Hoheitsakt vorgesehen.[241]

Ein Erwerb kraft Gesetzes liegt zum Beispiel im Wege der Erbfolge oder bei Begründung einer Gütergemeinschaft vor.

Bei der Zwangsversteigerung im Wege des Zuschlagsbeschlusses oder bei Enteignungen nach dem Baugesetzbuch findet ein Eigentumserwerb durch Hoheitsakt statt.

Der Eigentumserwerb von Grundstücken durch Rechtsgeschäft ist die häufigste Art des Eigentumserwerbs, weshalb im Folgenden ausschließlich auf diesen eingegangen wird.

---
[240] In Anlehnung an: ebenda, S. 2374
[241] Vgl. Jurgeleit, A. (2001), S. 621

Für den Grundstückserwerb sind immer ein schuldrechtliches Verpflichtungsgeschäft, ein sachenrechtliches Verfügungsgeschäft sowie die Eintragung der Rechtsänderung im Grundbuch erforderlich. Beim Grundstückskauf ist der Kaufvertrag nach §§ 433 ff. BGB das schuldrechtliche Verpflichtungsgeschäft und die Einigung des Veräußerers und des Erwerbers über den Übergang des Eigentums an dem Grundstück (Auflassung), das sachenrechtliche Verfügungsgeschäft.

Das schuldrechtliche Verpflichtungsgeschäft ist die sog. „causa" und ist die Rechtsgrundlage dafür, dass der Grundstückserwerber das Eigentum behalten darf. Das sachenrechtliche Verfügungsgeschäft bewirkt den Übergang des Eigentums, schafft jedoch keinen Rechtsgrund für das Behalten des Grundstücks.

Wie bei jedem rechtsgeschäftlichen Eigentumserwerb ist auch beim Kauf eines Grundstücks das Abstraktionsprinzip zu beachten, das dem deutschen Recht zugrunde liegt.

Grundlage des Abstraktionsprinzips ist das so genannte Trennungsprinzip. Hiernach ist streng zwischen dem Verpflichtungs- und Verfügungsgeschäft zu trennen. Nach dem Abstraktionsprinzip ist das schuldrechtliche Verpflichtungsgeschäft in der Regel unabhängig vom dinglichen Erfüllungsgeschäft und umgekehrt. Die Unwirksamkeit des Grundgeschäfts, wie zum Beispiel eine wirksame Anfechtung des Kaufvertrags lässt regelmäßig das dingliche Rechtsgeschäft und somit den ggf. erfolgten Eigentumserwerb des Käufers aufgrund des angefochtenen Kaufvertrags unberührt. Die Wirksamkeit des einen Geschäfts ist somit von der Wirksamkeit bzw. dem Abschluss des anderen Geschäfts unabhängig.

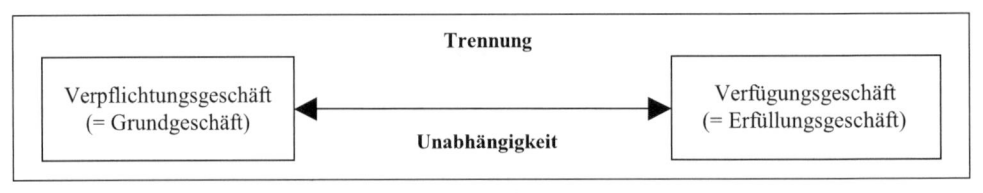

Abb. II 68: Abstraktionsprinzip

13.1.1 Rechtliche Teilschritte des Grundstückskaufs

Der Grundstückskauf vollzieht sich rechtlich in drei gesondert zu betrachtenden Teilschritten: Einem schuldrechtlichen Teil, einem sachenrechtlichen Teil und einem verfahrensrechtlichen Teil:

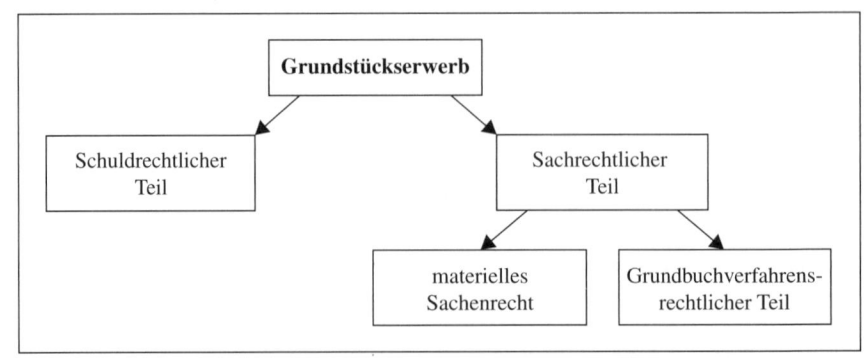

Abb. II 69: Teile des rechtsgeschäftlichen Grundstückserwerbs

13.1.1.1 Der schuldrechtliche Teil

Beim Grundstückskaufvertrag stellt der gesetzlich in den §§ 433 ff. BGB geregelte Kaufvertrag das schuldrechtliche Verpflichtungsgeschäft dar. Das Verpflichtungsgeschäft ist der Rechtsgrund für den Austausch der Leistungen der Parteien des Kaufvertrages (Eigentum am Grundstück gegen Zahlung des Kaufpreises).

Der Kaufvertrag verschafft den Kaufvertragsparteien nur einen schuldrechtlichen Anspruch auf Erfüllung der kaufvertraglichen Pflichten.

Der Kaufvertrag begründet typischerweise für den Verkäufer die Pflicht, dem Käufer das Eigentum an der gekauften Sache zu verschaffen, und zwar frei von Sach- und Rechtsmängeln, § 433 (1) BGB. Für den Käufer begründet er die Pflicht zur Kaufpreiszahlung und zur Abnahme der Sache, § 433 (2) BGB.[242]

Der Kaufvertrag unterscheidet sich vom Werkvertrag im Sinne des § 631 BGB dadurch, dass dieser die Herstellung eines Werkes zum Inhalt hat. Beim Kauf handelt es sich hingegen um die Übereignung eines fertigen Gegenstandes ohne die für den Werkvertrag typische Wertschöpfung für den Besteller. So stellt in der Regel der Kauf eines Fertighauses einschließlich seiner Errichtung einen Werkvertrag dar, der ggf. verbunden sein kann mit einem Grundstückskaufvertrag zum Erwerb des erforderlichen Bauplatzes.

Ein Kaufvertrag muss immer die in Abb. II 70 aufgeführten Bestandteile enthalten. Dies sind die so genannten essentialia negotii des Kaufvertrages.

Auf den Kaufvertrag sind die Regeln des Allgemeinen Teils des Bürgerlichen Gesetzbuches über den Vertrag (§§ 145 ff. BGB), die Willenserklärungen (§§ 116 ff. BGB) und die Geschäftsfähigkeit (§§ 104 ff. BGB) anwendbar.

Aufgrund des Abstraktionsprinzips ändern sich die Eigentumsverhältnisse am Grundstück und am Geld durch das Verpflichtungsgeschäft nicht. Durch den Kaufvertrag allein tritt somit noch keine Änderung der Rechtsinhaberschaft ein. Hierfür bedarf es eines sachenrechtlichen Vertrages.

Schuldrechtlicher Vertrag § 433 BGB
Kaufgegenstand
Verpflichtung des Verkäufers zur Eigentumsverschaffung
Verpflichtung des Käufers einen bestimmten Kaufpreis zu bezahlen

Abb. II 70: Wesentliche Bestandteile des Kaufvertrages

13.1.1.2 Der sachenrechtliche Teil

Das Verfügungsgeschäft ist der sachenrechtliche Teil.

Der Verkäufer und der Käufer des Grundstücks müssen sich über den Eigentumsübergang am Grundstück und am Geld einigen. Diese Einigung bezeichnet das Gesetz bei Grundstücken als

---

[242] Vgl. Palandt, O. (2012), § 433 Rn. 1

Auflassung, § 925 BGB. Hierzu ist ein dinglicher Vertrag erforderlich. Gleiches gilt für die Erfüllung der Kaufpreisschuld, d.h. die Übereignung des Geldes.

Allein durch die Einigung über den Eigentumsübergang tritt der Eigentumswechsel noch nicht ein. Bei Grundstücken erfolgt der Eigentumsübergang erst nach Eintragung der Rechtsänderung im Grundbuch, bei beweglichen Sachen ist zusätzlich eine Übergabe der Sache an den Erwerber zum Eigentumsübergang erforderlich.

Die dingliche Übereignung in Vollzug des Kaufvertrages
Bei Grundstücken: übereignung des Grundstücks durch Einigung über den Eigentumsübergang vom Veräußerer auf den Erwerber (Auflassung) gemäß §§ 873, 925 BGB + Eintragung im Grundbuch
Bei beweglichen Sachen: Übereignung des Geldes durch Einigung über den Eigentumsübergang vom Erwerber auf den Veräußerer + Übergabe, § 929 BGB

Abb. II 71: Die dingliche Übereignung

Für den Eigentumserwerb an Grundstücken ist neben der Einigung über die Übertragung des Grundstücks noch die Umschreibung des Grundbuchs nach § 873 BGB erforderlich. Diese vollzieht sich nach den Regeln der Grundbuchordnung (GBO) und stellt den grundbuchverfahrensrechtlichen Teil des Grundstückserwerbs dar.

Eintragung im Grundbuch
Eintragung des Eigentumswechsels im Grundbuch gemäß § 873 BGB. Voraussetzung: • Grundbuchantrag, § 13 GBO • Nachweis Auflassung, § 20 GBO   einschließlich Beweilligung, § 19 GBO

Abb. II 72: Eintragung im Grundbuch

In der Praxis werden bei Grundstücksverkäufen häufig das Verpflichtungsgeschäft (Kaufvertrag) sowie das Verfügungsgeschäft (Auflassung) in einer Urkunde aufgenommen. Durch vertragliche Gestaltung ist dann sicherzustellen, dass keine ungesicherte einseitige Vorleistung des Verkäufers erfolgt. Der Notar wird daher regelmäßig von beiden Vertragsparteien im Grundstückskaufvertrag angewiesen, den Antrag auf Eigentumswechsel beim Grundbuchamt erst dann zu stellen, wenn ihm die Zahlung des Kaufpreises nachgewiesen ist.

13.1.1.3 Der grundbuchverfahrensrechtliche Teil

Beim Grundstückskaufvertrag hat der Verkäufer seine Hauptleistungspflicht erst erfüllt, wenn der Eigentumsübergang am Grundstück auf den Erwerber durch Eintragung im Grundbuch erfolgt ist. Wann eine Grundbucheintragung erfolgen darf und wie die Grundbucheintragung gefasst werden muss, bestimmt das Grundbuchverfahrensrecht. Im Wesentlichen findet sich dieses in der Grundbuchordnung (GBO) und der Grundbuchverfügung (GBV) wieder. Das Grundbuchverfahren unterliegt als Verfahrensrecht eigenen Regeln. Die Verfahrenserklärungen, wie Bewilligungen und

Anträge sind daher, auch wenn sie in die Kaufvertragsurkunde aufgenommen werden, nicht Teil der rechtsgeschäftlichen Erklärungen des schuldrechtlichen oder dinglichen Vertrages.

Voraussetzung für die Eintragung der Eigentumsänderung in Vollzug eines Grundstückskaufvertrages ist:

- Antrag auf Eigentumsänderung durch Verkäufer oder Käufer, § 13 GBO
- Nachweis der erfolgten Auflassung nebst Bewilligungen in notarieller Form, §§ 19, 20 GBO
- Voreintragung des Verkäufers als Eigentümer im Grundbuch
- Vorlage aller erforderlichen Genehmigungen und Bescheinigungen, so insbesondere Unbedenklichkeitsbescheinigung des Finanzamts wegen der Bezahlung der Grunderwerbsteuer.

13.1.2 Besondere Formen des Grundstückskaufvertrages

Ankauf

Das Ankaufsrecht ist im Gesetz nicht geregelt. Es hat sich in der Vertragspraxis entwickelt und kann als bedingt geschlossener Kaufvertrag (Bedingung ist die Ausübung des Ankaufsrechts) oder als ein bindendes Angebot des Verkäufers, das der zukünftige Käufer innerhalb einer bestimmten Frist annehmen kann, ausgestaltet werden. Durch Ausübung des Ankaufsrechts (Annahme des Angebots oder Abgabe der als Bedingung gesetzten Ausübungserklärung) kommt der Kaufvertrag zustande. Das Ankaufsrecht wird auch als Option bezeichnet.

Bauträgervertrag

Bei einem Bauträgervertrag führt ein Gewerbetreibender – ein so genannter Bauträger – auf eigenem Grundstück, im eigenen Namen, auf eigenes Risiko, für eigene oder fremde Rechnung ein Bauvorhaben durch, um dieses an einen Erwerber zu verkaufen. Der Bauträgervertrag zwischen Bauträger und Erwerber des Objekts ist ein Vertrag eigener Art, der neben werkvertraglichen Elementen auch kaufvertragliche Elemente (Grundstückserwerb) sowie je nach den Umständen Bestandteile aus dem Auftrags- und Geschäftsbesorgungsrecht enthält.[243]

Zum Schutz der Kunden enthält die Makler- und Bauträgerverordnung (MABV) öffentlich-rechtliche Vorschriften, z. B. für die Begrenzung von Voraus- und Abschlagszahlungen des Auftraggebers. (§ 3, (2), MABV) Der Bauträger ist Bauherr, er ist Vertragspartner des Architekten und des Bauunternehmers bzw. der einzelnen Bauhandwerker.

Verbraucherverträge

Wird ein Grundstückskaufvertrag zwischen einem Verbraucher gemäß § 13 BGB und einem Unternehmer gemäß § 14 BGB abgeschlossen, sind im Einzelfall verbraucherschützende Normen zu beachten.

Die zugunsten des Verbrauchers bestehenden Sonderregelungen des Verbrauchsgüterkaufs nach §§ 474 ff. BGB gelten nicht für Grundstückskaufverträge, können im Einzelfall aber auf etwa mitverkaufte bewegliche Sachen zu beachten sein.

Auf zwischen Unternehmer und Verbraucher abgeschlossene Grundstückskaufverträge sind jedoch häufig die Regelungen über allgemeine Geschäftsbedingungen und deren Inhaltskontrolle nach §§ 305 ff. BGB anwendbar. Dies kann im Einzelfall zu erheblichen Einschränkungen bei der Vertragsgestaltung führen.

---

[243] Vgl. ebenda, § 675, Rn. 18

13.2 Form des Kaufvertrages

13.2.1 Beurkundungspflicht

Die Verpflichtung, das Eigentum an einem Grundstück oder einem grundstücksgleichen Recht zu übertragen oder zu erwerben, bedarf der notariellen Beurkundung. Dies ergibt sich aus § 311b (1) BGB. Ein Grundstückskaufvertrag ist daher grundsätzlich notariell zu beurkunden.

Der Formzwang des § 311b BGB dient dem Zweck, beide Vertragspartner vor übereilten und unüberlegten, meist auch folgenreichen Verpflichtungen zu schützen. Durch den Formzwang werden eine sachgemäße Beratung gewährleistet und Streitigkeiten vorgebeugt. Des Weiteren dient § 311b BGB der Beweisfunktion, denn die Erklärung der Beteiligten wird eindeutig niedergelegt.

§ 311b (1) BGB betrifft nur Verpflichtungsverträge über das Eigentum an Grundstücken. Nicht unter die Vorschrift fallen daher Verpflichtungen zur Belastung des Grundstücks. Auch die dingliche Einigung über die Übertragung des Eigentums an Grundstücken selbst fällt nicht unter § 311b (1) BGB, sondern unter § 925 BGB. Hiernach ist erforderlich, dass die dingliche Einigung, so genannte Auflassung, vor der zuständigen Stelle, insbesondere einem deutschen Notar, erklärt wird und die Vertragsparteien gleichzeitig anwesend bzw. vertreten sein müssen.

13.2.2 Umfang des Formerfordernisses

Nach § 311b (1) BGB bedarf der gesamte Vertrag der Beurkundung.[244] Es sind somit auch die Nebenvereinbarungen formbedürftig. Es genügt, wenn ein Vertragspartner die Abrede zum Vertragsbestandteil machen will, wenn der andere dies erkannt und hingenommen hat. Ebenso sind alle Vereinbarungen, die einen mittelbaren Zwang zur Veräußerung oder zum Erwerb eines Grundstücks begründen, beurkundungspflichtig, wie z. B. das Versprechen einer Vertragsstrafe im Falle der Nichtveräußerung eines Grundstücks. Bei gemischten und zusammengesetzten Verträgen erstreckt sich der Formzwang ebenfalls auf den gesamten Vertrag, sofern dieser rechtlich eine Einheit bildet, also alle Teile miteinander „stehen und fallen" sollen.

Beispiel: Ein Grundstücksverkäufer verkauft das Grundstück an einen Erwerber, von dem er das Grundstück zurückmieten will (Sale-and-lease-back). In diesem Fall erstreckt sich der Formzwang auch auf den sonst nicht beurkundungsbedürftigen Mietvertrag.

Ist der Erwerber bereits im Grundbuch als Grundstückseigentümer eingetragen, so ist die Aufhebung des Kaufvertrages beurkundungspflichtig. Dagegen ist eine Aufhebung des Vertrages formlos möglich, sofern der Käufer nicht bereits ein Anwartschaftsrecht erworben hat. Ein solches Anwartschaftsrecht liegt vor, wenn die Auflassung erklärt *und* entweder die Vormerkung zugunsten des Käufers im Grundbuch eingetragen ist oder Antrag auf Umschreibung des Eigentums auf den Käufer bereits gestellt wurde.

Vorvertragliche Vereinbarungen sind beurkundungsbedürftig, wenn sie bereits (bedingte) Erwerbs- oder Veräußerungspflichten beinhalten, so insbesondere beim echten Vorvertrag.

---

[244] Vgl. ebenda, § 311b, Rn. 25

13.2.3 Folgen des Formverstoßes

Ein Verstoß gegen zwingende Formvorschriften führt zur Nichtigkeit des Rechtsgeschäfts nach § 125 BGB.

Wird etwas Abweichendes von dem, was die Parteien vereinbart haben, beurkundet, z. B. ein geringerer Kaufpreis, um Steuern und Gebühren zu sparen (so genannter „Schwarzkauf"), dann ist das beurkundete Scheingeschäft nach § 117 (1) BGB nichtig.

Nach § 117 (2) BGB steht der Gültigkeit des Gewollten nicht entgegen, dass es nicht erklärt worden sei. Doch fehlt beim Grundstückskauf die Form, und das führt zur Nichtigkeitsfolge aus § 125 (1) BGB.

Ein unter Formverstoß geschlossener Grundstückskaufvertrag kann nach § 311b (1) S. 2 BGB geheilt werden. Nach dieser Bestimmung wird ein formnichtiger Vertrag seinem ganzen Inhalt nach wirksam, wenn der Erwerber nach erfolgter Auflassung in das Grundbuch eingetragen wird.

Bei unbewusst falschen Erklärungen gelten die Vereinbarungen, über die sich die Beteiligten einig waren, die so genannte falsa demonstratio non nocet. Beispiel: Im Grundstückskaufvertrag wird das zu verkaufende Grundstück versehentlich falsch bezeichnet, z. B. werden die Flurstücksnummern versehentlich vertauscht.

Bei einer unvollständigen Beurkundung richtet sich die Gültigkeit der übrigen beurkundeten Erklärungen nach § 139 BGB. Hiernach ist im Zweifel das gesamte Rechtsgeschäft nichtig, dies kann jedoch durch die Aufnahme einer Salvatorischen Klausel verhindert werden. In dieser wird vereinbart, dass die Unwirksamkeit oder das Fehlen einer einzelnen Erklärung abweichend von § 139 BGB nicht die Nichtigkeit des gesamten Vertrages zur Folge hat.

Im Einzelfall kann es einem Vertragsbeteiligten mit Rücksicht auf Treu und Glauben gemäß § 242 BGB versagt sein, sich auf die Nichtigkeit des Vertrages zu berufen. Dies ist der Fall, wenn die Berufung auf den Formmangel zu einem für den Käufer nicht nur harten, sondern zu einem untragbaren Ergebnis führen würde.[245] Die Rechtsprechung des Bundesgerichtshofs verlangt hierfür, dass eine besonders schwere Treuepflichtverletzung des einen Teils oder eine Existenzgefährdung des anderen Teils vorliegt, z. B. dann, wenn eine Partei die andere von der Wahrung der Form abgehalten hat, um sich später auf den Formmangel berufen zu können. In der Praxis kommen solche Fälle allerdings so gut wie nie vor.

13.3 Inhalt des Kaufvertrages

Ein Kaufvertrag muss immer Angaben darüber enthalten, wer die Vertragsparteien sind, was für eine Sache oder Recht verkauft wird und zu welchem Preis dies verkauft wird.

13.3.1 Vertragsparteien

Die Vertragsparteien sind der Veräußerer und der Erwerber. Wer Eigentümer ist, ist dem Grundbuch zu entnehmen. Jedoch ist es auch möglich, dass jemand das Eigentum am Grundstück außerhalb des Grundbuchs erworben hat, z. B. bei einem Erbfall, einem Vorgang nach dem Umwandlungsgesetz

---

[245] Vgl. ebenda, § 125, Rn. 22 f. auch mit Nachweisen zur Rechtsprechung

(z. B. Verschmelzung oder Spaltung) oder bei einer Kettenauflassung. Eine Kettenauflassung liegt vor, wenn der Veräußerer das Grundstück selbst erworben hat, dieser Vertrag im Grundbuch noch nicht vollzogen wurde und er das Grundstück an einen Dritten weiterveräußert. Das Grundbuch ist dann unrichtig und muss berichtigt werden.

13.3.1.1 Besonderheiten in der Person des Verkäufers oder Veräußerers

Beim Abschluss eines Grundstückskaufvertrages können im Einzelfall auf Verkäuferseite Besonderheiten zu beachten sein.

Eherechtliches Güterrecht, Verfügungsbeschränkungen

Zugewinngemeinschaft:

Haben die Ehepartner den gesetzlichen Güterstand der Zugewinngemeinschaft vereinbart, so ist gemäß § 1365 BGB die Einwilligung oder Genehmigung des anderen Ehepartners erforderlich, sofern es sich bei der Veräußerung des Grundstücks um das Vermögen des Veräußernden im Ganzen oder nahezu im Ganzen handelt. Nach Ansicht des BGH hängt die Gleichstellung von Einzelgegenständen und dem Vermögen als Ganzes davon ab, dass der Erwerber hiervon positiv Kenntnis hat oder zumindest die Verhältnisse kennt, aus denen sich ergibt, dass durch den Grundstückskaufvertrag im Wesentlichen das ganze Vermögen des Veräußerers erfasst wird. Maßgeblicher Zeitpunkt für die Kenntnis des Erwerbers ist der Abschluss des Kaufvertrages.

Ein Grundstück umfasst das Vermögen im Wesentlichen, sofern es im Wesentlichen das ganze Vermögen des Veräußerers darstellt. Maßgeblich ist das Wertverhältnis des Gesamtvermögens zum beim Ehegatten verbleibenden Restvermögen. Die Schwelle zum nahezu ganzen Vermögen ist nach der Rechtsprechung des Bundesgerichtshofs überschritten, wenn bei einem größeren Vermögen weniger als 10 %t restliches Vermögen verbleibt.[246] Bei einem kleineren Vermögen sind es 15 %.[247]

Ohne Zustimmung des anderen Ehepartners ist der Kaufvertrag schwebend unwirksam. Verweigert der andere Ehegatte die Genehmigung, so ist der Vertrag nach § 1366 (4) BGB unwirksam. Eine Genehmigung ist formlos möglich.

Gütergemeinschaft:

Liegt der Güterstand der ehelichen Gütergemeinschaft gemäß §§ 1415 ff. BGB vor, so stehen die zum Vorbehaltsgut bestimmten Gegenstände dem Ehepartner zu seiner freien Verfügung. Alles andere Vermögen der Ehegatten ist Gesamtgut und damit gemeinschaftliches Vermögen zur gesamten Hand, §§ 1416, 1419 BGB.

Die Ehegatten können über Grundstücke, die zum Gesamtgut gehören, nur gemeinsam verfügen. Ohne Zustimmung des anderen Ehegatten ist der Grundstückskaufvertrag bis zu seiner Genehmigung schwebend unwirksam und bei versagter Genehmigung endgültig unwirksam.

Grundbuchverfahren, Grundsatz der Voreintragung

Nach § 39 GBO ist erforderlich, dass der Verfügende als Eigentümer im Grundbuch eingetragen ist (Grundsatz der Voreintragung). Nach dieser verfahrensrechtlichen Vorschrift kann beim Grundstückskauf der Erwerber somit in der Regel nur als neuer Eigentümer im Grundbuch eingetragen werden, wenn der Veräußerer zuvor als Eigentümer eingetragen war.

Eine Ausnahme hiervon macht jedoch § 40 GBO. Danach ist die Berichtigung des Grundbuchs für die Eintragung des Eigentumswechsels und die Eintragung einer entsprechenden Auflassungs-

---

[246] Vgl. BGH NJW 91, S. 1739
[247] Vgl. Palandt, O. (2012), § 1365, Rn. 5

vormerkung entbehrlich, wenn der Verkäufer der Erbe des im Grundbuch noch eingetragenen Voreigentümers ist.

Ist der Erbe nicht im Grundbuch eingetragen, so muss er sein Erbrecht durch einen Erbschein oder durch Vorlage des Eröffnungsprotokolls einer öffentlichen letztwilligen Verfügung nachweisen (§ 35 GBO). Eine Zwischeneintragung ist beim Nachweis über das Eröffnungsprotokoll zu empfehlen, weil der Gutglaubensschutz nur für den Erbschein gilt (§ 2366 BGB) und somit nur dann ein gutgläubiger Erwerb von einem Nichtberechtigten möglich ist.

Erbrechtliche Besonderheiten

Ist der Veräußerer Vorerbe, kann er zwar über ein zur Erbschaft gehörendes Grundstück verfügen. Jedoch ist im Falle des Eintritts der Nacherbfolge eine Veräußerung des Grundstückes nach § 2113 BGB unwirksam, sofern sie das Recht des Nacherben vereiteln oder beeinträchtigen würde. Das Gleiche gilt, wenn der Nacherbe der Verfügung nicht zugestimmt hat.

Im Falle der Testamentsvollstreckung, Nachlasspflegschaft, Nachlassverwaltung oder Nachlassinsolvenz ist nur die Partei kraft Amtes (Nachlassverwalter, Nachlasspfleger, Insolvenzverwalter) verfügungsbefugt, nicht aber die Erben.

Insolvenz- und Zwangsversteigerungsvermerk

Nach § 80 (1) InsO geht durch die Eröffnung des Insolvenzverfahrens das Verfügungsrecht auf den Insolvenzverwalter über. Dies bedeutet, dass nur der Insolvenzverwalter handlungsberechtigt ist. Die Insolvenzeröffnung wird in Abteilung II des Grundbuchs der betroffenen Grundstücke eingetragen (Insolvenzvermerk).

Veräußert der Insolvenzverwalter ein Grundstück, so hat er sich gemäß § 56 (2) InsO durch die Urkunde über seine Bestellung auszuweisen.

Nach Stellung des Insolvenzantrags kann das Insolvenzgericht dem Schuldner nach § 21 (2) Nr. 1 InsO durch Beschluss ein allgemeines Verfügungsverbot anordnen und einen vorläufigen Insolvenzverwalter bestellen. In diesem Fall geht bereits mit diesem Beschluss nach § 22 (1) InsO die Verfügungsbefugnis auf den vorläufigen Insolvenzverwalter über. Sind bei Eröffnung des Insolvenzverfahrens der schuldrechtliche Kaufvertrag bereits formwirksam beurkundet, die Auflassung erklärt und der Eintragungsantrag beim Grundbuchamt eingegangen, so ist der Eigentumserwerb insolvenzfest gemäß § 91 (2) InsO in Verbindung mit § 873 BGB. Es bedarf keiner Mitwirkung des Insolvenzverwalters.

Sofern die Auflassung noch nicht erklärt worden ist, wurde aber vor Eröffnung des Insolvenzverfahrens eine Vormerkung für den Käufer eingetragen, dann ist nach § 106 (1) InsO der Anspruch auf Eigentumsverschaffung insolvenzfest.

Wurde schon vor Abschluss des Kaufvertrages das Insolvenzverfahren eröffnet, dann geht gemäß § 80 (1) InsO das Verfügungsrecht auf den Insolvenzverwalter über. Verfügungen des Schuldners nach Eröffnung des Insolvenzverfahrens sind gem. § 81 (1) InsO unwirksam.

Im Zwangsversteigerungs- oder Zwangsverwaltungsverfahren werden die Verfügungsbefugnisse des Eigentümers nicht berührt. Die Anordnung der Zwangsversteigerung wird in Abteilung II des betroffenen Grundstücks eingetragen (Zwangsversteigerungsvermerk). Trotz Anordnung der Zwangsverwaltung oder Zwangsversteigerung kann der Eigentümer das Grundstück veräußern. Hierbei ist jedoch erforderlich, dass alle Gläubiger des Veräußerers zur Rücknahme des Versteigerungsantrages bereit sind, so dass das Zwangsversteigerungsverfahren von Amts wegen aufgehoben werden kann.

13.3.1.2 Vertretung der Vertragsparteien

Bei Abschluss eines Kaufvertrages müssen die Vertragsparteien nicht persönlich handeln. Sie haben die Möglichkeit, sich durch Dritte oder durch die andere Vertragspartei vertreten zu lassen. Bei der Vertretung wird zwischen der gesetzlichen und der rechtsgeschäftlichen Vertretung unterschieden.

13.3.1.2.1 Gesetzliche Vertretung

In zahlreichen Gesetzen befinden sich Vorschriften, die eine gesetzliche Vertretung vorsehen.

Minderjährige und Betreute

Gemäß § 104 BGB ist geschäftsunfähig, wer das 7. Lebensjahr noch nicht vollendet hat oder wer an einer nicht nur vorübergehenden krankhaften Störung der Geistesfähigkeit leidet.

Minderjährige sind von der Vollendung des 7. Lebensjahres an bis hin zur Volljährigkeit nur beschränkt geschäftsfähig (§ 106 BGB).

Kauft oder verkauft ein Minderjähriger ein Grundstück, so müssen ihn seine Eltern nach § 1629 (1) BGB gemeinsam vertreten.

Ein Betreuer, der vom Betreuungsgericht bestellt wird, vertritt Volljährige, die sich aufgrund einer psychischen Krankheit oder einer körperlichen, geistigen oder seelischen Behinderung nicht selbst vertreten können (§ 1896 BGB).

Gemäß § 1643 (1) BGB in Verbindung mit § 1821 BGB bedürfen die Eltern der Genehmigung des Familiengerichts, wenn sie bei Grundstücksgeschäften ihr Kind vertreten. Bei der Vertretung durch den Vormund oder durch den Betreuer ist bei Grundstücksgeschäften die Genehmigung des Vormundschaftsgerichtes erforderlich.

Bei Minderjährigen gilt die Besonderheit, dass gemäß §§ 106/107 BGB der Minderjährige ab dem 7. Lebensjahr selbst und ohne seinen gesetzlichen Vertreter handeln kann, sofern der abzuschließende Vertrag für ihn lediglich rechtlich vorteilhaft ist. Der Vorteil muss ein rechtlicher sein; selbst größte wirtschaftliche Vorteilhaftigkeit ist nicht ausreichend.[248]

So sind von lediglich rechtlichem Vorteil z. B. Grundstücksschenkungen an einen Minderjährigen, auch wenn das Grundstück mit einem Grundpfandrecht, einem Wohnungsrecht oder einem Nießbrauch belastet ist. Nicht von lediglich rechtlichem Vorteil sind Schenkungen eines Erbbaurechts, da der Minderjährige verpflichtet ist, den Erbbauzins zu zahlen. Ebenso ist die Schenkung einer Eigentumswohnungen oder Teileigentumseinheiten für den Minderjährigen nicht nur vorteilhaft, da er dadurch vielfältige Verpflichtungen aus der Wohnungseigentümergemeinschaft eingeht.

Gesellschaften des Privatrechts

Die BGB-Gesellschaft wird nach der gesetzlichen Grundregel gemäß §§ 714, 709 BGB durch ihre Gesellschafter gemeinschaftlich vertreten. Wird ein Grundstück veräußert, das zum Gesamthandsvermögen einer BGB-Gesellschaft gehört, so müssen nach §§ 714, 709 BGB alle Gesellschafter mitwirken. Durch Gesellschaftsvertrag kann jedoch bestimmt werden, dass die Geschäftsführungsbefugnis und/oder Vertretungsmacht einem oder mehreren Gesellschaftern übertragen ist. In diesem Falle genügt die Mitwirkung des bzw. der vertretungsberechtigten Gesellschafter. Zum Grundbuchvollzug muss in diesen Fällen allerdings der Nachweis der Vertretungsmacht in der Form des § 29 GBO (notarielle Beglaubigung oder Beurkundung) erbracht werden.

In der Praxis kann dies durch Vorlage einer notariell beglaubigten Vollmacht der Gesellschafter an den bzw. die vertretungsberechtigten Gesellschafter erfolgen.

---

[248] Vgl. ebenda, § 107, Rn. 2

Die Offene Handelsgesellschaft (OHG) wird durch ihre Gesellschafter vertreten, wobei nach § 125 HGB jeder Gesellschafter allein zur Vertretung berechtigt ist, sofern der Gesellschaftsvertrag keine abweichende Regelung enthält.

Die persönlich haftenden Gesellschafter (Komplementäre) vertreten die Kommanditgesellschaft (KG). Gemäß § 35 GmbHG vertreten die Geschäftsführer die Gesellschaft mit beschränkter Haftung.

Die GmbH & Co. KG wird durch ihren persönlich haftenden Gesellschafter, die Komplementär-GmbH, diese wiederum durch ihre Geschäftsführer vertreten.

Die Aktiengesellschaft wird durch ihren Vorstand vertreten, § 78 AktG. Ebenso wird die Genossenschaft gemäß § 24 GenG durch ihren Vorstand vertreten.

GmbH, AktG und GenG gehen von der Gesamtvertretung, d. h. nur gemeinschaftlichen Vertretungsbefugnis der Geschäftsführer bzw. des Vorstands aus. Die Erteilung von Einzelvertretungsbefugnis an einzelne oder alle Geschäftsführer bzw. Vorstandsmitglieder ist jedoch möglich. Die konkrete Vertretungsbefugnis ist aus dem Handelsregister ersichtlich.

Prokura

Eine handelsrechtliche Sonderform der Vollmacht stellt die Prokura dar. Gemäß § 49 (2) HGB ist der Prokurist nicht ermächtigt, Grundstücke zu veräußern. Hierfür bedarf er einer gesonderten Befugnis, die im Handelsregister eintragungsfähig ist. Allerdings ist er berechtigt, Grundstücke für den Geschäftsherrn zu erwerben.

13.3.1.2.2 Rechtsgeschäftliche Vertretung

Beim Abschluss des Kaufvertrages kann sowohl auf der Verkäuferseite als auch auf der Käuferseite ein rechtsgeschäftlicher Vertreter mitwirken.

Vollmacht

Der Vertretene kann einem Dritten Vollmacht zur Vornahme einer rechtsgeschäftlichen Handlung erteilen. Die Vollmacht ist eine durch Rechtsgeschäft erteilte Vertretungsmacht.

Gemäß § 167 (2) BGB bedarf die Erteilung der Vollmacht nicht derselben Form, die für das abzuschließende Rechtsgeschäft erforderlich ist. Dies gilt grundsätzlich auch für die Vollmacht zur Vornahme von Grundstücksgeschäften. Allerdings bedarf eine Vollmacht zum Erwerb oder zur Veräußerung eines Grundstücks der Beurkundung nach § 311b (1) BGB, sofern mit der Bevollmächtigung die gleiche Bindungswirkung wie durch den Abschluss des Grundstückskaufvertrages selbst beabsichtigt ist. Die unwiderrufliche Vollmacht zum Grundstücksverkauf oder -erwerb ist daher formbedürftig. Aus verfahrensrechtlichen Gründen bedarf die Vollmacht zum Grundbuchvollzug des Eigentumswechsels beim Grundstücksverkauf jedoch der Form des § 29 GBO, d. h. mindestens der Form der notariellen Beglaubigung.

Die Beendigung der Vollmacht bestimmt sich nach dem ihr zugrunde liegenden Rechtsverhältnis, § 168 S. 1 BGB. Als Beendigungsgründe des der Vollmacht zugrunde liegenden Rechtsverhältnisses kommen Fristablauf, Kündigung oder der Tod des Vollmachtgebers in Betracht. Jedoch ist es auch möglich, die Vollmacht über den Tod des Vollmachtgebers hinaus zu erteilen. Diese Art der Vollmacht wird postmortale Vollmacht genannt. Ebenso erlischt die Vollmacht, wenn sie widerrufen worden ist (§ 168 S. 2 BGB).

Vertreter ohne Vertretungsmacht

Auch durch einen Vertreter, der keine Vertretungsmacht besitzt, ist eine rechtsgeschäftliche Vertretung möglich. Handelt jemand ohne Vertretungsmacht oder aufgrund nicht formgültiger oder inhaltlich nicht ausreichender Vollmacht, hängt nach § 177 BGB die Wirksamkeit des Vertrages für und gegen den Vertretenen von dessen Genehmigung ab. Die Genehmigung des Rechtsgeschäfts ist nach § 182 (2) BGB formlos möglich. Zum Grundbuchvollzug ist allerdings wieder die Form des § 29 GBO zu beachten, d.h. mindestens notarielle Beglaubigung erforderlich. Der vollmachtlose Vertreter – so genannter falsus procurator – haftet bei verweigerter Genehmigung dem anderen Vertragschließenden nach dessen Wahl auf Erfüllung oder auf Schadensersatz, sofern dieser den Mangel der Vertretungsmacht nicht kannte (§ 179 BGB).

Verbot des Selbstkontrahierens

Ein Insichgeschäft ist ein Rechtsgeschäft, das eine Person gegenüber sich selbst vornimmt. Es ist in § 181 BGB geregelt. Danach kann ein Bevollmächtigter in dieser Eigenschaft mit sich selbst oder als Vertreter eines anderen Dritten ein Rechtsgeschäft nicht abschließen, außer, dass es ihm gestattet ist oder das Rechtsgeschäft ausschließlich der Erfüllung einer Verbindlichkeit dient. Die Nichtbeachtung des Verbots eines Insichgeschäfts stellt eine Vollmachtsüberschreitung dar. Die Konsequenzen hieraus ergeben sich aus den §§ 177 ff. BGB.

13.3.2 Kaufgegenstand

Im Kaufvertrag ist der Kaufgegenstand – das Grundstück – so exakt wie möglich zu beschreiben. Unter einem Grundstück im Rechtssinn ist ein räumlich abgegrenzter Teil der Erdoberfläche zu verstehen, der auf einem Grundbuchblatt unter einer bestimmten Nummer im Verzeichnis der Grundstücke gebucht ist.[249] Das Grundstück im wirtschaftlichen Sinn kann sich aus mehreren Grundstücken im Rechtssinne zusammensetzen. Die Vertragsparteien verstehen unter dem Kaufgegenstand i.d.R. ein Grundstück im wirtschaftlichen Sinn, wie zum Beispiel ein mit einem Mehrfamilienhaus und einer Garage bebautes Grundstück.

Im Kaufvertrag wird in der Regel die Nummer des zu veräußernden Flurstücks angegeben. Es können aber auch grundstücksgleiche Rechte, wie z.B. das Erbbaurecht oder das Wohnungseigentum, Gegenstand eines Kaufvertrages sein.

Wurde das Grundstück im Kaufvertrag irrtümlicherweise falsch bezeichnet oder wurde ein Flurstück im Vertrag versehentlich nicht aufgeführt, sind sich die Beteiligten jedoch über den Gegenstand des Kaufes einig, so ist der Vertrag dennoch gültig. Eine unbewusste Falschbezeichnung des Vertragsgegenstandes – so genannte falsa demonstratio – ist somit unschädlich, sofern die Vertragsparteien übereinstimmend dasselbe Grundstück meinen. Weichen die Auffassungen jedoch voneinander ab, so ist der Vertrag unwirksam.

Bei einem Kaufvertrag über eine noch zu vermessenden Teilfläche ist der Kaufgegenstand so genau zu beschreiben, dass auch unbeteiligte Personen die Grenzen des Grundstücks eindeutig feststellen können. Üblicherweise erfolgt dies durch eine verbale Beschreibung oder Beilegung eines Lageplans. Der Lageplan muss dann mit beurkundet werden. Ist eine Identifikation der Teilflächen unzureichend, so ist der Kaufvertrag nichtig, wenn auch im Wege der Auslegung der Kaufgegenstand nicht zweifelsfrei festgestellt werden kann.

Gemäß §§ 93, 94, 96 BGB gelten die wesentlichen Bestandteile eines Grundstücks als mitverkauft. Zu den wesentlichen Bestandteilen eines Grundstücks zählen die Gebäude. Im Zweifel gilt gemäß §§ 311c, 97, 98 BGB auch das Zubehör als mitverkauft. Zubehör sind bewegliche Gegenstände, die ohne Bestandteil der Hauptsache (des Grundstücks einschließlich Gebäuden) zu sein, dem

---

[249] Vgl. ebenda, § 90 Rn. 3

wirtschaftlichen Zweck der Hauptsache zu dienen bestimmt sind und zu ihr in einem dieser Bestimmung entsprechenden räumlichen Verhältnis stehen. Zubehör stellen zum Beispiel die Maschinen auf Fabrikgrundstücken dar. Nicht als mitverkauft gelten sog. Scheinbestandteile im Sinne des § 95 BGB. Hierbei handelt es sich um Bestandteile, die nur zu einem vorübergehenden Zweck mit dem Grund und Boden verbunden sind, z. B. von einem Mieter auf dem Grundstück des Eigentümers errichtete Baulichkeiten.

13.3.3 Kaufpreis

Die Kaufvertragsparteien müssen sich über das Entgelt geeinigt haben. Fehlt eine Einigung hierüber, so liegt kein wirksamer Kaufvertrag vor. Denn die Einigung über den Kaufpreis gehört zu den essentialia negotii eines Kaufvertrags. Beim Verkauf einer unvermessenen Teilfläche ist zu regeln, ob ein Festpreis oder ein Quadratmeterpreis zu entrichten ist.

Im Kaufvertrag muss der Kaufpreis zumindest in bestimmbarer Höhe angegeben werden. Er muss nicht in absoluten Beträgen im Vertrag angegeben werden, es genügt, wenn die Ermittlungsmethode des Kaufpreises eindeutig geregelt ist.

Es ist möglich, Teilzahlungen zu vereinbaren. Hierbei ist darauf zu achten, dass die jeweiligen Fälligkeitstermine exakt bestimmt werden können. Insbesondere beim Bauträgervertrag spielen Teilzahlungen in der Praxis eine wichtige Rolle. Die Makler- und Bauträgerverordnung (MaBV) schreibt beim Bauträgervertrag vor, dass der Kaufpreis in der Regel nur nach dem Baufortschritt eingefordert werden kann (§ 3 MaBV). Jedoch darf nach § 7 MaBV der Bauträger Zahlungen ohne Wahrung der Sicherungspflichten des § 3 MaBV entgegennehmen, wenn dem Käufer eine selbstschuldnerische Bankbürgschaft zur Sicherung etwaiger Rückzahlungs- oder Auszahlungsansprüche gestellt wird.

Wenn Verkäufer und Käufer Unternehmer im Sinne des UStG sind, können bei der Kaufpreisfestlegung auch umsatzsteuerliche Rahmenbedingungen eine wichtige Rolle spielen und vertragliche Regelungen erforderlich machen.

Da der Kaufpreis eines Grundstücks der Grunderwerbsteuer unterliegt, ist er von der Umsatzsteuer befreit. Denn eine Doppelbesteuerung durch zwei Verkehrssteuern soll vermieden werden.

Gemäß § 4 Nr. 9a UStG unterliegen Umsätze, die unter das Grunderwerbsteuergesetz fallen, nicht der Umsatzsteuer. Jedoch kann nach § 9 UStG für die Umsatzsteuer optiert werden. Von der Option wird bei Grundstücksveräußerungen insbesondere dann Gebrauch gemacht, wenn der Verkäufer selbst auf seinen Kaufpreis Umsatzsteuer gezahlt hat oder in den letzten 10 Jahren vor dem Verkauf Aufwendungen auf den Grundbesitz (z. B. Erhaltungsinvestitionen) getätigt und dabei den Vorsteuerabzug geltend gemacht hat.

Wird in diesen Fällen nicht zur Umsatzsteuer optiert, erfolgt beim Verkäufer nach § 15a UStG rückwirkend für einen Zeitraum von bis zu 10 Jahren eine (zeitanteilige) Korrektur des insoweit geltend gemachten Vorsteuerabzugs, was auf Seiten des Verkäufers erhebliche wirtschaftliche Auswirkungen haben kann.

Bei Option zur Umsatzsteuer erhöht sich der im Kaufvertrag vereinbarte Kaufpreis um die Umsatzsteuer in gesetzlicher Höhe. Zu beachten ist, dass der Verkäufer die Option zur Umsatzsteuer zwingend bereits im Kaufvertrag erklären muss. Die spätere Ausübung wird nicht anerkannt. Steuerschuldner der Umsatzsteuer ist nicht der Verkäufer, sondern seit Inkrafttreten des § 13b Abs. 1 Nr. 3 UStG zum 01. April 2004 der Käufer, der die Umsatzsteuer direkt an das Finanzamt abzuführen hat. Bemessungsgrundlage für die Umsatzsteuer ist der Nettokaufpreis. Nach der seit 1. April 2004 geltenden Rechtslage erhöht sich die Bemessungsgrundlage nicht mehr um die hälftige Grunderwerbsteuer.[250]

Besonderheiten gelten, wenn das Grundstück im Rahmen einer grundsätzlich nicht umsatzsteuerbaren Geschäftsveräußerung im Ganzen nach § 1 Abs. 1a UStG erfolgt. Eine Option zur Umsatzsteuer ist hier nicht möglich bzw. geht sie ins Leere. In diesen Fällen tritt der Käufer in die umsatzsteuerliche Stellung des Käufers ein. Der 10-Jahreszeitraum nach § 15a UStG wird insoweit durch den Verkauf nicht unterbrochen, vgl. § 15a Abs. 10 UStG. Eine Geschäftsveräußerung im Ganzen im Sinne von § 1 Abs. 1a UStG wird auch bei der isolierten Veräußerung einer vollständig vermieteten Immobilie angenommen, was in der Praxis eine erhebliche Rolle spielt.

Werden mit einem Grundstück auch bewegliche Sachen, z. B. Einbauschränke mitveräußert, so ist es üblich, eine Aufteilung des Kaufpreises vorzunehmen, damit der Wert der beweglichen Sachen nicht zur Grunderwerbsteuer veranlagt wird. Denn Bemessungsgrundlage der Grunderwerbsteuer ist nur der auf das Grundstück im sachenrechtlichen Sinn anfallende Betrag.

Auch im Hinblick auf die Gebäudeabschreibung nach § 7 (4) und (5) EStG kann es sinnvoll sein, den Kaufpreis in einen Anteil für das Gebäude und in einen Anteil für den Grund und Boden aufzuteilen, denn es können nur die auf den Gebäudeanteil entfallenen Anschaffungskosten abgeschrieben werden.

Im Rahmen der Kaufpreisregelung sind im Vertrag auch eindeutige Regelungen zur Fälligkeit des Kaufpreises aufzunehmen.

13.3.4 Sicherung von Leistung und Gegenleistung

Beim Grundstücksverkauf handelt es sich um einen zeitlich gestreckten Vorgang, der neben dem Abschluss des Kaufvertrages und der dinglichen Einigung (Auflassung) auch der Eintragung der Rechtsänderung im Grundbuch bedarf. Die Kaufvertragsparteien haben daher in aller Regel das vitale Interesse, dass sowohl die Leistung (Eigentumsverschaffung am Grundstück) als auch die Gegenleistung (Kaufpreis) für beide Seiten vertraglich gesichert ist. So erfolgt einerseits zur Sicherheit des Verkäufers die Kaufpreiszahlung regelmäßig vor der Beantragung der Eigentumsumschreibung im Grundbuch. Andererseits verlangt der Schutz des Käufers, dass die Voraussetzungen für die Kaufpreisfälligkeit so geregelt werden, dass sein Anspruch auf die Eigentumsübertragung gesichert ist.

Ist der Käufer vorleistungspflichtig, dann müssen die Voraussetzungen für die Fälligkeit des Kaufpreises vertraglich so ausgestaltet werden, dass seine Ansprüche auf das Eigentum und den Besitz bestmöglich gesichert sind.

In der Praxis ist es üblich, folgende Fälligkeitsvoraussetzungen im Kaufvertrag zu regeln.

13.3.4.1 Fälligkeitsvoraussetzungen zum Schutz des Käufers

- Eintragung einer Auflassungsvormerkung zur Sicherung des Anspruchs des Käufers auf Eigentumsübertragung; Eintragung der Vormerkung an der richtigen Rangstelle,
- Rechtswirksamkeit des Kaufvertrags, d. h. alle etwa erforderlichen Genehmigungen (z. B. familiengerichtliche Genehmigungen oder Genehmigungen nach dem Grundstücksverkehrsgesetz) sollten vorliegen,

---

[250] So nach der bis 31. März 2004 geltenden Rechtslage, vgl. zum neuen Recht BFH Urteil vom 20. Dezember 2005, AZ: VR 14/04

- Nichtausübung eines Vorkaufsrechtes, insbesondere der Gemeinde nach dem BauGB bzw. Vorliegen eines Negativattests der Gemeinde,
- Freistellung des Grundstücks von allen eingetragenen und vom Käufer nicht übernommenen Belastungen, insbesondere Grundpfandrechten.

13.3.4.2 Möglichkeiten der Vertragsgestaltung zum Schutz des Verkäufers

Der Verkäufer ist daran interessiert, nach Abschluss des Kaufvertrages möglichst schnell den Kaufpreis zu erhalten. Im Folgenden werden Möglichkeiten zur Absicherung des Verkäufers für den Fall genannt, dass der Käufer den Kaufpreis nicht oder nicht pünktlich bezahlt:

- Die Eigentumsumschreibung soll erst nach der Kaufpreiszahlung erfolgen,
- Vereinbarung von Verzugszinsen oder einer Schadenspauschale als Mindestschaden bei Zahlungsverzug des Käufers,
- sofortige Zwangsvollstreckungsunterwerfung des Erwerbers im Falle der Nichtzahlung des Kaufpreises,
- Vereinbarung eines vertraglichen Rücktrittsrechts,
- Nachweis des Eigenkapitals und der Finanzierung vor Abschluss des Vertrages,
- Zahlung des Kaufpreises oder eines Teils auf ein Anderkonto des Notars vor Eintragung einer Auflassungsvormerkung im Grundbuch,
- der Besitzübergang soll erst nach Kaufpreiszahlung erfolgen,
- Sicherstellung der Löschung der Vormerkung bei Nichterfüllung des Vertrages.

Im Falle der Beauftragung des Notars mit der treuhänderischen Abwicklung des Vertrages, wird der Notar zugleich als Treuhänder beauftragt und bevollmächtigt, den Kaufpreis auf einem Notaranderkonto zu verwahren. Unter einem Anderkonto ist ein Konto zu verstehen, welches jemand in eigenem Namen und mit eigener Verfügungsbefugnis treuhänderisch für einen anderen unterhält. Jedoch darf der Kaufpreis nur dann unter Verwendung eines Notaranderkontos bezahlt werden, wenn dafür ein berechtigtes objektives Sicherungsinteresse besteht. So ist eine Verwahrung des Kaufpreises auf einem Notaranderkonto notwendig, wenn der Besitz bereits übergeben wurde, der Kaufpreis aber wegen Fehlens der üblichen den Käufer schützenden Fälligkeitsvoraussetzungen noch nicht bezahlt werden kann.

13.3.5 Übergabe und Besitzübergang

Jeder Grundstückskaufvertrag sollte Regelungen darüber enthalten, wann der Besitz an dem verkauften Grundstück auf den Erwerber zu übertragen ist. Denn dieser Zeitpunkt stimmt beim Grundstücksverkauf regelmäßig nicht mit der Eigentumsumschreibung im Grundbuch überein.

Der Besitz ist die tatsächliche Gewalt über den Kaufgegenstand. Mit der Besitzübergabe ist es dem Käufer möglich, zu bauen oder das Haus zu bewohnen. Das Eigentum am Grundstück erwirbt der Käufer aber erst mit Eintragung im Grundbuch.

Mit der Übergabe des Grundstücks gehen gemäß § 446 BGB die Gefahr des zufälligen Untergangs, der zufälligen Verschlechterung, die Nutzungen und Lasten auf den Käufer über. Hat sich der Zustand des Kaufgegenstandes nach diesem Zeitpunkt verschlechtert, zum Beispiel durch Feuer- oder Wasserschaden, so behält der Verkäufer dennoch weiterhin seinen vollen Kaufpreisanspruch.

In der Praxis wird der Zeitpunkt der Besitzübergabe häufig an die vollständige Bezahlung des Kaufpreises geknüpft.

13.3.6 Mietverhältnisse

Ist das zu verkaufende Grundstücke vermietet, gehen die Mietverhältnisse kraft Gesetzes auf den Grundstückserwerber über, § 566 BGB („Kauf bricht nicht Miete"). Der gesetzliche Übergang der Mietverhältnisse erfolgt erst mit Eintragung der Eigentumsänderung im Grundbuch. Dies wird von den Parteien eines Grundstückskaufvertrages regelmäßig nicht gewollt. In den meisten Grundstückskaufverträgen finden sich daher Regelungen, die bezwecken und sicherstellen, dass die Mietverhältnisse wirtschaftlich bereits mit dem Zeitpunkt der Besitzübergabe auf den Käufer übergehen. Üblich ist daher, dass der Verkäufer sämtliche Ansprüche aus bestehenden Mietverhältnissen bereits im Kaufvertrag ab dem Zeitpunkt der Besitzübergabe an den Käufer abtritt und diesen bevollmächtigt, rechtsgeschäftliche Erklärungen gegenüber den Mietern (z. B. Kündigungen) bereits vor Eigentumsumschreibung vorzunehmen. Auch andere Regelungen zur Überleitung der Mietverhältnisse, z. B. Übertragung von gestellten Mietersicherheiten und die Abwicklung von Nebenkostenabrechnungen gegenüber den Mietern sind üblich und ratsam.

13.3.7 Öffentliche Lasten des Grundstücks, Kosten des Grundstückskaufvertrages

Der Verkäufer ist nach § 436 (1) BGB verpflichtet, dem Käufer gegenüber Erschließungsbeiträge und sonstige Anliegerbeiträge für solche Maßnahmen zu tragen, die bis zum Tag des Vertragsschlusses bautechnisch begonnen sind, unabhängig vom Entstehen der Beitragsschuld. Die öffentlich-rechtliche Erhebung dieser Beiträge erfolgt oftmals erst lange Zeit nach Fertigstellung der Anlage und ist daher für den Käufer nicht immer vorhersehbar.

In der Praxis sind Vereinbarungen üblich, wonach der Verkäufer die Erschließungskosten aus Beitragsbescheiden trägt, die bis zum Tage der Übergabe zugestellt sind. Alle später entstandenen Erschließungskosten bzw. zugestellten Beitragsbescheide trägt der Käufer. Aus Käufersicht ist eine solche Regelung jedoch nur zu empfehlen, wenn sichergestellt ist, dass die zum Zeitpunkt des Vertragsabschlusses vorhandenen Erschließungsanlagen vollständig abgerechnet und bezahlt sind.

Gemäß § 448 (2) BGB hat der Käufer die Kosten der Beurkundung des Kaufvertrages, der Auflassung und des Grundbuchvollzuges sowie der zur Eintragung erforderlichen Erklärungen zu tragen. Zu den hiernach vom Käufer zu tragenden Kosten zählt auch die Grunderwerbsteuer.

Ansonsten lässt das Gesetz offen, wer die sonstigen Kosten zu tragen hat.

Jedoch können die Parteien auch vom Gesetz abweichende Vereinbarungen über die Kostentragung treffen. Üblich sind Vereinbarungen, wonach der Käufer sämtliche mit dem Vertrag und seiner Durchführung verbundenen Notar- und Grundbuchkosten, sowie die Grunderwerbsteuer zu tragen hat. Kosten der Löschung von eingetragenen Grundstücksbelastungen werden indes regelmäßig dem Verkäufer auferlegt.

Auf den Erwerb von Immobilien fällt Grunderwerbsteuer an. So unterliegt der Kaufpreis eines Grundstücks der Grunderwerbsteuer. Nach § 8 (1) GrEStG ist Bemessungsgrundlage der Wert der Gegenleistung für das Grundstück, also in aller Regel der im Kaufvertrag beurkundete Kaufpreis. Der Steuersatz für die Grunderwerbsteuer variiert zwischen den einzelnen Bundesländern. Maßgeblich ist der Ort, an dem sich das Grundstück befindet. Der Steuersatz schwankt je nach Bundesland zwischen 3,5 % und 5 %.

Nach § 13 Nr. 1 GrEStG sind Steuerschuldner die an einem Erwerbsvorgang als Vertragsteile beteiligten Personen, insbesondere der Erwerber und der bisherige Eigentümer. Sie haften dem Fiskus als Gesamtschuldner für die Grunderwerbsteuer. Die gesamtschuldnerische Haftung gilt auch für Kosten, insbesondere Beurkundungskosten. Vertragliche Vereinbarungen gelten daher nur im Innenverhältnis der Vertragsparteien.

Die genaue Höhe der anfallenden Beurkundungskosten ergibt sich aus der Kostenordnung. Sie ist abhängig von der Höhe des Gegenstandswerts, das heißt in der Regel vom Kaufpreis.

13.4 Ansprüche und Rechte bei Vorliegen eines Mangels

13.4.1 Mangel

Seit der Schuldrechtsreform gilt eine Vereinheitlichung der Regeln für Sach- und Rechtsmängel. Gemäß § 433 (1) S. 2 BGB hat der Verkäufer dem Käufer die Sache frei von Sach- und Rechtsmängeln zu verschaffen. Die Verschaffung der Sache frei von Sach- und Rechtsmängeln ist vertragliche Hauptleistungspflicht.

Sachmangel

- Eine Definition des Begriffes Sachmangel findet sich in § 434 BGB. Hierbei wird auf die Beschaffenheit der Kaufsache abgestellt. Im Grundstückskaufrecht sind folgende Arten des Sachmangels relevant:

Fehlen der vereinbarten Beschaffenheit § 434 (1) S. 1 BGB
Fehlende Eignung zur vertraglich vorausgesetzten Verwendung, § 434 (1) S. 2 Nr. 1 BGB
Fehlende Eignung zur gewöhnlichen Verwendung gemäß § 434 (1) S. 2 Nr. 2 BGB, einschließlich § 435 (1) S. 3 BGB

Abb. II 73: Übersicht über die Arten von Sachmängeln (§ 434 BGB)

Bei der Bestimmung, ob ein Sachmangel vorliegt, kommt es vorrangig auf die von den Parteien vertraglich getroffenen Vereinbarungen über die Beschaffenheit der Kaufsache an. Werden solche Vereinbarungen getroffen, gehen diese allgemeinen Qualitätsstandards vor, z. B. auch dann, wenn eine gewöhnliche Eignung der Kaufsache nach § 434 (1) S. 2 Nr. 2 BGB nicht gegeben ist. Häufig fehlen ausdrückliche Beschaffenheitsvereinbarungen, so dass auf die Eignung zum vertraglich vorausgesetzten Gebrauch im Sinne von § 434 (1) S. 2 Nr. 1 BGB oder hilfsweise auf die Eignung zum gewöhnlichen Gebrauch im Sinne von § 434 (1) S. 2 Nr. 2 BGB abzustellen ist.

Im Grundstücksverkehr können z. B. die Lage, Größe und Bodenbeschaffenheit eines Grundstücks sowie Baubeschränkungen Gegenstand von Beschaffenheitsvereinbarung sein bzw. aufgrund der sonstigen Tatstände des § 434 (1) BGB einen Sachmangel begründen.

Inhalt einer Beschaffenheitsvereinbarung kann auch die Angabe eines bestimmten Mietertrages sein, so dass das Unterschreiten des vereinbarten oder von beiden Parteien vorausgesetzten Mietertrags einen Sachmangel darstellen kann.

Maßgeblicher Zeitpunkt für das Vorliegen eines Sachmangels ist der Gefahrenübergang, d. h. die Besitzübergabe. Abweichende vertragliche Regelungen sind jedoch möglich.

Rechtsmangel

Die Rechtsmängel sind in § 435 BGB geregelt. Danach liegt ein Rechtsmangel vor, wenn von Dritten oder aufgrund eines privaten oder öffentlichen Rechts das Eigentum, der Besitz oder der unbeschränkte Gebrauch des Kaufgegenstandes beeinträchtigt werden können. Dies ist objektiv zu verstehen und unabhängig vom vereinbarten Verwendungszweck. Maßgeblicher Zeitpunkt für das Vorliegen von Rechtsmängeln bei Grundstücken ist die Vollendung des Eigentumserwerbs durch Eintragung des Eigentumswechsels im Grundbuch.

Rechtsmängel können beschränkte dingliche Rechte sein, die sich aus Abteilung II und III des Grundbuches ergeben. Fehlende mitverkaufte Inventarstücke stellen ebenfalls einen Rechtsmangel dar. Auch liegt ein Rechtsmangel vor, wenn der Veräußerer dem Erwerber zwar das Grundstück verschafft, nicht aber die nach dem Kaufvertrag geschuldete Rechtsstellung.

13.4.2 Rechte des Käufers bei Vorliegen eines Mangels

Das Gesetz räumt dem Erwerber folgende Rechte ein:

Er kann Nacherfüllung verlangen, bei deren Scheitern vom Vertrag zurücktreten oder den Kaufpreis mindern. Der Erwerber kann auch neben dem Rücktritt oder neben der Minderung Schadensersatz verlangen, wenn der Verkäufer den Mangel zu vertreten hat.

Bei der Geltendmachung des Nacherfüllungsanspruches steht dem Käufer ein Wahlrecht zu. Er kann gemäß § 439 (1) BGB entweder die Beseitigung des Mangels veranlassen, eine so genannte Nachbesserung, oder sich für die Lieferung einer mangelfreien Sache, der so genannten Nachlieferung, entscheiden.

Der Anspruch auf Nacherfüllung hat Vorrang vor den Ansprüchen auf Rücktritt, Minderung und Schadensersatz.

Mit dem Rücktritt gemäß § 437 Nr. 2, 1. Fall BGB wird die Rückabwicklung des Vertragsverhältnisses unter Rückgewähr der empfangenen Leistungen nach § 346 (1) BGB erreicht. Das Recht des Käufers, vom Vertrag zurückzutreten, richtet sich nach den Vorschriften der §§ 440, 323, 326 (5) BGB.

Anstatt vom Vertrag zurückzutreten, kann der Verkäufer auch den Kaufpreis mindern, § 437 Nr. 2, 2. Fall. Bei der Minderung im Sinne des § 441 BGB wird der Kaufpreis verhältnismäßig herabgesetzt.

Gemäß § 437 Nr. 3, 1. Fall BGB kann der Käufer neben Rücktritt oder Minderung Schadensersatz nach §§ 440, 280, 281, 283, 311a BGB verlangen.

Neben Rücktritt oder neben der Minderung kann der Verkäufer statt Schadensersatz Aufwendungsersatz nach § 284 BGB verlangen.

13.4.3 Haftungsausschluss

13.4.3.1 Gesetzlicher Haftungsausschluss

Nach § 442 BGB besteht keine Haftung des Verkäufers für Mängel, die der Käufer bei Vertragsabschluss kennt.

Blieb dem Erwerber ein Mangel infolge grober Fahrlässigkeit unbekannt, so kann er gemäß § 442 BGB Rechte wegen dieses Mangels nur dann geltend machen, wenn der Veräußerer den Mangel arglistig verschwiegen hat, oder wenn der Veräußerer eine Garantie im Sinne des § 443 BGB für die Beschaffenheit der Sache übernommen hat.

Arglistiges Verschweigen liegt vor, wenn der Verkäufer arglistig gegen seine Aufklärungspflicht verstößt, insbesondere auf Befragen des Veräußerers nicht wahrheitsgemäß antwortet. Hierbei ist kein Täuschungswille erforderlich. So ist ausreichend, wenn der Veräußerer, obwohl er mit der möglichen Unrichtigkeit seiner Angaben rechnen muss, ins Blaue hinein unrichtige Behauptungen aufstellt. Eine Garantie ist eine Vereinbarung, in der der Verkäufer oder ein Dritter die Gewähr dafür übernimmt, dass die verkaufte Sache eine bestimmte Beschaffenheit aufweist oder diese für eine bestimmte Dauer behält.[251] Inhalt der Garantie kann jede Beschaffenheit einer Sache sein, wie zum Beispiel Mietertrag, Wohnfläche, Baureife oder Grundstücksgröße.

13.4.3.2 Vertraglicher Haftungsausschluss

Grundsätzlich ist es möglich und in der Praxis weit verbreitet, beim Grundstückskaufvertrag einen Haftungsausschluss für Sach- und Rechtsmängel zu vereinbaren. Wird der Haftungsausschluss unter Verwendung von allgemeinen Geschäftsbedingungen oder vom Verkäufer einseitig vorformulierten Vertragsbedingungen vereinbart, kann dies im Einzelfall zur Unwirksamkeit des Haftungsausschlusses führen. Hiernach sind z. B. Vertragsklauseln, die einen Haftungsausschluss für Schäden aus der Verletzung von Leben, Körper oder Gesundheit enthalten oder einen Haftungsausschluss für Schadensersatzansprüche auch bei grobem Verschulden vorsehen nach § 309 Nr. 7 BGB unwirksam.

Wurde die Haftung des Verkäufers für einen Mangel wirksam ausgeschlossen, so kann sich der Verkäufer gemäß § 444 BGB auf diesen Ausschluss dann nicht berufen, wenn er den Mangel arglistig verschwiegen hat oder eine Garantie für die Beschaffenheit der Sache übernommen hat.

Ein vollständiger Haftungsausschluss muss nicht zwingend vereinbart werden. Es ist möglich, den Haftungsausschluss nur auf bestimmte Arten von Mängeln (z. B. Ausschluss bis auf die Bodenbeschaffenheit) zu vereinbaren oder nur bestimmte Rechtsfolgen eines Mangels (z. B. das Rücktrittsrecht) auszuschließen. Letzteres kann im Einzelfall ratsam sein, da die Rückabwicklung von vollzogenen Grundstückskaufverträgen je nach Lage des Falls zu erheblichen Schwierigkeiten in der praktischen Abwicklung führen kann.

13.5 Eigentumsübertragung

Der rechtsgeschäftliche Eigentumserwerb von Grundstücken setzt nach §§ 873, 925 BGB die Einigung der Vertragsparteien und die Eintragung des Eigentumswechsels im Grundbuch voraus. Denn die Rechtsänderung an den Eigentumsverhältnissen am Grundstück wird erst durch die Einigung über den Rechtsübergang **und** durch die Eintragung im Grundbuch bewirkt. Die Eintragung vollzieht sich nach den grundbuchverfahrensrechtlichen Regelungen.

---

[251] Palandt, O. (2012), § 442 Rn. 18

13.5.1 Auflassung

Die zur Grundstücksübereignung erforderliche Einigung wird auch Auflassung genannt. Die Auflassung ist in § 925 BGB geregelt. Sie stellt den sachenrechtlichen Einigungsvertrag dar, in dem sich der Veräußerer und der Erwerber über den Übergang des Eigentums an dem Grundstück vom Veräußerer auf den Erwerber einig sind. Die Auflassung ist ein abstrakter Vertrag im Sinne der §§ 145 ff. BGB, auf den die Vorschriften des allgemeinen Teils des Bürgerlichen Gesetzbuches Anwendung finden.

Die Einigung ist unabhängig von der Wirksamkeit des schuldrechtlichen Grundgeschäfts. Denn aufgrund des Abstraktionsprinzips hat die Nichtigkeit des schuldrechtlichen Geschäfts keinen Einfluss auf die Wirksamkeit der dinglichen Einigung.

Die Auflassung kann gleichzeitig in dem schuldrechtlichen Kaufvertrag oder auch in einer gesonderten Urkunde erfolgen.

Gemäß § 925 BGB muss die Auflassung bei gleichzeitiger Anwesenheit von Veräußerer und Erwerber vor einer zuständigen Stelle erklärt werden. Hierdurch sollen die Beteiligten auf die Bedeutung der Grundstücksübereignung hingewiesen werden, und zugleich soll eine rechtskundige Stelle für die Einhaltung aller Vorschriften Sorge tragen. § 925 BGB ist für die Grundstücksübereignung eine Sonder-/Spezialvorschrift zu § 873 Abs. 1 BGB.

Als zuständige Stelle ist in § 925 (1) S. 2 BGB in erster Linie der deutsche Notar vorgesehen. Im Rahmen eines Vergleichs oder eines Insolvenzverfahrens können nach § 929 (1) S. 3 BGB auch Gerichte zuständige Stellen sein.

Des Weiteren wird in § 925 (1) S. 1 BGB die gleichzeitige Anwesenheit der Parteien gefordert. Fehlt die gleichzeitige Anwesenheit, so führt dies nach § 125 S. 1 BGB zur Nichtigkeit der Auflassung.

Eine persönliche Pflicht zum Erscheinen besteht aber nicht. Die Parteien können sich somit auch vertreten lassen.

Eine Auflassung kann gemäß § 925 (2) BGB nicht mit einer Bedingung oder einer Zeitbestimmung verbunden werden. Ein Grundstück kann daher nicht unter Eigentumsvorbehalt veräußert werden. Die sich daraus ergebende Sicherungslücke wird durch die Auflassungsvormerkung geschlossen.

Nach § 873 (2) BGB sind Erwerber und Veräußerer an die Auflassung erst gebunden, wenn sie notariell beurkundet oder vor dem Grundbuchamt abgegeben oder beim Grundbuchamt eingereicht wurde oder wenn eine die Eigentumsänderung betreffende Eintragungsbewilligung entsprechend den Vorschriften der GBO ausgehändigt ist.

13.5.2 Eintragung

Die Eintragung der Rechtsänderung in das Grundbuch kommt als weiteres Erfordernis zur Eigentumsübertragung an Grundstücken hinzu. Durch die Eintragung sollen die an einem Grundstück bestehenden dinglichen Rechtsverhältnisse publik gemacht werden. Die Eintragung im Grundbuch muss sich inhaltlich mit der Einigung decken. Ansonsten tritt die gewollte Rechtsänderung nicht ein.

Als grundbuchverfahrensrechtliche Voraussetzung ist bei der Eigentumsänderung nicht nur gem. § 19 GBO erforderlich, dass die Eintragungsbewilligung vom Rechtsbetroffenen (Veräußerer/ Eigentümer) abgegeben wird (sog. Bewilligungsprinzip oder formelles Konsensprinzip), sondern es bedarf des förmlichen Nachweises der Einigung bzw. Auflassung gem. § 20 GBO (sog. materielles Konsensprinzip). Denn die Eintragung wird vom Nachweis der sachenrechtlich notwendigen

Rechtsänderungserklärung abhängig gemacht. § 20 GBO erweitert also das Prinzip der einseitigen Bewilligung des § 19 GBO für den besonderen Fall der Eigentumsübertragung.

13.6 Sicherung des Grundstückskäufers auf Eigentumserwerb, Auflassungsvormerkung

Das Grundbuchsystem bietet mit der Eintragung einer Vormerkung gemäß § 883 BGB die Möglichkeit, den Gläubiger eines Anspruchs auf dingliche Rechtsänderung vor den Nachteilen zu schützen, die infolge vertragswidriger Verfügungen des Schuldners über den geschuldeten Gegenstand, durch Vollstreckungsmaßnahmen oder durch die Eröffnung des Insolvenzverfahrens über das Vermögen des Schuldners eintreten können. Beim Grundstückserwerb ist die Funktion der Vormerkung folgende:

Die Vormerkung verbindet den schuldrechtlichen Verpflichtungsvertrag mit der dinglichen Erfüllung, welche infolge des Abstraktionsprinzips im Übrigen völlig getrennt zu betrachten sind. Des Weiteren führt zum Eigentumserwerb erst die dingliche Einigung zwischen den Beteiligten sowie die Eintragung im Grundbuch. Die beiden erforderlichen dinglichen Erwerbsakte (Einigung und Eintragung) fallen in der Regel zeitlich auseinander. Denn so sind häufig vor der Antragstellung beim Grundbuchamt behördliche Genehmigungen einzuholen oder es können beim Grundbuchamt Bearbeitungszeiten bestehen. Eine Zug-um-Zug-Leistung (Kaufpreiszahlung gegen Eigentumsübertragung) ist daher beim Grundstückskaufvertrag nicht möglich. Daher erhält der Grundstückskäufer in der Regel als „Vorstufe zum Eigentum" eine Vormerkung am Grundstück eingeräumt.

Die Befugnis des Veräußerers, über sein Grundstück entgegen seiner Verpflichtung zu verfügen, wird durch die Vormerkung beschränkt.

Gemäß § 883 (2) BGB sind Verfügungen, die nach Eintragung der Vormerkung über das Grundstück oder das Recht getroffen werden, dem Vormerkungsinhaber gegenüber unwirksam, sofern sie seinen Anspruch vereiteln oder beeinträchtigen würden.

Die Vormerkung bewirkt jedoch keine Grundbuchsperre, vielmehr hat der Vormerkungsberechtigte gegenüber allen nachrangig Eingetragenen einen Löschungsanspruch, wenn er sein vorgemerktes Recht endgültig erwirbt.

Die Vormerkung ist akzessorisch. Dies bedeutet, sie kann nur bestehen, wenn und solange der schuldrechtliche Anspruch aus dem Verpflichtungsvertrag besteht. Durch die Vormerkung können auch künftige oder bedingte Ansprüche, wie zum Beispiel ein Optionsrecht auf Erwerb des Grundstücks, gesichert werden.

Neben dem Vorhandensein eines Anspruchs setzt das Entstehen der Vormerkung die Bewilligung und die Eintragung ins Grundbuch voraus. Hierfür ist die Bewilligung desjenigen erforderlich, dessen Grundstück oder dessen Recht von der Vormerkung betroffen wird (§ 885 BGB). Die Vormerkung muss gelöscht werden, wenn der Kaufvertrag nicht durchgeführt wird. Der Verkäufer hat dann gegenüber dem Käufer Anspruch auf Erteilung einer entsprechenden Löschungsbewilligung.

Der häufigste Fall der Vormerkung ist die Auflassungsvormerkung. Durch sie wird der Anspruch auf Eigentumsübertragung gesichert. Die Auflassungsvormerkung wird auch Eigentums(-verschaffungs)vormerkung genannt. Der vorgemerkte Käufer kann danach über §§ 883 (2), 888 BGB von jedem vormerkungswidrigen Dritterwerber Zustimmung zur Erfüllung seines Übereignungsan-

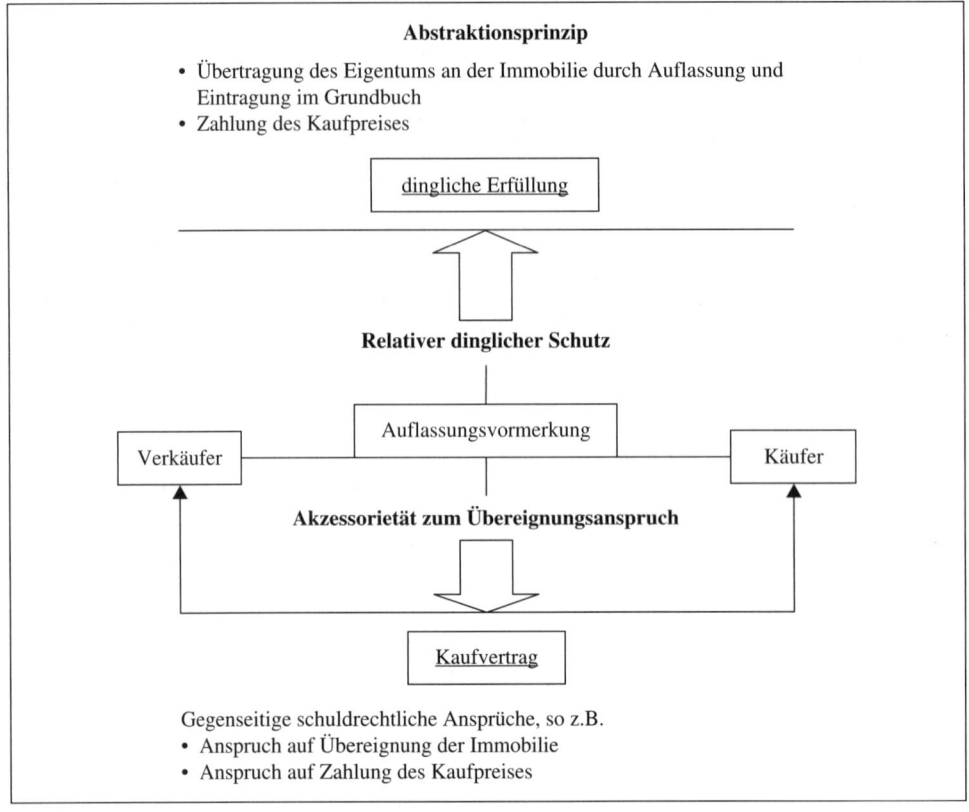

```
┌─────────────────────────────────────────────────────────────────┐
│                      Abstraktionsprinzip                        │
│     • Übertragung des Eigentums an der Immobilie durch          │
│       Auflassung und Eintragung im Grundbuch                    │
│     • Zahlung des Kaufpreises                                   │
│                                                                 │
│                     ┌──────────────────┐                        │
│                     │ dingliche Erfüllung │                     │
│                     └──────────────────┘                        │
│  ───────────────────────────▲───────────────────────────────   │
│                             │                                   │
│                  Relativer dinglicher Schutz                    │
│                             │                                   │
│              ┌──────────────────────────────┐                   │
│  ┌────────┐  │    Auflassungsvormerkung     │  ┌────────┐      │
│  │Verkäufer│  └──────────────────────────────┘  │ Käufer │      │
│  └────────┘              │                      └────────┘      │
│      ▲       Akzessorietät zum Übereignungsanspruch    ▲        │
│      │                   │                             │        │
│      │                   ▼                             │        │
│      │          ┌──────────────┐                       │        │
│      └──────────│ Kaufvertrag  │───────────────────────┘        │
│                 └──────────────┘                                │
│     Gegenseitige schuldrechtliche Ansprüche, so z.B.            │
│       • Anspruch auf Übereignung der Immobilie                  │
│       • Anspruch auf Zahlung des Kaufpreises                    │
└─────────────────────────────────────────────────────────────────┘
```

Abb. II 74: Vormerkung

spruchs und von jedem Berechtigten einer nachrangig eingetragenen Grundstücksbelastung die Löschung des betreffenden Rechts verlangen.

Die Vormerkung sichert den Rang des Rechts, so dass das gesicherte Recht mit dem Rang der Vormerkung eingetragen wird (§ 883 (3) BGB). Bei Vormerkungen, die den Anspruch auf Einräumung eines Rechts in Abt. II oder III des Grundbuchs zum Gegenstand haben, erfolgt die Eintragung der Vormerkung daher halbspaltig, damit nach dem Locusprinzip die endgültige Eintragung den richtigen Rang in derselben Abteilung des Grundbuchs erhalten kann.

13.7 Verjährung von Ansprüchen aus dem Grundstückskaufvertrag

Allgemeine Verjährung

Für den Grundstückskaufvertrag gilt die Verjährungsvorschrift, der Übertragung, Begründung oder Aufhebung von Rechten an Grundstücken des § 196 BGB. Hiernach verjähren Ansprüche auf Übertragung des Eigentums sowie der Kaufpreisanspruch in zehn Jahren. Der Beginn der Verjährung richtet sich nach § 199 (1) BGB, also nach dem Schluss des Jahres, in dem der Anspruch entstanden ist und der Gläubiger von den Umständen, die den Anspruch begründen und von der

Person des Schuldners Kenntnis erlangt oder ohne grobe Fahrlässigkeit Kenntnis hätte erlangen müssen, so genannte Silvesterregelung.

Verjährung von Mängelansprüchen

Mängelansprüche des Erwerbers wegen Rechtsmängeln verjähren gemäß § 438 (1) Nr. 1 BGB in 30 Jahren, wenn der Mangel in einem dinglichen Recht eines Dritten besteht, aufgrund dessen die Herausgabe der Kaufsache verlangt werden kann, oder in einem sonstigen Recht, das ins Grundbuch eingetragen ist. In fünf Jahren verjähren nach § 438 (1) Nr. 2 BGB Mängel bei einem Bauwerk und bei einer Sache, die entsprechend ihrer üblichen Verwendungsweise für ein Bauwerk verwendet worden ist und dessen Mangelhaftigkeit verursacht hat. Nach § 438 (1) Nr. 3 BGB verjähren die sonstigen Mängelansprüche in zwei Jahren. Wurde ein Mangel arglistig verschwiegen, so richtet sich die Verjährungsfrist nach § 438 (3) BGB, d. h. maximal zehn Jahre bei Vermögensschäden und 30 Jahre bei Körper- und Gesundheitsschäden nach § 199 (3) Nr. 1 (5) BGB.

Die Verjährungsfrist von Mängelansprüchen bei Grundstücken beginnt – anders als bei der üblichen Verjährung – gemäß § 438 (2) BGB bei Übergabe.[252]

14 Zusammenschlusskontrolle bei Immobilientransaktionen

14.1 Einführung

Immobilientransaktionen können die Durchführung eines kartellbehördlichen Zusammenschlusskontrollverfahrens und die Freigabe durch das Bundeskartellamt (BKartA) nach den §§ 35 ff. des Gesetzes gegen Wettbewerbsbeschränkungen (GWB) oder durch die Europäische Kommission nach der EU-Fusionskontrollverordnung (FKVO)[253] erforderlich machen. Gegebenenfalls ist gleichzeitig auch eine Freigabe durch weitere zuständige Kartellbehörden in anderen Ländern einzuholen.

Der Wettbewerb kann grundsätzlich auf verschiedene Arten beeinträchtigt werden. In der Praxis kommen zunächst Vereinbarungen zwischen Wettbewerbern vor, um den Wettbewerb untereinander zu beschränken. Erscheinungsform solcher nach Art. 101 (1) AEUV/§ 1 GWB verbotenen Vereinbarungen sind etwa Preisabsprachen, beispielsweise bei der Beteiligung an Vergabeverfahren, oder die Aufteilung von Kunden oder Verkaufsgebieten. Der Wettbewerb kann aber auch durch Unternehmenskonzentrationen beeinträchtigt werden, wenn diese zu marktbeherrschenden Stellungen mehrerer Unternehmen, sog. Oligopole, oder sogar zu Quasi-Monopolen, d. h. einer marktbeherrschenden Stellung eines einzelnen Unternehmens, führen. Zweck der Fusionskontrolle ist deshalb, eine übermäßige Unternehmenskonzentration zu verhindern und ausgewogene Marktstrukturen zu sichern, durch die einseitige, nicht leistungsbedingte Verhaltensspielräume von Unternehmen im Interesse des umfassenden Schutzes der wirtschaftlichen Handlungsspielräume anderer Unternehmen verhindert werden.

---

[252] Vgl. ebenda, § 433 Rn. 9
[253] Verordnung (EG) Nr. 139/2004 des Rates vom 20.01.2004 über die Kontrolle von Unternehmenszusammenschlüssen, ABl. 2004 L 24/1

14.2 Grundzüge der Zusammenschlusskontrolle

14.2.1 Formelle Zusammenschlusskontrolle

Der Erwerb einer Immobilie bzw. eines Immobilienportfolios unterliegt dann der Zusammenschlusskontrolle des BKartA, wenn dieser Erwerb einen Zusammenschlusstatbestand im Sinne von § 37 (1) GWB erfüllt und die Umsatzschwellen in § 35 (1) GWB von den beteiligten Unternehmen überschritten werden. Die Zusammenschlusskontrolle zum BKartA wird allerdings ggf. durch die EU-Fusionskontrolle nach der FKVO verdrängt.

14.2.1.1 Vorrang der EU-Fusionskontrolle

Die Zusammenschlusskontrolle nach dem GWB und die EU-Fusionskontrolle stehen zueinander im Verhältnis der gegenseitigen Ausschließlichkeit. Die Anwendbarkeit des jeweiligen Rechts hängt in erster Linie von den jeweils erreichten Umsatzschwellenwerten ab. Beide Rechtskreise setzen zudem das Vorliegen eines Zusammenschlusses bzw. Zusammenschlusstatbestands voraus. Bei einer unionsweiten (früher: gemeinschaftsweiten) Bedeutung eines Zusammenschlusses ist die EU-Kommission ausschließlich zuständig, und es kommt nur die FKVO zur Anwendung. Liegt kein Zusammenschluss im Sinne der FKVO vor oder werden die dort normierten Schwellenwerte nicht erreicht, kommt dem Vorhaben keine unionsweite Bedeutung zu. In diesem Fall kommen ausschließlich die nationalen Vorschriften der einzelnen EU-Mitgliedstaaten zur Anwendung. Dies bedeutet, dass für alle EU-Mitgliedstaaten, die von einem Zusammenschluss betroffen sind, d. h. in denen sich ein solcher auswirkt, geprüft werden muss, ob eine kartellbehördliche Anmeldepflicht besteht. Neben diesem strikten „Entweder – Oder"-Prinzip gibt es in der FKVO seit 2004 allerdings auch verschiedene Verweisungsmöglichkeiten von den Mitgliedstaaten an die EU-Kommission und umgekehrt.

Ein Zusammenschluss wird nach Art. 3 (1) FKVO dadurch bewirkt, dass eine dauerhafte Veränderung der Kontrolle stattfindet, indem entweder zwei oder mehrere bisher voneinander unabhängige Unternehmen fusionieren oder eine oder mehrere Personen, die bereits mindestens ein Unternehmen kontrollieren, durch Vertrag oder in sonstiger Weise die unmittelbare oder mittelbare Kontrolle über die Gesamtheit oder über Teile eines oder mehrerer anderer Unternehmen erwerben.

Ist das Vorliegen eines Zusammenschluss nach der FKVO zu bejahen, hat dieser nach Art. 1 (2) FKVO unionsweite Bedeutung, wenn

- der weltweite Gesamtumsatz aller beteiligten Unternehmen zusammen mehr als 5 Mrd. Euro beträgt und
- ein unionsweiter Gesamtumsatz von mindestens zwei beteiligten Unternehmen von jeweils mehr als 250 Mio. Euro erzielt wird.

Werden diese Schwellen nicht erreicht, hat ein Zusammenschluss nach Art. 1 (3) FKVO gleichwohl unionsweite Bedeutung, wenn

- der weltweite Gesamtumsatz aller beteiligten Unternehmen zusammen mehr als 2,5 Mrd. Euro beträgt,
- der Gesamtumsatz aller beteiligten Unternehmen in mindestens drei Mitgliedstaaten jeweils 100 Mio. Euro übersteigt,
- in jedem von mindestens drei dieser Mitgliedstaaten der Gesamtumsatz von mindestens zwei beteiligten Unternehmen jeweils mehr als 25 Mio. Euro beträgt und

- der unionsweite Umsatz von mindestens zwei beteiligten Unternehmen jeweils 100 Mio. Euro übersteigt.

Trotz des Überschreitens der beiden genannten Schwellenwerte in Art. 1 (2) bzw. (3) FKVO entfällt die unionsweite Bedeutung eines Zusammenschlusses, wenn die beteiligten Unternehmen jeweils mehr als zwei Drittel ihres Gesamtumsatzes innerhalb der Europäischen Union in ein und demselben Mitgliedstaat erzielen.

In der Praxis wird anhand dieser Umsatzschwellen geprüft, ob überhaupt und wo eine Anmeldepflicht besteht. Aufgrund des Vorrangs der FKVO wird dabei als erstes untersucht, ob die europäischen Schwellenwerte überschritten sind. Auf weitere Ausführungen zur materiellen EU-Fusionskontrolle muss im Rahmen der vorliegenden Darstellung verzichtet werden. Hinsichtlich weiterer Einzelheiten wird auf die einschlägige kartellrechtliche Literatur verwiesen.[254]

14.2.1.2 Zusammenschlusskontrolle in Drittstaaten

Zu beachten ist stets, dass unabhängig von der Frage, ob die FKVO oder die nationalen fusionskontrollrechtlichen Vorschriften der einzelnen EU-Mitgliedstaaten einschlägig sind, parallel auch die Fusionskontrollregeln von Drittstaaten außerhalb der EU auf ihre Anwendbarkeit zu untersuchen sind und ein Zusammenschlussvorhaben ggf. auch zusätzlich bei den dortigen Kartellbehörden anzumelden ist.

14.2.1.3 Zusammenschlusstatbestände im GWB

Die Pflicht zur Durchführung eines Zusammenschlusskontrollverfahrens zum BKartA setzt voraus, dass ein Zusammenschlusstatbestand vorliegt. Das GWB unterscheidet in § 37 (1) GWB zwischen vier Formen von Zusammenschlusstatbeständen, die auch nebeneinander erfüllt sein können:

14.2.1.3.1 Vermögenserwerb

Nach § 37 (1) S. 1 Nr. 1 GWB liegt ein Zusammenschluss vor, wenn der Erwerb des Vermögens eines anderen Unternehmens ganz oder zu einem wesentlichen Teil beabsichtigt ist. Wesentlich ist ein Vermögensteil, der eine abgrenzbare, selbstständige Betriebseinheit darstellt, die im Rahmen der gesamten nach außen gerichteten wirtschaftlichen Tätigkeit des Veräußerers qualitativ von eigener Bedeutung und deren Erwerb geeignet ist, die Marktstellung vom Veräußerer auf den Erwerber zu übertragen und dadurch seine Stellung auf dem relevanten Markt spürbar zu stärken. Ausreichend hierfür ist, dass der Erwerber durch die Übertragung in die Lage versetzt wird, in die Marktstellung des Veräußerers einzutreten.[255]

Wird eine Immobilie oder ein Immobilienportfolio erworben, liegt hierin somit nur dann ein anmeldepflichtiger Zusammenschluss, wenn es sich um den „Erwerb des Vermögens eines anderen Unternehmens ganz oder zu einem wesentlichen Teil" handelt. Eine Immobilie ist „wesentlich" im obigen Sinne, wenn sie geeignet ist, die Marktposition des Erwerbers auf dem (lokalen) Immobilienmarkt zu verbessern. Werden mit der Immobilie Erträge erwirtschaftet (z. B. durch die Vermietung eines Bürogebäudes), trifft dies in der Regel zu, da ein solcher Erwerb auch wirtschaftlich bedeutsam ist. Der Erwerb eines Grundstücks und eines darauf befindlichen Gebäudes wird dabei grundsätzlich als einheitlicher Vorgang angesehen.[256] Wird dagegen ein unbebautes, bisher nicht

---

[254] Z.B. Bechtold, R. et al. (2009), o. S.
[255] Vgl. BGH, WuW/E BGH 2783/2786 – „Warenzeichenerwerb"
[256] BKartA, Fallbericht vom 15.01.2010, Gesch.-Z.: B 2 – 80/09 – „ZF Raiffeisen/Wurth Agrar"

genutztes Grundstück erworben, kann dies zwar ebenfalls grundsätzlich die Wettbewerbsposition des Erwerbers verbessern, v. a. wenn es sich um ein Grundstück in strategisch günstiger Lage handelt. Im Regelfall dürfte es sich aber nicht um den Erwerb eines „wesentlichen" Vermögensteils handeln, da die Verbesserung der Wettbewerbsposition des Erwerbers nicht von selbst eintritt, sondern voraussetzt, dass der Erwerber das Grundstück erst nachträglich einer entsprechenden betrieblichen Nutzung zuführt. Dies stellt aber einen Akt des internen Wachstums dar, der nicht unter die Zusammenschlusskontrolle fällt.

14.2.1.3.2 Kontrollerwerb

Ein Kontrollerwerb liegt nach § 37 (1) S. 1 Nr. 2 GWB im Erwerb der unmittelbaren oder mittelbaren Kontrolle durch ein oder mehrere Unternehmen über die Gesamtheit oder Teile eines oder mehrerer anderer Unternehmen. Die Kontrolle wird durch Rechte, Verträge oder andere Mittel begründet, die einzeln oder zusammen unter Berücksichtigung aller tatsächlichen und rechtlichen Umstände die Möglichkeit gewähren, einen bestimmenden Einfluss auf die Tätigkeit eines Unternehmens auszuüben, insbesondere durch Eigentums- oder Nutzungsrechte an einer Gesamtheit oder an Teilen des Vermögens des Unternehmens oder durch Rechte oder Verträge, die einen bestimmenden Einfluss auf die Zusammensetzung, die Beratungen oder die Beschlüsse der Organe des Unternehmens gewähren.

14.2.1.3.3 Anteilserwerb

Sobald – allein oder zusammen mit sonstigen, dem erwerbenden Unternehmen bereits gehörenden Anteilen – 25 % oder 50 % des Kapitals oder der Stimmrechte an einem anderen Unternehmen erworben werden, liegt der Zusammenschlustatbestand des Anteilserwerbs nach § 37 (1) S. 1 Nr. 3 GWB vor. Erwerben mehrere Unternehmen gleichzeitig oder nacheinander Anteile in diesem Umfang an einem anderen Unternehmen, gilt dies nach § 37 (1) S. 1 Nr. 3 S. 3 GWB hinsichtlich der Märkte, auf denen das andere Unternehmen tätig ist, auch als Zusammenschluss der sich beteiligenden Unternehmen untereinander. Damit werden die Fälle der Gründung von bzw. Beteiligung an Gemeinschaftsunternehmen erfasst.

Zu beachten ist dabei, dass die Gesellschaft, an der Anteile erworben werden, nicht operativ tätig sein muss. Es kann sich auch um eine reine Objektgesellschaft handeln, die nur zum Zweck der Verwaltung eines bestimmten Immobilienportfolios gegründet wurde.

14.2.1.3.4 Erwerb wettbewerblich erheblichen Einflusses

Im Einzelfall kann sogar der Erwerb einer geringeren Beteiligung als 25 % anmeldepflichtig sein, wenn die mit der Beteiligung erworbene Rechtsstellung bedeutender ist, als dies für gewöhnlich bei einer Beteiligung in der erworbenen Höhe der Fall wäre (z. B. aufgrund der Gewährung von Vetorechten im Hinblick auf strategische Entscheidungen zu Budget, Geschäftsplan, Besetzung der Unternehmensleitung oder Investitionen). Dies ist nach § 37 (1) S. 1 Nr. 4 GWB der Fall bei jeder sonstigen Verbindung von Unternehmen, auf Grund deren ein oder mehrere Unternehmen unmittelbar oder mittelbar einen wettbewerblich erheblichen Einfluss auf ein anderes Unternehmen ausüben können.

14.2.1.4 Aufgreifschwellen

Ist das Vorliegen eines Zusammenschlusstatbestands nach den obigen Grundsätzen zu bejahen, ist ein Zusammenschlussvorhaben nach § 35 (1) GWB zum BKartA anzumelden, wenn im letzten Geschäftsjahr vor dem Zusammenschluss

1. die beteiligten Unternehmen insgesamt weltweit Umsatzerlöse von mehr als 500 Mio. Euro und
2. im Inland mindestens ein beteiligtes Unternehmen Umsatzerlöse von mehr als 25 Mio. Euro und ein anderes beteiligtes Unternehmen Umsatzerlöse von mehr als 5 Mio. Euro

erzielt haben.

Die vorgenannten Umsatzschwellen gelten auch für Immobilientransaktionen. Die in der Mitteilung des BKartA vom 07.04.2006 getroffenen Sonderregelungen[257] für den Immobiliensektor (hierzu noch die Vorauflage 2007, S. 241 f.) sind seit 30.11.2009 nicht mehr anwendbar.[258]

Eine Anmeldepflicht besteht jedoch nicht, soweit sich ein unabhängiges Unternehmen, das im letzten Geschäftsjahr weltweit Umsatzerlöse von weniger als 10 Mio. Euro erzielt hat, mit einem anderen Unternehmen zusammenschließt (sog. de-minimis-Klausel, § 35 (2) S. 1 Nr. 1 GWB), oder soweit ein Markt betroffen ist, auf dem seit mindestens fünf Jahren Waren oder gewerbliche Leistungen angeboten werden und auf dem im letzten Kalenderjahr weniger als 15 Mio. Euro umgesetzt wurden (sog. Bagatellmarktklausel, § 35 (2) S. 1 Nr. 2 GWB). Die de-minimis-Klausel gilt entgegen ihrem Wortlaut auch dann, wenn entweder der Umsatz der gesamten Erwerber-Gruppe oder der Umsatz der gesamten Veräußerer-Gruppe einschließlich der zu veräußernden Immobilien unter diesem Schwellenwert liegt.[259]

14.2.1.5 Berechnung der Umsatzerlöse

Fraglich ist im Zusammenhang mit den Schwellenwerten regelmäßig, welche Unternehmen am Zusammenschluss „beteiligt" im Sinne von § 35 (1) GWB sind. Hierfür gelten folgende Grundsätze:

Zunächst fällt unter den kartellrechtlichen Begriff des „Unternehmens" jede aktive Teilnahme im geschäftlichen Verkehr, die nicht nur dem privaten Verbrauch dient. Auch Objekt- oder Fondsgesellschaften sind demnach Unternehmen. Aber auch eine natürliche Person, sogar eine Familie oder ein Gesellschafterstamm können als Unternehmen anzusehen sein.

„Beteiligte" Unternehmen sind grundsätzlich einerseits der Erwerber, andererseits das Zielunternehmen bzw. die Gesamtheit der erworbenen Vermögensgegenstände des Veräußerers, nicht aber der zurückbehaltene Vermögensteil des Veräußerers. Bei der Gründung eines neuen Gemeinschaftsunternehmens („Joint Venture") durch mehrere bestehende Unternehmen besteht insofern eine Besonderheit, als auch der Veräußerer, der 25 % oder mehr der Anteile an dem Zielunternehmen hält, als beteiligtes Unternehmen anzusehen ist.

Beim Erwerb einer Objektgesellschaft sind beispielsweise zum einen deren Umsätze, zum anderen diejenigen des Erwerbers maßgeblich. Auf Seiten des Erwerbers sind neben den Umsätzen des unmittelbar erwerbenden Unternehmens auch die Umsätze aller mit ihm verbundenen Unternehmen zu addieren. Das sind abhängige oder herrschende Unternehmen sowie Konzernunternehmen. Zusätzlich sind die Umsatzerlöse derjenigen Unternehmen mit einzubeziehen, über die ein Unternehmen der Gruppe einen beherrschenden Einfluss ausübt. Wird eine Unternehmensgruppe von

---

[257] BKartA, Mitteilung vom 7.4.2006, Gesch.-Z.: B 1 – G20.
[258] BKartA, Bekanntmachung vom 29.10.2009 zu Auswirkungen der 2. Inlandsumsatzschwelle auf die Ausnahmeregelungen beim Erwerb von Immobilien.
[259] BKartA, Tätigkeitsbericht 1999/2000, S. 17

einer natürlichen Person kontrolliert, zählen zu den Umsatzerlösen auch alle weiteren kontrollierenden Beteiligungen dieser Person. Wird ein Unternehmen von mehreren anderen Unternehmen gemeinsam beherrscht, gilt jedes von ihnen als herrschend. Diesen gemeinsam beherrschenden Gesellschaftern wird das Gemeinschaftsunternehmen jeweils als Ganzes zugerechnet.

Kapitalanlagegesellschaften, wie beispielsweise Immobilienfonds, werden regelmäßig von ihren Obergesellschaften – überwiegend Kreditinstitute – beherrscht und deshalb als verbundene Unternehmen behandelt. Dies hat zur Folge, dass auch die Umsätze der beherrschenden Bank sowie die Umsätze aller anderen von ihr verwalteten Fondsvermögen dem erwerbenden Fonds bei einer Immobilientransaktion zugerechnet werden. Von Geschäftsbanken kontrollierte und verwaltete Fonds überschreiten daher typischerweise bereits für sich – und damit unabhängig von den erworbenen Vermögenswerten – die relevanten Umsatzschwellen. Dies hat zur Folge, dass Immobilientransaktionen im Wege des bloßen Vermögenserwerbs – unabhängig von ihren Auswirkungen auf den Markt – regelmäßig als Zusammenschluss anmeldepflichtig sind, sofern nicht die Bagatellklausel des § 35 (2) S. 1 Nr. 1 GWB eingreift. Bei der Bagatellklausel sind – anders als nach § 38 (5) GWB – sämtliche vom Veräußerer erzielten Umsätze und nicht nur diejenigen, die den veräußerten Vermögensteil betreffen, maßgeblich. Auf der Website des BKartA kann der regelmäßig aktualisierten Rubrik „Aktuelle Liste der angemeldeten Zusammenschlussvorhaben" entnommen werden, dass ständig eine relativ große Zahl von Immobilientransaktionen angemeldet wird.

Für die Berechnung der relevanten Umsatzerlöse als solche ist stets der Umsatz im letzten abgeschlossenen Geschäftsjahr vor dem Zusammenschluss maßgeblich. Einzelheiten sind in § 38 GWB geregelt, der in § 38 (1) S. 1 GWB auf § 277 (1) HGB verweist. Umsatzerlöse in diesem Sinne sind etwa die Erlöse aus Verkauf und Vermietung oder Verpachtung von für die gewöhnliche Geschäftstätigkeit des Unternehmens typischen Erzeugnissen und Waren sowie Dienstleistungen nach Abzügen von Erlösschmälerungen und der Umsatzsteuer. Konzerninterne Umsätze sowie Verbrauchssteuern bleiben nach § 38 (1) S. 2 GWB ebenfalls außer Betracht. Zu beachten ist, dass es nicht nur auf die im Bereich Immobilienwirtschaft erzielten Umsätze aus Vermietung oder Verpachtung ankommt, sondern auch alle anderen Umsätze aus anderen Geschäftsfeldern etc. zu berücksichtigen sind. Der Kaufpreis aus der Veräußerung einer Immobilie ist hingegen nicht in die Umsatzberechnung mit einzubeziehen, da es auf die Umsatzerlöse im letzten Geschäftsjahr vor dem Zusammenschluss ankommt und transaktionsabhängige Umsätze deshalb nicht berücksichtigt werden können.

Bei erwerbenden Immobilienfonds bestimmt § 38 (4) GWB, dass an die Stelle der Umsatzerlöse bei Kreditinstituten, Finanzinstituten und Sparkassen der Gesamtbetrag der in § 34 (2) S. 1 Nr. 1 Buchstabe a) bis e) der Verordnung über die Rechnungslegung der Kreditinstitute vom 10.02.1992 (BGBl. I S. 203) genannten Erträge (dies sind Zinserträge; laufende Erträge aus Aktien und anderen nicht fest verzinslichen Wertpapieren, Beteiligungen, Anteilen an verbundenen Unternehmen; Provisionserträge, Nettoerträge aus Finanzgeschäften; sonstige betriebliche Erträge) abzüglich der Umsatzsteuer und sonstiger direkt auf diese Erträge erhobenen Steuern tritt.

14.2.2 Materielle Zusammenschlusskontrolle

Ein Zusammenschlussvorhaben wird vom BKartA nach § 36 (1) GWB untersagt, wenn zu erwarten ist, dass dadurch eine marktbeherrschende Stellung begründet oder verstärkt wird, es sei denn, die beteiligten Unternehmen weisen nach, dass der Zusammenschluss auch Verbesserungen der Wettbewerbsbedingungen mit sich bringt und diese die Nachteile der Marktbeherrschung überwiegen.

14.2.2.1 Marktabgrenzung

In der Fusionskontrolle ist grundsätzlich zwischen der sachlichen und der räumlichen Abgrenzung des relevanten Markts zu differenzieren:

Der sachlich relevante Markt wird mittels des sog. Bedarfsmarktkonzepts bestimmt. Hierfür wird aus Sicht der Marktgegenseite (regelmäßig der Abnehmer) geprüft, welche Waren und Dienstleistungen nach Beschaffenheit, Verwendungszweck und Preis als gegeneinander austauschbar angesehen werden. Der räumlich relevante Markt ist das Gebiet, in dem homogene Wettbewerbsbedingungen herrschen und das sich insoweit von anderen Gebieten unterscheidet. Auch hier kommt es auf die Ausweichmöglichkeiten der Marktgegenseite an, wobei das tatsächliche Verhalten der Abnehmer maßgeblich ist.

In der kartellbehördlichen Praxis wird davon ausgegangen, dass die Immobilienbranche den Erwerb und den Verkauf sowie das Leasing ebenso umfasst wie das Verwalten und Verwerten von Immobilien. Das BKartA unterscheidet dabei zwischen den sachlich relevanten Märkten für gewerbliche Immobilien einerseits und Wohnungen andererseits.[260] Aufgrund der „Unbeweglichkeit" von Immobilien und Grundstücken ist im Hinblick auf den räumlich relevanten Markt im Regelfall von lokalen oder regionalen Märkten auszugehen. Für Sonderimmobilien und spezielle Grundstücke ist allerdings grundsätzlich auch die Annahme eines bundesweiten Markts denkbar.

14.2.2.2 Begründung oder Verstärkung einer marktbeherrschenden Stellung

Ein Unternehmen ist nach § 19 (2) S. 1 GWB marktbeherrschend, soweit es als Anbieter oder Nachfrager einer bestimmten Art von Waren oder gewerblichen Leistungen auf dem sachlich und räumlich relevanten Markt ohne Wettbewerber ist oder keinem wesentlichen Wettbewerb ausgesetzt ist (§ 19 (2) S. 1 Nr. 1 GWB) oder eine im Verhältnis zu seinen Wettbewerbern überragende Marktstellung hat (§ 19 (2) S. 1 Nr. 2 GWB). Für die Ermittlung, ob eine überragende Marktstellung vorliegt, sind die in § 19 (2) S. 1 Nr. 2 GWB niedergelegten Faktoren (z. B. Marktanteil, Finanzkraft, Zugang zu den Beschaffungs- oder Absatzmärkten, Verflechtungen mit anderen Unternehmen) heranzuziehen.

Für die Feststellung einer marktbeherrschenden Stellung sind auch die gesetzlichen Vermutungsregelungen zu berücksichtigen. Nach § 19 (3) S. 1 GWB wird vermutet, dass ein Unternehmen mit einem Marktanteil von mindestens einem Drittel marktbeherrschend ist. Aufgrund des im Zusammenschlusskontrollverfahren geltenden Amtsermittlungsgrundsatzes kann diese Vermutung zwar widerlegt werden; verbleibende Zweifel an der Widerlegung der Vermutung gehen aber zu Lasten des Unternehmens. Wenn drei oder weniger Unternehmen zusammen einen Marktanteil von 50 % erreichen, gilt die Gesamtheit der Unternehmen nach § 19 (3) S. 2 Nr. 1 GWB ebenfalls als marktbeherrschend (Oligopol- bzw. Duopol-Vermutung). Dies gilt auch, wenn fünf oder weniger Unternehmen zusammen einen Marktanteil von zwei Dritteln erreichen (§ 19 (3) S. 2 Nr. 2 GWB, Oligopol-Vermutung). Auch diese Vermutung kann widerlegt werden.

Ausreichend für die Feststellung der Begründung oder Verstärkung einer marktbeherrschenden Stellung und damit für eine Untersagung ist es, wenn eine solche Wirkung des Zusammenschlusses erst künftig zu erwarten ist. Die künftigen Auswirkungen eines Zusammenschlusses auf die Markt- und Wettbewerbsverhältnisses sind vom BKartA im Wege einer Prognose zu ermitteln. Eine bereits bestehende marktbeherrschende Stellung kann dadurch noch verstärkt werden, dass

---

[260] BKartA, Tätigkeitsbericht 2005/2006, S. 162

der Wettbewerb in noch höherem Maß eingeschränkt wird, als dies vor dem Zusammenschluss der Fall war. Auf eine Vergrößerung des Marktanteils kommt es dabei nicht an; ausreichend ist vielmehr bereits eine Vergrößerung des Verhaltensspielraums des marktbeherrschenden Unternehmens etwa durch Erhaltung und Sicherung der schon errungenen marktbeherrschenden Position gegen aktuelle oder potentielle Konkurrenz. Die Untersagung eines Zusammenschlusses kann aber dadurch vermieden werden, dass die beteiligten Unternehmen nachweisen, dass durch den Zusammenschluss auch Verbesserungen der Wettbewerbsbedingungen eintreten und diese die Nachteile der Marktbeherrschung überwiegen. Die Verbesserung der Wettbewerbsbedingungen wird in der Praxis häufig durch mit der Freigabe verbundene Bedingungen und Auflagen (Veräußerungsverpflichtungen etc.) hergestellt.

Immobilientransaktionen werfen in aller Regel keine kartellrechtlichen Bedenken auf. Bislang wurde – soweit ersichtlich – noch in keinem Fall das Hauptprüfverfahren eröffnet.

14.2.3 Verfahren

Das Zusammenschlusskontrollverfahren beginnt nach § 39 (1) GWB mit der Anmeldung eines Zusammenschlussvorhabens vor dessen Vollzug beim BKartA. § 39 (3) GWB enthält einen Katalog von Mindestangaben, welcher die Anmeldung enthalten muss. Die Tatsache der Anmeldung wird auch auf der Website des BKartA veröffentlicht, so dass ein Zusammenschlussvorhaben nach der Anmeldung nicht mehr geheim gehalten werden kann. Eine „Anmeldefrist" für ein Zusammenschlussvorhaben gibt es im GWB hingegen nicht; die Unterlassung der Anmeldung wird vielmehr durch das Vollzugsverbot nach § 41 (2) GWB sanktioniert.

Das Verfahren als solches verläuft in zwei Stufen:

Die erste Stufe besteht in einer sog. „Vorprüfung" des Zusammenschlussvorhabens nach dessen Anmeldung. Innerhalb eines Monats nach Eingang der vollständigen Anmeldung muss den anmeldenden Unternehmen mitgeteilt werden, ob in eine vertiefte Prüfung des Zusammenschlusses eingetreten wird. Unterbleibt eine solche Mitteilung, so gilt das Vorhaben kraft gesetzlicher Fiktion als freigegeben. In der Praxis kommt ein solches Verstreichenlassen der Frist durch das BKartA allerdings nie vor. Weit über 90 % aller angemeldeten Fälle werden innerhalb der Monatsfrist durch eine formlose Mitteilung freigegeben.

Ist eine vertiefte Prüfung eines Zusammenschlussvorhabens erforderlich, etwa weil ernstzunehmende Bedenken gegen dessen Zulässigkeit vorliegen, folgt die zweite Stufe, indem das BKartA den anmeldenden Unternehmen innerhalb einer Frist von einem Monat seit Eingang der vollständigen Anmeldung mitteilt, dass es in die Prüfung des Zusammenschlusses im sog. Hauptprüfverfahren eingetreten ist (§ 40 (1) S. 1 GWB). Diese Mitteilung wird auch als „Monatsbrief" bezeichnet. Im Hauptprüfverfahren entscheidet das BKartA durch eine Verfügung, ob das Zusammenschlussvorhaben freigegeben oder untersagt wird (§ 40 (2) S. 1 GWB). Für diese Prüfung hat das BKartA nach § 40 (2) S. 2 GWB insgesamt vier Monate nach Eingang der vollständigen Anmeldung Zeit. Allerdings kann diese Frist mit Zustimmung der anmeldenden Unternehmen verlängert werden (§ 40 (2) S. 4 Nr. 1 GWB). Die Freigabeentscheidung kann auch mit Bedingungen und Auflagen verbunden werden (§ 40 (3) S. 1 GWB). Nach der Freigabe ist der Vollzug eines Zusammenschlusses nachträglich nochmals nach § 39 (6) GWB dem BKartA anzuzeigen.

Das BKartA kann Dritte, deren Interessen durch eine mögliche Freigabe des Zusammenschlusses erheblich berührt werden, etwa Wettbewerber, Abnehmer oder Lieferanten, auf ihren Antrag nach § 54 (2) Nr. 3 GWB zum Verfahren beiladen. Die Beiladung liegt im pflichtgemäßen Ermessen des

14 Zusammenschlusskontrolle bei Immobilientransaktionen

BKartA. Beigeladene haben das Recht auf Akteneinsicht, können zum Verfahren Stellung nehmen und müssen vor dem Erlass einer Entscheidung nach § 56 (1) GWB gehört werden.

Gegen eine Entscheidung des BKartA im Hauptprüfverfahren kann nach § 63 (1) S.1 GWB Beschwerde zum Oberlandesgericht Düsseldorf eingelegt werden. Auch Dritte, die sich zum Verfahren als Beteiligte haben beigeladen lassen bzw. deren Beiladungsantrag aus Gründen der Verfahrensökonomie abgelehnt worden ist, können die Entscheidung mit der Beschwerde gerichtlich anfechten.[261] Alternativ können die betroffenen Unternehmen nach einer Untersagung eines Zusammenschlusses auch einen Antrag auf Ministererlaubnis stellen, § 42 GWB. In der Praxis wurden Fälle der Ministererlaubnis bislang nur in ganz wenigen, meist herausragenden Fällen relevant.[262]

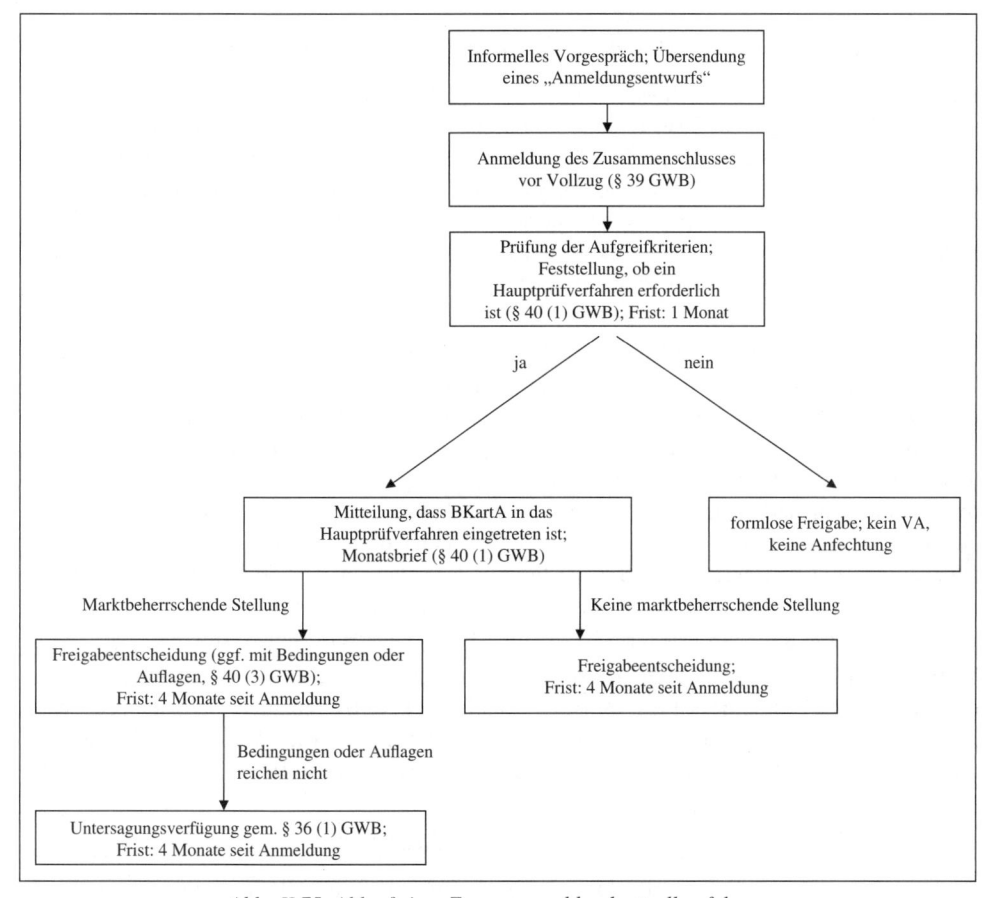

Abb. II 75: Ablauf eines Zusammenschlusskontrollverfahrens

---

[261] Vgl. BGH, WuW/E DE-R 1857/1859f. – „pepcom"
[262] Vgl. etwa E.ON/Ruhrgas, Ministererlaubnis vom 18.09.2002

14.2.4 Rechtsfolgen der Nichtanmeldung von Zusammenschlussvorhaben

Die Zusammenschlusskontrolle ist eine ex-ante-Kontrolle, d. h. ein Zusammenschluss muss vor seinem Vollzug geprüft und freigegeben werden. Bis zur möglichen Freigabe durch das BKartA besteht nach § 41 (1) S. 1 GWB ein Vollzugsverbot. Dieses untersagt aber nur das Erfüllungsgeschäft, d. h. im Fall eines Grundstückskaufs die Auflassung und Eintragung in das Grundbuch. Der schuldrechtliche Kaufvertrag kann demgegenüber schon vor Freigabe abgeschlossen werden. Allerdings ist anerkannt, dass auch die Auflassung bereits erklärt werden kann, da die Auflassung nur eine vorbereitende Handlung darstellt und erst die Eintragung der Rechtsänderung im Grundbuch den Vollzug vollendet und deshalb dem Vollzugsverbot unterliegt.[263]

14.2.4.1 Schwebende Unwirksamkeit des zugrunde liegenden zivilrechtlichen Vertrags

Der Vollzug eines Zusammenschlusses vor seiner Freigabe ist nach § 41 (1) S. 2 GWB zivilrechtlich schwebend unwirksam. Der Erwerb einer Immobilie darf also nicht – etwa durch die Eintragung ins Grundbuch – vollständig abgewickelt werden. Das BKartA kann sogar die Rückabwicklung des Immobilienerwerbs anordnen (sog. Entflechtung): Entsteht durch die Transaktion eine marktbeherrschende Stellung oder wird eine solche Stellung dadurch verstärkt, kann dies zur Folge haben, dass das erworbene Grundstück wieder veräußert werden muss. § 41 (1) S. 3 GWB enthält allerdings insofern eine Besonderheit, als vor Freigabe vollzogene Verträge über Grundstücksgeschäfte mit rechtswirksamer Eintragung in das Grundbuch zivilrechtlich wirksam werden. Diese Heilungsmöglichkeit ändert aber nichts an der grundsätzlichen Unzulässigkeit des Vollzugs.

Im Gegensatz zur früheren Praxis erkennt das BKartA inzwischen die rückwirkende Anmeldung eines bereits vollzogenen Zusammenschlusses nicht mehr an. Die früher für Sale & Lease back-Transaktionen grundsätzlich zulässige Praxis der nachträglichen Sammelanmeldung[264] ist seit dem 01.02.2010 nicht mehr möglich.[265] Auch in anderen Bereichen erkennt das BKartA eine nachträgliche Anmeldung nicht mehr als verspäteten Antrag auf Einleitung eines fristgebundenen Zusammenschlusskontrollverfahrens an, sondern behandelt diese als Anzeige eines vorzeitig vollzogenen Zusammenschlusses. Das BKartA führt in der Folge ein nicht-fristgebundenes Entflechtungsverfahren durch. Bestehen keine wettbewerblichen Bedenken, wird das Verfahren eingestellt. Anderenfalls erlässt das BKartA nach § 41 (3) S. 1 GWB eine Auflösungsverfügung.

Verträge über Immobilientransaktionen sollten daher grundsätzlich als aufschiebende Bedingung die Freigabe des Zusammenschlussvorhabens durch das BKartA enthalten. Sie kann nach Wahl der Parteien den gesamten Vertrag betreffen oder sich auf den Vollzug der Transaktion beschränken (etwa wenn der Kaufpreis schon vor der Freigabe geleistet werden soll).

14.2.4.2 Bußgeld wegen Verstoßes gegen das Vollzugsverbot

Ein Verstoß gegen das Vollzugsverbot kann darüber hinaus – auch im Falle der Heilung nach § 41 (1) S. 3 GWB bzw. der Einstellung des Entflechtungsverfahrens – mit der Verhängung eines Bußgelds nach § 81 (4) GWB i. V. m. § 81 (2) Nr. 3 GWB geahndet werden.[266] Ein solches Bußgeld kann den handelnden Personen, der Unternehmensleitung sowie dem Unternehmen selbst auferlegt werden.

---

[263] Vgl. Kapp, T./von Goldbeck, A./Morlock, T., (2004), S. 2567 ff.
[264] BKartA, Tätigkeitsbericht 1999/2000, S. 169
[265] BKartA, Bekanntmachung vom 29. 10. 2009 zu Auswirkungen der 2. Inlandsumsatzschwelle auf die Ausnahmeregelungen beim Erwerb von Immobilien
[266] BKartA, Fallbericht vom 19.1.2010, Gesch.-Z.: B2 – 80/09, „ZG Raiffeisen/Wurth Agrar"

Gegen natürliche Personen ist im deutschen Kartellrecht die Verhängung eines Bußgelds in Höhe von maximal 1 Mio. Euro möglich. Für Unternehmen beträgt der Bußgeldrahmen bis zu 10 % des im vergangenen Geschäftsjahr erzielten Konzernumsatzes.

14.3 Bevorstehende Änderungen durch die 8. GWB-Novelle

Zum 01.01.2013 ist eine Änderung der kartellrechtlichen Vorschriften durch den deutschen Gesetzgeber vorgesehen.[267] Um eine Umgehung der für die Anmeldepflicht maßgeblichen Umsatzschwellen durch eine Aufspaltung in mehrere zeitlich aufeinander folgende Einzeltransaktionen zu vermeiden, sollen zukünftig mehrere Erwerbsvorgänge zwischen denselben Unternehmen durch gegenseitige Zurechnung als ein einziger Zusammenschluss betrachtet werden. Zugleich ist vorgesehen, auch Zusammenschlüsse auf Bagatellmärkten im Sinne des derzeit geltenden § 35 (2) S. 1 Nr. 2 GWB der Anmeldepflicht zu unterstellen und diese lediglich von den geltenden Untersagungskriterien zu befreien.

Hinsichtlich der inhaltlichen Prüfung und Beurteilung der Zulässigkeit eines Unternehmenszusammenschlusses soll in Zukunft nicht mehr allein auf die Marktstruktur, sondern auf das tatsächliche Marktverhalten der beteiligten Unternehmen abgestellt werden. Für eine Untersagung soll bereits eine „erhebliche Behinderung wirksamen Wettbewerbs" genügen. Die Begründung oder Verstärkung einer marktbeherrschenden Stellung soll dann nur noch eine von mehreren Varianten für eine solche erhebliche Behinderung darstellen. Die Schwelle für eine vermutete Einzelmarktbeherrschung soll dabei auf einen Marktanteil von 40 % angehoben werden.

Sofern die in dem Referentenentwurf zur 8. GWB-Novelle enthaltenen Ansätze in die endgültige Gesetzesfassung übernommen werden sollten, ist auch im Immobiliensektor mit einem Anstieg der anmeldepflichtigen Zusammenschlussvorhaben zu rechnen. Zugleich werden den Zusammenschlussbeteiligten aufgrund der flexibleren gesetzlichen Regelungen jedoch neue Spielräume eröffnet werden, um trotz Verstärkung ihrer wettbewerblichen Stellung eine Freigabe des Zusammenschlusses durch das Bundeskartellamt zu erreichen. Inhaltlich nähert sich die deutsche Zusammenschlusskontrolle dem europäischen Fusionskontrollrecht an.

---

[267] Vgl. BT-Drs. 17/985, S. 16

III. Planen, Bauen, Betreiben

1 Standort- und Marktanalyse

1.1 Einführung

1.1.1 Grundlagen und Zielsetzung

Die Standort- und Marktanalyse kann definiert werden als objektive, methodisch orientierte, fachlich fundierte Untersuchung der wesentlichen Rahmenbedingungen für eine Immobilieninvestition. Dazu gehört das systematische Sammeln, Gewichten und Bewerten von direkt und indirekt mit der künftigen Entwicklung einer Immobilie im Zusammenhang stehenden Informationen:
- über den Standort
- über den Nutzermarkt (Nachfrage)
- über den Immobilienmarkt (Angebot).

Typische Fragestellungen:
- Wie entwickeln sich die wesentlichen Marktdaten (Mieten, Nachfrage, Vermietungsumsatz, Leerstand)?
- Ist die vertraglich vereinbarte Miete marktgerecht?
- Wie unterscheiden sich die Bürolagen und Mikrostandorte voneinander hinsichtlich Umsatz, Leerstand, Mieten?
- Welche Büroprojekte sind in Bau und Planung?
- Welches sind konkurrierende Standorte und wie entwickeln sich diese?
- Welche Wirtschaftsbranchen kommen als Nutzer in Betracht?
- Vergleich bundesweit, Städtekonkurrenz, ggf. internationaler Vergleichsmaßstab

Für eine Erfolg versprechende Planung müssen untersucht werden:
- die für den Standort geeignete Nutzung bzw. der beste Standort für ein Konzept
- Bedürfnisse von Zielgruppen (Nachfrage)
- Markt- bzw. Wettbewerbssituation (Angebot, Konkurrenz)
- eine wirksame Preis-, Vertriebs- und Kommunikationspolitik

Das Ziel einer Standort- und Marktanalyse besteht zum einen darin, die optimalen Nutzungsmöglichkeiten für einen bestimmten Standort zu identifizieren. Zum anderen werden verschiedene Standorte auf ihre jeweilige Eignung hinsichtlich eines bestimmten Nutzungskonzeptes beurteilt. Mit einer Standort- und Marktanalyse lassen sich sowohl Realisierungschancen als auch Erfolgs- bzw. Ertragsaussichten eines Bauvorhabens ermitteln.

Eine detaillierte Standort- und Marktanalyse kann den Investor oder Entwickler bereits vor Baubeginn über die Chancen seines Vorhabens aufklären. Daher sollte der Einsatz und der „angebliche" Aufwand einer solchen Analyse nicht gescheut werden. Hinzu kommt, dass Vor-Ort Recherchen/ Analysen oftmals unterlassen werden und lediglich auf Planungsunterlagen zurückgegriffen wird.

Beispiele für eine falsche Einschätzung der Standort- und Marktsituation gibt es immer wieder. Es entstehen häufig Objekte, die mit permanenten Leerständen zu kämpfen haben, unter Einstandspreis vermietet oder bereits vor dem Erstbezug neu konzipiert werden müssen. In den allermeisten Fällen liegt dies daran, dass das geplante Bauvorhaben mit dem vorgesehenen Nutzungskonzept nicht zum existierenden Markt oder dem Standort passt. Dies soll durch eine Standort- und Marktanalyse verhindert werden.

Zu welchem Zweck die Standort- und Marktanalyse letztendlich erstellt wird, ist von unterschiedlichen Interessenslagen abhängig. Es kann sich um eine zu entwickelnde oder bereits bestehende Immobilie, ein anzukaufendes oder bereits erworbenes Grundstück handeln. Außerdem ist entscheidend, ob der Auftraggeber, Käufer, Verkäufer, Entwickler oder Nutzer der Immobilie beziehungsweise des Grundstückes ist.

Der Verkäufer eines Grundstückes strebt beispielsweise durch eine Standort- und Marktanalyse eine gesamtwirtschaftliche Betrachtung an. Es soll eine Aussage zur zukünftigen Nutzung dieses Grundstücks gemacht werde. Einem zukünftigen Nutzer, Investor oder Projektentwickler geht es hingegen darum, die Umsatzziele bzw. Renditeaussichten realistisch einzuschätzen. Hier wird dann von einer betriebswirtschaftlichen Betrachtung gesprochen.

1.1.2 Bedeutung im Projektentwicklungsprozess

Die Standort- und Marktanalyse stellt die Grundlage für eine professionelle Projektentwicklung dar. Denn nur auf Basis detaillierter Kenntnisse über die Standort- und Marktsituation lassen sich unliebsame und kostspielige Überraschungen im Projektentwicklungsprozess vermeiden. Je früher diese Informationen vorliegen, desto effizienter können die hierauf aufbauenden Planungs-, Bau- und Vermarktungsphasen gestaltet werden.[1]

Eine Standort- und Marktanalyse sollte deshalb bereits in der Konzeptionsphase beauftragt werden. Es muss einerseits festgestellt werden, ob das Grundstück hinsichtlich Größe und Zuschnitt den Erfordernissen der zukünftigen Bebauung entspricht. Andererseits muss das Baurecht geprüft werden. D.h., es wird untersucht, ob sich die geplante Bebauung und Nutzung des Grundstückes mit den Vorgaben des Flächennutzungsplans und des Bebauungsplans deckt. Diese Ergebnisse können dann sofort umgesetzt werden, bevor mit den weiteren Phasen begonnen wird. Nur so lassen sich unnötige Vorlaufkosten oder teure Änderungsmaßnahmen vermeiden.

1.2 Standortanalyse

Die Aufgabe der Standortanalyse besteht darin, alle derzeitigen sowie zukünftig absehbaren Gegebenheiten im räumlichen Umfeld einer Immobilie zu erheben und entsprechend ihrer Bedeutung für den jeweiligen Marktsektor zu beurteilen. Zweck einer solchen Standortanalyse ist es, Stärken und Schwächen eines bestimmten Standortes transparent zu machen. Eine Entscheidung für oder gegen diesen Standort kann somit getroffen werden. Ziel ist es, „schlechte" Projekte zu stoppen und bei „guten" Standorten Hinweise für eine zukünftige Nutzung zu liefern. Der Standortbegriff ist stets funktional zu deuten. Am Beispiel Handelsnutzung stellen Einzugsgebiet, Kaufkraftniveau, Marktpotential, Kundenfrequenz usw. entscheidende Bewertungskriterien dar. Gleiches gilt bezogen auf den örtlichen oder großräumigen Besatz mit vergleichbaren, deckungsgleichen und

---

[1] Vgl. Walther, M. (2002), S. 1

1 Standort- und Marktanalyse

ergänzenden Angebots- bzw. Leistungsformen. Folgende (grobe) Übersicht bildet zu berücksichtigende Faktoren bei der Standortanalyse ab:

- demographische Faktoren: Bevölkerungszahl, -dichte und -verteilung und -entwicklung, Bevölkerungsstruktur (z. B. Altersklassen, Haushaltsgröße), Beschäftigungs- und Sozialstruktur
- wirtschaftliche Faktoren: Einkommensstruktur, Einkommensverwendung, Kaufkraftniveau, Nachfragepotential
- psychologische/sozialpsychologische Faktoren: Lebens- und Konsumgewohnheiten, Mentalität
- Stadt-/Regionalentwicklung: zentrenhierarchische Stellung, Einzugsgebiet, innerstädtische Haupt- und Nebenzentren, Verkehrsbezüge
- Wettbewerbssituation: Betriebszahl, -größen, -formen und -typen, Anbieter gleichartiger, ergänzender oder austauschbarer Güter, Marktstärke, Image, Preis-, Qualitäts- oder Servicevorteile, Frequenzstärke der Standorte
- Objektbewertung: Größe, Zuschnitt, Außen- und Innenwirkung, Intelligenzgrad des Konzeptes, Logistik, Topografie des Grundstückes, Qualität von Branchenbesatzkonzept und Mietverträgen, Umfeldqualität, Niveau der Nachbargeschäfte, Lage in Bezug auf Magnetbetriebe, Vielfalt des Branchenbesatzes und Immissionsbelästigung usf.
- standortabhängige Kosten: Belieferung, Auslieferung, Fuhrpark etc., Gebäudekosten, Miete, Reparaturen, Ausstattungskosten, Personalkosten, Steuern, Abgaben, Werbegemeinschaft

Dies setzt eine frühzeitige Standortanalyse voraus.

Es wird unterschieden:

- **Makrostandort:**
  großräumige Stadt/Region oder Verflechtungsraum, unabhängig von der Immobilie oder einer bestimmten Nutzung

- **Mikrostandort:**
  kleinräumig begrenzter Raum, der für die Beurteilung des zu betrachtenden Grundstücksrelevant ist; meistens fußläufig erreichbare Nachbarschaft

- **Lage:**
  nutzungsspezifische Einordnung des Grundstücks, Bewertung (z. B.1a-Lage)

Kategorie	Kurzbeschreibung
City:	1a-Citylagen, in denen Spitzenmieten erzielt werden
City-Rand:	1b-Citylagen, die an Top-1a-Lagen angrenzen
Nebenlagen:	dezentrale, vorwiegend in der Stadt befindliche Lagen oder Subzentren
Peripherie:	sonstige, oft außerhalb eines Stadtgebietes liegende Bürostandorte

Abb. III 1: Standortdefinition

Im ersten Schritt findet die Auswahl von relevanten Informationen statt. Standortanforderungen und Standorteigenschaften werden anhand eines Standortfaktorenkataloges ermittelt. Dieser Katalog wird nach Mikro-, Makrostandort und harten bzw. weichen Standortfaktoren unterteilt, die im Folgenden in einer Übersicht in Abb. III 2 dargestellt und später genau definiert werden.

Die Bedeutung und Gewichtung der einzelnen Standortfaktoren ist von der Nutzungskonzeption abhängig. Daher erfolgt in einem zweiten Schritt eine Auseinandersetzung mit den Standortanforde-

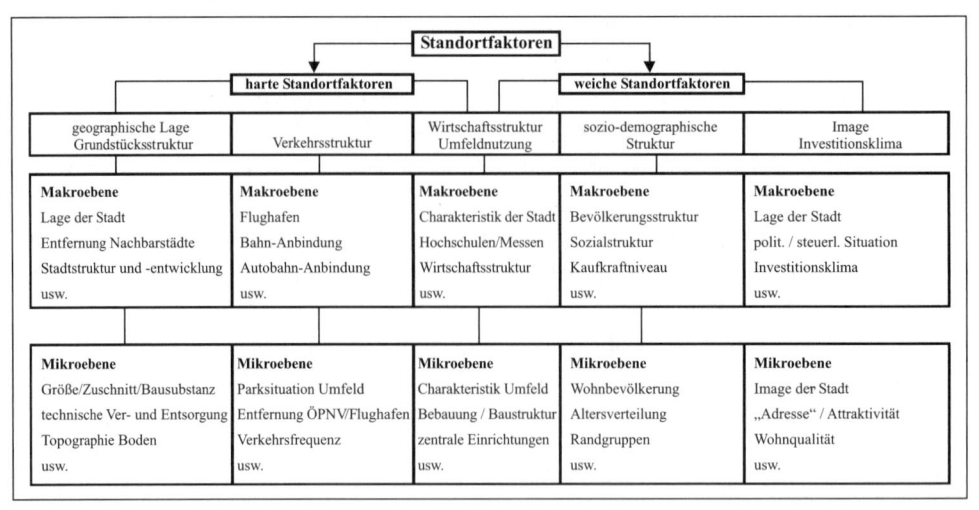

Standortfaktoren				
harte Standortfaktoren			weiche Standortfaktoren	
geographische Lage Grundstücksstruktur	Verkehrsstruktur	Wirtschaftsstruktur Umfeldnutzung	sozio-demographische Struktur	Image Investitionsklima
Makroebene Lage der Stadt Entfernung Nachbarstädte Stadtstruktur und -entwicklung usw.	**Makroebene** Flughafen Bahn-Anbindung Autobahn-Anbindung usw.	**Makroebene** Charakteristik der Stadt Hochschulen/Messen Wirtschaftsstruktur usw.	**Makroebene** Bevölkerungsstruktur Sozialstruktur Kaufkraftniveau usw.	**Makroebene** Lage der Stadt polit. / steuerl. Situation Investitionsklima usw.
Mikroebene Größe/Zuschnitt/Bausubstanz technische Ver- und Entsorgung Topographie Boden usw.	**Mikroebene** Parksituation Umfeld Entfernung ÖPNV/Flughafen Verkehrsfrequenz usw.	**Mikroebene** Charakteristik Umfeld Bebauung / Baustruktur zentrale Einrichtungen usw.	**Mikroebene** Wohnbevölkerung Altersverteilung Randgruppen usw.	**Mikroebene** Image der Stadt „Adresse" / Attraktivität Wohnqualität usw.

Abb. III 2: Standortfaktoren[2]

rungen potentieller Nutzer. Es ist notwendig, Zusammenhänge eines betrachteten Nutzungssektors, z. B. „Wie funktioniert ein Büromarkt?", zu kennen und so Trends, Probleme und Erwartungen des Marktes und des Nutzer einzuschätzen.

Bevor die einzelnen Schritte der Standortanalyse näher eingegangen wird, sollen zunächst die Ursprünge der Standortanalyse dargestellt werden.

1.2.1 Ursprünge der Standortlehre

Die Standortlehre ist Teil der Wirtschaftsgeografie. Sie betrachtet die Standortproblematik hauptsächlich aus der Sicht von Unternehmen. Die theoretischen Erklärungsansätze basieren ausschließlich auf harten Standortfaktoren, die weichen Standortfaktoren werden vernachlässigt. Trotz dieser Einschränkung vermitteln die abstrakten Standorttheorien notwendiges Hintergrundwissen zur wirtschaftlichen Entstehung von Standortstrukturen sowie die Problematik der unternehmerischen Standortwahl und können dadurch zum Verständnis der Zusammenhänge beitragen.[3]

Zu den bedeutendsten Standorttheorien zählen unter anderem:

- Die Standorttheorie der Landwirtschaft (von Thünen)
- Die Standorttheorie der Industrie (Weber)
- Die Theorie der zentralen Orte (Christaller)

1.2.1.1 Die Standorttheorie der Landwirtschaft nach von Thünen

Als erster Standorttheoretiker gilt der deutsche Nationalökonom Johann Heinrich von Thünen. Thünen setzte sich 1826 in seinem Werk „Der isolierte Staat in Beziehung auf Landwirtschaft und Nationalökonomie" erstmals mit der Frage auseinander, inwieweit sich Angebot und Nachfrage auf die Bodennutzung auswirken. Mit seinem Modell stellte er den Grundsatz auf, je höher der

---

[2] In Anlehnung an: Muncke, G./Dziomba, M./Walther, M. (2008), S. 144
[3] Vgl. Isenhöfer, B./Väth, A./Hofmann, P. (2005), S. 398

an einem Standort erzielbare Ertrag ist, desto hochwertiger und intensiver ist seine Nutzung, und stellt damit eine Bodenpreisregulation dar.

Das Modell von Thünen unterliegt folgenden Annahmen:

- Der isolierte Staat ist ein kreisförmiger, von der übrigen Welt vollkommen abgeschnittener Wirtschaftsraum.
- Bodenart, Klimaverhältnisse und Transportkosten sind überall identisch.
- Das Zentrum des Staates bildet eine dominierende Stadt, welche den Marktort für die erzeugten Produkte darstellt und den Wirtschaftsraum mit industriellen Gütern versorgt.
- Die Landwirte streben nach Gewinnmaximierung, haben das gleiche Ausbildungsniveau und passen ihre Produkte automatisch an die Nachfrage an.
- Die Transportkosten entwickeln sich linear zur Distanz zwischen den agrarwirtschaftlichen Produktionsstandorten, dem Marktort sowie zum Gewicht der erzeugten Produkte und sind abhängig von der Verderblichkeit der Güter.

Das Kernelement in der Theorie J. H. von Thünen ist die so genannte Lagerente. Unter der Lagerente wird der Bodenpreis verstanden. Da der Boden unterschiedlich intensiv genutzt wird, nimmt der Bodenpreis mit zunehmender Entfernung vom Konsumzentrum ab, wo er den höchsten Ertrag bzw. die höchste Lagerente generiert. Der Preis für den Boden bzw. die Lagerente wird aus dem Marktpreis errechnet, der sich für die auf einer Flächeneinheit erzeugte Produktmenge abzüglich der Produktions- und Transportkosten ergibt. Der Marktpreis im Konsumzentrum bildet sich aufgrund von Angebot und Nachfrage.[4]

Thünen: Lagerente bei einem Anbauprodukt

$$R = E(p-a) - Efk$$

R = Lagerente pro Flächeneinheit

E = Produktionsmenge pro Flächeneinheit

p = Marktpreis pro Produkteinheit

a = Produktionskosten pro Produkteinheit

f = Transportrate pro Distanzeinheit

k = Entfernung des Produktionsstandortes zum Konsumzentrum

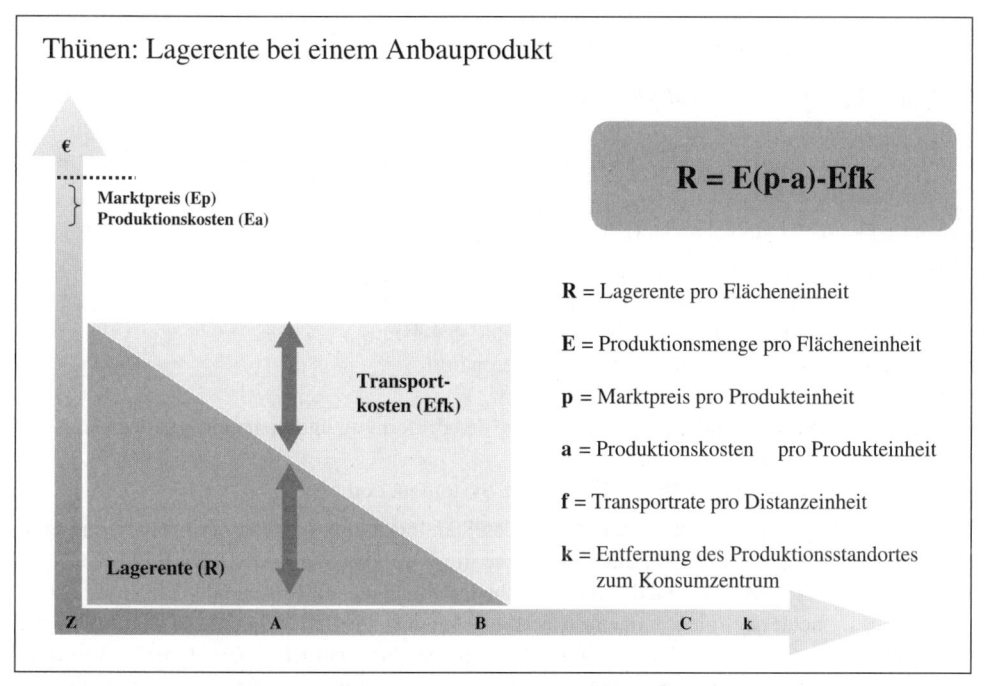

Abb. III 3: Standortlehre nach Thünen[5]

---

[4] Vgl. Schätzl, L. (2003), S. 64 f.
[5] In Anlehnung an: ebenda, S. 65

Die vorstehende Abb. III 3 veranschaulicht die Übertragbarkeit dieses alten modelltheoretischen Ansatzes. Liegt der Produktionsstandrot in der Nähe des Absatzmarktes, so sind die Transportkosten niedrig, weshalb der Boden intensiver genutzt wird. Bei größerer Entfernung des Produktionsstandortes zum Konsumzentrum sind die Transportkosten hoch und die Lagerente niedrig. In der Schlussfolgerung muss die Bodennutzung mit zunehmender Entfernung zum Markt extensiver werden, da die landwirtschaftliche Produktion sonst aufgrund der hohen Kosten, insbesondere für den Transport, unrentabel ist. Durch die Lagerentenformel lassen sich die rentablen Entfernungen für unterschiedliche Bodennutzungen berechnen.[6] Wie viele andere Modelle der Standortlehre, wurde auch das Thünensche Modell häufig aufgrund der restriktiven Modellannahmen kritisiert. Dabei wird jedoch übersehen, dass sich die Rahmenbedingungen des Modells durch geringfügige Modifikationen jeweils der Wirklichkeit annähern lassen. Die ringförmige Struktur, sog. konzentrische Kreise, die auf einen einzigen punktförmigen Markt und die ausschließlich zentral-peripher verlaufenden Transportkostengradienten zurückgeführt werden kann, ist z.B nur eine von vielen denkbaren geometrischen Ausgangssituationen. Auch heute noch ist ein deutlicher Zusammenhang zwischen den Grundstückspreisen und der Nutzung des Grundstücks zu erkennen. Dies verdeutlichen auch die jeweiligen Bodenrichtwerte für ein Grundstück. In der Geschäftslage muss ein sehr hoher Grundstückspreis bezahlt werden, da in der Mitte des Konsumzentrums die Erreichbarkeit der Geschäfte sehr gut ist und somit eine hohe Kundenfrequenz erreicht wird (auch als Zone 1 bezeichnet). Diese Zone wird vorwiegend vom Einzelhandel genutzt, bei dem der Umsatz von der Lage seines Geschäftes abhängig ist. Je weiter die Entfernung zum Konsumzentrum ist, desto niedriger werden die Grundstückspreise.

1.2.1.2 Die Standorttheorie der Industrie nach Weber

Im Jahre 1909 ermittelt Alfred Weber in seinem Werk „Über den Standort der Industrien" den optimalen Standort für industrielle Einzelbetriebe unter betriebswirtschaftlichem Aspekt. Sein Ziel war die Bestimmung desjenigen Produktionsstandortes zwischen dem Zuliefer- und Absatzmarkt mit den minimalen Kosten.

Folgende Parameter sind charakteristisch für Webers Theorie:

- Die Standorte der Rohmaterialien sind bekannt und gegeben
- Die räumliche Verteilung des Konsums ist bekannt und gegeben
- Die Verteilung der Arbeitskräfte ist bekannt und gegeben
- Die Löhne sind konstant, aber räumlich differenziert
- Es existiert ein einheitliches Transportsystem
- Die Transportkosten sind linear abhängig von der Entfernung und dem Gewicht des Gutes
- Die Arbeitskräfte sind immobil
- Das wirtschaftliche, politische und kulturelle System ist homogen.[7]

In dieser Theorie kommt erstmals der Begriff des Standortfaktors in Gebrauch. Weber zeigt auf, dass die Synergie der einzelnen Standortfaktoren die Wahl des Standortes beeinflusst. Relevant für die Betriebsstandortwahl sind dabei nur solche Faktoren, die auf Kosten oder Erlöse eines Unternehmens monetär oder nicht monetär Einfluss nehmen sowie in Verfügbarkeit, dem Preis und/ oder der Qualität räumlich variieren. Aufgrund dieser Annahme werden Unternehmen an verschiedenen Standorten mit unterschiedlichen Bedingungen konfrontiert, welche bei ihrer spezifischen

---

[6] Vgl. Schätzl, L. (2003), S. 64
[7] Vgl. ebenda, S. 38

Standortwahl Berücksichtigung finden müssen. In seiner Theorie konzentriert sich Weber auf drei wesentliche Standortfaktoren – **Transport-** und **Arbeitskosten** sowie **Agglomerationseffekte**.[8]

Nach Weber lässt sich der optimale Produktionsstandort zunächst ausschließlich anhand der Transportkosten bestimmen. Diese setzen sich aus dem Gewicht der zu transportierenden Rohstoffe und der Entfernung der Materialfundorte zum Produktions- und Konsumort zusammen. Demnach befindet sich der optimale Produktionsstandort am sogenannten „tonnenkilometrischen Minimalpunkt", d.h. an dem Standort mit der geringsten Transportkostenbelastung. Die zur Produktion benötigten und zu transportierenden Materialien klassifiziert Weber wie folgt:[9]

- Ubiquitäten
- Reingewichtsmaterial
- Gewichtsverlustmaterial.

Ubiquitäten sind solche Materialien, die an keinen bestimmten Fundort gebunden und somit überall frei zur Verfügung stehen. Als Reingewichtsmaterialien werden Rohstoffmengen bezeichnet, die mit ihrem gesamten Gewicht in das Endprodukt eingehen. Im Gegensatz dazu sind Gewichtsverlustmaterialien Rohstoffe, die im Endprodukt entweder gar nicht oder aufgrund von Gewichtsverlust bei der Verarbeitung nur zum Teil enthalten sind. Reingewichts- und Gewichtsverlustmaterialien werden auch als lokalisierte Materialien bezeichnet, da diese nur an bestimmten Fundorten zur Verfügung stehen.

Eine erste Tendenz, ob der optimale Produktionsstandort in der Nähe der Rohstoffquelle oder am Konsumort liegt, kann mithilfe des Materialindexes ermittelt werden. Dieser entspricht dem Quotienten aus dem Gewicht der lokalisierten Materialien und dem Gewicht des Fertigerzeugnisses:

$$\text{Materialindex} = \frac{m_{LM}}{m_P}$$

m_{LM} = Gewicht der lokalisierten Materialien
m_P = Gewicht des Fertigerzeugnisses

Anhand der Indexberechnung ergeben sich drei Möglichkeiten für den optimalen Produktionsstandort:

Materialindex > 1: Ist das Materialgewicht höher als das Gewicht des Endproduktes, geht bei der Produktion des Gutes Gewicht verloren. Der optimale Standort hat eine Neigung zum Rohstofffundort, da nur in diesem Fall keine Transportkosten für das verlorengehende Materialgewicht anfallen.

Materialindex < 1: Der optimale Produktionsstandort wird im Konsumzentrum liegen, da dort keine Kosten für den Transport anfallen.

Materialindex = 1: In diesem Fall kann durch die Veränderung des Produktionsstandortes keine weitere Minimierung der Transportkosten erreicht werden. Aus diesem Grund bleibt dem Unternehmen die freie Wahl des Standortes zwischen dem Rohstofffundort und dem Konsumzentrum.

Zur Vertiefung der theoretischen Grundlagen wird in Anlehnung an Schätzl anhand der nachfolgenden fünf Fälle die Wahl des optimalen Produktionsstandortes vor dem Hintergrund der Transportkosten erläutert. Arbeitskosten und Agglomerationseffekte bleiben an dieser Stelle noch unberücksichtigt. Zur Vereinfachung wird dabei angenommen, dass bei der Produktion lediglich zwei Materialien zum Einsatz kommen.[10]

---

[8] Vgl. Heby, P./Stern, P. (2004), S. 4f.
[9] Vgl. Schätzl, L. (2003), S. 39
[10] Vgl. ebenda, S. 39 ff.

Fall 1:
- Material 1 = Ubiquität
- Material 2 = Ubiquität

Da Materialien ubiquitärer Herkunft gemäß vorangegangener Erläuterungen an allen Standpunkten frei verfügbar sind, befindet sich der optimale Produktionsstandort (P) am Konsumort (K), da in diesem Fall keine Transportkosten anfallen.

Fall 2:
- Material 1 = Ubiquität
- Material 2 = Reingewichtsmaterial

Beim Einsatz eines lokalisierten Rohstoffes – in diesem Fall das Reingewichtsmaterial – und eines ubiquitären Materials kommen zwei Alternativen in Betracht. Dabei ist entscheidend inwieweit der ubiquitäre Rohstoff auf das Gewicht des Endproduktes Einfluss nimmt.

a) Geht die Ubiquität in das Endprodukt nicht ein und hat sie im Produktionsprozess somit keine gewichtsverändernde Eigenschaft, beträgt der Materialindex genau 1. Die Ansiedlung des Unternehmens ist daher variabel zwischen dem Konsumort und dem Bezugsort des Reingewichtsmaterials.

M_2 ↑ K

b) Wenn die Ubiquität ganz oder teilweise in das Endprodukt eingeht, liegt der Materialindex zwischen 0 und 1. Damit keine Transportkosten entstehen, sollte der Produktionsstandort am Konsumort liegen.

Fall 3:
- Material 1 = Reingewichtsmaterial
- Material 2 = Reingewichtsmaterial

In diesem Fall liegt der Materialindex bei genau 1. Die Berechnung des Transportkostenminimalpunktes wird anhand des folgenden Beispiels erläutert:

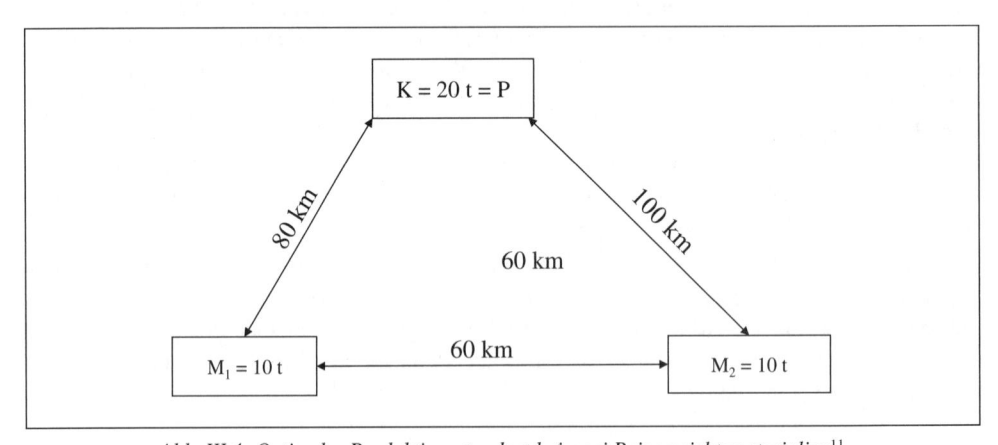

Abb. III 4: Optimaler Produktionsstandort bei zwei Reingewichtsmaterialien[11]

---

[11] In Anlehnung an: ebenda, S. 40

Ausgehend davon, dass Transportkosten von dem Gewicht und der Entfernung des Gutes abhängig sind, lässt sich anhand der in Abb. III 4 eingesetzten Werte der Transportkostenminimalpunkt rechnerisch wie folgt ermitteln.

Grundsätzlich sind drei Alternativen möglich:

$P = M_1$: (10 t x 60 km) + (20 t x 100 km) = 2.600 tkm (Tonnenkilometer)
$P = M_2$: (10 t x 60 km) + (20 t x 80 km) = 2.500 tkm
$P = K$:   (10 t x 80 km) + (10 t x 100 km) = 1.800 tkm

Die Rechnung verdeutlicht, dass der Produktionsstandort, bei ausschließlicher Verwendung von Reingewichtsmaterialien, am Konsumort liegt, da sich die Transportkosten nur an dieser Stelle minimieren lassen.[12]

Fall 4:
- Material 1: Ubiquität
- Material 2: Gewichtsverlustmaterial

Wie bereits bei der Kombination eines ubiquitären Rohstoffes mit einem Reingewichtsmaterial, ist der optimale Produktionsstandort auch in diesem Fall von der Einflussnahme der Ubiquität auf das Gewicht des Endproduktes abhängig.

a) Wirkt sich die Ubiquität nicht auf das Gewicht des Fertigerzeugnisses aus, beträgt der Materialindex größer 1. Folglich ist der Produktionsstandort am Fundort des Gewichtsverlustmaterials zu wählen, an dem für das bei der Verarbeitung verloren gegangene Gewicht keine Transportkosten anfallen.

b) Geht der ubiquitäre Rohstoff ganz oder teilweise in das Endprodukt ein, so sind für die Ermittlung des Produktionsstandortes in einem zweiten Schritt die Gewichte der einfließenden Ubiquität und des verlorengehenden Materials zu vergleichen. Es sind insgesamt drei Alternativen zu untersuchen:

- b1) $m_{Ubiquität} > m_{Verlust}$
  Der Materialindex ist kleiner 1. Der Transportkostenminimalpunkt liegt am Konsumort.

- b2) $m_{Ubiquität} < m_{Verlust}$
  Der Materialindex ist größer 1. Die Transportkosten lassen sich bei einer Produktion am Fundort des Gewichtsverlustmaterials minimieren.

- b3) $m_{Ubiquität} = m_{Verlust}$
  Der Materialindex beträgt genau 1. In diesem Fall ist der Produktionsstandort zwischen dem Konsumzentrum und dem Bezugsort des Gewichtsverlustmaterials zu lokalisieren.

Fall 5:
- Material 1: Gewichtsverlustmaterial
- Material 2: Gewichtsverlustmaterial

Kommen zwei Gewichtsverlustmaterialien zum Einsatz, so beträgt der Materialindex größer 1. Der optimale Produktionsstandort wird sich folglich am Materialfundort befinden. Unter Berücksichtigung des Gewichtes des Endproduktes ergeben sich zunächst folgende zwei Möglichkeiten:

$P = M_2$: $M_2 \geq M_1$ + Endprodukt
$P = M_1$: $M_1 \geq M_2$ + Endprodukt

Kann die oben dargestellte Beziehung nicht erfüllt werden, wird der Transportkostenminimalpunkt zwischen den Bezugsorten der beiden Materialien sowie dem Konsumzentrum liegen. Der

---

[12] Vgl. ebenda, S. 40 f.

tatsächliche Produktionsstandort hängt von dem Verhältnis der einzelnen Gewichtskomponenten zueinander ab. Der letztere Fall wird anhand Abb. III 5 verdeutlicht.[13]

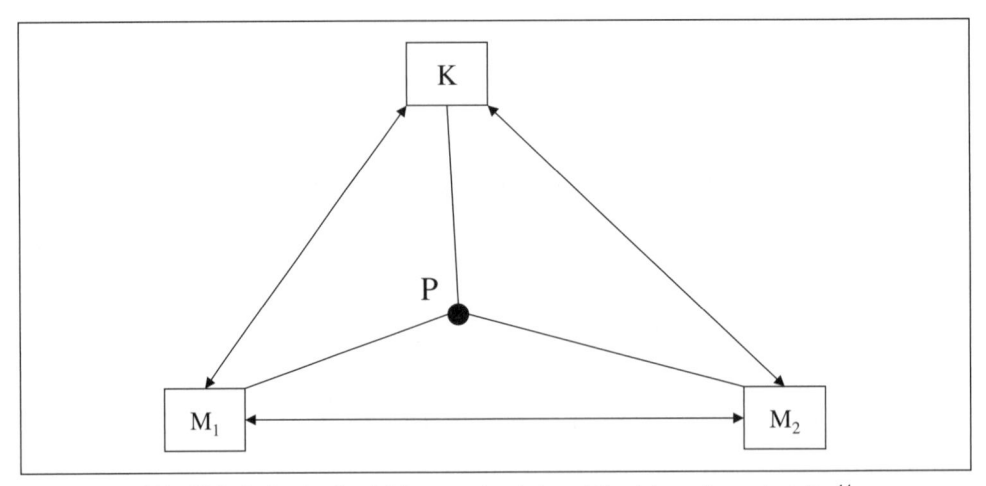

Abb. III 5: Optimaler Produktionsstandort bei zwei Gewichtsverlustmaterialien[14]

Ähnliche Standortvarianten wie in Abb. III 5 ergeben sich bei der Kombination eines Reingewichtsmaterials mit einem Gewichtsverlustmaterial.

Nachdem Weber anhand der erläuterten Fälle den optimalen Produktionsstandort aus Sicht der Transportkosten bestimmt hat, wird nachfolgend der Einfluss der Arbeitskosten auf die Standortwahl untersucht.

Aufgrund der Annahme, dass die Lohnhöhe räumlich differenziert ist, kommt neben dem ursprünglichen Produktionsort jeder andere Ort in Betracht, an welchem der Transportkostenmehraufwand für die Rohstoffe und die Endprodukte die Ersparnisse durch niedrigere Arbeitskosten nicht übersteigt. Das nachfolgende Beispiel soll diesen Zusammenhang mit der Abb. III 6 den Einfluss der Arbeitskosten verdeutlichen:

Zusätzlich zu den beiden Materialstandorten werden zwei weitere Standorte L_1 und L_2 betrachtet. Diese sind gegenüber dem tonnenkilometrischen Minimalpunkt (gewählte Produktionsort P) durch niedrigere Lohnkosten gekennzeichnet. Die um den Konsumort und den Bezugsort der beiden Materialien gezogenen Kreise stellen Linien gleicher Transportkosten (Isotime) des jeweiligen Produktes dar. Durch die Verrechnung von Isotimen lässt sich die Linie ermitteln, an der die Transportkosten aller Produkte gleich sind (kritische Isodapane). Entlang der Isodapane ist die Arbeitskostenersparnis gleich dem Transportkostenmehraufwand. Außerhalb der kritischen Isodapane sind Produktionsstandorte nicht mehr rentabel. In Abb. III 6 wird der Produktionsort nach L_1 verlegt. An diesem Ort sind die Ersparnisse durch die niedrigeren Lohnkosten höher als der erhöhte Transportkostenaufwand.[15]

In Webers Theorie spielen neben den Transport- und Arbeitskosten auch die sogenannten Agglomerationseffekte eine wichtige Rolle. Agglomerationseffekte sind Einflüsse in Form exter-

---

[13] Vgl. ebenda, S. 41 f.
[14] In Anlehnung an: ebenda, S. 42
[15] Vgl. ebenda, S. 43 ff.

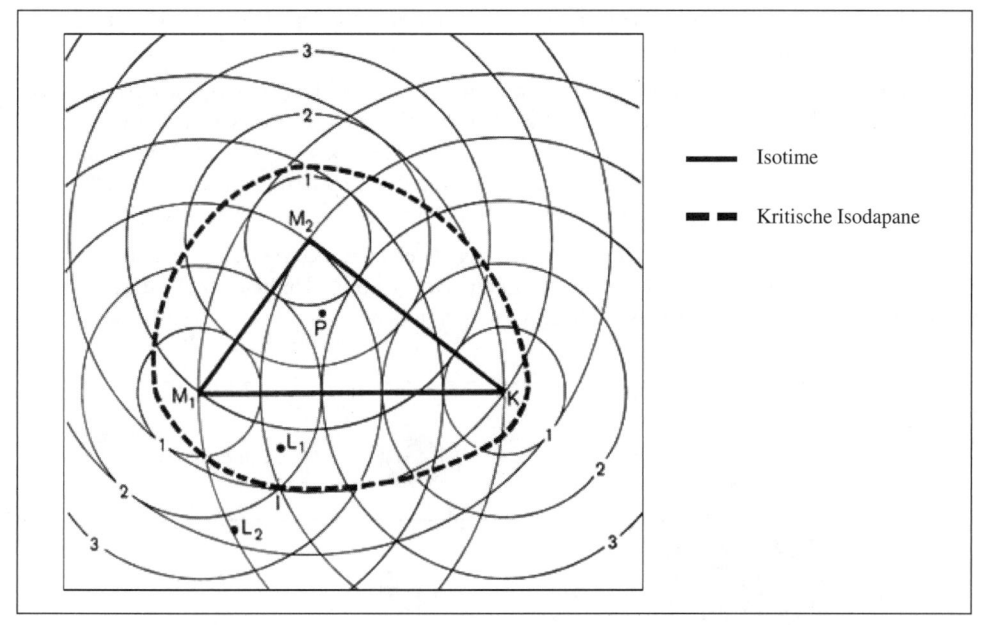

Abb. III 6: Einfluss der Arbeitskosten auf die Wahl des Produktionsstandortes[16]

ner Ersparnisse durch die Ansiedelung mehrerer Betriebe am gleichen Standort. Sie entstehen aufgrund sinkender Beschaffungs- oder Produktionskosten, sowie durch einen besseren Zugang zu Dienstleistern und Subunternehmen. Aufgrund dieser Effekte können Abweichungen vom tonnenkilometrischen Minimalpunkt entstehen. Dies ist jedoch nur sinnvoll, wenn der Transportkostenmehraufwand die erzielten Ersparnisse durch die Verlagerung des Standortes in einen Agglomerationsraum nicht übersteigt.[17]

1.2.1.3 Die Theorie der zentralen Orte nach Christaller

Die Theorie der zentralen Orte von Walter Christaller wurde 1933 in dessen Hauptwerk „Die zentralen Orte in Süddeutschland, eine ökonomisch-geographische Untersuchung über die Gesetzmäßigkeiten der Verbreitung und Entwicklung der Siedlungen mit städtischen Funktionen" veröffentlicht. Christaller stellt in seiner Theorie die ökonomische Vorteilhaftigkeit der Konzentration von Versorgungseinrichtungen in zentraler Lage (zentrale Einrichtungen) heraus, da diese zu einer Minimierung der Transportkosten führt. Sein Modell dient der Erklärung der städtischen Siedlungsverteilung und nicht gleichrangiger tertiärer Versorgungszentren im Raum und unterliegt folgenden vereinfachenden Annahmen:

- Gleichverteilung der Bevölkerung sowie der Produktionsfaktoren
- Keine räumlichen Unterschiede in der Nachfrage- und Produktionsbedingungen
- Gleichwertigkeit der Bedürfnisse und der Kaufkraft aller Individuen
- Proportionalität der Transportkosten zur Entfernung
- Vollkommene Markttransparenz

---

[16] Ebenda, S. 44
[17] Vgl. ebenda, S. 45

- Produktanbieter streben nach Gewinn- und Produktnachfrager nach Nutzenmaximierung
- Jeder Unternehmer bietet nur ein Produkt an

Standorte mit einer Konzentration zentraler Einrichtungen, wie Einzelhandelsgeschäfte, Schulen, Arztpraxen und Verwaltung werden als zentrale Orte bezeichnet. Gemessen an ihrer Bevölkerung haben sie einen Bedeutungsüberschuss und bilden ein Umland. Das Prinzip der Gewinnmaximierung führt aus Produzentensicht zu einer gewinnmaximalen Produktionsmenge innerhalb eines ausreichend großen, aber transportkostenbegrenzten Umlandes.

Aus Kundensicht liegt die äußere Grenze des Einzugsbereiches eines zentralen Ortes dort, wo die Transportkosten das gesamte Einkommen aufzehren. Das versorgte Umland durch einen zentralen Ort lässt sich in die innere und äußere Reichweite unterteilen.[18]

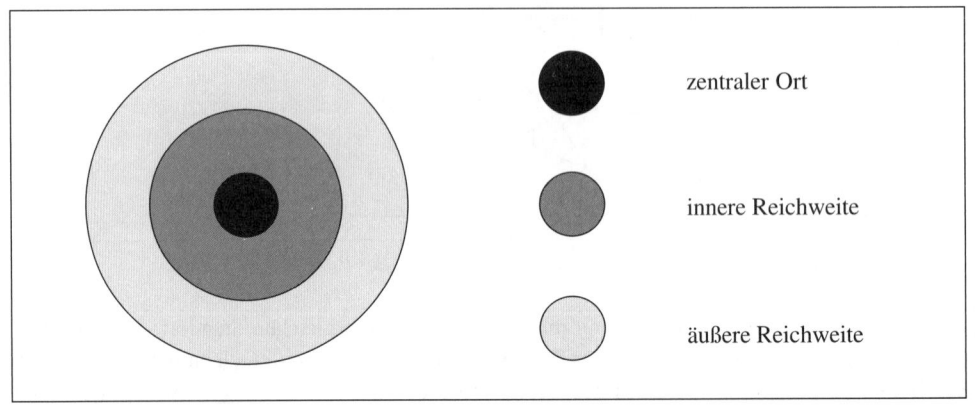

Abb. III 7: Das Prinzip der zentralen Orte

Die zentralen Orte versorgen die eigenen Einwohner sowie das Umland mit zentralen Gütern. Die Größe des Einzugsgebietes wird von der jeweiligen Reichweite der zentralen Güter bestimmt. Diese gibt die weiteste Entfernung an, die die im Umland lebende Bevölkerung bereit ist zu reisen, um ein Gut zu kaufen.[19]

Die innere Reichweite entspricht der Umsatzschwelle. Außerhalb dieser Reichweite lohnt es sich nicht mehr die Güter aus den zentralen Orten zu verkaufen, da mit zunehmender Entfernung die Nachfrage sinkt aber die Transportkosten steigen. Der Verkauf von zentralen Gütern außerhalb der inneren Reichweite wäre demnach nicht mehr gewinnbringend.

Die äußere Reichweite ist die Gewinnschwelle. Innerhalb dieses Bereiches sind die Einwohner noch bereit, die zentralen Güter zu erwerben. Außerhalb dieser Reichweite wird der Anfahrtsweg jedoch zu weit und die Transportkosten somit zu teuer, weshalb die Einwohner die zentralen Güter nicht mehr nachfragen.[20]

Da sich aufgrund der Reichweiten der Güter außerhalb der äußeren Reichweite eine Unterversorgung einstellen würde, muss hier das Einzugsgebiet eines weiteren zentralen Ortes angrenzen.

---

[18] Vgl. ebenda, S. 72
[19] Vgl. ebenda, S. 77 f.
[20] Vgl. ebenda, S. 75 f.

1 Standort- und Marktanalyse

Variante 1   Variante 2

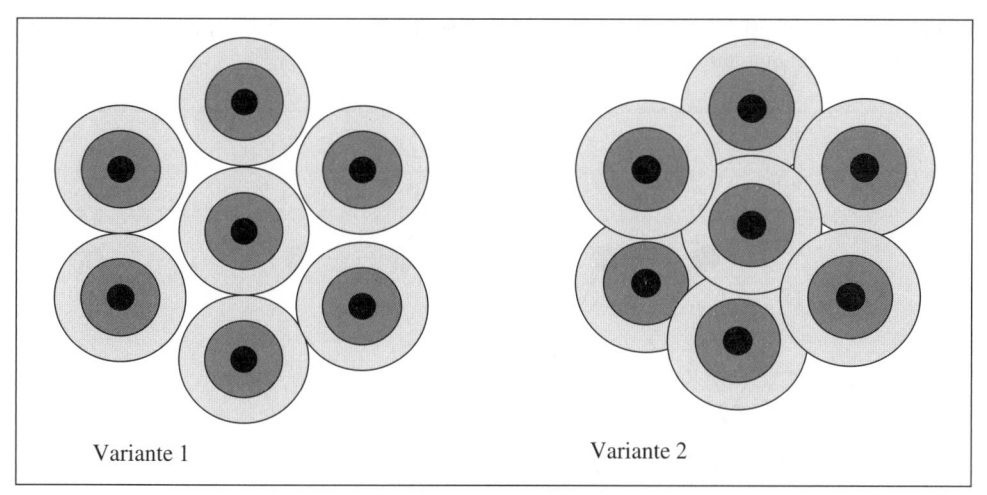

Abb. III 8: Anordnungsmöglichkeiten der zentralen Orte[21]

Anhand der vorangegangenen Überlegungen ergeben sich die in Abb. III 8 ersichtlichen Anordnungsmöglichkeiten der zentralen Orte.

Werden die zentralen Orte nach Variante 1 angeordnet, so bleiben unterversorgte Restflächen zwischen den Einzugsgebieten bestehen. Rücken die Kreise gemäß Variante 2 näher zusammen, so entstehen Überschneidungsgebiete, in welchen eine Überversorgung besteht. Eine kostendeckende Produktionsmenge wird dadurch also nicht erreicht.[22]

Nach Christaller besteht die optimale räumliche Ordnung vielmehr durch hexagonale Marktgebiete, da hier die Versorgung des Gesamtraumes gewährleistet ist und gleichzeitig die Transportkosten minimiert werden.

„Christaller stellte anhand seiner Untersuchungen empirisch fest, dass „zentrale Güter höherer Ordnung" mit einem entsprechend großen Einzugsbereich in „zentralen Orten höherer Ordnung" angeboten werden müssen, um eine flächendeckende Versorgung zu gewährleisten. Umgekehrt erfolgt die Distribution „zentraler Güter niederer Ordnung" durch „zentrale Orte niederer Ordnung".[23]

Daraus ergibt sich eine Abstufung in Unterzentren, Mittelzentren und Oberzentren. In den Unterzentren werden die Güter mit der geringsten Reichweite angeboten. Dies sind Güter des täglichen Bedarfs. In den Mittelzentren werden die Güter des mittelfristigen Bedarfs angeboten, welche eine mittlere Reichweite aufweisen. Analog hierzu werden in den Oberzentren die Güter mit der höchsten Reichweite, also die Güter des langfristigen Bedarfs, angeboten. Jedes Zentrum bietet zusätzlich die Güter des niedrigeren Ranges an.[24]

Damit eine umfassende Versorgung gewährleistet ist, müssen die Zentren eine unterschiedliche Entfernung zueinander aufweisen. Die Oberzentren liegen aufgrund der hohen Reichweite der Güter weit auseinander. Die Mittelzentren müssen aufgrund der geringeren Reichweite näher beieinander liegen. Die Unterzentren müssen demnach zwischen den Ober- und Mittelzentren in nahem Abstand zueinander liegen. Anhand dieser Erkenntnisse entwickelte Christaller das sogenannte

---

[21] In Anlehnung an: ebenda, S. 75
[22] Vgl. ebenda, S. 75 f.
[23] Isenhöfer, B./Väth, A./Hofmann, P. (2005), S. 402
[24] Vgl. Schätzl, L. (2003), S. 79

Bienenwabensystem (siehe Abb. III 9), in welchem die räumliche Anordnung der Zentren optimal gestaltet und somit eine umfassende Güterversorgung gewährleistet ist.[25]

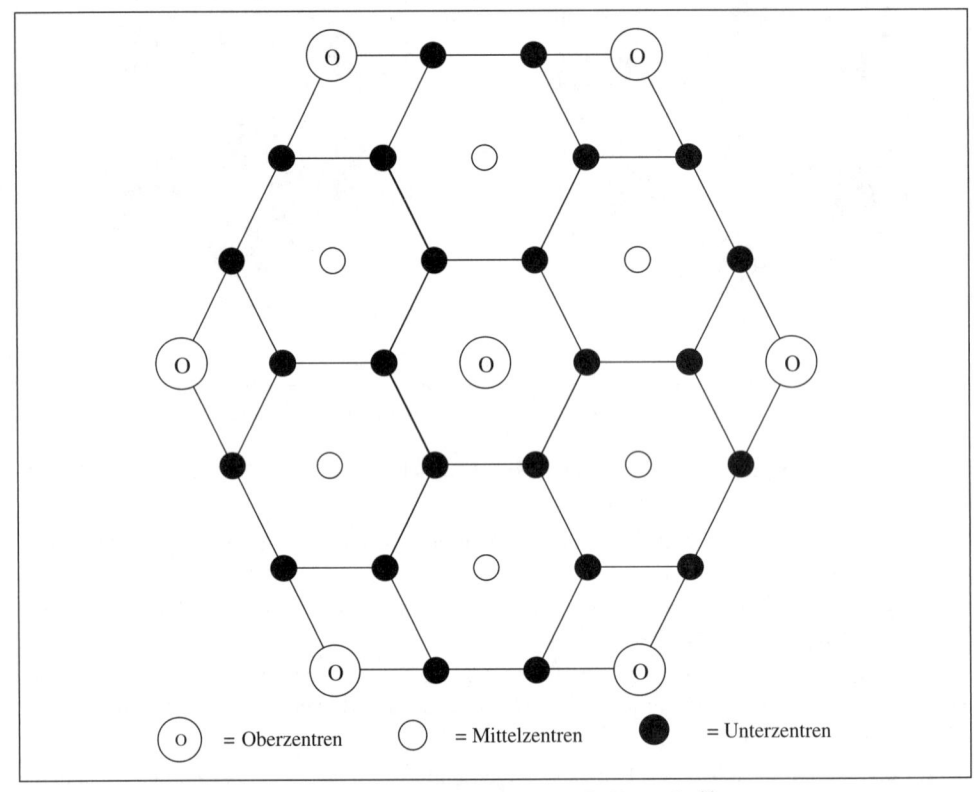

Abb. III 9: Bienenwabensystem nach Christaller[26]

Abschließend ist zu erwähnen, dass die Theorie der zentralen Orte auf einer Reihe von realitätsfernen Annahmen beruht. Jedoch wurde diese Theorie im Bundesraumordnungsgesetz, in welchem die „Schaffung gleichwertiger Lebensbedingungen im Bundesgebiet" als Ziel formuliert wurde, umgesetzt.[27]

1.2.2 Makrostandort

Unter dem Makrostandort wird ein großräumliches Verflechtungsgebiet verstanden, welches nach Stadt, Gemeinde und Region unterteilt werden kann.

Vereinfacht ausgedrückt – der Standort wird aus der so genannten „Vogelperspektive" analysiert. Der Makrostandort wird in harte und weiche Standortfaktoren unterteilt, die im Folgenden genau beschrieben werden. (vgl. Abb. III 2)

---

[25] Vgl. Isenhöfer, B./Väth, A./Hofmann, P. (2005), S. 402
[26] In Anlehnung an: ebenda, S. 403
[27] Vgl. ebenda, S. 404

Harte Standortfaktoren: Bei den harten Standortfaktoren wird auch von den physischen Faktoren gesprochen. Sie lassen sich leicht erfassen und sind sowohl untereinander als auch mit Erfahrungswerten aus vielen anderen Projektentwicklungen vergleichbar. Unter Umständen lassen sich harte Standortfaktoren verändern bzw. ins Positive umkehren.

Bei der Analyse der harten Standortfaktoren gilt das besondere Interesse der räumlichen Struktur des Standortes. Sie werden in die geographische Lage, die Verkehrsstruktur und die Wirtschaftsstruktur bzw. Umfeldnutzung unterteilt. Bei der Verkehrsstruktur sind wichtige Kriterien die Anbindung an den ÖPNV, die Autobahn, die Bahn und den Flughafen. In der geographischen Lage hingegen werden beispielsweise die jeweiligen Entfernungen zu anderen wichtigen Städten ermittelt. Die Bedeutung zentraler Einrichtungen, wie z.B. Behörden, wird in der Wirtschaftsstruktur erfasst.[28]

Weiche Standortfaktoren: Bei den weichen Standortfaktoren wird von den sozioökonomischen bzw. psychologischen Faktoren gesprochen. Sie enthalten u. a. die Qualität der Arbeitskräfte sowie das Image und die kulturelle Ausstattung eines Standortes.

Weiche Faktoren sind bei der Standortentscheidung nicht immer rational, sondern oft auch emotional. Infolgedessen kann ein Kunde einen auf den ersten Eindruck perfekten Standort aufgrund von Imageaspekten ablehnen.

Die Wirtschaftsstruktur und die Umfeldnutzung enthalten sowohl harte als auch weiche Faktoren (siehe Abb. III 2). Umfeldnutzung ist die Wohn- und Lebensqualität und ebenso das wirtschaftliche und politische Klima. Das wirtschaftliche Klima drückt sich u. a. in der örtlichen Genehmigungspraxis und der Baulandpolitik aus.

1.2.3 Mikrostandort

Der Mikrostandort ist die unmittelbare Umgebung des Projektstandortes. Vereinfacht ausgedrückt wird der Mikrostandort aus der „Froschperspektive" (detaillierte Ausschnittsbetrachtung) analysiert. Auch der Mikrostandort wird im Folgenden in harte und weiche Standortfaktoren unterteilt. (vgl. Abb. III 2)

Harte Standortfaktoren: Die Analyse der harten Standortfaktoren auf der Mikroebene untersucht die Lage und die Beschaffenheit eines Grundstücks. Die Lagequalität eines Standortes wird u. a. durch das Umfeld bestimmt. Die Art der Nutzung, die Bebauung, die angebotenen Dienstleistungen und Einkaufsmöglichkeiten in der Umgebung sind hierfür entscheidend. Ein wichtiges Kriterium bei den harten Standortfaktoren ist die Größe und der Zuschnitt eines Grundstücks. Hiervon hängt u. a. die Art und Weise der möglichen Bebauung ab. Die infrastrukturelle Erschließung und die Anbindung an den öffentlichen Personennahverkehr sind von entscheidender Bedeutung.

Weiche Standortfaktoren: Entscheidend bei den weichen Standortfaktoren ist das Image bzw. Prestige der Lage. Für ein gutes Standortimage sind die Qualität der Bebauung, die Attraktivität des Umfeldes bzw. die „Adresse" ausschlaggebend. Ebenso wird der Mikrostandort hinsichtlich der sozialen Struktur der Bevölkerung im Einzugsgebiet betrachtet. So kann die bevorzugte Zielgruppe für diesen Standort ermittelt werden.[29]

---

[28] Vgl. Walther, M./Muncke, G./Schwarte, M. (2000a), S. 10
[29] Vgl. ebenda

1.2.4 Ablauf der Standortanalyse

Nach Walther, Muncke und Schwarte gliedert sich der Ablauf der Standortanalyse in folgende vier Phasen:
- Vorlaufphase
- Research-Phase
- Analysephase
- Bewertungsphase

In der Vorlaufphase werden primär die Ziele der Analyse definiert. Im Anschluss daran werden die räumlichen Rahmenbedingungen, wie zum Beispiel die Mindestgröße des Objektes festgelegt. Nachdem die Ziele und Rahmenbedingungen definiert sind, wird festgelegt, welche Informationen für das Projekt relevant sind. Diese sind je nach vorgesehener Nutzungskonzeption unterschiedlich.[30]

In Abb. III 10 ist ein grober Auszug der wichtigsten Standortfaktoren für die Nutzungsarten Industrie, Einzelhandel, Büro und Wohnen zusammengefasst. Dadurch sollen die unterschiedlichen Sichtweisen der Nutzer verdeutlicht werden.

Nutzungsart	Standortfaktoren
Industrie	– bau- und planungsrechtliche Vorschriften – Umweltschutzauflagen – Erweiterungspotential – Nähe zum Flughafen – Anbindung an das überregionale Verkehrsnetz – Verkehrsinfrastruktur im direkten Umfeld – Nähe zu Zulieferern und Dienstleistern – Nähe zu Wohnorten – steuerliche Situation
Einzelhandel	– Kaufkraft – Passantenfrequenz – Sichtbarkeit – Infrastruktur in der Nachbarschaft – Parkmöglichkeiten – Anbindung an ÖPNV – Konkurrenzsituation
Büro	– gute überregionale Verkehrsanbindung – Verfügbarkeit qualifizierter Arbeitskräfte – Branchenkontakte – Image als Unternehmensstandort – gute Erreichbarkeit mit ÖPNV – Parkmöglichkeiten – nahegelegene Versorgungsmöglichkeiten
Wohnen	– ruhige Lage – gute Anbindung an ÖPNV – nahegelegene Versorgungseinrichtungen – Kindergärten, Schulen, Hochschulen – Kultur- und Freizeitangebot – soziales Wohnumfeld – Altersstruktur

Abb. III 10: Standortfaktoren nach Nutzungsart der Immobilie[31]

---

[30] Vgl. Walther, M./Muncke, G./Schwarte, M. (2000b), S. 14
[31] In Anlehnung an: ebenda

Wird die Standortanalyse nicht vom Projektentwickler selbst durchgeführt, erfolgt hierzu die Beauftragung eines externen Gutachters.

In der Research-Phase werden alle vorher definierten Projektinformationen bezüglich des Grundstücks, des Mikro- und Makrostandortes gesammelt. Hierfür stehen verschiedene Informationsquellen zur Verfügung. Wichtige Informationsquellen hierbei sind u. a. amtliche und nicht amtliche Statistiken, Artikel in der Fach- und Tagespresse, Gespräche mit Behörden, Maklern und anderen Fachleuten, der Flächennutzungs- und Bebauungsplan sowie die Objekt- und Umfeldbegehung an sich.

In der angrenzenden Analysephase werden alle ermittelten Daten und Informationen ausgewertet, gewichtet und bewertet. Hierfür werden die Stärken und Schwächen der Standorte anhand verschiedener Bewertungsmethoden herausgearbeitet. Des Weiteren werden die Entwicklungschancen der Standorte beurteilt und Prämissen hierfür aufgestellt. Als Standortbewertungssysteme stehen u. a. die Nutzwertanalyse, die Stärken-Schwächen-Analyse und die Real Estate Norm zur Verfügung, welche im Folgenden kurz erläutert werden.[32]

Bei der Nutzwertanalyse werden die vorher definierten Zielkriterien, der in der Analyse ermittelte Zielerfüllungsgrad sowie die Gewichtung der Standortkriterien anhand ihrer Bedeutung für das Immobilienprojekt tabellarisch aufgestellt. (vgl. Beispiel in Abb. III 11). Im Anschluss daran werden die Teilnutzwerte der einzelnen Kriterien durch Multiplikation der Gewichtung (G) und des Zielerfüllungsgrades (Z) ermittelt. Der Gesamtnutzwert (N) ergibt sich durch Addition der Teilnutzwerte.[33]

Es gilt:

$$N = \sum (G \times Z)$$

Zielkriterium	Gewichtung	Standort A		Standort B	
		Zielerfüllungsgrad	Teilnutzwert	Zielerfüllungsgrad	Teilnutzwert
Grundstück					
Zuschnitt	5 %	30	1,5	40	2
Größe	25 %	70	17,5	50	12,5
Lärmbelästigung	10 %	80	8	90	9
Summe Grundstück	**40 %**		27		23,5
Umfeld					
Kultur- & Freizeitangebot	10 %	90	9	75	7,5
Altersstruktur	5 %	60	3	20	1
Einkaufsmöglichkeiten	10 %	70	7	90	9
Summe Umfeld	**25 %**		19		17,5
Verkehr					
Anbindung ÖPNV	10 %	50	5	100	10
Parkplatzsituation	15 %	100	15	20	3
Erreichbarkeit	10 %	100	10	90	9
Summe Verkehr	**35 %**		30		22
Gesamtnutzwert	**100 %**		**76**		**63**

Abb. III 11: Beispiel Nutzwertanalyse

---

[32] Vgl. ebenda
[33] Vgl. Blohm, H./Lüder, K./Schäfer, C. (2006), S. 155–167

Im oben aufgeführten Beispiel ist die Nutzung der Immobilie bereits vorgegeben. Somit ist eine Entscheidung zwischen den Standortalternativen A und B zu treffen. Die Zielkriterien wurden entsprechend ihrer Bedeutung für die Nutzungskonzeption gewichtet. Der ermittelte Zielerfüllungsgrad der jeweiligen Standorte wurde diesen zugeordnet. Damit können die rechnerisch ermittelten Nutzwerte für die einzelnen Standortalternativen miteinander verglichen werden. Es wird stets der Standort mit dem höchsten Nutzwert gewählt. In diesem Beispiel wäre der Standort A zu bevorzugen.

Ist bei der Standortanalyse der Standort bereits gegeben und es soll zwischen verschiedenen Nutzungsalternativen entschieden werden, so wird nicht der Zielerfüllungsgrad, sondern die Gewichtung den Nutzungsvarianten zugeordnet. Das Verfahren der Nutzwertanalyse bleibt jedoch gleich.

Der Vorteil der Nutzwertanalyse ist die übersichtliche tabellarische Auflistung aller relevanten Eigenschaften. Die Kriterienauswahl und die Gewichtung sind jedoch rein subjektiv und können das Ergebnis verzerren, was einen erheblichen Nachteil darstellt.[34]

Die Stärken-Schwächen-Analyse wird auch als SWOT-Analyse bezeichnet (**S**trenght, **W**eakness, **O**pportunities, **T**hreads). Im Rahmen der SWOT-Analyse werden relevante Standortfaktoren definiert und tabellarisch aufgelistet. Diese Standortfaktoren werden anschließend mit den Standortalternativen verglichen und entsprechend bewertet. Die Bewertung erfolgt anhand einer Skala von „sehr gut" bis „problematisch" und wird in die Tabelle eingezeichnet. Anhand dieses Verfahrens werden die Standortkriterien visualisiert.[35]

Standortfaktoren	sehr gut	gut	mittel	weniger gut	problematisch
Distanz zu 1a-Lagen					
Integration in bestehende Bürolage					
Lage im Zentralgefüge					
Sichtanbindung					
Flughafenanbindung					
Autobahnanbindung					
Zu-/Abfahrt, Parkmöglichkeiten					
ÖPNV-Anbindung					
Distanz zu öffentl. Einrichtungen					
Versorgung/Infrastruktur im Umfeld					
Image / „Adresse"					
Erscheinungsbild Umfeld					
Aufenthalts- und Umweltqualität					

Abb. III 12: Beispiel Stärken-Schwächen-Analyse[36]

---

[34] Vgl. ebenda
[35] Vgl. Isenhöfer, B./Väth, A./Hofmann, P. (2005), S. 429
[36] Walther, M./Muncke, G./Schwarte, M. (2000a), S. 10

1 Standort- und Marktanalyse

Die Real Estate Norm (REN) ähnelt in ihrer Anwendung der Nutzwertanalyse und verfolgt das Ziel einer möglichst objektiven Bewertung der Standort- und Gebäudequalität von Büroimmobilien. Für das zu untersuchende Projekt werden die relevanten Teilkriterien ausgesucht und anhand der Abstufungen A, B, und C nach ihrer Bedeutung für das Immobilienprojekt gewichtet (vgl. hierzu Abb. III 13).[37]

Kriterium	Bedeutung	Soll-Profil	Punktwert entspricht	Ist-Profil	Punktwert entspricht	Abgleich
Image des Umfeldes	A	5	Nationale und internationale Unternehmen	3	Lokale und regionale Unternehmen	−2
Nähe zum nächsten Autobahnanschluss	A	5	Weniger als 1 km	4	Zwischen 1 und 5 km	−1
Öffentliche Parkplätze innerhalb 200 m	B	4	Zwischen 75 und 100 m	2	Zwischen 25 und 50 m	−2
Nähe zur nächsten Bahnstation	A	5	Weniger als 500 m	3	Zwischen 1 und 1,5 km	−2
Nähe zur nächsten Bushaltestelle	B	3	Zwischen 1 und 1,5 km	5	Weniger als 500 m	2
Nähe zu einem internationlen Flughafen	C	3	Zwischen 20 und 30 km	1	Mehr als 50 km	−2
Nahversorgungseinrichtungen innerhalb 10 Min. fußläufig	A	3	Zwischen 6 und 20 m	1	keine	−2
Insgesamt		28		19		−9
Insgesamt nur A		18		11		−7

Abb. III 13: Beispiel Standortanalyse mittels Real Estate Norm[38]

Im Anschluss daran werden die einzelnen Teilkriterien nach ihrer gewünschten Ausprägung anhand einer Skala von 1 bis 5 (beste Ausprägung) definiert, welches das Soll-Profil darstellt. Damit es keine Interpretationsspielräume der Ergebnisse gibt, wird hinter dem Soll-Profil die jeweils beste Ausprägung definiert. Dieses Soll-Profil wird anschließend mit dem jeweiligen Ist-Profil des Standorts verglichen. Beurteilung erfolgt zunächst anhand der Summe aller A-Kriterien, da diese für das Projekt am wichtigsten sind. Kann hierbei keine klare Entscheidung getroffen werden, werden die B- und zuletzt die C-Kriterien zur Entscheidungsfindung herangezogen. Die Entscheidung fällt auf den Standort mit der geringsten Abweichung vom Soll-Profil.[39]

Nachdem die Standorte in der Analysephase mittels der beschriebenen Standortbewertungsinstrumente vergleichbar gemacht wurden, können die erarbeiteten Ergebnisse in der angrenzenden Bewertungsphase beurteilt werden. Anhand der gesammelten Daten können Aussagen über die nutzungsabhängige Lagequalität der einzelnen Standorte getroffen werden. Auf Grundlage dieser Basis können, je nach Ausgangssituation in der Initiierungsphase, die am besten geeigneten Nutzungsalternativen für den gegebenen Standort oder die am besten geeigneten Standorte für die gegebene Nutzung ausgewählt werden.[40]

Für die ausgewählten Standorte bzw. Nutzungsalternativen wird anschließend eine Marktanalyse durchgeführt. Nachdem auch die Ergebnisse der Marktanalyse vorliegen, müssen diese mit den Ergebnissen der Standortanalyse zusammen betrachtet werden. Nur mittels einer gemeinsamen Betrachtung von Standort- und Marktanalyse lässt sich der geeignete Standort bzw. die geeignete

---

[37] Vgl. Ertle-Straub, S. (2003), S. 176 f.
[38] Ebenda, S. 177
[39] Vgl. ebenda, S. 176 ff.
[40] Vgl. Walther, M./Muncke, G./Schwarte, M. (2000b), S. 14

Nutzungskonzeption zuverlässig ermitteln, die Notwendigkeit weiterer Analysen abschätzen und eine zuverlässige Auswahl treffen.

In Abb. III 14 ist abschließend eine Übersicht über den Ablauf der Standortanalyse ersichtlich.

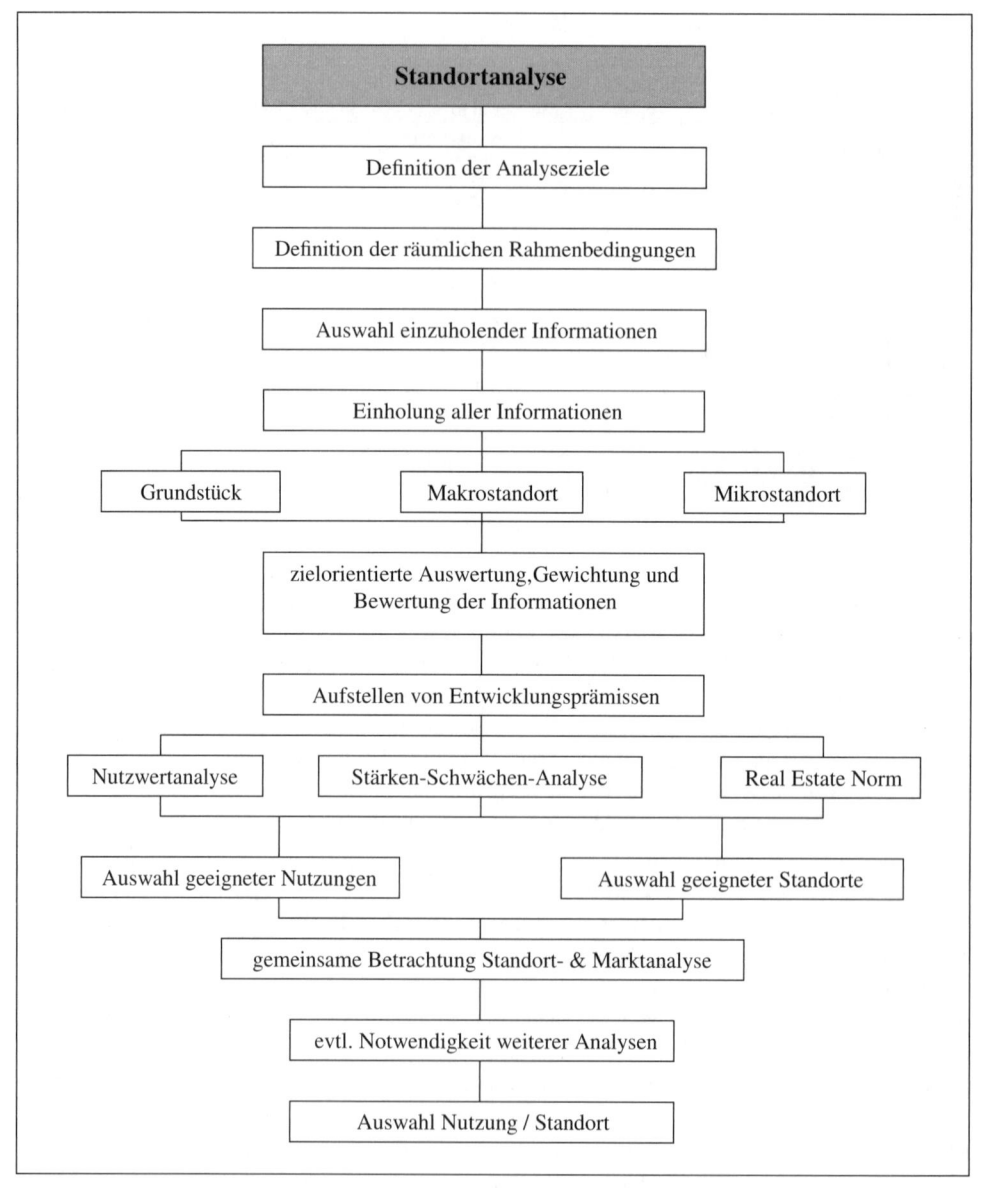

Abb. III 14: Ablauf der Standortanalyse[41]

---

[41] In Anlehnung an: Walther, M./Muncke, G./Schwarte, M. (2000a), S. 10

1.3 Marktanalyse

Zusammen mit der Standortanalyse bildet die Marktanalyse die zweite wesentliche Grundlage für die Entwicklung von Nutzungs-, Optimierungs- und Vermarktungskonzepten. Die Marktanalyse erfasst alle Komponenten des Angebotes und der Nachfrage, die Einfluss auf das Immobilienvorhaben ausüben. Es ist die derzeitige sowie die zukünftig absehbare Marktlage des Nutzungssektors zu beurteilen. Das Ziel der Marktanalyse ist die Abschätzung des Vermarktungserfolges einer Nutzungsart im relevanten Wettbewerbsumfeld, in Abhängigkeit von Lage und Konzeption. Die Marktanalyse wird somit nur dann durchgeführt, wenn die Nutzungsart des Immobilienprojektes noch nicht festgelegt wurde. Nur ein entsprechend den Marktanforderungen konzipiertes Objekt lässt sich nachher gut vermarkten. Die Marktanalyse gilt als Basis für den Erfolg einer Investition.[42]

Bevor mit einer Marktanalyse begonnen wird, empfiehlt sich die vorherige Durchführung der Standortanalyse, da diese bereits wichtige Informationen bezüglich der Nutzungsmöglichkeiten liefert. Ebenfalls im Vorfeld, falls nicht der Gesamtmarkt betrachtet werden soll, empfiehlt sich die Eingrenzung des zu betrachtenden Marktes mittels Marktsegmentierung. Die Segmentierung kann mittels der Nutzungsarten und/oder sachlicher und räumlicher Differenzierungskriterien erfolgen.

Bezüglich der Nutzungsarten kann eine Segmentierung in Wohn-, Gewerbe-, Industrie- und Sonderimmobilien erfolgen. Die Basis hierfür ist die Standortanalyse, welche eine Empfehlung für bestimmte Nutzungsarten oder deren Ausschluss liefert. Innerhalb dieser Nutzungsarten kann zusätzlich eine Vertiefung stattfinden. Beispielsweise kann die Nutzungsart Gewerbeimmobilien zusätzlich in die Gebäudetypen Büro-, Handel- und Logistikimmobilien unterteilt werden. Sachliche Differenzierungskriterien wären zum Beispiel die Größe oder die Ausstattung der Immobilien. Die räumliche Abgrenzung bezieht sich auf das Gebiet, wie zum Beispiel City oder Umland. Diese können ebenfalls beliebig vertieft werden.

Je höher die Segmentierung des Marktes, desto aussagekräftiger sind die Ergebnisse der Marktanalyse. Jedoch steigt gleichzeitig der Aufwand in Bezug auf deren Durchführung. Im Idealfall werden im Rahmen der Machbarkeitsstudie bereits bei der Standortanalyse einzelne Nutzungsarten ausgeschlossen, um den Aufwand für die Marktanalyse zu reduzieren.[43]

Die Marktanalyse beinhaltet die Angebots- und Wettbewerbsanalyse, die Nachfrage- sowie die Preisanalyse, welche nachfolgend einzeln erläutert werden. Im Anschluss daran wird analog zur Standortanalyse der Ablauf der Marktanalyse aufgezeigt.

1.3.1 Angebots- und Wettbewerbsanalyse

Die Angebots- und Wettbewerbsanalyse untersucht die Qualität und Quantität des bereits vorhandenen, in Bau befindlichen, sicher projektierten und geplanten Immobilienangebotes. Angebotslücken oder -schwächen werden somit identifiziert. Die Angebots- und Wettbewerbsanalyse wertet beispielsweise die Größe, die Ausstattung und den Preis des bestehenden Immobilienangebotes, die Branchenstruktur und die Konkurrenzsituation aus. Sie beinhaltet somit drei Sichtweisen.

Immobilienbestände werden durch Begehungen vor Ort erfasst und bewertet, wodurch das verfügbare Flächenangebot oder der Gesamtbestand an Flächen erfasst wird. Das verfügbare Flächenangebot wird i. d. R. jährlich ermittelt und ist die Summe aller Flächen, die Nutzern innerhalb

---

[42] Vgl. Muncke, G./Dziomba, M./Walther, M. (2008), S. 153
[43] Vgl. ebenda

eines begrenzten Zeitraums zur Anmietung zur Verfügung stehen. Als Zeitraum wird i. d. R. das Kalenderjahr gewählt. Die Berechnung des verfügbaren Flächenangebotes erfolgt folgendermaßen:

Leerstand des Vorjahres
+ freigewordene Bestandsflächen
+ freie Neufertigstellungen

= verfügbares Flächenangebot

Der Leerstand des Vorjahres setzt sich aus dem Angebot an nicht vermieteten Bestandsflächen und Neubauflächen eines Zeitraums zusammen. Hier werden ausschließlich zum Analysestichtag bezugsfertige Neubauflächen berücksichtigt. Die freien Neufertigstellungen beinhalten alle Neubauten, sowie alle vollständig renovierten oder sanierten Objekte innerhalb des Analysezeitraums. Zu den freigewordenen Bestandsflächen zählen alle Flächen, welche im Analysezeitraum frei geworden und nicht mehr vermietet worden sind.[44]

Der Gesamtbestand an Flächen kann anhand folgender Berechnung ermittelt werden:

Gesamtbestand des Vorjahres
+ neu errichtete Flächen
− Flächenabgänge

= Gesamtbestand

Im Gegensatz zum verfügbaren Flächenangebot ist der Gesamtbestand statisch und wird zu einem bestimmten Stichtag ermittelt. Zu den neu errichteten Flächen zählen hierbei alle Neubauflächen, welche zwischen dem Vorjahresende und dem Stichtag nicht vermietet sind. Bei den Flächenabgängen werden alle Abrisse innerhalb des Zeitraums zwischen dem Vorjahresende und dem Stichtag berücksichtigt. Da es für den Gesamtbestand keine statistischen Erhebungen gibt, beruht das Ergebnis i. d. R. auf Hochrechnungen, weshalb sich zur Ermittlung des Flächenbedarfs das verfügbare Flächenangebot besser eignet. Eine Prognose bezüglich des längerfristigen Flächenangebots ist nur schwer zu treffen, da sich die künftigen Neubauprojekte nicht oder nur bedingt vorhersehen und einschätzen lassen. Deshalb können nur Annahmen mit Hilfe von Realisierungswahrscheinlichkeiten zu einer Einschätzung der Angebotsentwicklung getroffen werden.[45]

Die Branchenstrukturanalyse untersucht zum einen die allgemeinen Branchenentwicklungen bzw. die aktuellen Trends. Zum anderen erfolgt eine Analyse der angebotenen Leistungen der Konkurrenten sowie die „Bedrohung" durch potentielle neue Konkurrenten.

In der Konkurrenzanalyse hingegen werden die Unternehmen zusammengefasst, die das gleiche Produkt anbieten, am gleichen Markt aktiv sind bzw. die gleichen Kunden ansprechen. Es werden die Strategie, die Selbsteinschätzung und die Stärken und Schwächen des Konkurrenten untersucht.

1.3.2 Nachfrageanalyse

Die Untersuchung der Nachfrage ist neben der des Angebotes das zweite Kernelement der Marktanalyse. Sie beschäftigt sich zum einen mit der Frage, welche Anforderungen an eine Immobilie von Seiten der Nutzer gestellt werden. Zum anderen soll die quantitative Flächennachfrage ermittelt werden. Bei einer geringen Nachfrage wird versucht, ein möglichst nachfragegerechtes Angebot zu schaffen. Für diese „maßgeschneiderten" Immobilien werden Nachfrageanalysen häufig eingesetzt.

---

[44] Vgl. Isenhöfer, B./Väth, A./Hofmann, P. (2005), S. 438
[45] Vgl. ebenda

Die Analyse der Nachfrage ist mit besonderen Schwierigkeiten verbunden. Zum einen liegen nur wenige konkrete und verwertbare Daten vor und zum anderen können sich diese relativ kurzfristig ändern. Die Faktoren für eine potentielle Nachfrage werden u. a. durch die langjährige Beobachtung des bisherigen Nachfrageverhaltens bestimmt. Die Einschätzung der zukünftigen Nachfrage ist dagegen mit erheblichen Unsicherheiten verknüpft.

Als Instrumente und Quellen stehen Researchberichte der großen Maklerhäuser, Investmentgesellschaften und Beratungsunternehmen zur Verfügung. Auf dem Wohnungs- und Einzelhandelsmarkt werden teilweise auch Analysen und Strukturuntersuchungen von Maklern/Beratungsunternehmen durchgeführt. Darüber hinaus bietet die Befragung der Nachfrager die Möglichkeit, relativ konkrete Aussagen zu Potential und Präferenzen der Nachfrage zu ermitteln. Nicht zuletzt erlauben intensive Expertengespräche mit Marktakteuren qualitative Aussagen zur Nachfrage.

Die quantitative Flächennachfrage wird unter anderem durch folgende Komponenten geprägt:[46]

- Konjunkturentwicklung
- Bevölkerungsstruktur und -entwicklung
- Beschäftigungsstruktur und -entwicklung
- Auslastung und Auftragssituation
- Geldwertstabilität
- Realeinkommen und Sparverhalten
- Zukunftserwartungen der Nutzer
- wirtschaftliche Entwicklung der Nutzer
- Steuergesetzgebung und Steuerrechtsprechung
- Subventionspolitik
- Finanzierungskonditionen und -möglichkeiten

Die Flächennachfrage wird anhand des Flächenabsatzes und der Netto-Flächenabsorption bestimmt. Beim Flächenabsatz werden alle innerhalb der Analyseperiode getätigten Neuvermietungen von Bestands- und Neubauflächen, mit Ausnahme von Anschlussmietverträgen und Mietverlängerungsoptionen, berücksichtigt. Bezüglich der Zurechnung zur Analyseperiode kann als Ansatzpunkt vom Zeitpunkt des Mietvertragsabschlusses oder dem Beginn des Mietverhältnisses ausgegangen werden. Die Netto-Flächenabsorption sagt aus, wie viel des Flächenangebots innerhalb des Analysezeitraums tatsächlich vom Markt aufgenommen wurde. Sie drückt somit die im Analysezeitraum neu entstandene Nachfrage auf dem Markt aus. Die Berechnung der Netto-Flächenabsorption soll an folgendem Beispiel verdeutlicht werden:

Leerstand Vorjahr	300.000
− Bestandsabgang im Analysejahr	70.000
+ Neufertigstellungen im Analysejahr	250.000
= *verfügbares Angebot im Analysejahr*	*480.000*
− Leerstand am Ende des Analysejahres	200.000
= **Flächenabsorption im Analysejahr**	**+ 280.000**

Positive Netto-Flächenabsorption wird dann erreicht, wenn neue Mieter in den Markt eintreten und wenn bereits präsente Mieter ihre Flächenanmietung vergrößern. Umzüge und Flächenreduktion führen hingegen zu einer negativen Netto-Flächenabsorption.[47]

---

[46] Vgl. ebenda, S. 439
[47] Vgl. Isenhöfer, B./Väth, A./Hofmann, P. (2005), S. 439

1.3.3 Preisanalyse

Das Ziel der Preisanalyse ist die Ermittlung und Prognose von durchschnittlichen Miet- und Kaufpreisen. Innerhalb des Marktes bilden Angebot und Nachfrage den Preis. Geeignete Informationsquellen zur Preisbestimmung sind hierbei Maklerunternehmen, Nutzerbefragungen, Marktberichte von Gutachterausschüssen in der Gemeinde oder entsprechende Datenbanken. Anhand des Durchschnittes der hierbei ermittelten Daten lassen sich die marktüblichen Miet- und Kaufpreise ermitteln.

Wie die Nachfrageentwicklung ist auch die Prognose über die Entwicklung der Miet- und Kaufpreise immer mit Unsicherheit verbunden. Hierbei sollte die Trendentwicklung der letzten Jahre berücksichtigt und fortgeführt werden. Jedoch ist eine Abweichung vom Trend nicht auszuschließen, da durch unvorhersehbare Ereignisse und Gegebenheiten die Miet- und Kaufpreise stark steigen oder fallen können. Um diesen Schwankungen zumindest teilweise entgegenwirken zu können, empfiehlt sich bei der Prognose von Miet- und Kaufpreisen die Angabe von Preisspannen.

Die Angebots- und Nachfrageanalyse gibt Aufschluss über die spätere Vermietbarkeit des Projektes. Anhand der Preisanalyse können hingegen Aussagen über die zu erwartende Rendite gemacht werden.[48]

1.3.4 Ablauf der Marktanalyse

Nach Muncke, Dziomba und Walther gliedert sich die Marktanalyse – analog zur Standortanalyse – in die Vorlaufphase, Research-Phase, Analysephase und Bewertungsphase.

In der Vorlaufphase werden die Ergebnisse der Standortanalyse betrachtet und eine Vorauswahl der standortgeeigneten Nutzungen getroffen. Anhand dieser Daten werden die Rahmenbedingungen des Nutzer- und Immobilienmarktes definiert. Im Anschluss daran werden die relevanten Marktindikatoren und externe Einflussfaktoren ermittelt und bestimmt welche Informationen eingeholt werden müssen. In der Research-Phase werden diese Informationen eingeholt, gewichtet und bewertet. In der angrenzenden Analysephase werden die vorher beschriebenen Angebots-, Nachfrage- und Preisanalysen für die einzelnen Nutzungsmöglichkeiten durchgeführt. Des Weiteren werden die Entwicklungschancen beurteilt. In der Bewertungsphase werden anschließend die Ergebnisse der einzelnen Analysen betrachtet. Anhand dieser Ergebnisse können Aussagen bezüglich der Marktlage des Nutzungssektors und Renditeaussichten gemacht werden mittels derer sich die projektspezifischen Marktchancen beurteilen lassen. Zuletzt werden die Ergebnisse der Standort- und Marktanalyse gemeinsam betrachtet, damit das bestmögliche Nutzungskonzept für einen Standort definiert werden kann. In Abb. III 15 wird abschließend der Ablauf der Marktanalyse visuell dargestellt.[49]

---

[48] Vgl. Muncke, G./Dziomba, M./Walther, M. (2008), S. 153
[49] Vgl. ebenda

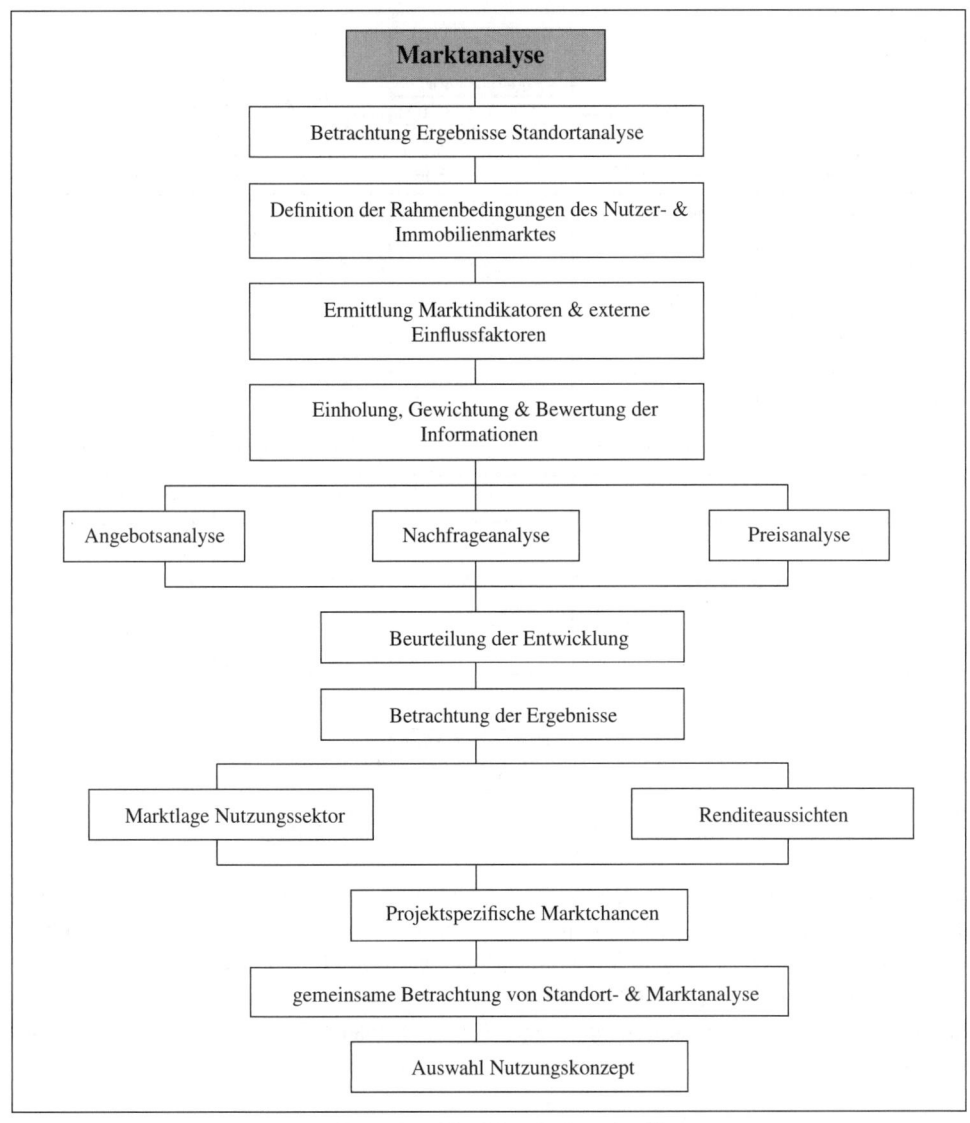

Abb. III 15: Ablauf der Marktanalyse[50]

1.4 Methoden der Informationsgewinnung

Die relevanten Informationen und Daten für eine Standort- und Marktanalyse lassen sich durch Erhebungen vor Ort („Field Research") oder am Schreibtisch („Desk Research") gewinnen.

Abb. III 16 gibt einen Überblick über die beiden Methoden der Informationsbeschaffung. Anschließend werden die beiden Arten der Recherche kurz erläutert.

---

[50] In Anlehnung an: ebenda, S. 149

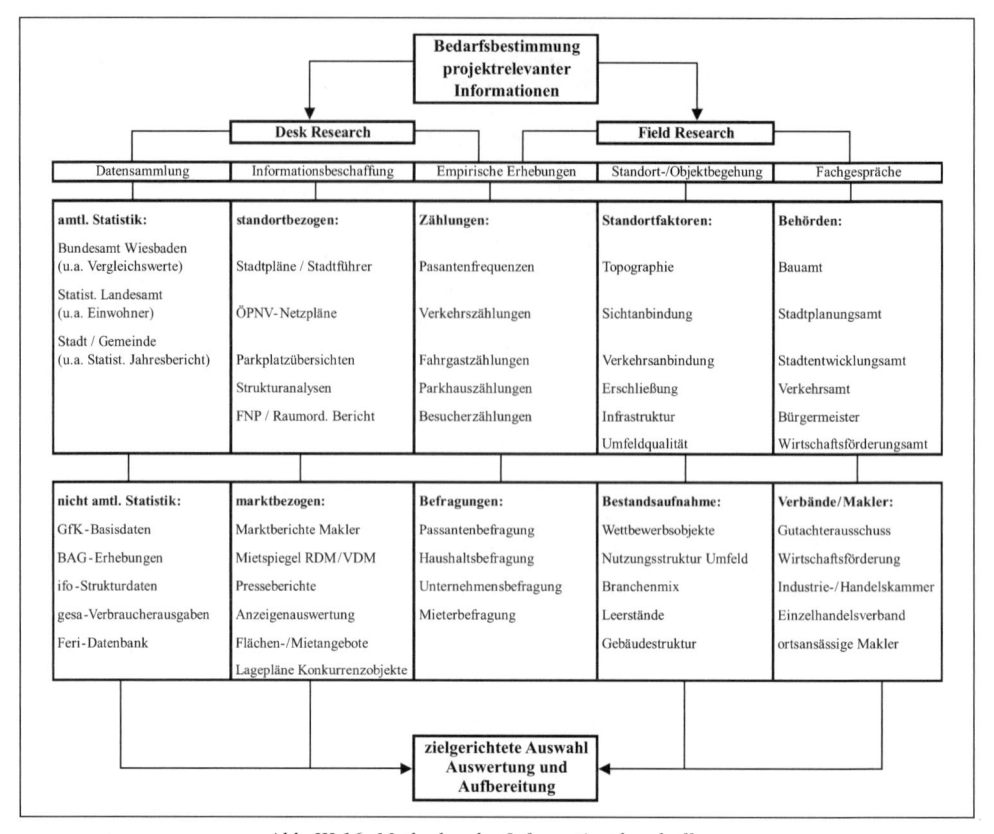

		Bedarfsbestimmung projektrelevanter Informationen		
Desk Research			Field Research	
Datensammlung	Informationsbeschaffung	Empirische Erhebungen	Standort-/Objektbegehung	Fachgespräche
amtl. Statistik: Bundesamt Wiesbaden (u.a. Vergleichswerte) Statist. Landesamt (u.a. Einwohner) Stadt / Gemeinde (u.a. Statist. Jahresbericht)	**standortbezogen:** Stadtpläne / Stadtführer ÖPNV-Netzpläne Parkplatzübersichten Strukturanalysen FNP / Raumord. Bericht	**Zählungen:** Pasantenfrequenzen Verkehrszählungen Fahrgastzählungen Parkhauszählungen Besucherzählungen	**Standortfaktoren:** Topographie Sichtanbindung Verkehrsanbindung Erschließung Infrastruktur Umfeldqualität	**Behörden:** Bauamt Stadtplanungsamt Stadtentwicklungsamt Verkehrsamt Bürgermeister Wirtschaftsförderungsamt
nicht amtl. Statistik: GfK-Basisdaten BAG-Erhebungen ifo-Strukturdaten gesa-Verbraucherausgaben Feri-Datenbank	**marktbezogen:** Marktberichte Makler Mietspiegel RDM/VDM Presseberichte Anzeigenauswertung Flächen-/Mietangebote Lagepläne Konkurrenzobjekte	**Befragungen:** Passantenbefragung Haushaltsbefragung Unternehmensbefragung Mieterbefragung	**Bestandsaufnahme:** Wettbewerbsobjekte Nutzungsstruktur Umfeld Branchenmix Leerstände Gebäudestruktur	**Verbände/Makler:** Gutachterausschuss Wirtschaftsförderung Industrie-/Handelskammer Einzelhandelsverband ortsansässige Makler
		zielgerichtete Auswahl Auswertung und Aufbereitung		

Abb. III 16: Methoden der Informationsbeschaffung

Auf überregionaler Ebene lassen sich Presseinformationen und sonstige Daten über Wirtschaftsdatenbanken recherchieren. An Bedeutung gewinnen ferner anbieterübergreifende Immobilien-Datenbanken, über die nicht nur Immobilienangebote eingeholt und selektiert, sondern auch regionale Durchschnittspreise ermittelt werden können.

Im Gegensatz zur „Desk Research" wird bei der so genannten „Field Research" das relevante Objekt bzw. Grundstück vor Ort begutachtet.

Überblick über empirische Erhebungsmethoden		
Methode	**Vorteile**	**Nachteile**
Befragungen/Interview (z. B. Panel) schriftlich oder mündlich	regelmäßige Befragungsabstände, kontinuierliches Marktbeobachtungsinstrument mit guten Vergleichsmöglichkeiten, i. d. R. Erfassung einer großen Anzahl an Probanden	subjektive Einflüsse beim mündlichen Interview, wenig Rücklauf bei schriftlicher Befragung; Problem der Standardisierung bei qualitativen Interviews
Expertengespräch	Detailkenntnisse, Hintergrundinformationen	zeitintensive Auswertung, keine Vergleichbarkeit möglich, wenig Probanden
Zählungen	aussagekräftiger Indikator (z. B. Zählung in Shopping Centern)	Repräsentativität
Kartierungen, Begehungen	detaillierte Vor-Ort-Kenntnisse	Momentaufnahmen von Standortverteilungen und Funktionen
Beobachtungen	informativer Überblick	subjektiver Eindruck

Abb. III 17: Methodenwahl – Primär- und Sekundärforschung

2 Projektentwicklung

2.1 Grundlagen der Projektentwicklung

Die steigenden Renditeerwartungen von Investoren und die zunehmende Komplexität der Planungs- und Bauaufgaben begründen die immer stärker werdende Nachfrage nach Projektentwicklern. Das Ziel jeder Projektentwicklung liegt in der Wertsteigerung der Immobilie. Dabei werden als Grundlage sowohl bebaute bzw. genutzte, als auch unbebaute Grundstücke zur Verwertung herangezogen.

Projektentwicklungsleistungen finden hauptsächlich bei gewerblichen Immobilien Anwendung. Ein Einsatz auf dem Gebiet des privaten Wohnungsbaus kann jedoch nicht ausgeschlossen werden. Der Ursprung der Projektentwicklung liegt im technischen Bereich der Immobilie und kam in den USA als „Project Development" auf. In der Immobilienwirtschaft wird dieser Begriff für all diejenigen Aufgaben genutzt, die sich zeitlich vor die eigentliche Objektplanung stellen und von dieser unabhängig sind. Jede Projektentwicklung verfolgt das Ziel, notwendige Maßnahmen zu identifizieren, die den Wert der Immobilie nachhaltig steigern können.

2.1.1 Definition der Projektenwicklung

Eine einheitliche Definition des Begriffes „Projektentwicklung" gibt es nicht. Vielmehr wurden im Laufe der Jahre immer wieder unterschiedliche Definitionen des Begriffes und der dazugehörigen Aufgabenfelder erarbeitet. Drei davon werden im Folgenden aufgezeigt:

Definitionsmöglichkeit 1(nach May, Eschenbau und Breitenstein)

„Projektentwicklung ist die Summe aller technischen/architektonischen, wirtschaftlichen, rechtlichen Maßnahmen mit dem Ziel, ein Projekt innerhalb eines vorgegebenen Kostenrahmens, Qualitäts-, Ressourcenrahmens, Zeitrahmens zu realisieren".

Definitionsmöglichkeit 2

„Projektentwicklung bedeutet Kombination von Standort, Projektidee und Kapital, so dass einzelwirtschaftlich wettbewerbsfähige und zugleich sozial- und umweltverträgliche Bauinvestitionen geschaffen und gesichert werden."[51]

Definitionsmöglichkeit 3 (nach Alda und Hirschner)

„Durch Projektentwicklungen (im weiteren Sinne) sind die Faktoren Standort, Projektidee und Kapital so miteinander zu kombinieren, dass einzelwirtschaftlich wettbewerbsfähige, arbeitsplatzschaffende und -sichernde sowie gesamtwirtschaftlich sozial- und umweltverträgliche Immobilienprojekte geschaffen und dauerhaft rentabel genutzt werden können."

Je nach Sichtweise und Standpunkt des Projektentwicklers, kann die Begriffsdefinition anders ausfallen.

2.1.2 Ausgangsfaktoren der Projektentwicklung

Alle Definitionen von „Projektentwicklung", basieren auf drei rudimentären Ausgangsfaktoren:
- Standort,
- Kapital und
- Idee.

In den 90er Jahren herrschte eine Zeitlang die Meinung vor, dass alleine die Lage den Wert einer Immobilie und somit auch den Erfolg einer Projektentwicklung ausmacht. Diese Ansicht hat sich in den letzten Jahren gewandelt. Heute wird angenommen, dass eine Kombination der drei Faktoren eine erfolgreiche Projektenwicklung bestimmt.

In Abb. III 18 ist der Zusammenhang der drei Faktoren dargestellt. Je nach Gewichtung eines Projektes kann sich das Dreieck zu Gunsten bzw. Ungunsten eines Faktors verformen.

Am Anfang der Projektenwicklung kann jeder der drei Faktoren stehen. Damit ergeben sich jeweils die entsprechenden Aufgabenstellungen:

1) vorhandenes KAPITAL   sucht einen STANDORT und eine IDEE
2) vorhandene IDEE   sucht KAPITAL und einen STANDORT
3) vorhandener STANDORT   sucht KAPITAL und eine IDEE

Je nach Projektenwicklung können sich dabei interessante Projektkonstellationen entwickeln. Bei der momentan häufigsten Form der Projektentwicklung ist der Standort vorhanden, anschließend beginnt die Partnersuche für das Grundstück sowie für das Kapital zur Finanzierung der Projektentwicklung und der Realisierung.

---

[51] DVP (1994), S. 1

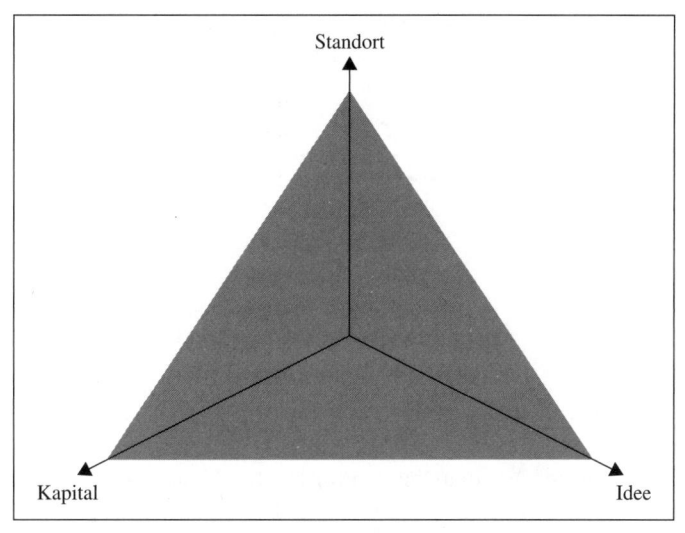

Abb. III 18: Beziehung der Ausgangsfaktoren in der Projektentwicklung

2.1.3 Projektbeteiligte

Aus zeitlichen und fachlichen Gründen kann ein Projektentwickler die einzelnen Aufgaben nicht alle selbst ausführen. Die einzelnen Akteure, welche an einer Projektentwicklung beteiligt sein können, werden im Nachfolgenden beschrieben und sind in der Abb. III 19 dargestellt. Es ist allerdings anzumerken, dass nicht immer alle aufgeführten Beteiligten in einer Projektentwicklung involviert sein müssen.

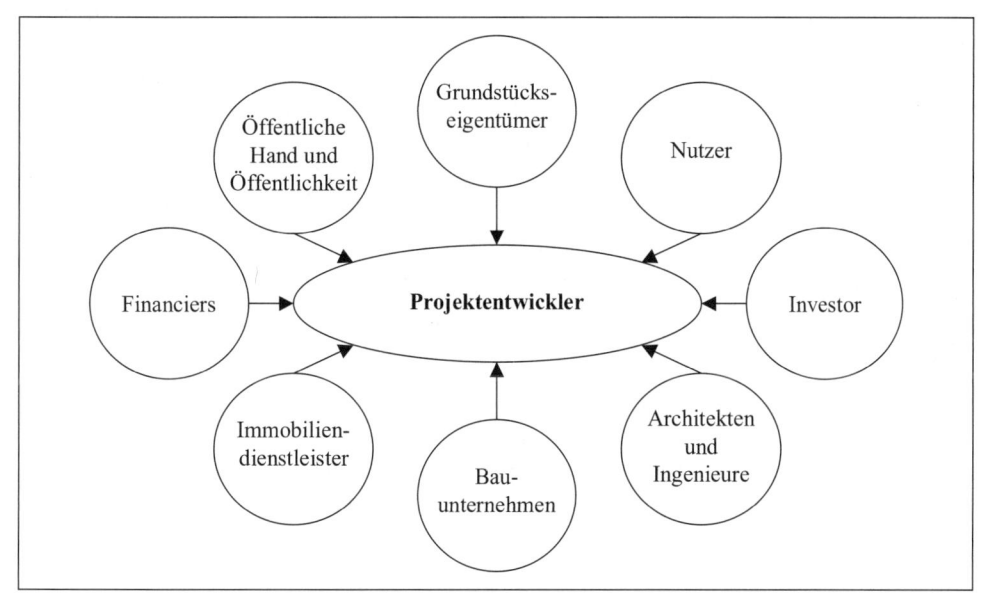

Abb. III 19: Akteure in der Projektentwicklung

Grundstückseigentümer: Grundstückseigentümer können öffentliche Hand, d. h. Bund, Länder und Gemeinden, aber auch Institutionen wie z. B. Kirchen und Stiftungen sein. Eine zweite Gruppe von Grundstückseigentümern sind Unternehmen, für die Grund und Boden in erster Linie ein Produktionsfaktor bzw. eine Kapitalanlage ist. Privaten Eigentümer, die Grundstücke entweder zu Wohnzwecken oder ebenfalls als Kapitalanlage besitzen stellen die dritte Gruppe dar. Grundstückseigentümer können sich entweder aktiv in den Projektentwicklungsprozesses einbringen oder diesem mehr oder weniger passiv gegenüberstehen.

Nutzer: Nutzer treten als Nachfragende von Projektentwicklungsleistungen auf. Dies können sowohl Nutzer aus dem öffentlichen Bereich als auch Privatpersonen oder Unternehmen diverser Wirtschaftsbereiche sein. Nachgefragt werden vor allem die Nutzungen Wohnen, Büro, Einzelhandel, Gastronomie, Freizeit und Unterhaltung.

Investor: Institutionelle Investoren wie z. B. Immobilienfonds, Versicherungen, Pensionskassen oder Leasinggesellschaften, und private Investoren, aber teilweise auch Unternehmen, treten ebenfalls als Nachfragende auf. Sie nehmen das im Vergleich zur Investition in Bestandsimmobilien verhältnismäßig hohe Risiko einer Immobilien-Projektentwicklung in Kauf, um auf entsprechenden Arealen durch frühe Beteiligungen, steuerliche und unternehmensspezifische Faktoren hohe Wertsteigerungen zu erzielen.

Architekten/Ingenieure/Planer: Der Architekt ist in erster Linie mit der Umsetzung des vom Projektentwickler entworfenen Nutzungskonzepts in eine kostengerechte, funktionale, flexible und architektonisch anspruchsvolle Immobilie betraut. Neben dieser Planungsaufgabe übernimmt der Architekt häufig eine beratende Funktion wie die Auswahl von Fachingenieuren und sonstigen Planern, sowie die Dokumentation des Bauprozesses. Aufgaben der Fachingenieure sind u. a. Baugrunduntersuchungen und Baugrubensicherung, Bauphysik (Wärme-, Schall- und Brandschutz) sowie die Planung haustechnischer Gewerke (Heizung, Lüftung, Sanitär, Elektrotechnik, Fördertechnik und zentrale Leittechnik). Weitere Aufgabengebiete sind Innenarchitektur, Raumgestaltung, Gestaltung der Außenanlagen und Verkehrsplanung.

Bauunternehmer: Zu Zwecken der Risikoreduzierung und zur organisatorischen Vereinfachung schließt der Projektentwickler i. d. R. Verträge mit Generalunternehmern (erbringt eigene Bauleistungen) oder Generalübernehmern (erbringt keine eigenen Bauleistungen) ab. Die Einzelvergabe von Gewerken stellt die Ausnahme dar. Auch die Bauindustrie hat das Potential durch die eigene Projektentwicklung erkannt. Eine hohe Anfangsrendite und die Unterstützung des Kerngeschäfts mit einer eigenen Entwicklung von Bauaufgaben, macht diese Branche für Bauunternehmen und mittlerweile auch für die Industrie sehr interessant. Inzwischen besitzen alle größeren Bauunternehmen ihre eigenen Projektentwicklungsabteilungen.

Immobiliendienstleister: Zu möglichen Dienstleistern im Zuge der Immobilien – Projektentwicklung zählen z. B. Immobilienmakler, Facility Manager, Verwalter, Sachverständige, Rechtsanwälte, Steuerberater, Versicherungsmakler und Werbeagenturen.

Financiers: Baufinanzierer stellen dem Projektentwickler das nötige Fremdkapital zur Verfügung. Hierbei lässt sich zwischen kurzfristigen und langfristigen Finanzierungen unterscheiden. Während bei kurzfristigen Finanzierungen die Zusage entscheidend von der Bonität des Projektentwicklers und seinen Partnern abhängt, steht bei langfristigen die Konzeption des Projekts und dessen Fähigkeit zur Erwirtschaftung des Kapitaldienstes im Vordergrund.[52]

---

[52] Vgl. Miles, M. E. et al. (1991), S. 360 f.

Öffentliche Hand: Aufgrund baurechtlicher Genehmigungen bzw. weitergehender Zusammenarbeit stehen die öffentliche Hand, der Investor und der Projektentwickler miteinander in Kontakt. Bei den Kommunen sind vor allem die leeren öffentlichen Kassen ausschlagegebend für die Zusammenarbeit. Investoren bzw. Projektenwickler erhoffen sich eine Verkürzung der Genehmigungsdauer und Unterstützung bei der Schaffung politischer Akzeptanz.

Sonstige Beteiligte

Je nach Aufgabenstellung kann Anzahl und Konstellation der Projektbeteiligten variieren. In Einzelfällen müssen auch Gutachter und Berater in der Anfangsphase der Projektentwicklung zugezogen werden.

2.1.4 Gründe der Projektentwicklung

Eine der Kernaufgaben der Projektentwicklung besteht in der Steigerung des Verkehrswertes eines bebauten oder unbebauten Grundstücks. Daher liegt das Hauptmotiv der Projektentwicklung darin, Immobilienmanagementaktivitäten aus einer Hand anzubieten, indem beispielsweise ein unbebautes Grundstück eingekauft und nach Bauausführung bzw. während der Nutzung wieder veräußert wird. Damit wird das Ziel verfolgt den größtmöglichen Entwicklungsgewinn abzuschöpfen. Die Projektentwicklung bietet noch weitere Chancen mit einzel- und gesamtwirtschaftlicher Bedeutung, bringt neben den größten Renditechancen aber auch Risiken mit sich, die analysiert und angemessen berücksichtigt werden müssen:

- In Zeiten ansteigenden Preisniveaus werden Immobilien selbst entwickelt, anstatt bei einer niedrigen Performance eingekauft. Alternativ können Bestandsimmobilien auf einem „Verkäufermarkt" mit steigendem Preisniveau gewinnbringend veräußert werden.
- Bei einer Projektentwicklung kann, im Gegensatz zum Kauf vermieteter Objekte, die Mieterstruktur selbst gewählt und die Mietverträge den Anforderungen entsprechend gestaltet werden. Es kann ein den strategischen Zielen des Investors entsprechender Mietermix aufgebaut werden.
- Anforderungen der Nutzer und Investoren an Nutzung, Funktion, Flächen- und Raumbedarf, Gestaltung und Ausstattung, Budget- und Zeitrahmen können bereits im Vorfeld gewährleistet und fixiert werden.
- für nicht angemessen genutzte Grundstücke kann eine wettbewerbsfähige Nutzung geschaffen werden.
- Verbesserung der städtischen, regionalen Umweltbedingungen und Erhöhung der Lebensqualität durch städtebauliche, gestalterische und landschaftsökologische Maßnahmen.
- Durch den volkswirtschaftlichen Multiplikatoreffekt in angrenzenden Wirtschaftsbereichen wird die Gesamtwirtschaft gefördert.
- Erhöhung der Kapazitätsauslastung der Bauwirtschaft durch aktives Anbieten von Projekten statt konjunktureller Schwankungen der Nachfrage.

2.1.5 Wesentliche Formen von Projektentwicklungen

In institutioneller Hinsicht lassen sich drei Formen von Projektentwicklungen unterscheiden:
- die Projektentwicklung für den eigenen Bestand
- die Projektentwicklung für Investoren und
- die Projektentwicklung als reine Dienstleistung.

Die Projektentwicklung für den eigenen Bestand wird entweder mit eigenen Mitarbeitern oder durch die Einbindung eines Projektentwicklungsunternehmens durchgeführt. Eigengenutzte Projekte zeichnen sich in der Regel durch eine hohe Individualität aus. Sollen solche Immobilienobjekte später durch Vermietung oder Verkauf dem Markt zugeführt werden, ergibt sich häufig, dass diese Objekte den Kriterien einer marktgerechten Projektentwicklung nicht entsprechen.

Die Projektentwicklung für Investoren setzt häufig Joint Ventures zwischen Entwicklern und Kapitalpartnern voraus. Der Entwickler übernimmt dabei die Entwicklungsleistungen und der Kapitalpartner die Sicherung der Finanzierung.

Die Projektentwicklung als reine Dienstleistung kommt somit sowohl für Eigentümer zu entwickelnder Immobilien als auch für Investoren in Betracht.[53] Der Entwickler erbringt dabei lediglich seine vertraglich festgelegten Leistungen. Alle Chancen und Risiken trägt der Auftraggeber

Hinsichtlich der Prozessorientierung bzw. des Lebenszyklus einer Immobilie können Projektentwicklungen außerdem unterschieden werden in:

- die Projektentwicklung eines Neubauprojekts und
- die Projektentwicklung einer Bestandsimmobilie[54]

2.1.6 Zusammenhang zwischen Projektentwicklung und den Kosten eines Projekts

Während der Projektentwicklung fallen im Normalfall nur geringe Kosten an. Die Praxis zeigt, dass die meisten Beteiligten, vor allem Architekten und Ingenieure etc. auf Akquisition Machbarkeitsstudien ausarbeiten um im Gegenzug nach der Realisierungsentscheidung mit einer Projektplanung beauftragt zu werden.

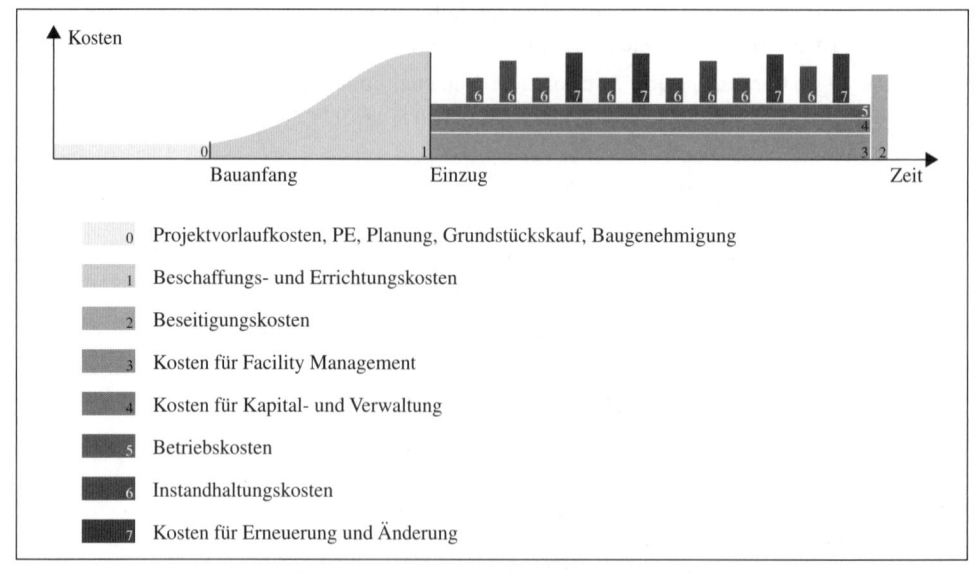

Abb. III 20: Kostenverlauf im Immobilienzyklus

---

[53] Vgl. AHO (2004a), S. 14
[54] Vgl. Alda, W./Hirschner, J. (2007), S. 86

Somit fallen bis zur Grundstückssicherung lediglich verhältnismäßig geringe Kosten für Personal und Büro an. Nach der Projektrealisierungsentscheidung erhöhen sich diese mit dem Grundstückskauf bzw. der Beauftragung der Fachingenieure.

Dargestellt ist der Kostenverlauf in Abb. III 20. Diese zeigt einen idealisierten Projektablauf auf Grundlage einer am Ende selbstgenutzten Immobilie mit den dabei anfallenden Kosten. Besonders nach Übergabe der Immobilie bzw. nach Einzug des Nutzers können sich die Kosten unterschiedlich verteilen.

2.1.7 Darstellung der möglichen Kosten für eine selbstentwickelte und eigengenutzte Immobilie – Auswirkungen der Beteiligten auf die Planungs- und Umbaukosten

In den ersten Zügen einer Projektentwicklung können die zukünftigen Planungs- und Umbaukosten noch stark beeinflusst werden.

Eine nutzungsorientierte Projektentwicklung, bei der die jeweils notwendigen Fachleute wie z. B. Facility Manager etc. frühzeitig mit einbezogen werden, kann während der Nutzungsphase zu erheblichen Kosteneinsparungen führen. Dieser Zusammenhang ist in Abb. III 21 dargestellt.

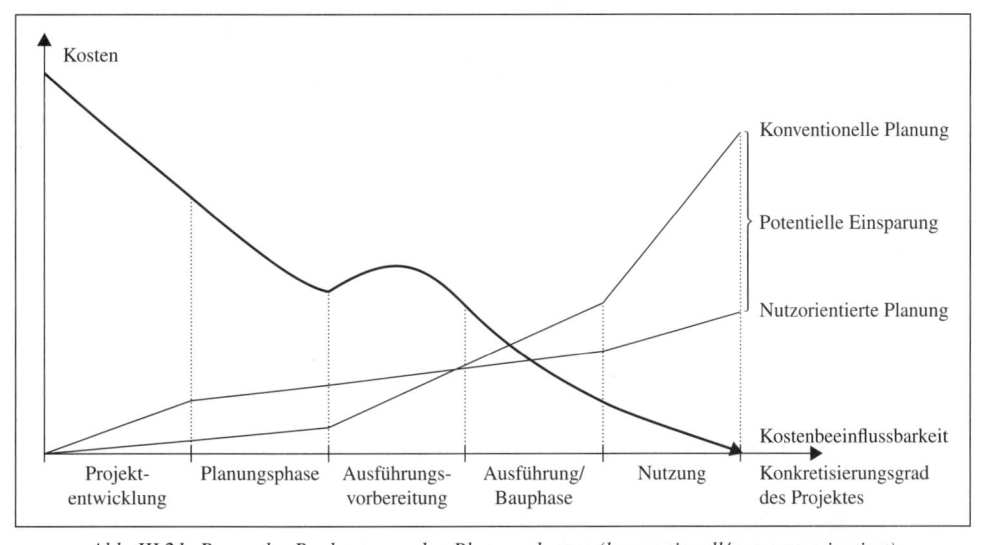

Abb. III 21: Bezug der Baukosten zu den Planungskosten (konventionell/nutzungsorientiert)

Diese Darstellung zeigt zunächst die Kostenbeeinflussbarkeit in Abhängigkeit vom Konkretisierungsgrad eines Projekts. Außerdem wird der Kostenverlauf einer konventionellen Planung dem Verlauf einer nutzungsorientierten Planung gegenübergestellt. In der Anfangsphase können die Planungskosten in beiden Fällen noch relativ gering gehalten werden. Da bei einer nutzungsorientierten Planung Fachleute relativ früh mit einbezogen werden, sind die Kosten in den ersten Phasen zwar etwas höher, spätestens jedoch ab der Ausführungsphase übersteigen die Kosten der konventionellen Planung die der Nutzungsorientierten deutlich. Dann nämlich wird auch bei konventioneller Planung die Einschaltung von Spezialisten notwendig. Aufgrund des späten Einsatzes von Facility Managern und klassischen Hausmeistern werden kritische Punkte erst spät aufgezeigt und es bedarf somit häufig Umplanungen. Veränderungen werden typischerweise bei der Haustechnik und den verwendeten Materialien erforderlich, sowie bei Anordnung und Größe von Putzräumen oder Entsorgungszonen.

Bei Projektentwicklungen am Ende selbstgenutzter Immobilien empfiehlt sich also der frühzeitige Einsatz von Spezialisten, weil sich während der Planungsphase gegenüber den ursprünglichen Vorgaben nur noch gering Änderungen ergeben. Steht zum Zeitpunkt der Projektentwicklungen noch kein konkreter Nutzer bzw. Mieter fest, ist auch keine nutzerorientierte Planung möglich. In diesem Fall macht es sicherlich Sinn, die Kosten anfänglich so gering wie möglich zu halten und Spezialisten erst zu einem späteren Zeitpunkt einzuschalten

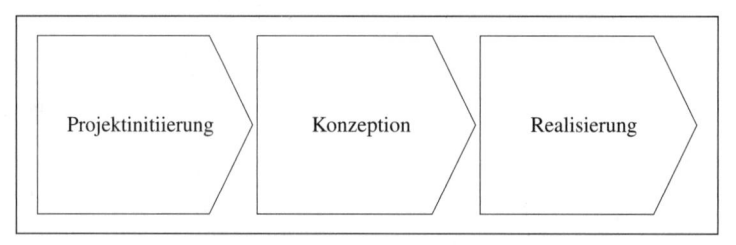

2.2 Phasen der Projektentwicklung

Ursprünglich wurden Phasenmodelle entwickelt, um industrielle Produktionsprozesse darzustellen. Auf die Entwicklung von Immobilienprojekten angewandt, stellen solche Modelle den betriebswirtschaftlichen Bereich der Projektentwicklung in den Vordergrund. Die Praxis hat gezeigt, dass die einzelnen Phasen dabei nicht klar voneinander abgegrenzt werden können. Vielmehr verlaufen diese oft parallel oder es kommt zu Rückkopplungseffekten.

Abb. III 22: Phasen der Projektentwicklung

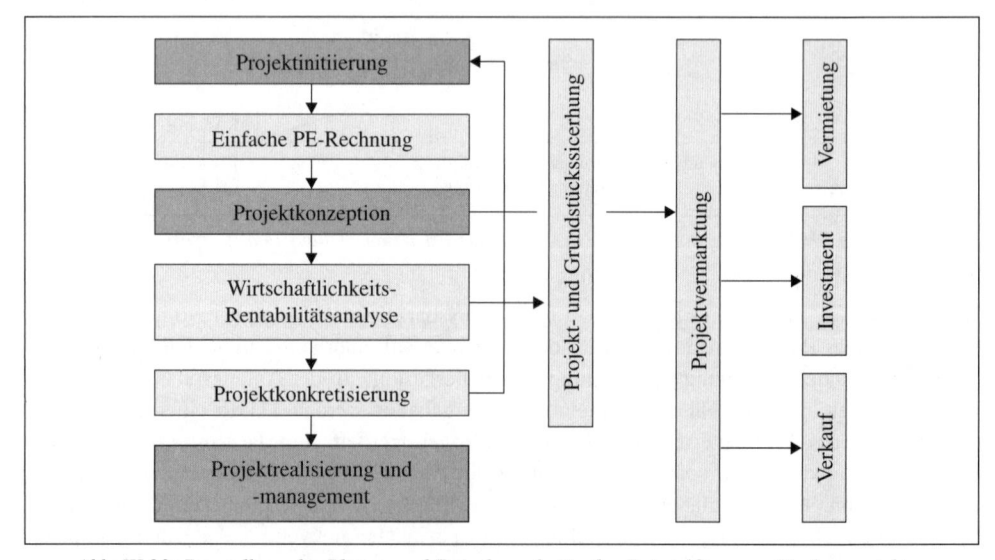

Abb. III 23: Darstellung der Phasen und Zwischenschritte der Entwicklung von Neubauprojekten

In Abb. III 22 wird der Projektentwicklungsprozess in drei Phasen aufgeteilt – Projektinitiierung, Projektkonzeption und Projektrealisierung. Darüber hinaus sind in Abb. III 23 neben den drei Phasen die wichtigsten Zwischenschritte dargestellt. Parallel zu diesen Schritten erfolgen die Vermarktung sowie die Grundstückssicherung.

2.2.1 Projektinitiierung

In der Projektinitiierungsphase sind unterschiedliche Einzelschritte möglich, welche im Folgenden kurz erläutert werden und in Abb. III 24 dargestellt sind.

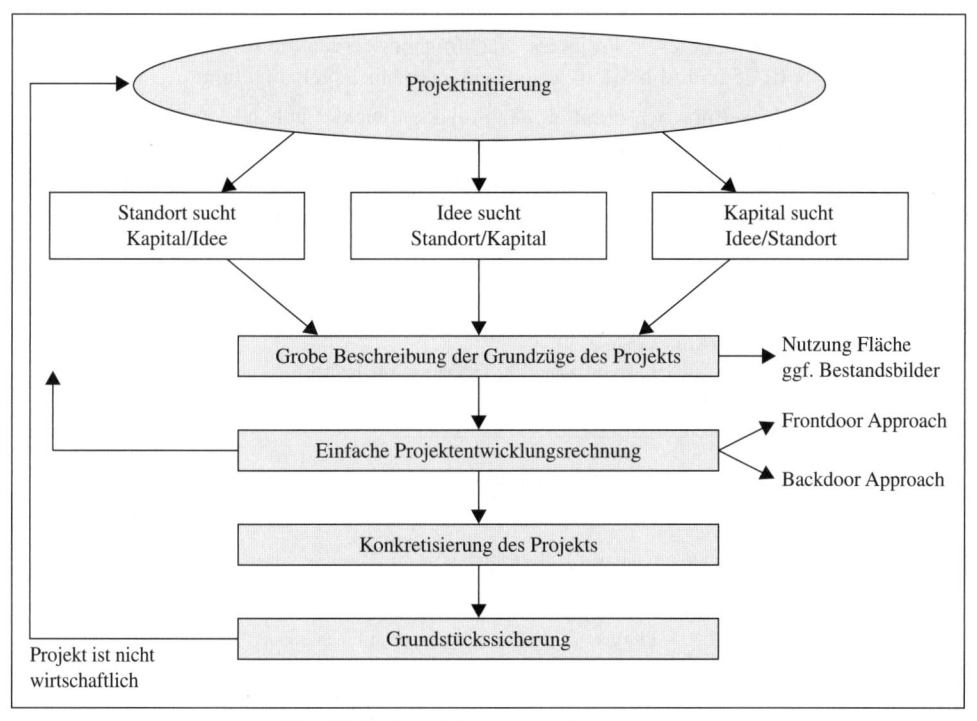

Abb. III 24: Ablauf der Projektinitiierungsphase

1.) Aufgabenstellung

Als erster Schritt einer Projektentwicklung ist die Aufgabenstellung zu klären:

    1.) vorhandenes Kapital   sucht einen Standort und eine Idee
    2.) vorhandene IDEE   sucht Kapital und einen Standort
    3.) vorhandener Standort   sucht Kapital und eine Idee

2.) Grobe Beschreibung/Grundzüge des Projektes

Anschließend werden einzelne Daten zusammengetragen, die zum größten Teil noch auf Annahmen, Variablen oder Schätzungen beruhen. Diese können u. a. sein:

- Kostenschätzungen
- Nutzungsannahmen

- Mietpreise
- Flächenansätze (BGF, Mietfläche etc.)
- Bestandsbilder
- Vermarktungserfolge
- Baurechtschaffung etc.

3.) Einfache Projektentwicklungsrechnung

Zum Abschluss der Projektinitiierungsphase führt der Projektentwickler die einfache Projektentwicklungsrechnung durch. Hierbei sind prinzipiell zwei Ansätze zu unterscheiden: der Frontdoor- und der Backdoor-Approach. Diese beiden Berechnungsmethoden basieren aufgrund des sehr frühen Zeitpunkts des Projektentwicklungsprozesses jedoch in erster Linie auf Schätzungen und Erfahrungswerten. Ziel der einfachen Projektentwicklungsrechnung ist die Ermittlung der Wirtschaftlichkeit des grob definierten Projektes. Nachfolgend werden die beiden Ansätze erläutert. Zudem ist in Abb. III 25 und Abb. III 26 jeweils ein Rechenbeispiel aufgeführt.

Mithilfe des Frontdoor-Approach ermittelt der Projektentwickler anhand von geschätzten Projektkosten, Zuschlägen für Wagnis und Gewinn, Finanzierungskosten, Finanzierungszinsen, Eigenkapital etc. den erforderlichen Monatsmietpreis pro Quadratmeter für das geplante Objekt.

Beispiel: Büroimmobilie mit 5.000 m² Grundstücksfläche in Cityrandlage mit einer Geschossflächenzahl (GFZ) von 1,5. Dies entspricht einer Bruttogrundfläche (BGF) von 7.500 m².

Grunderwerbskosten (750 €/m² inklusive Grunderwerbsnebenkosten)	3.750.000 €
Grundstücksaufbereitungskosten (pauschal)	250.000 €
Baukosten (pauschal für 7.500 m² Bürofläche, 100 Tiefgaragenstellplätze)	10.000.000 €
Baunebenkosten (10% der Baukosten)	1.000.000 €
Projektmanagementkosten (pauschal)	175.000 €
Summe	15.175.000 €
zzgl. Finanzierungskosten (7% der obigen Kostenblöcke)	1.062.250 €
zzgl. Gewinn (pauschal)	1.750.000 €
erforderlicher Verkaufspreis	17.987.250 €
zzgl. Erwerbsnebenkosten (6,5% auf den Verkaufspreis)	1.169.171 €
Gesamtinvestition	19.156.421 €
Finanzierung: 60% FK, 7,25% FK-Zins, 30 Jahre FK-Laufzeit 40% EK, 3,00% EK-Verzinsung (vor Steuern, nach Finanzierung)	
erforderlicher Kapitaldienst p.a. (19.156.421 * 60% * 8,26 % Annuitätenfaktor)	949.392 €
erforderliche Eigenkapitalverzinsung p.a. (19.156.421 * 40% * 3% EK-Verzinsung)	229.877 €
erforderlicher Jahresreinertrag	1.179.269 €
zzgl. nicht umlegbare Bewirtschaftungskosten	200.000 €
erforderlicher Jahresrohertrag	1.379.269 €
erforderliche Gesamtmonatsmiete	114.939 €
abzgl. Monatsmiete 100 Tiefgaragenstellplätze (60 €/Stpl.)	6.000 €
erforderliche Büromonatsmiete	108.939 €
vermietbare Nutzfläche in m² (85%ige Effizienz)	6375
erforderliche Büromonatsmiete/m² vermietbare Nutzfläche	17 €

Abb. III 25: Frontdoor-Approach

Die Fortsetzung einer Projektentwicklung ist davon abhängig, ob die überschlägig berechnete Büromonatsmiete erzielt werden kann. Ist dies nicht der Fall kommt der Backdoor-Approach zur Anwendung. Die Backdoor-Methode geht von einer Prognose der erzielbaren Bruttomonatsmiete aus. Diese Methode ist vergleichbar mit der Residualwertmethode. Errechnet wird dabei der Preis, den ein Entwickler im Hinblick auf die Rendite oder einen maximal erzielbaren Verkaufserlös für das Grundstück höchstens tragen kann. Alternativ können auch die maximalen Bauwerkskosten inkl. Grundstück ermittelt werden.

Beispiel: Büroimmobilie mit 5.000 m² Grundstücksfläche in Cityrandlage mit einer Geschossflächenzahl (GFZ) von 1,5. Dies entspricht einer Bruttogrundfläche (BGF) von 7.500 m². Die wahrscheinlich erzielbare Monatsmiete liegt bei 15 €/m².

erzielbare Büromonatsmiete/m² vermietbare Nutzfläche	15 €
vermietbare Nutzfläche in m² (85%ige Effizienz)	6375
Büromonatsmiete	95.625 €
zzgl. Monatsmiete 100 Tiefgaragenstellplätze (60 €/Stpl.)	6.000 €
erzielbarer Monatsrohertrag	101.625 €
erzielbarer Jahresrohertrag	1.219.500 €
abzgl. nicht umlegbare Bewirtschaftungskosten	200.000 €
erzielbarer Jahresreinertrag	1.019.500 €
Finanzierung: 130% Schuldendeckungsgrad durch FK-Geber gefordert, d.h. der erzielbare Jahresreinertrag muss um 30% höher sein als die Annuität	
7,25% FK-Zins, 30 Jahre FK-Laufzeit	
3% EK-Verzinsung (vor Steuern, nach Finanzierung)	
Annuität (Jahresreinertrag/130%) 784.231 €	
max. Fremdkapitalfin. (Annuität/8,26% Annuitätenfaktor)	9.494.319 €
verfügbarer EK-Rückfluss (Jahresreinertrag - Annuität) 235.269 €	
gerechtfertigte Eigenkapitalinvestition (EK-Rückfluss/3% EK-Verz.)	7.842.308 €
gerechtfertigte Gesamtinvestition	17.336.627 €
abzgl. Erwerbsnebenkosten (17.336.627-17.336.627/1,065)	– 1.058.104 €
gerechtfertigter Verkaufspreis	16.278.523 €
abzgl. Gewinn (pauschal)	– 1.750.000 €
abzgl. Projektmanagementkosten (pauschal)	– 175.000 €
abzgl. Baukosten	– 10.000.000 €
abzgl. Baunebenkosten (10% der Baukosten)	– 1.000.000 €
abzgl. Grundstücksaufbereitungskosten (pauschal)	– 250.000 €
vorläufiger Grunderwerbspreis	– 3.103.523 €
(Summe)	– 16.278.523 €
abzgl. Finanzierungskosten (14.528.523 €-14.528.523 €/1,07)	950.464 €
gerechtfertigter Grunderwerbspreis	49.536 €
zzgl. vorläufiger Grunderwerbspreis	3.103.523 €
max. Grunderwerbspreis	3.153.059 €

Abb. III 26: Backdoor-Approach[55]

Kommen beide Berechnungen zu dem Ergebnis, dass weder der Mietpreis noch der Grundstückspreis erzielt werden kann, so endet hier die Projektentwicklung mit den angesetzten Parametern. In diesem Fall können die Eingabeparameter entweder überarbeitet werden oder von der Projektentwicklung wird komplett abgesehen.

---

[55] Vgl. Graaskamp, J. A. (1991a), S. 250

Scheint das Projekt wirtschaftlich tragbar, sollte eine Grundstücksicherung (in Form einer Kaufoption auf das Grundstück oder ein Kauf mit aufschiebenden (Bedingungen) erfolgen. Ein Kauf des Grundstücks sollte in dieser frühen Phase der Projektentwicklung noch nicht stattfinden.

Im nächsten Schritt ist das Projekt zu konkretisieren. In dieser Phase steht vor allem die Überprüfung der politischen Unbedenklichkeit, die Überzeugung der politischen Entscheidungsträger und Ämter (Bauamt, Stadtentwicklungsamt etc.) an. Sollte sich in dieser Überprüfungsphase herausstellen, dass eine Genehmigung des Vorhabens durch die Ämter nicht erfolgen kann bzw. wird, so sind die bisher in Ansatz gebrachten Parameter zu verändern. Besonders wichtig und deshalb sehr genau anzugehen ist die Überprüfung der Bauleitplanung. Denn sollte die Projektentwicklung nicht in die Bauleitplanung aufgenommen bzw. das bestehende Baurecht (Bebauungsplan) nicht an das geplante Konzept angepasst werden können, so hat die Projektentwicklung aufgrund mangelnder Vereinbarkeit von geplanter und baurechtliche zulässiger Nutzung kaum Aussicht auf Erfolg.

2.2.2 Projektkonzeption

Nach der Projektinitiierung wird das bisher nur grob umrissene Projekt in der Konzeptionsphase einer detaillierten formalen Analyse unterworfen. In Abb. III 27 sind die einzelnen Schritte dieser Phase dargestellt. Dieser Prozess wird als „Feasibility Analysis" (Machbarkeitsstudie) bezeichnet und soll dem Projektentwickler Aufschluss über mögliche Chancen und Risiken einer Realisierung des Projektes geben. Außerdem dient die Analyse dazu, den anderen am Projekt Beteiligten, insbesondere möglichen Investoren und Nutzern, die Machbarkeit und die Potentiale des Projektes aufzuzeigen. Die „Feasibility Analysis" ist somit eines der wichtigsten Instrumente im Rahmen des Projektentwicklungsprozesses. Die hohe Bedeutung der Machbarkeitsstudie resultiert unter anderem auch aus dem hohen Schaden, der aufgrund fehlerhaft durchgeführter Analysen und damit

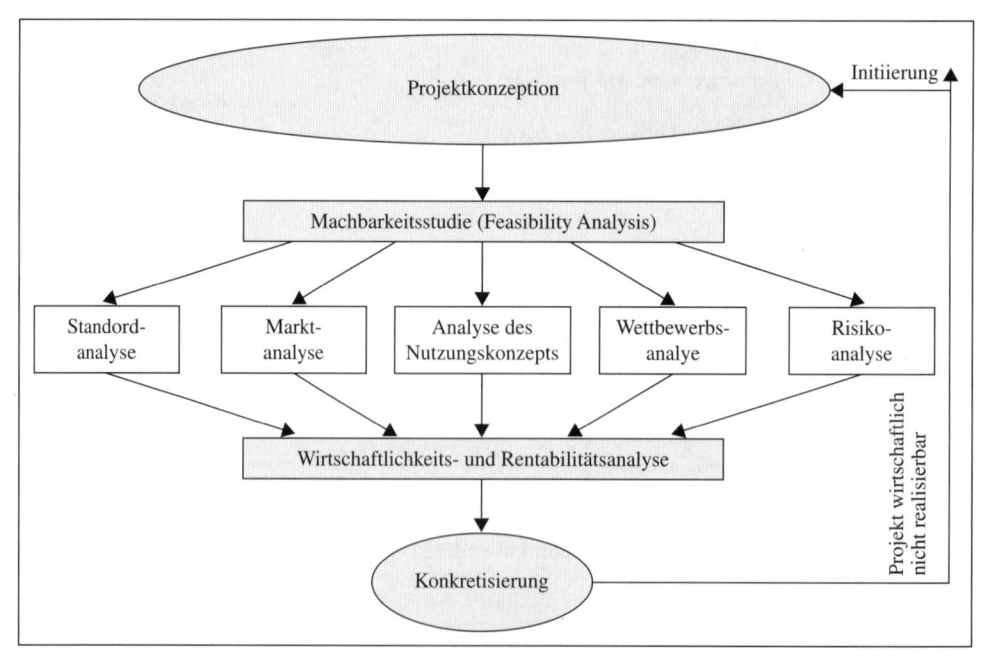

Abb. III 27: Ablauf der Projektkonzeptionsphase

einer ungünstigen Ausrichtung des Projektes entstehen kann. Die Besonderheiten der Immobilie verdeutlichen diese Ansicht. So kann die Auswahl eines falschen Standortes infolge der Standortgebundenheit sowie der hohen Kapitalbindung einer Immobilie dazu führen, dass das Bauwerk nicht verkauft oder vermietet werden kann, wodurch sich das Projekt als unrentabel erweist. Des Weiteren ist die Realisierung von Immobilienprojekten mit einer hohen Kapitalbindung verbunden.

Die Machbarkeitsstudie setzt sich aus verschiedenen detaillierten Analysen zusammen. Grundvoraussetzung für all diese Analysen ist, dass das Projekt allen Zielen der Projektbeteiligten Rechnung trägt. Weiterhin sollte das Projekt in einem zeitlich festgelegten Rahmen realisierbar sein. Die Machbarkeitsstudie kann aber nie einen Misserfolg der Projektentwicklung ausschließen. Sie soll vielmehr Risiken aufzeigen mit dem Ziel diese zu minimieren.

Bestandteile der Machbarkeitsstudie sind:

- Standort- und Marktanalyse
- Analyse des Bau- und Planungsrechts
- Analyse des Nutzungskonzeptes ⇨ Wirtschaftlichkeits- und Rentabilitätsanalyse
- Wettbewerbsanalyse
- Risikoanalyse

Bei der Durchführung der Machbarkeitsstudie ist stets darauf zu achten, dass Rückkoppelungen zwischen den einzelnen Analysen gebildet werden können. So sollte bei Feststellung der Nichtrealisierbarkeit des Projektes innerhalb einer Teilanalyse die nachträgliche Änderung der definierten Projektprämissen zulässig sein. Um verlässliche Aussagen über die Realisierbarkeit des Projektes treffen zu können, sind die einzelnen Analysen daher nicht getrennt voneinander, sondern in der Gesamtheit zu betrachten. Die Wirtschaftlichkeits- und Rentabilitätsanalyse findet dabei auf Grundlage der ermittelten Ergebnisse der restlichen Teilanalysen statt. Zum Abschluss der Machbarkeitsstudie werden die einzelnen Analyseergebnisse mit mehreren Projektalternativen in Verbindung gebracht, um das vorteilhafteste Szenario zu bestimmen. Die Durchführung der Analysen erfolgt entweder von dem Projektentwickler selbst oder durch externe Fachleute. In der Praxis wird oft auf einzelne Analysen verzichtet. Gründe hierfür können unter anderem Zeitdruck, finanzielle Einschränkungen oder fehlendes Fachwissen sein. Vor dem Hintergrund der sinkenden Beeinflussbarkeit des Projektes mit zunehmendem Konkretisierungsgrad empfiehlt es sich jedoch auf die Vollständigkeit der Machbarkeitsstudie insbesondere zu Zwecken der Risikoreduktion und zur Untersuchung der Drittverwendungsfähigkeit zu achten.[56]

2.2.2.1 Standort- und Marktanalyse

Den höchsten Stellenwert der Analysen besitzt zweifellos die Standort- und Marktanalyse. Diese wird als das systematische Sammeln, Gewichten und Auswerten von direkt und indirekt mit einer Immobilie in Zusammenhang stehenden Informationen definiert, um die für eine eventuelle Investition entscheidenden Information objektiv darlegen zu können.[57] Der Markt wird auf den für die Projektentwicklung relevanten Teilmarkt reduziert. Die Untersuchung bezweckt eine Einschätzung der Angebots- und Nachfragesituation in den für die Projektentwicklung relevanten Märkten. Von Belang sind hier vor allem die Anforderungen der Nutzer, Anlage- und Vermietungsmärkte sowie das Miet- bzw. Kaufpreisniveau.

---

[56] Vgl. Bone-Winkel, S./Isenhöfer, B./Hofmann, P. (2008), S. 248
[57] Vgl. May, A./Eschenbaum, F./Breitenstein, O. (1998), S. 58

Ziel der Standort- und Marktanalyse ist es, eine möglichst präzise Auskunft darüber zu bekommen, ob der Standort und die geplante Nutzung wirklich zu den Eigenschaften des Projektes passen. Ebenso soll die Analyse die Dokumentation des Vorhabens gegenüber Dritten erleichtern.

Neben Daten vom Areal selbst sind Angaben zur direkten Nachbarschaft (Mikrostandort) und zur erweiterten Umgebung (Makrostandort) zu ermitteln.[58] Angaben zum Mikrostandort (bis ca. 200 Meter Entfernung) können sein:

- Grundstück (Lage, Größe, Zuschnitt, Beschaffenheit)
- Bebauung (technische und funktionale Substanz)
- Anbindung an das regionale Straßenverkehrsnetz und den ÖPNV
- Technische Ver- und Entsorgung
- Grundstücks- und Gebäudeerschließung
- Versorgungseinrichtungen
- Einrichtungen für Bildung, Freizeit, Sport etc.

Zu dem Bereich des Makrostandorts (größer als 200 Meter Entfernung) zählen unter anderem:

- Räumliche Situation
- Überregionale Verkehrsstruktur
- Voraussichtliche Entwicklung
- Bevölkerungs-, Sozialstruktur, Wirtschaftsstruktur, Kaufkraft
- Arbeitsplatzangebot, Arbeitslosenquote
- Landesentwicklungsplan, Flächennutzungsplan, Stadtplanung, Bebauungsplan, Baurecht etc.

Die zum Mikro- und Makrostandort zusammengetragenen Informationen müssen anschließend transparent dargestellt werden.

2.2.2.2 Analyse des Bau- und Planungsrechts

Das Bau- und Planungsrecht ist für jedes Grundstück durch die Bauleitplanung, welche den Flächennutzungsplan (FNP) und den daraus abgeleiteten Bebauungsplan (B-Plan) einschließt sowie durch die Baunutzungsverordnung (Bau NVO) in der zum Zeitpunkt der Aufstellung des Bebauungsplanes gültigen Fassung geregelt. Ist das geplante Projekt mit dem gültigen Bebauungsplan für den gewünschten Standort in Einklang zu bringen, kann die Entwicklung uneingeschränkt fortgesetzt werden. Wenn nicht, muss entweder eine Anpassung des Projektes an das gültige Baurecht erfolgen oder ein Antrag auf Änderung des Baurechts (Bebauungsplan) gestellt werden.

Sollte die Einschätzung ergeben, dass beide Möglichkeiten keine Aussicht auf Erfolg haben, muss das Projekt eingestellt, bzw. die Rahmenparameter geändert werden.

Es kann dennoch der Fall sein, dass einem Projekt, obwohl es in die o. g. Planarten (Flächennutzungsplan, B-Plan und Baunutzungsverordnung) passt, eine Baugenehmigung versagt wird. Das hat dann vor allem politische Gründe. Meist muss ein Projektentwickler in einem solchen Fall zunächst die ständigen politischen Gremien überzeugen, dass die von ihm gewählte Baumaßnahme der Stadtentwicklung förderlich ist.

In den Fällen des Eingriffs in die Interessen der Träger öffentlicher Belange (TÖB) ist es notwendig, die Anregung und Bedenken der Bürger ernst zu nehmen und diese in die Planung mit zu integrieren. Hintergrund ist dabei, dass die Gemeinde verpflichtet ist, die Bedenken bzw. Anregungen

---

[58] Vgl. Gensior E. (1999), S. 31

zu prüfen und zu beurteilen. Sind diese im Vorfeld schon in die Planung integriert, kann eine Genehmigungsplanung bzw. eine Baurechtsprüfung schneller und zügiger erfolgen.

Das Baugesetzbuch (BauGB) gibt dem Projektentwickler vier planungsrechtliche Zulassungsmöglichkeiten an die Hand. Danach ist ein Bauvorhaben zulässig, wenn es im Geltungsbereich eines qualifizierten oder einfachen Bebauungsplans, innerhalb des Geltungsbereiches eines Vorhaben- und Erschließungsplans, im unbeplanten Innenbereich oder im Außenbereich errichtet werden soll.[59]

Auf den qualifizierten und einfachen Bebauungsplan wird im späteren Verlauf ausführlich eingegangen. Für den unbeplanten Innenbereich existiert kein Bebauungsplan. Die Zulässigkeit von Vorhaben im Innenbereich richtet sich nach gewissen Voraussetzungen. Gemäß § 34 Abs. 1 Satz 1 BauGB ist ein Vorhaben innerhalb der im Zusammenhang bebauten Ortsteile zulässig, sofern es sich nach Art und Maß der baulichen Nutzung, der Bauweise und der zu überbauenden Grundstücksfläche in die Eigenart der näheren Umgebung einfügt und die Erschließung gesichert ist. Als Außenbereich liegende Grundstücke werden solche bezeichnet, für welche kein Bebauungsplan existiert und die nicht innerhalb eines im Zusammenhang bebauten Ortsteils liegen. Diese Grundstücke sollen nur mit den im § 35 Abs. 1 Satz 1 BauGB „privilegierten" Vorhaben bebaut werden. Alle anderen Vorhaben nach 35 Abs. 2 BauGB sind nur dann zulässig, wenn ihre Ausführung und Benutzung öffentliche Belange nicht beeinträchtigt und die Erschließung gesichert ist.[60]

Im Regelfall liegt das Grundstück im Bereich eines Bebauungsplanes, wonach die dort geregelten Vorschriften im Rahmen der Projektentwicklung zu beachten sind. Ausnahmen und Befreiungen, nach welchen das Vorhaben vom Bebauungsplan abweichen darf, sind unter den Voraussetzungen des § 31 BauGB möglich.[61]

Im Folgenden werden die Grundlagen des Baurechtes kurz beschrieben. Im Anschluss daran werden der Flächennutzungsplan und der Bebauungsplan als Teile der Bauleitplanung erläutert. Des Weiteren wird auf die Art und das Maß der baulichen Nutzung eingegangen.

2.2.2.2.1 Rechtliche Grundlagen

„Das Baurecht regelt Art und Maß der baulichen Nutzung eines Grundstücks, die Anforderungen an das Grundstück und die Ordnung der Bauausführung sowie die Rechtsverhältnisse der an der Errichtung eines Bauwerks beteiligten Personen."[62] Innerhalb des Baurechts wird zwischen dem öffentlichen und privaten Baurecht unterschieden. (vgl. Abb. III 28)

Das öffentliche Baurecht ist die Gesamtheit der öffentlich-rechtlichen Rechtsvorschriften, welche sich auf die Ordnung und Förderung der baulichen Nutzung von Grundstücken beziehen. Es beinhaltet insbesondere Regelungen, welche die Zulässigkeit und Grenzen von baulichen Anlagen, ihre Errichtung, Nutzung, Änderung, Beseitigung und ihre notwendige Beschaffenheit betreffen. Es dient dem Ausgleich der Interessen des Grundstückseigentümers und der Allgemeinheit. Das öffentliche Baurecht lässt sich in das Bauplanungsrecht und das Bauordnungsrecht unterteilen.[63]

Das Bauplanungsrecht legt die rechtliche Qualität des Bodens sowie seine Nutzbarkeit fest und regelt die flächenbezogenen Anforderungen an ein Bauvorhaben. Das Ziel ist eine geordnete städtebauliche Entwicklung. Zu den Rechtsquellen des Bauplanungsrechts zählen das Baugesetzbuch,

---

[59] Vgl. Dammert, B. (2011), S. 141
[60] Vgl. ebenda, S. 145
[61] Vgl. ebenda, S. 141
[62] Ebenda, S. 118
[63] Vgl. Brenner, M. (2009), S. 3

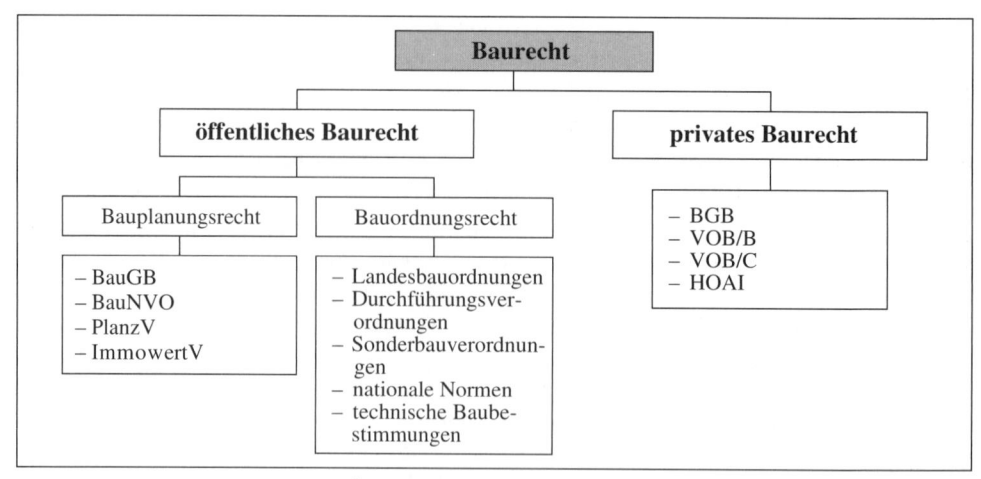

```
                            Baurecht
                ┌──────────────┴──────────────┐
         öffentliches Baurecht          privates Baurecht
         ┌──────┴──────┐                 ┌─────────────┐
    Bauplanungsrecht  Bauordnungsrecht   │ – BGB       │
                                         │ – VOB/B     │
    – BauGB       – Landesbauordnungen   │ – VOB/C     │
    – BauNVO      – Durchführungsver-    │ – HOAI      │
    – PlanzV        ordnungen            └─────────────┘
    – ImmowertV   – Sonderbauverordnun-
                    gen
                  – nationale Normen
                  – technische Baube-
                    stimmungen
```

Abb. III 28: *Übersicht der Rechtsvorschriften im Baurecht*

die Baunutzungsverordnung, Planzeichenverordnung, Wertermittlungsverordnung und weitere Rechtsbereiche, die spezialgesetzliche Regelungen für das Bauen enthalten.

Das Baugesetzbuch behandelt die Bauleitplanung und die sie begleitenden Maßnahmen, die ihre Durchführung sichern und den Schutz der Natur gewährleisten. Die Bauleitplanung besteht aus dem Flächennutzungsplan, dem Bebauungsplan sowie dem Vorhaben- und Erschließungsplan.

Die Baunutzungsverordnung (BauNVO) bestimmt die Art und das Maß der baulichen Nutzung eines Grundstücks, die Bauweise und die überbaubare Grundstücksfläche.

Die Planzeichenverordnung (PlanzV) regelt die in den Bauleitplänen nach dem Baugesetzbuch zu verwendenden Planzeichen.

Die Immobilienwertermittlungsverordnung (ImmowertV) regelt allgemeine Grundsätze für die Ermittlung von Verkehrswerten bei Immobilien nach der Verkehrswertdefinition gemäß § 194 BauGB.

Während das Bauplanungsrecht zum Bundesrecht zählt, ist das Bauordnungsrecht beim Landesrecht einzuordnen. Es befasst sich mit der Gefahrenabwehr, welche durch die Entwicklung, den Bestand und die Nutzung der baulichen Anlagen ausgehen können, mit der Gewährleistung der Einhaltung anderer gesetzlicher Bestimmungen, der Gewährleistung sozialer Mindeststandards, dem Vollzug der Bauleitplanung und der Verhütung von Verunstaltungen. Die wichtigsten Rechtsquellen des Bauordnungsrechts sind die Landesbauordnungen. Diese regeln das Baugenehmigungsverfahren und die Bauaufsicht. Darüber hinaus enthalten sie, auf Grundlage des Baugesetzbuches, bauliche Gestaltungsbestimmungen, welche im Rahmen eines Bebauungsplanes oder auf Grundlage von anderen Satzungen erlassen werden können. Da sich die bauordnungsrechtlichen Regelungen der Bundesländer unterscheiden, gibt es für jedes Bundesland eine eigene Landesbauordnung. Weitere Rechtsquellen des Bauordnungsrechtes sind Durchführungsverordnungen, Sonderbauverordnungen, nationale Normen und technische Baubestimmungen.[64]

Das private Baurecht ist auf den Interessenausgleich privater Grundstückseigentümer und die Rechtsbeziehungen der am Bau Beteiligten fokussiert. Rechtsquellen des privaten Baurechts sind das Bürgerliche Gesetzbuch (BGB), die Vergabe- und Vertragsordnung für Bauleistungen (VOB) und die Honorarordnung für Architekten und Ingenieure (HOAI).

---

[64] Vgl. ebenda, S. 4 f.

Im BGB sind im Rahmen des privaten Baurechts das Werkvertragsrecht (§§ 631 ff. BGB) und die nachbarschaftsschützenden Normen des Privatrechts (§§ 903–924, § 1004 BGB) als Anspruchsgrundlagen zu nennen.

Die VOB ist in der Regel für den Bereich des Bauwesens der öffentlichen Hand vorgesehen. Die Teile B und C (VOB/B, VOB/C) werden jedoch auch häufig in privatrechtlichen Verträgen verwendet. Bei der Verwendung haben sie den Charakter von Allgemeinen Geschäftsbedingungen gemäß § 305 Abs. 1 BGB.

Die HOAI stellt ein verbindliches Preisrecht für Planungsleistungen im Bauwesen dar. Abweichungen sind nur in wenigen definierten Fällen zulässig. Die Verbindlichkeit der HOAI ergibt sich aus dem Gesetz zur Regelung von Ingenieur- und Architektenleistungen. Die HOAI hat demnach Gesetzescharakter mit der Folge, dass die festgelegten Honorare eingeklagt werden können. Die HOAI gilt nicht, wenn Planungsleistungen durch Unternehmen erbracht werden, die regelmäßig Bauleistungen erbringen, wie beispielsweise durch Generalunternehmer im Zuge einer umfassenden Bauleistung.[65]

2.2.2.2.2 Der Flächennutzungsplan

Der Flächennutzungsplan, als vorbereitender Bauleitplan, ist die erste Stufe der im Baugesetzbuch geregelten Bauleitplanung. Er ist im Wesentlichen in den §§ 5–7 BauGB geregelt und bildet die Grundlage für den Bebauungsplan. Der Flächennutzungsplan stellt die beabsichtigte städtebauliche Entwicklung einer Gemeinde nach deren voraussehbaren Bedürfnissen dar. Bei der Aufstellung oder Änderung eines Flächennutzungsplanes sind die übergeordneten Ziele der Raumordnung, Landes- und Regionalplanung zu beachten. Planungsträger ist die Gemeinde, wobei sich grundsätzlich nach § 204 Abs. 1 BauGB mehrere Gemeinden zu einem Planungsverband bzw. zur gemeinsamen Aufstellung eines Flächennutzungsplanes zusammenschließen können.[66]

Flächennutzungspläne sind von der übergeordneten Verwaltungsbehörde, i. d. R. Bezirks- oder Landesverwaltung, zu genehmigen. Eine Genehmigung darf nur versagt werden, wenn der Flächennutzungsplan nicht ordnungsgemäß zustande gekommen ist oder gegen das Baugesetzbuch oder aufgrund des Baugesetzbuches erlassene oder sonstige Rechtsvorschriften verstößt. (Vgl. § 6 Abs. 3 BauGB)

Gemäß Baugesetzbuch sind die Bürger und Verbände möglichst frühzeitig über die allgemeinen Ziele und Zwecke der Planung zu unterrichten. Sie müssen vor der Genehmigung durch die übergeordnete Behörde die Gelegenheit haben, sich zur Planung zu äußern und Änderungsvorschläge einzureichen. Die eingereichten Stellungnahmen müssen mit anderen Interessen abgewogen werden. Die Genehmigung des Flächennutzungsplanes ist bekannt zu machen. Jeder hat das Recht den Flächennutzungsplan einzusehen und Auskunft über dessen Inhalt zu bekommen.

Der Flächennutzungsplan wird in kartographischer Darstellung des gesamten Gemeindegebietes aufgestellt. Die Darstellungen sind nicht flächenscharf, es sind weder Flurstücksgrenzen abgebildet, noch Flurstücksnummern angegeben. Darstellungsmittel sind die aus der Planzeichenverordnung entnommenen Planzeichen und textliche Darstellungen. Der Flächennutzungsplan beinhaltet die Flächen, die zur Bebauung vorgesehen sind, untergliedert nach der Art der baulichen Nutzung.[67]

Des Weiteren beinhaltet er Flächen für Versorgungsanlagen und Gemeindebedarfseinrichtungen wie Kläranlagen, Kirchen und Sportplätze, übergeordnete Verkehrsflächen wie Autobahnen und

---

[65] Vgl. Wirth, A./Pfisterer, C./Schmidt, A. (2011), S. 2 f.
[66] Vgl. Mändle, E./Galonska, J. (1997), S. 312
[67] Vgl. Brenner, M. (2009), S. 53

Bundesstraßen, Grünflächen und Wasserflächen. Ebenfalls werden landwirtschaftliche Flächen und Wälder, Flächen zur Nutzungsbeschränkung, z. B. Abstandsflächen, Flächen für Aufschüttungen, Abgrabungen und zur Gewinnung von Bodenschätzen sowie Flächen zum Ausgleich von Eingriffen in die Natur und Landschaft dargestellt. In der Regel besteht der Flächennutzungsplan aus der Plandarstellung und einem Erläuterungsbericht. (Vgl. § 5 BauGB)

Der Flächennutzungsplan hat gegenüber dem Bürger keine unmittelbare Rechtswirkung. Er stellt lediglich behördenintern bindende Vorgaben bezüglich der Inhalte von Bebauungsplänen und unverbindliche Hinweise zur Entscheidung über die Genehmigung von Vorhaben dar. Der Flächennutzungsplan entfaltet erst über einen Bebauungsplan, eine Baugenehmigung oder über eine Planfeststellung eine Rechtswirkung für den einzelnen Bürger.[68]

2.2.2.2.3 Der Bebauungsplan

Der Bebauungsplan verdichtet und konkretisiert die Darstellungen des Flächennutzungsplans. Hinsichtlich des Verhältnisses zum Flächennutzungsplan lassen sich drei Arten von Bebauungsplänen unterscheiden: der parallele, selbständige und der vorzeitige Bebauungsplan.

Der parallele Bebauungsplan ist der Regelfall und wird aus dem Flächennutzungsplan entwickelt. Ein selbstständiger Bebauungsplan liegt vor, wenn kein Flächennutzungsplan existiert. Ein vorzeitiger Bebauungsplan liegt dann vor, wenn der Flächennutzungsplan noch nicht wirksam ist und dringende Gründe eine vorzeitige Aufstellung des Bebauungsplans erforderlich machen.[69]

Ein Bebauungsplan regelt die Art und Weise der möglichen Bebauung von Grundstücken und die Nutzung der von einer Bebauung freizuhaltenden Flächen. Es wird somit festgelegt, welche Nutzungen auf einer Fläche zulässig sind. Die Planungshoheit liegt wie beim Flächennutzungsplan auch hier bei der Gemeinde. Neben den städtebaulichen Zielen sind weitere Gesichtspunkte bei der Planung zu beachten. Hierzu gehören u. a. eine nachhaltige Entwicklung, soziale, wirtschaftliche und die Umwelt schützende Anforderungen, die Verantwortung gegenüber künftigen Generationen sowie der Schutz und die Entwicklung der natürlichen Lebensgrundlage. (Vgl. § 1 BauGB)

Des Weiteren sind die Ziele der Raumordnung, wie gesunde Wohn- und Arbeitsverhältnisse, soziale und kulturelle Bedürfnisse, Denkmalschutz sowie die Belange der Wirtschaft zu berücksichtigen. Auch beim Bebauungsplan ist die Abwägung öffentlicher und privater Belange gegeneinander und untereinander ein zentraler Bestandteil im Rahmen der Planung. Wird dies nicht korrekt befolgt, kann dies dazu führen, dass der Bebauungsplan ganz oder teilweise für ungültig erklärt wird.

Im Gegensatz zu den Flächennutzungsplänen sind Bebauungspläne nicht genehmigungsbedürftig. Der Bebauungsplan wird als Satzung beschlossen und tritt nach dessen Bekanntmachung in Kraft. Aufgrund dessen hat der Bebauungsplan eine direkte Rechtswirkung und ist allgemein bindend. Der Bebauungsplan besteht i. d. R. aus einer Plandarstellung im Maßstab 1: 500 auf Grundlage der Baunutzungs- und Planzeichenverordnung. Die Plandarstellung ist hierbei parzellengenau und meist auf einzelne Gemeindegebiete begrenzt. Zudem muss eine Begründung hinzugefügt werden.[70]

Gemäß § 9 BauGB kann im Bebauungsplan unter anderem festgelegt werden:
- Art und Maß der baulichen Nutzung
- Bauweise, überbaubare und nicht überbaubare Grundstücksflächen sowie die Stellung der baulichen Anlagen

---

[68] Vgl. Michel-Quapp, U. (2009), S. 123 f.
[69] Vgl. Mändle, E./Galonska, J. (1997), S. 148
[70] Vgl. ebenda

- Mindest- und/oder Höchstmaße für Größe, Breite und Tiefe der Baugrundstücke
- Flächen für Nebenanlagen, z. B. Flächen für Stellplätze
- Flächen für den Gemeindebedarf sowie für Sport- und Spielanlagen
- höchstzulässige Zahl von Wohnungen in einem Gebäude
- besonderer Nutzungszweck von Flächen
- Flächen, welche von der Bebauung freizuhalten sind sowie deren Nutzung
- Verkehrsflächen und Verkehrsflächen besonderer Zweckbestimmung
- Versorgungsflächen

In Bezug auf den Inhalt eines Bebauungsplans kann zwischen dem qualifizierten und einfachen Bebauungsplan unterschieden werden.

Im qualifizierten Bebauungsplan sind mindestens die Art und das Maß der baulichen Nutzung, die überbaubaren Grundstücksflächen, sowie die örtlichen Verkehrsflächen festgesetzt. Dieser stellt die alleinige Rechtsgrundlage für die Beurteilung von Bauvorhaben dar. Fehlt eine oder mehrere dieser Mindestanforderungen, so handelt es sich um einen einfachen Bebauungsplan, welcher alleine nicht ausreicht, um die rechtliche Zulässigkeit von Vorhaben zu regeln. In diesem Fall finden dann §§ 34, 35 BauGB Anwendung, in welchen die Zulässigkeit von Bauvorhaben im Innen- bzw. Außenbereich geregelt sind.[71]

Neben dem qualifizierten und einfachen Bebauungsplan gibt es zusätzlich den vorhabenbezogenen Bebauungsplan. Er findet Anwendung, wenn ein bereits präzise umrissenes Projekt von einem Investor realisiert werden soll. Hierzu ist die Erstellung und die Vorlage eines Vorhaben- und Erschließungsplanes durch den Investor erforderlich, aus welchem die Durchführung des Vorhabens und die Erschließung hervorgehen. Der vorhabenbezogene Bebauungsplan unterscheidet sich zu den gewöhnlichen Bebauungsplänen dahingehend, dass die Initiative vom Investor ausgeht und dieser die städtebauliche Planung erarbeitet und sich mittels eines Durchführungsvertrages zu deren Verwirklichung und Übernahme der Planungs- sowie der Erschließungskosten verpflichtet. Die Gemeinde entscheidet sodann nach pflichtgemäßem Ermessen über die Einleitung des Bebauungsplanverfahrens. Der Vorhaben- und Erschließungsplan wird Bestandteil des vorhabenbezogenen Bebauungsplans.[72]

2.2.2.2.4 Art, Maß und Form der baulichen Nutzung, überbaubare Grundstücksflächen

Die Art, das Maß und die Form der baulichen Nutzung sowie die überbaubaren Grundstücksflächen werden in den Bauleitplänen festgesetzt und sind in der Baunutzungsverordnung (BauNVO) geregelt.

Die Art der baulichen Nutzung wird in die allgemeine und besondere Art unterteilt. Die allgemeine Art der baulichen Nutzung bezieht sich auf Bauflächen, die besondere Art regelt die Baugebiete. In § 1 Abs. 1 BauNVO sind die Bauflächen definiert. Hierzu gehören Wohnbauflächen, gemischte Bauflächen, gewerbliche Bauflächen und Sonderbauflächen. Diese Bauflächen werden anhand der Baugebiete spezifiziert, die ebenfalls in der BauNVO geregelt sind. So gibt es gemäß § 1 Abs. 2 BauNVO Kleinsiedlungsgebiete, reine Wohngebiete, allgemeine Wohngebiete, besondere Wohngebiete, Dorfgebiete, Mischgebiete, Kerngebiete, Gewerbegebiete, Industriegebiete und Sondergebiete.

---

[71] Vgl. Brenner, M. (2009), S. 63
[72] Vgl. ebenda, S. 63 f.

In **Kleinsiedlungsgebieten** sind Wohngebäude mit entsprechenden Nutzgärten sowie landwirtschaftliche Nebenerwerbsstellen und Gartenbetriebe zulässig. Sonstige Wohngebäude mit maximal zwei Wohnungen, Anlagen für kirchliche, kulturelle, soziale, gesundheitliche und sportliche Zwecke, Tankstellen und nicht störende Gewerbebetriebe können in Ausnahmefällen ebenfalls zugelassen werden. (Vgl. § 2 BauNVO)

Reine Wohngebiete dienen ausschließlich dem Wohnen und sind in § 3 BauNVO definiert. Hier sind Wohngebäude und in Ausnahmefällen Läden des täglichen Bedarfs, nicht störende Handwerksbetriebe sowie kleine Hotels und Pensionen zulässig. Die Zulassung von Anlagen für soziale Zwecke erfolgt ebenfalls nur in Ausnahmefällen.

Die **allgemeinen Wohngebiete** des § 4 BauNVO dienen **vorwiegend** dem Wohnen. Neben den zulässigen Nutzungen der reinen Wohngebiete sind auch Anlagen für soziale Zwecke, sowie Anlagen für kirchliche, kulturelle gesundheitliche und sportliche Zwecke, sofern sie den Bewohnern des Gebietes dienen, zulässig. In Ausnahmefällen können Hotels und Pensionen, nicht störende Gewerbebetriebe, Verwaltungsgebäude, Gartenbaubetriebe und Tankstellen zugelassen werden.

Nach § 4a BauNVO sind **besondere Wohngebiete** überwiegend bebaute Gebiete, die aufgrund der Wohnanlagen und vorhandener anderer Anlagen eine besondere Eigenart aufweisen. In diesen Gebieten sollen die Wohnungen erhalten und weiterentwickelt werden. Hier sind neben Wohngebäuden, Läden, Hotels, und Gastronomie zusätzlich Gewerbebetriebe, Geschäfts- und Bürogebäude sowie zulässig. Die Ausnahmefälle entsprechen im Wesentlichen denen von allgemeinen Wohngebieten und werden um Vergnügungsstätten erweitert.

In den in § 5 BauNVO beschriebenen **Dorfgebieten** ist vorrangig auf die Belange der land- und forstwirtschaftlichen Betriebe Rücksicht zu nehmen. Hier sind neben diesen u. a. auch Kleinsiedlungen, sonstige Wohngebäude, Einzelhandelsbetriebe, Gastronomie, Hotels, sonstige Gewerbebetriebe, Anlagen für die örtliche Verwaltung und Tankstellen erlaubt. In Ausnahmefällen können auch Vergnügungsstätten zugelassen werden.

Die **Mischgebiete** des § 6 BauNVO dienen dem Wohnen und der Unterbringung von Gewerbebetrieben, welche das Wohnen nicht wesentlich stören, wie Hotels, Geschäfts- und Wohngebäude sowie Gartenbaubetriebe.

Die **Kerngebieten** des § 7 BauNVO stehen für Handelsbetriebe und zentrale Einrichtungen der Wirtschaft, Verwaltung und Kultur zur Verfügung. In diesem Fall sind wiederum gewöhnliche Wohnungen nur in Ausnahmefällen zugelassen.

Gewerbegebiete sind in § 8 BauNVO geregelt. In diesen Gebieten sind Gewerbebetriebe aller Art, Lagerhäuser, öffentliche Betriebe, Geschäfts-, Büro-, und Verwaltungsgebäude, Tankstellen und Anlagen für sportliche Zwecke zulässig. Ausnahmsweise können u. a. auch Vergnügungsstätten zugelassen werden.

In anderen Gebieten unzulässige Gewerbebetriebe sind in **Industriegebieten** vorgesehen (§ 9 BauNVO).

Bei den **Sondergebieten** wird zwischen den Sondergebieten zur Erholung und solchen zu bestimmten Zwecken unterschieden. Zu Erholungsgebieten zählen gemäß § 10 BauNVO Wochenendhaus-, Ferienhaus- und Campingplatzgebiete. Die sonstigen Sondergebiete nach § 11 BauNVO beinhalten solche Gebiete, welche eine Zweckbestimmung aufweisen, wie zum Beispiel Hochschul- oder Klinikgebiete.

Im Rahmen der Projektentwicklung bestimmt die Art der baulichen Nutzung somit die rechtliche Zulässigkeit eines Bauvorhabens am geplanten Standort. Trotz einer laut Bebauungsplan zulässigen

Nutzungsart kann die Realisierung eines Projektes unter Umständen gemäß § 15 Abs. 1 BauNVO dennoch versagt werden. Dies ist der Fall, wenn das geplante Bauvorhaben nach Anzahl, Lage, Umfang oder Zweckbestimmung der Eigenart des Baugebietes widersprechen. Aus diesem Grund ist eine genaue Betrachtung der Umgebung im Rahmen der Standortanalyse unumgänglich.

Das Maß der baulichen Nutzung ist in den §§ 16 bis 21a BauNVO geregelt und beinhaltet die Grundflächenzahl, Geschossflächenzahl, Baumassenzahl, Anzahl der Vollgeschosse sowie die Höhe der baulichen Anlagen. Ist im Bebauungsplan das Maß der baulichen Nutzung nicht festgesetzt, so gelten, wenn kein Ausnahmetatbestand vorliegt, die Obergrenzen des § 17 BauNVO.

Dabei gibt die **Grundflächenzahl** (GRZ) den Flächenanteil eines Grundstückes an, der überbaut werden darf. So dürfen zum Beispiel bei einer Grundflächenzahl von 0,6 – 60 % der Grundfläche überbaut werden. Zur Ermittlung der Grundfläche ist die Fläche maßgebend, welche im Bauland und hinter der im Bebauungsplan festgesetzten Straßenbegrenzungslinien liegt (Vgl. § 19 Abs. 3 BauNVO).

Die **Geschossflächenzahl** (GFZ) ist in § 20 BauNVO definiert. Sie gibt das Verhältnis der Geschossfläche (GF) zu der Fläche des Baugrundstücks an. Die Geschossfläche wird anhand der Außenmaße aller Vollgeschosse ermittelt. Unter anderem werden Loggien und Terrassen bei der Ermittlung der Geschossfläche nicht berücksichtigt. Mit Hilfe der Geschossflächenzahl lässt sich die max. zulässige Geschossfläche gemäß nachfolgendem Beispiel ermitteln:

Grundstücksgröße = 450 m² ; GFZ = 0,7
GF = 450 m² x 0,7 = 315 m²

Somit dürfen 315 m² Geschossfläche errichtet werden.

Die **Baumassenzahl** (BMZ) gibt das Verhältnis der Baumasse zur Grundstücksfläche an. Die Baumasse ist der umbaute Raum der Vollgeschosse zuzüglich der Aufenthaltsräume in anderen Geschossen.[73]

Die Anzahl der **Vollgeschosse** gibt an, wie viele Vollgeschosse maximal zulässig sind. Die Vollgeschosse sind in den Landesbauordnungen definiert, weshalb in jedem Bundesland hierfür andere Vorschriften gelten.

Die **Höhe der baulichen Anlage** gibt an, wie hoch ein Gebäude maximal sein darf. Bei deren Festsetzung ist gemäß § 18 BauNVO ein Bezugspunkt anzugeben. Diese können die Traufhöhe (TH), die Firsthöhe (FH) oder die Oberkante (OK) sein.

Das Maß der baulichen Nutzung muss im Rahmen der Projektentwicklung untersucht werden, um zu klären, welche Maße das zu errichtende Projekt nach den baurechtlichen Vorschriften haben darf.

Die Form der baulichen Nutzung wird durch die Bauweise festgesetzt, welche in § 22 BauNVO geregelt ist. Hierbei wird zwischen der **offenen** und **geschlossenen Bauweise** unterschieden. Ist eine offene Bauweise festgesetzt, müssen Einzel-, Doppel- oder Reihenhäuser mit einem Grenzabstand zur Grundstücksfläche gebaut werden. Es kann jedoch auch der Bau einer bestimmten Häuserart vorgeschrieben sein. Die geschlossene Bauweise erfordert keine Abstandsflächen zwischen den Gebäuden.

Des Weiteren sind in § 23 BauNVO die sogenannte Baulinie, die Baugrenze sowie die Bebauungstiefe geregelt. Diese geben die räumliche Eingrenzung der bebaubaren Fläche vor. Ist eine **Baulinie** festgesetzt, so muss die Außenwand des Gebäudes exakt an der Baulinie verlaufen. Die **Baugrenze** hingegen ist die Linie, welche von Gebäuden oder Gebäudeteilen nicht überbaut werden darf. Ist keine Baulinie, sondern ausschließlich eine Baugrenze festgelegt, so kann innerhalb dieser Fläche,

---

[73] Vgl. Flach, K./Tacke-Unterberg, H. (2006), S. 475

unter Beachtung der anderen Richtlinien, wie zum Beispiel der Abstandsflächen, das Gebäude nach eigenem Ermessen positioniert werden. Schließlich gibt die **Bebauungstiefe** zusätzlich die maximal zulässige Tiefe des Gebäudes an.

2.2.2.3 Analyse des Nutzungskonzepts

Auf Grundlage der gewonnenen Erkenntnisse aus der Standort- und Marktanalyse und den daraus erkenntlich gewordenen Anforderungen an die Nutzung ist es Aufgabe des Projektentwicklers, ein detailliertes und marktgängiges Nutzungskonzept zu erstellen oder einen Architekten damit zu beauftragen. Das in der Projektinitiierung nur grob umrissene Nutzungskonzept wird nochmals geprüft und vertieft. Ausgehend von den späteren Nutzern gilt es hier, z. B. für Bürogebäude auf folgende Fragen eine Antwort zu finden:

- Von welchen regionalen Branchen ist nach Fertigstellung des Projekts eine Flächennachfrage zu erwarten?
- Wie hoch wird das zu erzielende Mietniveau sein?
- Welches regionale Konkurrenzangebot steht dieser Nachfrage in welcher Qualität und zu welchen Konditionen gegenüber?
- Welche Anforderungen stellen potentielle Mieter an den Standort, die Nutzung und das Gebäude?
- Wie können die sich im Laufe des Lebenszyklus einer Immobilie ändernden Nutzeranforderungen durch eine entsprechend flexible Gebäudeplanung berücksichtigt werden, um eine Drittverwendungsfähigkeit zu gewährleisten?

Des Weiteren kann es dem Projektentwickler Wettbewerbsvorteile eröffnen, wenn er neue Trends frühzeitig erkennt. Neben allgemein zugänglichen Quellen der Trenderkennung wie Internet, Fachliteratur, Messen usw. muss der Projektentwickler seine regionalen Kontakte zu standortprägenden Unternehmen und Schlüsselpersonen aus Wirtschaft, Politik und Kultur entwickeln und nutzen sowie den regionalen Immobilienmarkt und seine Teilmärkte kennen, insbesondere bezüglich der Nutzernachfrage.

Ein weiterer wichtiger Faktor ist, das Produkt zu dem Zeitpunkt auf den Markt zu bringen, wenn die Kunden bzw. Mieter es nachfragen. Immobilienprodukte müssen sich nicht mehr nur an den Zyklen der (Immobilien-)Wirtschaft ausrichten, sondern auch an den Nutzern selbst, die stets flexibel und anpassungsfähig sein müssen. Die Folge für die Immobilien-Projektentwicklung ist, dass die erstellten Produkte mehr Flexibilität in Bezug auf die Anpassung der Flächen an den aktuellen Raumbedarf und weitere sich schnell ändernde Nutzungsbedürfnisse aufweisen müssen sowie kürzere Lebenszyklen erfahren.

Die Entwicklung einer Nutzungskonzeption sollte zum einen aus einer visionären Vorgehensweise bestehen, deren Ziel es ist, eine einzigartige, unverwechselbare Immobilie zu erstellen. Um aber nicht nur von der Akzeptanz der Immobilie zu leben, sollte zum anderen eine erfahrungsbasierte und faktenorientierte Entwicklung Bestandteil sein. Elemente erfolgreicher Projekte (Benchmarks) werden identifiziert und auf das eigene Projekt übertragen.

Anhand dieser Ergebnisse und eventuell anhand eines bereits erstellten Raumprogramms (z. B. einer Büroraumkonzeption) sollen die Vorstellungen des Projektentwicklers architektonisch umgesetzt werden und erste Planungsunterlagen (Vorentwurf) erstellt werden. Darunter sollte nicht primär die äußere Hülle des Bauprojekts verstanden werden, sondern vielmehr eine hohe Funktionalität und Nutzungsflexibilität. Kernpunkte der Planung sollten sein:

Raumkonzeption

Hierbei ist auf die wirtschaftliche Gesamtkonzeption des Gebäudes zu achten. Um Vermietbarkeit zu gewährleisten, ist zum einen auf ein optimales Verhältnis zwischen der Mietfläche und den nicht vermietbaren Konstruktions- und Verkehrsflächen zu achten und zum anderen auf die Größe der einzelnen Mietbereiche. Üblicherweise sind in einer Büroimmobilie einzelne Einheiten in einer Größe von ca. 200 m² Mietfläche günstig. Diese sollten je nach Bedarf zu größeren Einheiten koppelbar sein, um flexibel auf Anforderungen neuer Nutzer reagieren zu können und somit Drittverwendungsfähigkeit zu gewährleisten. Zwar sollte das Gesamtkonzept einerseits so weit wie möglich den Anforderungen des (Erst-)Nutzers entsprechen, andererseits sollte es sich auch ohne allzu umfangreiche bauliche Maßnahmen für eine Folgenutzung eignen.

Gebäudetypologie

In Abhängigkeit vom Raumkonzept spielt auch die architektonische Gestaltung, verbunden mit einer harmonischen Integration des neuen Bestandes in den vorhandenen und weiter zu nutzenden, eine bedeutende Rolle. Für die Gestaltung der Umgebung, die Erschließung, den Verkehr, Schutz- und Sicherheitskonzepte sind entsprechende Lösungen zu finden.

Tragwerksstruktur (Primärstruktur)

Die Tragwerksstruktur des Bauwerks (Rohbau) wird als Primärstruktur bezeichnet. Bei Büroobjekten wird in Deutschland die Stahlbetonskelettbauweise favorisiert. Diese weist im Hinblick auf in Zukunft erforderliche Nutzungsänderungen die größtmögliche Anpassungsfähigkeit auf. Die Anwendung von Rastersystemen bringt höchstmögliche Flexibilität bei gleichzeitig wirtschaftlicher Konstruktion.

Innenausbau (Sekundärstruktur)

Der Innenausbau eines Bauwerks wird als Sekundärstruktur bezeichnet. Hier spielen u. a. Fragen hinsichtlich der Boden-, Wand- und Deckenkonstruktion sowie des Schall- und Brandschutzes eine Rolle. Hierbei muss in erster Linie zwischen der nötigen Flexibilität und den damit verbundenen Kosten abgewogen werden.

Haustechnik (Tertiärstruktur)

Die Haustechnik bildet die Tertiärstruktur des Bauwerks. Dazu gehören u. a. Heizung, Lüftung, Sanitär, Energieversorgung, Beleuchtung sowie Aufzugsanlagen. Entscheidungen über den einzubauenden Qualitätsstandard der Haustechnik orientieren sich an der jeweiligen Bedürfnisstruktur der Zielgruppe und sollten vor allem den Aspekten der Wartungsfreundlichkeit sowie der Altersbeständigkeit Rechnung tragen. Um spätere grundlegende Überarbeitungen der Planung zu vermeiden, sollte der Entwickler in diesem Stadium schon mit Spezialisten aus den Bereichen Projektmanagement, Facility Management und Vermarktung zusammenarbeiten. Zu beachten ist allerdings die Höhe der Kosten für die eventuell eingesetzten externen Spezialisten. Da in dieser Phase die Realisierung des Projekts noch nicht feststeht, muss das Verhältnis zwischen Kosten und Qualität stets genau geprüft werden.

Einerseits dürfen die Kosten nicht allzu hoch werden, andererseits ist eine gute Qualität des „Produkts" notwendig, da das Projekt potentiellen Nutzern, Financiers und Behörden präsentiert werden muss.

2.2.2.4 Wettbewerbsanalyse

Die einzelnen Analyseschritte im Rahmen der Feasibility Analysis laufen zumeist parallel ab. Dies gilt insbesondere für die Wettbewerbsanalyse, welche die Standort- und Marktanalyse und die Analyse des Nutzungskonzepts integriert. Dabei wird die relative Marktposition der Projektentwicklung im Vergleich zu Konkurrenzobjekten bestimmt.

Die Wettbewerbsanalyse beschäftigt sich zunächst mit der Identifikation bereits bestehender, geplanter oder sich im Bau befindlichen Konkurrenzobjekte. Diese sind nach Art, Lage, Grundstücksgröße, Nutzfläche, Leerstandsquote, Preise usw. zu untersuchen. Es sind diejenigen Projekte zu beachten, die regional, funktional und durch „timing" in den Wettbewerb mit dem eigenen Bauvorhaben treten können.

In einem weiteren Schritt werden diejenigen Kriterien ermittelt, anhand derer das eigene Projekt mit den relevanten Konkurrenzimmobilien verglichen werden kann, um so Stärken und Schwächen des bestehenden Nutzungskonzept zu ermitteln. Grundsätzlich handelt es sich dabei um die Mietkonditionen sowie Faktoren der Standort- und Gebäudeattraktivität. Diese werden im Rahmen einer Nutzwertanalyse gemäß ihrer Bedeutung gewichtet und je nach Zielerfüllung für das eigene Objekt und die Konkurrenz ermittelt. Das Kriteriengewicht wird mit dem Zielerfüllungsgrad multipliziert. Die einzelnen Teilnutzen je Kriterium werden dann zum Gesamtnutzen aufaddiert. Somit lässt sich die relative Wettbewerbsposition des bisherigen Projekts ermitteln, die im Weiteren auch eine eventuelle Modifizierung des Projekts bzgl. einzelner Faktoren ermöglicht.[74]

Ein Beispiel für den Aufbau einer Wettbewerbsanalyse stellt die folgende Abb. III 29 dar. Hierbei handelt es sich um eine vereinfachte Variante, die lediglich die Vorgehensweise darstellen soll. Bezüglich der berücksichtigten Kriterien besteht kein Anspruch auf Vollständigkeit.

	Gewicht	Analyseobjekt		Vergleichsobjekt 1		Vergleichsobjekt 2	
Mietkonditionen							
Kaltmiete	100%	11,00 €		10 €		12 €	
Nebenkosten	100%	2 €		3 €		3 €	
Summe		13 €		13 €		15 €	
Standortqualität		in PKW-Minuten		in PKW-Minuten		in PKW-Minuten	
Distanz zur Innenstadt	30%	8	2,4	15	4,5	6	1,8
Distanz zur Wohnung	30%	20	6	21	6,3	8	2,4
Distanz zur Autobahn	20%	5	1	11	2,2	5	1
Distanz zum Bus	20%	3	0,6	10	2	4	0,8
Summe	100%		10		15		6
Gewichtung (schwächste Ausprägung=100, Rest linear)			150		100		250
Gebäudequalität		Erfüllungsgrad in %		Erfüllungsgrad in %		Erfüllungsgrad in %	
Funktionalität	30%	60	18	80	24	40	12
Parkplätze je 100 m² BGF	30%	80	24	90	27	30	9
Gebäudetechnik	20%	40	8	70	14	20	4
Managementleistungen	20%	30	6	25	5	50	10
Summe	100%		56		70		35
Gewichtung (schwächste Ausprägung=100, Rest linear)			160		200		100
Standortqualität	50%	150	75	100	50	250	125
Gebäudequalität	50%	160	80	200	100	100	50
Objektqualität	100%		155		150		175
Mietkonditionen			13 €		13 €		15 €
Preis-/Leistungsverhältnis (Objektqualität/Mietkonditionen)			**11,92**		**11,54**		**11,67**

Abb. III 29: Wettbewerbsanalyse für eine Büroimmobilie

---

[74] Vgl. Isenhöfer, B. (1999), S. 88 ff.

Beim Analyseobjekt handelt es sich um eine Büroimmobilie in Cityrandlage. Vergleichsobjekt 2 besitzt mit einer Gewichtung von 250 Punkten die höchste Standortqualität und Vergleichsobjekt 1 mit einer Gewichtung von 200 Punkten die höchste Gebäudequalität.

Unter Berücksichtigung der Mietkonditionen ergibt sich jedoch für das Analyseobjekt das höchste Preis-/Leistungsverhältnis von 11,92 Punkten. Dieses Ergebnis zeigt das Potential des Analyseobjekts, ist jedoch noch keine Garantie für den Erfolg, da Auswahl und Gewichtung der Kriterien stets der subjektiven Betrachtung des jeweiligen Projektentwicklers ausgesetzt sind. Daher empfiehlt es sich Wettbewerbsanalysen im Team durchzuführen, um mehr Objektivität zu gewährleisten.

2.2.2.5 Risikoanalyse

Die Risikoanalyse stellt einen sehr wichtigen Punkt im Rahmen der Projektstudie dar, da Immobilieninvestitionen aufgrund ihrer Immobilität, zeitlichen Fixiertheit und der hohen Anfangsinvestitionen zu den risikoreichsten Geldanlagen überhaupt zählen.

Für Investoren, die sich im Rahmen einer Gesamtvermögenssteuerung (Asset Allocation) für Immobilieninvestitionen entschieden haben, gibt es eine große Bandbreite von Möglichkeiten. Je nach Risikoneigung und Renditeforderung kann sich durch die getätigte Investition die Eigenkapitalrendite von unter 5% bis über 25% bewegen. Wobei zu beachten ist, dass in der Regel bei steigender Rendite auch das Risiko zunimmt.[75]

Am risikoärmsten ist der Kauf einer fertig entwickelten, langfristig vermieteten Innenstadtimmobilie in 1-A-Lage, dies bringt aber auch die geringste Rendite mit sich. Die höchste Rendite, aber auch das größte Risiko bei Immobilieninvestitionen, liegt im Bereich der Eigenkapitalfinanzierung von Projektentwicklungen mit hohem Fremdkapitaleinsatz, da hier der Leverage-Effekt optimal

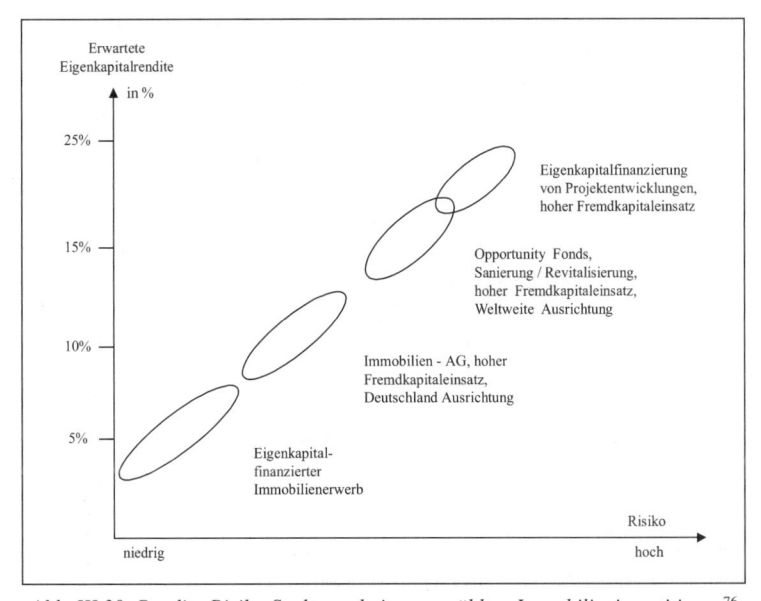

Abb. III 30: Rendite-Risiko-Spektrum bei ausgewählten Immobilieninvestitionen[76]

---

[75] Vgl. Niehaus, G. (2002), S. 33 f.
[76] Vgl. ebenda, S. 34

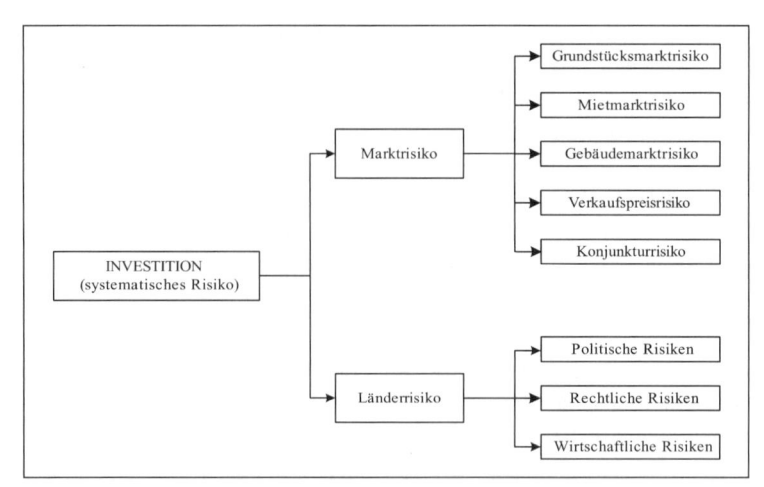

```
                                    ┌─→ Grundstücksmarktrisiko
                                    ├─→ Mietmarktrisiko
                        ┌→ Marktrisiko ─┼─→ Gebäudemarktrisiko
                        │           ├─→ Verkaufspreisrisiko
                        │           └─→ Konjunkturrisiko
   INVESTITION ─────────┤
 (systematisches Risiko)│           ┌─→ Politische Risiken
                        └→ Länderrisiko ┼─→ Rechtliche Risiken
                                    └─→ Wirtschaftliche Risiken
```

Abb. III 31: Systematische Risiken bei einer Immobilieninvestition

ausgenutzt wird. Diese Investition erfordert in Bezug auf das Management viel Erfahrung und Sorgfalt, um die Chancen eines Projekts gegenüber den Risiken durchzusetzen und so eine Eigenkapitalrendite von mindestens 25 % zu erzielen. Der kalkulierte Projektentwicklungsgewinn sollte je nach spezifischen Risiken 15–18 % der Gesamtinvestitionssumme nicht unterschreiten.

Wird die angestrebte Marge oder mehr erzielt, ist die Verzinsung auf das eingesetzte Eigenkapital erheblich. Diese kann bei günstigem Projektverlauf und bei hoher Fremdkapitalfinanzierung innerhalb von zwei bis drei Jahren zu einer Vervielfachung des eingesetzten Eigenkapitals führen. Entspricht die Wirtschaftlichkeit aufgrund eines unvorhergesehenen Projektverlaufs jedoch nicht der vorgenommenen Kalkulation, schrumpft die Gewinnmarge sehr schnell und kann sogar das Eigenkapital aufzehren und somit zu einer Wertvernichtung führen. Aus diesem Grund ist in diesem Stadium der Projektentwicklung eine ausführliche Risikoanalyse unerlässlich. Die bestehenden Einzelrisiken müssen quantifiziert und mit ihrer Eintrittswahrscheinlichkeit multipliziert werden. Durch Aufsummieren der einzelnen risikospezifischen Erwartungswerte ergibt sich ein Gesamterwartungswert für das Risiko der Projektentwicklung.

Da eine Vielzahl von Projektentwicklungsunternehmen aus klassischen Bauunternehmen, Architektur- oder Ingenieurbüros entstanden sind, wird in dieser Branche, anders als in anderen, wenig Gebrauch von Instrumenten des Risikomanagements gemacht. Vorstehende unsystematische und systematische Risiken können bei einer Immobilieninvestition unterschieden werden (siehe hierzu Abb. III 31 und 32).

2.2.2.6 Wirtschaftlichkeits- und Rentabilitätsanalyse

Ein nächster Schritt innerhalb der Projektkonzeption ist die Erstellung einer detaillierten Wirtschaftlichkeits- und Rentabilitätsanalyse in Form einer Investitionsanalyse. Die Hauptaufgabe dieser Analyse ist die Bestimmung der absoluten Vorteilhaftigkeit (mit der Frage: Lohnt sich die geplante Investition in das Immobilien-Projekt insgesamt?), d.h., ob es aus rein wirtschaftlichen Überlegungen sinnvoll ist, zu investieren sowie in der Bestimmung der relativen Vorteilhaftigkeit (mit der Frage: Ist die betrachtete Investition sinnvoller als mögliche alternative Investitionen?). Zum einen sollte für die Financiers Transparenz und leichte Überprüfbarkeit gewährleistet sein, andererseits erfordern aber solch große Investitionsbeträge eine fundierte Analyse.

2 Projektentwicklung

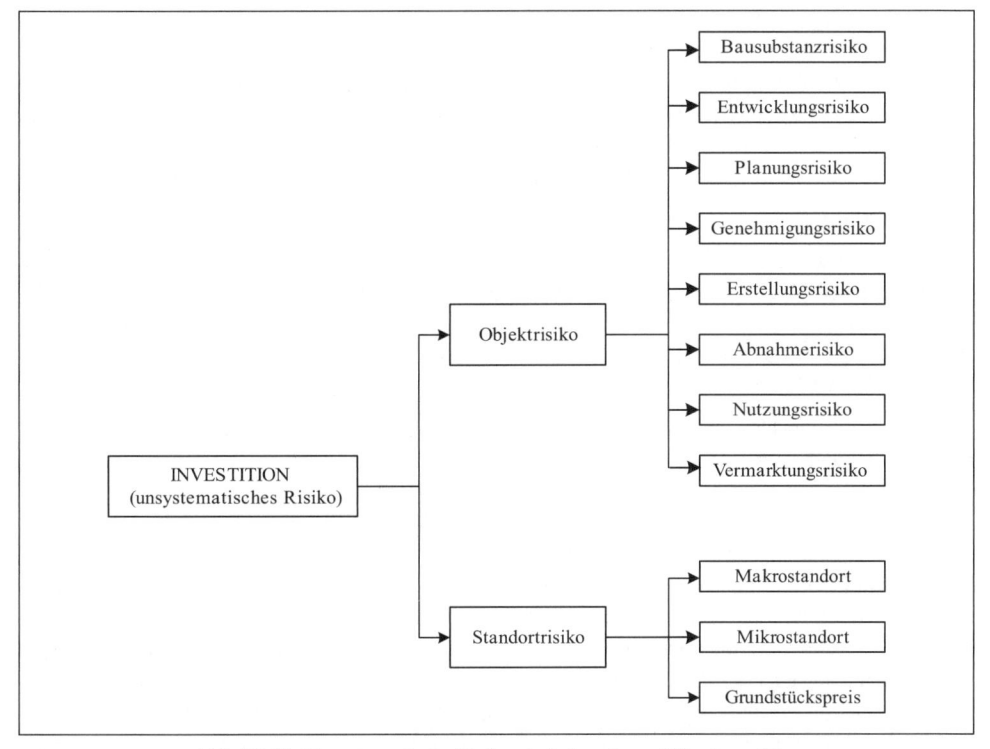

```
INVESTITION (unsystematisches Risiko)
├── Objektrisiko
│   ├── Bausubstanzrisiko
│   ├── Entwicklungsrisiko
│   ├── Planungsrisiko
│   ├── Genehmigungsrisiko
│   ├── Erstellungsrisiko
│   ├── Abnahmerisiko
│   ├── Nutzungsrisiko
│   └── Vermarktungsrisiko
└── Standortrisiko
    ├── Makrostandort
    ├── Mikrostandort
    └── Grundstückspreis
```

Abb. III 32: Unsystematische Risiken bei einer Immobilieninvestition

Die in der Projektinitiierungsphase vorgestellte einfache Projektentwicklungsrechnung basiert aufgrund des frühen Stadiums des Projekts nicht auf detaillierten Analysen und Prognosen, sondern auf groben Daten in Form von Annahmen, Schätzungen und Erfahrungswerten, die als Ausgangspunkt einer möglichen Projektentwicklung dienen und in der Phase der Wirtschaftlichkeits- und Rentabilitätsanalyse weiter spezifiziert werden müssen.

Das entwickelte Projektkonzept ist wirtschaftlich tragbar, wenn die Kapitalrückflüsse ausreichen, um das Projekt zu finanzieren und ein für den Investor angemessener Entwicklungsgewinn erzielt werden kann.

Sollte die Wirtschaftlichkeits- und Rentabilitätsanalyse zum Ergebnis haben, dass das Projekt aller Voraussicht nach nicht lohnend sein wird, so sollte in Erwägung gezogen werden, die Entwicklung trotz des bisher aufgewandten Kapitaleinsatzes abzubrechen. Sind die Analysen der Projektkonzeption positiv und wird für eine Realisierung des Projekts gestimmt, sollte anschließend, wenn nicht schon im Besitz eines an der Entwicklung Beteiligten, der Grunderwerb vollzogen werden.

Die Investitionsrechnung muss so angelegt sein, dass sich die Investition in eine Immobilie mit anderen Kapitalanlagen rechnerisch vergleichen lässt. In der Investitionsrechnung lassen sich dabei folgende Methoden unterscheiden (vgl. ausführlich Teil V Investition).

2.2.2.6.1 Methoden der Investitionsrechnung

In der allgemeinen Investitionstheorie wird zwischen den klassischen und den modernen Methoden unterschieden. Innerhalb der klassischen Verfahren muss darüber hinaus zwischen statischen und dynamischen Verfahren differenziert werden. Die statischen Verfahren sind sehr einfach und transparent, operieren aber mit Kosten und Erlösen, gebrauchen nahezu keine Zinsrechnung und arbeiten mit Durchschnittsgrößen. Die dynamischen Methoden hingegen arbeiten mit Zinseszinsrechnung, basieren auf Ein- und Auszahlungen respektive Einnahmen und Ausgaben und benutzen periodenspezifische Größen. Auf die so genannte modernen Methoden der Investitionsrechnung in Form der vollständigen Finanzpläne wird nicht weiter eingegangen (hierzu auch Teil B I Investition).

Wertermittlung

Da nach Fertigstellung und Vermietung der Immobilie i. d. R. die Veräußerung ansteht, ist es für den Projektentwickler von Interesse, wie ein neutraler Sachverständiger den Ertragswert der projektierten Immobilie bewerten würde. Hier stehen dem Projektentwickler prinzipiell die gesamte Palette der deutschen (normierte und nicht normierte Verfahren) und internationalen Bewertungsverfahren zur Verfügung.

Die Wertermittlung des voraussichtlichen Ertragswerts einer Projektentwicklung ist zwar nicht an die gesetzlichen Regelungen der Immobilienwertermittlungsverordnung (ImmowertV) und der Wertermittlungsrichtlinien (WertR) gebunden, trotzdem ist dieser gesetzlich geregelte Verfahrensansatz grundsätzlich anwendbar. Grundlage bildet die bisherige Projektkonzeption des Developers, der konkrete Angaben zu Flächen und geplanter Nutzung entnommen werden können. Die Ermittlung des tragbaren Grundstückspreises durch das Residualwertverfahren wird auch als Developer-Rechnung bezeichnet. Diese entspricht nahezu dem Backdoor-Approach bzw. der statischen Projektentwicklungsrechnung. Die Ermittlung der Grundstückskosten erfolgt nicht anhand von Vergleichswerten oder Bodenrichtwerten, sondern es steht die Realisierung des Projektentwicklungsgewinns im Vordergrund, unter der Voraussetzung, dass die projektierte Immobilie für den potentiellen Investor zumindest eine marktübliche Rendite erwirtschaftet. Genauere Bestimmung der potentiellen Gewinnmarge erfolgt im Rahmen der statischen Projektentwicklungsrechnung.

Im Weiteren soll das Augenmerk auf einer detaillierten statischen Projektentwicklungsrechnung liegen, da diese die in der Praxis gängige Vorgehensweise ist. Allerdings muss festgehalten werden, dass die dynamischen Verfahren mehr und mehr Akzeptanz finden. Performanceorientierte Projektentwickler und Investoren ergänzen ihre unternehmerischen Entscheidungen mehr und mehr durch den Einsatz dynamischer Analysen.

Statische Projektentwicklungsrechnung

Die Projektentwicklungsrechnung gleicht nahezu dem Backdoor-Approach bzw. dem Residualwertverfahren. Sie basieren auf der Bestimmung des voraussichtlichen Kaufpreises, den ein potentieller Investor bereit ist, für die Immobilie nach Fertigstellung und Vermarktung zu bezahlen.

Während allerdings beim Backdoor-Approach bzw. Residualwertverfahren die Gewinnmarge vorgegeben und der tragbare Grundstückspreis bestimmt wird, werden bei den Projektentwicklungsrechnungen die Grundstückskosten als fix angenommen und der erzielbare Projektentwicklungsgewinn ermittelt.

Die statische Projektentwicklungsrechnung ist ein in der Praxis häufig angewendetes Verfahren zur Ermittlung der Rendite eines Immobilienprojekts. Untersucht wird die bereits aus der Projektinitiierung bekannte Büroimmobilie in City-Randlage. Es wird vorausgesetzt, dass diese bereits Gegenstand aller bisherigen projektbezogenen Analysen war.

Der Projektentwickler führt eine Kalkulation der zu erwartenden Gesamtinvestition (Grunderwerbskosten, Baukosten, Dienstleistungen, Finanzierungskosten) durch. Ausgangspunkt der Rechnung ist die Bestimmung der Grunderwerbskosten.

2 Projektentwicklung

Ausgangsdaten der Projektinitiierung	
Grundstücksgröße	5.000 m²
Geschossflächenzahl (GFZ)	1,5
Bruttogrundfläche (BGF)	7.500 m²
vermietbare Bürofläche	6.375 m²
Flächeneffizienz	85%
Tiefgaragenstellplätze	100

Abb. III 33: Ausgangsdaten der Projektinitiierung

Diese setzen sich aus den direkten Kosten für das Grundstück und den Grunderwerbsnebenkosten (Notar- und Gerichtskosten, Grunderwerbsteuer, Maklercourtage) zusammen. Das Grundstück ist mittlerweile für 650 €/m² ohne Grunderwerbsnebenkosten vom Eigentümer zu erwerben und konnte somit im Vergleich zum angesetzten Wert in der Projektinitiierungsphase (750 €/m² inkl. Grunderwerbsnebenkosten) heruntergehandelt werden.

Grunderwerbskosten		
Grundstückskosten	5.000 m² * 650 €	3.250.000 €
Grunderwerbsnebenkosten	pauschal 6%	195.000 €
Summe		**3.445.000 €**

Abb. III 34: Grunderwerbskosten

Die Kalkulation der Baukosten orientiert sich an der DIN 276 Kosten im Hochbau. Diese legt eine allgemein verbindliche und damit vergleichbare Kostenstruktur fest, in der die Kostenarten (Kostengruppen) im übertragenen betriebswirtschaftlichen Sinn wie folgt benannt werden:

Kostengruppen nach DIN 276
100 Kosten des Baugrundstücks
200 Kosten der Erschließung
300 Kosten des Bauwerks
400 Kosten des technischen Geräts
500 Kosten der Außenanlagen
600 Kosten für zusätzliche Maßnahmen
700 Baunebenkosten

Abb. III 35: Kostengruppen der DIN 276 Kosten im Hochbau

Die einzelnen Kostengruppen untergliedern sich in mehrere Untergruppen, die wichtigsten Kostengruppen bilden 300 und 400. Für den Bereich der Kostenschätzung wird die Aufgliederung der Kostengruppen auf der ersten Ebene, z.B. Kostengruppe 300 Bauwerk-Baukonstruktion, vorgenommen.

Die Einordnung der Kostenschätzung nach DIN 276 kann in Leistungsphase 2 Vorplanung der HOAI § 15 Objektplanung für Gebäude erfolgen. Für die detailliertere Kostenberechnung wird die DIN 276 bis zur zweiten Ebene genauer untergliedert z.B. Kostengruppe 330. Die Einordnung der Kostenberechnung nach DIN 276 kann in Leistungsphase 3 Entwurfsplanung der HOAI § 15 Objektplanung für Gebäude erfolgen. Ein Aufgliederung bis zur dritten Ebene Kostenanschlag ist bei detaillierter Planung durch den Architekten erst in der Realisierungsphase möglich. Allerdings ist hier nur die überschlägige Schätzung der Baukosten anhand von Kostenkennwerten (aus so genannten Baukostentabellen) und Erfahrungswerten aus der Vergangenheit und eine Verfeinerung in der Kostenberechnung möglich. Es werden Pauschalwerte pro m² Bruttogrundfläche (BGF), Hauptnutzfläche (HNF) oder pro m² Bruttorauminhalt (BRI) angenommen, für Stellplätze, Garagen usw. hingegen Erfahrungswerte. Da die Summe der Baukosten i. d. R. den größten Kostenblock ausmachen, ist es bereits in der Projektkonzeptionsphase sehr wichtig, sich einen guten Überblick über das zu erwartende Kostenvolumen zu verschaffen. Falls Grundstücksaufbereitungskosten wie z. B. Abbruchkosten, Dekontaminierungskosten, Kosten für die äußere Erschließung oder die Ablösung von Rechten anfallen, sind diese selbstverständlich auch zu berücksichtigen. Zu beachten ist, dass im Vergleich zu den Ausgangsdaten die Tiefgaragenstellplätze auf 130 aufgestockt und Lagerflächen einkalkuliert wurden (Abb. III 36).

Baukosten (inkl. MwSt)		
Büroflächen	7.500 m² BGF * 1.100 €/m²	8.250.000 €
Lagerflächen	250 m² BGF * 850 €/m²	212.500 €
Tiefgaragenstellplätze	130 * 18.000 €/Stpl.	2.340.000 €
Außenanlagen	1200 * 120 €/m²	144.000 €
innere Erschließung	pauschal	150.000 €
Zwischensumme		11.096.500 €
Unvorhergesehenes	3% von 11.096.500	332.895 €
reine Baukosten		11.429.395 €
Baunebenkosten	15% von 11.429.395	1.714.409 €
Baukosten		**13.143.804 €**

Abb. III 36: Baukosten

Im Weiteren folgt die Aufstellung der Kosten für die Beauftragung eines externen Projektmanagements in Höhe von 5% auf die Baukosten (Abb. III 37). Eigenleistungen des Projektentwicklers im Rahmen der Projektsteuerung oder Projektleitung werden in der Kostenaufstellung nicht berücksichtigt. Die Position Marketingkosten umfasst alle vermietungsvorbereitenden Maßnahmen sowie Öffentlichkeitsarbeit und wird pauschal mit 350.000 € angesetzt. Für die Vermietung durch einen beauftragten Makler werden pauschal 320.000 € einkalkuliert (entspricht ca. 3 Monatsmieten).

Dienstleistungen		
externes Projektmangement	5% von 13.143.804 €	657.190 €
Marketing	pauschal	350.000 €
Vermietung	pauschal	320.000 €
Summe		**1.327.190 €**

Abb. III 37: Dienstleistungen

Bezüglich der Finanzierungskosten sind Annahmen der Finanzierungsdauer der jeweiligen zu finanzierenden Kostenkomponenten zu treffen. Die Finanzierung erfolgt zu Fremdkapitalzinsen von 5,5%. Die Summe der Grunderwerbskosten wird über 18 Monate finanziert (6 Monate zwischen Anschaffung und Baubeginn und 12 Monate Bauzeit). Die Baukosten fallen nach und nach

Finanzierungskosten (auf mtl. Basis)		
Grunderwerb	$3.445.000 \times (1 + 0{,}055/12)^{18} - 3.445.000$	295.560 €
Baukosten	$6.571.902 \times (1 + 0{,}055/12)^{12} - 6.571.902$	370.707 €
Dienstleistungen	$1.327.190 \times (1 + 0{,}055/12)^{12} - 1.327.190$	74.864 €
Summe (Finanzierungskosten bis Fertigstellung (18 Monate))		741.131 €
1.)	Grunderwerbskosten	3.445.000 €
2.)	Baukosten	13.143.804 €
3.)	Dienstleistungen	1.327.190 €
4.)	Finanzierungskosten bis Fertigstellung	741.131 €
		18.657.125 €
Leerstand (6 Monate)	$18.657.125 \times (1 + 0{,}055/12)^{6} - 18.657.125$	518.986 €
Summe		**1.260.117 €**

Abb. III 38: Finanzierungskosten

an und werden daher im Durchschnitt nur zur Hälfte über die 12 Monate Bauzeit finanziert (bzw. die gesamten Kosten über die halbe Bauzeit). Kosten für Dienstleistungen werden ebenfalls über 12 Monate finanziert. Da der Projektentwickler nach der Fertigstellung nicht mit einer sofortigen Vollvermietung rechnet und somit das Objekt auch erst entsprechend später verkaufen wird bzw. Mietgarantien zu leisten hat, wird von vornherein ein halbes Jahr Leerstand einkalkuliert. D. h. für ein halbes Jahr müssen die Grunderwerbskosten, die Baukosten, Kosten für Dienstleistungen sowie die Finanzierungskosten weiter finanziert werden.

Durch Addition der ermittelten Positionen ergibt sich die Gesamtinvestitionssumme in Höhe von 19.176.111 €. Diese stellt die Bezugsgröße für den erzielbaren Verkaufserlös dar (Abb. III 39).

Gesamtinvestition	
Grunderwerbskosten	3.445.000 €
Baukosten	13.143.804 €
Dienstleistungen	1.327.190 €
Finanzierungskosten	1.260.117 €
Summe	**19.176.111 €**

Abb. III 39: Gesamtinvestition

Je nach verfolgter „Exit-Strategie" wird das Objekt sofort verkauft oder noch im Bestand gehalten. Grundlage für den bei Verkauf erzielbaren Erlös sind die dem potentiellen Investor zufließenden Mieteinnahmen (vor Zinsbelastung, Steuern und Abschreibungen, siehe Abb. III 40). Die vermietbaren Bürofläche von 6.375 m² (7.500 m² BGF, 85 % Auslastung) können zu 15 €/m², die 130 Tiefgaragenstellplätze zu je 60 pro Monat vermietet werden. Zuzüglich 225 m² Lagerfläche (250 m² BGF, 90 % Auslastung), die zu 5 €/m² vermietet werden kann, ergibt sich ein Bruttomietertrag (Jahresrohertrag) von 1.254.600 € p. a. Abzüglich der nicht-umlagefähigen Bewirtschaftungskosten ergibt sich ein Nettomietertrag (Jahresreinertrag) von 1.241.400 € p. a.

Die statische Anfangsrendite ergibt sich durch Division der Nettomieterträge durch die Gesamtinvestitionskosten. Unter der Voraussetzung, dass ein Investor eine Rendite von 5,63 % erzielen möchte, kann das Objekt für 22.052.528 € am Markt platziert werden. Dies entspricht einem Trading Profit (TP) bei Verkauf von 15 % der Gesamtinvestition bzw. 2.876.417 €. Eine Gewinnmarge von 15 % stellt meist den Mindestgewinn bei einer spekulativen Projektentwicklung dar, der von Entwickler, Eigen- und Fremdkapitalgeber erwartet wird.

Bruttomieterträge p.a.		1.254.600 €
abzgl. Bewirtschaftungskosten	6.600 m² * 2 €/m²	13.200 €
Nettomieterträge p.a.		1.241.400 €
Gesamtinvestition		19.176.111 €
statische Rendite (Einstand)	1.241.400 € / 19.176.111 €	6,47%
angestrebter Trading Profit (TP)	15%	2.876.417 €
angestrebter Verkaufspreis		22.052.528 €
statische Rendite (Verkauf)	1.241.400 € / 22.052.528 €	5,63%
Trading Profit (TP)		2.876.417 €
davon PE-Fees (Deckungsbeitrag)	33% vom TP	949.217
davon EK-Verzinsung	15% vom TP	431.462 €
Net Trading Profit		1.495.737 €
TP bezogen auf das EK (30%)	TP / EK (19.176.111 * 30%)	50%
TP ohne PE-Fees bez. auf das EK	(TP - PE-Fees) / EK (19.176.111 * 30%)	34%

Abb. III 40: Rendite und Trading Profit

Je nach Risikolage des Projekts kann hier nach oben oder unten abgewichen werden. Vom Trading Profit werden die Projektentwicklungsfees (PE-Fees) und die Eigenkapitalverzinsung abgezogen, um den so genannten Net Trading Profit, der den Projektentwicklergewinn darstellt, zu ermitteln. Durch das Verhältnis von Trading Profit mit bzw. ohne Projektentwicklungsfees zum eingesetzten Eigenkapital resultiert eine Eigenkapitalrendite von 50 % bzw. 34 %.

Mit Hilfe einer Alternativmatrix bzw. einer Sensitivitätsanalyse, die hier nicht weiter erläutert werden sollen, lassen sich die Veränderung der Rendite und des Trading Profit bei Variation der „Value Driver", hier des Mietertrages, um +/–10 % einschätzen. Dies sind einfache Instrumente der Risikoabschätzung, die wertvolle Informationen zur Beurteilung des Investitionsvorhabens liefern können.

2.2.3 Projektrealisierung

Wird nach Beendigung der Projektkonzeption aufgrund positiver Ergebnisse der Analysen entschieden, das Projekt zu verwirklichen, beginnt die Phase der Projektrealisierung. Hier werden die Ergebnisse der vorangegangenen Phasen in Pläne umgesetzt und mit dem Bau der Immobilie begonnen. Es erfolgt die endgültige Grundstückssicherung, die architektonische Gestaltung, die Erwirkung der Baugenehmigungen, die Verhandlungen mit Mietinteressenten, der Abschluss der Finanzierung sowie sonstige vertragliche Vereinbarungen (Beratungs- und Maklerverträge usw.). Falls nicht für den eigenen Bestand entwickelt wurde, muss mit einem geeigneten Investor ein Vertragsabschluss herbeigeführt werden. Diese Phase ist nicht primär Gegenstand der Projektentwicklungsleistung, sondern muss separat beauftragt werden oder kann von vornherein an einen Projektsteuerer vergeben werden.

Projektmanagement: Die Projektrealisierung beginnt mit dem Projektmanagement. Dieses kann in die Projektleitung und die Projektsteuerung unterteilt werden. Hierbei agiert der Projektentwickler als Bauherr. Er übernimmt i. d. R. die nicht delegierbaren Aufgaben der Bauleitung. Alle delegierbaren Aufgaben können an einen Projektsteuerer abgegeben werden. Die Sicherung der für eine Projektoptimierung erforderlichen rechtlichen, wirtschaftlichen und technischen Belange ist Ziel des Projektmanagements. Schwerpunkt der Aufgaben ist die Planung und Steuerung von Kosten, Terminen und Qualität. Das Projektmanagement stellt die organisatorische Umsetzung der Entwicklungsphasen eines Projekts dar.

Der Projektsteuerer muss insbesondere darauf achten, dass Änderungen in den Rahmenbedingungen unverzüglich zu einer Überprüfung der Auswirkungen auf das Immobilien-Projekt führen. In Abstimmung mit der Projektvermarktung muss z. B. darauf geachtet werden, dass Kosteneinsparungen keine vermarktungsschädlichen Qualitätsmängel auf der Bauseite zur Folge haben.

Projektvermarktung: Die Vermarktung bildet den Abschluss der Projektentwicklungstätigkeit. Zwar verlagern sich mit nahender Fertigstellung des Immobilien-Projekts die Aktivitäten in Richtung Immobilien-Marketing, aber es sollte stets versucht werden, einzelne Aufgaben bereits während des gesamten Projektentwicklungsprozess wahrzunehmen. Oberstes Ziel der Projektvermarktung ist die Akquisition von Mietern und Käufern. Je früher Käufer oder Mieter gefunden werden, desto besser kann die Planung den nutzerspezifischen Anforderungen angepasst werden, was aufgrund von Vermeidung möglicher Umplanungen Kosten ersparen kann. Das Marketing erstreckt sich im Rahmen dieser Phase vor allem auf die Vermietung und den Verkauf des Objekts. Zur Vermarktung der Immobilie stehen dem Entwickler grundsätzlich zwei Möglichkeiten zur Verfügung, der Eigen- und der Fremdvertrieb.

Beim Eigenvertrieb vermarktet der Entwickler das Projekt selbst. Diese Variante sollte nur in Betracht gezogen werden, wenn die Vertriebskenntnisse, die personellen Kapazitäten und entsprechende Kundenkontakte vorhanden sind. Allerdings kann sich die erhoffte Kosteneinsparung durch den Eigenvertrieb mit zunehmender Vermarktungsdauer leicht als sehr kostenintensiv darstellen.

Daher ist die Entscheidung für einen Fremdvertrieb meist die sinnvollere Alternative. Hierbei schaltet der Projektentwickler einen Makler oder eine Vertriebsgesellschaft ein. Die Kosten umfassen

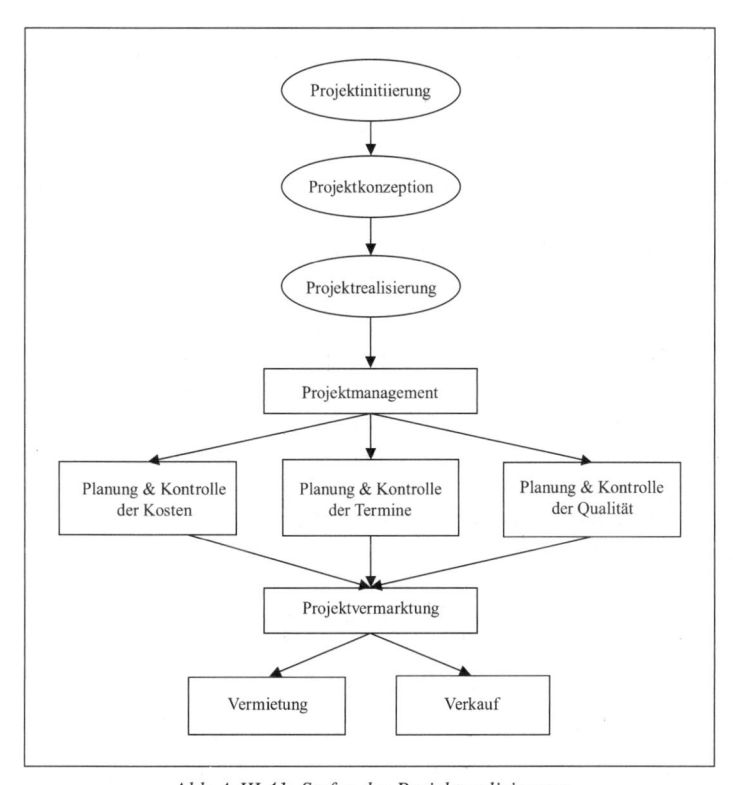

Abb. A III 41: Stufen der Projektrealisierung

beim Fremdvertrieb die Vergütung für den Dienstleister, sofern eine Innenprovision vereinbart ist, die Bereitstellung der zum Verkauf notwendigen Unterlagen sowie die Kontrolle der Vermarktung.

Das Hauptziel der Vermarktung kann darin gesehen werden, Nutzer zu finden und das Projekt vor den Risiken des Preiswettbewerbs so gut wie möglich zu schützen. Im Mittelpunkt steht daher der Aufbau und die Sicherung einer „Unique Selling Proposition" die dem potentiellen Investor einen Vorteil gegenüber Konkurrenzobjekten verschafft.

2.3 Bedarfsgerechte Projektentwicklung

„In der Immobilienwirtschaft kann eine Projektentwicklung – gleich ob eigengenutzt oder vermietet – nur bedarfsgerecht sein, wenn sie marktgerecht ist."[77]

Eine marktgerechte Immobilie muss den Marktkriterien Timing, Standort, Nutzflächenstruktur, Qualität, Quantität und Entwicklungspotential, Drittverwendbarkeit sowie dem Kriterium der Wirtschaftlichkeit bestmöglich entsprechen.

Der Erfolg einer Projektentwicklung zeigt sich jedoch sowohl im Investorenfall als auch bei eigengenutzten Immobilien erst dann, wenn die Immobilie vom Projekt zum genutzten Objekt wird.[78]

Timing: Damit eine Projektentwicklung erfolgreich sein kann, muss die Immobilie unter anderem zum richtigen Zeitpunkt auf dem Markt platziert werden. Da eine Projektentwicklung meist über mehrere Jahre dauert, muss vor Beginn eine umfangreiche Marktforschung betrieben werden. Bei dieser ist vor allem die Entwicklung der Mieten, der Renditen, der Leerstände sowie geplanter Neuflächen ausführlich zu betrachten. Äußerst wichtig, jedoch extrem schwierig ist die Prognose der zukünftigen Entwicklungen dieser Größen. Grundsätzlich sollten Projektentwicklungen immer antizyklisch zu den meist zyklischen Entwicklungen von Immobilienmärkten gestartet werden.

Standort: Von großer Bedeutung für den Wert einer Immobilie ist deren Standort, dabei muss sowohl die Makrolage, die Mikrolage als auch das Grundstück selbst untersucht und bewertet werden. Denn die Wahl des Standorts hat große Auswirkungen auf die Wirtschaftlichkeit einer Immobilie: Je besser der Standort, also je höher das Wertsteigerungspotential, desto weniger Anfangsrendite kann akzeptiert werden. Umgekehrt muss die Anfangsrendite bei einem schlechten Standort und somit niedrigerem Wertsteigerungspotential entsprechend hoch liegen.

Nutzflächenstruktur: Der Erfolg einer Projektentwicklung wird zunehmend auch von der Nutzflächenstruktur beeinflusst. Dabei stehen ausgewogene, flexible und multifunktionale Nutzflächenstrukturen im Vordergrund.

Qualität: Eine bedarfsgerechte Projektentwicklung muss den marktbedingten Qualitätsbegriffen genügen und ein bestmögliches Preis-Leistungs-Verhältnis aufweisen. Die Gesamtqualität einer Immobilie setzt sich zusammen aus verschiedenen Einzelqualitäten wie beispielsweise der Nutzflächenqualität, der Qualität der Bautechnik und der Kommunikationstechnik, der Qualität des Mietvertrags sowie weiterer Qualitätskriterien.

Quantität und Entwicklungspotential: Ein wichtiger Bestandteil einer bedarfsgerechten Projektentwicklung und Bestandteil der Marktanalyse ist die genaue Untersuchung der am Markt vorhandenen Quantitäten und die Prognostizierung der vom Markt benötigten Quantitäten. Aufgrund mangelnder

---

[77] Alda, W./Hirschner, J. (2007), S. 45
[78] Vgl. ebenda

Markttransparenz ist der tatsächliche Marktbedarf für ein offensichtliches Entwicklungspotential jedoch meist schwer einschätzbar.

Drittverwendungsmöglichkeit: Besonders aus Sicht des Immobilieninvestors (Langfristinvestors) ist für eine bedarfsgerechte Projektentwicklung die Drittverwendungsmöglichkeit, die sogenannte Fungibilität wichtig. Von besonderer Bedeutung bei der Beurteilung der Fungibilität sind die Kriterien baulich-konstruktive Selbständigkeit, wirtschaftliche Selbständigkeit, Anbindung an individuellen Nahverkehr, Existenz eines Nachfragemarktes, Limitierung der Projektgröße sowie ein Minimum an so genannter Betreibernutzung.

Wirtschaftlichkeit: Die Wirtschaftlichkeit ist ebenfalls sehr wichtig für den Erfolg einer bedarfsgerechten Projektentwicklung. Das Maß der Wirtschaftlichkeit einer Immobilieninvestition setzt sich auch den drei Komponenten Netto-Ertrag aus dem Betrieb der Immobilie, Wertsteigerung des Projekts während und insbesondere nach der Projektentwicklung sowie steuerlichen Vorteilen zusammen.

2.4 Leistungsbilder der Projektentwicklung

Eine einheitliche, übergeordnete Definition für die Projektentwicklung und deren Leistungsbild ist weder national, noch international gegeben. Unter anderem liegt dies neben den vielfältigen und komplexen Aufgabenfeldern sicherlich auch an den fließenden Übergängen zu den anderen Aufgabenbereichen der Projektentwicklung.[79] Es wird unterschieden zwischen der Projektentwicklung im engeren Sinne (i. e. S.) und der Projektentwicklung im weiteren Sinne (i. w. S.). Die Projektentwicklung i. e. S. umfasst „die Phase vom Projektanstoß bis zur Entscheidung entweder über die weitere Verfolgung der Projektidee durch Erteilung von Planungsaufträgen oder über die Einstellung aller weiteren Aktivitäten aufgrund zu hoher Projektrisiken."[80] Etwas umfassender ist „durch Projektentwicklung (im weiteren Sinne) … die Faktoren Standort, Projektidee und Kapital so miteinander zu kombinieren, dass einzelwirtschaftlich wettbewerbsfähige, Arbeitsplatz schaffende und sichernde sowie gesamtwirtschaftlich sozial- und umweltverträgliche Immobilienprojekte geschaffen und dauerhaft rentabel genutzt werden können."[81] Held ergänzt die genannten Faktoren der Projektentwicklung von Immobilien um den Faktor (potentieller) Nutzer, der nach seiner Ansicht essentiell für die Marktfähigkeit der Immobilie und somit den Erfolg der Immobilien-Projektentwicklung ist.[82]

Im Rahmen der AHO Schriftenreihe wurde im Jahre 2004 erstmals ein detailliertes Leistungsbild für Projektentwicklungsleistungen aufgestellt. Im AHO Heft Nr. 19 „Neue Leistungsbilder zum Projektmanagement in der Bau- und Immobilienwirtschaft" werden 14 Aufgabenfelder mit Teilleistungen der Projektentwicklung im engeren Sinne definiert. Ein ähnliches Leistungsbild ist in Diederichs „Immobilienmanagement im Lebenszyklus" zu finden.[83] Im Gegensatz zur AHO werden hier allerdings 15 Aufgabengebiete in leicht veränderter Reihenfolge festgelegt. Die Prozesskette der von Diederichs 2006 definierten Aufgabenfelder setzt eine Projektentwicklung mit dem Ausgangsfaktor „Standort" voraus.[84]

---

[79] Vgl. Held, T. (2010), S. 87
[80] Diederichs, C. J. (2006), S. 6
[81] Ebenda, S. 5
[82] Vgl. Held, T. (2010), S. 89
[83] Vgl. Diederichs, C. J. (2006), S. 24 f.
[84] Vgl. ebenda, S. 9

Die klassische Form der Projektentwicklung i. e. S. setzt ihren Fokus auf Neubauimmobilien. Während in den letzten Jahren wegen zeitgemäßeren Nutzungsmöglichkeiten der Schwerpunkt bei solchen Neubauten lag, werden mittlerweile Bestandsimmobilien wieder immer häufiger Gegenstand von Projektentwicklungen. Alda und Hirschner merken an, „dass sich für Eigentümer von freigewordenen Bürobestandsimmobilien ein nicht unbedeutender Handlungsbedarf ergibt, nämlich die Revitalisierung."[85] Die Vorteile der alten Bestandimmobilien liegen nicht selten im zentralen Standort mit guter Einbindung in die Infrastruktur der Umgebung. „Prinzipiell wird bei jeder Bestandsentwicklung bzw. Revitalisierung ein Altobjekt durch eine Projektentwicklung in ein neues Objekt überführt, wobei wesentliche Teile (z. B. der Rohbau) des Altbauobjektes erhalten bleiben."[86] Im Folgenden wird das Leistungsbild aus dem AHO Heft 21 „Interdisziplinäre Leistungen zur Wertsteigerung von Bestandsimmobilien" aus dem Jahre 2006 vorgestellt, das die klassische Sicht der Projektentwicklung i. e. S. auf Bestandsimmobilen anpasst. Einen ersten Überblick über die Einordnung dieses Leistungsbildes bietet vorab die Abb. III 42.

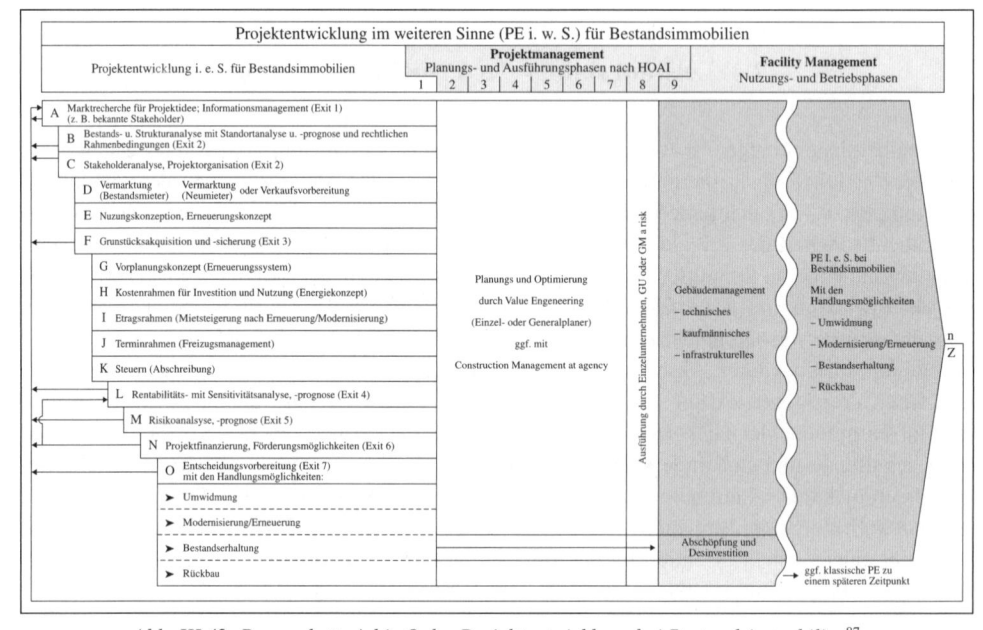

Abb. III 42: Prozesskette A bis O der Projektentwicklung bei Bestandsimmobilien[87]

2.4.1 Marktrecherche für Projektideen, Informationsmanagement (A)

Die Marktrecherche dient dazu eine Projektidee zu finden und bezieht sich zunächst auf die vorhandene Nutzungsart wie beispielsweise Wohnen oder Gewerbe. Erschwert wird dieser erste Aufgabenbereich durch „die nur sehr begrenzte Verfügbarkeit statistischer Erhebungen zur Marktsituation von Projektentwicklungsunternehmen in Bezug auf Marktstruktur, Strategien und

---

[85] Alda, W./Hirschner, J. (2007), S. 98
[86] Ebenda
[87] AHO (2006), S. 59

Marktergebnisse."[88] In diesem ersten Schritt ist daher der Bestandsnutzer der Immobilie ebenfalls zu beachten, dieser kann ergänzend zur Marktrecherche wichtige Hinweise zur Identifizierung von Problemstellungen und Missständen liefern. Wenn sich aus der erweiterten Marktrecherche unter Einbindung des Bestandsnutzers ergibt, dass die vorhandene Nutzungsart nicht weiter verfolgt werden sollte, muss nach einer neuen Nutzungsart gesucht werden. In diesem Fall ist für die Marktrecherche dann nach der klassischen Projektentwicklung[89] zu verfahren.

Kann die vorhandene Nutzung der Immobilie beibehalten werden, ist ein Informationsmanagement für die Bestandsnutzer über Erneuerungsmaßnahmen einzuführen. Dieses dient nicht nur zur Information der Mieter, sondern stellt auch für den Projektentwickler eine wichtige Informationsquelle zur Erhebung von Daten zum Nutzerbedarf zur späteren Erstellung eines Nutzerbedarfsprogramms dar.

Zeigt sich, dass die Weiterführung der Projektentwicklung keinen Erfolg verspricht, müssen bereits zu diesem Zeitpunkt alle weiteren Aktivitäten eingestellt werden, oder eine neue Marktrecherche zur Umnutzung der Immobilie gestartet werden (Exit 1).

2.4.2 Bestands- und Strukturanalyse mit Standortanalyse und -prognose sowie rechtliche Rahmenbedingungen (B)

Bei Projektentwicklungen von Bestandsimmobilien ist über das Grundstück hinaus das bestehende Gebäude in die Standortanalyse mit einzubeziehen. Es ist also zusätzlich eine Bestands- und Strukturanalyse der Immobilie durchzuführen. Darüber hinaus ist die Modernisierungsfähigkeit des Bestandsgebäudes zu prüfen. Diese bezieht sich auf den bautechnischen Zustand der tragenden und nichttragenden Konstruktion, Architektur, Wärmeschutz sowie der Installationen und zentralen Betriebstechnik. Als Orientierungshilfe differenzieren Diederichs und Willwerth in ihrem Leitbild nach Baualtersklassen. Um die Durchführbarkeit der geplanten (Nutzungs-)Änderungen und die Erfüllung rechtlicher Vorschriften bewerten zu können, sind die rechtlichen Rahmenbedingungen und Restriktionen für die Bestandsimmobilie ebenfalls zu prüfen. Hierzu gehören das Bauplanungs- und Bauordnungsrecht, der Denkmal-, Bestands- und Brandschutz. Nicht zu vergessen ist auch das deutsche Mietrecht. Nach § 566 BGB sind Immobilienerwerber verpflichtet die bestehenden Mietverhältnisse zu übernehmen. Es muss daher dringend geprüft werden, ob diese Verpflichtungen mit den Projektplänen vereinbar ist (geplanter Abriss, Umbaumaßnahmen, etc.).[90] Lassen sich Projektplanung und rechtliche Gegebenheiten nicht miteinander vereinbaren, müssen entweder Kompromisse erarbeitet werden oder aber es kommt zu einem Ausstieg aus dem Projekt (Exit 2).

2.4.3 Stakeholderanalyse, Projektanalyse (C)

Unter Stakeholder werden alle möglichen Anspruchsgruppen verstanden, die einen Bezug zum Projekt haben. Mit der Stakeholderanalyse muss eindeutig geklärt werden, ob mit ausreichender Unterstützung für das Projekt gerechnet werden kann, oder ob seitens einzelner Interessengruppen große Widerstände zu erwarten sind, die sogar zum Scheitern des Projekts führen können. Zusätzlich zur klassischen Stakeholderanalyse bedarf es bei Bestandsimmobilien der Bewertung von bestehenden und künftigen Nutzern bzw. Mietern durch mietrechtliche Opportunitäten,

---

[88] Held, T. (2010), S. 86
[89] Vgl. Diederichs, C. J. (2006), S. 24
[90] Vgl. AHO (2006), S. 61

Mieterbindung etc. Den zweiten Teil dieses Schrittes bildet die Prüfung der Alternativen für die Projektorganisationsformen im Vergleich zum Verlauf bei Neubauprojekten.

2.4.4 Vermarktung oder Verkaufsvorbereitung (D)

Da sich Nutzer oder Investor häufig schwer vorstellen können, wie eine abgenutzte Bestandsimmobilie nach der Projektentwicklung aussehen wird, sind hier besondere Vermarktungsaktivitäten nötig, beispielsweise der Aufbau von Musterräumen oder -wohnungen in der Planungsphase.

In Bezug auf Vermietung bzw. Verkauf bieten Bestandsimmobilien gegenüber Neubauten einen Vorteil. Dieser besteht in der Möglichkeit die Bestandsmieter bzw. -nutzer zu erhalten, vorausgesetzt die Projektidee entspricht weiterhin ihren Vorstellungen und der Auftraggeber der Projektentwicklung will die Mietverträge verlängern. Die Verhandlungen über eine Weiterführung der Mietverhältnisse sollten im Hinblick auf eine hohe Vorvermietungsquote zu einem möglichst frühen Zeitpunkt stattfinden. Wichtig ist bei diesem Schritt ein funktionierendes Informationsmanagement und ggf. der Abschluss von Vorverträgen zur Sicherung der zukünftigen Erträge und Finanzierungsmöglichkeiten.

2.4.5 Nutzungskonzeption, Erneuerungskonzept (E)

Analog zur methodischen Vorgehensweise bei einem Neubauprojekt sind auch für Bestandsimmobilien im Vorfeld nach DIN 18205 (Bedarfsplanung im Bauwesen) die wirtschaftlichen Rahmenbedingungen und die räumlichen sowie zeitlichen Vorgaben mit den Erwartungen der späteren Nutzer in Einklang zu bringen. Je genauer und eindeutiger diese Erwartungen der Nutzer (als Sollzustand) protokolliert werden, umso leichter kann in den folgenden Schritten eine Soll-Ist-Analyse erfolgen. Eine Schwierigkeit besteht allerdings in der Einbindung der Bestandsimmobilie, da die konstruktive und technische (Um)Gestaltung gegenüber einer Neubauimmobilie meist stark eingeschränkt ist.

Des Weiteren gehört das Ausarbeiten eines Erneuerungskonzepts der Bestandsimmobilie zu diesem Aufgabenfeld. Zur Festlegung der Umgestaltungen und Erneuerungen empfiehlt sich die Erstellung eines ganzheitlichen Maßnahmenkatalogs. In diesem Rahmen sind beispielweise die Wirtschaftlichkeit, technische Machbarkeit sowie die Auswirkungen auf Nutzer für alle relevanten Lösungsmöglichkeiten zu prüfen. Auch die zeitliche Abstimmung der Erneuerungsmaßnahmen kann hierüber erfolgen.

2.4.6 Grundstücksakquisition und -sicherung (F)

Anders als bei der Projektentwicklung von Neubauten, erübrigt sich die Notwendigkeit besonderer Akquisitionsaktivitäten für den Fall, dass der Projektentwickler bzw. Bauherr bereits Eigentümer der Immobilie ist und keine weiteren Expansionen der Grundstücksfläche geplant sind. Ist es jedoch nötig, das Grundstück z. B. durch den Zukauf einer benachbarten Bestandsimmobilie zu erweitern, kann auch in dieser Phase unter ungünstigen Umständen ein Verwerfen oder zumindest Umdenken des Projektes nötig sein, wenn durch Restriktionen rechtlicher Rahmenbedingungen die notwendigen Erweiterungsmaßnahmen nicht durchführbar sind (Exit 3).

2.4.7 Vorplanungskonzept (G)

Die Vorplanung lässt sich in drei Schritte unterteilen: die Auswertung und Digitalisierung vorhandener Planunterlagen, die Erweiterung des Vorplanungskonzeptes um die Ist-Darstellung der vorhandenen Bausubstanz und die Vorplanung zum Erneuerungssystems. In der Phase B sollte geprüft werden, ob noch alte Planunterlagen zur Bestandsimmobilie vorhanden sind. Ist dies der Fall, so müssen diese auf Verwendbarkeit und Aktualität anhand der Ergebnisse aus der Bestandsaufnahme geprüft werden. Ist auch dies gegeben, können die Unterlagen mit den neuen „Soll-Zuständen" hinsichtlich Lageplan, Grundriss etc. verglichen werden. Eine Digitalisierung von Papierunterlagen ist an dieser Stelle sinnvoll und hilfreich für spätere Schritte. Im weiteren Verlauf ist eine ganzheitliche Darstellung der vorhandenen Bausubstanz die Voraussetzung für ein erfolgreiches Konzept. Die Anforderungen an Konzeption und Planung für Projekte bei Bestandsimmobilien unterscheiden sich hier kaum zu denen bei klassischen Neubauprojekten. Im letzten Schritt dieser Phase ist die Einbindung des in Phase E erarbeiteten Nutzerbedarfsprogramms gefordert. Die „beste" Lösungsmöglichkeit des Projektes muss mit Hilfe der bisher gewonnenen Erkenntnisse aus A bis F erarbeitet werden. Unter Umständen muss bereits auf Schritt J „Terminrahmen" vorgegriffen werden um auch die einzelnen Bauabschnitte planen und einen optimalen Zeitplan für den Ablauf des Projektes erstellen zu können. Auch hier bedarf es der Berücksichtigung der Anforderungen aus den Phasen A und F.

2.4.8 Kostenrahmen für Investition und Nutzung (H)

Im Regelfall ist die Aufstellung eines Kostenrahmens bei einem Neubauprojekt einfacher als bei Bestandsobjekten. Die Gliederung des Kostenrahmens orientiert sich an der DIN 276 „Kosten im Bauwesen", der sich in sieben Kostengruppen aufteilt. Für Bestandsimmobilienprojekte erweitert sich dieser Kostenrahmen wegen ggf. erforderlicher Ausbaugewerke oder Rückbaumaßnahmen in der Regel insbesondere bei den Kostengruppen 200 (Herrichten) und 400 (Bauwerk – Technische Anlagen).

In der heutigen Zeit spielt die ökologische Nachhaltigkeit eine immer größer werdende Rolle. Bei Bestandsimmobilien werden Immobilieneigentümer ab Juli 2009 zum Besitz eines Energieausweises verpflichtet, wenn das Gebäude neu vermietet oder verkauft werden soll. Für Neubauten besteht die Pflicht bereits seit Januar 2002. Zudem müssen die Anforderungen der Energieeinsparverordnung für Gebäude (EnEV), die in 2012 erneut novelliert und verschärft wird, von Projektentwicklern und Bauherren berücksichtigt werden, damit das Projekt und das Gebäude selbst den künftigen energetischen Standards entspricht. Die Erfüllung dieser Standards ist unvermeidbar mit weiteren Kosten verbunden. Der Kostenrahmen für Bestandsimmobilien muss daher um die aktuellen Anforderungen bauphysikalischer und energierelevanter Kenngrößen erweitert werden.[91]

2.4.9 Ertragsrahmen (I)

Die Abschätzung der erzielbaren Mieteinnahmen gestaltet sich bei Bestandsimmobilien schwieriger als bei Neubauimmobilien, da aufgrund baulicher und rechtlicher Einschränkungen häufig nicht vollständig auf die Wünsche der zukünftigen Nutzer bzw. Mieter eingegangen werden kann.

---

[91] Vgl. AHO (2006), S. 61 f.

Auch die Verkehrswertermittlung eines Bestandsgebäudes ist komplizierter, da bei Anwendung des Sachwertverfahrens zur Ermittlung des Verkehrswerts vom Herstellungswert der baulichen Anlage die Alterswertminderung der Immobilie und möglicher Baumängel bzw. -schäden zu berücksichtigen sind. Hier ist eine differenzierte Ermittlung des (Wieder-)Herstellungswertes der baulichen Anlage unter Einbeziehung der vorhandenen Bausubstanz erforderlich.[92]

2.4.10 Terminrahmen (J)

Für einen reibungslosen Ablauf der Projektmaßnahmen bedarf es eines stimmigen Terminrahmens, der v. a. bei Immobilien, die nicht leer stehen mit den Nutzern hinsichtlich Freizug bzw. Umzug abzustimmen ist. Im Fall der Objekterneuerung im bewohnten bzw. vermieteten Zustand empfiehlt es sich je nach gewähltem Erneuerungssystem die Aus- und Umzüge der Nutzer selbst zu organisieren und zu koordinieren, um die Eihaltung des Terminrahmens sicherstellen zu können.

Grundsätzlich erweist sich das Aufstellen des Terminrahmens vor allem dadurch schwierig, dass eine klassische Neubauabwicklung bei Bestandsobjekten kaum möglich ist. Der Nutzer- und Bestandsschutz oder beispielsweise auch beengte Bauraumbedingungen können zu erheblichen Projektdauerverlängerungen führen.

2.4.11 Steuern (K)

Da die Rentabilität und Finanzierung in der Projektentwicklung sowohl bei Neubau- als auch bei Bestandsimmobilien maßgeblich von fälligen und gestundeten Steuern abhängig ist, müssen die Auswirkungen verschiedener Steuerarten auf die Rentabilität überprüft werden und mögliche Steuervorteile durch Sonderabschreibungen genutzt werden.

2.4.12 Rentabilitäts- mit Sensitivitätsanalyse, -prognose (L)

„Ziel der Investoren in der Projektentwicklungen ist die Maximierung der Rentabilität bei Wahrung der Liquidität und Minimierung des Risikos"[93] – dies gilt für die Projektentwicklung bei Bestandsimmobilien gleichermaßen wie für Neubauprojekte. Häufig angewendet wird für die Rentabilitätsanalyse die einfache Developer-Rechnung als Bewertungsverfahren zur Ermittlung der Rendite eines Projekts. Sollte sich die Entwicklung des Bestandsgebäudes an dieser Stelle als nicht oder wenig rentabel erweisen, ist entweder eine Iterationsschleife in den Aufgabenfeldern A bis L oder ein Abbruch der Projektentwicklung erforderlich (Exit 4).

2.4.13 Risikoanalyse, -prognose (M)

Grundsätzlich gilt das mit dem Projekt verbundene Risiko zu minimieren. Die Vorgehensweise bei der Risikoanalyse entspricht der einer klassischen Projektentwicklung. Allerdings ist speziell auf die Besonderheiten der Bestandsimmobilie einzugehen, die aufgrund von Übernahmepflichten bestehender Mietverträge oder Auflagen aus dem Denkmalschutz/Bestandsschutz zusätzliches

---

[92] Vgl. ebenda, S. 62f.
[93] Diederichs, C. J. (2006), S. 73

Risikopotential mit sich bringen können.[94] Je nach methodischer Vorgehensweise ergibt sich aus der Risikoanalyse eine zu erwartende monetäre Schadenshöhe, welche die Rentabilitätsanalyse ggf. so stark verschlechtern kann, dass eine Umplanung oder die Beendigung der Projektentwicklung ratsam ist (Exit 5).

2.4.14 Projektfinanzierung, Förderungsmöglichkeiten (N)

Neben den klassischen Finanzierungsmöglichkeiten stehen dem Investor bzw. Projektentwickler für die Finanzierung einer Erneuerungsmaßnahme staatliche Förderungen in Form von Zuschüssen, zinsfreien oder zinsgünstigen Darlehen, Steuervorteilen und Abschreibungsmöglichkeiten zur Verfügung (z. B. durch die bundeseigene Kreditanstalt für Wiederaufbau „KfW"). Speziell Maßnahmen zur Energieeinsparung werden durch die KfW in hohem Maße gefördert. Die Inanspruchnahme staatlicher Zuschüsse bedeutet aber gleichzeitig auch die Pflicht zur Erfüllung von Auflagen, an welche die Fördergelder gebunden sind. Diese müssen demnach in die Projektplanungen mit einbezogen werden um deren Einhaltung zu gewährleisten.

Neben den monetären Möglichkeiten zur Erlangung günstigerer Finanzierungskonditionen, haben auch organisatorische Gegebenheiten Auswirkung auf den Preis der Kredite. Diese Kriterien sind daher frühzeitig (in Phase C) in die Projektplanungen einzubinden, denn Gläubiger vergeben Kredite häufig günstiger an wohl organisierte und klar konzipierte Projekte. „Da Banken als Hauptkreditgeber für Bauprojekte die Bauausführung mit einem Generalunternehmer i. d. R. sehr begrüßen, kann sich eine unter Umständen wirtschaftlichere und auch durch die Vielfalt der Gewerke sinnvolle Einzelvergabe hinsichtlich des Kreditzinses negativ auswirken."[95]

Wenn die Bestandsimmobilie nach Bewertung der baulichen Anlagen nach dem Sachwertverfahren einen hohen Verkehrswert besitzt, kann diese neben dem Grundstück als zusätzliche Kreditsicherheit eingebracht werden.

Bestätigen sich die in der Rentabilitätsanalyse und -prognose zur Projektfinanzierung getroffenen Annahmen und Konditionen nicht, ist eine Iterationsschleife im Aufgabenfeld L erforderlich. Führt diese zu keinem positiven Ergebnis, ist eine Umdenken der gesamten Projektentwicklung oder der Projektausstieg notwendig (Exit 6).

2.4.15 Entscheidungsvorbereitung (O)

Methodisch ist für Bestandsimmobilien bei der Entscheidungsvorbereitung wie bei einer klassischen Projektentwicklung vorzugehen. Es ist lediglich ratsam, die Nutzwertanalyse zur Beurteilung der nicht monetär bewertbaren Faktoren um die Besonderheiten der Bestandimmobilie zu erweitern.

Wie der Abb. III 42 zu entnehmen ist, sieht das Leistungsbild der Projektentwicklung für Bestandsimmobilien an dieser Stelle vier Handlungsalternativen vor:

- Umwidmung des Gebäudes, d.h. Veränderung der bestehenden Nutzung
- Modernisierung/Erneuerung unter Beibehaltung der bestehenden Nutzung
- Bestandserhaltung, d.h. Beibehaltung der bestehenden Nutzung durch (umfassende) Instandhaltungsmaßnahmen

---

[94] Vgl. AHO (2006), S. 70
[95] Ebenda, S. 71

- Rückbau des Gebäudes (Abbruch von Gebäudeteilen, Wiederverwendung bestimmter (markanter) Bauteile, etc.)[96]

Sollte an dieser Stelle keine positive Entscheidung zum Projektstart gegeben werden, ist eine Überarbeitung der Projektentwicklung in einer Iterationsschleife der Aufgabenfelder A bis O durchzuführen oder die Projektentwicklung endgültig abzubrechen (Exit 7).

Dem Eigentümer bzw. Auftraggeber einer Bestandsprojektentwicklung sollte stets bewusst sein, dass diese in den meisten Fällen aufwendiger und teurer ist, als bei Neubauprojekten. Dies liegt unter anderem daran, dass zur Bauausführung der Rückbau inklusive Entsorgung der alten Bausubstanz erforderlich ist, das Gebäude während der Realisierungsphase unter Umständen nicht oder nicht vollständig vermietet werden kann, wodurch mit Mietausfällen gerechnet werden muss, die technischen Rahmenbedingungen ungünstig sein können und die Realisierungszeit durch all diese Gründe oftmals länger ist als bei einem Neubauprojekt. Eine längere Realisierungszeit hat wiederum eine längere Finanzierungsdauer mit höheren Finanzierungskosten zur Folge.

2.5 Vergütungsmodelle

Im Gegensatz zu planerischen Leistungen, die nach HOAI vergütet werden oder zur Projektsteuerung, die nach den Vorgaben des Deutschen Verbandes der Projektsteuerer (DVP) vergütet werden können, ist die Vergütung von Projektentwicklungsleistungen nicht durch eine Honorarordnung oder einen Fachverband geregelt. Gerade weil kein übergeordnetes Leistungsbild existiert, ist die Honorierung stets frei verhandelbar. Grundsätzlich stehen bei der Projektentwicklung als Dienstleistung drei Vergütungsmöglichkeiten zu Verfügung, die in der Praxis alle Anwendung finden:

- Vergütung nach Zeitaufwand
- Vergütung nach Leistungsumfang sowie
- Vergütung nach Erfolg

Die Art der Vergütung ist projektspezifisch festzulegen. Bei der Projektinitiierung bietet sich eine Honorierung auf Stundenbasis an, da diese unter verschiedenen Bewerbern einfach zu vergleichen ist.

Je komplexer die Aufgabe oder je weniger definiert die Inhalte der einzelnen Phasen einer Projektentwicklung sind, desto sinnvoller ist eine Vergütung nach Leistungsumfang, entweder auf Grundlage von Einheitspreisen oder in Form einer Pauschalsumme.

Eine Vergütung nach Erfolg ist bei umfassenden Projektentwicklungen, bei denen Kooperationen einzelner Unternehmen und strategische Partnerschaften zustande kommen, zu vereinbaren. Die Honorierung entspricht hierbei den gemeinsamen Anstrengungen zur Erreichung des Ziels.[97]

---

[96] Vgl. ebenda, S. 70
[97] Vgl. Sabary, S. (2002), S. 103 f.

3 Projektsteuerung

3.1 Einführung

3.1.1 Definition „Projekt"

Die DIN 69901 definiert „Projekt" wie folgt:

„Jedes Vorhaben, das im Wesentlichen durch Einmaligkeit der Bedingungen in ihrer Gesamtheit gekennzeichnet ist, wie z. B.:
- Zielvorgabe
- Zeitliche, finanzielle, personelle und andere Begrenzungen
- Abgrenzung gegenüber anderen Vorhaben oder
- Projektspezifische Organisation."[98]

Ein Beispiel, das nach dieser Norm unter den Projektbegriff fällt, ist der Bau eines Verwaltungsgebäudes (Bausumme ca. 5 Mio. €) für ein mittelständisches Unternehmen aus dem produzierenden Bereich.

Der Begriff des Projektes wird in der Literatur auf sehr unterschiedliche Weise definiert. Eine gültige Definition hat sich heute noch nicht durchgesetzt. „Projekt" kann aber im Sinne der Projektsteuerung folgendermaßen charakterisiert werden:

- Fest definierter Anfang und vereinbartes Ende der Leistungserbringung
- Eingruppierung in technisch, wirtschaftlich und terminliche Risikofaktoren/Schwierigkeitsgrade
- Unterschiedliche Anzahl von Beteiligten, welche an einem Projekt mitwirken
- Terminvorgaben
- Leistungsbilder unterschiedlicher Kategorien
- Ablauforganisation in einer Stabslinienanordnung

3.1.2 Definition der Projektsteuerung

Der Projektsteuerer übernimmt die delegierbaren Bauherrenfunktionen. Mit deren Übernahme erhält der Projektsteuerer jedoch keine Entscheidungs-, Durchsetzungs- und Weisungsbefugnis. Eschenbruch definiert die Projektsteuerung als „beratende (und in Stabsfunktion erbrachte) Unterstützung des Auftraggebers bei der Realisierung eines Bauprojektes in den vier Handlungsbereichen Organisation, Qualität, Termin- und Kostensicherheit."[99] Die eigentlichen Aufgaben ergeben sich aus der Organisation, Planung, Kontrolle und Steuerung der Planer, aber auch der ausführenden Unternehmen.

Die HOAI § 31, Fassung von 1. Januar 1996 gibt eine Definition für den Projektsteuerer vor:

„Leistungen der Projektsteuerung werden von Auftragnehmern erbracht, wenn sie Funktionen des Auftragsgebers bei der Steuerung von Projekten mit mehreren Fachbereichen übernehmen."

In der amtlichen Begründung zu § 31 HOAI in der ersten Fassung vom 1. Januar 1977 legte der Verordnungsgeber seine Überlegungen zur Einführung dar. Dort heißt es unter anderem:

---
[98] DIN 69901
[99] Eschenbruch, K. (2009), S. 108

"Mit steigendem Bauvolumen wachsen die Anforderungen an den Auftraggeber, seine Vorstellungen von der Bauaufgabe in die Praxis umzusetzen, wobei er die Geschehensabläufe in technischer, rechtlicher und wirtschaftlicher Hinsicht zu koordinieren, zu steuern und zu überwachen hat. (...) Infolge der zunehmenden Kompliziertheit der Geschehensabläufe, insbesondere durch Einschaltung von anderen an der Planung fachlich Beteiligten, sind Auftraggeber ab einer bestimmten Größenordnung des Projekts nicht immer in der Lage, sämtliche Steuerungsleistungen selbst zu übernehmen. In der Praxis werden in diesen Fällen Aufträge für Leistungen bei der Projektsteuerung erteilt. Die Aufträge umfassen insbesondere Beratungs-, Koordinations-, Informations- und Kontrollleistungen. Es erscheint zweckmäßig, diese Entwicklung zu berücksichtigen und für Leistungen der Projektsteuerung Honorarregelungen zu treffen. Da keine repräsentativen Untersuchungen für eine angemessene Honorierung vorliegen, beschränkt sich die Verordnung darauf, Leistungen der Projektsteuerung zu umschreiben und hinsichtlich der Honorierung die freie Vereinbarung zuzulassen. So wird die weitere Diskussion für die Honorierung von Leistungen der Projektsteuerung offen gehalten."[100]

Selbst in dieser amtlichen Begründung ist noch keine konkrete Formulierung wie bei einem Gesetz z. B. der HOAI zu erkennen. Dennoch kann eine Vielzahl von Leistungsbildern gefunden werden, die insgesamt über den gleichen Inhalt verfügen. Aus diesem Grunde werden von jedem größeren Projektsteuerungsbüro eigene Leistungsbilder generiert und entsprechend angeboten.

3.1.3 Ursprung der Projektsteuerung

Eigentlich sollten Projektmanagement und Projektsteuerung im Bauwesen so alt sein wie das Bauen selbst. Wie oben bereits erwähnt fand die Projektsteuerung jedoch erst im Jahr 1977 Eingang in die HOAI. Dadurch wurde die Vergütung der Planungs- und Beratungsleistungen der Projektsteuerer rechtlich geregelt. Ende der 60er, Anfang der 70er Jahre entstanden erste Fachbüros für Projektmanagement bzw. Projektsteuerung.[101]

Im Rahmen immer komplexer werdender Projekte benötigten Bauherren zunehmend Unterstützung bei der Wahrnehmung ihrer Aufgaben. Anfang der 80er Jahre wurde das Berufsbild des Projektsteuerers für Immobilien ist Leben gerufen. Kurz darauf folgte die Bildung von Fachverbänden wie die Gesellschaft für Projektmanagement (GPM) oder der Deutsche Verband der Projektsteuerer (DVP) sowie Ausschuss der Verbände und Kammern der Ingenieure und Architekten für Honorarordnung e.V. (AHO). Heute werden die klassischen Bauherrenrisiken wie Abweichung von Qualitätsstandards, Überschreitung von Terminplänen und Kostenschätzungen werden möglichst auf Bauträgergesellschaften, Maßnahmenträger oder Generalunternehmer bzw. -übernehmer abgewälzt. Die Vermeidung von Bauherrenrisiken ist jedoch sehr schwierig bei Objekten, die speziell auf Nutzerbedürfnisse zugeschnitten sind, wie beispielsweise Industrie-, Dienstleistungs-, und Handelsobjekte. Diese Projekte werden individuell entwickelt und bergen folglich ein hohes Qualitäts-, Termin- und Kostenrisiko.

Kosten-, Termin- und Qualitätsüberwachung können als Dienstleistungsaufträge an Projektsteuerer vergeben werden. Dadurch ist ein hoher Grad an Qualitäts-, Termin- und Kostensicherung erreichbar. Aufgabe des Projektsteurers ist es, allen Beteiligten in den Phasen Projektvorbereitung, Planung, Ausführungsvorbereitung, Ausführung und Projektabschluss entsprechende Vorgaben zu machen, diese zu koordinieren und zu kontrollieren.

---

[100] Vgl. Locher, H. et al. (2010), § 31, Rn. 1
[101] Vgl. Motzel, E. (1993), S. 4 f.

3.2 Leistungsbild der Projektsteuerung

3.2.1 Definition nach HOAI § 31

In der HOAI § 31 wurde das Leistungsbild Projektsteuerung ursprünglich definiert. Diese Definition lässt dem Bauherrn und dem Projektsteuerer alle Freiheiten die Leistungen zu interpretieren.

Leistungen der Projektsteuerung nach § 31 HOAI sind:

1. Klärung der Aufgabenstellung, Erstellung und Koordinierung des Programms für das Gesamtprojekt
2. Klärung der Voraussetzungen für den Einsatz von Planern und anderen an der Planung fachlich Beteiligten (Projektbeteiligte)
3. Aufstellung und Überwachung von Organisations-, Termin- und Zahlungsplänen, bezogen auf Projekt und Projektbeteiligte
4. Koordinierung und Kontrolle der Projektbeteiligten, mit Ausnahme der ausführenden Firmen
5. Vorbereitung und Betreuung der Beteiligten von Planungsbetroffenen
6. Fortschreibung der Planungsziele und Klärung von Zielkonflikten
7. Laufende Information des Auftraggebers über die Projektabwicklung und rechtzeitiges Herbeiführen von Entscheidungen des Auftraggebers
8. Koordinierung und Kontrolle der Bearbeitung von Finanzierungs-, Förderungs- und Genehmigungsverfahren.

Die heterogene Leistungsdefinition der HOAI führte in der Praxis zu Problemen bei der Abgrenzung von Planungsleistungen (gem. HOAI der jeweiligen Fachplaner) und der Projektsteuerungsleistungen nach § 31 HOAI. Deshalb kamen Architekten oder Fachplaner, die Projektsteuerungsleistungen übernahmen oftmals in einen Interessenskonflikt.

Mit der Novelle der HOAI in 2009 wurde § 31, der das Leistungsbild der Projektsteuerung ursprünglich definierte, ersatzlos gestrichen. Dieser Entwicklung liegt vor allem die von der AHO im Jahre 2009 veröffentlichte Schriftreihe „Untersuchungen zum Leistungsbild, zur Honorierung und zur Beauftragung von Projektmanagementleistungen in der Bau- und Immobilienwirtschaft" zugrunde. Diese werden heute in der Praxis als gängige und unverzichtbare Grundlage der Leistungsbilder des Projektmanagements verwendet und dienen zur Festlegung der Vergütungen. § 31 HOAI, welcher ohnehin der Kritik stark unterworfen war, wurde somit durch die Schriftenreihe der AHO abgelöst.

3.2.2 Definition nach DVP/AHO

Mit der ersten Auflage „Projektmanagementleistungen in der Bau- und Immobilienwirtschaft" der AHO im November 1996 wurde versucht, eine neue Struktur der Grundleistungen und Besonderen Leistungen zu definieren. Die AHO Fachkommission „Projektsteuerung" wurde im September 1993 gegründet. Eine Umbenennung in „Projektsteuerung/Projektmanagement" fand im Mai 2003 statt.

Mit diesem ersten, fast revolutionären Ansatz der Projektmanagementleistungen verfolgte die AHO das Ziel, dem Wildwuchs von Leistungsbildern in der Praxis Einhalt zu gebieten. Es sollte eine gewisse Vergleichbarkeit und Transparenz für Bauherren geschaffen werden. In dem die AHO die Leistungsbilder in regelmäßigen Abständen aktualisiert bzw. anpasst, will sie den Marktanforderungen weitestgehend gerecht werden.

Anstelle der neun Leistungsphasen der HOAI nennt der DVP nur fünf Projektstufen, die das Leistungsbild der Projektsteuerung wiedergeben. In Abb. III 43 wird das Leistungsbild den Leistungsphasen der HOAI gegenüber gestellt.

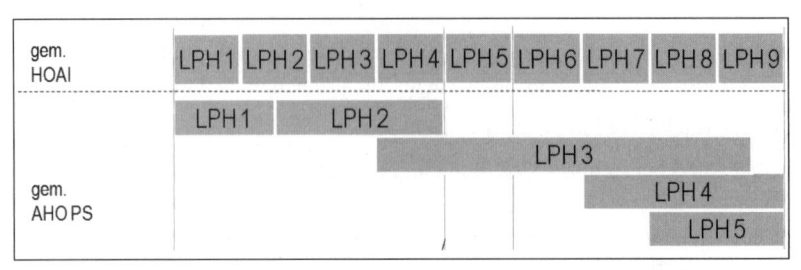

	LPH 1	LPH 2	LPH 3	LPH 4	LPH 5	LPH 6	LPH 7	LPH 8	LPH 9
gem. HOAI									
gem. AHO PS	LPH 1		LPH 2		LPH 3			LPH 4	LPH 5

Abb. III 43: Zusammenhang der Leistungsphasen AHO und HOAI

Die AHO führt vier Handlungsbereiche ein, um die Aufgaben der Projektsteuerung in einzelne Projektstufen zu unterteilen. Mit dieser Einteilung soll die zeitliche Abwicklung (Projektstufen) und die Tätigkeitsfelder (Handlungsbereiche) strukturiert werden.

3.2.2.1 Handlungsbereiche

A: Organisation, Information, Koordination und Dokumentation
Die erste Aufgabe eines Projektsteuerers besteht darin, dem Projekt klare Richtlinien zu geben. Dies geschieht anhand von Organigrammen, welche die Beziehungen zwischen den Beteiligten im Hinblick auf Weisungs- und Entscheidungsbefugnisse darstellen.
Eine der wichtigsten Aufgaben in Projektstufe 1 ist die Erstellung eines Projekthandbuches und dessen Fortschreibung über die gesamte Dauer des Projektes. Darin werden Punkte, wie Aufbau- und Ablauforganisation, Projektstruktur und Projektziel festgelegt. Jegliche Änderung mit Auswirkungen auf Qualitäten/Quantitäten, Kosten und Termine ist dem Bauherrn vollständig und rechtzeitig schriftlich anzuzeigen.
Die Übergabe bzw. Übernahme des Gebäudes, die Inbetriebnahme, sowie die Überleitung des Bauwerkes in die Nutzung, (Bauunterhalt, Wartungs- und Energielieferungsverträge u. a.) müssen von Anfang an Gegenstand der Planung sein.
Seit Inkrafttreten der Baustellenverordnung sind organisatorische Vorkehrungen zur Sicherstellung des Arbeitsschutzes zu treffen. Die Verkehrssicherungspflichten des Bauherrn bezüglich der Arbeitssicherheit müssen näher konkretisiert werden. Der Projektsteuerer muss den Bauherrn zumindest bei der Auswahl der erforderlichen Maßnahmen beraten.

B: Qualitäten und Quantitäten
Die Mitwirkung bei der Erstellung und dessen Fortschreibung eines Nutzerbedarfsprogramms nach DIN 18205 („Bedarfsplanung im Bauwesen") zählt zu den wichtigsten Aufgaben des Projektsteuerers im Handlungsbereich B. Außerdem kommt hinzu: das Prüfen von Planungsergebnissen, die Mitwirkung bei der Vergabe, sowie die Prüfung von Ausführungsänderungen. Eine weitere Aufgabe des Projektsteuerers ist die Mithilfe bei der Ermittlung des Raum,- Flächen- und Anlagenbedarfs und der Anforderungen an Standard und Ausstattung durch das Bau- und Funktionsprogramm. Diese bilden die Grundlagen für die Umsetzung in Planung und Ausführung.[102]

---

[102] Vgl. Diederichs, C. J. (2006), S. 167 f.

Ziel ist die Steigerung der baulichen Wertschöpfung und die Aufrechterhaltung der Wirtschaftlichkeit. Der Projektsteuerer hat dafür Sorge zu tragen, dass bei gemeinsam erarbeiteten oder vom Auftraggeber (AG) vorgegebenen ökonomischen Zielen die Qualität eingehalten wird. Die Qualitätssicherung muss schon relativ früh angesetzt werden. Mit Hilfe eines Organisations- und Projekthandbuchs und den darin festgelegten Regelabläufen wird das Qualitätsmanagement durchgeführt. Die Qualität wird während der gesamten Projektabwicklung verfolgt.[103]

C: Kosten und Finanzierung

Anhand der Kosten kann der Erfolg eines Projektes bestimmt werden. Deshalb ist die Kostensteuerung eine wichtige Aufgabe des Projektsteuerers. Der erste Schritt zu einem professionellen Kostencontrolling ist die Initialisierung einer Kostenbuchhaltung in Form einer Datenbank. Der Schwerpunkt der Projektsteuertätigkeit liegt in der Steuerung der Inventionskosten. Diese Tätigkeit wird in zwei Bereiche unterteilt: zum einen in die Kostenplanung (Ermittlung der Sollwerte) und zum anderen in die Kostensteuerung (Soll/Ist-Kontrolle) während des gesamten Projektablaufs bis hin zur Dokumentation. Hiermit wird die frühzeitige Erkennung von Abweichungen und das schnelle Gegensteuern angestrebt, um die Ziele des Auftraggebers einhalten zu können. Der Projektsteuerer steht dem AG auch bei der Beurteilung der Kostenauswirkungen von Änderungswünschen zur Seite.[104]

Der Projektsteuerer unterstützt den AG also bei der Festlegung des Rahmens für Investitions- und Baunutzungskosten, bei der Überprüfung der Kostenschätzungen und -berechnungen der Fachplaner und bei der Steuerung der Kosten zur Einhaltung der vorgegebenen Ziele. Hinzu kommt die Erstellung einer Projektbuchhaltung für den Mittelabfluss mit dessen Fortschreibung sowie die Überprüfung von Rechnungen.

D: Termine, Kapazitäten und Logistik

Die Termin- und Ablaufpläne, die in diesem Handlungsbereich von großer Bedeutung sind, dienen in erster Linie der Orientierung und dem Vergleich der terminlichen Vorstellung.

In Projektstufe 1 werden Termine mit den wichtigsten Meilensteinen versehen, dazu zählt die Baugenehmigung, der Baubeginn, die Fertigstellung des Rohbaus, die Baufertigstellung, die Übergabe und der Nutzungsbeginn. Insgesamt betrachtet, wird die Planungs- und Ausführungsvorgabe erstellt. In den anschließenden Projektstufen wird für die anstehenden Leistungen diese Terminplanung fortgeschrieben, überwacht und ggf. steuernd eingegriffen.[105]

Wichtig ist es, in den Projektstufen 2 und 3 die Rahmenterminplanung fortzuführen und anzupassen. Zur Vergabevorbereitung gehört die eindeutige Festlegung der Vertragstermine und Fristen der Ausführung, damit eine ungestörte Abfolge der Bauleistungen des Auftragnehmers (ANs) unter Einhaltung der Projektterminziele ermöglicht werden kann.

In der Projektstufe 4 sind die Termine folgender Terminpläne untereinander abzugleichen: die Zeitpläne der Projektleiter, die Detailpläne der AN und der Rahmenterminplan. Bei starker Abweichung sind Vorschläge für Anpassungsmaßnahmen zu treffen. Diese werden mit dem AG und der Objektüberwachung abgestimmt und umgesetzt.

In der Projektstufe 5 werden dem AG sämtliche zur Sicherheit einer zeitnahen Übergabe und Nutzung des Gebäudes erforderlichen Fertigstellungs- und Übergabezeitpunkte genannt.

---

[103] Vgl. Eschenbruch, K. (2003), Rn. 597 ff.
[104] Vgl. ebenda, Rn. 631 ff.
[105] Vgl. Diederichs, C. J. (2006), S. 216 ff.

3.2.2.2 Projektstufen

Im Folgenden wird das Leistungsbild der AHO pro Handlungsbereich und Projektstufe aufgezeigt.[106]

1. **Projektvorbereitung (Projektentwicklung, strategische Planung, Grundlagenermittlung) 26 %**
   Die Projektvorbereitungsphase dient vor allem der Sicherung der Planungsverträge, der Erstellung der Planung sowie der Sicherung der Finanzierung.

A Organisation, Information, Koordination und Dokumentation	
Grundleistungen	Besondere Leistungen
1 Entwickeln, Vorschlagen und Festlegen der Projektziele und der Projektorganisation durch ein projektspezifisch zu erstellendes Organisationshandbuch	1 Mitwirken bei der betriebswirtschaftlich-organisatorischen Beratung des Auftraggeber zur Bedarfsanalyse, Projektentwicklung und Grundlagenermittlung
2 Auswahl der zu Beteiligenden und Führen von Verhandlungen	2 Besondere Abstimmungen zwischen Projektbeteiligten zur Projektorganisation
3 Vorbereitung der Beauftragung der zu Beteiligenden	3 Unterstützen der Koordination innerhalb der Gremien des Auftraggebers
4 Laufende Information und Abstimmung mit dem Auftraggeber	4 Besondere Berichterstattung in Auftraggeber- oder sonstigen Gremien
5 Einholen der erforderlichen Zustimmungen des Auftraggebers	
6 Mitwirken bei der Konzeption und Festlegung eines Projektkommunikationssystems	

B Qualitäten und Quantitäten	
Grundleistungen	Besondere Leistungen
1 Mitwirken bei der Erstellung der Grundlagen für das Gesamtprojekt hinsichtlich Bedarf nach Art und Umfang (Nutzerbedarfsprogramm NBP)	1 Mitwirken bei Grundstücks- und Erschließungsangelegenheiten
2 Mitwirken beim Ermitteln des Raum-, Flächen- oder Anlagenbedarfs und der Anforderungen an Standard und Ausstattung durch das Bau- und Funktionsprogramm	2 Erarbeiten der erforderlichen Unterlagen, Abwickeln und/oder Prüfen von Ideen-, Programm- und Realisierungswettbewerben
3 Mitwirken beim Klären der Standortfragen, Beschaffen der standortrelevanten Unterlagen, der Grundstücksbeurteilung hinsichtlich Nutzung in privatrechtlicher und öffentlich-rechtlicher Hinsicht	3 Erarbeiten von Leit- und Musterbeschreibungen, z. B. für Gutachten, Wettbewerbe etc.
4 Herbeiführen der erforderlichen Entscheidungen des Auftraggebers	4 Prüfen der Umwelterheblichkeit und der Umweltverträglichkeit

C Kosten und Finanzierung	
Grundleistungen	Besondere Leistungen
1 Mitwirken beim Festlegen des Rahmens für Investitionen und Baunutzungskosten	1 Überprüfen von Wertermittlungen für bebaute und unbebaute Grundstücke

---

[106] Vgl. AHO (2004b), S. 10–16

2 Mitwirken beim Ermitteln und Beantragen von Investitionsmitteln	2 Festlegen des Rahmens der Personal- und Sachkosten des Betriebs
3 Prüfen und Freigeben von Rechnungen zur Zahlung	3 Einrichten der Projektbuchhaltung für den Mittelzufluss und die Anlagenkonten
4 Einrichten der Projektbuchhaltung für den Mittelabfluss	

D Termine, Kapazitäten und Logistik	
Grundleistungen	Besondere Leistungen
1 Entwickeln, Vorschlagen und Festlegen des Terminrahmens	
2 Aufstellen/Abstimmen der Generalablaufplanung und Ableiten des Kapazitätsrahmens	
3 Mitwirken beim Formulieren logistischer Einflussgrößen unter Berücksichtigung relevanter Standort- und Rahmenbedingungen	

2. Planung (Vor-, Entwurf- und Genehmigungsplanung) 21 %

Die Planungsphase der Projektsteuerung umfasst die Vor-, Entwurfs- und Genehmigungsplanung gemäß HOAI. Wesentliche Bestandteile dieser Phase sind die Mittelabflussplanung sowie die Zeit- und Organisationsplanung für die Planung und die Herstellung des Gebäudes. Außerdem ist die Unterstützung des Bauherrn in fachlichen wie auch organisatorischen Fragen und Angelegenheiten hier Aufgabe der Projektsteuerung.

A Organisation, Information, Koordination und Dokumentation	
Grundleistungen	Besondere Leistungen
1 Fortschreiben des Organisationshandbuches	1 Veranlassen besonderer Abstimmungsverfahren zur Sicherung der Projektziele
2 Dokumentation der wesentlichen projektbezogenen Plandaten in einem Projekthandbuch	2 Vertreten der Planungskonzeption gegenüber der Öffentlichkeit unter besonderen Anforderungen und Zielsetzungen sowie bei mehr als 5 Erläuterungs- oder Erörterungsterminen
3 Mitwirken beim Durchsetzen von Vertragspflichten gegenüber den Beteiligten	3 Unterstützen beim Bearbeiten von besonderen Planungsrechtsangelegenheiten
4 Mitwirken beim Vertreten der Planungskonzeption mit bis zu 5 Erläuterungs- und Erörterungsterminen	4 Risikoanalyse
5 Mitwirken bei Genehmigungsverfahren	5 Besondere Berichterstattung in Auftraggeber oder sonstigen Gremien
6 Laufende Information und Abstimmung mit dem Auftraggeber	
7 Einholen der erforderlichen Zustimmungen des Auftraggebers	
8 Überwachen des Betriebs des Projektkommunikationssystems	

B Qualitäten und Quantitäten	
Grundleistungen	Besondere Leistungen
1 Überprüfen der Planungsergebnisse auf Konformität mit den vorgegebene Projektzielen	1 Vorbereiten, Abwickeln oder Prüfen von Wettbewerben zur künstlerischen Ausgestaltung
2 Herbeiführen der erforderlichen Entscheidungen des Auftraggebers	2 Überprüfen der Planungsergebnisse durch besondere Wirtschaftlichkeitsuntersuchungen
	3 Festlegen der Qualitätsstandards ohne/mit Mengen oder ohne/mit Kosten in einem Gebäude- und Raumbuch bzw. Pflichtenheft
	4 Veranlassen oder Durchführen von Sonderkontrollen der Planung
	5 Änderungsmanagement bei Einschaltung eines Generalplaners

C Kosten und Finanzierung	
Grundleistungen	Besondere Leistungen
1 Überprüfung der Kostenschätzung und -berechnung der Objekt- und Fachplaner sowie Veranlassen erforderlicher Anpassungsmaßnahmen	1 Kostenermittlung und -steuerung unter besonderen Anforderungen (z. B. Baunutzungskosten)
2 Zusammenstellen der voraussichtlichen Baunutzungskosten	2 Fortschreiben der Projektbuchhaltung für den Mittelabfluss und die Anlagenkonten
3 Planung von Mittelbedarf und Mittelabfluss	
4 Prüfen und Freigeben der Rechnungen zur Zahlung	
5 Fortschreiben der Projektbuchhaltung für den Mittelabfluss	

D Termine, Kapazitäten und Logistik	
Grundleistungen	Besondere Leistungen
1 Aufstellen und Abstimmen der Grob- und Detailablaufplanung für die Planung	1 Ablaufsteuerung unter besonderen Anforderungen und Zielsetzungen
2 Aufstellen und Abstimmen der Grobablaufplanung für die Ausführung	2 Erstellen eines eigenständigen Logistikkonzepts mit logistischen Lösungen für infrastrukturelle Anbindungen mit möglichen Transportwegen, Anbindungsmöglichkeiten, Verkehrs- und Lagerflächen sowie für Rettungsdienste unter Einfluss von öffentlich-rechtlichen Erfordernissen
3 Ablaufsteuerung der Planung	3 Abgleichen logistischer Maßnahmen mit Anlieger- und Nachbarschaftsinteressen
4 Fortschreiben der General- und Grobablaufplanung für Planung und Ausführung sowie der Detailablaufplanung für die Planung	

5 Führen und Protokollieren von Ablaufbesprechungen der Planung sowie Vorschlagen und Abstimmen von erforderlichen Anpassungsmaßnahmen	
6 Mitwirken beim Aktualisieren der logistischen Einflussgrößen unter Einarbeitung in die Ergebnisunterlagen der Termin- und Kapazitätsplanung	

3. Ausführungsvorbereitung (Ausführungsplanung, Vorbereiten der Vergabe und Mitwirken bei der Vergabe) 19 %

In der Leistungsphase „Ausführungsvorbereitung" nach AHO werden die Leistungsphasen „Ausführungsplanung, Vorbereiten der Vergabe und Mitwirken bei der Vergabe" der HOAI gegenübergestellt. Der Zeitraum dieser Leistungsphase nach AHO umfasst die Dauer von der Baugenehmigung bis zum Baubeginn.

A Organisation, Information, Koordination und Dokumentation	
Grundleistungen	Besondere Leistungen
1 Fortschreiben des Organisationshandbuchs	1 Veranlassen besonderer Abstimmungsverfahren zur Sicherung der Projektziele
2 Fortschreiben des Projekthandbuchs	2 Durchführen der Submissionen
3 Mitwirken beim Durchsetzen von Vertragspflichten gegenüber den Beteiligten	3 Besondere Berichterstattung in Auftraggeber- oder sonstigen Gremien
4 Laufende Information und Abstimmung mit dem Auftraggeber	
5 Einholen der erforderlichen Zustimmungen des Auftraggebers	

B Qualitäten und Quantitäten	
Grundleistungen	Besondere Leistungen
1 Überprüfen der Planungsergebnisse inkl. evtl. Planungsänderungen auf Konformität mit den vorgegebenen Projektzielen	1 Überprüfen der Planungsergebnisse durch besondere Wirtschaftlichkeitsuntersuchungen
2 Mitwirken beim Freigeben der Firmenliste für die Ausschreibungen	2 Fortschreiben des Gebäude- und Raumbuches unter Einbeziehung der Ergebnisse der Ausführungsplanung
3 Herbeiführen der erforderlichen Entscheidungen des Auftraggebers	3 Veranlassen oder Durchführen von Sonderkontrollen der Ausführungsvorbereitung
4 Überprüfen der Verdingungsunterlagen für die Vergabeeinheiten und Anerkennen der Versandfertigkeit	4 Versand der Ausschreibungsunterlagen
5 Überprüfen der Angebotsauswertungen in technisch-wirtschaftlicher Hinsicht	5 Änderungsmanagement bei Einschaltung eines Generalplaners
6 Beurteilen der unmittelbaren und mittelbaren Auswirkungen von Alternativangeboten auf Konformität mit den vorgegebenen Projektzielen	
7 Mitwirken bei den Vergabeverhandlungen bis zur Unterschriftsreife	

C Kosten und Finanzierung	
Grundleistungen	Besondere Leistungen
1 Vorgabe der Soll- Werte für Vergabeeinheiten auf Basis der aktuellen Kostenberechnung	1 Kostenermittlung und -steuerung unter besonderen Anforderungen (z. B. Baunutzungskosten)
2 Überprüfung der vorliegenden Angebote im Hinblick auf die vorgegebenen Kostenziele und Beurteilung der Angemessenheit der Preise	2 Fortschreiben der Projektbuchhaltung für den Mittelabfluss und die Anlagenkonten
3 Vorgabe der Deckungsbestätigung für Aufträge	
4 Überprüfung der Kostenanschläge der Objekt- und Fachplaner sowie Veranlassen erforderlicher Anpassungsmaßnahmen	
5 Zusammenstellen der aktualisierten Baunutzungskosten	
6 Fortschreiben der Mittelbewirtschaftung	
7 Prüfen und Freigeben der Rechnungen zur Zahlung	
8 Fortschreiben der Projektbuchhaltung für den Mittelabfluss	

D Termine, Kapazitäten und Logistik	
Grundleistungen	Besondere Leistungen
1 Aufstellen und Abstimmen der Steuerungsablaufplanung für die Ausführung	1 Ermitteln von Ablaufdaten zur Bieterbeurteilung (erforderlicher Personal-, Maschinen und Geräteeinsatz nach Art, Umfang und zeitlicher Verteilung)
2 Fortschreiben der General- und Grobablaufplanung für Planung und Ausführung sowie der Steuerungsablaufplanung für die Planung	2 Ablaufsteuerung unter besonderen Anforderungen und Zielsetzungen
3 Vorgabe der Vertragstermine und -fristen für die besonderen Vertragsbedingungen der Ausführungs- und Lieferleistungen	3 Mitwirken beim Aktualisieren und Optimieren der Logistikplanung durch logistische Rahmenbedingungen/Maßnahmen sowie Prüfen, Initiieren und Begleiten des Baustelleneinrichtungsplanes/-logistikplanes
4 Überprüfen der vorliegenden Angebote im Hinblick auf vorgegebene Terminziele	4 Begleiten und Prüfen der gegebenen Anlieger- und Nachbarschaftsinteressen
5 Führen und Protokollieren von Ablaufbesprechungen der Ausführungsvorbereitung sowie Vorschlagen und Abstimmen von erforderlichen Anpassungsmaßnahmen	
6 Mitwirken beim Aktualisierungen und Prüfen der Entwicklung der logistischen Einflussgrößen sowie Prüfen der Entwicklung des durch die Objektüberwachung erstellten Baustelleneinrichtungsplanes/-logistikplanes	

4. Ausführung (Projektüberwachung) 26 %

Während der Ausführungsphase nach AHO stehen vor allem die Kosten, Termine und Qualitäten im Fokus.

A Organisation, Information, Koordination und Dokumentation

Grundleistungen	Besondere Leistungen
1 Fortschreiben des Organisationshandbuches	1 Veranlassen besonderer Abstimmungsverfahren zur Sicherung der Projektziele
2 Fortschreiben des Projekthandbuches	2 Unterstützung des Auftraggebers bei Krisensituationen (z. B. bei außergewöhnlichen Ereignissen wie Naturkatastrophen, Ausscheiden von Beteiligten)
3 Mitwirken beim Durchsetzen von Vertragspflichten gegenüber den Beteiligten	3 Unterstützung des Auftraggebers beim Einleiten von Beweissicherungsverfahren
4 Laufende Informationen und Abstimmung mit dem Auftraggeber	4 Unterstützung des Auftraggebers beim Abwenden unberechtigter Drittforderungen
5 Einholen der erforderlichen Zustimmungen des Auftraggebers	5 Besondere Berichterstattung in Auftraggeber- oder sonstigen Gremien

B Qualitäten und Quantitäten

Grundleistungen	Besondere Leistungen
1 Prüfen von Ausführungsänderungen, ggf. Revision von Qualitätsstandards nach Art und Umfang	1 Mitwirken beim Herbeiführen besonderer Ausführungsentscheidungen des Auftraggebers
2 Mitwirken bei der Abnahme der Ausführungsleistungen	2 Veranlassen oder Durchführen von Sonderkontrollen bei der Ausführung, z. B. durch Einschalten von Sachverständigen und Prüfbehörden
3 Herbeiführen der erforderlichen Entscheidungen des Auftraggebers	3 Änderungsmanagement bei Einschaltung eines Generalunternehmers

C Kosten und Finanzierung

Grundleistungen	Besondere Leistungen
1 Kostensteuerung zur Einhaltung der Kostenziele	1 Kontrolle der Rechnungsprüfung der Objektüberwachung
2 Freigabe der Rechnungen zur Zahlung	2 Kostensteuerung unter besonderen Anforderungen
3 Beurteilen der Nachtragsprüfungen	3 Fortschreiben der Projektbuchhaltung für den Mittelabfluss und die Anlagenkonten
4 Vorgabe von Deckungsbestätigungen für Nachträge	
5 Fortschreiben der Mittelbewirtschaftung	
6 Fortschreiben der Projektbuchhaltung für den Mittelabfluss	

D Termine, Kapazitäten und Logistik	
Grundleistungen	Besondere Leistungen
1 Überprüfung und Abstimmen der Zeitpläne des Objektplaners und der ausführenden Firmen mit den Steuerungsabläufen der Ausführung des Projektsteuerers	1 Ablaufsteuerung unter besonderen Anforderungen an Zielsetzungen
2 Ablaufsteuerung der Ausführung zur Einhaltung der Terminziele	2 Veranlassen und Umsetzen des Logistikkonzeptes unter Mitwirken, Prüfen und Optimieren des Logistikplans mit logistischen Maßnahmen
3 Überprüfung der Ergebnisse der Baubesprechungen anhand der Protokolle der Objektüberwachung, Vorschlagen und Abstimmen von Anpassungsmaßnahmen bei Gefährdung von Projektzielen	3 Abgleichen und kontinuierliches Fortführen der Abstimmungen logistischer Maßnahmen mit Anlieger und Nachbarschaftsinteressen
4 Veranlassen der Ablaufplanung und -steuerung zur Übergabe und Inbetriebnahme	

5. Projektabschluss (Projektbetreuung, Dokumentation) 8 %

Während des Projektabschlusses nach AHO wird das Bauwerk fertiggestellt, sowie die Inbetriebnahme und die Nutzung des Gebäudes betreut.

A Organisation, Information, Koordination und Dokumentation	
Grundleistungen	Besondere Leistungen
1 Mitwirken bei der organisatorischen und administrativen Konzeption und bei der Durchführung der Übergabe/Übernahme bzw. Inbetriebnahme/Nutzung	1 Mitwirken beim Einweisen des Bedienungs- und Wartungspersonals für betriebstechnische Anlagen
2 Mitwirken beim systematischen Zusammenstellen und Archivieren der Bauakten inkl. Projekt- und Organisationshandbuch	2 Prüfen der Projektdokumentation der fachlich Beteiligten
3 Laufende Informationen und Abstimmungen mit dem Auftraggeber	3 Mitwirken bei der Überleitung des Bauwerks in die Bauunterhaltung
4 Einholen der erforderlichen Zustimmungen des Auftraggebers	4 Mitwirken bei der betrieblichen und baufachlichen Beratung des Auftraggebers zur Übergabe/Übernahme bzw. Inbetriebnahme/Nutzung
	5 Unterstützung des Auftraggebers beim Prüfen von Wartungs- und Energielieferungsverträgen
	6 Mitwirken bei der Übergabe/Übernahme schlüsselfertiger Bauten
	7 Organisatorisches und baufachliches Unterstützen bei Gerichtsverfahren
	8 Baufachliches Unterstützen bei Sonderprüfungen
	9 Besondere Berichterstattung beim Auftraggeber zum Projektabschluss

B Qualitäten und Quantitäten	
Grundleistungen	Besondere Leistungen
1 Veranlassen der erforderlichen behördlichen Abnahmen, Endkontrollen und/oder Funktionsprüfungen	1 Mitwirken bei der abschließenden Aktualisierung des Gebäude- und Raumbuches zum Bestandsgebäude und -raumbuch bzw. -pflichtenheft
2 Mitwirken bei der rechtsgeschäftlichen Abnahme der Planungsleistungen	2 Überwachung von Mängelbeseitigungsleistungen außerhalb der Gewährleistungsfristen
3 Prüfen der Gewährleistungsverzeichnisse	

C Kosten und Finanzierung	
Grundleistungen	Besondere Leistungen
1 Überprüfung der Kostenfeststellungen der Objekt- und Fachplaner	1 Abschließende Aktualisierung der Baunutzungskosten
2 Freigabe der Rechnungen zur Zahlung	2 Abschluss der Projektbuchhaltung für den Mittelzufluss und die Anlagenkonten inkl. Verwendungsnachweis
3 Veranlassen der abschließenden Aktualisierung der Baunutzungskosten	
4 Freigabe von Schlussabrechnung sowie Mitwirken bei der Freigabe von Sicherheitsleistungen	
5 Abschluss der Projektbuchhaltung für den Mittelabfluss	

D Termine, Kapazitäten und Logistik	
Grundleistungen	Besondere Leistungen
	1 Ablaufplanung zur Übergabe/Übernahme und Inbetriebnahme/Nutzung
	2 Mitwirken beim systematischen Zusammenstellen und Archivieren der Logistikplanung und -dokumentation
	3 Zusammenfassen und Dokumentieren der mit den Anlieger- und Nachbarschaftsinteressen erfolgten Abstimmungen

3.3 Instrumente und Beteiligte der Projektsteuerung

Der Projektsteuerer übernimmt für den Bauherrn sowohl planerische als auch organisatorische Aufgaben, die delegierbar sind und den Bauherren nicht weiter belasten sollen. Der Projektsteuerer muss dafür Sorge tragen, dass das Projekt (oder mehrere Projekte) des Bauherren entsprechend dessen Vorgaben realisiert werden. Dazu gehören neben Vertragsabschlüssen mit Unternehmen und Handwerkern (wie z. B. Architekten, Sonderfachleuten oder Generalunternehmern) auch Qualitäts- und Quantitätskontrolle der Gewerke, die Überwachung der Bauausführung vor Ort sowie die Gewährleistung der Termin- und Kosteneinhaltung. Der Projektsteuerer dient folglich primär als Kontrolleur und Überwacher des Projektes und „wirkt als Integrations- und Koordinationsgremium für alle an der Projektrealisierung Beteiligten."[107] Ziel ist die Gewährleistung eines hohen Leistungs- und Qualitätsstandards bei der Projektausführung durch kontinuierliche Präsenz eines Kompetenzträgers und einem daraus folgenden stimmigen Preis-Leistungs-Verhältnisses. Den Vertragspartnern tritt der Projektsteuerer dabei stets als Stellvertreter des Bauherrn gegenüber. Sofern der Projektsteuerer vom Bauherrn zusätzlich auch Entscheidungskompetenzen erhält, wird er auch als Projektleiter bezeichnet.[108]

Projektsteuerer bieten oftmals zusätzliche Leistungen, die der Projektsteuerung vor- oder nachgelagert sind. Dies können u. a. Projektentwicklungstätigkeiten, Facility-Management-Leistungen oder Vermarktungsaufgaben sein.[109] Der Vorteil der weiteren Beauftragung des Projektsteuerers liegt vor allem in der Durchführung des Projektes „aus einer Hand" und der Einbindung des technisch-wirtschaftlichen Knowhows von Beginn des Projektes an.

Eine weitere Ergänzung zu den Projektsteuerungsaufgaben bildet das Nutzerprojektmanagement, welches „parallele, nutzerspezifische Aufgabenstellungen der Auftraggeberorganisation oder dritter Nutzer"[110] für die spätere „Inbetriebnahme" des Gebäudes berücksichtigt. Möglich sind dabei beispielsweise Koordinationsaufgaben hinsichtlich der internen Abteilungen eines Nutzers, Logistikplanung, Detailplanung zum Ein- und Auszug, etc.[111] Auf eine weitere Vertiefung des Nutzerprojektmanagements wird an dieser Stelle verzichtet.

Da die Aufgaben des Projektsteuerers von Projekt zu Projekt variieren, empfiehlt es sich diese individuell und konkret per Projektsteuerungsvertrag zu vereinbaren. Einen allgemeingültigen Vertrag gibt es nicht. Allerdings sind folgende Elemente i. d. R. in jeden Projektsteuerungsvertrag enthalten:

- Vertragsparteien
- Vertragsgegenstand (Objekt)
- Vertragsgrundlagen (passend zur Unternehmensphilosophie)
- Leistungen des Auftragnehmers (z. B. gegliedert nach Projektphasen – vgl. oben)
- Termine
- Vergütung
- Zahlung und Rechnungsstellung
- Allgemeine Pflichten des Auftragnehmers (Diskretion, Berichterstattung, Absprachen)
- Pflichten des Auftraggebers
- Mängelhaftung
- Kündigung
- Versicherungen (insbesondere Haftpflichtversicherung)
- Schlussbestimmungen (Schriftform, Erfüllungsort und Gerichtsstand, etc.)

Ein Projektsteuerungsvertrag kann Elemente eines Dienstvertrages aber auch eines Werkvertrages enthalten. Entscheidend für den Charakter und die daraus resultierende rechtliche Einordnung des Vertrages ist der Schwerpunkt der Projektsteuerungstätigkeiten.[112]

Gemäß der oben aufgezeigten Leistungen eines Projektsteuerers zählen zu den wesentlichen Instrumenten der Projektsteuerung u. a. das Projekthandbuch, die Kostenplanung/-steuerung, die

---

[107] Alda, W./Hirschner, J. (2007), S. 104
[108] Vgl. ebenda
[109] Vgl. Eschenbruch, K. (2009), S. 113
[110] Ebenda, S. 115 f.
[111] Vgl. ebenda, S. 116 f.
[112] Vgl. Alda, W./Hirschner, J. (2007), S. 104

Terminplansteuerung, die Kapazitätsplanung und das Änderungsmanagement. Einige der Instrumente sollen näher erläutert werden.

Projekthandbuch: Als organisatorisches Werkzeug sollten im Projekthandbuch die Anforderungen, Aufgaben, Leistungsbilder der Fachplaner/Projektsteuerung, Projektbeteiligtenliste, Abläufe der Rechnungsprüfung und Nachtragseinreichung/-prüfung und vor allem die Ergebnisse festgehalten werden. Eine mögliche Gliederung kann sein:

- Anlass und Zielsetzung
- Nutzeranforderungen (Nutzerbedarfsprogramm), Aufgabenstellung
- Bauwerksinformationen (z. B. BGF, BRI, Grundstücksgröße, etc.)
- Projektbeteiligtenliste mit den wichtigsten Informationen
- Leistungsbilder der Fachplaner inkl. der Projektsteuerung
- Qualitäten für den Ausbau und Technik
- Änderungsmanagement inkl. der Entscheidungsvorlagen
- Budgetrahmen
- Rahmenterminplan (inkl. der Fortschreibung)
- Rechnungsabläufe (inkl. der Prüffristen für Planungs- und Ausführungsrechnungen)
- Nachtragsabläufe (inkl. der Prüffristen und Inhalte)
- Anforderungen an die Schlussdokumentation (z. B. Revisionsunterlagen)

Die o.g. Liste kann beliebig ergänzt oder auch minimiert werden. Dies hängt u. a. vom Projekt und den jeweils definierten Anforderungen ab.

Kostenplanung: Die Kostenplanung/-kontrolle stellte bereits in den ersten Phasen der Entstehung von Projektsteuerungsleistungen einen wichtigen Baustein dar. In der Zwischenzeit entwickelte sich dieser Bereich zusammen mit der Kostenverfolgung insbesondere bei großen Projekten zu einem wesentlichen Bestandteil der Projektsteuerung. Ein Grund für diese Entwicklung waren u. a. strenge Anforderungen von Finanzierungsinstituten bzw. Geldgebern – z. B. im Zuge der Einführung von Basel II.

Im Rahmen der Kostenkontrolle werden alle Projektkosten, im Normalfall ohne die bauherrenspezifischen Kosten, aufgenommen und regelmäßig mit den Sollvorgaben verglichen. Die Inhalte der Kostenverfolgung werden üblicherweise am Anfang eines Projektes festgelegt. Dabei kann durchaus der Fall auftreten, dass Angaben der Kostengruppe „100 – Grundstück und Grundstücksnebenkosten", sowie große Teile der Kostengruppe „700 – Baunebenkosten" nicht aufgeführt werden sollen. Letztendlich liegt die Entscheidung über den Inhalt der Kostenverfolgung beim Bauherrn.

Während der Projektphase werden stets Budget- oder Kostenüberschreitungen eines Projektes festgelegt. Diese können u. a. zum Scheitern oder zum Baustillstand führen. Die Kostenüberschreitungen lassen sich in folgende Fälle gliedern:

- unvorhersehbare technische Schwierigkeiten
- zeitliche Verzögerungen des Projektstarts
- Nachträge aus Veränderungen der Leistungen der Ausführung und Planung
- Preiserhöhungen aufgrund von Marktgeschehnissen (z. B. Stahlpreis- oder Energiepreiserhöhung)

Terminplanung/-steuerung: Die Terminermittlung kann sich aus Rahmenterminplan, Grobterminplan und Detailterminplan zusammensetzen. Der Soll-/Ist-Abgleich zwischen zwei Terminplanungsständen inklusive dessen Prognose, ist ein wesentliches Instrument der Terminsteuerung. Für das aktive Gegensteuern bei Terminabweichungen kommt die Terminsteuerung ebenfalls zum Einsatz.

Theoretisch möglich ist die Erstellung eines Ablaufplanes, der sämtliche Vorgänge eines Bauvorhabens von der Planung über die Rohbauarbeiten bis hin zu den Ausbaugewerken beinhaltet. Jedoch ist ein solcher Ablaufplan aufgrund der Menge an Vorgängen nicht mehr sinnvoll nutzbar. Daher hat sich für die Planung des Bauablaufes in Abhängigkeit vom Projektfortschritt ein Vorgehen in drei Stufen bewährt:

Rahmenterminplan (RTP): Dieser Terminplan der ersten Stufe ergibt sich aus der Analyse des Bauvertrags, der Kalkulation und der übrigen Randbedingungen. Ziel ist es, mit ungefähr 20 Vorgängen einen Überblick über das gesamte Projekt zu gewährleisten. Der Rahmenterminplan wird vom Investor zur Entwicklung der Finanzierungs- und Planungskapazitäten erstellt und dem Unternehmer in der Angebotsphase übergeben. Wichtige Bestandteile des Rahmenterminplans sind die Meilensteine der Baugenehmigung, Baufreigabe, Freigabe der Planung, Beginn der Bauausführung, Fertigstellungstermin etc.

Grobterminplan (GTP): In den Grobterminplan wird zum einen die Planung des Architekten, des Tragwerks- und der Fachplaner eingetragen („Plan der Planung") und zum anderen die Ausführungszeiten des Roh- und Ausbaus („Plan der Ausführung"). Die Zahl der Vorgänge kann bis 300 anwachsen. Durch den Vergleich der Ausführungszeit des Rohbaus mit der des Ausbaus kann der Schwierigkeitsgrad eines Projektes bestimmt werden. In der Regel entspricht die Rohbauzeit bei einem normalen Projekt der Ausbauzeit. Ist der Ausbau langwieriger als der Rohbau, so wird von einem hochwertigen Projekt gesprochen. Der gegenteilige Fall stellt ein einfaches Projekt dar.

Detailterminplan (DTP): Die dritten Stufe der Bauablaufplanung geht weiter ins Detail, indem beispielsweise Geschosse unterteilt und die Leistungen der Gewerke in Einzeltätigkeiten gegliedert werden. Dadurch ist es möglich, die Arbeiten auf der Baustelle optimal aufeinander abzustimmen und zu koordinieren. Komplexe Vorgänge können im Detailterminplan konkretisiert und bei Bedarf minutiös zergliedert werden. So kann sich die Zahl der Vorgänge schnell auf bis zu 500 erhöhen. Allerdings sollte stets auf die Übersichtlichkeit geachtet werden, diese darf selbst bei einer detaillierten Form des Terminplans keinesfalls verloren gehen.

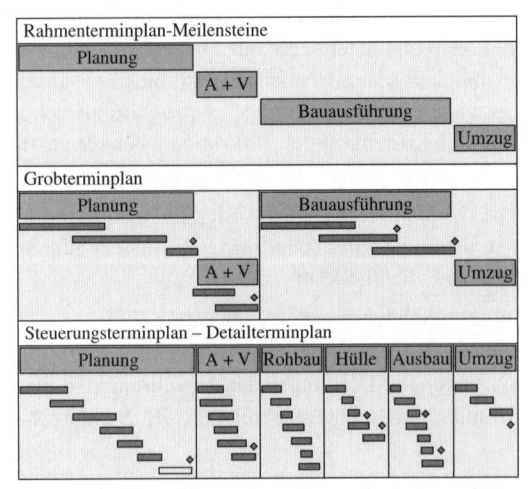

Abb. III 44: Detaillierungsgrad von Terminplänen[113]

---

[113] Vgl. Reister, D. (2004), S. 47

Für die Darstellung der Bauablaufplanung stehen mehrere Möglichkeiten zur Verfügung. Dabei sind die gängigsten Darstellungsformen:
- Balkenplan
- Netzplan
- Zeit-Wege-Diagramm

Die Auswahl der Darstellungsform hängt vom jeweiligen Projekt und den damit verbundenen Anforderungen ab.

Balkenplan: Der Balkenplan wird in den meisten Fällen angewandt, da dieser die einfachste und übersichtlichste Darstellungsform des Bauablaufplanes bietet. Die geplanten Abläufe werden bei Balkenplänen in Vorgänge unterteilt. Auf der horizontalen Achse wird die zeitliche Abwicklung der Vorgänge unter Berücksichtigung arbeitsfreier Zeiten wie Wochenenden, Feiertage und Ferien aufgetragen. Dabei ist jeder Vorgangsbalken so lang wie die jeweilige Vorgangsdauer. Je nach Bedarf kann die Zeiteinheit auf der waagrechten Achse zwischen den Einheiten Tag, Woche, Quartal oder Jahr variiert werden.

Projekt: Musterhaus													
Nr.	Vorgang	Dauer	Juli	Aug	Sep	Okt	Nov	Dez	Jan	Feb	März	Apr
1	Baustelleneinrichtung	50 d	▬	▬	▬							
2	Erdaushub	40 d		▬	▬							
3	Fundament BA 1	38 d			▬	▬						
4	Bodenplatte BA 1	18 d				▬						
5	Fundament BA 2	36 d				▬	▬					
6	Bodenplatte BA 2	16 d					▬					
7	Wände KG BA 1	26 d					▬					
8	Decke KG BA 1	20 d						▬				
9	Wände KG BA 2	24 d						▬				
10	Decke KG BA 2	16 d						▬				
11	Wände EG BA 1	25 d								▬		
12	Decke EG BA 1	19 d								▬		
13	Wände EG BA 2	23 d									▬	
14	Decke EG BA 2	16 d										▬

Abb. III 45: Beispiel für einen Balkenplan

Der Balkenplan ist verständlich, hat eine einfache Handhabung und ist sehr übersichtlich. Bei Kontrollen der Abläufe macht dieser die Aufgabe besonders leicht. Solange ein Balkenplan lediglich aus wenigen Vorgängen besteht, ist die Übersichtlichkeit gewährleistet. Sobald aber die Anzahl steigt, kann der Plan schnell chaotisch werden. Dann fällt es schwer die Abhängigkeiten der einzelnen Vorgänge untereinander zu erkennen.

Netzplan: Als weitere Möglichkeit der Ablaufplanung dient die Netzplantechnik. Ein Projekt wird wie beim Balkenplan ebenfalls in Vorgänge gegliedert. Hier müssen aber auch die Abhängigkeiten eindeutig definiert werden. Netzpläne werden häufig bei sehr komplexen und störanfälligen Bauvorhaben eingesetzt. Ein großer Vorteil dieser Methode liegt in der Aufstellung des Ablaufplans. Da die Vorgänge mit deren technischen und betrieblichen Abhängigkeiten exakt zu definieren sind, wird der komplette Ablauf nochmals durchdacht.

Zu den Abhängigkeiten technischer Art zählen technologische, konstruktive und bautechnische Konstellationen. Vereinfacht bedeutet das, bevor mit dem Folgevorgang begonnen werden kann, muss im Vorfeld der Vorgang der beendet sein muss genau durchdacht werden. Abhängigkeiten betrieblicher Art können beispielsweise personelle Engpässe sein.

Was im Balkenplan der Terminbalken ist, stellt in der Netzplantechnik der Vorgangsknoten dar. Dieser enthält folgende Informationen:

- Vorgangsnummer
- Vorgangsbeschreibung
- Daten der Zeitberechnung
- Pufferzeiten

In der Literatur können mehrere Arten der graphischen Form eines Netzplanvorgangsfeldes gefunden werden. Ganz gleich aber wie ein solches Feld aussieht, es müssen in diesem alle nötigen Informationen enthalten sein. Eine mögliche Form der Darstellung ist in Abb. III 46 zu sehen:

Vorgangsnr.		
Vorgangsbeschreibung		
FAZ	Vorgangsdauer	FEZ
SAZ	Gesamtpuffer	SEZ

FAZ: frühester Anfangszeitpunkt
FEZ: frühester Endzeitpunkt
SAZ: spätester Anfangszeitpunkt
SEZ: spätester Endzeitpunkt
Gesamtpufferzeit: Die Zeitspanne zwischen frühest möglicher und spätest zulässiger Lage eines Vorganges.

Abb. III 46: Vorgangsfeld eines Netzplanes

Da bei einem Projekt Arbeiten oft auch parallel ausgeführt werden können, macht es Sinn, wenn sich Vorgänge überlappen. Ist dies nicht der Fall und ist nichts anderes vorgegeben, wird nach Beendigung des Vorgängers begonnen. Aus der Verknüpfung aller Vorgangsfelder ergibt sich die Gesamtdauer eines Projektes. Zur Überprüfung der Vorgangsverknüpfungen werden zwei Arten von Rechnungen angewandt. Die erste Art ist die „Vorwärtsrechnung", mit Hilfe dieser Rechnung wird für alle Vorgänge die früheste zeitliche Lage folgendermaßen ermittelt: Die Vorgangsdauern werden unter Berücksichtigung der Vorgangsbeziehungen in Pfeilrichtung addiert und der Maximalwert aufgeschrieben. Mit der zweiten Art, der „Rückwärtsrechnung" wird dagegen die späteste zeitliche Lage der Vorgänge bestimmt: Die Vorgangsdauern sind unter Berücksichtigung der Vorgangsbeziehungen entgegen der Pfeilrichtung zu subtrahieren und der Minimalwert ist einzutragen.

Zeit-Wege-Diagramm: Die erstellten Zeit – Wege Diagramme besitzen einen höheren Informationsgrad als die Balkenpläne. In horizontaler Richtung werden die Längen aber auch die Bauabschnitte des Bauwerks angezeigt. Auf der Vertikalen ist die Zeit dargestellt. Die Vorgänge werden als Linien dargestellt, wobei die Neigung der Linie von Bedeutung ist. Daraus kann der Fortschritt der verschiedenen Arbeitsgänge abgelesen werden. Punktuelle Arbeiten ohne Ortsveränderungen bilden sich als vertikale Linien ab (z. B. Baustelleneinrichtungen, Pfeiler etc.).

Durch die Neigung der Linien kann die Ablaufgeschwindigkeit der einzelnen Vorgänge anschaulich dargestellt werden. Je flacher die Neigung, desto größer die Ablaufgeschwindigkeit. Ein nicht mit konstanter Geschwindigkeit ablaufender Vorgang wird durch Linien unterschiedlicher Neigung dargestellt. Eine geringere Steigung zeigt einen größeren Baufortschritt an, dagegen gibt eine starke Steigung einen geringeren Fortschritt vor. Es muss darauf geachtet werden, dass sich die Vorgangslinien weder schneiden noch überholen. Jede Schnittstelle ist zu überprüfen, denn sie wird als „kritisch" bezeichnet. Mit jeder Berührung der Linien gibt es eine Überschneidung der Arbeiten. So kann es durchaus vorkommen, dass die Arbeiten nicht mehr fortgeführt werden können, da die Vorgänger mit ihrer Leistung noch nicht abgeschlossen haben.

Die leichte Verständlichkeit und Lesbarkeit ist im Zeit- Wege- Diagramm von großem Vorteil. Außerdem wird die Darstellung von Abhängigkeiten und kritischen Annäherungen der Vorgänge ermöglicht. Diese Darstellungsart eignet sich besonders gut bei der Planung des zeitlichen Ablaufes von Linienbaustellen (z. B. Tunnel, Straßenbau, Kanal usw.).

Ein Nachteil bei dieser Darstellungsmethode ist, dass die Abhängigkeiten zwischen den einzelnen Vorgängen nur bedingt erkennbar sind.

3.4 Honorarermittlung für Projektsteuerungsleistungen

3.4.1 Ermittlung nach HOAI § 31

Ursprünglich war in § 31 (2) der HOAI festgelegt, dass das Honorar frei vereinbar ist und nur abgerechnet werden darf, sofern die Leistungen vor Ausführung schriftlich vereinbart wurde.

In der Praxis zeigte sich, dass mit dem unter § 31 (1) HOAI genannten Leistungsbild eine klare Gliederung und Bewertung der Leistungen und somit eine mögliche Vergütung nicht klar abgrenzbar ist. Deshalb ist eine Anwendung und Vergütung nach § 31 HOAI für die Projektsteuerung nicht zu empfehlen. Da der § 31 HOAI in der Praxis aus genannten Gründen so gut wie keine Anwendung gefunden hat, wurde dieser im Zuge der HOAI-Novelle ersatzlos gestrichen.

3.4.2 Ermittlung nach AHO § 207 ff.

Im Gegensatz zur HOAI wurde in der AHO § 207 ein Ansatz zur Vergütung über die anrechenbaren Herstellkosten (AHK) entwickelt. Dieser orientiert sich an der Honorarermittlung der HOAI, somit müssen folgende Schritte eingehalten werden:

1. Ermittlung der Honorarzone und des Honorarsatzes
2. Ermittlung der anrechenbaren Herstellkosten nach DIN 276 (Juni 1993)
3. Ermittlung eines 100 % Honorars über die Honorartafel Teil 1
4. Festlegung des Leistungsbildes mit den Teilleistungen
5. Berechnung des Honorars für die zu beauftragten Leistungen
6. Ggf. Ermittlung eines Umbauzuschlags und der Nebenkosten

Im Gegensatz zur HOAI besitzt die AHO keine Gesetzesverankerung. Die ermittelten Honorarsummen sind in der Praxis frei verhandelbar und dienen lediglich der Orientierung.

Ermittlung der Honorarzonen[114]

Für die Eingruppierung eines Projektes in die Honorarzonen nach AHO werden die Bewertungsmerkmale des § 204 AHO herangezogen.

1. Honorarzone I: Projekte mit sehr geringen Projektsteuerungsanforderungen, d. h. mit:
    – sehr geringer Komplexität der Projektorganisation
    – sehr hoher spezifischer Projektroutine des Auftraggebers
    – sehr wenigen Besonderheiten in den Projektinhalten
    – sehr geringem Risiko bei der Projektrealisierung
    – sehr wenigen Anforderungen an die Terminvorgaben
    – sehr wenigen Anforderungen an die Kostenvorgaben

---

[114] Vgl. AHO (2004b), S. 7

2. Honorarzone II: Projekte mit geringen Projektsteuerungsanforderungen, d. h. mit:
   – geringer Komplexität der Projektorganisation
   – hoher spezifischer Projektroutine des Auftraggebers
   – wenigen Besonderheiten in den Projektinhalten
   – geringem Risiko bei der Projektrealisierung
   – wenigen Anforderungen an die Terminvorgaben
   – wenigen Anforderungen an die Kostenvorgaben
3. Honorarzone III: Projekte mit durchschnittlichen Projektsteuerungsanforderungen, d. h. mit:
   – durchschnittlicher Komplexität der Projektorganisation
   – durchschnittlicher spezifischer Projektroutine des Auftraggebers
   – durchschnittlichen Besonderheiten in den Projektinhalten
   – durchschnittlichem Risiko bei der Projektrealisierung
   – durchschnittlichen Anforderungen an die Terminvorgaben
   – durchschnittlichen Anforderungen an die Kostenvorgaben
4. Honorarzone IV: Projekte mit überdurchschnittlichen Projektsteuerungsanforderungen, d. h. mit:
   – hoher Komplexität der Projektorganisation
   – geringer spezifischer Projektroutine des Auftraggebers
   – vielen Besonderheiten in den Projektinhalten
   – hohem Risiko bei der Projektrealisierung
   – hohen Anforderungen an die Terminvorgaben
   – hohen Anforderungen an die Kostenvorgaben
5. Honorarzone V: Projekte mit sehr hohen Projektsteuerungsanforderungen, d. h. mit:
   – sehr hoher Komplexität der Projektorganisation
   – sehr geringer spezifischer Projektroutine des Auftraggebers
   – sehr vielen Besonderheiten in den Projektinhalten
   – sehr hohem Risiko bei der Projektrealisierung
   – sehr hohen Anforderungen an die Terminvorgaben
   – sehr hohen Anforderungen an die Kostenvorgaben

Zur Groborientierung kann bei der Ermittlung der Honorarzone die Honorareinordnung der Architektenleistung herangezogen werden. Letztendlich kann die Festsetzung der Honorarzone über eine Bewertungsmatrix erfolgen, die Bewertungspunkte festlegt. Diese Matrix kann in der AHO Ausgabe von 1994 nachgeschlagen werden, ist aber ab 1996 im Honorarvorschlag nicht mehr vorzufinden.

Ermittlung der Herstellkosten nach DIN 276

Für die weitere Honorarberechnung müssen die anrechenbaren Herstellkosten nach DIN 276 (Fassung Juni 1993) ermittelt werden. Dabei ist zu berücksichtigen, dass alle Kostengruppen als Grundlage dienen. Zu beachten ist außerdem, dass die Kostengruppen 110, 710 und 760 nicht ansetzbar sind.

Zur Berechnung des Honorars für die Projektstufen 1 und 2 wird, sofern vorhanden, der Stand der Kostenberechnung herangezogen, ansonsten der der Kostenschätzung. Zu ermitteln ist das Honorar für die Projektstufen 3 bis 5 unter Zugrundelegung des Kostenanschlags, solange dieser nicht vorliegt, nach der Kostenberechnung.

Auch in punkto Honorarberechnung kann vom Vorschlag der AHO abgewichen und ein Pauschalhonorar auf Basis z. B. der Kostenschätzung ermittelt werden.

Ermittlung eines 100 % Honorars über die Honorartafel Teil 1

Die Vorgehensweise bei der Ermittlung des 100 % Honorars erfolgt in Anlehnung an die der HOAI. Dabei wird über die AHK, Honorarsatz und -zone das Honorar ermittelt.

Festlegung des Leistungsbildes mit den Teilleistungen[115]

In § 205 der AHO wird das Leistungsbild inkl. der Teilleistungen festgelegt. Dabei liegen den Teilleistungen folgende Prozentpunkte zu Grunde:

1. Projektvorbereitung   26 %
2. Planung   21 %
3. Ausführungsvorbereitung   19 %
4. Ausführung   26 %
5. Projektabschluss   8 %

Berechnung des Honorars für die zu beauftragten Leistungen[116]

Zu beachten ist, dass bei AHK unterhalb des Schwellenwertes von 500.000 EUR eine Berechnung des Honorars als Pauschale nach § 6 HOAI erfolgen kann. Dabei ist die Obergrenze das Honorar der Zone I unten in Höhe von 16.423 EUR festgelegt.

Für den Bereich der AHK zwischen 500.000 EUR und 50 Mio. EUR können die Tafelwerte nach § 207 Teil 1 und 2 herangezogen werden. Bei Bauvorhaben dieser Größenordnung wird von einer Honorarzone I – V ausgegangen.

Bei AHK zwischen 50 Mio. EUR und 500 Mio. EUR können die Tafelwerte nach § 207, Teil 3 vereinbart werden. Dabei ist zu berücksichtigen, dass die Honorarzonen II – IV genannt werden.

Honorare für AHK größer als 500 Mio. EUR sind frei verhandelbar.

Ermittlung eines Umbauzuschlags und der Nebenkosten

Für die Ermittlung eines Umbauzuschlags bei Modernisierungen kann § 24 HOAI angewandt werden. Bei Instandhaltung und Instandsetzungen kann ein Zuschlag nach § 27 HOAI berechnet werden.

Die Nebenkosten können nach § 7 HOAI ermittelt bzw. in Ansatz gebracht werden.

3.4.3 Ermittlung nach AHO § 212[117]

Bei einem Einsatz von Kummulativleistungen sind folgende mögliche Einflussfaktoren zu berücksichtigen:

- Generalplaner, Generalunternehmer, Totalunternehmen
- GU-/Einzelgewerkvergabe
- Aufteilung des Gesamtprojektes in Einzelprojekte
- Schnittstellenplanung zwischen Planung und Ausführung
- Anzahl der GU-Paketvergaben
- Gebäude mit Eigen/Fremdnutzung
- Etc.

Die genauen Berechnungsansätze und Anforderungen sind im § 212 der AHO genannt.

---

[115] Vgl. AHO (2004b), S. 9
[116] Vgl. ebenda, S. 17
[117] Vgl. ebenda, S. 22

4 Bau-Projektmanagement

4.1 Notwendigkeit des Bau-Projektmanagements

Die meisten Bauprojekte gestalten sich aufgrund eines steigenden technischen Anspruchs und einer stetig wachsenden Zahl an Projektbeteiligten mittlerweile so komplex, dass es des Einsatzes von Methoden und Werkzeugen des Projektmanagements bedarf. Dieses hat die Aufgabe, die während der Planung und Ausführung eines Projektes stattfindenden Teilprozesse mittels organisierender, leitender und steuernder Funktion zu bewerkstelligen

„Ein Projekt kann nur dann zu einer optimalen Zielerreichung geführt werden, wenn die komplexen Abhängigkeiten der Projektziele Termine-Kosten-Qualitäten ganzheitlich betrachtet und zu einem Gesamt-Optimum geführt werden."[118] Um optimale Projektergebnisse zu gewährleisten, muss das Projektmanagement für ein ausgewogenes Verhältnis der von den Beteiligten unterschiedlich gewichteten Projektziele sorgen. Denn der Auftraggeber wird beispielsweise stets versuchen, die maximale Qualität zu minimalen Kosten und in einer möglichst kurzen Zeit zu erreichen. Demgegenüber stehen Bauunternehmen, die einem Preiswettbewerb ausgesetzt sind und deren Ziele nicht deckungsgleich sein können.[119]

Da sowohl Auftraggeber, die eine bauliche Anlage zum Zweck der Eigennutzung erstellen lassen, als auch institutionelle Anleger wie offene und geschlossene Immobilienfonds, Versicherungen oder Bausparkassen Immobilien als langfristige Kapitalanlage betrachten, müssen die Optimie-

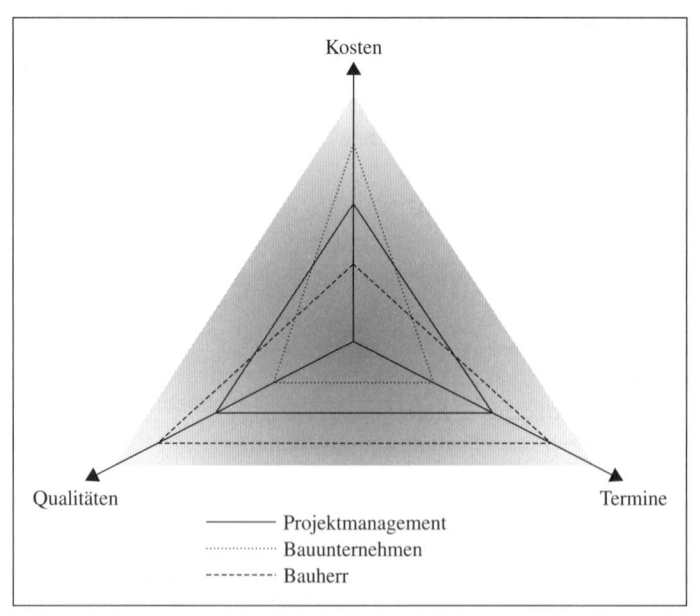

Abb. III 47: Unterschiedlich gewichtete Projektziele

---

[118] Kochendörfer, B./Liebchen, J. H. (2001), S. 1
[119] Vgl. ebenda, S. 54

rungsbetrachtungen eines Projekts neben der Planungs- und Realisierungsphase auch den Betrieb der baulichen Anlage mit einbeziehen. Ein ganzheitlich orientiertes Projektmanagement muss sich also auf den gesamten Lebenszyklus einer Immobilie beziehen. Dass das Projektmanagement im Lebenszyklus einer Immobilie eine nicht unerhebliche Rolle spielt, ist nachstehender Abbildung zu entnehmen.

Entwicklung	Realisierung	Nutzung
Projektentwicklung	**Bau-Projektmanagement**	**Facility Management**
Strategisches Immobilienmanagement	Planung und Ausführung	Operatives Immobilienmanagement

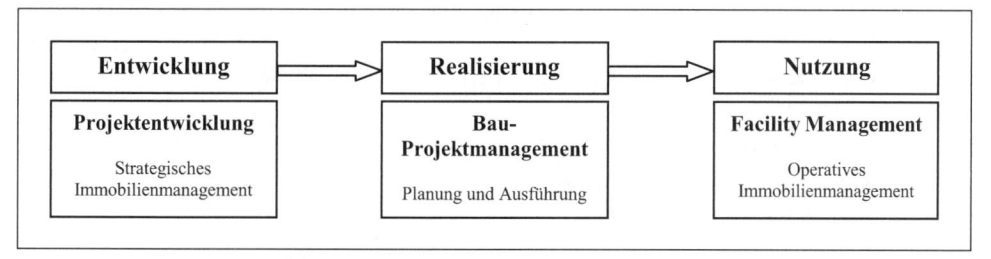

Abb. III 48: Bau-Projektmanagement im Lebenszyklus einer Immobilie

Da sich das Bauprojektmanagement um die Teilprozesse der Errichtung des Gebäudes kümmert, sind im ersten Schritt der Projektentwicklung die fachlichen Kenntnisse des Projektmanagers hinsichtlich Machbarkeit gefragt. Der Projektmanager hat an dieser Stelle strategische Aufgaben zum Projektstart und den Projektgrundlagen zu erfüllen damit die folgenden Baumaßnahmen ordnungs- und plangemäß durchgeführt werden können. Aktuell ist hier bereits das Thema Nachhaltigkeit der Immobilie mit einzuplanen.

In der Realisierungsphase obliegen dem Bauprojektmanager vor allem Steuerungsaufgaben hinsichtlich der Bauausführung und der späteren Abnahme. Die Projektsteuerung wurde bereits im vorhergehenden Kapitel ausführlich erläutert.

In der Nutzungsphase obliegen dem Bauprojektmanager operative Aufgaben zur Gewährleistung der termingerechten und reibungslosen Inbetriebnahme des Gebäudes. Im weiteren Verlauf der Nutzungsphase übernimmt er die Aufgaben zur Optimierung der Gebäudenutzung.

4.2 Begriffsdefinitionen und Abgrenzungen

4.2.1 Der Begriff „Projekt"

Abgeleitet vom lateinischen „prociere" oder „projectum" bedeutet der Begriff „Projekt" „Vorwärtswerfen". Demzufolge kann der Begriff „Projekt" auch als Wurf oder Entwurf bezeichnet werden. Gemeint ist damit ein Plan, ein gedankliches Vorhaben. Nach der Wortbedeutung und dem gebräuchlichen Sprachverständnis ist das Managen, Steuern oder Führen von Projekten als Tätigkeit zu verstehen, die das Ziel hat, ein Werk bzw. Bauwerk nach einem Plan zu realisieren.[120]

Die DIN 69901 beinhaltet eine allgemein gültige Definition des Projektbegriffes, darin wird ein Projekt als ein Vorhaben bezeichnet, das im Wesentlichen durch die Einmaligkeit der Bedingungen in ihrer Gesamtheit gekennzeichnet ist, so z. B.

---

[120] Vgl. Rösel, W. (2000), S. 26

- Zielvorgaben,
- zeitliche, finanzielle, personelle oder andere Begrenzungen,
- Abgrenzungen gegenüber anderen Vorhaben sowie
- projektspezifische Organisation.

„Unter den Baumanagern hat man sich darauf verständigt, unter Projekt als Gegenstand des Baumanagements nur solche Vorhaben zu verstehen, die bestimmte Merkmale aufweisen, welche von solchen Projekten unterscheiden, die einem Wiederholungsprozess gleichkommen, bei denen die Anwendung von statistischen Erfahrungsdaten aus der Vergangenheit möglich ist, und bei denen Art und Anzahl der Planungsbeteiligten, der Ausführenden und die der Arbeitsbeziehungen konstant bleiben."[121]

Beim Vergleich der bestimmenden Merkmale von Bauvorhaben mit den genannten Definitionen, ist festzustellen, dass die meisten Bauvorhaben einen Projektcharakter haben und folglich von Bauprojekten gesprochen werden kann.[122]

4.2.2 Der Begriff „Planen"

Der Begriff Planen (lat. planus = eben, nicht gewölbt) bedeutet die gedankliche Vorwegnahme eines zukünftigen Handelns mit der Absicht, das Ziel sicher und ohne Umwege zu erreichen. Voraussetzung hierfür ist, dass die beeinflussenden Faktoren mit hinreichender Wahrscheinlichkeit bekannt und daneben überschaubar sein müssen, ferner dass die erforderlichen Mittel vorrätig sind oder zur Verfügung gestellt werden können. Bei komplexen Bauprojekten gestaltet es sich schwierig, verschiedenartige Geschehnisse zu genau beschriebenen Gegenständen der Planung zu machen, da diese sich oftmals gegenseitig beeinflussen. Da eine Planung von Bauten mitunter auf technologischen Vorhersagen beruht, diese aber mit Unsicherheiten behaftet sind, können die Anzahl und deren Ausmaß erst im Laufe des Planungsfortschritts vermindert werden. Eine gänzliche Beseitigung der Unsicherheiten erfolgt häufig aber erst kurz vor der Ausführung.

Das Ziel einer Planung kann auf unterschiedliche Weise formuliert werden. Es kann das Bauwerk als immobiles, statisches Werk, aber auch auf das Bauwerk als Prozess, sprich die Herstellung einer Immobilie beziehen oder die Erhaltung von Gebäuden betreffen.

4.2.3 Bauen

Bauen bedeutet Verwirklichung eines Bauplans in der Absicht, ein mängelfreies Bauwerk unter Befolgung der allgemein anerkannten Regeln der (Bau-)Technik zu errichten. Voraussetzung ist zunächst ein Baugrundstück, die notwendigen Mittel, baurechtliche Genehmigungen, zuträgliche Witterungsbedingungen und letztendlich erfahrene Fachleute in der Bauausführung und Überwachung. Da Bauleistungen aller Regel nach in Arbeitsteilung erbracht werden, haben die Bauausführenden nicht unbedingt die Vorstellung davon, dass es sich bei dem Bauwerk, an welchem sie arbeiten, um ein ganzheitliches Gebilde handelt. Begründen lässt sich diese Tatsache damit, dass Bauunternehmen nur Leistungen erbringen werden, für die sie eine vertragsgerechte Erfüllung zugesagt haben, diese aber nur einen Teil des ganzen Bauwerkes ausmachen.

---

[121] Rösel, W. (2000), S. 27
[122] Vgl. Kochendörfer, B./Liebchen, J. H. (2001), S. 3

Folglich ist es erst durch ein geordnetes Zusammenwirken aller an der Bauausführung Beteiligten möglich, ein Bauwerk zu errichten. Unter den Begriff Bauen fallen zudem alle Arbeiten an bestehenden Gebäuden.

Unter den Begriff „Bauen" fallen zudem alle Arbeiten an bestehenden Gebäuden.

4.2.4 Die Begriffe „Management" und „Projektmanagement"

Der Begriff „Management" beschreibt entweder eine Institution oder eine Funktion. Als Institution in einem Unternehmen beinhaltet das Management alle leitenden Instanzen, also alle Aufgaben- bzw. Funktionsträger, die Entscheidungs- und Anordnungskompetenzen besitzen. Als Funktion umfasst das Management im weitesten Sinne alle zur Steuerung einer Unternehmung notwendigen Aufgaben. Negativ formuliert: Er inkludiert alle Aufgaben, die nicht rein ausführender Natur sind. Die umfassendste Managementfunktion „Entscheiden und Durchsetzen" leitet sich aus der Erkenntnis ab, dass Wirtschaften im Kern stets Entscheidungen bedingt, welche zielgerichtet durchgesetzt werden müssen. Diese Funktion kennzeichnet jedoch viele spezifische Eigenschaften des Managements noch nicht präzise genug. Es erfolgt daher eine Unterscheidung in folgende Hauptfunktionen:

- Planen und Kontrollieren
- Koordinieren und
- Führen.[123]

Vom allgemeinen Sprachverständnis ausgehend, bedeutet „managen" zugleich das findige Bewerkstelligen eines Vorhabens mit einer Portion Pfiffigkeit, guter Menschenkenntnis und Sachverstand. Eine dienliche Lösung lässt sich dabei auch in schwiegen Situationen finden.[124]

Projektmanagement wird nach DIN 69901 definiert als „die Gesamtheit aller Führungsaufgaben, Führungsorganisationen, Führungstechniken und Führungsmittel für die Abwicklung eines Projektes." Als „Führen" kann die Steuerung der verschiedenen Einzelaktivitäten in einer Organisation im Hinblick auf das übergeordnete Gesamtziel verstanden werden. Somit wird deutlich, dass der Begriff „Projektmanagement" die sogenannten Bauherrenaufgaben umfasst.[125] Vorerst können die Führungsaufgaben bei Bauprojekten nur vom Bauherrn selbst wahrgenommen werden, ihm alleine stehen aus den vertraglichen Verhältnissen und Befugnissen in einem Projekt die Planung, Führung und Steuerung auf allen hierarchischen Stufen zu. Oftmals können oder wollen Investoren diese Aufgaben nicht oder nur teilweise wahrnehmen und bedienen sich an dieser Stelle Dritter.

4.2.5 Die Begriffe „Steuerung" und „Projektsteuerung"

Der Begriff „Steuerung" „bezeichnet die Tätigkeit einer Durchführungsveranlassung durch eine Führungskraft. Unterstellt wird ein abgeschlossener Planungs- und Entscheidungsprozess, d. h. das Vorliegen einer nur noch von einem Dritten umzusetzenden Handlungsalternative."[126]

In Kapitel 3.1.2 wurde der Begriff „Projektsteuerung" bereits definiert. An dieser Stelle soll nochmals auf § 31 HOAI hingewiesen werden, der das Leistungsbild der Projektsteuerung enthält. Darin

---

[123] Vgl. Schierenbeck, H. (2003), S. 95 f.
[124] Vgl. Rösel, W. (2000), S. 29
[125] Vgl. Kochendörfer, B./Liebchen, J. H. (2001), S. 8
[126] Link, J. (2002), S. 607

werden Aufgaben beschrieben, die als Bauherrenleistungen angesehen werden können. Während bei kleineren Projekten diese üblicherweise vom Bauherrn selbst wahrgenommen werden, erfordern große Bauprojekte die Einschaltung eines mit dem Arbeitsgebiet vertrauten Fachmanns.

4.2.6 Projektmanagement versus Projektsteuerung

Rösel stellt in einem bildhaften Vergleich die Begriffe „Management" und „Steuern" gegenüber: „So rechnet er es zum Wesen eines Steuermannes, aufrichtig und mit Durchsetzungsvermögen, geradlinig und geradeaus ein Schiff zu steuern (…). Dem Manager rechnet man jedoch ein Quäntchen List hinzu, etwas Verschlagenheit, mehr die Finesse eines Fechters (…). Er kann auch aus dem Stand zuschlagen und ist nicht auf eine dritte, treibende Kraft angewiesen."[127]

Entscheidend für die Abgrenzung zwischen Projektsteuerung und Projektmanagement ist die Delegierbarkeit der Auftraggeberfunktionen. Will hat diese in drei Gruppen untergliedert:

1. Nicht delegierbar
   Aufgaben wie zum Beispiel Definitionen der obersten Projektziele, Abschluss von Verträgen zur Verwirklichung dieser Ziele, oberste Kontrolle der Verwirklichung der Projektziele, letzte Verantwortung für die zeit- und mengengerechte Mittelbereitstellung.

2. Delegierbar
   Aufgaben, die an einen bereits mit anderen Aufgaben an der Projektentwicklung beteiligten Leistungsträger vergeben werden können oder müssen, wie beispielsweise Bauherrenaufgaben, die auf Generalunternehmer übergehen.

3. Delegierbar
   Jedoch, um Interessenkonflikte zu vermeiden, keineswegs an einen Leistungsträger, der bereits eine andere kontrollierenden und steuernde Aufgabe im Projekt innehat.[128]

Die nicht delegierbaren Aufgaben, ein relativ kleiner Teil der Auftraggeberfunktionen, werden als Projektleitung bezeichnet. Neben den delegierbaren Aufgaben, die die Projektsteuerung übernimmt, gibt es einen weiteren delegierbaren Teil, der mit Entscheidungs- und Durchsetzungskompetenz ausgestattet ist. Dieser Teil der Projektleitung kann, wenn er vom Bauherrn nicht selbst wahrgenommen wird, auch an Dritte übertragen werden. Eine einheitliche Bezeichnung für diese Teilleistung hat sich noch nicht durchgesetzt, in der Praxis wird diese meist als Projektmanagement bezeichnet.[129]

Zusammenfassend ist festzuhalten, dass Projektmanagement aus Projektleitung und Projektsteuerung besteht. Letztere ist eine Beratungsleistung ohne Entscheidungsbefugnis, die in der Organisationsstruktur als Stabstelle angesiedelt ist. Dagegen umfasst die Projektleitung den Teil der Auftraggeberfunktionen mit Entscheidungs- und Durchsetzungskompetenz (siehe Abb. III 49 und Abb. III 50).

---

[127] Rösel, W. (2000), S. 30
[128] Vgl. Will, L. (1982), S. 217 f.
[129] Vgl. Kochendörfer, B./Liebchen, J. H. (2001), S. 9

4.3 Projektorganisation

4.3.1 Grundlagen der Projektorganisation

Die Aufgabenstellung des Bau-Projektmanagements beinhaltet bei der Abwicklung von Bauprojekten das Aufstellen klarer Richtlinien für ein geordnetes Zusammenwirken der an einem Bauprojekt Beteiligten. Bauprojekte weisen zudem eine Reihe von Besonderheiten auf, woraus sich für die Projektorganisation unterschiedliche Aufbaustrukturen ergeben. Um das Ziel der Projektorganisation zu erreichen, sprich die Voraussetzungen zur bestmöglichen Projektabwicklung zu schaffen, müssen die Strukturen jederzeit phasenabhängig veränderbar sein.

	nicht delegierbare Bauherrenaufgaben	delegierbare Bauherrenaufgaben
mit Vollmacht (Weisungskompetenz)	Projektleitung (PL) • originäre Bauherrenaufgaben • Führungsverantwortung • Entscheidungs- und Durchsetzungskompetenz • Lienienfunktion	Projektleitung (PL) oder Projektmanagement (PM) • Bauherr oder Dritte • Entscheidungs- und Durchsetzungskompetenz • Linienfunktion
ohne Vollmacht	—	Projektleitung (PL) • operative Aufgaben (Beratung) • keine Entscheidungs- und Durchsetzungskompetenz • Stabsfunktion

Abb. III 49: Abgrenzung Projektleitung/Projektsteuerung[130]

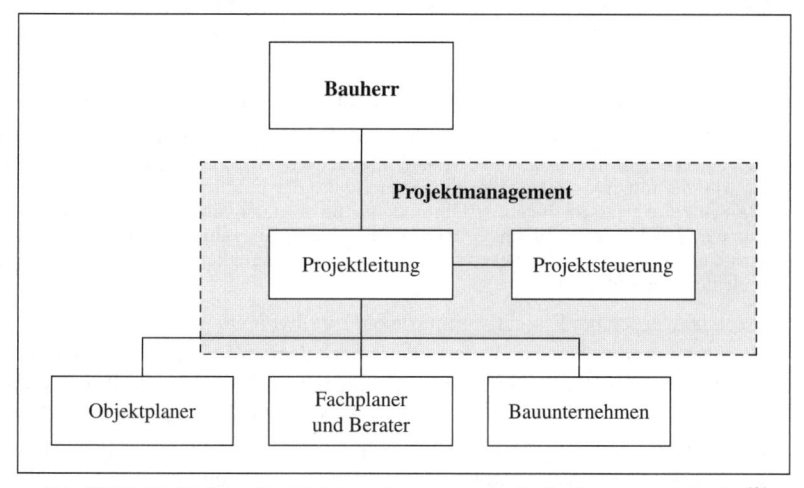

Abb. III 50: Einbindung Projektleitung/-steuerung in die Bauherrenorganisation[131]

---

[130] Ebenda, S. 10
[131] Ebenda

Folgende Bestandteile prägen die Aufgaben der Projektorganisation:

- Festlegen der **Aufbauorganisation. In diesem Schritt werden die einzelnen Aufgaben und Kompetenzen definiert** und den jeweiligen Verantwortlichen zugeordnet.
- Erarbeiten einer **Projektstruktur**,
- Gewährleistung zielgerichteter **Informationsflüsse** sowie
- Festlegen einer **Ablauforganisation** mit rationellen Arbeits- und Entscheidungsabläufen.

Dem übergeordnet besteht die Aufgabe der Projektorganisation darin, die Koordination des Projektes in seiner Gesamtheit sicherzustellen, stets in der Absicht, durch wirtschaftliches Handeln den Projekterfolg herbeizuführen.[132]

Um die Interessen und Ziele des Bauherrn professionell und kostengünstig realisieren zu können ist bei der Erarbeitung einer Aufbauorganisation im Wesentlichen darauf zu achten, dass fixiert wird, wann, in welchem Umfang und in welcher Form Aufgaben durch den Bauherrn an andere delegiert werden und welche Fachleute und ausführenden Firmen bestellt werden. Daneben ist die Voraussetzung einer leistungsfähigen Organisation, dass innerhalb und zwischen den Beteiligten klare Arbeitsbeziehungen bestehen müssen, um eine verlässliche Kommunikation zu ermöglichen. Die Organisation dient zur Reduzierung der Komplexität des Projektes (Decompensation) und muss transparente Planungs- und Entscheidungsprozesse gewährleisten sowie zu jedem Zeitpunkt Erfolgskontrollen zum Stand eines Bauprojektes erlauben. Je größer und komplexer ein Projekt, desto essentieller ist seine Organisation und desto mehr organisatorische Hilfsmittel sind erforderlich.[133]

Keinem der Projektbeteiligten ist dabei ein isoliertes Arbeiten zuzugestehen. Ziel der Organisation ist die intensive Vernetzung der Beteiligten zu einem Team, damit deren Wissen und Handeln bestmöglich eingesetzt werden kann.

Im Rahmen der Projektorganisation ist außerdem eine Projektstruktur zu erarbeiten. Mithilfe eines Projektstrukturplans wird das Bauprojekt aus technischer, technologischer und zeitlicher Sicht in eine ablaufgerechte Struktur gegliedert, mit dem Ziel, einen Ablaufplan zu formulieren, bei dem aus jedem Vorgang ein Erzeugnis hervorgebracht wird. (Abb. III 51 stellt eine allgemein gültige Struktur dar). Ablaufeinheiten können z. B. Bauwerke, Bau- und Anlagenteile, Bauabschnitte und Lose sein. Zunächst wird ein erzeugnis-, objekt- oder gewerkeorientierter Projektstrukturplan aufgestellt. Wie tief dieser in seinen Ebenen gegliedert wird, ist vom jeweiligen Bauprojekt abhängig.

Beispiel: Projekt X wird untergliedert u. a. in Rohbau, Innenausbau und Außenanlage. Der Rohbau wird weiter untergliedert in Fundamente, Wände und Decken, Dach und Treppen usw. Im Anschluss daran wird der funktions- auch tätigkeitsorientierte Projektstrukturplan erstellt. In diesem Fall sind alle Vorgänge zu erfassen, die notwendig sind, um die im erzeugnisorientierten Projektstrukturplan genannten Gewerke auszuführen. Grundlage des Ablaufplans bildet der funktionsorientierte Projektstrukturplan, mit welchem die technologische Folge der Tätigkeiten beschrieben wird, die einem festgelegten Ablauf folgen.

Projektstrukturpläne werden bei Projektbeginn sowohl für die Planung als auch für die Bauausführung aufgestellt. Somit wird sichergestellt, dass alle zu beachtenden Teile eines Projektes erfasst sind bzw. nicht vergessen werden. Deshalb ist dieser grundlegende Einstieg in die Projektorganisation keinesfalls zu vernachlässigen. Ein Projektstrukturplan soll nicht nur dazu beitragen, dass sich der Projektmanager selbst die Projektstruktur verdeutlicht, sondern muss im Sinne einer Managementaufgabe als essentielles Element des Informationsaustausches dienen.[134]

---

[132] Vgl. ebenda, S. 51
[133] Vgl. Eschenbruch, K. (2009), S. 218 f.
[134] Vgl. Rösel, W. (2000), S. 137

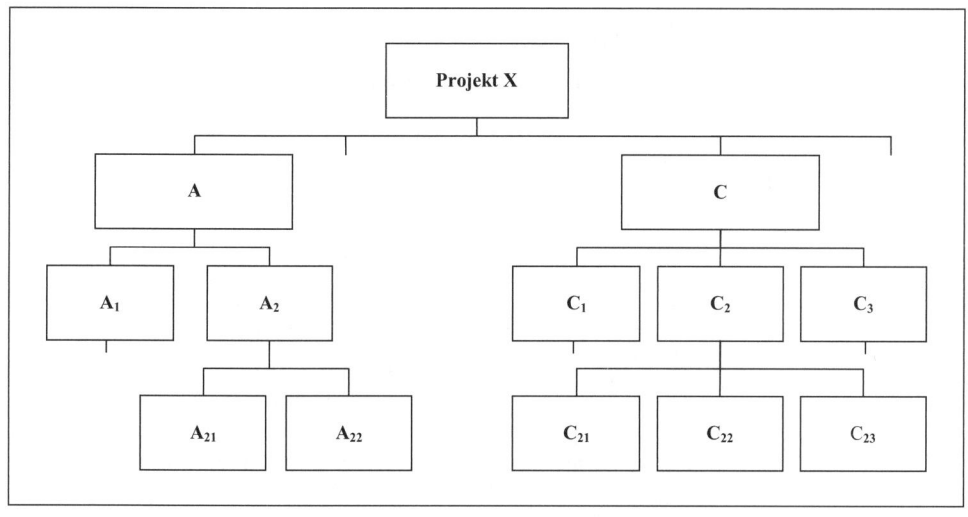

Abb. III 51: Der allgemeingültige Projektstrukturplan

Projektmanagementwerkzeuge wie Geschäftsordnungen oder Organisations- und Projekthandbücher helfen bei der Strukturierung des Projektes. Als Unterziele sind dabei stets die folgenden Punkte sicherzustellen:

- Vollständigkeit der Projektorganisation
- Eindeutigkeit und Widerspruchsfreiheit der Projektstruktur
- Wirtschaftlichkeitsgrundsatz (schlanke, robuste Systeme)[135]

Des Weiteren sind im Rahmen der Projektorganisation ebenfalls die aktuell gültigen Bestimmungen zum Arbeitsschutz sowie die Unfallverhütungsvorschriften zu berücksichtigen. Eschenbruch gibt zu bedenken, dass eine effiziente Organisationsgestaltung zwar keine Garantie für den Erfolg eines Projektes darstellt, das Fehlen einer solchen oder eine ungeeignete Struktur hingegen sind Garant für das spätere Scheitern des Projektes.[136]

4.3.2 Projektbeteiligte und Partner des Baumanagers

Mit der Komplexität eines Bauprojektes steigt auch die Anzahl der Beteiligten in dessen Planung und Ausführung. Die Abstimmung untereinander gestaltet sich in der Realität zumeist nicht unproblematisch. Hier obliegt es dem Baumanagement, mit einer systematischen und zielgerichteten Vorgehensweise die optimale Koordination zu erreichen. Nachstehende Abbildung soll die zentrale Stellung des Baumanagers in der Projektorganisation deutlich machen.

---

[135] Vgl. Eschenbruch, K. (2009), S. 219
[136] Vgl. ebenda

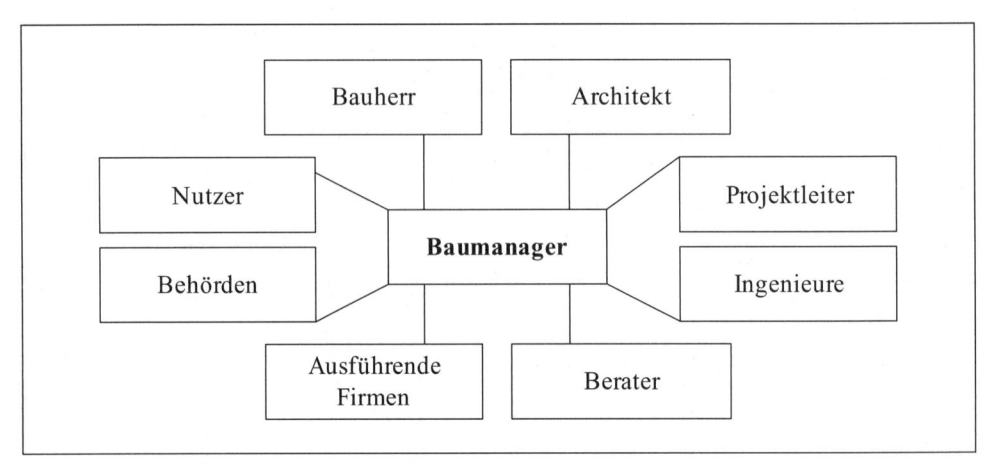

Abb. III 52: Die zentrale Stellung des Baumanagers in der Projektorganisation

4.3.2.1 Auftraggeber

Auftraggeber von großen und komplexen Immobilienprojekten treten in überaus unterschiedlichen Organisations- und Rechtsformen auf. Gemein ist ihnen, dass sie die Ziele des Projektes formulieren und die Finanzierung sicherstellen; sie fungieren als Bauherren. Unterscheiden lassen sich Auftraggeber nach den unterschiedlichen Zielstellungen in öffentliche Hand, institutionelle oder private Investoren sowie gewerbliche Unternehmen.[137]

Aus Sicht des Bauherrn ist der Ablauf eines Projektes so zu beeinflussen, dass dieser für die Bereitstellung von Entscheidungs- und Zustimmungsgrundlagen sorgt, welche zur Lösung einer Aufgabe beitragen. Der Handelnde soll hierbei stets der Auftraggeber bleiben, er trägt die Verantwortung und muss letztendlich die Entscheidung fällen.[138]

4.3.2.2 Weitere Projektbeteiligte

Dargestellt in Abb. III 52 ist der Baumanager neben dem Auftraggeber noch mit einer Vielzahl weiterer Projektbeteiligter „vernetzt", auf welche nachstehend kurz eingegangen wird.

Projektleiter: Der Projektleiter übt bei einem Bauprojekt die oberste Leitungsfunktion aus. In der Organisation kann ihm der Baumanager als Stabstelle zugeordnet sein. Da von einem Projektleiter regelmäßig Bauherrenaufgaben wahrgenommen werden, gelten obige Ausführungen.

Planungsbeteiligte: Planungsbeteiligte sind anzutreffen beim Management von Planungsprozessen und bei der Realisierung von Planungen zur Erstellung eines Bauwerkes. Sowohl im ersten als auch im zweiten Fall wird das Baumanagement tangiert, da Planungsleistungen das Ziel der Baurealisierung verfolgen. Planende sind z. B. Architekten, Tragwerksplaner, Baustatiker, Stadtplaner, Vermessungsingenieure, Ingenieure für Bauphysik etc. Von Projekt zu Projekt verschieden, muss der Baumanager eine Aufstellung aller Beteiligten erarbeiten.

Ausführende Unternehmen: Ausführende Unternehmen werden i. d. R. durch Verdingungsverfahren vom Bauherrn bestimmt, dies können Unternehmen der Bauindustrie, des Baugewerbes und des

---

[137] Vgl. Kochendörfer, B./Liebchen, J. H. (2001), S. 54
[138] Vgl. Rösel, W. (2000), S. 108

Handwerks sein. Zuschlag dabei erhält meist der günstigste Bieter. Eine Auswahl des bauausführenden Unternehmens hinsichtlich dessen fachlicher und qualitativer Leistungsfähigkeit erfolgt nur selten.[139]

Neben der klassischen Form der Einzelvergabe an gewerkespezifische Unternehmen kann der Bauherr mit der Bauausführung auch Generalunternehmer (GU) oder Generalübernehmer (GÜ) beauftragen. Ein Generalunternehmer führt alle Baumaßnahmen auf eigene Rechnung durch und sichert dem Bauherrn aller Regel nach einen Festpreis zu. Auch bleibt das Risiko der Überschreitung einer veranschlagten Baukostensumme beim GU. Zur Durchführung des Bauvorhabens erbringt er eigene Leistungen. Sofern diese nicht das gesamte Spektrum abdecken, werden vom GU für diese nicht abgedeckten Leistungen Subunternehmen im eigenen Namen und auf eigene Rechnung bestellt. Ein Generalübernehmer hingegen tritt als reiner Organisator des Baugeschehens auf. Durch ihn werden keine eigenen Bauleistungen erbracht, er beauftragt ausschließlich Subunternehmer in eigenem Namen und für eigene Rechnung. Festzuhalten bleibt, dass auch mit der Einschaltung von Generalunter- oder -übernehmern die Bauherreneigenschaft des Auftraggebers weiterhin besteht.[140] Begründen lässt sich die Vergabe von Bauleistungen an einen GU oder GÜ damit, dass der Auftraggeber in der Ausführungsphase Risiken durch Reduzierung der vertraglichen Schnittstellen minimieren will. Im Gegensatz zur Einzelvergabe kann er sich und seinem Projektmanagement hiermit einen Großteil an Koordinationsaufwand ersparen.[141]

Behörden: Eine Vielzahl von Behörden und Institutionen können aufgrund gesetzlicher Bestimmungen an der Planung und Realisierung eines Bauprojektes beteiligt sein. Mit diesen ist im Rahmen der Vorplanung und Entwurfsplanung über die Genehmigungsfähigkeit eines Bauprojektes zu verhandeln. Folgende Übersicht soll über die Vielzahl der zu beteiligenden Behörden und Institutionen einen kurzen Überblick geben. Anzumerken wäre an dieser Stelle noch, dass den betreffenden Landesbauordnungen oder dem Bundesbaugesetz die eizuschaltenden Behörden und Träger öffentlicher Belange für das jeweilige Verfahren zu entnehmen sind.[142] Es sind verschiede Funktionsträger mit diversen Aufgaben betraut:

- Funktionsträger: Aufgabenbereiche
- Bauordnungsamt: Erteilung der Baugenehmigung
- Gewerbeaufsichtsamt: Gewerbeordnung
- Prüfamt für Baustatik: Abnahme von Konstruktionen
- Tiefbauamt: Straßenbau, Wegerecht, Wasserwirtschaft
- Brandschutzdirektion: vorbeugender Brandschutz
- Berufsgenossenschaft: Arbeitsplatzgestaltung
- Luftfahrtamt: Flugsicherungsmaßnahmen
- Stadtplanungsamt: Flächenwidmung, Flächennutzung, Bebauungsplan
- Verkehrsplanungsamt: Straßen, Individualverkehr, öffentliche Verkehrsmittel
- Bürgerinitiativen: politische Ziele

Nutzer: Der spätere Nutzer oder Betreiber einer Immobilie spielt eine wesentliche Rolle bei der Planung und Ausführung eines Bauprojekts, da nach seinen Vorstellungen ein Projekt konzipiert wird. Sofern keine Identität mit dem Bauherrn gegeben ist, kann der Nutzer als eigenständiger Partner im Kreis von Bauherrn, Planungs- und Ausführungsbeteiligten betrachtet werden. Da es ganz maßgeb-

---

[139] Vgl. ebenda, S. 108 ff.
[140] Vgl. Murfeld, E. (2002), S. 500
[141] Vgl. Kochendörfer, B./Liebchen, J. H. (2001), S. 60
[142] Vgl. ebenda, S. 59

lich für den Erfolg eines Projektes ist, die späteren Nutzeranforderungen zu erfüllen, müssen diese zunächst als Grundlage der weiteren Planung festgelegt werden. Hierzu gehören in erster Linie:

- niedrige Betriebs- und Bauunterhaltungskosten,
- hohe Flexibilität des raumbildenden Ausbaus,
- hoher Qualitätsstandard der Bauausführung,
- optimale Behaglichkeit (thermisch, optisch, akustisch) am Arbeitsplatz und
- bauökologische Aspekte, z. B. an Baustoffe, Energie und Wasser.

In aller Regel können diese Nutzerwünsche aufgrund von begrenzten finanziellen Mitteln in diesem Umfang nicht erfüllt werden. Deshalb kommt es darauf an, mit dem zur Verfügung stehenden Budget eine optimale Lösung zu erreichen. Ist der Nutzer in dieser Phase noch nicht bekannt, ist es erforderlich, mit den Projektbeteiligten sinnvolle Annahmen für eine spätere Nutzung zu definieren. Bei Investorenmodellen ist zu klären, ob geplant ist, Teile des Gebäudes zu veräußern. Wenn dies der Fall ist, so sind Auswirkungen einer derartigen Realteilbarkeit auf die Planung aufzuzeigen.

Zwar ist es Aufgabe des strategischen Facility Managements, die angeführten Nutzerwünsche zu untersuchen, doch sind diese für den Projektmanager ebenfalls von Bedeutung. Denn dieser hat die Wahrung der Nutzerinteressen zu gewährleisten, d. h. die Beteiligung des Nutzers an der Aufgabenformulierung, an Entscheidungen und Zustimmungen während der Planung und evtl. Mitbestimmung bei der Bauausführung ist durch den Projektmanager im notwendigen Ausmaß sicher zu stellen.

4.4 Ziele und Praxis des Projektmanagements

4.4.1 Das Leitbild des Projektmanagers

Der Wirkungskreis eines Baumanagers ist vielfältig. Sowohl in der Planung als auch in der Abwicklung eines Bauvorhabens oder in der Projektsteuerung kann der Baumanager tätig sein. Sofern das Baumanagement nicht von den planenden Architekten und Ingenieuren im Rahmen ihrer normalen Beauftragung wahrgenommen wird und auch nicht vom Bauherrn selbst ausgeführt wird, besteht die Möglichkeit, das Baumanagement von den internen Leistungsspektren abgetrennt an Dritte zu vergeben.[143]

Eine Reihe von Managementleistungen, die nicht nur mitwirkend bei Fachleistungen, sondern als selbständige Managementtätigkeiten zu erbringen sind, weisen die Leistungsbilder der HOAI auf. Für den Baumanager ergeben sich nach § 3 (4) HOAI (Fassung 2009) z. B. folgende Arbeitsfelder:

- in der Vorplanung: Aufstellen eines Finanzierungsplanes, einer Bauwerks- und Betriebs-Kosten-Nutzen-Analyse, eines Zeit- und Organisationsplanes;
- in der Entwurfsplanung: Analyse der Alternativen/Varianten und deren Wertung mit Kostenuntersuchung (Optimierung);
- in der Genehmigungsplanung: Fachliche und organisatorische Unterstützung des Bauherrn im Widerspruchsverfahren, Klageverfahren o. Ä.;

---

[143] Vgl. Rösel, W. (2000), S. 57

- bei der Objektüberwachung: Aufstellen und Überwachen eines Zeitplanes, Auflisten der Gewährleistungsfristen, Kostenkontrolle, Aufstellen, Überwachen und Fortschreiben eines Zahlungsplanes, von differenzierten Zeit-, Kosten- oder Kapazitätsplänen;
- bei der Objektbetreuung und Dokumentation: Überprüfen der Bauwerks- und Betriebs-Kosten-Nutzen-Analyse.

Eine weitere Darstellung der einzelnen Leistungsbilder soll an dieser Stelle nicht erfolgen.

Für das Erreichen der Projektziele hat die klare Formulierung dieser Ziele, im Rahmen des ersten Schrittes – der Projektentwicklung – eine enorme Bedeutung, die nicht zu unterschätzen ist. Gegebenenfalls sollte sich der Bauherr externe Hilfe zur Zielformulierung hinzuholen. Wichtig ist vor allem, dass die Ziele realistisch, d. h. erreichbar sind. Eschenbruch schreibt dazu: „Die Zielentwicklung sollte auf die Definition und Vorgabe klar formulierbarer und sicher erreichbarer Ziele gerichtet werden. Je ungenauer die Zieldefinition, je ehrgeiziger die Projektziele, umso ungewisser wird der Projekterfolg."[144] Zur Zieldefinition können sich Bauherr und/oder Projektmanager an der DIN 18205 – „Bedarfsplanung im Bauwesen" orientieren. Die Umsetzung der definierten Ziele erfolgt erst in den weiteren Schritten der Projektentwicklung.[145]

4.4.2 Vertragsmanagement

Unter der Betrachtung der Aufgabenvielfalt eines Baumanagers ist festzustellen, dass ein Großteil seines Tätigkeitsfeldes unter rechtlichen Aspekten auszuüben ist. Insbesondere bei großen Bauprojekten stellt das Vertragsmanagement aufgrund der stetig wachsenden Fülle von Vertragsverhältnissen einen Bestandteil des Baumanagements dar. Dabei ist dieses so auszuüben, dass Auftraggeber und Projektbeteiligte bei Rechtsfragen unterstützt werden. Eine weitergehende Befugnis zur geschäftsmäßigen Besorgung von Rechtsangelegenheiten ist hingegen durch das Rechtsberatungsgesetz ausgeschlossen.[146]

Vor Projektbeginn ist es daher auf alle Fälle ratsam, einen Fachjuristen zu konsultieren, der den Baumanager in allen auftretenden Rechtsfragen berät. Dessen Obliegenheiten umfassen in erster Linie die Rechtsberatung bei:

- sämtlichen Vertragsformulierungen und Vertragsabschlüssen mit Planungs- und Ausführungsbeteiligten,
- Vertragsformulierungen, bei denen §§ 305 ff. BGB (Gestaltung rechtsgeschäftlicher Schuldverhältnisse durch Allgemeine Geschäftsbedingungen) zu beachten sind,
- Auftragsverhandlungen, Genehmigungsverfahren, Widerspruchsverfahren, Streitigkeiten mit Projektbeteiligten, Schlichtungen und Gerichtsverfahren.

In Anbetracht der Tatsache, dass Rechtsstreitigkeiten mit einem enormen finanziellen Aufwand verbunden sein können, sollte der Rechtsberater von Anfang an hinzugezogen werden. Damit wird auch erreicht, dass das Rechtsverständnis bei allen Projektbeteiligten geschärft und somit das Konfliktpotential reduziert werden kann. Im Gegensatz zu Gerichtsverfahren sind die Kosten für einen Rechtsbeistand vergleichsweise gering und zudem zu überblicken.[147]

---

[144] Eschenbruch, K. (2009), S. 221
[145] Vgl. ebenda, S. 221 f.
[146] Vgl. Kochendörfer, B./Liebchen, J. H. (2001), S. 203
[147] Vgl. Rösel, W. (2000), S. 121 f.

4.4.3 Kapazitäten und Kapazitätsplanung

Unter dem Begriff „Kapazität" werden Personal und Einsatzmittel, z. B. Maschinen, Geräte und sonstige Produktionseinrichtungen zusammengefasst, die zu einer zeit-, kosten- und qualitätsgerechten Vertragserfüllung in der Planung sowie Bauausführung notwendig sind. Kapazität ist die quantitative Leistungsfähigkeit eines festgelegten Produktionsapparates, also eines Planungsteams oder einer betrieblichen Produktionsstätte.[148] Die quantitative Kapazität wird unterschieden in:

- Maximalkapazität, welche die technisch gesehen höchstmögliche Leistung angibt, die ein Betriebsmittel in einem Zeitabschnitt zu erstellen in der Lage ist;
- Mindestkapazität, welche sich auf den Umstand bezieht, dass viele Betriebsmittel erst ab einer gewissen Mindestleistung einsatzfähig sind;
- Optimalkapazität, welche im Allgemeinen unter der Maximalkapazität liegt und die Inanspruchnahme eines Betriebsmittels wiedergibt, das den günstigsten Wirkungsgrad hat, sprich, am wirtschaftlichsten arbeitet.[149]

Letztere trifft zweifelsohne auch für die Planung und Erstellung eines Bauwerkes zu, denn auch hier sind Kapazitätsspitzen oder -einbrüche zu vermeiden, da sich diese in der Regel nicht oder nur kostenintensiv verwirklichen lassen. Dies verdeutlicht auch noch einmal die nachstehende Grafik, nach Möglichkeit sind vorhandene Überkapazitäten so zu verteilen, dass eine Ausgewogenheit erreicht wird.

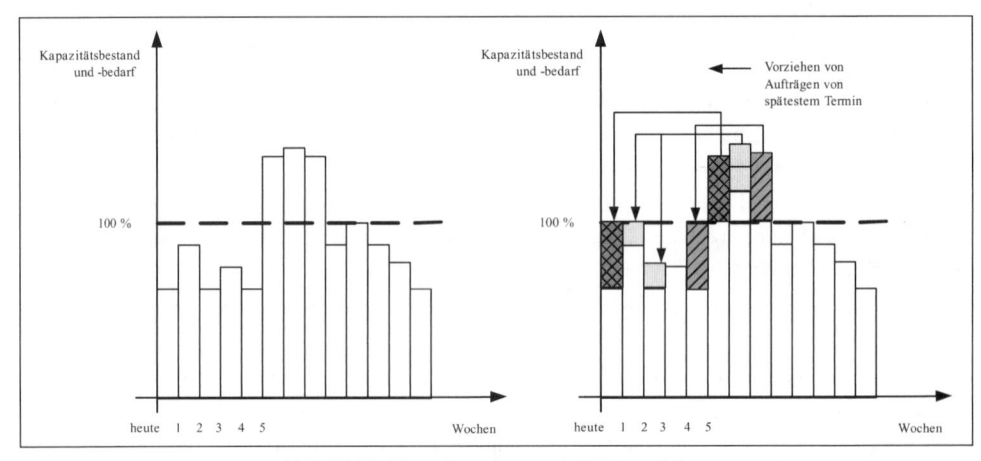

Abb. III 53: Kapazitätsplanung bei Bauprojekten

4.4.4 Der Zeitfaktor und ein effektives Terminmanagement

Unabdingbare Kriterien für den Erfolg einer Vertragserfüllung sind der Zeitpunkt des Beginns, die Dauer der Durchführung und schließlich der Zeitpunkt der Beendigung. In gleichem Maße gilt dies für die Planung und Ausführung, die Abnahme und Mängelbeseitigung als auch für die Vergütung. Da in gesetzlichen Bestimmungen und in der Rechtsprechung Fristen eine große Rolle spielen, hat

---

[148] Vgl. ebenda, S. 75
[149] Vgl. Schierenbeck, H. (2003), S. 215

der Baumanager an dieser Stelle die Aufgabe, innerhalb des geordneten Zusammenwirkens der an der Planung und Baudurchführung beteiligten Personen und Unternehmen im notwendigen Umfang für Einzel- und Gesamtleistungen, die Fristen zu definieren. Rücksichtnahme erfordern hier zum einen die zeitlichen Vorgaben des Auftraggebers und alle anderen terminbeeinflussende Größen.[150]

Zudem wird an das Terminmanagement immer mehr das Ziel geknüpft, kurze Realisierungsphasen zu erreichen. Um dieser Anforderung gerecht zu werden, sollten die Planung, die Rohbauerstellung und der Ausbau weitestgehend parallel verlaufen. Dies setzt jedoch einen terminlichen Rahmen voraus, der vor Planungsbeginn vorliegen muss. Darin wird aufgezeigt, welche Leistungen mit welchen Kapazitäten innerhalb eines festgelegten Zeitabschnittes abgeschlossen sein müssen, um einen unproblematischen Übergang zwischen Planung und Ausführung zu gewährleisten.

Zu beachten ist ferner, dass eine geeignete Darstellungsform der terminlichen und technischen Abläufe gewährleistet wird. Hierzu eignen sich solche Darstellungsformen, die den Projektbeteiligten alle Informationen über den Ablauf in unkompliziertester Weise zu Verfügung stellen. Hinsichtlich der Terminplanung haben sich bei der Realisierung von Bauprojekten Balkenpläne, Netzpläne, Liniendiagramme und Terminlisten als Darstellungsformen bewährt. Diese wurden im Kapitel 3.3 bereits ausführlich erläutert.

In der heutigen Zeit erfolgt eine Erstellung der Terminplanung nahezu nur noch mit Hilfe von EDV-Programmen, denen eine Datenbank zugrunde liegt. Diese enthält alle vorgangsspezifischen Daten, u. a.:

- Vorgangsname,
- Vorgangsdauer, geplante Dauer, tatsächliche Dauer,
- Anfangs- und Endtermin, geplanter Termin, aktueller Termin,
- Vorgänger, Nachfolger,
- Pufferzeiten sowie
- Kosten und Ressourcen.

Damit Störungen des Projektverlaufs frühzeitig erkannt werden und ihnen entgegengewirkt werden können, gehört die Kontrolle von Planungs- und Ausführungsabläufen zu den Hauptaufgaben des Baumanagers. Grundlage hierfür bilden die oben genannten Formen der Terminplanung. z. B. kann mit Hilfe eines Ablaufplanes, welcher in Arbeitsschritte zerlegt ist, überprüft werden, ob die vorgegebenen zeitlichen Ziele realisiert wurden. Als vorteilhaft in der Praxis hat es sich zudem erwiesen, den laufenden Planungsprozess unmittelbar zu überprüfen, sprich Architekten, Tragwerksplaner und sonstige Ingenieure direkt aufzusuchen und mit ihnen den Stand der Bearbeitung innerhalb einzelner Planungsschritte zu erörtern. In diesem Zusammenhang ergeben sich oftmals Fragen, die bei grundsätzlichen Besprechungen nicht auftauchen.

Bei den zyklisch stattfindenden allgemeinen Planungsbesprechungen unterstützen Terminprüflisten die Kontrolle der Details während des Planungsablaufs. Mit diesem „Werkzeug" hat der Baumanager eine Übersicht über alle zu einem jeweiligen Termin abzufragenden Gegebenheiten. Ein nach bearbeitenden Büros sortierter Textauszug ermöglicht zudem eine gezielte Weiterleitung an betroffenen Personen.

Die sich oftmals bei einem Projekt, neben den in den EDV-berechneten Zeitplänen, ergebenden Fristen lassen sich mit Hilfe dieser Prüfliste kontrollieren. Um die gebotene Aktualität zu wahren, empfiehlt sich eine laufende Fortschreibung, z. B. von Planungsbesprechung zu Planungsbesprechung.

---

[150] Vgl. Rösel, W. (2000), S. 70 f.

Projekt	Eingabe	Wer	Wann	Erinnerung	Inhalt	Dokument
1045 LZK	24.05.07	Bra	09.08.07	10.09.07	Genehmigungsplanung bes. Bauvorhaben	AN 21/26/30
1045 LZK	24.05.07	Bra	09.08.07	10.09.07	Klärung Technik, z. B. Heizkraftwerk	AN 21/26/30
1045 LZK	16.07.07	Pas	13.08.07	27.08.07	Klärung Querschlag Gehweg Ständeplatz	AN 21/28/30
1045 LZK	16.07.07	Pas	13.08.07	10.09.07	Klärung Abspannmasten	AN 21/26/30
1045 LZK	16.07.07	Prh	13.08.07	10.09.07	Klärung Fundamente Abspannmasten	AN 21/26/30
1045 LZK	16.07.07	Prh	13.08.07	10.09.07	Klärung Situation Bohrpfahlwand	AN 26+28+30
1045 LZK	27.08.07	Prh	13.09.07	10.09.07	Statik Zwischenbau komplett an Pas	AN 1045 28/30
1045 LZK	27.08.07	Prh	13.09.07	10.09.07	Statik Altbau komplett fertig gestellt	AN 1045 28/30
1045 LZK	16.07.07	Pas	17.09.07		Firmenliste für Ausschreibung an Lzb	AN 1045/26
1045 LZK	16.07.07	Hel	17.09.07		Firmenliste für Ausschreibung an Lzb	AN 1045/26

Abb. III 54: Prüfliste für Termine

Während der Bauausführung kommt dem Baumanager die Aufgabe zu, die äußere Ordnung des Ablaufs zu bewerkstelligen. Er soll das Ineinandergreifen der unterschiedlichen Arbeitsvorgänge, die in Arbeitsteilung von Bauunternehmern und Handwerkern erbracht werden, vorbereiten und begünstigen. Dazu gehören auch die Erstellung eines Bauablaufkonzeptes und die Baustellenplanung. Nicht sein Part ist es hingegen, die Arbeitsvorbereitung und die Arbeiten der ausführenden Unternehmen, Handwerker und Lieferanten zu leiten oder die Bauüberwachung im Sinne des Leistungsbildes der HOAI als örtlicher Bauführer auszuüben.

Da es in der Praxis relativ häufig zu Abweichungen in der Planung oder Bauausführung kommt, soll mittels Ausführungsabläufen sichergestellt werden, dass Abweichungen vom angestrebten Soll korrigiert werden. Allerdings kann der Projektmanager an dieser Stelle zunächst Ursachenforschung betreiben. Mittels Regelungen von Ausführungsabläufen soll dann sichergestellt werden, dass Abweichungen vom angestrebten Soll korrigiert werden. Allerdings kann der Baumanager, bedingt durch die rechtlichen Gegebenheiten, nur Empfehlungen aussprechen. Je nach Vertragsformulierung sind diese dann vom Projektleiter bei den Bauausführenden durchzusetzen, hierbei kann es sich um Korrekturen von Arbeitszeiten, Einsatzmitteln, Bauverfahren usw. handeln.

4.4.5 Informationsmanagement und Informationsabläufe bei Bauprojekten

Neben dem beschriebenen Terminmanagement ist für den reibungslosen und zügigen Projektablauf ein Informationsmanagement von großer Bedeutung. Es hat zu gewährleisten, dass die richtige Information zur rechten Zeit am rechten Ort verfügbar ist. Es ist ferner dazu notwendig, die wesentlichen Informationsbeziehungen zu ermitteln und festzulegen, um den Projektbeteiligten aufzeigen zu können, mit wem sie kommunizieren bzw. kooperieren müssen. Wichtig ist dabei, dass sowohl globale Informationsbeziehungen (z. B. die Zusammenarbeit zwischen bestimmten Auftragnehmern) wie auch solche mit sehr hohem Detaillierungsgrad (z. B. zu welchem Zeitpunkt muss der Tragwerksplaner den Plan für ein bestimmtes Bauteil beim Prüfingenieur abgeben) abgebildet werden. Generelle Informationspfade, wie sie z. B. bei einer sehr engen Zusammenarbeit zwischen Gutachtern oder Fachplanern vorkommen, werden am besten anhand eines Schaubildes oder einer Tabelle wiedergegeben. Beim Einsatz einer Tabelle gibt es mehrere Möglichkeiten für eine nähere Beschreibung des Informationsaustausches (bezüglich Inhalt, Rhythmus etc.), wie auch nachstehender Abbildung entnommen werden kann. Informationsbeziehungen, die sich im Rahmen eines konkreten Objektes ergeben können, zeigt das dritte Schaubild.

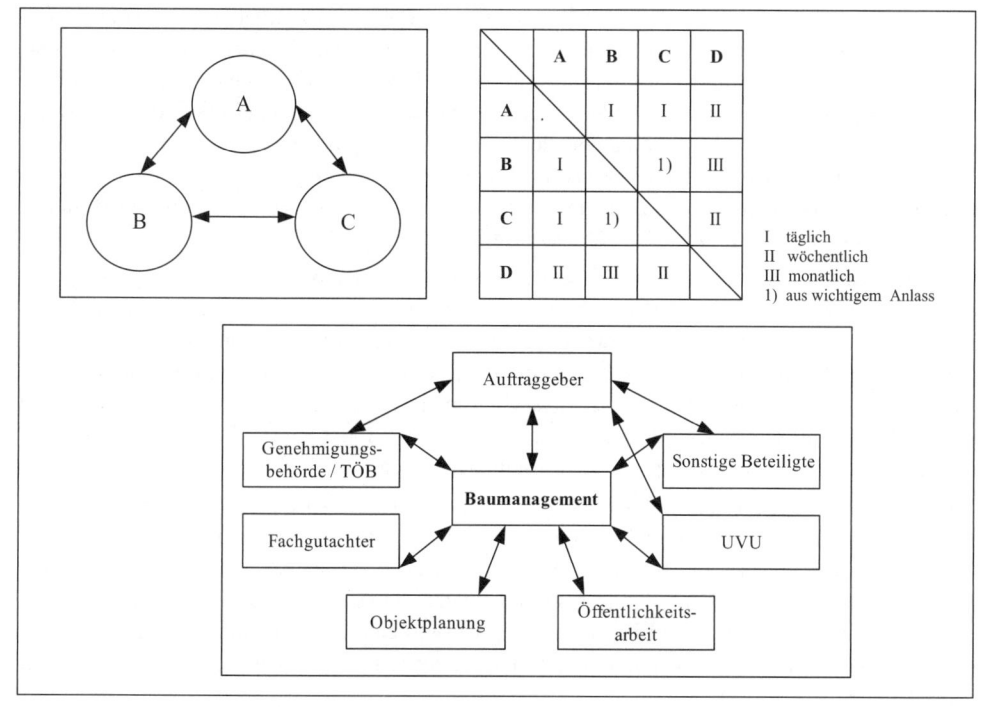

Abb. III 55: Kommunikationsmodelle des Informationsmanagements

Im Sinne einer Straffung und einheitlichen Organisation der Informationsabläufe sowie des stetigen Austausches von Daten und Informationen sind regelmäßige Besprechungen unerlässlich. Dem Projektmanager obliegt es durch „Koordinieren und gezieltes Eingreifen sicherzustellen, dass das Besprechungswesen nicht zu einem teuren, ineffizienten Instrument verkommt, wie es leider bei vielen Projekten der Fall ist".[151] Dabei hat sich eine Unterscheidung nach Art und Inhalt (z.B. Planungsbesprechungen, Koordinationsbesprechungen und Steuerungsbesprechungen auch „Jourfixe") als sinnvoll erwiesen. Koordinationsbesprechungen werden von der Objektüberwachung, sprich dem Baumanagement, geleitet und protokolliert. Teilnehmer an diesen Besprechungen sind Vertreter der ausführenden Firmen und bei Notwendigkeit auch die Projektsteuerung. In erster Linie sind die Abstimmungen von Arbeitsabläufen, deren Reihenfolge und einzuhaltende Termine Inhalte einer derartigen Besprechung, aber auch bspw. die Festlegung von Kranzeiten und Nutzung von Lagerflächen können Thema einer Koordinationsbesprechung sein.[152]

Die außer den Koordinationsbesprechungen ebenso zyklisch stattfinden Steuerungsbesprechungen fallen hingegen in den Verantwortungsbereich der Projektsteuerung und sollen hier nicht näher dargestellt werden.

---

[151] Vgl. Kochendörfer, B./Liebchen, J. H. (2001), S. 228 f.
[152] Vgl. ebenda, S. 212

4.4.6 Kosten und Kostenmanagement

„Der Erfolg der Projektrealisierung hängt neben der Erfüllung sonstiger Vertragsziele entscheidend von dem Erreichen der Kostenziele ab."[153] Kosten im betriebswirtschaftlichen Sinn „sind der bewertete Verzehr von wirtschaftlichen Gütern materieller und immaterieller Art zur Erstellung und zum Absatz von Sach- und- oder Dienstleistungen sowie zur Schaffung und Aufrechterhaltung der dafür notwendigen Teilkapazitäten, dabei werden Kosten üblicherweise aus dem Aufwand hergeleitet". Der Aufwand für ein zu erstellendes Bauwerk ergibt sich aus den zu erbringenden Planungs- und Bauleistungen. Die daraus resultierenden Kosten entstehen als Vergütung für geleistete Dienstleistungen oder eines hergestellten Werkes, denn nach § 631 BGB ist der Besteller zur Entrichtung der vereinbarten Vergütung verpflichtet.

Zwar sind Kosten eine kalkulierbare Größe, was aber nicht heißt, dass diese statisch sind. Während des gesamten Planungs- und Bauausführungsprozesses unterliegen sie verschiedenartigen Einflussgrößen, was eine erhebliche Schwankung der Kostenhöhe bewirken kann. Gründe sind z. B. die Änderung der Marktpreise für Arbeitsleistungen, Maschinen, Geräte, Baustoffe und Energie. Aber auch ein zusätzlicher Bedarf an Arbeitskräften sowie äußere Einflüsse, z. B. unvorhersehbare technische Bedingungen, behördliche Einwirkungen sowie Änderung des Bauprogramms durch den Auftraggeber, können letzten Endes zu einem Mehrbedarf an Geldmitteln führen.

Da aber der Auftraggeber eines Bauwerks die Kosten mit einem absoluten Betrag oder obersten Kostengrenzen festsetzt und die an Planung und Ausführung Beteiligten daran durch einen Vertrag bindet, ist es Sache des Baumanagers, die Höhe der Kosten permanent zu überwachen. Dieses Erfordernis ergibt sich aus der Stellung des Baumanagers. Meistens ist er als Einziger in der Lage, die Vielzahl der an Planung und Bauausführung Mitwirkenden zu überblicken und die Kosten beeinflussenden Folgen aus Modifikationen der Marktpreise, des Aufwands oder aus äußeren Einwirkungen zu erfassen.

Weiterhin ist festzustellen, dass sich Fehler und Zeitüberschreitungen in der Planung und bei der Ausführung von Bauprojekten entweder direkt oder indirekt auf der Kostenseite bemerkbar machen. Jede Abweichung der vorgegebenen Kosten, vor allem jegliche Kostenüberschreitungen, wirken sich hingegen unmittelbar auf das Projektziel aus. Aus diesen und den oben genannten Gründen ergibt sich daher die Notwendigkeit der Planung, Kontrolle und Regelung der Kosten bei jedem Bauprojekt größtmögliche Aufmerksamkeit zu schenken.

Da in der heutigen Zeit nicht mehr ausschließlich die Investitionskosten eines Bauprojektes im Vordergrund stehen, sondern vielmehr die Optimierung des Verhältnisses von Investitions- und Folgekosten, erweitert sich die Betrachtungsweise auf den gesamten Immobilienlebenszyklus. Begründen lässt sich dieser Wechsel der Betrachtungsweise damit, dass im Verlauf der Nutzung eines Gebäudes Bewirtschaftungskosten anfallen, die ein Vielfaches der anfänglichen Investitionskosten betragen können.

Damit ein nachhaltiger Erfolg mit einer Immobilieninvestition erreicht wird, muss bereits zu Beginn, d. h. in der Planung eines Bauprojektes, eine Auseinandersetzung mit der Kostenthematik erfolgen. Umso mehr wird dies deutlich, wenn eine Betrachtung der Kostenbeeinflussbarkeit in den fortschreitenden Phasen eines Projektes vorgenommen wird.

Unter der Voraussetzung, dass Planung und Ausschreibung über einen großen Zeitraum parallel verlaufen, zeigt sich, dass nach Abschluss der Genehmigungsplanung bereits 65 % und nach Abschluss der Ausführungsplanung beinahe 100 % der Investitionskosten feststehen.

---

[153] Eschenbruch, K. (2009), S. 311

Maßgeblich beteiligt an der Umsetzung dieses Erfordernisses ist das strategische Facility Management. Es hat, mit Hilfe des Einsatzes von CAFM-Systemen, dafür Sorge zu tragen, dass zukünftige Trends der Gebäudebewirtschaftung mit in den Planungsprozess eingebracht werden, um die Bewirtschaftungskosten in der Nutzungsphase eines Gebäudes positiv zu beeinflussen.

Um eine Ermittlung der Kosten für Bau- und Planungsleistungen vornehmen zu können, ist eine eindeutige Darstellung aller Kosten erforderlich. Nachstehende, sich ergänzende Normen geben die hierfür erforderlichen Strukturen vor:

- DIN 276 „Kosten im Bauwesen" (11/2006)
- DIN 277 „Grundflächen und Rauminhalte von Bauwerken im Hochbau"
  Teil 1: Begriffe, Ermittlungsgrundlagen (02/2005)

  Teil 2: Gliederung der Netto-Grundfläche (Nutzflächen, Technische Funktionsflächen und Verkehrsflächen) (02/2005)

  Teil 3: Mengen und Bezugseinheiten (04/2005)
- DIN 18960 „Nutzungskosten im Hochbau" (08/1999)

Die Kostenplanung, also die „Gesamtheit aller Maßnahmen der Kostenermittlung, der Kostenkontrolle und -steuerung entlang aller Phasen der Baumaßnahmen während der Planung und Ausführung", welche sich „systematisch mit den Ursachen und Auswirkungen der Kosten" befassen, kann unterschieden werden in:

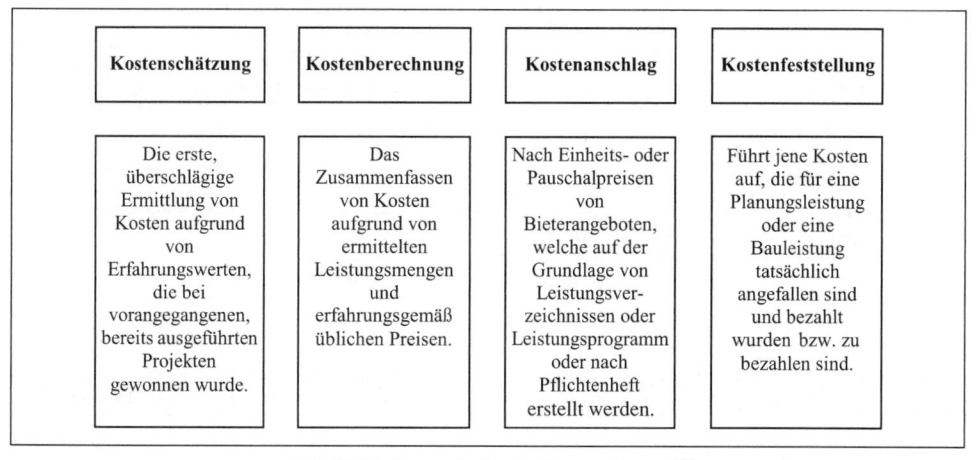

Kostenschätzung	Kostenberechnung	Kostenanschlag	Kostenfeststellung
Die erste, überschlägige Ermittlung von Kosten aufgrund von Erfahrungswerten, die bei vorangegangenen, bereits ausgeführten Projekten gewonnen wurde.	Das Zusammenfassen von Kosten aufgrund von ermittelten Leistungsmengen und erfahrungsgemäß üblichen Preisen.	Nach Einheits- oder Pauschalpreisen von Bieterangeboten, welche auf der Grundlage von Leistungsverzeichnissen oder Leistungsprogramm oder nach Pflichtenheft erstellt werden.	Führt jene Kosten auf, die für eine Planungsleistung oder eine Bauleistung tatsächlich angefallen sind und bezahlt wurden bzw. zu bezahlen sind.

Abb. III 56: Bestandteile der Kostenplanung[154]

Während der planende Architekt oder Ingenieur die Kostenberechnung als eine seiner Teilleistungen nach HOAI zu erbringen hat, kommt dem Baumanager die Obliegenheit zu, die Kosten zu kontrollieren. Dabei erstreckt sich die erste Kontrolltätigkeit auf diese Kostenberechnung und soll überprüfen, „ob

- alle zu berechnenden Leistungen erfasst sind,
- die angesetzten Leistungen vollständig sind,
- die Mengenermittlungen stimmen,

---

[154] Vgl. Rösel, W. (2000), S. 269 f.

- die eingesetzten Preise angemessen und
- die Berechnungen fehlerfrei sind."[155]

Sofern es bei dieser Kontrolle Unstimmigkeiten gibt, müssen diese geklärt werden. Im Einvernehmen mit Bauherr, Architekt oder Ingenieur und Baumanager ist ein konkreter Kostenrahmen, das ganze Bauprojekt betreffend, festzulegen. Veränderungen in der Planung sind dann durchaus möglich, wenn die festgestellten Kosten den Kostenrahmen nicht erreichen oder übertreffen. Wie bereits oben ausgeführt, kann die Kostenhöhe eines Bauprojektes von vielen äußeren Einflüssen und anderen Faktoren beeinträchtigt werden. Hat der Auftraggeber den Baumanager für das Kostenmanagement bestimmt, so ist es seine Aufgabe Hinweise zu geben, die dazu geeignet sind, den anfänglichen Kostenrahmen nach Möglichkeit zu erfüllen. Beginnend bei der Planung und endend mit der Fertigstellung des Bauwerks zielen solche Regelungen darauf ab, die Ursachen der Kostenänderungen zu erforschen. z. B. können:

- eine Änderung der Planung, z. B. Vereinfachung des Grundrisses,
- eine Änderung der Qualität, z. B. billigere, dafür weniger beständige Baustoffe und
- eine Änderung von Bauzeiten, z. B. Fristverlängerungen

Regelungsmaßnahmen zur Kostenreduktion darstellen.

Ein weiteres Instrument des Kostenmanagements stellt die Finanzmittelplanung (Abb. A III 57) dar. So ist es mit deren Hilfe nicht nur möglich, Höhe und Zeitpunkt der anfallenden Zahlungen

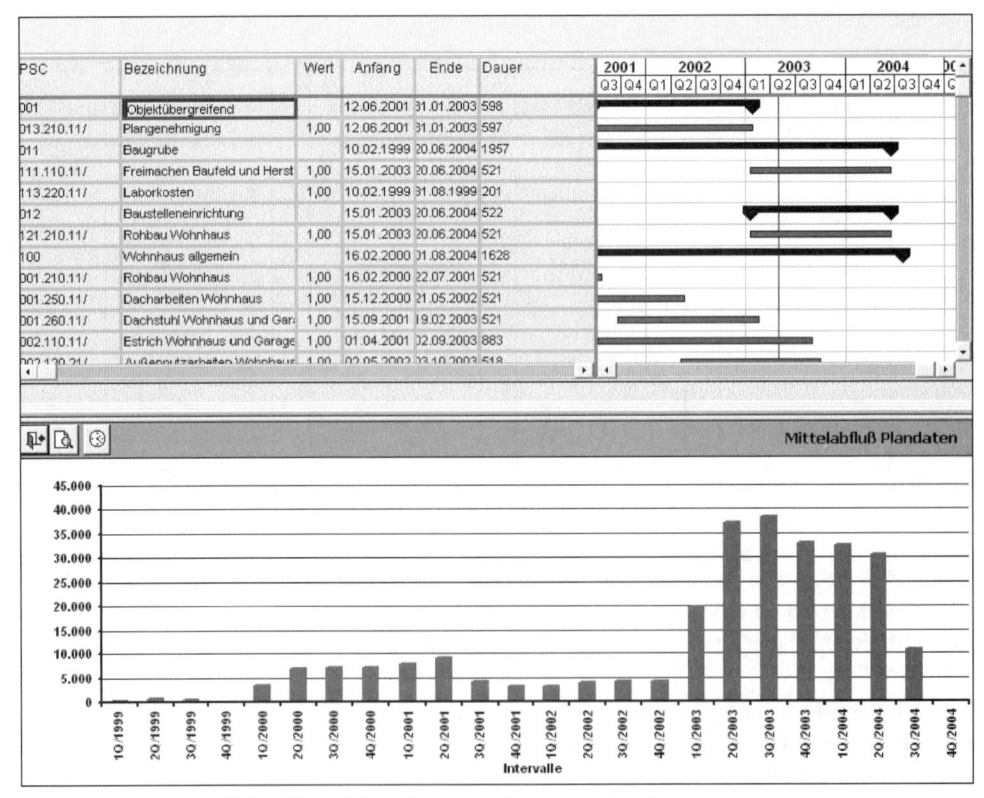

Abb. III 57: Mittelabflussplanung als Instrument des Kostenmanagements

---

[155] Ebenda, S. 270

festzustellen, sondern lassen sich damit auch Finanzierungsengpässe oder unnötige Bereitstellungszinsen bei der Fremdmittelaufnahme vermeiden.

Allerdings ist bei der Erstellung von Mittelabflussplänen darauf zu achten, dass erst nach erfolgter Rechnungslegung und -prüfung die Ausgaben für den Bauherrn anfallen. Denn es kann nicht davon ausgegangen werden, dass die Leistungserstellung eines Gewerks und die dafür erforderlichen Ausgaben zeitgleich anfallen. Dazwischen liegt mitunter eine beträchtliche Zeitspanne. Begründen lässt sich dieser Effekt durch die in der Baupraxis häufig auftretenden verspäteten Rechnungsstellungen und -prüfungen, aber auch gestörte Bauabläufe und Einbehalte infolge vorhandener Mängel können ursächlich sein.

In der deutschen Baubranche ist im Bereich des erfolgreichen Kostenmanagements verstärkt auch die angloamerikanische Wettbewerbs- und Vertragsform, das GMP-Modell, zu finden. GMP steht für „Guaranteed Maximum Price", was auf Deutsch „Garantierter Maximalpreis" bedeutet. Seinen Namen verdankt das Modell im Wesentlichen der Vergütungsart, die aus dem Vertrag bestimmt wird. Das GMP-Modell verfolgt das Ziel „das Projekt unter vereinbarten Preis-, Zeit- und Qualitätsgarantien zu erstellen"[156] indem es auf eine Kooperation zwischen Architekt, Bauherr, Fachplanern und Bauunternehmen setzt. Diese Kooperation bildet den essentiellen Grundsatz für das Funktionieren des Modells und verbindet daher Kostenfokus, Informationsmanagement, Zielsetzung, etc. des Projektes aktiv miteinander. Als charakteristisch, speziell für den Kostenfokus des GMP-Modells, erwähnen Ahrens, Bastian und Muchowski die Anreize in Form von Boni zur Geringhaltung der Kosten. Das ausführende Bauunternehmen erhält diesen Bonus anteilig aus der Differenz zwischen den ursprünglich veranschlagten und den tatsächlich entstandenen Kosten.[157]

4.4.7 Das Gebot der Wirtschaftlichkeit

Das Wirtschaftlichkeitsprinzip, auch bezeichnet als ökonomisches Prinzip, bedeutet, dass entweder „ein gegebener Güterertrag mit geringstmöglichem Einsatz von Produktionsfaktoren zu erwirtschaften ist (Minimalprinzip)" oder „dass mit einem gegebenen Aufwand an Produktionsfaktoren der größtmögliche Güterertrag zu erzielen ist (Maximalprinzip)".

Aus betriebswirtschaftlicher Sicht wird durch die Befolgung des ökonomischen Prinzips die optimale Allokation von Produktionsfaktoren (Arbeitsleistungen, Betriebsmittel, Werkstoffe, Kapitalstock) gewährleistet. Diese Aussage lässt sich ohne weiteres auf das Bauwesen transformieren, denn Wirtschaftlichkeit ist als primäre Anforderung an immobilienbezogenes unternehmerisches Handeln zu sehen. Zudem werden Gebäude in der Regel nicht als Denkmäler künstlerischer Architektur errichtet. Letzten Endes wird mit der damit meist nicht unerheblich getätigten Investition das Ziel verfolgt, einen Gewinn zu erzielen. Der Bauherr bzw. der Baumanager sollte die Wirtschaftlichkeit seines Projektes stets im Auge behalten und als eigenständiges Ziel verfolgen. Da das Ziel der Wirtschaftlichkeit nur schwer zu konkretisieren ist und die Anreize zu wirtschaftlichem Verhalten oftmals nur mangelhaft gegeben sind, tritt es in der Praxis oftmals, vor allem bei den Nutzern der Immobilie, in den Hintergrund. Zudem lassen sich die anderen gestalterischen Ziele einfacher miteinander kombinieren, wenn der Wirtschaftlichkeitsaspekt außer Acht gelassen wird.[158]

Die Wirtschaftlichkeit entspricht der Vorteilhaftigkeit eines Projektes unter Berücksichtigung der gesetzten Projektziele. Das Urteil über den Wert eines Projektes ist an bestimmte feststehende Vor-

---

[156] Ahrens, H./Bastian, K./Muchowski, L. (2010), S. 391
[157] Vgl. ebenda, S. 391 f.
[158] Vgl. ebenda, S. 318

gaben geknüpft ist. Das Wertmaß Qualität ist für die Beurteilung eines Bauwerks ausschlaggebend. Diesbezüglich sollte aber nicht nur auf Komponenten der Objektqualität wie:

- die Konfiguration eines Gebäudes,
- die Ausführung des Innenausbaus (Innengestaltung) des Gebäudes,
- das äußere Erscheinungsbild eines Gebäudes,
- die Umweltverträglichkeit und
- die Widerstandskraft gegen Wertminderung

abgestellt werden, sondern vielmehr auf das Kostenverhalten eines Gebäudes in seiner Nutzungsphase.[159] Die Ausführungen im Kapitel Kosten und Kostenmanagement haben bereits gezeigt, dass Entscheidungen in der Planungsphase die späteren Nutzungskosten maßgeblich beeinflussen können, Baukosten und Baunutzungskosten demnach in einem direkten funktionalen Zusammenhang zueinander stehen. Mögliche strategische Grundausrichtungen zur Gestaltung der Lebenszykluskosten enthält dazu Abb. III 58.

		BAUKOSTEN	
		hoch	niedrig
B A U N U T Z U N G S K O S T E N	h o c h	**Verschwendungsstrategie** – widerspricht ökonomischer Rationalität – Verantwortung sowohl für Investition als auch Betreiben fallen auseinander – überhöhte Gebäudeintelligenz bzw. -flexibilität werden nicht genutzt	**Baukostenminimierung** – Dominanz der Baukosten – reduktionistisch, da nur eine Kostenkomponente betrachtet wird; Baunutzungskosten werden vernachlässigt – Kurzfristdenken
	n i e d r i g	**Nutzungskostenminimierung** – Ursprungshypothese des Substitutionsprinzips – reduktionistisch, da nur eine Kostenkomponente betrachtet wird; Baukosten werden vernachlässigt – Höhe der Investitionskosten wird u.U. nicht kritisch hinterfragt – second best solution	**Gesamtkostenoptimierung** – Weiterentwicklung der Strategie der Nutzungskostenminimierung – ganzheitliche Sichtweise durch die Betrachtung von Bau- und Baunutzungskosten – Kostensenkungspotentiale in der Entstehungsphase werden konsequent genutzt

Abb. III 58: Strategische Grundausrichtungen zur Gestaltung der Lebenszykluskosten von Immobilien[160]

Aus den verschiedenen dargestellten Strategien präferiert Homann schließlich die Gesamtkostenoptimierung, die durch eine ganzheitliche Betrachtung von Bereitstellungs- und Nutzungskosten zu einem Kostenoptimum führen soll. Im Rahmen dieser Strategie werden Kostensenkungspotentiale in der Realisierungsphase unter gleichzeitiger Berücksichtigung zukünftiger Nutzungskosten konsequent genutzt.

---

[159] Vgl. Homann, K. (1999), S. 117 ff.
[160] Vgl. ebenda, S. 121

Dementsprechend sollte sich hieran auch der Baumanager orientieren, da ihm die Beachtung der Wirtschaftlichkeit bei jedem Bauprojekt obliegt.

4.4.8 Qualität und Qualitätsmanagement

Aus den Betrachtungen zu den Kosten und der Wirtschaftlichkeit eines Bauprojektes leitet sich nunmehr die Frage ab, wie die Qualität eines Baukörpers als solche sichergestellt werden kann. Dabei soll zunächst auf die Begriffe Qualität und Fehler eingegangen werden. Im Anschluss daran sollen die Möglichkeiten des Baumanagements aufgezeigt werden, Qualität und Fehler zu beeinflussen.

Nach DIN EN ISO 9000 ist Qualität die Gesamtheit von Merkmalen (und Merkmalswerten) einer Einheit bezüglich ihrer Eignung, festgelegte und vorausgesetzte Erfordernisse zu erfüllen. Dabei wird unter dem Begriff „Einheit" ein Produkt, eine Dienstleistung, eine Person, ein Betriebsmittel, eine Organisationseinheit oder ein System verstanden. Qualitätsmerkmale sind zudem objektiv messbar, können aber auch subjektiv empfunden werden. Hinsichtlich der Qualität eines Baukörpers kann nach Rösel unterschieden werden in:

- Qualität des Entwurfs,
- Qualität der Planung,
- Qualität der Konstruktion,
- Qualität der Ausführung,
- Qualität der Baustoffe,
- Qualität der Wartung und der Einwirkungen.

Dabei kommt neben der Ausführungsqualität auch der Planungsqualität eine erhebliche Bedeutung zu. Da die Qualität eines Bauwerkes hierdurch unmittelbar beeinflusst wird, ist eine Planung so vorzubereiten, dass sie den definierten Nutzeranforderungen gerecht wird, die ästhetischen Kriterien erfüllt sind, den allgemein anerkannten Regeln der Technik entspricht, geplante Sachverhalte herstellbar sind und dass diese letzten Endes fehlerfrei ist.

Anders als mit der Planung wird mit der Qualität der Ausführung die dauerhafte Gebrauchstauglichkeit eines Gebäudes beeinflusst.

Faktoren wie die Qualität des Produktionsapparates, die Qualität der Mitarbeiter, die äußeren Bedingungen, die Qualität der Baustoffe als auch die Organisation der Ausführung bestimmen die Ausführungsqualität. Mit aller Deutlichkeit zeigt Abb. III 59, warum gerade bei der Ausführung von Bauprojekten ein besonderes Augenmerk auf die Qualität gelegt werden sollte.

Ein Fehler ist von einem Mangel zu unterscheiden. Ein Mangel liegt vor bei der „Nichterfüllung einer Forderung oder angemessenen Erwartung bezüglich der beabsichtigten Anwendung". Ein Fehler liegt vor „wenn ein Merkmalswert die vorgegebenen Qualitätsanforderungen nicht erfüllt, d.h. außerhalb der Grenzwerte liegt".

In DIN ISO 2859 findet eine Klassifikation von Fehlern statt, die auch für die Planung und Ausführung von Bauwerken anwendbar ist:

- Nebenfehler, Brauchbarkeit wenig oder nicht vermindert
- Hauptfehler, Brauchbarkeit stark vermindert bis unbrauchbar
- Kritische Fehler, voraussichtliche Gefährdung von Menschenleben.[161]

---

[161] Vgl. Kochendörfer, B./Liebchen, J. H. (2001), S. 161

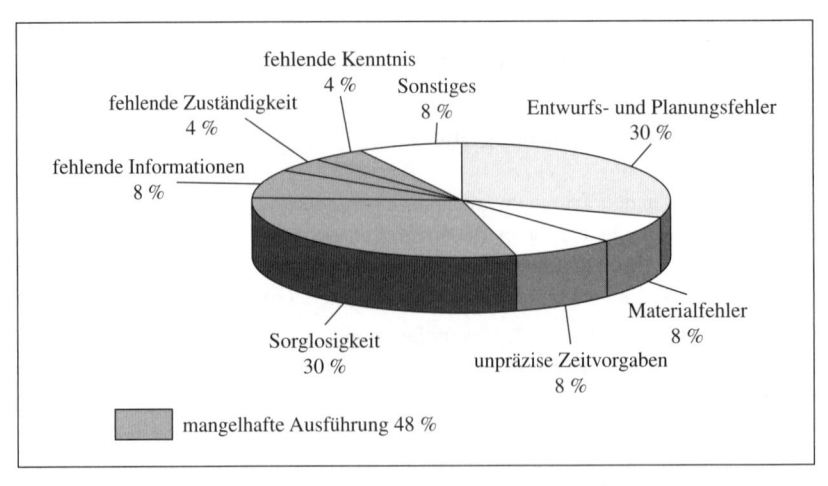

Abb. III 59: Fehlerursachen im Bauwesen[162]

Mithilfe von Qualitätsmanagement sollen Fehler wirksam vermieden werden. Qualitätsmanagement ist ein Verfahren, welches sich im Bemühen um eine ständige Verbesserung an den legitimen Bedürfnissen der Kunden orientiert.

Es umfasst alle Tätigkeiten des Managements, welche die Qualitätspolitik, die Ziele und Verantwortung im Rahmen des Qualitätsmanagementsystems festlegen. Diese werden verwirklicht durch Qualitätsplanung, Qualitätslenkung, Qualitätssicherung und Qualitätsverbesserung. Eine Zertifizierung der Unternehmen erfolgt durch eine unabhängige Stelle. Diese bestätigt, dass von Seite des Unternehmens alles zur Erreichung der Qualitätsziele Notwendige getan und ein Qualitätssicherungssystem eingeführt wurde. Diesem Konzept folgt die Normenreihe DIN-EN 9000 ff.[163]

Während alle großen und viele der mittelständischen Bauunternehmen mittlerweile ein solches Qualitätsmanagement eingeführt haben, gibt es nach wie vor Defizite diesbezüglich bei kleinen Unternehmen sowie bei Architektur- und Ingenieurbüros.

Damit aber dennoch der Erfolg eines Projektes, sprich die optimale Befriedigung der Kundenanforderungen, erreicht wird, bedarf es eines Rahmens, welcher die verschiedenen Arbeitsprozesse und Schnittstellen der Ausführungsbeteiligten und Planungsbeteiligten koordiniert.

Mittels eines projektbezogenen Qualitätsmanagements soll sichergestellt werden, dass die Anforderungen, die an ein Bauprojekt gestellt werden, sich über alle Phasen hinweg innerhalb des determinierten Toleranzspektrums bewegen. Als Instrument hierzu wird dem Baumanagement ein Projekt-[164] und Organisationshandbuch[165] zur Verfügung gestellt. In diesem wird eine ausführliche und klare Zieldefinition der Bauqualität erstellt in Hinsicht auf

- Nutzung (z. B. Funktion, Gestaltung, Standards, Dauerhaftigkeit),
- Kosten (z. B. Anfangsinvestition- und Folgekosten) sowie
- Termine (z. B. Planungs- und Ausführungsdauer).

---

[162] Vgl. Jungwirth, D. (1994), S. 9
[163] Vgl. Fritz, H. (1997), S. 13 f.
[164] Vgl. Schieler, J. (1998), S. 38 f.
[165] Vgl. ebenda, S. 113 ff.

Neben dem Projekthandbuch als organisatorisches Instrument bedarf es zur Sicherung der Qualität sowie Erreichung der Projektziele entsprechende Maßnahmen in allen Bereichen des Projektablaufs. Hierzu gehören:

- Die Aufbauorganisation (mit Organigramm, Berichtswesen etc.)
- Ablauforganisation (mit Auftragsvergaben, Abnahmen etc.)
- Projektbeteiligtenliste
- Projektzieldefinition
- Statusbericht
- Vertragsmanagement
- Besprechungswesen
- Kostenmanagement (mit Budgetierung, Kostenüberwachung etc.)
- Änderungsmanagement
- Terminmanagement (mit Meilensteinen, Anfangs- und Endterminen etc.)

Die Vorteile eines projektbezogenen Qualitätsmanagements liegen in einer effizienteren und somit wirtschaftlicheren Projektabwicklung, einhergehend mit einer Senkung der projektbezogenen Kosten. Die daran geknüpften Erwartungen sind in der Konsequenz höhere Planungs- und Ausführungsleistungen, die gleichwohl qualitätsbestimmend sind.[166]

5 Bautechnik

5.1 Allgemeines

Unternehmen der Immobilienwirtschaft stellen an ihre Mitarbeiterinnen und Mitarbeiter immer höhere Ansprüche an ein breites Allgemeinwissen, trotzdem rücken Spezialkenntnisse immer mehr in den Vordergrund. Eng verbunden mit der Immobilienwirtschaft ist die Bauwirtschaft, unter der alle Institutionen verstanden werden, die sich mit Planung, Durchführung und Nutzung von Bauobjekten und -projekten befassen, also alle bauausführenden Unternehmen, Architekten- und Ingenieurbüros und Baugesellschaften. Insofern soll im folgenden Kapitel ein grober Überblick über bautechnische Grundlagen vermittelt werden.

Bauwerke lassen sich auf mehrere Weisen unterschieden, dabei gibt es keine verbindlich anerkannte Kategorisierung. Je nach überwiegender Verwendung bestimmter Materialien können Bauten beispielsweise als Holz-, Mauerwerks-, Beton- oder Stahlbauwerke bezeichnet, oder hinsichtlich der Bauweise zwischen Massiv- oder Skelett- bzw. Fachwerkbauweise unterschieden werden. Außerdem kann differenziert werden zwischen Fertigbauweisen als Zusammenbau vorgefertigter Bauelemente und industrialisierten Bauweisen mit komplexen „geschlossenen" Bausystemen.

Hinsichtlich des Tragwerks lassen sich Bauwerke folgenden Systemen zuordnen:[167]

- Flächenartige Tragwerke (Lastabtragung über flächige Bauteile wie Decken und Wände)
- Vektorartige Tragwerke (Lastabtragung über stabartige Bauteile)
- Formaktive Tragwerke (Bauteilgeometrie selbst durch Kräfteverlauf und Lastabtragung bestimmt)

---

[166] Vgl. Kochendörfer, B./Liebchen, J. H. (2001), S. 169
[167] Vgl. Frick, O./Knöll, K. (2010), S. 8

Bauwerke können außerdem nach ihrer Nutzung bzw. Funktion unterschieden werden, zum Beispiel in: Wohngebäude, Büro- und Verwaltungsbauten, öffentliche Gebäude, Bauwerke für Industrie und Gewerbe, Bauten für Sport und Freizeit, für Gesundheit usw.

Die Tragstruktur bzw. der Rohbau eines Gebäudes wird als Primärstruktur bezeichnet. Der Innenausbau stellt die Sekundärstruktur dar. Dazu gehören vor allem Boden-, Wand- und Deckenkonstruktionen. Die Haustechnik eines Gebäudes bildet die Tertiärstruktur, innerhalb dieser spielen vor allem Heizung, Lüftung, Kühlung, Sanitär und Energieversorgung eine wichtige Rolle. Im nachfolgenden Kapitel wird nach einer kurzen Vermittlung von Grundlagen im Tiefbau auf diese Strukturen im Hochbau eingegangen.

5.2 Grundlagen Erdarbeiten und Baugruben

Als Tiefbau wird der Bereich des Bauwesen bezeichnet, der die Planung und Errichtung aller unterirdischen und ebenerdigen Bauwerke umfasst. Dazu gehören der Straßen-, Eisenbahn-, Erd-, Brücken-, Grund- und Wasserbau sowie die Siedlungswasserwirtschaft. Es werden jedoch nicht alle Bereiche des Tiefbaus behandelt. Die hier dargestellten Tiefbauarbeiten sind als Grundlage für den Hochbau von Bedeutung.

5.2.1 Baugrund und Erdarbeiten

Nur in seltenen Fällen kann auf örtliche Erfahrungen zur Bodenbeschaffenheit zurückgegriffen werden. Da aber der Schichtenaufbau des Bodens für die Gestaltung eines gesamten Bauwerks entscheidend sein kann, sollte gerade bei größeren Bauvorhaben möglichst frühzeitig eine Baugrunduntersuchung durchgeführt werden. Der Baugrund wird dabei durch Sondierungen, Schürfungen und Bohrungen nach seiner Bodenart und Lagerungsdichte, sowie Mächtigkeit und Belastbarkeit beurteilt. Des Weiteren wird der höchste Grundwasserstand ermittelt.

Böden können in vier Gruppen unterteilt werden:
- Fels
- nichtbindige Böden, z. B. Sand, Kies und deren Mischungen
- bindige Böden, z. B. Ton, Lehm, Mergel
- organische Böden, z. B. Moorerde, Torf und Schlamm

Fels ist hinsichtlich der Tragfähigkeit der beste Baugrund, organische Böden sind nicht tragfähig und somit als Baugrund nicht geeignet. Merkmal eines nichtbindigen Bodens ist, dass seine einzelnen Körner nicht aneinander haften und zwischen diesen viele Einzelporen vorhanden sind. Deshalb kann eindringendes Wasser leicht versickern. Die Größe der Körnung und die Dichte der Lagerung beeinflussen die Tragfähigkeit. Im Gegensatz zu nichtbindigen Böden kann bei bindigen Böden Wasser schlechter versickern, da letztere aus sehr feinen, schuppenförmigen Teilchen, die im trockenen Zustand eine zusammenhängende Masse bilden besteht. Durch zunehmenden Wassergehalt ändert sich die Konsistenz und wird breiig, was sich auf die Tragfähigkeit von bindigen Böden auswirkt.

Erdarbeiten umfassen nach DIN 18 300 alle Leistungen des Lösens, Förderns, Einbauens und Verdichtens von Boden und Fels. Also Bodenaushub, Erdaushub, Auffüllungsarbeiten und Aufschüttungen. Durchgeführt werden diese Arbeiten meist mit Erdbaumaschinen wie Baggern, Planierraupen und Ladern. Teilweise aber auch in Handarbeit mit Pickeln, Schaufeln, Spaten und Schubkarren.

5.2.2 Baugruben

Bevor die Baugrube ausgehoben werden kann, ist das geplante Bauwerk anhand des in der Baugenehmigung enthaltenen Lageplans von einem öffentlich bestellen Vermessungsingenieur abzustecken. Da die Baugrube größer sein muss als das Gebäude wird zur Sicherung der abgesteckten Punkte ein Schnurgerüst errichtet.

Es lassen sich grundsätzlich zwei Arten von Baugruben unterscheiden, nämlich verbaute und nicht verbaute Baugruben.

Nicht verbaute Baugruben werden mit Böschungen ausgeführt. Ohne rechnerischen Nachweis sind folgende maximale Böschungswinkel in Abhängigkeit von der Bodenbeschaffenheit zulässig:

- Bodenklasse 3 und 4:   nichtbindige, weiche bindige Böden   max. 45°
- Bodenklasse 5:   steife, halbfeste bindige Böden   max. 60°
- Bodenklasse 6 und 7:   Fels   max. 80°

Böschungen müssen zum Schutz vor Austrocknung, Oberflächenwasser bzw. Frost mit Schutzfolie oder Spritzbeton abgedeckt werden. Wenn bei tiefen Baugruben mit einem Abrutschen gerechnet werde muss, ist die Böschung mit Bermen zu staffeln (siehe Abb. III 60)

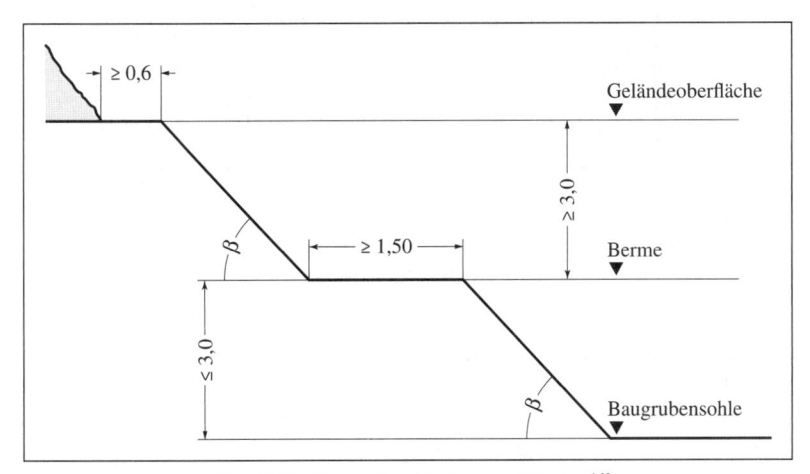

Abb. III 60: Baugrubenböschung mit Berme[168]

Ist der Baugrund nicht standsicher oder ist die Situation auf der Baustelle beengt wird ein Verbau notwendig. Dieser kann je nach Beanspruchung auf unterschiedliche Weise ausgeführt werden (siehe Abb. III 61). Für kleinere Baugruben reicht oft ein waagrechter Verbau mit Verbaubohlen aus Holz, die durch Erdanker oder Absteifungen gesichert werden. Ist der Boden allerdings sofort abzufangen, müssen die Verbaubohlen senkrecht eingetrieben werden. Sind die Baugrubenwände sehr tief und stark beansprucht, kommt häufig der „Berliner Verbau" zum Einsatz. Dabei werden Kant- und Rundhölzern zwischen eingerammte Stahlprofile geschoben und verkeilt. Spundwandkonstruktionen werden bei besonders hohen Beanspruchungen angewandt. Diese Konstruktionen können gegen eindringendes Wasser abgedichtet werden. Massive Verbauarten aus Bohrpfahlsystemen oder Schlitzwänden können später in das entstehende Bauwerk als Gründung mit einbezogen werden.

---

[168] Neufert, E. (2002), S. 65

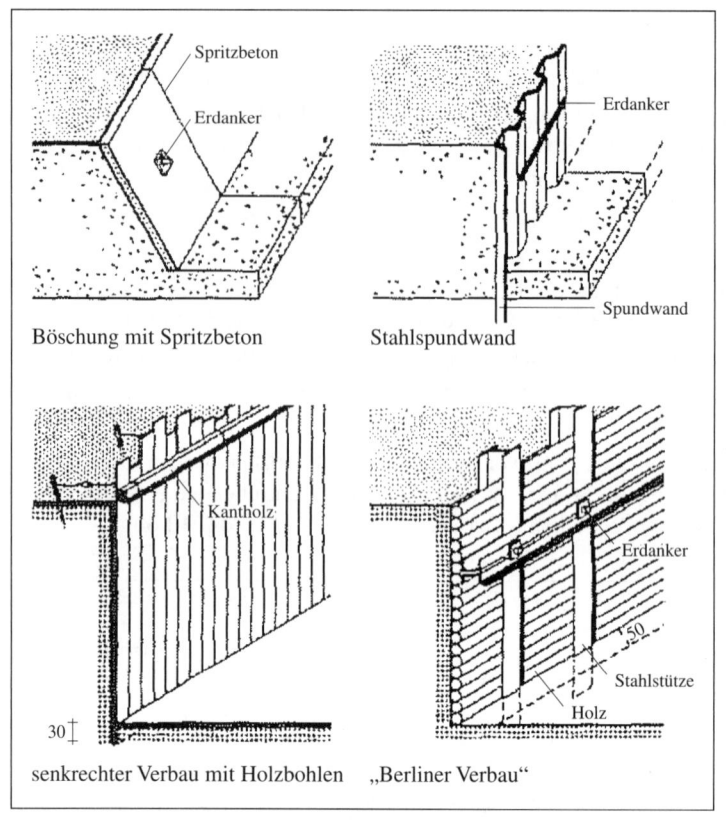

Abb. III 61: Beispiele Verbauarten[169]

Gefährdet das Grundwasser die Tragfähigkeit der Baugrube nicht, kann dieses kontinuierlich abgepumpt werden (offene Wasserhaltung). Bei höherem Wasseranfall wird ggf. eine Grundwasserabsenkung erforderlich.

5.3 Grundlagen Hochbau

Als Hochbau wird der Bereich des Bauwesens bezeichnet, der sich mit der Planung und Ausführung von Bauwerken (Gebäuden) über der Erde befasst.

Im Folgenden soll ein grober Überblick über die einzelnen Bauteile und Konstruktionen der Primär- und Sekundärstruktur, sowie über den technischen Ausbau (Tertiärstruktur) verschafft werden.

---

[169] Ebenda, S. 66

5.3.1 Primäre Tragkonstruktion

5.3.1.1 Fundamente

Das Fundament ist die Grundmauer bzw. die Ausgangbasis für das zu errichtende Bauwerk. Art, Form und Bemessung der Fundamente werden nach der Bodenuntersuchung bestimmt. Die Gründung eines Bauwerks übernimmt die Aufgabe, die bevorstehenden Setzungen (Nachgeben des Bodens unter der Baulast) unter allen Gebäudeteilen gleichmäßig zu verteilen und zu verhindern, dass Gebäudewände reißen. Fundamente müssen gegen Grund- und Sickerwasser geschützt sein und unterhalb der Frostgrenze des Erdreiches liegen, um ein Zusammenziehen bei Frost und ein Ausdehnen bei Tauwetter zu vermeiden. Ab einer Tiefe von etwa 80 cm (Frostgrenze) ist hierzulande kein Bodenfrost mehr festzustellen.

Die DIN 1054 gibt in einfachen Regelfällen Richtlinien zur Bemessung von Flächen- und Tiefengründungen an. „Regelfälle liegen vor, wenn es sich um Streifen- und Einzelfundamente mit begrenzten und häufig vorkommenden Abmessungen einerseits und um häufig vorkommende typische Bodenarten andererseits handelt."[170]

5.3.1.1.1 Flächengründungen

An großen Bauwerken können bei verschiedenen Gebäudeteilen durch ungleiche Lasten unterschiedliche Setzungen entstehen. Diesen muss mit geeigneten Fundamenten entgegengetreten werden.

Bei Flächengründungen lassen sich die folgenden drei Fundamentarten unterscheiden:

- Einzelfundamente
  Schwere Einrichtungsgegenstände wie Maschinen oder besonders stark belastete Stützen erhalten Einzelfundamente aus unbewehrtem oder bewehrtem Beton. Die Form kann dabei stets unterschiedlich sein.

- Streifenfundamente
  Streckenlasten wie beispielsweise Wände, die gleichmäßig belastet sind, erhalten Streifenfundamente aus unbewehrtem Beton. Die Wandfundamente bilden üblicherweise lang gedehnte, zusammenhängende Fundamentstreifen.

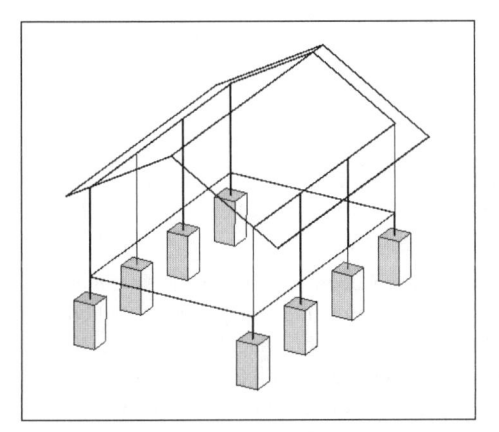

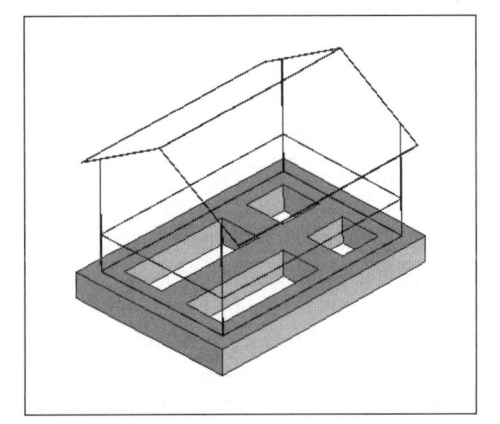

Abb. A III 62: Einzelfundament und Streifenfundament

---

[170] Frick, O./Knöll, K. (2010), S. 48

- Plattenfundamente
  Bei schlechtem Boden mit unterschiedlich geschichtetem Baugrund kann eine aus Stahlbeton auf dem Baugrund „schwimmende" Gründungsplatte abweichenden Setzungen einzelner Gebäudeteile zuvorkommen.

Einzel- und Streifenfundamente eignen sich besonders für die Bodengruppen 1 und 2, also für Fels, Sand und Kies. Bei den bindigen Böden (Bodengruppe 3) werden Plattenfundamente aus Stahlbeton empfohlen, da durch die biegesteife Gründungsplatte, die auf dem Baugrund „schwimmt" und somit ungleichmäßige Setzungen einzelner Gebäudeteile verhindert, die Gründungsfläche wesentlich vergrößert werden kann.

5.3.1.1.2 Tiefengründungen

Bei nicht tragfähigem Baugrund, bei dem tragfähige Bodenschichten erst in größeren Tiefen des Untergrunds vorkommen, stellen Pfahlgründungen die einzig wirtschaftliche Alternative dar. Bei einer Pfahlgründung wird die Gebäudelast durch Mantelreibung und Spitzendruck von Ramm- oder Bohrpfählen auf den Baugrund übertragen (vgl. Abb. III 63).

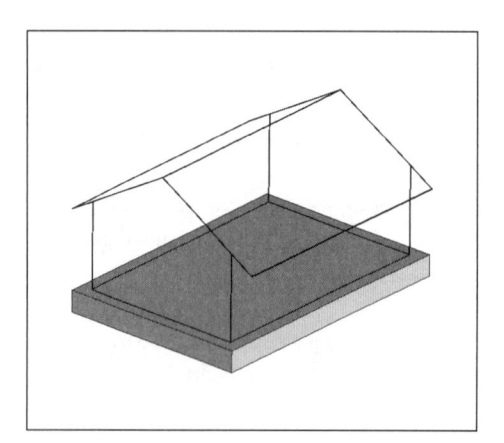

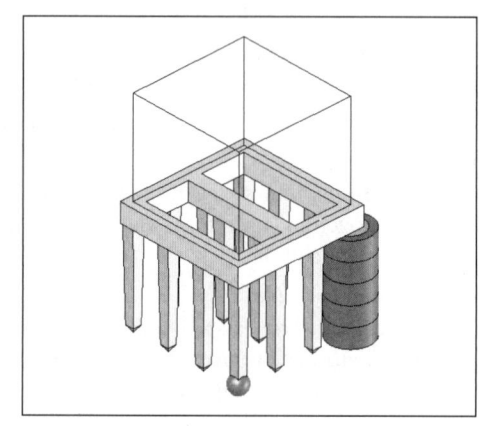

Abb. III 63: Plattenfundament und Tiefengründung

5.3.1.2 Bauwerksabdichtung

Abdichtungen sollen Bauwerke vor den schädigenden Einflüssen von Wasser dauerhaft schützen. Dabei können mehrere Arten von Abdichtungen unterschieden werden: Abdichtung gegen Bodenfeuchte, gegen nichtdrückendes Wasser und gegen drückendes Wasser.

Feuchtigkeit ist im Boden immer vorhanden. Deshalb sind Außen- und Innenwände gegen das Aufsteigen von Feuchte im Mauerwerk sowie die Bodenplatte mit einer waagrechten Abdichtung zu versehen. Für waagrechte Abdichtungen in Wänden sind Bitumendachbahnen oder Kunststoffdichtungsbahnen zu verwenden. Außerdem sind Abdichtungen gegen Bodenfeuchtigkeit und Spritzwasser an den vom Erdboden berührten Außenwänden in vertikaler Richtung bis 30 cm über Gelände mit einer mehrlagigen Beschichtung oder einer Dichtungsbahn auszuführen. Unterirdische Wandbauteile müssen ebenfalls mit einer Abdichtung vor nichtstauendem Sickerwasser geschützt werden.

Um das Entstehen von drückendem Wasser an Außenwänden zu verhindern müssen schwach durchlässige bzw. bindige Böden durch Dränschicht und Dränleitung entwässert werden. Ist dies nicht möglich bzw. steht drückendes Wasser an, meist in der Form von Grundwasser, müssen wasserdruckhaltende Abdichtungen hergestellt werden. Bauteile, die in das Grundwasser eintauchen, müssen entweder aus wasserundurchlässigem Beton („weiße Wanne") hergestellt oder mit einer Druckwasserabdichtung („schwarze Wanne") versehen werden. „Schwarzen Wannen" können mit mehrfachen bituminösen Lagendichtungen, Metalldichtung oder Kunststofffolien hergestellt werden. Dabei liegt die Abdichtung im Normalfall auf der Wasserseite des Bauteils und wird bis 30 cm über den höchsten Grundwasserspiegel geführt. Allerdings kommt heute die „schwarze Wanne" nur noch selten zum Einsatz. Für Abdichtungen gegen drückendes Wasser wird bei Neubauten meist die weniger aufwendige „weiße Wanne" bevorzugt.

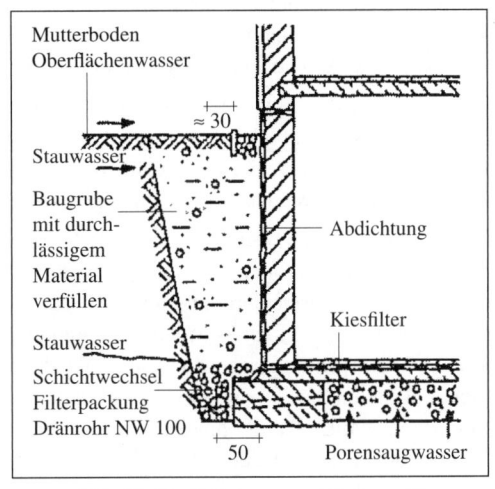

Abb. III 64: Abdichtung und Dränage[171]

5.3.1.3 Wände/Stützen

Wände begrenzen Räume seitlich und bieten Schutz vor äußeren Einflüssen, Sicht und Zutritt. Sie müssen standsicher erbaut werden und Eigenlasten und äußere Kräfte zuverlässig aufnehmen und ableiten. Ihre Bauweise sollte ermöglichen, dass ein angenehmes Raumklima erreicht und gehalten werden kann. Grenzen sie Räume im Inneren eines Gebäudes ab, gelten sie als Innenwände. Außenwände grenzen das Gebäude nach außen ab. Wände müssen unterschiedlichen Ansprüchen genügen und weisen daher unterschiedliche Eigenschaften auf.

In der Literatur werden Wände unterschieden:

- nach der Lage im Bauwerk: Außenwände und Innenwände;
- nach der statischen Beanspruchung: Tragende Wände, aussteifende Wände und nichttragende Wände und
- nach dem Aufbau: Unter anderem einschalige Wände, zweischalige Wände ohne Luftschicht und zweischalige Wände mit Luftschicht.

Die beiden Begriffe nach der Lage im Bauwerk wurden bereits erläutert.

---

[171] Neufert, E. (2002), S. 70

Tragende Wände können durch vertikale Kräfte (z. B. Eigengewicht, Deckenlasten, Nutzlasten) und horizontale Kräfte (z. B. Windkraft) belastet werden. Sie werden überwiegend auf Druck beansprucht und leiten die auf sie einwirkenden Kräfte zusammen mit den Decken und aussteifenden Wänden auf die Fundamente weiter. Aussteifende Wände können neben ihrem Eigengewicht noch durch Aussteifungslasten (z. B. Windkraft, Knicklasten) belastet werden. Nichttragende Wände werden nur durch ihr Eigengewicht beansprucht, sie werden zur Sicherung der Standfestigkeit des Gebäudes nicht herangezogen.

Im Gegensatz zum Massivbau, bei dem die räum schaffenden Wände das vertikale Tragwerk bilden, werden im Skelettbau die Lasten nur über Stützen abgetragen. Die raumbildenden Elemente sind beim Skelettbau also klar von den Tragenden getrennt. Dadurch ergibt sich der Vorteil, einer flexiblen Flächengestaltung, die auch spätere Änderungen an der Raumaufteilung zulässt. Die Stützen werden in einem Raster angeordnet, das sowohl von der Statik als auch von den Anforderungen der Gebäudenutzung (Produktion, Büro etc.) abhängig ist. Für Bürogebäude hat sich beispielsweise ein Vielfaches von 1,20 bis 1,35 m als geeignete Grundeinheit erwiesen.[172]

Eine Skelettkonstruktion besteht neben der Stütze aus einem weiteren Hauptelement, dem Träger. Damit die Standfestigkeit des Skeletts gewährleistet ist, muss dieses ausgesteift werden. Bei Geschossbauten entstehen durch das Zusammenwirken von Stützen, Unterzügen und Decken ausgesteifte Systeme. Aufgrund vieler Vorteile werden häufig auch unterzugsfreie Flachdecken eingesetzt.

Einschalige Wände bestehen aus einer Schicht oder mehreren Schichten, die durch Putz vollständig miteinander verbunden sind. Häufig werden Mauersteine mit guten wärmedämmtechnischen Eigenschaften verwendet, da eine zusätzliche Wärmedämmung fehlt. Allerdings müssen bei bestimmten Mauersteinen zusätzliche Mineralfaserplatten zur Wärmedämmung aufgetragen werden, um den Forderungen der DIN 4108 zum Wärmeschutz gerecht zu werden. Wird die innen liegende tragende Wand mit einer äußeren nicht belasteten Schale, die vorwiegend dem Wetterschutz dient, verbunden, handelt es sich um eine zweischalige Wand ohne Luftschicht. Wird hingegen zwischen die Vormauerschale und der Hintermauerschale eine etwa 6 cm dicke Luftschicht eingelassen, ist dies

Außenwandkonstruktionen

a) einschalige Wand, beidseitig verputzt
b) zweischalige Wand mit Luftschicht und Wärmedämmung
c) zweischalige Wand mit Wärmedämmung
d) zweischalige Wand mit Luftschicht

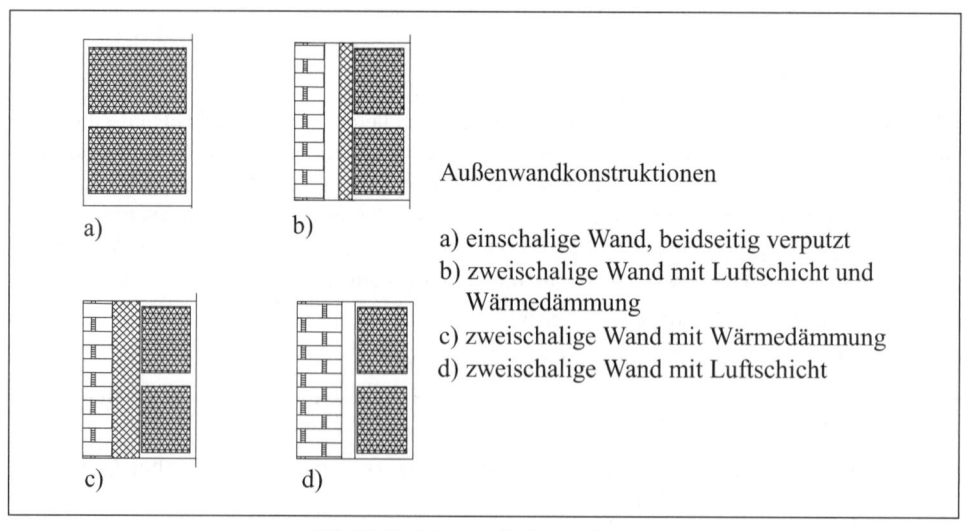

Abb. III 65: Mauerwerkskonstruktionen

---

[172] Vgl. Frick, O./Knöll, K. (2010), S. 235

eine zweischalige Wand mit Luftschicht. Die Luftschicht dient vor allem dazu, Schlagregenfeuchtigkeit auf der Rückseite der Vormauer abzuleiten, ohne dass die Hintermauerschale durchfeuchtet wird. Außerdem wird der diffundierende Wasserdampf direkt an die Außenluft abgegeben. Abb. III 65 zeigt einige Möglichkeiten von Mauersystemen.

5.3.1.4 Geschossdecken

Geschossdecken schließen gebaute Räume nach oben ab und trennen die einzelnen Geschosse voneinander. Decken können aus unterschiedlichen Baustoffen bestehen, wie z. B. aus natürlichen oder künstlichen Steinen, Beton oder Stahlbeton, Stahl und Holz. Anfang des 20. Jahrhunderts wurde im Bauwesen für die Herstellung stark belasteter Decken, wie beispielsweise in Fabriken und Lagerhäusern immer häufiger Stahlbeton verwendet. Später wurden die Holzdecken auch in den Wohn- und Geschäftshäusern durch die ebene Massivdecken verdrängt. Somit werden heutzutage fast ausschließlich alle Decken als ebene Massivdecken aus Beton hergestellt. Durch die Verwendung von Beton sind die Decken feuerbeständig und unempfindlich gegen Feuchtigkeit und Schädlinge, und demzufolge fast unbegrenzt beständig.

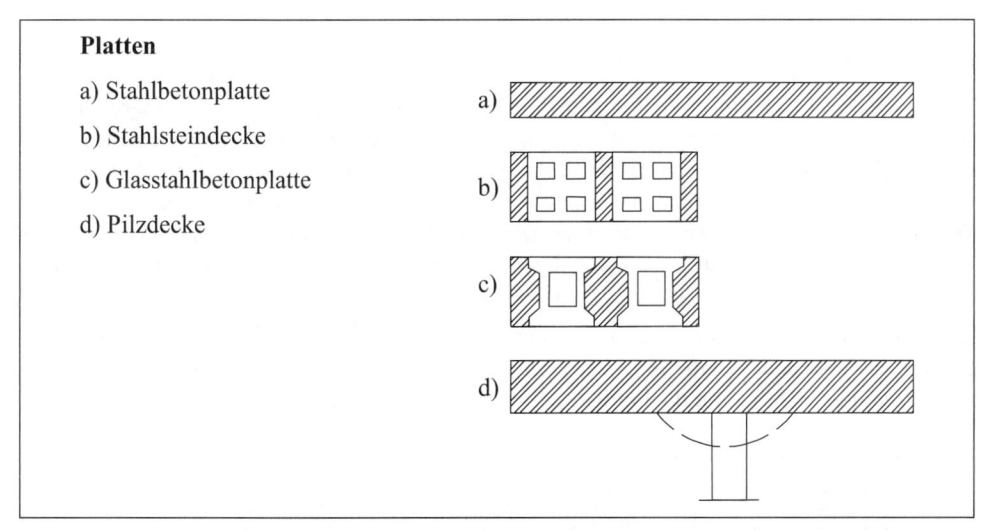

Platten

a) Stahlbetonplatte

b) Stahlsteindecke

c) Glasstahlbetonplatte

d) Pilzdecke

Abb. III 66: Schematische Darstellung einiger Grundformen ebener Massivdecken

Die ebenen Massivdecken unterscheiden zwischen Platten und Balken. „Platten sind ebene Flächentragwerke …, die quer zu ihrer Ebene belastet sind; sie können linienförmig oder auch punktförmig gelagert sein. Je nach ihrer statischen Wirkung werden einachsig oder zweiachsig gespannte Platten unterschieden."[173]

Abb. III 66 zeigt schematisch die Grundformen der unterschiedlichen Platten sowie eine Plattenbalkendecke.

Platten, die direkt auf Stützen aufgelagert sind und mit den Stützen biegfest und gelenkig verbunden sind, werden Pilzdecken genannt. Die Stützen können mit oder ohne einen verstärkten Kopf aufgelagert sein. Die Platten müssen mindestens 15 cm dick sein.

---

[173] Vgl. Frick, O./Knöll, K. (2010), S. 344

Bei Balkendecken trägt jeder Balken den von ihm selbst eingenommenen Teil der Decke. Sind die Balken in Abständen angeordnet und die Zwischenräume durch Ausfachungen oder Überdeckungen geschlossen, so tragen die Balken die Last des einzelnen Balkenfeldes.

Durch die Verbindung von Platten und Balken entstehen die so genannten Plattenbalken mit T-förmigem Querschnitt (vgl. Abb. III 67). Plattenbalkendecken haben bei gleicher Spannweite ein geringeres Eigengewicht als Platten und werden besonders bei Gebäuden mit größeren Spannweiten eingesetzt. Im Wohnungsbau werden sie nur gering eingesetzt, da sie eine unebene Unterschicht besitzen.

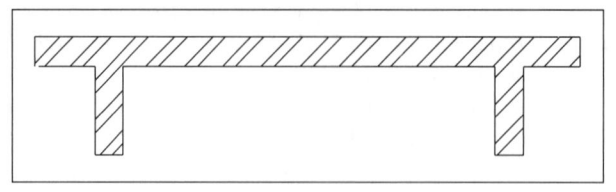

Abb. III 67: Plattenbalkendecke

5.3.1.5 Treppen

Treppen verbinden innerhalb oder außerhalb des Gebäudes verschiedene Geschossebenen miteinander. Sie werden nach notwendigen und nicht notwendigen Treppen unterschieden. Notwendige Treppen müssen nach behördlichen Vorschriften vorhanden sein. An diese Treppen werden bestimmte Anforderungen hinsichtlich der Bauausführung gestellt. Nicht notwendige Treppen können zusätzlich vorhanden sein. Die DIN 18 065 regelt die Maß-Anforderungen von Treppen. Allerdings können in den jeweiligen Landesbauordnungen abweichende Vorschriften enthalten sein.

Eine Folge von mehr als drei Stufen wird als Treppenlauf bezeichnet. Neben der Anzahl der Treppenläufe ist unter anderem die Lage der Läufe, Anzahl und Form der Stufen sowie Form, Lage und Anzahl von Podesten für die Form einer Treppe verantwortlich.

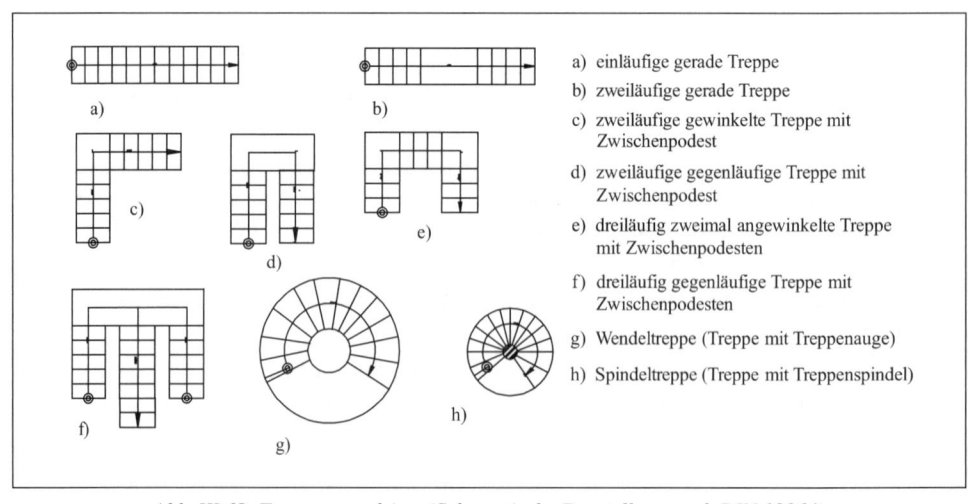

a) einläufige gerade Treppe
b) zweiläufige gerade Treppe
c) zweiläufige gewinkelte Treppe mit Zwischenpodest
d) zweiläufige gegenläufige Treppe mit Zwischenpodest
e) dreiläufig zweimal angewinkelte Treppe mit Zwischenpodesten
f) dreiläufig gegenläufige Treppe mit Zwischenpodesten
g) Wendeltreppe (Treppe mit Treppenauge)
h) Spindeltreppe (Treppe mit Treppenspindel)

Abb. III 68: Treppengrundrisse (Schematische Darstellung nach DIN 18064)

Nachfolgend einige Treppengrundrisse nach der DIN 18 064. Zu beachten ist, dass der Pfeil den gewöhnlichen Gehbereich der Treppe und gleichzeitig die Richtung in der die Treppe ansteigt, anzeigt.

Je nach Art der Treppe treten unterschiedliche Steigungen auf. So müssen bei einer Fluchttreppe schnell Höhenunterschiede überwunden werden. Beim Treppensteigen ist die physiologisch günstigste ‚Steigarbeit' bei einem Neigungswinkel der Treppe von 30° und einem Steigungsverhältnis von

$\frac{\text{Stufenhöhe h}}{\text{Stufentiefe t}} = \frac{17}{29}$ gegeben.[174]

Das Steigungsverhältnis wird durch die Schrittlänge eines erwachsenen Menschen bestimmt. Diese Schrittlänge liegt zwischen 61 bis 64 cm. Damit eine Treppe sicher begangen werden kann, muss das Verhältnis zwischen der Steigungshöhe (h) und der Stufentiefe (t) im Bereich der Schrittlänge liegen. Somit lässt sich das Steigungsverhältnis mit dem geringsten Energieaufwand mit der Formel 2 h + t = 63 (entspricht einem Schritt) festlegen.

Bei Freitreppen mit Massenverkehr werden niedrige Stufen gewählt. Somit entsteht eine Neigung von etwa 25°, was einem Steigungsverhältnis von 12,5/37,5 entspricht. Baurechtlich nicht notwendige Treppen, wie Keller- und Dachtreppen, können eine Neigung von bis zu 75° aufweisen.

Treppenstufen werden üblicherweise mit einem Schritt begangen. Die Bezeichnung von Stufenteilen findet sich in folgender Abbildung.

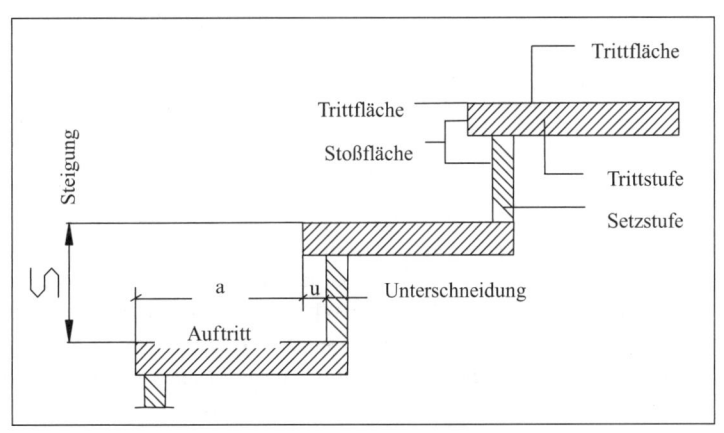

Abb. III 69: Bezeichnung von Stufenteilen

Ferner gibt es für die unterschiedlichen Treppenteile Bezeichnungen (vgl. Abb. III 70). So wird beispielsweise die erste Stufe eines Treppenlaufs als Antrittsstufe, die letzte als Austrittsstufe bezeichnet. Die Auflinie kennzeichnet wie oben bereits erwähnt den üblichen Gehbereich sowie die Richtung der Steigung. Die Teile der Treppe, die sie zur Seite begrenzen, werden als Treppenwangen definiert. Die Bezeichnung der Treppenteile zeigt Abb. III 70.

---

[174] Vgl. Neufert, P./Neff, L. (1996), o. S.

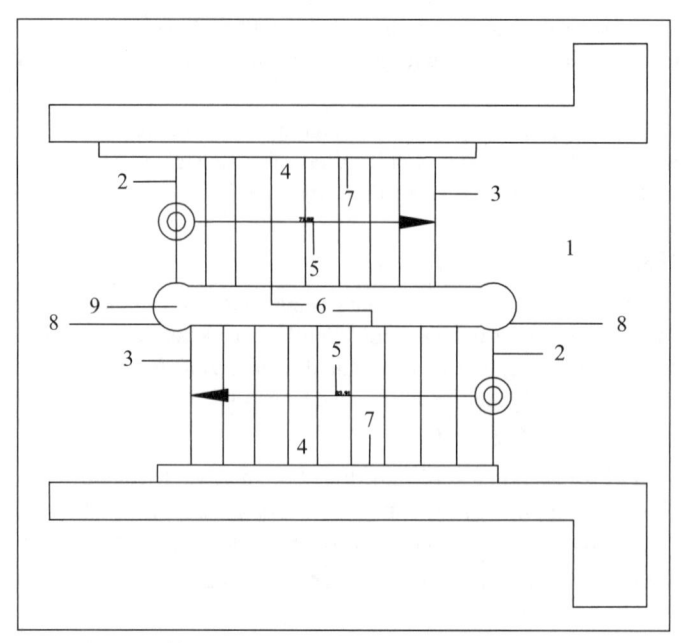

Abb. III 70: Bezeichnung von Treppenteilen

1 Podest
2 Antrittsstufe
3 Austrittsstufe
4 Treppenlauf
5 Lauflinie
6 Innere Treppenwange
7 Äußere Treppenwange
8 Krümmling
9 Treppenauge

5.3.1.6 Fassade

Die Gebäudehülle bzw. die Außenhaut eines Gebäudes wird als Fassade bezeichnet und stellt ein wichtiges architektonisches Gestaltungselement dar. Die elementaren Funktionen der Fassade sind der Schutz des Bauwerks vor Kälte und Witterung sowie die ausreichende Versorgung der Innenräume mit Tageslicht. Dieses dient nicht nur der Belichtung von Räumen, sondern hat ebenfalls eine wesentliche psychologische Bedeutung für den Menschen. Das Wohlbefinden in Wohn- und Arbeitsräumen wird durch Tageslicht gesteigert, deswegen braucht jeder Arbeitsplatz ein Kontaktfenster nach draußen.

Es gibt verschiedene Arten von Fassaden, die abhängig vom Tragwerk eines Gebäudes (z. B. Massiv- oder Skelettbau) Anwendung finden. Beispiele für Fassadenarten sind:

- Lochfassade
- Hinterlüftete Fassade
- Doppelfassade
- Pfosten-Riegel-Fassade
- Vorhangfassade etc.

In der Regel sind Lochfassaden bei Massivbauten vorzufinden. Das bedeutet in den massiven Außenwänden eines Gebäudes befinden sich einzelne, klar abgegrenzte Öffnungen für Fenster und Türen. Entscheidend für die Fassadengestaltung, aber auch für den Innenraum sind somit die Fenster mit deren Form, Größe, Lage, Anordnung etc.

In der Literatur werden Fenster nach Einbauart, Öffnungsmöglichkeit, öffnungs- bzw. Flügelart, Bauart, der Art der Verglasung und der Art des Baustoffes unterschieden.

Nachstehend soll auf die Öffnungs- bzw. Flügelarten und die verschiedenen Verglasungsarten eingegangen werden.

Nach Art der Öffnung bzw. Flügel lassen sich folgende Fensterarten charakterisieren:[175]

- Frei stehendes Fenster
- Drehflügelfenster
- Kippflügelfenster
- Drehkippflügelfenster
- Schwingflügelfenster
- Wendeflügelfenster
- Klappflügelfenster
- Vertikalschiebefenster
- Horizontalschiebefenster

Hinterlüftete Fassaden sind mehrschalige Außenwandkonstruktionen, durch die positive bauphysikalische Effekte erzielt werden können. Auf diese wurde im Zusammenhang mit massiven Wänden unter 5.3.1.3 bereits eingegangen. Bei hinterlüfteten Fassaden dient die äußere, nichttragende Schicht lediglich zum Schutz vor Schlagregen und ist durch einen Luftraum von den dahinterliegenden Schichten getrennt.

Doppelfassaden finden häufig bei Hochhäusern Verwendung, um auch in großen Höhen eine natürliche Belüftung zu ermöglichen. Zwischen der eigentlich thermisch trennenden Glasfassade auf der Innenseite und der äußeren Verglasungsebene befindet sich dabei ein Zwischenraum.

Pfosten-Riegel-Fassaden bestehen aus einem stabartigen Fassadentragwerk mit vertikalen Pfosten und horizontalen Riegeln, die wahlweise mit Verglasungen, geschlossenen Elementen sowie Fenster- und Türöffnungen ausgefacht werden. Befestigt werden die Ausfachungselemente meist mit Pressleisten, die mit dem Tragwerk der Fassade verschraubt werden.[176] Soll der Eindruck einer halterlosen Ganzglasfassade entstehen, können die Glasscheiben auch geklebt, mit Klemmprofile zwischen den einzelnen Scheiben oder an nur einzelnen Punkten gehalten werden („structural glazing").

Der Begriff „Vorhangfassade" wird sowohl für vorgehängte hinterlüftete Fassaden verwendet also auch für Fassaden, bei denen Glasscheiben oder Sandwich-Paneels vor Skelettkonstruktionen gehängt werden. Vorhangfassaden haben außer ihrem Eigengewicht keine statischen Lasten zu tragen.

5.3.1.7 Dächer

Das Dach erfüllt als Bauteil in erster Linie eine schützende Funktion. So soll es vor Witterungseinflüssen wie Regen, Hagel, Schnee, Kälte und Wind schützen. Gleichzeitig soll es Schall und Wärme dämmen und Auflasten tragen können. Im Laufe der Geschichte entwickelten sich unterschiedliche Dachformen, was auf die klimatischen Gegebenheiten und die zur Verfügung stehenden Materialien zurückzuführen ist. So wurde beispielsweise in den Küstenregionen der Nord- und Ostsee gebündeltes Schilfrohr (Reet) als Dacheindeckwerkstoff verwendet, das jedoch nur durch eine Neigung des Daches in der Lage war das Niederschlagswasser abzuleiten. Folglich erfordern Dachdeckungen deutlich geneigte Dachflächen, die üblicherweise von einem Dachtragwerk getragen

---

[175] Vgl. ebenda.
[176] Vgl. Frick, O./Knöll, K. (2008), S. 449

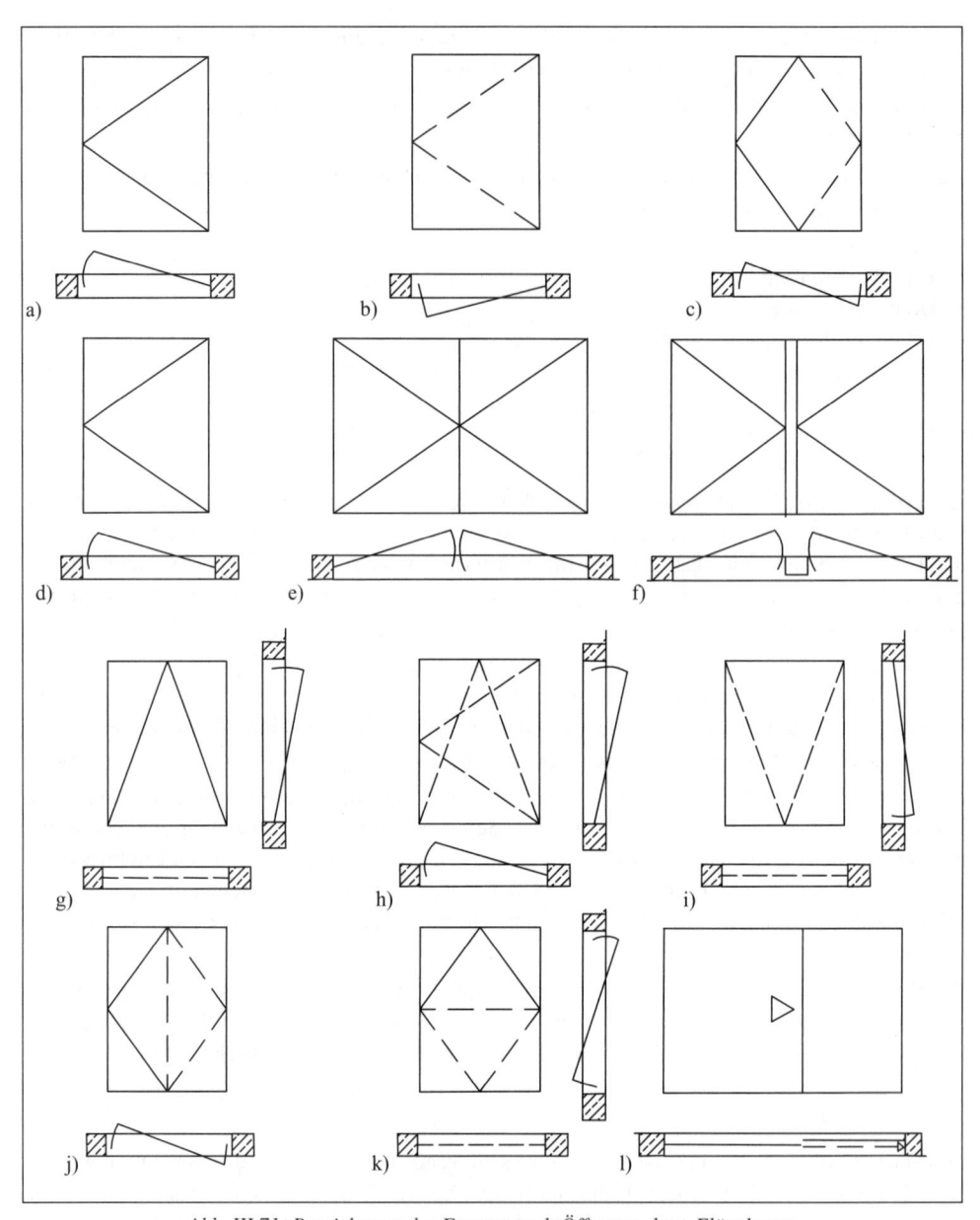

Abb. III 71: Bezeichnung der Fenster nach Öffnungs- bzw. Flügelarten

Ansichten: Außenseite/Grundrisse: Außenseite unten/Schnitte: Außenseite links

a) Drehflügel, nach innen öffend
b) Drehflügel, nach außen öffnend
c) Drehflügel, nach innen u. außen öffnend
d) Einflügliges Fenster mit Drehflügel
e) Zweiflügliges Fenster mit Drehflügel
f) Zweiflügliges Fenster mit festen Pfosten und Drehflügel
g) Kippflügel
h) Drehkippflügel
i) Klappflügel
j) Wendeflügelfenster
k) Schwingflügelfenster
l) Schiebefenster

werden. Dachabdichtungen können dagegen ohne oder mit geringer Neigung auf entsprechenden Tragwerken oder direkt auf Bauwerke oder -teile aufgetragen werden.

5.3.1.8 Dachformen

Die einfachste Dachform ist das Pultdach. Da es nur eine schräge Dachfläche aufweist, ist es in der Herstellung sehr kostengünstig. Besonders im Mittelmeerraum ist diese Dachform weit verbreitet.

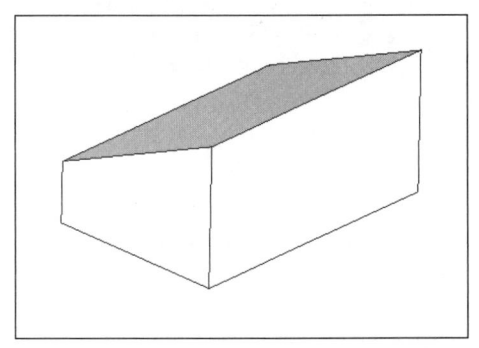

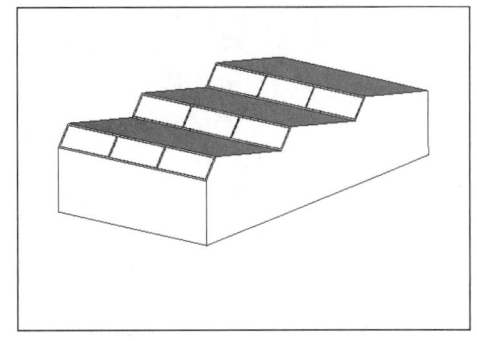

Abb. III 72: Pultdach und Sheddach

Das Sheddach ist eine Sonderform des Pultdaches. Es hat mehrere hintereinander angelegte pultförmige Abschnitte. Diese werden häufig in Industriebauten eingesetzt, da ein großer Lichteinfall durch Fensterfronten vor den pultförmigen Abschnitten ermöglicht wird.

Das Satteldach hat üblicherweise eine Dachneigung ab etwa 30° (flaches Satteldach) bis über 60° (altdeutsches Satteldach). Es ist die am häufigsten verbreitete Dachform, da es eine einfache Konstruktion und damit kostengünstig ist. Des Weiteren bieten Satteldächer mit einer Neigung zwischen 38° bis 45° Neigung genügend Raum für einen Dachgeschossausbau.

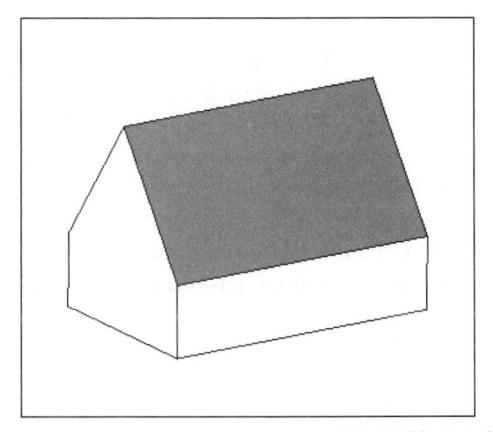

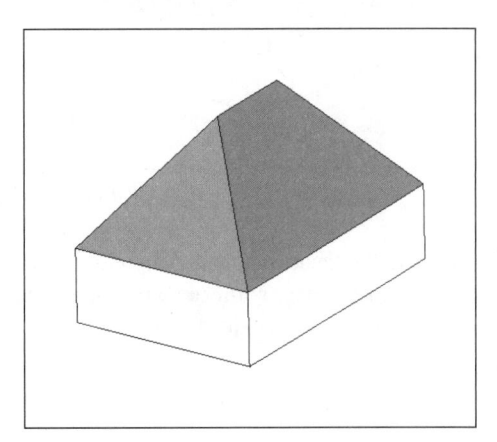

Abb. III 73: Satteldach und Walmdach

Sind alle Dachflächen zu jeder Seite des Gebäudes geneigt, handelt es sich um ein Walmdach. Durch die Neigung aller Dachflächen bietet das Walmdach weniger Ausbaureserve.

Beim Satteldach mit Krüppelwalm sind anstelle des ganzen Giebels nur die Giebelspitzen angewalmt.

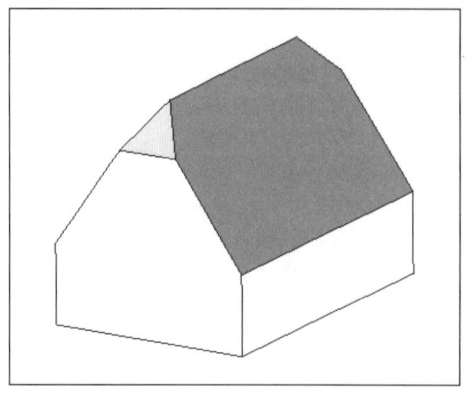

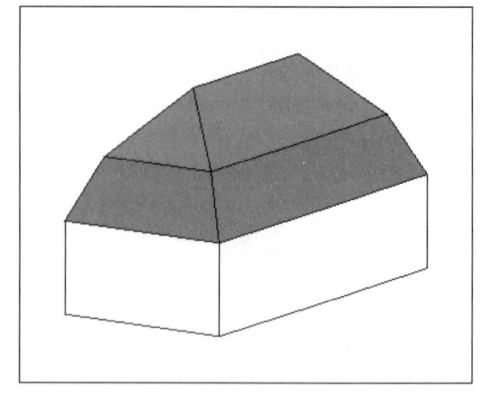

Abb. III 74: Satteldach mit Krüppelwalm und Mansarddach

Beim Mansarddach besitzt die Dachfläche nicht durchgehend die gleiche Neigung. Durch einen Knick ist der untere Teil der Dachfläche steiler als der obere Teil.

Meist vier gegeneinander und gleich große Dachseiten laufen beim Zeltdach spitz zusammen. Zeltdächer sind Walmdächer ohne Firstlinie. Sind die Dachflächen sehr steil, ist es ein Turmdach. Allerdings bietet diese Dachform wenig Ausbaureserve.

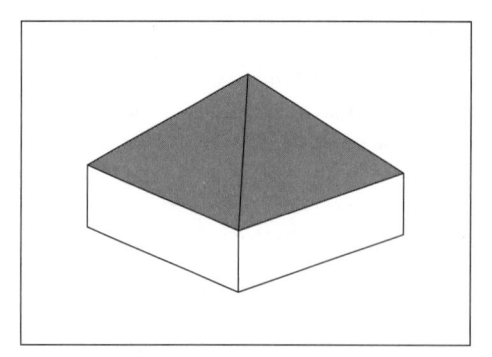

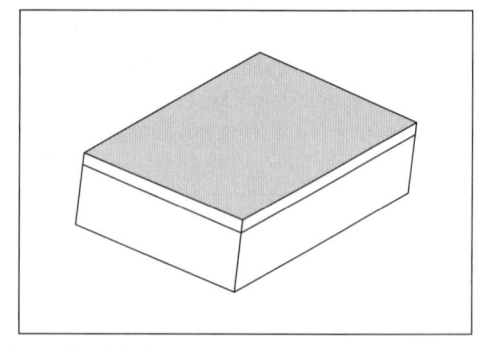

Abb. III 75: Zeltdach und Flachdach

Eine geringe, kaum sichtbare Neigung der Dachfläche weisen Flachdächer auf. Somit kann das Niederschlagswasser abfließen. Der Vorteil des Flachdaches besteht darin, dass der gesamte Baukörper, ohne Einschränkungen durch Dachschrägen, genutzt werden kann.

5.3.2 Sekundärstruktur

Fußbodenaufbauten und Bodenbeläge: Fußböden sind entscheidend für den Gesamteindruck von Räumen. Je nach Nutzungsart werden unterschiedliche Erwartungen an Fußböden gestellt. So wird im Wohnbereich besonderen Wert auf das Aussehen oder die Begehbarkeit gelegt. Wohingegen in Industriebauten eine einfache Reinigung und Pflege sowie eine kostengünstige Anschaffung bedeutend sind. Folglich kann es keinen Bodenbelag und Fußbodenaufbau geben, der allen Anforderungen gleichermaßen gerecht wird. Um allerdings den für die Nutzungsart und Zweckbestimmung gestellten Ansprüchen zu genügen, müssen die einzelnen Schichten, aus denen ein Fußboden besteht, viele Eigenschaften erfüllen.

Zu den verschieden Schichten, aus denen ein Fußboden besteht, zählen:

1. Tragschicht (Rohdecke)
   – Bodenplatte gegen Grund (an das Erdreich grenzend) oder
   – Geschossdecke (freitragende Deckenkonstruktion).
2. Zwischenschichten (Unterbodenkonstruktion)
   Nach DIN 4109 wird der gesamte Aufbau über dem tragenden Untergrund als Deckenauflage bezeichnet. Um die Ansprüche an den Fußboden zu erfüllen, sind verschiedene Einzelschichten erforderlich (Hauptgruppen):
   – Glätte- und Ausgleichsschichten: Unebenheiten in Rohbetondecken und im Estrich werden durch Spachtelmasse oder Ausgleichsmasse egalisiert;
   – Gefälleschichten: Diese sorgen für eine zügige Ableitung von Oberflächenwasser in Nassräumen;
   – Abdichtungen gegen Feuchtigkeit: Dichtschichten gegen Feuchtigkeit müssen je nach Form und Eindringen der Feuchtigkeit beispielsweise unter Estrichen und Unterböden angebracht werden;
   – Wärme- und Schalldämmschichten: Je nach Art der Anforderungen müssen die Verordnungen der DIN 4108 und der DIN 4109 berücksichtigt werden;
   – Abdeckungen: Dämmschichten müssen mit geeigneten Bitumen- oder Folienbahnen abgedeckt werden, um das Eindringen der im Nassestrich enthaltenen Feuchtigkeit in die darunter liegenden Dämmschichten während des Estricheinbaus zu verhindern;
   – Trennschicht (hafthindernde Trennlage): Diese werden vor allem aus Bitumen oder Folienbahnen überall dort verlegt, wo direkt übereinander liegende Schichten keine innige, kraftschlüssige Verbindung eingehen dürfen sowie
   – lastverteilende Schichten: Um druckempfindliche Zwischenschichten gegenüber größeren Lasteinwirkungen von oben zu schützen, muss darüber eine lastverteilende Schicht aus Estrich aufgebracht werden.
3. Nutzschicht (Bodenbelag)
   Der Bodenbelag ist die oberste Schicht des Fußbodens und steht unter vielseitiger Beanspruchung. Deswegen kann der Bodenbelag aus den verschiedensten Materialien hergestellt werden, z. B.
   – Naturwerkstein Fußbodenbeläge,
   – keramische Fußbodenbeläge,
   – Bodenbeläge aus zement- oder bitumengebundenen Bestandteilen,
   – Holzfußbodenbeläge,
   – elastische Fußbodenbeläge,
   – Bodenbeläge aus kunstharzgebundenen Bestandteilen und
   – textile Fußbodenbeläge.

Schematische Darstellung einer Geschossdecke mit der Benennung der wichtigsten Einzelschichten am Beispiel einer Massivdecke:

Deckenauflage	1 2 3 4 5	1 Nutzschicht (keramischer Bodenbelag) 2 schwimmender Estrich (lastverteilende Schicht) 3 Abdeckungen (Bitumen-/Folienbahn) 4 Schall- und Wärmedämmschichten 5 Glätteschicht (Spachtelmasse) 6 Tragschicht (Massivdecke) 7 schalldämmende Mineralfasereinlage 8 Grundlattung 9 Tragelattung 10 Decklage (Sichtdeckenplatten)
Tragschicht		
Massivdecke		
Deckenbekleidung		
	6 7 8 9 10	

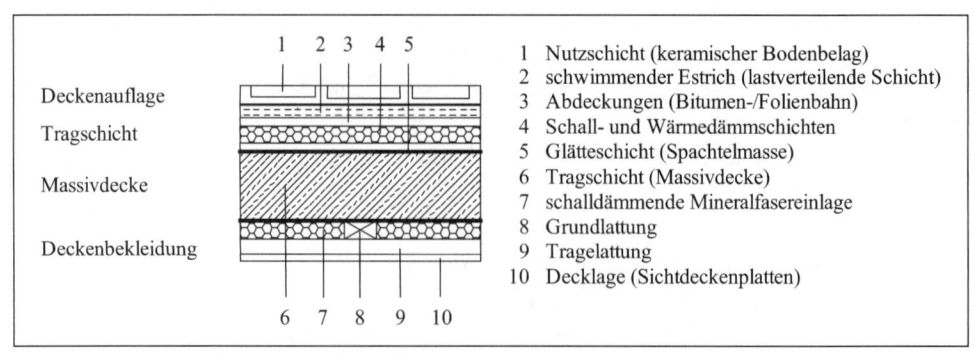

Abb. III 76: Massivdecke

Wandbeläge: Der Wandbelag ist die oberste Schicht der Wand. Je nach Raumnutzung muss der Wandbelag verschiedenen Anforderungen entsprechen. In Sanitär- und Wirtschaftsräumen muss er wasserundurchlässig sein, deshalb wird dort meist ein Fliesenbelag verlegt. In Wohnräumen werden die Wand Oberflächen hauptsächlich nach dekorativen Gesichtspunkten gewählt. Sichtmauerwerk ist genauso denkbar wie eine verputzte, gestrichene oder tapezierte Wand. Darüber hinaus sind Verkleidungen aus Holz, Gipskarton etc. möglich.

Deckenbekleidungen und Unterdecken: Decken werden in bewohnten Räumen selten in ihrer „Rohform" (z. B. Beton-Fertigdecke) belassen. Meist wird die Deckenuntersicht zumindest verspachtelt und gestrichen oder tapeziert. Je nach Nutzung kommen häufig auch leichte Deckenbekleidungen oder Unterdecken zum Einsatz. Deckenbekleidungen sind über die Unterkonstruktion unmittelbar am tragenden Bauteil verankert. Abgehängte Unterdecken hingegen weisen eine tragfähige Unterkonstruktion auf, die abgehängt am tragenden Bauteil befestigt wird.[177]

Das Anbringen einer abgehängten Decke oder Deckenbekleidung kann mehrere Gründe haben. Aus optischen Gründen beispielsweise werden Bekleidungen angebracht. Oftmals werden Decken auch abgehängt um Installationsleitungen bzw. -kanäle zu verbergen. Schall-, Wärme- oder Brandschutztechnische Gründe können eine abgehängte Decke ebenfalls notwendig machen. Im Zuge der Altbausanierung werden abgehängte Decken häufig in sehr hohen Räumen angebracht um die Raumhöhe zu verkleinern. Verwendete Materialien für abgehängte Decken und Deckenbekleidungen sind im Wesentlichen: Gips- und Gipskarton, Mineralfaser, Holz- und Holzwerkstoffe, Metall und Kunststoff.

Nach der Art des konstruktiven Aufbaus und nach der Funktion lassen sich Systeme für Deckenbekleidungen und abgehängte Decken grundsätzlich unterscheiden. Die Deckensysteme können dabei in vier Hauptgruppen eingeteilt werden:[178]

- Fugenlose Deckenbekleidungen und Unterdecken (mit geschlossenem Deckenspiegel)
- Ebene oder anders geformte Deckenbekleidungen und Unterdecken (Plattendecken, Paneeldecken, Lamellendecken, Rasterdecken)
- Waben und Pyramidendecken
- Integrierte Unterdeckensysteme (Lichtkanaldecke, Kombinationsdecke)

Türen: Türen trennen verschiedene Räume voneinander ab oder schließen die Eingangsöffnungen von Gebäuden. Daher kann zwischen Innen- und Außentüren unterschieden werden. Die Außentüren,

---

[177] Vgl. Frick, O./Knöll, K. (2010), S. 587 f.
[178] Vgl. ebenda, S. 617

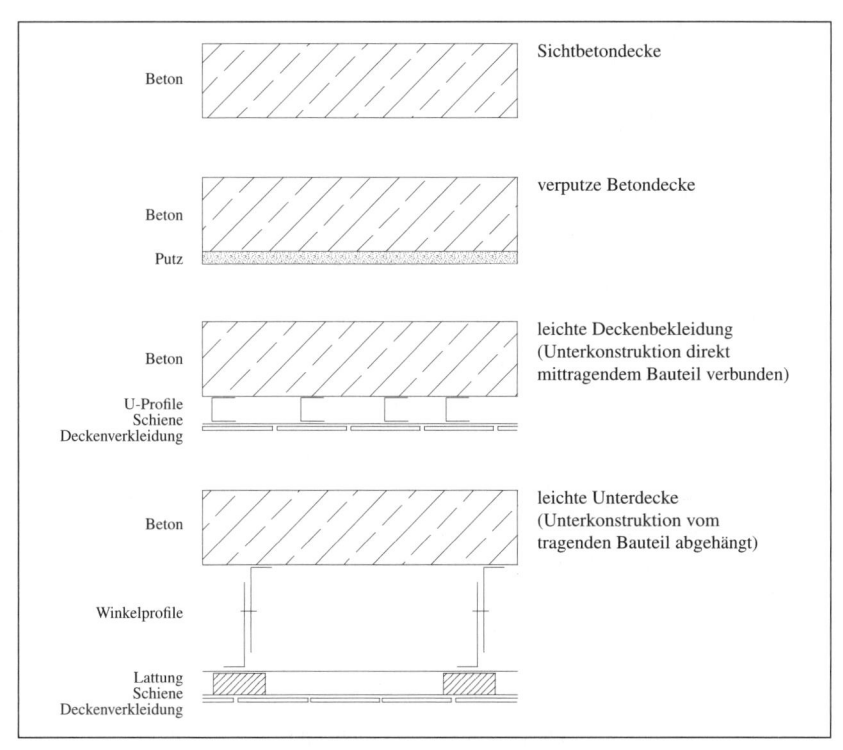

Abb. III 77: Deckenkonstruktionen

bestimmen zusammen mit den Fenstern entscheidend das äußere Erscheinungsbild eines Gebäudes. Außen- und Innentüren können aus Holz, Aluminium, Stahl, Kunststoff und Glas hergestellt sein. Unter einer Tür ist in der Regel das komplette Türelement, bestehend aus einem beweglichen Türblatt und einem fest mit der Wand verbundenen Türrahmen (auch Türzarge genannt) zu verstehen.[179]

Außentüren sind: Haustür, Haus- und Hoftor, Balkon- und Terrassentüren. Die Zimmertüren, Wohnungsabschlusstüren, Kellertüren, Türen für Bad, WC und Nebenräume gehören zu den Innentüren. Aufgrund ihrer unterschiedlichen Zweckbestimmungen werden an Außen- und Innentüren unterschiedliche Anforderungen gestellt.

Außentüren trennen die Innenräume von dem Außenraum ab und somit gegensätzliche klimatische Bedingungen. Daher sollten Außentüren:

- „allen Witterungseinflüssen und klimatischen Beanspruchungen standhalten,
- eine hohe mechanische Festigkeit und Verformungsstabilität aufweisen,
- einen ausreichenden Wärme-, Schall- und Feuerschutz erbringen,
- durch den Einbau von Boden- und Falzdichtungsprofilen fugendicht schließen sowie
- mit einbruchhemmenden Bändern, Garnituren und Schlössern ausgerüstet sein".[180]

Innentüren trennen dagegen Räume mit unterschiedlichen Nutzungen und Gestaltungen voneinander ab. Der Zweck und die Beanspruchung beeinflussen die Auswahl der Form, Konstruktion und des Materials. Zu den Grundforderungen an eine Innentür zählen beispielsweise:

---

[179] Vgl. Frick, O./Knöll, K. (2008), S. 477
[180] Ebenda

- Gewährung von Sichtschutz,
- ausreichender Schallschutz,
- Dauerfunktionsfähigkeit,
- Widerstandsfähigkeit bei mechanischer Beanspruchung und Verformungsstabilität bei klimatischer Beanspruchung.

Bei der Planung der Innentüren sollte immer der gesamte Raum und seine Umgebung betrachtet werden. Ungünstig verteilte Türen können die Raumnutzung erheblich einschränken und einen Verlust von Stellfläche mit sich bringen. Die Lage der Tür sowie ihre Aufschlagrichtung müssen sinnvoll gewählt werden. Es wird zwischen nach innen aufschlagende, in den Raum schlagende, nach außen schlagende und in den Flur schlagende Türen unterschieden.

5.3.3 Tertiärstruktur

Das Wohlbefinden des Menschen ist abhängig von den äußeren Einflüssen seiner Umgebung. Behaglichkeit ist subjektiv und wird beeinflusst von der Beleuchtung, von psychologischen und thermischen Faktoren.

Die technische Gebäudeausstattung trägt zum Wohlbefinden des Menschen in Räumen bei. Im nachfolgenden Kapitel wird auf die wichtigsten Elemente der Gebäudetechnik wie Heizung, Lüftung, Kühlung und Energieversorgung eingegangen.

5.3.3.1 Heizung

Im Winter wandert, abhängig vom Wärmeschutz eines Gebäudes, Wärme aus dem Innenraum nach außen ab. Diese Wärmeverluste müssen während der Heizperiode ausgeglichen werden, dabei bestimmt das Ausmaß der Wärmeverluste die Größe der Heizungsanlage.

Als Energieträger für die Raumheizung wird grundsätzlich zwischen Primär- und Sekundärenergien unterschieden. Primärenergien sind in erster Linie fossile Energieträger, die vor Millionen von Jahren durch pflanzliches oder tierisches Wachstum entstanden sind. Dazu zählen beispielsweise Kohle, Erdöl, Erdgas, Torf aber auch Holz. Zu Sekundärenergien gehören Steinkohlekoks, Heizöl, Flüssiggas sowie elektrischer Strom. Diese Sekundärenergien entstehen durch Umwandlung von Primärenergien. Regenerative Energiequellen sind ständig erneuerbare Energieträger wie Wasserkraft, Sonnenenergie und Windenergie. Ferner werden auch nachwachsende Energien wie Biomasse oder Biogas als regenerative Energieträger bezeichnet. „Langfristig gesehen stellen die regenerativen Energien die einzige realistische Alternative zu fossilen Energieträgern dar."[181]

Brennstoffarten können sein: feste, flüssige und gasförmige Brennstoffe sowie elektrischer Strom. Ein fester Brennstoff, der heute wieder zunehmend an Bedeutung gewinnt ist Holz. Dieses kann sowohl in offenen Kaminen, Kachelöfen oder Kaminöfen verwendet werden, als auch in Zentralheizungen beispielsweise in Form von Hackschnitzel oder Holzpellets.

Heizungen werden nach Arten und Systemen grundsätzlich unterschieden in

- Einzelheizungen
- Sammelheizungen
- Fernheizungen

---

[181] Vgl. Pistohl, W. (2003), S. H 35

Einzelheizungen sind in der Regel Zimmeröfen und beheizen den Raum in dem sie aufgestellt sind. Bei Sammelheizungen, also Stockwerks-, Zentral- oder Blockheizungen wird die Wärme an zentraler Stelle erzeugt und über Rohre zu den angeschlossenen Heizflächen geleitet. Die Wärme einer Fernwärmeheizung wird in einem zentralen Heizwerk oder Heizkraftwerk erzeugt und über ein Fernwärmenetz zu den einzelnen Verbrauchern transportiert.

Die am häufigsten eingesetzten Heizsysteme sind Sammelheizanlagen. Diese bestehen aus drei Hauptanlagenteilen, dem Wärmeerzeuger, den Rohrleitungen und den Heizflächen. Der wärmeerzeugende Teil ist meist eine Feuerstelle in einem Heizungsraum. Die dort produzierte Wärme wird über die Rohrleitungen durch einen Wärmeträger (Wasser, Dampf oder Luft) den Heizflächen zugeführt. Über diese wird die Wärme an die Räume abgegeben. Die Wärmeabgabe erfolgt auf drei verschiedene Weisen, nämlich durch Wärmestrahlung, Wärmeleitung und Konvektion. Je nachdem welche Wirkungsweise überwiegt wird zwischen Konvektions- und Strahlungsheizungen unterschieden.

Radiatoren und Plattenheizungen zählen zu den Heizkörpern, die den größten Teil der Wärme durch Strahlung abgeben. Fußboden-, Wand- und Deckenheizungen werden als Flächenheizungen bezeichnet. Die in den Bauteilen verlegten Heizrohre erwärmen die Flächen und geben die Wärme ebenfalls über Strahlung an den Raum ab. Die Wärmeabgabe von Konvektoren hingegen erfolgt fast ausschließlich über Konvektion. Diese Heizkörper werden vor allem dort eingesetzt, wo bei anderen aufgrund von Einbauten oder verdeckter Lage die Wärmeabgabe behindert wird.

Neben den genannten gibt es weitere Heizsysteme. Dazu gehören beispielsweise Dampfheizungen, die aber aufgrund erheblicher Nachteile heute in Wohnbauten kaum mehr zum Einsatz kommen.

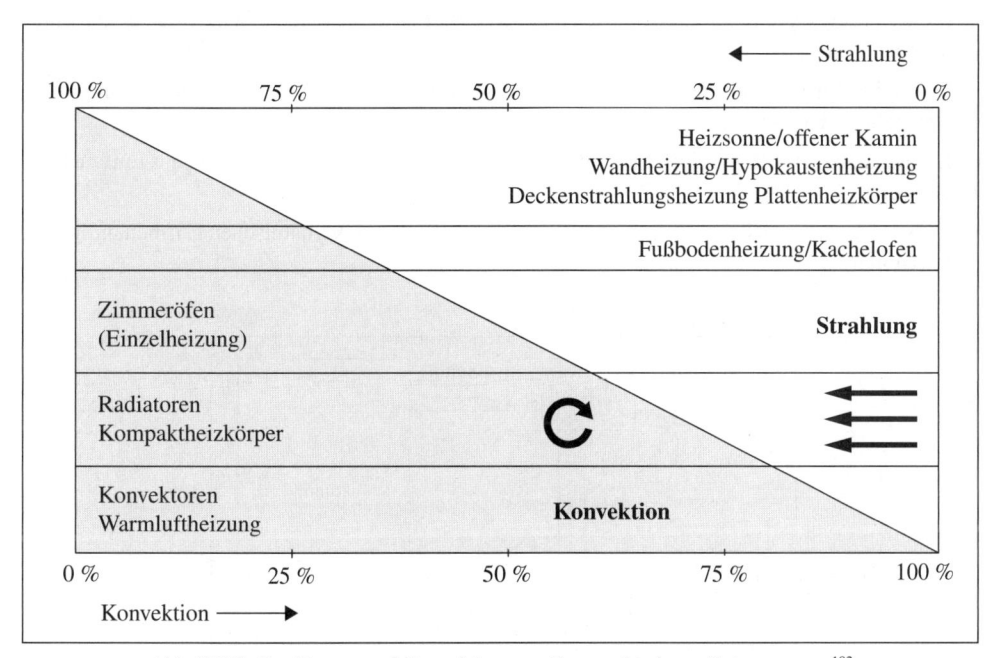

Abb. III 78: Strahlungs- und Konvektionsanteile verschiedener Heizungsarten[182]

---

[182] In Anlehnung an: ebenda, S. H 138

Der Übergang zur Lüftungsanlage ist bei Warmluftheizungen fließend. Hier wird als Energieträger die Raumluft selbst verwendet. Da diese Heizungsart eine sehr schnelle Aufheizung ermöglicht, wird sie soft in nicht dauernd genutzten Versammlungsstätten eingebaut. Doch gerade auch bei Wohnhäusern auf Niedrigenergieniveau wird die Luftheizung im Zusammenhang mit einer kontrollierten Raumlüftung zukünftig eine immer größere Rolle spielen.

Auch die Wärmepumpenheizung kann als weiteres System genannt werden. Wärmepumpen geben ein Mehrfaches der aufgewendeten Energie als Nutzwärme ab, Dabei werden kostenlos vorhandene Umweltenergien (Luft, Wasser, Erdreich, Sonnenenergie) und Prozessabwärme (Abluft, Abwasser, Kühlung), deren Energie sonst nicht nutzbar ist, als Wärmequelle eingesetzt. Da der Einsatz an Primärenergie bei Wärmepumpen relativ gering ist, tragen diese zur Schonung der Ressourcen und zur Entlastung der Umwelt bei.[183]

Am umweltfreundlichsten ist zweifelsohne die Solarheizung, diese kann in unseren Breiten jedoch nur einen Teil der Raumheizung ersetzten, da der Hauptwärmebedarf im sonnenarmen Winter besteht.

5.3.3.2 Lüftung und Kühlung

Lüftungsanlagen haben die Hauptaufgabe die Raumluft zu erneuern. Dazu kommen ggf. weitere Aufgaben wie Reinigung der Luft von Schadstoffen und Gerüchen, Erwärmung oder Kühlung sowie Be- oder Entfeuchtung der Luft. In der Regel verursachen Lüftungstechnische Anlagen hohe Bau- und Betriebskosten, deshalb werden diese nur installiert wenn funktionelle Gründe dafür sprechen. Arten von Lüftungssystemen bzw. Raumlufttechnischer Anlagen (RLT) sind:[184]

- Freie Lüftungssysteme (Fugen oder Selbstlüftungen, Fensterlüftungen, Schachtlüftungen ohne Ventilator etc.)
- Be- und Entlüftungsanlagen einfacher Art (Schachtlüftungen mit Ventilator, Außenwandlüfter, Dunstabzugshauben etc.)
- Lüftungsanalgen (RLT Anlagen jeweils nur zum Heizen, Kühlen, Befeuchten oder Entfeuchten der Luft)
- Teilklimaanlagen (RLT Anlagen mit zwei oder drei der thermodynamischen Luftbehandlungsfunktionen)

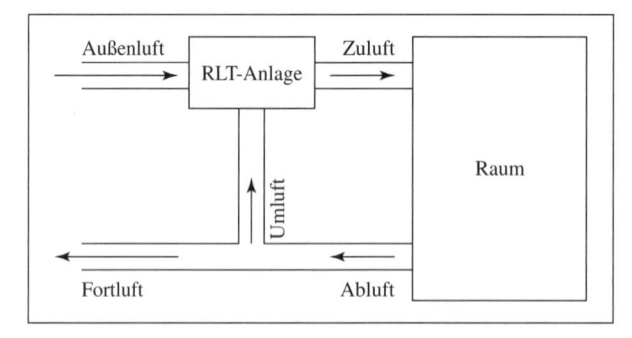

Abb. III 79: Die Luft auf dem Weg durch die RLT-Anlage

---

[183] Vgl. ebenda, S. H 215
[184] Vgl. ebenda, S. L 32

- Klimaanlagen (RLT Anlagen mit allen vier thermodynamischen Luftbehandlungsfunktionen)
- Einzelklimageräte (Fenster und Wandeinbaugeräte, Truhen und Schrankgeräte)

Eine RLT Anlage besteht im Wesentlichen aus einer Lüftungszentrale und Luftkanälen, durch die die Luft durch das Gebäude befördert wird. Die Luft wird auf ihrem Weg durch die RLT Anlage unterschiedlich benannt und in Schema bzw. Einbauzeichnungen mit verschiedenen Farben gekennzeichnet. Die aus dem Freien angesaugte Luft wird als Außenluft bezeichnet. Die Luft, die schließlich in den Raum einströmt, ist die Zuluft, die den Raum Verlassende die Abluft. Teile der Abluft werden dem Raum als Umluft wieder zugeleitet, die ins Freie abgeführte Abluft ist die Fortluft.

In der Lüftungszentrale findet die Luftaufbereitung in mehreren hintereinandergeschalteten Stufen statt. Die Bauelemente einer Lüftungszentrale können sein: Mischkammer (MK) zur Mischung der Außen und Umluft, Luftfilter (LF) zur Reinigung der Luft, Lufterwärmer oder Luftkühler (LH, LK) zur Temperierung der Luft, Luftbefeuchtung oder Entfeuchtung (LB, LE), Ventilatoren (VT) zur Luftbeförderung sowie ein Schalldämpfer (SD) zur Dämpfung der Geräusche aus Kanälen, Ventilatoren, Kältemaschinen und anderen Geräuschquellen.

Die angesaugte Außenluft sollte so wenig wie möglich durch Wärme, Staub, Gerüche oder Abgase verunreinigt sein, deshalb darf die Luft beispielsweis nicht in Erdnähe angesaugt werden, Wird

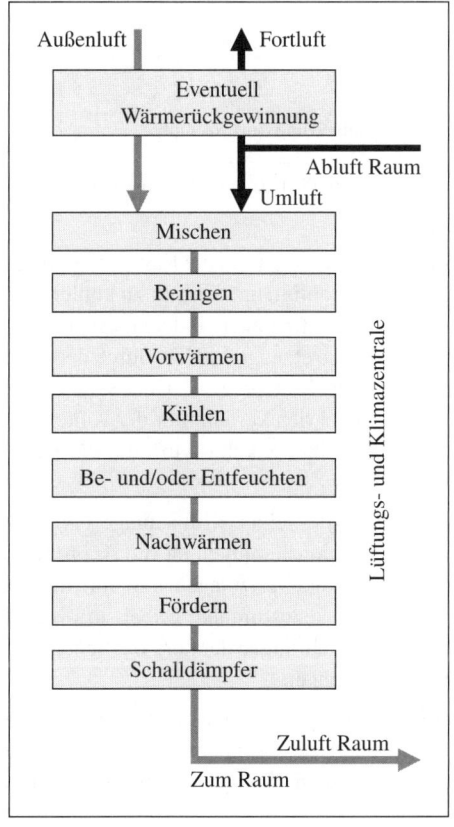

Abb. III 80: Schema Luftaufbereitungsstufen[185]

---

[185] In Anlehnung an: ebenda, S. L 56

die Außenluft zunächst über einen Erdkanal geleitet, kann Energie eingespart werden, da die Luft bereits vorkonditioniert wird. Die Fortluft ist möglichst direkt ins Freie zu blasen, allerdings ist darauf zu achten, dass die Umgebung nicht durch Verunreinigungen oder Geräusche belästigt wird.

Die für eine RLT Anlagen benötigte Wärmeenergie wird entweder in der eigenen Heizzentrale erzeugt oder als Fernwärme bezogen. Die Wärme wird unter anderem eingesetzt zur Lufterhitzung oder als Heizdampf zur Luftbefeuchtung. Eine Wärmerückgewinnungsanlage ist heute fast Standard im Zusammenhang mit RLT Anlagen. Bevor die Abluft das Gebäude als Fortluft verlässt, wird diese über einen Wärmetauscher geleitet und gibt dort die enthaltene Wärmemenge bzw. Kälteenergie teilweise an die angesaugte Außenluft ab. Im Winter wird die kalte Außenluft so vorgewärmt und im Sommer vorgekühlt, so dass weniger Energie für die weitere Aufbereitung benötigt wird.

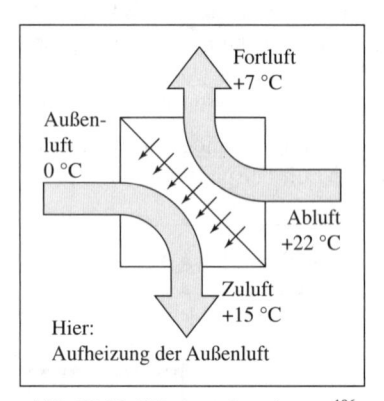

Abb. III 81: Wärmerückgewinnung[186]

Bei größeren Raumlufttechnischen Anlagen erfolgt die Kälteversorgung durch eine eigene Kühlzelle. Kälteenergie wird beispielsweise benötigt, um die Luft zu kühlen, Kühldecken in klimatisierten Räumen zu betreiben oder die Luft zu Entfeuchten, indem diese unter den Taupunkt gekühlt wird. Kälte kann durch verschiedene Prozesse erzeugt werden, durch den Kompressions-, Absorptions-, Dampfstrahl- oder thermoelektrischen Kälteprozess. Unterschieden wird die direkte Kühlung, bei der die zu kühlende Luft direkt über den Verdampfer der Kältemaschine geführt wird und die indirekte Kühlung, bei der ein Kältemittel gekühlt wird und die Kälte dann an die zu kühlende Luft abgegeben wird.

„Knapp die Hälfte der Investitionskosten einer Klimaanlage entfallen auf die Luftkanäle. Wegen der großen Querschnitte der Lüftungsleitungen ist die Anordnung und Verlegung schon im Vorentwurfsstadium in einem Vorprojekt festzulegen und mit den Tragwerksplanern und den anderen ausbautechnischen Gewerken abzustimmen. Dabei sind vor allem die Anbindung an die Gebäudekerne und Steigschächte, die Führungen der horizontalen Verteilungen in den Geschossen, Schallschutz und Brandschutz zu bedenken."[187]

Einzelklimageräte haben kein größeres Kanalsystem, da diese im Raum selbst oder im Nebenraum untergebracht werden. Je nach Bauart bzw. Einbauart werden Fenster- und Wandeinbaugeräte, Truhen-, Schrank-, und Kastengeräte sowie Splitgeräte unterschieden.

---

[186] In Anlehnung an: ebenda, S. L 59
[187] Ebenda, S. L 67

5.3.3.3 Sanitär

Sanitärräume, häufig auch als „Nassräume" bezeichnet können vereinfacht nach Art der Tätigkeit in drei Funktionsbereiche unterschieden werden: Sanitärbereich, Küchenbereich und Hausarbeitsbereich.

In jeder Wohnung muss ein Bad vorhanden sein. Ab einer Haushaltsgröße von mehr als drei Personen sollte ein vom Bad getrenntes WC eingebaut werden. Eine Küche ist ebenfalls in jeder Wohnung erforderlich, kleine Wohnungen können auch lediglich mit einer Kochnische ausgestattet werden. Hausarbeitsräume sind zwar zu empfehlen, bauaufsichtlich jedoch nicht gefordert.

In der DIN 18 022 sind für Sanitär- und Wirtschaftsräume Mindestmaße vorgeschrieben, die DIN unterscheidet dabei Stellflächen für Einrichtungsgegenstände, Abstandsflächen zwischen den Einrichtungen sowie Bewegungsflächen die zur Nutzung erforderlich sind. Zur Mindestausstattung macht die heutige DIN 18 022 keine Angaben mehr. Je nach Gebäudeart und Nutzung unterscheiden sich die Anforderungen an die Sanitärausstattung, Schulen müssen anders ausgestattet werden als Hotels oder Wohnheime, Verwaltungsgebäude anders als Industriebetriebe. Die Sanitärausstattung ist im Wohnungsbau abhängig von der Größe der Wohnung und der Zahl der Bewohner aber auch von den individuellen Bedürfnissen und Ansprüchen, vom gewünschten Komfort und den finanziellen Möglichkeiten der Nutzer.

Bad und WC: In jedem Bad ist einen Waschtisch, eine Badewanne oder Dusche sowie eine Toilette erforderlich. Bei entsprechender Haushaltsgröße empfiehlt sich ein weiterer WC-Raum mit Handwaschbecken bzw. ein zweites Bad mit Dusche. Je nach Art und Anzahl der Einrichtungsgegenstände ergeben sich dann aus Abstands- und Bewegungsflächen die Mindestgrößen für die entsprechenden Sanitärräume. In der Praxis allerdings macht die Angabe von Abständen zwischen den Sanitärgegenständen keinen Sinn. Um die Einrichtung und Installationsplanung sauber auf den Fliesenspiegel abstimmen zu können, ist die Angabe der Mittelachsen erforderlich.

Für die Einrichtungsgegenstände in Bad und WC können unterschiedliche Materialien verwendet werden. In der Regel bestehen Waschbecken, Bidets, WC und Urinalbecken allerdings aus Keramik (Sanitärporzellan). Aber auch Stahl und Kunststoffe finden häufig in öffentlichen Bereichen Anwendung.

Waschbecken können unterschieden werden in Handwaschbecken, Einzelwaschtische, Doppelwaschtische, Einbauwaschtische, Ausgussbecken oder Gemeinschaftswaschanlagen sowie diverse weitere Sonderformen. Badewannen gibt es ebenfalls in verschiedensten Ausführungen entweder als frei stehende, vorwiegend jedoch als Einbauwannen. Diese bestehen meist aus Stahl und heute auch zunehmend aus Acryl. Je nach Raumgröße können neben den normalen Einbauwannen (1,60 bis 1,90 m Länge) auch kürzere Stufenwannen oder große Eckwannen gewählt werden. Bei beengten Verhältnissen oder zusätzlich zur Badewanne werden Duschwannen eingebaut, entweder in Quadrat- oder Rechteckform, als Eckwanne oder als Mehrzweckwanne z. B. Sitzdusche. Spülklosetts werden nach Einbau und Aufstellart unterschieden in Stand- und Wandmodelle, nach Beckenform in Flachspül-, Tiefspül-, Absaug- und Hock WC sowie nach Art der Spüleinrichtung in Druckspüler und Spülkasten. Urinalanlagen können je nach Anforderung als Einzelurinale oder Reihenurinale (Urinalstände) ausgeführt werden.

Küche: Größe und Einrichtung der Küche hängen ebenfalls hauptsächlich vom Nutzer ab, also von der Anzahl der Personen und deren Bedürfnissen. Ebenso wie beim Bad ergeben sich die Mindestmaße für die Küche aus den Stell-, Abstands- und Bewegungsflächen. In der Küche lassen die Funktionsbereiche Aufbewahren, Nahrungszubereitung, Kochen und Backen sowie Spülen unterscheiden. Durch die praktische Aufteilung in diese Bereiche werden dem Nutzer Wege und Zeit erspart.[188]

Abhängig von Größe und Ausstattung können folgende Arten von Küchen unterschieden werden:
- Kochnische (im Wohnraum bei Ein- oder Zweiraumwohnungen)
- Arbeitsküche (kleine Küche nur für Küchenarbeiten)
- Essküche (größere Küche mit Essplatz)
- Wohnküche (große Küche mit Essplatz und Wahnzimmer)

Heute finden in Wohnungsküchen fast ausschließlich Einbauküchen Verwendung. Dabei werden Unterschränke und Unterbau gerate mit einer durchgehenden Arbeitsplatte abgedeckt, in die z. B. Spüle und Kochstelle integriert sind.

Hausarbeitsraum: Hausarbeitsräume sind bauaufsichtlich nicht vorgeschrieben und machen bei kleinen Wohnungen auch keinen Sinn. Bei größeren Grundrissen empfiehlt es sich allerdings die Funktionen Wäschepflege (Wäsche waschen und trocknen), Kleiderpflege (Wäsche bügeln, nähen etc.) und Wohnungspflege (Unterbringung für Reinigungs- und Pflegemittel) in einem Hausarbeitsraum zusammenzufassen.

Barrierefreiheit: Im Zusammenhang mit behindertengerechtem (barrierefreiem) Bauen spielen die Sanitäranlagen und Wirtschaftsräume eine große Rolle. Diese müssen so gestaltet werden, dass Menschen mit Behinderung so weit wie möglich ohne fremde Hilfe zurechtkommen. Im Gegensatz zu einem normalen Bad sind beispielsweise größere Bewegungsflächen zur Verfügung zu stellen, die Ausstattung (WC, Dusche, Waschtisch) muss behindertengerecht sein, darüber hinaus sind Hilfsmittel wie Griffe, Deckenschienen etc. vorzusehen. Eine behindertengerechte Kücheneinrichtung sieht in erster Linie mehr Bewegungsflächen vor als eine nicht barrierefreie, außerdem müssen Arbeitsplätze unterfahrbar sein.

Installationen: Die Installationen von Brauchwasser, Abwasser, Strom, Heizung sowie ggf. Lüftung und Gas in Sanitär und Wirtschaftsräumen sind möglichst in einer gemeinsamen Installationswand zusammenzufassen. Steig- und Fallleitungen sollten also gesammelt angeordnet und die Anschlussleitungen relativ kurz sein. Bei der Grundriss Anordnung ist darauf zu achten, dass auch die Installationen von Küche, Bad, WC und ggf. Hausarbeitsraum möglichst in einen gemeinsamen Installationsschacht geführt werden.

5.3.3.4 Elektro

Elektrischer Strom wird in allen Bereichen der Wirtschaft und den privaten Hauhalten benötigt und erfüllt eine Vielzahl von Aufgaben. In der Regel wird Strom durch Generatoren in Kraftwerken aus Primär-, in geringem Umfang auch aus regenerativen Energien erzeugt.

Als elektrische Spannung wird das Ausgleichsbestreben unterschiedlich elektrisch geladener Teilchen bezeichnet. Spannung kann auf verschiedene Weise erzeugt werden, ja nach Erzeugung entsteht entweder Gleichspannung mit gleich bleibendem Betrag und gleich bleibender Polarität, oder Wechselspannung mit sich änderndem Betrag und sich änderner Polarität.

Die Stromübertragung über weite Strecken erfolgt über Höchst-, Hoch- und Mittelspannung, da die Verluste bei hohen Spannungen wesentlich geringer sind. Mittels Transformation wird die hohe Spannung in Niedrige umgewandelt. Unterschieden werden je nach Elektrogerät folgende Spannungsanlagen:[189]

---

[188] Vgl. Pistohl, W. (2004), S. H 35
[189] Vgl. ebenda, S. E 3 ff.

- Kleinspannungsanlagen (unter 42 V, z. B. Klingelanlagen, Kraftfahrzeuge etc.)
- Niederspannungsanlagen (bis 250/400 V, Verbrauchsgeräte im Haushalt)
- Hochspannungsanlagen (über 250 V, z. B. Trafoanlagen)

Häufig werden auch Stark- und Schwachstromanlagen unterschieden. Unter Starkstromanlagen sind „elektrische Anlagen mit Betriebsmitteln zum Erzeugen, Umwandeln, Speichern, Fortleiten, Verteilen und Verbrauchen elektrischer Energie mit dem Zweck des Verrichtens von Arbeit etwa in Form von mechanischer Arbeit, zur Wärme- und Lichterzeugung oder bei elektrochemischen Vorgängen"[190] zu verstehen. Starkstromanlagen werden außerdem in Anlagen unter 1000 V und in solche über 1000 V eingeteilt. Schwachstromanlagen werden mit einer geringen Spannung betrieben und dienen größtenteils der Nachrichtenübermittlung.

Hauptstromversorgung von Gebäuden: Jedes Gebäude wird über einen Hausanschluss mit Niederspannung über einen 4-Leiter-Drehstromanschluss 230/400 V versorgt. Der Hausanschlusskasten beinhaltet die Hausanschlusssicherung und ist gleichzeitig die Übergabestelle vom öffentlichen Verteilernetz zur Verbraucheranlage. Zum Hauptstromversorgungssystem eines Gebäudes gehören der Hauptverteiler in der Nähe des Hausanschlusses, falls erforderlich ein Unterverteiler, die Hauptleitungen in Form von Drehstromleitungen und der Hauptverteilungsabzweig. Darüber hinaus der Zählerschrank nach DIN 43 870, der im Schwerpunkt des Verbrauchers liegen soll und leicht zugänglich sein muss. Innerhalb jeder Wohnung gibt es außerdem meist im Flur einen Stromkreisverteiler mit den erforderlichen

Überstromschutzeinrichtungen. Die einzelnen Verbraucher werden entweder über Schalter mit dem Stromkreis verbunden bzw. getrennt, oder über Steckvorrichtungen bestehend aus Stecker und Steckdose.

Beleuchtung: Licht ist der für den Menschen sichtbare Bereich der elektromagnetischen Strahlung von etwa 380 bis 780 Nanometer Wellenlänge. Mithilfe elektrischer Lampen kann Licht künstlich erzeugt werden. Glühlampen sind Temperaturstrahler, durch elektrischen Strom wird ein elektrischer Leiter erhitzt und dieser strahlt so Licht aus. Bei Entladungslampen werden Metalldämpfe oder Gase durch elektrische Entladung dazu gebracht sichtbare Strahlung auszusenden. Lichtquellen sind alleine jedoch nicht zur Beleuchtung von Räumen geeignet.

Der Lichtstrom des Leuchtmittels muss mithilfe von Leuchten (Halterung für das Leuchtmittel mit Reflektor oder Abschirmung) so gelenkt werden, dass dieser dem Zweck der Beleuchtung entsprechend im Raum verteilt wird. Dabei wird je nach Art der verwendeten Leuchte der Lichtstrom unterschiedlich geleitet und es wird entweder direkt, vorwiegend direkt, direkt-indirekt, vorwiegend indirekt oder indirekt beleuchtet.

5.3.3.5 Aufzugsanlagen

Aufzugsanlagen dienen der vertikalen Beförderung von Personen oder Lasten. Aufzüge sind in der Regel bei mehr als fünf Vollgeschossen in ausreichender Zahl einzubauen, wobei es in einigen Bundesländern davon abweichende Regelungen gibt. In Baden-Württemberg beispielsweise sind nach § 29 (2) LBO Aufzüge erforderlich, bei Aufenthaltsräumen, deren Fußboden mehr als 12,5 m über der Eingangsebene liegt.

Aufzugsanlagen bestehen aus einem Fahrschacht in dem sich der Fahrkorb bewegt. Zu diesem gehören ebenfalls der Sicherheitsraum in Form von Schachtkopf und Schachtgrube (Aufzugsunter- und Überfahrt). Der Triebwerks raum ist abhängig von der Antriebsart anzuordnen.

---

[190] Volger, K./Laasch, E, (1999), S. 350

Aufzüge können auf mehreren Weisen unterschieden werden: nach der Nutzungsart z. B. in Personen-, Lasten- oder Aktenaufzüge etc., nach der Art der Konstruktion in Seilaufzüge, Hydraulikaufzüge, Umlaufaufzüge usw. Außerdem kann differenziert werden nach der Transportrichtung in vertikale und Schrägaufzüge, Spezialausführungen für bestimmte Zwecke sind beispielsweise Feuerwehr- oder Bauaufzüge.

Seilaufzüge sind die am häufigsten eingesetzten und im Normalfall auch die kostengünstigsten Aufzüge. Der Antrieb eines Seilaufzuges mit Getriebe erfolgt über eine von einem Motor angetriebene Treibscheibe, über diese führen Seile an denen der Fahrkorb aufgehängt ist. Das Gewicht der Aufzugskabine und die halbe Nutzlast werden durch ein Gegengewicht ausgeglichen, damit wird Antriebsenergie gespart. Bei getriebelosen Seilaufzügen entfällt das Getriebe zwischen dem Antriebsmotor und der Treibscheibe. Der Triebwerksraum sitzt normalerweise über dem Schachtkopf und benötigt einen entsprechenden Aufbau. Der Maschinenraum kann aber auch neben oder hinter dem Aufzugsschacht sowie im Untergeschoss vorgesehen werden. Diese Ausführungen erfordern jedoch einen höheren maschinellen Aufwand und haben den Nachteil eines größeren Seilverschleißes. Soll aus gestalterischen oder räumlichen Gründen kein Maschinenraum ausgeführt werden, kann auf sogenannte maschinenraumlose Aufzüge zurückgegriffen werden. Die Antriebsmaschine wird dabei im Fahrschacht untergebracht, trotzdem sind die Maße des Schachtes nicht wesentlich größer als die von normalen Aufzügen.

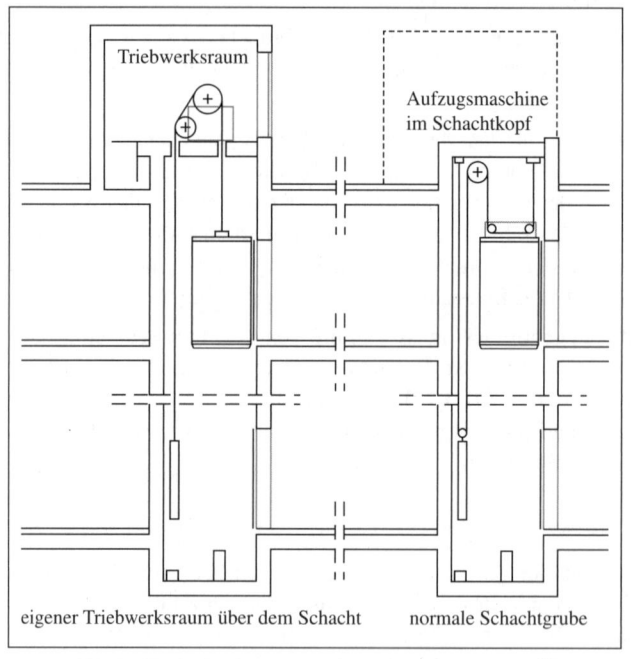

Abb. III 82: Seilaufzug mit und ohne Triebwerksraum[191]

Hydraulikaufzüge werden vor allem bei geringen Förderhöhen bis 25 Meter eingesetzt, oder wenn aus gestalterischen Gründen ein Dachaufbau unerwünscht ist. Der Antrieb erfolgt über hydraulische Hubkolben, die unter oder neben der Aufzugskabine angeordnet werden. Der Kolben wird

---

[191] In Anlehnung an: Pistohl, W. (2004), S. J 17

angehoben durch unter Druck stehendes Öl, das vom Behälter über Schläuche in den Hubkolben gepumpt wird. Durch das Gewicht der Aufzugskabine fließt das Öl bei der Abwärtsfahrt wieder in den Ölbehälter zurück. Der Maschinenraum für die Ölhydraulik sollte sich entweder unter oder neben, maximal aber 20 Meter entfernt vom Aufzugsschacht befinden.

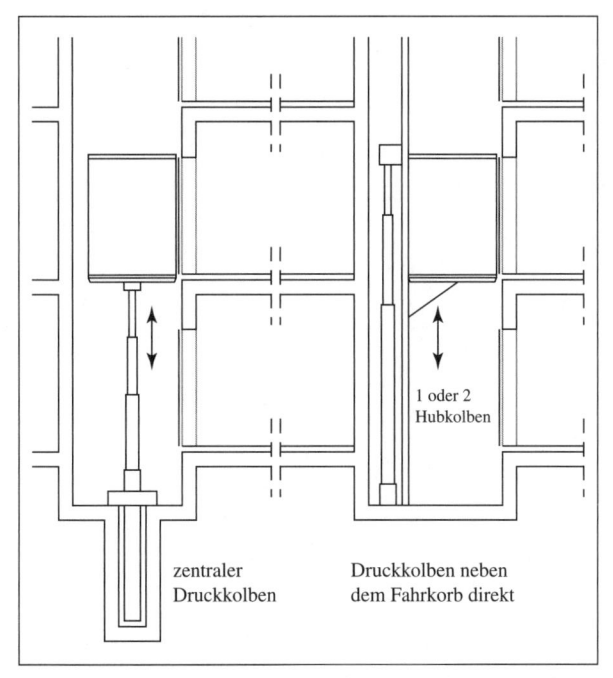

Abb. III 83: Hydraulikaufzug mit zentralem Kolben und Kolben neben dem Fahrkorb[192]

5.3.3.6 Mess-, Steuer- und Regeltechnik

Mess-, Steuer- und Regelanalgen (MSR) stellen ein störungsfreies Funktionieren der Gebäudetechnik sicher. Eventuell störende Einflüsse werden messtechnisch erfasst, so dass auf der Grundlage der gewonnenen Daten steuernd und regelnd eingegriffen werden kann.

Eine Regelung ist ein Vorgang, bei dem eine physikalische Größe fortlaufend erfasst, mit einem vorgeschriebenen Wert verglichen (Rückkopplung) und an diesen Wert angeglichen wird. Eine Steuerung unterscheidet sich von einer Regelung durch die fehlende Rückkopplung.

Bei einer Regelung erfasst also ein Fühler am Messort laufend den Istwert der physikalischen Größe (z. B. Raumlufttemperatur) und meldet diesen an den Regler (z. B. zentrale Regelungsanlage der Heizung). Weicht der Istwert vom eingestellten Sollwert (z. B. Einstellung des Raumthermostats) ab, wird ein Stellglied (z. B. Mischermotor) durch die Steilgröße verändert, bis Soll- und Istwert einander angepasst sind.[193]

---

[192] In Anlehnung an: ebenda, S. J 18
[193] Vgl. ebenda S. F 62

IV. Vermarktung, Verwaltung und Bewirtschaftung

1 Grundlagen des Immobilien-Marketings

1.1 Begriff des Immobilien-Marketings

Begrifflich wird das Immobilien-Marketing in der Betriebswirtschaftslehre nicht einheitlich definiert. Daher muss ausgehend von der allgemeinen Definition des Marketings der Begriff des Immobilien-Marketings erschlossen werden. Marketing wird vielfach mit Werbung oder Kommunikationspolitik gleichgesetzt. Dabei umfasst Marketing wesentlich mehr, nämlich die klassischen Instrumentarien Produkt-, Service-, Kommunikations-, Distributions- und Preispolitik. Marketing schließt damit Planung, Koordination und Kontrolle aller auf die aktuellen und potentiellen Märkte ausgerichteten Unternehmensaktivitäten ein. Diese Aktivitäten zielen darauf ab, durch ein konsequentes Ausrichten des eigenen Leistungsprogramms an den Wünschen der Kunden die absatzorientierten Unternehmensziele zu erreichen.[1] Abb. IV 1 zeigt die Einflüsse anderer Marketingbereiche und die immobilienspezifischen Ausprägungen.

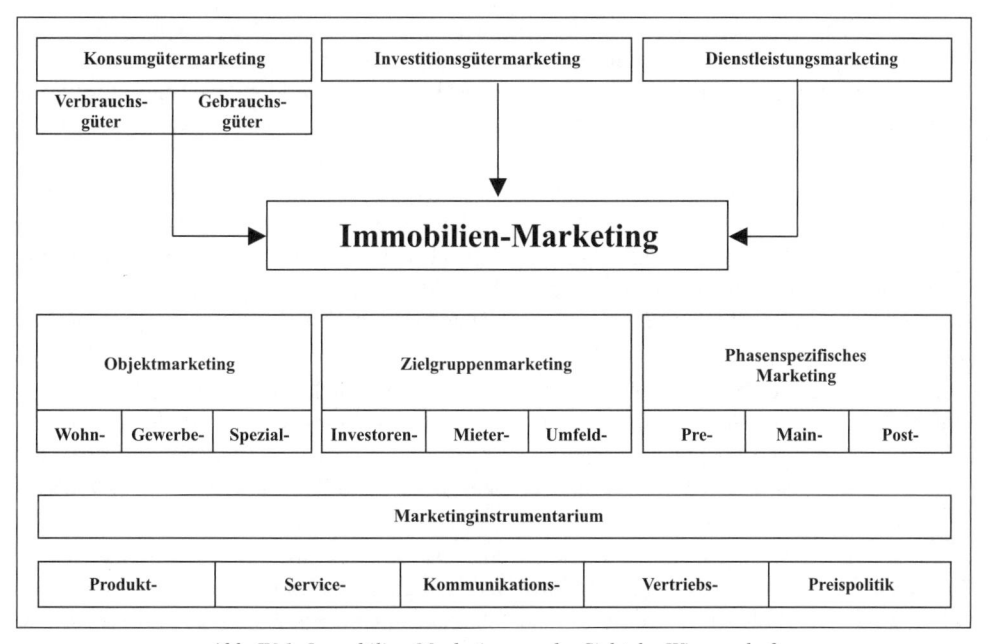

Abb. IV 1: Immobilien-Marketing aus der Sicht der Wissenschaft

---

[1] Vgl. Scharf, A./Schubert, B. (2001), S. 4

Immobilien-Marketing beschäftigt sich mit dem Marketing für das Produkt Immobilie. Damit ist auch hier die Gesamtheit aller unternehmerischen Maßnahmen in die Gestaltung einzubeziehen. Wichtige Eckpunkte sind die Entwicklung, Preisfindung, die Vermarktung und die weiteren immobilienspezifischen Dienstleistungen. Die Leistungen des Immobilienanbieters, also das Produkt Immobilie und der Service rund um dieses Produkt, können nur erbracht werden, wenn der Immobilienmarkt permanent beobachtet und bewertet wird. Nur durch eine systematische Marktforschung können die erforderlichen Informationsgrundlagen wie Entwicklungspotential des Marktes, Anforderungsprofile der Kunden, Marktmacht der Lieferanten u. a. m. gewonnen werden.[2] Vor diesem Hintergrund lässt sich das Immobilien-Marketing auch als strategisches Werkzeug charakterisieren, welches einem längerfristig orientierten Unternehmenskonzept dient.[3]

1.2 Bedeutung des Immobilien-Marketings

In den letzten Jahren hat die Dynamik der Veränderungen im Umfeld des Immobilienmarktes in einem bislang nicht gekannten Ausmaß zugenommen. Deutschlands Wirtschaft tritt seit fast zwei Jahren auf der Stelle. Unternehmensinvestitionen sind nach wie vor rückläufig. Der private Konsum bleibt derzeit unter seinem Vorjahresniveau. Rechtliche und steuerliche Vorgaben bedeuten eine weiter steigende Belastung des Produktionsstandortes Deutschland, was teilweise mit Produktionsverlagerungen von Unternehmensaktivitäten in das Ausland beantwortet wird. Die Bauinvestitionen setzten den langjährigen Abwärtstrend fort und im Besonderen ist im Osten Deutschlands angesichts erheblicher Überkapazitäten im Wohnungsbau mit einem Einbruch der Investitionstätigkeit zu rechnen.

Im Gewerbebau und insbesondere im Bürobereich ist die Spitze des Fertigstellungsvolumens noch nicht erreicht und selbst bei einem kräftigen konjunkturellen Aufschwung dürfte dies kaum einen entscheidenden Impuls in diesem Bereich auslösen. Sinkende Mieten auf fast allen wichtigen europäischen Büroimmobilienmärkten treffen zusammen mit den schon erwähnten hohen Fertigstellungszahlen.

Stagnation im Einzelhandel, bedingt durch die starke Kaufzurückhaltung führt zu Nachfrageeinbrüchen, die wiederum mit einer Konsolidierung des Einzelhandels und einer Flächenfreisetzung verbunden sind. Gleichzeitig sinken durch die fehlenden Handelsumsätze die Ladenmieten. Erschwerend für die Immobilienwirtschaft kommt hinzu, dass sich in Industrie und Handel verstärkt Konzentrationstendenzen abzeichnen und diese Unternehmen bestrebt sind, ein eigenständiges Immobilien-Management zu betreiben.[4]

Allein im Bereich der Wohnimmobilien, hier jedoch im Wesentlichen beschränkt auf die Wachstumsregionen im Westen Deutschlands, sind Wohnungsknappheit und steigende Mieten zu verzeichnen. Ostdeutsche Kommunen verzeichnen dagegen ganz überwiegend Wohnungsleerstände, die durch den anhaltenden Bevölkerungsrückgang und Fehlallokationen in der Vergangenheit bedingt sind.

Auch die politischen Vorgaben bzw. die anhaltenden Diskussionen über Steueränderungen dämpfen die Nachfrage von Investoren im privaten und institutionellen Bereich. Insgesamt lässt sich eine Stagnations- und Sättigungstendenz am Immobilienmarkt feststellen. Zudem steigen die

---

[2] Vgl. Brade, K. H. (2001), S. 59
[3] Vgl. Käßer-Pawelka, G. (2001), S. 946
[4] Vgl. ebenda, S. 944 f.

1 Grundlagen des Immobilien-Marketings

Ansprüche der privaten wie gewerblichen Nutzer, sie werden kritischer und preisbewusster. Aus dieser Entwicklung heraus muss eine stetige Anpassung an die sich wandelnden Ansprüche und Wertvorstellungen stattfinden.

Die jeweiligen unternehmerischen Aktivitäten unterliegen dabei der aktuellen und allgemeinen Marktsituation und den konkreten Gegebenheiten der Immobilien. Nachfolgende Übersicht (Abb. IV 2) zeigt die Einflussgrößen auf das Immobilien-Marketing.

Marktsituation	Konkurrenzsituation
Marktvolumen/-aufteilung Sättigungsgrade/Wachstum Mietpreisentwicklung Inflationsentwicklung Markttransparenz	Marktabdeckung Marktenge Wettbewerbsintensität Ziele der Konkurrenz Professionalität der Konkurrenz Branchenentwicklung
Kundensituation	Umfeldsituation
Ertragslage/-entwicklung Akzeptierter Mietkostenanteil Finanzierungsstruktur Kundenstruktur Service-Nachfrage Wiederkaufsverhalten	Genehmigungsverfahren Zulässige Vertragsgestaltung Bauordnungsrecht Zinsniveau Behördliche Restriktionen Gesamtwirtschaftliches Wachstum Steuerliche Förderprogramme
Absatzmittlersituation	Unternehmenssituation
Qualifikation der Vermittler Kosten der Vermittlertätigkeit Anzahl der Vermittler Informationsproblem Marktaufteilung Substitutionskonkurrenz Konditionswettbewerb	Leistungsprogramm Risikobereitschaft Eigenkapitalanteil Professionalisierungsgrad Distribution Innovationsstärke

Abb. IV 2: Einflussgrößen auf das Immobilien-Marketing[5]

Aus Abb. IV 2 wird deutlich, wie umfangreich die verschiedenen Einflussgrößen sind, die bei der Analyse der Marketingsituation berücksichtigt werden können. Aus dem Bereich Unternehmenssituation soll die Risikobereitschaft des Unternehmens beleuchtet werden. Risiko im weiteren Sinne kann als Verlustgefahr bezeichnet werden, die durch Unsicherheits- und Zufälligkeitsfaktoren oder branchenbedingte Störungen des Marktes in der Zukunft hervorgerufen wird. Unter bankbetrieblichen Risiken werden vor allem das Erfolgsrisiko und das Liquiditätsrisiko verstanden. Das Liquiditätsrisiko beinhaltet die Gefahr von Liquiditätsstörungen, also von negativen Abweichungen der tatsächlich realisierten Ein- und Auszahlungen von den erwarteten Ein- und Auszahlungen. Ursache für das Liquiditätsrisiko ist z. B. der vollständige oder teilweise Ausfall von Mietzahlungen infolge Insolvenz des Mieters. Diese Risiken korrespondieren mit einer Vielzahl anderer Einflussgrößen wie etwa der Kundenstruktur, der Ertragslage oder der Wettbewerbssituation.

---

[5] Schulte, K.-W./Brade, K. H. (2001), S. 41

Eine umfangreiche Analyse unter Berücksichtigung aller relevanten Einflussgrößen bedarf demnach auch eines entsprechenden Know-hows für eine umfassende und systematische Informationsgewinnung. Damit wird deutlich, dass am Anfang einer Marketing-Konzeption die Marktforschung steht. Ohne Marktkenntnisse kann das Unternehmen weder erfolgreich Strategien formulieren noch umsetzen. Dies gilt sowohl für die Unternehmensstrategien generell wie auch für das Immobilien-Marketing.

Die aufgezeigten Probleme und Entwicklungen machen eins deutlich: Wer sich am Immobilienmarkt als Anbieter von Immobilien bewegt, braucht ein starkes Instrument, um Interesse und potentielle Käufer zu finden und diese auch zu überzeugen. Deshalb wird in Zukunft das Immobilien-Marketing weiterhin an Bedeutung gewinnen. Strategische und operative Ausrichtungen des Immobilien-Marketings unterliegen einer konsequenten Markt- und Kundenorientierung mit dem Ziel des Unternehmenserfolges und einem erfolgreichen Marktauftritt.

1.3 Aufgaben und Ziele des Immobilien-Marketings

Die unternehmerischen Zielsetzungen sind der zentrale Ausgangspunkt für das Bestimmen von Marketingzielen. Als zentrales Unternehmensziel wird das Streben nach dem maximalen Gewinn (Gewinnmaximierung) unterstellt. Doch in den letzten Jahren gab es einen Wandel. Die Unternehmen streben nicht mehr nach dem maximalen Gewinn, sondern nach einem zufrieden stellenden Gewinn (Satisfying Profit). Die Unternehmen legen vielmehr eine Steigerung ihrer Umsatz- und Marktanteilsziele in ihrer langfristigen Unternehmensplanung fest. Für diese Oberziele gibt es unternehmerische Basisziele wie Marktleistungs-, Marktstellungs-, Rentabilitäts-, Macht- und Prestigeziele sowie finanzielle, soziale und gesellschaftsbezogene Ziele.[6]

Marketingziele lassen sich wie folgt definieren: Marketingziele determinieren jene angestrebten zukünftigen Sollzustände (marktspezifische Zielpositionen), die mit dem Verfolgen von Marketingstrategien und dem Einsatz der Marketinginstrumente realisiert werden sollen. Die Marketing-Zielplanung knüpft dabei sowohl an den zukünftigen Marktmöglichkeiten als auch an den vorhandenen Ressourcen des Unternehmens an. Für das Immobilien-Marketing lassen sich danach folgende Ziele ableiten:

- Sichern des Unternehmensbestandes,
- langfristige Gewinnerzielung,
- Erhöhung des Marktanteils,
- Ausbau der Wettbewerbsfähigkeit,
- Sichern des Immobilienbestandes,
- quantitatives und qualitatives Wachstum des Immobilienbestandes,
- Erschließung neuer Marktsegmente,
- Ausbau von Kerngeschäftsfeldern und Aufbau von Kompetenzen wie z. B. Facility-Management-Leistungen und das
- Angebot innovativer Immobilienlösungen im Bau und der Gebäudebewirtschaftung.

Diese Ziele werden in eine Strategie eingebettet und die dafür geeigneten operativen Maßnahmen und Instrumente müssen festgelegt werden.

---

[6] Vgl. Becker, J. (2001), S. 14 ff.

1 Grundlagen des Immobilien-Marketings

Die Aufgaben des Immobilien-Marketings können am Entwicklungsstatus der Immobilie dargestellt werden. Die Abb. IV 3 zeigt die verschiedenen Instrumente des Immobilien-Marketings in den verschiedenen Phasen eines Immobilienlebenszyklus.

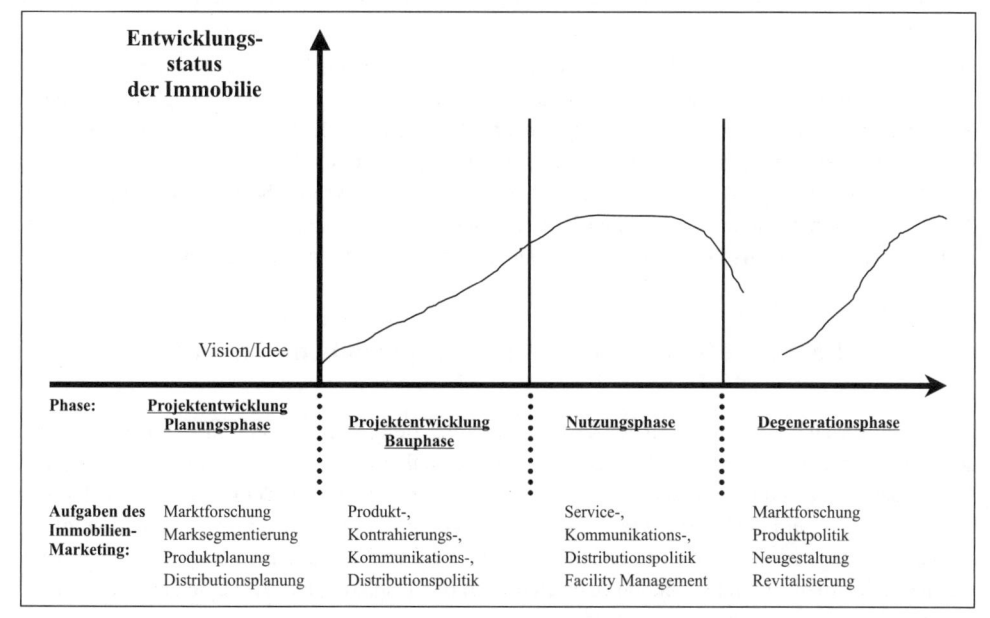

Phase:	Projektentwicklung Planungsphase	Projektentwicklung Bauphase	Nutzungsphase	Degenerationsphase
Aufgaben des Immobilien-Marketing:	Marktforschung Marksegmentierung Produktplanung Distributionsplanung	Produkt-, Kontrahierungs-, Kommunikations-, Distributionspolitik	Service-, Kommunikations-, Distributionspolitik Facility Management	Marktforschung Produktpolitik Neugestaltung Revitalisierung

Abb. IV 3: Immobilienlebenszyklus und Aufgaben des Immobilien-Marketings[7]

Aus der Abb. IV 3 wird ersichtlich, dass in den jeweiligen „Lebensphasen" der Immobilie verschiedene Instrumente eingesetzt werden. So wird sich deshalb ein großer Bestandshalter von Immobilien einer Vielzahl dieser Instrumente gleichzeitig bedienen müssen, um der jeweiligen Immobilie auch gerecht zu werden und eine optimale Strategie für sie zu finden. Aus dem Immobilien-Portfolio kann eine Vielzahl von An- oder Verkäufen notwendig werden, die aber nicht unter denselben Bedingungen und Voraussetzungen stehen. Entsprechend kommen dann über einen Marketing-Mix verschiedene Instrumente zum Einsatz.

1.4 Besonderheiten der Immobilie und des Immobilienmarktes

Die Umsetzung der Aufgaben und Ziele des Immobilien-Marketings werden maßgeblich von den Besonderheiten der Immobilie und des Immobilienmarktes determiniert. Wie oben schon erwähnt, unterscheidet sich die Immobilie ganz wesentlich von anderen Konsum- oder Investitionsgütern. Sie zeichnet sich u. a. durch folgende Besonderheiten aus:
- Entwicklung für den anonymen Markt,
- natürliche Begrenztheit durch Standortgebundenheit,
- hohe Komplexität (Kombination aus Architektur, Technik, Ausstattung, Lage, Image, Nutzer usw.),

---

[7] In Anlehnung an Bobber, M./Brade, K. (1998), S. 587

- hohe Kapitalintensität und langfristige Kapitalbindung mit einem umfassenden Entscheidungsprozess,
- geringe Kaufintensität, vor allem bei Wohnimmobilien („Einmal im Leben") und
- hoher Erklärungsbedarf verglichen mit Konsumgütern, die meist selbsterklärend und problemlos sind.

Die Merkmale und Tendenzen des Immobilienmarktes sind fehlende Markttransparenz, die geringe Anpassungselastizität an Marktänderungen, die Interdependenzen zu vor- und nachgelagerten Märkten und der hohe Stellenwert politisch-rechtlicher Faktoren. Immobilienentscheidungen haben einen sehr hohen Auswirkungsgrad u. a. auf Finanzierung, Kapitalbindung und langfristige Festlegung der Standortwahl sowie Absatz- und Marktchancen, Arbeitsmarkt und Konkurrenzsituation. Aus den dargestellten branchenspezifischen Besonderheiten ergeben sich damit die weiteren Anforderungen an die strategische und operative Planung und Umsetzung des Immobilien-Marketing.

1.5 Strategisches und operatives Immobilien-Marketing

Unternehmerisches Handeln ist in der Regel zweck- und zielorientiert. Der markt- und kundenorientierte Unternehmensprozess setzt sich aus einer Vielzahl von Teilstufen/-funktionen zusammen. Jede dieser Stufen und Funktionen muss einen Teilbeitrag zum Erreichen der gesetzten Ziele leisten. Dieses Gestalten eines Unternehmensprozesses, in Teilen und im Ganzen, stellt eine komplexe Aufgabe dar, besonders wenn eine kaum übersehbare Zahl von Instrumenten zielgerecht eingesetzt werden soll. Um diese Ziele dennoch zu erreichen, müssen zieladäquate Strategien als Steuerungsmechanismen ausgewählt und eingesetzt werden.[8]

Ursprünglich stammt der Begriff Strategie aus einem Teilgebiet der Kriegsführungstheorie. In der neueren Zeit waren es u. a. Clausewitz und Jomini, die Strategie zum Gegenstand ausführlicher Studien machten. Kernaussage der strategischen Kriegsführung ist der Verzicht auf detaillierte, vom obersten Befehlshaber persönlich aufgestellte und durchgeführte Schlachtpläne. Vielmehr werden durch die Führung generelle Ziele und Grundregeln formuliert und durch die im Feld verantwortlichen Offiziere umgesetzt.

In der BWL ist der Begriff der Strategie erst in jüngerer Zeit zu Bedeutung gelangt aber heute aus der Unternehmenswelt nicht mehr wegzudenken. Die seit den 50er Jahren überwiegend linear wachsende Weltwirtschaft in einem Angebotsmarkt mit schwachem Wettbewerbsprofil musste sich auf einen gesättigten Markt mit teilweise sprunghaftem Wandel umstellen. So wurde Anfang der 70er Jahre strategisches Denken und Handeln im Management notwendig. Die strategische Planung entstand als Folge davon. Der Wechsel von der auf Extrapolation beruhenden Langfristplanung zur strategischen Planung vollzog sich.[9]

Strategien legen damit den notwendigen Handlungsrahmen fest, um sicherzustellen, dass alle operativen (taktischen) Instrumente auch zielführend eingesetzt werden.[10] Dieses Festlegen von Strategien wird auch in der Immobilienwirtschaft praktiziert. Die so genannten „aus dem Bauch heraus" Entscheidungen gehen zurück, gerade wegen der hohen Investitionsvolumina und der hohen Komplexität von Immobilien. Strategien sind ein Mittel, um solche unternehmerischen Entscheidungen bzw. den Mitteleinsatz im Unternehmen zu kanalisieren.

---

[8] Vgl. Becker. J. (2001), S. 140
[9] Vgl. Wöhe, G. (2010), S. 76 ff.
[10] Vgl. Becker, J. (2001), S. 141

1 Grundlagen des Immobilien-Marketings

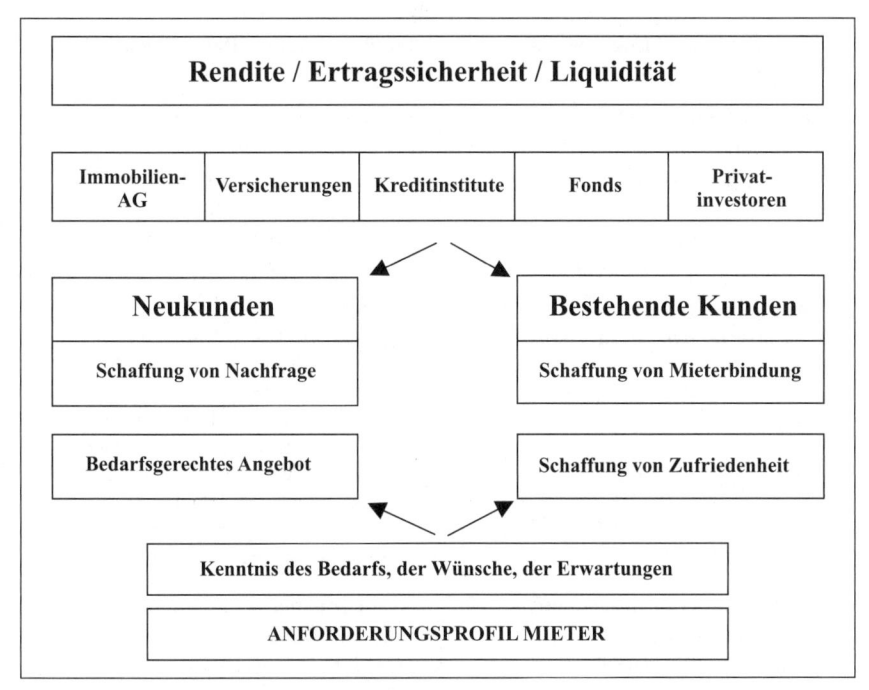

```
┌─────────────────────────────────────────────────────────────────┐
│          Rendite / Ertragssicherheit / Liquidität               │
│                                                                 │
│  Immobilien-  Versicherungen  Kreditinstitute  Fonds  Privat-   │
│     AG                                                investoren│
│                                                                 │
│        Neukunden                    Bestehende Kunden           │
│   Schaffung von Nachfrage      Schaffung von Mieterbindung      │
│                                                                 │
│   Bedarfsgerechtes Angebot     Schaffung von Zufriedenheit      │
│                                                                 │
│      Kenntnis des Bedarfs, der Wünsche, der Erwartungen         │
│              ANFORDERUNGSPROFIL MIETER                          │
└─────────────────────────────────────────────────────────────────┘
```

Abb. IV 4: Strategische Zielsetzung bei der Vermietung von Großimmobilien

Fehlende Strategien, auch in der Immobilienwirtschaft, schlagen sich nieder in Handlungsunfähigkeit. Strategien zeichnen in einem vorgegebenen Kanal Lösungswege vor, so dass ein gesetztes Ziel (Zielsystem) ohne gravierende Umwege erreicht werden kann. Ein solcher vordefinierter Kanal erlaubt zugleich notwendigen taktischen Spielraum für den Instrumenteneinsatz etwa hinsichtlich veränderter Markt- und/oder Umweltkonstellationen. Abb. IV 4 zeigt die strategischen Zielsetzungen am Beispiel der Vermietung von Büroimmobilien.

Die aus der Abbildung ersichtlichen Ziele Rendite, Ertragssicherheit und Liquidität bestimmen das Agieren des Unternehmens auf dem Markt. Über diese Ziele werden potentielle Kundengruppen angesprochen bzw. schon bestehende Geschäftsbeziehungen ausgebaut. Dabei ist die Stärke der Akquisitionsbemühungen immer abhängig vom laufenden Geschäft und der Nachfrage am Markt. Dieser Nachfrage muss ein adäquates Angebot gegenüberstehen, um die gesteckten Ziele zu erreichen. Bei den bereits bestehenden Kundenbeziehungen gilt es, die Bindung beispielsweise durch Service und zusätzliche Dienstleistungen zu erhöhen. Dadurch steigt die Zufriedenheit des Kunden. Dabei müssen die verschiedenen Instrumente des Immobilien-Marketing abgestimmt und zielgerichtet eingesetzt werden.

Bei der Umsetzung der strategischen Zielsetzung bedient sich das Unternehmen operativer Instrumente. Diese Abgrenzung von Strategie und Taktik ist notwendig, um sowohl kurz- als auch mittelfristig handlungsfähig zu bleiben. Die Taktik des unternehmerischen Handelns stellt jede operative Maßnahme. Abb. IV 5 zeigt die Abgrenzung von Strategie und Taktik.

„Die Taktik legt die ‚Beförderungsmittel' fest, die über die vorgegebene ‚Route' (= Strategie) zu den angestrebten Zielen (‚Wunschorten') führen sollen."[11]

---

[11] Becker, J. (2001), S. 143

Strategie – Grundsatzregelungen (grundsätzlich Prädispositionen)	Taktik – operatives Handeln (laufende Disposition)
Merkmale: schwer korrigierbar – strukturbestimmend (konstitutiv) – echte (Wahl-)Entscheidungen – mittel-/langfristig orientiert – verzögert bzw. in Stufen wirksam	**Merkmale:** leicht korrigierbar – ablaufbestimmend (situativ) – Routineentscheidungen – kurzfristig orientiert – „sofort" wirksam
Entscheidungssituationen: – komplexes, schlecht strukturiertes Entscheidungsfeld – heute werden (Grundsatz-)Entscheidungen für morgen getroffen – ganzheitliches Denken notwendig (Unternehmen als Ganzes umfassend) – makro-betonte, eher qualitative Betrachtungsweise	**Entscheidungssituationen:** – überschaubares, gut strukturiertes Entscheidungsfeld – heute werden (Problemlösungs-)Entscheidungen für heute getroffen – parktikulares Denken steht im Vordergrund (einzelne Aktionsbereiche des Unternehmens betreffend) – mikro-betonte, eher quantitative Betrachtungsweise
Grundorientierung insgesamt: *Effektivitätskriterium* → „die richtigen Dinge machen"	**Grundorientierung insgesamt:** *Effizienzkriterium* → „die Dinge richtig machen"

Abb. IV 5: Abgrenzung von Strategie und Taktik

1.6 Entwicklung und Phasen des Immobilien-Marketings

Neben der Vielfalt strategischer Formen (Optionen) ist es ein Problem, ein in sich geschlossenes System von Marketingstrategien zu entwickeln. Als Lösung wurde ein mehrdimensionales Strategiekonzept entwickelt, das auf vier Ebenen jeweils mehrere Optionen umfasst. Dazu gehören:

- Marktfeldstrategien: Die Marktfeldstrategien legen die strategische Stoßrichtung in Bezug auf alternative Produkt/Markt-Kombinationen (Marktfelder) des Unternehmens fest;
- Marktstimulierungsstrategien: Hier werden die Art und Weise des Einwirkens auf den Markt festgelegt;
- Marktparzellierungsstrategien: Sie definieren Art bzw. Grad der Differenzierung der Marktbearbeitung;
- Marktarealstrategien: Die Marktarealstrategien legen den Markt- und Absatzraum des Produktes fest.

Um diese Strategien umzusetzen, werden operative Ziele bzw. Mittel festgelegt. Das operative Immobilien-Marketing formuliert die einzelnen Instrumente und legt die konkreten Maßnahmen fest. Maßnahmen werden für die einzelnen Funktionsbereiche im Rahmen des Lebenszyklus der Immobilie so festgelegt, dass die geplanten Marketingstrategien realisiert werden. Des Weiteren muss über das Abstimmen und Einsetzen der Maßnahmen entschieden werden. Beim Einsatz der einzelnen Instrumente ist auf die jeweiligen finanziellen und zeitlichen Restriktionen zu achten, da der jeweilige Einsatz situationsspezifisch und individuell erfolgt. Beim operativen Immobilien-

Marketing wird daher wie oben schon gesehen von einem Marketing-Mix gesprochen. Aufgrund der Vielzahl von Marketinginstrumenten und ihrer vielfachen Differenzierungs- und Modifikationsmöglichkeiten handelt es sich beim operativen Marketing um eine komplexe Aufgabe.

2 Instrumente des Immobilien-Marketings

2.1 Einleitung

Für eine langfristige, erfolgreiche Konzeption, Realisierung und Vermarktung der Projekte bedarf es eines systematischen Planungs- und Realisierungsprozesses, der sich über die Stufen der Analyse, Prognose, Zielfestlegung, Strategie, Detailplanung und Realisierung sowie laufender Kontrolle vollzieht. Orientierungspunkt für die Planung und den Einsatz von Marketinginstrumenten sind die Vorgaben des strategischen Planungsprozesses. Dieser soll bereits im Vorfeld zum Erreichen der festgelegten Ziele beitragen.

Das Immobilien-Marketing bedient sich im operativen Bereich einiger Instrumente, die im Folgenden dargestellt werden sollen. Abb. IV 6 zeigt die einzelnen Instrumente im Überblick.

Marketinginstrumentarium		
	Produkt- und Servicepolitik	Die in der nebenstehenden Abbildung gezeigten Marketinginstrumente werden nicht autonom eingesetzt, sondern bilden im Zusammenspiel miteinander einen Marketing-Mix. Je nach Ausrichtung des Unternehmens auf dem Markt werden die jeweiligen Instrumente verschieden stark ausgeformt und eingesetzt. Dies ist abhängig von Strategie, Taktik, Teilmarkt und Zielgruppen.
	Kommunikationspolitik	
	Vertriebs- und Distributionspolitik	
	Kontrahierungspolitik	
	Preispolitik	
	Konditionspolitik	

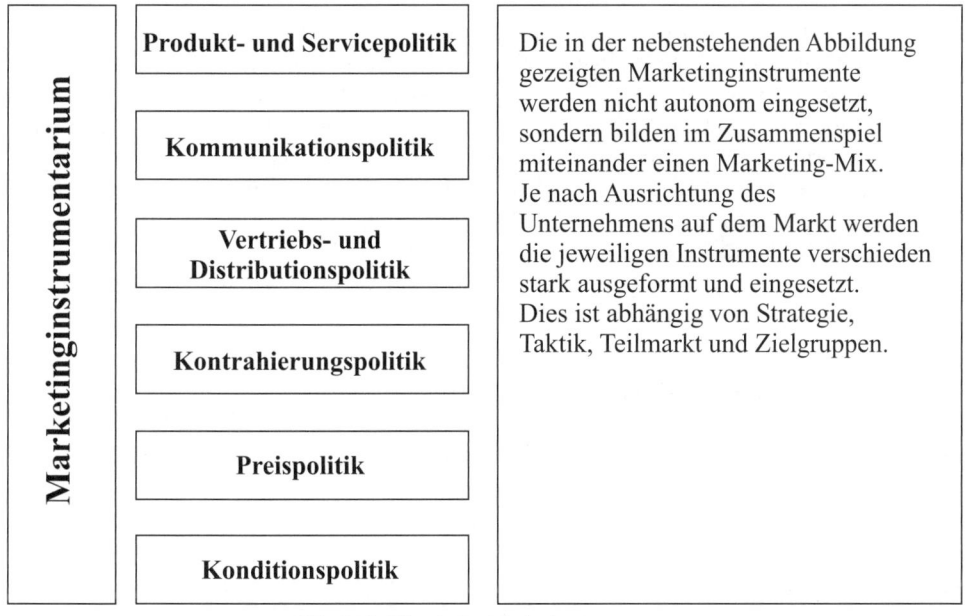

Abb. IV 6: Klassische Marketinginstrumente

Im Folgenden sollen diese Instrumente kurz charakterisiert werden, um dann auf Einzelheiten einzugehen. Mit jedem der Instrumente soll, folgend aus dem Begriff, Politik für die Immobilie und ihre erfolgreiche Marktplatzierung gemacht werden. Entscheidend ist also immer die Ausrichtung des jeweiligen Politikmittels an der Strategie und den Zielen des Unternehmens in enger Rückkoppelung mit dem Markt:

- Die Produktpolitik stellt zusammen mit dem Service das Leistungsprogramm des Unternehmens dar. Es wird entschieden, welche Produkte sollen wie gestaltet am Markt angeboten werden.
- Die Servicepolitik umfasst die immateriellen Leistungen des Unternehmens für den Kunden. Es wird die Frage geklärt, wie durch eine solche Leistung der Absatz des Produktes erhöht bzw. die Leistung unterstützt wird.
- Die Vertriebs- und Distributionspolitik umfasst die Möglichkeiten und Wege, um den Endnachfrager mit den Leistungen und Produkten zu versorgen.
- Die Kontrahierungspolitik klärt, zu welchem Preis und sonstigen Bedingungen die Leistungen am Markt angeboten werden.
- Die Preispolitik hat wesentlichen Einfluss auf die Kontrahierungspolitik. Sie bestimmt die Preisstrategie und Preisbildung.
- Die Konditionenpolitik gestaltet entgeltwirksame Bedingungen, die Vertragsabschlüsse unterstützen und den Absatz fördern. Sie ist wie die Preispolitik Bestandteil der Kontrahierungspolitik.

2.2 Grundlagen der Produktpolitik

2.2.1 Das Produkt – Begriffsdefinition

Das lateinische productum beschreibt das „Hervorgebrachte". Auch in der Immobilienwirtschaft umfasst die Produktpolitik alle Aktivitäten eines Unternehmens, die auf das Gestalten einzelner Produkte oder des gesamten Absatzprogramms gerichtet sind.[12] Das Produkt Immobilie stellt dabei eine vom Anbieter geschaffene Leistung dar, die darauf abzielt, der Befriedigung immobilienspezifischer Bedürfnisse des Nachfragers zu dienen.[13] Eingeschränkt werden muss diese Definition für den Maklerberuf. Der Makler als solcher bietet nicht das Produkt Immobilie an, sondern seine Dienstleistung, nämlich die Vermittlung und Beratung beim Erwerb bzw. bei der Veräußerung von Immobilien.[14] Es wäre daher unsachgemäß, den sachleistungsorientierten, materiellen Produktbegriff auf immaterielle Leistungen zu übertragen.[15] Entsprechend beziehen sich die nachfolgenden Erläuterungen nicht spezifisch auf den Makler.

2.2.2 Gestaltung der Produktpolitik

Zur Produktpolitik gehören verschiedene Varianten und Gestaltungsmittel, wie die Produktinnovation, die Produktvariation, die Produktelimination und die Produktdiversifikation. Diese Varianten stellen einen strategischen Erfolgsfaktor für jedes Immobilienunternehmen dar. Sie werden im Folgenden vorgestellt.

Produktinnovation: Innovativ sein heißt, etwas Neues einführen bzw. eine neuartige, fortschrittliche Lösung für ein bestimmtes Problem, besonders die Einführung eines neuen Produkts zu realisieren. Im Mittelpunkt der Produktpolitik steht damit das Bemühen der Unternehmung, neue oder neu konzipierte Produkte zu entwickeln und zu fördern. Mit den neuen Produkten soll den Herausfor-

---

[12] Vgl. Scharf, A./Schubert, B. (2001), S. 4
[13] Vgl. Käßer-Pawelka, G. (2001), S. 970
[14] Vgl. Kippes, S. (2001), S. 9 ff.
[15] Vgl. ebenda, S. 13

derungen der Zukunft begegnet und eine positive Entwicklung des Unternehmens gesichert werden. Aus verschiedenen Gründen kann jedoch ein Großteil der Ideen nicht realisiert werden oder die Realisierung selbst scheitert. Dabei steht insbesondere die Kapitaldienstfähigkeit des Objekts im Vordergrund. Der Cashflow, der aus der Immobilie erzielbar ist, muss ausreichen, um die Betriebskosten und den geplanten Kapitaldienst zu decken. Die erwarteten Gewinne können ausbleiben und es entstehen in der Regel erhebliche Verluste. Deswegen ist es zwingend erforderlich, die Vielzahl der Ideen auf ihre Machbarkeit zu prüfen, bevor mit der endgültigen Projektentwicklung bzw. Realisierung der Immobilie begonnen wird. Aus Marketingsicht können dabei verschiedene Verfahren zur Anwendung kommen, wie z. B. Brainstorming, Szenariotechniken, Analysen oder Ideen-Delphi (Blick in die Zukunft).[16] Daneben sind aber für eine fundierte Planung weitere Prüfungen wie die Investitionsrechnung erforderlich. Ein Beispiel für Produktinnovation ist eine Nutzungskonzeption von Hotels in Form von Boarding Houses.

Produktvariation: Im Rahmen einer Produktvariation wird ein bereits bestehendes Produkt geändert bzw. variiert. Denkbar ist hier der Umbau eines Bestandsgebäudes, die Nutzungsänderung von Fabrikgebäuden, vornehmlich der Gründerzeit, in Lofts oder eine Änderung in der herkömmlichen Bauweise wie bei Niedrigenergiehäusern.

Produktelimination: Um als Unternehmen am Markt dauerhaft Bestand zu haben, dürfen die Produkte und Dienstleistungen des Unternehmens selbst keine statische Größe sein. Erforderlich ist eine stetige Anpassung an die eintretenden Marktveränderungen. Für ein Unternehmen ist es daher für den weiteren Fortbestand entscheidend, die Zusammensetzung des aktuellen Sortiments regelmäßig zu überprüfen und kritisch zu würdigen. Diese Sortimentsprüfung vollzieht sich in einem Unternehmen regelmäßig auf das – soweit vorhanden – Portfolio von Immobilien. Dieses sehr vereinfacht umschriebene Portfoliomanagement erfolgt im Wesentlichen unter Aspekten wie Allokation des Investitionskapitals, Optimierung der Risiko-/Renditestruktur sowie dem Risikoausgleich durch Diversifizierung.[17] Die Entscheidung einer Produktelimination als Folge einer sinkenden Nachfrage ist eine essentielle Aufgabe des Marketing-Controllings, auf welches noch einzugehen ist (vgl. Teil IV 4). Vor einer Elimination sind regelmäßig Gründe für den mangelhaften Erfolg festzustellen. Eine solche Analyse kann über eine so genannte Marktpositions-/Marktentwicklungsmatrix erstellt werden. Die folgende Abb. IV 7 zeigt eine solche Matrix mit den entsprechenden Gewichtungen in den einzelnen Feldern und den Handlungsoptionen.

Mit der Marktposition wird die relative Stärke und mit der Marktentwicklung die aktuelle und erwartete Wachstumsrate der Immobilie dargestellt. Je stärker das Marktentwicklungspotential bzw. die Marktposition, umso attraktiver ist die Immobilie. Sie wird dann als „Star" bezeichnet, da sie die besten Erfolgsaussichten hat. Eine starke Marktposition bei schwachem Marktwachstum führt meist zum Erfolg. Diese Produkte werden als so genannte „Cash Cows" bezeichnet. Hoffnungsträger sind Immobilien, bei denen die Marktposition noch schwach ist, für die aber ein hohes Marktwachstum erwartet wird. Diese Immobilien haben möglicherweise Zukunftspotential und werden deshalb als „Question Marks" bezeichnet.

Ihre Entwicklung sollte sorgfältig beobachtet werden. Bei einer Verschlechterung der Marktfähigkeit müssen sofort Maßnahmen ergriffen werden. Bei Immobilien mit der schwächsten Marktposition und dem schlechtesten Marktentwicklungspotential wird von „Poor Dogs" gesprochen. Hier ist es ratsam, die Immobilie zu veräußern oder ein so genanntes „Relaunch" durchzuführen, d. h., die Immobilie wird neu konzipiert und den veränderten Bedürfnissen angepasst.

---

[16] Vgl. Luger, A. E./Pflaum, D. (1996), S. 192
[17] Vgl. Hager, H./Beßenroth, S. (2003), S. 13

Marktposition des Unternehmens	stark	halten, falls nützliches Ergänzungsprodukt	recht gute Perspektive, Produkt pflegen	optimaler Erfolg zu erwarten, bewerben und pflegen
	mittel	schlechte Perspektiven, Produkt bald eliminieren	Aktivitäten verstärken	sehr gute Perspektive, Stärken ausbauen
	schwach	Produkt schnell eliminieren	eliminieren oder halten, je nach Grund der Schwäche	Aktivitäten verstärken
		schlecht	mittel	hoch

Marktentwicklungspotential des Produktes

Abb. IV 7: Portfolioanalyse in einer Neun-Feld-Matrix[18]

Produktdiversifikation: Das englische Wort „diversification" bedeutet Auffächerung oder auch Mannigfaltigkeit. Unter Produktdiversifikation wird demnach eine Erweiterung der Immobilienproduktpalette verstanden, die überwiegend der Risikominimierung dient. Gleichzeitig wird sie als Chance zur Ergebnisverbesserung genutzt. Beispielsweise investiert ein Unternehmen neben Wohnimmobilien mit geringer Ausschüttungsrendite und begrenztem Risiko auch in Bürogebäude mit einer höheren Rendite.[19]

2.2.3 Instrumente der Produktpolitik

Für die Produktpolitik steht dem Unternehmen eine Vielzahl von Instrumenten zur Verfügung. Wahlweise kann, entsprechend der durch das Unternehmen gewählten Strategie, ein einzelner oder ein kombinierter Einsatz der Instrumente erfolgen. Die Instrumente werden im Folgenden genauer beschrieben.

Sortimentspolitik: Die Sortimentspolitik umfasst die Sortimentsbreite im Sinne der Anzahl unterschiedlicher Produktlinien und die Sortimentstiefe im Sinne der Anzahl der Einzelprodukte im Sortiment. Für die Sortimentsbreite sind Bauten etwa in Bereichen des WA, GE, GI usw. gem. § 1 BauNVO denkbar. Die Sortimentstiefe ist gekennzeichnet durch z. B. EFH, individuelle EFH, Fachmarkt, Shopping-Center u. a.

Standortwahl: Die Lage der Immobilien ist einer der wesentlichen wirtschaftlichen Erfolgsfaktoren. Bei der Standortwahl werden verschiedene Kategorien unterschieden:

- international, national,
- überregional, regional, lokal,
- zentrale Innenstadt, übriges Stadtgebiet, Stadtrandlage und Peripherie.

Die jeweilige Wahl der Standortkategorie hängt mit den strategischen Vorgaben der Unternehmensplanung zusammen. Hilfsmittel kann hier eine so genannte Markt- und Standortanalyse sein.

---

[18] Eigene Darstellung nach: Wöhe, G. (2010), S. 433 ff. i. V. m. S. 89 f.
[19] Vgl. Lücking, L. (2001), S. 113

Akquisitionsformen: Im Rahmen der Akquisition sind, je nach Ausrichtung des Unternehmens, im Wesentlichen zwei Wege denkbar. Zum einen kann das Unternehmen Liegenschaften aus dem Bestand erwerben oder es betätigt sich als Projektentwickler. Hier werden dann Grundstücke erworben und entwickelt.

Objektgestaltung und Ausstattung: Die Bedürfnisse der Nachfrager auf dem Immobilienmarkt sind sehr verschiedenartig. Dies stellt die Marktteilnehmer auf der Angebotsseite vor schwierige Aufgaben. Die Immobilien müssen so konzipiert sein, dass sie in ihrer konkreten Gestaltung und Ausstattung für die jeweiligen Zielgruppen akzeptabel sind und realisiert werden können. Größenordnung und Architektur der Immobilie sind die wichtigsten Gestaltungsaspekte. Darunter fallen Grundstücksgröße und -zuschnitt, Gebäudehöhe sowie die Geschossflächenzahl (GFZ), die überbaubare Grundstücksfläche (GRZ) sowie die Bruttogeschossfläche (BGF). Diese Aspekte haben einen entscheidenden Einfluss auf die mögliche Nutzung, Zielgruppe und auf die Kostenstruktur.

Die Architektur der Immobilie hat neben den konstruktiven und technischen Elementen hinsichtlich des Designs auch eine gestalterische Aufgabe. So erfüllt dieser Bereich repräsentative Ansprüche der Nutzer an die Immobilie. Es entstehen Alleinstellungsmerkmale und eine „Adresse". Die Immobilie wird zur Visitenkarte des Unternehmens.

Unter einer Qualitätsführerschaft wird die Verbindung von hohen Qualitätsstandards mit entsprechend hohen Preisen verstanden. Von einer Preisführerschaft wird gesprochen, wenn die Immobilie zu günstigeren Preisen mit entsprechend einfacherer Qualität angeboten wird. Diese Angebote richten sich an die jeweiligen Zielgruppen.

Nutzungsflexibilität: Wie oben schon gezeigt, zeichnet sich die Immobilie gegenüber anderen Konsumgütern durch ihre Langlebigkeit aus. Dementsprechend erstreckt sich der Betrachtungszeitraum für die Investition wie auch die Messung des Erfolges über einen langen Zeitraum. Um den Markterfolg auch über diesen Zeitraum zu gewährleisten, müssen u. a. Drittverwendungsfähigkeit, langfristige Werterhaltung, Neuaufteilungsmöglichkeiten und Umwidmungsvarianten schon in der Planungsphase berücksichtigt werden. Ertragsausfall- und Verwertungsrisiken können so im Vorfeld weitgehend minimiert werden.

Markenpolitik: Die Markenpolitik verfolgt verschiedene Ziele. Darunter zählen u. a. das Bekanntmachen, das Abgrenzen von der Konkurrenz und das frühzeitige Positionieren des Projektes bzw. der Immobilie am Markt. Um den Marktauftritt der Immobilie schon im Vorfeld wirksam vorzubereiten, ist es empfehlenswert, dem Projekt vorab einen Namen und ein Logo zu geben. Hier kann nachfragewirksam ein positives Image aufgebaut und unterstützt werden. Name und Logo sollten kurz und prägnant sein. So kann die „Botschaft" von der Öffentlichkeit besser verinnerlicht und eine positive Produktassoziation bewirkt werden. Die Namenswahl kann informativ bzw. deskriptiv sein, sich auf die Gebäudestruktur beziehen oder personifiziert werden. Auch hier ist ein Alleinstellungsmerkmal wichtig. Der Name sollte einmalig sein, damit Fehlinterpretationen oder eine Verwechselung zu konkurrierenden Objekten vermieden werden. Mit einer solchen Markenbildung wird das homogene Gut Immobilie durch den Aufbau von Präferenzen mittels der Vergabe und Kommunikation eines Markennamens heterogenisiert. Die Markenbildung ist die Entwicklung einer Unique Selling Proposition (USP). Rechtsstreitigkeiten aufgrund von Namenswiederholungen werden vermieden. Dazu stehen neben der Vergabe des Namens auch visuelle Gestaltungselemente wie Schriftzug, Farbgebung und Erkennungssymbole – so genannte Logos – zur Verfügung.

2.3 Servicepolitik im Lebenszyklus der Immobilie

Der Service bietet eine gute Möglichkeit zur Differenzierung des Leistungsangebotes gegenüber anderen Anbietern. Unter Service, der teilweise auch die Bezeichnung Kundendienst trägt, wird in der Immobilienwirtschaft die Summe aller Nebenleistungen verstanden, die bestehenden oder potentiellen Kunden angeboten wird, um den Absatz der Hauptleistung zu fördern. Eine solche Dienstleistung bietet entweder das Unternehmen selbst an oder sie wird vermittelt. Die Abb. IV 8 gibt einen Überblick über verschiedenen Serviceleistungen. Ansatzpunkte bei einem Bauträger neben seiner Bautätigkeit könnten beispielsweise Vorbereitung des Kaufs (Kauferleichterung und -beratung), Abwicklung des Kaufs (Erleichtern des Nutzungsbeginns) und Kauf-Nachsorge (Kundenzufriedenheit) sein. Die Service-Politik stellt also den koordinierten Einsatz der immateriellen Leistungen dar, die das eigentliche Leistungsprogramm (hier nur Produktpolitik) abrunden. Dieses Pre-and-After-Sales-Management bringt neben dem eigentlichen Service für den Kunden auch generell Vorteile für die Unternehmungen mit sich. So hat es u. a. Einfluss auf das Finanzmanagement wegen Bürgschaftsstellungen und Zahlungseingängen, für die Buchhaltung aufgrund der Zahlungseingänge und für das Versicherungsmanagement, da hier Besitz- und Gefahrübergang relevant sein können. Weiterhin kann es für Rechtsabteilungen aufgrund erteilter Vollmachten, für die Steuerabteilung wegen der möglichen Umsatzsteuer-Abtretung und für ein eventuell bestehendes Beteiligungsmanagement erhebliche Bedeutung erlangen.

Alle Servicemaßnahmen müssen so ausgerichtet sein, dass die Zufriedenheit des Kunden im Vordergrund steht und in jeder Phase positiv beeinflusst werden kann.

Marketinginstrumentarium	Servicepolitik	
	Kaufmännischer Service	**Technischer Service**
	• allgemeine Kaufberatung • Beratung und Vermittlung in Finanzierungsfragen • Kostenvoranschläge/ Alternativkalkulationen • Amortisationsberechnungen • Überlassung von Plänen, Grundrissen, Modellen etc. • Vermittlungsservice/ Rückkaufangebote • Einrichtungsvorschläge • Vermietungsmanagement • spezielle Beratungsleistungen	• Hausmeisterdienstleistungen • umfassendes Facility Management • Wartung technischer Installationen wie Heizung, Aufzüge etc. • Gestaltung, Pflege und Wartung der Außenanlagen

Abb. IV 8: Serviceleistungen in der Immobilienwirtschaft[20]

---

[20] Käßer-Pawelka, G. (2001), S. 974 f.

Serviceleistungen sind teilweise mit erheblichen Kosten verbunden. Hier kann es für ein Unternehmen problematisch werden, da die Zahlungsbereitschaft der Kunden für Serviceleistungen in Deutschland gering ist. Oft ist eine kostendeckende Preisgestaltung der Serviceleistung unmöglich. In vielen Fällen sind die Servicekosten im Preis miteinkalkuliert. Hier kann es aber unter Umständen zu einem Umsatzproblem kommen, da die erforderliche Preiserhöhung die Akzeptanz am Markt negativ beeinflussen kann.

Die schwierige Marktsituation veranlasst immer mehr Immobilienanbieter, neben dem reinen Vermarkten von Immobilien ein Serviceangebot zu machen. Im Regelfall sind diese Serviceangebote für jeden potentiellen Nutzer maßgeschneidert. Es gibt eine Vielzahl von immobilienspezifischen Serviceleistungen. Unterschieden zwischen potentialorientierter, prozessorientierter und ergebnisorientierter Leistung.

Unter einer potentialorientierten Serviceleistung wird das Umzugsmanagement, Parkhausmanagement, zentraler Empfangsdienst, Catering, Sicherheitsdienst, Konferenzservice oder Büroservicekonzepte verstanden.

Prozessorientierte Serviceleistungen sind dienstleistende Tätigkeiten, die zum Unterstützen des Prozesses und Fortgang der Leistungserstellung dienen und einen synchronen Kontakt der Marktpartner/Objekte erstellen. Beispiel hierfür wäre eine objektbezogene Beratung wie Innenarchitektur, Energiespar- oder Wirtschaftlichkeitskonzepte.

Bei der ergebnisorientierten Serviceleistung steht der Kunde und/oder ein Objekt des Kunden im Mittelpunkt der zu erbringenden Leistung.

Am Markt treten dabei funktionelle, d. h. von Sachleistungsbetrieben als „Neben"-Funktion zur Absatzförderung erbrachte und institutionelle, d. h. von reinen Dienstleistungsunternehmen erbrachte, Dienste auf. Um ein Unternehmen durch Serviceleistungen rund um die Immobilie zu profilieren, muss ein Service-Mix gefunden werden, der den Erwartungen und Wünschen der Zielgruppe weitestgehend entspricht.

2.4 Kommunikationspolitik

2.4.1 Grundlagen der Kommunikationspolitik

Kommunikation (lat. communicatio) bedeutet Mitteilung bzw. Unterredung. Es handelt sich also um einen Austauschprozess von Mitteilungen zwischen einem Sender und einem oder mehreren Empfängern.

Die Kommunikationspolitik eines Unternehmens enthält sämtliche Maßnahmen, die auf die Kenntnisse, Einstellungen und Verhaltensweisen von Zielgruppen gegenüber Unternehmensleistungen einwirken sollen. Aufgabe der Kommunikationspolitik ist das Kaufverhalten der Zielgruppen direkt oder indirekt zu beeinflussen. Insbesondere mit Blick auf die Eigenschaft der Immobilie, einer hohen Erklärungsbedürftigkeit zu unterliegen, kommt der Kommunikation eine große Bedeutung zu. Auch stehen die Immobilienentscheidungen von Privatpersonen stets unter der negativen Wirkung der langfristigen Belastung. Denn für diese Personen bedeutet eine Immobilienanschaffung eine extreme finanzielle Belastung meist über Jahrzehnte.[21] Direkt beeinflusst wird der potentielle Immobiliennutzer dann, wenn er unmittelbar die Immobilie kauft oder mietet, z. B. nach Besichtigen

---

[21] Vgl. Käßer-Pawelka, G. (2001), S. 987

der Immobilie. Es wird aber auch auf das indirekte Beeinflussen des Bau-/Kauf- bzw. Mietverhaltens eines Interessenten abgezielt, z. B. durch Werbemaßnahmen für energiesparendes Bauen. Ziel der Kommunikationspolitik ist die effiziente und zieladäquate Ansprache und Versorgung der Zielgruppen und -segmente.[22]

2.4.2 Ermittlung der Kommunikationsziele und Zielgruppen

Um Streuverluste zu vermeiden und den unterschiedlichen Kommunikationszielen gerecht zu werden, sollte für den Einsatz von Kommunikationsinstrumenten ein systematischer Planungsprozess, eingebunden in eine übergeordneten Marketingkonzeption, entwickelt werden. I. d. R. finden vor allem die Instrumente klassische Werbung, Verkaufsförderung, Öffentlichkeitsarbeit und Direktmarketing Verwendung.[23] Da Werbung auf das Kaufverhalten abzielt, ist es nahe liegend, die Werbeziele auf das beobachtbare Verhalten zu beziehen. Die Zielgrößen richten sich dabei auf die Umsatz-, Absatz-, Kosten- und Gewinnveränderungen bezogen auf die Werbemaßnahmen. Sie werden deshalb als ökonomische Werbeziele bezeichnet. Eine alleinige Konzentration auf diese Werbeziele ist jedoch nicht zweckmäßig, da Werbemaßnahmen nicht nur den ökonomischen Zielgrößen zuzurechnen sind, sondern auch den psychologischen oder den so genannten außerökonomischen, kommunikativen Werbezielen. Typisch hierfür sind das Erhöhen des Bekanntheitsgrades eines Produktes, Verbessern der speziellen Produktkenntnisse, Imageveränderungen oder das Verstärken der Kaufabsichten.

Die psychologischen Werbeziele werden anhand von Werbewirkungsmodellen definiert. Die Werbewirkungsmodelle betrachten und erläutern das Zustandekommen und die Beeinflussbarkeit des menschlichen Verhaltens.[24] Der Verarbeitungsprozess und die Wirkungsebene von Werbeinformationen werden grundsätzlich in drei Wirkungsstufen unterschieden:[25]

- Wissen (kognitive Ebene): Beim Interessenten wird Aufmerksamkeit für das Produkt geweckt. Zusätzlich sind dem Kunden konkurrierende Produkte mit ihren Eigenschaften und Vorteilen bekannt.
- Empfinden (affektive Ebene): Aus diesem Wissen entspringt eine negative oder positive Einstellung gegenüber dem Produkt. Das kann dazu führen, dass in einer konkreten Kaufsituation ein bestimmtes Produkt bevorzugt oder abgelehnt wird.
- Handeln (konative Ebene): Die Präferenzen reichen aber oft nicht aus, um eine Kaufhandlung zu bewirken. Durch Sonderaktionen kann dann der letzte Schritt zum Kauf eingeleitet werden.

Die Abb. IV 9 zeigt beispielhaft die Zielgruppenplanung durch das Unternehmen.

Das Identifizieren der jeweiligen komplexen Zielgruppen ist eine Voraussetzung für den Einsatz der einzelnen Kommunikationsinstrumente. Diese werden dann zielgruppenspezifisch zugeschnitten. Ihr Einsatz findet erfolgsbezogen statt auch unter dem Gesichtspunkt der Kosteneffizienz. Angesprochen werden neben aktuellen sowie potentiellen Kunden auch Entscheidungsträger. In der Immobilienwirtschaft werden zwei Zielgruppen unterschieden: Zum einen die finale Zielgruppe (Mieter, Käufer), zum anderen die subfinale Zielgruppe (Multiplikatoren, Meinungsbildner). Die subfinale Zielgruppe beeinflusst letztendlich indirekt oder direkt die Entscheidungen der finalen

---

[22] Vgl. Lücking, L. (2001), S. 115
[23] Vgl. Käßer-Pawelka, G. (2001), S. 991
[24] Vgl. Scharf, A./Schubert, B. (2001), S. 228
[25] Vgl. ebenda, S. 226 f.

> **Zielgruppen** sind die mit einer Werbebotschaft anzusprechenden *Rezipienten* der Unternehmenskommunikation.
> Für die werbliche Ansprache sich auch die (Ziel-)Gruppen von Interesse, die direkt oder indirekt einen *Einfluss* auf die Entscheidung der Interessenten, d. h. die Käufer oder Mieter ausüben.
> Im Rahmen einer **Zielgruppenplanung** sind vom Entscheider drei Teilaufgaben zu lösen:
>
> ⇒ **Zielfestlegung**
>
> ⇒ **Zielgruppenidentifikation und -beschreibung**
>
> ⇒ **Zielgruppenerreichbarkeit und -ansprache**

Abb. IV 9: Zielgruppenplanung bei der Vermarktung von Großimmobilien

Zielgruppe und muss daher in die Maßnahmen eingebunden werden. Immobilienrelevante Zielgruppen sind Mieter und Käufer als finale Gruppe. Zur subfinalen Gruppe gehören Meinungsführer wie Politiker, Architekten, Presse, Verbände u. a.[26]

2.4.3 Kommunikationsstrategie und Kommunikationsbudget

Die Kommunikationsstrategie soll mittel- und langfristig festlegen, welche Kommunikationsinstrumente mit welcher Wirkung über welche Medien und wann eingesetzt werden sollen. Kern dieser Kommunikationsstrategie ist die sog. Kommunikationsformel von Lasswell:[27]

Wer =	das Unternehmen
sagt was =	die Botschaft
über welchen Kanal =	das Medium
zu wem =	die subfinale/finale Zielgruppe/-person
mit welcher Wirkung?	das Ergebnis

Es gibt mehrere Typen für das Festlegen der jeweiligen Kommunikationsstrategie. Die Bekanntmachungsstrategie stellt dem Markt ein neues Projekt vor und macht es bekannt. Bei der Informationsstrategie werden die konkreten Produkteigenschaften/-informationen der Öffentlichkeit vermittelt. Für den Aufbau und Erhalt eines gewünschten Images eines Projektes in der Öffentlichkeit wird die Imageprofilierungsstrategie eingesetzt. Die Konkurrenzabgrenzungsstrategie stellt die Vorteile und Eigenschaften des Projektes gegenüber Konkurrenzobjekten heraus. Ein Fokussieren der relevanten Zielgruppen für bestimmte Immobilienarten findet bei der Zielgruppenerschließungsstrategie statt. Dabei kann es sich um neue oder bereits bestehende Zielgruppen handeln.

---

[26] Vgl. Käßer-Pawelka, G. (2001), S. 986 f.
[27] Vgl. ebenda, S. 985 f.

Die Festlegung eines Kommunikationsbudgets orientiert sich in der Praxis häufig an den Aufwendungen der Vorperioden, dem Umsatz oder den Budgets von Wettbewerbern.[28] Nach dem operationalen Festlegen der Werbeziele wird der Werbeetat geplant. Es wurde eine Vielzahl von Verfahren zum Bestimmen des optimalen Werbebudgets entwickelt. Aufgrund der Probleme beim Ermitteln der Werbewirkungsfunktionen haben diese Modelle jedoch keine praktische Bedeutung erlangt. Es haben sich daher in der Praxis vereinfachte Budgetierungsregeln herausgebildet.[29] Die Immobilienwirtschaft geht meist von einem Gesamtmarketingbudget von ca. 1–2 % des Bauvolumens aus.

2.4.4 Kommunikationsinstrumente

Es gibt eine Vielzahl von Kommunikationsinstrumenten. Bei einem kombinierten Einsatz verschiedener Instrumente wird von einem Kommunikations-Mix gesprochen. Die einzelnen Instrumente werden nachfolgend vorgestellt.

Klassische Werbung: Die Werbung ist die unpersönlichste Form der Massenkommunikation, bei der durch Einsatz von Werbemitteln in bezahlten Werbeträgern versucht wird, unternehmensspezifische Zielgruppen anzusprechen und zu beeinflussen.[30]

Unter Printmedien fallen in der Immobilienwirtschaft Anzeigen, Außenwerbung, Beilagen in Zeitung und Zeitschriften, Flyer und Postwurfsendung.

Direktmarketing: Direktmarketing spricht im Gegensatz zur klassischen Werbung eine vorab klar umrissene Zielgruppe an. Ziel des Direktmarketings ist es, durch eine individuelle, direkte Ansprache der Zielperson kommunikative Ziele unmittelbar zu erreichen. Die Streuverluste werden beim Direktmarketing relativ gering gehalten. Ziel von Direktmarketingaktionen ist es, die Empfänger zu informieren, zu interessieren und eine gewünschte Reaktion hervorzurufen.

Formen des Direktmarketings sind der persönliche Kontakt, das Telefon-Marketing, das Direct-Mailing, die Response-Werbung und das Online-Marketing.[31]

Zum Verstärken der Marketingmaßnahmen wird häufig eine Kombination aus schriftlichem, gegenständlichem und elektronischem Kontakt gewählt. Beim Direkt-Marketing kann ein hoher Streuverlust durch das konsequente Orientieren auf die Zielgruppen vermieden werden. Weitere Vorteile liegen in der direkten Kundenansprache, der zielgenauen Gestaltung, der Aktualität der Informationen und der Interaktivität.[32]

Event-Marketing: Event-Marketing ist ein Inszenieren von besonderen Ereignissen. Ziel ist es, durch erlebnisorientierte firmen- und produktbezogene Veranstaltungen emotionale und physische Reize auszulösen und positiv zu beeinflussen. Beispielhafte Events in der Immobilienwirtschaft sind die Grundsteinlegung, das Richtfest, der erste Spatenstich, Aktionen auf der Baustelle und der „Tag der offenen Tür".

Baustellen-/Point-of-Sale-Marketing (POS-Marketing): In der Immobilienwirtschaft ist das Baustellenmarketing eine besondere Form der Kommunikationspolitik. Das Baustellenmarketing begleitet in der Regel die Entwicklungsphase des Baus, wobei auch das Vermieten/Verkaufen

---

[28] Vgl. ebenda, S. 990
[29] Vgl. Scharf, A./Schubert, B. (2001), S. 231 f.
[30] Vgl. ebenda, S. 219
[31] Vgl. Käßer-Pawelka, G. (2001), S. 997 ff.
[32] Vgl. Kotler, P./Bliemel, F. (1999), S. 957

unterstützt werden kann. Varianten des Baustellenmarketings sind Bauschilder, Vermietungs-/ Verkaufsschilder, Besucherplattformen, Fahnen, der Bauzaun als Kommunikationsinstrument, Showrooms/Marketing Suite, Architekturmodelle und eine konstante Baustellenpflege. Letztgenannte kann beim potentiellen Kunden als Visitenkarte des Unternehmens positive Assoziationen auslösen. Durch den optischen Eindruck der Baustelle kann auf die spätere Objektqualität geschlossen werden.

Öffentlichkeitsarbeit/Public Relations: „Tue Gutes und rede darüber" ist die zentrale Kernaussage der Öffentlichkeitsarbeit. Die Öffentlichkeitsarbeit ist damit das bewusste, planmäßige Bestreben, bei verschiedenen, für das Unternehmen relevanten Zielgruppen ein gegenseitiges Verständnis und Vertrauen aufzubauen und bei diesen Zielgruppen positive Reaktionen gegenüber dem Unternehmen auszulösen.[33] Die Öffentlichkeitsarbeit richtet sich nicht nur an den Produkten, sondern am gesamten Erscheinungsbild des Unternehmens aus. Die Besonderheit liegt also darin, dass sie auch für andere Funktionsbereiche wie Management, Personal, Produktion und Logistik zur Verfügung steht. Ziel der Öffentlichkeitsarbeit ist vor allem, das Vertrauen und Verständnis der Öffentlichkeit für das Unternehmen zu gewinnen und „als kognitives Ziel die frühzeitige Bekanntmachung des Projektes und des Standortes".[34] Damit verbinden sich auch strategische Aufgaben wie der Aufbau eines positiven Firmenimages. Taktische Aufgaben sind die Aufbereitung und Weitergabe von Informationen über Unternehmensaktivitäten. Zielgruppen sind neben der breiten Öffentlichkeit alle für das Unternehmen relevanten Personen und Institutionen.

Für die Öffentlichkeitsarbeit bestehen vielfältige Gestaltungsmöglichkeiten, u. a. in der Pressearbeit, im persönlichen Dialog, über Aktivitäten für ausgewählte Zielgruppen, über die Mediawerbung, Sponsoring und als unternehmensinterne Maßnahme.

2.5 Vertriebs- und Distributionspolitik

Distribution kommt von distributio (lat.) und bedeutet etymologisch so viel wie „Verteilung". Die Distributionspolitik bezieht sich auf alle Entscheidungen und Handlungen, die mit dem Weg eines Produktes vom Hersteller bis zum Endverbraucher, d. h. von der Produktion bis zum Konsum bzw. zur gewerblichen Verwendung verbunden sind.[35] Aufgabe der Distributionspolitik[36] ist es damit, die Produktionsleistung des Herstellers so zu transformieren, dass sie den Bedürfnissen der Nachfrager in räumlicher, zeitlicher, quantitativer und qualitativer Weise gerecht wird.[37]

Dabei spielt eine Vielzahl von Faktoren eine Rolle. Abb. IV 10 zeigt einige relevante Parameter.

Da sich die Immobilie schon begrifflich von Mobilien, genauer Konsumgütern, unterscheidet, stehen hier tätigkeitsorientierte Aspekte im Vordergrund. Zwischen den einzelnen Kriterien bestehen enge Zusammenhänge. So könnte aus dem Vermarktungsziel „Verkauf" im Zusammenhang mit der Zielgruppe „Kapitalanleger" und dem Immobilientyp „Gewerbeimmobilie" die Zielgruppe geschlossene Immobilienfonds resultieren. Deutlich wird in diesem Zusammenhang die enge Verknüpfung zur Kommunikationspolitik. Für eine optimale Vermarktung kann nach Berücksichtigung aller relevanten Faktoren die richtige Zielgruppe angesprochen und der Vertriebsweg festgelegt werden.

---

[33] Vgl. Scharf, A./Schubert, B. (2001), S. 217 ff.
[34] Brade, K. H. (2001), S. 67
[35] Vgl. Scharf, A./Schubert, B. (2001), S. 284
[36] Teilweise wird in der Literatur der Begriff Vertriebspolitik synonym verwendet.
[37] Vgl. Wöhe, G. (2010), S. 499 f.

Die verschiedenen Politikinstrumente des Immobilien-Marketings führen bei gleichzeitigem Einsatz zu einem engen Beziehungsgeflecht. Dadurch ist die Distributionspolitik in ihren Einsatzmöglichkeiten von Vorgaben der Leistungs- und Kommunikationspolitik abhängig. Handelt es sich beispielsweise bei den Marktverhältnissen um einen Anbietermarkt, muss das Unternehmen im Rahmen seiner Leistungspolitik nicht die Produktpalette ändern, da diese Produkte aufgrund der großen Nachfrage entsprechenden Absatz am Markt finden. Hier ist auch nur eine eingeschränkte Kommunikationspolitik notwendig.

Kriterium	Mögliche Ausprägung
Erklärungsbedarf der Immobilie	hoch – niedrig
Vermarktungsziel	Verkauf – Vermietung
Zielgruppe	Eigennutzer, Kapitalanleger, „Kombikäufer", Mieter
Geographische Zielmärkte	lokal/regional/national/international
Zugang zu Zielgruppen und -märkten	vorhanden – nicht vorhanden
Marktverhältnisse auf den Immobilienmärkten	Anbietermarkt – Nachfragermarkt – ausgeglichen
Unternehmensstruktur – Eigenvertrieb (Eigentümer) – Fremdvertrieb (Absatzmittler)	Tätigkeitsfeld, Marktquote, Kompetenz Research, Seriosität, Erfahrung, Unabhängigkeit, potentielle Interessenkonflikte, Unternehmensgröße, Flexibilität
Vertriebskosten	fixe und variable Kosten
Distributionsmanagement	Steuerungs- und Kontrollmöglichkeiten

Abb. IV 10: Kriterien zur Wahl eines Distributionssystems

2.6 Kontrahierungspolitik

Unter der Kontrahierungspolitik werden alle Preis- und Konditionsstrategien zusammengefasst. Daher umfasst sie in einem Mix alle vertraglich fixierten Vereinbarungen über das Entgelt des Leistungsangebotes inklusive möglicher Rabatte, Zusatzleistungen und entscheidet über den Ertrag, der mit der Immobilie letztendlich erzielt werden kann.

Die folgende Abb. IV 11 zeigt verschiedene Bausteine, die in der Kontrahierungspolitik eingesetzt werden können.

Dies ist vom jeweiligen Immobilienprodukt abhängig. Zur Kontrahierungspolitik gehört die Preispolitik, auf die im Folgenden eingegangen werden soll.

```
                    Preisermittlung
                                                    Die Kontrahierungs-
                                                    politik ist als modulares
                                                    Instrument aufgebaut.
                                      Preis-        Daher sind nicht alle
   Preisstrategien                differenzierung   aufgezeichneten Hand-
                                                    lungsfelder bei jeder
                                                    Transaktion anzuwenden.
                 Kontrahierungspolitik              Vielmehr können diese
                                                    flexibel eingesetzt
                                                    werden.
   Absatzmittler-
   provision                      kostenlose Zugabe

           Zahlungsvereinbarungen
              und -konditionen
```

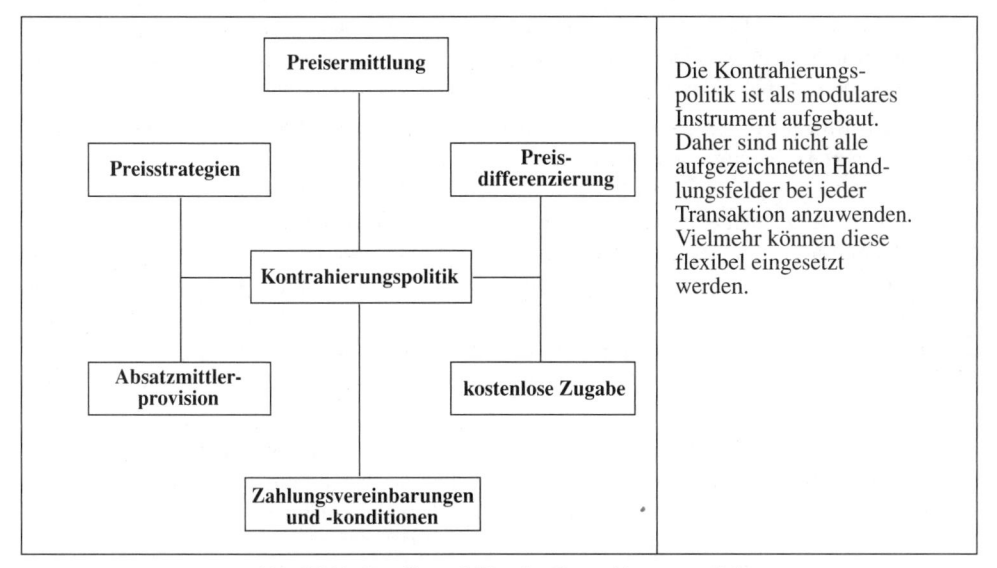

Abb. IV 11: Handlungsfelder der Kontrahierungspolitik

2.7 Preispolitik

2.7.1 Aufgaben und Ziele der Preispolitik

Bevor auf die Bedeutung der Preispolitik und Einzelheiten für das Immobilien-Marketing eingegangen wird, soll zunächst der Preis näher erläutert werden. Preise entstehen an freien Märkten. Hier treffen Angebot und Nachfrage aufeinander. Für den Ausgleich sorgt die freie Preisbildung. Über diesen Preismechanismus erhalten die Marktteilnehmer die erforderlichen Kenntnisse über die relative Knappheit von Gütern bzw. Produktionsfaktoren (Informationsfunktion des Preises).[38] Unternehmen leiten daraus Schlussfolgerungen ab und passen die Produktion entsprechend an. Soweit sich die Preise ändern, strukturieren die Unternehmen ihre Produktion um. Die Produktionsfaktoren werden in die von den Nachfragern gewünschte Verwendung gelenkt. Hier kann auch von einem Verkehrsleitsystem des Preismechanismus für die Produktionsfaktoren gesprochen werden. Dadurch wird die Frage nach dem bestmöglichen Einsatz der Unternehmensressourcen wie Kapital, Material und Arbeitskräfte beantwortet (Allokationsfunktion). Ein erfolgreicher Einsatz der vorhandenen Produktionsfaktoren durch das Unternehmen wird für den leistungsstarken Anbieter mit einem Gewinn, den er durch den höheren Preis erzielen kann, belohnt. Die Bestrafung für den leistungsschwachen Anbieter erfolgt in Form von Verlusten (Sanktionsfunktion).

Die Wahl der richtigen Preisstrategie hat wesentlichen Einfluss auf den unternehmerischen Erfolg. Aufgrund der stagnierenden bzw. sinkenden Realeinkommen der Käufer und Nutzer entsteht ein stark ausgeprägtes Preisbewusstsein. Dadurch wird der Preis, gefolgt vom Qualitätsbewusstsein, einerseits zum wichtigsten Entscheidungskriterium des Käufers. Andererseits kann der Preis ein Indikator für die Qualität des Produktes oder der erbrachten Leistung sein. Weitere wichtige Preisargumente sind die gesättigten Märkte, nicht ausgelastete Kapazitäten und ausgereizte Differenzierungsmöglichkeiten,

---

[38] Vgl. Mussel, G./Pätzold, J. (2005), S. 2

die zu einem härteren Massenwettbewerb führen. Wichtig wird daher eine erfolgreiche Preispolitik insbesondere unter dem Gesichtspunkt, dass der Preis maßgeblich den Unternehmensgewinn beeinflusst und daneben eine starke Wirkung auf den Absatz und den Marktanteil hat.

Preisbildungsstrategien werden bereits in einem frühen Stadium der Projektentwicklung angewendet. Dabei werden die Niedrigpreis-, die Hochpreis- und die Mischpreisstrategie unterschieden. Die Hochpreisstrategie kommt bei hochwertigen Immobilienprodukten zum Einsatz. Sie ist das preispolitische Äquivalent der Qualitätsführerschaft und bezieht sich vorrangig auf hochwertige Immobilienprodukte. Im Gegensatz hierzu ist die Niedrigpreisstrategie das Äquivalent zur Preisführerschaft. Es werden für den Markt standardisierte, einfache Immobilienprodukte zu attraktivem Preis entwickelt. Die Mischpreisstrategie spielt bei der subjektiven Wahrnehmung durch die Zielgruppe eine Rolle und umfasst Komponenten aus Niedrig- und Hochpreisstrategie. Preispolitische Maßnahmen lassen sich ohne zeitliche Verzögerung und ohne bzw. geringe Investitionskosten marktwirksam umsetzen.

In der praktischen Preispolitik spielt die langfristige Gewinnmaximierung bzw. ein zufrieden stellender Gewinn eine wesentliche Rolle. Daneben hat die Preispolitik zum Ziel, eine optimale Preisforderung für eine Sach- oder Dienstleistung gemäß der unternehmerischen Zielsetzung unter Berücksichtigung der Markt- und Kostensituation aufzustellen.

2.7.2 Preisermittlung

Die Wahl der Preisstrategie muss im Zusammenhang mit der Unternehmenswerbung und der Produktpolitik getroffen werden, da die Preispolitik ihren absatzpolitischen Vorrang eingebüßt hat.[39] Bei der Bestimmung des Preisniveaus werden folgende Preisermittlungsverfahren berücksichtigt:[40]

Kostenorientierte Preisbestimmung
Basis hierfür ist das Verfahren der Kostenträgerrechnung. Die Vollkostenrechnung verteilt alle anfallenden Kosten auf die Kostenträger (Immobilienprodukte). Die Teilkostenrechnung rechnet die direkt entstehenden Kosten verursachungsgemäß auf die Kostenträger zu. Beim Immobilienangebot deckt der Preis alle Kostenbestandteile wie Grundstückspreis, Erschließungskosten, Gebühren und Abgaben, Baukosten, Finanzierungskosten, Vermarktungs- und Vertriebskosten sowie kalkulatorische Kosten zzgl. eines entsprechenden Gewinnzuschlages.

Marktorientierte Preisbestimmung
Hier wird von den Preisvorstellungen und Preisbereitschaft der Marktteilnehmer ausgegangen. Es wird der Preis ermittelt, der zum angebotenen Zeitpunkt maximal durchsetzbar ist. Marktbezogene Orientierungsgrößen sind die Quadratmeter- oder Kubikmeterpreise, außerdem wird differenziert nach Lage, Ausstattung und Art der Immobilie. Daraus lassen sich Richtwerte für eine Preisobergrenze festsetzen. Immobilienunternehmen gehen dazu über, die ermittelten Preisvorstellungen im Sinne eines Target Costing zur Grundlage ihrer produktpolitischen Entscheidung zu machen.

Beide Methoden ergänzen sich gegenseitig. Bei der Preisbestimmung spielen u. a. der Grundstückspreis, Altlastenbeseitigung, Erschließungskosten, Gebühren und Abgaben und die Finanzierungskosten eine wichtige Rolle.

In der Immobilienwirtschaft fehlt vielen potentiellen Käufern und Nutzern für einen objektiven Preis-/Leistungsvergleich das Fachwissen. Der Preis wird subjektiv wahrgenommen. Diese Wahr-

---

[39] Vgl. Wöhe, G. (2010), S. 420
[40] Vgl. Käßer-Pawelka, G. (2001), S. 977 f.

nehmung kann der Anbieter u. a. durch Maßnahmen wie Preisdifferenzierung und Rabattgewährung, Konditionenpolitik und Kreditgewährung beeinflussen.

Preispolitische Maßnahmen lassen sich ohne Zeitverzögerung umsetzen und benötigen keine Vorlaufzeit. Des Weiteren bewirken Preisfeststellungen eine sehr schnelle Reaktion der Nachfrager. Es entsteht keine Verzögerung wie bei anderen Instrumenten. Preisentscheidungen sind aber nicht beliebig revidierbar. Sie müssen im Einklang mit der Produktpolitik und den langfristigen Zielen und Strategien des Unternehmens getroffen werden.[41]

Zur Kontrahierungspolitik gehören neben der Preis- auch die Konditionspolitik. Sie ist eng mit der Kontrahierungspolitik verknüpft und gestaltet entgeltwirksam Bedingungen, die den Vertragsabschluss unterstützen und den Absatz fördern. Konditionen werden i. d. R. als Nebenbedingungen im Kaufvertrag aufgenommen. Typische Konditionen in der Immobilienwirtschaft sind Finanzierungskonditionen, Zahlungsbedingungen, Gewährung von Skonto, Rückkauf- oder Mietgarantie, Rücktrittsrechte, befristeter Mietzinsverzicht oder Übernahme von Serviceleistungen.

3 Immobilien-Marketing im Internet

Das bekannte E-Commerce und Internet-Marketing sind eng miteinander verknüpft. E-Commerce kann als ein Konzept zur Nutzung von bestimmten Informations- und Kommunikationstechnologien zur elektronischen Integration und Verzahnung unterschiedlicher Wertschöpfungsketten oder unternehmensübergreifender Geschäftsprozesse umschrieben werden.[42] Die Potentiale für E-Commerce und den Internetauftritt einer Unternehmung sind vielfältig. Die Abb. IV 12 zeigt einige Beweggründe.

Kosten	Zeit	Absatz	Wettbewerb	Kunden
Beschaffung, Forschung & Entwicklung, Produktion, Lagerhaltung, Marketing/ Vertrieb, Kundendienst	Entwicklungs-, Reaktions-, Durchlauf- und Abwicklungszeiten	kontinuierliche Marktpräsenz, neue Kunden, neue Produkte und Märkte, internationale Markterschließung	Kooperationen, Differenzierung, Diversifikation, Vertikalität	Service, Kundenbindung, Customizing, Entertainment, Convenience
Kosteneinsparungen	Zeiteinsparungen	Steigerung des Absatzpotentials	Verbesserung der Wettbewerbssituation	Verbesserung der Kundenorientierung

Abb. IV 12: Potentiale und Nutzen eines Internetauftritts

---

[41] Vgl. ebenda, S. 976 ff.
[42] Vgl. Hermanns, A./Sauter, M. (1999), S. 14 f.

Im Rahmen der Instrumente der Immobilien-Kommunikation stellt das Internet-Marketing ohne Zweifel ein Medium dar, welches in Zukunft eine weiter steigende Bedeutung erlangen wird. Insbesondere hängt dies mit der zunehmenden Zahl der Internetnutzer und der steigenden Internetpräsenzen von Unternehmen zusammen. Für die Immobilienwirtschaft lässt sich das Internet-Marketing insbesondere zum Aufbau und zur Steigerung des Bekanntheitsgrades, zur Pflege des Images, zur Kontaktaufnahme und zur Adressgewinnung nutzen.[43] Das Internet-Marketing unterstützt in den genannten Punkten das Tagesgeschäft. Die zusätzliche Internetpräsenz erhöht die Präsenz eines Anbieters am Markt. Dies hat positive Auswirkungen u. a. auf die Markenbildung und Kundenwerbung. Gleichzeitig verpflichtet eine Internetpräsenz zu Professionalität und Fehlerfreiheit in einem weiteren Medium. Internetstrategien sind im Wesentlichen durch die folgenden Erfolgsfaktoren geprägt: Content (Inhalt), Community (Gemeinde), Commerce (Handel), Consultancy (Beratung) und Communication (Kommunikation).[44]

4 Marketing-Controlling

4.1 Das Marketing-Controlling – Begriffsdefinition

Für das Controlling an sich existiert in Literatur und Praxis keine einheitliche Definition. Abgeleitet vom englischen Begriff „to control" werden – weiter als der deutsche Begriff Kontrolle – die Bereiche Regeln, Beherrschen oder Steuern abgedeckt.[45] Wird einer lebenszyklusorientierten Immobiliencontrolling-Konzeption das Horváth'sche Controllingverständnis zugrunde gelegt, ergibt sich für das Immobiliencontrolling folgende Definition: „Die zentrale Funktion des Controlling liegt in der Unterstützung der Unternehmung hinsichtlich ihrer Adaptions- und Leistungsfähigkeit durch die Koordination von Planung und Kontrolle sowie Gewährleistung der Informationsversorgung."[46]

Die Abb. IV 13 zeigt den Aufbau und die Funktion des Marketing-Controllings.

Durch das Marketing-Audit (Überprüfung) erfolgt eine übergreifende Steuerung und Kontrolle des Marketing-Systems. D. h., neben den strategischen Zielsetzungen werden auch die operationalen Instrumente regelmäßig hinsichtlich ihrer Mischung, Wirkung und Umsetzung überprüft. Wie beim Marketingansatz kann auch das Marketing-Controlling in ein operatives und ein strategisches Controlling untergliedert werden.

- Operatives Marketing-Controlling: Es dient der Ex-post-Untersuchung. Hier wird also im Nachhinein die Zielwirksamkeit von Marketing-Maßnahmen durch Soll-Ist-Abgleiche und Abweichungsanalysen untersucht.
- Strategisches Marketing-Controlling: Es dient der Ex-ante-Überprüfung. Im Vorhinein werden die verfolgten Strategien auf ihre Eignung zur Erreichung der langfristigen Unternehmensziele überprüft.[47]

---

[43] Vgl. Käßer-Pawelka, G. (2001), S. 999
[44] Vgl. Irsfeld, N. (2001), S. 400
[45] Vgl. Homann, K. (1999), S. 16
[46] Ebenda, S. 17
[47] Vgl. ebenda,

```
┌─────────────────────────────────────────────────────────────┐
│                    Marketing-Controlling                     │
└─────────────────────────────────────────────────────────────┘
     │                                    │
┌─────────────────────┐          ┌──────────────────────────────┐
│ Koordinationsfunktion│          │ Informations-Versorgungsfunktion│
└─────────────────────┘          └──────────────────────────────┘
        │         │                      │           │
        ▼         ▼                      ▼           ▼
┌─────────────────────────────────────────────────────────────┐
│                    Steuerungsfunktion                        │
├──────────────────────────┬──────────────────────────────────┤
│    Planungsfunktion      │         Kontrollfunktion          │
└──────────────────────────┴──────────────────────────────────┘
```

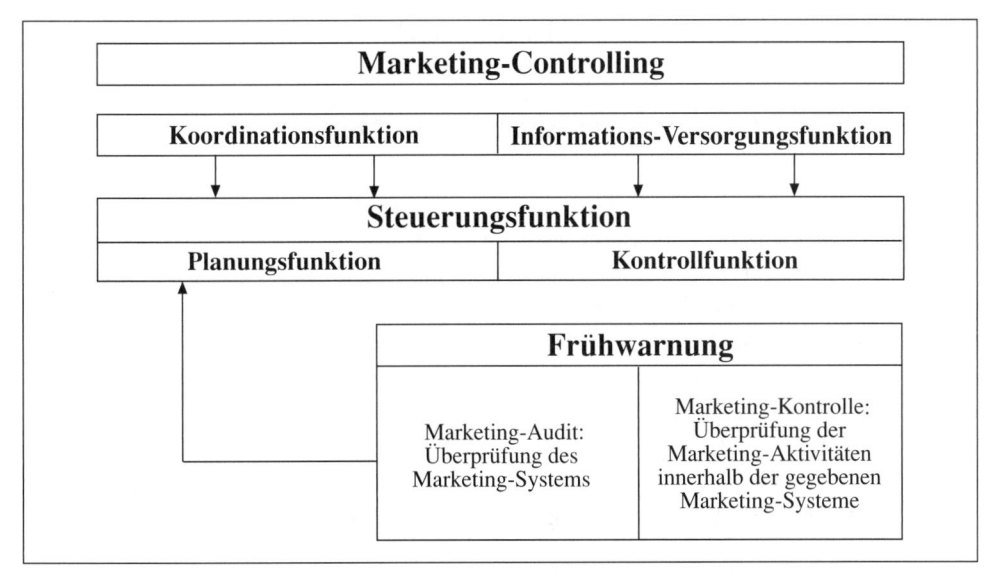

Abb. IV 13: Funktionen des Marketing-Controllings[48]

In der Zusammenfassung dient das Marketing-Controlling der Analyse des tatsächlich erzielten Erfolges, der Prüfung der plangerechten Maßnahmendurchführung und dem Bewerten der Erfolgskomponenten im Hinblick auf das Planen zukünftiger Maßnahmen. Das Controlling erstreckt sich dabei auf den Marketing-Mix und ist damit unternehmensspezifisch.

4.2 Instrumente des Marketing-Controllings

Zu den strategischen Instrumenten des Marketing-Controllings dienen die Stärken- und Schwächen-Analyse, Markt-, Wettbewerbs- und Konkurrenzanalyse, Standortanalyse und Portfolioanalyse. Zu den operativen Instrumenten zählen u. a. die korrekte Datengewinnung und -aufbereitung, Wirtschaftlichkeitsanalysen und Kosten-, Erlös- und Deckungsbeitragsrechnungen.

Festzuhalten bleibt, dass das Marketing-Controlling einerseits die Vergangenheit analysieren und auf die erkennbaren Fehler im operativen und strategischen Handeln aufmerksam machen soll. Andererseits ist es auch ein Werkzeug für Entscheidungen hinsichtlich zukünftiger Strategien.[49] Das professionelle Beherrschen der Koordinations-, Informations-, Steuerungs- und Frühwarnfunktion wird immer mehr zur zentralen Voraussetzung einer nachhaltigen Erfolgssicherung für Immobilienunternehmen.[50]

---

[48] Käßer-Pawelka, G. (2001), S. 1000
[49] Vgl. Luger, A. E./Pflaum, D. (1996), S. 133 f.
[50] Vgl. Käßer-Pawelka, G. (2001), S. 1001

5 Maklerrecht

5.1 Gesetzliche Grundlagen des Maklerrechts

Die Tätigkeit des Maklers ist sowohl im öffentlichen Recht als auch zivilrechtlich geregelt. Im öffentlichen Recht wird die Berufsausübung des Maklers geregelt in den Rechtsvorschriften der Gewerbeordnung (GewO), der Makler- und Bauträgerverordnung (MaBV) sowie dem Gesetz zur Regelung der Wohnungsvermittlung (WoVermG).

Handelt es sich um die Rechtsbeziehung zwischen dem Makler und seinem Auftraggeber, so greift das Zivilrecht und damit die Vorschriften des Bürgerlichen Gesetzbuches (BGB), des Gesetzes zur Regelung der Wohnungsvermittlung (WoVermG) und des Gesetzes gegen den unlauteren Wettbewerb (UWG), ergänzt um die zwischen den beiden Parteien getroffenen Vereinbarungen.

5.1.1 Öffentlich-rechtliche Grundlagen des Maklerrechts

Das Ziel und der Gegenstand des öffentlichen Maklerrechts ist die geregelte und geordnete Berufszulassung und -ausübung im öffentlichen Interesse.[51] Dabei handelt es sich um die rechtlichen Beziehungen zwischen Makler und Staat.

Diese Regelungen wurden erst Mitte der 1970er Jahre eingeführt. Sie finden sich in der GewO, der MaBV und dem WoVermG wieder und dienen hauptsächlich dem Verbraucherschutz.[52]

Jedoch gehen diese Verbraucherschutzmaßnahmen vielen Maklerverbänden nicht weit genug.[53] Für viele Bürger ist der Kauf einer Immobilie die größte Investition ihres Lebens. Daher trägt der Immobilienmakler eine hohe Verantwortung. Maklerverbände halten aus diesem Grund die Einführung eines generellen und umfassenden Sach- und Fachkundenachweises für notwendig, wie er z. B. für das Versicherungswesen bei der Neuregelung des Gesetzes des Versicherungsvermittlerrechts im Dezember 2006 im Bundesgesetzblatt verkündet wurde und am 22. Mai 2007 in Kraft trat.

Für das Maklerrecht hingegen lehnte die Bundesregierung diese weit reichende und kontrollintensive Maßnahme bis jetzt mit der Begründung ab, dass die Zulassungsbegrenzungen gegen den Artikel 12 des Grundgesetzes verstoße und dass das Gewerbe im eigenen Interesse durch eigenverantwortliche Schulungsmaßnahmen die Mitarbeiter weiterbilden solle.[54]

Insofern dienen dem Verbraucherschutz die nachfolgenden Gesetze.

5.1.1.1 §§ 14 und 34c GewO – Grundvoraussetzung und Pflicht

Ein Immobilienmakler ist laut Gesetz ein Gewerbetreibender. „Eine gewerbliche Betätigung ist immer dann anzunehmen, wenn es sich um eine erlaubte Tätigkeit handelt, die selbständig, nachhaltig und mit Gewinnerzielungsabsicht ausgeübt wird."[55] Gemäß § 1 HGB ist jeder, der ein Handelsgewerbe ausübt, als Kaufmann zu betrachten. Ein Kaufmann gem. § 1 HGB ist verpflichtet, sein Gewerbe in das Handelsregister einzutragen.

---

[51] Vgl. Sailer, E./Kippes, S./Rehkugler, H. (2003), S. 678
[52] Vgl. Sailer, E. (2006), S. 62
[53] Vgl. ebenda, S. 43
[54] Vgl. Demme, H. (1997), S. 95 f.
[55] Vgl. Sailer, E./Kippes, S./Rehkugler, H. (2003), S. 680

Fokussiert sich der Leistungsbereich des Kaufmanns rein auf die Nachweistätigkeit und die Vermittlung von Verträgen, wie z. B. von Grundstücken, grundstücksgleichen Rechten, gewerblichen Räumen, Wohnräumen oder Darlehen, ist er gem. § 34c GewO gezwungen, einen Antrag auf Erlaubnis bei dem zuständigen Gewerbeamt zu stellen. Diese Vorschrift gilt nicht nur für Einzelpersonen bzw. natürliche Personen, sondern auch für Personenmehrheiten und juristische Personen.

§ 34c GewO wurde eingeführt durch das Gesetz zur Änderung der Gewerbeordnung vom 16.08.1972, um einen „präventiven Vermögensschutz"[56] für Anleger zu gewährleisten und unseriöse Geschäftspraktiken auf dem Markt zu verhindern.[57]

Der § 34c GewO legt Versagensgründe für die Erteilung der Gewerbeerlaubnis fest.[58] Dabei sind zwei Merkmalbereiche hervorzuheben:

1. „Fehlen der für den Betrieb erforderlichen Zuverlässigkeit, die sich auch auf Personen erstrecken muss, die mit der Leitung des Betriebs oder einer Zweigniederlassung beauftragt sind."

Die erforderliche Zuverlässigkeit ist also dann nicht gegeben, wenn für den Zeitraum der letzten fünf Jahre Indizien vorhanden sind, die auf eine betriebliche oder persönliche Unzuverlässigkeit schließen lassen.

2. „Ungeordnete Vermögensverhältnisse"[59]

Sollte über das Vermögen des Antragstellers ein Insolvenzverfahren eröffnet worden sein oder ist er in das vom Insolvenzgericht geführte Schuldnerverzeichnis eingetragen, so befindet sich der Antragsteller in ungeordneten Vermögensverhältnissen.

Die Erlaubnis erlischt mit dem Tod der natürlichen Person oder bei der Liquidation der juristischen Person. Sie ist also auf Lebenszeit begrenzt und nicht übertragbar.

Des Weiteren beinhaltet § 14 GewO die so genannte Anzeigepflicht. Der Paragraph verpflichtet den Gewerbetreibenden, „Änderungen wie z. B. die Einrichtung einer Zweigstelle, die Betriebsverlegung oder die Betriebsaufgaben der zuständigen Behörde unverzüglich anzuzeigen."

5.1.1.2 Für den Makler relevante Pflichten der Makler- und Bauträgerverordnung

Die Makler- und Bauträgerverordnung ist ergänzend zur Gewerbeordnung ein weiteres Instrument zum Schutz des Vermögens des Auftraggebers vor unseriösen Gewerbetreibenden. Sie findet für alle Personen Anwendung, die der Erlaubnis nach § 34c GewO bedürfen. Jedoch dient die MaBV nicht dem Schutz der Eigentümer, sondern schützt die Auftraggeber, denen die „Verbraucherfunktion"[60] zukommt.

Sollte der Makler von seinem Auftraggeber Vermögenswerte zur Ausführung seines Auftrags erhalten, legt § 2 MaBV dem Makler Sicherungspflichten auf. Da dies jedoch in der Praxis nur sehr selten vorkommt, ist dem § 2 MaBV weniger Beachtung zu schenken.[61]

Der erste für den Immobilienmakler relevante Paragraph der MaBV ist der § 9 MaBV. Er ergänzt die Anzeigepflicht gem. § 14 GewO und fordert den Makler auf, der zuständigen Behörde personelle Änderungen in Führungspositionen des Betriebs oder einer Zweigstelle umgehend zu melden.

---

[56] Sailer, E. (2006), S. 49
[57] Vgl. Bethge, U. (1999), S. 21
[58] Vgl. Sailer, E./Kippes, S./Rehkugler, H. (2003), S. 679
[59] Vgl. Sailer, E. (2006), S. 48
[60] Vgl. Bethge, U. (1999), S. 38
[61] Vgl. ebenda, S. 43

§ 10 MaBV beauftragt den Makler damit, Aufzeichnungen, die aus dem Geschäftsverkehr zwischen Makler und Auftraggeber entstanden sind, zu sammeln. Diese gewerbliche Buchführung ist nicht mit der Buchführungspflicht des Handels- und Steuerrechts zu vergleichen, da sie nicht der Anleger-, sondern der Kundeninformation gem. § 11 MaBV dient.[62] Die angesprochene Informationspflicht gem. § 11 MaBV verpflichtet den Makler, seinem Auftraggeber bestimmte, in § 10 MaBV genannte Informationen zu liefern. Dies wären z.B. persönliche Daten der Gegenpartei, Höhe der Provision und sonstiger Entgelte, Vertragslaufzeit oder Bevollmächtigungen des Maklers.[63] § 14 MaBV fordert den Makler des Weiteren auf, die Daten über einen Zeitraum von fünf Kalenderjahren aufzubewahren.

Die Pflicht zum fortwährenden Sammeln von Inseraten und Prospekten gem. § 13 MaBV wurde im Juli 2005 durch ein Deregulierungsgesetz aufgehoben. Diese Entlastungsmaßnahme wurde durch das Entfallen des § 16 Abs. 1 MaBV erweitert. Dieser forderte alle Maklerbetriebe dazu auf, eine Pflichtprüfung des Betriebes für ein Geschäftsjahr durchzuführen, welche die Betriebe viel Zeit und Geld kostete, da sie auf eigene Kosten einen Prüfer engagieren mussten. Jedoch hat die Gewerbebehörde weiterhin das Recht, bei begründetem Verdacht eine Prüfung aus besonderem Anlass auf Kosten des Gewerbetreibenden durchzuführen.[64] Ein begründeter Verdacht besteht, wenn es Anzeichen dafür gibt, dass der Gewerbetreibende gegen die Regelungen der zu beachtenden Paragraphen der GewO und der MaBV verstößt.

5.1.1.3 Das Wohnungsvermittlungsgesetz – Schutz für Suchende einer Mietwohnung

Das Wohnungsvermittlungsgesetz dient der Verbesserung des Mietrechts und der Begrenzung des Mietanstiegs. Neben zivilrechtlichen Vorschriften beinhaltet das WoVermG auch öffentlich-rechtliche Vorschriften und kann dadurch als „Mischgesetz"[65] bezeichnet werden, welches als Anpassung an die Besonderheiten der Wohnungsvermittlung gem. §§ 652 - 654 BGB zu betrachten ist.[66] Vor allem Wohnungsvermittler sind von diesem Gesetz betroffen, da es sich auf die Wohnungsvermittlungsprovision bezieht.

Dabei legt § 3 Abs. 2 WoVermG fest, dass „der Wohnungsvermittler [darf] vom Wohnungssuchenden für die Vermittlung oder den Nachweis der Gelegenheit zum Abschluss von Mietverträgen über Wohnräume kein Entgelt fordern, sich versprechen lassen oder annehmen" darf, „das zwei Monatsmieten zuzüglich der gesetzlichen Umsatzsteuer übersteigt." Des Weiteren muss er gem. § 3 Abs. 1 WoVermG die verlangte Provision in einem Bruchteil oder Vielfachen der Monatsmiete anzeigen. Ist eine Wohnung preisgebunden oder wird sie öffentlich im Sinn von § 2 Abs. 3 WoVermG gefördert, hat ein Wohnungsvermittler keinen Anspruch auf Provision.[67] Dies gilt nach § 2 Abs. 2 WoVermG auch in den Fällen, wenn ein Mietvertrag über dieselben Wohnräume lediglich fortgesetzt, verlängert oder erneuert wird bzw. der Wohnungsvermittler eine wirtschaftliche oder persönliche Verflechtung aufweist.

Möchte der Wohnungsvermittler eine Wohnung öffentlich anbieten, benötigt er einerseits einen Auftrag des Vermieters oder eines anderen Berechtigten (§ 6 Abs. 1 WoVermG) und muss andererseits in Anzeigen immer seinen Namen und seine Bezeichnung als Wohnungsvermittler nennen (§ 6 Abs. 2 WoVermG). Dies gilt auch für den Mietpreis, zzgl. notwendiger Nebenleistungen, der

---

[62] Vgl. Demme, H. (1997), S. 121
[63] Vgl. Sailer, E./Kippes, S./Rehkugler, H. (2003), S. 707
[64] Vgl. Sailer, E. (2006), S. 51 ff.
[65] Vgl. ebenda (1996), S. 451
[66] Vgl. Bethge, U. (1999), S. 143
[67] Vgl. Dyckerhoff, R./Brandt. J. G. (2002), S. 62

angezeigten Wohnung. Diese Vorschriften sollen Wohnungsinteressenten davor schützen, dass sie durch z. B. Chiffre-Anzeigen ungewollt Dienste eines provisionspflichtigen Wohnungsvermittlers annehmen.[68]

5.1.2 Privatrechtliche Grundlagen des Maklerrechts

Die Gesetzgebung widmet dem Maklerrecht lediglich drei Paragraphen im Bürgerlichen Gesetzbuch, die Paragraphen 652–654 BGB. Durch diese Paragraphen wird das Verhältnis zwischen Makler und seinem Auftraggeber geregelt. Behandelt werden einerseits die Gestaltungsmöglichkeiten des Maklervertrages und andererseits die Sicherung der Provisionsansprüche des Maklers gegenüber seinem Auftraggeber.[69]

Experten halten die Regelungen von 1900 für „verunglückt"[70], da die Regelungen den aktuellen Anforderungen nicht mehr gerecht würden. Dies führte dazu, dass viele Makler bei der Ausgestaltung ihrer Maklerverträge selbst entwickelte Geschäftsbedingungen eingefügt haben.

5.1.2.1 §§ 652–654 BGB – Die Basis des Maklerrechts

Wie bereits erwähnt regeln die §§ 652–654 BGB das Verhältnis zwischen Makler und seinem Auftraggeber sowie den Provisionsanspruch des Maklers. Im Folgenden werden die einzelnen Paragraphen separat erläutert.

§ 652 BGB: Verspricht der Auftraggeber für den Nachweis einer Vertragsgelegenheit oder die Vermittlung eines Vertrages dem Makler die Zahlung einer Provision, so ist er nur dann zur Provisionszahlung verpflichtet, wenn der Vertrag infolge der Maklertätigkeit zustande kam. Jedoch ist die Zahlung der Provision erst dann fällig, wenn alle aufschiebenden Bedingungen des Hauptvertrages eingetreten sind. Deshalb wird die Maklerprovision auch als „Erfolgshonorar"[71] bezeichnet, da der Makler erst mit erfolgreicher Arbeit, also dem Abschluss des Hauptvertrages, ein Recht auf Zahlung einer Provision erhält. Des Weiteren besteht die Möglichkeit, dass Makler und Auftraggeber durch eine Individualvereinbarung die Zahlung einer Aufwandsentschädigung festhalten. Dabei verpflichtet sich der Auftraggeber zur Erstattung von Aufwendungen, die dem Makler entstanden sind, auch wenn ein Hauptvertrag nicht zustande gekommen ist.

§ 653 BGB: Werden einem Makler Leistungen übertragen, bei denen der Auftraggeber davon auszugehen hat, dass der Makler für die Erfüllung eine Vergütung fordert, gilt der Maklerlohn als stillschweigend vereinbart.[72] Ist bei diesem stillschweigenden Vergütungsanspruch die Höhe der Provisionszahlung vertraglich nicht festgelegt worden, so gilt gem. Abs. 2 die „ortsübliche Provision"[73].

§ 654: Wird der Makler wider die Vereinbarungen des Maklervertrages für die Gegenseite des Hauptvertrages tätig, so erlischt sein Anspruch auf Provision und Aufwendungsersatz. Dies soll den Makler zu mehr Vertragstreue anhalten.[74] Für das Auftreten als Doppelmakler hat der Makler bestimmte Grundsätze zu beachten, die in Kapitel 5.5.4 erläutert werden.

---

[68] Vgl. Bethge, U. (1999), S. 34
[69] Vgl. Demme, H. (1997), S. 152
[70] Vgl. Sailer, E. (2006), S. 62
[71] Vgl. Demme, H. (1997), S. 152
[72] Vgl. Bethge, U. (1999), S. 67
[73] Vgl. Demme, H. (1997), S. 153
[74] Vgl. Bethge, U. (1999), S. 137

Als Grundsatz des gesetzlichen Provisionsanspruchs zugunsten des Maklers müssen demnach vier Voraussetzungen erfüllt sein. Diese werden in Kapitel 5.3 erörtert.

5.1.2.2 §§ 305–310 BGB – Allgemeine Geschäftsbedingungen im Maklerrecht

Das BGB gibt für Schuldverhältnisse den Grundsatz der Vertragsfreiheit vor. Dadurch steht es den Vertragspartnern oftmals frei, ob Verträge die gesetzlich vorgesehenen Inhalte einhalten oder ob andere Inhalte, die nicht die gesetzlichen Zulassungsschranken überschreiten, verwendet werden.[75]

Dafür werden meist vorformulierte und für den häufigen Gebrauch, also häufiger als dreimal[76], entworfene Vertragsbedingungen verwendet, die die Rechtsposition des Verwenders verbessern.[77] Sie sind bekannt als Allgemeine Geschäftsbedingungen (AGB).

Zumeist besitzt der Verwender eine größere Kenntnis der AGB als die Gegenpartei, so dass diese benachteiligt ist. Aus diesem Grund führte der Gesetzgeber das AGB-Gesetz ein, welches zur Verstärkung seiner Bedeutung am 01.01.2002 unter den §§ 305–310 in das BGB inkorporiert wurde.[78]

Für das Maklerrecht hervorzuheben ist dabei die Generalklausel gem. § 307 BGB, welche ABG für unwirksam erklärt, die entgegen Treu und Glauben den Auftraggeber unangemessen benachteiligen, vor allem wenn die ABG gegen die gesetzlichen Regelungen der §§ 652–654 BGB verstoßen.

Werden unwirksame ABG in einem Vertrag verwendet, führt dies nicht zur Unwirksamkeit des Vertrages. Es werden ersetzend die gesetzlichen Regelungen wirksam.[79]

Die bekannteste Abweichung eines Maklervertrages durch eine AGB ist der Makleralleinauftrag, welcher in Kapitel 5.4 erklärt wird.

Möchten beide Vertragsparteien, trotz gesetzlicher Unwirksamkeit, eine AGB-Regelungen in den Maklervertrag einbringen, so geht dies nur in Form der Individualvereinbarung.

Dabei ist es notwendig, dass beide Vertragsparteien die gesetzesfremde Vereinbarung gem. § 305 Abs. 1 für den Einzelfall aushandeln. D. h. dass der Makler „seine AGB inhaltlich zur Disposition stellt", und nicht „mit seinem Kunden den vorformulierten Vertrag Punkt für Punkt durchgeht und erörtert".[80] Durch eine solche gemeinsame Aushandlung der Vereinbarungen verlieren diese laut § 305 Abs. 1 Satz 3 BGB den Charakter einer Allgemeinen Geschäftsbedingung.

5.2 Beginn der Maklertätigkeit

5.2.1 Das Erstellen einer eigenen Marktstrategie

Der Immobilienmarkt wird als „Markt der tausend Märkte"[81] bezeichnet. Deshalb muss sich ein Maklerbetrieb nicht nur darauf konzentrieren, welche Leistungen er anbieten will, sondern auch auf welchem Marktsegment er agieren will. Dabei ist zwar ein logischer, aber sehr schwerwiegender Grundsatz zu befolgen: „Je größer ein Maklerbetrieb ist, desto breiter kann das Marktsegment sein,

---

[75] Vgl. Dyckerhoff, R./Brandt. J. G. (2002), S. 34
[76] Vgl. Demme, H. (1997), S. 183
[77] Vgl. Schwering, U.(2006), S. 296
[78] Vgl. Sailer, E./Kippes, S./Rehkugler, H. (2003), S. 765
[79] Vgl. Bethge, U. (1999), S. 156
[80] Vgl. Sailer, E./Kippes, S./Rehkugler, H. (2003), S. 765
[81] Vgl. Sailer, E. (2006), S. 103

welches es zu bedienen gilt, und je kleiner der Maklerbetrieb ist, desto enger sollte das Marktsegment oder der Teilmarkt abgegrenzt sein."

Es gibt zwei wesentliche Marktsegmente. Dies sind einerseits die verschiedenen Immobilienarten und andererseits die unterschiedlichen Immobiliennutzer. Die Immobilienarten können z. B. in Wohn-, Gewerbe- und Sonderimmobilien unterteilt werden. Diese können weiteren Unterteilungen unterzogen werden (siehe Abbildung). Die Immobiliennutzer lassen sich in Privatpersonen, Non-Profit Organisationen und Unternehmen einteilen. Möchte ein Maklerunternehmen kundenorientiert und effektiv am Markt agieren, sollte es sich unter Berücksichtigung der Marktverhältnisse, des Betriebsstandortes und seiner Fachkenntnisse auf zwei Marktsegmente fokussieren.[82]

Immobilienarten				
Wohnimmobilien	**Gewerbeimmobilien**		**Sonderimmobilien**	
Ein- und Zweifamilienhäuser, Doppelhaushälften	Büroimmobilien	In City-Lage, City-Randlage, Stadtgebiet, Umland ...	Verwaltungsgebäude	
			Seniorenimmobilien	
Mehrfamilienhäuser, Reihenhäuser	Handelsimmobilien	SB-Märkte, Einkaufszentren, Warenhäuser, Shoppingcenter, Ladenlokale, Fachmärkte	Kliniken	
			Sport- und Freizeitimmobilien	
Eigentumswohnungen	Industrieimmobilien	Fertigungsgebäude, Lagerhallen, Werkstätten, Distributionszentren, Industrieparks	Hotels, Pensionen	
			Restaurants, Gaststätten	

Abb. IV 14: Immobilienarten

Hat sich das Unternehmen auf zwei Marktsegmente festgelegt (z. B. Eigentumswohnungen und private Haushalte), ist es von großer Bedeutung zu entscheiden, auf welchem Teilmarkt sich das Maklerunternehmen bewegen will. Hauptsächlich können vier verschiedene Teilmärkte bestimmt werden:[83]

Als erster Teilmarkt ist der Entwicklungszustand einer Immobilie zu erwähnen. Dabei hat das Maklerunternehmen zu entscheiden, ob es sich auf Bestandsimmobilien, Neubauten oder potentielle Standorte bezieht.

Im zweiten Teilmarkt hat das Unternehmen zu unterscheiden, ob dem Kunden die vertriebenen Immobilien zur eigenen Nutzung oder für die Nutzung Dritter anzubieten sind. Das heißt, ob für die angebotenen Immobilien Eigennutzer, Mieter oder Pächter gesucht werden. Es handelt sich also um die wirtschaftliche Nutzungsart der Immobilie.

Die Gestaltung der Veräußerung spielt eine genauso wichtige Rolle und ist deshalb der dritte Teilmarkt. Dabei kann unterschieden werden, ob Immobilien verkauft, vermietet oder verpachtet

---

[82] Vgl. Sailer, E./Kippes, S./Rehkugler, H. (2003), S. 20 ff.
[83] Vgl. Sailer, E. (2006), S. 109

bzw. ein Erbbaurecht vergeben werden soll. Eine weitere, sehr aktuelle Form der Veräußerung ist das Leasing. Sale-and-lease-back ist dabei ein häufig verwendeter Begriff.[84] Dabei verkauft ein Unternehmen seine Immobilie, bleibt jedoch weiterhin Mieter des verkauften Objektes. Dies bietet dem Unternehmen häufig die Möglichkeit, durch den finanziellen Schub neue Investitionen zu tätigen oder Schulden abzubezahlen. Experten sehen dies jedoch kritisch, da sie behaupten, dass viele Unternehmen mit dem Erlös des Verkaufs eine Illiquidität hinauszögern wollten.

Der vierte Teilmarkt steckt im Wort der Immobilie. Die Immobilität einer Immobilie fesselt ein Maklerunternehmen an einen bestimmten Standort. Dieser ist je nach Immobilienart verschieden zu bewerten. Das bedeutet, dass sich z. B. im Bereich Wohnimmobilien das Image verschiedener Stadtteile unterscheiden kann, was sich entsprechend auf den Wert einer Immobilie auswirkt. Im Kontrast dazu kommt es z. B. bei Logistik-Immobilien nicht auf den Stadtteil an, sondern z. B. auf eine gute Anbindung an viele verschiedene Autobahnen.

Hat sich das Maklerunternehmen für eine eigene Strategie entschieden, ist es notwendig, eine gute Struktur in das Unternehmen zu integrieren. Die strikte Trennung zwischen Innen- und Außendienst hat sich dabei in der Praxis stets bewährt.[85] Aus diesem Grund sollte ein Maklerunternehmen immer aus mindestens zwei Mitarbeitern bestehen. Dabei übernimmt der Innendienst die klassische Funktion der Verwaltung des Unternehmens und dient als Servicestelle für die Außendienstmitarbeiter.[86] Die Aufgabenfelder des Innendienstes beinhalten:

Verwaltung

Rechnungswesen/Personal/Ausstattung/Material/Rechtsangelegenheiten[87]

Die Außendienstmitarbeiter, also die Makler, arbeiten meist außerhalb der Büroräume. Sie sind bei Kunden, Besichtigungen, Behörden oder Kreditinstituten, um Informationen zu sammeln und Abschlüsse zu tätigen. Deshalb wird die Maklerarbeit oft auch als „Feldarbeit"[88] bezeichnet. Es werden folgende Arbeitsfelder dem Außendienst zugeordnet

Akquisition (Einkauf)

Werbung/Auftragseinholung/Objektaufbereitung

Marktleistungen (Verkauf)

Nachweis/Vermittlung/Beratung/Betreuung/Service

Das Bestimmen einer Marktstrategie und die Festlegung einer klaren Struktur des Unternehmens sind aber keine Erfolgsgarantie. Des Weiteren ist es notwendig, durch eine „Corporate Identity" ein einheitliches Bild zu entwickeln, welches z. B. durch das kontinuierliche Verwenden des Firmenlogos und strikten Arbeitsanweisungen das Firmenimage prägt. Zusätzlich ist es notwendig, dass sich das Unternehmen der ständigen Weiterentwicklung des Marktes anpassen muss. Dazu gehören z. B. Veränderungen des Kapitalmarktes, der Kaufkraft, der rechtlichen Rahmenbedingungen, der Entwicklung von Haushaltsgrößen, des Bedarfs an Wohnfläche oder des demographischen Wandels.[89]

Es lässt sich also erkennen, dass die anfänglich beschlossene Strategie eines Maklerunternehmens kein dauerhafter Zustand ist, sondern als Momentaufnahme aufgefasst werden kann. Sie muss sich dem Markt anpassen, um nicht von ihm verdrängt zu werden.

---

[84] Vgl. Sailer, E. (2004), S. 326
[85] Vgl. Sailer, E./Kippes, S./Rehkugler, H. (2003), S. 14
[86] Vgl. Murfeld, E. (2002), S. 780
[87] Vgl. Sailer, E./Kippes, S./Rehkugler, H. (2003), S. 14
[88] Vgl. Murfeld, E. (2002), S. 780
[89] Vgl. Sailer, E./Kippes, S./Rehkugler, H. (2003), S. 16 ff.

5.2.2 Die Akquisition von Kunden und Objekten

Ein Maklerunternehmen lebt von der Akquisition von Objekten und Kunden. Würde die Akquisition von Maklern nicht permanent durchgeführt, fehlte es dem Unternehmen an Umsatz. Es stünde somit vor dem finanziellen Aus.

Die Akquisition wird häufig definiert als „Bemühungen, die darauf gerichtet sind, im Interesse der Erzielung von Geschäftsabschlüssen Kontakte anzubahnen beziehungsweise zu festigen".[90]

Dabei ist darauf zu achten, dass die akquirierten Objekte den Vorstellungen der Firmenstrategie entsprechen und dadurch ein positives Betriebsergebnis ermöglichen.

Beginnt der Makler mit der Akquisition von Verkäufern und Käufern, sollte er sich bewusst darüber sein, ob er mit seinen Bemühungen aktuelle oder potenzielle Marktteilnehmer finden will. Unter aktuellen Marktteilnehmern sind Kunden zu verstehen, die sich durch eigene Inserate und Anzeigen auf dem Markt befinden und bereit sind, in naher Zukunft zu kaufen/mieten, oder zu verkaufen/vermieten. Potenzielle Kunden hingegen sind Kunden, die ihr Kauf-/Miet- bzw. Verkaufs-/Vermietungsinteresse noch nicht offen verkündet haben. Jedoch ist davon auszugehen, dass sie die „Marktteilnehmer von morgen"[91] sind.

Bei seiner Suche sollte der Makler weiterhin auf die Objektsangebotsbedingungen wie Angebotspreis und die zu übernehmenden Lasten achten, ebenso wie auf die Auftragsbedingungen wie Provision, Laufzeit und Alleinauftragsbindung.[92]

Generell ist zwischen der aktiven und der passiven Akquisition zu unterscheiden, welche im Folgenden genauer erklärt werden.

Die aktive Auftragsakquisition: Wie der Name schon besagt, wird der Makler bei dieser Methode aktiv. Das heißt, dass der Makler auf den Objektanbieter oder auf den Kaufinteressenten zugeht. Wie er den Kontakt zu den Kunden herstellt, ist dabei irrelevant. Er kann sich auf ein Angebots- oder Gesuchsinserat aus einer Zeitung oder aus dem Internet beziehen, er kann aber auch aufgrund eines Gespräche mit Mietern eines Hauses, in welchem er z. B. eine leerstehende Eigentumswohnung vermutet, Informationen über Eigentümer bekommen.

Durch die aktive Auftragsakquisition kann der Makler gezielt Eigentümer und Käufer suchen, die in sein Firmenkonzept passen, und kann dadurch die Qualität seines Angebots verbessern.[93]

Für den Makler ist es aber auch ein Schritt in das Ungewisse. Er weiß nicht, wie der Eigentümer oder der Käufer/Mieter auf seinen Kontakt reagieren wird. Lehnt er Makler strikt ab, da er glaubt, seine Immobilie selbst verkaufen/vermieten oder finden zu können? Hat er vielleicht schon andere Makler um Rat gebeten oder hat er vielleicht schon eine oder mehrere Makler beauftragt?

Es ist zu Beginn der Kontaktaufnahme eine etwas unangenehme Situation, da der Makler als Unbekannter dem Eigentümer bzw. Käufer gegenübertritt. Deshalb muss der Makler versuchen, so schnell wie möglich ein Vertrauensverhältnis aufzubauen. Dies gelingt meist dadurch, dass der Makler seine „Karten auf den Tisch legt"[94], und dem Kunden seine Kompetenzen und Qualitäten als Makler vermittelt. Wird ein Vertrauensverhältnis aufgebaut, besteht die Möglichkeit, dass dem Makler der Auftrag zugesprochen wird.

---

[90] Vgl. Sailer, E. (2004), S. 22
[91] Vgl. Murfeld, E. (2002), S. 787
[92] Vgl. Sailer, E. (2006), S. 119
[93] Vgl. Sailer, E. (2004), S. 21
[94] Vgl. Sailer, E. (2006), S. 120

Die passive Auftragsakquisition: Die passive Auftragsakquisition ist das genaue Gegenteil der aktiven Auftragsakquisition. Hier ist es der Kunde, der auf den Makler zugeht und seine Dienste in Anspruch nehmen möchte.[95] Der Kunde wird aktiv. Dies ist meist der Fall, wenn der Objektanbieter aus unterschiedlichsten Gründen z. B. die eigenständige Vermarktung seines Objektes nicht durchführen kann. Kann er etwa wegen zu hoher Entfernung zum Objekt keine Besichtigungstermine wahrnehmen oder hat er aus beruflichen Gründen schlicht keine Zeit dazu, sich um Kauf-/Mietinteressenten zu kümmern, so ist er auf Hilfe Dritter angewiesen.

Die passive Auftragsakquisition ist eine sich sehr positiv auf das Image eines Unternehmens auswirkender Methode, jedoch benötigt dies ein hohes Maß an Werbeinitiative und Geduld des Maklers, da die passive Auftragsakquisition nicht in seinem Steuerungsbereich liegt.

Das Maklerunternehmen hat mehrere Wege, seinen Bekanntheitsgrad[96] auf dem Markt zu vergrößern. Zwei Möglichkeiten dafür wären zum einen Empfehlungen von ehemaligen Kunden, zum anderen die Möglichkeit einer intensiven Firmenwerbung. Ersteres liegt komplett in der Hand des Maklers. Durch gute Beratung, zuvorkommenden Service und erfolgreiche Abwicklung eines Kaufs/einer Anmietung oder eines Verkaufs/Vermietung bleibt die Firma bei Kunden sehr positiv im Gedächtnis. Erfahren diese, dass Freunde oder Bekannte eine Immobilie suchen oder verkaufen wollen, werden sie höchstwahrscheinlich den Makler empfehlen, mit dem sie gute Erfahrungen gemacht haben. Es ist für den Makler auch nützlich, sich Empfehlungsschreiben seiner Kunden anfertigen zu lassen, um ein weiteres, positives Aushängeschild für das Unternehmen gegenüber Neukunden aufzubauen.

Die intensive Firmenwerbung lässt sich wiederum in zwei Formen aufteilen, den so genannten „Marketing-Mix"[97].

In der ersten Form wird versucht, durch offensichtliche und markante Werbung in öffentlichen Medien wie Internet, Branchenbuch und Printmedien auf sich aufmerksam zu machen. Dies spricht hauptsächlich Interessenten aus dem Um- und Ausland an, welche sich häufig an Größe und Bekanntheit eines Unternehmens orientieren. Diese Form setzt eine gewisse Kontinuität voraus, da nicht damit zu rechnen ist, dass mit der Schaltung der ersten Werbekampagne Kunden ihre Aufträge ausschließlich an das werbende Unternehmen geben.

Die zweite Form ist das so genannte „Beziehungsmarketing"[98]. Dabei wird versucht, Vertrauen bei Kunden, aber auch bei Kollegen und auf dem Markt konkurrierenden Unternehmen aufzubauen. Dies geschieht durch Kontakte und Mitgliedschaften in verschiedenen Vereinen, Verbänden und Institutionen.

Auf die positiven und Vertrauen aufbauenden Auswirkungen der Werbemedien und Mitgliedschaften wird im Folgenden näher eingegangen.

5.2.3 Der Wandel der Nachfrager von der Zeitung zum Internet

Seit vielen Jahren steht fest, dass das Internet zweifelsfrei das Medium der Zukunft in der Immobilienbranche sein wird. Dieser Wandel von Printmedien zum Internet zeigt die Tatsache, dass weit mehr als 80 % aller privaten Haushalte über einen Zugang ins Internet verfügen und nur noch ca. jeder Zweite über die Tageszeitungen erreicht wird.

---

[95] Vgl. Murfeld, E. (2002), S. 787
[96] Vgl. Sailer, E. (2006), S. 122
[97] Vgl. ebenda (2004), S. 22
[98] Vgl. ebenda (2006), S. 123

Doch welche Möglichkeiten bietet das Internet? Experten verbinden mit dem Internet häufig die Möglichkeit, den Immobilienmarkt für Kunden transparenter zu machen.[99] Hauptsächlich die Konzentration und Nutzung weniger Immobilienbörsen durch Makler, Bauträger, die öffentliche Hand und private Anbieter macht sogar für Außenstehende einen bzw. den Immobilienmarkt überschaubar.[100] Vor allem die detaillierten Suchraster der Immobilienbörsen tragen einen großen Beitrag dazu bei. Sie ermöglichen einem Verkauf-, Vermietungs-, Kauf- oder Mietinteressenten durch die exakte Angabe der Suchkriterien, innerhalb kürzester Zeit passgenaue Angebote zu finden. Diese sind, im Gegensatz zur schlichten Chiffre-Anzeige in einer wöchentlichen Zeitung, mit Bildern, Grundrissen und Lageplänen gefüllt und vor allem überall und jederzeit verfügbar. Aber auch die Präsentationsfunktion des Internets ist nicht zu unterschätzen. Am besten gelingt eine professionelle Internetpräsentation über eine eigene Homepage, welche die Möglichkeit bietet, einem potentiellen Kunden seine Unternehmensphilosophie und seine Produkte schnell und unkompliziert darzubieten.

Aus betriebswirtschaftlichem Blickwinkel betrachtet, sehen viele Unternehmen im Internet ein hohes Kosteneinsparpotential. Zeitungsanzeigen sind häufig eine einmalige Investition. Im Gegensatz dazu ist eine Internetanzeige oftmals über mehrere Wochen präsent und kann dadurch über einen längeren Zeitraum potentielle Kunden akquirieren. Kosteneinsparungen ergeben sich auch aus den schon angesprochenen, umfangreichen Ausarbeitungen einer Internetanzeige durch Bilder und Lagepläne, was Unternehmen Einsparmöglichkeiten bei der Entwicklung und Versendung von Exposés ermöglicht.

Vielen Experten, vor allem Maklern, macht diese Entwicklung aber auch Sorgen.[101] Dies ist darin begründet, dass Makler als Experten und Berater auf dem Immobilienmarkt immer mehr an Bedeutung verlieren werden. Ihre Kunden konzentrieren sich mehr und mehr auf die Informationen aus dem Internet. Eine Anpassung an diesen Wandel ist von Nöten und zeigt sich aktuell in einem immer breiter werdenden Leistungsangebot der Maklerunternehmen, welches später näher beleuchtet wird.

Die Nutzung des Internets stellt viele Unternehmen vor zusätzliche rechtliche Schwierigkeiten. Vor allem Regelungen beruhend auf dem Gesetz gegen unlauteren Wettbewerb und der Preisangabenverordnung müssen dabei unbedingt beachtet werden. Dabei sollte darauf geachtet werden, dass Immobilienangebote im Internet immer den erforderlichen Endpreis einer Immobilie widerspiegeln und keine irreführenden Angaben über die Immobilie enthalten. Doch hauptsächlich bei der Ausarbeitung der eigenen Homepage sollten die Vorschriften des Telemediengesetzes (TMG) und des Markenschutzgesetzes genau betrachtet werden. Wesentlich, und deshalb in dieser Arbeit erwähnt, ist der § 5 TMG. Dieser fordert ein Unternehmen dazu auf, auf seiner Homepage sämtliche Anbieterdaten wie Name, Anschrift, Kontaktdaten, Angaben der Aufsichtsbehörde und Angaben aus dem zuständigen Register unter der Verlinkung „Impressum"[102] bekannt zu geben.

Häufig wird das Internet dazu genutzt, durch Verlinkungen zu Verbänden, welchen das Unternehmen angehört, die Kompetenz des Unternehmens unter Beweis zu stellen und das Vertrauen eines potentiellen Kunden zu steigern.[103] Was eine Mitgliedschaft in einem Maklerverband für Vorteile beinhaltet, wird im folgenden Kapitel dargestellt.

---

[99] Vgl. Irsfeld, N. (2001), S. 398
[100] Vgl. Sailer, E. (2006), S. 117
[101] Vgl. ebenda, S. 116 f.
[102] Vgl. Seydel, H. (2005), S. 221 ff.
[103] Vgl. Sailer, E. (2006), S. 118

5.2.4 Die Mitgliedschaft im Maklerverband als Unternehmenswerbung

Maklerunternehmen haben die Möglichkeit, zwischen vielen, jedoch häufig nur regional tätigen Maklerverbänden auszuwählen. Ein überregionaler und mit ca. 6.000 Mitgliedern größter Maklerverband Deutschlands ist der Immobilienverband Deutschland (IVD). Dieser Verband resultiert aus der Verschmelzung des Ringes Deutscher Makler (RDM) und des Verbandes Deutscher Makler (VDM) und gliedert seine Mitglieder in mehrere Regionalverbände. Diese Verschmelzung war ein ausschlaggebender Punkt dafür, dass es sich beim IVD nicht mehr um einen reinen Maklerverband handelt, sondern aktuell auch viele andere Dienstleistungsunternehmen der Immobilienwirtschaft Mitglieder des Verbandes sind.

Die Tätigkeitsfelder des Verbandes sind sehr weit reichend und haben ihre größten Erfolge im Bereich der rechtlichen Regelungen der Immobilienbranche. Dabei ist die schlagkräftige Initiative des RDM für die Einführung des § 34c GewO hervorzuheben, welcher die Erlaubnispflicht des Maklers beinhaltet.[104] Weitere Angebote liegen im Bereich der Aus- und Weiterbildung, der Berichterstattung, der Pressearbeit, der Lobby-Arbeit und der Förderung zum Aufbau eines weitreichenden Netzwerkes.

In diesen Arbeitsfeldern des Verbandes liegen die hauptsächlichen Vorteile für die zugehörigen Mitglieder. Vor allem die weitreichende Präsenz des IVD verhilft vielen Unternehmen zu einer Steigerung ihres Images auf dem Markt. Laut Umfragen verbinden ca. 75 % der Verbraucher mit der Mitgliedschaft in einem Verband eine bessere Leistungsqualität.[105] Dieses Vertrauen basiert auf der Annahme, dass die Mitglieder durch Nutzung weitreichender Fort- und Weiterbildungsangebote, kostenloser Rechtsberatung, Seminarangebote und der Teilnahme an der Erstellung von Marktberichten eine höhere Kompetenz aufweisen.

Insofern dient die Mitgliedschaft nicht nur dem Imagegewinn, sondern auch der eigenen Fort- und Weiterentwicklung durch Seminare und der erfolgreichen, Branchen übergreifenden Kooperation durch ein gutes Netzwerk.

5.3 Voraussetzungen für die Entstehung eines Provisionsanspruchs

5.3.1 Das Zustandekommen eines entgeltlichen Maklervertrages

Wird ein Makler für einen Kunden tätig, kann er sich nicht sicher sein, ob er einen Provisionsanspruch gegenüber dem Kunden erwirbt. Daher ist es laut Rechtsprechung Aufgabe des Maklers, den Maklerkunden durch einen eindeutigen Provisionshinweis auf die Zahlung des Erfolgshonorars aufmerksam zu machen. Wie der Makler dies tut, liegt in seinem Ermessen, da der Maklervertrag der Formfreiheit unterliegt.

Der Makler sollte vor allem darauf achten, dass er wesentliche Informationen wie Objekteigentümer und Lage des Objektes nicht vor Abschluss eines Maklervertrages offen legt. Diese Informationen bieten dem Kunden eine selbständige Kontaktaufnahme mit dem Eigentümer und eine daraus resultierende Verhandlungsmöglichkeit an, ohne dass der Makler einen Anspruch auf Provisionszahlung hat.

---

[104] Vgl. ebenda, S. 187 ff.
[105] Vgl. ebenda, S. 191

Lehnt ein Kunde ein Provisionsverlangen des Maklers klar und deutlich ab, muss er auch bei eventuell erfolgreicher Vermittlung durch den Makler keine Provision zahlen.[106] Insofern ist klar und deutlich zu erkennen, dass ein Provisionsanspruch des Maklers gem. § 652 BGB erst mit dem eindeutigen Einverständnis des Kunden entsteht. Aufgrund der Tatsache, dass der Makler die komplette Beweislast für diese Zustimmung trägt, wird dem Makler immer zu einem schriftlichen Maklervertrag geraten. Und dies am besten sowohl mit dem Verkäufer als auch mit den Kaufinteressenten.

5.3.2 Die Nachweis- und/oder Vermittlungstätigkeit des Maklers

Ein weiterer, wesentlicher Bestandteil des Provisionsanspruchs ist die Art und Weise, wie der Makler seinem Kunden das Objekt bzw. den Interessenten anbietet/vorstellt. Dabei ist zwischen einer Vertragsvermittlung und einem Nachweis zu unterscheiden.

Ein Provisionsanspruch durch Nachweis einer Vertragsabschlussgelegenheit entsteht dadurch, dass der Makler seinem Kunden alle wesentlichen Nachweisdaten nennt und daraus resultierend ein Hauptvertrag geschlossen wird. Jedoch muss davon auszugehen sein, dass das vom Makler angebotene Objekt tatsächlich zum Verkauf steht oder dass die benannte Person ein wirkliches Interesse am Erwerb der Immobilie besitzt.[107] Kein gerechtfertigter Nachweis besteht z. B. in der Übergabe einer Liste von über 100 Kaufinteressenten, welche der Objektanbieter selbständig abtelefonieren muss.[108] Als wesentliche Nachweisdaten sind bei einem Objektnachweis die genaue Objektanschrift sowie der Name und die Adresse des Verkäufers zu erwähnen, wobei die Daten des Verkäufers auch die eines vom Eigentümer Bevollmächtigten sein können. Solange der Makler nicht alle Daten angibt, ist das Entstehen eines Provisionsanspruchs fraglich.[109] Einem Provisionsanspruch des Maklers ohne Benennung des Eigentümers hat der BGH in solchen Fällen zugestimmt, in denen einerseits der Maklerkunde im Zeitpunkt des Objektnachweises auf weitere Informationen keinen Wert legt[110] und andererseits der Eigentümer in der zum Verkauf stehenden Wohnung selbst lebt.[111] Hat der Makler die Gelegenheit zum Vertragsabschluss nachgewiesen, ist seine Arbeit beendet, da der Makler bei einer reinen Nachweistätigkeit auf die folgenden Vertragsverhandlungen keinen weiteren Einfluss zu nehmen hat.

Bei der Vertragsvermittlung ist der Makler durch Einwirkung auf die Vertragsparteien aktiv an den Verhandlungen der Vertragsinhalte zwischen Käufer und Eigentümer beteiligt. Der Makler ist also nicht mehr in der reinen Position des Beraters, sondern hat die Aufgabe, durch seine Mitwirkung den Abschluss des angestrebten Vertrages zu vermitteln. Des Weiteren hat er die wesentlichen Vorbereitungen der notariellen Beurkundung des Vertrages vorzubereiten.

Da in der Praxis kaum noch zwischen Nachweis- und Vermittlungstätigkeiten unterschieden wird, ist es empfehlenswert, im Maklervertrag eine schlichte ‚Maklerprovision' zu vereinbaren, da sich diese Formulierung auf beide Leistungsarten bezieht.[112]

---

[106] Vgl. Bethge, U. (1999), S. 61
[107] Vgl. Murfeld, E. (2002), S. 811 f.
[108] Vgl. Seydel, H. (2005), S. 179
[109] Vgl. Sailer, E. (2006), S. 67
[110] Vgl. BGH NJW 2006, 3062, AZ: III ZR 379/04
[111] Vgl. BGH NJW 1987, 1628
[112] Vgl. Sailer, E./Kippes, S./Rehkugler, H. (2003), S. 743

5.3.3 Das Zustandekommen eines rechtswirksamen Hauptvertrages

Die Maklerprovision gem. § 652 BGB ist erst fällig, wenn der Makler einen Erfolg nachweisen kann. Unter Erfolg wird dabei der Abschluss eines wirksamen Hauptvertrages bezeichnet. Der Hauptvertrag wird durch die notarielle Beurkundung wirksam.

Für den Makler unvorhersehbar sind nachträgliche Anfechtungen der Vertragsparteien oder Unwirksamkeiten des Hauptvertrages auf rechtlicher Grundlage. Als Beispiele werden dabei häufig der Formmangel gem. §§ 125, 311b BGB, der Vorwurf des sittenwidrigen Geschäfts gem. § 138 BGB, die Anfechtungen wegen Irrtums laut § 119 BGB, arglistiger Täuschung oder Drohung nach § 123 BGB erwähnt. Dies tangiert in der Regel den Provisionsanspruch des Maklers.

Wird ein Formmangel jedoch nachträglich geheilt oder erweisen sich die Nichtigkeitsvorwürfe als nicht rechtens, ist dem Makler seine Provision zu zahlen.

5.3.4 Die Ursächlichkeit der Maklertätigkeit

Wird ein Hauptvertrag zwischen dem Auftraggeber des Maklers und einem Dritten rechtswirksam, so ist zu prüfen, ob der Makler überhaupt einen Anspruch auf die fällige Provision hat. Dieser Anspruch beruht auf der Prüfung der Ursächlichkeit zwischen der Maklerleistung und dem Abschluss des Hauptvertrages. Dabei wird untersucht, ob der Hauptvertrag die Folge der Nachweis- oder Vermittlungsleistung des Maklers ist oder ob der Hauptvertrag „in irgend einer Weise"[113] zustande gekommen ist.[114]

Grundlage für diese Voraussetzung ist die Formulierung des § 652 Satz 1 BGB, welcher besagt, dass der Maklerlohn nur geleistet werden muss, „wenn der Vertrag infolge des Nachweises oder infolge der Vermittlung des Maklers zustande kommt". Das Wort ‚infolge' schließt somit eine zufällige Vermittlung bzw. einen zufälligen Nachweis aus.

Bei einem Nachweismakler kommt es dabei auf den so genannten Erstnachweis an. Der Makler hat dem Auftraggeber wesentliche Nachweisdaten über das gewünschte Objekt bzw. über den potenziellen Kunden mitzuteilen, um einen Provisionsanspruch zu erhalten. Ein weiterer Makler kann dem Kunden somit keinen Erstnachweis mehr liefern, da der Kunde die wesentlichen Nachweisedaten schon besitzt. Hat der Kunde jedoch einen weiteren Makler beauftragt und liefert dieser dem Kunden weitere bzw. ergänzende, für den Verkauf ausschlaggebende Informationen, so kann es passieren, dass der Kunde verpflichtet wird, an beide Makler eine Provision zu zahlen, sofern der zweite Makler mitursächlich für das Zustandekommen des Hauptvertrages ist.[115]

Ist dem Kunden die vom Makler nachgewiesene Vertragsmöglichkeit schon bekannt, ist er zu keiner Provisionszahlung verpflichtet. Er muss seine Vorkenntnis dem Makler nicht zwangsläufig mitteilen; es verschlechtert jedoch bei einer eventuellen gerichtlichen Auseinandersetzung seine Beweissituation. Noch schlechter stellt sich die Beweissituation für den Auftraggeber dar, wenn er die Vorkenntnis klar und deutlich verneint, obwohl er die Vertragsmöglichkeit schon kennt.[116]

Beim Vermittlungsmakler stellt sich die Situation der Ursächlichkeit anders dar. Er hat nicht die Pflicht, wesentliche Nachweisdaten weiterzugeben, sondern hat wesentlich dazu beizutragen, dass

---

[113] Vgl. Henssler, M. et al. (2005), S. 2407
[114] Vgl. Seydel, H. (2005), S. 176
[115] Vgl. Schwering, U. (2006), S. 304
[116] Vgl. Ibold, H. C. (2003), S. 110

der Hauptvertrag zwischen den beiden Vertragsparteien rechtswirksam abgeschlossen wird. Seine Ursächlichkeit besteht also nicht nur in Rat und Tat, sondern er muss einen wesentlichen Beitrag zum Erfolg geleistet haben. Die Ursächlichkeit ist insofern auch dann begründet, wenn den Parteien die Gelegenheit des Vertragsabschlusses schon bekannt war, der Vertrag aber letztlich durch die Vermittlungsleistung des Maklers verursacht wurde.[117]

Ein weiterer wesentlicher Punkt ist die so genannte wirtschaftliche Identität. Darunter ist der Zusammenhang zwischen dem Auftrag des Maklers und der letztlich erbrachten Leistung gemeint. Die wirtschaftliche Identität lässt sich dabei in Objektidentität, Personenidentität und Vertragsidentität unterteilen.

Die Objektidentität beschreibt die Tatsache, dass kein Provisionsanspruch entstehen kann, wenn der Makler den Auftrag bekommen hat, ein Mehrfamilienhaus in der Stadt X nachzuweisen, der Auftraggeber jedoch eine Zwei-Zimmer Eigentumswohnung in der Stadt Y kauft. Es besteht also kein Zusammenhang zwischen Auftrag und erbrachter Leistung.

Die Personenidentität beruht auf dem gleichen Prinzip. Bekommt der Makler von einem Unternehmen den Auftrag, ein Grundstück zu suchen und wird letztlich das Grundstück von einer Tochtergesellschaft ohne gesellschaftsrechtliche und geschäftsführende Identität erworben, so hängt es vom Einzelfall ab, ob ein Provisionsanspruch entsteht, es sei denn, es ist etwas anderes im Maklervertrag vereinbart worden.

Weist der Makler entgegen seinem Auftrag eine Mietwohnung nach, obwohl der Auftraggeber eine Wohnung kaufen wollte, hat der Makler in Bezug auf die Vertragsidentität keinen Anspruch auf Provision.

Wie zu erkennen ist, wirkt sich die wirtschaftliche Identität stärker auf den Provisionsanspruch des Nachweis-Maklers aus. Der Vermittlungs-Makler verändert sinngemäß durch sein Einwirken die geforderten Vertragsbedingungen. Da dies jedoch in ständiger Absprache mit seinem Auftraggeber geschieht, berührt ihn die Problematik der wirtschaftlichen Identität in der Regel nicht.[118]

5.3.5 Aufhebung des Provisionsanspruchs durch wirtschaftliche und/oder persönliche Verflechtung

Ein wesentlicher Bestandteil des Provisionsanspruches ist der Maklervertrag. Mit dem Abschluss des Maklervertrages verpflichtet sich der Makler, die Stellung eines unabhängigen bzw. neutralen Dritten einzunehmen, der seinem Auftraggeber die Möglichkeit eines Vertragsabschlusses nachweist oder zwischen den Vertragsparteien des Hauptvertrages vermittelt.

Es kommt jedoch häufig vor, dass der Makler entweder eine besondere Beziehung zur Gegenpartei seines Auftraggebers hat oder selbst zu einer Vertragspartei des Hauptvertrages wird. Entsteht eine solche Verbindung bzw. Verflechtung, kann der Makler nicht mehr als unabhängiger Mittler zwischen den Vertragsparteien anerkannt werden. Es entsteht ein so genanntes „Eigeninteresse" des Maklers. Eine Offenlegung des Eigeninteresses führt i. d. R. zu einer Aufhebung des Maklervertrages und damit zu einem Entfallen des Anspruches auf die Zahlung einer Provision.

In den folgenden Kapiteln wird auf die verschiedenen Möglichkeiten der Verflechtung eingegangen. Dabei wird zwischen der ‚echten' und der ‚unechten' Verflechtung unterschieden.

---

[117] Vgl. Schwering, U. (2006), S. 304
[118] Vgl. Sailer, E. (2006), S. 66 f.

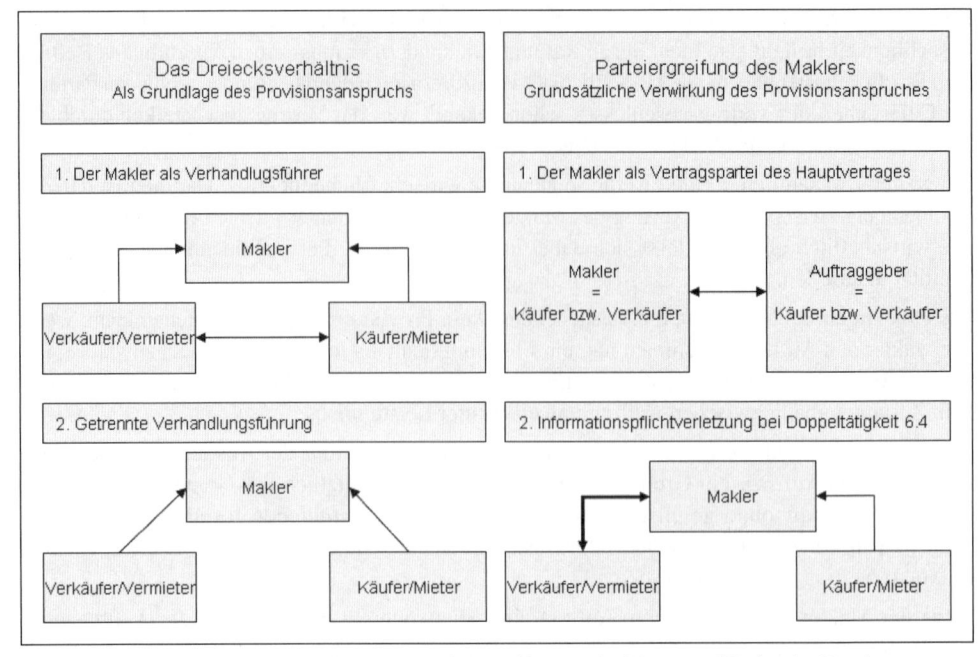

Abb. IV 15: Mögliche Beziehungen zwischen Makler, Käufer/Mieter und Verkäufer/Vermieter

Die echte Verflechtung: Besteht ein bestimmter rechtlicher oder wirtschaftlicher Zusammenhang zwischen Makler und Gegenpartei seines Auftraggebers, wird von einer ‚echten' Verflechtung gesprochen. Von diesem bestimmten Zusammenhang ist auszugehen, wenn Makler und Vertragspartei wirtschaftlich derart identisch sind, dass eine selbständige Entscheidungsbefugnis des Maklers oder der Gegenpartei fehlt. Dadurch steht der Makler in einem „Beherrschungsverhältnis"[119] zur Gegenpartei, wonach von einer neutralen Maklertätigkeit nicht mehr auszugehen ist.

Die unechte Verflechtung: Bei der ‚unechten' Verflechtung ist nicht von einem beherrschenden Verhältnis zwischen Makler und Gegenpartei auszugehen. Es ist eine persönliche bzw. emotionale Abhängigkeit zwischen Makler und Gegenpartei vorhanden, die den Makler dazu verleiten könnte, bei Rechtsstreitigkeiten seine Neutralität zu verlieren.[120]

Durch das Fehlen dieses Beherrschungsverhältnisses wird die unechte Verflechtung häufig als institutionalisierte Verflechtung bezeichnet, bei der der Makler in einen Interessenskonflikt gerät.[121] Diese Form der Verflechtung kommt hauptsächlich dann vor, wenn der Makler Ehegatte oder Verwandter der Gegenpartei ist. In solch einer Situation ist es für jedermann nachzuvollziehen, dass der Makler eventuelle Nachteile für die Gegenpartei nicht emotionslos, nicht neutral vermitteln kann.

---

[119] Vgl. Henssler, M. et al. (2005), S. 2377 ff.
[120] Vgl. Seydel, H. (2005), S. 156
[121] Vgl. Henssler, M. et al. (2005), S. 2377

5.4 Der Maklervertrag – Wesentliches Instrument des Provisionsanspruchs

5.4.1 Die Rechtsnatur des Maklervertrages

Wie in Kapitel 5.2.1 beschrieben, findet der Maklervertrag seine gesetzliche Grundlage in den §§ 652 ff. BGB wieder.

Im Grundsatz dient der Maklervertrag der Provisionssicherung, da ein Makler ohne rechtswirksamen Auftrag keinen Anspruch auf die Zahlung einer Provision hat.[122]

Der Maklervertrag kommt wie fast alle Verträge durch Angebot und Annahme zustande. Gem. §§ 145 ff. BGB bedeutet dies, dass zwei übereinstimmende Willenserklärungen abgegeben werden müssen, welche gleichlautenden Inhalt haben.[123]

Die Form des Maklervertrages unterliegt dem Prinzip der Vertragsfreiheit. Dadurch ist es gesetzlich erlaubt, Maklerverträge individuell zu vereinbaren. Dies führte jedoch dazu, dass Maklerverträge durch das Verwenden von Allgemeinen Geschäftsbedingungen (AGB) oft zum Nachteil des Auftraggebers gestaltet wurden. Da ABG oft über die gesetzlichen Grenzen der Sittenwidrigkeit gem. § 138 BGB, der Gesetzeswidrigkeit gem. § 134 BGB und des Missbrauchs gem. § 242 BGB hinaus gingen, wurden die ABG gesetzlich in den §§ 305 ff. BGB reglementiert.

Die ABG haben den Charakter, dass sie einer häufigen Verwendung unterliegen und vorformuliert werden. Individualvereinbarungen hingegen sind Absprachen zwischen Makler und Auftraggeber, die speziell für den vorliegenden Maklervertrag ausgehandelt werden. Dieses Aushandeln liegt aber nicht vor, wenn der Makler seinem Kunden die vorformulierten ABG zu lesen gibt, die beiden Vertragsparteien den Maklervertrag „Punkt für Punkt" durchsprechen oder der Makler seinem Auftraggeber mehrere Alternativen zur Wahl stellt.[124]

Der Makler „ist also auf einer relativ sicheren Seite, wenn er den Vertrag individuell ausgestaltet".

Der Maklervertrag ist grundsätzlich formfrei. Er kann mündlich, schriftlich oder auch konkludent vereinbart werden.

Der Nachweis des Zustandekommens eines Maklervertrages durch konkludente Bewilligung, also durch „schlüssiges Verhalten"[125] des Auftraggebers, ist sehr schwierig. Erklärt der Makler seinem Kunden unmissverständlich sein Provisionsbegehren und nimmt der Kunde die Dienste des Maklers weiterhin in Anspruch, ohne sich zu der Provision geäußert zu haben, kann von einem konkludent vereinbarten, entgeltlichen Maklervertrag ausgegangen werden.[126] Lehnt der Auftraggeber die Zahlung einer Maklerprovision ab und es kommt zu einem erfolgreichen Nachweis bzw. einer erfolgreichen Vermittlung, so muss er keine Provision an den Makler zahlen.

Wie oben angesprochen ist der Beweis für ein konkludentes Zustandekommen vor Gericht sehr schwierig. Da die Beweislast bei eventuellen Unklarheiten der Makler zu tragen hat, ist es für ihn von Vorteil, wenn ein Maklervertrag schriftlich vereinbart wird.

Agiert ein Makler als so genannter Doppelmakler, wird er also für Käufer/Mieter und Verkäufer/Vermieter tätig, entstehen zwei voneinander unabhängige, selbständige Maklerverträge. Einerseits zwischen Makler und Verkäufer/Vermieter, andererseits zwischen Makler und Käufer/Mieter.

---

[122] Vgl. Seydel, H. (2005), S. 32
[123] Vgl. Bethge, U. (1999), S. 57
[124] Vgl. Seydel, H. (2005), S. 41 f.
[125] Vgl. Schwering, U. (2006), S. 295 ff.
[126] Vgl. Seydel, H. (2005), S. 38

5.4.2 Der einfache Maklervertrag

Während der Laufzeit eines einfachen Maklerauftrages ist „niemand zu irgendwas"[128] verpflichtet. Die einzige Verpflichtung, die gegeben ist, besteht darin, dass der Auftraggeber dem Makler bei erfolgreichem Nachweis der Gelegenheit zum Abschluss eines Vertrages oder für die Vermittlung eines Vertrages eine vereinbarte Provision zu zahlen hat, sofern dies vereinbart ist.

Jedoch wird der Makler durch den Auftrag nur berechtigt, aber nicht verpflichtet tätig zu werden. Insofern kann der Auftraggeber vom Makler keinerlei Tätigkeiten verlangen und hat bei Untätigkeit oder Nachlässigkeit des Maklers keinen Anspruch auf Schadensersatz.[129]

Im Grunde unterliegt der einfache Maklerauftrag zwei Prinzipien. Einerseits ist die Provision nur bei erfolgreicher Vermittlung bzw. bei erfolgreichem Nachweis zu leisten. Andererseits besitzt der Auftraggeber absolute Abschluss- und Entscheidungsfreiheit.[130] Dabei ist der Auftraggeber nicht verpflichtet, mit einem vom Makler nachgewiesenen bzw. vermittelten Interessenten einen Hauptvertrag abzuschließen; er hat sogar die Möglichkeit, mit weiteren Maklern parallel einen einfachen Maklerauftrag abzuschließen und das Recht, seine Immobilie privat zu inserieren und zu verkaufen.[131] Bei dem so genannten Eigenverkauf schuldet er keinem seiner beauftragten Makler eine Provision. Kommt ein Hauptvertrag mit einem Kunden zustande, welcher durch einen der beauftragten Makler nachgewiesen bzw. vermittelt wurde, ist der Auftraggeber zur Zahlung einer Provision an diesen Makler verpflichtet.

Andere Vertragsformen können durch die Möglichkeit der Vertragsfreiheit vereinbart werden. Diese wären z. B. der Maklerdienst- und Maklerwerkvertrag. Bei einem Maklerdienstvertrag wird der Makler vertraglich dazu verpflichtet, Dienste, wie z. B. das ständige Informieren des Auftraggebers über aktuelle Marktänderungen, zu leisten. Der Maklerwerkvertrag verpflichtet den Makler dazu, einen bestimmten Erfolg zu erreichen, wie z. B. mit einer bestimmten Anzahl von Kunden in einer Woche das zu verkaufende Objekt zu besichtigen.

Ein einfacher Maklervertrag wird häufig auf unbestimmte Zeit vereinbart und kann vom Auftraggeber jederzeit mit sofortiger Wirkung beendet werden.[132]

Jedoch birgt diese sehr offene Form des Maklervertrages einige Probleme, deren sich die meisten Auftraggeber nicht bewusst sind. Es kann dazu kommen, dass es bei der Beauftragung von mehreren Maklern zu einer Doppel- oder Dreifachbearbeitung kommt, welche mehrere Makler berechtigen könnte, vom Auftraggeber eine Provision zu verlangen.[133]

Des Weiteren kann es passieren, dass durch ein häufiges Anbieten ein und derselben Immobilie durch viele verschiedene Anbieter der Wert einer Immobilie durch rasch sinkendes Interesse der Nachfrager fallen kann.

---

[127] Vgl. ebenda, S. 50
[128] Vgl. Schwering, U. (2006), S. 298
[129] Vgl. Seydel, H. (2005), S. 50
[130] Vgl. Bethge, U. (1999), S. 53
[131] Vgl. Seydel, H. (2005), S. 51
[132] Vgl. ebenda, S. 50
[133] Vgl. Sailer, E. (2006), S. 79

Aus diesen Gründen sind in der Praxis häufig die beiden folgenden Vertragsformen, der Makleralleinauftrag sowie der qualifizierte Makleralleinauftrag, anzutreffen.

5.4.3 Der Makleralleinauftrag – Mehr Rechte und Pflichten für beide Vertragsparteien

Der Makleralleinauftrag resultiert aus der Möglichkeit der Vertragsfreiheit. Dieser Vertrag dient dem Makler dazu, seinen Kunden nur an sich zu binden.[134] Dabei verpflichtet sich der Kunde, keinen weiteren Makler zu beauftragen und sich ganz auf die Leistungen des alleinbeauftragten Maklers zu verlassen.

Diese alleinige Beauftragung verpflichtet den Makler dazu, eine rasche Vermittlung bzw. Nachweis für den Abschluss eines Hauptvertrages einzuleiten. Dies erfordert intensive und zügige Tätigkeiten der Vermarktung. Somit handelt es sich bei dem Alleinauftrag um einen Maklerdienstvertrag.[135] Durch den aus dem Alleinauftrag resultierenden Erfüllungsanspruch hat der Auftraggeber sogar die Möglichkeit, den Makler gerichtlich zu zwingen, aktiv zu werden.[136]

Der einfache Alleinauftrag verbietet dem Auftraggeber nicht, selbst aktiv zu werden und selbständig nach Kunden zu suchen. Kommt ein Hauptvertrag ohne Nachweis bzw. Vermittlung des Maklers zustande, ist der Eigentümer dem Makler keinen Provisions- bzw. Schadensersatzanspruch schuldig.[137]

Im Gegensatz zum einfachen Maklervertrag ist der Alleinauftrag i. d. R. an eine bestimmte Laufzeit gebunden. Da der Alleinauftrag formlos, also auch mündlich abgeschlossen werden kann, richtet sich die Laufzeit bei einem Vertrag ohne feste Laufzeitangabe nach der Dauer, die bei der Vermittlung eines vergleichbaren Objekts üblicherweise angenommen wird. Die Festlaufzeit nimmt dem Auftraggeber die Möglichkeit, den Alleinauftrag jederzeit zu widerrufen. Er hat nur die Möglichkeit aus wichtigem Grund das Vertragsverhältnis außerordentlich zu kündigen. Dies ist häufig bei Untätigkeit des Maklers oder bei häufiger Vermittlung unseriöser Interessenten der Fall.

5.4.4 Die Erweiterung des Alleinauftrages – Der qualifizierte Makleralleinauftrag

Im Gegensatz zum Alleinauftrag verpflichtet sich der Auftraggeber beim qualifizierten Makleralleinauftrag nicht nur, keinen weiteren Makler zu beauftragen, er ist auch für die Laufzeit des qualifizierten Auftrages dazu verpflichtet, nicht selbst nach Interessenten für sein eigenes Objekt zu suchen. Tritt ein Interessent an den Auftraggeber heran, so ist er verpflichtet, ihn an den Makler zu verweisen oder bei Eigenverhandlung die Provision auch ohne Verweis an den Makler zu bezahlen. Dadurch ist nur der beauftragte Makler dazu berechtigt, für den Verkauf des Objektes Provision zu verlangen. Auch ein Interessent aus der Verwandtschaft des Auftraggebers wäre während der Laufzeit des qualifizierten Alleinauftrages dazu verpflichtet, provisionspflichtig das Objekt über den Makler zu erwerben.

Der Auftraggeber macht sich schadensersatzpflichtig, wenn er während der Vertragslaufzeit selbst nach Interessenten sucht oder weitere Makler beauftragt. Der Schadensersatz wird dabei an der Höhe der entstandenen Auslagen und an dem Zeitaufwand des Maklers gemessen.

---

[134] Vgl. Seydel, H. (2005), S. 51
[135] Vgl. Ibold, H. C. (2003), S. 143
[136] Vgl. Schwering, U. (2006), S. 299
[137] Vgl. Sailer, E /Kippes, S./Rehkugler, H. (2003), S. 751

Da ein qualifizierter Makleralleinauftrag erheblich von den gesetzlichen Grundlagen des § 652 BGB abweicht kann er nach der Rechtsprechung nur durch Individualvereinbarung, und nicht als AGB vereinbart werden.[138]

5.4.5 Die Beendigung des Vertragsverhältnisses

Eine Beendigung des Maklervertrages kann auf verschiedene Weisen geschehen. Grundsätzlich ist der Maklervertrag beendet, wenn ein Hauptvertrag erfolgreich nachgewiesen oder vermittelt wurde. Ist dieses Grundziel des Maklervertrages erreicht, wird der Vertrag mit der Pflicht des Auftraggebers zur Zahlung der Provision beendet.

Es kommt jedoch häufig vor, dass ein Maklervertrag vorzeitig beendet wird. In der folgenden Auflistung werden verschiedene Beendigungsgründe dargelegt.

1. Der Maklervertrag kann vorzeitig von einer der beiden Vertragsparteien gekündigt werden. Dabei ist aber dringend darauf zu achten, ob es sich um einen einfachen Maklerauftrag oder um einen Makleralleinauftrag handelt. Bei einem einfachen Maklerauftrag kann der Auftraggeber diesen jederzeit kündigen.[139] Der Makler ist wiederum nur berechtigt, gem. § 626 BGB aus wichtigem Grund zu kündigen.

   Der Makleralleinauftrag gilt jedoch häufig nur für eine bestimmte Dauer. Möchte eine der Vertragsparteien vorzeitig aus dem Alleinauftrag ausscheiden, so ist dies durch eine außerordentliche Kündigung möglich. Der außerordentliche Kündigungsgrund für den Auftraggeber liegt meist bei Untätigkeit des Maklers oder der Vermittlung von unseriösen Interessenten durch den Makler vor.

2. Wurde der Maklervertrag zeitlich begrenzt, so endet er mit Ablauf der Frist.[140]

3. Verstirbt der Auftraggeber während der Laufzeit des Vertrages, treten gem. § 1967 BGB seine Erben in den Vertrag ein. Stirbt der Makler vor Beendigung des Maklervertrages, endet der Maklervertrag. Ist er jedoch ein Mitarbeiter des beauftragen Maklerunternehmens, bleibt der Vertrag weiterhin bestehen.[141]

4. Wird eine der beiden Vertragsparteien insolvent, ergeben sich verschiedene Möglichkeiten. Geht der Auftraggeber in Insolvenz, wird das zu vermittelnde Objekt zur Insolvenzmasse, was die Beendigung des Maklervertrages bedeutet. Es besteht aber die Möglichkeit, dass der Insolvenzverwalter an die Stelle des Auftraggebers in den Maklervertrag eingesetzt wird, was den Fortlauf des Maklervertrages zur Folge hätte.[142]

   Gerät der Makler in Zahlungsunfähigkeit, so bleibt der Vertrag weiterhin bestehen. Eine eventuell verdiente Provision wird jedoch direkt zur Insolvenzmasse.

---

[138] Vgl. Schwering, U. (2006), S. 299 f.
[139] Vgl. Sailer, E./Kippes, S./Rehkugler, H. (2003), S. 748
[140] Vgl. Bethge, U. (1999), S. 91
[141] Vgl. Sailer, E./Kippes, S./Rehkugler, H. (2003), S. 749
[142] Vgl. Ibold, H. C. (2003), S. 74

5.5 Aus dem Maklervertrag resultierende Rechte und Pflichten – Das immer weiter wachsende Leistungsangebot des Maklers

5.5.1 Die Rechte und Pflichten beider Vertragsparteien

Aus dem einfachen Maklervertrag ergeben sich keine Pflichten für die Vertragsparteien. Der Makler ist nur berechtigt, aber nicht verpflichtet, das Objekt zu vermarkten. Andererseits ist es dem Auftraggeber unbenommen, eigenständig seine Immobilien zu vermarkten oder weitere Makler zu beauftragen. Im Unterschied dazu entstehen durch die Vereinbarung eines Alleinauftrags für beide Vertragsparteien also gewisse Rechte.

Mit dem Abschluss eines Maklervertrages ergeben sich jedoch auch gewisse Haupt- und Nebenpflichten. In diesem Zusammenhang wird häufig erwähnt, dass beide Vertragsparteien fair miteinander umgehen sollen.[143] Was darunter zu verstehen ist, wird in den nächsten beiden Kapiteln genauer erläutert.

Die Pflichten des Auftraggebers: Allgemein müssen die Rechte und Pflichten des Auftraggebers und des Maklers darin unterschieden werden, ob zwischen den beiden Vertragsparteien ein einfacher Maklervertrag oder ein Alleinauftrag zustande gekommen ist. Jedoch gibt es für beide Verträge einige Rechte und Pflichten, die ganz unabhängig von der Art des Vertrages zu beachten sind.

Für den Auftraggeber ist die hauptsächliche, in § 652 Abs. 1 BGB niedergeschriebene Pflicht, dass er bei Zustandekommen eines rechtswirksamen Hauptvertrages dem Makler eine Provision zu zahlen hat. Der Auftraggeber besitzt jedoch neben der Verpflichtung der Provisionszahlung auch das Recht, mit keinem Kaufinteressenten bzw. keinem Objektanbieter, der durch den Makler nachgewiesen oder vermittelt wurde, einen Hauptvertrag abschließen zu müssen.[144]

Als eine der wesentlichen Pflichten des Auftraggebers zählt die so genannte Informationspflicht. Dabei hat der Auftraggeber dem Makler sämtliche Angaben über das Verkaufsobjekt bzw. über die Kaufvorstellungen zu Verfügung zu stellen. Darunter fallen bei einem Objektanbieter z.B. Informationen über eventuelle Schäden oder rechtliche Belastungen seines zum Verkauf stehenden Objektes. Ergänzend zur Informationspflicht ist der Auftraggeber verpflichtet, alle Informationen, die er vom Makler über die Immobilie bzw. über den Kaufinteressenten erhält, vertraulich zu behandeln und vor allem nicht an Dritte weiter zu geben.[145] Der im vorangegangenen Kapitel erwähnte faire Umgang wird am besten mit dem Beispiel dargestellt, dass der Objektverkäufer, sollte er bei Besichtigungsterminen anwesend sein, diese nicht vereiteln oder durch ruppiges Verhalten stören sollte.[146]

Der Informationsaustausch zwischen den Vertragsparteien wird als Mitteilungspflicht bezeichnet und dient der Ersparnis von Zeit und Geld für unnötige Aufwendungen wie Besichtigungstermine oder Werbungskosten. Darunter fällt auch die Mitteilungspflicht des Auftraggebers gegenüber dem beauftragten Makler bei eventueller Aufgabe seiner Kauf- bzw. Verkaufsabsichten.

Durch die Vereinbarung eines Alleinauftrages werden die Pflichten, die schon durch den Abschluss eines einfachen Maklervertrages entstehen würden, durch weitere Pflichten, die als Wesensmerkmale des Alleinauftrages bekannt sind, ergänzt. Dabei handelt es sich um die Pflicht des Auftraggebers,

---

[143] Vgl. Seydel, H. (2005), S. 101
[144] Vgl. Mäschle, W. (2002), S. 3
[145] Vgl. Bethge, U. (1999), S. 81
[146] Vgl. Seydel, H. (2005), S. 101

keine weiteren Makler für die Vermarktung seiner Immobilie zu beauftragen, sonst macht er sich schadensersatzpflichtig. Ergänzt werden kann diese Pflicht durch den Abschluss eines qualifizierten Alleinauftrages.[147] Selbst bei Verkauf an Interessenten aus dem Freundes- und Bekanntenkreis des Verkäufers wird hier eine Provisionspflicht gegenüber dem Makler ausgelöst.

Die Pflichten des Maklers: In der Literatur wird hervorgehoben, dass sich die Nebenpflichten des Maklers oft durch den Einzelfall ergeben, das heißt durch die Vertragsart oder durch spezielle Eigenschaften des Auftraggebers/des Vertragsobjektes.[148] Im Grunde genommen wird dem Makler kaum vorgeschrieben, was er zu tun oder zu lassen hat. Die einzig ernst zu nehmende Hauptpflicht des Maklers entsteht erst mit Abschluss eines Alleinauftrages. Dieser verpflichtet den Makler zu intensiven und schnellen Aktivitäten für die erfolgreiche Erfüllung seines Auftrages. Missachtet er diese Hauptpflicht, macht sich der Makler schadensersatzpflichtig und der Auftraggeber erhält das Recht zur außerordentlichen Kündigung.[149]

Um auch aus der Sicht des Maklers das faire Verhalten gegenüber seinem Vertragspartner zu erläutern, wird das Beispiel angewandt, dass der Makler es zu unterlassen hat, die von ihm angebotene Immobilie in der Öffentlichkeit durch schlechte Werbung in seinem Wert zu schmälern.[150]

Im Wesentlichen treffen den Makler die gleichen (wenigen) Pflichten wie seinen Auftraggeber. Er hat seinen Auftraggeber durch eine Informationspflicht vor eventuellen Schäden zu bewahren, seien dies Informationen an einen potentiellen Käufer über Mängel des Objektes oder Hinweise über eine eventuelle Zahlungsunfähigkeit des Käufers/Mieters an den Objektverkäufer. Des Weiteren fällt unter die Informationspflicht nach Ansicht vieler Auftraggeber die so genannte „Kenntnis von der Maklertätigkeit"[151]. Darunter fällt hauptsächlich die laufende Information über die Tätigkeit des Maklers bezüglich Aktivitäten, die zum Verkauf/Vermietung bzw. Kauf/Anmietung führen sollen. Diese Forderung der laufenden Information ist nach herrschender Meinung auch beim Bestehen eines Alleinauftrages dem Makler nicht zuzumuten.

Den Makler trifft keine Pflicht der eigenständigen Erkundigung und Nachprüfung.[152] Er darf die mit Sorgfalt eingeholten und sondierten Informationen des Veräußerers grundsätzlich ungeprüft weitergeben, es sei denn, sie sind nach den in seinem Berufsstand vorauszusetzenden Kenntnissen ersichtlich unrichtig, nicht plausibel oder bedenklich (BGH NZM 2007, 335). Die ihm vom Auftraggeber zur Verfügung gestellten Informationen muss er jedoch richtig, das heißt wahrheitsgemäß an einen eventuellen Interessenten weitergeben. Sollten die Angaben jedoch geheim gehalten werden, ist der Makler zur Verschwiegenheit verpflichtet.[153] Eine Ausweitung seiner Hinweis- und Informationspflichten kommt i.d.R. nur zustande, wenn der Auftraggeber des Maklers sich nicht mit den Grundlagen der Materie auskennt, d.h. wenn der Auftraggeber „offensichtlich belehrungsbedürftig"[154] scheint.

Kommt es während der Aktivitäten zu Fragen, die nicht im Fachbereich des Maklers liegen, wie z.B. aus dem Steuer- oder Rechtsbereich, sollte der Makler sich mit unfundierten Auskünften zurückhalten. Stattdessen sollte er seinen Auftraggeber darum bitten, einen Fachmann für seine Unklarheiten heranzuziehen. Dieser Verweis beruht auf dem Grundsatz, dass die Besorgung fremder

---

[147] Vgl. Sailer, E./Kippes, S./Rehkugler, H. (2003), S. 755 ff.
[148] Vgl. Mäschle, W. (2002), S. 45
[149] Vgl. Schwering, U. (2006), S. 298
[150] Vgl. Seydel, H. (2005), S. 101
[151] Vgl. ebenda, S. 128
[152] Vgl. Henssler, M. et al. (2005), S. 2442
[153] Vgl. Bethge, U. (1999), S. 80
[154] Vgl. Mäschle, W. (2002), S. 44

Rechtsangelegenheiten der Erlaubnis des Rechtsberatungsgesetzes bedarf, welche der Makler in den meisten Fällen nicht besitzt.[155]

5.5.2 Das wachsende Leistungsangebot des Immobilienmaklers

Der Beruf des Immobilienmaklers ist nicht gerade mit dem besten Ruf geschmückt. Leider gibt es noch keinen geforderten Sach- und Fachkundenachweis, welchen hauptsächlich die Verbände verlangen, um unseriöse Makler den Einstieg in das Maklergeschäft zu erschweren. Des Weiteren ist der Immobilienmarkt ein sich schnell wandelnder Markt, der von den Maklerhäusern eine schnelle und flexible Anpassungsfähigkeit fordert. Um sich von der Konkurrenz abzuheben, neigen deshalb viele Maklerhäuser dazu, neben ihren Nachweis- und Vermittlungstätigkeiten Sonderleistungen anzubieten. Darunter fallen häufig Sonderleistungen wie Beratung, Bewertung, spezielle Serviceleistungen und sonstige Leistungen mit Dienstleistungscharakter.[156]

Vor allem große und alt eingesessene Maklerunternehmen wird immer mehr ein großes Knowhow unterstellt. Dieses Vertrauen entsteht einerseits durch die immer offensichtlichere Medienpräsenz vieler Maklerunternehmen in Form von Publikationen oder Werbung, andererseits durch die wachsende Transparenz des Immobilienmarktes, was hauptsächlich auf die starke Nutzung des Internets zurückzuführen ist. Daraus resultiert ein steigendes Vertrauen in Makler, welches gleichzeitig die Erwartungshaltung ihnen gegenüber wachsen lässt.

Es ist vor allem darauf hinzuweisen, dass Sonderleistungen nicht nur des Images wegen angeboten werden sollten; sie sollten hauptsächlich dazu dienen, dem Makler und seinem Auftraggeber neben der eigentlichen Nachweis- und Vermittlungstätigkeit einen gewissen Mehrwert zu erzeugen.[157] Da Makler Sonderleistungen meistens unentgeltlich anbieten, müssen alle Leistungen bezüglich ihrer Rentabilität begutachtet werden, d.h. es muss geprüft werden, ob die Sonderleistungen Vertragsabschlüsse beschleunigen oder Kunden stärker an das Unternehmen gebunden werden. Vor allem der Umfang und die steigende Haftung der Sonderleistungen sollten genau geprüft werden. Um dies zu erläutern, werden in den folgenden Kapiteln die steigenden Haftungsrisiken und die Notwendigkeiten zur Ausführung von Beratungstätigkeiten wie der Immobilienbewertung und die Informationserweiterung durch Erstellen von Exposés näher erläutert.

5.5.2.1 Die Bewertung der zum Verkauf stehenden Immobilie

Die Bewertung eines zum Verkauf stehenden Objektes ist eine Sonderleistung, die immer häufiger von Maklerhäusern angeboten wird. Im Grunde genommen ist die Bewertung von Immobilien Aufgabe von Sachverständigen, die explizit für diese Aufgabe vom Eigentümer engagiert werden müssten.

Der Wandel des Immobilienmarktes bewegt Maklerunternehmen immer häufiger dazu, Immobilienbewertungen anzubieten. Diese gründliche Analyse des angebotenen Objektes bietet dem Makler die Möglichkeit, die Zielgruppen- und Preisfindung exakter und dadurch effektiver durchzuführen. Dabei hat er jedoch eine Reihe von Faktoren zu beachten. Grundsätzlich versucht die Bewertung den Verkehrswert der Immobilie zu erörtern. Der Verkehrswert ist klar vom Kauf- bzw. Verkaufspreis zu trennen. Der Kaufpreis spiegelt den unter subjektiven Einflüssen der Vertragsparteien

---

[155] Vgl. Seydel, H. (2005), S. 130
[156] Vgl. Sailer, E. (2006), S. 91
[157] Vgl. ebenda, S. 93

ausgehandelten und tatsächlich geleisteten Preis wider.[158] Der Verkehrswert hingegen wird gem. § 194 BauGB bestimmt und ist ein fiktiver Preis, der zu einem bestimmten Stichtag bei gewöhnlichem Geschäftsverkehr rein objektiv zu erzielen wäre. Um ihn rechtmäßig zu ermitteln, müssen sehr viele, den Verkehrswert positiv und negativ beeinflussende Faktoren berücksichtigt werden. Diese Faktoren haben eine Bandbreite von der Lage des Grundstückes über den Zustand des Grundstückes und des sich darauf befindlichen Objekts bis hin zu Rechten und Pflichten, die mit dem Grundstück verbunden sind. Ergänzend ist noch zu erwähnen, dass der Verkehrswert durch verschiedene Verfahren ermittelt werden kann.

Um den immensen Umfang der Immobilienbewertung zu verstehen, wird in den folgenden Kapiteln näher auf die oben angesprochenen, für die Immobilienbewertung notwendigen Faktoren eingegangen. Es wird aber darauf hingewiesen, dass die Ausführung nicht ins Detail geht, sondern die verschiedenen Notwendigkeiten nur anschneidet.

Die Erstellung von Standortanalysen: Der Name Immobilie verrät, dass das zu bewertende Grundstück bzw. Objekt immobil ist. D. h. es ist an einen bestimmten Standort gebunden. Der Standort ist demnach ein „elementarer Teil einer Immobilie"[159], welcher sich auf die verschiedenen Nutzungsmöglichkeiten positiv oder negativ auswirken kann. Um eine optimal genutzte Immobilie am richtigen Standort zu entwickeln, wird die Methode der Standortanalyse durchgeführt. Durch systematisches Sammeln, Auswerten und Analysieren von Informationen werden die verschiedenen Stärken und Schwächen eines Standortes transparent. Dies vereinfacht die Entscheidung zur richtigen Nutzung des Standortes.

Die Standortanalyse wird in verschiedene Stufen eingeteilt. Zuerst wird der Standort in einen Mikro- und einen Makrostandort aufgeteilt. Als Makrostandort wird zunächst einmal der Ballungsraum bezeichnet, in welchem sich das Grundstück befindet. Dabei werden z. B. bei einer Großstadt die Stadt selbst bzw. bei einer Gemeinde alle beinhalteten Orte analysiert. Der Mikrostandort bezieht sich auf das direkte Umfeld des zu analysierenden Grundstücks. Sind der Mikro- und Makrostandort von den Analysten abgesteckt worden, werden die sich auf den Standort auswirkenden Faktoren in harte und weiche Standortfaktoren zergliedert.[160] Zu den harten Standortfaktoren werden messbare, objektive Fakten der Umgebung gezählt. Das sind z. B. die Verkehrsanbindung zu Autobahn oder zum Zentrum, sozioökonomische Fakten wie Bevölkerungsstruktur oder auch die technischen Gegebenheiten des Objektes bzw. des Grundstückes. Weiche Standortfaktoren hingegen sind emotional beeinflussende Faktoren. Darunter fallen hauptsächlich Faktoren, die das Image des Mikrostandortes prägen, wie z. B. das Kultur- und Freizeitangebot oder die politische Situation des Stadtteils.

Das Sammeln der verschieden Informationen erfolgt über zwei Wege, der so genannten Primär- und Sekundärforschung.[161] Obwohl es scheint, als ob diese beiden Verfahren nacheinander durchgeführt werden, laufen sie in der Praxis doch eher nebeneinander her. Die Sekundärforschung, auch „Desk-Research" genannt, analysiert bereits vorhandene Unterlagen und Informationen aus eigenen oder öffentlich zugänglichen Quellen. Bei der Primärforschung werden speziell für die Analyse benötigte Informationen aufgearbeitet. Dies geschieht häufig direkt vor Ort. Deshalb wird die Primärforschung auch oft als „Field Research" bezeichnet.

Die Standortanalyse ist für die Findung der optimalen Nutzung fundamental. Jedoch sind die Hauptfaktoren, die sich unmittelbar auf den Wert einer Immobilie auswirken, die harten Faktoren

---

[158] Vgl. Sailer, E./Kippes, S./Rehkugler, H. (2003), S. 480
[159] Vgl. Sailer, E. (2004), S. 343
[160] Vgl. Sailer, E./Kippes, S./Rehkugler, H. (2003), S. 129
[161] Vgl. ebenda, S. 95

im Mikrostandort, d. h. die technischen und rechtlichen Gegebenheiten des Grundstücks und des sich darauf befindenden Gebäudes. Auf diese wird im Folgenden näher eingegangen.

Die Grundstücks- und Objekteigenschaften als Werteinflussfaktoren: Die wertbeeinflussenden Faktoren lassen sich in rechtliche und technische Faktoren unterteilen.

Ein Grundstück ist ein räumlich abgegrenzter Teil der Erdoberfläche, welches aus mindestens einem Flurstück besteht und unter einer laufenden Nummer in einem Grundbuch geführt ist. Das Grundbuch dient als Verzeichnis, welches die Rechtsverhältnisse der Eigentümer in Bezug auf sein Grundstück beinhaltet. Das bedeutet, dass die Einsicht in das Grundbuch für eine Immobilienbewertung unverzichtbar ist. Einsicht wird jedem gewährt, der ein berechtigtes Interesse an dem Grundstück nachweisen kann, was mit dem Nachweis eines bestehenden Maklervertrages meist angenommen wird. Es empfiehlt sich dem Makler eine zusätzliche Behördenvollmacht auszustellen. Das Grundbuch selbst hat fünf Bestandteile. Dies wären das Deckblatt, das Bestandsverzeichnis und drei weitere Abteilungen.

Von besonderer Bedeutung für die Bewertung sind das Bestandsverzeichnis und die Abteilungen I und II.

Das Bestandverzeichnis beinhaltet Informationen über Rechte, häufig über Nutzungsrechte, die das (herrschende) Grundstück an einem anderen (dienenden) Grundstück besitzt. Dies führt meist zur Wertsteigerung des Grundstücks.

Abteilung I gibt Auskunft über den Eigentümer des Grundstücks.[162] Dabei ist es von großer Wichtigkeit, herauszufinden, um welche Form des Eigentums es sich bei dem vorliegenden Grundstück handelt: ist der eingetragene Eigentümer im Alleineigentum, ist das Grundstück in verschiedene Bruchteile aufgeteilt oder besteht ein Gesamthandseigentum? Diese Information ist in dem Sinne von Bedeutung, dass herausgefunden wird, wie viele Eigentümer bei einem eventuellen Verkauf der Immobilie ein Mitspracherecht besitzen.

Die Abteilung II des Grundbuches ist besonders gründlich zu überprüfen, da in ihr häufig wertmindernde Belastungen eingetragen sind. Diese Belastungen können entweder persönlich beschränkte Dienstbarkeiten, Grunddienstbarkeiten und/oder Reallasten sein.[163]

Bezüglich der Belastungen, die sich einerseits auf das (dienende) Grundstück und seinen Eigentümer, andererseits auf den Wert des Grundstückes auswirken, wird auf die verwendete und erweiterte Literatur hingewiesen. Zu erwähnen ist jedoch, dass die Belastungen sich in dem Maße auf den Wert des (dienenden) Grundstücks auswirken können, dass es seinen kompletten Wert verlieren kann.

Da sich das Eigentum an einem Grundstück gem. § 905 BGB nicht nur auf die Erdoberfläche begrenzt, sondern auch auf den Raum über und unter der Erdoberfläche erstreckt, ist diese Beschaffenheit bei einer Immobilienbewertung zu berücksichtigen. Darunter fallen die Beschaffenheit wie Grundstücks- und Geländeform, Bodenverhältnisse und Altlasten sowie Nutzungsmöglichkeiten in Bezug auf den Flächennutzungsplan, die Umgebung sowie des Bebauungsplans.[164]

Des Weiteren spricht § 94 BGB von wesentlichen Bestandteilen. Damit sind Bestandteile einer Sache gemeint, die nicht von ihr getrennt werden können. Darunter kann z. B. auch ein Gebäude fallen, das sich auf einem Grundstück fest verankert ist. Das Gebäude kann sich in Bezug auf sein Alter, seine Art, seinen Zustand, seine Ausstattung und seine Wohn- und Nutzfläche erheblich auf

---

[162] Vgl. ebenda, S. 144 ff.
[163] Vgl. Sailer, E. (2004), S. 183
[164] Vgl. Murfeld, E. (2002), S. 68

den Wert eines Grundstückes auswirken.[165] Dabei ist als Beispiel der gesetzliche Denkmalschutz zu erwähnen, welcher den Eigentümer zu Bestandsschutz seines bestehenden Objektes verpflichtet, was häufig mit hohen Kosten verbunden ist.

Aufgrund der Menge von gebäudetechnischen Einflussfaktoren ist einem Makler zu empfehlen, dass er sich für die Bewertung eines Objektes stets einen Fachmann hinzuzieht, welcher insbesondere versteckte Probleme früher erkennt als der Makler.

Die Analyse des mietrechtlichen Ist- und Soll-Zustandes: Handelt es sich bei der Bewertung um ein Renditeobjekt, das heißt, dass der Erwerber das Objekt nicht für den Eigennutz erwirbt, sondern anhand der Mieteinnahmen und des Wertsteigerungspotentials z. B. eines Mehrfamilienhauses Rendite erwirtschaften will, müssen neben den voran beschriebenen Grundstücks- und Gebäudeeigenschaften auch die vorhandenen Miet- und Pachtverträge genauer unter ‚die Lupe genommen' werden. Sie geben Auskunft darüber, mit welchen Einnahmen der Eigentümer in Zukunft rechnen bzw. nicht mehr rechnen kann. Die wichtigsten Informationen sind die Vertragslaufzeiten, die Kündigungsmöglichkeiten, die Veränderungspotentiale der Mietzinsen und die aktuelle Leerstandsrate.

Ein besonderes Augenmerk liegt auf dem Mietzins. Die Rendite einer Immobilie bezieht sich auf die nachhaltig erzielbare Miete. Diese nachhaltige Miete muss nicht zwingend die aktuell eingenommene sein. Insofern bietet die Stellschraube ‚Mietveränderung' dem Eigentümer die Möglichkeit, die Rendite seines Objektes ohne großen Aufwand zu verbessern. Die Regelungen der Mieterhöhung sind in den §§ 557 ff. BGB für Wohnraum festgehalten. Mietveränderungen für gewerblich genutzte Miträume sind nicht gesetzlich festgehalten und werden demnach individuell ausgehandelt. Dabei ist es von Notwendigkeit, herauszufinden, welche Form der Mieterhöhung in den Mietverträgen festgehalten ist. Folgende Beispiele sind auf den vermieteten Wohnraum bezogen.

Erstens die Mieterhöhung nach § 558 BGB, welche eine Mietänderung an der ortsüblichen Vergleichsmiete begründet. Bei dieser Regelung sind einige Grundsätze zu beachten. In Großstädten ist die Grundlage für diese Form der Mietveränderung der örtliche Mietspiegel. Bei seinem Erhöhungsverlangen hat der Vermieter die so genannte ‚Kappungsgrenze' einzuhalten, welche vorschreibt, dass sich der Mietzins in einem Zeitraum von drei Jahren nicht um mehr als 20 % erhöhen darf. Eine weitere Barriere stellt die Zustimmung der Erhöhung dar. Stimmt der Mieter der Mieterhöhung gem. § 558b Abs. 2 BGB nicht zu, hat der Eigentümer das Recht, die Erhöhung gerichtlich einzuklagen. Somit ist diese Form der Mietzinserhöhung mit viel Aufwand und Barrieren verbunden.

Ähnlich verhält es sich mit der Mietänderung nach § 557b BGB. Dabei handelt es sich um die so genannte Indexmiete. Sie orientiert sich an dem Preisindex für die Lebenshaltung aller privaten Haushalte in Deutschland.

Zwei weitere für renditeorientierte Eigentümer sehr interessante Formen der Mieterhöhung sind die Staffelmiete und die Mieterhöhung nach einer Modernisierung. Beide Mieterhöhungsmöglichkeiten bieten dem Eigentümer eine gewisse Sicherheit, die Rendite seines Objektes konstant zu erhöhen.

Die Staffelmiete basiert auf § 557a BGB. Nach Vereinbarung im Mietvertrag wird der Mieter dazu verpflichtet, in bestimmten Zeiträumen eine Mieterhöhung in unterschiedlicher Höhe zu akzeptieren.

Die Mieterhöhung nach einer Modernisierung bietet dem Eigentümer die Möglichkeit, bei einer Modernisierung die jährliche Miete um 11 % der für die Wohnung aufgewendeten Kosten zu erhöhen.

Es sei noch einmal darauf hingewiesen, dass für die Renditeberechnungen die nachhaltig erzielbaren Mieten zugrunde gelegt werden müssen. Sollten die aktuell geleisteten Mieten weit über den ortsüblichen Vergleichsmieten liegen, ist das Risiko hoch, dass die Mieter das Vertragsverhältnis

---

[165] Vgl. Sailer, E./Kippes, S./Rehkugler, H. (2003), S. 140

beenden wollen. Bei solch einem „overrentet-Objekt" sollte für die nachhaltige Miete aus Sicherheitsgründen ein niedrigerer Mietzins angesetzt werden. Liegen die tatsächlichen Mieten weit unter der ortsüblichen Vertragsmiete, handelt es sich um ein so genanntes „underrentet-Objekt"[166]. Die nachhaltig erzielbare Miete sollte insofern höher angesetzt werden.

Die verschiedenen Bewertungsverfahren: In der Bewertungspraxis der Sachverständigen werden hauptsächlich die in § 8 ImmowertV festgelegten, normierten Bewertungsverfahren in Verbindung mit dynamischen Investitionsrechnungen angewendet. Dabei handelt es sich um das Ertragswert-, Sachwert- und Vergleichswertverfahren.

Das Ertragswertverfahren wird bei so genannten Renditeobjekten angewendet. Dabei handelt es sich hauptsächlich um bebaute Grundstücke, die zur Erzielung eines Ertrages bestimmt sind. Durch das Sachwertverfahren wird versucht herauszufinden, was der Bau der Immobilie in Berücksichtigung der Abnutzung aktuell kosten würde. Es handelt sich also um Objekte, die unter Substanzwertgesichtspunkten betrachtet werden. Darunter fallen z. B. häufig Reihenhäuser und Doppelhaushälften.[167] Beim Vergleichswertverfahren kommt es zu einem Preisvergleich zwischen der zu bewertenden Immobilie und am Markt vorhandenen Vergleichsobjekten. Es ist jedoch schwierig, vergleichbare Immobilien zu ermitteln, die in einem nicht zu großen Zeitraum verkauft oder angeboten wurden, da die Heterogenität von Immobilien das Vergleichen erheblich erschwert. Deshalb wird das Verfahren häufig bei unbebauten Immobilien und Eigentumswohnungen verwendet, da sich einerseits die Preise von unbebauten Grundstücken nicht schnell verändern und andererseits der Markt für Eigentumswohnungen sehr umfangreich ist und dadurch die Möglichkeit der Erstellung einer Vergleichsdatenbank zulässt.

Da Immobilienmakler häufig über solche Vergleichsdatenbanken verfügen, ist das Vergleichswertverfahren das am häufigsten verwendete Bewertungsverfahren in Maklerhäusern. Dies hängt aber auch damit zusammen, dass die anderen beiden Bewertungsverfahren sehr zeitaufwendig sind und durch eine Vielzahl spekulativer Varianten die Genauigkeit in Frage stellen.

Zwei weitere, erweiternde Bewertungs- und Vergleichsmethoden, welche von Maklerunternehmen sehr häufig verwendete werden, sind einerseits die Kategorisierung von Immobilien durch Multiplikatoren und andererseits die Betrachtung der Mietrendite.

Bei der Ausweisung von Multiplikatoren wird der Preisansatz einer Immobilie unter Berücksichtigung möglicher Reparaturkosten ins Verhältnis mit der Jahresnettokaltmiete gesetzt.[168] Der sich daraus ergebene Multiplikator bietet die Möglichkeit, die Immobilie mit anderen Anlageobjekten, welche die gleiche oder ähnliche Restnutzungsdauer besitzen, zu vergleichen, und lässt erkennen, ob die Immobilie im Vergleich zu teuer oder zu preiswert angeboten wird.

Die Mietrendite wird von Maklern meist dann berechnet, wenn ein Kaufinteressent eine Immobilie mit Fremdkapital finanzieren will. Bei dieser Berechnung wird die Jahresmiete mit dem Kaufpreis ins Verhältnis gestellt. Der sich daraus ergebene Prozentsatz, die so genannte Mietrendite, lässt erkennen, ob die für die Finanzierung zu leistende Belastung aus Zins und Tilgung höher ist als die Rendite, die mit der Immobilie zu erwirtschaften ist.

Wie erwähnt dienen diese zusätzlichen Berechnungen zur Beschleunigung der Kaufentscheidung und der größeren Transparenz. Um diese oft sehr positiv formulierten Faktoren einem möglichen Kaufinteressenten zu präsentieren, erstellen Makler Exposés. Was bei der Erstellung eines Exposés zu beachten ist, wird nachfolgend näher beschrieben.

---

[166] Vgl. ebenda, S. 155
[167] Vgl. ebenda, S. 503
[168] Vgl. ebenda, S. 156

5.5.2.2 Das Erstellen eines Exposés

Ein Exposé wird primär mit dem Ziel der Objektwerbung erstellt. Das bedeutet, dass der Makler seinem potentiellen Kunden eine werblich aufbereitete Zusammenstellung aller wesentlichen Informationen über das zum Verkauf stehende Objekt überreichen kann.[169]

Als weitere Funktion wird dem Exposé zugeschrieben, dass es zur Aufhellung, also zur Transparenz des Marktes beiträgt.[170] Die Empfänger erhalten durch Exposés verschiedener Anbieter die Möglichkeit, Angebote miteinander zu vergleichen. Das kann die Arbeit des Maklers in wesentlichen Aspekten vereinfachen.

Ergänzend hat ein Maklerunternehmen durch das Exposé die Möglichkeit, seine Identität bzw. sein Leitbild am Markt besser zu platzieren. Dies ist durch ein einheitliches Bild des Layouts oder durch klare Prinzipien bei der Herausgabe von Exposés (Exklusivität) möglich. Letzteres sollte dadurch gewahrt werden, dass es möglichst nicht zu einem „Exposé-Versand-Rausch"[171] kommt. Ein Exposé ist diesbezüglich erst dann zu vergeben, wenn ein ausführliches Gespräch per Telefon oder vor Ort geführt wurde und ein tatsächliches Interesse an dem beworbenen Objekt besteht.

Als ein Angebot zum Abschluss eines Maklervertrages mit gleichzeitiger Begründung eines Provisionsanspruches darf ein Exposé nicht verwendet werden.[172] Der Empfänger darf immer davon ausgehen, dass eine anfallende Provision immer vom Eigentümer zu leisten ist, da der Makler von diesem ganz offensichtlich beauftragt wurde, die Immobilie zu vermitteln oder eine Vertragsgelegenheit nachzuweisen.

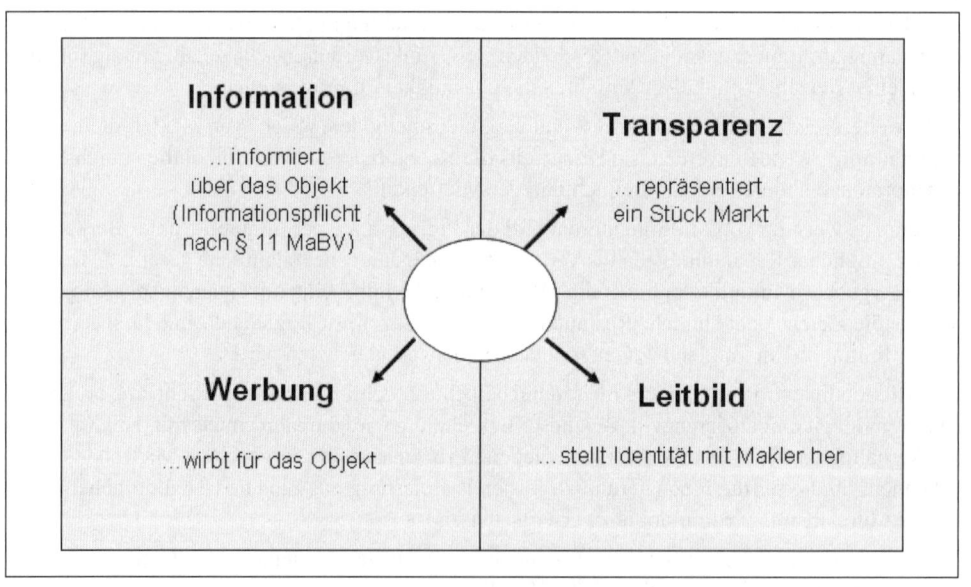

Abb. IV 16: Exposéfunktionen[173]

---

[169] Vgl. Kippes, S. (2001), S. 318
[170] Vgl. Sailer, E. (2006), S. 129
[171] Vgl. Kippes, S. (2001), S. 381
[172] Vgl. Sailer, E. (2004), S. 148
[173] Eigene Darstellung nach: Sailer, E. (2006), S. 130

Die Übergabe eines Exposés hat für den Makler auch aus rechtlichem Aspekt eine sehr vereinfachende Funktion. Durch die vollständige und richtige Ausarbeitung des Exposés erfüllt der Makler seine Informationspflicht laut MaBV gegenüber seinem Kauf- bzw. Mietinteressenten. Das bedeutet jedoch, dass das Exposé alle für den Verkauf wesentlichen Angaben wie z. B. Ort, Lage, Gebäudeart, Baujahr, Nutzungsart, Name und Anschrift des Eigentümers bzw. des Verfügungsberechtigten und die mögliche Preisvorstellung angeben muss. Fehlen dem Makler einige wesentliche Informationen, so hat er die Verpflichtung, sich darüber zu erkundigen oder das Fehlen der Informationen explizit im Exposé auszuweisen.[174]

Da der Makler die Informationen hauptsächlich von seinem Auftraggeber erhält, sollte er auch darauf hinweisen, dass er nur als Mittelsmann agiert und alle Angaben, die das Exposé enthält, vom Auftraggeber stammen. Sollte er die vorangegangenen Hinweise nicht in einem von ihm erstellten Exposé berücksichtigen, kann der Makler bei fehler- bzw. lückenhafter Ausarbeitung auf Schadensersatz in Anspruch genommen werden.[175]

Der Aufbau eines Exposés ist hingegen nicht vorgeschrieben. Der Anteil von Text, Bildern und Zahlen hängt ganz von der Zielgruppe ab, welche der Makler mit seinem Exposé erreichen will.

Zuletzt sollte das Exposé klar von einem Verkaufsprospekt unterschieden werden. Das Verkaufsprospekt bezieht sich nämlich nicht auf eine Bestandsimmobilie, sondern bewirbt ein Projekt bzw. ein ‚werdendes' Objekt. Bei einer fehlerhaften Ausarbeitung eines Prospektes kommt es zu einer speziellen Prospekthaftung, die hier nicht weiter erläutert wird.[176]

5.5.2.3 Steigendes Haftungsrisiko durch stetig wachsendes Leistungsangebot

Der Maklervertrag enthält den Grundsatz von Treu und Glauben. Aus diesem Grundsatz resultiert die Aufklärungspflicht, welche als Nebenpflicht bezeichnet wird. Diese Aufklärungspflicht verpflichtet den Makler, welcher sich nur auf seine Nachweis- und Vermittlungstätigkeit konzentriert, Informationen weiterzugeben, die er von seinem Auftraggeber erhalten hat. Er ist nicht dazu verpflichtet, weitere Nachforschungen einzuleiten.

Wie bereits erwähnt, kommt es in der aktuellen Praxis häufig dazu, das die Aufklärung des Maklers in Beratung umschlägt. Dies hat häufig den Hintergrund, dass eine ausführliche Beratung die Entscheidungssicherheit des Kunden fördert.[177] Steht die Beratung im unmittelbaren Zusammenhang mit der maklerischen Hauptleistung, ist sie trotz Fehlens der behördlichen Erlaubnis gestattet.[178] Übersteigt sie jedoch die maklerischen Hauptleistungen und nimmt der Kunde die Beratung stillschweigend an, wird konkludent ein Beratervertrag zwischen Makler und Kunde geschlossen. Dieser Beratervertrag erweitert die Pflichten und gleichzeitig die Haftung des Maklers erheblich. Der Makler hat damit Nachprüfungs- und Erkundigungspflichten. Das bedeutet, dass er alle Auskünfte auf ihre Richtigkeit und erweiternd auch noch bewerten, beurteilen und auf ihre Vollständigkeit prüfen muss.[179] Dies ist hauptsächlich der Fall, wenn es sich bei der Beratung um steuerliche und rechtliche Fragen bzw. um Fragen der Finanzierung handelt. Auch das Angebot einer Objektbewertung erweitert die Haftung des Maklers erheblich. Als erweiterte Haftung ist hauptsächlich der umfangreiche Schadensersatzanspruch des Auftraggebers gemeint. Aufgrund

---

[174] Vgl. Sailer, E./Kippes, S./Rehkugler, H. (2003), S. 461
[175] Vgl. Seydel, H. (2005), S. 83
[176] Vgl. Sailer, E. (2006), S. 127
[177] Vgl. ebenda, S. 97
[178] Vgl. Sailer, E./Kippes, S./Rehkugler, H. (2003), S. 463
[179] Vgl. Sailer, E. (2006), S. 97

der Verletzung der Nachprüfungs- und Erkundigungspflichten und der meist nicht ausreichend berücksichtigten Informationspflicht kam es in den vergangenen Jahren häufig zu Verurteilungen auf Schadensersatz.[180]

Aus diesem Grund wird empfohlen, dass Makler Rechtsanwälte, Steuerberater oder Wirtschaftsprüfer in ihr Unternehmen integrieren oder sich Netzwerken anschließen sollen, die es den Maklern ermöglichen, sich günstiger rechtlichen und steuerlichen Rat zu verschaffen.

Da die Beraterfunktion des Maklers durch den Markt als immer selbstverständlicher angesehen wird, stellt die Rechtsprechung diesem Wandel aktuell wenige Steine in den Weg.[181]

5.5.3 Die Zusammenarbeit von Maklern

Hat ein beauftragter Makler bei seiner Vermittlung oder seinem Nachweis Schwierigkeiten, einen Vertragspartner für seinen Auftraggeber zu ermitteln, bedient er sich oftmals der Dienste seiner Kollegen. Die Zusammenarbeit zwischen den Maklern kann dabei auf verschiedene Weisen erfolgen. Die bekanntesten Formen der Kooperation zwischen Maklern sind einerseits der Untermakler und andererseits das Gemeinschaftsgeschäft. Vor allem das Gemeinschaftsgeschäft ist eine rechtlich undurchschaubare Form der Zusammenarbeit. Es beruht rein auf Individualrechtsverhältnissen und lässt dadurch Spielraum für eine Vielzahl von Parteivereinbarungen.[182]

Eine weitere Form der Zusammenarbeit zwischen verschiedenen Maklern besteht in einer so genannten Franchise-Organisation.[183]

Auf die angesprochenen Maklerkooperationen wird im folgenden Kapitel näher eingegangen.

5.5.3.1 Der Untermaklervertrag zwischen Haupt- und Untermakler

Bei einem Untermaklervertrag handelt es sich um einen so genannten „Hilfsvertrag"[184]. Dieses Rechtsverhältnis wird zwischen dem beauftragten Makler als Hauptmakler und einem weiteren Makler als Untermakler geschlossen. Der Vertrag zwischen Hauptmakler und Auftraggeber bleibt dabei völlig unberührt und es fallen, trotz eines weiteren Maklers, keine weiteren Kosten für den Auftraggeber an.

Wie oben zu erkennen, muss für die Entstehung eines Untermaklervertrages ein gültiger Vertrag zwischen Hauptmakler und Auftraggeber bestehen. Für alle Rechte und Pflichten, die sich aus dem Maklervertrag zwischen Hauptmakler und Auftraggeber ergeben, hat der Hauptmakler die Verantwortung zu tragen, auch wenn eine eventuelle Pflichtverletzung durch den Untermakler begangen wurde. Der Untermakler ist in der Regel nicht verpflichtet, in irgendeiner Art und Weise aktiv zu werden. Kommt jedoch ein rechtswirksamer Hauptvertrag zustande, ist der Untermakler an der Provision zu beteiligen, sofern er an deren Zustandekommen kausal ist.[185]

Der Untermakler darf nicht mit dem so genannten ‚Mitmakler' verwechselt werden. Vergibt ein Auftraggeber mehrere einfache Makleraufträge, so werden die verschiedenen Makler als Mitmakler bezeichnet. Sie sind also alle Hauptmakler.

---

[180] Vgl. Sailer, E./Kippes, S./Rehkugler, H. (2003), S. 457
[181] Vgl. Sailer, E. (2006), S. 97f.
[182] Vgl. Ibold, H. C. (2003), S. 153
[183] Vgl. Bethge, U. (1999), S. 203
[184] Vgl. Sailer, E./Kippes, S./Rehkugler, H. (2003), S. 805
[185] Vgl. Ibold, H. C. (2003), S. 156

5.5.3.2 Das Gemeinschaftsgeschäft zwischen Objektmakler und Interessentenmakler

„Wenn mehrere Makler auf entgegengesetzter Seite tätig werden und sich untereinander die von ihren Auftraggebern gewünschten Geschäfte mitteilen sowie die Auftraggeber als Vertragspartner zusammenführen"[186], wird von einem Gemeinschaftsgeschäft gesprochen. Werden die Auftraggeber der zusammenarbeitenden Makler nicht über das Gemeinschaftsgeschäft informiert, verstoßen die Makler gegen § 654 BGB. Deshalb sollten die Makler eine Gemeinschaftsgeschäft nur in Absprache mit ihren Auftraggebern eingehen, dessen Zustimmung auch konkludent erfolgen kann.

Eine gesetzliche Grundlage für diese Form der Zusammenarbeit gibt es nicht. Insofern wird zwischen den Maklern ein Rechtsverhältnis eigener Art geschlossen, welches sich rein nach den ausgehandelten Individualvereinbarungen der Makler richtet.[187] Werden keine ausdrücklichen Abmachungen zwischen den Maklern getroffen, hat das Gericht bei eventuell auftreten Unstimmigkeiten anhand der Umstände zu ermitteln.

Als Leitfaden zur Gestaltung des Rechtsverhältnisses zwischen den Maklern hat der IVD die „Geschäftsgebräuche für Gemeinschaftsgeschäfte unter Maklern" (GfG) zusammengestellt. Die GfG ist jedoch nur als Erfahrungssammlung mehrerer Maklergemeinschaften anzusehen, da sie keinerlei Rechtsformcharakter besitzt. Deshalb sollten die GfG als Soll-Vorschrift betrachtet werden, die aber auf jeden Fall genutzt werden sollte.[188] Anhand der GfG werden einige grundlegende Vereinbarungen eines Maklergemeinschaftsgeschäfts erörtert.

Allgemein regeln die §§ 1 und 2 GfG das Zustandekommen des Gemeinschaftsgeschäfts. Dabei wird nach § 1 Abs. 1 GfG das Gemeinschaftsgeschäft durch Angebot und Annahme geschlossen. Es ist zu beachten, dass laut § 2 Abs. 1 GfG ein Gemeinschaftsgeschäft nur eingegangen werden darf, wenn der erste Makler einen ordnungsgemäßen Maklervertrag besitzt. § 6 GfG begründet die wesentlichen Informationspflichten wie die Weitergabe aller wesentlichen Informationen oder das Bekanntgeben des erfolgreichen Nachweises bzw. der erfolgreichen Vermittlung. Als letzter hier angesprochener Punkt wird der § 9 GfG erwähnt, welcher die Provision zwischen den kooperierenden Maklern regelt. Grundsätzlich steht danach jedem Makler die Provision seines Auftraggebers zu. Sollte die ortsübliche Maklerprovision jedoch nur von einer Auftraggeberseite gezahlt werden, so ist, wenn nichts anderes vereinbart, die Gesamtprovision hälftig zu teilen.

Allein im letzten Punkt ist zu erkennen, dass ein Maklergemeinschaftsgeschäft viel Streitpotential beinhaltet, trotz des Leitfadens in Gestalt der GfG.

5.5.3.3 Gemeinschaftsgeschäfte im Franchise-System

Eine weitere Möglichkeit des Gemeinschaftsgeschäftes ist das so genannte Franchise-System. Dabei schließen sich einzelne Makler einer Franchise-Organisation an, welche für alle beteiligten Makler das Erscheinungsbild, das Beschaffungs- und Betriebsmarketing, die EDV, die Gemeinschaftswerbung und die Rechtsberatung entwickelt bzw. stellt.[189]

Akquiriert einer der so genannten Franchise-Nehmer ein Objekt, hat er dies auf Formularen der Franchise-Geberin in deren Namen anzunehmen. Nach der Aufbereitung der Unterlagen hat der Franchise-Nehmer das Objekt der Franchise-Geberin zu übergeben, welche das Objekt in einem zentralen Netzwerk allen anderen Franchise-Nehmern zur Verfügung stellt. Diese haben somit auch

---

[186] Vgl. Sailer, E./Kippes, S./Rehkugler, H. (2003), S. 806
[187] Vgl. Ibold, H. C. (2003), S. 155
[188] Vgl. Sailer, E./Kippes, S./Rehkugler, H. (2003), S. 808
[189] Vgl. ebenda, S. 806

die Möglichkeit, das von einem Partner akquirierte Objekt zu vermarkten.[190] Vermittelt einer der Franchise-Nehmer einen rechtswirksamen Kaufvertrag, oder weist er solch einen nach, bekommt die Franchise-Geberin für ihre Tätigkeiten einen Teil der Provision. Der Rest wird an die am Verkauf bzw. Vermietung beteiligten Franchise-Nehmer ausgeschüttet.[191]

5.5.4 Die Doppeltätigkeit des Maklers und dessen Pflicht zur Neutralität

Zur klassischen Maklertätigkeit gehören immer drei Parteien (vgl. Abb. IV 15). Dieses Dreiecksverhältnis zwischen Käufer/Mieter – Makler – Verkäufer/Vermieter beinhaltet im Prinzip nur einen Maklervertrag zwischen dem Makler und seinem Auftraggeber. Die Gegenpartei des Auftraggebers ist entweder eine neutrale Person oder der Kunde eines andern Maklers, woraus dann ein Gemeinschaftsgeschäft entstehen würde. Oft kommt es in der Praxis vor, dass ein Makler als so genannter Doppelmakler auftritt. Das bedeutet, dass der Makler sowohl für den Käufer als auch für den Verkäufer tätig wird.

Diese Doppeltätigkeit ist vom Gesetzgeber ausdrücklich zugelassen. Es ist jedoch zu beachten, dass es sich dabei um zwei voneinander unabhängige Maklerverträge handelt, aus denen dieselben Rechte und Pflichten entstehen.

Damit eine solche Doppelbeauftragung entstehen kann, ohne dass der Provisionsanspruch des Maklers gefährdet wird, muss der Makler in Berücksichtigung der Neutralitätspflicht beiden Vertragspartnern völlig unparteiisch gegenüberstehen.[192]

Die Neutralitätspflicht beruht auf dem alten Leitbild des „ehrlichen Maklers"[193]. Dabei hat der Makler seine Tätigkeiten beiden Auftraggebern offen zu legen und muss jedem Auftraggeber die Verhältnisse des anderen in der Form bekannt geben, dass sie vor Schaden bewahrt werden.

Bekommt der Makler nicht von beiden Parteien die Zustimmung zur Doppeltätigkeit, ist eine Doppeltätigkeit nicht erlaubt, wenn ein konkreter Interessenkonflikt vorliegt oder wenn der Makler die Stellung eines Vertrauensmaklers zu einem der beiden Auftraggeber hat; ist die Doppeltätigkeit unzulässig, verliert der Makler den vollen Provisionsanspruch gegenüber beiden Auftraggebern.[194]

5.5.5 Die Reservierung des Kaufobjektes

Benötigt ein Kaufinteressent z.B. für die Bestätigung seiner Finanzierung mehr Zeit oder hat er aus einem anderen, plausiblen Grund erst später die Möglichkeit, den Hauptvertrag mit dem Auftraggeber des Maklers abzuschließen, kommt oft der Vorschlag einer Reservierungsvereinbarung. Dabei verpflichtet sich der Makler, das Objekt über den vereinbarten Zeitraum nicht mehr zum Verkauf/Vermietung anzubieten. Als Absicherung verlangt der Makler dafür häufig eine Reservierungsgebühr.[195]

Die Literatur rät beiden Seiten von einer solchen Vereinbarung ab.[196]

---

[190] Vgl. Ibold, H. C. (2003), S. 156
[191] Vgl. Sailer, E./Kippes, S./Rehkugler, H. (2003), S. 806
[192] Vgl. Mäschle, W. (2001), S. 84 ff.
[193] Vgl. Sailer, E./Kippes, S./Rehkugler, H. (2003), S. 11
[194] Vgl. Bethge, U. (1999), S. 200
[195] Vgl. Sailer, E./Kippes, S./Rehkugler, H. (2003), S. 269
[196] Vgl. Seydel, H. (2005), S. 135

Der Interessent hat bei einer Reservierungsvereinbarung mit einem Makler, der nur einen einfachen Maklervertrag oder einen Alleinauftrag besitzt, keinen Schutz davor, dass der Eigentümer mit einem anderen Kunden eigenständige Verhandlungen führt oder z. B. über die Vermittlung eines anderen Maklers, das Objekt verkauft. Der reservierende Makler ist also durch seinen Maklervertrag reservierungsunfähig. Gleichzeitig läuft der Makler Gefahr, dass er seinem Auftraggeber wegen Täuschung schadensersatzpflichtig wird oder bei einem Alleinauftrag pflichtwidrig handelt, da er sich um eine möglichst günstige und baldige Veräußerung des Objektes zu bemühen hat, welche durch eine Reservierung nicht geleistet wird.[197] Trotz allem sollte der Makler bei einer Reservierung immer den Eigentümer mit hinzuziehen, da dieser der Einzige ist, der eine Reservierung vereinbaren darf.

Die Rechtsprechung sieht die Legitimation solcher Reservierungsvereinbarungen sehr unterschiedlich. Einzelne Instanzen halten eine Reservierung mit einer geringen Gebühr für zulässig.[198] Der Bundesgerichtshof hat wiederum noch keinen Anlass gefunden, die Reservierungsvereinbarungen als rechtswirksam anzuerkennen.[199]

5.6 Der Provisionsanspruch des Maklers

5.6.1 Die Höhe der Provision und der Zeitpunkt der Zahlung

Der Provisionsanspruch des Maklers setzt den Abschluss eines Maklervertrages voraus, den Nachweis oder die Vermittlung einer Vertragsgelegenheit, das Zustandekommen eines rechtswirksamen Hauptvertrages und die Ursächlichkeit bzw. der Mitursächlichkeit des Maklers. Fehlt eine dieser vier Grundvoraussetzungen, hat der Makler keinen Anspruch auf die Zahlung einer Provision.

Prinzipiell besteht der Grundsatz, dass ein Maklervertrag ohne eine Benennung der Höhe der Vergütung vereinbart werden kann. Sollte dies der Fall sein, so ist bei erfolgreicher Vermittlung bzw. bei erfolgreichem Nachweis die übliche Vergütung vom Auftraggeber zu leisten.[200] Die Praxis zeigt jedoch, dass auch eine Vereinbarung über die Höhe bzw. über die Art und Weise der Vergütung notwendig ist. Dies ergibt sich aus der Tatsache, dass eine übliche Vergütung oft nicht festgestellt werden kann und in einem eventuellen Streitfall die Höhe der Vergütung durch das zuständige Gericht bestimmt werden muss.[201]

Die Höhe und die Art und Weise der Vergütung richtet sich nach der Vereinbarung, die die Maklervertragsparteien individuell ausgehandelt haben.[202] Dabei gibt es zwei verschiedene Arten der Provisionszahlung.

Die erste Möglichkeit der Vergütung des Maklers ist die Bezahlung durch einen erwirtschafteten Übererlös.[203] Diese Form der Vergütung kann nur bei einer Provisionsverpflichtung des Verkäufers auftreten. Dabei verhandeln Makler und Verkäufer einen zu erzielenden Verkaufspreis aus, mit welchem sich der Verkäufer zufrieden gibt. Ist es dem Makler möglich, das Objekt zu einem höheren Preis zu verkaufen, wird der erzielte Übererlös als Vergütung des Maklers betrachtet. Der

---

[197] Vgl. Ibold, H. C. (2003), S. 152
[198] Vgl. Seydel, H. (2005), S. 318
[199] Vgl. Sailer, E. (2004), S. 318
[200] Vgl. Seydel, H. (2005), S. 95
[201] Vgl. Henssler, M. et al. (2005), S. 2418
[202] Vgl. Mäschle, W. (2002), S. 264
[203] Vgl. Seydel, H. (2005), S. 61

Makler hat jedoch die Pflicht, seinem Auftraggeber die genaue Höhe des erzielten Kaufpreises mitzuteilen. Tut er dies nicht oder gibt er einen falschen Verkaufspreis an, kann es zu einer Verwirkung seines Provisionsanspruches gem. § 654 BGB kommen. Sollte der Makler Bedenken haben, einen Übererlös erzielen zu können, kann er zusätzlich eine Provision in Höhe eines vereinbarten Prozentsatzes, bezogen auf den erzielten Kauf- oder Mietpreis, zuzüglich der gesetzlichen Umsatzsteuer mit dem Auftraggeber aushandeln.

Letzteres ist die zweite und üblichere Möglichkeit der Provisionsvereinbarung. Dabei sollte die Provision in Ziffern oder Prozenten festgelegt werden.[204] Es ist zu beachten, dass der Makler die anfallende Umsatzsteuer nur durch Angabe im Maklervertrag auf den Kunden abwälzen darf.

Bei der Vermittlung oder dem Nachweis einer Mietswohnung wird die Höhe der Provision gem. § 3 Abs. 2 WoVermG auf höchstens zwei Monatsmieten zuzüglich der gesetzlichen Umsatzsteuer festgelegt. Mit Monatsmiete ist dabei nach § 3 Abs. 1 WoVermG die Nettomiete, also die Miete ohne Nebenkosten gemeint. Wird eine Vermietungsprovision mit einem höheren Betrag angesetzt, wird der Provisionsanspruch nicht nichtig, sondern wird auf die gesetzliche Höhe von zwei Monatsmieten festgelegt.[205]

Anspruch auf Rechnungsstellung der Provision hat der Makler ab der Rechtswirksamkeit des vermittelten bzw. nachgewiesenen Vertrages. Sollte die Zahlung nicht erfolgen, kann die Provision durch den Makler angemahnt und bei weiterem Verzug klageweise geltend gemacht werden.[206]

5.6.2 Die Sicherung der Makler-Vergütung

Maklerkunden ist der zeitliche-, organisatorische und auch finanzielle Aufwand der Maklertätigkeit oftmals nicht bewusst. Deshalb geraten die Parteien eines Maklervertrages oftmals in einen Rechtsstreit. Damit der Makler trotz dieser prekären Situation seine Leistung vergütet bekommt, gibt es einige wesentliche Hinweise, die der Makler zur Sicherung seiner Provision berücksichtigen sollte.

Darunter fällt als unersetzliches Fundament der so genannte „wasserdichte"[207] Maklervertrag. Bei der Formulierung des Maklervertrages sollte der Makler mit der Verwendung von ABG sparsam umgehen. Er sollte zudem versuchen, alle Vertragsbestandteile mit dem Vertragspartner individuell zu vereinbaren. Allein die Berücksichtigung dieser beiden wesentlichen Regeln erleichtert dem Makler den Beweis seines Provisionsanspruches.

Zur weiteren Überlegung der Provisionssicherung sollte noch einmal betrachtet werden, welche Formen der Beauftragung eines Maklers in der Praxis angewendet werden.

Der in der Praxis am häufigsten verwendete Auftrag ist der Objektvermarktungsauftrag zwischen Verkäufer und Makler. Dabei hat der Makler nur gegenüber dem Auftraggeber einen Anspruch auf Provision. Diese Auftragsform ist die aus rechtlicher Betrachtung unproblematischste, da ein Makler fast nie ohne einen (schriftlichen) Auftrag des Eigentümers ein Objekt vermarkten würde, da ein Provisionsanspruch ohne Auftrag nicht eintreten würde.

Die zweite Auftragsform sehen viele Experten als die risikoreichste Beauftragung an.[208] Dabei wird der Makler nur für einen Kauf- bzw. Mietinteressenten tätig. Dieses Kundenklientel ist

---

[204] Vgl. Henssler, M. et al. (2005), S. 2353
[205] Vgl. ebenda, S. 2360
[206] Vgl. Seydel, H. (2005), S. 102
[207] Vgl. Sailer, E./Kippes, S./Rehkugler, H. (2003), S. 764
[208] Vgl. Sailer, E. (2006), S. 72 ff.

am schwierigsten von den Leistungen des Maklers zu überzeugen, da der Glaube besteht, dass der Makler überwiegend für den Objekteigentümer tätig ist. Deshalb haben Makler sehr häufig Schwierigkeiten eine beweisbare Provisionszusage von diesen Kunden zu erhalten und beginnen häufig mit der Arbeit, ohne die geringste Absicherung erhalten zu haben.

Die dritte Möglichkeit ist die Beauftragung des Maklers von Objektanbieter und Kauf- bzw. Mietinteressent. Der Makler wird also als Doppelmakler tätig. Dabei entstehen dieselben rechtlichen Konstellationen wie bei den beiden vorangegangen Beauftragungsformen. Hinzu kommt jedoch noch die Neutralitätspflicht, die ein Makler in der Position des Doppelmaklers berücksichtigen muss.

Ein weiteres Problem, welches die Provision des Maklers gegenüber seinem Käufer- bzw. Mietkunden in Frage stellen könnte, ist die Inanspruchnahme eines Vorkaufsrechtes durch einen Vorkaufsberechtigten. „Das Vorkaufsrecht verleiht dem Vorkaufsberechtigten das Recht, mit dem Verkäufer eines Grundstücks einen Kaufvertrag zu den Bedingungen zu schließen, zu denen vorher ein Kaufvertrag mit einem Dritten abgeschlossen wurde"[209].

Das bedeutet, dass der eigentliche Kaufinteressent des Maklers sein Ziel, den Abschluss eines rechtswirksamen Kaufvertrages, nicht erreicht hat und dadurch nicht verpflichtet werden kann, eine Provision an den Makler zu zahlen.[210] Im Normalfall hat der Makler gegen den Vorkaufsberechtigten keinen Provisionsanspruch, auch wenn der Vertrag durch den Makler vermittelt wurde und der Berechtigte diese Vertragsbedingungen in Anspruch nimmt. Wäre die Pflicht zur Zahlung einer Käuferprovision jedoch echter Bestandteil des Kaufvertrages, hätte der Makler die Möglichkeit, den Vorkaufsberechtigten zur Zahlung einer Käuferprovision zu verpflichten. In einer solchen Klausel müsste festgelegt werden, dass ein Käufer zusätzlich und als Kaufpreisbestandteil die Zahlung der Provision übernimmt, die er als Käufer an den Makler zu zahlen hat.[211] Solch eine Klausel sollte vor ihrem Einsatz in den Kaufvertrag mit besonderer Sorgfalt durch einen Notar auf ihre Gültigkeit geprüft werden, damit keine nachträglichen Zweifel oder gar eine Nichtigkeit der Klausel auftreten kann.

Auf dem gleichen Prinzip beruht die Vereinbarung der Käuferprovision im Kauf- bzw. Mietvertrag, welche sich in der Praxis als „Maklerklausel" etabliert hat. In diesem Fall vereinbaren die Parteien des Hauptvertrages im Kauf- bzw. Mietvertrag den Provisionsanspruch des Maklers gegenüber dem Käufer bzw. dem Mieter.[212] Insofern begründet sich der Provisionsanspruch des Maklers jetzt nicht aus einem Maklervertrag, sondern aus dem rechtswirksam abgeschlossenen Hauptvertrag selbst. Ob der Käufer bzw. der Mieter eine solche Klausel im Kauf- bzw. Mietvertrag akzeptieren, ist jedoch ungewiss.

5.6.3 Der Aufwendungsersatz als gesetzlich genehmigte Individualvereinbarung

Für die Vermarktung eines Objektes fallen beim Makler hohe Kosten an. Darunter sind z.B. Ausgaben für Inserate, Versendungen von Exposés und Schreiben, Telefonate, Besichtigungen und Auslagen für Grundbuchauszüge zu verstehen.[213] § 652 Abs. 2 BGB bietet dem Makler die Möglichkeit, mit seinem Auftraggeber im Maklervertrag eine Vereinbarung über die anteilige Erstattung solcher Kosten zu schließen. Für den Anspruch des so genannten Aufwendungsersatzes

---

[209] Vgl. Sailer, E. (2004), S. 385
[210] Vgl. Henssler, M. et al. (2005), S. 2338
[211] Vgl. Seydel, H. (2005), S. 149
[212] Vgl. Mäschle, W. (2002), S. 213
[213] Vgl. Seydel, H. (2005), S. 67

müssen dem Makler jedoch wirklich Kosten entstanden sein. Die Vereinbarung darüber, wann die Aufwendungen zu ersetzen sind, liegt der individuellen Vereinbarung der Vertragsparteien offen. Es kann sogar ein Aufwendungsersatz vereinbart werden, wenn die Vermittlung oder der Nachweis eines rechtswirksamem Kaufvertrages bzw. Mietvertrages durch den Makler nicht erfolgt ist.[214] Die Höhe des Aufwendungsersatzes kann von den Vertragsparteien anteilig oder pauschal angesetzt werden. Eine solche Pauschale muss sich aber auf einen Höchstbetrag begrenzen und sollte sich nicht prozentual am Wert des Objektes orientieren.[215] Das Wohnungsvermittlungsgesetz verbietet einen solchen Aufwendungsersatz in § 3 Abs. 3 Satz 1 WoVermG. Nur in dem Ausnahmefall, dass die Aufwendungen den Betrag einer Monatsmiete übersteigen, sind dem Makler die Aufwendungen, die über die eine Monatsmiete hinausgehen, nach § 3 Abs. 3 Satz 2 WoVermG zu erstatten.[216]

5.6.4 Die Verwirkung der Provision

Hat ein Makler alle relevanten Punkte erfüllt, die ihm einen Provisionsanspruch gegenüber seinen Vertragsparteien ermöglichen, oder hat der Makler seine Provision schon erhalten, kann es immer noch, auch nachträglich, geschehen, dass er seinen Anspruch verliert oder er sogar die Provision zurückzahlen muss. Diese Verwirkung des Provisionsanspruches nach § 654 BGB kann durch ein schweres Verschulden des Maklers während und nach der Vertragslaufzeit eintreten.[217]

Ein schweres Verschulden des Maklers liegt vor, wenn er seine Haupt- und Nebenpflichten vorsätzlich oder grob fahrlässig vernachlässigt.[218] Auch Sittenwidrigkeit (§ 138 Abs. 1 BGB) oder Wucher (§ 138 Abs. 3 BGB) des Maklers können seinen Provisionsanspruch verwirken lassen. Ein Wucher liegt vor, wenn der Makler z. B. die Situation der Unerfahrenheit seines Auftraggebers ausnutzt und seine Leistungen im Verhältnis zur Gegenleistung des Auftraggebers in einem auffälligen Missverhältnis stehen. Eine Sittenwidrigkeit kennt keine genaue Festlegung. Eine Betrachtung der Gesamtumstände ist notwendig, um eine Nichtigkeit wegen sittenwidrigem Verhalten zu begründen.[219]

Im Endeffekt haben jedoch alle Tatbestände die gleiche Auswirkung: Der Lohnanspruch des Maklers erlischt bzw. der Makler muss die erhaltene Provision zurückzahlen.

5.6.5 Die Verjährung des Provisionsanspruches

Der Auftraggeber des Maklers ist ab dem Zeitpunkt der Rechtswirksamkeit des Hauptvertrages verpflichtet, die Maklerprovision zu zahlen. Je länger sich der Auftraggeber jedoch Zeit lässt, desto mehr kommen ihm Zweifel und Bedenken, ob er die Provision überhaupt zahlen will. Die Zahlungsmoral des Auftraggebers sinkt demnach von Tag zu Tag. Dieses Szenario ist Alltag. Deshalb sollten sich Makler bewusst werden, wie lange ihr Anspruch auf die Zahlung der verdienten Provision gerechtfertigt ist. §§ 195 und 199 BGB geben über die Verjährung des Anspruchs auf Provisionszahlung Auskunft. Die beiden Paragraphen regeln die so genannte regelmäßige Verjährung, welche sich auf drei Jahre beläuft. Läuft diese Frist ab, kann dem Provisionsanspruch die

---

[214] Vgl. Sailer, E./Kippes, S./Rehkugler, H. (2003), S. 743
[215] Vgl. Seydel, H. (2005), S. 68
[216] Vgl. Mäschle, W. (2002), S. 265
[217] Vgl. Sailer, E./Kippes, S./Rehkugler, H. (2003), S. 771
[218] Vgl. Henssler, M. et al. (2005), S. 2421
[219] Vgl. Seydel, H. (2005), S. 62f.

Einrede der Verjährung entgegengesetzt werden und ist damit praktisch nicht mehr durchsetzbar.[220] Bei der Berechnung der Frist ist aber zu beachten, dass die Drei-Jahres-Frist erst am Schluss des Jahres, in welchem der Provisionsanspruch entstanden ist, beginnt. Klagt der Makler seine Provision ein und wird dem Klagegegner nach den Maßnahmen der Rechtsverfolgung gem. § 204 BGB die Klage zugestellt, wird die Verjährung des Provisionsanspruches gehemmt. Das bedeutet, dass die Verjährung ab dem Zeitpunkt der Zustellung der Klage nicht mehr weiter läuft.[221]

Wird dem Makler die Provision richterlich zugesprochen, hat er sie sich, unter Berücksichtigung aller Hindernisse, redlich verdient.

6 Verwaltung von Immobilien

6.1 Abgrenzung

Die Verwaltung von Immobilien umfasst alle Tätigkeiten, die zur substanziellen Erhaltung des Objekts beitragen und dessen bestmögliche wirtschaftliche Nutzung gewährleisten. Dazu zählt neben der kaufmännisch-wirtschaftlichen und rechtlichen Verwaltung auch die technische Verwaltung der betreffenden Immobilien. In der wohnungswirtschaftlichen Verwaltung, d.h. der Miet- und Wohnungseigentumsverwaltung, kommt darüber hinaus der sozialen Komponente eine besondere Bedeutung zu. Über die rein wirtschaftliche, technische und juristische Objektverwaltung hinaus steht damit auch der Umgang mit den Mietern und Wohnungseigentümern, und deren Bedürfnisse, Erwartungen und Vorstellungen zum Wohnen im Mittelpunkt der Verwaltung. Die Bestätigung einer ernst genommenen Verwaltung liegt häufig in den immensen Einsparungspotentialen, die sich aus der Synergie Kosten sparender Bewirtschaftung und optimaler Instandhaltung einer Immobilie ergeben. In den Planungen eines effizienten und optimalen Verwaltungsvorgehens muss unter anderem der jeweilige Immobilientyp des betreffenden Objekts Berücksichtigung finden. Die Vielzahl der verschiedenen Immobilientypen kann in drei Haupttypen unterteilt werden: Wohnimmobilien, Gewerbeimmobilien und Sonderimmobilien. Hierbei zählen zu den Wohnimmobilien sowohl die Luxusvilla als auch die 1-Zimmer-Wohnung in einem Studentenwohnheim. Bei Gewerbeimmobilien können Fabrikanlagen genauso wie auch Kioske hinzuzählen. Als Sonderimmobilien (single use) werden beispielsweise Krankenhäuser, Kirchen, Schulen oder Kasernen bezeichnet,[222] also solche Immobilien, die nur eine bestimmte Nutzung zulassen und demnach nicht drittverwendungsfähig sind.

Alle diese Immobilien müssen auf irgendeine Weise verwaltet werden. Dies geschieht teilweise durch die Eigentümer oder Nutzer selbst, kann aber auch durch professionelle Verwaltungsunternehmen ausgeführt werden. Eine professionelle Verwaltung erfolgt meist dann, wenn der Eigentümer die Bedeutung seiner Immobilie erkennt. Eine Unterteilung kann und sollte auch hier vorgenommen werden.

Zunächst kann die Einteilung grob in die Verwaltung von eigenen Immobilien und die Verwaltung von fremden Immobilien – der so genannten Verwaltung für Dritte – vorgenommen werden. Ob sich

---

[220] Vgl. Henssler, M. et al. (2005), S. 2421
[221] Vgl. Seydel, H. (2005), S. 103
[222] Vgl. Hauff, M. (2001), S. 32 f.

Wohnimmobilien	Gewerbeimmobilien	Sonderimmobilien
beispielsweise	beispielsweise	beispielsweise
Einfamilienhäuser Mehrfamilienhäuser Wohnungen Reihenhäuser	Produktionshallen Gastronomiebetriebe Handelsimmobilien Büroimmobilien	Krankenhäuser Schulen Kirchen Kasernen

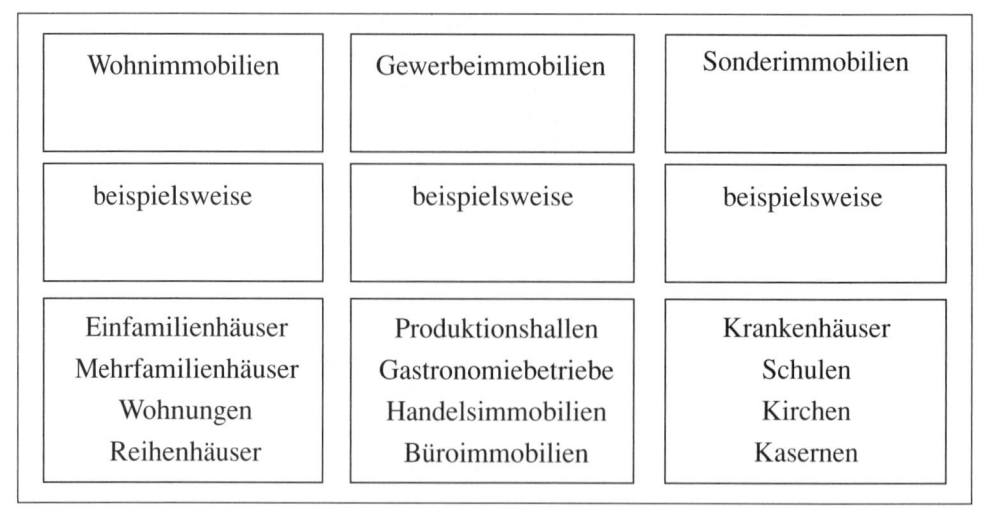

Abb. IV 17 Einteilung der Immobilientypen

Verwaltung von

- eigenen Immobilien
  - die dem Unternehmenszweck dienen (Eigennutzung)
  - als Kerngeschäft, z. B. durch Vermietung
- fremden Immobilien
  - die dem Eigentümer als Renditeobjekte dienen
  - die vom Eigentümer selbst genutzt werden, z. B. Wohnungseigentum
  - Zwangsverwaltung bei Insolvenz

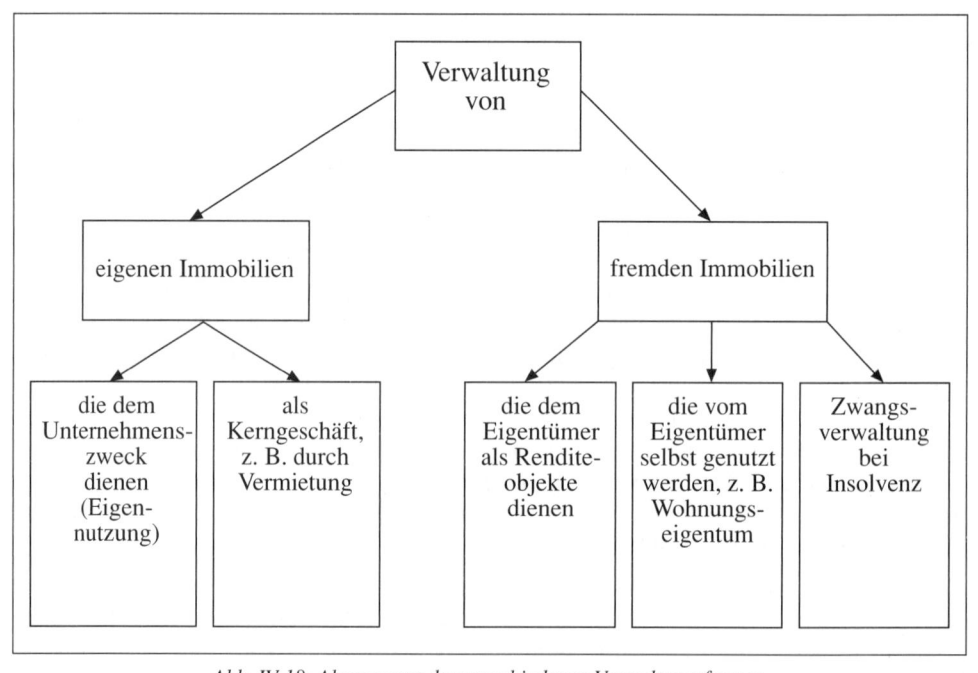

Abb. IV 18: Abgrenzung der verschiedenen Verwaltungsformen

ein Eigentümer für eine Eigenverwaltung oder eine Fremdverwaltung entscheidet, hängt in hohem Maße von der Art und Komplexität seiner Immobilie ab. Handelt es sich um eine anspruchsvollere Managementimmobilie reicht eine herkömmliche Verwaltung oftmals nicht aus, da diese erhöhte Anforderungen an den Eigentümer bzw. Betreiber stellen.[223] Hierauf wird später noch eingegangen.

---

[223] Vgl. Falk, B. (2004), S. 893

6.1.1 Verwaltung von eigenen Immobilien

Die Verwaltung von eigenen Immobilien kann zum einen in die Verwaltung von selbst genutzten Immobilien, wie z. B. ein Einfamilienhaus oder eine Produktionshalle, die dem Unternehmenszweck dient, zum anderen in die Verwaltung von eigenen Immobilien als Kerngeschäft, z. B. durch die Vermietung und Verwaltung von Wohn- und Gewerbeimmobilien eingeteilt werden.

Handelt es sich bei der selbst genutzten Immobilie beispielsweise um eine reine Wohnimmobilie wie ein Einfamilienhaus, so „verwalten" die Eigentümer ihre Immobilie meist selbst. Aufwand und Kosten einer Verwaltung durch Dritte stehen in der Regel in keinem Verhältnis zu der ersparten Arbeit, die dem selbst nutzenden Eigentümer entsteht.

Auch selbst genutzte Gewerbeimmobilien werden meistens von dem Eigentümer oder der Eigentümergemeinschaft selbst verwaltet. Handelt es sich zum Beispiel um ein kleines oder mittelständisches Unternehmen, welches sein geringes Immobilieneigentum (Bürohaus, Produktionshalle, Werkstatt, Lagerhalle, Laden etc.) dazu benötigt, um sein Kerngeschäft zu betreiben, dann ist der Immobilienbestand meist so überschaubar, dass es keiner Fremdverwaltung bedarf, um diese Immobilien beiläufig zu bewirtschaften.

Anders ist es jedoch, wenn das Unternehmen einen sehr großen Immobilienbestand benötigt, um sein Kerngeschäft zu betreiben. Dies ist beispielsweise bei der Deutschen Bahn AG oder der Telekom AG der Fall. Bei der Vielzahl und Komplexität der Immobilien, die sowohl aus großen Brachflächen, Bahnhöfen, Büros und Wartungs-/Lagerhallen, aber auch aus kleinen Verteilerhäuschen und Schuppen bestehen, ist eine Verwaltung, die „nebenbei" erfolgt, bei weitem nicht ausreichend. Der Wert dieser großen Zahl an Immobilien macht einen nicht unerheblichen Teil des Unternehmensvermögens aus und stellt gleichzeitig einen der größten Kostenblocks, nach den Personalkosten, dar.[224] Aus diesem Grund ist es wichtig, den eigenen Immobilienbestand genau zu kennen, die Potentiale wahrzunehmen und die Immobilien entsprechend der Ziele des Unternehmens optimal zu nutzen. Anhand der Komplexität und Vielzahl der Immobilien ist erkennbar, dass eine einfache Verwaltung nicht ausreicht und vieles für ein externes Immobilienmanagement spricht, so dass sich das Unternehmen voll und ganz dem Kerngeschäft widmen kann. Besser ist es jedoch, wenn das Unternehmen eine eigene Abteilung aus qualifizierten Immobilienfachleuten aufbaut, die sich ausschließlich und umfassend mit dem strategischen und operativen Management dieser Immobilien befasst und im Sinne der Unternehmensziele und der Geschäftspolitik handelt. Dabei ist es nicht ausgeschlossen, sich von erfahrenen Fachleuten außerhalb des Unternehmens unterstützen zu lassen, jedoch sollten die Entscheidungen im Unternehmen getroffen werden, damit sich diese auf bestmöglichem Weg nach der Unternehmenspolitik und den Unternehmenszielen richten.

Bei der Verwaltung von eigenen Renditeobjekten als Kerngeschäft hingegen, wie es beispielsweise öffentliche und private Wohnungsunternehmen handhaben, kann von einer Verwaltung durch Dritte in der Regel abgesehen werden. Diese Unternehmen betreiben die Verwaltung ihrer (Vermietungs-) Immobilien professionell und mit der Absicht, einen möglichst hohen Ertrag zu erwirtschaften. Würden sie ihre große Zahl von Immobilien durch Dritte verwalten lassen, so würde dies extrem den eigenen Gewinn mindern. Außerdem sind die Wohnungsunternehmen nicht selten von einer Größe, die eine Verwaltungsgesellschaft voll auslasten würde, so dass diese ausschließlich nur für einen Auftraggeber tätig wäre. In diesem Fall kann die Verwaltungsgesellschaft als verbundenes Unternehmen des Wohnungsunternehmens bezeichnet werden, da eine totale Abhängigkeit besteht.

---

[224] Vgl. ebenda, S. 209

6.1.2 Verwaltung von Immobilien für Dritte

Die Verwaltung von Immobilien für Dritte ist in erster Linie als Dienstleistung für den Eigentümer zu verstehen, auch wenn zugleich der Nutzer hierdurch einen Vorteil genießt. Kommt es aber zu Differenzen zwischen dem Eigentümer und dem Nutzer, beispielsweise, wenn der Nutzer mit dem „fremden Eigentum" nicht ganz so pfleglich umgeht, wie es der Eigentümer machen würde, dann tritt der Verwalter in erster Linie als Interessenvertreter des Eigentümers auf. Dies kann auch der Fall sein, wenn ein Mieter schon über mehrere Jahre hinweg eine Immobilie nutzt, ohne dass jemals Instandhaltungsmaßnahmen durchgeführt wurden. Trotz des Verschleißes und damit der Minderung der Nutzungsqualität begehrt der Eigentümer ein gleich bleibendes oder gar erhöhtes Nutzungsentgelt. Dies wiederum widerstrebt dem Nutzer. Aber auch hier hat der Verwalter die Interessen des Eigentümers zu vertreten und in dessen Sinne zu handeln. Aber die Verwaltung von Immobilien für Dritte ist nicht nur die reine Mietverwaltung, auch hier muss unterschieden werden.

Auf der einen Seite handelt es sich um die Verwaltung von Immobilienbeständen, die dem Eigentümer als Renditeobjekte dienen, so zum Beispiel große Wohnungsbestände. Auf der anderen Seite handelt es sich um die Verwaltung von kleineren Einheiten, wie zum Beispiel die Verwaltung von Wohnungseigentum. Außerdem kann es auch zu einer Verwaltung durch Dritte kommen, wenn es sich dabei um eine Zwangsverwaltung wegen Insolvenz des Eigentümers handelt.

Zu einer Fremdverwaltung von Renditeobjekten kommt es meist dann, wenn der Eigentümer Dritte mit der Verwaltung beauftragt, weil beispielsweise mehrere Standorte, mehrere Mieter, häufiger Mieterwechsel, kaufmännische, bautechnische und rechtliche Fragestellungen, sich wandelnde Marktsituationen sowie angestrebte Optimierung der Rentabilität die Eigenverwaltung zu aufwendig machen oder sie lieber in erfahrene Hände gegeben werden soll.[225] Auch Wohnungseigentumsgemeinschaften nehmen überwiegend die Dienstleistung einer Fremdverwaltung in Anspruch, um ihr Wohnungseigentum in qualifizierten Händen zu wissen. Die Beauftragung eines außen stehenden Dritten erscheint hier besonders sinnvoll, um die Objektivität und die Gleichbehandlung gegenüber allen Eigentümern zu gewährleisten. Die Beauftragung eines unabhängigen Dritten als Verwalter des gemeinschaftlichen Eigentums ist zwar nach dem Wohnungseigentumsgesetz (WEG) nicht zwingend vorgeschrieben, wird aber von den meisten Eigentümergemeinschaften so gehandhabt bzw. teilweise sogar schon in der Gemeinschaftsordnung der Eigentümergemeinschaft als vereinbart vorgegeben. Die Beauftragung eines Verwalters kann gemäß § 20 (2) WEG jedoch nicht ausgeschlossen werden, womit der einzelne Wohnungseigentümer einen Anspruch auf Bestellung eines Verwalters sogar gerichtlich durchsetzen kann.

6.2 Wohnungseigentumsverwaltung

6.2.1 Begriffsbestimmung des Wohnungseigentums

Um den Begriff des Wohnungseigentums kreisen viele weitere Begriffe, wie Sondereigentum, Alleineigentum, Teileigentum, Gemeinschafts- oder Miteigentum (bzw. Eigentumsanteil). Alle diese Begriffe gemeinsam umschreiben das Eigentum an einer Wohnung oder an nicht zu Wohnzwecken dienenden Räumen, denn sie alle kommen bei jeder Eigentümergemeinschaft vor.

---

[225] Vgl. ebenda, S. 893

Zunächst sollte jedoch darauf hingewiesen werden, dass Wohnungseigentum nur durch eine Ausnahme des in §§ 93, 94 BGB beschriebenen Akzessionsprinzips entstehen kann, nach welchem das Eigentum an Gebäuden grundsätzlich nur dem Eigentum an Grundstücken folgen kann.[226] Bei Wohnungseigentum ist das Alleineigentum an Räumen und Gebäudeteilen jedoch mit einem Miteigentumsanteil am Grundstück und am Gemeinschaftseigentum verbunden. Weitere Ausnahmen vom Akzessionsprinzip der §§ 93, 94 BGB sind beispielsweise bei Erbbaurechten und einigen Immobilien in den neuen Bundesländern vorhanden, wo vor der Wiedervereinigung einige Staatsbürger der ehemaligen DDR ihre Häuser auf dem Grund und Boden ihres Landes errichteten. Durch die Wiedervereinigung fiel der gesamte Besitz der DDR an die BRD. In der BRD war die Trennung von Eigentum am Grundstück und Eigentum am Gebäude jedoch nicht bekannt. Demnach wären die Immobilien, die die DDR-Bürger auf dem Grund und Boden der DDR errichtet hatten, in das Eigentum der BRD übergegangen. Deshalb musste auch hier eine Sonderregelung getroffen werden, die das Eigentum von Grundstücken und Gebäuden nicht zwingend verbindet.

6.2.1.1 Sondereigentum

Wie oben bereits erwähnt, definiert das WEG um das Wohnungseigentum vielerlei Begriffe. Zu diesen Begriffen zählt auch das „Sondereigentum". Als Sondereigentum wird schlechthin das Alleineigentum an abgeschlossenen Räumen, wie Wohnungen oder an nicht zu Wohnzwecken dienenden Räumen eines Gebäudes, bezeichnet, jedoch nur in Verbindung mit dem Miteigentumsanteil an dem gemeinschaftlichen Eigentum, zu dem es gehört. Das Sondereigentum gilt als unselbständig (§ 6 (1) WEG) und kann ohne den Miteigentumsanteil, zu dem es gehört, nicht veräußert oder belastet werden. Bei dem Sondereigentum kann unterschieden werden zwischen dem

- Wohnungseigentum (nach § 1 (2) WEG)
  Sondereigentum (Alleineigentum) an einer Wohnung, in Verbindung mit dem Miteigentumsanteil an dem gemeinschaftlichen Eigentum, zu dem es gehört.

und dem

- Teileigentum (nach § 1 (3) WEG)
  Sondereigentum (Alleineigentum) an nicht zu Wohnzwecken dienenden Räumen eines Gebäudes in Verbindung mit dem Miteigentumsanteil an dem gemeinschaftlichen Eigentum, zu dem es gehört.

Für das Teileigentum gelten laut § 1 (6) WEG die Vorschriften über das Wohnungseigentum entsprechend. Es sollte auch festgehalten werden, dass nicht nur Räume als Sondereigentum bezeichnet werden, sondern dass auch Gebäudebestandteile zum Sondereigentum gehören, die verändert, beseitigt oder eingefügt werden können, ohne dass dadurch das gemeinschaftliche Eigentum oder ein auf das Sondereigentum beruhendes Recht eines anderen Wohnungseigentümers beeinträchtigt werden (§ 5 (1) WEG). Voraussetzung für das Sondereigentum ist die nach § 3 (2) WEG vorgegebene Abgeschlossenheit des betreffenden Raumes[227] oder das betreffende Gebäudeteil (z.B. Balkon oder Dachterrasse) muss mit den zum Sondereigentum gehörenden Räumen tatsächlich verbunden sein. Dies ergibt sich aus der Bauzeichnung.

An den Räumen oder Flächen, welche zum Gemeinschaftseigentum gerechnet werden, kann auch ein Sondernutzungsrecht begründet werden. Hierbei handelt es sich um die Einräumung eines alleinigen Nutzungsrechts an Gemeinschaftsflächen oder Gebäudeteilen zugunsten eines oder

---

[226] Vgl. Röll, L. (2005), S. 876
[227] Vgl. Bärmann, J./Pick, E. (2005), S. 70 ff.

Räume	Gebäudebestandteile
•Wohnungen •Nicht zu Wohnungszwecken dienende Räume •Kellerräume •Einzelgaragen •Gaststätten, Läden •Büros, Praxen	•Nicht tragende Innenwände •Fußbodenbelag, Deckenverkleidung, Deckenunterseite •Innentüren, Verputz, Tapeten •Einbauschränke und Heizkörper •Balkon-/Loggieninnenraum •Armaturen und Sanitäreinrichtungen •Gas-/Wasser-/Elektrizitätsleitungen ab der Abzweigung zur Wohnung

Abb. IV 19: Zum Sondereigentum gehörende Räume und Gebäudebestandteile

mehrerer Miteigentümer(s), während gleichzeitig alle anderen Miteigentümer von diesem Recht ausgeschlossen sind. Dies ist jedoch nicht mit einem Sondereigentum zu verwechseln. Es handelt sich lediglich um ein Nutzungsrecht. Es wird in den meisten Fällen dann von der Einräumung eines Sondernutzungsrechts Gebrauch gemacht, wenn Sondereigentum nicht begründet werden kann (z. B. wenn keine Abgeschlossenheit vorliegt). Die Einräumung eines solchen Sondernutzungsrechtes erfolgt oftmals schon bei der Teilung. Aber auch für die spätere Einräumung, Änderung oder Aufhebung von Sondernutzungsrechten ist zu beachten, dass diese ausschließlich im Wege einer Vereinbarung, also mit der erforderlichen Zustimmung aller Wohnungs-/Teileigentümer, nicht aber per Beschluss zustande kommen kann. Da die Einräumung von Sondernutzungsrechten unter Umständen auch den Inhalt des Sondereigentums gem. §§ 877, 876 BGB ändert, ist in Fällen der Begründung von Sondernutzungsrechten zu Gunsten anderer Wohnungseigentümer, sowie deren Aufhebung, Änderung oder Übertragung die Zustimmung der nachteilig betroffenen Grundpfandrechtsgläubiger erforderlich (§ 5 (4) S. 2 WEG). Dieser hierfür zu betreibende Aufwand und das damit verbundene Risiko der fehlenden Zustimmung lassen es sinnvoll erscheinen, die Sondernutzungsrechte von Anfang an, also mit der Teilung zu fixieren und in das Grundbuch eintragen zu lassen. Beispielsweise kann dem Eigentümer einer Parterrewohnung das Sondernutzungsrecht an einem Teil des Grundstückes eingeräumt werden, welches direkt an seine Wohnung grenzt, so dass er diesen Grundstücksteil als private Terrasse nutzen kann. Auch Sondernutzungsrechte an Tiefgaragenstellplätzen oder Außenstellplätzen sind üblich.

6.2.1.2 Gemeinschaftseigentum

Das Gesetz umschreibt das Gemeinschaftseigentum im § 1 (5) WEG als das Grundstück, die Teile, Anlagen und Einrichtungen des Gebäudes, die nicht im Sondereigentum oder im Eigentum eines Dritten stehen. Wird hierzu § 5 (2) WEG betrachtet, dann sind Teile des Gebäudes, die für dessen Bestand und Sicherheit erforderlich sind, sowie Anlagen und Einrichtungen, die dem gemeinschaftlichen Gebrauch der Wohnungseigentümer dienen, nicht Gegenstand des Sondereigentums und damit Gegenstand des Gemeinschaftseigentums. Dies ist auch der Fall, wenn sich diese Teile, Anlagen oder Einrichtungen im Bereich des Sondereigentums befinden. Auch beim Gemeinschaftseigentum kann zwischen dem Gemeinschaftseigentum an (nicht zwingend abgeschlossenen) Räumen und dem Gemeinschaftseigentum an Gebäudebestandteilen unterschieden werden (vgl. Abb. IV 20). Außerdem ist auch das Grundstück immer Bestandteil des Gemeinschaftseigentums.[228] Das Gemeinschaftseigentum gehört allen Eigentümern der Gemeinschaft jeweils zu Bruchteilen gemäß § 1008 BGB, den so genannten Miteigentumsanteilen. Hierbei handelt es sich jedoch nicht um Bruchteile an der Sache, z. B. an dem Grundstück, sondern um Bruchteile am Eigentum. Wie groß diese Bruchteilsquoten jeweils ausfallen, welche Sondereigentumseinheit also mit wie vielen Miteigentumsanteilen verbunden wird, kann der Teilende nach Belieben entscheiden. Eine gesetzliche Vorgabe, nach der z. B. das Verhältnis der Wohn-/Nutzflächen der Sondereigentumseinheiten die Verteilung der Miteigentumsanteile bedingt, besteht nicht. Zum Gemeinschaftseigentum gehören alle konstruktiven und konstitutiven Teile einer Wohnanlage, insbesondere:

Räume	Gebäudebestandteile
·Gebäude-/Hauseingangsbereich, Flure Korridore ·Treppen, Treppenhaus, Fahrstuhl ·Heizungsraum ·Müllraum ·Empfangshalle ·Wasch-/Trockenraum ·Fahrradabstellkeller	·Haus- und Wohnungsabschlusstüren ·Fundamente, Geschossdecken ·Tragende Wände, Außenmauern, Fassaden ·Kamine, Lüftungs-/Müllschächte ·Dach ·Außenfenster ·Zentrale Heizungsanlage ·Versorgungsleitungen/Kanalisation ·Balkonbrüstungen, -platten, -isolierschichten

Abb. IV 20: Zum Gemeinschaftseigentum gehörende Räume und Gebäudebestandteile

6.2.2 Begründung des Wohnungs- und Teileigentums

Wohnungs- und Teileigentum kann in der Regel durch zwei verschiedene Arten begründet werden. Zum einen durch die vertragliche Einräumung von Sondereigentum gemäß § 3 WEG und zum anderen durch Teilung gemäß § 8 WEG. Hierbei ist es nicht wichtig, ob es sich um einen Neubau oder um ein bereits seit längerem bestehendes Gebäude handelt, denn Sondereigentum kann auch im Nachhinein noch begründet werden. Auch kann ein Grundstück schon in Sondereigentum und die dazugehörigen Miteigentumsanteile aufgeteilt werden, wenn das Gebäude noch gar nicht vorhanden ist. Da es aber einer Bausubstanz bedarf, um einen abgeschlossenen Raum nachweisen zu können, welcher für die Begründung von Sondereigentum unabdingbar ist, können die Eigentümer lediglich eine Anwartschaft auf den Erwerb von Sondereigentum beanspruchen, so lange,

---

[228] Vgl. Röll, L. (2005), S. 877

bis das Gebäude erstellt ist und die jeweiligen Räume in sich abgeschlossen sind.[229] Sobald die abgeschlossene Wohnung erstellt wurde, kann an ihr das Eigentum begründet werden, auch wenn die gesamte Wohnanlage noch nicht fertig gestellt ist. Der Baufortschritt ist maßgebend.

Ursprünglich sollte die Begründung von Wohnungseigentum nach § 3 WEG als Regelfall angesehen werden. Mehrere Bauherren schließen sich zusammen, um ein Grundstück zu erwerben, ein Gebäude darauf zu errichten und sich gegenseitig Sondereigentum einzuräumen. Zunächst fand diese Methode bei den Bauherren großen Anklang, doch durch Abschaffung von Steuervorteilen ging die vertragliche Einräumung von Sondereigentum nach § 3 WEG zurück und die Begründung von Sondereigentum durch Teilung gemäß § 8 WEG rückte in den Vordergrund. Hierbei errichtet oder erwirbt in der Regel ein Alleineigentümer ein Gebäude, teilt die Immobilie durch Teilungserklärung in Miteigentumsanteile auf, verbindet die Miteigentumsanteile mit Sondereigentum und veräußert diese dann als Eigentumswohnungen.

6.2.2.1 Begründung von Sondereigentum durch Teilungsvertrag

Hat ein Grundstück zwei oder mehr Miteigentümer, deren Eigentum gemäß § 1008 BGB nach Bruchteilen aufgeteilt ist, können sich diese Eigentümer durch einen dinglichen Vertrag gegenseitig Sondereigentum an Räumen des auf dem Grundstück errichteten oder noch zu errichtenden Gebäudes einräumen. Über die gegenseitige Einräumung von Sondereigentum müssen sich alle Miteigentümer einig sein, denn dabei werden die Verfügungsrechte aller Miteigentümer an den Miteigentumsanteilen, die zugunsten eines einzelnen Miteigentümers zu Sondereigentum erklärt werden, erheblich eingeschränkt. Handelt es sich bei der Eigentümergemeinschaft nicht um Miteigentümer zu Bruchteilen gemäß § 1008 BGB, sondern beispielsweise um eine Erbengemeinschaft, eine Gütergemeinschaft oder um Gesellschafter einer Gesellschaft, wie GbR, OHG oder KG, bei der die Immobilie in Gesamthandseigentum liegt, so muss diese Beteiligungsform zunächst aufgehoben und Miteigentum nach § 1008 BGB gebildet werden. Andernfalls kann nur Wohnungseigentum durch Teilung (§ 8 WEG) begründet werden, indem beispielsweise die Erbengemeinschaft als Alleineigentümer auftritt. Zur Begründung von Wohnungseigentum sind drei Dinge unverzichtbar:

Der Aufteilungsplan
Er ist eine von der Baubehörde mit Unterschrift und Siegel oder Stempel versehene Bauzeichnung. Aus ihr geht die Aufteilung des Gebäudes sowie die Lage und Größe der im **Sondereigentum** und der im gemeinschaftlichen Eigentum stehenden Gebäudeteile hervor. Dabei sind alle Einzelräume mit der jeweils gleichen Nummer gekennzeichnet, wenn sie zu demselben Wohnungseigentum gehören (§ 7 (4) S. 1 Nr. 1 WEG). Der Aufteilungsplan ist vergleichbar mit den Bauvorlagen, die für die Erteilung der Baugenehmigung verwendet werden. Dazu gehören Grundrisszeichnungen, Ansichten, Schnitte und ein Lageplan. Dabei wird der Lageplan zur Bestimmung der Grundstückgrenzen und der Standorte der Gebäude benötigt. Gemäß § 7 (4) S. 3 WEG können die Landesregierungen durch Rechtsverordnung bestimmen, dass anstatt der bisherigen und ausschließlichen Verantwortlichkeit der Baubehörden, der Aufteilungsplan und die Abgeschlossenheit von einem öffentlich bestellten oder anerkannten Sachverständigen für das Bauwesen ausgefertigt und bescheinigt werden können.

Die Abgeschlossenheitsbescheinigung
Sie ist die Bescheinigung der Baubehörde, dass die Voraussetzungen des § 3 (2) WEG vorliegen. In diesem Paragraphen wird die so genannte Abgeschlossenheit des Sondereigentums verlangt. Das Sondereigentum darf also nur eingeräumt werden, wenn die Wohnungen oder die sonstigen Räume

---
[229] Vgl. ebenda

in sich abgeschlossen sind. Hierzu muss die eigenständige Haushaltsführung in jeder Wohnung möglich sein, also eine Küche oder ein Raum mit Kochgelegenheit, und eine Wasserversorgung und Abwasserentsorgung für WC und Bad/Dusche vorhanden sein. Außerdem gilt eine Wohnung nur als abgeschlossen, wenn eine eindeutige räumliche Trennung vom anderen Wohnungseigentum vorhanden ist und die Wohnung durch einen separaten, abschließbaren Zugang über das gemeinschaftliche Eigentum (z.B. einen Hausflur) erreichbar ist. Nach § 3 (2) S. 2 WEG gelten als abgeschlossene Räume ausnahmsweise auch Garagenstellplätze, wenn ihre Flächen durch dauerhafte Markierungen ersichtlich sind.[230] Die Abgeschlossenheitsbescheinigung wird von der Baugenehmigungsbehörde erteilt.

Der Teilungsvertrag
Er ist eine dingliche Vereinbarung zwischen den Miteigentümern, nach der sie sich gegenseitig Sondereigentum an Räumen des auf dem Grundstück errichteten oder noch zu errichtenden Gebäudes einräumen. Aus ihm gehen die Anzahl, die Lage und (nicht zwingend) die Größe der zum Sondereigentum gehörenden Räume hervor sowie deren vorgesehene Nutzung. Soll später eine Umnutzung erfolgen, muss hierfür der Teilungsvertrag geändert werden.

Die Einleitung sollte allgemeine Angaben über die Gesamtanlage enthalten. Hierzu zählen bei-

---

- Angaben über die Art, den Charakter und die Zweckbestimmung der Wohnanlage
- Beschreibung des Grundstücks (Grundbuchblatt, Flurstück(e), Größe, Lage)
- Auflistung der einzelnen Eigentumseinheiten in fortlaufender Nummerierung gem. dem Aufteilungsplan
- Angaben über die dingliche Aufteilung des Gesamtobjekts in Haupt- und Nebengebäude, Tiefgarage, Gartenflächen, Abstellflächen etc.
- Klare Abgrenzung von Gemeinschafts- und Sondereigentum in schwierigen Zuordnungsfragen, z.B. bei Balkonen, Fenstern, Rollläden und Dachterrassen
- Ausweisung von Sondernutzungsrechten

Abb. IV 21: Wesentliche Inhaltspunkte eines Teilungsvertrages

spielsweise Art, Charakter und Zweckbestimmung der Wohnanlage sowie die Beschreibung des Grundstücks und die Aufteilung des Gesamtobjekts in Haupt- und Nebengebäude, Tiefgarage, Abstell- und Gartenflächen usw., sofern diese vorhanden sind. Außerdem sollten im Teilungsvertrag Zuordnungsprobleme geklärt werden, z.B. bei Gebäudebestandteilen, bei denen es fraglich ist, ob sie zum Sonder- oder dem Gemeinschaftseigentum gehören. Werden jedoch zwingend dem Gemeinschaftseigentum zuzuordnende Gebäudeteile, wie z.B. Fenster- oder Balkonaußenseiten, im Teilungsvertrag dem Sondereigentum zugeordnet, ist eine solche Zuordnung als nichtig anzusehen. Durch gerichtliche Auslegung kann in solchen Fällen allenfalls die Pflicht zur Tragung der Instandhaltungskosten an diesen Gebäudeteilen dem Sondereigentümer auferlegt werden, dem die alleinige Nutzung zusteht. Das jeweilige Sondereigentum ist im Teilungsvertrag unter einer laufenden Nummer aufgeführt. Diese laufende Nummer muss der Nummer, die das Sondereigentum auf dem Aufteilungsplan kennzeichnet, entsprechen. Daneben wird auch in einer Auflistung der einzelnen Eigentumseinheiten der dazugehörige Miteigentumsanteil des Gemeinschaftseigentums konkret beschrieben (siehe Abb. IV 22). Welche Flächen und Räume genau zum Gemeinschaftseigentum gehören, kann dem Aufteilungsplan entnommen werden, eine reale Abgrenzung der einzelnen Miteigentumsanteile vom Gemeinschaftseigentum ist jedoch unzulässig.

---

[230] Vgl. Bärmann J./Pick E. (2005), S. 71

Um Streitigkeiten und Missverständnisse zu vermeiden, sollte verstärkt darauf geachtet werden, dass die als Sondereigentum beschriebenen Räume auch mit dem Inhalt des behördlich anerkannten Aufteilungsplanes sowie mit der Bauausführung exakt übereinstimmen. Deshalb gestaltet es sich oftmals als schwierig, wenn die Aufteilung schon erfolgt ist, bevor das Gebäude errichtet wird, denn durch unvorhersehbare Komplikationen bei der Errichtung des Gebäudes kann es passieren, dass das fertig gestellte Gebäude nicht hundertprozentig mit den vorgesehenen Plänen übereinstimmt. In diesem Fall sollte der Teilungsvertrag so schnell wie möglich geändert werden, bevor es zu Unstimmigkeiten zwischen den Eigentümern kommt.

Soll auf mehreren selbständigen Grundstücken gleichzeitig eine Eigentumswohnanlage errichtet werden, so müssen diese Grundstücke zunächst miteinander verbunden werden. Dies kann durch eine Vereinigung der Grundstücke gemäß § 890 (1) BGB geschehen oder indem ein Grundstück als Bestandteil einem anderen Grundstück zugeschrieben wird (§ 890 (2) BGB). Auf einer Teilfläche eines Grundstückes kann jedoch kein Sondereigentum begründet werden.

Die Festlegung der Miteigentumsanteile ist ein wichtiger Bestandteil des Teilungsvertrags. Bei der vertraglichen Begründung können die Eigentümer des Grundstücks die Höhe ihrer Miteigentumsanteile neu bestimmen oder deren Anzahl durch Zusammenlegung oder Aufspaltung der bisherigen

---

Lfd. Nr.

1. Miteigentumsanteil von   25,6/1.000
   verbunden mit dem Sondereigentum
   an der im Aufteilungsplan mit der
                   Nr. 001
   bezeichneten Wohnung in Gebäude:
   Musterstraße 123, Erdgeschoss, rechts
   bestehend aus:
   3 Zimmer, Küche, Bad, WC, Flur, Diele,
   1 Abstellraum außerhalb der Wohnung,
   1 offener Kfz-Stellplatz (Nr. 21) in der Tiefgarage
   Die Wohnfläche beträgt ca. 76 m².
   Zum Inhalt dieses Sondereigentums gehört das Sondernutzungsrecht
   an folgenden Teilen des gemeinschaftlichen Eigentums:
   2 Terrassen, 1 Wohngarten im anliegenden Untergeschossplan
   mit SR 1 bezeichnet.

2. Miteigentumsanteil von   15,3/1.000
   verbunden mit dem Sondereigentum
   an der im Aufteilungsplan mit der
                   Nr. 002
   bezeichneten Wohnung in Gebäude:
   Musterstraße 123, 1. Obergeschoss, rechts
   bestehend aus:
   1 Zimmer, Schlafraum, Küche, Dusche/WC,
   Diele, Abstellraum, Loggia, 1 Abstellraum im UG
   Die Wohnfläche beträgt ca. 43 m².

3. ...

Abb. IV 22: Im Teilungsvertrag aufgelistete Eigentumseinheiten und Miteigentumsanteile

Miteigentumsanteile verändern. Dabei können die neu entstandenen Anteile auch dem Sondereigentum zugeordnet werden. Wie bereits oben erwähnt, ist die Höhe des Miteigentumsanteils nicht abhängig von der Größe oder vom Wert des ihm zugeordneten Sondereigentums. Bei der quotalen Zuteilung der Miteigentumsanteile sind die Eigentümer also frei von Vorschriften und können diese frei vereinbaren. Von Bedeutung ist die Höhe des Miteigentumsanteils jedoch, wenn es um die Beschlussfähigkeit bei einer Eigentümerversammlung geht (vgl. § 25 (3) WEG) oder wenn vereinbart wird, dass sich das Stimmrecht nach den Miteigentumsanteilen richtet. Insbesondere aber bei der Kostenverteilung nach § 16 (2) WEG, die sowohl für Betriebs- und sonstigen Verwaltungskosten als auch für die Zuführung zur Instandhaltungsrücklage gilt, hat die Höhe des Miteigentumsanteil für den jeweiligen Wohnungs-/Teileigentümer eine erhebliche Bedeutung. Hierauf wird zu einem späteren Zeitpunkt noch eingegangen werden. In der Regel werden die Miteigentumsanteile in 1.000stel aufgeteilt (siehe Abb. IV 22), damit gerade bei größeren Eigentümergemeinschaften die Genauigkeit der, zum jeweiligen Sondereigentum gehörenden Anteilsquote erhöht wird.

Soll die Teilung bzw. die Begründung von Sondereigentum vollzogen werden, ist es notwendig, dass sich die Miteigentümer dinglich darüber einigen, d. h. den Teilungsvertrag schließen. Da es hierzu gemäß § 4 (2) WEG aber der für die Auflassung notwendigen Form bedarf, muss dies notariell und in Anwesenheit aller Beteiligten geschehen (§ 925 (2) BGB). Damit die beurkundete Rechtsänderung auch wirksam wird, ist eine Eintragung im Grundbuch erforderlich (§ 4 (1) WEG). Dies kann wiederum formlos, durch einen Eintragungsantrag und die Eintragungsbewilligungen der Beteiligten, geschehen. Daraufhin wird für jeden Miteigentumsanteil ein eigenes Grundbuchblatt (Wohnungsgrundbuch, Teileigentumsgrundbuch) angelegt (§ 7 (1) S. 1 WEG) und das Grundbuchblatt des Grundstückes von Amts wegen geschlossen (§ 7 (1) S. 3 WEG). Auf den neuen Wohnungs- oder Teileigentumsgrundbuchblättern ist das zum Miteigentumsanteil gehörende Sondereigentum und als Beschränkung des Miteigentums die Einräumung der zu den anderen Miteigentumsanteilen gehörenden Sondereigentumsrechte eingetragen (§ 7 (1) S. 2). Außerdem werden die auf dem Grundstück eingetragenen Belastungen gesamt in alle neuen Grundbücher übernommen. Nach der Eintragung im Grundbuch ist die Umwandlung vollzogen und Wohnungs- bzw. Teileigentum entstanden.

6.2.2.2 Begründung von Sondereigentum durch Teilungserklärung

Wie bereits erwähnt, kann Wohnungseigentum nicht nur durch einen Teilungsvertrag aller Miteigentümer begründet werden. Die Begründung von Wohnungseigentum ist auch möglich, wenn das Grundstück im Eigentum einer natürlichen oder juristischen Person oder mehrerer Berechtigten in Bruchteilsgemeinschaften oder Gesamthandsgemeinschaft (z. B. Personengesellschaft oder Erbengemeinschaft) steht. In diesem Fall muss der Eigentümer gegenüber dem Grundbuchamt erklären, dass er sein Grundstück in Miteigentumsanteile aufteilt und diese Miteigentumsanteile mit dem Sondereigentum an Wohnungen oder nicht zu Wohnzwecken dienenden Räumen verbindet (§ 8 (1) WEG). Das bisher für das Grundstückseigentum maßgebliche Rechtsverhältnis setzt sich an sämtlichen neugebildeten Wohnungs- bzw. Teileigentumseinheiten fort. Die Teilungserklärung entspricht im Wesentlichen dem Teilungsvertrag zwischen Miteigentümern, wie es bereits beschrieben wurde. Auch für die Begründung von Wohnungseigentum nach § 8 WEG müssen neben der Teilungserklärung eine Abgeschlossenheitsbescheinigung sowie ein Aufteilungsplan vorliegen. Soll die Teilung vollzogen werden, so muss der Grundstückseigentümer die Teilungserklärung beim Grundbuchamt einreichen. Hierfür ist keine Form vorgeschrieben, jedoch muss auch hier eine Eintragungsbewilligung abgegeben werden, ohne die das Grundbuchamt nicht tätig wird. Diese Bewilligung ist jedoch nach § 29 GBO durch öffentliche oder öffentlich beglaubigte Urkunden nachzuweisen. Mit Blick auf die große Bedeutung, die eine Teilungserklärung hat, ist jedoch eine notarielle Beurkundung auf jeden Fall zu empfehlen, auch wenn sie nicht zwingend vorgeschrieben ist. Damit kann bei späteren Wohnungsverkäufen auch uneingeschränkt auf die Teilungserklärung Bezug genommen werden, indem sie zum Bestandteil des Kaufvertrags wird.

6.2.3 Die Gemeinschaftsordnung

Alle Wohnungs- und Teileigentümer bilden eine unauflösliche Gemeinschaft. Die Gemeinschaftsordnung regelt die Benutzung des Gemeinschaftseigentums und des Sondereigentums sowie die Rechtsbeziehungen der Wohnungseigentümer untereinander und die Verwaltung des gemeinschaftlichen Eigentums. Obwohl eine Gemeinschaftsordnung vom Gesetz her nicht vorgeschrieben ist, ist eine Regelung der Rechtsverhältnisse in den meisten Fällen notwendig, denn die Vielseitigkeit der unterschiedlichsten Gemeinschaften ist sehr groß, was z. B. auch die Bandbreite der Anforderungen von Doppelhäusern, kleineren Wohnungseigentümergemeinschaften bis hin zu großen Wohnanlagen mit mehreren hundert Wohnungen, zeigt. Hier haben die Gemeinschaften oftmals individuelle Bedürfnisse, die nicht alle gesetzlich geregelt werden können. Die Gemeinschaftsordnung wird in der Regel in Verbindung mit der Begründung von Wohnungseigentum erstellt, da hierbei ohnehin alle Miteigentümer anwesend sind. Es bedarf bei der Erstellung der Gemeinschaftsordnung keiner bestimmten Form, jedoch ist die Schriftform zu empfehlen. Nur wenn die Gemeinschaftsordnung schriftlich festgehalten und ebenfalls im Grundbuch eingetragen wird, ist sie auch für alle Rechtsnachfolger verbindlich (§ 10 (3) WEG). Hierfür ist, um die Formvorschrift des § 29 GBO zu erfüllen, Unterschriftsbeglaubigung erforderlich. Diese aufwendigen Maßnahmen können umgangen werden, wenn die Gemeinschaftsordnung mit der dinglichen Aufteilung gemeinsam notariell beurkundet wird. Wenn der alleinige Eigentümer eines Grundstücks die Teilung vornimmt, dann kann auch er eine Gemeinschaftsordnung aufstellen. Damit kann er auch die Rechte und Pflichten aller zukünftigen Eigentümer festlegen. Bei der Errichtung der Gemeinschaftsordnung herrscht weitestgehend Gestaltungsfreiheit. Die Wohnungseigentümer können von den Vorschriften des WEG abweichende Vereinbarungen treffen, soweit nicht etwas anderes ausdrücklich bestimmt ist (§ 10 (2) WEG). Da die meisten der ohnehin wenigen Vorschriften des WEG dispositiv sind, können die Eigentümer also bei der Gestaltung ihrer Gemeinschaftsordnung in vielerlei Hinsicht selbst entscheiden. Hier kommen meist Regelungen bezüglich der Benutzung von Gemeinschaftseigentum und Sondereigentum sowie Regelungen der Lastentragung, des Stimmrechts, Regelungen über die Befugnisse des Verwalters und des Verwaltungsbeirates, aber auch über Instandhaltungs- und In-

---

- Benutzung von Gemeinschafts- und Sondereigentum
- Pflichten und Einschränkungen der Eigentümer
- Einräumung von Sondernutzungsrechten (auch im Teilungsvertrag möglich)
- Abgrenzung von Verantwortlichkeiten
- Lastentragung, insb. Kostenverteilungsschlüssel
- Beitragshöhe, Zahlungsmodalitäten
- Bewirtschaftungs-/Wohngeldfragen
- Verpflichtung zur Zahlung von Verzugszinsen
- Stimmrechte
- Regelungen zur Verwalterbestellung

Abb. IV 23: Möglicher Gegenstand der Gemeinschaftsordnung

standsetzungsmaßnahmen, bauliche Veränderungen und schließlich Regelungen zur Durchführung der Wohnungseigentümerversammlungen in Betracht.[231]

Es sollte noch einmal ausdrücklich klargestellt werden, dass die Gemeinschaftsordnung die individuellen Beziehungen zwischen den einzelnen Eigentümern regelt, z.B. die Festlegung des Kostenverteilungsschlüssels, die Haftungsbeschränkungen oder die Verpflichtungen zur Zahlung von Verzugszinsen bei Beitragsrückständen. Im Teilungsvertrag jedoch werden insbesondere die Teilung, die Verbindung des Sondereigentums mit dem Miteigentumsanteil und die Zuordnung zum Sonder- oder Gemeinschaftseigentum geregelt. Soll die Gemeinschaftsordnung geändert werden, so ist im Hinblick auf die Jahrhundertentscheidung des BGH vom 20.09.2000,[232] wonach gesetzes- oder vereinbarungsändernde Beschlüsse für nichtig erachtet und die damit lange Zeit geduldeten „Zitterbeschlüsse" aufgegeben wurden, eine Vereinbarung und damit die Zustimmung aller Eigentümer notwendig. Die keinem Formzwang unterliegende Vereinbarung, die nur dann zustande kommt, wenn alle Wohnungs-/Teileigentümer zugestimmt haben, bindet zwar alle Beteiligten. Jedoch wirkt die formfrei getroffene Vereinbarung nicht gegenüber dem Sonderrechtsnachfolger, also dem Wohnungs- oder Teileigentümer, der erst nach dieser Vereinbarung sein Eigentum erwirbt und in die Gemeinschaft eintritt. Nur dann, wenn die Vereinbarung nach § 10 (3) WEG im Grundbuch eingetragen wurde, muss sich auch der Sonderrechtsnachfolger an diese Vereinbarung halten. Insbesondere aus der o.g. höchstrichterlichen Rechtsprechung wurden in die nach diesem Zeitpunkt erstellten Gemeinschaftsordnungen so genannte Öffnungsklauseln aufgenommen, die es den Gemeinschaften erlaubt, vereinbarungsändernde Beschlüsse zu fassen und damit z.B. das Stimmrecht oder Kostenverteilerschlüssel dauerhaft zu ändern. Für die Rechtsgültigkeit von Beschlüssen auf der Grundlage solcher Öffnungsklauseln ist jedoch erforderlich, dass hierfür ein sachlicher Grund vorliegt und einzelne Wohnungseigentümer gegenüber dem früheren Rechtszustand nicht unbillig benachteiligt werden. Zumeist werden diese Voraussetzungen bereits in den Text der Öffnungsklausel in der Gemeinschaftsordnung aufgenommen, und üblicherweise die Gültigkeit entsprechender Beschlüsse von der Zustimmung einer qualifizierten Mehrheit (z.B. ¾ Mehrheit aller Wohnungs-/Teileigentümer) abhängig gemacht. Im Gegensatz zu einer Vereinbarung, die nur bei Eintragung ins Grundbuch gegenüber den Sonderrechtsnachfolger wirksam wird (§ 10 (3) WEG), gilt der Beschluss, auch der nach der Öffnungsklausel wirksam zustande gekommene vereinbarungsändernde Beschluss, allein durch seine Verkündung in der Wohnungseigentümerversammlung gegen alle Sonderrechtsnachfolger (§ 10 (4) WEG). Die Verkündung hat dabei nach der Entscheidung des BGH vom 23.08.2001[233] konstitutive Wirkung, lässt demnach also erst den Beschluss entstehen.

Ältere Gemeinschaften, bei denen keine Öffnungsklausel in der Gemeinschaftsordnung enthalten ist, waren somit an den einmal festgelegten Kostenverteilungsschlüssel gebunden, sofern dieser nicht durch Vereinbarung der Gemeinschaftsordnung unter Mitwirkung aller Miteigentümer geändert wurde. In § 16 (3) WEG wird nunmehr allen Gemeinschaften, somit auch den Älteren, mittels einer gesetzlichen Öffnungsklausel die Möglichkeit eröffnet, bei Vorliegen eines sachlichen Grundes und soweit dies ordnungsgemäßer Verwaltung entspricht, die Kostenverteilerschlüssel für Betriebskosten und den Kosten der Verwaltung per einfachem Mehrheitsbeschluss zu ändern. Darüber hinaus regelt § 16 (4) WEG, dass die Wohnungseigentümergemeinschaft im Einzelfall für Maßnahmen der Instandhaltung, der Instandsetzung, bei baulichen Veränderungen oder bei Modernisierungsmaßnahmen, mit qualifiziertem Mehrheitsbeschluss (in diesem Fall: mit drei

---

[231] Vgl. Röll, L. (2005), S.922f.
[232] Vgl. BGH 2000, AZ: V ZB 58/99
[233] Vgl. BGH 2001, AZ: V ZB 10/01

Viertel aller stimmberechtigten Wohnungseigentümer) die Kostenverteilung derart ändern kann, dass diese dem Gebrauch oder der Möglichkeit des Gebrauchs Rechnung trägt.

6.2.4 Die Eigentümergemeinschaft und ihre Rechte und Pflichten

6.2.4.1 Die Gemeinschaft der Eigentümer

Die Eigentümergemeinschaft entsteht automatisch mit der Anlegung der Wohnungs- oder Teileigentumsgrundbücher, es sei denn, die Teilung wurde nach § 8 WEG vollzogen. In diesem Fall ist eine Eigentümergemeinschaft erst entstanden, wenn das Sondereigentum in Verbindung mit dem dazugehörigen Miteigentumsanteil im Eigentum von mehr als einer Person, die nicht zu den teilenden Personen gehört, steht. Kein Wohnungseigentümer kann die Aufhebung der Gemeinschaft verlangen, auch nicht, wenn ein wichtiger Grund vorliegt. Sollte das Gebäude jedoch ganz oder teilweise zerstört werden und eine Verpflichtung zum Wiederaufbau nicht bestehen, so ist eine Aufhebung der Wohnungseigentümergemeinschaft möglich (§ 11 (1) WEG).

Vorschriften, die eine Eigentümergemeinschaft betreffen, finden sich primär im WEG (insbesondere §§ 20–29 WEG) und subsidiär im BGB (§§ 741 ff. BGB). Die Eigentümergemeinschaft übt ihr Selbstverwaltungsrecht aber in erster Linie durch die Fassung von Beschlüssen, die in der ganz überwiegenden Zahl als Mehrheitsbeschlüsse in Eigentümerversammlungen getroffen werden, aus. Die Fälle des schriftlichen Beschlusses sind dagegen in der Praxis selten zu finden, was sich allein schon daraus erklären lässt, dass ein schriftlicher Beschluss zwingend nur dann zustande kommen kann, wenn diesem alle Wohnungs-/Teileigentümer zugestimmt haben. Über die Fassung von Beschlüssen hinaus kann die Eigentümergemeinschaft für die grundlegenden Entscheidungen Vereinbarungen treffen, z. B. dauerhaft für die Zukunft das Stimmrecht, einen Kostenverteilerschlüssel oder die erforderliche Zustimmung bei baulichen Veränderungen ändern. Wegen der grundlegenden Bedeutung sind Vereinbarungen ausschließlich durch Zustimmung aller Wohnungs-/Teileigentümer zu fassen; dabei ist aber der rechtliche Charakter zwischen der Vereinbarung und dem einstimmigen Beschluss – also dem Beschluss, dem alle Wohnungs-/Teileigentümer zugestimmt haben – streng zu unterscheiden. Um die Vereinbarung gegenüber Sonderrechtsnachfolgern wirksam werden zu lassen, müssen diese gemäß § 10 (3) WEG grundsätzlich ins Grundbuch eingetragen werden. Handelt es sich jedoch um gesetzes- oder vereinbarungsändernde Beschlüsse, welche aufgrund einer entsprechend ermächtigenden Vereinbarung (sog. Öffnungsklausel) gefasst wurden, wirken diese – in der Wohnungseigentümerversammlung zu verkündenden – Beschlüsse gegen Sonderrechtsnachfolgern auch ohne Eintragung im Grundbuch (§ 10 (4) WEG). Die Gemeinschaftsordnung ist in diesem Sinne die erste Sammlung aller Vereinbarungen einer Eigentümergemeinschaft. Im Hinblick auf die gegenseitige Abhängigkeit von Regelungen des WEG, der Gemeinschaftsordnung und der Beschlüsse ist zu beachten, dass Vereinbarungen die dispositiven Vorschriften des WEG abändern können, nicht aber die zwingenden Vorschriften des WEG. Beispielsweise kann eine Vereinbarung nicht regeln, dass die maximale Bestellungsdauer eines Verwalters 5 Jahre überschreiten darf, da dies eine Änderung des § 26 (1) WEG wäre, dieser Paragraf aber eine der wenigen zwingenden Vorschriften des WEG ist, und somit eine dennoch durch Vereinbarung vorgenommene Änderung nichtig wäre. Dem gegenüber kann die Gemeinschaftsordnung vorgeben, dass anstatt des gesetzlich vorgegebenen Kopfprinzips (§ 25 (2) WEG) das Stimmrecht nach dem Objektprinzip erfolgen soll; da es sich bei dieser Vorschrift des WEG um eine dispositive, also abdingbare Vorschrift handelt, gilt diese nur dann, wenn eine Gemeinschaftsordnung oder sonstige Vereinbarung nichts anderes vorgibt. Beschlüsse dürfen sich dagegen nur im Rahmen der Vereinbarungen und des WEG bewegen, damit also nichts regeln, was entgegen einer Vereinbarung oder des WEG wäre. So kann in dem Beispiel des Stimmrechts ein Beschluss nicht regeln, dass für die künftigen Versammlungen anstatt des gesetzlichen Kopfprinzips das Objektprinzip gelten solle (gesetzesändernder Beschluss), oder zum Beispiel anstatt des in der Gemeinschaftsordnung verankerten Kostenverteilerschlüssels nach Miteigentumsanteilen bestimmte Positionen nach der Wohnfläche oder der Anzahl der Wohnungen verteilt werden (vereinbarungsändernder Beschluss). Beide Beschlüsse wären nichtig, damit von Anfang an unwirksam, und bräuchten daher noch nicht einmal angefochten zu werden. Nur dann, wenn in der Gemeinschaftsordnung oder in der Vereinbarung selbst ausdrücklich geregelt wird, dass ein Beschluss ändernd einwirken kann, ist ein entsprechender Beschluss zulässig. Typischer Fall hierfür ist die Öffnungsklausel.

- Gemeinschaftsbeschlüsse (wie z. B. auf Eigentümerversammlungen)
- Vereinbarungen der Wohnungseigentümer (z. B. Teilungsvertrag und Gemeinschaftsordnung)
- Bürgerliches Gesetzbuch (§§ 741 ff. und §§ 1008 ff. BGB)
- Wohnungseigentumsgesetz (§§ 20 bis 29 WEG)

Abb. IV 24: Regelungen die Gemeinschaft betreffend

6.2.4.2 Rechte der Miteigentümer

Jeder Eigentümer ist berechtigt, über sein Sondereigentum frei zu verfügen. Er darf es insbesondere bewohnen, vermieten, verpachten, belasten, veräußern, vererben oder es in sonstiger Weise nutzen und andere von Einwirkungen ausschließen (vgl. § 13 (1) WEG). Beim Verkauf von Sondereigentum ist häufig jedoch zusätzlich die Zustimmung des Verwalters oder anderer Eigentümer erforderlich, wenn dies so vereinbart wurde (§ 12 (1) WEG). Hierdurch soll verhindert werden, dass Personen in die Gemeinschaft eintreten, die den anderen Eigentümern Schwierigkeiten machen könnten und damit den Frieden der Gemeinschaft nachhaltig stören. Eine Zustimmung kann jedoch nur versagt werden, wenn hierfür ein wichtiger Grund vorliegt. Ein wichtiger Grund könnte z. B. die schlechte Bonität des Käufers sein, also z. B. dann, wenn im Hinblick auf die Verteilung gemeinschaftlicher Lasten und Kosten nach § 16 (2) WEG wirtschaftliche Bedenken gerechtfertigt sind. In bestimmten Fällen hat der Eigentümer auch einen Anspruch auf Erteilung der Zustimmung (§ 12 (2) WEG). Während früher eine per Gemeinschaftsordnung oder sonstiger Vereinbarung vorgegebene Veräußerungsbeschränkung auch nur per Vereinbarung wieder aufgehoben werden konnten, regelt nunmehr § 12 (4) WEG, dass die Wohnungseigentümergemeinschaft schon mit einfacher Stimmenmehrheit die Aufhebung einer solchen Beschränkung beschließen kann. Nach entsprechendem Beschluss wird die zumeist den Wohnungseigentumsverwaltern obliegende Verpflichtung, einem Wohnungsverkauf formell zustimmen zu müssen oder aus Gründen, die allein im Erwerber zu suchen sind, dem Wohnungsverkauf zu widersprechen, aufgehoben. Hiermit zusammenhängend kann die Veräußerungsbeschränkung im Grundbuch gelöscht werden.

Weil das Sondereigentum immer untrennbar mit einem Miteigentumsanteil in Verbindung steht, ist gemäß § 13 (2) WEG auch jeder Wohnungs- oder Teileigentümer zum Mitgebrauch des gemeinschaftlichen Eigentums unter Beachtung der §§ 14 und 15 WEG berechtigt. Außerdem hat auch jeder Eigentümer einen Anspruch auf die Gültigkeit der Vereinbarungen, die mit im Grundbuch eingetragen sind.

Ferner hat jeder Eigentümer das Recht auf sachenrechtlichen Bestandsschutz. Das heißt, dass er sich darauf verlassen kann, dass das Gebäude auf unbegrenzte Dauer Bestand hat und auch sein Wert dauerhaft beständig ist. Die dafür nötigen Reparatur- und Instandhaltungsmaßnahmen tragen alle Eigentümer gemeinsam je nach Anteilen. Diese Instandhaltungspflichten werden nach § 27 (1) Nr. 2 und 3 WEG auf den Verwalter übertragen. Um sein Eigentum vor unrechtmäßigen Besitzern zu schützen, kann ein Wohnungseigentümer den Anspruch auf Herausgabe gemäß § 985 BGB geltend machen. Ebenso hat er auch einen Anspruch auf Unterlassung von Störungen und Beeinträchtigungen gemäß § 1004 BGB. Da alle Eigentümer ein Recht auf Mitgebrauch des gemeinschaftlichen Eigentums haben, ist es auch selbstverständlich, dass eventuelle Erträge, die durch die Vermietung von Teilen des Gemeinschaftseigentums erwirtschaftet werden, auf alle Eigentümer, entsprechend ihres Eigentumsanteils, aufgeteilt werden. Dies wird in § 13 (2) S. 2 WEG in Verbindung mit dem § 16 (1) WEG bestimmt. Kommt es wider Erwarten zu Streitigkeiten in der Gemeinschaft, die auf das Verhalten eines einzelnen Miteigentümers zurückzuführen sind, so besteht die Möglichkeit, von diesem Miteigentümer die Veräußerung seines Wohnungseigentums zu verlangen, wenn den anderen Eigentümern die Fortführung der Gemeinschaft sonst nicht mehr zugemutet werden kann.

- Recht auf Gültigkeit aller im Grundbuch eingetragenen Vereinbarungen
- Recht auf Unterstützung durch die Gemeinschaft bei der Erhaltung des Gebäudes und seines Wertes
- Recht auf freie Verfügung über das eigene Sondereigentum, z. B. vermieten, verpachten, belasten, verkaufen, verschenken usw. (§ 13 (1) WEG)
- Recht auf Mitgebrauch des gemeinschaftlichen Eigentums, sofern nicht die Rechte der anderen Eigentümer tangiert werden (§ 13 (2) WEG)
- Recht auf Mitbegünstigung an erwirtschafteten Erträgen (durch Vermietung von Gemeinschaftseigentum) gemäß der Höhe des eigenen Anteils (§ 13 (2) S. 2 WEG)
- Recht auf Herausgabe der Wohnung gegenüber nicht rechtmäßigen Besitzern (§ 985 BGB) und Anspruch auf Unterlassung von Beeinträchtigungen oder Störungen (§ 1004 BGB)

Abb. IV 25: Berechtigungen der Miteigentümer

6.2.4.3 Pflichten der Miteigentümer

Die Verpflichtungen, die die Miteigentümer eingehen, werden grundlegend in § 14 WEG geregelt. Hier nennt das Gesetz einige allgemeine Beispiele, wobei die Pflichten oftmals das Gegenstück der Berechtigungen darstellen. So sind beispielsweise alle Miteigentümer dazu verpflichtet, den Bestand und den Wert der Gesamtanlage zu erhalten und die dafür nötigen Instandhaltungsmaßnahmen durchzuführen. Wie oben bereits erwähnt, hat jeder Miteigentümer ein Recht auf die Beteiligung aller Eigentümer bei der Durchführung dieser Maßnahmen. Demnach besteht also zwischen den einzelnen Eigentümern ein Schuldverhältnis. Wenn es sich hierbei auch nicht um ein Leistungsaustauschverhältnis handelt, so handelt es sich doch um ein Gemeinschaftsverhältnis, bei welchem gegenseitige Verhaltens- oder Rücksichtnahmepflichten durchaus einklagbar sind.

Neben den in § 14 WEG stehenden Pflichten, wie beispielsweise die Pflicht von Sonder- und Gemeinschaftseigentum nur in solcher Weise Gebrauch zu machen, dass dadurch keinem der anderen Miteigentümer über das bei einem geordneten Zusammenleben unvermeidliche Maß hinaus ein Nachteil erwächst, bestehen auch Verpflichtungen, die aus Beschlüssen und Vereinbarungen der Gemeinschaft hervorgehen. Diese werden erfahrungsgemäß bei Eigentümerversammlungen getroffen. Wenn hierbei ein Mehrheitsbeschluss ausreichend war, so gilt dieser auch verbindlich für alle überstimmten Miteigentümer sowie alle Eigentümer, die nicht an der Abstimmung teilgenommen haben (§ 10 (4) WEG). Auch bzw. gerade Vereinbarungen, die die Eigentümer vertraglich schließen, wie z. B. in der grundbuchrechtlich eingetragenen Gemeinschaftsordnung, sind für alle Eigentümer verbindlich. Die aus ihnen entstandenen Rechte und Pflichten müssen von allen eingehalten werden, so zum Beispiel, wenn sich die Eigentümer darüber einigen, dass in der gesamten Wohnanlage keine gewerbliche Nutzung erlaubt ist. Diese Vereinbarungen sind aber – wie ebenfalls bereits oben dargestellt – nur dann auch für den Sondernachfolger gültig, wenn sie im Grundbuch eingetragen werden (§ 10 (2) WEG).

Die einzelnen Eigentümer müssen laut § 22 (1) WEG auch bauliche Veränderungen und Aufwendungen dulden, wenn dadurch ihre Rechte nicht übermäßig beeinträchtigt werden. Darüber hinaus können nach § 22 (2) WEG Modernisierungsmaßnahmen entsprechend § 559 (1) BGB (Maßnahmen zur Anpassung des gemeinschaftlichen Eigentums an den Stand der Technik), mit qualifiziertem Mehrheitsbeschluss (in diesem Fall: drei Viertel aller stimmberechtigten Wohnungseigentümer, die gleichzeitig mehr als die Hälfte aller Miteigentumsanteile ausmachen) beschlossen werden. Die Nennung des § 559 (1) BGB verweist auf beschlussfähige Maßnahmen, die der nachträglichen Erhöhung des Gebrauchswertes oder der dauerhaften Verbesserung der Wohnverhältnisse, oder schließlich der Einsparung von Energie oder Wasser dienen. Die in der Rechtsprechung entwickelte und nunmehr ausdrücklich genannte modernisierende Instandsetzung kann gemäß § 22 (3) WEG mit einfachem Mehrheitsbeschluss ebenfalls eine Modernisierung, die über die Instandsetzung des ursprünglichen Zustandes hinausgeht, bewirken. Jedoch setzt dies stets einen vorhandenen Instandsetzungsbedarf voraus.

Bei allen darüber hinaus gehenden Beeinträchtigungen kann eine bauliche Veränderung nur dann wirksam beschlossen werden, wenn alle hierdurch beeinträchtigten Wohnungs-/Teileigentümer dieser Maßnahme zugestimmt haben. Allerdings kann eine Vereinbarung etwas anderes bestimmen. Hat ein Wohnungseigentümer einer solchen Maßnahme jedoch nicht zugestimmt, sondern duldet diese nur, so ist er später nicht berechtigt, einen Anteil an Nutzungen, die auf einer solchen Maßnahme beruhen, zu beanspruchen. Demgegenüber ist er auch nicht an den Kosten beteiligt, die durch diese Maßnahme entstehen.

Alle Eigentümer sind dazu verpflichtet, die Lasten des gemeinschaftlichen Eigentums anteilig im Verhältnis ihres Miteigentumsanteils zu tragen. Dies können u. a. auch Kosten der Instandsetzung, der Instandhaltung, der sonstigen Verwaltung und des gemeinschaftlichen Gebrauchs des gemeinschaftlichen Eigentums sein. Die anteilige Tragung der Kosten ist eine der wesentlichsten Pflichten eines Miteigentümers und damit auch oftmals einer der Streitpunkte zwischen den Eigentümern. Deshalb ist die Lastentragungspflicht auch zwingend in § 16 (2) WEG vorgeschrieben und gewährleistet die ordnungsgemäße Verwaltung und Versorgung der Wohnanlage. Für einige anfallende Bewirtschaftungskosten ist es jedoch sinnvoll, diese nicht nach Miteigentumsanteil auf die Eigentümer zu verteilen. So bietet sich z. B. bei der Verwaltervergütung eine Kostenverteilung nach (Wohn-/Teileigentums-)Einheiten an, da in der Regel die Verwaltertätigkeit im gleichen Umfang für kleine und größere Wohn-/Teileigentumseinheiten erbracht wird, und somit eine Kostenverteilung nach deren Miteigentumsanteilen nicht sachgerecht wäre. Solche Fälle sollten bei der Erstellung der Gemeinschaftsordnung berücksichtigt und dabei beachtet werden, dass die nachträgliche Änderung eines Kostenverteilerschlüssels nur per Vereinbarung und damit nur mit Zustimmung aller Wohnungs-/Teileigentümer erfolgen kann, wenn nicht zumindest die Gemeinschaftsordnung selbst vorgibt, dass auch per Beschluss (Öffnungsklausel) der Kostenverteilerschlüssel dauerhaft geändert werden kann.

- Verpflichtungen des § 14 WEG
- Verpflichtung alle Vereinbarungen, die die Gemeinschaft vertraglich getroffen hat, einzuhalten
- Verpflichtung alle Beschlüsse, die die Mehrheit der Eigentümer getroffen hat, einzuhalten
- Verpflichtung bauliche Veränderungen und Aufwendungen zu dulden (auch wenn sie nicht zu Instandhaltung oder Reparatur dienen), wenn dadurch die Rechte des betroffenen Eigentümers nicht übermäßig beeinträchtigt werden (§ 22 (1) WEG)
- Verpflichtung die Lasten des gemeinschaftlichen Eigentums sowie die Kosten der Instandhaltung, Instandsetzung, sonstigen Verwaltung und eines gemeinschaftlichen Gebrauchs des gemeinschaftlichen Eigentums nach dem Verhältnis des jeweiligen Anteils zu tragen (§ 16 (2) WEG)

Abb. IV 26: Verpflichtungen der Miteigentümer

6.2.4.4 (Teil-)Rechtsfähigkeit / Insolvenzfähigkeit

Der Wohnungseigentümergemeinschaft wurde mit der Entscheidung des V. Zivilsenats des BGH vom 02.06.2005, entgegen der bis dahin herrschenden Meinung in der Rechtsprechung und entgegen der überwiegend im Schrifttum vertretenen Ansicht, eine (Teil-)Rechtsfähigkeit zuerkannt. Demzufolge kann auch bei einer Wohnungseigentümergemeinschaft, bei der auf der sachenrechtlichen Seite Sonder- und Bruchteilseigentum kombiniert sind, ein überindividueller Personenverband bestehen, der als solcher am Rechtsverkehr bei der Verwaltung des gemeinschaftlichen Eigentums teilnimmt und dadurch eigene Verbindlichkeiten begründet. Der BGH stellte dabei insbesondere darauf ab, dass die Wohnungseigentümergemeinschaft über eine eigene organisatorische Struktur verfüge. Dieser Entscheidung des BGH ist der Gesetzgeber gefolgt und hat die Rechtsfähigkeit der Gemeinschaft normiert und bestimmt, dass die Gemeinschaft der Wohnungseigentümer im Rahmen der gesamten Verwaltung des gemeinschaftlichen Eigentums gegenüber Dritten und Wohnungseigentümern selbst Rechte erwerben und Pflichten eingehen kann (§ 10 (6) S. 1 WEG) und Inhaberin der gesetzlich begründeten und rechtsgeschäftlich erworbenen Rechte und Pflichten ist (§ 10 (6) S. 2 WEG) sowie vor Gericht klagen und verklagt werden kann (§ 10 (6) S. 5 WEG). Die Rechtsfähigkeit der Wohnungseigentümergemeinschaft bezieht und beschränkt sich auf den Bereich, der durch die Verwaltung des gemeinschaftlichen Vermögens abgegrenzt ist. Dieses Verwaltungsvermögen ist nach der Entscheidung des BGH und der ihr folgenden gesetzlichen Regelung nicht länger den Wohnungseigentümern zur gesamten Hand, sondern der rechtlich selbstständigen Gemeinschaft zugeordnet (§ 10 (7) S. 1 WEG).

Von einer „Teilrechtsfähigkeit" der Gemeinschaft zu sprechen, ist nur insoweit zutreffend, als die Individualrechte der Wohnungseigentümer nicht einbezogen sind; vielmehr bleiben das Sonder- und das Gemeinschaftseigentum jeweils allein in den Händen der einzelnen Miteigentümer.

Für die Insolvenzfähigkeit von entscheidender Bedeutung ist dabei, dass die Wohnungseigentümergemeinschaft über das Verwaltungsvermögen als ein eigenes Verbandsvermögen verfügt, das als einheitliches Vermögen den Gläubigern der Wohnungseigentümergemeinschaft unter Ausschluss anderer, nämlich der persönlichen Gläubiger der einzelnen Wohnungseigentümer haftungsrechtlich zugewiesen ist. Eigenständiges Vermögen der Wohnungseigentümergemeinschaft stellt dabei nur das Verwaltungsvermögen dar, das neben den für die Verwaltung erforderlichen Mitteln aus Zahlungen der Wohnungseigentümer auch die Forderungen gegen die Wohnungseigentümer gemäß § 16 (2) WEG sowie gegen Dritte und Verbindlichkeiten der Gemeinschaft umfasst. Nach diesen Kriterien ist die Insolvenzfähigkeit der Wohnungseigentümergemeinschaft an sich zu bejahen. Dies folgt grundsätzlich auch aus der Anerkennung ihrer Rechtsfähigkeit. Der Gesetzgeber hat aber bestimmt, dass ein Insolvenzverfahren über das Verwaltungsvermögen der Gemeinschaft nicht stattfindet (§ 11

(3) WEG). Damit entfällt auch die Sorge der Wohnungseigentumsverwalter, mit einer womöglich bejahten Insolvenzfähigkeit die Verantwortung für einen Insolvenzantrag zu tragen.

Nach dem gesetzlichen Ausschluss eines Insolvenzverfahrens über das Vermögen der Wohnungseigentümergemeinschaft steht den Gläubigern aus Ansprüchen gegen die Gemeinschaft der Zugriff auf deren Vermögen und gegen die Wohnungseigentümer auf Grund derer Haftung nach dem Verhältnis ihrer Miteigentumsanteile (§ 10 (8) WEG) nach dem Prioritätsgrundsatz frei. Nicht den Gläubigern der Wohnungseigentümergemeinschaft, sondern den persönlichen Gläubigern der einzelnen Wohnungseigentümer haftungsrechtlich zugewiesen bleibt dagegen das Sonder- und Bruchteilsvermögen der Wohnungseigentümer selbst, das nicht Teil des Verwaltungsvermögens ist. Die Eröffnung des Insolvenzverfahrens über das Verwaltungsvermögen lässt die Wohnungseigentümergesellschaft im Übrigen unberührt und führt insbesondere nicht zu deren Auflösung (§ 11 (2) WEG).

6.2.5 Die Wohnungseigentumsverwaltung

6.2.5.1 Allgemeines

Die Wohnungseigentumsverwaltung sollte zunächst einmal in die Verwaltung von Sondereigentum und die Verwaltung von Gemeinschaftseigentum unterteilt werden. Bei der Verwaltung von Sondereigentum unterliegt der Eigentümer keinen weiteren Verpflichtungen oder Beschränkungen. Meist verwalten die Eigentümer ihr vermietetes Sondereigentum selbst. Die zum Sondereigentum gehörenden Miteigentumsanteile, die von jedem Miteigentümer anteilig miterworben und mitbenutzt werden, müssen jedoch qualifiziert und einheitlich von der gesamten Eigentümergemeinschaft verwaltet werden. Dies gilt ebenso für sämtliches Vermögen, das im Eigentum der Gemeinschaft steht. Dies können unter anderem auch liquide Mittel sein, die zum Zweck der Instandhaltungsmaßnahmen angespart wurden. Im Wesentlichen sind drei Organe für die Verwaltung des Gemeinschaftseigentums zuständig:

In erster Linie sind die Eigentümer selbst für die Verwaltung ihres Eigentums verantwortlich. Als Haupt- bzw. Weisungsorgan und damit als Kopf der Verwaltung tritt die Eigentümergemeinschaft selbst, handelnd in der Eigentümerversammlung, auf.[234] Daneben ist der Verwalter, dessen Bestellung gemäß § 20 (2) WEG nicht ausgeschlossen werden kann, das ausführende Organ und damit die Hand der Verwaltung. Der Verwaltungsbeirat, der nicht zwingend gebildet werden muss, entspricht dem Hilfsorgan. Der Verwaltungsbeirat besteht laut § 29 (1) S. 2 WEG aus einem Wohnungseigentümer als Vorsitzendem und zwei weiteren Wohnungseigentümern als Beisitzern. Er unterstützt den Verwalter bei dessen Tätigkeit, stellt auch stets das koordinierende Bindeglied zwischen ihm und den Eigentümern dar. Aber auch Kontroll- und Prüfungsfunktionen kommen dem Verwaltungsbeirat zu. So soll er z. B. nach § 29 (3) WEG den Wirtschaftsplan, aber auch die jährliche Hausgeldabrechnung und Kostenvoranschläge prüfen und mit einer Stellungnahme versehen, bevor die Wohnungseigentümergemeinschaft hierüber entscheidet. Des Weiteren ergibt sich aus § 24 (3) und § 24 (6) WEG, dass der Verwaltungsbeirat unter Umständen berechtigt ist, eine Wohnungseigentümerversammlung einzuberufen, und auch ausdrücklich als Protokollzeuge für das Beschlussprotokoll benannt ist. Aus diesen bedeutenden Aufgaben und Berechtigungen begründet sich auch, dass insbesondere größere Wohnanlagen ohne Verwaltungsbeirat kaum noch auskommen können.[235]

---

[234] Vgl. Bärmann, J./Pick, E. (2005), S. 306
[235] Vgl. Deckert, W.-D. (2001), S. 201 ff.

- die Eigentümergemeinschaft, handelnd in der Eigentümerversammlung (§ 20 (1) und §§ 21–25 WEG)
- der üblicherweise bestellte Verwalter (§§ 26–28 WEG)
- ein eventuell bestellter Verwaltungsbeirat (§ 20 (1) und § 29 WEG)

Abb. IV 27: Verwaltungsorgane

Jeder Wohnungseigentümer hat gemäß § 21 (4) WEG das Recht, eine interessengerechte und ordnungsgemäße Verwaltung zu verlangen. Dieser Anspruch richtet sich gegen einen bestellten Verwalter, aber auch gegen andere, ablehnende Miteigentümer. Die Bestellung eines fachkundigen, objektiven und professionell arbeitenden Verwalters ist bei Eigentumswohnanlagen nicht nur dringend erforderlich, sondern liegt oftmals auch im Interesse aller Eigentümer, da viele Eigentümer, die eine laienhafte und unorganisierte Selbstverwaltung praktizieren, mit dieser häufig hoffnungslos überfordert sind. Auch weil die Miteigentümer jeweils nur Berechtigungen über ihre eigenen Gemeinschaftsanteile haben, bietet sich eine Verwaltung durch einen Dritten an, welcher dann von allen Eigentümern eine bestimmte Handlungsvollmacht erhält. Zunächst sind die Eigentümer selbst für die Verwaltung ihres Eigentums gemäß § 21 WEG zuständig. Allen Eigentümern steht die Verwaltung ihres Eigentums gemeinsam zu. Es kann zwar jeder Eigentümer ohne Zustimmung der anderen Eigentümer Maßnahmen durchführen, die zur Abwendung eines Schadens am Gemeinschaftseigentum notwendig sind (§ 21 (1) und (2) WEG), mehr aber auch nicht. Wenn die Verwaltung des Gemeinschaftseigentums noch nicht durch Vereinbarung geregelt wurde, so können die Eigentümer eine ordnungsgemäße Verwaltung mit Stimmenmehrheit beschließen (§ 21 (3) WEG). Was hierunter fällt, ist zum Teil in § 21 (5) WEG geregelt.

6.2.5.2 Bestellung des Verwalters

Der bereits erwähnte Grundsatz der Eigentümerselbstverwaltung, welcher in § 21 WEG geregelt wird, ist jedoch dahingehend umgestaltet worden, dass der Eigentümergemeinschaft die Pflicht zur Bestellung eines Verwalters auferlegt wurde. Dieser Verwalter hat die Aufgabe, das Gemeinschaftseigentum und das gemeinschaftliche Vermögen im Interesse der Eigentümer fachgerecht zu verwalten. Hierauf wird später noch genauer eingegangen. Die Bestellung des Verwalters kann auch durch Beschluss, Teilungserklärung oder Gemeinschaftsordnung nicht ausgeschlossen werden. Lautet eine Eigentümerentscheidung anders, ist sie deshalb von vornherein nichtig.

1. Bestellung des Verwalters durch Beschluss der Eigentümer mit Stimmenmehrheit
2. Ermächtigung des Verwaltungsbeirats durch alle Eigentümer zwecks Interessenvertretung bei den Vertragsverhandlungen und dem Vertragsabschluss mit dem Verwalter
3. Vertragsverhandlungen und Vertragsabschluss zwischen dem zukünftigen Verwalter und dem bevollmächtigten Verwaltungsbeirat
4. Aufnahme der Tätigkeit des Verwalters zum vereinbarten Zeitpunkt

Abb. IV 28: Ablauf von der Bestellung bis zur Tätigkeitsaufnahme des Verwalters

Zwischen der Bestellung des Verwalters und dem Abschluss des Verwaltervertrages ist ein Unterschied zu machen, da es sich hierbei um zwei rechtlich verschiedene Vorgänge handelt.[236] Die Bestellung des Verwalters ist in § 26 WEG ausdrücklich geregelt. Es handelt sich hierbei um

---

[236] Vgl. Bärmann, J./Pick, E. (2005), S. 420

einen konstitutiven Akt. Bei dem Abschluss eines Verwaltervertrags handelt es sich um einen zivilrechtlich entgeltlichen Geschäftsbesorgungsvertrag, worauf später noch eingegangen wird. Nur weil eine Eigentümergemeinschaft einseitig einen Verwalter bestellt hat, ist nicht gleichzeitig ein Vertragsverhältnis zwischen den Eigentümern und dem Verwalter zustande gekommen. Ein Verwaltervertrag, in welchem die Aufgaben und Befugnisse des Verwalters, seine Amtszeit, Kündigungsmöglichkeiten, Vergütung, Vollmachten usw. geregelt werden, ist zusätzlich abzuschließen. Hierbei bedarf es einer separaten Entscheidung der Eigentümer und der Vertragsannahme des bestellten Verwalters. Im Ausnahmefall kann der Bestellungsbeschluss auch als Vertragsabschluss angesehen werden, wenn bereits zum Zeitpunkt der Beschlussfassung ein konkretes Vertragsangebot eines bestimmten Verwalters besteht. Üblicherweise erfolgen heute jedoch eine Beschlussfassung und der Abschluss eines Verwaltervertrags separat voneinander. Meist wird der Verwaltungsbeirat von allen Eigentümern ermächtigt, in ihrem Namen, auf der Grundlage des Bestellungsbeschlusses und unter Einbeziehung der Gemeinschaftsordnung einen branchenüblichen Vertrag mit dem Verwalter auszuhandeln und abzuschließen. Bis ein wirksamer Vertrag zwischen den Eigentümern und dem Verwalter abgeschlossen wurde, gelten die Vorschriften des WEG, der §§ 675 ff. BGB sowie die akzeptierten Rahmendaten des Bestellungsbeschlusses als Handlungsmaßgabe des Verwalters. Sollte nur ein Verwaltervertrag abgeschlossen worden sein, so wird damit jedoch nicht der Bestellungsbeschluss ersetzt. Solange keine Bestellung stattgefunden hat, besteht für den Verwalter noch keine Verwalterrechtsstellung. Die Bestellung eines Verwalters kann höchstens auf fünf Jahre erfolgen, wobei die Bestellung des Erstverwalters, d. h. mit der Begründung von Wohnungseigentum, auf drei Jahre beschränkt wird. Nachvollziehbar ist zwar das Ansinnen des Gesetzgebers, dass einer neuen Wohnungseigentümergemeinschaft nicht für fünf Jahre der vom Teilenden ausgewählte Verwalter aufgebürdet werden soll, sofern dieser nicht das Vertrauen der Gemeinschaft genießt. Umgekehrt werden gerade Verwalter von Neubauten wenig glücklich mit dieser Regelung sein und einwenden, dass sie den typischen Auseinandersetzungen über Gewährleistungsmängel zwischen Bauträger und Erwerber, und den hiermit zusammenhängenden häufig überzogenen Anforderungen zum Opfer fallen werden. Eine erneute Bestellung des Verwalters ist jederzeit möglich. Hierzu bedarf es allerdings wieder eines Bestellungsbeschlusses, welcher aber frühestens ein Jahr vor Ablauf der Bestellungszeit gefasst werden kann (§ 26 (1) S. 2 1. Alt. und (2) WEG).

Zur Bestellung eines Verwalters bedarf es gesetzlich einer Stimmenmehrheit der Eigentümer. Der Verwalter kann mit einfachem Mehrheitsbeschluss ohne Angabe von Gründen jederzeit abberufen werden. Abgesehen von dem eigenständigen Anfechtungsrecht des Verwalters über den Beschluss seiner Abberufung, kann er bei einer unberechtigten Abberufung eine Regulierung seines Vergütungsanspruches bis zum Ablauf der regulären Bestellungszeit verlangen, abzüglich der ersparten Aufwendungen. Um dieser einfachen Abberufungsmöglichkeit vorzubeugen, ist in der Praxis üblich, die Abberufung auf einen sogenannten wichtigen Grund zu beschränken. Eine solche Beschränkung ist nach § 26 (1) S. 3–5 WEG zulässig, und kann per einfachem Beschluss erfolgen; häufig wird eine solche Regelung daher auch im Verwaltervertrag fixiert, mit deren genehmigendem Beschluss sie dann auch in Kraft tritt. Ein wichtiger Grund liegt zum Beispiel dann vor, wenn der Verwalter die Eigentümergemeinschaft über eine bestehende Vorstrafe o. ä. getäuscht hat oder die Beschluss-Sammlung nicht ordnungsgemäß führt (§ 26 (1) S. 4 WEG).[237] Weitere Beschränkungen der Bestellung und Abberufung des Verwalters sind ausdrücklich ausgeschlossen (§ 26 (1) S. 5 WEG), es sei denn, dass die Aufhebung des Verwaltervertrags einvernehmlich verläuft.[238] Ob eine Person zum Verwalter bestimmt wurde und damit eine Verwaltereigenschaft vorliegt, kann durch die Vorlage

---
[237] Vgl. ebenda, S. 428 f.
[238] Vgl. ebenda, S. 364 f.

der Niederschrift des Bestellungsbeschlusses nachgewiesen werden. Der Bestellungsbeschluss ist, wie auch die gesamte Niederschrift der Beschlüsse, von den Protokollzeugen, d. h. einem Wohnungseigentümer und – sofern ein Verwaltungsbeirat bestellt ist – von dessen Vorsitzendem sowie dem Versammlungsleiter zu unterzeichnen. Ist aber die öffentliche Beglaubigung erforderlich, dann müssen die erforderlichen Unterschriften vor entsprechenden beglaubigungsfähigen Stellen, z. B. bei Notaren, erfolgen (§ 26 (3) WEG).

- Bestellung des Verwalters auf maximal fünf Jahre; bei der ersten Bestellung maximal drei Jahre
- eine wiederholte Bestellung ist zulässig, kann aber frühestens ein Jahr vor Ablauf der Bestellungszeit neu beschlossen werden
- Einfache Stimmenmehrheit der Eigentümer zur Bestellung ausreichend
- Beschränkung der vorzeitigen Abberufung auf das Vorliegen eines wichtigen Grundes zulässig
- die Verwaltereigenschaft kann durch eine öffentlich beglaubigte Urkunde nachgewiesen werden (z. B. die Niederschrift des Bestellungsbeschlusses)

Abb. IV 29: Wesentliche Inhalte des § 26 WEG

6.2.5.3 Verwaltervertrag

Wird durch Teilungserklärung eines Bauträgers das Wohnungseigentum geschaffen, so bestimmt dieser Bauträger meist auch den ersten Verwalter in der Teilungserklärung oder in der Gemeinschaftsordnung. In solchen Fällen wird häufig auch der Verwaltervertrag als Bestandteil des Kaufvertrages vorgegeben und damit für die Wohnungseigentümer verbindlich. Erst mit Beendigung der vereinbarten Laufzeit können die neuen Wohnungseigentümer einen neuen Verwalter bestimmen. Dies sollte dann jedoch unbedingt mit einem schriftlichen Verwaltervertrag verknüpft werden, so dass die unter Umständen notwendige Beweisführung erleichtert wird. Bei dem Verwaltervertrag handelt es sich meist um einen Geschäftsbesorgungsvertrag nach § 675 BGB, welcher Elemente aus dem Auftrags-, Dienstvertrags- und Werkleistungsrecht beinhaltet. Welche gesetzlichen Aufgaben, Befugnisse und Verpflichtungen der Verwalter hat, kann in erster Linie den §§ 27 und 28 WEG entnommen werden. Die sich hieraus ergebenden Rechte und Verpflichtungen können in dem gesondert zu schließenden Verwaltervertrag nicht eingeschränkt, wohl aber ergänzt werden (§ 27 (4) WEG). Durch die gesetzlich zwingenden Verwalterpflichten sind ohnehin keine restriktiven Vertragsregelungen zulässig. In erster Linie dient der Verwaltervertrag zur Regelung von Umfangs- und Grenzfragen zu den ausführbaren Nebenpflichten, zur Festlegung des Verwalterhonorars (Pauschal- und Sonderhonorierungen) und zur Regelung von Haftungsausschlüssen. Zwischen den Vertragsparteien herrscht grundsätzlich Vertragsfreiheit, soweit nicht zwingende gesetzliche Vorschriften dagegenstehen. Wird jedoch ein Vertragsformularmuster verwendet, so ist dieses Muster als gleich lautender „Bündelvertrag" zwischen dem Verwalter und jedem einzelnen Eigentümer anzusehen. Formularmuster kann der Verwalter beim Dachverband Deutscher Immobilienverwalter e. V. (www.ddiv.de) bestellen.

Wie bereits erwähnt, sollte im Verwaltervertrag nicht langatmig der Gesetzestext abgeschrieben werden. Es ist besonderes Augenmerk hauptsächlich auf die Sonderabsprachen zu legen. Die Regelungen des Wohnungseigentumsgesetzes zur Verwaltung des gemeinschaftlichen Eigentums bedürfen im Verwaltervertrag keiner Wiederholung. Es ist daher auch zweckmäßig, die Regelungen des Verwaltervertrages auf die nicht im WEG geregelten, hier bereits benannten Punkte zu beschränken. Diese sollten auch besonders aus Beweisgründen schriftlich im Vertrag aufgenommen

> In einem Verwaltervertrag sollten folgende Dinge erwähnt bzw. geregelt werden:
> - Vertragsdauer,
> - ordentliche Kündigung,
> - Fristlose Kündigung/vorzeitige Abberufung,
> - Aufgaben und Befugnisse,
> - Haftung des Verwalters und Haftungsbegrenzungen,
> - Vertretung des Verwalters,
> - Vergütung,
> - Vertragsänderungen sowie
> - Vermögensschadensversicherungen.

Abb. IV 30: Inhalt eines Verwaltervertrages

werden. In der Praxis sind oftmals mehr oder weniger umfangreiche Leistungskataloge in den Vertrag eingearbeitet, zu dessen Einhaltung sich der Verwalter verpflichtet hat.

Der Verwaltervertrag regelt allein das Innenverhältnis zwischen Eigentümern und Verwalter, jedoch soll der Verwalter die Eigentümer in der Regel auch nach außen hin vertreten. Deshalb wird meist gleichzeitig mit Abschluss des Verwaltervertrags eine Vollmacht für den Verwalter ausgestellt, die dem Zweck des Handlungslegitimationsnachweises dient (§ 27 (6) WEG). Wie bereits erwähnt, wird zum Abschluss des Vertrages meist ein Miteigentümer aus der Gemeinschaft – z. B. der Verwaltungsbeirat – beauftragt und ermächtigt. Die Rahmendaten, wie beispielsweise die Bestimmung über die Verwaltung, die Laufzeit der Bestellung und des hieran geknüpften Vertrages, aber auch Vergütungsfragen, wurden vorab bei der Bestellung des Verwalters von den Eigentümern festgelegt. An diese Vorgaben hat sich der Bevollmächtigte selbstverständlich zu halten, will er nicht durch Überschreiten dieser Vorgaben in die Haftung gegenüber der Wohnungseigentümergemeinschaft geraten. Aus diesen Gründen heraus lehnen in der Praxis auch viele Verwaltungsbeiräte die Ermächtigung zur Aushandlung des Verwaltervertrages mit all seinen Vertragsklauseln ab, und beschränken sich auf die Bevollmächtigung zur reinen Vertragsunterzeichnung des vorher allen Wohnungseigentümern bekannt gemachten Vertrages. Eine Bevollmächtigung zur Vertragsverhandlung mit dem Verwalter und dem folgenden Vertragsabschluss ist aber dann zu empfehlen, wenn der hierzu ermächtigte Wohnungseigentümer sachkundig ist, wie z. B. einen Rechtsanwalt. In größeren Wohnungseigentümergemeinschaften kommt es hingegen oft vor, dass mit der Bestellung des Verwalters ebenfalls beschlossen wird, einen externen Rechtsanwalt mit der Prüfung und Bewertung, ggf. sogar mit der Erstellung eines den Wünschen der Wohnungseigentümer entsprechenden Verwaltervertrages beauftragt wird.[239]

6.2.5.4 Aufgaben und Befugnisse des WEG-Verwalters

Dem Verwalter obliegt gemäß § 20 WEG die Verwaltung des gemeinschaftlichen Eigentums der Wohnungseigentümergemeinschaft, soweit nicht die Wohnungseigentümer selbst durch Beschluss oder Vereinbarung zu entscheiden haben. Die Rechte und Pflichten des Verwalters gegenüber der teilrechtsfähigen Wohnungseigentümergemeinschaft als auch den einzelnen Wohnungseigentümer als Mitglieder einer Bruchteilsgemeinschaft sind primär in den §§ 27, 28 WEG aufgeführt. Der Verwalter muss dabei stets unterscheiden, ob es Geschäftsführungs- und Vertretungsorgan der rechtsfähigen Wohnungseigentümergemeinschaft oder in Angelegenheiten, die das Innenverhältnis

---

[239] Vgl. Deckert, W.-D. (2001), S. 281 ff.

der Wohnungseigentümer betreffen, tätig wird. Von diesen Rechten und Pflichten kann der Verwalter weder per Beschluss noch durch Vereinbarung der Eigentümergemeinschaft entbunden werden.[240] Neben den vorgenannten Hauptpflichten des Verwalters können zahlreiche Nebenpflichten vertraglich vereinbart werden. Auch die zusätzliche Vergütung für die übernommenen Nebenpflichten sollte im Vertrag festgehalten werden. Für die Hauptpflichten des WEG-Verwalters kann jedoch nur eine Pauschale, ohne Sonderhonorarabsprachen, erhoben werden. Die Aufgaben, Rechte und Pflichten des Verwalters werden also einerseits gesetzlich vorgeschrieben und andererseits zusätzlich vertraglich vereinbart. Neben den in §§ 27, 28 WEG beschriebenen Hauptpflichten finden sich insbesondere in den §§ 23, 24, und 25 WEG weitere Vorgaben, die sich jedoch ausschließlich auf die Wohnungseigentümerversammlung beziehen.

Nach § 27 (1) Nr. 1 WEG ist der Verwalter berechtigt und verpflichtet, Beschlüsse der Wohnungseigentümer durchzuführen. Der Beschlussdurchführung geht jedoch voraus, dass ein Beschluss wirksam zustande gekommen ist. Wie bereits dargestellt, kommt ein Beschluss erst dann wirksam zustande, wenn der Verwalter – sofern er der Versammlungsleiter ist – das Beschlussergebnis verkündet. Dabei kann es durchaus vorkommen, dass der Verwalter in fehlender Rechtskenntnis einen Beschluss fehlerhaft für zustande gekommen oder für abgelehnt erklärt. Ein typisches Beispiel hierfür sind z. B. Beschlüsse, die nach der Gemeinschaftsordnung einer qualifizierten Mehrheit (z. B. ¾ Mehrheit aller Wohnungseigentümer) bedürfen, diese Mehrheit in der Wohnungseigentümerversammlung nicht erreichen und der Verwalter irrig annimmt, dass für den entsprechenden Beschluss eine einfache Mehrheit ausreicht. Verkündet der Verwalter einen Beschluss als zustande gekommen, bedarf es – trotz fehlerhafter Verkündung – der ausdrücklichen Beschlussanfechtung durch einen Wohnungseigentümer, um einen solchen Beschluss gerichtlich aufheben zu können. Dies gilt nicht, wenn der Verwalter einen nichtigen Beschluss verkündet, also ein Beschluss wirksam werden soll, für den der Gemeinschaft die Beschlusskompetenz fehlt. Zeitliche Vorgaben für die Umsetzung der verkündeten Beschlüsse macht das WEG nicht; spätestens jedoch in der nächsten ordentlichen Eigentümerversammlung wird der Verwalter erklären müssen, dass er alle Beschlüsse der letzten Versammlung umgesetzt hat bzw. erläutern müssen, warum er den einen oder anderen Beschluss nicht umsetzen konnte. Ferner ist es die Aufgabe des Verwalters, die notwendigen Maßnahmen zur Instandhaltung und Instandsetzung des Gemeinschaftseigentums zu treffen. Handelt es sich gemäß § 27 (1) Nr. 3 WEG um eine dringende Maßnahme, z. B. um eine Verkehrssicherungspflicht, dann muss der Verwalter unverzüglich die erforderlichen (Instandsetzungs-) Aufträge erteilen. Z. B. kann der Verwalter im Falle eines Wasserrohrbruchs nicht darauf warten, eine eilig einberufene Versammlung durchzuführen und sich per Beschluss legitimieren zu lassen, den akuten Schaden beheben zu lassen; in diesem Fall muss der Verwalter sofort – im Namen der Wohnungseigentümergemeinschaft – handeln und alles daran setzen, einen größeren Schaden abzuwenden. Eine weitere Aufgabe des Verwalters ist die Verwaltung der gemeinschaftlichen Gelder. Zu diesen Geldern zählen die Vorschüsse auf das Hausgeld, die Instandhaltungsrücklagen und die Einnahmen aus der Vermietung und Verpachtung von gemeinschaftlichem Eigentum. Die Verfügung des Verwalters über die Gelder der Gemeinschaft kann von der Zustimmung eines Wohnungseigentümers oder eines Dritten abhängig gemacht werden. Über diese Gelder kann der Verwalter verfügen, es besteht jedoch auch Rechnungslegungspflicht. Der Verwalter hat schließlich dafür Sorge zu tragen, dass die Hausordnung von allen Eigentümern eingehalten bzw. durchgeführt wird.[241]

Als Befugnis wird dem Verwalter, wie bereits erwähnt, die Vertretungsbefugnis erteilt. Da der Verwalter im Zuge der Anerkennung der Teilrechtsfähigkeit der Wohnungseigentümergemeinschaft

---

[240] Vgl. Röll, L. (2005), S. 887
[241] Vgl. Falk, B. (2004), S. 936 f.

auch diese selbst als Organ eigener Art vertritt, ist der Verwalter insbesondere dazu befugt, Willenserklärungen und Zustellungen entgegenzunehmen, die an alle Wohnungseigentümer (§ 27 (2) Nr. 1 WEG) oder aber an die teilrechtsfähige Wohnungseigentümergemeinschaft (§ 27 (3) S. 1 Nr. 1 WEG) gerichtet sind, entgegenzunehmen. Der Gesetzgeber hat jedoch bewusst darauf verzichtet, den Verwalter mit umfassenden Befugnissen für die von ihm vertretene teilrechtsfähige Wohnungseigentümergemeinschaft auszustatten. Der Verwalter kann die Wohnungseigentümergemeinschaft mithin nur dann vertreten, wenn ihm das Gesetz oder die Wohnungseigentümer dazu Vertretungsmacht einräumen. Sofern die Wohnungseigentümer den Verwalter mit weiteren Rechten ausstatten wollen, erfordert dich nach § 27 (3) S. 1 Nr. 7 WEG eine Vereinbarung oder einen Beschluss.

Die Vielzahl der Aufgaben des WEG-Verwalters, welche auch noch weit über das gesetzlich vorgeschriebene Maß hinausgehen, erstreckt sich über weite Gebiete, von denen die Eigentümer

Aufgaben	Befugnisse
• Beschlussdurchführung • Instandhaltung/Instandsetzung • Verwaltung gemeinschaftlicher Gelder • Sorge für Durchführung der Hausordnung	Vertretungsbefugnis • Lasten- und Kostenbeiträge • Zahlungen und Leistungen • Willenserklärungen und Zustellungen • fristwahrende Maßnahmen • Geltendmachung von Ansprüchen

Abb. IV 31: Aufgaben und Befugnisse des Wohnungseigentumsverwalters[242]

oft gar nichts erfahren. Was der Eigentümer von den Tätigkeiten des Verwalters mitbekommt, ist ein verschwindend geringer Anteil, wie beispielsweise die Einladung zur und Durchführung der Wohnungseigentümerversammlung, die Hausgeldabrechnung, der Wirtschaftsplan, Rundschreiben und Aushänge sowie Beratungen und Informationen, die die Wohnanlage betreffen. Dies macht jedoch nur die Spitze der Verwalterpyramide aus. Der breite Sockel, das Fundament der Verwalterpyramide bleibt dem Eigentümer verborgen. Allenfalls der Verwaltungsbeirat bekommt einen etwas tieferen Einblick in die Leistungen des Verwalters. Um die Vielzahl der Aufgaben und Leistungen des Verwalters übersichtlich zu machen, werden diese in drei Kategorien eingeteilt.

Der Verwalter muss sich demnach auf diesen drei weit verzweigten Terrains sicher bewegen können. Dies spricht wiederum dafür, die Wohnungseigentumsverwaltung in professionelle Hände zu geben. In folgenden Beispielen wird ein kleiner Einblick gegeben, was sich hinter diesen drei Säulen verbirgt. Diese Aufzählungen haben jedoch keinen Anspruch auf Vollständigkeit, da eine detaillierte Auflistung den Rahmen überschreiten würde.

---

[242] Vgl. ebenda, S. 937

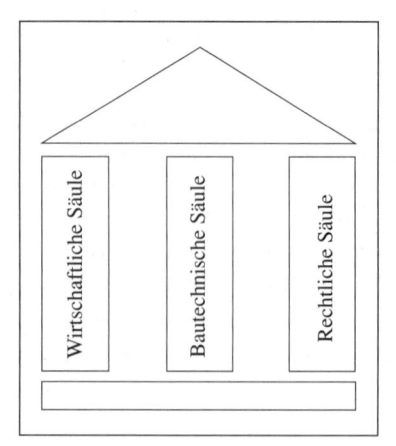

Abb. IV 32: Die drei Säulen der WEG-Verwaltung

• Überwachen und Verbuchen sämtlicher Geldeingänge und -ausgänge	• Anweisen und Veranlassen von Zahlungen
• Monatliche Sollstellung der Hausgeldbeiträge	• Errechnen und Anfordern beschlossener Sonderumlagen
• Verwalten und Disponieren von Geldmitteln auf Giro-, Festgeld- und Sparkonten	• Kennen und Beachten von den wichtigsten Steuer- und Abgabengesetze
• Rechnungskontrolle	• Veranlassen von Heizkostenabrechnungen
• Erstellen von Wirtschaftsplänen und Abrechnungen	• Erstellung von erforderlichen Meldungen an das Finanzamt
• Erfassen von Verbrauchswerten (Öl, Strom, Wasser etc.)	• Bearbeiten von Lastschriftbuchungen

Abb. IV 33: Wirtschaftliche/kaufmännische Säule[243]

• Vorbereiten und Veranlassen von Handwerkerangeboten, Ausschreibungen und Angebotsspiegeln	• Veranlassen der Schadensbeseitigung durch Handwerker
• Einweisung und Einarbeitung der Hausmeister	• Vergeben, Überwachen und Abrechnen von Instandhaltungs- und Instandsetzungsmaßnahmen
• Abschluss von Wartungs- und Versicherungsverträgen	• Beauftragung von Sachverständigen bei Versicherungsschäden oder bei Wertschätzungen
• Vorbereitung und Organisation von TÜV-, Brandschutz- und Blitzschutzprüfungen	• Beschaffung von öffentlich-rechtlichen Genehmigungen (Fernsehantenne)
• Bearbeitung von Schlüsselbestellungen	
• Schadensmeldungen bei Versicherungsfällen	

Abb. IV 34: (Bau-)technische Säule[244]

---

[243] Vgl. Hauff, M. (2001), S. 45
[244] Vgl. ebenda

• Einziehung und nötigenfalls Beitreibung der Wohngelder, ggf. durch gerichtliches Mahnverfahren • Abschluss von Verträgen mit Hausmeistern, Versicherungen und Handwerkern • Mitwirkung bei Gerichtsterminen, Beschlussanfechtungen und Hausgeldklagen • Insbesondere die Beachtung des WEG, BGB, der Rechtsprechung, der GrundbuchVO und dem Nachbarschaftsrecht • Korrespondenz mit Eigentümern	• Bearbeiten von Beschwerden und Verstößen gegen die Hausordnung • Verhandeln mit Behörden, Eigentümern, Hausmeistern und Lieferanten • Organisation der Eigentümerversammlung • Erstellung der Tagesordnungspunkte und der Beschlussentwürfe • Erstellung und Versand des Eigentümerversammlungsprotokolls • Beratung von Eigentümern und Hausmeistern

Abb. IV 35: *Allgemeine und rechtliche Säule*[245]

6.2.5.4.1 Die Aufstellung des Wirtschaftsplanes

Die Aufstellung eines Wirtschaftsplanes gehört zu den wesentlichsten Aufgaben eines Wohnungseigentumsverwalters. Der Wirtschaftsplan ist ein Einnahme- und Ausgabevoranschlag mit Aufteilung der zur Ausgabendeckung notwendiger Beiträge auf die Wohnungseigentümer. Mit Blick in die Zukunft richtet sich die anteilig zu zahlende Höhe des Hausgeldes nach dem Wirtschaftsplan. Der Verwalter stellt für jeweils ein Kalenderjahr einen Wirtschaftsplan auf (§ 28 (1) S. 1 WEG), in welchem er

- die voraussichtlichen Einnahmen und Ausgaben bei der Verwaltung des gemeinschaftlichen Eigentums (§ 28 (1) Nr. 1 WEG),
- die anteilsmäßige Verpflichtung der Wohnungseigentümer zur Lasten- und Kostentragung (§ 28 (1) Nr. 2 WEG) und
- die Beitragsleistung der Wohnungseigentümer zu der vorgesehenen Instandhaltungsrückstellung (§ 28 (1) Nr. 3 WEG)

darlegt. Stellt der Verwalter nicht freiwillig einen Wirtschaftsplan auf, so kann jeder Wohnungseigentümer dies, auch ohne Ermächtigung der Gemeinschaft, erzwingen.

Der vom Verwalter aufgestellte Wirtschaftsplan wird in der Regel von dem Verwaltungsbeirat geprüft, sofern ein Verwaltungsbeirat benannt wurde. Daraufhin wird in einer Eigentümerversammlung über den Wirtschaftsplan beschlossen. Hierfür ist eine einfache Mehrheit ausreichend (§ 28 (5) WEG). Sobald der Wirtschaftsplan durch die Eigentümer beschlossen wurde, werden von dem Verwalter entsprechende Vorschüsse abgerufen, welche dann unverzüglich von den Eigentümern zu leisten sind (§ 28 (2) WEG). In dem Beschluss über die Genehmigung des Wirtschaftsplans werden nur die vorläufigen Beiträge jedes einzelnen Eigentümers zur Lasten- und Kostendeckung des gemeinschaftlichen Eigentums bestimmt. Den endgültigen Beitrag bestimmt erst die Jahresabrechnung, welche ebenfalls von der Eigentümergemeinschaft mehrheitlich beschlossen werden muss. Ob die Eigentümer ihre monatlichen Hausgeldbeiträge im Wirtschaftsplan knapp oder reichlich festlegen, liegt in ihrem Ermessensspielraum, jedoch ist zu beachten, dass der Beschluss über einen Wirtschaftsplan anfechtbar ist, wenn dieser zu außerordentlich hohen Überzahlungen oder Nachzahlungen führen kann.

---

[245] Vgl. ebenda

6.2.5.4.2 Die Abrechnung des Wohngelds und Rechnungslegung

Die Abrechnung über das Hausgeld erfolgt einmal jährlich (§ 28 (3) WEG), spätestens sechs Monate nach Ablauf des Wirtschaftsjahres, durch den Verwalter. Bei dem Hausgeld handelt es sich um die regelmäßigen monatlichen Vorauszahlungen auf die durch das Gemeinschaftseigentum entstehenden Kosten und Lasten. Hiermit sind in erster Linie die Betriebskosten, die Instandhaltungskostenbeiträge und die sonstigen Verwaltungskostenbeiträge gemeint. Die Vorauszahlungen gehen auf ein Treuhandkonto des Verwalters ein. Der Verwalter ist verpflichtet, die Konten der Eigentümergemeinschaft von seinen privaten Konten und Geschäftskonten strikt getrennt zu halten. Am Ende des Kalenderjahres wird dann die Abrechnung des Hausgeldes erstellt, welche aus

- der Summe der Betriebskosten (nach dem Gesamtbetrag und den Einzelbeträgen für die Wohnungseigentümer aufgeteilt),
- dem Instandhaltungskostenbeitrag sowie
- dem Verwaltungskostenbeitrag einschließlich der Umsatzsteuer

besteht. Von diesen Summen werden die geleisteten monatlichen Vorauszahlungen abgezogen. Auch alle Einnahmen, z. B. durch die Vermietung von Gemeinschaftseigentum, werden abgerechnet. Was mit diesen Einnahmen geschehen soll, legen die Eigentümer jedoch separat fest, entweder nach jeder Abrechnungsperiode oder grundsätzlich. In Betracht kommt hierbei eine Auszahlung an jeden Eigentümer im Verhältnis der Größe seines Miteigentumsanteils oder eine Anrechnung auf die noch zu leistenden Hausgeldbeiträge bzw. die Investition in eine Instandhaltungsmaßnahme bzw. die Zuführung zur Instandhaltungsrücklage. In der Abrechnung ist ebenfalls die Entwicklung der Instandhaltungsrückstellung anzugeben.

Neben der jährlichen Gesamtabrechnung für die Eigentümergemeinschaft erstellt der Verwalter zusätzlich für jeden Eigentümer eine Einzelabrechnung. In dieser Abrechnung werden die Gesamtkosten und -lasten nach dem gesetzlichen oder dem vereinbarten Verteilungsschlüssel auf alle Eigentümer umgelegt. Deshalb ist der Verteilungsschlüssel ein notwendiger Bestandteil jeder Abrechnung.

Hegen die Eigentümer eventuell Zweifel daran, dass der Verwalter seine Abrechnung korrekt durchführt, so können die Eigentümer den Verwalter durch Mehrheitsbeschluss zur Rechnungslegung, also einer geordneten Aufstellung der Einnahmen und Ausgaben anhand von Rechnungsbelegen, verpflichten (§ 28 (4) WEG). Diese Verpflichtung besteht jedoch nur gegenüber der Wohnungseigentümergemeinschaft, nicht gegenüber jedem einzelnen Eigentümer. Die Eigentümer können keine Rechnungslegung mehr fordern, wenn sie bereits über die Abrechnung beschlossen haben.

6.2.6 Die Eigentümerversammlung

6.2.6.1 Die Vorbereitung

Die Regelungen bezüglich der Eigentümerversammlung sind im Wohnungseigentumsgesetz unter den §§ 23 bis 25 WEG zu finden. Diese sind teils zwingend und teils dispositiv. Die Versammlung der Eigentümer ist mindestens einmal jährlich einzuberufen. Es können auch mehr als einmal im Jahr Versammlungen abgehalten werden, wenn hierfür eine Notwendigkeit besteht oder mehr als ein Viertel der Eigentümer dies schriftlich und unter Angabe des Zwecks und der Gründe verlangt (§ 24 (2) WEG). In der Regel werden die Versammlungen von den Verwaltern einberufen. Dies kann aber auch von dem Vorsitzenden des Verwaltungsbeirates oder seinem Stellvertreter getan werden, wenn kein Verwalter bestellt ist oder dieser sich weigert, eine Versammlung einzuberufen (§ 24 (3) WEG). Ist kein Verwaltungsbeirat bestellt, so kann das Gericht einen Wohnungseigentümer zur Einberufung der Versammlung ermächtigen. Ohne eine solche Ermächtigung darf kein Eigentümer die Versammlung einberufen. Beschlüsse, die auf einer solchen, nicht ordnungsgemäß einberufenen Versammlung gefasst werden, gelten zwar nicht als nichtig, sind aber durchaus anfechtbar, es sei denn, alle Eigentümer waren beteiligt und haben abgestimmt. Die Einberufung der Eigentümerversammlung hat in Textform zu erfolgen (§ 24 (4) S. 1 WEG) und sollte mit einer Unterschrift des Verwalters versehen sein. Die Frist von der Einberufung bis zur Versammlung sollte mindestens zwei Wochen betragen. Üblicherweise laden professionelle Verwalter in einem Zeitraum von drei bis vier Wochen vor der Versammlung ein. Wird die Frist kürzer angesetzt, sollte ein Fall besonderer Dringlichkeit dies rechtfertigen (§ 24 (4) WEG). Ist die Frist in einem dringlichen Fall auf unter zwei Wochen verkürzt worden, so sind die gefassten Beschlüsse nur dann anfechtbar, wenn Wohnungseigentümer konkret an der Abstimmung gehindert und das Abstimmungsergebnis dadurch beeinflusst wurde.[246]

1. Begrüßung und Eröffnung
2. Feststellung der Beschlussfähigkeit
3. Erläuterung der Teilungserklärung und des WEG
4. Erläuterung der Gemeinschaftsversicherungen
5. Hausgeld/Abrechnung: Beschluss über Abrechnungsperiode und Verteilerschlüssel
6. Wahl eines Verwaltungsbeirats
7. Bestellung eines Verwalters/Verwaltervertrag/Verwaltervollmacht
8. Entlastung des Verwalters
9. Instandhaltungs-/Instandsetzungsmaßnahmen am gemeinschaftlichen Eigentum
10. Genehmigungen für Sonderumbauten

Abb. IV 36: Mögliche Tagesordnungspunkte einer Eigentümerversammlung

Im Vorwege ist in den Einladungen auch anzukündigen, was der Gegenstand der zu fassenden Beschlüsse ist, damit die dann später gefassten Beschlüsse auch Gültigkeit erlangen (§ 23 (2) WEG). Dies soll die Eigentümer vor Überraschungen schützen und ihnen genug Zeit für Vorbereitungen und Überlegungen geben. Tagesordnungspunkte wie beispielsweise Fragen oder Geschäftsordnungen, die nicht Beschlussinhalte betreffen, müssen nicht vorab angekündigt werden. Es empfiehlt sich jedoch, den Eigentümern eine möglichst genaue und detaillierte Tagesordnung vorab zukommen zu lassen, so dass jeder für sich genug Zeit hat, sich auf diese Punkte einzustellen, und damit zu entscheiden, ob er selbst an der Versammlung teilnehmen möchte oder statt dessen eine Vollmacht zur Stimmrechtsvertretung erteilt. Auch Formalien einer solchen Versammlung, wie beispielsweise die Wahl eines Versammlungsvorsitzenden, wenn dies nicht, wie in § 24 (5) WEG vorgesehen, der Verwalter sein soll, müssen nicht zwingend auf der Tagesordnung vorab angekündigt werden.

Neben den Tagesordnungspunkten muss die Einladung/Einberufung auch die weiteren wesentlichen Informationen beinhalten, aus denen sich der Zeitpunkt der Versammlung, der Versammlungsort und die betreffende Wohnungseigentümergemeinschaft ergeben. Erläuternde Hinweise, wie z. B. die erforderliche Beschlussfähigkeit und ggf. aus der fehlenden Beschlussfähigkeit resultierende – kostenpflichtige – Wiederholungsversammlung, aber auch mögliche Bevollmächtigungen mit

---

[246] Vgl. Röll, L. (2005), S. 897

entsprechendem beiliegenden Formular, sollten in einer Einladung/Einberufung ebenfalls nicht fehlen.[247]

6.2.6.2 Beschlussfähigkeit

Die Versammlung ist dann beschlussfähig, wenn durch die erschienen oder vertretenen und stimmberechtigten Mitgliedern mehr als die Hälfte der Miteigentumsanteile vertreten sind (§ 25 (3) WEG). Dies wird nach den im Grundbuch eingetragenen Größen der Miteigentumsanteile berechnet. Die Beschlussfähigkeit muss während der gesamten Versammlung, zumindest während aller Beschlussfassungen, gewahrt sein. Sie muss allerdings nicht immer erneut festgestellt werden, sondern nur dann, wenn der Versammlungsleiter berechtigte Zweifel daran haben muss, dass – z. B. weil mehrere Wohnungs-/Teileigentümer die Versammlung verlassen haben – die Beschlussfähigkeit nicht mehr gegeben ist. In Einzelfällen werden bestimmte Eigentümer vom Stimmrecht ausgeschlossen. Diese dürfen hinsichtlich der Beschlussfähigkeit nicht erfasst werden, es sei denn, dass die Eigentümer nur für einzelne Tagesordnungspunkte vom Stimmrecht ausgeschlossen sind. Sind aber mehr als die Hälfte der Eigentümer generell vom Stimmrecht ausgeschlossen, würde die Beschlussfähigkeit überhaupt nicht erreichbar sein, wodurch in solchen Fällen auf die Voraussetzung der Beschlussfähigkeit verzichtet werden kann. Da die Beschlussfähigkeit nach § 25 (3) WEG dispositiv ist, also durch eine Vereinbarung der Wohnungs-/Teileigentümer abbedungen werden kann, empfiehlt sich insbesondere für den Teilenden Eigentümer die Überlegung, in der Gemeinschaftsordnung von Anfang an alle Versammlungen – unabhängig von den erschienen und vertretenen Miteigentumsanteilen – beschlussfähig werden zu lassen.

Beispiel: Überprüfung der Beschlussfähigkeit der Eigentümerversammlung:

Eigentümer	Miteigentumsanteil
E_1	340/1.000
E_2	260/1.000
E_3	160/1.000
E_4	240/1.000

Eigentumsanteile von E_x	Eigentumsanteile von E_y	Summe der Eigentumsanteile $(E_x + E_y)$	Ergebnis
E_1	E_2	600/1.000	beschlussfähig
E_1	E_3	500/1.000	nicht beschlussfähig
E_1	E_4	580/1.000	beschlussfähig
E_2	E_3	420/1.000	nicht beschlussfähig
E_2	E_4	500/1.000	nicht beschlussfähig
E_3	E_4	400/1.000	nicht beschlussfähig

6.2.6.3 Abstimmungen

Werden bei der Wohnungseigentümerversammlung Abstimmungen vorgenommen, so hat nach dem gesetzlich vorgegebenen, aber dispositiven Kopfprinzip jeder Eigentümer eine Stimme (§ 25 (2) S. 1 WEG). Dies ist unabhängig davon, wie groß seine Wohnung ist oder ob er nur eine oder mehrere Wohnungen besitzt. In der Praxis wird diese Regelung meist in der Gemeinschaftsordnung durch das Objektprinzip ersetzt, wonach jedem Wohnungseigentum eine Stimme zugeschrieben

---

[247] Vgl. ebenda, S. 898

wird. Hat ein Eigentümer beispielsweise drei Wohnungen in der Wohnanlage, so hat er auch drei Stimmen. Dies kann vorkommen, wenn beispielsweise der Bauträger noch nicht alle Wohnungen verkauft hat. Auch das Wertprinzip, bei dem sich das Stimmrecht nach der Größe der Miteigentumsanteile berechnet, ist eine Möglichkeit, eine Abstimmung vorzunehmen, jedoch ist dies in der Praxis meist zu kompliziert, da die Mehrheit erst mühsam ausgerechnet werden muss. Außerdem wird hierbei die Möglichkeit einer geheimen Abstimmung automatisch ausgeschlossen, zumindest dann, wenn durch die Miteigentumsanteile Rückschlüsse auf die abstimmenden Wohnungs-/Teileigentümer ermöglicht würden."

- Kopfprinzip
  Jedem Wohnungseigentümer steht eine Stimme zu, unabhängig von der Größe und der Anzahl der Wohnungen.
- Objektprinzip
  Jeder Wohnung wird eine Stimme zugeschrieben. Besitzt ein Eigentümer mehrere Wohnungen, so stehen ihm bei den Abstimmungen so viele Stimmen zu, wie er Wohnungen besitzt.
- Wertprinzip
  Die Bedeutung der Stimme wird an der Größe der Miteigentumsanteile gemessen. Besitzt ein Eigentümer mehr Miteigentumsanteile als andere Eigentümer, so fällt seine Stimme mehr ins Gewicht.

Abb. IV 37: Prinzipien zur Mehrheitsberechnung

Wenn von den Eigentümern in der Gemeinschaftsordnung nichts anderes bestimmt wird, so entscheidet die Versammlung in der Regel mit Stimmenmehrheit, wie es in § 21 (3) WEG vorgesehen ist. Eine einfache Stimmenmehrheit liegt dann vor, wenn mehr Ja-Stimmen als Nein-Stimmen abgegeben wurden; im günstigsten Fall liegt damit bei einer Gemeinschaft mit 10 Eigentümern, von denen 8 Eigentümer in der Versammlung vertreten sind, bei einer Ja-Stimme, 0 Nein-Stimmen und 6 Enthaltungen ein wirksamer Mehrheitsbeschluss vor. Bei der Berechnung der Mehrheit werden nur die Stimmen der Eigentümer berücksichtigt, die auch bei der Versammlung anwesend sind oder sich vertreten lassen. Stimmenthaltungen werden bei der Mehrheitsberechnung nicht mit berücksichtigt.

Beispiel: Berechnung nach dem Kopfprinzip, ob „ja" oder „nein" beschlossen wurde bzw. werden konnte:

Gesamtzahl der Wohnungseigentümer:	20
Zahl der anwesenden Wohnungseigentümer:	16
Stimmen für „ja":	4
Stimmen für „nein":	2
Enthaltungen:	10

Die Mehrheit der anwesenden Eigentümer hat sich ihrer Stimme enthalten, jedoch gilt „ja" als beschlossen, denn von den abgegebenen Stimmen war die Mehrzahl für „ja". Nicht die Mehrheit aller Eigentümer ist maßgebend, sondern die Mehrheit der bei der Versammlung abgegebenen Stimmen.

Es gibt eine Ausnahme von dieser Verfahrensregelung. Diese tritt ein, wenn über die Entziehung eines Wohnungseigentums nach § 18 (3) WEG beschlossen werden soll. In diesem Falle bedarf es einer Mehrheit von mehr als der Hälfte der stimmberechtigten Wohnungseigentümer, nach Kopfteilen gerechnet.[248] Kommt es bei einer Abstimmung zu einer Stimmengleichheit, so gilt der Antrag als abgelehnt.

---

[248] Vgl. ebenda, S. 914

Neben der einfachen Stimmenmehrheit kennt das WEG die Einstimmigkeit, die in der Praxis häufig auch als „Allstimmigkeit" (wegen des Erfordernisses, dass alle Wohnungs-/Teileigentümer einer Gemeinschaft zustimmen müssen) bezeichnet wird, und die relative Mehrheit, die in einer Gemeinschaftsordnung für besonders gewichtige Beschlüsse – wie z. B. für die Änderung von Kostenverteilerschlüssel oder die Genehmigung von Baulichen Veränderungen – vereinbart werden kann. Oftmals problembehaftet ist in der Praxis der Umstand, dass in einer Gemeinschaftsordnung nicht deutlich zwischen den Zuständigkeitsbereichen von Wohnungs- und Teileigentümer unterschieden wird und von daher auch die Stimmenverteilung nicht immer den praktischen Bedürfnissen entspricht. Besteht z. B. eine Wohnungseigentümergemeinschaft aus 20 Wohneinheiten (mit z. B. insgesamt 900/1.000 Miteigentumsanteilen) und 35 Tiefgaragenstellplätzen (mit z. B. insgesamt 100/1.000 Miteigentumsanteilen), enthält aber die Gemeinschaftsordnung keine Regelung zur Stimmenverteilung, könnten nach dem gesetzlich geregelten Kopfprinzip die Stellplatzeigentümer die Beschlusslage dominieren. Das wird dann ganz besonders deutlich, wenn es in einer solchen Gemeinschaft reine Stellplatzeigentümer gibt, die ihr Wohneigentum in einer benachbarten Anlage haben. Um solche gravierenden Konfliktfälle zu vermeiden, muss sich auch hier der Teilende Eigentümer über die Konsequenzen der Stimmrechtsverteilungen in einer Gemeinschaft im Klaren sein.

6.2.6.4 Ablauf der Eigentümerversammlung

Eine Eigentümerversammlung ist grundsätzlich nicht öffentlich, um die Vertraulichkeit der nur die Wohnungs-/Teileigentümer betreffenden Belange zu wahren. Die öffentlich zugänglichen Räumlichkeiten einer Gastwirtschaft sind demnach nicht als Versammlungsort geeignet. Die dort gefassten Beschlüsse können angefochten werden. Die Versammlung muss einen Vorsitzenden bestimmen. Üblicherweise ist dies der Verwalter, jedoch können die Eigentümer auch jemand anderen zum Vorsitzenden wählen, der in der Regel aber auch für die Erstellung der Niederschrift der Beschlüsse verantwortlich ist. Über die Form der Abstimmungen bei einer Eigentümerversammlung sind im Gesetz keine Vorschriften zu finden. Deshalb kann bei Bedarf der Vorsitzende zunächst entscheiden, wenn die Gemeinschaftsordnung nichts anderes bestimmt, wie abgestimmt werden soll und lässt dies im Rahmen eines spontanen Geschäftsordnungsbeschlusses durch die Gemeinschaft beschließen. Um mögliche Streitigkeiten und Zweifeln vorzubeugen, sollte der Vorsitzende den Beschlussinhalt den Eigentümern noch einmal laut und deutlich vortragen, bevor es zur Abstimmung kommt. Nach der Abstimmung und der Auszählung der Stimmen muss das Beschlussergebnis, wie bereits dargestellt, vom Vorsitzenden festgestellt mit konstitutiver Wirkung verkündet werden. Die Versammlung wird von dem Vorsitzenden eröffnet und geschlossen. Haben sich aber einzelne Eigentümer schon entfernt, so können keine Beschlüsse mehr gefasst werden, ebenso wenn der Vorsitzende die Versammlung verlassen hat und alle Tagesordnungspunkte abgehandelt wurden. Die Versammlung gilt sodann als geschlossen.

Über die Eigentümerversammlung wird ein Protokoll erstellt, in welches alle gefassten Beschlüsse aufgenommen werden (§ 24 (6) WEG). In der Regel wird kein Ablaufprotokoll erstellt, in welchem nicht nur die Beschlusstexte, sondern auch weitere Aussagen, Meinungen und Diskussionen festgehalten würden. Ein reines Ergebnis- bzw. Beschlussprotokoll, das ausschließlich die gefassten Beschlüsse protokolliert, ist ausreichend. Ein Protokollführer ist gesetzlich nicht vorgesehen, deshalb wird ein solcher von der Gemeinschaft bestimmt. In der Regel übernimmt der Vorsitzende diese Aufgabe. Das Protokoll sollte möglichst zeitnah fertig gestellt und den Eigentümern zugegangen sein oder zumindest zur Einsichtnahme beim Verwalter bereit liegen, damit den Wohnungs-/Teileigentümern eine rechtzeitige Beschlussanfechtung möglich ist. Verzögert der Verwalter die Protokollerstellung und resultiert daraus, dass ein Wohnungs-/Teileigentümer in Ermangelung

eines Protokolls alle Beschlüsse vor dem zuständigen Amtsgericht anficht, muss der Verwalter
– unabhängig vom Ausgang der tatsächlichen Beschlussbeurteilung – mit der Übernahme der
Verfahrenskosten rechnen, da er womöglich die Beschlussanfechtung zu vertreten hat. Nach Fertigstellung des Protokolls ist dieses noch von dem Vorsitzenden und einem Wohnungseigentümer
zu unterzeichnen (§ 24 (6) WEG). Ist ein Verwaltungsbeirat bestellt, so ist das Protokoll auch von
dessen Vorsitzenden zu unterzeichnen. Durch die Unterschrift bestätigen alle drei Organe die
Richtigkeit des Protokolls.

Seit der zum 01.07.2007 in Kraft getretenen Novelle des Wohnungseigentumsgesetzes, ist der
Verwalter nach § 24 (7) und (8) WEG verpflichtet, eine Beschluss-Sammlung zu führen, die den
Wortlaut der in der Versammlung verkündeten Beschlüsse mit Angabe von Ort und Datum der
Versammlung, der schriftlichen Beschlüsse, und der Urteilsformeln der gerichtlichen Entscheidungen beinhalten soll. Mit der Beschlusssammlung will der Gesetzgeber dem Bedürfnis Rechnung
tragen, dass durch die mit der WEG-Novelle erfolgende erweiterte Beschlusskompetenz auch ein
höheres Interesse von Wohnungseigentümern oder bevollmächtigten Dritten entstehen dürfte,
sich insbesondere über die dauerhaft wirkenden Beschlüsse zu informieren. Zumindest für die
professionellen Verwaltungen, die über jede Versammlung eine Beschlussniederschrift erstellen
und diese in aller Regel auch allen Wohnungseigentümern zusenden, darf der praktische Nutzen
der Beschlusssammlung aber bezweifelt werden.

6.3 WEG-Streitigkeiten

Verfahren in Wohnungseigentumssachen, egal ob diese aus der Gemeinschaft der Wohnungseigentümer, ihrem Verhältnis zur teilrechtsfähigen Wohnungseigentümergemeinschaft oder aus
der Verwaltung des gemeinschaftlichen Eigentums und den sich daraus ergebenden Rechten und
Pflichten der Eigentümer untereinander und des Verwalters resultieren, werden nach den Regeln
der Zivilprozessordnung (ZPO) entschieden. Was Wohnungseigentumssachen sind, bestimmt ausschließlich § 43 WEG, wobei dann die Bestimmungen der §§ 44 bis 50 WEG als Sondervorschriften
zur ZPO Anwendung finden.

Der Gesetzgeber hat zum 01.07.2008 teilweise die Ansprüche der Wohnungseigentümergemeinschaft gegen einen einzelnen Wohnungseigentümer auf Zahlung von Wohngeld und Abrechnungsergebnissen in der Zwangsvollstreckung privilegiert und diese in der Zwangsvollstreckung bis zu
5 % des Verkehrswerts in Rang-Klasse 2 angesiedelt. Voraussetzung ist, dass der Schuldner bereits
im Grundbuch als Eigentümer eingetragen ist; die Mitgliedschaft in einer werdenden Wohnungseigentümergemeinschaft genügt nach einem Urteil des BGH[249] nicht.

Die Zwangsversteigerungsmöglichkeit aus Rang-Klasse 2 stellt für die dinglichen Gläubiger jedoch die Gefahr dar, dass spätestens im dritten Termin die Versteigerung zum geringsten Gebot, in
das auch die 5 %-ige Forderung der Eigentümergemeinschaft fällt, möglich ist. Um einer solchen
Gefahr des Totalausfalls zu begegnen, löste eine Bank in einem vom BGH[250] zu entscheidenden
Fall die betreibende Wohnungseigentümergemeinschaft in Höhe von 5 % des Verkehrswertes ab.
Der BGH vertritt in der vorgenannten Entscheidung die Auffassung, dass das Vorrecht der Eigentümergemeinschaft nur einmal besteht und nach seiner Ablösung nicht – auch nicht für andere
Beträge – wieder auflebt.

---

[249] BGH, NJW-RR 2010, 16; NZM 2009, 912; NJW 2010, 449 L
[250] BGH, NJW 2010, 3169

Zu den privilegierten Forderungen zählen auch die Verfahrenskosten zur Beschaffung des Titels. Diese sind als Nebenleistungen im Sinne von § 10 (1) Nr. 2 S. 3 ZVG zu verstehen. Diese Nebenleistungen sind aber bei der Prüfung, ob die Voraussetzungen des § 10 (3) ZVG, § 18 (2) Nr. 2 WEG erfüllt sind (Mindestverzugsbetrag von 3 % des Einheitswertes), unberücksichtigt zu lassen. Daher kann die privilegierte Zwangsvollstreckung nach § 10 (1) Nr. 2 ZVG nicht aus den Nebenleistungen betrieben werden, wenn die Hauptforderung erfüllt wurde.[251]

6.4 Corporate Real Estate Management (CREM)

6.4.1 Definition, Entstehung und Notwendigkeit des CREM

Der Begriff Corporate Real Estate (Unternehmensimmobilien) beinhaltet den gesamten Immobilienbestand von Unternehmen, deren Kerngeschäft nicht in der Immobilienwirtschaft liegt. Diese Unternehmen werden als Non-Property Companies bezeichnet. Corporate Real Estate Management (CREM) wird als ein Management-Ansatz für den Immobilienbereich von Non-Property Companies verstanden, mit dem eine zielorientierte Planung, Organisation und Kontrolle der immobilienspezifischen Aktivitäten ausgeführt werden kann. Er ist, im Gegensatz zu der in der Praxis immer noch anzutreffenden funktionserhaltenden Immobilienverwaltung, als eine aktive und strategisch orientierte Auseinandersetzung mit den Unternehmensimmobilien zu verstehen.

CREM beschäftigt sich mit dem wirtschaftlichen Beschaffen, Betreuen und Verwerten der betrieblichen Immobilien von Produktions-, Handels- und Dienstleistungsunternehmen. CREM bezweckt die optimale Nutzung der Immobilien und den Einsatz der Immobilienressourcen als strategischen Erfolgsfaktor. Dies geschieht, um einen positiven Beitrag zum Gesamtergebnis zu leisten und um die Wettbewerbsfähigkeit der Unternehmung sicherzustellen.

Das CREM hat sich etwa zeitgleich zum Facility Management als eine weitere Forschungsrichtung auf dem Gebiet des Immobilienmanagements in den USA entwickelt. Vor ca. 10–15 Jahren haben internationale Konzerne wie IBM, ABB etc. als Pioniere mit ihren Ansätzen zur aktiven Steuerung von Unternehmensimmobilien agiert. Sie waren es, die das CREM auch in die deutsche Immobilienwelt eingeführt haben. Seit Mitte der 90er Jahre ist ein Paradigmenwechsel im deutschen Immobilien-Management festzustellen. Wiederum haben Großkonzerne wie z. B. die Deutsche Telekom AG und die Deutsche Bahn AG den Wechsel vom traditionellen zum strategischen Immobilienmanagement eingeläutet. Aber auch Industrie- und Dienstleistungsunternehmen wie z. B. DaimlerChrysler oder die Metro AG haben eigene Immobilien-Tochtergesellschaften gegründet, um so die verborgenen Potentiale ihrer Immobilienbestände auszuschöpfen.[252]

Während sich das technisch orientierte Facility Management auf die effiziente Bewirtschaftung von Unternehmensimmobilien mit hauptsächlich technischen Aufgaben konzentriert, widmet sich das betriebswirtschaftlich orientierte CREM der strategischen und renditeorientierten Ausrichtung von Immobilien.[253]

Das technische Immobilienmanagement beinhaltet vor allem die Bereitstellung und Verfügbarkeit von Maschinen und Anlagen. In der heutigen Praxis ist eine zunehmende Vergabe des technischen

---

[251] Vgl. LG Berlin, ZMR 2010, 629
[252] Vgl. Scheins, J. (2002), S. 66
[253] Vgl. Grünert, L. (1999), S. 20 f.

Immobilienmanagements nach außen festzustellen. Durch die Übertragung der Verantwortung an professionelle Facility Management Unternehmen werden Synergieeffekte genutzt und Kosten transparent gemacht. So werden fixe Personalkosten zu variablen Sachkosten.

Unterscheiden lassen sich diese beiden Management-Ansätze anhand ihrer disziplinären Grundorientierung. Der strategisch finanzwirtschaftliche Ansatz des CREM bringt Themen der Standortanalyse, des Immobilienmarketing und der Disposition von Flächen hervor und beschäftigt sich mit der Anpassung der Immobilienstrategie an die Unternehmungsstrategie. Die Gebäudebewirtschaftung, die u. a. die Organisation, die Planung und die Kontrolle aller Gebäudedienste mit einschließt, wird, da ihre Grundorientierung auf ingenieurwissenschaftlicher, architektonischer Basis beruht, dem Facility Management Ansatz zugeordnet (siehe dazu Abb. IV 38).

	Corporate Real Estate Management	Facility Management
Disziplinäre Grundorientierung	betriebswirtschaftlich • finanzwirtschaftlich • strategisch	technikorientiert • ingenieurwissenschaftlich • architektonisch
Beispiele für typischerweise bearbeitete Themen	• Anpassung der Immobilienstrategie an die Unternehmensstrategie • Planung des Flächenbedarfs • bilanzielle und finanzwirtschaftliche Wirkungen • Immobilien-Marketing • Risikoanalyse • Projektentwicklung • Standortanalyse	• Altlastensanierung • Kostenmanagement • Energiemanagement • Organisation, Planung und Kontrolle der Gebäudedienste (Reinigung, Post, Pförtner etc.) • Gebäudebewirtschaftung • Instandhaltung von Gebäuden

Abb. IV 38: Betriebswirtschaftliches und technisches Immobilienmanagement

Im Zuge der betrieblichen Wertschöpfung hat sich der Immobilienbestand von Non-Property Companies mit der Zeit aufgebaut. Neben Produktionshallen, Verwaltungsgebäuden und Lagern befinden sich auch Mitarbeiterwohnungen im Bestand. Hier zeigt sich die Notwendigkeit eines CREM, denn diese müssen kostengünstig bewirtschaftet werden. Sowohl die rapide Entwicklung neuer Technologien wie z. B. Mikroprozessoren, als auch markt- und gesellschaftliche Entwicklungen bieten den Unternehmen vor allem auch im Hinblick auf ihren Immobilienbestand unbekannte Chancen der Effektivitätssteigerung. Nicht mehr benötigte Flächen können durch ein umfassendes Immobilienmanagement entweder verkauft, neu disponiert oder entwickelt werden, um Wettbewerbsvorteile zu schaffen.

Die Immobilien-Geschäftseinheit einer Unternehmung ist in starkem Maße von Informationen, die sowohl von außen wie auch von innen kommen können, angewiesen. So müssen Informationen über Märkte und Konkurrenten, aber auch Informationen über die interne Flächenbelegung und Gebäudewerte vorhanden sein, um strategisch planen zu können. Die benötigten Informationen müssen beschafft, selektiert, aufbereitet und weitergeleitet werden. Auch hier wird die Notwendigkeit des CREM ersichtlich, denn die Unternehmensführung will mit allen relevanten Informationen rund um das Immobilienportfolio versorgt werden. Die Ausarbeitung strategischer Ziele von der Führungsebene sollte durch das CREM unterstützt werden, so dass durch die Integration der Immobiliensparte in die strategischen Ziele eine Sicherung des Erfolges der Unternehmung gewährleistet ist.

Gerade im Zuge der Globalisierung sind Unternehmenszusammenschlüsse immer häufiger zu beobachten. Sei es für einmalige Projekte in Ländern, in denen zur Abwicklung des Projektes eine Joint-Venture-Bildung vorgeschrieben wird, oder für nachhaltige Unternehmensexpansionen, die Formulierung und Standardisierung von Gemeinschaftsregeln für die Nutzung eines Standortes und dessen Infrastruktur- und Service-Einrichtungen wird hier empfohlen. Zur erfolgreichen Wahrnehmung dieser Aufgaben ist ein CREM vorteilhaft, dessen Handlungen mit den strategischen Überlegungen der Unternehmung abgestimmt wurden. CREM soll dabei einen wertvollen Beitrag zur Erreichung der Unternehmensziele beisteuern.[254]

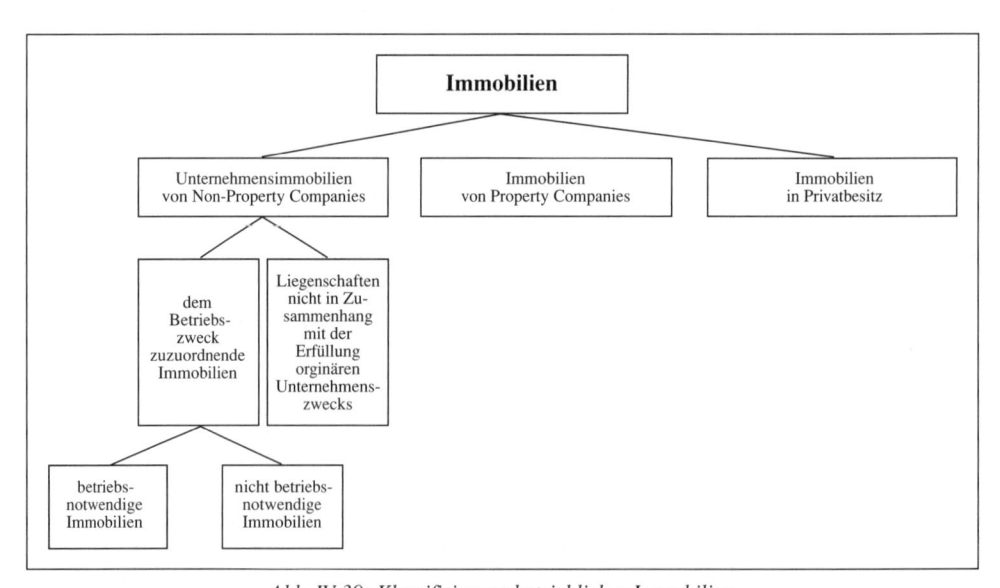

6.4.2 Klassifizierung betrieblicher Immobilien

Immobilien lassen sich in drei Kategorien einteilen (siehe Abb. IV 39). Dies sind Betriebliche Immobilien von Non-Property Companies, Immobilien von Property Companies, d. h. Immobilien von Unternehmen der Immobilienwirtschaft und Immobilien von Privatpersonen. Den Unternehmensimmobilien gilt in dieser Arbeit eine besondere Betrachtung. Diese betrieblichen Immobilien lassen sich in zwei Typen einteilen:

dem Betriebszweck zuzuordnende Immobilien: Zu diesem Typus von betrieblichen Immobilien gehören betriebsnotwendige und nicht betriebsnotwendige Immobilien.

Als betriebsnotwendige Immobilien werden Immobilien bezeichnet, ohne die eine Produktion von Gütern oder Dienstleistungen undenkbar wäre. Sie sind genauso wie Mensch und Maschine

Abb. IV 39: Klassifizierung betrieblicher Immobilien

---

[254] Vgl. Preugschat, F. (2001), S. 371

ein Produktionsfaktor. Die Bereitstellung dieser Immobilien bringt Kosten mit sich, die es unter Berücksichtigung der geforderten Verfügbarkeit und der vorgegebenen Qualität zu optimieren gilt.

Um den Mitarbeitern einer Unternehmung in unmittelbarer Nähe des Produktionsstandortes Wohnraum zur Verfügung zu stellen, haben viele Großunternehmen eigene Mitarbeiterwohnungen in ihrem Bestand. Diese werden als **nicht betriebsnotwendige Immobilien** kategorisiert. Sie dienen zwar auch indirekt der Erfüllung des Unternehmenszwecks, da durch sie die Produktivität anderer Produktionsfaktoren beeinflusst wird, doch leisten sie keinen eigenständigen Beitrag zum Unternehmensergebnis.[255]

Liegenschaften: Immobilien, die zur Bildung stiller Reserven dienen, aus steuerlichen Gründen gehalten werden oder als Anlagemöglichkeit überschüssiger finanzieller Mittel in Betracht gezogen worden sind (z. B. zur Absicherung von Pensionsrückstellungen), werden im Folgenden als Liegenschaften deklariert.

Liegenschaften unterscheiden sich von den dem Betriebszweck zuzuordnenden Immobilien dadurch, dass sie einen eigenständigen Beitrag zum Unternehmensergebnis leisten und in keinem Zusammenhang mit der Erfüllung des eigentlichen Kerngeschäfts der Unternehmung stehen. Sie können als Anlageobjekt von Finanzanlagen oder als Anlage für Pensionsrückstellungen dienen. Im Vergleich zu Finanzanlagen bringen sie allerdings ein höheres Risiko der Liquidierbarkeit mit sich. Versicherungen sind z. B. gesetzlich verpflichtet, einen Teil ihrer Geldanlagen in Immobilien zu investieren.[256]

6.4.3 Das Fünf-Stufen Modell im Immobilienmanagement

Ein Forschungsbericht aus dem Jahre 2002 brachte zu Tage, dass in großen deutschen Unternehmen die Verknüpfung der Immobilienstrategie mit der Unternehmensstrategie nur in der Hälfte der Unternehmen vorhanden ist. Dies ist ein klarer Beweis, dass den Immobilien, als ein Vermögenswert der Unternehmung, eine zu geringe Aufmerksamkeit von Seiten des Managements geschenkt wird. Um diese Verknüpfung zu erreichen, wird das Fünf-Stufen Modell vorgeschlagen und vorgestellt.

Den Entwicklungsprozess des CREM hat die Forschungsabteilung des Massachusetts Institute of Technology (MIT) in fünf Stufen eingeteilt (siehe Abb. IV 40). Die Stufen bauen hierbei aufeinander auf.[257] Jede weitere Stufe beinhaltet auch weitere Aufgaben, so dass die Immobilie Stufe für Stufe mehr in die Strategie der Unternehmung implementiert wird, bis letztendlich eine Anpassung des Immobilienbestands an die Konzernstrategie erfolgt ist. Den einzelnen Stufen sind bestimmte Funktionen zugewiesen, wobei die ersten drei Stufen asset-orientiert und die Stufen vier und fünf portfolioorientiert einzustufen sind. Ist der Fokus des CREM auf einzelne Immobilienassets gerichtet, wird von einer asset-orientierten Ausrichtung gesprochen. Wird der Focus hingegen auf das gesamte Immobilienportfolio gerichtet, ist es eine portfolioorientierte Ausrichtung. In Abb. A IV 40 werden die einzelnen Stufen des Modells erläutert.

Aufgabenerfüller: Die erste Stufe hat die bedarfsgerechte Flächenbereitstellung und -instandhaltung als Aufgabe. Ein Denken in strategischen Dimensionen ist nicht vorhanden. Vielmehr stehen hier die technischen Aufgaben im Mittelpunkt. Benötigt eine Geschäftseinheit Fläche, wird sie bei der Immobilien-Geschäftseinheit angefordert. Die Immobilien-Geschäftseinheit reagiert somit auf

---

[255] Vgl. Grünert, L. (1999), S. 17
[256] Vgl. ebenda, S. 15 ff.
[257] Vgl. Schäfers, W. (1997), S. 83 f.

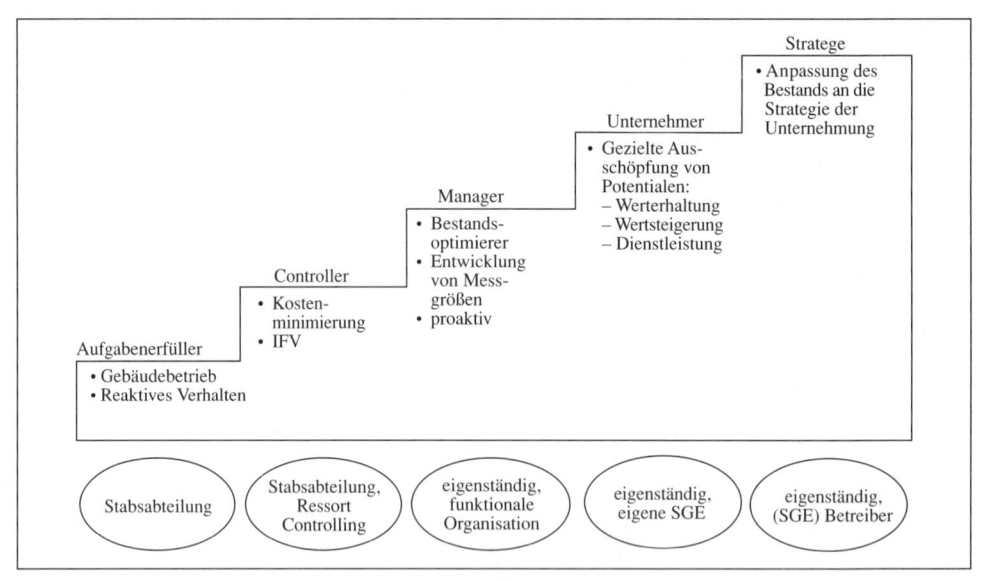

```
                                                              Stratege
                                                              • Anpassung des
                                                                Bestands an die
                                                                Strategie der
                                              Unternehmer      Unternehmung
                                              • Gezielte Aus-
                                                schöpfung von
                                                Potentialen:
                                Manager       – Werterhaltung
                                • Bestands-   – Wertsteigerung
                                  optimierer  – Dienstleistung
                                • Entwicklung
                   Controller     von Mess-
                   • Kosten-      größen
                     minimierung  • proaktiv
 Aufgabenerfüller  • IFV
 • Gebäudebetrieb
 • Reaktives Verhalten


                        Stabsabteilung,   eigenständig,                      eigenständig,
     Stabsabteilung     Ressort           funktionale     eigenständig,      (SGE) Betreiber
                        Controlling       Organisation    eigene SGE
```

Abb. IV 40: Das Fünf-Stufen Modell

Flächenanforderungen und kann deshalb als reaktiv bezeichnet werden. Die Immobilienkosten werden als Gemeinkosten auf die gesamte Unternehmung umgelegt.

Controller: In der zweiten Entwicklungsstufe wird die Aufmerksamkeit auf ein effizientes Immobilien-Kostenmanagement gerichtet. Durch Kooperation mit den strategischen Geschäftseinheiten wird eine effiziente Flächenbereitstellung durch Ermittlung des kurz- und langfristigen Flächenbedarfs anvisiert. In Form von internen Mieten werden die Geschäftseinheiten mit Nutzungsentgelten belastet. Bei der Einführung der Internen-Flächen-Verrechnung (IFV) können Nutzungsentgelte in Höhe der jährlichen Abschreibungen verrechnet werden.[258]

Manager: Die Generierung von Einsparungspotentialen und die damit einhergehende Minimierung der Nutzungskosten werden in der dritten Stufe als Ziele definiert. Durch die Umgestaltung betriebsnotwendiger Immobilien und der aktiven Verwertung nicht betriebsnotwendiger Immobilien werden Wertschöpfungspotentiale verwirklicht. Da die Immobilien-Geschäftseinheit den Flächenbedarf gedanklich vorwegnimmt, wird in dieser Stufe von einem proaktiven Handeln gesprochen.

Unternehmer: In der vierten Entwicklungsstufe ist die Sicherung der Wettbewerbsfähigkeit der einzelnen Geschäftseinheiten der Unternehmung oberstes Ziel. Dieses Ziel soll durch die Einbindung der Flächenplanung in die strategische Vorausplanung unterstützt werden. Die Immobilien-Geschäftseinheit wird in dieser vierten Stufe des Modells schon als selbständiges Profit-Center geführt. Die Interne-Flächen-Verrechnung (IFV) sieht als Verrechnungspreise ortsübliche Marktmieten vor, die je nach Gebäudezustand zu variieren sind.

Stratege: Die Aufgabe, Erfolgspotentiale langfristig zu entwickeln, ist in der höchsten Entwicklungsstufe des Modells angesiedelt. Dafür müssen technologische und ökonomische Trends rechtzeitig erkannt und auf die Planung des Immobilienportfolios abgestimmt werden. Dies geschieht durch die enge Zusammenarbeit von Top-Management, den strategischen Geschäftseinheiten und der Immobilien-Geschäftseinheit.

---

[258] Vgl. ebenda

Wenn Immobilienmanager in den strategischen Planungsprozess eingebunden werden sollen, müssen sie Strategen und kreative Problemlöser werden, die über einen langen Zeitraum hinweg mit dem Weitblick eines Managers die Immobilien im Auge behalten. Wichtig ist, dass der Immobilienmanager die Fähigkeit und die Ausbildung besitzen sollte, die Änderungen in der Geschäftswelt zu verstehen und deren Einfluss auf den Bedarf an Grundstücken und Gebäuden zu antizipieren. Das Verständnis, dass Standortwahl, Außen- und Innenarchitektur der Immobilien das Unternehmensergebnis und den Profit beeinflussen, wird vorausgesetzt. Sie sollen mit in das Entwerfen von neuen Räumen einbezogen werden und sollten es verstehen, bereits existierende Räume an die sich ändernde Technik anzupassen. Um effektiv zu sein, muss der Immobilienmanager sich mit Informations- und Kommunikationstechnologien auskennen, um durch deren Integration die Produktivität der Angestellten zu verbessern. Es werden also wirtschaftliche und ingenieurtechnische Fähigkeiten vorausgesetzt, die mit dem Verständnis über das eigentliche Kerngeschäft der Unternehmung, dem Verhandlungsgeschick, der Vertragsabschlusssicherheit und der Fähigkeit, strategisch zu planen, zum gewünschten Erfolg der Unternehmung führen sollen. Der Schlüssel, um sich von der Stufe des Aufgabenerfüllers zur obersten Stufe des Entwicklungsmodells zu entwickeln, liegt in der Einbeziehung der Immobilienplanung in den strategischen Planungsprozess. Eine Studie des International Development Research Center (IDRC) ergab, dass der strategische Planungshorizont der meisten Unternehmen nicht über fünf Jahre hinausgeht, wobei die meisten nur einen Zwei- oder Dreijahresplan zugrunde legten. Ein auf so kurze Zeit ausgerichteter Blickwinkel schwächt die Fähigkeit der Unternehmung, sich einem Engagement auf längere Zeit hin, so wie es von einer Immobilie gefordert wird, in einer strategischen Art und Weise zu nähern. Schließlich sollten Immobilienmanager erkennen, dass jede Geschäftseinheit, die Fläche belegt, im „real estate business" ist, und den Mythos „we are not in the real estate business", der im immobilienbezogenen Denken und Handeln zahlreicher Unternehmen weiterlebt, ausmustern.[259]

6.5 Aufgabenfelder und Ziele des betrieblichen Immobilienmanagements

Es hat sich gezeigt, dass anhand des Lebenszyklus von Immobilien eine sinnvolle Strukturierung der Aufgabenfelder des Immobilienmanagements in der Unternehmung möglich ist.[260] Durch Führungsprinzipien sollen die unternehmerische Leistung und die Anpassungsfähigkeit an veränderte Umweltbedingungen im Hinblick auf den langfristigen Erfolg der Unternehmung optimal aktiviert werden.[261] Diese Führungsprinzipien werden den Aufgaben des betrieblichen Immobilienmanagements zugrunde gelegt.

6.5.1 Immobilienbeschaffung

Da sich in der Phase der Immobilienbeschaffung zwei verschiedene Möglichkeiten der Flächenbereitstellung anbieten, wird im Folgenden zwischen einer passiven und einer aktiven Beschaffungsmethodik unterschieden. Unter der ersten Möglichkeit wird die Bereitstellung von Immobilien durch Anmietung, durch Kauf oder in Form von Leasing verstanden. Die aktive Beschaffungsmethodik, als Alternative, wird auch als nutzerorientierte Projektentwicklung verstanden.[262]

---

[259] Vgl. Pfnür, A. (2002a), S. 59–69
[260] Vgl. Grünert, L. (1999), S. 23
[261] Vgl. Wöhe, G. (2010), S. 145 ff.
[262] Vgl. Isenhöfer, B./Väth, A. (2000a), S. 144

6.5.1.1 Passive Beschaffungswege

Anmietung: Grundlage eines jeden Mietverhältnisses ist der Mietvertrag. Gesetzliche Verankerung findet dieser im BGB §§ 535ff. Da im Gewerbemietrecht weder Kündigungsschutzvorschriften (§ 573 BGB), noch die Sozialklausel (§ 574 BGB), noch die Regelungen über die Miethöhe (§§ 557–559b BGB) gelten, bedarf es bei der Zeichnung eines Gewerbemietvertrages der sorgfältigen Prüfung. Nebenabreden, die separat vom Mietvertrag zwischen den Vertragspartnern vereinbart werden, können die Wirtschaftlichkeit dieser Immobilienbeschaffungsform aus Sicht des Mieters positiv beeinflussen. Gerade in Zeiten von Angebotsüberhängen auf dem Immobilienmarkt hat sich die aus Mietersicht attraktive Gestaltung des Mietvertrages in Form von mietfreien Zeiten oder von Finanzierung der Umbaukosten durch den Vermieter etabliert.

Die kurzfristige Verfügbarkeit der Immobilien, die geringe Kapitalbindung und die Risikoabwälzung auf den Vermieter, die mit der Errichtung und dem Eigentum dieser Immobilie einhergeht, stellen Pluspunkte für diese Art der Immobilienbeschaffung dar.

Negativen Einfluss übt der nur sehr bedingt auszuübende Einfluss auf die Gestaltung der Immobilie aus. Wie oben schon erwähnt, kann durch eine ungünstige Vertragsgestaltung das Risiko der unkalkulierten Mieterhöhung die Wirtschaftlichkeit negativ beeinflussen.[263]

Leasing: Charakteristisch für Immobilien als Leasingobjekt sind die relativ langen Vertragslaufzeiten, die sich im Regelfall zwischen 15 und 22 Jahren bewegen.[264] Die Unternehmung als Leasingnehmer hat dem Leasinggeber für das, in dessen Eigentum befindliche, Immobilienobjekt Leasingraten und die Nebenkosten des Objektes zu bezahlen. Diese setzten sich aus der Abschreibung der Immobilie, der Verzinsung des Investitionskapitals und den Verwaltungskosten, den Risikokosten und aus der Gewinnmarge zusammen.

Im Unterschied zur Miete werden bei Leasingverträgen die Pflichten des Vermieters nach § 536 BGB auf den Leasingnehmer übertragen. So ist der Leasingnehmer für die Aufrechterhaltung der Gebäudefunktionen selbst verantwortlich und verzichtet auf seinen Anspruch auf Minderung der Leasingrate, falls ein Mangel auftreten sollte oder eine vertraglich zugesicherte Eigenschaft im Laufe der Zeit nicht mehr vorhanden ist. Der Leasingnehmer ist durch seine eigentümerähnliche Verantwortung für die Nutzung des Objektes zur Weiterzahlung der vereinbarten Leasingrate verpflichtet. Durch vertraglich vereinbarte zusätzliche Dienstleistungen, gegen entsprechende Bezahlung, kann diese Verantwortung jedoch wieder auf den Leasinggeber abgegeben werden.

Kauf: Für die Unternehmung hat der Kauf einer Immobilie erhebliche steuerliche Konsequenzen. Die an das Finanzamt abzuführenden Steuern sind im Einzelnen: Die Grunderwerbsteuer, die Grundsteuer (GrSt), die Körperschaftsteuer (KöSt) und die Gewerbesteuer (GewSt). Es ist zu berücksichtigen, dass die Beschaffung einer Immobilie in Form eines Kaufes sehr zeitintensiv ist.

Sale-and-lease-back: Bei der Sale-and-lease-back-Methode wird eine betriebliche Immobilie nicht auf Dauer veräußert. Sale-and-lease-back bedeutet, dass eine Unternehmung ein in ihrem Eigentum befindliches Objekt zur Liquiditätsbeschaffung an eine Leasinggesellschaft verkauft, um es anschließend wieder zurück zu leasen. Dieses Verfahren schließt aber i. d. R. auch eine Ankaufsoption für die Unternehmung ein. Durch die Leasingraten wird das Gebäude bis auf einen Restbuchwert nach einem bestimmten Zeitraum (häufig 20–25 Jahre) entschuldet und kann dann zu einem vertraglich vereinbarten Restbuchwert erworben werden.

---

[263] Vgl. Pfnür, A. (2002b), S. 226
[264] Vgl. Schäfers, W. (1997), S. 157

6.5.1.2 Aktiver Beschaffungsweg

Projektentwicklung: Die Schaffung von genau auf die Bedürfnisse der Unternehmung zugeschnittener Immobilien steht hier im Vordergrund. „Durch Projektentwicklung sind die Faktoren Standort, Projektidee und Kapital so miteinander zu kombinieren, dass einzelwirtschaftlich wettbewerbsfähige, arbeitsplatzschaffende und -sichernde sowie gesamtwirtschaftlich sozial- und umweltverträgliche Immobilienobjekte geschaffen und dauerhaft rentabel genutzt werden können."[265] Ist die Projektidee von der Unternehmung definiert, bleiben die beiden unbekannten Faktoren Standort und Kapital noch offen.

Mittels Standortanalysen wird in Abstimmung mit der Geschäftsführung die Standortwahl getroffen.

Die Bereitstellung des Faktors Kapital erfolgt durch Finanzierungsinstrumente, die sich von der Cashflow-Finanzierung über die Mezzanine-Finanzierung bis hin zu hypothekarisch gesicherten Schuldverschreibungen (Mortgage Backed Securities) erstrecken.[266]

Projektentwicklung kann nicht nur bei Neubauten, sondern auch auf Immobilienbestände angewendet werden, deren Nutzung und Infrastruktur überdacht werden soll. Es ist zu kritisieren, dass bei neuen Projekten extreme Anstrengungen in der Planung und Ausführung stattfinden, während Bestandsobjekte meist vernachlässigt werden. Ein Vorgehen der Unternehmen wie beim Portfoliomanagement würde helfen, die gerade im Bestand verborgenen Nutzungs- und Flächenpotentiale als weitere Erfolgsfaktoren für eine erstklassige Performance zu mobilisieren.

6.5.2 Immobilienbestandsbetreuung/-bestandspflege

Ein Konzept zur ganzheitlichen Bestandspflege von Gebäuden stellt das Facility Management dar. Mit seinen technischen, infrastrukturellen und kaufmännischen Dienstleistungen dient es dem effizienten Betreiben einer Immobilie. Auf eine ausführliche Darstellung des Facility Managements wird an dieser Stelle verzichtet.

Grundvoraussetzung für eine wirtschaftliche Bestandsbetreuung ist die Erstellung einer systematischen Übersicht über die in der Unternehmung befindlichen Grundstücke und Flächen, die Ermittlung der Grundstücks- und Flächenwerte und die Erstellung eines Nutzungskonzepts für die ermittelten Properties. Die Erstellung eines geeigneten Nutzungskonzepts ist hierbei als Kernaufgabe zu sehen.

Beim traditionellen Immobilienmanagement wird meist die Wirtschaftlichkeitsprüfung der Immobilie vernachlässigt. Das Kernproblem bei der Nutzung von betrieblichen Immobilien besteht darin, dass kein Anreiz zur wirtschaftlichen Nutzung gegeben wird. Abhilfe kann durch die Einführung der internen Flächenverrechnung geschaffen werden.

Für die Entwicklung eines kostenorientierten Kennzahlensystems, das zur Optimierung der Schnittstelle des betriebliches Immobilienmanagements zum Top-Management der Unternehmung beitragen soll, lassen sich folgende Kennzahlen integrieren:
- Bewirtschaftungsquote,
- Instandhaltungskosten pro m^2,
- Quote des Instandhaltungsstaus,
- Verwaltungskosten pro m^2 und Verwaltungskostenquote,

---

[265] Schulte K.-W./Bone-Winkel, S./Rottke, N. (2002), S. 32
[266] Vgl. Pfnür, A. (2002b), S. 284

- Betriebskosten pro m^2,
- Quote nicht umgelegter Nebenkosten und
- Quote nicht umgelegter Bewirtschaftungskosten.

Die marktfähige, nachhaltige und kosteneffiziente Nutzung einer Immobilie lässt sich vorab, ohne auf die Unterscheidung der verschiedenen Kostenarten einzugehen, durch die Bewirtschaftungsquote überprüfen. Die Quote für den Instandhaltungsstau beziffert den Anteil der unterlassenen Instandhaltung an der geplanten Sollinstandhaltung, die für den effizienten Gebäudebetrieb notwendig gewesen wäre. Die Wirtschaftlichkeit des Verwaltungsapparats wird durch die Verwaltungsquote und den Verwaltungskosten pro m^2 ausgedrückt. Um die Effizienz der Fläche zu berechnen, werden die Betriebskosten pro m^2 herangezogen.[267]

Zu den Aufgaben des betrieblichen Immobilienmanagements gehört auch das Flächenmanagement.[268] Hierbei muss ein Immobilien-Portfolio werthaltig gemanagt und eine aktive Bodenpolitik betrieben werden. Es müssen Objektreserven aufgespürt und Nutzungskonzepte ausgearbeitet werden. Auch das Tauschen von Grundstücken oder eine gemeinsame Nutzung kann Vorteile mit sich bringen.

Ziel des Flächenmanagements ist die Maximierung der Flächenproduktivität durch optimale Ausnutzung der Flächen einer Immobilie unter quantitativen und zeitlichen Aspekten.[269] Anders ausgedrückt soll die Leistungsfähigkeit der belegten Flächen gesteigert werden, wobei bei der Nutzung von Flächen jeder Art der Nutzen gemehrt und der Aufwand verringert werden soll. Der Nutzen der Fläche, insbesondere der Arbeitsplatzfläche, besteht darin, als Ort des produktiven Handelns eine Lokalität bereitzustellen, die in Größe und Beschaffenheit geeignet ist, Arbeitsprozesse zu unterstützen. Fläche gilt dabei als Produktivität und Wertschöpfung. Der Aufwand besteht in den Kosten der Flächenbereitstellung und Flächenbewirtschaftung. Das Streben nach Optimierung des Verhältnisses zwischen Wertschöpfung und Flächenkosten bedeutet eine Verbesserung der wirtschaftlichen Effizienz. Diese kann zum einen durch Erhöhung der Produktivität auf gleich bleibender Fläche, z. B. durch effektivere Nutzung bisher brachliegender Flächen oder Anpassung der Flächenausstattung an den aktuellen Bedarf, oder zum anderen durch Verringerung der Fläche bei gleichbleibender Produktivität, z. B. durch Flächenverdichtung oder Weggabe bisher belegter, aber ungenutzter Flächen, oder durch eine Kombination aus beidem, erreicht werden. Die strategische Entscheidung, ob und mit welchen Zielvorgaben Flächenmanagement eingesetzt werden soll, wird von der Unternehmung in Abstimmung mit der Immobilien-Geschäftseinheit getroffen. Ob eine Verringerung oder Verdichtung der Arbeitsplätze, andere Büroformen oder Desk Sharing[270] in Betracht kommen, muss vor der Entscheidung analysiert werden. Flächenmanagement ist eine Aufgabe, die von der Unternehmung entweder selbst wahrgenommen oder unter Vorgabe von Zielen und Randbedingungen einem externen Dienstleister übertragen werden kann.

6.5.3 Immobilienverwertung

In der Literatur wird zwischen einer aktiven und einer passiven Verwertungsstrategie unterschieden.[271] Die Sanierung, auch als Redevelopment bezeichnet, wird als aktive Verwertungsstrategie bezeichnet, wohingegen die Vermietung und der Verkauf als passive Verwertungsstrategie gelten. Die Identifizierung nicht betriebsnotwendiger Immobilien und die sich daraus generierenden Entscheidung über Revitalisierung oder Flächenrecycling wird in dieser Phase des Lebenszyklus einer Immobilie als

---

[267] Vgl. Pfnür, A. (2002a), S. 121
[268] Vgl. ebenda, S. 69 ff.
[269] Vgl. Pierschke, B./Pelzeter, A. (2005), S. 345 ff.
[270] Vgl. Pfnür, A. (2002b), S. 186
[271] Vgl. Schäfers, W. (1998), S. 850

zentrales Thema deklariert. Bei der Revitalisierung bleibt im Gegensatz zum Flächenrecycling der ursprüngliche Nutzungszweck bestehen.[272] Werden Immobilien zur Vermietung oder zum Verkauf angeboten, dann sollte dies unter Zugrundelegung zukunftsfähiger Nutzungskonzepte geschehen.

6.5.4 Ziele des betrieblichen Immobilienmanagements

In der Ökonomie werden monetäre und nicht-monetäre Ziele unterschieden.[273] Als monetäre Ziele können zum einen unter leistungswirtschaftlicher Hinsicht die Funktionalität, die Flexibilität, die Optimierung der Nutzung und die Optimierung der Bewirtschaftungskosten (zur Minimierung der Immobilienkosten) gesehen werden, unter finanzwirtschaftlicher Hinsicht zählen zum anderen die langfristige Gewinnmaximierung, die Risikostreuung und die Werterhaltung. Nicht monetäre Ziele führen zu Nutzerzufriedenheit, Image und Prestige, wobei die Ökologie als soziologische Zielsetzung nicht vergessen werden sollte.

Dadurch, dass Eigentümer und Nutzer von Gebäuden und Grundstücken unterschiedliche Ziele verfolgen, sind häufig Entscheidungskonflikte vorprogrammiert. Die ganzheitliche Sichtweise des Immobilienmanagements wird oft vermisst, da betriebliche Immobilien häufig mehr verwaltet als strategisch entwickelt werden. Um diese Problemfelder aufzulösen, sind Zieldefinition, Strategieentwicklung sowie Steuerung und Controlling erforderlich.

Die Ziele und Aufgaben des betrieblichen Immobilienmanagements lassen sich anhand der Lebenszyklusphasen darstellen (siehe Abb. IV 41). Dabei werden jeder Phase im Immobilienlebenszyklus Ziele und Aufgaben zugeordnet, wobei die Optimierung des Immobilienportfolios sich als Zieldefinition über alle Phasen hinweg erstreckt.

Phasen im betrieblichen Lebenszyklus	Ziele des betrieblichen Immobilienmanagements		Aufgaben des betrieblichen Immobilienmanagements
Beschaffung	• Bereitstellung von Flächen	Optimierung des Immobilienportfolios	• Standortwahl • Entscheidung über Miete, Kauf, Leasing oder eigene Projektentwicklung • Aufstellung der Finanzierung • Projektentwicklung • Akquisition und Kontrolle der Ausführenden
Bestandsbetreuung/ -pflege	• Minimierung der Bewirtschaftungskosten • Befriedigung der Nutzeranforderungen • Versorgung der Nutzer mit Flächen und Services		• Flächenmanagement • Organisation, Planung und Kontrolle der Gebäudedienste (Reinigung, Post, Pförtner etc.) • Instandhaltung von Gebäuden
Verwertung	• Ertragssteigerung		• Identifizierung nicht betriebsnotwendiger Immobilien • Verwertung und Vermarktung • Projektentwicklung

Abb. IV 41: Ziele und Aufgaben des betrieblichen Immobilienmanagements

---

[272] Vgl. Pfnür, A. (2002b), S. 259
[273] Vgl. Wöhe, G. (2010), S. 525

6.6 Strategisches CREM

Strategie ist ein Aktionsplan, der sich mit gegenwärtigen und zukünftigen Entwicklungen im Umfeld einer Unternehmung befasst und Entscheidungen über finanzielle und menschliche Ressourcen darstellt, um Leistungen zu steigern und langfristige Ziele zu erreichen.

In den Wirtschaftswissenschaften wurde die Bedeutung des Produktionsfaktors Boden bislang weitgehend vernachlässigt, obwohl die Wertschöpfung in den Unternehmen die Nutzung des Bodens voraussetzt. Forschen, Produzieren, Verkaufen, Verwalten und andere betriebliche Tätigkeiten erfordern spezifische Immobilien. Die Immobilienökonomie hilft, immobilienbezogene Entscheidungen zu erklären. Sie ist in Deutschland eine recht junge wissenschaftliche Disziplin, die Erkenntnisse aus andern Forschungsbereichen wie Betriebswirtschaft, Volkswirtschaft, Recht, Soziologie, Raumplanung und Architektur sowie Bauingenieurwesen beinhaltet. Diese Interdisziplinarität ist nötig, da das Erkenntnisobjekt Immobilie viele Dimensionen hat. Zu bedenken ist, dass Gebäude oder Grundstücke reale Werte in einem dynamischen Umfeld darstellen. Veränderungen in den Mikro- und Makro-Lagen, Konjunkturzyklen, neue oder modifizierte Rechts- und Steuervorschriften beeinflussen den Wert der Immobilie. Bestimmt wird dieser Wert nicht nur durch die Substanz (Beton etc.), sondern auch durch die nachhaltig erzielbare Miete.

Häufig bleiben Liegenschaften nach Erwerb einfach „liegen". Immobilien brauchen aber eine betriebswirtschaftliche Führung samt unternehmerischen Entscheidungen. Sobald an einer Stellschraube gedreht wird, ändern sich Kosten oder Erträge und damit auch der aktuelle und zukünftige Wert. Um Synergieeffekte und Kostenvorteile zu erzielen, sollte der Immobilienbesitz in Form eines Portfolios einheitlich gesteuert werden. Die Planungs-, Steuerungs- und Kontrollsysteme beinhalten im immobilienwirtschaftlichen Wertschöpfungsprozess die Beschaffung, die Bestandsbetreuung und die Verwertung. Oder anders ausgedrückt, das Suchen und Realisieren von Standorten, das Anfertigen von Bestandsanalysen sowie die ständige Anpassung der Immobilien an die wirtschaftlichen, technischen und menschlichen Erfordernisse.

6.6.1 Portfoliomanagement als strategisches Instrument

Das Immobilien-Portfoliomanagement soll Möglichkeiten und Wege aufzeigen, wie das CREM das ihm anvertraute Immobilienvermögen kontinuierlich bewerten und auf strategische Weise steuern kann.[274]

Die entscheidenden Aufgaben sind die Bewertung von Bestand und dessen Kosten sowie der Vergleich von Kennzahlen. Ohne diese quantitativen Messzahlen können keine fundierten und zukunftsfähigen Entscheidungen gefällt werden. Zur aktiven Portfoliosteuerung und Umschichtung von starken und schwachen Objekten dienen Kennzahlen als Grundlage. In jeder Lebenszyklusphase müssen Objekte so ausgerichtet sein, dass sie in Verkaufs- und Vermietungsverhandlungen bestens platziert werden können.

Als Ratinginstrumentarium ermöglicht die Portfolioanalyse Aussagen zur Kapitaldienstfähigkeit einer Unternehmung.

---

[274] Vgl. Wellner, K. (2003), S. 35 f.

6.6.2 Reformschritte zur Optimierung der Ressource Immobilie

Die betrieblichen Immobilien stellen einen beträchtlichen Wert dar und benötigen dafür ein eigenes Handlungsfeld. Zur Optimierung des betrieblichen Immobilienbestandes wird von den Unternehmen wirtschaftliches Denken und Handeln verlangt. Die folgenden Reformschritte zur Bündelung von Leistungen orientieren sich an bewährten Modellen aus der Perspektive der Werterhaltung und Wertverbesserung.

- Modernisierung der Immobilien-/Liegenschaftsverwaltung durch Einführung eines wertorientierten Immobilienmanagements.[275]
- Durch Hinzuziehen von externen Beratern findet ein Erfahrungsaustausch statt und neue Sichtweisen können gewonnen werden. Dadurch ist eine schnellere Implementierung möglich. Die Vermeidung von Fehlern und das Faktum, dass Dritte unbelastet an die Umsetzung gehen, sind weitere Aspekte, die es zu beachten gilt. Gegen das Hinzuziehen von externen Beratern spricht, dass Dritte zu wenig über die Erfordernisse und Bedürfnisse der Unternehmung wissen und dass das Know-how der Berater teuer eingekauft werden muss.
- Outsourcing von Dienstleistungen: Mit der Beauftragung professioneller Gebäudebewirtschaftungs-Unternehmen können Synergieeffekte realisiert und somit Kosten eingespart werden.
- Implementierung von computergestütztem Immobilienmanagement: Mit der Installation von Datenbanken und eines CAFM-Programms können Immobilien-Bestandsdaten effektiver aufgenommen werden. Für die Nebenkostenabrechnung wird ebenfalls ein Computerprogramm empfohlen.
- Einführung von Interner Flächen-Verrechnung (IFV): Eine Verrechnung von Nutzflächen auf die Kostenstellen der einzelnen Geschäftseinheiten, einschließlich Nebenkosten, schafft Anreize für den sparsamen Umgang mit Fläche. Damit wird eine Gleichstellung mit externen Mietern erreicht und eine Sensibilisierung des Kostenbewusstseins der Nutzer erlangt.

Mit der Einführung von datenbankkonformen Kennzahlen werden Vergleiche ermöglicht und Schwachstellen aufgedeckt. Die Kosten- und Leistungsrechnung enthält festgelegte Verrechnungspreise für die Immobiliennutzung in Form der ortsüblichen Marktpreise. Durch ein klares Umlagesystem können Betriebs- und Nebenkosten den Nutzern zugeordnet werden. Die Verrechnungssätze gelten nicht generell für alle Objekte, sondern gestalten sich je nach Gebäudezustand, Ausstattung, Funktion und betrieblichen Nutzern.

6.6.3 Make or Buy

Leistungen (Bestandserfassung, Analyse, Bewirtschaftung etc.) können selbst oder durch Dritte (Dienstleister, Berater etc.) erbracht werden. Eine Fremdvergabe (Outsourcing) von Leistungen ermöglicht die Konzentration auf das Kerngeschäft. Die Umwandlung von fixen Personalkosten in variable Stückkosten bringt eine Kostenreduzierung mit sich. Bei einer weltweit tätigen Unternehmung fehlt oft die genaue Kenntnis der regionalen Märkte, so dass die Einbeziehung eines Beraters oder eines sonstigen Dienstleisters sinnvoll sein kann. Es wird erwartet, dass diese eingekaufte Leistung schneller, kostengünstiger, flexibler und innovativer erbracht wird.

---

[275] Vgl. Grünert, L. (1999), S. 40f.

Grundsätzlich muss bei den einzelnen Aufgaben des CREM in der Frage Make or Buy zwischen operativen und strategischen Aufgaben unterschieden werden. Strategische, globale und ortsunabhängige Aufgaben sollten intern (make) bearbeitet werden. Operative, lokale und standortbezogene Aufgaben, die standardisierbar, kontrollierbar und optimierbar sind, können extern (buy) erledigt werden.[276]

6.6.4 Finanzierung im CREM

In der Beschaffungsphase wird über die Finanzierung nachgedacht. Wie schon erwähnt, bieten sich in dieser Phase die Alternativen Anmietung, Leasing, Kauf und Projektentwicklung an. Während bei der Anmietung und beim Leasing von Immobilien die Frage der Finanzierungsvariante nicht zur Debatte steht, muss beim Kauf und bei der Projektentwicklung über die optimale Finanzierungsvariante nachgedacht werden.

Zur Auswahl stehen innovative Finanzierungsvarianten und die klassische Finanzierungsvariante in Form von einem Hypothekendarlehen. Diese grundpfandrechtlich gesicherten Darlehen werden mit einer annuitätischen Tilgungsvereinbarung und einer mehrjährigen Zinsfestschreibung vergeben. Die Höhe des erstrangigen Darlehens wird in der Praxis nicht mehr als 60 % des Beleihungswertes übersteigen. Für Projekte, die den oben genannten Fremdfinanzierungsgrad von 60 % übersteigen, müssen Nachrangdarlehen aufgenommen werden. Um diese nachrangigen Darlehen abzusichern, werden andere Quellen als das Immobilienprojekt benötigt. Hier spielt die Bonität und Kredithistorie des Kreditnehmers eine bedeutende Rolle.

Als innovative Finanzierungsformen werden z. B. die Mezzanine-Finanzierung, die Participating Mortgage-Finanzierung und die Projektfinanzierung bezeichnet. Alle Modelle haben gemeinsam, dass der Kreditgeber einen Anspruch auf Gewinnbeteiligung hat.

Eine weitere Möglichkeit der Finanzierung stellt die Securitisation oder Mortgage Backed Securities dar. Bei dieser Finanzierungsart überträgt der Projektentwickler das Immobilieneigentum einer Besitzgesellschaft, die ausschließlich zur Abwicklung des Projektes gebildet worden ist. Diese Gesellschaft gibt entweder Aktien oder Schuldverschreibungen zur Refinanzierung aus.

6.7 Operatives CREM

Die wirtschaftliche Lage lenkt den Blick des Managements auf Aufgabenfelder, in denen Kosten reduziert werden können. Immobilien sind Wirtschaftsgüter, die Ertragspotentiale bergen, aber auch Kosten verursachen. Durch Neuorganisation der betrieblichen Immobilienbewirtschaftung können Einsparungspotentiale realisiert werden.

Wird das Budget für die Gebäudeinstandhaltung zu niedrig angesetzt, führt das zu einem progressiv ansteigenden Instandhaltungs- und Sanierungsstau, d. h. zur heimlichen Verschuldung. Kleine Budgets fördern mehr eine Reparaturmentalität als die strategische Planung von Wartungsplänen durch das betriebliche Immobilienmanagement. In der Praxis können Mängel beim Immobilienmanagement in folgenden Punkten vorliegen:

- Bestandsdaten: Die Informationen über Anzahl, Nutzung und vor allem über den Zustand der Gebäude sind unvollkommen.

---

[276] Vgl. Preugschat, F. (2001), S. 370

- Zuständigkeiten: Die Verwaltung der Gebäudenutzung und die Bewirtschaftung der Immobilien werden nicht von einer einzigen Immobilien-Geschäftseinheit gesteuert, sondern die Werke oder Niederlassungen entscheiden und organisieren individuell, ohne sich untereinander abzustimmen.
- Gebäudewerte: Der Wert der Gebäude ist nicht bekannt oder nicht aktuell.
- Kennzahlen: Grundlegende und aussagefähige betriebswirtschaftliche Kennzahlen werden nicht erhoben oder verwertet. Für das Immobiliencontrolling und für die Abrechnung mit den einzelnen Geschäftseinheiten werden diese aber dringend benötigt. Außerdem werden Anreize zur Einsparung ohne Kostentransparenz nicht gegeben.

Diese immobilienspezifischen Mängel können sich negativ auf die Unternehmensentwicklung auswirken. Unzureichende oder versäumte Sanierungen an Gebäuden hinterlassen Spuren am Unternehmensbild. Dieser Verlust an Attraktivität schädigt das Image der Unternehmung sowohl bei den Kunden als auch bei den Investoren. Soll der Wert des Immobilienbestandes erhalten werden, ist die Einführung eines professionellen Gebäudemanagements bzw. Facility Managements zu empfehlen. Experten des Deutschen Verbandes für Facility Management e.V. (GEFMA) schätzen das Kosten-Reduktionspotential bei professioneller Bewirtschaftung auf 15–25 %. So werden im Unternehmen Gelder frei, die einer Unternehmung Investitionen in das meistens renditestärkere Kerngeschäft ermöglichen.

6.7.1 Positive Effekte durch Einführung von Facility Management (FM)

Korrekter wäre der englische Begriff „Facilities", da es sich um eine Vielzahl von Grundstücken, Gebäuden, Einrichtungen und anderen Teilen der Infrastruktur handelt. Der Deutsche Verband für Facility Management (GEFMA) versteht darunter den „unternehmerischen Prozess, der durch die Integration von Planung, Kontrolle und Bewirtschaftung von Gebäuden, Anlagen und Einrichtungen … eine verbesserte Nutzungsflexibilität, Arbeitsproduktivität und Kapitalrentabilität zum Ziel hat". Schon in den 50er Jahren wurde Facility Management in den USA zur Produktivitätssteigerung eingesetzt, da Immobilien als betriebliche Produktionsfaktoren gelten. Heute wird ein ganzheitlicher Ansatz bevorzugt, der die Liegenschaftsverwaltung nicht isoliert betrachtet, sondern die Immobilie über den gesamten Lebenszyklus hinweg einbezieht. Alle Leistungen werden aus einer Hand erbracht. Dabei spielen die Kosten und Leistungen einer Immobilie über den gesamten Lebenszyklus (Beschaffung – Bestandsbetreuung – Verwertung) hinweg eine wichtige Rolle. Denn bereits bei der Konzeption und Planung der Immobilie werden ca. 70 % der Baunutzungskosten festgelegt.

Vorrangig wird bei betrieblichen Gebäuden wie Produktionshallen, Werkstätten und Bürogebäude an die bedarfsgerechte Bereitstellung dieser Einrichtungen gedacht und weniger an die hohen Kosten. Mit der Einführung eines Facility Management können sich Nutzer auf ihr Kerngeschäft konzentrieren. Weil sie kein echter Mieter sind, sondern als ein Teil der Unternehmung angesehen werden, können diese Nutzer eine Teilverantwortung für den Flächenbedarf und den daraus folgenden Kosten übernehmen.

Die Zentralisierung der immobilienbezogenen Aufgaben führt zu einer Kostensenkung; außerdem werden die Schnittstellen reduziert und die Abläufe optimiert. Wichtige Informationen über den Immobilienbestand werden gebündelt; eine kompetente Stelle plant, steuert und trägt die Verantwortung. Die Kosten werden transparenter und können den Budgets der Abteilungen gerechter zugeordnet werden. Ziel ist es, die Leistungsangebote wettbewerblich zu gestalten. Nicht nur die Vermögenswerte, sondern auch finanzielle und personelle Ressourcen können durch eine professionelle Gebäude- und Grundstücksbewirtschaftung sichtbar gemacht werden.

6.7.2 Energiemanagement

Nach einer Schwachstellenanalyse aller in Frage kommenden betrieblichen Immobilien sind die wichtigsten energietechnischen Parameter zu ermitteln, wie etwa die bau-, heiz- und regeltechnische Ausstattung der Gebäude und Räume. Darüber hinaus erfolgt eine Auswertung der Strom-, Gas- und Wärmerechnungen. Ebenfalls sollten Bestandsaufnahmen hinsichtlich der Beleuchtungsstandards geplant werden. Ein weiterer wesentlicher Punkt ist die Überprüfung der Vertragsverhältnisse für den Energiebezug, um nachhaltige Betriebskostensenkungen zu erzielen. Im Folgenden werden Maßnahmen aufgeführt, die zu einem wirtschaftlichen Umgang mit Energie führen:

- Verwendung von Energiesparlampen;
- Installation von Bewegungsmeldern;
- Wahrnehmung von Contracting-Modellen.[277] Hierbei werden die gesamten Leistungen im Energiebereich von einem zentralen externen Dienstleister durchgeführt und finanziert;
- Planung und Anbringung von Wärmedämmung. Energiekosten können mit optimaler Wärmedämmung und einem optimierten Heizsystem auch in alten Gebäuden um bis zu 30% gesenkt werden;[278]
- Sanierung alter Technik.

Der Stand der Technik in der Technischen Gebäudeausstattung ermöglicht oftmals eine wirtschaftlich vorteilhafte Erneuerung vor Ende der Anlagenlebensdauer. Die Wirtschaftlichkeit eines Neubaus hängt von seinem Energiespar- sowie seinem Umweltkonzept ab. Folgende Einsparpotentiale sind hierbei zu berücksichtigen:

- Ermittlung einer optimalen Grundrisslösung; überflüssige Neben- und Verkehrsflächen sind zu vermeiden;
- Räume mit niedrigen Innentemperaturen (Verkehrsflächen) sind nach außen zu legen, Räume mit höheren Temperaturen nach innen;
- Bauweise, Bauelemente und Baustoffe sind unter dem Gesichtspunkt der Energieeinsparung auszuwählen;
- Einbau von Wärmespeichersystemen, die zu einer erheblichen Verbesserung der Energienutzung führen;
- Schaffung aller Voraussetzungen für eine aktive und passive Solarenergienutzung, wie z.B. Dachneigung, südliche Ausrichtung der Hauptnutzflächen;
- Räume mit besonderen Anforderungen an den Energiebedarf sollten nicht nur im Hinblick auf die zu verlegenden Medien, sondern auch zur Minimierung des Nutzenergiebedarfes zusammengelegt werden;
- notwendige technische Systeme müssen einfach eingebaut, genutzt und gewartet werden können und
- für Energieversorgungs- sowie Energieverwendungssysteme, die heute zwar noch nicht wirtschaftlich sind, deren Einsatz aber bei weiterer technologischer Entwicklung sinnvoll sein könnte, sind bauliche und technische Vorsorgemaßnahmen zu treffen.

---

[277] Vgl. Diederichs, C. J. (2006), S. 560.
[278] Vgl. Pütter, J. (2007), S. 106 ff.

7 Entwicklung und Grundlagen des Facility Managements

„Facilities have traditionally been a backwater in organizational life; their effect on productivity and effectiveness has been ignored … People are also beginning to realize that facilities can be used as a tool to implement organizational goals, objectives and policies. Companies make chances in their organizations and in their facilities in hopes of increasing productivity … Facility Management is a program, a catalyst, that would help further and understanding of this very critical, captive and complex issue."[279] (November 1979, Herman Miller Research Corporation)

7.1 Entwicklung und Idee des Facility Management

Die deutsche Wirtschaft und ihre agierenden Unternehmen befinden sich derzeit in einem Wechselspiel an zu bewältigenden Herausforderungen. Dieser Strukturwandel hält ebenso Einzug in die jüngste Wirtschafts- und Wissenschaftsdisziplin Deutschlands: die Immobilienwirtschaft. Das Interesse ausländischer Investoren am deutschen Immobilienmarkt, die Globalisierung sowie weltweit vertretene Kunden prägen aktuell die Immobilienunternehmen. Marktstrukturen ebenso wie Kundenwünsche und -anforderungen passen sich internationalen Standards an. Heute werden kompakte und komplette Produkt- und Systemangebote vom Markt gefordert, die trotz der immer kürzer werdenden Immobilienlebenszyklen und der zunehmenden Komplexität Stand halten können. Aufgabe des Immobilienmanagement ist demnach, die Ablauf- und Aufbauorganisationen der Unternehmen zu verschlanken, um schneller und effizienter am Markt auftreten zu können.[280]
Die Fach- und Wissenschaftsdisziplin Facility Management ist die Philosophie des modernen Immobilienmanagements, welches sich aus (general-)dienstleistenden Marktteilnehmern zusammensetzt und sich mit der Bewirtschaftung der Immobilie aus kaufmännischer, technischer und infrastruktureller Sicht widmet. Ziel ist, alle kostenrelevanten Prozesse, die nicht zur Kernkompetenz der Immobilienunternehmen gehören, in Bezug auf Zeit, Mobilität, Flexibilität, Qualität und Funktionalität zu analysieren, zu betrachten und zu optimieren, um den Wert und die Rendite der Immobilie quantifizieren zu können. Dabei werden alte Lösungen der Bewirtschaftung durch neue, intelligente und arbeitsteilige ersetzt, mit Konzentration auf die Kernkompetenz.[281] Außerdem fordert der heterogene und differenzierte Markt Professionalisierung und neue innovative Ideen.

7.1.1 Die historische Entwicklung des Facility Managements

Mitte der 1950er Jahre wurde in den USA der gedankliche Grundstein für Facility Management (aus dem Lateinischen: *facilis* = leicht und *manus* = Hand, also mit leichter Hand)[282] gelegt mit dem Ziel, die Produktivität der Betriebsführung und die Instandhaltungsmaßnahmen zu verbessern.[283] Ursprünglich befassten sich erstmals 1952 die Fluggesellschaft Pan-American-World-Services mit dem Thema, die von der US-Air Force den Auftrag erhielt, die Facilities der Eastern-Test-Range zu

---

[279] Kahlen, H. (2001), S. 39
[280] Vgl. Reents, M. (2007), S. 43 f.
[281] Vgl. Gondring, H./Wagner, T. (2012), S. 7 ff.
[282] Vgl. ebenda, S. 3
[283] Vgl. Nävy, J. (2006), S. 40

organisieren und zu managen, sowie die Gebrüder Schnelle vom Quickborner-Team, die sich damals mit einem neuen Bürotypus auf dem amerikanischen Kontinent auseinander setzten (Abb. IV 42).

Weiterentwickelt wurde Facility Management in den späten 1970er Jahren. So veranstaltete 1978 der damals weltweit größte Möbelhersteller, die Hermann Miller Cooperation, eine Konferenz, die den Titel „Facilities Impact on Productivity" trug und die Zusammenhänge von Facilities und der Produktivität der Arbeitenden verdeutlichte. Dies wiederum war für Dave Armstrong der Anlass, 1979 das Facility Management Institut (FMI) zu gründen, das seither die Aufgabe hatte, die Wissenschaft um Facility Management auszubauen. Ab Mitte der 1980er Jahre etablierte sich in Deutschland das Facility Management sowohl in der Immobilienwirtschaft wie auch im Dienstleistungsbereich.[284] Waren es zu Beginn die infrastrukturellen und technischen Bereiche, die das Facility Management für sich entdeckten, so erstreckt es sich nunmehr bis hin zu Generaldienstleistern, die ihren anspruchsvollen Kunden ein „All-round-Paket" an Dienstleistungen liefern.

Im Jahre 1980 wurde die National Facility Management Association (NEFMA) von vierzig professionellen Facility Managern auf einer Veranstaltung des FMI gegründet. Der starke Zulauf der NEFMA brachte ihnen bereits nach drei Jahren 1.200 Mitglieder. Durch das schnelle Wachstum,

50er Jahre	Ursprünge des Facility Managements werden in Amerika entwickelt (Pan-American-World-Services und Gebrüder Schnelle)
1978	Hermann Miller Cooperation hält die Konferenz „Facilities Impact on Produktivity"
1979	Dave Armstrong gründet das Facility Management Institut (FMI)
1980	Gründung der National Facility Management Association (NEFMA)
1982	Umbenennung der NEFMA in IFMA- International Facility Management Association
1985	Großbritannien gründet die Association for Facility Management (AFM)
1989	Gründung der German Facility Management Association (GEFMA)
1990	Gründung des European Network in Glasgow
1996	Richtlinienwerk der GEFMA erscheint
1996	Gründung der IFMA-Deutschland e.V.
HEUTE	

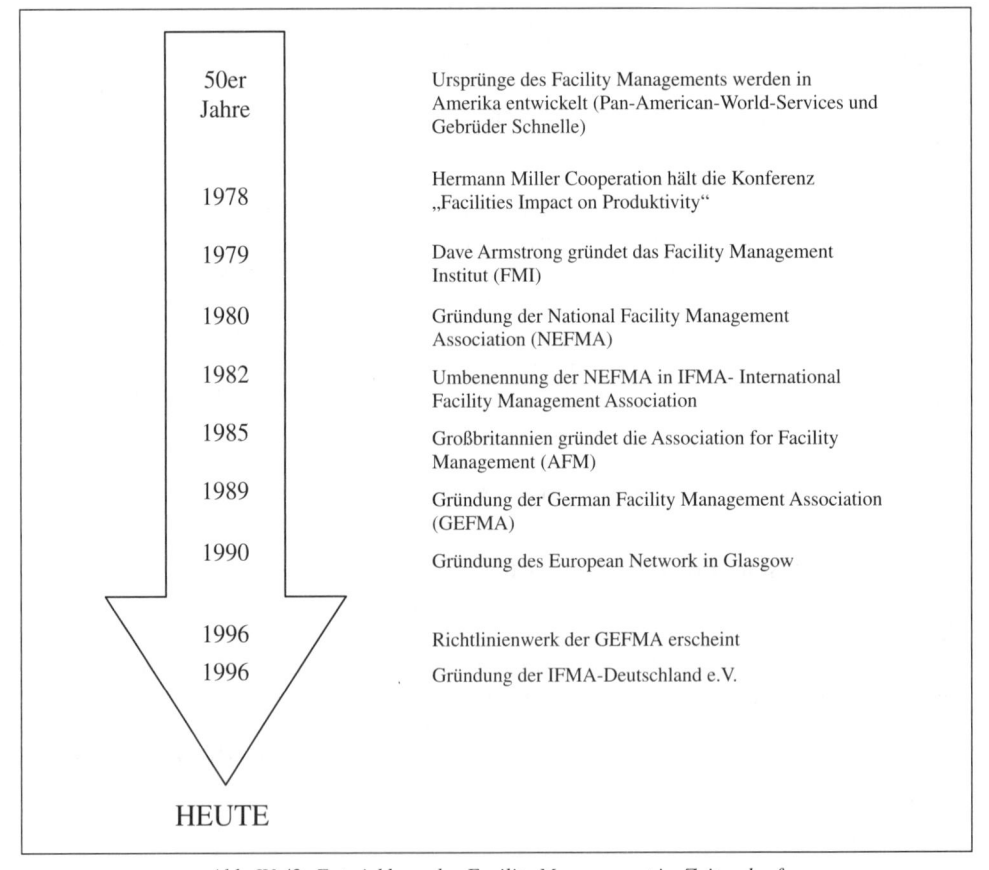

Abb. IV 42: Entwicklung des Facility Management im Zeitverlauf

---

[284] Vgl. Moslener, W./Rondeau, E. (2001), S. 13

die Aufnahme Kanadas und die Internationalisierung wurde die NEFMA in IFMA (International Facility Management Association) umbenannt. Heute hat diese Organisation, die in den USA als berufsständische Organisation anerkannt wird, 18.500 Mitglieder in 15 verschiedenen Ländern. Die Philosophie der Organisation wünscht, dass von diesen Mitgliedern ca. 75 % „echte" professionelle Facility Manager sind.[285] Die anderen 25 % setzen sich aus Mitarbeiten von Anbietern der FM-Leistungen, Service- und Softwareanbietern, Beratern und Studenten zusammen.[286] In 2007 wurde die IFMA in Deutschland aufgelöst.

Durch den Architekten Fancis Duffy war England noch vor Deutschland der Vorreiter im Facility Management. Er war derjenige, der den Gedanken des Facility Management zuerst aufgriff. So kam es, dass der Verband Association of Facility Management (AFM) 1985 in Großbritannien gegründet wurde und fünf Jahre später in Glasgow ein weiterer Meilenstein in der kurzen Geschichte des Facility Management gegründet wurde, nämlich das European Network. Deutschland zog 1989 nach Holland, das das FM bereits 1987 einführte, in die Liga des Facility Management ein und zwar mit der Gründung der German Facility Management Association (GEFMA). Dieser Verband zählt heute 400 Mitgliedsunternehmen und verfolgt das Ziel, „eine professionelle und an den Bedürfnissen der Menschen ausgerichtete Bewirtschaftung der Immobilien"[287] zu realisieren. 1982 wurde eine allgemein tragfähige Definition für das Facility Management geschaffen, die bis heute in der United States Library of Congress vorliegt:

„Facility Management is the practice of coordinating the physical workplace with people and work of the organisation, it integrates the principles of business administration, architecture, and the behavioural and engineering sciences."[288]

Als 1996 die GEFMA zur Qualitätsoffensive ihre 35 Richtlinien herausbrachte, waren diese dazu bestimmt, das Facility Management eingehend für den deutschen Markt transparent darzustellen, um so den Anbietern und Anwendern eine deskriptive Hilfestellung bieten zu können. Die letzten Jahre brachten eine enorme Themenerweiterung mit sich. So werden heutzutage Anforderungen an das Facility Management gestellt, wie

- „Unterstützung der Unternehmenskernprozesse
- Erhöhung der Leistungsfähigkeit betrieblicher Arbeitsplätze
- Gewährleistung von Sicherheiten und Gesundheitsschutz für die Mitarbeiter
- Erhaltung baulicher und anlagetechnischer Werte
- Einhaltung gesetzlicher Vorschriften
- Erhöhung von Nutzungsqualitäten
- Reduzierung von Nutzungskosten"

1996 wurde der Gegenpart zur IFMA in den USA, die IFMA als nationales Chapter der deutschen Facility Manager in München gegründet. Sie beschäftigte sich mit der Anerkennung des Managementberufes, um ein „unverwechselbares Berufsbild" für den Facility Manager zu generieren. So übernahm die gegründete IFMA das in den USA entwickelte Zertifikat zum Certified Facility Managers (CFM). Unter Betrachtung aller Chapter weltweit, kann die IFMA den größten Mitgliederzuwachs verzeichnen. Im November 2006 ging aus der IFMA Deutschland der Berufsverband RealFM e.V. Association for Real Estate and Facility Managers mit Sitz in Berlin hervor. Der neue Verband ist ausschließlich den nationalen Mitgliedschaften vorbehalten.

---

[285] Vgl. Nävy, J. (2006), S. 40f.
[286] Vgl. Moslener, W./Rondeau, E., (2001), S. 14
[287] Schneider, H. (2004), S. 8
[288] Kahlen, H. (2001), S. 36

7.1.2 Die Entstehungsgründe und Entwicklung des FM in Deutschland

Die Notwendigkeit, auch in Europa und speziell in Deutschland den Gedanken des Facility Managements aufzunehmen, hat unterschiedliche Gründe. Die Insuffizienzen der arbeitsteiligen Planungs- und Bewirtschaftungspraxis bei Anlagen und Gebäude brachte ein Bedürfnis nach konkreten Planungskonzepten mit sich.[289] Diese Insuffizienzen rühren von der Tatsache her, dass Architekten gelernt haben, Gebäude von außen nach innen zu bauen, Ingenieure versuchen, Gebäude auf den neusten Stand der Technik aufzurüsten, Bauherren ihre Investitionskosten isoliert betrachten und so letztendlich der Nutzer mit seinen Ideen, Wünschen und Bedürfnissen auf der Strecke bleibt.[290] Auch die rasante Entwicklung der Computer- und Softwaretechnik, die in Kollision mit den handwerklichen Generationenbetrieben gerät, bringt das Bedürfnis nach einem systemtheoretisch gesicherten Planungskonzept mit sich. Deutschland hat erst wesentlich später nach den USA erkannt, dass durch den Einsatz von Facility Management objektbezogene Kosten gesenkt werden können. Die Unternehmen, die für die Planung, den kostengünstigen Betrieb und den Werteerhalt zuständig sind, haben sich in der Immobilienbranche als Zielgruppe etabliert.[291] Der Betrachtungsgegenstand dieser Zielgruppen sind die Facilities als Bestandteile des immobilen und mobilen Anlagevermögens, die als strategische Ressourcen in den unternehmerischen Gesamtprozess integriert sind. Zudem verknüpfen sich im Facility Management die klassischen Betriebswirtschafts- und Managementlehren sowie das Ingenieurwesen, das mit „planungskybernetischen Ansätzen"[292] lehrt.

Mittlerweile kommt dem Facility Management in der Gesellschaft viel Bedeutung zu, weil die Gebäude und Liegenschaften eine besondere Bedeutung besitzen. Der Wegbegleiter bei der Entstehung des Facility Managements ist die Tatsache, dass die Bedeutung von Grundstücken und Gebäuden steigt. Nach Zahlen der IFMA waren in den USA zwischen 10 % und 18 % der jährlichen Aufwendungen in der Gewinn- und Verlustrechnung (GuV) in irgendeiner Form mit den Gebäuden der Unternehmen verbunden. In der Bilanz sind es sogar 25 % und 50 % der gesamten Aktiva, die in irgendeiner Form durch Investitionen in Grundstücke und Gebäude verknüpft sind. Aber nur 33 % der Unternehmen, die diese oder ähnliche Zahlen in ihrer GuV und Bilanz verzeichnen, haben ausreichende Kenntnis dieser hohen Werte. Die restlichen 67 % der Unternehmen stehen in einem sehr hohen Informationsrückstand, denn sie verfügen nicht über jederzeit abrufbare Daten ihrer Grundstücke und Gebäude.[293] Bedenklich wird diese Tatsche vor allem dann, wenn Mergers and Acquisitions sowie Konsolidierungsaktivitäten mit ins Spiel kommen. Da das strategischen Management als Ausgangsbasis für projekt- und objektbezogene Betrachtungsweisen ist und über sämtliche aktuellen Marktwerte der firmeneigenen Sachanlagen Bescheid weiß, um damit eine bestmögliche Nutzung und Werteerhalt während der Lebensdauer ausnutzen zu können, sind diese 67 % ein glatter Fauxpas.

Da sich heute die Wettbewerbsfähigkeit der Unternehmen an Hand von Kapital, Sachanlagen, den Mitarbeitern und den entwickelnden Technologien zeigt, werden diese Faktoren auch als strategische Ressource für den Erhalt und die Steigerung der Wettbewerbsfähigkeit genutzt.[294] Hierbei unterstreicht die Churn-Rate (Veränderungsrate) die Wichtigkeit, sich in Form von Umstrukturierungen, Umzügen und Bauprojekten in Bezug auf die Wirtschaftlichkeit der Unternehmen einzulassen. Dies

---

[289] Vgl. ebenda, S. 6
[290] Vgl. Schneider, H. (2004), S. 7
[291] Vgl. Gondring, H./Wagner, T. (2012), S. 7
[292] Vgl. Nävy, J. (2006), S. 42
[293] Vgl. Gondring, H./Wagner, T. (2012), S. 5 ff.
[294] Vgl. Schneider, H. (2004), S. 43

lässt sich an einem einfachen Beispiel erklären und ist in der heutigen Zeit deshalb von besonderem Interesse, weil sie das Verhältnis zwischen den Arbeitern, die jährlich einmal umziehen, und den gesamten Arbeitnehmern eines Unternehmens abbildet. Diese Kennzahlenbasis bildet auch weitere Fakten ab, die die Dynamik im Gebäudemanagement eines Unternehmens widerspiegeln. Wenn davon ausgegangen wird, dass Immobilien heute rund 80 Jahre alt werden und in regelmäßigen Zyklen umgebaut werden, so ergäbe dies, dass eine Immobilie eine Churn-Rate von 120 mal hätte, bezogen auf die Produktion und die technischen Anlagen, die Umstrukturierungszeiträume von bis zu 8 Monate in Anspruch nehmen. Diese Churn-Rate bildet schwarz auf weiß ab, wie wichtig es ist, über die Instrumente des strategischen Managements und über Informationssysteme zu verfügen, dass all die relevanten Daten verwaltet, kontrolliert, pflegt und bereitstellt.[295]

Die Tatsache, dass Bauten aller Art nicht mehr lange auf „Grünen Wiesen" gebaut werden können, lässt die zunehmenden Leistungsspektren des Facility Managements weiter erklären. Grund und Boden werden teurer und auch die Nutzungs- und Energiekosten sowie moderne Technologien für Immobilien nehmen ein exponentielles Wachstum an. Aufgrund der steigenden und verschärfenden Umweltschutzgesetze gewinnt auch hier das Facility Management an Zuwachs, denn FM steht für die optimale Ausnutzung und Ausschöpfung vorhandener Sachressourcen. Da Kosten nur gesenkt werden können, wenn erkannt wird, wo sie entstehen, müssen die immer komplexer werdenden Betriebsmittel mit Instrumenten des Facility Managements transparent und effektiv gesteuert werden, um eine optimale Gebäudebewirtschaftung zu erzielen. Dies lässt sich am besten an den Orten steuern, an denen Datenverarbeitung und die Informationstechnologie auf dem neusten Stand sind und regelmäßig gepflegt werden. Nur so kann das exorbitante Datenvolumen der Betriebsmittel künftig optimal durch Einsatz von erschwinglichen PC-Systemen verwaltet werden.

Mitte der 90er Jahre etablierte sich Facility Management im Rahmen der Shareholder Value-Bestrebungen in Deutschland. Die hiesigen Facility Manager befassten sich „hauptsächlich mit dem tatsächlichen Gebäudemanagement (GM), also mit dem Betrieb und Unterhalt des Gebäudes. Als die Fokussierung auf das Kerngeschäft begann und fortschreitend Optimierungsmaßnahmen generiert wurden, kam weiter das Verlangen auf, die Liegenschaften bezüglich ihrer Kostentransparenz zu untersuchen. Eine Liegenschaft sollte nicht mehr länger als Gemeinkostenstelle gelten, Kosten sollten verursachungsgerecht zugeordnet werden können. Facility Management bot und bietet die Instrumente dazu.

Veröffentlichte Zahlen wie die im Handbuch Facility Management der GEFMA 04/04 zeigen, dass nach durchschnittlich sieben Jahren die kumulierten Nutzungskosten das Maß der Erstellungskosten erreicht haben, die während der Konzeptions-, Planungs- und Realisierungsphase entstanden sind. So entstehen über einen mittleren Lebenszyklus rund 85 % der Gesamtkosten eines Gebäudes während der Nutzungsphase, lediglich die restlichen 15 % während der Planungs- und Bauphase.[296] Da durch Facility Management oftmals der Begriff „Sparpotential" suggeriert wird, wird in Deutschland versucht, durch proaktives Managen, die anfallenden Life-Cycle-Costs während der Nutzung um 30 % bis 50 % zu reduzieren. Im Bereich des Energiemanagements kann bis zu 80 % der Kosten eingespart werden – in Bezug auf die heutigen Umweltverhältnisse für alle an der Immobilienwirtschaft Beteiligte ein wichtiger Faktor.[297] Abb. IV 43 stellt graphisch die Beeinflussbarkeit der Kosten sowie deren Verlauf im Lebenszyklus dar.

---

[295] Vgl. Nävy, J. (2006), S. 44
[296] Vgl. Zehrer, H./Sasse, E. (2004a), S. 6
[297] Vgl. Hellerforth, M. (2006), S. 3

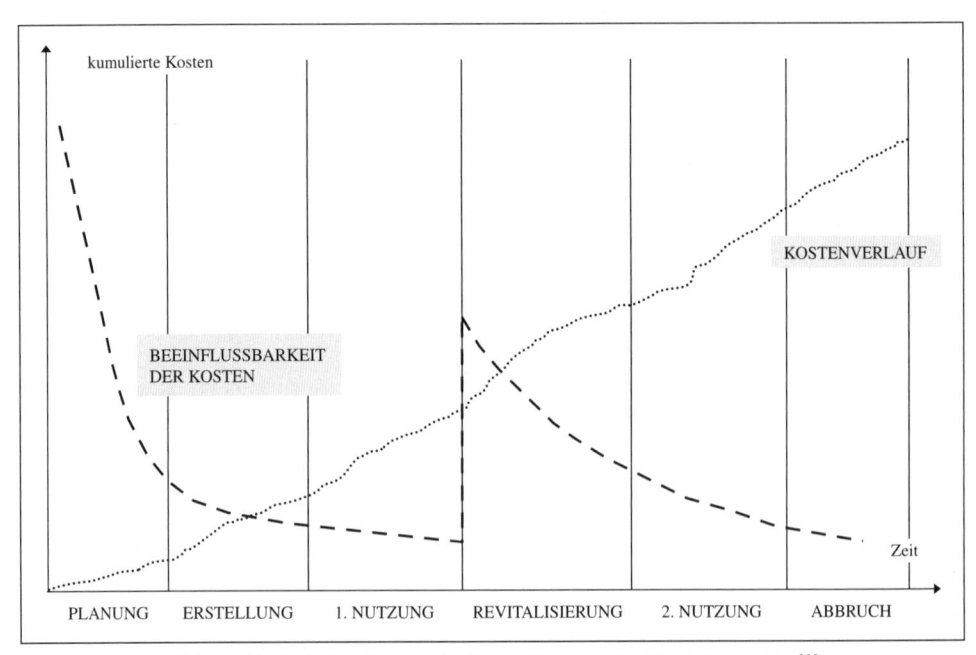

Abb. IV 43: Beeinflussbarkeit der Kosten/Kostenverlauf im Lebenszyklus[300]

Viele am deutschen Immobilienmarkt Teilhabende, vor allem deutsche Bauunternehmer, sahen mit der Einführung des Facility Management die Möglichkeit, ein zweites Standbein aufzubauen, um die sinkenden Umsätze der „schwächelnden" Branche durch die sich ergebenden Dienstleistungen des Facility Management zu kompensieren. Erst nach dieser Entwicklung profitierten auch die Immobiliennutzer von der FM-Entwicklung und zwar durch die Möglichkeit, ihre Kosten in jeglicher Hinsicht zu senken.

Mittlerweile gibt es zahlreiche Marktplayer, für die es wichtig ist, sich programmatisch eng an die Bedingungen des Marktes zu halten und sich anzueignen, die Tendenzen und Entwicklungen am FM-Markt abzulesen, Problemverhalten zu entwickeln und flexibel an Anpassungs- und Veränderungsprozesse heranzugehen. Sie müssen ein kooperativ orientiertes Management haben, um kundennah am Markt operieren zu können und das Wissen der Mitarbeiter als Motor und entscheidende Größe für den Erfolg der Dienstleistung sehen.

Die FM-Anbieter lassen sich am Markt in Gruppen einteilen. Der dafür häufig verwendete englische Ausdruck „Tiers" (übersetzt „Rang", „Ebene") teilt diese Gruppen in drei Ebenen. „First Tiers" ist die Bezeichnung für Komplettanbieter, die voll integrierte FM-Leistungen anbieten. Als „Second Tiers" werden Modularanbieter bezeichnet, die einzelne FM-Leistungen im kaufmännischen, technischen und infrastrukturellen Facility Management anbieten. Die letzte Gruppe, die sich auf Einzelgewerke spezialisiert und beispielsweise Catering für Tagungen und Seminare anbietet, wird als „Third Tiers" bezeichnet.

FM-Nachfrager sind meist Investoren, denn sie betrachten die Immobilie als Kapitalanlage, für die der Werterhalt und die Steigerung der Rendite im Vordergrund stehen. Sie schalten Facility Manager ein, die verlässliche Mieter/Nutzer gewinnen und erhalten sollen. Facility Manager haben die

---

[298] In Anlehnung an: Zehrer, H./Sasse, E. (2004a), S. 13

Aufgabe, nutzungsflexible Gebäude anzubieten, die den Anforderungen der Mieter/Nutzer zu jeder Zeit voll entsprechen.[299] Die Nutzer, hauptsächlich aus Industrieunternehmen, bilden gleichzeitig einen weiteren Nachfragerkreis. Sie suchen im Facility Management eine optimale Entlastung im Alltag, um sich auf ihr Kerngeschäft konzentrieren zu können. Durch den Trend des Outsourcings werden die Anforderungen der Nutzer an die Dienstleister immer größer – die Nutzer haben erkannt, dass das Forcieren auf Kernleistungen gleichzeitig das Segmentieren von Diensten mit sich bringt. Die Entwicklung des FM ist mittlerweile soweit fortgeschritten, dass sämtliche Marktplayer aus den unterschiedlichsten Branchen von diesem Management profitieren (Abb. IV 44).

FACILITY MANAGEMENT ANBIETER	FACILITY MANAGEMENT NACHFRAGER
Immobilienunternehmen und ihre Planer wie Architekten, Ingenieure, Statiker	Industrieunternehmen (zunehmend auch die chemische & pharmazeutische Industrie)
Handwerker	Banken und Versicherungen
Bauunternehmen	Öffentliche Hand (mit Ländern & Kommunen)
Komponentenhersteller	Krankenhäuser, Anstalten & Pflegeheime
Gebäudeausrüster	Bildungseinrichtungen (Schulen, Universitäten, Fachhochschulen)
Betreiber wie Einkaufszentren, Feriendörfer, Messen, Flughäfen, etc.	Freizeiteinrichtungen (Schwimmbäder, Freizeit- und Vergnügungsparks)
Serviceabteilungen	Handelsunternehmen
Bauträger und Baubetreuer	Telekommunikationsbranche

Abb. IV 44: Anbieter und Nachfrager im Facility Management

7.1.3 Anforderungen an das Facility Management

Die professionelle Auseinandersetzung des Facility Management mit dem Immobilienlebenszyklus verlangt den Beteiligten eine funktionsübergreifende Sicht auf die Immobilie ab. Die Anforderungen an Investoren, Planer, Bauunternehmen und Nutzer werden komplexer und spezifischer. Die bessere Kontrolle von Geld- und Informationsflüssen und die Verbesserung der Ressourceneffizienz rücken in den Mittelpunkt der Planung.[300]

Aufgrund der Eigenart von Immobilien und der unterschiedlichen Interessen von Beteiligten wird das Immobilienmanagement zu einem komplexen Projekt, wenn dabei die Interessen aller berücksichtigt werden sollen. Die Ziele der jeweiligen Beteiligten am FM-Prozess werden im folgenden Abschnitt im Einzelnen näher erläutert.

7.1.3.1 Unterschiedliche Rollen und Interessen im Facility Management Prozess

Wird zunächst davon ausgegangen, dass in einer Liegenschaft Mieter, Nutzer, Investoren und Eigentümer als vier heterogene Personengruppen vertreten sind, lassen sich diesbezüglich die unterschiedlichsten Anforderungen des Facility Management genauso wie die Ziele, die erreicht werden sollen, erklären.

---

[299] Vgl. Gondring, H./Wagner, T. (2012), S. 454 ff.
[300] Vgl. Friedrichs, K. (2000), S. 59

IM AUFTRAG DES MIETERS/NUTZERS	IM AUFTRAG DES INVESTORS/EIGENTÜMERS
Nebenkosten minimieren	Minimierung der nicht-umlagefähigen Nebenkosten
Betriebskosten als Einzelkosten	Optimierung von Reparaturen, Modernisierung, Sanierungen
Lieferanten, -controlling	Unterhalt des Gebäudes, Vermeidung von Sanierungsstaus, Wertentwicklung des Gebäudes
Zahlungstermine, -eingänge, -ausgänge	Miethöhe, Performance
Miet- und Lieferverträge	Laufzeiten von Mietverträgen
Leistungsanforderungen	Standortfragen, Bonität der Mieter
Leistungsverzeichnis, Qualitätssicherung	Zusätzliche Ertragsquellen durch FM

Abb. IV 45: Unterschiedliche Schwerpunkte des FM

Abb. IV 45 ist zu entnehmen, dass ein **Eigentümer und Investor** das Ziel forciert, mit seiner Liegenschaft eine angemessene Rendite zu erwirtschaften. Das setzt voraus, dass sein Gebäude vermietbar ist und sich durch eine Vielzahl von Nutzungsvarianten an den Mieter und den Nutzer anpasst. Wird ein Facility Manager von o.g. Personen engagiert, wirkt er während des gesamten Lebenszyklus aktiv an der Liegenschaft mit und ist damit auch einschlägig für die erwirtschaftete Rendite verantwortlich. Zur Gruppe der Eigentümer bzw. Investoren gehören auch die sogenannten **Property Companies**, d. h. solche Unternehmen, die Immobilien als Kapitalanlage mit dem Ziel halten, eine optimale Rendite bei einem bestimmten Risikoniveau aus der Immobilienanlage zu erzielen. Für diese Unternehmen ist die Immobilie ein Vermögenswert (Asset), der an der Erreichung der Zielvorgaben der Kapitalanleger gemessen wird. Wichtige Parameter für die Rendite sind die Vermietung, die Wertentwicklung und die Kostenwirtschaftlichkeit der Immobilie. Diese die Rendite beeinflussenden Größen können durch das Facility Management maßgebend bestimmt werden.

Im Hinblick auf die Werterhaltung der Immobilie spielt im Rahmen des Facility Management die Verwaltung und Bewirtschaftung eine zentrale Rolle. Der Grund dafür liegt in der Erkenntnis, dass nur durch eine effiziente und professionelle Gebäudebewirtschaftung (ein professionelles FM) Erfolge im Sinne der Wertschaffung, -erhaltung, -steigerung generiert werden können.

Im Gegensatz zum Eigentümer sehen die **Nutzer** einer Liegenschaft keine vorrangige Priorität bei der Werterhaltung. Sie wünschen vielmehr einen angemessenen Komfort des Gebäudes, in dem sie täglich ihrer Arbeit nachgehen. Optimal ist für sie ein Gebäude, welches ihre Produktivität fördert, d. h., dass sie kurze Wege zwischen den einzelnen Büros haben, dass Reinigungsarbeiten erst nach der regulären Arbeitszeit stattfinden etc. Ein Mieter wird immer versuchen, sämtliche Kosten im unteren Rahmen zu halten. So ist er auf eine geringe Kaltmiete/m² bedacht und versucht die Nebenkosten zu minimieren. Außerdem erwartet er Supportprozesse, die seinem Kerngeschäft zu Gute kommen. Wird ein Facility Manager von diesen Personengruppen eingeschaltet, wird er typischer Weise als Objektmanager oder Objektinspektor in der Nutzungsphase aktiv. Dabei erwartet der Nutzer von einem Facility Manager einen optimalen Service. Das bedeutet, der Servicegedanke steht in Verbindung mit der Kostensenkung im Vordergrund. Der Nutzer profitiert somit vom effizienten Einsatz von Ressourcen und genießt die durch den Einsatz des Facility Management verringerten Gebäude- und Servicekosten über den gesamten Lebenszyklus hinweg. Durch verursachungsgerechte Abrechnung der Kosten durch den Facility Manager ergibt sich eine höhere Transparenz und eine objektivierte Entscheidungsgrundlage. Eine wichtige Rolle kann zum Beispiel die Raumplanung spielen. Hier erhält der Nutzer ein entsprechend durchdachtes Arbeitsplatzprogramm, das optimal auf die Kernprozesse des Unternehmens abgestimmt ist. Durch die professionelle Betreuung entstehen höhere Standards in punkto Sicherheit und Service.

Zwar sind die Interessen des **Nutzers** und **Investors** nicht per se gegenläufig, jedoch ist eine stärkere Berücksichtigung der Interessen des Nutzers meist mit zusätzlichem finanziellen Aufwand für den Investor verbunden. Dies kann den Cashflow und damit die Rendite des Investors verringern. Andererseits kann durch eine konsequente Ausrichtung an den Bedürfnissen des Nutzers auch zu einer Bindung des Nutzers an die Immobilie und damit zu einer Verringerung der Ertragsschwankung aus dem Objekt führen.

Auftraggeber bzw. Kunde des Facility Managers kann also sowohl der Eigentümer als auch der Nutzer des betreffenden Gebäudes sein. Für ein erfolgreiches Facility Management ist es Aufgabe des Investors, optimal nutzbare Flächen bereitzustellen während der Nutzer die Anforderungen für eine optimale Nutzung und Bewirtschaftung sowie das Betreiben der Flächen stellt und diese mit dem Facility Manager als Bindeglied bearbeitet (z. B. durch Erarbeitung eines Maßnahmenkatalogs im Rahmen eines strategischen FM-Masterplans).[301]

Ein Facility Manager erwartet eine strukturierte Liegenschaft, die es ihm ermöglicht, die Supportprozesse mit definierten Personalstärken und Technikeinsatz zu unterstützen. Synergien kann ein Facility Manager nur dann nutzen, wenn das Optimum aus seinen FM-Fähigkeiten generiert wird; das ist der Fall, wenn die strategische FM-Kompetenz bei einem Eigentümer liegt, der zugleich Investor und Bewirtschafter ist.[302]

Da das Facility Management auf einen ganzheitlichen Denkansatz ausgerichtet ist und den gesamten Lebenszyklus betrachtet, gibt es weitere Akteure, mit denen das Facility Management bzw. der Facility Manager in Beziehung stehen sollte. Hier sind beispielsweise **Planungsbeteiligte** wie Ingenieure und Architekten, sowie Gebäudetechniker und Handwerker, Bauunternehmungen und Entsorger zu nennen. Die Begründung für die Einbeziehung des FM ist darin zu sehen, dass nicht nur Kosten der Bauphase berücksichtigt werden, sondern auch diejenigen Kosten die während der Nutzung anfallen können. Die Nutzungskosten können dann bereits durch die frühe Einbeziehung von Facility Management beeinflusst werden. Außerdem ist es für den Facility Manager möglich, die Einhaltung des Kostenbudgets der jeweiligen Nutzer abzuschätzen (Nutzungskostenermittlung). Diese kann definiert werden als eine Vorausberechnung der künftig entstehenden Nutzungskosten (bei Neubauten) oder als die Feststellung der tatsächlichen Nutzungskosten (bei bestehenden Objekten).[303]

Eine weitere Interessentengruppe im Facility Management können **Non-Property Companies** darstellen. Darunter werden solche Unternehmen verstanden, deren Kerngeschäftsfeld nicht das Immobiliengeschäft ist. Hierzu gehören beispielsweise große Industrieunternehmen, die Fabrikanlagen, Erweiterungs- und Ausbauflächen in ihrem Eigentum halten. Nicht selten liegt der Anteil des in Immobilien gebundenen Kapitals zwischen 20 und 30 % der Bilanzsumme, was bedeutet, dass der gehaltene Immobilienbestand nicht unwesentlich den Unternehmenserfolg mitbestimmen kann. Vor diesem Hintergrund müssen sich auch diese Unternehmen ebenfalls einer effizienten Immobilienbewirtschaftung stellen.

---

[301] Vgl. Ghahremani, A. (1998), S. 17 f.
[302] Vgl. Zehrer, H./Sasse, E. (2004a), S. 16-21
[303] Vgl. GEFMA (2004c), S. 2

Die Unternehmen leiten den Shareholder Value aus internen Finanzdaten ab und errechnen ihn auf Basis von sog. Werttreibern (Value Drivers). Beispiele für Werttreiber sind: die Wachstumsrate des Umsatzes, Investitionen ins Umlauf- und Anlagevermögen, Kapitalkosten, die betriebliche Gewinnmarge u. a. Der Shareholder Value erfasst in seiner Eigenschaft der strategischen Unternehmenssteuerung auch die Immobilie.[304]

Das Immobilienvermögen von deutschen Unternehmen mit einer Summe von über 2 Billionen Euro macht einen großen Teil der Aktiva aus. Das verdeutlicht die Notwendigkeit eines aktiven und wertorientierten Managements der Immobilienbestände. Zum Gebot des Shareholder Value gehört es demzufolge, dass sowohl die betriebsnotwendigen als auch die nicht betriebsnotwendigen Immobilien eines Non Property Unternehmens einen Beitrag zum Shareholder Value, also zur Erhöhung des Unternehmenswertes leisten müssen.

Eine Option zur Erhöhung des Shareholder Value ist der steueroptimierte Verkauf von nicht betriebsnotwendigen Immobilien. Eine weitere Möglichkeit zur Erhöhung des Shareholder Value ist die Ausgliederung von Immobilien über das Sale-and-lease-back Verfahren. Hier handelt es sich um einen Verkauf von betriebsnotwendigen Immobilien an eine Leasinggesellschaft, von der die Immobilien wieder zurückgemietet werden. Das durch das Sale-and-lease-back Verfahren freigewordene Kapital kann effizient im Kerngeschäft der Unternehmung oder zur Tilgung der vorhandenen Schulden verwendet werden.

Zuletzt bleibt zu verstehen welche Ziele der **Facility Manager** selbst verfolgt. Im Grunde sollte ein FM-Dienstleister nach dem Prinzip der Kunden- und Serviceorientierung bestrebt sein, also die Wünsche der Kunden bzw. Nutzern zu erfüllen. Im kurzfristigen Kontext dürfte jedoch die Zielsetzung des FM-Dienstleisters an der Maximierung der Gewinnspanne ausgerichtet sein, die sich aus der Differenz zwischen Umsatz und den mit der Umsatzerzielung verbundenen Kosten ergibt. Da bei den meisten FM-Dienstleistungen der Kapitaleinsatz relativ gering ist, besteht der überwiegende Anteil des Kostenblocks aus Personalkosten. Unter starkem Wettbewerbsdruck sind FM-Dienstleister der Versuchung ausgesetzt die Kosten des zur Leistungserbringung eingesetzten Personals durch Reduzierung von Personalstärke bzw. Mitarbeiterqualifikation (ungelernte Arbeitskräfte) zu optimieren. Im mittel- bzw. langfristigen Kontext führt dies aber zu Qualitätseinbußen in der Leistungserbringung und zum Verlust von Marktanteilen wegen nachhaltiger Unzufriedenheit der Kunden. Bei den zu erbringenden Facility Management Leistungen spielt daher neben den Preisen auch der Qualitätsaspekt der Dienstleistung eine wichtige Rolle. Nicht nur weil die Qualität Bestandteil der zu erbringenden Dienstleistung ist, sondern auch, weil in Zeiten des verstärkten Wettbewerbs die Qualität einen entscheidenden Wettbewerbsvorteil darstellt.

Qualitätsnormen und Qualitätsrichtlinien zum Qualitätsmanagement wurden bereits von verschiedenen Institutionen veröffentlicht, wie z.B. von der VDI/DGQ 550071, die die Vorgehensweisen und Methoden der Einführung eines Total Quality Management (TQM) und die Umsetzung des Qualitätsmanagement beschreibt, der ISO 9001, bei der für die Qualitätsdefinitionen die Kriterien der Zertifizierung gelten und der GEFMA-Richtlinie 700, die das Qualitätsmanagement für das FM weiter präzisiert und dabei den Kunden in den Mittelpunkt stellt.

Die Qualität muss ständig überwacht und gemessen werden. Ein Facility Management Dienstleister sollte sich dabei sowohl an objektiven als auch an subjektiven Qualitätskriterien orientieren:[305]

---

[304] Vgl. Kinzer, C.-M., (2003), S. 3
[305] Vgl. Schneider, H. (2004), S. 111 ff.

Beispiele für objektive Qualitätskriterien:
- Einhaltung der gesetzlich vorgeschriebenen Normen,
- Erfüllung der in den Leistungsverzeichnis beschriebenen Anforderungen,
- Unterstützung des Kernprozesses der Unternehmung,
- Kostensenkung des FM,
- Umweltschonende Tätigkeiten und Techniken

Beispiele für subjektive Qualitätskriterien:

Während früher unter dem Qualitätsaspekt die Produktqualität verstanden wurde, hat sich das Qualitätsverständnis über die Produktqualität auf die Prozess- und Unternehmensqualität weiterentwickelt und wird an den Kundenwünschen gemessen, d. h. Qualität ist, was der Kunde erwartet. Dieser Aspekt spiegelt sich auch in dem umfassenden Qualitätsverständnis des Facility Management wieder (vgl. GEFMA-Richtlinie 700):

- Qualität i.S. der Erfüllung der Kundenanforderungen,
- Qualität i.S. der Übernahme von Verantwortung für die wirksame Unterstützung der Kunden-Kernprozesse in technischer, wirtschaftlicher und rechtl. Hinsicht,
- Qualität i.S. der Beherrschung von Risiken,
- Qualität i.S. der Bewahrung von Gesundheit und Wohlbefinden von Menschen

Die Zielsetzung des Facility Management im Rahmen seiner Qualitätsorientierung ist es somit, die Anforderungen von Kunden, Gesetzgebern, Behörden und anderen Beteiligten systematisch zu ermitteln, zu verstehen und zu erfüllen, sowie dadurch einen Nutzen und Mehrwert zu schaffen und den Geschäftserfolg von Auftraggeber und Auftragnehmer zu unterstützen.[306]

7.1.3.2 Zielkonflikte und mögliche Lösungsansätze

Aufgrund der unterschiedlichen Ziele der Beteiligten können Lösungskonflikte im Hinblick auf die FM-Prozesse entstehen. Das FM richtet den Fokus auf die Nutzenoptimierung des Gebäudes über den gesamten Lebenszyklus. Gebäude der modernen Wissensgesellschaft müssen neue Anforderungen erfüllen. Flexibilität, Drittverwendung, Ökologie und Kommunikation etc. sind von Bedeutung. Die zahlreichen ökologischen Aspekte mögen für den Investor zunächst eine untergeordnete Rolle spielen, können aber z. B. im Energiebereich als eine willkommene Synergie betrachtet werden.[307] Auf der anderen Seite jedoch können sich ökologische Aspekte aus einem Zwang heraus entwickeln und somit Mehrkosten für den Investor verursachen, ohne dass ein Mehrnutzen dadurch entsteht. Daher sind solche Investitionen auf ihre Vorteilhaftigkeit im Einzelnen zu prüfen.

Für den Investor können sich die Erzielung der gewünschten Rendite und der frühzeitige Einsatz des FM als ein Zielkonflikt darstellen. Deswegen wird das FM von Bauherren teilweise in der Entstehungsphase noch nicht eingesetzt, da es mit Kosten verbunden ist (z. B. für Berater, Planungsänderungen, zusätzliche bauliche Ausstattung etc.). Dabei können optimierende Maßnahmen mit potenziellen Nutzern bzw. Betreibern frühzeitig diskutiert und realisiert werden. So kann der Investor Vorteile anderen Marktteilnehmern gegenüber erzielen. Dieses Vorgehen bedarf Kompetenz und Weitblick des Investors um die Vorteile für sich und den Nutzer zu erkennen. Mögliche Einsparungen und Amortisationsdauer können errechnet werden (vgl. Lebenszykluskosten-Ansatz) und lassen sich in dieser Weise begründen.[308]

Durch das professionelle Management wird das Gebäude in seiner Qualität und Nutzungseffizienz länger erhalten. Damit erhöht sich auch der Vermögenswert des Investors. Bausubstanz, Anlagen und Einrichtungen werden kontrolliert instand gehalten und gewährleisten eine höhere Zuverlässigkeit. Die vorausschauende Planung von Kosten während des Lebenszyklus verringert die Unsicherheit

---

[306] Vgl. ebenda, S. 1
[307] Vgl. Glauche, U. (2003), S. 17 f.
[308] Vgl. Küpper, M. (2006), S. 14

Zielsystem der Beteiligten am Facility Management-Prozess

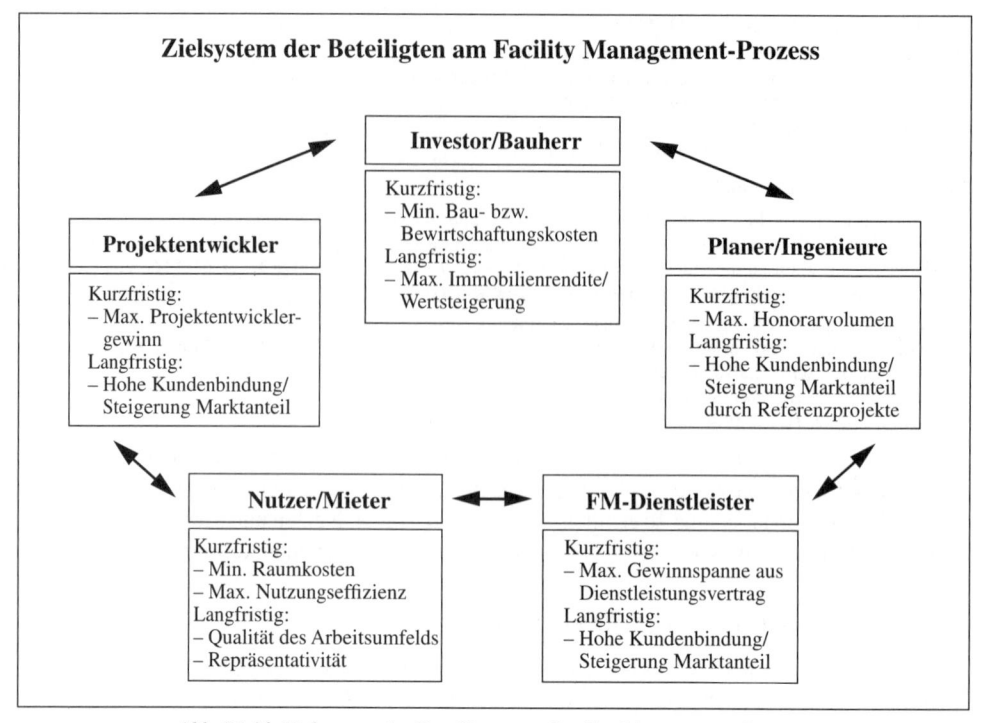

Investor/Bauherr
Kurzfristig:
– Min. Bau- bzw. Bewirtschaftungskosten
Langfristig:
– Max. Immobilienrendite/ Wertsteigerung

Projektentwickler
Kurzfristig:
– Max. Projektentwicklergewinn
Langfristig:
– Hohe Kundenbindung/ Steigerung Marktanteil

Planer/Ingenieure
Kurzfristig:
– Max. Honorarvolumen
Langfristig:
– Hohe Kundenbindung/ Steigerung Marktanteil durch Referenzprojekte

Nutzer/Mieter
Kurzfristig:
– Min. Raumkosten
– Max. Nutzungseffizienz
Langfristig:
– Qualität des Arbeitsumfelds
– Repräsentativität

FM-Dienstleister
Kurzfristig:
– Max. Gewinnspanne aus Dienstleistungsvertrag
Langfristig:
– Hohe Kundenbindung/ Steigerung Marktanteil

Abb. IV 46: Zielsystem der Beteiligten am Facility Management Prozess

und ermöglicht eine quantifizierbare Erwartungshaltung (GEFMA-Richtlinie 650-2). Wenn sich der Nutzer bereits in der Planungsphase für eine Immobilie entscheidet, hat er die Möglichkeit die Vorzüge des FM zweierlei für sich zu nutzen. Einerseits in der Planung bei der Gestaltung des späteren Arbeitsortes und zum zweiten kann er frühzeitig den Grundstein für eine kostenoptimierte Betriebsphase legen.

Zusammenfassend lässt sich sagen, dass eine konkrete Zielvorgabe eine wichtige Grundlage für die Aufgabenstellung an den Facility Manager darstellt. Das Repertoire des FM ist breit gefächert und kann in unterschiedlichem Maße in Anspruch genommen werden. Erst wenn die Zielvorgabe formuliert ist kann das Instrument entsprechend angewandt werden. Es wird dabei auch von einem Facility Management Konzept gesprochen, welches für eine planmäßige und optimierende Vorgehensweise über den gesamten Zyklus notwendig ist.[309]

Um die Zielsetzung auch tatsächlich erreichen zu können, müssen in der Planungsphase die Kompetenzen und Verantwortung entsprechend verteilt werden. Es genügt nicht, den Facility Manager als eine „kritische Stimme" im Hintergrund innerhalb der Beteiligten zu platzieren. Widerstände einer konventionellen Vorgehensweise verhindern oft die Umsetzung eines gesamtheitlichen FM-Konzeptes im vollen Umfang. Daher ist die Organisation der Beteiligten am Planungsprozess auf die Zielkongruenz zu überprüfen.

---

[309] Vgl. Stadlöder, P. (2005), S. 354

7.1.4 Lehre und Ausbildung

Im Facility Management steht die ganzheitliche Betrachtung des Lebenszyklus einer Immobilie im Mittelpunkt, mit dem Ziel einer Gestaltung von Wertschöpfungsketten zur gewinnoptimierenden Bewirtschaftung eines Objektes. Mit Hilfe des Facility Managements sollen alle kostenrelevanten Prozesse und die damit verbundenen Leistungen, die nicht zum Kernprodukt gehören, analysiert und optimiert werden. An diesen praktischen Inhalten des Facility Managements sollte sich die theoretische Aus- und Weiterbildung von Arbeitskräften orientieren.

Ein Facility Manager muss Fertigkeiten und Fähigkeiten im operativen Bereich des Dienstleistungs- und Beratungsmanagement besitzen, denn momentan wird Facility Management am Markt überwiegend als eine Methode verstanden, die auf das kostenminimierende Management von Dienstleistungen in der Nutzungsphase unter Ausnutzung von Synergieeffekten und unter Ausweitung auf die Projektphase von Anlagen und Infrastrukturen, abzielt.

Da das Kernziel des Facility Managements darin liegt, für alte Lösungen, neue, intelligente, weil arbeitsteilige Lösungen anzubieten, ist es ebenfalls nützlich, den Facility Manager mit strategischen Qualifikationen auszustatten, wenn die Firmenleitung die Konzentration auf die Kernkompetenz und folglich das Outsourcen von Unterstützungsleistungen fordert.

Zudem entwickelt sich der Beruf des Facility Managers immer mehr hin zu einem Generalisten und weg vom Spezialisten. Dieser Trend entsteht durch die Erkenntnis, dass es zur optimalen Unterstützung des Kernproduktes nicht reicht, einzelne Arbeitsabläufe zu verbessern, sondern dass alle Prozesse optimiert werden müssen. Dies wiederum setzt eine breit gefächerte Kenntnis aller Geschäftsbereiche voraus. Diese Entwicklung zum Generalisten erfordert eine Persönlichkeit, die über Methodenkompetenz sowie über eine Befähigung zur Mitarbeiterführung in Projektmanagementorganisationen, verfügt.[310]

Da der Erfolg eines Facility Management-Projektes von der Akzeptanz der Projekte bei der Unternehmensleitung, den Personalvertretungen und den Mitarbeitern abhängt, sollten dem Facility Manager während der Ausbildung Überzeugungs- und Motivationsfähigkeit und eine starke Kunden- und Dienstleistungsorientierung vermittelt werden.

Durch die Etablierung des Facility Management ist die Nachfrage nach professionellen und qualifizierten Facility Managern entsprechend stark angestiegen. Nach anfänglich nur langsamen Entwicklungen hat sich der Bereich der Lehre und Ausbildung im Facility Management auch in Deutschland sehr dynamisch entwickelt. Heute gibt es, laut einer Analyse der IFMA Deutschland, ungefähr 100 deutschsprachige Angebote für Aus- und Weiterbildung im Bereich Facility Management. Qualifizierungsmöglichkeiten auf dem Gebiet des Facility Managements werden in der Bundesrepublik sowohl von privaten Ausbildungsstätten als auch von Veranstaltern von Managementkonferenzen angeboten.

Im Hochschulbereich bieten einige Universitäten und Fachhochschulen Facility Management als Studienfächer oder als Studiengänge an. Meist sind diese Studienangebote Wirtschaftsingenieur-Studiengänge oder Vertiefung der Gebäudetechnik.

Inzwischen hat sich im Bereich der Aus- und Weiterbildung der in Abb. IV 47 dargestellte Ansatz der Ausbildungspyramide nach GEFMA bewährt. Mit Hilfe der Richtlinien der GEFMA besteht in Deutschland eine weitgehende Normierung der Ausbildung. Die GEFMA zertifiziert Hochschulen und Universitäten, die nach den vorgegebenen Richtlinien ausbilden.

---

[310] Vgl. Nävy, J. (2006), S. 47

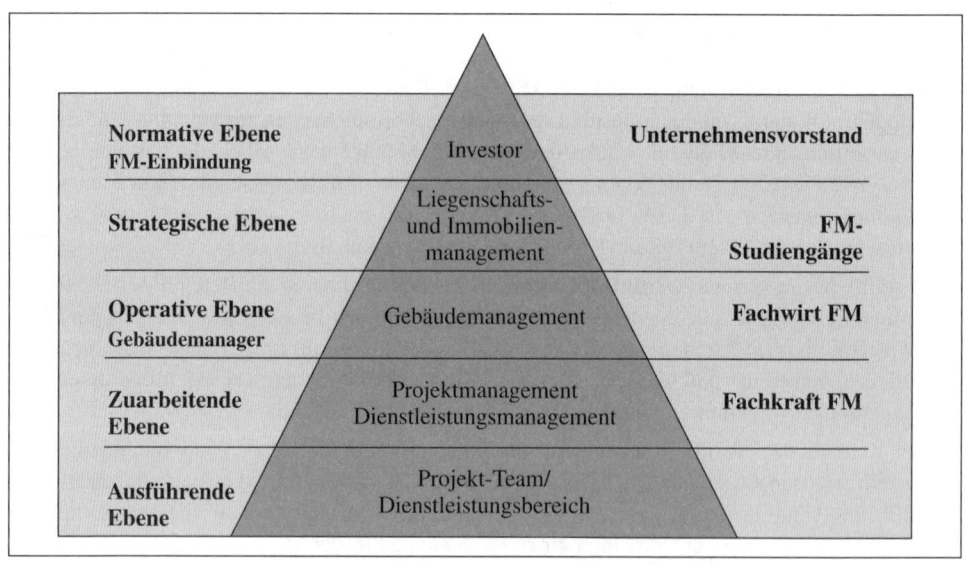

Normative Ebene FM-Einbindung	Investor	Unternehmensvorstand
Strategische Ebene	Liegenschafts- und Immobilienmanagement	FM-Studiengänge
Operative Ebene Gebäudemanager	Gebäudemanagement	Fachwirt FM
Zuarbeitende Ebene	Projektmanagement Dienstleistungsmanagement	Fachkraft FM
Ausführende Ebene	Projekt-Team/ Dienstleistungsbereich	

Abb. IV 47: Ausbildungspyramide nach GEFMA[311]

Da im Bereich des operativen Geschäfts weiterhin Spezialisten mit der Fähigkeit, ihre speziellen Gewerke in das ganzheitlich orientierte Facility Management-Projekt einordnen zu können, gesucht werden, wird die Ausbildung zur Fachkraft FM angeboten. Dieser Ausbildungszweig ist speziell für Personen, die bereits über eine abgeschlossene Ausbildung in einem speziellen Sektor verfügen. Bei der Fortbildung zur **Fachkraft FM** wird der Schwerpunkt bei der Vermittlung von Zusammenhängen verschiedener Geschäftsbereiche gesetzt.

Des Weiteren wird die Fortbildung zum **Fachwirt FM** angeboten, der ebenfalls auf der operativen Ebene agiert. Allerdings wird der Fachwirt FM in der Praxis als Objektleiter gesehen, der als Generalist ein Team von Spezialisten führt und der mit der Koordination von Dienstleistungen vor Ort befasst ist. Diese Qualifikation ist die häufigste Ausbildung für alle, die sich im Bereich des Facility Managements weiterbilden möchten, unabhängig von der Vorerfahrung und dem bisherigen Ausbildungsstand.

Zudem haben sich im Bereich der operativen Ebene bereits Vertiefungsrichtungen entwickelt. Es gibt inzwischen, passend zur Marktentwicklung, Vertiefungen für das allgemeine Gebäudemanagement, das industrielle und das kommunale Facility Management und das Krankenhausservice-Management, die als von der GEFMA zertifizierte Weiterbildungen angeboten werden.

Als Aus- und Weiterbildungsmöglichkeit im strategischen Bereich des Facility Management als Aufgabe in der Unternehmensführung, bietet sich das Vollzeitstudium zum **Diplom Facility Manager** an, wobei das Diplom zunehmend durch den Bachelor- oder Mastertitel ersetzt wird. Dieses Studium wird flächendeckend in den verschiedenen Fachbereichen Maschinenbau, Architektur, Bauingenieurwesen, Betriebswirtschaft, Informatik und auch Ökotrophologie. Einige Hochschulen haben ihre Studien- und Aufbaustudiengänge bereits von der GEFMA zertifizieren lassen.

Für bereits berufstätige Personen mit dem Wunsch nach einer Zusatzqualifikation bilden die Zertifikatsstudiengänge eine attraktive Möglichkeit zur Weiterbildung. In diesem Fall können

---

[311] Homann, K. (2009), S. 10

Berufstätige ohne abgeschlossenes Hochschulstudium nach dem erfolgreichen Abschluss eines berufsbegleitenden Fernstudiengangs das Zertifikat zum zertifizierten Facility Manager, erwerben.

Neben diesen zertifizierten Lehrgängen außerhalb des akademischen Bereichs, gibt es viele reguläre Studiengänge an Universitäten, Technischen Hochschulen und Fachhochschulen, die entsprechende Diplom- bzw. Bachelor- und Master-Studiengänge anbieten.

7.2 Entwicklung des Facility Managements – ein internationaler Vergleich

7.2.1 Facility Management in den USA

Dass das Facility Management ein wichtiges strategisches Instrument zur Steigerung der Kundenzufriedenheit und zur Kostenreduzierung ist, wurde in den Vereinigten Staaten 10 Jahre früher erkannt als in Deutschland. In den USA wird Facility Management als Dienstleistung angesehen, in deren Mittelpunkt die Zufriedenheit des Kunden steht, der in der Rolle des Nutzers eines Objektes auftritt. Dem Kunden wird die Verfügbarkeit von Flächen und technischen Einrichtungen angeboten und auch umfangreiche, speziell auf das Unternehmen des Auftragnehmers oder dessen Mitarbeiter zugeschnittene Dienstleistungen. Das Verständnis von Facility Management ist in den USA ist, anders als in Deutschland, sehr viel stärker an der Arbeitsorganisation und dem Flächenmanagement ausgerichtet.

Die Gebäudetechnik ist in den USA i.d.R. weniger kompliziert als in Deutschland, da in den Vereinigten Staaten oft eine standardisierte und einfacher zu handhabende technische Ausstattung genutzt wird. Aus diesem Grund steht in den USA weniger die Gebäudetechnik im Mittelpunkt als vielmehr die Verbindung von Kundenzufriedenheit und Wirtschaftlichkeit.

Ein Vorteil der USA bei der Entwicklung des Facility Management war und ist auch, dass in den Vereinigten Staaten ein anderes gesetzliches Umfeld, ein größerer Spielraum bei Personalveränderungen und eine niedrigere Hemmschwelle bei Veränderungen gewachsener Strukturen als in Deutschland bestehen. Das bietet die Möglichkeit, die erkannten Schwachstellen schneller und effektiver zu beseitigen und erfolgreiche Lösungen zu finden und umzusetzen.[312]

7.2.2 Facility Management in Europa

Facility Management in Deutschland: Im Gegensatz zu den Vereinigten Staaten steht in der Bundesrepublik die Gebäudetechnik im Mittelpunkt. Diese Entwicklung beruht darauf, dass seit Anfang der 1990er Jahre gerade Unternehmen der Bau- und Anlagenbranche den Begriff des Gebäudemanagements geprägt haben. Sie versuchten damals, die einbrechenden Umsätze im Baugewerbe durch diesen Geschäftszweig zu kompensieren. Hinzu kommt, dass es in Deutschland eine lange Tradition im Bereich der Technik, ein umfangreiches Angebot hoch entwickelter Produkte und Leistungen und starke Arbeiterverbände gibt.

Allerdings gab es auch klare Defizite bei der Wirtschaftlichkeit der Gebäudetechnik in Deutschland. Zum einen wurden vielfach in der Praxis die Lebenszykluskosten (die nicht zuletzt von der Bauweise und der Architektur bestimmt werden) und Anforderungen der zukünftigen Nutzer

---

[312] Vgl. Schneider, H. (2004), S. 7f.

an die Immobilie nicht ausreichend berücksichtigt und zum anderen stand der hohe Stand der Technik hierzulande in einem erkennbaren Gegensatz zu der immer noch durch das Zunftwesen geprägten handwerklichen Errichtung, Reparatur und Wartung von Objekten.[313] Zudem hat diese fest gefügte Denkweise dazu beigetragen, dass in Deutschland erst viel später als in den USA erkannt wurde, dass das Facility Management eine strategische Aufgabe ist. Auch die lange Zeit bestehenden Schwächen in der Ausbildung qualifizierter Facility Manager hat in Deutschland zu einer langsameren Entwicklung des Facility Managements als beispielsweise in den USA geführt.

Facility Management in Großbritannien: Die intensiven Verbindungen zwischen Großbritannien und den USA haben dazu geführt, dass auch die Entwicklungen im Bereich des Facility Managements ähnlich sind. Anders ist in Großbritannien, dass dort der wesentliche Treiber des Facility Managements die öffentliche Hand ist. Durch die Privatisierung von Immobilienprojekten, durch PPP (Public Private Partnership) und durch PFI (Private Finance Initiative) in Großbritannien, kam es zu einem hohen Outsourcing-Anteil durch die öffentlichen Hand. Dabei wurden die Bauprojekte einschließlich Finanzierung, Planung, Erstellung und Betrieb über 20 Jahre vertraglich fixiert. Das Benchmarking hat sich in Großbritannien als Kriterium für ein funktionierendes Facility Management etabliert. Großbritannien hat zudem viele Richtlinien und Normen der EU übernommen und verfügt deshalb über erheblich mehr Rahmenbedingungen als beispielsweise die Vereinigten Staaten, die nur relativ wenige Vorgaben haben.

Facility Management in Frankreich und Niederlande: Die wesentlichen Treiber des Facility Management (Utilisation) in Frankreich sind die teilweise noch in staatlicher Hand befindlichen Energieversorgungsunternehmen. Damit einher geht das Verständnis, dass Utilisation und Outsourcing in Frankreich gleichzusetzen sind. In der Handelsnation Holland hingegen wird das Facility Management durch die Kunden- und Kostenorientierung geprägt. Daraus resultiert, dass das Facility Management sehr serviceorientiert ist und für die optimale Steuerung Benchmarks zur Kosten- und Leistungskontrolle benötigt werden. In Holland existiert zudem ein Facility-Management-Standard, der Leistungen und Kostenstrukturen beschreibt.

7.2.3 Die wirtschaftliche Markt- und Angebotsentwicklung und das Marktvolumen

Immobilien sind dynamische Verbindungen aus Gebäudeteilen. Das wirtschaftliche Facility Management muss diese „intelligent building"-Konstellation innerhalb des Lebenszyklus in Zusammenhang mit der aktuellen Markt- und Angebotsentwicklung im Blickfeld wahren.[314]

Neben den makroökonomischen und konjunkturell bedingten grundsätzlichen Ursachen erwächst aus den „intelligent buildings" ein mikroökonomisches Bedürfnis binnen dieser Immobilien, die zu einer positiven und wachsenden Nachfrage-orientierten Markt- und Angebotsgesamtkonzeption im Facility Management führt. Die wachsende Konsolidierung des Marktes ergibt sich aus den entstehenden hoch technisierten modernen Gebäudekomplexen und die damit aufkommende Problemstellung der neu geforderten Bewirtschaftung der Technik. Beziffert wurde dieser dynamisch und stetig wachsende Markt im Jahr 2005 auf ca. 50–55 Mrd. € Marktvolumen für FM-Leistungen.

---

[313] Vgl. ebenda, S. 8
[314] Vgl. Hellerforth, M. (2006), S. 27

Andere Experten gehen von einem Marktvolumen von 400 Mrd. € aus, denn der Begriff Facility Management wird nicht einheitlich verwendet, so dass ihm sehr unterschiedliche Dienstleistungen zugeordnet werden können.[315]

Nach Auffassung von Gondring sind die wachsenden Märkte des Facility Management deshalb zu erklären, weil das Facility Management nicht mehr nur dem Zyklus diene, sondern diesen bestimme. Hellerforth resümiert ähnlich: Sicher sei, dass Großimmobilien heute nur noch dann entwickelt, erstellt und betrieben werden können, wenn ihnen ein überzeugendes FM-Konzept zugrunde liege oder besser noch, wenn Facility Management bereits in der Ideenphase integriert werde. Aktuell ist zu beobachten, dass sich die Entwicklung des FM-Marktes langsam in Richtung externe Anbieter verschiebt und mehr Leistungen geoutsourct werden. Die Vergabe von extern erbrachten, integrierten Dienstleistungen gewinnen an Bedeutung und wird zunehmend aus der Hand eines Anbieters angeboten. Ihr Marktvolumen liegt heute bei 5 Mrd. €. Eine Entwicklung in Deutschland, die tendenziell an die der USA angeglichen ist, lässt sich nicht von der Hand weisen. Denn die extern erbrachten, integrierten Dienstleistungen machen dort 40 % des Marktvolumens aus.[316]

Konventionelle Marktteilnehmer werden deshalb in Zukunft ihren Fokus auf diesen Trend richten, vorhandenes Know-how horizontal und vertikal erweitern, dafür kostensparender Weise andere Stellen straffen; sie werden die Notwendigkeit, Wertschöpfungsbeiträge aus dem Immobilienbesitz zu erzielen, erkennen und damit auch Anerkennung in weitere moderne Formen in Bezug auf die Bewertung von Immobilien (beispielsweise durch das Benchmarking) vorantreiben. Dieses Transparenz bringende Handeln bringt den Wandel in der Immobilienwirtschaft und die ständige Erweiterung im Angebot- und Nachfragesektor des Facility Management.

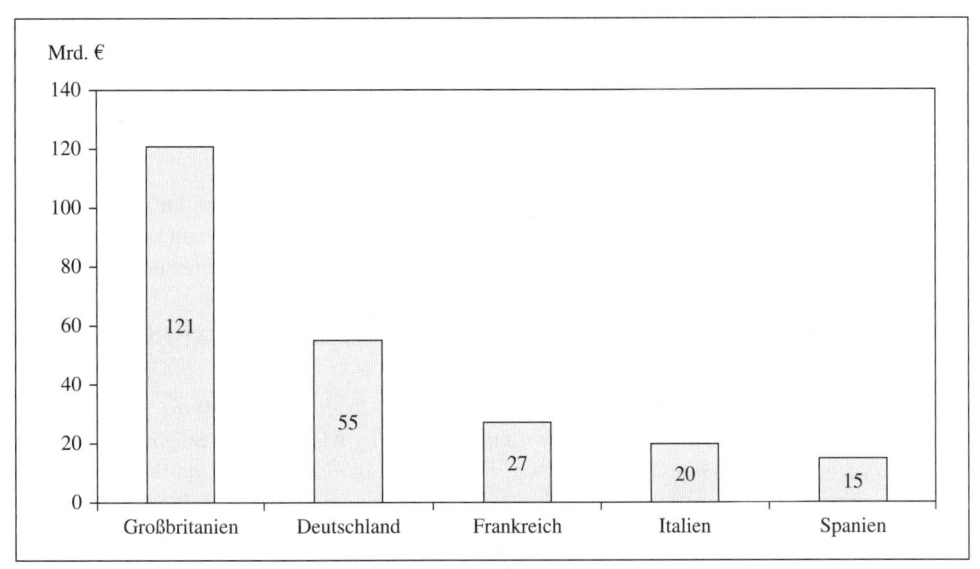

Abb. IV 48: Marktvolumen der FM-Märkte in Europa (2005)[317]

---

[315] Vgl. Gondring, H./Wagner, T. (2012), S. 441 f.
[316] Vgl. ebenda (2012), S. 442
[317] Vgl. Schneider, H. (2004), S. 424

7.3 Begriffsbestimmungen und Definitionen

Für Facility Management gibt es unter den rund 30 bestehenden Definitionen bis dato nicht „die" anerkannte, allgemein gültige Definition.[318] Abb. IV 49 stellt die mannigfachen und teils konfusen Begriffsvariationen dar, die rund um das Facility Management (FM) wie Corporate Real Estate Management (CREM), Industrial Real Estate Management (IREM) und Public Real Estate Management (PREM) existieren.

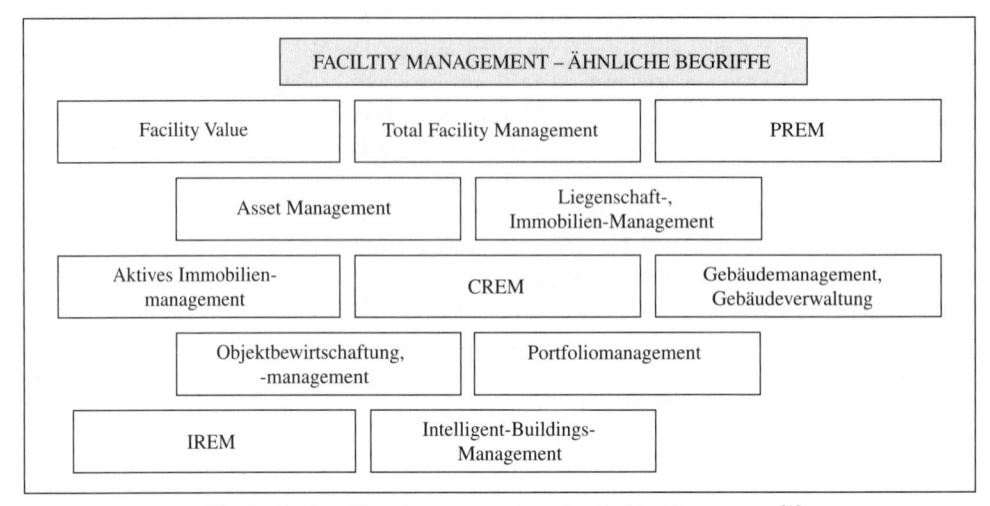

```
             FACILTIY MANAGEMENT – ÄHNLICHE BEGRIFFE

   Facility Value        Total Facility Management         PREM

        Asset Management            Liegenschaft-,
                                  Immobilien-Management

   Aktives Immobilien-                                  Gebäudemanagement,
      management                CREM                     Gebäudeverwaltung

       Objektbewirtschaftung,          Portfoliomanagement
            -management

           IREM                 Intelligent-Buildings-
                                    Management
```

Abb. IV 49: Begriffsvariationen rund um das Facility Management[319]

7.3.1 Ansätze der Begriffsbestimmung

Parallel zu den oben dargestellten Begriffsvariationen haben Verbände und Institutionen über die Jahre ihre eigenen Definitionen festgehalten, jeweils ausgehend von ihren eigenen Schwerpunkten und Sichtweisen. Im Nachfolgenden werden die in der Literatur häufig verwendeten Definitionen vorgestellt.

1. Die erste FM-Begriffsbestimmung stammt von den Amerikanern und wurde 1988 in der **United States Library of Congress** wie folgt festgehalten:

   „Facility Management ist die Praxis, den physischen Arbeitsplatz mit den Menschen und damit ihre Arbeit mit der Organisation zu koordinieren. Facility Management integriert dabei die Grundlagen der wirtschaftlichen Betriebsführung, der Architektur und der Verhaltens- und Ingenieurwissenschaften."[320]

2. Der Verband **GEFMA** begegnet dem Facility Management aus einer stark serviceorientierten Sichtweise und nutzt es als Unterstützung für den Unternehmenskernprozess:

   „Facility Management (FM) ist eine Managementdisziplin, die durch ergebnisorientierte Handhabung von Facilities und Services im Rahmen geplanter, gesteuerter und beherrschter Facility

---

[318] Vgl. Kahlen, H. (2001), S. 2
[319] In Anlehnung an: Hellerforth, M. (2006), S. 9
[320] Nävy, J. (2006), S. 1 f.

Prozesse eine Befriedigung der Grundbedürfnisse von Menschen am Arbeitsplatz, Unterstützung der Unternehmens-Kernprozesse und Erhöhung der Kapitalrentabilität bewirkt. Hierzu dient die permanente Analyse und Optimierung der kostenrelevanten Vorgänge rund um bauliche und technische Anlagen, Einrichtungen und im Unternehmen erbrachte (Dienst-) Leistungen, die nicht zum Kerngeschäft gehören."[321]

3. Die **IFMA** sah Facility Management als Strategie zu Erreichung der eigenen Unternehmensziele an und bevorzugte die folgende Definition:

„Facility Management ist eine Disziplin, die Gebäude, Ausstattungen und technische Hilfsmittel eines Arbeitsplatzes und den Arbeitsablauf der Organisation koordiniert. Ein effizientes Facility-Management-Programm muss Vorgaben von Verwaltung, Architektur, Design und die Kenntnisse der Verhaltens- und Ingenieurwissenschaften integrieren. [...]."[322]

4. Der Verein Deutscher Maschinen- und Anlagenbau e. V. (**VDMA**) verfolgt das Ziel, zum Schutze der Umwelt den Ressourceneinsatz zu minimieren, mit der im Vordergrund stehenden Option, die Kernprozesse zu unterstützen und erklärt das Facility Management wie folgt:

„Facility Management ist die Gesamtheit aller Leistungen zur optimalen Nutzung der betrieblichen Infrastruktur auf der Grundlage einer ganzheitlichen Strategie. Betrachtet wird der gesamte Lebenszyklus, von der Planung und Erstellung bis zum Abriss. Ziel ist die Erhöhung der Wirtschaftlichkeit, die Werterhaltung, die Optimierung der Gebäudenutzung und die Minimierung des Ressourceneinsatzes zum Schutz der Umwelt. Facility Management umfasst gebäudeabhängige und -unabhängige Leistungen.[323]

5. Das Deutsche Institut für Normung (**DIN**) hat die für den Bereich des Facility Management geltenden Begriffe in der Norm **DIN EN 15221-1** definiert. Diese Norm gibt außerdem einen Einblick in den Anwendungsbereich des Facility Management:

„[Facility Management ist definiert als] „Integration von Prozessen innerhalb einer Organisation zur Erbringung und Entwicklung der vereinbarten Leistungen, welche zur Unterstützung und Verbesserung der Effektivität der Hauptaktivitäten der Organisation dienen."

„Der Anwendungsbereich des Facility Managements kann in Bezug auf den Bedarf des Auftraggebers in zwei Hauptgruppen unterteilt werden:

- *Fläche und Infrastruktur*
- *Mensch und Organisation*

[...] Das Grundprinzip des Facility Managements besteht im ganzheitlichen Management auf strategischer und taktischer Ebene, um die Erbringung der vereinbarten Unterstützungsleistungen (Facility Services) zu koordinieren. Dies erfordert spezielle Facility Management-Kompetenzen und unterscheidet das Facility Management von der isolierten Erbringung einer oder mehrerer Dienstleistungen."[324]

Zudem hat die DIN das **Gebäudemanagement** als Teilbereich des Facility Management in der Richtlinie **DIN 32736** festgehalten. Dabei hat sich die DIN weitgehend an die Formulierung der VDMA angelehnt:

„[Gebäudemanagement wird bezeichnet als] Gesamtheit aller Leistungen zum Betreiben und Bewirtschaften von Gebäuden einschließlich der baulichen und technischen Anlagen auf der

---

[321] GEFMA (2004a), S. 3
[322] Diederichs, C. J. (2006), S. 554
[323] Gondring, H./Wagner, T. (2012), S. 16
[324] DIN (2007), S. 5 ff.

Grundlage ganzheitlicher Strategien. Dazu gehören auch die infrastrukturellen und kaufmännischen Leistungen.

Gebäudemanagement zielt auf die strategische Konzeption, Organisation und Kontrolle, hin zu einer integralen Ausrichtung der traditionell additiv erbrachten einzelnen Leistungen.

Das Gebäudemanagement gliedert sich in die drei Leistungsbereiche Technisches Gebäudemanagement TGM, Infrastrukturelles Gebäudemanagement IGM und Kaufmännisches Gebäudemanagement KGM. In allen drei Leistungsbereichen können flächenbezogene Leistungen enthalten sein. Darüber hinaus bestehen Schnittstellen zum Flächenmanagement des Immobilien-Eigentümers und Nutzers.

Betrachtet wird die gesamte Nutzungsphase eines oder mehrerer Gebäude mit dem Ziel der Erhöhung der Wirtschaftlichkeit, der Werterhaltung, der Optimierung der Gebäudenutzung und der Minimierung des Ressourceneinsatzes unter Berücksichtigung des Umweltschutzes. Die Optimierung der Leistungen erhöht die Qualität und Wirtschaftlichkeit von Gebäude und Betrieb und die damit verbundenen Prozesse. Dabei fließen Erfahrungen und Informationen aus dem nutzungsbegleitenden Betreiben und Bewirtschaften in die Planung von Umbauten bzw. Neubauten zurück. Aus diesem Grund können auch Leistungen des Gebäudemanagements bereits in Bauprojekten zur Anwendung kommen."[325]

7.3.2 Vergleich und Bewertung der verschiedenen Ansätze

Wie bereits im vorherigen Kapitel deutlich wurde, existiert keine einheitliche Definition des Begriffs „Facility Management", sondern verschiedene Ansätze der Begriffsbestimmung. Die gemeinsame Grundlinie der Definitionsansätze ist der Bezug zur Unternehmensorganisation (Unterstützung der Kernprozesse) bzw. zum Gebäude sowie die Forderung nach einer integrativen Verknüpfung der gebäudebezogenen Prozesse. Darüber hinaus unterscheiden sich die einzelnen Ansätze jedoch in den inhaltlichen Akzenten.

Die Definition der DIN 15221-1 stellt die Effizienzsteigerung der betrieblichen Unterstützungsprozesse eines Unternehmens in den Vordergrund. Dabei fokussiert sich das Facility Management – abhängig vom Bedarf des Auftraggebers – sowohl auf die Facilities (Fläche und Infrastruktur) als auch auf den Nutzer (Mensch und Organisation). Als hauptsächliche Vorteile des Facility Management Einsatzes in Organisationen sieht die DIN:[326]

- Eindeutige und transparente Kommunikation zwischen Bedarfsseite und Angebotsseite durch Zuordnung eigens dafür zuständiger Personen als alleinige Ansprechstellen für alle in einer Facility Management-Vereinbarung festgelegten Dienstleistungen;
- die möglichst effektive Nutzung von Synergien zwischen verschiedenen Dienstleistungen, die zur Steigerung der Leistungsfähigkeit und zur Senkung der Kosten einer Organisation beitragen;
- ein einfaches und leicht zu handhabendes Konzept der internen und externen Verantwortung für Dienstleistungen, basierend auf strategischen Entscheidungen, welches zu systematischen Eigen- oder Fremdleistungsvergaben führt;
- Reduzierung von Konflikten zwischen internen und externen Leistungserbringern;
- die Integration und Koordination aller erforderlichen Dienstleistungen;

---

[325] DIN (2000), S. 1
[326] Vgl. DIN (2007), S. 4

- transparentes Wissen und Informationen zu Leistungsniveaus und deren Kosten. Beides soll den Nutzern klar vermittelt werden können;
- Verbesserung der Nachhaltigkeit einer Organisation durch Implementierung einer Lebenszyklusbetrachtung für die Facilities.

Die DIN 15221-1 unterscheidet dabei zwischen der strategischen, taktischen und operativen Ebene des Facility Managements. Die Leistungen auf der operativen Ebene werden typischerweise unter dem Begriff des Gebäudemanagements subsummiert.

Die Definition der GEFMA baut im Wesentlichen auf den Kerngedanken der Definition der DIN 32736 auf, stellt jedoch das Wesen des Facility Managements als Managementdisziplin heraus und erweitert den Effizienzgrundsatz um die Investorensicht (Erhöhung der Kapitalrentabilität). Es geht dabei um den permanenten Prozess der Analyse und Optimierung der Immobilie bezüglich Funktion und Kosten vor dem Hintergrund der Unterstützung des Kerngeschäftes des Unternehmens.[327]

Bei der Definition der IFMA steht die Koordination der Gebäudefunktionen, des Arbeitsplatzes und der Unternehmensorganisation im Vordergrund. Facility Management wird als Programm definiert, das die Vorgaben von Architekten, Ingenieuren, Organisationsspezialisten und Verhaltenswissenschaftlern interdisziplinär integriert.

Die VDMA hingegen, die im Zuge der Industrialisierung als Verein Rheinisch-Westfälische Maschinenbauanstalt gegründet wurde, sieht die Minimierung des Ressourceneinsatzes zum Schutz der Umwelt eigener Ressourcen als Oberziel. Im Vordergrund dabei steht dabei ebenfalls die Unterstützung der Kernprozesse. Die Grundlage ist eine ganzheitliche Strategie die den gesamten Lebenszyklus der Immobilie im Blick hat. Die Definition Gebäudemanagement der DIN 32736 baut auf der Formulierung der VDMA auf und unterscheidet als Teilfunktionen das Technische Gebäudemanagement (TGM), das Infrastrukturelle Gebäudemanagement (IGM) und das Kaufmännische Gebäudemanagement (KGM). Das Flächenmanagement wird dabei als Querschnittfunktion für die vorgenannten Teilfunktionen interpretiert.

In der GEFMA 100-1 werden diese Funktionsbereiche des Gebäudemanagements in den Gesamtkontext des Facility Managements eingeordnet. Dabei wird das Gebäudemanagement als operativer Teilbereich des Facility Managements während der Nutzungsphase angesehen. Der Blickwinkel des Facility Managements geht allerdings darüber hinaus, indem zusätzlich die Planungs- bzw. Errichtungs- und die Verwertungsphase, sowie strategische Funktionselemente betrachtet werden.

Wesentlicher Kritikpunkt an dem funktional aufgeteilten Säulenmodell der DIN 32736 für das Gebäudemanagement ist die reine Spartengliederung. Diese behindert vor allem die so wichtige Prozessorientierung des Facility Managements und zwar dahingehend, dass es eine Reihe durchaus spartenübergreifender Prozesse gibt, die sich in der Praxis herauskristallisiert haben und was auch im Lebenszyklusansatz der GEFMA 100-1 verdeutlicht wird. Ein Beispiel ist die Einordnung von Energielieferverträgen in das kaufmännische Gebäudemanagement. Dadurch werden unter Umständen wertvolle Kosteneinsparpotentiale verschenkt, wenn Energieeinkauf als rein kaufmännische Aufgabe angesehen wird. Diese Gefahr besteht insbesondere bei getrennter Vergabe oder Verantwortungszuordnung von technischem und kaufmännischem Gebäudemanagement.

Generell sind die genannten Richtlinienwerke im Sinne von Leistungsbeschreibungen zu lesen. Wenn nicht nur die Leistungen an sich sondern auch ihre hierarchische Struktur dargestellt werden soll, zeigt dies ein anderes Modell. Darin sind zu unterscheiden:

---

[327] Vgl. Ulbricht, T. (2005), S. 514

- übergeordnete Leistungen (siehe GEFMA 100-1)
- Leistungen mit Basisfunktion: Flächenmanagement sowie Kosten- und Leistungsrechnung
- originäre Bewirtschaftungsleistungen
- Steuerungsinstrumente (d.h. spezielle Methoden, wie die vorgenannten Leistungen im Sinne eines integralen Ansatzes zu erbringen sind).

Das bedeutet, dass das kaufmännische Gebäudemanagement in drei voneinander zu trennende Komplexe unterteilt wird:

- Basisfunktion, die im Wesentlichen als die Kosten- und Leistungsrechnung aufgefasst werden kann
- Originäre Bewirtschaftungsleistungen, die vom Charakter her durchaus vergleichbar sind mit Dienstleistungen beim TGM und IGM
- Kostensteuerungsinstrumente (Controlling und Benchmarking).

Entsprechend der Abb. IV 50 ist Controlling und Benchmarking weniger als Dienstleistung an sich zu verstehen, sondern vielmehr als Methoden, welche die oben erwähnte Kostenorientierung des FM praktisch zum Ausdruck bringen.[328]

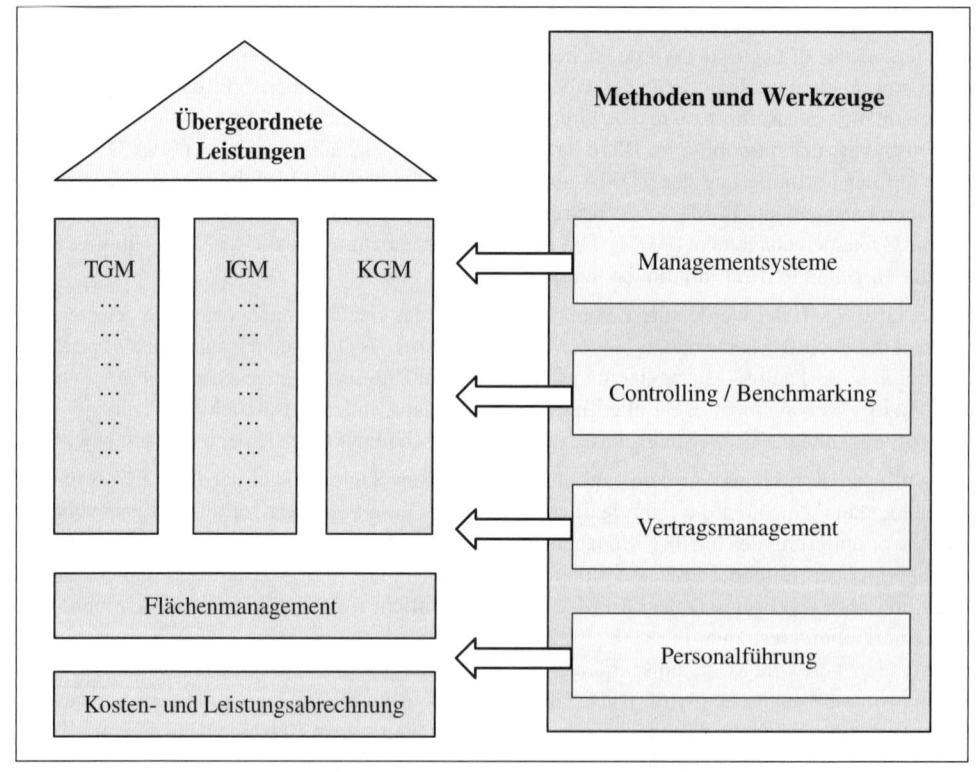

Abb. IV 50: Integrales Modell des Facility Managements[329]

---

[328] Vgl. Krimmling, J. (2008), S. 70 f.
[329] In Anlehnung an: Krimmling, J. (2008), S. 71

7.4 Institutionen und rechtliche Normen im Facility Management

Das Facility Management versucht alle Beteiligte, Geschäftsprozesse und einwirkenden Faktoren, die im Zusammenhang mit Immobilien stehen, in einen einheitlichen Prozess zu integrieren. Normen- und Richtlinienarbeit werden von Berufsgenossenschaften, Verbänden, Normungs- und anderen Instituten herausgegeben und münden in einer Vereinheitlichung und gesellschaftsübergreifenden Einigung aller technischen und organisatorischen Sachverhalte. Auf diese Weise liegen zahlreiche Regelwerke und technische Normen den Teilhabenden am Facility Management zu Grunde. Die Frage bleibt, welche von diesen Normen und Richtlinien die tatsächlich sinnvollen sind und Anwendung im täglichen Geschäft finden, und vor allen Dingen welche in Verträgen fixiert werden sollten, denn auch im Facility Management führt die Nichteinhaltung derselben zu einer strafrechtlichen Verfolgung. Um einen Überblick über den Themenbereich zu bekommen, dient Abb. IV 51 von Ulrich Glauche. Diese Abbildung zeigt auf, welche Institutionen normgebend und damit von Bedeutung sind und welche Rechte sowie gesetzlichen Aspekte direkt ins Facility Management mit einfließen.

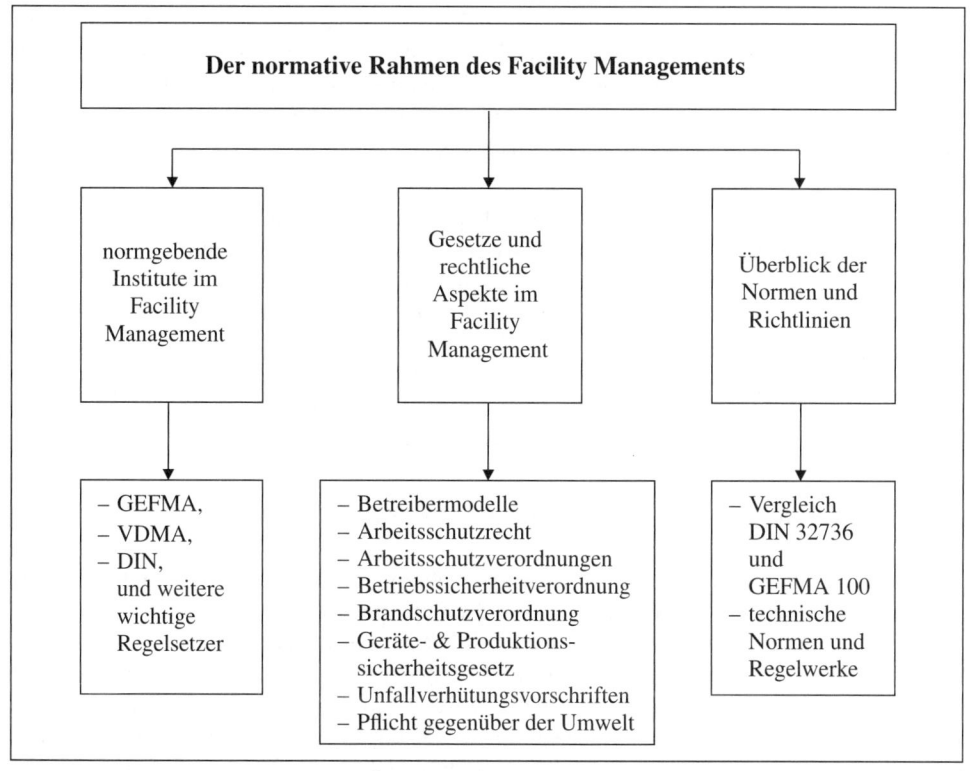

```
              Der normative Rahmen des Facility Managements
                                   |
        ┌──────────────────────────┼──────────────────────────┐
        ▼                          ▼                          ▼
  normgebende            Gesetze und              Überblick der
  Institute im           rechtliche               Normen und
  Facility               Aspekte im               Richtlinien
  Management             Facility
                         Management
        │                          │                          │
        ▼                          ▼                          ▼
  – GEFMA,               – Betreibermodelle         – Vergleich
  – VDMA,                – Arbeitsschutzrecht         DIN 32736
  – DIN,                 – Arbeitsschutzverordnungen  und
    und weitere          – Betriebssicherheitverordnung GEFMA 100
    wichtige             – Brandschutzverordnung    – technische
    Regelsetzer          – Geräte- & Produktions-     Normen und
                           sicherheitsgesetz          Regelwerke
                         – Unfallverhütungsvorschriften
                         – Pflicht gegenüber der Umwelt
```

Abb. IV 51: Überblick über den normativen Rahmen

7.4.1 German Facility Management Association (GEFMA)

Die GEFMA wurde 1989 von acht Mitgliedern gegründet, aus den bis dato 400 geworden sind. Ihre Qualifikationen liegen vorwiegend im Bereich der kaufmännischen, technischen und infrastrukturellen Dienstleistungen sowie im Liegenschaftsmanagement, der Consulting- und Finanzdienstleistung, IT-Service, Lehre und Forschung. Auch viele Nutzer und Investoren des Facility Management sind bereits Mitglieder geworden. Die GEFMA bildet demnach ein heterogenes Netzwerk für alle Marktteilnehmende des Facility Management und hat zum Ziel, den Bekanntheitsgrad des FM kontinuierlich zu steigern und das FM stetig weiterzuentwickeln. Die Experten der GEFMA, die sich aus Arbeiterkreisen zusammensetzen, nutzen vorhandene Synergien und generieren neues Fachwissen für alle Marktbeteiligten. Zudem treffen sich die Mitglieder zweimal im Jahr zu Verbandmeetings, um weitere Ziele und Anliegen zu besprechen, Informationen und Marktgeschehnisse auszutauschen und zu kommunizieren und über die aktuelle Entwicklung des Facility Management diskutieren. Die GEFMA kooperiert außerdem mit zahlreichen Instituten und Institutionen, nimmt an Marktuntersuchungen, Ausstellungen und Messen (wie beispielsweise an der Expo Real in München) teil und fördert wissenschaftliche Projekte, Aus- und Weiterbildungen.[330] Die o.g. Arbeitskreise haben in jüngster Vergangenheit ein beachtliches Richtlinienwerk erschaffen, welches die Basis für alle qualifizierten Dienstleistungen in dem geschaffenen Netzwerk ist mit dem Ziel, eine stabile Rahmenbedingung zu bieten und für einen unerschöpflichen Wissenstransfer zu sorgen sowie eine möglichst professionelle, innovative und an den Bedürfnissen der Menschen ausgerichtete Bewirtschaftung der Immobilien voranzutreiben.

Die Richtlinien der Reihe 100 ff. beinhalten Definition, Struktur und Beschreibung des Facility Management und Leistungsbilder von Einzelleistungen im Besonderen, die Richtlinien 200 ff. befassen sich mit Kosten, Kostenrechnung und Kostengliederung, die Richtlinien 300 ff. sind für das Benchmarking vorgesehen. Mit EDV-Aspekten beschäftigen sich die Richtlinien 400 ff., Hinweise für Ausschreibungen und Vertragsgestaltung bei Fremdvergabe von Dienstleistungen finden sich in den Richtlinien 500 ff., GEFMA 600 ff. beschäftigen sich mit den Aus- und Weiterbildungsmöglichkeiten innerhalb des Facility Management, mit Qualitätsaspekten beschäftigten sich die Richtlinien 700 ff. Der Nummernkreis 800 ff. ist der Zeit noch nicht belegt, dafür aber als Abschluss der Nummernkreis 900 ff., der weitere Veröffentlichungen des Verbandes festhält, wie Studien, Marktübersichten, Verzeichnisse und dergleichen.

7.4.2 International Facility Management Association (IFMA)

Als nationales Chapter, mit derzeit ca. 320 Mitgliedern, wurde im Dezember 1996 die IFMA in München gegründet. Ziel war es, eine Interessenvertretung der in der deutschen Wirtschaft und Verwaltung tätigen Facility Manager zu schaffen. Sie war eine rechtlich eigenständige Unterorganisation der 1983 in Housten (Texas) gegründete IFMA, weltweit tätig und sah sich als gemeinnützigen Verein, der die Entwicklung und Förderung des Facility Management vorantreiben soll und die Berufsinteressen des Facility Managers vertritt.[331] Aufgeteilt und organisiert waren die Mitglieder in den 130 so genannten Chapters (Abteilungen) – davon alleine 112 Chapters in Amerika.

Im November 2006 ging die RealFM e.V., Association for Real Estate- and Facility Managers aus IFMA Deutschland e.V. hervor. Sitz des Verbandes ist Berlin. RealFM e.V. sieht sich als berufsstän-

---

[330] Vgl. Schneider, H. (2004), S. 8
[331] Vgl. ebenda, S. 9

dische Organisation mit den Schwerpunkten Facility und Real Estate Management mit ausschließlich nationalen Mitgliedschaften. Ihre Alleinstellung im deutschen Markt sehen Geschäftsführung und Präsidium von RealFM e.V. in der Mitgliederstruktur, den persönlichen Mitgliedschaften und in der nach wie vor europäischen Ausrichtung begründet. Gemäß Vereinssatzung sind 75 Prozent der Mitglieder Professionals, Facility und Real Estate Manager, die für das FM und RE ihrer Organisation verantwortlich sind. Nur 25 %t sind Dienstleister oder Berater.[332] Die IFMA wurde 2007 in Deutschland aufgelöst.

7.4.3 Verband Deutscher Maschinen- und Anlagenbau e.V. (VDMA)

Der VDMA ist das größte Branchennetzwerk der Investitionsgüterindustrie in Europa und somit auch das mitgliedsstärkste und bedeutendste seiner Art. Er gliedert sich in Chapter auf – darunter 38 VDMA-Fach- und Arbeitsgemeinschaften.[333] Der VDMA ist dafür bekannt, das er die gesamte Prozesskette des Maschinenbaus abdeckt, d. h. dass er schon bei Komponenten mitwirkt, die für die komplexen Anlagen der Technik benötigt werden, die Systemlieferanten betreut, den Systemintegratoren zur Seite steht und bis hin zum Dienstleister diese Prozesskette nicht abreißen lässt. Dieses dienstleistungstechnische Band ist deshalb so wichtig, weil Deutschland zwei Drittel seiner Güter exportiert und diese weltweit ein hohes Ansehen genießen. Die VDMA entwickeln mit ihren Mitgliedsunternehmen zeitnah, effizient und nachhaltig so genannte Einheitsblätter zu neusten Entwicklungen der Branche. Diese Einheitsblätter werden immer dann erstellt, wenn eine Vereinheitlichung auf einem Gebiet gewünscht wird. Dies ist dann der Fall, wenn diese Richtung in keinen DIN-Normen existiert und auch in naher Zukunft keine Normungsvorhaben in Aussicht stehen. Einheitsblätter, die immer unter Bezugnahme auf einschlägige Richtlinien und Normen etc. erstellt wurden, beinhalten: Qualitäts- und Sicherheitsanforderungen, technische Anforderungen an Ausführung und Betrieb von Maschinen, Emissions-, Wartungs- und Betriebsvorschriften und Abnahmeprüfungen.

7.4.4 Deutsches Institut für Normung (DIN)

Das Deutsche Institut für Normung (DIN) ist die zentrale Institution für Normung in Deutschland. Auf der Grundlage des mit der Bundesrepublik Deutschland geschlossenen Normenvertrages vom 05. Juni 1976 übt sie einen starken Einfluss auf die Normungsarbeit in Europa und in anderen Ländern aus. Derzeit existieren über 27.000 gültige DIN-Normen. Die herausgegebenen Normen dienen der Rationalisierung, Verständigung, Gebrauchstauglichkeit, Austauschbarkeit, Kompatibilität, Sicherheit, Qualitätssicherung bis hin zum Umweltschutz. Dieser eingetragene gemeinnützige Verein orientiert sich nach zehn Grundsätzen, die allgemeine Anerkennung finden und für ein einwandfreies Verhalten stehen: Öffentlichkeit, Freiwilligkeit, Konsens, Beteiligung aller interessierten Kreise, Einheitlichkeit und Widerspruchsfreiheit, Sachbezogenheit, Ausrichtung am Stand der Technik, Ausrichtung an den wirtschaftlichen Gegebenheiten, Ausrichtung am allgemeinen Nutzen und Internationalität. DIN hat außerdem eine große Anzahl von Normen veröffentlicht, die im Rahmen des Facility Management eingesetzt und genutzt werden können. Diese Normen betreffen hauptsächlich Themen, die in der Bautechnik von Bedeutung sind sowie in der technischen Gebäudeausrüstung.[334] Die Normungsarbeit im Facility Management läuft in

---

[332] Vgl. Krimmling, J. (2008), S. 282
[333] Vgl. Schneider, H. (2004), S. 11
[334] Vgl. ebenda

Einzelsachverhalten ab, d. h. dass nicht zusammenhängende Vorgänge oder einheitliche Funktionsbereiche genormt werden. Auch werden zum Teil für die Einzelsachverhalte neue Regelnormen aufgestellt, ohne Rücksicht darauf, ob bereits anderweitig durch andere Institute eine Normung stattfand. Dass eine solche Darstellung zu Widersprüchen führen kann und an manchen Stellen aneckt, ist eine konsequente Folge daraus.

7.4.5 Weitere wichtige Regelsetzer im Facility Management

Die in Folge kurz erwähnten Verbände und Institutionen haben durch ihre Veröffentlichungen ebenso einen regelnden Charakter für das Facility Management.

Der Verein Deutscher Ingenieure (VDI) umfasst mit neuem Höchststand eine Mitgliederzahl von über 100.000, ist regional, national sowie international vertreten. Er trägt zum Transfer von Technikwissen für Ausbildung und Beruf einen wichtigen Teil bei. Regional organisiert der VDI in Bezirksvereinen Veranstaltungen, die zum Erfahrungsaustausch aller Ingenieure dienen und weit über 200.000 Teilnehmer jährlich verzeichnen können; national koordiniert der VDI die Zusammenarbeit mit der Politik und den Behörden der einzelnen Bundesländern. International kann sich der VDI und seine Ingenieure in 15 Ländern mit VDI-Freundeskreisen über ihre Erfahrungen austauschen und das lebendige Netzwerk weiter ausbauen. Die Ergebnisse der relevanten Fachdiskussionen und Erfahrungen werden in Publikationen und Veranstaltungen für jedermann vorgetragen und veröffentlicht. Für das Facility Management im speziellen beschäftigt sich der VDI mit der technischen Gebäudeausrüstung, die in etlichen eigens entwickelten Normen festgehalten werden.

Die Gesellschaft für Immobilienwirtschaftliche Forschung e.V. (gif) vertritt einen interdisziplinären Ansatz und strebt die Zusammenführung von Theorie und Praxis an, mit dem Ziel, Richtlinien und Empfehlungen zu verabschieden, die später standardisiert werden.[335]

Der Ausschuss der Verbände und Kammern der Ingenieure und Architekten für die Honorarordnung e.V. (AHO) vertritt und erhält die Honorar- und Wettbewerbsinteressen von Ingenieuren und Architekten in der HOAI.

Das Deutsche Komitee Instandhaltung (DKIN) vertritt Belange der Instandhaltung im In- und Ausland und der letzte Regelsetzer, der Arbeitskreis Maschinen- und Elektrotechnik staatlicher und kommunaler Verwaltung (AMEV) hat die Aufgabe, Bauverwaltungen mit Technischer Gebäudeausrüstung (TGA) zu unterstützen.

7.4.6 Ebenen der Normungseinheit

Normung findet national, europaweit und international statt (Abb. IV 52). Festgelegt werden die Normen von Berufsverbänden, Normungsinstituten, Berufsgenossenschaften und anderen Institutionen.

Für jede einzelne Phase im Lebenszyklus einer Immobilie liegen zahlreiche technische Normen und Regelwerke vor, ebenso für Dienste, die nicht unmittelbar mit der Gebäudetechnik vereint sind. Vor allem bei Vertragsabschluss müssen Normen und Regelwerke sorgsam geprüft und mit eingeflochten werden, denn nicht selten kommt es zu unterschiedlichen Interessensschwerpunkten zwischen den Auftraggebern und Nehmern.[336]

---

[335] Vgl. Gondring, H./Wagner, T. (2012), S. 48
[336] Vgl. Schneider, H. (2004), S. 313

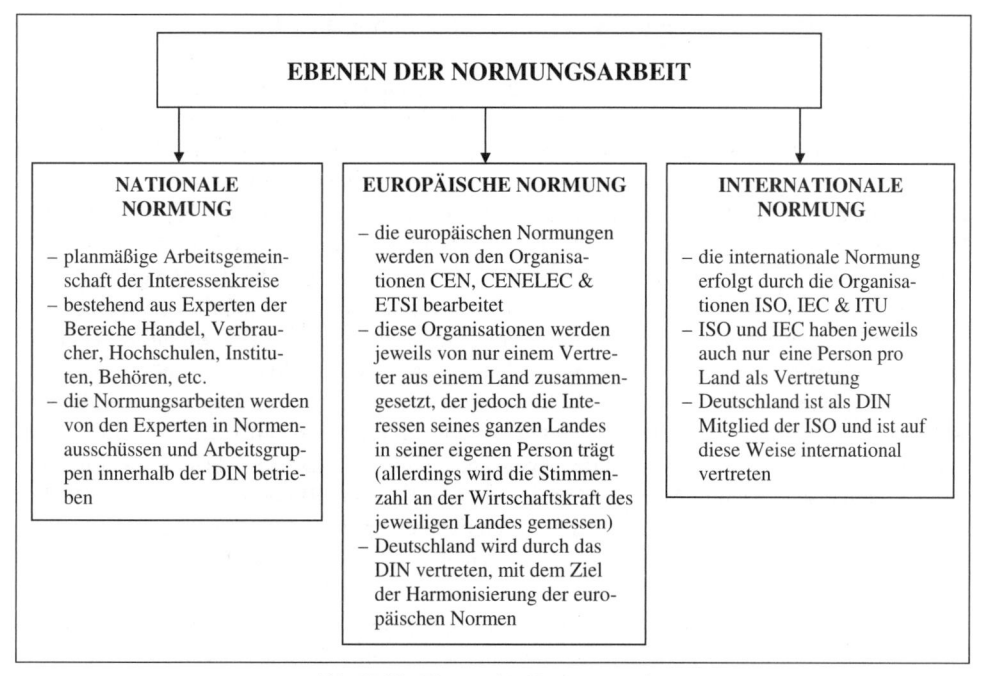

```
┌─────────────────────────────────────────────────────────────────────┐
│                  ┌──────────────────────────────┐                   │
│                  │   EBENEN DER NORMUNGSARBEIT  │                   │
│                  └──────────────────────────────┘                   │
│              ↓                  ↓                    ↓              │
│  ┌──────────────────┐ ┌──────────────────────┐ ┌──────────────────┐│
│  │    NATIONALE     │ │  EUROPÄISCHE NORMUNG │ │  INTERNATIONALE  ││
│  │    NORMUNG       │ │                      │ │    NORMUNG       ││
│  └──────────────────┘ └──────────────────────┘ └──────────────────┘│
└─────────────────────────────────────────────────────────────────────┘
```

NATIONALE NORMUNG
- planmäßige Arbeitsgemeinschaft der Interessenkreise
- bestehend aus Experten der Bereiche Handel, Verbraucher, Hochschulen, Instituten, Behören, etc.
- die Normungsarbeiten werden von den Experten in Normenausschüssen und Arbeitsgruppen innerhalb der DIN betrieben

EUROPÄISCHE NORMUNG
- die europäischen Normungen werden von den Organisationen CEN, CENELEC & ETSI bearbeitet
- diese Organisationen werden jeweils von nur einem Vertreter aus einem Land zusammengesetzt, der jedoch die Interessen seines ganzen Landes in seiner eigenen Person trägt (allerdings wird die Stimmenzahl an der Wirtschaftskraft des jeweiligen Landes gemessen)
- Deutschland wird durch das DIN vertreten, mit dem Ziel der Harmonisierung der europäischen Normen

INTERNATIONALE NORMUNG
- die internationale Normung erfolgt durch die Organisationen ISO, IEC & ITU
- ISO und IEC haben jeweils auch nur eine Person pro Land als Vertretung
- Deutschland ist als DIN Mitglied der ISO und ist auf diese Weise international vertreten

Abb. IV 52: Ebenen der Normungseinheit

8 Instrumente und Funktionsweisen des Immobilien- und Facility Managements

8.1 Instrumente des Immobilienmanagements

„Immobilienmanagement (IM) ist die ergebnisverantwortliche Steuerung der Werte und Erträge von Liegenschaften."[337]

Das Interesse internationaler Kapitalanleger am deutschen Markt, der Fokus, der sich am wirtschaftlichen Erfolg der Immobilie zu orientieren versucht, sowie die langfristige Kapitalbindungen, die Immobilien inne haben, führte dazu, dass sich ein neuer Sektor des Managements hervorgetan hat: das Real Estate Management (REM) oder zu Deutsch das Immobilien- bzw. Liegenschaftsmanagement (IM).[338] Das REM führt im Auftrag von Investoren, Eigentümern und Kapitalanlegern Gebäude, Anlagen, Einrichtungen und Grundstücke zu ihrer besten Performance und stellt den wirtschaftlichen Erfolg einer Immobilie in den Fokus. Als Corporate Real Estate Management (CREM) wird das Immobilienmanagement bei Unternehmen bezeichnet, deren Kerngeschäft außerhalb der Immobilienbranche liegt. Diese Unternehmen werden auch als Non-Property Companies bezeichnet. Immobilienmanagement für die öffentliche Hand wird als Public Real Estate Management (PREM) bezeichnet.

---

[337] Vgl. Zehrer, H./Sasse, E. (2004b), S. 1
[338] Vgl. Preuß, N./Schöne, L. B. (2009), S. 9 f.

8.1.1 Strategisches und operatives Immobilienmanagement

Geschäftstätigkeiten, die durch den Portfoliomanager erbracht werden, werden in strategisches, operatives und taktisches Immobilienmanagement aufgeteilt. Die Kernaufgaben des Portfoliomanagers im strategischen Immobilienmanagement liegen im Research, d. h. dem frühzeitigen Aufdecken künftiger Erfolgspotentiale, in der Entwicklung von Strategien und im Reporting. Strategisches Facility Management bedeutet „die konkrete Planung von Handlungen und Entscheidungen über die Verteilung der verfügbaren Ressourcen, die zur Bewirtschaftung von Grundstücken, Infrastrukturen, Gebäuden und deren Einrichtungen sowie Anlagen essentiell sind."[339] Weiter hat das strategische Facility Management die Aufgabe inne, von Anfang an Daten über Immobilienmärkte und Immobilienportfolios aufzunehmen und zu dokumentieren, um so eine Struktur in die anfänglich konfusen Daten zu generieren, vor dem Hintergrund, Chancen und Risiken vorausschauend zu beurteilen und auch zu einem späteren Zeitpunkt auf diesen Datenpool zurück greifen zu können. Wichtig ist, dass während des ganzen Immobilienlebenszyklus, die Bereitschaft gewahrt bleiben muss, Bewährtes zu Gunsten des Besseren aufzugeben, um auf diese Weise die Effektivität und Effizienz, die das strategische Facility Management bewirken soll, nicht verloren gehen zu lassen.[340] Das strategische Immobilienmanagement greift durch das Research auf Instrumente analytischer Arbeitstechniken zurück. Komplexe Sachverhalte werden durch vereinfachte Darstellungen generiert (Modelling), Entwicklungsverläufe werden auf unterschiedliche Weisen durchgespielt (Simulation) und mögliche Erfolgsfaktoren werden prognostiziert (Forecast). Bei der Entwicklung strategischer Aufgaben agieren fundierte Wettbewerbs-, Produkt- und Anlagestrategien; beim Reporting werden Immobilienperformances transparent dargestellt.[341]

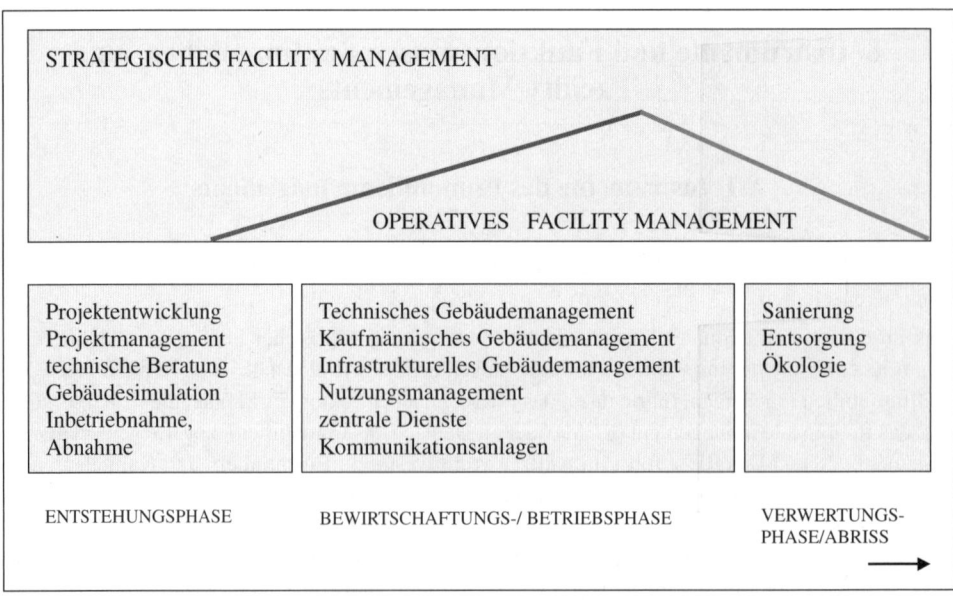

Abb. IV 53: Aufgaben im Lebenszyklus eines Gebäudes[342]

---

[339] Vgl. ebenda, S. 55
[340] Vgl. Schneider, H. (2004), S. 256
[341] Vgl. Zehrer, H./Sasse, E. (2004b), S. 4 f.
[342] Braun, H.-P. (2007), S. 148

Das operative Immobilienmanagement, das meist extern vergeben wird, besteht aus der Gesamtverantwortung des Facility Management und den kaufmännischen, technischen und infrastrukturellen Teilleistungen, die vom Facility Manager ergebnisverantwortlich gesteuert werden. Es unterstützt weiter alle Kernaufgaben des taktischen Immobilienmanagements. Forcierte Ziele sind hierbei die nachhaltige Marktfähigkeit und die operative Effizienz der Liegenschaften zu wahren, um die Rendite des investierten Kapitals zu steigern. An- und Verkauf (Asset Management), Projektentwicklung (Project Management) und Bestandsoptimierung (Property Management) umfassen das taktische Immobilienmanagement.

8.1.2 Asset Management

Das Asset Management, dass seine Ursprünge in der Vermögensverwaltung hat, verfolgt das Ziel, den immobilienbezogenen Wertschöpfungsprozess zu steuern, die Immobilie mit Erfolgs- und Leistungspotential zu identifizieren und die Portfoliostruktur zu diversifizieren, um so unter Einsatz von optimalen Kombinationen und Allokationen aller verfügbaren Ressourcen den Wert einer Immobilie für Eigentümer, Investoren und Nutzer steigern zu können. Wesentliche Ursache ist das immer stärker werdende Bewusstsein, dass Immobilien als eigene Asset-Klasse zu betrachten sind, die um das Kapital mit anderen Anlagealternativen konkurrieren.[343]

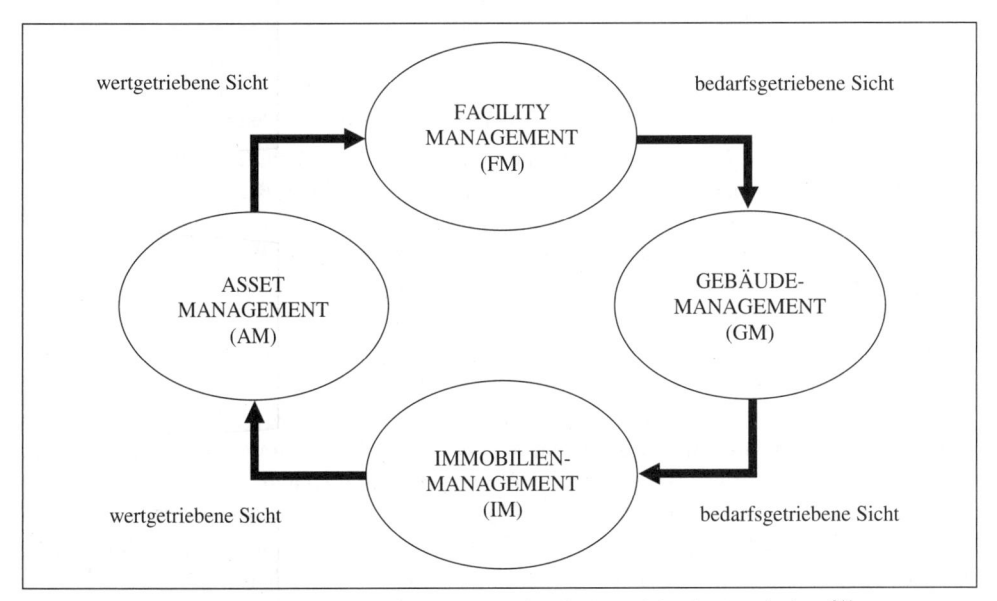

Abb. IV 54: Die unterschiedlichen Sichten bei der Immobilienbewirtschaftung[344]

Die Philosophie des Ansatzes ist, dass die Asset Manager der Banken die Assets (Vermögen, Kapitalanlagen) ihrer vermögenden Privatkunden auf Zeit führen und sie unter Berücksichtigung von Rendite und Risiko zielgerecht am Markt streuen. Theoretische Grundlage ist die Portfolio Selection Theory (1953) von Harry M. Markowitz. Die Portfolio Selection Theory zeigt, dass durch eine Asset

---

[343] Vgl. Niesslein, G./Lechtape, B. (2005), S. 534
[344] In Anlehnung an: Kahlen, H. (2001), S. 111

Allocation eine präzise Abstimmung zwischen Ertrag und Risiko nach Wünschen des Anlegers vorgenommen werden kann. Hierbei wird das Portfolio mit Assets bestückt, die nach Möglichkeit nur gering miteinander korrelieren, sodass durch Risikodiversifikation das einzelwirtschaftliche Risiko vermindert wird. Bezogen auf die Immobilienbranche ist dieser Ansatz in Deutschland aber noch relativ unbekannt,[345] obwohl die zunehmende Präsenz ausländischer Investoren und die Einführung der Real Estate Investment Trusts (REITs) dies befürwortet.

Bezogen auf die Immobilienwirtschaft wird der Begriff des Asset Managements durch den Begriff Real Estate Asset Management (REAM) ersetzt. Der zunehmende Anteil angelsächsischer Investoren hat diesen Begriff zunehmend populär gemacht. Ziel dieses strategischen und taktischen Analyseinstruments ist es, den Immobilienbesitz als Finanzwert zu steigern, ihn durch erfolgreiches Management zu optimieren und die Interessen der Eigentümer mit einfließen zu lassen. Gewinnmaximierung, Performancesteigerungen, Risikostreuung und Werterhaltung werden maßgeblich durch strategische Planung und operative Umsetzung von REM-Teams und FM-Teams beeinflusst. Gewinnmaximierung und Performancesteigerung können durch o.g. Teams dahingehend unterstützt werden, indem die Objektattraktivität durch niedrige Betriebskosten und aussagefähigen Verkaufsunterlagen (Due Diligence) gesteigert wird, durch Schaffung von transparenten Kostenblöcken die Umlegbarkeit der Betriebskosten gefördert wird und durch unterstützende Serviceleistungen und ein imageförderndes Betreiberkonzept Mieterbindungen erhöht werden. Das Risiko der Anlage kann insofern gestreut werden, dass auf eine optimale Vermietung geachtet wird und quantitative Objektkennzahlen als Basis für das Immobiliencontrolling und zukunftsfähige Entscheidungen dienen. Die Werterhaltung basiert auf einer engen Verzahnung mit dem Werterhaltungsmanagement und der Instandhaltungsstrategie der Asset- und Objektstrategie; auch dient ein effizienter Umgang mit Mitteln der Bauunterhaltung der Werterhaltung durch entworfene Mehrjahresplanungen.[346]

In der Generierung von Potential-, Markt- und Standortanalysen, Portfolio- und Investmentmanagement, Cashflow-Prognosen und deren Überwachung, regelmäßiges Bewerten der Immobilien, Umfinanzierung und zuletzt umfassendes Monitoring ggf. auch Reporting an den Investor stellen sich die wesentlichen Aufgaben des Asset Managements zusammen.[347] Die wichtigsten Arbeitstechniken des Asset Managements sind die strategiekonforme Auswahl der Objekte (Selection) und das systematische Bestimmen des Ankaufs- bzw. Verkaufszeitpunktes (Timing). Auch die Nutzung von Informationsgefällen zwischen Käufer und Verkäufer (Arbitrage) und die gezielte Maßnahme zur Steueroptimierung (Taxing) unterstützen Transaktionen.[348]

Der Asset Manager in der Immobilienwirtschaft ist das Bindeglied bzw. der Übersetzer zwischen den klassischen Verwaltern und den sich auf dem deutschen Markt tummelnden internationalen Investoren. Er ist proaktiv, interdisziplinär, professionell und international ausgerichtet,[349] denn obwohl dieser Bereich noch bei weitem nicht auf nationaler Ebene verbreitet ist, bilden Prognosen der Zukunft das Bedürfnis ab, dass die bloße Verwaltung und Bestandhaltung von Immobilien nicht mehr ausreichen werden und die Tendenz zu einer aktiven Wertschöpfung inklusive der Vorbereitung für einen Exit aus dem Bestand erfolgen muss. Oft wird Asset Management mit Facility Management oder Property Management verwechselt, obwohl sie sich außer in dem Ziel, eine Wertsteigerung der Immobilie zu erreichen, sehr unterscheiden: Während das proaktive Facility Management sein Augenmerk auf alle kostenrelevanten Vorgänge richtet, die Interessen der Nutzer

---

[345] Vgl. Wagner, T. (2006a), S. 5 f.
[346] Vgl. Niesslein, G./Lechtape, B. (2005), S. 539
[347] Vgl. Wagner, T. (2006a), S. 5 f.
[348] Vgl. Zehrer, H./Sasse, E. (2004b), S. 6
[349] Vgl. Wagner, T. (2006b), S. 60

verfolgt sowie die Dienstleistungen operativ rund um die Immobilie während des Immobilienlebenszyklus anbietet, setzt das Property Management die Ziele des Eigentümers in der operativen Immobilienverwaltung und Bewirtschaftung um.[350] Der REAM-Ansatz findet deshalb auf breiter Front Zustimmung, weil Facility Management durch seine vollzogene Entwicklung und der damit verbundenen Beschäftigung und Konfrontation mit „Nebenbaustellen", beispielsweise durch Benchmarking-Strategien, EDV-unterstützter Sachbearbeitung, Definitionsauseinandersetzungen etc., den Fokus der Immobilie als eigenständigen Vermögensgegenstand vernachlässigt hat. Der mit ausländischen Investoren „bestückte" deutsche Immobilienmarkt, benötigt aber genau diese Auseinandersetzung weiterhin.

8.1.3 Property Management

Kernaufgabe des Property Management ist es, den Portfoliobestand zu optimieren. Dabei setzt es die Ziele des Eigentümers in der operativen Immobilienverwaltung und Bewirtschaftung um.[351] Rapportiert werden zum Portfoliomanager ganzheitlich optimierte Betriebe, die marktfähig positioniert und gegen Wert- und Ertragsverluste abgesichert wurden. Ziele des Eigentümers werden dahingehend forciert, dass langfristige Mietverträge mit den Nutzern abgeschlossen werden (Immunization) und Miet- und Leerstandsrisiken ausgelagert werden (Insurance). Außerdem wird bei der taktischen Immobilienverwaltung darauf geachtet, dass Zahlungsströme nahtlos verfolgt

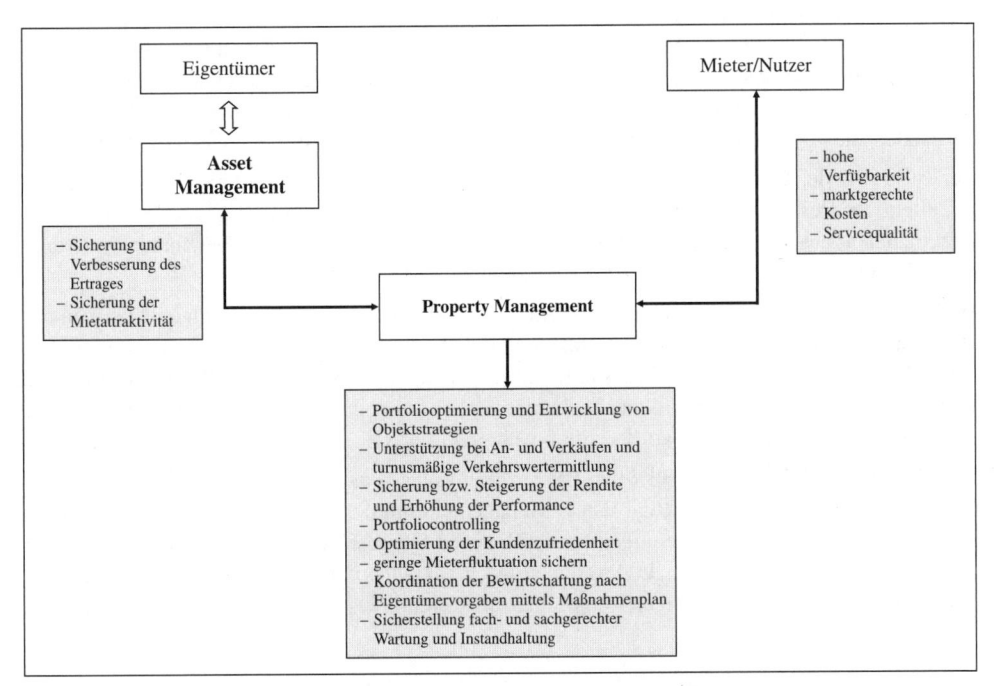

Abb. IV 55: Aufgaben des Property Managements

---

[350] Vgl. Niesslein, G./Lechtape, B. (2005), S. 540
[351] Vgl. ebenda

werden können (Accounting) und der Nutzwert durch wertschöpfende Dienstleistungen erhöht wird (Servicing).[352]

8.1.4 Corporate Real Estate Management

Das **Corporate Real Estate Management** wurde ursprünglich als Konzept für Immobilien von Non-property Companies (Industrieunternehmungen, Handelsunternehmungen etc.) zur Optimierung der unternehmenseigenen, betriebsnotwendigen und nicht betriebsnotwendigen Immobilien im Rahmen einer Gesamtunternehmungskonzeption entwickelt.[353] Da das Corporate Real Estate Management (CREM) auf die strategische Ebene ausgerichtet ist, wird es häufig auch als **„Strategic Corporate Real Estate Management"** bezeichnet.

Dies gilt sowohl für privatwirtschaftliche als auch für öffentliche Unternehmungen. In Bezug auf die Anwendung des Corporate Real Estate Management bei öffentlichen Einrichtungen wird das CREM als **Public Real Estate Management (PREM)** bezeichnet. Im Gegensatz zum CREM ist das PREM darauf hingerichtet, die Immobilienbestände im Hinblick auf öffentliche Güter und Dienstleistungen zu optimieren.[354]

Bis Ende der 1980er Jahre kam dem Produktionsfaktor Boden (Liegenschaften und Immobilien) von Industrie- und Handelsunternehmen nur eine geringe Bedeutung in Bezug auf den Erfolg der Unternehmungen zu. Dies änderte sich schlagartig seit Anfang der 90er Jahre.[355] Im Zuge der Globalisierung stetig wachsende Kosten- und Wettbewerbdruck für Unternehmen veränderte die Sichtweisen und definierte die Ressource Immobilie als Produktionsfaktor neu. Das Management erkannte zunehmend, dass die Nutzung von Immobilien die gleichen Wirtschaftlichkeitsanforderungen wie die produktionstechnischen Anlagen erfüllen und einen Beitrag zum Unternehmenserfolg leisten müssen.[356] So wurde es immer offensichtlicher, dass in den Immobilien enormes Potential vorhanden ist, welches sich auf den Unternehmenswert und den Cashflow auswirken kann.

Zentrales Ziel des Corporate Real Estate Management ist es, diese Potentiale aufzudecken und ein effektives Ressourcenmanagement zu betreiben. Da die Ziele des CREM an den Zielen des Unternehmens ausgerichtet sein müssen, ist es allerdings das oberste Ziel der Gewinnmaximierung, durch Kostenminimierung den Grad der Liquidität zu erhöhen.

Im Vergleich zum Facility Management gibt es zwar inhaltliche Überschneidungen, aber von der Betrachtungsweise der Immobilie unterscheiden sich die Ansätze voneinander. So liegt der Fokus im CREM auf der Beurteilung des gesamten Immobilienportfolios von Non-Property Companies und zwar auf betriebswirtschaftlicher und unternehmensstrategischer Ebene. Beim FM steht der Aspekt des Nutzers stärker im Vordergrund, während im CREM die Sicht des Eigentümers – der aber auch gleichzeitig Nutzer sein kann – dominiert.

Die Verbindung des Corporate Real Estate Management mit dem Portfoliomanagement (PM) ist sinnvoll bei nicht-betriebsnotwendigen Immobilien und Grundstücken einer Unternehmung, denn nur diese sind mit den Methoden des PM ohne Einschränkung optimierbar.[357] Die Begründung liegt darin, dass die betriebsnotwendigen Immobilien, auch wenn sie sich als unrentabel erweisen, nicht

---

[352] Vgl. Zehrer, H./Sasse, E. (2004b), S. 8
[353] Vgl. Wellner, K. (2003), S. 44
[354] Vgl. Preuß, N./Schöne, L. B. (2009), S. 9 f.
[355] Vgl. Preugschat, F. (2001), S. 356 f.
[356] Vgl. Diederichs, C. J. (2006), S. 355
[357] Vgl. Wellner, K. (2003), S. 45

verkauft werden können, wenn sich dies mit den Gesamtunternehmungszielen nicht vereinbaren lässt (schließlich gehören sie zum Kerngeschäft des Unternehmens).

8.1.5 Facility Management in Abgrenzung zum Gebäudemanagement

Der VDMA bezeichnet in seinem Einheitsblatt 24196 das Gebäudemanagement als die „Gesamtheit der technischen, infrastrukturellen und kaufmännischen Leistungen zur Nutzung von Gebäuden/ Liegenschaften im Rahmen des Facility Management, das neben den Gebäudedienstleistungen auch die Planung, Organisation und Kontrolle im Zusammenhang mit der objektbezogenen Durchführung zählt."[358]

Das Gebäudemanagement grenzt sich insofern vom Facility Management ab, als dass das Facility Management auf operative und strategische Weise alle Phasen des Immobilienlebenszyklus abdeckt, während sich das Gebäudemanagement ausschließlich auf die operative Nutzungsphase konzentriert.

8.2 Instrumente und Funktionsbereiche des Facility Management

Die Instrumente des Facility Management gliedern sich in kaufmännisches, technisches und infrastrukturelles Gebäudemanagement. Basierend auf der ganzheitlichen Betrachtungsweise des Gebäudebewirtschaftungskonzepts nutzt das Facility Management das Gebäudemanagement als Zusammenführung der strategischen und operativen FM-Teile im Wertschöpfungsprozess.

8.2.1 Kaufmännisches Gebäudemanagement

Ein Blick auf die Entwicklung der Tätigkeiten eines Facility Managers genügt, um fest zu stellen, dass sich die Dienstleistungen auf rein technische Gegebenheiten des Gebäudes nicht mehr beschränken lassen; denn damit einher geht die Sicherstellung der Wirtschaftlichkeit eines Gebäudes, die Werterhaltung und Wahrung der Nutzungsqualität.[359] Die Ökonomie einer Immobilie ist dann gewahrt, wenn sich in ihr das Maximal- und Minimalprinzip vereint. Abgeleitet aus der Allgemeinen Betriebswirtschaftslehre bedeutet das Maximalprinzip, bei gleichzeitiger Minimierung der Kosten den maximalen Nutzen aus dem Gebäude zu ziehen. Genau dieses Faktum zählt das kaufmännische Gebäudemanagement zu einer seiner Hauptaufgaben: die Sicherstellung der Wirtschaftlichkeit des Gebäudebetriebes.

Das kaufmännische Gebäudemanagement, das als spezielles Teilsegment des Facility Management zu sehen ist und 13 % des gesamten Marktvolumens ausmacht,[360] hat neben seinen eigenen Position auch alle Leistungen aus den Bereichen des technischen und infrastrukturellen Gebäudemanagements abgebildet. Von zentraler Bedeutung ist die Vielzahl der Dienstleistungen an der Immobilie, die über professionelle Gebäudebewirtschaftung und -verwaltung bis hin zur Kosten- und Nutzenoptimierung reichen.

---

[358] Vgl. Preuß N./Schöne L. B. (2009), S. 60
[359] Vgl. Zahn, P. (2007), S. 79 f.
[360] Vgl. Gondring, H./Wagner, T. (2012), S. 442

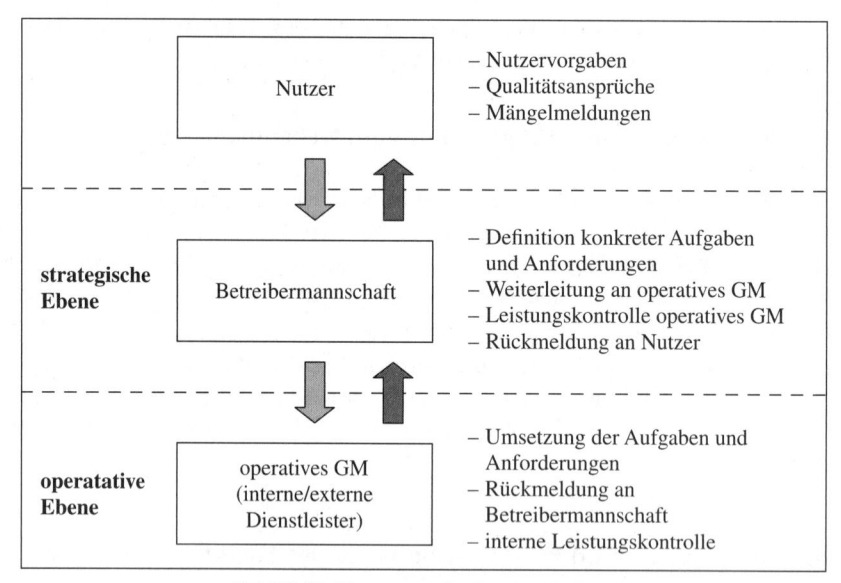

```
┌─────────────────────────────────────────────────────────────────┐
│                      ┌──────────────┐      – Nutzervorgaben     │
│                      │    Nutzer    │      – Qualitätsansprüche │
│                      │              │      – Mängelmeldungen    │
│                      └──────────────┘                           │
│                           ⬇ ⬆                                   │
│                                             – Definition konkreter Aufgaben
│   strategische       ┌──────────────┐         und Anforderungen │
│   Ebene              │Betreibermann-│      – Weiterleitung an operatives GM
│                      │   schaft     │      – Leistungskontrolle operatives GM
│                      └──────────────┘      – Rückmeldung an Nutzer
│                           ⬇ ⬆                                   │
│                                             – Umsetzung der Aufgaben und
│                      ┌──────────────┐         Anforderungen     │
│   operatative        │ operatives GM│      – Rückmeldung an     │
│   Ebene              │(interne/externe)       Betreibermannschaft
│                      │ Dienstleister)│     – interne Leistungskontrolle
│                      └──────────────┘                           │
└─────────────────────────────────────────────────────────────────┘
```

Abb. IV 56: Umsetzung der Bewirtschaftung

Um die Maximierung des Nutzens und die Minimierung der Kosten erreichen zu können, bedient sich das kaufmännische Gebäudemanagement unter anderem der gebäudebezogene Objektbuchhaltung und Kostenrechnung; auch das Miet- und Vertragsmanagement bildet einen wichtigen Faktor für das kaufmännische Gebäudemanagement. Weiter ist in jüngster Vergangenheit der Schwerpunkt auf das Balanced Scorecard-Verfahren, das Immobilien Benchmarking, auf das Controlling bis hin zur Analyse von immobilienwirtschaftlichen Kennzahlen und deren Systeme gelegt worden. Diese Prozesse spielen eine unumgängliche Rolle im Facility Management.

8.2.1.1 Gebäudebezogene Objektbuchhaltung

Das betriebliche Rechnungswesen ist gesetzlich zwingend vorgeschrieben – so ist es in der Lage, durch konsequentes Abbilden der Geschäftsvorgänge und deren Buchungen das Unternehmensgeschehen wertmäßig zu erfassen. Auf der gebäudebezogenen Objektbuchhaltung, respektive den Soll- und Habenkonten, der GuV und der Bilanz, bauen die später beschriebene Kostenrechnung und das Immobiliencontrolling auf.

Soll- und Habenkonten: In der Buchhaltung stehen auf der Soll-Seite sämtliche Ausgaben, Abschreibungen und Bestandsreduzierungen, auf der Haben-Seite werden sämtliche Einnahmen und Bestandserhöhungen ausgewiesen. Die immobilienwirtschaftlichen Buchungen basieren auf dem Kontenrahmen der Wohnungswirtschaft.

Gewinn- und Verlustrechnung (GuV): In der GuV werden die Soll- und Habenkonten gegenüber gestellt und dadurch das Geschäftsergebnis der Periode ermittelt. Ergebnis ist entweder ein Gewinn oder ein Verlust. Dieser Vorgang findet nach jedem Geschäftsjahr statt und hat seine rechtliche Grundlage im Steuer- und Handelsgesetz.[361]

---

[361] Vgl. Gondring, H./Wagner, T. (2012), S. 71 f.

AKTIVA	BILANZ	PASSIVA
– **Anlagevermögen** (Kontenklasse 0) (→ meist Grundstücke und Gebäude, technische Anlagen und Maschinen, andere Anlagen, Betriebs- und Geschäftsausstattung)		– **Eigenkapital** (→ Veränderungen gegenüber dem Vorjahr werden abgebildet)
– **Umlaufvermögen** (Kontenklasse 1) (→ zum Verkauf bestimmte Grundstücke und Gebäude, sämtliche zum Weiterverkauf bestimmte Vermögensgegenstände sowie offene Kundenforderungen)		– **Verbindlichkeiten** (→ Erfassung aller aufgenommenen Kredite und sonstige Verbindlichkeiten gegenüber Kapitalgebern, sowie noch nicht beglichener Rechnungen)
		– **Rückstellungen**
– **Rechnungsabgrenzungsposten**		– **Rechnungsabgrenzungsposten**

Abb. IV 57: Formalaufbau einer Bilanz

Die Bilanz: Die Bilanz besteht aus einer Aktiv- und einer Passivseite und bildet am Ende des Geschäftsjahres die Vermögens- und Kapitalzusammensetzung ab.[362]

8.2.1.2 Kostenrechnung

Während die Finanzbuchhaltung auf Unternehmensebene als Informationsquelle nach außen dient, ist das Rechenwerk des Betriebes die Betriebsbuchhaltung bzw. die Kosten- und Leistungsrechnung, also die Informationsquelle nach innen.[363] Diese ist frei von steuerlichen oder handelsrechtlichen Vorschriften und schließt mit dem Betriebsergebnis (Leistung minus Kosten) ab.

In der Kostenrechnung, die zur Kontrolle der Wirtschaftlichkeit und Kalkulation dient, werden die Kosten nach der Kostenarten-, Kostenstellen- und Kostenträgerrechnung erfasst und verrechnet.[364] Nach dem Kausalitäts- und Verrechnungsprinzip werden einem Objekt nur die Kosten zugerechnet, die es auch ursächlich hervorgerufen hat.[365] In der Kostenträgerrechnung werden nur die Kosten (variable Kosten) den Erzeugnissen zugeordnet, die von einer Erzeugnismengeneinheit verursacht wurden.[366] Fixkosten sind Erzeugnisgemeinkosten, die in einer Abrechnungsperiode unabhängig von der Produktionsmenge, anfallen (Monatsmiete). Variable Kosten können sich in Abhängigkeit verschiedener Einflussfaktoren ändern (Anwaltskosten). Unterschieden werden die variablen Kosten weiter in proportionale, progressive und degressive Kosten. Nach dem Zurechnungsprinzip werden die Kosten in Einzel- und Gemeinkosten aufgeteilt. Dabei sind die Einzelkosten die Kosten, die einem Kostenträger (gemäß Verursachungs- oder Einwirkungsprinzip) direkt zugeordnet werden können (beispielsweise m^2 anrechenbare Wohnfläche) und Gemeinkosten die Kosten, die einem Kostenträger erst mit Hilfe der Kostenstellenrechnung verursachungsgerecht zugeordnet werden können und dem Gesamtnutzen eines Objekts dienlich waren.

In der Kostenartenrechnung werden, um feststellen zu können, welche Kosten in der Abrechnungsperiode entstanden sind, die verzehrten Gütermengen ermittelt und bewertet und in Einzel- oder Gemeinkosten aufgeteilt. Immobilienbezogene Kostenarten sind Kapitalkosten, Abschreibung, Verwaltungskosten, Steuern, Betriebskosten und Bauunterhaltungskosten.

---

[362] Vgl. Heno, R. (2006), S. 90
[363] Vgl. ebenda, S. 1 f.
[364] Vgl. ebenda, S. 11
[365] Vgl. ebenda, S. 2
[366] Vgl. Gondring, H./Wagner, T. (2012), S. 89 f.

```
┌─────────────────────────────────────────────────────────────────────┐
│  ┌─────────────────┐  ┌─────────────────┐  ┌─────────────────┐      │
│  │   Grundkosten   │  │   Anderskosten  │  │   Zusatzkosten  │      │
│  └─────────────────┘  └─────────────────┘  └─────────────────┘      │
│                       KOSTENARTENRECHNUNG                           │
│  ┌──────────────────────┐  ┌──────────────────────────────────┐     │
│  │  primäre Einzelkosten│  │      primäre Gemeinkosten        │     │
│  └──────────────────────┘  └──────────────────────────────────┘     │
└─────────────────────────────────────────────────────────────────────┘
```

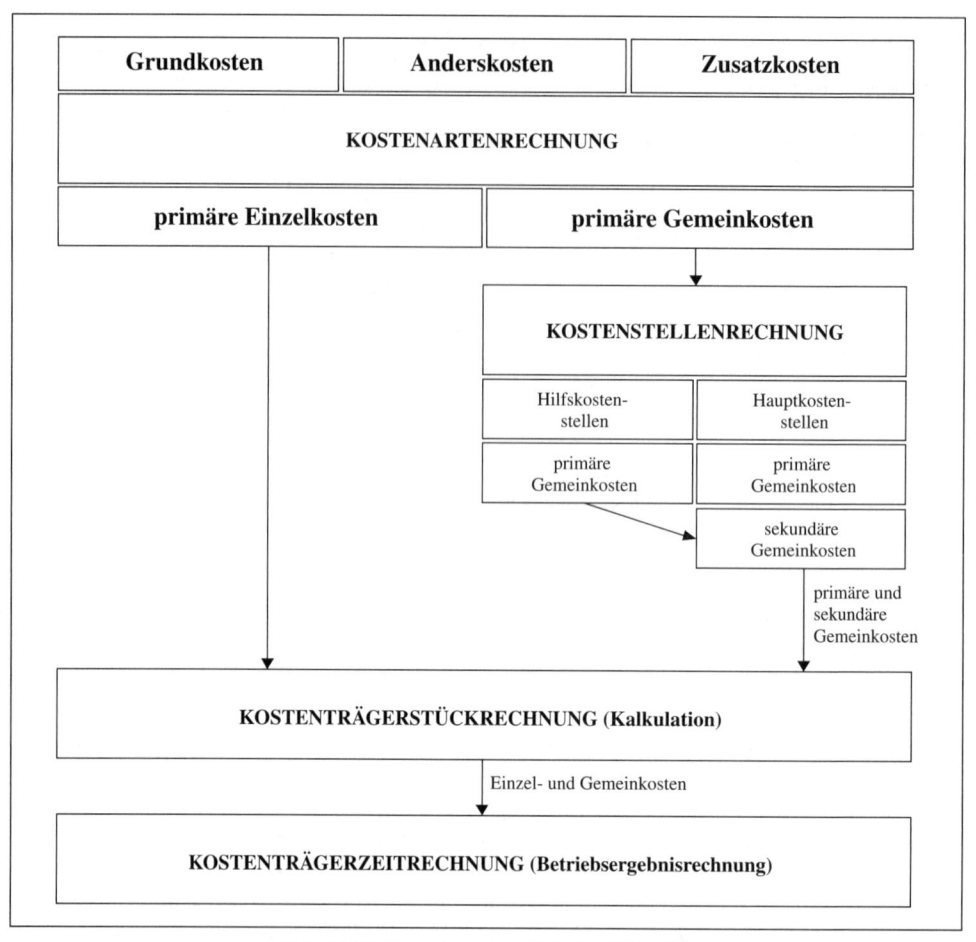

Abb. IV 58: Verrechnungstechnischer Ablauf[367]

In der Kostenstellenrechnung wird untersucht, wo die Kosten der Kostenartenrechnung angefallen sind und wie sie als Einzel- oder Gemeinkosten den Kostenstellen und -trägern zugerechnet werden können. Die Kostenträgerrechnung verteilt in der Vollkostenrechnung die Erzeugnisgemeinkosten anhand von Verteilungsschlüsseln auf die unterschiedlichen Erzeugnisse.

Kostenarten können in der Immobilienwirtschaft nach verschiedenen Verordnungen und Normen dargestellt werden. Dazu zählen nach § 24 Abs. 1 II. Berechnungsverordnung Abschreibung, Betriebskosten, Verwaltungs- und Instandhaltungskosten und das Mietausfallwagnis. Sie ergeben die Bewirtschaftungskosten. Je nachdem ob es sich um den wohnungswirtschaftlichen oder gewerblichen Bereich handelt, können die Kostenarten auf den jeweiligen Mieter umgelegt werden. Nach der Betriebskostenverordnung können 17 unterschiedliche Betriebskosten als Kostenarten auf den wohnungswirtschaftlichen Mieter umgelegt werden: laufende öffentliche Lasten, Kosten der Wasserversorgung, Kosten der Entwässerung, Heizkosten, Warmwasserkosten, Kosten für verbundene Heiz- und Warmwasserversorgungsanlagen, Aufzugskosten, Straßenreinigungskosten und

---

[367] Ebenda, S. 98

Müllgebühren, Kosten für Hausreinigung und Ungezieferbekämpfung, Kosten der Gartenpflege, Kosten der Beleuchtung, Schornsteinreinigungskosten, Kosten für Sach- und Haftpflichtversicherung, Hauswartkosten, Kosten für Gemeinschaftsantenne und Breitbandkabel, Kosten für die maschinelle Wascheinrichtung und sonstige Betriebskosten.

Bei gewerblichen Mietern gibt es keine bestimmte Regelung, welche Kosten, die oftmals auch als „zweite Miete" betitelt werden, umgelegt werden dürfen. Deshalb werden bei Gewerbemietverträgen meist die Kosten der BetrKV vereinbart zuzüglich folgenden Betriebskosten, die umgelegt werden: Bewachungskosten, Brandschutzprüfung, Brandschutztechnik, Dachrinnenreinigung, Erbbauzinsen, Instandhaltungsrücklagen, Notstromanlagen für die Sicherheitsbeleuchtung von Rettungswegen, Druckerhöhungsanlagen für Frischwasserversorgung, Wartung der Hebeanlage für Entwässerung, Öltankdichtigkeitsprüfung, Öltankreinigung, Pflege des Gründachs, Verwaltungskosten sowie Wartung und Prüfung der Blitzschutzanlagen und Rückstausicherung etc.

Es gibt zwei Modelle von existierenden Kontenrahmenplänen, die im Facility Management zum Einsatz kommen. Einerseits gibt es die Kostengliederung nach DIN 18 960 „Nutzungskosten im Hochbau", die in den Nutzungskostengruppen abgebildet sind. Andererseits gibt es die GEFMA Richtlinien 200 „Kosten im Facility Management", die sich an der dreiteiligen Facility Management Definition orientiert, und die Gebäudenutzungskosten in kaufmännisches, technisches und infrastrukturelles Gebäudemanagement unterteilt. In diesem Zusammenhang ist die Norm DIN 276 zu erwähnen, die der Bereitstellung der Mittel im Hochbau dient; sie erfasst sämtliche Kosten für Maßnahmen der Herstellung, zum Umbau und zur Modernisierung der Bauwerke und bildet Aufwendungen, also Investitionskosten, ab und stellt voraussichtlich anfallende Kosten der Nutzung zusammen.[368]

8.2.1.3 Vertragsmanagement

Das Vertragsmanagement umfasst die Vorbereitung, den Abschluss, die Überwachung, die Änderung, die Ergänzung und die Verwaltung von Verträgen, welche mit Vermietern, Mietern, Dienstleistungsunternehmen (inkl. Subunternehmen), Lieferanten und Versorgungsunternehmen geschlossen werden (wie z. B. Mietverträge, Energielieferung, Wartungsverträge, Gebäudeversicherung, Leasing- und Lizenzverträgen etc.).

Im Facility Management werden überwiegend Werkverträge (§§ 631 ff. BGB) und Dienstleistungsverträge (§§ 611 ff. BGB) abgeschlossen. Neben den überwiegend errichtungsorientiert geregelten Verträgen werden zunehmend auch ergebnisorientierte Verträge abgeschlossen. Erstgenannte Verträge richten ihren Fokus auf die Ausführung einer Dienstleistung. Vertraglich werden in umfangreichen Leistungsverzeichnissen die exakte Beschreibung des Dienstleistungsprozesses und die einzelnen Tätigkeiten benannt. Ergebnisorientierte Verträge stellen die Qualität in den Mittelpunkt und richten ihren Fokus auf ein operational überprüfbares Ergebnis.

Gewerbemietvertragsmanagement: Zunächst orientiert sich der Aufgabenbereich der Mietverwaltung an dem Leistungskatalog des Verwaltervertrages, der die Bereiche der allgemeinen kaufmännischen, juristischen und technischen Verwaltung, der Finanz- und Vermögensverwaltung nachkommt.[369]

Nach Abschluss eines Mietvertrages und Erfassung der allgemeinen Daten des Mieters, des Objekts, der Laufzeit des Vertrages in Verbindung mit den Kündigungsfristen, der exakten Flächenzuord-

---

[368] Vgl. ebenda, S. 90 ff.
[369] Vgl. Gondring, H./Wagner, T. (2012), S. 82

nung, den Mietkonditionen, den Betriebskosten und den Umsatzsteuer-Optionssätzen in der EDV, hat sich der Vermieter gegenüber dem Mieter verpflichtet, die vermietete Sache ihm zu überlassen und während der gesamten Vertragslaufzeit den Zustand bei Vertragsschluss zu gewährleisten. Gleichermaßen verpflichtet sich der Mieter, dem Vermieter den vereinbarten Mietzins und die Mietkaution zu entrichten, deren Höhe im Gewerbemietrecht beide Male frei vereinbart werden können. Die Mietkaution wird in den meisten Fällen verzinst angelegt und wird umgehend an den Mieter zurückgezahlt, wenn sicher ist, dass der Vermieter keine Forderungen mehr an ihn hat. Bezüglich des Mietzinses bleibt zu beachten, dass eine Umsatzmiete vereinbart werden kann. Der Mietzins richtet sich dann nach einem bestimmten Prozentsatz des jeweils erzielten Umsatzes aus der gewerblichen Nutzung der überlassenen Räume. Anders als beim Wohnraummietrecht ist der Abschluss eines Gewerbemietvertrages grundsätzlich formlos möglich. Die §§ 126 und 550 BGB schreiben allerdings die Schriftform in beiden Fällen vor, wenn der Vertrag für länger als ein Jahr abgeschlossen wird.

Die Parteien des Mietvertrages müssen eindeutig festgelegt und genau bezeichnet werden. In diesem Falle ist zur Kontrolle der Firmenbezeichnung und Zeichnungsberechtigung empfehlenswert, einen Handelsregisterauszug einzuholen. Bei Einzelfirmen sollte zusätzlich der Namen des Inhabers vermerkt werden, bei Mietvertragsabschluss mit Personenmehrheit sind alle Personen aufzuführen, da sie gesamtschuldnerisch haften.

Für die Ausgestaltung der Mietzinsforderung stehen den Mietvertragsparteien mehrere Möglichkeiten zur Verfügung. Zum einen ist dies die Staffelmietvereinbarung, bei der ein bestimmter Prozentsatz oder ein fester Erhöhungsbetrag vereinbart werden, zum anderen sind es Preisklauseln, die bei Veränderung der Marktsituation die Zahlungsverpflichtung des Mieters erhöhen. Sie sind stets mit einem Wertmesser als Bezugsgröße verknüpft.

Als beendigt gilt eine Mietsache bei Zeitablauf bei befristeten Verträgen (§ 542 BGB), durch Aufhebung oder durch ordentliche (§ 580a (1) Nr. 3 BGB), außerordentlich fristgerechter (§§ 540, 580 BGB) oder außerordentlich fristloser (§ 543 BGB) Kündigung. Bei Abnahme der Mietsache, bei der Protokoll geführt werden sollte, wird vom Vermieter der ursprüngliche vertragsgemäße Zustand der Mietsache geprüft.

Vertragsmanagement von Dienstleistungsverträgen: Diese Verträge orientieren sich an Dienstleistungen, die bezüglich des Facility Managements vereinbart werden. Im Gegensatz zu „normalen" Kaufverträgen zeichnen sich diese Verträge durch dynamische Bedarfsveränderungen aus; häufig ist festzustellen, dass die Verträge im Facility Management Produkte kontinuierlichen Wachstums sind.[370] Bei Vertragsentwicklung und Vertragsmanagement von Dienstleistungen muss demnach eine hohe Anpassungsfähigkeit während der Laufzeit gewährleistet sein. Da es bei FM-Dienstleistungen oft zu Schnittstellen kommt und nicht eindeutig festgelegt ist, wer für das Vertragsmanagement verantwortlich ist, zählen im üblichen die kaufmännischen und technischen Bereiche des Gebäudemanagements und einzelne Fachabteilungen dazu, wie der Einkauf und die internen und externen Fachleute, die ihrerseits in einem Vertragsteam bei Vertragsentwicklung und -nutzung offiziell eingebunden werden sollten. Dies dient der kontinuierlichen Kommunikation bei der Entwicklung der Verträge und legt zudem Aufgaben und Kompetenzbereiche fest.

Zu den Standardwerkzeugen bei Vertragsarbeiten im Facility Management gehören vorab festgelegte Prozesse, die bei einer lückenlosen Dokumentation hilfreich sind und gleichzeitig einen Teil des Qualitätsmanagements widerspiegeln. Des Weiteren sind Softwareunterstützungen auf Unternehmensebene durch ein ERP-System, das an ein CAFM-System geschlossen ist, hilfreich.

---

[370] Vgl. Preuß, N./Schöne, L. B. (2009), S. 209

An ein solches CAFM-System können mehrere Spezialsysteme beispielsweise der Gebiete Fuhrparkmanagement, Rechtsinformationen zu Betreiber und Instandhaltungen etc. angebunden werden. Eine Wissensdatenbank, auf der alle relevanten Methoden, Werkzeuge, Märkte und die Archivierung frühere Verträge generiert zu finden ist, kann allen dem Vertragsteam Zugehörigen von großem Nutzen sein. Der Aufbau einer Projektdatenbank empfiehlt sich bei größeren Projekten, bei denen vorhandene DV-Systeme nicht adäquat wären. Da sich das Facility Management und seine Projekte aus vielen Einzelaktivitäten zusammensetzen, ist eine zuverlässige, für jeden zugängliche Dokumentation unerlässlich; Einschränkungen empfehlen sich nur dann, wenn es um vertrauliche personenbezogene Daten geht.[371]

Da die heutigen Dienstleistungsverträge, die aus dem Facility Management erwachsen, immer komplexer und vielschichtiger sind, werden diese meist über einen längeren Zeitraum als beispielsweise ein Jahr abgeschlossen. Das bedeutet, dass mehr in Personal, Sicherheit und Zeit investiert werden muss, um die Verträge weiterhin auf hohem Niveau bearbeiten zu können. Je länger die Laufzeiten sind, umso mehr ist wahrscheinlich, dass sie eine längere Einarbeitungszeit beanspruchen und sie anpassungsfähig an sich verändernde Auftraggeber und das Umfeld sein müssen. Beendet werden die FM-Verträge entweder durch Auslauf, durch termingerechte Kündigung, durch Kündigung aus wichtigem Grund in Ausnahmefällen oder bei Störung der Geschäftsbeziehung.

8.2.1.4 Reporting – das Berichtswesen

Das Reporting im Immobilienmanagement dient Entscheidungsträgern, wie den Objektmanagern, den Profit-Centern oder den Eigentümern des Objekts, Kommunikation und Informationen zielgerecht steuern zu können. Da die gewünschte Kommunikation und Informationen von Unternehmen zu Unternehmen variiert, sind die Inhalte des Reportings nicht eindeutig festlegbar.

Als Instrumente für das Reporting dienen daher Standard-, Abweichungs- und Bedarfsberichte, die ursprünglich aus dem Controlling stammen. Die Standardberichte stellen dabei den größten Anteil immobilienbezogener Reportings dar. Sie werden regelmäßig hergestellt und basieren auf festen Grundsätzen. Abweichungsberichte (Budgetüberschreitungsbericht) werden bei außergewöhnlichen Vorkommnissen aufgestellt, die eine rasche Entscheidung der Geschäftsführung erfordern. Auch die Bedarfsberichte werden bei Unregelmäßigkeiten aufgestellt und basieren meist auf Abweichungsberichten. Ein solcher Bericht würde beispielsweise dann angefertigt werden, wenn nach Budgetüberschreitung ein neues Budget aufgestellt werden müsste.

Reportingansätze: Das Reporting kann nach folgenden Ansätzen strukturiert werden:
- nach Berichtszweck und -inhalt
- nach Art des Reports
- nach der Gestaltung des Berichts
- nach den Reportingrechten und -pflichten
- nach den Terminen und der Häufigkeit

Der Berichtszweck dient dazu, einzelne Stellen im Unternehmen mit Informationen zur Steuerung zu versorgen. Je nachdem, wo das jeweilige Unternehmen seine Schwerpunkte setzt, stimmt das Controlling den Inhalt der Berichte auf die einzelnen Stellen ab. Die Reports lassen sich in elektronische bzw. in Papierformat gehaltene Berichte unterscheiden und zum anderen wie o.g. in Standard-, Abweichungs- und Bedarfsberichte. Gestaltet werden die Reports in formeller (so knapp und präzise wie möglich) und inhaltlicher (kurz, übersichtlich, prägnant) Sicht. Die Reportingrechte

---

[371] Vgl. Gondring, H./Wagner, T. (2012), S. 85 ff.

beinhalten hierarchie- und funktionsabhängige Entscheidungen. Die Berichtspflichten legen fest, wer welche Auskünfte erteilen muss. Die letzten Strukturen eines Reportings weisen Termine und Häufigkeiten aus. Termine, wann ein Report vorliegen muss und Häufigkeiten (täglich, wöchentlich, monatlich, viertel- oder halbjährlich, jährlich) legt der Empfänger fest.

Der Aufbau eines Reportings sollte auf Sichtweisen wie Informationssicht, Kontierungssicht, den Adressaten und der Datensicht aufgebaut sein.[372]

Balanced Scorecard: Balanced Scorecard, kurz BSC, heißt wörtlich übersetzt „ausgewogener Berichtsbogen" oder „ausgewogene Wertungsliste". Sie ist eine ganzheitlich orientierte, ziel- und kennzahlenbasierte Managementmethode, die von den amerikanischen Professoren Robert Kaplan und David Norton in den 90-iger Jahren entwickelt wurde. Die BSC steht für ein vernetztes mehrdimensionales Managementsystem, das zur strategischen Unternehmenssteuerung geschaffen wurde. Im Vordergrund steht die Operationalisierung von Unternehmensstrategien, d.h. die Präzisierung und Standardisierung von Zielen. Dabei werden die strategierelevanten Aspekte der komplexen betrieblichen Vorgänge in kompakter Weise erfasst und in verständlicher Form dargestellt. Nicht mehr ausschließlich monetäre Größen (hard facts) werden bei der Auswertung von Kennzahlen herangezogen, sondern ebenso strategische Chancen und Risiken (soft facts).[373] Aus dem Sachverhalt, dass Unternehmen gleichzeitig aus mehreren Blickwinkeln heraus ausgeleuchtet werden, ergibt sich gegenüber traditionellen Performance-Measurement-Systemen das „Mehr".[374] Entwickelt wird die BSC, wie sie für das Facility Management geeignet ist, in einem mehrstufigen top-down Prozess, angefangen bei der Idee, über die Ausgestaltung der Finanz-, Kunden-, Prozess- und Kerngeschäftsperspektive, bis hin zur Entwicklungs-, Umgebungs- und Mitarbeiterperspektive. Beispielkennzahlen für die Finanzperspektive sind RoI, Shareholder Value sowie Kennzahlen, die Auskunft über das Risiko und über Wachstumsraten (Ertrag/Umsatz) geben. Bezüglich der Kundenperspektive lassen sich Marktanteil, Kundenakquisition, -rentabilität, -treue, und -zufriedenheit nennen sowie Kundenbeziehungen, Image bzw. Reputation. Kennzahlen der Kerngeschäftsperspektive sind Ausbeute, Fehlerquote, Prozesszeiten, Rückläufer, aber auch Kennzahlen bezüglich des Materials, der Maschinen und der Methoden. Beispielkennzahlen der Mitarbeiterperspektive sind Mitarbeitertreue, -produktivität und -zufriedenheit. Denkbar sind auch Personalentwicklung und Mitarbeiter-Know-how. Die letztgenannte Perspektive, die Entwicklungs-/ Umgebungsperspektive hat Kennzahlen zur technischen Infrastruktur, Arbeitsklima sowie Störungen im Betriebsablauf inne.[375] In vielen Perspektiven ist eine Mischung aus Ergebniskennzahlen (rückblickend) und Leistungstreibern (früherkennend) zu erkennen, was zur simultanen Ausgewogenheit der BSC führt. Auch wird in diesen Teilen der operative Einsatz der BSC abgedeckt, der durch das Sammeln der verschiedenen Erkenntnisse in den einzelnen Perspektiven in der nötigen und erfolgskritischen Analyse mündet.

Der strategische Einsatz der BSC, der kontinuierlichen Verbesserungsschleifen unterworfen ist und der kontinuierlichen Schwachstellenbeseitigung dient, mündet durch Strategie- und Umsetzungsentwicklungen, in einem doppelten Kreislauf, dem so genannten „double-loop-learning".

Mit Hilfe der BSC wird ein wichtiges Rahmenkonzept erstellt, welches sich als strukturierte Sammlung geschäftsrelevanter Kennzahlen präsentiert.[376] Diese Kennzahlen müssen einmalig, mit der Beschränkung auf die 10–15 wichtigsten Kennzahlen ermittelt werden. Ist dies erfolgt, so

---

[372] Vgl. ebenda, S. 121 ff.
[373] Vgl. ebenda, S. 123
[374] Vgl. Zehrer, H./Sasse, E. (2004b), S. 26
[375] Vgl. ebenda, S. 29
[376] Vgl. ebenda, S. 24

sind die festgelegten Soll-Kennzahlen in regelmäßigen Intervallen zu überwachen; gegebenenfalls muss korrigierend eingegriffen werden.

PERSPEKTIVEN	STRATEGISCHE ZIELE	MESSGRÖSSEN	OPERATIVE ZIELE	AKTIONSPROGRAMM
Immobilienergebnis Wie kann das Bewirtschaftungsergebnis langfristig optimiert werden?	Kostenstrukturoptimierung der Immobilienwirtschaft	Kosten/m² ohne Nebenkosten	Erreichen von Vergleichswerten	Modernisierung
Nutzer Wie können die Nutzer langfristig an das Unternehmen gebunden werden?	Steigerung der Kundenzufriedenheit	Auswerten der Beschwerden p.a.	Verbesserung der Vorjahreswerte	Analyse der Kundenwünsche
Produkt Wie können die Immobilieneigenschaften langfristig gesteuert werden?	Erhöhung der Flächenleistungsfähigkeit	Anzahl der Fälle der teilweisen oder kompletten Unbrauchbarkeit von Flächen p.a.	Minimalisierung der Nutzungsausfälle	Flächenmanagement
Umwelt Wie wirken sich Änderungen der Region auf das Unternehmen aus?	Früherkennung von Chancen und Risiken	ernstzunehmende Konkurrenz in der Umgebung	(externer Faktor)	Planung/Auswahl von Zusatz- oder Andersleistungen

Abb. IV 59: Beispiel einer BSC für Immobilienunternehmen[377]

Für das Facility Management bedeutet die Balanced Scorecard, „die Bündelung aller Kräfte zur Erreichung der angestrebten Ziele. Sie ist eine Art Navigationshilfe für die Ausrichtung und Fokussierung aller Unternehmensressourcen."[378]

8.2.1.5 Benchmarking im Facility Management

Als Benchmarking wird die kontinuierliche Analyse unternehmenseigener Produkte, Dienstleistungen, Prozesse und Methoden bezeichnet, mit dem Ziel, einen Vergleich mit konkurrierenden Marktteilnehmern aufzustellen. Als Vergleichsmaßstab bzw. Richtgröße werden Kennzahlen der Besten in der Branche herangezogen. Dieser Vorgang wird als „Best Practise" bezeichnet und wird sowohl zur Identifikation von Leistungssteigerungs- als auch Kostensenkungspotentialen eingesetzt.[379] In der Literatur findet sich eine Vielzahl ähnlicher, aber nicht gleicher Definitionen, was bereits eine gewisse Dynamik des Prozesses impliziert. Das Benchmarking läuft in kontinuierlichen Zyklen ab, die sich in vergleichenden Analysen auf Produkte, Dienstleistungen, Prozesse und Methoden fokussieren. Bezogen auf die betriebliche Immobilienwirtschaft kommen dabei nicht nur Mitbewerber in Betracht, sondern auch Unternehmen aus anderen Branchen, Regionen und Größenordnungen, sofern sich die Immobilienmanagementleistungen vergleichen lassen.[380]

---
[377] Vgl. ebenda, S. 132
[378] Ebenda, S. 31
[379] Vgl. Pfnür, A. (2002a), S. 110
[380] Vgl. ebenda, S. 119

Die Orientierung am Benchmarking in der Immobilienwirtschaft führt vermehrt dazu, dass FM-Dienstleister und Verwalter von ihren Auftraggebern verpflichtet werden, sich bzw. ihre Leistungen einem Benchmark-Vergleich zu unterziehen.[381] So können binnen kürzester Zeit im Sinne eines Soll-Ist-Abgleichs Schwachstellen durch die „Best Practice"-Orientierung aufgedeckt und verbessert werden. Doch diese Soll-Ist-Abgleiche werden oftmals von einer gewissen Skepsis begleitet. Die Kritik setzt vor allem an Punkten wie Vergleichbarkeit der Daten, Aussagewert der gewonnen Informationen und Kosten-Nutzen-Relation an, denn die evidente Einzigartigkeit der Immobilien steckt einen sehr engen Rahmen für das Benchmarking.[382] Um Benchmarking trotzdem effizient betreiben zu können, bedarf es homogener Nutzungsgruppen mit gleichen Kostentreibern sowie homogene Gebäude in Bezug auf deren Geometrie, Qualität und Nutzung.[383] Es gibt das externe und das interne Benchmarking (Abb. IV 60). Zudem lassen sich je nach Zielsetzung verschiedene Benchmarking-Möglichkeiten einsetzen. Neben dem strategischen Benchmarking gibt es weiter das Prozess-, Produkt- und Kennzahlenbenchmarking.

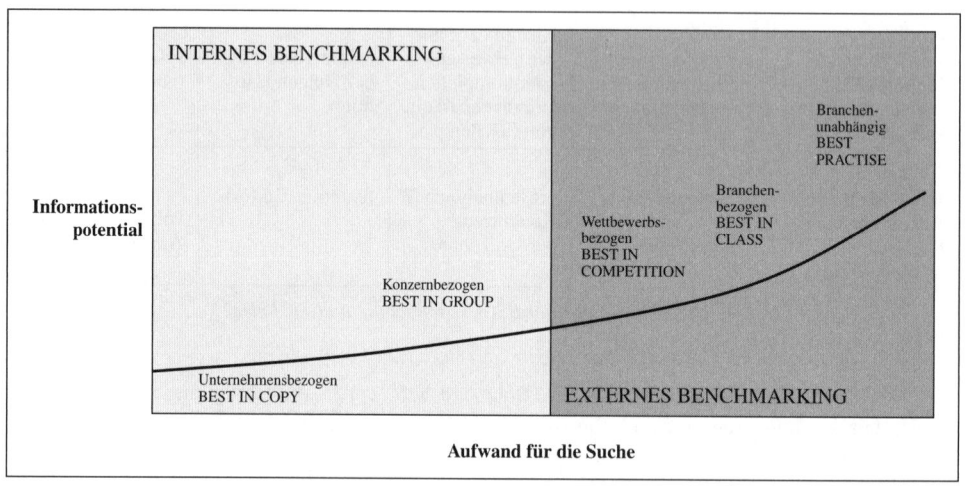

Abb. IV 60: Aufwand und Nutzen in Abhängigkeit der Benchmarking-Art[384]

8.2.1.6 Immobiliencontrolling

In den letzten Jahren hat sich das Controlling zu einem innovativen, funktionsübergreifenden Informations- und Führungsinstrument für das Management zur Unterstützung der unternehmerischen Entscheidungsprozesse entwickelt.[385] Das Controlling vergleicht betriebswirtschaftliche Sollwerte mit Istwerten, nutzt Benchmarks als Bezugspunkte und hat in seinem Kern die Aufgabe, vorhandene Optimierungspotentiale zu erkennen und gleichzeitig zu neuen oder besseren Strategien zu führen. Die komplexen Anforderungen des Facility Management führen regelmäßig zu einer individuellen Anpassung der Standardmethoden des Controllings.

---

[381] Vgl. Gondring, H./Wagner, T. (2012), S. 125 f.
[382] Vgl. Pfnür, A. (2002a), S. 121
[383] Vgl. Gondring, H./Wagner, T. (2012), S. 126
[384] Vgl. Reisbeck, T./Schöne, L. B. (2006), S. 142
[385] Vgl. ebenda, S. 26

8.2.1.6.1 Ziele und Aufbau des Controllings im Facility Management

Auch im Facility Management liegt die Hauptaufgabe des Controllings in Verbindung mit den Unternehmensabsichten darin, Gefahren und Möglichkeiten frühzeitig einzuschätzen, um Lenkungs- und Steuerungsmaßnahmen zielgerichtet anwenden zu können. Dabei ist wichtig, dass Immobiliencontrolling über den gesamten Lebenszyklus eines Objektes erfolgt.

Im großen Teil stützt sich das Controlling auf Zahlen, die im Rechnungswesen entstehen, respektive auf die Kostenrechnung. Gesteuert werden auf diese Weise interne Prozesskosten, zu denen auch Instandhaltungs-, Bewirtschaftungs- sowie Ver- und Entsorgungskosten zählen. Das Controlling analysiert weiter Abweichungen, untersucht eingetretene oder erwartete Veränderungen der Randbedingungen, sichert Steuerungsmaßnahmen zur Zielerreichung, kontrolliert Steuerungsergebnisse und plant Veränderungen, falls diese erforderlich sind.[386] Ziele, die sich in Bezug auf das Facility Management ergeben, können die Senkung der Facility-Kosten und der Kapitalbindung sein, ebenso wie die Erhöhung und Verbesserung der FM-Leistungen und die Optimierung der Immobilie als Anlagevermögen.[387]

Lebens-zyklus-phasen	ENTSTEHUNGSPHASE			NUTZUNGSPHASE			VERWERTUNGSPHASE		
Ent-scheid-ungs-felder	Projekt-Entwick-lung	Planung	Real-isierung	Nutzung	Instand-haltung	Modern-isierung	Um-widmung	Verkauf	Abriss
Fokus	– Funktionalität – Flexibilität – Nutzungsreversibilität – Zukünftige(s): • Kostenverhalten • Instandhaltungsverhalten • Verwertungsfähigkeit • Kosten, Termine, Qualität			– Kostenverhalten – Verfügbarkeit/Nutzbarkeit – Substanzerhalt – Marktgängigkeit			– Verwertungsfähigkeit – Substanzerhalt – Werterhalt – Marktgängigkeit		
Module und Instrumente des Controlling-Systems	**Projektcontrolling**			**Instandhaltungscontrolling** Instandhaltungs-, Planungs-, und Steuerungssystem			**Projektcontrolling**		
	Qualitätscontrolling								
	Projektsteuerung			**Nutzungskostencontrolling** Kosten- und Leistungsrechnung			**Absatzcontrolling**		
	Investitionscontrolling Immobilien- Investitionsrechnung								
	Informationsversorgungssystem Managementinformationssystem								

Abb. IV 61: Lebenszyklusorientierte Immobilienbewirtschaftung[388]

---

[386] Vgl. Schneider, H. (2004), S. 71
[387] Vgl. Gondring, H./Wagner, T. (2012), S. 111
[388] Vgl. Reisbeck, T./Schöne, L. B. (2006), S. 29

8.2.1.6.2 Strategisches und operatives Controlling

Controlling wird in strategisches und operatives Controlling in Abhängigkeit von der Organisations-/ Hierarchieebene, dem Zeithorizont, der Orientierung und der Zielsetzung der Controllingfunktion unterschieden. Diese zusätzliche Differenzierung ist aus einer erhöhten Umweltdynamik und -komplexität heraus notwendig geworden. In diesem Zusammenhang hat sich das strategische Controlling als unterstützendes Subsystem der strategischen Unternehmensführung entwickelt. Formal verfügen strategisches und operatives Controlling über die gleichen Bausteine (Planung, Kontrolle, Informationsversorgung), inhaltlich grenzen sie sich voneinander ab (Abb. IV 62).

Merkmale	**STRATEGISCHES CONTROLLING**	**OPERATIVES CONTROLLING**
Hierarchieebene	oberste Managementebene	untere/mittlere Managementebene
Zeithorizont	langfristig	kurz- bis mittelfristig
Zielsetzung	– Aufbau und Sicherung von Erfolgspotentialen – Systemwandel – Aufgabendefinitionen	– Erfolg und Liquidität – Bestands- & Erfolgswahrung – Aufgabenbewältigung
Orientierung	– Unternehmensumwelt – > Außenorientierung – Wandel	– Unternehmen – > Binnenorientierung – betriebliche Prozesse
inhaltliche Differenzierung	– Unternehmensgesamtmodell – geringe Verbindlichkeiten – weiche Problemdefinition – weiche Daten	– Teilpläne/Partialanalysen – hohe Verbindlichkeiten – exakte, strukturierte Problemdefinitionen – harte Daten
Dimensionen	– Chancen/Risiken – Stärken/Schwächen	– Aufwand/Ertrag – Kosten/Leistung

Abb. IV 62: Abgrenzung strategisches und operatives Controlling[389]

Während sich das strategisches Controlling auf langfristige Konzeptionen einstellt und in seinem Mittelpunkt die Erhaltung bzw. Entwicklung von Potentialen vor allem auf den Ebenen der Planung, Kontrolle und Informationsversorgung hat, richtet sich das operative Controlling nach strategischen Plänen und Zielsetzungen, die es in einzelne Projekte und Aktivitäten aufzugliedern und umzusetzen versucht.[390]

8.2.1.7 Immobilienwirtschaftliche Kennzahlen und Kennzahlensysteme

Durch Kennzahlen lassen sich eine Fülle von Informationen, Leistungen, Strukturen und Prozesse in einem Unternehmen quantifizieren. Sie sind hochverdichtete Messgrößen, die je nach ihren statistischen Kriterien in relative oder absolute Zahlen typisiert werden und in konzentrierter Form über einen zahlenmäßig erfassbaren Sachverhalt berichten.[391] Durch ihre kausalen Zusammenhänge sind sie außerdem zu Ursachenforschung von Fehlentwicklungen geeignet. Ihre Anforderung ist, die Kriterien Validität, Aktualität, Objektivität, Stabilität, Automatisierbarkeit, Wirtschaftlichkeit und Flexibilität zu erfüllen. Kennzahlen, die das Immobilienmanagement kennzeichnen, sind Kostenkennzahlen (Betriebskosten/m^2), Portfoliokennzahlen (Eigen-/Fremdnutzungsratio oder

---
[389] In Anlehnung an: Homann, K. (1999), S. 24
[390] Vgl. Gondring, H./Wagner, T. (2012), S. 112 ff.
[391] Vgl. Weber, J./Schäffer, U. (2000), S. 2

Immobilien in Prozent der Bilanzsumme), Performance/Ertragskennzahlen (Mietertrag/m², lfd. Rendite in Prozent des eingesetzten Kapitals), Risikokennzahlen (Mietrückstandsquote) und Bestands-/Flächenkennzahlen (Anzahl m²/Mitarbeiter). Da Kennzahlen isoliert wenig Aussagewert enthalten, werden Kennzahlensysteme verwendet, in denen o. g. Kennzahlen miteinander sachlogisch und mathematisch verknüpft werden, um die Aussagefähigkeit zu verdeutlichen. Im Immobilienmanagement kommen Kennzahlensystemen dann zum Einsatz, wenn Trends und Initiierungen von Maßnahmen aufgezeigt werden sollen, sobald eine Messgröße den projektierten Messkorridor verlässt. Kennzahlensysteme stellen mehrdimensional Informationen zur Verfügung und gehen über die klassischen Betrachtungsebenen des Controllings hinaus.[392] Die Aufgliederung der Kennzahlensysteme erfolgt in Ordnungs- und Rechensysteme. Während sich Ordnungssysteme auf bestimmte Sachverhalte der Unternehmung beschränken und diese in eine hierarchische Beziehung bringen, zerlegen Rechensysteme (DuPont-, ZVEI- oder RL-Kennzahlensysteme) ihre Kennzahlen rechnerisch. Immobilienwirtschaftliche Kennzahlen stehen in engem Zusammenhang mit FM-orientierten Kostengliederungen.[393]

DuPont-System: Dieses eindimensionale Kennzahlensystem, das auch wegen seiner Spitzenkennzahl RoI-Kennzahlensystem genannt wird, ist eines der ältesten und bekanntesten Kennzahlensysteme und wurde in den Jahren 1919 bis 1969 von der Firma E.I. Du Pont de Nemours and Company zur Kontrolle finanzieller Parameter verwendet.[394] Es kann aber auch als Planungs- und Budgetinstrument verwendet werden und dient so dem Facility Management. Beim DuPont-System wird das Unternehmensziel durch die Kennzahl Return on Investment (RoI) in dessen Elemente aufgespalten dargestellt und offenbart so die verschiedenen Einflussfaktoren. Basierend auf Zahlen aus der Kosten- und Erlösrechnung, stammen die Daten ausschließlich aus den Gebäudeabrechnungsbogen und aus der mehrstufigen Deckungsbeitragsrechnung.

Das ZVEI-Kennzahlensystem: In Deutschland ist das vom Zentralverband der Elektrotechnischen Industrie e.V. Frankfurt/Main entwickelte ZVEI-System wiederum das bekannteste und verbreitetste Kennzahlensystem, es ist branchenneutral und wurde erstmals 1969 veröffentlicht. Es beinhaltet insgesamt 88 Haupt- und 122 Hilfskennzahlen. Die wichtigste Informationsquelle dieses Kennzahlensystems sind die Bilanz und die Gewinn- und Verlustrechnung. Durch die Einbeziehung einer gesonderten Wachstums- und Strukturanalyse und die Abgrenzung in vier sachlogische Sektoren zur Analyse der Haupteinflussgrößen und der betrieblichen Wirkungszusammenhänge ist mit diesem Kennzahlensystem eine beachtliche Weiterentwicklung erzielt worden. Denkbar ist auch der Einsatz beim wertorientierten Facility Management. Die o.g. Wachstumsanalyse gibt vor dem Beginn der eigentlichen Analyse einen ungefähren Überblick über das betriebliche Geschehen, die bisherige Entwicklung und die zukünftige Erwartungen. Zu diesen Analysegruppen zählen Vertrieb, Ergebnis, Kapitalbindung, Wertschöpfung und Beschäftigung. Durch Zunahme von absoluten Zahlen (Bestandgrößen, Bewegungsgrößen) verdeutlicht die Wachstumsanalyse die Entwicklung zu den Vorperioden. Nach der Wachstumsanalyse folgt die Strukturanalyse. Sie geht von der Spitzenkennzahl, der Eigenkapitalrentabilität, aus und bewertet an Hand von Rentabilität, Ergebnisbildung, Kapitalstruktur und Kapitalbildung die Unternehmenseffizienz.[395]

Das Betriebskosten-Kennzahlensystem: Aus der immobilienbezogenen Kostenrechnung ergeben sich die verschiedenen Kennzahlen der Betriebskosten. An Hand der Betriebskosten-Kennzahlenpyramide, die sich rechnerisch aufbaut, lassen sich die einzelnen Komponenten entweder additiv

---

[392] Vgl. Reisbeck, T./Schöne, L. B. (2006), S. 72
[393] Vgl. Jung, H. (2007), S. 162
[394] Vgl. Reisbeck, T./Schöne, L. B. (2006), S. 77
[395] Vgl. Jung, H. (2007), S. 165 f.

oder multiplikativ miteinander verknüpfen. Einzelne Kennzahlen werden hoch verdichtet, so dass das globale Management eine Immobilie sehr schnell beurteilen kann.

8.2.2 Technisches Gebäudemanagement

Das technische Gebäudemanagement, das ca. 40 % des Marktvolumens ausmacht, und vorausgegriffen das infrastrukturelle Gebäudemanagement, das ca. 47 % des Marktvolumens ausmacht,[396] umfassen weitere spezielle Teilsegmente des Facility Managements. Der Schwerpunkt liegt hier auf der kontinuierlichen und wirtschaftlichen Bereitstellung der technischen Anlagen und Systeme (z. B. Wärme- und Stromversorgung, lufttechnische Anlagen etc.), der Bereitstellung der Baukonstruktionen (z. B. Innen- und Außenwände, Decken, Dächer etc.) und Elementen der Außenanlage (z. B. Straßen, Zufahrten, Wege etc.)[397], die der Nutzung der Immobilie dienen, mit dem Ziel, das Leistungspotential der Immobilie konstant zu erhalten oder zu steigern.[398]

Im Hinblick auf die rasante Entwicklung der Industrie zur High-Tech-Produktion und der damit verbundenen steigenden Technisierung der Gebäude, ist die Zielsetzung eines Facility Managers, als innovativer dynamischer Dienstleister aufzutreten, der die Wettbewerbsbedingungen des Marktes, die Kosten des Betreibens/Bedienens und Instandhaltens sowie gegenwärtige und in Zukunft sich ändernde Energienutzungen optimiert und dabei ganzheitlich und ergebnisorientiert handelt. Darüber hinaus ist es sein Bestreben, die zunehmende Funktionalität und Funktionsfähigkeit des zu bewirtschaftenden Gebäudes, die der Nutzer erwartet, und die Flexibilität, die der Markt vom Gebäude voraussetzt, miteinander zu vereinen. Er versucht, den Vermögenswert und die Wirtschaftlichkeit des Gebäudes zu sichern und hält für seinen Dienstleistungsnachfrager zum einen menschengerecht gestaltete Arbeitsplätze und zum anderen Bereitstellungsalternativen (Kauf, Leasing, Miete) für bestandsergänzenden Gebäude-/Raumbedarf zu Verfügung.

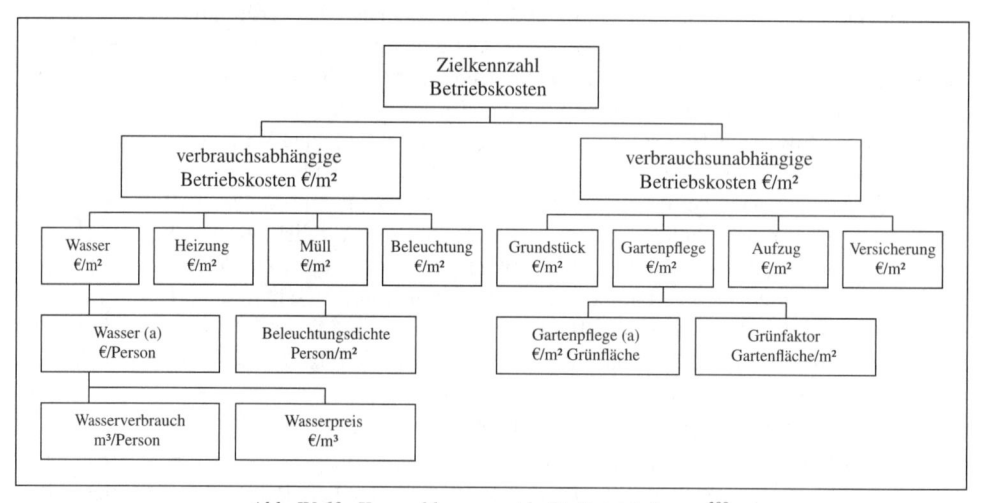

Abb. IV 63: Kennzahlenpyramide für Betriebskosten[399]

---

[396] Vgl. Gondring, H./Wagner, T. (2012), S. 442
[397] Vgl. ebenda, S. 142
[398] Vgl. Preuß, N./Schöne, L. B. (2009), S. 60
[399] In Anlehnung an: Metzner, S./Erndt, A. (2002), S. 215

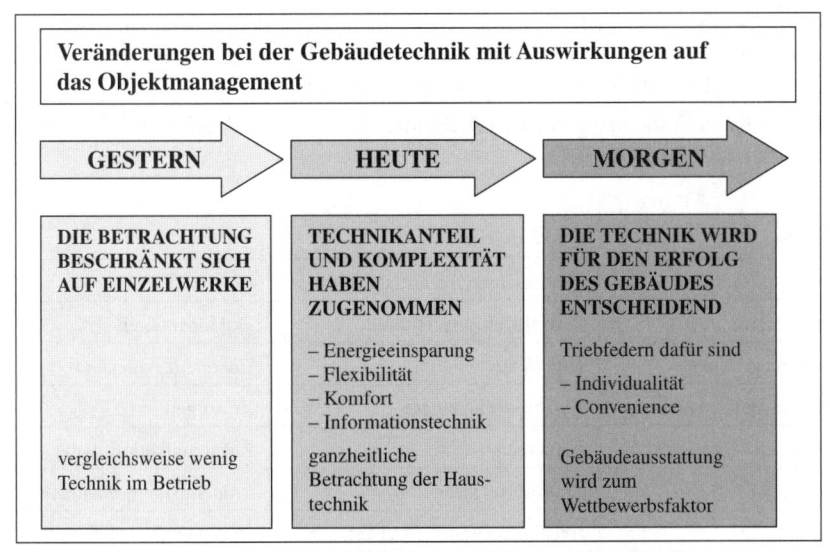

8 Instrumente und Funktionsweisen des Immobilien- und Facility Managements   539

Veränderungen bei der Gebäudetechnik mit Auswirkungen auf das Objektmanagement		
GESTERN	**HEUTE**	**MORGEN**
DIE BETRACHTUNG BESCHRÄNKT SICH AUF EINZELWERKE	TECHNIKANTEIL UND KOMPLEXITÄT HABEN ZUGENOMMEN	DIE TECHNIK WIRD FÜR DEN ERFOLG DES GEBÄUDES ENTSCHEIDEND
	– Energieeinsparung – Flexibilität – Komfort – Informationstechnik	Triebfedern dafür sind – Individualität – Convenience
vergleichsweise wenig Technik im Betrieb	ganzheitliche Betrachtung der Haustechnik	Gebäudeausstattung wird zum Wettbewerbsfaktor

Abb. IV 64: Wandel in der FM-relevanten Gebäudetechnik[400]

8.2.2.1 Leistungsbereiche des technischen Gebäudemanagements

Das technische Gebäudemanagement umfasst die Tätigkeiten, die zum Betreiben (Zeitraum von Übernahme bis zur Außerbetriebnahme) der gebäudetechnischen Anlagen gehören. Die beiden wichtigsten Funktionen sind das Bedienen und Instandhalten. Grundsätzliche Aufgaben des technischen Gebäudemanagements zeigt Abb. IV 65.

Leistungen des technischen Gebäudemanagements					
	Bedienen	**Instandhalten**			
Übernehmen Inbetriebnehmen	- Stellen - Überwachen - Störungsbehebung - Veranlassen von Prüfungen - Gewährleistungsverfolgung - Versorgung mit sowie Entsorgung von Hilfs- und Betriebsstoffen	Inspektion Feststellung & Beurteilung des Ist-Zustandes	Wartung Bewahrung des Soll-Zustandes	Instandsetzung Wiederherstellung des Soll-Zustandes	Außerbetriebnehmen
Energiemanagement					

Abb. IV 65: Leistungsbild des technischen Gebäudemanagements

---

[400] Vgl. Hellerforth, M. (2006), S. 244

Betreiben: „Betreiben" stellt die Gesamtheit aller Leistungen dar, welche zum Betrieb und zur Bewirtschaftung von Gebäuden und deren technischen Anlagen und Geräte notwendig sind, um einen sicheren, funktionstüchtigen und wirtschaftlichen Betrieb zu gewährleisten.[401]

Folgende Tabelle stellt die maßgeblichen Richtlinien für das Betreiben im technischen Gebäudemanagementprozess dar.

DIN 32 736	GEFMA 100	VDMA 24 196
Betreiben	Technisches Objektmanagement	Betreiben
Dokumentieren	Betriebsführung Technik	Dokumentieren
Energiemanagement	Unterhaltung	Energiemanagement
Informationsmanagement	Energiemanagement	Entsorgen
Modernisieren	Versorgen	Kommunikationsmanagement
Sanieren	Transportdienste	Modernisieren, Sanieren
Umbauen	sonstige technische Leistung	Optimieren
Verfolgen der technischen Gewährleistung		Umbauen
		Verfolgen der technischen Gewährleistung
		Versorgen
		sonstige Leistungen

Abb. IV 66: Leistungen des technischen Gebäudemanagements nach verschiedenen Richtlinien[402]

Neben dem Überwachen von Betriebszuständen wird das auch als Stellen und Betätigen von Regel- und Schaltfunktionen verstanden sowie das Inbetriebnehmen, Außerbetriebnehmen und das Stillsetzen von Anlagen und Anlageteilen, aber auch die Optimierung von Betriebszeiten technischer Anlagen.[403]

Instandhalten: Unter Instandhalten ist nach DIN 31 051 (Abb. IV 67) die Verbesserung der Anlagen, die Inspektion (also die Feststellung und Beurteilung des Ist-Zustandes), die Wartung, die den Soll-Zustand bewahren soll und die Instandsetzung, die den Soll-Zustand wiederherstellen soll, zu verstehen. Ein wesentlicher Punkt der Instandhaltungsplanung ist die technische und wirtschaftliche Lebensdauer von Gebäuden. Die technische Lebensdauer wird durch die Nutzungshäufigkeit und -intensität, der Bauteilqualität, der Umwelteinflüsse, der Instandhaltungsqualität sowie der wirtschaftlichen Lebensdauer als Sondereinfluss bestimmt.[404] Ziele der Instandhaltung sind Kostenminderung, Steigerung der Verfügbarkeit und der Funktions- und Produktqualität, Erhöhung der Lebensdauer und Wirtschaftlichkeit sowie die Verbesserung des Umweltschutzes.

Dokumentieren: Die DIN 32736 beschreibt alle Leistungen zur Erfassung, Speicherung und Fortschreibung der Daten und Informationen über den Bestand und die Betriebsführung – denn

---

[401] Vgl. Krimmling, J. (2008), S. 86
[402] In Anlehnung an: ebenda
[403] Vgl. Gondring, H./Wagner, T. (2012), S. 144
[404] Vgl. Krimmling, J. (2008), S. 89

Instandhaltung			
Gruppierung der Maßnahmen			
Wartung	Inspektion	Instandhaltung	Verbesserung
prüfen, reinigen, nachstellen, auswechseln, konservieren, ergänzen, schmieren	prüfen, messen, beurteilen Unterscheidung: schadenbedingte/ schadenunbedingte Inspektion	ausbessern, austauschen	alle technischen & administrativen Maßnahmen, die Zuverlässigkeit, Instandhaltbarkeit & Instandhaltungsvermögen bewirken
Ziele der Maßnahmen nach DIN 31051			
Verzögerung des Abbaus des vorhandenen Abnutzungsvorrats	Feststellung und Beurteilung des Ist-Zustandes	Rückführung der Betrachtungseinheit in einen funktionsfähigen Zustands	Steigerung der Funktionsfähigkeit einer Betrachtungs- Einheit ohne die geforderte Funktion zu ändern

Abb. IV 67: Gliederung der Instandhaltungsmaßnahmen und deren Ziele[422]

viele Dienste werden bezüglich ihres technischen Zustandes durch Reparaturen und Änderungen verändert. Die sich ändernden Zustände muss der jeweilige Auftragnehmer dokumentieren – vor allen Dingen sind die Leistungen dokumentationspflichtig, die öffentlich-rechtlich vorgeschrieben sind (z. B. Wartung des Heizkessels oder der Aufzugsanlage). Meist werden für diese Wartungen bestimmte Abnahmezeugnisse ausgestellt.[406]

Energiemanagement: Das Energiemanagement betrachtet eine Immobilie ganzheitlich und über den gesamten Lebenszyklus hinweg. Dabei befasst es sich mit kostengünstigen, betriebssicheren Bereitstellungen von Energien in bedarfsgerechter Form sowie rationellen und umweltschonenden Varianten und Vorkehrungen der Energieverwendung. Gegenstand sind Gas, Heizöl, Fernwärme, Elektroenergie, Wasser/Abwasser, Druckluft, etc. für die Verbrauchsbereiche wie Beleuchtung, Betrieb von Bürotechnik, Raumklimabereitstellung (Wärme-, Frischluft-, Kälteversorgung etc.), Bereitstellung von Sanitärfunktionen und der Versorgung von Sicherheit[407] mit dem Ziel, die Verfügbarkeit von Energie zu jedem Zeitpunkt der Gebäudenutzung in geforderter Quantität und Qualität zu gewährleisten. Ein erfolgreiches Energiemanagement sollte eine Symbiose aus Projektmanagement und technischem Fachwissen sein, das transparent die einzelnen Energieverbräuche fokussiert und energiebedingte Emissionen wie CO_2 oder NO_X vermindert. Es sollte darauf achten, natürliche energetische Ressourcen zu schonen sowie die Abhängigkeit von Energielieferanten und die damit verbundenen Energiepreisschwankungen zu minimieren.[408] Um Energieverbrauchssollwerte einhalten und den Energieverbrauch (Soll-Werte) überwachen zu können, bietet sich das Energiecontrolling an. Dabei wird der Energieverbrauch mit folgenden Schritten permanent überwacht: als erstes werden Budgetwerte aus voran gegangenen Verbrauchswerten gebildet, um den

---

[405] Gondring, H./Wagner, T. (2012), S. 145
[406] Vgl. ebenda, S. 151 ff.
[407] Vgl. Krimmling, J. (2008), S. 95
[408] Vgl. Gondring, H./Wagner, T. (2012), S. 154

Energieverbrauch an Hand von Zahlen abbilden zu können. Weiter können Soll-/Istwerte Tages-, Monats- oder Jahresabweichungen darstellen, die dann in einem Gebäudeautomationssystem als wesentliches Hilfsmittel Kontrollfunktionen übernehmen können.

Die Anlagenoptimierung stellt sicher, dass die jeweiligen technischen Anlagen optimal eingestellt sind, so dass Energie nicht über das benötigte Niveau verbraucht wird und nur dann Verwendung findet, wenn Energie wirklich gefordert ist. Die Vertragsoptimierung nimmt einen enormen Stellenwert in Bezug auf das Energiemanagement ein, denn der Energiemarkt durchlebt etliche Turbulenzen – angefangen bei der Vielzahl an Produktanbietern bis hin zu den ständigen Preisveränderungen. Optimale Verträge kennzeichnen die Bündelung verschiedener Anbieter, um dadurch Sondertarife und -konditionen generieren zu können.

In manchen Fällen lohnt es sich, durch bestimmte Maßnahmen (wie Dämmung der Fassade, klimatechnische Verbesserungsmaßnahmen oder Verbesserung der Wärmetechnik) am Gebäude dahingehend einzuwirken, dass sich anfänglichen Ausgaben (finanziert durch Eigenkapital oder aufgenommene Mittel) durch die Energieeinsparungen wieder erwirtschaften.

Informationsmanagement: Ein effektives und effizientes Immobilienberichtswesen ist eine notwendige Voraussetzung, um Immobilienbestände optimal analysieren, Verbesserungspotentiale identifizieren und Handlungsmaßnahmen ableiten zu können.[409] Aufgaben des Informationsmanagements sind Konzeption, Bewertung und Entscheidung hinsichtlich des Einsatzes von Informations-, Kommunikations- und Automationssystemen (nach GEFMA „FM-Tools"), wie Computer Aided Facility Management (CAFM), Gebäudeautomation (GA), Einbruchmeldesystem (EM), Brandmeldesystem/Zugangskontrolle (BM/ZK), Video, Telefon, Kommunikation.[410]

Modernisierung des Gebäudebestandes: Eine Modernisierung beschreibt eine Veränderung des Ist-Zustandes am Bauwerk und an technischen Anlagen, die gegenüber dem Ausgangszustand eine höhere Funktionsqualität darstellt, zur Energieeinsparung beiträgt und den Gebrauchswert des Objektes nachhaltig erhöht. Außerdem können sich Modernisierungen verlängernd auf die wirtschaftliche Nutzungsdauer auswirken, wenn durch sie ein Status eines jüngeren Gebäudes erzeugt wird. Eine Modernisierung umfasst im Wesentlichen die Haustechnik, den Flächenzuschnitt, die Bautechnik sowie die Erschließung. Durch eine Modernisierung sollen die Energiekosten gesenkt werden, um dadurch eine Wertsteigerung der Immobilie generieren zu können. Auch die Umwelt soll durch eine Modernisierung geschont werden, indem die Technik auf den neuesten Stand gebracht wird. Dies bringt zusätzlich den Nebeneffekt, dass die Wirtschaftlichkeit erhöht wird und sich das Leerstandsrisiko verringert.[411]

8.2.3 Infrastrukturelles Gebäudemanagement

Das infrastrukturelle Gebäudemanagement, das manchmal auch als organisatorisches Facility Management bezeichnet wird, ist dem Prozess der geschäftsunterstützenden Dienstleistungen dienlich, welcher die Nutzung von Gebäuden gewährleistet und verbessert.[412] Das Dienstleistungsangebot ist in diesem Bereich breit gefächert – so können DV-Dienste, soziale Dienste, Büro- und Gebäudedienste unter das infrastrukturelle Gebäudemanagement als dritte wichtige Säule des Facility Management fallen. Neben der Sicherung des Werteerhalts der Immobilie soll

---

[409] Vgl. Preuß, N./Schöne, L. B. (2009), S. 109f.
[410] Vgl. Gondring, H./Wagner, T. (2012), S. 159
[411] Vgl. ebenda (2012), S. 160ff.
[412] Vgl. Preuß, N./Schöne, L. B. (2009), S. 60f.

DIN 32 736	GEFMA 100	VDMA 24 196
Verpflegungsdienste	Flächenmanagement	Catering
DV- Dienstleistungen	Reinigungsdienste	DV- Dienstleistungen
Gärtnerdienste	Sicherheitsdienste	Gärtnerdienste
Hausmeisterdienste	Hausmeisterdienste	Hausmeisterdienste
interne Postdienste	Dienste in Außenanlagen	interne Postdienste
Kopier- und Druckereidienste	Speisenverpflegung	Kopier- und Druckereidienste
Parkraumbetreiberdienste	Wäschereidienste	Parkhausbetreiberdienste
Reinigungs- und Pflegedienste	Umzugsmanagement	Reinigungs- und Pflegedienste
Sicherheitsdienste	Entsorgen	Sicherheitsdienste
Umzugsdienste	Büroservice	Umzugsdienste
Waren- und Logistikdienste	sonstige Dienste	Waren- und Logistikdienste
Winterdienste		Winterdienste
zentrale Telekommunikationsdienste		zentrale Kommunikationsdienste
Entsorgen		sonstige Leistungen
Versorgen		

Abb. IV 68: Infrastrukturelle Dienstleistungen nach DIN 32 736, GEFMA 100 und VDMA 24 196[413]

das infrastrukturelle Gebäudemanagement auch das Wohlbefinden der Mitarbeiter, Kunden und Besucher steigern. Da diese Aufgaben mit den eigentlichen Kernaufgaben der meisten Unternehmen wenig zu tun haben, werde die infrastrukturellen Services oft komplett an externe professionelle Dienstleistungsanbieter vergeben. Diese Dienstleistungen wirken sich geschäftsunterstützend auf den Nutzer und bestandspflegend auf die Immobilie aus. Folgende Dienstleistungen gehören zum infrastrukturellen Gebäudemanagement.

8.2.3.1 Arbeitsplatz- und Büroservicemanagement

Während das Arbeitsplatzmanagement die Erfassung und die zielorientierte Bearbeitung von arbeitsplatzbezogenen Daten wie Informationen zu Raum, Ausstattung, Belegung, Nutzung, Bezeichnung, Personal etc. beinhaltet, hat das Büroservicemanagement als Hauptziel, die optimierte Unterstützung des betrieblichen Kerngeschäfts durch ausreichende und schnelle Bereitstellung von Arbeitsmitteln und Informationen unter gleichzeitiger Minimierung betrieblicher Nebenzeiten durch Such- und Beschäftigungsaktivitäten sowie die Reduzierung von Beschaffungskosten für Arbeits- und Betriebsmittel durch optimierte Einkaufskonditionen, Bestellmengen und Lieferantenauswahl. Arbeitsplatz- und Büroservicemanagement wird innerhalb des infrastrukturellen Gebäudemanagements als Definition von Qualitätsstandards, Mietbeständen und Beschaffungslisten verwendet, zur Reduzierung von Beschaffungskosten durch Losgrößen und Lieferkonditionen, als zentrale Koordination von Bedarf, Beschaffung, Verteilung sowie der Minimierung von Lagerbeständen

---

[413] Vgl. Krimmling, J. (2008), S. 108

und -flächen.[414] Diese Punkte ermöglichen die Planung von Ersatzinvestitionen und Betriebsmittelbeschaffungen und optimieren die Arbeitsbedingungen auf einer gesicherten Datenbasis. Um allerdings die vorgenannten Hauptziele zu erreichen, bedarf es folgender Handlungsaktivitäten: die Bestandaufnahme nimmt zunächst arbeitsplatzbezogene Daten auf, strukturiert diese und generiert danach ein Ist-Anforderungsprofil für Arbeits- und Betriebsmittel bezüglich Qualität und Quantität. Betrachtet werden Belegungsstruktur, -effizienz und -effektivität. Die Flächenbelegungsanalyse erkennt Optimierungspotentiale und kann anhand der Faktoren Belegung, Fläche und Nutzung eine optimale Nutzung von Flächen generieren.

8.2.3.2 Umzugsmanagement

Sowohl sämtliche Planungsmaßnahmen als auch die eigentliche Abwicklung des Umzugs umfasst das Umzugsmanagement. Da dies einen erheblichen personellen, organisatorischen und finanziellen Aufwand darstellt, empfiehlt es sich, einen größeren Umzug in geschulte und erfahrene Hände zu übergeben. Das Umzugsmanagement muss darauf achten, dass der Arbeits- bzw. Zeitausfall so gering wie möglich ausfällt, Kosten durch Standardprozedere minimiert werden, die Durchführung termin- und kostenkonform verläuft und optimierte Transportmittel und -wege herausgesucht werden.[415] Sollte ein großer Umzug anstehen, empfiehlt es sich, ein Projektteam zu bilden, das aus Personen der unterschiedlichen Fachbereiche des Unternehmens zusammengesetzt wurde und deren Aufgabe es sein wird, alle mit dem Umzug verbundenen Maßnahmen einzuleiten, anzuordnen und umzusetzen. Sind Belegungs- und Umzugsvarianten simulativ durchgeführt worden und wurde sich für eine entschieden, kann mit einer detaillierten Raumplanung begonnen werden; jeder Mitarbeiter kann auf diese Weise seiner neuen Büroräumlichkeit zugeordnet werden. Es empfiehlt sich weiter, eine Objektbegehung mit dem Umzugsteam und dem beauftragten Dienstleister durchzuführen. Sollten sich Unklarheiten ergeben, können diese vor Ort besprochen werden. Außerdem ergibt sich so die Möglichkeit, sich vor Ort nach Alternativlösungen umzuschauen. Grundlage einer Objektbegehung ist ein aktueller Grundrissplan des Objekts sowie eine für die Logistik wichtige Checkliste, auf der Notizen bezüglich der Zufahrtsmöglichkeiten, der Stellflächen, der Fassade sowie dem Eingangsbereich zu vermerken sind; ebenso die Höhe, Breite, Tiefe und Art von Eingangstüren, Fluren und Aufzügen. Auch sind die jeweiligen Bodenbeläge zu notieren, um gegebenenfalls Schutzbeläge verlegen zu können. Die Beteiligten sind veranlasst, ein durch und durch logistisches und einfaches System zu entwerfen, um eine in sich funktionierende Ablaufsteuerung während des Umzugs zu haben.[416] In Abhängigkeit des Umfangs und der Komplexität des Umzugs bietet es sich an, den Umzug über ein Wochenende zu legen – Arbeitsausfälle werden so reduziert und die logistischen Rahmenbedingungen positiv vereinfacht. Die Umzugsnachbereitung umfasst die Mängelverfolgung und -beseitigung, die Ermittlung der Ist- Umzugskosten, intern als auch extern und letztlich die Kostenverrechnung auf die einzelnen Kostenstellen.[417]

8.2.3.3 Reinigungsmanagement und Hausmeisterdienste

Das Reinigungsmanagement beinhaltet die Steuerung der Reinigung und Pflege von Böden, Flächen, Decken, Glasflächen, Inventar und der Fassade. Dabei sind die Ziele der Gebäudereinigung, dass die Immobilie vor schädlichen Einflüssen von außen geschützt wird (durch chemische, mechanische und biologische Einwirkungen), das Erscheinungsbild sich optisch verbessert (durch

---

[414] Vgl. Preuß, N./Schöne, L. B. (2009), S. 554f.
[415] Vgl. ebenda, S. 561f.
[416] Vgl. Gondring, H./Wagner, T. (2012), S. 177ff.
[417] Vgl. Preuß, N./Schöne, L. B. (2009), S. 564

Schmutzbeseitigung, Schönheit und Ästhetik), die Funktionsfähigkeit (Vermeidung von Unfällen in Produktionsanlagen, Begehsicherheit) und Hygiene (Verminderung von Keimen) erhalten bleibt und die Gebrauchseigenschaften verbessert werden (antistatische, geruchsverbessernde und schmutzabweisende Behandlung).[418]

Wenn Reinigungsarbeiten an externe Dienstleister vergeben werden, ist die Erstellung eines Leistungsverzeichnisses ein wichtiger Bestandteil im Dienstleistungsvertrag, denn in ihm werden die Tätigkeiten nach Art und Umfang und das erwartete Ergebnis definiert. Von Seiten der Gebäudereinigungsfirma wird im besten Falle ein Reinigungsplan aufgestellt, der sich an dem Leistungsverzeichnis orientiert und den Mitarbeitern als „roter Faden" dient, so dass keine Aufgaben vergessen werden können. In der Praxis sind Revier- (einer Reinigungskraft wird ein Revier zugeteilt) und Kolonnensysteme (jede Reinigungskraft erledigt einen anderen Teilbereich) anzutreffen.[419]

Der Trend, auch Hausmeisterdienste an externe Komplettanbieter zu vergeben, nimmt zu. Sowohl die DIN als auch die GEFMA haben einige Leistungsbilder definiert, die je nach Anbieter der Dienstleistungsunternehmen, Größe des zu bewirtschaftenden Objekts und der fachlichen Kompetenz des Hausmeisters allerdings schwanken können.

DIN 32 736 (Reinigung und Pflege)	GEFMA 100 (Reinigung)	VDMA 24 196 (Reinigung und Pflege)
Glasreinigung	Bauendreinigung	Glasreinigung
Fassadenreinigung	Glasreinigung	Fassadenreinigung
Unterhaltsreinigung	Fassadenreinigung	Unterhaltsreinigung
Reinigen der Außenanlage	Unterhaltsreinigung	Reinigen der Außenanlagen
Pflegemaßnahmen für Böden und Flächen	Grundreinigung nach Umzügen	Pflegemaßnahmen für Böden und Flächen
	Verkehrsflächen/Winterdienst	
	Grünflächen/Pflanzen	

Abb. IV 69: *Leistungsbilder der Reinigungsdienste nach DIN 32 736, GEFMA 100 und VDMA 24 196*[420]

In der Praxis werden die o.g. Leistungsfelder noch durch folgende Leistungen ergänzt:
- Organisation und Durchführung der Gebäudereinigung
- Überwachung und Abnahme der o.g. Reinigungsarbeiten der Dienstleistungsunternehmen
- Pflege der Außenanlagen und der Grünflächen
- Entsorgungs- und Winterdienste
- Botengänge, auch Kontrollgänge durch die Anlage zur Überwachung des Objekts
- Schlüsselverwaltung
- Überwachung der Parkhäuser und Parkflächen[421]

---

[418] Vgl. Krimmling, J. (2008), S. 111
[419] Vgl. Gondring, H./Wagner, T. (2012), S. 176 f.
[420] Vgl. ebenda, S. 110
[421] Vgl. ebenda, S. 188

DIN 32 736	GEFMA 100
Sicherheitsinspektion	Übernehmen
Aufzugswärterdienste	Betätigen
Sicherstellen der Objektsauberkeit	Instandhalten
Einhaltung der Hausordnung	kleinere Umbauten
kleinere Instandsetzungen	Dokumentieren
	Übergeben/Außerbetriebnahme

Abb. IV 70: Leistungsbilder der Hausmeisterdienste nach DIN 32 736 und GEFMA 100[422]

8.2.3.4 Verpflegungsmanagement

Auf professionelles Catering setzten die Firmen, die ihre Mitarbeiter, Kunden und Gästen angemessen verpflegen möchten. Um die Verpflegung an ex Dienstleister vergeben zu können, ist sinnvoll, dass der Anbieter ein Verpflegungskonzept für den Auftraggeber absteckt, das in Qualität und Quantität seinem finanziell gewünschten Rahmen entspricht. In diesem gesteckten Rahmen kann der Auftraggeber seine individuellen Wünsche äußern.

Das Catering ist unter dem Druck der Konkurrenz immer im Wandel. Während ausgezeichnete Qualität als Basis jeder Kochkunst steht und stehen wird, ändern sich jedoch ständig die Verpflegungskonzepte. So wandern Begriffe wie Cook & Chill („Kochen & Kühlen"), bei der die Speisen schockartig auf eine sehr geringe Temperatur herunter gekühlt werden und so ohne Zusatz von Chemie bis zu fünf Tagen haltbar gemacht werden, Cook & Freez („Kochen & Tiefkühlen"), was das Kochen und Tiefkühlen der Speisen bedeutet und bei Großküchen nicht mehr wegzudenken ist, oder Eventcatering in unseren alltäglichen Wortschatz. Auch das Aufstellen, Befüllen und Warten von Verpflegungsautomaten gehören zu den Aufgaben eines Caterers.[423]

Für Sauberkeit und Hygiene sorgt in dem für Mikroorganismen sehr anfälligen Bereich die Lebensmittelhygieneverordnung (LMHV). Sie besagt, dass jeder, der Lebensmittel herstellt, verarbeitet oder in Verkehr bringt, die Prozessabläufe derart konsequent kontrollieren, überwachen und dokumentieren muss, dass es im Sinne der Lebensmittelsicherheit nicht zu Beanstandungen kommen kann.

8.2.3.5 Sicherheitsdienste

Sicherheitsdienste werden sehr häufig ausgegliedert. Es richtet sich nach der Definition des Auftraggebers und der Struktur, Funktion und der Bauweise des betreffenden Objekts, welche Aufgabengebiete sich für den Sicherheitsbeauftragten ergeben. Wie in Abb. IV 71 ersichtlich, sind viele unterschiedliche Sicherheitsdienstleistungen möglich. Als gesetzliche Grundlage dienen die GewO, die Überwachungsverordnung und die Verordnungen der Länder.[424]

Im Rahmen von Schwachstellenanalysen, die jährlich durchgeführt werden müssen, werden Sicherheitskonzeptionen entwickelt. Dabei stellen Nutzungsänderungen und der Wechsel von Mieter oder Nutzer beispielsweise eine neue Sicherheitslage dar, für die dementsprechend ein neues Konzept

---

[422] Vgl. Krimmling, J. (2008), S. 109
[423] Vgl. ebenda, S. 189
[424] Vgl. ebenda, S. 114

entwickelt werden muss. Der Schwachstellenanalyse folgt die Gefahren- oder Bedrohungsanalyse, bei der sämtliche Zustände und Ereignisse, die Schäden zur Folge haben könnten, ermittelt werden. Je nach Eintrittswahrscheinlichkeit und eventueller Schadenshöhe entsteht eine Klassifizierung des Gebäudes in Sicherheitsstufen, das sich in Einzel- und Gesamtrisiken aufteilt.[425]

DIN 32 736	GEFMA 100	VDMA 24 196
Sicherheitsdienste:	Sicherheitsdienste:	Sicherheitsdienste:
Zutrittskontrollen	Pforte/Zugangskontrolle/Zeiterfassung	Zutrittskontrollen
Objektbewachung	Wachdienst/Objektschutz/Personenschutz	Objektbewachung
Revierdienste	Alarm- und Notdienste/Notrufzentrale	Revierdienste
Schließdienste	Geld- und Wertdienst	Schließdienste
Personenschutz	Werksfeuerwehr	Personenschutz
Sonderbewachung	Sonstiges	Sonderbewachung
Feuerwehr		
vorbeugender Brandschutz		

Abb. A 71: Leistungsbilder der Sicherheitsdienste nach DIN 32 736, GEFMA 100 und VDMA 24 196[426]

8.2.4 Flächenmanagement

Flächenmanagement gehört zum betrieblichen Immobilienmanagement. Zur Hauptaufgabe zählen die Verbesserung der räumlichen Organisation und die Optimierung der Flächen, auf denen Wertschöpfung erzielt wird und Vermietung möglich ist. Investoren, Eigentümer und Nutzer erwarten eine effektive Nutzung der Gebäudeflächen, der Struktur, des Belegungsgrads, der Zusammensetzung, der Verwertung und der Flexibilität. Somit ist Flächenmanagement die zentrale Basis für eine effiziente Flächenbewirtschaftung der jeweiligen Liegenschaft und gleichzeitig eine Ressource, auf der Prozesse abgewickelt werden können und durch aktive Bodenpolitik betrieben werden muss.

Die GEFMA bildet dabei ihr Leistungsbild für das Flächenmanagement in der Richtlinie 130 ab und nennt es eine „… konzeptionelle und planerische Leistung, die damit beginnt, dass ein Unternehmen die Erhöhung der Leistungsfähigkeit seiner Fläche beschließt, und die damit endet, dass ein schlüsselfertiges Konzept mit einem Flächenlayoutplan vorliegt, der beschreibt, wie dies im Einzelnen erfolgen kann."[427]

Zugehörig ist das Flächenmanagement nach der klassischen Aufteilung dem infrastrukturellen Management. Nach neueren Definitionen wie DIN 32 736, kann Flächenmanagement auch als Fundament neben den bereits klassischen bestehenden Leistungsbildern gesehen werden und verdeutlicht so die integrierte Funktion in das Gebäudemanagement.[428] Die Tatsache, dass laut Churn-Rate jeder zweite Arbeitsplatz im Median einmal pro Jahr umzieht, verdeutlicht die herangewachsene Aufgabenstellung des Flächenmanagements als unverzichtbarer Teil des gesamten

---

[425] Vgl. Gondring, H./Wagner, T. (2012), S. 183 f.
[426] Ebenda, S. 183
[427] GEFMA (1999), S. 8 f.
[428] Vgl. Zehrer, H./Sasse, E. (2004b), S. 1

Facility Management. Der Nutzen einer Fläche richtet seinen Fokus auf die Produktivität und die Wertschöpfung. „Fläche" ist demnach eine Lokalität, die in geeigneter Größe und Beschaffenheit Arbeitsprozesse unterstützt. Der Aufwand des Flächenmanagements besteht darin, dass Kosten bei der Flächenbereitstellung und -bewirtschaftung, beim Leasing, der Anmietung oder beim Kauf entstehen, wobei sich Fläche und Kosten proportional verhalten. Das Ziel des Flächenmanagements besteht in einer Maximierung der Flächenproduktivität durch die optimale Ausnutzung der Flächen einer Immobilie unter quantitativen und zeitlichen Gesichtspunkten. Durch die Erfassung und die anschließend optimierte Zuordnung können Flächen gespart werden, bspw. durch Zusammenlegungen und Umzüge. Die dabei entstehenden, zusammenhängenden Leerflächen können entweder extern oder intern neu belegt werden. Die GEFMA beleuchtet u. a. Aspekte wie Kosten der Erstellung, der technischen Ausstattung, Beheizung, Belüftung, Beleuchtung, Reinigung, Bewachung etc. und bewertet die Fläche als teure und wertvolle Ressource, die entsprechend sparsam und zweckentsprechend einzusetzen ist. Aber auch die Bedeutung des Flächenmanagements vor dem Hintergrund der Umbrüche in der Arbeitswelt hin zur Dienstleistungsgesellschaft ist ein Thema. Arbeitsplätze werden in Zukunft nicht mehr zentral, fixiert und starr vorzufinden sein, sondern es werden mobile, flexible und dezentrale Arbeitsplätze gesucht werden, die modernes Arbeiten als Knowledge Worker ermöglichen.

Eine geeignete und maßgebende Basis für die Strukturierung der Fläche bietet die Flächendefinition nach DIN 277 an (Abb. IV 72). Ein anderes wesentliches Hilfsmittel des Flächenmanagements sind CAFM-Systeme, die Flächenstrukturen und -belegungen visualisierbar machen und mit denen Simulationen bezüglich der optimalen Flächennutzung dargestellt werden können.[429]

Ein Flächenmanagement bietet Grundlage und Verknüpfungspunkte für sämtliche andere interne und externe Dienstleistungen im Facility Management, wie Umzugsmanagement, Belegungsplanung, Reinigungsmanagement, Mietmanagement, Kostenmanagement, Immobilienkennwerte und -bewertung.[430] Die strategische Entscheidung, mit welchen Zielvorgaben Flächenmanagement eingesetzt wird, richtet sich nach den Immobiliengeschäftseinheiten.

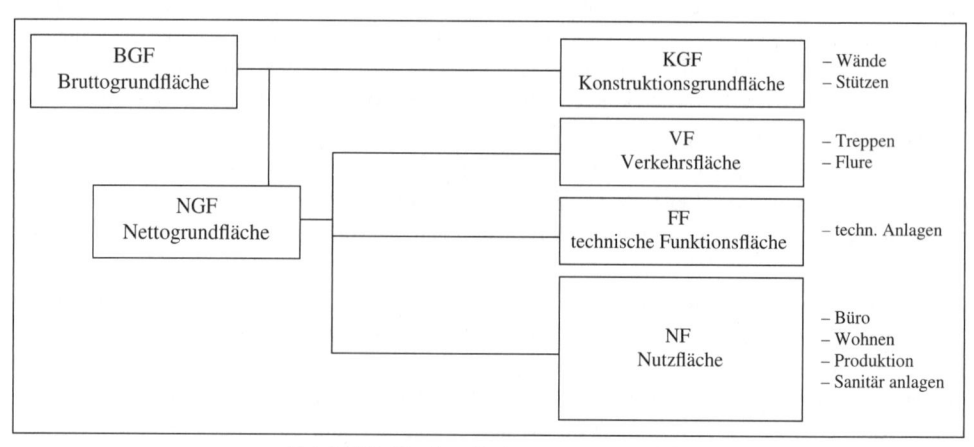

Abb. IV 72: Flächengliederung gem. DIN 277

---

[429] Vgl. Preuß, N./Schöne, L. B. (2009), S. 548
[430] Vgl. Gondring, H./Wagner, T. (2012), S. 220 f.

8.2.5 CAFM – Softwareunterstützung als Instrument der Bewirtschaftung

Nach GEFMA 400:04-2002 wird Computer Aided Facility Management als Tool für die Unterstützung und Umsetzung des Facility-Management-Konzepts mit Hilfe der modernen Informationstechnik und strukturierten Datenbasis über den gesamten Immobilienlebenszyklus verstanden. Ohne ein effektives Gebäudeinformationssystem lassen sich heute die zahlreichen Daten- und Planbestände nicht mehr implementieren, verwalten und bearbeiten. Das CAFM-System besteht im Kern aus zwei Hauptkomponenten, dem Computer Aided Design (CAD) als grafisches Element und einer Datenbank (DB) für die alphanumerischen Daten.[431] Fachkreise benutzen neben dem Begriff CAFM auch CAIFM (Computer Aided Integrated Facility Management) und CAFMS (Computer Aided Facility Management Systems). Der richtige IT-Einsatz ist ein kritischer Erfolgsfaktor für die Umsetzung ganzheitlicher Konzepte für das Facility Management. Es ist als zugeschnittenes Softwaresystem für die Gebäudebewirtschaftung zu verstehen.[432] Hierfür müssen korrekte Informationen in passender Funktionalität und ausführlicher Detailliertheit bereitgestellt werden, denn der Facility Manager erwartet weniger die dahinter steckende Technologie, sondern reine, bedarfsgerechte, aktuelle und konsistente Informationen über die Liegenschaft, die variabel aufbereitet werden können. In diesem Zusammenhang muss klargestellt werden, dass Facility Management nicht mit CAFM gleichgesetzt werden darf, sondern CAFM ein Instrument ist, das isolierte Lösungsansätze überwindet.[433]

Die Intention des CAFMs ist es, direkt und effektiv zur Wertschöpfung der FM-Prozessabläufe beizutragen. Durch Fokussierung folgender Punkte wird der Wertschöpfungsprozesse ausgestaltet und verfügbares Wissen über die Immobilien im Bestand dauerhaft gesichert:

- Ausblendung unnötiger Schnittstellen
- Einsparung von Zeit und Kosten
- Erhöhung der Qualität der Leistungen
- Schaffung von (Kosten-)Transparenz im Unternehmen
- Vermeidung von Redundanzen
- Bidirektionale Bearbeitung graphischer Daten
- Aufdecken von Schwachstellen, Kostentreiber und Benchmarks.[434]

Die Einführung eines CAFM-Systems beginnt mit der Festschreibung eines Soll-Konzeptes. Dieses Soll-Konzept, das anhand eines Pflichthefts von beiden Parteien jederzeit überprüft werden kann, legt fest, wie das computerunterstützte Facility Management für das Unternehmen gestaltet sein muss, um die Anforderungen erfüllen zu können, welche Prozesse verbessert werden sollen und welche Informationen dafür zu erfassen sind.[435] Informationsverwaltung, schnelle Informationsbereitstellung sowie die vereinfachte Datenauswertung sind Aufgaben des Gebäudeinformationssystems. Um dies implementieren zu können, werden das CAFM-System und die unternehmensinterne Struktur festgelegt und dient fortan als Arbeitsinstrument der beteiligten Partner. CAFM-Systeme sind in der Regel modular aufgebaut, sodass das System je nach Anforderung des Nutzers ergänzt werden kann. Schwerpunkte werden aufgrund von Unzufriedenheit in der Bewirtschaftung festgelegt. Der größte Aufwand bei Erstellung des Systems ist einerseits das Auffinden und Bereitstellen geeigneter Daten, die sich in allgemeine Informationen und spezielle Prozessinformationen unter-

---

[431] Vgl. Nävy, J. (2006), S. 64
[432] Vgl. Krimmling, J. (2008), S. 132
[433] Vgl. Hellerforth, M. (2006), S. 67
[434] Vgl. Zehrer, H./Sasse, E. (2004b), S. 4
[435] Vgl. Krimmling, J. (2008), S. 136

Allgemeine Eigenschaften	Information	Aufbau	Betrieb	Nutzung	Funktion
– wirtschaftlich	– relevant	– modular	– effizient zu verändern und zu erweitern	– benutzerfreundlich	– vollständig
– fehlerfrei	– rechtzeitig	– kompatibel		– robust	– verständlich
– zuverlässig	– verlässlich	– portabel		– selbstklärend	– modifizierbar
– problemgerecht	– genau	– sicher	– wartungsfreundlich	– flexibel	– einstellbar
	– redundanzfrei			– sicher	
				– internetfähig	

Abb. IV 73: Anforderungen eines CAFM-Systems nach GEFMA 400 (2002)

scheiden, und das folgende Übertragen auf alle unternehmerischen Prozesse. Ziel ist, Transparenz im Unternehmen zu schaffen. Daten müssen strukturiert nach Objektgruppen erfasst werden, also Liegenschaften, Bauteile, Gebäude, Verträge, Akteuren, etc. Ist dieser langwierige Schritt getan, folgt die Etablierung des Systems in den Prozess der Facility Management.

9 Facility Management im Lebenszyklus einer Immobilie

Für den Lebenszyklus einer Immobilie gibt es, bezogen auf die zeitliche Betrachtung, zwei verschiedene Ansätze. Der erste Ansatz bezieht sich nur auf das Gebäude und endet mit dem Abriss oder der Verwertung der Immobilie, der zweite Ansatz basiert auf dem unendlichen Lebenszyklusgedanke, wie in Abb. IV 74 dargestellt.

Der Lebenszyklus eines Gebäudes beginnt mit einer Idee – und mit dieser Idee beginnt das Aufgabengebiet des FMs. Das Facility Management dient dem Immobilienzyklus nicht nur, sondern bestimmt ihn(vgl. Abb. IV 75).

Der FM-Gedanke leitet sich seine zentrale Aufgabe direkt aus diesen Gegebenheiten ab: es geht darum, während der gesamten Lebenszeit eines Gebäudes nutzungsgerechte Räumlichkeiten bereitzustellen, die in punkto Nutzungssteigerung, Gesamtkostenoptimierung und Ganzheitlichkeit im dynamischen Wandlungsprozess der Wirtschafts- und Arbeitswelt durch ihre Angebotspalette den Erfordernissen gewachsen sind.[436]

Erfolgspotential im Lebenszyklus wird dann erreicht, wenn der Erhalt und die Bereitstellung von den geforderten Objekteigenschaften während des gesamten Lebenszyklus' zur Geltung kommen. Die gebäudeabhängigen und gebäudeunabhängigen Leistungen des Facility Management gehen über den ganzheitlichen Ansatz des Lebenszyklus eines Gebäudes hinaus, mit dem Fokus Strategien, Organisationen, Methoden, Prozesse, Instrumente und Werkzeuge zur Steigerung der Leistungsfähigkeit und der Produktivität einzusetzen.[437] Der ökonomische Nutzen, der innerhalb

---

[436] Vgl. Krimmling, J. (2008), S. 39
[437] Vgl. ebenda, S. 282

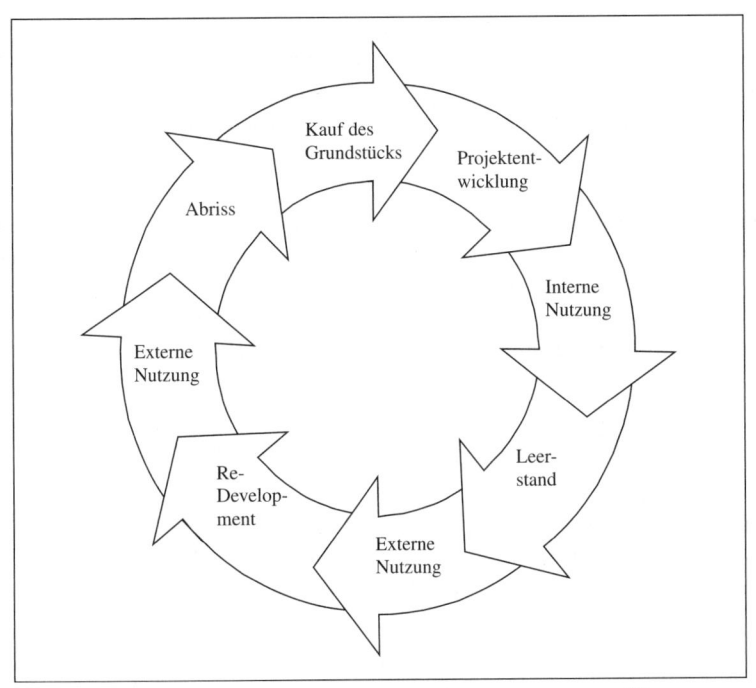

Abb. IV 74: Der unendliche Lebenszyklus einer Immobilie[438]

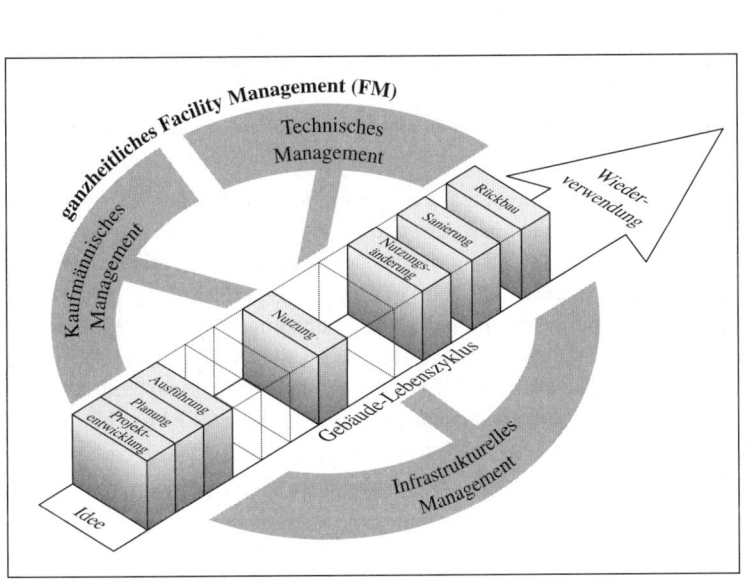

Abb. IV 75: Der Lebenszyklus und ganzheitliche FM-Ansatz[439]

---

[438] In Anlehnung an: Mütze, M./Abel, M./Senff, T. (2009), S. 279
[439] Vgl. Gondring, H./Wagner, T. (2012), S. 263

des Lebenszyklus einer Immobilie möglichst ausgeschöpft werden soll, ist für die teilnehmenden Wirtschaftssubjekte in Bezug auf die Kosten- und Nutzenwirkung beachtlich.[440] Im HOAI-Phasen-Modell nach Kahlen spiegelt sich die Anschauung des Lebenszyklus eines Bauwerks nach Auffassung der Architekten und Ingenieure wieder. Das Ungleichgewicht, also die Tatsache, dass sich die meisten Phasen auf die Planungsphase des Lebenszyklus beziehen, erschwert den Eingriff des FMs in die Phasen der Objektplanung.

Facility Management ermöglicht weiter, frühzeitig umfassende und gezielte Informationen bezüglich Reparaturen, Revitalisierungen, Umnutzungen und die sich ändernden Randbedingungen Entscheidungsträger mitzuteilen. Facility Manager stellen den Versuch, trotz der Ungenauigkeit des Eintreffens vorausschauend zu handeln. Dies setzt eine einheitliche, dynamische und strukturierte Vorgehensweise sowie ein strategisches und kostenbewusstes Handeln voraus.

9.1 Der Life-Cycle-Cost-Ansatz (LCCA)

Entscheidend für das Facility Management ist der Lebenszyklus einer Immobilie und die damit verbundenen Life-Cycle-Costs (Lebenszykluskosten). Die LCC ergeben die Summe der Kosten, die in den Lebensphasen (Konzeption, Planung, Bau, Nutzung, Abriss) einer Immobilie entstehen.[441]

Anders als in der Betriebswirtschaftslehre werden Kosten nach DIN in Ein- und Auszahlungen aufgeteilt und nicht als betriebsbedingter Werteverzehr von Produktionsfaktoren zur betrieblichen Leistungserstellung bezeichnet.[442] Das Problem der Einflussnahme auf die LCC ist die Tatsache, dass bisher der Lebenszyklus einer Immobilie in zwei unabhängige Zeitabschnitte geteilt wurde: in den Zeitabschnitt der Bauphase und in den Zeitabschnitt der darauf folgenden Nutzungsphase. Die Folge ist, dass Bewirtschaftungskonzepte nicht planungsbegleitend entwickelt werden, sondern intuitiv aus der Nutzung heraus.

Das Facility Management dagegen versucht entgegen diese traditionellen Bauprozesse erfolgreich zu sein, indem es seinen Erfolg über den gesamten Lebenszyklus des Bauwerks definiert.[443]

Die LCCs lassen sich in quantifizierbare (Einsparpotentiale bei der Wartung, Instandhaltung, im Energiebereich und bei der Umnutzung) und nicht quantifizierbare Kosten (Reduzierung der Sekundärprozesse, zufriedenere und motivierte Mitarbeiter, systematische Arbeit und weniger routinierte Arbeit) aufteilen und in Erst- und Folgekosten. Zu ca. 80 % entstehen sie bereits in der Planungsphase, durch Hypothekenzinsen, Miete, Umnutzung, Versicherungen, Steuern, Wartung, Gebäudeunterhalt etc. Aus diesem Grund richtet das Facility Management seinen präzisen Fokus auf diese Phasen.[444] Kosten, die in der Konzeption, Planung und während des Baus entstehen, werden als Errichtungskosten bezeichnet und nach DIN 276 und GEFMA 200 strukturiert. Kosten der Nutzungsphase werden in den Richtlinien DIN 18 960 und 32 736, GEFMA 200 und in der BetrKV, ehemals II. BV., strukturiert.[445]

---

[440] Vgl. Pfnür, A. (2002a), S. 7
[441] Vgl. Kahlen, H. (2001), S. 61
[442] Vgl. Wöhe, G. (2010), S. 700 i. V. m. S. 925 f.
[443] Vgl. Krimmling, J. (2008), S. 25 f.
[444] Vgl. Schneider, H. (2004), S. 74
[445] Vgl. Krimmling, J. (2008), S. 62

Phasen der HOAI-Objektplanung

1. Grundlagenermittlung
2. Vorplanung
3. Entwurfsplanung
4. Genehmigungsplanung
5. Ausführungsplanung
6. Vorbereitung der Vergabe
7. Mitwirkung bei der Vergabe
8. Objektüberwachung
9. Objektbetreuung/ Dokumentation

Phasen des Bauwerkslebenszyklus

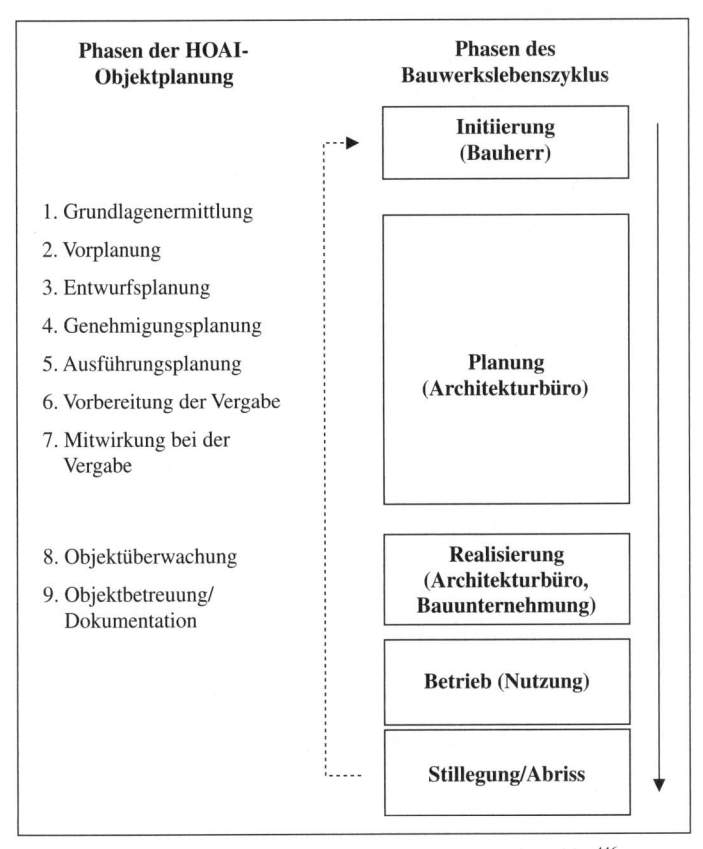

- Initiierung (Bauherr)
- Planung (Architekturbüro)
- Realisierung (Architekturbüro, Bauunternehmung)
- Betrieb (Nutzung)
- Stilllegung/Abriss

Abb. IV 76: HOAI- und Lebenszyklusphasen nach Kahlen[446]

9.2 Die Investitionsrechnung und die Ermittlung der Lebenszykluskosten

Einer Investitionsentscheidung geht immer eine Investitionsrechnung voraus. Auf diese Weise errechnen Unternehmen ihre quantifizierbaren Unternehmensziele, um anhand der Ergebnisse die Vorteilhaftigkeit einer Investition beurteilen und rechnerisch begründen zu können.

Ziel der Investitionsrechnung bei Immobilieninvestitionen ist es, eine rechnerische Vergleichbarkeit zwischen der Immobilie als Kapitalanlage und anderen Kapitalanlagen zu erlangen. Dabei werden Einzahlungen, Auszahlungen, Investitionsdauer, Liquiditätserlös am Ende der Investitionsdauer sowie der Zinssatz prognostiziert. Unterschieden wird in statische und dynamische Methoden. Die statische Methode hat die Kostenvergleichsrechnung, Gewinnvergleichsrechnung, Rentabilitätsrechnung und die Amortisationsrechnung inne, die sich durch leicht interpretierbare Kenngrößen auszeichnen. Den statischen Kalkülen stehen die dynamischen Methoden gegenüber, die sich der Kapitalwertmethode, Annuitätenmethode, der internen Zinsfußmethode und der Pay-off-Methode bedienen. Die dynamische Investitionsrechnung versucht zum einen, Mängel der Investitionsrech-

---

[446] Vgl. Kahlen, H. (2001), S. 266

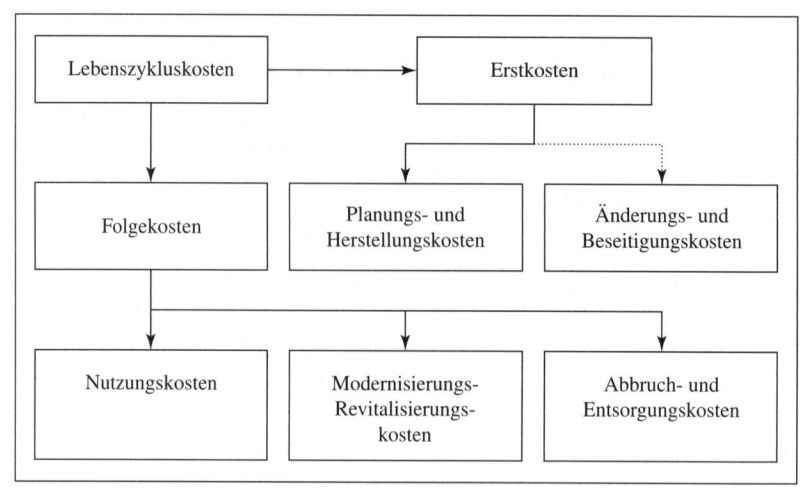

```
┌─────────────────────────────────────────────────────────────────┐
│   ┌──────────────────┐              ┌──────────────────┐        │
│   │ Lebenszykluskosten│─────────────▶│    Erstkosten    │        │
│   └──────────────────┘              └──────────────────┘        │
│            │                          │           │             │
│            ▼                          ▼           ▼             │
│   ┌──────────────┐        ┌──────────────────┐  ┌──────────────┐│
│   │  Folgekosten │        │   Planungs- und  │  │  Änderungs- und││
│   │              │        │ Herstellungskosten│ │Beseitigungskosten││
│   └──────────────┘        └──────────────────┘  └──────────────┘│
│            │                       │                  │         │
│            ▼                       ▼                  ▼         │
│   ┌──────────────┐        ┌──────────────────┐  ┌──────────────┐│
│   │ Nutzungskosten│       │ Modernisierungs- │  │  Abbruch- und ││
│   │              │        │ Revitalisierungs-│  │Entsorgungskosten││
│   │              │        │      kosten      │  │              ││
│   └──────────────┘        └──────────────────┘  └──────────────┘│
└─────────────────────────────────────────────────────────────────┘
```

Abb. A IV 77: Charakterisierung der Lebenszykluskosten[447]

nung zu überwinden, und zum anderen erfasst sie die Auswirkungen einer Investitionsentscheidung über den gesamten Investitionszeitraum, demnach über den gesamten Immobilienlebenszyklus. Die dynamischen Methoden basieren nicht wie die statischen Methoden auf Kalkulationen, sondern basieren auf Zahlungsströmen, die durch die Investitionen hervorgerufen werden. Der Erfolg einer Investition ist von der Entwicklung des wirtschaftlichen Umfelds abhängig.

Die Lebenszykluskosten (LCC)[448] lassen sich anhand folgender Formel errechnen:

$$LCC = E + \sum (A_t \cdot q{-}t) + A \cdot q{-}t$$

LCC = Life-Cycle-Costs
A = Abbruch- und Entsorgungskosten
q = (1+i) Kalkulationszinsfuß
E = Entwicklungs- und Erstellungskosten
A_t = Ausgaben
T = laufender Zeitindex

9.3 Facility Management in der Planungs- und Entstehungsphase

Im Sinne von GEFMA 100-1 ist es eine unumgängliche Maßnahme, Facility Management schon in die frühen Lebenszyklusphasen von Objekten mit einfließen zu lassen, um Optimierungspotentiale zu nutzen und die Bewirtschaftung des Gebäudes, des Grundstücks und der Infrastruktur schon zu Beginn an mit organisieren zu können.

Obwohl diese forcierte Vorgehensweise der GEFMA sinnvoll erscheint, ist die Akzeptanz, Facility Manager bereits bei Initiierung, Konzeption und Planung der spezifischen Wirtschaftlichkeits- und Nutzeranforderungen der Betriebs- und Nutzungsphase hinreichend zu beachten, mäßig. Zwar werden in diesem Stadium Entscheidungen getroffen, welche die Bewirtschaftungs- und

---

[447] Gondring, H./Wagner, T. (2012), S. 258
[448] Vgl. Gondring, H./Wagner, T. (2012), S. 279

9 Facility Management im Lebenszyklus einer Immobilie

Instandhaltungskosten bis zum Exit der Immobilie beeinflussen,[449] doch wenn eine andere Wirtschaftseinheit für das Errichten der Liegenschaft verantwortlich ist als die später Betreibende, kann es zu einer Gleichgültigkeit bezüglich der angestrebten Lebenszyklusoptimierung kommen und Facility Manager werden „ausgeblendet". Obwohl die Mehrkosten (Honorare), die durch das frühzeitige Hinzuziehen der FM-Experten entstehen, spätestens in der Nutzungsphase amortisiert sind, scheuen sich Investoren, auf diese Weise ihre Investitionskosten ansteigen zu lassen. Ein weiterer Grund für die Scheu der Investoren ist, dass Studien wie die Feasibility-Methode oder andere Instrumente des FM, den kritischen Investoren zu wenig Aussagekraft haben, sie zu wenig entwickelt und überprüft wurden.

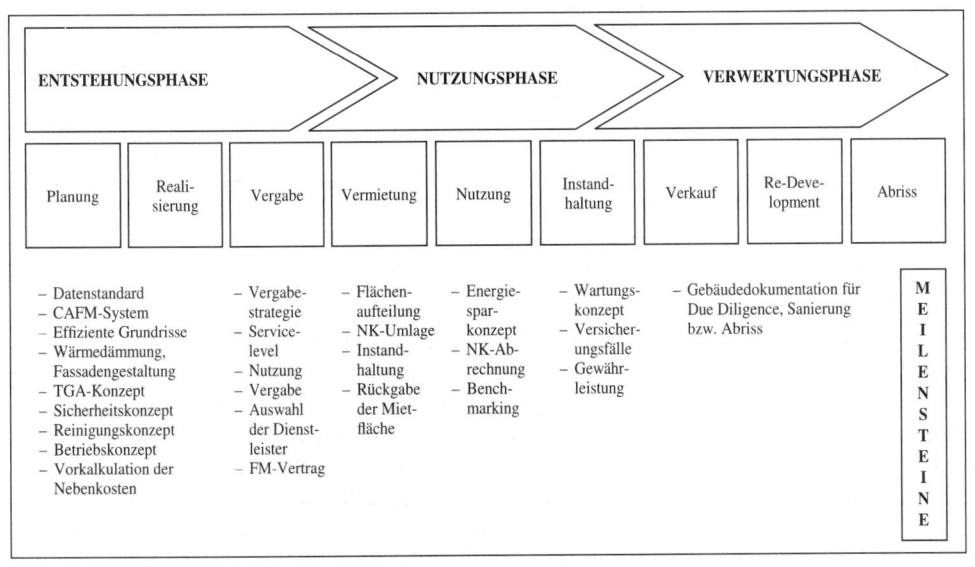

ENTSTEHUNGSPHASE			NUTZUNGSPHASE				VERWERTUNGSPHASE		
Planung	Realisierung	Vergabe	Vermietung	Nutzung	Instandhaltung	Verkauf	Re-Development	Abriss	
– Datenstandard – CAFM-System – Effiziente Grundrisse – Wärmedämmung, Fassadengestaltung – TGA-Konzept – Sicherheitskonzept – Reinigungskonzept – Betriebskonzept – Vorkalkulation der Nebenkosten	– Vergabestrategie – Servicelevel – Nutzung – Vergabe – Auswahl der Dienstleister – FM-Vertrag	– Flächenaufteilung – NK-Umlage – Instandhaltung – Rückgabe der Mietfläche	– Energiesparkonzept – NK-Abrechnung – Benchmarking	– Wartungskonzept – Versicherungsfälle – Gewährleistung	– Gebäudedokumentation für Due Diligence, Sanierung bzw. Abriss				MEILENSTEINE

Abb. IV 78: Meilensteine des FM im Immobilienlebenszyklus angelehnt an GEFMA 100-1:2004

Nach GEFMA 240:2006 werden dennoch, um ein optimales Verhältnis von Investitions- und Nutzungskosten erzielen zu können, Steuerungsinstrumente benötigt und auch eingesetzt, welche die wechselseitige Beziehung zwischen Initiierung bzw. Realisierung und Betriebs- und Nutzungsphase berücksichtigen. Diese Steuerungsparameter, die in Form von Kennzahlen Soll-Ist-Abweichungen definieren, vermeiden isolierte Optimierungsansätze und führen zu Facility Management-Aspekten, die den Ressourcenverbrauch nutzungsadäquat verteilen. Das gesamte Bauwerk muss in Bezug auf seine Gestaltung, seiner Funktionalität und seiner Wirtschaftlichkeit ausgewogen sein, d. h., dass Flächen nach Möglichkeit effizient genutzt werden sollen, ohne bei der Nutzung die Arbeitsschutzbestimmungen, die Ergonomie des Objektes sowie die menschlichen Grundbedürfnisse außer Acht zu lassen. Das in der Planung stehende Objekt sollte weiter reversibel sein, d. h. dass es durch seine gesamte Nutzungsdauer seine Flexibilität wahren muss. Die Implementierung von konsistenten, digitalen Standards für Daten sollen Architekten und Fachplaner unterstützen. Bauteile, technische Anlagen und sämtliche Einrichtungsgegenstände müssen so in die Grundrissplanung integriert werden, dass sie ohne großen Aufwand und Mehrkosten über die Jahre leicht in Stand gehalten

---

[449] Vgl. Hellerforth, M. (2006), S. 32

werden können. Weiter sind an die Fassaden, Bodenbeläge, Wände und sonstigen Baubestandteile Anforderungen an die Energieeffizienz und Reinigung zu stellen. Vorkalkulationen, die sich mit den zu erwartenden Nebenkosten auseinander setzen, sind durchzuführen; auch in Bezug auf die technischen Anlagen ist eine vorausschauende Planung gefragt, denn vor allen Dingen bei diesen Komponenten, schwanken die jeweiligen Lebensdauern gewaltig:

Einfamilienhaus	60–100 Jahre
Wohn- & Geschäftshaus	60–80 Jahre
Mehrfamilienhaus	80 Jahre
Hotels, Gastronomie	60 Jahre
Hochhaus	40–60 Jahre
Bürogebäude	30–60 Jahre
Discounter, Alten- & Pflegeheime	40 Jahre
Lagergebäude, Kinos	30–40 Jahre
Tankstellen	10 Jahre

Abb. IV 79: Lebensdauer von Immobilien

EDV	ca. 3 Jahre
Telekommunikation	ca. 5 Jahre
Mobiliar	ca. 10 Jahre
Beleuchtung	ca. 15 Jahre
Haustechnik	ca. 20 Jahre
Innenausbau	ca. 35 Jahre
Dämmung	ca. 40 Jahre

Abb. IV 80: Lebensdauer von technischen Anlagen

Facility Management in der Realisierungsphase heißt, dass durch die entstehende Komplexität der Gebäude und technische Anlagen existierende, etablierte und eigenständige Leistungsbereiche der Projektinitiierung, -entwicklung, -planung und des Projektmanagements zusammen als Einheit mit dem Facility Management agieren müssen,[450] um so das Ziel der Wertsteigerung der Immobilie zu erreichen. Bereits in dieser Phase sollten sämtliche FM-Dienstleistungen vergeben werden. Außerdem werden Strukturen mit logisch aufgebauten Informationen und Daten entwickelt, die später ein nahtloses Übergehen in die Nutzungs- und Betriebsphase ermöglicht. Das breitgefächerte Repertoire des Facility Management kann vielschichtig in Anspruch genommen werden. So werden aus den Komponenten Projektidee, Standort und Kapital ein marktfähiges Projekt, mit einem neuen Selbst- und Projektverständnis, ohne dabei die Interessen der Beteiligten außer Acht zu lassen und zudem die Komponenten Zeit, Funktionalität und Flexibilität als Gebot neuer Grundsätze zu wahren. Während der Bauphase kann der Facility Manager die Funktion des Controllers übernehmen, denn es liegt in seinem Interesse, die Erstellungs- und Nutzungskosten zu optimieren, und er kann ebenso in diesem Zuge die FM-gerechte Umsetzung überprüfen. Die am Projektanfang hervorgehobenen Nutzungsaspekte versucht das Facility Management trotz der durch Sonderwünsche baulichen Veränderungen und der an Bedeutung gewinnenden Faktoren wie Zeit und Kosten in Schach zu halten. Der Facility Manager platziert sich in dieser Phase zwischen den Beteiligten, die an entscheidender Stelle Einfluss nehmen können, und ist mehr als nur die „kritische Stimme" im Hintergrund, denn jetzt gilt es zahlreiche Entscheidungen zu treffen, die während der späteren Nutzungsphase nur schwer korrigierbar sind.[451]

---

[450] Vgl. GEFMA (2004b), S. 2
[451] Vgl. Krimmling, J. (2008), S. 26

9.4 Facility Management in der Nutzungs- und Betriebsphase

Der Nutzungs- und Betriebsphase geht eine erste Bruchstelle im Lebenszyklus voraus, denn die baubeteiligten Akteure, die für den Grundstein, die entwickelten Strukturen und die Planungen zuständig waren, haben endgültig ihr Soll erfüllt und werden durch die ersten Nutzer der Immobilie abgelöst. Dennoch schaltet sich das Facility Management immer dann ein, wenn eine Optimierung von Verträgen, Instandhaltungs- und Energieversorgungsmaßnahmen, eine Verlängerung der Nutzungsdauer von Bauteilen und technischen Anlagen, Erhöhung der Servicequalitäten oder Minimierung der Eigentümerkosten verlangt wird. Traditionellerweise unterteilt sich das Facility Management hier in das kaufmännische, technische, infrastrukturelle und in das Flächenmanagement, das durch integrative Instrumente versucht, Systemleistungen zu bündeln und Abteilungsgrenzen zu überwinden und Immobilien-Lebenszykluskosten zu minimieren. Außerdem ist das Facility Management insofern in den anfänglichen Nutzungs- und Betriebsphasen involviert, als dass es versucht, die gefundene Mängel, die während der Bauerstellung entstanden sind, zu beseitigen, Sicherheitsleistungen zu managen und vergessene Positionen nachzutragen.[452] In punkto Instandhaltung, Modernisierung und Umbau erfasst das Facility Management während der gesamten Nutzungsphase betriebswirtschaftlich die Kostenstellen, die sich auf die Rentabilität des Gebäudes auswirken – diese können beachtliche 10 % der Erstellungskosten ausmachen. Entscheiden sich Nutzer oder Eigentümer zu Instandhaltungs-, Modernisierungs-, oder Umbaumaßnahmen technischer Gebäudeanlagen, müssen diese stets in Einklang mit der wirtschaftlichen Nutzungsdauer stehen. Denn Maßnahmen dieser Art dürfen nicht als isolierte technische Maßnahme gesehen werden, sondern als Instrument, um die Bewirtschaftung und die Wertentwicklung während der Nutzungs- und Betriebsphase zu optimieren.[453]

9.5 Facility Management und die Verwertungsphase – Der Exit einer Immobilie

Die Übergänge zwischen Nutzungs- und Betriebsphase zu der Verwertungsphase und dem letztendlichen Exit sind fließend. Wird zunächst versucht, durch einen Verkauf oder eine Umnutzung die Immobilie zu verwerten und sie auf einen Nutzerwechsel vorzubereiten, kann es markt- oder standortbedingt dazu führen, dass es zu einer fehlgeschlagenen Revitalisierung kommt, die in der Regel mit dem Exit der Immobilie endet, dem allerdings immer ein Leerstand vorangegangen ist. Zu bemerken ist, dass die Verwertungsphase durch Verkauf mehrfach von der Immobilie durchlaufen werden kann, wenn das Facility Management durch frühzeitige Involvierung, die Flexibilität und Funktionalität des Gebäudes bestmöglich zur Drittverwendungsmöglichkeit vorbereitet hat.

Abgerissen wird eine Immobilie dann, wenn sie nicht mehr nutzungsattraktiv ist und Alternativen interessanter sind. Dieser Schritt wird erst dann realisiert, wenn selbst durch Umnutzungs- und Sanierungsmaßnahmen ökonomisch wertbringende Aspekte fehlen. Die damit verbundene Freilegung des Grundstücks schafft auf der einen Seite zwar die Möglichkeit, das Grundstück erneut zu bebauen – oftmals ist aber ungewiss, inwiefern das alte Gebäude und dessen Nutzung den Boden vorbelastet haben. Die GEFMA Richtlinie 100-2 beschäftigt sich daher eingehend mit dem Planen des Abrisses und der damit verbunden rechtlichen wie technischen Begleitung des Facility

---

[452] Vgl. Hellerforth, M. (2006), S. 33
[453] Vgl. Gondring, H./Wagner, T. (2012), S. 290

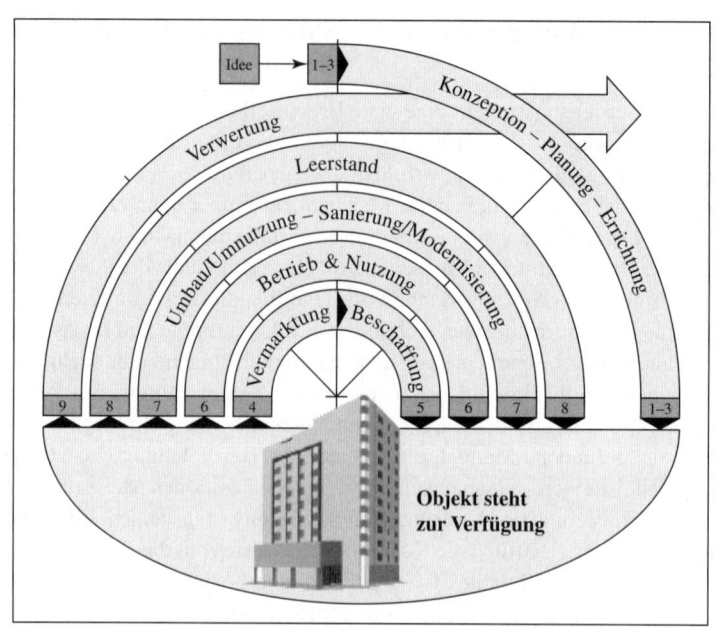

Abb. IV 81: Zyklische Darstellung von GEFMA[454]

Management. Zielbestimmend ist die unter ökologischen und ökonomischen Gesichtspunkten optimale Entsorgung der Baureststoffe zu gewährleisten.

10 In- und Outsourcingkonzeption im Facility Management

Viele Unternehmen haben den Anspruch, Experten auf jedem Gebiet ihrer Branche zu sein. Die These, dass dadurch oft Mittelmäßigkeit zur Konsequenz wird, die eigentliche Unternehmensidentität verloren geht und Ineffizienz Einzug hält ist, nicht von der Hand zu weisen. Damit Unternehmen ihren Fokus wieder auf das eigentliche Kerngeschäft („Core-Business") richten, sollen Stärken-Schwächen-Analysen, Benchmarking oder Portfolio-Analysen Fragen bezüglich der zukünftigen Schwerpunkte im Business klären. Folge der erneuten Konzentration auf das Kerngeschäft ist eine mögliche ökonomische Auslagerung (= Outsourcing) bestimmter Bereiche zu anderen Marktteilnehmern, deren Hauptgeschäft die Geschäfte sind, mit denen sich das Ursprungsunternehmen „Nebenbaustellen" geschaffen hat,[455] wobei die Dauer und der Gegenstand des zukünftigen Fremdbezuges durch Verträge fixiert werden. Bevor ein Fremdbezug vergeben wird, werden der Bedarf und die Anforderungen in einer Dienstleistungsausschreibung ermittelt und festgeschrieben. Nach Prüfung der entstandenen Leistungsverzeichnisse werden diese dem Auftraggeber zur Entscheidung vorgelegt. Leistungsverzeichnisse werden sowohl in der Planungs- als auch in der Nutzungsphase weiter ausgearbeitet und die hohen Qualitätsstandards durch regelmäßige Kontrollen und Audits gesichert. Bereits während der Ausschreibung sind Vertragskonzepte zu entwickeln und fachkun-

---

[454] GEFMA (2004a), o.S.
[455] Vgl. Hellerforth, M. (2004), S. 4

dige, leistungsfähige, erfahrene und zuverlässige Anbieter unter Wettbewerbsbedingungen zu verpflichten.[456] Der eigentliche Vertragsabschluss kommt in der Regel durch Einsatz von § 145 ff. BGB zu Stande, d.h. durch Annahme eines Angebots, und gilt wie in den meisten anderen Fällen von Vertragsabschlüssen auch als Garant für die festgelegten Vereinbarungen der Vertragspartner, wie Leistungsumfang und Vergütung, Fristen und Termine, Haftung, Gewährleistung, Vertragslaufzeit, Kündigungsmöglichkeiten etc. Nach Hellerforth sind auch diese Verträge nach den logischen Grundsätzen der Vertragsgestaltung zu schließen, d.h. dass sie logisch gegliedert und mit einem Inhaltsverzeichnis zu Orientierung aufgebaut sein sollten. Die Sprache sollte klar, einfach und einheitlich sein und Begriffe, die unklar oder mehrdeutig sind, bedürfen einer Definition. Soweit Anlagen, die nur in überschaubarem Maße angegliedert werden sollten, vorhanden sind, sind auf diese im Volltext hinzuweisen und mit diesem des Weiteren abgestimmt sein.[457]

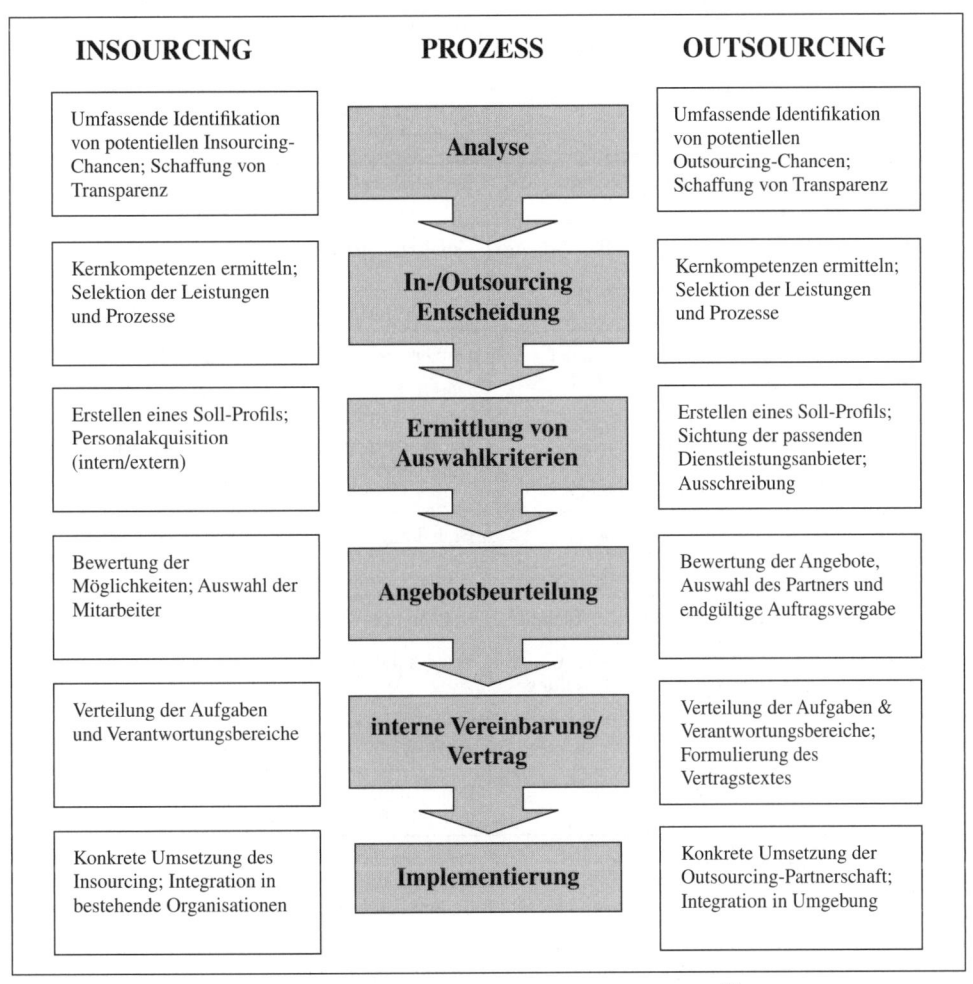

INSOURCING	PROZESS	OUTSOURCING
Umfassende Identifikation von potentiellen Insourcing-Chancen; Schaffung von Transparenz	Analyse	Umfassende Identifikation von potentiellen Outsourcing-Chancen; Schaffung von Transparenz
Kernkompetenzen ermitteln; Selektion der Leistungen und Prozesse	In-/Outsourcing Entscheidung	Kernkompetenzen ermitteln; Selektion der Leistungen und Prozesse
Erstellen eines Soll-Profils; Personalakquisition (intern/extern)	Ermittlung von Auswahlkriterien	Erstellen eines Soll-Profils; Sichtung der passenden Dienstleistungsanbieter; Ausschreibung
Bewertung der Möglichkeiten; Auswahl der Mitarbeiter	Angebotsbeurteilung	Bewertung der Angebote, Auswahl des Partners und endgültige Auftragsvergabe
Verteilung der Aufgaben und Verantwortungsbereiche	interne Vereinbarung/ Vertrag	Verteilung der Aufgaben & Verantwortungsbereiche; Formulierung des Vertragstextes
Konkrete Umsetzung des Insourcing; Integration in bestehende Organisationen	Implementierung	Konkrete Umsetzung der Outsourcing-Partnerschaft; Integration in Umgebung

Abb. IV 82: Ablaufschema eines In- bzw. Outsourcings[458]

---

[456] Vgl. Preuß, N./Schöne, L. B. (2009), S. 216
[457] Vgl. Hellerforth, M. (2004), S. 176
[458] Preuß, N./Schöne, L. B. (2009), S. 217

Outsourcing ist ein englisches Kunstwort und leitet sich aus den englischen Begriffen *out* und *source* ab und stammt ursprünglich von dem Begriff „outside resource using" ab, was zu Deutsch „Ressourcen von außen nutzen" heißt. Investor und Eigentümer garantieren die Wirtschaftlichkeit der Immobilie über den gesamten Lebenszyklus.[459] Die klassische Problemstellung bei einer Outsourcing-Entscheidung ist die „make-or-buy-Frage". Diese unterscheidet sich je nach Grad der Fremdvergabe, mit den Extremen „make", also der „Eigenerstellung" und „buy" den „Fremdbezug".[460] Prinzipiell gilt: „do what you can best and outsource the rest".[461] Ziel ist, die Kernkompetenzen im Unternehmen zu halten. Bei Immobilienunternehmen, deren Kerngeschäfte sich in Vermietung, Verkauf, Verwaltung und dem Management der Anlagen abzeichnen, ist zu prüfen, unter welchen Voraussetzungen das Outsourcing in Bezug auf das Facility Management sich positiv auf den Wertegang, vor allen Dingen in der Bewirtschaftungsphase des Unternehmens auswirkt. Zu prüfen ist in ersten Schritten, welche Tätigkeiten zur tatsächlichen Kernleistung im Unternehmen zählen und welche Tätigkeiten aus alter Tradition beibehalten wurden, aber durch

PRO OUTSOURCING	CONTRA OUTSOURCING
bessere Anpassung des AN an strukturelle, branchentypische und unternehmensbedingte Umfeldveränderungen	Sicherheitsrisiken, wenn beispielsweise der Dienstleister Zugriff auf sensible Daten hat
Steigerung von Effektivität, Effizienz, Flexibilität und Sicherheit durch Spezialisteneinsatz	Gefahr finanzieller Instabilität der Dienstleister
Nutzung branchengerechter Tarife	hoher Aufwand für das Vertragscontrolling
Veränderung fixer Personalkosten in variabler Kosten und deren damit meist verbundenen Reduktion	Gefahr des Verstoßes gegen das AÜG
Verringerung des Auslastungsrisiko eigener Mitarbeiter, Arbeitsauslastung wird gleichmäßig verteilt	Verantwortung für den Einsatz fremder Kräfte im Unternehmen
Verringerung der Kapitalbindung	Einhaltung öffentlich-rechtlicher Vorschriften
Zugriff auf Fachleute mit besonderem Wissen	geringer Einfluss des AG auf Investitionen des AN
rasche Nutzung des neuesten Standes der Technik	Risiken bei Wechsel des Dienstleisters
Konzentration auf das Kerngeschäft, Wettbewerbsvorteile werden errungen, Qualitätsverbesserung	Know-how-Verlust
Kostentransparenz	Leistungsverbesserung kann nicht gewährleistet werden
Weiterentwicklung und Vereinfachung der Organisation	Personalqualität des Dienstleisters häufig mangelhaft
Gewährleistungsprobleme werden abgewälzt	verdeckte Zusatkosten, insbesondere der zusätzliche Aufwand im Unternehmen, werden selten zu Beginn bereits richtig kalkuliert – meist werden sie erst später aufgedeckt

Abb. IV 83: Pro und Contra Beispiele für Outsourcing in der Immobilienwirtschaft[462]

---

[459] Vgl. Zehrer, H./Sasse, E. (2004a), S. 26
[460] Vgl. Hellerforth, M. (2004), S. 7
[461] Vgl. Zehrer, H./Sasse, E. (2004a), S. 27
[462] Vgl. Schneider, H. (2004), S. 280; Hellerforth, M. (2004), S. 61

Fremdvergabe wesentlich kostengünstiger gehalten werden könnten. Eine solche Prüfung würde bei weniger komplizierten operativen Diensten beginnen, wie die Vergabe von Reinigungsarbeiten an externe Putzkolonnen, der Vergabe von Catering oder der Kalkulation, ob ein externes Entrümpelungsteam nicht Zeit, Kosten und Personal im eignen Unternehmen entlasten würde. In weiteren Schritten wäre es denkbar, komplexe strategische Dienste auszulagern, wie das Übertragen des gesamten Gebäudemanagements auf einen fremden Dienstleister.

Es sind die mittelständischen Unternehmen, die durch Outsourcing-Maßnahmen Vorteile erzielen, wie Untersuchungen ergeben haben. Denn diesen Unternehmen fehlt in den meisten Fällen Kompetenz, Kapazität und Flexibilität, was externe Dienstleister wiederum diesen Unternehmen durch strategische Maßnahmen bieten können. So können gut arbeitende technische wie kaufmännische Abteilungen verbessert und die ausgelagert werden, deren Kompetenz nicht ausreicht und zu unwirtschaftlichen Maßnahmen führen würden.[463]

Die Übergänge der verschiedenen Spektren im Outsourcingbereich (Abb. IV 84) sind fließend. Bei Inhouse-Lösungen (Insourcing) wird eine Autonomiestrategie genutzt und die unternehmerische FM-Verantwortung über den gesamten Lebenszyklus von Gebäuden in eigener optimierter Form als Vorstandsressort generiert,[464] d. h. dass sämtliche Aufgaben des Gebäudemanagements in „Internen Dienstleistungscentern" zusammengefasst und mit eigenen materiellen und finanziellen Ressourcen durchgeführt werden.[465]

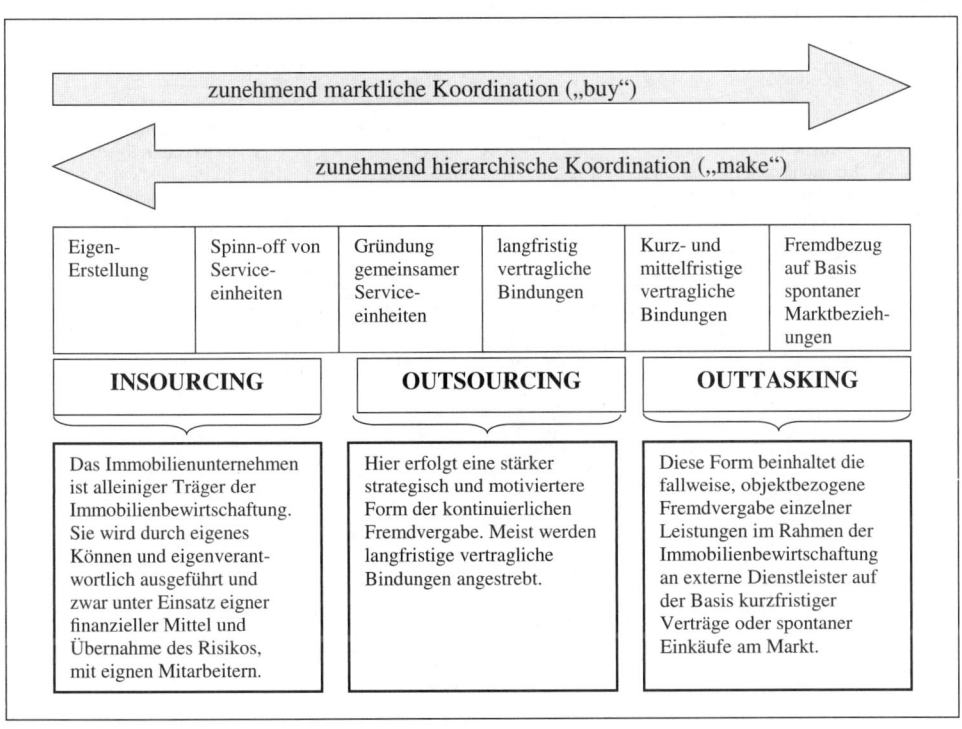

Abb. IV 84: Spektrum des Outsourcing[466]

---
[463] Vgl. Hellerforth, M. (2004), S. 5
[464] Vgl. Zehrer, H./Sasse, E. (2004a), S. 26
[465] Vgl. Preuß, N./Schöne, L. B. (2009), S. 216
[466] Hellerforth, M. (2004), S. 5

Outsourcing wird im Fachjargon als Kooperationsstrategie bezeichnet. Beim Outtasking ist oftmals die Rede von einer Beauftragungsstrategie. Je nach Vertragskonstruktion kann es bei längeren vertraglichen Bindungen zu der Bildung gemeinsamer Service- bzw. Beteiligungsgesellschaften kommen; dies führt dann zu einem Übergang von der Autonomie- in die Kooperationsstrategie. Von einer „völligen Autonomie" spricht Hellerforth, wenn das eine Unternehmen auf Dauer das andere Unternehmen „herauskauft".[467]

11 Wertorientiertes Facility Management

Seit den 1980er Jahren werden die Kostenaspekte des kaufmännischen Gebäudemanagements nach und nach auf den Lebenszyklus der Immobilie ausgeweitet. Auf diese Weise entsteht ein Periodenbezug, der bereits in der Bauphase beginnt und seinen Abschluss erst in der Verwertungsphase findet. Reine Kostenbetrachtungen reichen demnach als Steuerungskennzahl, um den Total Return einer Immobilie zu bestimmen, bei weitem nicht mehr aus. An dieser Stelle kommt das Wertorientierte Facility Management ins Spiel, das die Kostenbetrachtung und die FM-Maßnahmen miteinander verbindet, um „die Auswirkungen von Handlungsoptionen im Facility Management auf Cashflow und den Wert der Immobilie transparent zu machen."[468]

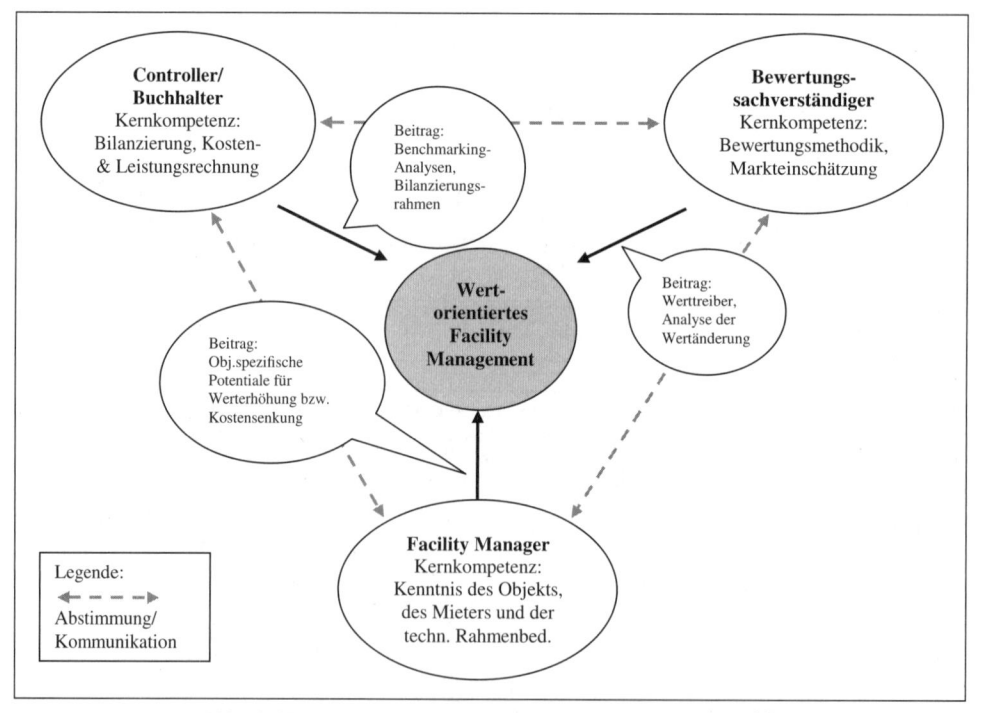

Abb. IV 85: Aspekte des Wertorientierten Facility Management[469]

---
[467] Vgl. ebenda
[468] Gondring, H./Wagner, T. (2012), S. 335
[469] Ebenda, S. 339

Vor allem im Bereich der Eigennutzer, den Non-Property Companies, die größtenteils aus DAX- und MDAX-Unternehmen bestehen, ergeben sich völlig neue Maßstäbe für die Bewertung von Maßnahmen im Facility Management und die Rolle des Facility Managers. Das Wertorientierte Facility Management versucht vor allem den Non-Property-Companies, die ihre Immobilien und die entstehenden Marktwerte allenfalls als „bilanzpolitische Manövriermasse" halten, völlig neue Maßstäbe bei der Bewertung in der Bilanz zu geben.[470] Des Weiteren können durch das Wertorientierte Facility Management Kosten eingespart und durch gezielte Investitionen der Wert der Immobilien gesteigert werden. Durch diese Mehrung nimmt der Wert der Immobilie immer mehr den Charakter eines handelbaren Wirtschaftsgutes und damit einer wertvollen Ressource an, in dem Anteilseigner ihr Kapital bündeln und von dem „Return on Investment", also der Verzinsung, profitieren wollen.

Der zunehmende Druck, Liegenschaften wirtschaftlich besser zu nutzen und kostengünstiger zu bewirtschaften, rührt von dem Ziel her, Liegenschaften und deren Grundstücke bezüglich ihrer Kostenbeträge zu optimieren. So weicht das unternehmerische Engagement, das bisher seinen Fokus auf ein funktionserhaltendes Verwalten der Immobilie gelegt hat, den Wirtschaftlichkeitskriterien, die durch die Shareholder Value-Orientierung Einzug in die Immobilienwirtschaft gehalten haben. Das Wertorientierte Facility Management zeigt, dass sich mit Immobilien zusätzliche Erträge erwirtschaften lassen und sie entscheidend zum wirtschaftlichen Erfolg beitragen.

Als Maßgröße für die Wirtschaftlichkeit und die Effizienz einer Immobilie bedient sich das Wertorientierte Facility Management dem Total Return, der sich aus der Netto-Cashflow-Rendite und der Wertänderungsrendite zusammensetzt. Bei Betrachtungen, die länger in die Zukunft reichen sollen, wird statt der Netto-Cashflow-Rendite die Discounted-Cashflow-Rendite (Diskontierung der zukünftig erwarteten Netto-Cashflows aus einer Immobilie über die Planungszeit auf den Gegenwartswert) verwendet.[471]

11.1 Bilanzierung von Immobilien nach HGB und IFRS – Auswirkung auf das Immobilienmanagement und die Bewertungsgrundsätze

In Deutschland basiert die nationale Rechnungslegung auf dem Handelsgesetzbuch (HGB) und dem kontinentaleuropäischen Rechnungslegungssystem. Das dritte Buch des HGB enthält die Bilanzierungsvorschriften für Unternehmen aller Rechtsformen gemäß §§ 238 bis 263 HGB. Ergänzend wirken die besonderen Vorschriften für Kapitalgesellschaften gemäß §§ 264 bis 355 HGB und deren individuellen Gesetzen, wie das AktG, GmbHG und das PublG.

Das HGB wirkt nach dem Gläubigerschutzprinzip, d.h. dass vor allem die Interessen des Fremdkapitalgebers berücksichtigt werden; dies wird durch vorsichtiges Bilanzieren und der Möglichkeit zur Bildung von stillen Reserven erreicht.

Seit dem 01.01.2005 müssen börsennotierte Gesellschaften in Deutschland neben dem Jahresabschluss gemäß HGB einen zusätzlichen Jahresabschluss gemäß IFRS (International Financial Reporting Standards) aufstellen. Nichtkapitalmarktorientierte Unternehmen haben die Option auf Generierung eines zusätzlichen internationalen Jahresabschluss.[472] Zweckmäßig ist ein Jahresabschluss nach IRFS deshalb, weil die Eigen- und Fremdkapitalbeschaffenheit vieler Unternehmen

---
[470] Vgl. Wagner, T. (2005), S. 42
[471] Vgl. Gondring, H./Wagner, T. (2012), S. 336f.
[472] Vgl. ebenda (2012), S. 340

auf internationalen Kapitalmärkten gestreut ist. Durch Übernahme internationaler Rechnungslegungen erreichen die Unternehmen Transparenz und werden gleichzeitig international vergleichbar. Folgende Abbildung zeigt die wesentlichen Unterschiede von HGB und IFRS:

	HGB	**IFRS**
Adressatenkreis	Stakeholder	Stakeholder/Shareholder
Adressatenvorrang	Gläubigerschutz	Anteilseignerschutz
Funktion	Informations- und Zahlungsbemessungsfunktion	Informationsfunktion

Abb. IV 86: HGB und IFRS im Vergleich

11.1.1 Bilanzierung und Bewertung der Immobilie nach HGB

Es bestehen nach §§ 246 ff. HGB verschiedene Ansatzvorschriften zum Bilanzieren („dem Grunde nach") von Wirtschaftsgütern bzw. Vermögensgegenständen, die im Hinblick auf die Bewertung und den Bilanzansatz („der Höhe nach") zu beachten sind.

Sind Immobilien zur Vermietung oder Eigennutzung im Unternehmen und „dazu bestimmt, dauernd dem Geschäftsbetrieb zu dienen" (§ 247 Abs. 2 HGB), sind sie im Anlagevermögen unter der Position „Grundstück und grundstücksgleiche Rechte" zu bilanzieren (§ 266 Abs. 2 HGB). Im Umlaufvermögen bilanziert werden Immobilien dann, wenn sie ein Produkt oder eine Handelsware eines Unternehmens darstellen. Diese Positionen sind in der Bilanz die „Vorräte" oder die „fertigen Erzeugnisse und Waren".

Dem Gebäude dienende Einrichtungen, wie Aufzüge, Rolltreppen, Beleuchtungs- oder Heizungsanlagen, werden unter der Position „technische Anlagen und Maschinen" abgegrenzt. Diese Abgrenzung und Unterscheidung ist deshalb zu beachten, weil die zum Gebäude gehörenden Teile zusammen mit dem Gebäude über dessen Nutzungsdauer abgeschrieben werden. Zu bemerken ist, dass Gebäudebestandteile, die nicht unmittelbar mit der Gebäudenutzung konform sind (bspw. Außenanlagen) als eigenständige Wirtschaftsgüter ausgewiesen werden. Als „Anlagen im Bau" werden die Anlagen bezeichnet, die zum Bilanzstichtag noch nicht fertig gestellt sind.

11.1.2 Bilanzierung und Bewertung der Immobilie nach IRFS

Nach IRFS besteht die Bilanz auf der Aktivseite aus den Vermögenswerten (assets) und der Passivseite aus Eigenkapital (equity) und den Schulden (liabilities).

Diese supranationalen Normen haben zunächst keine rechtsbindende Wirkung, denn sie dienen nur der Ermittlung von Informationen über die Vermögens-, Finanz-, und Ertragslage einer Unternehmung und deren Veränderungen. An diesem Punkt unterscheidet sich das IRFS bedeutend vom HGB, das den Gläubigerschutz als zentrales Anliegen hat. Für einen Anleger, der sich nach IRFS orientiert, ist entscheidend, wie sich die zukünftigen Cashflows des Unternehmens entwickeln, denn ihre Entscheidungen basieren auf selbigen.[473]

---

[473] Vgl. Gondring, H./Wagner, T. (2012), S. 347 f.

Immobilien zählen nach IFRS zu Vermögenswerten. Diese Vermögenswerte sind Ressourcen, die ein Ergebnis von vergangenen Ereignissen (Kauf, Eigenherstellung) sind und unter der Erwartung stehen, zukünftig dem Unternehmen wirtschaftlichen Nutzen, durch direkten oder indirekten Zufluss von Zahlungsmitteln oder -äquivalenten, zukommen zu lassen. So sind als Finanzinvestitionen gehaltene Grundstücke und Gebäude (investment properties) nach IAS 40 zu bilanzieren, weil sie zur langfristigen Wertsteigerung beitragen und/oder den Erhalt von Miet- und Pachteinnahmen erhalten.

Der Zufluss von direkten und indirekten Zahlungsmitteln fordert eine bestimmte Wahrscheinlichkeitshöhe (probability), d. h. dass mehr Gründe für als gegen den Zahlungsmittelzufluss sprechen müssen, um aktiviert werden zu dürfen. Beträgt die Wahrscheinlichkeit weniger als 50 % besteht wegen der Gefahr einer Fehlinvestition ein Aktivierungsverbot.

Bei der Bewertung ist auf eine wahrheitsgetreue Darstellung (faithful presentation), eine willkürfreien und wertfreien Darstellung (neutrality) und auf das Vorsichtsprinzip (prudence) zu achten. Erfüllt der Asset diese Voraussetzungen, wird er „dem Grunde nach" und „der Höhe nach" in der Bilanz aktiviert, erfüllt er die Voraussetzungen nicht, besteht ein Ansatzverbot. Würde demnach eine Immobilie keine Zahlungsströme mehr generieren (weil die Liegenschaft nach IAS 40 stillgelegt wurde) oder ist wegen einer langen Leerstandsphase kein Verkaufserlös mehr zu erwarten, darf die Immobilie nicht mehr bilanziert werden.

Nach IAS 2 ist eine Immobilie im Umlaufvermögen (current asset) zu bilanzieren, wenn sie dem Geschäftsbetrieb vorübergehend dient und somit als Vorrat (inventories) angesehen wird. Wenn sie zur Erfüllung eines Geschäftszweckes eigengenutzt wird und somit für das Unternehmen betriebsnotwendig ist, dann wird sie nach IAS 16 als Sachanlage (property, plant and equipment) im Anlagevermögen (non current asset) bilanziert.

11.2 Einführungsbeispiel zum Wertorientierten Facility Management

Das Wertorientierte Facility Management geht davon aus, dass sich im Gegensatz zur herrschenden Meinung Wertschöpfung und -vernichtung im operativen Bereich des Facility Managements sowie während der Betriebsphase entscheidend determinieren lassen. In Folge von Unkenntnis der Ursache-Wirkungs-Kette wird dem Wertorientierten FM nur selten Potentiale zur Steigerung des Immobilienwertes zugestanden.[474] Folgendes Rechenbeispiel nach Gondring/Wagner soll die Möglichkeit zur Reduktion von Lebenszykluskosten während der Betriebsphase aufzeigen:

Basis der Rechnung ist die Annahme, dass eine Gewerbeimmobilie (10.000 m² Nutzfläche) und einem Ertragswert von 21 Mio. €[475], an Stelle personalintensiver Bewachungsdienste, durch Installation einer Einbruchmeldeanlage mit Videoüberwachung und Fernaufschaltung (Lebensdauer ca. 20 Jahre) rund 0,50 €/m² der nicht umlagefähigen Betriebskosten eliminieren könnte. Diese Investition würde einmalig mit 750.000 € zu Buche schlagen. Bei Annahme eines Diskontierungs-

---

[474] Vgl. Gondring, H./Wagner, T. (2012), S. 337
[475] Zugrunde liegende Annahme:
Bodenwert: 4,75 Mio. €
Nettokaltmiete: 12 €/m²/Monat,
nicht umlagefähige BW-Kosten: 0,50 €/m²/Monat,
Instandhaltungskosten: 4 €/m²/Jahr
Mietausfallwagnis: 4 % der Nettokaltmiete, Liegenschaftszins: 6 %
RND: 65 Jahre

zinssatzes von 5,5 % in der Investitionsrechnung würde sich ein Amortisationszeitraum ergeben, der länger ist als die Lebensdauer der Anlage. Eine unlukrative Investition.

Bei Betrachtung des Sachverhalts der Investition unter dem Gesichtspunkt der Mehrung des Immobilienwertes, ergibt sich ein anderes Ergebnis. Denn durch Einsparung der monatlich anfallenden nicht umlagefähigen Betriebskosten (0,50 €/m^2), würde sich der Wert der Immobilie bei einem Barwertfaktor (ergibt sich aus dem Liegenschaftszins und der RND) von 16,29 auf 21,975 Mio. € erhöhen. Durch Subtraktion der Werte verbleibt ein Wertbeitrag von 975.000 €. Werden von diesem Wert die Investitionskosten subtrahiert, verbleibt ein positiver Saldo von 225.000 € (22,50 €/m^2).

Bilanziert ein Unternehmen seine Anlageimmobilen nach IAS 40, hat diese Maßnahme eine direkte Auswirkung, da der Zeitwert (Marktwert) beigelegt wird. Die Bilanzierung würde sich positiv auf den Wertansatz der Aktiva (+225.000 €) und den Erfolg vor Steuern (+225.000 €) auswirken.[476]

11.3 Auswirkungen des Wertorientierten Facility Management auf die Rolle des Facility Managers

Das wertorientierte Facility Management sieht den Facility Manager als kontinuierlichen Impulsgeber für die Optimierung der Immobilienrendite. In oben aufgezeigter Rechnung hätte der Facility Manager zur Steigerung des Unternehmenswertes beigetragen. Zusammen mit den Controllern und den Sachverständigen der Bewertung ist er außerdem während der gesamten Nutzungsphase verantwortlich, Potentiale zur Steigerung der Immobilienrendite auszuschöpfen und Risiken frühzeitig auszuschließen. Der Facility Manager gehört zu den wenigen, die Einblick in die unterschiedlichsten Materien des Alltags einer Liegenschaft haben. Auf Grund seines technischen Knowhows, seines enormen Hintergrundwissens und seinem Status als Bindeglied zwischen Nutzern, Mietern und Eigentümern kann er die Möglichkeiten, Beschränkungen und Optimierungspotentiale einer Immobilie sehr gut einschätzen. Auch im Hinblick auf ein aktives Asset Management kommt dem Facility Manager damit eine immer größer werdende Bedeutung zu, da er die ökonomischen Auswirkungen seiner Handlungen auf Wertsteigerung der Immobilie oder Renditesteigerung bereits im Voraus absehen muss.[477]

12 Die Immobilie im Fokus des Controllings

12.1 Immobiliencontrolling zur Durchsetzung von Eigentümerzielen

Für die in Deutschland mit dem Begriff Controlling bezeichnete Tätigkeit gibt es im Englischen das sinnverwandte Wort „controllership". Das Verb „to control" bedeutet ganz allgemein kontrollieren, steuern, beherrschen, lenken, beeinflussen.[478] Wurde in der Vergangenheit Controlling noch oft mit Kontrolle assoziiert, so führten die Veränderungen, welche aus einem wettbewerbsintensiveren Umfeld resultierten dazu, diesen Begriff neu zu definieren.

---

[476] Vgl. Gondring, H./Wagner, T. (2012), S. 337 ff.
[477] Vgl. ebenda, S. 367 f.
[478] Vgl. Jung, H. (2007), S. 4

Eine Aufstellung der verschiedenen deutschen Controllingkonzeptionen zeigt, dass es keine einheitliche Begriffs-, Ziel- und Aufgabenformulierung gibt. Allerdings wird in fast jeder Konzeption die Koordinationsfunktion im Führungssystem als eine Funktion des Controllings angesehen.[479] Die Controllingkonzeption von Horváth definiert Controlling als die ergebniszielorientierte Koordination der Planung, Kontrolle und Informationsversorgung mit dem Ziel der Sicherung und Erhaltung der Koordinations-, Reaktions- und Anpassungsfähigkeit der Führung.[480]

Die Koordinationsaufgabe nimmt das Controlling mit Hilfe von systembildenden und systemkoppelnden Instrumenten wahr, welche je nach Problemstellung ausgewählt werden. So ist z. B. die Entwicklung eines Planungs- und Kontrollsystems auf Basis einer transparenten Informationsversorgung eine systembildende Koordination, während die Abstimmungs- und Anpassungsmaßnahmen im Führungssystem eine systemkoppelnde Koordinationsaufgabe darstellen.

Die Transformation des beschriebenen Führungssystems auf die Immobilie scheint zunächst aufgrund der geringen Komplexität (im Vergleich zu hierarchisch organisierten Unternehmen) und aus wirtschaftlichen Gesichtspunkten nicht sinnvoll. Bei einer Betrachtung über den Lebenszyklus der Immobilie ergibt sich jedoch eine Vielzahl an beteiligten Instanzen, welche es ergebniszielorientiert zu koordinieren gilt. Ausgangspunkt sind dabei die Eigentümerziele, an denen das Immobilienmanagement mit Hilfe von Controlling-Systemen auszurichten ist.[481]

Eigentümer von Immobilien können verschiedenartige Ziele verfolgen, wobei nicht immer rein monetäre Gesichtspunkte im Vordergrund stehen, jedoch immer ein hoher Zielerreichungsgrad angestrebt wird. Die Eigentümerziele, die mit Immobilien verfolgt werden, sind:

- der Empfang eines laufenden monetären Ertrages (z. B. Gewinn, Cashflow),
- die Nutzung bestimmter Ressourcen (z. B. Verkaufsfläche, Arbeitsplätze),
- die Maximierung von Vermögen (z. B. Eigenkapital, Verkehrswert) sowie
- die Erzielung von Imagegewinnen.

Somit definiert sich Immobiliencontrolling als ein ganzheitliches Instrument zur Durchsetzung von Eigentümerzielen, welches selbständig und kontinuierlich bei Immobilien unter Beachtung ihres Umfeldes entsprechende Informations-, Planungs-, Steuerungs- und Kontrollaufgaben definiert und durchführt.

12.3 Das Immobilien-Profit-Center („IPC") und Immobiliencontrolling im Rahmen des Immobilienmanagements

Um die Eigentümerziele in Bezug auf eine einzelne Immobilie optimal erfüllen zu können, sollte diese isoliert betrachtet werden. Auf der Ebene eines Profit-Centers als kleinste Ergebniseinheit in einem Betrieb ist dies möglich. Der Immobilienmanager kann dann in seinem Immobilien-Profit-Center („IPC") ergebnisbeeinflussende Entscheidungen treffen. Jedoch ist er auch an die Ergebnisse der Entscheidungen übergeordneter Instanzen gebunden. Für die Einrichtung eines „IPC" ist es nicht relevant, ob es sich um ein Immobilienunternehmen oder ein Nicht-Immobilienunternehmen handelt, da die Hauptmotive eines „IPC", nämlich Transparenz der Geschäftsbereiche, Stärkung

---

[479] Vgl. Küpper, H.-U. (1997), S. 13
[480] Vgl. Horváth, P. (1996), S. 139
[481] Vgl. Metzner, S. (2002), S. 33

der Eigenständigkeit und Verantwortlichkeit, Ausnutzen von Rationalisierungspotentialen sowie Einführung marktähnlicher Verhältnisse unabhängig vom Kerngeschäft des Unternehmens sind.

Kernaufgabe des Immobilienmanagements ist die Identifizierung, Generierung und Sicherung immobilienbezogener Leistungs- und Erfolgspotentiale. Diese gliedern sich in exogene Erfolgsfaktoren, wie z. B. ein Nachfrageüberhang auf dem regionalen Immobilienmarkt, und in endogene Erfolgsfaktoren, welche durch zielgerichtetes Planen und Entscheiden beeinflussbar sind. Von den endogenen Erfolgsfaktoren können nur zwei als kritische Erfolgsfaktoren angesehen werden. Zum einen die nachhaltige Ertragskraft, welche durch entsprechende, nachhaltige Mieterträge bzw. in einem adäquaten Verkaufspreis zum Ausdruck kommt. Der zweite kritische Erfolgsfaktor ist die Kosteneffizienz der Immobilienbereitstellung, welche als Aufwandsposition die Summe aus Baukosten und Baunutzungskosten darstellt.

Innerhalb des Lebenszyklus der Immobilien werden in einem interdisziplinären Umfeld aus Projektentwicklern, Planern, Projektsteuerern, Facility Managern und vielen mehr permanent erfolgsfaktorbezogene Entscheidungen getroffen, welchen durch die Koordinationsfunktion des Immobiliencontrollings im Rahmen des Immobilienmanagements Rechnung getragen werden muss. Bezogen auf eine organisatorische und personelle Umsetzung wird so deutlich, dass eine Unterscheidung zwischen Immobiliencontrolling und Immobilienmanagement formal ist, da in der Regel die Managementinstanz gleich der Controllinginstanz ist. Diese Darstellung macht deutlich, dass es hier nicht um die Person des Immobiliencontrollers geht, sondern vielmehr um das Aufgabenfeld, welches als Immobiliencontrolling bezeichnet wird.

Ein FM-Executive, Asset oder Corporate Real Estate Manager muss also das Aufgabenfeld des Immobiliencontrollings so abdecken, dass er die aus den Eigentümerzielen abgeleiteten Managementziele erfüllen kann.

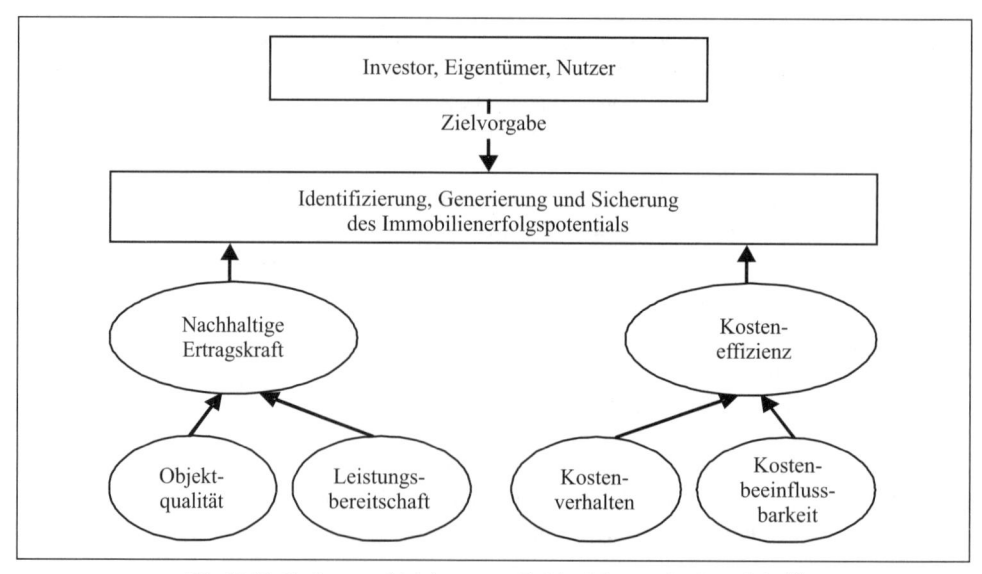

Abb. IV 87: Endogene objektbezogene Erfolgsfaktoren der Immobilie[482]

---

[482] Homann, K. (1999), S. 93

13 Operatives Immobiliencontrolling

13.1 Die Informationsversorgung im Immobilienmanagement

13.1.1 Betriebsabrechnung – die immobilienbezogene Kosten- und Erlösrechnung

In den Unternehmen wird seit dem In-Kraft-Treten des Bilanzrichtlinien-Gesetzes im Jahr 1986 versucht, die Finanz- und Betriebsbuchführung über getrennte Kontenpläne abzubilden.[483] Zur Abstimmung der Kostenrechnung mit der Finanzbuchhaltung ist eine Abgrenzungsrechnung erforderlich, die das Gesamtergebnis aus der Finanzbuchhaltung in das Betriebsergebnis und das neutrale Ergebnis unterteilt. Diese Abgrenzungsrechnung kann sowohl buchhalterisch/kontenmäßig, aber auch in rein statistisch-tabellarischer Form vorgenommen werden. In der Praxis wird die statistisch-tabellarische Darstellungsform bevorzugt, da diese einfacher und übersichtlicher ist[484] (vgl. Abb. IV 88).

Für das „IPC" wird zum 31.12.2002 eine Abgrenzungsrechnung auf Basis der betroffenen Finanzbuchhaltungskonten des wohnungswirtschaftlichen Kontenplans[485] vorgenommen. Durch eine Verbesserung des Marktumfeldes des „IPC" ist die kalkulatorische Abschreibung nach den Vorgaben des Portfoliomanagers auf 500.000 Euro zu reduzieren. Diese auch als Anderskosten in die Kostenrechnung eingehende Position zeigt die reale Wertentwicklung der Immobilie, bereinigt um die handels- bzw. steuerrechtliche Fokussierung in der Bilanz und Gewinn- und Verlustrechnung.

13.1.1.1 Die Kostenartenrechnung

Unter dem Begriff „immobilienbezogene Kostenarten" sind die nach Art ihres Verbrauches gegliederten Kosten zu verstehen.[486] In der deutschen Immobilienwirtschaft bietet sich für Wohnen der Kostenartenplan der II. BV §§ 18–30, Anlage 3 und für Gewerbe entweder der Kostenartenplan der DIN 18960 Baunutzungskosten von Hochbauten oder der Kostenartenplan der GEFMA 200 Kostenrechnung an.

Eine Unterscheidung der Kosten kann zum einen nach ihrer Zurechenbarkeit in Einzelkosten und in Gemeinkosten und zum Anderen nach ihrer Abhängigkeit vom Grad der Ausnutzung des Flächennutzungspotentials in fixe und variable Kosten unterteilt werden. Unter dem Gesichtspunkt einer Controllingbetrachtung der Immobilienkosten ergibt sich die Notwendigkeit, die Kostenanteile nach ihrer Zurechenbarkeit und Beeinflussbarkeit aufzuschlüsseln. In Abb. IV 89 wurde diese Aufschlüsselung vorgenommen.

---

[483] Vgl. Steger, J. (2001), S. 47
[484] Vgl. ebenda, S. 51
[485] Vgl. Bachmann, W. (1991), S. 134 ff.
[486] Vgl. Homann, K. (1999), S. 254

		Rechnungskreis I		Rechnungskreis II					
		Erfolgsrechnung GuV		Abgrenzungsrechnung				Betriebsergebnisrechnung	
		Aufwands- und Ertragsarten		unternehmensbezogene Abgrenzung		betriebsbezogene Abgrenzung		Kosten- und Leistungsarten	
FiBuKt-Nr.	Kontenbezeichnung FiBu	Aufwand	Ertrag	neutrale Aufwendungen	neutrale Erträge	betriebl. Aufwendungen	verrechnete Kosten	Kosten	Leistungen
60010001	Sollmieten		7.500						7.500
60170001	Umlagen für Kosten der Reinigung		184						184
60195001	Umlagen f. Kosten der Hausmeister		110						110
60199001	Umlagen f. Kosten d. Objektmanagers		75						75
80071001	Kosten f. d. Reinigung (umlagefähig)	184						184	
80070001	Kosten für die Reinigung (nicht umlagefähig)	31						31	
83000001	Löhne f. Verwalter und Hausmeister	150						150	
84001001	Abschreibungen auf Geschäfts- und andere Bauten	1.500				1.500	500	500	
83100001	soziale Abgaben für Verwalter und Hausmeister	50						50	
87200001	Zinsen für Verbindlichkeiten zur Objektfinanzierung im AV	2.200						2.200	
	alle Angaben in TEUR	4.115	7.869	0	0	1.500	500	3.115	7.869
		3.754					1.000	4.754	
		7.869	7.869					7.869	7.869
		Gesamtergebnis 3.754		neutrales Ergebnis – 1.000				Betriebsergebnis 4.754	
		Gesamtergebnis RK 1 3.754		Gesamtergebnis RK 2 – 3.754					

Abb. IV 88: Abgrenzungsrechnung in statistisch-tabellarischer Form

Kostencharakter			Steuerungs-potential
Kostenart nach DIN 18 960	Einzelkosten/Gemeinkosten	fix/variabel	
Kapitalkosten	Echte Kostenstellengemeinkosten, wenn sie auf das Gesamtobjekt entfallen; Kostenstelleneinzelkosten, wenn sie auf ein Gewerk entfallen, das gleichzeitig einer Kostenstelle entspricht	fix	nein
Abschreibung	Echte Kostenstellengemeinkosten, wenn sie auf das Gesamtobjekt entfallen; Kostenstelleneinzelkosten, wenn sie auf ein(e) Gewerk/Anlage entfallen, das (die) gleichzeitig einer Kostenstelle entspricht	fix, nach Festlegung des Abschreibungsverfahrens	nein
Verwaltungskosten	Gemeinkosten – fallen in der Regel für das Gesamtobjekt an	fixe Komponente durch Mindestvergütung; variable Komponente, wenn erfolgsabhängiger Anteil	nein
Steuern	Gemeinkosten	fix	nein
Betriebskosten Gebäudereinigung	Echte Kostenstellengemeinkosten; Kostenstelleneinzelkosten, wenn sie auf Bauteile/Flächen entfallen, die gleichzeitig einer Kostenstelle entsprechen Einzelkosten, wenn sie direkt auf den Kostenträger entfallen		ja
Innenreinigung		variabel	
Fenster (innen)		variabel	
Fenster (außen)		fix	
Fassade		fix	
Abwasser und Wasser	Einzelkosten, wenn individuelle Verbrauchserfassung, ansonsten Gemeinkosten	variabel; fixe Komponente, wenn eine Grundgebühr erhoben wird	
Wärme und Kälte	Gemeinkosten	hoher variabler Anteil	
Strom	Einzelkosten, wenn individuelle Verbrauchserfassung, sonst Gemeinkosten/Kostenstelleneinzelkosten	variabel; fixe Variante durch Grundpreis	
Bedienung	Gemeinkosten	fix	
Wartung und Inspektion	Kostenstelleneinzelkosten, wenn sie auf ein(e) Gewerk/Anlage entfallen, das (die) gleichzeitig einer Kostenstelle entspricht	fix	
Verkehrs- u. Grünflächen	Echte Kostenstellengemeinkosten bei gemeinsamer Nutzung; Einzelkosten bei exklusivem Nutzungsrecht	fix	
Sonstige Schornsteinreinigung Hausmeister Versicherung	Gemeinkosten	fix	
Abfall	Gemein- oder Einzelkosten	variabel; fixe Komponente durch Grundgebühr	
Bauunterhaltungskosten	Kostenstelleneinzelkosten, wenn sie auf ein(e) Gewerk/Anlage entfallen, das (die) gleichzeitig einer Kostenstelle entspricht	variabel, wenn in Abhängigkeit von der Abnutzung; fixe Komponente, wenn regelmäßige Maßnahmen unabhängig von der Abnutzung erfolgen	ja

Abb. IV 89: Charakter immobilienbezogener Kosten[487]

---

[487] Eigene Darstellung nach: Homann, K. (1999), S. 271

13.1.1.2 Die Kostenstellenrechnung

Die Aufgabe der immobilienbezogenen Kostenstellenrechnung liegt in der entstehungsbezogenen Abgrenzung anfallender Kosten mit dem Ziel, sie kostenstellenverursachungsgerecht zuzuordnen und sie auf Kostenträger zu verrechnen.[488] Dabei werden die Kosten, welche direkt einem Nutzer zuzuordnen sind, auch direkt zugeordnet. Die Kosten, welche nicht eindeutig zuzuordnen sind, sind über Umlageschlüssel auf die Nutzer zu verteilen. Diese Verrechnungssystematik erfordert den Einsatz von Hauptkostenstellen (für direkt zuordenbare Kosten) und Hilfs- und Nebenkostenstellen (für nicht direkt zuordenbare Kosten).

Zur tabellarischen Darstellung der Verteilung der Kostenarten auf Kostenstellen hat Homann den Gebäudeabrechnungsbogen (GAB) in der Immobilienwirtschaft etabliert, welcher nach dem Prinzip des Betriebsabrechnungsbogens (BAB) funktioniert. Im GAB erfolgt die Darstellung von Flächen mit exklusivem Nutzungsrecht als Hauptkostenstelle, da hier der Mieter das alleinige Nutzungsrecht hat und somit eine räumlich abgegrenzte Zuordnung besteht. Verkehrsflächen oder Gemeinschaftsflächen hingegen können von mehreren Mietern genutzt werden und werden somit als Nebenkostenstellen interpretiert. Durch das Aufstellen eines Hilfskostenstellenplans, in dem er die einzelnen Gewerke auflistet, welche aus funktionaler Sicht Leistungen für die Haupt- oder Nebenkosten erbringen, schafft Homann eine transparente Darstellung der auf die Gewerke anfallenden Baunutzungskosten. Bei der Bezugsgröße ist darauf zu achten, dass sie immer konstant ist, wobei in der immobilienwirtschaftlichen Praxis die gif-Mietfläche eine gute Basis darstellt.

	Hilfskostenstellenplan	
Kostenstellen-Nr.	Kostenstellenbezeichnung	Bezugsgröße
1	Dach	m^2
2	Fassade	m^2
3	Fenster	m^2
4	Aufzug	m^2
5	Heizung	m^2
6	Klima und Lüftung	m^2
7	Außenanlage	m^2
8	Entsorgung	Personenzahl

Abb. IV 90: Hilfskostenstellenplan[489]

Die Funktionsweise des GAB soll am Beispiel des „IPC" erläutert werden, wobei die jährlichen Reinigungskosten unter den nachfolgenden Prämissen verursachungsgerecht auf die Mieter umgelegt werden sollen (Abb. IV 92).

- Die Nutzer der Mietflächen MF 1 (15.000 m²) und MF 2 (10.000 m²) tragen laut den Mietverträgen die Baunutzungskosten, abgesehen von der Instandsetzung, komplett. Die Reinigungskosten der MF 3 (3.500 m²) trägt wegen eines Leerstands der Vermieter. Die Kantine MF 4 (1.500 m²) wird von allen Nutzern genutzt.

---

[488] Vgl. Homann, K. (1999), S. 256
[489] In Anlehnung an: ebenda, S. 257

13 Operatives Immobiliencontrolling 573

- Die Reinigungskosten wurden im Betrachtungsjahr mit 215.000 € unter dem Konto 5 „Reinigung" verbucht. Für die Grundreinigung der MF 3 vor der Neuvermietung wurde 5.000 € ausgegeben (1). Die Reinigung der exklusiv genutzten Flächen in Höhe von 105.000 Euro werden den 3 Mietflächen je nach ihrem Flächenanteil direkt zugeordnet (2). Die 10.000 € Reinigungskosten der Kantine werden als Allgemeinfläche den Nutzern zugeordnet (3). Über die Hilfskostenstelle der Fenster werden anschließend 65.000 €, abhängig vom Flächenanteil an der exklusiv genutzten Fläche, den Nutzern zugeordnet (4). Ebenfalls über eine Hilfskostenstelle werden die restlichen 30.000 € der Fassadenreinigung auf die Nutzer umgerechnet. Somit muss der Mieter der Nutzfläche A am Jahresende 111.000 €, der Nutzer B 74.000 € und der Eigentümer 31.000 € für die Reinigung der Fläche bezahlen.

Konto-Nr.	Kostenart	Bezugsgröße / Kostensaldo FiBu	Hilfskostenstelle 1-n			Nebenkostenstellen			Hauptkostenstellen		
			1 Fassade	2 Fenster	n	MF-Exklusiv	MF-Allgemein	MF-Gesamt	Nutzungseinheit 1	Nutzungseinheit 2	Nutzungseinheit 3
			28.500 m²	28.500 m²	28.500 m²	28.500 m²	1.500 m²	30.000 m²	15.000 m²	10.000 m²	3.500 m²
5.	Reinigung	215									1) 5
5.1.	Innen	120				105	10	115	55	37	13
5.2.	Fassade	30	30								
5.3.	Fenster	65		65							
	Umlage MF-Allgemein		5)			4)		3)	5	4	1
	Umlage Fenster								34	23	8
	Umlage Fassade								16	11	4
	Zwischensumme		30	65							
	Summe	215	30	65		105	10	115	111	74	31
									alle Angaben in TEUR		

Abb. IV 91: Funktionsweise des Gebäudeabrechnungsbogens (GAB)[490]

Die Bezugsgröße zur Verteilung der angefallenen Kosten kann sowohl Mengen- als auch Wertmaßstäben zugrunde liegen. Sie ist nicht einheitlich definiert, so dass sie nur einem Anspruch genügen muss, nämlich der Plausibilität, welche vom Nutzer definiert wird. Im obigen Beispiel unterliegt die Reinigungskostenverteilung der exklusiven Mietfläche als Bezugsgröße und ist somit eine Mengenverteilung. Weiterhin kann z.B. bei der Gebäudebrandversicherung die Anzahl der technischen Geräte wie Kopierer usw. die Bezugsgröße sein, da diese das Brandpotential erhöhen.

Der GAB stellt somit das zentrale Instrument zur systematischen, differenzierten und kostenstellenbezogenen Kostenerfassung und -verteilung dar. Die entstehende Transparenz und Nachvollziehbarkeit offeriert vor allem beim Benchmarking, z.B. der einzelnen Hilfskostenstellen, Vorteile. Außerdem bietet er über den Vergleich von Plankosten zu Ist-Kosten ein geeignetes Instrument zur Kostenanalyse bzw. Abweichungsanalyse.[491]

---

[490] Ebenda, S. 275
[491] Vgl. ebenda, S. 276

13.1.1.3 Die Prozesskostenrechnung

Die Prozesskostenrechnung ist eine Form der Vollkostenrechnung, die der Problematik der Verrechnung wachsender Gemeinkostenanteile der Unternehmung gerecht werden soll.[492] Dies wird am Beispiel des „IPC" ersichtlich, da hier die Gemeinkosten den Großteil der Kosten im Immobilienmanagement darstellen. Weil jedoch für die Mieter das Umlageverfahren der Kostenstellenrechnung nicht immer plausibel ist, bietet es sich an, für die Kostengruppen, in denen sich ständig wiederholende Aktivitäten (Prozesse) stattfinden, eine Prozesskostenrechnung einzuführen. Dabei umfassen der Aufbau und die Vorgehensweise der Prozesskostenrechnung folgende Teilschritte:

- Bildung von Hypothesen über Hauptprozesse und Kostentreiber,
- Tätigkeitsanalyse und Ableitung der Teilprozesse,
- Kapazitäts- und Kostenzuordnung sowie
- Hauptprozessverdichtung und Kostensatzermittlung.[493]

Im Gebäudemanagement können die Hauptprozesse folgendermaßen gegliedert werden:

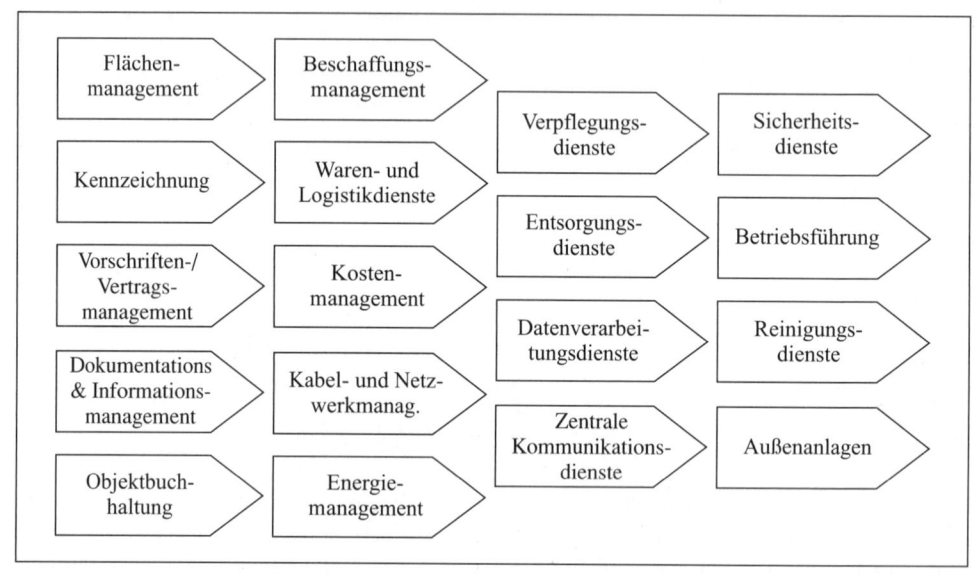

Abb. IV 92: Hauptprozesse im Gebäudemanagement[494]

Die Tätigkeitsanalyse ist eine Zerlegung der Aufgabenkomplexe, die von den Prozessbeteiligten in den indirekten Bereichen zu verrichten sind, in einzelne Teilprozesse. Hier werden die Zusammenhänge der Prozessbeteiligten untereinander, aber auch die angefallenen Prozessmengen deutlich.[495] Die Tätigkeitsanalyse für das „IPC" ergibt die in der Abb. IV 93 dargestellten Teilprozesse, wobei hier noch unterschieden wird nach leistungsmengeninduziert (lmi) und leistungsmengenneutral (lmn).

---

[492] Vgl. Steger, J. (2001), S. 534
[493] Vgl. Weiß, D. (1998), S. 91
[494] Eigene Darstellung nach: Zahn, P. (2007), S. 79 f.
[495] Vgl. Weiß, D. (1998), S. 92

Im nächsten Schritt erfolgt dann die Kapazitäts- und Kostenzuordnung für die Teilprozesse. Die Verteilung der Kapazität erfolgt in Mannjahren.[496] Diese Zuordnung ist in beschäftigungsintensiven Fertigungsbetrieben durchaus sinnvoll, jedoch bei einem Profit-Center mit drei Hausmeistern, zwei Objektmanagern und einer Vielzahl an Teilprozessen zu grob gegliedert.

	Teilprozess Betriebsführung	lmi/ lmn	Kostentreiber	Prozess-menge
1	Störungsmanagement mit Instandsetzung	lmi	Störungen	150
2	Wartung	lmi	zu wartende Messstellen	500
3	Inspektion	lmi	zu inspizierende Messstellen	1000
4	Stillstand abwickeln	lmi	Anzahl der Stillstände	2
5	Reinigung der Systeme	lmi	zu reinigende Systeme	20
6	Pflege und Ergänzung der Daten	lmi	Datenvolumen	46
7	Messwerterfassung und Auswertung	lmi	Anzahl der Messwerte	100
8	Verbrauchserfassung und Kontrolle	lmi	Zähleranzahl	100
9	Berichte schreiben	lmn		
10	Leitung der Betriebsführung	lmn		
	Teilprozess Objektbuchhaltung			
1	Miet- und Nebenkostenabrechnung	lmi	Anzahl der Abrechnungen	3
2	Kreditoren- und Debitorenbuchungen	lmi	Anzahl der Buchungen	300
3	Zahlungs- und Liquiditätskontrolle	lmi	Anzahl der Kontrollen	250
4	Mahnwesen	lmi	Anzahl der Mahnungen	10
5	Quartals-/Jahresabschluss erstellen	lmi	Anzahl der Abschlüsse	4
	Teilprozess Kostenmanagement			
1	Aktualisierung der Kostenartenrechnung	lmi	Aktualisierungsanzahl	12
2	Aktualisierung der Kostenstellen-rechnung	lmi	Aktualisierungsanzahl	12
3	Berichterstellung zur Bewertung der Kosten	lmi	Berichtanzahl	36
4	Kostenplanung und Budgetierung	lmi	Anzahl der Planungen	4
5	Kostenkontrolle	lmi	Anzahl der Kontrollen	12

Abb. IV 93: Teilprozesse des IPC

Die Alternative wäre, die Kapazitätskalkulation nach Manntagen aufzubauen, wobei hier einem Arbeitsjahr gleich 200 Manntage zugrunde liegen und das „IPC" 5 Mitarbeiter beschäftigt. Die entsprechenden Kosten werden aus der Kostenartenrechnung abgeleitet, genauer gesagt aus der Abgrenzungsrechnung. Die hier anfallenden Kosten von 200.000 € ergeben sich aus den Löhnen und den sozialen Abgaben für Verwalter und Hausmeister.

---

[496] Vgl. ebenda, S. 95

IV. Vermarktung, Verwaltung und Bewirtschaftung

Der weitere Ablauf bei der Prozesskostenrechnung ist folgender:
- Aufteilung der Manntage auf die einzelnen Teilprozesse (1). Dies kann durch Interviews, Dokumentenanalyse oder mit Hilfe eines Arbeitsprozessbogens erfolgen
- Bestimmung der leistungsmengeninduzierten und leistungsmengenneutralen Prozesskosten (2) mit der Formel:

$$= \frac{\text{Summe der Personalkosten} \times \text{Teilprozess} - \text{Manntage}}{\text{Summe der Manntage}}$$

- Anteilige Verteilung der leistungsmengenneutralen Prozesskosten auf die leistungsmengeninduzierten Prozesskosten (3)
- Bestimmung des lmi- (4) und des Gesamt-Prozesskostensatzes (5)

In einem Fertigungsbetrieb werden die Teilprozesse zu den Hauptprozessen zusammengefasst und den jeweiligen Kostenträgern zugeordnet. In der immobilienwirtschaftlichen Kostenrechnung jedoch bietet es sich an, die Teilprozesse, welche den einzelnen Nutzungseinheiten zuzuordnen sind, auch auf diese zu verteilen. Die übrigen Gebäude-Teilprozesse werden über die Bezugsgröße „direkte Prozesskosten" auf die Nutzungseinheiten verteilt.

	Teilprozess Betriebsführung	Prozess-anzahl	Kostenzurech-nung	lmi	lmn	gesamt	lmi-Prozesskostensatz	gesamt
1	Störungsmanagement mit Instandsetzung	150	262 Manntage	52.400		6.871	349	395
2	Wartung	500	125 Manntage	25.000		3.278	50	57
3	Inspektion	1000	125 Manntage	25.000		3.278	25	28
4	Stillstand abwickeln	2	5 Manntage	1.000	(3)	131	500	566
5	Reinigung der Systeme	20	12 Manntage	2.400		315	120	136
6	Pflege und Ergänzung der Daten	46	(1) 6 Manntage	1.200		157	(4) 26	(5) 30
7	Messwerterfassung und Auswertung	100	12 Manntage	2.400		315	24	27
8	Verbrauchserfassung und Kontrolle	100	25 Manntage	5.000		656	50	57
9	Berichte schreiben	0	25 Manntage	(2)	5.000			
10	Leitung der Betriebsführung	0	50 Manntage		10.000			
Teilprozess Objektbuchhaltung								
1	Miet- und Nebenkostenabrechnung	4	23 Manntage	4.600			1.150	1.150
2	Kreditoren- und Debitorenbuchungen	300	38 Manntage	7.600			25	25
3	Zahlungs- und Liquiditätskontrolle	250	44 Manntage	8.800			35	35
4	Mahnwesen	10	5 Manntage	1.000			100	100
5	Quartals-/Jahresabschluss erstellen	4	60 Manntage	12.000			3.000	3.000

13 Operatives Immobiliencontrolling

Teilprozess Betriebsführung	Prozess-anzahl	Kostenzurech-nung	lmi	lmn	gesamt	lmi-Prozesskostensatz	gesamt
Teilprozess Kostenmanagement							
1 Aktualisierung der Kostenartenrechnung	12	18 Manntage	3.600			300	3000
2 Aktualisierung der Kostenstellenrechnung	12	30 Manntage	6.000			500	500
3 Berichterstellung z. Bewertung d. Kosten	36	45 Manntage	9.000			250	250
4 Kostenplanung und Budgetierung	4	30 Manntage	6.000			1.500	1.500
5 Kostenkontrolle	12	60 Manntage	12.000			1.000	1.000
Angaben in EUR	Summe:	1.000 Manntage	185.000	15.000	15.000		
		= 200 Manntage/ Jahr x 5 Mitarbeiter	= Summe der Personalkosten	= Summe d. lmn-Kosten			

Abb. IV 94: Bestimmung der Teilprozesskostensätze

				Prozessauslösung nach Nutzungseinheiten			
Teilprozess Betriebsführung		Prozess-menge	Gesamt-Prozesskosten	Gemein-flächen	Nutzungs-einheit 1	Nutzungs-einheit 2	Nutzungs-einheit 3
1	Störungsmanagement mit Instandsetzung	150	395 €	65	60	20	5
2	Wartung	500	57 €	120	250	100	30
3	Inspektion	1000	28 €	220	500	200	80
4	Stillstand abwickeln	2	566 €	2			
5	Reinigung der Systeme	20	136 €	11	5	3	1
6	Pflege und Ergänzung der Daten	46	30 €	21	20	0	5
7	Messwerterfassung u. Auswertung	100	27 €	30	40	30	0
8	Verbrauchserfassung und Kontrolle	100	57 €	30	20	40	10
9	Berichte schreiben	0					
10	Leitung der Betriebsführung	0					
Teilprozess Objektbuchhaltung							
1	Miet- und Nebenkostenabrechnung	4	1.150 €	1	1	1	1
2	Kreditoren- u. Debitorenbuchungen	300	25 €	100	50	120	30
3	Zahlungskontrolle und Liquiditätskontrolle	250	35 €	173	36	36	5

				Prozessauslösung nach Nutzungseinheiten			
	Teilprozess Betriebsführung	Prozess-menge	Gesamt-Prozesskosten	Gemein-flächen	Nutzungs-einheit 1	Nutzungs-einheit 2	Nutzungs-einheit 3
4	Mahnwesen	10	100 €	0	0	10	0
5	Quartals-/Jahresabschluss erstellen	4	3.000 €	4	0	0	0
	Teilprozess Kostenmanagement						
1	Aktualisierung der Kostenartenrechnung	12	300 €	6	3	3	0
2	Aktualisierung der Kostenstellenrechnung	12	500 €	3	6	3	0
3	Berichterstellung zur Bewertung der Kosten	36	250 €	18	12	6	0
4	Kostenplanung und Budgetierung	4	1.500 €	1	2	1	0
5	Kostenkontrolle	12	1.000 €	5	5	2	0
	direkte Prozesskosten pro Nutzungseinheit			80.520 €	74.056 €	36.555 €	8.869 €
	Umlegung der Gemeinflächenkosten über die direkten Prozesskosten				49.07 €	24.635 €	5.977 €
	Gesamtkosten pro Nutzungseinheit				123.963 €	61.190 €	14.847 €

Abb. IV 95: Berechnung der Teilprozesskostensätze und Umlegung auf die Kostenträger

13.1.1.4 Die immobilienbezogene Kostenträgerstückrechnung

Die Kostenträgerrechnung hat eine Doppelfunktion:

- die vornehmlich zukunftsorientierte Kostenträgerstückrechnung plant unter der Bezeichnung „Kalkulation" in finanzieller Hinsicht künftige Aufträge, Serien und Preise und
- die vergangenheitsorientierte Kostenträgerzeitrechnung befasst sich mit der Abrechnung und Kontrolle der Kostenträger.[497]

Als letzte Stufe der Kostenrechnung verrechnet die Kostenträgerrechnung die in der Kostenstellenrechnung weitergewälzten Kosten auf die Kostenträger.[498] Als Kostenträger bietet es sich an, den Quadratmeter vermietbare Fläche zu definieren, da dieser zum einen Gegenstand des Mietvertrags und zum anderen auch die Basis von Wirtschaftlichkeitsanalysen ist.[499] Außerdem hat sich die gif-Mietfläche in der deutschen Immobilienwirtschaft und Forschung so weit etabliert, dass sie eine gute Basis für die Kostenträgerrechnung darstellt.

Die Flächenbereitstellung des Immobilienmanagements kann verglichen werden mit der Leistungserstellung in einem Unternehmen, das entweder nur ein Produkt (in diesem Fall die Büroflächen des „IPC") oder sehr eng miteinander verwandte Produkte (z. B. Büro- und Einzelhandelsflächen innerhalb eines Gebäudes) erzeugt. Die daraus resultierenden Instrumente der flächenbezogenen Kostenträgerstückrechnung sind die Divisionskalkulation und die Äquivalenzziffernkalkulation.[500]

---

[497] Vgl. Kreis, R. (1993), S. 824
[498] Vgl. Schierenbeck, H. (2003), S. 669 ff.
[499] Vgl. Homann, K. (1999), S. 277
[500] Vgl. ebenda, S. 279

13.1.1.4.1 Die immobilienbezogene Divisionskalkulation

Im Falle der homogenen Nutzung eines Gebäudes (z. B. nur Büronutzung) kommt im Rahmen der Kostenträgerrechnung die einstufige Divisionskalkulation in summarischer oder differenzierter Form zur Anwendung.[501]

		Kostenartendifferenzierung	
		summarisch	differenziert
Kostenstellendifferenzierung	undifferenziert	Gesamtkosten der Immobiliennutzung / vermietbare Fläche (MF)	Zwischensumme Kostenart (MF) / vermietbare Fläche (MF)
	differenziert	Gesamtkosten der exkl. Flächennutzung / MF 1 Gesamtkosten der exkl. Flächennutzung / MF 2 Gesamtkosten der exkl. Flächennutzung NE_n / MF 1/NE_n	Zwischensumme Kostenart (MF 1) / MF 1 Zwischensumme Kostenart (MF 2) / MF 2 Zwischensumme Kostenart MF 1/ NE_n / MF 1/NE_n

Abb. IV 96: Die einstufigen, differenzierten immobilienbezogenen Divisionskalkulationen[502]

Die Betrachtungsweise der einstufigen, summarischen Divisionskalkulation ermöglicht Auswertungsmöglichkeiten hinsichtlich der Gesamtkosten pro vermietbare Fläche oder differenziert nach den Gesamtkosten der exklusiven Flächennutzung. In der immobilienwirtschaftlichen Praxis werden insbesondere die Ergebnisse der einstufigen differenzierten Divisionskalkulation zu Kostenvergleichszwecken herangezogen.[503]

Für das „IPC" ergeben sich mit der einstufigen, differenzierten Divisionskalkulation Vergleichsmöglichkeiten, z. B. hinsichtlich der Reinigungskosten pro MF 1 zu den Reinigungskosten pro MF 2. Zur übersichtlichen Gliederung und Darstellung der Kosten kann ein Betriebskostenkennzahlensystem nützlich sein.

13.1.1.4.2 Die immobilienbezogene Äquivalenzziffernkalkulation

Dieses Kalkulationsverfahren wird dann angewendet, wenn mehrere Sorten eines Produktes produziert werden. Die Leistungen sind zwar nicht einheitlich, stehen aber in einer festen Kostenrelation zueinander.[504] Im Immobilienmanagement entsprechen die Sorten den verschiedenen Flächenarten bei gemischt genutzten Immobilien. Im Verlauf ihrer Produktion beanspruchen sie die gleichen Einsatzfaktoren wie z. B. Energie, Wasser oder Management/Verwaltung. Die Vorgehensweise der

---

[501] Vgl. ebenda, S. 282
[502] In Anlehnung an: ebenda, S. 282
[503] Vgl. Homann, K. (1999), S. 281
[504] Vgl. Wöhe, G. (2010), S. 970

Äquivalenzziffernkalkulation unterstellt, dass sich dieses unterschiedliche Ausmaß der Einsatzfaktorenbeanspruchung durch feste Verhältnisse auszeichnet.

Am Beispiel des „IPC" bedeutet dies für die Objektmanagerkosten von 80.000 Euro, das den 3.500 m², welche als Handelsflächen im EG vermietet sind, durch den erhöhten Verwaltungsaufwand doppelt so hohe Verwaltungskosten zuzurechnen sind als bei den 25.000 m² Büroflächen. Bei den 1.500 m² Kantine sind die Kosten durch die Abrechnungs- und Verteilungsproblematik dreimal so groß wie bei den Büroflächen. Nach der Äquivalenzziffernkalkulation ergeben sich für die angefallenen Objektmanagerkosten die in der Abb. IV 97 wiedergegebenen Werte.

Fläche	Bezeichnung	Flächengröße	Äquivalenz-ziffer	Rechnungs-einheit	Gesamt-kosten	Kosten je m²/Jahr
Büro	MF 1/MF 2	25.000 m²	1	25.000	55 TEUR	2,19 €
Handel	MF 3	3.500 m²	2	7.000	15 TEUR	4,38 €
Kantine	MF 4	1.500 m²	3	4.500	10 TEUR	6,58 €
	Summe	30.000 m²	–	36.500	80 TEUR	

Abb. IV 97: Einstufige immobilienbezogene Äquivalenzziffernkalkulation[505]

13.1.1.5 Kostenträgerzeitrechnung als kurzfristige Erfolgsrechnung

Die Kostenträgerzeitrechnung lässt sich entweder nach dem Gesamtkostenverfahren aufziehen, das Bestandsveränderungen offen ausweist, oder nach dem Umsatzkostenverfahren, das die Bestandsveränderung verdeckt verarbeitet. Die Abrechnung erfolgt entweder auf Vollkostenbasis oder auf Teilkostenbasis.[506] Die Kostenträgerzeitrechnung ist eine kurzfristige Erfolgsrechnung, welche durch Gegenüberstellung der Kosten und Erlöse den kalkulatorischen Erfolg eines Unternehmens in einer Periode ermittelt.[507]

Das Gesamtkostenverfahren kann buchhalterisch oder statistisch-tabellarisch vorgenommen werden, wobei hier die tabellarische Vorgehensweise dargestellt wird. Diese baut auf den Betriebsabrechnungsbogen II auf, welcher um die immobilienwirtschaftlichen Besonderheiten ergänzt als Gebäudeabrechnungsbogen II (GAB II) bezeichnet wird. Ziel ist die Ermittlung des Erfolges aus der Nutzungsüberlassung, welcher in der Praxis als Netto-Mieterlös bezeichnet wird.[508] Die Überwälzung der Bewirtschaftungskosten und Instandhaltungskosten, welche im gewerblichen Mietrecht frei verhandelbar ist, äußert sich hier in dem Begriff „überwälzbare und nicht überwälzbare Kosten der Immobiliennutzung".

Aus dem GAB II lässt sich jetzt durch den Vergleich mit Plan- oder Benchmarkwerten die Kosteneffizienz der Flächenbewirtschaftung beurteilen. Außerdem kann aus dem Ergebnis der Nutzungsüberlassung z. B. für die leer stehende Fläche NE 3 die Angebots- oder Mindestmiete abgeleitet werden, welche nötig ist, um die entstehenden Kosten zu decken.

---

[505] Eigene Darstellung nach: Homann, K. (1999), S. 284
[506] Vgl. Kreis, R. (1993), S. 825
[507] Vgl. Schwinn, R. (1993), S. 687
[508] Vgl. Homann, K. (1999), S. 285

	Summe (MF) 28.500 m²	NE 1 15.000 m²	NE 2 10.000 m²	NE 3 3.500 m²
+ aus Kostenstellenrechnung ermittelte Reinigungskosten	215	111	74	31
+ aus Prozesskostenrechnung ermittelte Personalkosten	200	124	61	15
= **Summe der überwälzbaren Kosten der Immobiliennutzung**	**415**	**235**	**135**	**46**
− Vorauszahlung auf die durch den Mieter zu tragenden Kosten der Immobiliennutzung	350	200	150	0
= **Überschuss/Defizit**	**65**	**− 35**	**15**	**− 46**
+ Ausgleichszahlung	19	35	− 15	0
= **Saldo der übewälzbaren Kosten der Immobiliennutzung**	**− 46**	**0**	**0**	**− 46**
+ Summe der nicht überwälzbaren Kosten der Immobiliennutzung	0	0	0	0
+ Mietminderungen	0	0	0	0
= **Kosten der Nutzungsüberlassung**	**− 46**	**0**	**0**	**− 46**
Erlöse der Nutzungsüberlassung	7.500	4.500	3.000	0
− aus Kostenstellenrechnung ermittelte Zinsen für Fremdkapital	2.200	1.158	772	270
− aus Kostenstellenrechnung ermittelte Abschreibungskosten	500	263	175	61
= **Summe der Kosten der Nutzungsüberlassung**	**2.700**	**1.421**	**947**	**332**
= **Ergebnis der Nutzungsüberlassung**	**4.754**	**3.079**	**2.053**	**− 377**
− außerordentliche Erträge				
= **Bereinigtes Ergebnis der Nutzungsüberlassung**	**4.754**	**3.079**	**2.053**	**− 377**
Rundungsabweichungen sind möglich		*alle Angaben in TEUR*		

Abb. IV 98: GAB II zur Kostenträgerzeitrechnung[509]

13.1.1.6 Teilkostenrechnung (Deckungsbeitragsrechnung)

Die Systeme der Teilkostenrechnung zeichnen sich in der Kostenarten- und Kostenstellenrechnung durch die Auflösung der Gesamtkosten in fixe und variable Kosten aus. Der grundsätzliche Unterschied zur Vollkostenrechnung liegt jedoch in der Kostenträgerrechnung. In der Vollkostenrechnung steht die Ermittlung der Selbstkosten pro Kostenträger im Vordergrund, wobei durch die Wahl der Umlageschlüssel der Anschein erweckt werden soll, dass es sich bei der Gemeinkostenschlüsselung um eine Abbildung realer Zusammenhänge handelt. Die Höhe der Selbstkosten hängt also von der Wahl der Bezugsgrößen ab und ist somit eine Ermessensentscheidung. In der Teilkostenrechnung werden die variablen Kosten der Produkte (Flächen) ermittelt und nach dem Verursachungsprinzip zugeordnet. Somit werden die Prinzipien der Verteilung von Fixkosten und ihre Abhängigkeit vom Rechnungsziel deutlicher als bei der Vollkostenrechnung.

---

[509] In Anlehnung an: ebenda, S. 286

	Mietfläche – Büro		Mietfläche – Handel	Summe (MF)
	NE 1	NE 2	NE 3	
	15.000 m²	10.000 m²	3.500 m²	28.500 m²

Erlöse der Nutzungsüberlassung
– variable Kosten der Immobiliennutzung
Gebäudereinigung (Innenreinigung, Fenster innen)
variabler Anteil an:
  Wasser
  Wärme/Kälte
  Strom
  Abfall
Instandhaltung (variabler Anteil)
	4.500
	
	55
		3.000
		
		37
			0
			
			18
				7.500
				
				110

= **Deckungsbeitrag I** = **Deckungsbeitrag I bereinigt um überwälzbare Kosten**	4.445 4.500	2.963 3.000	– 18 – 18	7.390 7.482

– fixe Kosten der Immobiliennutzung (Nutzungseinheiten)
fixer Anteil an:
  Wasser/Abwasser
  Wärme/Kälte
  Strom
  Abfall				

= **Deckungsbeitrag II** = **Deckungsbeitrag II bereinigt um überwälzbare Kosten**	4.445 4.500	2.963 3.000	– 18 – 18	7.390 7.482
– fixe Kosten der Immobiliennutzung (Flächen MF-B, MF-H) Verwaltung Bedienung Wartung/Inspektion Hausmeister Schornsteinreinigung Verkehrs- und Grünflächen	185		15	200
= **Deckungsbeitrag III** = **Deckungsbeitrag III bereinigt um überwälzbare Kosten**	7.223 7.500		– 33 – 33	7.190 7.467
– fixe Kosten der Immobiliennutzung (Gebäude) Gebäudereinigung (Kantine, Fassade, Fenster außen) Kapitalkosten Abschreibung Steuern/Abgaben Versicherungen Instandhaltung (fixer Anteil)				105 2.200 500
= **Periodenergebnis der Nutzungsüberlassung** = **Periodenergebnis der Nutzungsüberlassung bereinigt um überwälzbare Kosten**				4.385 4.754
				alle Angaben in TEUR

Abb. IV 99: Mehrstufige Deckungsbeitragsrechnung[510]

---

[510] Ebenda, S. 290

Die oben dargestellte mehrstufige Deckungsbeitragsrechnung gliedert die Kosten in Fixkosten nach Nutzungseinheiten unterteilt, in Fixkosten nach Flächenkategorien unterteilt und in Fixkosten, welche auf das Gebäude anfallen. Sie ist vor dem Hintergrund eines umfassenden Fixkostenmanagements und einer transparenten Erfolgsstruktur der Nutzungseinheiten eine gute Ergänzung zur Kostenträgerrechnung auf Vollkostenbasis.[511]

13.1.2 Die Cashflow-Rechnung im Immobiliencontrolling

Die Orientierung des Immobiliencontrollings an den Eigentümerzielen wurde bereits mehrfach dargelegt. Besitzt ein Eigentümer verschiedene Anlageformen, wie z. B. Aktien, Anleihen und Beteiligungen, so benötigt er ein Instrument, diese zu vergleichen bzw. zu bewerten. Der Cashflows dient als ein solches Vergleichsinstrument, da er den monetären bzw. finanzwirtschaftlichen Überschuss einer Periode repräsentiert. Auf Basis des Cashflow bzw. der Ein- und Auszahlungen während der Anlagedauer kann der Eigentümer seine Rendite errechnen und über den Kauf bzw. Verkauf der Anlage entscheiden.[512]

Der Cashflow definiert sich als der sich in einer Abrechnungsperiode aus dem betrieblichen Umsatzprozess ergebende Einzahlungsüberschuss oder Fehlbetrag, d. h. der Überschuss der einzahlungswirksamen Erträge über die auszahlungswirksamen Aufwendungen.[513] Es handelt sich also um den Zu- und Abgang liquider Mittel, wobei sich daraus die Liquidität sowie die Finanz- und Ertragskraft ableiten lassen. Bei der direkten Methode errechnet sich der Cashflow wie folgt:

Cashflow = zahlungswirksamer Ertrag – zahlungswirksamer Aufwand

Für unternehmensinterne Zwecke ist eine wesentlich aussagekräftigere Cashflow-Ermittlung möglich, da hier aufbauend auf der Kosten- und Erlösrechnung auch für einzelne Profit-Center der Cashflow berechnet werden kann. Dadurch kann der Cashflow für weitere Zwecke, z. B. für die Bestimmung von liquiditätsorientierten Preisuntergrenzen (z. B. Mindestmiete von Büroflächen) eingesetzt werden.[514]

13.1.3 Das Berichtswesen (Reporting) im Immobilienmanagement

Controlling „wirkt" nur dann, wenn die Controlling-Ergebnisse auch „gegriffen" werden können. Controlling zu „betreiben" bedeutet demnach, die Controlling-Erkenntnisse dem jeweiligen Adressaten entsprechend aufbereitet zukommen zu lassen.[515] Das Reporting im Immobilienmanagement hat den Zweck der Kommunikation und zielgerichteten Steuerung von Informationen zu den Entscheidungsträgern,[516] also dem Objektmanager und dem Eigentümer des Objekts oder des Profit-Centers.

Dabei greift das Controlling auf Standard-, Abweichungs- und Bedarfsberichte als die Instrumente des Berichtswesens (Reporting) zurück. Während die Standardberichte das Hauptvolumen des immobilienbezogenen Reportings darstellen, sind die Abweichungs- und Bedarfsberichte von untergeordneter Anzahl.

---

[511] Vgl. ebenda, S. 291
[512] Vgl. Metzner, S./Erndt, A. (2002), S. 46
[513] Vgl. Weigert, M./Pepels, W. (1999), S. 122
[514] Vgl. Horváth, P. (1996), S. 439
[515] Vgl. Neuhäuser-Metternich, S./Witt, F.-J. (2000), S. 207
[516] Vgl. Soens, M./Brown, R. (1993), S. 179

584   IV. Vermarktung, Verwaltung und Bewirtschaftung

In dem Reportingkalender werden die Anzahl und Arten der Standardberichte definiert. Da es hierfür jedoch keine Normen oder Richtlinien gibt, kann dies nur ein Wegweiser für das Immobilienreporting sein. Dies betrifft ebenfalls den Aufbau, Inhalt und die Gestaltung der Berichte.

Monat	Report	Stichtag	Management Report	IPC Report
Januar	– Vierteljährlicher Cashflow-Report	31.01.	x	
Februar	– Vermietungs-Report	28.02.		x
März	– Inspektions- und Objektzustandsbericht	31.03.		x
	– Betriebskosten-Report	31.03.		x
April	– Vierteljährlicher Cashflow-Report	30.04.	x	
Mai	– Standort- und Marktentwicklungsbericht	31.05.		x
Juni	– Inspektions- und Objektzustandsbericht	30.06.		x
	– Betriebskosten-Report	30.06.		x
Juli	– Vierteljährlicher Cashflow-Report	31.07.	x	
August	– Vermietungs-Report	31.08.		
September	– Inspektions- und Objektzustandsbericht	30.09.		x
	– Betriebskosten-Report	30.09.		x
Oktober	– Vierteljährlicher Cashflow-Report	31.10.	x	
November	– Budgetbericht	30.11.	x	
	– Standort- und Marktentwicklungsbericht	30.11.		x
Dezember	– Inspektions- und Objektzustandsbericht	31.12.	x	x
	– Betriebskosten-Report	31.12.		x
	– Jährlicher Immobilienmanagement-Report	31.12.		

Abb. IV 100: Reportingkalender des „IPC"[517]

Durch den Freiraum bei der Gestaltung von Berichten eröffnen sich auch Möglichkeiten, z.B. der Verbindung von Standard- und Abweichungsberichten, wie der in Abb. IV 101 dargestellte Betriebskostenreport des „IPC" aufzeigt.

Trotz der geringen mengenmäßigen Bedeutung der Bedarfsberichte kann die Relevanz im Entscheidungsfindungsprozess sehr hoch sein. In diesem Zusammenhang ist hier der „Sales Result Report" (Verkaufserwartungsbericht) als einer der wichtigsten Bedarfsberichte im Immobilienmanagement zu erwähnen.

---

[517] Ebenda, S. 185

Betriebskosten-Report des „IPC"					30.6.
Position	Vorjahr 2002	Ist (06/03)	Vorschau	Plan 2003	Abweichung	davon nicht von Mietern gedeckt
Reinigungskosten	215	100	100	216	16	0
Hausmeisterkosten	120	70	60	127	− 3	−2
Objektmanagerkosten	80	50	50	79	−21	0
Ergebnis	**415**	**220**	**210**	**422**	**− 8**	**−2**
					alle Angaben in TEUR	

Abb. IV 101: Betriebskostenreport des „IPC"

13.2 Planung im Immobiliencontrolling

Planung stellt die Vorwegnahme von Handlungen unter Unsicherheit bei unvollständiger Information dar. Planen kann demnach verstanden werden als Versuch der Transformation der Zukunft in die Gegenwart. Der Anspruch der Planung liegt darin, Zukunftsszenarien abzuschätzen, um auf veränderte Bedingungen im Vorfeld Einfluss nehmen zu können.[518]

Die strategische Planung wird im Immobilienmanagement vom Portfoliomanagement sowie von der Balanced Scorecard abgedeckt. Für die operative Planung hingegen sind die Instrumente nicht definiert. Die Ansprüche sind am Beispiel des „IPC" jedoch gut erkennbar, denn durch die organisatorische Einbindung im Unternehmen ist eine exakte Budget- und Liquiditätsplanung aller anfallenden Kosten für das nächste Jahr erforderlich, da hiervon die Unternehmensliquidität abhängt. Ferner definieren die Mieter des „IPC" eine zweite Anforderung an die Planung, nämlich die exakte Planung der auf die Mieter umlegbaren Bewirtschaftungskosten.

Es gibt also verschiedene Abschnitte der Planung im Fokus des Immobilienmanagements, welche allerdings alle Auswirkungen auf die Liquidität ausüben. Da die Liquidität und die damit verbundene Zahlungsfähigkeit in einem Unternehmen durchaus von existenzieller Bedeutung sein können, ist hier eine hohe Planungsgenauigkeit erforderlich. Das Resultat ist eine Planung in den folgenden Abschnitten:

Die Nutzungsplanung dient dazu, auf Basis von Mietverträgen die Nutzungsintensität des Gebäudes festzulegen und somit die geplanten Einzahlungen zu dokumentieren. Fragestellungen wie, welche Flächen in der Periode vermietet werden und ob ein Nutzerwechsel ansteht, werden hier beantwortet.[519]

Die Betriebsplanung umfasst alle Maßnahmen der Betriebsführung und des Betreibens von Gebäuden nach GEFMA 108. Betriebsführung im Sinne dieser Richtlinie beinhaltet die Inbetriebnahme, das Bedienen und Instandhalten, wobei das Instandhalten hier in Inspizieren, Warten und die kleine Instandsetzung unterteilt wird. Die GEFMA 108 definiert, dass die kleine Instandsetzung die Wiederherstellung des Sollzustandes durch Austauschen von Verschleißteilen im Rahmen der Wartung ist, welche auf den gewerblichen Mieter umgelegt werden kann. Die Daten des Betriebsplans stammen aus dem GAB des „IPC".

---

[518] Vgl. Metzner, S./Erndt, A. (2002), S. 181
[519] Vgl. Homann, K. (1999), S. 296

Die Instandhaltungsplanung umfasst die Maßnahmen der großen Instandhaltung nach GEFMA 108. Dies sind alle Leistungen zur Wiederherstellung des Sollzustandes durch den Einbau von Ersatzteilen. Da es aufgrund der Datenfülle nicht möglich ist, alle Gewerke in die Instandhaltungsplanung einzubeziehen, sollten im Rahmen der ABC-Analyse die Hauptkostentreiber festgestellt und aufgenommen werden. Nach Homann sind die Hauptkostentreiber im Immobilienmanagement Anstricharbeiten, Heizung- und Warmwasserversorgung, sanitäre Installation sowie elektrische Kabel und Leitungen.[520] Andere Gewerke können entweder aus der langfristigen Instandhaltungsplanung oder anhand einer nutzerspezifischen Budgetgrenze (z. B. ab 1.000 €) zusätzlich in die Planung aufgenommen werden.

Nutzungsplan für 2003		Jan	Feb	Mrz	Apr	Mai	Jun	...	Dez	Gesamt-Plan	Vorjahr
Mieteneinzahlung											
MF 1	15.000 m²	375	375	375	375	375	375		375	4.500	4.500
MF 2	10.000 m²	250	250	250	250	250	250		250	3.000	3.000
MF 3	3.500 m²	Neuvermietung zum Juni 2004				140	140			980	0
MF 4	1.500 m²	Die Kantinenversorgung ist außer d. BWK im Mietpreis enthalten									
Zinseinzahlung		2	2	2	2	2	2		2	22	0
Sonstiges (Mobilfunkantenne ab Mai)						1	1		1	4	0
Summe der Einzahlungen		625	627	627	627	628	768		768	8.506	7.500
Nutzungsintensität in %		88	88	88	88	88	100		100	95	88

alle Angaben in TEUR

Abb. IV 102: Nutzungsplanung des „IPC"

Betriebsplan für 2003		Jan	Feb	Mrz	Apr	Mai	Jun	...	Dez	Gesamt-Plan	Vorjahr
Gebäudereinigung											
Innenreinigung											
MF 1 gesamt		4,5	4,5	4,5	4,5	4,5	4,5		4,5	54,0	55,0
Saugen	0,05 €/m²	6-mal	6-mal	6-mal	6-mal	6-mal	6-mal		6-mal	72-mal	
Wischen	0,08 €/m²									0-mal	
MF 2 gesamt		3,0	3,0	3,0	3,0	3,0	3,0		3,0	36,0	37,0
Saugen	0,05 €/m²	6-mal	6-mal	6-mal	6-mal	6-mal	6-mal		6-mal	72-mal	
Wischen	0,08 €/m²									0-mal	
MF 3 gesamt		0,6	0,6	0,6	0,6	5,6	5,6			42,4	18,0
Saugen	0,05 €/m²	2-mal	2-mal	2-mal	2-mal					10-mal	
Wischen	0,08 €/m²					20-mal	20-mal			145-mal	
MF 4 gesamt		1,1	1,1	1,1	1,1	1,1	1,1		1,1	13,5	10,0
Saugen	0,05 €/m²	15-mal	15-mal	15-mal	15-mal	15-mal	15-mal		15-mal	180-mal	
Wischen	0,08 €/m²										
Außenreinigung (Fassade)						10,0				10,0	30,0
Fensterreinigung		5,0	5,0	5,0	5,0	5,0	5,0			60,0	65,0
Summe der Auszahlungen		14,3	14,3	14,3	14,3	14,3	29,2		19,2	215,9	215,0
auf Mieter umlegbar		13,6	13,6	13,6	13,6	13,6	29,2		19,2	212,7	184,0
Kosten des „IPC"		0,6	0,6	0,6	0,6	0,6	0,0		0,0	3,2	31,0
Betriebskostendeckung		96%	96%	96%	96%	96%	100%		100%	99%	86%

alle Angaben in TEUR

Abb. IV 103: Betriebsplanung mit Fokus auf der Kostenart Reinigungskosten

---

[520] Vgl. ebenda, S. 296 f.

13 Operatives Immobiliencontrolling 587

Instandhaltungsplan für 2003		Jan	Feb	Mrz	Apr	Mai	Jun	...	Dez	Gesamt-Plan	Vorjahr
Anstricharbeiten		0,0	0,0	0,0	6,5	0,0	43,0		0,0	49,5	0,0
Außenwände	$10 €/m^2$						$4000m^2$				
Außentüren	$60 €/m^2$						$50m^2$				
Innenwände	$5 €/m^2$				$1.200m^2$						
Innentüren	$20 €/m^2$				$25m^2$						
Heizung/Warmwasseranlage		0,0	0,0	0,0	0,0	0,0	0,0		0,0	0,0	0,0
Sanitäranlagen		0,0	0,0	0,0	0,0	0,0	0,0		0,0	0,0	0,0
Elektrische Kabel		0,0	0,0	0,0	0,0	0,0	0,0		0,0	0,0	0,0
Summe der Instandhaltungen		0,0	0,0	0,0	6,5	0,0	43,0		0,0	49,5	0,0

alle Angaben in TEUR

Abb. IV 104: Auszug aus der Instandhaltungsplanung

Im Zuge der Verbrauchsplanung wird eine Einschätzung des Medienverbrauches (Energie/Strom, Wärme/Kälte und Wasser/Abwasser) für die Planungsperiode vorgenommen.[521]

Verbrauchsplan für 2003		Jan	Feb	Mrz	Apr	Mai	Jun	...	Dez	Gesamt-Plan	Vorjahr
Verbrauchsart	Preis										
Strom/Energie in Kwh		23,9	23,9	23,9	23,9	23,9	25,5		25,5	297,9	286,2
MF 1	0,09 €/KwH	100.000	100.000	100.000	100.000	100.000	100.000		100.000	1.200.000	1.200.000
MF 2	0,09 €/KwH	65.000	65.000	65.000	65.000	65.000	65.000		65.000	780.000	780.000
MF 3	0,09 €/KwH	10.000	10.000	10.000	10.000	10.000	28.500		28.500	249.500	120.000
MF 4	0,09 €/KwH	40.000	40.000	40.000	40.000	40.000	40.000		40.000	480.000	480.000
Allgemeinstrom	0,09 €/KwH	50.000	50.000	50.000	50.000	50.000	50.000		50.000	600.000	600.000
Wärme/Kälte		25,0	25,0	25,0	25,0	25,0	30,0		30,0	335,0	280,0
Wasser/Abwasser		3,0	3,0	3,0	3,0	3,0	3,5		3,5	39,5	35,0
Summe der Auszahlungen		51,9	51,9	51,9	51,9	51,9	59,0		59,0	672,4	601,2
auf den Mieter umlegbar		48,0	48,0	48,0	48,0	48,0	59,0		59,0	653,0	577,8
Kosten des „IPC"		3,9	3,9	3,9	3,9	3,9	0,0		0,0	19,4	23,4
Verbrauchskostendeckung		92,6%	92,6%	92,6%	92,6%	92,6%	100%		100%	97,1%	96,1%

alle Angaben in TEUR

Abb. IV 105: Verbrauchsplanung mit Fokus auf der Kostenart Strom/Energie

In der Serviceplanung werden die objektbezogenen Dienstleistungen für die Planungsperiode definiert. Hierunter fallen neben den Hausmeister- und Objektmanagergebühren auch eventuelle Maklercourtagen und Beratungshonorare. Die Ausgangsdaten hierfür stammen größtenteils aus der Prozesskostenrechnung für die internen Mitarbeiter sowie aus der Vertragsanalyse der Verträge externer Dienstleister.

Aus der Zusammenfassung der Teilpläne und der Ergänzung um verschieden Positionen wie z. B. des Finanzierungs- und Abschreibungsplans lässt sich eine Liquiditäts- und Budgetplanung sowie das Profit-Center-Ergebnis für das folgende Jahr ermitteln.

Die oben stehende Budgetplanung liegt zwar in aggregierter Form vor, jedoch kann durch die Kombination und Auswahl einzelner Felder auch eine Zusammenfassung auf Kostenstellen und somit Mieterebene geschehen. Diese Zusammenfassung kann dann ebenfalls dazu genutzt werden, eine Budgetplanung für die auf die Mieter überwälzbaren Bewirtschaftungskosten anzufertigen und an diese weiterzugeben.

---

[521] Vgl. ebenda, S. 297

Serviceplan für 2003		Jan	Feb	Mrz	Apr	Mai	Jun	...	Dez	Gesamt-Plan	Vorjahr
Dienstleister	Intern/Extern										
Objektmanager	I	6,6	6,6	6,6	6,6	6,6	6,6		6,6	79,2	80,0
MF 1		3,6	3,6	3,6	3,6	3,6	3,6		3,6	43,2	43,0
MF 2		2,0	2,0	2,0	2,0	2,0	2,0		2,0	24,0	25,0
MF 3		1,0	1,0	1,0	1,0	1,0	1,5		1,5	15,5	12,0
Sicherheitsdienst	E	5,0	5,0	5,0	5,0	5,0	5,0		5,0	60,0	60,0
Hausmeister	I	10,0	10,0	10,0	10,0	10,0	11,0		11,0	127,0	120,0
Makler	E					420,0				420,0	
Steuerberatung	E					10,0				10,0	10,0
Summe der Auszahlungen		21,6	21,6	21,6	21,6	31,6	442,6		22,6	696,2	270,0
auf den Mieter umlegbar		20,0	20,0	20,0	20,0	20,0	22,6		22,6	258,2	240,0
Kosten des „IPC"		1,6	1,6	1,6	1,6	11,6	420,0		0,0	438,0	30,0
Servicekostendeckung		93%	93%	93%	93%	63%	5%		100%	37%	89%

alle Angabemn in TEUR

Abb. IV 106: Auszug aus der Serviceplanung mit Schwerpunkt auf Objektmanagerkosten

13.3 Kontrolle im Immobiliencontrolling

Die Planung der Kosten und Erlöse im Immobilienmanagement bildet wiederum die Grundlage für eine permanente Kontrolle und Analyse über den Betrachtungszeitraum. Die Kontrolle kann auf Unternehmens-, Profit-Center- oder auf Niveau der einzelnen bzw. aggregierten Kosten- und Erlösarten erfolgen. Dabei wird in den Zeitvergleich, den Profit-Center-Vergleich (Objektvergleich) und den Soll-Ist-Vergleich unterschieden.[522] Ferner kann eine Kontrolle der Immobilienbewirtschaftungsprozesse mit der Prozesskostenrechnung und dem Prozessmanagement bewerkstelligt werden.

Der Zeitvergleich, also die Gegenüberstellung der Ist-Daten einer Periode mit den Ist-Daten kann durchaus sinnvoll sein, um die Plausibilität der Daten zu überprüfen. Allerdings muss darauf geachtet werden, dass einmalige Differenzen in einem Jahr eliminiert werden.

13.3.1 Kostenkontrolle mit Hilfe von Objektvergleichen (Benchmarking)

Die Analyse und Kontrolle der immobilienbezogenen Kosten soll sich nicht auf Einzelobjekte beschränken, sondern vielmehr auf eine Gesamtheit von Objekten ausgerichtet sein.[523] Somit ist das Ziel eines Vergleichs der Ist-Kosten eines Objektes mit den Ist-Kosten anderer Objekte das Erkennen und Ausnutzen von Optimierungspotentialen.

Aufgrund einer strukturierten Datenbasis der Immobiliennutzungskosten lassen sich im Rahmen der Divisionskalkulation Kennzahlen bilden (z. B. Reinigungskosten/m² gif-MF), anhand derer betriebsinterne und externe Vergleiche möglich sind. Am Beispiel des „IPC" würde sich ein Benchmarking z. B. auf die Datenbasis aller „IPC's" des Unternehmens oder auf die Datenbasis eines „Immobilien-Verbandes" beziehen. Voraussetzung ist jedoch, dass die Datenermittlung

---

[522] Vgl. Hahn, D. (1996), S. 689
[523] Vgl. Metzner, S./Erndt, A. (2002), S. 190

Nutzungsplan	Jan	Feb	Mrz	Apr	Mai	Jun	...	Dez	Gesamt-Plan
Mieteneinzahlung	625,0	625,0	625,0	625,0	625,0	765,0		765,0	8.480,0
Zinseinzahlung	2,1	2,1	2,1	2,1	2,1	2,1		2,1	22,0
Sonstiges					0,5	0,5		0,5	4,0
Summe der NBK-Vorauszahl.	81,6	81,6	81,6	81,6	81,6	110,8		100,8	1.123,9
Betriebsplan									
Gebäudereinigung	−14,3	−14,3	−14,3	−14,3	−14,3	−29,2		−19,2	−215,9
Instandhaltungsplan									
Anstricharbeiten	0,0	0,0	0,0	−6,5	0,0	−43,0		0,0	−49,5
Heizung/Warmwasseranlage	0,0	0,0	0,0	0,0	0,0	0,0		0,0	0,0
Sanitäranlage	0,0	0,0	0,0	0,0	0,0	0,0		0,0	0,0
Elektrische Kabel	0,0	0,0	0,0	0,0	0,0	0,0		0,0	0,0
Verbrauchsplan									
Strom/Energie	−23,9	−23,9	−23,9	−23,9	−23,9	−25,5		−25,5	−297,9
Wärme/Kälte	−25,0	−25,0	−25,0	−25,0	−25,0	−30,0		−30,0	−335,0
Wasser/Abwasser	−3,0	−3,0	−3,0	−3,0	−3,0	−3,5		−3,5	−39,5
Serviceplan									
Objektmanager	−6,6	−6,6	−6,6	−6,6	−6,6	−6,6		−6,6	−79,2
Sicherheitsdienst	−5,0	−5,0	−5,0	−5,0	−5,0	−5,0		−5,0	−60,0
Hausmeister	−10,0	−10,0	−10,0	−10,0	−10,0	−11,0		−11,0	−127,0
Makler						−420,0			−420,0
Steuerberatung					−10,0				−10,0
Finanzierungsplan									
Zins	−183,3	−183,3	−183,3	−183,3	−183,3	−183,3		−183,3	−2.200,0
Tilgung (endfälliges Darlehen)	0,0	0,0	0,0	0,0	0,0	0,0		0,0	0,0
Liquiditätsplan									
geplantes Monatsergebnis	435,6	437,7	437,7	431,2	428,2	121,2		584,2	483,1
Zahlungsmittelbestand (kumuliert)	435,6	873,3	1.310,9	1.742,1	2.170,3	2.291,5		5.797,0	5.797,0
GAB-Ergebnisplan									
geplante Abschreibung	−41,7	−41,7	−41,7	−41,7	−41,7	−41,7		−41,7	−500,0
Profit-Center (IPC) Ergebnis	393,9	396,0	396,0	389,5	386,5	79,6		542,6	5.297,0

alle Angaben in TEUR

Abb. IV 107: Liquiditäts- und Ergebnisplanung des „IPC"

nach einem einheitlichen Verfahren geschehen ist und dass somit ein Apples-to-Apples-Vergleich durchgeführt wird.

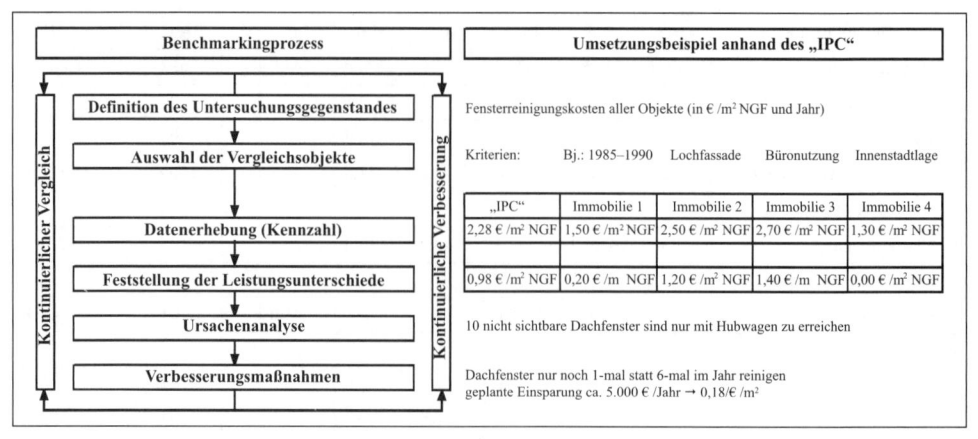

Benchmarkingprozess	Umsetzungsbeispiel anhand des „IPC"
Definition des Untersuchungsgegenstandes	Fensterreinigungskosten aller Objekte (in € /m² NGF und Jahr)
Auswahl der Vergleichsobjekte	Kriterien: Bj.: 1985–1990 Lochfassade Büronutzung Innenstadtlage
Datenerhebung (Kennzahl)	„IPC" / Immobilie 1 / Immobilie 2 / Immobilie 3 / Immobilie 4 — 2,28 € /m² NGF / 1,50 € /m² NGF / 2,50 € /m² NGF / 2,70 € /m² NGF / 1,30 € /m² NGF
Feststellung der Leistungsunterschiede	0,98 € /m² NGF / 0,20 € /m NGF / 1,20 € /m² NGF / 1,40 € /m NGF / 0,00 € /m² NGF
Ursachenanalyse	10 nicht sichtbare Dachfenster sind nur mit Hubwagen zu erreichen
Verbesserungsmaßnahmen	Dachfenster nur noch 1-mal statt 6-mal im Jahr reinigen geplante Einsparung ca. 5.000 € /Jahr → 0,18/€ /m²

Abb. IV 108: Benchmarking-Prozess und Umsetzungsbeispiel

13.3.2 Kostenkontrolle anhand der Plankostenrechnung (Soll-Ist-Vergleich)

Die Kontrolle von Kosten, Leistungen (Erlösen) und Erfolg besteht in der Ermittlung und Analyse von Abweichungen zwischen vorgegebenen und tatsächlich entstandenen Werten.[524] In der Plankostenrechnung (Soll-Ist-Vergleich) werden die Plan- bzw. Soll-Kosten, welche aus den Planungsabschnitten resultieren, den tatsächlich in der Periode anfallenden Ist-Kosten gegenübergestellt. Während in der Planung Annahmen über die Plan-Preise und Plan-Mengen in der Nutzungs-, Betriebs-, Instandhaltungs-, Verbrauchs- und Serviceplanung getroffen wurden, so geben die Ist-Kosten die tatsächlichen Ist-Mengen und Ist-Preise wieder.

Die flexible ermöglicht im Gegensatz zur einfachen Plankostenrechnung eine bessere Kostenkontrolle, durch die Aufspaltung der Mengenabweichung in Verbrauchsabweichung und in Beschäftigungsabweichung,[525] welche in der immobilienwirtschaftlichen Kostenrechnung als Nutzungsabweichung bezeichnet wird. Das Beispiel der Verbrauchsplanung des „IPC" zeigt, welche Berechnungsschritte für eine flexible Plankostenrechnung durchlaufen werden müssen.

- Berechnung der Plankalkulationssätze auf Vollkostenbasis. Dabei wird aus der Nutzungsplanung der prognostizierte durchschnittliche Plannutzungsgrad für 2003 abgeleitet.

Verbrauchsplanung 2003 des „IPC"		Plannutzungsgraddurchschnitt 95% = 28.500 m²	
Kostenart	Plangesamtkosten	Proportionalkosten	Fixkosten
Strom/Energie	298.000 €	200.000 €	98.000 €
Wärme/Kälte	335.000 €	250.000 €	85.000 €
Wasser/Abwasser	40.000 €	30.000 €	10.000 €
Planperiodenkosten bei Sollnutzungsgrad	673.000 €	480.000 €	193.000 €
Planungskalkulationssatz = $\dfrac{\text{Planperiodenkosten}}{\text{Plannutzungsgrad}}$		$\dfrac{673.000\ €}{28.500\ m^2} = 23{,}6\ €/m^2$	

Abb. IV 109: Kostenplanung bei flexibler Kostenrechnung

---

[524] Vgl. Horváth, P. (1996), S. 467
[525] Vgl. Wöhe, G. (2010), S. 995 ff.

13 Operatives Immobiliencontrolling 591

- Berechnung der verrechneten Plankosten durch die Multiplikation des tatsächlichen Nutzungsgrades (Ist-Nutzung) mit dem Plankalkulationssatz. Die verrechneten Plankosten enthalten sowohl die variablen als auch die proportionalisierten Fixkosten.[526] In diesem Beispiel wird angenommen, dass die MF 3 mit 3.500 m² nicht wie geplant ab Juni vermietet wird, sondern weiterhin leer steht. Somit ist der Ist-Nutzungsgrad nur 88 % statt 95 %.
Verrechnete Plankosten = 26.500 m² x 23,6 Euro/m² = 625.000 Euro

- Berechnung der Sollkosten, welche sich für die jeweilige Ist-Nutzung aus den gesamten Fixkosten und den anteiligen variablen Kosten zusammensetzen.

$$\text{Sollkosten} = \text{fixe Kosten} + \frac{\text{Ist-Nutzung}}{\text{Plannutzung}} \times \text{variable Kosten}$$

$$\text{Sollkosten} = 193 \text{ TEUR} + \frac{26.500 \text{ m}^2}{28.500 \text{ m}^2} \times 480 \text{ TEUR} = 639 \text{ TEUR}$$

- Die oben errechneten Kostenverläufe lassen sich damit in einem Kostendiagramm darstellen.

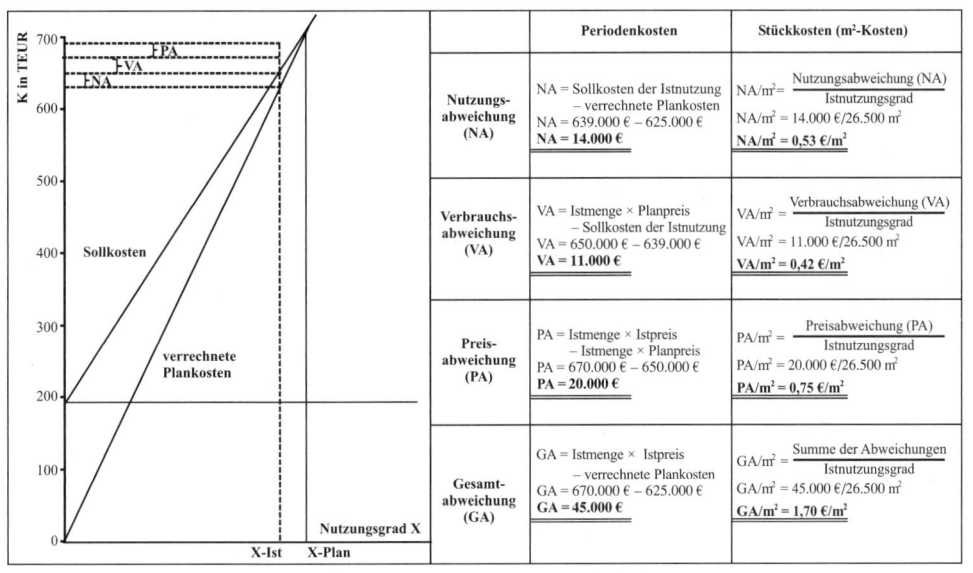

		Periodenkosten	Stückkosten (m²-Kosten)
Nutzungs-abweichung (NA)		NA = Sollkosten der Istnutzung – verrechnete Plankosten NA = 639.000 € – 625.000 € **NA = 14.000 €**	$NA/m^2 = \frac{\text{Nutzungsabweichung (NA)}}{\text{Istnutzungsgrad}}$ NA/m² = 14.000 €/26.500 m² **NA/m² = 0,53 €/m²**
Verbrauchs-abweichung (VA)		VA = Istmenge × Planpreis – Sollkosten der Istnutzung VA = 650.000 € – 639.000 € **VA = 11.000 €**	$VA/m^2 = \frac{\text{Verbrauchsabweichung (VA)}}{\text{Istnutzungsgrad}}$ VA/m² = 11.000 €/26.500 m² **VA/m² = 0,42 €/m²**
Preis-abweichung (PA)		PA = Istmenge × Istpreis – Istmenge × Planpreis PA = 670.000 € – 650.000 € **PA = 20.000 €**	$PA/m^2 = \frac{\text{Preisabweichung (PA)}}{\text{Istnutzungsgrad}}$ PA/m² = 20.000 €/26.500 m² **PA/m² = 0,75 €/m²**
Gesamt-abweichung (GA)		GA = Istmenge × Istpreis – verrechnete Plankosten GA = 670.000 € – 625.000 € **GA = 45.000 €**	$GA/m^2 = \frac{\text{Summe der Abweichungen}}{\text{Istnutzungsgrad}}$ GA/m² = 45.000 €/26.500 m² **GA/m² = 1,70 €/m²**

Abb. IV 110: Kostenkontrolle bei flexibler Plankostenrechnung[527]

Dem Soll-Ist-Vergleich ist eine Abweichungsanalyse anzuschließen. Sie versucht, durch die Aufspaltung der Gesamtabweichungen in die nachfolgenden Teilabweichungen die abweichungsverursachenden Einflussgrößen offen zu legen und notwendige Maßnahmen zur Optimierung abzuleiten:

- Die Mengenabweichung ist entweder eine Verbrauchsabweichung (= Ist-Kosten zu Plan-Preisen – Soll-Kosten) oder eine Nutzungsabweichung (= Soll-Kosten – verrechnete Plan-Kosten).
- Die Preisabweichung berechnet sich aus dem Ergebnis der Ist-Kosten zu Ist-Preisen – Ist-Kosten zu Planpreisen multipliziert mit der Planmenge.
- Die Sekundärabweichung errechnet sich aus dem Produkt der Mengen- und Preisänderung.[528]

---

[526] Vgl. Schierenbeck, H. (2003), S. 702
[527] In Anlehnung an: ebenda
[528] Vgl. Horváth, P. (1996), S. 467 f.

13.3.3 Prozesskontrolle und -optimierung

In einem der vorigen Kapitel wurde bereits dargestellt, dass sich der Einsatz der Prozesskostenrechnung im Immobilienmanagement aufgrund der Wiederholbarkeit und Entscheidungsarmut der Prozesse lohnt.[529] Durch die Prozesskostenrechnung ist es möglich, eine permanente Planung, Steuerung und Kontrolle der Gemeinkostenbereiche vorzunehmen.[530] Ferner schafft die Prozesskostenrechnung die notwendige Transparenz, um Maßnahmen zur Optimierung der anfallenden Prozesse einzuleiten und diese auch monetär messen zu können.

Lfd. Nr.	Arbeitsablauf	Hilfsmittel	Zeitdauer (min.)	Tätigkeitskosten (€)	Assistenz Facility Manager	Assistenz Facility Manager	Facility Manager	Hausmeister	Bemerkung
1	Eingang des Kundenauftrags (schriftlich), öffnen, verteilen		20	7	○				
1	Eingang des Kundenauftrags (telefonisch)		10	3		○			
1	Eventstörung (automatisch)		0	0			○		
1	Erkennen der Störung bei der Inspektion oder Wartung		20	7				○	
2	Ausführungsauftrag (Aa) ausschreiben	Formularsatz, evtl. Computer	30	10			□		
3	Prüfen, ob Personal/ Hilfsmittel verfügbar	Telefon, Computer	40	13			◇		
4	Beschaffung der Hilfsmittel, falls diese nicht verfügbar sind	Auto, Computer	100	33				○	
4	Hilfsmittel aus Lager holen		10	3				○	
5	Dienstleistung erbringen	je nach Dienstleistung	100	33			□		
6	Dienstleistung prüfen	je nach Dienstleistung	30	10			□		
7	Rechnung verbuchen	Computer	20	7			□		

Symbole: □ Ausführungsauftrag ⊡ Dienstleistung ○ Prozessinput ◇ Entscheidungsfeld
© Nitschke J. (2002) S. 53

Abb. IV 111: Teilprozess Störungsmanagement

Der oben dargestellte Teilprozess des Störungsmanagements ist über die Verteilung der Manntage mit einem Prozesskostensatz versehen. Auf der untersten Ebene der Prozesshierarchie werden die Tätigkeiten, also die Aktivitäten des Ausführens,[531] mit den dazugehörigen Zeiteinheiten gemessen und so der Prozesskostensatz auf die einzelne Tätigkeit heruntergebrochen. Danach kann die Analyse des Prozesses beginnen, wobei die Tätigkeiten mit dem höchsten Kostenanteil zuerst untersucht werden.

Am Beispiel des Störungsmanagements sind das die „Beschaffung von Hilfsmitteln, falls diese nicht verfügbar sind" sowie die „Erbringung der Dienstleistung". Die Beschaffung des Materials verursacht sehr hohe Kosten und bietet somit ein Optimierungspotential, da z. B. „die Beschaffung der Hilfsmittel aus dem eigenen Lager" nur ¹⁄₁₀ der Kosten verursacht wie die Fremdbeschaffung. Das

---
[529] Vgl. Reckenfelderbäumer, M. (1998), S. 156
[530] Vgl. Horváth, P. (1996), S. 536
[531] Vgl. Weiß, D. (1998), S. 12

erkennbare Optimierungspotential entspricht also ca. 90 % dieser Tätigkeitskosten, wenn durch das Vorhalten der Ersatzteile der Beschaffungsprozess optimiert werden würde. Diese Prozessoptimierung würde bei den 150 Störungen jährlich eine Kostenminimierung von ca. TEUR 5 hervorrufen.

Bei der Vorgehensweise zur Auswertung und Kontrolle der Teilprozesse im Immobilienmanagement sollten die nach der ABC-Analyse ermittelten Teilprozesse mit dem höchsten Kostenanteil zuerst kontrolliert und analysiert werden.

14 Strategisches Immobiliencontrolling

14.1 Koordination des Portfolio- mit dem Immobilienmanagement

Immobilienportfoliomanagement lässt sich definieren als systematische Planung, Steuerung und Kontrolle eines Bestandes von Grundstücken und Gebäuden mit dem Ziel, Erfolgspotentiale zu sichern. Für die Analyse des Entwicklungs-, Vermarktungs- und Wertsteigerungspotentials eines Immobilienbestands wird ein Vorgehen gewählt, bei dem analog der Portfolioanalyse auf Unternehmensebene die einzelnen Immobilien als eigenständige Geschäftsfelder (Profit-Center) angesehen und anhand ausgesuchter Kriterien in einer Portfoliomatrix positioniert werden.[532]

Die Positionierung in der Portfoliomatrix erfolgt anhand von in einem Scoring-Modell gewichteten Faktoren, welche in die Betrachtungshorizonte Marktattraktivität und relativer Wettbewerbsvorteil unterschieden werden. Dabei liegt der Fokus einerseits auf den externen Eigenschaften des Marktes, welche größtenteils nicht beeinflussbar sind, und andererseits auf den internen Eigenschaften, welche durch geeignete unternehmerische Handlungen beeinflusst werden können.

In der Spalte des relativen Wettbewerbsvorteils in Abb. IV 112 wird ersichtlich, dass die Faktoren Kosteneffizienz, Ertragsfähigkeit und Wertentwicklung eine bedeutende Rolle in dieser Betrachtungsdimension spielen. Gewichtet in einem Scoring-Modell stammen etwa 50 % aller erreichbaren Punkte aus dieser Betrachtungsdimension von den oben genannten Faktoren. Aus diesem Grund ist es wichtig, diese Faktoren so transparent, differenziert und übersichtlich wie möglich darzustellen. Dies stellt eine Hauptaufgabe der Informationsversorgung, aber auch der Planung und Kontrolle im Immobiliencontrolling dar, da aufgrund dieser Datenbasis strategische Entscheidungen von enorm hohem Ausmaß getroffen werden.

Mit der Feststellung der Portfoliopositionen für alle Immobilien eines Unternehmens wird die wesentliche Voraussetzung für eine konzeptionelle Gesamtsicht des Immobilienengagements eines Investors geschaffen. Da es sich bei dieser Darstellung nur um eine Ist-Betrachtung handelt, ist im nächsten Schritt die Analyse dahin gehend zu erweitern, dass die Entwicklung der gegenwärtigen Situation in der Zukunft betrachtet wird. Im Rahmen des Portfoliomanagements beinhaltet dieser Schritt die Vorwegnahme der zukünftigen Umwelt- und Unternehmensentwicklung durch die Aufstellung eines Soll-Portfolios. Diese umfasst die Kombination der für den Planungszeitraum erwarteten Veränderungen der Umweltzustände und der von dem Unternehmen für die einzelnen Immobilien vorgeschlagenen strategischen Aktionen zur Reaktion auf den Wandel. Diese strategischen Aktionen untergliedern sich in:

---

[532] Vgl. Hens, M./Haub, C./Meyer, T. J. (1998), S. 254.

Marktattraktivität	Relativer Wettbewerbsvorteil
• wirtschaftliche und politische Rahmenbedingungen	• Nutzungskonzept und Funktionalität
• demographische/sozioökonomische Faktoren	• Mietermix
• Infrastruktur	• Grundstücks- und (Mikro-)Standortfaktoren
• weiche Faktoren	• architektonische/technische Gebäudeausstattung
• Struktur und Entwicklung des Immobilienangebots	• Ertragsfähigkeit • Deckungsbeitrag/Kostendeckungsgrad • Steigerungs-/Entwicklungspotential • Abweichung von der Marktmiete
• Struktur und Entwicklung der Immobiliennachfrage	• Wertentwicklung
• Miet- und Preisniveau des räumlichen und sachlichen Teilmarkts	• Kosteneffizienz/Investitionsbedarf • externe vs. interne Managementausführung • personelle und finanzielle Ressourcenbindung • Bewirtschaftungs- und Instandhaltungsaufwand • Redevelopmentbedarf/Lebenszyklus des Gebäudes

Abb. IV 112: Betrachtungsdimensionen im Portfoliomanagement[533]

Normstrategien, welche sich bereits aus der Portfolioposition ableiten lassen. Diese sind die Investitions- und Wachstumsstrategien, die selektiven Strategien sowie die Abschöpfungs- und Desinvestitionsstrategien.

Wettbewerbsstrategien, welche dazu dienen, durch das Immobilienmanagement Wettbewerbsvorteile aufzubauen, wie bspw. die:

- Strategie der Kostenführerschaft, die durch die Lebenszykluskostenoptimierung zum einen den Cashflow erhöht, aber auch eventuell durch die Senkung der umlagefähigen Bewirtschaftungskosten die Mieter entlastet und somit das Objekt attraktiver am Markt darstellt als vergleichbare Immobilien.
- Differenzierungsstrategie, welche auf der Schaffung einer einzigartigen Stellung der Immobilie basiert und sich somit den Kräften des Preiswettbewerbs entzieht. Dies kann durch die Erhöhung des Nutzungswertes für den Mieter (z. B. durch Einrichten einer Rechtsbibliothek für mehrere Anwaltskanzleien in einem Objekt) oder durch die Senkung der Nutzungskosten (z. B. durch das Anbieten von speziellen Arbeitsplatzkonzepten zur Mietflächenreduktion) sein.
- Fokusstrategie, welche durch die Abdeckung nutzerspezifischer, regionaler oder immobilientypspezifischer Marktnischen Wettbewerbsvorteile durch die Verringerung der Konkurrenz erzielt.

---

[533] Eigene Darstellung nach: Wellner, K. (2003), S. 168

Gesamtunternehmensstrategien, die zur Bestimmung der langfristigen Unternehmensentwicklung die Festlegung über Märkte, Marktsegmente, Nischen als Orte des Wettbewerbs festlegt. Diese lassen sich unterteilen in die Diversifikation des Immobilienportfolios sowie in die Erweiterung der Wertschöpfungskette.

Mit der Auflistung der strategischen Aktionen wird über einen 5- bis 10-Jahreszeitraum die Portfoliostrategie festgelegt. Dabei betrifft diese Strategie am Beispiel des betrachteten Unternehmens zum einen das gesamte Unternehmen, aber auch einzelne Geschäftsfelder, wie z. B. das „IPC". Die strategischen Aktionen, z. B. das Erreichen der Kostenführerschaft, werden dann durch konkrete, jährliche Maßnahmen operativ umgesetzt.

14.2 Die strategische Betrachtung des Immobilienlebenszyklus

Der Fokus in der Projektentwicklung auf „Lage, Lage, Lage" als einziges Kriterium für den Erfolg von Immobilien lässt sich, zumindest für Gewerbeimmobilien, durch den Service und die Nutzung ergänzen. Die Bewirtschaftungs- und Servicekosten (-qualität) haben sich ebenso wie die Nutzungsqualität und -flexibilität zu Erfolgspotentialen im gewerblichen Immobilienmanagement entwickelt.

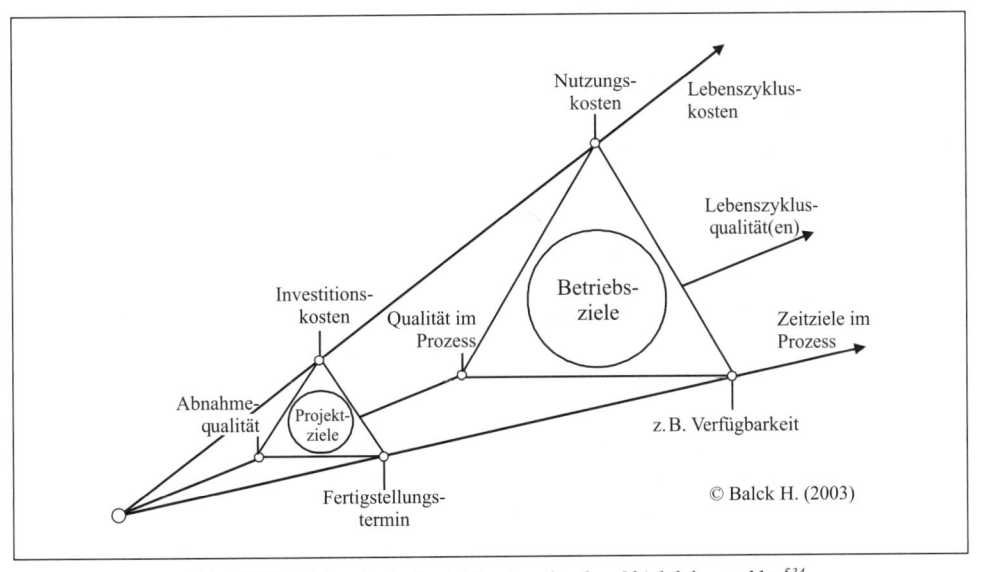

Abb. IV 113: Technologisches Zielsystem für den Objektlebenszyklus[534]

Um diese Potentiale zu realisieren, ist es also notwendig, den Fokus von der Investition auf den des Lebenszyklus zu erweitern. Nur diese Perspektive ermöglicht uns heute schon, den zukünftigen Anforderungen der Mieter zu begegnen. Denn was nutzt einem Eigentümer ein optimal abgeschlossener 10-Jahres-Mietvertrag, wenn der Mieter ihn nicht verlängert, weil die Bewirtschaftungskosten zu hoch sind oder weil Veränderungen in seiner Organisationsstruktur nur mit hohem Aufwand in der Immobilie umzusetzen sind.

---

[534] Balck, H. (2010), S. 30

14.2.1 Immobilienprojektcontrolling in der Entstehungsphase

Aus Sicht des Immobiliencontrollings sind in der Entstehungsphase von Immobilien folgende Problemfelder von besonderem Interesse:[535]

Die **Berücksichtigung der Nutzungsfunktionalität und Nutzungsflexibilität** von Gebäuden ist für den Erfolg einer Immobilie entscheidend, da der spätere Vermietungs- und Verkaufserfolg maßgeblich davon abhängt. Die Drittverwendungsfähigkeit kann das entscheidende Kriterium für den Immobilienerfolg sein, falls es zum Leerstand kommen sollte. Dabei sollten bereits in der Entstehungsphase Vorkehrmaßnahmen zur Anpassung an den technologischen, sektoralen, sozialen Wandel getroffen werden und somit das Gebäude so flexibel geplant werden, dass Anpassungen an die Umwelt möglich sind.

Durch die **Entwicklung von problemadäquaten Planungsmethoden** sollte es möglich sein, zukünftige Anpassungen bereits in der Planung zu prognostizieren. Es sind Maßnahmen einzuleiten, welche die traditionelle sukzessive Planung weiterentwickeln zur simultanen Planung. Dabei ist das Ziel die Informationen über die verwendeten Bauteile bereits so aufzuarbeiten, dass über Simulationen und Prognosen das Verhalten dieser Bauteile während dem Nutzungsprozess dargestellt werden kann.

14.2.2 Immobiliencontrolling in der Nutzungsphase

Nutzungskosten im Sinne der GEFMA 200 sind sämtliche laufende Aufwendungen innerhalb der Nutzungsphase eines Gebäudes. Diese setzen sich zusammen aus den Instandhaltungskosten sowie den Betriebskosten. Durch die transparente und differenzierte Aufstellung der Betriebskosten mit Hilfe der Kostenarten-, Kostenstellen-, Prozesskosten-, und Kostenträgerrechnung sowie durch die dargestellten Möglichkeiten zur Planung und Kontrolle, existiert bereits eine Controllingbasis für die Betriebskosten.

Um ein transparentes und unverfälschtes Bild der Wartungs-, Inspektions- und Instandsetzungskosten darstellen zu können, erfolgt die Unterteilung im Sinne der GEFMA 108 in kleine und große Instandsetzung. Die kleine Instandsetzung ist hier als Tätigkeit im Rahmen der Wartung definiert, während die große Instandsetzung die Erneuerung oder den Ersatz von Bauteilen oder Bauteilgruppen betrifft.

Ziel der Instandhaltung sind die Sicherung der Verfügbarkeit, die Kostenoptimierung sowie die Wertsteigerung und Wertsicherung. Zur Umsetzung dieser Ziele müssen die Inspektionen, Wartungen und kleinen Instandsetzungen operativ und die großen Instandsetzungen strategisch geplant werden. Der Planungsablauf ist dabei folgender:

- Darstellung der instandhaltungsrelevanten Bauteile mit Hilfe der Gliederung der DIN 276 (Kosten im Hochbau) sowie

- Beurteilung der instandhaltungsrelevanten Bauteile durch die Ermittlung der Lebensdauer des Bauteils oder durch Vor-Ort-Analysen. Die Einflussfaktoren (Nutzung, Bauteilqualität, Umwelteinflüsse und Instandhaltungsqualität) auf die Lebensdauer beeinflussen die Qualität der Bauteile und den Abnutzungsgrad.[536]

Danach erfolgt die Festlegung der bauteilspezifischen Instandhaltungsstrategie. Die Präventivstrategie wird (Instandsetzung erfolgt vor Ausfall) bei Bauteilen mit hohen Schadensausfallkosten (z. B.

14 Strategisches Immobiliencontrolling

Klimaanlage in einem Rechenzentrum) oder aus wirtschaftlichen Gesichtspunkten angewandt. Weitere Instandhaltungsstrategien sind die Korrektivstrategie (Instandsetzung erfolgt nach dem Schadensfall), welche z. B. bei wirtschaftlich unbedeutenden Bauteilen erfolgt (z. B. Glühbirnen wechseln), und die Inspektionsstrategie (Instandsetzungsbedarf wird bei Inspektion kurz vor Ausfall des Bauteils erkannt und Instandsetzungsprozess eingeleitet):

- Die Planung von Zeitpunkten für eine Einzelmaßnahme erfolgt bei der Inspektion und Wartung mit Hilfe des Inspektions- bzw. Wartungsplans, da hier durch die gesetzlichen Regelungen, welche z. B. in der GEFMA 900/910 aufgelistet sind, bereits die Intervalle festgelegt sind. Die Planung der großen Instandsetzungen erfolgt je nach Instandhaltungsstrategie in Abhängigkeit von der Liquidität der Eigentümer.

	Korrektivstrategie	Präventivstrategie	Inspektionsstrategie
Vorteile	– optimale Ausnutzung der technischen Lebensdauer – geringer Planungsaufwand – scheinbare Kostenminimierung	– Planung und Abstimmung der Maßnahmen möglich – konkrete Kriterien für Outsourcingentscheidung – garantierte Flächenverfügbarkeit möglich – Senkung der Ausfallkosten	– geringerer Genauigkeitsgrad bzgl. Abnutzungsverhalten erforderlich – optimale Ausnutzung der technischen Lebensdauer – gute Planbarkeit der Maßnahmen – hohes Maß an Flächenverfügbarkeit
Nachteile	– hohe Schadenfolgekosten möglich – mögliche Engpässe und höhere Preise bei der Ersatzteilbeschaffung – Verkürzung der Lebensdauer der betroffenen Elemente – ungleichmäßige Auslastung von Instandhaltungskapazitäten – hoher zeitlicher Druck bei der Schadensbehebung mit negativer Beeinträchtigung der Ausführungsqualität – eingeschränkte Outsourcingmöglichkeiten – keine hohe garantierte Flächenverfügbarkeit	– hoher Planungsaufwand (Datengenerierung und -pflege) – uneinheitliche Aussagen über Verschleißverhalten von Gebäudeelementen – techn. Lebensdauer wird nicht optimal ausgenutzt – höhere Anzahl an Maßnahmen erhöht Fehlerwahrscheinlichkeit	– mögliche Kostennachteile durch zusätzliche Anzahl an Inspektionen und erforderliche Qualifikation des Personals (handwerkliche Fähigkeiten und detaillierte Kenntnisse der techn. Diagnostik)

Abb. IV 114: Vor- und Nachteile der Instandhaltungsstrategien[537]

- Die Planung der Kosten für Einzelmaßnahmen erfolgt jährlich für einen bestimmten Zeitraum (z. B. 5 Jahre) und wird dann jedes Jahr angepasst. Dabei ist es denkbar, innerhalb eines bestimmten Kostenrahmens (z. B. bis TEUR 5) mit Hilfe von Erfahrungswerten (z. B. kostet der Anstrich des Außenputzes EUR 8–15 und im Mittelwert EUR 7,5) oder mit Kostenkalkulationen nach HOAI zu planen.
- Zuletzt erfolgt die Kosten- und Qualitätskontrolle der Einzelmaßnahen.

Das Ergebnis ist ein mittel- bis langfristiger Instandhaltungsplan, aus dem eine Budgetplanung für die nächsten Jahre abgeleitet werden kann. Diese Budgetplanung wird jährlich angepasst und geht dann in das kurzfristige Jahresbudget ein.

---

[537] In Anlehnung an: ebenda, S. 341

14.2.3 Lebenszykluskosten und Lebenszyklusqualität

Im Mittelpunkt dieser Betrachtung stehen die Lebenszykluskosten und die daran gekoppelte Qualität. Dabei bedeutet Qualität die Zuverlässigkeit, Störungsfreiheit, Adaptierbarkeit und Umbaufähigkeit eines Objektes, so dass es in der Lage ist, intelligent auf die veränderten Bedürfnisse der Nutzer, Umwelt und Gesellschaft zu reagieren und variable Flächennutzungen zu ermöglichen.

Die Definition dieser „strategischen Bauteile" kann nur aus der Erfahrung und dem Wissen der Nutzer und Betreiber des Gebäudes kommen. Wenn also ein Bauteil relevant für den Eigentümer, den Nutzer und den Betreiber ist, so sollte dieses einer qualitäts- und kostenorientierten Lebenszyklusbetrachtung unterzogen werden. Zur Festlegung, welche Bauteile in einem Gebäude einer solchen Betrachtung unterzogen werden müssen, dient das Schema der DIN 276, welches in Abb. IV 115 exemplarisch dargestellt ist.

Nach der Definition der strategischen Bauteile erfolgt die Lebenszyklusbetrachtung dieser Bauteile für die betroffenen Parteien und das Durchspielen verschiedener Varianten zur Beurteilung, welches Bauteil sich am besten eignet. Dabei kann auf dem Schema der DIN 276 (Kosten im Hochbau) aufgebaut, eine Verknüpfung mit der DIN 18960 in der aktuellen Fassung vom Juni 1999 (Nutzungskosten im Hochbau) hergestellt werden.

KGr.			Bezeichnung	Prozent der Baukosten	Auswirkungen auf Lebenszykluskosten und -qualität
100			Grundstück		
200			Herrichten und Erschließen	2,0%	
300			Bauwerk – Baukonstruktion		
	310		Baugrube	4,4%	
	320		Gründung	4,1%	
	330		Außenwände		
		331	Tragende Außenwände	3,6%	
		332	Nichttragende Außenwände	0,1%	
		333	Außenstützen	1,3%	
		334	Außentüren, -fenster	1,9%	Energiekosten, Reinigungskosten, Sicherheitskosten
		335	Außenwandbekleidungen außen	4,1%	
		336	Außenwandbekleidungen innen	0,8%	Energiekosten, Fasadenreinigung, Schönheitsreparaturen
		337	Elementierte Außenwände	8,8%	
		338	Außenwände, Sonstiges	0,3%	
	340		Innenwände		
		341	Tragende Innenwände	3,6%	
		342	Nichttragende Innenwände	2,3%	Flexibilität, Churnkosten, Instandsetzungskosten
		343	Innenstützen	1,3%	
		344	Innentüren, -fenster	2,0%	
		345	Innenwandbekleidungen	2,6%	Schönheitsreparaturen
		346	Elementierte Innenwände	0,5%	Flexibilität, Churnkosten, Instandsetzungskosten
	350		Decken		
		351	Deckenkonstruktionen	6,4%	
		352	Deckenbeläge	3,7%	Flexibilität, Churnkosten, Reinigungskosten
		353	Deckenbekleidungen	2,0%	
		359	Decken, Sonstiges	0,4%	
	360		Dächer	7,3%	
	370		Baukonstruktion Einbau	1,7%	
	390		Sonstige Baukonstruktion	6,7%	
400			Bauwerk – Technische Anlagen	20,0%	Verfügbarkeit, Sicherheit, Komfort, Energie, Verbrauch
500			Außenanlagen	3,0%	
600			Ausstattung und Kunstwerke	5,0%	
700			Baunebenkosten		

© Balck H. (2003) S. 2 ff.

Abb. IV 115: Bestimmung der strategischen Bauteile mit Hilfe der DIN 276[538]

---

[538] In Anlehnung an DIN (2008), o. S.

Die Daten des Betreibers, welche sich aus der Tabelle (Abb. IV 116) ergeben, sind die Grundlage für die nachfolgende Lebenszyklusbetrachtung. Dabei wird der Kapitalwert aus der Anfangsinvestition und den zukünftigen Zahlungen für Betrieb, Abbruch, Entsorgung und Instandhaltung gebildet. Als Kalkulationszinsfuß werden 7 % in dieser Rechnung angenommen, da dies der durchschnittliche RoI ist, welchen das „IPC" erwirtschaftet.

	Veloursteppich		Linoleum		Naturwerkstein, poliert	
Bauwerksteilkosten	25 €/m²		30 €/m²		70 €/m²	
Installationskosten	20 TEUR		25 TEUR		50 TEUR	
Instandsetzungskosten in Bezug auf Lebensdauer	28 €/m²		35 €/m²		12,5 €/m² Steinkristallation alle 10 Jahre	
technische Lebensdauer	8 Jahre		20 Jahre		50 Jahre	
Abbruch- und Entsorgungskosten	7 €/m²		6 €/m²		12 €/m²	
Rahmenbedingungen	– Büroflächen – hohe Frequentierung – mittlere Überstellung mit Mobiliar				– hohe Reinigungsqualität – Preissteigerungsrate für Ausführungsalternative und Maßnahme von 3 %	
Reinigung	Häufigkeit/Jahr	Kosten in €/m²	Häufigkeit/Jahr	Kosten in €/m²	Häufigkeit/Jahr	Kosten in €/m²
– Saugen	252	0,025				
– Grundreinigung	1	1,75				
– Feuchtwischen			252	0,025	252	0,045
– Nasswischen			50	0,055		
– Cleanern					25	0,11

Abb. IV 116: Ausführungskosten für Bodenbeläge[539]

Der unten folgende Vergleich der Bodenbeläge macht deutlich, dass der Veloursteppich mit TEUR 2.859 die niedrigsten Lebenszykluskosten hat, während der Naturwerkstein mit TEUR 3.488 die höchsten Lebenszykluskosten hat. Da der neue Mieter dieser Fläche jedoch eine Bank mit einer Churnrate von 40 %, (40 % aller Mitarbeiter ziehen einmal im Jahr um) ist, werden laut Mieterangaben durch Umzugsschäden auf dem Veloursteppich ca. TEUR 40 und auf dem Linoleum ca. TEUR 15 zusätzliche jährliche Instandsetzungskosten entstehen. Der Naturwerkstein ist jedoch so unempfindlich, dass keine weiteren Instandsetzungskosten anfallen. Damit wird der Naturstein plötzlich die günstigste Alternative, da hier die Lebenszykluskosten bei TEUR 3.483 liegen, während beim Veloursteppich die Nutzungsintensität die Lebenszykluskosten auf TEUR 3.641 (Linoleum = TEUR 3.517) ansteigen lässt.

Bei aller Aussagekraft dieser Resultate darf jedoch nicht vergessen werden, dass die strategischen Bauteile eines jeden Gebäudes aufgrund der Heterogenität von Immobilien, Gebäuden, aber auch der Mieter jedes Mal neu betrachtet werden müssen.

14.2.4 Das Immobilieninformationssystem

Die Bandbreite immobilienwirtschaftlicher Software ist mittlerweile sehr groß. CAFM-Programme, Bewertungstools, Portfoliomanagementsysteme sowie Tabellenkalkulations-Programme in jeglicher Form unterstützen heute den Arbeitsprozess eines Immobilienmanagers. Jedoch ist eine zentrale integrierte Datenbasis in der Immobilienwirtschaft bisher kaum gegeben. Meist verfügt jeder Funktionsbereich über eigene Datensammlungen, die zudem mit vielfältigen Medien verwaltet werden und von stark differierender Qualität sind. Das Resultat daraus ist, dass Fehler und Ineffizienz durch die Vielzahl an Medienbrüchen entstehen.

---

[539] In Anlehnung an: Homann, K. (1999), S. 145

			1	2	3	4	5	6	7	8	...	49	50
Veloursteppich (10.000 m²)	Anschaffungskosten DIN 276 KGr. 352 Deckenbeläge	Kostenart DIN 18960											
	Kaufpreis	320	83	85	88	91	93	96	99	102		343	353
	Installation	410	0	0	0	0	0	0	0	101		0	0
	Sonstiges												
	250 TEUR	jährliche Kosten											
	20 TEUR	Reinigung und Pflege											
	0 TEUR	Instandsetzung											
Summe	270 TEUR		83	85	88	91	93	96	99	203		343	353
Abgezinste Summe	270 TEUR		77	75	72	69	67	64	62	118		12	12
Kapitalwert	**2.223 TEUR**												
Linoleum (10.000 m²)	Anschaffungskosten DIN 276 KGr. 352 Deckenbeläge	Kostenart DIN 18960	1	2	3	4	5	6	7	8	...	49	50
	Kaufpreis	320	122	125	129	133	137	141	145	149		502	517
	Installation	410	10	11	11	11	12	12	12	13		43	44
	Sonstiges												
	300 TEUR	jährliche Kosten											
	25 TEUR	Reinigung und Pflege											
	0 TEUR	Instandsetzung											
Summe	325 TEUR		132	136	140	144	148	153	157	162		545	561
Abgezinste Summe	325 TEUR		132	119	114	110	106	102	98	94		20	19
Kapitalwert	**3.370 TEUR**												
Naturwerkstein, poliert (10.000 m²)	Anschaffungskosten DIN 276 KGr. 352 Deckenbeläge	Kostenart DIN 18960	1	2	3	4	5	6	7	8	...	49	50
	Kaufpreis	320	117	120	124	128	131	135	139	144		483	497
	Installation	410	0	0	0	0	0	0	0	0		0	548
	Sonstiges												
	500 TEUR	jährliche Kosten											
	50 TEUR	Reinigung und Pflege											
	0 TEUR	Instandsetzung											
Summe	550 TEUR		117	120	124	128	131	135	139	144		483	1.045
Abgezinste Summe	550 TEUR		109	105	101	97	94	90	87	84		18	35
Kapitalwert	**3.265 TEUR**												

alle Angaben in TEUR

Abb. IV 117: Berechnung der Lebenszykluskosten für Bodenbeläge

Ein systematisches Informationsmanagement unter Nutzung einer gemeinsamen umfassenden Datenbank löst die bisher existierenden autonomen und damit ineffizienten Informationssammlungen ab. Nur so wird die vollständige Nutzbarkeit und hohe Aktualität der im Immobilienmanagement benötigten Daten erreicht.[540]

Ein immobilienwirtschaftliches Informationssystem erfordert eine Reihe von besonderen Leistungen, die sich wie folgt gliedern lassen.

- Die Datenerfassung und -integration von alphanumerischen und graphischen Daten über den gesamten Immobilienlebenszyklus hinweg. Dabei muss das System Schnittstellen bilden zu anderen Systemen, wie z. B. zu CAFM- oder Finanzbuchhaltungssystemen.

- Der Aufbau und Inhalt der Datenbasis muss einmalig eingepflegt werden. Danach muss das Immobilieninformationssystem detaillierte technische Angaben über die einzelnen Gebäude (bis auf die Räume heruntergebrochen) beinhalten. Die Datenbasis muss ferner Rechenschemata integrieren, die auf der immobilienwirtschaftlichen Kostenrechnung basieren. Dabei wäre es sinnvoll, wenn auch externe Informationen (wie z. B. Marktdaten, Indizes usw.) angebunden werden.

- Die Informationsbereitstellung muss an den Geschäftsprozessen des Immobilienmanagements orientiert sein. Ferner muss es zugänglich sein für bestimmte externe Nutzergruppen (z. B. Dienstleister oder Kunden). Die Fähigkeit Informationen für Immobilienmarktplätze (z. B. Immobilienscout usw.) bereitzustellen, rundet das Anforderungsprofil an die immobilienwirtschaftliche Software ab.

Nachdem die Anforderungen an ein immobilienwirtschaftliches Informationssystem geklärt wurden, erfolgt die beispielhafte Darstellung eines solchen Systems. Das SAP R/3 RE ist ein Modul des verbreiteten betriebswirtschaftlichen Softwaresystems SAP R/3. SAP ist so aufgebaut, dass zunächst ein Basissystem installiert wird, welches dann durch Module ergänzt werden kann. Das Modul IS/RE ist als Branchenlösung für die Immobilienwirtschaft zunächst einmal abhängig von den Modulen Finanzen und Controlling. Der Funktionsumfang erweitert sich jedoch, je mehr Mo-

Enterprise Management	Strategic Enterprise Management	Analytische Anwendungen	Business Intelligence und Entscheidungshilfe	Rechnungswesen	Employee Relationship Management & Workforce Analytics
Real Estate Business Analytics	Bewertungsmethoden	Scoring-Modelle	Benchmarking und Reporting	Planung & Simulation	Datenaustausch
Customer Lifecycle Management	Kundenakquisition		Kundenservice		Auftragsabwicklung
Projektmanagement	Grobe Finanz- und Zeitplanung		Ausschreibung, Vergabe, Abrechnung	Überstellung in die Bewirtschaftung	
Kaufmännische Bewirtschaftung	Vertragsmanagement	Mietbuchhaltung	Mietanpassung und Umsatzmiete	Nebenkostenabrechnung	Fremdverwaltung	Liegenschaftsverwaltung
Technisches Immobilienmanagement	Flächenmanagement	Planmäßige Instandhaltung	Instandsetzung und Modernisierung	Beschaffung von externen Dienstleistungen	Gebäudeleittechnik
Real Estate Controlling	Objektcontrolling		Bereichscontrolling mit Profit-Centern	Gemeinkosten-Controlling	Prozesskostenrechnung
System und Real Estate Infrastruktur	Organisationsstruktur	Stammdatenobjekte	Partner- und Adressverwaltung	Korrespondenz und optische Archivierung	Schnittstellen zu Graphiksystemen	Berichtswesen

©SAP AG (2003)

Abb. IV 118: SAP Real Estate Map, Edition 2003

---

[540] Vgl. Metzner, S. (2002), S. 341

dule einbezogen werden. Immobilienwirtschaftlich interessant sind hier Instandhaltung inklusive Servicemanagement, Projektsystem und Controlling.[541]

SAP R/3 ermöglicht es, aus unterschiedlichen Sichten auf ein Immobilienobjekt zu blicken. Diese Perspektiven dienen dem Zweck der prozessorientierten Bearbeitung von komplexen Vorgängen der Immobilienbereitstellung, des Immobilienbetriebs und der Immobilienverwertung. Ohne auf die einzelnen Funktionsbereiche näher eingehen zu wollen, sei hier festgestellt, dass der Funktionsumfang nahezu die gesamte Breite der Aufgaben des Immobilienmanagements unterstützt. Die Stammdaten für Immobilienobjekte werden bei SAP hierarchisch von Wirtschaftseinheiten über Grundstücke, Gebäude, Mieteinheiten bis zu Räumen detailliert gegliedert und decken so das Aufgabenspektrum an ein immobilienwirtschaftliches Softwaresystem nahezu komplett ab. Ferner bietet SAP R/3 die Möglichkeit, durch Schnittstellenprogrammierung mit anderen Systemen zu kommunizieren.

Die geschilderte Funktionalität, die SAP für den Immobilienbereich bietet, ist unumstritten. Dennoch sind mit den erhöhten Anschaffungs- und Unterhaltungskosten sowie dem Einführungsrisiko auch die Nachteile einer SAP-Einführung zu betrachten.

14.3 Mögliche Kennzahlensysteme im Immobilienmanagement

Die maßgebliche Grundlage für ein erfolgreiches Management sind zeitnahe, fundierte und präzise Informationen. Durch die Kenntnis über Vorgänge und Zustände können Sachverhalte mittels Kennzahlen bewertbar und vergleichbar werden. Als Kennzahlen lassen sich entsprechend sowohl absolute als auch Verhältniszahlen verwenden. Kennzahlen dienen zur Information und als Steuerungsinstrument durch die Weiterentwicklung eines Kennzahlensystems zu einem Zielsystem. Aufgabe des Controllings ist es, Kennzahlensysteme so aufzubauen, dass es im Hinblick auf eine optimale Gesamtzielerreichung die Einzelentscheidung fördert. Dabei können Kennzahlen in monetär und nichtmonetär unterschieden werden.

14.3.1 Darstellung des DuPont-Systems für die Immobilienwirtschaft

In der unternehmerischen Praxis gewinnen Kennzahlen und Kennzahlensysteme immer mehr an Bedeutung und sind für ein modernes Management ein wichtiges Informations- und Steuerungsinstrument. Aber auch für Zwecke wie Benchmarking und Konkurrenzanalysen sind Kennzahlen geeignet.

Die nächste Abbildung stellt ein bekanntes Kennzahlensystem, das DuPont-System, vor. Hier wird das Unternehmensziel durch die Kennzahl Return on Investment (RoI) in dessen Elemente aufgespalten dargestellt. Die Auflösung des RoI zeigt dann dessen verschiedene Einflussfaktoren auf. Dieses System kann als Kontroll-, aber auch als Planungs- bzw. Budgetinstrument durch die Formulierung von Plankennzahlen verwendet werden.[542]

Das oben dargestellte Kennzahlensystem ist auf die Besonderheiten von Immobilien abgestimmt und basiert auf der immobilienwirtschaftlichen Kosten- und Erlösrechnung. Die Daten hierzu stammen ausschließlich aus dem GAB II und der mehrstufigen Deckungsbeitragsrechnung.

---

[541] Vgl. Pfnür, A. (2002a), S. 134ff.
[542] Vgl. Horváth, P. (1996), S. 548

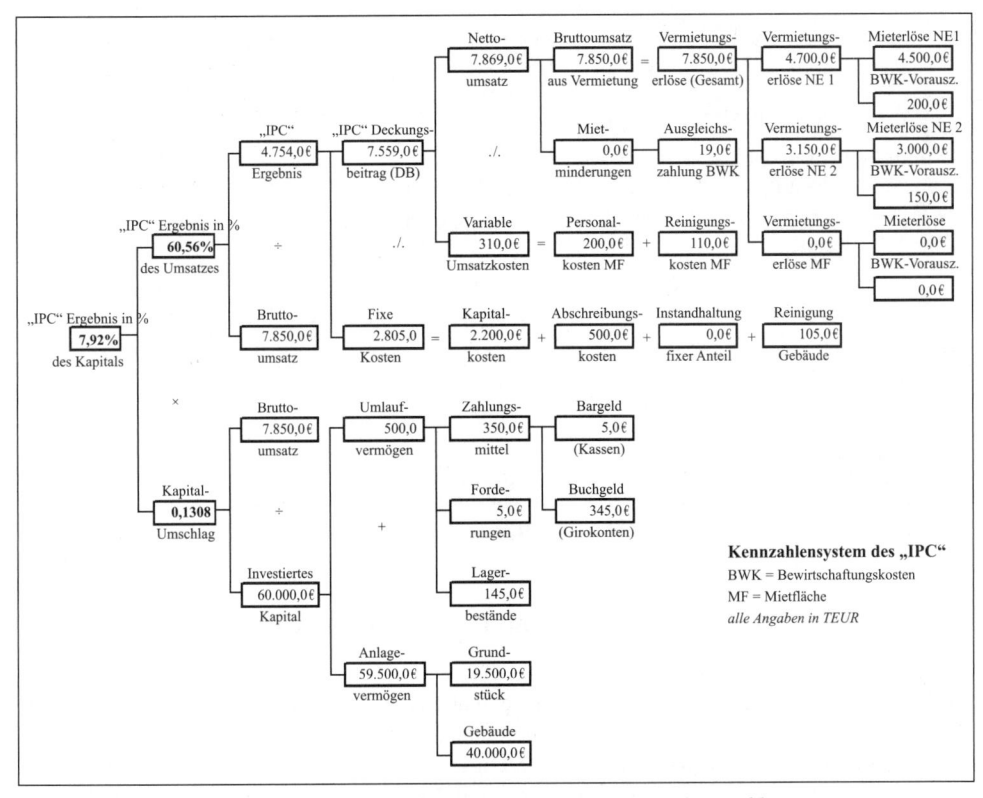

Abb. IV 119: Immobilienwirtschaftlich angepasstes DuPont-Kennzahlensystem

Das DuPont-Kennzahlensystem bietet eine geeignete Sichtweise für das Immobilienmanagement, da es zum einen die Unternehmensdimension betrachten, aber auch wie oben dargestellt auf die Ebene des „IPC" herunter gebrochen werden kann. Dadurch trägt das RoI-Konzept zwar dem Rentabilitätsziel der Unternehmung Rechnung, es fördert jedoch auch die kurzfristige Gewinnmaximierung, da es sich zu sehr an finanzwirtschaftlichen Kennzahlen orientiert.

14.3.2 Das Betriebskosten-Kennzahlensystem

Aus der Divisionskalkulation bzw. aus der immobilienbezogenen Kostenrechnung ergeben sich die verschiedenen Kennzahlen der Betriebskosten. Aus Gründen der Übersichtlichkeit ist es sinnvoll, strategische Überlegungen bezüglich einer Gliederung dieser Kennzahlen vorzunehmen. Dies kann mit Hilfe einer Betriebskosten-Kennzahlenpyramide erfolgen.

Alle Kennzahlen des Systems bauen rechnerisch aufeinander auf. Dabei sind die einzelnen Komponenten entweder additiv oder multiplikativ miteinander verknüpft. Für das globale Management werden die Einzelkennzahlen hoch verdichtet, so dass eine Beurteilung der Immobilie schnell erfolgen kann.[543] Für weiterführende Analysen im Rahmen des Benchmarking-Prozesses oder der Plankostenrechnung kann der Manager des „IPC" die Komponenten der Kennzahlen analysieren.

---

[543] Vgl. Metzner, S./Erndt, A. (2002), S. 214

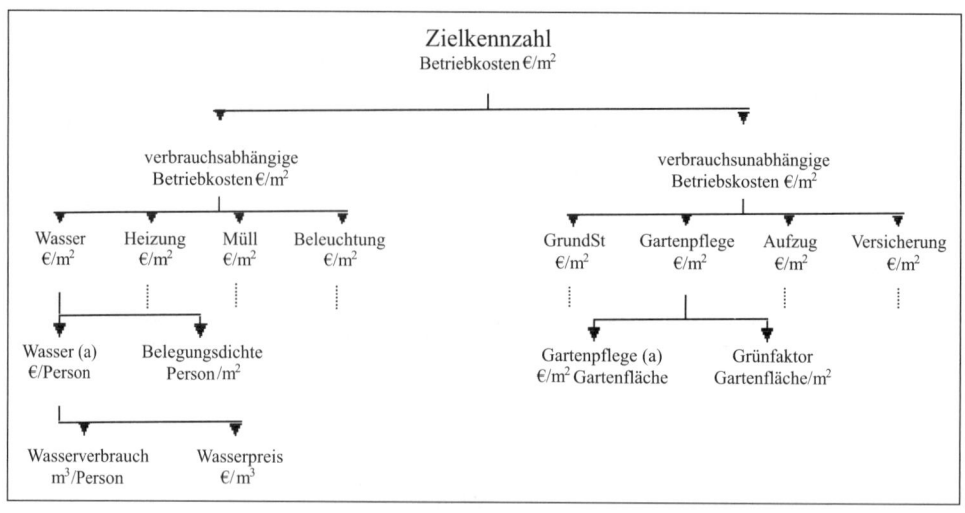

```
                        Zielkennzahl
                     Betriebkosten €/m²
        ┌──────────────────┴──────────────────┐
verbrauchsabhängige                    verbrauchsunabhängige
 Betriebkosten €/m²                     Betriebskosten €/m²
┌────┬────┬────┬────┐         ┌────────┬───────────┬────────┬────────────┐
Wasser Heizung Müll Beleuchtung  GrundSt Gartenpflege Aufzug Versicherung
 €/m²   €/m²  €/m²   €/m²        €/m²     €/m²       €/m²     €/m²
  │     │                                  │           │
  ▼     ▼                                  ▼           ▼
Wasser(a) Belegungsdichte          Gartenpflege(a)   Grünfaktor
 €/Person  Person/m²                €/m² Gartenfläche  Gartenfläche/m²
  │         │
  ▼         ▼
Wasserverbrauch Wasserpreis
 m³/Person    €/m³
```

Abb. IV 120: Kennzahlenpyramide für Betriebskosten[544]

14.4 Strategieumsetzung mit der Balanced Scorecard

Die bisher dargestellten Kennzahlensysteme zeichnen sich durch die Fixierung auf finanzielle Mess- und Steuerungsgrößen aus. Zur Strategiefindung im Unternehmen geben sie zwar passende Zielgrößen (wie z. B. den RoI), jedoch für die Umsetzung keine Messgrößen oder Maßnahmen vor. Einen Vorschlag, monetäre Kennzahlen zu einem Kennzahlensystem im Sinne der kritischen Erfolgsfaktoren zu verknüpfen, haben Kaplan und Norton (1992) in Gestalt der Balanced Scorecard (BSC) vorgelegt.[545]

Die BSC ist aber nicht einfach nur ein neues Kennzahlensystem, das auch nicht-finanzielle Kennzahlen integriert. Es ist ein Management- und somit auch ein Führungssystem. Denn es hat die Funktion, den gesamten Planungs-, Steuerungs- und Kontrollprozess eines Betriebes zu gestalten. Durch die vernetzte Mehrdimensionalität der Steuerungsgrößen werden finanzielle Symptome mit dahinter liegenden Ursachen verknüpft. Diese Verknüpfungen lassen sich in einem Ursachen-Wirkungs-Diagramm darstellen.

Mit Hilfe dieses Steuerungssystems erhalten Betriebe ein Instrumentarium, das sie in die Lage versetzt, ihre Visionen zu kommunizieren und umzusetzen. Denn mit der BSC wird es möglich, die Betriebsvision (Leitbild), welche ansonsten leicht Gefahr läuft, im Unverbindlichen zu verharren, über konkrete Leistungstreiber auf die operative Ebene herunter zu brechen. Abgeleitet aus dieser Vision werden für vier Perspektiven, Steuerungsgrößen (Ziele, Kennzahlen, Vorgaben und Maßnahmen) ausgearbeitet. Diese Steuerungsgrößen müssen klar formuliert, mess- bzw. überprüfbar und somit kontrollierbar sein. Sie sollen in den vier Perspektiven „ausbalanciert" werden, um als Führungsinstrument das Management zu unterstützen. Dadurch entsteht dann ein Kennzahlensystem mit maximal 25 Kennzahlen, welches es ermöglicht, die Unternehmensstrategie durch die entsprechenden Maßnahmen umzusetzen.

---

[544] In Anlehnung an: Metzner, S./Erndt, A. (2002), S. 215
[545] Vgl. Horváth, P. (1996), S. 558

14 Strategisches Immobiliencontrolling

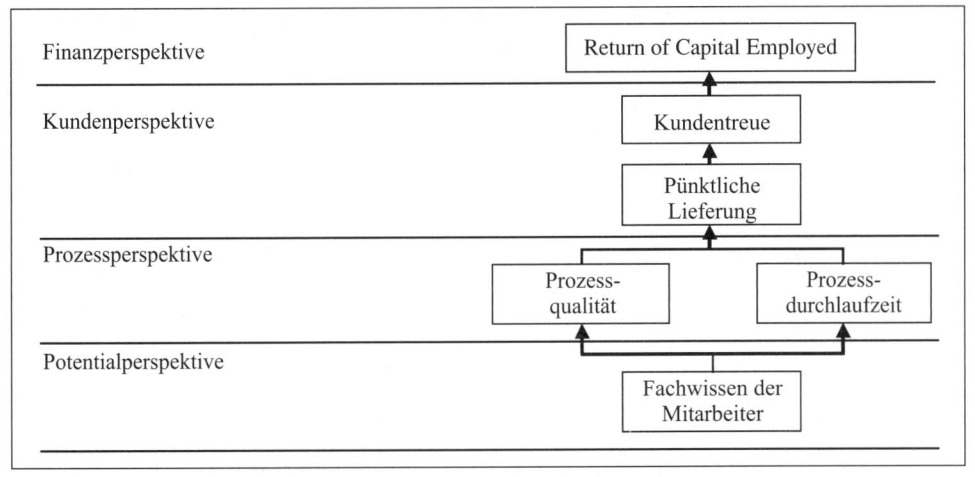

Abb. IV 121: Ursachen-Wirkungs-Beziehungen[546]

Die weiteren Schritte von der Strategie zur Aktion sind:

- Die Strategie wird mit Hilfe der strategischen Ziele (die Ziele, die sich durch hohe Handlungsnotwendigkeit und Wettbewerbsrelevanz darstellen) veranschaulicht. Dabei ist auf eine Ausgewogenheit dieses Zielsystems zu achten.
- Nach der Definition der strategischen Ziele werden die Messgrößen zur Zielerreichung ausgewählt, die unternehmens- und strategieabhängig sind.
- Anschließend werden die Zielwerte anhand der Daten anderer Kennzahlensysteme und zusätzlicher Informationen festgelegt. Der Ist-Wert wird ermittelt und ein realistischer Sollwert definiert.
- Im letzten Schritt werden dann die strategischen Aktionen abgeleitet.

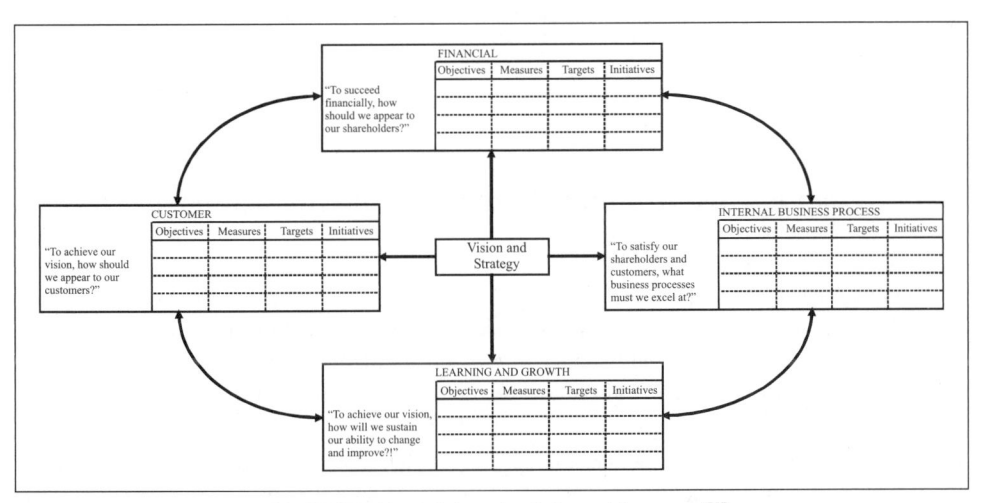

Abb. IV 122: Perspektiven der Balanced Scorecard[547]

---

[546] Kaplan, R. S./Norton, D. P. (1997), S. 29
[547] Ebenda (1996), S. 9

Umgesetzt auf das Immobilienunternehmen mit dem „IPC" als Profit-Center könnten eine Balanced Scorecard und die daraus abgeleiteten Maßnahmen folgendermaßen aussehen:

	Strategisches Ziel	Messgröße	Zielwert Soll	Zielwert Ist	Strategische Maßnahmen
Finanz-perspektive	Steigerung des „RoI"	X % des RoI	8,5	7,92	Generierung neuer Einnahmequellen
					Senkung der BWK
	Erhöhung der Mieterlöse	X TEUR Bruttoumsatz aus Vermietung	8.000 TEUR	7.500 TEUR	Kontaktaufnahme zu Mobilfunkanbietern wegen Antennenstandort auf Dach
					Anbringen von Leuchtreklamen mit Mieterlogos
					Einführung Betreiberabgabe für die Kantinenbetreiber
	Leerstand minimieren	Leerstandquote	0 %	12 %	Entwicklung Marketingkonzept
Kunden-perspektive	Mieterbetreuung intensivieren	Besucher der Mieter im Jahr	12	1	Einrichten eines Servicetelefons
		Mieterkontakte pro Monat	4	1	Mieterberatung bzgl. Immobilie anbieten
	Mieterbindung erhöhen	Fluktuationsquote	10 %	20 %	Einführung Mieterbefragung
		Fälle Mietminderung	1 %	5 %	Verteilen von Weihnachtsgeschenken
					Mieterbonuskonto eröffnen
	Mieternahe Geschäftsprozesse übrnehmen	Stunden, welche auf mieterspezifischen Projekten stehen	X Stunden	X Stunden	Aufbauen eines Sekretärinnenpools Entwicklung des „Service on Demand"
Prozess-perspektive	Prozesskosten minimieren	% der Prozesskosten	90 %	100 %	Einführung und Ausbau des Prozessmanagements
	Prozessdauer verkürzen	% d. Prozessdurchlaufzeit	X %	X %	
	Anlagenverfügbarkeit erhöhen	Anzahl der Störfälle	150	200	Einführung von Service Leveln
					Forcieren der präventiven Instandhaltung
Potential-perspektive	Mitarbeitermotivation erhöhen	% Mitarbeiterfluktuation	X %	X %	Einführung Mitarbeitergespräche
		Mitarbeiterbefragungswerte	X % Indexwerte	X % Indexwerte	Einführung eines erfolgsabhängigen Vergütungssystems
	Mitarbeiterkompetenzen erweitern	Weiterbildungsstunden der Mitarbeiter im Jahr	50 Stunden	15 Stunden	Weiterbildungsplan erstellen

Abb. IV 123: Beispiel einer Balanced Scorecard in einem Immobilienunternehmen

15 Immobiliencontrolling als anhaltender Innovationsprozess

Die grundlegenden Controlling-Funktionen Information, Planung, Steuerung und Kontrolle stehen bei der Anwendung des Controlling-Systems in ständiger Wechselwirkung miteinander. Information ist die Basis der Planung. Die Planung wird durch die Steuerung umgesetzt, Auswirkungen der Steuerungsprozesse werden kontrolliert. Ergebnisse von Kontrollen müssen in die Planung einbezogen werden.[548]

Aus der Perspektive der Unternehmensführung ergibt sich aus dem Controlling ein Rückkoppelungseffekt, der zu Plankorrekturen und Einführung neuer Plan- und Vorgabegrößen führt. Das Controlling-System wird dadurch kontinuierlich angepasst und optimiert. Zusätzlich sind

---

[548] Vgl. Metzner, S. (2002), S. 370

Unternehmen noch in einem dynamischen wirtschaftlichen und gesellschaftlichen Umfeld tätig, welches laufenden Veränderungen unterworfen ist.[549] Veränderungen der Managementkonzepte, des Marktumfeldes, der Mieter und der Mitarbeiter erfordern ständige Anpassungen und Innovationen des Controllings auf das Unternehmenssystem.

Immobiliencontrolling ist dauerhaft also nur dann erfolgreich, wenn es einen permanenten Innovationsprozess schafft, welcher sowohl auf das Zielobjekt Immobilie als auch auf das Controlling-System selbst wirkt.[550]

16 Wohn- und Geschäftsraummiete

Miete ist der schuldrechtliche Vertrag, der den Vermieter verpflichtet, dem Mieter einen bestimmten Gegenstand gegen Entgelt auf Zeit zum Gebrauch zu überlassen. Grundlage ist ein Mietvertrag, wie er tagtäglich über bewegliche und unbewegliche Sachen abgeschlossen wird. Im Folgenden soll die Überlassung von Immobilien, wie Häuser, Wohnungen, Geschäftsräume und Garagen etc. das Thema sein.

Gesetzlich geregelt sind die mietrechtlichen Vorschriften im Wesentlichen im Bürgerlichen Gesetzbuch (BGB), unter §§ 535–580 a BGB.

16.1 Mietrechtliche Grundlagen

16.1.1 Abgrenzung Wohnraum- und Geschäftsraummietvertrag

Eine Abgrenzung zwischen Wohn- und Gewerberaummietverträgen vorzunehmen, ist deshalb von Belang, da im Wohnraummietrecht zahlreiche, dem Schutz des Mieters dienende Rechtsnormen zur Anwendung kommen.

Unter den Begriff Wohnraum fallen alle Räume, die zum Wohnen, also insbesondere Schlafen, Essen, Kochen und zur sonstigen dauernden privaten Nutzung bestimmt sind. Geschäftsräume sind dagegen alle Räume, die zu anderen als Wohnzwecken bestimmt und zur Nutzung einer auf Erwerb gerichteten Tätigkeit angemietet sind.

Unter Geschäftsraum-Mietverhältnissen werden alle Mietverhältnisse über Räume verstanden, die nicht zu Wohnzwecken verwendet werden.

Für die notwendige Einordnung, ob vermietete Räume als Wohnraum oder Geschäftsraum anzusehen sind, empfiehlt es sich, zunächst auf die Zweckbestimmung abzustellen. Wenn sich die Zweckbestimmung nicht bereits aus der Beschaffenheit der vermieteten Räume selbst ergibt (z. B. Läden, Einkaufszentren, Logistikflächen, Büroflächen), kommt es auf die Zweckbestimmung der Mietvertragsparteien an. Diese kann dem Mietvertrag in der Regel beim „Vertragsgegenstand" oder „Vertragszweck" entnommen werden. Denn im Mietvertrag sollte nicht nur festgelegt sein, welche Räume vermietet sind, sondern auch zu welchem Zweck sie dem Mieter überlassen werden. Auf die tatsächliche Nutzung kommt es dagegen nur an, wenn ein Vertragszweck nicht vereinbart wurde.

---

[549] Vgl. Küpper, H.-U. (1997), S. 17
[550] Vgl. Metzner, S. (2002), S. 371

Es ist auch möglich, dass die dem Mieter mit einem einheitlichen Vertrag überlassenen Räume sowohl zum Wohnen und gleichzeitig zur Ausübung eines Gewerbes genutzt werden, sog. Mischmietverhältnisse.

Beispiel: Gastwirtschaft mit Wirtswohnung
Arztpraxis mit angeschlossener Wohnung

In diesem Fall ist wesentliches Abgrenzungskriterium, wie die Räume überwiegend genutzt werden. Dies auch dann, wenn im Mietvertrag die einzelnen Räume als Wohnung bzw. als Gewerbefläche ausgewiesen sind. Nur wenn der gewerbliche Teil und die Wohnung strikt voneinander zu trennen sind, können unterschiedliche Regelungen Anwendung finden. Dies muss sich dann aber eindeutig aus dem Mietvertrag ergeben.

Welche Nutzungsart letztendlich überwiegt, ist Frage des Einzelfalls. Im Zweifel sollte von Wohnraummietrecht ausgegangen werden.

16.1.2 Anmietung einer Garage

Wird eine Garage vermietet, ist in erster Linie zu entscheiden, ob und in welchem Zusammenhang die Anmietung einer Garage zu einem Mietverhältnis über Wohnraum steht. Denn davon hängt es ab, unter welchen Voraussetzungen Mieterhöhungen oder eine Kündigung möglich sind.

Wurde die Garage zusammen mit dem Wohnraum vermietet, handelt es sich um ein einheitliches Mietverhältnis. Ein einheitliches Mietverhältnis kann selbst dann gegeben sein, wenn für den Wohnraum und die Garage jeweils gesonderte Verträge abgeschlossen wurden oder der Mieter erst nach dem Abschluss des Wohnraummietvertrages eine auf dem Hausgrundstück gelegene Garage anmietet. Auch für die Garage gelten dann die Regelungen zum Wohnraummietrecht. Folgen sind, dass Garage und Wohnraum nur zusammen kündbar sind und eine Mieterhöhung nur zusammen mit der Erhöhung des Mietzinses über den Wohnraum vorgenommen werden kann.

Wird eine Garage dagegen nicht zusammen mit einer Wohnung vermietet, so gelten die Schutzbestimmungen für Wohnraum nicht. Der Garagenmietvertrag ist dann selbstständig kündbar und Mieterhöhungen nach BGB sind nicht möglich.

16.1.3 Untermiete

Bei einem Untermietvertrag kommt das Vertragsverhältnis zwischen dem Mieter eines Mietobjektes als Vermieter (Hauptmieter bzw. Untervermieter) und einem Dritten (Untermieter) zustande. Dabei kann dem Untermieter die Mietsache vollständig oder teilweise überlassen werden. Zwischen dem Untervermieter und dem Untermieter bestehen die gleichen Rechte und Pflichten wie in jedem anderen Mietverhältnis.

Zur Wirksamkeit des Untermietvertrags bedarf es keiner Zustimmung des Hauptvermieters. Vielmehr ist das Untermietverhältnis vom Bestand des Hauptmietvertrags unabhängig. Folglich endet es auch nicht automatisch mit dem Ende des Hauptmietvertrags.

Beim Hauptvermieter muss allerdings die Erlaubnis zur Untervermietung (§ 540 BGB) eingeholt werden, will der Untervermieter nicht gegen seine Pflichten aus dem Mietverhältnis mit dem Hauptvermieter verstoßen. Verweigert der Hauptvermieter die Erlaubnis kann der Mieter sein Hauptmietverhältnis mit einer Frist von drei Monaten kündigen, sofern nicht in der Person des Dritten ein wichtiger Grund vorliegt. Dies gilt auch dann, wenn ein zeitlich befristeter Mietvertrag abgeschlossen wurde. Einen Anspruch auf Erlaubnis begründet § 540 BGB jedoch nicht. Allerdings kann bereits im Mietvertrag geregelt werden, dass die Untervermietung erlaubt ist.

Der Mieter von Wohnraum hat nach § 553 BGB einen Anspruch gegen den Hauptvermieter auf Erlaubniserteilung für die Untervermietung eines Teils seiner Wohnung. Der Hauptvermieter muss seinem Wohnungsmieter die gewünschte Erlaubnis erteilen, wenn die Untervermietung für ihn zumutbar ist. Zumutbarkeit wird verneint, wenn eine Überbelegung eintritt, der Verwendungszweck sich ändern würde oder in der Person des Untermieters ein wichtiger Grund für die Verweigerung begründet liegt. Erlaubt der Hauptvermieter die Untervermietung, so hat er das Recht, einen Untermietzuschlag zu verlangen, sofern er Gründe für eine höhere Miete darlegen kann.

Indessen liegt kein Untermietverhältnis vor, wenn Gäste für einen kürzeren Zeitraum in die Wohnung aufgenommen werden. Dies gilt für einen Zeitraum von rund sechs Wochen. Wohnungsmieter haben zudem das Recht, ihren Ehepartner in die Wohnung mit aufzunehmen. Hierfür ist eine Erlaubnis des Hauptvermieters nicht erforderlich. Bei unverheirateten, auch gleichgeschlechtlichen Paaren gilt, dass hier grundsätzlich von einem berechtigten Interesse an der Untervermietung ausgegangen wird. Der Mieter hat also einen Anspruch darauf, dass ihm der Hauptvermieter die Erlaubnis erteilt.

Um eine besondere Form der Untermiete handelt es sich bei der gewerblichen Zwischenvermietung. Diese ist anzunehmen, wenn ein Zwischenmieter das von ihm angemietete Objekt nicht zur Nutzung für sich selbst anmietet, sondern das Objekt aus eigenen meist wirtschaftlichen Gründen an einen Dritten weitervermietet.

16.1.4 Mietvorvertrag

Mit einem Mietvorvertrag verpflichten sich die Vertragspartner, zu einem späteren Zeitpunkt einen Hauptmietvertrag abzuschließen. Dieser Weg wird zumeist dann gewählt, wenn dem Abschluss des Hauptmietvertrags noch Hindernisse entgegenstehen (z. B. Vermieter ist noch nicht Eigentümer der Mietsache oder diese ist noch nicht fertig gestellt), die späteren Mietvertragsparteien sich aber bereits heute den späteren Abschluss eines Hauptmietvertrages zusagen wollen.

Entscheidend ist, ob beide Parteien bereits frühzeitig eine Bindung eingehen wollen,
- ein bestimmtes Mietobjekt,
- ab einem bestimmten Zeitpunkt,
- zu einem bestimmten Mietzins und
- mit später noch festzulegenden Vertragsbestimmungen

dem Mieter zu überlassen.

Der Vorvertrag muss folglich die wesentlichen Vertragsinhalte des späteren Hauptmietvertrags enthalten (z. B. Vertragsparteien, Mietzinshöhe, Vertragsdauer etc.).

Sofern ein wirksamer Mietvorvertrag abgeschlossen und folglich eine entsprechende Verpflichtung zum Abschluss eines Hauptvertrags begründet wurde, kann der Abschluss des Hauptmietvertrags gegenüber dem jeweils anderen Vertragspartner durchgesetzt werden.

16.1.5 Hausordnung

Durch den Mietvertrag wird dem Mieter der Gebrauch der gemieteten Sache eingeräumt. Wie im Einzelnen der Mieter sein Gebrauchsrecht ausüben kann, kann in der Hausordnung für alle Mieter verbindlich festgelegt werden.

So sind in den Hausordnungen zumeist Vorschriften über die Benutzung von Gemeinschaftseinrichtungen, Tierhaltung, über Reinigungs- und Streupflichten und Ruhezeiten zu finden.

Damit die Hausordnung auch Wirksamkeit gegenüber dem Mieter entfaltet, muss sie in den Mietvertrag einbezogen werden. Hierfür reicht das bloße Aushängen im Mietobjekt nicht aus. Verbindlichkeit wird dadurch erzielt, dass die Hausordnung als Anlage dem Mietvertrag beigefügt wird. Nachträglich kann der Vermieter die Hausordnung nicht mehr in den Mietvertrag aufnehmen, sie hätte dann für den Mieter keine Bindungswirkung.

16.1.6 Haustürgeschäfte

Bei Verträgen, die in einer „Haustürsituation" abgeschlossen werden, kann ein Haustürgeschäft (§§ 312 BGB) gegeben sein. Die Voraussetzungen für ein Haustürgeschäft können vorliegen, falls

- der Vermieter „Unternehmer" im Sinne des § 14 BGB ist.
  Das ist immer dann der Fall, wenn das Vermieten nicht als reine Vermögensverwaltung geschieht.
- der Mieter „Verbraucher" im Sinne des § 13 BGB ist.
  Verbraucher ist, wer als natürliche Person weder gewerblich handelt, noch einer selbstständigen beruflichen Tätigkeit nachgeht und damit rein aus privaten Zwecken am Rechtsverkehr teilnimmt.
- Unternehmer und Verbraucher einen entgeltlichen Vertrag abschließen;
  darunter können auch Mietverträge fallen.
- der Vertragsabschluss im Bereich einer Privatwohnung und die Verhandlungen nicht auf Bestellung des Verbrauchers erfolgen ist.

So kann bei Wohnraummietverträgen zum Beispiel ein Haustürgeschäft in Betracht kommen, wenn der Vermieter den Mieter überraschend in dessen Privatwohnung aufsucht und beide dort eine Mieterhöhung vereinbaren.

Sofern die Voraussetzungen vorliegen, steht dem Verbraucher ein Widerrufsrecht gemäß § 355 BGB zu. Die Frist zum Widerruf beträgt zwei Wochen ab Vertragsschluss sowie nach Erhalt der schriftlichen Belehrung über die Widerrufsmöglichkeit.

Das Widerrufsrecht erlischt sechs Monate nach Vertragsabschluss, jedoch nicht bei fehlender Belehrung über das Widerrufsrecht.

16.2 Vertragsabschluss

16.2.1 Vertragsinhalte

Mit dem Mietvertrag verpflichtet sich der Vermieter, dem Mieter die vermietete Fläche zum Gebrauch zu überlassen. Der Mieter andererseits wird verpflichtet, dem Vermieter den vereinbarten Mietzins zu zahlen. Hauptpunkte, über die die Vertragspartner sich im Mietvertrag einigen sollten, sind:

- **Wer** ist Mieter/Vermieter?   die Vertragspartner
- **Was** wird an-/vermietet?   das Mietobjekt
- **Welche** Miete muss der Mieter zahlen?   der Mietzins
- **Wie** lange läuft das Mietverhältnis?   die Mietzeit

Daneben kommen Regelungen in Betracht, die das Mietverhältnis konkret ausgestalten: So kann der Vermieter von Geschäftsräumen ein grundlegendes Interesse daran haben, dass angemietete Geschäftsräume vom Mieter tatsächlich betrieben werden. Insbesondere in Einkaufszentren kann die Schließung eines oder mehrerer Geschäftslokale weitreichende Folgen haben. Die Verpflichtung des Mieters, sein Geschäft in der Mietsache auch zu betreiben, kann und sollte gegebenenfalls im Mietvertrag verbindlich festgelegt werden.

Dagegen kann eine „Gebrauchspflicht" mit dem Mieter einer Wohnung nicht wirksam vereinbart werden. Der Wohnungsmieter ist frei in seiner Entscheidung, ob er eine angemietete Wohnung nutzt oder nicht. Solange der Mieter die Miete bezahlt und die leerstehende Wohnung keinen Schaden nimmt (z. B. wegen fehlender Beheizung im Winter) kann der Vermieter sich nicht gegen den Leerstand wenden.

16.2.2 Formvorschriften

Das Mietverhältnis entsteht mit Abschluss des Mietvertrages. Dabei ist der Abschluss eines schriftlichen Mietvertrags zwar üblich, jedoch keineswegs notwendig. Ein Vertrag kann auch mündlich abgeschlossen werden oder konkludent zustande kommen, z. B. wenn der Vermieter die nicht vereinbarte Nutzung über einen längeren Zeitraum duldet.

Schriftform ist gemäß § 550 BGB jedoch erforderlich, sobald die Mietsache für längere Zeit als ein Jahr vermietet werden soll. Zwar ist auch in diesem Fall das Mietverhältnis wirksam, selbst wenn dem Formerfordernis nicht entsprochen wurde. § 550 BGB bestimmt jedoch, dass bei fehlender oder unzureichender Schriftform der Mietvertrag als auf unbestimmte Zeit geschlossen gilt und die Kündigung bereits zum Ablauf des ersten Jahres nach Überlassung der Mietsache zulässig ist.

Beispiel: Abschluss eines mündlichen Mietvertrages im März 2008 für die Zeit vom 01.04.2008 bis 31.03.2012. Da die Schriftform nicht beachtet wurde, gilt der Vertrag als auf unbestimmte Zeit abgeschlossen. Die früheste Kündigung ist unter Beachtung der vereinbarten Kündigungsfristen zum Ablauf des 31.03.2009 möglich.

Insbesondere bei Geschäftsraummietverträgen, die über einen langen Zeitraum geschlossen werden sollen, kann ein Verstoß gegen die Schriftform dazu führen, dass der Vertrag nicht die erwarteten 10 oder 15 Jahre läuft, sondern nach Ablauf eines Jahres jederzeit gekündigt werden kann.

Gesetzliche Schriftform gem. §§ 126, 550, 578 BGB bedeutet, dass die wesentlichen Mietvertragsbedingungen im Vertrag enthalten sein müssen, dieselbe Vertragsurkunde von den Parteien des Vertrages eigenhändig durch Namensunterschrift oder mittels notariell beglaubigtem Handzeichen unterzeichnet werden muss, § 126 Abs. 1 und Abs. 2 BGB. Ist der Vertrag mehrseitig, muss nicht jede Seite unterschrieben werden, aber die einzelnen Blätter sollten zusammengeheftet oder sonst in einer Form fest verbunden werden. Das empfiehlt sich auch für alle Anlagen (wie Lageplan oder Grundriss).

Für die Wirksamkeit eines schriftlichen Mietvertrages ist es nach der Rechtsprechung ausreichend, dass er aus einzelnen Blättern besteht, deren Zusammengehörigkeit sich aus einer einheitlichen Gestaltung (fortlaufende Nummerierung, einheitliche graphische Gestaltung, inhaltlicher Zusammenhang des Textes, Gliederung) ergibt. Eine feste körperliche Verbindung der einzelnen Blätter ist danach nicht mehr erforderlich. Die Schriftform ist nicht zuletzt aus Beweisgründen dennoch für jeden Vertrag dringend zu empfehlen.

Beachte:
Von der Schriftform zu unterscheiden ist die Textform, auf die an einigen Stellen auch im Mietrecht Bezug genommen wird, z. B. §§ 554 Abs. 3, 556a Abs. 2, 556b Abs. 2, 557b Abs. 3, 558a Abs. 1,

559b Abs. 1, 560 Abs. 1 BGB. Die Textform bezeichnet nach § 126b BGB eine lesbare, dauerhafte und unterschriftslos gültige Erklärung. Sie umfasst im Gegensatz zur Schriftform auch Telefax-, E-Mail-, Telegramm- oder SMS-Nachrichten. Im Unterschied zur Schriftform bedarf es bei der Textform keiner eigenhändigen Unterschrift.

16.2.3 Formularvertrag

In den meisten Fällen verwenden Vermieter heute beim Abschluss von Mietverträgen sog. Formularmietverträge mit für eine Vielzahl von Verträgen vorformulierten Vertragsbedingungen. Hierzu zählen auch Formularmietverträge, wie sie im Schreibwarenhandel, bei den Interessenverbänden der Haus- und Grundstückseigentümer oder den Mietervereinen erhältlich sind.

16.2.3.1 Grundlagen

Die in solchen Formularmietverträgen abgedruckten Klauseln stellen regelmäßig Allgemeine Geschäftsbedingungen (AGB) dar und unterliegen damit der Kontrolle nach den §§ 305–310 BGB. Durch die dortigen Regelungen soll der Vertragspartner vor der Überlegenheit des Verwenders von AGB geschützt werden.

AGB liegen dagegen nicht vor, wenn die Vertragspartner die Vertragsbedingungen im Einzelnen ausgehandelt haben (vgl. § 305 Abs. 1 BGB). Dies ist insbesondere der Fall, wenn der von einer Seite vorgegebene Inhalt des Mietvertrages zur Disposition des anderen Vertragspartners gestellt wird. Hierfür reicht es aber nicht, dass in einem bereits vorformulierten Vertrag noch einige Passagen ausgefüllt werden müssen, von zwei alternativen Klauseln eine angekreuzt wird oder der Formulartext die Aufforderung enthält, nicht gewünschte Teile zu streichen.

Die gesetzlichen Vorgaben der §§ 305–310 BGB bestimmen, welche Vereinbarungen zwischen Mieter und Vermieter durch AGB getroffen werden können und welche Regelungen unzulässig sind. Im Rahmen der Inhaltskontrolle durch die Gerichte sind bereits eine Reihe von Klauseln überprüft worden.

Für den gewerblichen Bereich wurde beispielsweise entschieden:

- Im Einzelhandel wird zwischen den Vertragsparteien oftmals eine Umsatzmiete vereinbart. Eine solche Regelung ist auch formularmäßig zulässig.
- In Gewerbemietverträgen werden häufig Öffnungszeiten/Betriebszeiten vorgeschrieben, die der Mieter einzuhalten hat. Das ist grundsätzlich zulässig.
- Der Vermieter ist berechtigt, formularmäßig jeglichen Konkurrenzschutz zu Lasten des Mieters auszuschließen.
- Der Gewerbemieter kann formularmäßig verpflichtet werden, solche Versicherungen für das Mietobjekt abzuschließen, an denen der Vermieter ein berechtigtes Interesse hat. Dies gilt unabhängig davon, ob der Mieter ein eigenes Risiko oder das des Vermieters absichert.

16.2.3.2 Einschränkungen bei Wohnraum

Bei Wohnraummietverhältnissen macht die Rechtsprechung zum Schutz des Mieters wesentlich strengere Vorgaben. Daher sind beispielsweise folgende Klauseln für unwirksam angesehen worden:

- Das Recht auf Mietminderung darf bei Wohnraummietverträgen nicht vertragsmäßig ausgeschlossen oder erschwert werden.

- Ein völliger Ausschluss der Tierhaltung durch eine Klausel in einem Formularmietvertrag ist unzulässig; denn von einer solchen Klausel werden auch Kleintiere (Vögel, Hamster, Meerschweinchen) erfasst, von denen grundsätzlich keine Beeinträchtigung zu erwarten ist.
- Formularklauseln, die den Mieter verpflichten, selbst Arbeiten an der Mietsache vorzunehmen, sind unwirksam. Ein Mieter kann nicht verpflichtet werden, zerbrochene Innen- und Außenscheiben zu ersetzen oder Rohrverstopfungen zu beseitigen.
- Der Mieter kann nicht durch starre Fristen zur Durchführung von Schönheitsreparaturen verpflichtet werden.

16.3 Vertragsparteien

16.3.1 Wer kann Vertragspartner sein?

Parteien des Mietvertrages sind diejenigen Personen, die den Vertrag geschlossen haben, also Mieter und Vermieter. Als Vertragspartner kann jede natürliche und juristische Person auftreten, die geschäftsfähig ist. Es können auch mehrere Personen Mieter oder Vermieter sein, die dann jeder als Gesamtschuldner für die gesamte Leistung einzustehen haben.

Vermieter muss nicht unbedingt der Eigentümer der Sache sein, er muss nur über die Mietsache verfügen können. Zum Beispiel kann der Vermieter seine Verfügungsbefugnis selbst erst aufgrund eines Mietvertrages erlangt haben (Untermiete).

Sofern ein Vertreter den Mietvertrag unterzeichnet, sollte er beachten, dass er sein Handeln in Vertretung entsprechend kennzeichnet. Denn wird nicht deutlich, dass der Vertreter einen anderen vertraglich verpflichten will und ergibt sich dies auch nicht aus den Umständen, so wird der Vertreter selbst aus dem Rechtsgeschäft verpflichtet, § 164 Absatz 2 BGB.

16.3.2 Wechsel der Vertragspartner

Es gibt verschiedene Möglichkeiten, dass sich die Parteien eines bestehenden Mietvertrages während der Mietvertragslaufzeit ändern. Dies kann durch Gesetz oder durch Vereinbarung geschehen. Veränderungen können auf Vermieter- oder auf Mieterseite auftreten.

16.3.2.1 Auf Mieterseite

Bei Geschäftsraummietverträgen geht der Mietvertrag beim Tod des Mieters kraft Gesetzes auf den/die Erben über.

Bei einem gemeinsamen Wohnraummietvertrag von mehreren Mietern wird das Mietverhältnis beim Tode des einen mit dem überlebenden Mieter fortgesetzt (§ 563a BGB). Der überlebende Mieter kann das Mietverhältnis innerhalb eines Monats mit der Frist des § 573d Abs. 2 BGB (3 Monate) kündigen.

Unterhielt der verstorbene Mieter einen gemeinsamen Hausstand mit seinem Ehegatten oder Lebenspartner, ohne dass diese selbst Mieter waren, treten diese in das Mietverhältnis ein (§ 563 Abs. 1 BGB), falls nicht binnen eines Monats ein Widerspruch erfolgt. Das heißt, die Mitbewohner des verstorbenen Mieters können sich entscheiden, ob sie auf Basis des bisherigen Mietvertrages, jetzt als Mieter, in der Wohnung verbleiben möchten oder sich dagegen aussprechen und die Mietsache aufgeben. Wird Widerspruch erhoben, treten die im Haushalt lebenden Kinder und andere Familienangehörige in das Mietverhältnis ein. Auch diesen steht das genannte Widerspruchsrecht zu. Der Vermieter hat nach § 563 Abs. 4 ein Kündigungsrecht.

Treten keine Personen nach § 563 in das Mietverhältnis ein oder erfolgt keine Fortsetzung nach § 563a BGB, wird es mit den Erben fortgesetzt § 564 BGB. Mieter und Vermieter steht ein gesetzliches Kündigungsrecht mit 3 Monaten zu.

Es kommt auch vor, dass der Mieter vorzeitig oder vor Ablauf der Kündigungsfrist aus dem Mietvertrag entlassen werden will und er dem Vermieter deshalb mehrere Nachmieter benennt, die bereit sind, in seinen laufenden Mietvertrag als Mieter einzusteigen. Ohne eine entsprechende vertragliche Vereinbarung besteht jedoch für den Vermieter keine Verpflichtung, einen vom Mieter benannten Nachmieter zu akzeptieren und diesen vorzeitig aus dem Mietvertrag zu entlassen.

16.3.2.2 Auf Vermieterseite

Wird die vermietete Wohnung nach Abschluss des Mietvertrags und nach Überlassung an den Mieter vom Vermieter an einen Dritten veräußert, so tritt der Erwerber in die Rechte und Pflichten des bestehenden Mietvertrags ein (§ 566 BGB). Es handelt sich um die gesetzliche Regel „Kauf bricht nicht Miete". Der Erwerber hat keinen Anspruch gegen den Mieter auf Abschluss eines neuen Mietvertrags, sondern der bisherige Mietvertrag wird mit dem Erwerber fortgesetzt.

Der Erwerber übernimmt kraft Gesetzes die Rechte und Pflichten des bestehenden Mietvertrags. Alle bis zum Eigentumsübergang entstandenen und fälligen Ansprüche verbleiben beim bisherigen Vermieter, die nach dem Zeitpunkt des Eigentumswechsels fällig werdenden Forderungen stehen dem Erwerber zu. Ebenso richten sich vertragliche Ansprüche des Mieters gegen den Erwerber, falls sie erst nach dem Eigentumswechsel entstehen oder fällig werden.

Beachte:
Im Wohnraummietverhältnis kann dem Mieter beim Verkauf seiner Wohnung ein Vorkaufsrecht nach § 577 BGB zustehen. Dies ist der Fall, wenn die vermietete Wohnung, an der nach der Überlassung an den Mieter Wohnungseigentum gegründet worden ist, an einen Dritten verkauft wird. Voraussetzung ist

- ein bestehender Mietvertrag,
- die Überlassung der Wohnung an den Mieter,
- die Begründung vom Wohnungseigentum (Anlegung der Wohnungsgrundbücher) nach der Überlassung und
- der Verkauf der entstandenen Eigentumswohnung an einen Dritten.

Voraussetzung für ein Mietervorkaufsrecht ist folglich, dass die bei Mietvertragsabschluss noch nicht aufgeteilte Wohnung während der Mietzeit in eine Eigentumswohnung umgewandelt wird.

Gemäß § 577 Abs. 2 BGB muss der Vermieter oder Dritte den Mieter über den Inhalt des Kaufvertrages informieren, verbunden mit der Unterrichtung über das bestehende Vorkaufsrecht. Der Mieter hat dann zwei Monate Zeit zu entscheiden, ob er die von ihm bewohnte Wohnung selbst erwerben möchte (§ 577 Abs. 1 Satz 3 BGB i. V. m. § 469 Abs. 2 Satz 1 BGB), § 577a BGB ist zu beachten.

Macht der Mieter sein Vorkaufsrecht geltend, erwirbt er die Wohnung zu den gleichen Bedingungen, wie sie im Kaufvertrag mit dem Dritten beurkundet wurden. Der Mieter kann also bei einem Verkauf gegenüber dem Vermieter/Verkäufer seine Priorität auf Erwerb der Wohnung geltend machen. Der Mieter hat allerdings dann kein Vorkaufsrecht, wenn der Vermieter die Wohnung an einen Familienangehörigen oder an einen Angehörigen seines Haushalts verkauft. Wird das Vorkaufsrecht nicht (rechtzeitig) geltend gemacht, geht der Mietvertrag mit Eintragung des Eigentumswechsels im Grundbuch nach § 566 BGB auf den Erwerber über.

16.4 Mietzeit

Die Dauer der Mietzeit kann zwischen den Mietparteien frei vereinbart werden. Dies gilt grundsätzlich auch im Wohnraummietverhältnis.

16.4.1 Unbefristeter Mietvertrag

Fehlt eine Vereinbarung über die Mietzeit oder die Dauer des Mietverhältnisses, ist der Mietvertrag auf unbestimmte Zeit geschlossen. Mieter und Vermieter können ein solches unbefristetes Mietverhältnis unter Einhaltung der gesetzlichen oder vertraglich normierten Kündigungsfrist beenden. Allerdings bedarf der Vermieter einer Wohnung zusätzlich eines berechtigten Interesses, um ein unbefristetes Mietverhältnis gegenüber dem Mieter kündigen zu können.

16.4.2 Zeitmietvertrag

16.4.2.1 Grundlagen

Wird das Mietverhältnis befristet abgeschlossen, ist die ordentliche Kündigung während der Laufzeit des Vertrags ausgeschlossen. Das befristete Mietverhältnis endet erst mit Ablauf der vereinbarten Mietzeit, dann allerdings ohne dass es einer Kündigung bedarf.

16.4.2.2 Einschränkungen bei Wohnraum

Bei Vermietung einer Wohnung gelten für befristete Mietverhältnisse Sonderregelungen gemäß § 575 BGB. Danach können die Parteien befristete Mietverhältnisse abschließen, wenn die Befristung durch ein besonderes Interesse des Vermieters gerechtfertigt ist (sog. qualifizierter Zeitmietvertrag):

Der Vermieter muss beabsichtigen, die Wohnung nach Ende der Mietzeit zu bestimmten Zwecken zu nutzen. Nach dem Gesetz sind nur folgende Verwendungsabsichten zulässig:
- Eigennutzung
- Modernisierung
- Betriebsbedarf

Der Vermieter muss dem Mieter zudem seine Verwendungsabsicht bei Abschluss des Zeitmietvertrags gemäß § 575 Abs. 1 BGB schriftlich mitteilen. Die Mitteilung erfolgt am besten, aber nicht notwendigerweise im Mietvertrag.

Vier Monate vor Ablauf der Mietzeit kann der Mieter vom Vermieter binnen eines Monats Auskunft verlangen, ob der Grund für die Befristung noch fortbesteht.
- Sofern der Befristungsgrund noch besteht, endet das Mietverhältnis zum vereinbarten Zeitpunkt.
- Erfolgt die Mitteilung über den Fortbestand des Befristungsgrundes nicht innerhalb der Monatsfrist, so kann der Mieter eine Verlängerung um den Zeitraum der Verspätung verlangen.

- Entfällt die Verwendungsabsicht nach Abschluss des Mietvertrages, hat der Mieter einen Anspruch auf Fortsetzung des Mietverhältnisses.

- Verzögert sich die Verwendungsabsicht, hat der Mieter einen Anspruch auf eine entsprechende Verlängerung des Mietverhältnisses.

Beispiel 1: Der Mietvertrag über eine Wohnung läuft vom 01. 04. 2006 bis 31. 03. 2009. Der Mietvertrag enthält den Hinweis, dass der Vermieter die Wohnung nach Ablauf der Mietzeit wegen einer geplanten Versetzung selbst nutzen möchte. Im Dezember 2008 zeigt sich, dass sich die Versetzung um ein Jahr verzögert. Der Mieter kann die Verlängerung des Mietvertrages um ein Jahr verlangen.

Beispiel 2: Der Mietvertrag über eine Wohnung läuft vom 01. 04. 2006 bis 31. 03. 2009. Der Mietvertrag enthält den Hinweis, dass der Vermieter die Wohnung nach Ablauf der Mietzeit umfangreich umbauen möchte. Wird die geplante Baumaßnahme vom Vermieter aufgegeben, kann der Mieter die Verlängerung des Mietvertrages auf unbestimmte Zeit verlangen.

16.4.3 Verlängerungsmöglichkeiten

Verlängerungsklausel

In befristeten Mietverträgen kann vereinbart werden, dass sich das Mietverhältnis nach Fristablauf automatisch auf bestimmte oder unbestimmte Zeit fortsetzt. Ist eine solche Verlängerungsklausel in den Vertrag aufgenommen worden und möchte eine Vertragspartei keine Fortsetzung des Mietverhältnisses, muss Sie dem anderen Vertragspartner (ggf. unter Einhaltung einer vereinbarten Frist) mitteilen, dass sie die Fortsetzung des Vertrages ablehnt.

Verlängerungsoption

Verträge mit einer Verlängerungsoption räumen dem Mieter innerhalb einer Frist das Recht ein, durch einseitige Erklärung das Mietverhältnis zu verlängern. Wird das Recht nicht ausgeübt, endet der Vertrag durch Zeitablauf.

Beispiel: Der Mieter erhält ein einmaliges Optionsrecht auf die Verlängerung des Mietvertrages um weitere 5 Jahre nach dem 31.12.2010, also bis einschließlich 31.12.2015. Das Verlängerungsverlangen muss dem Vermieter vereinbarungsgemäß schriftlich bis spätestens 9 Monate vor Beendigung des Mietverhältnisses (also bis 31.03.2010) zugehen, sonst ist die Option nicht wirksam ausgeübt.

Stillschweigende Verlängerung

Setzt der Mieter nach Ablauf der Mietzeit den Gebrauch der Mietsache fort, so verlängert sich das Mietverhältnis auf unbestimmte Zeit, sofern nicht eine Vertragspartei Ihren entgegenstehenden Willen erklärt. Damit bei einer Beendigung des Mietverhältnisses kein „vertragsloser Zustand" entsteht, wenn der Mieter mit Wissen des Vermieters die Mietsache weiter nutzt, regelt § 545 BGB die Fortsetzung des Mietverhältnisses.

Auf die Art und Weise der Beendigung des Mietverhältnisses kommt es dabei nicht an, mithin kommen in Betracht: ordentliche Kündigung, außerordentliche Kündigung, befristetes Mietverhältnis.

Die Frist für einen Widerspruch beträgt 14 Tage. Sie beginnt für den Vermieter mit dem Zeitpunkt, in dem er von der Fortsetzung Kenntnis erlangt, für den Mieter mit der Fortsetzung des Gebrauchs. Für den Widerspruch genügt jede Äußerung, die erkennen lässt, dass eine Verlängerung des Mietverhältnisses nach Ablauf der Mietzeit nicht gewollt ist.

Die Parteien können bereits bei Abschluss des Mietvertrags eine entsprechende Erklärung in den Mietvertrag aufnehmen, wonach einer stillschweigenden Verlängerung des Mietverhältnisses gemäß § 545 BGB bereits im Vorfeld widersprochen wird. Im Mietvertrag sollte dabei nicht nur auf § 545 BGB verwiesen werden, sondern auch dessen Inhalt textlich wiedergegeben werden. Vorsorglich sollte der Vermieter bei dem Ausspruch der Kündigung bzw. bei der Mitteilung, dass das Mietverhältnis auf Grund einer Befristung nunmehr zu einem bestimmten Zeitpunkt endet, zusätzlich einen Widerspruch nach § 545 BGB erklären.

16.5 Mietzins

16.5.1 Grundmiete

Die Entrichtung des Mietzinses ist die Gegenleistung des Mieters für die Gebrauchsgewährung der Mietsache. Das vom Mieter geleistete, feste Entgelt für die reine Gebrauchsüberlassung wird als Grundmiete bezeichnet.

Heute obliegen dem Vermieter zumeist noch eine Reihe von Nebenleistungen, wie z. B. die Bereitstellung von Strom, Wasser und Heizung. Es ist üblich, dem Mieter hierfür gesonderte Kosten, Neben- bzw. Betriebskosten, abzuverlangen. Dazu bedarf es einer ausdrücklichen und unmissverständlichen Vereinbarung im Mietvertrag.

Bei der Vermietung von Wohnraum darf der Vermieter vom Mieter keine zusätzliche Umsatzsteuer verlangen, da Mieteinkünfte nach § 4 Ziffer 12a UStG umsatzsteuerfrei sind. Bei der Vermietung eines Geschäftsraums kann der Vermieter nach § 9 Abs. 2 UStG zur Umsatzsteuer optieren. In diesen Fällen wird im Mietvertrag vereinbart, dass der Mieter Umsatzsteuer als Teil der Mietzahlung an den Vermieter zu leisten hat.

Hinsichtlich der Fälligkeit der Miete regelt § 556b Abs. 1 BGB, dass der Mieter die Miete vorschüssig bis zum dritten Werktag eines Monats zu entrichten hat. Dies gilt über § 579 Abs. 2 BGB auch für Geschäftsräume. Die Regelung kann allerdings im Mietvertrag auch anders gefasst werden. Aufgrund dieser gesetzlichen Fälligkeitsbestimmung gerät der Mieter am 4. Werktag des Monats ohne weiteres mit der Mietzahlung in Verzug. Einer besonderen Aufforderung oder Mahnung des Vermieters bedarf es dann nicht.

Bei der Höhe der Grundmiete haben die Mietvertragspartner grundsätzlich die Möglichkeit des freien Aushandelns. Eine Begrenzung nach oben besteht nur insoweit, als die Geschäftsraummiete nicht sittenwidrig sein darf (§ 138 BGB) und bei der Wohnraummiete die Vorschriften zum Verbot der Mietpreisüberhöhung (§ 5 WiStG) und des Mietwuchers (§ 291 StGB) zu beachten sind.

Mietwucher liegt dann vor, wenn der Wert der Leistungen, die sich der Vermieter versprechen lässt, in einem auffälligen Missverhältnis zu den dem Mieter erbrachten Leistungen stehen. Auf den Mietzins bezogen bedeutet dies, dass Mietwucher dann vorliegt, wenn der Mietzins über 50 % über der ortsüblichen Vergleichsmiete liegt. Als Vergleichsmietzins kann der Mietspiegel herangezogen werden, falls ein solcher vorliegt. In allen anderen Fällen ist die richtige Mietzinshöhe über Vergleichsmieten zu bestimmen.

Weiter ist Voraussetzung, dass der Vermieter bei Vertragsschluss entweder die Unerfahrenheit des Mieters oder seine Zwangslage oder den Mangel seines Urteilsvermögens oder eine erhebliche Willensschwäche des Mieters bewusst ausgenutzt hat. Der Vermieter begeht bei Mietwucher eine Straftat nach § 291 StGB.

Die Mietpreisüberhöhung stellt eine Ordnungswidrigkeit dar und ist in § 5 Wirtschaftsstrafgesetz geregelt. Voraussetzung ist, dass eine überhöhte Mietzinsvereinbarung infolge der Ausnutzung des geringen Angebotes an Wohnraum zustande gekommen ist. Anders als beim Mietwucher muss der vereinbarte Mietzins die ortsübliche Vergleichsmiete nur um mehr als 20 % übersteigen. Eine Ausnahme gilt, wenn der vereinbarte, erhöhte Mietzins zur Deckung der laufenden Aufwendungen des Vermieters erforderlich ist und er die ortsübliche Vergleichsmiete nicht um mehr als 50 % übersteigt.

16.5.2 Nebenkosten und deren Abrechnung

Die Nebenkosten umfassen alle finanziellen Leistungen des Mieters, die über die Grundmiete hinausgehen. Die in der Praxis bedeutsamste Gruppe der Nebenkosten bilden die Betriebskosten. Auch für diese gilt: Der Mieter schuldet sie nur, wenn eine vertragliche Vereinbarung darüber getroffen wurde.

16.5.2.1 Grundlagen

Betriebskosten sind laufende Kosten, die dem Eigentümer für ein Grundstück beziehungsweise eine Immobilie entstehen. Was im Einzelnen als Betriebskosten anzusehen ist, wird in der Betriebskostenverordnung (BetrKV) vom 01.01.2004 geregelt. Sie umfasst – auszugsweise – folgende Positionen:

- öffentliche Lasten (zum Beispiel Grundsteuer)
- Kosten für die Wasserversorgung
- Abwassergebühren
- Kosten für den Betrieb einer zentralen Heizungsanlage
- Kosten für die Warmwasserversorgung
- Kosten für den Fahrstuhl
- Kosten für Hausreinigung und Pflege der Gartenanlagen
- Müllbeseitigungskosten
- Versicherungskosten
- Kosten für Antennenanlage oder Kabelfernsehen
- Hausmeistervergütung

Für die Verteilung der zentralen Heizungs- und Warmwasserkosten gilt zusätzlich die Heizkostenverordnung. Unter die Kosten des Betriebs der zentralen Heizungs- und Warmwasserversorgungsanlage fallen z. B. die Brennstoffkosten, die Bedienungskosten, die Prüf- und Wartungskosten, die Kosten der Reinigung der Anlage und die Kosten der Verbrauchserfassung. Sie sind zu mindestens 50 %, maximal 70 % nach dem erfassten Verbrauch zu verteilen, die übrigen Kosten nach der Fläche. Die Erfassung erfolgt in der Regel mit Hilfe von Heizkostenverteilern.

Bei einem Geschäftsraummietvertrag hängt es allein vom Willen der Parteien ab, ob noch zusätzliche Kosten außerhalb der BetrKV vom Mieter verlangt werden, ob der Mieter Vorauszahlungen zu leisten hat und wie deren Abrechnung erfolgt. Das heißt, die Mietvertragsparteien können sich grundsätzlich ohne Einschränkung auf eine angemessene Regelung einigen. Beispielsweise kann der Geschäftsraummieter auch mit den Kosten für die Verwaltung der Mietsache, mit Kosten für Reparaturen oder eine Werbegemeinschaft belastet werden.

Zumeist werden die Parteien sich darauf verständigen, dass der Mieter monatliche Vorauszahlungen auf die Nebenkosten erbringt, die am Ende eines festen Zeitraums vom Vermieter abgerechnet werden. Es kann aber auch vereinbart werden, dass der Mieter eine Nebenkostenpauschale leistet, bei der eine Abrechnung der Nebenkosten unterbleibt.

Der Mieter hat grundsätzlich das Recht, die Belege einzusehen, aus denen sich die in der Abrechnung angesetzten Nebenkosten ergeben. Einsichtsrecht bedeutet, dass der Mieter die Belege in den Räumen des Vermieters durchsehen kann. Ein Anspruch des Mieters auf Übermittlung von

Fotokopien der Rechnungsbelege kommt in Betracht, wenn dem Mieter die Einsichtnahme in die Abrechnungsunterlagen in den Räumen des Vermieters nicht zugemutet werden kann, z. B. aufgrund seiner örtlichen Entfernung. Kopierkosten sind dann vom Mieter zu tragen.

16.5.2.2 Einschränkungen bei Wohnraum

Bei Wohnungsmietverhältnissen wird die Frage, welche Betriebskosten auf den Mieter umgelegt werden dürfen, durch die Betriebskostenverordnung abschließend beantwortet. Eine Erweiterung des dortigen Katalogs zu Lasten des Mieters ist nicht möglich.

Die Betriebskosten können als Pauschale oder als Vorauszahlung vereinbart werden (§ 556 Abs. 2 BGB). Wird eine Pauschale vereinbart, sind damit unabhängig vom tatsächlichen Verbrauch des Mieters alle Betriebskosten abgegolten. Eine Erhöhung der Pauschale ist nur dann möglich, wenn ein entsprechender Vorbehalt im Mietvertrag vereinbart wurde (vgl. § 560 Abs. 1 BGB).

Dagegen trägt der Mieter bei Vereinbarung einer Vorauszahlung die tatsächlich von ihm verursachten Kosten. Die Vorauszahlung darf nur in angemessener Höhe vereinbart werden.

Den Abrechnungsmaßstab können die Parteien bei Abschluss des Mietvertrages festlegen. Fehlt eine solche Vereinbarung, sind die Betriebskosten, die von einem erfassten Verbrauch (z. B. Wasser, Heizung) oder einer erfassten Verursachung (z. B. Müll) abhängen nach einem Maßstab, der dem Verbrauch Rechnung trägt, ansonsten (z. B. Versicherung, Grundsteuer) nach dem Anteil der Wohnfläche umzulegen (§ 556a Abs. 1 BGB).

Abweichungen in der Nebenkostenabrechnung zum Betrag der Vorauszahlung werden ausgeglichen: Hat der Mieter zu geringe Vorauszahlungen geleistet, muss er den entsprechenden Betrag nachzahlen, ansonsten muss ihm der Vermieter sein Guthaben erstatten.

Über die Vorauszahlungen ist jährlich abzurechnen und die Abrechnung muss dem Mieter spätestens 12 Monate nach Ende des Abrechnungszeitraumes zugehen (§ 556 Abs. 3 BGB für Wohnmietverhältnisse). Häufig fällt der Abrechnungszeitraum mit dem jeweiligen Kalenderjahr zusammen. Das ist aber nicht zwingend. Nach Verstreichen der Abrechnungsfrist können in der Wohnungsmiete keine Nachforderungen mehr geltend gemacht werden. Guthaben stehen dem Mieter aber weiterhin zu.

Auch der Mieter muss seine Einwände bis spätestens 12 Monat nach Zugang der Abrechnung erheben. Diese Fristen verlängern sich nur dann, wenn der Vermieter/Mieter die Verspätung nicht zu vertreten hat, z. B. weil Rechnungen noch nicht vorliegen.

16.5.3 Mietminderung

Der Mieter hat das Recht auf eine angemessene Minderung des Mietzinses, wenn die Mietsache einen nicht nur unerheblichen Mangel aufweist. Dagegen bleibt eine Mietminderung außer Betracht, sofern es sich nur um eine unerhebliche Beeinträchtigung der Tauglichkeit der Mietsache handelt. Ist ein Mangel gegeben, tritt die Minderung automatisch ein, ohne dass es einer Zustimmung des Vermieters bedarf. Das heißt, der Mieter ist berechtigt, nur eine angemessen herabgesetzte Miete zu entrichten.

Zur Berechnung der Mietminderung ist dabei immer auf den Zeitraum abzustellen, in dem die objektive Gebrauchstauglichkeit der Mietsache tatsächlich gemindert ist.

Im Fall eines Mangels der Mietsache ist der Mieter gemäß § 536c Abs. 1 BGB verpflichtet, diesen dem Vermieter unverzüglich anzuzeigen. Der Vermieter soll dadurch die Möglichkeit zur Beseitigung des Mangels und der Schadensbegrenzung erlangen. Unterlässt der Mieter eine derartige Mängelanzeige, so verliert er bezüglich dieser Mängel sein Recht auf Minderung.

Auf die Mängelanzeige kann nur ausnahmsweise verzichtet werden, wenn

- der Vermieter den Mangel bereits kennt oder kennen muss, z. B. weil er im selben Haus wohnt,
- der Vermieter den Mangel gar nicht beseitigen kann, z. B. wenn Baulärm von einer angrenzenden Baustelle kommt.

Der Mieter verliert sein Recht auf Mietminderung, wenn

- der Mieter bei Vertragsschluss Kenntnis vom Mangel hatte, und er sich diesbezüglich bei Annahme der Mietsache seine Rechte nicht vorbehalten hat,
- der Mangel bei Vertragsschluss dem Mieter auf Grund grober Fahrlässigkeit unbekannt geblieben ist und der Vermieter diesen nicht arglistig verschwiegen hat
- der Mieter einen während der Mietzeit aufgetretenen Mangel dem Vermieter nicht unverzüglich angezeigt hat und dieser in Folge dessen keine Abhilfe schaffen konnte,
- der Mieter den Mangel selbst verschuldet hat.

Dagegen ist die bisherige Rechtsprechung aufgehoben, dass der Mieter sein Recht zur Minderung endgültig verliert, wenn er den Mangel ca. 6 Monate hingenommen hat, ohne ihn anzuzeigen oder die Miete zu mindern.

Die Mietminderung ist von der Bruttomiete vorzunehmen, also inkl. Nebenkosten, gleichgültig, ob eine Nebenkostenpauschale oder Vorauszahlung vereinbart ist.

Eine gesetzliche Regelung für die Höhe der Minderung existiert nicht. Die konkrete Höhe der Minderung hängt vielmehr von den Umständen des Einzelfalls ab. Insofern können Mietmängel- und Minderungslisten einen ungefähren Anhaltspunkt geben, wo der jeweilige Mangel einzuordnen ist. Die nachfolgenden Quoten verstehen sich folglich als Richtwerte, die im Einzelfall zu überprüfen sind.

5–10 % Minderung

- undichte Fenster in der ganzen Mietsache
- Dach undicht, dadurch Feuchtigkeit in der Mietsache
- ungenügende Beheizung einzelner Räume
- erhebliche optische Mängel eines Treppenhauses
- Lärmstörungen durch mangelnden Trittschallschutz

20–50 % Minderung

- dauernde Ruhestörung durch Nachbarn
- Lärm- und Geruchsbelästigung durch Imbissstuben
- Duschkabine nicht nutzbar

60–80 % Minderung

- einzige Toilette in der Mietsache nicht nutzbar

100 % Minderung

- längerer Ausfall der Heizungsanlage in den Wintermonaten
- unzumutbare Nutzung der Mietsache während Modernisierungsarbeiten
- vollständiger Ausfall der Elektrik für Licht, Warmwasser usw.

16.6 Mietsicherheiten

16.6.1 Grundlagen

Zur Sicherung der vertraglichen Pflichten des Mieters kann der Vermieter eine Mietsicherheit/Mietkaution verlangen. Durch die Kaution soll der Vermieter für Forderungen gegenüber dem Mieter abgesichert werden, die insbesondere bei Beendigung des Mietverhältnisses noch offen sind. Da die Kaution zur Sicherung und Befriedigung aller Ansprüche des Vermieters aus dem Mietverhältnis dient, darf der Vermieter die Kaution nicht nur am Ende des Mietverhältnisses verwenden.

Eine gesetzliche Verpflichtung zur Zahlung einer Mietkaution besteht nicht. Haben Mieter und Vermieter im Mietvertrag nichts vereinbart, hat der Vermieter auch keinen Anspruch auf Zahlung einer Kaution.

Geleistet werden kann die Kaution durch eine bestimmte Summe Geldes, aber auch durch eine Bürgschaftserklärung. Die Höhe der Kautionssumme ist bei der Geschäftsraummiete nicht begrenzt.

Ist im Mietvertrag vereinbart, dass die Abrechnung und die Auszahlung der vom Mieter geleisteten Kaution bei Beendigung des Mietverhältnisses erfolgt, ist der Auszahlungsanspruch fällig, wenn keine Verpflichtungen des Mieters mehr zu erwarten sind. Der Vermieter darf einen angemessenen Teil der Kaution wegen noch nicht abgerechneter Nebenkosten bis zur Abrechnung zurückbehalten.

Der Anspruch auf Rückzahlung der geleisteten Kaution unterliegt der allgemeinen Verjährung von 3 Jahren (§ 195 BGB). Die Verjährung beginnt mit dem Ende des Jahres, in dem der Rückzahlungsanspruch fällig geworden ist.

16.6.2 Einschränkungen bei Wohnraum

Bei Mietverhältnissen über Wohnraum bestimmt § 551 BGB, dass die Kaution maximal die Summe des Betrages von drei Monatsnettomieten betragen darf. Der Vermieter muss das Geld getrennt von seinem persönlichen Vermögen anlegen. Eine gesetzliche Verpflichtung besteht zur Anlage zum Sparbuchzins (Spareinlagen mit dreimonatiger Kündigungsfrist).

Der Mieter ist berechtigt, die Geldsumme in drei gleichen monatlichen Teilleistungen zu erbringen, wobei die erste Teilleistung zu Beginn des Mietverhältnisses fällig ist. Unzulässig ist daher die Regelung, wonach der Mieter sich verpflichtet, vor Übergabe der Wohnung den Nachweis der Sicherheit zu führen.

Bei einer Veräußerung der Mietsache während des laufenden Mietverhältnisses haftet der Veräußerer für die Rückgabe der Kaution, wenn sie der Mieter vom Erwerber nicht erlangen kann, § 566a BGB.

16.7 Instandhaltung und Instandsetzung

Instandhaltung und Instandsetzung der Mietsache sind nach dem Gesetz Hauptpflichten des Vermieters (§ 535 Abs. 1 Satz 2 BGB).

Gewähren des Gebrauchs bedeutet, die Mietsache in einem zum vertragsgemäßen Gebrauch geeigneten Zustand zu erhalten und Störungen des vertragsgemäßen Gebrauchs zu unterlassen.

Grundsätzlich muss der Vermieter das reparieren lassen, was durch äußere Einflüsse beschädigt wurde, sei es durch ein Unwetter, sei es durch Vandalismus u. ä. Das Recht des Mieters, vom Vermieter die Herstellung eines vertragsgemäßen Zustands zu verlangen, entfällt, wenn der Mangel vom Mieter oder Personen für die er haftet, verschuldet wurde. Abnutzungen, die lediglich durch den vertragsgemäßen Gebrauch der Mietsache eingetreten sind, hat der Mieter nicht zu vertreten (§ 538 BGB).

16.7.1 Grundlagen

Unter Instandhaltung sind vorbeugende Maßnahmen zu verstehen, die den vertragsgemäßen Zustand aufrechterhalten bzw. drohende Mängel verhindern. Die Instandhaltung betrifft somit die Vermeidung von Schäden sowie die ständige Beaufsichtigung und Überprüfung der Mietsache auf drohende Verschlechterungen ihres Zustandes und ihrer Gebrauchstauglichkeit.

Instandsetzung dient dazu, eine in einem vertragswidrigen Zustand befindliche Mietsache in einen vertragsgemäßen zu überführen. Hier geht es folglich um die Behebung von bereits eingetretenen Mängeln oder Schäden.

Bei der Geschäftsraummiete können die Instandhaltungs- und Instandsetzungspflichten grundsätzlich auf den Mieter übertragen werden. Dies ist im Wege einer Individualvereinbarung umfassender möglich, als mit einem Formularvertrag. Bei einer Individualvereinbarung ergeben sich Einschränkungen nur insoweit, als der Vertrag nicht gegen Treu und Glauben verstoßen darf. Zum Beispiel trifft den Mieter keine Instandsetzungsverpflichtung für solche Schäden, gegen die der Vermieter versichert ist.

In einem Formularvertrag gelten auch für den Geschäftsraummietvertrag engere Grenzen. Die Einzelheiten sind gesetzlich nicht geregelt und unterliegen der Kontrolle der Gerichte. Beispielsweise wird die häufige Klausel, wonach der Mieter die Instandhaltungs- und Instandsetzungspflicht an „Dach und Fach" trägt, für unwirksam angesehen.

Im Wohnungsmietvertrag können dagegen lediglich zwei Ausnahmen von der gesetzlichen Grundregel vereinbart werden, wonach Instandhaltung und Instandsetzung Sache des Vermieters sind:

- Der Mieter kann im Mietvertrag zur Durchführung von Schönheitsreparaturen verpflichtet werden.
- Der Mieter kann zur Bezahlung von Bagatellschäden verpflichtet werden, sog. Kleinreparaturklausel.

16.7.2 Schönheitsreparaturen

Nach den gesetzlichen Vorgaben muss der Vermieter die Mietsache auch während des laufenden Mietverhältnisses in einem ansehnlichen Zustand halten. Im obliegt die sogenannte „Dekorationspflicht". Nach dem Gesetz muss der Vermieter die Wohnung in einem ansehnlichen Zustand halten.

Es ist mittlerweile aber üblich geworden, über Formularklauseln dem Mieter die Pflicht zur Renovierung der Wohnung (Schönheitsreparaturen) aufzuerlegen. Schönheitsreparaturen sind Instandhaltungsmaßnahmen, die ein durch den vertragsgemäßen Gebrauch verschlechtertes Aussehen der Mietsache beseitigen. Dazu gehören das Tapezieren, das Anstreichen oder Kalken der Wände und Decken, das Streichen der Fußböden, Heizkörper und Heizrohre, der Innentüren sowie der Fenster und Außentüren jeweils von innen.

Soweit die Pflichtenübertragung auf den Mieter in einem Formularmietvertrag erfolgt, muss dieser sich an den Bestimmungen des BGB über die Allgemeinen Geschäftsbedingungen messen lassen (§§ 305 - 310 BGB). Seit mehreren Jahren hat sich der Bundesgerichtshof der üblicherweise verwendeten Schönheitsreparaturklauseln angenommen und diese in weiten Teilen für unwirksam erklärt. Dabei tendiert die Rechtsprechung dazu, bei der Frage der Wirksamkeit von Schönheitsreparaturklauseln zwischen Wohnen und Gewerbe keine Unterscheidung mehr vorzunehmen.

Bei den Regelungen zur Schönheitsreparatur hat sich in der Vergangenheit der so genannte Fristenplan durchgesetzt. Das heißt, dem Mieter werden im Mietvertrag Zeitabstände vorgegeben, innerhalb derer die Schönheitsreparaturen vorzunehmen sind. Nach der Rechtsprechung des Bundesgerichtshofs sind allerdings Formularklauseln unwirksam, wenn sie dem Mieter die Ausführung von Schönheitsreparaturen während des laufenden Mietverhältnisses nach einem „starren" Fristenplan auferlegen. Denn dadurch kann der Mieter mit Renovierungsverpflichtungen belastet werden, obwohl unter Umständen tatsächlich noch gar kein Renovierungsbedarf besteht, weil der Mieter die Mietsache beispielsweise nur unterdurchschnittlich genutzt hat. Mietvertragsklauseln werden dann als „starr" angesehen, wenn Sie beim Mieter den Eindruck erwecken, er habe verbindlich zu den festgelegten Fristen die Schönheitsreparaturen durchzuführen. Wirksam sind stattdessen nur noch solche „weiche" Klauseln, die dem Mieter trotz Ablaufs der Fristen den Einwand der fehlenden Renovierungsbedürftigkeit erhalten. Die Formulierung im Mietvertrag muss beispielsweise lauten: „Die Fristen belaufen sich im Allgemeinen auf ...." oder „In der Regel werden alle .... Jahre Schönheitsreparaturen erforderlich sein".

Auch bei der Beendigung eines Mietverhältnisses wird von Vermieterseite versucht, den Mieter bei der Endrenovierung in die Pflicht zu nehmen. Dabei ist es nach der Rechtsprechung nicht möglich, den Mieter zu laufenden Schönheitsreparaturen laut Fristenplan und zur Endrenovierung zu verpflichten. Dies würde eine übermäßige Belastung des Mieters darstellen. Wenn also vom Vermieter eine Schlussrenovierung gewünscht wird, sollte der Mietvertrag keine Verpflichtung zur Vornahme der laufenden Renovierungen enthalten.

Zieht der Mieter vorzeitig, das heißt vor Ablauf der jeweils festgelegten Renovierungsintervalle aus, so sehen viele Mietverträge statt der Endrenovierungsverpflichtung eine Quotenabgeltungsklausel vor. Dem Mieter soll die Verpflichtung zur Renovierung erlassen werden, wenn er an den Vermieter einen Kostenersatz für die seit der letzten Durchführung der Schönheitsreparaturen verstrichene Mietzeit zahlt. Knüpft die jeweilige Abgeltungsklausel allerdings an einen starren Fristenplan, ist auch die Abgeltungsklausel unwirksam, da in diesem Fall keine Berücksichtigung des tatsächlichen Erhaltungszustands der Mietsache stattfindet. Abgeltungsklauseln sollen deshalb nur dann zulässig sein, wenn die vereinbarten Fristen erst bei Einzug zu laufen beginnen, der Mieter nicht an einen Kostenvoranschlag eines Malerfachgeschäftes gebunden ist, es ihm stets vorbehalten bleibt, die Schönheitsreparatur selbst vorzunehmen und kein starrer Fälligkeitszeitpunkt vereinbart wird. Auch bei einer Abgeltungsregelung ist daher eine „weiche" Formulierung bei der Bezugnahme auf die Fristen zu wählen.

Soweit sich der Mieter wirksam zu Schönheitsreparaturen verpflichtet hat, muss er diese vertragsgemäß durchführen. Nimmt der Mieter die erforderlichen Arbeiten nicht vor, kann der Vermieter neben der Erfüllung der Renovierungsverpflichtung Schadensersatz wegen Nichterfüllung verlangen, wenn der Mieter trotz Fristsetzung nicht renoviert, § 281 BGB sowie § 286 BGB.

Die Ansprüche des Vermieters auf die Durchführung der Schönheitsreparaturen verjähren in der kurzen 6-Monats Frist des § 548 BGB, die schon mit Rückgabe der Mietsache zu laufen beginnt. Als Rückgabe wird hier nicht erst die vollständige Räumung angesehen, sondern bereits die bloße

Besitzverschaffung (Schlüsselübergabe) und Möglichkeit des Vermieters, ungehindert die Mietsache auf Mängel usw. untersuchen zu können.

Beachte:
Beschädigungen der Mietsache sind von eventuellen Schönheitsreparaturen vollkommen unabhängig. Vom Mieter verursachte Schäden der Mietsache hat er selbstverständlich zu beheben. Darunter fallen Schäden wie z. B. gesprungene Scheiben, Fliesen, zerkratzte Türen, Dellen, zerrissene Teppiche etc.

16.7.3 Instandsetzung

Wie dargestellt, obliegt es nach der gesetzlichen Vorschrift des § 535 BGB in erster Linie dem Vermieter, die vermietete Sache zu erhalten und wiederherzustellen und somit den vertragsgemäßen Gebrauch während der Mietzeit zu gewährleisten. Nach der vorgenannten gesetzlichen Vorschrift ist allein der Vermieter verpflichtet, auf seine Kosten notwendige Reparaturen der Mietsache durchzuführen.

Bei der Abwälzung der Reparaturpflicht auf den Geschäftsraummieter ist nur dann zu beanstanden, wenn dem Geschäftsraummieter die Erhaltungslast in vollem Umfang auferlegt wird und er zur Behebung anfänglicher Mängel verpflichtet wird. Auch darf der Geschäftsraummieter nicht zur Beseitigung von Schäden verpflichtet werden, die von Dritten verursacht werden und nicht seinem Risikobereich zuzuordnen sind.

Auch in Wohnungsmietverträgen kann die Instandsetzungspflicht in Teilen auf den Mieter verlagert werden. Sog. Kleinreparaturklauseln in Formularverträgen verpflichten den Mieter entgegen der gesetzlichen Regelung im Hinblick auf kleinere Verschleißreparaturen. Damit soll der Mieter zu einem sorgsamen Umgang mit der Mietsache angehalten werden. Eine solche Klausel ist in Formularverträgen gegenständlich und betragsmäßig zu begrenzen. Gegenständliche Begrenzung bedeutet, dass die Verpflichtung auf Teile der Mietsache beschränkt ist, die seinem häufigen und unmittelbaren Zugriff unterliegen, z. B. Wasserhähne, Steckdosen, Lichtschalter. Nicht dazu gehören Reparaturen an in der Wand verlegten Leitungen und Verglasungen.

Betragsmäßige Begrenzung heißt die Festsetzung einer Höchstgrenze sowohl für die einzelne Reparatur, als auch für die Gesamtbelastung in einem bestimmten Zeitraum. Derzeit gelten € 75 für die Einzelreparatur noch als zulässig. Die zulässige Gesamtbelastung wird zwischen Festbeträgen in Höhe von € 150 bis zu 8 % der Jahresmiete gesehen.

Eine Klausel, nach welcher der Wohnungsmieter verpflichtet ist, entweder die Kleinreparaturen selbst durchzuführen oder im eigenen Namen einen Handwerker zu beauftragen, ist unzulässig. Es kann also allenfalls die Verpflichtung, für Bagatellschäden zu zahlen, auf den Mieter übertragen werden.

16.7.4 Modernisierung

Unter den Begriff „Modernisierung" werden alle baulichen Maßnahmen zusammengefasst, die den Gebrauchswert einer Immobilie erhöhen, die Mietverhältnisse dauerhaft verbessern oder der Einsparung von Energie oder Wasser dienen.

Beispiele: Einbau eines Fahrstuhls, Einbau einer Gegensprechanlage, Einbau von Isolierverglasung, Anbau eines Balkons, Anschluss an Kabelfernsehen

Es handelt sich also nicht um Instandhaltungsmaßnahmen, bei denen Schäden oder Mängel, die durch üblichen Verschleiß eingetreten sind, behoben werden.

Der Mieter hat Maßnahmen der Modernisierung generell zu dulden (§ 554 Abs. 2 BGB). Dies gilt auch für den Mieter eines Geschäftsraums (§ 578 Abs. 2 BGB). Die Duldungspflicht für den Mieter besteht nicht, wenn die Maßnahmen für ihn eine Härte bedeuten würde, die auch unter Würdigung der berechtigten Interessen des Vermieters und anderer Mieter nicht zu rechtfertigen ist.

Der Vermieter ist verpflichtet, eine Modernisierungsmaßnahme spätestens drei Monate vor Beginn der geplanten Arbeiten dem Mieter schriftlich mitzuteilen, da Modernisierungsmaßnahme für den Mieter mit zum Teil beträchtlichen Unannehmlichkeiten verbunden (Verschmutzung, Präsenzpflicht in der Zeit der Baumaßnahme, Lärmbelästigung usw.) sein können. Dem Mieter müssen Angaben über Art und Umfang der Baumaßnahme, über den voraussichtlichen Beginn und die Dauer der Arbeiten gemacht werden. Zudem muss die Modernisierungsmaßnahme so genau wie möglich beschrieben werden.

Der Mieter hat die Möglichkeit, bei umfangreichen Modernisierungsmaßnahmen, welche zu einer erheblichen Einwirkung auf die vermieteten Räume führen, außerordentlich zu kündigen. Der Mieter ist berechtigt, bis zum Ablauf des Monats, der auf den Zugang der Mitteilung über die Modernisierungsmaßnahme folgt, für den Ablauf des nächsten Monats zu kündigen.

Bei der Modernisierung von Wohnraum ist § 559 BGB zu beachten, der dem Vermieter die Möglichkeit zur Mieterhöhung eröffnet; beim Geschäftsraum ist dagegen eine Änderungskündigung, soweit möglich, oder eine Vereinbarung mit dem Mieter notwendig.

16.8 Mieterhöhung

Im Gewerberaummietrecht existieren, anders als im Wohnraummietrecht, keine gesetzlichen Regelungen hinsichtlich einer Mieterhöhung. Eine Mieterhöhung bedarf daher der mietvertraglichen Vereinbarung. Wird es versäumt, eine Mietanpassungsmöglichkeit im Mietvertrag vorzusehen, steht dem Vermieter nur die Änderungskündigung offen, was aber voraussetzt, dass es sich um keinen Zeitmietvertrag handelt.

Eine Mieterhöhung bei freifinanzierten Wohnungen ist dagegen auch ohne ausdrückliche vertragliche Vereinbarung möglich. Hierfür müssen die vom Gesetz (§§ 558 ff. BGB) vorgegebenen rechtlichen und formalen Voraussetzungen einhalten werden.

16.8.1 Staffelmiete

In der Praxis zumeist unproblematisch erweist sich die Staffelmiete, denn sie erfolgt automatisch und der Mieter hat die Anhebungen mit Unterzeichnung des Mietvertrags anerkannt.

Inhalt einer Staffelmiete ist eine schrittweise Mietzinserhöhung in bestimmten Zeitintervallen, bei der die Parteien von vornherein festlegen, wann die Miete in welcher Höhe steigen soll. Die Mietanpassung geschieht dann automatisch, ohne dass der Vermieter auf bestimmte Fristen oder Formalitäten achten muss.

Besondere gesetzliche Vorgaben bestehen im Geschäftsraummietvertrag bei der Vereinbarung einer Staffelmiete nicht. Es empfiehlt sich dennoch, die Erhöhungen nicht in Prozenten auszudrücken, sondern die einzelnen Stufen ziffernmäßig zu benennen. Es werden dadurch Unklarheiten vermieden, wie z. B. von welcher Basis die prozentuale Erhöhung zu berechnen ist (ursprüngliche Grundmiete oder jeweils bereits erhöhte Miete).

Obwohl bei einem Staffelmietvertrag der zu zahlende Mietzins im Laufe der Zeit erheblich von der Entwicklung des marktüblichen Mietzinses abweichen kann, bleibt der Mieter grundsätzlich auch bei einem gravierenden Absinken des allgemeinen Mietniveaus an die vertraglich vereinbarten Staffelerhöhungen gebunden.

Der Gesetzgeber knüpft die Vereinbarung einer Staffelmiete bei Wohnraummietverhältnissen an zusätzliche Voraussetzungen gem. § 557a BGB:

- Die Vereinbarung einer Staffelmiete bedarf generell der Schriftform (Festlegung im Mietvertrag).
- Im Mietvertrag müssen die stufenweisen Mieterhöhungen betragsmäßig festgeschrieben werden (der Vermieter muss konkrete EURO-Beträge nennen, die Angabe von Prozentsätzen reicht nicht aus).
- Zwischen den Mietanpassungen müssen jeweils 12 Monate liegen.
- Das Kündigungsrecht des Mieters kann für höchstens vier Jahre seit Abschluss der Staffelmietvereinbarung ausgeschlossen werden.

Andere Erhöhungen (ortsübliche Vergleichsmiete, Modernisierung) sind während der Laufzeit eines Staffelmietvertrages ausgeschlossen. Die Kappungsgrenze ist nicht zu beachten.

16.8.2 Wertsicherungsklauseln

Wird eine Wertsicherungsklausel vereinbart, dann wird die Miethöhe an die Entwicklung eines bestimmten Wertmaßstabs gebunden. Im Gegensatz zur Staffelmiete erfolgt die Anpassung nicht nach einem vorher bereits bestimmten Zeitabschnitt, sondern dann, wenn sich der entsprechende Wertmaßstab tatsächlich verändert.

16.8.2.1 Grundlagen

Wertsicherungsklauseln kommt im Bereich des Geschäftsraummietvertrages die größte Bedeutung zu. Durch eine solche Klausel im Mietvertrag soll der Mietzins während des laufenden Mietverhältnisses an die allgemeine Wirtschafts- und Geldwertentwicklung angepasst werden.

Es ist zu unterscheiden zwischen „echten" Wertsicherungsklauseln, bei denen sich die Miete automatisch und ohne Zutun der Parteien an den geänderten Wertmaßstab anpasst (sog. Index- oder Gleitklauseln) und Klauseln, die ohne diesen Automatismus auskommen (insbesondere Leistungsvorbehalte und Spannungsklauseln).

Mit Wirkung zum 14.09.2007 ist das Preisangaben- und Preisklauselgesetz weggefallen. Danach waren bisher Preisklauseln (Wertsicherungsklauseln) in gewerblichen Mietverträgen mit einer Laufzeit von weniger als 10 Jahren automatisch unwirksam, wenn sie nicht durch das Bundesamt für Wirtschaft und Ausfuhrkontrolle genehmigt wurden. Unter bestimmten Voraussetzungen galt jedoch eine Genehmigungsfiktion.

Nach der Rechtslage im neuen Preisklauselgesetz bleibt es im Grundsatz bei diesem grundsätzlichen Verbot der Indexierung und den bereits bisher geltenden Ausnahmen.

Bei Mietverträgen über Gewerberaum ist danach die Bestimmung des Mietzinses durch Preisklauseln zulässig, wenn

- der Mietvertrag für eine Dauer von mindestens 10 Jahren geschlossen wird, oder
- der Vermieter für die Dauer von mindestens 10 Jahren auf das Recht zur ordentlichen Kündigung verzichtet, oder
- der Mieter das Recht hat, die Vertragsdauer auf mindestens 10 Jahre zu verlängern (Stichwort Optionsrechte).

Voraussetzung ist jeweils, dass im Mietvertrag ein im Preisklauselgesetz vorgesehener Index (z. B. Verbraucherpreisindex für Deutschland) vereinbart wird. Eine Genehmigung für Verträge, die diesen Vorgaben nicht entsprechen, ist nicht mehr möglich. Das Bundesamt für Wirtschaft und Ausfuhrkontrolle ist nicht mehr zuständig, Anfragen werden dort nicht mehr bearbeitet.

Verstößt eine im Mietvertrag enthaltene Preisklausel gegen die Vorgaben des Preisklauselgesetz, bleibt die Klausel nach der neuen Regelung so lange wirksam, bis die Unwirksamkeit rechtskräftig per Gerichtsurteil festgestellt wurde. Das heißt, dass gegen das Preisklauselgesetz verstoßende Preisklauseln nicht automatisch unwirksam werden.

Das neue Preisklauselgesetz gilt für alle Preisklauseln, die nach dem 13.09.2007 vereinbart wurden oder die bis zum 13.09.2007 vereinbart wurden, deren Genehmigung aber bis zu diesem Datum noch nicht beim Bundesamt für Wirtschaft und Ausfuhrkontrolle beantragt worden ist.

Beispiel für eine Indexklausel:
> Sofern sich der vom Statistischen Bundesamt amtlich festgestellte und veröffentlichte Verbraucherpreisindex für Deutschland um fünf oder mehr Punkte gegenüber dem Stand zum Zeitpunkt des Vertragsabschlusses (Punkte auf Basis 2005=100) ändert, so ändert sich die Miete im gleichen prozentualen Verhältnis. Die Änderung wird ab dem Monat wirksam, ab dem die fünf oder mehr Punkte erreicht worden sind. In jedem Fall einer erneuten Änderung des Indexes um fünf oder mehr Punkte ist eine erneute Anpassung auf Basis der jeweils letzten Miete vorzunehmen.

Alternativ zu einer automatischen Gleitklausel kann z. B. eine Leistungsvorbehalts- oder eine Spannungsklausel vereinbart werden.

Im Fall des Leistungsvorbehalts besteht zwar ebenfalls die Verknüpfung mit einem Wertmaßstab, z. B. Verbraucherpreisindex. Allerdings führt die Änderung der Bezugsgröße lediglich mittelbar zu einer Änderung der Miete, nämlich entweder durch eine Neufestsetzung nach billigem Ermessen oder aufgrund von Verhandlungen zwischen den Vertragsparteien.

Beispiel für Leistungsvorbehalt:
> Sofern sich der vom Statistischen Bundesamt amtlich festgestellte und veröffentlichte Verbraucherpreisindex für Deutschland um fünf oder mehr Punkte gegenüber dem Stand zum Zeitpunkt des Vertragsabschlusses (Punkte auf Basis 2005=100) ändert, so verpflichten sich die Parteien jeweils zur Neuverhandlung über die Angemessenheit der Miete.

Bei der Spannungsklausel wird als Bezugsgröße regelmäßig die ortsübliche Miete für gewerbliche Grundstücke vergleichbarer Art herangezogen. Erhöht sich diese, kann der Vermieter eine Mieterhöhung verlangen. Die Spannungsklausel ist wegen der Schwierigkeit der Ermittlung ortsüblicher Vergleichsmieten im gewerblichen Bereich weniger zu empfehlen.

16.8.2.2 Einschränkungen bei Wohnraum

Auch im Wohnungsmietvertrag kann eine Mietanpassungsvereinbarung in Form einer Wertsicherungsklausel vereinbart werden, allerdings nur in Form einer Indexmiete.

Maßgeblich für die Vereinbarung einer Indexmiete sind die gesetzlichen Regelungen des § 557b BGB. Folgende Voraussetzungen sind einzuhalten:

- Die Indexmiete muss schriftlich vereinbart werden.

- Die Mietanpassungsvereinbarung kann nur in Form einer echten Gleitklausel vereinbart werden. Die vom Gesetz vorgeschriebene Bezugsgröße ist der vom Statistischen Bundesamt ermittelte Verbraucherpreisindex für die Lebenshaltung aller privaten Haushalte in Deutschland (§ 557b Abs. 1 BGB).
- Die Klausel muss so gestaltet sein, dass die Anpassung zu Gunsten beider Vertragsparteien wirken kann. Sie muss also dergestalt formuliert werden, dass sich der Mietzins bei einem Anstieg der Bezugsgröße erhöht und bei einem Abfall der Bezugsgröße vermindert.
- Vor jeder Mieterhöhung muss der Mietzins mindestens jeweils für die Dauer eines Jahres unverändert bleiben. Die Jahresfrist berechnet sich ab dem Beginn des Mietverhältnisses oder ab dem Zeitpunkt der letzten Mieterhöhung.
- Dem Mieter muss eine schriftliche Abänderungserklärung zugehen, in der die Änderung der Bezugsgröße (die maßgebliche Preissteigerungsrate) sowie die sich daraus ergebende höhere Miete in EUR angegeben sind.
- Die Mieterhöhung ist nach Zugang der Erklärung ab dem übernächsten Monat wirksam, falls im Mietvertrag nichts anderes vereinbart wurde. Dabei kommt es auf den Zugang der Abänderungserklärung an.

16.8.3 Mieterhöhungsverfahren bei Wohnraum

Für den Vermieter von freifinanziertem Wohnraum sehen die §§ 558 BGB ff. gesetzliche Möglichkeiten vor, die Miete zu erhöhen.

Die Vorschriften über die Mieterhöhungen gelten nach § 549 BGB nicht für

- zum vorübergehenden Gebrauch vermieteter Wohnraum (z. B. Ferienwohnung, Saisonarbeiter)
- möblierte Einliegerwohnung
- Anmietung zum Zwecke der Weitervermietung an Personen mit dringendem Wohnbedarf (z. B. Haftentlassene, Asylbewerber)
- Studenten- und Jugendwohnheim

Macht der Vermieter eine solche Mieterhöhung gegenüber dem Mieter geltend, steht dem Mieter nach § 561 BGB ein Sonderkündigungsrecht zu, das er innerhalb von 2 Monaten mit einer Frist von zwei weiteren Monaten geltend machen muss.

16.8.3.1 Mieterhöhung auf die ortsübliche Vergleichsmiete

Die Vorschriften finden sich in den §§ 558 ff. BGB. Danach kann der Vermieter vom Mieter die Zustimmung zur Anpassung der Miete an die ortsübliche Vergleichsmiete unter den folgenden Voraussetzungen verlangen:

- Die Miete muss in dem Zeitpunkt, zu dem die Erhöhung eintreten soll, seit 15 Monaten unverändert sein (sog. Sperrfrist) und der Vermieter stellt das Erhöhungsverlangen frühestens nach Ablauf einer einjährigen Wartefrist.
- Die vom Mieter geschuldete Miete liegt unter der ortsüblichen Vergleichsmiete.
- Die Mieterhöhung beträgt nicht mehr als 20 % innerhalb von drei Jahren (sog. Kappungsgrenze). Hat der Vermieter die Kappungsgrenze ausgeschöpft, dann muss er bis zur nächsten

Mieterhöhung drei Jahre warten. Schöpft der Vermieter die Kappungsgrenze nur teilweise aus, dann darf er innerhalb der folgenden drei Jahre noch den Unterschiedsbetrag geltend machen.

Beispiel: Der Mieter zahlt seit mehr als drei Jahren EUR 7,00 Miete/m². Die ortsübliche Vergleichsmiete liegt bei EUR 10. Der Vermieter hat die Miete nunmehr um EUR 1,00 auf EUR 8,00 erhöht. In den drei Jahren darf der Vermieter die Miete nur noch um EUR 0,40 erhöhen, denn von der durch die Kappungsgrenze zugelassenen Erhöhung um EUR 1,40 sind bereits EUR 1,00 verbraucht.

§ 558a BGB bestimmt, dass das Mieterhöhungsverlangen dem Mieter in Textform zu erklären und zu begründen ist. Zur Begründung kann Bezug genommen werden auf:

Einen Mietspiegel (§§ 558a Abs. 2 Nr. 1, 558c, 558d BGB)

Das Gesetz unterscheidet zwischen dem einfachen und dem qualifizierten Mietspiegel.

Beim einfachen Mietspiegel handelt es sich um eine Übersicht über die ortsüblichen Vergleichsmieten einer Gemeinde, die durch die Gemeinde oder Interessenvertretungen der Vermieter und der Mieter (Mieterbund, Haus- und Grundbesitzerverein) gemeinsam erstellt oder anerkannt worden ist.

Der Unterschied vom qualifizierten zum einfachen Mietspiegel besteht darin, dass der qualifizierte Mietspiegel mit wissenschaftlichem und empirischem Aufwand erstellt wurde. Er muss ebenfalls von der Gemeinde oder von Interessenvertretern der Vermieter und der Mieter anerkannt worden sein.

Sofern ein qualifizierter Mietspiegel vorhanden ist, hat der Vermieter in seinem Mieterhöhungsverlangen dies dem Mieter auch dann mitzuteilen, wenn er die Mieterhöhung auf ein anderes Begründungsmittel stützt (§ 558a Abs. 3).

Eine Auskunft aus einer Mietdatenbank (§§ 558a Abs. Nr. 2, 558e BGB)

Eine Mietdatenbank ist eine zur Ermittlung der ortsüblichen Vergleichsmiete fortlaufend geführte Sammlung von Mieten, die von der Gemeinde oder von Interessenvertretern der Vermieter oder der Mieter gemeinsam geführt oder anerkannt wird und aus der Auskünfte gegeben werden, die für einzelne Wohnungen einen Schluss auf die ortsübliche Vergleichsmiete zulassen. Hier wird der modernen Datenverarbeitungstechnologie Rechnung getragen.

Ein mit Gründen versehenes Gutachten eines öffentlich bestellten und vereidigten Sachverständigen (§ 558 a Abs. 2 Nr. 3 BGB)

Dem Mieter muss im Gutachten verständlich und nachvollziehbar dargelegt werden, warum die begehrte Miete ortsüblich ist.

Drei Vergleichswohnungen (§ 558a Abs. 2 Nr. 4 BGB)

Die Vergleichswohnungen müssen für den Mieter identifizierbar und so beschrieben sein, dass er die Vergleichbarkeit erkennen kann. Sie müssen nach Adresse, Geschoss, genaue Lage, Größe und Mietzins aufgeführt sein. Der Vermieter kann vergleichbare Wohnungen auch aus dem eigenen Wohnungsbestand benennen.

§ 558b BGB bestimmt, dass der Mieter, soweit er der Erhöhung zustimmt, die erhöhte Miete mit Beginn des dritten Kalendermonats nach Zugang des Mieterhöhungsverlangens schuldet. Wenn der Mieter der Mieterhöhung bis zum Ablauf des zweiten Kalendermonats nach dem Zugang des Verlangens nicht zustimmt, muss der Vermieter zur Durchsetzung der Mieterhöhung auf Zustimmung klagen. Die Klage muss innerhalb von drei weiteren Monaten erhoben werden.

16.8.3.2 Mieterhöhung wegen Modernisierung

Der Vermieter kann Kosten, die er für Modernisierungsmaßnahmen aufgewendet hat, in gesetzlich bestimmten Umfang auf die Mieter umlegen (sog. Modernisierungsumlage). Die gesetzlichen Regelungen finden sich in den §§ 559 bis 559b BGB.

Folgende Eckpunkte sind zu beachten:

Der Vermieter hat Modernisierungsmaßnahmen durchgeführt zur
- Nachhaltigen Erhöhung des Gebrauchswerts
- Dauerhaften Verbesserung der allgemeinen Wohnverhältnisse
  (z. B. Zentralheizung, moderne Badeeinrichtung, Anschluss an Kabelfernsehen)
- Einsparung von Energie oder Wasser
  (Wärmedämmung, Isolierverglasung, Niedertemperaturheizung, Wassermengenregler)
- Umsetzung von Umständen, die der Vermieter nicht zu vertreten hat (z. B. behördliche Auflagen, Maßnahmen zum Denkmalschutz)

Der Vermieter kann jährlich 11 % der für die Wohnung aufgewandten Modernisierungskosten auf die Miete umlegen.

Beispiel: Der bisherige Mietzins beträgt EUR 700/Monat. Für die Wohnung aufgewendete Modernisierungskosten belaufen sich auf EUR 10.000,00. Der Vermieter kann die monatliche Miete um EUR 91,67/Monat auf EUR 791,67/Monat erhöhen; eine Kappungsgrenze ist nicht zu beachten.

Die Umlageerklärung muss die Berechnung der Umlage und die Erläuterung der Erhöhung enthalten.

Der Mieter schuldet die erhöhte Miete mit Beginn des dritten Monats nach dem Zugang der Erklärung. Die Frist verlängert sich um 6 Monate, wenn der Vermieter dem Mieter die Erhöhung der Miete nicht mitgeteilt hat oder der erhöhte Mietzins um mehr als 10 % höher liegt als der im Erhöhungsschreiben mitgeteilte.

16.8.3.3 Umlage erhöhter Betriebskosten

Der Vermieter kann eine Anpassung der gesondert ausgewiesenen Betriebskosten nach § 560 Abs. 1 BGB verlangen, falls sich seine Gesamtbelastung erhöht und keine Vorauszahlung oder Bruttowarmmiete vereinbart wurde. Der Vermieter kann daher nur bei einer mietvertraglichen Vereinbarung einer Betriebskostenpauschale Erhöhungen auf den Mieter umlegen.

Für die Erhöhung ist eine schriftliche Erklärung des Vermieters (Textform ausreichend) erforderlich, die den Grund der Umlage bezeichnet (z. B. Grundsteuererhöhung) und erläutert und den Erhöhungsbetrag nennt. Liegen die Voraussetzungen vor, ist eine Zustimmung des Mieters nicht erforderlich. Auf Wunsch ist dem Mieter Einsichtnahme in die Belege zu gewähren.

Ermäßigen sich die in einer Pauschale enthaltenen Kosten, ist der Vermieter verpflichtet, sie entsprechend herabzusetzen (§ 560 Abs. 3 BGB).

Die Zahlungspflicht des Mieters entsteht vom 1. Kalendertag des auf die Erklärung folgenden übernächsten Monats an.

Erfährt der Vermieter erst im Nachhinein von einer Erhöhung, kann er die Erklärung innerhalb von 3 Monaten nach Kenntnis abgeben, höchstens aber bis zum Beginn des der Erklärung vorausgehenden Jahres.

16.9 Mietvertragsbeendigung

Mietverhältnisse enden in der Regel durch Kündigung, Zeitablauf oder durch eine einvernehmliche Vertragsaufhebung.

16.9.1 Aufhebung

Mit einem (auch formlos möglichen) Mietaufhebungsvertrag einigen sich die Vertragspartner des Mietvertrags einvernehmlich auf die Beendigung des Mietverhältnisses zu einem bestimmten Zeitpunkt. Zur Vermeidung von späteren Streitigkeiten, sollten im Aufhebungsvertrag bereits alle Modalitäten zur Rückgabe der Mietsache, wie Rückbau, Schönheitsreparaturen, ggf. Abfindungszahlung etc. geregelt werden.

16.9.2 Kündigung

Enthält der Mietvertrag keine Bestimmung, wann das Mietverhältnis enden soll, läuft er auf unbestimmte Zeit. Ein solches Mietverhältnis kann durch eine Kündigung beendet werden. Dagegen ist die Kündigung bei auf bestimmte Zeit abgeschlossenen Mietverhältnissen nur in Ausnahmefällen bereits vor Ablauf der Mietzeit möglich.

Bei der Kündigung kann zwischen der ordentlichen und der außerordentlichen Kündigung unterschieden werden. Eine ordentliche Kündigung liegt vor, wenn ein auf unbestimmte Dauer abgeschlossenes Mietverhältnis unter Einhaltung der gesetzlich oder vertraglich bestimmten Kündigungsfristen beendet wird. Wurde ein Mietvertrag auf eine bestimmte Zeit abgeschlossen oder bestehen lange gesetzliche oder vertragliche Kündigungsfristen, kann ein Mietverhältnis in gesetzlich geregelten Ausnahmefällen auch vorzeitig (außerordentlich) gekündigt werden.

16.9.2.1 Grundlagen

Mit der Kündigung muss der Kündigende zum Ausdruck bringen, dass er das Mietverhältnis beenden will. Zur Kündigungserklärung berechtigt sind die Parteien des Mietvertrags, also Mieter und Vermieter. Die Kündigungserklärung muss stets von allen Mietern bzw. Vermietern unterzeichnet sein. Der Kündigungstext muss eindeutig und unzweifelhaft ergeben, dass das Mietverhältnis enden soll. Die Angabe des Beendigungstermins ist nicht zwingend das Wort „Kündigung" zu verwenden.

In Geschäftsraummietverträgen ist die Schriftform der Kündigung gesetzlich nicht vorgegeben, aber zumeist im Mietvertrag vereinbart.

Der Kündigende kann sich bei der Kündigung vertreten lassen. Spricht der Vertreter die Kündigung aus, muss er der Kündigung einen Nachweis seiner Berechtigung zur Kündigung, also eine Vollmacht im Original, beifügen. Sind diese Voraussetzungen nicht erfüllt, kann der Kündigungsempfänger, gleich, ob Vermieter oder Mieter, die Kündigung zurückweisen, § 174.

Die Kündigung stellt eine einseitige empfangsbedürftige Willenserklärung dar und wird erst mit Zugang wirksam § 130 BGB. Zugang liegt dann vor, wenn die Kündigungserklärung so in den Machtbereich des Empfängers gelangt ist, dass dieser unter normalen Verhältnissen die Möglichkeit hat, vom Inhalt Kenntnis zu nehmen.

Eine Teilkündigung von Mietverhältnissen ist grundsätzlich unzulässig. Dies gilt auch für alle mitvermieteten Flächen, wie Keller/Speicher/Garten/Stellplatz/Garage. Eine Ausnahme macht das Gesetz unter § 573b BGB für Wohnmietverhältnisse, falls der Vermieter aus Nebenräumen neuen Wohnraum schaffen möchte.

Für alle ordentlichen Kündigungen sind die gesetzlichen oder vertraglich vereinbarten Kündigungsfristen einzuhalten. Die Kündigungsfrist ist der Zeitraum zwischen dem Zugang der Kündigung, dem so genannten Kündigungstag, und dem Tag, an dem das Mietverhältnis enden soll, dem so genannten Kündigungstermin. § 193 BGB gilt nach h. M. nicht, so dass die Kündigung auch an einem Sonntag zugehen muss bzw. Frist auch an einem Sonntag endet.

In Geschäftsraummietverhältnis sind die Kündigungsfristen zumeist vertraglich geregelt. Das Gesetz geht von einer Kündigungsfrist für Mieter und Vermieter von 6 Monaten zum Ende eines Kalendervierteljahres aus, § 580a Abs. 2 BGB.

Die Kündigungsfrist hängt für den Wohnraumvermieter davon ab, wie lange das Mietverhältnis bereits bestanden hat.

Mietdauer	Kündigungsfrist Vermieter
bis zu 5 Jahre	3 Monate
5 bis 8 Jahre	6 Monate
über 8	9 Monate

Eine Abweichung im Mietvertrag zu Ungunsten des Wohnungsmieters ist unzulässig.

Die für den Mieter geltende Frist beträgt einheitlich 3 Monate. Sie ist gewahrt, wenn die Kündigung spätestens am dritten Werktag eines Kalendermonats für den Ablauf des übernächsten Monats ausgesprochen wird (§ 573c Abs. 1 BGB).

16.9.2.2 Einschränkungen bei Wohnraum

Die Kündigung von Wohnraummietverhältnissen muss von Mieter und Vermieter stets schriftlich erfolgen, § 568 Abs. 1 BGB.

Der Vermieter kann ein unbefristetes Mietverhältnis über Wohnraum zudem nur dann kündigen, wenn er ein berechtigtes Interesse an dessen Beendigung hat. Dagegen kann der Mieter sein unbefristetes Mietverhältnis unter Beachtung der gesetzlichen Kündigungsfrist ohne weiteres und ohne Begründung kündigen.

Welche berechtigten Interessen den Vermieter zur Kündigung berechtigen, ist in § 573 BGB geregelt. Im Wesentlichen sind das:

- Kündigung wegen Verletzung der vertraglichen Pflichten
  (z.B. wiederholte Verstöße gegen die Hausordnung, wiederholte Ruhestörung, wiederholte verspätete Mietzahlung, Beleidigung des Vermieters)
- Eigenbedarf (siehe im folgenden 9.2.2.1)
- Verhinderung einer angemessenen wirtschaftlichen Verwertung (siehe im folgenden 9.2.2.2).

Ausnahmsweise darf der Vermieter ohne berechtigtes Interesse kündigen, bei einem Zweifamilienhaus, wenn der Vermieter eine der beiden Wohnungen selbst bewohnt (§ 573 a BGB). In diesem Fall verlängert sich die Kündigungsfrist um 3 Monate.

16.9.2.2.1 Kündigung wegen Eigenbedarfs

Eigenbedarf ist der bekannteste und am häufigsten genannte Kündigungsgrund für Mietwohnungen. Benötigt der Vermieter die vermieteten Räume als Wohnung für sich selbst, seine Familienangehörigen (insbesondere unmittelbare Verwandte ersten Grades) oder Angehörige seines Haushalts (insbesondere Haushaltshilfe, Pfleger), kann er das Mietverhältnis wegen Eigenbedarfs kündigen, § 573 Abs. 2 Ziffer 2 BGB.

Eigenbedarf kommt beispielsweise in Betracht:
- Aufgrund seines Gesundheitszustands ist der Vermieter auf eine Pflegeperson angewiesen, die im Haus untergebracht werden soll.
- Die Tochter des Vermieters will an dem Ort studieren, an dem die Eltern eine Mietwohnung haben.

Nicht aber:
- Der Vermieter beansprucht die Wohnräume für die Erweiterung seines Büros.
- Der Geschäftsführer der Vermietungs-GmbH will selbst in die Wohnung einziehen

Der bloße Wunsch des Vermieters, seine Wohnung selbst zu nutzen, reicht für eine Eigenbedarfskündigung nicht aus. Der Vermieter muss vielmehr Gründe geltend machen, die vernünftig, nachvollziehbar und ggf. zu beweisen sind. Anerkannt wurden beispielsweise folgende Gründe:
- berufsbedingter Ortswechsel
- Heirat oder Begründung einer Lebensgemeinschaft
- Geburt von Kindern
- Bezug einer leichter zugänglichen Wohnung als die bisherige aufgrund Alters

Unter dem Begriff „überhöhter Eigenbedarf" sind nachvollziehbare Gründe in Frage gestellt worden, wenn der Vermieter weit überhöhten Wohnbedarf geltend macht (allein stehender Vermieter fordert 7-Zimmer-Wohnung).

Der Vermieter muss in seinem Kündigungsschreiben wahrheitsgemäß angeben, wer in die Wohnung einziehen soll und aus welchem Grund. Und er muss einen konkreten Sachverhalt darlegen, auf den er das Interesse dieser Person an der Wohnung stützt. Vom Vermieter wird verlangt, dass er dem Mieter mitteilt, wie er seinen gewöhnlichen und regelmäßigen Wohnbedarf deckt und warum er künftig ausgerechnet in der bisherigen Mieterwohnung wohnen will.

Es darf kein sog. vorgeschobener oder vorgetäuschter Eigenbedarf vorliegen.

Vorgeschobener Eigenbedarf liegt vor, wenn der Vermieter oder die von ihm benannte Person die Wohnung überhaupt nicht ernsthaft nutzen will. Beweispflichtig ist grundsätzlich der betroffene Mieter, dass der Eigenbedarf des Vermieters nach dem Auszug des Mieters nicht realisiert wird, sondern die Wohnung anderweitig vermietet wurde.

Folgende Schadenspositionen kann der Mieter beim vorgetäuschten Eigenbedarf vom Vermieter verlangen: Umzugskosten, Kosten des Rechtsstreits, Kosten für Makler und Inserate, die Mietdifferenz zwischen der alten, preiswerten und der neuen, teureren Wohnung, Malerarbeiten in der neuen Wohnung, Umbau der Einbauküche

Der Vermieter kann auch dann nicht ohne weiteres wegen Eigenbedarfs kündigen, wenn er eine vergleichbare Wohnung besitzt, die leer steht. Er ist dann verpflichtet, diese Wohnung dem Mieter als Alternative anzubieten.

Der Wunsch, die Wohnung selbst zu nutzen, muss bis zum Ablauf der Kündigungsfrist andauern. Fällt der zunächst vorhandene Kündigungsgrund während der laufenden Kündigungsfrist weg, muss der Vermieter dem Mieter die Wohnung zur weiteren Anmietung anbieten.

Wird eine Mietwohnung nach der Überlassung an den Mieter in Wohnungseigentum aufgeteilt und verkauft, ist die Kündigung wegen Eigenbedarfs zusätzlich erschwert. Das BGB sieht bei sogenannten Umwandlungskündigungen grundsätzlich eine Sperrfrist von drei Jahren vor (§ 577a Abs. 1 BGB).

Ferner kann es eine von der Landesregierung für einige Gemeinden festgelegte bis zu zehnjährige Sperrfrist geben (§ 577a Abs. 2 BGB).

Der Erwerber der Wohnung darf erst nach Ablauf der Sperrfrist wegen Eigenbedarfs kündigen, und zwar unter Einhaltung der Kündigungsfristen, die der Sperrfrist hinzugerechnet werden müssen. Fristbeginn ist die Eintragung des Erwerbers ins Grundbuch.

Beispiel: Über eine in Wohnungseigentum umgewandelte Mietwohnung wird am 10. Juli 2007 ein Kaufvertrag abgeschlossen. Die Eigentumsumschreibung erfolgt am 28. Dezember 2007. Nach Ablauf der Dreijahresfrist im Dezember 2010 kann der Erwerber, je nach Dauer des Mietverhältnisses, wie folgt kündigen:
Mietvertrag bis 5 Jahre – Kündigung frühestens zum 31.03.2011
Mietvertrag mehr als 5 Jahre – Kündigung frühestens zum 30.06.2011
Mietvertrag mehr als 8 Jahre – Kündigung frühestens zum 30.09.2011

16.9.2.2.2 Kündigung wegen Hinderung der wirtschaftlichen Verwertung

Der Vermieter kann das Mietverhältnis nach § 573 Abs. 2 Ziffer 3 BGB kündigen, wenn er durch die Fortsetzung des Mietverhältnisses an der wirtschaftlichen Verwertung seines Grundstücks oder der Wohnung gehindert ist und dadurch erhebliche Nachteile erleiden würde.

Die Möglichkeit, im Falle einer anderweitigen Vermietung eine höhere Miete zu erzielen, wird vom Gesetz ausdrücklich ausgenommen. Als wirtschaftliche Verwertung ist die Änderung der Nutzung des Wohnraums, z. B. in einen Geschäftsraum anzusehen. Weiter die umfassende und grundlegende Renovierung der Wohnung, der Abbruch und Wiederaufbau des Gebäudes oder der Verkauf.

Ala angemessen wird die wirtschaftliche Verwertung angesehen, wenn sie nach wirtschaftlichen Gesichtspunkten vernünftig und nachvollziehbar ist. In Betracht kommt z. B. der Fall, dass der Verkauf ohne ein bestehendes Mietverhältnis einen erheblich höheren Kaufpreis (> 20 %) bringt oder für eine Sanierung die längere Räumung des gesamten Anwesens erforderlich ist. Der Vermieter muss bei der Kündigung die konkret dargelegten Vorteile aufzeigen, die er sich von der Modernisierung, dem Umbau oder dem Verkauf verspricht und weiter anzugeben, warum seiner Ansicht nach das bestehende Mietverhältnis ihn an den Maßnahmen hindert.

Auch hier gilt die Kündigungsbeschränkung nach § 577a BGB. Der Erwerber ist mindestens drei Jahre gehindert, eine Kündigung wegen Eigenbedarfs auszusprechen.

16.9.2.2.3 Sozialklausel

Der Mieter, der von einer berechtigten Vermieterkündigung betroffen ist, kann der Kündigung gem. § 574 BGB (Sozialklausel) widersprechen. Das heißt auch bei Vorliegen hinreichender Kündigungsgründe auf Seiten des Vermieters kann der Mieter einer ordentlichen Kündigung unter Umständen die Fortsetzung seines Mietverhältnisses verlangen, § 574 BGB. Voraussetzung ist, dass die Beendigung des Mietverhältnisses für ihn oder seine Familie eine „Härte" darstellt, die die Interessen des Vermieters überwiegt. Dabei ist eine Interessenabwägung vorzunehmen.

Was eine Härte für den Mieter darstellen kann, ist im Einzelfall zu entscheiden.
- Als Gründe des Mieters kommen z. B. in Betracht:
- das Fehlen von angemessenem Ersatzwohnraum
- notwendige Umschulung von Kindern zu ungünstigem Zeitpunkt
- fortgeschrittene Schwangerschaft
- hohes Alter des Mieters
- einverständlich erbrachte erhebliche Aufwendungen für die unrenoviert übernommene Wohnung bei Kündigung nach kurzer Wohnzeit

Der Widerspruch ist schriftlich, spätestens 2 Monate vor Ablauf der Kündigungsfrist gegenüber dem Vermieter zu erklären, § 574b BGB. Die Frist verlängert sich bis zum ersten Termin im gerichtlichen Räumungsverfahren, falls der Vermieter den Mieter auf die Möglichkeit des Widerspruchs nicht hingewiesen hat.

Auch wenn das Mietverhältnis wegen der Sozialklausel verlängert wurde, hat der Mieter stets die Möglichkeit, im Räumungsverfahren zusätzlich einen Antrag auf Erteilung einer Räumungsfrist zu stellen.

16.9.2.3 Außerordentliche Kündigungsgründe, insbesondere Kündigung wegen Zahlungsverzugs, §§ 543 Abs. 2 Ziffer 3, 569 BGB

Es wird zwischen der außerordentlichen, befristeten Kündigung und der außerordentlichen, fristlosen Kündigung unterschieden. Während bei der außerordentlichen, befristeten Kündigung die gesetzliche Kündigungsfrist einzuhalten ist, wird die außerordentliche fristlose Kündigung mit dem Zeitpunkt wirksam, zu dem sie zugeht.

Für alle außerordentlichen Kündigungen gilt: Es muss ein Kündigungsgrund tatsächlich vorliegen, der dem Empfänger der Kündigung zu benennen ist.

Kündigungsgründe für eine außerordentliche Kündigung mit gesetzlicher Frist durch den Mieter können sein:

- § 540 I: Kündigung wegen Versagung der Untermieterlaubnis
- § 561:   Kündigung bei einer Mieterhöhung
- § 554 Abs. 3:   Kündigung bei baulichen Maßnahmen des Vermieters
- § 544:   Kündigung bei Mietverträgen die für mehr als 30 Jahre abgeschlossen wurden, nach Ablauf von 30 Jahren
- § 563a: Kündigung für die Erben des Mieters beim Tod des Mieters

Kündigungsgründe für eine außerordentliche Kündigung mit gesetzlicher Frist durch den Vermieter können sein:

- § 544:   Kündigung bei Mietverträgen die für mehr als 30 Jahre abgeschlossen wurden, nach Ablauf von 30 Jahren
- § 563 Abs. 4:   Kündigung beim Tod des Mieters, es sei denn, es liegt ein Fall der Fortsetzung vor

Ein häufig anzutreffender Kündigungsgrund sowohl bei Geschäftsräumen als auch bei Wohnungen ist die außerordentliche fristlose Kündigung wegen Zahlungsverzugs. Nach § 543 Abs. 2 BGB kann der Vermieter das Mietverhältnis außerordentlich fristlos wegen Zahlungsverzugs kündigen, wenn

- der Mieter mit mindestens zwei Monatsmieten in Rückstand ist. Dabei kann sich der Rückstand auch aus Teilbeträgen zusammensetzen.

- der Mieter an zwei aufeinanderfolgenden Monaten mit einer Monatsmiete oder einem nicht unerheblichen Teil daraus in Rückstand ist. Für den Wohnungsmieter bestimmt § 569 Abs. 3 Nr. 1 einschränkend, dass der Rückstand eine Monatsmiete übersteigen muss.

Der Wohnungsmieter kann zudem durch Zahlung des gesamten rückständigen Betrags bis zwei Monate nach Zustellung der Räumungsklage die Kündigung abwehren, § 569 BGB. Diese Schonfrist wird dem Mieter jedoch nur einmal in zwei Jahren gewährt. Wird dem Mieter innerhalb von zwei Jahren nach einer Kündigung wegen Zahlungsverzugs wieder wegen Zahlungsverzugs gekündigt, kann er die zweite Kündigung nicht mehr durch eine nachträgliche Zahlung abwehren, § 569 BGB. Eine vorherige Abmahnung ist im Fall des Zahlungsverzugs nicht erforderlich, § 543 Abs. 3 Nr. 3 BGB.

Grundsätzlich ist eine außerordentliche fristlose Kündigung nur zulässig, wenn vorher eine Abmahnung mit Abhilfefrist ausgesprochen wurde, § 543 Abs. 3 BGB. Auf Abmahnung kann verzichtet werden, wenn

- sie keinen Erfolg verspricht, weil z. B. Vermieter Mangelbeseitigung ernstlich und endgültig verweigert
- Interessenabwägung sofortige Beendigung erfordert, z. B. bei schwerwiegenden Gesundheitsgefahren
- Mieter sich im Zahlungsverzug befindet.

16.9.3 Rückgabe der Mietsache

Nach Beendigung der Mietzeit ist der Mieter verpflichtet, dem Vermieter die Mietsache zurückzugeben (§ 546 Abs. 1 BGB). Die Mietsache muss in ordnungsgemäßem Zustand zurückgegeben werden.

Zur ordnungsgemäßen Rückgabe gehört die vollständige Räumung der Mietsache, von Keller und Nebenräumen usw. und das Aushändigen des kompletten Satzes an Schlüsseln. Einbauten hat der Mieter grundsätzlich zu entfernen. Dies gilt auch, wenn sie vom Vermieter gestattet worden sind und er nicht ausdrücklich auf die Wiederherstellung des ursprünglichen Zustands verzichtet hat.

Der Vermieter kann die Rücknahme verweigern, wenn eine größere Anzahl von Einrichtungsgegenständen zurückgelassen wird. Einzelne zurückgelassene Gegenstände hingegen hindern die Rückgabe nicht. Die Rücknahme kann auch nicht verweigert werden, weil z. B. die Schönheitsreparaturen noch nicht durchgeführt worden sind.

16.9.4 Verjährungsfristen

Im Mietrecht gibt es verschiedene Verjährungsfristen.

Die sogenannte regelmäßige Verjährungsfrist beginnt zum Ende des Jahres, in dem der Anspruch entsteht, beziehungsweise der Gläubiger ohne grobe Fahrlässigkeit Kenntnis darüber erlangen müsste und beträgt drei Jahre. Sie gilt unter anderem für Miet- oder Nebenkostennachforderungen des Vermieters, Rückzahlungsansprüche des Mieters wegen zu viel gezahlter Miete oder Rückzahlung der Kaution.

Bereits ein halbes Jahr nach dem Auszug des Mieters verjähren Ansprüche des Vermieters wegen Verschlechterungen der Mietsache, § 548 BGB.

16.10 Prozessuales

Für alle Streitigkeiten aus dem Mietrecht ist grundsätzlich das Gericht am Ort der Mietsache zuständig.

Sofern es um Wohnraummietverhältnisse geht, ist nach § 23 GVG ausschließlich das Amtsgericht sachlich und örtlich zuständig, in dem sich die Wohnung befindet. Bei Gewerbemietrechtsstreitigkeiten entscheidet der Streitwert über die Zuständigkeit des Amtsgerichts (Streitwert ≤ € 5.000) oder des Landgerichts (Streitwert > € 5.000). Der Streitwert richtet sich nach der Höhe der jeweils geltend gemachten Forderung (z. B. rückständige Miete, Schadensersatz). Bei Klagen auf Räumung oder wegen Kündigung ergibt sich der Streitwert in der Regel aus dem 12-fachen der monatlichen Miete.

V. Die Immobilie als Asset im Portfolio – Immobilieninvestitionsrisiken erkennen, bewerten und einpreisen

1 Einleitung

1.1 Problemstellung

Der deutsche Immobilienmarkt entwickelt sich zunehmend zu einem Transaktionsmarkt. Damit einhergehend wird die Immobilienwirtschaft „ökonomisiert", d. h. die Investition in Immobilien erfolgt nach den allgemeinen wirtschaftlichen Gesetzen. Der Druck auf die Ökonomisierung stammt von der Kapitalseite, die sich seit jeher das Risiko der Investition entlohnen lässt.

Werden heute schon EK-Renditen von über 10 % bei Immobilieninvestition gefordert, sind entsprechende Risiken bereits als Risikoprämie Bestandteil der Rendite. Hier gilt der ökonomische Grundsatz: Je höher die Rendite, umso höher das Risiko, bzw. höhere Renditen müssen über das Eingehen höhere Risiken erzielt werden. Die zunehmende Verkürzung der Haltedauern von Immobilien und der damit steigende Handel mit der Immobilie innerhalb deren Lebenszyklus führen zu einer stärken Risikoneigung.

Nicht zuletzt auch die gesamte wirtschaftliche Situation mit rückgängigen Umsatzzahlen, diversen Insolvenzen und Unsicherheiten sowohl bei privaten als auch gewerblichen bzw. institutionellen Konsumenten wirkt sich auf die Immobilienbranche aus. Das risikoaverse Verhalten der deutschen Bevölkerung, welches durchaus auch durch die geringe Stabilität der rechtlichen Rahmenbedingungen hervorgerufen wird, kann dazu führen, dass die Marktrisiken allgemein ansteigen.

Dadurch finden heute betriebswirtschaftliche Instrumente, insbesondere die der Investition und der Finanzierung, immer mehr Anwendung. Renditeangaben, wie sie z. B. in vielen Fondsprospekten zu lesen sind, von (genau) 7 %, sind unhaltbar und aus vielerlei Gründen nicht nachvollziehbar. Die Eintrittswahrscheinlichkeit eines solchen Ereignisses ist gleich null. Heute und in Zukunft wird derjenige in der Immobilienwirtschaft erfolgreich sein, der die Renditen realistisch einschätzen kann. Im Gegenzug heißt das: Nur wer das Investitionsrisiko „beherrscht", wird Erfolg haben. Und beherrschen bedeutet, das Investitionsrisiko erkennen, bewerten und einpreisen zu können.

1.2 Zielsetzung

Dieses Kapitel betrachtet die Immobilie als Asset im Portfolio. Sie soll den Zusammenhang zwischen dem Risiko und der Immobilieninvestition verdeutlichen und eine Anleitung geben, wie diese Risiken erkannt, berechnet und in die Renditeerwartungen eingepreist werden, um möglichst effiziente Portfolios zu kreieren und um realistische Renditevorhersagen treffen zu können.

1.3 Vorgehensweise

Zu Beginn wird die Immobilie als Asset charakterisiert. Dann folgt eine Einführung in die Grundlagen der Investitionstheorie, um mittels ihrer die Rendite-Szenarien einer Investition zu berechnen. Anschließend werden die Risiken einer Immobilieninvestition erläutert. Es folgt die Risikomessung mittels der Wahrscheinlichkeitsrechnung. Dabei wird die Eintrittswahrscheinlichkeit der errechneten Renditen ausgewiesen. Anschließend wird beschrieben, wie verschiedene Immobilien-Einzel-Investitionen, unter Berücksichtigung der Renditen und der jeweiligen Risiken/ Eintrittswahrscheinlichkeiten unter den Gesichtspunkten der Asset Allocation, zu einem nach den Risikopräferenzen des Investors gesehenen „optimalen Portfolio" zusammengestellt werden können. Zum Schluss wird die Performance-Messung behandelt, um die erwarteten Erfolge der Portfolios mit den Ist-Zuständen abzugleichen und verschiedene Portfoliostrukturierungen untereinander vergleichbar zu machen, um die subjektiv beste Lösung zu finden.

2 Immobilieninvestments als Asset-Klasse

Seit jeher zählen Immobilien zu den klassischen Kapitalanlagemöglichkeiten (Asset), die zur strukturierten Anordnung bzw. Kombination (Allocation) von so genannten Single Asset Portfolios, aber auch von Multi Asset Portfolios genutzt werden. Zweck dieser Asset Allocation ist die Erzielung einer angemessenen Portfolioperformance durch Bildung effizienter Portfolios. Für die optimale Aufteilung des verfügbaren Kapitals ist es notwendig, dass die Anleger ihre Anlageentscheidungen auf der Basis von Erwartungswert der Renditen und deren Streuung treffen. Wie aus der Portfoliotheorie von Markowitz bekannt, lassen sich dabei effiziente Portfolios mittels der optimalen Aufteilung des Gesamtportfolios in verschiedene Anlageklassen und/oder Länder, sowie Branchen bilden.[1]

Traditionell gelten Immobilien als relativ sichere Anlageklasse. Gerade deshalb hat sich die direkte und indirekte Immobilienanlage neben Aktien und Anleihen als ein wesentlicher Teil innerhalb langfristiger und strategischer Anlageentscheidungen der Investoren etabliert. Es lässt sich vor allem bei den institutionellen Investoren, die typischerweise Portfolioanlagen betreiben, ein gesteigertes Interesse an Immobilieninvestitionen feststellen, zumal durch geeignete Auswahl länderübergreifender Immobilieninvestments die Möglichkeit zur Risikoabsicherung besteht. Diese Absicherung kann in günstigen Risikokorrelationen der einzelnen Immobilienanlagen resultieren, die zur Risikostreuung führen. Aufgrund niedriger Korrelationen zu anderen Anlageklassen wie Aktien oder Anleihen müssen Immobilien bei den Vermögensdispositionen der Investoren berücksichtigt werden.

Die Risikodiversifizierung ist aber auch einer der wichtigsten Gründe für private Investoren, anstelle von direkten Immobilieninvestments z. B. Anteilscheine von offenen Immobilienfonds zu erwerben. Somit rückt für Investoren verstärkt die Frage in den Vordergrund, in welchen Ländern, an welchen Standorten, in welche Nutzungsformen sinnvoll, d. h. nachhaltig investiert werden kann. Hierbei soll die Asset Allocation in der Immobilienwirtschaft helfen.[2]

---

[1] Vgl. Spremann, K. (2006), S. 177 f.
[2] Vgl. Sebastian, S. P. (2003), S. 26

3 Renditeberechnung mittels der Investitionsrechnung

In der betriebswirtschaftlichen Lehre besteht keine einheitliche Definition des Begriffes „Investition". Wöhe und Bilstein definieren Investition als „die Verwendung von finanziellen Mitteln zur Beschaffung von Sachvermögen, immateriellem Vermögen und Finanzvermögen".[3] Nach Art der Investition lassen sich Finanzinvestitionen und Sachinvestitionen unterscheiden. Sachinvestitionen stellen Auszahlungen für materielle und immaterielle Realgüter dar. Finanzinvestitionen sind Geldanlagen wie z. B. Wertpapiere oder Beteiligungen.

Die Begriffe „Investieren" und „Finanzieren" stehen in der Literatur in sehr engem Zusammenhang, da eine Mittelverwendung grundsätzlich eine Mittelbeschaffung implementiert.[4]

Bei Immobilieninvestitionen ist das Ziel der Investitionsrechnung, eine Vergleichbarkeit zwischen der Immobilie als Kapitalanlage und einer alternativen Kapitalanlage, z. B. Unternehmensbeteiligungen, herzustellen. Im Vergleich zu anderen Wirtschaftsgütern zeichnet sich die Immobilie durch eine Reihe von Besonderheiten aus, die im Folgenden kurz dargestellt werden:

- Der Wert einer Immobilie setzt sich aus Gebäude und Grundstück zusammen. Während der Wert des Gebäudes stetig abnimmt, kann der Boden hingegen über die Zeit hin sogar eine Wertsteigerung erfahren, wodurch er im Gegensatz zu technischen Anlagen zu einem höheren Restverkaufserlös führen kann.
- Die Immobilie zeichnet sich i. d. R. durch eine sehr lange Lebensdauer aus. Zu unterscheiden ist bei der Investition jedoch die „technische" und die „wirtschaftliche" Lebensdauer der Immobilie. Letztere kann in der Praxis erheblich nach unten abweichen.
- Auch die Steuerpolitik hat einen erheblichen Einfluss auf die Immobilieninvestition. Viele Steuervergünstigungen machen die Immobilie als Kapitalanlage oft interessanter als Anlagen in andere Wirtschaftsbereiche.

3.1 Die Investitionsrechnung in der Immobilienwirtschaft und deren Verfahren

Die Investitionsrechnung ist ein Teilprozess der Investitionsplanung, der in der Praxis eine enorme Bedeutung zugeschrieben wird. Investitionsentscheidungen sind i. d. R. mit langfristiger und hoher Kapitalbindung verbunden und haben oftmals weitreichende Auswirkungen auf andere Unternehmensbereiche. Insbesondere bei Immobilien liegt diese weitreichende Auswirkung der Investitionsentscheidung auf der Hand. Eine Hauptniederlassung, eine Produktionsstätte oder auch ein Lager sind wesentliche Bestandteile einer Unternehmung und müssen ausführlich geplant sein, da sie nicht ohne größere Konsequenzen verändert oder gar ersetzt werden können. In Abb. V 1 werden die unterschiedlichen Verfahren der Investitionsrechnung schematisch dargestellt.

Grundsätzlich verfolgen die statischen Verfahren der Investitionsrechnung die gleichen Ziele wie die dynamischen Verfahren, d. h. beide wollen Aussagen über die Vorteilhaftigkeit einer anstehenden Investitionsentscheidung treffen. Der Unterschied zwischen den statischen und dynamischen Verfahren liegt in der betrachteten Zeitperiode. Die statischen Verfahren betrachten lediglich eine

---

[3] Vgl. Wöhe, G./Bilstein, J. (2002), S. 3
[4] Vgl. Kruschwitz, L. (2004), S. 7 ff.

```
                    ┌─────────────────────────────────┐
                    │ Verfahren der Investitionsrechnung │
                    └─────────────────────────────────┘
                              │
              ┌───────────────┴───────────────┐
    ┌─────────────────┐               ┌─────────────────┐
    │ Statische Verfahren │           │ Dynamische Verfahren │
    │ (Einperiodenmodelle) │          │ (Mehrperiodenmodelle) │
    └─────────────────┘               └─────────────────┘
              │                                 │
    ┌─────────────────────┐           ┌─────────────────────┐
    │ • Kostenvergleichsrechnung │    │ • Kapitalwertmethode │
    │ • Gewinnvergleichsrechnung │    │ • Interne Zinsfußmethode │
    │ • Rentabilitätsrechnung    │    │ • Annuitätenmethode │
    │ • Amortisationsrechnung    │    │                     │
    └─────────────────────┘           └─────────────────────┘
```

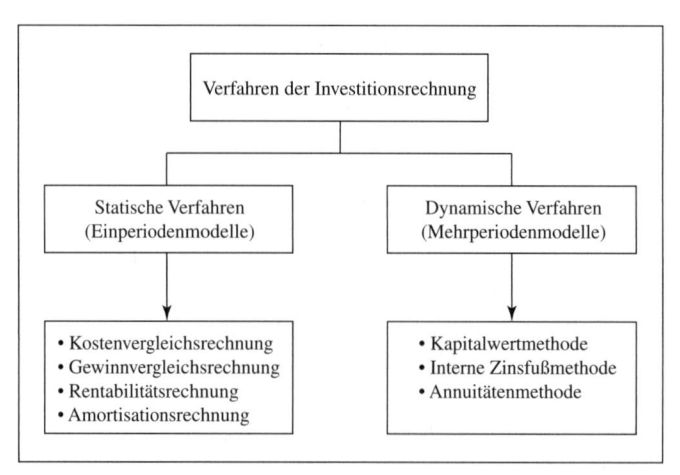

Abb. V 1: Verfahren der Investitionsrechnung[5]

Zeitperiode, weshalb diese auch als einperiodisch bezeichnet werden. Im Gegensatz hierzu erfassen die mehrperiodischen, dynamischen Methoden, welche auch als finanzmathematische Verfahren bezeichnet werden, alle einzelnen Perioden des Investitionszeitraums t_0 bis t_n und werten deren finanzielle Auswirkungen aus.

	Statische Verfahren	**Dynamische Verfahren**
Zeitperiode	Vernachlässigung	Exakte Berücksichtigung
Umfang der Prognosen	Durchschnitts- oder Anfangsgrößen	Periodenspezifische Größen
Rechengrößen	Erlöse und Kosten	Ein- und Auszahlungen bzw. zahlungswirksame Einnahmen und Ausgaben

Abb. V 2: Gegenüberstellung der statischen und dynamischen Verfahren[6]

3.2 Statische Verfahren der Investitionsrechnung

Statistische Verfahren sind Näherungsverfahren zur Bestimmung der Vorteilhaftigkeit von Investitionen bei vollkommenem Markt und gegebener Nutzungsdauer.[7] Zur Entscheidungsfindung bei mehreren zur Auswahl stehenden Investitionsalternativen werden gerne die statischen Verfahren herangezogen, da sie Ergebnisse ohne großen Rechenaufwand sowie leicht interpretierbare Kenngrößen liefern. Zudem fallen diese Kenngrößen ohnehin im Zusammenhang mit der Kosten- und Erlösrechnung des Rechnungswesens an. Im Folgenden werden die einzelnen statischen Verfahren näher erläutert. Dabei unterliegen alle vier Methoden der statischen Investitionsrechnung nachstehenden Prämissen:

---

[5] Eigene Darstellung nach: Wöhe, G. (2000), S. 528 ff.
[6] Eigene Darstellung nach: ebenda
[7] Vgl. Bea, F. X./Dichtl, E./Schweitzer, M. (2002), S. 305

- Relevante Daten zur Beurteilung einer Investition liefern Ergebnisse aus der Kosten- und Leistungsrechnung
- Es werden die durchschnittlichen Kosten pro Periode betrachtet, nicht die Summe der Kosten über die gesamte Laufzeit der Investition. Die betrachtete Periode gilt daher als gültig für alle folgenden Perioden.
- Es ist unerheblich, wann die Kosten und Leistungen innerhalb der Nutzungsdauer anfallen. Ein- oder Auszahlungen zu Beginn der Nutzungsdauer werden somit gleich bewertet wie solche zum Ende der Laufzeit.[8]

3.2.1 Die Kostenvergleichsrechnung

Dieses Verfahren vergleicht die Kosten von zwei oder mehreren Investitionsalternativen mit identischen Leistungsmerkmalen. Die Alternative mit den geringsten Kosten bzw. der höchsten Kostenwirtschaftlichkeit wird präferiert. Die Entscheidung für eine Alternative beruht somit ausschließlich auf Grundlage eines Kostenvergleichs. Eine separate Betrachtung der Investitionserlöse findet hierbei nicht statt. Voraussetzung für die Anwendbarkeit dieser Investitionsrechnung ist folglich eine Gleichwertigkeit der Erlöse bei allen betrachteten Investitionsalternativen.

Investition 1 wird Investition 2 also vorgezogen, wenn die durchschnittlichen Gesamtkosten pro Periode für I1 geringer sind als die für I2 (*Kosten I1 < Kosten I2*).

Die Gesamtkosten der Investitionen setzten sich dabei aus fixen (K_{fix}) und variablen Kosten (K_{var}) zusammen. Als fixe Kosten werden solche Kostenpositionen bezeichnet, die zwingend bei jeder Investition unabhängig von der Produktionsausbringung in voller Höhe anfallen. Variable Kosten dagegen sind solche, die speziell mit einer bestimmten Investitionsalternative einhergehen und abhängig von der Produktionsmenge sind.

Zusätzlich zu den Kosten einer Investition fließt in den Kostenvergleich der Werteverzehr an der jeweiligen Anlage[9] bzw. Investition mit ein. Diese erfolgt über die Absetzung für Abnutzung (AfA), besser bekannt als Abschreibung. In der Regel wird ein kontinuierlicher Werteverzehr und somit eine lineare, kalkulatorische Abschreibung angenommen. Dabei sind die Anschaffungskosten der Investition (I_0) abzüglich des Restwertes (R) zum Ende des Investitionszeitraumes zu gleichen Teilen über die gesamte Nutzungsdauer (n) zu verteilen. Es handelt sich hierbei jedoch nicht um die technische, sondern um die wirtschaftliche Lebensdauer der Anlage.[10]

Zuletzt sind noch die mit der Investition verbundenen Finanzierungskosten zu berücksichtigen. Unabhängig davon, ob es sich um eine Eigen- oder Fremdfinanzierung handelt, wird hierzu grundsätzlich das durchschnittlich pro Periode gebundene Kapital (Durchschnittsmethode) herangezogen, mit der kalkulatorische Zinsen zu ermitteln sind. Das durchschnittlich gebundene Kapital ist der hälftige Betrag des Anschaffungswertes der Investition. Multipliziert mit dem jeweiligen Zinssatz lässt sich der Zinsaufwand berechnen.[11]

Basierend auf den dargestellten einzelnen Komponenten der Kostenvergleichsrechnung werden die Kosten der Investitionsalternativen wie folgt berechnet:

---

[8] Vgl. Ermschel, U./Möbius, C./Wengert, H. (2009), S. 41
[9] Vgl. Wöhe, G. (2000), S. 531 f.
[10] Vgl. Ermschel, U./Möbius, C./Wengert, H. (2009), S. 43
[11] Vgl. Wöhe, G. (2000), S. 531 f.

$$K = K_{fix} + K_{var} + \frac{I_0}{n} + \frac{I_0}{z} \cdot i$$

K_{fix} = fixe Kosten
K_{var} = variable Kosten
i = Zinssatz
I_0 = Anschaffungswert
n = Nutzungsdauer

Formel 1 – Kostenberechnung[12]

Einer Entscheidung ausschließlich auf Basis dieses Rechenverfahrens ist jedoch abzuraten. Die kostengünstigste Alternative ist zwar bekannt, dennoch ist ungewiss, ob diese Kosten durch die erzielbaren Erlöse gedeckt werden können.[13]

3.2.2 Die Gewinnvergleichsrechnung

Dieses Verfahren vergleicht die Gewinne von zwei oder mehreren Investitionsalternativen mit identischen Leistungsmerkmalen. Die Alternative mit den höchsten Gewinnen wird präferiert. Im Vergleich zur vorhergehenden Methode (Kostenvergleichsrechnung) erweitert die Gewinnvergleichsrechnung die Entscheidungsfindung um die Dimension des Ertrags (Verkaufserlöse). Die Erlöse setzten sich hierbei aus dem Preis und der produzierten Menge zusammen.

$$G = E - \left(K_{fix} + K_{var} + \frac{I_0}{n} + \frac{I_0}{z} \cdot i \right)$$

G = Gewinn
E = Erlöse (Preis P x Menge X)

Formel 2 – Gewinnberechnung[14]

3.2.3 Die Rentabilitätsvergleichsrechnung

Die Rentabilitätsvergleichsrechnung relativiert die Gewinn- und Kostenvergleichsrechnung auf das eingesetzte Kapital. Es wird die Investitionsalternative präferiert, bei der das eingesetzte Kapital die höchsten Verzinsungen (Rentabilität „r") erfährt. Diese Methode kommt insbesondere dann zum Tragen, wenn der Kapitaleinsatz von zwei Alternativen (stark) differiert. Weisen z. B. zwei Investitionsalternativen den gleichen durchschnittlichen Gewinn aus, erfordert allerdings eine der Alternativen dafür einen deutlich höheren Kapitaleinsatz, so muss dies bei der Entscheidungsfindung ebenfalls Berücksichtigung finden. Hierzu wird der Gewinn zum durchschnittlich gebundenen Kapital ins Verhältnis gesetzt. Im Vorfeld wird noch eine korrigierte Gewinngröße – der pagatorischen Gewinn (G_p) – auch als Gewinn vor Zinsen genannt eingeführt. Der pagatorische Gewinn entspricht dem ursprünglichen Gewinn ($G = E - K$) korrigiert um die kalkulatorischen Zinsen der Finanzierung (Gewinn vor Abzug der Kapitalzinsen).[15] „Bei vollständiger Eigenfinanzierung ist der korrigierte Gewinn G_p das Entgelt, welches der Unternehmer für die Bereitstellung von Eigenkapital und für die Übernahme des Unternehmerrisikos erhält."[16]

$$Periodenrentabilität\ (R)\ in\ \% = \frac{Gewinn \cdot 100}{Kapitaleinsatz}$$

Formel 3 – Rentabilitätsberechnung[17]

---

[12] In Anlehnung an: Ermschel, U./Möbius, C./Wengert, H. (2009), S. 44
[13] Vgl. Wöhe, G. (2010), S. 532
[14] In Anlehnung an: Ermschel, U./Möbius, C./Wengert, H. (2009), S. 49
[15] Vgl. Wöhe, G. (2010), S. 532 f.
[16] Ebenda, S. 533
[17] In Anlehnung an: ebenda

Durch die Rentabilitätsvergleichsrechnung werden die Schwächen der Kosten- und Gewinnvergleichsrechnung aufgehoben. Ist die errechnete Rentabilität höher als die Verzinsung, die der Investor mit der Investition erzielen möchte oder höher als der Zinssatz, den er für die Aufnahme von Fremdkapital bezahlen muss, dann wird er sich für die Investition entscheiden. Stehen mehrere Investitionsalternativen zur Auswahl, wird sich der Investor für jene Investition mit der höchsten Rentabilität entschieden. Der Nachteil an dieser Methode ist, dass der Risikoaspekt unberücksichtigt bleibt. Generell leiden die statischen Verfahren daran, dass sie nur eine Periode betrachten – ein Mangel, den die dynamischen Methoden nicht aufweisen.

3.2.4 Die Amortisationsrechnung

Die Amortisationsrechnung (auch: Pay-off- oder Pay-back-Methode) ermittelt den Zeitraum, in dem das investierte Kapital über die Erlöse (Liquiditätsrückflüsse) wieder in die Unternehmung zurückfließt. Es wird somit der Zeitpunkt ermittelt, ab dem der Investor mit diesem Projekt tatsächlich Gewinne erwirtschaftet. Gedanklich werden die Rückflüsse zur „Tilgung" des eingesetzten Kapitals (Kapitalfreisetzung) verwendet. Jene Investitionsalternative ist die vorteilhafteste, die die kürzeste Amortisationszeit aufweist. Im Gegensatz zu den anderen bereits beschriebenen Methoden werden für die Amortisationsberechnung keine Rechengrößen aus der Kosten- und Leistungsrechnung herangezogen. Es wird hierbei mit liquiditätswirksamen Ein- und Auszahlungen (E_t bzw. A_t) gearbeitet.[18] Am einfachsten lässt sich die Amortisationsdauer über die Kumulation der Einzahlungsüberschüsse ($E_t - A_t$) einzelner Perioden berechnen. Werden diese dann dem Anschaffungswert der Investition gegenübergestellt, steht der Zeitpunkt der Amortisation schnell fest.[19] Die Grundgleichung zur Berechnung der Amortisation lautet

$$Amortisationszeit\ (AZ) = \frac{Kapitaleinsatz}{durchschnittlicher\ Zahlungsrückfluss}$$

Formel 4 – Amortisationsberechnung[20]

Die Amortisationszeit macht eine, wenn auch nur durchschnittliche, Aussage über die Dauer der Kapitalbindung. Dem liegt der Gedanke zugrunde, dass die Unsicherheit einer Investition mit der zunehmenden Dauer der Kapitalbindung größer wird. Ein sicherheitsorientierter Investor zielt darauf ab, die Amortisationsschwelle möglichst schnell zu erreichen. Ein Abbruch der Investition vor dem Erreichen dieser Amortisationsschwelle bedeutet meist ein Missglücken der Investition, da die tatsächliche Gewinnzone nicht erreicht wurde. Der Investor setzt sich vor Tätigung der Investition eine Soll-Zeit, in der sich die Investition amortisieren soll. Liegt die errechnete Amortisationsdauer der Investition darunter, wird er sich für die Investition entscheiden können. Bei mehreren vergleichbaren Investitionsalternativen wird der sicherheitsorientierte Investor diejenige Alternative mit der kürzesten Amortisationszeit präferieren. Als Instrument zur Risikoabgrenzung ist die Amortisationsrechnung jedoch nicht zu empfehlen, denn gerade risikoärmere Investitionen sind durch lange Amortisationszeiten gekennzeichnet. Einem sicherheitsorientiertem Investor, der sich für die Alternative mit der kürzesten Amortisationszeit entscheiden wird, steht diese Tatsache entgegen. Auch wenn scheinbar mehrere Perioden betrachtet werden, handelt es sich bei dieser Methode um eine statische Sichtweise, weil auf die Zeitpräferenz des Geldes (Fristentransformation) verzichtet wird und die Zeitwerte den Nominalwerten entsprechen.[21]

---

[18] Vgl. ebenda
[19] Vgl. Ermschel, U./Möbius, C./Wengert, H. (2009), S. 53
[20] Eigene Darstellung nach: Wöhe, G. (2010), S. 534
[21] Vgl. ebenda

3.3 Vergleich und kritische Betrachtung der statischen Investitionsverfahren

	Kostenvergleichsrechnung	Gewinnvergleichsrechnung	Rentabilitätsvergleichsrechnung	Amortisationsrechnung
Definition (inhaltlich)	Die Kostenvergleichsrechnung stellt die Kosten zweier oder mehrerer Investitionsalternativen gegenüber.	Die Gewinnvergleichsrechnung vergleicht die Gewinnsituation verschiedener Investitionen unter Berücksichtigung der Erlöse.	Vergleich der ermittelten Rentabilität einer Investition mit der geforderten Mindestverzinsung.	Bestimmung des Zeitraumes, in dem das eingesetzte Kapital durch Erlöse dem Unternehmen wieder zufließt.
Definition (formal)	$K = K_{fix} + K_{var} + (I_0/n) + (i \cdot (I_0/2))$	$G = E - K$	$R = G_p \cdot 100/\text{Kapitaleinsatz}$	$AZ = I_0/\text{jährlicher Zahlungsrückfluss}$
Ziele	Bestimmung der kostenminimalen Investition.	Bestimmung der gewinnmaximalen Investition.	Bestimmung der Investition mit maximaler Rentabilität.	Bestimmung der Investition mit schnellster Kapitalfreisetzung.
Entscheidungsgrundlagen	K_{min}	G_{max}	R_{max}	t_{min}
Vorteile	– einfache Anwendung	– durch Erlösbetrachtung werden verschiedene Qualitäten betrachtet	– rentable/unrentable Bereiche werden transparent	
Nachteile	– lässt die Entwicklung im Zeitablauf unberücksichtigt – setzt Kostenzuordnung voraus – berücksichtigt keine Erlöse – keine Aussage bezüglich der Rentabilität	– lässt die Entwicklung im Zeitablauf unberücksichtigt – Nichtberücksichtigung des Kapitaleinsatzes – keine Aussage bezüglich der Rentabilität	– Ertragszurechnung bei Produkten, die in ihrer Produktion mehrere Maschinen durchlaufen ist problematisch	– Rückflüsse nach der Amortisationszeit bleiben unberücksichtigt – Wiederbeschaffungskosten bleiben unberücksichtigt
Sonstiges	Theoretische Voraussetzung eines vollkommenen Kapitalmarktes	Tatsächliches Kapital im Rahmen einer Rentabilitätsbetrachtung bleibt unberücksichtigt	Bestimmung der Verzinsung des durchschnittlich eingesetzten Kapitals	Praxis: Vorgabe einer Sollzeit, die i. d. R. kürzer ist, als die tatsächliche wirtschaftliche Nutzungsdauer

Abb. V 3: Vergleich der statischen Investitionsverfahren

Die statischen Verfahren der Investitionsrechnung werden verwendet um Investitionswahlentscheidungen zu optimieren. Sie sind trotz ihrer Vereinfachungen und Schwächen in der Praxis ein beliebtes Verfahren zur Entscheidungsfindung, werden aber aufgrund dieser Schwächen und

Fehleranfälligkeit immer häufiger, insbesondere bei umfangreichen Investitionen durch die dynamischen Verfahren verdrängt.

Laut Wöhe konzentriert sich die Kritik der statischen Investitionsrechnung an folgenden zwei Merkmalen:

- Eine fiktive Jahres-Abrechnungsperiode
- Periodisierte Erfolgsgrößen (Kosten/Erlöse)

Diese Prämissen vereinfachen die Berechnungen und die Planung. Wöhe warnt allerdings vor Planungsbequemlichkeit mittels einer repräsentativen Einzelperiode auf Kosten der Planungsgenauigkeit. Für die Aussagefähigkeit der statischen Methoden muss die stellvertretende Einzelperiode gut gewählt sein. Nach Wöhe sind zwei Wahlmöglichkeiten denkbar. Zum einen die willkürliche Wahl, welche für Investitionsentscheidungen ohnehin indiskutabel sein sollte, zum anderen eine „gezielte Auswahl bei der Beurteilung der Ergebnisziffern aller Planeinzelperioden".[22] Letztere erfordert allerdings einen Planungsaufwand, welcher dem Vorteil der Planungsbequemlichkeit widerspricht. Zudem bleibt bei statischen Methoden der Zeitpunkt der anfallenden Zahlungen innerhalb der Investitionsdauer unberücksichtigt. Grundsätzlich ist jedoch die Alternative mit Kapitalrückflüssen in naher Zukunft denen in ferner Zukunft vorzuziehen. Durch das Außerachtlassen entsteht eine Verzerrung der Vorteilhaftigkeit einer Investitionsalternative.[23]

Ein weiterer Kritikpunkt steckt in der Verwendung der Zahlen aus der Kosten und Erlösrechnung. Hier gibt es Kosten, die keine Auszahlungen (z. B. Abschreibungen) und Erlöse (z. B. Warenverkäufe auf Ziel), die keine Einzahlungen darstellen. Zielgerechte Entscheidungen können aber nur unter Verwendung von Ein- und Auszahlungen erfolgen. Hier muss es gelingen, die Kosten und Erlöse in Ein- und Auszahlungen zu modifizieren. Auch diese Änderung bedeutet Arbeitsaufwand, welcher erneut dem Vorteil der schnellen und unkomplizierten Durchführung der statischen Verfahren entgegensteht.[24]

3.4 Dynamische Verfahren der Investitionsrechnung

Wie die statischen Verfahren, helfen auch die dynamischen Verfahren der Investitionsrechnung dabei, Aussagen über die relative Vorteilhaftigkeit einer Investition gegenüber ihrer Alternative zu treffen. Die dynamischen Verfahren der Investitionsrechnung erfassen im Gegensatz zu den statischen Verfahren (Einperiodenrechnung) die finanziellen Auswirkungen (Ein- und Auszahlungen bzw. zahlungswirksame Einnahmen und Ausgaben) einer Investitionsentscheidung über den gesamten Investitionszeitraum (t_0 bis t_n). Da die Ein- und Auszahlungen der verschiedenen Perioden auf einen Vergleichszeitpunkt diskontiert werden, wird dem Zinseszinseffekt von Ein- und Auszahlungen zu unterschiedlichen Zeitpunkten Rechnung getragen. Ein- und Auszahlungen (in der Zukunft) liegen nur dann vor, wenn die Eintrittswahrscheinlichkeit 100 % beträgt. Ist das nicht der Fall, so ergeben sich zahlungswirksame Einnahmen und Ausgaben als Forderungen und Verbindlichkeiten. In der Praxis erzeugt z. B. ein Mietvertrag mit einer Laufzeit von 10 Jahren Mieteinnahmen (Mietforderungen), die jeweils erst mit der konkreten Zahlung (Guthaben) zur Einzahlung (Liquidität) werden. Dies muss berücksichtigt werden, da in einer Investition gebundenes

---

[22] Ebenda
[23] Vgl. Ermschel, U./Möbius, C./Wengert, H. (2009), S. 41 f.
[24] Vgl. Wöhe, G. (2010), S. 535

Kapital aufgrund der Ungewissheit darüber wann und ob das Geld zurückfließt, für den Investor ein Risiko darstellt. Wie bereits erwähnt, wird ein Investor diejenige Alternative bevorzugen, die höhere Kapitalrückflüsse in näherer Zukunft aufweist.[25]

Die zentrale Rolle der mehrperiodischen Berechnungen übernimmt der sogenannte Barwert. Der Barwert ist der Wert, dem eine in der Zukunft liegende Zahlung heute entspricht. Mathematisch entspricht er dem Gegenwartswert, auf den alle Zahlungen, die vor dem Bezugszeitpunkt t_0 anfallen aufgezinst und alle Zahlungen, die nach diesem Bezugszeitpunkt anfallen abgezinst werden. Die umgerechneten Werte werden anschließend summiert.[26] Die hier betrachteten klassischen Verfahren der dynamischen Investitionsrechnung sind: Kapitalwertmethode, Interne Zinsfußmethode und Annuitätenmethode. Als Merkmale der dynamischen Investitionsrechnung lassen sich folgende Punkte aufzählen:

- Berücksichtigung der zu verschiedenen Zeitpunkten anfallenden Aus- und Einzahlungen mittels Diskontierung auf einen Vergleichszeitpunkt;
- Möglichst exakte Erfassung aller Ein- und Auszahlungen während des gesamten Betrachtungszeitraums;
- Grundlage der Ein- und Auszahlungen ist ein vollständiger Finanzplan über den gesamten Betrachtungszeitraum;
- Annahme des vollkommenen Kapitalmarktes.[27]

3.4.1 Finanzmathematische Grundlagen

Unter dem Gesichtspunkt der Anwendung dynamischer Verfahren der Investitionsrechnung ist eine Investition wesentlich durch ihre Zahlungsreihe gekennzeichnet. Diese setzt sich aus Einzahlungen und Auszahlungen zusammen und beginnt typischerweise mit einer Auszahlung. Da die Zahlungsströme an zu verschiedenen Zeitpunkten anfallen, ist es nötig, diese miteinander vergleichbar zu machen. Hierzu sind einige finanzmathematische Grundlagen erforderlich, die im Folgenden näher erläutert werden.[28]

3.4.1.1 Zinsrechnung

Bei der einfachen Zinsrechnung werden die Zinsen nicht kapitalisiert (zum Kapital addiert). Verzinst wird immer nur der anfängliche Anlagebetrag, so dass die erwirtschafteten Zinsen des Vorjahres im Folgejahr unberücksichtigt bleiben. Von dem Zinseszinseffekt wird an dieser Stelle kein Gebrauch gemacht.

$K_n = K_0 \cdot (1 + i \cdot n)$ K_n = Kapital zum Zeitpunkt n n = Anzahl der Nutzungsdauerperioden
 K_0 = Anfangskapital i = Zins

Formel 5 – einfache Zinsformel[29]

---

[25] Vgl. Ermschel, U./Möbius, C./Wengert, H. (2009), S. 56
[26] Vgl. Schmidt, R. H./Terberger, E. (1997), S. 128
[27] Vgl. Wöhe, G. (2010), S. 536 f.
[28] Vgl. Däumler, K.-D. (1994), S. 42 ff.
[29] Vgl. Ermschel, U./Möbius, C./Wengert, H. (2009), S. 10

3.4.1.2 Zinseszinsrechnung

Aufzinsungsfaktor: Die Zinseszinsrechnung ist dadurch gekennzeichnet, dass die Zinsen kapitalisiert und damit laufend mitverzinst werden. Durch Zinsen auf die Zinsen entsteht der so genannte Zinseszinseffekt. Anhand der folgenden Zinseszinsformel und mithilfe des Aufzinsungsfaktors (AuF) lässt sich der Kapitalbestand nach n Jahren ermitteln.

$K_n = K_0 \cdot (1+i)^n$ $(1 + i)^n$ = Aufzinsungsfaktor q^n

Formel 6 – Zinseszinsformel/Aufzinsungsfaktor[30]

Mit dem Aufzinsungsfaktor wird eine zum gegenwärtigen Zeitpunkt fällige Einmalzahlung (K_0) mit Zins und Zinseszins zu einer Einmalzahlung (K_n) nach n Perioden aufgezinst.

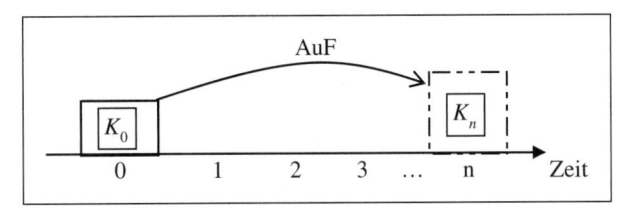

Abb. V 4: Barwert wird zum Endkapital aufgezinst

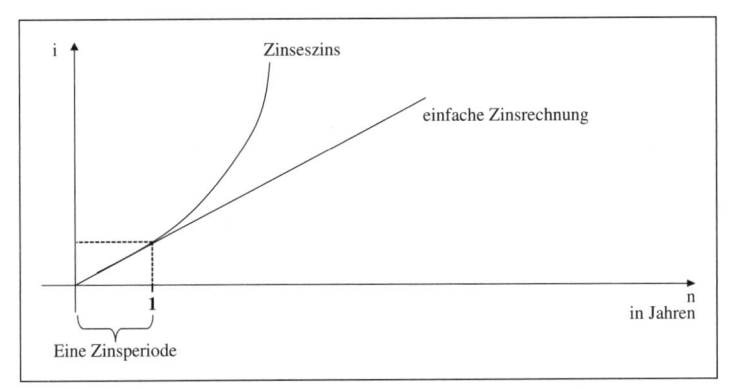

Abb. V 5: Grafische Darstellung des Zinseszinseffekts

Die Problemstellung der Zinseszinsrechnung wird an einem einfachen Beispiel deutlich. Werden 40.000 € in n = 10 Jahren mit einem Prozentsatz von p = 3 % verzinst, so ergibt sich mit der einfachen Zinsrechnung ein Endkapital von 52.000 €. Bei der Zinseszinsrechnung hingegen ein Endkapital von 53.756,66 €. Der Ergebnisvergleich zeigt deutlich den Zinseszins-Effekt – in diesem Fall eine Differenz von rund 1.757 €.

Abzinsungsfaktor: Analog zum Aufzinsungsfaktor kann mithilfe des Abzinsungsfaktors (AbF) eine Einmalzahlung (K_n), die in der Zukunft nach n Perioden fällig ist, unter Betrachtung von Zins und Zinseszins auf eine zum jetzigen Zeitpunkt fällige Einmalzahlung (K_0) abgezinst werden. (Vgl. Abb. V 6)

---

[30] Vgl. ebenda, S. 10

$$K_0 = K_n \cdot \frac{1}{(1+i)^n} \qquad 1/(1+i)^n = \text{Abzinsungsfaktor } q^{-n}$$

Formel 7 – Zinseszinsformel/Abzinsungsfaktor[31]

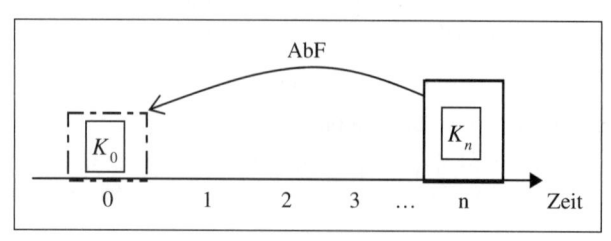

Abb. V 6: Endkapital wird zum Barwert abgezinst

Verzinsungen erfolgen nicht ausschließlich zum Jahresende, sondern können unterjährlich auch in anderen Intervallen erfolgen, z. B. halbjährlich oder vierteljährlich. Ist dies bei einer Kapitalanlage mit „m-facher" unterjährlicher Verzinsung der Fall, so berechnet sich die Veränderung des Kapitals von K_0 zu K_n mit folgender Formel:

$$K_{n \cdot m} = K_0 \cdot \left(1 + \frac{i}{m}\right)^{n \cdot m}$$

Formel 8 – Zinseszinsformel/unterjährliche Verzinsung[32]

3.4.1.3 Rentenrechnung

Die Rentenrechnung ist eine spezielle Zinsrechnung und findet immer dann Anwendung, wenn die Zahlungsreihe Werte in gleicher Höhe (Rente, Annuität) umfasst. Bei der Zinsrechnung, aber insbesondere bei der Rentenrechnung, ist von Bedeutung, ob eine Zahlung zu Beginn einer Periode oder am Ende einer Zahlungsperiode kapitalisiert (valutiert) wird. Erfolgt die Zahlung am Periodenanfang, ist sie vorschüssig, bei Wertstellung am Ende der Zahlungsperiode ist sie nachschüssig. Diesen Zusammenhang zeigt die folgende Abbildung.[33]

	t_0	t_1	t_2	t_3	t_4
vorschüssig	ar_0	ar_1	ar_2	ar_3	ar_4
nachschüssig		ar_1	ar_2	ar_3	ar_4

Abb. V 7: Zeitpunkte der Einzahlungen ar in der Zahlungsreihe t

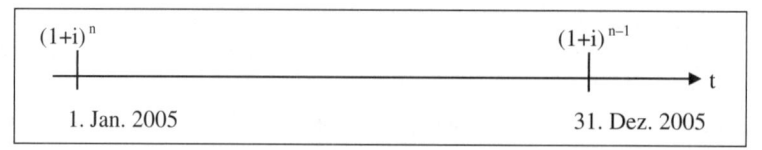

$(1+i)^n$ $(1+i)^{n-1}$

1. Jan. 2005   31. Dez. 2005

Abb. V 8: Zeitstrahl

---

[31] Vgl. Bea, F. X./Dichtl, E./Schweitzer, M. (2002), S. 290
[32] Vgl. Ermschel, U./Möbius, C./Wengert, H. (2009), S. 12
[33] Vgl. Bea, F. X./Dichtl, E./Schweitzer, M. (2002), S. 290

Der Vorteil der Rentenrechnung liegt darin, dass nicht jeder Zeitwert einer Zahlungsreihe auf- bzw. abgezinst werden muss, sondern in einem Rechengang die gesamte Zahlungsreihe, mithilfe der Rentenformeln, auf-/abgezinst werden kann.

Rentenendwertfaktor: Beim Rentenendwert werden alle einzelnen Rentenzahlungen auf den Betrachtungszeitpunkt t_n aufgezinst. Mit Hilfe des Rentenendwertfaktors werden die Zeitwerte (ar) einer Zahlungsreihe unter Berücksichtigung von Zins und Zinseszinseffekt zu einem zukünftigen Endwert (R_n) nach n Perioden aufgezinst.

$$R_n = ar \cdot \left(\frac{q^n - 1}{i}\right) \quad \text{bzw.} \quad R_n = ar \cdot EWF_n$$

Formel 9 – Rentenendwertfaktor (EWF$_n$)[34]

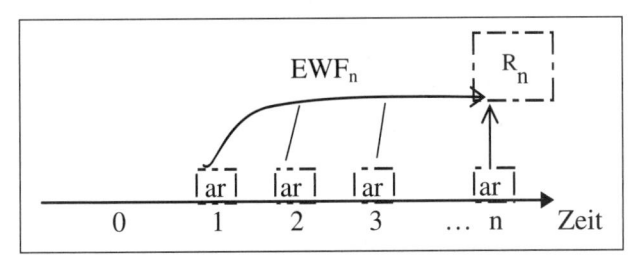

Abb. V 9 Annuitäten werden zum Rentenendwert aufgezinst

Sind der Rentenendwert (R_n), die Annuität (ar) sowie die Laufzeit (n) gegeben, so kann mithilfe des Rentenendwertfaktors der Zinssatz mit folgender Formel ermittelt werden.

$$f(i) = -R_n + ar \cdot \left(\frac{q^n - 1}{i}\right) \quad \text{bzw.} \quad f(i) = -R_n + ar \cdot EWF_n$$

Formel 10 – Bestimmung des Zinssatzes anhand gegebener Rentenendwerte

Rentenbarwertfaktor: Mit dem Rentenbarwertfaktor (Diskontierungssummenfaktor) werden die Zeitwerte (ar) einer Zahlungsreihe auf den Betrachtungszeitraum t_0 abgezinst und gleichzeitig addiert. So wird die Zahlungsreihe als Einmalzahlung zum gegenwärtigen Zeitpunkt ausgedrückt.

$$R_0 = ar \cdot \left(\frac{q^n - 1}{i \cdot q^n}\right) \quad \text{bzw.} \quad R_0 = ar \cdot DSF_n$$

Formel 11 – Rentenbarwertfaktor (DSF$_n$)[35]

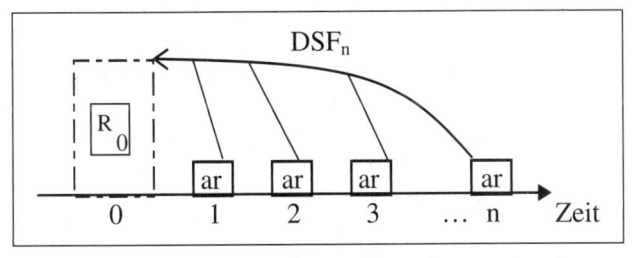

Abb. V 10: Annuitäten werden zum Rentenbarwert abgezinst

[34] Vgl. Ermschel, U./Möbius, C./Wengert, H. (2009), S. 19
[35] Vgl. ebenda

Sind der Rentenbarwert, die Annuität sowie die Laufzeit gegeben, so kann mithilfe des Rentenbarwertfaktors der Zinssatz mit folgender Formel ermittelt werden.

$$f(i) = -R_0 + ar \cdot \left(\frac{q^n - 1}{i \cdot q^n}\right) \quad \text{bzw.} \quad f(i) = -R_0 + ar \cdot DSF_n$$

Formel 12 – Bestimmung des Zinssatzes anhand gegebener Rentenbarwerte

3.4.1.3.1 Restwertverteilungsfaktor

Der Restwertverteilungsfaktor wird verwendet, wenn eine nach n Perioden fällige Einmalzahlung (R_n) unter Berücksichtigung von Zins und Zinseszins gleichmäßig auf die gesamte Laufzeit mit n Perioden mit gleich bleibenden Annuitäten verteilt werden soll.

$$ar = R_n \cdot \left(\frac{i}{q^n - 1}\right) \quad \text{bzw.} \quad R_n = ar \cdot RVF_n$$

Formel 13 – Restwertverteilungsfaktor (RVF$_n$)[36]

Gegebene Parameter der Formel sind:
- Rentenendwert (R_n)
- Zinssatz (p) in %
- Laufzeit (n)

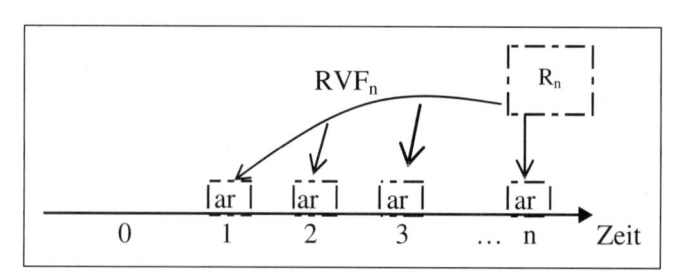

Abb. V 11: Bestimmung der Annuität mit gegebenem Rentenendwert

3.4.1.3.2 Annuitätenfaktor:

Mittels des Annuitätenfaktors (Kapitalwiedergewinnungsfaktor) wird eine Einmalzahlung (R_0), die **zum jetzigen Zeitpunkt fällig** ist, unter Berücksichtigung von Zins und Zinseszins gleichmäßig auf die gesamte Laufzeit mit n Perioden mit gleich bleibenden Annuitäten verteilt (Vgl. Abb. V 12). Diese Rechenweise kommt in der Praxis oft in der Tilgungsrechnung bei einer Kreditvergabe zum Einsatz, um die gleichmäßige Tilgungshöhe bei gegebener Laufzeit zu ermitteln.

$$ar = R_0 \cdot \left(\frac{i \cdot q^n}{q^n - 1}\right) \quad \text{bzw.} \quad R_n = ar \cdot KWF_n$$

Formel 14 – Annuitätenfaktor (KWF$_n$)[37]

---

[36] Vgl. Bea, F. X./Dichtl, E./Schweitzer, M. (2002), S. 291
[37] Vgl. Ermschel, U./Möbius, C./Wengert, H. (2009), S. 27

Gegebene Parameter der Formel sind:

- Rentenbarwert (R_0)
- Zinssatz (p) in %
- Laufzeit (n)

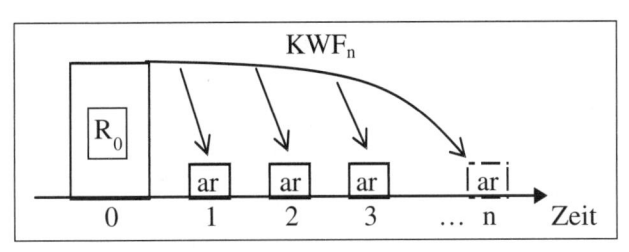

Abb. V 12: Bestimmung der Annuität mit gegebenem Rentenbarwert

3.4.2 Kapitalwertmethode

Die Kapitalwertmethode gibt Auskunft über die relative Vorteilhaftigkeit einer Investition gegenüber ihrer Alternative. Sie stellt das gängigste Verfahren zur Beurteilung von Investitionsentscheidungen dar.[38] Um den Kapitalwert (C_0) zu ermitteln, werden alle Überschüsse ($Ü_t$) (Einzahlung – Auszahlung) einer Investition, die zu unterschiedlichen Zeitpunkten erwartet werden, auf den Barwert zum Betrachtungszeitpunkt t_0 mit einem vom Investor gewählten Kalkulationszins diskontiert. Hierdurch wird der zeitliche Aspekt der Zahlungen berücksichtigt. Die Summe aller Überschussbarwerte wird zur einmaligen Anschaffungszahlung der Investition (I_0) addiert. Zum Ende der Nutzungsdauer kann das Investitionsgut eventuell noch einen Restwert (RW) besitzen. Dieser wird ebenfalls auf den Betrachtungszeitpunkt t_0 abgezinst und addiert. Bei der Berechnung des Kapitalwertes wird vorausgesetzt, dass der Zahlungsstrom sowie die Investitionsdauer bekannt sind.[39]

$$C_0 = -a_0 + \sum_{t=1}^{n} \frac{(Ü_t)}{(1+i)^t} + \frac{RW}{(1+i)^n}$$

Formel 15 – Kapitalwertformel[40]

In der nachfolgenden ausführlichen Schreibweise der Kapitalwertformel soll die Diskontierung der Überschüsse jeder einzelnen Periode verdeutlicht werden.

$$C_0 = -a_0 + \frac{(Ü_1)}{(1+i)^1} + \frac{(Ü_2)}{(1+i)^2} + \frac{(Ü_3)}{(1+i)^3} + \ldots + \frac{(Ü_n)}{(1+i)^n} + \frac{RW}{(1+i)^n}$$

Formel 16 – Ausführliche Schreibweise der Kapitalwertformel

Sind die Überschüsse (Rentenzahlung) über die gesamte Laufzeit hinweg konstant ($Ü_1 = Ü_n$), kann die Formel mithilfe des Diskontierungssummenfaktors (DSF) wie folgt vereinfacht werden:

$$C_0 = -a_0 + Ü \times DSF + \frac{RW}{(1+i)^n}$$

Formel 17 – Kapitalwertformel mit konstanten Überschüssen[41]

---

[38] Vgl. Wöhe, G. (2010), S. 541
[39] Vgl. Bea, F. X./Dichtl, E./Schweitzer, M. (2002), S. 297 f.
[40] Vgl. ebenda, S. 315
[41] Vgl. Ermschel, U./Möbius, C./Wengert, H. (2009), S. 61.

Der errechnete Kapitalwert bringt die erwartungsgemäße Vermehrung oder Verminderung des investierten Kapitals wertmäßig zum Beginn der Laufzeit zum Ausdruck. Entscheidend ist dabei der vom Investor zu Grunde gelegte Kalkulationszinssatz, der üblicherweise dessen Renditeforderungen entspricht (interne Verzinsung). Diese interne Verzinsung der Investition, die sich durch Einzahlungsüberschüsse (Cashflows) während der Laufzeit auszeichnet, wird mit der externen Verzinsung/Mindestverzinsung (Opportunitätskosten) verglichen.

$$C_0 = -a_0 + \sum_{t=1}^{n} \frac{(\ddot{U}_t)}{(1+i)^t} + \frac{RW}{(1+i)^n}$$

(interne Verzinsung der Investition ⇩ / Externe Verzinsung (Opportunitätskosten) ⇧)

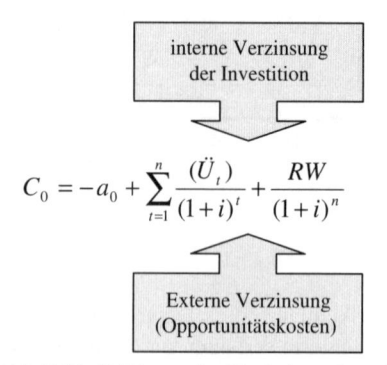

Abb. V 13: Erklärung der Kapitalwertformel

Aus dieser Überlegung ergibt sich das folgende Schaubild:

interne Verzinsung	positiver Kapitalwert $C_0 > 0$	negativer Kapitalwert $C_0 < 0$	Opportunitätskosten (externe Verzinsung)
	Opportunitätskosten (externe Verzinsung)	interne Verzinsung	

Abb. V 14: Negative und positive Kapitalwertdarstellung

- Der Kapitalwert ist positiv ($C_0 > 0$), wenn die interne Verzinsung der Investition größer ist als die Opportunitätskosten; somit ist die Investition vorteilhafter als ihre Alternative bzw. die geforderte Mindestverzinsung. Stehen verschiedene Projekte mit positivem Kapitalwert zur Auswahl, ist diejenige Alternative mit dem maximalen Kapitalwert (C_{max}) zu wählen.[42]
- Der Kapitalwert ist negativ ($C_0 < 0$); wenn die interne Verzinsung der Investition geringer ist als die Opportunitätskosten, somit ist die Alternative vorteilhafter als die Investition.
- Der Kapitalwert ist „0" ($C_0 = 0$); wenn die interne Verzinsung der Investition den Opportunitätskosten der Investition gleichsteht, somit entspricht der interne Zinsfuß in diesem Fall exakt dem Kapitalisierungszinsfuß.[43]

---

[42] Vgl. Wöhe, G. (2010), S. 542
[43] Vgl. Schierenbeck, H. (2003), S. 366 ff.

Obwohl dieses Verfahren in der Praxis gerne verwendet wird, gibt es dennoch Kritikpunkte. Wöhe führt hier die wirklichkeitsfremden Annahmen eines einheitlichen Kalkulationszinsfußes auf, d. h. der Sollzins entspricht dem Habenzins sowie die Vermutung, dass jederzeit Kapital in beliebiger Höhe angelegt oder aufgenommen werden kann.[44] Zimmermann und Fries bemerken ferner: „Der Vergleich der Kapitalwerte zweier Anlagen ist nur dann sinnvoll, wenn beide Anlagen den gleichen Anschaffungsaufwand und die gleiche Nutzungsdauer haben, d. h. der investierte Betrag und die Dauer der Festlegung muss gleich sein; es muss sich um vollständige Alternativen handeln."[45] Diese Situation ist in der Praxis nur selten anzutreffen. Zur Vergleichbarkeit von unterschiedlichen Projekten müssen dann zusätzliche Ergänzungs- oder Folgeinvestitionen in die Vergleichsrechnungen mit einbezogen werden.

3.4.3 Interne Zinsfußmethode

Der interne Zinsfuß (r) entspricht der Effektivverzinsung des für die Investition eingesetzten Kapitals.[46] Bei dieser Methode wird der interne Zinsfuß (r) mit dem Kalkulationszinsfuß (i) verglichen. Notwendiges Kriterium ist, dass der Kapitalwert gleich null ist. Wie aus der Grafik in Abb. V 15 zu erkennen ist, schneidet die Kapitalwertfunktion die x-Achse (mathematisch: Nullstelle). Der interne Zinsfuß ist somit der Zinssatz, bei dem der Kapitalwert einer Investition gleich Null ist ($C_0 = 0$).

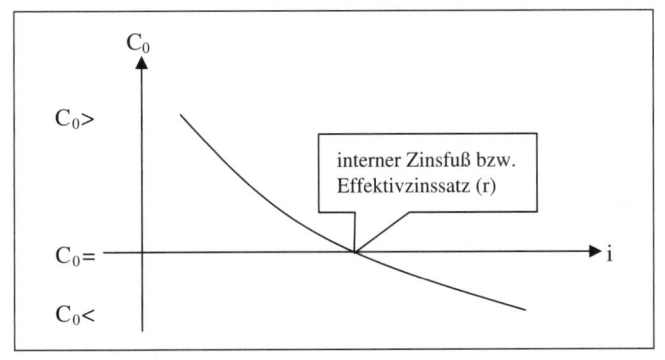

Abb. V 15: Interner Zinsfuß

Folglich entspricht die interne Verzinsung der Investition den Opportunitätskosten bzw. der geforderten Mindestverzinsung. Um den internen Zinsfuß zu bestimmen muss die oben verwendete Kapitalwertgleichung mittels der linearen Interpolation (da es sich um eine Gleichung n-ten Grades handelt) nach i bzw. r aufgelöst werden.

---

[44] Vgl. Wöhe, G. (2010), S. 542
[45] Zimmermann, W./Fries, H.-P. (1995), S. 264
[46] Vgl. Bea, F. X./Dichtl, E./Schweitzer, M. (2002), S. 301

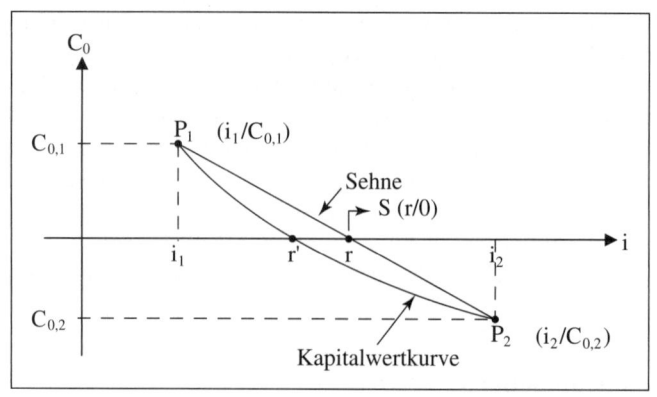

Abb. V 16: Schaubild zur linearen Interpolation

Aufgrund der Komplexität der linearen Interpolation wird in der Praxis oft ein einfacheres Verfahren, das nach Isaac Newton als regula falsi (Falsche Regel) bezeichnet wird, bestimmt. Dieses Verfahren ist eine Annäherung (Interpolation) an den gesuchten Wert mittels des Differenzenquotienten.

$$\frac{y - y_1}{x - x_1} = \frac{y_2 - y_1}{x_2 - x_1}$$

Formel 18 – Interpolation

$$r = i_1 - C_{0,1} \times \frac{i_1 - i_2}{C_{0,1} - C_{0,2}}$$

Formel 19 – Interner Zinsfuß[47]

Die Vorgehensweise ist wie folgt: Als erstes wird das Schätzintervall festgelegt, d. h. die geschätzte Zielgröße liegt zwischen zwei Werten (i_1 und i_2). Anschließend wird die Zahlungsreihe mit einem möglichst niedrigem Zinsfuß (i_1) diskontiert, bis der Kapitalwert positiv ist ($C_{0,1} > 0$). Das gleiche mit einem möglichst großem Zinsfuß (i_2), bis der Kapitalwert negativ ist ($C_{0,2} < 0$). Zum Schluss werden die Werte in die Formel eingesetzt.

Eine Investition gilt dann als vorteilhaft, wenn der interne Zinsfuß größer ist als der kalkulatorische Zinssatz ($r > i$). Sind beide Zinssätze gleich hoch ($r = i$), so ist die Entscheidung indifferent. Ist der kalkulatorische Zinssatz größer als die interne Verzinsung ($r < i$) übersteigen die Kosten den Nutzen und die Investition ist damit unvorteilhaft.

Wird die Vorteilhaftigkeit mehrerer Investitionsalternativen miteinander verglichen, kommen Kapitalwertmethode und interne Zinsfußmethode häufig zu unterschiedlichen Ergebnissen. Dies ist in den unterschiedlichen Annahmen der Verzinsung der Kapitalrückflüsse begründet.[48] Bei der Kapitalwertmethode wird davon ausgegangen, dass sich die Rückflüsse zum Kalkulationszinsfuß verzinsen. Bei der internen Zinsfußmethode wird hingegen von impliziten Wiederanlageprämissen ausgegangen, d. h. die Rückflüsse werden zum internen Zinsfuß der jeweiligen Investitionsalternative verzinst, der wiederum für jedes Projekt unterschiedlich ist.[49] Über die Richtigkeit der

---

[47] Vgl. Bea, F. X./Dichtl, E./Schweitzer, M. (2002), S. 291
[48] Vgl. Wöhe, G. (2010), S. 547 f.
[49] Vgl. Ermschel, U./Möbius, C./Wengert, H. (2009), S. 79

Rechenverfahren lässt sich streiten. Wöhe sieht diese Annahmen der internen Zinsfußmethode als unrealistisch an, insbesondere für individuelle Sachinvestitionen. Er hält die Annahmen der Kapitalwertmethode mit Verzinsung zum einheitlichen Kalkulationszinssatz i für sinnvoller.[50] Nach Zimmermann und Fries hingegen, ist die Methode des internen Zinsfußes der Kapitalwertmethode wegen deren Abhängigkeit vom gewählten Diskontierungszinssatz vorzuziehen.[51]

Zudem erfährt dieses Verfahren in der Literatur auch wegen seiner Abhängigkeit von der Struktur der Zahlungsströme einer Investition Kritik. Häufige Vorzeichenwechsel (auf den Einzahlungsüberschuss in Periode x folgt ein Auszahlungsüberschuss in Periode y) sind in Bezug auf die Vorteilhaftigkeitsbeurteilung problematisch. Unter Umständen lässt sich kein interner Zinsfuß berechnen (Nichtexistenz) oder die Lösung der Gleichung lässt mehrere Interpretationen zu (Mehrdeutigkeit). Ein konkreter positiver interner Zinsfuß lässt sich ausschließlich für so genannte Normalinvestitionen ermitteln. Für diese gelten drei Kriterien:

- Die Zahlungsreihe der Investition beginnt mit einer Auszahlung.
- Die Zahlungsreihe der Investition weist genau einen Vorzeichenwechsel auf (der Auszahlung/ den Auszahlungen folgen ausschließlich Einzahlungsüberschüsse).
- Die absolute Summe der Einzahlungsüberschüsse (exklusive Zins und Zinseszins) ist größer als die Summe aller investitionsrelevanten Auszahlungen.[52]

Auch im Hinblick auf Ersatzinvestitionen scheint die interne Zinsfußmethode ungeeignet zu sein, da die ursprünglichen Anschaffungsauszahlungen nicht berücksichtigt werden und der interne Zinsfuß ins Unendliche steigt.[53]

3.4.4 Annuitätenmethode

Auch die dynamische Annuitätenmethode leitet sich aus der Kapitalwertformel ab. Bei der Annuitätenmethode wird der Kapitalwert als gleichmäßig wiederkehrende Rente (Annuität) auf den gesamten Betrachtungszeitraum verteilt. Die Annuität (ar) ist der durchschnittliche, gleich bleibende Betrag des Kapitalwerts über den gesamten Betrachtungszeitraum der Investition, der im Vergleich zur Alternative in jeder Periode zusätzlich zur Verfügung steht.

$$Annuität = ar = C_0 \times \frac{i(1+i)^n}{(1+i)^n - 1} = C_0 \times KWF$$

Formel 20 – Annuitätenformel[54]

Die Annuität innerhalb der dynamischen Investitionsrechenverfahren drückt den Kapitalwert als gleich bleibende Verzinsung, d. h. als Durchschnittsverzinsung aus.

Ökonomische Gründe für die Umrechnung des Kapitalwertes in Annuitäten können z. B. der Wunsch eines Investors sein zu erfahren, in welcher Höhe er Entnahmen aus den erwirtschafteten Einzahlungsüberschüssen zu Konsumzwecken tätigen kann ohne dabei sein ursprüngliches Reinvermögen zu verringern oder um welchen Betrag sich die Einzahlungsüberschüsse der Investition, z. B. in Krisenzeiten, verringern können ohne dass die Investition dadurch unvorteilhaft wird.

---

[50] Vgl. Wöhe, G. (2010), S. 548
[51] Vgl. Zimmermann, W./Fries, H.-P. (1995), S. 276
[52] Vgl. Ermschel, U./Möbius, C./Wengert, H. (2009), S. 78
[53] Vgl. Zimmermann, W./Fries, H.-P. (1995), S. 276
[54] Vgl. Ermschel, U./Möbius, C./Wengert, H. (2009), S. 70

Haben mehrere Projektalternativen eine positive Annuität, so sollte sich der Investor für die Investition mit der höchsten Annuität entscheiden. Bei unterschiedlichen Nutzungsdauern der Alternativen, muss die Annuität auf einen einheitlichen Planungszeitraum T bezogen werden.[55]

Als kritisch sind bei der Annuitätenmethode die Annahmen eines vollkommenen Kapitalmarktes sowie eines gleichbleibenden Zinsniveaus über den gesamten Investitionszeitraum zu sehen.

3.4.5 Discounted Cashflow

Die Discounted Cashflow (DCF)-Methode gewinnt für die Investitionsentscheidung und Bewertung in der Immobilienwirtschaft immer mehr an Bedeutung.[56] Die DCF-Methode stammt aus dem angloamerikanischen Raum und ist ein Ertragswertverfahren, welches der Unternehmensbewertung (zwecks Ableitung der Preisforderung) dient. Die DCF-Methode basiert auf der klassischen dynamischen Investitionsrechnung. Sie entspricht vom Grundsatz her der Auflösung der Kapitalwertmethode nach „a_0" und gibt Aufschluss darüber, welcher Preis einer Investition nach der Betrachtung der diskontierten Cashflows angemessen ist. Sie stellt also den maximal zu zahlenden Anschaffungswert der Investition (bzw. bei einem Exit der vom Investor mindestens erwartete Preis) dar. Somit ist die DCF-Methode eine Grenzwertbetrachtung (grenzwertiger Preis). Es werden jedoch nur die Gegenwartswerte der Nettoerträge betrachtet, die dem Unternehmen zufließen.[57] Generell wird in der Betriebswirtschaftslehre der Cashflow als Veränderung des Bestands geldnaher Mittel verstanden.[58] Der Operating Cashflow (OCF) entspricht dem Überschuss zahlungswirksamer Einnahmen und Ausgaben aus der operativen Tätigkeit der realwirtschaftlichen Tätigkeit. Der Free Cashflow (FCF) ist der zu erwartende frei verfügbare Cashflow und ergibt sich aus dem Operating Cashflow abzüglich der Zahlungen an den Fremdkapitalgeber.[59] Dabei ist zu beachten, dass die Tilgung nur berücksichtigt werden darf, wenn der prognostizierte Verkaufserlös ebenfalls entsprechend berücksichtigt wird, ansonsten wäre ein negativer Free Cashflow die Folge.

In der Immobilienwirtschaft wird das DCF-Verfahren zur Bewertung von Immobilien verwendet, die für den Kapitalanleger Einkünfte erzielen. Es ermöglicht den Vergleich zwischen verschiedenen Investitionsalternativen, um die Vorteilhaftigkeit einer Immobilieninvestition gegenüber einer

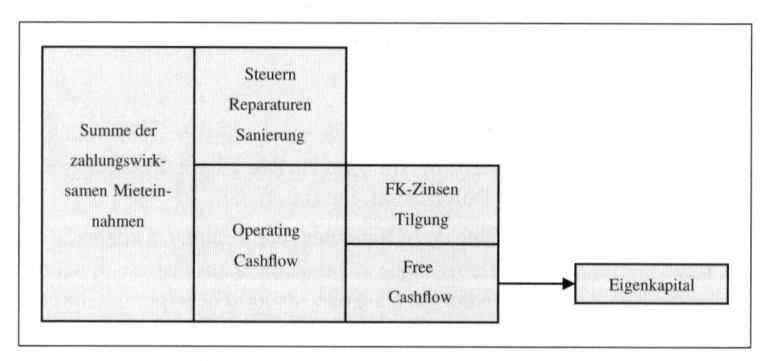

Abb. V 17: Ermittlung des Free Cashflows

---

[55] Vgl. Wöhe, G. (2010), S. 546
[56] Vgl. Schierenbeck, H. (2003), S. 407 ff.
[57] Vgl. ebenda, S. 407 ff.
[58] Vgl. Wöhe, G./Bilstein, J. (2002), S. 377
[59] Vgl. Schredelseker, K. (2002), S. 251

anderen Anlageform zu bewerten. Der Unterschied zum deutschen Ertragswertverfahren besteht darin, dass eine Vielzahl von Faktoren wie z. B. Inflationsraten, Abschreibung und prognostizierte Wertzuwächse in jeder Periode genauestens berücksichtigt und auf den Investitionszeitpunkt diskontiert werden können. Bei der Immobilienbewertung mittels des DCF-Verfahrens werden verschiedene „Diskontierungssätze" verwendet, die je nach der Fragestellung der Berechnung (Ergebnisorientierung) ihre Anwendung finden. Zinssätze bei der Bewertung von Immobilien sind:

Der Liegenschaftszins wird aus dem „Markt" abgeleitet. Gutachterausschüsse leiten diesen aus den ihnen vorliegenden Kaufpreissammlungen ab. Da der Bodenwert bei einer sehr langen Restnutzungsdauer der baulichen Anlage vernachlässigt werden kann, ist die Ableitung entsprechender Liegenschaftszinssätze für eine lange und für eine kurze Restnutzungsdauer denkbar. Aus dem Liegenschaftszins ergibt sich der Vervielfältiger (Makler-Methode).

$$Vervielfältiger = \frac{Ertragswert}{Reinertrag}$$

Formel 21 – Berechnung des Vervielfältigers/Barwertfaktor

Der All Risk Yield (ARY) ist die Rendite unter Berücksichtigung aller Risiken. Durch die Internationalisierung der Märkte finden zunehmend die angelsächsischen Methoden der Immobilienbewertung Anwendung. Vergleichbar dem Liegenschaftszins wird auch er aus aktuellen Markttransaktionen ermittelt. Insgesamt wird der ARY nach der Fully Let-Method ermittelt.[60]

$$ARY = \frac{Net\ Rent\ (Nettomieterträge)}{Transaction\ Price\ (Verkaufs\text{-}/Kaufpreis)}$$

Formel 22 – All Risk Yield

Bei einer Investitionsentscheidung steht nicht die Bewertung einer Immobilie im Vordergrund, sondern es stellt sich erstens die Frage nach dem Investitionsrisiko (Kapital- und Ertragsverlustrisiko) und zweitens nach der Einpreisung des Risikos der einzelnen Investition. Die Einpreisung ergibt sich aus individueller Risikoneigung bzw. Risikopräferenz des einzelnen Investors und erfolgt grundsätzlich über den Zinssatz. In der Regel erwartet der Investor mindestens eine Kapitalrendite, die zwischen 10 und 15% liegt. Ferner wird der Investor versuchen, den Fremdkapitalanteil an seinem Investment möglichst zu erhöhen, um damit seinen Eigenkapitaleinsatz zu verringern und durch die niedrigeren Fremdkapitalkosten seinen Free Cashflow zu vergrößern (Leverage-Effekt). Dabei werden im Wesentlichen zwei Diskontierungssätze angewandt.

Weighted Average Cost of Capital (WACC): Um die Diskontierung mit dem „richtigen" Zinssatz vornehmen zu können muss berücksichtigt werden, dass Eigenkapitalzins (als risikoabhängige Vergütung der Eigenkapitalgeber) und Fremdkapitalzins (als vertraglich vereinbarte risikoabhängige Vergütung der Fremdkapitalgeber) in aller Regel nicht identisch sind. Es muss also ein Mischzinssatz gefunden werden, der der Finanzierungsstruktur und dem Risiko gerecht wird. Dieser wird aus dem Capital Asset Pricing Modell (CAPM) abgeleitet. Bei der DCF-Methode werden Ertragssteuerwirkungen vernachlässigt und als risikoadäquater Zinssatz der gewogene durchschnittliche Zinssatz aus den Zinssätzen für Eigenkapital (i_{EK}) und Fremdkapital (i_{FK}) verwendet. Dieser wird als Weighted Average Cost of Capital (WACC) bezeichnet und lässt sich wie folgt ermitteln:[61]

---

[60] Vgl. Schredelseker, K. (2002), S. 57 ff.
[61] Vgl. Wöhe, G. (2010), S. 577 ff.

$$WACC = i_{EK} \cdot \frac{EK}{GK} + i_{FK} \cdot \frac{FK}{GK}$$

Formel 23 – Berechnung des WACC[62]

Eigenkapitalrendite (r_{EK}): Die Eigenkapitalrendite dient der Diskontierung der Free Cashflows und des Restwertes.

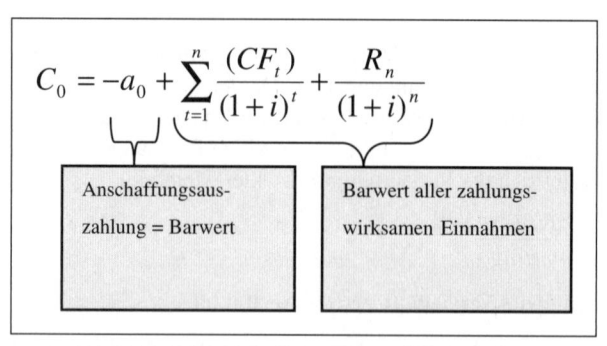

$$C_0 = \underbrace{-a_0}_{\text{Anschaffungsauszahlung = Barwert}} + \underbrace{\sum_{t=1}^{n} \frac{(CF_t)}{(1+i)^t} + \frac{R_n}{(1+i)^n}}_{\text{Barwert aller zahlungswirksamen Einnahmen}}$$

Abb. V 18: DCF-Methode als Grenzpreisbetrachtung

Der Grenzpreis einer Immobilieninvestition entspricht dem diskontierten Cashflow – dem Preis (a_0), den ein Investor maximal für die Immobilieninvestition zahlen kann. Dieser drückt die Rendite der Alternativinvestition bzw. die risikoadjustierte Rendite (Mindestverzinsung) aus. Entsprechend den beschriebenen Lösungsansätzen lässt sich der Discounted Cashflow mit folgender Formel ermitteln. Dabei ist wie bereits erwähnt von der klassischen Kapitalwertformel auszugehen. Als notwendiges Kriterium gilt $C_0 = 0$, um die Formel nach a_0 aufzulösen.

$$a_0 = \sum_{t=1}^{n} \frac{(CF_t)}{(1+i)^t} + \frac{RW}{(1+i)^n}$$

Formel 24 – Discounted Cashflow

Bei der Anwendung der Discounted Cashflow-Methode ist zu beachten, dass aufgrund des begrenzten Planungshorizonts der Cashflow i.d.R. über einen Betrachtungszeitraum von fünf bis 15 Jahren ermittelt wird und für die Folgeperioden als konstant (ewige Rente) unterstellt wird.

Zur Veranschaulichung der DCF-Methode dient nachfolgende Beispielrechnung zur Bewertung einer Büroimmobilie:

Beispielrechnung Wertermittlung mit der Discounted-Cashflow-Methode

Annahmen:

Investitionssumme:	
Investitionsdatum:	01. Jan 11
Nettomiete:	1.500.000 € p.a.
Sanierungsaufwand in 2013:	8.000.000 €
Nebenkosten Sanierung:	200.000 €
Mietsteigerung nach Sanierung:	10 %
neue Nettomiete ab 2015:	1.650.000 € p.a.
Maklercourtage:	3 Monatsmieten (zzgl. 19 % MwSt.)

---

[62] In Anlehnung an: ebenda, S. 677

3 Renditeberechnung mittels der Investitionsrechnung

Verwaltungskosten: 3 % p.a. vom Jahresrohertrag
anteilige Instandhaltungskosten: 2 % p.a. vom Jahresrohertrag
Betriebskosten werden in voller Höhe vom Mieter getragen.

Finanzierung:
Eigenkapital: 10 %
Fremdkapital: 5 %
EK-Quote: 50 %
Diskontierungssatz (WACC): 7,5 %
Investitionszeitraum: 5 Jahre
Zahlungsmodus: jährlich vorschüssig
Restwert: 30.000.000 €

Jahr	2011	2012	2013	2014	2015
Periode	0	1	2	3	4
Mieteinnahmen	1.500.000 €	1.500.000 €	0 €	1.650.000 €	1.650.000 €
Restwert					30.000.000 €
Summe Einzahlungen	**1.500.000 €**	**1.500.000 €**	**0 €**	**1.650.000 €**	**31.650.000 €**
Verwaltungskosten	45.000 €	45.000 €	0 €	49.500 €	49.500 €
Instandhaltungskosten	30.000 €	30.000 €	0 €	33.000 €	33.000 €
Sanierungskosten			8.000.000 €		
Nebenkosten Sanierung			200.000 €		
Maklercourtage				490.875 €	
Summe Auszahlungen	**75.000 €**	**75.000 €**	**8.200.000 €**	**573.375 €**	**82.500 €**
Cashflow	1.425.000 €	1.425.000 €	–8.200.000 €	1.076.625 €	31.567.500 €
Diskontierungsfaktor	1,0000	0,9302	0,8653	0,8050	0,7488
Barwert der Periode	1.425.000 €	1.325.535 €	–7.095.460 €	866.683 €	23.637.744 €
Netto Barwert (Net Present Value)					**20.159.502 €**

Das Ergebnis der Berechnung gibt an, dass der Investor höchstens 20.159.502 € als Preis für die Büroimmobilie bezahlen sollte. Liegt der angebotene Kaufpreis oberhalb der berechneten Summe, so ist dieses Projekt nicht mit den Vorstellungen des Investors vereinbar und sollte abgelehnt werden. Liegt der Kaufpreis aber unterhalb dieses Grenzwertes, kann der Investor seine Strategie mit dieser Immobilie verfolgen und kann sich guten Gewissens für die Investition entscheiden.

Anders als hier für die Immobilienwirtschaft beschrieben, wird das DCF-Verfahren größtenteils nicht nur zur Wertermittlung bestimmter Sachinvestitionen herangezogen, sondern vielmehr zur Ermittlung eines Unternehmenswertes verwendet.

3.4.6 Der vollständige Finanzplan

„Unter der vollständigen Finanzplanung ist eine Methode zur rechnerischen Fundierung einer Investitionsentscheidung zu verstehen, bei der im Gegensatz zu den klassischen Verfahren die Finanzierungszahlungen sowie die Steuerzahlungen explizit ausgewiesen werden."[63] Als computergestützte Plan- bzw. Ist-rechnung dient der vollständige Finanzplan (VoFi) als Hilfsmittel bei der Entscheidungsfindung. Es werden alle Einzahlungen und Auszahlungen wie Investitionssumme, Cashflows, Finanzierungszahlungen, Steuerlasten, etc. protokolliert und in tabellarischer Form dargestellt. Dadurch lässt sich die Bestandsentwicklung an Guthaben und Finanzmitteln während der Investitionslaufzeit optimal überblicken.

Die im VoFi erfassten Zahlungen werden in originäre und derivative Zahlungen differenziert. Solche Zahlungen, die direkt aus der investitionszugehörigen Zahlungsreihe stammen wie Anschaffungsbetrag, Entnahmen und Einlagen gehören zu den originären Zahlungen, die vom Investor exogen vorzugeben sind. Derivative Zahlungen sind solche, die sich aus den originären Zahlungen ableiten lassen, z. B. Finanzierungszahlungen wie Zins und Tilgung oder Steuerzahlungen. Zu ihrer Berechnung müssen Zinsfüße und Steuersätze individuell erfasst werden.

Ziel eines VoFi ist es, verschiedene monetäre Szenarien einer Investition darzustellen. Dafür gibt es dreierlei Vorgehensweisen: das Anfangswertkonzept, das Endwertkonzept sowie das Entnahmekonzept. In der Literatur wird das Endwertkonzept als vorrangig bezeichnet. Die Endwerte der Investitionsalternativen werden miteinander verglichen, aus den Einzelwerten ein Saldo gebildet und deren Differenz als sogenannter zusätzlicher Endwert ausgewiesen. Dieser zusätzliche Endwert ist mit dem Endwert einer klassischen, finanzmathematischen Investitionsrechnung vergleichbar.

Außerdem können vollständige Finanzpläne unterschiedlich konzipiert werden. Es wird in Ermittlungsmodelle und Optimierungsmodelle unterschieden. Bei Ermittlungsmodellen trifft der Investor bereits einige Vorentscheidungen z. B. zu Finanzierungsfragen, Präferenzen und Nutzungsdauer. Über den VoFi ist dann ersichtlich, ob das Projekt unter den getroffenen Vorentscheidungen vorteilhaft ist oder nicht. Bei Optimierungsmodellen hingegen werden die Vorentscheidungen mit Hilfe linearer Programmierung optimiert um zur besten Lösung zu gelangen. Auf die informationstechnischen Hintergründe wird an dieser Stelle nicht eingegangen.

Grob sieht die Problematik der vollständigen Finanzpläne in der Zurechnung von Eigen- und Fremdkapital auf ein Investitionsprojekt. Es sei unmöglich eine Investition komplett zu planen, dazu wären hellseherische Fähigkeiten notwendig. Es spricht dennoch nichts dagegen planungsbedingte Hypothesen bezüglich der Finanzierungsseite zu erstellen, denn ein VoFi bedingt nicht die Konkretisierung der Finanzierungsmittel, sondern ist offen für eine individuelle Gestaltung und ermöglicht so die Anpassung der Daten im Laufe der Investitionsdauer.[64]

Die Erstellung sowie Pflege eines VoFi erfordert einen enormen Zeitaufwand. Daher ist ein VoFi dann sinnvoll, wenn auf die **genaue** Darstellung **aller** Bewegungen großen Wert gelegt wird.

---

[63] Grob, H. L. (1989), S. 5
[64] Vgl. ebenda

3.5 Zusammenfassende kritische Betrachtung der Investitionsrechenverfahren

Die kritische Betrachtung dieser Verfahren bedeutet immer, die gesetzten Prämissen in Frage zu stellen. Diese Methode der Kritik kann selbstverständlich immer angewandt werden. Es ist dabei egal, um welches Entscheidungsmodell es sich handelt.

Bei den einperiodisch statischen Verfahren bleibt die zeitliche Struktur der Erfolgsströme des Investors unberücksichtigt, obwohl es bei Investitionen immer um mehrperiodische Entscheidungsprobleme handelt. Die Ziele des Investors erfahren keine zeitbezogene Präzisierung, da die statischen Verfahren immer mit durchschnittlichen Erfolgsgrößen rechnen. Dadurch dass ein fiktives Durchschnittsjahr gebildet wird, welches repräsentativ für die gesamte Nutzungsdauer sein soll, wird auf die Planungsgenauigkeit verzichtet. Außerdem bleibt die Berücksichtigung der zeitlichen Aspekte der Ein- und Auszahlungen unberücksichtigt. Dem Investor ist es jedoch in der Realität wichtig, wann er einen Gewinn realisiert, ob am Anfang oder erst gegen Ende der Nutzungsdauer. Aus diesen Gründen der fehlenden Exaktheit der statischen Verfahren werden diese oftmals lediglich als Näherungsverfahren für die dynamischen Investitionsverfahren angesehen.[65]

Die dynamischen Verfahren basieren auf vereinfachten Annahmen: Vollkommener Kapitalmarkt und Wiederanlage der Rückflüsse. Es ist jedoch fraglich, ob ein Investor gewonnenes Kapital immer zu einem gleich bleibend festen Zinssatz anlegen bzw. ausleihen kann, da es keinen vollkommenen Kapitalmarkt gibt. Des Weiteren ist es schwierig, einer zu bewertenden Investition anteilige Auszahlungen und Einzahlungen zuzuordnen.

Letztendlich sind Investitionen in der Realität immer mit dem Risiko der mangelnden Informationsdichte in der Zukunft behaftet, wodurch eine Berechnung in der Gegenwart immer zu einem von vielen möglichen Ergebnissen führt.

4 Risikoanalyse bei Immobilieninvestitionen

4.1 Einführung

Neben den Chancen einer neuen Investition birgt sie für den Investor immer auch Risiken. Das investierte Geld ist in der Investition gebunden – daher kann die getroffene Entscheidung im Nachhinein kaum noch korrigiert werden. Bis zur endgültigen Entscheidung wird daher ein langer Weg beschritten. Am Anfang des Entscheidungskreislaufes steht die Risikoanalyse gefolgt von der Risikobewertung und der Definition von Maßnahmen zur Risikominimierung. Anschließend werden die Risiken neu bewertet und eingepreist bevor ein Projekt umgesetzt wird. Zwischen den einzelnen Schritten ist immer wieder zu prüfen, ob der nächste Schritt noch eingeleitet werden soll, sprich mit der Risikoneigung des Investors noch vereinbar ist. In der Projektentwicklung gibt es keinen Fall, der jegliches Risiko ausschließen lässt. Zwar können durch Diversifikation spezifische Risiken minimiert oder gar eliminiert werden, einige systematische Risiken bleiben jedoch immer erhalten.

---

[65] Vgl. Wöhe, G. (2010), S. 534 ff.

Eine Investition in Immobilien ist regelmäßig mit hohen Investitionssummen verbunden. Auch in der Immobilienwirtschaft werden daher immer häufiger betriebswirtschaftliche Instrumente zur Investition und Finanzierung angewandt. Um in der Immobilienwirtschaft Erfolg zu haben muss das Risiko kalkuliert und beherrscht werden können. Speziell bedeutet dies, dass alle Risiken einer Investition im Rahmen des Risikomanagements bestimmt, gesteuert und kontrolliert werden müssen bevor eine Entscheidung für oder gegen ein Projekt getroffen werden kann. Die Risikoprämie, also die Vergütung, die der Investor für die Aufnahme des Risikos erhalten möchte, wird in die geforderte Rendite eingepreist – die Theorie spricht hier von eingepreisten Risiken.

Unter Risikoanalyse ist jedoch noch nicht die betragsmäßige Einschätzung der Risiken zu verstehen. Vielmehr ist das Ziel der Analyse, Risikosituationen transparent und verständlich zu machen. Die Hauptaufgaben setzen sich zusammen aus der Identifikation und Dokumentation, die Charakterisierung und Klassifizierung sowie die Quantifizierung und Beurteilung von risikotragenden Tatbeständen dar. Sie ist die Basis für die anschließende Risikobewertung.[66]

Um Risiken richtig einordnen zu können, müssen vorab die Grundlagen bekannt sein, die mit dem Risiko in Verbindung stehen. Nachfolgend werden daher zunächst einige wichtige Begriffe erläutert.

4.1.1 Der Begriff Risiko

Der Begriff Risiko ist oftmals mit negativen Assoziationen wie Gefahr oder Wagnis verbunden und ruft das Gebot der Vorsicht hervor. Im Hinblick auf das Glücksspiel zum Beispiel bekommt das Wort Risiko jedoch eine erweiterte, positive Bedeutung – nämlich die Chance.[67] In der Theorie der Wirtschaftswissenschaften ist das Risiko somit nicht als etwas Negatives, sondern als eine bestimmte Form der Unsicherheit zu verstehen. Unsicherheit bedeutet, dass der Ausgang einer Situation nicht eindeutig vorhersehbar ist, d.h. keine vollständige Informationsdichte gegeben ist. Je weiter ein Ereignis in der Zukunft liegt, desto unsicherer ist sein Eintreten bzw. sein Ausgang. Unsicherheit ist also abhängig von der Informationsdichte, die im aktuellen Zeitpunkt am höchsten ist und mit zunehmender zeitlicher Entfernung überproportional abnimmt.[68]

Bei Entscheidungen unter Unsicherheit kann aufgrund mangelnder Kenntnis über das Eintreten zukünftiger Ereignisse eine Abweichung der erwarteten Zielgröße auftreten. Eine Abweichung zum Positiven wird als Chance betrachtet ($\mu+\sigma$), eine Abweichung ins Negative hingegen als Risiko

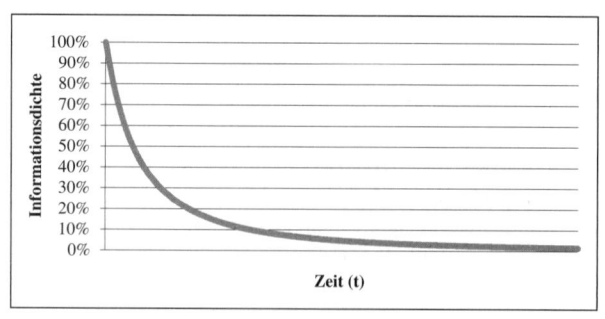

Abb. V 19: Dichtefunktion

---

[66] Vgl. Vogler, J. (1998), S. 293
[67] Vgl. Cottin, C./Döhler, S. (2009), S. 1
[68] Vgl. Ropeter, S.-E. (1998), S. 61 ff.

(μ-σ).[69] Da jede Investition eine Wirkung in der Zukunft hat, ist jede Entscheidung zunächst eine Entscheidung unter unvollkommener Information, also unter Unsicherheit. Die Wirtschaftswissenschaft unterteilt jedoch die Unsicherheit in Ungewissheit und in Risiko.[70]

Sicherheit	Unsicherheit
100%ige Informationsdichte nur in der augenblicklichen Gegenwart	Weniger als 100%ige Informationsdichte

Ungewissheit	Risiko i. e. S.
Wenn für die Eintrittswahrscheinlichkeit keine Aussagen getroffen werden können	Wenn Eintrittswahrscheinlichkeiten objektiv oder subjektiv definiert werden können

| Spielerentscheidung | ökonomische Entscheidung |

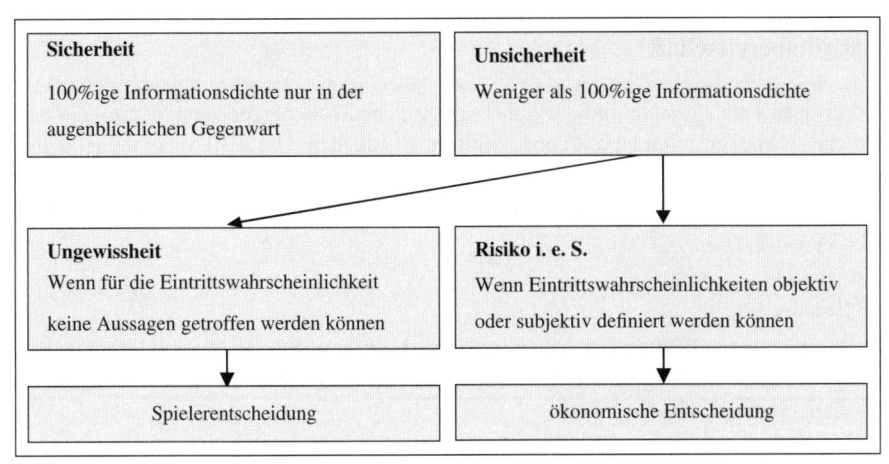

Abb. V 20: Abgrenzung von Sicherheit und Ungewissheit[71]

Wenn keine objektive oder subjektive Wahrscheinlichkeit für das Eintreten eines Ereignisses definiert werden kann, liegt eine Ungewissheitssituation vor. In diesem Fall sind keine rationalen ökonomischen Entscheidungen möglich. In diesem Fall wird von einer Spielerentscheidung gesprochen. Solche Entscheidungen sind ex definitione nicht im Erkenntnisinteresse der Betriebswirtschaftslehre.

Eine Entscheidung unter Risiko ist durch Wahrscheinlichkeitszuordnungen für das Eintreten bestimmter Ereignisse gekennzeichnet. Eine subjektive Eintrittswahrscheinlichkeit ist gegeben, wenn der Investor von dem Eintreten eines bestimmten Szenarios aufgrund von Erfahrungen unter normalen Bedingungen eine wahrscheinliche „Voraussicht" hat. Eine objektive Wahrscheinlichkeit lässt sich durch mathematische Berechnungen herleiten:

$$P(E) = \sum_{j=1}^{n} n_{ij} \cdot p_j$$

P = Eintrittswahrscheinlichkeit
E = Ereignis
n_{ij} = Zielerreichungsgrad der Alternativen
p_j = Eintrittswahrscheinlichkeit der Umweltzustände

Formel 25 – Eintrittswahrscheinlichkeit

Von Entscheidungen unter Sicherheit wird im Rahmen der Entscheidungstheorie dann gesprochen, wenn der Entscheidungsträger den eintretenden Umweltzustand mit Sicherheit kennt und er sämtliche Konsequenzen aus einer Handlung voraussagen kann. Dieser Zustand hat mehr theoretische als praktische Relevanz. Sie ist relativ simpel und folgt dem gleichen Prinzip wie der Binärcode:

---

[69] Vgl. Wöhe, G. (2010), S. 91 ff.
[70] Vgl. Garz, H./Günther, S./Moriabadi, C. (1997), S. 22 f.
[71] Vgl. Maier, K. M. (1999), S. 6

Es kann nur „1" und „0" geben. Das bedeutet, die Eintrittswahrscheinlichkeit des Ereignisses ist entweder genau 100% bzw. genau 0%. Bei „0" tritt das Ereignis auf keinen Fall ein und bei „1" tritt es zu 100% ein.

4.1.2 Risikobereitschaft

Im Vorfeld eines jeden Projektes muss bekannt sein, welche Risikoneigung den Investor auszeichnet, d.h. welches Risiko er bereit ist mit der Investition einzugehen. Die Risikoneigung ist somit eine subjektive Bereitschaft des Entscheidungsträgers, durch die Wahl einer Investition auch unsichere Ergebnisse in Kauf zu nehmen. In der Literatur werden drei Risikotypen unterschieden.[72]

- risikoscheu (risikoavers)
- risikoneutral
- risikofreudig

Die Risikopräferenzen können anhand sogenannter Indifferenzkurven abgebildet werden. Indifferenzkurven bilden alle Kombinationen von Risiko und Rendite ab, die dem jeweiligen Anleger den gleichen erwarteten Nutzen stiften.

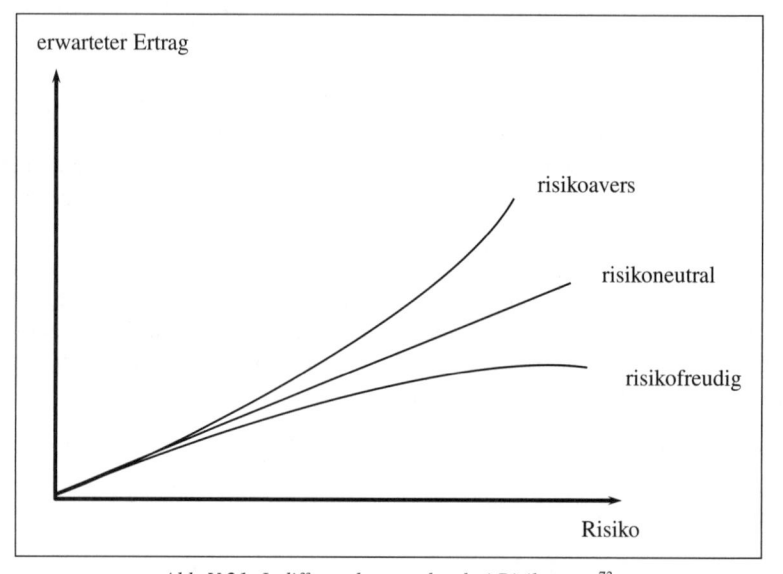

Abb. V 21: Indifferenzkurven der drei Risikotypen[73]

Bei einem wachsenden Risikograd erwartet der risikoaverse Anleger eine überproportional steigende Rendite für die Inkaufnahme des höheren Risikos. Der risikofreudige Investor dagegen ist bereit seine Renditeerwartungen in bestimmten Maß zu senken, wenn ihm im Gegenzug eine höhere Einkommenschance geboten wird – denn Risiko bedeutet auch Chance in gleicher Höhe. Die Renditeerwartung eines risikoneutralen Anlegers bleibt bei jeder Risikosituation unverändert.[74]

---

[72] Vgl. Schmitz, T./Wehrheim, M. (2006), S. 33
[73] In Anlehnung an: ebenda
[74] Vgl. Kruschwitz, L. (2004), S. 126

4.1.3 Risikoidentifikation

Um Risiken beherrschen zu können, müssen diese an erster Stelle erkannt werden. Hierzu werden alle Risiken aufgelistet, die den Erfolg der Investition gefährden können.[75] Dabei müssen sowohl die internen (spezifischen), als auch die externen (systematischen) Risiken Berücksichtigung finden. Als systematische Risiken werden solche Faktoren bezeichnet, die allgemeiner Natur sind und sich auch nicht durch Diversifikation eliminieren lassen, wie z. B. Naturkatastrophen, etc. Die spezifischen Risiken sind speziell mit einem Investitionsgut verbunden. Diese sind beeinflussbar und können im Rahmen der Portfoliobildung durch Diversifikation minimiert oder gar eliminiert werden.[76] Bei Immobilieninvestitionen können unter anderem folgende Risiken auftreten:

Interne Risiken (spezifisch)	Externe Risiken (systematisch)
Finanzierungsrisiken	Immobilien-Marktrisiko
Qualitätsrisiko	Höhere Gewalt, Untergangsrisiko
Fertigstellungsrisiko	Standortrisiko
Kostenüberschreitungsrisiko	Steuerrisiko
Wertänderungsrisiko	Währungsrisiko
Baugrundrisiko	Zinsänderungsrisiko
Refinanzierungsrisiko	Genehmigungsrisiko
Vermietungsrisiko	Entwicklungsrisiko
Verkaufsrisiko	Politische Risiken
...	...

Abb. V 22: Übersicht der internen und externen Risiken bei Immobilieninvestitionen[77]

Durch die Risikoidentifikation soll festgestellt werden, ob und mit welchen Risiken und Chancen Investitionsentscheidungen im Immobilienwesen behaftet sind. Dies ist wichtig um die bestehenden Chancen nutzen oder die bestehende Risiken begrenzen zu können. Anschließend werden die erkannten Risiken in bestimmte Kategorien klassifiziert sowie die Möglichkeit zur Beeinflussung der Risiken geprüft.[78]

4.1.4 Risikobewertung

In diesem Schritt gilt es alle erkannten Risiken in Bezug auf deren Auswirkungen auf das Unternehmen zu bewerten. Bei messbaren Risiken wird eine Bewertung auf der Grundlage von Kennzahlen vorgenommen. Die Risikobewertung soll Informationen über die Eintrittswahrscheinlichkeit, potentielle Schadenshöhe sowie die mögliche Häufigkeit des Schadeneintrittes liefern. Nicht messbare Risiken, wie z. B. Imageschaden sind nur schwer zu quantifizieren – insbesondere weil die Auswirkungen solcher Risiken langfristiger Natur sind. Die Bewertung dieser Risiken erfolgt daher

---

[75] Vgl. Schmitz, T./Wehrheim, M. (2006), S. 34
[76] Vgl. Kruschwitz, L. (2004), S. 222 f.
[77] In Anlehnung an: Alda, W./Hirschner, J. (2007), S. 92
[78] Vgl. Schmitz, T./Wehrheim, M. (2006), S. 34

indirekt, wobei auch subjektive Einschätzungen mit einfließen. Ein Anhaltspunkt zur Bewertung der nicht messbaren Risiken kann der Scoring-Ansatz sein, bei dem die Risikoeinschätzung anhand von Erfahrungswerten erfolgt. Dieser Ansatz kann unter anderem durch statistische Erhebungen sowie Expertenbefragungen erweitert werden, um die Aussagekraft der Bewertung zu erhöhen.[79]

4.1.5 Risikotragfähigkeit

In der Risikotragfähigkeit eines ganzen Unternehmens bzw. eines einzelnen Entscheidenden spiegelt sich die finanzielle und intellektuelle Befähigung wider, (erkannte) Risiken zu übernehmen. Die wichtigsten Determinanten zur Beurteilung der Risikotragfähigkeit eines Entscheidungsträgers sind dabei zum einen das Risikodeckungsvolumen in Form von Eigenkapital- bzw. Liquiditätsreserven sowie vorhandener laufender Einkommens- bzw. Ertragskraft. Zum anderen ist es das mit Eintrittswahrscheinlichkeiten gewichtete latent vorhandene Verlustpotential, das sich aus dem Volumen eingegangener Immobilienfinanzierungen bzw. Immobilieninvestitionen ableiten lässt. Ein aktives Risikomanagement zielt dabei darauf ab, den Umfang des Verlustpotentials durch entsprechende Instrumente bzw. Strategien zu steuern. Zur Aufrechterhaltung und stetigen Gewährleistung der Risikotragfähigkeit ist stets darauf zu achten, dass Risikotragfähigkeit und die zu Grunde liegende Risikobereitschaft in einem „gesunden" Verhältnis zueinander stehen. Daher müssen Abteilungen des Risikomanagements und das Controlling die Einhaltung der Risikostrategien des Unternehmens laufend prüfen und steuern.

4.2 Methoden zur Risikoanalyse

Größte praktische Bedeutung in der entscheidungstheoretischen Untersuchung kommt den Entscheidungen unter Risiko zu. Entscheidung unter Risiko setzt das Bewusstsein des Investors dafür voraus, dass verschiedene Entwicklungsmöglichkeiten seines Projektes E1, E2, E3,... möglich sind (Projekt verläuft nach Plan, Erträge fallen aus, Bedarf ändert sich etc.) und angenommen wird, dass die Eintrittswahrscheinlichkeit des Risikos bekannt ist sowie der jeweiligen Entwicklungsmöglichkeit zugeordnet werden kann. Darüber hinaus gibt es aber auch Risiken, die zwar bekannt sind, deren Eintrittswahrscheinlichkeit aber, z. B. wegen unvollkommener Informationstransparenz unbekannt ist. Sie werden als unsichere Erwartungen bezeichnet; Entscheidungsfindungen gestalten sich für solche Projekte am schwierigsten, denn der Entscheider kann nicht sicher sein welche Folgen die getroffene Entscheidung mit sich bringt.[80] Die Folgen einer Entscheidung können unterschiedlich sein. Sie hängen von mehreren Umständen ab, auf die der Investor keinen Einfluss hat. Solche Umstände werden als Umweltfaktoren bezeichnet, mehrere Umweltfaktoren bilden zusammen einen Umweltzustand U_i.[81] Somit steht das Interesse des Investors über die Eintrittswahrscheinlichkeit eines Umweltzustandes im Vordergrund. Zur Entscheidungsfindung wird diese Eintrittswahrscheinlichkeit in der weiteren Berechnung der Risikomessung mit einbezogen.

Da in der Praxis Entscheidungen unter Risiko im Vordergrund stehen, ist vor Projektstart eine Risikoanalyse zur ersten Einschätzung der Risiken unerlässlich. Nachfolgend werden einige Methoden zur Risikoanalyse erläutert.

---

[79] Vgl. ebenda, S. 81
[80] Vgl. Wöhe, G. (2010), S. 98 f.
[81] Vgl. Schmidt, R. H./Terberger, E. (1997), S. 277

4.2.1 Die Scoring-Methode

Die Scoring-Methode orientiert sich als einziges Risikoanalysemodell nicht an Zahlen der Investitionsrechnung, sondern fasst vielmehr Einzelrisiken mehrerer Dimensionen zusammen. Dadurch können in diesem Modell sowohl quantitative als auch qualitative Risiken berücksichtigt werden.

Bei der Scoring-Methode handelt es sich um eine systematische Punkbewertung. Zu Beginn der Modellaufstellung werden Parameter zur Bewertung des Projektes festgelegt. Anschließend werden die einzelnen Bewertungspunkte zusätzlich gewichtet, wodurch die Wichtigkeit einzelner Kriterien hervorgehoben wird. Bei der Durchführung der Scoring-Analyse werden dem Projekt für die einzelnen Kriterien Punkte (Scores) vergeben – ähnlich einer Benotung z. B. von sehr gut (5 Punkte) bis sehr schlecht (1 Punkt). Anschließend wird durch Multiplikation mit dem Gewichtungsfaktor ein faktorbezogener Wert ermittelt. Der Gesamtwert ergibt sich aus der jeweiligen Summe der Einzelwerte. Durch Gewichtung und Addition wird eine große Masse an Informationen in einen einzigen Punktewert transferiert, was eine enorme Reduzierung der Komplexität bewirkt. Durch Übertragung des Gesamtergebnisses in eine Matrix, kann das Ergebnis mit den Ergebnissen anderer Projekte verglichen werden. Das Projekt mit der höchsten Punktzahl ist das Vorteilhafteste.[82]

In Bezug auf den Aufbau und Bewertungsparameter gibt es bei der Analyse mittels Scoring-Methode kein allgemeingültiges Schema. Dies erfolgt individuell nach den Vorstellungen und Präferenzen des Investors. Die folgende Abbildung zeigt eine beispielhafte Scoring-Analyse zur Standortbewertung eines Wohngebäudeneubaus:

Bewertungsparameter	Gewichtungs-faktor	Punktzahl (1–5)	Gewichtete Punktzahl
Nachbarschaft (Mietermix, Klientel, Ausländeranteil etc.)	0,25		
Wohnumfeld (Bauzustand, Straßenlandschaft, Graffiti etc.)	0,20		
Bebauung (Hochhäuser, Blockbebauung, freistehende Gebäude, Reihenhäuser etc.)	0,10		
Verkehrsanbindung (ÖPNV, Parkmöglichkeiten, Autobahnanbindung etc.)	0,10		
Infrastruktur (ärztliche Versorgung, Schulen, Kindergärten etc.)	0,10		
Versorgungsmöglichkeiten (Lebensmittel, Drogerie, Apotheke, Gastronomie etc.)	0,05		
Freizeitmöglichkeiten (kulturelles Angebot, Sportplätze, Grünflächen, Schwimmbäder etc.)	0,05		
Emissionen (Lärm, Geruch, Dreck,…)	0,15		
Summe	**1,00**		

Punkte: 0 = sehr schlecht, 1 = schlecht, 2 = zufriedenstellend, 3 = im Aufschwung, 4 = gut, 5 = sehr gut

Abb. V 23: Beispiel einer Scoring-Analyse für die Standortwahl eines Wohngebäudeneubaus

---

[82] Vgl. Hentze, J./Heinecke, A./Kammel, A. (2001), S. 128 f.

Für eine Standortanalyse ist es essentiell im Vorfeld festzulegen, welche Zielgruppe mit dem Projekt angesprochen werden soll. Nur so ist eine zielgerechte Vergabe von Punkten möglich.

Scoring-Analysen lassen sich für verschiedene Dimensionen durchführen. Es wird unterschieden zwischen Marktdimension, deren Fokus auf der Entwicklung der Umwelt liegt (z. B. Makrostandort) sowie Objektdimension, welche die einzelne Immobilie betrachtet (z. B. Mikrostandort).

Die Vorteile der Scoring-Methode liegen in der übersichtlichen Darstellung der Kriterien und schnellen Vergleichbarkeit der Ergebnisse sowie der einfachen Handhabung bei der Durchführung. Zudem können sowohl qualitative als auch quantitative Kriterien von Risiken berücksichtigt werden. Den größten Nachteil bildet die subjektive Beeinflussbarkeit der Methode, die als große mögliche Fehlerquelle bemängelt wird. Außerdem werden keine Eintrittswahrscheinlichkeiten der Risiken berücksichtigt, was eine mathematische Fundierung der Ergebnisse ausschließt. Die Vorteilhaftigkeit eines Projekts gegenüber der eines anderen kann also nur relativ ermittelt werden. Aus diesem Grund wird die Scoring-Methode oftmals als Ergänzung zu den Ergebnissen mathematischer Analysen verwendet.[83]

4.2.2 Die Stärken-Schwächen-Analyse

Eine andere Möglichkeit zur Risikoanalyse bietet die Stärken-Schwächen-Analyse, auch bekannt als SWOT-Analyse. SWOT steht für die Abwägung von Stärken und Schwächen sowie der Chancen und Risiken eines Projektes: **S** (Strengths – Stärken), **W** (Weaknesses – Schwächen), **O** (Opportunities – Chancen), **T** (Threats – Risiken). Mit dieser Methode werden sowohl interne (S + W) als auch externe (O + T) Aspekte reflektiert. Für jede der vier Bereiche werden Aspekte gesammelt und aufgelistet. Mit dieser Methode wird das Ziel verfolgt wesentliche Stärken und Schwächen, die das Projekt charakterisieren sowie Entwicklungsmöglichkeiten und Restriktionen des Umfelds zu erkennen, um daraus Stärken ausbauen und Schwächen verringern zu können. Des Weiteren gilt es Chancen, welche die Umwelt bietet zu nutzen und Risiken, welche die Umwelt birgt zu minimieren, sprich zu eliminieren oder abzusichern.[84]

Zur Durchführung der SWOT-Analyse bietet es sich an, die einzelnen Punkte der jeweiligen Bereiche im Team auszuarbeiten um subjektive Einschätzungen zu minimieren. Für jede Betrachtungsdimension muss ein eigener Fragekatalog erstellt werden, anhand dessen das einzelne Projekt hinterher analysiert werden kann.

Eine Auswertung der Ergebnisse erfolgt oftmals durch Darstellung in Form einer Matrix. Die vier Betrachtungsdimensionen werden sich dabei, entsprechend der folgenden Abbildung, gegenübergestellt.

Das Projekt, das sich in der oben vorgestellten Matrix am weitesten im SO-Bereich einordnen lässt, ist das Vielversprechendste für den Investor, da sowohl interne Stärken als auch externe Entwicklungsmöglichkeiten genutzt werden können.[85]

Bezogen auf den Immobilienbereich können Stärken z. B. in jahrelangen Erfahrungen des Investors, einer modernen Architektur oder einem privilegierten Standort liegen. Schwächen könnten z. B. hohe Verkaufs- oder Vermietungspreise, die zur gewünschten Renditeerzielung notwendig sind, darstellen. Extern können Chancen z. B. durch öffentliche Infrastrukturmaßnahmen oder ein

---

[83] Vgl. Hentze, J./Heinecke, A./Kammel, A. (2001), S. 128 f.
[84] Vgl. Wiederkehr, B./Züger, R.-M. (2010), S. 30
[85] Vgl. ebenda

		Interne Aspekte	
		Strengths	**Weaknesses**
Externe Aspekte	Opportunities	Projekte in diesem Bereich der Matrix sollten ausgebaut werden, da sie das größte Erfolgspotential bieten.	Für Projekte in diesem Bereich der Matrix besteht Nachholbedarf um die Chancen, die der Markt bietet nicht ungenutzt zu lassen.
	Threats	Bei Projekten in diesem Bereich können die Stärken des Projektes selbst zwar genutzt werden. Es ist darauf zu achten, dass auch den Bedrohungen durch die Umwelt vorgebeugt wird.	Die Projekte, die in diesem Feld der Matrix liegen, sollten verworfen und nicht durchgeführt werden.

Abb. V 24: Beispiel einer SWOT-Matrix[86]

steigendes Wirtschaftswachstum gegeben sein. Schließlich können Risiken z. B. in den Finanzierungskonditionen sowie der Zuverlässigkeit/Bonität der Projektpartner liegen.

4.2.3 Die Sensitivitätsanalyse

Grundlage der Sensitivitätsanalyse bildet die Annahme, dass die Werte der Inputgrößen schwanken können. Somit wird mittels der Sensitivitätsanalyse untersucht, ob und wie stark Veränderungen der Inputgrößen eine Auswirkung auf den Output, also das Ergebnis, einer vorteilhaften Investitionsmöglichkeit haben. Es wird also die Unsicherheit der Inputgrößen berücksichtigt. Die Sensitivitätsanalyse liefert dabei Antworten auf zwei zentrale Fragestellungen:

- Welcher der untersuchten Inputfaktoren hat einen besonders bedeutenden Einfluss auf den Output?
- Innerhalb welcher Schwankungsbreite dürfen sich die Inputfaktoren höchstens bewegen um keine negativen Auswirkungen auf die Vorteilhaftigkeit eines Projektes zu haben und dadurch eine zwingende Neubewertung des Projektes hervorzurufen?[87]

Übertragen auf die Projektentwicklung von Immobilien lassen sich diese Fragestellungen wie folgt umformulieren:

- Wie reagiert der Output (z. B. Rendite des Projektes) auf vorgegebene Veränderungen des Wertansatzes einer oder mehrerer Inputgrößen?
- Wie stark darf die Abweichung der Inputgröße/n (z. B. Kalkulationszins, Verkaufserlös) vom ursprünglich kalkulierten Wertansatz sein, ohne dass der Output festgelegte Zielwerte unter oder überschreitet?[88]

Die Durchführung der Sensitivitätsanalyse erfolgt stets ceteris-paribus, das bedeutet, dass unter sonst gleichen Bedingungen für das Projekt ein oder mehrere Inputfaktoren verändert werden um speziell dessen/deren Auswirkung auf das Projektergebnis untersuchen zu können. Als Verfahren der Risikoanalyse verfolgt sie, wie auch die anderen Methoden, das Ziel der Risikoerkundung um dieses anschließend minimieren oder bestenfalls eliminieren zu können und dadurch die Entscheidung für ein Projekt zu erleichtern oder zu bestätigen. Häufigen Einsatz findet diese Methode bei

---

[86] In Anlehnung an: ebenda
[87] Vgl. Wöhe, G. (2010), S. 563
[88] Vgl. Diederichs, C. J. (2006), S. 75

den Verfahren der dynamischen Investitionsrechnung, die an anderer Stelle bereits erläutert wurden. Diese berechneten die Vorteilhaftigkeit von Projekten unter der Annahme von Sicherheit. Durch die Sensitivitätsanalyse können die ermittelten Ergebnisse dann die Auswirkungen unsicherer Ereignisse ergänzend berücksichtigt werden indem die Rechnungen mit veränderten Wertansätzen wiederholt werden. Für die Sensitivitätsanalyse müssen also dieselben Annahmen gelten wie sie für die Investitionsrechnung getroffen wurden. Außerdem ist darauf zu achten, dass plausible und begründbare Variationen der Inputgrößen durchgeführt werden, um aussagekräftige Ergebnisse zu ermitteln. Insbesondere ist auf die Vollständigkeit der Variationen zu achten, damit wesentliche Aspekte nicht vernachlässigt werden.

Die Sensitivitätsanalyse bietet als einfaches und anschauliches Verfahren, das keiner völlig neuen Theorie unterliegt, eine Möglichkeit die Ergebnisse anderer Rechenmethoden durch Variation zu verfeinern. Werden die Berechnungen am PC durchgeführt, bietet sich die Möglichkeit unzählige Szenarien zu simulieren und so einen Blick in die Zukunft zu werfen. Diese Möglichkeit der Berechnung unzähliger Entwicklungsmöglichkeiten birgt allerdings auch die Gefahr, dass die Ergebnisse undurchsichtig werden und verwirren. Dem Nutzer sollte stets bewusst sein, dass es keine Sicherheit für das Eintreten einer berechneten Variation gibt. In der Praxis wird dieses Verfahren allerdings dennoch gerne angewendet, da durch computergestützte Rechnungen schnell und einfach ein Eindruck über die Entwicklungsmöglichkeiten und Auswirkungen bestimmter Risiken gewonnen werden kann.

Bei der Sensitivitätsanalyse lassen sich folgende drei Vorgehensweisen unterscheiden, die im Nachfolgenden kurz erläutert werden:

- Dreifachrechnung
- Zielgrößen-Änderungsrechnung und
- Das Verfahren der kritischen Werte

4.2.3.1 Die Dreifachrechnung

Bei dieser Methode werden drei Berechnungen für drei verschiedene Szenarien der zukünftigen Inputentwicklung durchgeführt. Für zwei Extremsituationen „best case" und „worst case" sowie für den Fall des Trendszenarios „base case". Mithilfe dieser Vorgehensweise lassen sich Erkenntnisse darüber gewinnen, wie sich ein Projekt im besten oder schlechtesten Fall entwickelt und welches Ergebnis unter „normalen Umständen" zu erwarten ist.

4.2.3.2 Die Zielgrößen-Änderungsrechnung

Die Zielgrößen-Änderungsrechnung geht der Frage nach, wie sich der Zielwert einer Investition ändert, wenn eine Rechengröße um einen bestimmten Prozentsatz, abweichend von ihrem wahrscheinlichsten Wert, verändert wird. Betrachtete Zielwerte können z. B. der Kapitalwert oder der interne Zinsfuß einer Investition sein. Nacheinander werden alle einzelnen Faktoren der Rechnung um den gewählten Prozentsatz nach oben und/oder unten verändert (z. B. die Zahlungsreihe, der Zinsfuß, der Restwert, etc.).[89]

Die Durchführung der Zielgrößen-Änderungsrechnung erfolgt in drei Schritten:

1. Berechnung der Zielgröße der wahrscheinlichsten Variante des Projektes (z. B. Kapitalwert)
2. Festlegung der Abweichung (z. B. 5 %)
3. Berechnung der neuen Zielgröße mit veränderten Inputfaktoren unter ceteris-paribus-Annahme

---

[89] Vgl. Ott, S. (2011), S. 170 ff.

Da die Veränderung einzelner Inputfaktoren teilweise enorme Auswirkungen auf das Ergebnis einer Investition haben kann, ist es, speziell auch für Immobilieninvestitionen, ratsam eine solche Berechnung durchzuführen um die Risiken besser einschätzen zu können. Der Nachteil des Verfahrens liegt in dem hohen Rechenaufwand, mit dem es verbunden ist. Oftmals erfolgt die Zielgrößen-Änderungsrechnung im Rahmen einer Due Diligence Prüfung.[90]

4.2.3.3 Das Verfahren der kritischen Werte

Bei der dritten Möglichkeit der Sensitivitätsanalyse werden die Inputfaktoren als kritische Werte bezeichnet, bei denen sich die Vorteilhaftigkeit ändert. Dies geschieht z. B. durch die Änderung des Vorzeichens beim Kapitalwert oder der Reihenfolge der Investitionsalternativen. Der Punkt, an dem die Investition vorteilhaft wird, das heißt die Summe der Erträge aus der Verlustzone austritt und in die Gewinnzone übergeht, wird als „Break-Even-Point" bezeichnet. Das Verfahren der kritischen Werte wird deshalb auch „Break-Even-Analyse" genannt. Damit soll ermittelt werden, wie anfällig eine Investitionsentscheidung auf Veränderungen der Umwelt reagiert.

Das Verfahren der kritischen Werte wird speziell bei der dynamischen Kapitalwertmethode angewandt. Als kritische Werte können dabei alle in die Kapitalwertformel einfließenden Faktoren analysiert werden (z. B. Zinssatz, Nutzungsdauer, Restwert, etc.). Die Berechnung erfolgt durch Nullsetzen der Kapitalwertformel und Auflösung nach dem gesuchten Inputfaktor. Kritische Werte können dabei immer einen Minimal- oder Maximalwert erreichen. So kann für Immobilienprojekte beispielsweise die Frage nach dem höchstmöglichen Kaufpreis, dem Mindestverkaufspreis oder der minimalen bzw. maximalen Laufzeit einer Investition beantwortet werden. Neben der Betrachtung des Break-Even-Points eines Projektes durch Veränderungen einzelner Inputfaktoren können durch das Verfahren der kritischen Werte auch zwei Alternativprojekte miteinander verglichen werden. Der kritische Wert ist dabei jener Wert, bei dem beide Investitionsalternativen gleich vorteilhaft sind.[91]

5 Risikoberechnung mittels der Wahrscheinlichkeitsrechnung

Allen Ausprägungen der Wirtschaftlichkeitsberechnung sind folgende Merkmale zu Grunde gelegt:
- Beurteilung einer Investition mit der höchsten Eintrittswahrscheinlichkeit
- Verfahren ist sehr praxisnah, leicht zu handhaben und basiert vielfach auf Erfahrungswerten (empirische Studien ergeben, dass immerhin 8 % der deutschen Unternehmen danach verfahren)
- Der Entscheider geht aufgrund der zuvor ermittelten Alternativen von der wahrscheinlichsten aus und variiert die Werte nach oben und unten.

---

[90] Vgl. ebenda, S. 174f.
[91] Vgl. Gondring, H./Wagner, T. (2012), S. 273 ff.

5.1 Binomialverteilung

Die Binomialverteilung ist eine der wichtigsten diskreten Wahrscheinlichkeitsverteilungen. Sie beschreibt den wahrscheinlichen Ausgang einer Folge von gleichartigen Versuchen, die jeweils nur zwei mögliche Ergebnisse haben.

5.1.1 Voraussetzungen zur Anwendung der Binomialverteilung

Die Ausprägung des Merkmalergebnisses muss zufällig sein, d.h. die Ausprägungen A oder B müssen voneinander unabhängig sein; hierbei wird auch von einem „Random Walk" (Zufallspfad) gesprochen, d.h. die Ereignisse sind unabhängig voneinander bzw. stehen in keinem funktionalem Zusammenhang zueinander. Der Stichprobenumfang n entspricht der Anzahl der Merkmalsergebnisse, d.h. sie sind auf n festgelegt und er muss komplett „durchgeprüft" werden, um die Anzahl x zu erhalten. Die Wahrscheinlichkeit p und folglich auch 1-p ist konstant.

5.1.2 Approximation

Ist eine Binomialverteilung mit n voneinander unabhängigen Stufen (bzw. Zufallsversuchen) mit einer Erfolgswahrscheinlichkeit p gegeben, so lässt sich die Wahrscheinlichkeit für x Erfolge wie folgt berechnen:

$$P(x \mid p,n) = \frac{n!}{x!(n-x)!} \cdot p^x \cdot (1-p)^{n-x}$$

n = Stichprobenumfang
x = Anzahl der Ausprägungen
p = konstante Erfolgswahrscheinlichkeit

Formel 26 – Erfolgswahrscheinlichkeit

Die Abb. V 25 veranschaulicht die Ergebnisse der Approximation. Es ist deutlich zu erkennen, dass der wahrscheinlichste Wert beim Ausprägungsmerkmal ca. 36,8 auftritt.

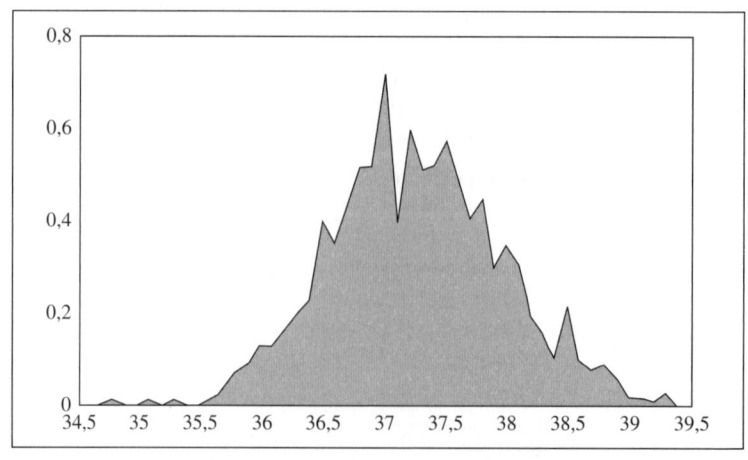

Abb. V 25: Grafische Darstellung der Approximation

5.1.3 Normalverteilung

Die Gauß- oder Normalverteilung (nach Carl Friedrich Gauß) ist eine geglättete Binomialverteilung (stetige Funktion) und damit eine kontinuierliche Wahrscheinlichkeitsverteilung. Ihre Wahrscheinlichkeitsdichte wird auch Gauß-Funktion, Gauß-Kurve, Gauß-Glocke oder Glockenkurve genannt. Sie ersetzt empirische Verteilungen ähnlicher Form, die sich üblicherweise beim Zusammenwirken mehrerer voneinander unabhängiger Faktoren ergeben, um die Wahrscheinlichkeit für das Auftreten bestimmter Werte angeben zu können. Geschwindigkeiten, Messfehler, Beobachtungsfehler etc. z. B. sind normalverteilt. Jede Normalverteilung allgemeiner Form mit den Werten N (μ, σ^2), wobei m für die Rendite steht und s für das dazugehörige Risiko, lässt sich in die standardisierte Normalverteilung N (0,1) umrechnen.[92]

Die Bedeutung beruht unter anderem auf dem zentralen Grenzwertsatz, der besagt, dass eine Summe von n unabhängigen, identisch verteilten Zufallsvariablen in der Grenze n gegen unendlich normal verteilt ist. Die Grenzverteilung kann nicht direkt beobachtet werden.

Jedoch verläuft die Annäherung mit wachsendem n sehr schnell, so dass schon die Verteilung einer Summe von 30 oder 40 unabhängigen, identisch verteilten Zufallsgrößen einer Normalverteilung recht ähnlich ist.

5.1.4 Allgemeine Normalverteilung

Die allgemeine Normalverteilung ist glockenförmig. Sie nähert sich asymptotisch der x-Achse an und ist symmetrisch. Ihr Maximum liegt beim arithmetischen Mittel

$$f(x) = \frac{1}{\sigma\sqrt{2\pi}} e^{-0,5(\frac{x-\mu}{\sigma})^2}$$

Formel 27 – Wahrscheinlichkeitsdichte als Funktion

$$F(x) = \frac{1}{\sigma \cdot \sqrt{2\pi}} \cdot \int_{-\infty}^{x} e^{-0,5(\frac{x-\mu}{\sigma})^2} dx$$

Formel 28 – Verteilungsfunktion als Fläche

Wie die Abb. V 26 zeigt, bestimmt die Funktion die Form und damit auch die einzelnen Werte auf der Linie, während die Verteilungsfunktion als Fläche den Flächeninhalt (hier dunkelgrau) definiert.

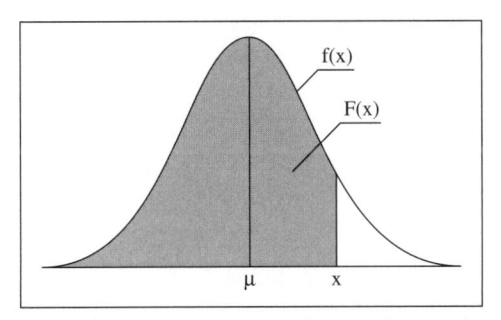

Abb. V 26: Grafische Darstellung der Verteilungsfunktion

---

[92] Vgl. Auckenthaler, C. (1994), S. 1234 f.

5.1.5 Standardnormalverteilung

Da sich das Integral der Verteilungsfunktion nicht auf eine elementare Stammfunktion zurückführen lässt, wurde für die Berechnung früher meist auf Tabellen zurückgegriffen; heutzutage sind entsprechende Zellenfunktionen in üblichen Tabellenkalkulationsprogrammen stets verfügbar. Tabellen wie Zellenfunktionen gelten aber in der Regel nicht für beliebige µ und s Werte, sondern nur für die Standardnormalverteilung, bei der µ = 0 und σ = 1 ist (entspricht einer 0-1-Normalverteilung oder normierten Normalverteilung). Die Tabellen sind für die Verteilungsfunktion der Standard-Normalverteilung F ausgelegt.

$$\Phi(z) = \frac{1}{\sqrt{2\pi}} \cdot \int_{-\infty}^{z} e^{-0,5 z^2} dz$$

Formel 29 – Verteilungsfunktion der Standard-Normalverteilung[93]

Der Graph der Wahrscheinlichkeitsdichte ist eine Gaußsche Glockenkurve, welche symmetrisch zum Wert von µ ist und deren Höhe und Breite von s abhängt. An der Stelle µ liegt dabei der Hochpunkt und an µ−σ und µ+σ befinden sich die Wendepunkte der Kurve. Die rechte Hälfte bildet die Chance ab (die durch Investition genutzt wird) und die andere Hälfte repräsentiert das dazu gehörige Risiko (vgl. Abb. V 27).

Abb. B I 27 zeigt die Dichtefunktion einer Standardnormalverteilung. Angegeben sind die Intervalle im Abstand von Standardabweichungen (1σ, 2σ, 3σ), auch Konfidenzintervalle genannt, vom Erwartungswert µ, die rund 68 %, 95,5 % und 99,7 % der Fläche unter der Kurve umfassen. Die gleichen Prozentsätze gelten für alle Normalverteilungen in Bezug auf die entsprechenden Erwartungswerte und Standardabweichungen.[94]

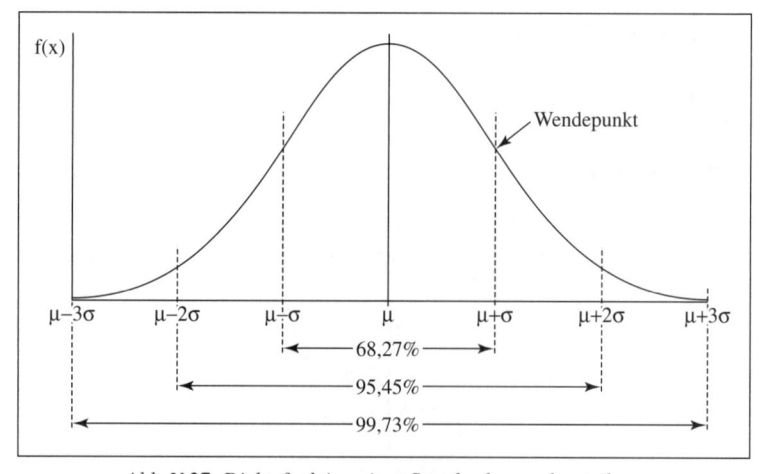

Abb. V 27: Dichtefunktion einer Standardnormalverteilung

---

[93] Vgl. Bohley, P. (2000), S. 154 f.
[94] Vgl. ebenda

5.1.6 Transformation zur Standardnormalverteilung

Ist eine Normalverteilung mit beliebigen µ und s gegeben, so kann diese durch eine Transformation auf eine 0-1-Normalverteilung zurückgeführt werden. Dazu wird F(x) der allgemeinen Normalverteilung substituiert und die Integralgrenzen angepasst:

$$u = \frac{z-\mu}{\sigma}$$

Formel 30 – Z-Transformation

$$F(x) = \frac{1}{\sigma \cdot \sqrt{2\pi}} \cdot \int_{-\infty}^{x} e^{-0,5(\frac{z-\mu}{\sigma})^2} dt = \frac{1}{\sigma \cdot \sqrt{2\pi}} \cdot \int_{\frac{-\infty-\mu}{\sigma}}^{\frac{x-\mu}{\sigma}} e^{-0,5u^2} du * \sigma$$

$$= \frac{1}{\sqrt{2\pi}} \cdot \int_{-\infty}^{\frac{x-\mu}{\sigma}} e^{-0,5u^2} du = \Phi\left(\frac{x-\mu}{\sigma}\right)$$

Formel 31 – Integralberechnung

Wird **u** durch **z** ersetzt, ergibt dies die Verteilungsfunktion der Standard-Normalverteilung entsprechend der Formel 29.

Geometrisch betrachtet entspricht die durchgeführte Substitution einer flächentreuen Transformation der Glockenkurve von N(µ;σ) zur Glockenkurve von N(0;1). Das Grundprinzip der standardisierten Normalverteilung ist, dass die Wahrscheinlichkeit, dass Werte kleiner gleich z vorkommen, gleich der Fläche Φ(z) ist.

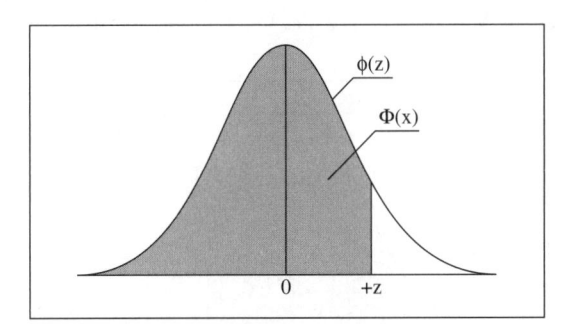

Abb. V 28: Grafische Darstellung der Standardnormalverteilung

5.1.7 Spezielle Werte der standardisierten Normalverteilung

Die gesamte Fläche Φ(z) ist immer gleich „1", d.h. die Wahrscheinlichkeit für z = ¥ ist 100 %. Aufgrund der Symmetrie ist die Fläche Φ(z) bei z = 0 gleich 0,5, d.h. die Wahrscheinlichkeit für z = 0 ist 50 %. Aufgrund der ersten Bedingung und der Symmetrie ist die Fläche Φ(–z) = 1–Φ(z). Für ein symmetrisches Intervall um z = 0 ist die Fläche Φ(z) – Φ(–z) und wird als D(z) bezeichnet; sie kennzeichnet die Wahrscheinlichkeit für das Vorkommen von Werten zwischen –z und +z.

Die gebräuchlichsten Werte bzw. Flächen für die Aussage von Wahrscheinlichkeiten können in der Abb. V 29 abgelesen werden.

Bereich		Fläche
von	bis	in %
µ − 1,00 σ	µ + 1,00 σ	68,27
µ − 2,00 σ	µ + 2,00 σ	95,45
µ − 3,00 σ	µ + 3,00 σ	99,73
µ − 1,96 σ	µ + 1,96 σ	95
µ − 2,58 σ	µ + 2,58 σ	99
µ − 3,29 σ	µ + 3,29 σ	99,9

Abb. V 29: Übersicht der gebräuchlichsten Werte

5.1.8 Tabellen zur Normalverteilung

Die Tabellen der standardisierten Normalverteilung dienen dazu, die von z abhängigen Flächenwerte – und damit die Wahrscheinlichkeiten der z-Werte – unmittelbar ablesen zu können, statt sie nach einer Formel errechnen zu müssen.

$$D(z) = \varphi(+z) - \varphi(-z) = p(-z < Z \leq +z)$$

Formel 32 – zentrale Fläche D(z)

Das Ergebnis der Formel beschreibt die Größe der Fläche unter der Kurve. Sie entspricht der Wahrscheinlichkeit, dass Z einen Wert zwischen −z und +z annimmt, also dem wahrscheinlichsten Wert.

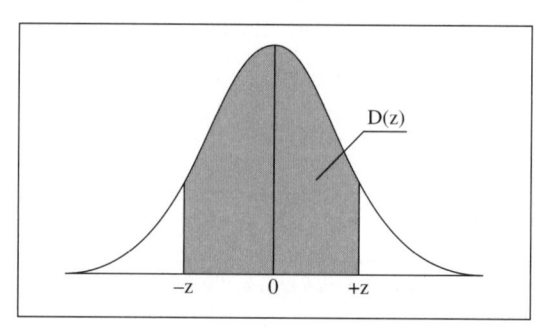

Abb. V 30: Grafische Darstellung der Fläche D(z)

Abb. V 30 zeigt das Konfidenzintervall zwischen −z und +z. Die Eintrittswahrscheinlichkeit für die Aussage „in 10 Jahren werden wir 8 % erreichen" ist gleich Null, da die Fläche gleich Null ist. Renditeaussagen können nach wahrscheinlichkeitstheoretischen Aspekten nur in Intervallen angegeben werden. Z. B.: „Die Rendite wird zwischen 6,5 % und 9 % liegen".

In der Immobilienpraxis sollte in Fondprospekten, in Developer-Rechnungen und in anderen Aussagen über zukünftige Renditen auf die Angabe eines Punktwertes verzichtet werden, da seine Eintrittswahrscheinlichkeit gleich Null ist. Würde er sich bei einer ex-post Betrachtung tatsächlich ermitteln lassen, wäre das ein reiner Zufall.

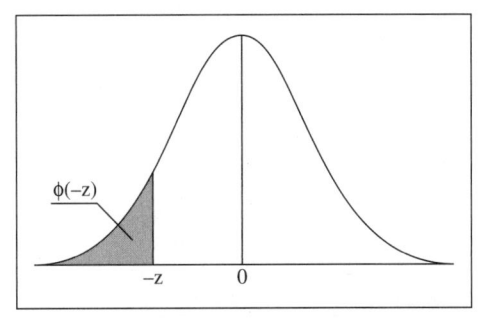

Abb. V 31: Grafische Darstellung der Werte der Verteilungsfunktion Φ(–z)

$\Phi(-z) = p(Z \leq -z)$

Formel 33 – Verteilungsfunktion Φ(–z)

Diese Fläche wird auch als Restrisiko bezeichnet.

$\Phi(+z) = p(Z \leq +z)$

Formel 34 – Verteilungsfunktion Φ(+z)

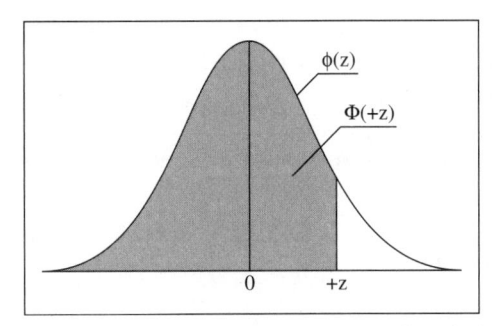

Abb. V 32: Grafische Darstellung der Werte der Verteilungsfunktion Φ(+z)

Die dunkelgraue Fläche entspricht der Wahrscheinlichkeit, dass Z einen Wert kleiner +z annimmt.

5.1.9 Beispiel

Ein Investor möchte i.d.R. den Value-at-Risk (z.B. zur Bestimmung von Risikolimits) kennen. Value-at-Risk drückt den maximalen Verlust aus, den eine einzelne Immobilieninvestition bei einer bestimmten Marktentwicklung innerhalb einer bestimmten Periode mit einer vorgegebenen Wahrscheinlichkeit (z.B. 99%) erleiden kann. Die Standardabweichung ermittelt sich aus den beobachteten Schwankungen um eine Zielgröße bzw. Mittelwert. Sie wird auch als die Volatilität bezeichnet.

Der α-Wert unterstellt, dass der Mittelwert gleich Null ist und der Marktwert gleich eins ist, so dass das Konfidenzintervall als einziger Wert ausgedrückt werden kann, z.B. 95% (W) = 1,65 oder 99% (W) = 2,33.

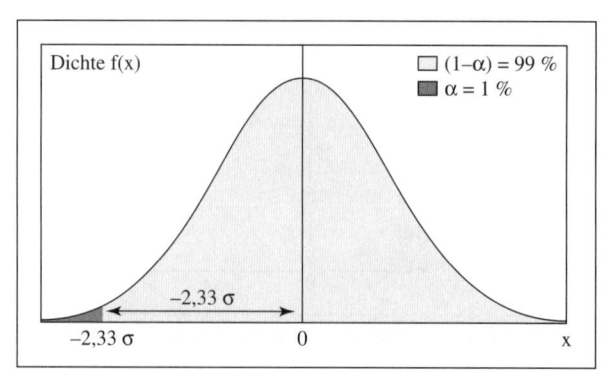

Abb. V 33: Grafische Darstellung der Volatilität

Die Abb. V 33 liest sich wie folgt: Aus dem empirischen Zahlenmaterial wird die Standardabweichung (s) ermittelt; in der Praxis ist es üblich, dass der Zielkorridor verdoppelt oder verdreifacht wird (2- und 3 Sigma-Fall), auch Konfidenzintervall genannt. Interessant sind nur die Abweichungen im ungünstigsten Fall (Risiko). Auf Basis der Normalverteilung ergeben sich die Werte wie in Abb. V 34.

Ein-Sigma-Fall:	68,24 % (Wahrscheinlichkeit)
Zwei-Sigma-Fall:	95,44 % (Wahrscheinlichkeit)
Drei-Sigma-Fall:	99,74 % (Wahrscheinlichkeit)

Abb. V 34: Wahrscheinlichkeitswerte Ein- bis Drei-Sigma

Das Investment beträgt in diesem Beispiel 100.000.000 €, die Rendite soll bei 10 % liegen und die Standardabweichung beträgt 4,8 %.

Rechnung:

Volatilität in % vom Investitionsbetrag:

4,8 % von 100 Mio. € = 4,8 Mio. € (Unterschreitung der erwarteten 10 % bei einer Wahrscheinlichkeit von 68,24 %) = Ein-Sigma-Fall

Zwei-Sigma-Fall: 2 x 4,8 = 9,6 %; Maximaler Verlust: 9, 6 Mio. €, d. h. die Performance liegt bei einer Wahrscheinlichkeit von 95,44 % zwischen 100,4 und 119,6 Mio. €, also mit einer Performance zwischen +0,4 % und +19,6 %. Mit anderen Worten: Damit würde sich das Risikopotential (Abweichung vom Erwartungswert: 110 Mio. €) mit einer Restwahrscheinlichkeit von 4,55 % auf ein Volumen von 9,6 Mio. € beschränken.

Performance:

95,6 Mio. € bis 124,4 Mio. € bei einer Wahrscheinlichkeit von 99,74 %, d. h. –4,4 % bis +24,4 % bei einem Restrisiko von insgesamt 14,4 Mio. € mit einer Wahrscheinlichkeit von 0,13 % (100–99,74 = 0,26)

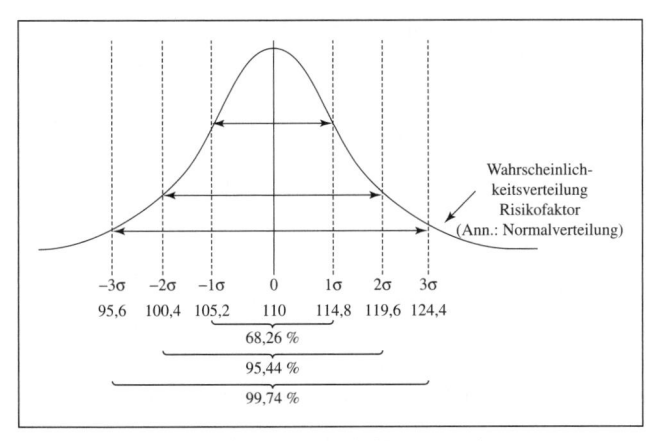

Abb. V 35: Wahrscheinlichkeitsverteilung

5.2 Das Bernoulli-Prinzip

Bereits 1738 formulierte der Schweizer Mathematiker Daniel Bernoulli in seinem „Versuch einer neuen Theorie der Wertbestimmung von Glücksfällen" das so genannte Bernoulli-Prinzip: „Wähle diejenige Handlungsalternative, für die der Erwartungswert des Risikonutzens sein Maximum erreicht!" Dies wird mittels einer Entscheidungsmatrix bestimmt, in der die einzelnen Szenarien mit ihren Eintrittswahrscheinlichkeiten abgebildet werden.

Bei Anwendung des Bernoulli-Prinzips müssen die Ergebnisse zunächst mit Hilfe einer Risikonutzenfunktion in Nutzenwerte umgewandelt werden. Die individuelle Risikonutzenfunktion steht dabei für einen risikoscheuen Entscheider (Risikoaversion), wenn die Funktion konkav ist, und für einen risikofreudigen Entscheider, wenn die Funktion konvex ist. Es ist aber auch möglich,

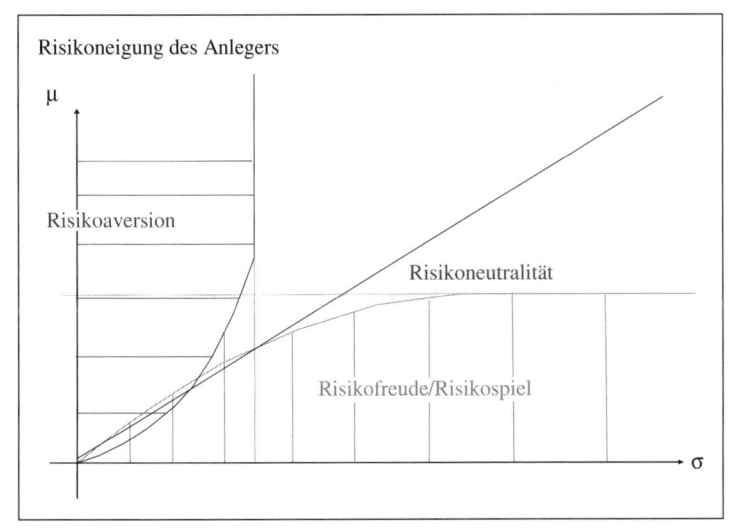

Abb. V 36: Risikonutzenfunktion

dass die Risikonutzenfunktion konkave und konvexe Bereiche aufweist, z. B. dann, wenn Personen einerseits in der Lotterie spielen (Risikofreude = konvex), aber auch Versicherungen abschließen (Risikovermeidung = konkav).

5.3 Die µ-σ-Regel

In der µ-σ-Regel findet die Risikoeinstellung des Entscheiders dadurch Berücksichtigung, dass auch die Standardabweichung einbezogen wird. Bei risikoneutralen Entscheidern entspricht sie der Bayes-Regel. Hierbei orientiert sich der Entscheider nur nach den Erwartungswerten. Bei risikoaversen (risikoscheuen) Entscheidern sinkt die Attraktivität einer Alternative mit zunehmender Standardabweichung. Bei risikofreudigen Entscheidern hingegen steigt die Attraktivität.

$$\phi(\mu,\sigma) = \mu - \alpha \cdot \sigma$$

Formel 35 – µ-σ-Regel

Der Werte der Variablen α lässt sich wie folgt interpretieren: Ist α kleiner Null gilt: der Entscheider ist risikofreudig, eine Alternative mit einem höheren σ wird einer Alternative mit gleichem Erwartungswert µ, aber niedrigerem σ vorgezogen. Ist α größer Null gilt; der Entscheider ist risikoavers, eine Alternative mit niedrigerem σ wird einer Alternative mit gleichem Erwartungswert, aber höherem σ vorgezogen. Und ist α gleich Null, dann ist der Entscheider risikoneutral, die Standardabweichung σ hat keinen Einfluss auf die Bewertung der Alternativen.

Szenario	S1	S2	S3	S4
Eintrittswahrscheinlichkeit	0,3	0,4	0,1	0,2
Rendite Anlage 1	3 %	15 %	20 %	12 %
Rendite Anlage 2	10 %	12 %	8 %	5 %

Abb. V 37: Entscheidungsmatrix

Als Voraussetzung für die Anwendung der µ-σ-Regel gelten n zukünftige Renditen oder eine quadratische Nutzenfunktion.

5.4 Ansätze für eine Risikopolitik

Das Gesamtrisiko unter einer Verteilungskurve wird, wie die Abb. V 38 zeigt, in drei Bereiche eingeteilt.

Erwartetes Risiko

Diese Risiken werden aufgrund der Wahrscheinlichkeitsrechnung ermittelt und werden eingepreist (Risikoadjustierung erfolgt über die Rendite).[95]

---

[95] Vgl. Bohley, P. (2000), S. 154 f.

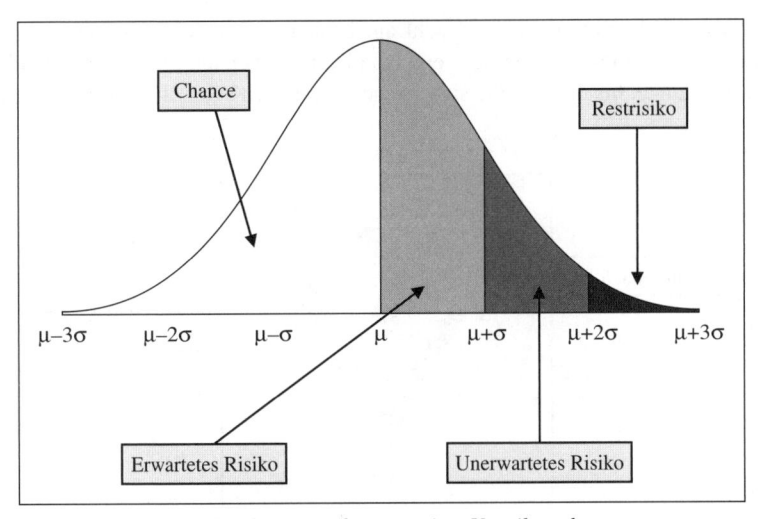

Abb. V 38: Gesamtrisiko unter einer Verteilungskurve

Unerwartetes Risiko

Diese sind latent vorhandene Risiken und lassen sich aus der Flächengleichung ableiten. Fläche des unerwarteten Risikos in % = 100 % – erwartetes Risiko + Restrisiko. Wenn für einen Wert x eine Eintrittswahrscheinlichkeit von 80 % ermittelt wird, muss das Risiko des Nicht-Eintretens bei maximal 20 % liegen. Für dieses Risiko sind z.B. Rücklagen oder Liquiditätsreserven zu bilden.

Restrisiko

Werden in der Regel auf der Basis von z.B. der Monte-Carlo-Methode aus dem Value-at-Risk ermittelt. Diese Risiken liegen zwischen 0 % und 3 %. Diese werden versichert. Z.B. deckt die Gebäudebrandversicherung das Restrisiko eines Untergangs der Immobilie durch Feuer ab.

6 Portfoliomanagement

6.1 Portfoliomanagement in der Immobilienwirtschaft

Es gibt eine Vielzahl an unterschiedlichen Anlageformen. Neben den klassischen Geldanlage-Instrumenten Sparbuch, Sparbrief und den fest-verzinslichen Wertpapieren haben sich in den letzten Jahren in Deutschland auch Aktien, Investmentfonds, Optionsscheine, Zertifikate und Immobilien bei einem breiten Publikum durchgesetzt.

All diese Anlageformen unterscheiden sich jedoch, zum Teil sehr erheblich, in Bezug auf die Rendite, das Risiko und die Liquidität. Rendite und Risiko sind wie die beiden Seiten ein und derselben Münze. Ist das Rendite-Risiko-Verhältnis ausgeglichen (immer dann, wenn das Risiko zu 100 % eingepreist ist), ergibt sich auch eine ausgeglichene Marktliquidität.

Erkennbar ist dies an einem Beispiel: Fordert der Markt eine EK-Rendite von 12 % für eine Immobilieninvestition, diese erwirtschaftet aber nur 5 %, dann ist die Liquidität gleich Null, da eine Transaktion nicht zustande kommt und keine Nachfrage besteht. Folglich ist der Wert ebenfalls gleich Null. Fällt der Preis für diese Immobilie, steigt bei gleich bleibenden Erträgen die Rendite wieder. Der Preis fällt so lange, bis die Rendite sich der geforderten EK-Rendite von 12 % angleicht.

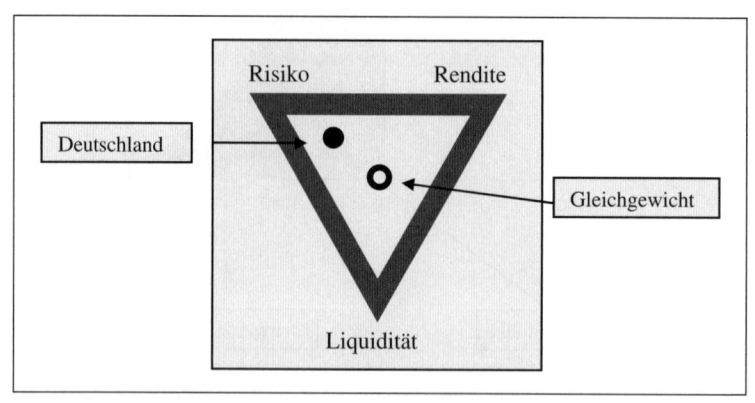

Abb. V 39: Das magische Dreieck der Investitionsziele[96]

Deutschland befindet sich derzeit ungefähr dort, wo der Punkt zu sehen ist. Hohes Risiko im Verhältnis zu niedrigen Renditen hat eine geringe Liquidität im Markt zur Folge.

Prinzipiell gilt: Je höher die Verfügbarkeit einer Anlageform bzw. je höher die Sicherheit einer Anlageform, umso niedriger ist auch die dabei zu erwartende Rendite. Erwartungswert, Risiko und Nutzen sind auch Begriffe, mit denen sich Harry M. Markowitz in den 50er Jahren des 20. Jahrhunderts intensiv beschäftigt hat. Mit seiner Portfolio Selection Theory hat er die Grundlage für eine neue Forschungsdisziplin geschaffen, die sich mit der Anwendung mathematisch-statistischer Prinzipen zur Portfoliooptimierung beschäftigt. Markowitz gelang es, den wissenschaftlichen Nachweis über die positive Auswirkung von Diversifikation, d.h. die Streuung der angelegten Gelder über mehrere Anlageobjekte, auf das Risiko des Gesamtportfolios zu erbringen. Dies ist eine Grundregel, die heute jeder Investor und Anlageberater als selbstverständlich erachtet. 1990 erhielt Markowitz für seine Forschung auf dem Gebiet der Investmenttheorie den Nobelpreis für Wirtschaftswissenschaften.[97]

Als eine strategisch ausgerichtete Managementdisziplin beschreibt das Portfoliomanagement in der Immobilienwirtschaft einen komplexen, kontinuierlichen und systematischen Prozess der Analyse, Planung, Steuerung und Kontrolle von Immobilienbeständen. Dieser soll die Transparenz für den Immobilieneigentümer bzw. -investor erhöhen, um eine Balance zwischen Erträgen und den damit verbundenen Risiken von Immobilienanlage- und Managemententscheidungen für das gesamte Immobilienportfolio herzustellen.[98]

Grundgedanke der klassischen Portfoliotheorie ist die Diversifikation, also die Verringerung des Risikos durch Streuung des Vermögens über mehrere Anlageobjekte, deren Renditen sich bei Eintritt eines Marktzustandes unterschiedlich entwickeln. Durch den Einsatz geeigneter Instrumente soll entsprechend dem magischen Dreieck eine Optimierung der investorenspezifischen Performance, also dem Rendite-Risiko-Verhältnis erfolgen. Insbesondere bei Immobilienanlagen sollte auch die

---

[96] Maier, K. M. (1999), S. 4
[97] Vgl. Eagle, B./Hudson-Wilson, S. (1994), S. 13
[98] Vgl. Wellner, K. (2003), S. 35

Liquidität ausreichend Berücksichtigung finden, da sie für einzelne Anlageobjekte maßgeblich für die Rendite verantwortlich ist. Die Heterogenität von Immobilien-Teilmärkten und auch der Immobilien selbst kann dazu führen, dass die Liquidität erheblich eingeschränkt ist, wodurch das Risiko deutlich ansteigt. Dies ist insbesondere auf unattraktiven Märkten von Bedeutung, die z. B. eine extrem ländliche Prägung haben und infrastrukturell schlecht erschlossen sind. Bedingt durch die Urbanisierung[99] kann es hier aufgrund der geringen Nachfrage zu erheblichen Verzögerungen beim Verkauf und dadurch auch zu erheblichen Preisabschlägen kommen. Aufgrund der schweren Messbarkeit der Liquidität wird davon ausgegangen, dass diese bereits in der Rendite und ceteris paribus dem Risiko einer Investition eingepreist ist, weshalb eine separate Betrachtung nicht erfolgt.[100]

6.2 Gesamtportfoliosteuerung

Der Blickwinkel des Portfoliomanagements richtet sich nicht auf einzelne Objekte bzw. Teilportfolien. Um die Vorgaben des Investors zu erfüllen ist zwingend eine Gesamtansicht notwendig. „Ein Portfolio ist eine gedankliche Zusammenfassung der Kapitalanlagen und Vermögensteile einer Person, eines Haushalts oder einer Institution zum Zweck der rechnerischen Zusammenfassung, Darstellung und Kontrolle finanzieller Eigenschaften des Portfolios und seiner Komponenten, vor allem der Werte, der Rendite, der Exponiertheit (Exposure) gegenüber Risiken sowie der Liquidität. Die vom Investor gewünschten Merkmale Sicherheit, Rendite und Liquidität sollen durch das Portfolio insgesamt zustande kommen".[101]

Unbestritten ist allerdings, dass es zur Erreichung der Gesamtziele auch einer Steuerung auf Objekt bzw. Teilportfolioebene bedarf. Schließlich muss der Portfoliomanager die Wirkung einzelner Assets auf das Gesamtportfolio beurteilen und passende Strategien entwickeln. Die nachfolgend vorgestellten Verfahren bilden die theoretische Basis zur Steuerung eines Portfolios. Dazu werden zunächst die quantitativen Methoden aus der Finanztheorie vorgestellt und anschließend die qualitativen Methoden aus der Unternehmensberatung.

6.2.1 Quantitativer Ansatz – Asset Allocation

Als Asset-Allocation wird die systematische Reduzierung des Anlagerisikos durch Verteilung des Vermögens auf verschiedene Anlagen bezeichnet. Basis der Asset Allocation bilden die Moderne Portfoliotheorie (Portfolio Selection) von Markowitz und das Capital Asset Pricing Model (CAPM). Wie alle Modelle beruht auch die Asset Allocation auf verschiedenen modelltheoretischen Annahmen:[102]

- vollkommener Kapitalmarkt, also freier Kapitalverkehr ohne Transaktionskosten, Steuern und andere Kapitalmarktbeschränkungen
- Beliebige Teilbarkeit der Wertpapiere, d. h. auch ein Hundertstel einer Aktie kann gekauft werden
- Marktteilnehmer sind risikoscheue und rational handelnde µ-σ Optimierer (Rendite-Risiko Optimierer)

---

[99] Tendenz der Menschen, die Stadt als Wohnort gegenüber ländlichen Gegenden vorzuziehen (Stadtflucht).
[100] Vgl. Bruns, C./Meyer-Bullerdiek, F. (2008), S. 1–5
[101] Spremann, K. (2006), S. 5
[102] Vgl. Wöhe, G (2010), S. 684 f.

- Planungshorizont beträgt genau eine Periode
- Normalverteilung der Renditen
- Menschenbild des homo oeconomicus, rational handelnder Nutzenmaximierer

Die Portfoliotheorie beschäftigt sich hierbei mit der Frage, wie effiziente Portfolios gebildet werden können. Ein effizientes Portfolio zeichnet sich durch ein optimales Rendite-Risiko-Verhältnis aus. Optimal ist das Rendite-Risiko-Verhältnis, wenn es kein Portfolio gibt, welches bei gleichem Risiko eine bessere Rendite generiert. Möglich wird das, wenn die erwarteten Renditen der einzelnen Assets im Portfolio unterschiedliche Korrelationen aufweisen, sich also bei Eintritt eines Umweltzustandes unterschiedlich entwickeln. Das Risiko eines Portfolios besteht damit aus den Risiken der Einzelpositionen und den durch Korrelation entstehenden risikoreduzierenden Wechselwirkungen.[103] Anhand des nachfolgenden Beispiels soll dies verdeutlicht werden:

Ein Investor hält Aktien eines Regenschirmproduzenten und eines Sonnencremeherstellers. Es gibt verschiedene Umweltzustände mit identischen Eintrittswahrscheinlichkeiten ($p_j = 1/3$). In diesem einfachen Fall sind das Wetterlagen.

Wetterlage Unternehmen	Gut ($p_1 = 1/3$)	Mittel ($p_2 = 1/3$)	Schlecht ($p_3 = 1/3$)	Ø μ
μ Sonnencremehersteller	17%	10%	3%	10%
μ Regenschirmhersteller	4%	10%	16%	10%

Abb. V 40: Beispiel zu risikoreduzierender Wechselwirkung zwischen Assets

Hält der Investor lediglich Aktien eines der beiden Unternehmen können die Renditen je nach Wetterlage extrem schwanken. Die erwartete durchschnittliche Rendite beträgt hier in beiden Fällen zehn Prozent. Die Anlagen sind jedoch nicht 100% korrelierend, sondern entwickeln sich fast entgegengesetzt. Dadurch kann das Risiko der Wetterlage, bei gleichbleibender Rendite nahezu vollständig ausgeschaltet werden. Der Investor kann sein Portfolio somit aus 40% Aktien des Sonnencremeherstellers und 60% Aktien des Regenschirmherstellers bilden. Die erwartete Rendite beträgt damit weiterhin 10%. Das Risiko einer Abweichung nimmt aufgrund der Streuung des Anlagebetrages in die gegenläufig korrelierenden Unternehmen jedoch deutlich ab.

Die wesentlichen Parameter der Asset Allocation sind demzufolge der Erwartungswert der Renditen, die Varianz, die Kovarianz und die Korrelation, welche nachfolgend näher erläutert werden.

6.2.1.1 Erwartete Rendite des Portfolios

Die Berechnung der erwarteten Rendite des Portfolios erfolgt als gewichtetes, arithmetisches Mittel der Renditen der einzelnen Anlageobjekte.[104] Der Ertrag der einzelnen Anlageobjekte ist dabei nach den bekannten, geeigneten Verfahren zu ermitteln. Geeignete und anerkannte Verfahren zur Ermittlung der Rendite von Immobilien sind zum Beispiel das Discounted-Cashflow-Verfahren (DCF), die vollständige Finanzplanung (VoFi) oder der interne Zinsfuß.

---

[103] Vgl. Markowitz, H. M. (2008), S. 4f.
[104] Vgl. Berk, J./DeMarzo, P. (2011), S. 372f.

$$\mu_P = \sum_{i=1}^{n} x_i \cdot \mu_i$$

Formel 36 – Erwartete Rendite

x_i = Portfolioanteil des Wertpapiers i

μ_i = Rendite des Wertpapiers i

μ_P = erwartete Portfoliorendite

n = Anzahl der Szenarien

Die erwartete Rendite des Gesamtportfolios ergibt sich somit aus der Summe der gewichteten Einzelrenditen des Portfolios. Die oben genannte Formel soll nachfolgend an einem Beispiel verdeutlicht werden.

Umweltzustand		Aktie $\tilde{r}_i$		Portfolio $\tilde{r}_P$		
j = Umweltzustand	p_j = Eintrittswahrscheinlichkeit	$\tilde{r}$ = Rendite	$\tilde{r}$ = Rendite	$x_1 = \frac{1}{2}$ $x_2 = \frac{1}{2}$	$x_1 = \frac{2}{3}$ $x_2 = \frac{1}{3}$	$x_1 = \frac{3}{4}$ $x_2 = \frac{1}{4}$
1	0,25	–4 %	0 %	–2 %	–2 ⅔ %	–3 %
2	0,25	3 %	–8 %	–2,5 %	–⅔ %	¼ %
3	0,25	8 %	18 %	13 %	11 ⅓ %	10 ½ %
4	0,25	13 %	14 %	13,5 %	13 ⅓ %	13 ¼ %
μ		5 %	6 %	5,5 %	5,33 %	5,25 %

Abb. V 41: Beispiel zur Portfoliorendite

Die erwartete Portfoliorendite schwankt bei diesem beispielhaften Portfolio zwischen 5,25 % und 5,5 %.

6.2.1.2 Normalverteilung der Renditen

Die Normalverteilung der Renditen ist eine Grundannahme der modernen Portfoliotheorie. Sie bietet die Möglichkeit Realisierungswahrscheinlichkeiten anzugeben, mit der einzelne Merkmalsausprägungen innerhalb bestimmter Intervalle zu erwarten sind. Sie ist Voraussetzung dafür, dass die Standardabweichung als Risikomaß verwendet werden kann.[105] Die Normalverteilung lässt sich durch Umformung in die normierte Standardnormalverteilung transformieren. Aufgrund der Normierung der Standardnormalverteilung lassen sich aus ihren Daten die Flächen für jede Normalverteilung berechnen. Die Wahrscheinlichkeitsverteilung lässt sich in einer Dichtefunktion darstellen, welche sich wiederum in eine Verteilungsfunktion überführen lässt. Dieser Vorgang wurde bereits im hervorgehenden Kapitel aufgezeigt, weshalb auf eine detaillierte Ausführung an dieser Stelle verzichtet wird.

---

[105] Vgl. Wellner, K. (2003), S. 88 f.

6.2.1.3 Risikodiversifikation

Als Risikodiversifikation wird der Effekt bezeichnet, der entsteht, wenn zwei oder mehr Assets miteinander kombiniert werden. Kern des Markowitz-Modells ist die Bestimmung des individuellen optimalen Mischungsverhältnisses zweier Anlagen durch mathematische Herleitung, **bevor** diese für das Portfolio gekauft werden.[106] Eine andere Anwendungsmöglichkeit ist die Überprüfung einer möglichen Portfolioumschichtung, also die Kontrolle der Gewichtung zweier Immobilien, die sich bereits in einem Portfolio befinden. In diesem Zusammenhang wird auch von naiver Diversifikation, d. h. das bestehende Mischungsverhältnis ist nicht aufgrund einer Kalkulation, sondern mehr oder weniger zufällig (naiv) zustande gekommen.

Je gegenläufiger sich die Renditen der einzelnen Assets entwickeln, desto besser lässt sich das Risiko diversifizieren bzw. desto höher der Diversifikationseffekt eines Portfolio. An dieser Stelle ist zu erwähnen, dass in der Kapitalmarkttheorie zwischen zwei Arten von Risiken zu unterscheiden ist. Das Gesamtrisiko einer Anlage wird in unsystematisches und systematisches Risiko aufgeteilt.

Unsystematisches Risiko	Systematisches Risiko
• Mikroökonomisches, einzelwirtschaftliches Risiko	• Makroökonomisches, marktbezogenes Gesamtrisiko
• Operating Leverage Risk	• Konjunkturentwicklung, Branchenentwicklung, Rechts- und Steuergesetzgebung
• Financial Leverage Risk	
• Diversifizierbares Risiko	• Nicht diversifizierbares Risiko

Abb. V 42: Risikoübersicht

Das unsystematische Risiko beschreibt hierbei das unternehmensspezifische Risiko, welches sich durch Diversifikation theoretisch vollkommen eliminieren lässt. Das systematische Risiko beschreibt hingegen den Teil des Gesamtrisikos, der sich aus der Kapitalanlagegruppe bzw. dem Markt aufgrund von Zinssatzänderungen, politischen Ereignissen etc. ergibt und durch Diversifikation nicht zu eliminieren ist.[107]

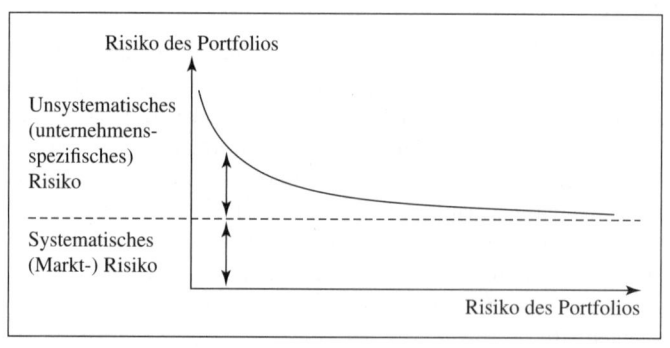

Abb. V 43: Systematisches und unsystematisches Risiko[108]

---

[106] Vgl. Hielscher, U. (1999), S. 58
[107] Vgl. Wellner, K. (2003), S. 104 f.
[108] Hielscher, U. (1999), S. 60

Auf die Immobilienwirtschaft bezogen wäre das systematische Risiko die Lage der Konjunktur, die Gesetzgebung, z. B. Mietrecht, Baurecht und Steuervergünstigungen. Das unsystematische Risiko liegt hier im Objekt selbst.

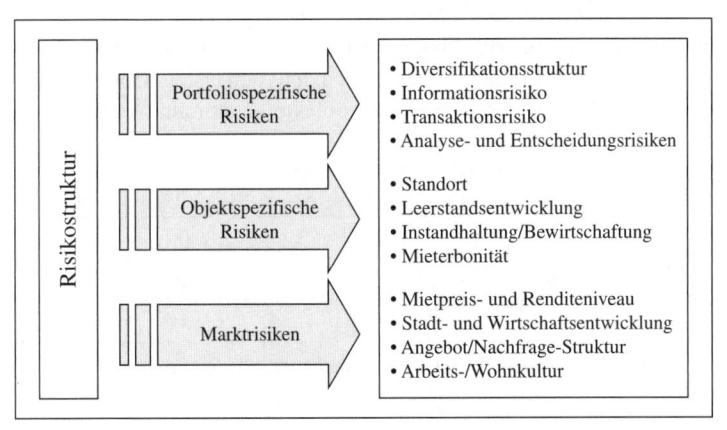

Abb. V 44: Risikostruktur eines Immobilienportfolios

Ausschlaggebend sind die Vermietungsquote, Bewirtschaftungskosten, Modernisierungs- und Renovierungsstau. Diese Risiken lassen sich jedoch durch Diversifikation deutlich schmälern.

6.2.1.4 Standardabweichung und Varianz

Risiko wird über die Standardabweichung bzw. die Varianz gemessen. Oft wird es auch als Volatilität bezeichnet. Sie drückt aus, in welchem Maße die Renditen um ihren Mittelwert schwanken. Sie stellt somit ein intuitiv nachvollziehbares Maß für die Streuung dar.[109]

Die Standardabweichung berechnet sich wie folgt:

$$\sigma_i = \sqrt{\sum_j p_j \cdot (r_{ij} - \mu_{ij})^2}$$

Formel 37 – Standardabweichung

p_j = Wahrscheinlichkeit für das Eintreten des Zustandes j
r_j = erwartete Rendite der Aktie i im Zustand j
μ = Zielrendite für das gesamte Portfolio

Die quadrierte Standardabweichung σ^2 wird als Varianz bezeichnet. Sie entspricht somit der durchschnittlichen quadratischen Abweichung der Rendite von deren Erwartungswert. Durch Quadrieren werden Negativwerte vermieden. Zudem fallen dabei hohe Abweichungen stärker ins Gewicht, da sie exponentiell wachsen. Im Umkehrschluss werden die geringen Abweichungen noch kleiner. Je kleiner die Varianz, desto kleiner das Risiko. Die Varianz nimmt den Wert Null genau dann an, wenn die möglichen Werte der betrachteten Zufallsvariablen identisch sind, also keine Streuung besitzen.[110]

---

[109] Vgl. Dichtl, H./Petersmeier, K./Poddig, T. (2008), S. 48 f.
[110] Vgl. Markowitz, H. (2008), S. 86

$Var\ X = \sigma^2 = \sum p_j \cdot (x_{ij} - \mu_{ij})^2$

Formel 38 – Varianz

Um komplizierte Wurzelrechnungen zu vermeiden, wird in der Praxis die Varianz der Standardabweichung vorgezogen. Die Wurzel wird erst zum Schluss gezogen.

Nachstehend ist ein Beispiel zur Berechnung der Standardabweichung bzw. der Varianz eines Portfolios zu finden. Um diese Größen zu bestimmen, muss im ersten Schritt zunächst der Erwartungswert – also die Rendite der einzelnen Anlageobjekte – bestimmt werden.

	S1	S2	S3	S4
p	0,3	0,4	0,1	0,2
Aktie 1	3 %	15 %	20 %	12 %
Aktie 2	10 %	12 %	8 %	5 %

Abb. V 45: Beispielangaben zur Berechnung der Standardabweichung

$$r_1 = \mu_1 = (3*0,3) + (15*0,4) + (20*0,1) + (12*0,2) = 11,3\ \%$$
$$r_2 = \mu_2 = (10*0,3) + (12*0,4) + (8*0,1) + (5*0,2) = 9,1\ \%$$

Abb. V 46: Berechnung der Rendite der einzelnen Anlageobjekte

Im zweiten Schritt können die Varianz und schließlich die Standardabweichung der einzelnen Anlageobjekte bestimmt werden.

$$\sigma_1^2 = (3-11,3)^2 * 0,3 + (15-11,3)^2 * 0,4 + (20-11,3)^2 * 0,1 + (12-11,3)^2 * 0,2 = 33,81$$
$$\sigma_1 = \sqrt{33,81} = 5,81$$
$$\sigma_2^2 = (10-9,1)^2 * 0,3 + (12-9,1)^2 * 0,4 + (8-9,1)^2 * 0,1 + (5-9,1)^2 * 0,2 = 7,09$$
$$\sigma_2 = \sqrt{7,09} = 2,66$$

Abb. V 47: Berechnung der Varianz bzw. Standardabweichung der einzelnen Anlageobjekte

Nach Markowitz stellt der Investor bei seinen Anlageentscheidungen nur Rendite- und Risikoüberlegungen an und kann somit anhand der zwei Parameter „erwartete Rendite" und „Standardabweichung" seine Entscheidung vornehmen.

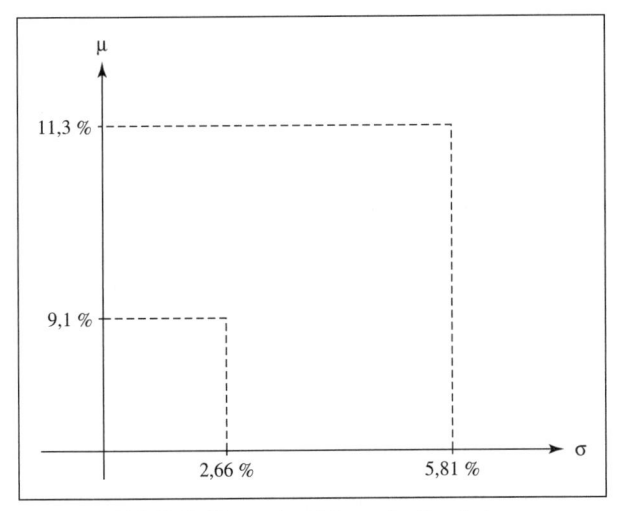

Abb. V 48: Veranschaulichung der Ergebnisse

Die Bestimmung des Risikos auf Portfolioebene erfolgt analog zur Einzelbewertung.

	S1	S2	S3	S4
Asset 1 12.000,00 €	3 % 12.360,00 €	15 % 13.800,00 €	20 % 14.400,00 €	12 % 13.440,00 €
Asset 2 48.000,00 €	10 % 52.800,00 €	12 % 53.760,00 €	8 % 51.840,00 €	5 % 50.400,00 €
Summe 60.000,00 €	65.160,00 €	67.560,00 €	66.240,00 €	63.840,00 €
	8,60 %	12,60 %	10,40 %	6,40 %

Abb. V 49: Beispielangaben zur Berechnung der Standardabweichung auf Portfolioebene

$$r_p = \mu_p = (8,6*0,3) + (12,6*0,4) + (10,4*0,1) + (6,4*0,2) = 9,92 \%$$
$$\sigma_p^2 = (8,6-9,92)^2 *0,3 + (12,6-9,92)^2 *0,4 + (10,4-9,92)^2 *0,1 + (6,4-9,92)^2 *0,2 = 5,89 \%$$
$$\sigma_p = \sqrt{5,89} = 2,42$$

Abb. V 50: Berechnung der Rendite und Standardabweichung auf Portfolioebene

Abb. V 51 zeigt den Diversifikationseffekt durch die Kombination der beiden im Beispiel gewählten Aktien 1 und 2. Durch die Mischung der Assets wird eine höhere Rendite bei niedrigerem Risiko als bei der Aktie 2 erreicht. Die Rendite der Aktie 1 ist zwar wesentlich höher als für Aktie 2 und für das Portfolio, hierfür muss jedoch ein deutlich höheres Risiko in Kauf genommen werden. Daher ist die Risiko-Rendite-Kombination des Portfolio vorteilhafter.

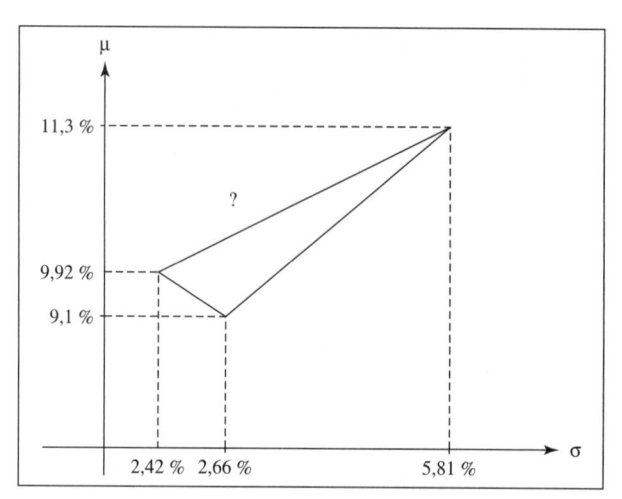

Abb. V 51: Grafische Darstellung der Ergebnisse

6.2.1.5 Kovarianz

Während Varianz und Standardabweichung die Streuung eines Wertes um den Erwartungswert angeben, bezieht sich die Kovarianz auf den Grad des Zusammenhangs zweier Anlagerenditen. Sie ist also ein Maß dafür, ob sich zwei Mengen von Zahlen gemeinsam auf- oder abwärts bewegen.[111]

Isoliert betrachtet hat die Kovarianz eine geringe Aussagefähigkeit. Sie ist allerdings zur Erfassung der Wechselwirkung zwischen verschiedenen Risikogrößen zentral. Es gibt grundsätzlich drei Deutungsmöglichkeiten für die Kovarianz.

- Ist die Kovarianz negativ, so verlaufen die untersuchten Assets gegenläufig, d.h. sie gleichen sich aus.
- Eine positive Kovarianz spiegelt hingegen einen gleichförmigen Verlauf der Assets wieder, d.h. steigt die Rendite des Assets 1, so steigt auch die des Assets 2 bzw. beide Renditen würden im Falle einer positiven Kovarianz fallen.
- Kein Zusammenhang der Assets 1 und 2 besteht, wenn die Kovarianz gleich Null ist.

Die Kovarianz wird wie folgt berechnet:

$$\text{cov}(A,B) = \sum_i p_j \cdot \left[(r_{ijA} - \mu_{iA}) \cdot (r_{ijB} - \mu_{iB}) \right]$$

Formel 39 – Kovarianz[112]

Mit den Daten des vorangegangenen Beispiels wird in Abb. V 52 die Kovarianz des Beispielportfolios berechnet.

$$\begin{aligned}\text{cov} = {}& 0{,}3 * \left[(3 - 11{,}3) * (10 - 9{,}1)\right] + 0{,}4 * \left[(15 - 11{,}3) * (12 - 9{,}1)\right] \\ & + 0{,}1 * \left[(20 - 11{,}3) * (8 - 9{,}1)\right] + 0{,}2 * \left[(12 - 11{,}3) * (5 - 9{,}1)\right] = 0{,}52\end{aligned}$$

Abb. V 52: Berechnung der Portfoliovarianz

---

[111] Vgl. Markowitz, H. (2008), S. 99
[112] Vgl. Hielscher, U. (1999), S. 59

6.2.1.6 Korrelation

Die Korrelation ist eine Weiterentwicklung der Kovarianz. Um der Kovarianz eine höhere Aussagekraft zu verleihen, wird sie ins Verhältnis zu den Standardabweichungen der einzelnen Assets im Portfolio gesetzt bzw. die Kovarianz wird in einer Skalierung normiert. Diese Normierung ist der Korrelationskoeffizient, der nur Werte zwischen −1 und +1 annehmen kann.[113]

$$k_{A/B} = \frac{cov}{\sigma_A \cdot \sigma_B}$$

Formel 40 – Korrelation[114]

Für die Ausprägungen der Extremwerte der Korrelation kann folgende Aussage getroffen werden:
- k = +1
  Die Renditen sind vollständig gleichläufig. Eine Risikodiversifikation ist in diesem Fall nicht möglich. Das Risiko des Portfolios entspricht dem des gewichteten Mittels der beiden Einzelwerte.
- k = −1
  Die Renditen sind vollständig gegenläufig. Schwankungen heben sich gegenseitig auf, so dass eine theoretisch vollständige Diversifikation möglich ist. Dieses Mischverhältnis entspricht einer risikofreien Anlage.
- k = 0
  In diesem Fall ist ein Zusammenhang nur schwer zu bestimmen. Sie kann nicht eindeutig als positiv oder negativ bestimmt werden und variiert von Fall zu Fall.[115]

Abb. V 53 veranschaulicht die Korrelation mehrerer Assets.

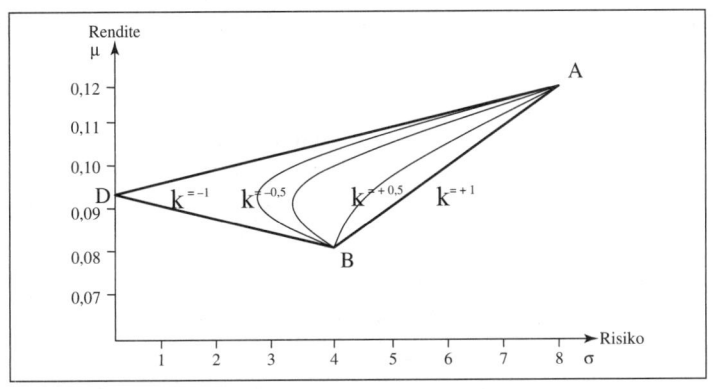

Abb. V 53: Rendite-Risiko-Auswirkungen[116]

Bezug nehmend auf das vorangegangene Beispiel (siehe Abb. V 54) lässt sich die Korrelation zwischen den Assets A und B ermitteln.

$$k_{1/2} = \frac{0{,}52}{5{,}81 \cdot 2{,}66} = 0{,}0337$$

Abb. V 54: Berechnung der Korrelation

---

[113] Vgl. Hartung, J./Elpelt, B./Klösener, K.-H. (2005), S. 119
[114] Vgl. ebenda, S. 119
[115] Vgl. Garz, H./Günther, S./Moriabadi, C. (1997), S. 37 f.
[116] In Anlehnung an: Garz, H./Günther, S./Moriabadi, C. (1997), S. 41

Die beiden Assets A und B weisen nur eine leichte positive Korrelation auf. Ein leichter Diversifikationseffekt kann womöglich erreicht werden. Das Ergebnis ist jedoch nicht eindeutig, da der Wert nahe Null liegt.

Das Quadrat des Korrelationskoeffizienten wird als Bestimmtheitsmaß bezeichnet. Das Bestimmtheitsmaß kann folglich nur Werte zwischen 0 und 1 annehmen. Mit Hilfe des Bestimmtheitsmaßes können zwar keine Aussagen mehr über die „Richtung" des Zusammenhangs gemacht werden, dafür ist die Aussagekraft über die „Stärke" des Zusammenhangs umso genauer.

6.2.1.7 Portfoliobildung

6.2.1.7.1 Das Effiziente Portfolio

Durch Diversifikation kann das Gesamtrisiko eines Portfolios verringert werden. Aber zwei Anlageobjekte können nicht nur im Verhältnis 50:50 gemischt werden (naive Risikodiversifizierung). Jedes beliebige „Mischungsverhältnis" ist dabei möglich. Betrachtet werden exemplarisch einige verschiedene Kombinationsmöglichkeiten der A-Aktie und der C-Aktie und die daraus resultierende Auswirkung auf die Renditeerwartung und die Volatilität des Gesamtdepots im μ-σ -Diagramm.[117]

Ausgehend von der Position „100% C-Aktien" (oben rechts in Abb. V 55), ist zu erkennen, dass durch Beimischung von A-Aktien – auch nur in geringen Mengen – die Volatilität sofort sinkt. Diese Risikovernichtung wird allerdings mit einem Verlust an Rendite „erkauft".

Bis zum Mischungsverhältnis von 60:40 lässt sich so die Volatilität stets reduzieren. Werden ab dann mehr A-Aktien hinzugemischt, steigt die Volatilität jedoch wieder an, ohne dass die Gesamtrendite des Depots ansteigt.

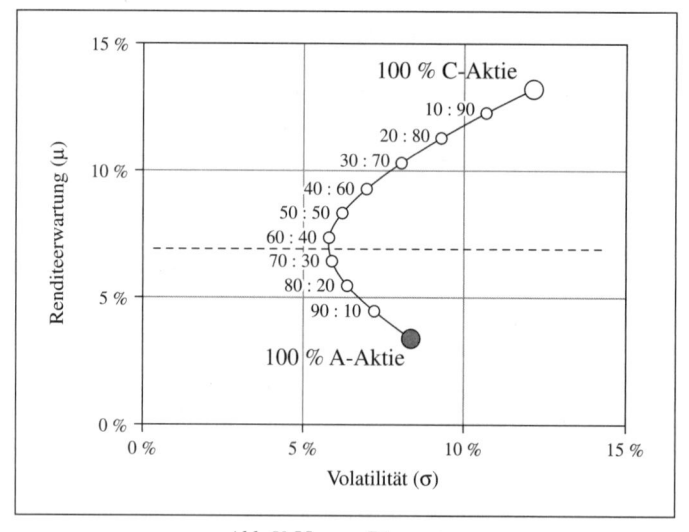

Abb. V 55: μ-σ-Diagramm

---

[117] Vgl. Wöhe, G. (2010), S. 683 f.

Alle Punkte unterhalb der gestrichelten Linie bezeichnet bilden daher die risikoineffiziente Linie, da sich mit diesen nur niedrigere Renditen erzielen lassen als mit Kombinationen oberhalb der gestrichelten Linie – und das bei gleichem oder sogar noch höherem Risiko. Der obere Ast hingegen wird als risikoeffiziente Linie bezeichnet.

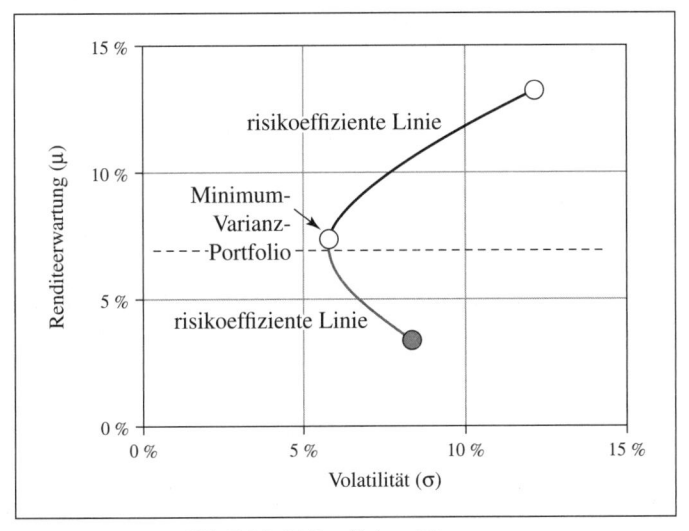

Abb. V 56: Risikoeffizienz-Diagramm

Bei einem Mischungsverhältnis von 60 % A-Asset zu 40 % C-Asset ist die Varianz am kleinsten (varianzminimaler Punkt). Dieser trennt die ineffiziente von der effizienten Linie. Dieser Punkt wird daher auch das Minimum-Varianz-Portfolio genannt. In der Praxis wird aber kaum ein Anleger immer nur das varianzminimale Portfolio auswählen, sondern durchaus auch bereit sein, für einen Zuwachs an Rendite ein gewisses Maß an Risiko einzugehen.

In diesem konkreten Beispiel werden sich viele Investoren in ihrem persönlichen Anlageverhalten vom Punkt 40:60 aus nach rechts oben bewegen.

Das persönliche Risikoverhalten von Investoren unterscheidet sich zum Teil erheblich. Kaum ein Anleger ist so risikoscheu, dass er stets nach dem Minimum-Varianz-Modell seine Anlageentscheidungen treffen wird. Dieses Risiko dennoch möglichst gering zu halten, haben ebenfalls alle Investoren gemeinsam. Allgemein gilt, dass jeder Investor mit seiner Anlageentscheidung ein gewisses Ziel verfolgt. Diese Ziele quantifizierbar zu machen, ist der Gedanke der Zielfunktion. Allen Anlegern gemeinsam ist, dass sie die Rendite entsprechend dem Risiko möglichst maximieren wollen. Was sie unterscheidet, ist das Maß an Risiko, dass sie bereit sind dabei einzugehen.

Anders ausgedrückt: Jeder Investor ist nur bereit, ein zusätzliches Risiko einzugehen, wenn er dadurch entsprechende Zuwächse an Rendite erwarten kann. Eine solche Zielfunktion Z ist also eine Funktion f der Rendite und des Risikos, also des Erwartungswerts μ und der Volatilität σ – oder mathematisch ausgedrückt: $Z = f(\mu,\sigma)$. Diese sogenannte Nutzenindifferenzkurve lässt sich in dem Rendite-Volatilitäts-Diagramm abbilden (Vgl. Abb. V 57).[118]

---

[118] Vgl. Gast, C. (1998), S. 89

Traditionelle Nutzenindifferenzkurve: Der Anleger, der nach dieser Indifferenzkurve handelt, würde bei einer Volatilität von 0 % eine „sichere Rendite" von 3 % fordern. Bei einer Anlageform, die z. B. 5 % Volatilität aufweist, müsste mindestens eine Rendite von 7 % in Aussicht gestellt werden usw.

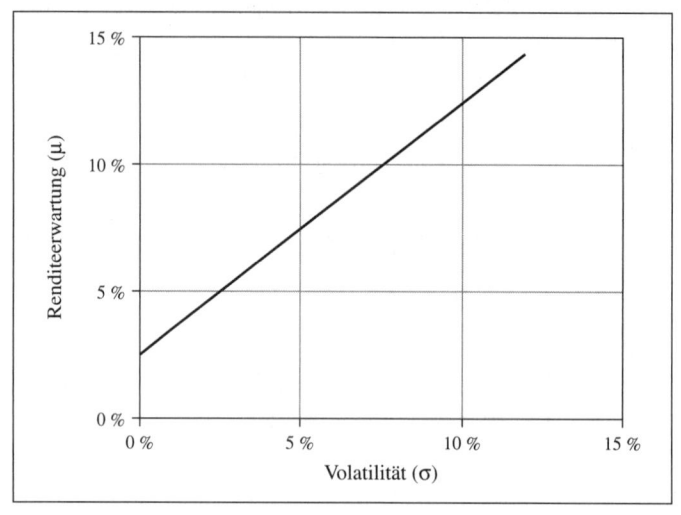

Abb. V 57: Traditionelle Nutzenindifferenzkurve

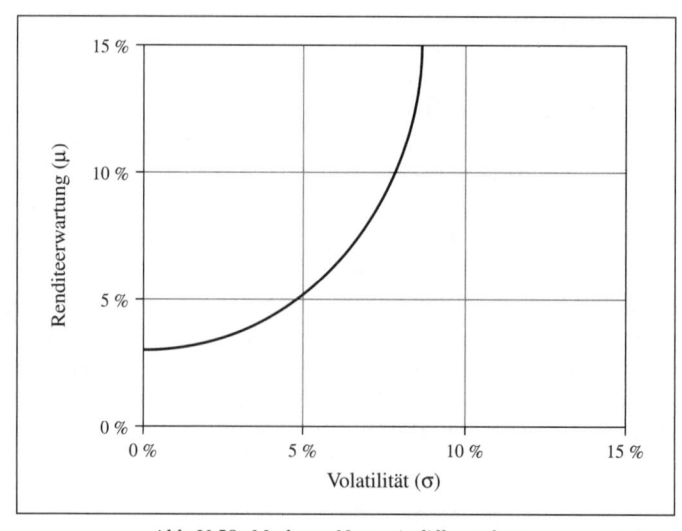

Moderne Nutzenindifferenzkurve: Der Verlauf der Kurve entspricht mehr dem realistischen Verhalten eines Investors als der lineare Verlauf einer Geraden. Insbesondere ist nur durch einen solchen Funktionsverlauf darstellbar, dass jeder Investor so etwas wie ein „Limit" hat. Ab einem gewissen Risiko kann die zu erwartende Rendite noch so hoch sein, der Investor hat sein Limit erreicht und ist nicht mehr bereit, dieses Risiko zu überschreiten. In diesem Diagramm ist das z. B. eine Volatilität von 8 %.

Abb. V 58: Moderne Nutzenindifferenzkurve

6.2.1.7.2 Das Optimale Portfolio

Es gibt keine optimale Geldanlage, sondern nur ein persönlich effizientes Portfolio, welches die individuellen Wünsche, Rahmenbedingungen und Risikoneigungen des Anlegers abbildet. Dennoch kann die Portfolio-Theorie helfen, wenn es um die schon erwähnte Problematik des individuell optimalen Mischungsverhältnisses zweier Anlagen geht.[119] Bezugnehmend auf das Beispiel mit den A-Assets und C-Assets mit ihrer risikoeffizienten Linie im Rendite-Volatilitäts-Diagramm: Wird zusätzlich zu dieser Linie noch die traditionelle Nutzenindifferenzkurve in das Diagramm gezeichnet, zeigt sich folgende Darstellung (siehe Abb. V 59).

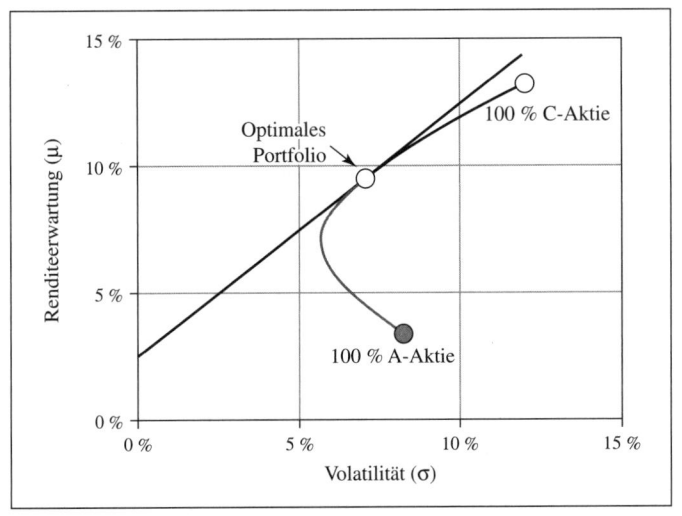

Abb. V 59: Optimales Portfolio

Im Tangentialpunkt liegt das individuell optimale Portfolio. Der Grund leuchtet schnell ein, denn Portfolios, die links oberhalb der Nutzenindifferenzkurve liegen würden, sind dem Investor sicher recht, da sie mehr Rendite bei weniger Volatilität bieten. Aber die möglichen Kombinationen von A- und C-Assets lassen dies nicht zu. Punkte rechts unterhalb der Isonutzenquante sind zwar durch geeignete A-C-Kombinationen möglich, aber dem Investor nicht gelegen, da sie bei gleicher Rendite weitaus höhere Volatilitäten aufweisen. Es wird deutlich: Dieser Investor wird sich nicht für das Varianz-Minimale-Portfolio von 60:40 A:C-Assets entscheiden. Aufgrund seiner individuellen Risikobereitschaft, ausgedrückt in der Indifferenzkurve, wird er ein A-C-Mischungsverhältnis von etwa 40:60 für sein Depot realisieren. Die gleichen Prinzipien funktionieren auch bei der modernen Nutzenindifferenzkurve.

Was aber, wenn es keinen Tangentialpunkt zwischen der Nutzenindifferenzkurve und der risikoeffizienten Linie gibt? In diesem Fall wird der Anleger sicherlich bereit sein, seine Nutzenindifferenzkurve so lange „anzuheben", bis es nur noch einen Berührpunkt, den Tangentialpunkt gibt, da er so – bei gleicher Volatilität – eine höhere Rendite erzielen kann, als er ursprünglich erzielen wollte.

---

[119] Vgl. Wöhe, G. (2010), S. 683 f.

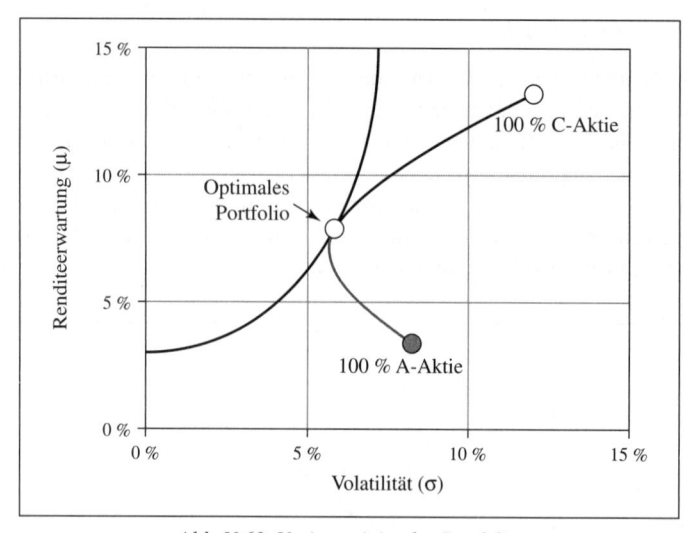

Abb. V 60: Varianzminimales Portfolio

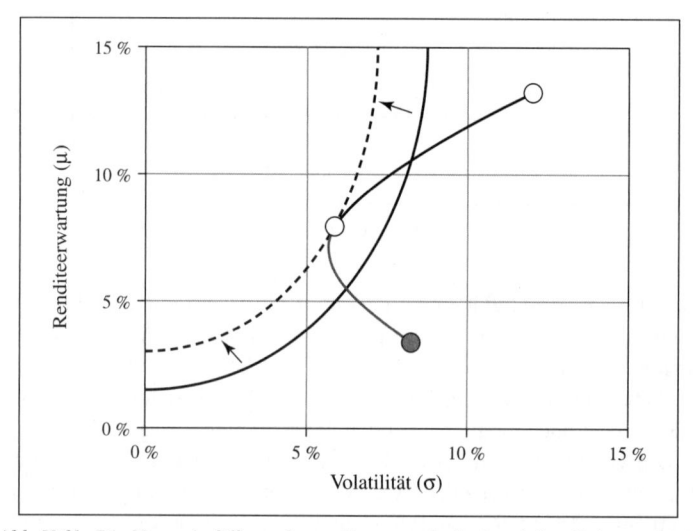

Abb. V 61: Die Nutzenindifferenzkurve liegt unterhalb der risikoeffizienten Linie

Es gibt zwei Entscheidungsmöglichkeiten: Entweder „beißt er in den sauren Apfel" und senkt seine Nutzenindifferenzkurve so lange ab, bis es einen eindeutigen Schnittpunkt gibt, d. h. er reduziert – bei gleicher Volatilität – seine Rendite-Forderungen an ein Portfolio, oder er muss andere Kombinationen untersuchen, mit denen er ein höheres Risiko-Rendite-Profil erreichen kann und deren risikoeffiziente Portfolio-Kombinationen entsprechend vom Niveau her höher liegen.

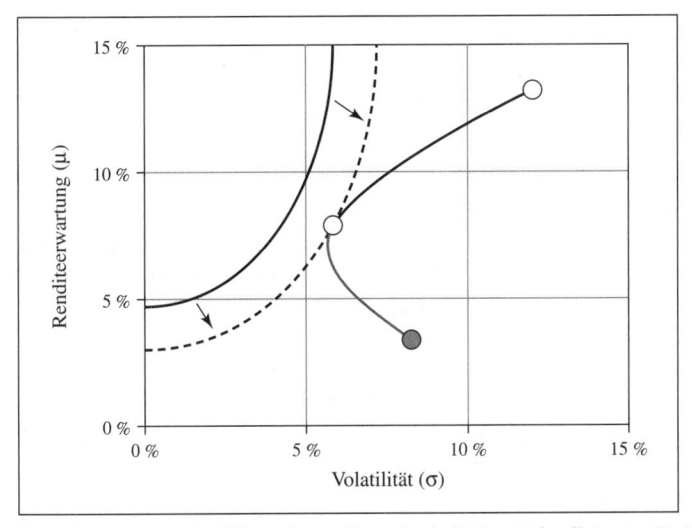

Abb. V 62: Die Nutzenindifferenzkurve liegt oberhalb der risikoeffizienten Linie

6.2.1.8 Capital Asset Pricing Model (CAPM)

In den sechziger Jahren haben Sharpe, Lintner und Mossin unabhängig voneinander das CAPM entwickelt.[120] Das CAPM berücksichtigt neben dem Marktportfolio, welches alle am Markt bestehenden Vermögensgegenstände abbildet, eine risikofreie Anlagealternative. Diese entspricht der vom Markt geforderten Mindestrendite.[121] Es handelt sich dabei nicht um ein normatives Modell, dass ein bestmögliches Anlegerverhalten beschreibt. Vielmehr dient das Modell dazu, die Höhe der erforderlichen Rendite für ein bestimmtes Risiko festzulegen. Dabei gelten die folgenden Grundannahmen:

- Anleger sind risikoaverse μ-σ-Optimierer
- der Betrachtungszeitraum beträgt genau eine Periode
- beliebige Teilbarkeit der Wertpapiere
- vollkommener und vollständiger Kapitalmarkt
- homogene Erwartungen der Investoren

Nach Tobin halten im Gleichgewicht alle Anleger das sogenannte Marktportfolio und mischen es je nach der persönlichen Risikoneigung mit der risikofreien Anlage. Üblicherweise wird der risikofreie Zins durch Zinssätze öffentlicher Schuldverschreibungen abgebildet.[122]

Das CAPM besagt, dass lediglich unsystematische Risiken vergütet werden. Daraus folgt, dass für die Bestimmung der Rendite das systematische Risiko von Bedeutung ist und die Rendite als vielfaches des systematischen Risikos dargestellt wird. Als Maß für das systematische Risiko wird im CAPM Beta (β) verwendet, das die Menge an systematischem, nicht diversifizierbarem Risiko im Verhältnis zum Marktportfolio ausdrückt. So würde eine Anlage mit einem $\beta = 1,5$ ein 1,5-faches Risiko im Vergleich zum Marktportfolio innehaben. Das β lässt sich wie folgt berechnen:

---

[120] Vgl. Kaiser, D./Rieken, S./Söhnholz, D. (2010), S. 78 f.
[121] Vgl. Wellner, K. (2003), S. 69
[122] Vgl. ebenda, S. 72 f.

$$\beta_i = \frac{\text{cov}_{i,m}}{\sigma_M^2}$$

Formel 41 – Risikomaß β

β_i = Beta Faktor der Anlage i
$\text{cov}_{i,m}$ = Kovarianz zwischen der Anlage i und dem Marktportfolio m
σ^2_m = Varianz des Marktportfolios

Das CAPM liefert im Gegensatz zur Portfoliotheorie nach Markowitz Anhaltspunkte bezüglich der zu erwartenden Rendite im Gleichgewicht bei einem bestimmten Risiko.[123] Dieser Zusammenhang kann mathematisch wie folgt ausgedrückt werden:

$$\mu_i = r_f + \beta_i(\mu_m - r_f)$$

Formel 42 – Berechnung der Portfoliorendite (CAPM)

μ_i = Renditeerwartungswert der Anlage i
μ_m = Renditeerwartung des Marktportfolios m
r_f = Zins für risikofreie Anlage
β_i = Betafaktor der Anlage i

Problematisch werden im CAPM die Bestimmung der beiden Ausgangsparameter, risikofreier Zins und Marktportfolio, gesehen. Insbesondere auch in Bezug auf die andauernde Staatsschuldenkrise wird die Repräsentation der risikofreien Anlage durch öffentliche Schuldverschreibungen in Frage gestellt.[124]

6.2.1.9 Arbitrage Pricing Theory (APT)

Die Arbitrage Pricing Theory (APT) kann als Erweiterung des CAPM angesehen werden. Sie basiert dabei weniger auf restriktiven Annahmen, die eine Vereinbarkeit mit der ökonomischen Realität in Frage stellen. Bei der APT wird angenommen, dass die Rendite neben dem „Markt" von weiteren Faktoren abhängt. Das Risiko wird also nicht in einem einzigen Faktor (β) zusammengefasst, sondern wird durch mehrere explizit ausgewiesene Risikofaktoren erklärt. Damit wird die Theorie des einzigen Marktportfolios (Einfaktormodell) erweitert und die Mehrfaktormodelle begründet.[125] Die Prämissen des vollkommenen Kapitalmarktes im Gleichgewicht bleiben weiter bestehen. Außerdem wird von arbitragefreien Märkten ausgegangen. Die Portfolio-Rendite in der APT berechnet sich damit wie folgt:

$$\mu_i = r_f + \beta_{i1}(r_{F1} - r_f) + \ldots + \beta_{in}(r_{Fn} - r_f)$$

Formel 43 – Berechnung der Portfoliorendite (APT)

μ_i = erwartete Rendite der Anlage i bzw. des Portfolios i
r_f = risikofreier Zins
$\beta_{i,K}$ = Sensitivität des Faktors j, mit i=1 bis n
r_{Fn} = erwartete Rendite für Risikofaktor F1 bis n

Eine Arbitrage-Gelegenheit ergibt sich bei der Ausnutzung von Preisunterschieden an verschiedenen Märkten. Dabei werden aus der Fehlbewertung von Gütern große Gewinne realisiert. Unterbewer-

---

[123] Vgl. Bruns, C./Meyer-Bullerdiek, F. (2008), S. 66
[124] Vgl. Wellner, K. (2003), S. 72
[125] Vgl. Bruns, C./Meyer-Bullerdiek, F. (2008), S. 70 f.

tete Güter werden dabei solange gekauft und überbewertete Güter solange verkauft, bis sich ein Marktgleichgewicht einstellt.

Für Immobilieninvestitionen bestehen drei wesentliche Einflussfaktoren für das Risiko:
- Bruttonationaleinkommen
- langfristig erwartete Inflation
- Prognose der Bürobeschäftigten

Beim Bruttonationaleinkommen ist dabei ausschlaggebend, wie sich das Einkommenssituation im Land verändert, da durch sinkende Nationaleinkommen auch die Ausgaben für Wohnraum sinken bzw. nicht mehr geleistet werden können. Die Inflation wirkt sich auf den Immobilienmarkt in der Art aus, dass Inflationsangst die Menschen zur Anlage in inflationssichere Investments, zu denen insbesondere Immobilien zählen, bewegt. Die steigende Nachfrage nach Immobilien führt ceteris paribus auch zu steigenden Preisen. Für bestehende Mietverhältnisse bedeutet das die Notwendigkeit der Anpassung der Miethöhe, welche aufgrund von gesetzlichen Vorschriften extrem eingeschränkt sind. Dadurch kann die Rendite wiederum enorm sinken. Die Prognose der Bürobeschäftigten ist dabei ausschlaggebend für die Preisentwicklung auf dem Markt für Büroimmobilien.

6.2.1.10 Neue Institutionenökonomie (NIÖ)

Die bisher betrachteten Modelle basieren alle auf der Annahme vollkommener Märkte. Aus diesem Grund zeichnen sie sich in Bezug auf ihre Grundannahmen durch eine rigorose Realitätsferne aus.[126] Die NIÖ beschäftigt sich demnach direkt mit den Folgen verschiedener Marktfriktionen und insbesondere auch mit der Informationsasymmetrie. Das Modell des homo oeconomicus bleibt jedoch auch in der NIÖ bestehen. Die bereits beschriebenen Modelle unter der Annahme vollkommener Märkte haben Optimallösungen als Ergebnis. Bei unvollkommenen Märkten kann ein Optimum nicht erreicht, sondern die negativen Auswirkungen lediglich so gering wie möglich gehalten werden.

Grundlegend werden die Modelle des unvollkommenen Kapitalmarktes zunächst in solche unterteilt, die zu vorvertraglichen Informationsproblemen führen und in solche, die zu Problemen nach Unterzeichnung eines Finanzierungsvertrages führen. Im ersten Fall werden durch verschiedene Maßnahmen unerwünschte Marktteilnehmer bereits vor dem Vertrag ausgeschlossen, um ein Risiko zu vermeiden (Adverse Selection). Im zweiten Fall ist ein Phänomen namens „Moral Hazard" zu beobachten. Dieses beschreibt eine Unsicherheit nach Vertragsschluss, die richtige Entscheidung getroffen zu haben. Diese Unsicherheit entsteht ebenfalls durch eine ungleiche Verteilung von Informationen zwischen den Marktteilnehmern.[127]

Die hybride Finanzierung, also Finanzierungsinstrumente die eine Zwischenstellung zwischen Eigen- und Fremdkapital einnehmen, ist ein weiteres Instrument um der NIÖ gerecht zu werden. Es wird daher angenommen, dass die Erkenntnisse der NIÖ und die damit verbundenen Grundsätze der behavioral finance im Portfoliomanagement insbesondere dann hilfreich sein können, wenn das Verhalten von individuellen Investoren in bestimmten Situationen prognostiziert werden muss.[128] Aufgrund des enormen Umfangs wird auf eine detaillierte Betrachtung der Methoden an dieser Stelle verzichtet.

---

[126] Vgl. Wellner, K. (2003), S. 72 ff.
[127] Vgl. Lachmann, W. (2003), S. 319 f.
[128] Vgl. Bruns, C./Meyer-Bullerdiek, F. (2008), S. 81

6.2.2 Qualitativer Ansatz

Die meisten Investoren müssen sich nicht mit dem Neuaufbau eines Portfolios, sondern mit der Optimierung bestehender Immobilienbestände beschäftigen. Das erfordert intensive, mehrstufige Herangehensweisen, die durch den qualitativen Ansatz des Portfoliomanagements ausgedrückt werden. Am Ende dieser Analysen können dann auch wieder die vorab erarbeiteten Kenngrößen einbezogen werden.[129]

Der quantitative Ansatz kann insbesondere beim Neuaufbau eines Portfolios relativ einfach angewendet und umgesetzt werden. Ist in den folgenden Abschnitten aber von untergeordneter Bedeutung. Dem qualitativen Ansatz des Portfoliomanagements liegen zum einen das Erfahrungskurvenkonzept (vgl. Abb. V 63) und zum anderen das Konzept des Lebenszyklus (vgl. Abb. V 64) zugrunde. Das Konzept der Erfahrungskurve, welches von der Boston-Consulting-Group (BCG) entwickelt wurde, geht davon aus, dass es bei der Wiederholung von Tätigkeiten zu Lerneffekten und damit einhergehend zu einer Senkung der Stückkosten kommt. Produktions- bzw. Verwaltungsprozesse können dadurch zunehmend standardisiert werden und gewinnen an Qualität und Effektivität. Das Konzept ist jedoch heftig umstritten und besitzt keinesfalls einen absoluten Gültigkeitsanspruch. Es weist dennoch darauf hin, dass mit Erhöhung des Marktanteils zumindest das Potential für Kostensenkung entsteht.[130]

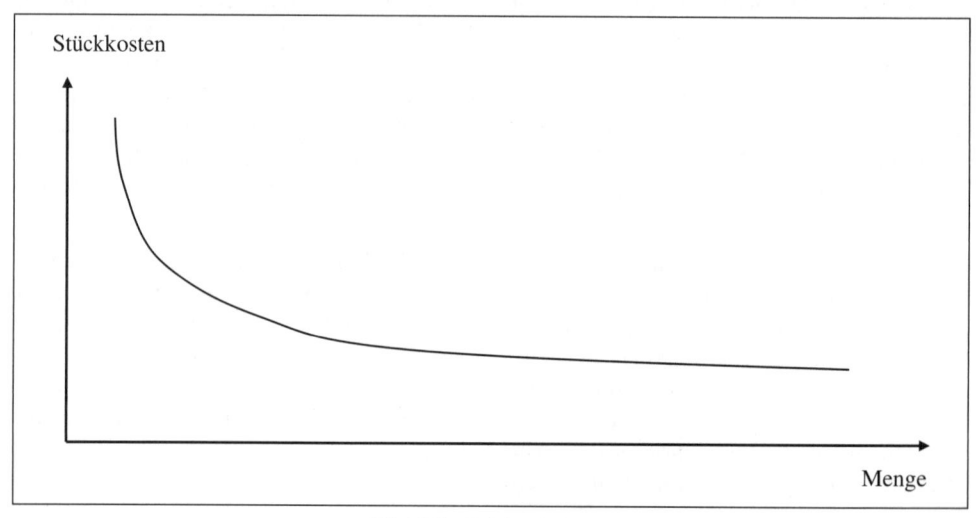

Abb. V 63: Erfahrungskurve

Das Lebenszyklusmodell wird zur Verdeutlichung in einer weiteren Variante dargestellt. Dabei sollen im typischen 6-Phasen-Schema die wesentlichen Determinanten für die weiteren Betrachtungen Cashflow, Umsatz und Gewinn aufgezeigt werden.

Je nach Phase des Produktes im spezifischen Lebenszyklus sind unterschiedliche Cashflows, Umsätze und Gewinne zu erwarten. Diese sind situationsbedingt und erfordern unterschiedliche strategische Entscheidungen. Diese Darstellung bietet die Grundlage für die Beurteilung des

---
[129] Vgl. Falk, B. (1997), S. 653
[130] Vgl. Bea, F. X./Haas, J. (2005), S. 132 f.

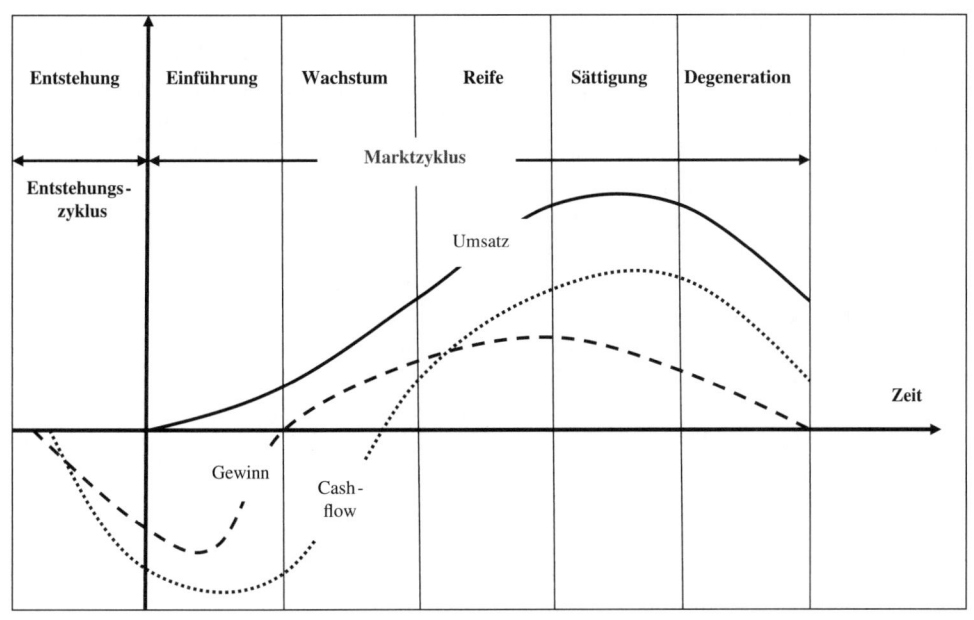

Abb. V 64: 6-Phasen-Schema Lebenszyklusmodell

Marktwachstums, da nur auf attraktiven Märkten auch Umsatz, Cashflow und daraus resultieren der Gewinn steigt.[131] Sensibilität ist deshalb dann geboten, wenn sich Immobilien nicht nach dem typischen Modell entwickeln.

6.2.3 BCG-Matrix

Die BCG folgt, wie auch die weiteren qualitativen Modelle der Portfoliotheorie in ihrem Ablauf einem nahezu gleichbleibenden Prozess zur Durchführung des Portfoliomanagement (vgl. Abb. V 65).

Abb. V 65: Qualitativer Portfoliomanagement-Prozess[132]

Die Portfoliomatrix der Boston-Consulting-Group bietet durch Visualisierung der einzelnen Anlageobjekte, welche regelmäßig auch als strategische Geschäftseinheiten bezeichnet werden, die Möglichkeit, einen Überblick über die Marktsituation eines Immobilienportfolios zu erhalten. Daraus lassen sich Basisstrategien für die Steuerung des Portfolios zur Optimierung des Rendite-Risiko-Verhältnisses ableiten. Die BCG-Matrix wird analog zu der Achseneinteilung auch als

---
[131] Vgl. Wellner, K. (2003), S. 161
[132] Vgl. Brauer, K.-U. (2001), S. 522 f.

Marktanteils-Marktwachstums-Matrix bezeichnet. Grundvoraussetzung für eine Einschätzung der verschiedenen Felder ist die Bildung von strategischen Geschäftseinheiten (SGE), mit deren Hilfe die strategische Ausrichtung, Steuerung und Kontrolle des Gesamtbestandes erfolgt. Diese SGE werden in der Matrix in die entsprechenden Felder eingeteilt (vgl. Abb. V 66). In der Immobilienbranche sind hauptsächlich folgende Faktoren zur Abgrenzung der SGE üblich:[133]

- Einordnung nach Objekt bzw. Projekten
- Einordnung nach Immobilientypen/ Nutzungsarten (z. B. Büro, Wohnen, Logistik, etc.)
- Einordnung in Lebenszyklus (z. B. Entwicklung, Bewirtschaftung, Verwertung)
- Einordnung nach Investitionsvolumen (z. B. < 2 Mio. €; > 2 Mio. €)
- Einordnung nach Mietfläche (z. B. < 5.000 m² Mietfläche; > 5.000 m² Mietfläche)
- Einordnung nach Ballungsraumzugehörigkeit (z. B. Rhein-Main; Stuttgart etc.)
- Einordnung nach Makrostandorten (z. B. Frankfurt, Düsseldorf, Stuttgart)
- Einordnung nach Mikrostandort (z. B. 1a-Lagen; 1b-Lagen)
- Mit einer sogenannten Produkt-Portfolio-Analyse soll das Ziel der langfristigen Gewinnmaximierung durch einen optimalen Mix aus innovativen, reifen und traditionellen Produkten erreicht werden.

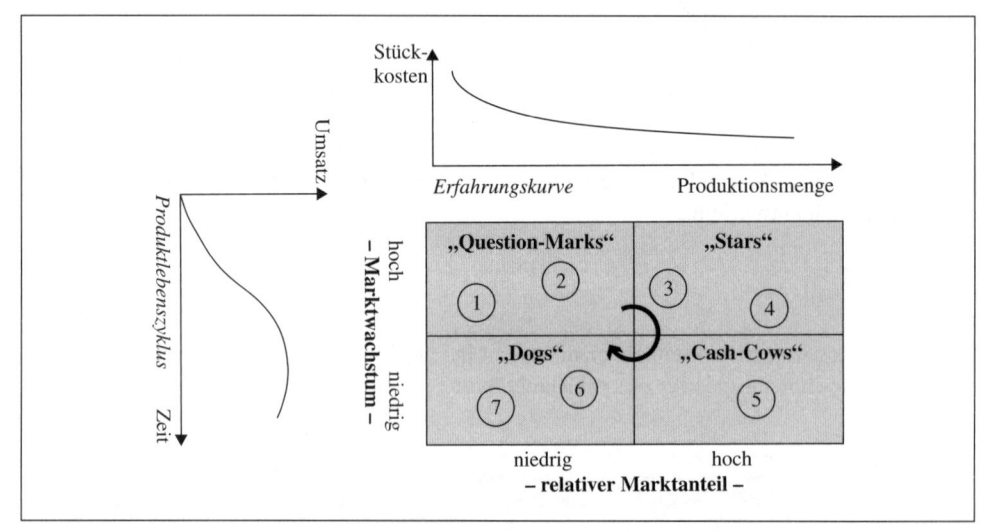

Abb. V 66: Marktanteils-/Marktwachstumsportfolio[134]

Die SGE werden im Marktanteils-/Marktwachstumsportfolio in Question-Marks, Stars, Cash-Cows und Dogs bzw. poor Dogs eingeteilt. Dabei implizieren die unterschiedlichen Quadranten abgeleitete Handlungsstrategien, welche nachfolgend dargestellt werden:[135]

Question-Marks (Fragezeichen): SGE, die sich in wachsenden Märkten befinden, aber aufgrund der Einführungs-, bzw. Wachstumsphase einen relativ geringen Marktanteil besitzen. Es müssen hierbei ständig liquide Mittel zufließen, da die generierten Cashflows noch nicht zur Investitionsdeckung ausreichen. Hohe Chancen stehen hohen Risiken gegenüber.

---

[133] Vgl. Lehner, C. (2010), S. 82 f.
[134] Wöhe, G. (2010), S. 90
[135] Vgl. Wöhe, G. (2010), S. 89 f.

Stars: SGE, die meist aus den Question-Marks hervorgegangen sind und einen hohen relativen Marktanteil einnehmen konnten und sich weiterhin in einem Wachstumsmarkt befinden. Zur Verteidigung der Marktführerschaft ist in dem schnell wachsenden Markt ein hoher Cashflow-Bedarf vorhanden. Der gewonnene Cashflow ist bereits positiv. Die Stars werden auch oft als Wachstumsmotoren eines Unternehmens bezeichnet.

Cash-Cows (Milchkühe): SGE, die sich in reifen Märkten befinden und einen hohen relativen Marktanteil aufweisen. Diese SGE erwirtschaften hohe positive Cashflows und sorgen damit für die Finanzierung anderer SGE.

Poor Dogs (Problemprodukte): SGE, die sich in langsam wachsenden bzw. stagnierenden Märkten mit geringem Marktanteil befinden. Sie generieren geringe Cashflows und besitzen negative Zukunftsaussichten. Diese Tatsachen deuten auf eine Eliminierung der SGE hin.

Üblicherweise beginnt der Produktlebenszyklus als Fragezeichen und entwickelt sich dann im Verlauf des Produktlebenszyklus im Urzeigersinn über Stars und Cash-Kühe zu armen Hunden. Dabei werden in der Regel durch die Cashflows der armen Hunde und der Cash-Kühe die liquiden Mittel zur Entwicklung der Fragezeichen und Sterne bereitgestellt.

Übertragen auf die Immobilienwirtschaft könnte der Produktlebenszyklus mit der Investition in eine Immobilie in einem innerstädtischen Sanierungsgebiet beginnen. Das Gebiet besitzt das Potential, sich im Laufe der Zeit zu einem Trend-Gebiet durch die Ansiedlung von Künstlern etc. zu entwickeln. Im weiteren Verlauf, mit konstanter Investition in die Bestände, entwickelt sich Potential zur Entwicklung eines angesagten Wohngebietes mit hohen Mieten. Mit zunehmender Abnutzung und mangelnden Investitionen wandelt sich das Gebiet zu Dogs mit einer hohen Leerstandsquote und schlechtem Mieterklientel.

Wirksames Portfolio- und Immobilienmanagement beeinflusst den Lebenszyklus und sorgt für langfristigen Erfolg. Aufgrund der Komplexität der Immobilienwirtschaft wird die Verwendung der Vier-Felder-Matrix mit der relativ einfachen Struktur als sehr riskant angesehen. Aus diesem Grund wurden weitere, darauf aufbauende Modelle entwickelt, welche nachfolgend vorgestellt werden und präziser bei der Ableitung allgemeiner Handlungsstrategien sind. Insbesondere die Wirkung der Erfahrungskurve wird in der Immobilienwirtschaft oft in Frage gestellt und auch der relative Marktanteil kann aufgrund der ausgeprägten Heterogenität nur schwer ermittelt werden. Multifaktorielle Portfoliomodelle können die Einteilung der SGE detaillierter vornehmen.[136]

6.2.4 McKinsey-Matrix

Das von der Unternehmensberatung McKinsey und General Electric entwickelte Modell baut auf der BCG-Matrix auf. Im Gegensatz dazu wird das Portfolio im Rahmen der McKinsey-Matrix durch die Marktattraktivität und die relative Wettbewerbsposition eingeteilt (vgl. Abb. VI 67). Daraus ergeben sich wesentliche Unterschiede:[137]

- Zielgröße ist nicht der Cashflow, sondern der Return on Investment (RoI)
- Umweltdeterminanten werden durch Marktattraktivität ausgedrückt
- Unternehmensbezogene beeinflussbare Größen finden Ausdruck im relativen Wettbewerbsvorteil
- Neun-Felder-Matrix statt Vier-Felder-Matrix

---

[136] Vgl. Wellner, K. (2003), S. 166 f.
[137] Vgl. Bea, F. X./Haas, J. (2005), S. 150 f.

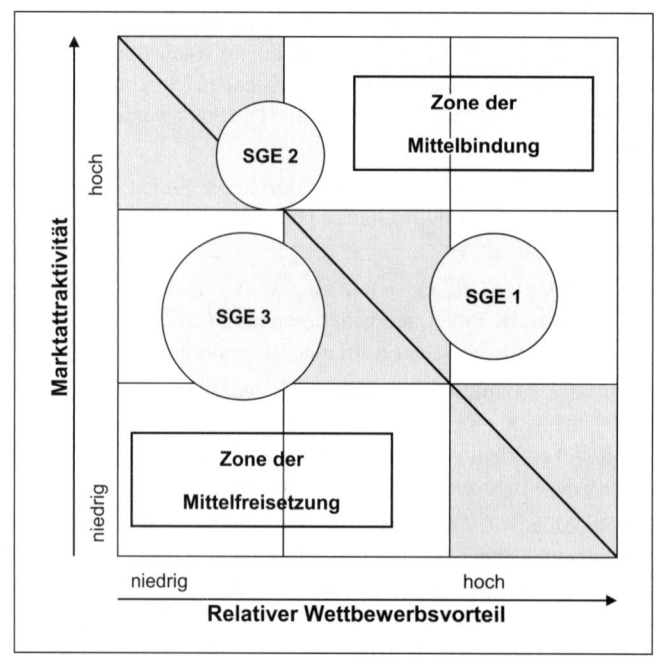

Abb. V 67: Portfoliomatrix nach McKinsey[138]

Zur Bewertung der Marktattraktivität und des relativen Wettbewerbsvorteils ist eine Selektion verschiedener Faktoren notwendig. Folgende Faktoren ergeben sich daraus für die Marktattraktivität:

- Angebot und Nachfrage auf dem jeweiligen Immobilienmarkt
- Prognose künftiger Nachfrageentwicklungen
- Wirtschaftspolitische Rahmenbedingungen (z. B. steuerliche Rahmenbedingungen, Fördermittelgewährung)
- Wirtschaftliche Entwicklung der Region/der Stadt (z. B. Arbeitslosigkeit, Kaufkraft- und Einkommensentwicklung)
- Wirtschaftliche Rahmenbedingungen (z. B. Potential an qualifizierten Arbeitskräften, Forschungs- und Bildungseinrichtungen)
- Verkehrsinfrastruktur
- Kulturelle Infrastruktur
- Image der Region
- Verwaltungsklima

Der relative Wettbewerbsvorteil basiert auf folgenden Faktoren:

- Grundriss und Größe der Immobilie
- Bauqualität
- Technische Ausstattung
- Flexibilität/Drittverwendungsfähigkeit
- Dienstleistungsangebot der Immobiliennutzung
- Höhe der Bewirtschaftungskosten

---

[138] In Anlehnung an: Zerres, C./Zerres, M. P. (2005), S. 30

Resultierend aus der Bewertung der einzelnen Faktoren erfolgt die Einordnung der Immobilien in der McKinsey-Matrix. Die verschiedenen Felder implementieren unterschiedliche Basisstrategien, die in der nachfolgenden Abbildung graphisch dargestellt sind:[139]

Relativer Wettbewerbsvorteil / Marktattraktivität	Niedrig	Mittel	Hoch
Hoch	**Selektives Vorgehen** • Spezialisierung • Nischen suchen • Akquisition erwägen	**Selektives Wachstum** • Potential für Marktführung • Schwächen identifizieren • Stärken aufbauen	**Investition und Wachstum** • Wachsen • Marktführerschaft • Investition maximieren
Mittel	**Abschöpfungsstrategie** • Spezialisierung • Nischen suchen • Rückzug erwägen	**Selektives Vorgehen** • Wachstumsbereiche identifizieren • Spezialisierung • Selektiv investieren	**Selektives Wachstum** • Wachstumsbereich identifizieren • Stark investieren • Ansonsten Position halten
niedrig	**Abschöpfungsstrategie** • Rückzug planen • Desinvestieren	**Abschöpfungsstrategie** • Gewinn abschöpfen • Investition minimieren • Auf Desinvestition vorbereiten	**Selektives Vorgehen** • Gesamtposition halten • Cashflow anstreben • Investition zur Instandhaltung

Abb. V 68: Basisstrategien McKinsey-Matrix[140]

Grundsätzlich werden drei Normstrategien unterschieden: die Investitions- und Wachstumsstrategien, die Abschöpfungsstrategie bzw. Desinvestitionsstrategie und das selektive Vorgehen (Offensiv-, Defensiv- und Übergangsstrategie).

Investitions- und Wachstumsstrategie: Die Investitions- und Wachstumsstrategie bezieht sich auf Produkte mit mittlerer bis hoher Marktattraktivität bei einem gleichzeitig mittleren bis hohen relativen Wettbewerbsvorteil. Dieser Bereich wird auch als Zone, der Mittelbindung bezeichnet, da sich hier die erfolgreichen strategischen Geschäftseinheiten befinden, die wesentlich zum Erfolg des Portfolios beitragen und die Stärken des Unternehmens definieren.

Abschöpfungs-/Desinvestitionsstrategie: Die Abschöpfungsstrategie bzw. Desinvestitionsstrategie ist die Normstrategie in den Feldern, die eine mittlere bis geringe Marktattraktivität bei einem gleichzeitig geringen bis mittleren relativen Wettbewerbsvorteil aufweisen. In dieser Phase sollte das Unternehmen so lange den positiven Cashflow einzelner Produkte abschöpfen bis dieser negativ wird und die Produkte daraufhin eliminiert werden, also die Desinvestition erfolgt.[141]

Selektive Vorgehensstrategie: Die Felder auf der Diagonalen der Matrix implementieren eine selektive Vorgehensstrategie. Dabei ist die Investition in ein Produkt in erster Linie von dessen

---

[139] Vgl. Brauer, K.-U. (2001), S. 521 ff.
[140] In Anlehnung an: Brauer, K.-U. (2001), S. 522
[141] Vgl. Streibich, R. (2011), S. 82

Marktattraktivität abhängig. Es gilt: je geringer die Marktattraktivität, desto defensiver die Investitionsstrategie. Je positiver die zukünftige Entwicklung einer SGE eingeschätzt wird, desto offensiver sollte auch die implementierte Strategie sein, um den Erfolg schnell voran zu treiben. SGE die sich derzeit nicht beurteilen bzw. schwer einschätzen lassen sind im Idealfall solange mit einer Übergangsstrategie zu versehen, bis eine Tendenz in der Entwicklung absehbar ist.

6.2.5 Mehrdimensionale Matrix-Modelle

Neben den bekannten zweidimensionalen Matrix-Modellen haben sich in jüngster Vergangenheit auch mehrdimensionale Matrix-Modelle zur Darstellung von Immobilienportfolios durchgesetzt. Sie ermöglichen eine präzise Darstellung des Datenvolumens sowie der Komplexität der Wohnungs- und Immobilienmärkte. Mehrdimensionale Portfoliomodelle basieren ebenfalls auf der Einordnung strategischer SGE in eine Matrix. Ergänzend zu den bereits vorgestellten Matrix-Modellen werden die mehrdimensionalen Portfoliomodelle um eine Dimension erweitert, woraus sich die Abbildung eines Immobilienbestandes in einer dreidimensionalen SGE-Matrix ergibt. Die drei Dimensionen des Portfoliomodells aus den drei wesentlichen Erfolgsfaktoren für Immobilien: Vermietungserfolg, Standortqualität und Objektstandard (vgl. Abb. V 69).[142]

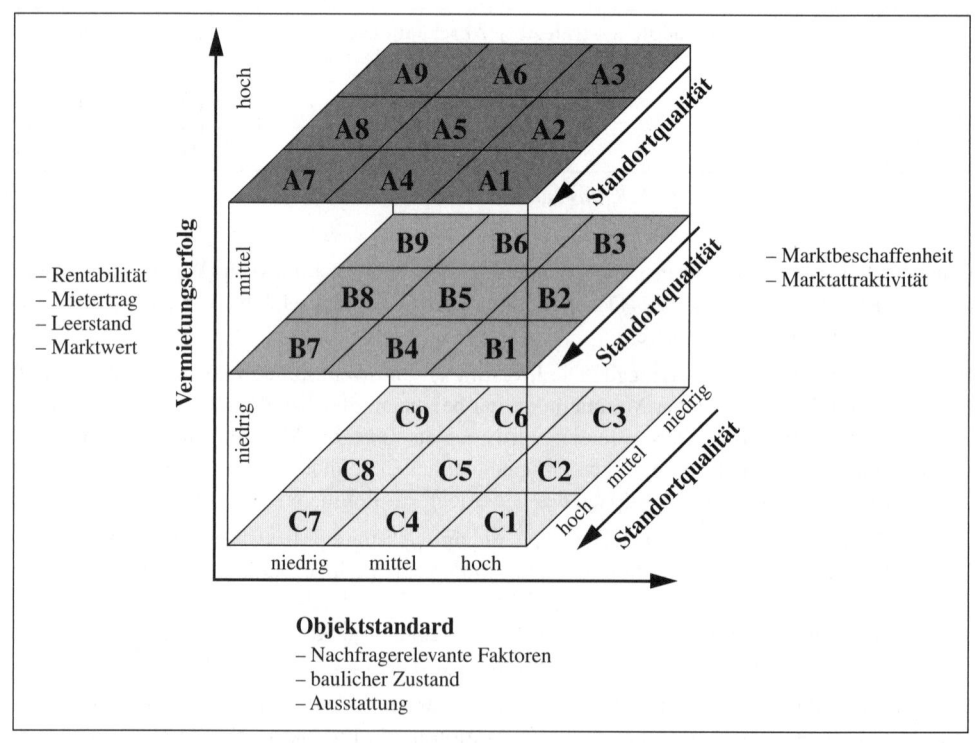

Abb. V 69: Dreidimensionales Portfoliomodell[143]

---
[142] Vgl. Kook, H./Sydow, M. (2010), S. 43 ff.
[143] Ebenda, S. 45

Aus dem dreidimensionalen Portfoliomodell ergeben sich insgesamt 27 Teilräume (A1 bis C9), welchen wiederum unterschiedliche Basisstrategien zugrunde liegen. Die Anzahl der Teilräume bewegt sich damit im oberen Bereich des vernünftig zu differenzierenden Immobilienbestandes, da der Detaillierungsgrad sehr hoch ist und die Abstufung deshalb einer enormen Präzision bedarf, wodurch die Einteilung auch durchaus erkenntnisreich sein kann. Die Objektivität muss dabei möglichst hoch sein, was durch nachvollziehbare und unternehmensbezogene Einzelmerkmale und deren spezifischer Gewichtung bei der Analyse der Objekte gewährleistet wird. Die Analyse erfolgt dabei größtenteils auf Teilportfolio- bzw. Objektebene und dabei insbesondere durch ein Scoringverfahren.[144]

6.2.6 Vorgehensweisen zur Strukturierung eines Portfolios

Im Allgemeinen werden zwei Hauptbereiche der Asset Allocation unterschieden. Zum einen die strategische Asset Allocation: Sie hat das Ziel, langfristig das individuelle Portfolio für einen Investor zu bestimmen, zum anderen die taktische Asset Allocation: Sie ist kurzfristig orientiert. Ihr Ziel ist die Erwirtschaftung von Überrenditen durch Über- oder Untergewichtung einzelner Asset-Klassen, Assets oder Regionen.[145]

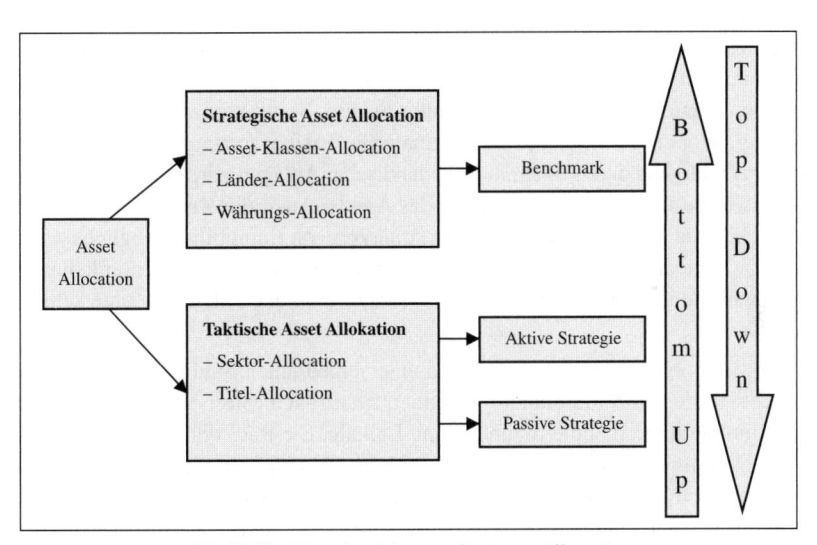

Abb. V 70: Charakterisierung der Asset Allocation

6.2.6.1 Strategische Asset Allocation

Die strategische Asset Allocation setzt sich aus drei Diversifizierungsebenen zusammen. Sie findet auf der Ebene verschiedener Märkte statt und nicht auf der Titel-Ebene. Durch eine individuelle Ausrichtung dieser drei Bereiche werden die langfristigen Ziele des Portfolios mittels einer Benchmark festgestellt.

---

[144] Vgl. ebenda, S. 45 ff.
[145] Vgl. Sachsenmaier, M. (2001), S. 642 ff.

Asset-Klassen-Allocation: Das Ziel dieses Bereichs innerhalb der strategischen Asset Allocation besteht in einer effizienten Vermögensaufteilung auf verschiedene Asset-Klassen. Generell ist eine Grobeinteilung nach standardisierter und nicht standardisierter Handelbarkeit gegeben:

Traditionelle Anlageobjekte (standardisierte Handelbarkeit)
- Aktien
- Renten
- Geldmarktanlagen
- Fonds

Nicht-traditionelle Anlageobjekte (nicht-standardisierte Handelbarkeit)
- Immobilien
- Kunstgegenstände
- Briefmarken

Abgrenzungskriterien ergeben sich vor allem durch niedrige Korrelationen und stärkere Marktineffizienzen, sowie mangelnde Preistransparenz auf Seiten der nicht traditionellen Anlageformen. In vielen Portfolios wird daher auf Assets der nicht traditionellen Art verzichtet, obwohl gerade diese aufgrund der bereits genannten geringen positiven bzw. negativen Korrelationen zu anderen Assets interessant für eine Portfoliobeimischung sind.[146]

Länder-Allocation: Die Ebene der Länder-Allocation beinhaltet die Frage, inwieweit in einem Portfolio internationale Assets aufgrund positiver Diversifikationseffekte Berücksichtigung finden sollten.[147] Gründe für eine Länder-Allocation sind die unterschiedlichen nationalen Konjunkturzyklen und die unterschiedlichen Risiko-Rendite-Profile. Somit sind diese Beiträge zur Risikodiversifizierung. Wobei nicht nur das unsystematische Risiko verringert wird: aufgrund gering korrelierender Märkte und durch Integration ausländischer Anlagen wird nationales systematisches Risiko teilweise zu unsystematischem Risiko des Assets. Auch die Knappheit des Angebots auf nationalem Gebiet, da keine grenzenlose Vermehrbarkeit von Immobilien möglich ist, ist ein weiterer Grund, sowie die unterschiedliche Entwicklungsreife verschiedener Immobilienmarktzyklen, welche nicht nur konjunkturbedingt entstehen, sondern evtl. auch als Folge unterschiedlich weit entwickelter Trends.

Mit Hilfe der „Immobilienuhr" lassen sich die unterschiedlichen Stadien des Immobilienmarktzyklus, in der sich der einzelne Standort befindet, bestimmen. Sie ist ein Konstrukt des amerikanischen Immobilienunternehmens Jones Lang LaSalle. Sie trägt der Tatsache Rechnung, dass die Immobilienkonjunktur weltweit keinen einheitlichen Verlauf nimmt und auch innerhalb eines Landes verschiedene räumliche Entwicklungstendenzen zeigt. In der einer Uhr nachempfundenen zifferblattähnlichen Darstellung wird die Stellung der Entwicklungschancen der Objekte verschiedener immobilienwirtschaftlichen Zentren dargestellt.

Die „Uhr" darf allerdings nicht so interpretiert werden, dass alle Immobilienzentren im gleichen Tempo um das Zifferblatt kreisen, etwa wie der Minutenzeiger. Zwischen „12 und 3 Uhr" entwickeln sich die Büromieten nach unten, zwischen „3 und 6 Uhr" streben sie dem Tiefpunkt entgegen. zwischen „6 und 9 Uhr" kommt es zu zunehmenden Mietsteigerungen und bis „12 Uhr" nehmen die Mietsteigerungen ab, um dann mit dem konjunkturellen Reigen neu zu beginnen.

Eine andere bekannte Darstellungsvariante ist die Sinus-Kurve. Auf ihr bewegen sich alle Standorte, jedoch mit unterschiedlichen „Geschwindigkeiten". Der horizontale Meridian bildet die angestrebte

---

[146] Vgl. Dahlmanns, J. (2009), S. 16 f.
[147] Vgl. Hielscher, U. (1999), S. 254

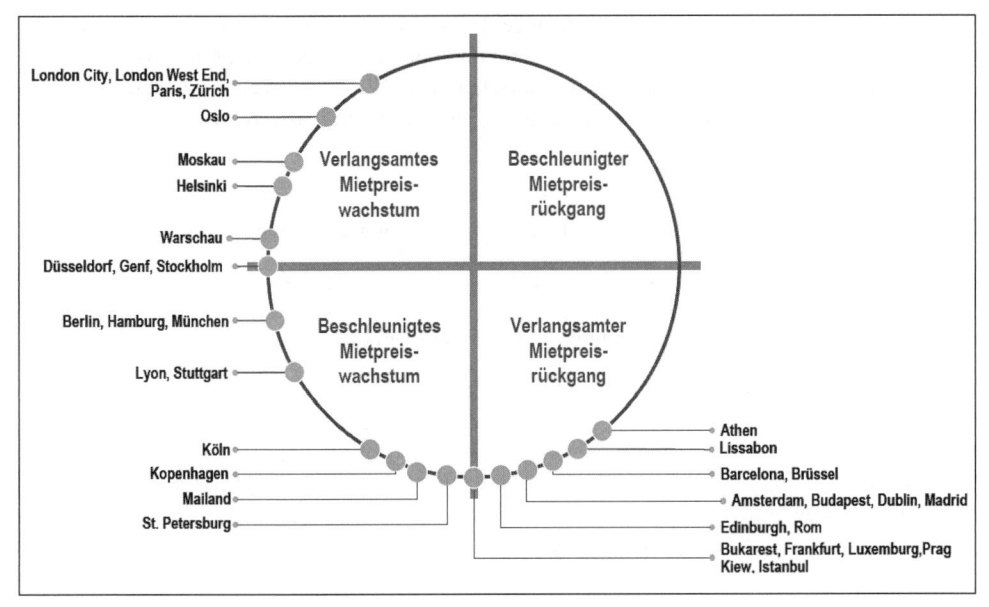

Abb. V 71: Jones Lang LaSalle Büroimmobilienuhr – 4. Quartal 2011[148]

Rendite m ab, während die Abstände die Standardabweichung s darstellen. D. h.: Wenn die Rendite in Land A fällt, steigt sie im Gegenzug in Land B wieder an. Vorausgesetzt, der Korrelationskoeffizient ist genau −1. Also eine genau gegenläufige Rendite-Entwicklung.

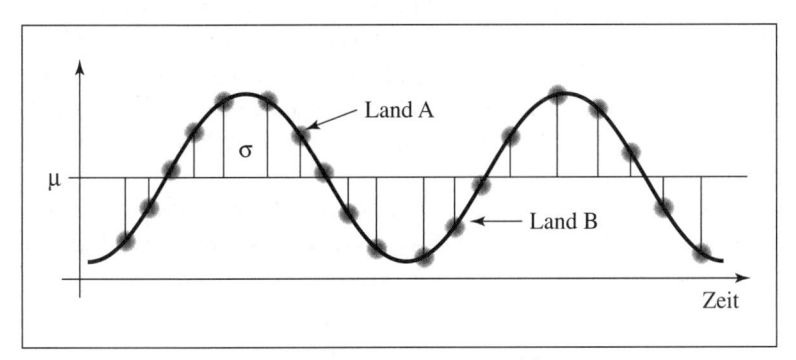

Abb. V 72: „Schweinezyklus"[149]

Währungs-Allocation: Die Währungs-Allocation muss nicht zwingend mit der Länderdiversifikation übereinstimmen, da wie z. B. in der europäischen Währungsunion alle Länder die gleiche Währung haben, sie sich aber trotzdem in unterschiedlichen Stadien des Immobilienmarktzyklus befinden können. Während das Wechselkursrisiko die Schwankungen zwischen Währungen darstellt, handelt es sich beim Währungsrisiko um den Renditeunterschied der Anlage in ausländischer Währung in

---

[148] Jones Lang LaSalle (2011), S. 1,
[149] Zurückzuführen auf Hanau, A. (1928), o. S.

Beziehung zur Rendite der gleichen Anlage in der Heimatwährung. Komplexität entsteht dadurch, dass die Korrelationen zwischen den Devisen- und Immobilienmärkten nicht perfekt bzw. teilweise auch negativ sind. Somit muss nicht nur die Korrelation der Wechselkurse berücksichtigt werden, sondern auch die Korrelation der Währung der einzelnen Immobilienstandorte.

6.2.6.2 Taktische Asset Allocation

Die taktische Asset Allocation baut auf die Ergebnisse der strategischen Asset Allocation auf, wobei die gleichen Anlagepräferenzen zugrunde gelegt werden.[150]

Sektor- und Titel-Allocation

In der Sektor- und Titel-Allocation geht es in erster Linie um die Fragen:

In WAS wird investiert (Risikopräferenzen des Anlegers)
- Wohnimmobilien
- Gewerbeimmobilien
- Freizeitimmobilien
- Single-Use-Immobilien

WO wird investiert (Markt- und Standortanalyse)
- Welches Land
- Welche Stadt
- Welche Straße

6.2.7 Anlagestrategien

Neben der dargestellten Vorgehensweise zur Strukturierung des Portfolios kann im Rahmen der Investitionspolitik generell zwischen zwei Anlagestrategien unterschieden werden.

Zum einen gibt es die „Aktive Strategie", deren Ziel ist es, die Performance des Portfolios aus der strategischen Asset Allocation durch Über- oder Untergewichtung zu übertreffen. Neben dem absoluten Anlagerisiko des Portfolios entsteht somit zusätzlich noch ein relatives Abweichungsrisiko zur Benchmark.

Zum anderen die „Passive Strategie". Diese Strategie versucht den Benchmark so genau wie möglich abzubilden. Dadurch erhöht sich zwar nicht das Risiko, es lässt jedoch auch keine Möglichkeit offen, eine Überrendite zu erzielen.

---

[150] Vgl. Dahlmanns, J. (2009), S. 107

7 Die Performancemessung durch Risikokennziffern

7.1 Aufgaben und Ziele der modernen Performancemessung

Ziel der Performancemessung ist die Bewertung des Anlageerfolgs verschiedener Portfolios bzw. Portfoliostrategien.[151] Dabei gilt es die Überrendite eines Portfolios im Vergleich zu einem selbstdefinierten Benchmark zu ermitteln oder die relative Vorteilhaftigkeit gegenüber einer anderen Portfoliozusammensetzung erkennbar zu machen. Eines der wichtigsten Ziele der Performancemessung ist die nachhaltige Kontrolle des aktiven quantitativen Portfoliomanagements. In den nachstehenden Kapiteln werden die gängigsten Instrumente der externen Performancemessung, aus Sicht der Investoren, vorgestellt.

7.2 Sharpe-Ratio

Die Sharpe-Ratio ist eine Kennzahl, die Auskunft darüber gibt, wie stark die Rendite einer Investition über dem risikofreien Zinssatz lag und bei welcher Volatilität diese Rendite erzielt wurde. Mit dem Sharpe-Ratio, auch als „Reward to Variability Ratio" bekannt, kann im Nachhinein (ex post) ein Vergleich zwischen verschiedenen Geldanlagen vorgenommen werden. Intention des Sharpe-Ratios ist es, die Überrendite pro Einheit Risiko zu messen. Als Maß für das Risiko wird dabei die Volatilität der Überrenditen verwendet, ausgedrückt durch die Standardabweichung der Überrenditen. Die Sharpe-Ratio ist für ein Portfolio mittels der Formel 44 definiert, wobei R_f dem risikolosen Zinssatz entspricht und R_p der tatsächlichen Portfoliorendite. σ_p ist, wie schon bekannt, die erwartete Portfoliorendite.

$$SR_P = \frac{R_P - R_f}{\sigma_P}$$

Formel 44 – Sharpe-Ratio

R_p minus R_f ist die durchschnittliche Überrendite der Investition über die Rendite der risikolosen Anlage. Um das Sharpe-Ratio zu erhalten, wird die durchschnittliche Überrendite in Relation zur Volatilität der Überrendite gesetzt, wobei hierfür die Standardabweichung der Überrenditen verwendet wird. Je höher der Wert des Sharpe-Ratios, desto besser war die Wertentwicklung der untersuchten Geldanlage im Vergleich zur risikolosen Anlage. Das Eingehen des Risikos wurde also belohnt.[152]

Das Sharpe-Ratio kann auch negative Werte annehmen, was bedeutet, dass die Wertentwicklung der untersuchten Geldanlage schlechter war als bei der risikolosen Anlage: das eingegangene Risiko wurde hier nicht belohnt. Der Vergleich negativer Sharpe-Ratios untereinander ergibt jedoch keine sinnvollen Aussagen über die Risikoeffizienz der Anlagen.

---

[151] Vgl. Liang, Y./McIntosh, W. (1998), S. 13
[152] Vgl. Hielscher, (1999), S. 75 f.

7.3 Treynor-Ratio

Die von Jack L. Treynor 1965 erstmals aufgestellte Treynor-Ratio, auch „Reward to Volatility Ratio" genannt, ist ebenfalls eine finanzwirtschaftliche Kennzahl. Sie bezeichnet das Verhältnis der Überschussrendite zum Betafaktor und somit die Risikoprämie je Einheit des eingegangenen systematischen Risikos. Sie ist durch folgende Formel definiert:

$$TR_P = \frac{R_P - R_f}{\beta_P}$$

Formel 45 – Treynor-Ratio

Hierbei stellt R_p die Rendite des Portfolios, R_f die Rendite der risikofreien Kapitalanlage und β_p das Beta des Portfolios dar. Stehen zwei Portfolios unter gleichen Rahmenbedingungen zur Auswahl, so erzielt das Portfolio mit der größeren Treynor-Ratio seine Rendite mit einem geringeren systematischen Risiko. Gültig ist diese Betrachtungsweise nur unter der Prämisse, dass die Investitionsalternative dem Gesamtrisiko nach entspricht und nicht wegen schlechterer Diversifizierung eines der Portfolios mit einem größere unsystematischen Risiko behaftet ist.

7.4 Jensens-Alpha

Eine weitere risikoadjustierte Kennzahl ist Jensens Alpha, welches angibt, ob die Überrendite des Portfolios über der Überrendite des Vergleichsindex liegt. Zudem wird in dieser Kennziffer wie bei der Treynor-Ratio das Beta berücksichtigt, um auch die Anfälligkeit des Fonds gegen Marktschwankungen als Risikoelement abzubilden. Ein positives Alpha sagt also, dass das Portfolio seinen Vergleichsindex nach Berücksichtigung des Risikos geschlagen hat. Diese Performance-Zahl eignet sich jedoch hauptsächlich für die absolute Bewertung eines Anlageergebnisses.

$$\alpha_P = \overline{R}_P - (R_f + (R_m - R_f) \cdot \beta_P)$$

Formel 46 – Jensens Alpha

8 Zusammenfassung und Fazit

Es wurde gezeigt, wie die Immobilie als Asset in ein Portfolio eingefügt werden sollte. Die Rendite der einzelnen Immobilien wird mittels der Investitionsrechnung berechnet. Als Methode mit der bestmöglichen Differenzierung der einzelnen Zahlungsströme ist die Cashflow-Methode genannt worden. Mit ihr lassen sich die Renditen für verschiedene Szenarien erstellen. Die Rahmendaten für die Szenarien werden unter Berücksichtigung der unterschiedlichen Immobilieninvestitionsrisiken erfasst. Um die Eintrittswahrscheinlichkeit der errechneten Renditen in den einzelnen Szenarien zu bestimmen, wurde die Wahrscheinlichkeitsrechnung näher erläutert. Damit ist es möglich, das Risiko, dass eine bestimmte Rendite nicht erreicht wird, genau zu bestimmen, um anschließend anhand der Portfoliotheorie eine geeignete Diversifikation berechnen zu können. Dazu werden die einzelnen Renditen mit ihren Eintrittswahrscheinlichkeiten herangezogen und ihre Korrelation errechnet. Um unterschiedliche Portfoliozusammensetzung und die erwarteten Ergebnisse mit den tatsächlich eingetretenen Ergebnissen vergleichen zu können, wurden die wichtigsten drei Performance-Kennzahlen genannt und ihre Anwendung erklärt.

Die Immobilie spielt auch heute trotz des risikoaversen Verhaltens der deutschen Bevölkerung und der geringen Stabilität der rechtlichen Rahmenbedingungen noch eine durchaus bedeutende Rolle in einem Portfolio. Es ist wichtig, das Risiko zu erkennen, es richtig berechnen und in die Renditeausweisungen richtig einpreisen zu können.

Es ist somit nicht mehr zeitgemäß, eine Renditeausweisung mit genauen Zinsangaben zu machen, sondern es sollten Konfidenzintervalle mit den dazugehörigen Eintrittswahrscheinlichkeiten angegeben werden. Zusätzlich ist es wichtig, das Restrisiko auszuweisen, damit der Investor weiß, welches Risiko er versichern oder mittels Diversifikation durch eine andere Anlage absichern muss, um seinem eigenem Rendite-Risiko-Profil gerecht zu werden und das für ihn „optimale Portfolio" zusammen stellen zu können.

VI. Klassische Finanzierung

1 Kreditarten bei Immobilien

1.1 Einführung

Die Gründe für eine Investition in Immobilien sind sehr weitreichend. Unabhängig davon, ob die Immobilien eigengenutzt oder vermietet sind, im Privat- oder Betriebsvermögen gehalten werden, Wohn- oder Gewerbezwecken dienen, lassen sich Immobilienengagements allgemein durch ihren hohen Kapitalbedarf und ihre Langfristigkeit charakterisieren.

Jedoch reicht in der Regel das Eigenkapital der Investoren zur Realisierung eines Objekts nicht aus, so dass andere Finanzierungsquellen einbezogen werden müssen. Selbst wenn Eigenkapital in ausreichendem Maße vorhanden ist, können im Einzelfall Gründe für eine anteilige Fremdfinanzierung sprechen. Neben der Langlebigkeit einer Immobilie, die eine Verteilung der finanziellen Lasten auf mehrere Generationen rechtfertigt, ist hier auch an die steuerliche Bevorzugung des Fremdkapitals im unternehmerischen und fremd genutzten Wohnungsbau zu denken.

Es bietet sich eine Vielzahl von Finanzierungsalternativen zur Abdeckung der Finanzierungslücke zwischen geplanter Investitionssumme und einzusetzendem Eigenkapital an. Neben den traditionellen Instrumenten etablieren sich zunehmend innovative und flexible Finanzierungsalternativen, deren Entstehung sowohl auf Seite der Anbieter als auch der Nachfrager begründet ist (vgl. Abb. VI 1). Die Auswahl des richtigen Finanzierungskonzeptes bildet letztlich die Grundlage für eine erfolgreiche Immobilieninvestition.

Unterschieden nach den Quellen des Kapitals umfasst die Immobilienfinanzierung drei Arten von Finanzierungsmitteln: das Eigenkapital, das Fremdkapital und öffentliche Mittel. Das Eigenkapital spielt in einem Finanzierungskonzept gewiss eine bedeutsame Rolle, jedoch ist der Eigenmitteleinsatz zu sehr von den unterschiedlichen Investitionszielen der einzelnen Investoren abhängig. Der Vergleich zeigt, dass für Privatpersonen die Fragen der Eigenkapitalansammlung im Vordergrund stehen, während bei der unternehmerischen Tätigkeit überwiegend auf die betriebswirtschaftlichen Aufgabenstellungen der Eigenkapitalgewinnung und der Rentabilität beim Eigenkapitaleinsatz abgestellt wird.[1] Die weiteren Ausführungen zur klassischen Finanzierung beschränken sich folglich nur auf den Einsatz von Fremdkapital und öffentlichen Mitteln.

Aufgrund der vielen unterschiedlichen Anbietergruppen von Krediten und einer großen Vielfalt an Ausgestaltungsmöglichkeiten haben sich im Laufe der Zeit die verschiedensten Finanzierungsvarianten gebildet (vgl. Abb. VI 2). Die Unterschiede zeigen sich z. B. in den Zinssätzen oder in den notwendigen Sicherheiten.

Bezogen auf die Finanzierung von Immobilien, sei es für eine Privatperson oder ein Unternehmen, bedeutet dies, dass nicht alle Kreditarten für ein Finanzierungskonzept in Frage kommen. Relevant

---

[1] Vgl. Kühne-Büning, L./Heuer, J. (1994), S. 400 f.

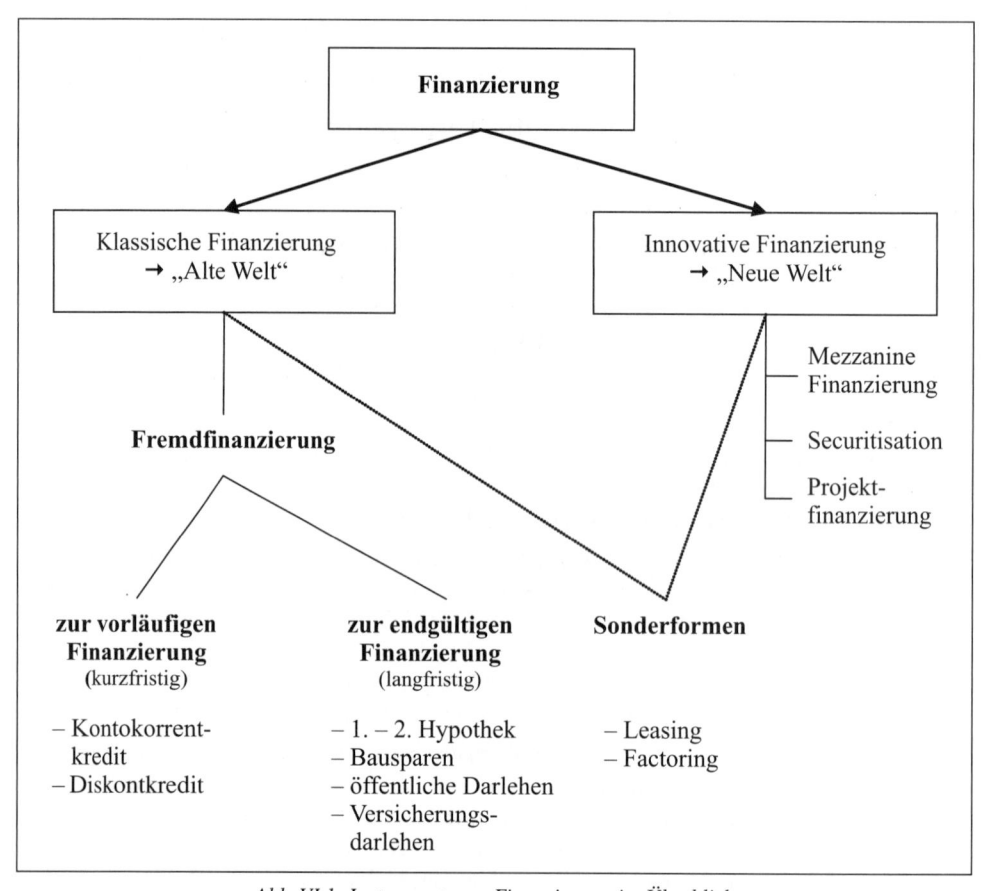

```
                            Finanzierung
                    ┌───────────┴───────────┐
        Klassische Finanzierung      Innovative Finanzierung
           → „Alte Welt"                → „Neue Welt"
                                              │
                                              ├─ Mezzanine
                                              │  Finanzierung
        Fremdfinanzierung                     ├─ Securitisation
                                              └─ Projekt-
                                                 finanzierung

   zur vorläufigen      zur endgültigen      Sonderformen
    Finanzierung         Finanzierung
     (kurzfristig)        (langfristig)

   – Kontokorrent-      – 1. – 2. Hypothek   – Leasing
     kredit             – Bausparen          – Factoring
   – Diskontkredit      – öffentliche Darlehen
                        – Versicherungs-
                          darlehen
```

Abb. VI 1: Instrumente zur Finanzierung im Überblick

sind im Zusammenhang mit der kurzfristigen Fremdfinanzierung vor allem der Kontokorrentkredit, z.B. für eine Vor- oder Zwischenfinanzierung, und der Avalkredit, der z.B. zur Absicherung der Immobilienfinanzierung benötigt wird.

Bedeutend für die langfristige Fremdfinanzierung sind neben dem Realkredit das Bausparen sowie Versicherungsdarlehen, öffentliche Darlehen und Fremdwährungsdarlehen. Neben diesen Finanzierungsmöglichkeiten haben sich zunehmend Sonderformen, so genannte Kreditsubstitute, entwickelt, um den steigenden Anforderungen der Investoren und Unternehmen gerecht zu werden. Hierzu zählt insbesondere die Sonderform des Leasings, aber auch das Kreditsubstitut Factoring sollte in diesem Zusammenhang genannt werden.

Einteilungsgesichtspunkt	Kennzeichnung	Beispiele
1. Fristigkeit		
– kurzfristige Kredite	Laufzeit bis zu einem Jahr	Kontokorrentkredit
– mittelfristige Kredite	Laufzeit von einem Jahr bis zu 5 Jahren	Ratenkredit
– langfristige Kredite	Laufzeit von mehr als 5 Jahren	Realkredit
2. Art des Mitteleinsatzes		
– Barkredit	Zurverfügungstellung von Bar- oder Buchgeld	Kontokorrentkredit, Diskontkredit
– Kreditleihe	Zurverfügungstellung der eigenen Kreditwürdigkeit	Avalkredit
– weitergeleitete Kredite	Kredite für fremde Rechnung	Treuhandkredit
– Sonderformen	Vermietung Ankauf von Forderungen	Leasing Factoring
3. Art der Bereitstellung		
– Darlehen	Bereitstellung des Kreditbetrages in einer Summe, Rückzahlung in Raten oder in einer Summe	Ratenkredit, Realkredit
– Kontokorrentkredite	Bereitstellung als Kreditlinie, bis zu der auf dem Konto verfügt werden kann	Dispositionskredit
– Wechselkredite[2]	Bereitstellung als Kreditlinie, bis zu der Wechsel angekauft werden	
4. Art der Besicherung		
– Blankokredite	Kredite ohne besonders vereinbarte Sicherheiten	Dispositionskredit
– Gesicherte Kredite	Kredite gegen besonders vereinbarte Personen- oder Sachsicherheiten	Kontokorrentkredit gegen Stellung einer Bürgschaft

Abb. VI 2: Einteilung von Krediten

---

[2] Wegfall der Wechselkredite mit Einführung der Währung Euro.

1.2 Kurzfristige Fremdfinanzierung

1.2.1 Kontokorrentkredit

Der Kontokorrentkredit stellt die klassische kurzfristige Kreditform dar. Unter Kontokorrent wird eine laufende Rechnung verstanden, bei der Plus- und Minusbewegungen stattfinden und von rechtlicher Bedeutung jeweils der Saldo ist, der durch die Verrechnung der wechselseitigen Ansprüche entsteht.

Die Abwicklung von Kontokorrentkrediten bei Banken erfolgt über die Kontokorrentkonten, auch Girokonten genannt. Jedoch ist nicht automatisch eine Krediteinräumung mit der Eröffnung eines derartigen Kontos verbunden. Diese setzt wiederum einen Kreditantrag und eine Kreditwürdigkeitsprüfung durch die Bank voraus. Die Zusage des Kredits erfolgt dann in Form einer Kontokorrentlinie. Diese Linie stellt den Höchstbetrag dar, bis zu dem das Girokonto in Anspruch genommen werden darf. Wird ein Kredit ohne Zusage durch die Bank in Anspruch genommen oder die Kreditlinie überschritten, so wird zusätzlich zu den normalen Kreditzinsen eine Überziehungsprovision berechnet.

Für die Besicherung von Kontokorrentkrediten kommen alle fiduziarischen Kreditsicherheiten in Frage, wie Sicherungsübereignungen, Abtretung von Forderungen, Verpfändung von Wertpapieren und Guthaben sowie Grundschulden und die Bürgschaft als akzessorische Sicherheit.

Ein besonderer Vorzug des Kontokorrentkredits liegt in der Möglichkeit der flexiblen Inanspruchnahme. Darüber hinaus ist er nicht zweckgebunden und steht für alle banküblichen Transaktionen (Barabhebung, Überweisung, Scheckeinlösung usw.) zur Verfügung. Eine nicht ausgenutzte Kreditlinie steht als potentielle Liquiditätsreserve zur Verfügung und erlaubt es dem Betrieb, geringere liquide Mittel ersten Grades zu halten. In der Immobilienwirtschaft eignet sich der Kontokorrentkredit speziell zur Vor- und Zwischenfinanzierung, d. h. wenn der Kredit zur Vorfinanzierung von Projekten dient, für die langfristige Mittel bereits verbindlich zugesagt worden sind, über die aber noch nicht verfügt werden kann. Beispiele hierfür sind die verbindlich zugesagten 1. und 2. Hypotheken, die erst entsprechend dem Baufortschritt oder nach Baufertigstellung valutiert werden, wobei die Handwerkerrechnungen jedoch schon früher anfallen. Der große Nachteil des Kontokorrentkredits liegt in den sehr hohen Zinsen für die Inanspruchnahme. Aufgrund dessen werden in der Praxis Baukonten mit wesentlich niedrigeren Konditionen eingerichtet. Auf diese Baukonten wird in der Regel auch das Darlehen ausbezahlt.

1.2.2 Avalkredit (Kreditleihe)

Ein Aval stellt die Übernahme einer Bürgschaft oder Garantie durch ein Kreditinstitut im Auftrag eines Kunden (Avalkreditnehmer) gegenüber einem Dritten (Avalbegünstigter) dar. Im Rahmen des Avalkredits steht die Bank für gegenwärtige oder zukünftige Verbindlichkeiten unterschiedlicher Art ihrer Kunden gegenüber Dritten ein. Der Avalkreditnehmer bleibt Hauptschuldner seines Gläubigers, und die Bank wird nur dann in Anspruch genommen, wenn der Avalkreditnehmer nicht zahlt. Der Avalkredit stellt für die Bank eine Eventualverbindlichkeit dar.

Die von der Bank übernommene Bürgschaft ist selbstschuldnerisch, d. h. dass ihr die Einrede der Vorausklage nicht zusteht, da die Bürgschaftserteilung für die Bank ein Handelsgeschäft darstellt. Der Avalbegünstigte kann sich daher bei Zahlungsverzug des Avalkreditnehmers sofort an die bürgende Bank wenden, ohne vorherige Klageerhebung gegen den Hauptschuldner. Das Bankaval kann sich stets nur auf die Zahlung eines bestimmten Geldbetrages beziehen und nicht auf die Erbringung anderer Leistungen, wie etwa auf Erfüllung der Lieferung, gerichtet sein. Für die Einräumung des Avalkredits berechnet die Bank eine Avalprovision, deren Höhe von der Laufzeit, dem Bürgschaftsbetrag und von einer etwaigen Sicherstellung des Avals abhängt.

Bankavale werden im Rahmen der Immobilienfinanzierung häufig zur Absicherung von Bauspardarlehen und Versicherungsdarlehen benötigt oder im Rahmen des Bauträgergeschäfts verwendet. Wohnungen werden im Bauträgergeschäft oftmals als Steuermodell an Investoren mit Mietgarantien verkauft. Hierfür steht eine Bank mit einem so genannten Mietaval ein. Vielmals fordern aber auch Hersteller von Fertighäusern eine Bürgschaft zur Sicherung der Verbindlichkeiten des Käufers.

1.3 Langfristige Fremdfinanzierung

1.3.1 Realkredit (1. + 2. Hypothek)

Als „Realkredit" wird ein langfristiger Kredit definiert, der durch ein Grundpfandrecht (Hypothek, Grundschuld oder Rentenschuld) an einem Grundstück gesichert ist und dessen Verzinsung und Rückzahlung jederzeit unabhängig von der Person des Kreditnehmers durch das beliehene Grundstück gewährleistet ist. Im Gegensatz dazu steht der Personalkredit, dessen Sicherheit auf der Bonität des Schuldners, also letztlich darauf beruht, dass bei Zahlungsrückständen auf das Vermögen und Einkommen des Schuldners zurückgegriffen werden kann. Entscheidend ist somit die Haftung des beliehenen Grundstücks, hinter der die persönliche Zahlungsfähigkeit des Kreditnehmers zurücktritt.

Im Sinne § 11 HBG gelten als Realkredite diejenigen Kredite, die innerhalb der ersten 60% des Beleihungswertes liegen. Diese Beleihungsgrenze bezeichnet den Wert, bis zu dem ein Grundstück nach gesetzlichen und/oder satzungsmäßigen Vorschriften mit Grundpfandrechten belastet werden darf. Zum erststelligen Finanzierungsraum – in der Praxis auch 1. Hypothek oder Ia-Darlehen genannt – gehören folglich jene Finanzierungsmittel, die an erster Stelle im Grundbuch gesichert sind (vgl. Abb. VI 3). Im nachstelligen Finanzierungsraum werden Finanzierungsmittel ausgereicht, für die ein nachrangiges Grundpfandrecht eingetragen werden kann. Diese Darlehen, die über die sechzigprozentige Beleihungsgrenze hinaus gewährt werden, werden als objektgesicherter Personalkredit oder auch 2. Hypothek bezeichnet.

Der Realkredit dient in der Regel der langfristigen Finanzierung von Immobilien. Juristisch gesehen bedeutet langfristig die rechtsverbindliche Zusage des Darlehensgebers an den Darlehensnehmer, die bereitgestellten Beträge für lange Fristen unkündbar zur Verfügung zu stellen, es sei denn, der Darlehensnehmer kommt seinen Verpflichtungen aus dem Darlehensvertrag nicht nach. Der Darlehensnehmer wiederum weiß, dass bei einem langfristigen Kredit die Konditionen, z. B. Zins und Tilgung, für längere Zeit oder sogar für die gesamte Laufzeit unverändert bleiben. Allerdings hat die Realkreditreform zu einem Übergang zur Abschnittsfinanzierung geführt. Die Zinsen bleiben nicht mehr über die gesamte Laufzeit des Darlehens konstant, sondern werden in gewissen Abständen der Lage auf dem Kapitalmarkt angepasst. In der Bankenpraxis erfolgt die Neufestschreibung in der Regel nach 5, 10 oder 15 Jahren.

Der Darlehensnehmer trägt bei einer Abschnittsfinanzierung das Risiko von Zinsschwankungen. Liegt das allgemeine Zinsniveau am Kapitalmarkt beim Auslauf der Zinsfestschreibung über der ursprünglichen Festschreibung, so wird der Darlehensnehmer einen erhöhten Preis für seinen Kredit zu zahlen haben. Bei einem Darlehen mit langer Festzinsvereinbarung steht die unter Umständen eingeschränkte Rückzahlungsmöglichkeit dem Vorteil beim Zinsänderungsrisiko gegenüber. Sondertilgungen bzw. vorzeitige Rückzahlung sind nur dann möglich, wenn diese ausdrücklich im Darlehensvertrag fixiert sind. Hingegen steht bei einem variabel verzinsten Darlehen die jederzeitige Darlehensrückführung dem vollen Zinsänderungsrisiko gegenüber. In der Praxis ist in der Regel eine Kündigungsfrist von 3 Monaten einzuhalten.

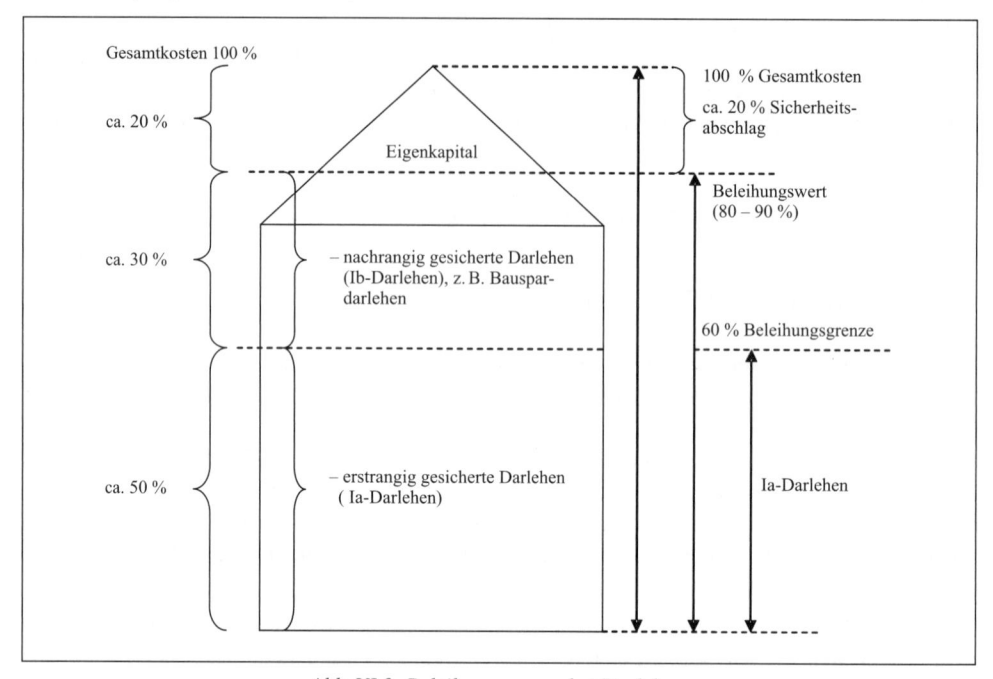

Abb. VI 3: Beleihungsgrenze bei Darlehen

Mit dem Übergang zur Abschnittsfinanzierung wird mehr und mehr das Instrument der Grundschuld zur Besicherung genutzt. Sie ist wegen ihres abstrakten Charakters nicht vom Bestehen einer Forderung abhängig, und somit bedarf es, im Gegensatz zur Hypothek, auch keiner Eintragung der Änderung des Hypotheken-Zinses im Grundbuch. Insofern ist die Grundschuld ein flexibler zu handhabendes Sicherungsinstrument.

1.3.2 Bausparen

Mit der Definition des § 1 (1) Bausparkassengesetzes (BSpG) wird der Unterschied zwischen den Banken, Sparkassen und Versicherungsanstalten und den Bausparkassen deutlich. Die Refinanzierung der Realkreditanstalten erfolgt in erster Linie durch die Ausgabe von Pfandbriefen und Kommunalschuldverschreibungen. Zwischen den Anleger (Pfandbriefkäufern) und den Darlehensnehmern besteht in der Regel keine Identität, insbesondere hat der Anleger keinen Rechtsanspruch auf eine Hypothek. Im Unterschied dazu baut das Bausparsystem auf dem Kollektivsystem auf. Der Bausparer schließt mit einer Bausparkasse einen Bausparvertrag über eine bestimmte Vertragssumme ab, z. B. 30.000 €. Hierauf hat der Bausparer einmalig oder regelmäßig die vertraglich festgelegten Sparraten zu zahlen (Vorsparen), z. B. entsprächen 40 % einem Sparguthaben von 12.000 €. Nach

Erreichen des Mindestspargutshabens, der Mindestsparzeit (häufig 18 oder 24 Monate) sowie nach Erreichen einer ausreichend hohen Bewertungsziffer wird der Bausparvertrag zuteilungsreif. Nach Zuteilungsannahme durch den Bausparer, wozu er aber nicht verpflichtet ist, hat er einen Rechtsanspruch auf Auszahlung sowohl des angesammelten Spargutshabens (einschließlich Zinsen) als auch auf das Bauspardarlehen in Höhe des Unterschiedsbetrages zwischen der Vertragssumme und dem Bauspargutshaben.

Bezüglich der Besicherung des Bauspardarlehens begnügen sich die Bauparkassen mit dem zweiten Rang im Grundbuch. Zudem sind die Bausparkassen bereit, das Darlehen bis zu 80 % des Beleihungswertes zu gewähren. Somit stellt das Bauspardarlehen die „klassische" 2. Hypothek dar. Explizitere Ausführungen zum Thema Bausparen erfolgen an späterer Stelle.

1.3.3 Versicherungsdarlehen

Auch Versicherungsunternehmen, insbesondere Lebensversicherungsgesellschaften, stellen Mittel zur Immobilienfinanzierung, überwiegend für Wohnimmobilien, zur Verfügung. Grundlage hierzu bildet § 54 des Gesetzes über die Beaufsichtigung der Versicherungsunternehmen: *Das Vermögen einer Versicherungsunternehmung ist unter Berücksichtigung der Art der betriebenen Versicherungsgeschäfte sowie der Unternehmensstruktur so anzulegen, dass möglichst große Sicherheit und Rentabilität bei jederzeitiger Liquidität der Versicherungsunternehmung unter Wahrung angemessener Mischung und Streuung erreicht wird.*

Um diesen Anforderungen gerecht zu werden, gehört neben dem Erwerb von Immobilien die Gewährung von Hypothekarkrediten zur Vermögensanlage. Unter dem Aspekt der Sicherheit reichen Lebensversicherungsunternehmen in der Regel nur Darlehen im erststelligen Beleihungsraum aus, so dass die 60%-Grenze nicht überschritten wird.

Durch die monatlichen Prämienzuflüsse, abzüglich der Risiko- und Verwaltungskosten, stehen den Gesellschaften langfristig Spargelder zur Verfügung, die im Sinne der Versicherten effizient angelegt werden müssen. Somit sind Versicherer in der Lage, aufgrund des erheblichen Liquiditätsaufkommens langfristige Darlehen gewähren zu können, ohne sich anderweitig am Markt refinanzieren zu müssen. Eine übliche Konstruktion bei der Vergabe eines Realkredits durch eine Lebensversicherungsgesellschaft besteht in der Koppelung eines Hypothekarkredits und einer kapitalbildenden Lebensversicherung:

Policendarlehen: Die Lebensversicherungsgesellschaft gewährt bei einer bereits bestehenden Kapitallebensversicherung ein mitunter zinsgünstiges Darlehen an den Versicherungsnehmer bis zur Höhe des so genannten Rückkaufwertes. Dieser stellt den Betrag dar, den die Versicherungsgesellschaft bei einer Kündigung des Versicherungsvertrages an den Versicherten auszahlen müsste. Die Laufzeit des Policendarlehens kann vereinbart werden. Das Darlehen wird spätestens mit Auszahlung der Versicherungssumme getilgt.

Dinglich gesichertes Festdarlehen der Versicherungsgesellschaft: Die Versicherungsgesellschaft gewährt ein Festdarlehen und schließt gleichzeitig eine neue Kapitallebensversicherung ab. Der Darlehensnehmer zahlt während der Laufzeit für das Festdarlehen nur die Zinsen. Statt der Tilgungsbeträge zahlt er die Prämien für die Kapitallebensversicherung. Am Ende der Laufzeit wird mit der Versicherungssumme und den erwirtschafteten Überschüssen das Darlehen getilgt. Als Sicherheit dient der Versicherungsgesellschaft das Grundstück des Darlehensnehmers, wobei der Beleihungsraum die 60% Grenze nicht überschreiten soll. Verstirbt der Darlehensnehmer während der Laufzeit, zahlt die Versicherung die vereinbarte Versicherungssumme zuzüglich der erwirtschafteten Überschüsse an den Hinterbliebenen aus. Diese Kombination bietet somit einen Schutz für den Todesfall.

Dinglich gesichertes Festdarlehen von einem Kreditinstitut: Hierbei gewährt nicht die Versicherungsgesellschaft, sondern ein Kreditinstitut das Festdarlehen. Gleichzeitig schließt der Darlehensnehmer bei einer Versicherungsgesellschaft eine Kapitallebensversicherung ab. Während der Laufzeit des Festdarlehens zahlt der Darlehensnehmer nur die Darlehenszinsen an die Bank und die Prämien an die Versicherungsgesellschaft. Den Auszahlungsanspruch auf die Versicherungssumme muss der Darlehensnehmer an das Kreditinstitut abtreten. Am Ende der Laufzeit überweist die Versicherungsgesellschaft den erforderlichen Betrag zur Tilgung des Darlehens an das Kreditinstitut.

Die grundlegenden Unterschiede zwischen der Versicherungshypothek und dem banküblichen Tilgungs- oder Annuitätendarlehen bestehen in den Rückzahlungsmodalitäten. Während beim Tilgungsdarlehen durch regelmäßige Tilgungsanteile die verbleibende Restschuld mit zunehmender Laufzeit sinkt, bleibt die Darlehensschuld bei der Versicherungshypothek konstant. Die zur endfälligen Tilgung abgeschlossene Lebensversicherung bietet dem Kreditnehmer unter Umständen den Vorteil der steuerlichen Anrechnung der Prämienzahlung als Vorsorgeaufwendungen. Ebenso können die Zinsen für das Versicherungsdarlehen in bestimmten Fällen steuerlich geltend gemacht werden. Nachteilig wirken sich jedoch bei der Versicherungshypothek die stark erhöhten Zinszahlungen über die Gesamtlaufzeit aus. Schließlich erfolgt die Verzinsung der kompletten Darlehenssumme über die gesamte Laufzeit und nicht, wie beim Annuitätendarlehen, lediglich auf die sich reduzierende Restschuld. Ein weiteres Problem der Versicherungshypothek liegt in der Verzinsung der Sparraten. Diese liegt meist unter den Sollzinsen für das Darlehen, so dass eine sofortige Tilgung günstiger wäre als eine Ansparung.

1.3.4 Öffentliche Darlehen

Mit den Kreditprogrammen des Bundes und der Länder wird eine gezielte regionale Wirtschaftsförderung (unter gesamtwirtschaftlichen Gesichtspunkten) betrieben. Die Förderung erfolgt durch Bereitstellung zinsgünstiger Sonderkreditmittel, die in der Regel unter dem vollen Kreditobligo der Hausbank an den Endkreditnehmer weitergeleitet werden. Weitere Formen der öffentlichen Kreditförderung sind Zinsbeihilfen bzw. die Übernahme von Bürgschaften.[3] Somit können innerhalb einer Gesamtfinanzierung eines Bau- oder Kaufvorhabens in Kombination mit einem Kapitaldarlehen auch Fördermittel mit eingebunden werden.

Als zentrale Finanzierungsinstitute für die verschiedenen Kreditprogramme treten insbesondere die Kreditanstalt für Wiederaufbau (KfW) und die Landeskreditbank Baden-Württemberg (L-Bank) auf. So bietet die KfW 2003 folgende Programme an:

- Wohneigentumsprogramm,
- Programm zur CO_2-Minderung,
- CO_2-Gebäudesanierungsprogramm,
- 100.000 Dächer-Solarstrom-Programm und
- Programm zur Förderung erneuerbarer Energien.

Als wichtigste Förderdarlehen der L-Bank können genannt werden:

- Z-12 Darlehen,
- Z-10 Darlehen sowie
- A-Darlehen

---

[3] Vgl. Obst, G./Hintner, O. (1993), S. 455

Finanzielle Unterstützung für Bauherren bieten auch die Programme zur Förderung des sozialen Wohnungsbaus in den einzelnen Bundesländern. Bauwillige, deren Gesamteinkommen bestimmte Grenzen nicht übersteigt, können günstige öffentliche Baudarlehen zur Verringerung der laufenden Aufwendungen für den Neubau oder Ersterwerb von selbst genutztem Wohneigentum erhalten. Vorrangig gefördert werden dabei Bauvorhaben von kinderreichen Familien und Alleinerziehenden, jungen Ehepaaren, älteren Menschen und Schwerbehinderten.

1.3.5 Fremdwährungskredite

Ein Fremdwährungskredit ist in allererster Linie eine Wechselkursspekulation. Der Kreditnehmer wählt eine Währung (z. B. Japanische Yen oder Schweizer Franken), deren allgemeines Zinsniveau niedriger ist als jenes seiner Heimatwährung und profitiert dabei von der geringeren monatlichen Belastung. Der Preis für diese „Einsparung" ist das Risiko, dass sich der Wechselkurs der Fremdwährung zu seinen Ungunsten entwickelt. Jedoch summiert sich der hohe Zinsunterschied im Laufe der Jahre zu einer beträchtlichen Ersparnis, die dem Kreditnehmer auch einigen Spielraum für Aufwertungskosten lässt.

Wenn der Zinsunterschied zwischen zwei Währungen sehr hoch ist und weiter auf einem derartigen Niveau verbleibt, bleibt die Gesamtkostenrechnung sogar dann noch neutral, wenn der Kurs der Fremdwährung am Ende einer 20-jährigen Laufzeit 150% höher steht als bei der Kreditaufnahme. Das Beispiel soll die Möglichkeit der Kursgewinne aber auch der Kursverluste nochmals verdeutlichen.

Welche Finanzierungsvariante letztendlich vorteilhafter ist, muss im Einzelfall geklärt werden. Die Komplexität und Verschiedenheit der Kombinationsmöglichkeiten erschweren die Vergleichbarkeit erheblich. Besonderes Augenmerk gilt jedoch den zu zahlenden Schuldzinsen, da diese einen Großteil der gesamten Finanzierungskosten ausmachen. Vergleichsmaßstab darf hierbei allerdings nur der Effektivzinssatz sein.

Beispiel: Ein Kreditnehmer hat einen Finanzierungsbedarf von 100.000 €. Dies entspricht bei einem EUR/JPY-Kurs von 135 einem Gegenwert von 13.500.000 YEN. Für den Kredit wird eine Zinsfestschreibung von einem Jahr festgelegt. Bei einem angenommenen Zinssatz von 4,0% p. a. bei einer Eurofinanzierung und der Alternative des JPY-Kredits mit 1,8% Verzinsung p.a. ergibt sich ein Zinsvorteil von 2,2% p. a.

Steigt der Kurs zum Fälligkeitstag auf 142, d. h. der Euro hat an Wert gewonnen, so müssen nur 95.070 € aufgewendet werden, um die JPY zu kaufen. Der Währungsgewinn würde bei diesem Kurs 4.930 € betragen. Fällt der Kurs zum Fälligkeitstermin hingegen auf 127, so müssen 106.299 € aufgewendet werden, um die JPY zu kaufen. Der Währungsverlust würde sich auf 6.299 € belaufen.

Kreditbetrag	100000 €	13500000 YEN
Zinssatz	4,0% p. a.	1,8% p. a.
Laufzeit	1 Jahr	1 Jahr
Tilgung am Ende der Laufzeit	100000 €	13500000 YEN
+ Zinsen	4000 €	243000 YEN
Vorteil bei gleichem Kurs		2200 €
Vorteil bei einem Kurs von 142		7218 €
Nachteil bei einem Kurs von 127		−4213 €

Abb. VI 4: Vergleichsrechnung Eurokredit–Fremdwährungskredit

1.4 Kreditsubstitute

1.4.1 Leasing

Leasing ist die Vermietung von Anlagegegenständen durch Finanzierungsinstitute und andere Unternehmen, die dieses Vermietungsgeschäft gewerbsmäßig betreiben. Nach der Dauer des Leasingvertrages lässt sich dabei

- das Operating-Leasing (durch das der Mieter ein kurzfristiges, in der Regel jederzeit kündbares Nutzungsrecht an dem Mietobjekt erwirbt) und
- das Financial-Leasing (bei dem der Mieter in einem längerfristigen, innerhalb der Grundmietzeit prinzipiell unkündbaren Vertrag das Nutzungspotential des Anlagengegenstandes erwirbt)

unterscheiden. Während das Operate-Leasing sich praktisch und rechtlich von üblichen Mietverträgen kaum unterscheidet, ist das Financial-Leasing eine Besonderheit der Finanzierung von Anlagegegenständen. Es wird als Kreditsubstitut bezeichnet, weil der Leasing-Geber wie ein Kreditgeber die Eingliederung eines Anlageguts in den Produktionsapparat ermöglicht, ohne dass der gesamte Investitionsbetrag aus eigenen Mitteln bezahlt werden muss. An dieser Stelle sei angemerkt, dass sich die nachfolgenden Ausführungen auf die Grundzüge des Leasing, insbesondere des Mobilienleasing, beschränken.

Für die steuerliche Behandlung, von der es entscheidend abhängt, ob Leasing vorteilhafter ist als ein durch Eigen- oder Fremdkapital finanzierter Kauf, ist von erheblicher Bedeutung, was nach Ablauf der Grundmietzeit mit dem Leasinggegenstand geschieht. Die Vertragsoptionen beim Financial-Leasing sehen Verträge ohne Optionsrecht, mit Kaufoption und mit Mietverlängerungsoption vor.

Bei den Leasingverträgen ohne Optionsrecht werden keine Vereinbarungen für den Zeitraum nach Ablauf der Grundmietzeit getroffen. Der Leasing-Nehmer besitzt nicht das Recht, für einen Kauf oder für eine Verlängerung des Mietvertrages zu optieren. Bei den Leasingverträgen mit Kaufoption steht dem Leasing-Nehmer das Recht zu, nach Ablauf der Grundmietzeit, die regelmäßig kürzer ist als die betriebsgewöhnliche Nutzungsdauer, den Leasinggegenstand zu erwerben. Der Kaufpreis beträgt dabei dann in der Regel nur noch einen Bruchteil der Anschaffungskosten. Bei Leasingverträgen mit Mietverlängerungsoption hat der Leasing-Nehmer das Recht, nach Ablauf der Grundmietzeit das Vertragsverhältnis zu verlängern. Die während des Verlängerungszeitraums zu zahlende Miete stellt meist nur einen geringen Prozentsatz der Grundmiete dar (ca. 10% der Grundmiete).

Eine weitere Ausgestaltungsmöglichkeit bei Leasingverträgen ist die Amortisation des Leasingobjekts. Bei Vollamortisationsverträgen decken die Leasingzahlungen während der unkündbaren Grundmietzeit mindestens die Anschaffungs- und Herstellkosten für den Leasinggegenstand einschließlich der Finanzierungskosten sowie einer Risiko- und Gewinnspanne des Leasing-Gebers. Hingegen erhält der Leasing-Geber bei Teilamortisationsverträgen nur einen Teil seiner Anschaffungs- und Refinanzierungskosten sowie seiner Risiko-, Verwaltungskosten- und evtl. Gewinnzuschläge.

Die Vorteilhaftigkeit des Leasings gegenüber dem Kauf kann über Modellrechnungen bestimmt werden. Diese Rechnungen hängen jedoch sehr stark von den jeweiligen Konditionen und den Modellannahmen ab, so dass hieraus keine allgemein gültigen Aussagen abgeleitet werden können. Als wichtigste Einflussgrößen auf die Vorteilhaftigkeit können allerdings genannt werden: Die Vertragsgestaltung des Leasing (entscheidet über die steuerliche Zurechnung), die Kosten des

Leasing, die Kreditkonditionen, die Höhe der Steuersätze, das Abschreibungsverfahren sowie die Höhe des Kalkulationszinssatzes und der Kapitalbindungsdauer. Dessen ungeachtet weist die Alternative Leasing einen deutlichen liquiditätsmäßigen Vorteil auf. Während beim Kauf die gesamte Investitionssumme gebunden und erst sukzessive über die verdienten Abschreibungen freigesetzt wird, entsteht beim Leasing keine Kapitalbindung. Vielmehr bewirkt die Variante des Leasings einen Liquiditätsüberschuss (bereits im ersten Jahr), der nicht zum Abbau des in der Investition gebundenen Fremdkapitals, sondern für andere Projekte verwendet werden kann.

1.4.2 Factoring

Factoring ist der laufende Ankauf von Forderungen aus Warenlieferungen oder Dienstleistungen durch ein Finanzierungsinstitut (Factoring-Gesellschaft). Angekauft werden noch nicht fällige Forderungen, die aus der regelmäßigen Belieferung gewerblicher Abnehmer stammen. Grundlage der Geschäftsbeziehungen zwischen Factoring-Gesellschaft und Factoring-Kunden ist ein Factoring-Vertrag, der rechtlich gesehen ein Kaufvertrag ist.

Unabhängig von der systematischen Einordnung des Factoring in das System der Finanzierungsformen, Kreditfinanzierung oder Finanzierung aus Vermögensumschichtung, ist das Wesen des Factoring stets gekennzeichnet durch eine spezifische, je nach Situation unterschiedlich zusammengestellte Kombination aus Finanzierungsfunktion, Dienstleistungsfunktion und Versicherungsfunktion (Delkrederefunktion).

Im Rahmen der Finanzierungsfunktion kauft bzw. bei Ausschluss des Ausfallrisikos bevorschusst der Factor die Lieferungen und Leistungen des Klienten, der dadurch gewährte Lieferantenkredite refinanzieren kann. Die Auszahlung des Gegenwertes erfolgt in der Regel wenige Tage nach Einreichung der Rechnungsdurchschriften unter Abzug eines Kürzungsbetrages von etwa 10 %.

Übernimmt der Factor die Dienstleistungsfunktion, so sind insbesondere die Aufgaben der Debitorenbuchhaltung, des Mahnwesens, der Bonitätskontrolle, aber auch der Beratung damit verbunden. Inwieweit der Factor am Inkassowesen beteiligt ist, hängt von der Beziehung zwischen dem Klienten und seinen Kunden ab.

Im Rahmen der Delkredere- oder Versicherungsfunktion übernimmt der Factor das wirtschaftliche Risiko der Zahlungsunfähigkeit des Kunden. Der Factor hat in diesem Fall die Forderung des Klienten nicht nur bevorschusst, sondern sie vielmehr endgültig erworben. Das Delkredererisiko gilt dabei als eingetreten, wenn nach Ablauf einer gewissen Zeitspanne nach Ende des Zahlungsziels der Kunde nicht bezahlt.[4]

Bezogen auf die Immobilienwirtschaft kommt Factoring vornehmend zur Beschaffung von liquiden Mitteln in Betracht. Eine Zuordnung zu der klassischen Immobilienfinanzierung (Realkredit, Bausparen etc.) kann aufgrund der Kurzfristigkeit nicht gemacht werden. Hierbei ist z. B. an den Verkauf von Mietforderungen im Bereich der Miethausverwaltung zu denken. Aber auch die Übernahme des Ausfallrisikos durch die Factoring-Gesellschaft sowie die Übertragung des Inkasso- oder Mahnwesens gewinnt in diesem Bereich der Immobilienverwaltung zunehmend an Relevanz.

---

[4] Vgl. Obst, G./Hintner, O. (1993), S. 432

1.5 Tilgungsmodalitäten bei langfristigen Krediten

Bei der Finanzierungsentscheidung kommt der Darlehensrückzahlung (Tilgung), neben dem Zinselement, hohe Bedeutung zu. In der Praxis finden sich im Wesentlichen drei Varianten. Bei einem Annuitätendarlehen zahlt der Schuldner eine gleich bleibende Jahresrate (bestehend aus einem Zins- und Tilgungsanteil), wobei im Zeitablauf der Zinsanteil sinkt und der Tilgungsanteil steigt. Die Höhe der Annuität errechnet sich aus dem Produkt von Kreditsumme und Annuitätenfaktor:

$$\text{Annuität} = K_0 \cdot \frac{(1+i)^n \cdot i}{(1+i)^n - 1}$$

K_0 = nomineller Kreditbetrag
i = Nominalzins p. a. in v. H.
n = Gesamtlaufzeit des Kredits

Eine zweite Form der Rückzahlung ist das Abzahlungs- oder Ratendarlehen. Hier erfolgt die Tilgung in jährlich gleich bleibenden Raten, während die zu zahlenden Zinsen jeweils nur noch auf die Restschuld berechnet werden und so die zu zahlende Jahresleistung von Jahr zu Jahr abnimmt. Folglich ergibt sich im ersten Jahr die höchste Gesamtleistung, die in den Folgejahren aber stetig abnimmt.

Eine letzte Variante, das endfällige Darlehen, ist dadurch gekennzeichnet, dass während der gesamten Laufzeit lediglich Zinszahlungen anfallen, die Tilgung aber bis zum Ende der Laufzeit ausgesetzt wird. Eine endfällige Tilgung wird meist bei der Kombination einer Hypothek mit einem Bauspar- oder Lebensversicherungsvertrag genutzt.

Abb. VI 5 stellt die drei Alternativen Annuitäten-, Abzahlungs- und Festdarlehen anhand eines gemeinsam zugrunde gelegten Beispiels gegenüber.

Beispiel: Die Bank gewährt einen Kredit über nominal 100.000 EUR mit Auszahlung 100 % und Nominalzins i_{nom} = 5 %, Laufzeit n = 20 Jahre, Zins- und Tilgungsverrechnung erfolgt monatlich. (Alle Angaben erfolgen in Euro und beziehen sich auf das jeweilige Gesamtjahr.)

Anhand der Modellrechnung wird deutlich, dass die drei Tilgungsmodalitäten unterschiedliche Bindungsverläufe besitzen. Graphisch dargestellt sind diese in Abb. VI 6.

1.6 Zinsvereinbarungen

Die Zinskosten des Darlehensnehmers bzw. die Zinserträge des Kreditgebers werden maßgeblich durch den Auszahlungskurs und den Zinssatz bestimmt. Der Auszahlungskurs bestimmt zum einen die Höhe des einmaligen Entgelts, der Abschlag vom Nennbetrag wird auch als Damnum oder Disagio (unter steuerlichen Gesichtspunkten evtl. sinnvoll) bezeichnet, zum anderen die Höhe des tatsächlich zur Verfügung gestellten Darlehensbetrags. Der Zinssatz bestimmt die Höhe des laufenden Entgelts für die Inanspruchnahme des Darlehens (laufende Verzinsung). Grundsätzlich wird bei der Verzinsung von langfristigen Darlehen zwischen variablen Zinssätzen und Festzinssätzen unterschieden.

Bei einem Festzinsdarlehen werden die Zinsen für einen bestimmten Zeitraum (Abschnittsfinanzierung) oder die gesamte Laufzeit festgeschrieben. Bei Abschnittsfinanzierungen erklärt sich die Bank bereit, die Konditionen nach Ablauf der Zinsfestschreibungsfrist entsprechend der Marktlage für eine weitere Periode neu zu vereinbaren bzw. festzulegen. Hierdurch sind die Belastungen

Annuitätendarlehen					
Jahr	Restschuld (Jahresanfang)	Zinsen	Tilgung	Kapitaldienst	Restschuld (Jahresende)
1	100 000,00	4 932,17	2 987,35	7 919,52	97 012,65
2	97 012,65	4 779,32	3 140,20	7 919,52	93 872,45
3	93 872,45	4 618,66	3 300,86	7 919,52	90 571,59
4	90 571,59	4 449,77	3 469,75	7 919,52	87 101,84
5	87 101,84	4 272,25	3 647,27	7 919,52	83 454,57
...	...	...	...	...	...
18	22 018,50	942,47	6 977,05	7 919,52	15 041,45
19	15 041,45	585,51	7 334,01	7 919,52	7 707,44
20	7 707,44	212,08	7 707,44	7 919,52	0,0
Σ		58 388,59	100 000,00	158 388,59	

Abzahlungsdarlehen					
Jahr	Restschuld (Jahresanfang)	Zinsen	Tilgung	Kapitaldienst	Restschuld (Jahresende)
1	100 000,00	4 885,46	5 000,00	9 885,46	95 000,00
2	95 000,00	4 635,45	5 000,00	9 635,45	90 000,00
3	90 000,00	4 385,45	5 000,00	9 385,45	85 000,00
4	85 000,00	4 135,45	5 000,00	9 135,45	80 000,00
5	80 000,00	3 885,45	5 000,00	8 885,45	75 000,00
...	...	...	...	...	...
18	15 000,00	635,42	5 000,00	5 635,42	10 000,00
19	10 000,00	385,42	5 000,00	5 385,42	5 000,00
20	5 000,00	134,62	5 000,00	5 134,62	0,00
Σ		50 207,94	100 000,00	150 207,94	

Festdarlehen					
Jahr	Restschuld (Jahresanfang)	Zinsen	Tilgung	Kapitaldienst	Restschuld (Jahresende)
1	100 000,00	5 000,00	0,00	5 000,00	100 000,00
2	100 000,00	5 000,00	0,00	5 000,00	100 000,00
3	100 000,00	5 000,00	0,00	5 000,00	100 000,00
4	100 000,00	5 000,00	0,00	5 000,00	100 000,00
5	100 000,00	5 000,00	0,00	5 000,00	100 000,00
...	...	...	...	...	...
18	100 000,00	5 000,00	0,00	5 000,00	100 000,00
19	100 000,00	5 000,00	0,00	5 000,00	100 000,00
20	100 000,00	5 000,00	100 000,00	105 000,00	0,00
Σ		100 000,00	100 000,00	200 000,00	

Abb. VI 5: *Modellrechnung verschiedener Darlehensformen (€)*

über längere Zeiträume festgelegt und die laufenden Zahlungen zur Darlehensbedienung als feste Größe kalkulierbar.

Bei zinsvariablen Darlehen wird der Zins jeweils an die Zinsentwicklung des Kapitalmarktes angepasst. Eine variable Verzinsung bietet sich vor allem bei einem allgemein hohen Zinsniveau an, um so bei berechtigter Aussicht auf sinkende Zinsen mit einer Vereinbarung eines festen Zinssatzes reagieren zu können. Bei der Finanzierung von Immobilien kann infolgedessen eine Aufteilung in einen festgeschriebenen und einen variabel verzinsten Anteil vorgenommen werden. Eine komplett

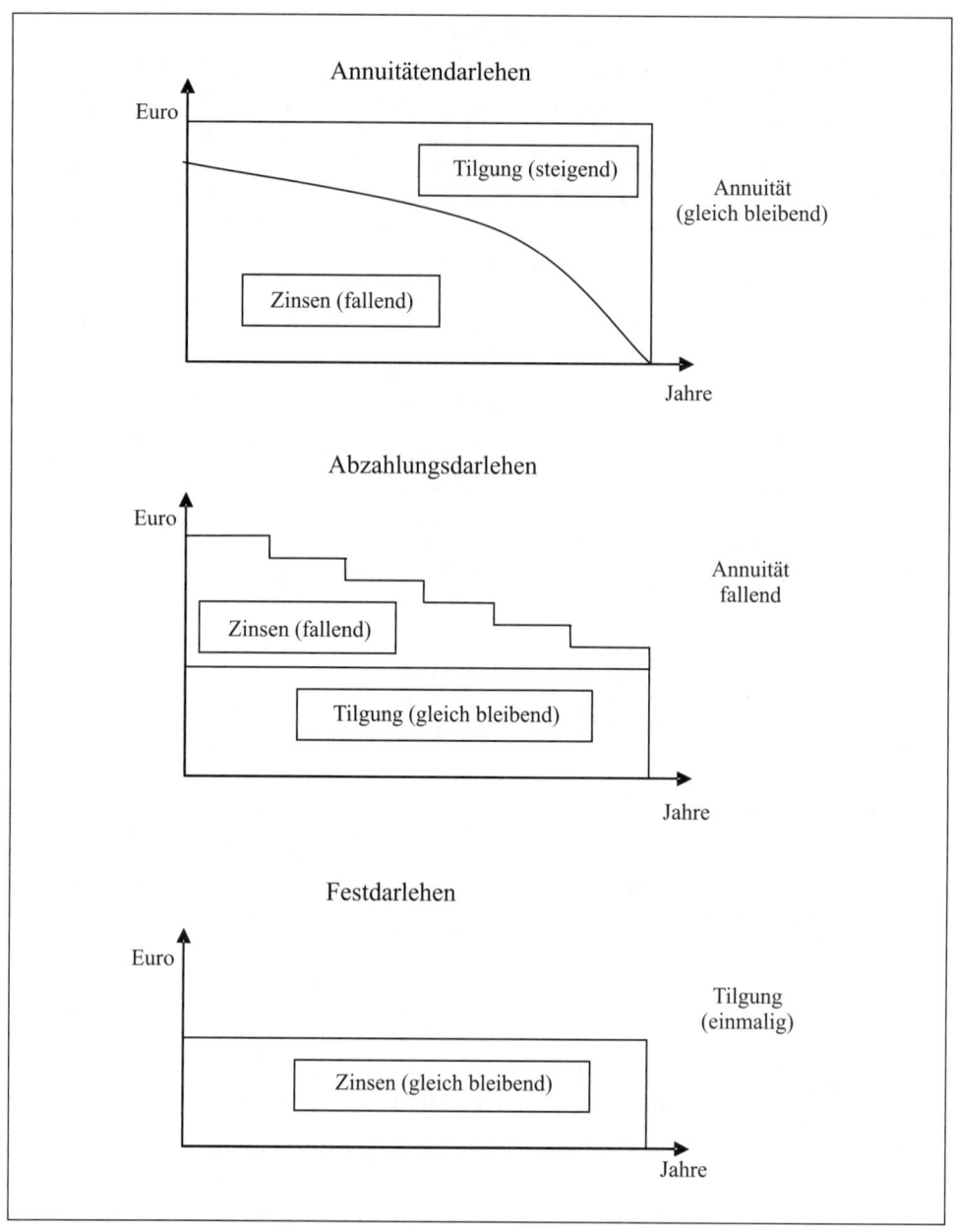

Abb. VI 6: Bindungsverläufe verschiedener Darlehensformen

variabel verzinsliche Immobilienfinanzierung würde aufgrund der Langfristigkeit einem zu hohen Zinsänderungsrisiko unterliegen.

Um die mit der Kreditaufnahme verbundene Belastungen zu ermitteln, ist zum einen der Effektivzins des Kredits zu bestimmen und zum anderen ein Tilgungsplan zu erstellen. Abweichungen zwischen Effektiv- und Nominalzins entstehen, wenn z. B. der Kredit mit einem Disagio ausgezahlt wird.

Die Effektivverzinsung eines Darlehens ergibt sich durch Ermittlung des internen Zinsfußes der Zahlungsreihe. Aus Sicht des Kreditnehmers gilt somit:

$$a_0 - \sum_{t=1}^{n} \frac{R_t}{(1 + i_{eff})^t} = 0$$

$$= \left(1 - \frac{d}{100}\right) K_0$$

a_0 = Auszahlungsbetrag des Kredits im Zeitpunkt Null
d = Disagio oder Damnum in v. H.
K_0 = nomineller Kreditbetrag
R_t = Zins- und Tilgungszahlung am jeweiligen Periodenende
n = Gesamtlaufzeit des Kredits
i_{eff} = (gesuchter) Effektivzins

Beispiel: Die Bank gewährt einen Kredit über nominal 10.000 € mit Auszahlung 95 % und Nominalzins i_{nom} = 4 %, Laufzeit n = 5 Jahre, Tilgung in 5 gleichen Jahresraten jeweils am Ende der Periode (Ratentilgung).

Jahr	Restschuld	Tilgung	Zinsen	Gesamtbetrag R_t
1	10.000	2.000	400	2.400
2	8.000	2.000	320	2.320
3	6.000	2.000	240	2.240
4	4.000	2.000	160	2.160
5	2.000	2.000	80	2.080

Abb. VI 7: Modellrechnung der Gesamtausgaben (€)

Die Effektivzinskosten i_{eff} des Kredits lassen sich mit obiger Formel wie folgt berechnen:

$$9.400 \, € - \frac{2.400 \, €}{(1 + i_{eff})} - \frac{2.320 \, €}{(1 + i_{eff})^2} - \frac{2.240 \, €}{(1 + i_{eff})^3} - \frac{2.160 \, €}{(1 + i_{eff})^4} - \frac{2.080 \, €}{(1 + i_{eff})^5} = 0$$

Da es sich um eine Gleichung n-ten Grades, im Beispiel 5-ten Grades handelt, ist die Lösung durch Einsetzen von Probezinsfüßen und anschließender Interpolation zu ermitteln. Teilweise werden zur Ermittlung der effektiven Zinsbelastung auch Näherungsformeln verwendet.

$$i_{eff} = \frac{i_{nom} + \frac{d}{T}}{A}$$

$$T = \frac{t_1 + t_k}{2} = f + \frac{t+1}{2}$$

T = mittlere Kreditlaufzeit
t_1 = gesamte Kreditlaufzeit = Freijahre + Tilgungsjahre = f + t
t_k = Laufzeit bis zur ersten Tilgungsrate = Freijahre + erstes Tilgungsjahr = f + 1
i_{nom} = Nominalzins p. a. in v. H.
d = Disagio, Damnum in v. H.
A = Auszahlungsprozentsatz = 100 – d

Für das Beispiel ergibt sich aus dieser Formel als Näherungswert für die effektiven Kreditkosten:

$$i_{eff} = \frac{4 + \frac{5}{3}}{95} = 0,0596$$

Die Effektivverzinsung dieses Kredits beträgt somit: 5,96 %.

Zusätzliche einmalige Kreditkosten, wie z. B. Bearbeitungsgebühren, können in der Näherungsformel, bei Umwandlung in v. H. des Kreditbetrages, durch entsprechende Erhöhung des Disagios berücksichtigt werden. Laufende, jährlich in gleicher prozentualer Höhe vom jeweils noch ausstehenden nominellen Restbetrag anfallende, zusätzliche Kreditkosten, lassen sich als entsprechende Erhöhung des Nominalzinssatzes einbeziehen.

Im Darlehensvertrag wird häufig eine unterjährige Zins- und Tilgungszahlung vereinbart. Der zu leistende monatliche, viertel- oder halbjährliche Zins wird dabei auf die am Jahresanfang bestehende Schuld berechnet. Hierdurch übersteigt die tatsächliche Belastung den im Vertrag angegebenen nominalen Jahreszins. Der effektive Zins lässt sich mittels folgender Formel errechnen:

$$i_{eff} = \left(1 + \frac{i}{m}\right)^m - 1$$

m = Anzahl der unterjährigen Perioden
i = Nominalzins p. a. in v. H.

$$i_{eff} = \left(1 + \frac{0,05}{12}\right)^{12} - 1 = 0,0512$$

Einem Nominalzins von 5 % entspricht beispielsweise bei monatlicher Zins- und Tilgungszahlungen ein Effektivzins von 5,12 %.

1.7 Kreditsicherung

Kreditsicherheiten sollen dem Kreditgeber die Möglichkeit bieten, sich aus den Sicherheiten zu befriedigen, wenn der Kreditnehmer seine Zahlungsverpflichtungen (Tilgung und Zins) nicht erfüllen kann. Nach ihrer Sicherungsart lassen sich die Kreditsicherheiten in Personalsicherheiten und in Realsicherheiten unterteilen. Bei den Personalsicherheiten liegen schuldrechtliche Ansprüche, bei den Realsicherheiten dagegen sachenrechtliche Ansprüche des Sicherungsnehmers vor. Bei einer Personalsicherheit haftet neben dem Kreditnehmer eine dritte Person für den Kredit, während bei einer Realsicherheit dem Kreditgeber zur Sicherung bestimmte Rechte an Vermögenswerten eingeräumt werden. Formen der Personalsicherheit sind die Bürgschaft und die Garantie. Realsicherheiten stellen z. B. die Verpfändung oder Sicherungsübereignung beweglicher Sachen, die Zession von Rechten und die Begründung von Rechten an Grundstücken dar.

Nach dem Grad der Abhängigkeit von der gesicherten Forderung lassen sich die Kreditsicherheiten in akzessorische und in fiduziarische Sicherheiten unterteilen. Umfang, Bestand und Dauer einer akzessorischen Sicherheit hängt vom Umfang, Bestand und Dauer der gesicherten Forderung ab. Das Sicherungsrecht kann für sich allein weder begründet noch übertragen werden. Akzessorische Sicherheiten sind die Bürgschaft, das Pfandrecht und die Hypothek, da bei dieser Art der Besicherung eine vollkommene Verknüpfung zwischen Sicherheit und gesicherter Forderung vorliegt. Bei der fiduziarischen Sicherheit ist der Sicherungsnehmer nach außen, im Verhältnis zu Dritten, voll- und selbständig berechtigter Inhaber der Sicherheit. Jedoch ist der Sicherungsnehmer im Innenverhältnis gegenüber dem Sicherungsgeber verpflichtet, von der Sicherheit keinen über den Sicherungszweck hinausgehenden Gebrauch zu machen. Dritte Personen können sich allerdings auf dieses Innenverhältnis nicht berufen. Sicherungsgeschäfte mit fiduziarischem Charakter stellen die Sicherungsübereignung, die Sicherungsabtretung und die Grundschuld dar. Die nachfolgenden

1.7.1 Bürgschaft

Die Bürgschaft ist ein Vertrag, durch den sich der Bürge gegenüber dem Gläubiger eines Dritten verpflichtet, für die Verbindlichkeiten des Dritten einzustehen. Bei dem Bürgschaftsvertrag handelt es sich um einen einseitig verpflichtenden Schuldvertrag, der für den Bürgen besonders deshalb gefährlich ist, da er in der Regel damit rechnet, nicht in Anspruch genommen zu werden. Um ihm die Bedeutung seiner Verpflichtung zum Bewusstsein zu bringen, verlangt das Gesetz die schriftliche Erteilung der Bürgschaftserklärung. Der Schriftform bedarf es allerdings dann nicht, wenn der Bürge Kaufmann und die Übernahme für ihn ein Handelsgeschäft ist.

Die Bürgschaft stellt eine akzessorische Personalsicherheit dar, der Umfang der Haftung des Bürgen bestimmt sich folglich nach dem jeweiligen Stand der Hauptschuld. Die Bürgschaft entsteht allerdings nur dann, wenn und soweit die Hauptforderung entsteht. Analog dazu erlischt eine Bürgschaft mit dem Erlöschen der Hauptschuld oder mit der Erfüllung der Bürgschaftsschuld.

Befriedigt der Bürge den Kreditgeber, so geht die Forderung (gegenüber dem Kreditnehmer) auf den Bürgen über. Kreditinstitute verlangen in der Regel selbstschuldnerische Bürgschaften, bei denen der Bürge auf die so genannte Einrede der Vorausklage verzichtet. Die Einrede der Vorausklage beinhaltet das Recht des Bürgen, die Befriedigung des Kreditgebers zu verweigern, wenn dieser nicht die Zwangsvollstreckung gegen den Kreditnehmer erfolglos versucht hat. Bei der Ausfallbürgschaft verpflichtet sich der Bürge dagegen nur gegenüber dem Gläubiger für Verluste einzustehen, die nachweisbar auch nach einer erfolgten Zwangsvollstreckung noch vorhanden sind. Begrenzt der Bürge seine Verpflichtungen auf einen bestimmten Betrag, so liegt eine begrenzte oder Höchstbetragsbürgschaft vor.

Vereinbaren die Vertragsparteien, dass die Verpflichtung des Bürgen „unabhängig" von einer Hauptforderung des Gläubigers begründet sein soll, liegt keine Bürgschaft, sondern eine Garantie vor. Die Garantie besitzt somit fiduziarischen Charakter, d. h. sie ist unabhängig vom Bestand der Hauptforderung. Durch einen Garantievertrag verpflichtet sich der Garantierende gegenüber dem Gläubiger, für einen bestimmten Erfolg einzustehen oder die Gefahr eines zukünftigen Schadens zu übernehmen.

1.7.2 Sicherungsabtretung (Zession)

Zur Kreditsicherung kann neben der Übereignung von beweglichen Sachen auch die Sicherungsabtretung von Rechten und Forderungen erfolgen. Als abtretbare Rechte kommen, wie bei der Verpfändung, Rechte aus Miet- und Pachtverträgen, aus Lohn- und Gehaltsforderungen, aus Gesellschaftsverträgen usw. in Frage. Im Rahmen eines Zessionsvertrages tritt der Altgläubiger (Zedent) dem Neugläubiger (Zessionar) Forderungen und Rechte ab, wobei zur Wirksamkeit der Abtretung eine Benachrichtigung des Schuldners von der Zession nicht erforderlich ist. Der Schuldner kann mit befreiender Wirkung an den Altgläubiger Zahlung leisten, wenn er von der Abtretung nicht unterrichtet wurde. Die Nichtbenachrichtigung des Schuldners von der Zession wird in der Praxis auch stille Zession genannt. Erfolgt dagegen eine Mitteilung, so liegt eine offene Zession vor. Bei der offenen Zession ist der Kreditgeber besser geschützt, da der Schuldner Zahlung mit befreiender

Wirkung nur an ihn leisten kann. Eine zunächst stille Zession kann durch Anzeige der Abtretung bei den Schuldnern in eine offene Zession umgewandelt werden.

Da die zu sichernden Kredite häufig eine längere Laufzeit besitzen als die zur Sicherheit abgetretenen Forderungen, haben sich in der Kreditpraxis neben der Einzelabtretung die Mantelzession und die Globalzession entwickelt. Bei der Mantelzession tritt der Kreditnehmer bestehende Forderungen gegen mehrere Drittschuldner ab und verpflichtet sich, laufend weitere Forderungen zur Sicherung des Kredits (bis zu einem vereinbarten Gesamtbetrag) abzutreten. Bei einer Globalzession tritt der Kreditnehmer alle gegenwärtigen und künftig entstehenden Forderungen gegen bestimmte Drittschuldner ab. Im Gegensatz zur Mantelzession gehen die künftigen Forderungen bereits im Augenblick ihrer Entstehung auf das Kreditinstitut über. Die Globalzession bietet somit dem Kreditgeber einen wesentlich besseren Schutz.

Allerdings müssen die zukünftigen Forderungen bei einer Globalzession ausreichend bestimmbar sein. Dies wird durch Vereinbarungen erreicht, in denen zukünftige Schuldner, beispielsweise durch ihre Anfangsbuchstaben (z. B. A–G) oder die regionale Zuordnung ihres Wohnsitzes zu einem Bereich (z. B. Baden-Württemberg) spezifiziert sind. Weiterhin kann es bei der Abtretung von Forderungen zu Kollisionen mit dem verlängerten Eigentumsvorbehalt kommen. Beim verlängerten Eigentumsvorbehalt tritt der Vorbehaltskäufer die aus der Weiterveräußerung an einen Dritterwerber entstehende Forderung im Voraus an den Vorbehaltsverkäufer ab. Rechtswirksam ist jeweils diejenige Abtretung, die zeitlich zuerst vereinbart wurde. Eine Globalzession kann jedoch sittenwidrig und damit rechtsunwirksam sein, wenn der Sicherungsnehmer bewusst die Kollision mit dem Eigentumsvorbehalt in Kauf genommen hat.

1.7.3 Pfandrecht

Das Pfandrecht ist ein zur Sicherung einer Forderung bestimmtes dingliches Recht an fremden Sachen oder Rechten, das den Gläubiger berechtigt, sich durch Verwertung des verpfändeten Gegenstandes zu befriedigen. Das Pfandrecht ist von dem Bestehen einer Forderung abhängig (akzessorische Sicherheit) und haftet für den jeweiligen Forderungsbestand nebst Zinsen.

Das Pfandrecht an einer beweglichen Sache entsteht durch die Einigung zwischen Sicherungsgeber und Sicherungsnehmer und die Übergabe des Pfandes an den Sicherungsnehmer (Faustpfandprinzip) bzw. die Anzeige an den Drittschuldner (Publizitätspflicht). Ist das Pfand nicht im unmittelbaren Besitz des Sicherungsgebers, sondern z. B. in Bankverwahrung oder in einem Lagerhaus eingelagert, so wird die Übergabe dadurch ersetzt, dass der mittelbare Besitz auf den Pfandgläubiger übertragen und die Verpfändung dem Besitzer (Bank, Lagerhausgesellschaft) angezeigt wird. Die Übergabe ist entbehrlich, wenn dem Pfandgläubiger Mitbesitz an den verpfändeten Gegenständen eingeräumt wird und sich die Gegenstände entweder unter Mitverschluss des Gläubigers befinden oder die Herausgabe durch einen Dritten (z. B. Lagerhausgesellschaft) nur an beide gemeinschaftlich erfolgen kann. Ist der Kreditgeber bereits im Besitz des Pfandes, so genügt die Einigung über die Pfandbestellung für das Entstehen des Pfandrechtes. Dies ist beispielsweise dann der Fall, wenn ein Kredit bei einer Bank beantragt wird, die für den Kreditnehmer auch ein Wertpapierdepot verwaltet, auf das ein Pfandrecht bestellt werden soll.

Kommt der Kreditnehmer seinen Verpflichtungen nicht nach, so kann der Gläubiger die Pfandsachen veräußern. Er hat jedoch zuvor dem Eigentümer den Verkauf anzudrohen und eine bestimmte Wartefrist einzuhalten. Der Verkauf findet im Wege der öffentlichen Versteigerung statt. Hat das Pfand einen Börsen- oder Marktpreis (z. B. Wertpapiere), so kann der Verkauf auch freihändig durch öffentliche Handelsmakler zum laufenden Preis erfolgen. Weitere Gründe für das Erlöschen des Pfandrechtes, neben der bereits genannten Verwertung, können durch die Rückgabe des Pfandgegenstandes, den Wegfall der Forderung oder den Verzicht des Pfandgläubigers begründet sein.

1.7.4 Sicherungsübereignung

Bei der Sicherungsübereignung wird der Nachteil der körperlichen Übergabe im Falle der Verpfändung von beweglichen Vermögenswerten vermieden. Das Sicherungsgut wird wie bei der Verpfändung durch den Sicherungsgeber (Kreditnehmer) an den Sicherungsnehmer (Kreditgeber) übereignet, der wiederum berechtigt ist, zur Abdeckung seiner Ansprüche die Sache gegebenenfalls zu verwerten. Erforderlich ist die Einigung, dass das Eigentum am Sicherungsgut auf den Sicherungsnehmer übergehen soll. Die Übergabe des Sicherungsgutes wird jedoch nach § 930 BGB durch ein Besitzmittlungsverhältnis ersetzt. Die sicherungsübereignete Sache bleibt daher im Wege des Besitzkonstituts (z. B. Leihe, Miete, Pacht, Verwahrung) in unmittelbarem Besitz des Sicherungsgebers zur weiteren Nutzung.

Die Sicherungsübereignung beinhaltet damit zwei Teilverträge. Zum einen wird ein Vertrag zur sicherungsweisen Übereignung des Sicherungsgutes, zum anderen ein Besitzmittlungsvertrag zur Nutzung des Objekts durch den Sicherungsgeber geschlossen. Während früher beide Teilverträge erforderlich waren, lässt die Rechtsprechung heute auch die schuldrechtliche Sicherungsabrede als Sicherungsübereignung zu, wobei jedoch der Übergabeersatz vereinbart sein muss.

Das Sicherungsgut muss genau bestimmt sein, so dass auch Dritte in der Lage sind, die sicherungsübereigneten Vermögensgegenstände zweifelsfrei von anderen Gütern des Sicherungsgebers trennen zu können. Die zweifelsfreie Bestimmtheit des Sicherungsgutes muss im Vertrag gewährleistet sein. Bei der Einzelübereignung ergeben sich hierbei keine Schwierigkeiten, da der Sicherungsgegenstand im Vertrag genau bezeichnet werden kann. Soll jedoch ein Warenlager mit wechselndem Bestand übereignet werden, so muss für die Bestimmbarkeit der jeweils sicherungsübereigneten Güter Vorsorge getragen werden. In diesem Fall empfiehlt sich die Vereinbarung eines bestimmten Sicherungsraums, wobei alle in diesen Raum eingebrachten Waren als sicherungsübereignet gelten. Hierbei kann es allerdings zu Kollisionen zwischen der Sicherungsübereignung und dem Eigentumsvorbehalt kommen.[5] Darüber hinaus besteht für den Sicherungsnehmer das Risiko, dass der Sicherungsgeber nicht vertragsgemäß Waren in den Sicherungsraum einbringt oder dort befindliche Waren mehrfach übereignet, verpfändet oder unberechtigt veräußert. Im letzteren Fall hat der Sicherungsnehmer gegenüber dem gutgläubigen Erwerber keinen Herausgabeanspruch. Der Gläubiger ist daher bei der Sicherungsübereignung einem größeren Risiko des Sicherheitenverlustes ausgesetzt als etwa bei der Verpfändung.

1.7.5 Grundpfandrechte

Die Kreditsicherung in Form von Grundpfandrechten ist insbesondere im Rahmen langfristiger Fremdfinanzierungen weit verbreitet. Grundpfandrechte sind dingliche Rechte an einem Grundstück, die unabhängig von dessen jeweiligem Eigentümer bestehen können. Die Belastung eines Grundstücks kann als Hypothek, Grundschuld und Rentenschuld erfolgen.

---

[5] Da der Sicherungsgeber nicht Eigentümer der Vorbehaltsware ist, erwirbt der Sicherungsnehmer in der Regel nur das Anwartschaftsrecht. Gutgläubiger Erwerb des Sicherungsnehmers ist nicht möglich, da das Sicherungsgut nicht in seinen unmittelbaren Besitz übergeht (§ 933 BGB).

Für den Gläubiger der gesicherten Forderung geben Grundpfandrechte die Möglichkeit, sich Befriedigung aus dem Grundstück zu suchen, wenn der Kreditnehmer nicht vollständig und termingerecht eine bestimmte Geldsumme zzgl. Zinsen bezahlt. Für die Entstehung eines Grundpfandrechtes ist seine Eintragung in das Grundbuch erforderlich.

Grundpfandrechte können in Form von Briefrechten oder Buchrechten bestellt werden. Bei der nach dem BGB grundsätzlichen Briefform wird das Recht im Grundbuch eingetragen und eine Urkunde ausgestellt (Hypotheken-, Grundschuldbrief), in der das betreffende Recht mit näheren Angaben (Betrag, belastetes Grundstück) verbrieft wird. Es ist zugelassen, dass eine Brieferteilung ausgeschlossen werden kann. Hieraus resultiert die so genannte Buchform. Bei dieser Form wird das Recht ebenfalls im Grundbuch eingetragen, jedoch mit dem Vermerk, dass die Ausstellung eines Briefes ausgeschlossen wird.

Die Hypothek gibt einem Gläubiger das Recht, aus dem belasteten Grundstück eine bestimmte Summe zur Befriedigung seiner Forderung(en) zu verlangen. Sie besitzt akzessorischen Charakter, d. h. die Hypothek ist unlöslich mit einer zugrunde liegenden Forderung verbunden. Wenn dem Gläubiger also eine Hypothek zustehen soll, dann muss eine Forderung bestehen. Die Hypothek passt sich in ihrer Höhe weitgehend oder völlig der Forderung an und erlischt mit ihr. Eine Übertragung der Hypothek ist nur durch die Abtretung der Forderung möglich. Aufgrund der Hypothek haften dem Gläubiger sowohl das Grundstück (dingliche Haftung) als auch die Person des Schuldners (persönliche Haftung). Im praktischen Finanzierungsbereich ist die Hypothek jedoch weitgehend von der Grundschuld abgelöst worden.

Die Grundschuld gibt dem Begünstigten ebenso das Recht, aus dem belasteten Grundstück eine bestimmte Geldsumme zu fordern. Sie ist jedoch, im Gegensatz zur Hypothek, fiduziarisch, d. h. die Grundschuld ist losgelöst von eventuell zugrunde liegenden Schuldverhältnissen und auf deren Existenz, Wirksamkeit für Entstehung und Erlöschen nicht angewiesen. Aus der Grundschuld haftet dem Begünstigten nur das Grundstück. In der Praxis wird jedoch eine so genannte Zweckerklärung schuldrechtlich vereinbart. Sie verbindet die abstrakte Grundschuld mit dem Darlehen, aus dem die persönliche Haftung hergeleitet wird.

Die ebenfalls zu den Grundpfandrechten gehörenden Rentenschuld bedingt, dass aus dem belasteten Grundstück eine regelmäßig wiederkehrende Rente (Geld) zu zahlen ist. Sie ist daher als Kreditsicherungsmittel kaum geeignet.

2 Das Bausparen

Bereits 1775 wurde in Birmingham die erste Bausparkasse (Building Society) gegründet, um durch kleine monatliche Sparleistungen der Mitglieder einen Kapitalfonds anzusammeln, um daraus Darlehen zum Bau von Wohnungen auszuleihen. Die Building Societies waren die Selbsthilfeeinrichtungen der Arbeiterschaft, die in der Phase der industriellen Revolution ihre Wohnungsprobleme zu lösen suchten. In Deutschland gab es erste Anfänge dieser Art der Selbsthilfegemeinschaften in Form von privaten Bausparkassen erst ein Jahrhundert später, bis schließlich in den Jahren 1924–1929 das moderne deutsche Bausparsystem mit der Gründung der ersten öffentlichen Bausparkasse entstand.

Der Grundgedanke des Bausparens ist folglich die Idee der Gemeinschaftshilfe, d. h. Bausparer schließen sich zu einem Kollektiv zusammen, das aus eigener Kraft eine zinsgünstige Finanzierung ihrer Bauvorhaben ermöglichen soll (kollektives Zwecksparen). Die regelmäßigen oder auch außerplanmäßigen Sparleistungen garantieren dem Bausparer zu einem späteren Zeitpunkt, der so genannten „Zuteilung", den Anspruch auf ein zinsgünstiges und über die gesamte Laufzeit zinsfestes Bauspardarlehen. Durch die gestärkte Eigenkapitalbasis der Bausparer nach Ablauf der Sparphase wird so besonders Schwellenhaushalten der Weg zum Eigenheim erleichtert, da der relative Anteil an Fremdkapital und damit die relative Belastung sinkt. Die Bauspardarlehen dürfen gem. § 1 BSpG jedoch nur für wohnwirtschaftliche Maßnahmen verwendet werden. Als wohnwirtschaftliche Maßnahmen gelten gemäß § 1 (3) BSpG insbesondere

- der Erwerb von Bauland und Erbbaurechten zur Errichtung von überwiegend zu Wohnzwecken bestimmten Gebäuden,
- die Errichtung, Beschaffung, Erhaltung und Verbesserung von überwiegend zu Wohnzwecken bestimmten Gebäuden und von Wohnungen, Eigenheimen und Eigentumswohnungen,
- Maßnahmen zur Erschließung und zur Förderung von Wohngebieten,
- die Ablösung von Verbindlichkeiten, die zur Durchführung der genannten Maßnahmen eingegangen wurden.[6]

Benutzt der Bausparer das Darlehen für andere Zwecke, verliert er die innerhalb der Bindungsfrist des Bausparvertrages festgesetzte Wohnungsbauprämie.

2.1 Bausparvertrag

Der Bausparvertrag wird zwischen dem Bausparer und der Bausparkasse geschlossen. Das Zustandekommen des Vertrages richtet sich nach den Vorschriften des BGB (§§ 145 ff. BGB). Bei Abschluss eines Bausparvertrages sind die Vorschriften über die Legitimationsprüfung und zur Feststellung des wirtschaftlich Berechtigten das Geldwäschegesetz zu beachten. Erfolgt schließlich die Annahme des Kundenantrags durch die Bausparkasse, so werden die „Allgemeinen Bedingungen für Bausparverträge (ABB)" Vertragsbestandteil. Sie regeln die vertraglichen Rechte und Pflichten beider Vertragspartner.

Durch die Wahl der Bausparsumme und des Bauspartarifs legt der Bausparer sein Sparziel fest. Die Bausparsumme setzt sich aus dem Ansparguthaben (40–50 % der Bausparsumme) und dem Bauspardarlehen (50–60 % der Bausparsumme) zusammen. Der Bauspartarif bestimmt neben den Zinssätzen, z. B. 2,5 % Sparzins bei 4,5 % Darlehenszins, die Ansparzeit, in der Regel ca. 8 Jahre, die Tilgungszeit, eine eventuelle Mindestwartezeit, das Mindestguthaben bei Zuteilung, die Regelspar- und Tilgungsbeiträge und die Abschlussgebühr. Im Laufe der Zeit haben die Bausparkassen unterschiedliche Bauspartarife entwickelt, z. B. Standardtarife, Schnellspartarife, Langzeittarife, variable Tarife, um den unterschiedlichen Kundenwünschen gerecht zu werden.

Mit dem Abschluss eines Bausparvertrages wird für den Kunden eine Abschlussgebühr fällig. Sie sollte möglichst sofort in einem Betrag bezahlt werden, kann aber auch mit den ersten Zahlungseingängen verrechnet werden. Die Gebühr beträgt je nach Bausparkasse und Tarif zwischen 1 % bis 1,6 % der Bausparsumme. Die Verwendung der Abschlussgebühren dient der Deckung der Abschlusskosten, z. B. Provision für den Außendienst, Kontoeinrichtung, Ausstellen der Bausparurkunde etc. Nimmt der Kunde das Bauspardarlehen nicht in Anspruch, erstatten einige Bausparkassen die Abschlussgebühr zurück.

---

[6] Vgl. Mahns, P. (2001), S. 732

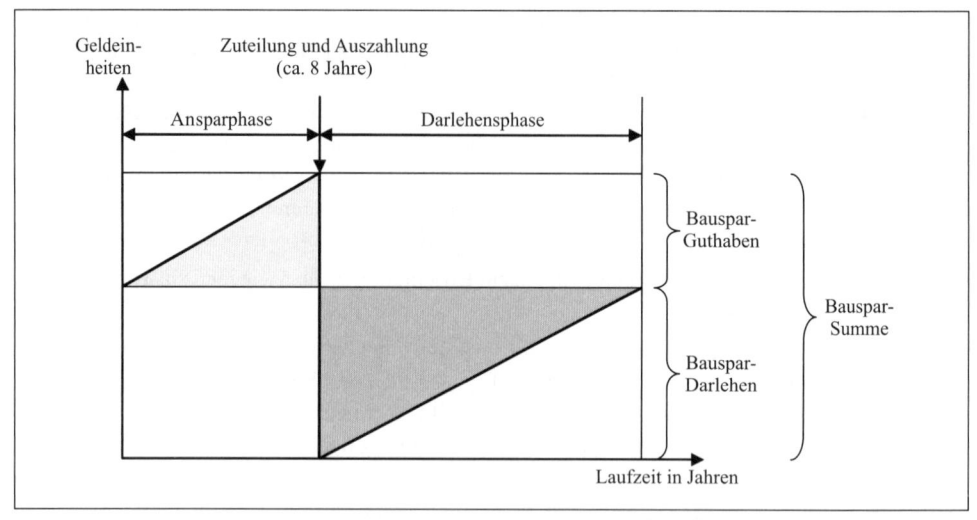

Abb. VI 8: Entwicklung eines Bausparvertrages[7]

Nach dem Abschluss des Bausparvertrages gliedert sich das Bausparen in drei Phasen (vgl. Abb. VI 8):

- Sparphase,
- Zuteilung und
- Darlehensphase.

2.1.1 Ansparphase

In der Ansparphase wird das für die Zuteilung notwendige Mindestguthaben durch Einzahlungen des Bausparers angesammelt. Voraussetzung für die Auszahlung des Bauspardarlehens ist die vertraglich vereinbarte Mindestansparung von 40 % oder 50 % bei klassischen Tarifen. Die Tarifbestimmungen sehen einen monatlichen und gleich bleibenden Sparbetrag vor, der je nach tariflicher Gestaltung unterschiedlich hoch ist. Außerdem kann der Bausparer außerplanmäßige Sonderzahlungen, das Mindestsparguthaben in einem Betrag oder in größeren Abschnitten erbringen. Jede zusätzliche Sparleistung in der Höhe eines Regelsparbeitrages erhöht die Bewertungszahl um einen Punkt und bewirkt damit eine Verkürzung der Laufzeit bis zur Zuteilung. Ebenso verkürzt sich die Wartezeit bis zur Zuteilung des Bausparvertrages, wenn das Mindestsparguthaben in einem Betrag eingezahlt wird.

Zu den Sparleistungen sind die Zinsen sowie die staatlichen Zulagen (Arbeitnehmersparzulage, Wohnungsbauprämie) hinzuzurechnen. Die Bausparkassen verzinsen das eingezahlte Bausparguthaben zu einem vertraglich festgelegten Zinssatz, der für die gesamte Laufzeit festgeschrieben ist. In den unterschiedlichen Tarifarten sind Zinssätze zwischen 1,5 % und 4 % pro Jahr möglich. In einer Niedrigzinsphase ist somit das Bausparen, unabhängig von geplanten Bauvorhaben, eine interessante Geldanlage, insbesondere dann, wenn die staatliche Förderung in Anspruch genommen werden kann. Hingegen ist in einer Hochzinsphase das Bausparen weniger als Geldanlage anzusehen, jedoch bleibt der Vorteil des zinsgünstigen Darlehens.

---

[7] Vgl. Grill, W./Perczynski, H. (2000), S. 197

2.1.2 Zuteilung

Die Zuteilung, d. h. die Bereitstellung der gesamten Bausparsumme aus den Mitteln der Zuteilungsmasse der Bausparkasse, ist der zentrale Punkt des Bausparvertrages. Mit der Zuteilung erreicht der Bausparer das durch den Abschluss des Bausparvertrages gesteckte Vertragsziel, den fälligen Anspruch auf Rückzahlung des (eigenen) Sparguthabens und der Gewährung des Bauspardarlehens als Differenz zwischen Bausparguthaben und Bausparsumme. Die Sparphase geht damit in die Darlehensphase über. Der Bausparer kann ohne Kündigung über sein Bausparguthaben und über das Bauspardarlehen, nach Stellung einer ausreichenden Sicherheit, verfügen.

Die Bausparsumme wird aus der Zuteilungsmasse durch die Bausparkasse bereitgestellt. Diese für die Zuteilung verfügbaren Mittel setzen sich aus den folgenden Komponenten zusammen: Den Sparbeiträgen, den sonstigen auf den Bausparkonten gutgeschriebenen Beträgen (z. B. Wohnungsbauprämien, vermögenswirksame Leistungen, Sparzinsen), den Tilgungsleistungen und von der Bausparkasse eventuell zur Beschleunigung der Zuteilungen dauernd oder vorübergehend eingeschleusten Eigen- oder Fremdmitteln. Über die Zuteilungsmasse kann die Bausparkasse nicht frei verfügen, sie darf diese Mittel grundsätzlich nur für Zwecke des Bauspargeschäftes verwenden. Ausgenommen davon sind Vor- und Zwischenfinanzierungskredite.[8]

Lange Zeit wurde die Zuteilung der Bausparverträge einer Bausparkasse durch das Los entschieden. Heutzutage wird das Losverfahren durch gerechtere, bausparmathematisch ausgefeilte Bewertungsmethoden ersetzt, die sich von Bausparkasse zu Bausparkasse und von Tarif zu Tarif unterscheiden. In den klassischen Tarifen erfolgt in der Regel die Zuteilung, wenn

- der Bausparvertrag am Bewertungsstichtag ein vertraglich festgesetztes Mindestsparguthaben von 40 % bzw. 50 % der Bausparsumme aufweist,
- gleichzeitig eine vertraglich festgesetzte Mindestlaufzeit abgelaufen ist (sie schwankt je nach Tarif und beträgt theoretisch 18 bis 60 Monate, in der Praxis drei bis fünf Jahre bei Sofortauffüllung des Mindestsparguthabens zum Zeitpunkt des Vertragsabschlusses) und
- eine bestimmte Bewertungszahl erreicht ist.[9]

Die Zuteilung des Vertrages hängt maßgeblich von der erreichten Bewertungszahl ab, mit der die Zuteilungsreihenfolge festgelegt wird. Die Bewertungszahlen werden an festgelegten Bewertungsstichtagen berechnet und der Höhe nach geordnet. Der Bausparvertrag mit der höheren Bewertungszahl am Stichtag hat für die Zuteilung den Vorrang. Die Anzahl der Stichtage unterscheiden sich von Bausparkasse zu Bausparkasse, sie können monatlich, vierteljährlich oder halbjährlich stattfinden.

Die Berechnung der Bewertungszahlen kann nach unterschiedlichen Verfahren erfolgen. Das „Saldenverfahren" beispielsweise ermittelt die Bewertungszahl, indem der durch die Bausparsumme geteilte Saldo mit einem tarifspezifischen Faktor multipliziert wird. Im „Zeit-mal-Geld-Verfahren" wird der kumulierte Zins mit einem tarifspezifischen Zinsfaktor multipliziert und der Guthabensaldo addiert. Das Ergebnis geteilt durch einen bestimmten Promillesatz der Bausparsumme ergibt die Bewertungszahl.

Alle Berechnungsverfahren haben jedoch gemeinsam, dass sie tarifspezifische Faktoren enthalten, durch die sich der Charakter des Tarifs bestimmt. Das BSpG schreibt vor, dass der Bausparer die Zuteilungsvoraussetzungen und die Zuteilungsreihenfolge seiner Bausparkasse den Allgemeinen Bedingungen für Bausparverträge entnehmen können muss.

---

[8] Vgl. Jenkis, H. W. (1995), S. 63 ff.
[9] Vgl. Mahns, P. (2001), S. 739 f.

Beispiel: Die Bausparsumme beträgt 10.000 €, hierauf sind im Verlauf von fünf Jahren 4.800 € eingezahlt worden und es wurden 357,90 € Zinsen gutgeschrieben. Der Regelsparbeitrag beläuft sich bei 4 € pro 1.000 € Bausparsumme auf 40 € monatlich. Die individuelle Bewertungszahl errechnet sich nach dem „Zeit-mal-Geld-Verfahren" wie folgt:

$$\text{Bewertungszahl} = \frac{\text{Sparguthaben} + (\text{Summe der Zinsgutschriften} \times \text{Zinsfaktor})}{\text{Regelsparbeitrag}}$$

$$\text{Bewertungszahl} = \frac{5.157{,}90\ € + (357{,}90\ € \times 10)}{40\ €} = \frac{8.736{,}90\ €}{40\ €} = 218{,}42\ €$$

Abb. VI 9: Berechnung einer Bewertungszahl

Der Bausparer muss eine Zuteilung nicht sofort annehmen, er kann den zugeteilten Vertrag auch später in Anspruch nehmen. Zugeteilte, nicht abgerufene Verträge können von den Bausparkassen wiederum für die Gewährung von Zwischenkrediten verwendet werden.

2.1.3 Darlehensphase

Bei Annahme der Zuteilung erhebt der Bausparer seinen Anspruch auf Auszahlung seiner Bauspareinlagen und auf ein unkündbares, in der Regel nachrangig zu sicherndes, zinsgünstiges und über die gesamte Laufzeit zinsfestes Darlehen. Die Höhe des klassischen Bauspardarlehens errechnet sich aus der Differenz zwischen Bausparsumme und Bausparguthaben. Im Unterschied zur Pfandbriefhypothek muss der Bausparer zuerst Vorsparleistungen erbringen, um einen Darlehensanspruch zu begründen.

Mit der Zuteilung erfolgt die Bereitstellung des Bauspardarlehens, d. h. die Bausparkasse hält die Bausparsumme zur Auszahlung bereit. Während das Bausparguthaben sofort abgerufen werden kann, ist die Auszahlung des Bauspardarlehens erst nach einer Sicherstellung möglich. Bauspardarlehen werden vornehmlich durch die Bestellung von Hypotheken oder Grundschulden an einem inländischen Pfandobjekt gesichert. Die Beleihung darf ohne ausreichende zusätzliche Sicherheiten 80 % des Beleihungswertes des Pfandobjektes nicht überschreiten. Liegt das Grundpfandrecht über der Beleihungsgrenze von 80 %, so kann eine Zusatzsicherheit, z. B. Bürgschaften von Sparkassen oder der zuständigen Landesbank, gestellt werden. Von einer Sicherung durch Grundpfandrechte kann abgesehen werden, wenn ausreichende Ersatzsicherheiten, z. B. Bürgschaft einer privaten Bank, Abtretung oder Verpfändung von Sparguthaben, mündelsichere Schuldverschreibungen etc., gestellt werden.

Das Bauspardarlehen ist ein Annuitätendarlehen, d. h. für den Bausparer ist die monatliche Belastung über die gesamte Darlehenslaufzeit konstant. Die Dauer der Darlehensphase hängt neben der Darlehenshöhe und dem tarifabhängigen Darlehenszins von den individuellen Tilgungsleistungen des Bausparers ab. So können bei einem Bauspardarlehen jederzeit Sondertilgungen geleistet werden. Wer so die Rückzahlungsrate erhöht oder in unregelmäßigen Abständen größere Sonderzahlungen leisten kann, verringert die Darlehenslaufzeit beträchtlich.[10] Die Tilgungsdauer der klassischen Bauspardarlehen ohne Sonderzahlungen liegt in der Regel zwischen 8 und 11 Jahren.

---

[10] Vgl. ebenda, S. 741

Bei den Bausparkassen ist es üblich, dass sie ihren Kreditnehmern für den Kredit eine Risikolebensversicherung (Lebensversicherung auf den Todesfall) bei einer Versicherungsgesellschaft vermittelt oder automatisch zur Verfügung stellt. Die Risikolebensversicherung deckt insofern das Risiko im Todesfall ab, d. h. stirbt der Darlehensnehmer während der Tilgungsphase, dann wird die Restschuld durch die Versicherung zurückgezahlt und die Hinterbliebenen sind finanziell entlastet. Die Versicherungssumme entspricht dem ausgezahlten Bauspardarlehen, die Höhe der Versicherungsprämie richtet sich nach dem Alter und Geschlecht des Versicherten (Darlehensnehmer) sowie der Versicherungssumme.

2.1.4 Vertragsänderungen

Nach Abschluss eines Bausparvertrages hat der Bausparer die Möglichkeit, Vertragsänderungen vorzunehmen, da er häufig bei Vertragsabschluss noch nicht genau weiß, wann und in welcher Höhe er das Bausparguthaben bzw. das Bauspardarlehen benötigt, bzw. einsetzen will. Der Bausparer ist somit nicht an die einmal gewählte Bausparsumme gebunden, er kann sie erhöhen, ermäßigen, teilen oder auch mit der Bausparsumme eines anderen Bausparvertrages zusammenlegen; schließlich kann der Bausparer auch seinen Vertrag kündigen. Sämtliche Vertragsänderungen bedürfen grundsätzlich der Zustimmung der Bausparkasse, die diese von bestimmten Voraussetzungen abhängig machen und mit Auflagen verbinden kann.

Sowohl die Erhöhung als auch die Zusammenlegung verschiedener Bausparverträge dienen dazu, eine höhere Bausparsumme und damit einen höheren Darlehensanspruch zu erhalten. Bei der Erhöhung wird die bestehende Bausparsumme entweder aufgestockt oder es wird ein Neuvertrag abgeschlossen, der dem bestehenden Vertrag hinzugefügt wird. Eine Erhöhung oder Zusammenlegung führt in der Regel dazu, dass Verträge mit unterschiedlichen Bewertungszahlen vermischt werden, so dass dem Bausparvertrag mit der geringeren Bewertungszahl der andere Vertrag mit der höheren Zahl zugutekommt. Die Erhöhung und Zusammenlegung können selbst dann durchgeführt werden, wenn die beteiligten Verträge noch nicht zugeteilt sind oder wenn die erfolgte Zuteilung noch rückgängig gemacht werden kann. Benötigt der Bausparer bei seinem Finanzierungsvorhaben nicht die gesamte Bausparsumme, so kann er auf einen Teil der Bausparsumme verzichten und damit eine Ermäßigung vornehmen. Bei der Ermäßigung verbleibt das bisherige Bausparguthaben auf dem ermäßigten Vertrag. Das führt zu einer Beschleunigung der Zuteilung, da ein günstigeres Verhältnis zwischen Bausparguthaben und Bausparsumme entsteht. Neben der Ermäßigung kann auch eine Teilung der Bausparsumme erfolgen, um nur eine Teil-Bausparsumme für eine Baumaßnahme einzusetzen. Auf die restliche Bausparsumme könnte der Bausparer zu einem späteren Zeitpunkt zurückgreifen. Anders als bei der Ermäßigung wird bei der Teilung das vorhandene Sparguthaben im Verhältnis der neu gebildeten Bausparsummen aufgeteilt. An der Bewertungszahl und den sonstigen Voraussetzungen für die Zuteilung ändert sich nichts. Des Weiteren ist ein Bausparer jederzeit berechtigt, seinen Bausparvertrag zu kündigen. Er erhält dann sein Bausparguthaben inklusive der angesammelten Zinsen und Zinseszinsen ausbezahlt.[11]

Eine Vertragsänderung liegt auch vor, wenn der Bausparvertrag auf einen anderen Inhaber übergeht. Im weitesten Sinne sind hier alle Arten des Inhaberwechsels zu erfassen. Hierzu gehört nicht nur die entgeltliche Übertragung, sondern auch die unentgeltliche, wie beispielsweise der Übergang im Wege der Erbfolge. Ebenso möglich ist der Austritt eines Partners aus einem Gemeinschaftsvertrag oder die Mitaufnahme einer weiteren Person in einen bestehenden Vertrag. Die Übertragung ist nicht

---

[11] Vgl. Jenkis, H. W. (1995), S. 62

auf die Ansparphase beschränkt, im Darlehensstadium handelt es sich zumeist um die Übernahme der Darlehensschuld aus dem Bausparvertrag (zusammen mit dem Objekt, auf dem sie ruht) durch einen Dritten (Schuldübernahme). Übertragungen im engeren Sinne sind Verkäufe von Bausparverträgen im Sparstadium. Der Kaufpreis stimmt regelmäßig mit dem Sparguthaben einschließlich der Zinsen und Zinseszinsen und eines Betrages zur Abgeltung der Abschlussgebühr überein.

2.2 Vor- und Zwischenfinanzierung

Bauherren können ihre Bausparverträge entweder mittels Vorausdarlehen oder Zwischenkredit vorfinanzieren, um die Verträge vor Zuteilung für ein Bauvorhaben einsetzen zu können. Die Bausparkasse bietet einen Zwischenkredit an, wenn der Bausparvertrag die Mindestansparung von 40 bzw. 50 % bereits erreicht hat, jedoch die Mindestlaufzeit oder die erforderliche Bewertungszahl noch nicht erreicht ist. Ein Vorausdarlehen wird angeboten, wenn der zugrunde liegende Bausparvertrag keine der Mindestvoraussetzungen für die Zuteilung erfüllt. Im Gegensatz zum Zwischenkredit verpflichtet sich der Darlehensnehmer, den Bausparvertrag anzusparen und parallel die Zinsraten für das Vorausdarlehen zu bezahlen. In der Praxis werden Bausparverträge auch erst im Rahmen des konkreten Immobilienvorhabens abgeschlossen und dann sofort mittels eines Vorausdarlehens ausbezahlt. Die Vorteile gegenüber einer Hypothek liegen zum einen in der Verzinsung des kumulierten Guthabens und zum Zweiten in der eventuellen Wohnungsbauprämie.[12]

Kreditgeber kann außer der Bausparkasse auch die Bank oder Sparkasse als Verbundpartner sein. Für die Vorfinanzierung von Bausparverträgen nehmen diese fristenkongruente Mittel am Kapitalmarkt auf. Daher richten sich die Zinsen für die Vorfinanzierung nach der Kapitalmarktsituation. Die Höhe des Vorausdarlehens oder Zwischenkredits darf bei klassischen Tarifen die Bausparsumme nicht überschreiten, da diese sonst nicht zur Tilgung des Vorausdarlehens oder des Zwischenkredits ausreichen würde. Die Sicherstellung erfolgt wie beim Bausparvertrag durch ein nachrangiges Grundpfandrecht. In der Praxis wird oft der Bausparvertrag als Sicherheit an das kreditgebende Institut abgetreten.

2.3 Staatliche Bausparförderung

Der Staat fördert das Bausparen mit Prämien und Zulagen. Die Arbeitnehmersparzulage (nur für Arbeitnehmer) wird für vermögenswirksame Leistungen, die der Arbeitgeber überweist, geleistet. Wohnungsbauprämie (für Arbeitnehmer und Selbständige) wird vom Staat auf eigene Einzahlungen gewährt. Sowohl die Arbeitnehmersparzulage als auch die Wohnungsbauprämie können vom Bausparer in Anspruch genommen werden.

Werden die vermögenswirksamen Leistungen in einem Bausparvertrag angelegt, erhält der Arbeitnehmer vom Staat 10 % Arbeitnehmersparzulage. Begünstigt ist jedoch lediglich der Höchstbetrag von 480 € jährlich. Ehegatten können diesen Vorteil sogar zweimal nutzen, wenn beide Arbeitnehmer sind und beide vermögenswirksame Leistungen anlegen. Neben Bausparen werden auch Beteiligungen am Produktivvermögen, z. B. ausgewählte Aktienfonds, bis 408 € jährlich gefördert. Es können folglich insgesamt 888 € vermögenswirksame Leistungen begünstigt angelegt werden.

---

[12] Vgl. ebenda

Anspruch auf Sparzulage besteht, wenn das zu versteuernde Einkommen im Sparjahr einen Betrag von 17.900 € bei Alleinstehenden und 35.800 € bei Verheirateten nicht überschreitet. Da es sich dabei um das zu versteuernde Einkommen handelt, kann das Bruttoeinkommen des Bausparers entsprechend höher liegen.

Zusätzlich zu den vermögenswirksamen Leistungen können auf den Bausparvertrag eigene Sparleistungen eingezahlt werden. Für Einzahlungen bis jährlich 512 € bei Alleinstehenden und 1.024 € bei Verheirateten gibt es 10 % Wohnungsbauprämie. Zu den prämienbegünstigten Sparleistungen gehören auch vermögenswirksame Leistungen, wenn für sie bei Überschreiten der Einkommensgrenze (17.900 € bzw. 35.800 € zu versteuerndes Einkommen) keine Sparzulage gewährt wird. Wohnungsbauprämie erhalten alle natürlichen Personen ab 16 Jahren, die eine jährliche Sparleistung von 50 € erbringen. Ebenso wie bei der Arbeitnehmersparzulage wurden die förderbegünstigten Grenzen des zu versteuerndes Einkommens vom Gesetzgeber festgelegt, 25.600 € bei Alleinstehenden und 51.200 € bei Verheirateten.

Die Bindungsfrist für Wohnungsbauprämie und Arbeitnehmersparzulage beträgt 7 Jahre ab Vertragsbeginn. Nach Ablauf dieser Frist kann frei über das Guthaben und die staatlichen Vergünstigungen verfügt werden, sie bewirkt jedoch nicht automatisch die Zuteilung des Bausparvertrages. Wird vor Ablauf der Bindungsfrist durch Zuteilung über den Vertrag verfügt, muss ein Nachweis über die wohnwirtschaftliche Verwendung erbracht werden, um die staatlichen Vergünstigungen zu erhalten. Eine Kündigung vor Ablauf der Bindungsfrist hingegen hat immer den Verlust der staatlichen Vergünstigungen zur Folge.

3 Grundlagen der Bauträgerfinanzierung

3.1 Unterscheidung typischer Unternehmermodelle

Im Wesentlichen lassen sich im Bereich des gewerblichen Bausektors sowohl auf der Ebene des Wohneigentumsbaus sowie der Errichtung von Gewerbe-, und/oder Managementimmobilien drei typische Unternehmermodelle unterscheiden. Zum einen den Generalunternehmer, den Generalübernehmer sowie den Bauträger, dessen genauere Betrachtung den Schwerpunkt der folgenden Kapitel darstellt. Zu unterscheiden sind die drei Modelle grundlegend in Bezug auf deren rechtlichen Eigenschaften. Weitere unterscheidungsrelevante Aspekte sind aus der Art der zu übernehmenden Aufgabenbereiche ableitbar. Eine fundamentale Differenzierung ist im Hinblick auf die sog. Bauherreneigenschaft vorzunehmen:

Bauherr ist, wer ein Gebäude auf eigene Rechnung und eigene Gefahr errichtet oder errichten lässt und wenn er dabei das Baugeschehen weitgehend beherrscht. Der Bauherr zeichnet sich also dadurch aus, dass er sowohl rechtlich als auch tatsächlich die Planung und Ausführung des Bauvorhabens in der Hand hält und die damit typischerweise einhergehenden Initiativen und Risiken trägt.

Bei der Beauftragung von Generalüber- oder Generalunternehmern bleibt die Bauherreneigenschaft des Auftraggebers eines Bauvorhabens erhalten, während ein Bauträger stets auch die Bauherreneigenschaft besitzt. Es ist davon auszugehen, dass der Auftraggeber nach wie vor „freie Hand" und somit bestimmenden Einfluss auf das Bauvorhaben hat. Dazu hat der Bundesgerichtshof in einem Urteil vom 26.01.1978 folgenden Leitsatz aufgestellt: „Wer gewerbsmäßig in eigenem Namen und für eigene Rechnung auf dem Grundstück eines Auftraggebers für diesen einen Bau errichtet, ist weder ‚Bauherr' (Bauträger) noch ‚Baubetreuer' im Sinne von § 34c (2) S. 1, Zi. 2 GewO." Folglich unterliegen Generalüber- und Generalunternehmer weder der Genehmigungspflicht nach § 34 c GewO und damit auch nicht der gesetzlichen Regelungen der MaBV.

3.1.1 Charakteristika der Generalübernehmer und Generalunternehmer

Im Baugeschehen ist ein Generalübernehmer (GÜ) diejenige Person, welche die Vorbereitung und Durchführung eines Bauvorhabens ganz (oder teilweise) in eigenem Namen und auf eigene Rechnung, aber auf dem Grundstück des Bauherrn organisiert. Häufig erbringt der Generalübernehmer Planungsleistungen. In diesem Fall wird auch von einem Totalübernehmer gesprochen.

Ein Generalübernehmer verpflichtet sich zur Erstellung des Bauvorhabens und ist darüber hinaus relativ häufig an der Vermittlung von geeigneten Baugrundstücken beteiligt. Die Planung und die Bauausführung werden im Gegensatz zur Bauleitung in aller Regel nicht von dem Generalübernehmer selbst erbracht, sondern er beauftragt Fremdfirmen, welche dann als sog. Subunternehmer in Erscheinung treten. In diesem Zusammenhang wird der GÜ häufig auch als „Organisator, Koordinator" oder „Manager" des zu errichtenden Gebäudes bezeichnet.

Der Werkvertrag für die Errichtung der Bauten muss nur dann notariell beurkundet werden, wenn mit ihm ein Grundstückskaufvertrag verbunden ist.

Der klassische Generalunternehmer (GU) übernimmt sämtliche zur Bauwerkerrichtung unmittelbar notwendigen Leistungen, wobei er nur einen Teil selbst ausführt. Den anderen Teil lässt er mit Genehmigung seines Auftraggebers in eigenem Namen und auf eigene Rechnung von Nach- bzw. Subunternehmern ausführen. Aus diesem Grund ist der GU im Gegensatz zum GÜ dem Bauhauptgewerbe zuzuordnen. Die Planungsleistungen wie z. B. Objektplanung, die Ausschreibung von Leistungsverzeichnissen der einzelnen Gewerke, die Auftragsvergabe und die Bauleitung können ebenfalls vom GU oder durch einen freischaffenden Architekten oder Ingenieur erbracht werden.

Der Generalunternehmervertrag als besonders ausgestalteter Bauvertrag ist ein Werkvertrag im Sinne der §§ 631 ff. BGB und soweit die VOB vereinbart ist, ein VOB-Werkvertrag, worauf an dieser Stelle aber nicht eingegangen werden soll. Dieser Werkvertrag besteht zwischen dem Auftraggeber und dem GU und ggf. zwischen dem GU und seinen Subunternehmern. Zwischen dem Auftraggeber und den Subunternehmern existieren demnach keine unmittelbaren vertraglichen Beziehungen.

Im Ergebnis ist für den GU der mit dem Auftraggeber geschlossene Werkvertrag verpflichtend, welcher die einzelnen geschuldeten Leistungen beinhaltet. Die mangelfreie Leistung ist somit allein vom GU zu erbringen und Gewährleistungsansprüche ausschließlich im Verhältnis GU und Auftraggeber geltend zu machen.[13]

Da der GU ebenfalls wie der GÜ das Bauwerk meist schlüsselfertig und zum Festpreis anbietet, tragen die Unternehmer teilweise ein erhebliches Risiko bezüglich der Baukostenüberschreitung, welches sich weder auf den Auftraggeber noch auf die Subunternehmer abwälzen lässt. Dieses Risiko wird von den Unternehmern meist von vornherein mit einkalkuliert und führt somit zu höheren Kosten für den Bauherrn/Enderwerber.

---

[13] Vgl. Brauer, K.-U. (2001), S. 209

3.1.2 Charakteristika der Bauträger

Ein Bauträger ist ein Unternehmen, welches gewerbsmäßig Bauwerke in eigenem Namen für eigene oder fremde Rechnung vorbereitet und selbständig ausführt. Für die Realisierung des Baus stellt der Bauträger sein eigenes Grundstück zur Verfügung. Somit ist der Bauträger auch gleichzeitig Bauherr und trägt das Bauherrenrisiko. Eines dieser Risiken ist die Gefahr, dass der Unternehmer die Verkaufschancen falsch einschätzt und einen Abverkauf nur schwer realisieren kann. Dies hat zur Folge, dass höhere Bauzeitzinsen anfallen oder die gebauten Objekte zu den Herstellungskosten oder ggf. darunter verkauft werden müssen.

Für die Baudurchführung bedient sich der Bauträger in aller Regel Vermögenswerte Dritter wie z. B. Enderwerber, Mieter, Pächter oder sonstiger Beteiligter. Diese Tatsache erfordert eingehende gesetzliche Regelungen zum Gläubigerschutz. Es wird für die Ausübung des Bauträgergeschäfts eine Gewerbeerlaubnis nach § 34c GewO benötigt. Aber auch andere Rechtsvorschriften wie die Regelungen der Makler- und Bauträgerverordnung (MaBV), der Verdingungsordnung für Bauleistungen (VOB), sowie die Rechtsvorschriften des BGB, welche zum Teil im Verlauf noch angesprochen werden, müssen hierbei genannt werden. Beispielsweise hat das den Bauträger finanzierende Kreditinstitut darauf zu achten, dass die vom Erwerber bezahlten Kaufpreisteilbeträge ordnungsgemäß verbucht werden. Auch muss zwischen Bauträger und Erwerber ein abgeschlossener Vertrag rechtswirksam zustande gekommen sein. Dafür ist nach § 311b BGB eine notarielle Beurkundung des Vertrages eine zwingende Voraussetzung. Notwendig hierfür ist das Vorliegen aller erforderlichen Genehmigungen, wie z. B. die Zustimmung des Grundstückeigentümers, wenn ein Erbbaurecht ebenfalls Vertragsgegenstand sein soll.

Nachdem die wichtigsten Unterscheidungsmerkmale zwischen den Unternehmermodellen angesprochen wurden, soll Abb. V 10 beispielhaft mögliche Vertragsbeziehungen zwischen diesen und anderen am Bau beteiligten Personen aufzeigen:

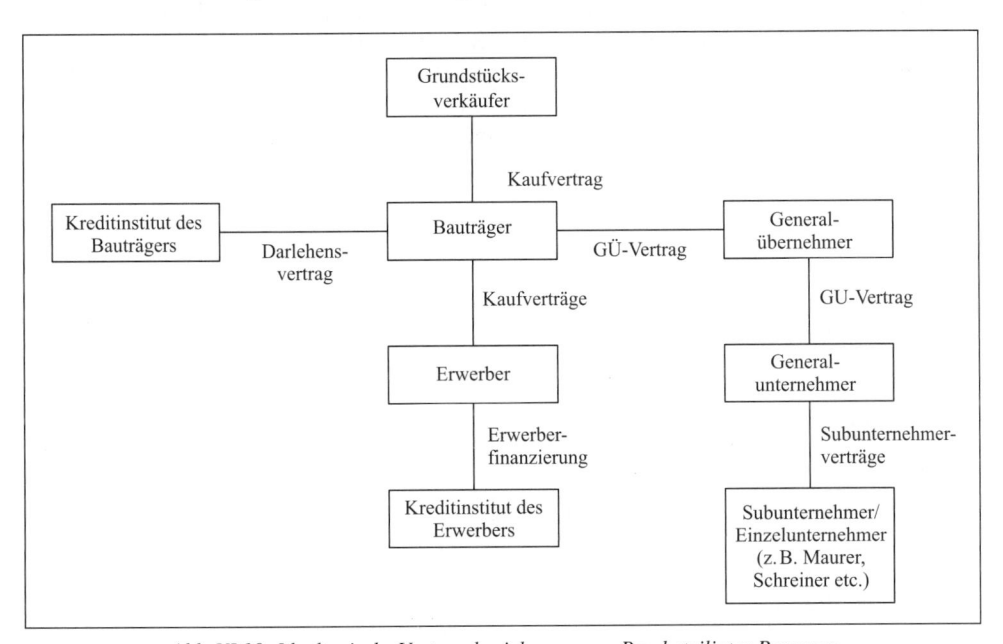

Abb. VI 10: Idealtypische Vertragsbeziehungen am Bau beteiligter Personen

Die Grenzen zwischen diesen bauunternehmerischen Organisationsformen untereinander sind meist fließend. Welche Organisationsform tatsächlich vorliegt, ist stets eine Frage der Auslegung der getroffenen Funktionsabsprachen und im Einzelfall zu ermitteln.

Auf dem Immobilienmarkt sind als Bauträger vor allem Wohnungsunternehmen, Bauunternehmen, Projektentwickler, Baubetreuer, Immobiliengesellschaften, Makler und darüber hinaus auch Unternehmer mit fachfremden Qualifikationen tätig. Der Bauträger selbst koordiniert ähnlich wie der Generalübernehmer oft nur das Gesamtbauvorhaben als Kaufmann. Die fachlichen und operativen Aufgaben der Bauausführung delegiert er an Generalunternehmen oder direkt an Einzelunternehmer. Im Unterschied zu den bisher angesprochenen Unternehmensformen (GÜ, GU) bieten Bauträger oftmals Leistungen an, die über den eigentlichen Bauvertrag hinausgehen. Zum Repertoire der vielfältigen Dienstleistungspalette gehören beispielsweise Projektentwicklungs-, Projektsteuerungs-, Beratungs- und Verwaltungsleistungen bezogen auf das zu errichtende bzw. abgeschlossene Bauvorhaben.

3.2 Abgrenzung der Bauträgerfinanzierung von der Endfinanzierung einer Immobilieninvestition

Im Zuge der Abgrenzung der Bauträgerfinanzierung von der Endfinanzierung ist es empfehlenswert, sich den Lebenszyklus einer Immobilie zu betrachten, welcher hier in einer sehr vereinfachten Form dargestellt wird. Diese Form ist an dieser Stelle dennoch ausreichend. Die Pfeile in Abb. VI 11 sollen dabei darstellen, dass der Lebenszyklus stets mit einem Grundstück beginnt und nach dem Durchlaufen der drei verschiedenen Phasen mit diesem endet.

Aus dem Modell lassen sich in der Schlussfolgerung die Beteiligten in den spezifischen Lebensphasen einer Immobilie ableiten. Dem Entwicklungszyklus sind Bauträger als Zwischeninvestoren und dem Nutzungszyklus die Enderwerber zuzuordnen. Betreffend die Investitionsdauer in Immobilieneigentum ist in Anbetracht der institutionellen Gliederung der Immobilienbetriebswirtschaftslehre feststellbar, dass diese häufig stark voneinander abweichen. In erster Linie ist es die Aufgabe des Bauträgers, als Dienstleister im Zusammenhang mit der vertraglich geschuldeten Leistung, zugunsten des Erwerbers am Markt zu agieren. Dennoch treten Bauträger häufig auch als Investoren

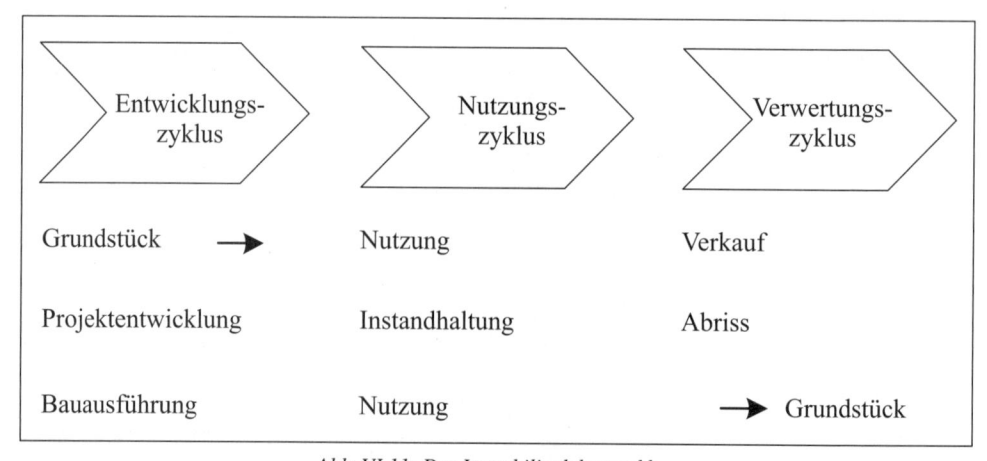

Entwicklungszyklus	Nutzungszyklus	Verwertungszyklus
Grundstück →	Nutzung	Verkauf
Projektentwicklung	Instandhaltung	Abriss
Bauausführung	Nutzung	→ Grundstück

Abb. VI 11: Der Immobilienlebenszyklus

am Immobilienmarkt auf. Unabhängig vom Hauptmotiv muss der Bauträger zunächst finanziell in Vorleistung gehen um z. B. Grundstückssicherungs- und Projektentwicklungsmaßnahmen durchführen zu können. Als Dienstleister errichtet der Bauträger die Immobilie im Auftrag oder zum Zweck des sofortigen Verkaufs an Endinvestoren (Eigennutzer, Kapitalanleger).

Handelt der Bauträger als Investor, ist er bestrebt die Immobilie möglichst gut zu vermieten, um eine angemessene Rendite seines eingesetzten Eigenkapitals zu erzielen bzw. das oder die Objekte ggf. als Paket gewinnbringend an Großanleger wie Immobilienfondsgesellschaften zu veräußern. Dabei muss aber auf steuerliche Aspekte geachtet werden. Werden die Immobilien im Sinne der §§ 7 ff. EStG nicht bis zum Ende des Jahres der Fertigstellung weiterveräußert, hat der Erwerber keine Möglichkeit der degressiven Abschreibung.[14]

Die Kapitalbeschaffung zur Realisierung der Bauvorhaben wird in der Betriebswirtschaftslehre auch als Finanzierung bezeichnet. Vorwiegend wird dabei nach der Kapitalherkunft, der Kapitalart und den Fristigkeiten der Finanzmittel differenziert.[15]

Durch die jeweiligen Finanzierungs-/Darlehensformen ergeben sich charakteristische Risiken für das finanzierende Kreditinstitut. Diesem wird je nach Art und Umfang mit verschiedenen Kreditsicherheiten, die dem Kreditnehmer abverlangt werden, Rechnung getragen. Für die Zwischenfinanzierung werden zwischen Kreditinstitut und Bauträger meist endfällige Darlehen vereinbart. Als Kreditsicherheit muss der Bauträger beispielsweise eine Globalgrundschuld mit Freistellungserklärung und eine Abtretung seiner zukünftigen Verkaufserlöse stellen.

Tritt der Bauträger als Endinvestor auf, kommen die verschiedensten Finanzierungsformen in Frage. Über Annuitäten-, Fest- und Ratendarlehen hinaus gibt es noch einige innovative Möglichkeiten der Kreditaufnahme. Heutzutage werden vermehrt über sog. Zinssicherungsinstrumente wie Caps, Floors und Swaps oder Fremdwährungsdarlehen Immobilienfinanzierungen abgewickelt. (Welche Darlehensform am geeignetsten ist, ist immer von Fall zu Fall abzuwägen.)

Die am häufigsten angewandten Kreditsicherungsinstrumente sind bei der Finanzierung einer Endinvestition zum einen die Brief- oder Buchgrundschuld und die Abtretung von künftigen Mieteinnahmen, sowie Kapitallebensversicherungen. Folgende Abb. VI 12 beschreibt die Abgrenzung der Bauträgerfinanzierung von der Endfinanzierung einer Immobilieninvestition nochmals in übersichtlicher Form:

	Bauträgerfinanzierung	Endfinanzierung
Darlehensart	Endfälliges Darlehen mit auflaufenden Zinsen Kontokorrentkredit; Rückführung aus den Verkaufserlösen der finanzierten Baumaßnahme	Annuitäten-, Fest- oder Ratendarlehen ohne auflaufende Zinsen mit oder ohne Tilgung
Kreditsicherheiten	Globalgrundschuld mit Freistellungserklärung; Abtretung der Verkaufserlöse	Grundschuld; Abtretung der Mieteinnahmen; Gehaltsabtretungen (im privaten Bereich)
Risiko	Fertigstellungsrisiko; Kostenrisiko; Vermarktungsrisiko usw.	Risiko der langfristigen Wertentwicklung (Beleihungswertrisiko); Vermietungsrisiko usw.

Abb. VI 12: Abgrenzung der Bauträgerfinanzierung von der Endfinanzierung

---

[14] Vgl. Brauer, K.-U. (2001), S. 270
[15] Vgl. Olfert, K. (2001), S. 30 ff.

3.3 Geschäftspolitische Bedeutung des Bauträgergeschäfts aus Sicht der Kreditinstitute

Wie bei anderen Kreditarten wird im Immobilienkreditgeschäft nach Rentabilität unter Beachtung höchstmöglicher Sicherheit gestrebt. Immobilienkredite haben in aller Regel einen langfristigen Charakter und dienen somit der Verstetigung der künftigen Erträge. Aufgrund der mehr oder weniger hohen Eigenkapitalanteile der Kreditnehmer sowie der grundpfandrechtlichen Absicherung der Kredite ist der werthaltig besicherte Kreditanteil oft höher als bei anderen Kreditarten. Der Geschäftsbereich „Bauträgerfinanzierung" stellt somit einen wichtigen und dennoch sensiblen Bestandteil im Kreditgeschäft von Banken und Sparkassen dar. Gerade in den letzten Jahren haben branchenspezifische Risiken, konjunkturelle Einbrüche und unzureichende Sicherungsmechanismen zu hohen Kreditausfällen einzelner Kreditinstitute geführt. Um Risikoursachen frühzeitig zu erkennen, ist eine qualifizierte, ursachenbezogene Analyse und laufende Überwachung der Kredite durch erfahrene Mitarbeiter erforderlich. Bei langen Planungszeiträumen wie z. B. im Gewerbeimmobilienbau bleibt immer ein Unsicherheitsfaktor. Eine einwandfreie Finanzierung und ausgiebige Überprüfung der Bauträgermaßnahme anhand noch folgender Kriterien trägt indes zur Sicherung des angestrebten Erfolges in Form von realisierten Margen aus dem sog. Aktivgeschäft und zur Risikoeinschätzung/Risikodiversifikation bei.

Jedes Kreditinstitut ist in der Regel bestrebt, auf lange Sicht seine Marktposition auszubauen. Aus diesem Grund ist die vorrangige Zielsetzung der Bauträgerfinanzierung die Ausweitung des langfristigen Kreditgeschäfts. Da die eigentliche Bauträgerfinanzierung aber im kurzfristigen Bereich einzugliedern ist, spekulieren Kreditinstitute häufig auf Anschlussgeschäfte in Form von Erwerbsfinanzierungen der Enderwerber. Dieses klassische Immobilienkreditgeschäft zeichnet sich vor allem durch die schon beschriebene Langfristigkeit aus. Nicht selten laufen solche Darlehen über 30 Jahre. Weitere positive Eigenschaften dieses Geschäftsbereiches sind die vergleichsweise gute Margen, die Überschaubarkeit, die Standardisierung und im Rahmen eines sachkundig ermittelten Beleihungswertes des zu finanzierenden Objektes, ein gut kalkulierbares Risiko. Die bankeigene Risikoaktiva nach der Definition des Kreditwesengesetzes (KWG) spielt dabei eine nicht zu vernachlässigende Rolle.

Unumstritten ist, dass dabei die Kundenbindung im Vordergrund steht. Kaum ein anderes Finanzprodukt eignet sich als geschäftspolitischer und strategischer Ansatzpunkt für den Aufbau, Festigung und Erweiterung der bestehenden Kundenverbindung in Bezug auf die Endfinanzierung von Immobilien besser. Heutzutage haben die Kunden ein großes Interesse, mehrere Dienstleitungen aus einer Hand zu bekommen. Geschäftsbereiche wie Vermögensanlage, Versicherung, Altersvorsorge und Immobilienvermittlung können unter dem „cross selling"-Aspekt mit der Baufinanzierung kombiniert werden.[16]

Zusammenfassend kann gesagt werden, dass die reine Bauträgerfinanzierung als Zwischenfinanzierung ohne diese Anschlussgeschäfte (Endfinanzierung, cross selling) keinen besonderen Stellenwert in der Geschäftspolitik der Banken einnehmen würde, da die Margen im Verhältnis zum eingegangen Risiko und dem vergleichsweise hohen Betreuungs- und Sachbearbeiteraufwand zu gering ausfallen.

---

[16] Vgl. Gerlach, R. (2001), S. 688 ff.

4 Die rechtlichen Rahmenbedingungen

4.1 Gewerbeordnung (GewO)

Im Sinne der Gewerbeordnung ist diejenige Person Bauträger, welche gewerbsmäßig, selbständig, auf Gewinnerzielung ausgerichtet – und nicht nur gelegentlich – Gebäude errichtet, mit dem Ziel, diese an Erwerber weiter zu veräußern. Zur Ausübung seiner Tätigkeit benötigt der Bauträger eine Erlaubnis nach § 34c (1) GewO. Auf diese Erlaubnis besteht ein Rechtsanspruch, wenn die persönliche Zuverlässigkeit gegeben ist und die Vermögensverhältnisse geordnet sind. Dagegen sind die fachlichen Qualifikationen des Antragstellers nicht zu prüfen. Wer eine Erlaubnis nach § 34c GewO benötigt, muss die für ihre Erteilung notwendigen Voraussetzungen nachweisen. Explizit sind damit die für den Gewerbebetrieb erforderliche Zuverlässigkeit und geordnete Vermögensverhältnisse gemeint.

Als „zuverlässig" gilt nach § 34c (2) GewO derjenige, der innerhalb der letzten fünf Jahre vor Antragstellung nicht rechtswirksam aufgrund eines Verbrechens oder Vermögensdeliktes verurteilt worden ist. Von „geordneten Vermögensverhältnissen" wird gesprochen, wenn über das Vermögen einer Person kein Insolvenzverfahren eröffnet worden ist bzw. diese Person nicht in das vom Insolvenzgericht zu führende Verzeichnis eingetragen wurde.

Plant oder führt ein Bauträger ohne Gewerbeerlaubnis ein Bauvorhaben aus, so begeht er nach § 144 (1c) GewO eine Ordnungswidrigkeit und muss mit Schadensersatzansprüchen oder eventuellen strafrechtlichen Konsequenzen rechnen.

Des Weiteren muss der Bauträger noch weitere Vorschriften, wie z. B. die Buchführungspflicht nach § 34c (3) GewO beachten und ist zur Einhaltung der Makler- und Bauträgerverordnung (MaBV) verpflichtet, worauf aber im nächsten Kapitel vertiefend eingegangen wird.

4.2 Makler- und Bauträgerverordnung (MaBV)

Ein gewerblich tätiger Bauträger gemäß § 34c GewO hat seine Verträge nach den Vorschriften der MaBV abzuschließen. Diese verbraucherschutzorientierten Regeln ergeben sich aus § 3 MaBV. Dabei stehen die Vermögensinteressen der Gläubiger deutlich im Vordergrund. Ein Vertrag, der von den Vorschriften der MaBV abweicht, darf von einem Notar nicht beurkundet werden. Bedingung für die Anwendbarkeit dieser Verordnung ist die uneingeschränkte Bauherreneigenschaft des Bauträgers. Dieser muss einen nicht unerheblichen Einfluss auf die Planung und den Ablauf des Baugeschehens haben, welcher durch das Auftreten als Vertragspartei gegenüber anderen am Bau Beteiligten gegeben ist. Aufgrund der Verbraucherschutzfunktion der MaBV gelten für den Gewerbetreibenden wichtige Ausübungsregelungen in Anbetracht der Zweckbindung der Kaufpreiszahlungen, der Sicherheitsleistungen und der Auskunfts- und Aufzeigepflichten:

- Der Bauträger muss über ausreichende Sicherheiten bzw. geeignete Versicherungen verfügen, wenn er Vermögenswerte des Auftraggebers erhält oder verwendet (vgl. § 2 MaBV). Besondere Sicherungsleistungen müssen nicht gestellt werden, da die zum Schutz des Käufers erforderliche Sicherheit mit den Regelungen des § 3 MaBV erreicht wird.
- Eine der wichtigsten Regelungen für den Bauträgervertrag findet sich in § 3 MaBV („besondere Sicherungspflichten für Bauträger"). Der Bauträger darf Kaufpreiszahlungen des Erwerbers nur

in Abhängigkeit von dem jeweiligen Bautenstand entgegennehmen. Die im Gesetz genannten 12 Teilbeträge müssen vom Bauträger in maximal sieben oder weniger Raten zusammengefasst werden. Abbildung B II 13 zeigt die einzeln definierten Kaufpreisraten nach § 3 Abs. 2 MaBV und soll beispielhaft eine Kombination der Kaufpreisraten darstellen.

Ohne weiteres würden sich die dritte, vierte und fünfte Rate, die siebte und achte Rate sowie die neunte und zehnte Rate kombinieren lassen. Da die Reihenfolge der Kaufpreisraten keine Rolle spielt, könnte evtl. auch die sechste und elfte Rate zusammengefasst werden, so dass die Anzahl der Raten von insgesamt zwölf auf sieben verringert wird.

Kaufpreisraten nach Baufortschritt
1.) 40% nach Rohbaufertigstellung, einschließlich Zimmererarbeiten
2.) 8% für die Herstellung der Dachflächen und Dachrinnen
3.) 3% für die Rohinstallation der Heizungsanlagen
4.) 3% für die Rohinstallation der Sanitäranlagen
5.) 3% für die Rohinstallation der Elektroanlagen
6.) 10% für den Fenstereinbau inklusive der Verglasung
7.) 6% für den Innenputz ohne Beiputzarbeiten
8.) 3% für den Estrich
9.) 4% für die Fliesenarbeiten im Sanitärbereich
10.) 12% nach Bezugsfertigkeit und Zug um Zug gegen Besitzübergabe
11.) 3% für die Fassadenarbeiten
12.) 5% nach vollständiger Fertigstellung

Abb. VI 13: Kaufpreisraten nach Baufortschritt

Zum Termin der Kaufpreiszahlungen ist der jeweilige Bautenstand vom beauftragten Architekten nachzuweisen oder zu bestätigen. Allerdings kann die Zahlung der Kaufpreisraten zwischen Auftraggeber und Bauträger auch anders vereinbart werden, worauf im Verlauf dieses Kapitels noch näher eingegangen wird. Grundsätzlich darf aber der Bauträger die Kaufpreisraten erst entgegennehmen bzw. sich zu deren Verwendung ermächtigen lassen, wenn nachfolgende Voraussetzungen gegeben sind:

1) Der Erwerbervertrag muss rechtswirksam zustande gekommen sein. Die Rechtswirksamkeit richtet sich grundsätzlich zunächst daran, ob der Vertrag formwirksam, d. h. nach § 311b BGB notariell beurkundet worden ist. Zusätzlich dürfen dem Bauträger keine vertraglichen Rücktrittsrechte eingeräumt sein, unberührt von den Vorschriften des BGB (vgl. §§ 320 ff. BGB, „gegenseitiger Vertrag").

2) Zur Sicherung des Anspruches des Erwerbers auf Eigentumsübertragung oder Bestellung bzw. Übertragung eines Erbbaurechtes an dem Vertragsobjekt muss eine Auflassungsvormerkung an der vereinbarten Stelle im Grundbuch eingetragen sein. Bei Wohnungs- und Teileigentum kommt die grundbuchtechnische Errichtung des jeweiligen Rechtes hinzu (Wohnungsgrundbuch und Teileigentumsgrundbuch).

3) Das Vertragsobjekt ist von allen grundpfandrechtlichen Belastungen (z. B. Grundschulden) die der Auflassungsvormerkung im Rang vorstehen zu befreien (auch Lastenfreistellung genannt). Hierzu bieten sich mehrere Handlungsmöglichkeiten an. Die dabei am häufigsten angewandte Regelung neben Rangrücktritten und Grundschuldübernahmen ist die des Freigabeversprechens. Dies wird in der Praxis durch eine Freistellungsvereinbarung oder eine Freistellungserklärung vereinbart. Nach dem Gesetz ist die Freistellung gesichert, wenn eine unverzügliche Löschung der nicht zu übernehmenden Grundpfandrechte nach Bereitstellung

der vollen Vertragssumme eintritt. Das Freistellungsversprechen garantiert dem Erwerber einen unmittelbaren, schuldrechtlichen Anspruch gegenüber dem Gläubiger nach Erfüllung der obigen Voraussetzungen, und zwar auch für den Fall, dass das Bauvorhaben nicht vollendet wird.

4) Als weitere Voraussetzung für die Genehmigung zur Verwendung der Kaufpreiszahlungen schreibt der Gesetzgeber das Vorliegen einer gültigen Baugenehmigung vor (§ 3 (1) Nr. 4 MaBV). Damit soll vermieden werden, dass das Bauvorhaben aufgrund eines baurechtlichen Mangels scheitert, dass (teilweise) errichtete Bauvorhaben entfernt oder die Benutzung auf Anordnung der Baubehörde untersagt wird. Aus diesem Grund sollte immer das Baugesuch inkl. Genehmigung samt Baubeschreibung im notariellen Bauträgervertrag berücksichtigt werden.

5) Vermögenswerte des Auftraggebers dürfen nur zur Vorbereitung und Durchführung des Bauvorhabens verwendet werden, auf welches sich der Auftrag bezieht (vgl. § 4 MaBV).

Bei Reihenhäusern werden als Bauvorhaben die einzelnen voneinander getrennten Reihen gesehen und nicht jedes Reihenhaus für sich. Ebenso verhält es sich bei Mehrfamilienhäusern, bei denen das ganze Gebäude als Bauvorhaben und nicht die einzelne Wohnung zählt.

6) Sofern die Kaufpreisteilzahlungen nicht nach § 3 MaBV geleistet werden, ist der Bauträger gemäß § 6 MaBV zur „getrennten Vermögensverwaltung" der von den Kunden oder sonstigen Auftraggebern erhaltenen Vermögenswerte verpflichtet. Das bedeutet, dass die Kundengelder eines Objektes strikt von denen eines anderen Objektes bzw. des Privatvermögens des Bauträgers zu trennen sind.

7) Eine weitere Regelung für die Ausübung einer Bauträgertätigkeit schreibt § 10 MaBV mit der „Buchführungspflicht" vor. Diese ist aber nicht zu verwechseln mit den handels- oder steuerrechtlichen Vorschriften über die Buchführung und kann diese auch nicht ersetzen. Vielmehr besteht sie zusätzlich neben diesen Pflichten. Konkret bezieht sich die Buchführungspflicht gemäß der MaBV auf Aufzeichnungen von Daten und Belegen über die Auftraggeber und einzelne Geschäftsvorgänge. Es ist keine bestimmte Form der Aufzeichnung erforderlich, sondern es muss vielmehr eine Übersichtlichkeit aller Belege und Unterlagen bestehen, aus denen sich der ordnungsgemäße Geschäftsablauf entnehmen lässt.

8) Ähnlich wie die Buchführungspflicht zu verstehen ist die nach § 13 MaBV erforderliche „Inseratensammlung". Diese Vorschrift besagt, dass je ein Exemplar sämtlicher Veröffentlichungen und Werbeschriften in Tageszeitungen, Zeitschriften oder Fachblättern sowie von im Angebot verwendeten Prospekten (Exposés, Verkaufsunterlagen) übersichtlich in den Geschäftsräumen für fünf Jahre (vgl. § 14 MaBV) aufzubewahren ist. Durch diese Regelung soll die Geschäftstätigkeit des Bauträgers leichter nachvollziehbar sein.

9) Der Gewerbetreibende muss für jedes Kalenderjahr die Erfüllung der genannten Verpflichtungen gemäß § 16 MaBV durch einen geeigneten Prüfer (Wirtschaftsprüfer, vereidigter Buchprüfer oder Prüfungsverbände) bestätigen lassen. Er hat den Prüfungsbericht dieser Pflichtprüfung bis spätestens zum 31.12. des darauf folgenden Jahres der dafür zuständigen Behörde zu übermitteln.

10) Abschließend ist zur Sicherungspflicht des Bauträgers noch die sog. Ausnahmeregelung nach § 7 MaBV zu nennen. Diese ermöglicht es dem Bauträger vor Fälligkeit der Raten und unabhängig vom Baufortschritt und dem Ratenplan nach § 3 MaBV Kundengelder entgegenzunehmen. Auch könnte der Bauherr aus steuerlichen Gründen bestrebt sein, einen über den

Bautenstand hinausgehenden Betrag im „Altjahr" zu bezahlen. Wichtig ist hierbei jedoch, dass diese vertragliche Regelung über eine Bürgschaft, durch die der Erwerber hinsichtlich sämtlicher Ansprüche auf Rückgewähr oder Auszahlung seiner Vermögenswerte, abgesichert ist. Diese Bürgschaft kommt dem Wesen nach einer Freistellungsgarantie gleich. Denkbar wäre an dieser Stelle aber auch die Freistellung kraft Rechtsform des Auftraggebers (vgl. § 7 (2) MaBV). Von den sonst geltenden Verpflichtungen hat der Auftraggeber den Bauträger auf einer separaten Urkunde zu befreien.

4.3 Kreditwesengesetz (KWG)

In § 1 KWG ist geregelt, was unter dem Begriff „Bankgeschäfte" verstanden wird und somit den Bestimmungen dieses Gesetzes unterliegt. Gemäß § 1 (1) S. 2, 3 KWG ist die Gewährung von Gelddarlehen und Akzeptkrediten ebenso wie der Ankauf von Wechseln und Schecks als Bankgeschäft definiert. Demzufolge sind Kredite an Bauträger, welche den Vorschriften der MaBV unterliegen, ebenfalls dem KWG unterstellt.

Übersteigt das Obligo eines Bauträgers die Meldegrenzen nach §§ 13, 14 KWG, besteht Anzeigepflicht des Kreditinstitutes. Hinsichtlich der Anzeigepflicht ist die tatsächliche Höhe der gewährten Gelddarlehen anzusetzen, wenn diese die vorab erteilten Zusagen übersteigt. Im umgekehrten Falle ist die Höhe der Finanzierungsbestätigung maßgeblich. Eine der wichtigsten Bestimmungen des KWG ist die Offenlegungsvorschrift über die wirtschaftlichen Verhältnisse des Kreditnehmers nach § 18 KWG. Danach hat sich das Kreditinstitut von Kreditnehmern, denen es Kredite von insgesamt mehr als 750.000 € gewährt, die wirtschaftlichen Verhältnisse, insbesondere durch Vorlage der Jahresabschlüsse, offen legen zu lassen. Nach den Grundsätzen ordnungsgemäßer Geschäftsführung hat sich das Kreditinstitut bei Engagements auch unterhalb der Offenlegungsgrenze des § 18 S. 1 KWG über die aus der Kreditvergabe herrührenden Risiken ein klares Bild zu verschaffen. Dies gilt insbesondere für solche Engagements, die in ihrer betragsmäßigen Höhe eine Grenze von 10 % des haftenden Eigenkapitals des kreditgewährenden Kreditinstituts erreichen oder überschreiten.

Das Verfahren der Offenlegung lässt sich nach folgenden Schritten untergliedern:

- Vorlage der erforderlichen Unterlagen,
- Auswertung der Unterlagen sowie
- Dokumentation.

Diese Pflichten lassen sich unmittelbar aus § 18 (1) KWG ableiten. Dabei liegen dem Kreditinstitut die wirtschaftlichen Verhältnisse erst offen, wenn es die angeforderten Unterlagen ausgewertet und sich aufgrund der Auswertung die Anforderung weiterer Unterlagen als entbehrlich erwiesen hat. Dabei müssen sämtliche Belege und Sachverhalte, aus welchen sich das Kreditwürdigkeitsurteil ergibt und die es rechtfertigen, dieses Urteil auch während der laufenden Überwachung der Kreditlaufzeit aufrechtzuerhalten, in den Kreditakten festgehalten werden. Die Geschäftsleitung, die Innenrevision, die Abschlussprüfer und die Bankenaufsicht sollen so jederzeit die Vertretbarkeit des Kredits und die Beachtung des § 18 KWG beurteilen können.[17]

Prinzipiell sollte es auch ohne diese gesetzliche Vorschrift im Interesse des Kreditinstituts liegen, diesen Überblick zu verschaffen. Zuzüglich zu den üblichen Unterlagen wie der Jahresabschluss, Planzahlen und dergleichen werden bei Bauträgerfinanzierungen noch weitere Informationen,

---

[17] Vgl. Meißner, J. E. (2001), S. 22

ergänzend zu den objektspezifischen Unterlagen, von den Kreditnehmern benötigt. Im Konkreten handelt es sich hierbei um:

- Projektlisten;
- Liquiditätsplan über die folgenden 6 Monate;
- Kredit- und Objektunterlagen von finanzierenden Fremdbanken sowie
- bei Bürgen Einblick in deren persönlichen wirtschaftlichen Verhältnisse.

4.4 Steuerabzug bei Bauleistungen gemäß §§ 48 ff. EStG

Das „Gesetz zur Eindämmung illegaler Betätigung im Baugewerbe" wurde am 22.06.2001 beschlossen und in den §§ 48a bis 48d des Steuergesetzbuches verwirklicht. Ratio dieses Gesetzes ist die Verhinderung bzw. Erschwerung von Schwarzarbeit und illegaler Beschäftigung von Ausländern. Hinsichtlich seiner materiellen Wirkung ist das Gesetz zum 01.01.2002 in Kraft getreten.

Das Gesetz richtet sich in seinem Wortlaut an Unternehmer und Personen des öffentlichen Rechts, als abzugsverpflichtete Leistungsempfänger. Die Abzugspflicht greift dabei allein beim Bezug von Bauleistungen für den unternehmerischen Bereich. Unter Bauleistungen werden alle Leistungen, die der Herstellung, Instandhaltung, Veränderung oder Abriss eines Bauwerkes dienen, verstanden. Als Leistender gelten auch Personen, die über eine Leistung abrechnen, ohne sie erbracht zu haben (vgl. § 48 EStG).

In einem Dreipersonenverhältnis zwischen Bauherr, General- und Subunternehmer findet an zwei Stellen ein Steuereinbehalt statt. Zum einen hat der Generalunter- oder/-übernehmer für die Bauleistung seines Subunternehmers einen Einbehalt vorzunehmen und zum anderen hat der Bauherr gegenüber dem GU/GÜ einen Abzug geltend zu machen, da dieser ihm das Werk vertraglich schuldet und hierüber auch abrechnet.

Zentrale gesetzliche Bedeutung bei der Definition von Bauleistungen ist der Begriff des Bauwerkes, welches als Anlage definiert wird, das mit dem Erdboden verbunden ist oder infolge seiner eigenen Schwere auf ihm ruht und aus Bauteilen oder Baustoffen mit baulichem Gerät hergestellt ist. Unter dem Begriff „Anlage" werden nicht nur Gebäude, sondern auch Straßen, Wege, Brücken und Tiefbau verstanden. Nicht betroffen von der Bauabzugsteuer sind Planungsleistungen von Architekten, Ingenieuren oder Statikern, es sei denn, sie sind explizit als Nebenleistung einer originären Bauleistung zu qualifizieren, womit sie deren steuerliches Schicksal teilen würden.

Die Höhe der Abzugssteuer ist einheitlich und beträgt für in- und ausländische Bauunternehmen 15 % des Rechnungsbetrages, welche der Leistungsempfänger einzubehalten und an die jeweils zuständige Finanzkasse abzuführen hat. Die Bemessungsgrundlage ist der tatsächlich auszuzahlende Betrag, also das Entgelt zuzüglich der darauf anfallenden Umsatzsteuer. Bei durch Skonto oder Sicherungseinbehalten gekürzten Rechnungsbeträgen ist der Steuereinbehalt auf den geminderten Zahlbetrag anzuwenden. Der Steuerabzug ist nicht anzuwenden, wenn eine vom Finanzamt ausgestellte Freistellungsbescheinigung vorliegt oder die Gegenleistung im laufenden Kalenderjahr 5.000,00 € bzw. bei steuerfreien Vermietungsumsätzen 15.000 € nicht übersteigen wird (vgl. § 48 (2) EStG). Die Freistellungsbescheinigung muss mit einer Steuernummer, Sicherheitsnummer, Gültigkeitsdatum und ggf. einem Dienststellensiegel versehen sein. Die Geltungsdauer der Freistellungserklärung ist auf maximal drei Jahre begrenzt, wird aber in aller Regel und gerade bei Existenzgründern meistens auf ein Jahr ausgestellt. Unter der Annahme der Gefährdung von Steueransprüchen kann das Finanzamt die Freistellung mit sofortiger Wirkung widerrufen. Insbesondere gelten die Steueransprüche als gefährdet, wenn nachfolgende in § 48 b EStG genannten Sachverhalte auf den Steuerpflichtigen zutreffen:

- Anzeigepflichten nach § 138 Abgabenordnung (AO) wurden nicht erfüllt;
- Auskunfts- und Mitwirkungspflicht nach § 90 AO wurden nicht erfüllt;
- Nachweis der steuerlichen Ansässigkeit wurde nicht erbracht.

Theoretische Auswirkungen auf noch nicht beendete Bauträgermaßnahmen mit Beginn vor dem 01.01.2002 ergeben sich im Hinblick auf die vom Kreditinstitut herauszugebende Freistellungserklärung nach § 3 Abs. 1 MaBV. Wie bereits in vorhergehenden Kapiteln ausführlich erläutert wurde, hat der Enderwerber nur Anspruch auf die Erteilung einer Freistellungserklärung, wenn er die Vertragssumme voll geleistet hat. Ist der Enderwerber aber von der Pflicht zum Abführen der Bauabzugsteuer betroffen, da ihm keine Freistellungsbescheinigung des Finanzamts seines Auftragnehmers vorliegt, hat dies die Konsequenz, dass er 85 % auf das jeweilige Bauträgerkonto einbezahlt und die restlichen 15 % an das Finanzamt abführen muss. Das Kreditinstitut könnte in diesem Fall aus Kulanzgründen eine Freistellung des Grundschuldteilbetrages vornehmen, wozu es allerdings nicht verpflichtet ist. Verträge, die nach der Einführung des Bauabzugsteuergesetzes abgeschlossen wurden, sind anders zu beurteilen, da sie auf einer anderen Vertragsgrundlage basieren. Die finanzierenden Kreditinstitute können somit von vornherein mit einer geschmälerten Kalkulationsgrundlage in Höhe von 85 % des Verkaufspreises rechnen, soweit keine Freistellungsbescheinigung vorliegt.

4.5 Die Bedeutung der §§ 305 ff. BGB – Allgemeine Geschäftsbedingungen

Die Allgemeinen Geschäftsbedingungen (AGB) können nur Vertragsbestandteil eines Darlehensvertrages werden, wenn konkret darauf hingewiesen wird. Die AGB beziehen sich auf die gesamte Geschäftsverbindung zwischen Bauträger und Kreditinstitut. Es ist z. B. die Wirksamkeit von Vertretungs- und Verfügungsbefugnissen sowie die Mitteilungs- und Sorgfaltspflichten geregelt.

Von besonderer Bedeutung im Kreditgeschäft ist das AGB-Pfandrecht, die Kündigungsmöglichkeiten von Darlehensverträgen durch die Kreditinstitute sowie das Nachbesicherungsrecht der Kreditinstitute. Gemäß Nr. 14 der AGB-Banken erlangt die Bank ein Pfandrecht an Wertpapieren und Sachen, an denen sie Besitz erlangt hat und noch erlangen wird. Dieses Pfandrecht gilt auch für Guthabenkonten. Das Pfandrecht soll der Sicherung aller bestehenden, künftigen und auch bedingten Ansprüche des Kreditinstitutes aus einer Geschäftsverbindung dienen. Dieses AGB-Pfandrecht ist aber ausdrücklich keine Kreditsicherheit, obwohl es einer Bank im Falle einer Insolvenz eines Kunden einen Befriedigungsanspruch ermöglicht. Zur Sicherung eines Kredits sollte aber immer eine ausdrückliche Verpfändung (individualvertragliche Vereinbarung) dieser Ansprüche vorgezogen werden.

5 Durchführung der Bauträgerfinanzierung

5.1 Einzureichende Unterlagen des Bauträgers zur Beurteilung des Bauvorhabens

Die wirtschaftliche Ertragskraft eines Bauträgers und die Beurteilung einer Bauträgermaßnahme lassen sich mit den für das Firmenkundengeschäft üblichen Unterlagen wie Jahresabschlüsse (JA) und betriebswirtschaftlichen Auswertungen (BWA) häufig nur eingeschränkt darstellen. Vielmehr wird für die Kreditprüfung eine größere Anzahl genau zu bestimmender und ggf. notariell beglaubigter Unterlagen benötigt. Im Einzelnen können dies sein:

- Erlaubnis zum Geschäftsbetrieb nach § 34c GewO,
- Freistellungsbescheinigung des Finanzamtes bzgl. der Bauabzugsteuer,
- Kaufvertrag über das Baugrundstück, Grundbuchauszug und Auszug aus dem Baulastenverzeichnis,
- genehmigtes Baugesuch oder zumindest positive Bauvoranfrage,
- Baubeschreibung und Bauzeichnungen,
- Teilungserklärung mit Aufteilungsplan einschl. Abgeschlossenheitsbescheinigung,
- Berechnungen über Wohn-, Nutzflächen und der Kubatur (Rauminhalt),
- detaillierte Gesamtkostenaufstellung und Einzelkostenaufstellung der Gewerke sowie
- detaillierter Bauzeiten-/Gelddispositionsplan des Bauträgers.

Bei allen Daten, insbesondere dem Zahlungsplan der Objektkosten, ist von Zahlungsfälligkeitsterminen auszugehen (Geldausgabe). Die Ausarbeitung erfolgt durch den Bauträger in Gestalt eines Sollplanes. Die Projektabwicklung wird auf der Grundlage des Sollplanes im Rahmen eines Ist-Planes unter Verwendung desselben Formulars in der Regel vom finanzierenden Institut in Abstimmung mit dem Unternehmer kontrolliert und mit folgenden Inhalten fortgeschrieben:

- detaillierte Kosten-/Ertragsdisposition des Bauträgers,
- Lageplan zzgl. Standortbeurteilung, ggf. Baugrundgutachten,
- Musterkaufvertrag für die Enderwerber des Bauvorhabens sowie Prospekte und Preislisten und
- Versicherungsnachweise (Bauherrenhaftpflicht, Gebäuderohbau).

Während der Bauphase kann es unter Umständen zu Unfällen oder Naturkatastrophen kommen, die das Bauwerk beschädigen oder zerstören können. In solchen Fällen liegt das Risiko des Vermögensverlustes beim Bauherrn. Eine Bauwesenversicherung bietet dagegen einen Schutz, von dem alle am Bau Beteiligten profitieren, weshalb es üblich ist, die Kosten für die Versicherung anteilig auf diese umzulegen. Die Bauwesenversicherung deckt Schäden am Roh- und Neubau, die auf höhere Gewalt zurückzuführen sind. Denkbar wäre z. B. eine mit Regenwasser vollgelaufene Baugrube oder ein gerade errichteter Dachstuhl, der vom Sturm umgerissen wird. Zusätzlich können aber auch Feuer und Diebstahl mitversichert werden. Die übliche Selbstbeteiligung im Schadensfall beträgt bei einer Bauwesenversicherung ca. 20 %. Um Missverständnissen und Rechtsstreitigkeiten von vornherein auszuschließen, sollte dies bereits bei der Ausschreibung erwähnt und später vertraglich geregelt werden.

Zusätzlich zu bisher aufgeführten Unterlagen kann auch eine Leistungsbilanz des Bauträgers angefordert werden. Die Leistungsbilanz gibt in erster Linie Auskunft über bisherige Bauvorhaben und somit nur über vergangenheitsbezogene Daten. Allerdings werden dadurch bisherige Erfahrungen des Bauträgers sowie die von ihm erreichte Kundenzufriedenheit für das Kreditinstitut transparent gemacht.

Im Einzelnen kann die Leistungsbilanz die Größe, Standorte und Typen hinsichtlich bisheriger Objekte sowie Finanzierungsarten und Verkaufsstrategien des Bauträgers enthalten. Weitläufiges Ziel ist es, den Bauträger auf seine persönliche und materielle Kreditwürdigkeit zu überprüfen.

5.2 Quantifizierung und Kalkulation der Finanzierungsmittel

Auf der Basis oben genannter Unterlagen ist es für eine optimale Kreditentscheidung und Kreditverwaltung notwendig, eine höchstmögliche Transparenz bezüglich aller bekannten Risikofaktoren des Bauträgers und der Baumaßnahme zu erhalten. Wichtigster Bestandteil dieser Analyse ist die Ermittlung der Gesamtgestehungskosten der Bauträgermaßnahme unter Berücksichtigung aller Kostenaspekte wie die Aufwendungen für das Grundstück und die Errichtungskosten des Bauwerkes. Dabei wird von den Gesamtinvestitionskosten (GIK) gesprochen. Daraus kann der genaue Finanzierungsbedarf errechnet werden. Dieser ergibt sich aus den GIK abzüglich des vom Bauträger eingesetzten Eigenkapitals und des jeweiligen Baufortschritts, in Abgleich mit eingehenden Kaufpreiszahlungen der Enderwerber.

Die folgenden Posten ergeben in ihrer Gesamtheit die GIK:

Planungskosten

Die Planungskosten sind vergleichbar mit den Kosten einer Projektentwicklung im engeren Sinne. Sie stehen am Beginn der Verbindung zwischen Standort, Idee und Kapital. Es sind damit die Kosten gemeint, die entstehen, bis sämtliche Voraussetzungen für die Errichtung und anschließenden Vertrieb eines Bauvorhabens gegeben sind.

Grundstückskaufpreis

Der Wert des Grundstücks und somit die Kosten für das Bauland werden an dessen Lage gemessen. Erhebliche Preisspannen ergeben sich nicht nur überregional oder regional, sondern können selbst in der direkten Nachbarbebauung vorkommen. Ein Grundstück direkt an einer stark frequentierten Fußgängerzone kann u. U. ein Vielfaches des Preises erzielen als ein Grundstück dahinter, welches keinen direkten Zugang zu der Fußgängerzone hat. Die für die jeweilige Gemeinde geltende Preislage kann bei dem ortsansässigen Gutachterausschuss erfragt werden. Dieser hält in der Regel Kaufpreissammlungen vor, aus denen die Bodenrichtwertkarte abgeleitet wird. Daraus lässt sich wiederum der Kaufpreis des einzelnen Grundstücks in der Gesamtkalkulation ableiten. Bei den Grunderwerbskosten wird weiterhin zwischen erschließungsbeitragsfreiem und erschließungsbeitragspflichtigem Bauland unterschieden (vgl. §§ 123 ff. BauGB).

Erschließungskosten

Vor allem, wenn noch nicht geleistete oder zukünftig anfallende Erschließungskosten im Rahmen der GIK erfasst werden sollen, gewinnt diese Kostengruppe an Bedeutung. Unter Erschließungskosten werden Aufwendungen wie öffentliche Entwässerung, Straßenbeleuchtung, die Grundstücksanbindungen mit Gas- und Wasserleitungen usw. verstanden. Die gesetzliche Grundlage findet sich in §§ 127 ff. BauGB.

Erwerbsnebenkosten

Bei dem Erwerb eines Grundstücks oder Gebäudes fallen außer dem Kaufpreis noch die sog. Erwerbsnebenkosten an. Diese setzen sich aus der Grunderwerbsteuer, ggf. der Maklercourtage und den Notar- und Grundbuchkosten zusammen. Die Grunderwerbsteuer beträgt aktuell 3,5 % vom Kaufpreis. Alle Vorgänge, die der Grunderwerbsteuer unterliegen, müssen dem zuständigen Finanzamt angezeigt werden. Dieses setzt dann die Grunderwerbsteuer durch schriftlichen Steuerbescheid fest. Nach Entrichtung der Steuer erteilt das Finanzamt eine Unbedenklichkeitsbescheinigung, ohne die der Erwerber eines Grundstückes nicht in das Grundbuch eingetragen werden darf.

Wurde das Baugrundstück durch einen Immobilienmakler vermittelt, fällt eine Maklerprovision an, welche prinzipiell frei verhandelbar ist, aber deren Höhe sich in der Regel an den ortsüblichen Sätzen orientiert. Meist beträgt sie 2 bis 4 % des Kaufpreises zuzüglich der gesetzlichen Mehrwertsteuer.

Die notariellen Gebühren für Grundstückskaufverträge und Grundbucheintragungen berechnen sich nach der Kostenordnung und betragen ca. 1,5 % des Kaufpreises. Werden zusätzlich noch Grundschulden oder Hypotheken in das Grundbuch zur Sicherung der Finanzierung eingetragen, erhöhen sich die Gebühren entsprechend.

Baukosten

Die Baukosten unterscheiden sich in die Kosten des Rohbaus und des Ausbaus. Beide Kostengruppen sind in ihrer gesamten Höhe im Verhältnis 40/60 zu bewerten. Zusätzlich können, je nach Art und Größe der Immobilie, Kosten für Sonderausstattungen (Innen und Außen) sowie Nebengebäude (Garage, Carport) hinzukommen. Eine detaillierte Aufstellung aller Kostengruppen findet sich in der DIN 276 „Kosten von Hochbauten". Diese ist in sieben Hauptkostengruppen unterteilt, welche sich wie folgt darstellen:

Zu den reinen Baukosten zählen die Kostengruppen 300 und 400. Unter den Kosten des technischen Geräts werden hauptsächlich Einbauten wie Heizungs-, Versorgungs- und Aufzugsanlagen verstanden. Diese Anlagen werden zu den Baukosten gerechnet, da sie nach § 94 BGB als Gebäudebestandteil definiert werden. Ein weiterer wichtiger Kostenfaktor sind die Außenanlagen. Sie werden als alle Anlagen außerhalb des eigentlichen Baukörpers und innerhalb der Grundstücksgrenze definiert. Unter dem Begriff Außenanlagen fallen z. B. Einfriedungen, Spielplätze sowie Be- und Entwässerungsanlagen. Darüber hinaus müssen auf jeden Fall auch die Baunebenkosten (BNK) berücksichtigt werden. Diese enthalten unter anderem die Kosten für die Architektenleistung, die Bauleitung, den Statiker sowie für sämtliche behördliche Genehmigungen und Abnahmen. Auch die Kosten für die Zwischenfinanzierung (Bauzeitzinsen, Bürgschaftsgebühren und Bereitstellungszinsen) des Investors fallen unter die BNK.

Vertriebskosten

Entscheidender Faktor für den Erfolg einer Bauträgermaßnahme ist die Verkaufsfähigkeit des fertig gestellten Objektes im geplanten Zeitraum zu den geplanten Verkaufspreisen. Im Allgemeinen ist es das Ziel einer erfolgreichen Distributionspolitik, dass ein bestimmtes Produkt oder eine Leistung den Kunden am rechten Ort, zur rechten Zeit, in der richtigen Menge und Qualität, mit den gewünschten Serviceleistungen und zum richtigen Preis zur Verfügung steht. Die Kosten für das ausgewählte Vertriebskonzept müssen ebenfalls in die Gesamtinvestitionskosten mit einfließen.

Die finanzierende Bank hat im Rahmen der Beurteilung des Bauvorhabens und des Bauträgers außer den Kosten des Vertriebs auch die aktuelle Marktsituation, die Zielgruppendefinition und die Organisation der Absatzpolitik des Bauträgers auf dessen Erfolgschancen zu analysieren und zu bewerten.

Nachstehender Abb. VI 14 kann ein Grundschema für die Bauträgerkalkulation entnommen werden. Dieses Grundschema ist je nach Art der Verwendung und des Aussagezwecks veränderbar bzw. zu ergänzen und dient im Ergebnis der Kalkulation der zu erreichenden Mindestverkaufserlöse je Einheit, indem der geplante Verkaufserlös auf die einzelne Einheit des Objekts „herunter gebrochen" wird. Zusätzlich zu dieser Vorwärtskalkulation kann zur Berechnung eines fiktiven

Grundstückkaufpreises bei vorgegebenen Verkaufspreisen der einzelnen Einheiten auch eine Rückwärtskalkulation nach dem Residualwertverfahren durchgeführt werden. Dabei wird auf der Basis von früheren oder realisierbaren Verkaufspreisen und der geforderten Rendite des Bauträgers der Preis des Grundstücks ermittelt, der maximal bezahlt werden kann. Ist dieser Preis zu hoch, verringert sich die Rendite des Bauträgers, da die Verkaufsobjekte nicht zu jeder beliebigen Höhe verkauft werden können. Wird durch einen zu hohen Grundstückskaufpreis die gesamte Rendite des Bauträgers aufgezehrt, sollte dieser von der Durchführung der Maßnahme bzw. das Kreditinstitut von dessen Finanzierung Abstand nehmen.

Grundschema für die Bauträgerkalkulation

Grundstückskaufpreis
+ Grunderwerbsteuer (3,5 % des Kaufpreises)
+ Notar- und Grundbuchkosten (ca. 1,5 % des Kaufpreises)
+ ggf. Makler (ca. 3,48 bis 6,96 % des Kaufpreises inkl. MwSt.)
+ ggf. Freimachen (Abfindung, Ablösung dinglicher Rechte)
+ ggf. Herrichten (Sicherungsmaßnahmen, Abbruch, Altlasten)
+ Erschließung (öffentliche/nicht öffentliche Ausgleichsabgaben)
= **Grunderwerbskosten**
+ Baukosten brutto für Baukonstruktion und technische Anlagen
+ Außenanlagen (in der Regel 3–8 % aus den Baukosten)
+ Baunebenkosten (in der Regel 10–15 % aus den Baukosten)
= **Herstellungskosten**
+ Vertriebskosten (in der Regel 3–9 % zzgl. MwSt. aus den Verkaufserlösen)
+ Verwaltungskosten
+ (Zwischen-)Finanzierungskosten
= **Gesamtkosten**
+ kalkulierter Gewinn (mind. 10 %, aber in der Regel bis 20 % der Gesamtkosten)
= **geplanter Verkaufserlös des gesamten Bauvorhabens**

Abb. VI 14: Grundschema einer Bauträgerkalkulation

5.3 Erlöskalkulation der Bauträgermaßnahme

Bei dem Bauträgerkredit muss wie bei allen anderen Finanzierungen die Rückführung des Kreditvolumens gewährleistet sein. In diesem Fall sind fast ausschließlich die Kaufpreiszahlungen der Enderwerber für die Rückzahlung ausschlaggebend. Aus diesem Grund ist eine aktive zielgerichtete Vermarktung eine absolute Notwendigkeit, denn ein Kreditgeber wird bei einer undurchsichtigen Ertragslage kaum bereit sein, dem Bauträger eine Finanzierung bereitzustellen. In aller Regel sichern sich die Kreditinstitute dadurch ab, indem sie entsprechende Vorvermarktungsstände von dem Bauträger abverlangen. Ob dieser 30 oder 70 % der geplanten Einheiten betragen muss, hängt von der aktuellen Marktsituation sowie von der Beurteilung des Objekts und des Bauträgers ab. Neben dem Vermarktungsrisiko existieren z. B. das Bonitätsrisiko und das Fertigstellungsrisiko der Bausache.

Bei der Erlöskalkulation ist nach Gewerbe- und Wohneinheiten sowie nach den vorhandenen Nebengebäuden zu trennen. In dieser Rechnung sollten vor allem die vorgesehenen Verkaufserlöse, die auf Markttauglichkeit geprüft sein sollten, auf der einen Seite und die kalkulierten Gesamtinvestitionskosten einschließlich der veranschlagten Vertriebskosten auf der anderen Seite enthalten sein. Um den kalkulierten Gewinn des Bauträgers an dem geplanten Objekt nicht zu vernachlässigen, muss bei der Erlös- und Verkaufspreiskalkulation neben dem Kreditbetrag und den Kreditkosten noch der Gewinnzuschlag berücksichtigt werden. Dieser beträgt in der Regel mindestens 15 % der GIK, sollte aber 10 % nicht unterschreiten. Diese 10 % bilden einen Sicherheitspuffer, durch welchen etwaige Baukostenerhöhungen, niedrigere Verkaufserlöse oder sonstige unvorhersehbare Faktoren zumindest teilweise kompensiert werden können.

5.4 Klassifizierung von Bauträgerrisiken und Aufbau eines speziellen Kreditratings

Auf der Basis der Empfehlungen des Baseler Ausschusses für Bankenaufsicht wird in den Kreditinstituten seit einiger Zeit daran gearbeitet, sämtliche Risiken zu identifizieren und den potentiellen Schadensumfang messbar zu machen. Damit ist die Bedeutung des (banken-)internen Kreditratings und des Kreditmanagements immens gestiegen. Zukünftig kommt eine individuelle Unterlegung der potentiellen Risiken mit Eigenkapital als Pflicht auf die Kreditinstitute zu. Auch wirtschaftliche Strukturwandel haben sich in den letzten Jahren zweifellos verstärkt. Geänderte Rahmenbedingungen, konjunkturelle und strukturelle Veränderungen sowie das Verhalten der Wettbewerbsteilnehmer auf dem Bankenmarkt führten dazu, dass Kreditentscheidungen heute nach anderen Kriterien und Maßstäben behandelt und entschieden werden. Allein aufgrund vergangenheitsbezogener Informationen über den Kreditnehmer können keine Kreditentscheidungen mehr getroffen werden, da gerade im Firmenkundengeschäft und somit auch im Bauträgerbereich die größten Ausfallrisiken bestehen. Durch den anhaltend wachsenden Finanzbedarf der Unternehmen werden Steuerungsinstrumente entwickelt, um Kredite einheitlich zu beurteilen und dabei parallel die Risikosituation der Banken aufzeigen.

Jede einzelne Kreditvergabe birgt die Gefahr der Verschlechterung der wirtschaftlichen Situation des Kreditnehmers in sich, so dass die anstehenden Zins- und Tilgungsleistungen von ihm nicht mehr erbracht werden können. Basel II schreibt eine risikoadjustierte Unterlegung der Kredite mit Eigenkapital vor. Je höher das Risikopotential eines Kredites, aber auch des Bauträgers demnach ist, desto mehr Eigenkapital muss von dem Kreditinstitut unterlegt werden. Ziel der Kreditinstitute und der Unternehmen in diesem Zusammenhang ist, eine Reduzierung der Eigenkapitalbindung durch die Anwendung einer restriktiven Risikopolitik zu erreichen. Dies wiederum kann zu einer Steigerung des Shareholder Value führen.

Anstelle des „Kreditnehmers" wird bei der Risikobetrachtung von der „Adresse" gesprochen. Demzufolge beschreibt ein Adressrisiko das Risiko des Kreditausfalls eines bestimmten Kreditnehmers. Zusätzlich können auch noch andere Risiken unabhängig vom Kreditnehmer auftreten (wirtschaftliche und sonstige Risiken), auf welche in einem folgenden Kapitel noch etwas genauer eingegangen wird. Der insgesamt erwartete Verlust geht in der Konsequenz in den vom Kreditinstitut geforderten Risikoaufschlag mit ein und ist durch die jeweiligen Einzelgeschäfte zu tragen.

Vor allem bei Bauträgerunternehmen mit geringem Eigenkapitalanteil besteht die absolute Notwendigkeit, eine fachgerechte Objektbeurteilung zusätzlich in die Kreditentscheidung mit einzubeziehen und diese anhand entsprechender Kriterien zu gewichten. Hauptziel des bauträgerspezifischen Ratingverfahrens ist es, wie in anderen Bereichen des Kreditgeschäfts auch, eine zeitnahe standardisierte Bonitätsprüfung durchzuführen und somit ein möglichst genaues Abbild der Unternehmung zu erhalten. Das Hauptaugenmerk sollte bei dieser Prüfung auf der Bewertung der wirtschaftlichen Verhältnisse und der Objektkennzahlen auf Basis der Einzelobjektanalyse liegen. Durch ein Ratingverfahren ist es möglich, den Bauträger in eine bestimmte Risikoklasse einzuordnen und mit anderen vergleichbar zu machen. Auch gestattet dies einen Überblick über die Kreditausfallwahrscheinlichkeiten. Außer zur Kalkulation der Risikoart, welche im Hinblick auf die oben angesprochene Risikoprämie mit in die Höhe der Zinskonditionen eingehen sollte, eignet sich das Ratingverfahren auch zur laufenden Kreditüberwachung. Dabei wird der Bauträger in fest definierten Abständen neu geratet, und der Kreditgeber hat somit die Möglichkeit, z. B. eine Verschlechterung der Bonität und die damit einhergehende Steigerung des Kreditausfallrisikos rechtzeitig zu erkennen und entsprechend gegenzulenken.

5.4.1 Voraussetzungen eines Bauträgerratings

Um ein Bauträgerrating erfolgreich und zielgerichtet als Beurteilungs- und Steuerinstrument einsetzen zu können, müssen zunächst einige Voraussetzungen erfüllt werden. Sämtliche Bauträgerkredite eines Kreditinstituts müssen unabhängig von der Höhe und des Einzelrisikos bewertet werden. Darüber hinaus stellt das Ratingsystem eine hohe fachliche Anforderung an die Firmenkundenbetreuer und Kreditsachbearbeiter. Im Folgenden sind einige der wichtigsten kaufmännischen und technischen Kenntnisse und Fertigkeiten beschrieben, die beherrscht werden sollten:

- Kenntnisse über das Bauträgerunternehmen und dessen Management,
- Durchführung von Objekt- und Betriebsbesichtigungen,
- hoher Informationsstand über Branchen- und Marktentwicklungen,
- Analyse und Dokumentation von Jahresabschlussunterlagen,
- zeitnahe Informationen und Unterlagen über das zu beurteilende Unternehmen,
- Analyse von Planungsunterlagen zur Rentabilität und Liquidität der zu beurteilenden Projekte und des ganzen Unternehmens,
- Durchführung von objektbezogenen Liquiditätsberechnungen,
- Analyse von aktuellen Konten- und Engagemententwicklungen,
- Bewertung von Kreditsicherheiten sowie
- Analyse von Vermögensaufstellungen.

5.4.2 Bestandteile eines Bauträgerratings

5.4.2.1 Bonitätsklassen und Bonitätskriterien

Bei dem Kreditrating werden vornehmlich die Bonität (Bonitätseinstufung) und die Sicherheiten (Sicherheitenklassifizierung) des Kreditnehmers bewertet, welche zu einer Gesamteinschätzung des Kreditengagements (Risikoeinstufung) verbunden werden.

Die Bonitätseinstufung eines Unternehmens kann z. B. auf fünf Bonitätsklassen basieren und beinhaltet eine Vielzahl von Beurteilungskriterien. Die dabei gängige Bewertungsskala umfasst die Benotung nach dem Schulnotensystem von eins bis sechs. Um eine objektive und zielgerichtete Anwendung sicherzustellen, müssen die Wertungen aus den vorliegenden Unterlagen des Bauträgers einwandfrei nachvollziehbar sein. Im Folgenden die fünf möglichen Bonitätsklassen:

- Management/persönliche Fähigkeiten,
- Markt/Branche,
- Kundenbeziehungen/Wirtschaftliche Verhältnisse,
- weitere Unternehmensentwicklungen und
- Objektbeurteilung.

Die Analyse der Punkte eins bis vier kann mit Hilfe der Jahresabschlussunterlagen (Bilanzen, Gewinn- und Verlustrechnungen), Bilanzkennzahlen und Betriebswirtschaftlichen Auswertungen (BWAs) durchgeführt werden. Dabei dienen die (BWAs) inkl. Summen- und Saldenliste hauptsächlich der Überprüfung der Kapitaldienstfähigkeit des Kreditnehmers, um sicherzustellen, dass er den laufenden Zins- und Tilgungsbelastungen gewachsen ist. Durch folgende Formel lässt sich relativ einfach die Kapitaldienstgrenze ermitteln, welche die maximale Höhe der insgesamt zu gewährenden Kredite bestimmt:

$$\text{gewerbliche Kapitaldienstgrenze} = \frac{\text{Jahresreinertrag}}{\text{Zins- und Tilgungssatz}} \times 100$$

Unternehmensentwicklungen, Ertragsplanung und die zukünftige Kapitaldienstfähigkeit können den BWAs ebenfalls entnommen werden. Außerdem müssen im Sinne von § 34c GewO die Berichte über die Durchführung einer Prüfung bei Bauträgern gemäß § 16 MaBV sowie noch weitere Faktoren außerhalb der Bilanz von derjenigen Person herangezogen werden, die das Rating erstellt. Die Persönlichkeitsstruktur des Bauträgers ist für die Unternehmerbeurteilung ausschlaggebend, da von dieser maßgeblich die Entwicklung der Unternehmung abhängt. Daher muss im Rahmen der Unternehmerbeurteilung geprüft werden, welche kaufmännischen, unternehmerischen und fachlichen Qualifikationen das leitungsbefugte Personal besitzt. Kenntnisse und die Einhaltung der MaBV, die Qualität der Geschäftsführung und der Unternehmensstrategie haben eine große Tragweite und finden deren Wertung in der Bonitätsklasse „Management/persönliche Fähigkeiten" wieder. An dieser Stelle werden anhand des Ratings ebenso die bisherige Qualität der bauausführenden Vertragspartner und die Qualität der Vertragsgestaltung mit diesen beurteilt. Wichtig ist in diesem Zusammenhang z. B., ob die Bauhandwerkerverträge rechtlich geprüft und gut aufeinander abgestimmt sind.

Die Objektbeurteilung bezieht sich auf mehrere Punkte. Auf jeden Fall sollte
- der Objektstandort,
- die Baukosten,
- die Rentabilität des zu erstellenden Objektes,
- die Verkäuflichkeit des Objektes (Preis-Leistungs-Verhältnis),
- die Qualität des Vertriebs,
- der Objektstandard (Bauqualität und Ausführung)
- und die Verkaufs- oder Vermietungschancen der schwierigsten Einheiten

mit in die Bewertung einfließen.

Ebenso ist das auf dem Grundstück vorhandene Baurecht und damit einhergehend das Maß der baulichen Nutzung wichtig für die Umsetzung des Bauvorhabens und damit für die Bewertung des Grundstücks. Dafür ausschlaggebend ist der von der Gemeinde erstellte Bebauungsplan mit seinem Textteil.

Die Lage des Objektes bezieht automatisch die Markt- und Vertriebschancen mit ein. Noch zu berücksichtigende Determinanten bezüglich der Objektlage sind die öffentliche Verkehrsanbindung (ÖPNV), das infrastrukturelle Umfeld, anliegende Hauptverkehrsstraßen und Betriebe sowie vorhandene Sport-, Freizeit- und Kulturstätten. Generell kann bei größeren Projekten auf jeden Fall die Beauftragung einer sondierten Markt- und Standortanalyse empfohlen werden.

5.4.2.2 Sicherheitenklasse

Bei der Sicherheitenklassifizierung wird nach werthaltigen Sicherheiten differenziert, welche das Obligo des Unternehmens absichern. Nachfolgend soll beispielhaft die Einteilung von Krediten in bestimmte Sicherheitenklassen aufgezeigt werden. In der Praxis hat sich die Einteilung gemäß Schulnoten in die Klassen eins bis sechs bewährt. Eine 100 %-ige Absicherung des Kredites würde die Einstufung in die Klasse eins, also sehr gut, bedeuten. Wie die Abstufungen erfolgen sollen, liegt immer im Ermessen des jeweiligen Kreditinstituts. Dabei gehen die einzelnen Stufen meist fließend ineinander über. Eine Absicherung unter 40 % führt aufgrund des hohen Risikos zu der untersten zu wählenden Sicherheitenklasse und würde somit die Klasse sechs bedeuten. Aus der Bonitätseinstufung des vorhergehenden Kapitels und der hier aufgezeigten Sicherheitenklassifizierung kann die Risikoeinstufung des Kreditengagements abgeleitet werden.

5.4.2.3 Risikoeinstufung des Kreditengagements

Die Klassifizierung der Kredite in Risikogruppen wird von den Kreditinstituten auch meist unterschiedlich gehandhabt. Folgendes Schema wird von einigen Kreditinstituten angewandt, kann aber selbstverständlich in der Realität je nach verwendeter Bankensoftware und Ausprägung des Geschäftsfeldes „Bauträgerfinanzierung" von diesem abweichen:

Risikogruppe 1 – Kredite ohne erkennbares Ausfallrisiko

Gruppe 1 a, Kredite mit einwandfreien wirtschaftlichen Verhältnissen der Kreditnehmer (Vermögens-, Finanz- und Ertragslage bzw. nachhaltige Kapitaldienstfähigkeit) unabhängig von der Art und dem Wert der gestellten Sicherheiten

Gruppe 1 b, Kredite mit nachhaltiger Kapitaldienstfähigkeit, jedoch mit vereinzelten Negativmerkmalen bei den wirtschaftlichen Verhältnissen (vorübergehende Ertragsschwäche bei guter Eigenkapitalausstattung, Kredite mit Bearbeitungsmängeln).

Risikogruppe 2 – Kredite mit erhöhten, latenten Ausfallrisiken

Kredite, die aufgrund erhöhter oder nicht abschließend beurteilbarer latenter Risiken einer besonders intensiven Beobachtung bedürfen, bei denen ein akutes Ausfallrisiko und damit ein konkreter Einzelwertberichtigungs- bzw. Rückstellungsbedarf aber nicht erkennbar ist.

Risikogruppe 3 – Wertberichtigte Kredite

Kredite mit akuten Ausfallrisiken und – soweit noch nicht abgeschrieben – uneinbringliche Kredite, unabhängig davon, ob zum Prüfungstermin bereits Wertberichtigungen gebildet sind. Kredite sind dann als uneinbringlich einzustufen, wenn deren Ausfall wahrscheinlich ist oder bereits feststeht.

Sämtliche Beurteilungen werden auf einem sog. Ratingbogen vorgenommen. Die einzelnen Bonitätsbeurteilungskriterien sind anhand der vorgegebenen Bewertungsmaßstäbe nach dem bereits erwähnten Schulnotensystem zu wählen. Gleiches ist entsprechend auf die Sicherheiten bezüglich der Klassifizierung und der Risikoeinstufung anzuwenden.

5.5 Konditionengestaltung und Risikobetrachtung

Grundsätzlich sollte jede Zwischenfinanzierung einer Bauträgermaßnahme über Kontokorrentkredite abgewickelt werden, wobei die Kreditlinie vertraglich zu befristen ist.

Die Konditionen des Kredits sollten einen Kompromiss aus tragbaren Finanzierungskosten für den Kreditnehmer mit Hinblick auf die Konkurrenzsituation auf der einen Seite und einen höchstmöglichen Ertrag unter Risikoaspekten für das finanzierende Kreditinstitut auf der anderen Seite darstellen. Bauträgerfinanzierungen gelten aus bereits teilweise schon angesprochenen oder noch

5 Durchführung der Bauträgerfinanzierung

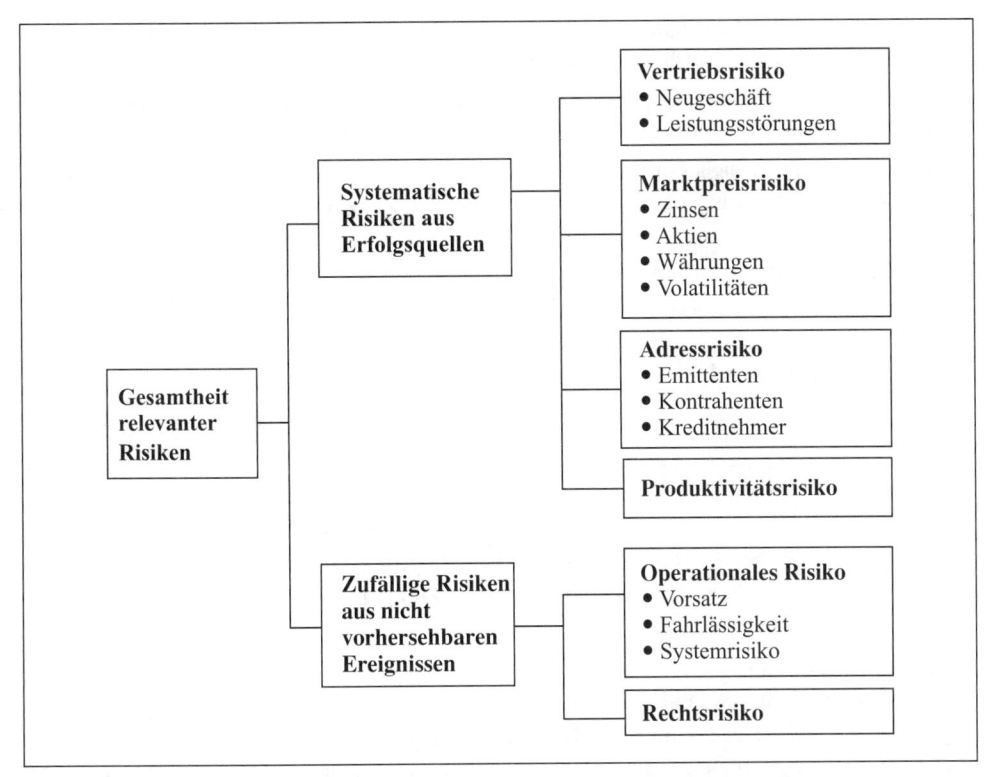

```
Gesamtheit relevanter Risiken
├── Systematische Risiken aus Erfolgsquellen
│   ├── Vertriebsrisiko
│   │   • Neugeschäft
│   │   • Leistungsstörungen
│   ├── Marktpreisrisiko
│   │   • Zinsen
│   │   • Aktien
│   │   • Währungen
│   │   • Volatilitäten
│   ├── Adressrisiko
│   │   • Emittenten
│   │   • Kontrahenten
│   │   • Kreditnehmer
│   └── Produktivitätsrisiko
└── Zufällige Risiken aus nicht vorhersehbaren Ereignissen
    ├── Operationales Risiko
    │   • Vorsatz
    │   • Fahrlässigkeit
    │   • Systemrisiko
    └── Rechtsrisiko
```

Abb. VI 15: Schematische Darstellung der wesentlichen Bankenrisiken

folgenden Gründen als vergleichsweise stark risikobehaftet. Darum stellen sich für das Kreditinstitut einige Fragen darüber, ob der Kredit genehmigt und ausgezahlt werden soll und, wenn ja, in welcher Höhe, zu welchen Konditionen und zu welcher Laufzeit. Obige Abb. VI 15 soll die wichtigsten Risiken, die während einer Kreditlaufzeit auftreten können, systematisch darstellen. Ergänzend zu diesen hauptsächlich wirtschaftlichen Risiken sind die bei Bauvorhaben nie ganz vermeidbaren technischen Risiken. Verborgene Mängel können z. B. erst im Laufe der Zeit sichtbar werden und lösen nicht selten eine Baufortschrittverzögerung aus.[18]

Für dinglich gesicherte gewerbliche Realkredite ist ein Aufschlag auf den Kapitaleinstandspreis, die sog. Marge, von 1,00 bis 1,50 % des Kreditvolumens marktüblich. Diese Marge besteht aus:

- ca. 0,50 % Sach- und Personalkosten,
- ca. 0,50 % Risikokosten, in Abhängigkeit des zugrunde liegenden Ratings und der Kredithöhe und
- ca. 0,25 % Kapitalkosten für Rücklagendotierungen und Dividenden.

Der Bestandteil der Risikokosten allein gibt dem Bauträger schon einen Verhandlungsspielraum, da bei sehr guter Bonität und Sicherheit das Risiko des Kreditinstituts sehr niedrig anzusetzen ist. Marge und Kapitaleinstandspreis ergeben die Konditionen und somit den Zins für das aufgenommene Fremdkapital.[19] Aufgrund des hohen Bearbeitungsaufwandes beim Abschluss einer Bauträgerfinanzierung als auch bei der Überwachung von Kontoführung und Bautenstandsentwicklung liegen die

---

[18] Vgl. Reithmann, C./Meichssner, C./von Heymann, E. (1995), S. 1
[19] Vgl. Spitzkopf, H. A. (1994), S. 543

Konditionen meist im Bereich des Kontokorrentzinssatzes, ergänzt um einen Aufschlag von zwei bis vier Prozent. Dieser Aufschlag wird auch Kreditausfallprämie genannt und ist abhängig von:

- der Ausfallwahrscheinlichkeit des Kredites, welcher, wie schon angesprochen, hauptsächlich über die Bonitäts- und Objektbeurteilung kalkuliert wird (z. B. 0,5 %),
- der aufgrund der Besicherung anzusetzenden Sicherheiten-/Liquidations-/Besicherungsquote (z. B. bei 150.000 € dinglicher Sicherheiten und einem Kreditvolumen von 300.000 € beträgt diese 0,5 oder 50 %)
- und dem Kreditbetrag (z. B. 300.000 €).

Beispiel: Berechnung der Kreditausfallprämie

$$0{,}005 \times 0{,}5 \times 300.000 \text{ €} = 750 \text{ €}$$

Die Kreditausfallprämie beträgt hier 750 €. Dieser Betrag muss bei der Festlegung der Kreditvertragskonditionen mit berücksichtigt werden.

5.6 Kreditvertragsmodalitäten und Besonderheiten bei Bauträgerfinanzierungen

Bei erfolgreichen Bauträgern mit langjähriger Erfahrung, belegt durch Referenzobjekte, erfolgt eine Kreditprüfung mit anschließender Kreditzusage meist recht zügig. Auch ist es üblich, dass die finanzierende Bank außer mit einem Objektkredit auch mit einem Avalkredit für Bürgschaften nach § 7 MaBV zur Verfügung steht. Branchenneulinge und weniger institutsgebundene Bauträger profitieren allerdings nicht von solch einer zeitnahen Kreditgewährung. Sie können jedoch dann eine Finanzierung erfolgreich erhalten, wenn sie die vorab aufgeführten notwendigen Unterlagen rechtzeitig und vollständig dem Kreditinstitut zur Verfügung stellen und ihre wirtschaftlichen Verhältnisse nach § 18 KWG vertrauensvoll offen legen.

Prinzipiell gestaltet sich ein Bauträgerkreditvertrag wie ein Kontokorrentkreditvertrag, der dazu dient, die Kosten (nach DIN 276) zu finanzieren. Da, wie eingangs erläutert wurde, die Bauträgerfinanzierung äußerst risikobehaftet ist, muss der Kreditnehmer zwischenzeitlich Eigenmittel zur Objektfinanzierung mit einbringen. Dieser Eigenkapitaleinsatz ist vorweg vorzunehmen. Die Höhe des Eigenkapitaleinsatzes ist abhängig von bankenindividuellen Forderungen. Wenn z. B. im Vorfeld ein Grundstückskaufkredit gewährt wird, kann das Kreditinstitut die Forderung anbringen, dass sämtliche darauf entfallenden laufenden Kosten der Bauträger aus Eigenmitteln begleichen muss. Oft existiert auf den zu finanzierenden Grundstücken noch kein geltendes Baurecht, wonach sich das Grundstück erst am Anfang seiner Wertschöpfungskette (vgl. Immobilienlebenszyklus) befindet. Da diese jedoch nicht selten ungewiss ist, sehen Kreditinstitute häufig davon ab, jenes zu finanzieren oder gar zu beleihen. Aus diesem Grund gehen die Bauträger in der Erwartung einen baureifen Zustand zu erreichen in letzter Zeit dazu über, sich das betreffende Grundstück mittels einer Option zu sichern und im Anschluss die Baurechtsfrage zu klären.

Dem Grundstücksankaufkredit folgt die Baufortschrittfinanzierung oder die Aufbaufinanzierung. Dem Kreditinstitut stehen bei Verbuchung der Umsätze aus Kredit und den Kaufpreisen nach dem Baufortschritt zwei unterschiedliche Methoden zur Verfügung. Bei der „Ein-Konto-Methode" richtet das Kreditinstitut dem Bauträger ein Kontokorrentkonto ein, welches den Finanzierungskredit zur Verfügung stellt und gleichzeitig die eingehenden Kaufpreisraten ansammelt. Das „Zwei-Konten-

Modell" hingegen besteht aus zwei rechtlich getrennten Kontokorrentkonten, wobei eines für die Abwicklung des Kredits und das andere für die eingehenden Kaufpreisraten genutzt wird. Das „Zwei-Konten-Modell" bietet einen besseren Überblick über die Kreditentwicklung des Bauträgers, hat aber den Nachteil, dass das Kreditinstitut für das Guthabenkonto eine vorgeschriebene Mindestreserve unterhalten muss. Bei dem „Ein-Konten-Modell" muss nur dann eine Mindestreserve unterlegt werden, wenn die Kaufpreiszahlungen den gewährten Kredit übersteigen und das Konto somit einen Haben-Saldo aufweist. Jedoch müssen bei dieser Methode zur besseren Übersicht Hilfskonstruktionen wie Unterkonten oder Hilfskonten eingerichtet werden, weshalb in der Praxis hauptsächlich das „Zwei-Konten-Modell" verwendet wird. Bei diesem werden die beiden Konten für die Kontoabrechnung miteinander kompensiert, d.h. beide Konten werden als zins- und provisionsmäßige Einheit behandelt und die Umsätze werden nicht miteinander verrechnet. Dies hat zur Folge, dass die Einzelforderungen der beiden Konten erhalten bleiben.[20]

Die für ein Kontokorrentkonto eingeräumte Kreditlinie kann nur für den vertraglich festgehaltenen Zweck und im Rahmen der vereinbarten Kalkulation ausgenutzt werden. Seitens der Bank erfolgt eine entsprechende Mittelverwendungskontrolle, welche im zeitgleichen Zusammenhang eine vorhergehende Überprüfung von Überweisungen konstatiert.

Da mehrere Bauvorhaben nicht über dieselben Konten abgerechnet werden dürfen, werden für jede Bauträgerzwischenfinanzierung objektspezifische Sonderkonten benötigt. Dabei sind diese zusätzlich mit einer Verfügungssperre zu versehen. Im Gegensatz zu einem herkömmlichen Kontokorrentkreditvertrag sind für die Vertragsbegründung weiterführende Vereinbarungen zu treffen, welche wesentlicher Bestandteil des Vertrages und Grundlage der Geschäftsbeziehung werden. Für den Inhalt und die Form eines Bauträgerkreditvertrages existiert kein gesetzlich vorgeschriebener Mindestinhalt, da dieser nicht unter die Vorschriften des Verbraucherkreditgesetzes fällt. Deshalb variiert die Ausgestaltung je nach Kreditinstitut.[21] Nachfolgend werden jedoch einige Bestandteile genannt, die auf jeden Fall in einem Kreditvertrag enthalten sein sollen:

- Vertragsparteien,
- Auszahlungsvoraussetzungen,
- abgeschlossener Kreditbetrag,
- Zinskonditionen der Fremdmittel,
- Basis Gesamtinvestitionskostenaufstellung für finanziertes Bauvorhaben,
- Laufzeit des Vertrages,
- ggf. Höhe der Annuität, wenn das Darlehen nicht endfällig gewählt wurde,
- Verwendungszweck/betreffendes Objekt,
- Sicherheiten des Kreditnehmers,
- praktiziertes Kontenmodell,
- Vereinbarung zur Bereitstellung der Finanzierungsmittel und
- Vereinbarung zur Reduzierung der Kreditlinie bei Kaufpreisteilzahlungen.

Zusätzlich zu diesen Vereinbarungen werden häufig weitere Vertragsmodalitäten geschlossen, um der bereits erwähnten Gefahr der Illiquidität oder Insolvenz des Bauträgers während der Bauphase entgegenzutreten:

Der Kreditnehmer hat der Bank zu den Terminen der fälligen Kaufpreisteilzahlungen gemäß § 3 MaBV unaufgefordert eine Bautenstandsbescheinigung des leitenden Architekten vorzulegen, wobei die Bank sich die bisherige Feststellung des Bautenstandes (gegen Erstattung ihrer Auslagen),

---

[20] Vgl. Böther, U. (2000), S. 90 ff.
[21] Vgl. Brauer, K.-U. (2001), S. 401

die Festsetzung der Höhe des freizugebenden Kredites und die Bestimmung des Zeitpunktes der Freigabe vorbehält. Die Bank kann einen solchen Bautenstandsbericht auch zu anderen Zeitpunkten verlangen.

Oft räumen sich die Kreditinstitute vertraglich die rechtliche Absicherung ein, in alle bestehenden Verträge mit dem Generalunternehmer bzw. den einzelnen Subunternehmen einzusteigen: „Die – *Name Kreditinstitut* – ist berechtigt, in den Bauvertrag zwischen dem Bauträger – *Name Bauträger* – und dem Bauauftragnehmer – *Name Auftraggeber* – zu gleichen Konditionen einzutreten."[22]

Eine Bauträgerzwischenfinanzierung wird in Deutschland meist durch Grundpfandrechte (§§ 1113 ff. BGB), durch Bürgschaften (§§ 765 ff. BGB und § 350 HGB) oder Zessionen (§§ 398 ff. BGB) abgesichert. Explizite Erläuterungen zum Thema Kreditsicherheiten erfolgten in einem vorherigen Kapitel.

6 Implementierung eines Bauträger-Controllings

In diesem Kapitel sollen abschließend die wichtigsten Bestandteile eines erfolgreichen Bauträger-Controllings im Hinblick auf aktuelle Kreditrisiken bei Bauträgerfinanzierungen aufgezeigt und deren Funktion beschrieben werden. Dabei wird vor allem auf folgende Überwachungs- und Prüffelder eingegangen:

- Baukostenüberwachung,
- Bautenstandsüberwachung sowie
- Überwachung des Kosten- und Erlösstatus.

6.1 Baukostenüberwachung

Um schon im Vorfeld auf eventuell auftretende Baukostenüberschreitungen aufmerksam zu werden und frühzeitig reagieren zu können, ist enormer Wert auf die laufende Baukostenüberwachung zu legen. Dazu werden von Seiten der Banken mit den Bauträgern Regelungen über die Verfügung des Baukontos getroffen. Diese Regelungen können z. B. besagen, dass eine Verfügung des Kontos ausschließlich mit Rechnungsbelegen möglich ist. Diese Rechnungen sollten ggf. einen Prüfvermerk des für das Bauprojekt zuständigen Architekten tragen, um sicherzustellen, dass die Auszahlung dem richtigen Objekt zugeordnet ist.[23] Darüber hinaus sollte darauf geachtet werden, dass bei Zahlung der Rechnung die momentane Kreditlinie des Bauträgers nicht überzogen wird.

Ferner hat sich ein regelmäßiger Abgleich der Plankosten zwischen Soll und Ist in den letzten Jahren bewährt. Aufgrund des erheblichen Arbeitsaufwandes wird inzwischen komplexe Spezialsoftware für Bauträgerfinanzierungen eingesetzt, um sehr schnell und transparent eventuellen Fehlentwicklungen gegensteuern zu können. Bei Unklarheiten sollte relativ schnell eine Abstimmung mit dem Bauträger stattfinden.

Da die Aufwendungen in der Bausache und der Baufortschritt in einem angemessenen Verhältnis bzw. annähernd linear zueinander stehen sollten, wird in der Praxis die Baukostenüberwachung nicht selten mit der Bautenstandsüberwachung gekoppelt.

---

[22] Vgl. Böther, U. (2000), S. 122
[23] Vgl. ebenda, S. 137

6.2 Bautenstandsüberwachung

Um den Bautenstand eines Objektes überwachen zu können, müssen in regelmäßigen Abständen Besichtigungen durchgeführt werden. Nach den Besichtigungen kann dann der Bautenstand ermittelt werden, dessen Beurteilung alternativ von einem internen Gutachter oder durch einen außenstehenden Sachverständigen erfolgt. Der vorgefundene Zustand wird anschließend mit den vom Bauträger angeforderten, Abschlagszahlungen verglichen. Aus dem daraufhin feststehenden Bautenstand, dem Terminplan, den kalkulierten Herstellkosten und der Summe der bisher eingegangen Kaufpreiszahlungen lässt sich die momentane maximal zulässige Kreditbeanspruchung errechnen. Das Kreditinstitut sollte dabei nicht nur auf eventuelle Überziehung der Kreditlinie, sondern auch auf Überschreitungen des Terminplanes achten, da die Bauzeitzinsen einen Teil des Gewinnes des Bauträgers verzehren können.

Um einen reibungslosen Ablauf der Bautenstandsüberwachung zu erreichen, sollten folgende Unterlagen zur Prüfung herangezogen werden:

- laufende Bautenstandsberichte,
- Nachkalkulationen bei wesentlichen Änderungen der Kosten oder Verkaufspreise,
- Informationen zu Mehrkosten und Kostenüberschreitungen,
- Nachträge zur bestehenden Teilungserklärung,
- Rohbauabnahmeschein,
- Schlussabnahmeschein sowie
- Bauhandwerkerrechnungen und Baustoffrechnungen mit Angabe der ursprünglichen Dispositionsnummer gemäß der ursprünglichen Vorabkalkulation.

Je nach Notwendigkeit am einzelnen Objekt und der Bonität des Bauträgers sollte der Umfang der Prüfung ausgeweitet oder reduziert werden. Eine baubegleitende Überwachung bezüglich Baumängel, Bautenstände und Rechnungsprüfung wird als sinnvoll erachtet. Daneben bietet auch der Technische Überwachungsverein (TÜV) eine baubegleitende Überwachung von Bauprojekten an. Vor allem bei komplexen Baumaßnahmen verfügt er über entsprechende Fachingenieure und bietet daneben noch eine spezielle Zertifizierung an, welche als Qualitätssiegel zu sehen ist. Die Kosten der Überwachung durch den TÜV richten sich wiederum nach dem Komplexitätsgrad des Bauprojektes, sind aber in Relation zur zusätzlichen Sicherheit durchaus empfehlenswert. Da grundsätzlich bei einer baubegleitenden Überwachung durch den TÜV auch mit diesem geworben werden darf, kann dies auch als zusätzliche Marketingmaßnahme bei immer anspruchsvolleren potentiellen Käuferkreisen gesehen werden.[24]

Abb. VI 16 soll aufzeigen, welchen Anteil der Kosten diverse Bauarbeiten beanspruchen.[25] Sie dient in vielen Kreditinstituten als Richtschnur beim Abgleich von Kosten- und Bautenstand und erleichtert somit in vielen Fällen den Controllingprozess.

Zusätzlich kann der Bauherr mit Hilfe des vom Architekten/Bauleiter geführten Bautagebuchs (vgl. § 15 HOAI) den Stand der erbrachten Bauleistungen und die noch nicht ausgeführten Teilleistungen glaubhaft nachweisen. So lässt sich die Einhaltung des Bauzeitenplans leichter realisieren, was zu niedrigeren Bauzeitzinsen für den Bauträger führt. Auch kann der Nachweis einer systematischen Qualitätskontrolle die Fungibilität und die Werthaltigkeit einer Immobilie steigern.

---

[24] Vgl. ebenda, S. 139
[25] Vgl. Reisach, K. H. (2000), S. 237

Bezeichnung der Arbeiten	Kostenanteil/ Werterhöhung	Kumuliert
Erdaushub mit Fundament und Bodenplatte	4%	4%
Maurer-, Beton- und Stahlbetonarbeiten	27%	31%
Zimmererarbeiten	5%	36%
Dachdeckerarbeiten	4%	40%
Sanitäre Leitungen und Elektroinstallation	12%	52%
Heizung	6%	58%
Schreinerarbeiten	8%	66%
Putz (innen und außen)	5%	71%
Fliesenleger- und Glaserarbeiten	3%	74%
Estrich- und Bodenlegerarbeiten	7%	81%
Steinarbeiten (sowohl Kunst- als auch Naturstein)	2%	83%
Schlosserarbeiten	4%	87%
Maler-, Anstrich- und Tapezierarbeiten	3%	90%
Sanitäre Einrichtungen	6%	96%
Nebengebäude, Garage(n)	4%	100%

Abb. VI 16: Kostenanteile der Gewerke an den GIK

6.3 Überwachung des Kosten- und Erlösstatus

Bei der Überwachung des Kosten- und Erlösstatus sollte vor allem der Eingang der Kaufpreisteilzahlungen bzw. deren Außenstände auf den entsprechenden Guthabenkonten beobachtet werden. Diese müssen mit den Kosten für die erbrachten Bauleistungen abgeglichen werden. Nach dem Gesetz zur Sicherung von Bauforderungen (BauFG) ist der Empfänger von Baugeld (Bauherr, Bauträger, Grundstückseigentümer) dazu verpflichtet, dieses zur Befriedigung derjenigen Personen, welche aufgrund eines Werk-, Dienst- oder Lieferungsvertrages bei der Erstellung des Bauwerkes mitgewirkt haben, zu verwenden. Im Sinne des Gesetzes sind als Baugeld nur Fremdmittel zu verstehen, die durch Hypothek oder Grundschuld am Finanzierungsobjekt abgesichert sind. Daraus ergeben sich unterschiedliche Auswirkungen für die Kreditinstitute:

Bei Beihilfe zu nicht zweckgemäßer Verwendung von Baugeld droht Schadensersatz: Wenn das Kreditinstitut dem Bauträger bereits gezahlte Gelder von Enderwerbern zur Verfügung stellt, diese aber nicht exakt dem ursächlichen Bautenstand entsprechen, kann es unter Umständen gegenüber den Enderwerbern schadensersatzpflichtig gemacht werden. Um diesem Fall vorzubeugen, können die Kalkulationen der GIK sowie der Bauzeiten-/Gelddispositionsplan zum wesentlichen Bestandteil des Enderwerberkreditvertrages gemacht werden.

Unwirksam werden von bestehenden Sicherheiten: Da es nach den Bestimmungen des BauFG bei der Verpfändung von Baugeld nicht zu einer Benachteiligung der Enderwerber kommen darf, werden regelmäßig die Konten des Bauträgers an das finanzierende Kreditinstitut verpfändet. Durch die bankenübliche Kompensation von Hauptkonto (Kreditkonto des Bauträgers) mit den Unterkonten (Konten der einzelnen Enderwerber) sind Konten betroffen, die der Definition nach Baugeld enthalten.

Dazu müssen mit dem Bauträger weiterführende Vereinbarungen getroffen werden, wobei mit den eingegangenen Kaufpreiszahlungen zunächst Avalverpflichtungen nach § 7 MaBV und Erstattungspflichten nach § 3 MaBV befriedigt werden müssen.

Die Überwachung des Kosten- und Erlösstatus kann mit dem bereits erwähnten Bauzeiten-/ Gelddispositionsplan des Bauträgers vorgenommen werden. Die Zahlungseingänge gemäß Fälligkeitsvereinbarungen sind lückenlos zu prüfen und stets mit den Soll-Ständen abzugleichen. Eventuelle Abweichungen sind im Interesse des Kreditinstituts im Hinblick auf die bekannten Risiken unbedingt zeitnah und konsequent nachzugehen.

7 Immobilienfonds

7.1 Der Fondsgedanke

Das Wort „Fonds" kommt aus dem juristischen Sprachgebrauch und bezeichnet eine bestimmte Vermögensmasse. Die wörtliche Bedeutung des französischen Wortes „Fond" ist Geldmittel bzw. Geldvorrat. Der Gedanke des Fonds besteht darin, Gelder vieler Investoren zu sammeln, um ein oder mehrere Güter zusammen zu finanzieren.

Speziell bei offenen Immobilienfonds haben Anleger die Möglichkeit, auch mit geringem Kapitaleinsatz in Immobilieneigentum als vergleichsweise sichere Anlage zu investieren. Ein weiterer Vorteil der Immobilienfonds ist, dass die Objektauswahl durch erfahrene Immobilienfachleute erfolgt, die eine gute Marktkenntnis haben und aufgrund ihrer Erfahrung für ein professionelles Management sorgen. Oft beteiligen sich Anleger unter dem Gesichtspunkt der Risikostreuung, da offene und oft auch geschlossene Immobilienfonds in mehrere Objekte an verschiedenen Standorten investieren. Typische Vorkosten, die der Anleger dafür leisten muss, sind Honorare für Projektentwicklung, Konzeption, Steuerberatung und Mittelverwendungskontrollen. Bei den Kosten ist es entscheidend, dass diese in einem angemessenen Verhältnis zu dem erwarteten Gewinn stehen.

7.2 Historische Entwicklung

In den 1950er und 60er Jahren hat das Immobilieneigentum in Deutschland eine große Verbreitung gefunden. Grund dafür war die rasante wirtschaftliche Entwicklung, wodurch sich auch der Wunsch nach Immobilieneigentum als Kapitalanlage verstärkte. Da den meisten Anlegern für eine Direktanlage jedoch die nötige Liquidität fehlte, entstand der Gedanke, in einem Zusammenschluss gemeinsam und planmäßig Immobilieneigentum zu erwerben. Im Jahr 1959 erfolgte die Gründung des ersten offenen und des ersten geschlossenen Immobilienfonds, ermöglicht durch das Gesetz über Kapitalanlagegesellschaften vom 16. April 1957.

Steuerliche Anreize in den 60er Jahren und der Anstieg der Inflation in den 70er Jahren forcierte die Nachfrage nach Immobilien. Anfang der 90er Jahre erhöhte sich die Immobiliennachfrage nochmals rapide. Der Grund hierfür war, dass so genannte Fördergebietsgesetz für die neuen Bundesländer, das im Jahr 1991 in Kraft trat. Die Fördergebietsabschreibung ermöglichte dem Anleger über 50% seiner Investition im Jahr der Anschaffung bzw. der Erstellung mit seinem restlichen Einkommen zu verrechnen. Die steuerlichen Verlustzuweisungen wurden jedoch ab dem Jahr 1999 wesentlich beschränkt.

7.3 Begriffsbestimmung

Geschlossene Immobilienfonds werden regelmäßig zur Errichtung bzw. zum Erwerb und anschließender Vermietung bzw. Verpachtung eines bestimmten Immobilienprojektes aufgelegt. Sie dienen primär zur Kapitalsammelstelle für solche Immobilienobjekte, deren Finanzierung die Kapitalkraft eines einzelnen Investors übersteigt oder für die aus Gesichtspunkten der Risikostreuung ein einzelner Kapitalanleger nicht gefunden werden kann. Das Investitionsvolumen ist grundsätzlich auf das für die Anschaffung bzw. Herstellung des Immobilienvorhabens benötigte Kapital zzgl. einer evtl. Liquiditätsreserve begrenzt.[26] Die Fondsimmobilien sind in den meisten Fällen bekannt und nicht austauschbar, der Investitions- und Finanzierungsplan steht fest. Das benötigte Eigenkapital wird öffentlich zur Zeichnung angeboten.

Seit dem 01. Juli 2005 unterliegen geschlossene Fonds als öffentliche Angebote der ausdrücklichen Gestattung durch die Bundesanstalt für Finanzdienstleistungsaufsicht (BaFin). Dazu ist vom Initiator der Verkaufsprospekt vorzulegen. Der Verkaufsprospekt muss alle wirtschaftlichen und rechtlichen Angaben enthalten, die Voraussetzungen sind, dem Anleger eine umfassende Einschätzung des Initiators und der Kapitalanlage zu ermöglichen. Die Prüfung der Bundesanstalt für Finanzdienstleistungsaufsicht umfasst allerdings nur die Vollständigkeit und Klarheit des Verkaufsprospektes. Eine inhaltliche Überprüfung der im Verkaufsprospekt gemachten Angaben erfolgt nicht. Nach der Prüfung und Freigabe durch die Bundesanstalt für Finanzdienstleistungsaufsicht darf der Verkaufsprospekt und das zu Grunde liegende Beteiligungsangebot öffentlich angeboten werden. Bei einem so genannten Private Placement, welches sich nur an einen begrenzten Personenkreis richtet, gibt es keinen Verkaufsprospekt nach dem VerkprospG. Als Voraussetzung ist gegeben, wenn die betreffenden Personen dem Anbieter im Einzelnen bekannt sind und aufgrund einer gezielten Auswahl nach individuellen Gesichtspunkten angesprochen werden und eine Aufklärung durch einen Verkaufsprospekt im Hinblick auf das Informationsbedürfnis des Anlegers nicht erforderlich ist.

Nach Vollplatzierung wird der Fonds geschlossen. Die Veräußerung und die Vereinbarung des Kaufpreises gehören zur Angelegenheit des Anlegers. Es handelt sich damit im doppelten Sinn um einen „geschlossenen" Fonds, nämlich hinsichtlich des Anlegerkreises und hinsichtlich des Investitionsvorhabens.

Im Gegensatz zum geschlossenen Fonds sind bei offenen Fonds das Fondskapital und die Anzahl der Gesellschafter nicht begrenzt, d. h. durch Ausgabe neuer Anteilscheine können laufend neue Gesellschafter aufgenommen und neue Immobilienobjekte finanziert werden. Anteilscheine werden grundsätzlich jederzeit zum Tagespreis zurückgenommen. Nur in Ausnahmefällen kann die Gesellschaft die Rücknahme befristet verweigern. Offene Immobilienfonds sind Sondervermögen, die von einer Kapitalanlagegesellschaft aufgelegt und verwaltet, von einer Depotbank verwahrt und von einem Sachverständigenausschuss jährlich bewertet werden.

Während offene Immobilienfonds nur als eine Kapitalanlagegesellschaft in der Rechtsform der Aktiengesellschaft oder der Gesellschaft mit beschränkter Haftung geführt werden dürfen, ist die Rechtsform der geschlossenen Immobilienfonds nicht gesetzlich vorgegeben. Dennoch werden sie fast ausschließlich in Form einer Personengesellschaft geführt. Da es für Geschlossene Immobilienfonds, im Gegensatz zu den Offenen Immobilienfonds, die dem Investmentgesetz unterliegen, bislang kein Spezialgesetz gibt, das spezifische Mindestanforderungen an die Initiatorgesellschaften oder die Fonds selbst definieren würde, bestehen bei der Gestaltung geschlossener Fonds hohe

---

[26] Vgl. Kurth, H./Grass, H.-G. (1990), S. 19

Geschlossene Immobilienfonds	Offene Immobilienfonds
Investition ab 10.000 €	Investition ab 50 €
Investitionsvolumen bekannt	Fondskapital ist nicht begrenzt
Fondsimmobilien bekannt und nicht austauschbar	Fondsimmobilien nicht bekannt, häufig wechselnd
Veräußerung der Anteile auf dem Zweitmarkt	Anteilsscheine werden jederzeit von der Gesellschaft zum Tagespreis zurückgenommen
Anlegerkreis bekannt und geschlossen	unbegrenzte Anzahl von Gesellschaften
in der Regel Personengesellschaft	immer Kapitalgesellschaft
Steuerlicher Effekt für die Anleger	kein steuerlicher Effekt
beinhalten ausschließlich Immobilien	beinhalten Immobilien und Finanzanlagen

Abb. VI 17: Unterschied geschlossener und offener Immobilienfonds

Freiheitsgrade und dementsprechend viele verschiedene Ausprägungen. Grundsätzlich kann jeder einen geschlossenen Fonds initiieren. Eine besondere Lizenz oder Genehmigung ist dafür nicht erforderlich. Insbesondere aus steuerlichen Gründen werden geschlossene Fonds aber grundsätzlich so konzipiert, dass sie aus Anlegersicht der Direktanlage nahe stehen. Als Anlagevehikel bieten sich somit Personengesellschaften an, die auf der Grundlage des Bürgerlichen Rechts bzw. des Handelsrechts gestaltet werden können, da es bei diesen Rechtsformen keine strenge Trennung zwischen der Gesellschafts- und der Gesellschafterebene gibt. Die Gesellschafter werden hierbei im wirtschaftlichen Sinn Miteigentümer und im steuerrechtlichen Sinn Teileigentümer der Fondsobjekte, so dass ihnen das steuerliche Ergebnis des Fonds unmittelbar zuzurechnen ist. Geschlossene Fonds werden in der Regel in der Rechtsform einer Gesellschaft des bürgerlichen Rechts (GbR), einer Kommanditgesellschaft (KG) oder in der Sonderform einer GmbH & Co. KG organisiert.

7.4 Der geschlossene Immobilienfonds

7.4.1 Gesellschaftsrechtliche Gestaltung

7.4.1.1 Die Gesellschaft bürgerlichen Rechts (GbR)

7.4.1.1.1 Konstruktion und Rechtsform

Die Gesellschaft bürgerlichen Rechts (GbR) ist die Grundform aller Personengesellschaften. Ihre gesetzlichen Regelungen finden sich in den §§ 705–740 BGB. Die Gesellschaft besitzt keine eigene Rechtsfähigkeit, aufgrund eines Grundsatzurteils des BGH ist jedoch die Haftung bei der GbR mittlerweile der einer offenen Handelsgesellschaft angeglichen worden. Üblich ist, die GbR mit einem Name im Sinne einer Sachbezeichnung zu kennzeichnen, der die geographische Bezeichnung des Immobilienprojektes mit dem Zusatz „GbR" beinhaltet.[27] Durch den Gesellschaftsvertrag verpflichten sich die Gesellschafter gegenseitig, die Erreichung eines gemeinsamen Zweckes in der durch den Gesellschaftsvertrag bestimmten Weise zu fördern, insbesondere die vereinbarten Beiträge zu leisten. Bei einem geschlossenen Immobilienfonds besteht der Zweck in der Regel

---

[27] Vgl. ebenda, S. 45

darin, ein Grundstück zu kaufen und dies zu bebauen, sowie in der Vermietung und Verwaltung des Immobilienobjektes. Da die GbR nicht rechtsfähig ist, werden die Gesellschafter und nicht die Gesellschaft als Eigentümer in das Grundbuch eingetragen.

Die Immobilie sowie sämtliches Vermögen gehört bei der Gesellschaft bürgerlichen Rechts allen Gesellschaftern gemeinsam, es ist Gesamthandsvermögen. Zusätzlich besteht eine gesamthänderische Bindung. Entgegen den Bestimmungen des BGB, die eine Teilung des Gesellschaftsvermögens und eine Verfügung über den einzelnen Gesellschaftsanteil nicht vorsehen, gibt der Gesellschaftsvertrag den Gesellschaftern die Möglichkeit zur Kündigung oder zum frühzeitigen Ausscheiden, ohne dass dies die Auflösung der Gesellschaft zur Folge hat.

7.4.1.1.2 Gründung der GbR

Die Gründung der GbR kann auf zwei Arten erfolgen:

- Die Initiatoren errichten eine GbR durch zwei Gründungsgesellschafter und erwerben die Immobilie. Die anzuwerbenden Gesellschafter werden dann in die bestehende Gesellschaft im Wege der Kapitalerhöhung aufgenommen. Die Gründungsgesellschafter sind im Grundbuch mit dem Zusatz GbR eingetragen. Durch eine privatschriftliche Erklärung zum Beitritt und durch die Annahme dieser Erklärung werden die Anleger Mitgesellschafter und gleichzeitig Miteigentümer der Immobilie, oder
- Die Initiatoren werben Anleger an, gründen dann die GbR, und diese erwirbt anschließend die Immobilie.

Die Aufnahme in die Gesellschaft ist ein Vertrag zwischen den bisherigen Gesellschaftern und dem neuen Gesellschafter. Diese vertragliche Vereinbarung bedarf grundsätzlich weder einer Beurkundung noch einer Beglaubigung. Wegen der Formvorschriften des Grundbuches wird der Mitgesellschafter jedoch nur dann in das Grundbuch eingetragen, wenn er seine Erklärung in öffentlich beglaubigter Form abgibt.[28]

7.4.1.1.3 Haftung

Jeder Gesellschafter haftet gegenüber den Vertragspartnern der Gesellschaft für deren Verbindlichkeiten unmittelbar, gesamtschuldnerisch und über die Einlage hinaus mit seinem gesamten privaten Vermögen (§ 735 BGB). Die Möglichkeit einer teilschuldnerischen Haftung sieht vor, dass jeder Gesellschafter mit der seinem Beteiligungsverhältnis entsprechenden Quote für die Gesellschaftsverbindlichkeiten haftet, nach oben hin haftet er jedoch trotzdem unbegrenzt.

Anteile an BGB-Gesellschaften, die öffentlich angeboten werden, zeichnen in der Regel Gesellschafter, die sich untereinander nicht kennen. Die Bonität einzelner Gesellschafter ist dabei häufig unterschiedlich und kann sich aufgrund der längeren Laufzeit der gesellschaftsvertraglichen Bindung auch ändern. Für die einzelnen Gesellschafter ist es daher kaum möglich, das Insolvenzrisiko ihrer Mitgesellschafter zu beurteilen. Daraus ergeben sich im besonderen Maße Haftungsrisiken, auch im Zusammenhang mit der Finanzierung der Gesellschaft und der Gesellschaftsanteile.[29]

Ein Gesellschafter haftet im Außenverhältnis für Verbindlichkeiten seiner Mitgesellschafter, wenn Kredite zur Finanzierung der Gesellschaft auf den Namen der Gesellschaft, d. h. aller Gesellschafter aufgenommen werden, ohne dass eine teilschuldnerische Haftungsbeschränkung vorliegt. Wird ein Gesellschafter zahlungsunfähig, kann die Bank bzw. der Kreditgeber die fehlenden Beträge von

---

[28] Vgl. Opitz, G. (1998), S. 65
[29] Vgl. Kurth, H./Grass, H.-G. (1990), S. 52

jedem beliebigen Gesellschafter fordern. Die Zahlungsfähigkeit der anderen Gesellschafter wird dadurch sehr in Mitleidenschaft gezogen. Um diese Probleme zu vermeiden, werden oft die Kredite von jedem einzelnen Gesellschafter in Höhe seines Anteils auf seinen Namen aufgenommen oder eine schuldrechtliche Haftungsbegrenzung vereinbart.

Im Innenverhältnis haftet ein Gesellschafter gegenüber den anderen Gesellschaftern, wenn er die im Gesellschaftsvertrag vereinbarten Befugnisse überschreitet.

Trotz der genannten Möglichkeiten zur Reduzierung der gesamtschuldnerischen Haftung, findet die Gesellschaft bürgerlichen Rechts bei geschlossenen Immobilienfonds nur wenig Anwendung.

7.4.1.1.4 Geschäftsführung und Vertretung

Die Geschäftsführung und Vertretung steht nach § 709 BGB allen Gesellschaftern gemeinschaftlich zu. Folglich benötigt jedes Rechtsgeschäft die Zustimmung aller Gesellschafter. Ist jedoch eine hohe Anzahl von Anlegern vorhanden, wird die gemeinschaftliche Geschäftsführung impraktikabel. Aus diesem Grund werden in der Regel die Geschäftsführungsrechte auf einen Gesellschafter, oft auf den Initiator, übertragen. Auf einen außenstehenden Dritten dürfen diese Rechte nicht übertragen werden. Mit ihm kann lediglich ein beschränkter Geschäftsbesorgungsvertrag abgeschlossen werden. Die Geschäfts- und Vertretungsbefugnisse können seitens der anderen Gesellschafter eingeschränkt werden. Die Befugnisse sollten daher nicht zu weit gefasst sein, da die Haftung der einzelnen Gesellschafter sehr umfangreich sein kann.[30] Bei Überschreiten seiner Befugnisse haftet der geschäftsführende Gesellschafter im Innenverhältnis gegenüber den Mitgesellschaftern mit seinem Privatvermögen.

Auf der Gesellschafterversammlung, die im Gesellschaftsvertrag vorgeschrieben ist, ist die Geschäftsführung dazu verpflichtet, den Eigentümern einen Rechenschaftsbericht vorzulegen. Des Weiteren muss die Geschäftsführung mit den Mitgesellschaftern zustimmungspflichtige Rechtsgeschäfte abstimmen.

7.4.1.2 Die Kommanditgesellschaft (KG)

7.4.1.2.1 Konstruktion und Rechtsform

Eine Kommanditgesellschaft ist nach § 161 (1) HGB „eine Gesellschaft, deren Zweck auf den Betrieb eines Handelsgewerbes unter gemeinschaftlicher Firma gerichtet ist, wenn bei einem oder bei einigen von den Gesellschaftern die Haftung gegenüber den Gesellschaftsgläubigern auf den Betrag einer bestimmten Vermögensanlage beschränkt ist (Kommanditisten), während bei dem anderen Teile der Gesellschafter eine Beschränkung der Haftung nicht stattfindet (Komplementär)". Die Vorschriften zur KG finden sich in den §§ 161–177a HGB. Als Sonderform der OHG gelten auch die Vorschriften über die OHG (§§ 105 ff. HGB) sowie die Vorschriften über die GbR (§§ 705 ff. BGB).

Ein wesentliches Merkmal der KG ist, dass die Komplementäre die Geschäftsführung und die Vertretung ausüben, während die Kommanditisten mit ihrer Einlage an der Gesellschaft beteiligt sind. Sie haben aber bei allen Angelegenheiten, die die Grundlagen des Gesellschaftsverhältnisses betreffen, wie die Aufnahme und der Ausschluss von Gesellschaftern, außergewöhnliche Geschäfte sowie die Auflösung der Gesellschaft als solche, ein Mitbestimmungsrecht. Die beschränkte Haftung entspricht besonders dem Interesse von Kommanditisten.

---

[30] Vgl. Opitz, G. (1998), S. 66

Bei geschlossenen Immobilienfonds in der Rechtsform der KG wird kein Grundhandelsgewerbe ausgeübt. Um jedoch die Eintragung und die Rechtsform zu sichern, muss die Gesellschaft einen in kaufmännischer Art und Weise eingerichteten Geschäftsbetrieb nachweisen.

7.4.1.2.2 Gründung der KG

Die Gründung erfolgt durch den Gesellschaftsvertrag, der zwischen mindestens einem Kommanditisten und einem Komplementär erfolgen muss. Eine Personenidentität zwischen Komplementären und Kommanditisten ist ausgeschlossen.

Die Errichtung der Gesellschaft ist zur Eintragung in das Handelsregister anzumelden. Anzumelden sind Name, Vorname, Beruf, Wohnort der Komplementäre, Firma und Sitz der Gesellschaft sowie Zeitpunkt des Beginns der Gesellschaft und die Namen der Kommanditisten sowie die vereinbarten Haftsummen. Um den Verwaltungs- und Kostenaufwand der Eintragung aller Gesellschafter in das Handelsregister zu vermeiden, wird oft ein Treuhänder eingeschaltet, der für die anderen Kommanditisten in das Handelsregister eingetragen wird. Die Anleger geben als Treugeber ihre Einlagen dem Treuhänder, bleiben jedoch wirtschaftlich und steuerliche so gestellt, als wären sie direkt an der KG beteiligt. Diese Konstruktion wird im Innenverhältnis geregelt, indem der Treuhänder die Ansprüche aus der Ergebnisbeteiligung und der Ausschüttung an den Treugeber abtritt. Im Außenverhältnis tritt der Treuhandkommanditist in eigenen Namen auf. Daher hat er gegenüber der KG und Dritten den Status eines Gesellschafters. Folglich richtet sich der Einlagenanspruch der KG gegenüber dem Treuhänder und nicht gegenüber dem Treugeber.[31] Da die Gesellschafter einer Kommanditgesellschaft in das Handelsregister eingetragen werden müssen, ermöglichen Fondskonzeptionen diesen, zwischen der unmittelbaren Beteiligung als Direktkommanditist und der mittelbaren Beteiligung als Treugeber zu wählen. Bei einer Beteiligung über einen Treuhand-

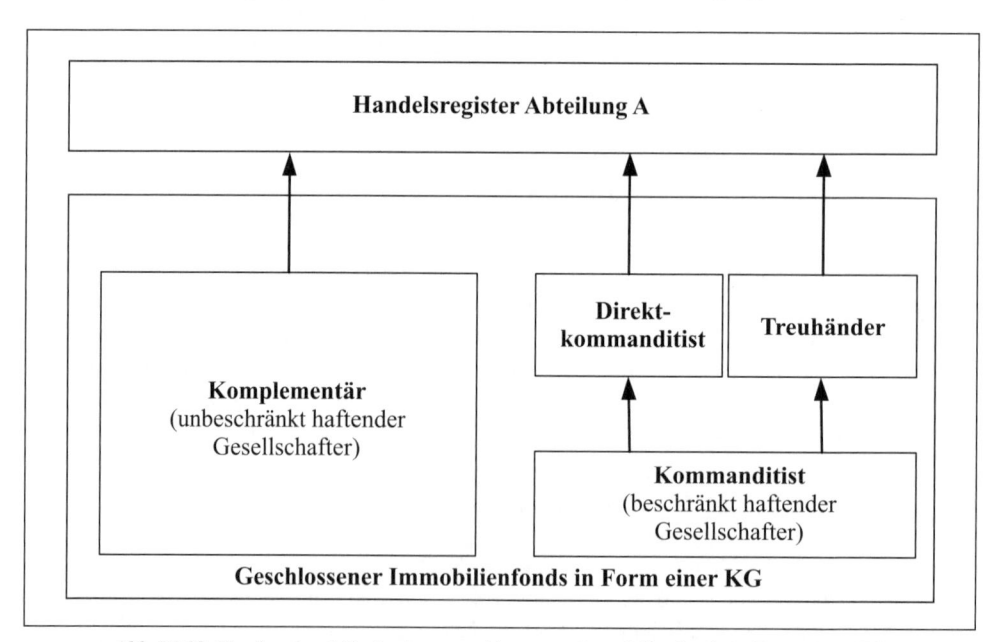

Abb. VI 18: Treuhandverhältnis eines geschlossenen Immobilienfonds in Form einer KG

---

[31] Vgl. Hinsche, S. D. (1995), S. 142

kommanditisten bzw. Treuhänder wird der Anleger zum Treugeber. Damit wird der Verwaltungsaufwand im Zusammenhang mit der Eintragung der Gesellschafter im Handelsregister vermieden und die Handlungsfähigkeit der Gesellschaft sichergestellt. Das bedeutet nicht nur für den Anleger, sondern auch für die Fondsgesellschaft eine Verwaltungsvereinfachung, da diese nicht mehr mit einer Vielzahl von Anlegern kommuniziert, sondern lediglich noch mit dem Treuhandkommanditisten. Als Treugeber wird der Anleger nicht im Handelsregister eingetragen. Jedoch muss der Treugeber gegenüber dem Treuhandkommanditisten eine beherrschende Stellung einnehmen. Diese beherrschende Stellung wird erreicht, indem der Treuhänder/Treuhandkommanditist ausschließlich auf Rechnung und auf Gefahr des Treugebers/Anlegers handelt. Weiterhin muss im Rahmen des Treuhandvertrages geregelt sein, dass der Treugeber/Anleger eine derart beherrschende Stellung einnimmt, so dass die wirtschaftlichen Rechte und Pflichten an dem Fondsobjekt beim Treugeber/Anleger liegen. Anderenfalls kann eine Umqualifizierung der Einkünfte aus Vermietung und Verpachtung zu solchen aus Vermietung und Verpachtung erfolgen. Der Treuhänder tritt nach außen hin im eigenen Namen auf. Hat sich ein Anleger mittelbar über den Treuhänder beteiligt, so haftet er nicht unmittelbar gegenüber den Gläubigern, da an seiner Stelle der Treuhänder im Handelsregister eingetragen ist. Da er diese jedoch von jeder Inanspruchnahme freizuhalten hat, ist der mittelbar beigetretene Zeichner dem Kommanditisten hinsichtlich der Haftung wirtschaftlich gleichgestellt.

Die Gründungsmitglieder sind in der Regel auch die Initiatoren des Projektes. Ist das Projekt beendet, scheiden Kommanditisten oft aus, während der Komplementär bzw. die Komplementäre die Gesellschaft weiterführen.

Der Gesellschaftszweck der KG ist die Verwaltung und Vermietung bestimmter Immobilien, die von den Gründungsgesellschaftern in die Gesellschaft eingebracht oder von der KG selbst erworben werden.[32]

7.4.1.2.3 Haftung

Der Komplementär haftet den Gläubigern gegenüber persönlich und unbeschränkt mit seinem gesamten Privatvermögen. Der Kommanditist haftet im Innen- und Außenverhältnis in Höhe seiner Einlage, wenn er sie voll geleistet hat. Gegenüber Gläubigern der Gesellschaft (Außenverhältnis) haftet der Anleger grundsätzlich mit der für ihn im Handelsregister eingetragenen Haftsumme (Haftungsbeschränkung). Eine Nachschusspflicht besteht in der Regel nicht. Nach vollständiger Erbringung des Zeichnungsbetrages kann die Haftung jedoch insoweit wiederaufleben, als der tatsächlich geleistete Zeichnungsbetrag unter die im Handelsregister eingetragene Haftsumme sinkt (so genanntes „Wiederaufleben der Außenhaftung"). In diesem Falle besteht das Risiko, dass bereits ausgeschüttete und in das Privatvermögen des Anlegers geflossene Beträge zurückgefordert werden.

Geschlossene Immobilienfonds nehmen jedoch oft eine Differenzierung zwischen Hafteinlage und Pflichteinlage vor. Dabei wird die geringere Summe der Hafteinlage ins Handelsregister eingetragen und die Pflichteinlage an die Gesellschaft geleistet.

7.4.1.3 Sonderformen wie „Blind Pools", das Hamburger Modell und Leasingfonds

Blind Pools: „Blind Pools" sind geschlossene Immobilienfonds, bei denen noch keine Investitionsobjekte festgelegt sind. Der Anleger leistet eine vertraglich festgelegte Einlage, die in der Regel bis zum Kauf einer Immobilie verzinst wird. Die Auswahl der zu erwerbenden Grundstücke trifft das

---

[32] Vgl. Kurth, H./Grass, H.-G. (1990), S. 29

Fondsmanagement. Meist gibt es jedoch Auswahlkriterien, die von den Anlegern zuvor festgelegt worden sind und anhand derer die Auswahl erfolgt.

Das Hamburger Modell: Das Hamburger Modell kann nur begrenzt als geschlossener Immobilienfonds bezeichnet werden. Anleger beteiligen sich an einem Fonds in Rechtsform der Kommanditgesellschaft, die ein unbebautes Grundstück erwirbt, um darauf als Bauherr ein Gebäude zu errichten. Im Gesellschaftsvertrag wird festgelegt, dass die Immobilie nach Fertigstellung in Sondereigentum umgewandelt wird und eine Realteilung vorgenommen wird. Jedem Anleger wird dann eine bestimmte Wohneinheit übereignet, die dem Wert der zuvor geleisteten Einlage entspricht. Beim Hamburger Modell bildet sich eine Bauherrengemeinschaft, die sich verpflichtet, ein Gebäude zu errichten. Das Modell gilt solange als geschlossener Immobilienfonds bis die Aufteilung in Sondereigentum stattgefunden hat.

Leasingfonds: Immobilien-Leasingfonds wickeln in der Regel ihre Geschäfte über separate Objektgesellschaften ab. Dabei wird jedes einzelne Objekt in eine Objektgesellschaft eingebracht. Meist hält die Immobilien-Leasinggesellschaft die gesamten Gesellschaftsanteile. Die Objektgesellschaften firmieren in der Rechtsform einer Personengesellschaft (OHG, KG, GmbH & Co. KG, GbR). Aufgrund der Vielzahl der Objektgesellschaften kann die Leasinggesellschaft selbst die erhöhten Abschreibungen oder die degressiven Abschreibungen nicht in vollem Umfang nutzen. Daher wurde die Idee entwickelt, an diesen Objektgesellschaften Privatpersonen zu beteiligen, die die Abschreibungsvergünstigungen nutzen. Aus der Objektgesellschaft wird dadurch eine Immobilien-Leasingfonds-Gesellschaft.[33]

Mit dem Nutzer wird also kein Mietvertrag, sondern ein Immobilien-Leasingvertrag abgeschlossen. Unterschieden wird in zwei Vertragstypen: der Vollamortisations-Leasingvertrag und der Teilamortisations-Leasingvertrag. Anstelle der Miete wird dann die Leasingrate gezahlt. Die gesell-

Investor (Leasinggeber)	Nutzer (Leasingnehmer)
Sichere Kapitalanlage	Nutzung des Objektes
Langfristiger Ertrag	Reduzierung der Finanzierungskosten
Steuerliche Vorteile	Konstante Leasingraten
Langfristig sicherer nachsteuerlicher Ertrag	Langfristige Kalkulationsgrundlage
Kurzfristige Rückführung des Eigenkapitals	Sicherung des Objekts und des Wertzuwachses

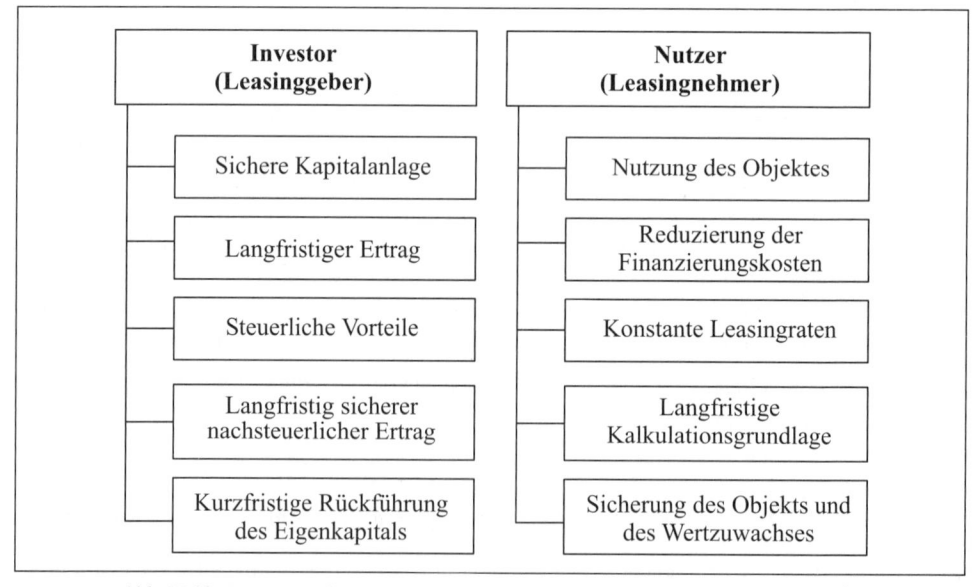

Abb. VI 19: Interessen des Investors und des Nutzers bei Immobilien-Leasingfonds[34]

---

[33] Vgl. Opitz, G. (1998), S. 168
[34] Vgl. ebenda, S. 173

schaftsrechtliche Konzeption entspricht in den Grundzügen dem geschlossenen Immobilienfonds. Der Anleger erhält für seine Einlage eine zuvor festgelegte Verzinsung und zusätzlich steuerliche Vorteile. Die Objektgesellschaft erzielt entweder Einkünfte aus Vermietung und Verpachtung oder Einkünfte aus Gewerbebetrieb. Ausgewählt werden nur erstklassige Standorte sowie Leasingnehmer mit einwandfreier Bonität und hoher Steuerprogression. Diese haben meist ein dinglich gesichertes Optionsrecht, nach Ablauf des Leasingvertrages die Immobilie erwerben zu können, um so eine Wertsteigerung zu realisieren.

Vorteil für den Leasingnehmer ist die meist sichere Kalkulationsgrundlage. Durch die festgelegten Leasingraten sowie der Fremd- und Eigenkapitalverzinsung kann der Anleger den nachsteuerlichen Ertrag exakt berechnen. Der interne Zinsfuß liegt je nach Gegebenheiten zwischen 5 % und 12 %.

7.4.1.4 Die GmbH & Co. KG

Die gebräuchlichste Variante bei der Wahl der Rechtsform ist die GmbH & Co. KG. Als Mischform verbindet sie die steuerliche Transparenz einer Personengesellschaft mit den haftungsrechtlichen Begrenzungen einer Kapitalgesellschaft. Um die Haftung des Komplementärs einzuschränken, wird als persönlich haftender Gesellschafter eine GmbH gewählt. Gesellschafter dieser GmbH sind wiederum die Fondsinitiatoren oder die KG als solche.[35]

Die so gegründete GmbH & Co. KG gilt im Einkommensteuerrecht als gewerblich geprägte Personengesellschaft im Sinne des § 15 Abs. 3 Nr. 2 EStG und erzielt damit, unabhängig der originären Tätigkeit, Einkünfte aus Gewerbebetrieb. Diese gewerbliche Prägung ist, in Abhängigkeit der steuerlichen Zielsetzung, nicht immer erwünscht. Aus diesem Grund nutzen Initiatoren eine Modifikationsmöglichkeit, indem ermöglicht wird, dass neben dem beschränkt haftenden Gesellschafter, die GmbH, ein persönlich haftender Gesellschafter, eine natürliche Person, die Komplementärstellung einnimmt oder ein Kommanditist zur Geschäftsführung befugt ist.

7.4.2 Steuerrechtliche Behandlung von Beteiligungen

Geschlossene Immobilienfonds können dem Anleger neben Ausschüttungen und Wertsteigerung auch steuerliche Optimierungsmöglichkeiten bieten. Wird der Fonds in Form einer Personengesellschaft geführt, kann der Anleger steuerliche Verluste aus seiner Beteiligung geltend machen. Zu Beginn der 90er Jahre lockte vor allem die Sonderabschreibungsmöglichkeit von Immobilieninvestitionen in Ostdeutschland viele Anleger, Anteile an geschlossenen Immobilienfonds zu erwerben. Die mittlerweile eingeschränkte Sonderabschreibung sowie die beschränkte Verrechnungsmöglichkeit negativer Einkünfte mit positiven Einkünften einer anderen Einkunftsart führten dazu, eine Beteiligung an geschlossenen Immobilienfonds nicht mehr nur aus steuerlichen Überlegungen zu tätigen.

7.4.2.1 Bestimmung der Einkunftsart

Um die Einkommensteuerlast des einzelnen Anlegers zu optimieren, muss ein geschlossener Immobilienfonds rechtlich so gestaltet werden, dass das steuerliche Ergebnis der Fondsgesellschaft den einzelnen Anlegern zugerechnet und dann auch auf deren Ebene versteuert werden kann.[36] Eine Personengesellschaft ist nicht Steuersubjekt im Sinne der Tatbestandsverwirklichung des § 15 Abs. 1 Nr. 2 EStG, sie ist aber Subjekt der Gewinnermittlung. Der Gewinn oder Verlust ist

---

[35] Vgl. Bullinger, R. (2001), S. 770
[36] Vgl. Loipfinger, S./Nickl, L./Richter, U. (1997), S. 103

deshalb zuerst nach den handelsrechtlichen Vorschriften auf der Ebene der Gesellschaft zu ermitteln. Dieses Ergebnis wird durch eine so genannte Überleitungsrechnung in eine steuerliche Einnahmen-/Überschussrechnung fortentwickelt und anteilig auf die Gesellschafter verteilt. Bei einer Personengesellschaft ist das Besteuerungsobjekt also der Gesellschafter, wohingegen die Ermittlung der Einkünfte auf der Ebene der Gesellschaft stattfindet. Auf dieser Ebene entscheidet sich, ob die Aufwendungen der Gesellschaft zu den sofort abzugsfähigen Werbungskosten oder zu den Anschaffungs- und Herstellungskosten gehören.[37] Der Gesellschafter erzielt entweder Einkünfte aus Vermietung und Verpachtung, Einkünfte aus Gewerbebetrieb oder Einkünfte aus Kapitalvermögen. In welcher Einkunftsart ein Gewinnanteil eines Gesellschafters zu versteuern ist, hängt vom Inhalt der von der Gesellschaft ausgeübten Tätigkeit ab.

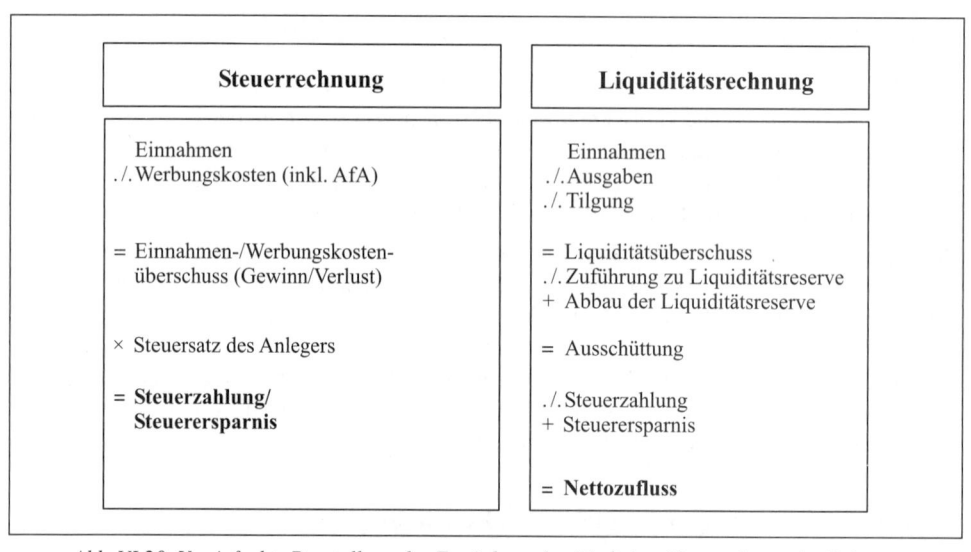

Steuerrechnung	Liquiditätsrechnung
Einnahmen ./. Werbungskosten (inkl. AfA)	Einnahmen ./. Ausgaben ./. Tilgung
= Einnahmen-/Werbungskosten- überschuss (Gewinn/Verlust)	= Liquiditätsüberschuss ./. Zuführung zu Liquiditätsreserve + Abbau der Liquiditätsreserve
× Steuersatz des Anlegers	= Ausschüttung
= **Steuerzahlung/ Steuerersparnis**	./. Steuerzahlung + Steuerersparnis
	= **Nettozufluss**

Abb. VI 20: Vereinfachte Darstellung der Ermittlung des jährlichen Nettozuflusses im Rahmen der Liquiditäts- und Steuerrechnung einer Fondsgesellschaft[38]

Da der Gesellschaftszweck eines geschlossenen Immobilienfonds meist in der Vermietung und Verpachtung von Immobilien liegt, handelt es sich überwiegend um Einkünfte aus Vermietung und Verpachtung. Diese Einkunftsart gehört zu den Überschusseinkünften. Bei den Überschusseinkünften erfolgt die Ermittlung des steuerlichen Ergebnisses nach dem Zu- und Abflussprinzip gemäß § 11 EStG. Maßgebend für die Ermittlung der steuerlichen Einkünfte aus Vermietung und Verpachtung ist der Überschuss der Einnahmen über die Werbungskosten. Nach dem Wortlaut des § 9 EStG sind Werbungskosten als Aufwendungen zur Erwerbung, Sicherung und Erhaltung von Einnahmen definiert. Zu den sofort abzugsfähigen Werbungskosten gehören auch die Absetzungen für Abnutzung auf Anschaffungskosten von Wirtschaftsgütern, deren Verwendung oder Nutzung durch den Steuerpflichtigen zur Erzielung von Einkünften sich erfahrungsgemäß auf einen Zeitraum von mehr als einem Jahr erstreckt (§ 9 Abs. 1 Satz 3 Ziff. 7 EStG). Anhaltspunkte für die Abgrenzung der sofort abzugsfähigen Werbungskosten von den übrigen vorstehend bezeichneten Ausgabenkategorien enthält insbesondere der für dieses Beteiligungsangebot anzuwendende so

---

[37] Vgl. Klumpe, W./Nastold, U. A. (1997), S. 64 f.
[38] Vgl. Loipfinger, S./Nickl, L./Richter, U. (1997), S. 73

genannte 5. Bauherrenerlass vom 20.10.2003. Kosten für den Erwerb von Grundstücken fließen nicht in die laufende steuerliche Ergebnisrechnung ein.

Bei den Einkünften aus Gewerbebetrieb handelt es sich um Gewinneinkünfte. Diesen werden Ausgaben, die sich über mehrere Jahre auswirken, zugeordnet. Nach § 15a Abs. 1 Satz 1 EStG kann der dem Anleger zuzurechnende Anteil am Verlust der Fondsgesellschaft nicht mit anderen Einkünften des Anlegers ausgeglichen werden, soweit durch den Verlust ein negatives Kapitalkonto des Anlegers entsteht oder sich erhöht. Nach der Ende 2005 eingeführten Änderung des Einkommensteuergesetzes in Bezug auf Steuerstundungsmodelle (§ 15b Abs. 1 EStG) mindern die anfänglichen Verluste aus Steuerstundungsmodellen nur diejenigen Einkünfte, die der Steuerpflichtige in den folgenden Wirtschaftsjahren aus derselben Einkunftsquelle erzielt. Sie dürfen nicht mit anderen Einkünften verrechnet und auch nicht nach § 10d EStG abgezogen werden. Folglich sind die steuerlichen Auswirkungen nicht so hoch. Des Weiteren unterliegt die Gesellschaft bei dieser Einkunftsart der Gewerbesteuer, die sich gewinn- und liquiditätsmindernd auswirkt.[39] Im Gegensatz zu den Einkünften aus Vermietung und Verpachtung, wo eine Besteuerung auf den Veräußerungsgewinn außerhalb der Spekulationsfrist entfällt (§ 23 (1) Nr. 1 EStG), wird bei Einkünften aus Gewerbebetrieb ein anfallender Veräußerungsgewinn im Jahr der Entstehung voll versteuert.

7.4.2.2 Werbungskosten

Aufwendungen, die nicht auf den Erwerb des Grundstücks mit dem bezugsfertigen Gebäude gerichtet sind und die auch der Erwerber eines bebauten Grundstücks außerhalb eines Gesamtobjekts als Werbungskosten abziehen könnte, sind nicht den Anschaffungskosten des Objekts zuzurechnen. Werden sie an die Anbieterseite geleistet, sind sie unter den nachfolgenden Voraussetzungen Werbungskosten.

- Bereits vor der Zahlung müssen klare Vereinbarungen über den Grund und die Höhe dieser Aufwendungen bestehen.
- Die vereinbarten Leistungen und das jeweils zugehörige Entgelt müssen den tatsächlichen Gegebenheiten entsprechen; der Rechtsgedanke des § 42 AO darf dem Werbungskostenabzug in der begehrten Höhe nicht entgegenstehen.
- Die Aufwendungen müssen von den übrigen Aufwendungen, die mit der Anschaffung des Erwerbsgegenstandes in Zusammenhang stehen, einwandfrei abgrenzbar sein.
- Die Vergütung darf nur dann zu zahlen sein, wenn der Anleger die Gegenleistung in Anspruch nimmt.
- Die rechtliche und tatsächliche Abwahlmöglichkeit der Leistung und die dann eintretende Ermäßigung des Gesamtpreises muss in dem Vertrag klar und eindeutig zum Ausdruck kommen. Die Abwahlmöglichkeit muss den Anlegern in ihrer gesellschaftsrechtlichen Verbundenheit gegeben sein

7.4.2.3 Gefahren bei der Einkünftequalifikation

7.4.2.3.1 Gewinnerzielungsabsicht

Gewinnerzielungsabsicht liegt vor, wenn es um Zeitpunkt der Investition in der gesamten Nutzungsdauer der Immobilie zu einem voraussichtlich positiven Gesamtergebnis kommt, d.h. die kumulierten Einnahmen die kumulierten Ausgaben übersteigen. Steuerfreie Veräußerungsgewinne

---

[39] Vgl. Klumpe, W./Nastold, U. A. (1997), S. 65f.

werden hierbei nicht zugezählt. Ist dies nicht gegeben, kann der Gesellschafter seine negativen steuerlichen Ergebnisse aus der Fondsbeteiligung steuerlich nicht geltend machen. Steuerliche Verluste können grundsätzlich nur mit anderen Einkünften ausgeglichen werden, wenn sie aus einer einkommensteuerlich relevanten Tätigkeit resultieren. Daraus ergibt sich das entscheidende Abgrenzungskriterium, die Einkunfts- bzw. Überschusserzielungsabsicht. Innerhalb der voraussichtlichen Dauer der Beteiligung muss auf der Ebene der Fondsgesellschaft als auch auf der Ebene des Anlegers, unter der Berücksichtigung etwaiger Sonderbetriebsausgaben, ein positives steuerliches Gesamtergebnis erzielt werden. Sollte während der Totalperiode kein steuerlicher Überschuss prognostiziert werden können, liegt eine steuerlich unbeachtliche Liebhaberei vor mit der Folge, dass steuerliche Verluste nicht mit anderen positiven Einkünften verrechnet werden können.

7.4.2.3.2 Die Zurechnung der Einkünfte auf Fondsgesellschaft und Gesellschafter

Die Fondsgesellschaft erzielt nur dann eigene Einkünfte aus der Verwaltung der Immobilie durch Vermietung oder Verpachtung, wenn das Fondsvermögen nicht allein ihr rechtliches, sondern auch ihr wirtschaftliches Eigentum ist. Erwirtschaftet werden Einkünfte von dem, der sie aufgrund seiner Betätigung, d.h. aufgrund seiner Arbeit und/oder seines Vermögenseinsatzes unter Beteiligung am wirtschaftlichen Verkehr erhält. Ob das genutzte Vermögen eigenes oder fremdes ist, ist für die Zurechnung von Einkünften unerheblich.[40] Die Abschreibungsbefugnis liegt bei Miet- und Pachtverträgen in der Regel bei der Fondsgesellschaft. Eine Ausnahmeregelung liegt vor, wenn die Vertragslaufzeit so lange ist, dass nach Beendigung das vermietete Wirtschaftsgut verbraucht ist. In diesem Fall ist der Mieter der Abschreibungsberechtigte. Die Fondsgesellschaft erzielt dann Einkünfte aus Kapitalvermögen.

Bei Treuhandverhältnissen stellt sich die Frage nach der persönlichen Zurechnung von Einkünften. Der Bundesfinanzhof hat entschieden, dass derjenige die Zurechnung von Vermietungseinkünften im Sinne von § 21 EStG verwirklichen darf, der die rechtliche und tatsächliche Macht hat. Er muss Vermieter und Träger der Rechte und Pflichten aus dem Mietvertrag sein. Bei mehreren Personen muss eine gesamthänderische Verbundenheit bestehen. Allein maßgebend ist also nicht, ob der Steuerpflichtige auch Eigentümer des Grundstücks ist oder wem letztlich das wirtschaftliche Ergebnis der Vermietung zukommt. Unsicherheit herrscht noch bei Fondsgesellschaften, an denen Anleger nur mittelbar über einen Treuhänder beteiligt sind. Hier ist die Frage, ob die Vermietungseinkünfte dem Treuhänder oder dem Treugeber zuzurechnen sind. Bei Einkünften aus Vermietung und Verpachtung ist maßgeblich, ob die Außenzuständigkeit des Treuhänders im Innenverhältnis so gestaltet ist, dass der Treuhänder weisungsgebunden ist und der Treugeber das Geschehen aufgrund seiner Weisungsgewalt eindeutig beherrscht.

7.4.2.3.3 Gewerblicher Grundstückshandel

Eine Fondsgesellschaft, die Einkünfte aus Vermietung und Verpachtung erzielt und auch die Spekulationsfrist von derzeit zehn Jahren einhält, kann trotzdem steuerpflichtig werden, und zwar dann, wenn die Voraussetzungen des gewerblichen Grundstückshandels vorliegen. Nach der Rechtsprechung des Bundesfinanzhofs gilt hierbei die sogenannte Drei-Objekt-Grenze. Bei der Veräußerung von nur drei Objekten liegt kein gewerblicher Grundstückshandel vor. Wichtig ist die Haltedauer der Objekte. Angesetzt ist ein Zeitraum von fünf Jahren, in dem drei Grundstücke erworben und veräußert werden. Liegt der Gesellschaftszweck eines geschlossenen Immobilienfonds in der

---

[40] Vgl. ebenda, S. 67

Vermietung, Verpachtung, Haltung oder Verwaltung von Immobilienobjekten, ist gewerblicher Grundstückshandel mangels Erwerb und Veräußerung ein Ausnahmefall.[41]

7.4.2.4 Erbschaft- und Schenkungsteuer

Für Zwecke der Erbschaft- bzw. Schenkungsteuer wird bei der Bewertung der Beteiligung das Immobilienvermögen der Objektgesellschaft mit dem Grundbesitzwert nach § 138 ff. Bewertungsgesetz zum jeweiligen Stichtag (Bedarfswert) ermittelt. Die Bewertung einer Fondsimmobilie erfolgt nach dem Ertragswertverfahren gemäß § 146 BewG. Danach ergibt sich der Grundbesitzwert aus dem 12,5-fachen der durchschnittlichen Jahresmiete der letzten drei Jahre vor dem Besteuerungszeitpunkt, abzüglich der Wertminderung aufgrund des Alters in Höhe von 0,5 % p.a., höchstens jedoch 25 %.

Am 27.06.2005 hat die Finanzverwaltung einen koordinierten Ländererlass für die erbschaft- und schenkungssteuerliche Behandlung einer Treuhandbeteiligung veröffentlicht (DB 2005, S. 1493). Nach Auffassung der Finanzverwaltung ist bei einer Schenkung eines Treuhand- Kommanditanteils nicht die Beteiligung an einer Personengesellschaft Gegenstand der Zuwendung, sondern der Herausgabeanspruch gegen den Treuhänder auf Rückübereignung des Treuguts (§ 667 BGB). Hierbei kommt es ausschließlich auf die Zivilrechtslage an und nicht darauf, wem nach wirtschaftlicher Betrachtungsweise das Treugut nach § 39 Abs. 2 AO zuzurechnen ist. Der Herausgabeanspruch ist als Sachleistungsanspruch mit dem gemeinen Wert zu bewerten. Eine Bewertung mit dem Steuerwert des Gegenstands, auf den sich der Anspruch richtet, kommt nicht in Betracht.

7.4.3 Wirtschaftliche Charakteristik

Es gibt nicht den klassischen Immobilienfonds. Vielmehr gibt es verschiedene Fondsangebote, die sich hinsichtlich ihrer Zielsetzungen und ihrem Angebot wesentlich voneinander unterscheiden. Dabei unterscheiden sich die einzelnen Fondstypen nach ihrer Einkunftsart, nach der Anzahl der Objekte und hinsichtlich ihrer Zielgruppen. Im Folgenden wird auf die unterschiedlichen Fondskonzeptionen eingegangen.

7.4.3.1 Unterscheidung der Fonds hinsichtlich der Zielgruppen

Hier kann grundsätzlich zwischen einem steuerorientierten und einem ausschüttungs- bzw. renditeorientierten Fonds unterschieden werden. Bei einem steuerorientierten Fonds liegt das Motiv darin, den Anlegern ein Höchstmaß an steuerlichen Vorteilen zu gewährleisten, während bei renditeorientierten Fonds das Ziel in einer maximalen Ausschüttung liegt.

Steuerorientierte Fonds: Das wesentliche Merkmal bei diesem Fondstyp sind die steuerlich negativen Ergebnisse in der Investitionsphase und die dadurch sich ergebenden Steueroptimierungen bei den Anlegern. Dies wird durch einen hohen Fremdkapitalanteil und dadurch bedingt niedriges Eigenkapital erzielt. Durch die höheren Zinsen erhöht sich die Verlustzuweisung und damit der steuerliche Vorteil des Anlegers.[42] Mit diesem steuerlichen Vorteil steigt auch der Kapitalrückfluss, d.h. die Ausgabe des Anlegers wird teilweise durch dessen niedrigere Besteuerung wieder ausgeglichen. Durch die erhöhte Fremdfinanzierung sinkt der Eigenkapitalanteil und damit die Anzahl der Gesellschafter, denen die Verluste zugewiesen werden.

---

[41] Vgl. ebenda, S. 69 f.
[42] Vgl. Bullinger, R. (2001), S. 773

Die Konzeption ist jedoch mit einigen Nachteilen verbunden. Zum einen erhöht sich durch die angestiegenen Werbungskosten der Kaufpreis der Investition insgesamt, ohne dass deren Wert steigt. Zum anderen wirken sich die steigenden Zins- und Tilgungszahlungen negativ auf die Liquidität des Fonds aus, was zu einem Rückgang der Ausschüttungen und gegebenenfalls zu einem Abschmelzen der Liquiditätsreserven führen kann. Bei gravierenden Mietausfällen müssten die Gesellschafter sogar Nachzahlungen vornehmen.[43] Ein weiterer Nachteil ist mit dem § 2b EStG verbunden, der sich gegen reine Verlustzuführungsmodelle richtet. Wenn die Verlustzuweisung höher als 50 % der Einlage des Anlegers ist, prüft das Finanzamt, ob der steuerliche Aspekt das Hauptmotiv des Anlegers ist. Trifft dies zu, kann der Anleger die negativen Einkünfte aus Vermietung und Verpachtung nicht mit anderen positiven Einkunftsarten verrechnen. Der nächste Risikofaktor liegt in der Haftung der Anleger. Aufgrund des niedrigeren Beleihungswertes fordern die Banken für die Erweiterung des Kreditvolumens die persönliche Haftung der Gesellschafter. Die meisten steuerorientierten Fonds haben daher die Rechtsform einer GbR. Zielgruppe dieses Fondstyp sind Anleger mit einer hohen Steuerprogression. Ein solcher Fonds eignet sich jedoch nur für risikofreudige Anleger, die bereit sind, auf Ausschüttungen zu verzichten und Nachschüsse zu gewährleisten.[44]

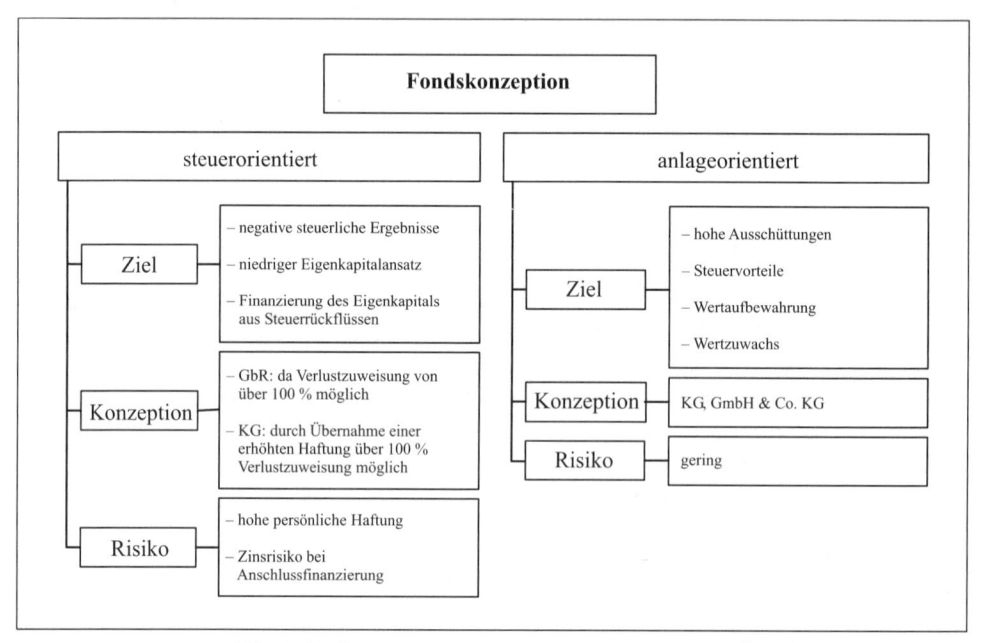

Abb. VI 21: Steuerorientierte und anlageorientierte Fonds[45]

Sonderform 6b-Fonds: Der steuerliche Aspekt ist bei dieser Fondsgesellschaft ebenfalls ein wesentliches Anlagemotiv des Gesellschafters. Dieser Fonds richtet sich dabei primär an Gesellschafter, die Rücklagen gemäß §§ 6b/6c EStG gebildet haben. Grundsätzlich sind Veräußerungsgewinne, die ein Unternehmer durch den Verkauf von Gegenständen aus seinem Betriebsvermögen erzielt, steuerwirksam. Dem Unternehmer wird jedoch die Möglichkeit gewährt, die Veräußerungsgewinne

---

[43] Vgl. Loipfinger, S./Nickl, L./Richter, U. (1997), S. 28
[44] Vgl. Bullinger, R. (2001), S. 774
[45] Vgl. Opitz, G. (1998), S. 44

zu verwenden, um damit bestimmte Wirtschaftsgüter zu erwerben. Zu diesen Wirtschaftsgütern zählen auch Immobilien. Wenn ein Unternehmer also mit dem Veräußerungserlös eine Investition tätigt, um sein Betriebsvermögen zu vergrößern, dann muss der Veräußerungsgewinn nicht versteuert werden. Der Gesetzgeber hat dem Unternehmer die Möglichkeit gewährt, den Veräußerungsgewinn für maximal vier Jahre in eine Rücklage einzustellen. Nach vier Jahren muss allerdings eine Reinvestition erfolgen. Falls es sich bei dem Reinvestitionsobjekt um eine Baumaßnahme handelt und der Steuerpflichtige der Bauherr ist, verlängert sich diese Frist auf sechs Jahre. Ist die Frist abgelaufen, muss die Rücklage gewinnerhöhend aufgelöst werden. Der zu besteuernde Betrag wird dabei um 6 % erhöht, da die Rücklage in dem Zeitraum einen Zinsgewinn abwirft. Der Gewinn und der Zins unterliegen dann der Einkommen- oder Körperschaftsteuer zuzüglich Solidaritätszuschlag und eventuell einer Gewerbesteuer.

Dem Unternehmer stehen gesetzlich nur zwei Möglichkeiten zur Verfügung. Er kann die Reinvestition in seinem eigenen oder in einem fremden Betrieb vollziehen. Als fremdes Unternehmen gilt dabei auch die Beteiligung an einem geschlossenen Immobilienfonds.

Der Unternehmer hat folgende Prämissen zu beachten:
- bei einem Fonds muss der Anleger Einkünfte aus Gewerbebetrieb erzielen,
- das Wirtschaftsgut muss mindestens sechs Jahre zum Anlagevermögen des Steuerpflichtigen gehören
- und der Veräußerungsgewinn muss aus einer inländischen Betriebsstätte stammen.

Ausschüttungsorientierte Fonds:

Kennzeichen dieses Fonds ist neben den vergleichsweise hohen Ausschüttungen der Sicherheitsaspekt und damit die wirtschaftliche Nachhaltigkeit und Tragfähigkeit der Konzeption. Die steuerlichen Vorteile sind jedoch geringer.[46]

Im Idealfall ist der Fonds zu 100 % eigenfinanziert, in deren Folge keine Zins- und Tilgungszahlungen zu leisten sind. In der Regel wird daher seitens der Initiatoren ein Eigenkapital-Fremdkapital-Verhältnis von 40 % zu 60 % gewählt. Aufgrund der geringeren Kapitalkosten kann eine Ausschüttung von 5 % bis 7 % p.a. realisiert werden. Weiterhin steigen die Einnahmen aufgrund der Mietindexierung, während die Annuität gleich bleibt. Die Folge ist, dass sich in späteren Jahren die Rendite erhöht.[47]

Da die Fremdkapitalquote nicht so hoch ist, werden die Anleger für gewöhnlich seitens der Banken nicht haftbar gemacht. Folglich wird bei diesem Fondstyp die Rechtsform der Kommanditgesellschaft bevorzugt, bei der die Haftung des Gesellschafters auf die Höhe seiner Einlage beschränkt bleibt.

Im Gegensatz zu den steuerorientierten Fonds, deren Zielgruppe überwiegend Anleger in der oberen Steuerprogression sind, sprechen ausschüttungsorientierte Fonds risikoscheuere Anleger mit mittlerem Einkommen an, die das Risiko einer hohen Verschuldung nicht tragen wollen. Aufgrund ihres niedrigeren Einkommens spielt der steuerliche Aspekt eine untergeordnete Rolle, da aufgrund des niedrigeren Einkommens und der niedrigeren Einkommensteuerprogression nur wenig Optimierungsbedarf besteht. Hauptmotiv sind die teilweise steuerfreien Ausschüttungen, die sich aufgrund der Abschreibungen und der Werbungskosten ergeben. Ein weiteres Motiv ist der Inflationsschutz, den eine Sachanlage bietet.[48]

---

[46] Vgl. Kurth, H./Grass, H.-G. (1990), S. 223 f.
[47] Vgl. Hinsche, S. D. (1995), S. 155
[48] Vgl. Kurth, H./Grass, H.-G. (1990), S. 224 f.

7.4.3.2 Unterscheidung des Fonds nach der Einkunftsart

Hier wird unterschieden, ob der Fonds Anlage- oder Betreiberimmobilien in seinem Bestand hat. Sind es Anlageimmobilien, so erzielen die Gesellschafter Einkünfte aus Vermietung und Verpachtung, während sie bei Betreiberimmobilien Einkünfte aus Gewerbebetrieb erzielen.

Unter Anlageimmobilien sind wohnwirtschaftlich oder gewerblich genutzte Immobilien zu verstehen. Beispiele hierfür wären Büro- und Geschäftshäuser, Einkaufsmärkte, Gewerbeparks, Wohnimmobilien oder Lagerhallen. Das Risiko bei dieser Anlageform ist relativ niedrig unter der Bedingung, dass die Mieter bonitätsstark sind, die Mietverträge langfristig laufen und die Mieten an die Lebenshaltungskosten gekoppelt sind. Die Räumlichkeiten sind häufig so ausgestattet, dass sie multifunktional nutzbar sind. Folglich ist eine Weitervermietung ohne Schwierigkeiten und ohne große Umbaukosten möglich.

Bei Betreiberimmobilien übernimmt der Investor ein höheres Risiko, da die Mieteinnahmen mit dem Umsatz des Mieters eng verbunden sind. Als Mietvertrag wird häufig eine Grundmiete festgelegt. Zu dieser kommt dann eine erfolgsabhängige Miete hinzu, die von der Höhe des Umsatzes oder des Betriebsergebnisses abhängt. Hat der Mieter extreme Umsatzeinbußen, wird sich dies längerfristig auf die Höhe der Miete auswirken. Der Anleger trägt somit ein unternehmerisches Risiko. Dies wird durch die Tatsache erhöht, dass Betreiberimmobilien im Gegensatz zu Anlageimmobilien nicht multifunktional nutzbar, sondern auf einen bestimmten Mieter ausgerichtet sind. Somit ist der Wert dieser Immobilie nicht nur abhängig von der Lage, der Ausstattung und dem Bauzustand, sondern auch von dem Erfolg des jeweiligen Geschäftsbetriebes. Wird der Mietvertrag nicht fortgesetzt, ist ein Mieterwechsel häufig mit erheblichen Kosten verbunden. Beispiele für Betreiberimmobilien sind: Senioren- und Pflegeheime, Kliniken, Hotels oder Boarding Häuser. Zu erwähnen ist noch, dass einige Anlageimmobilien zunehmend den Charakter von Betreiberimmobilien annehmen, z. B. gibt es Einkaufszentren, die durch ein Centermanagement geleitet werden, oder Büroimmobilien mit spezifischer Bürokommunikation.[49]

Aufgrund des Risikofaktors nahmen die klassischen Anlageimmobilien lange Zeit eine dominierende Rolle am Markt ein. Dies lag daran, dass die Fondsinitiatoren die Absicht verfolgten, den Fonds in relativ kurzer Zeit vollständig zu platzieren und dementsprechend mit der Investition in Anlageimmobilien nachfrageorientiert handelten. Der geschlossene Immobilienfonds eignet sich jedoch nicht nur als Anlageform, sondern auch als Finanzierungsform. Dies ist der Grund dafür, dass vermehrt Fonds mit Betreiberimmobilien angeboten werden, da zunehmend Betreiber von Hotels, Kliniken oder Pflegeheimen sich über die Gründung einer Fondsgesellschaft finanzieren.

7.4.3.3 Unterscheidung der Fonds nach der Anzahl der Objekte

In der Vergangenheit wurden in der Regel Immobilienfonds initiiert, die lediglich die Gelder in eine Immobilie investieren, die so genannten „One-Property-Fonds". Der Nachteil dieses Fondstyps ist die geringe Risikostreuung. Das Objekt ist auf einem bestimmten Mikro- und Makrostandort begrenzt. Auch ist die Anzahl der Mieter begrenzt. Um die Risikostreuung zu erhöhen, werden verstärkt Immobilienfonds, die mehrere Immobilien in ihrem Bestand haben, so genannte „Multi-Property-Fonds", platziert. Eine Erhöhung der Risikostreuung erfolgt durch die verschiedenen Standorte, durch die unterschiedliche Nutzungsart der Immobilie sowie durch die erhöhte Anzahl der Mieter.[50]

---

[49] Vgl. Opitz, G. (1998), S. 27 f. i. V. m. S. 41 f.
[50] Vgl. ebenda

Anlageimmobilie	Betreiberimmobilie
= Multifunktional nutzbare Immobilie	= Immobilie auf den Mieter zugeschnitten und/oder Miete vom Ertrag des Mieters abhängig
• Geringe Umbaukosten bei Mieterwechsel • Feste Vereinbarung über die Miethöhe • indexierter Mietvertrag möglich • Mietvertragsdauer: 5–15 Jahre mit Optionsmöglichkeiten	• hohe Umbaukosten bei Mieterwechsel • häufig Grundmiete plus vom Umsatz oder Ertrag abhängige Miete • Mietvertragsdauer: 10–30 Jahre
Investor: sucht den langfristig gesicherten Ertrag sowie Wertzuwachs	**Investor:** unternehmerisch ausgerichtet

Abb. VI 22: Anlage- versus Bertreiberimmobilie[51]

7.4.3.4 Fungibilität der Anteile

Möchte der Anleger seinen Gesellschaftsanteil vorzeitig veräußern, stehen ihm prinzipiell folgende Möglichkeiten zur Verfügung:

- der ausscheidende Gesellschafter überträgt seinen Gesellschaftsanteil vorzeitig entweder auf einen neu eintretenden oder auf einen der bisherigen Gesellschafter,
- die Gesellschafter beschließen, das Immobilienvermögen zu veräußern und anschließend die Gesellschaft zu liquidieren.

Die Liquidation erfolgt aufgrund des Beschlusses der Gesellschafterversammlung. Hierfür muss ein Mehrheitsbeschluss vorliegen, d.h. wenn 75% des investierten Kapitals zustimmt.

Es gibt Fonds, die im Gesellschaftsvertrag dem Anleger eine Kündigungsmöglichkeit bieten. Dies ist in den meisten Fällen aber erst nach dem Ablauf einer Frist von 10 Jahren möglich. Wie die Abfindungssumme ermittelt wird, ist je nach Fonds und Gesellschaftsvertrag unterschiedlich. In der Regel ermittelt sich der Preis auf der Grundlage eines Sachverständigen, der den Wert der Immobilie(n) am Ausscheidungsstichtag ermittelt. Der Nachteil, der sich daraus ergibt, ist, dass der Anleger meist die Kosten der Wertermittlung trägt.[52]

Einen offiziell organisierten oder institutionalisierten Zweitmarkt für Anteile an einem geschlossenen Immobilienfonds gibt es nicht. Das liegt zum einen darin, dass geschlossene Immobilienfonds eine langfristige Kapitalanlage darstellen und die Gesellschafter deshalb in der Regel an einer Veräußerung nicht interessiert sind, und zum anderen könnte es zu einer steuerlichen Aberken-

---

[51] Vgl. ebenda, S. 42
[52] Vgl. Tewes, D. (1996), S. 15

nung der steuerlichen Anfangsverluste kommen, insbesondere wenn dem Anleger nachgewiesen werden kann, dass er schon vor der Zeichnung des Anteilsscheins eine Veräußerung geplant hat. Das schließt jedoch nicht aus, dass einzelne Anleger ihre Beteiligung, z.B. aus einer finanziellen Notlage heraus, verkaufen möchten oder müssen. Die Preisbildung bei einer privaten Veräußerung erfolgt wie auf allen Märkten durch Angebot und Nachfrage. Da jedoch der Ersterwerber die ertragsteuerlichen Vorteile nutzen und der Zweiterwerber lediglich den linearen Abschreibungssatz in Anspruch nehmen kann, ist die Attraktivität der Fondsbeteiligungen nicht so hoch, was sich auf den Preis auswirken kann.[53]

7.4.3.5 Rendite

Ob eine Immobilieninvestition vorteilhaft für den Anleger ist, ergibt sich aus den resultierenden Einnahmen und Ausgaben. Die Einnahmeseite besteht aus Mieteinnahmen, Zinserträgen aus eventuellen Liquiditätsüberschüssen, Steuerrückzahlungen aufgrund negativer Einkünfte aus Vermietung und Verpachtung sowie dem Verkaufserlös. Die Ausgaben einer Immobilieninvestition bestehen aus den laufenden Objekt- und Fondskosten sowie den Ausgaben für die Fremdfinanzierung, d.h. Zinsen und Tilgung. Veränderte Zinssätze nach der Zinsfestschreibung von in der Regel fünf oder zehn Jahren sollte der Anleger mit einkalkulieren.

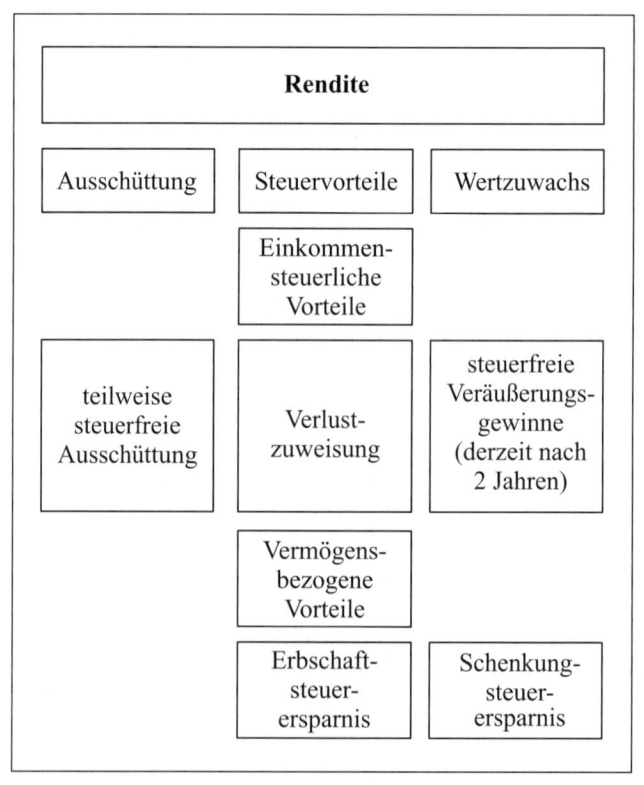

Abb. VI 23: Bestandteile einer Rendite[54]

---
[53] Vgl. Schulz, C. (1990), S.61
[54] Vgl. Loipfinger, S./Nickl, L./Richter, U. (1997), S.71

Um die Rentabilität der Immobilieninvestition zu bestimmen, müssen Annahmen über einen Verkaufserlös am Ende der Betrachtungsperiode gemacht werden. Entscheidend ist die Differenz von Veräußerungserlös und Restdarlehen. Da der Verkehrswert von Kapitalanlagen in der Regel nicht über das Sachwertverfahren, sondern über das Ertragswertverfahren ermittelt wird, kommt der Mietentwicklung große Bedeutung zu.

Bei der Internen-Zinsfuß-Methode müssen Annahmen über die Wiederanlage der Überschüsse und Finanzierungsmöglichkeiten der Unterdeckung gemacht werden. Hierbei soll jedoch nicht der interne Zinsfuß herangezogen werden, sondern ein höherer Kreditzinssatz und ein niedrigerer Anlagezinssatz. Die steuerliche Behandlung wird ebenso berücksichtigt.[55]

Es gibt eine Vielzahl von Bezeichnungen für Rentabilitätsbetrachtungen, wie z. B. Renditemethode, Return on Investment und Rentabilitätsvergleich. Dementsprechend uneinheitlich sind auch die Bezeichnungen für das Ergebnis: Wirtschaftlichkeitskennzahl, Rendite, interne Verzinsung, statische Rendite. Als Renditeberechnung für Investitionen mit ungleichen Zahlungsströmen hat sich die Methode des Internen Zinsfußes (englisch: Internal Rate of Return, IRR) durchgesetzt. Die Interne Zinsfußmethode ist ein Verfahren der dynamischen Investitionsrechnung, mit der die relative Vorteilhaftigkeit verschiedener Investitionsmöglichkeiten mit unterschiedlichen zeitlichen Strukturen von Ein- und Auszahlungen, jedoch identischen Betrachtungsperioden ermittelt wird. Bei der Internen Zinsfußmethode werden alle für den Anleger relevanten Zahlungsströme, Einzahlungen und Auszahlungen, sowie die Steuerwirkungen betrachtet und auf den Zeitpunkt des Kapitaleinsatzes diskontiert. Der Interne Zinsfuß ist der Zinsfuß, bei dessen Verwendung als Kalkulationszinsfuß der Kapitalwert (Barwert) der Investition genau Null ergibt. Bei der Berechnung des Internen Zinsfußes wird nur das jeweils noch gebundene Kapital berücksichtigt. Dieses gebundene Kapital ändert sich während der Laufzeit der Investition. Von daher erscheint es sinnvoll, in Verkaufsofferten das effektiv gebundene Kapital darzustellen, um jeden Anleger die Möglichkeit zu geben, nachzuvollziehen, auf welches Kapital sich der Interne Zinsfuß berechnet. Aus diesem Grund ist der Interne Zinsfuß nicht mit Renditen anderer Kapitalanlagen vergleichbar, bei denen das gebundene Kapital während der Laufzeit gleich bleibt. Damit ist der Interne Zinsfuß auch in gewisser Weise beeinflussbar, denn je weniger der Investor heute einzahlt bzw. je früher der Investor sein tatsächlich eingezahltes Kapital zurück erhält, umso höher ist der Interne Zinsfuß.[56]

Oft werden schon Renditeberechnungen der Initiatoren in den Prospekten ausgewiesen. Die Renditeberechnungen basieren weitgehend auf Prognosezahlen und Planwerten. Hierbei werden über einen Zeitraum von in der Regel zwanzig Jahren die Entwicklung der Einnahmen und Ausgaben unter bestimmten Voraussetzungen dargestellt. Dabei werden Parameter wie Inflationsrate, durchschnittliche Guthabenverzinsung, Zinsen für die Eigenkapital- und Fremdkapitalbeschaffung, Wertsteigerung, der Verkaufsfaktor sowie prognostizierte Instandhaltungskosten und Bewirtschaftungskosten der Rechnung zugrunde gelegt. Da diese Parameter Planwerte sind und folglich sich in einer bestimmten Spannweite befinden, können Prospekte der Initiatoren bei zu optimistischen Annahmen die Prognoserechnung künstlich verschönern. Die Folgen sind nicht haltbare Renditeerwartungen der Anleger. Ein Vergleich von Renditeprognosen verschiedener Immobilien oder verschiedener Fonds ist aufgrund der unterschiedlichen Annahmen fast unmöglich. Haftungsansprüche gegenüber dem Prospektherausgeber sind allerdings erst dann begründet, wenn im Prospekt mit falschen oder utopischen Renditeaussagen geworben wurde, für die es keine tragfähige Grundlage gibt. Entsprechendes gilt, wenn nicht realisierbare Mieten prospektiert werden. Vom Grundsatz her

---

[55] Vgl. Kurth, H./Grass, H.-G. (1990), S. 276 f.
[56] Vgl. Werner, T./Burghardt, R. (2006), S. 57

müssen Prognosekennzahlen deutlich machen, ob die Angaben zu den Finanzierungskonditionen auf einer festen Kreditzusage beruhen oder ob diese Zahlen lediglich anhand der bei der Prospektherstellung geltenden Marktbedingungen prospektiert sind.

Von erheblicher Bedeutung sind weiterhin die steuerlichen Angaben im Prospekt, welche eng mit den Renditeaussagen verknüpft sind. Die steuerlichen Aussagen müssen richtig sein und die Rechtslage bei Prospekterstellung zutreffend wiedergeben.

Um das Risiko des Anlegers zu minimieren, empfiehlt sich, im Rahmen einer Sensitivitätsanalyse unterschiedliche Annahmen bei folgenden Daten zu treffen:

- Höhe der Mieteinnahmen,
- Zinssätze für Darlehen,
- Fondskosten,
- Veräußerungserlös des Objekts oder Fondsanteils,
- die Einkommensentwicklung des Anlegers,
- Höhe der Werbungskosten und
- Währungskurse bei Fremdwährungen.

Die Berechnungen zeigen dem Kapitalanleger, wie sensibel die einzelnen Parameteränderungen auf die Rendite reagieren.[57]

7.4.3.6 Sicherheit

Die Beteiligung an einem geschlossenen Immobilienfonds ist eine Sachwertinvestition, d.h. sie ist, je nach Gegebenheiten, relativ gut inflationsgeschützt. Ein Grund hierfür liegt z.B. in der Wertsteigerung von Immobilien. Da Grund und Boden nicht vermehrbar ist und die Wiederher-

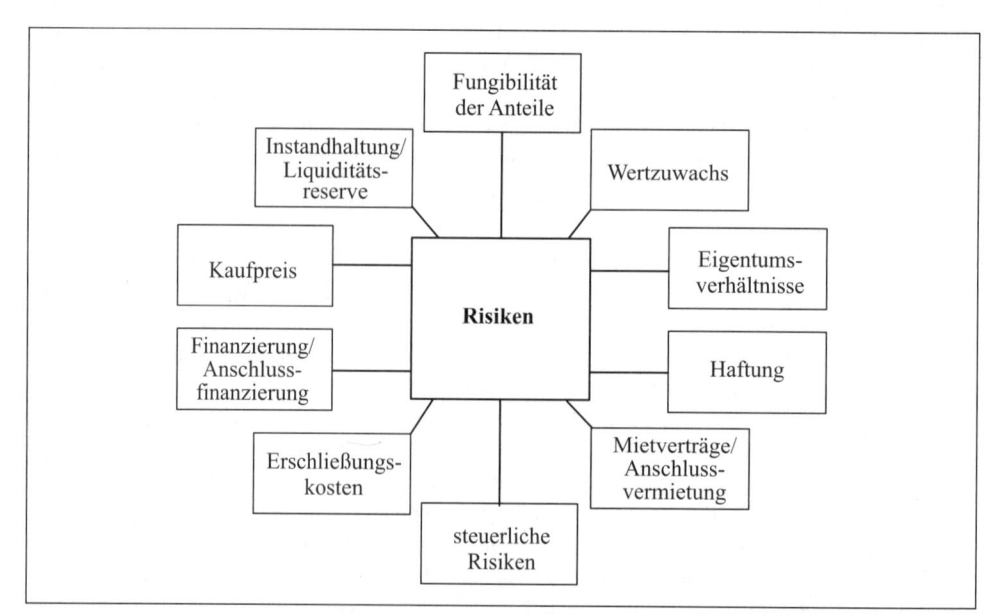

Abb. VI 24: Risiken einer Beteiligung an einem geschlossenen Immobilienfonds[58]

---

[57] Vgl. Kurth, H./Grass, H.-G. (1990), S. 285
[58] Vgl. Loipfinger, S./Nickl, L./Richter, U. (1997), S. 86

stellungskosten von Immobilien steigen, besteht eine hohe Nachfrage von Investoren. Ein weiterer Grund für den Inflationsschutz ist die Indexierung von Mietverträgen im gewerblichen Bereich.

In puncto Sicherheit eines geschlossenen Immobilienfonds ist das Fondsmanagement sehr wichtig. Es muss sich um ein erfahrenes Management handeln, um eine langfristig rentable Planung der gesamten Konstruktion zu gewährleisten. Dieses beginnt mit den Baukosten, der Bauplanung, der Vermietung und der Platzierung des Fonds und endet mit der laufenden Betreuung, der Zweitmarktpflege und der Endabwicklung des gesamten Fonds.

Besonders wichtig ist die Erfahrung des Fondsmanagements bei der Bewältigung unvorhersehbarer und überraschend auftretender Probleme, wie z. B. ein plötzlicher Mieterausfall oder im Verlauf auftretende Baumängel.

Auch die Wiederveräußerbarkeit stellt für den Fondsanleger verständlicherweise ein wichtiges Kriterium von Sicherheit dar. Möchte der Anleger seine Fondsanteile veräußern, ist die Zweitmarktpflege der Fondsgesellschaft von entscheidender Bedeutung. Hier spielt besonders die Erfahrung und Seriosität der Gesellschaft eine wichtige Rolle.[59]

7.5 Der offene Immobilienfonds

7.5.1 Rechtsform und gesetzlicher Handlungsrahmen

Der offene Immobilienfonds besteht aus der so genannten Kapitalanlagegesellschaft (KAG) und einem Sondervermögen. Das von den Anlegern investierte Kapital wird in das so genannte Sondervermögen, das von der Kapitalanlagegesellschaft verwaltet wird, eingebracht. Dieses ist gemäß § 30 Abs. 1 InvG getrennt von dem Vermögen der Kapitalanlagegesellschaft zu führen.

Die Kapitalanlagegesellschaft (Abkürzung: KAG) bzw. Investmentgesellschaft findet ihre Regelungen in den §§ 6–19 des Investmentgesetzes (InvG). § 2 Abs. 6 InvG bezeichnet diese als Kreditinstitut. Somit unterliegt die KAG als Spezialkreditinstitut der Aufsicht und der Kontrolle der am 1. Mai 2002 gegründeten Bundesanstalt für Finanzdienstleistungsaufsicht (BaFin). Des Weiteren gehört zu dem Zuständigkeitsbereich der BaFin die Erteilung der schriftlichen Legitimation der Geschäftsaufnahme der KAG. Die KAG kann lediglich unter der Rechtsform der Aktiengesellschaft (AG) oder der Gesellschaft mit beschränkter Haftung (GmbH) firmieren. Zur Gewährleistung der Kontrolle der KAG, muss nach § 6 Abs. 2 InvG auch bei der Gründung als GmbH ein Aufsichtsrat mit den Rechten und Pflichten einer Aktiengesellschaft gebildet werden. Die Verwaltung des Sondervermögens, wozu der An- bzw. Verkauf und die Entwicklung der Immobilien, aber auch das gesamte Immobilienmanagement gehört, wird von der KAG treuhänderisch durchgeführt. Dabei können einzelne Aufgabengebiete an Dienstleister ausgelagert werden. Bei allen Aktivitäten muss durch die KAG die Verhaltensregeln und Organisationsgrundsätze des Investmentgesetzes eingehalten werden. Diese umfassen sowohl die Verwaltung des Sondervermögens mit der Sorgfalt eines ordentlichen Kaufmanns für die gemeinschaftliche Rechnung der Anleger als auch die Ausübung aller Tätigkeiten mit gebotener Sachkompetenz, Sorgfalt und Gewissenhaftigkeit im ausschließlichen Interesse der Anleger.

Für die Überwachung des Grundstücksbestandes, der Liquiditätsreserve sowie der Ausgabe und der Rücknahme der Anteilscheine ist die Depotbank zuständig. Die von der KAG beauftragte Depotbank muss ein anderes, von der KAG unabhängiges Kreditinstitut sein (§ 22 Abs. 1 InvG) sein.

---

[59] Vgl. ebenda, S. 69 f.

Die primären Aufgaben der Depotbank bestehen aus der Ausgabe und Rücknahme der Anteilscheine, der Abwicklung des gesamten Zahlungsverkehrs des Sondervermögens, der Verwahrung der Wertpapiere und Bankguthaben des Sondervermögens, sowie der Überwachung des Immobilienbestandes, der Beteiligungen an Immobilien-Gesellschaften und der weiteren nicht verwahrfähigen Vermögensgegenstände. Die Abwicklung des Zahlungsverkehrs erfolgt gemäß § 25 InvG über speziell für das Sondervermögen bei der Depotbank eingerichtete, gesperrte Konten.

Offene Immobilienfonds haben die Möglichkeit, Immobilienvermögen direkt als Liegenschaft oder indirekt als Anteil an einer Immobilien-Gesellschaft zu erwerben. Eine Vielzahl von rechtlichen Bestimmungen regeln diese Investitionsmöglichkeiten und die damit verbundenen Regelungen unter Berücksichtigung des Anlegerschutzes.

Immobilien-Sondervermögen können sein:

- Geschäfts- und Mietwohngrundstücke und gemischt genutzte Grundstücke;
- Grundstücke im Zustand der Bebauung, wenn die Aufwendungen nicht mehr als 20 % des Wertes des Sondervermögens übersteigen;
- unbebaute Grundstücke, wenn der Gesamtwert von unbebauten Grundstücken nicht 20 % des Wertes des Sondervermögens überschreitet;
- Erbbaurechte unter den Voraussetzungen des § 67 InvG.

Zusätzlich dazu können für Immobilien-Sondervermögen seit der Einführung des 4. Finanzmarktförderungsgesetzes auch außerhalb des Europäischen Wirtschaftsraums Immobilien erworben werden. Dabei dürfen jedoch maximal 30 % des Immobilien-Sondervermögens einem ungesicherten Währungsrisiko ausgesetzt sein. Der Gesamtwert aller Immobilien, deren einzelner Wert 10 Prozent des Sondervermögens übersteigt, darf maximal 50 % des Sondervermögens betragen, um eine sinnvolle Risikostreuung zu gewährleisten. Neuinvestitionen dürfen 15 % des Wertes des Sondervermögens nicht überschreiten. Weiterhin dürfen Offene Immobilienfonds indirekten Immobilienbesitz über Immobilien-Gesellschaften, so genannte Objekt-Gesellschaften, bis zu einer Grenze von 49 % des Sondervermögens erwerben. Auch Minderheitsbeteiligungen und Joint Ventures sind bis zu einer Höhe von 20 % des Sondervermögens erlaubt (§ 68 InvG). Der Liquiditätsanteil, der über die Mindestliquiditätsgrenze hinausgeht, kann bis zu 5 % des Sondervermögens in Aktien und festverzinslichen Wertpapieren investiert werden.

Die liquiditätsseitigen Anlagevorgaben sehen eine Mindestliquiditätsgrenze von 5 % (§ 80 InvG) und eine Höchstliquiditätsgrenze von 49 % (§ 80 InvG) des Sondervermögens vor. Die Mindestliquiditätsreserve dient dem Schutz des Anlegers. Die gesetzlich vorgeschriebene Höchstliquiditätsgrenze von 49 % gilt nur für Sondervermögen, deren Auflegung länger als vier Jahre zurückliegt (§ 74 InvG). Hingegen können neu aufgelegte Fonds höhere Liquiditätsquoten besitzen, um ohne zeitlichen Druck geeignete Immobilien zu akquirieren.

Die Kapitalanlagegesellschaft hat einen aus mindestens drei Mitgliedern bestehenden Sachverständigenausschuss zu bestellen, der für die Bewertung der Vermögenszustände zuständig ist. Die Kapitalanlagegesellschaft hat in Vermögensaufstellungen den Bestand der zum Sondervermögen gehörenden Grundstücke und sonstigen Vermögensgegenstände unter Angabe von Grundstücksgröße, Art und Lage, Bau- und Erwerbsjahr, Gebäudenutzfläche, Verkehrswert und sonstige wesentliche Merkmale aufzuführen. Mindestens einmal im Jahr ist der Wert des Anteils an dem Sondervermögen sowie der Ausgaben- und Rücknahmepreis eines Anteilscheines zu ermitteln.[60]

---

[60] Vgl. Opitz, G. (1998), S. 177

Die Bewertung der Immobilien hat einmal pro Fondsgeschäftsjahr zu erfolgen. Da die Verkehrswerte und somit auch die Verkehrswertänderungen bilanziell abgebildet werden, beeinflussen sie erheblich die Anteilswertermittlung. Weiterhin müssen alle Objekte vor ihrem An- bzw. Verkauf vom Sachverständigenausschuss begutachtet werden. Der dadurch ermittelte Verkehrswert dient als Richtwert für den späteren Kauf bzw. Verkaufspreis. Dabei darf es zwischen dem kalkulierten Wert und dem tatsächlichen Preis nicht zu wesentlichen Abweichungen zu Ungunsten des Anlegers kommen.

7.5.2 Wirtschaftliche Charakteristik

7.5.2.1 Anlagestrategie

Ziel jedes offenen Immobilienfonds ist, das Risiko für den Anleger so gering wie möglich zu halten. Kernpunkt der Anlagestrategie ist daher die Risikostreuung. Eine Risikostreuung wird dadurch erzielt, indem das Portfolio sich aus verschiedenen Anlagen zusammensetzt, die sich in ihrer Wertentwicklung unabhängig voneinander entwickeln. Dies wird durch den so genannten Korrelationskoeffizienten k ausgedrückt. Der Korrelationskoeffizient k wird auf einer Skala von −1 bis +1 gemessen. Wenn sich die einzelnen Anlageformen gleichförmig entwickeln, liegt der Korrelationskoeffizient im positiven Bereich. Bei einer vollständigen Übereinstimmung liegt er bei +1. Während bei einer vollständig gegenläufigen Wertentwicklung der Anlagen sich ein Wert von −1 ergibt. Es ist somit sinnvoll, in einem Portfolio Anlagen mit negativer, also gegenläufiger Korrelation zu kombinieren. Dadurch werden Wertschwankungen der einzelnen Anlagen ausgeglichen und das Risiko deutlich reduziert.[61]

Eine Risikostreuung bei offenen Immobilienfonds wird dadurch erzielt, dass

- Investitionen an verschiedenen Standorten getätigt werden,
- die verschiedenen Investitionen unterschiedlich hoch sind,
- in Immobilien mit verschiedenen Nutzungsarten investiert wird und
- eine langfristige Ertrags- und Wertsteigerung angestrebt wird.

Eine räumliche Risikostreuung geschieht durch Investitionen in verschiedenen Staaten, in verschiedenen Regionen dieser Staaten und dort wiederum an verschiedenen Standorten. Schwerpunktmäßig konzentrieren sich die Fonds dabei auf die wirtschaftlichen Ballungsräume der Großstädte.

In Bezug zu unterschiedlichen Nutzungsarten wird vor allem in Wohnungen und Gewerbeimmobilien investiert. Letzteres sind Bürogebäude, gemischt genutzte Objekte mit Büro- und Einzelhandelsflächen, Gewerbeparks mit Büro-, Lager- und Serviceflächen sowie Einkaufszentren. Hotels sind aufgrund der schwierigen Drittverwendungsmöglichkeit und der damit verbundenen Risikoerhöhung nur eingeschränkt von Interesse. Aus dem gleichen Grund werden Spezialimmobilien, wie beispielsweise Freizeitparks oder Industrieanlagen, weitgehend gemieden.

Bei der Ertrags- und Wertsteigerung ist die Optimierung der Mieterstruktur ein wesentlicher Faktor. Dabei sind langfristige Mietverträge mit bonitätsstarken Mietern genauso wichtig wie die Ausgestaltung der Mietverträge hinsichtlich Indexierung, Regelung der Betriebsnebenkosten, Flächenaufmaß usw. Auch ein weit gestreuter Branchenmix der Mieter ist von Bedeutung. Darüber hinaus müssen noch volkswirtschaftliche Rahmendaten, wie die Entwicklung des Sozialproduktes, der Beschäftigung und des Preis- und Zinsniveaus, beachtet werden. Auch kommen noch immobilienspezifische Faktoren, wie Marktenge, regionale Infrastruktur, Flächenbestand, Flächenneuzugänge

---

[61] Vgl. Wöhe, G. (2010), S. 680f.

oder Leerstände, hinzu. Neben der Standortqualität und deren Entwicklungsperspektive haben noch die Bauqualität und die Qualität der Gebäudeausstattung einen entscheidenden Einfluss auf die Wertsteigerung einer Immobilie.

7.5.2.2 Transparenz

Die Kapitalanlagegesellschaft ist gesetzlich verpflichtet, Monats-, Quartals-, Halbjahres- und Jahresabschlüsse zu erstellen, um den Anlegern Aufschluss über die Vermögenslage des Fonds zu geben. Das Fondsvermögen besteht dabei aus dem Finanzvermögen und dem Sachvermögen, das sich aus den bebauten und unbebauten Grundstücken zusammensetzt.

Das Finanzvermögen ergibt sich aus dem Kursverlauf der Wertpapiere zuzüglich der Bankguthaben sowie den Forderungen und sonstigen Rechte, die mit ihrem Zeitwert angesetzt werden. Von dieser Summe werden dann Kredite und andere Verbindlichkeiten abgezogen.

Im Gegensatz zu den Wertpapieren ist die Preisfindung bei Immobilien weitaus schwieriger. Zum einen finden zu wenige Transaktionen statt, aus denen sich täglich durch Angebot und Nachfrage ein neuer Preis ermitteln lässt, zum anderen ist der Immobilienmarkt heterogen, d. h. keine Immobilie gleicht der anderen.

Aufgrund dieser Problematik erfolgt eine jährliche Bewertung der Grundstücke durch einen Sachverständigenausschuss, der von der jeweiligen Kapitalanlagegesellschaft bestellt wird. Dieser Ausschuss muss aus mindestens drei Mitgliedern bestehen. Es muss sich dabei um unabhängige, seriöse und fachlich kompetente Experten mit langjähriger Erfahrung auf dem Gebiet der Bewertung von Grundstücken handeln. Üblicherweise erfolgt die Bewertung der bebauten und unbebauten Grundstücke nach dem Ertragswertverfahren. Bei Auslandsimmobilien werden die Verkehrswerte, die in ausländischer Währung lauten, in den letzten amtlich festgelegten Devisenmittelkurs (Vortagekurs) umgerechnet.

Die Kapitalanlagegesellschaft ist nicht nur dazu verpflichtet, den bloßen Grundstückswert auszuweisen, sondern sie muss vielmehr Grundstücksgröße, Art und Lage, Bau- und Erwerbsjahr, Gebäudenutzfläche und alle sonstigen wesentlichen Merkmale des Grundstücks in den Halbjahres- und Jahresberichten aufführen. Zusätzlich zu den gesetzlichen Vorschriften haben viele offene Immobilienfonds die Rechenschaftsberichte um Mietvertragslaufzeiten und Nutzungsklassen ergänzt.

7.5.2.3 Fungibilität der Anteilscheine

Eine grundlegende Eigenschaft des offenen Immobilienfonds ist die unbegrenzte bzw. offene Gestaltung des Immobilien-Sondervermögens. Das bedeutet, dass weder das Fondsvolumen, noch die Objekt- und Anlegeranzahl beschränkt sind. Zudem haben die Investoren jederzeit das Recht, ihre Anteile zum aktuellen Anteilwert, dem so genannten Inventarwert, anzudienen.

In Ausnahmefällen kann diese Rücknahme der Anteil ausgesetzt werden. Diese Ausnahmefälle können Liquiditätsprobleme des Sondervermögens darstellen. § 81 InvG konkretisiert diesen Sachverhalt und definiert Vorschriften zu der weiteren Vorgehensweise bei Eintreten eines solchen Ausnahmefalles. Demnach sind Vermögensgegenstände des Sondervermögens zu angemessenen Bedingungen zu veräußern, wenn nach Ablauf der in den Vertragsbedingungen festgesetzten Frist eine Rücknahme der Anteile aus Liquiditätsgründen nicht möglich erscheint. Der dafür zur Verfügung stehende Zeitraum beträgt ein Jahr ab Vorlage des Anteils zur Rücknahme. Diese Jahresfrist kann auf maximal zwei Jahre ausgedehnt werden.

Im Gegensatz zu Aktien und festverzinslichen Wertpapieren sind die Investmentanteile nicht börsennotiert. Dies hat zur Folge, dass dem Anleger die Möglichkeit genommen wird, an einer offiziellen Börse seine Anteilscheine an potentielle Käufer zu veräußern.

7.5.2.4 Aufgaben des Fondsmanagement

Die wichtigsten Aufgaben des Fondsmanagements sind die Objektanalyse, die Akquisition bzw. der Verkauf der Immobilien. Die Objekte werden dabei auf der Grundlage ihrer langfristigen Wertentwicklung und unter dem Aspekt der Risikostreuung bewertet. Wesentliche Faktoren, nach denen die Liegenschaften überprüft werden, sind Lage, Bauqualität, Entwicklungspotential sowie Drittverwendungsmöglichkeit.

Um eine langfristige Wertentwicklung der Immobilie zu erreichen, führen die Fondsgesellschaften in letzter Zeit in verstärktem Maße die Eigenentwicklung von Bauprojekten durch. Das Fondsmanagement will dadurch eine erhöhte Bauqualität, eine verbesserte Innenausstattung sowie eine flexiblere Aufteilbarkeit der Mietflächen sicherstellen. Das Problem ist jedoch, dass eine optimale Planung und Durchführung von Projektentwicklungen aufgrund der nicht im Voraus abschätzbaren Schwankungen im Mittelaufkommen wesentlich erschwert wird.[62]

Eine weitere Aufgabe des Fondsmanagements ist die Bestandsentwicklung. Hier werden die Immobilien ständig überprüft, ob sie den gewandelten Ansprüchen und Erfordernissen des Marktes noch entsprechen. Ist dies nicht mehr gegeben, werden die Immobilien in der Regel verkauft. Der Erlös wird dann in Neuakquisitionen investiert. Verspricht ein Standort jedoch Entwicklungspotential, wird das Gebäude nicht verkauft, sondern durch umfassende Modernisierungs- und Sanierungsmaßnahmen erneuert. Das wesentliche Ziel der Bestandsentwicklung liegt darin, eine langfristige Wertsteigerung der Immobilien im Fonds zu gewährleisten.[63]

Neben der Bestandsentwicklung trägt das Vermietungsmanagement und das Facility Management wesentlich zur Ertragssicherung und -steigerung des Immobilienfonds bei. Die Hauptaufgabe des Vermietungsmanagements liegt darin, die Bedürfnisse des Mieters richtig einzuschätzen und dadurch den Mieter langfristig zu binden. Dabei sind die Mietinteressen, insbesondere bei Bestandsentwicklungen oder Neubauprojekten, hinreichend zu berücksichtigen. Das Facility Management umfasst die laufende kaufmännische, technische und infrastrukturelle Verwaltung der Immobilien. Das Ziel liegt ebenfalls darin, den Mieter zufrieden zu stellen und langfristig zu binden.

Das Fondscontrolling hat die Aufgabe, Mehrjahresplanungen und Prognosen zu erstellen sowie Soll-Ist-Vergleiche durchzuführen. Das Management will so die Ertrags- und Kostenblöcke steuern und optimieren. Mit Hilfe der Vergangenheitsdaten des Controllings ist es dem Fondsmanagement weiterhin möglich, eine attraktive Marktbeobachtung zu betreiben, um so möglichen Fondsentwicklungen besser entgegenzuwirken.

Schließlich ist für jeden Fonds eine funktionierende Liquiditätssteuerung unverzichtbar. Dies ist die Aufgabe des Liquiditätsmanagement. Zu diesen Aufgaben gehören u. a. die Deckung der laufenden Kosten, die Gewährleistung von Rücknahmeverpflichtungen sowie die Sicherstellung der Finanzierung von Immobilieneinkäufen und Neubauten.

---

[62] Vgl. Wonhas, P. (1994), S. 50
[63] Vgl. Kutscher, R. (1997), S. 214

7.5.3 Die Bewertung des Fondsvermögens

7.5.3.1 Die Bewertung des Grundvermögens und des sonstigen Vermögens

Um das Fondsvermögen zu ermitteln, ist eine Bewertung des Grundvermögens und des sonstigen Vermögens durchzuführen. Das sonstige Vermögen ermittelt sich aufgrund der jeweiligen Kurswerte, der Wertpapiere sowie Bankguthaben und Forderungen. Es wird dann um aufgenommene Kredite und Verbindlichkeiten gekürzt. Die Wertermittlungen der Immobilien des Sondervermögens werden nach den Vorgaben des Investmentgesetzes, des Baugesetzes, der Verordnung über die Grundsätze für die Ermittlung der Verkehrswerte von Grundstücken (ImmowertV) und der Richtlinie für die Ermittlung der Verkehrswerte von Grundstücken (WertR) durchgeführt. Dabei wird dem Sachverständigenausschuss jedoch keines der drei normierten deutschen Wertermittlungsverfahren vorgeschrieben.

7.5.3.2 Die Bewertung des einzelnen Anteilscheins

Die Anteilwertermittlung erfolgt durch die Berechnung des Inventarwertes. Dieser lässt sich durch die Addition der Wertansätze der einzelnen Vermögensgegenstände des Sondervermögens abzüglich aller Verbindlichkeiten und Rückstellungen des Sondervermögens ermitteln. Wird der Inventarwert durch die Anzahl der ausgegebenen Anteilscheine geteilt, ergibt sich der Anteilwert eines einzelnen Anteils. Dieser ist entweder von der Depotbank unter Mitwirkung der KAG oder durch die KAG selbst börsentäglich zu ermitteln. Diese börsentägliche Anteilwertermittlung ist unter dem Aspekt, dass Anteilscheine bei dem offenen Immobilienfonds fortwährend erworben und zurückgegeben werden können, notwendig, da das Sondervermögen durch die täglichen Wertschwankungen der liquiden Mittel dauerhaften Veränderungen ausgesetzt ist. Der Wert ist maßgeblich für den Rücknahmepreis des Anteils. Der Ausgabepreis ergibt sich aber erst nach Abzug der Ausgabekosten bzw. dem Ausgabeaufschlag, der bei 5 bis 5,5 % liegt.

Die Ausgabe- und Rücknahmepreise werden börsentäglich in den Tages- und Wirtschaftszeitungen veröffentlicht.

VII. Strukturierte Instrumente und Real Estate Investment Banking

1 Grundlagen und Historie des Investment Banking

1.1 Begriffsbestimmung

1.1.1 Investment Banking

Die Finanzwelt kennt unterschiedliche Definitionen des Investment Banking. Dem Investment Banking werden kapitalmarktbezogene Aktivitäten zugerechnet, bei denen im Gegensatz zum kommerziellen Bankgeschäft die Erzielung von Provisionserträgen im Vordergrund steht. Hierzu gehören beispielsweise die Emission und Platzierung von Wertpapieren am Primärmarkt sowie der Handel am Sekundärmarkt.[1] Eine eindeutige Definition des Begriffs „Investment Banking" ist, vor dem Hintergrund der vielfältigen Rahmenbedingungen in den verschiedenen Ländern, jedoch schwierig. Es ist wichtig, dass die Investmentbanken nach Art ihrer Tätigkeit voneinander abgegrenzt werden. So orientiert sich die weiteste Definition an den tatsächlichen Geschäftstätigkeiten der wichtigsten Finanzinstitute an der Wall Street. Es wird die vielfach geäußerte Meinung verfolgt: „Investment Banking is what Investment Banks do".[2] Ein Einblick in die Tätigkeiten von einzelnen Investment Banken wird so weitgehend ermöglicht. Folglich können diese Tätigkeiten als ein Bündel maßgeschneiderter und kreativer Finanzdienstleistungen unter Ausnützung der Vorteile nationaler und internationaler Kapitalmärkte[3] beschrieben werden. Zu den wichtigsten Geschäftsfeldern einer Investmentbank zählen unter anderem *Mergers & Acquisition, Corporate Finance, Structured Finance, Capital Markets, Sales & Trading, Asset Management* sowie *Principal Investment*.

Kunden:	*Instrumente:*
• *Industrieunternehmen*	• *Immobilien*
• *Finanzdienstleister*	• *Warengeschäfte*
• *Öffentliche Organisationen*	• *Währungen*
• *Institutionelle Investoren*	• *Derivative*
• *Wohlhabende Einzelpersonen*	• *Fremdkapital*
• *Kleinkunden*	• *Mezzanine*
• *Tätigkeit auf eigene Rechnung*	• *Eigenkapital*

Abb. VII 1: Finanzierungsinstrumente

---

[1] Vgl. Walter, B. (2000), S. 8
[2] Vgl. Achleitner, A.-K. (2000), S. 9
[3] Vgl. Bühler, W. (1989), S. 11

Das entscheidende Kriterium des Investment Banking ist die Eigenheit, dass Investment Banking nicht dauerhaft in Risiken investiert, sondern für alle Investments eine Exitstrategie mitliefert.

1.1.2 Abgrenzung Commercial Banking

Das Commercial Banking unterscheidet sich vom Investment Banking in einigen Punkten. Als mögliche Abgrenzung wird das Tätigkeitsfeld der Investmentbanken im engeren Sinne betrachtet. Hierzu soll Abb. VII 2 zur genaueren Erläuterung dienen.

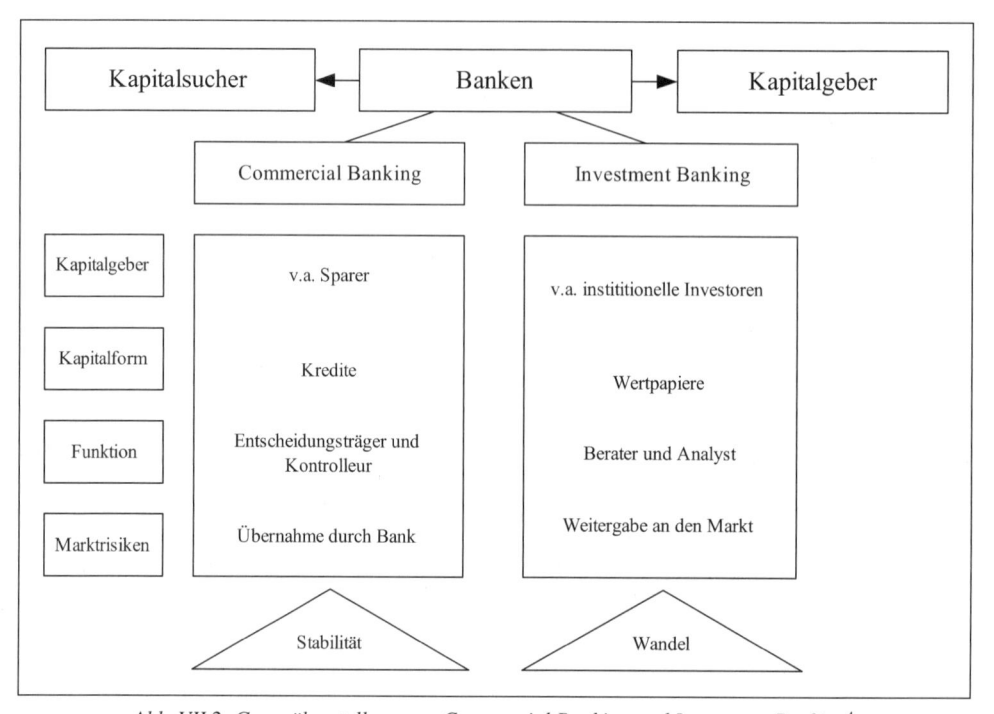

	Commercial Banking	Investment Banking
Kapitalgeber	v.a. Sparer	v.a. institutionelle Investoren
Kapitalform	Kredite	Wertpapiere
Funktion	Entscheidungsträger und Kontrolleur	Berater und Analyst
Marktrisiken	Übernahme durch Bank	Weitergabe an den Markt
	Stabilität	Wandel

Abb. VII 2: Gegenüberstellung von Commercial Banking und Investment Banking[4]

Aus dieser Darstellung lässt sich erkennen, dass die Kapitalgeber bei Commercialbanken überwiegend Sparer sind, die ihr Kapital bei Banken anlegen und dadurch Ansprüche erwerben. Als Kapitalform dienen der Kredit sowie die Einlage. Investmentbanken betreiben hingegen das Wertpapiergeschäft. Sie sind an institutionellen Investoren interessiert, die über ein hohes Transaktionsvolumen. verfügen. Ihr Geschäftsfeld sehen die Investmentbanken hauptsächlich auf den Kapitalmärkten, auf denen sie mit verbrieften Forderungen handeln. Ein weiterer Unterschied ist in der Risikoübernahme zu sehen. Commercialbanken nehmen bei der Kreditvergabe ein langfristiges Risiko in Kauf. Immobilien werden als langfristige Investition betrachtet wodurch die Kreditverträge meistens über einen längeren Zeitraum abgeschlossen werden. Investmentbanken übernehmen hingegen nur sehr kurzzeitig Risiken und sind darauf bedacht, Risiken zu beschränken. So verkürzen sie die Bestandsdauer von Immobilien auf etwa sechs bis sieben Jahre und machen

---

[4] Vgl. Achleitner, A.-K. (2000), S. 11

dadurch eine Immobilie „mobil". Das Investitionsverhalten vieler Investoren hat sich von der traditionellen „Buy-and-hold-Strategie" losgelöst und hinsichtlich der Kapitalmarkrenditen zu einem aktiven Portfoliomanagement mit einer mittelfristigen „Buy-and-sell-Strategie" gewandelt.

1.1.3 Universalbankensystem

Bei einem Universalbankensystem sind die Kreditinstitute unbeschränkt in der Zusammenstellung von Finanzprodukten. Das bedeutet, dass von einem Kreditinstitut sowohl das Einlagen- bzw. Kreditgeschäft als auch das Wertpapiergeschäft betrieben werden kann. Das Universalbankensystem spiegelt eine umfassende Breite des aktuellen Finanzdienstleistungsmarktes wieder. Investoren ist es mit dieser Art eines Hausbank-Konzeptes möglich, alle Finanzdienstleistungen über eine Bank zu realisieren. Damit bieten sich für Investoren und auch für die Universalbank Vorteile in Form von Cross Selling Effekten und der Gestaltung von individuellen Konditionsmodellen auf der Basis einer langjährigen Zusammenarbeit.

1.1.4 Trennbankensystem

Dem hierzulande bekannten Universalbankensystem stand bis vor kurzem noch das vor allem in Amerika verbreitete Trennbankensystem gegenüber. Dabei gibt es, im Gegensatz zum Universalbankensystem, eine klare Grenze zwischen dem Einlagen- bzw. Kreditgeschäft und dem Wertpapiergeschäft. Diese Trennung wurde in dem Glass Steagall Act von 1933 definiert. In Verbindung mit dem McFadden Act von 1927 und dem Bank Holding Act von 1956 und 1999 entstand in den USA ein detailliertes Abgrenzungswerk für Finanzdienstleister. In den letzten Jahren hat sich jedoch eine zunehmende Aufweichung, viel mehr noch eine Abschaffung dieser Regelungen eingestellt.

1.1.5 Investmentbanken

Investmentbanken sind für das Wertpapiergeschäft zuständig. Kapitalgeber sind institutionelle Investoren und vermögende Privatpersonen. Investmentbanken fungieren als Analysten und Berater und geben das Risiko an den Markt weiter. Geschäftsfelder im Investment Banking sind M & A, Corporate Finance/Restructuring, Structured Finance, Capital Markets, Sales & Trading, Asset Management und Principal Investment, die oftmals ineinander übergreifen.

1.1.6 Historische Entwicklung Investment Banking

1.1.6.1 Ursprünge

Die Ursprünge des Investment Banking liegen in der Banktätigkeit als Nebenprodukt des Handels schon im 12. Jahrhundert und waren auf den Mittelmeerraum, vorrangig Venedig, Genua und Florenz, konzentriert. Im internationalen Handel z. B. mit Peking traten zwei bis heute unveränderte Probleme im Zusammenhang mit Investitionen auf. Der Kapitalgeber musste die gesamte Ware mit sicherem und verfügbarem Vermögen in Erwartung eines höheren und zugleich unsicheren, in der Zukunft liegenden Zahlungsversprechens, vorfinanzieren. Der Kapitalgeber trug dabei ein enormes Ausfallrisiko, da die Ware z. B. auf den langen Reisen durch Unfälle abhandenkommen, geraubt werden konnte oder Absatzschwierigkeiten auftreten konnten. Wurde die Ware erfolgreich abgesetzt, so verfügte der Kapitalgeber bei überregionalem Handel über Fremdwährungen, deren Tausch ebenfalls mit Risiko behaftet war. Durch die Zunahme des Handels in Zentraleuropa gewannen im 15. Jahrhundert die alten Kaufmannshäuser, z. B. die Medici in Florenz oder die Fugger in Augsburg, welche Handel und Bankgeschäfte gemeinsam betrieben, immer mehr an Bedeutung. Mit dem voranschreitenden Wachstum des kontinentalen Handels und der Zunahme des Seehandels verschob sich das Zentrum des Handels an die Küste der Niederlande. Mit Erschließung der neuen Welt und dem Ausbau der Seehandelswege nach Amerika und Indien lösten im späten 15. und zu Beginn des 16. Jahrhunderts die Städte Antwerpen und Amsterdam die bis dahin zentralen Handels-, Börsen- und Finanzplätze ab. Neben der Nachfrage nach Handelskrediten und Sorten wurden zunehmend auch praktikable länderübergreifende Geldtransaktionen, Wechsel, einfache Termingeschäfte, verbriefte Forderungen und Schuldurkunden gehandelt. Die Geldhäuser erfüllten folglich neben der Handelsfinanzierung auch die Funktion einer Art Staatsfinanzierung.

1.1.6.2 Erste Kapitalmärkte

Zu Beginn des 17. Jahrhunderts war es einzelnen Banken mit begrenzter Kapazität nicht mehr möglich, den dauerhaften Finanzierungsbedarf zu decken, so dass sich erste Finanzmärkte entwickelten. Dabei wurden standardisierte Finanztitel an eine beliebige Anzahl verschiedener Investoren verkauft, welche diese Ansprüche untereinander weiterveräußern konnten. So entstand in Amsterdam 1602 der erste organisierte Markt zum Handel von Finanzinstrumenten. Mit der Gründung der Amsterdamer Börse im Jahr 1611 entwickelte sich der erste standardisierte Kapitalmarkt mit Preisbildung durch Angebot und Nachfrage, unter anderem im Terminhandel mit Optionen und Futures.

Der erste große Börsencrash folgte im Februar 1637, ausgelöst durch die so genannte Tulpenzwiebel-Manie. Die nächste größere Überhitzung erfolgte in London. In dieser Phase der Aktienspekulation um die Jahre 1711 bis 1720 entwickelte sich erstmalig der Aktienkauf auf Marge. Trotz der negativen Begleiterscheinungen der Spekulationsphase etablierte sich bereits um 1780 ein Markt für öffentliche Anleihen. Gegen Ende des 18. Jahrhunderts traten Banken vermehrt als Intermediäre zwischen Kapitalnachfrage und Kapitalangebot auf, indem sie Staatstitel mit dem Ziel erwarben, diese an Privatpersonen zu veräußern. Die direkte Abnehmerbeziehung zwischen ehemals ausschließlich wohlhabenden Bürgern und dem Staat wurde durch das zunehmende Auftreten der Banken als Finanzintermediäre und durch die Bildung erster Syndikate sukzessive abgebaut. Mit der Etablierung der Syndikate gewannen die Finanzierungshäuser an Macht. Die Finanzierungshäuser agierten als Intermediäre. Damit waren Privatanleger und der kapitalnachfragende Staat von den Intermediären abhängig. In Kontinentaleuropa dominierten die Finanzierungshäuser, die kein eigenes Risiko eingingen und die Titel lediglich bilanzunwirksam handelten. Die Finanzierung erfolgte in der Regel aus privaten Fonds auf Kommissionsbasis; somit agierten die Finanzierungshäuser lediglich als Tranchenvermittler, ohne einzelne Titel aufzukaufen.

1.1.6.3 Angelsächsische Investmentbanken

Unmittelbar nach dem amerikanischen Unabhängigkeitskrieg wurden in den USA 1784 die ersten privaten Aktienbanken gegründet.[5] 1791 wurde mit der Bank of North America die erste Commercialbank gegründet. Die Commercialbanken hatten einen einzelstaatlichen Charter, womit die Geschäftstätigkeit auf einzelne Staaten beschränkt war. Die erste national operierende Bank war die First Bank of the United States, welche 1791 in der damaligen Hauptstadt Philadelphia, nach

---

[5] Vgl. ausführlich Gondring, H. (1989), o.S.

der Idee des ersten Finanzministers Alexander Hamilton als zentrale Institution mit der Funktion einer Bank des Staates gegründet wurde. Die Konzeption nach dem Vorbild der Bank of England hatte einen bedeutenden Unterschied, Einlagen konnten von der Regierung und privaten Anlegern aufgebracht werden. Die National Charter von 1791 wurde 1811 nicht verlängert, der Antrag passierte das Repräsentantenhaus mit einer Mehrheit von einer Stimme wurde aber im Senat abgelehnt.

Von 1811 bis 1816 stieg die Anzahl der Commercialbanken auf 246, der Geldumlauf stieg von 28 Mio. $ auf 68 Mio. $, während der Dollar 16 % an Wert verlor und die Relation von Goldreserven zu Einlagebeständen der Commercialbanken immer ungünstiger wurde.

Damit ergaben sich für die Regierung zwei wesentliche Probleme. Einerseits der Zwang zur kostengünstigeren Finanzierung des Regierungshaushaltes sowie der Notwendigkeit einer Diversifikation der Refinanzierungsquellen, andererseits der zunehmende Verfall der Geldwertstabilität. Als Lösung wurde die Second Bank of the United States errichtet, sie erhielt die National Charter Ende 1816 und nahm die Geschäfte im Januar 1817 auf. Obwohl diese im Aufbau mit der Vorgängerinstitution identisch war, konzentrierte diese ihre Funktion jedoch auf die Aufgaben des fiscal agent und der Vereinheitlichung sowie Stabilisierung des nationalen Währungssystems. Nach der gelungenen Währungsstabilisierung stellte Biddle, der damalige Präsident der Second National Bank, 1832 Antrag auf Verlängerung der National Charter vor dem Kongress, der dieses befürwortete, jedoch legte der damalige Präsident Jackson ein Veto ein, was letztendlich dazu führte, dass sich der Kongress nach Jahren der Jackson-Biddle-Kontroverse dem Veto anschloss und die Second Bank of the United States 1836 aufgelöst wurde. Bis zum Bürgerkrieg gab es keine zentrale Kontrolle über das Bank- und Währungssystem, die öffentliche Finanzierung erfolgte ausschließlich durch state banks, deren rechtliche Anerkennung lediglich in der Anerkennung der Bank Charter durch die örtlichen Zulassungsbehörde lag. Die Zahl der state banks nahm in diesem free-banking-system deutlich zu. Einhergehend mit der rasanten wirtschaftlichen Entwicklung der USA entstand ein erheblicher Kapitalbedarf. Da auf dem amerikanischen Kontinent noch kaum nennenswerte Vermögen zur Reinvestition zur Verfügung standen, gewann der Zugang zum europäischen Kapitalmarkt an besonderer Bedeutung. Die Aufbauphase der Banken in den USA sowie die Finanzierung amerikanischer Infrastrukturprojekte erfolgten mittels Finanzierung am europäischen Kapitalmarkt. Die amerikanische Industrialisierung und die regionale Expansion durch den Bau der Eisenbahnlinie bedeuteten einen dauerhaften Finanzierungsbedarf, der neben der Ausgabe von Wertpapieren durch die Unternehmen selbst vor allem das Wachstum der New Yorker Banken förderte. Dabei handelte es sich um Ableger europäischer Finanzierungshäuser und um Privatpersonen, wie z. B. die Brüder Lehmann oder Markus Goldmann.

Der Ausbau eines nationalen Netzes zur regionalen Diversifikation staatlicher Transaktionen und Erweiterung der Finanzierungsbasis führte zur Einführung des Independent Treasury Systems, womit die Kriegsfinanzierung mit Ausbruch des Bürgerkriegs nicht mehr gesichert war. Durch den amerikanischen Bürgerkrieg in den Jahren zwischen 1861 und 1865 entstand erneut eine erhebliche Nachfrage nach Finanzierungsmitteln. Dem Bankier Jay Cooke gelang es, mittels einer aggressiven Marketingstrategie und eines nationalen Distributionssystems, Staatstitel auf breiter Basis gezielt an kleinere private Investoren zu veräußern. Somit waren die exklusiven, historisch gewachsenen Kontakte der Banken für die Platzierung von Emissionen nicht mehr zwingend erforderlich, so dass auch zunehmend neue Banken das Emissionsgeschäft für sich erschließen konnten. Das Dual-Bankensystem wurde mit Verabschiedung des National Currency Acts von 1863 und des National Banking Acts von 1864 rechtlich fixiert um die Finanzierung des Bürgerkriegs zu sichern und zur Einführung eines effektiven nationalen Währungssystems.

Das Gesetzeswerk sah folgende Bestimmungen vor:

- Jede Commercialbank konnte, bei einem von der Bevölkerung des Niederlassungsortes der Bank abhängigen Mindestkapital, eine National Charter für die Dauer von 20 Jahren erwerben.
- Limitierung des einzelnen Kreditmanagements auf 10 % des Eigenkapitals.
- Schaffung der Institution des Comptroller of Currency, verantwortlich für die Einhaltung der Bestimmungen und Übergabe der vom Bundesschatzamt gedruckten Noten.
- Ein dreistufiges Reservesystem für gesetzliche Reservepflichten für Einlagen und das implizierte Verbot der Filialgründung für National Banken mit Ausnahme von Commercialbanken, welche die State Charter gegen eine National Charter tauschen und ihre bestehenden Filialen behalten konnten.

Rund ein Drittel der gesamten Banken tauschte die State Charter gegen eine National Charter ein und nach Verabschiedung eines Gesetzes zur Erhöhung der Steuer auf die Notenausgabe auf 10 % im Jahre 1865 gab es 1866 lediglich ca. 300 Banken mit State Charter und 1644 Banken mit National Charter. Der wirtschaftliche Aufschwung folgte nach dem Ende des Bürgerkriegs und neben der konjunkturellen Expansionsphase erfolgte ein Strukturwandel in welchem Amerika sich von einem Agrarstaat zu einem Industrieland entwickelte, was sich auch auf das Bankwesen auswirkte. Mit der zunehmenden Arbeitsteilung gewann der Scheck als Zahlungsmittel an Bedeutung und gegen Ende des 19. Jahrhunderts wurden vermehrt Commercialbanken mit State Charter gegründet, da diese somit die Notenausgabe und die damit verbundene Steuer minimierten und die restriktiven Auflagen der Nationalen Banken umgehen konnten.

Der National Bank Act trug zur Stabilisierung des Bankwesens bei, aber es kam immer wieder zu Finanzkrisen. Verursacht wurden diese aufgrund der Inflexibilität des Währungssystems durch die Goldkoppelung und der immanenten Illiquidität des Bankensystems aufgrund der pyramidenähnlichen Struktur der Reservepflicht im System der National Banken. Ein wichtiger Schritt für die Verarbeitung und Dokumentation von Finanzinformationen war die Gründung des Verlagshauses „Dow, Jones & Co." 1882. Mit der Veröffentlichung erster Markt-Indikatoren, des Dow Jones Average und des der Dow Jones Industrial Average im Jahr 1884 bzw. 1886 wurde die empirische Untersuchung der Kursbildung als Grundlage der technischen Analyse ermöglicht. Ferner wurde zur schnelleren Informationsübertragung 1887 der elektronische Ticker eingesetzt. Im Jahr 1889 folgte die erste Veröffentlichung des Wall Street Journals. Zu Beginn des 20. Jahrhunderts entstanden Ratingagenturen, die unter anderem standardisierte Unternehmenseinschätzungen als Grundlage zur objektiven Bewertung lieferten, wie beispielsweise die Publikationen „Moody's Manual of Industrial and Corporation Service" (1900) und später „Standard & Poors Rating Service" (1916).

1.1.6.4 Neuausrichtung des Investment Banking

Die Rahmenbedingungen gegen Ende des 19. Jahrhunderts (wachsende Größe der Unternehmen, Fertigstellung der transkontinentalen Eisenbahn sowie innovative Produkte und technische Neuerungen) begründeten positive Zukunftserwartungen der Geschäftsmöglichkeiten. Wichtigen Einfluss auf die M&A-Aktivitäten Ende des 19. Jahrhunderts hatten die Banken, die aufgrund von Positionen in den Kontrollgremien von Unternehmen aktiven Einfluss auf die Geschäftsaktivitäten und die umfassende Unternehmenssteuerung nehmen konnten. So kam es zu umfangreichen Beteiligungen zwischen Banken, Versicherungen und Industrieunternehmen und folglich zur weit reichenden Kontrolle der Zins- und Aktienmärkte durch einige wenige Finanzinstitutionen, die so genannten „Money Trusts". Das „Pujo Committee" untersuchte 1912 die massiven Ämterkumulationen und versuchte schließlich die Trennung zwischen Commercial und Investment Banking gesetzlich zu regeln, was jedoch vom Kongress abgelehnt wurde. Diese Trennung wurde auch im Federal Reserve Act und im Clayton Anti-Trust Act von 1914 abgelehnt. Da Finanzkrisen den wirtschaftlichen Aufschwung immer wieder gestört hatten, wurde das Federal Reserve System eingeführt.

Ende 1913 unterzeichnete der Präsident Wodrow Wilson die Gesetze zur Bankenreform. Im Wesentlichen beinhaltete der Federal Reserve Act folgende Bestimmungen:

- die Zentralisierung der Reservehaltung für commercial banks
- die Errichtung eines flexiblen Währungssystems, indem den Banken die Möglichkeit der Liquiditätsschöpfung durch das Federal Reserve System gegeben wurde, das damit die Funktion eines lender of last resort übernommen hatte;
- die Einführung einer Bankenaufsicht;
- die Installierung eines nationalen check-clearing-systems.

Zunächst übernahmen einige amerikanische, auf das Wertpapiergeschäft spezialisierte Privatbanken und Töchter europäischer Bankhäuser und Trust Companies die Koordination von anlagesuchendem Kapital und Anlagemöglichkeiten. Durch den Ersten Weltkrieg, der unter anderem durch die Emission von Kriegsanleihen (Liberty Loans) finanziert wurde, etablierte sich New York als weltweit führendes Finanzzentrum. Die Nettomittelzuflüsse der Finanzierungsmittel kehrten sich durch den 1. Weltkrieg um, und durch den zunehmenden amerikanischen Wohlstand wurde ein erheblicher Teil des europäischen Finanzierungsbedarfs über den Kapitalmarkt gedeckt. So waren nach dem 1. Weltkrieg 25 % des gesamten Emissionsvolumens in Amerika durch ausländische Platzierungen begründet. Das attraktive Wertpapiergeschäft erschlossen Commercialbanken, indem sie durch die Gründung von Tochtergesellschaften die Vorschriften des National Banking Acts von 1864 und damit dem Zuständigkeitsbereich des Federal Reserve Systems umgingen. Für lange Zeit waren die USA aus europäischer Perspektive ein klassischer Emerging Market mit hohem Kapitalimport, umfangreichen Investitionsprojekten und geringen Sicherheiten. Einige distinguierte Bankhäuser hatten den Umfang der Wachstumspotentiale daher derartig unterschätzt, dass sie nicht nennenswert in diese überseeische Region expandierten.

1.1.6.5 Aktuelle Entwicklungen

Ab dem Jahr 1980 folgte eine Vielzahl von Gesetzen in den USA. Dazu gehörte unter Anderem im Jahr 1983 die SEC Rule 415 zur „Shelf Registration", die eine schnellere Platzierung am Primärmarkt ermöglichte, aber auch ein höheres Haftungsrisiko der Investment Banken bezüglich der Due Diligence mit sich brachte. Historisch gewachsene Segmente im Investment Banking brachen in dieser Zeit durch folgende Entwicklungen auf: zunehmende Markttransparenz, zunehmende Geschwindigkeit in der Informationsbereitstellung, gewachsene Anforderungen an Investment Banken in dem Bereich von Unternehmensbeurteilungen vor dem Hintergrund kurzfristiger Handlungserfordernis und dem verstärkten Wettbewerb der Investmentbanken.

Mitte der 80er erfolgte die Deregulierung des Kapitalmarkts in Großbritannien. Am Euromarkt nahmen innovative Finanzinstrumente, beispielsweise so genannte Floating Rate Notes zu, und das Volumen von Neuemissionen am Euromarkt übertraf das der nationalen Märkte der USA. In den USA kam es zu einer Boomphase von Unternehmensübernahmen, die in den Jahren 1986 und 1987 ihren Höhepunkt von bis dato unbekanntem Ausmaß erreichte. In dieser Zeit traten zum ersten Mal so genannte Corporate Raiders auf, welche mit Hilfe von Investmentbanken unterbewertete Unternehmen kauften und diese danach in Teilen unter Hebung von verdeckten Unternehmenswerten weiterveräußerten.

Die Entwicklung der so genannten Junk Bonds ermöglichte die Kapitalmarktfinanzierung von Wachstumsunternehmen, denen bankenseitig keine ausreichende Bonität attestiert wurde. Die stark fremdfinanzierten Unternehmensübernahmen wurden 1984 in einem geschätzten Umfang von 40 % durch Junk Bonds finanziert. Bis 1986 stieg der Anteil der Junk Bonds an Emissionen von Unternehmensanleihen von 1,1 auf 20 %. Mit dem Bekannt werden krimineller Insidergeschäfte in der Boomphase fielen die Kurse für Junk Bonds, so dass sich Investoren aus diesem Geschäftsbereich zurückziehen wollten, und es in diesem Zusammenhang zum Zusammenbruch des Marktes für Junk Bonds kam. Im Oktober 1987 kam es an der Wall Street in New York zu einem Kurssturz von durchschnittlich 20 %. Direkte Folgen waren neue Regelungen für Handelsgeschäfte. So wird seitdem beispielsweise der Handel ausgesetzt, wenn der Dow-Jones-Index in einer bestimmten Zeit unter ein festgelegtes Volumen sinkt. 1990 führte die SEC die Rule 144A ein, welche bei Privatplatzierungen von Titeln gestattet, diese vor Ablauf der 2-jährigen Weiterveräußerungssperre an große Investoren zu veräußern. Die Diskussion um Zuverlässigkeit, Moralstandards und Geschäftspraktiken verursachte eine strikte Handhabung der Kontroll- und Bestrafungsmechanismen bei Regelverstößen, wie z. B. dem Insiderhandel.[6]

1.1.6.6 Differenzierungsmerkmale des Investment Banking

Aufgrund der heterogenen Strukturen der Investmentbanken haben sich verschiedene Grundtypen herausgebildet. Ein Differenzierungsmerkmal bildet häufig die Kundengruppe. Während sich die so genannten Retail-Banken auf das Geschäft mit natürlichen Personen fokussieren und Wertpapiertransaktionen im vergleichsweise kleinen Stil abgehandelt werden, bedient eine andere Bankstruktur vorrangig juristische Personen und institutionelle Kunden. Dabei gehört nicht nur die Transaktion als solche zu den Tätigkeiten, sondern ebenfalls die Planung, Kapitalbeschaffung und Überwachung.

1.1.7 Systematisierung des Investment Banking

1.1.7.1 Geschäftsfelder

Merger & Acquisition: Unter Merger & Acquisition (M & A)-Transaktionen wird der Übergang aktiver Informations-, Leitungs- und Kontrollrechte an einem Unternehmen, Unternehmensteilen oder Beteiligungen bezeichnet. Durch die Umgestaltung der Geschäftsstruktur können aktive Risiko- und Ertragspotentiale verändert werden. Merger ist die Fusion zweier oder mehrerer rechtlich selbständiger Unternehmen, bei dem mindestens ein Unternehmen seine rechtliche Selbständigkeit aufgeben muss. Acquisition umfasst den Kauf bzw. Veräußerung aller oder bestimmter Wirtschaftsgüter (Asset Deal) oder der Geschäftsanteile (Share Deal). Der Erwerb von z. B. stimmrechtslosen Aktien fällt nicht in den M & A-Geschäftsbereich, weil keine Leitungs- und Kontrollbefugnisse übertragen werden.

M & A bezieht sich auf die Bildung von strategischen Allianzen, d.h. es wird eine Joint-Venture-Gesellschaft von mindestens zwei Partnern in Form einer Tochtergesellschaft oder einer wechselseitigen Beteiligung gegründet. Das Leistungsspektrum des M & A-Geschäftsbereichs beinhaltet alle Beratungs- und Finanzierungsleistungen über den gesamten Zeitraum der Transaktion, begonnen von der Analyse bis zum erfolgreichen Abschluss des Geschäftes.

---

[6] Vgl. Achleitner, A.-K. (2000) S. 131

Gründe für den Kauf eines Unternehmens oder eines Unternehmensteiles sind die Realisierung von Synergieeffekten, schnellerer bzw. kostengünstigerer Kapazitätsaufbau, globale bzw. regionale Diversifikation, Effizienzsteigerung durch bessere Managementqualitäten, die Diversifikation in andere Geschäftsfelder, die Unterbewertung des Kaufobjekts oder auch die steuerlichen Einsparungen. Diese gliedern sich in strategische, finanzielle und persönliche Motive. Das Motiv der strategischen M & A-Transaktionen ist die Umsetzung der Unternehmensstrategien. Es wird unterschieden zwischen horizontaler M & A, d. h. die Übernahme eines Unternehmens der gleichen Branche und Produktionsstufe, und der vertikalen M & A. Das ist die Übernahme eines Unternehmens gleicher Branche, aber einer anderen Wertschöpfungsstufe. Dritte strategische Akquisition ist die laterale Übernahme, das bedeutet die Übernahme eines Unternehmens einer anderen Branche. Die Motive einer finanziellen Transaktion sind die bestehende Ausnutzung der Unterbewertung bzw. die finanziellen und operativen Restrukturierungspotentiale des möglichen Kaufobjektes. Der Grundgedanke basiert auf der bestehenden Unterbewertung des Targets. Die persönlichen Motive basieren auf dem Anreiz des Managements einer M & A-Transaktion, d. h., das Management möchte neue Geschäftsbereiche aufbauen oder seine Wettbewerbsposition verbessern. Dabei sind die persönlichen Ziele des Managements, aufgrund des hohen Risikos, mit den Zielvorstellungen der Eigenkapitalgeber oft nicht konform. Die M & A-Berater erstellen ein Suchprofil und identifizieren mögliche Akquisitionsobjekte. Diese Objekte werden verschiedenen Kriterien unterworfen, wie z. B. Investitionsvolumen, eigene Verschuldungsmöglichkeiten, Verschuldungsmöglichkeiten der Zielgesellschaft (zu erwerbende Gesellschaft) oder deren Umsatz usw. Aus den interessanten, profitablen und finanzierbaren Objekten wird dann eine „Long List" erstellt. Die Kaufinteressenten aus dieser „Long List" werden auf weitere Kriterien geprüft (regionale Ausrichtung, wirtschaftliche Situation usw.) und die immer noch interessanten Objekte auf einer „Short List" aufgelistet. Danach ist die Aufgabe des M & A-Beraters, die potentiellen Unternehmen bzw. die Unternehmensteile zu bewerten. Sie sollen den subjektiven Wert des Objektes für den Auftragsteller feststellen oder einen Interessenausgleich durch Wertfindung schaffen.

Die Bewertung des Objektes ist vom Umfang der zur Verfügung stehenden Informationen abhängig. Der M & A-Berater muss das Objekt, den Käufer und die unternehmerische und gesamtwirtschaftliche Situation und Entwicklung analysieren. Die Bewertung für den Käufer erfolgt vor

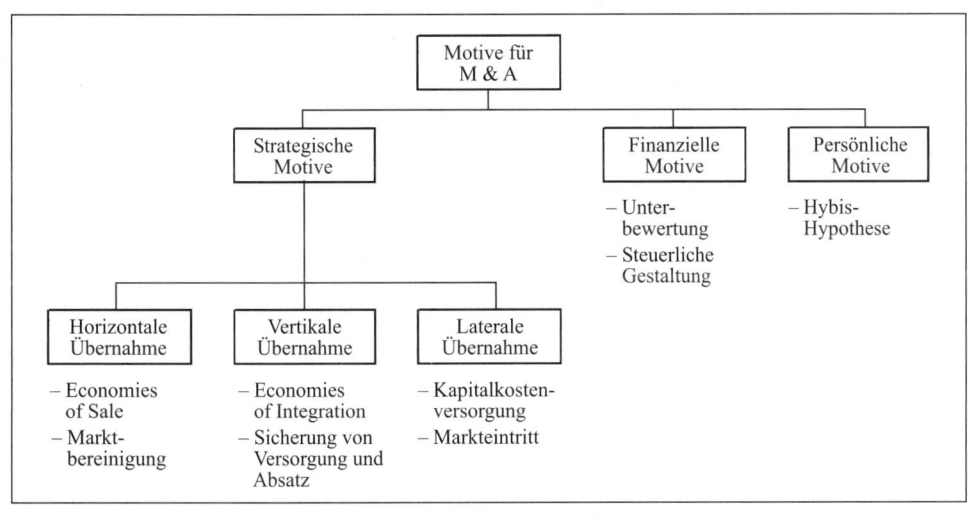

Abb. VII 3: Motive einer M & A-Transaktion

der Due Diligence und unterliegt noch vielen Unsicherheiten. Anschließend erfolgt die Abgabe einer Kaufabsichtserklärung (Letter of Intent), um die Verhandlungsposition zu bestimmen und einzugrenzen. Im Anschluss daran wird die zu kaufende Gesellschaft einer systematischen und detaillierten Prüfung, der so genannten Due Diligence, unterzogen. Durch die Due Diligence werden entscheidungsrelevante Tatbestände aufgedeckt und Risiken identifiziert. In der Due Diligence werden verschieden Bereiche unabhängig voneinander geprüft, die rechtliche Situation (Legal Due Diligence), die finanziellen Verhältnisse (Financial Due Diligence), die steuerlichen Tatbestände (Tax Due Diligence) sowie eine Umwelt-, Markt- und Strategie-Due Diligence erstellt. Sie baut auf die Informationen, der von der Zielgesellschaft bereitgestellten Daten (Dataroom) und den individuellen Zukunftsaussichten auf. Das Management und die M & A-Berater entscheiden sich danach für den Kauf eines bestimmten Unternehmens bzw. Unternehmensteils und geben ein öffentliches Angebot ab bzw. unterzeichnen den Vertrag. Damit ist die Akquisition noch nicht abgeschlossen. Bis zum Closing (Übergangsstichtag) sind noch die restlichen Voraussetzungen (z. B. bei börsennotierten Unternehmen die öffentliche Bekanntgabe nach WpHG) und die vereinbarten Transaktionsschritte abzuwickeln. Die Finanzierung solcher M & A-Transaktionen sind abhängig von der individuellen finanziellen Situation der Käufer. Je nach Größe und Kapitalstruktur der zu erwerbenden Gesellschaft müssen Finanzierungsquellen erschlossen werden. Die Finanzierung der M & A-Transaktion kann aus dem Free Cashflow oder durch Eigen- und Fremdkapital der zu erwerbenden Gesellschaft kommen. Es kann auch über ein Leveraged-Buy-Out finanziert werden. Weitere Finanzierungsmöglichkeiten bestehen über das Emittieren öffentlich notierter Anleihen bzw. bei nicht börsennotierten Gesellschaften die Aufnahme neuer Gesellschafter. Diese Aufnahme ist aber nur begrenzt möglich, ansonsten kommt nur eine Mezzanine Finanzierung in Betracht, wenn ein kurzfristiger Going Public nicht durchzuführen ist.

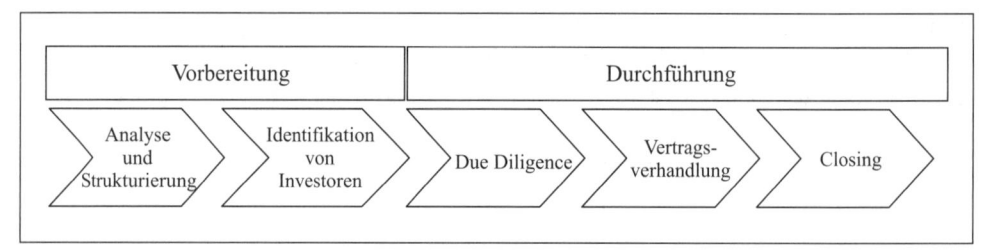

Abb. VII 4: Durchführungsphasen einer M & A-Transaktion

Die Motive für den Unternehmensverkauf resultieren aus der Trennung eines Unternehmensteils oder dem ganzen Unternehmen, bei einer Umstrukturierung, eines Konkursfalles oder Unternehmensentwicklungen, die für den Eigentümer finanziell nicht tragbar sind.

Bezieht sich die M & A-Transaktion auf den Verkauf eines Unternehmens bzw. Unternehmensteils, prüft der M & A-Berater die Durchführbarkeit und analysiert die Preisvorstellung auf ihre Realisierbarkeit. Als strategische Käufer kommen Wettbewerber der vor- bzw. nachgelagerten Wertschöpfungskette (Trade Sale) in Betracht. In der M & A-Praxis haben sich drei Verkaufsmethoden herausgebildet:

- Das Exklusivverfahren: Der mögliche Käufer wird direkt durch den Verkäufer zur Abgabe eines Angebotes aufgefordert. Weitere Interessenten werden nicht in den Verkaufsprozess involviert.
- Das Parallelverfahren: Eine Reihe von gleichberechtigten Unternehmen wird zur Abgabe eines Kaufpreises aufgefordert, die mit den niedrigsten Preisvorstellungen oder nicht angemessenen

Vorstellungen fallen aus dem Verhandlungsprozess. Die finale Verhandlung wird mit einem Bieter geführt, d. h. das Parallelverfahren endete in einem Exklusivverfahren.
- Kontrollierte Auktion: Aus Verkäufersicht kann der Preis am leichtesten maximiert werden. Im Rahmen einer öffentlichen Ausschreibung oder eines limitierten Interessentenkreises werden mögliche Käufer zu diesem wettbewerblich organisierten Verfahren aufgefordert. Die Bieter bekommen einen Mustervertrag und eine Informationsbroschüre und sollen ein Gebot abgeben. Die Bieter mit niedrigen Geboten werden von den weiteren Auktionsrunden ausgeschlossen. Den verbleibenden Interessenten wird eine Due Diligence gestattet und nach der Abgabe eines weiteren Gebots wird an den Höchstbietenden verkauft.

Corporate Finance: Unter Corporate Finance werden alle Beratungs- und Finanzdienstleistungen gezählt, die sich mit den einzelnen Kapitalarten (Eigenkapital, Fremdkapital, Mezzanine-Kapital usw.), ihrer Zusammensetzung (verschiedenen Arten der Eigenkapitalfinanzierung) als auch ihrem Verhältnis zueinander beschäftigen.

Das Aufgabenfeld beinhaltet die Beratung des Mandanten bei der Auswahl seiner Finanzierungsstrategien und die Analyse, ob die gewählte Finanzierungstransaktion möglich ist.[7] Ist z.B. der Gang auf den organisierten Kapitalmarkt die optimalste Finanzierungsform oder sind andere Finanzierungen (Private Equity oder Mergers & Acquisition-Transaktionen) für das Unternehmen eine bessere Alternative.

Corporate-Finance-Transaktionen:

- erstmalige Ausgaben von Eigenkapital an der Börse
- Kapitalerhöhung
- Mitarbeiter- und Managementbeteiligung
- Aktienrückkäufe und
- Emission von Anleihen und anderen Schuldpapieren

Abb. VII 5: Corporate-Finance-Transaktionen

Das Unternehmen muss zwei Aspekte erfüllen, um auf dem Börsenparkett mitzuwirken:
- Das Management muss alle Konsequenzen des Börsengangs tragen, d. h. die Eigentumsrechte des Unternehmens müssen in Wertpapieren handelbar sein.
- Das Unternehmen muss die Börsenreife erfüllen, dies bedeutet, die Kernaspekte des Unternehmens müssen den qualitativen und quantitativen Anforderung der Börse und den potentiellen Wertpapierkäufern entsprechen.

Ist die Börsenreife noch nicht vollkommen gegeben, kann dieser Zeitraum durch eine Going-Public-Optionsanleihe überbrückt werden. Diese festverzinsliche Anleihe beinhaltet das Optionsrecht, bei einem Going Public die auszugebenden Titel zu kaufen. Kommt es nicht zu einer Begehung des Kapitalmarktes, wird die Anleihe mit einem Agio zurückbezahlt. In der Praxis ist das Merger & Acquisition-Geschäft ein wichtiger Bereich des Corporate Finance.

Corporate Restructuring: Corporate Restructuring stellt verschiedene Maßnahmen der Restrukturierung eines Unternehmens dar. Dabei steht die Maximierung des Unternehmenswertes im Vorder-

---

[7] Vgl. Achleitner, A.-K., S. 239 f.

Quantitative Merkmale	Qualitative Merkmale
• Mindestgröße und Mindestumsatz • ein respektables Unternehmenswachstum • angemessene Profitabilität des Unternehmens • Erwirtschaftung eines positiven Cashflows • ausreichende Ausschüttungsfähigkeit	• Marktposition des Emittenten in seiner Branche • Produktprogramm • Produktionstechniken • Innovationskraft des Unternehmens • Qualität des Managements (Erfahrung des Managements und ob ein Team existiert)

Abb. VII 6: Qualitative und quantitative Kriterien der Börsenreife

grund. Die Maßnahmen im Bereich des Corporate Restructuring lassen sich zumeist auf das Ziel der Steigerung des Shareholder Value zurückführen. In den Bereich des Corporate Restructuring fallen das Organizational Restructuring, eine Neustrukturierung der internen Ablauforganisationen, das Financial Restructuring, eine Umstrukturierung der Kapitalstruktur eines Unternehmens und das Portfolio Restructuring als Veränderungen im Beteiligungsportfolio eines Unternehmens.

Structured Finance: Structured Finance ist die Strukturierung von Projektfinanzierung und Asset Backed Securities. Beide sind oftmals mit komplexen Vertragswerken verbunden, welche aufgrund individueller Gestaltung im Hinblick auf finanzwirtschaftliche, rechtliche und steuerrechtliche Strukturen mit der individuellen Risikoverteilung zustande kommen. Dem Grunde nach wird durch die Verbriefung die Begebung von Wertpapieren am Kapitalmarkt beschrieben. Dabei tritt der Kapitalnachfrager direkt am Kapitalmarkt auf und befriedigt seine Bedürfnisse mit Kapital durch die entsprechenden Finanzierungsinstrumente. Darüber hinaus wird auch der Verbriefungsprozess verstanden, in dem ursprüngliche Ansprüche herausgelöst und am Kapitalmarkt flexibel gemacht werden.

Capital Markets: Die Investmentbank nimmt die Rolle einer Mittlerfunktion zwischen finanzwirtschaftlichen Defizit- und Überschusseinheiten ein. Dabei erfolgt jedoch kein Selbsteintritt, sondern die Marktteilnehmer stehen weiterhin in einer Finanzierungsbeziehung. Daraus ergibt sich ein weites Spektrum an Dienstleistungen der Investmentbank in den unterschiedlichen Segmenten des Kapitalmarktes.

Sales, Trading: Sales & Trading Aktivitäten stellen das originäre Geschäft der Investmentbank auf den Sekundärmärkten dar. Das umfasst den Handel mit Finanzprodukten auf eigene und fremde Rechnung, das so genannte Trading, sowie die Betreuung von Investoren dabei, das so genannten Sales.

Asset Management: Asset Management bedeutet die Anlage und Verwaltung von verschiedenen Anlagen (Assets) bzw. Asset-Klassen eines Portfolios unter Berücksichtigung der Ansätze von Portfolio- und Kapitalmarkttheorie. In der Wahl von Produkten spielen unter anderem die verschiedenen Fondsvehikel eine besondere Rolle.

Primär Investments: Als Primär Investment gilt das Auftreten der Investmentbank als direkter Investor in einem Unternehmen, um mit Hilfe ihres Einsatzes eine Steigerung des Unternehmenswertes zu realisieren. Die so erreichte Wertsteigerung wird zu einem späteren Zeitpunkt, durch die Veräußerung des Eigenkapitalanteils, so genannter Exit, realisiert.

Research: Research wird durch die unmittelbare und geschäftsunterstützende Tätigkeit innerhalb des Investment Banking dargestellt und bildet damit einen der wesentlichen Bausteine innerhalb der Wertschöpfungskette einer Investmentbank.

1.1.8 Kunden

Institutionelle Kunden: Institutionelle Kunden fordern das gesamt Leistungsspektrum des Investment Banking ab. In Abhängigkeit der Größe des Unternehmens werden verschiedene Fragestellungen zum Finanzierungsbedarf aufgeworfen, deren Lösung es unterschiedlicher Ansätze bedarf. Insbesondere im Bereich der Restrukturierung eines Unternehmens können Investmentbanken Lösungen bieten. Dabei kann auch letztendlich der Börsengang des mittelständigen Unternehmens in Betracht kommen.

Intermediäre: Investmentbanken übernehmen dabei verschiedene Aufgaben und spezielle Geschäftsfunktionen. Zum einen im Rahmen der Geschäftsprozesse als die eines Intermediäres oder zum anderen als neutrale Vermittlungsstelle oder auch Transaktionspartner bzw. -vermittler am Kapitalmarkt.

Privatkunden: Dazu zählen insbesondere vermögende Privatpersonen, die über vergleichsweise große Vermögenspositionen verfügen. Dabei liefert die Investmentbank individuelle Anlagemöglichkeiten inklusive Beratung und Abwicklung. Aufgrund der geringen Kontakthäufigkeit und der vergleichsweise hohen Transaktionsvolumina gehört das Privatkundengeschäft zu einem wichtigen Erfolgsfaktor einer Investmentbank. Insbesondere die Platzierung von Wertpapieren kann dabei zu dem primären Geschäftsfeld gehören.

2 Instrumente des Real Estate Investment Banking

Das Thema Real Estate Investment Banking (REIB) in Deutschland setzt sich aus den beiden Elementen des Real Estate Geschäftes in Deutschland und dem Investment Banking internationaler Prägung zusammen. Beide Pole könnten unter dem Aspekt der Liquidität nicht gegensätzlicher sein. REIB bedeutet den Versuch, über ein dem Investment Banking zuzuordnendes Instrumentarium Immobilientransaktionen und Investitionen zu begleiten und zu erleichtern. So lässt sich eine Vernetzung der Immobilienwirtschaft und dem Investment Banking in der Immobilienfinanzierung erkennen. Durch das breite Angebot immobilienbezogener Bankleistungen ist es nicht ganz einfach, eine einheitliche und umfassende Definition für das REIB zu finden. In diesem Sinne bezieht das REIB alle absatzfähigen Leistungen bankbetrieblicher Tätigkeiten ein, die einen direkten oder einen indirekten Bezug zur Immobilie als Finanzierungs- oder Anlageprodukt haben. Um potentiellen Investoren die Immobilie als Anlageinstrument anbieten zu können, haben Finanzinstitute in der Vergangenheit immer wieder neue Produkte bzw. Produktinnovationen auf den Markt gebracht. Durch die fortschreitende Entwicklung der Kapitalmärkte wird es den Finanzinstituten ermöglicht, Real Estate Investment Produkte anstelle von klassischen Finanzierungsprodukten anzubieten. Aufgrund dieser Entwicklung bilden sich neue und innovative Bankleistungen wie die Projektfinanzierung, Structured Finance, Asset Backed Securities (ABS)/Mortgage Backed Securities (MBS) Private Equity Geschäfte oder das Asset Management. Durch die Verbriefung mittels ABS/MBS beispielsweise werden die Risikoaktiva einer Bank gemindert, wodurch für Darlehen hinterlegtes Eigenkapital frei wird. Die Bank kann mit diesem frei werdenden Eigenkapital wieder neue Darlehen vergeben. Zusätzlich kann die Eigenkapitalrendite, die aufgrund des immer wichtiger werdenden Shareholder Value-Ansatzes von Rappaport gefordert wird, gesteigert werden. Es kann festgehalten werden, dass Immobilienfinanzierer zu Risikomanagern werden, welche die

Risk-Return-Beziehung von Kreditportfolien durch Erwerb, Handel und Verbriefung optimieren. Durch den Einsatz des REIB kann der Return einer Immobilienfinanzierung gesteigert werden. Welche Position das REIB in der Wertschöpfungskette eines Immobilienkredites einnimmt, lässt sich in Abb. VII 7 darstellen.

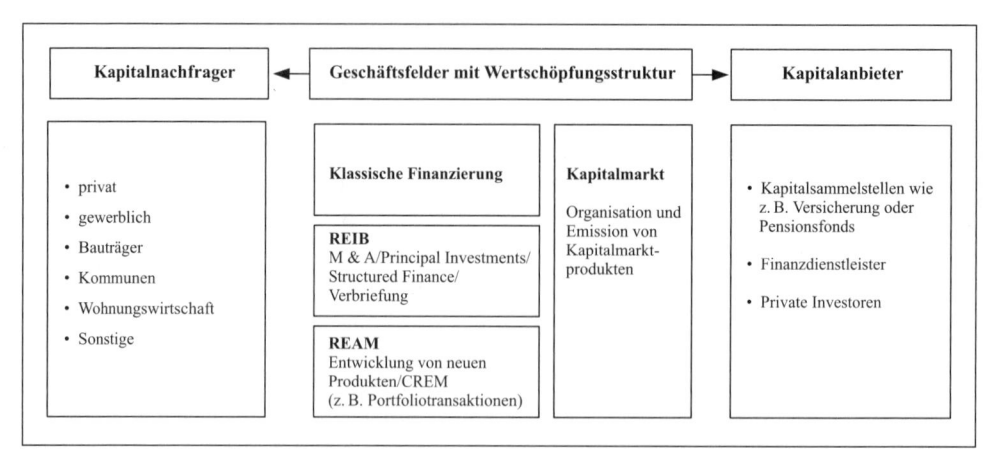

Kapitalnachfrager	Geschäftsfelder mit Wertschöpfungsstruktur		Kapitalanbieter
• privat • gewerblich • Bauträger • Kommunen • Wohnungswirtschaft • Sonstige	**Klassische Finanzierung** **REIB** M & A/Principal Investments/ Structured Finance/ Verbriefung **REAM** Entwicklung von neuen Produkten/CREM (z. B. Portfoliotransaktionen)	**Kapitalmarkt** Organisation und Emission von Kapitalmarkt- produkten	• Kapitalsammel- stellen wie z. B. Versicherung oder Pensionsfonds • Finanzdienstleister • Private Investoren

Abb. VII 7: Wertschöpfungsstufen und Geschäftsfelder des REIB

Klassische Bankleistungen wie Darlehens- und Hypothekenfinanzierung, Finanzierung durch geschlossene Immobilienfonds oder Finanzierung durch Immobilien-Leasing ergeben sich aus den wesentlichen Funktionen der Kreditinstitute.

Durch den Einsatz des REIB wird versucht, die Rendite der Immobilienfinanzierung zu steigern. Als erstes Geschäftsfeld des REIB lässt sich aus dem Schaubild der Tätigkeitsbereich Mergers & Acquisition (siehe auch Geschäftsfeld Investment Banking) entnehmen. Darunter werden der Ankauf und Verkauf von Immobilienportfolios verstanden, die Eigen- und Fremdkapitalbeschaffung, die allgemeine Finanzierungsberatung, die Einführung zum Going Public etc. Die Wertschöpfungskette kann durch eine Ausplatzierungsmaßnahme weiter gefördert werden. Somit werden die aus der Immobilieninvestition entstandenen Produkte strukturiert. Durch die Verbriefung von z. B. Mietforderungen können Forderungen über den Kapitalmarkt verkauft werden. Forderungsrisiken können dadurch aus den eigenen Büchern genommen werden, indem sie als verbriefte Produkte verkauft werden. Am Ende der Wertschöpfungskette steht das Real Estate Asset Management (REAM). In dieser Phase werden Immobilienportfolien analysiert, verwaltet und weitere Strategien entwickelt. Das REAM soll die strategische Optimierung der Immobilien und damit die Renditesteigerung durch ein Immobilienmanagement über einen gewissen Zeitraum sicherstellen. Im Zusammenhang mit REIB sollte auch kurz auf das Immobilienmanagement, auch Corporate Real Estate Management (CREM) genannt, eingegangen werden. Dieses bildet die Grundlage für das REIB. Im Mittelpunkt des CREM steht eine Cashflow-orientierte Analyse, Prognose und Strukturierung von komplexen Großimmobilien oder Immobilienportfolios. Gerade für Non-Property-Unternehmen ist es nicht einfach, den Immobilienbesitz effektiv zu steuern und renditeorientiert zu verwalten. Das Ziel muss sein, Transparenz zu schaffen. Transparenz nicht nur im Hinblick auf den sich ständig ändernden Immobilienmarkt, sondern auch in Bezug auf rechtliche und steuerliche Änderungen.[8] Diesen Anforderungen wird durch das CREM Rechnung getragen.

---

[8] Vgl. Westdeutsche Immobilienbank AG (Hrsg.) (2001), S. 2

Die Verbriefung als ein Geschäftsfeld des REIB gewinnt in der Immobilienwirtschaft als innovatives Finanzierungsinstrument immer mehr an Bedeutung. Schwerpunkt der folgenden Ausführungen ist die Asset Securitisation, wobei die ABS, MBS und die Property Securitisation genauer fokussiert werden.

2.1 Private Equity

2.1.1 Begriffsbestimmung

Der Begriff Private Equity entstammt angelsächsischer Wirtschaftspraxis und wird, wie viele Fachtermini, nicht übersetzt. Verstanden wird darunter das äußerst vielschichtige Spektrum der Investitionen im vor- und außerbörslichen Bereich. Es ist damit eine Anlageform, bei der Investoren, in der Regel nicht börsennotierte Unternehmen, in einer entscheidenden Phase ihrer Entwicklung Kapital und auch Managementunterstützung zur Verfügung stellen, ohne dafür ausreichende Sicherheiten zu erhalten.

Je nach Unternehmensphase benötigen Unternehmen von Ihren Kapitalgebern einen unterschiedlichen Mehrwert, der über die Zurverfügungstellung von Kapital hinausgeht. Wird in der Gründungs- bzw. Anfangsphase noch betriebswirtschaftliches Wissen und ein branchenspezifisches Netzwerk benötigt, beanspruchen wachsende Unternehmen häufig das geographische Netzwerk des Kapitalgebers. Steht in der letzten Phase beispielsweise ein IPO bevor, wird das Transaktions-Wissen des Kapitalgebers benötigt.

Trotz aller Überschneidungen der Begriffe Private Equity und Venture Capital, die in der immer verbreiterten synonymen Verwendung der Begriffe ihren Niederschlag findet, ist die Bedeutung beider ähnlich, jedoch nicht identisch. Venture Capital, das lediglich ein Teilsegment von Private Equity ist, stellt die Bereitstellung von Eigenkapital für neu gegründete und wachstumsorientierte und noch nicht börsennotierte Unternehmen mit visionären Ideen dar. Jedoch gibt es bei den Versuchen einer Abgrenzung zwischen Venture Capital und Private Equity zahlreiche regional bedingte Unterschiede. Bezieht sich beispielsweise der Bereich Venture Capital in den USA nicht nur auf die frühe Phase der Unternehmensfinanzierung, sondern auch auf die Zeit kurz vor einem Verkauf des Unternehmens, so bezieht sich der Begriff im deutschen Sprachraum auf die reine Start-up Finanzierung. Dabei können innerhalb dieser Bereitstellungsphase von Kapital verschiedene Investitions- bzw. Finanzierungsphasen eines Unternehmens unterschieden werden.[9]

2.1.1.1 J-Kurve

Private Equity-Engagements sind grundsätzlich von langfristiger Natur, da von der Auswahl des Investments bis zum Exit aus der Beteiligung mehrere Jahre vergehen können. Die anfängliche Intransparenz, die schwierige Bewertung und die in den ersten Phasen der Unternehmensbeteiligung fehlende Fungibilität machen es nur schwer möglich, einen liquiden Zweitmarkt entstehen zu lassen. Die direkt oder indirekt erworbenen Beteiligungen sind häufig nur wenig liquide, das heißt, eine vorzeitige oder auch kurzfristige Veräußerung ist nur unter sehr schwierigen Umständen möglich. In den ersten Jahren, denen der Investitionen, ist die Rendite aufgrund der anfänglichen Anlaufkosten, Managementgebühren und sonstigen Kosten negativ. Nach dieser Investitionsphase

---
[9] Vgl. Werner, T./Burghardt, R. (2006), S. 105

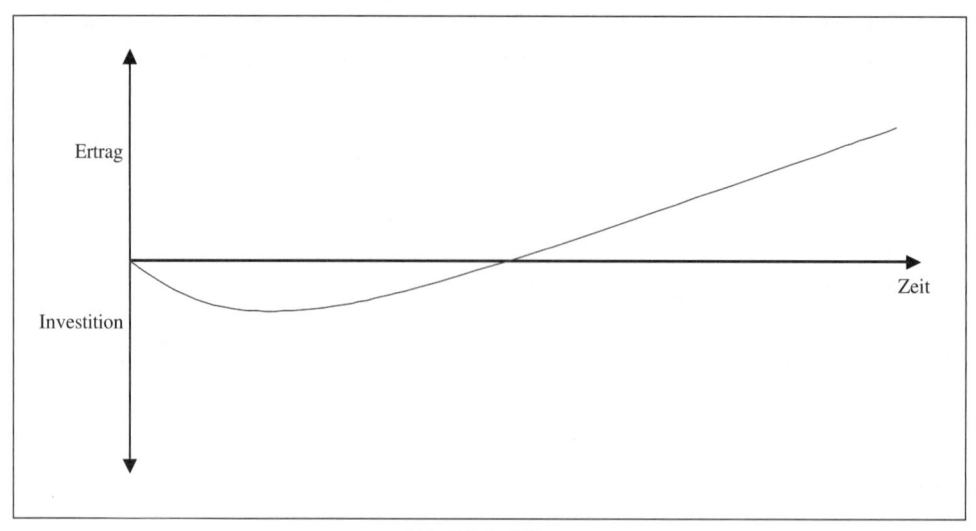

Abb. VII 8: J-Kurve

sollte diese Rendite positiv werden, da erste Unternehmensverkäufe verwirklicht werden können. Dem Anleger muss somit bewusst sein, dass er in den ersten Jahren seines Engagements keine laufenden Erträge, sondern „negative" Renditen und Cashflows hinnehmen muss.

2.1.1.2 Business Angels

In der ersten Phase eines Unternehmenslebens, der sog. Seed Financing, steht die Entwicklung des Unternehmenskonzeptes und die eigentliche Vorbereitung der Unternehmensgründung im Vordergrund. Hohen Investitionssummen stehen fehlende Erlöse gegenüber, damit ist das Risiko eines Unternehmenskonkurses äußerst hoch. Für den Unternehmensgründer heißt das, aufgrund des hohen Risikos wird seine geringe Eigenkapitalausstattung nur selten mit Venture Capital unterstützt. In dieser Phase treten Business Angels dem Unternehmensgründer hilfreich zur Seite, sie füllen die Kapitallücke zwischen der unternehmerischen Anfangsfinanzierung und dem späteren Einstieg institutioneller Investoren.[10]

Business Angels sind vermögende Privatpersonen mit unternehmerischen Erfahrungen, die ihr Wissen und ihr Management-Know-how, zusammen mit Kapital, jungen, innovativen Unternehmen zu Verfügung stellen, um den Wachstumsprozess zu steigern. Das Privatvermögen wird direkt in die Gründungsunternehmen platziert. Das Ziel eines Business Angels ist es, den heranwachsenden Unternehmen ihre Managementerfahrungen und ihr persönliches Beziehungsnetz zur Verfügung zu stellen und dann über ein Desinvestment eine risikoadjustierte Rendite auf ihr eingesetztes Kapital zu erzielen.[11]

2.1.1.3 Venture-Finanzierung

Venture Capital ist eine Finanzierungsmöglichkeit am Anfang eines Unternehmenslebenszyklus. Venture Capital bedeutet übersetzt „Risikokapital" oder „Wagniskapital". Bei Venture-

---

[10] Vgl. Schäfer, H. (1998), S. 174
[11] Vgl. Mittendörfer, R. (2000), S. 47

Finanzierungen wird externes Eigenkapital von Investoren ins Unternehmen eingebracht, d. h. die Venture-Capital-Geber unterstützen die Jungunternehmen nicht nur finanziell, sondern auch durch verschiedene strategische und operative Maßnahmen. Die Unternehmen befinden sich bei einer Venture-Capital-Finanzierung in der Phase des Start-up- oder First-Stage-Financing. In der Start-up-Phase entwickelt das Unternehmen sein Produkt weiter und erstellt den Prototypen. Den Aufwendungen stehen noch keine erwähnenswerten Erträge gegenüber. In der First-Stage-Financing beginnt das Unternehmen mit der Produktion und führt sein Produkt am Markt ein. Aufgrund von Kapazitätserweiterung, Einführung eines Marketingkonzeptes sowie Aufbau eines Vertriebsnetzes liegt ein hoher Kapitalbedarf vor. Die ersten Umsätze werden erzielt und das Risiko der Illiquidität schmälert sich. Von den Banken werden den Unternehmen wegen der Risikostruktur keine langfristigen Darlehen gewährleistet und andere Eigenkapitalquellen, wie z. B. ein Börsengang, fehlen.

Venture-Capital-Engagements sind durch folgende Eigenschaften kennzeichnet:

- keine Rückzahlungsverpflichtung der Venture-Capital-Nehmer,
- kein Kündigungsrecht seitens des Venture-Capital-Gebers für die ausbezahlte Finanzierungsrunde,
- kein fester Zinsanspruch vereinbart,
- Venture Capital geht bei Abbruch des Projektes oder im Konkursfall verloren,
- Venture-Capital-Gesellschaften partizipieren i. d. R. nicht an Ausschüttungen,
- eine adäquate Rendite erfolgt über eine überdurchschnittliche Wertsteigerung der Anteile, die beim Exit realisiert wird.

Venture-Capital-Projekte werden mit einem hohen Eigenkapitalanteil finanziert. Bei diesen Objekten werden die Erfolgsfaktoren nicht auf der Basis historischer Daten prognostiziert, weil aus den Vergangenheitswerten keine zukünftigen Umsätze, Kosten, Cashflows oder Gewinne geschätzt werden können. Die Venture-Capital-Geber fordern als Entschädigung für das eingegangene Risiko vom Unternehmen einen entsprechenden Return on Investment (RoI). Der Venture-Capital-Geber und das finanziell unterstützte Unternehmen verfolgen das gemeinsame Ziel, in einem kurzen Zeitraum (zwischen fünf und zehn Jahren) ein hohes Wachstum des Unternehmenswertes zu realisieren. Bei einer klassische Fremdfinanzierung sind bestimmte Voraussetzungen vorgeben, die nicht von den Kapital nachfragenden Unternehmen erfüllt werden können.[12]

Damit das Ziel erreicht werden kann, muss das Jungunternehmen einen Business-Plan erstellen.

Inhalte des Business-Planes sind:

- Darstellung der bisherigen Entwicklungen und künftige Positionierung des Unternehmens,
- Bedeutung und besondere Merkmale der Geschäftsidee,
- detaillierte Analyse der Branche, des Gesamtmarktes sowie der Konkurrenz,
- Ausarbeitung eines Marketing- und Vertriebskonzeptes,
- Darstellung des Managements,
- Planung der kommenden 3 bis 5 Geschäftsjahre,
- aus welchen Quellen der Finanzbedarf finanziert werden soll,
- Ausarbeitung eines Best-Case- und Worst-Case-Szenarios sowie
- Zusammenfassung (Executive Summary) über die wichtigsten Aspekte des Geschäftsvorhabens (Produkt-/Dienstleistungsidee, Kundennutzen, relevante Märkte, Unternehmensziele, Investitionsbedarf, mögliche Rendite).[13]

---

[12] Vgl. Betsch, O./Groh, A. P./Lohmann, L. G. E. (1998), S. 237
[13] Vgl. Strascheg, F. (2000), S. 89 f.

Für eine Venture-Capital-Finanzierung werden innovative Unternehmen mit einem steigenden Wachstums- und Entwicklungspotential bevorzugt. Der Wertzuwachs ihrer Beteiligung wird erst mit Ausstieg (Exit) aus dem Unternehmen realisiert, d.h. während der Beteiligung fließen die Gewinne und Cashflows nicht dem Investor zu, sondern dem Unternehmen.

Ein Investor hat mehrere Möglichkeiten, sich an einem Unternehmen zu beteiligen. Der Investor kann sich direkt an einem Unternehmen beteiligen, d.h. er übernimmt Unternehmensanteile (z.B. Kommanditanteile), dies ist die meist gewählte Form einer Venture-Capital-Finanzierung. Die zweite Möglichkeit ist: Er wird Intermediär, d.h. ein Venture-Capital-Unternehmen wird zwischen den Investor und das kapitalnehmenden Unternehmen geschaltet. Für jedes unternehmerische Projekt wird dann ein gesondertes Finanzkonzept gestaltet, die so genannte projektorientierte Beteiligung. Eine weitere Form der Beteiligung ist die Beteiligung an einem Venture-Capital-Fonds, das extreme Ausfallrisiko kann durch die Diversifikation vermindert werden.[14]

In einem Venture-Capital-Fonds werden zwischen drei und sieben Investments betreut, die sich in unterschiedlichen Unternehmensphasen befinden. I.d.R. sind Venture-Capital-Beteiligungen Minderheitsinvestitionen, weil ihr Anteil an den Unternehmensgründungen kleiner als 50% ist. Venture Capitalists beteiligen sich erst ab der Start-up-Phase, weil die Unternehmen ihre erste Berührung mit dem Markt hatten und auf weitere Wachstumsschritte vorbereitet sind.[15]

Weitere Möglichkeiten für eine Venture-Capital-Finanzierung:

- Bridge Finance: Einem Unternehmen wird zur Vorbereitung seines Initial Public Offerings (IPO) Kapital zur Verfügung gestellt.
- Turnaround: Einem Unternehmen wird Kapital zur Verfügung gestellt, welches sich nach der Überwindung von wirtschaftlichen Schwierigkeiten (z.B. Verlustphase) wieder erfolgreich entwickelt.
- Management-Buy-out bzw. In: Übernahme oder Kauf eines Unternehmens oder Unternehmensanteile durch angestellte Manager (Buy-out) oder externe Manager (Buy-in).
- Spin-Off/Spin-Out: Ein Spin-Off kennzeichnet die Abspaltung oder die Verselbständigung von Unternehmensteilen. Dabei werden Aktiva eines Unternehmens ausgegliedert und verkauft. Typische Spin-Offs sind Veräußerungen von Tochtergesellschaften, die in Streamlining-Prozessen (Konzentration auf Kernkompetenzen) abgestoßen werden.[16] Bei Spin-Outs dagegen können Bereiche, die in kleinen Unternehmen nicht ausgelastet sind, nach Auslagerung in ein Großunternehmen am Markt kostengünstiger sein als die Konkurrenz.[17]

2.1.1.4 Wachstumsfinanzierung

Bei dieser Phase der Finanzierung werden Mittel für das Wachstum eines Unternehmens bereitgestellt. Bei der Finanzierung besteht ein relativ hoher Kapitalbedarf bei geringem Risiko, da sich das Unternehmen schon in der Gewinnzone befindet bzw. den Break-Even erreicht hat. Kapital wird in erster Linie benötigt, um vorhandene Kapazitäten im Produktionsbereich weiter auszubauen und in einem ersten Schritt ein IPO vorzubereiten.[18]

---

[14] Vgl. Schäfer, H. (1998), S. 170f.
[15] Vgl. Grabherr, O. (2000), S. 39
[16] Vgl. Betsch, O./Groh, A. P./Lohmann, L. G. E. (1998), S. 237
[17] Vgl. Schäfer, H. (1998), S. 176
[18] Vgl. Werner, T./Burghardt, R. (2006), S. 106

2.1.1.5 Bridge Financing

Bei der Überbrückungsfinanzierung (englisch: Bridge Financing) werden ausgewählten Unternehmen Finanzmittel zur Verbesserung der Kapitalstruktur zur Verfügung gestellt. In der Regel dient diese Finanzierungsform zur optimalen Vorbereitung eines Going Public oder zur Vorbereitung des Ausstiegs eines bisherigen Gesellschafters.

2.1.1.6 Mezzanine Financing

Die Venture-Finanzierung ist eine Finanzierungsmöglichkeit in der Early-Stage-Financing, dagegen wird Mezzanine Finanzierung in der Late Stage-Financing (Second-Stage-Financing bis Third-Stage-Financing) herangezogen. In der Second-Stage-Financing erlangt das Unternehmen mit seinem Produkt Marktführerschaft. Dadurch entwickelt sich das Unternehmenswachstum überdurchschnittlich und damit steigen die Erlöse überproportional an. Das Unternehmen benötigt Kapital, um Wachstumspotentiale weiter auszunutzen bzw. zu steigern. In der Third-Stage-Financing befindet sich das Unternehmen in der nachhaltigen Gewinnzone und schöpft seine Marktpotentiale aus.

Aus der traditionellen Finanzierung (vor- bzw. nachrangige Hypothekendarlehen) entwickelte sich die Mezzanine-Finanzierung. Das Mezzanine-Kapital ist eine „Eigenkapitalzwischenfinanzierung" mit Gewinnbeteiligung, welches die Finanzierungslücke zwischen dem zur Verfügung stehenden Eigenkapital und der Beleihungssumme der finanzierenden Bank schließt. Sie stellt den Teil einer Projekt- oder Akquisitionsfinanzierung dar, der weder durch Eigenkapital noch durch vorrangig besichertes Fremdkapital bereitgestellt wird.[19]

Projekt-kosten	Finanzierungskosten, Unternehmergewinn, Nebenkosten = 30%	Eigenkapital = 10%
		Mezzanine-Kapital = 20–30%
100%	Bau- und Grundstückskosten = 70%	„Hypothekenfinanzierung" = 60–70%

Abb. VII 9: Struktur der Mezzanine-Finanzierung

Projekt-kosten	Finanzierungskosten, Unternehmergewinn, Nebenkosten = 30%	Eigenkapital = 20%
		Nachrangiges Darlehen = 20%
100%	Bau- und Grundstückskosten = 70%	„Hypothekenfinanzierung" = 60%

Abb. VII 10: Struktur der traditionellen (gewerblichen) Finanzierung

Mezzanine-Kapital wird als hybrides Kapital bezeichnet, das sowohl Eigenkapital- als auch Fremdkapitalelemente enthält. Dadurch verbessert es die Kreditaufnahme, infolge steigender Unternehmensbonität und sinkender Risiken der Banken. Generell investieren private und institutionelle

---

[19] Vgl. Betsch, O./Groh, A. P./Lohmann, L. G. E. (1998), S. 216 f.

Investoren in die Mezzanine-Finanzierung, aufgrund von kurz- und mittelfristigen Anlagestrategien. Eine Beteiligung erfolgt überwiegend in Form eines Private Placements mit Mindestzeichnung von 250.000 €. Diese wird in ein spezielles Immobilienprojekt für den Zeitraum der Projektdauer investiert. Besichert wird die Finanzierung mit dem Return on Investment aus dem Immobilienprojekt, der Mezzanine-Investor kann eine ca. 20%-ige Rendite vor Steuern erwarten.

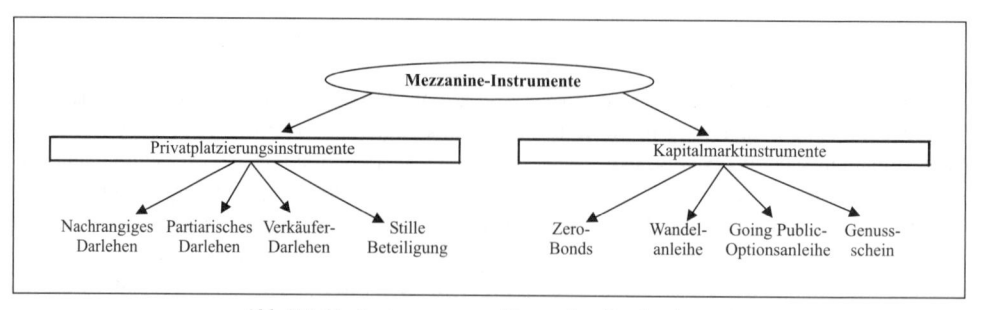

```
                         ┌─────────────────────────┐
                         │  Mezzanine-Instrumente  │
                         └─────────────────────────┘
                           ↙                    ↘
        ┌──────────────────────────┐    ┌──────────────────────┐
        │ Privatplatzierungsinstrumente │ │  Kapitalmarktinstrumente │
        └──────────────────────────┘    └──────────────────────┘
         ↙       ↓        ↓      ↘        ↙       ↓        ↓       ↘
   Nachrangiges Partiarisches Verkäufer- Stille  Zero-  Wandel-  Going Public-  Genuss-
   Darlehen    Darlehen      Darlehen   Beteiligung Bonds anleihe Optionsanleihe schein
```

Abb. VII 11: Instrumente zur Mezzanine-Strukturierung

Der Mezzanine-Investor kann sich mit einem nachrangigen Darlehen (Junior Debt oder Subordinated Debt) an einer Mezzanine-Finanzierung beteiligen, im Fall eines Konkurses werden die Rückzahlungsansprüche nachrangig aus der Konkursmasse beglichen. Für den Investor bedeutet dies, er muss keine Verluste tragen und kann am Gewinn beteiligt werden, wenn dies vertraglich vereinbart wurde. Die Laufzeit beläuft sich auf fünf bis zehn Jahre, weil die Tilgung der nachrangigen Fremdmittel, nach Rückzahlung der vorrangigen Darlehen (Senior Debt), erfolgt. Für die Besicherung von Mezzanine-Kapital stehen in der Praxis häufig keine klassischen Sicherheiten (z. B. Hypothek, Verpfändung von Bankguthaben usw.) zur Verfügung. Stattdessen erfolgt die Besicherung über zukünftige Cashflows. Durch Mezzanine-Kapital erweitert sich der Kreditspielraum des Unternehmens.

Bei einer stillen Beteiligung ist der Investor, im Gegensatz zum Nachrangdarlehen, mit einem gesetzlichen Kontrollrecht und einer Gewinnbeteiligung ausgestattet, die Verlustteilnahme ist fakultativ. Die stille Beteiligung zeichnet sich durch Flexibilität aus, Eigen- und Fremdkapitaleigenschaften zu verbinden. Bilanziell wird die Beteiligung als Fremdkapital ausgewiesen und sichert dadurch dem Investor den Rang eines Gläubigers. Nachteil einer stillen Beteiligung ist die fehlende Fungibilität und die uneingeschränkte Laufzeit. Eine letzte Möglichkeit, sein Kapital in ein Unternehmen/Projekt unterzubringen, ist eine direkte Beteiligung. Der Investor erhält eine volle Gesellschafterposition, d. h. es bestehen Einflussmöglichkeiten über die Rechte aus der Satzung der Projektgesellschaft bzw. über die Gesellschafterversammlung. Prinzipiell handelt es sich bei Direktbeteiligung um Finanzinvestoren, die nicht am operativen Geschäft interessiert sind, und deswegen bleibt das Management bei den Altgesellschaftern.

Ein weiteres Instrument der Mezzanine-Finanzierung ist der Genussschein. Genussscheine sind verbriefte Genussrechte. Diese ihrerseits sind schuldrechtliche Ansprüche, die sämtliche Vermögensrechte zum Inhalt haben können und u. a. auch Gesellschaften oder Aktionären zustehen. Genussscheine können eine Stellung zwischen Eigen- und Fremdkapital einnehmen. Unter bestimmten Voraussetzungen (gemäß aktueller Gesetzgebung) kann der Emittent Genussrechtskapital steuerlich als Fremdkapital behandeln, wodurch Zahlungen gewinnmindernde Aufwendungen darstellen. Andererseits besteht für die Bank die Möglichkeit, das Genussscheinkapital auf das haftende Eigenkapital anzurechnen.

Eine spezielle Art der Mezzanine-Finanzierung stellt die sog. Participating Mortgage dar. Wie aus dem Titel abzuleiten ist, bietet dieses Modell die Möglichkeit, an einer erzielten Rendite teilzuhaben. Eine Partizipation lohnt sich jedoch nur bei hoher Eigenkapitalrentabilität, d. h. wenn die Finanzierungsbelastung durch das Eigenkapital so gering wie möglich ist. Bei einem Immobilienprojekt kann es insbesondere bei Entwicklungen bis zur Vollvermietung bzw. bei Immobilienkäufen bis zur Realisation einkalkulierter Mietanpassungen zu hohen Belastungen kommen. Die Belastung könnte zwar durch höhere Eigenkapitalfinanzierung verringert werden, würde aber ebenfalls mit einer niedrigeren Eigenkapitalrentabilität einhergehen. Um dies zu verhindern, bietet es sich an, einen niedrigeren Zinssatz zu verlangen und zugleich dem Kreditgeber eine Option auf eine Gewinnbeteiligung am Projekt einzuräumen. Dies kann eine höhere Eigenkapitalrentabilität bewirken, insbesondere wenn gleichzeitig die Immobilienpreise steigen. Ein Kreditinstitut kann schließlich auf Grundlage dieses Modells an jener Rendite partizipieren. Damit wird der Tatsache Rechnung getragen, dass im Anfangsstadium, und damit während der Errichtungsphase und kurz nach der Projektfertigstellung, ein hoher Kapitaldienst die Projektliquidität und die Projektrentabilität erheblich beeinträchtigen kann. Mit der Participating-Mortgage-Finanzierung erwachsen den Kreditgebern jedoch keine Mitspracherechte oder Einflussmöglichkeiten.

Die Finanzierungskosten eines Mezzanine-Darlehens sind infolge des Risikos höher als bei einem klassischen Kredit. Die höheren Finanzierungskosten setzen sich zusammen aus einer höheren Verzinsung und einem Zins-Kicker, der über die normale Verzinsung hinausgeht, oder einer Gewinnbeteiligung bzw. einer Beteiligung am Unternehmenswert, dem so genannten Equity-Kicker. Der Equity-Kicker liegt bei ca. einem Prozent des Kreditvolumens. Es gibt mehrere Möglichkeiten, einen solchen Equity-Kicker einzusetzen. Zum Beispiel die Wandelung, d.h. dem stillen Gesellschafter wird das Recht eingeräumt, seine Beteiligung ganz oder teilweise in direktes Eigenkapital umzuwandeln. Dadurch wird der Cashflow des Unternehmens nicht gemindert, weil eine Rückzahlung des Darlehens entfällt. Eine weiter Form des Equity-Kickers ist die Cash-Option, der stille Beteiligungsgeber nimmt an der Entwicklung des Unternehmens durch eine Barzahlung teil, die an die Performance Kennzahlen (z.B. Ergebnis- oder Cashflow-Größen) gekoppelt sind. Der Beteiligte wird durch die prozentuale Erhöhung seines Rückzahlungsanspruches an der Veränderung des bereinigten Jahresüberschusses beteiligt. Bei Einräumung eines Optionsrechtes hat der stille Beteiligungsgeber das Recht, direktes Eigenkapital zu festgelegten Bedingungen zu beziehen.[20]

An den Mezzanine-Geber muss eine hohe Risikoprämie gezahlt werden, und deshalb kommt es im Rahmen der Projekt- und Übernahmefinanzierung häufig vor, dass der anfängliche Zins- und Tilgungsaufwand zu groß ist. Durch den Einsatz von Zero-Bonds oder Deep Discount Debts verschiebt sich die Zins- und Tilgungslast ans Ende der Darlehenslaufzeit.[21]

Die Beteiligung einer immobilienwirtschaftlichen Mezzanine-Finanzierung erfolgt in drei Phasen. Die Beteiligung beginnt mit der Vorphase, hier wird das Projekt einer umfassenden „Due Diligence" (Objekt- und Marktanalyse) unterzogen. Das Immobilienprojekt muss in dieser Phase so fortgeschritten sein, dass die Auszahlungsvoraussetzungen der Fremdfinanzierung geschaffen und gesichert wurden. Erst nach Abschluss der Vorphase kann die Mezzanine-Finanzierung beginnen. Die zweite Phase ist die Durchführungs- bzw. Investitionsphase, d. h. das Immobilienprojekt wird umgesetzt/gebaut. In dieser Phase beginnt die Vermarktung bzw. die Vermietung des Objektes. Die letzte Phase ist der Exit, hier sollte die Investition an einen Endinvestor veräußert werden. Nach Rückführung der Finanzierungskosten wird der Mezzanine-Investor an dem Projektgewinn

---

[20] Vgl. Ehrismann, U. (2000), S.119ff.
[21] Vgl. Betsch, O./Groh, A. P./Lohmann, L. G. E. (1998), S.218

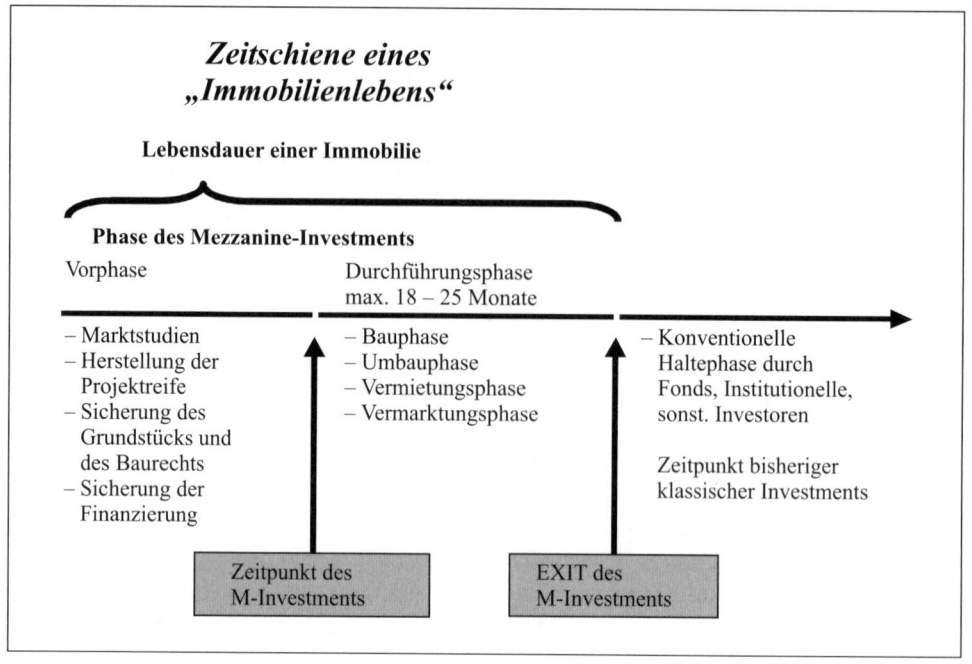

Abb. VII 12: Phasen des Mezzanine-Investments

lt. Vertragsvereinbarungen beteiligt. Wichtig für das Immobilienprojekt ist es, dass die Vermietung bzw. Vermarktung gut prognostizierbar ist, d. h. bei Objekten an guten Standorten ist der Exit einfacher und sicherer zu vollziehen.

2.1.1.7 Buy-out

Eines der Hauptsegmente im Bereich Private Equity ist die Finanzierung von Eigentümerwechseln. Dieser kann im Rahmen der Übernahme eines Unternehmens durch ein schon bestehendes Management, Management-Buy-out, erfolgen. Dabei übernimmt ein bereits vorhandenes Management die Geschäftsleitung in unternehmerischer Form. Es kann ebenso die Ausgliederung einer Konzerneinheit unter Einbeziehung des Managements meinen. Im Fall einer Übernahme der Mehrheit an dem Unternehmen durch ein externes Management, handelt es sich um ein Management-Buy-in. Dieses wird regelmäßig bei Nachfolgeregelungen im Bereich der mittelständischen Unternehmen praktiziert. Eine Übernahme der Mehrheit eines Unternehmens setzt ein hohes Maß an Fremdkapitalmitteln voraus, bei der einerseits ein mit banküblichen Sicherheiten zur Verfügung gestellter Kredit erforderlich ist und andererseits die Bedingungen für eine schnelle Rückführung des Kapitals zu schaffen sind. Die Mehrheitsübernahme mit einem vergleichsweise hohen Einsatz von Fremdkapital wird als Leveraged-Buy-out bezeichnet. Durch eine oftmals mangelnde Bereitschaft der Kreditinstitute, Kredite über das Vermögen des Managements hinaus bereitzustellen, ist die Aufnahme von weiteren Kapitalgebern erforderlich. Dies kann jedoch dazu führen, dass bei einem großen Management-Buy-out die Stimmrechtsverteilung zu Ungunsten des übernehmenden Managements führt. Im Extremfall kann es dazu führen, dass es fraglich erscheint, ob es sich bei dieser Übernahme um ein tatsächliches MBO oder lediglich um eine Übernahme unter Beteiligung des bestehenden Managements handelt.

2.1.2 Exit-Optionen

In der letzten Phase des Unternehmenszyklus beginnen die Vorbereitung und die Durchführung des Ausstiegs (Exit). Der Exit kann nach verschiedenen Möglichkeiten verlaufen:
- Initial Public Offering (IPO): Einführung des Unternehmens an die Börse.
- Buy Back: Rückkauf der Unternehmensteile durch den/die Anteilseigner.
- Trade Sale: Veräußerung der Unternehmensteile an einen industriellen Investor.
- Secondary Purchase: Veräußerung der Unternehmensteile an eine andere Venture-Capital-Gesellschaft oder einen Finanzinvestor.[22]

2.1.2.1 Initial-Public-Offering

Initial-Public-Offering (IPO) ist die Neuemission von Aktien eines Unternehmens an der Wertpapierbörse, d.h. die Abgabe des ersten öffentlichen Angebotes.

Der Gang an einen organisierten Kapitalmarkt bietet dem Unternehmen eine Möglichkeit, sein Unternehmenswachstum und den damit verbundenen ständigen technologischen und wirtschaftlichen Wandel zu finanzieren. Mit dem Börsengang kann ein Unternehmen zu fast jedem Zeitpunkt eine Kapitalerhöhung durchführen, d.h. öffentliches Eigenkapital aufnehmen und damit den Kreditspielraum verbessern. Der Aufbau der Risikokapitalbasis verbessert die Kapitalstruktur und erleichtert den Zugang zum Fremdkapital.[23] Ein weiteres Motiv, ein IPO durchzuführen, ist die Unternehmensübernahme bzw. -fusion. Die Finanzierung einer solchen Übernahme oder Fusion kann über die Herausgabe eigener Aktien erfolgen, weil im Gegensatz zu Bargeld die Liquidität des Unternehmens nicht verringert wird. Aber auch das Motiv der Desinvestition kann beim Börsengang möglich sein, wenn die Altgesellschafter einen Teil oder auch das ganze Unternehmen in Form von alten Aktien (schon bestehende Aktien, unabhängig von dem jetzigen Börsenganges) verkaufen. Der Verkauf eines Teils oder eines ganzen Unternehmens wird auf dem organisierten Kapitalmarkt einer breiten und zumindest zum Teil anonymen Käuferschaft angeboten. Eine solche

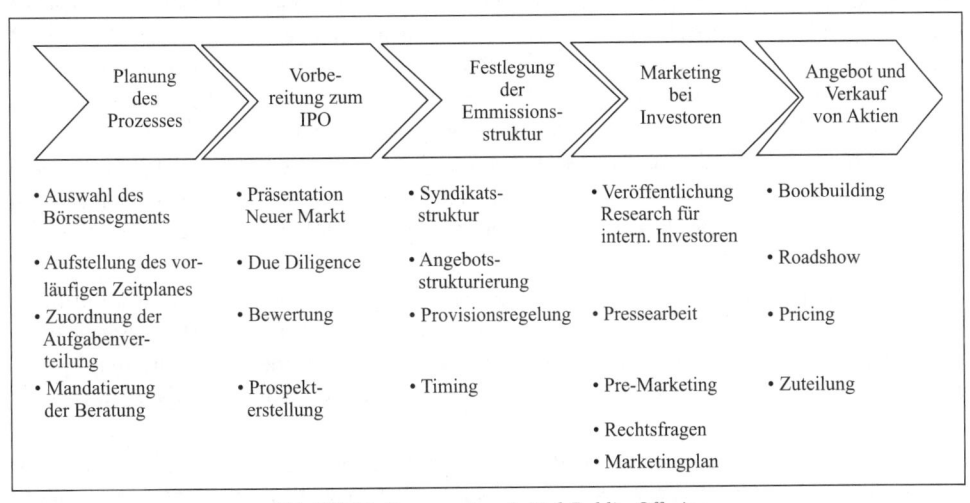

Planung des Prozesses	Vorbereitung zum IPO	Festlegung der Emissionsstruktur	Marketing bei Investoren	Angebot und Verkauf von Aktien
• Auswahl des Börsensegments	• Präsentation Neuer Markt	• Syndikatsstruktur	• Veröffentlichung Research für intern. Investoren	• Bookbuilding
• Aufstellung des vorläufigen Zeitplanes	• Due Diligence	• Angebotsstrukturierung		• Roadshow
• Zuordnung der Aufgabenverteilung	• Bewertung	• Provisionsregelung	• Pressearbeit	• Pricing
• Mandatierung der Beratung	• Prospekterstellung	• Timing	• Pre-Marketing	• Zuteilung
			• Rechtsfragen	
			• Marketingplan	

Abb. VII 13: Prozess eines Initial-Public-Offering

---

[22] Vgl. Schäfer, H. (1998), S. 176
[23] Vgl. Betsch, O./Groh A. P./Lohmann, L. G. E. (1998), S. 264

Börseneinführung wird Secondary Placement genannt, weil die Emissionserlöse den Alteigentümern zufließen. Das Gesamtkapital bleibt durch die Umplatzierung konstant, damit ist der Vorgang bilanzneutral. Zu einer Bilanzverlängerung kommt es bei einem so genannten Primary Placement, neue Aktien werden an der Börse platziert. Zu den derzeitigen Eigentümern treten neue Aktionäre hinzu. Die Emissionserlöse fließen in das Aktienunternehmen, damit steigen Liquidität und somit auch Eigenkapital.

Weitere Motive für ein IPO sind:
- Rückwirkungen zwischen den Finanzmärkten und den Absatzmärkten der erstellten Produkte und Dienstleistungen;
- Erhöhung des Bekanntheitsgrades des Unternehmens bzw. des Produktes und damit Steigerung des Umsatzes und der Profitabilität des Unternehmens;
- hoch qualifizierte Führungskräfte anziehen und halten;
- Beteiligung der Mitarbeiter und des Managements am Unternehmen;
- Institutionalisierung der Gesellschaft, um den Erfolgsdruck aufs Unternehmen zu erhöhen sowie
- einfache Regelung der Erb-, Nachfolge- und Abfindungsregelung für den Alteigentümer.

Ein Börsengang ist ein langwieriger Prozess, der einer expliziten Planung unterliegen sollte, weil viele rechtliche und organisatorische Vorschriften beachtet werden müssen.

2.1.2.2 Management-Buy-out

Management-Buy-out (MBO) bezeichnet den Kauf von Geschäftsanteile (Share Deal), den Erwerb der Vermögensgegenstände (Asset Deal) oder in Kombination durch das bisherige Management. Bei einer MBO handelt es sich um eine Mehrheitsbeteiligung. Eine geringere Beteiligung führt lediglich zu einer Führungskräftebeteiligung, nicht zu MBO, zum sog. Employee-Buy-out (EBOs). Die restlichen Anteile an der neuen Gesellschaft halten Investmentbanken, Venture Capital-Gesellschaften oder Buy-out-Fonds. Kaufen firmenfremde, externe Manager das Unternehmen, wird der Prozess Management-Buy-in (MBI) genannt. Eine andere Finanzierungsmöglichkeit eines MBO ist der Leveraged-Buy-out (LBO), dies bedeutet, ein erheblicher Teil des Kaufpreises (größer 50%) wird durch ein Bankdarlehen fremdfinanziert. LBOs haben das vorrangige Ziel, das Unternehmen in kleinen Teilen zu veräußern und somit ihren Gewinn zu realisieren. Es wird kurzfristig eine Verschuldung eingegangen, um die Transaktionskosten zu bezahlen.

Das Fremdkapital wird durch den erwirtschafteten freien Cashflow wieder zurückgeführt. Diese hohe Verschuldung ist nur bei Unternehmenskäufen sinnvoll, die sehr gute Zukunftsaussichten haben, und wenn sichergestellt ist, dass die Verbindlichkeiten schnell durch den Cashflow zurückzuführen sind.

Eine besondere Form der Buy-Outs sind die sog. „Hostile Takeover" oder „Unfriendly Takeover" (feindlichen oder unfreundlichen Übernahmen). Eine feindliche Übernahme ist dadurch gekennzeichnet, dass ein „feindliches" Unternehmen durch den Kauf einer (qualifizierten) Mehrheit die Anteile an einem Unternehmen übernimmt. Dies widerspricht den Willen des Managements des Unternehmens.

Das Risiko des Unternehmenskaufs wird durch Insiderkenntnisse des Managements, wie z.B. Informationen über Absatz- und Beschaffungsmarkt, die finanziellen Verhältnisse, vorhandene Geschäftsverbindungen, Branchenkenntnisse sowie interne Unternehmensinformationen, verringert.

Grundsätzlich bestehen zwei Möglichkeiten der Übernahme, der Asset Deal und der Share Deal. Beim Asset Deal werden alle Aktiva und alle Verbindlichkeiten des Targets erworben, d.h. das gesamte Vermögen und die Verbindlichkeiten in den einzelnen Positionen der Bilanz werden beim Käufer bilanziert. Übersteigt der Kaufpreis die Differenz des Zeitwertes der Aktiva und der Schulden, kann die Differenz als Goodwill ausgewiesen und abgeschrieben werden. Das Vermögen und die Verbindlichkeiten des Targets übernimmt die neu gegründete Muttergesellschaft. Der Share Deal beinhaltet die Übernahme der Anteile der Gesellschaften. Der Käufer bilanziert seinen Anteilserwerb. Ein erhöhter Kaufpreis wird als Anschaffungskosten dem Beteiligungswert hinzugerechnet und kann deswegen nicht als Goodwill aktiviert werden. Für den Veräußerer ist der Share Deal die einfachere Lösung, weil er sämtliche Verbindlichkeiten auf den Käufer überträgt. Der Käufer wird den Asset Deal bevorzugen, weil er einzelne Aktiva und den Goodwill abschreiben kann.

Motive des Verkäufers für MBOs	Motive des Käufers für MBOs
• Fortführung des Betriebes	• Schritt in die Selbständigkeit
• Eigenständigkeit bewahren	• MBO-Transaktionen geringeres Risiko
• nicht an die Konkurrenten verkaufen	• Nutzung von Synergieeffekten
• zu erzielende Verkaufserlöse	• angemessene Renditen erzielen
• Beibehaltung der Kunden- und Lieferantenbeziehung	• Neubewertung durch Steuervorteile, Publizität, Stärkung der Kreditwürdigkeit
• Arbeitsplatzsicherung der Angestellten	• unterbewertete Aktiva
• freiwilliges Ausscheiden der Gesellschafter	• Unterbewertung durch Fehleinschätzung
• Realisierung des Zeitwertes des Unternehmens	• Diversifikation des Produkt- bzw. Unternehmensportfolios
• Rückbesinnung auf Kernkompetenzen	• Einsparungen bei Forschung und Entwicklung
• Privatisierung staatlicher Unternehmen	• Markterschließung
• Going Private	

Abb. VII 14: Motive für ein MBO

2.1.2.3 Trade Sale

Dabei erfolgt der Verkauf des Unternehmens an einen strategischen Investor, der oftmals in der gleichen Branche tätig ist. Viele Unternehmen sind nach Erreichen einer bestimmten Größe für Wettbewerber so attraktiv geworden, dass diese bestrebt sind, den Ankauf zur Ergänzung der eigenen Produktpalette zu übernehmen. Der Private Equity-Investor kann somit schon im Vorfeld spätere potenzielle Käufer ausmachen und das Unternehmen für bestimmte Käufer attraktiv formen.

2.1.2.4 Secondary Sale

Dabei übernimmt ein anderer Private Equity-Investor ein Beteiligungsunternehmen, welches nicht mehr in das Portfolio oder Investmentstrategie des Verkäufers passt. Der Exit durch ein IPO ist in dieser Phase der Entwicklung und aufgrund der gegenwärtigen Situation des Unternehmens noch nicht möglich. Die Übernahme erfolgt in naher Anlehnung an einen Trade Sale.

2.2 Securitisation als modernes Finanzierungs- und Kapitalmarktinstrument

Die Securitisation ist ein expansives Geschäftsfeld im modernen Investment Banking. In den vergangenen Jahren nahmen die klassischen Formen internationaler Bankkredite zunehmend ab, während gleichzeitig die Bedeutung strukturierter Finanzierungen wuchs. Diese Tendenz zur wertpapiermäßigen Verbriefung von Forderungen wird allgemein als Securitisation bezeichnet und hat zu einer Explosion der Volumina an den internationalen Wertpapiermärkten geführt. Auch im Bereich der Immobilienfinanzierung haben Verbriefungen durch die Ausgabe von Anleihen an den internationalen Kapitalmärkten zunehmend an Bedeutung gewonnen. In Europa wird dieses Finanzierungsprodukt seit Mitte der 90er Jahre zur Finanzierung einer Vielzahl unterschiedlicher Immobilienarten verwendet. Dieser Wandel ist nicht nur Folge des geänderten Investitionsverhaltens der Immobilieninvestoren, sondern auch der Betrachtung einer Immobilie unter Fungibilitäts- und Renditegesichtspunkten. Die so genannten stillen Reserven von Anlageimmobilien in den Konzernbilanzen können in Zukunft erstmals sichtbar werden, wenn große Immobilienbestandshalter ihr Anlagevermögen am Markt monetarisieren wollen. Auch durch die Aufstellung ihrer konsolidierten Abschlüsse nach IAS können die stillen Reserven von börsenorientierten EU-Unternehmen sichtbar werden. Hier sind positive Effekte für die Immobilienbranche zu erwarten. Die Immobilie als Anlageprodukt gerät verstärkt in den Blickwinkel von Unternehmen, wodurch deren Bereitschaft erhöht wird, ihre Liegenschaften in die Hände von Immobilienspezialisten zu geben.

Bemühungen zur Steigerung der Unternehmensperformance erfolgen durch die Ausgliederung nicht betriebsnotwendiger Immobilien in speziell dafür gegründete Gesellschaften oder Portfolios. Eine verantwortliche Ursache für diese Bestrebung ist in der jüngsten Änderung am Finanz- und Kapitalmarkt bei den Eigenkapitalvorschriften für Banken, auch Basel II genannt, zu sehen. Mit den bisher geltenden Richtlinien wird das Eigenkapital der Banken in Relation zu den Risikoaktiven gesetzt. Unter Risikoaktiva sind in erster Linie das Kreditvolumen, die risikobehafteten Wertpapierbestände sowie Geschäfte mit Adressenausfall und Marktrisiken zu verstehen. Verluste müssen aus dem Eigenkapital getragen werden. Dadurch kommt es zu einer Verteuerung von Krediten, insbesondere für mittelständische Unternehmen. Dies wird dann zunehmend zu einer Verbreitung von Finanzierungsinstrumenten am Markt führen. Zunehmende Komplexität und die immer größer werdende Volumina bei Immobilientransaktionen erhöhen die Bedeutung der Securitisation. Es ist ein rasanter Anstieg der Transaktionen in Anzahl und Volumen zu verzeichnen, der sich aus den geschilderten veränderten Marktbedingungen ergibt. Es kommt zu einer wachsenden Nachfrage für Investmentprodukte mit höherer Rendite bei vergleichbarem Risiko und einer steigenden Zahl an Emittenten. Der Markt der Securitisation ist in den mehr als zehn Jahren seines Bestehens in vielerlei Hinsicht gereift. Die Investoren kommen nicht nur ausschließlich aus den USA, sondern auch zunehmend aus anderen Erdteilen. Es handelt sich bei diesen Investoren hauptsächlich um Banken, die über das nötige Wissen zur Beurteilung solcher Transaktionen verfügen.

Durch die Begebung einer Anleihe ersetzt die Securitisation traditionelle Finanzierungsinstrumente, wie Bankkredite, und führt zu einer Erweiterung der Finanzierungsquellen. Damit wird es Investoren ermöglicht, direkt auf den Kapitalmarkt zuzugreifen. Die Securitisation stellt folglich als modernes Finanzierungs- und Kapitalmarktinstrument eine alternative Finanzierungsmöglichkeit für Unternehmensinvestitionen dar.

2.2.1 Asset Backed Securities

Die Securitisation ist eine Form der Fremdfinanzierung und wird in ihren verschiedenen Ausprägungen von Unternehmen und Banken alternativ zur Kreditaufnahme als Mittel der bilanzunwirksamen Finanzierung eingesetzt. Sie ist gleichbedeutend mit Verkauf, Übertragung oder Verpfändung der jeweiligen Aktiva an ein insolvenzfernes Finanzierungsvehikel in Form einer Kapitalgesellschaft oder eines Trust, die zur Refinanzierung derselben Anleihen oder Zertifikate an Investoren ausgibt. Für diese Investoren (Banken, Versicherungen und spezialisierte Fonds) stellt dieser Aktiva-Pool oder die Verpfändung derselben einen Sicherheit für die Tilgung ihrer Anleihen dar. Die Tilgungszahlungen werden entweder aus dem Cashflow, den diese Aktiva generieren, oder gegebenenfalls aus dem damit erzielten Verkaufs- bzw. Liquidationserlös geleistet. Die Securitisation als moderne Form der Unternehmensfinanzierung stellt demnach eine Verlagerung der Geldmittelaufnahme zu Lasten der Bankkredite und zugunsten der Geld- und Kapitalmärkte dar. Kreditnehmer wenden sich zum Zwecke der Refinanzierung bestehender Verbindlichkeiten und zur Deckung eines neuen Finanzbedarfs zunehmend direkt an Kapitalgeber mit dem Ziel, unter Umgehung der Kreditinstitute, die Finanzierungskosten zu senken. Internationale Investoren, vor allem aus Europa, bei denen sich hohe Liquiditätsreserven angesammelt haben, bevorzugen ihrerseits eine Anlage in Wertpapieren erstklassiger Emittenten gegenüber niedrig verzinslichen Bankeinlagen. Internationale Großbanken, die bislang die Vermittlung indirekter Kreditbeziehungen zum Geschäftsinhalt hatten, gehen daher heute vermehrt zur Vermittlung direkter Kreditbeziehungen über.

2.2.1.1 Definition, Motive

Der Begriff Asset Securitisation steht für eine neue Finanzierungstechnik, die vor allem in den USA und zunehmend auch in Europa großen Erfolg hat. Dabei werden Finanzaktiva (Assets) aus der Bilanz eines Unternehmens (Originator) ausgegliedert und vom restlichen Unternehmen durch einen eigens zum Zwecke der Finanzierung gegründeten Finanzintermediär über die internationalen Geld- und Kapitalmärkte refinanziert.

Diese Finanzierung erfolgt entweder durch die Ausgabe von Wertschriften (Asset Backed Securities) oder durch die Aufnahme syndizierter Kredite (Asset Backed Loans). In diesem Zusammenhang bedeutet die Securitisation die Umwandlung von illiquiden Vermögenswerten in liquide, handelbare Wertpapiere. Hierbei werden Asset Backed Securities (ABS) als Wertpapiere verstanden, die auf der Bewertung und Verbriefung von einem oder mehreren Forderungsportfolios basieren. Im Unterschied zu traditionellen Unternehmensanleihen, bei denen die Beurteilung der Zahlungsfähigkeit des Emittenten aufgrund seiner Kreditwürdigkeit im Mittelpunkt steht, wird bei ABS ausschließlich auf den Cashflow der zugrunde liegenden Vermögenswerte abgestellt.

In Europa ist die Asset Securitisation zurzeit noch ein Premium-Geschäft. Das bedeutet, dass bis heute erst wenige Fachleute über die dafür notwendigen Kenntnisse verfügen. Das nötige Know-how der Asset Securitisation kommt vorwiegend aus London. Dort haben sich in den meisten größeren US-amerikanischen und europäischen Banken Abteilungen gebildet, welche sich entweder auf die Durchführung eigener Transaktionen konzentrieren oder die Asset Securitisation als Finanzdienstleistungsprodukt für ihre Firmenkunden anbieten.

2.2.1.2 Auswahl der zu verbriefenden Aktiva

Obwohl in aller Regel Forderungen in einer ABS-Transaktion verbrieft werden, eignen sich auch Gegenstände des Anlagevermögens oder immaterielle Vermögenswerte zur Verbriefung. Die

Bandbreite der verwendbaren Assets reicht neben den Forderungen von Filmrechten, Patenten und Konzessionen bis hin zu Gebäuden und Fuhrparks. Auch reine Cashflows können verbrieft werden. Sind die Forderungen hypothekarisch gesichert wie beispielsweise Bankkredite, werden sie als Mortgage Backed Securities bezeichnet. Für Investoren mit hinreichend großen Immobilienportfolios bieten sich als verbriefungsfähige Assets die Forderungen aus Miet- und Pachtverträgen an.

Aufgrund der Homogenität, der Regelmäßigkeit von Forderungen und der daraus ableitbaren Cashflows sind diese, je nach Ausgestaltung der Mietverträge und der Wiedervermietbarkeit der Objekte, auch zur mittel- bis langfristigen Finanzierung geeignet. Eine Übersicht der einzelnen Forderungen im Rahmen der ABS soll die Abb. VII 15 liefern.

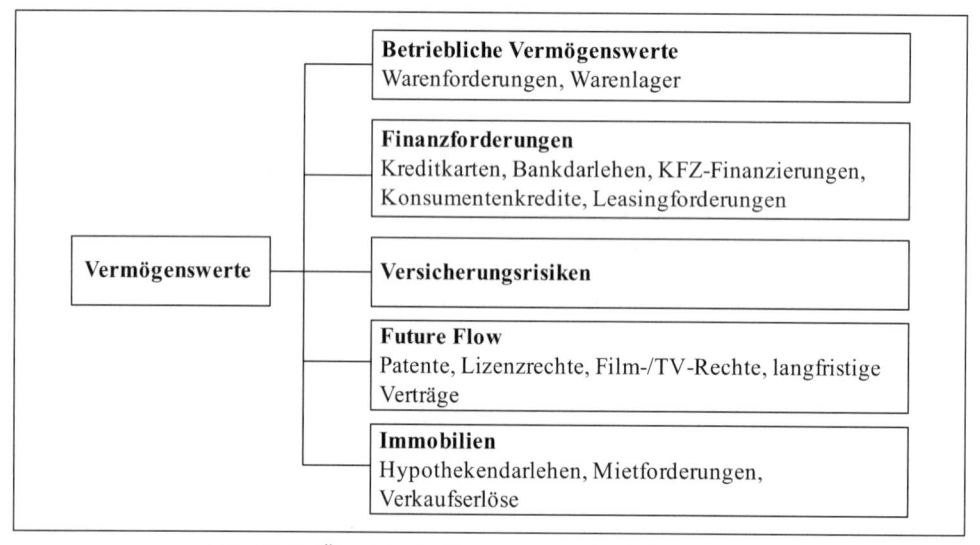

```
Vermögenswerte ─┬─ Betriebliche Vermögenswerte
                │   Warenforderungen, Warenlager
                │
                ├─ Finanzforderungen
                │   Kreditkarten, Bankdarlehen, KFZ-Finanzierungen,
                │   Konsumentenkredite, Leasingforderungen
                │
                ├─ Versicherungsrisiken
                │
                ├─ Future Flow
                │   Patente, Lizenzrechte, Film-/TV-Rechte, langfristige
                │   Verträge
                │
                └─ Immobilien
                    Hypothekendarlehen, Mietforderungen,
                    Verkaufserlöse
```

Abb. VII 15: Übersicht der Vermögenswerte im Rahmen der ABS

Diese Darstellung lässt erkennen, dass zur Besicherung der Wertpapiere sowohl Aktiva von Banken und Finanzdienstleistern als auch Aktiva von Unternehmen in Frage kommen.

Durch die Entstehung der Vermögensansprüche steht zunächst die Auswahl der zu verbriefenden Klasse an Aktiva für den Originator im Zentrum des Interesses. Dies ist gleichzeitig die erste Phase der Asset Backed Securities-Finanzierung, in der die Investmentbank ihr Know-how in Form von Beratungsleistungen einbringen kann. Ziel ist es, die richtige Entscheidung über die Anlageklasse zu finden, die durch die Begebung von entsprechenden Wertpapieren refinanziert werden soll. Diese Auswahl ist sehr stark von den jeweiligen Aktivitäten des Originators abhängig. Es ist sinnvoll, die verschiedenen Varianten von Asset Backed Securities dem Originator darzustellen, um ihm damit eine Auswahl der zu verbriefenden Vermögenswerte aufzuzeigen.

2.2.1.3 Weitere Arten der Securitisation

Die Termini strukturierte Finanzierung und Securitisation werden synonym verwendet, wobei der erstgenannte Begriff durch Definitionen einen größeren Begriffsumfang hat. Er bezieht sich neben ABS auch auf andere Techniken, die wie folgt erläutert werden.

Future-Flow-Securitisation: Darunter wird die Verbriefung künftiger Umsätze, bei der die Wertpapiere mit bestimmten im Laufe des normalen Geschäftsbetriebes von einem Unternehmen erwirtschafteten Umsatzerlösen besichert werden, wie beispielsweise Exportforderungen, Abrechnungs- und Nutzungsgebühren, Gastarbeiterüberweisungen etc. (weitere Forderungen siehe wie vorstehend bereits in Aktiva im Rahmen der ABS beschrieben) verstanden.

Operating-Assets-Securitisation: Hierunter ist die Verbriefung des Betriebsvermögens, des gesamten Unternehmensvermögens oder der einzelnen Geschäftseinheit zu verstehen. Bei dieser Form der Securitisation bildet der Kern des Betriebsvermögens eines Unternehmens die Sicherheit. Diese Art der Besicherung hat in der Regel eine starke Immobilienkomponente.

Synthetische Securitisation: Als eine Kombination aus strukturierter Finanzierung und Kreditderivaten hat sich in jüngster Zeit die synthetische Securitisation als Mittel für Banken herausgebildet, die mit bestimmten Aktiva verbundenen Risiken verlagert, ohne die jeweiligen Aktiva selbst auf ein Special Purpose Vehicle (SPV) zu übertragen. Bei dieser Form sind teil- und vollfinanzierte Securitisation zu unterscheiden.

2.2.1.4 Konzeptionen einer ABS-Transaktion

Im Zentrum einer ABS-Transaktion steht eine Zweckgesellschaft, das Special Purpose Vehicle (SPV). Die folgende Abbildung zeigt alle Beteiligten auf, die im Rahmen einer ABS-Transaktion auftreten.

Für die erfolgreiche Umsetzung einer ABS-Struktur ist ein echter Forderungsübergang, auch True Sale genannt, sicherzustellen. Das Kriterium hierzu stellt der wirtschaftliche Übergang des Eigentums dar.

Special Purpose Vehicle (SPV): Das SPV ist eine eigens zum Zwecke der Finanzierung gegründete, rechtlich selbständige und insolvenzferne Unternehmenseinheit in Form einer Kapitalgesellschaft oder eines Trust, die zur Refinanzierung derselben Anleihen oder Zertifikate an Investoren ausgibt. Das SPV transformiert als Forderungskäufer illiquide Vermögenswerte in liquide Mittel. Es erwirbt die Finanzaktiva vom verkaufenden Unternehmen (Originator) und finanziert den Kaufpreis durch die Emission geeigneter Wertpapiere am Kapitalmarkt auf Basis der Vermögenswerte. So ist die Aufgabe des SPV, die notwendigen Finanzmittel zu beschaffen sowie ABS auszugeben. Es tritt dabei als Emittent im Rahmen einer ABS-Transaktion auf. Das SPV ist verpflichtet, den Investoren die fälligen Zins- und Tilgungszahlungen zu erbringen. Dieser Verpflichtung kommt das SPV nach, indem es die vom Forderungsverkäufer (Originator) regelmäßig eingezogenen Forderungen an die Investoren der ABS in Form von Zinszahlungen oder Tilgungen weiterleitet. Der Ankauf des Portfolios erfolgt regresslos, d. h., das zu tragende Ausfallrisiko geht auf das SPV über. Es ist in seiner Geschäftstätigkeit auf diese Aufgaben beschränkt. Das SPV hat nach gängiger Praxis seinen Sitz im regulatorisch und steuerlich begünstigten Ausland. Es sollte unabhängig sein, so dass eine Zurechnung zum Konsolidierungskreis im Kontext der Rechnungslegung weder für das forderungsverkaufende Unternehmen noch für die beratende Bank vorzunehmen ist. Aus diesem Grund weisen typischerweise Trust Companies Eigentum an der gegründeten Zweckgesellschaft auf. Diese sind eine von dritten errichtete Stiftung. So bestehen keine gesellschaftsrechtlichen Verbindungen zum Forderungsverkäufer.

Originator: Ein Unternehmen, das seine Finanzaktiva verbrieft, wird als Forderungsverkäufer bzw. als Originator bezeichnet. Dieser verkauft seine zu einem Pool zusammengefassten Assets an das SPV gegen Zahlung des Kaufpreises. Der Originator erhält im Gegenzug vom SPV den Barwert seiner Forderungen abzüglich einer Provision. Betreuung und Einzug der Forderungen verbleiben auf der Grundlage eines Geschäftsbesorgungsvertrages beim Originator. Der Originator haftet regelmäßig nur für den Bestand der Forderungen, nicht aber für die Durchsetzung der Forderun-

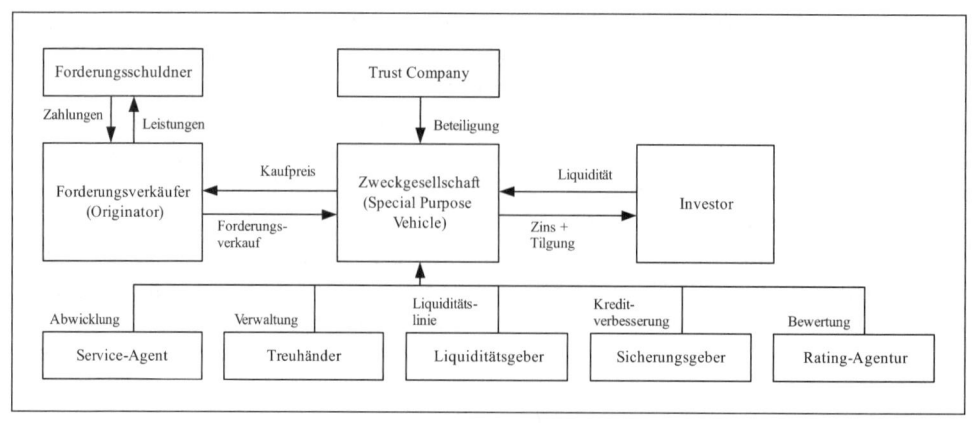

Abb. VII 16: Grundstruktur einer Asset Backed Securities-Transaktion[24]

gen. Daraus resultiert, dass die Forderungen bzw. der Forderungspool nicht mehr beim Originator bilanziert werden muss. Dies wird als eine bilanzfreie Wirkung bezeichnet. Damit der Originator überhaupt eine Verbriefung schnell und effizient vollziehen kann, muss der Forderungspool folgende Voraussetzungen erfüllen: viele möglichst gleichgroße, homogene Forderungen, eine hohe Anzahl von Schuldnern, die nach Möglichkeit in unterschiedlichen Marktsegmenten tätig sind, sowie regelmäßige und nachhaltige Cashflows. Der Originator hat durch ABS-Transaktionen einen indirekten Zugang zum Kapitalmarkt und somit günstigere Konditionen im Vergleich zu den herkömmlichen Fremdfinanzierungsquellen.

Service-Agent: Hierbei kann es sich um den Originator selbst oder um einen Dritten handeln. Der Service-Agent kümmert sich um die Abwicklung der Zahlungsströme bzw. überwacht diese. Er kümmert sich um die Verwaltung der Aktiva, um die Beitreibung der Forderungen sowie um die Verfolgung von Fällen des Zahlungsverzuges oder des Kreditausfalles. Das Servicing der Vermögenswerte bleibt in der Regel Aufgabe des Originators. Zur Bezahlung seiner Leistung bekommt der Service-Agent vom Originator eine Gebühr, die als Service Fee bezeichnet wird. Der ursprüngliche Forderungsschuldner bemerkt den Forderungsübergang von Originator auf das SPV nicht und er wird auch weiterhin seine Zahlungen an den Originator leisten.

Treuhänder: Aufgabe des Treuhänders ist die treuhänderische Verwaltung der verbrieften Vermögenswerte. Er kümmert sich um eine vertragskonforme Erfüllung der gesamten Transaktion. Ihm kommt damit eine wichtige Überwachungsfunktion zu.

Liquiditätsgeber: Hierbei handelt es sich meistens um Banken, die eine Liquiditätslinie zum Spitzenausgleich stellen, d. h. sie werden bei Liquiditätsengpässen eingeschaltet. Engpässe kommen zustande durch vorübergehende Inkongruenz des Cashflows aus dem Aktiva-Pool und Zahlungsverzug von fälligen Zahlungen, die mit den verbrieften Anleihen in Zusammenhang stehen. Bedingt sein können solche Engpässe durch Verzögerungen bei der Übertragung der Mittel, einer steigenden Zahl von Verzugsfällen oder technischen Pannen. Für Verluste, die durch Liquiditätsprobleme im Asset-Pool entstehen, kommt der Liquiditätsgeber jedoch nicht auf.

Sicherungsgeber: Um die bonitätsmäßige Einstufung der Transaktion durch die Ratingagenturen zu verbessern, wird im Rahmen der Strukturierung auf Instrumente der Kreditverbesserung, sog.

---

[24] Vgl. Achleitner, A.-K. (2000), S. 419

Credit Enhancement, zurückgegriffen. Der Sicherungsgeber wird als Credit Enhancer bezeichnet. Zur Verbesserung der Kreditqualität der Vermögenswerte, die der Transaktion zugrunde liegen, geben die Sicherungsgeber über die Qualität der Vermögenswerte hinausgehende, nachrangige Sicherungslinien. Als ein solcher externer Sicherungsgeber kommen Versicherungsunternehmen, Banken oder auf die Vergabe von Finanzgarantien spezialisierte Monoline-Versicherer in Frage.

Ratingagenturen: Die Bewertung durch die Ratingagenturen, die das Forderungsausfallrisiko auf Basis von historischen Ausfallraten beurteilen, stellt den Schlüssel zur Gewinnung der Investoren dar, da diese die Werthaltigkeit der Forderungsportfolios nur eingeschränkt einschätzen können. Für den Originator bedeutet dies damit auch, dass er seine Finanzierung im Wege von Asset Backed Securities von seinem eigenen, individuellen Kreditrisiko abkoppeln kann.

Investor: Als Investoren kommen auf der Finanzierungsseite folgende Finanzierungsalternativen in Betracht: Banken und Finanzinstitute, kurzfristiger Geldmarkt und langfristiger Kapitalmarkt. Insbesondere mit den geplanten Änderungen der Eigenkapitalvorschriften durch Basel II kann die Risikogewichtung für verbriefte Assets feiner abgestuft werden. Dadurch kann es zu einer Reduktion der Eigenkapitalunterlegung für Triple-A-Tranchen von 8% auf 1,6% kommen und ein Engagement erscheint für die genannten Investoren als günstig.

2.2.1.5 Mortgage Backed Securities

Mortgage Backed Securities (MBS) sind Wertpapiere, die durch hypothekarisch besicherte Darlehen unterlegt und von Banken begeben werden. Diese Gruppe der ABS umfassen damit nur zugesicherte Zahlungsströme, die in irgendeiner Form durch Immobilien besichert werden. Die folgende Abbildung zeigt beispielhaft die Einteilung von ABS und MBS im Überblick.

```
                    Asset Backed Securities (i.w.S.)
                              |
           ┌──────────────────┴──────────────────┐
  Asset Backed Securities (i.e.S.)      Mortgage Backed Securities
           │                                     │
   Forderungen aus Kreditkarten          Forderungen aus
                                         Hypothekendarlehen (privat)
           │                                     │
   Forderungen aus Lieferungen           Forderungen aus
   und Leistungen                        Hypothekendarlehen (gewerblich)
           │                                     │
   Forderungen aus Immobilien            Wohnungsbaudarlehen
           │                                     │
   Forderungen aus Lizenzen              Verbriefte Baudarlehen
   und Patenten
```

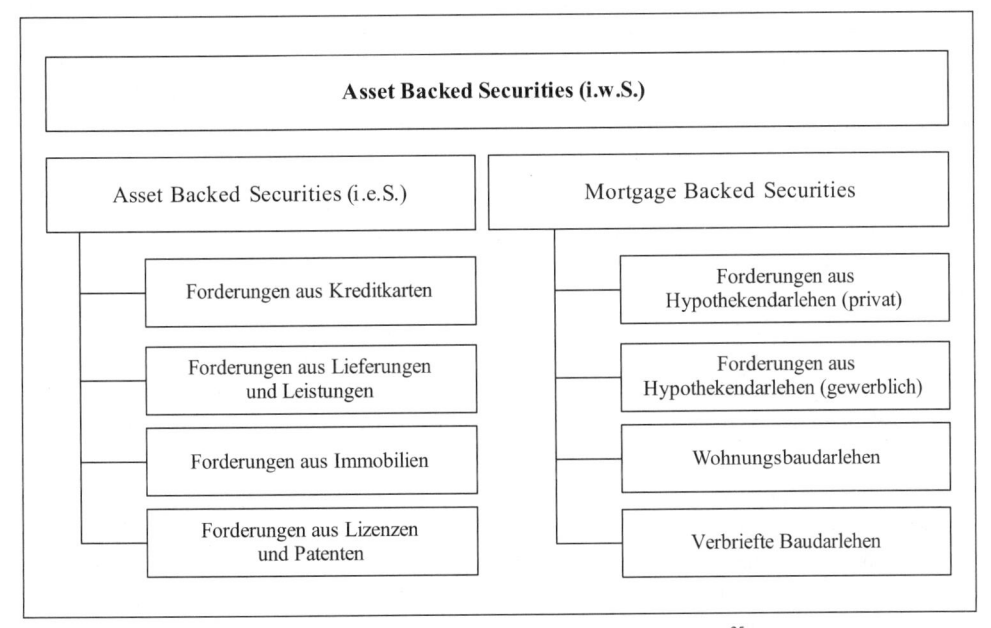

Abb. VII 17: Unterteilung der Asset Backed Securities[25]

---

[25] Westdeutsche Immobilienbank AG (Hrsg.) (2001), S. 93; Glüder, D. (2002), o. S.

Auf MBS zur Refinanzierung eigener bonitätsmäßig hochwertiger Portfolios greifen insbesondere Hypothekenbanken und andere Finanzdienstleister zurück. Seit ihrer Erstauflage 1970 in den USA hat sich der Markt für MBS zu einem der größten Wertpapiermärkte entwickelt. In Europa konnten sich MBS bisher nur in Großbritannien etablieren. Bei dieser Art von immobilisierten Schuldverschreibungen im engeren Sinne verkaufen Banken, Versicherungen oder andere Unternehmen ein Portfolio aus Hypothekendarlehen an ein SPV, wobei das Portfolio der vorrangigen Besicherung der MBS dient. Das SPV hat den alleinigen Zweck der Refinanzierung der Hypothekendarlehen durch die Ausgabe von MBS.

Die Hypothekenfinanzierung in Europa stellt ein enormes Potential für MBS dar. Es besteht ein sehr großes Volumen an Hypothekendarlehen, die bislang noch nicht verbrieft worden sind. Nach der Höhe der ausstehenden Wohnungsbauhypotheken ist der deutsche Wohnungsbaumarkt der größte in Europa: Der hohe Anteil von Mietwohnungen und die teilweise Hypothekenfinanzierung des sozialen Wohnungsbaus in Deutschland erklären u. a. das große Volumen des deutschen Hypothekenmarktes. In den USA haben sich innerhalb der MBS verschiedene Subformate entwickelt. Die Überlegungen, die diesen Subformaten zugrunde liegen, lassen sich am besten im Hinblick auf die drei auftretenden Typen von Zahlungen darstellen.

Im Rahmen der hypothekarischen Finanzierung von Immobilien lassen sich drei Arten von Cashflow-Strömen unterscheiden:

- Planmäßige Zinszahlungen (Interest),
- Planmäßige Tilgungszahlungen (Principal) und
- Vorauszahlungen (Prepayments).

Vorauszahlungen erfolgen, wenn ein Kreditnehmer Tilgungszahlungen vor dem geplanten Tilgungszeitpunkt leistet. Damit ergibt sich für den Kreditgeber im Hinblick auf den Verkauf des Forderungsportfolios das Risiko, dass Forderungen schon vor Ende der durchschnittlichen Laufzeit, auch Duration genannt, abgelöst werden. Da die Duration ex ante nie genau bekannt ist, akzeptieren die Investoren eine Zinsvereinbarung, ohne eine bestimmte Kapitalbindungsdauer zu kennen. Dieses Risiko wird auch als Prepayment Risk bezeichnet.

Die einfachste Struktur eines MBS stellt die Pass-Through-Variante als Festzinsanleihe dar. Die Zahlungsströme werden hierbei gepoolt und an die Investoren weitergeleitet, wobei alle Investoren hinsichtlich des Cashflows und den Risiken eine identische Position einnehmen. Durch die direkte Weiterleitung der eingehenden Cashflows können die Investoren unmittelbar von Zahlungsausfällen und Zahlungsverzögerungen betroffen sein. Bei der Pass-Through-Variante erwerben die Investoren Eigentumsrechte an einem Hypothekenpool, der durch einen so genannten Grantors Trust (Treuhandgesellschaft) verwaltet wird. Des Weiteren stellt die Pass-Through-Konstruktion über den Verkauf der Hypothekendarlehen für den Emittenten eine bilanzielle Entlastung dar und ist dadurch vorteilhaft.

Neben der Pass-Through-Variante gibt es bei den MBS die so genannte Pay-Through-Variante, auch Anleihenkonzept genannt. Diese Strukturierungsform wurde entwickelt, um Prepayment Risiken für die Investoren zu vermeiden. Hierbei soll ein zwischengeschaltetes Zahlungsstrommanagement die Steuerung und Durchführung der Cashflow-Ströme übernehmen. Es werden nicht mehr die vorzeitigen Rückzahlungen direkt und zeitgleich an die Investoren geleitet, sondern verbleiben beim SPV. Gelder werden bis zum Auszahlungstermin in Geldmarktpapiere investiert. Die Zinserträge aus den angelegten Finanzmitteln können zur Besicherung der Cashflow-Ströme verwendet oder als Gewinn an den Originator abgeführt werden.

Damit ist der Kerngedanke einer MBS entwickelt. So kann das Fremdkapital für Immobilienprojekte direkt über den Kapitalmarkt unter der Ausnutzung einer internationalen Investorenbasis generiert werden. Für anlagesuchendes Kapital wird dabei die Struktur nicht nur attraktiv durch eine interessante Risiko-Ertrags-Relation, sondern auch durch die erleichterte Handelbarkeit dieser Fremdkapitaltranchen an den Kapitalmärkten. Damit sich die Verbriefung von Immobilienrisiken allerdings ein weiter reichendes Potential schaffen kann, müssen die gewählten Strukturen die Interessen aller Beteiligten angemessen berücksichtigen. Beabsichtigt ist also nicht die bloße Übernahme von Konstruktionen aus anderen Märkten, sondern die Anpassung auf die konkreten Zielsetzungen der jeweiligen Transaktionen. Die Flexibilität der Strukturen und Verwendungsmöglichkeiten, aber auch die Notwendigkeit einer detailgenauen Umsetzung kennzeichnen daher die Verbriefung als Bestandteil des REIB.

2.2.1.6 Vorteile einer Asset Securitisation

Die Vorteilhaftigkeit von solchen umfangreichen Transaktionen und die Vorteile der Asset Securitisation sind sehr stark von der jeweiligen finanzwirtschaftlichen Situation des Unternehmens, von den rechtlich und technisch machbaren Rahmenbedingungen sowie von der unmittelbaren Verwendung des Verkaufserlöses durch den Originator abhängig. Die folgende Abbildung stellt im Einzelnen die Vorteile einer Asset Securitisation dar.

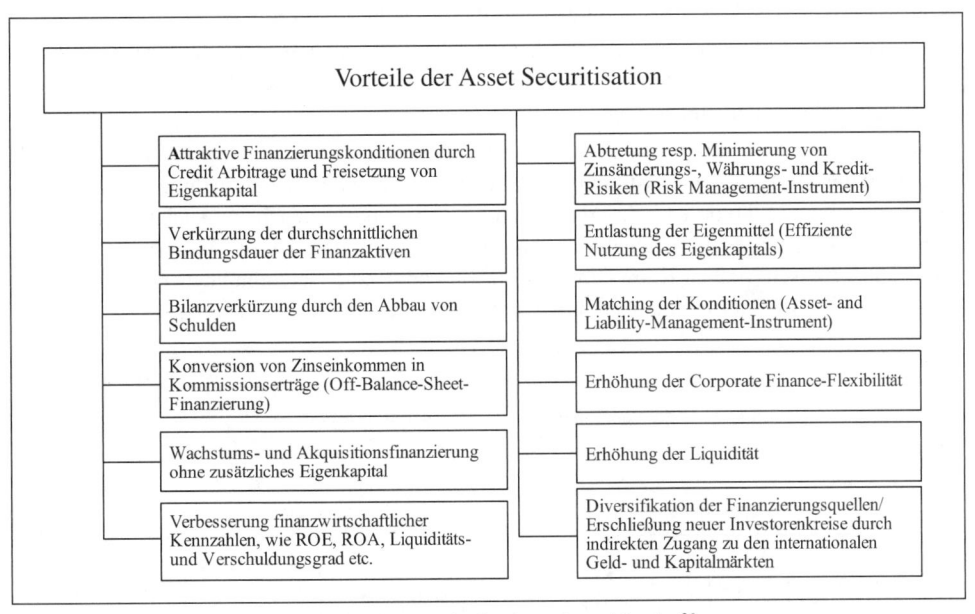

Abb. VII 18: Vorteile der Asset Securitisation[26]

Angesichts dieser Vorteile wird deutlich, dass im Verkauf von Forderungen ein Aktivtausch vorliegt. Der Aktivtausch führt zu einer Veränderung der Vermögensstruktur, ohne dass sich die Bilanzsumme vergrößert oder verringert.[27] Der direkte Vorteil der ABS liegt im sofortigen Cashflow vor dem Ende der Laufzeit der Forderungen.

---

[26] Bär, H.-P. (1997), S. 32
[27] Vgl. Wöhe, G. (2010), S. 617 ff.

2.2.1.7 Risiken einer Asset Securitisation

Für die ABS-Investoren besteht das Risiko, dass die den Wertpapieren zugrunde liegenden Kredite ausfallen oder dass Liquiditätsengpässe oder Zahlungsverzögerungen auftreten können. Das SPV finanziert sich ausschließlich aus den vertraglich festgelegten Zahlungsströmen. Darüber hinaus verfügt es über keine weiteren Eigenmittel, so dass hier weitere Sicherheiten entfallen. Um diesen Risiken entgegenzuwirken, werden Credit Enhancer eingeschaltet, welche eine frist- und betragsgerechte Bedienung der Wertpapiere garantieren.[28] Um ein zur erfolgreichen Platzierung notwendiges optimales Ratingurteil durch unabhängige Ratingagenturen zu erhalten, ist es notwendig, alle potentiell auftretenden Risiken speziell zu beurteilen und bei Bedarf einzeln abzusichern. Aus Bankensicht können sich folgende Risiken ergeben:

- Verschlechterung der durchschnittlichen Bonität der in der Bilanz verbleibenden Kredite, wodurch sich das Geschäftsrisiko der Kreditbank erhöht und zu einer Ausweichstrategie des Unternehmens führen kann,
- aufwendige und komplizierte Bewertung impliziter Risiken im Securitisationsvertrag bei der Festlegung kapitalmarktgerechter Rendite-/Risiko-Profile wie beispielsweise durch Ratingagenturen,
- hohe Kostenverursachung durch die Versicherung von Securitisationsverträgen,
- aufwendige und rechtlich sehr komplizierte Art der Finanzierung sowie
- fehlende Flexibilität und deren Auswirkung auf die Kunden-Bank-Beziehung nach einer vertraglich fixierten ABS, besteht beispielsweise keine Möglichkeit, dem Kunden eine Stundung der Verbindlichkeiten einzuräumen.

Bei näherer Betrachtung kann davon ausgegangen werden, dass die Nachteile nur marginal sind, da es sich bei den Originatoren meist um renommierte Banken und Großunternehmen, die aufgrund ihrer Reputation auf die ordentliche Abwicklung der Transaktionen achten. Auch prüfen Ratingagenturen und Credit Enhancer genau, wie sich die Kredite zusammensetzen. Da auch die Investoren von einem gewissen Maß an Know-how profitieren, können die Gefahren eines Fehlschlages im Rahmen einer ABS-Transaktion als relativ gering beurteilt werden.

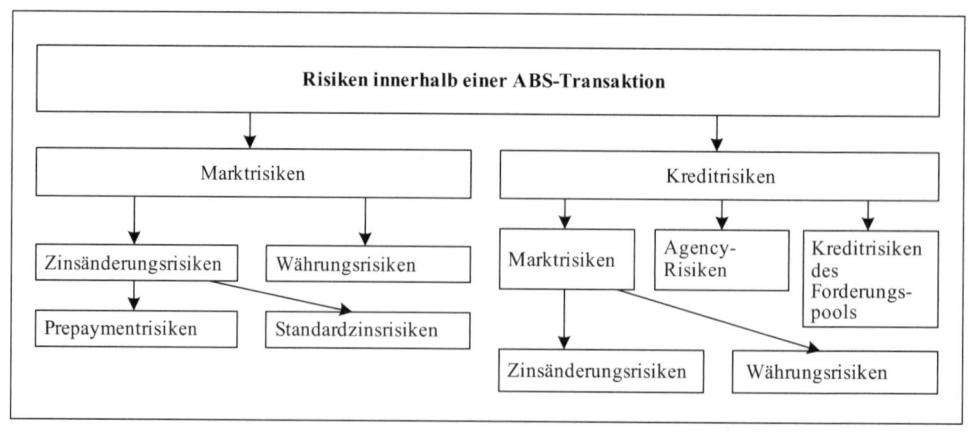

Abb. VII 19: Risiken innerhalb einer ABS-Transaktion[29]

---

[28] Vgl. Bär, H.-P. (1997), S. 193
[29] Vgl. Lindtner, A. (2001), S. 68 ff.

2.2.1.8 Abgrenzung zum Factoring

ABS als selbständiges Rechtsprodukt stellen eine Kombination aus Elementen der Forderungsverbriefung und des Factoring dar. Das Factoring kann, neben den ABS und dem Leasing, als drittes bedeutendes Kreditsubstitut angesehen werden. Factoring bedeutet, den vertraglich festgelegten laufenden Ankauf von Forderungen aus Lieferungen und Leistungen (meist vor Fälligkeit) durch einen Factor, meist ein spezielles Finanzierungsinstitut oder Kreditinstitut. Der Factor übernimmt bestimmte Servicefunktionen und häufig auch das Ausfallrisiko. Insgesamt hat der Factor folgende Funktionen:

- Finanzierungsfunktion (Ankauf und Kreditierung der Forderung)
- Dienstleistungsfunktion (Verwaltung des Forderungsbestandes)
- Kreditversicherungsfunktion (Delkrederefunktion), soweit der Factor das Bonitätsrisiko übernimmt.

Im Vergleich der ABS zum Factoring ergeben sich einige Unterschiede, die in Abb. VII 20 aufgeführt werden.

Asset-Backed-Securities	Factoring
Refinanzierung über das SPV am Kapitalmarkt	Finanzierung über die Bilanz des Factors
Minimierung der Risiken über Diversifikationseffekt	Ankauf von Einzelrisiken bevorzugt
Angebot von günstigeren Finanzierungskonditionen, aufgrund des Diversifikationseffektes und der nicht vorhandenen Gewinnerzielungsabsicht des SPV	Erfahrungen, welche Forderungen gut einzutreiben sind, spielen eine entscheidende Rolle beim Finanzierungsangebot
ABS-Transaktionen erst effizient ab einem Volumen von ca. 30 Mio. €	Für Unternehmen geeignet, die über kleinere Forderungspools verfügen

Abb. VII 20: Vergleich von ABS mit dem Factoring

2.2.2 Property Securitisation

Die Grundstruktur einer Property Securitisation lehnt sich im Wesentlichen an die Strukturen einer ABS-Transaktion an. Der Originator ist das Unternehmen, das die Verbriefung durchführt. Er lässt sich üblicherweise im Prozess der Verbriefung durch einen Arranger beraten. Dieser erstellt die Struktur und platziert die Finanzierung am Markt entweder selbst oder gibt es an Dritte weiter. Zur Erstellung einer Struktur wie beispielsweise die Finanzierungsstruktur oder die Organisationsstruktur ist eine Faktenanalyse im Rahmen einer Due Diligence notwendig. Die Ergebnisse der Due Diligence dienen als Grundlage zur Entwicklung der Finanzierungsstruktur. Diese wird durch die Zielvorstellung des Originators und durch die Realisierbarkeit bzw. die Vermarktung am Kapitalmarkt bestimmt. Aufgabe des Arrangers ist hierbei, die Ziele der beteiligten Parteien in Einklang zu bringen. Er übernimmt somit eine Ausgleichsfunktion. Die Ergebnisse der Due Diligence sowie die Struktur werden den Ratingagenturen zur Verfügung gestellt, die dann schließlich ein Bonitätsrating für die Anleihe bzw. die Tranchen der Anleihe vergibt. Dieses Bonitätsrating gibt den Investoren Hinweise zur Risikobeurteilung für ihre Investitionsentscheidung. Zur Begebung der Anleihe wird

ein weiteres Informationsmemorandum, auch Offering Circular genannt, zusammengestellt. Als Basis für die Investitionsentscheidung fokussieren die Investoren folgende Punkte:
- Rating,
- Transaktionslaufzeit,
- Komplexität der Anleihe und
- beteiligte Sponsoren.

Die strukturelle Ausgestaltung der Immobilienverbriefung ist dann möglich, wenn der Originator seine Zielvorgaben geleistet hat und wenn die Ergebnisse der Due Diligence vorliegen. Bei der Ausgestaltung müssen zwei Bestandteile beachtet werden. Zum einen die strukturelle Einbringung der Vermögenswerte zur Besicherung der Anleihe, auch Asset-Seite genannt, und zum anderen die Strukturierung der Anleihe, die auch als Liability-Seite bezeichnet wird. Bezüglich der Asset-Seite ist es zunächst nicht von allzu großer Bedeutung, ob es sich um eine einzelne Immobilie, um ein Immobilienportfolio oder um eine Vielzahl von Mietern handelt. Das Ziel ist es, die Immobilien in konkurssichere Gesellschaften auszugliedern, sowie die grundpfandrechtliche Eintragung auf die Finanzierungsgesellschaft. So kommen dem Investor im Falle des Konkurses des Originators sämtliche Rechte aus der Immobilie zur Rückzahlung seiner Ansprüche zu.

Bei der Abtretung von Mietforderungen handelt es sich um die Abtretung zukünftiger Forderungen, was nach deutschem Recht unproblematisch möglich ist. Üblicherweise würde der Originator die Forderungen für die Zweckgesellschaft im Rahmen eines Inkassovertrages einziehen. Dies hat den Vorteil, dass der Originator keine gewerbesteuerpflichtigen Verbindlichkeiten aufnimmt. Zwar besteht das Risiko, dass die normalerweise mit vorteilhaften Rechts- und Steuerbedingungen ansässige Zweckgesellschaft durch die Inkassotätigkeit des Originators in Deutschland eine gewerbesteuerpflichtige Betriebsstätte oder einen ständigen Vertreter begründet. Jedoch hat das Bundesfinanzministerium erst kürzlich seiner Absicht Ausdruck verliehen, im Interesse einer Stärkung des deutschen Verbriefungsmarktes die Gewerbesteuerproblematik zugunsten der Zweckgesellschaft zu entschärfen, so dass dieses Risiko zukünftig zumindest für die Verbriefung von Bankforderungen reduziert sein dürfte. Alternativ zum Abschluss eines Abtretungsvertrages besteht die Möglichkeit, zwischen dem Originator und der Zweckgesellschaft einen Darlehensvertrag abzuschließen. Ansprüche der Zweckgesellschaft gegen den Originator auf Zins- und Kapitalzahlungen werden beschränkt auf den aus dem jeweiligen Immobilienportfolio entstehenden Cashflow (Limited Recourse). Zur Absicherung dieser Ansprüche würden dann weitreichende Sicherheiten in Form von Abtretungen der Mietzinsansprüche, Garantien, Bestellung von Grundpfandrechten, Kontenverpfändung und Verpfändung der Gesellschaftsanteile bestellt. Eine Grundvoraussetzung für jede Property Securitisation ist es, die jeweilige Besitzgesellschaft von allen Risiken so weit wie möglich abzuschirmen, d.h. sie muss „insolvenzfest" gemacht werden.

Ein mögliches Beispiel aus der Praxis im Rahmen einer Property Securitisation ist die Verbriefung eines Immobilienportfolios durch die ABN Amro und die JP Morgan 2002, die Transaktionen für die Prologis-Group arrangierte. Hierbei wurde eine Reihe von Logistikimmobilien aus verschiedenen europäischen Ländern im Wege einer Property Securitisation über den Kapitalmarkt finanziert. Ein weiteres Praxisbeispiel ist die Verbriefung von dreizehn Bürogebäuden in London Mitte 1999 in einem Gesamtvolumen von 2,54 Milliarden € für die englische Immobiliengesellschaft British Land Plc. Diese Verbriefung war eine der bahnbrechenden Transaktionen im europäischen Property-Securitisation-Markt.

3 Produkte des Real Estate Investment Banking

3.1 Projektfinanzierung

3.1.1 Einführung

Durch das vermehrte Auftreten von Großprojekten werden die sich ergebenden Finanzierungsanforderungen immer häufiger als Projektfinanzierungen abgewickelt. Diese keineswegs neue Methode zur Gestaltung von großvolumigen Projekten bedient sich einer Vielzahl von Instrumenten und vertraglichen Gestaltungen, um Kapital in Höhe von einigen Millionen bis zu mehreren Milliarden Euro aufzubringen. Die Wünsche der Investoren bei gewerblichen Immobilienobjekten dieser Größenordnung richten sich vor allem auf eine geeignete Risikoverteilung auf alle Projektbeteiligten sowie bilanzneutrale Finanzierungsmethoden. Eine konventionelle Hypothekenfinanzierung kann diesen Wünschen jedoch nicht entsprechen und ist demzufolge für derartige Projekte wenig geeignet. Die Projektfinanzierung wird hingegen als Antwort auf diese Problematik betrachtet, da sie die genannten Anforderungen in sich vereint.

3.1.2 Begriffsbestimmung

Die Komplexität ist ein häufig genanntes Erkennungsmerkmal eines Projektes, wodurch sich schlussfolgern lässt, dass die Projektdurchführung im Vergleich zu betrieblichen Routineaufgaben ein höheres Risikopotential besitzt.[30] Mit dem Begriff Finanzierung werden in der betriebswirtschaftlichen Literatur alle Maßnahmen zur Kapitalbeschaffung und Disposition umschrieben. Vor diesem Hintergrund wurde in der Vergangenheit der Begriff Projektfinanzierung oftmals als Synonym für die Kapitalbereitstellung großer, risikoreicher Investitionsvorhaben verwendet, mit dem Ergebnis, dass auch konventionelle Kreditvergaben als Projektfinanzierungen deklariert wurden.

3.1.3 Abgrenzung der Projektfinanzierung zur traditionellen Kreditvergabe

Vor dem Hintergrund ihrer besonderen Aufgabenstellung unterscheidet sich die Projektfinanzierung grundsätzlich von der traditionellen Finanzierung der Investitionsvorhaben innerhalb eines Unternehmens. Ausgangspunkt der Unterschiede ist die Einzelzweckgesellschaft (Special Purpose Vehicle, SPV), die als Projektgesellschaft das Projekt entwickelt, betreibt und somit auch als Finanzierungsträger fungiert.[31] Weiterhin stellt die Projektfinanzierung nicht wie die traditionelle Kreditfinanzierung hauptsächlich auf werthaltige Sicherheiten und insbesondere die Bonität des Schuldners ab. Somit wird das Konzept der Projektfinanzierung als Abkehr von der klassischen Finanzierungssicht hin zur Kreditgewährung betrachtet, die vorwiegend auf die Wirtschaftlichkeit des Projektes ausgerichtet ist. Die Bonität des Schuldners und dingliche Sicherheiten zur Absicherung der Finanzierung stehen dabei nicht im Vordergrund. Dafür erfordern Projektfinanzierungen eine dynamische, zukunftsorientierte Betrachtung des Kreditengagements anstatt statischer, vergangenheitsorientierter Kreditwürdigkeitsprüfungen. Ein weiteres Unterscheidungsmerkmal zum traditionellen Kreditgeschäft liegt in der regelmäßigen Übernahme wesentlicher Projektrisiken durch die Kreditinstitute. Die folgende Abbildung stellt die grundlegenden Unterschiede im Überblick dar:

---

[30] Vgl. Hupe, M. (1995), S. 10
[31] Vgl. Achleitner, A.-K. (2000), S. 444 f.

	Konventionelle Kreditfinanzierung	**Projektfinanzierung**
Kreditnehmer	bereits am Markt etablierte Unternehmen	neu gegründete Projektgesellschaften (SPV)
Primäres Entscheidungskriterium für Kreditbewilligung	Unternehmensbonität, frei verfügbare Sicherheiten	Projektanalyseergebnis
Betrachtung des Kreditengagements	statisch, vergangenheitsorientiert	dynamisch, zukunftsorientiert

Abb. VII 21: *Projektfinanzierung im Vergleich zur konventionellen Kreditfinanzierung*[32]

3.1.4 Merkmale der Projektfinanzierung

3.1.4.1 Konzeption

In Abhängigkeit vom Umfang der Möglichkeiten der Kreditgeber, Haftungsansprüche gegen die Eigentümer der Projektgesellschaft zu erheben, werden drei Grundformen bzw. Varianten der Projektfinanzierung, nämlich Non, Limited und Full Recourse, voneinander unterschieden. Außerdem ist hier die Off balance sheet Finanzierung zu nennen.

Non Recourse Financing: Bei dieser reinsten Form der Projektfinanzierung werden für die Kreditinstitute keine Rückgriffsmöglichkeiten auf die Projektträger vorgesehen, die über die Kapital- und Sacheinlagen der Projektgesellschaft hinausgehen. Somit stellt die zukünftige Ertragskraft und damit der prognostizierte Cashflow die alleinige Sicherheit dar, was der Bereitstellung von Risikokapital gleichkommt. Da in diesem Fall nur ein Anspruch auf Zins- und Rückzahlung damit verbunden ist und keine Partizipation an einer günstigen Projektentwicklung, versuchen Banken das erhöhte Ausfallrisiko durch höhere Risikoprämien zu kompensieren (Risikoabgeltung). Die erhöhten Finanzierungskosten belasten wiederum die Ertragskraft des Projektes, so dass Non-Recourse-Finanzierungen häufig auch für Sponsoren aufgrund verminderter Ertragsaussichten uninteressant sind.

Limited Recourse Financing: Die Limited-Recourse-Finanzierung wird bei den meisten Projektfinanzierungsvorhaben angewendet. Bei dieser Variante haben die Kreditinstitute nur beim Vorliegen bestimmter Tatbestände und nur in einem begrenzten Umfang die Möglichkeit, zwecks Kredittilgung auf die Projektinitiatoren zurückzugreifen. Hierbei kann die Haftungsbeschränkung sowohl betragsmäßigen als auch zeitlichen Restriktionen unterliegen. Eine Vereinbarung zwischen Projektträgern und Kreditgebern, die vorsieht, dass fehlende Kapitalbeträge bei der zu entrichtenden Kreditannuität nachträglich zu finanzieren sind, könnte ein Beispiel für eine betragsmäßige Haftungsmodalität sein. Jedoch sind in der Praxis häufiger Vertragsklauseln anzutreffen, die zeitlich begrenzte Rückgriffsmöglichkeiten auf Projektinitiatoren vorsehen. Dies resultiert aus den unterschiedlichen Risikostrukturen, die für die verschiedenen Projektphasen anhand von Projektanalysen feststellbar sind. Die Anwendung der Limited-Recourse-Finanzierungsvariante setzt voraus, dass die Haftungsmodalitäten für die einzelnen Projektbeteiligten in einem jeweils umfassenden Vertragswerk geregelt werden. Die Anwendung des Risk-sharing-Prinzips ist daher die Basis für die Durchführung einer Limited-Recourse-Finanzierung.

---

[32] Vgl. Tytko, D. (1999), S. 9

Full Recourse Financing: Sehen die Vertragsbedingungen für die Gläubiger umfassende Rückgriffsrechte auf die das Projekt initiierenden Unternehmen vor, handelt es sich um eine Full-Recourse-Finanzierungsform. Obwohl das zu finanzierende Projekt aus dem bzw. den Unternehmen ausgegliedert wurde, übernehmen die Projektinitiatoren die Haftung für alle, eventuell eintretenden Risiken. Somit entspricht der Haftungsumfang einem normalen Unternehmenskredit, was nicht mehr mit dem Risk-sharing-Gedanken korrespondiert. Zugleich bewirken die umfassenden Haftungsverpflichtungen der Sponsoren, dass die Unternehmensbonität der Projektinitiatoren wieder in den Mittelpunkt der Kreditprüfung rückt. Auch wenn die Ertragskraft eines Projektes, die an den zukünftigen Projekt-Cashflows gemessen wird, weiterhin in die Bonitätsbeurteilung einfließt, ist sie bei dieser Haftungskonstellation nicht mehr das einzige Beurteilungskriterium der Kreditgeber. Aufgrund dieser Tatsache interpretieren einige Autoren die Full-Recourse-Variante auch nicht mehr als Projektfinanzierung.

Off balance sheet financing: Charakteristisch für eine Projektfinanzierung ist die Gründung einer eigenständigen Projektgesellschaft, um ein Projekt aus dem Haftungs- und Finanzierungsbereich der Projektträger auszugliedern. Diese neu gegründete Gesellschaft hat keine ökonomische Vergangenheit und besitzt keine Aktiva, die nicht zum Projekt gehört. Durch die Gründung wird das Projekt rechts- und auch kreditfähig. Die rechtlich selbständige Projektgesellschaft nimmt die zur Finanzierung des Projektes notwendigen Mittel selbst auf, und die Projektträger stellen lediglich das Eigenkapital zur Verfügung. Diese direkte Projektkreditierung verdeutlicht einen grundlegenden Unterschied zu einem traditionellen Kredit, wo der Projektträger gleichzeitig als Schuldner auftritt. Da nicht der Projektträger, sondern die Projektgesellschaft Fremdkapitalnehmer ist, erfolgt der Ausweis der Projektkredite auch nicht in der Bilanz des Projektträgers, sondern bei der kreditnehmenden Projektgesellschaft. Die als Eigenkapitalgeber hinter dem Projekt stehenden Sponsoren weisen in ihrer Bilanz in der Regel lediglich eine Beteiligung aus, nicht aber die hohen Projektkredite, sofern keine Konsolidierungspflicht besteht. Somit verschlechtert sich auch nicht ihr Verschuldungsgrad, was bedeutet, die Fremdkapitalaufnahmemöglichkeiten für andere Investitionen werden nicht beeinträchtigt.

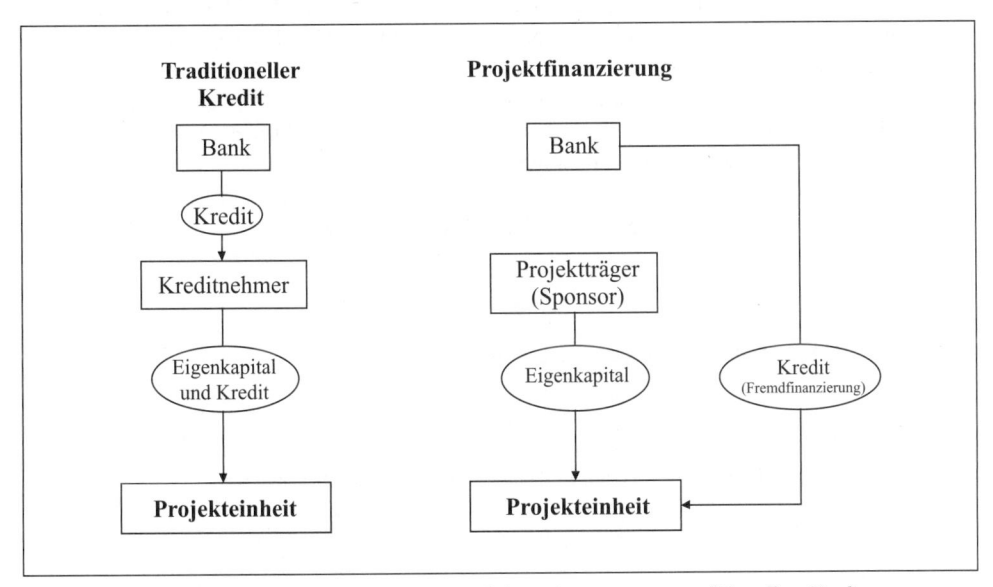

Abb. VII 22: Grundstruktur einer Projektfinanzierung versus traditionellem Kredit

3.1.4.2 Cashflow related lending

Bei der Kreditvergabeentscheidung für einen traditionellen Kredit ist die Bonitätsprüfung des gesamten Unternehmens das zentrale Element. Für den Kapitaldienst haften sowohl das gesamte Eigenkapital des Kreditnehmers als auch Cashflows, die von anderen Unternehmensteilen erzeugt werden. Demzufolge würde ein Kreditantrag für eine potentiell sehr ertragreiche Investition abgelehnt werden müssen, wenn die Bilanzverhältnisse bzw. die verfügbaren Sicherheiten des Unternehmens eine Kreditgewährung in der erforderlichen Höhe nicht zulassen. Gleiches gilt, wenn das Unternehmen nicht im vollen Umfang haften will. Soll der Kreditantrag eines viel versprechenden Projektes jedoch nicht von vornherein abgelehnt werden, ist die Bank gezwungen, sich in einer zukunftsgerichteten Analyse mit dem Investitionsvorhaben sowie den damit verbundenen Chancen und Risiken auseinander zu setzen. Dieser Ansatz entspricht der Projektfinanzierung.

Bei einer Projektfinanzierung steht der Nachweis der technischen und ökonomischen Lebensfähigkeit des einzelnen Projektes im Vordergrund, da nur dessen Cashflow als Sicherheit dient. Somit wird unter Cashflow related lending die Orientierung der Kreditvergabeentscheidung und der Finanzierungskonditionen an dem zu erwartenden Projekt-Cashflows verstanden. Dies stellt einen Wandel vom rein vermögensorientierten Unternehmenskredit hin zum erfolgsorientierten Projektkredit dar. Durch diese Vorgehensweise besteht die Möglichkeit, dass ertragreiche Projekte bei Unternehmen mit schlechtem Standing realisiert werden können. Das ausschlaggebende Beurteilungskriterium ist somit die Fähigkeit des Projektes, einen für die Deckung der Betriebskosten und des geplanten Schuldendienstes ausreichenden Cashflow zu generieren.

Wie die Bezeichnung schon erwarten lässt, ist der Cashflow eine Liquiditätsgröße. Da er allerdings in vielen Spielarten verwendet wird, ist grundsätzlich für jeden Einzelfall eine genauere Definition erforderlich.

Der Projekt-Cashflow nach Steuern und vor Finanzierungskosten gibt an, in welchem Umfang frei verfügbare Projektmittel zur Begleichung des Schuldendienstes (Zins und Tilgung), für Investitionen und Dividendenzahlungen zur Verfügung stehen. Der ermittelte Cashflow ist somit ein Maßstab für die Wirtschaftlichkeit des jeweiligen Projektes. Gläubiger können anhand der prognostizierten Cashflow-Struktur zum einen die Verschuldungsfähigkeit des Projektes und zum anderen die optimale Rückzahlungsstruktur für Projektkredite ermitteln. Den Eigenkapitalgebern dient es als Orientierungsmaßstab für die Verzinsung ihres eingesetzten Kapitals.[33] Die Schuldendienstfähigkeit des Projektes über die gesamte geplante Kredit- bzw. Projektlaufzeit wird über die Deckungsrelation Net Present Value Coverage Ratio (NPVCR$_t$) ermittelt:

---

1) Net Present Value Coverage Ratio (NPVCR)

$$NPVCR_t = \frac{(\text{Barwert des zukünftigen Cashflow})_t}{(\text{Kreditstand})_t}$$

2) Debt Service Coverage Ratio (DSCR)

$$DSCR_t = \frac{(\text{Cashflow})_t}{(\text{Zins} + \text{Tilgung})_t}$$

t = Index für den jeweiligen Zahlungszeitpunkt in der Nutzungsphase

---

Abb. VII 23: Kennziffern zur Beurteilung der Schuldendienstfähigkeit

---

[33] Vgl. Tytko, D. (1999), S. 9f.

Die erste Kennziffer gibt Auskunft, um wie viel die zukünftige Ertragskraft des Projektes im Zeitpunkt t den tatsächlichen Kreditbetrag übersteigt ($NPVCR_t > 1$) bzw. unterdeckt ($NPVCR_t < 1$). Mittels der Barwertbetrachtung der erwarteten Cashflows über alle Jahre der Nutzungsphase lässt sich auch das maximale Kreditvolumen bestimmen. Jedoch lässt sich die Schuldendienstfähigkeit des Projektes allein anhand dieser Relation nicht ableiten. Es ist nicht ersichtlich, ob zu jedem Zahlungstermin die notwendige Liquidität zur Bedienung der fälligen Zins- und Tilgungsbeträge vom Projekt aufgebracht wird. Aus diesem Grund ist die Schuldendeckungsfähigkeit für jeden Zahlungstermin in den einzelnen Jahren mittels des Debt Service Coverage Ratio ($DSCR_t$) zu ermitteln. Der Quotient aus Cashflow vor Steuern und Zinsen und Schuldendienst im Jahr t gibt an, wie oft mit dem erzeugten Cashflow der Schuldendienst getätigt werden kann. Kreditgeber fordern oft einen Wert von 1,3 bis 1,5 als Mindestdeckungsquote, um das Risiko eines zu geringen tatsächlichen Cashflows zu berücksichtigen.

Wichtiger Bestandteil der Beurteilung der Schuldendienstfähigkeit sind Sensitivitäts- und/oder Szenario-Analysen sowie Simulationen zur Cashflow-Entwicklung. Diese berücksichtigen Variationen in den Determinanten des Cashflows während der Kreditlaufzeit, wie beispielsweise Veränderungen bei den Projektkosten, Betriebskosten, Zinssätzen, Errichtungsdauer, Mietbeginn, Mieten und erwarteten Mietsteigerungen. Es werden unterschiedliche Alternativrechnungen (worst case, middle case, best case) ausgearbeitet, die erkennen lassen, ob die Immobilie immer einen ausreichenden Cashflow generiert. Für risikoscheue Fremdkapitalgeber dient häufig die pessimistische Variante (worst case) als Entscheidungsmaßstab. Doch auch bei äußerst negativen Entwicklungsprognosen für die Determinanten des Cashflows verlangen die Projektkreditgeber üblicherweise eine Überdeckung des periodisierten Cashflows über die fälligen Schuldendienstzahlungen.

3.1.4.3 Typische Risikostruktur

Im Rahmen einer konventionellen Kreditfinanzierung besitzen die Kreditgeber uneingeschränkte Rückgriffsrechte, was bedeutet, die Anteilseigner haften in Abhängigkeit der Unternehmensform entweder mit ihrer Einlage oder sogar mit ihrem Privatvermögen für die Unternehmensverbindlichkeiten. Sie tragen somit das Unternehmerrisiko.

Das Projektfinanzierungsgeschäft unterliegt einem anderen Risikotragfähigkeitsprinzip. Da die Projekte durch hohe Investitionsvolumina gekennzeichnet sind, können sie größtenteils nur durch die Aufnahme von Fremdkapital finanziert werden. Der Veräußerungswert, den die Vermögensgegenstände der Projektgesellschaft im Verwertungsfall besitzen, ist aufgrund der Standortspezifikation und Merkmalsbesonderheiten zu gering, um eine ausreichende Haftungsbasis für Gläubiger bei eventuell eintretenden Forderungsfällen darzustellen. Somit muss aus risikopolitischen Überlegungen der Kreis der Haftungsverpflichteten erweitert werden. Dies erfolgt durch die Verteilung der Projektrisiken auf die Projektbeteiligten, mit denen Verträge mit entsprechenden Haftungsklauseln abgeschlossen werden. Hierfür werden als Risikoallokationsinstrumente unterschiedliche Vertragsformen mit Garantie- oder Verpflichtungscharakter genutzt. Dieses Prinzip der Risikoallokation wird als Risk sharing bezeichnet und ist eine grundlegende Voraussetzung für das Zustandekommen von Projektfinanzierungsvorhaben. Erst durch eine Risikoverteilung auf verschiedene Beteiligte entsteht eine tragfähige Finanzierungsstruktur, die eine Projektdurchführung auch beim Eintreten von Projektrisiken gewährleistet.[34] Für einen geeigneten Umgang mit Risiken ist es erforderlich, die mit dem Projekt verbundenen Risiken genau zu analysieren, denn nur so ist es möglich, sie sinnvoll auf die Projektbeteiligten zu verteilen oder durch Versicherungen abzudecken. In Abb. VII 24 wird aus diesem Grund ein Überblick über die wesentlichen Projektrisiken gegeben.

---

[34] Vgl. ebenda, S. 11

Wirtschaftliche Risiken		
Art	**Inhalt**	**Absicherung**
Betriebsrisiko	Ausfälle infolge technischer Pannen, Streiks oder Fehlentscheidungen der Betriebsführung	– Betriebsunterbrechungsversicherung – Betriebsführungsverträge mit Betreibergesellschaft
Marktrisiko (Preis- und Absatzrisiko)	Veränderungen bei Absatzmenge und -preis durch: – Mietsteigerungen unter Plan – Kalkulierte Mindestmiete zu hoch – Insolvenz der Mieter	– Ex-ante-Marktanalyse – Abschluss langfristiger Abnahmeverträge – Bonität der Abnehmer – Vermietung kleiner Einheiten an verschiedene Mieter
Zuliefererrisiko	keine gesicherte, langfristige, termingerechte Belieferung mit Roh- und Hilfsstoffen	– Abschluss langfristiger Zulieferverträge in Form von delivery-or-pay agreements* – Lieferzyklus
*) delivery-or-pay agreements = Zuliefervertrag mit Verpflichtung des Zulieferers, eine bestimmte Menge an Roh- und Hilfsstoffen zu liefern bzw. bei Nichtlieferung einen entsprechenden Betrag zum Fremdkauf zur Verfügung zu stellen		
Wechselkursrisiko	Auswirkungen der Wechselkursänderung auf Bedienung des Fremdkapitals bei nicht deckungsgleichen Währungen der Projekterlöse und der Fremdmittel	– Kurssicherungsklauseln – Währungsoptionen – Übernahme des Wechselkursrisikos durch die Regierung des Gastlandes
Zinsrisiko	Zinsänderungen bei variabel verzinslichen Krediten/Anleihen	– Vereinbarung einer Zinsobergrenze (Zins-Cap)

Technische Risiken		
Art	**Inhalt**	**Absicherung**
Fertigstellungsrisiko	Projekt wird gar nicht oder nicht rechtzeitig fertig gestellt	– Fertigstellungsgarantie der Projektträger
Kostenüberschreitungsrisiko	Kostenüberschreitungen infolge technischer Änderungen, Inflation, Fehlkalkulationen	– Nachschussverpflichtung der Projektträger – Festpreisabschlüsse
Verfahrenstechnisches Risiko	geplantes Leistungsniveau der Projektanlage nicht erreichbar	– Beschränkung auf erprobte Verfahren – Absicherung im Construction Contract

Externe Risiken		
Art	**Inhalt**	**Absicherung**
Politisches Risiko	Eingriffe und Instabilitäten (z. B. Ausfuhr- und Transferbeschränkungen, Preisdiktate, Verstaatlichungen/Enteignungen etc.) in den Institutionen des Gastlandes/der Regierung des Projektlandes, welche die Projektdurchführung behindern	– Vereinbarungen mit der betreffenden Regierung – nationale Exportversicherung – Zusicherung des Gastlandes, administrative und rechtliche Normen nicht zu verändern – finanzielle Beteiligung des Gastlandes an der Projektgesellschaft
Force majeure-Risiko	durch Projektbeteiligte nicht beeinflussbare Risiken (Naturkatastrophen, Krieg etc.)	– staatliche Versicherung

Abb. VII 24: Risiken einer Immobilien-Projektfinanzierung mit Absicherungsmöglichkeiten

Inhalt und Ausmaß der Risikoübernahme durch die einzelnen Projektbeteiligten sollte zweckmäßigerweise in Relation zur Fähigkeit und Bereitschaft stehen, diese Risiken zu tragen und zu kontrollieren. Dabei sollte sich die Bereitschaft zur Risikoübernahme am Nutzen der einzelnen Beteiligten aus dem Projekt orientieren. Darüber hinaus übernehmen auch Gläubiger in Abhängigkeit ihrer individuellen Risikoneigung Projektrisiken, indem sie sich beispielsweise dazu bereit erklären, ihren Anspruch auf fristgerechte Zins- und Tilgungszahlungen unter gewissen Bedingungen einzuschränken, ganz aufzugeben oder sogar zusätzliche Mittel für die Schließung von Deckungslücken bereitzustellen.

3.1.5 Beteiligte der Projektfinanzierung

Im Gegensatz zu unternehmensinternen Investitionen werden bei einer Projektfinanzierung nicht nur das investierende Unternehmen und eine bzw. mehrere Kreditinstitute in die Konzeption und Durchführung einbezogen. Das bereits erwähnte Risk-sharing-Prinzip erfordert vielmehr eine enge Einbindung aller Parteien sowohl in die technische, wirtschaftliche und insbesondere die finanzielle Strukturierung. Die Effizienz und der Erfolg einer Projektfinanzierung sind daher im hohen Maße von der Zusammenarbeit aller Projektbeteiligten abhängig, die im Rahmen des Projektes unterschiedliche Aufgaben übernehmen. Einen Überblick über einzelne Akteure und deren Beziehung zur Projektgesellschaft gibt Abb. VII 25.

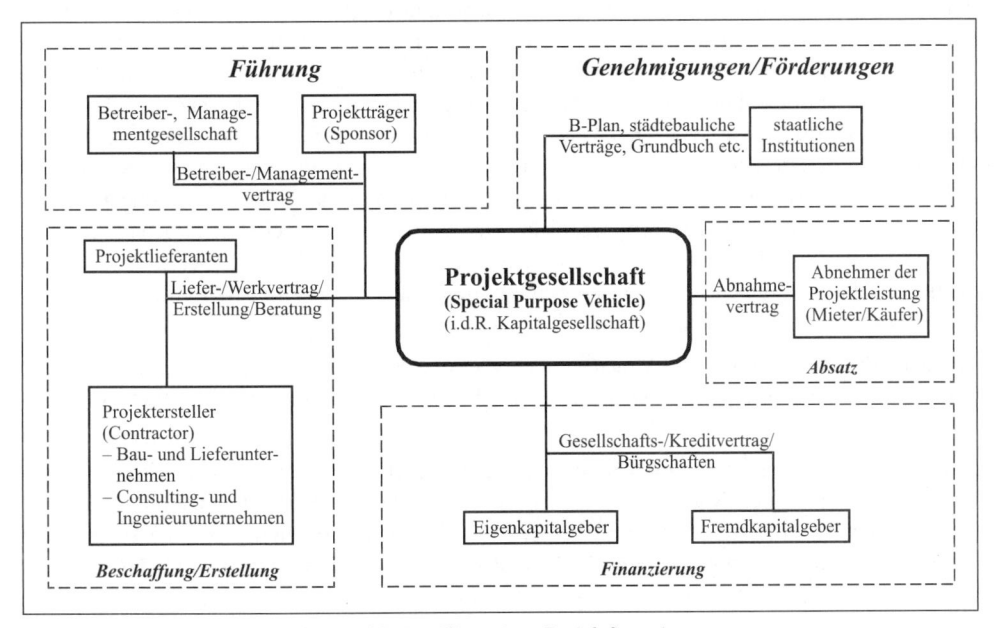

Abb. VII 25: Beteiligte einer Projektfinanzierung

Die Projektgesellschaft (SPV) ist der Rechtsträger des Projektes und bildet für alle Projektbeteiligten den Vertragspartner. Ihr Gesellschaftszweck ist die Errichtung und der Betrieb des Projektes. In der Regel wird die Rechtsform einer Kapitalgesellschaft gewählt, da sie Haftungsbeschränkungen auf die Kapitaleinlage und gute Möglichkeiten der Eigenkapitalaufbringung durch Beteiligungsfinanzierungen bietet. Aus steuerlichen Gründen wird jedoch oft eine Finanzierungsgesellschaft in Form einer Personengesellschaft zwischengeschaltet. Die einzelnen Projektpartner der Projektgesellschaft und deren Aufgaben im Leistungsprozess werden im Folgenden näher beschrieben.

Der Projektträger (Sponsor) gründet mit dem von ihm bereitgestellten Eigenkapital die Projektgesellschaft und trifft die unternehmerischen Entscheidungen bei der Realisierung und beim Betreiben des Projektes. Je nach Form und Ausrichtung des jeweiligen Projektes treten als Projektträger mehrere Initiatoren auf, die sich oft zu einem Joint Venture zusammenschließen, weil ihnen allein die Kapitalkraft fehlt. Üblicherweise sind es Unternehmen, die entweder internes Wachstum generieren, regionale Märkte erschließen oder Beschaffungs- und Absatzwege auf diese Weise sichern wollen. Darüber hinaus führt dieser Zusammenschluss zu einer Erhöhung des technischen und kaufmännischen Know-hows sowie zu einer besseren Risikoverteilung.

Als Eigenkapitalgeber kommen primär die Projektträger in Betracht. Reicht die Finanzkraft nicht aus, können zusätzliche Eigenkapitalgeber wie Projektersteller, Banken, private und institutionelle Anleger in Frage kommen. Für den Projektträger verringern sich dadurch der Eigenkapitaleinsatz und somit auch das Risiko. Der zusätzliche Eigenkapitalgeber hat den Vorteil, einen dem Unternehmensrisiko entsprechenden Profit zu erzielen und gleichzeitig sein Risiko zu minimieren, da er bessere Überwachungs- und Zugriffsmöglichkeiten auf die Immobilie hat.

Die wichtigsten Fremdkapitalgeber stellen international und national tätige Geschäftsbanken dar, die das Financial Engineering übernehmen und als „Financial Adviser" die Projektträger hinsichtlich wirtschaftlicher, rechtlicher und steuerlicher Finanzierungsaspekte beraten. Durch die Zeichnung von Anleihen oder „Commercial Papers", die von der Projektgesellschaft emittiert werden, können private und institutionelle Anleger auch zu Fremdkapitalgebern werden. Eine weitere Möglichkeit, Fremdkapital zur Verfügung zu stellen, besteht in nachrangig eigenkapitalersetzenden Darlehen von Projektbeteiligten wie Sponsoren. Dies ist eine Mischform der Eigen- und Fremdfinanzierung (Mezzanine-Finanzierung), die gegenüber der Eigenkapitalfinanzierung für die Projektgesellschaft den steuerlichen Vorteil hat, dass Zinszahlungen als Betriebsausgaben geltend gemacht werden können, Dividendenzahlungen dagegen nicht. Der Vorteil eines Eigentümerdarlehens für den Sponsor ist der feste Rückzahlungsmodus, der bei Beteiligungskapital nicht besteht. Auch Leasinggesellschaften können Finanzierungsbeteiligte einer Projektgesellschaft werden, indem die Projektgesellschaft die Immobilie least.

Wenn der Projektträger das Projektmanagement während der Nutzungsphase nicht selbst ausüben möchte, hat er auch die Möglichkeit, diese Aufgabe an eine Betreiber- und Managementgesellschaft zu übertragen.

Als Projektlieferanten werden die Unternehmen bezeichnet, welche die für den Leistungserstellungsprozess benötigten Roh-, Hilfs- und Betriebsstoffe liefern. Projektfinanzierungsvorhaben sind in einem erheblichen Umfang von einer termin- und spezifikationsgerechten Belieferung abhängig. Aus diesem Grund werden häufig langfristige Lieferverträge mit den Zulieferunternehmen abgeschlossen.

Zu den Projekterstellern (Contractoren) zählen Bau- und Lieferunternehmen, die entweder einzeln (Generalunternehmen) oder als Anbietergemeinschaft zur Lieferung und Montage verpflichtet werden. Neben der Liefer- und Montageverpflichtung können sie aber auch bestimmte Dienstleistungsfunktionen übernehmen, wie z.B. Schulungen, Absatzhilfen oder Beschaffung von Fremdkapital. Im Rahmen dieser Verpflichtungen unterliegen sie bestimmten Gewährleistungen, die unter Umständen auch während der gesamten Projektlaufzeit gültig sein können. In diesem

Fall könnte der Auftraggeber während der gesamten Betriebsphase eventuelle Haftungsansprüche gegenüber den Contractoren geltend machen. Auch Consulting- und Ingenieurbüros gehören zu den Projekterstellern. Sie üben im Rahmen von Projektfinanzierungsvorhaben die Funktion des technischen Beraters aus. Ihr Aufgabengebiet umfasst die technische Projektplanung, die Anfertigung von Durchführbarkeitsstudien, die Erstellung des Pflichtenheftes sowie die Überwachung der Bau- und Montagearbeiten.

Auf der Absatzseite stehen der Projektgesellschaft die Abnehmer der Projektleistung gegenüber, die die Räumlichkeiten der Immobilie im Rahmen ihrer Geschäftstätigkeit mieten oder kaufen. Auch sie werden durch in der Regel langfristig abgeschlossene Verträge in das Projekt eingebunden.

Staatliche Institutionen treten im Rahmen der Projektfinanzierung primär als Genehmigungsinstanzen auf. Durch das vermehrte Auftreten von Public Private Partnerships übernimmt der Staat aber auch zunehmend die Rolle des Projektinitiators. Wichtig ist, dass die geplante Immobilie dem Bebauungsplan entspricht, politisch gewollt und umweltverträglich ist. Einerseits kann der Staat in mehrfacher Hinsicht von einer Projektfinanzierung profitieren. Indirekt ist dies durch die neu entstehenden Arbeitsplätze oder den Ausbau der Infrastruktur möglich. Direkt profitiert er infolge zusätzlicher Einnahmen, die durch die Verzinsung von investiertem Kapital, Steuern sowie sonstiger, produktions- oder gewinnabhängiger Abgaben entstehen. Außerdem kann auf den Projektoutput zurückgegriffen werden wie z. B. auf Rohstoffe oder die Energie eines Kraftwerks. Andererseits müssen sie im Gegenzug der Projektgesellschaft oder den Sponsoren Garantien und Konzessionen einräumen.

3.1.6 Organisationsformen und Finanzierungsinstrumente der Projektfinanzierung

Angesichts der Tatsache, dass die meisten Projektfinanzierungsvorhaben über eine neu gegründete Projektgesellschaft abgewickelt werden, ist die Auswahl einer geeigneten Projektorganisation, die alle Projektbeteiligten auf effizienteste Art und Weise einbindet, von großer Bedeutung. In der Praxis haben sich im Laufe der Zeit bestimmte Organisationsformen für Projektfinanzierungen etabliert. Hierzu gehören Joint Ventures, Leasing, Betreibermodelle, Public Private Partnerships und Contracting, die anschließend näher erläutert werden.

Joint Venture:

Mit dem Begriff „Joint Venture" wird eine Unternehmenskooperationsform bezeichnet, bei der Unternehmen zur Verfolgung eines gemeinsamen Zieles auf kooperativer Basis zusammenarbeiten. Der Kooperationsgedanke kommt dadurch zum Ausdruck, dass die beteiligten Unternehmen unter Beibehaltung ihrer wirtschaftlichen und rechtlichen Selbständigkeit ein Partnerschaftsunternehmen unter gemeinsamer Geschäftsführung gründen. In Abhängigkeit des Beteiligungsverhältnisses der Vertragspartner untereinander besteht die Möglichkeit, Mehrheits-, Minderheits- oder Paritäts-Joint-Venture zu gründen, wodurch auch der Zusammenschluss von Unternehmen mit unterschiedlicher Verhandlungsmacht gewährleistet ist. Insgesamt ist festzuhalten, dass aufgrund der hohen Gestaltungsflexibilität, der problemlosen Verknüpfung von Know-how, Kapital- und Gütertransfer die Joint-Venture-Finanzierung heute als grundlegende Organisationsstruktur für Projektfinanzierungen angesehen wird, auch auf internationaler Ebene.

Auch im Immobiliengeschäft ist die Joint-Venture-Finanzierung weit verbreitet. Die Vorteile eines Immobilien-Joint-Ventures für den Kunden und die Bank sind in der folgenden Übersicht dargestellt:

Vorteile für den Kunden	Vorteile für die Bank
– Teilung des Projektrisikos – Einbringung zusätzlichen Know-hows durch den/die Projektpartner – Erhöhung der Reputation und der finanziellen Ressourcen für die Projektgesellschaft – Wirtschaftliche Eigenständigkeit des jeweiligen Projektes und die Finanzierung außerhalb der Bilanz des Projektentwicklers – Umsetzungschancen in einer frühen Projektphase – Nutzung eines durch den/die Partner deutlich erweiterten, umfangreichen Netzwerks rund um die Realisierung des Projektes – Entlastung der eigenen Ressourcen hinsichtlich der Kapital- und Mitarbeiterkapazitäten	– frühe Einbindung in ein Kundenprojekt und daraus resultierende Chancen der Platzierung von Cross-selling-Produkten – frühe und dauerhafte Einflussnahme auf die Realisierung und die Ertragschancen des Projektes – erhöhte Bindung des Kunden an das eigene Haus hinsichtlich weiterer Folgegeschäfte bei erfolgreicher Zusammenarbeit – höhere Verzinsung des eingesetzten Kapitals durch die erfolgreiche Platzierung von ergänzenden Dienstleistungsprodukten sowie die Beteiligung am Projektgewinn

Abb. VII 26: Vorteile eines Immobilien-Joint-Ventures für Kunde und Bank

Ein Joint Venture in Form einer Projektfinanzierung weist häufig eine bzw. auch mehrere der folgenden Besonderheiten auf. Zum einen sind Abnahmegarantien eine notwendige Voraussetzung zur Absicherung der Kredite, damit Projektfinanzierungsvorhaben auf Joint-Venture-Basis realisiert werden können. Dabei ist der Abnehmer häufig auch der Sponsor. Zum anderen ist es auch möglich, eine Holding in einem Drittland zwischen Sponsor und Trägergesellschaft zu schalten, um Steuervorteile zu nutzen. Zur Abwicklung des Zahlungsverkehrs wird ein Treuhänder hinzugezogen. Seine Aufgabe ist es, die zur Kaufpreisbezahlung benötigten Kapitaleinlagen und Kredite an den Contractor weiterzuleiten, die Schuldendienstleistungen an die Gläubiger auszubezahlen sowie Dividenden bzw. Gewinne an die Anteilseigner auszuschütten.

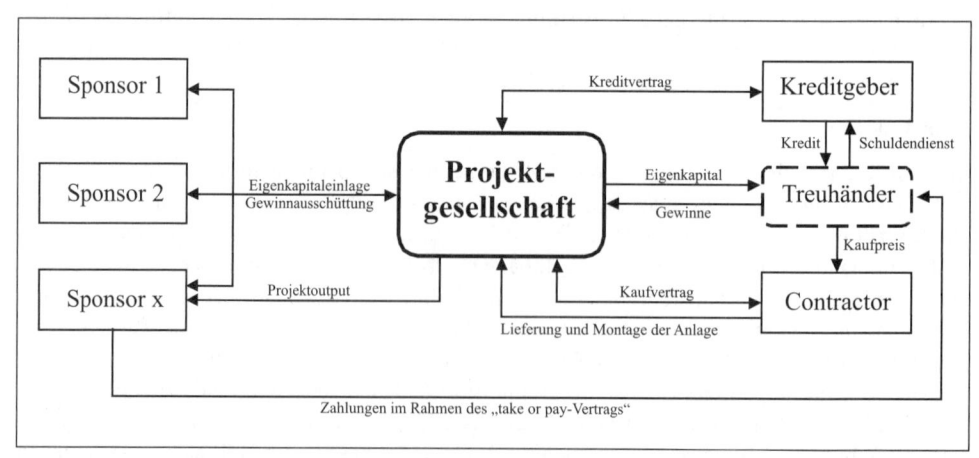

Abb. VII 27: Strukturierung einer Projektfinanzierung als Joint Venture

Eigenkapitalfinanzierung

Die Finanzierung eines Projektes mit Hilfe von Eigenkapital gilt als risikoreichste Finanzierungsart, da es im Liquidationsfall gegenüber allen anderen Kapitalarten nachrangig behandelt wird. Eigenkapitalgeber sind Banken, private Investoren oder öffentliche Institutionen. Diese sind im Rahmen der Finanzierung bemüht, den Eigenkapitalanteil so gering wie möglich zu halten. Dennoch muss die Eigenkapitalinvestition gewährleisten, dass alle Projektträger ein spezielles Risiko tragen, welches sicherstellt, dass der rentable Projekterfolg als einhelliges Ziel gilt. Neben Sach- und Geldeinlagen in das haftende Eigenkapital kommen auch mezzanine, eigenkapitalähnliche Finanzierungsinstrumente, wie nachrangige Darlehen oder speziell ausgestaltete Genussscheine in Betracht.

Fremdkapitalinstrumente

Die Besonderheit einer Projektfinanzierung findet sich in der Ausgestaltung der Fremdfinanzierung wieder. Dafür kommen verschiedene kurz- bzw. mittelfristige Kapitalquellen in Betracht, die sich in die folgenden Finanzierungsvehikel klassifizieren lassen.[35]

- Bank- bzw. Konsortialkredite
- Anleihen
- Commercial Paper und Medium Term Notes
- Lieferanten- bzw. Abnehmerkredite

3.2 Leasing

Infolge der zahlreichen Gestaltungsvarianten von Leasingverträgen, die sich mittlerweile in der Praxis herausgebildet haben, ist der Begriff Leasingvertrag weder in der juristischen noch in der wirtschaftswissenschaftlichen Literatur eindeutig und abschließend geklärt. Jedoch lässt sich Leasing rechtlich betrachtet als Gebrauchsüberlassungsvertrag interpretieren, der sich grundsätzlich an die Ausgestaltung von Miet- bzw. Pachtverhältnissen im Sinne des BGB anlehnt. Dementsprechend sind Leasingverträge (langfristige) Mietverträge mit besonderen Ausgestaltungsmerkmalen wie eine abweichende Risikoverteilung und Regelungen zum Vertragsende hinsichtlich der Restwertverteilung, Options- und Andienungsrechte, Mehr-/Mindererlösbeteiligungen, Abschlusszahlungen etc. Da hierbei häufig kaufähnliche Elemente enthalten sind, steht Leasing auch oftmals im Spannungsverhältnis zwischen Miete und Mietkauf. Üblicherweise wird Leasing jedoch mit Finanzierungs-Leasing gleichgesetzt, dessen Basis ein langfristiger, während der Grundmietzeit unkündbarer Vertrag zwischen einem Leasingnehmer und einer Leasinggesellschaft (Leasinggeber) ist. Der Leasinggeber erwirbt das Wirtschaftsgut und stellt es dem Leasingnehmer für einen vertraglich fixierten Zeitraum (Grundmietzeit) zur Nutzung zur Verfügung.

Die Leasinggesellschaft ist wie bei der Miete zivilrechtlicher und regelmäßig auch wirtschaftlicher Eigentümer des Leasingobjektes und bilanziert es daher auch. Der Leasingnehmer ist der Nutzer bzw. Besitzer, der für die Nutzungsüberlassung ein bestimmtes Entgelt an den Leasinggeber zahlt.

Grundlage für die Berechnung der hauptsächlichen Leasingleistung, der Leasingrate und der Mieterdarlehenszahlung, ist bei allen Vertragsformen das Refinanzierungsdarlehen der Leasinggesellschaft. Sie finanziert den Erwerb bzw. den Bau des Leasingobjektes allgemein über Darlehen (auf Besonderheiten wie Forfaitierung bzw. Leasingfonds wird an dieser Stelle nicht näher eingegangen). Dafür muss sie während der Laufzeit einen Kapitaldienst leisten, der sich aus Zins- und

---

[35] Vgl. Achleitner, A.-K. (2000) S. 456

Tilgungszahlungen zusammensetzt und je nach Vertragsform unterschiedlich hoch ist. Die Leasingrate setzt sich demzufolge aus einem Amortisationsanteil (Tilgung des Kapitaldienstes) und einem Zinsanteil (Zins des Kapitaldienstes) zuzüglich einer Marge für Verwaltung, Risiko und Gewinn der Leasinggesellschaft zusammen. Eine Ausnahme bilden dabei Mieterdarlehensverträge, da sich durch das zusätzliche Mieterdarlehen die Zusammensetzung des Amortisationsanteils der Leasingrate verändert.

Grundsätzlich sind an einem Leasing-Engagement drei Parteien beteiligt: eine Leasinggesellschaft (Leasinggeber), ein Leasingnehmer und eine bzw. mehrere finanzierende Banken. Für den Fall, dass das Leasingobjekt noch zu erstellen ist, kommt ein Baudienstleister als vierte Partei hinzu. Die Leasinggesellschaft ist in der Regel als eine Holding organisiert, unter deren Dach verschiedene Objektgesellschaften agieren. Das bedeutet, die Leasinggesellschaft gründet zur Abwicklung des Leasingvertrages eine eigene Objektgesellschaft (Besitzgesellschaft), mit oder ohne Beteiligung des Leasingnehmers. Deren Tätigkeit erstreckt sich auf die Errichtung, Finanzierung und Vermietung von gewerblichen Objekten sowie die Durchführung aller zur Erreichung dieser Funktion erforderlichen Geschäfte. Der eigentliche Leasinggeber, der mit allen Beteiligten Verträge abschließt, ist also die Objektgesellschaft, wie Abb. VII 28 noch einmal verdeutlicht.

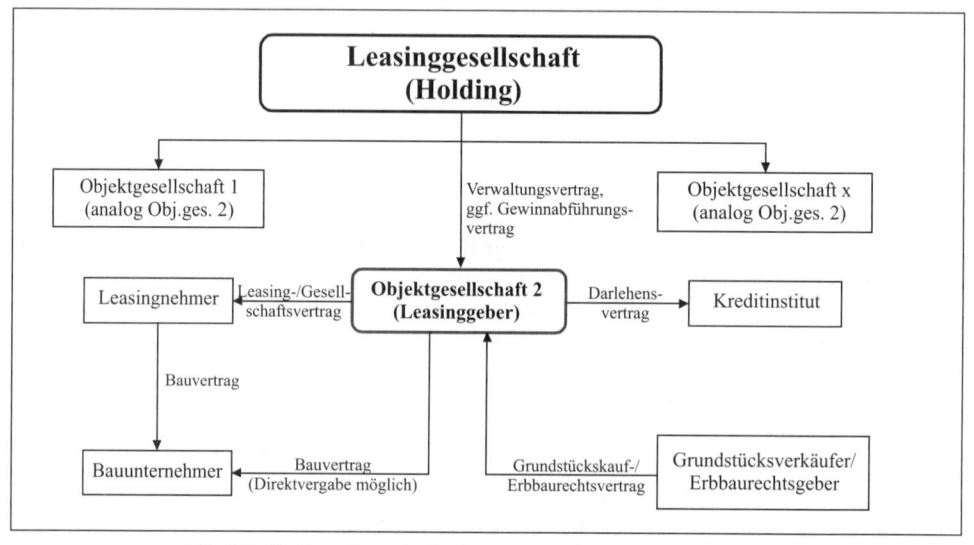

Abb. VII 28: Grundlegende Funktionsweise des Immobilien-Leasings

Die Gründung von Objektgesellschaften erfolgt aus finanziellen, organisatorischen, rechtlichen und steuerlichen Gründen. Die hierfür anzuführenden Hauptargumente sind:
- eine klare Haftungsabgrenzung der unterschiedlichen Leasingnehmer und der einzelnen Objekte,
- Haftung der Leasinggesellschaft nur in Höhe der Einlage in der Objektgesellschaft,
- Vereinfachung der organisatorischen Verwaltung der Leasingverträge,
- Erhöhung der Transparenz hinsichtlich objektbehafteter Risiken,
- auf die unterschiedlichen Ansprüche der Leasingnehmer kann durch individuelle Vertragsgestaltung eingegangen werden und
- der Leasingnehmer hat anstelle der Ausübung einer Kaufoption auch die Möglichkeit, die Anteile an der Gesellschaft zu übernehmen.

3.2.1 Formen des Leasings

Die Ausprägungen des Leasings wurden im Zuge der jahrelangen Entwicklung durch viele Veränderungen, Weiterentwicklungen und Anpassungen stark beeinflusst. Mögliche Ursachen dafür sind die stetig zunehmende Konkurrenz zwischen den einzelnen Leasinganbietern, der sich ständig verändernde Markt und damit der permanente Anpassungsdruck an steuerliche und gesetzliche Änderungen, die immer spezieller werdenden Wünsche aller Beteiligten und nicht zuletzt die eingeführten Leasingerlasse sowie die Anforderungen aufgrund internationaler Rechnungslegungsvorschriften. Daher ist es auch nicht verwunderlich, dass es zahlreiche Formen des Leasings gibt. Die wesentlichsten Unterscheidungsmöglichkeiten werden nachfolgend vergleichend gegenübergestellt.

- Unterscheidung nach dem Leasinggegenstand
- Unterscheidung nach dem Verpflichtungscharakter
- Unterscheidung nach den Vertragsformen

Kennzeichen	Mobilien-Leasing	Immobilien-Leasing
Objektarten	– alle mobilen Objekte	– Grundstücke – Gebäude – Betriebsanlagen, die an einen festen Standort gebunden sind
Grundmietzeit	– meist 2 bis 9 Jahre	– bis zu 30 Jahre
Vertragsformen	– Vollamortisationsvertrag – Teilamortisationsvertrag	– Teilamortisationsvertrag – Mieterdarlehensvertrag
Standardisierungsgrad	– hauptsächlich standardisierte Verträge	– hauptsächlich individuell ausgehandelte Verträge
Optionen	– hauptsächlich Andienungs- und/oder Mietverlängerungsoption	– fast immer Kauf- und/oder Mietverlängerungsoption
Zusatzverpflichtungen nach Vertragsende	– vor allem bei Teilamortisationsverträgen	– ggf. Andienungsverpflichtungen (noch relativ selten)
Fungibilität	– eher positiv	– objektabhängig
„sale-and-lease-back"	– nein (Ausnahme)	– teilweise

Abb. VII 29: Kennzeichen des Mobilien- und des Immobilien-Leasings

Kennzeichen	Operate-Leasing	Finanzierungs-Leasing
Fristigkeit	– kurzfristig	– mittel- bis langfristig
Kündbarkeit	– jederzeit kündbar	– unkündbar während der Grundmietzeit
Investitionsrisiko	– beim Leasinggeber	– mindestens teilweise beim Leasingnehmer
Wartung und Instandhaltung	– durch den Leasinggeber	– durch den Leasingnehmer
Amortisation der Investitionskosten	– vom ersten Leasingnehmer regelmäßig nur teilweise	– vom ersten Leasingnehmer regelmäßig vollständig

Abb. VII 30: Vergleich zwischen Operate- und Finanzierungs-Leasing

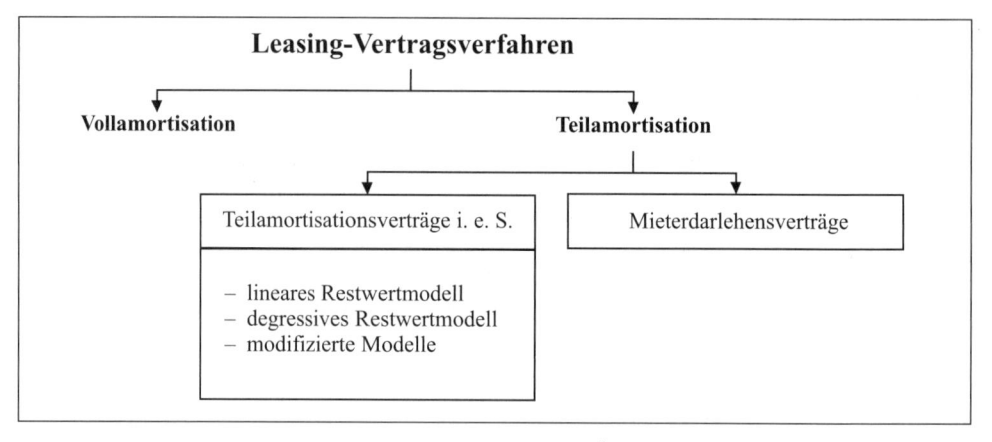

```
                    Leasing-Vertragsverfahren
              ┌──────────────┴──────────────┐
       Vollamortisation                Teilamortisation
                                 ┌────────────┴────────────┐
                    Teilamortisationsverträge i. e. S.   Mieterdarlehensverträge

                    – lineares Restwertmodell
                    – degressives Restwertmodell
                    – modifizierte Modelle
```

Abb. VII 31: Vertragsformen im Überblick

3.3 Phasen der Projektfinanzierung

Großprojekte werden in mehrere Phasen unterteilt, um die Transparenz zu erhöhen und die Projektstrukturierung zu erleichtern. Hierbei stellt eine Projektphase einen in sich abgeschlossenen Abschnitt eines Projektes dar, der sich durch seine Aufgabenstellung und den daraus abgeleiteten Aktivitäten von den anderen Abschnitten unterscheidet. Zur optimalen Projektgestaltung werden die Projektfinanzierungsvorhaben in fünf Phasen unterteilt, die nachfolgend genauer erläutert werden. Es ist jedoch zu beachten, dass die Unterteilung in Projektphasen nicht einheitlich geregelt ist, so dass in der Literatur unterschiedliche Phasenkonzepte einer Projektfinanzierung vorgestellt werden.

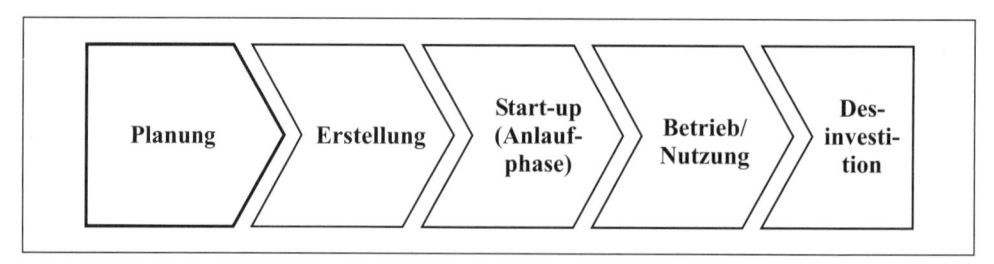

```
 Planung  >  Erstellung  >  Start-up     >  Betrieb/   >  Des-
                            (Anlauf-        Nutzung       investi-
                            phase)                        tion
```

Abb. VII 32: Phasen einer Projektfinanzierung

Planungsphase: Jede Projektfinanzierung beginnt mit der Konkretisierung der Projektidee, die durch eine Grobplanung systematisiert und beschrieben wird. Anschließend analysieren die Sponsoren in einer Vorstudie die Chancen der technischen und wirtschaftlichen Realisierbarkeit und identifizieren bereits potentielle Projektbeteiligte. Mit den Ergebnissen dieser Vorstudie suchen sie eine Bank (lead bank), mit der eine Projektdurchführung möglich erscheint. Sobald die Grobstruktur festliegt, beginnt die detaillierte Planungsarbeit mit der Feasibility Study. Erstellen die Sponsoren diese Studie selbst, wird die Bank unabhängige Gutachten über die technische Durchführbarkeit, etwa von Ingenieurbüros, einholen. Das entwickelte technische Konzept beinhaltet Ausarbeitungen über den Projektstandort, Infrastruktur, Bauten, Maschinenausrüstung, Verfahrenstechniken, aber auch Aspekte des Projektaufbaus wie Managementstruktur und Verfügbarkeit von Fachpersonal. Die ökonomische Lebensfähigkeit des Projektes ist im wirtschaftlichen Teil dokumentiert. Für die Erstellung des Cashflow-Plans, der das zentrale Element der Wirtschaftlichkeitsbeurteilung bildet, sind Prognosen über Absatzmöglichkeiten, Projektkosten, Inflationsverläufe, Zinsentwicklungen u.ä. zu treffen. Auf dieser Basis werden die Zielgrößen und Kennzahlen ermittelt, mit denen der Projekterfolg bestimmt und später überprüft wird. Sind der Kapitalbedarf, die Erträge und der Kreditzins bekannt, ist es auch möglich, die Eigenkapitalrentabilität zu ermitteln, die den Vorstellungen der Investoren entsprechen muss. Da alle diese Berechnungen nur auf Prognosen beruhen, werden sie durch Simulationen und Sensitivitätsanalysen überprüft. Dabei werden prognostizierte Daten wie Inflation oder Zinssätze variiert, um ihre Auswirkungen auf den Cashflow, die Projektkosten und die Eigenkapitalrentabilität der Immobilie zu untersuchen.

Nach Abschluss der Projektplanung müssen die Sponsoren und die „lead bank" aufgrund der Analyseergebnisse eine Entscheidung treffen, ob sie das Projekt realisieren oder nicht, d.h. ob sich die Immobilie als finanziell, wirtschaftlich und technisch tragfähig darstellt. Ist das der Fall, müssen potentielle Contractors ausgewählt, Kapitalgeber gewonnen und Verhandlungen über die Risikoaufteilung geführt werden. Vor Beginn der Fertigung und Montage sollten jedoch alle notwendigen Verträge zwischen den Projektbeteiligten und der Projektgesellschaft geschlossen und die notwendigen Genehmigungen der zuständigen Behörden erteilt sein. Dieser gesamte Planungsvorgang kann entsprechend der folgenden Abbildung als interaktiver Prozess zwischen Projektinitiatoren und „lead bank" dargestellt werden.

Erstellungsphase: Für eine Vereinfachung der Termin- und Kostenplanung legen die Projektersteller einen Projektplan vor, in dem die Termine für alle Fertigungs- und Bauarbeiten festgelegt sind. Dabei lassen sich die einzelnen Aufgaben in weitere Subphasen unterteilen, wie zum Beispiel in Engineering, Fertigung/Beschaffung der Anlagekomponenten, Transport und Montage. Je nach Organisationsform erfolgt die Erstellung entweder durch einen Generalunternehmer, so dass die Sponsoren und das Projektmanagement in dieser Phase nur eine Organisations-, Kontroll- und Steuerungsfunktion übernehmen und begleitend tätig werden, oder durch die Projektgesellschaft selbst. In diesem Fall werden Teilaufgaben an die Sponsoren oder Contractors fremdvergeben, wodurch die Projektgesellschaft bestimmte Risiken übernimmt, die sie sonst auf den Generalunternehmer abwälzen könnte. Andererseits hat sie aber auch die Möglichkeit, den Projektablauf leichter zu beeinflussen.

Anlaufphase: Mit der Fertigstellung muss geprüft werden, inwieweit die Anlage die geplante Projektleistung bezüglich Qualität und Quantität erfüllt. Dafür laufen in einem ersten Schritt mehrere Tests modular ab. Danach folgt ein Probelauf der gesamten Anlage, indem beispielsweise die Anlage über einen Zeitraum von mehreren Wochen einen bestimmten Prozentsatz der veranschlagten Leistungsfähigkeit erbringen muss. Diese kurze Zwischenphase zwischen Fertigstellung und normalen Geschäftsbetrieb der Immobilie wird als Start-up-, Anlauf- oder Probephase bezeichnet. Im Projektlebenszyklus hat dieser Abschnitt eine besondere Bedeutung, da erst jetzt festgestellt werden kann, ob das gewählte technische Konzept funktionsfähig ist. Hinzu kommt, dass zu diesem Zeitpunkt die finanzielle Belastung durch Anlaufverluste und Kredite, die mangels Erlöse noch nicht getilgt werden konnten, am höchsten ist. Die Ersteller erbringen im Rahmen ihrer Verpflichtungen noch bestimmte Gewährleistungen und Serviceleistungen bei technischen Schwierigkeiten, die häufig zu Beginn auftreten. Außerdem wird der finanzielle Bereich durch eine Schlussabrechnung ebenfalls abgewickelt. Somit sind mit dem positiven Abschluss der Tests elementare Folgen für die Projektbeteiligten verbunden, da sich durch die Fertigstellung und dem damit verbundenen Ende der Fertigstellungsgarantie auch die Risikopositionen der einzelnen Beteiligten ändern.

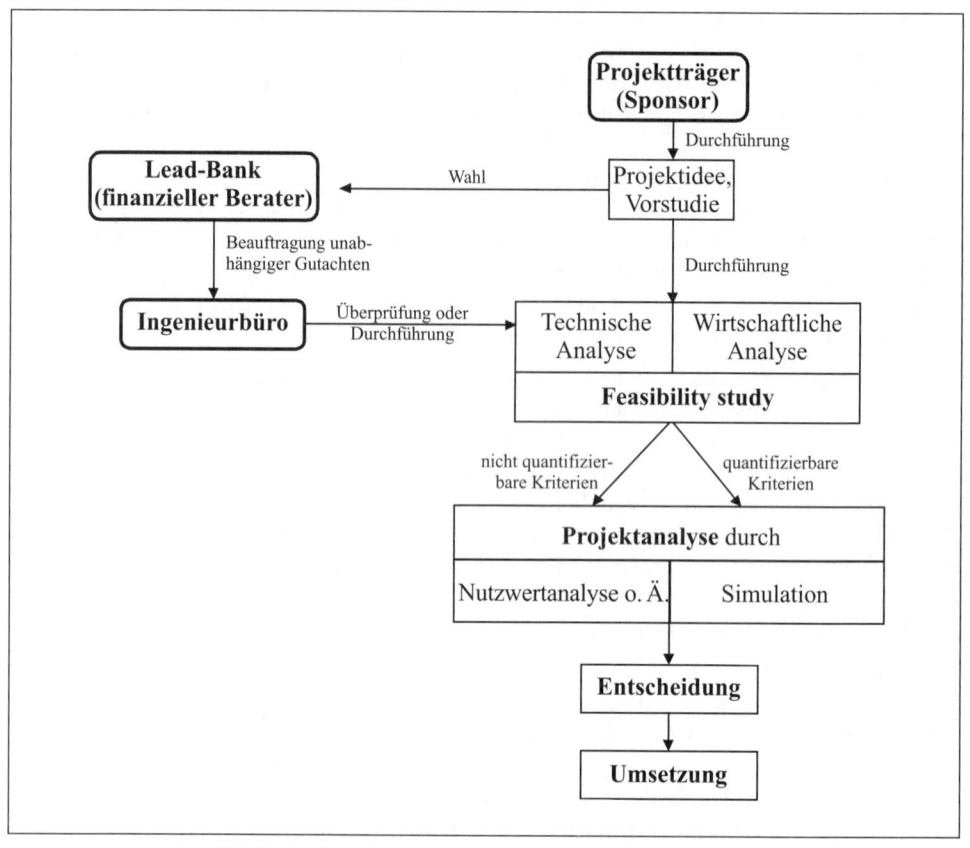

Abb. VII 33: Struktur des Planungsprozesses einer Projektfinanzierung

Betriebsphase: In der Betriebsphase wird der Routinebetrieb aufgenommen. Dabei soll die Immobilie die gewünschten Anforderungen voll erfüllen. Durch den einsetzenden Cashflow erzielt die Projektgesellschaft Projekterlöse, die einerseits zur Rückzahlung des aufgenommenen Fremdkapitals eingesetzt und andererseits als Dividenden bzw. Privatentnahmen an die Anteilseigner ausgeschüttet werden. Entsprechend der Priorität bei der Bedienung der verschiedenen Kapitalarten kann die Betriebsphase in zwei Subphasen, Fremdkapitalrückzahlungs- und Eigenkapitalverzinsungsphase, unterteilt werden.

Während der Nutzung gilt es zunächst, Zinsen und Tilgung zur Befriedigung von Forderungen der Fremdkapitalgeber zu erwirtschaften. Durch die geleisteten Tilgungszahlungen sinkt die Höhe der Zinszahlungen im Projektverlauf kontinuierlich, wodurch die Belastungen des Projektes und das Ausfallrisiko der Kreditgeber abnehmen. In der Regel sollte die Phase der Fremdkapitaltilgung jedoch nicht länger als die Hälfte der Betriebsphase in Anspruch nehmen, um genügend Zeit für die Verzinsung und Freisetzung des Eigenkapitals zu haben. Andererseits ist Fremdkapital billiges Kapital, wodurch es aus Projektsicht sinnvoller ist, das Fremdkapital möglichst lange zu halten und einen asymptotischen Tilgungsverlauf zu verwirklichen. Durch Kostenverringerung und Leistungssteigerung wird bei einem planmäßigen Betrieb und Absatz die Gewinnschwelle des Projektes bereits nach wenigen Jahren erreicht. Die Dividendenzahlungen steigen jedoch erst deutlich an, wenn die Kapitaltranchen zum Großteil zurückgeführt sind, da die Fremdkapitalrückführung

Priorität hat. Bei der Projektgesellschaft als Special Purpose Vehicle wird das wieder freigesetzte Eigenkapital in Höhe der um die Fremdkapitaltilgung reduzierten Abschreibungswerte nicht reinvestiert, sondern kann an die Eigenkapitalgeber zurückgezahlt werden.

Desinvestitionsphase: Projekte haben eine begrenzte Laufzeit. Das Projektende kann aus Sicht der Sponsoren mit der Einstellung der Projektaktivitäten vor oder nach dem Erreichen des Projektzieles, aber auch mit der Weiterführung unter anderer Leitung durch Übertragung der Eigentumsrechte einhergehen. Meist sind jedoch technische, ökonomische und vertragliche Restriktionen oder staatliche Eingriffe für die Entscheidung, den Betrieb einzustellen, verantwortlich. Überalterung der Anlagen oder Erschöpfung der Vorräte können dabei als technische Restriktionen benannt werden. Wird schon während der Erstellungsphase oder spätestens während des Probebetriebs festgestellt, dass das technische Konzept nicht umsetzbar ist, können Projekte auch schon frühzeitig eingestellt werden. Als weitere Beendigungsgründe können auch mangelnde Gewinnaussichten infolge zu hoher Bau- und Betriebskosten sowie zu niedrige Erlöse angeführt werden. Auch eine Änderung der strategischen Geschäftspolitik kann zur Folge haben, dass ein Projektvorhaben nicht weiter verfolgt wird. Vertragliche Restriktionen entstehen durch den planmäßigen Auslauf von Lizenzen oder Konzessionen. Durch diese zeitlich begrenzte Laufzeit wird bei einer Organisation der Projektfinanzierung als Betreibermodell der Zeitpunkt des Eigentumsübergangs und ein eventuell fälliger Kaufpreis schon zu Projektbeginn vereinbart. Die Möglichkeit einer zwangsweisen Projektbeendigung, wenn das Eigentum an der Projektgesellschaft infolge eines hoheitlichen Aktes seitens der Projektlandregierung durch Nationalisierung oder Enteignung verloren geht, kann zumindest bei einigen internationalen Projektfinanzierungen nicht ausgeschlossen werden.

3.4 Immobilienaktiengesellschaften

3.4.1 Geschichte und Grundlagen

Gründe für das Entstehen von Immobilien-AGs sind darin zu sehen, Unzulänglichkeiten des Immobilienmarktes zu umgehen. Als typische Negativmerkmale sind seine mangelnde Transparenz, die Illiquidität der Immobilie und ihre geringe Fungibilität hervorzuheben, welche mittels der Gesellschaftsform Immobilien-AG zu umgehen versucht werden. Ferner hat die Verbreitung von Publikumsgesellschaften Anfang der 80er Jahre auch einen entsprechenden Trend der Unternehmen hin zu Kapitalgesellschaften gefördert.

Die Idee der Verbriefung von Anteilen an Immobilien, in den USA den so genannten „Real Estate Investment Trusts" (REITs), geht auf das Jahr 1880 zurück.[36] Trusts sind damals, sofern das Einkommen Wohltätigkeitszwecken diente, nicht steuerpflichtig gewesen und haben Investoren die Möglichkeit der Vermeidung einer Doppelbesteuerung geboten. Nach dem Aufheben dieses Steuervorteils im Jahre 1930 sind die REITs erst wieder 1960 in das Interesse der Investoren gerückt. Auslöser hierfür war der Erlass von Präsident Eisenhower zur Befreiung der REITs von der „Corporate Income Tax". Dieser Umstand hat insbesondere auch das Interesse von Kleinanlegern für Immobilien-Assets geweckt.[37]

Die amerikanischen REITs haben nach In-Kraft-Treten der steuerlichen Bevorzugung zunächst nur eine Marktkapitalisierung von unter 10 Mrd. US $ aufweisen können. Eine wesentliche Vo-

---

[36] Vorgänger der REITs sind Kapitalgesellschaften in Trustform („business trusts") gewesen.
[37] Vgl. Cannon, S. E./Vogt, S. C. (1995), S. 297

lumenerhöhung ist nach dem „Tax Reform Act" 1986 eingetreten. Es wurden hierbei sämtliche Steuervorteile aus der Immobilienbewirtschaftung im Privatvermögen eliminiert. Verstärkt wurde diese Entwicklung außerdem durch eine nachhaltige Immobilienkrise und einer Reduktion der Hypothekenkreditfinanzierung durch die Banken. Diese Umstände haben dazu geführt, dass eine neue Quelle der Immobilienfinanzierung in Gestalt des Eigenkapitals entdeckt worden ist und der Kapitalmarkt genügend Mittel zur Finanzierung Erfolg versprechender Investitionen zur Verfügung hatte. Die REITs boten auch das Instrument zur Bündelung großer Kapitalströme für Immobilieninvestitionen. Ausgelöst durch diese Veränderung stieg die Marktkapitalisierung innerhalb von zehn Jahren auf über 130 Mrd. US $.

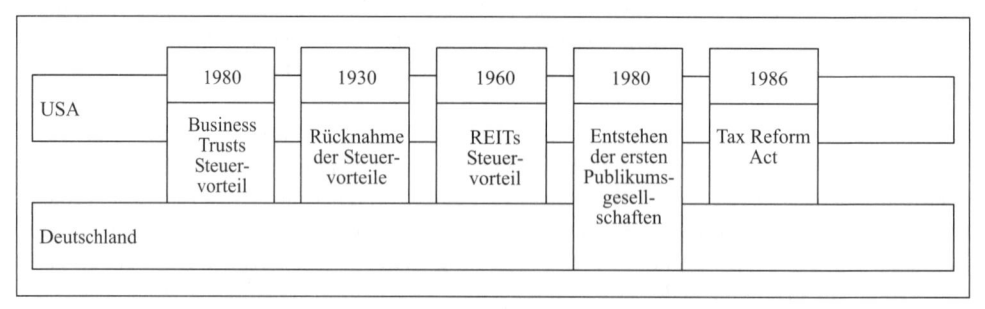

USA	1980	1930	1960	1980	1986
	Business Trusts Steuervorteil	Rücknahme der Steuervorteile	REITs Steuervorteil	Entstehen der ersten Publikumsgesellschaften	Tax Reform Act
Deutschland					

Abb. VII 34: Historie der Verbriefung von Immobilienanteilen

Als Vorbild für deutsche Immobilien-AGs sind insbesondere die amerikanischen REITs anzuführen, wenngleich die bestehenden deutschen Immobilienaktien nicht unmittelbar mit „REIT shares" zu vergleichen sind. Dies ist vor allem bedingt durch gesetzliche Vorgaben und die international gesehen unterentwickelte deutsche Aktienkultur.[38] Bis zur Gründung des „Neuen Marktes" war ein Unternehmen hierzulande im Schnitt 55 Jahre alt, bevor es an die Börse ging. Die Zeit bis zu einem Börsengang in den USA betrug hingegen nur 14, in Großbritannien gar nur acht Jahre. In den USA haben Aktien und aktienbasierte Anlageformen seit Jahrzehnten ein weit größeres Spektrum von privaten Investoren als in Deutschland erreicht; sie sind die meist genutzte Anlageform. In Europa dagegen besitzen rund die Hälfte der Bewohner kurzfristige, relativ risikolose Spareinlagen; fast jeder Zweite hat in eine Lebens- oder Rentenversicherung investiert. Insofern lässt sich auch feststellen, dass im Bewusstsein der wenig risikofreudigen deutschen Kapitalanleger die Immobilienaktie als alternatives Kapitalanlageprodukt ein relativ neues Instrument darstellt.

3.4.1.1 Gründung einer Aktiengesellschaft

Die Aktiengesellschaft ist gemäß § 1 AktG eine Gesellschaft mit eigener Rechtspersönlichkeit, sie ist also juristische Person und damit Träger von Rechten und Pflichten.[39] Die Aktie ist nicht teilbar und darf nicht unter ihrem Nennwert (unter pari), dafür aber über ihrem Nennwert (über pari) ausgegeben werden. Für ein Handeln der Kapitalgesellschaft vor Eintragung in das Handelsregister hat die Vorgesellschaft einzustehen, wobei erst mit Eintragung die juristische Person entsteht. Im Gesellschaftsvertrag (Satzung) müssen eine oder mehrere Personen festgelegt werden, welche die Aktien gegen Einlagen übernehmen. Die Einlage kann in Gestalt einer Bargründung, d. h. durch Geldeinlage, oder im Wege einer Sacheinlage (sog. qualifizierte Gründung) getätigt

---

[38] Vgl. Perridon, L./Steiner, M. (2002), S. 365 ff.
[39] Vgl. Hüffer, U. (2002), § 1, S. 2 Rn. 4

werden. Erfolgt die zu erbringende Einlage in Form einer Sacheinlage, so sind der Gegenstand der Sacheinlage und der Nennbetrag der dem Aktionär hierfür zu gewährenden Aktien oder bei einer Sachübernahme durch die Gesellschaft die zu gewährende Vergütung festzusetzen. Fehlen diese Angaben zur Sacheinlage oder Sachübernahme, so sind etwaige geschlossene Verträge der Gesellschaft gegenüber unwirksam. Der Gesellschafter ist in diesem Falle verpflichtet, anstelle der vereinbarten Sacheinlage eine Barzahlung zu leisten.

Bei Immobilien-AGs liegt häufig eine qualifizierte Gründung vor, d. h. Aktien werden durch Leistungen von Sacheinlagen, wie z. B. einem Grundstück, erworben. Eine solche qualifizierte Gründung unterliegt verschärften Vorschriften, damit z. B. ein Grundstück nicht über Wert gegen Aktien eingelegt werden kann. Um eine spätere Umgehung der qualifizierten Gründung zu vermeiden, bestehen besondere Erfordernisse bei Verträgen der Aktiengesellschaft mit ihren Gesellschaftern in den ersten zwei Jahren seit Eintragung der Gesellschaft in das Handelsregister (§ 52 AktG). Verträge jedoch, die nicht durch eine Zwei-Drittel-Entscheidung auf der Hauptversammlung genehmigt werden, sind unwirksam.

Das Grundkapital einer Aktiengesellschaft bildet zusammen mit der Kapital- und Gewinnrücklage sowie dem Jahresüberschuss/Jahresfehlbetrag das Eigenkapital der Gesellschaft. Das Eigenkapital erfüllt hauptsächlich zwei Aufgaben: die Garantie- oder Haftungsfunktion gegenüber Gläubigern und die Finanzierungsfunktion. Dem Aufsichtsrat obliegt nach § 171 (1) AktG die Prüfungspflicht von Jahresabschluss, Lagebericht und des Vorschlags zur Verwendung des Bilanzgewinns.

Aktien lassen sich nach der Art ihrer Verbriefung unterscheiden: Die sog. Inhaberaktien sind Wertpapiere, welche sich durch ihren tatsächlichen Besitz auszeichnen. Bei diesen Aktien wird ein Eigentümerwechsel allein durch Einigung und Übergabe herbeigeführt. Demgegenüber ist eine Übertragung von Namensaktien komplizierter. Diese tragen den Namen einer natürlichen oder juristischen Person, und die Aktiengesellschaft hat ein Aktienbuch zu führen, in welchem Attribute des Eigentümers wie Name, Adresse und Anzahl der gehaltenen Aktien aufgenommen werden. Der Aktionär ist zwar nicht zur Eintragung ins Aktienbuch verpflichtet, verliert allerdings sein Stimmrecht, wenn er dort nicht namentlich erwähnt ist. Die Dividendenauszahlung ist nicht von der Eintragung im Aktienbuch abhängig; sie richtet sich nach dem Depotbestand, über den der Aktionär am Stichtag verfügt. Eine Sonderform der Namensaktien stellt die vinkulierte Namensaktie dar, bei welcher der Verkauf von der Gesellschaft zu genehmigen ist.

Schließlich sind die Aktien nach dem Umfang ihrer verbrieften Rechte zu unterscheiden: Stammaktien sind die Normalform von Aktien; sie gewähren dem Aktionär die gesetzlichen und satzungsmäßigen Rechte. Hingegen sind Vorzugsaktien stimmrechtslose Aktien. Diese aktiengleich ausgestatteten Mitgliedschaftsrechte haben häufig ein Vorzugsrecht bei der Verteilung des Bilanzgewinns und ein Recht auf Nachzahlung der in den Vorjahren angefallenen Vorzugsdividende.

Kapitalgesellschaften sind verpflichtet, den durch unabhängige Abschlussprüfer geprüften Jahresabschluss und den Lagebericht zu veröffentlichen. Art und Umfang des Jahresabschlusses sowie die Prüfungspflicht richten sich nach der Größe der Kapitalgesellschaft. An der Börse notierte Kapitalgesellschaften gelten stets als große Kapitalgesellschaften und müssen deshalb Bilanz, Gewinn- und Verlustrechnung (GuV), Anhang und Lagebericht beim Handelsregister einreichen und im Bundesanzeiger veröffentlichen.

Diese umfassenden gesetzlichen Vorschriften stellen gleichzeitig Chancen und Risiken für Aktionäre dar, welche ihrerseits durch endogene Unternehmensbedingungen und exogene Markteinflussnahme Änderungen erfahren können.

3.4.1.2 Risikostruktur

Mit dem Erwerb einer Aktie erhält der Aktionär eine Beteiligung am Unternehmen, während die Geschäftsführungsbefugnis beim Vorstand bleibt. Den Aktionär trifft nur eine Einlagepflicht. Weitere Rechte und Pflichten ergeben sich aus dem AktG sowie der gefassten Satzung der Aktiengesellschaft, wobei die Grenzen der Satzungsautonomie im AktG geregelt sind. Ein besonderes Recht steht dem Aktionär in Form des sog. Bezugsrechtes zu. Dieses entsteht bei einer Kapitalerhöhung durch Ausgabe neuer Aktien und beinhaltet das Recht, einen dem Aktionärsanteil entsprechenden Teil der neuen Aktien zu beziehen. Der Wert des Bezugsverhältnisses ergibt sich aus der Differenz zwischen dem Börsenkurs der alten Aktie und dem Bezugspreis der neuen Aktie unter Berücksichtigung des Bezugsverhältnisses:

$$B = KA_{alt} - \frac{a \cdot KA_{alt} + n \cdot KA_{neu}}{a + n}$$

B = Rechnerischer Wert des Bezugsrechts
a = Zahl der alten Aktien
KA_{alt} = Kurs der alten Aktien
n = Zahl der neuen Aktien
KA_{neu} = Kurs der neuen Aktien

Der Kapitalmarkt birgt grundsätzlich das Risiko, dass ein Anleger seine Wertpapiere nicht jederzeit frei verkaufen kann, das sog. Liquiditätsrisiko. Für Schwierigkeiten beim Kauf und Verkauf können enge und illiquide Märkte verantwortlich sein. Besteht dagegen ein gesunder Markt, so liegt die Chance des Anlegers in der Fungibilität von Aktien. Er kann sie grundsätzlich jederzeit verkaufen, sofern eine Nachfrage nach dem Produkt besteht. Voraussetzung hierfür ist in der Regel eine klare Struktur der Aktiengesellschaft und eine gute Strategie.

In steuerlicher Hinsicht bedeuten Gewinne aus Verkäufen von Anteilen an einer Immobilien-AG Einkünfte des Anlegers aus Kapitalvermögen. Als Steuersubjekt ist die Aktiengesellschaft zu sehen, womit die Möglichkeit einer Verrechnung von Verlusten auf Ebene der Aktionäre nicht gegeben ist.

Als Chancen und Risiken außerhalb der gesetzlichen Gegebenheiten von Aktienanlagen sind Konjunktur-, Inflations- und Liquiditätsschwankungen anzuführen. Für Großinvestoren stellt ihr Einflussvermögen auf das Unternehmen einen wichtigen Aspekt für eine Investition dar, birgt aber für eine Aktiengesellschaft wiederum die Gefahr der Sperrwirkung, welche sich auch mittelbar auf den Anleger auswirkt. Weitere Motive für Anleger sind in der Optimierung der Portfolio-Diversifikation, in einer attraktiven Dividendenrendite, im Zugang zu Knowhow, in Spekulationszwecken und in der Absicht zur Liquiditätsverbesserung, zu sehen. Zur Veranschaulichung der Liquidität ist eine Einordnung in die folgenden drei Liquiditätsstufen vorzunehmen (Abb. VII 35).

$$\text{Liquidität 1. Grades} = \frac{\text{liquide Mittel}}{\text{kurzfristiges Fremdkapital}}$$

$$\text{Liquidität 2. Grades} = \frac{\text{liquide Mittel} + \text{kurzfristige Forderungen}}{\text{kurzfristiges Fremdkapital}}$$

$$\text{Liquidität 3. Grades} = \frac{\text{liquide Mittel} + \text{kurzfristige Forderungen} + \text{Vorräte}}{\text{kurzfristiges Fremdkapital}}$$

Abb. VII 35: Liquiditätskennzahlen

Eine positive Liquiditätsänderung lässt sich mittels der so genannten 1:1 Acid-Test-Regel erklären. Hiernach wird verlangt, dass das kurzfristige Fremdkapital nicht den Wert des monetären Umlaufvermögens (liquide Mittel + kurzfristige Forderungen) übersteigt, also Liquidität 2. Grades > 1. Unter Liquidität 2. Grades wird die Abdeckung der kurzfristigen Verbindlichkeiten zum Stichtag durch kurz- oder mittelfristig verfügbare Mittel verstanden. Aktien sind zwar grundsätzlich auch im Umlaufvermögen einzuordnen, doch sind sie kurz- oder mittelfristig verkäuflich und steigern damit die Liquidität des Investments in Gestalt des 2. Liquiditätsgrades. Immobilien können von ihrer bilanziellen Zuordnung zu Anlage- oder Umlaufvermögen gerechnet werden. Sie sind zwar grundsätzlich veräußerlich, doch in der Regel langfristig und damit im 3. Liquiditätsgrad einzuordnen.

Die Chance von Konjunkturschwankungen besteht darin, in eine Anlage im Niedrigkonjunkturzyklus zu investieren und in einer Hochkonjunkturphase wieder zu verkaufen. Demgegenüber ist jedoch auch die Gefahr von Kursverlusten gegeben. Diese können dadurch entstehen, dass der Anleger die Konjunkturentwicklung nicht oder nur unzureichend bei seiner Anlageentscheidung berücksichtigt. Mit Konjunktur werden mehr oder weniger regelmäßige Schwankungen aller wichtigen ökonomischen Größen, wie z.B. Produktion, Beschäftigung, Preise, Zinssatz etc., bezeichnet. Hieraus können zyklischen Bewegungen u.a. der gesamtwirtschaftlichen Aktivität, gemessen durch den Grad der Kapazitätsauslastung, hergeleitet werden. Sämtliche Anlageformen unterliegen Wirtschaftszyklen. Aktienindizes gelten als Frühindikator des Wirtschaftszyklus. Eine Durchgriffswirkung dieses Kapitalmarkteffektes zeigt sich auch bei den Immobilienaktien, wie am Kursverlauf vom Deutschen Aktienindex (DAX).

Das Inflationsrisiko bedeutet für eine geldbewertete Anlage die Wertabnahme durch Inflation und damit für den Aktionär eine Minderung des Wertes seines Aktienbestandes. Immobilien dagegen sind Substanzwerte und nicht direkt von der Inflation bedroht wie Geldwerte. Vielmehr kann bei Immobilien dadurch, dass die nominalen Rückflüsse aus einer getätigten Immobilieninvestition in Form von Mieten stammen, ein eventuell aufgetretener Kaufkraftverlust ausgeglichen und sogar eine Wertsteigerung hervorgerufen werden.

Ebenso kann dieser Effekt in der Regel durch neue Verhandlungen über einen möglichen Verkaufserlös erreicht werden. In die Börsenbewertung von Immobilienaktien fließt jedoch nicht nur der Substanzwert der Immobilie sondern auch ihr Wertschöpfungspotential mit ein. Dieses wird aus Mieterträgen gewonnen, wodurch wiederum die Gefahr entsteht, dass bei Mietminderungen und Mietverträgen ohne Indexierung ein niedrigerer Ertrag erzielt wird. Auf diesem Wege erreicht das Inflationsrisiko indirekt die Immobilien-AG und schmälert die Ausschüttung an den Aktionär. Die Dividende kann sogar unter einer hohen Inflationsrate zu einer negativen Realverzinsung, definiert als Verzinsung nach Abzug der Inflationsrate, führen. Einer Studie von Maurer und Sebastian zufolge haben Immobilienaktien keine Inflationshedge-Eigenschaften.[40]

Gegebenheit	Chancen	Risiken
Liquidität	Steigerung in gesunden Märkten	Senkung in engen, illiquiden Märkten
Konjunkturabschwung	Steigerung in gesunden Märkten	–
Konjunkturaufschwung	–	Zeitliche Verzögerung
Inflation	Wertschöpfungspotential der Immobilie Dividendenrendite	Fallen des Aktienwertes

Abb. VII 36: Chancen und Risiken der Aktionäre

---

[40] Vgl. Maurer, R./Sebastian, S. (1999), S. 185

3.4.2 Analyse von Immobilien-AGs

Die Verbreitung von Immobilien-AGs hat global eine unterschiedliche Entwicklung genommen. Ein Grund hierfür ist in ihrer Entstehungsgeschichte zu erkennen. Die Immobilien-AGs sind oftmals im Wege der Unternehmensumgestaltung von ursprünglichen Kerngeschäftsfeldern wie Brauereien, Textilunternehmen und Bergbaugesellschaften entstanden. Der marktbedingte Rückzug aus diesen Geschäftsfeldern hat zum einen teilweise dazu geführt, dass sich diese Unternehmen bis zur endgültigen Abwicklung der Liquidation als reine Vermögensverwaltungen verstanden haben. Zum anderen ist es daneben auch zu Spaltungen von grundsätzlich im Markt konkurrenzfähigen Unternehmensteilen gekommen. Schließlich sind Fortführungen des originären Geschäftsfeldes neben der Immobilientätigkeit und Mantelverkäufe zu nennen.

In Staaten mit einer ausgeprägten Aktientradition ist in der Regel eine starke Verbreitung von börsennotierten Immobilien-AGs zu beobachten. Während in den USA und Großbritannien ein breites Spektrum an Immobilien-AGs existiert, sind in Deutschland die Anteile an solchen Gesellschaften nur im geringen Maße im freien Handel erhältlich. Zwei hauptverantwortliche Gründe für die unterschiedliche Entwicklung bei der Verbriefung von Immobilien sind vor allem in gesetzlichen Rahmenbedingungen und traditionellen Werten zu sehen. Die Wahl der Gesellschaftsform, von Gesellschaftern einer bestehenden oder potentiellen Gesellschaft, ist grundsätzlich aus steuer- und handelsrechtlichen Gründen zu betrachten. Zweck der Rechtsformänderung deutscher Immobilien-AGs ist es zumeist, diese Gegebenheiten zu optimieren. Demgemäß ist eine durch die Rechtsform der Aktiengesellschaft entstehende Möglichkeit zum Börsengang nicht als eigentliches Ziel anzusehen. Aus dieser Perspektive heraus lässt sich u. a. erklären, weshalb der Anteil börsennotierter Immobilien-AGs in Deutschland einen geringeren Marktkapitalisierungsprozentsatz aufweist als entsprechende internationale Kapitalmärkte. Ferner spielt die jeweilige Aktienkultur eine maßgebende Rolle für die Strukturzusammensetzung von Gesellschaften. Rückschlüsse für die Entwicklung der Immobilienaktien können aus den Eigentumsverhältnissen der Bevölkerung gezogen werden. In den USA und in Großbritannien herrscht eine Wohneigentumsquote von fast 70 %, während in Deutschland nur ungefähr 40 % der Einwohner Wohneigentum vorweisen können.

3.4.2.1 Typologie und Abgrenzung einzelner Erscheinungsformen

Der beschriebenen historischen Entwicklung von Immobilien-AGs und ihrer Orientierung an den Marktbedürfnissen ist es zuzurechnen, dass ein direkter Vergleich zwischen den Gesellschaften grundsätzlich nur schwer möglich ist. Um einen solchen dennoch vornehmen zu können, ist es erforderlich, die einzelnen AGs zu kategorisieren. Ein geeigneter Maßstab lässt sich in den jeweiligen Geschäftsfeldern der Gesellschaften finden.

Zum einen ist die reine Immobiliengesellschaft als so genannter Immobilienbestandshalter zu nennen. Hier werden im Eigentum stehende Immobilien vermietet oder verpachtet und fertig gestellte zumeist vermietete Immobilien erworben. Ihre Strategie besteht in der dauerhaften Erwirtschaftung von Mieterträgen, wobei die Objekte gleichzeitig eine Liquiditätsreserve darstellen. Eine klare Anlagestrategie und ein aktives Investor Relationship Management sind Voraussetzung für ein erfolgreiches Agieren am Kapitalmarkt. Die Bestandshalter entstehen oftmals im Wege der Spaltung von Immobilienbeständen deutscher Großkonzerne oder der Veräußerung von Nicht-Immobiliengeschäften.

Die Projektentwicklungsgesellschaft ist eine weitere Erscheinungsform von Immobilien-AGs und ist der eigentliche Bauherr. Der Projektentwickler initiiert das Projekt, überwacht die Planungs- und

Bauphase und vermarktet die Flächen an Mieter und Nutzer. Die verschiedenen Phasen der Wertschöpfung bestehen aus Grundstücksicherung, Konzeption, Planung und Definition des Nutzermix. Mittels eines aktiven Verkaufsmanagements wird am Ende der Haltephase eine Renditemaximierung angestrebt. Zusätzliches Betätigungsfeld kann auch die Mieterfindung und die Finanzierung sein.

```
                    ┌─────────────────────────────┐
                    │   Immobiliengesellschaften  │
                    └─────────────────────────────┘
                   /              |                \
    ┌──────────────────┐  ┌──────────────────────┐  ┌──────────────────────┐
    │ Immobilien-      │  │ Projektentwicklungs- │  │ Projektentwicklungs- │
    │ bestandshalter   │  │ und Bestands-        │  │ gesellschaft         │
    │                  │  │ haltergesellschaft   │  │                      │
    └──────────────────┘  └──────────────────────┘  └──────────────────────┘
```

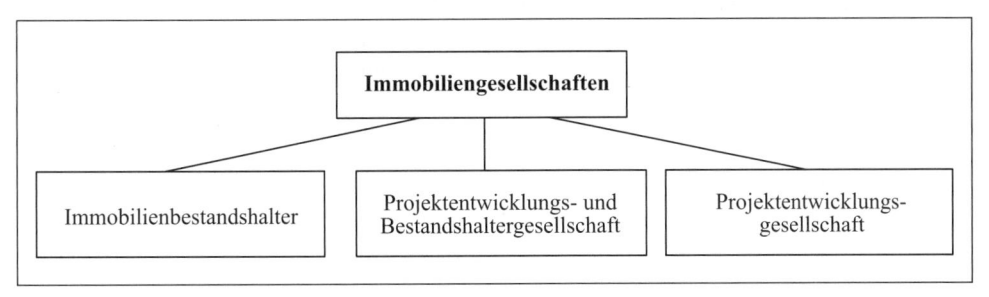

Abb. VII 37: Geschäftsfeldkategorisierung

Schließlich sind Gesellschaften aufzuführen, welche sowohl Bestandsverwaltung als auch Projektentwicklungen vornehmen und zusätzlich das Segment des Dienstleistungsbereiches abdecken. Die Dienstleistungen, welche eine Hausverwaltung ausführt, können u. a. kaufmännische und technische Leistungen umfassen. Die klassische Hausverwaltung nimmt Pflichten des Eigentümers wie das Management der Mietverträge und Mieterbetreuung wahr. Hinsichtlich des technischen Bereichs ist regelmäßig zu prüfen, ob diese Aufgabe einen Spezialisten erfordert und somit möglicherweise an einen solchen weitergegeben werden sollte (so genanntes Outsourcing). Vor allem Gewerbeeinheiten und größere Wohnimmobilien bedürfen eines besonderen technischen Know-hows und damit eines effektiven Facility Managements. Denkbar ist auch das Outsourcen im Bereich der klassischen Hausverwaltung. Sie könnte aber auch alternativ als Profit Center geführt werden, d. h. die Immobiliengesellschaft wird am Markt für Dritte tätig. Die eigene Hausverwaltung ist für jene Unternehmen von Vorteil, welche stark auf den Informationsfluss aus ihren Objekten angewiesen sind. Die Kombination dieser zwei Geschäftsfelder bewirkt eine Ergänzung ihrer völlig unterschiedlichen Risikostrategien. Auf der einen Seite besteht der durch hohe Kontinuität und Sicherheit geprägte Bereich Wohnimmobilien und auf der anderen Seite der renditestärkere und risikoreichere Bereich Unternehmensbeteiligungen. Die Geschäftsfelder unterliegen unterschiedlichen Planungen und Strukturen und ergänzen sich nur aufgrund ihrer wirtschaftlichen Erfolgsparameter, Risiken und Zyklen.

3.4.2.2 Die Struktur einer Immobilien-AG

Eine einheitliche Struktur von Immobilien-AGs lässt sich aufgrund ihrer variablen Gestaltungsmöglichkeiten und der zu differenzierten Prioritätensetzungen nicht festlegen. Das deutsche Gesellschaftsrecht ermöglicht eine Vielzahl von Beteiligungsmöglichkeiten sowohl unter den Personen- als auch den Kapitalgesellschaften. Entsprechend lässt sich die Gründung von Aktiengesellschaften durch diverse Konstruktionen verwirklichen. Maßgeblich beeinflussende Motive sind in den steuerlichen Rahmenbedingungen, den Mindestkapitalanforderungen, den Haftungsmaßstäben und der Gründerzahl zu sehen.

Die Gesellschaftskonstruktion in Gestalt einer Holding kann den Anforderungen an die beschriebenen Motive einer Immobilien-AG in der Regel gerecht werden. Unter Holding ist ein Unternehmen zu verstehen, deren betrieblicher Hauptzweck in einer auf Dauer angelegten Beteiligung an rechtlich selbständigen Unternehmen liegt.[41] Sie bietet mit ihrer dezentralen Organisationsstruktur die Möglichkeit, einen bestehenden Immobilienbestand eines institutionellen Investors oder eines großen Industrieunternehmens in die liquide Form einer Immobilien-AG zu überführen. Nach dem Körperschaftsteuerrecht muss die Haupttätigkeit einer Holding darin bestehen, Beteiligungen an anderen Kapitalgesellschaften zu halten und diese zu finanzieren (tätigkeitsbezogene Qualifizierung). Mit der Beteiligung müssen mindestens die einfache Mehrheit, unter Umständen sogar 75 % bis 100 %, der Stimmrechte gewährleistet sein. Ferner hat gemäß § 8a KStG das Vermögen der Kapitalgesellschaft zu mehr als 75 v.H. der Bilanzsumme aus Beteiligungen an anderen Kapitalgesellschaften bestehen (bilanzsummenbezogenen Qualifizierung). Eine denkbare Gestaltung ist darin zu sehen, die Ursprungsgesellschaft im Konzernverbund verbleiben zu lassen oder im Zuge eines „Spin-Off" an die Aktionäre der Obergesellschaft abzugeben, mit der Folge, dass nach der Transaktion vollkommen unabhängige Unternehmen bestehen.

Vorteil einer dezentralen Aufteilung ist, dass die Verantwortung für den Erfolg der einzelnen operativen Einheiten in den Händen der Geschäftsbereichsleitung liegt. Aufgrund ihrer Kosten- und Ergebnisautonomie wird sie versucht sein, den Erfolg der Untergesellschaft zu steigern. Die dezentralisierte Struktur ist auch eine Voraussetzung für eine effektive Koordination zwischen dem Management und den mit der Durchführung von Immobilienaktivitäten Verantwortlichen. Deren Aufgabenbereiche sind dem Management bekannt, und damit werden idealerweise die Handlungsabläufe perfekt aufeinander abgestimmt und organisatorisch verknüpft sein. Schließlich fördert die dezentrale Ausrichtung eine nachhaltige Dienstleistungsorientierung. Aufgrund der direkten Rückgriffsmöglichkeit der einzelnen mit bestimmten Aufgabengebieten Betrauten wird mittelbar eine organisatorische Nähe zu den Kunden geschaffen.

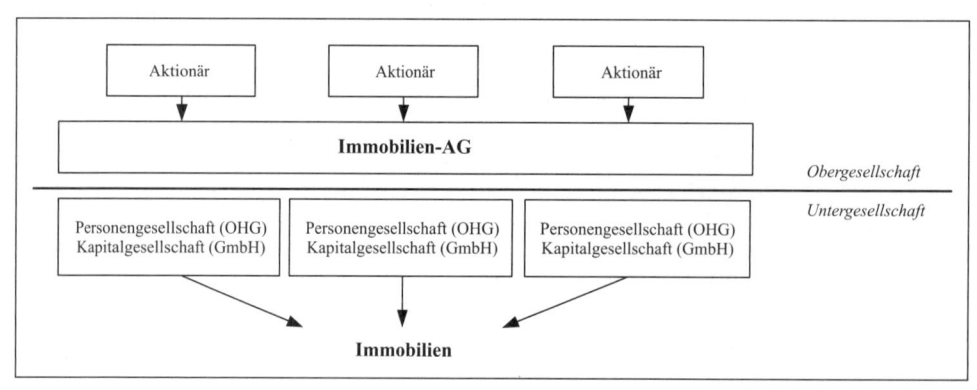

Abb. VII 38: Modell einer Immobilien-AG

Eine Kompetenzverteilung kann sich sowohl positiv als auch negativ auswirken. Besteht eine detaillierte Kompetenzabgrenzung innerhalb einer guten Struktur, so entstehen keine Friktionen. Ein Nachteil besteht möglicherweise in auferlegten Kontrahierungszwängen, welche sich regelmäßig aus „Beherrschungsverträgen" ergeben können. Hierdurch verliert eine Gesellschaft unter Umständen die Chance, einen günstigeren Anbieter auszuwählen. Eine derartige Gefahr kann jedoch umgangen werden, indem die Regelung eines Marktvergleichs im Beherrschungsvertrag aufgenommen wird. Dadurch kann gewährleistet werden, dass im billigeren Falle auch ein Vertragsschluss mit Wettbewerbern möglich ist. Nachteilig kann sich allerdings die strikte Geschäftsbereichsverantwortung

---

[41] Vgl. Thommen, J.-P./Achleitner, A.-K. (2001), S. 785

in der Hinsicht auswirken, als ein kooperatives Miteinander durch den Wettbewerbsdruck um das beste Ergebnis verdrängt wird. Der gegenseitig nützliche Informationsfluss kann hiermit behindert werden. Des Weiteren besteht die Gefahr einer Aufblähung von personellen Kapazitäten durch eine multiple Verankerung gleichartiger Geschäftsbereiche.

Gesetzlich bedingt, hat die Aktiengesellschaft eine klare innere Organisationsstruktur, welche auf ihren korporativen Charakter zurückzuführen ist. Sie ist in drei Organe gegliedert: den Vorstand, den Aufsichtsrat und die Hauptversammlung. Der Vorstand definiert die Unternehmenspolitik sowie die Unternehmensziele und übernimmt die Unternehmensplanung. Er vertritt außerdem die Gesellschaft nach außen. Rechte und Pflichten des Aufsichtsrates bestehen neben der Vorstandspersonalzuständigkeit vor allem in der Überwachung der Geschäftsführung des Vorstands. Die Bestellung der Aufsichtsratsmitglieder erfolgt durch die Hauptversammlung. Die Hauptversammlung ist die Versammlung der Aktionäre als Eigentümer der Aktiengesellschaft, die somit Einfluss auf dieses Gremium und mittelbar auch auf die Vorstandsbestellung erlangen. Weitere wesentliche Gesellschaftsangelegenheiten wie die Entlastung des Vorstands und Aufsichtsrats, die Verwendung des Bilanzgewinns und Satzungsänderungen fällt in den Zuständigkeitsbereich der Hauptversammlung. Die Aktionäre eines börsennotierten Immobilienunternehmens erwerben Anteile an einem Immobilienportfolio, das über die Börse bewertet wird. Im Kurs der Immobilienaktie drücken sich, wie auch bei anderen Aktien, die Erfolge oder Misserfolge der Geschäftspolitik und die Erwartungen der Börse unmittelbar aus.

Ein direkter Einfluss auf den Markt kann zwar durch rationale Maßnahmen nicht erzielt werden, doch kann eine Immobiliengesellschaft die ihr zur Verfügung stehenden Umweltbedingungen positiv ausschöpfen. Unter Beachtung steuerlicher Gesichtspunkte und der Ausnutzung von Marktgegebenheiten lassen sich ökonomische Ziele wie etwa die maximale Gewinnerzielung anstreben. Die äußere Struktur einer Aktiengesellschaft ist geprägt durch ihre Gründungsgeschichte und der weiteren darauf aufbauenden gesellschaftsrechtlichen Organisation.

Als Alternative kommt eine steuerorientierte Holding-Konstruktion in Betracht. Beteiligt sich die Aktiengesellschaft als Obergesellschaft beispielsweise an drei nachgeordneten, operativen Personengesellschaften, so ergibt sich hieraus der Vorteil, dass die Tochtergesellschaften Gewerbesteuersubjekte sind. Für Personengesellschaften bedeutet dies grundsätzlich, dass die Besteuerung seitens der Gesellschafter anfällt. Wurde zuvor ein Ergebnisabführungsvertrag geschlossen, bedeutet dies, dass die Gesellschaftsergebnisse nicht auf der Ebene der Personengesellschaft – außer für Gewerbesteuerzwecke – besteuert werden. Vielmehr wird der Immobilien-AG das Ergebnis der Tochtergesellschaft zugerechnet. Dies ermöglicht einen Ausgleich von Gewinnen und Verlusten der Tochter-Personengesellschaften auf der Ebene der Immobilien-AG. Die Beteiligungserträge aus den Tochtergesellschaften unterliegen auf der Ebene der Immobilien-AG keiner Gewerbesteuer, da die gewerbesteuerliche Berücksichtigung bereits auf Ebene der Tochtergesellschaften erfolgt ist.

Hinsichtlich der Geschäftsfelder der Gesellschaften könnte ein Aufsplitten folgendermaßen erfolgen: Eine Grundstücks- und Projektentwicklungsgesellschaft, eine Eigentumsverwaltungsgesellschaft, die den zur langfristigen Nutzung vorgesehenen Grundbesitz im Bestand hält, und eine Gesellschaft mit international ausgerichtetem Portfolio. Während bei der Grundstücks- und Projektentwicklungsgesellschaft Gewerbesteuer anfällt, hat die Eigentumsverwaltungsgesellschaft Anspruch auf die erweiterte Kürzung, so dass auf deren Ergebnis keine Gewerbesteuer entfällt. Schließlich ist mit der Gesellschaft für ausländische Immobilienanlagen eine deutsche Steuerbelastung weitgehend vermeidbar, solange derartige Gewinne nicht an die Anleger weitergegeben werden. Die Thesaurierung führt zu einer Erhöhung des inneren Wertes der Aktie. Diese Werterhöhung ist, damit sie sich im Börsenkurs niederschlägt, durch das Unternehmen zu kommunizieren. Eine

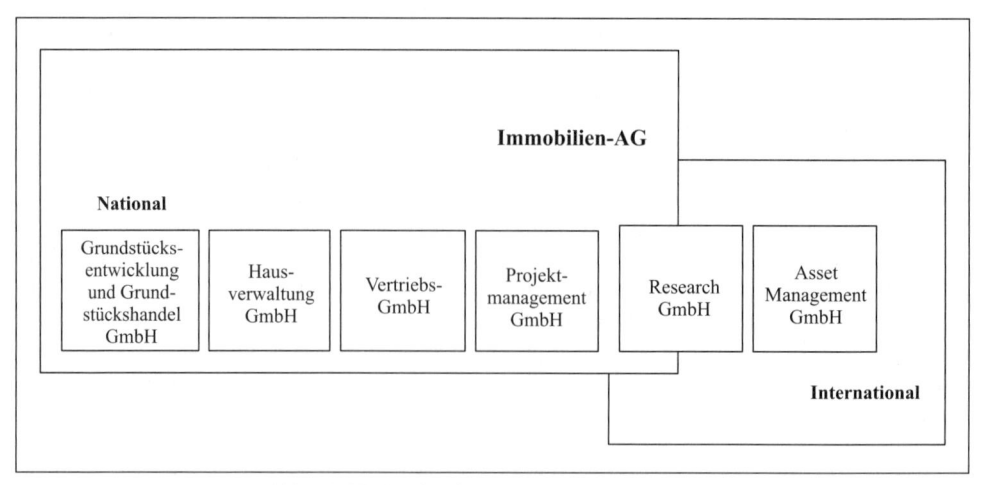

Abb. VII 39: Strukturbeispiel einer Immobilien-AG

Optimierung der Situation lässt sich mit der Einschaltung einer Finanzierungsgesellschaft erzielen. Die Fremdfinanzierung der ausländischen Immobilieninvestitionen vermeidet im Wesentlichen eine Besteuerung der laufenden Mieterträge im Ausland, da durch den Zinsaufwand die laufenden Erträge weitestgehend abgeschöpft werden.

3.4.2.3 Risikostruktur

Immobilien-AGs unterliegen sowohl systematischen als auch unsystematischen Unternehmensrisiken. Systematische Risiken resultieren aus den Ausstrahlungen der Marktstruktur, welche durch rechtliche, wirtschaftliche und politische Entwicklungen beeinflusst werden. Hingegen entstehen unsystematische Risiken durch das Agieren einer Gesellschaft am Markt. Sie sind folglich vorwiegend das Ergebnis von Geschäftspraktiken und Strategien der einzelnen Unternehmen. Um den diversen und komplexen Gefahren in einer steigenden Marktdynamik effektiv entgegentreten zu können, bedarf es der Implementierung eines Risikomanagementsystems. Dieses System hat die Aufgabe, Risiken zu erfassen, zu bewerten und zu koordinieren. Sein einmaliges Aufstellen reicht jedoch für eine frühzeitige Warnung vor Krisen und existenzbedrohenden Situationen nicht aus. Vielmehr muss es in einigen Bereichen flexibel bleiben, so dass es zukünftige Umweltveränderungen und geänderte Ausrichtungen des Unternehmens schnell aufnehmen kann.

Im Wege der Risikoidentifikation sollen Störfaktoren und deren Wirkungen im Gesamtzusammenhang des Unternehmensgeschehens identifiziert und analysiert werden.[42] Eine denkbare Gliederung von Risikoarten besteht in der Aufteilung nach: Strategischen Risiken, Marktrisiken, Kostenstrukturrisiken („Operating Leverage"), Finanzstrukturrisiken („Financial Leverage") und – insbesondere in der Immobilienwirtschaft zu beachtende – Leistungsrisiken. Als solche sind der Akquisitions- und Vertriebsprozess, Kauf und Verkauf von Immobilien sowie die Projektentwicklung hervorzuheben. Für die ersten beiden Risikoarten sind die Entwicklungen am Markt besonders schwierig vorherzusehen, da hierbei die typischen Imponderabilien des Immobilienmarktes zum Tragen kommen. Ein speziell mit dem Immobiliengeschäft verbundenes Risiko ergibt sich aus

---

[42] Vgl. Wolf, K./Runzheimer, B. (2000), S. 33

3 Produkte des Real Estate Investment Banking

den Schwankungen der Immobilienwerte.[43] Diese können z. B. hervorgerufen werden durch das Einsetzen von Arbitrageprozessen oder sonstigen Umstrukturierungen der bisher vorhandenen Gliederungen von Wohn- oder Gewerbegebieten. Ähnlichen Problemen sieht sich die Projektentwicklung gegenübergestellt. Zusätzlich entstehen Gefahren bei der Überlegung, wie das Projekt an dem bestimmten Ort auszusehen hat, damit es sich in die Umgebung einfügt.

Für Immobilien-AGs allerdings stellt die strategische Ausrichtung einen maßgebenden Risikotreiber dar. Dies ist einer der Gründe, dass Aktien deutscher Immobilienunternehmen überproportional stark in den Händen von Investoren liegen, da über das erhöhte Risiko auch eine höhere Rendite erzielbar ist. Vor diesem Hintergrund werden von institutionellen Investoren mit den Unternehmensbeteiligungen vor allem strategische Ziele verfolgt.

Die Risikobewertung versucht die Auswirkung von Risiken, welche sich auf mannigfaltige Art und Weise zeigen können, einschätzbar zu machen. Die wichtigsten Messgrößen lassen sich einteilen in außerordentliches Ergebnis (AoE), Erfolgspotential (EP), Finanz- und Beteiligungsergebnis (FBE), fixe Kosten (Kfix), variable Kosten (Kvar) und Umsatz (U). Eine Erhöhung des Leerstandes beispielsweise würde sich negativ auf den Umsatz auswirken. Als weitere Risikoverwirklichung sind Erhöhungen der Nebenkosten denkbar, welche die fixen Kosten erhöhen, während z. B. Zinsschwankungen die variablen Kosten beeinflussen. Das Finanz- und Beteiligungsergebnis kann sich beispielsweise durch Aktienkursschwankungen ändern. Wird der Fall eines Brandschadens angenommen, so handelt es sich bei diesem um ein außerordentliches Ergebnis und bei Abnahme von Mieterzufriedenheit um einen negativen Einfluss auf das Erfolgspotential. Für die Aufstellung einer Beurteilung können die Auswirkungen wiederum nach ihrer Relevanz eingestuft werden. Auf einer Skala von 1–5 kann beispielsweise mit 1 ein unbedeutendes Risiko festgelegt werden, während 5 eine Bestandsgefährdung des gesamten Unternehmens kennzeichnet.

Risikofeld	Risikoart	Risiken	Relevanz
Bedrohung kritischer Erfolgsfaktoren	Strategische Ziele	U, AoE, FBE, EP	4
Zinsen und Währung, Inflation	Finanzstruktur	AoE, FBE	4
Beteiligungen, Unternehmenskäufe und Due Diligence	Kostenstruktur	FBE	4
Investition und Finanzierung	Finanzstruktur	AoE, EP	4
Marktattraktivität und Wettbewerbskräfte	Marktstruktur	U	4
Bonität und Adressausfälle	Kostenstruktur	FBE	3
Geschäftsfeldstruktur	Strategische Ziele	U, EP	3
Rechtliches und politisches Umfeld	Marktstruktur	EP	3

Abb. VII 40: Risikostruktur einer Immobilien-AG

Insgesamt lässt sich festhalten, dass das Risikodeckungspotential eines Unternehmens, also primär das Eigenkapital, mindestens dem vorhandenen, selbst zu tragenden Risikoumfang (Risikoposition

---

[43] Vgl. Gerlach, R. (2001), S. 705

oder Risk Exposure) entsprechen sollte. Nicht Minimierung des Risikos, sondern Optimierung des Chancen-Risiko-Profils ist also anzustreben, weil Unternehmertum ohne Risiko undenkbar ist. Im Rahmen eines strategischen Risikomanagements ist dabei unter Einbeziehung der strategischen Ausrichtung auf eine ausgewogene Ausprägung von Markt-, Leistungs-, Kosten- und Finanzstrukturrisiko hinzuwirken.

3.4.2.4 Strategische Ausrichtung einer Immobilien-AG

Für die Betrachtung der strategischen Ausrichtung ist es notwendig, eine Aufteilung in die Immobilienseite einerseits und Unternehmensseite andererseits vorzunehmen. Auf beiden Ebenen können die Handlungsfelder von Immobilien-AGs unterschiedlich zusammengesetzt sein. Denkbar ist eine Betätigung in sämtlichen Geschäftsfeldern von Immobilienunternehmen wie der Entwicklung, dem Erwerb, der Vermietung und der Verwertung von eigenem Grundbesitz. Unterschiedliche Unternehmensentwicklungen sind Folge von investiven Schwerpunktsetzungen. Einzelne Gesellschaften bemühen sich auf der Immobilienseite, eine Kombination ihrer Geschäftsfelder zu finden, welche unter ökonomischen Gesichtspunkten den jeweils größten Nutzen bringen.

Der überschneidende Bereich zwischen Bestandshalter und Händler wird mit dem Begriff Investor-Trader gekennzeichnet, jener zwischen Bestandshalter und Projektentwickler wird Investor-Developer genannt und schließlich die Schnittmenge von Projektentwickler und Händler Trader-Developer. Aufgrund dieser Einteilung lässt sich eine zuordenbare Risiko-Rendite-Struktur erkennen. So zeichnet sich die Vermietung und Verpachtung grundsätzlich durch eine niedrige, aber kontinuierliche Ertragskraft aus und ist damit im Verhältnis relativ risikolos. Ein entgegengesetztes Rendite-Risiko-Profil ist dagegen bei Projektentwicklern festzustellen. Hier erzeugt die Entwicklung von Grundvermögen im Idealfall hohe einmalige Erträge jeweils nach Projektabschluss, während demgegenüber hohe Risiken, sogar bis zur Existenzbedrohung, bestehen. Der Immobilienhändler ist zwischen den vorgenannten Typen einzuordnen, da hier davon ausgegangen werden kann, dass durch Einschätzung des Marktes zumindest gelegentlich ein positiver Effekt zwischen Ein- und Verkauf erzielbar ist. Zum Vorteil kann es einer Immobilien-AG reichen, wenn sie eine Ausrichtung sämtlicher Geschäftsfelder unter ihrem Dach vereint. Insbesondere in der Gesellschaftsform einer Holding lassen sich die Potentiale der einzelnen Gesellschaften der Aktiengesellschaft zurechnen. Die Aktionäre können damit durch die Investition in eine Anlage von verschiedenen Vorteilen der jeweiligen Gesellschaftsformen profitieren. Gefördert wird diese Vorteilhaftigkeit durch eine auf der Unternehmensseite basierende Liquiditätsbeschaffung. Diese nicht gebundenen Mittel, welche eine Immobilien-AG im Wege von Aktieneinlagen erlangt, sind flexibel investierbar. Insbesondere werden der Transfer von Immobilien und ein Gesellschaftshandel vereinfacht, da die Finanzierungsbedingungen leichter erfüllt werden können. Die Ausgabe von Aktien zum Erwerb einer Immobiliengesellschaft kommt dem Investor insofern zugute, als hierdurch ein Passivtausch stattfindet. Aufgrund dieser Vorgänge erlangt der Käufer des Immobilienunternehmens eine leichtere Refinanzierungsmöglichkeit der Immobilien und der ehemalige Immobilienunternehmer liquidere Anlagen. Des Weiteren kommt eine Diversifikation der Geschäftsfelder hinsichtlich des Standortes und der Immobilientypen in Betracht. Die Standortfrage stellt einen wesentlichen Entscheidungsfaktor dar. Werden sämtliche Objekte in einer Region platziert, so kann dies in einem positiven Markt den Vorteil einer hohen erzielbaren Rendite bewirken. Sinken die positiven Markteffekte, zieht eine derartige Anlagestruktur sofort das gesamte Portfolio in den negativen Bereich, was im ungünstigsten, aber denkbaren Fall zu einer völligen Illiquidität führen kann. Dadurch dass sich die regionalen Teilmärkte unterschiedlich entwickeln und diese Entwicklungen zyklisch und immobilientypabhängig, aber zeitlich versetzt und mit unterschiedlichen Frequenzen erfolgen, kann

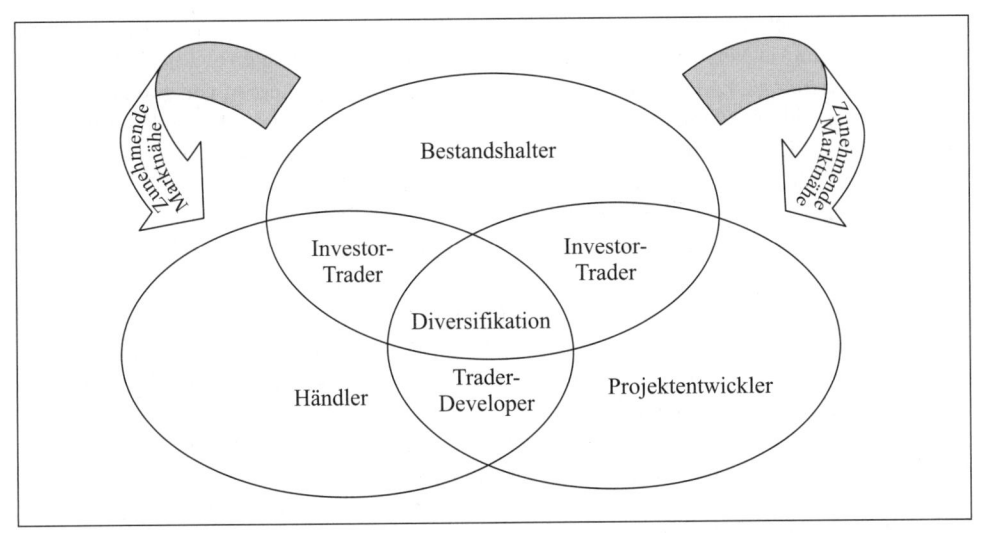

Abb. VII 41: Kombination möglicher Wertschöpfungsaktivitäten von Immobilien-AGs

dieses Risiko wesentlich minimiert werden. Durch das Antizipieren und Ausnutzen gegenläufiger Marktbewegungen kann eine Immobilien-AG starke Ertrags- und somit Wertschwankungen ihres Immobilienportfolios verringern.[44] Verfolgt die Immobilien-AG eine Strategie zur Streuung der Immobilien nicht nur im regionalen, sondern auch im nationalen und internationalen Rahmen, so besteht die Chance einer noch effektiveren Risikostreuung.

Weiterhin ist beim Immobilientyp eine Zuordnung in vier Kategorien Gewerbe, Wohnen, Betreiberimmobilien und unbebautes Grundstück anzudenken. Eine noch detailliertere Differenzierung würde ins Unendliche führen, da eine Immobilie selten mit einer anderen gleichgesetzt werden kann. Die grobe Segmentierung der Grundvermögen nach Liegenschaftstypen ist analytisch von Bedeutung, da das Anlegerpublikum den unterschiedlichen Liegenschaftstypen auch differierende Rendite-Risiko-Profile unterstellt. Aber auch eine Segmentierung in die vier Bereiche kann oftmals nicht eindeutig getroffen werden. Schnittstellen gibt es beispielsweise bei Immobilien, welche im Erdgeschoss ein Gewerbe aufweisen und bei denen alle weiteren Geschosse Wohnzwecken dienen. Berücksichtigungswürdig ist grundsätzlich die Einschätzung, dass das Risiko-Rendite-Verhältnis von Gewerbeimmobilien höher ist als von Wohnimmobilien. Die Betreiberimmobilie birgt jedoch ein weit höheres Maß an Unsicherheit als die erwähnten Immobilienkategorien, womit das Erzielen einer hohen Rendite einhergeht. Problematisch ist die Einordnung von unbebauten Grundstücken. Hier kann es sich zum einen um Grundstücke handeln, auf welchen neue Objekte erstellt werden sollen, womit eine hohe Renditeerwartung einhergeht. Zum anderen sind es möglicherweise Brachflächen, die schwer zu verwerten oder zu rekultivieren sind. Um die Verwertungschancen herauszubekommen, kann im Wege einer Potentialanalyse eine Bewertung von Grundstücken vorgenommen werden.

3.4.2.5 Bewertung einer Immobilien-AG

Die zwei grundsätzlich zu berücksichtigenden Bestandteile bei der Bewertung von Immobiliengesellschaften sind einerseits das Unternehmen und andererseits die Immobilien selbst. Das Un-

---

[44] Vgl. Pyhrr, S. A./Roulac, S. E./Born, W. L. (1999), S. 7 ff.

ternehmen wird nach den allgemeinen betriebswirtschaftlichen Grundsätzen unter Einbeziehung sämtlicher rechtlicher Vorschriften bewertet. Die Immobilienbewertung erfolgt nach den Regeln der Verkehrswertmethode. Für börsennotierte Gesellschaften gilt es ferner, den Kapitalmarkt in die Betrachtung mit einzubinden. Da Immobilienaktien eine Kombination der beiden Anlageinstrumente Immobilie und Aktie darstellen, ist zu prüfen, ob die Immobilienaktie als Asset zu qualifizieren ist. Das Wesen einer eigenen Asset-Klasse zeichnet sich durch ihre Unabhängigkeit von den Entwicklungen an den jeweiligen anderen Märkten aus. Infolgedessen ist eine Analyse der Asset-Eigenschaften von Immobilien-AGs sowie Rentabilität, Sicherheit und Fungibilität vorzunehmen.

Jeder Aktionär hat eine subjektive Rentabilitätsperspektive, bei der er Kosten und Nutzen der Kapitalanlage betrachtet. Aus Aktionärssicht gibt es grundsätzlich zwei Nutzenkomponenten, zum einen die Dividendenauszahlung und zum anderen die Kurssteigerung. Erlöse in Form von Dividendenausschüttungen sind von der Geschäftspolitik der Aktiengesellschaft abhängig. Ein Aktionär, welcher auf den kurzfristigen Gewinn Wert legt, wird folglich seine Beteiligung in einer ausschüttungsorientierten Anlage platzieren. Liegt hingegen sein Interesse primär auf einer Kurssteigerung der Aktie, so wird er ein Unternehmen bevorzugen, das durch Thesaurierung darauf ausgerichtet ist, den inneren Wert der Gesellschaft zu steigern. Kosten entstehen dem Anleger vor allem durch Informationsbeschaffung und Transaktionen. Informationskosten sind von der Informationspolitik der Aktiengesellschaften und damit von der Markttransparenz abhängig. Transaktions- und Verwaltungskosten sind abhängig vom Eigenengagement des Investors. Insgesamt lässt sich feststellen, dass die Rentabilität vorwiegend durch ihre Erlöskomponenten geprägt ist. Die Erlöskomponenten wiederum werden mittelbar vom Kapitalmarktgeschehen gesteuert. Die Sicherheit von Immobilienaktienanlagen wird ebenfalls vom Kapitalmarkt beeinflusst, wobei hierauf die Erwartungen hinsichtlich des Immobilienmarktes und des Unternehmens einwirken. Die Fungibilität der Aktien hat zur Voraussetzung, dass sich ein möglichst hoher Anteil des Grundkapitals einer Gesellschaft im Streubesitz befindet, der Wert also einen hohen Free Float aufweist. Als maßgebende Voraussetzung gilt, dass der Aktienmarkt von ausreichender Transparenz geprägt sein muss. Die Immobilien-AG ist damit gerade abhängig von Einflüssen sowohl des Immobilien- als auch des Kapitalmarktes. Folglich ist die Immobilienaktie nicht als eigene Asset-Klasse zu qualifizieren. Um die Asset-Eigenschaften einer Immobilien-AG adäquat ermitteln zu können, ist eine geeignete Bewertungsmethode erforderlich. Die Ergebnisse aus der Bewertung müssen für eine Unternehmenswerteinschätzung schließlich untereinander verglichen werden.

3.4.2.6 Bewertungsmethoden

Die Bewertung von Immobilien erfolgt durch Verkehrswertermittlung, welche zumeist anhand von Sach-, Ertrags- und/oder Vergleichswertverfahren vorgenommen wird. Sie stützen sich auf die Immobilienwertermittlungsverordnung (ImmowertV) und die Wertermittlungsrichtlinien (WertR). Diese Verfahren finden mangels Alternativen in der Regel auch bei der Ermittlung des Anteilswertes von Grundstücksgesellschaften Anwendung, wobei gegebenenfalls Wertkorrekturen vorzunehmen sind. In diese Ermittlung fließt insofern eine Bewertung der Gesellschaft mit ein.

Ein alternativer Ansatz zur Gesellschaftsbewertung ist durch den Vergleich mit einer Investition anzudenken. Einer Ansicht zufolge wird der ökonomische Wert einer Investition nach dem „Shareholder Value-Ansatz" berechnet. Diese Meinung fordert für ein erfolgreiches Unternehmen, dass ein extrem auf die Anleger ausgerichtetes „Shareholder Value-Konzept" vorlegen muss. Die Shareholder Value-Orientierung zielt auf die Vermehrung des Aktienwertes eines Unternehmens, indem das Unternehmen Werttreiber identifiziert, mit denen sich eine Wertsteigerung für die Aktionäre anstreben lässt. Andererseits besteht die Kritik, dass der Shareholder Value-Ansatz eine Absage an jegliche Versuche darstellt, die unterschiedlichen und zumeist konfligierenden Gruppeninteressen gleichberechtigt in einem geschlossenen Zielsystem der Unternehmung zusammenbringen zu wollen. Im Gegensatz zum Shareholderinteresse (Eigentümerinteresse), das in der Regel auf eine kurzfristige Einkommensmaximierung fixiert ist, können andere Stakeholder, wie z. B. die mit der Geschäftsführung beauftragten Manager, eine langfristige Steigerung des Unternehmenswertes verfolgen.[45] Gemessen werden kann der Unternehmenswert mit der sog. Discounted-Cashflow-Methode (DCF-Methode), bei welcher die Cashflows mittels des Kapitalkostenansatzes diskontiert sind.[46] Kritisch ist diese Methode bei Immobilienunternehmen zu sehen. Auch hier werden die Immobilienerträge, entsprechend Unternehmen mit anderen Tätigkeitsfeldern, als „Zuflüsse aus ungewöhnlichen Vorgängen" angesehen und damit in der Regel nicht für die nachhaltige Bewertung der Unternehmen herangezogen. Die in die DCF-Methode einfließenden steuerlich ermittelten Abschreibungen stellen ein weiteres Problem bei der Bewertung dar. Diese zumeist degressiv verlaufenden Abschreibungen entsprechen nur selten dem tatsächlichen Wertverzehr. Unbeachtet bleiben die Wertsteigerung des Grundstücks und damit die sich bildenden stillen Reserven, welche zu einer Unterbewertung der Ertragskraft des Unternehmens führen. Ferner entsteht die Gefahr einer Fehleinschätzung des Diskontierungszinssatzes gerade bei einem langfristigen Prognosezeitraum.[47]

$$UW = \sum_{t=1}^{n} G_t \cdot \frac{1}{(1+i)^t} + \frac{R_n}{(1+i)^n}$$

UW = Unternehmensgesamtwert
G_t = künftige Jahresgewinne
R_n = Liquidationserlös
n = Laufzeit
i = Kalkulationszinsfuß

Ist die AG börsennotiert, so ist schließlich der Einfluss des Kapitalmarktes ausschlaggebend. Alternativ besteht hier das Bewertungskriterium der Börsenkapitalisierung. Sie ergibt sich aus der Aktienanzahl multipliziert mit dem Börsenkurs der Aktie. Im Berechnungszeitpunkt repräsentiert sie den Marktwert des Eigenkapitals der Aktiengesellschaft, respektive den Marktwert des Vermögens ihrer Anleger.[48]

Eine weitere Bewertungsmethode stellt das Kurs-Gewinn-Verhältnis (KGV) dar. Der KGV stellt den erwirtschafteten bzw. erwarteten Gewinn je Aktie im Verhältnis zum Kurs dar. Problematisch ist hierbei jedoch wiederum die schon erwähnte unterschiedliche Jahresüberschussberechnung in der Wertung eines nachhaltigen Periodenerfolges, hervorgerufen durch Bilanzierungs- und Bewertungswahlrechte, anzusehen. Daher wird in der Regel statt des Jahresüberschusses das Ergebnis nach DVFA/SG[49] verwendet, das wesentliche Teile der außerordentlichen Ergebniseinflüsse herausrechnet.[50] Der Erfolg eines Geschäftsjahres kann allerdings nicht als repräsentativ für zukünftige Entwicklungen betrachtet werden. Berücksichtigung müssen auch zu erwartende Veränderungen finden. Für eine faire Bewertung von Immobilien-AGs bedarf es somit einer zusätzlichen Bewertungsmethode.

---

[45] Vgl. Rappaport, A. (1999), S. 5 ff.
[46] Vgl. ebenda, S. 39 ff.
[47] Vgl. Cadmus, A. (2000), S. 96
[48] Vgl. Betsch, O./Groh, A. P./Lohmann, L. G. E. (1998), S. 141
[49] Das Ergebnis beruht auf einer Empfehlung der Deutschen Vereinigung für Finanzanalyse und Asset Management und der Schmalenbach-Gesellschaft
[50] Vgl. Rehkugler, H. (2003), S. 15

Als weitere Bewertungsmethode ist der Net Asset Value (NAV) anzuführen. Er berücksichtigt den Wert des Anlagevermögens, wobei zufällige Effekte unberücksichtigt bleiben. Zahlreiche US-Analysten verwenden deshalb bei der Bewertung der Aktien von REITs den NAV.[51] Bei der Bewertung nach der Börsenkapitalisierung ist festzuhalten, dass diese zumeist nicht dem NAV der Gesellschaft entspricht. Der NAV errechnet sich aus der Summe der gutachtlich ermittelten Verkehrswerte abzüglich der Summe der Verbindlichkeiten und z. T. werden auch kapitalisierte Verwaltungskosten abgezogen. Damit sind die durch den NAV ermittelten Werte u. U. sehr unterschiedlich im Vergleich mit dem „Public Pricing". Eine Vielzahl von Gründen ist hierfür ausschlaggebend. In die Börsenbewertung fließen zumeist im Gegensatz zur Gutachtenbewertung die Kosten für Verwaltungstätigkeiten der Gesellschaft mit ein. Entsprechendes lässt sich für steuerliche Aspekte feststellen; auch werden diese hier von der Gutachtenbewertung ignoriert. Auf dem Kapitalmarkt ziehen steuerliche Anreize entsprechende Folgen nach sich. Die Gutachtenbewertung beachtet weder Größe, noch Diversifikation, noch die daraus resultierende Fungibilität der Gesellschaft. Sie stellt bei der Börsenbewertung einen entscheidenden Faktor dar, da sich bei einer gewissen Größe Liquiditätsprämien ergeben. Ferner fließen vor allem Vergangenheitswerte in das Gutachten mit in die Betrachtung ein, während eine Börsenbewertung eine Zukunftseinschätzung des Marktes darstellt. Des Weiteren bezieht die Gutachtenbewertung die Rechnungslegungstransparenz und die Informationspolitik der jeweiligen Gesellschaft nicht mit ein, wohingegen die Börsenbewertung durch die Publizitätsstandards stark beeinflusst wird. Schließlich werden bei ersterer weder Qualität des Immobilien- noch des Portfoliomanagements der Gesellschaft beurteilt. Hingegen bewertet die Börse gerade das Unternehmen.[52]

	Verkehrswert der Immobilien
+	Wert sonstiger Vermögensgegenstände
−	Fremdkapital
−	(kapitalisierte Overheadkosten)
=	Net Asset Value (NAV)

Abb. VII 42: Berechnung des Net Asset Value (NAV)

3.4.3 Vergleich der Immobilien-AGs mit Alternativanlagen

Ein klassischer Vorzug von Immobilieninvestitionen besteht darin, dass kein Bonitätsrisiko, wie es bei der Vermögensanlage in festverzinsliche Wertpapiere oder Aktien gegeben ist, in Gestalt eines Totalverlustes des Vermögens entsteht. Im Falle langfristig fremdvermieteter Büro- und Wohnimmobilien ist von einem derartigen Risiko nicht auszugehen, insbesondere wenn diese mit einem hohen Eigenkapitalanteil finanziert werden. Auch wenn ein Mieter zahlungsunfähig wird, besteht eine gute Chance, vor allem bei solchen Immobilien in einer 1a-Lage, auf eine Anschlussvermietung. Die Vermietung solcher Immobilien wird als besonders sichere Anlageform angesehen. Für eine Beurteilung bei Immobilien-AGs ist zu trennen, nach welcher Zielsetzung die Strategie ausrichtet ist. Der Shareholder Value-Gedanke fordert das Erreichen eines hohen Leverage-Effekts, was als Konsequenz einen niedrigen NAV nach sich zieht. Aufgrund dieser Zielsetzung ist der Fremdkapitalanteil viel höher als der NAV und es entsteht die Gefahr eines Totalverlustes. Findet dagegen eine Orientierung am Management statt, so strebt dieses regelmäßig ein ausgewogenes Verhältnis zwischen Verbindlichkeiten und Substanzwert oder gar einen hohen NAV an. Diese

---

[51] Vgl. Block, R. L. (1998), S. 222 ff.
[52] Vgl. Väth, A. (1999), S. 54

Strategie bedeutet zwar eine niedrigere Rendite, aber gleichzeitig auch ein geringeres Risiko und damit regelmäßig keinen Totalverlust.

Börsennotierte Aktiengesellschaften werden durch den Markt bewertet. Diese Tatsache kann sowohl positive als auch negative Auswirkungen haben. Durch Kursschwankungen kann zum einen eine Chance in Kurssteigerungen, zum anderen aber auch die Gefahr von Kursverlusten bestehen. Ein „Markt" für Immobilienaktien hat sich erst in neuerer Zeit entwickelt. Es ist eine gewisse öffentliche Aufmerksamkeit durch das Auflegen neuer Indizes und sehr positiver Kursentwicklungen einzelner AGs geweckt worden. Ein weiterer maßgeblicher Einfluss hierauf lässt sich auch mit der Schwäche des DAX begründen. Die Immobilienaktie war im Vergleich zu Geschlossenen Immobilienfonds früher vor allem aus steuerlichen Gründen unattraktiv. Im Zuge der Steuerreform wurde ihr dieser Nachteil zwar genommen, jedoch sind derzeit keine darüber hinaus gehenden positiven Steuereffekte zu erkennen. Mit dem Auslaufen der Sonderabschreibungen in den neuen Bundesländern hat auch die Immobilie als Direktanlage an Anlegerattraktivität verloren. Fraglich ist, ob auch die der Immobilie inhärente Eigenschaft des Inflationsschutzes, welche sich darauf stützen lässt, dass Mieteinnahmen in der Regel entsprechend der Kosten der Lebenshaltung steigen, auf die Immobilienaktie übertragbar ist. Hiergegen spricht, dass es sich bei Aktien um risikobehaftete Anlagen handelt, welches sich aus der Unsicherheit von Markteinflüssen ableiten lässt. Dafür spricht, dass gerade die Immobilie eine Sicherheit bietet und die Aktie den Wert des Immobilien-Portfolios widerspiegelt. Der Wert der Immobilienaktie wird jedoch vorwiegend durch die Börse bewertet, und somit verwirklicht sich auch hier das Zinssatzrisiko des Kapitalmarktes.

Die der deutschen Immobilienwirtschaft derzeit noch anhaftende Intransparenz des Marktgeschehens zieht grundsätzlich die Konsequenz höherer Kostenstrukturen mit sich. Dies bedeutet für Immobilieninvestitionen ein kostspieliges Research. Was den Aktienmarkt betrifft, so ist dieser an sich zwar auch kein vollkommener Markt im klassischen Sinne, welcher alle Anforderungen an Homogenität der Wirtschaftsgüter, Markttransparenz, d. h. jederzeitige Zugriffs- und Informationsmöglichkeiten auf Marktdaten, Handeln der Marktteilnehmer nach dem Maximalprinzip und unendlich hohe Reaktionsgeschwindigkeit, erfüllt, doch kommt er als einziger Markt annähernd an einen solchen heran. Fraglich ist folglich, wie sich die „Zwitterstellung" der Immobilienaktie auswirkt. Einerseits ist sie mit dem an mangelnder Transparenz leidenden Immobilienmarkt, andererseits mit dem relativ vollkommenen Aktienmarkt verknüpft. Die typischen Eigenschaften einer Aktie gelten grundsätzlich entsprechend für die Immobilienaktie. Insofern entfernt sich die Immobilienaktie vom Immobilienmarkt und rückt einem homogenen Wirtschaftsgut näher. Die Heterogenität wird ihr dadurch genommen, dass für die Bewertung am Aktienmarkt bestimmte Kriterien von den Gesellschaften erfüllt werden müssen.

Die Immobiliendirektanlage bietet ihren Anlegern Sicherheit, Inflationsschutz und vor allem auch die Möglichkeit, sich mit der Anlage zu identifizieren, wobei eine emotionale Bindung entsteht. Eine ihrer Schwächen ist, dass sie grundsätzlich nicht sehr fungibel ist. Um sie veräußern zu können, ist zunächst ein Käufer mit entsprechendem Kapitaleinsatz zu finden und möglicherweise ein Makler zu beauftragen. Beim weiteren Zeit- und Kostenaufwand für die Veräußerung von Immobilien muss die Einschaltung eines Notars und besonders die Zeitspanne berücksichtigt werden, die zwischen Vertragsabschluss und Fälligkeit des Kaufpreises vergeht. Eine Erlösschmälerung beim Verkauf wird außerdem bei erkennbarem Zeitdruck gefördert. Alternativ zur Immobilie als Direktanlage kommen für potentielle Anleger neben der Immobilien-AG Immobilienanlageprodukte wie der Offene und der Geschlossene Immobilienfonds in Betracht. Diese beiden Anlageformen stehen in Konkurrenz zu Aktien und Renten. Der Immobilienfonds bietet die Möglichkeit der Beteiligung an Immobilienvermögen. Die finanziellen Mittel der Anleger werden gebündelt, um auch großvolumige Immobilieninvestitionen tätigen zu können. Durch professionelles Management sollen auch gemeinsame Ziele unter Berücksichtigung unterschiedlicher Prämissen erreicht werden. Eine direkte Einwirkungsmöglichkeit der Investoren in Gestalt von Mitspracherechten ist jedoch nicht gegeben. Mit der Aktienbeteiligung an einer Immobilien-AG hingegen erlangt der Aktionär ein Stimmrecht auf der Hauptversammlung. Da sich der Stimmrechtsanteil nach dem Aktienanteil richtet, hat der Aktionär bei einem nur kleinen Aktienanteil auch nur eine diesem Anteil entsprechende Stimmrechtsgewichtung. Dies führt dazu, dass die Großaktionäre letztlich die Entscheidungen auf der Hauptversammlung treffen.

3.4.4 Substitutionskriterien von Immobilien-AGs im Vergleich zu klassischen Investmentanlagen

Die Immobilien-AG hat im Unterschied zu den Investitionsformen weiterer Kapitalanlagen, wie den Immobilienfonds, den Vorteil des unbeschränkten Zugangs zum nationalen und internationalen Kapitalmarkt. Hiermit kann vor allem auch im internationalen Rahmen eine Portfolio-Diversifikation erzielt werden. Ferner erhält die Immobilien-AG die Möglichkeit, durch Aufnahme von Fremdkapital und einem daraus resultierenden hohen Leverage bessere Ergebnisse zu erzielen. Mit Kapitalmarktzugang geht grundsätzlich auch eine hohe Fungibilität der Anlage mit einher.

Ein spezifischer Nachteil einer Beteiligung an einem Geschlossenen Immobilienfonds ist ihre Veräußerbarkeit. Sie ist in der Regel nicht ohne weiteres kündbar und im Falle einer Kündigung ist ein hoher Abschlag hinzunehmen. Es ist damit ein nicht fungibles Instrument mit zumeist langer Kapitalbindung. Einem Anleger kommt im Falle eines Liquiditätsengpasses die hohe Fungibilität von Aktien zugute. Er erlangt die Möglichkeit, Aktien jederzeit und zu „fairen" Marktpreisen an der Börse zu verkaufen, um wieder liquide zu werden. „Fair" ist der Preis, der sich am Markt bildet, d. h. ohne größere Abweichungen oder Unterbewertungen.[53]

Ein weiterer Nachteil von Geschlossenen Immobilienfonds kann durch die Investition in ein Einzelobjekt entstehen. Insofern ist nur eine geringe Risikostreuung, bei gleichzeitig bestehenden hohen Immobilienrisiken, zu erzielen. Die Immobilien-AG hingegen kann grundsätzlich eine hohe Diversifikation durch beliebige Streuung ihrer Immobilienbestände herbeiführen. Gegenüber Personengesellschaften weist die Immobilien-AG einen weiteren Vorteil darin auf, dass Aktien schneller, einfacher und kostengünstiger zu kaufen oder verkaufen sind als die Aufnahme oder das Trennen von Gesellschaftern möglich ist. So wird eine Gesellschafterstellung durch einen beurkundeten Akt sowie eine Anmeldung ins Handelsregister bewirkt. Des Weiteren wird ein Vorteil von Immobilien-AGs teilweise, aufgrund rechtlicher Rahmenbedingung der Gesellschaftsform, auch der Zugang zu professionellem Management genannt. Als Direktanleger und im Falle von Geschlossenen Immobilienfonds werden zumeist nur einzelne Immobilien gekauft, was das Risiko von falschen Entscheidungen erhöht. Anleger jedoch, deren Entscheidung für eine Kapitalanlage vorwiegend aus steuerlichem Grund heraus getroffen wird, können ihr Ziel derzeit am besten durch die Anlageform des Geschlossenen Immobilienfonds verwirklichen.

Immobilien-AGs unterliegen im Gegensatz zu den Offenen Immobilienfonds keiner speziellen Anlagevorschrift, wie beispielsweise Höchstgrenzen bei der Fremdfinanzierung, Begrenzung des Beteiligungserwerbes oder auch Limitierungen hinsichtlich der Objektgröße oder Währungsanlagen. Ansonsten weist die Beteiligung an einem Offenen Immobilienfonds ähnliche Eigenschaften auf wie eine Immobilienaktie. Für den Mindestanlagebetrag sowohl bei der Aktienbeteiligung

---

[53] Vgl. Rehkugler, H. (2003), S. 4

als auch beim Offenen Immobilienfonds genügt es, einen geringen Wert zu wählen. Dies kommt insbesondere Kleinanlegern zugute, die auch Kleinbeträge über Einmalanlage und/oder Sparpläne in Immobilienanlagen investieren können. Im Gegensatz hierzu erfordern Direktinvestitionen und Beteiligungen an Geschlossenen Immobilienfonds das Aufbringen eines gewissen Mindesteigenkapitals.[54]

Offene Immobilienfonds können, im Gegensatz zu Geschlossenen Immobilienfonds, aufgrund der wesentlich größeren Eigenkapitalbasis verschiedene Großimmobilien an verschiedenen Standorten mit unterschiedlichen Nutzungskonzepten realisieren, wodurch eine Risikominderung erzeugt werden kann. Sind die Investitionen sehr groß, besteht allerdings auch für Offene Immobilienfonds die Gefahr eines Überschreitens der Liquiditätsreserve. Tritt dieser Umstand ein, wird er sich um ein Finanzierungsprodukt bemühen müssen. Aufgrund der besonderen Verbraucherschutzvorschriften muss er die hieraus gewonnen Gelder schnell anlegen. Demgegenüber sieht sich eine Aktiengesellschaft nicht einem solchen Druck ausgesetzt, sie kann ihre liquiden Mittel nach eigener Einschätzung platzieren. Unter Anlegergesichtspunkten entsteht durch diese Option sowohl Chance als auch Risiko. Schließlich ist die Immobilien-AG im Gegensatz zum Offenen Investmentfonds, der meist Tochtergesellschaft von Großbanken ist, auch bei der Auswahl geeigneter Objekte völlig unabhängig. Obwohl Investmentfonds nicht dem Kapitalmarkt zugänglich sind, können die Anteilscheine eines Offenen Immobilienfonds jederzeit zum aktuellen Inventarwert an die Fondsgesellschaft zurückgegeben werden. Nachteilig wirkt sich dies allerdings auf die Wirtschaftlichkeit eines Fonds aus, da hierfür Liquidität aus der Anlage in die Investments zurückbehalten werden muss und damit auch ein Inflationsschutz durch die Immobilienanlage nicht entsteht. Diese Auswirkungen bestehen bei einer Aktie nicht, da die Zahlungsströme nicht direkt aus dem Immobilienvermögen heraus stammen. Durch den Handel mit Aktien und dem hierdurch geschaffenen Börsenwert (fair value) zeichnet sich eine Aktiengesellschaft gerade aus; Entsprechendes ist auch auf die Immobilien-AG zu übertragen. Für die Immobilienfonds besteht insofern auch kein fair value. Als weitere negative Eigenart von Immobilienfonds ist ein hoher Anteil an „soft costs" anzuführen. Soft costs entstehen z. B. aufgrund des Schaffens rechtlicher Gesellschaftskonstruktionen oder auch durch Marketingaufwand.

3.4.5 Zusammenfassung und Schlussfolgerung

Aufgrund der international sich verschärfenden Kapitalanforderungen und der hierdurch hervorgerufenen hohen Anforderungen der Banken an Eigenkapitalausstattung lässt sich eine Chance der Finanzierung über den Aktienmarkt erkennen. Immobilien-AGs mit den dargestellten Vorteilen wie Fungibilität, Diversifikationsmöglichkeiten und Performanceauswahl können eine derartige Chance bieten.

Die Renditechance von Immobilienaktien ist als hoch einzuschätzen. Ein Grund hierfür liegt darin, dass der Sicherheitsfaktor, welcher insbesondere bei der Immobiliendirektanlage vorzufinden ist, relativ zur steigenden Rendite abnimmt. Das Rendite-Risiko-Verhältnis im Vergleich zu herkömmlichen Aktien dagegen zeigt auf lange Sicht einen besseren Wert auf. Damit befindet sich die Anlage in eine Immobilienaktie im Mittelbereich zwischen Direktanlage und Aktienanlage.

Potentielle Zukunftschancen der Immobilienaktie lassen sich durch Vergleich mit den Immobilieninvestmentfonds verdeutlichen. Wie gezeigt, ist vor allem zwischen den Offenen Immobilienfonds und den Immobilien-AGs eine Ähnlichkeit gegeben. Sie unterscheiden sich vor allem zu Ungunsten der

---

[54] Vgl. Servatius, W. (2012), S. 13

Offenen Immobilienfonds hinsichtlich ihrer rechtlichen Restriktionen, was prinzipiell die Attraktivität der Immobilien-AG erhöht. Dennoch sind die Offenen Immobilienfonds als Anlageinvestment populärer. Ein Grund hierfür ist in der deutschen Anlegergeschichte zu finden. Ihr Anlagemuster ist auf das Sicherheitsbedürfnis der Deutschen zurückzuführen, wodurch schon immer verstärkt in Direktimmobilien oder ihr ähnlichen Anlagen investiert wird. Erst mit dem Aufkommen der New Economy hat sich dies geändert. Bevor die relativ neue Investmentanlage Immobilienaktie richtig von den Deutschen entdeckt werden konnte, ist der Euphorie mit dem Zusammenbruch der New Economy Einhalt geboten worden. Dies hat die Anleger von den unsicheren Investmentanlagen abgeschreckt. Aber gerade in diesem Punkt besteht wieder die Chance der Immobilien-AGs, die als Basis ihres Agierens die sichere Immobilie vorweisen können.

3.5 Real Estate Investment Trusts

3.5.1 Systematisierung der REITs

Der REIT kann grundsätzlich, je nach Anlageschwerpunkt, in drei verschiedene Geschäftsmodelle klassifiziert werden: Equity-, Mortgage- und Hybrid-REITs. Diese Kategorisierung ergab sich in den Vereinigten Staaten, dem Ursprungsland der REITs, aus der enormen Nachfrage am Immobilienmarkt nach Eigen- und Fremdkapitalfinanzierung. Um dieser Nachfrage gerecht zu werden, wurde nicht nur die Investition in Immobilien (Equity-REITs), sondern auch deren Finanzierung (Mortgage-REITs) als Anlagezweck zugelassen. Folglich lassen sich mit dem Produkt REIT sämtliche Formen der immobilienbezogenen Kapitalanlage darstellen.

Equity-REITs: Equity-REITs oder auch Eigenkapital-REITs investieren überwiegend direkt in Immobilien oder halten partiell Beteiligungen an Immobilien-Gesellschaften. Des Weiteren können sie die im gesetzlichen Rahmen liegenden Dienstleistungen anbieten. Ihre Einkünfte erzielen sie überwiegend aus Vermietung und Verpachtung, aber auch aus Veräußerungserlösen und Servicetätigkeiten.

Mortgage-REITs: Mortgage-REITs oder auch Hypotheken-REITs investieren in immobilienbesicherte Finanzinstrumente wie erstrangige und nachrangige Hypothekendarlehen sowie „Mortgage Backed Securities (MBS)". Des Weiteren vergeben sie Kredite an Immobilieneigner und Projektentwickler. Letztendlich besteht zwischen diesem Geschäftsmodell und dem Immobilien- bzw. Kapitalmarkt die größte Abhängigkeit, da die Performance ausschließlich auf der Kreditnachfrage und der Marktzinsentwicklung basiert.

Hybrid-REITs: Der Hybrid-REIT stellt eine Mischform der zuvor beschriebenen Equity- und Mortgage-REITs dar. Er verbindet somit die charakteristischen Wesensmerkmale beider Geschäftsmodelle und investiert sowohl direkt in Immobilien als auch in immobilienbesicherte Finanzanlagen. Mit einer Marktkapitalisierung von wenigen Prozent führt diese Form jedoch ein Nischendasein.

3.5.2 Historische Entwicklung

Die Idee, Anteile an Immobilien zu verbriefen, ist im Jahre 1880 in den Vereinigten Staaten von Amerika entstanden. Dies war das Geburtsjahr des heute global bekanntesten, indirekten Immobilienanlageproduktes „Real Estate Investment Trusts" (REITs). Die damaligen Trusts waren, solange ihr Einkommen Wohltätigkeitszwecken zugutekam, von der Unternehmenssteuer befreit.

Die Erträge wurden somit unversteuert an die Investoren weitergeleitet, wodurch eine Doppelbesteuerung vermieden werden konnte. Durch die Aufhebung dieser Steuerbefreiung im Jahre 1935 verschwanden REITs für mehrere Jahre zunächst aus dem Investorenfokus. Erst 25 Jahre später, im Jahre 1960, ist diese Anlageform aufgrund der Verabschiedung des „Real Estate Investment Trust Act" von US-Präsident Eisenhower, der den REIT von der „Corporate Income Tax" befreien sollte, erneut in das Interesse der Investoren gerückt. Das verfolgte Ziel des US-Kongresses war es, Kleinanlegern eine Möglichkeit zu offerieren, in diversifizierte Immobilienportfolien ohne die Benachteiligung der Doppelbesteuerung zu investieren. Erst durch den Erlass des „Tax Reform Act" im Jahre 1986 und der damit verbundenen Eliminierung der steuerlichen Vorteile von direkt gehaltenen Immobilien, erhielt der REIT neuen Aufwind. Unterstützt wurde diese positive REIT-Entwicklung durch den Zusammenbruch des immobilienwirtschaftlichen Sektors. Da die Banken aufgrund des erlittenen Vertrauensverlustes gegenüber der Immobilienwirtschaft ihre Hypothekenkreditfinanzierungen reduzierten, mussten andere Quellen zur Finanzierung von Immobilieninvestitionen erschlossen werden. Genau dieses Bedürfnis vermochte der Kapitalmarkt als Ort zur Eigenkapitalbeschaffung zu decken. Insbesondere das Produkt „REIT" bot sich als Kapitalsammelstelle für Immobilieninvestitionen an. Weitere Regelungen wie der „Omnibus Budget Reconciliation Act" (1993), der es Pensionsfonds ermöglichte, in REITs zu investieren, oder der „REIT Modernization Act" (1999), der die jährliche, vorgeschriebene Ausschüttungsquote von 95 auf 90 % reduzierte und das Tätigkeitsfeld der REITs erweiterte, hatten ausschließlich positive Auswirkungen auf die Entwicklung dieses indirekten Immobilienanlageproduktes.

3.5.3 Struktur eines G-REIT

Der G-REIT wird gemäß § 1 REITG-E in der Rechtsform der Aktiengesellschaft geführt, auf die grundsätzlich die Vorschriften des Aktien- und Handelsgesetzes anzuwenden sind. Somit ist der REIT-Status an sich keine eigene Rechtsform, sondern nur ein steuerlich bevorzugter Sonderstatus, der unter den nachfolgend detailliert beschriebenen Aspekten von einer Aktiengesellschaft eingenommen werden kann und auf der Gesellschaftsebene zur Ertragssteuerbefreiung führt. Damit eine Aktiengesellschaft diesen REIT-Status beanspruchen kann, muss sie gemäß § 9 REITG-E sowohl ihren durch die Satzung bestimmten rechtlichen Sitz, als auch ihren durch die Ansässigkeit der Geschäftsleitung bestimmten tatsächlichen Sitz in der Bundesrepublik Deutschland haben. Weitere Grundvoraussetzungen, um den REIT-Status zu erlangen, sind gemäß § 1 REITG-E zum einen die obligatorische Börsennotierung an einem organisierten Markt in einem Mitgliedsstaat der EU bzw. des EWR und zum anderen die besonderen Anforderungen an den Unternehmensgegenstand. Durch die zwingende Börsennotierung des REIT wird erreicht, dass dieses Produkt eine fungible Immobilienanlage darstellt, die ausschließlich durch den Handel und die damit verbundene börsentägliche Kurswertermittlung (Angebot – Nachfrage) bewertet und kontrolliert wird.

Im Gegensatz zu herkömmlichen Immobilieninvestments verfügen REITs über einen besonderen Steuerstatus. Sie müssen damit ihre Gewinne in der Regel nicht besteuern und können zwischen 65 % und 100 % ihrer Gewinn steuerfrei an die Anteilseigner (Aktionäre) ausschütten. Die Erträge werden damit auf der Ebene der Anteilseigner und nicht auf der Unternehmensebene versteuert.

3.5.4 Abgrenzung zu ähnlichen Anlagevehikeln

Anders als bei Offenen Immobilienfonds basiert die Preisfeststellung des verbrieften Anteils (REIT-Aktie) der REIT-Aktiengesellschaften nicht auf den Verkehrswertgutachten der Sachverständigen, sondern ausschließlich auf der Preisfindung an der Börse. Demzufolge ergibt sich anhand von Angebot und Nachfrage ein Börsenpreis, der den jeweiligen aktuellen Wert des REIT-Anteils widerspiegelt. Die Summe aller Werte ergibt den aktuellen Börsenwert, die Marktkapitalisierung des REIT. Ein Verkehrswertgutachten benötigt die REIT-Aktiengesellschaft nur für die bilanzielle Darstellung der Immobilien-Vermögenswerte. Aufgrund dieses Zusammenhangs von Angebot und Nachfrage erfolgt die Bewertung des REIT indirekt über die Investoren selbst, da deren subjektive Einschätzungen und Entwicklungsprognosen mit in die Anteilpreisgestaltung (Angebotspreise/Nachfragepreise) einfließen. Dieser durch die Subjektivität der einzelnen Marktteilnehmer beeinflusste Bewertungsablauf führt zu einer für den Kapitalmarkt üblichen Volatilität der REIT-Anteile.

4 Strukturierte Risikoinstrumente in der Immobilienwirtschaft

In den letzten Jahren ist der deutsche Immobilienmarkt durch eine zunehmende dynamische Entwicklung geprägt worden, was auf die sich immer schneller ändernden Rahmenbedingungen zurückzuführen ist. Diese sind zu einem großen Teil durch die verkürzten Investitionszyklen in Immobilieninvestments sowie die zunehmende Portfoliobetrachtung von Immobilien zu erklären. Auch die höhere Volatilität der Zinsen und Währungen in Kombination mit dem vermehrten Auftreten internationaler Investoren auf dem deutschen Immobilienmarkt macht eine flexiblere und schnellere Anpassung der Immobilienfinanzierung unausweichlich. Dieses ist jedoch gerade unter Betrachtung der bisher in Deutschland gängigen Finanzierungspraxis mit Problemen behaftet, da die überwiegend langfristigen Immobilienkredite in Deutschland im Gegensatz zum angelsächsischen Raum über die Begebung gleichermaßen langfristiger Pfandbriefe und Anleihen finanziert werden. Ein aktives Kreditrisikomanagement oder eine vorzeitige Kreditrückzahlung ist also in den meisten Fällen nur mit dem erheblichen Nachteil einer Vorfälligkeitsentschädigung verbunden.[55] Vor diesem Hintergrund ist der „zunehmende Trend zur Verbriefung von Finanzdienstleistungen, d. h. der Transformation eines (illiquiden) Darlehensvertrages in ein handelbares Wertpapier"[56] zu erklären. War in diesem Bereich das Kreditrisiko ausschlaggebend für die Entwicklung neuer Techniken, so ist in anderen Bereichen die Umgehung von Regulierungen Ursache für die Suche nach neuen Lösungsmöglichkeiten. Eine weitere wichtige Entwicklung von Finanzinnovationen war die Möglichkeit, die alte Theorie der komparativen Kostenvorteile von Ricardo auf die Finanzmärkte zu übertragen.

4.1 Systematisierung der einzelnen Finanzderivate

Finanzderivate sind laut Definition Produkte, die von einfachen Finanzinstrumenten, z. B. Aktien, festverzinsliche Wertpapiere abgeleitet (lat. derivare = ableiten) werden und deren Preise oder Kurse u. a. auch durch die Wertentwicklung dieser Basisgüter bestimmt werden. Es gibt eine Reihe von derivativen Einsatzmöglichkeiten in der Immobilienwirtschaft, die in den einzelnen Unterkapiteln näher betrachtet werden. Da dieses Kapitel zum Bereich Finanzierungsformen gehört, wird auf Zinsderivate ein Hauptaugenmerk liegen.

---

[55] Vgl. Schuster, U. (2003), S. 470 ff.
[56] Vgl. Jentzsch, S. J. (1989), S. 7

4 Strukturierte Risikoinstrumente in der Immobilienwirtschaft

Finanzderivate lassen sich in folgende Kategorien unterteilen:
- Financial Swaps (Tausch von Zahlungsverpflichtungen),
- Termingeschäfte,
- Futures: Unbedingte Termingeschäfte (Festtermingeschäfte), d.h. Geschäfte mit Konditionenfestlegung in der Gegenwart und unbedingter Ausübung in der Zukunft sowie
- Optionen: Bedingte Termingeschäfte (optionsartige Termingeschäfte), d.h. Geschäfte mit Konditionenfestlegung in der Gegenwart und bedingter Ausübung in der Zukunft nach Wahl eines Vertragspartners.

Durch diese Klassifizierung von Finanzderivaten erfolgt eine Abgrenzung, indem Financial Swaps und die Termingeschäfte als eigenständige Kategorie aufgeführt werden. Dies ist dadurch zu erklären, dass Termingeschäfte in der Zukunft erfolgen, während Swaps eine Kombination von Kassa-, und Termingeschäft darstellen. Von einem Kassageschäft wird gesprochen, wenn ein Vertrag über Kauf oder Verkauf von Wirtschaftsgütern sofort oder innerhalb ganz kurzer, durch Handel- bzw. Börsenusancen bestimmter Fristen zu erfüllen ist. Ein Termingeschäft ist definiert als eine vertragliche Vereinbarung zwischen zwei Vertragsparteien, eine bestimmte Menge eines Wirtschaftsgutes (Wertpapiere, Devisen, Finanzinstrumente, Waren) zu einem bestimmten Preis und zu einem im Voraus festgelegten Termin in der Zukunft zu kaufen oder zu verkaufen. Innerhalb der Termingeschäfte wird zwischen Futures und Optionen unterschieden. Bei Futures, welche auch Festtermingeschäfte genannt werden, entsteht für beide Parteien zum vereinbarten Termin eine unbedingte Liefer- bzw. Zahlungsverpflichtung. Optionen hingegen bieten dem Optionskäufer das Wahlrecht der Ausübung, d.h. der Optionskäufer kann entscheiden, ob er das Geschäft in Zukunft zu den in der Vergangenheit vereinbarten Konditionen ausführen möchte. Für dieses Wahlrecht zahlt er dem Optionsverkäufer (Stillhalter) eine so genannte Prämie. Das bedeutet, dass der Optionskäufer in der Regel nur dann von dem Geschäft am Stichtag Gebrauch macht, wenn er dadurch einen Gewinn erzielt oder zumindest den Prämienaufwand teilweise durch die Ausübung kompensieren kann.

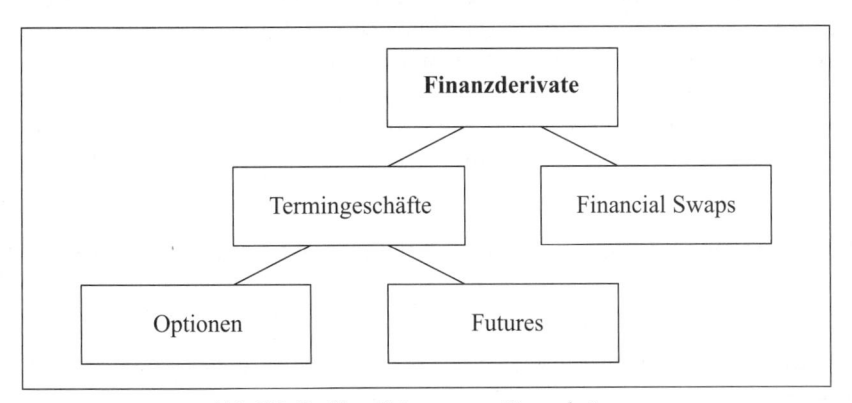

Abb. VII 43: Klassifizierung von Finanzderivaten

Des Weiteren kann eine Unterteilung bezüglich des Chancen-Risiko-Profils vorgenommen werden. Hierbei werden Futures und Swaps auf eine Seite gestellt, da bei diesen Instrumenten die Gewinne der einen Partei immer mit gleich hohen Verlusten der anderen Partei einhergehen, während Optionen und Optionsscheine ein asymmetrisches Gewinn-und-Verlust-Profil aufzeigen. Asymmetrisch bedeutet, dass eine Partei der Option ein anderes Gewinn-und-Verlust-Profil hat als die andere Vertragspartei. Der Käufer einer Option hat einen begrenzten Verlust, während der Verkäufer

(Stillhalter) einer Option ein theoretisch unbegrenztes Verlustrisiko hat. Bei den Gewinnen verhält es sich umgekehrt, hier hat der Optionsverkäufer einen auf die Prämie begrenzten Gewinn und der Optionskäufer ein theoretisch unbegrenztes Gewinnpotential. Dies soll später noch einmal bedingte Termingeschäfte mittels einer Grafik ausführlicher behandelt werden.

```
                    ┌─────────────────┐
                    │  Finanzderivate │
                    └─────────────────┘
                      /              \
        ┌──────────────────┐   ┌──────────────────┐
        │ mit symmetrischem│   │ mit asymmetrischem│
        │Chancen-/Risiko-Profil│ │Chancen-/Risiko-Profil│
        └──────────────────┘   └──────────────────┘
            /         \
       ┌───────┐  ┌────────┐
       │ Swaps │  │ Futures│
       └───────┘  └────────┘
```

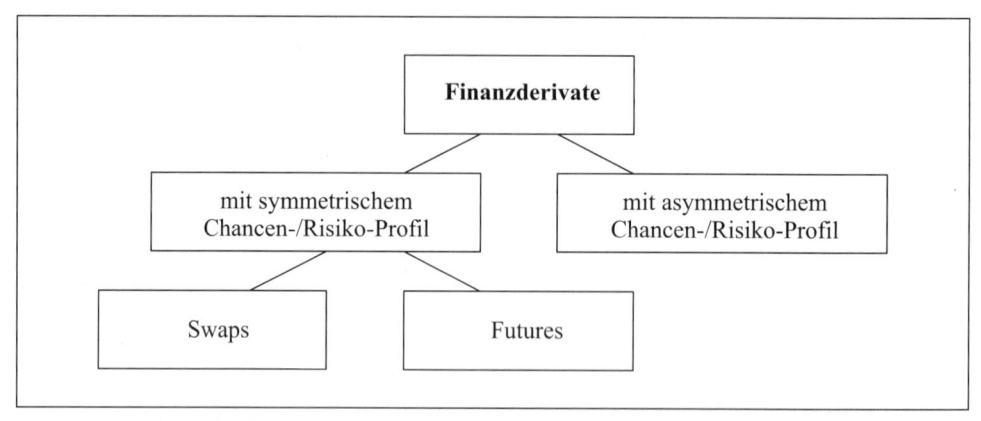

Abb. VII 44: Finanzderivate eingeteilt nach Symmetrie des Chancen-Risiko-Profils

Die bereits vorgestellten Derivate können sowohl an Börsen gehandelt als auch durch außerbörslichen („over the counter") Vertrag abgeschlossen werden. Charakteristisch für die an der Börse gehandelten Derivate ist der hohe Grad der Standardisierung, während bei außerbörslichen Verträgen, durch die Vertragsfreiheit, auch sehr individuelle Vertragsvereinbarungen möglich sind.

Da alle Derivate zu einem gewissen Teil auf die Zukunft ausgerichtet sind, entsteht auch ein Teil der Verpflichtungen erst zu einem späteren Zeitpunkt. Eine Notwendigkeit für diese Geschäfte sind also Margins (Sicherheitsleistungen), die eine Erfüllung der schwebenden Verluste bzw. Gewinne garantieren. Bei börsenmäßig gehandelten Derivaten bestimmt die jeweilige Börse täglich, wie hoch diese Sicherheiten zu sein haben. Innerhalb der so genannten „over the counter"-Geschäfte wird die Sicherheitsleistung individuell zwischen den Vertragspartnern ausgehandelt. Oft agiert in diesen Fällen eine Bank als Vermittler zwischen den Parteien, um die jeweilige Bonität zu prüfen.

4.2 Einsatzmotive von Finanzderivaten in der Immobilienfinanzierung

Kennzeichen der modernen Finanzmärkte sind innovative Finanzierungstechniken, die bloße Hilfselemente der Kapitalaufnahme und -anlage sind, indem sie z. B. den Wechsel von Zins- oder Währungsbindungen ermöglichen oder Kursrisiken auszuschalten erlauben, ohne die gesamte Kapitalmarkttransaktion neu festlegen zu müssen.[57] Um diese Finanzierungstechniken für die Immobilienfinanzierung zu ermöglichen, ist es notwendig, die Liquiditätsaufnahme und die Zinssicherung voneinander zu trennen. Die Liquiditätsaufnahme wird durch einen kurzfristigen, variabel verzinslichen Kredit aufgenommen, was im Normalfall eine Tilgung ohne Vorfälligkeitsentschädigung ermöglicht. Um eine Zinssicherung über die benötigte Laufzeit zu erreichen, wird ein Finanzderivat abgeschlossen, wodurch ein synthetischer Langfristkredit entsteht.

---

[57] Vgl. Zantow, R. (2003), S. 9

```
┌─────────────────────────────────────────────────────────────────┐
│          Trennung von Grund- und Zinssicherungsgeschäft         │
│                                                                 │
│   ┌──────────────────┐      ┌──────────────────────────────┐   │
│   │  Grundgeschäft   │ ───▶ │  Aufnahme der Liquidität     │   │
│   └──────────────────┘      │  zeitnah zum Finanzierungsbedarf│ │
│                             └──────────────────────────────┘   │
│          +                                                      │
│   ┌──────────────────┐      ┌──────────────────────────────┐   │
│   │ Zinssicherungs-  │ ───▶ │  Zinsbindung                 │   │
│   │ geschäft         │      │  unabhängig von der Liquidität│  │
│   └──────────────────┘      └──────────────────────────────┘   │
│                                                                 │
│          =                                                      │
│   ┌──────────────────┐                                          │
│   │     Kredit       │                                          │
│   └──────────────────┘                                          │
└─────────────────────────────────────────────────────────────────┘
```

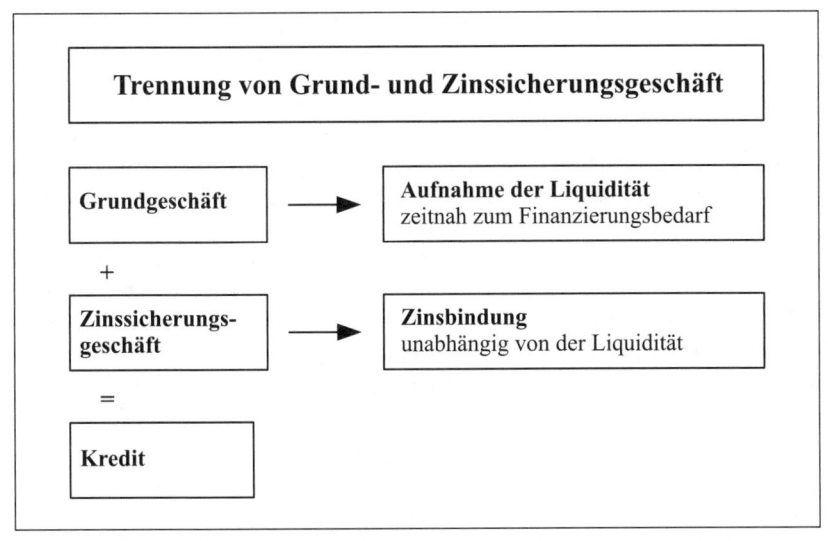

Abb. VII 45: Trennung von Grundgeschäft und Zinssicherungsgeschäft

Durch diese Trennung von Grundgeschäft und Zinssicherungsgeschäft ist ein Investor auf Finanzierungsseite wesentlich flexibler, was es ihm ermöglicht, auf die gestiegene Volatilität und die zukünftige Entwicklung der Zinslandschaft zu reagieren. Weiterhin kann der Schuldner jederzeit die teilweise oder vollständige Tilgung seiner Finanzierung vornehmen, ohne die genannte Vorfälligkeitsentschädigung leisten zu müssen.[58]

Folgende Punkte sollen die wesentlichen Möglichkeiten, die durch eine Trennung von Grundgeschäft und Zinssicherungsgeschäft entstehen, in Stichpunkten skizzieren:

1. Risikomanagement:
   – Absicherung gegen Zinsänderungsrisiken,
   – Risikodiversifikation/-substitution,
   – Risikodesign sowie
   – Absicherung gegen zukünftige Finanzierungskosten.

2. Management der Immobilienfinanzierung:
   – Vorzeitige Tilgung der kurzfristigen Finanzierung,
   – Ausstieg aus dem Zinssicherungsgeschäft durch den Abschluss eines Gegengeschäfts (Glattstellung) am Kapitalmarkt sowie
   – die Möglichkeit, zwischen zwei unterschiedlichen Partnern für das Grund- und Zinssicherungsgeschäft zu wählen.

3. Ertragssteuerung:
   – Ausnutzung komparativer Kostenvorteile und
   – Renditeverbesserung.

In den einzelnen Abschnitten werden die verschiedenen Möglichkeiten anhand von Beispielen noch einmal ausführlicher dargestellt.

---

[58] Vgl. Schuster, U. (2003), S. 471 ff.

4.3 Produkte

4.3.1 Swaps

Definiert werden Swap-Geschäfte (Tauschgeschäfte) als „Austausch von Zahlungsforderungen oder -verbindlichkeiten, mit dem Ziel, relative Vorteile, die eine Partei gegenüber einer anderen aufgrund ihrer Stellung an einem bestimmten Finanzmarkt genießt, zu arbitrieren".[59] Wie in der Definition beschrieben, wird bei Swap-Geschäften ein Austausch von Zahlungsforderungen (Asset Swaps) oder -verbindlichkeiten (Liability-Swaps) vorgenommen. Dieses Unterkapitel wird sich durch den Finanzierungsbezug auf die Liability Swaps konzentrieren. Grundsätzlich wird bei einer Swap-Transaktion, unabhängig davon, ob Verbindlichkeiten oder Forderungen ausgetauscht werden, noch zwischen Zins- (Currency-Swaps) und Währungsswaps (Interest Rate Swaps) unterschieden. Es ist allerdings eine zunehmende Vermischung von Zins- und Währungsswaps festzustellen. Diese Swap-Instrumente werden dann Cross-Currency-Swaps genannt.

Abb. VII 46 soll die vier erwähnten Unterscheidungskriterien von Financial Swaps illustrieren.

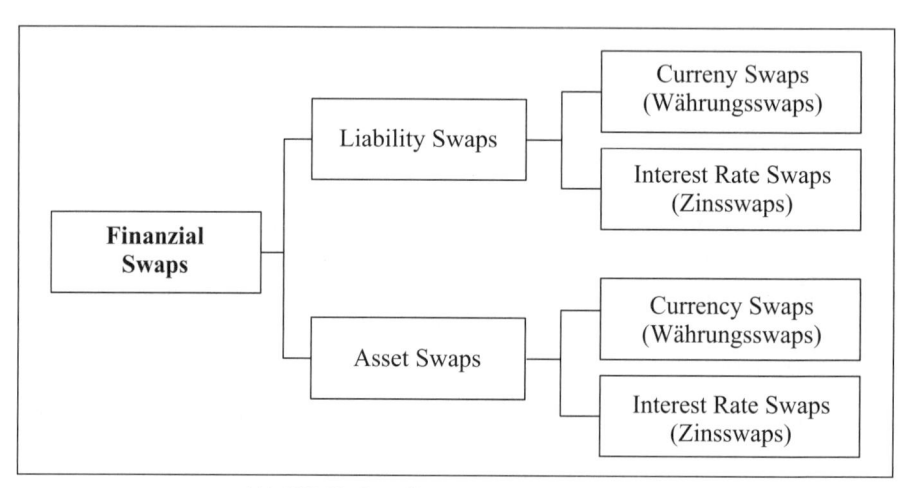

Abb. VII 46: Grundformen von Financial Swaps

Das in der Definition erwähnte Prinzip der Arbitrage (Nutzen von relativen Kostenvorteilen) wurde bereits im 18. Jahrhundert für den güterwirtschaftlichen Bereich von David Ricardo (1772–1823) mit seinem volkswirtschaftlichen Theorem der komparativen Kosten wissenschaftlich formuliert.[60] Es soll anhand dieses Modells von Ricardo die Funktionsweise und die Vorteilhaftigkeit der Arbitrage deutlich gemacht werden.

Ricardo erklärt seine Theorie am Beispiel der Handelsnationen England und Portugal und der Güter Tuch und Wein. Er geht dabei von der stark vereinfachten Vorstellung aus, dass beide Nationen jeweils nur ein Gut liefern. Das industrialisierte England bezieht Wein aus dem Agrarland Portugal und exportiert seine Stoffe dorthin. Dieser Handel ist für beide Länder von Vorteil, obwohl Portugal beide Güter zu niedrigeren (in Arbeitszeit gemessen) Stückkosten herstellen kann als England. Er

---

[59] Vgl. Levedag R. (1983), S. 23
[60] Vgl. Carstensen, M. (1986), S. 18 f.

bewies, dass es für ein Land auch von Vorteil sein kann, diejenigen Güter zu produzieren, bei denen es kostenmäßig unterlegen ist. Folgendes Beispiel soll dieses Muster näher erläutern:

Beispiel: Anhand der Kosten, dem respektiven Austauschverhältnis, den so genannten „opportunity costs", zeigt Ricardo, dass Portugal und England einen beidseitigen Vorteil haben, wenn sie Handel treiben. Wenn sich Portugal auf die Herstellung von Wein, den es kostengünstiger herstellen kann als England (16/18 < 24/20), und England sich auf die Herstellung von Tuch, bei dem es einen Kostenvorteil gegenüber Portugal hat (20/24 < 18/16), konzentriert, erhält bei gegenseitigem Austausch der Güter England für die Arbeit von 20 Einheiten Produktionskosten Güter, für die es bei der Eigenerstellung 24 Einheiten Produktionskosten benötigt hätte. Analog erhält Portugal Güter – in diesem Beispiel 2 Einheiten Tuch – für die Arbeit von 16 Einheiten Produktionskosten, deren Eigenherstellung Produktionskosten von 18 Einheiten erfordert hätte. Beide Länder profitieren demnach von dem Tausch, sofern sie ihre Herstellung auf jene Güter fokussieren, bei denen sie gegenüber einem anderen Land einen komparativen Kostenvorteil besitzen, und die den Eigenverbrauch übersteigenden Mengen gegen jene Güter tauschen, welche das Land nur mit einem komparativen Kostennachteil hätte produzieren können. Dieses Theorem erklärt an den beiden realwirtschaftlichen Gütern Tuch und Wein die Möglichkeit von Arbitrageeffekten, wie sie genauso im finanzwirtschaftlichen Bereich existieren. Swap-Transaktionen erlauben die Ausweitung dieser Theorie, die ursprünglich für den Realgütersektor konzipiert war, auf die internationalen Finanzmärkte. Es werden allerdings nicht Wein und Tuch gehandelt bzw. Güter, sondern Währungen und/oder Zinskonditionen bilden den Gegenstand des Tauschprozesses. Mit Hilfe des Theorems können auch Swap-Vorteile innerhalb eines Landes erklärt werden, wenn es sich um zwei verschiedene Märkte handelt. Bedingung ist aber, dass der Zins- oder Währungsswap eine Ersparnis für beide Swap-Partner bringt. Die Entwicklung von Swap-Transaktionen begann zu Anfang der 70er Jahre. Damals versuchte die Bank of England mittels der so genannten „investment premium tax" die Auslandsinvestitionen von britischen Unternehmen zu verhindern und somit die Devisenreserven zu schützen. Als Reaktion entstanden Back to Back-Kredite (Parallelkredite), bei denen es sich um miteinander verbundene Gegenseitigkeitskredite in zwei unterschiedlichen Währungen handelt. Diese Back to Back-Kredite ähneln den heutigen Swaps und wurden aufgrund bilanzieller und vertraglicher Vorteile von diesen sukzessive abgelöst.

Nachdem das Hauptmotiv für Swap-Geschäfte verdeutlicht wurde, soll auf die einzelnen Swap-Arten eingegangen werden. Es wird außerdem mit Beispielen ein Bezug zur Immobilienwirtschaft hergestellt.

4.3.1.1 Currency Swap (Währungsswap)

Das Currency Swap-Geschäft kann als direkter Vorläufer der heutigen Swap-Transaktionen bezeichnet werden. Den Durchbruch erlangte der Currency Swap (Währungsswap) allerdings nicht nur durch die bereits beschriebene „investment premium tax". Weitere wichtige Begleiterscheinungen in der Erfolgsgeschichte von Swap-Instrumenten sind auch eine verstärkte Internationalisierung der Unternehmungen und eine steigende Währungsvolatilität nach dem Zusammenbruch des Währungssystems von Bretton Woods. In seiner rudimentären Form besteht der Currency Swap aus dem Austausch einer Serie von Zahlungsströmen in unterschiedlicher Währung zwischen zwei Parteien. Diese Grundbeträge werden, entsprechend des existierenden Wechselkurses zum Zeitpunkt der Swap-Vereinbarung, so gewählt, dass sie sich zu Beginn der Transaktion entsprechen. Wie bereits aus den zitierten Passagen zu entnehmen ist, werden für einen Currency Swap zwei Partner benötigt, die hinsichtlich der Laufzeit und des Betragsvolumens gleiche Interessen besitzen, aber entgegengesetzte Währungsbedürfnisse haben. In diesem Beispiel wird die Swap-Transaktion zwischen den beiden Unternehmen „over the counter" abgeschlossen, das bedeutet, dass der Vertrag individuell vereinbart wird. Oft agiert auch eine Bank als Vermittler zwischen den Swap-Parteien.

Der Währungsswap soll hier in vier Schritten verdeutlicht werden:

- Aufnahme des Kapitals,
- Austausch von Finanzmitteln zu einem fest vereinbarten Wechselkurs,

- Austausch von Zinszahlungen auf Grundlage der vereinbarten Kapitalsummen und des vereinbarten Zinssatzes und
- Rücktausch der Grundbeträge zum Zeitpunkt der vereinbarten Fälligkeit.

Anhand eines Beispiels soll die Funktionsweise und die Cashflow-Gestaltung eines Währungsswaps deutlich gemacht werden. Die Swap-Transaktion zwischen den beiden Unternehmen wird „over the counter" abgeschlossen, d. h. der Vertrag wird individuell verlängert.

Beispiel: In diesem Beispiel wird von der amerikanischen Immobilien-AG A und dem deutschen Geschlossenen Immobilienfonds B ausgegangen, die hier als Swap-Parteien agieren. Weiterhin genießen beide Swap-Parteien auf dem jeweils heimischen Kapitalmarkt ein gutes „standing" (engl. Ansehen) und haben somit leichten Zugang zum Kapitalmarkt. Die amerikanische Immobilien-AG A plant, auf dem deutschen Immobilienmarkt zu investieren, während der deutsche Geschlossene Immobilienfonds ein Büro- und Verwaltungsgebäude in den USA erwerben möchte. Auf dem jeweils fremden Markt fällt es den beiden Unternehmen allerdings schwer, kostengünstig Kapital zu erhalten, weil sie dort bisher wenig bekannt sind. Deswegen gibt das amerikanische bzw. deutsche Unternehmen auf dem heimischen Kapitalmarkt eine Anleihe. Beide Parteien beschließen einen Währungsswap (Währungstausch).

Folgende Annahmen sind erfüllt:

- dieses Swap-Geschäft besteht aus einer Anfangstransaktion, den Zinszahlungen und aus einer Schlusstransaktion, die hier jeweils dargestellt werden,
- beide Unternehmen benötigen die Fremdwährung zum selben Zeitpunkt,
- die Zinszahlungen sind jeweils zum selben Zeitpunkt zu zahlen und
- es herrscht Einigkeit über die Laufzeit von 7 Jahren.

	Immobilien AG A	**Geschlossener Fonds B**
Verbindlichkeiten:	US $-Euroanleihe	€-Anleihe
Betragsvolumen:	US $ 100 Mio.	€ 70 Mio.
Zinskupon:	7 %	6 %
Laufzeit:	5 Jahre	5 Jahre

Abb. VII 47: Beispiel eines Währungsswaps

Anfangstransaktion:

Das Unternehmen A überweist 77 Mio. US $ und erhält dafür bei einem Wechselkurs 1,00 € = 1,10 US $ 70 Mio. € von dem Geschlossenen Immobilienfonds B.

Zinstransaktion:

Ein wichtiger Baustein eines Währungsswaps sind die gegenseitigen Zinsvereinbarungen auf die jeweils von den Vertragsparteien gehaltene Währung. Die Höhe der vereinbarten Zinszahlungen orientiert sich in den meisten Fällen am allgemeinen Zinsniveau. Bei den gegebenen Zinssätzen sind dies in diesem Beispiel ein jährlich zu zahlender Zinsbetrag von 4,2 Mio. € (= 6 % von 70 Mio. €) für das Unternehmen A. Mit diesen 4,2 Mio. € zahlt das Unternehmen B die Zinsen für die €-Anleihe. Gleichzeitig zahlt der Geschlossene Immobilienfonds B an die Aktiengesellschaft A 5,39 Mio. US $ (7 % von 77 Mio. US $). Mit diesem Kapital ist es der Immobilien-AG A möglich, einen Teil der fälligen Zinsen seiner Verbindlichkeit in Höhe von 100 Mio. US $ zahlen.

Schlusstransaktion:

Zu Beginn eines Währungsswaps werden gleichzeitig die Laufzeit und der Wechselkurs für die Schlusstransaktion vereinbart. Die Schlusstransaktion in diesem Beispiel wird zu einem Wechselkurs von 1 € = 1,10 US $ durchgeführt. Das Unternehmen A zahlt also an B am Schluss des Swap-

Geschäfts die 77,00 Mio. US $ zurück, zzgl. einer letzten Zinstranche in Höhe von 5,39 Mio. US $. Das Unternehmen B nimmt eine reversible Zahlung vor. Durch die anfangs fixen Wechselkurse wird das zukünftige Währungsrisiko der Schlusstransaktion ausgeschaltet.

Es soll anhand des beschriebenen Geschäftes die Cashflow-Situation verdeutlicht werden:

Zahlungstermin	Swap-Cashflows			
	B erhält von A	zahlt an	A erhält von B	zahlt an
0	77,0 Mio. US $	70,00 Mio. €	70,00 Mio. €	77,0 Mio. US $
1	4,2 Mio. €	5,39 Mio. US $	5,39 Mio. US $	4,2 Mio. €
2	4,2 Mio. €	5,39 Mio. US $	5,39 Mio. US $	4,2 Mio. €
3	4,2 Mio. €	5,39 Mio. US $	5,39 Mio. US $	4,2 Mio. €
4	4,2 Mio. €	5,39 Mio. US $	5,39 Mio. US $	4,2 Mio. €
5	4,2 Mio. €	5,39 Mio. US $	5,39 Mio. US $	4,2 Mio. €
6	4,2 Mio. €	5,39 Mio. US $	5,39 Mio. US $	4,2 Mio. €
7	74,2 Mio. €	82,39 Mio. US $	82,39 Mio. US $	74,2 Mio. €

Abb. VII 48: Cashflow-Struktur eines Währungsswaps

Dadurch, dass der Geschlossene Immobilienfonds B in ein amerikanisches Gebäude investiert hat, bekommt er auch Mietzahlungen in US-Dollar. Er plant die Zinszahlungen durch die laufenden Mieterlöse des Verwaltungsgebäudes zu leisten. Dies ist für die Immobilien-AG im umgekehrten Fall möglich.

Die Vorteile eines solchen Währungstausches mit anschließendem Rücktausch werden zur Verdeutlichung aufgelistet:

- Durch den höheren Bekanntheitsgrad auf ihrem Heimatmarkt und dem daraus resultierenden Vertrauen der Geldgeber können sich die Unternehmen kostengünstiger in ihrem Stammland verschulden. Daraus entsteht der bereits erörterte Vorteil der komparativen Kosten.
- Mittels eines Währungsswaps lassen sich Wechselkurse in der Zukunft bereits in der Gegenwart absichern.
- Im Vergleich zu einem standardisierte Währungstermingeschäft sind bei „over the counter"-Geschäften individuellere Vertragsgestaltungen bzgl. Höhen und Laufzeit realisierbar.

4.3.1.2 Interest Rate Swap (Zins-Swap)

Unter einem Interest-Rate-Swap wird ein Geschäft verstanden, bei dem zwei Parteien vereinbaren die Zinsverbindlichkeiten zu tauschen, die aus der Aufnahme von Geldmitteln gleicher Höhe und Währung, aber unterschiedlicher Zinsberechnungsmethode, entstanden sind. Die Interest-Rate-Swaps entstanden aus der zunehmenden Bedeutung der Currency Swaps (Währungsswaps). Zinsswaps beinhalten eine ähnliche Struktur wie Währungsswaps und unterliegen daher auch grundsätzlich den gleichen Gesetzmäßigkeiten der Arbitrage. Unterschiede zu Währungsswaps existieren darin, dass Zinsswaps in ihrer ursprünglichen Form lediglich in der gleichen Währung abgeschlossen wurden. Außerdem existiert bei den Interest-Rate-Swaps keine Anfangstransaktion mit Austausch von Grundbeträgen, es werden bei diesem Instrument lediglich die Zinszahlungen ausgetauscht. Es entfällt also die Initialtransaktion sowie die Schlusstransaktion. Da es keinen Austausch von Grundbeträgen noch von Darlehen oder einer Geldeinlage gibt, handelt es sich streng genommen bei den Transaktionen auch nicht um Zinszahlungen. Ein Beispiel soll die Struktur und die Funktionsweise eines Zinsswaps auf einfache Art und Weise darstellen.

Beispiel: 1. Die Hypothekenbank mit einem A A+-Rating von Standard & Poors, welche aufgrund ihres erstklassigen Standings einen leichten Zugang zu festverzinslichem Kapital hat, jedoch einen zinsvariablen Anleihe am Kapitalmarkt platzieren möchte, da sie mit sinkenden Zinskursen rechnet.
2. Der Projektentwickler mit einem schlechten Rating, was auf seine geringe Bonität zurückzuführen ist. Durch das schlechtere Standing hat der Projektentwickler einen vergleichbar schlechteren Zugang zu festverzinslichem Kapital als die Hypothekenbank.

Diese Situation der relativen Kostenunterschiede bei der Verschuldung durch festverzinsliches Kapital von Unternehmen ist dadurch zu erklären, dass auf den internationalen Kapitalmärkten Anleger, die an fixem Ertrag interessiert sind, bei ihren Investitionsentscheidungen stärker von bonitätsmäßigen Überlegungen geleitet sind als Investoren in variabel verzinslichen Instrumenten. Verstärkt wird dieser Effekt dadurch, dass Unternehmen i.d.R. risikoavers und daher an fixen Finanzierungskosten interessiert sind, um das Risiko von Zinsschwankungen zu vermeiden und somit besser kalkulieren zu können. Banken dagegen, die wegen ihrer meist hohen Bonität fix verzinsliche Mittel zu (relativ) günstigeren Konditionen aufnehmen können als Unternehmen, bevorzugen aufgrund der Struktur ihrer Aktiva häufig Finanzierungsalternativen mit variabler Verzinsung.[61] Der Projektentwickler möchte in diesem Beispiel ein Investment langfristig finanzieren, damit so sein Kalkulationsrisiko sinkt. Durch die dargestellte Situation ist es für ihn allerdings wesentlich leichter ein kurzfristiges variables Darlehen zu erhalten als ein langfristiges Darlehen mit festem Zinssatz, für das er einen sehr hohen Zinspreis zahlen müsste. Aufgrund der unterschiedlichen Ausgangslage der Unternehmen ist es für die Hypothekenbank möglich, eine

		Hypothekenbank A			Projektentwickler B	
1	Festsatz-anleihe Emission	A erhält von B	A zahlt an B	Variabler Euribor Kredit	B erhält von A	B zahlt an A
2	5%	7,5%	Euribor (4%) + 1,5%	5,5%	Euribor + 1,5%	7,5%
3	5%	7,5%	Euribor (4%) + 1,5%	5,5%	Euribor + 1,5%	7,5%
4	5%	7,5%	Euribor (4%) + 1,5%	5,5%	Euribor + 1,5%	7,5%
5	5%	7,5%	Euribor (4%) + 1,5%	5,5%	Euribor + 1,5%	7,5%

	Hypothekenbank A			Projektentwickler B		
Finanzierungskosten:	Zinsvariable Mittel zu:	Libor – 1%		Zinsfixe Mittel zu:	7,5%	
Alternative Finanzierungskosten:	Festsatzanleihe zu:	Libor + 0,5%		Festsatzanleihe zu:	8%	
Ersparnis durch Swap:	Hypothekenbank	1,5%		Projektentwickler	0,5%	

Abb. VII 49: Struktur eines Zinsswaps

---

[61] Vgl. Gray, R./Kurz, W./Strupp, C. (1986), S. 5

festverzinsliche Anleihe für 5 % aufzulegen, während der Projektentwickler die gleiche Anleihe mit einem Zinskupon von 8 % ausstatten müsste. Der Zinsvorteil der Hypotheken Bank gegenüber dem Projektentwickler beträgt also 300 Punkte (3 %) p. a.

Außerdem soll angenommen werden, dass die Hypothekenbank einen variablen Euribor Kredit zu dem Euribor Zins von 4 % + 0,5 % aufnehmen kann, während der Projektentwickler 1 % mehr dafür zu zahlen hätte, also 5,5 %. Dies führt zu einem Zinsvorteil der Hypothekenbank im Gegensatz zum Projektentwickler in Höhe von 100 Basispunkten p. a. Wegen der Marktgegebenheiten wird die Hypothekenbank auf dem Markt ihr Kapital aufnehmen, wo sie den größten relativen Kostenvorteil erzielen kann, dies wäre in dem aufgeführten Beispiel der Markt für festverzinsliche Anleihen. Der Projektentwickler nimmt reversibel dazu variabel verzinsliches Kapital auf. Die Hypothekenbank und der Projektentwickler einigen sich auf folgenden Zins-Swap. Die Hypothekenbank begibt eine festverzinsliche Anleihe zu 5 %, während der Projektentwickler einen Euribor Kredit zu 5,5 % aufnimmt. Gleichzeitig einigen sich die Hypothekenbank und der Projektentwickler auf folgende Zahlungsmodalitäten. Es soll die Struktur eines solchen Interest-Rate-Swap aufgezeigt werden.

Da der Zins-Swap nur dann zu einer Erfolgsverbesserung führt, wenn (u. U. auch nur subjektiv bedingte) Bonitätsunterschiede zwischen den Swap-Partner bestehen, die bei unterschiedlichen Zinsbindungsfristen zu verschiedenen Zinssatzdifferenzierungen auf den jeweiligen Märkten führen, ist dies Forderung allerdings von vornherein problematisch.[62] Eine Kreditwürdigkeitsprüfung des jeweils anderen Swap-Partners ist demnach wie bei jeder anderen Kreditbeziehung unerlässlich, jedoch beschränkt sich diese auf die Zinsverpflichtungen der Gegenseite. Die Kapitalbeträge sind demnach nicht zu berücksichtigen. Als ein in der Realität am häufigsten gewählter Ausweg aus diesem Bonitätsrisiko wird in der Einschaltung einer Bank gesehen, die als Vertragspartner beider Parteien agiert.

4.3.1.3 Forward-Swap

Der Forward-Swap ist aus dem Zins-Swap abgeleitet, seine Funktionsweise und Struktur entspricht daher diesem. Der essentielle Unterschied besteht in den vereinbarten Zinsströmen, die im Gegensatz zum Zins-Swap erst nach Ablauf einer vereinbarten Vorlaufzeit zu leisten sind. Diese Vorlaufzeit und die Zeit der zu leistenden Zinszahlungen bilden zusammen die Gesamtlaufzeit. Das Ganze soll in der folgenden Grafik anhand eines Geschlossenen Immobilienfonds dargestellt werden.

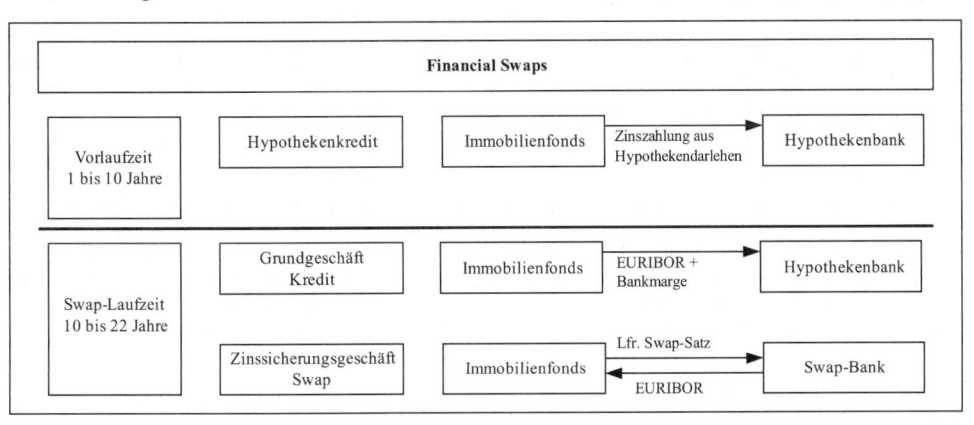

Abb. VII 50: Zinssicherung mittels Forward-Swaps

---
[62] Vgl. Jutz, M. (1989), S. 63

Beispiel: In den ersten 5 Jahren nimmt der Immobilienfonds einen Hypothekenkredit auf. Da die Hypothekenbank ihm allerdings nach fünf Jahren Laufzeit lediglich einen variablen Zinssatz anbietet, schließt der Immobilienfonds ein Forward-Swap-Geschäft ab. Dies macht er, um seinen Anlegern bereits in der Gegenwart eine sichere Kalkulationsbasis zu gewährleisten. Das bedeutet, dass er zum gegenwärtigen Zeitpunkt einen Forward-Swap eingeht, bei dem er in fünf Jahren den Festzinssatz leistet und gleichzeitig einen variablen Zinssatz erhält. Den variablen Zinssatz überweist er der Hypothekenbank.

4.3.1.4 Swaption

Die Swaption ist eine Integration eines Optionsgeschäfts in die Swap-Märkte. In der Funktionsweise und Struktur ist die Swaption dem Forward-Swap gleich. Eine Swaption gewährt dem Optionskäufer das Recht, aber nicht die Verpflichtung, ein bestimmtes Geschäft, in diesem Fall eine Swap-Transaktion, zu einem festgelegten Zeitpunkt einzugehen. Der Unterschied zu einem Forward-Swap besteht also lediglich darin, dass die eine Partei nach Ablauf einer vereinbarten Vorlaufzeit in einen vorher festgelegten Swap eintreten kann, dazu aber keine Verpflichtung besteht. Von Vorteil ist eine Swaption dann, wenn ein Investor mit steigenden Zinsen kalkuliert und sich so einen Zinssatz sichern kann. Sollten die Zinsen allerdings während der Vorlaufzeit sinken, kann der Investor die Option verfallen lassen. Diesen Vorteil bezahlt er dem anderen Swap-Partner mit einer Optionsprämie. Der Prämienempfänger agiert als so genannter Stillhalter. Es soll an dieser Stelle auf das Unterkapitel „Bedingte Termingeschäfte" verwiesen werden, in dem Optionsgeschäfte behandelt werden.

4.3.1.5 Cross-Currency Swap

Der Cross-Currency Swap stellt eine Kombination von Zins- und Währungsswaps dar. Der Zinswährungsswap folgt in seiner Konstruktion dem Währungsswap mit seinen drei Transaktionsstufen. Anfangstransaktion (Tausch unterschiedlicher Währungen), Zinstransaktion (Tausch von Zinszahlungen) und Schlusstransaktion. Eine genaue Erklärung dieser Transaktionen findet im Unterkapitel Currency Swaps statt. Cross-Currency Swaps werden primär eingesetzt, um von einem günstigeren Zinsniveau eines anderen Landes zu profitieren. Da die Funktionsweise von Swaps auf den vorherigen Seiten ausführlich behandelt wurde und der Cross-Currency Swap lediglich eine Kombination von bereits behandelten Swap-Arten darstellt, soll an dieser Stelle ein Beispiel ausreichen, um die Funktionsweise aufzuzeigen.

Beispiel: Ein Geschlossener Immobilienfonds plant den Kauf einer kommunalen Wohnungsbaugesellschaft, die Mieteinnahmen werden langfristig durch einen Generalmieter gesichert. Die Refinanzierung erfolgt einerseits über Eigenkapital und die Aufnahme eines mit einer Grundschuld gesicherten langfristigen Darlehens bei einer Hypothekenbank, mit einer Zinsbindung über 12 Jahre. Zum Zeitpunkt der Finanzierung ist das Zinsniveau des Schweizer Franken gegenüber dem Euro für eine 12-jährige Zinssicherungsphase um 1,5 % günstiger. Um die Gesamtrendite weiter zu optimieren, möchte der Fonds das niedrigere Zinsniveau des Franken nutzen. Da die Mieteinzahlungen allerdings auf Euro-Basis gezahlt werden, ist der Fonds daran interessiert, den Kredit in der heimischen Währung aufzunehmen, deshalb schließt er mit einer Schweizer Bank einen Cross-Currency Swap ab. Die Schweizer Bank zahlt also den langfristigen Zins in Euro, während der Fonds seinen Zinsaufwand in Schweizer Franken zu entrichten hat.[63] Um das eingegangene Währungsrisiko der Zinszahlungen zu begrenzen, wird der Cross-Currency Swap lediglich in Höhe von 50 % des Fremdkapitalanteils abgeschlossen. Die ganze Struktur soll mit Hilfe einer Grafik verständlich gemacht werden.

---

[63] Vgl. Schuster, U. (2003), S. 494 f.

4 Strukturierte Risikoinstrumente in der Immobilienwirtschaft

Gesamt-investition	5.000.000 €			Anteil		
Eigenkapital	1.000.000 €	20%	Zinssatz €	6,00%	50%	
Fremdkapital	4.000.000 €	80%	Zinssatz CHF	4,50%	50%	
Mieteinnahmen p. a.	300.000 €					
	Jahr	1	2	3	4	5
Zinsaufwand	ohne Cross-Currency-SWAP	240.000 €	240.000 €	240.000 €	240.000 €	240.000 €
Zinsaufwand	mit Cross-Currency-SWAP					
50%	€	120.000 €	120.000 €	120.000 €	120.000 €	120.000 €
50%	CHF	90.000 €	90.000 €	90.000 €	90.000 €	90.000 €
Gesamt		210.000 €	210.000 €	210.000 €	210.000 €	210.000 €
Vorteil:		30.000 €	30.000 €	30.000 €	30.000 €	30.000 €
in % des EK	Steigerung EK-Rendite	3,00%	3,00%	3,00%	3,00%	3,00%

Annahmen: keine Tilgung des Fremdkapitals und unveränderter Wechselkurs

Abb. VII 51: Finanzielle Gestaltung eines Cross-Currency Swaps

Aufgrund des Cross-Currency Swaps gelingt es dem Fonds die gesamte zehnjährige Fremdfinanzierung zu verbilligen, was sich über den Leverage-Effekt auf die Eigenkapitalrendite auswirkt. Die Eigenkapitalrendite steigt durch diesen Cross-Currency Swap um 3%.

4.3.2 Finanztermingeschäfte

Diese Art von Termingeschäften sind Festgeschäfte, da sie grundsätzlich ausgeführt werden müssen, es wird kein Wahlrecht hinsichtlich der Ausübung vereinbart. Es findet wie bereits erwähnt eine symmetrische Risikoverteilung statt, d. h. die Chancen und Risiken dieser Instrumente sind gleich verteilt. Der grundlegende Unterschied zu den Kassageschäften liegt darin, dass das Festtermingeschäft in der Zukunft erfolgt. Die Grundidee des festen Abschlusses eines Kaufvertrages per Termin ist in Holland bereits im 17. Jahrhundert praktiziert worden. Damals waren die Handelsobjekte Tulpen, heute ist den Handelsobjekten in ihrer Vielfalt keine Grenzen gesetzt. Dieses Kapitel wird allerdings eine Fokussierung auf Zins-Futures vornehmen. (Diese Zins-Futures beziehen sich üblicherweise auf festverzinsliche Schuldtitel.)

4.3.2.1 Finanz-Futures

Ein Future (Terminkontrakt) ist ein standardisierter, an der Börse handelbarer Vertrag zwischen zwei Parteien auf zukünftige Lieferungen eines Basisgutes mit standardisierter Menge und Qualität.[64] In jeden Kauf oder Verkauf ist als Kontrahent die Clearingstelle einer Terminbörse zwischengeschaltet, die die Einhaltung und Abwicklung der Kontraktverpflichtung überwacht. Futures sind

---

[64] Vgl. Straush, C. (1990), S. 47

standardisiert und werden an den offiziellen Terminbörsen gehandelt. Rechtlich gesehen handelt es sich bei einem Futures um einen Kaufvertrag mit aufgeschobener Erfüllungsverpflichtung. Der folgende leicht überschaubare Satz soll die Funktionsweise näher bringen.

Ein Future ist ein Kauf oder Verkauf

- eines bestimmten Basisgutes (Underlying),
- in einer festgelegten Menge (Kontraktmenge),
- zu einem festgelegten Kurs bzw. Preis (settlement price),
- zu einem festen Zeitpunkt in der Zukunft und
- mit Erfüllungszwang für beide Parteien.

Futures werden anhand ihrer gehandelten Basis unterschieden, es gibt Futures auf konkreter Basis (z. B. Devisen- oder Zins-Futures) und Futures auf abstrakter Basis (z. B. Aktienindex-Futures). Wie bereits in der Einleitung erwähnt, wird dieses Unterkapitel sich auf Zinsderivate im Zusammenhang mit der Immobilienwirtschaft konzentrieren, weswegen hier die Zins-Futures behandelt werden.

Bei Vertragsabschluss eines Zins-Futures werden die Vorlaufzeit, der Referenzzins und der Kapitalbetrag zwischen dem Käufer und Verkäufer vereinbart. Nach Ablauf der Vorlaufzeit wird geprüft, ob das existierende Zinsniveau über oder unter dem vereinbarten Referenzzins liegt. Liegt das Zinsniveau darüber, hat der Verkäufer an den Käufer einen Ausgleichbetrag zu leisten. Damit dieser Ausgleichsbetrag auch am Ende der Laufzeit geleistet werden kann, müssen die Vertragsparteien während der Laufzeit eines Futures Sicherheiten bei der depotführenden Bank hinterlegen. Diese Sicherheiten (Margins) werden börsentäglich überwacht. Sobald sich das Kursrisiko für eine der beiden Vertragspartner erhöht, besteht die Pflicht, weiteres Kapital auf das Margin-Konto zu überweisen. Um diese Ausgleichzahlung während der Laufzeit genau bestimmen zu können, werden Referenzzins und Kapitalbetrag zum Zeitpunkt des Abschlusses fixiert. Die systematische Chancen-/Risikoverteilung wird anhand folgender Abbildung verdeutlicht.

Symmetrischer Chancen-/Risikoverlauf

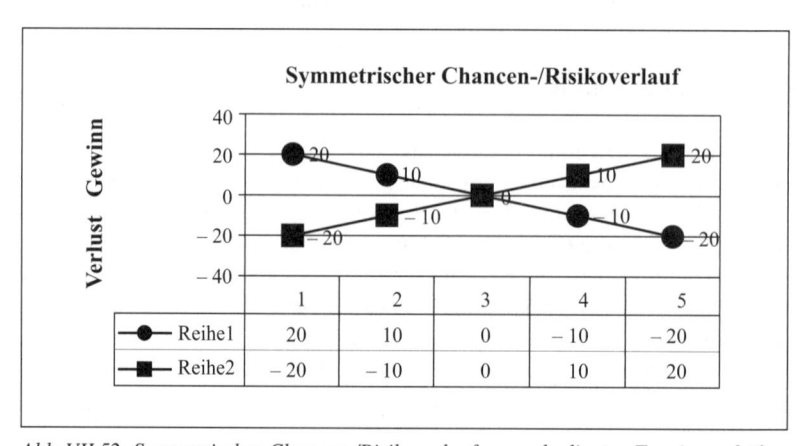

	1	2	3	4	5
Reihe1	20	10	0	−10	−20
Reihe2	−20	−10	0	10	20

Abb. VII 52: Symmetrischer Chancen-/Risikoverlauf von unbedingten Termingeschäften

Die ansteigende Linie soll die Gewinne oder Verluste in Abhängigkeit von der Kursentwicklung der per Termin erworbenen Anleihe illustrieren, wenn unterstellt wird, dass der Kauf der Anleihe per Termin isoliert erfolgt, d. h. ohne Kombination mit einer anderen Transaktion.[65] Es ist festzustellen,

---

[65] Vgl. Zantow, R. (2003), S. 12

dass diese Abbildung Gewinne und Verluste in Abhängigkeit der Marktkurse einer zinsabhängigen Anleihe und nicht zu den Markzinsen darstellt. Da Futures laut Definition einen Vertrag über den Kauf/Verkauf eines Basisgutes widerspiegeln, bedeuten die Gewinne der einen Partei gleichzeitig Verluste in derselben Größenordnung für die andere Partei.

Üblicherweise bezieht sich ein Zins-Future auf einen festverzinslichen Schuldtitel. Als ein häufig verwendetes Basisinstrument (Underlying) dient kein real existierendes Zinspapier, sondern ein standardisierter Terminkontrakt auf eine synthetische Anleihe der Bundesrepublik Deutschland. Es wird von einem Zins-Future gesprochen, weil die synthetische Bundesanleihe die Zinsentwicklung unmittelbar widerspiegelt. Die Preisbildung eines Futures korreliert eng mit der Preisentwicklung an dem korrespondierenden Kassamarkt. Future-Kontrakte werden i. d. R. mit einem Aufschlag gegenüber dem Kassakurs des zugrunde liegenden Basiswertes gehandelt, was aus der Tatsache resultiert, dass mit Kassageschäften Kosten verbunden sind, die beim Kauf oder Verkauf des korrespondierenden Futures nicht anfallen. Allerdings können auch Einnahmen, z. B. in Form von Zinsen und Dividenden aus dem Besitz des Kassatitels, zu einem Abschlag führen. Es kann vereinfacht festgestellt werden, dass der Financial Futures mit einem Aufschlag gehandelt wird, wenn die Finanzierungskosten die Einnahmen übersteigen, und invers, wenn die Einnahmen über den Finanzierungskosten liegen. Es gibt allerdings noch andere Faktoren, die einen Aufschlag bzw. Abschlag beeinflussen. Aufgrund des begrenzten Umfangs werden diese hier allerdings nur als Schlagworte kurz skizziert. Bei Zins-Futures ist eine wesentliche Determinante die Zinsstrukturkurve. Die Zinsstruktur bringt die Fristigkeitsstruktur der Rendite von Zero-Bonds zum Ausdruck. Ein weiterer Faktor der Preisbildung sind Marktinformationen, die unterschiedliche Auswirkungen auf die Neubewertung des Kassatitels im Vergleich zum Future-Titel mit sich bringen können.

Die unterschiedlichen Einsatzmöglichkeiten von Futures sollen in diesem Unterkapitel nur verkürzt in Bezug auf die Immobilienfinanzierung verdeutlicht werden. Dazu soll folgendes Beispiel die Future-Strategie eines Kreditnehmers in der Immobilienwirtschaft darstellen.

Beispiel: Ein Projektentwickler hat von der öffentlichen Hand den Auftrag erhalten, ein Verwaltungsgebäude zu errichten. Das Grundstück wird direkt vom Projektentwickler mittels Eigenkapital erworben, während die in drei Monaten geplanten Baumaßnahmen durch ein festverzinsliches Darlehen finanziert werden sollen. Da der Projektentwickler aufgrund seiner Kalkulation mit dem momentan günstigen Zinsniveau plant, möchte er sich gegen erwartete Zinserhöhungen absichern. Um dies zu erreichen, schließt er einen Future mit einer dreimonatigen Laufzeit ab, solange werden voraussichtlich die Planungen dauern. Der Abschluss eines Zins-Futures soll ihm das gegenwärtige Zinsniveau festhalten. Der Projektentwickler rechnet, wie bereits erwähnt, mit steigenden Zinsen, deshalb schließt er einen Verkauf (er geht short) von Zins-Futures ab.

erwartete Zinstendenz	resultierende erwartete Kurstendenz bei Renten	angemessene spekulative Strategie mit Zins-Futures
sinkend	steigend	Kauf eines Zins-Futures
steigend	sinkend	Verkauf eines Zins-Futures

Abb. VII 53: Strategie bei Abschluss eines Future-Geschäfts

Steigen die Fremdkapitalzinsen zum Zeitpunkt der Aufnahme, wie vom Projektentwickler erwartet, wird der Projektentwickler seine Fremdmittelaufnahme nur zu einem höheren Zinssatz vornehmen können. Gleichzeitig kann er diesen erhöhten Zinsaufwand dadurch ausgleichen, dass er die Möglichkeit hat, seine Future-Kontrakte zu dem festgehaltenen erhöhten Kurs zu verkaufen. Er kann also den erhöhten Zinsaufwand durch den Gewinn aus dem Termingeschäft ausgleichen. Sinkt hingegen der Zinssatz bis zum Anlagezeitpunkt, so kann die Finanzierung zwar zum niedrigeren

Zinssatz erfolgen, diesem steht allerdings ein Verlust aus der Future-Position gegenüber. In der Summe kann der Projektentwickler seine möglichen Verluste fast vollständig kompensieren.

4.3.2.2 Forward-Rate-Agreement

Auch das Forward-Rate-Agreement (FRA) dient der Absicherung gegen Zinsschwankungen. Beim FRA erwirbt der Käufer einen zukünftigen Festfinanzierungssatz und nicht, wie beim Future, ein zinsreagibles Wertpapier. Liegt am Ende der Vorlaufzeit der Referenzzinssatz (z. B. LIBOR, EURIBOR) über dem Forward-Rate-Agreement-Satz, so erhält der Käufer die Differenz, bezogen auf den Nominalbetrag, in diskontierter Form vergütet. Liegt der Referenzsatz unter dem FRA-Satz, so erhält der Verkäufer einen Barausgleich in Höhe der diskontierten Differenz. Anders als beim Future handelt sich bei einem FRA um ein OTC-Geschäft, das heißt die Vertragsbedingungen sind beim Forward individuell verhandelbar, während der Future durch die Terminbörse standardisiert ist.

Das FRA eignet sich vorwiegend für die kurz- und mittelfristige Finanzierung, in der Praxis liegt die Laufzeit in der Regel bei 24 Monaten. Bei Vertragsabschluss eines FRA werden die Vorlaufzeit, der Referenzzinssatz und der Kapitalbetrag zwischen dem Käufer und Verkäufer vereinbart. Nach Ablauf der Vorlaufzeit wird geprüft, ob das existierende Zinsniveau über bzw. unter dem vereinbarten Referenzzins liegt. Liegt das Zinsniveau darüber, hat der Verkäufer an den Käufer einen Ausgleichbetrag zu leisten. Um diese Ausgleichzahlung genau bestimmen zu können, wird der Kapitalbetrag wie bereits erwähnt im Voraus fixiert. Durch einen FRA kann sich ein Investor für die vereinbarte Laufzeit einen festen Zinssatz sichern. Abb. VII 54 soll die Gesamtlaufzeit eines FRA verdeutlichen.

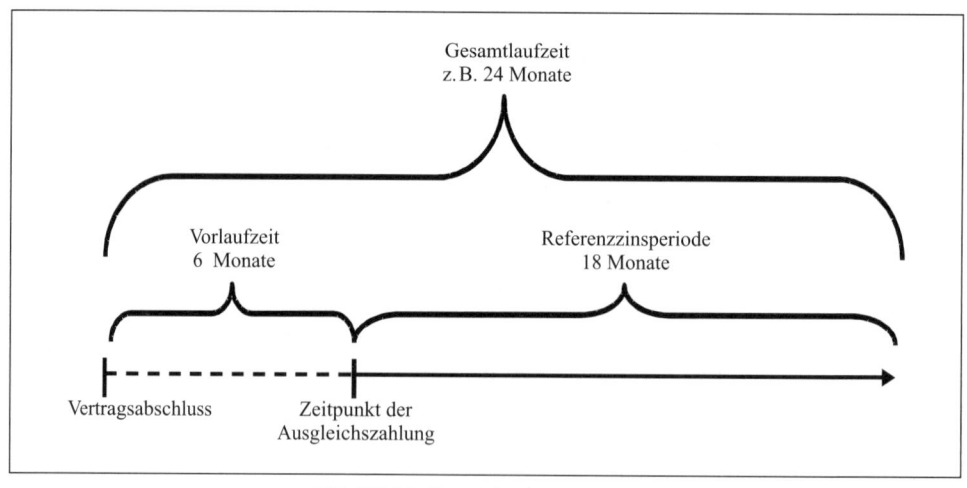

Abb. VII 54: Gesamtlaufzeit eines FRA

4.3.2.3 Bedingte Termingeschäfte

Bei dieser Art von Termingeschäften kommt die Ausübung nur zustande, wenn eine bestimmte Bedingung eintritt. Eine Partei eines solchen Geschäftes kauft sich das Recht einer bestimmten Option, die er nur ausüben wird, wenn diese für ihn von Vorteil ist. Im Unterkapitel „Swaption" wurde bereits ein solches Optionsgeschäft in Verbindung mit einem Swap-Geschäft vorgestellt.

4 Strukturierte Risikoinstrumente in der Immobilienwirtschaft

Optionen: Inhalt des Optionsgeschäfts ist Erwerb oder die Veräußerung des Rechts,
- eine bestimmte Anzahl von Basisobjekten (z. B. Aktien oder festverzinsliche Anleihen),
- einer zum Optionshandel zugelassenen Basisobjektart,
- jederzeit (amerikanische Version) während der Laufzeit der Option oder zu einem bestimmten Zeitpunkt (europäische Version),
- zu einem im Voraus bestimmten Preis (Basispreis) und
- entweder zu fordern (Kaufoption) oder zu liefern (Verkaufsoption).

Für das Recht einer Kaufoption (Call) bzw. Verkaufsoption (Put) zahlt der Käufer dem Verkäufer (Stillhalter) einen nicht rückerstattungsfähigen Optionspreis, die so genannte Optionsprämie. Im Gegenzug übernimmt der Verkäufer (Stillhalter) einer Kaufoption die Verpflichtung, während der Laufzeit der Option jederzeit an den Käufer auf dessen Verlangen eine festgelegte Anzahl des Basisgutes zu dem vereinbarten Basispreis zu verkaufen oder als Verkäufer einer Verkaufsoption das Basisgut jederzeit zu einem festgelegten Basispreis zu kaufen. Der maximale Verlust für den Käufer ist die Optionsprämie, während der Verkäufer ein theoretisch unbegrenztes Verlustrisiko hat. Die unterschiedlichen Gewinn- und Verlust-Szenarien werden in folgenden Graphiken aufgezeigt:

Inhaber einer Kaufoption (Calls)
Der Gewinn für den Besitzer einer Kaufoption hängt unmittelbar vom Kurswert des Basisgutes am Verfallstag ab.

Verkäufer (Stillhalter) eines Calls
Der Stillhalter eines Calls hat eine spiegelbildliche Position im Vergleich zum Inhaber eines Calls, deshalb ist auch bei ihm das Endergebnis direkt vom Kurs abhängig.

Anhand Abb. VII 55 wird die Grundposition und das asymmetrische Gewinn-und Verlustpotential bei Kauf eines Calls am Verfallstag aufzeigt.

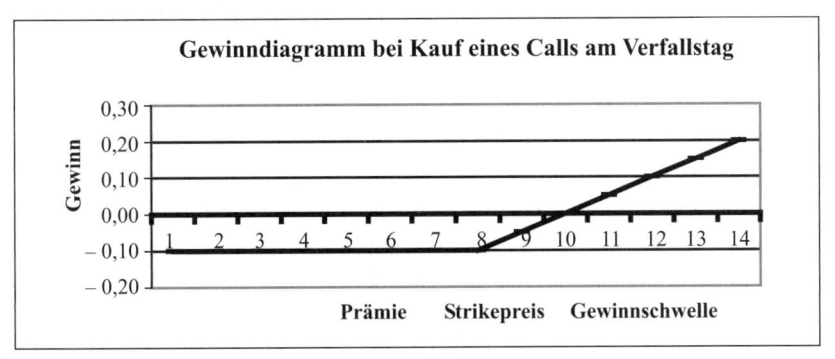

Abb. VII 55: Gewinndiagramm bei Kauf eines Calls am Verfallstag

Es ist festzustellen:
- Liegt der Kurs unter dem vereinbarten Preis (Strikepreis), ergibt sich ein Verlust in Höhe der ursprünglich gezahlten Optionsprämie. In diesem Fall wird der Optionskäufer die Option nicht ausüben, weil das Basisgut günstiger über den Kassamarkt zu kaufen ist. Der Stillhalter kann einen Gewinn in voller Höhe seiner Prämie verbuchen.
- Liegt der Kurs über dem Strikepreis, wird der Optionskäufer die Option auf jeden Fall ausüben. Um in die Gewinnzone zu gelangen, muss der Kurs mehr als die ursprünglich gezahlte Prämie über dem Strike liegen. Vor der Gewinnzone führt die Ausübung zu einer Verlustminimierung. Für den Stillhalter ist die Gewinn- bzw. Verlustsituation genau spiegelbildlich.

Inhaber einer Verkaufsposition (Puts)

Der Inhaber eines Puts profitiert von fallenden Kursen.
- Liegt der Kurs des Basisgutes über dem Strikepreis, wird der Put nicht ausgeübt, der Put-Käufer hat die komplette Prämie verloren.
- Falls der Kurs umgekehrt unter dem Strikepreis fällt, wird die Option ausgeübt. Es entsteht dann eine Gewinnsituation, wenn der Kassapreis um mehr als die Prämie unter dem Strikepreis liegt.

Abb. VII 56: soll das Schema noch einmal verdeutlichen:

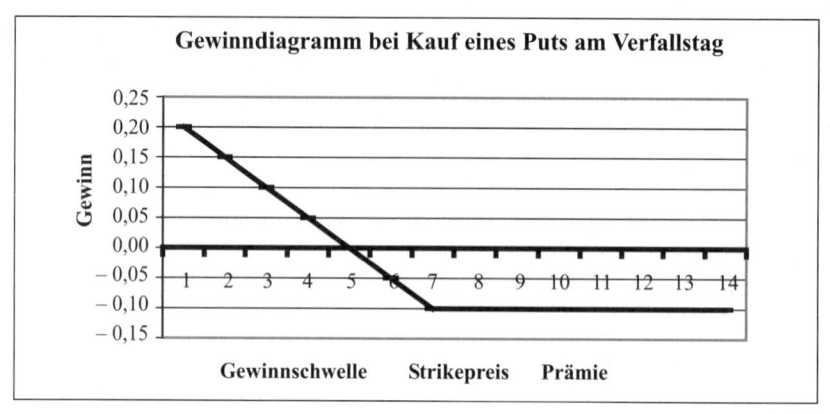

Abb. VII 56: Gewinndiagramm bei Kauf eines Puts am Verfallstag

Verkäufer (Stillhalter) eines Puts

Wie bereits beim Call ist die Situation des Stillhalters spiegelbildlich zur Inhaberposition:
- Liegt der Kurs am Verfallstag über dem Strikepreis, verfällt die Option und die gezahlte Prämie wird verdient.
- Falls der Kurs unter dem Strikepreis liegt, bekommt der Stillhalter das Basisgut zum im Vergleich teuren Strikepreis und veräußert es zum Kassakurs. Ist der Kurs des Basisgutes kleiner als die Prämie, bleibt ein Gewinn, wird er größer, entsteht ein Verlust.

Es wird klar, dass eine Option, sobald sie im Geld ist, proportional zur Kursentwicklung des Futures an innerem Wert gewinnt. Der innere Wert einer Option ergibt sich per Definition aus der Differenz zwischen dem Marktpreis des Basiswertes und dem Basispreis. Optionen, die über einen inneren Wert verfügen, werden als In-the-Money Call oder In-the-Money Puts bezeichnet. Die bereits beschriebenen Optionsstrategien stellten die sich ergebenden Chancen und Risiken mittels Gewinn/Verlust- Kurven dar. Der Optionspreis wurde im speziellen Zeitpunkt des Verfallstages (Restlaufzeit der Option = 0) betrachtet. Viel komplizierter ist die Bewertung während der Laufzeit. Es werden an dieser Stelle allerdings nur die wesentlichen Einflussfaktoren auf den Optionspreis während der Laufzeit skizziert werden.

Ein Einflussfaktor ist der bereits genannte innere Wert, liegt dieser über den Transaktionskosten, ist die Option im Geld. Je tiefer eine Option im Geld liegt, desto höher der Optionspreis. Bei Kursen des Basisgutes unter dem Strikepreis (Bezugspreis) ist eine Ausübung in diesem Moment wertlos. Da während der verbleibenden Laufzeit der Option der Kurs des Basisgutes noch steigen kann, ist ein Ertrag nicht gänzlich ausgeschlossen. Diese Hoffnung hat einen positiven Ertragswert, den Zeitwert. Der höchste Zeitwert existiert genau beim Strikepreis, da an diesem Punkt die Prognose auf eine positive Entwicklung am größten ist. Der Zeitwert von Optionen ergibt sich bei In-the-

Money-Optionen durch Abzug des inneren Wertes vom Optionspreis. Mit einem Zeitwert werden Optionen gehandelt, wenn der Kassakurs dem Basispreis entspricht oder bei einem Call unter bzw. bei einem Put über dem Basispreis liegt. Der Zeitwert wird im Wesentlichen durch die verbleibende Laufzeit und die historische Volatilität[66] des Basiswertes bestimmt. Der Begriff historische Volatilität ist in der Fußnote erklärt. Durch eine erhöhte Laufzeit steigt der Zeitwert und dadurch erhöht sich auch automatisch der Optionspreis. Mit erhöhter Volatilität steigt die Hoffnung des Optionsinhabers auf positive Entwicklung des Optionswertes, deshalb wird dieser Umstand dem Stillhalter mit einer erhöhten Prämie vergütet. Ein weiterer Einflussfaktor auf den Optionswert ist der so genannte risikofreie Zinssatz (Opportunitätszinssatz), da beim Halten der Option im Vergleich zum Besitz des Basisgutes eine Verzögerung der Zahlung erfolgt. Bei der Option muss zuerst nur die Prämie entrichtet werden und erst bei Bezug des Basisgutes wird die volle Zahlung fällig. Dieser zeitlich begrenzte Liquiditätsvorteil kann zu einem risikofreien Zinssatz angelegt werden. Dieser Vorteil ist allerdings relativ gering und wird deshalb einen geringen Einfluss auf den Optionswert ausüben. Es kann festgestellt werden, dass das Potential einer Option darin liegt, dass mit relativ geringem Aufwand für die Optionsprämie und einer begrenzten Verlustmöglichkeit eine große Hebelwirkung (Leverage-Effekt) zugunsten des Optionskäufers erzielt werden kann.

Cap, Floor und Collar: Bei den folgenden Finanzinstrumenten handelt es sich um Zinsmanagementinstrumente, die als Optionsgeschäfte funktionieren. Im Gegensatz zu den Swap-Instrumenten werden keine Zahlungsströme getauscht, sondern Zinsgrenzen garantiert. Für diese Garantie zahlt der Käufer an den Stillhalter eine Prämie. Je nach Laufzeit, vereinbarter Zinsobergrenze und erwartetet Schwankungsbreite des Referenzzinssatzes ergibt sich die Prämie, die zu zahlen ist. Vereinfacht gesagt, können Cap, Floor und Collar auch als Zinsversicherungen bezeichnet werden, der Käufer ist dem Versicherungsnehmer gleichzusetzen und der Stillhalter dem Versicherungsgeber. Durch eine zunehmende Volatilität von Zinsen und die sich dadurch ergebenden Risiken haben diese Zinsinstrumente zunehmend an Bedeutung gewonnen.

Cap: Ein Cap ist eine Vereinbarung über eine Zinsobergrenze. Gegen Zahlung einer Prämie wird dem Käufer eines Caps garantiert, dass die Belastung aus seinen – bestehenden oder noch aufzunehmenden – variabel verzinslichen Verbindlichkeiten eine festgelegte Obergrenze während der Laufzeit nicht übersteigt. Da der Cap losgelöst von einem Kreditvertrag abgeschlossen wird, kann ein solcher Cap auch für bereits bestehende Kreditfinanzierungen abgeschlossen werden. Für den Käufer eines Caps ist dieses Instrument nur sinnvoll, wenn er mit steigenden variablen Zinsen rechnet. Für die Laufzeit eines Caps werden meist so genannte Caplets gebildet, diese ermöglichen dem Kunden an verschiedenen Zeitpunkten die Option zu tätigen. Liegt der variable Zinssatz über diesem vereinbarten Strike (Zinssatz), so zahlt der Stillhalter (Versicherungsgeber) die Differenz zwischen dem Strike und dem variablen Zinssatz auf das Nominalvolumen und die Laufzeit des Caplets bezogen an den Inhaber des Caps aus. Somit kann sich der Inhaber des Caps zum Strike refinanzieren. Da der Abschluss eines Caps sehr teuer ist, lohnt sich dieser nur, wenn der Zinssatz sich im Aufwärtstrend befindet und der Kunde einen nicht zu niedrigen Strike festlegt. Je geringer die Differenz zwischen dem variablen Zinssatz und dem Strike ist, desto teurer wird der Cap für den Kunden.

Als Faustregel für den Käufer eines Caps sollten folgende Hinweise beachtet werden:
- Je länger die Laufzeit, desto höher ist die Cap-Prämie,
- je höher die Zinsobergrenze, desto niedriger die Cap-Prämie,

---

[66] Historische Volatilität ist ein statistisches Maß für die Häufigkeit und die Intensität der Preisschwankungen des Basiswertes. Sie gibt nicht die Richtung, sondern nur den Umfang der Kursschwankungen an

- je größer die Differenz zwischen der Zinsobergrenze und dem implizierten Marktzinsniveau, desto niedriger ist die Cap-Prämie und
- je größer die erwarteten Zinsschwankungen, desto höher die Cap-Prämie.

Floor: Floors stellen im Vergleich zu Caps eine Zinsuntergrenze dar und sichern das variable Zinsrisiko nach unten hin ab. Ein Floor stellt eine Vereinbarung zwischen dem Stillhalter (Short Floor) und dem Käufer (Long Floor) dar. Fällt der Zins unter einen bestimmten Referenzzins (Floor), ist der Verkäufer verpflichtet, dem Käufer eine Prämie zu zahlen. Somit stellt der Floor bei einer Kreditvergabe mit variablem Zinssatz eine Garantie bzw. eine Mindestverzinsung für das Kreditinstitut bzw. für den Verkäufer des Floors dar. Der Verkäufer eines Floors rechnet mit fallenden Zinsen. Der Floor kann Kreditinstituten als Absicherung gegen mögliche Zinssenkungen dienen. Beispielsweise kann eine Bank einen Floor mit einem zinsvariablen Kreditvertrag verbinden. Durch die Verflechtung des Kreditvertrages und dem Floor ist der Bank eine Mindestrendite in Höhe des Floor-Strike-Preises, abzüglich der gezahlten Prämie, gesichert. Selbstverständlich wird in diesem Szenario davon ausgegangen, dass der Kreditnehmer solvent ist und seinen Verpflichtungen stets nachkommt. Der Floor ist das Gegenstück eines Cap. Die Chancen und Risiken eines Floor-Verkäufers (Long Floors) können aus Abb. VII 57 hergeleitet werden.

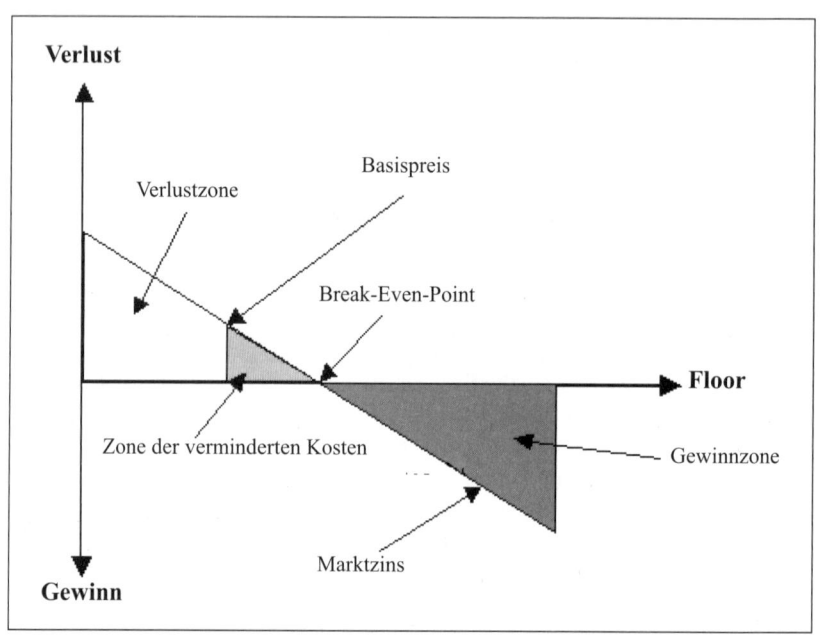

Abb. VII 57: Gewinn- und Verlustdiagramm eines Long Floors

Solange der Zins über der Floor-Grenze liegt, ist der Verkäufer in der Verlustzone. Dies ist dadurch zu erklären, dass der Verkäufer für die Mindestverzinsung dem Floor-Käufer eine Prämie zu zahlen hat. Klar wird dies dadurch, dass immer der Teil, der durch ein solches Derivat ein erhöhtes Risiko hat, eine Prämie erhält. Im Beispiel des Floors ist dies der Kreditnehmer, der einen Mindestzins zu tragen hat.

Collar: Ein Collar ist eine Kombination aus einem Cap und einem Floor. In Sonderfällen wird eine Zinsbandbreite festgelegt, in der sich der Prämienaufwand für den Cap und der Prämienempfang für den Floor vollständig ausgleichen und der Investor für die Zinssicherung keine Zahlung leisten muss. Wird die Zinsobergrenze überschritten, ist der Verkäufer zum Differenzausgleich verpflichtet; fällt der Zins unter die Zinsuntergrenze, zahlt der Käufer den Unterschiedsbetrag. Die Partei, deren Zinsänderungsrisiko geringer ist, zahlt der anderen Partei eine Prämie. Der Kauf eines Collars (Long Collar) entspricht dem Kauf eines Caps bei gleichzeitigem Verkauf eines Floors. Somit geht der Käufer eines Collars in seiner Cap-Option long und erwirbt das Recht, bei der Überschreitung der festgelegten Zinsobergrenze eine Ausgleichszahlung vom Käufer des Collars zu erhalten. Bei Unterschreitung des Zinses unter die Zinsuntergrenze ist der Käufer verpflichtet, eine Ausgleichszahlung an den Stillhalter des Collars zu leisten. Durch die Kombination dieser beiden Instrumente hat sich der Käufer zwar gegen einen steigenden Zins abgesichert, aber er hat sich auch dazu verpflichtet, einen Mindestzins zu zahlen. Da der Kauf eines Caps mit hohen Kosten verbunden ist, können die Kosten durch eine kombinierte Zinsuntergrenze reduziert werden.

Captions und Floortions: Captions und Floortions sind Zinsoptionen, die außerbörslich gehandelt werden, und stellen daher OTC-Zinsoptionen dar. Eine Caption oder eine Floortion ist eine Option auf einen Cap oder einen Floor. Bei einer Caption oder einer Floortion erwirbt der Käufer das Recht, zu einem heute festgelegten Preis einen in der Zukunft beginnenden Cap oder einen Floor zu kaufen. Durch einen erfolgreichen Einsatz dieses Instrumentes ist es möglich einen in Zukunft beginnenden Cap bzw. Floor zu wesentlich günstigeren Konditionen einzugehen. Der Kauf einer Caption ist nur sinnvoll, wenn der Investor davon ausgeht, dass das Zinsniveau in Zukunft steigt.

Vergleichbar ist das bedingte Termingeschäft mit den bereits beschriebenen Optionen.

5 Real Estate Asset Management

Asset Management wird definiert als systematische Planung, Steuerung und Kontrolle eines Bestandes von Grundstücken und Gebäuden, mit dem Ziel, Erfolgspotentiale aufzubauen. Die Planung wird auf der Ebene des strategischen Managements, ausgehend von Zielen und Restriktionen des Investors, abgeleitet. Auf der Basis von Marktanalysen und -prognosen wird dann die Zielstruktur des Immobilienportfolios abgeleitet. Die Umsetzung erfolgt auf den Stufen des taktischen und operativen Portfoliomanagements (An- und Verkauf von Immobilienanlagen). In der Kontrollphase wird die Effektivität der Planungsschritte und die Effizienz der Umsetzung überwacht. Die Portfoliooptimierung orientiert sich vorrangig an den Gegebenheiten der Immobilienmärkte, d. h. eine Top-down-Betrachtung. Hinsichtlich der Umsetzbarkeit der Planung sind bereits bestehenden Immobilienportfolios zu berücksichtigen.

Portfoliopolitik kann nur langfristig Erfolg bringen, wenn das Portfolio rechtzeitig geplant wird und für ihre Implementation ein Zeitraum von 10 bis 15 Jahren vorgesehen ist. Eine systematische und strategieorientierte Portfolioplanung ermöglicht einem Unternehmen, seine wirtschaftlichen Ziele zu identifizieren und ein kostenoptimiertes Portfolio aufzustellen. In der Planungsphase werden alle wesentlichen Informationen für die Anlageentscheidung vorbereitet. Die Planung setzt sich aus der Anleger-, Finanz- und Vermögensanalyse zusammen. In der Anlegeranalyse werden die Ziele und Beschränkungen der privaten und institutionellen Kapitalanleger ermittelt. Die wichtigsten Ziele der Anleger sind Risiko, Rentabilität und Liquidierbarkeit einer Kapitalanlage. Diese Ziel müssen aber im Portfoliomanagement noch konkretisiert werden, d. h. die Ziele müssen exakt beschrieben und erfasst werden, dass für jeden individuellen Anleger(-typ) entsprechende Anlagekombinationen und -strategien formuliert werden können. In der Finanzanalyse werden die relevanten Asset-Klassen und einzelne Wertpapiere entsprechend der Ziele des Anlegers bewertet und die Rendite und Risiken abgeschätzt. Die Vermögensanalyse prüft die Eignung der ausgewählten Anlagekombination unter Berücksichtigung der Präferenzen und Beschränkungen des Anlegers.

5.1 Asset-Klassen

Als Assets werden sämtliche, dem Grunde nach, handelbare Vermögenswerte verstanden, die Grundlage einer Kapitalanlage sein können. Diese lassen sich in so genannte Asset-Klassen aufteilen, wenn sie die folgenden Kriterien erfüllen:[67]

- Die Asset-Klassen müssen sich gegenseitig ausschließen. Damit darf eine Anlage nur einer Anlageklasse zuordenbar sein.
- Die umfassende Definition einer Anlageklasse ermöglicht die Identifikation einer Vielzahl von Assets und damit eine jederzeit mögliche Diversifikation.
- Die Erträge der einzelnen Anlageklassen müssen sich unterscheiden und eine niedrige Korrelation zu einander aufweisen. Im Fall einer hohen Korrelation müssen die Anlageklassen eine unterschiedliche Standardabweichung aufweisen.

5.2 Dienstleistungen des Investment Banking

Die Dienstleistungen des Investment Banking in Bezug auf das Asset Management beschränken sich nicht nur auf die Verwaltung von Vermögensgegenständen, zum Beispiel Immobilien, sondern vielmehr auf eine gesamten Wertschöpfungsprozess. Dieser besteht in der Regel auf dem Bereich der Produktenwicklung von unterschiedlichen Anlageinstrumenten und Kombinationen aus diesen. Dabei werden neben Publikumsprodukten auch individuelle Speziallösungen für direkte Kundenbedürfnisse entwickelt. Im anschließenden Investitionsprozess, der auf Basis einer vorher definierten Allokation bzw. Selektion erfolgt, werden Investitionen vorgenommen und anschließend im Rahmen eines Controllings überwacht. Das Einsammeln der zu investierenden Gelder wird im Bereich der Distribution erfasst. Dabei wird mit Hilfe eines Vertriebsnetzes ein bestimmtes Kundensegment, in Abhängigkeit des jeweiligen Anlageproduktes angesprochen. Im allumfassenden Bereich des Service wird dem Anleger die notwendige Information über die Kapitalanlage und deren Verlauf bzw. Performance zugeführt. In Abhängigkeit der Kundengruppe ist der Bereich des Services.

5.3 Immobilien-Portfoliomanagement

Der steigende globale Konkurrenzdruck, die Konzentration auf das Kerngeschäft und die langfristige Bindung von Kapital in Immobilien führen dazu, dass betriebsnotwendige und nicht betriebsnotwendige Immobilien verkauft werden bzw. eine optimale Ausnutzung der Immobilien vom Unternehmen gefordert wird. Diese neuen Gegebenheiten verlangen die Anwendung des Portfoliomanagements.

---

[67] Vgl. Achleitner, A.-K. (2000) S. 639

Portfoliomanagement ist interessant für private Investoren mit größerem Immobilienbesitz sowie für institutionelle Investoren und Non-Property-Unternehmen, die ihre Immobilien nicht als Produktionsfaktor, sondern auch als Finanzwert betrachten. In Abhängigkeit vom Anlagevermögen kann das Immobilien-Portfoliomanagement auf zwei Stufen angesetzt werden. Bei einem „Multi Asset Portfolio", bei welchem das Anlagevermögen aus Immobilien und weitere Anlageklassen (Aktien, Anleihen, Renten usw.) besteht, muss der Portfoliomanager entscheiden, wie viel Prozent der Investitionssumme in Immobilien angelegt werden sollen. Besteht das Portfolio nur aus Immobilienanlagen, dann wird vom „Single Asset Portfolio" gesprochen. Das Single Asset Portfoliomanagement bezieht sich auf die Strukturierung des Immobilienbesitzes nach Nutzungsart (Wohnen, Büro, Einzelhandel, Industrie usw.) oder Regionen (z. B. Berlin, München, New York usw.).

Die Portfoliowirkung lässt sich nach Selektion, Allokation, Timing und Interdependenz untersuchen. Die Selektion regelt, welche Immobilien ins Portfolio aufgenommen werden. Der Faktor Allokation entscheidet über die Kapitalbindung in die einzelnen Investitionsalternativen. Das Timing betrifft die Umschichtung des Portfolios und der Punkt Interdependenz optimiert das Portfolio in sachlicher, räumlicher und zeitlicher Hinsicht. Durch das Portfoliomanagement sollen die zukünftigen Aktivitäten des Unternehmens festgestellt und visualisiert werden. Immobilienbestände wachsen historisch und werden deswegen als gegeben hingenommen, die Unternehmen ändern ihr Portfolio (An- und Verkauf von Immobilien) ohne Berücksichtigung auf Interdependenzen. Entscheidungen über Umschichtung oder Akquisition werden von individuellen, objektbezogenen und marktbezogenen Gegebenheiten abhängig gemacht und nicht auf die Auswirkungen auf das Gesamtportfolio geprüft. Ausgangspunkt für ein Portfoliomanagement ist der vorhandene Immobilienbestand (Bottom-up-Betrachtung).

Um ein Portfolio optimal auszurichten, muss ein einheitliches Analyse- und Bedarfsraster kontinuierlich eingesetzt werden. In der Immobilienwirtschaft findet das zweidimensionale Modell (Boston Consulting Matrix) Anwendung. In diesem Modell wird anhand zwei negativ korrelierender Merkmalsausprägungen der Immobilienbestand zensiert. Es werden nur Ausschnitte zu einem Stichtag beleuchtet und Kriterien, wie Risiko und Wertentwicklung, lassen sich nur ungenau messen. Das Portfolio darf nicht nur auf der Grundlage von Marktdaten gebildet und analysiert werden, weil die Immobilie kein homogenes Wirtschaftsgut ist. Denn auf attraktiven Märkten gibt es Objekte, dessen Performance sich gegenläufig zum Markt entwickelt. Im Gegenteil dazu gibt es Immobilien, die sich auf einem unattraktiven Markt antizyklisch und schneller als der Markt entwickeln und somit für den risikofreudigen Anleger hohe Renditechancen bieten. Deswegen spielt die Qualität des Objektes eine unabdingbare Rolle in der zweidimensionalen Betrachtung. Das Portfolio-Modell sollte in der Lage sein Kumulativrisiken, wie z. B. die durch regionale Konzentration, bestimmte Nutzergruppen, überproportionaler Kostenanstieg bei Gebäuden bestimmter Baujahre, zu identifizieren. Ziel des Portfoliomanagements ist es, durch eine geeignete Auswahl und Strukturierung der Anlagemöglichkeiten eine optimale Mischung von Chancen und Risiken zu erreichen und damit die Unternehmensexistenz zu sichern. Das strategische Ziel des Portfoliomanagements ist die Schaffung der Grundlage für die zukünftigen Handlungen des Managements und die Messung der Performance des Portfolios. Werden Immobilienbestände aus organisatorischer und/oder rechtlicher Sicht vom (Mutter-)Unternehmen ausgegliedert, hat dies ertragswirtschaftliche Ziele. Bei Unternehmen, die Immobilieninvestitionen nicht als Kerngeschäft betreiben, hätte dieser Schritt aber keine primären ertragswirtschaftlichen Auswirkungen. Es wird erst von einem ertragsorientierten Handeln gesprochen, wenn die Entscheidung über die Verwertung der Immobilie ohne Kontrahierungszwang ist. Unter Rentabilitätsaspekten werden Immobilienassets nicht mehr als Einsatz-, sondern als Erfolgsfaktoren betrachtet, die im Sinne des Shareholder Value optimiert werden.

VIII. Bilanzierung/Basel II/Basel III

1 Bilanzierung von Immobilien nach HGB und IAS

1.1 Grundlagen und Arten der nationalen und internationalen Rechnungslegung

1.1.1 Grundlage und Art der nationalen Rechnungslegung nach Handelsgesetzbuch (HGB)

Die nationale Rechnungslegung in Deutschland ist insbesondere durch das Handelsgesetz und das kontinentaleuropäische Rechnungslegungssystem geprägt. Das dritte Buch des HGB enthält die Bilanzierungsvorschriften für Unternehmen aller Rechtsformen gemäß §§ 238–263 HGB, ergänzt werden diese durch besondere Vorschriften für Kapitalgesellschaften gemäß §§ 264–355 HGB und deren individuellen Gesetze (AktG, GmbHG, PublG).

Im Gegensatz zur folgenden internationalen Rechnungslegung nach den International Accounting Standards (IAS) werden nach HGB die Interessen des Fremdkapitalgebers (Gläubigerschutzprinzip) besonders berücksichtigt. Merkmale für das Gläubigerschutzprinzip sind das vorsichtige Bilanzieren sowie die Möglichkeit zur Bildung von stillen Reserven (Vergrößern der Haftungssubstanz für eventuelle Insolvenz des Unternehmens).

Die Rechnungslegung nach dem Handelsrecht besteht aus zwei Bestandteilen, dem Jahresabschluss (Bilanz, Gewinn- und Verlustrechnung (GuV) und Anhang) und dem Lagebericht. Aufgaben des Jahresabschlusses sind die Informations- und Kontroll-, Dokumentations-, Gewinnfeststellungs- und Ausschüttungsbemessungsfunktion sowie die Steuerbemessungsfunktion.

Zielsetzung des Jahresabschlusses ist es, die verschiedenen Informationsbedürfnisse der Bilanzadressaten wie Vorstand, Interne Revision, Arbeitnehmervertreter, Anteilseigner, Gläubiger, Aufsichtsrat, Finanzamt, Öffentlichkeit etc. zu befriedigen. Welche der oben genannten Bestandteile erstellt und gegebenenfalls publiziert werden müssen, hängt von der Rechtsform und Größe der einzelnen Unternehmen ab. Nach § 267 HGB und § 1 PublG gilt je größer ein Unternehmen ist, umso strenger sind die Bilanzierungsvorschriften und desto größer ist der Umfang der Offenlegungspflicht.

Nach § 5 (1) EStG ist der Jahresabschluss nach Handelsrecht maßgeblich für die Steuerbilanz und das Bemessen der Unternehmensbesteuerung (Maßgeblichkeitsprinzip). Beim Erstellen der Steuerbilanz wird von den Handelsbilanzwerten ausgegangen. Die handelsrechtlichen Bewertungs- und Bilanzierungsgrundsätze (Gebot, Verbot oder Wahlrecht) haben daher grundsätzlich unmittelbare steuerliche Bedeutung (Bindung der Steuerbilanz an die Handelsbilanz).

Die steuerlichen Wahlrechte sind nach § 5 (1) S. 2 EStG bei der steuerlichen Gewinnermittlung übereinstimmend mit der handelsrechtlichen Jahresbilanz auszuüben. Dies gilt für das Bilanzieren sowie für das Bewerten von Wirtschaftsgütern. Eine umgekehrte Maßgeblichkeit ist dann gegeben, wenn die steuerlichen Bilanzierungs- und Bewertungswahlrechte einen gleich lautenden

Handelsbilanzansatz voraussetzen. Besteht im Steuerrecht jedoch vom Handelsrecht abweichende Regelungen für die Bilanzierung und Bewertung von Wirtschaftsgütern (Gebot und Verbot), so wird das Maßgeblichkeitsprinzip durchbrochen.

Beispiel hierfür ist, dass nach § 7 (4) EStG Gebäude mit dem gesetzlich bestimmten Abschreibungssatz (AfA) über die gesetzliche Abschreibungsdauer abzuschreiben sind.

Nach § 264 (2) HGB hat der Jahresabschluss von Kapitalgesellschaft unter Beachtung der Grundsätze ordnungsgemäßer Buchführung (GoB) zu erfolgen. Die GoB waren ursprünglich allgemein anerkannte, ungeschriebene Regelungen, an die sich jeder Kaufmann bei der Rechnungslegung zu halten hatte. Teilweise wurden diese Grundsätze in § 243 (1) HGB festgeschrieben, es wird zwischen kodifizierten und nicht kodifizierten GoB unterschieden.

Aus diesen Grundsätzen wurden unter anderem die folgenden Grundsätze ordnungsgemäßer Bilanzierung abgeleitet (vgl. Abb. VIII 1).

Deutsche Jahresabschlüsse nach HGB sind auf den internationalen Kapitalmärkten schwer zu vermitteln und werden in den USA nicht akzeptiert, womit eine Diskussion um die internationale Harmonisierung der Rechnungslegung begann. Das Kapitalaufnahmeerleichterungsgesetz (KapAEG) von 1998 verbesserte die Wettbewerbsfähigkeit von deutschen Unternehmen auf den internationalen Kapitalmärkten und die erleichterte die Aufnahme von Gesellschafterdarlehen. Es wurde auf die veränderten Rechnungslegungsansprüche reagiert.

Nach § 292a HGB können börsennotierte Unternehmen bis zum Jahr 2004 den Konzernabschluss alternativ zu §§ 290 ff. HGB nach den International Accounting Standards (IAS) bzw. International Financial Reporting Standards (IFRS) oder nach US-amerikanischen Generally Accepted Accounting Principles (US-GAAP) erstellen. Wenig später wurde zusätzlich das Gesetz zur Kontrolle und Transparenz im Unternehmensbereich (KonTraG) verabschiedet. Es gab weitere Änderungen der handelsrechtlichen Rechnungslegungs-, Offenlegungs- und Prüfungsvorschriften.

Nach § 297 (1) HGB wird bei börsennotierten Konzernen zusätzlich zu den bereits gesetzlich vorgeschriebenen Bestandteilen eine Kapitalflussrechnung gefordert. Dieser Bestandteil ist in der internationalen Rechnungslegung ein Pflichtbestandteil und die formelle sowie inhaltliche Form dieser Kapitalflussrechnung ist detailliert vorgeschrieben. Dies ist im Handelsrecht nicht der Fall.

Ab 2005 wird von allen börsennotierten europäischen Unternehmen ein Konzernabschluss nach IAS verlangt.[1]

1.1.2 Grundlage und Art der internationalen Rechnungslegung nach International Accounting Standards (IAS)

Gründe für die Entwicklung der internationalen Rechnungslegung sind das Eigen- und Fremdkapitalbeschaffen und deren breite Streuung auf den internationalen Kapitalmärkten bzw. Börsen, die Globalisierung und Internationalisierung der Waren- und Dienstleistungsmärkte und der unternehmerischen Tätigkeit sowie das Harmonisieren der Rechnungslegungsvorschriften.

Durch die Kapitalbeschaffung auf internationalen Börsen müssen aufgrund derer Börsenvorschriften internationale Rechnungslegungsvorschriften verwendet werden.

Im Jahr 1973 wurde aus diesen Gründen das IASC (International Accounting Standards Committee) als privatrechtliche Organisation von neun Ländern (Australien, Deutschland, Frankreich, Groß-

---

[1] Vgl. Pellens, B. (2001), S. 564 ff.

Grundsätze	Definition
Grundsatz der Klarheit und Übersichtlichkeit (§ 243 (2) HGB):	Bilanzpositionen müssen eindeutig bezeichnet und geordnet sein. Aktiva dürfen nicht mit Passiva verrrechnet werden („Saldierungsverbot").
Bilanzwahrheit:	Es sind die bestehenden Bewertungsvorschriften zu beachten und die aufgeführten Zahlenwerte in der Bilanz müssen korrekt sein, nicht vorhandene Vermögensgegenstände dürfen nicht aufgeführt werden.
Vollständigkeit (§ 246 (1) HGB):	Alle Vermögensgegenstände, Schulden, Rechnungsabgrenzungsposten, Aufwendungen und Erträge müssen erfasst sein.
Anschaffungsprinzip (§ 253 (1) HGB):	Bewertung der Vermögensgegenstände höchstens zu Anschaffungs- oder Herstellungskosten, Wertsteigerungen zu berücksichtigen ist unzulässig.
Bilanzidentität (§ 252 (1) Nr. 1 HGB):	Wertansätze der Eröffnungsbilanz müssen mit denen aus der Schlussbilanz aus dem vorhergegangenen Geschäftsjahr übereinstimmen.
Going-Concern-Prinzip (§ 252 (1) Nr. 2 HGB):	Ausgehend, dass das Unternehmen fortgeführt wird (Wertansätze).
Stichtagsbewertung (§ 252 Abs. 1 Nr. 3 HGB):	Die Bewertung hat zum Abschlussstichtag zu erfolgen. Nachfolgende Ereignisse (zwischen Abschlussstichtag und Bilanzstellung) werden nicht mehr berücksichtigt.
Einzelbewertung (§ 252 (1) Nr. 3 HGB):	Vermögen und Schulden sind einzeln zu bewerten, eine Saldierung oder Zusammenfassung darf nicht erfolgen
Grundsatz der Vorsicht (§ 252 (1) Nr. 4 HGB):	Hier steht der Gläubigerschutz im Vordergrund. Vermögen und Gewinn sind niedrig und Schulden im Gegensatz hoch zu bewerten (Realisations-, Imparitäts-, Niederstwert-, Höchstwertprinzip).
Periodenabgrenzung (§ 252 (1) Nr. 5 HGB):	Ermittlung des Gewinns muss periodengerecht erfolgen.
Bewertungsstetigkeit (§ 252 (1) Nr. 6 HGB):	Die einmal gewählten Bewertungsmethoden sollen beibehalten werden („Bilanzkontinuität").
True and Fair View (§ 264 (2) HGB):	Der Jahresabschluss soll ein entsprechendes Bild der tatsächlichen Verhältnisse der Vermögens-, Ertrags- und Finanzlage eines Unternehmens vermitteln („richtiger Ansatz von Vermögen und Schulden").

VIII 1: Grundsätze der ordnungsgemäßen Bilanzierung (GoB)

britannien, Japan, Kanada, Mexiko, Niederlande und USA) gegründet, die die IAS strukturierten[2] und die Rechnungslegungsvorschriften standardisierten, die an den wesentlichen Kapitalmärkten, vor allem am US-amerikanischen Finanzmarkt, anerkannt werden. Die IAS sind keine gesetzlichen Vorschriften.

---

[2] Vgl. Buchholz, R. (2003), S. 7 f.

Wichtigstes Organ ist das IASB (International Accounting Standards Board). Aufgaben sind das Verabschieden der Standards und den dazugehörigen Interpretationen sowie die Kontaktaufnahme zu den nationalen Rechnungslegungsinstitutionen (sog. Standards Settern).

Ziele der IAS sind die internationale Harmonisierung der Rechnungslegung sowie die Bereitstellung der Informationen für Investoren über die Vermögens-, Finanz- und Ertragslage des Unternehmens sowie über deren Veränderungen. Hierbei steht der Investorenschutz (Shareholder Value-Prinzip) im Vordergrund.

Bestandteile der IAS sind das Vorwort (preface), das Rahmenkonzept (framework) zum Darlegen der angewandten und anzuwendenden Grundprinzipien, die Standards und die dazugehörigen Interpretationen (interpretations).

Die Standards und Interpretationen sind zwar die verbindlichen Regelungen für den Jahresabschluss, aber das Rahmenkonzept enthält die qualitativen Merkmale zur Rechnungslegung nach IAS (vgl. Abb. VIII 2).[3] Im deutschen Recht kann es zu einer Normenkollision kommen, deshalb gibt es im System der IAS-Rechnungslegung die Vereinbarung, dass die speziellen Regelungen (lex specialis) Vorrang vor den allgemeinen Regelungen (lex generalis) haben. Die Normenpyramide hat den Aufbau, dass die Interpretationen der einzelnen Standards Vorrang vor den einzelnen Standards haben, die wiederum Vorrang vor dem Framework haben. Tritt der Fall ein, dass nach Anwenden aller drei Stufen kein genaues Einordnen möglich ist, gelten die jeweiligen nationalen Standards.

Das Framework entspricht formell im Wesentlichen den Grundsätzen der ordnungsgemäßen Bilanzierung nach HGB. Mit diesen Regelungen soll eine wahre und angemessene Darstellung der Vermögens-, Finanz- und Ertragslage des Unternehmens (true and fair view) erreicht werden. Das Framework definiert auch die Positionen, die in den Jahresabschluss eingehen.[4] Das Maßgeblichkeitsprinzip im Sinne des Handelsrechts existiert nach IAS nicht und das Vorsichtsprinzip (prudence) ist milder als im Handelsrecht. Es soll lediglich das Vermögen und der Erfolg tendenziell richtig abgebildet werden. Das Framework stellt kein IAS-Standard dar.

Stille Reserven zu bilden oder Rückstellungen zu überbewerten ist unzulässig.[5] Die IAS regelt auf privatrechtliche Art und Weise Grundsatzfragen und spezielle Rechnungslegungsfragen ohne mit dem Steuerrecht verknüpft zu sein. Das Steuerrecht nach IAS hat keinen Einfluss auf die Entwicklung, den Umfang und die Qualität der Rechnungslegung. Die Erstellung der Steuerbilanz erfolgt weiter nach den jeweiligen nationalen, steuerlichen Regelungen.

---

[3] Vgl. ebenda, S. 44 ff.
[4] Vgl. Pellens, B. (2001), S. 443
[5] Vgl. Hayn, S./Waldersee, G. (2002), S. 50 f.

```
                    ┌─────────────────────────────────────┐
                    │ Central criterion: Decision usefulness │
                    └─────────────────────────────────────┘
```

| **Understandability (Verständlichkeit):** Aufbereiten der Informationen so, dass sachkundiger Jahresabschlussleser versteht → im Wesentlichen § 238 HGB | **Comparability (Vergleichbarkeit):** Möglichkeit über Zeit- und Unternehmensvergleiche. Angabe über angewandte Bilanzmethode und deren Beibehaltung → Stetigkeitsgrundsatz im HGB |

Relevance (Bedeutsamkeit): Ausweis der entscheidungsrelevanten Informationen

Reliability (Verlässlichkeit): Dieser Grundsatz enthält die folgenden fünf Teilelemente:

Materiality: Voraussetzung hierfür deren Wesentlichkeit

- **Faithful Representation:** im Wesentlichen die wahrheitsgetreue Darstellung
- **Substance over form:** Grundsatz der wirtschaftlichen Betrachtungsweise nach ihrem wirtschaftlichen Gehalt (actual substance), nicht nach formaljuristischen Kriterien (legal form)
- **Neutrality:** willkürfreie und wertfreie Darstellung
- **Prudence:** Vorsichtsprinzip
- **Completeness:** Vollständigkeitsgrundsatz

Cost-benefit-balance: Kosten-Nutzen-Verhältnis, d.h. die einzelnen Rechnungslegungsvorschriften dürfen Unternehmen nicht über die Gebühr belasten

Timeliness: zeitnah zum offen gelegten Sachverhalt

Balance between qualitative characteristics: Balance zwischen die einzelnen Merkmalen: kein Einzelkriterium darf ein anderes verdrängen → Ausgleich zwischen den Kriterien anstreben

True and fair view/fair presentation

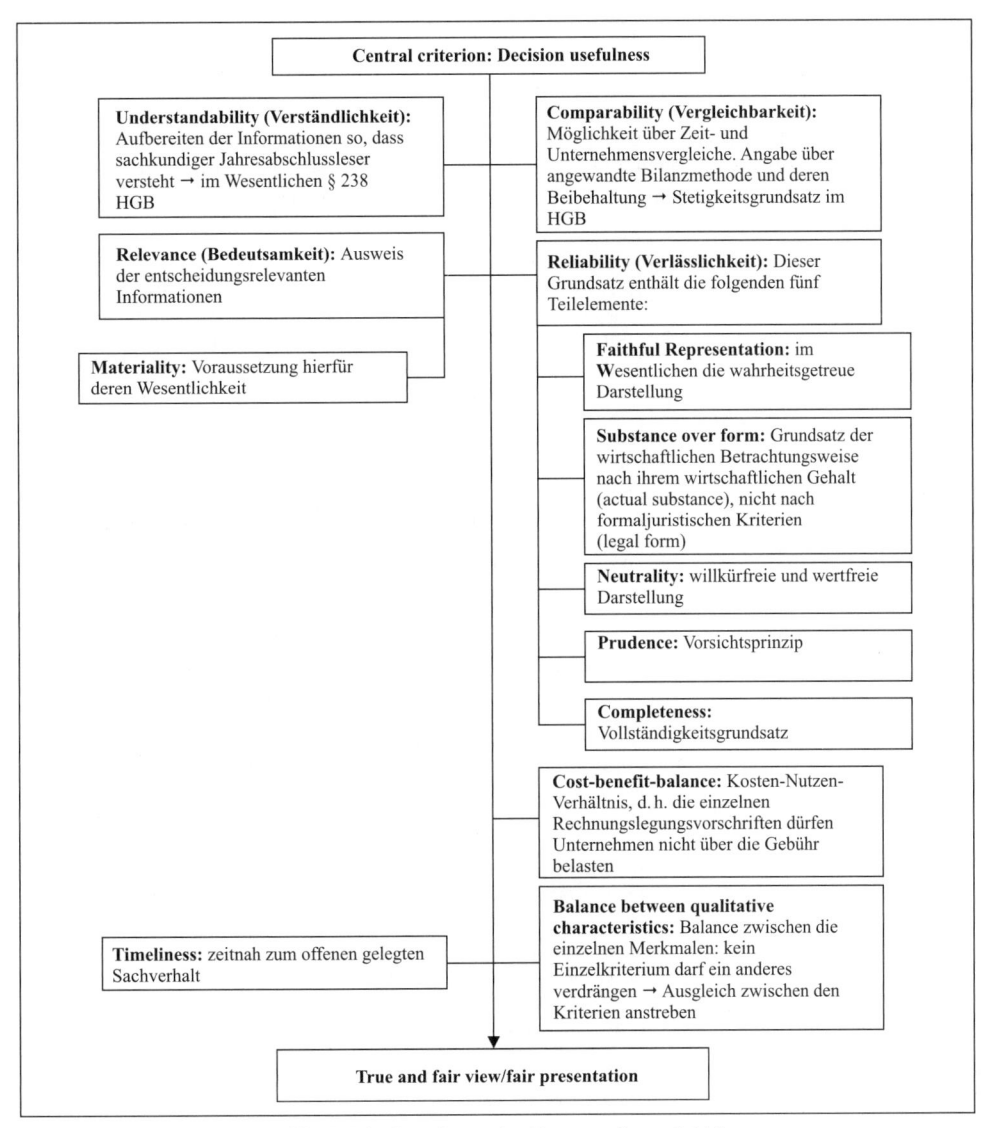

Abb. VIII 2: Grundsätze des Frameworks nach IAS

1.1.3 Synoptischer Vergleich der einzelnen Rechnungslegungsstandards

Nach IAS gibt es mehrere Bestandteile für den Jahresabschluss. Neben der Bilanz (balance sheet), der Gewinn- und Verlustrechnung (income statement) und dem Anhang (notes) gibt es zusätzlich eine Kapitalflussrechnung (statement of changes in financial positons) sowie andere Aufstellungen (statements) und Erläuterungen (explanatory materials).[6] Das Aufstellen und der Umfang des Jahresabschlusses nach IAS sind rechtsform- und größenunabhängig, außer beim Segmentierungsbericht.[7]

---

[6] Vgl. Pellens, B. (2001), S. 437
[7] Vgl. Born, K. (2002), S. 65

Ausgewählte Kriterien	HGB	IAS
Zweck	Gläubigerschutz	Anlegerschutz
Adressaten	vorrangig Fremdkapitalgeber	vorrangig Eigenkapitalgeber
Zuständigkeit für die Entwicklung der Vorschriften	Gesetzgeber (Bundesministerium für Justiz BMJ); Deutsches Rechnungslegungs Standards Committee (DRSC) mit Deutschem Standardisierungsrat (DSR); öffentlich anerkannte private Gremien	International Accounting Standards Board (IASB); internationale, nicht staatliche, unabhängige Organisation
Funktion der Standardsetter	BMJ: Handelsrechtliche Vorschriften DSR: Entwicklung von Grundsätzen für die Konzernrechnungslegung; Beratung des BMJ, deutsche Vertretung im internationalen Standardisierungsprozess (insbesondere IASB)	Formulierung und Veröffentlichung von Rechnungslegungsgrundsätzen im Interesse der Öffentlichkeit mit dem Ziel der weltweiten Akzeptanz und Anwendung
Rechtliche Relevanz	kodifiziertes Bilanzrecht; ferner allgemeine Grundsätze ordnungsgemäßer Buchführung (GoB) DSR: Entwicklung von Standards für den Konzernabschluss	keine allgemein gültigen, gesetzlich verankerten Rechnungslegungsvorschriften; ab 2005 in der EU Anwendung auf alle Konzernabschlüsse kapitalmarktorientierter Unternehmen; weitergehende Mitgliedstaaten- und Unternehmenswahlrechte vorgesehen
System der Ausgestaltung	allgemeine handelsrechtliche Buchführungs-/Bilanzierungsgrundsätze (System des „code law")	allgemeine Rechnungslegungsgrundsätze (System des „case law")
Anwendungsbereich	rechtsform- und größenabhängige Vorschriften; besondere Vorschriften u. a. für Kreditinstitute	rechtsform- und größenunabhängig
Maßgeblichkeit	Maßgeblichkeit der Handelsbilanz für die Steuerbilanz	strikte Trennung von Handelsbilanz und Steuerbilanz
Generalnorm	Vermittlung eines den tatsächlichen Verhältnissen entsprechenden Bildes der Vermögens-, Finanz- und Ertragslage unter Beachtung der GoB	Vermittlung eines den tatsächlichen Verhältnissen entsprechenden Bildes („fair presentation")
Funktion der Bilanzierung	Ermittlung eines unter Gläubigerschutzgesichtspunkten und der Kapitalerhaltung ausschüttungsfähigen Gewinns	Darstellung des Periodenergebnisses in Form des „true and fair view"; keine Ausschüttungsbemessung
Prinzipien	Grundsatz der periodengerechten Erfolgsermittlung i. R. des HGB	Grundsatz der periodengerechten Erfolgsermittlung (accrual principle)

Abb. VIII 3: Synoptischer Vergleich der einzelnen Rechnungslegungsstandards

Ziele des Jahresabschlusses ist die Bereitstellung von Informationen über die Vermögens- und Finanzlage (Liquidität und Solvenz), die Ertragslage (Ertragskraft, Profitabilität, Performance) und die Veränderungen der Vermögens- und Finanzlage vorrangig durch Bilanz, GuV und Kapitalflussrechnungen für die wirtschaftlichen bzw. investitionsorientierten Entscheidungen.

Die Adressaten (user) des Jahresabschlusses nach IAS sind dieselben wie im Handelsrecht.

1.2 Bilanzierung und Bewertung der Immobilie nach HGB

1.2.1 Die Immobilie in der Bilanz nach HGB

Nach §§ 246 ff. HGB bestehen verschiedene Ansatzvorschriften zum Bilanzieren („dem Grunde nach") von Wirtschaftsgütern bzw. Vermögensgegenständen, die im Hinblick auf die Bewertung und den Bilanzansatz („der Höhe nach") zu beachten sind. Es besteht nach § 240 (1) HGB und § 246 (1) HGB ein Ansatzgebot für alle Vermögensgegenstände mit den jeweiligen Werten zu Beginn des Handelsgewerbes und beim Jahresabschluss.

Werden Immobilien als Umlaufvermögen bilanziert, handelt es sich hierbei um Vermögensgegenstände, die zum vorübergehenden Nutzen im Geschäftsbetrieb (z.B. Immobilienhandel) der Unternehmung bestimmt sind.[8] Sie werden als Vorräte bilanziert, während nach § 247 (2) HGB Vermögensgegenstände, unter anderem Immobilien, als Anlagevermögen bezeichnet werden, die dazu bestimmt sind, dem Geschäftsbetrieb, z.B. als Betriebs- und Produktionsstätte, dauerhaft zu dienen.

Nach Handelsrecht wird dieses Grundvermögen als Sachanlage in der Bilanz explizit aufgeführt (vgl. Abb. VIII 4).

Grundstücke und grundstücksgleiche Rechte werden unabhängig von ihrer Bebauung in einer Position bilanziert. Der Bilanzwert setzt sich aus dem Grundstücks- und Gebäudewert zusammen. Ein getrenntes Ausweisen ist aber zulässig, da für die Abschreibung eine Trennung vom nicht ab-

Aktiva	Bilanz	Passiva

A. **Anlagevermögen**
  I. Immaterielle Vermögensgegenstände
  II. Sachanlagen
     1. Grundstücke, grundstücksgleiche Rechte und Bauten einschließlich der Bauten auf fremden Grundstücken
     2. Technische Anlagen und Maschinen
     3. Andere Anlagen, Betriebs- und Geschäftsausstattung
     4. Geleistete Anzahlungen und Bauten
  III. Finanzanlagen
	A. Eigenkapital	

B. **Umlaufvermögen**
  I. Vorräte
  II. Forderungen und sonstige Vermögensgegenstände
  III. Wertpapiere
  IV. Kassenbestand, Bankguthaben, Guthaben bei Kreditinstituten und Schecks
	B. Rückstellungen	

C. Rechnungsabgrenzungsposten	C. Verbindlichkeiten	
	D. Rechnungsabgrenzungsposten	

Abb. VIII 4: Bilanzauszug nach § 266 HGB

---

[8] Vgl. Coenenberg, A./Gingele, R. (1993), S. 727

nutzbaren Grundstück vom abnutzbaren Gebäude erfolgen muss. Erbbaurechte, Wohnungs- und Bergwerkseigentum (grundstücksgleiche Rechte) werden einschließlich der Bauten wie eigene Grundstücke bilanziert.

Dem Gebäude dienende Einrichtungen, z. B. Heizungs-, Beleuchtungsanlagen und Aufzüge, werden aufgrund ihrer Zweckbestimmung von der Position „Technische Anlagen und Maschinen" abgegrenzt, da sie nach § 94 BGB wesentlicher Bestandteil des Gebäudes sind, denn sie dienen nicht der Unternehmensproduktion. Die Unterscheidung ist notwendig, da die zum Gebäude gehörenden Teile zusammen mit dem Gebäude über dessen Nutzungsdauer abgeschrieben werden. Gebäudebestandteile, die mit der Gebäudenutzung nicht unmittelbar zusammenhängen, werden als selbständige Wirtschaftsgüter (z. B. Außenanlagen) ausgewiesen.

Sind im Bau befindliche Anlagen am Bilanzstichtag noch nicht fertig gestellt, sind sie bis zu ihrer Fertigstellung mit ihren Ausgaben unter der Bilanzposition „Anlagen im Bau" zu bilanzieren.[9]

1.2.2 Bewertung der Immobilie bei Vermögenszugang

Die Bewertung der einzelnen Vermögensgegenstände, ob Umlauf- oder Anlagevermögen, hat sowohl handelsrechtlich als auch steuerrechtlich zu Anschaffungskosten oder Herstellungskosten zu erfolgen.

Im Handelsrecht sind die Anschaffungs- und Herstellungskosten die Ausgangsbasis für die handelsrechtlichen Abschreibungen und im Steuerrecht für die steuerliche Absetzung für Abnutzungen oder Substanzverringerung. Sie bilden unter anderem die Wertobergrenze, zu dem der Vermögensgegenstand bilanziert und aktiviert wird.[10] Auch Immobilien werden bei Vermögenszugang höchstens mit den Anschaffungs- oder Herstellungskosten (Eigenbau) bewertet und bilanziert.

Anschaffungskosten: Nach § 255 (1) HGB sind Anschaffungskosten, die Aufwendungen, die geleistet werden müssen, um einen Vermögensgegenstand zu erwerben und in einen betriebsbereiten Zustand zu versetzen, soweit sie dem Vermögensgegenstand einzeln zugeordnet werden können. Zu den Anschaffungskosten zählen der Anschaffungspreis zzgl. der aktivierungsfähigen Anschaffungs-

Anschaffungspreis	Kaufpreis
+ Anschaffungsnebenkosten	Maklergebühren, Gutachtergebühren, Vermessungsgebühren, Notariats- und Grundbuchgebühren für den Grundstückserwerb (nicht dazu gehören die Kosten für Aufnahme und Eintrag einer Hypotheken- und Grundschuld → Finanzierungskosten), Grunderwerbsteuer, Kosten für Wasser- und Gasanschluss, Stromzuleitung, kanalisationsanschlusskosten, Reisekosten für Besichtigen des zu erwerbenden Grundstücks
+ nachträgliche Anschaffungskosten	Erschließungsbeiträge an Gemeinde, spätere Umbaukosten, nachträgliche Grunderwerbsteuer
– Anschaffungspreisminderungen	Zuschüsse, Subventionen (Rabatte, Skonti, Boni)
= Anschaffungskosten	

Abb. VIII 5: Anschaffungskostenschema bei Immobilien[11]

---

[9] Vgl. ebenda, S. 87
[10] Vgl. Horschitz, H./Groß, W./Weidner, W. (2000), S. 171–222
[11] Vgl. Beuttler, A. (2001), S. 931

nebenkosten und nachträglichen Anschaffungskosten abzüglich den Anschaffungspreisminderungen (vgl. Abb. VIII 5) nach dem Prinzip der Einzelkostenbewertung.

Einzelkosten sind betriebsbedingte Aufwendungen, die dem Vermögensgegenstand direkt zugerechnet werden können. Gemeinkosten und kalkulatorische Kosten zählen nicht zu den Anschaffungskosten.

Bei Immobilien ist zu beachten, dass die Anschaffungskosten anteilig nach Grund und Boden und Gebäude aufgeteilt werden, da nur die Anschaffungskosten für das Gebäude planmäßig abschreibungsfähig sind (s. später planmäßige und außerplanmäßige Abschreibungen).

Herstellungskosten: Nach § 255 (2) HGB sind Herstellungskosten die Aufwendungen, die durch den Verbrauch von Gütern und die Inanspruchnahme von Diensten zur Herstellung eines Vermögensgegenstandes, seiner Erweiterung oder für eine über seinen ursprünglichen Zustand hinausgehende, wesentliche Verbesserung entstehen. Im Gegensatz zu den Anschaffungskosten können neben den Einzelkosten hier bestimmte Gemeinkosten aktiviert werden. Nach Handelsrecht und IAS bestehen hierfür Aktivierungspflicht, Aktivierungswahlrecht oder Aktivierungsverbot (vgl. Abb. VIII 6).[12]

Die Einzelkosten bilden handelsrechtlich die Wertuntergrenze und sind aktivierungspflichtig. Die handelsrechtliche Wertuntergrenze ist niedriger als die Wertuntergrenze nach IAS. Für die Gemeinkosten besteht handelsrechtlich ein Aktivierungswahlrecht. Zusammen mit den aktivierungspflichtigen Einzelkosten stellen sie die Wertobergrenze, zu dem der Vermögensgegenstand bilanziert werden kann, dar. Gemeinkosten sind die Aufwendungen, die nicht unmittelbar dem Wirtschaftsgut zurechenbar sind, sondern durch Schlüsselung bzw. Umlage zu dem hergestellten Gut in Beziehung gebracht werden. Nach IAS bilden die Wertuntergrenze die Einzelkosten und die Gemeinkosten.

Bei den Vertriebsgemeinkosten besteht handelsrechtlich und nach IAS ein Aktivierungsverbot.

Nach Fertigstellung des Gebäudes können nachträgliche Herstellungskosten (z. B. Erstellung eines Anbaus, Aufstockung eines bisherigen Gebäudes etc.) anfallen. Nachträglicher Herstellungsaufwand ist eine Substanzvermehrung (z. B. Gebäudeanbauten und -aufstockungen etc.) oder die unter anderem eine wesentliche Verbesserung der Immobilie (z. B. Modernisierung) mit sich bringt. Der nachträgliche Herstellungsaufwand ist auf die Nutzungsdauer gleichmäßig zu verteilen. Falls diese Aufwendungen zu keiner nachhaltigen Verbesserung, zu keiner Substanzvermehrung oder zu keiner wesentlichen Veränderung des Gegenstandes führen, liegt ein Erhaltungsaufwand (Aufwand für laufende Instandhaltung) vor. Der Erhaltungsaufwand ist sofort als Aufwand im Jahresabschluss zu berücksichtigen.

1.2.3 Folgebewertung der Immobilie

Die Folgebewertung von Immobilien im Anlagevermögen erfolgt auf Grundlage der fortgeführten Anschaffungs- oder Herstellungskosten oder zum beizulegenden Wert. Eine Neubewertung der bereits bilanzierten Immobilien ist nach HGB grundsätzlich nicht vorgesehen. Preissteigerungen bei Neubauten oder beim Grundstück führen zu stillen Reserven, die erst zum Zeitpunkt des Verkaufes der Immobilie im Jahresabschluss erfolgswirksam ausgewiesen werden (Realisationsprinzip).

- **Zu fortgeführten historischen Anschaffungs- und Herstellungskosten:**
  Nach § 253 (2) HGB sind bei Vermögensgegenständen des abnutzbaren Anlagevermögens die Anschaffungs- oder Herstellungskosten um die planmäßige Abschreibung zu mindern (fort-

---

[12] Vgl. Eisele, W. (1999), S. 280 ff.

Kostenarten	§ 255 HGB	IAS
Materialeinzelkosten	Pflicht	Pflicht
+ Fertigungseinzelkosten	Pflicht	Pflicht
+ Sondereinzelkosten der Fertigung	Pflicht	Pflicht
= Herstellungskosten nach HGB (Untergrenze)		
+ Materialgemeinkosten	Wahlrecht	Pflicht
+ Fertigungsgemeinkosten	Wahlrecht	Pflicht
+ Abschreibung auf Fertigungsanlagen	Wahlrecht	Pflicht
+ Sondergemeinkosten der Fertigung	Wahlrecht	Pflicht
+ anteilige Entwicklungskosten	Wahlrecht	Pflicht
+ herstellungsbezogene Verwaltungskosten	Wahlrecht	Pflicht
= Herstellungskosten nach IAS (Untergrenze)		
+ fertigungsbezogene Fremdkapitalzinsen	Wahlrecht	Wahlrecht
= Herstellungskosten nach IAS (Obergrenze)		
+ allgemeine Verwaltungskosten	Wahlrecht	Verbot
= Herstellungskosten nach HGB (Obergrenze)		
nicht fertigungsbezogene Fremdkapitalzinsen	Verbot	Verbot
Forschungs- und nicht aktivierbare Entwicklungskosten	Verbot	Verbot
Vertriebskosten	Verbot	Verbot

Abb. VIII 6: Aktivierbare Herstellungskosten nach HGB und IAS

geführte Anschaffungs- oder Herstellungskosten). Die Anschaffungs- und Herstellungskosten (Basiswert) sind auf die betriebsgewöhnliche Nutzungsdauer zu verteilen. Das Handelsrecht enthält keine speziellen Regelungen für die Bestimmung der wirtschaftlichen Nutzungsdauer.

- **Zum beizulegenden Wert:**

Der beizulegende Wert ist nach § 253 (2) S. 3 HGB ein Korrekturwert für Vermögensgegenstände im Anlagevermögen. Maßstab für diesen Wert sind die Wiederbeschaffungskosten oder der Ertragswert.

Ist der beizulegende Wert des Anlagevermögens am Abschlussstichtag niedriger als die fortgeführten Anschaffungs- oder Herstellungskosten (außergewöhnliche Wertänderungen) und handelt es sich dabei um eine vorübergehende Wertminderung, kann nach dem gemilderten Niederstwertprinzip eine außerplanmäßige Abschreibung zusätzlich zu der planmäßigen Abschreibung vorgenommen werden.

Handelt es sich aber um eine voraussichtlich dauernde Wertminderung, muss zusätzlich neben der planmäßigen Abschreibung eine außerplanmäßige Abschreibung vorgenommen werden (vgl. Abb. VIII 7).

Der beizulegende Wert kann nach § 253 (5) HGB bei Personengesellschaften beibehalten werden, auch wenn die Gründe hierfür nicht mehr bestehen (Beibehaltungswahlrecht). Für Kapitalgesellschaften besteht nach § 280 (1) HGB ein Wertaufholungsgebot. Die Wertaufholung erfolgt durch eine Zuschreibung, die eine vorausgegangene Abschreibung (Korrektiv) voraussetzt. Sinn und Zweck der Zuschreibung ist es, in der Bilanz die zutreffenden Wertansätze der Vermögenspositionen herbeizuführen, um ein entsprechendes Bild der Vermögens-, Finanz- und Ertragslage zu ermöglichen (true and fair view). Wertsteigerungen über die Anschaffungs- oder Herstellungskosten werden nicht berücksichtigt (Realisationsprinzip).

Beim Umlaufvermögen muss nach § 253 (3) HGB im Jahresabschluss der niedrigere Wert („„strenges Niederstwertprinzip") im Jahresabschluss zwingend angesetzt werden. Es wird eine außerplanmäßige Abschreibung von den historischen Anschaffungs- und Herstellungskosten vorgenommen.

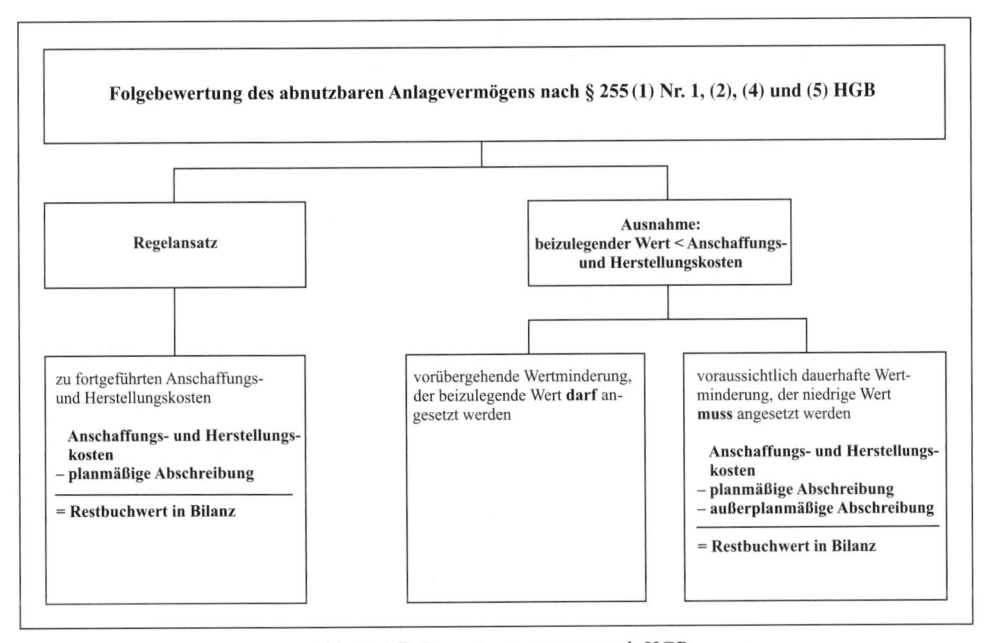

Abb. VIII 7: Bewertungsansätze nach HGB

1.2.4 Planmäßige und außerplanmäßige Abschreibung der Immobilie

Aufgabe der Abschreibung ist es, die Anschaffungs- oder Herstellungskosten der abnutzbaren Wirtschaftsgüter bzw. Vermögensgegenstände auf die betriebsgewöhnliche Nutzungsdauer oder auf eine bestimmte Abschreibungsdauer angemessen zu verteilen und dabei den Wertverzehr buchmäßig zu erfassen.

Die Nutzungsdauer kann in eine technische, optimale und wirtschaftliche Nutzungsdauer unterschieden werden. Maßgebend für die Abschreibung ist die wirtschaftliche Nutzungsdauer, die entweder aus der betriebsindividuellen Erfahrung oder aus den steuerlichen Abschreibungstabellen bestimmt wird. Die steuerlichen Abschreibungstabellen geben die betriebsgewöhnliche Nutzungsdauer vor, die dann für die Berechnung der steuerlichen Substanzverringerung bindend ist. Nach dem Vorsichtsprinzip wird im Handelsrecht die Nutzungsdauer bevorzugt zu kurz als zu lang geschätzt.[13]

Der Werteverzehr kann technisch, wirtschaftlich oder zeitlich bedingte Ursachen haben. Es wird zwischen planmäßigem (vorhersehbarer) und außerplanmäßigem (unerwarteter) Werteverzehr unterschieden. Planmäßiger Werteverzehr tritt bei Vermögensgegenständen ein, deren Nutzen zeitlich begrenzt ist. Während der außerplanmäßige Wertverzehr für alle Vermögensgegenstände, auch für die nicht abnutzbaren, eintreten kann. Es gibt verschiedene Abschreibungsverfahren, um den planmäßigen Werteverzehr zu erfassen. Die lineare Abschreibung verteilt die Anschaffungs- oder Herstellungskosten gleichmäßig über die Nutzungsdauer als Aufwand (Abschreibung in gleich bleibenden Beträgen). Die degressive Abschreibung verteilt den Werteverzehr in fallenden Jahresbeträgen auf die betriebsgewöhnliche Nutzungsdauer des Vermögensgegenstandes. Daneben gibt es noch die progressive und die leistungsabhängige Abschreibung.

Diese allgemein gültigen Regelungen gelten für Maschinen, Fuhrpark etc., aber für Gebäude gelten jedoch die im Steuergesetz vorgeschriebenen Abschreibungssätze.

Nach dem „Gesetz zur Neuregelung der Absetzung für Abnutzung bei Gebäuden" vom 16. Juni 1964 (BStBl 1964 I S. 384) gilt hinsichtlich der steuerlichen Abschreibung von Gebäuden abweichend von den allgemeinen Grundsätzen eine eigenständige Regelung.[14]

Nach § 7 (4) EStG können die Anschaffungs- und Herstellungskosten für Gebäude linear in gleich bleibenden Beträgen auf die Nutzungsdauer abgeschrieben werden. Grundsätzlich ist nach der gesetzlich bestimmten Nutzungsdauer ein Abschreibungssatz von 3 % *(aktuell vorliegender Gesetzesentwurf für neuen Abschreibungssatz von 2 % geltend ab 01.01.2003 für Betriebsgebäude bei Bauantrag oder Kaufvertrag nach dem 31.12.2002)* anzuwenden, falls das Gebäude zum Betriebsvermögen gehört und nicht zu Wohnzwecken genutzt wird. Trifft dies nicht zu, kann nach § 7 (2) S. 2 EStG ein Abschreibungssatz von 2 % bei Fertigstellung nach dem 31.12.1924 bzw. von 2,5 % bei Fertigstellung vor dem 01.01.1925 angesetzt werden. Hat das Gebäude eine kürzere betriebsgewöhnliche Nutzungsdauer, kann nach § 7 (4) S. 2 EStG und nach § 254 HGB ein höherer Abschreibungssatz zugrunde gelegt werden. Der Steuerpflichtige hat dies nachzuweisen. Abschreibungssätze, die niedriger als die gesetzlichen Abschreibungssätze sind, sind unzulässig. Die Abschreibungen erfolgen grundsätzlich pro rata temporis (zeitgenau) und beginnen mit Übergang von Besitz, Nutzen und Lasten bzw. bei Fertigstellung des Gebäudes. Bei Immobilien besteht bei der linearen Abschreibung das Wahlrecht, das Objekt tagesgenau abzuschreiben oder die Vereinfachungsregel anzuwenden, die den Zugangsmonat voll anrechnet und dafür den Abgangsmonat nicht berücksichtigt.

Es kann auch nach § 7 (5) EStG degressiv abgeschrieben werden, vorausgesetzt der Steuerpflichtige hat das Gebäude selbst erstellt oder im Jahr der Fertigstellung angeschafft. Die degressive Abschreibung ist nur noch für Neubauten, die zu Wohnzwecken dienen und die nicht zum Betriebsvermögen gehören, möglich (geplant ist, die Abschaffung der degressiven Abschreibung für Mietneubauten

---

[13] Vgl. Wöhe, G. (2010), S. 761
[14] Vgl. Horschitz, H./Groß, W./Weidner, W. (2000), S. 375

Beispiel:
Sachverhalt: Trödel AG kauft bebautes Grundstück (Gebäudebaujahr 1996) von 5.000 m² zur eigenbetrieblichen Nutzung am 1.6.2002. Der Kaufpreis beträgt 5.000.000 € ($^1/_5$ des Kaufpreises entfallen auf Grund & Boden). Weitere Kosten kommen hinzu für 1,5% Notariats- und Grundbuchgebühren, 3,5% Grunderwerbsteuer, 2% Maklergebühren vom Kaufpreis sowie 10.000 € Gutachterkosten. Im darauf folgenden Jahr werden für Sanierungsmaßnahmen noch mal 500.000 € anfallen.

Berechnug

	Gesamt-preis	anteilig Gebäude	anteilig Grundstück
Anschaffungspreis[1]	5.000.000 €	4.000.000 €	1.00.000 €
+ Anschaffungsnebenkosten[2]			
1,5% Notariats- und Grundbuchgebühren	75.000 €	60.000 €	15.000 €
3,5% Grunderwerbsteuer	175.000 €	140.000 €	35.000 €
2% Makler- und Vermittlungsgebühren	100.000 €	80.000 €	20.000 €
Gutachterkosten	10.000 €	8.000 €	2.000 €
= zu aktivierende Anschaffungskosten	5.360.000 €	4.288.000 €	1.072.000 €
− planmäßige Abschreibung[3]		128.640 €	0 €
= Buchwert am 31.12.2002		**4.159.360 €**	**1.072.000 €**
+ nachträglicher Anschaffungsaufwand		500.000 €	0 €
= Zwischensumme		4.659.360 €	1.072.000 €
− planmäßige Abschreibung[4]		143.640 €	0 €
= Buchwert am 31.12.2003		**4.515.720 €**	**1.072.000 €**

[1] Kaufpreis wird im Verhältnis 1:5 auf Grund & Boden und Gebäude aufgeteilt. Grund & Boden ist nicht abnutzbar, kann nur außerplanmäßig abgeschrieben werden.
[2] Anschaffungskosten ebenso aufteilen.
[3] Der lineare Abschreibungssatz beträgt 3% (aus Vereinfachungsgründen wird gerundet).
[4] Berechnung der neuen Bemessungsgrundlage für planmäßige Abschreibung nach nachträglichen Anschaffungsaufwand im darauf folgenden Jahr:

ursprüngliche Anschaffungskosten	4.288.000 €
+ nachträgliche Anschaffungskosten	500.000 €
= neue Bemessungsgrundlage	4.788.000 €
planmäßiger Abschreibungsbetrag von neuer Bemessungsgrundlage	143.640 €

Abb. VIII 8: Beispielaufgabe Folgebewertung nach HGB

bei Bauantrag oder Kaufvertrag nach dem 31.12.2006. In dieser Übergangszeit soll die degressive Abschreibung von 3% für die ersten 8 Jahre und 2% für die folgenden 38 Jahre betragen). Es wird bei der degressiven Abschreibungsmethode im Anschaffungsjahr der volle Betrag abgeschrieben.

Nach §7 (6) EStG ist auch eine Absetzung aufgrund der Substanzverringerung auf Grund und Boden möglich, z.B. bei Bergbauunternehmen, Steinbrüchen und anderen Betrieben, die einen Verbrauch der Substanz mit sich bringen.

Neben der gewöhnlichen Abnutzung können außergewöhnliche Abnutzungen aufgrund einer ungewöhnlichen technischen (z.B. Brand, Bruch, Naturkatastrophen, Schwamm, Fäulnis etc.) oder wirtschaftlichen Abnutzung (z.B. Heimfall des Erbbaurechts, vorzeitiges Beenden eines Mietverhältnisses etc.) hinzukommen. Diese (unplanmäßigen) Absetzungen kommen zusätzlich zu den gewöhnlichen (planmäßigen) Absetzungen hinzu.

1.2.5 Bilanzierung und Bewertung des Immobilien-Leasings

Das Immobilien-Leasing ist eine besondere Form der langfristigen Vermietung/Verpachtung nach §§ 535 ff. BGB von Grundstücken und Gebäuden mit oder ohne Kaufoption. Handelsrechtlich gibt es hierfür keine speziellen Regelungen bzw. Vorschriften für die bilanzielle Behandlung von Leasingverträgen, außer dass für diesen Fall in der Rechnungslegung nach § 285 (3) HGB eine Berichtspflicht im Anhang besteht. Steuerrechtlich gibt es Erlasse der Finanzverwaltung, unter welchen vertraglichen Voraussetzungen das Leasingobjekt dem Leasinggeber oder -nehmer zuzurechnen ist. Dabei ist nach den Leasingarten und Merkmalen zu unterscheiden (vgl. Abb. VIII 9).[15]

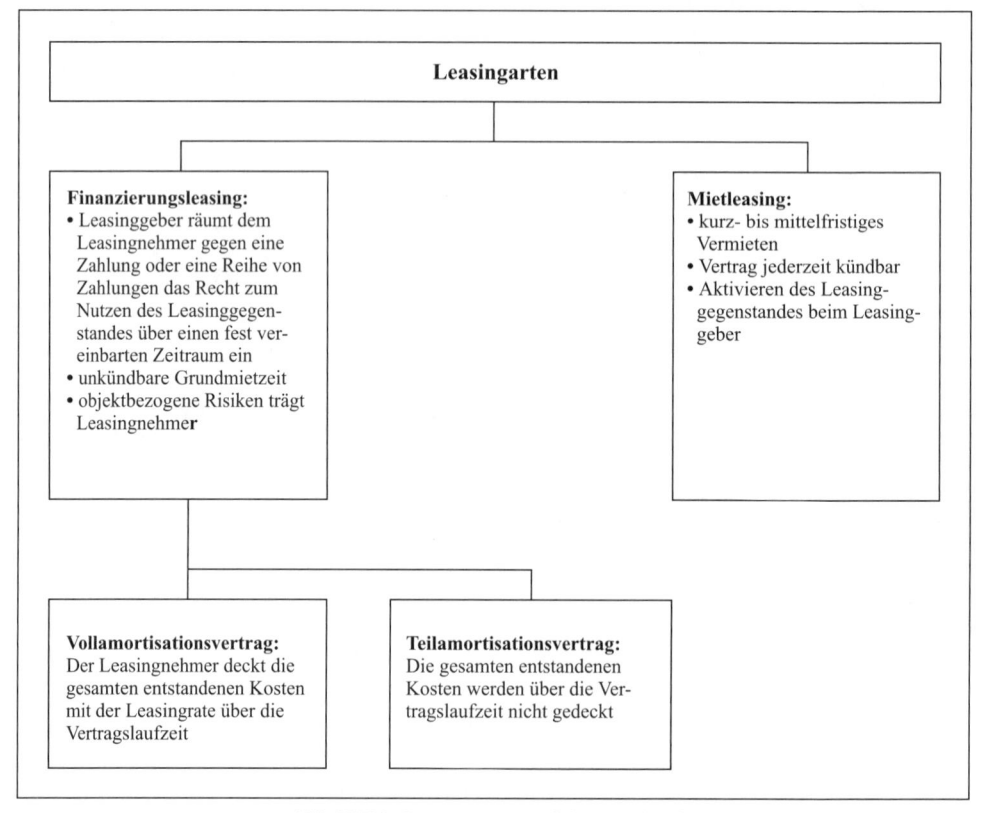

```
                        Leasingarten
                    ┌────────┴────────┐
        Finanzierungsleasing:        Mietleasing:
        • Leasinggeber räumt dem     • kurz- bis mittelfristiges
          Leasingnehmer gegen eine     Vermieten
          Zahlung oder eine Reihe von • Vertrag jederzeit kündbar
          Zahlungen das Recht zum    • Aktivieren des Leasing-
          Nutzen des Leasinggegen-     gegenstandes beim Leasing-
          standes über einen fest ver- geber
          einbarten Zeitraum ein
        • unkündbare Grundmietzeit
        • objektbezogene Risiken trägt
          Leasingnehmer

   ┌────────────────────┴────────────────────┐
   Vollamortisationsvertrag:          Teilamortisationsvertrag:
   Der Leasingnehmer deckt die        Die gesamten entstandenen
   gesamten entstandenen Kosten       Kosten werden über die Ver-
   mit der Leasingrate über die       tragslaufzeit nicht gedeckt
   Vertragslaufzeit
```

Abb. VIII 9: Leasingarten und ihre Merkmale

Grundsätzlich ist der Leasinggegenstand dem Leasinggeber zuzurechnen, außer es werden Bedingungen (im weiteren Verlauf folgend) erfüllt, dann wird der Gegenstand dem Leasingnehmer zugerechnet. Bei einem Finanzierungsleasingvertrag ist zwischen einem Vollamortisationsvertrag (über bewegliche Wirtschaftsgüter, Gebäude, Grund und Boden) und einem Teilamortisationsvertrag zu unterscheiden. Das Zurechnen des Leasingobjektes zum Leasingnehmer ist abhängig vom Vertragstypus.

---

[15] Vgl. BMF vom 19.04.1971, BStBl II S. 264 ff.; BMF vom 23.12.1991, IV B2–S2170–115/91, BStBl 1992, S. 13

Beim Vollamortisationsvertrag wird das Leasingobjekt dem Leasingnehmer zugerechnet, wenn die Grundmietzeit zwischen 40% und 90% der betriebsgewöhnlichen Nutzungsdauer beträgt und der Vertrag eine günstige Mietverlängerungs- oder Kaufoption enthält oder die Grundmietzeit unter 40% bzw. über 90% beträgt, auch wenn der Vertrag keine Mietverlängerungs- oder Kaufoption enthält oder es sich um ein Spezialleasing handelt. Des Weiteren wird der Grund und Boden beim Vollamortisationsvertrag dem Leasingnehmer zugerechnet, wenn bereits das mit dem Grund und Boden verbundene Gebäude dem Leasingnehmer zugerechnet worden ist. Beim Teilamortisationsvertrag wird das Leasingobjekt dem Leasingnehmer zugerechnet, wenn der die Vollamortisation übersteigende Mehrerlös zu mindestens 75% dem Leasingnehmer zuzurechnen ist oder im Vertrag eine günstige Mietverlängerungs- oder Kaufoption vereinbart wurde.[16]

Wird der Leasinggegenstand beim Finanzierungsleasing wirtschaftlich dem Leasingnehmer zugerechnet, muss er das Leasingobjekt in seiner Bilanz zu Anschaffungs- oder Herstellungskosten, d.h. als Barwert der zu zahlenden Nettoleasingraten, aktivieren und über die betriebsgewöhnliche Nutzungsdauer abzuschreiben. Die entstandenen Vertragsabschlusskosten dürfen nicht aktiviert werden. Des Weiteren muss er die zu zahlenden Leasingraten als „Verbindlichkeiten gegenüber dem Leasinggeber" für den Bilanzausgleich passivieren. Die Leasingraten sind in diesem Fall in einen Zins- und Kostenanteil sowie in einen Tilgungsanteil aufzuteilen. Es ist beim Aufteilen zu berücksichtigen, dass sich infolge der laufenden Tilgung der Zinsanteil verringert und der Tilgungsanteil entsprechend erhöht. Der Zins- und Kostenanteil stellt eine sofort abzugsfähige Betriebsausgabe dar, während die Tilgung der Kaufpreisverbindlichkeit erfolgsneutral zu behandeln ist.[17] Der Leasinggeber hat den Leasinggegenstand als Forderung (Mietverhältnis) zu bilanzieren.

Das Mietleasing rechnet den Leasinggegenstand als wirtschaftliches und juristisches Eigentum dem Leasinggeber zu. Dieser hat dann das Leasingobjekt in seiner Bilanz zu Anschaffungs- oder Herstellungskosten zu aktivieren und über die betriebsübliche Nutzungsdauer abzuschreiben.

Das sog. Sale-and-lease-back-Verfahren wird hier nicht behandelt, da noch strittig ist, wie der Verkaufserlös für diese Transaktion im Jahresabschluss nach HGB behandelt werden soll.

1.3 Bilanzierung der Immobilie nach IAS

1.3.1 Die Immobilie in der Bilanz nach IAS

Die Bilanz nach IAS besteht auf der Aktivseite aus den Vermögenswerten (assets) und der Passivseite aus Eigenkapital (equity) und den Schulden (liabilities) (vgl. Abb. VIII 10).

Für das Aktivieren von Vermögenswerten, unter die auch die Immobilie als solche fällt, muss die Definition des Vermögenswertes erfüllt werden. Die Definition für einen Vermögenswert ist im Framework enthalten. Ein Vermögenswert ist eine in der Vermögensmacht stehende Ressource, die ein Ergebnis von vergangenen Ereignissen (Kauf, Eigenherstellung) darstellt und von der zukünftig erwartet wird, dass dem Unternehmen wirtschaftlichen Nutzen zufließt.[18] Der wirtschaftliche Nutzen wird als direkter oder indirekter Zufluss von Zahlungsmitteln oder Zahlungsäquivalenten definiert. Neben der Definition als Vermögenswert müssen die Wahrscheinlichkeit (probability)

---

[16] Vgl. Hayn, S./Waldersee, G. (2002), S. 101 ff.
[17] Vgl. Eisele, W. (1999), S. 259 ff.
[18] Vgl. Buchholz, R. (2003) S. 66 ff.

Assets	Balance Sheet	Lilabilties/Equity

A. Non current Assets (Anlagevermögen)
  I. Intangible Assets (Immaterielle Vermögensgegenstände)
  II. Property, Plant and Equipment (Sachanlagen)
    1. *Land and buildings (Grundstücke und Gebäude)*
    2. Plant and Machinery (Technische Anlagen und Maschinen)
    3. Equipment (Betriebs- und Geschäftsausstattung)
  III. Financial Assets (Finanzanlagen)
B. Current Assets (Umlaufvermögen)
  I. Inventories (Vorräte)
  II. Trade and other Receivables (Forderungen aus Lieferung und Leistungen and anderen Forderungen)
  III. Securities (Wertpapiere)
  IV. Prepaid Expenses (aktive Rechnungsabgrenzungsposten)
  V. Cash and cash Equivalents (Zahlungen und Zahlungsmitteläquivalente)
		A. Capital and Reserves
		  I. Issued Capital (gezeichnetes Kapital)
		  II. Reserves (Rücklagen)
		
		B. Non Current Liabilities (Langfristige Schulden)
		  I. Interest bearing borrowings (verzinsliche Wertpapiere)
		  II. Defferred tax liabilities (passive latente Steuern)
		
		C. Current Liabilities (kurzfristige Schulden)
		  I. Trade and other payables (Verbindlichkeiten aus Lieferung und Leistungen und andere Verbindlichkeiten)
		  II. Short term borrowings (kurzfristige Verbindlichkeiten)
		  III. Provisions (Rückstellungen)
		  IV. Deferred Income (passive Rechnungsabgrenzungsposten)

Abb. VIII 10: Bilanzgliederung nach IAS

des wirtschaftlichen Nutzens und die verlässliche Bewertung (reliable measurement) des Vermögenswertes erfüllt werden.

Die Wahrscheinlichkeit fordert eine bestimmte Wahrscheinlichkeitshöhe für den Zufluss des zukünftigen, wirtschaftlichen Nutzens. Sie muss mehr als 50 % betragen, d. h. es müssen mehr Gründe für als gegen den Zahlungsmittelzufluss sprechen. Ist die Wahrscheinlichkeit kleiner als 50 %, besteht ein Aktivierungsverbot für den Vermögensgegenstand (Gefahr einer Fehlinvestition).

Die verlässliche Bewertung ordnet die Werte dem betreffenden Vermögenswert zu. Hierbei ist die wahrheitsgetreue Darstellung (faithful presentation), das willkürfreie und wertfreie Darstellen (neutrality) und das Vorsichtsprinzip (prudence) zu beachten. Die Aufwendungen für einen Vermögenswert müssen sich verlässlich bestimmen lassen und direkt zurechenbar sein. Die Bewertung hat richtig, willkürfrei und vorsichtig zu erfolgen.

Erfüllt der Vermögenswert (asset) diese Voraussetzungen, wird er „dem Grunde nach" und „der Höhe nach" in der Bilanz aktiviert. Wird eine der genannten Voraussetzungen nicht erfüllt, besteht ein Ansatzverbot. Beispiel hierfür: Erfüllt der bilanzierte Vermögenswert keinen wirtschaftlichen Nutzen mehr, z. B. eine Liegenschaft nach IAS 40 wird stillgelegt und generiert somit keine Zahlungsströme (Cashflows) mehr oder es ist kein Verkaufserlös zu erwarten, darf er nicht mehr bilanziert werden.

Beim Bilanzieren von Immobilien nach IAS ist zu prüfen, ob die Immobilie nur vorübergehend dem Geschäftsbetrieb dient, dann ist sie als Vorräte (inventories) nach IAS 2 im Umlaufvermögen (current asset) zu bilanzieren.

Wird sie aber zur Erfüllung des Geschäftszweckes eigengenutzt und ist sie für das Unternehmen betriebsnotwendig, dann wird sie nach IAS 16 als Sachanlage (property, plant and equipment) im Anlagevermögen (non current asset) bilanziert.

Die Besonderheit nach IAS ist, dass als Finanzinvestition gehaltene Grundstücke und Gebäude (investment properties) nach IAS 40 bilanziert werden müssen.

Diese Immobilien dienen zur langfristigen Wertsteigerung und/oder für den Erhalt von Miet- und Pachteinnahmen[19] (vgl. Abb. VIII 11).

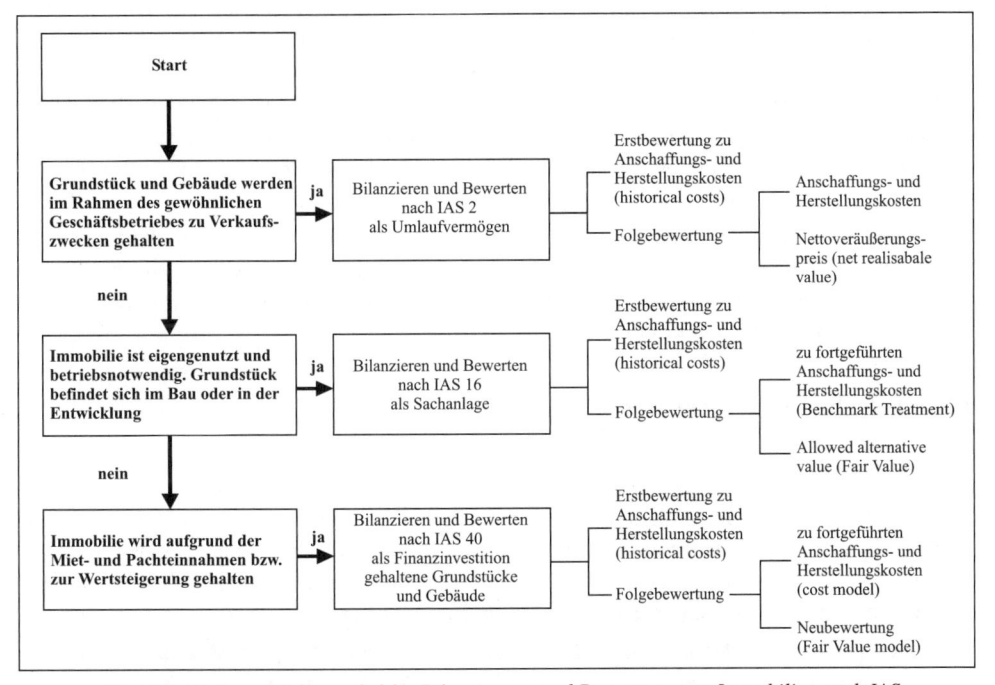

Abb. VIII 11: Entscheidungspfad für Bilanzierung und Bewertung von Immobilien nach IAS

1.3.2 Bewertung der Immobilie bei Vermögenszugang

Basiswert für die Zugangsbewertung sind die Anschaffungs- und Herstellungskosten (historical costs). Bei den historischen Kosten handelt es sich entweder um die Anschaffungskosten (costs of purchase) beim Fremderwerb oder um Herstellungskosten (costs of conversion) bei Eigenherstellung.[20]

Die Anschaffungskosten errechnen sich wie im Handelsrecht. Die nachträglichen Anschaffungskosten (subsequent expenditures) nach IAS werden grundsätzlich berücksichtigt, wenn sie den wirt-

---

[19] Vgl. Hayn, S./Waldersee, G. (2002), S. 99
[20] Vgl. Buchholz, R. (2003), S. 171

schaftlichen Nutzen des Vermögenswertes, z. B. durch Verlängerung der Nutzungsdauer, steigern. Dann besteht für sie Aktivierungspflicht. Handelt es sich aber um Instandhaltungsmaßnahmen, dürfen diese nicht aktiviert werden (Aktivierungsverbot), sondern sie sind sofort als Aufwand zu erfassen. Eine Besonderheit sind die Finanzierungskosten. Wenn es sich bei dem Vermögenswert um einen qualifizierten Vermögenswert (qualifying asset) handelt, können diese im Rahmen der alternativ zulässigen Behandlung (allowed alternativ treatment) aktiviert werden. Bei einem qualifizierten Vermögenswert handelt es sich um einen Vermögenswert, der erst nach einem längeren Zeitraum (z. B. Bauzeit von 18 Monaten) betriebsbereit ist. Die Finanzierungskosten dürfen aber nur solange aktiviert werden, bis der Vermögenswert betriebsbereit ist. Ab diesem Zeitpunkt sind die Finanzierungskosten (Zinsaufwendungen) als Aufwand zu verrechnen.[21]

Die Herstellungskosten setzen sich wie im Handelsrecht aus den Einzelkosten und Gemeinkosten zusammen. Es besteht nach IAS eine Einbeziehungspflicht für die Einzelkosten und Gemeinkosten. Die Verwaltungskosten sind dann aktivierungspflichtig, wenn sie sich auf die Produktion beziehen. Für allgemeine Verwaltungskosten, die sich nicht auf die Produktion beziehen lassen, besteht ein Aktivierungsverbot, z. B. für kaufmännische Tätigkeiten. Für die Vertriebskosten besteht ein Aktivierungsverbot, da sie erst nach der Fertigung beim Absatz anfallen. Dies gilt auch für die kalkulatorischen Kosten. Bei den Finanzierungskosten besteht wie bei den Anschaffungskosten ein Wahlrecht[22] (Abb. VIII 6).

Immobilien im Umlaufvermögen und im Anlagevermögen werden mit ihren Anschaffungs- und Herstellungskosten (historical costs) bilanziert. Gehen die Immobilien als Finanzinvestition zu, werden sie mit ihren Anschaffungskosten inklusive den Transaktionskosten und eventuell entstehenden nachträglichen Anschaffungskosten bilanziert.[23]

1.3.3 Folgebewertung der Immobilie

1.3.3.1 Folgebewertung im Umlaufvermögen nach IAS 2

Die Folgebewertung der im Umlaufvermögen befindlichen Immobilien erfolgt zu ihren ursprünglichen Anschaffungs- und Herstellungskosten (historical costs), solange sie nicht auf den Nettoveräußerungswert (net realisable value) sinken. Der Nettoveräußerungswert ist ein Zeitwert, der bei einem normalen Geschäftsbetrieb erzielbar wäre und am Markt ermittelt wurde (vgl. Abb. VIII 12).

Liegt dieser Wert unter den ursprünglichen Anschaffungs- und Herstellungskosten, besteht eine Abschreibungspflicht („strenges Niederstwertprinzip"). Die Abwertung erfolgt über eine Einzelwertberichtigung und wird dann in der Periode, in der sie anfällt, als Aufwand erfasst. Befindet sich der Vermögenswert in der nächsten Rechnungsperiode noch in der Bilanz, ist zu prüfen, ob die Abwertung in Art und Höhe noch gerechtfertigt ist. Ist der Wert mittlerweile wieder angestiegen, besteht ein Wertaufholungsgebot (Imparitätsprinzip). Es muss eine Zuschreibung bis zu den historischen Anschaffungs- und Herstellungskosten oder zu dem neuen Nettoveräußerungserlös erfolgen. Obergrenze bilden die ursprünglichen Anschaffungs- und Herstellungskosten.[24]

---

[21] Vgl. ebenda, S. 68
[22] Vgl. ebenda, S. 120 ff.
[23] Vgl. Hayn, S./Waldersee, G. (2002), S. 99, S. 120
[24] Vgl. ebenda, S. 137 f.

1 Bilanzierung von Immobilien nach HGB und IAS

```
                    Folgebewertung nach IAS 2
                    ┌──────────┴──────────┐
                                          Ausnahme:
                                          Anschaffungs- und
    Regelansatz                           Herstellungskosten >
                                          Nettoveräußerungswert

                                          Verkaufserlös
                                          − geschätzte Fertig-
                                            stellungskosten
    Anschaffungs- und                     − geschätzte notwendige
    Herstellungskosten                      Vertriebskosten
                                          ─────────────────────
                                          − Nettoveräußerungswert
```

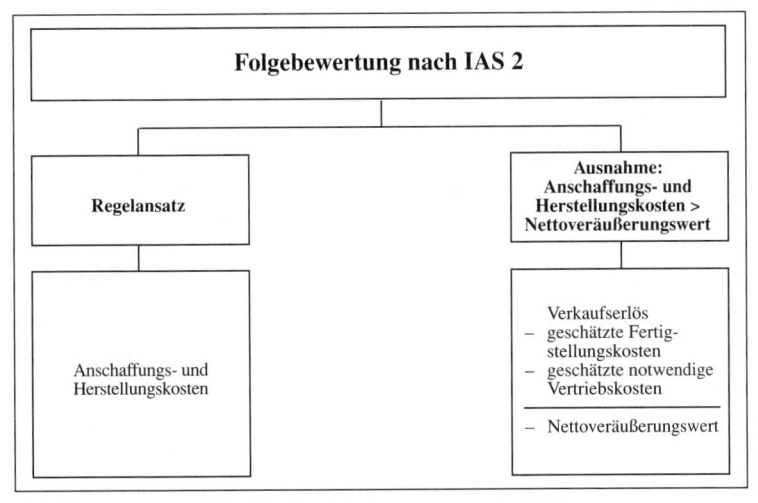

Abb. VIII 12: Folgebewertung nach IAS 2

1.3.3.2 Folgebewertung im Sachanlagevermögen nach IAS 16

Das Sachanlagevermögen kann mit zwei unterschiedlichen Methoden bewertet (measurement subsequent of initial recognition) werden. Wie im Handelsrecht kann zu den fortgeführten Anschaffungs- und Herstellungskosten (benchmark treatment) bilanziert werden oder es kann als alternativ zulässig (alternative allowed treatment) eine Neubewertung (revaluation) durchgeführt werden (vgl. Abb. VIII 13).

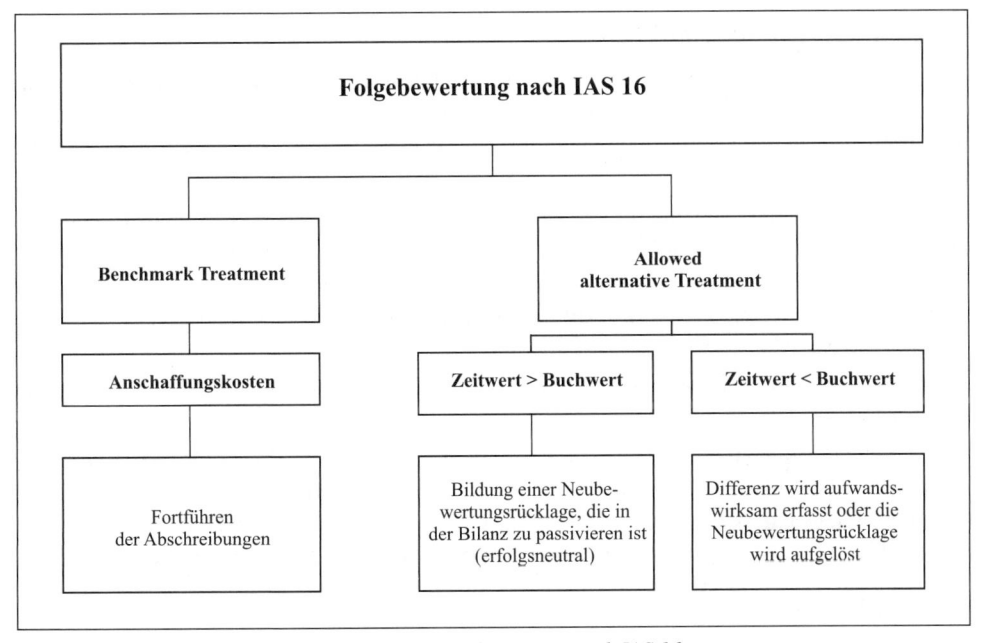

```
                    Folgebewertung nach IAS 16
          ┌──────────────────┴──────────────────┐
                                          Allowed
    Benchmark Treatment                   alternative Treatment
                                    ┌──────────┴──────────┐
    Anschaffungskosten        Zeitwert > Buchwert    Zeitwert < Buchwert

                              Bildung einer Neube-   Differenz wird aufwands-
    Fortführen                wertungsrücklage, die  wirksam erfasst oder die
    der Abschreibungen        in der Bilanz zu       Neubewertungsrücklage
                              passivieren ist        wird aufgelöst
                              (erfolgsneutral)
```

Abb. VIII 13: Folgebewertung nach IAS 16

Bei den fortgeführten Anschaffungs- und Herstellungskosten wird der Vermögenswert mit den Anschaffungs- und Herstellungskosten abzüglich der kumulierten Abschreibung (accumulated depreciation) und den kumulierten Wertminderungsaufwendungen (impairment losses) in der Bilanz angesetzt.

Wird eine Neubewertung durchgeführt, entspricht dieser Wert dem beizulegenden Wert bzw. Marktwert (fair value). Er ist der Wert, der zwischen sachverständigen, vertragswilligen und unabhängigen Partnern vereinbart werden könnte. Hierbei ist wichtig, falls ein einzelner Vermögenswert neu bewertet werden muss, dass die gesamte Gruppe des Sachanlagevermögens neu bewertet wird.

Es gibt bei der Neubewertung keine Obergrenze, d. h. der neu ermittelte Wert kann über den historischen Anschaffungs- und Herstellungskosten liegen. Entscheidet sich das Unternehmen für diese Methode, muss in regelmäßigen Zeitabständen das Sachanlagevermögen neu bewertet werden, um wesentliche Abweichungen vom Buchwert und dem beizulegenden Wert am Bilanzstichtag zu vermeiden.

Liegt der beizulegende Wert unter den fortgeführten Anschaffungs- und Herstellungskosten, so ist die Differenz aufwandswirksam zu erfassen.

Ist der Buchwert niedriger als der beizulegende Wert, ist die Differenz erfolgsneutral auf den Neubewertungssaldo zu erhöhen und als eine spezielle Neubewertungsrücklage (revaluation surplus) einzustellen. Die Rücklage kann später aufgelöst oder beibehalten werden. Falls die Neubewertungsrücklage aufgelöst wird, erfolgt dies über das Umbuchen in die Gewinnrücklage (retained earnings).[25]

In der Regel ist der beizulegende Zeitwert von Grundstücken und Gebäuden nach IAS 16.30 der Verkehrswert, der durch ein Sachverständigengutachten ermittelt wird.

Eine jährliche Neubewertung ist dann notwendig, wenn starke Schwankungen beim beizulegenden Zeitwert auftreten, bei geringfügigen Schwankungen alle drei bis fünf Jahre.[26]

1.3.3.3 Folgebewertung als Finanzinvestition gehaltener Immobilien nach IAS 40

Wie beim Sachanlagevermögen gibt es für die als Finanzanlage bilanzierten Immobilien ein Wahlrecht. Die Immobilien können mit den fortgeführten Anschaffungs- und Herstellungskosten bzw. dem Kostenmodell (cost model) oder mit dem Fair Value (fair value model) im Laufe der Jahre bewertet werden.

Die gewählte Methode gilt dann für alle als Finanzinvestition gehaltene Immobilien (investment properties).[27] Zwischen den Methoden darf gewechselt werden, falls der ermittelte Wert zu einem angemesseneren Jahresabschluss führt (vgl. Abb. VIII 14).

Die Bewertung zu fortgeführten Anschaffungs- und Herstellungskosten erfolgt genauso wie beim Sachanlagevermögen.

Für die Ermittlung des beizulegenden Zeitwertes im Rahmen einer Neubewertung können folgende Verfahren angewandt werden:

- Ein direkter Vergleich mit aktuellen Preisen ähnlicher Immobilien. Nach IAS 40.39 ist dies der bestmögliche substanzielle Hinweis für den beizulegenden Wert. Das Unternehmen hat dafür Sorge zu tragen, dass sämtliche Unterschiede über Art, Lage oder Zustand der Immobilie und über die Mietvertragsgestaltungen festgestellt werden und zu berücksichtigen sind.

---

[25] Vgl. Buchholz, R. (2003). S. 130 ff.
[26] Vgl. Born, K. (2002), S. 103
[27] Vgl. Hayn, S./Waldersee G. (2002), S. 120

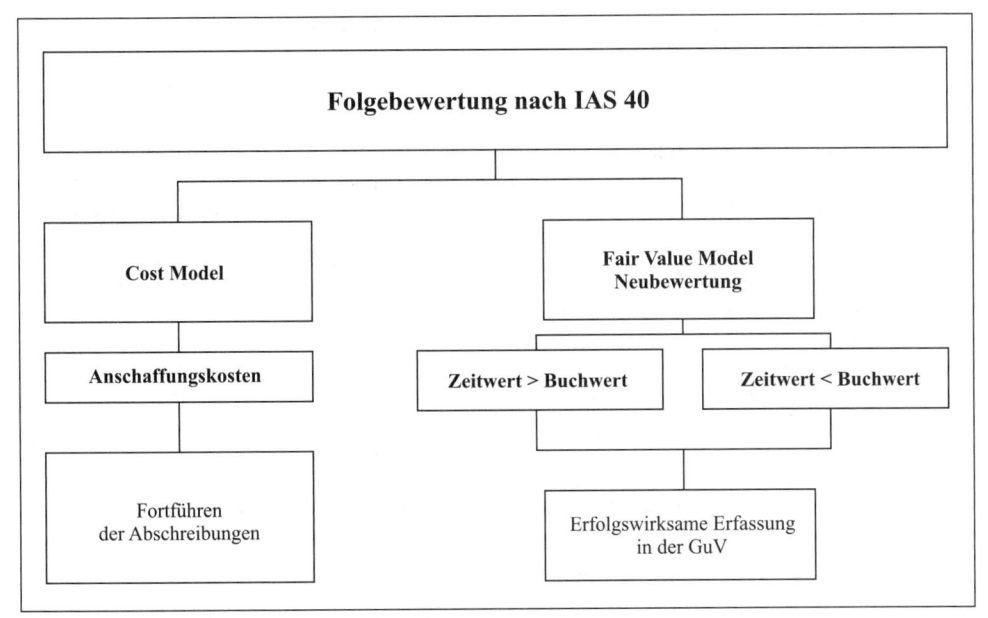

```
┌─────────────────────────────────────────────────────────────────┐
│                   Folgebewertung nach IAS 40                    │
└─────────────────────────────────────────────────────────────────┘
             │                              │
    ┌────────────────┐            ┌──────────────────────┐
    │   Cost Model   │            │  Fair Value Model    │
    │                │            │    Neubewertung      │
    └────────────────┘            └──────────────────────┘
             │                     │                    │
    ┌────────────────┐   ┌──────────────────┐  ┌──────────────────┐
    │ Anschaffungs-  │   │ Zeitwert > Buch- │  │ Zeitwert < Buch- │
    │    kosten      │   │     wert         │  │     wert         │
    └────────────────┘   └──────────────────┘  └──────────────────┘
             │                     │                    │
    ┌────────────────┐            ┌──────────────────────┐
    │   Fortführen   │            │ Erfolgswirksame      │
    │ der Abschrei-  │            │ Erfassung            │
    │   bungen       │            │ in der GuV           │
    └────────────────┘            └──────────────────────┘
```

Abb. VIII 14: Folgebewertung als Finanzinvestition gehaltener Immobilien nach IAS 40

- Ist ein direkter Vergleich mit ähnlichen Immobilien nicht möglich, kann nach IAS 40.40 (a) und (b) ein angepasstes Vergleichswertverfahren durchgeführt werden. Bei (a) wird sich auf den Vergleich mit Immobilien abweichender Art, anderen Zustandes oder Standorts bezogen, die über ein Anpassen vergleichbar gemacht werden. Während (b) Preise auf weniger aktiven Märkten, die vor kurzem erzielt wurden, vergleicht.
- Nach IAS 40.40 (c) kann eine ertragsorientierte Wertermittlung anhand einer diskontierten Cashflow Methode durchgeführt werden. Berücksichtigt sollen die bestehenden Mietverhältnisse als auch die marktüblichen Mieten werden. Die Abzinsungssätze sind von vergleichbaren Immobilien abzuleiten und sollen die Unsicherheit der Höhe und des zeitlichen Anfalls künftiger Cashflows widerspiegeln.

Die aus dem beizulegenden Wert (fair value) entstehende Gewinne oder Verluste werden sofort erfolgswirksam erfasst.

Werden die nach IAS 40 als Finanzinvestition gehaltenen Immobilien jährlich neu bewertet, stellt dies das tatsächliche Bild über die Immobilienwerte in der Bilanz bzw. im Jahresabschluss dar. Die Bildung von stillen Reserven wird somit verhindert. Es ist aber zu beachten, dass der im Grunde noch nicht realisierte Gewinn in der GuV erfolgswirksam erfasst wird und den ausschüttungsfähigen Gewinn somit erhöht. Wenn es zur Ausschüttung dieses Gewinnes kommt, besteht die Gefahr, dass das Eigenkapital gemindert wird. Wird der entstehende Gewinn nicht ausgeschüttet, führt er zu einer Eigenkapitalerhöhung.

1.3.4 Planmäßige und außerplanmäßige Wertminderung nach IAS

1.3.4.1 Planmäßige Wertminderung nach IAS 16.41 für Sachanlagevermögen

Nach IAS 16.41 ist das Abschreibungsvolumen (= Anschaffungs- und Herstellungskosten abzgl. Restwert des Vermögenswerts) planmäßig auf die Nutzungsdauer zu verteilen. Die Nutzungsdauer ist nach der voraussichtlichen Nutzbarkeit des Vermögenswerts für das Unternehmen zu definieren. Sie kann kürzer als die wirtschaftliche Nutzungsdauer sein. Die voraussichtliche Nutzungsdauer ist anhand folgender Merkmale bzw. Faktoren zu schätzen: der erwartete Nutzen (ermittelt anhand Kapazitätsauslastung und Ausbringungsmenge), der erwartete, physische Verschleiß (abhängig von Betriebsfaktoren z. B. Schichtanzahl, Reparaturen- und Instandhaltungsprogramme etc.), die technische Überholung von Vermögenswerten (Ändern bzw. Verbessern der Produktion, veränderte Marktnachfrage), rechtliche oder ähnliche Nutzungsbeschränkungen (auslaufende Leasingverträge). Zur Bestimmung der voraussichtlichen Nutzungsdauer können auch dem Unternehmen bereits vorliegende Erfahrungswerte von ähnlichen Vermögenswerten herangezogen werden.

Nach IAS 16.45 sind Grundstücke und Gebäude als getrennte Vermögenswerte zu behandeln, da Grundstücke unbegrenzt nutzbar sind und nicht planmäßig abgeschrieben werden.

Für die planmäßige Wertminderung sind die lineare Abschreibung (straight-line method), die degressive Abschreibung (accelerated method) und die leistungsbezogene Abschreibung (sum-of-the-units method) zulässig. Die gewählten Abschreibungsmethoden sind grundsätzlich beizubehalten (Kontinuitätsprinzip), bis ein Wechsel im erwarteten Nutzenverlauf eintritt. Nach IAS 16.52 ist die Abschreibungsmethode für Sachanlagen periodisch zu überprüfen. Bei erheblichen Änderungen im erwarteten wirtschaftlichen Nutzenverlauf ist die Abschreibungsmethode anzupassen, um den geänderten Verlauf widerzuspiegeln. Der Abschreibungsbetrag ist als Aufwand zu erfassen.

Im Jahresabschluss sind die Angaben über die verwendeten Abschreibungsmethoden, die verwendete Nutzungsdauer oder die Abschreibungssätze erforderlich.

1.3.4.2 Außerplanmäßige Wertminderung nach IAS 36 für Sachanlagevermögen

Nach IAS 16.53 hat das Unternehmen zu jedem Bilanzstichtag zu überprüfen, ob für die Sachanlagen eine Wertminderung nach IAS 36 vorliegt (vgl. Abb. VIII 15).

Bei einer Wertminderung ist davon auszugehen, dass der erzielbare Betrag (recoverable amount) geringer wäre als der Buchwert (carrying amount or book value). Nach IAS 36.5 wird der erzielbare Betrag aus dem höheren Betrag des Nettoveräußerungspreises (s. Definition bei IAS 2) oder des Nutzwerts des Vermögenswertes ermittelt. Der Nutzwert ist der Barwert der geschätzten künftigen Cashflows (Zahlungsüberschüsse), die aus dem fortgesetzten Nutzen und aus dem Abgang am Ende der Nutzungsdauer erwartet werden. Nach IAS 37.27 bis 37.47 gibt es eine Reihe detaillierter Vorschriften und Annahmen, die für die Prognose eines Cashflows zu verwenden sind. Diese Prognosen müssen jedoch auf vernünftigen und vertretbaren Annahmen beruhen, die die beste vom Management vorgenommene Einschätzung über die ökonomischen Rahmenbedingungen (beruhend auf den Finanzplänen der jüngsten Jahre) darstellen. Beim Ausscheiden bzw. Abgang des Vermögenswertes ist der Netto-Cashflow zu berücksichtigen. Der beim Cashflow gewählte Diskontierungszinssatz (discount rate) muss nach IAS 36.48 ein Zinssatz vor Steuern sein. Ausgangspunkt für die Bestimmung können z. B. die gewichteten Kapitalkosten des Unternehmens (capital pricing asset model), der Zinssatz für Neukredite oder andere marktübliche Fremdkapitalzinssätze, sein. Die zu erwartenden oder bestehenden Risiken, die bei der Cashflow-Ermittlung

1 Bilanzierung von Immobilien nach HGB und IAS

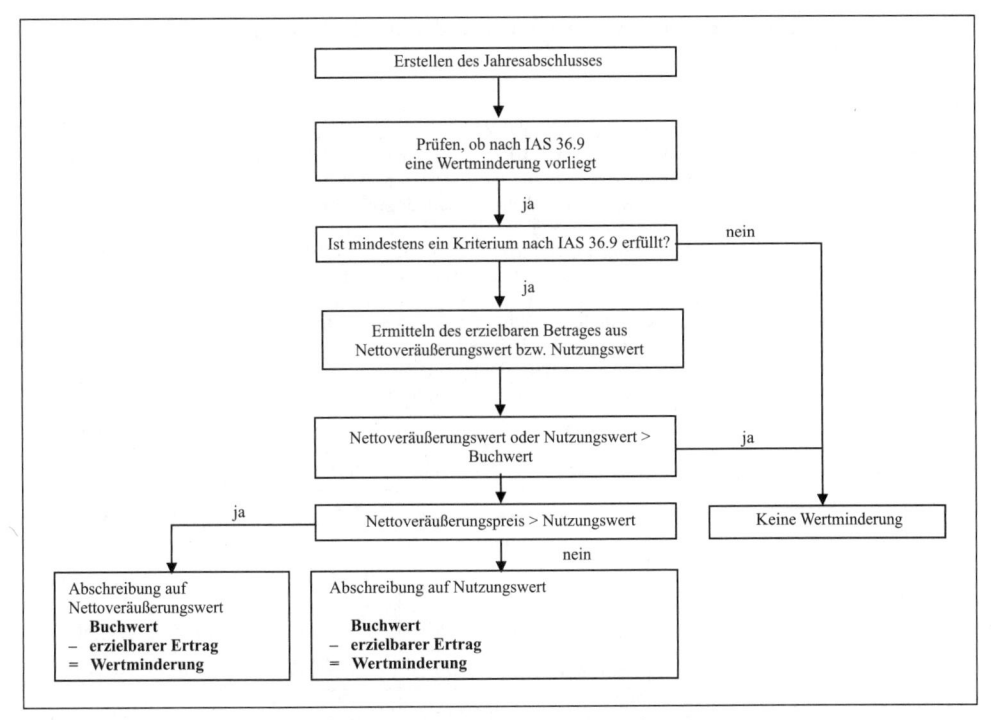

Abb. VIII 15: Durchführung eines Wertminderungstests

bereits berücksichtigt wurden, dürfen bei der Bestimmung des Diskontierungszinssatzes nicht mehr mit einfließen. Ist der erzielbare Betrag (Ertragswert) geringer als der Buchwert, ist der Buchwert auf den zu erzielenden Betrag zu mindern.

Es besteht unabhängig von der Wertminderungsdauer eine Abschreibungspflicht. Der entstehende Wertminderungsaufwand ist grundsätzlich sofort in der Gewinn- und Verlustrechnung zu erfassen, es sei denn, es besteht eine Neubewertungsrücklage, dann ist der Aufwand erfolgsneutral mit der Neubewertungsrücklage zu verrechnen. Entfällt der Grund für den Wertminderungsaufwand und steigt der erzielbare Betrag, muss eine Wertaufholung vorgenommen werden (Zuschreibungspflicht). Die Obergrenze stellen die fortgeführten Anschaffungs- und Herstellungskosten ohne Berücksichtigung des früheren Wertminderungsaufwands dar.

Nach Erfassung des Wertminderungsaufwands bzw. der Wertaufholung ist der Abschreibungsaufwand anzupassen, um den berichtigten Buchwert über die restliche Nutzungsdauer zu verteilen.

1.3.5 Beispiel Jahresgewinn nach IAS mit und ohne Bewertungsdifferenz

Beispiel:
Sachverhalt: Trödel Immobilien AG stellt im Jahr 2001 ihren Jahresabschluss auf IAS um. Die Liegenschaften werden in Übereinstimmung mit IAS 40 – Investment Property – zu Marktwerten bilanziert, die daraus resultierenden Bewertungsdifferenzen der Liegenschaften werden erfolgswirksam über die GuV erfasst. Die Marktwertermittlung wird jährlich unabhängig von einem unabhängigen, externen Sachverständigen durchgeführt. Die Bewertung erfolgt auf Basis der Discounted-Cashflow-Methode. Die Bauobjekte werden zu Anschaffungskosten ausgewiesen. Bei Akquisitionen von Liegenschaften werden sämtliche mit dem Kauf verbundene Kosten (Kaufpreis, Notariats- und Grundbuchgebühren, Provisionen etc.) aktiviert. Fremdkapitalkosten werden nicht aktiviert. Im Rahmen einer Diplomarbeit erstellt eine Studentin anhand der letzten Geschäftsberichte und aus internen Informationsquellen, wie sich der Jahresgewinn in den letzten fünf Jahren entwickelt hat, mit und ohne Bewertungsdifferenz verändert hat. Alle anderen Sachanlagen nach IAS 16, wie Fuhrpark, Büromobiliar etc., werden zu ihren fortgeführten Anschaffungskosten linear über die geschätzte Nutzungsdauer abgeschrieben und bilanziert.

	1997	1998	1999	2000	2001
Liegenschaftsertrag	50.000 €	55.275 €	58.000 €	85.000 €	120.000 €
Bewertungsdifferenzen der Liegenschaften	0 €	0 €	8.500 €	86.000 €	145.000 €
Erfolg aus Liegenschaftsverkäufen	0 €	0 €	–12.000 €	–25.600 €	17.500 €
Total Betriebsertrag	50.000 €	55.275 €	54.500 €	145.400 €	282.500 €
Total Betriebsaufwand	–24.500 €	–28.750 €	–25.000 €	–43.250 €	–45.000 €
Betriebserfolg vor Finanzierungsaufwand	25.500 €	26.525 €	29.500 €	102.150 €	237.500 €
Finanzierungsaufwand netto	–7.500 €	–10.500 €	–12.000 €	–8.500 €	–36.000 €
Betriebserfolg vor Steueraufwand	18.000 €	16.025 €	17.500 €	93.650 €	201.500 €
Steueraufwand	–3.500 €	–3.750 €	–4.500 €	–10.500 €	–25.000 €
Jahresgewinn	14.500 €	12.275 €	13.000 €	83.150 €	176.500 €
Jahresgewinn ohne Bewertungsdifferenzen	**14.500 €**	**12.275 €**	**4.500 €**	**–2.850 €**	**31.500 €**
Bilanzwert der Liegenschaften zum 31.12.00	2.750.000 €				
Bewertungsdifferenz	86.000 €				
wertvermehrende Investitionen	30.000 €				
Käufe	125.000 €				
Verkäufe	–350.000 €				
Bilanzwert der Liegenschaften zum 31.12.01	2.641.000 €				

Abb. VIII 16: Jahresgewinn mit und ohne Bewertungsdifferenz

1.3.6 Bilanzierung und Bewertung des Immobilien-Leasing nach IAS 17

Nach IAS 17.3 ist ein Leasingverhältnis eine Vereinbarung, bei der der Leasinggeber dem Leasingnehmer gegen eine Zahlung oder eine Reihe von Zahlungen das Recht auf Nutzen eines Vermögenswertes für einen vereinbarten Zeitraum überträgt. Es ist zu unterscheiden, ob es sich bei diesem Leasingverhältnisses um ein Operate lease oder ein Finance lease handelt (vgl. Abb. VIII 17).

Ob es sich um ein Finance lease oder Operate lease handelt, hängt vom wirtschaftlichen Gehalt des Leasingverhältnisses, nicht von einer bestimmten formalen Vertragsform ab.

1 Bilanzierung von Immobilien nach HGB und IAS

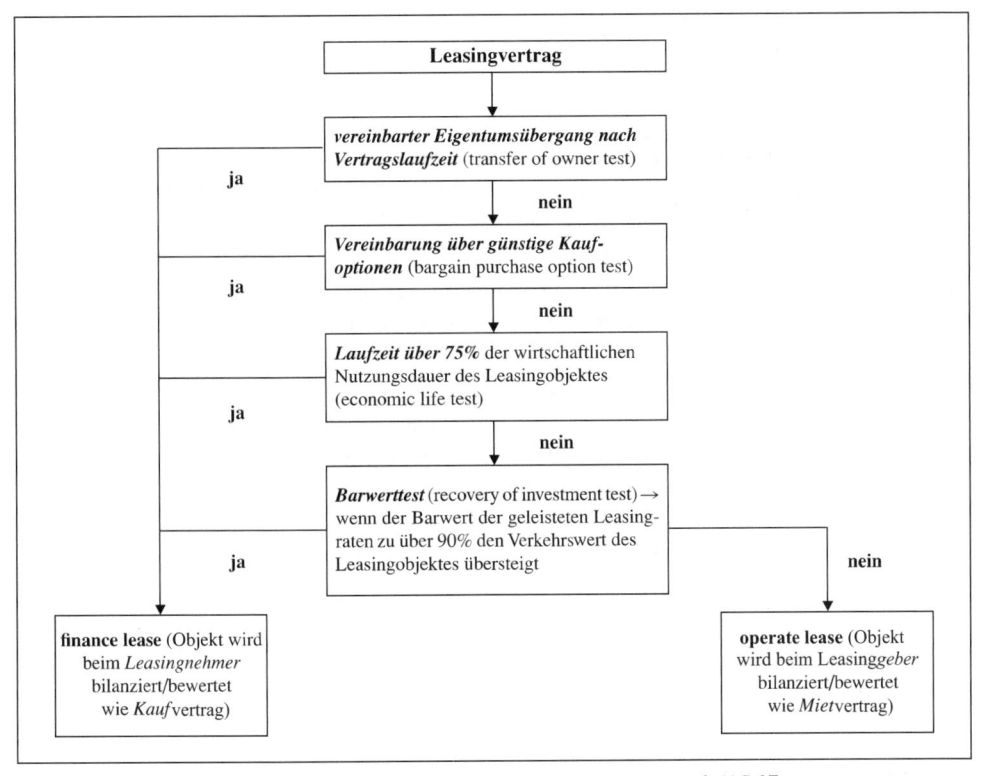

```
                    ┌─────────────────────┐
                    │   Leasingvertrag    │
                    └──────────┬──────────┘
                               ↓
                    ┌─────────────────────────────────────┐
                    │ vereinbarter Eigentumsübergang nach │
         ja         │ Vertragslaufzeit (transfer of       │
    ←───────────────│ owner test)                         │
                    └──────────┬──────────────────────────┘
                               │ nein
                               ↓
                    ┌─────────────────────────────────────┐
                    │ Vereinbarung über günstige Kauf-    │
         ja         │ optionen (bargain purchase option   │
    ←───────────────│ test)                               │
                    └──────────┬──────────────────────────┘
                               │ nein
                               ↓
                    ┌─────────────────────────────────────┐
                    │ Laufzeit über 75% der wirtschaftl.  │
         ja         │ Nutzungsdauer des Leasingobjektes   │
    ←───────────────│ (economic life test)                │
                    └──────────┬──────────────────────────┘
                               │ nein
                               ↓
                    ┌─────────────────────────────────────┐
                    │ Barwerttest (recovery of investment │
                    │ test) → wenn der Barwert der        │
         ja         │ geleisteten Leasing-                │        nein
    ←───────────────│ raten zu über 90% den Verkehrswert  │───────────────→
                    │ des Leasingobjektes übersteigt      │
                    └─────────────────────────────────────┘

  ┌──────────────────────┐                          ┌──────────────────────┐
  │ finance lease (Objekt│                          │ operate lease (Objekt│
  │ wird beim Leasing-   │                          │ wird beim Leasinggeber│
  │ nehmer bilanziert/   │                          │ bilanziert/bewertet  │
  │ bewertet wie Kauf-   │                          │ wie Mietvertrag)     │
  │ vertrag)             │                          │                      │
  └──────────────────────┘                          └──────────────────────┘
```

Abb. VIII 17: Klassifizierung von Leasingverträgen nach IAS 17

Finance lease: Beim Finance lease werden alle mit dem Eigentum verbundenen Risiken und Chancen auf den Leasingnehmer übertragen. Die Klassifizierung als Finance lease erfolgt nach folgenden Merkmalen:

- Dem Leasingnehmer wird am Ende der Vertragslaufzeit das Eigentum an dem Vermögenswert übertragen.
- Er hat eine Kaufoption, das Leasingobjekt zu einem niedrigeren Wert als den zum möglichen Optionszeitpunkt beizulegenden Zeitwert zu erwerben. Es wird damit sichergestellt, dass der Leasingnehmer seine Option ausübt.
- Die Laufzeit des Leasingverhältnisses umfasst einen überwiegenden Teil der wirtschaftlichen Nutzungsdauer.
- Der Barwert der Mindesteinzahlungen entspricht mindestens dem beizulegenden Zeitwert zu Beginn des Leasingverhältnisses. Der Leasinggegenstand kann nur vom Leasingnehmer genutzt werden.

Ist eines dieser Merkmale erfüllt, muss der Leasingnehmer den Vermögenswert in Höhe des beizulegenden Zeitwertes des Leasingobjektes oder zum Barwert der Mindestleasingzahlungen, wenn dieser Wert niedriger ist, bilanzieren. Die daraus entstehende Verbindlichkeit bzw. Schuld gegenüber dem Leasinggeber ist in derselben Höhe in der Bilanz zu passivieren. Das Abschreibungsvolumen ist planmäßig übereinstimmend mit den Abschreibungsgrundsätzen des Leasingnehmers auf die erwartete Nutzungsdauer zu verteilen.

Operate lease: Treffen die genannten Merkmale nicht zu, handelt es sich um ein Operate lease. Der Leasingnehmer muss die Leasingraten linear als Aufwand in der Gewinn- und Verlustrechnung über die Laufzeit des Leasingverhältnisses erfassen.

Sale-and-lease-back: Sale-and-lease-back ist eine besondere Leasingform. Der Vermögenswert wird vom späteren Leasingnehmer selber hergestellt bzw. angeschafft, an den Leasinggeber veräußert und wieder zurückgemietet. Wie die Sale-and-lease-back Transaktion behandelt werden muss, hängt von der Art des Leasingverhältnisses ab (vgl. Abb. VIII 18).

Hat die Sale-and-lease-back-Transaktion zu einem Finance lease geführt, ist der entstehende Ertrag aus dem Veräußerungsgeschäft nicht unmittelbar im Jahresabschluss des Leasingnehmers zu berücksichtigen. Nach IAS 17.5 ist der Überschuss passiv abzugrenzen und über den Leasingzeitraum erfolgswirksam zu verteilen.

Führte die Sale-and-lease-back-Transaktion zu einem Operate lease und wurde diese zum beizulegenden Zeitwert ausgeführt, ist der daraus entstehende Gewinn oder Verlust sofort erfolgswirksam zu erfassen. Es werden allerdings dabei drei Fallkonstellationen mit abweichenden bilanziellen Folgewirkungen differenziert. Liegt der Verkaufspreis unter dem beizulegenden Wert, ist der Gewinn oder Verlust sofort zu erfassen.

Ist der Verkaufspreis größer als der beizulegende Zeitwert, ist der übersteigende Betrag passiv abzugrenzen und über die Nutzungsdauer erfolgswirksam aufzulösen. Liegt beim Operate lease der beizulegende Zeitwert zum Zeitpunkt der Sale-and-lease-back-Transaktion unter dem Buchwert des Vermögenswertes, ist der Verlust in Höhe der Differenz der beiden Werte sofort zu erfassen.

Das Zuordnen des Verkaufserlöses bei einer Sale-and-lease-back-Transaktion ist nach IAS geregelt. Im HGB dagegen, findet darüber keine Regelung statt.

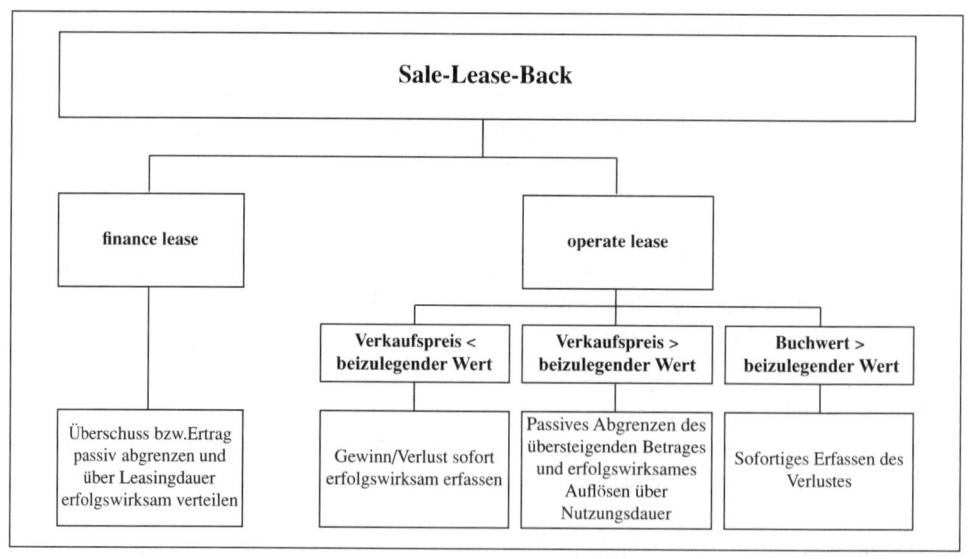

Abb. VIII 18: Sale-and-lease-back-Transaktionen

1.4 Synoptischer Vergleich von Bilanzierung, Bewertung und Leasing

Bereich	HGB	IAS
Art und Umfang der Rechnungslegungsvorschriften	Kodifiziertes Recht nach HGB und individuellen Gesetzen wie AktG, GmbHG, PublG, KonTraG und KapAEG sowie GoB	Framework, Standards und Interpretationen als Empfehlungen ohne Rechtskraft
Gesetzgeber/Organisation	Staat	Privatwirtschaftliche Organisation
Dominierendes Prinzip	Gläubigerschutz	Anlegerschutz (Shareholder-Value-Prinzip)
Bestandteile der Rechnungslegung	Jahresabschluss und Lagebericht	Balance sheet, income statement, notes, statement of changes in financial position, other statements and explanatory materials. Kein Lagebericht
Aufgabe des Jahresabschlusses	Gewinnausschüttungs- und Steuerbemessung	Erfolgsmessung
Offenlegungspflicht	Rechtsform- und größenabhängig	Rechtsform- und größenunabhängig
Maßgeblichkeitsprinzip	Handelsbilanz maßgebend für Steuerbilanz	Getrennte Bilanzen
Bewertung		
Anschaffungskosten	Anschaffungspreis + Anschaffungsnebenkosten − Preisminderungen	Anschaffungspreis + Anschaffungsnebenkosten − Preisminderungen
Herstellungskosten	Aktivierungspflichzt: Einzelkosten Aktivierungswahlrecht: Gemeinkosten, Fremdkapitalzinsen Aktivierungsverbot: Vertriebskosten, kalk. Kosten	Aktivierungspflicht: Einzel- und Gemeinkosten Aktivierungswahlrecht: Fremdkapitalzinsen Aktivierungsverbot: Vertriebskosten, kalk. Kosten
Nachträgliche Herstellungskosten	Wesentliche Verbesserung	Zusätzlicher wirtschaftlicher Nutzen
Folgebewertung		
Umlaufvermögen	Anschaffungs- und Herstellungskosten/beizulegender Wert	Anschaffungs- und Herstellungskosten/Nettoveräußerungswert
Anlagevermögen	Zu fortgeführten Anschaffungs- und Herstellungskosten/beizulegender Wert	Zu fortgeführten Anschaffungs- und Herstellungskosten oder zu alternativ zulässigen Methoden (Neubewertung)
Als Finanzinvestition gehaltene Grundstücke und Gebäude	Keine speziellen Regelungen	Zu fortgeführten Anschaffungs- und Herstellungskosten oder Neubewertung
Neubewertung	Grundsätzlich nach HGB zulässig	Zulässig
Abschreibung		
Planmäßige Abschreibung	Linear oder degressiv nach steuerlichen Abschreibungstabellen	Linear, degressiv oder leistungsabhängig nach der voraussichtlichen betrieblichen Nutzungsdauer
Außerplanmäßige Abschreibung	Pflicht bei Umlaufvermögen und bei dauernder Wertminderung im Anlagevermögen, sonst Wahlrecht. Wertaufholungsgebot für Kapitalgesellschaften	Abschreibungspflicht bei Sachanlagevermögen nach IAS 16 sowie bei Umlaufvermögen nach IAS 2 und Wertaufhaltungsgebot (kein Wahlrecht)
Leasing		
Definition	Leasingerlasse von Finanzverwaltung, keine speziellen Regelungen bzw. Vorschriften in HGB	Klare Definition nach IAS 17.3
Bilanzieren des Leasingobjektes	Abhängig vom Vertragstypus	Abhängig vom wirtschaftlichen Gehalt

Abb. VIII 19: Vergleich HGB versus IAS

2 BASEL II – Die Eigenkapitalvereinbarung

2.1 Der Basler Ausschuss für Bankaufsicht

Der Basler Ausschuss für Bankenaufsicht (Basel Committee on Banking Supervision) wurde 1974 gegründet. Er hat seinen Sitz an der Bank für Internationalen Zahlungsausgleich (BIZ, bzw. BIS – Bank for International Settlements) in Basel. Der Ausschuss tritt alle drei Monate zusammen. Seine Hauptaufgabe ist es, zur Einführung hoher und möglichst einheitlicher Standards in der Bankenaufsicht beizutragen. Dafür arbeitet der Ausschuss Richtlinien und Empfehlungen aus, die nicht rechtlich verbindlich sind. In der Regel sind diese Richtlinien und Empfehlungen die Basis für Rechtsakte der Europäischen Union, die dann in nationales Recht umgesetzt werden müssen oder auch unmittelbar anwendbar sind. Der Ausschuss setzt sich aus den Vertretern der Zentralbanken und Bankaufsichtsbehörden der Länder Belgien, Deutschland, Frankreich, Großbritannien, Italien, Kanada, Luxemburg, Niederlande, Schweden, Schweiz, Spanien und den USA zusammen. Der Basler Ausschuss für Bankaufsicht hat keine eigene Aufsichts- und Rechtssetzungskompetenz, doch beeinflussen seine Empfehlungen bzw. Beschlüsse die nationale Aufsichtspraxis und die Gesetzgebung in der Europäischen Union.

2.2 Basel I – seine Kernaussage und Kritikpunkte

Der sog. Basler Akkord (Basel I) von 1988 war ein Meilenstein in der internationalen Harmonisierung der bankaufsichtlichen Eigenkapitalanforderung des Basler Ausschusses. Basel I begrenzt die Kreditrisiken im Verhältnis zu einem einheitlich definierten, haftenden Eigenkapital (Solvabilitätskoeffizient). Die Mindestkapitalausstattung der Banken wurde auf 8 % ihrer standardisiert risikogewichteten Kreditpositionen bzw. Risikoaktiva festgelegt. Im Vordergrund stand außerdem das Adressenausfallrisiko, das entsprechend der Kreditnehmerart bestimmt wurde. Bei Ausfällen von Kreditrückzahlungen soll die Stabilität der Institute weiter gewährleistet sein. Der Kreditspielraum für die Bank ist auf das 12,5-fache des haftenden Eigenkapitals beschränkt. Die Risikoanrechnung ist grob und einfach unterteilt: Kredite an Unternehmen und private Haushalte sind mit 100 %, hypothekarisch gesicherte Wohnungsbaukredite mit 50 %, Interbankforderungen mit 20 % und Kredite an die öffentlichen Hand im OECD-Raum mit 0 % anzurechnen.

Risikoaktiva x Risikogewicht x Kapitalkoeffizient (8 %) = Eigenkapitalanforderung

Aufgrund der schnell wachsenden Finanzmärkte mit ihren Innovationen ist die mangelnde Korrelation zwischen dem tatsächlichen Kreditrisiko und der korrespondierenden bankaufsichtlichen Kreditforderung ein wesentlicher Kritikpunkt an Basel I. Die unterschiedliche Bonität von Kreditnehmern wird lediglich durch die grobe Risikogewichtung berücksichtigt.

Die konzeptionelle Vereinfachung führte dazu, dass ein Kredit an ein Unternehmen mit exzellenter Bonität dieselben Kapitalanforderungen generierte, wie ein Unternehmen mit schlechter Bonität. Dies bedeutet unter den Risikogesichtspunkten, dass der gute Kunde den schlechten Kunden subventionierte.

Weitere Schwächen an Basel I sind die Bemühungen der Banken, hinsichtlich des starken Margendrucks ihr Marktpreisrisikomanagement und ihre Kreditrisikosteuerung zu optimieren. Die hierzu verwendeten Verfahren zum Messen des Risikos werden in Basel I nicht oder nicht angemessen anerkannt. Die bankaufsichtlichen Standards setzen keine oder negative Anreize für ein vorsichtiges Kreditrisikomanagement, sie begünstigen somit entgegengesetzte Selektionseffekte.

2.3 Basel II – seine Kernaussage und Ziele

Hinsichtlich der offenkundigen Schwächen wurde von den Banken und Bankenaufsichten eine Modernisierung der Basler Eigenkapitalanforderung angestrebt. Der Basler Ausschuss für Bankenaufsicht legte im Juni 1999 das erste Konsultationspapier mit Reformvorschlägen zu Basel I vor. Im Januar 2001 folgte das zweite Konsultationspapier.[28] Die Verabschiedung der Basler Rahmenvereinbarung erfolgte im Juni 2004 und erlangte 2007 erstmals Gültigkeit. Der überarbeitete Basel Akkord wurde Basel II genannt.[29]

Kern von Basel II ist, die Kapitalanforderungen der Banken stärker als nach Basel I vom ökonomischen Risiko abhängig zu machen, sowie die neueren Entwicklungen auf den Finanzmärkten und im Risikomanagement der Banken zu berücksichtigen. Zusätzlich zu dem Adressenausfallrisiko berücksichtigt Basel II das Marktrisiko und die operationellen Risiken. Während das Adressenausfallrisiko des Kreditnehmers (Adresse) pauschal in Basel I berücksichtigt wurde, wird in Basel II ein Risikobewertungssystem (Ratingsystem) zur individuellen Risikobestimmungen des Adressenausfalls eingeführt. Basel II erlaubt eine flexiblere Anpassung des Aufsichtsrechts an die Marktentwicklung und erhöht insgesamt die Transparenz. Letztendlich entscheidend ist das von der Geschäftsleitung bestimmte Risiko- und Ertragsprofil einer Bank in Verbindung mit deren Fähigkeit, die eingegangenen Risiken zu steuern und dauerhaft zu tragen. Die internen Risikosysteme der Banken müssen verbessert und durch die zuständigen Aufsichtsinstanzen überprüft werden können.

Ziele der neuen Eigenkapitalanforderung sind die Förderung der Stabilität und Sicherheit des Finanzwesens, die Verbesserung der Wettbewerbsgleichheit, die umfassendere Behandlung der Risiken und die Anwendbarkeit der Vereinbarung für Banken mit unterschiedlicher Komplexibilität und unterschiedlich anspruchsvollen Tätigkeiten.[30]

2.4 Die drei Säulen von Basel II

Basel II besteht aus drei sich gegenseitig ergänzenden Säulen, um die Stabilität des nationalen und internationalen Bankensystems abzusichern (vgl. Abb. VIII 20).

Säule 1: Mindestkapitalanforderung: Die Mindestkapitalanforderungen basieren auf den grundlegenden Elementen der Eigenkapitalvereinbarung von 1988. Die geforderte Mindestkapitalquote von 8 % im Verhältnis zur Risikoaktiva bleibt bei Basel II bestehen.

Die Säule 1 betrifft die aufsichtsrechtliche Eigenkapitalanforderung für das Markt-, Kredit- und operationale Risiko.

Zum Verbessern der Risikosensitivität werden eine Reihe von Möglichkeiten für das Behandeln des Kreditrisikos und operationellen Risikos vorgeschlagen (vgl. Abb. VIII 21).

---

[28] Vgl. Sekretariat des Basler Ausschusses für Bankenaufsicht (2001), S. 1 ff.
[29] Vgl. OeNB (2012a), www.oenb.at/
[30] Vgl. Sekretariat des Basler Ausschusses für Bankenaufsicht (2001), S. 1 ff.

BASEL II

Finanzmarktstabilität
Vorbeugen der Bankeninsolvenz
Stabilität der Weltwirtschaft

Mindestkapitalanforderung

Kreditrisiko
- Standardverfahren (externe Vorgaben)
- internes Rating (Basisansatz)
- internes Rating (fortgeschritten)

Marktrisiko
- Standardansatz
- interne Modelle

Operationelles Risiko
- Basisindikatorenansatz
- Standardansatz
- interner Messansatz

Aufsichtliches Überprüfungsverfahren

4 Grundprinzipien:
- bankinterne Verfahren zum Beurteilen der angemessenen Eigenkapitalausstattung
- Eigenkapital über den aufsichtsrechtlichen Mindestquoten
- Überprüfen der bankinternen Kapitaläquanzmessung und -strategien durch die Aufsicht
- frühes Eingreifen bzw. Einwirken der Aufsicht bei Gefährdung der Einhaltung der Mindestkapitalanforderung

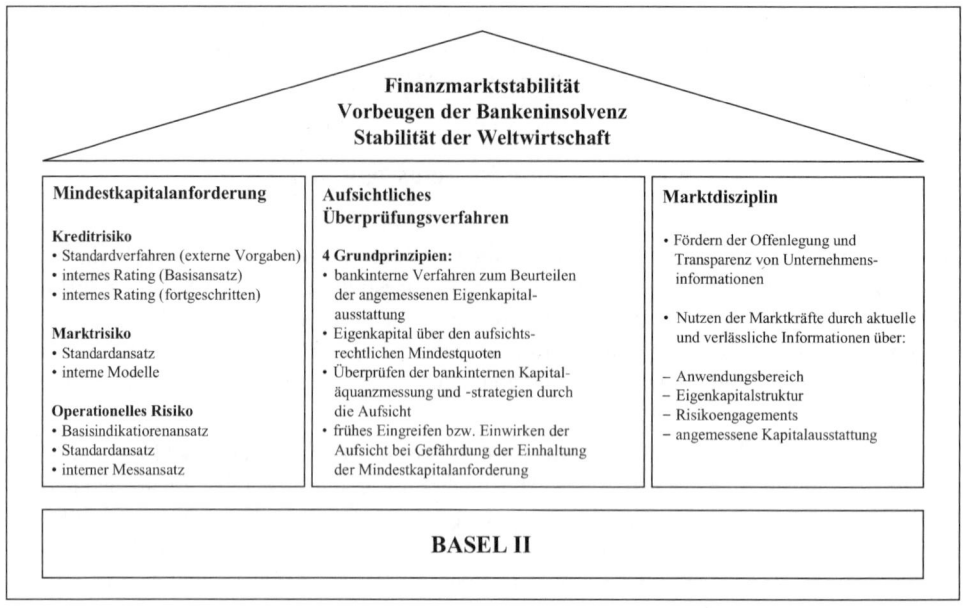

Marktdisziplin

- Fördern der Offenlegung und Transparenz von Unternehmensinformationen
- Nutzen der Marktkräfte durch aktuelle und verlässliche Informationen über:
  – Anwendungsbereich
  – Eigenkapitalstruktur
  – Risikoengagements
  – angemessene Kapitalausstattung

Abb. VIII 20: Die drei Säulen von Basel II

BASEL II

Säule I – Mindesteigenkapitalanforderung
Säule II – Aufsichtliches Überprüfungsverfahren
Säule III – Marktdisziplin

Kreditrisiko — **Marktrisiko (unverändert)** — **Operationelles Risiko**

Operationelles Risiko:
- Basisindikatoransatz
- Standardansatz
- Interner Bemessungsansatz

Standardansatz
- Risikogewicht: 0%, 20%, 50%, 100% und 150%
- Basis: externe Ratingsätze
- kein Anrechnen der Restlaufzeit

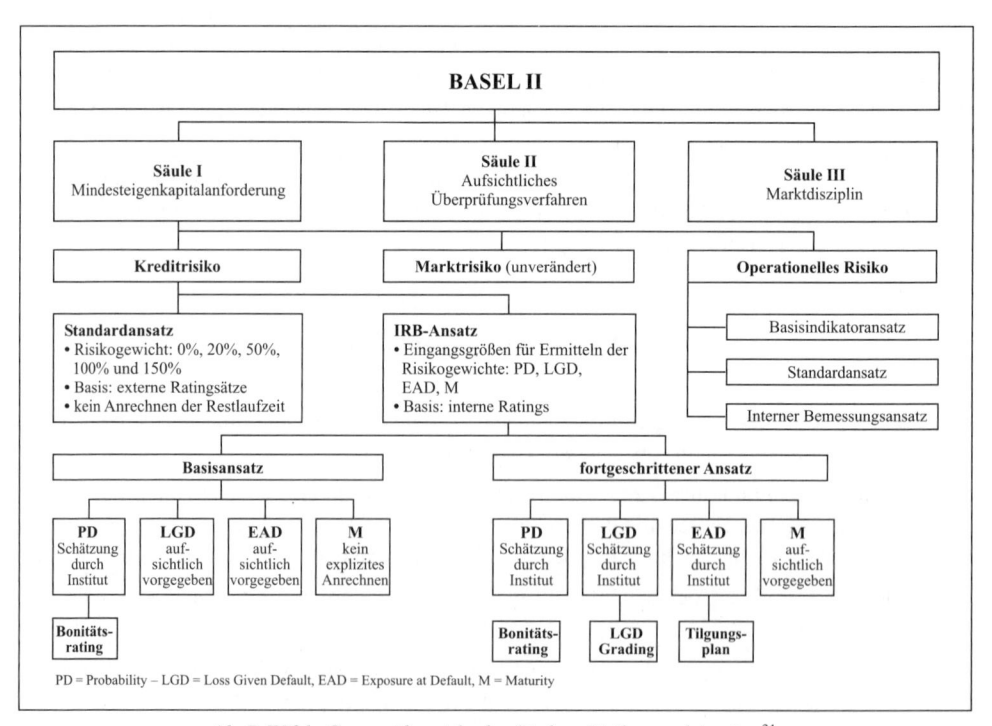

IRB-Ansatz
- Eingangsgrößen für Ermitteln der Risikogewichte: PD, LGD, EAD, M
- Basis: interne Ratings

Basisansatz

PD	LGD	EAD	M
Schätzung durch Institut	aufsichtlich vorgegeben	aufsichtlich vorgegeben	kein explizites Anrechnen
Bonitätsrating			

fortgeschrittener Ansatz

PD	LGD	EAD	M
Schätzung durch Institut	Schätzung durch Institut	Schätzung durch Institut	aufsichtlich vorgegeben
Bonitätsrating	LGD Grading	Tilgungsplan	

PD = Probability – LGD = Loss Given Default, EAD = Exposure at Default, M = Maturity

Ab. B IV 21: Gesamtübersicht der Säulen, Risiken und Ansätze[31]

---

[31] Vgl. Deutsche Bundesbank (2003), S. 50

2 BASEL II – Die neue Eigenkapitalvereinbarung

Für die Messung des Kreditrisikos werden zwei Varianten vorgeschlagen: der modifizierte Standardsatz und der auf internen Ratings basierende Ansatz (IRB-Ansatz).

Der modifizierte Standardansatz ist ein zentrales Element von Basel II. Er gründet auf der Eigenkapitalvereinbarung von 1988. Der Unterschied zu Basel I ist die veränderte Risikogewichtung der Forderungen. Die anzusetzende Risikoaktiva ergibt sich aus dem Produkt des ausstehenden Kreditbetrages und Risikogewichts, dessen Höhe von bestimmten Kreditbeurteilungen (Ratings) externer Ratingagenturen (external credit assessment institutions) abhängt. Es werden Risikogewichtungssätze für bestimmte Arten für Kreditforderungen vorgegeben. Neben den bekannten Gewichtungssätzen aus Basel I wird ein neuer Gewichtungssatz von 150% für Kreditnehmer mit schlechter Bonität eingeführt. Die Anrechnung des Risikos im Standardansatz wird künftig in den einzelnen Risikogruppen wie Staaten, Banken, Unternehmen und private Haushalte wesentlich von der Einschätzung von externen Ratingagenturen abhängen (vgl. Abb. VIII 22).[32]

Rating	Bonitätseinstufung	Bonitätsgewicht Unternehmen/Banken	Bonitätsgewicht Staat
AAA	Sehr gut: Höchste Bonität, kein Ausfallrisiko	20 Prozent	0 Prozent
AA+ bis AA–	Sehr gut bis gut: Zahlungswahrscheinlichkeit hoch		
A+ bis A–	Gut bis befriedigend: angemessene Deckung von Zins und Tilgung; viele gute Investmentattribute, aber auch Elemente, die sich bei wirtschaftlichen Veränderungen negativ auswirken	50 Prozent	20 Prozent
BBB+ bis BBB–	Befriedigend: angemessene Deckung von Zins und Tilgung, auch spekulative Charakteristika oder mangelnder Schutz gegen wirtschaftliche Veränderungen	100 Prozent	50 Prozent
BB+ bis BB–	Ausreichend: sehr mäßige Deckung von Zins und Tilgung, auch in gutem wirtschaftlichen Umfeld		100 Prozent
B+ bis B–	Mangelhaft: geringe Sicherung von Zins und Tilgung		100 Prozent
CCC bis C	Ungenügend: niedrigste Qualität, geringster Anlegerschutz in akuter Gefahr eines Zahlungsverzuges	150 Prozent	150 Prozent
D	Zahlungsunfähig: in Zahlungsverzug		
ohne Rating		100 Prozent	100 Prozent

Abb. VIII 22: Bonitätseinstufung nach Standard & Poor's[33]

Verwenden die Banken den IRB-Ansatz, dürfen sie ihre internen Einschätzungen zur Bonität eines Kreditnehmers für die Beurteilung des Kreditrisikos in ihrem Portfolio verwenden. Die Bank schätzt die Bonität sämtlicher Schuldner und überträgt die Schätzungen der zukünftigen, potentiell anfallenden Verlustbeträge, die die Grundlage für die Mindestkapitalanforderung darstellen. Der interne Ratingansatz ist die genaue Abbildung des individuellen Risikoprofils einer Bank und ermittelt die Ausfallwahrscheinlichkeit des Schuldners (PD = Probability), den ausstehenden Betrag bei Schuldnerausfall (EAD = Exposure at Default) sowie die Verlustquote (LGD = Loss

---
[32] Vgl. Sekretariat des Basler Ausschusses für Bankenaufsicht (2001), S. 13 f.
[33] Vgl. Cluse, M./Engels, J. (2003), S. 3

Given Default), welche die unterschiedlichen Risiken berücksichtigt. Es wird beim internen Rating zwischen dem Basisansatz und dem fortgeschrittenen Ansatz unterschieden. Der Basisansatz wird von der Bankenaufsicht mit Standardwerten – mit Ausnahme der Ausfallwahrscheinlichkeit, die vom Bankinstitut ermittelt wird – vorgegeben. Die Risikoparameter beim fortgeschrittenen Ansatz werden von den Kreditinstituten ermittelt, falls sie mit einem ausreichend entwickelten Verfahren für die interne Kapitalallokation ausgestattet sind.[34] Der Unterschied zum Standardansatz ist, dass die Ermittlung des Risikogewichts teilweise bzw. überwiegend auf bankinternen Schätzungen beruht, damit ist die Palette der Risikogewichte viel breiter als beim Standardansatz, wodurch diese Ansätze risikogerechter werden.

Die Banken müssen einen der vorgenannten Ansätze für das Ermitteln der erforderlichen Eigenkapitalunterlegung je Kreditnehmer auswählen. Die geforderte Eigenkapitalunterlegung soll sich mit dem Risikosensitivitätsgrad des gewählten Ansatzes verringern, da die Förderung des Einsatzes fortschrittlicher Risikomessmethoden ein ausdrückliches Ziel von Basel II ist. Damit erfordert der einfache Standardsatz die höchste, der Basisansatz nach IRB die zweithöchste und der fortgeschrittene Ansatz nach IRB die niedrigste Kapitalunterlegung.[35]

Das operationale Risiko wird als „die Gefahr von unmittelbaren oder mittelbaren Verlusten, die infolge der Unangemessenheit oder des Versagens von internen Verfahren, Menschen, Systemen oder von externen Ereignissen eintreten" verstanden. Hierzu gehören drei Ansätze – der Basisindikatorenansatz, der Standardansatz und der interne Bemessungsansatz. Die Eigenkapitalunterlegung wird anhand eines oder mehrerer Indikatoren ermittelt, die die Größenordnung des operationalen Risikos einer Bank widerspiegeln.[36]

Säule 2: Aufsichtliches Überprüfungsverfahren: Die Säule 2 soll eine wesentliche Ergänzung der Mindestkapitalanforderungen und der Marktdisziplin sein. Sie soll sicherstellen, dass jede Bank solide interne Verfahren einführt, mit denen die Angemessenheit ihres Eigenkapitals durch ein gründliches Bewerten ihrer Risiken beurteilt werden kann. Die Aufsichtsinstanzen sind dafür verantwortlich, wie gut die Banken ihr Eigenkapital im Verhältnis zu ihren Risiken abschätzen.[37]

Säule 3: Marktdisziplin: Die Eigenkapitalregulierung und die sonstigen Bemühungen der Aufsichtsinstanzen zur Förderung der Sicherheit und Solidität des Banken- und Finanzsystems soll durch die Marktdisziplin verstärkt werden. Die aussagekräftige Offenlegung der Banken liefert den Marktteilnehmern Informationen, wie eine wirksame Marktdisziplin gefördert wird.[38]

---

[34] Vgl. Sekretariat des Basler Ausschusses für Bankenaufsicht (2001), S. 4
[35] Vgl. Deutsche Bundesbank (2003), S. 3
[36] Vgl. Sekretariat des Basler Ausschusses für Bankenaufsicht (2001), S. 31 ff.
[37] Vgl. ebenda, S. 34
[38] Vgl. ebenda, S. 38

3 BASEL III – Die neue Eigenkapitalvereinbarung

3.1 Basel III – Regelwerk zur Weiterentwicklung von Basel II

Basel II stellte hinsichtlich seiner Wirkungen auf die Bankenregularien und den Ansatz, Bonitätsgewichte zu schätzen, einen Meilenstein in der Bankenaufsicht dar.[39] Aus den Erkenntnissen der Anwendung und den Erfahrungen mit Basel II, sowie durch die in der globalen Finanzkrise entstandenen Turbulenzen an den Kapitalmärkten, wurde durch den Basler Ausschuss für Bankenaufsicht die Einführung von Basel III zur Stärkung der Bonität und Stabilität des internationalen Bankensektors beschlossen, das ab 2013 veröffentlicht werden soll.

Basel III zielt auf eine weitere Veränderung des Zielstandards der Mindestkapitalquote von ursprünglich 8 % (Basel I),[40] sowie auf eine Verbesserung der qualitativen und quantitativen Eigenkapitalhinterlegung ab.[41] Die aus Basel III resultierenden Veränderungen basieren auf dem 3-Säulen-Prinzip (Mindestkapitalanforderungen, aufsichtsrechtliche Überprüfungsverfahren, Marktdisziplin) von Basel II, dessen Regeln grundsätzlich weiterhin gültig sind,[42] in Teilen jedoch modifiziert und ergänzt wurden.[43]

Die Regulierung des Finanzsektors durch Basel III wird Veränderungen bei der Finanzierung von Immobilien mit sich bringen. So sind Auswirkungen in der Erhöhung der Eigenkapitalanforderungen sowie der Einführung neuer Liquiditätsregeln und der maximalen Verschuldungsquote zu erwarten.

3.2 Kernelemente und Auswirkungen der Basel III-Reform

Der Basler Ausschuss verfolgt durch seine Reform insbesondere die folgenden Ziele:[44]

1. Erhöhung der Qualität des Kapitals
2. Erhöhung der Kapitalquoten
3. Einführung einer Verschuldungsobergrenze (Leverage Ratio)
4. Erhöhung der kurzfristigen Liquidität
5. Stabilisierung der langfristigen Refinanzierung
6. Auswertung des (Kontrahenten-)Risikomanagements

Während Basel II die Einführung eines Standardansatzes und die Bemessung von risikogewichteten Aktiva anhand interner Ratings als grundlegende Ziele verfolgte, ergänzt Basel III diese Regularien durch weitere Vorgaben, deren wesentlichste die Neudefinition des Eigenkapitals und die Einführung der Verschuldungsobergrenze sind.[45]

Ziel von Basel III ist dabei, die Risikotragfähigkeit einer Bank mit den von ihr eingegangenen Risiken besser in Einklang zu bringen, Risikovorsorgen verstärkt in wirtschaftlich guten Zeiten

---

[39] Vgl. Schulte-Mattler, H./Manns, T. (2012), S. 164
[40] Vgl. Basler Ausschuss für Bankenaufsicht, (2006), S. 14
[41] Vgl. Basler Ausschuss für Bankenaufsicht, (2011), S. 2 f.
[42] Vgl. Europäische Zentralbank, (2001), S. 66
[43] Vgl. Schulte-Mattler, H./Manns, T. (2012), S. 161
[44] Vgl. KPMG AG Wirtschaftsprüfungsgesellschaft (2011), S. 12
[45] Vgl. Schulte-Mattler, H./Manns, T. (2012), S. 164

aufzubauen um Krisen antizyklisch vorzubeugen, und Mängel bei internen Risikomessungsmodellen zu kompensieren.[46]

In der Neudefinition des Eigenkapitalbegriffs nach Basel III werden die Eigenkapitalelemente von Banken zum einen erhöht, zum anderen hinsichtlich der Qualität des Eigenkapitals nur noch in zwei aufsichtliche Eigenkapitalklassen (siehe Abb. VIII 23) unterteilt: Kernkapital (Unterscheidung in hartes Kernkapital und weiches Kernkapital) und Ergänzungskapital (ohne Unterteilung).

Status Quo	Basel III ab 2013
Hartes Kernkapital Mindestens 50 %	**Hartes Kernkapital** Mindestens 75 %
Hybrides Kernkapital Max. 50% des harten Kernkapitals Max. 15% innovatives Hybridkapital (Sydney Press Release)	**Hybrides Kernkapital** Max. 25% des harten Kernkapitals Kein innovatives Hybridkapital – 14 Punkte umfassender Kriterienkatalog
Ergänzungskapital 1. Klasse Mit Ergänzungskapital 2. Klasse max. 100 % des Kernkapitals **Ergänzungskapital 2. Klasse** Max. 50 % des Kernkapitals	**Ergänzungskapital** Keine Kappungsgrenzen 9 Punkte umfassender Kriterienkatalog
Drittrangmittel	~~Drittrangmittel~~

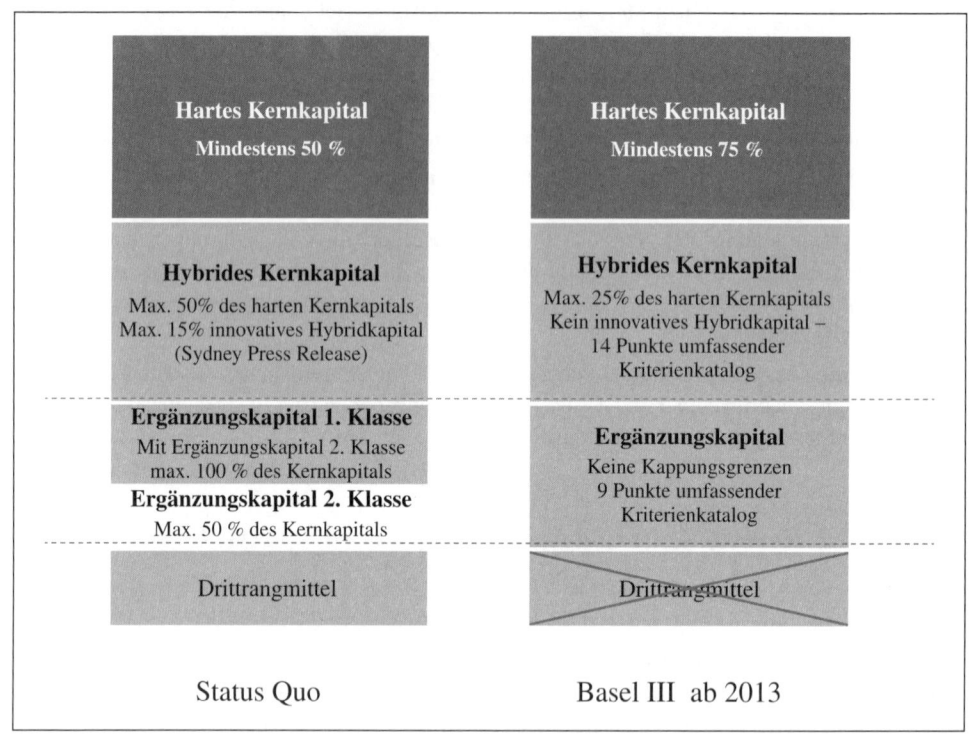

Abb. VIII 23: Neudefinition der Eigenkapitalklassen[47]

Durch das Ziel, das von den Kreditinstituten gehaltene Kapital zu erhöhen, wird das harte Kernkapital von 2,0 % auf 4,5 % erhöht. Hinzu kommt ein Kapitalerhaltungspuffer (zusätzliche Abdeckung von Risiken) der von 0,625 % in 2016 stufenweise bis auf 2,5 % in 2019 erhöht werden soll, wodurch die Mindestanforderungen an das vorzuhaltende harte Eigenkapital auf bis zu 7,0 % ansteigen. Bislang beträgt der Anteil des harten Kernkapitals am gesamten Kernkapital 50 %. Dieser steigt im Jahr 2013 auf rund 78 %, fällt im Jahr 2014 auf rund 73 %, um im Jahr 2015 wiederum auf die Endstufe von 75 % zu steigen.[48] Infolgedessen steigt die Mindesthöhe des Gesamtkapitals von 8,0 % auf 10,5 % (inklusive Kapitalkonservierungspuffer). Weiter kommt es zur Einführung des antizyklischen Kapitalpuffers, der in Phasen übermäßigen Kreditwachstums aufgebaut werden soll (nicht zu verwechseln mit dem Kapitalerhaltungspuffer).[49]

---

[46] Vgl. OeNB (2012b), www.oenb.at/
[47] In Anlehnung an: Schulte-Mattler, H./Manns, T. (2012), S. 168
[48] Vgl. ebenda, S. 167
[49] Vgl. KPMG AG Wirtschaftsprüfungsgesellschaft (2011), S. 12

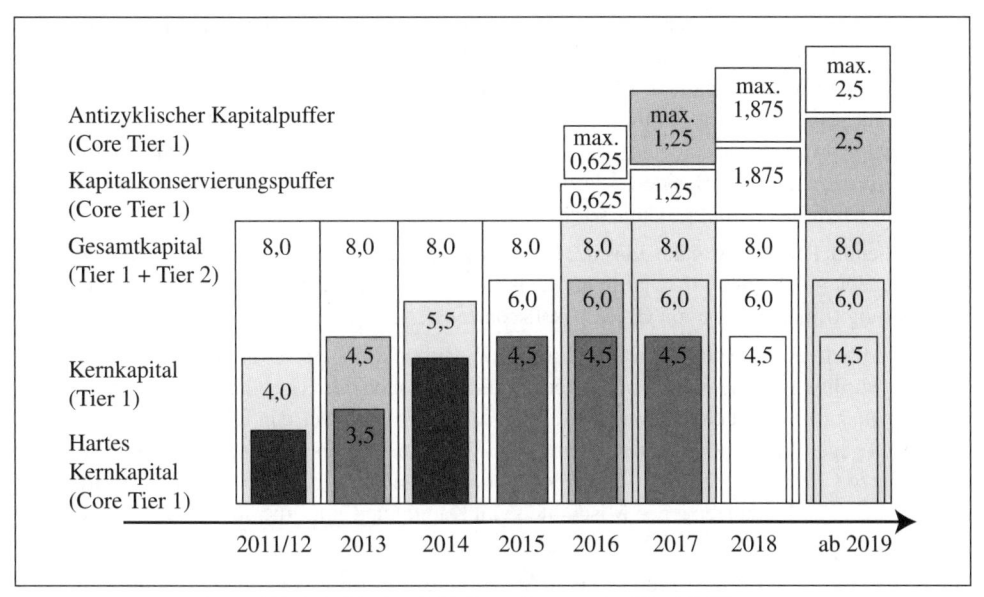

Abb. VIII 24: Basel-III-Kapitalnormen im Überblick[50]

Das regulatorische Ziel der Verschuldungsobergrenze (Leverage Ratio) soll in 2018 eingeführt werden. Den Banken soll hierbei eine Mindestunterlegungsquote von 3% vorgeschrieben werden, sodass die Gesamtaktiva einer Bank nicht mehr als das 33-fache des Kapitals betragen dürfen.[51] Die Einführung der Leverage Ratio könnte allerdings zu einer Reduzierung der Kreditvergabe von Banken führen und aufgrund der fehlenden Risikosensitivität zudem Anreize für Banken schaffen, sich auf eine höher rentierliche Kreditvergabe im Risikobereich zu konzentrieren.[52]

Durch die Verschärfung der Kapital- und Liquiditätsanforderungen führt Basel III durch die Zusatzpuffer zu einer Mindesteigenkapitalquote von 13%, wovon 9% auf das harte Kernkapital entfallen. Dies führt letztlich zu einer reduzierten Kreditvergabekapazität sowie einem deutlichen Anstieg der Kreditkosten.

3.3 Auswirkungen von Basel II und Basel III auf die Immobilienwirtschaft

Bereits Basel II förderte nachhaltig die notwendigen Verbesserungen im Risikomanagement der Banken. Die Banken mussten risikoreichere Darlehen mit mehr Eigenkapital unterlegen, d.h. die Banken machten ihre Kreditkonditionen stärker von der Bonität des Kunden abhängig. Die Bonität des kreditbeantragenden Unternehmens wird mit Hilfe eines Ratings beurteilt. Die erhöhten Kapitalkosten der Banken werden den Kunden zugeordnet, die dafür verantwortlich sind. Für Unternehmen mit schlechter Bonität werden Kredite teurer, dagegen können Unternehmen mit guter Bonität bessere Kreditkonditionen aushandeln.

---

50 Schulte-Mattler, H./Manns, T. (2012), S. 174
51 Vgl. Basler Ausschuss für Bankenaufsicht (2011), S. 69; Saputelli, C. (2011), S. 61
52 Vgl. KPMG AG Wirtschaftsprüfungsgesellschaft (2011), S. 12

Bei der Immobilienwirtschaft handelt es sich um eine kapitalintensive Branche. Viele Immobilien werden durch Fremdkapital von der Bank finanziert und die Unternehmen beteiligen sich nur mit einer geringen Eigenkapitalquote an der Finanzierung. Hinzu kommt, dass die objektspezifischen Risiken aufgrund der wirtschaftlichen Lage schwer zu kalkulieren sind. Mit Einführung des § 18 KWG (Pflicht zur Offenlegung der wirtschaftlichen Verhältnisse) ist eine veränderte Informationspolitik gegenüber der Bank erforderlich geworden. Kernproblem für Immobilienunternehmen ist, ob ein Kredit überhaupt gewährt wird.

Immobiliendarlehen im Standardansatz: Nach Basel II wird in drei Gruppen von Finanzierungen unterschieden – der wohnwirtschaftliche Realkredit, der gewerbliche Realkredit und die Projektfinanzierung (Finanzierung von Objektgesellschaften).

Der gewerbliche Realkredit ist die Gewährung von Mitteln durch gewerbliche Hypothekarkredite an kreditwürdige Darlehensnehmer, entweder Einzelpersonen oder Gesellschaften. Der gewerbliche Hypothekarkredit ist eine langfristige Finanzierung, üblicherweise in Form eines langfristigen Darlehens gegen Verpfändung einer rechtlichen Sicherheitsleistung in Form einer Hypothek an einem derzeit Ertrag bringenden Objekt zu einem festgelegten Zinssatz. Er ist rückzahlbar in regelmäßigen, periodenbezogenen Mischraten von Kapital und Zins, die über einen Zeitraum von bis zu 25 bis 30 Jahren getilgt werden.

Der wohnwirtschaftliche Realkredit ist eine Ausleihung, die vollständig durch Grundpfandrechte/Hypotheken auf Wohnimmobilien abgesichert ist, welche vom Kreditnehmer bewohnt werden oder die vermietet sind und ein Risikogewicht von 50% erhalten. Gewerbliche Immobilien, die durch Grundpfandrechte/Hypotheken gesichert sind, erhalten ein Risikogewicht von 100%.

Werden bestimmte Kriterien erfüllt, kann eine Ausnahmeregelung für den gewerblichen Realkredit gelten. Es wird anstatt einer 100%-ige Eigenkapitalunterlegung lediglich nur eine 50%-ige Unterlegung gefordert. Diese Gewichtung besteht für ein Darlehen bis zum niedrigeren Wert von entweder 50% des Marktwertes oder 60% des Beleihungswertes oder eine 100%-ige Gewichtung für den verbleibenden Darlehensteil.[53]

Hiervon ausgeschlossen werden stark risikobehaftete oder spekulativ eingestufte Arten von gewerblichen Immobiliendarlehen (Grundstücks-, Bau- und Produktionsfinanzierungen, durch Spezial-, Freizeit- und Saisonimmobilien abgesicherte Darlehen, rückgriffslose Darlehen, Immobilien mit negativem Kapitaldienst und Immobilien mit dem Darlehensnehmer oder eines mit ihm verbundenen Dritten als Mieter).[54] Der Marktwert und der Beleihungswert sind von einem qualifizierten bzw. kompetenten und unabhängigen Sachverständigen zu ermitteln. Ein Überprüfen dieser Werte muss mindestens alle drei Jahre stattfinden oder wenn der Markt innerhalb eines Jahres um mehr als 10% fällt.

Der Marktwert ist der Wert, zu dem die Immobilie zwischen einem gewillten Verkäufer und einem unabhängigen Käufer am Tag der Bewertung verkauft werden könnte, vorausgesetzt, dass die Immobilie am Markt öffentlich zugänglich gemacht ist, dass die Marktsituation eine ordnungsgemäße Veräußerung zulässt und dass – je nach Art der Immobilie – eine angemessene Frist für Verhandlungen des Verkaufs zur Verfügung stehen. In Deutschland wird der Marktwert als Verkehrswert nach § 194 BauGB verstanden. Der Beleihungswert ist der Wert, der von einem externen oder einem intern angestellten Gutachter, die nicht in die Kreditentscheidung der Bank mit eingebunden sind, im Rahmen einer konservativen bzw. vorsichtigen und sorgfältigen Bewertung der zukünftigen Verkäuflichkeit des Objektes und unter Berücksichtigung der langfristigen, nachhaltigen Merkmale

---

[53] Vgl. Sekretariat des Basler Ausschusses für Bankenaufsicht (2001), S. 4
[54] Vgl. ebenda, S. 2

des Objektes, der normalen und öffentlichen Marktgegebenheit sowie die derzeitige Nutzung und die möglichen Alternativen der Nutzung des Objektes festgelegt wird. Spekulative Elemente dürfen nicht berücksichtigt werden. Der Basler Ausschuss berücksichtigt beim Beleihungswert lediglich die dauerhaften Merkmale des Objektes sowie den Ertrag, der durch jeden Mieter nachhaltig durch ordnungsgemäße Bewirtschaftung erzielt werden kann. Die anderen Merkmale aus der Definition Beleihungswert werden nicht berücksichtigt.

Das Land, welches die 50 %-ige Ausnahmeregelung für gewerbliche Realkredite anwendet, muss über ein Kontroll- bzw. Überprüfungsverfahren verfügen, das das korrekte Umsetzen dieser Regelungen sicherstellt. Die Bankaufsicht dieses Landes muss außerdem belegen, dass die Verluste aus gewerblichen Realkrediten, die unter 60 % des Marktwertes oder zu 50 % des Beleihungswertes besichert wären, unter 0,3 % der insgesamt ausstehenden Darlehen in einem Jahr liegen und die Gesamtverluste aus gewerblichen Realkrediten unter 0,5 % des gesamt ausstehenden Darlehen sind.

Immobiliendarlehen im IRB-Ansatz: Die Eigenkapitalunterlegung für Immobiliendarlehen auf Basis des IRB-Ansatzes wird individuell nach der vorgegebenen Formel errechnet. Für das interne Rating sind die folgenden Informationsanforderungen hinsichtlich des Objektes, z. B. die Kapitaldienstdeckungsfähigkeit (debt service coverage ratio), hinreichende Liquiditätsüberschüsse, Einschätzungen der Marktrisiken, Einschätzungen qualitativer Risiken, Zweit- oder Drittverwendungsfähigkeit, das Verhältnis Restwert des Kredits und Immobilienwert sowie Sicherheiten und Garantien erforderlich.

Projektfinanzierungen: Die Klassifizierung von Kreditnehmern umfasst auch die Projektfinanzierung. Projektfinanzierungen werden als solche Kredite definiert, bei denen die Performance des zugrunde liegenden Projektes (Planen, Bauen oder Nutzen) die primäre Quelle der Schuldendienstfähigkeit ist. Die Rückzahlungsfähigkeit des Kredites ist abhängig von der Performance des jeweiligen Projektes. Der Begriff Projektfinanzierung umfasst Kredite für unerschlossene Grundstücke, im Bau befindliche Immobilien, Bergbau, Logistik, Umwelt, Medien und Technik.[55]

Immobilien als Sicherheit für Unternehmenskredite: Als Sicherheit werden gewerbliche Immobilien anerkannt, wenn das Kreditnehmerrisiko nicht wesentlich von der Leistungsfähigkeit der zugrunde liegenden Immobilien oder des Projektes abhängig ist, sondern wenn der Kreditnehmer fähig ist, die Rückzahlung der Verbindlichkeit aus anderen Quellen leisten zu können. Ausgenommen sind hiervon im Bau befindliche Anlagen und unerschlossene Grundstücke, Projektfinanzierungen und gewerbliche Immobilien, deren Mieteinnahmen dem Unternehmensziel und der Kreditrückführung dienen.

Durch das ständige Modifizieren und das konsequente Verbessern der einzelnen Regelungen konnte Basel II als positiver Entwurf für die Absicherung der internationalen Stabilität der Finanzwelt gesehen werden. Die Vergangenheit hat gezeigt, wie risikoträchtig die Kreditfinanzierungen der Banken sein können. Basel II bedeutete eine höhere Prüfungshoheit basierend auf einer objektiven und vor allem individuellen Risikobetrachtung bzw. -bewertung. Die individuellen Ratings der einzelnen Kreditnehmer können positive oder negative Auswirkungen haben. Basel II stellte zwar eine Chance für die Stabilität der Finanzwelt dar, birgt aber auch Risiken in Form von höheren Kreditkosten für den Kreditnehmer.

Durch die Verschärfung der Anforderungen in Basel III (Mindesteigenkapitalquote von 13 %) und die daraus resultierende restriktive Kreditvergabe mit einem noch erhöhten Anstieg der Kreditkosten wirken sich erneut auf die Immobilienwirtschaft aus. Durch die Einführung von Basel III hat das

---

[55] Vgl. ebenda, S. 35

ohnehin knappe Gut „Eigenkapital" eine noch größere Bremswirkung auf das Kreditvergabevolumen als bereits unter Basel II, sodass z. B. für Real Estate Private Equity Fonds aufgrund der Risikoaversion der krisengeschädigten Banken Finanzierungslücken entstehen, die es zu schließen gilt.[56] Insbesondere die hohen Anforderungen der Banken an die Kreditnehmer bereiten auch vielen Projektentwicklern Probleme, da die einzubringenden Eigenmittel deutlich angestiegen sind.[57]

Ein weiteres Problem für die Banken ist in der anstehenden Ablösungs- und Prolongationswelle der auslaufenden Problemkredite zu sehen. Diese werden in Verbindung mit Basel III zu einer zusätzlich restriktiveren Kreditvergabe und einer Verringerung von Neugeschäft führen, da die Banken im Zuge der Regulierung gezwungen sind, ihre Bilanz zu verkleinern, um die geforderten Eigenkapitalquoten zu erreichen.[58] Durch dieses Refinanzierungsproblem müssen zunächst Lösungen gefunden werden, bevor die Banken dazu übergehen können wieder vermehrt Neugeschäft einzugehen. In Folge dessen kommt es zu einer relativen Kreditverknappung, hinzu kommt die deutlich stärkere Sicherheitsorientierung, wodurch die Banken zunehmend stärker auf einen nachhaltig stabilen Cashflow, eine gute Drittverwendungsfähigkeit sowie Zusatzsicherheiten durch den Investor achten.[59]

Die Auswirkungen von Basel II und Basel III auf die Immobilienfinanzierung können folglich in den folgenden Punkten gesehen werden:

- Abbau von risikogewichteten Aktiva
- stärkere Core-Fokussierung[60]
- restriktivere Kreditvergabe
- Kreditverknappung für risikoreichere Immobilieninvestitionen
- höhere Kreditmargen[61]

Durch die Veränderungen im Rahmen der Immobilienfinanzierung sind auch weitreichende Auswirkungen auf die Immobilienwirtschaft zu erwarten. So liegen spekulative Objekte nicht mehr im Fokus der Banken und bleiben bis auf weiteres schwer finanzierbar.[62] Zudem stellt sich aufgrund der hohen Core-Fokussierung der Banken die Frage, wie sich dies auf die weitere Entwicklung suburbaner Standorte auswirkt. Da Immobilien in peripheren Lagen zukünftig erhebliche Finanzierungsschwierigkeiten bekommen könnten, lassen sich auch Auswirkungen auf die Immobilienpreise sowie die Transaktionsvolumina erwarten.

---

[56] Vgl. Caroli, M./Lingenhölin, H. M. (2003), S. 150
[57] Vgl. Breidenbach, M. et al. (2008), S. 540
[58] Vgl. Axmann, P. (2011), S. 6
[59] Vgl. Knopp, P. (2011), S. 25
[60] Vgl. Allerkamp, J. (2012), S. B3
[61] Vgl. Hagen, L. (2012), S. B12
[62] Vgl. Better, M. (2012), S. 15

IX. Immobilienbewertung

1 Grundlagen der Bewertung

1.1 Wirtschaftswissenschaftliche Bewertungslehren

Die Wirtschaftswissenschaft unterscheidet zwischen objektiven und subjektiven Werttheorien. Die objektiven Werttheorien gehen von einer Objekt-Objekt-Beziehung aus, d.h. der Wert eines Gebrauchsobjektes ergibt sich aus objektiv messbaren Größen. Vereinfacht ausgedrückt ist der objektive Wert eines Gegenstandes oder einer Dienstleistung mit den Selbstkosten (Herstellkosten zzgl. Vertriebs- und Verwaltungskosten) gleichzusetzen. So leitet bereits Adam Smith den Güterwert langfristig aus den Produktionskosten ab und auch nach David Ricardo sind die Arbeitskosten wertbestimmend. Die objektivistische Wert- und Preislehre wurde in der zweiten Hälfte des 19. Jahrhunderts von der subjektivistischen Wertlehre abgelöst. Diese unterstellen eine Subjekt-Objekt-Beziehung, d.h. der Wert eines Gebrauchsgutes ergibt sich aus dem subjektiven Nutzen, gleichwohl geht die subjektive Wertlehre noch viel weiter zurück, z.B. auf die Arbeiten von Bernoulli oder Turgot. Im Vordergrund dieser Theorieansätze steht der Grenznutzen, d.h. der Nutzenzuwachs der zuletzt verbrauchten Konsumeinheit. Während also der objektive Wertansatz von der Angebotsseite ausgeht (kosteninduzierter Wert), geht der subjektive Wertansatz von der Nachfrageseite (subjektives Nutzenempfinden) aus. Erst A. Marshall „versöhnt" in seinem Werk „Principles of Economics" beide sich konträr gegenüberstehenden Denkansätze. Dies war insofern notwendig, da die Preisbildung am Markt weder von der objektiven noch von der subjektiven Wertlehre schlüssig erklärt werden kann. Für Marshall ist die objektive Wertlehre die These und die subjektive Wertlehre die Antithese. Aus beiden ergibt sich die Synthese, indem sich der Preis als Tauschwert eines Wirtschaftsgutes sowohl aus den subjektiven Faktoren (wie Nutzenpräferenz, finanzielle Ausstattung, Wissen und Kenntnis) des Nachfragers einerseits, und den objektiven Faktoren (wie Produktionsbedingungen, betrieblicher Wertschöpfungsprozess, Kostenstruktur) des Angebots andererseits, ergibt. Insgesamt orientieren sich Preise langfristig eher an der Angebotsseite, kurzfristig eher an der Nachfrageseite (Gravitationswirkung des Angebots).[1]

Wert und Preis sind demnach nicht ein- und dasselbe. Der Wert ist intersubjektiv nachprüfbar, z.B. aufgrund der Kostenkalkulation, die im Wesentlichen auf dem Einsatz von Produktionsfaktoren sowie deren Verbrauch und Gebrauch im Produktionsprozess basiert, oder durch gesetzliche Regelungen (wie z.B. berufsständische Gebührenordnung für Steuerberater, Notare, Ärzte usw.) festgelegt ist und von jedem Dritten nachvollzogen und überprüft werden kann. Der Preis dagegen ist nicht intersubjektiv nachprüfbar und ergibt sich aus einer augenblicklichen Wertübereinstimmung von Angebot und Nachfrage als Wert einer konkreten Tauschbeziehung. In diese augenblickliche Austauschrelation fließen alle relevanten Entscheidungsfaktoren mit ein, sei es die Marktmacht, sei es Knappheit/Überschuss, sei es Nutzen- und Wertvorstellungen usw.

---

[1] Vgl. Kruse, A. (1959), S. 19 ff.

Lange vor der Immobilienbewertung hat sich sehr früh, bereits im 19. Jahrhundert, die Lehre von der Unternehmensbewertung entwickelt. Entsprechend der Theorie des objektiven Wertes, wonach der allgemein gültige Wert den dem Gut innewohnenden Eigenschaften entspricht. Demzufolge ist der objektive Wert des Objektes der unter normalen Bedingungen erzielbare Preis, der losgelöst ist von subjektiven Interessen und dem Bewertungszweck. Diese „Objektbezogenheit und Entpersonifizierung"[2] führt dazu, dass sich die Wertbestimmung an vergangenen und gegenwärtigen, aber nicht an zukünftigen wertbestimmenden Größen orientiert. Bereits in den 1920 Jahren schrieb Liebermann, dass der Wert eines Objektes (Unternehmung) eine subjektive Komponente haben muss.[3]

In den 1960er Jahren wurde die objektive Bewertungslehre von der subjektiven Bewertungslehre mehr und mehr abgelöst. Danach ergibt sich der Wert eines Objektes aus der Abwägung von Chancen und Risiken des Käufers/Investors, womit die zukünftigen Entwicklungsperspektiven eines Objektes bestimmend für seinen Wert sind. Im Gegensatz zur objektiven Bewertungslehre, wonach es nur einen (objektiven) Wert für ein Objekt geben kann, existiert nach der subjektiven Bewertungslehre ein Wert, der abhängig ist von dem Subjekt, dem Bewertungszeitpunkt und dem Ort der Bewertung. Der Wert ist damit ein singuläres Ergebnis. Genau darin liegt aber das Problem, weil a) ein Objekt für jede Person einen anderen Wert hat und b) singuläre Ereignisse/Ergebnisse nicht wissenschaftlich sind, weil sie nicht intersubjektiv nachprüfbar und damit objektivierbar sind. Unter wissenschaftstheoretischen Aspekten sind subjektive Werte/Wertergebnisse irrational und normativ.

Sowohl die Wissenschaft als auch die Bewertungspraxis suchte eine Lösung für diese Problematik und entwickelte schon Ende der 1960er Jahre das Konzept der funktionalen Bewertungslehre. Vereinfachend ausgedrückt besteht dies darin, dass einerseits objektive Bewertungskriterien festgelegt werden, andererseits aber dem Bewertungssubjekt zweckabhängig und zukunftsbezogen Freiräume in der Bewertung eingeräumt werden. Am ehesten entspricht der funktionalen Bewertungslehre das Ertragswertverfahren. Dieses Mischverfahren besteht zum einen in der objektiven Verfahrenstechnik und dem Bewertungszweck (Zweckadäquanzprinzip), zum anderen in den subjektiven und realistischen (nachvollziehbaren) Ertragsaussichten, die ein Gutachter dem Bewertungsobjekt zuordnet. Im Gegensatz zur objektiven Wertermittlung (Substanzwert) existiert bei der funktionalen Wertermittlung (Ertragswert) kein einziger allgemeingültiger Wert. „Die funktionale Unternehmensbewertung ist nun seit fast 40 Jahren das Maß aller Dinge in der deutschen Unternehmensbewertungslehre und bis auf wenige Ausnahmen so gut wie unbestritten. Dennoch existieren unterschiedliche Sichtweisen hinsichtlich verschiedener Bewertungsfunktionen und deren inhaltlichen Ausgestaltungen."[4] Das gilt auch für die Immobilienbewertung.

Seit den 1990er Jahren drängt der Marktwert immer mehr in den Vordergrund und damit auch die marktorientierte Bewertung. So werden zur Ermittlung des Marktwertes tatsächliche Marktpreise zu Grunde gelegt, wie z. B. bei der Unternehmensbewertung die Marktpreise (Aktienkurse) börsennotierter Unternehmungen oder bei der Immobilienbewertung die Kaufpreise herangezogen werden. Damit wird die subjektive Komponente (Ermessensspielraum des Gutachters), obgleich nicht vollständig, ersetzt durch die objektivere Komponente des marktbezogenen Wertvergleichs. In Deutschland hat sich über Jahrzehnte das Ertragswertverfahren durchgesetzt, während im angelsächsischen Raum die Bewertung eher als ein investitionstheoretisches Problem gesehen wurde.

---

[2] Vgl. Matschke, M./Brösel, G. (2007), S. 14
[3] Vgl. Liebermann, B. (1923), Der Ertragswert der Unternehmung, Frankfurt a. M., zit. in: Schmitz, C. (2010), S. 15
[4] Schmitz, C. (2010), S. 39

1 Grundlagen der Bewertung

Aus Investitionssicht fehlt dem Ertragswert die handlungsorientierte Wachstumskomponente, d. h. der Wert eines Objektes besteht nicht nur aus seinen Erträgen, sondern auch aus seinen zukünftigen Wertsteigerungen. Bereits 1986 legte Rappaport in seinem Werk „Creating Shareholder Value" den Bewertungsschwerpunkt auf die Sicht des Eigenkapitalgebers und führte gleichzeitig den Discounted-Cashflow-Ansatz (DCF-Verfahren) in Theorie und Praxis ein. Heute ist das DCF-Verfahren ohne Zweifel etabliert.[5] Ebenso wurde in den 1990er Jahre das Vergleichswertverfahren als ein weiterer marktorientierter Unternehmensbewertungsansatz aus den USA in den deutschsprachigen Raum übernommen. Das Vergleichswertverfahren findet Anwendung für Objekte, für die selbst keine Marktpreise existieren (z. B. nicht börsennotierte Unternehmungen). Für diese nicht marktfähigen oder nicht marktgängigen oder nicht am Markt gehandelten Objekte wird der Wert aus tatsächlichen Marktpreisen von Objekten abgeleitet, die in ihren Merkmalen vergleichbar sind. Das Vergleichswertverfahren wurde 2000 vom Institut der deutschen Wirtschaftsprüfer im Standard 1 (IDW S1) akzeptiert. Ebenso wurde das Vergleichswertverfahren 2009 im Erbschaftsteuer- und Schenkungsgesetz und im Bewertungsgesetz (§ 11 Abs. 2) zur Ermittlung des gemeinen Wert von nicht kapitalmarktorientierten Unternehmungen aufgenommen.

1.2 Die Begriffe Preis und Wert

Entsprechend der wirtschaftswissenschaftlichen Wertlehren ergeben sich die verschiedenen Definitionen des Begriffs „Wert". Die objektive Wertlehre des 18. und frühen 19. Jahrhunderts leitete den Wert eines Wirtschaftsgutes aus seinem Werteverzehr an Produktionsfaktoren (= Kosten) ab. Bereits im Utilitarismus von Adam Smith sowie dem klassischen Leitbild des homo oeconomicus ist die individuelle Nutzenmaximierung als zentrale Größe für das Wirtschaften der Subjekte an sich angelegt. Davon ausgehend entwickelte der deutsche Nationalökonom H.H. Gossen die kardinale Nutzentheorie vom abnehmenden Grenznutzen und lieferte damit die Grundlage für weitere ökonomische Schulen des 19. Jahrhunderts: Wiener Schule (Carl Menger), Lausanner Schule (Léon Walras, Vilfredo Pareto), Cambridge Schule (William Jevons, A. Marshall, F. Edgeworth, I. Fisher), Schwedische Schule (K. Wicksell). Der Wert eines Gutes wird bestimmt nach dem Nutzen (Grad der Bedürfnisbefriedigung), den das Gut für das Subjekt hat. Damit ist die Wertbeimessung für ein- und dasselbe Gut jeweils von Subjekt zu Subjekt verschieden.

Der Begriff Preis leitet sich aus dem lateinischen Wort *pretium* (Wert, Kaufpreis) ab. Im Deutschen werden auch die Begriff pretiös (wertvoll) und Pretiosen (Kostbarkeiten) verwendet. Der Preis ist das Ergebnis einer Verhandlung zwischen Subjekten über den Tausch/Handel eines Objektes, d. h. der Preis ergibt sich aus der jeweiligen Übereinkunft zwischen Anbieter und Nachfrager. Damit ist der Preis ein Marktergebnis in der Vergangenheit. Wert und Preis müssen nicht unbedingt übereinstimmen. Dass der Preis einer Sache nicht ihrem Wert entsprechen muss, stellte der BGH in einem Urteil fest.[6] Wenn auch der BGH 1967 grundsätzlich festgestellt hat, dass Preis und Wert einer Sache auseinander liegen können, so hat der BGH 2001 ausdrücklich entschieden, dass bei einem Missverhältnis zwischen Leistung und Gegenleistung der Wuchertatbestand nach § 138 Abs. 2 BGB erfüllt ist, wenn der Wert der Leistung knapp doppelt so hoch ist wie der Wert der Gegenleistung[7] und das Geschäft dann ggf. rückabgewickelt werden muss.

---

[5] Vgl. ebenda, S. 40
[6] Vgl. BGH, Urteil vom 25.10.1967, AZ: VIII ZR 215/66
[7] Vgl. BGH, Urteil vom 19.01.2011, AZ: V ZR 437/99; vgl. hierzu auch BGHZ 146, 298, 302 m. w. N.

IX. Immobilienbewertung

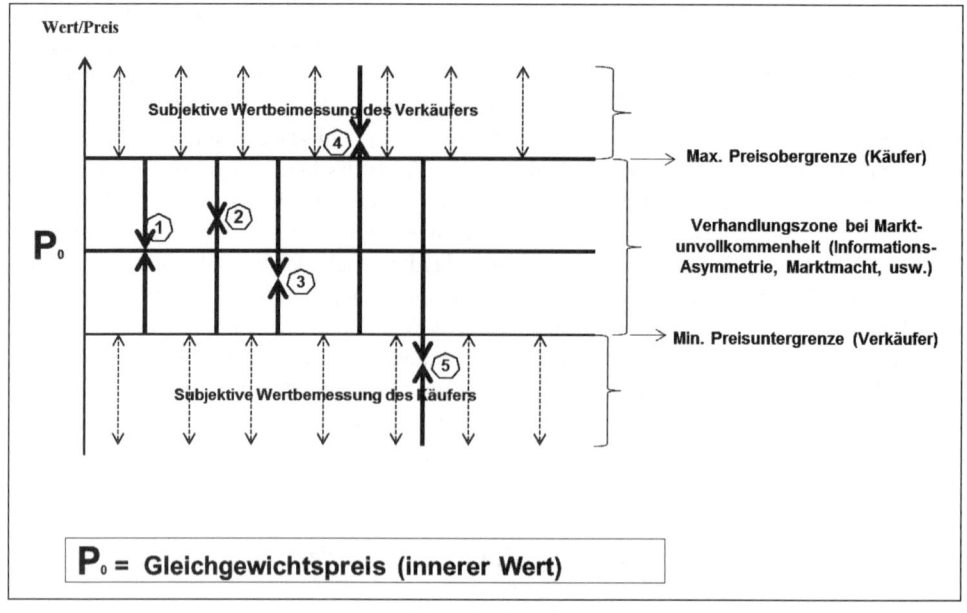

[Diagramm: Preisbildung mit Wert/Preis-Achse, zeigt Subjektive Wertbeimessung des Verkäufers, Max. Preisobergrenze (Käufer), Verhandlungszone bei Marktunvollkommenheit (Informations-Asymmetrie, Marktmacht, usw.), Min. Preisuntergrenze (Verkäufer), Subjektive Wertbemessung des Käufers, mit Punkten ①–⑤ und P_0 = Gleichgewichtspreis (innerer Wert)]

Abb. IX 1: Preisbildung

In Abb. IX 1 gehen Käufer und Verkäufer mit maximalen/minimalen Preisvorstellungen (rationales Verhalten unterstellt) in die Verhandlungen. Beide haben eine subjektive Wertvorstellung von dem Wirtschaftsgut. Der Verkäufer bewertet subjektiv über und der Käufer bewertet subjektiv unter dem inneren Wert. Dieser subjektive Bereich ergibt sich aus der individuellen Nutzenvorstellung des Wirtschaftsgutes. Während der Verkäufer seine Dienstleistung/sein Produkt mehr oder weniger bewusst überschätzt, hat der Käufer eine individuell konkrete Nutzenvorstellung. Beispielsweise wird der Verkäufer eines Gebrauchtwagens oder einer Gebrauchtimmobilie viele Details als Verkaufsargumente anführen, die für ihn wichtig sind, während der Käufer wiederum andere Merkmale subjektiv bewertet, die es für ihn lohnend erscheinen lassen, sich überhaupt mit dem Wirtschaftsgut näher zu beschäftigen. Diese subjektiven Bereiche können sehr unterschiedlich ausfallen: Bei einem Luxusgut wie z. B. mit einem Auto der Premiumklasse, verbindet der Käufer nicht nur die Funktionen und die technischen Leistungen des Autos, sondern auch den Imagegewinn, den Grad des Auffallens, das sich Abheben von der Masse, den Wert des Luxusautos als Statussymbol usw., während der Verkäufer sein Premiumauto als nahezu konkurrenzlos einschätzt. Der Besitzwunsch des Käufers bei superioren Gütern ist bei dem Käufer derart groß, dass er bereit ist, einen Preis weit über dem inneren Wert des Autos zu bezahlen (in der BWL wird dieser Bereich quasi-monopolitisch genannt, da die Preiselastizität der Nachfrage extrem gering ist). In Abb. IX 1 würde sich in diesem Fall die Linie der subjektiven Wertbeimessung des Käufers so weit nach oben verschieben, dass sich ein Preis oberhalb der max. (rationalen) Preisobergrenze ergibt, d. h. der Käufer bewertet den subjektiven Nutzengewinn höher als das Luxusauto objektiven Wert hat. Bei der Verkehrswertermittlung von Immobilien sind genau diese subjektiven Wertmaßstäbe auszublenden. Wenn die subjektiven Einflussgrößen am Verhandlungsbeginn weitgehend eliminiert sind, treten sowohl Käufer als auch Verkäufer in den Verhandlungsbereich ein. In der Verhandlungszone spielen dann andere Kräfte eine Rolle (= Unvollkommenheit der Märkte), die auf die Preisbildung einwirken, wie z. B. die asymmetrische Informationsverteilung zwischen Käufer und Verkäufer, die

Marktmacht (Wettbewerbssituation), das Verhandlungsgeschick und ggf. der Zeitdruck, unter dem Käufer oder Verkäufer stehen. Im Fall 1 in Abb. IX 1 sind Preis und Wert identisch (idealtypisch). So haben inferiore Güter wie z. B. Butter einen Preis, der sehr nahe am inneren Wert liegt. In den Fällen 2 und 3 ergeben sich Preise, die im Verhandlungsbereich liegen (die Abweichungen vom Gleichgewichtspreis ergeben sich aus der Unvollkommenheit der Märkte. Die Fälle 4 und 5 sind sog. Ausreißer (Extremwerte), die außerhalb der Marktrationalität liegen und sich nur aus der individuellen und einmaligen Situation des Käufers (z. B. Sammlerleidenschaft) oder des Verkäufers (z. B. Notverkauf) erklären lassen. Bei der Ableitung des Vergleichswertes aus den Kaufpreissammlungen würde der Gutachterausschuss solche „Ausreißer" ebenfalls außer Acht lassen.

1.3 Anlässe und Funktion der Immobilienbewertung

Es gibt eine Vielzahl von Anlässen, welche die Bewertung von Grundstücken und Gebäuden erforderlich machen. Solche Anlässe sind neben Kauf und Verkauf auch Gutachten für steuerliche Zwecke, Zwangsversteigerungen und Bilanzerstellung. Des Weiteren können Vermögensauseinandersetzungen, z. B. im Erb- oder Scheidungsfall oder Verfahren im Städtebaurecht, wie z. B. Enteignung, Umlegung oder Sanierungs- bzw. Entwicklungsmaßnahmen Auslöser einer Gutachtenserstellung sein. Auch für die Beleihung eines Objektes ist eine Bewertung erforderlich.[8]

Der zu bestimmende Wert einer Immobilie muss dabei immer im Zusammenhang mit dem ausschlaggebenden Bewertungsanlass gesehen werden, da sich die Höhe des Wertes einer Immobilie auch nach dem Zweck der Bewertung richtet.

Aus diesem Grund ist es erforderlich, bei der Wertermittlung den Bewertungsanlass bzw. -zweck mit anzugeben. Nur so ist der von dem Gutachter ermittelte Wert begründbar, nachprüfbar und nachvollziehbar. Ebenso muss in dem Gutachten angegeben werden, welche Funktion der Gutachter innehat und was seine Aufgabe ist. Außerdem muss die Wertgröße, d. h. die jeweilige Immobilie und die anzuwendende Wertdefinition (Verkehrswert, Marktwert, Beleihungswert etc.) festgelegt und begründet werden. Das Wertermittlungsverfahren (Ertragswert-, Sachwert-, Vergleichswertverfahren etc.) muss dabei sorgfältig und aus nachvollziehbaren Gründen ausgewählt werden. Die Wertermittlung muss gemäß den Grundsätzen ordnungsgemäßer Immobilienbewertung durchgeführt werden. So entsteht schließlich das gewünschte nachprüfbare Wertermittlungsergebnis. Dieser Ablauf entspricht der so genannten funktionalen Wertlehre. Sie macht deutlich, dass eine brauchbare Immobilienbewertung die Beachtung der jeweiligen Aufgabenstellung voraussetzt.

Die funktionale Wertlehre unterscheidet drei Hauptfunktionen und drei Nebenfunktionen. Als Hauptfunktionen gelten Vermittlungs-, Beratungs- und Argumentationsfunktion. Die Nebenfunktionen sind Bilanz-, Steuerbemessungs- und Vertragsgestaltungsfunktion. Diese Funktionen bestimmen die Aufgaben des Gutachters. Die Beratungsfunktion bedeutet für den Gutachter, dass er beispielsweise die Preisober- und Preisuntergrenze ermittelt. Im Zuge der Vermittlungsfunktion vermittelt der Gutachter zwischen den Vertragsparteien und bemüht sich um Vorlage eines fairen Einigungspreises. Die Argumentationsfunktion besteht darin, dass der Gutachter eine der Parteien in der Verhandlung argumentativ unterstützt. Im Rahmen der Bilanzfunktion hat der Gutachter die Aufgabe, die Immobilie entsprechend der handels- und steuerrechtlichen Vorgaben in der Bilanz abzubilden. Die Steuerbemessungsfunktion verlangt vom Gutachter, dass er einen Immobilien-

---

[8] Vgl. Paul, E. (2001), S. 612 f.

wert als Steuerbemessungsgrundlage ermittelt. Die Bestimmung eines Werts zur Sicherung von Gesellschafts- und Gesellschafterinteressen resultiert schließlich aus der Vertragsgestaltungsfunktion. Zusammenfassend kann somit festgestellt werden, dass der in einem Gutachten ermittelte Wert nicht nur von den Faktoren, die in § 194 BGB aufgezählt sind, abhängt, sondern auch vom Bewertungsanlass und von den einzelnen Bewertungsfunktionen.

2 Die Immobilienbewertung in Deutschland

2.1 Rechtsgrundlagen und Historie der Immobilienbewertung

Die nachfolgenden Gesetze und Verordnungen bilden aktuell den rechtlichen Rahmen für die Immobilienbewertung in Deutschland:

- Baugesetzbuch i. d. F. von 2011
- Immobilienwertermittlungsverordnung (ImmoWertV 10)
- Wertermittlungsrichtlinie (WertR 2006)
- Bundeshaushaltsordnung (BHO)
- Wohnraumförderungsgesetz (WoFG)
- Baunutzungsverordnung (BauNV)
- Verordnung über die Aufstellung von Betriebskosten (BetrKV)
- Verordnung zur Berechnung der Wohnfläche (WoFLV)
- Zweite Berechnungsverordnung (II. BV) i. d. F. von 2007
- Bundeskleingartengesetz (BKleinG)
- Bundes-Bodenschutzgesetz (BBodSchG)

In den neuen Bundesländern gelten zusätzlich:

- Sachenrechtsbereinigungsgesetz (SachenRBerG)
- Schuldrechtsanpassungsgesetz (SchuldRAnpG)
- Grundstücksrechtsbereinigungsgesetz (GrundRBerG)
- Nutzungsentgeltverordnung (NutzEV)
- Verkehrsflächenbereinigungsgesetz (VerkFlBerG)

Weitere Normen für die Immobilienbewertung sind

- Normalherstellkosten (NHK 2010)
- DIN 276; Kosten im Hochbau
- DIN 277; Grundflächen und Rauminhalte von Bauwerken im Hochbau

Kernstück der deutschen Immobilienbewertung ist die Verkehrswertermittlung auf der Basis der Immobilienwertverordnung von 2010. Nachfolgend ein kurzer historischer Abriss der Wertermittlungsverordnungen in Deutschland:

Die Urfassung der heutigen Verordnung über die Ermittlung der Verkehrswerte von Grundstücken trat am 07.08.1961 in Kraft. Gemäß § 199 Abs. 1 BauGB, wonach die Anwendung gleicher Grundsätze bei der Ermittlung von Verkehrswerten gefordert wird (sog. normiertes Verfahren), konkretisierte die WertV 61 zum ersten Mal die Verfahrensgrundsätze zur Verkehrswertermittlung. Der Gesetzgeber wirkte damit den unterschiedlichen, zum Teil erheblich voneinander abweichenden

Ergebnissen der Verkehrswertermittlung entgegen. In der WertV71 wurde lediglich die WertV61 durch sanierungs- und entwicklungsrechtliche Vorschriften ergänzt. Eine erste große Novellierung der WertV erfolgte 1988. Die WertV88 schaffte die Grundlage für eine bundesweit einheitliche und marktangepasste Wertermittlung. So wird die Verwendung, z. B. die Datenverwendung durch die Gutachterausschüsse, insbesondere die Verwendung von Bodenpreisindexreihen, Umrechnungskoeffizienten, Liegenschaftszinssätzen und Vergleichsfaktoren bebauter Grundstücke, geregelt. Ebenso erfolgt die Einteilung der Bodenflächen in Land- und Forstwirtschaft, Rohbauland, Bauerwartungsland und baureifes Land. 1998 erfolgte eine redaktionelle Anpassung an das novellierte Baugesetzbuch (BauROG 98).

Der Bundesgerichtshof bestätigte in seinem Urteil vom 12.01.2001 (V ZR 420/99), dass die Vorschriften der Wertermittlungsverordnung als allgemeine Grundsätze für die Wertermittlung von bebauten und unbebauten Grundstücken in Deutschland gelten.

Jedoch haben sich in den letzten Jahren tiefgreifende Veränderungen des Immobilienmarktes ergeben:

- Durch die Globalisierung der Märkte wird die deutsche Immobilienbewertungspraxis auch mit den internationalen Bewertungsverfahren konfrontiert und von diesen beeinflusst (Internationalisierung der Immobilienbewertung).
- Die zunehmende Abhängigkeit des Immobilienmarktes vom Kapitalmarkt, führt dazu, dass die Risikobewertung innerhalb der Immobilienbewertung insgesamt einen größeren Stellenwert einnimmt, und dass kapitalmarkttheoretische Instrumente mehr in die Immobilienbewertung übernommen werden.
- Die Veränderungen der Stadtentwicklung durch den demographischen Wandel und die Vernetzung der Städte, der Re- und Suburbanisierungsprozesse und die Ausrichtung des Stadtleitbildes an dem Modell der „sozialen Stadt".
- Die Entwicklung des Bestandsmarktes zu einem Transaktionsmarkt.

Das Bundesministerium für Bau, Verkehr und Stadtentwicklung (BMBVS) setzte bereits 2007 ein Sachverständigengremium (SVG) ein, um Vorschläge für die Anpassung der WertV98 an die o. g. Änderungen zu erarbeiten.

Insgesamt wurden 12 Leitthemen der Überprüfung durch das SVG vorgenommen:

1. Erweiterung der Immobilienbewertung um weitere (internationale) Bewertungsverfahren wie das Discounted-Cashflow-Verfahren
2. Verwaltungsvereinfachung bzw. Anwenderfreundlichkeit
3. Steigerung der Transparenz und der Vergleichbarkeit der Wertermittlung
4. Volatilität der Grundstückswertentwicklung
5. Erarbeitung von Vorschriften zur Ermittlung von Bodenrichtwerten
6. Verallgemeinerung der Liegenschaftszinssätze in Kapitalisierungszinssätze (wurde durch den Verordnungsgeber nicht umgesetzt)
7. Einführung von flächendeckenden Marktanpassungsfaktoren
8. Stärkere Differenzierung zwischen Vergleichspreisen und Kaufpreisen (Vergleichswertverfahren)
9. Festlegung und Vereinheitlichung der Bodenwertermittlung für alle Wertermittlungsverfahren gleichermaßen
10. Einführung verschiedener Varianten des Ertragswertverfahrens einschließlich des DCF-Verfahrens

11. Präzisierung und Straffung der Vorschriften zum Sachwert, Verzicht auf den Begriff des Herstellungswertes
12. Weitgehender Verzicht auf die ergänzenden Vorschriften für Sanierungs- und Entwicklungsmaßnahmen

Eine weitere Empfehlung ist die Verpflichtung, in jedem Bundesland (außer den Stadtstaaten) einen Oberen Gutachterausschuss einzusetzen. Seine Aufgaben sind hauptsächlich die Beschaffung und Analyse wesentlicher Daten des Immobilienmarktes für das jeweilige Bundesland, um damit einen Beitrag zur Erstellung des Immobilienmarktberichts Deutschland zu leisten. Das setzt zwingend voraus, dass die Beschaffung erforderlicher Daten standardisiert wird, um eine Vergleichbarkeit herzustellen.

Die Verordnung über die Grundsätze für die Ermittlung der Verkehrswerte von Grundstücken (Immobilienwertermittlungsverordnung – ImmoWertV) wurde am 19.05.2010 verabschiedet und am 27.05.2010 im Bundesgesetzblatt, S. 639, veröffentlicht.

Die ImmoWertV10 trat am 01. Juli 2010 in Kraft und ist für alle Wertermittlung ab diesem Datum verbindlich anzuwenden.

Materiell ergeben sich zwar keine großen Veränderungen zur WertV98, aber in formaler Hinsicht sind als wesentliche Änderungen zu nennen:

- Änderungen bei der Abfassung der Gutachten
- Veränderungen der Paragraphenhinweise, insbesondere durch § 4 mit der Regelung des Qualitätsstichtags
- Veränderung in der Verfahrenssystematik (integrierte Marktanpassung und nachträgliche Berücksichtigung von Besonderheiten)
- Modifizierte Begriffsbestimmungen für bekannte Inhalte:
  - Statt „sonstige wertbeeinflussende Umstände", jetzt „besondere objektspezifische Merkmale" (§ 8 Abs 3)
  - Statt „beitrags- und abgabenrechtlicher Zustand", jetzt „abgabenrechtlicher Zustand"
  - Statt „Wertminderung wegen Alters", jetzt „Alterswertminderung" (§ 23)
  - Statt „übliche (wirtschaftliche) Gesamtnutzungsdauer", jetzt „wirtschaftliche Nutzungsdauer"
  - Statt „Vervielfältiger", jetzt „Barwertfaktor"
  - Statt „nachhaltige Erträge", jetzt „marktüblich erzielbare Erträge" (§ 17)
  - Statt „Herstellungswert", jetzt „Herstellungskosten" (§ 22)

2.2 Der Verkehrswert

Die einschlägigen Vorschriften zur Ermittlung des Verkehrswerts sind im Baugesetzbuch (BauGB), in der Immobilienwertermittlungsverordnung (ImmoWertV10) sowie in den Wertermittlungsrichtlinien (WertR) niedergelegt. Die gesetzliche Definition des Verkehrswerts ist in § 194 BauGB geregelt. Demnach wird der Verkehrswert (Marktwert) *durch den Preis bestimmt, der in dem Zeitpunkt, auf den sich die Ermittlung bezieht, im gewöhnlichen Geschäftsverkehr nach den rechtlichen Gegebenheiten und tatsächlichen Eigenschaften, der sonstigen Beschaffenheit und der Lage des Grundstücks oder des sonstigen Gegenstands der Wertermittlung ohne Rücksicht auf ungewöhnliche oder persönliche Verhältnisse zu erzielen wäre.*

Somit wird der Verkehrswert bestimmt durch

- den erzielbaren Preis,
- den Zeitpunkt der Wertermittlung,
- den gewöhnlichen Geschäftsverkehr,
- die rechtlichen Gegebenheiten und die tatsächlichen Eigenschaften,
- die allgemeinen Wertverhältnisse auf dem Grundstücksmarkt,
- nicht aber durch ungewöhnliche oder persönliche Verhältnisse.

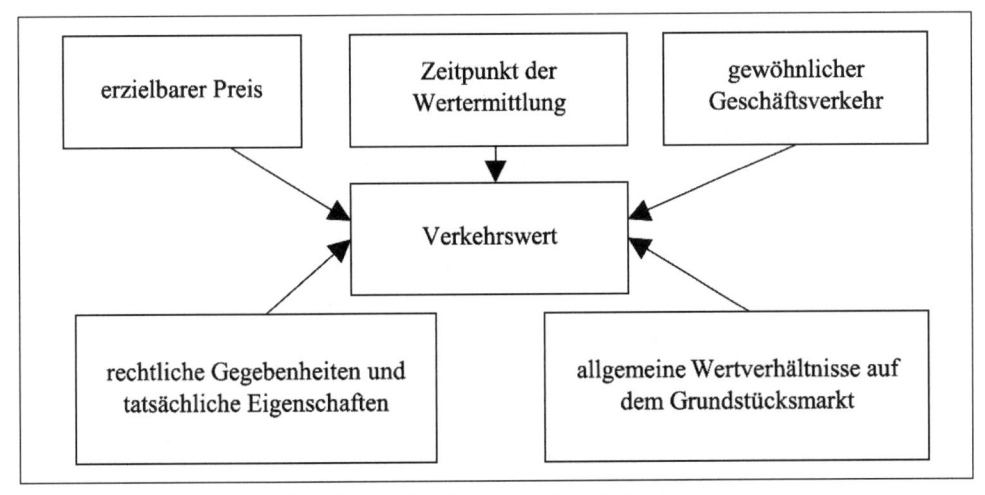

Abb. IX 2: Einflussfaktoren auf den Verkehrswert

Unter dem Begriff des gewöhnlichen Geschäftsverkehrs wird hierbei der Handel auf dem freien Markt verstanden, wobei weder Käufer noch Verkäufer unter Zeitdruck, Zwang oder Not stehen.

Der Zustand des Grundstücks kann durch rechtliche, tatsächliche oder sonstige Gründe maßgebend beeinflusst sein. Diese können in materielle, öffentlich-rechtliche sowie privatrechtliche wertbeeinflussende Eigenschaften und Gegebenheiten untergliedert werden.

- wertbeeinflussende großräumige Lage (Staat, Region, Verdichtungsraum, ländliche Lage),
- Lage im Ort (Zentrumslage, Randlage, Stadtteil und dessen Image),
- Infrastruktur (Verkehrsbedingungen, Einkaufsmöglichkeiten, Schulen usw.),
- Fußgänger- und Verkehrsfrequenz (bei Geschäftsgrundstücken),
- topographische Bedingungen (Erreichbarkeit, Aussichtslage),
- Bodenbeschaffenheit, Kontaminierungen, Altlasten,
- Art, Umfang und Lage vorhandener baulicher Anlagen auf dem Grundstück,
- Standard, Alter und Unterhaltungszustand baulicher Anlagen und
- Baumängel/Bauschäden
- Grundstücke oder grundstücksgleiche Rechte (Erbbaurecht) oder Wohnungs- bzw. Teileigentum, dingliche Rechte Dritter an einem Grundstück (Wohnungsrecht, Nießbrauch, Reallast, Wegerecht, Vorkaufsrecht)
- Vorhandensein, Art und Ausgestaltung von Miet-, Pacht- und sonstigen Nutzungsverträgen[9]
- Entwicklungsstufe von Grundstücken (z. B. Bauerwartungsland, Rohbauland),
- erschließungs- und abgabenrechtlicher Zustand des Grundstücks,

---

[9] Vgl. Knaus, E. (2001), S. 529 f.

- Art der zulässigen baulichen Nutzung (z. B. Wohngebiet, Gewerbegebiet),
- Maß der zulässigen baulichen Nutzung (z. B. Grundflächenzahl, Baumassenzahl),
- sonstige Festsetzungen im Bebauungsplan (z. B. Dachform, Pflanzbindung),
- Bestimmungen der Landesbauordnung,
- Vorhandensein von Baulasten (soweit Bundesländer diese kennen),
- Denkmalschutz und
- naturschutzrechtliche Bestimmungen.

Die allgemeinen Wertverhältnisse auf dem Grundstücksmarkt bestimmen sich nach der Gesamtheit der am Wertermittlungsstichtag für die Preisbildung von Grundstücken im gewöhnlichen Geschäftsverkehr für Angebot und Nachfrage maßgebenden Umstände. Dies können sein:

- Erwartungen hinsichtlich der Inflationsrate,
- Renditen alternativer Investments außerhalb der Anlage in Immobilien,
- Zinsniveau und
- steuerliche Bedingungen.

Bei ungewöhnlichen oder persönlichen Verhältnissen besteht kein gewöhnlicher Geschäftsverkehr mehr. Ungewöhnliche oder persönliche Verhältnisse kommen beispielsweise bei Zwangsversteigerungsverfahren, Preiskonzessionen, familiären Beziehungen, sowie bei besonderer Zahlungsbedingung vor. Dies ist auf der Verkäuferseite z. B. bei einer dringenden Kapitalfreisetzung, die keine Zeit für eine angemessene Vermarktung lässt, der Fall. Andererseits sind Käufer bereit, für ein so genanntes „Liebhaberstück" mehr als den Marktwert zu investieren. Dabei können sowohl Preise, wie Kaufpreis und Mieten, als auch Kosten, wie Bewirtschaftungskosten, durch ungewöhnliche oder persönliche Verhältnisse beeinflusst werden.

2.3 Aufbau der Immobilienwertverordnung 2010

Die ImmoWertV10 ist nach Abschnitten wie folgt gegliedert:

Abschnitt 1 – §§ 1–8 ImmoWertV:	Anwendungsbereich, Begriffsbestimmungen und allgemeine Verfahrensgrundsätze
Abschnitt 2 – §§ 9–14 ImmoWertV:	Bodenrichtwerte und sonstige erforderliche Daten
Abschnitt 3 – §§ 15–23 ImmoWertV:	**Wertermittlungsverfahren** Unterabschnitt 1 – §§ 15,16: Vergleichswertverfahren, Bodenwertermittlung Unterabschnitt 2 – §§ 17–20: Ertragswertverfahren Unterabschnitt 3 – §§ 21–23: Sachwertverfahren
Abschnitt 4 – § 24 ImmoWertV:	Schlussvorschriften

Abb. IX 3: Gliederung der ImmoWertV in Abschnitte

2.4 Anwendungsbereich und Verfahrensgrundsätze (§§ 1–8 ImmoWertV10)

2.4.1 Anwendungsbereich der Wertermittlung (§ 1 ImmoWertV10)

„(1) Bei der Ermittlung der Verkehrswerte (Marktwerte) von Grundstücken, ihrer Bestandteile sowie ihres Zubehörs und bei der Ableitung der für die Wertermittlung erforderlichen Daten einschließlich der Bodenrichtwerte ist diese Verordnung anzuwenden.

(2) Die nachfolgenden Vorschriften sind auf grundstücksgleiche Rechte, Rechte an diesen und Rechte an Grundstücken sowie auf solche Wertermittlungsobjekte, für die kein Markt besteht, entsprechend anzuwenden. In diesen Fällen kann der Wert auf der Grundlage marktkonformer Modelle unter besonderer Berücksichtigung der wirtschaftlichen Vor- und Nachteile ermittelt werden."

Diese Vorschrift gilt für den Begriff des „Marktwertes", der der Definition des § 194 BauGB entspricht. Neu ist die Regelung, dass auch die Bodenrichtwerte nach der ImmoWertV zu ermitteln sind.

Gegenstand der Wertermittlung kann nach § 1 (1) ImmoWertV10 sowohl *das Grundstück* als auch *ein Grundstücksteil* sein. Dabei kann sich die Wertermittlung auf einen Grundstücksteil einschließlich seiner *Bestandteile, wie Gebäude, Außenanlagen und sonstige Anlagen sowie auf das Zubehör, beziehen als auch auf einzelne dieser Gegenstände*. Somit können auch einzelne Bestandteile von Grundstücken selbständig Gegenstand der Wertermittlung sein. Des Weiteren können gemäß WertR auch besondere Betriebseinrichtungen zum Gegenstand der Wertermittlung werden.

Die Außenanlagen umfassen dabei alle Anlagen, die nicht fest mit dem Gebäude verbunden sind. Beispielsweise sind Gartenanlagen, Tore, Mauern, Wegbefestigungen sowie Ver- und Entsorgungsleitungen zu nennen.

Unter sonstigen Anlagen werden Zier- und Nutzgärten verstanden. Wertmäßig werden sonstige Anlagen im Allgemeinen bereits bei der Bodenwertermittlung berücksichtigt. Das Zubehör *sind bewegliche Sachen, die, ohne Bestandteil der Hauptsache zu sein, dem wirtschaftlichen Zweck der Hauptsache, also dem Grundstück oder dem Gebäude, zu dienen bestimmt sind und zu ihr in einem dieser Bestimmung entsprechenden räumlichen Verhältnis stehen* (vgl. § 97 BGB). Zubehör sind demnach u. a. Alarmanlagen, Beleuchtungskörper, Treppenläufer und Mülltonnen.

Besondere Betriebseinrichtungen erhöhen den Wert einer Immobilie, wobei diese Betriebseinrichtungen über den gewöhnlichen Komfort hinausgehen. Dies können beispielsweise Gegensprechanlagen, Lastenaufzüge sowie Müllpressen sein.

Bei Wertermittlungsobjekten, für die kein Markt besteht, z. B. Rechte, die nicht handelbar sind wie das Wohnungsrecht (§ 1093 BGB) oder das Nießbrauchrecht (§ 1030 BGB), ist nach § 1 (2) ImmoWertV10 der *„ Wert auf der Grundlage marktkonformer Modelle unter besonderer Berücksichtigung der wirtschaftlichen Vor- und Nachteile"* zu ermitteln. Ebenso sind *„künftige Entwicklungen wie beispielsweise absehbare anderweitige Nutzung zu berücksichtigen, wenn sie mit hinreichender Sicherheit auf Grund konkreter Tatsachen zu erwarten sind"* (§ 2 ImmoWertV10). Demnach sind die Wertermittlungsverfahren stärker auf zukünftige Entwicklungen auszurichten, konkret wären das z. B. die absehbare demographische Entwicklung, Stadtentwicklungskonzepte, städtebauliche Leitbilder oder Veränderungen der Wirtschafts- und Infrastruktur.

Zusammenfassend bedeutet die Wertermittlung einer Immobilie, einerseits ihre Qualität zu bestimmen und andererseits die Marktlage (Konjunktur) standort- und nutzungsspezifisch (Teilmarkt, Marktsegmente) zu erfassen. Grundsätzlich muss eine Immobilienbewertung intersubjektiv nachprüfbar sein (d.h. ein sachverständiger Dritter kommt mit den gleichen Parametern und Verfahren zum selben Ergebnis). Dies setzt insbesondere voraus, dass

a) das Bewertungsobjekt vollständig und wertrelevant beschrieben wird
b) die Wertermittlungsgrundlage, wie objekt- und methodenbezogene Auswertung von Vergleichspreisen und Faktoren, vollständig dargelegt wird
c) die Bewertungsmethode begründet wird und
d) der ermittelte Verkehrswert abschließend unter objekt- und marktbezogenen Aspekten gewürdigt wird.

2.4.2 Grundlagen der Wertermittlung (§ 2 ImmoWertV10)

„Der Wertermittlung sind die allgemeinen Wertverhältnisse auf dem Grundstücksmarkt am Wertermittlungsstichtag (§ 3) und der Grundstückszustand am Qualitätsstichtag (§ 4) zugrunde zu legen. Künftige Entwicklungen wie beispielsweise absehbare anderweitige Nutzungen (§ 4 Absatz 3 Nummer 1) sind zu berücksichtigen, wenn sie mit hinreichender Sicherheit auf Grund konkreter Tatsachen zu erwarten sind. In diesen Fällen ist auch die voraussichtliche Dauer bis zum Eintritt der rechtlichen und tatsächlichen Voraussetzungen für die Realisierbarkeit einer baulichen oder sonstigen Nutzung eines Grundstücks (Wartezeit) zu berücksichtigen."

Gegenüber der WertV98 werden hier die Grundlagen der Wertermittlung in einem Paragraphen zusammengefasst. Es wird die Stichtagsbezogenheit der Wertermittlung grundsätzlich festgeschrieben, wobei – und das ist neu – unterschieden wird zwischen dem Wertermittlungsstichtag für die allgemeinen Wertverhältnisse und dem Qualitätsstichtag (QST) für den Grundstückszustand. Beide Stichtage werden dann in den nachfolgenden §§ 3 und 4 ImmoWertV10 näher bezeichnet. Zukünftige Entwicklungen sind nur dann zu berücksichtigen, wenn diese mit hinreichender Sicherheit und aufgrund konkreter Tatsachen wie Stadtumbaukonzepte, Stadtplanungsmaßnahmen, Planfeststellungsverfahren, Bescheide über Fördermittel (mit Regelungen über die Miethöhe) für den sozialen Wohnungsbau, oder Miet- und Pachtverträge mit Staffelmieten/Änderungsterminen belegt werden können, d.h. es wird eine dokumentierte und begründete Datenbasis für die Einschätzung zukünftiger Entwicklungen verlangt. Damit werden die Forderungen der Rechtsprechung in die Verordnung übernommen. Damit gibt es keinen Raum für Vermutungen, Meinungen, Interpretation oder gar Spekulationen seitens der Gutachter. Weiterhin ist die Wartezeit, d.h. die Zeit bis zum Eintreten der zukünftigen Entwicklungen, zu berücksichtigen und anzugeben.

2.4.3 Wertermittlungsstichtag und allgemeine Wertverhältnisse (§ 3 ImmoWertV10)

„(1) Der Wertermittlungsstichtag ist der Zeitpunkt, auf den sich die Wertermittlung bezieht.
(2) Die allgemeinen Wertverhältnisse auf dem Grundstücksmarkt bestimmen sich nach der Gesamtheit der am Wertermittlungsstichtag für die Preisbildung von Grundstücken im gewöhnlichen Geschäftsverkehr (marktüblich) maßgebenden Umstände wie nach der allgemeinen Wirtschaftslage, den Verhältnissen am Kapitalmarkt sowie den wirtschaftlichen und demographischen Entwicklungen des Gebiets."

Wirtschaftslage und Entwicklungen werden in der Regel als Strukturdaten erfasst, wie z. B. Arbeitsmarktdaten, Kaufkraftkennziffern, Verschuldungsquoten, Zentralitätskennziffern, Bevölkerungsstrukturentwicklung, oder Leerstandsquoten, d. h. der Gutachter muss keine eigenen Erhebungen vornehmen, sondern kann sich auf Statistiken und Erhebungen beziehen, wobei er jedoch die Quelle und das Datum anzugeben hat.

2.4.4 Qualitätsstichtag und Grundstückszustand (§ 4 ImmoWertV10)

„(1) Der Qualitätsstichtag ist der Zeitpunkt, auf den sich der für die Wertermittlung maßgebliche Grundstückszustand bezieht. Er entspricht dem Wertermittlungsstichtag, es sei denn, dass aus rechtlichen oder sonstigen Gründen der Zustand des Grundstücks zu einem anderen Zeitpunkt maßgebend ist.

(2) Der Zustand eines Grundstücks bestimmt sich nach der Gesamtheit der verkehrswertbeeinflussenden rechtlichen Gegebenheiten und tatsächlichen Eigenschaften, der sonstigen Beschaffenheit und der Lage des Grundstücks (Grundstücksmerkmale). Zu den Grundstücksmerkmalen gehören insbesondere der Entwicklungszustand (§ 5), die Art und das Maß der baulichen oder sonstigen Nutzung (§ 6 Absatz 1), die wertbeeinflussenden Rechte und Belastungen (§ 6 Absatz 2), der abgabenrechtliche Zustand (§ 6 Absatz 3), die Lagemerkmale (§ 6 Absatz 4) und die weiteren Merkmale (§ 6 Absatz 5 und 6).

(3) Neben dem Entwicklungszustand (§ 5) ist bei der Wertermittlung insbesondere zu berücksichtigen, ob am Qualitätsstichtag

1. eine anderweitige Nutzung von Flächen absehbar ist,
2. Flächen auf Grund ihrer Vornutzung nur mit erheblich über dem Üblichen liegenden Aufwand einer baulichen oder sonstigen Nutzung zugeführt werden können,
3. Flächen von städtebaulichen Missständen oder erheblichen städtebaulichen Funktionsverlusten betroffen sind,
4. Flächen einer dauerhaften öffentlichen Zweckbestimmung unterliegen,
5. Flächen für bauliche Anlagen zur Erforschung, Entwicklung oder Nutzung von Erneuerbaren Energien bestimmt sind,
6. Flächen zum Ausgleich für Eingriffe in Natur und Landschaft genutzt werden oder ob sich auf Flächen gesetzlich geschützte Biotope befinden."

Bislang definierten die alten WertV den Wertermittlungsstichtag als den Tag, zu dem der Verkehrswert zu ermitteln ist. Dabei wurde davon ausgegangen, dass zu diesem Datum auch die Grundstücksmerkmale zu ermitteln sind, was aber nicht mit den Bestimmungen des BauGB übereinstimmt. Das BauGB enthält Vorschriften, wonach zwar die Wertermittlung zu einem Wertermittlungsstichtag erfolgen soll, dabei aber die Qualität des Grundstücks zu einem anderen Zeitpunkt zu ermitteln ist. Beispiele hierfür sind das Enteignungsrecht des BauGB oder Ausgleichsbeträge in Sanierungs- und Entwicklungsgebieten oder bei der Berücksichtigung des Zugewinnausgleichs in der ehelichen Gütergemeinschaft. In Sanierungsgebieten kann u. U. der Wertermittlungsstichtag und der Qualitätsstichtag erheblich, in Einzelfällen sogar mehr als 30 Jahre, voneinander abweichen.

§ 4 Abs. 3 Satz 1: Zu den Flächen, für die eine andere Nutzung absehbar ist gehören beispielsweise Agrarflächen (Wiesen- oder hochwertige Ackerflächen), die für einen Reiterhof oder einen Golfplatz, oder für einen Zuchtbetrieb von exotischen Tieren wie Strauße, oder für eine Schießanlage usw. vorgesehen sind.

§ 4 Abs. 3 Satz 2: Zu den Flächen, die auf Grund ihrer Vornutzung nur mit erheblich über dem Üblichen liegenden Aufwand einer baulichen oder sonstigen Nutzung zugeführt werden können, zählen insbesondere Flächen mit Altlasten wie Konversions-, Industrie-, oder Gewerbeflächen, deren Wert i.d.R. geringer ist als die planungsbedingte Herabstufung der Entwicklungsstufe (Planungsschäden).

§ 4 Abs. 3 Satz 3: Zu den Flächen, die von städtebaulichen Missständen oder Funktionsverlusten betroffen sind, zählen insbesondere Sanierungsgebiete (§ 136 Abs. 2 und 3 BauGB) und Stadtumbaugebiete (§ 171a Abs. 2 BauGB).

§ 4 Abs. 3 Satz 4: Zu den Flächen einer dauerhaften öffentlichen Zweckbestimmung gehören die Gemeinbedarfsflächen. Dies sind öffentliche Flächen der allgemeinen Nutzung (Gemeingebrauch), wie Schulen, Kindergärten, Kirchen, kulturelle Einrichtungen oder öffentliche Straßen.

§ 4 Abs. 3 Satz 5: Zu den Flächen für bauliche Anlagen zur Erforschung, Entwicklung oder Nutzung von erneuerbaren Energien zählen Flächen für Windkraftanlagen, für solare Strahlungsenergie, für Geothermie, oder für Energien aus Biomasse oder Wasserkraft.

§4 Abs. 4 Satz 6: Zu den Flächen, die zum Ausgleich für Eingriffe in Natur und Landschaft genutzt werden oder auf denen sich gesetzlich geschützte Biotope befinden, gehören Kompensationsflächen, die keinen eigenen Entwicklungszustand bilden, sondern als Grün-, Park-, Erholungs- oder Biotopflächen einzustufen sind.

In der Regel fallen Qualitätsstichtag und Wertermittlungsstichtag zusammen, aber nach der ImmoWertV10 ist dies nicht zwingend.

2.4.5 Entwicklungszustand (§ 5 ImmoWertV10)

„(1) Flächen der Land- oder Forstwirtschaft sind Flächen, die, ohne Bauerwartungsland, Rohbauland oder baureifes Land zu sein, land- oder forstwirtschaftlich nutzbar sind.

(2) Bauerwartungsland sind Flächen, die nach ihren weiteren Grundstücksmerkmalen (§ 6), insbesondere dem Stand der Bauleitplanung und der sonstigen städtebaulichen Entwicklung des Gebiets, eine bauliche Nutzung auf Grund konkreter Tatsachen mit hinreichender Sicherheit erwarten lassen.

(3) Rohbauland sind Flächen, die nach den §§ 30, 33 und 34 des Baugesetzbuchs für eine bauliche Nutzung bestimmt sind, deren Erschließung aber noch nicht gesichert ist oder die nach Lage, Form oder Größe für eine bauliche Nutzung unzureichend gestaltet sind.

(4) Baureifes Land sind Flächen, die nach öffentlich-rechtlichen Vorschriften und den tatsächlichen Gegebenheiten baulich nutzbar sind."

Bereits die WertV98 regelte den Entwicklungszustand, wenngleich die Bedeutung mit der Vorschrift ergänzt wurde, dass ab dem 01.07.2009 flächendeckend Bodenrichtwerte für alle Entwicklungszustände – also nicht nur für baureifes Land sondern auch Agrarland – durch die Gutachterausschüsse ermittelt werden müssen (Abb. IX.4).

2.4.6 Weitere Grundstücksmerkmale (§ 6 ImmoWertV10)

„(1) Art und Maß der baulichen oder sonstigen Nutzung ergeben sich in der Regel aus den für die planungsrechtliche Zulässigkeit von Vorhaben maßgeblichen §§ 30, 33 und 34 des Baugesetzbuchs und den sonstigen Vorschriften, die die Nutzbarkeit betreffen. Wird vom Maß der zulässigen Nutzung in der Umgebung regelmäßig abgewichen, ist die Nutzung maßgebend, die im gewöhnlichen Geschäftsverkehr zugrunde gelegt wird.

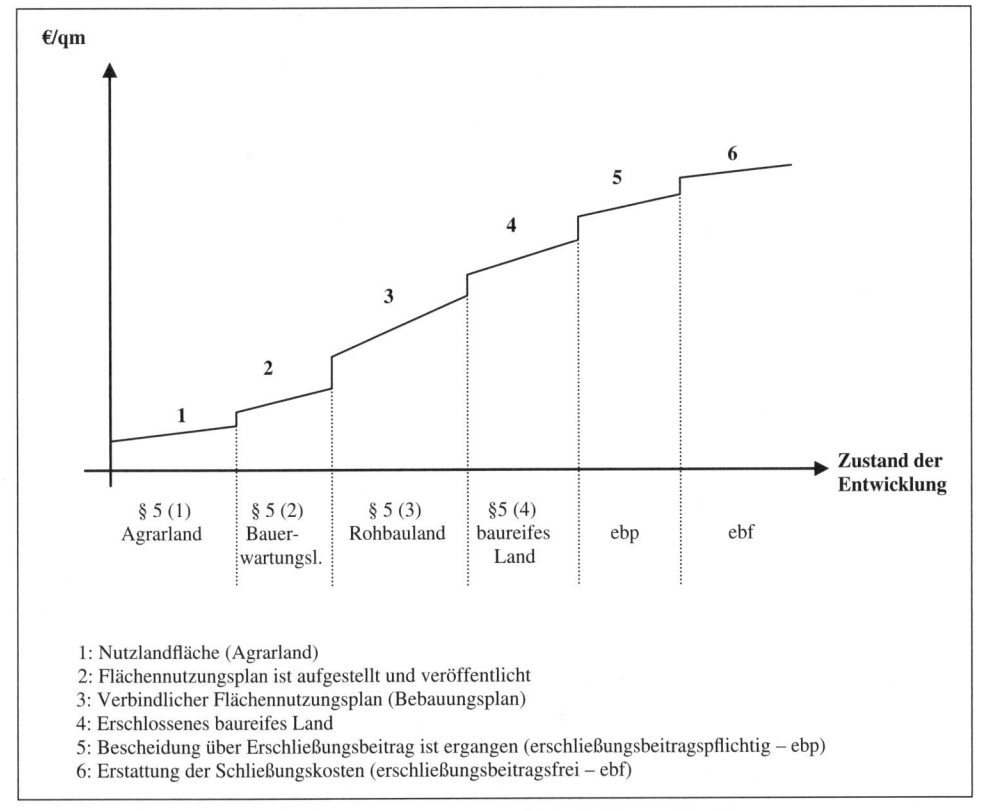

Abb. IX 4: Entwicklungszustand nach § 5 ImmoWertV

(2) Als wertbeeinflussende Rechte und Belastungen kommen insbesondere Dienstbarkeiten, Nutzungsrechte, Baulasten sowie wohnungs- und mietrechtliche Bindungen in Betracht.

(3) Für den abgabenrechtlichen Zustand des Grundstücks ist die Pflicht zur Entrichtung von nichtsteuerlichen Abgaben maßgebend.

(4) Lagemerkmale von Grundstücken sind insbesondere die Verkehrsanbindung, die Nachbarschaft, die Wohn- und Geschäftslage sowie die Umwelteinflüsse.

(5) Weitere Merkmale sind insbesondere die tatsächliche Nutzung, die Erträge, die Grundstücksgröße, der Grundstückszuschnitt und die Bodenbeschaffenheit wie beispielsweise Bodengüte, Eignung als Baugrund oder schädliche Bodenveränderungen. Bei bebauten Grundstücken ist dies zusätzlich insbesondere die Gebäudeart, die Bauweise und Baugestaltung, die Größe, Ausstattung und Qualität, der bauliche Zustand, die energetischen Eigenschaften, das Baujahr und die Restnutzungsdauer.

(6) Die Restnutzungsdauer ist die Zahl der Jahre, in denen die baulichen Anlagen bei ordnungsgemäßer Bewirtschaftung voraussichtlich noch wirtschaftlich genutzt werden können; durchgeführte Instandsetzungen oder Modernisierungen oder unterlassene Instandhaltungen oder andere Gegebenheiten können die Restnutzungsdauer verlängern oder verkürzen. Modernisierungen sind beispielsweise Maßnahmen, die eine wesentliche Verbesserung der Wohn- oder sonstigen Nutzungsverhältnisse oder wesentliche Einsparungen von Energie oder Wasser bewirken."

Diese Aufzählung der weiteren Grundstücksmerkmale ist nicht abschließend. Die energetischen Eigenschaften sind auf der Basis eines Energieausweises zu beurteilen. Liegt dieser nicht vor, so kann der energetische Zustand des Gebäudes nur auf Grund der örtlichen Eindrücke geschätzt werden, d. h. es wird von einem baujahrstypisch durchschnittlichen Energieverbrauchskennwert ausgegangen.

2.4.7 Ungewöhnliche und persönliche Verhältnisse (§ 7 ImmoWertV10)

„Zur Wertermittlung und zur Ableitung erforderlicher Daten für die Wertermittlung sind Kaufpreise und andere Daten wie Mieten und Bewirtschaftungskosten heranzuziehen, bei denen angenommen werden kann, dass sie nicht durch ungewöhnliche oder persönliche Verhältnisse beeinflusst worden sind. Eine Beeinflussung durch ungewöhnliche oder persönliche Verhältnisse kann angenommen werden, wenn Kaufpreise und andere Daten erheblich von den Kaufpreisen und anderen Daten in vergleichbaren Fällen abweichen."

Eine derartige Beeinflussung kann angenommen werden bei Kaufpreisen zwischen Verwandten oder verbundenen Unternehmen.

2.4.8 Ermittlung des Verkehrswertes (§ 8 ImmoWertV10)

„(1) Zur Wertermittlung sind das Vergleichswertverfahren (§ 15) einschließlich des Verfahrens zur Bodenwertermittlung (§ 16), das Ertragswertverfahren (§§ 17 bis 20), das Sachwertverfahren (§§ 21 bis 23) oder mehrere dieser Verfahren heranzuziehen. Die Verfahren sind nach der Art des Wertermittlungsobjekts unter Berücksichtigung der im gewöhnlichen Geschäftsverkehr bestehenden Gepflogenheiten und der sonstigen Umstände des Einzelfalls, insbesondere der zur Verfügung stehenden Daten, zu wählen; die Wahl ist zu begründen. Der Verkehrswert ist aus dem Ergebnis des oder der herangezogenen Verfahren unter Würdigung seines oder ihrer Aussagefähigkeit zu ermitteln.

(2) In den Wertermittlungsverfahren nach Absatz 1 sind regelmäßig in folgender Reihenfolge zu berücksichtigen:

1. die allgemeinen Wertverhältnisse auf dem Grundstücksmarkt (Marktanpassung),
2. die besonderen objektspezifischen Grundstücksmerkmale des zu bewertenden Grundstücks.

(3) Besondere objektspezifische Grundstücksmerkmale wie beispielsweise eine wirtschaftliche Überalterung, ein überdurchschnittlicher Erhaltungszustand, Baumängel oder Bauschäden sowie von den marktüblich erzielbaren Erträgen erheblich abweichende Erträge können, soweit dies dem gewöhnlichen Geschäftsverkehr entspricht, durch marktgerechte Zu- oder Abschläge oder in anderer geeigneter Weise berücksichtigt werden."

Der Gutachter hat die Wahl des oder der angewandten Verfahren zu begründen (vgl. § 8 (1)). Aufgrund der gesetzlichen Regelungen werden diese Verfahren auch normierte Verfahren genannt.

Dabei ist es wichtig zu berücksichtigen, dass der Verkehrswert nicht nur aus dem Ergebnis des herangezogenen Verfahrens ermittelt wird. Der Verkehrswert ist auch unter Berücksichtigung der Lage auf den Grundstücksmarkt (vgl. § 3) zu bemessen. Sollten mehrere Verfahren herangezogen worden sein, ist der Verkehrswert aus den Ergebnissen der angewandten Verfahren unter Würdigung ihrer Aussagefähigkeit zu bemessen. Die Aussagefähigkeit wird dabei an der Art der Nutzung (z. B.

Wohn- oder Geschäftsnutzung) sowie an der Gebäudeart (z. B. Geschäftshaus, Shopping Center oder Wohnhaus) gemessen.

Zu beachten ist, dass faktisch bei der Verkehrswertermittlung nur ein angenäherter Wert feststellbar ist. Die Bewertung sowie die Bewertungsmaßstäbe werden durch subjektive Tendenzen des Bewertenden beeinflusst. Demnach ist es nicht ungewöhnlich, wenn die von verschiedenen Gutachtern festgestellten Verkehrswerte voneinander abweichen. Folglich sind die Ergebnisse der Wertermittlung und der tatsächlich am Markt erzielte Preis nicht unbedingt identisch und können sogar erheblich voneinander abweichen. Dies kann auf unterschiedliche Beurteilungskriterien, die Marktentwicklung z. B. in Bezug auf die Mietsituation, die Auslastung oder aber auch auf die Bauqualität zurückgeführt werden.

Gegenüber der WertV98 wurde der Grundsatz der integrierten Marktanpassung innerhalb der Verfahren sowie der nachträglichen Berücksichtigung objektspezifischer Grundstücksmerkmale (in der alten WertV: „sonstige wertbeeinflussende Wertumstände") eingeführt, d. h. es wird eine Rangfolge in der Weise vorgeschrieben, dass zuerst die Marktanpassung der vorläufigen Werte erfolgt, dann die Würdigung der Objektbesonderheiten. Daraus ergibt sich folgendes vereinfachtes Ablaufschema der Verkehrswertermittlung:

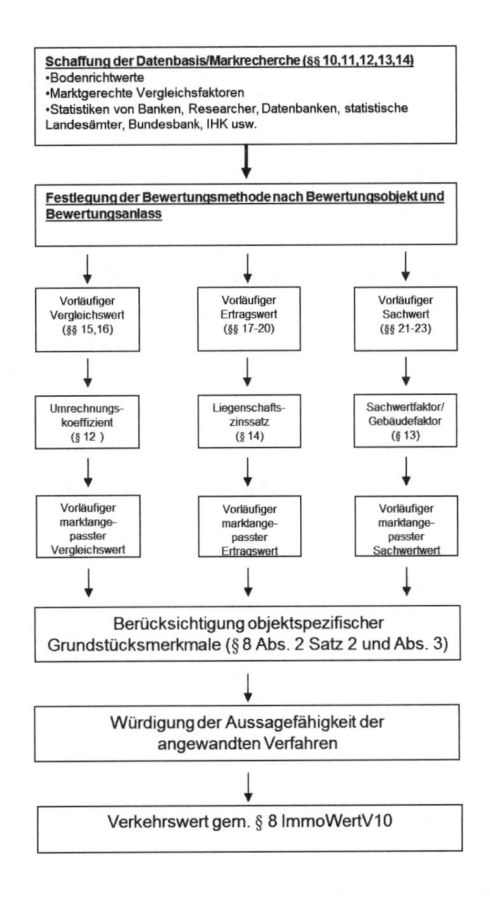

Abb. IX 5: Vereinfachtes Ablaufschema der Verkehrswertermittlung

2.5 Bodenrichtwert und sonstige erforderliche Daten (§§ 9–14 ImmoWertV10)

2.5.1 Grundlagen der Ermittlung (§ 9 ImmoWertV10)

„*(1) Bodenrichtwerte (§ 10) und sonstige für die Wertermittlung erforderliche Daten sind insbesondere aus der Kaufpreissammlung (§ 193 Absatz 5 Satz 1 des Baugesetzbuchs) auf der Grundlage einer ausreichenden Zahl geeigneter Kaufpreise unter Berücksichtigung der allgemeinen Wertverhältnisse zu ermitteln. Zu den sonstigen erforderlichen Daten gehören insbesondere Indexreihen (§ 11), Umrechnungskoeffizienten (§ 12), Vergleichsfaktoren für bebaute Grundstücke (§ 13) sowie Marktanpassungsfaktoren und Liegenschaftszinssätze (§ 14).*

(2) Kaufpreise solcher Grundstücke, die in ihren Grundstücksmerkmalen voneinander abweichen, sind im Sinne des Absatzes 1 Satz 1 nur geeignet, wenn die Abweichungen

1. in ihren Auswirkungen auf die Preise sich ausgleichen,
2. durch Zu- oder Abschläge oder
3. durch andere geeignete Verfahren berücksichtigt werden können."

Die Anforderungen an die Kaufpreissammlung sind höher als in der WertV98, insbesondere hinsichtlich der ausreichenden Zahl geeigneter Kaufpreise. Es ist fraglich, ob alle Gutacherausschüsse personell, kapazitätsmäßig und technisch in der Lage sind, diesen Anforderungen zu genügen.

2.5.2 Bodenrichtwerte (§ 10 ImmoWertV10)

„*(1) Bodenrichtwerte (§ 196 des Baugesetzbuchs) sind vorrangig im Vergleichswertverfahren (§ 15) zu ermitteln. Findet sich keine ausreichende Zahl von Vergleichspreisen, kann der Bodenrichtwert auch mit Hilfe deduktiver Verfahren oder in anderer geeigneter und nachvollziehbarer Weise ermittelt werden. Die Bodenrichtwerte sind als ein Betrag in Euro pro Quadratmeter Grundstücksfläche darzustellen.*

(2) Von den wertbeeinflussenden Merkmalen des Bodenrichtwertgrundstücks sollen der Entwicklungszustand und die Art der Nutzung dargestellt werden. Zusätzlich sollen dargestellt werden:

1. bei landwirtschaftlich genutzten Flächen gegebenenfalls die Bodengüte als Acker- oder Grünlandzahl,
2. bei baureifem Land der erschließungsbeitragsrechtliche Zustand sowie je nach Wertrelevanz das Maß der baulichen Nutzung, die Grundstücksgröße, -tiefe oder -breite und
3. bei förmlich festgelegten Sanierungsgebieten (§ 142 des Baugesetzbuchs) und förmlich festgelegten Entwicklungsbereichen (§ 165 des Baugesetzbuchs) der Grundstückszustand, auf den sich der Bodenrichtwert bezieht; dabei ist entweder der Grundstückszustand vor Beginn der Maßnahme oder nach Abschluss der Maßnahme darzustellen.

Deckt der Bodenrichtwert verschiedene Nutzungsarten oder verschiedene Nutzungsmaße ab, sollen diese ebenfalls dargestellt werden.

(3) Die Bodenrichtwerte sind in automatisierter Form auf der Grundlage der amtlichen Geobasisdaten zu führen."

Grundsätzlich sollten die Bodenrichtwerte nach der Richtlinie zur Ermittlung der Bodenrichtwerte (Bodenrichtwertrichtlinie – BRW-RL) erfolgen. Der Hintergrund für die detaillierte Regelung des

Bodenrichtwertes in der ImmoWertV10 ist die Erbschaftsteuerreform 2009, nach der die Anforderungen an Bodenrichtwerte bundeseinheitlich normiert werden müssen. Nach § 196 BauGB müssen die Bodenrichtwerte flächendeckend für den Zuständigkeitsbereich je eines Gutachterausschusses ermittelt werden, indem Bodenrichtwertzonen (und für diese jeweils alle Entwicklungsstufen) erstellt werden. Dies gilt auch für kaufpreisarme Märkte sowie für selten gehandelte Entwicklungszustände, z. B. Bauerwartungsland oder Rohbauland. In solchen Gebieten ist aufgrund der nicht ausreichenden Kaufpreissammlungen (Datenbasis) die Anwendung des Vergleichswertverfahrens ausgeschlossen, so dass nach § 10 Abs. 1 Satz 2 ImmoWertV10 das deduktive Verfahren zwecks Bodenrichtwertableitung angewendet werden darf. So können bspw. Bodenrichtwerte für Bauerwartungsland oder Rohbauland deduktiv aus angrenzendem baureifem Bauland abgeleitet werden. Ebenso ist das Residualverfahren erlaubt. Bei Bodenrichtwertgrundstücken ist insbesondere bei landwirtschaftlichen Flächen die Bodengüte, bei baureifem Land der erschließungsbeitragsrechtliche Zustand und bei Sanierungsgebieten und Entwicklungsbereichen der Grundstückszustand zu berücksichtigen.

2.5.3 Indexreihen (§ 11 ImmoWertV10)

„(1) Änderungen der allgemeinen Wertverhältnisse auf dem Grundstücksmarkt sollen mit Indexreihen erfasst werden.

(2) Indexreihen bestehen aus Indexzahlen, die sich aus dem durchschnittlichen Verhältnis der Preise eines Erhebungszeitraums zu den Preisen eines Basiszeitraums mit der Indexzahl 100 ergeben. Die Indexzahlen können auch auf bestimmte Zeitpunkte des Erhebungs- und Basiszeitraums bezogen werden.

(3) Die Indexzahlen werden für Grundstücke mit vergleichbaren Lage- und Nutzungsverhältnissen abgeleitet. Das Ergebnis eines Erhebungszeitraums kann in geeigneten Fällen durch Vergleich mit den Indexreihen anderer Bereiche und vorausgegangener Erhebungszeiträume geändert werden.

(4) Indexreihen können insbesondere abgeleitet werden für

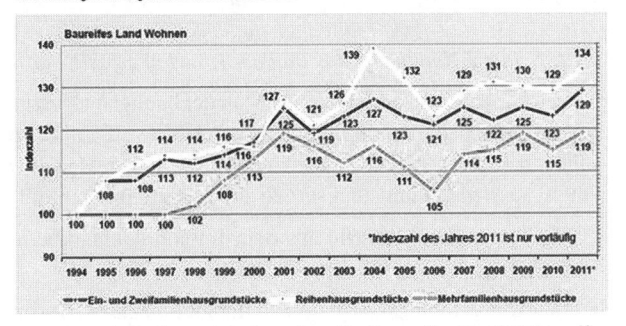

Abb. IX 6: Bodenpreisindexreihen für Baureifes Land Wohnen[10]

---

[10] Gutachterausschuss für die Ermittlung von Grundstückswerten und sonstigen Wertermittlungen in Karlsruhe (2012), S. 36

1. Bodenpreise,
2. Preise für Eigentumswohnungen und
3. Preise für Einfamilienhäuser."

Durch die Indexreihen werden schwankende bzw. volatile Immobilienpreise intertemporal vergleichbar, womit eine Marktanpassung in zeitlicher Hinsicht möglich und begründbar sein wird.

Abb. IX 6 und Abb. IX 7 zeigen Beispiele für Indexreihen aus dem Immobilienmarktbericht 2011 der Stadt Karlsruhe:

Die Indexreihen zeigen die Änderungen allgemeiner Wertverhältnisse auf den Immobilien- und

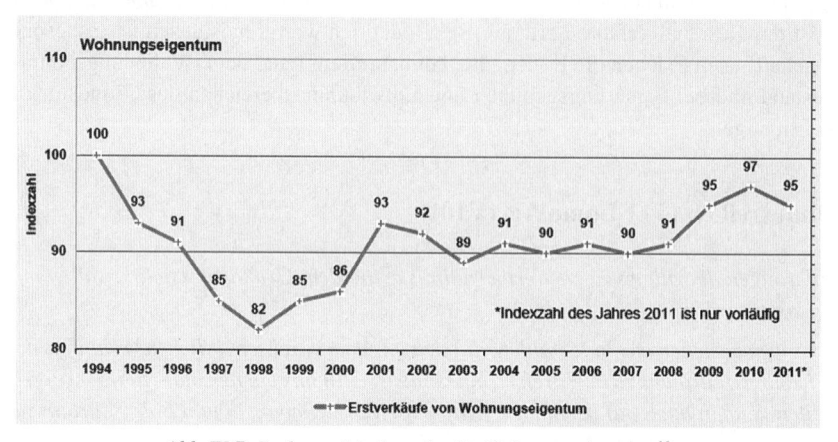

Abb. IX 7: Bodenpreisindexreihe für Wohnungseigentum[11]

Grundstücksmärkten und ermöglichen so eine Umrechnung von Kaufpreisen auf bestimmte Stichtage.

2.5.4 Umrechnungskoeffizienten (§ 12 ImmoWertV10)

„*Wertunterschiede von Grundstücken, die sich aus Abweichungen bestimmter Grundstücksmerkmale sonst gleichartiger Grundstücke ergeben, insbesondere aus dem unterschiedlichen Maß der baulichen Nutzung oder der Grundstücksgröße und -tiefe, sollen mit Hilfe von Umrechnungskoeffizienten (§ 193 Absatz 5 Satz 2 Nummer 3 des Baugesetzbuchs) erfasst werden.*"

Wertunterschiede, die sich aus dem unterschiedlichen Maß der baulichen Nutzung – wie der GFZ – ergeben, können bezogen auf einen Immobilienmarkt mit Hilfe von Umrechnungskoeffizienten erfasst werden. Gegenüber der WertV98 wird bei dem unterschiedlichen Maß der baulichen Nutzung (sog. GFZ-Koeffizienten) auch die Grundstücksgröße sowie -tiefe mit aufgeführt.

Abb. IX 8 zeigt die GFZ-Umrechnungstabelle aus dem Immobilienmarkbericht 2011 der Stadt Karlsruhe:

Der Gutachter hat bei den Umrechnungskoeffizienten darauf zu achten, dass die Umrechnungen sich auf Grundstücke im gleichen Erschließungsbeitragszustand beziehen. Die in der Abbildung

---

[11] Ebenda, S. 37

GFZ	Umrechnungskoeffizienten		GFZ	Umrechnungskoeffizienten	
	WertR 2006	Karlsruhe		WertR 2006	Karlsruhe
0,4	0,66	0,71	1,5	1,24	1,24
0,5	0,72	0,76	1,6	1,28	1,29
0,6	0,78	0,81	1,7	1,32	1,34
0,7	0,84	0,86	1,8	1,36	1,39
0,8	0,90	0,90	1,9	1,41	1,43
0,9	0,95	0,95	2,0	1,45	1,48
1,0	1,00	1,00	2,1	1,49	1,53
1,1	1,05	1,05	2,2	1,53	1,58
1,2	1,10	1,10	2,3	1,57	1,63
1,3	1,14	1,14	2,4	1,61	1,68
1,4	1,19	1,19			

GFZ = Geschossflächenzahl (GFZ) im Sinne § 20 BauNVO.; Zwischenwerte lassen sich durch interpolieren berechnen.

Abb. IX 8: GFZ-Umrechnungstabelle Karlsruhe[12]

genannten GFZ-Umrechnungskoeffizienten werden für den erschließungsbeitragsfreien (ebf) Zustand verwendet.

Dazu in Abb. IX 9 ein Rechenbeispiel aus dem Immobilienmarktbericht 2011 Karlsruhe:

Anwendungsbeispiel	
Vorhanden:	Vergleichspreis (Bodenrichtwert) bei einer zulässigen GFZ von 0,8 beträgt 300 Euro/m² ebf
Gesucht:	Bodenwert für ein gleichartiges Grundstück mit einer zulässigen GFZ von 1,6
Berechnung:	1. Aus Tabelle „GFZ Umrechnungskoeffizienten" entnehmen: Umrechnungskoeffizient für GFZ von 1,6 (Karlsruhe) → 1,29 Umrechnungskoeffizient für GFZ von 0,8 (Karlsruhe) → 0,90 2. Umrechnung: 300 Euro/m² x 1,29 / 0,90 = rd. 430 Euro/m² ebf

Abb. IX 9: Anwendungsbeispiel zum GFZ-Umrechnungskoeffizienten[13]

2.5.5 Vergleichsfaktoren für bebaute Grundstücke (§ 13 ImmoWertV10)

„Vergleichsfaktoren (§ 193 Absatz 5 Satz 2 Nummer 4 des Baugesetzbuchs) sollen der Ermittlung von Vergleichswerten für bebaute Grundstücke dienen. Sie sind auf den marktüblich erzielbaren jährlichen Ertrag (Ertragsfaktor) oder auf eine sonst geeignete Bezugseinheit, insbesondere auf eine Flächen- oder Raumeinheit der baulichen Anlage (Gebäudefaktor), zu beziehen."

Vergleichsfaktoren werden insbesondere als Grundlage für die steuerliche Bewertung gem. § 183 BewG ermittelt. Diese beziehen sich auf einen fiktiven Zustand, mit den üblichen objektspezifischen Grundstücksmerkmalen. Abweichende oder besondere Grundstücksmerkmale wie Baumängel oder Bauschäden sind in einer anschließenden Marktanpassung zur Ermittlung des Vergleichswertes zu berücksichtigen.

---

[12] Ebenda, S. 38
[13] Ebenda, S. 39

Nach § 13 Immo WertV10 ist bei der Ableitung von Vergleichsfaktoren für bebaute Grundstücke zwischen Ertrags- und Gebäudefaktoren zu unterscheiden:[14]

- „Ertragsfaktoren werden ermittelt, indem die Kaufpreise auf den nachhaltig marktüblich *jährlichen Ertrag* bezogen werden, wobei die Vorschrift sowohl die jährlichen Reinerträge als auch die jährlichen Roherträge als Bezugsgrundlage zulässt." Die Ertragsfaktoren (Rohertragsvervielfältiger) ermöglichen somit einen ersten überschlägigen Wert einer Immobilie, indem das Vielfache des Jahresrohertrags (Nettokaltmiete) mit dem Ertragsfaktor multipliziert wird. Dieser Wert kann nur sehr grob sein, da spezifische Eigenschaften der Immobilie (Alter, Zustand, Grundstücksgröße, Lage usw.) unberücksichtigt bleiben.
- „Gebäudefaktoren ihrerseits werden ermittelt, indem die Kaufpreise auf eine *„sonstige geeignete Bezugsgrundlage, insbesondere auf eine Raum- oder Flächeneinheit der baulichen Anlage"* bezogen werden.

Der Ertragsfaktor kommt vor allem bei Grundstücken, bei denen der nachhaltig erzielbare Ertrag im Vordergrund steht, zur Anwendung. Der Gebäudefaktor hingegen wird in Betracht gezogen, wenn für die Wertermittlung des Grundstücks der in der baulichen Anlage verkörperte Sachwert von maßgebender Bedeutung ist.

Objektart	Anz.	Merkmale der ausgewerteten Kauffälle					Beschluss des Gutachterausschusses	
		∅ Wohn-/ Nutzfläche (m²)	∅ normierter Kaufpreis / Wohn-/ Nutzfläche (Euro/m²)	∅ Monatsmiete pro m² Wohn-/ Nutzfläche (Euro/m²)	∅ RND (Jahre)	Liegenschafts- zinssatz Mittelwerte Zinsspanne (%)	Liegenschafts- zinssatz (%)	Ertrags- faktor
Ein- und Zweifamilienhäuser, Reihenhäuser	6	134	2.225	7,39	72	2,7 1,9 - 3,1	2,0 - 3,5	22 - 32
Dreifamilienhäuser	34	218	1.600	6,34	45	3,0 1,7 - 4,6	3,0 - 4,5	16 - 27
Mietwohnhäuser ab 4 Wohnungen, gewerblicher Mietertragsanteil < 20 %	52	787	1.290	6,35	44	3,8 3,0 - 5,4	3,5 - 5,0	15 - 20
Gemischt genutzte Gebäude, gewerblicher Mieter- tragsanteil von 20-50 %	22	907	1.219	6,97	42	4,6 3,5 - 6,5	4,0 - 6,0	12 - 18
Büro-, Verwaltungs- und Dienstleistungsgebäude	8	7.967	1.345	8,80	49	5,6 4,6 - 7,5	5,0 - 7,0	10 - 15
Geschäftsgebäude (Läden, Büros)	14	2.556	1.626	12,17	43	5,4 4,2 - 6,8	5,0 - 7,0	10 - 15
Supermarkt	0						5,0 - 7,0	10 - 13
Gewerbe- und Industriegebäude	7	2.155	562	4,31	26	5,8 4,7 - 6,7	5,0 - 7,5	9 - 13
Wohnungseigentum nach WEG	27	72	1.516	6,58	50	3,5 2,4 - 4,7	2,5 - 4,5	16 - 22
Teileigentum nach WEG							4,5 - 6,5	

Anz = Anzahl; RND = Restnutzungsdauer

Abb. IX 10: Rechenbeispiel zum Ertragsfaktor[15]

---

[14] Vgl. ebenda, S. 1128 ff.
[15] Gutachterausschuss für die Ermittlung von Grundstückswerten und sonstigen Wertermittlungen in Karlsruhe (2012), S. 44

Abb. IX 10 zeigt die Anwendung des Ertragsfaktors: Für Ein- und Zweifamilienhäuser liegt die Monatsmiete bei 7,39 € pro qm, das entspricht pro Jahr 88,68 €/qm. Bei Ertragsfaktoren zwischen 22 und 32 ergibt sich ein Kaufpreis pro qm zwischen 1.950 € und 2.840 €/qm; der Gutachterausschuss hat einen normierten Kaufpreis von 2.225 €/qm festgelegt, der zwischen beiden Extremwerten liegt.

2.5.6 Marktanpassungsfaktoren und Liegenschaftszinssätze (§ 14 ImmoWertV10)

„(1) Mit Marktanpassungsfaktoren und Liegenschaftszinssätzen sollen die allgemeinen Wertverhältnisse auf dem Grundstücksmarkt erfasst werden, soweit diese nicht auf andere Weise zu berücksichtigen sind.

(2) Marktanpassungsfaktoren sind insbesondere

1. Faktoren zur Anpassung des Sachwerts, die aus dem Verhältnis geeigneter Kaufpreise zu entsprechenden Sachwerten abgeleitet werden (Sachwertfaktoren, § 193 Absatz 5 Satz 2 Nummer 2 des Baugesetzbuchs),

2. Faktoren zur Anpassung finanzmathematisch errechneter Werte von Erbbaurechten oder Erbbaugrundstücken, die aus dem Verhältnis geeigneter Kaufpreise zu den finanzmathematisch errechneten Werten von entsprechenden Erbbaurechten oder Erbbaugrundstücken abgeleitet werden (Erbbaurechts- oder Erbbaugrundstücksfaktoren).

(3) Die Liegenschaftszinssätze (Kapitalisierungszinssätze, § 193 Absatz 5 Satz 2 Nummer 1 des Baugesetzbuchs) sind die Zinssätze, mit denen Verkehrswerte von Grundstücken je nach Grundstücksart im Durchschnitt marktüblich verzinst werden. Sie sind auf der Grundlage geeigneter Kaufpreise und der ihnen entsprechenden Reinerträge für gleichartig bebaute und genutzte Grundstücke unter Berücksichtigung der Restnutzungsdauer der Gebäude nach den Grundsätzen des Ertragswertverfahrens (§§ 17 bis 20) abzuleiten."

Der Liegenschaftszinssatz ergibt sich aus der Umkehrung des Ertragswertverfahrens und der Auflösung nach dem Liegenschaftszinssatz. Um diesen Zinssatz ermitteln zu können, müssen die Kaufpreise der verschiedenen Immobilien (Bürohäuser, Gewerbeimmobilien, Mehrfamilienhäuser etc.) gesammelt und die marktüblichen Mieten immer wieder aktualisiert werden. Die Mieten sind dann noch um die Bewirtschaftungskosten zu reduzieren, die nicht auf den Mieter umgelegt werden können, um den Reinertrag zu erhalten. Dies ist Aufgabe der Gutachterausschüsse der jeweiligen Gemeinden oder der Landkreise, die ihre Tätigkeit i. d. R. ehrenamtlich ausüben.

Der Liegenschaftszinssatz ist von zentraler Bedeutung bzgl. der Verkehrswertermittlung von Grundstücken, die durch das Ertragswertverfahren ermittelt werden, da der Ertragswert sich durch die Multiplikation eines so genannten Vervielfältigers mit dem Jahresreinertrag ergibt. Die Höhe des Vervielfältigers hängt dabei von zwei Faktoren ab: der Restnutzungsdauer des Gebäudes und dem Liegenschaftszinssatz.[16] Die Höhe des zugrunde zu legenden Liegenschaftszinssatzes ist dabei für die Ermittlung des Werts der Immobilie von ausschlaggebender Bedeutung. Je niedriger die Verzinsung angenommen wird, desto höher ist der Multiplikator und damit der ermittelte Wert des Grundstücks und umgekehrt. In der Praxis stellt sich jedoch häufig das Problem, dass nicht genügend Kauffälle vor Ort vorliegen um statistisch signifikante Werte ermitteln zu können. Dies hat zur Folge, dass die Gutachterausschüsse häufig Erfahrungswerte aus der Fachliteratur entnehmen.[17]

---

[16] Vgl. Kleiber, W./Simon, J./Weyers, G. (2010), S. 1598
[17] Vgl. Walter, M. (2000), S. 6

Die Höhe des Liegenschaftszinssatzes ist zunächst einmal abhängig von der Grundstücksart, d. h. ob es sich bei der Liegenschaft um Wohn-, Büro-, Gewerbeimmobilien usw. handelt. Der Liegenschaftszinssatz ist jedoch auch von anderen Faktoren wie z. B. der Lage oder der Beschaffenheit der jeweiligen Immobilie abhängig. Daher gibt es für eine bestimmte Grundstücksart keinen „festen" Liegenschaftszinssatz. Des Weiteren handelt es sich bei dem Liegenschaftszinssatz um eine dynamische Größe, die sich je nach Marktlage, wenn auch „undramatisch" ändert. Grundsätzlich gilt bei der Ermittlung des Liegenschaftszinssatzes, je höher das Risiko ist, desto höher ist der Zinssatz und umgekehrt.

Die Liegenschaftszinssätze werden von Gutachterausschüssen empirisch abgeleitet Der Gutachter der den Liegenschaftszinssatz ermittelt, muss bei den von den Gutachterausschüssen ermittelten Werten noch die jeweiligen Besonderheiten des Objekts mit berücksichtigen. Beispielsweise kann der Zinssatz um 0,5 bis 1,0 Prozentpunkte zu vermindert werden, wenn die Lage besonders gut ist. Oder aber es muss ein Zuschlag auf den Liegenschaftszinssatz aufgrund des hohen Alters oder eines erhöhten Erhaltungs- und Unterhaltungsaufwands stattfinden.[18] Beispiele für Zu- und Abschläge finden sich in Abb. IX 11:

Wohnnutzung (Häuser und Eigentumswohnungen)

Niedriger Liegenschaftszinssatz	Höherer Liegenschaftszinssatz
- wenn Haus sehr groß	- wenn langfristiger Mietvertrag (Eigentümer
- wenn Haus sehr individuell	- kann nicht gleich einziehen
- wenn Haus sehr aufwendig ausgestattet	- wenn Modernisierungsbedarf
- je weniger Wohneinheiten im Haus	- wenn schlechte Wohnlage
- wenn gute Wohnlage	- je mehr Wohneinheiten im Haus

Gewerbe-, Industrie- und Mischnutzung

Niedriger Liegenschaftszinssatz	Höherer Liegenschaftszinssatz
- je größer der Anteil der Mischnutzung	- je kleiner der Anteil der Wohnnutzung
- je neuer die Baulichkeit	- je individueller die Baulichkeit
- je funktionaler die Baulichkeit (Drittverwendung)	- je größer die Baulichkeit
- je kleiner die Baulichkeit (Drittverwendung)	- wenn schlechte Verkehrsanbindung
- wenn „gute Adresse"	- wenn schlechte Parkmöglichkeiten
	- wenn Immissionen

Abb. IX 11: Zu- oder Abschläge bei der Festsetzung des Liegenschafszinssatzes[19]

Das noch zu erklärende Sachwertermittlungsverfahren basiert auf den NHK 2010 und führt im Ergebnis zu einem herstellungskostenorientierten „vorläufiger Sachwert", der jedoch regelmäßig nicht mit den hierfür zu zahlenden Marktpreise identisch ist. Daher muss das vorläufige Ergebnis an den Markt angepasst werden, d. h. an die entsprechend vergleichbaren realisierten Kaufpreise. Dies erfolgt mittels eines Marktanpassungsfaktors (Sachwertfaktor). Der Sachwertfaktor wird von den Gutachterausschüssen aus der Differenz zwischen den realisierten Kaufpreisen und den für diese Vergleichsobjekte berechneten vorläufigen Sachwerten als das durchschnittliche Verhältnis aus beiden ermittelt.

---

[18] Vgl. Kleiber, W./Simon, J./Weyers, G. (2010), S. 1602
[19] Kleiber, W./Simon, J./Weyers, G. (2010), S. 1602

Bei dem finanzmathematischen Modell wird der Verkehrswert des Erbbaurechts aus dem Bodenwertanteil des Erbbaurechts und dem Gebäudewert ermittelt. Dabei ist die Lage auf dem Grundstücksmarkt mit Hilfe eines Marktanpassungsfaktors für das Erbbaurecht zu berücksichtigen. Soweit keine lokalen Marktanpassungsfaktoren vorliegen, erfolgt die Marktanpassung für das Erbbaurecht in Anlehnung an die Marktanpassung für das Volleigentum. Zur Ermittlung des Bodenwertanteils des Erbbaurechts ist gem. § 14 Abs. 2 Satz 2 ImmoWertV 10 von der Differenz zwischen dem vertraglich und gesetzlich erzielbaren Erbbauzins und dem am Stichtag angemessenen Verzinsungsbetrag des Bodenwerts eines nicht mit einem Erbbaurecht belasteten Grundstücks auszugehen. Der Zinssatz ist nach der Art des Grundstücks und der Lage auf dem Grundstücksmarkt zu bestimmen. Dabei sind die beschränkenden Einflüsse bzw. Einwirkungen – insbesondere Bindungen des Erbbauberechtigten – bei einer Veräußerung oder Beleihung des Erbbaurechts sowie bei einer wesentlichen Veränderung der Gebäude, Außenanlagen und Betriebseinrichtungen von Einfluss. Diese Einflüsse sind entsprechend mit einem Wertfaktor zu berücksichtigen. Dieser Faktor liegt regelmäßig zwischen 0,3 (bei schweren Einwirkungen/Beschränkungen) und 0,8 (bei leichten Einwirkungen/Beschränkungen).

3. Verfahren der Wertermittlung

3.1 Vergleichswertverfahren, Bodenwertermittlung (§§ 15, 16 ImmowertV 10)

3.1.1 Ermittlung des Vergleichswerts (§ 15 ImmoWertV 10)

„(1) Im Vergleichswertverfahren wird der Vergleichswert aus einer ausreichenden Zahl von Vergleichspreisen ermittelt. Für die Ableitung der Vergleichspreise sind die Kaufpreise solcher Grundstücke heranzuziehen, die mit dem zu bewertenden Grundstück hinreichend übereinstimmende Grundstücksmerkmale aufweisen. Finden sich in dem Gebiet, in dem das Grundstück gelegen ist, nicht genügend Vergleichspreise, können auch Vergleichspreise aus anderen vergleichbaren Gebieten herangezogen werden. Änderungen der allgemeinen Wertverhältnisse auf dem Grundstücksmarkt oder Abweichungen einzelner Grundstücksmerkmale sind in der Regel auf der Grundlage von Indexreihen oder Umrechnungskoeffizienten zu berücksichtigen.

(2) Bei bebauten Grundstücken können neben oder anstelle von Vergleichspreisen zur Ermittlung des Vergleichswerts geeignete Vergleichsfaktoren herangezogen werden. Der Vergleichswert ergibt sich dann durch Vervielfachung des jährlichen Ertrags oder der sonstigen Bezugseinheit des zu bewertenden Grundstücks mit dem Vergleichsfaktor. Vergleichsfaktoren sind geeignet, wenn die Grundstücksmerkmale der ihnen zugrunde gelegten Grundstücke hinreichend mit denen des zu bewertenden Grundstücks übereinstimmen."

3.1.2 Ermittlung des Bodenwerts (§ 16 ImmoWertV 10)

„(1) Der Wert des Bodens ist vorbehaltlich der Absätze 2 bis 4 ohne Berücksichtigung der vorhandenen baulichen Anlagen auf dem Grundstück vorrangig im Vergleichswertverfahren (§ 15) zu ermitteln. Dabei kann der Bodenwert auch auf der Grundlage geeigneter Bodenrichtwerte

ermittelt werden. Bodenrichtwerte sind geeignet, wenn die Merkmale des zugrunde gelegten Richtwertgrundstücks hinreichend mit den Grundstücksmerkmalen des zu bewertenden Grundstücks übereinstimmen. § 15 Absatz 1 Satz 3 und 4 ist entsprechend anzuwenden.

(2) Vorhandene bauliche Anlagen auf einem Grundstück im Außenbereich (§ 35 des Baugesetzbuchs) sind bei der Ermittlung des Bodenwerts zu berücksichtigen, wenn sie rechtlich und wirtschaftlich weiterhin nutzbar sind.

(3) Ist alsbald mit einem Abriss von baulichen Anlagen zu rechnen, ist der Bodenwert um die üblichen Freilegungskosten zu mindern, soweit sie im gewöhnlichen Geschäftsverkehr berücksichtigt werden. Von einer alsbaldigen Freilegung kann ausgegangen werden, wenn

1. *die baulichen Anlagen nicht mehr nutzbar sind oder*
2. *der nicht abgezinste Bodenwert ohne Berücksichtigung der Freilegungskosten den im Ertragswertverfahren (§§ 17 bis 20) ermittelten Ertragswert erreicht oder übersteigt.*

(4) Ein erhebliches Abweichen der tatsächlichen von der nach § 6 Absatz 1 maßgeblichen Nutzung, wie insbesondere eine erhebliche Beeinträchtigung der Nutzbarkeit durch vorhandene bauliche Anlagen auf einem Grundstück, ist bei der Ermittlung des Bodenwerts zu berücksichtigen, soweit dies dem gewöhnlichen Geschäftsverkehr entspricht.

(5) Bei der Ermittlung der sanierungs- oder entwicklungsbedingten Bodenwerterhöhung zur Bemessung von Ausgleichsbeträgen nach § 154 Absatz 1 oder § 166 Absatz 3 Satz 4 des Baugesetzbuchs sind die Anfangs- und Endwerte auf denselben Zeitpunkt zu ermitteln."

3.1.3 Vergleichswertverfahren für bebaute und unbebaute Grundstücke

Der Vergleichswert wird durch die zeitnah erzielten Preise der Vergleichsobjekte ermittelt. Grundlage bilden dabei Kaufpreissammlungen und/oder die daraus abgeleiteten durchschnittlichen Lagewerte für den Boden unter Berücksichtigung des unterschiedlichen Entwicklungszustands, die sog. Bodenrichtwerte. Diese *Kaufpreissammlungen* und *Bodenrichtwerte* werden nach § 195 (1) und § 196 (1) BauGB von den Gutachterausschüssen der Kommunen eingerichtet.[20] Dabei kann das in den §§ 15 und 16 ImmoWertV10 geregelte *Vergleichswertverfahren* sowohl bei der Verkehrswertermittlung unbebauter als auch *bebauter Grundstücke* Anwendung finden. Bei unbebauten Grundstücken findet das Vergleichswertverfahren allein Anwendung (§ 16 (1) ImmoWertV10), während es bei bebauten Grundstücken allein oder in Kombination mit anderen Bewertungsverfahren angewandt werden kann.

Das Vergleichswertverfahren ist somit das Regelverfahren bei der Wertermittlung von unbebauten Grundstücken, was jedoch nicht bei Grundstücken, die z.B. als Parkplätze genutzt werden gilt, da hier die Rendite im Vordergrund steht und daher das Ertragswertverfahren anzuwenden ist.

Bei der Wertermittlung *bebauter Grundstücke findet das Vergleichswertverfahren,* insbesondere im Rahmen des *Ertragswert- bzw. Sachwertverfahrens* bei der Ermittlung des Bodenwertes Anwendung (vgl. § 17 Abs. 2 Satz 11 und § 21 Abs. 1 ImmoWertV10). Aufgrund der individuellen Bauweise und der daraus resultierenden Einmaligkeit vieler Bauwerke ist die Anwendung des Vergleichswertverfahrens bei bebauten Grundstücken jedoch als schwierig zu erachten. Eine Vergleichbarkeit bei bebauten Grundstücken ist hauptsächlich bei Fertighäusern, Reihenhäusern, Doppelhaushälften sowie teilweise bei Eigentumswohnungen vorzufinden.

---

[20] Vgl. Kühn, E. (2001), S. 552

In seinen Grundzügen folgt das Vergleichswertverfahren dem Grundgedanken, dass eine Sache so viel wert ist, wie üblicherweise im *gewöhnlichen Geschäftsverkehr* (vgl. § 194 BauGB) dafür als Preis erzielt werden kann. Sich an den Preisen für vergleichbare Objekte zu orientieren, entspricht auch den auf dem Grundstücksmarkt vorherrschenden Gepflogenheiten.[21]

Der Vergleichswert kann auf dreierlei Weise ermittelt werden:

- durch Heranziehung von Verkaufspreisen solcher Grundstücke, die hinsichtlich ihrer wertbeeinflussenden Merkmale mit dem zu bewertenden Grundstück eine ausreichende Zahl von Vergleichspreisen haben (§ 15 Abs. 1 ImmoWertV 10) – unmittelbar ermittelt;
- durch Heranziehung geeigneter Bodenrichtwerte zur Ermittlung des Bodenwerts neben oder anstelle des Heranziehens der Preise von Vergleichsgrundstücken (§ 16 Abs. 1 ImmoWertV 10) – mittelbarer Preisvergleich;
- bei bebauten Grundstücken durch Heranziehen der nach § 13 ImmoWertV 10 ermittelten Vergleichsfaktoren neben oder anstelle des Heranziehens der Preise von Vergleichsgrundstücken – mittelbarer Preisvergleich (§ 16 Abs. 2 ImmoWertV 10).

Weichen die wertbeeinflussenden Merkmale der Vergleichsgrundstücke oder der Grundstücke, für die Bodenrichtwerte oder Vergleichsfaktoren bebauter Grundstücke abgeleitet worden sind, vom Zustand des zu bewertenden Grundstücks ab, so ist dies durch Zu- oder Abschläge oder

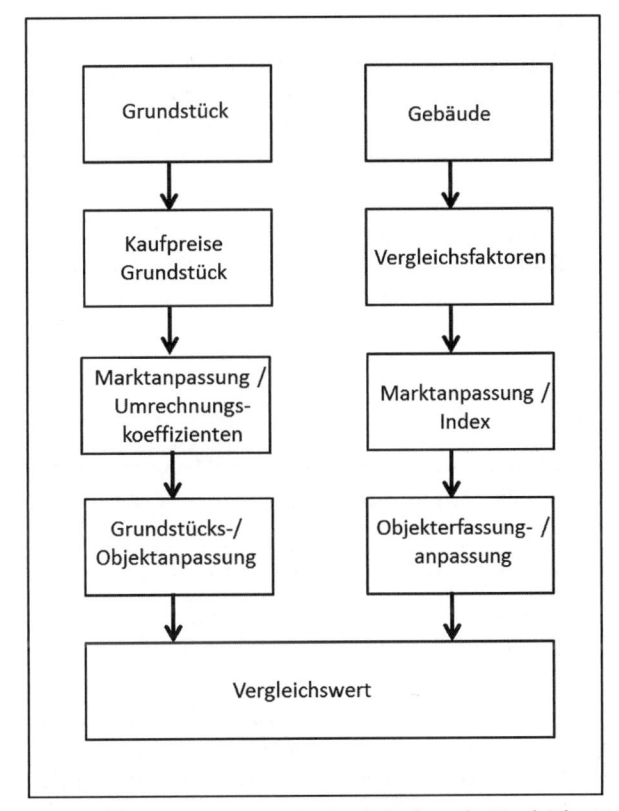

Abb. IX 12: Bestimmungsfaktoren für die Ermittlung des Vergleichswertes

---

[21] Vgl. Kleiber, W./Simon, J./Weyers, G. (2010), S. 1232 ff.

in anderer geeigneter Weise zu berücksichtigen. Dies gilt auch, soweit die den Preisen von Vergleichsgrundstücken und den Bodenrichtwerten zugrunde liegenden allgemeinen Wertverhältnisse von denjenigen am Wertermittlungsstichtag abweichen. Dabei sollen vorhandene Indexreihen und Umrechnungskoeffizienten herangezogen werden (vgl. §§ 11, 12 ImmoWertV10).

Aufgrund der individuellen Eigenschaften von Grundstücken stellt der unmittelbare Preisvergleich, zumindest für bebaute Grundstücke, eine idealtypische Wunschvorstellung dar. Ebenso ist eine zeitnahe Bewertung der Vergleichsgrundstücke eher die Ausnahme. Daher gestaltet sich der unmittelbare Preisvergleich problematisch. Daraus folgt, dass überwiegend der mittelbare Preisvergleich Anwendung findet. Dessen ungeachtet, welche der drei Methoden Anwendung findet, ist immer auch die Lage auf dem Grundstücksmarkt zu berücksichtigen. Nur unter deren Berücksichtigung kann der Verkehrswert abgeleitet werden:

- die Vergleichsgrundstücke müssen mit dem Wertermittlungsobjekt hinsichtlich Lage, Nutzbarkeit und Beschaffenheit hinreichend vergleichbar sein,
- die Kaufpreise müssen im gewöhnlichen Geschäftsverkehr zustande gekommen sein und
- die Kaufpreise der Vergleichsgrundstücke sollen möglichst zeitnah sein,
- grundsätzlich aber dürfen nach der Rechtsprechung nur solche Grundstücke mittels Zu-/Abschlägen verglichen werden, die nicht mehr als 35 %, in Ausnahmefällen maximal 40 %, voneinander abweichen. Liegt die Abweichung darüber, sind die Vergleichsgrundstücke für das Vergleichswertverfahren ungeeignet.[22]

Nur wenn die Vergleichbarkeit der wertbeeinflussenden Merkmale von bebauten und unbebauten Grundstücken hinreichend übereinstimmt, kann das Vergleichswertverfahren Anwendung finden. Eine völlige Übereinstimmung ist jedoch nicht zwingend gefordert. Die Merkmale der unbebauten Vergleichsgrundstücke beziehen sich dabei auf

- Lage,
- Art und
- Maß der baulichen Nutzung (Baugrundstück, Rohbauland und Bauerwartungsland),
- Größe,
- Bauweise,
- zulässige Geschosszahl,
- Grundstückszuschnitt sowie
- Erschließungszustand.[23]

Grundsätzlich kann das Vergleichswertverfahren auch bei bebauten Grundstücken Anwendung finden. Hierzu ist es notwendig, dass neben den Merkmalen für unbebaute Grundstücke die Merkmale von bebauten Grundstücken Beachtung finden.

Die Merkmale von bebauten Grundstücken sind insbesondere:

- Alter der baulichen Anlage,
- Bauzustand sowie
- der Ertrag.[24]

Da in der Praxis jedoch eine Vergleichbarkeit von bebauten Grundstücken eher selten vorkommt, hat der Verordnungsgeber nach § 15 Abs. 2 ImmoWertV10 ein von der Praxis entwickeltes Verfahren zur Verkehrswertermittlung bebauter Grundstücke im Wege des Preisvergleichs in die Verordnung

---

[22] Vgl. Kleiber, W./Simon, J./Weyers, G. (2010), S. 1234 f.
[23] Vgl. ebenda, S. 1242 f.
[24] Vgl. Schulz-Wulkow, C. (2003), S. 79

3 Verfahren der Wertermittlung

aufgenommen. Es soll neben oder anstelle der Heranziehung geeigneter Vergleichspreise zur Anwendung kommen können. Voraussetzung für die Anwendung dieser Vorschrift ist, dass aus der ausgewerteten Kaufpreissammlung *Vergleichsfaktoren für bebaute Grundstücke* (§ 13 ImmoWertV10) empirisch abgeleitet worden sind. Dies ist zuallererst Aufgabe der Gutachterausschüsse, denen die Auswertung der *Kaufpreissammlung* obliegt.[25]

Vergleichsfaktoren für bebaute Grundstücke lassen sich als Multiplikator (Vervielfältiger) bestimmen, deren Anwendung auf bestimmte wertrelevante Ausgangsdaten des Wertermittlungsobjektes –

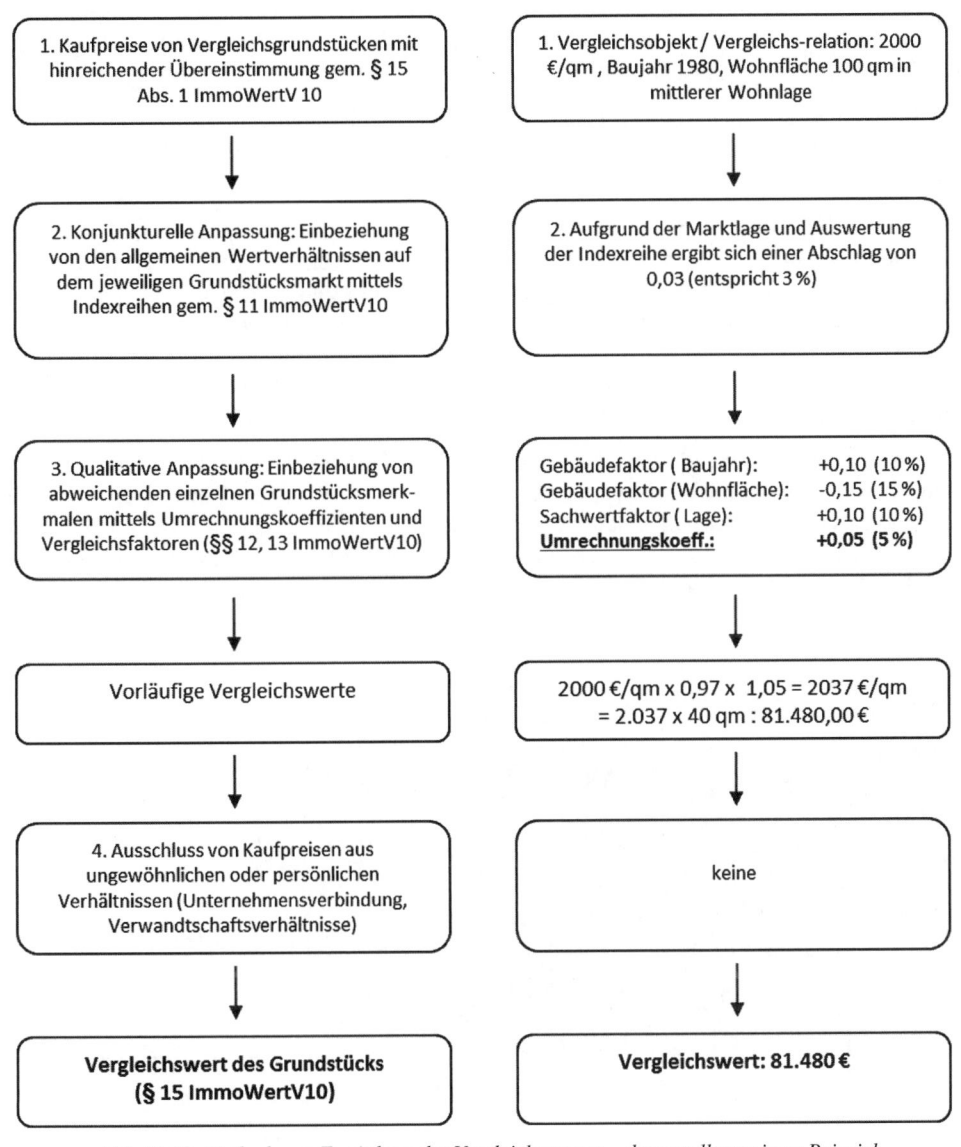

1. Kaufpreise von Vergleichsgrundstücken mit hinreichender Übereinstimmung gem. § 15 Abs. 1 ImmoWertV 10	1. Vergleichsobjekt / Vergleichs-relation: 2000 €/qm, Baujahr 1980, Wohnfläche 100 qm in mittlerer Wohnlage
2. Konjunkturelle Anpassung: Einbeziehung von den allgemeinen Wertverhältnissen auf dem jeweiligen Grundstücksmarkt mittels Indexreihen gem. § 11 ImmoWertV10	2. Aufgrund der Marktlage und Auswertung der Indexreihe ergibt sich einer Abschlag von 0,03 (entspricht 3 %)
3. Qualitative Anpassung: Einbeziehung von abweichenden einzelnen Grundstücksmerkmalen mittels Umrechnungskoeffizienten und Vergleichsfaktoren (§§ 12, 13 ImmoWertV10)	Gebäudefaktor (Baujahr): +0,10 (10 %) Gebäudefaktor (Wohnfläche): -0,15 (15 %) Sachwertfaktor (Lage): +0,10 (10 %) **Umrechnungskoeff.:** +0,05 (5 %)
Vorläufige Vergleichswerte	2000 €/qm x 0,97 x 1,05 = 2037 €/qm = 2.037 x 40 qm : 81.480,00 €
4. Ausschluss von Kaufpreisen aus ungewöhnlichen oder persönlichen Verhältnissen (Unternehmensverbindung, Verwandtschaftsverhältnisse)	keine
Vergleichswert des Grundstücks (§ 15 ImmoWertV10)	**Vergleichswert: 81.480 €**

Abb. IX 13: Methode zur Ermittlung des Vergleichswertes – dargestellt an einem Beispiel

---

[25] Vgl. Kleiber, W./Simon, J./Weyers, G. (2010), S. 1127 ff.

wie dessen jährlichen Ertrag oder Geschossfläche – den Grundstückswert ergeben (vgl. hierzu Kapitel 2.5.5 – Vergleichsfaktoren).

Zur Ermittlung des Verkehrswerts dient folgendes Beispiel: Eine selbstgenutzte Wohnung in bevorzugter Wohnlage mit 40 qm Wohnfläche, Baujahr 2000, ist nach dem Vergleichswertverfahren zu bewerten (Abb. IX 13). Als Vergleich dient eine Eigentumswohnung von 100 qm, Baujahr 1980, in mittlerer Wohnlage zu ein Preis von 2000 €/qm.

Die Werte entsprechen den Anpassungskoeffizienten eines fiktiven Gutachterausschusses. Zur Ermittlung des Bodenwertes besteht auch die Möglichkeit, die Bodenrichtwerte heranzuziehen. Diese werden durch Preisvergleich aus den Bodenpreissammlungen der Gutachterausschüsse abgeleitet, sie werden in den so genannten Bodenrichtwertkarten veröffentlicht.

Die Bodenrichtwertkarten weisen für jedes Gemeindegebiet die durchschnittlichen Lagewerte pro Quadratmeter für den Grund und Boden unter Berücksichtigung des unterschiedlichen Entwicklungszustands aus.

In bebauten Gebieten sind Bodenrichtwerte mit dem Wert zu ermitteln, der sich ergeben würde, wenn der Boden unbebaut wäre (vgl. § 196 (1) BauGB). Bodenrichtwerte sind dann geeignet, wenn sie entsprechend den örtlichen Verhältnissen unter Berücksichtigung von Lage und Entwicklungszustand gegliedert und nach Art und Maß der baulichen Nutzung, des Erschließungszustands sowie der jeweils vorherrschenden Grundstücksgestalt ausreichend bestimmt sind (vgl. hierzu auch § 9 ImmoWertV 10). Dabei ist zu beachten, dass diese Werte lediglich Orientierungswerte sind. Sie müssen mittels des Umrechnungskoeffizienten an das zu bewertende Grundstück angepasst werden.

Bei der Heranziehung von Bodenrichtwerten ist darauf zu achten, dass die jeweils angegebenen Bodenrichtwerte nur für das „lagetypische Grundstück" gelten. Weicht das Wertermittlungsobjekt hinsichtlich seiner Eigenschaften davon ab, ist der Bodenrichtwert durch Zu- bzw. Abschläge zu korrigieren. Abb. IX 14 zeigt das Beispiel einer Bodenrichtwertekarte mit Bodenrichtwertzonen des Gutachterausschusses der Stadt Karlsruhe.

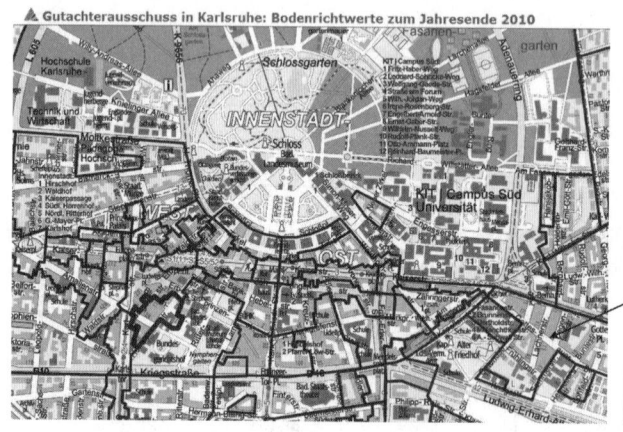

Abb. IX 14: Beispiel für einen Bodenrichtwert

Der Bodenwertermittlung verdeutlicht das nachfolgende Beispiel:

Es ist der Bodenwert für ein Grundstück mit einer GFZ von 1,3 zu ermitteln. Nach Bodenrichtwertkarte des Gutachterausschusses der Stadt Karlsruhe beträgt der Bodenrichtwert für ein Vergleichsgrundstück 360 €/qm bei einer GFZ von 1,7.

Daraus ergibt sich ein Wertunterschied beider Bodenwerte aufgrund des abweichenden Maß (**GFZ**), der durch einen Umrechnungskoeffizienten berücksichtigt werden kann. Sofern der jeweilige Gutachterausschuss keine Umrechnungskoeffizienten festgelegt hat, sind die Koeffizienten nach Anlage 23 WertR96 anzuwenden:

Geschoss-flächenzahl	Umrechnungskoeffizient	Geschoss-flächenzahl	Umrechnungskoeffizient
0,4	0,66	1,4	1,19
0,5	0,72	1,5	1,24
0,6	0,78	1,6	1,28
0,7	0,84	1,7	1,32
0,8	0,90	1,8	1,36
0,9	0,95	1,9	1,41
1,0	1,00	2,0	1,45
1,1	1,05	2,1	1,49
1,2	1,10	2,2	1,53
1,3	1,14	2,3	1,57
		2,4	1,61

Abb. IX 15: Umrechnungskoeffizienten nach Anlage 23 WertR96

Die GFZ von 1,3 des zu bewerteten Grundstücks hat einen Umrechnungskoeffizienten von 1,14 und die des Vergleichsgrundstücks von 1,32. Daraus ergibt sind Umrechnungskoeffizient von 1,14/1,32 = 0,86.

Der Bodenwert für das Grundstück beträgt dann: 360 €/qm x 0,86 = (aufgerundet) **310 €/qm.** Die Wertdifferenz ergibt sich daraus, dass das Grundstück nicht in dem Maße wirtschaftlich genutzt werden kann wie das Vergleichsgrundstück.

3.2 Der Ertragswert

3.2.1 Ermittlung des Ertragswerts (§ 17 ImmoWertV10)

„(1) Im Ertragswertverfahren wird der Ertragswert auf der Grundlage marktüblich erzielbarer Erträge ermittelt. Soweit die Ertragsverhältnisse absehbar wesentlichen Veränderungen unterliegen oder wesentlich von den marktüblich erzielbaren Erträgen abweichen, kann der Ertragswert auch auf der Grundlage periodisch unterschiedlicher Erträge ermittelt werden.

(2) Im Ertragswertverfahren auf der Grundlage marktüblich erzielbarer Erträge wird der Ertragswert ermittelt

1. aus dem nach § 16 ermittelten Bodenwert und dem um den Betrag der angemessenen Verzinsung des Bodenwerts verminderten und sodann kapitalisierten Reinertrag (§ 18 Absatz 1); der Ermittlung des Bodenwertverzinsungsbetrags ist der für die Kapitalisierung nach § 20 maßgebliche Liegenschaftszinssatz zugrunde zu legen; bei der Ermittlung des Bodenwertverzinsungsbetrags sind selbständig nutzbare Teilflächen nicht zu berücksichtigen (allgemeines Ertragswertverfahren), oder
2. aus dem nach § 20 kapitalisierten Reinertrag (§ 18 Absatz 1) und dem nach § 16 ermittelten Bodenwert, der mit Ausnahme des Werts von selbständig nutzbaren Teilflächen auf den Wertermittlungsstichtag nach § 20 abzuzinsen ist (vereinfachtes Ertragswertverfahren).

Eine selbständig nutzbare Teilfläche ist der Teil eines Grundstücks, der für die angemessene Nutzung der baulichen Anlagen nicht benötigt wird und selbständig genutzt oder verwertet werden kann.

(3) Im Ertragswertverfahren auf der Grundlage periodisch unterschiedlicher Erträge wird der Ertragswert aus den durch gesicherte Daten abgeleiteten periodisch erzielbaren Reinerträgen (§ 18 Absatz 1) innerhalb eines Betrachtungszeitraums und dem Restwert des Grundstücks am Ende des Betrachtungszeitraums ermittelt. Die periodischen Reinerträge sowie der Restwert des Grundstücks sind jeweils auf den Wertermittlungsstichtag nach § 20 abzuzinsen."

3.2.2 Reinertrag, Rohertrag (§ 18 ImmoWertV10)

„(1) Der Reinertrag ergibt sich aus dem jährlichen Rohertrag abzüglich der Bewirtschaftungskosten (§ 19).

(2) Der Rohertrag ergibt sich aus den bei ordnungsgemäßer Bewirtschaftung und zulässiger Nutzung marktüblich erzielbaren Erträgen. Bei Anwendung des Ertragswertverfahrens auf der Grundlage periodisch unterschiedlicher Erträge ergibt sich der Rohertrag insbesondere aus den vertraglichen Vereinbarungen."

3.2.3 Bewirtschaftungskosten (§ 19 ImmoWertV10)

„(1) Als Bewirtschaftungskosten sind die für eine ordnungsgemäße Bewirtschaftung und zulässige Nutzung marktüblich entstehenden jährlichen Aufwendungen zu berücksichtigen, die nicht durch Umlagen oder sonstige Kostenübernahmen gedeckt sind.

(2) Nach Absatz 1 berücksichtigungsfähige Bewirtschaftungskosten sind

1. *die Verwaltungskosten; sie umfassen die Kosten der zur Verwaltung des Grundstücks erforderlichen Arbeitskräfte und Einrichtungen, die Kosten der Aufsicht, den Wert der vom Eigentümer persönlich geleisteten Verwaltungsarbeit sowie die Kosten der Geschäftsführung;*
2. *die Instandhaltungskosten; sie umfassen die Kosten, die infolge von Abnutzung oder Alterung zur Erhaltung des der Wertermittlung zugrunde gelegten Ertragsniveaus der baulichen Anlage während ihrer Restnutzungsdauer aufgewendet werden müssen;*
3. *das Mietausfallwagnis; es umfasst das Risiko von Ertragsminderungen, die durch uneinbringliche Rückstände von Mieten, Pachten und sonstigen Einnahmen oder durch vorübergehenden Leerstand von Raum entstehen, der zur Vermietung, Verpachtung oder sonstigen Nutzung bestimmt ist; es umfasst auch das Risiko von uneinbringlichen Kosten einer Rechtsverfolgung auf Zahlung, Aufhebung eines Mietverhältnisses oder Räumung;*

4. die Betriebskosten. Soweit sich die Bewirtschaftungskosten nicht ermitteln lassen, ist von Erfahrungssätzen auszugehen."

3.2.4 Kapitalisierung und Abzinsung (§ 20 ImmoWertV 10)

„Der Kapitalisierung und Abzinsung sind Barwertfaktoren zugrunde zu legen. Der jeweilige Barwertfaktor ist unter Berücksichtigung der Restnutzungsdauer (§ 6 Absatz 6 Satz 1) und des jeweiligen Liegenschaftszinssatzes (§ 14 Absatz 3) der Anlage 1 oder der Anlage 2 zu entnehmen oder nach der dort angegebenen Berechnungs-vorschrift zu bestimmen."

3.2.5 Das Ertragswertverfahren

Das Ertragswertverfahren ist bei bebauten Grundstücken anzuwenden, die zur Ertragserzielung (durch Vermietung oder Verpachtung) bestimmt sind. Im Allgemeinen kommt das Ertragswertverfahren dann zur Anwendung, wenn der Grundstücksmarkt das betreffende Grundstück als Renditeobjekt ansieht. Bei diesen Grundstücken wird der Grundstückswert im Wesentlichen durch den nachhaltig erzielbaren Grundstücksertrag bestimmt. Dem Käufer eines derartigen Grundstücks kommt es in erster Linie auf die Verzinsung seines investierten Kapitals an.

Der Herstellungswert des Gebäudes hat bei der Bewertung von Renditeobjekten eine sekundäre Bedeutung. Interesse daran kann etwa wegen der Qualität der verwendeten Baumaterialien oder der daraus abzuleitenden Nutzungsdauer und damit der Dauer zur Erzielung der Erträge bestehen.

Für folgende Grundstücke kann das Ertragswertverfahren danach als sachgerechte Methode zur Ermittlung des Verkehrswerts angesehen werden: Mietwohngrundstücke, Geschäftsgrundstücke, die üblicherweise vermietet oder eigengenutzt werden (z. B. Bürohäuser, Ladengeschäfte), gemischt genutzte Grundstücke, die teils zu Wohnzwecken, teils zu gewerblichen Zwecken vermietet sind, Objekte des produzierenden und des dienstleistenden Gewerbes, sofern sie keine Spezialimmobilien sind sowie land- und forstwirtschaftliche Grundstücke und Abbaugrundstücke. Bei diesen Objekten stehen die für die Bewertung aus den Objekten erzielbaren Erlöse im Vordergrund. Es wird unterstellt, dass das Grundstück zu den angenommenen Konditionen vermietet wird bzw. dass ein eventueller Erwerber die gleichen Erlöse aus dem Objekt erzielen kann. Unter diesen Voraussetzungen wäre ein Erwerber bereit, den so ermittelten Ertragswert für das Objekt zu bezahlen.[26]

3.2.5.1 Bewertungsverfahren

Bei Anwendung des *Ertragswertverfahrens ist der Wert der baulichen Anlagen, insbesondere* des *Gebäudes, getrennt von dem Bodenwert auf der Grundlage des marktüblich erzielbaren Erträge zu ermitteln* (§ 17 Abs. 2 ImmoWertV 10).

Nach der Ermittlung des Jahresreinertrags wird der Bodenwert im *Vergleichswertverfahren ermittelt* (§ 16 ImmoWertV 10). Dies entspricht der Theorie von der Bodenwertdämpfung (Marktanpassungsab- und -zuschläge von Bodenwerten), die insoweit zu korrekten Ergebnissen führt, als bei der Ableitung der Liegenschaftszinssätze und Sachwertfaktoren die gleiche Bodenwertdämpfung berücksichtigt wurde.

---

[26] Vgl. Kühn, E. (2001), S. 555 f.

§ 17 (Ermittlung des Ertragswerts) der ImmoWertV10 reglementiert die Anwendung des Ertragswertverfahrens. Es existieren neuerdings insgesamt drei Varianten des Ertragswertverfahrens (vgl. hierzu Kapitel IX 3.2.5.2 bis 3.2.5.4).

Um den Wert der baulichen Anlagen festzustellen, muss der nachhaltig *erzielbare jährliche Reinertrag* ermittelt werden. Der Reinertrag ergibt sich gemäß § 18 ImmoWertV10 aus dem jährlichen Rohertrag abzüglich der Bewirtschaftungskosten. Der Rohertrag umfasst dabei alle bei ordnungsgemäßer Bewirtschaftung und zulässiger Nutzung marktmäßig erzielbaren Einnahmen aus dem Grundstück, insbesondere Mieten und Pachten einschließlich der Vergütungen.

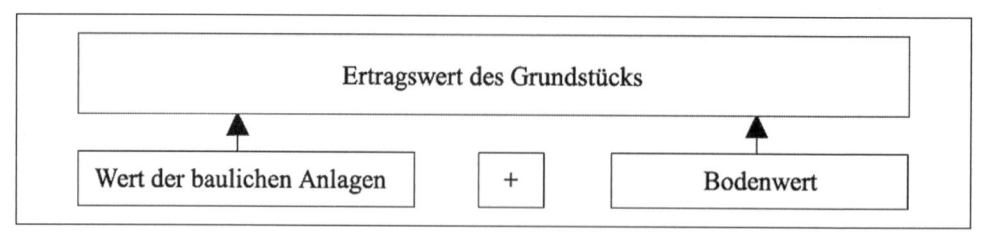

Abb. IX 16: Ermittlung des Ertragswertes

Die Bewirtschaftungskosten ihrerseits sind die Kosten, die aufgrund des Eigentums bzw. des Besitzes an einem Grundstück entstehen (§ 19 ImmoWertV10)

Vom Jahresreinertrag des Grundstücks wird der Verzinsungsbetrag des Bodenwerts abgezogen. Dabei wird in der Regel beim Grund und Boden davon ausgegangen, dass die Erträge dauerhaft sind. Somit kann der Ertrag des Grund und Bodens als ewige Rente angesetzt werden. Grundlage hierfür bildet die Multiplikation des Bodenwerts mit dem Liegenschaftszinssatz. Der *Liegenschaftszinssatz ist dabei der Zinssatz, mit dem der Verkehrswert von Liegenschaften im Durchschnitt marktüblich verzinst wird* (§ 11 WertV).

Der um den Verzinsungsbetrag des Bodenwerts verminderte Reinertrag ist zu kapitalisieren. Die Kapitalisierung bzw. die Bestimmung des Vervielfältigers/Barwertfaktors erfolgt auf Basis des Liegenschaftszinssatzes sowie der Restnutzungsdauer.

Gegebenenfalls sind weitere sonstige wertbeeinflussende Umstände zu berücksichtigen. Diese werden durch Zu- bzw. Abschläge verrechnet.

Der Bodenwert und der Wert der baulichen Anlagen ergeben dann zusammen den Wert des Grundstücks. Die Aufteilung zwischen Bodenwertverzinsung und Gebäudewert ist deshalb nötig, da der Grund und Boden im Allgemeinen als unvergängliches Gut angesehen wird. Somit ist der Bodenwert im Rahmen des Ertragswertverfahrens getrennt vom Ertragswert der baulichen Anlagen zu ermitteln. Dabei ist das Vergleichswertverfahren zwingend zur Ermittlung des Bodenwerts vorgeschrieben. Unter Berücksichtigung der Lage auf dem Grundstücksmarkt kann aus dem Ergebnis des Ertragswertverfahrens in der Regel der Verkehrswert abgeleitet werden.

Die ortsübliche und durchschnittliche jährlich erzielbare Nettokaltmiete bildet die Grundlage der Roherträge, wobei der Zeitstrahl vom Bewertungsstichtag bis zum Ende der wirtschaftlichen Nutzbarkeit betrachtet wird. Handelt es sich um ein vermietetes oder verpachtetes Objekt, so ist die tatsächliche Miete oder Pacht zugrunde zu legen, soweit sie nachhaltig erzielbar erscheint. Dazu müssen sorgfältige Ermittlungen zu der örtlichen Marktsituation und den vergleichbaren Mieten bzw. Pachten angestellt werden, um zu einer sachgerechten Beurteilung zu gelangen. Ebenso muss auch ein eventuelles Entwicklungspotential z. B. durch Umnutzung berücksichtigt werden.

```
┌─────────────────────────┐
│     Jahresrohertrag     │
└───────────┬─────────────┘
            ▼
┌─────────────────────────┐
│ abzgl. Bewirtschaftungs-│
│         kosten          │
└───────────┬─────────────┘
            ▼
┌─────────────────────────┐
│ = Jahresreinertrag des  │
│      Grundstücks        │
└───┬─────────────────┬───┘
    ▼                 ▼
┌────────┐   ┌─────────────────────────┐
│Bodenwert│   │Reinertrag der baulichen │
│        │   │        Anlage           │
└───┬────┘   └───────────┬─────────────┘
    │                    ▼
    │        ┌─────────────────────────┐
    │        │abzgl. Verzinsungsbetrag │
    │        │     des Bodenwerts      │
    │        └───────────┬─────────────┘
    │                    ▼
    │        ┌─────────────────────────┐
    │        │    × Kapitalisierung    │
    │        └───────────┬─────────────┘
    │                    ▼
    │        ┌─────────────────────────┐
    │        │ = Wert der baulichen    │
    │        │        Anlage           │
    │        └───────────┬─────────────┘
    ▼                    ▼
┌─────────────────────────────────────┐
│   = Ertragswert des Grundstücks     │
└─────────────────────────────────────┘
```

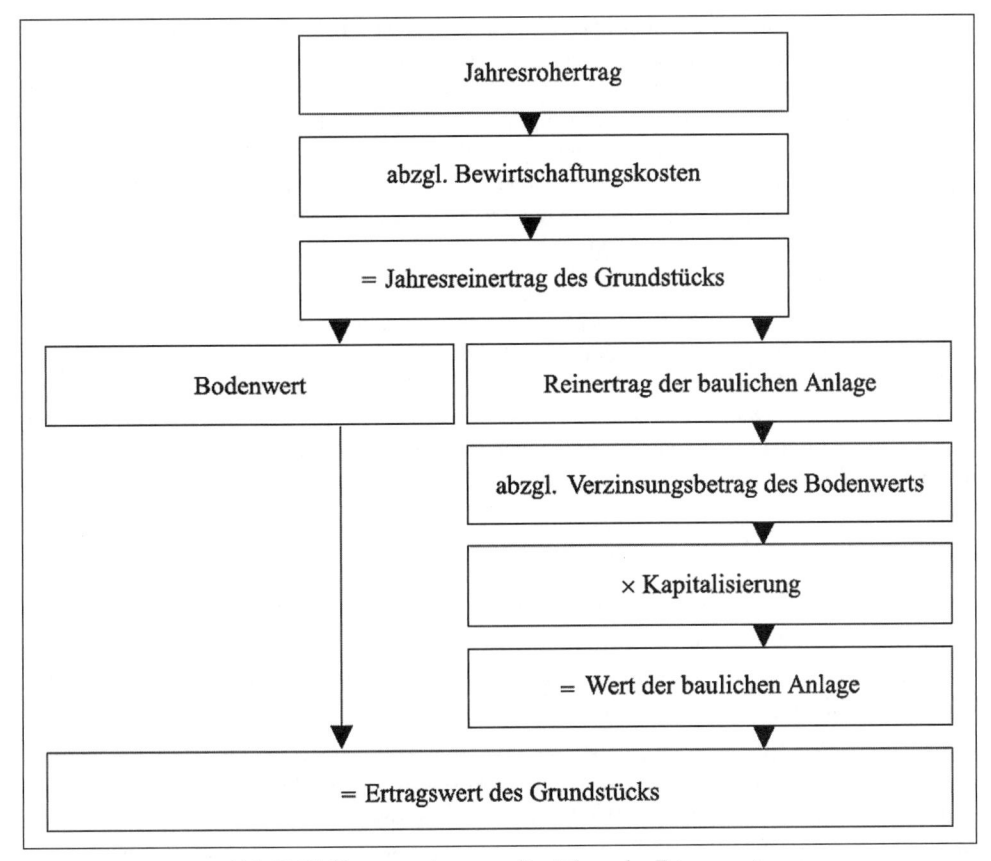

Abb. IX 17: Vorgangsschema zur Ermittlung des Ertragswertes

Bei eigengenutzten Gewerbeimmobilien ist die unter Berücksichtigung der Marktgegebenheiten geschätzte Jahresmiete anzusetzen, wobei ggf. ein Abschlag bzw. ein Aufschlag vorzunehmen ist.[27]

Zu berücksichtigen sind auch die sich mit der Zeit ändernde Mietgesetzgebung sowie die vertraglichen Bindungen. Diese können den Ertragswert sowohl erhöhen (z. B. durch Umlegung von Betriebskosten auf den Mieter) als auch verringern (z. B. durch vergünstigte Mieten).

Grundsätzlich gelten die Erträge als nachhaltig, die über die verbleibende Restnutzungsdauer im Durchschnitt erzielbar sind. Da sich aber die Mietentwicklung nicht mit der gebotenen Sicherheit abschätzen lässt, werden als nachhaltige Erträge die am Wertermittlungsstichtag unter gewöhnlichen Verhältnissen erzielbaren Erträge angesetzt.[28]

Bewirtschaftungskosten: Bewirtschaftungskosten sind Kosten, die aufgrund des Eigentums bzw. des Besitzes an einem Grundstück entstehen. Dabei ist zu beachten, dass ein Großteil dieser Kosten auf den Nutzer umgelegt werden kann. Berücksichtigt werden also im Ertragswertverfahren die nicht umlegbaren Bewirtschaftungskosten.

---

[27] Vgl. Kühn, E. (2001), S. 555 f.
[28] Vgl. Kleiber, W./Simon, J./Weyers, G. (2010), S. 1700 ff.

Die Betriebswirtschaftslehre unterscheidet zwischen Kosten – Erlös, Ertrag – Aufwand, Ausgaben – Einnahmen und Auszahlungen – Einzahlungen. Da sich der Gesetzes- und Verordnungsgeber in seiner fachbegrifflichen Ausdrucksweise nicht immer an dem Begriffsdefinitionen der BWL orientiert, sei hier noch einmal verdeutlicht, dass die Bewirtschaftungskosten aufwandsgleiche, pagatorische Kosten (= Grundkosten) und damit zahlungswirksam sind. Kalkulatorische Kosten (z. B. Leerstand oder Abschreibungen usw.) sind in den Bewirtschaftungskosten nicht zu berücksichtigen. So wird beispielsweise der Leerstand in der Weise erfasst als die Mieteinnahmen bzw. -erlöse entsprechend geringer ausfallen.

Die Bewirtschaftungskosten teilen sich in die bei gewöhnlicher Bewirtschaftung nachhaltig entstehenden Verwaltungskosten, die Betriebskosten, die Instandhaltungskosten sowie die Abschreibung und das Mietausfallwagnis auf. Die durch Umlagen gedeckten Betriebskosten bleiben dabei unberücksichtigt. Die Bewirtschaftungskosten können entweder durch die nachgewiesenen Kosten, oder aber durch Pauschalsätze angesetzt werden. Zu berücksichtigen sind dabei die individuellen Vereinbarungen in den jeweiligen Mietverträgen. So kann die im Normalfall vom Vermieter zu tragende Grundsteuer beispielsweise nach vertraglicher Vereinbarung auch vom Mieter übernommen werden.

Die Verwaltungskosten unterteilen sich in

- die Kosten der zur Verwaltung des Grundstücks erforderlichen Arbeitskräfte und Einrichtungen,
- die Kosten der Aufsicht sowie
- die Kosten für die gesetzlichen oder freiwilligen Prüfungen des Jahresabschlusses und der Geschäftsführung.

Die Betriebskosten wiederum sind die Kosten, die durch das Eigentum am Grundstück oder durch den bestimmungsgemäßen Gebrauch des Grundstücks sowie seiner baulichen und sonstigen Anlagen laufend entstehen. Somit fallen unter die Betriebskosten beispielsweise die Grundsteuer, Kosten für Müllentsorgung, Stromkosten, Heizungskosten, Wasserversorgungs- sowie Versicherungskosten.

Die Instandhaltungskosten sind die Kosten, die infolge von Abnutzung, Alterung und Witterung zur Erhaltung des bestimmungsgemäßen Gebrauchs der baulichen Anlagen aufgewendet werden müssen. Bei der Wertermittlung ist dabei zu berücksichtigen, dass sich die Instandhaltungskosten auf die gesamte Nutzungsdauer der Immobilie beziehen.

Die Abschreibungen sind bereits durch Kapitalisierung finanzmathematisch im Barwertfaktor berücksichtigt.

Das Mietausfallwagnis ist das Wagnis einer Ertragsminderung, die durch uneinbringliche Mietrückstände oder einen möglichen Leerstand z. B. wegen Mieterwechsel, entsteht. Uneinbringliche Mietrückstände entstehen beispielsweise durch illiquide Mieter (§ 19 Abs. 2 Satz 3 ImmoWertV 10). Der Leerstand wiederum resultiert aus der Tatsache, dass kein Mietvertrag für das betreffende Objekt besteht. Des Weiteren dient das Mietausfallwagnis auch zur Deckung der Kosten einer Rechtsverfolgung auf Zahlung, Aufhebung eines Mietverhältnisses oder Räumung.

Die Verwaltungskosten, die Instandhaltungskosten und das Mietausfallwagnis sind nach Erfahrungssätzen anzusetzen, die unter Berücksichtigung der Restnutzungsdauer den Grundsätzen einer ordnungsgemäßen Bewirtschaftung entsprechen. Die Verwaltungskosten sind abhängig von dem Objekt. Als Richtwert können i. d. R. ca. 240 € je Wohneinheit/Jahr angesetzt werden. Die Höhe der Instandhaltungskosten variiert in den meisten Fällen in Abhängigkeit des Gebäudealters zwischen ca. 7,42 – und 12,– €/m²/Jahr. Bei gewerblich genutzten Objekten wird das Mietausfallwagnis in der Regel mit 4 % bis 8 % des Jahresrohertrags, bei Wohnobjekten mit 2 % bzw. 3 % angesetzt.[29] Die Betriebskosten sind unter Berücksichtigung der Grundsätze einer ordnungsgemäßen Bewirtschaftung im üblichen Rahmen zu ermitteln. Hierbei ist die tatsächliche Höhe unter Einbeziehung der vom Eigentümer selbst erbrachten Sach- und Arbeitsleistung anzusetzen. Soweit sie sich nicht ermitteln lassen, ist auch hier von Erfahrungssätzen auszugehen.

Ermittlung des Verzinsungsbetrags des Bodenwerts: Der Verzinsungsbetrag des Bodenwerts ergibt sich aus der Multiplikation des im Rahmen des Vergleichswertverfahrens ermittelten Bodenwerts und des Liegenschaftszinssatzes. Für die Ermittlung der Bodenwertverzinsung wird in der Regel der gleiche Liegenschaftszinssatz wie bei der Kapitalisierung der Reinerträge der baulichen Anlagen angewendet (§ 17 Abs. 2 ImmoWertV 10). Dies resultiert daher, dass der Grund und Boden sowie das Gebäude eine Einheit bilden.[30]

Ist das Grundstück wesentlich größer, als es einer den baulichen Anlagen angemessenen Nutzung entspricht, und ist eine zusätzliche Nutzung oder Verwertung einer Teilfläche zulässig und möglich, so ist bei der Berechnung des Verzinsungsbetrags der Bodenwert dieser Teilfläche nicht anzusetzen.

Reinertrag: Der um den Verzinsungsbetrag des Bodenwerts verminderte jährliche Reinertrag ist nun mit dem Vervielfältiger zu kapitalisieren. Dabei ist derjenige Vervielfältiger maßgebend, der sich nach dem Liegenschaftszinssatz und der Restnutzungsdauer der baulichen Anlagen ergibt (§ 17 Abs. 2 Satz 1 ImmoWertV 10).

Bestimmung des Vervielfältigers: Der um den Verzinsungsbetrag des Bodenwerts verminderte Reinertrag ist mit dem sich ergebenden Vervielfältiger zu kapitalisieren. Maßgebend ist derjenige Vervielfältiger (V), der sich nach dem Liegenschaftszinssatz (p) und der Restnutzungsdauer (n) der baulichen Anlagen ergibt.

Die Formel lautet: $V = \dfrac{q^n - 1}{q^n \times (q - 1)}$ wobei $q = 1 + \dfrac{p}{100}$

Als Restnutzungsdauer ist die Anzahl der Jahre anzusehen, in denen die baulichen Anlagen bei ordnungsgemäßer Unterhaltung und Bewirtschaftung voraussichtlich noch wirtschaftlich genutzt werden können. Dabei können durchgeführte Instandsetzungen oder Modernisierungen oder unterlassene Instandhaltung oder andere Gegebenheiten die Restnutzungsdauer verlängern oder verkürzen. Entsprechen die baulichen Anlagen nicht den allgemeinen Anforderungen an gesunde Wohn- und Arbeitsverhältnisse oder an die Sicherheit der auf dem betroffenen Grundstück wohnenden oder arbeitenden Menschen, ist dies bei der Ermittlung der Restnutzungsdauer besonders zu berücksichtigen.

Sonstige wertbeeinflussende Umstände: Sonstige den Verkehrswert beeinflussende Umstände, die bei der Ermittlung noch nicht erfasst sind, sind durch Zu- oder Abschläge oder in anderer geeigneter Weise zu berücksichtigen. Insbesondere sind dabei die Nutzung des Grundstücks für Werbezwecke oder wohnungs- und mietrechtliche Bindungen sowie Abweichungen vom normalen baulichen Zustand, wie Baumängel und Bauschäden, zu beachten. Dies gilt, wenn sie noch nicht durch den Absatz des Ertrags oder durch eine entsprechend geänderte Restnutzungsdauer berücksichtigt wurden.

Ableitung des Verkehrswertes: Das Ergebnis des Ertragswertverfahrens ist im Allgemeinen noch nicht mit dem Verkehrswert identisch. Es ist vielmehr unter Berücksichtigung des jeweiligen re-

---

[29] Vgl. Schulz-Wulkow, C. (2003), S. 85 f.
[30] Vgl. ebenda, S. 87

gionalen und örtlichen Marktverhaltens sowie gegebenenfalls durch Heranziehen des Sachwert- bzw. des Vergleichswertverfahrens zu korrigieren.

Ermittlung des Ertragswerts in besonderen Fällen

- Verbleibt bei der Minderung des Reinertrags um den Verzinsungsbetrag des Bodenwerts kein Anteil für die Ermittlung des Ertragswerts der baulichen Anlagen, so ist als Ertragswert des Grundstücks nur der Bodenwert anzusetzen. Der Bodenwert ist in diesem Fall um die gewöhnlichen Kosten zu mindern, die aufzuwenden wären, damit das Grundstück vergleichbaren unbebauten Grundstücken entspricht. Dies gilt, soweit diese im gewöhnlichen Geschäftsverkehr berücksichtigt werden. Insbesondere fallen hierunter Abbruchkosten sowie Altlasten.

- Auch rechtliche oder sonstige Gründe, wie Nutzungsbeschränkungen, beeinflussen die Wertermittlung, beispielsweise wenn das Grundstück nicht alsbald freigelegt und deshalb eine dem Bodenwert angemessene Verzinsung nicht erzielt werden kann. In diesem Fall ist dies beim verminderten Bodenwert für die Dauer der Nutzungsbeschränkung zusätzlich angemessen zu berücksichtigen. Der so ermittelte Bodenwert zuzüglich des kapitalisierten, aus der Nutzung des Grundstücks nachhaltig erzielbaren Reinertrags ergeben dann den Ertragswert. Der für die Kapitalisierung des nachhaltig erzielbaren Reinertrags maßgebende Vervielfältiger bestimmt sich nach der Dauer der Nutzungsbeschränkung und dem der Grundstücksart entsprechenden Liegenschaftszinssatz. Nutzungsbeschränkungen sind in Abteilung II des Grundbuchs festgehalten. Hierunter fallen Nutzungsrechte, Erwerbsrechte sowie Reallasten.

- Weiterhin kommt es zu einem Sonderfall der Wertermittlung, wenn dem Abriss der Gebäude längerfristig rechtliche oder andere Gründe entgegenstehen. So kann den Gebäuden, wenn nach den Verhältnissen des örtlichen Grundstücksmarkts noch ein Wert beigemessen wird, der Ertragswert mit einem Bodenwert ermittelt werden, der von dem Werten nach § 16 ImmoWertV10 abweicht. Bei der Bemessung dieses Bodenwerts ist die eingeschränkte **Ertragsfähigkeit** des Grundstücks sowohl der Dauer als auch der Höhe nach angemessen zu berücksichtigen.

3.2.5.2 Allgemeines Ertragswertverfahren (§ 17 Abs. 2 Nummer 1 ImmoWertV10)

Abb. IX 18 zeigt das allgemeine Ertragswertfahren am Beispiel eines Mehrfamilienhauses:

Mehrfamilienhaus:	**20 WE á 80 qm;**
Nettokaltmiete:	**7,50 €/qm/Monat**
Baujahr:	**2004**
Stellplätze:	**20 Stellplätze á 70 €/Monat**
Bewirtschaftungskosten:	**28.500 € (pauschal 20 %)**
Grundstück:	**1.500 qm**
Liegenschaftszins:	**3,5 %**
Bodenrichtwert:	**100 €/qm**
Barwertfaktor:	**26,48**

(für die Kapitalisierung bei Restnutzungsdauer von 76 Jahren)

In dem allgemeinen Ablaufschema sind die entsprechenden Paragraphen der ImmoWertV10 zur Ermittlung des Verkehrswerts nach § 194 BauGB sowie die Paragraphen des Bewertungsgesetzes zur Ermittlung des gemeinen Werts nach dem Bewertungsgesetz (Steuerwertermittlung) aufgeführt.

3 Verfahren der Wertermittlung

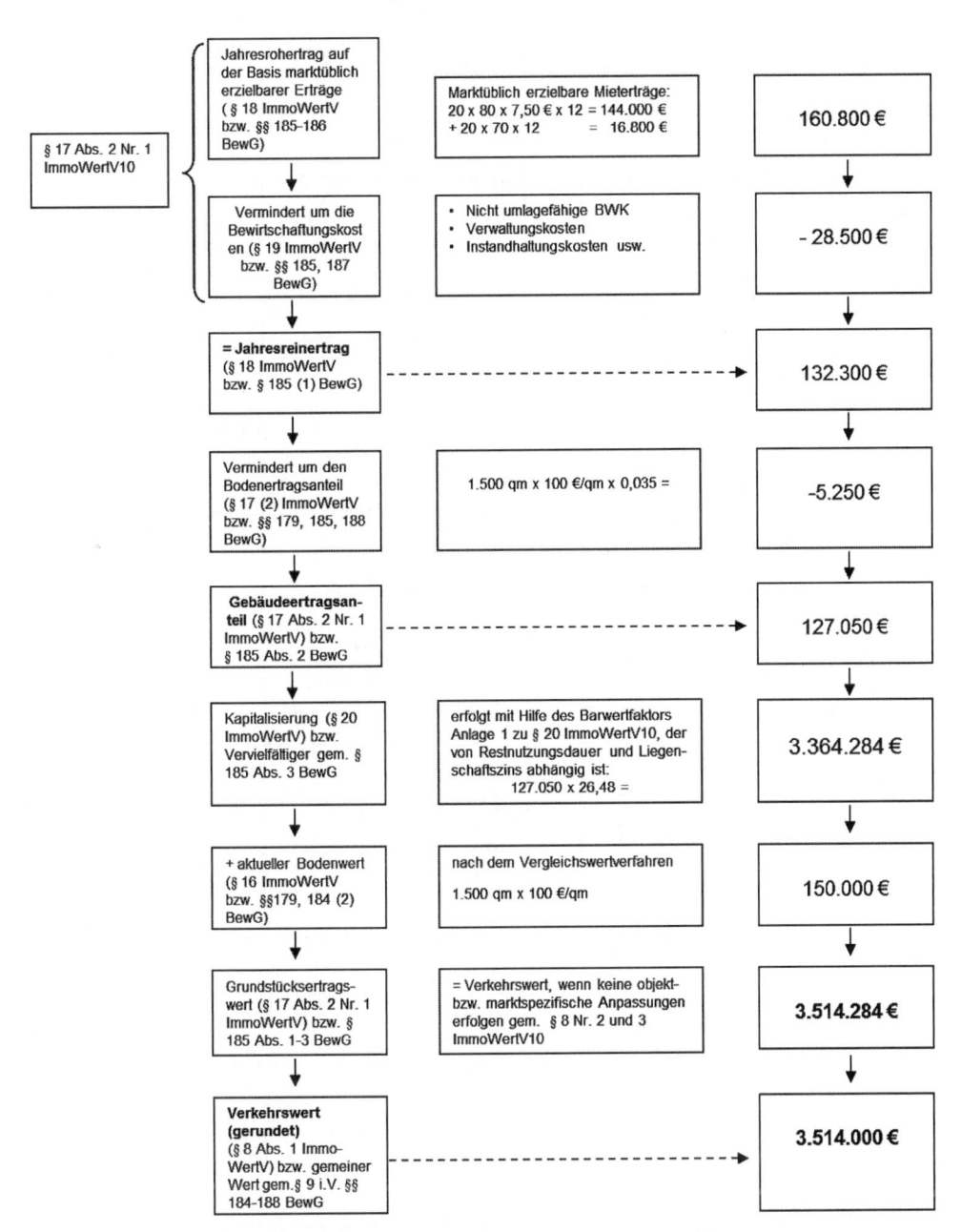

```
§ 17 Abs. 2 Nr. 1 ImmoWertV10 {
  Jahresrohertrag auf der Basis marktüblich erzielbarer Erträge (§ 18 ImmoWertV bzw. §§ 185-186 BewG)
    → Marktüblich erzielbare Mieterträge: 20 x 80 x 7,50 € x 12 = 144.000 € + 20 x 70 x 12 = 16.800 €
    → 160.800 €
  ↓
  Vermindert um die Bewirtschaftungskosten (§ 19 ImmoWertV bzw. §§ 185, 187 BewG)
    → Nicht umlagefähige BWK · Verwaltungskosten · Instandhaltungskosten usw.
    → -28.500 €
}
↓
= Jahresreinertrag (§ 18 ImmoWertV bzw. § 185 (1) BewG)   ---→ 132.300 €
↓
Vermindert um den Bodenertragsanteil (§ 17 (2) ImmoWertV bzw. §§ 179, 185, 188 BewG)
  → 1.500 qm x 100 €/qm x 0,035 =
  → -5.250 €
↓
Gebäudeertragsanteil (§ 17 Abs. 2 Nr. 1 ImmoWertV) bzw. § 185 Abs. 2 BewG   ---→ 127.050 €
↓
Kapitalisierung (§ 20 ImmoWertV) bzw. Vervielfältiger gem. § 185 Abs. 3 BewG
  → erfolgt mit Hilfe des Barwertfaktors Anlage 1 zu § 20 ImmoWertV10, der von Restnutzungsdauer und Liegenschaftszins abhängig ist: 127.050 x 26,48 =
  → 3.364.284 €
↓
+ aktueller Bodenwert (§ 16 ImmoWertV bzw. §§179, 184 (2) BewG)
  → nach dem Vergleichswertverfahren 1.500 qm x 100 €/qm
  → 150.000 €
↓
Grundstücksertragswert (§ 17 Abs. 2 Nr. 1 ImmoWertV) bzw. § 185 Abs. 1-3 BewG
  → = Verkehrswert, wenn keine objekt- bzw. marktspezifische Anpassungen erfolgen gem. § 8 Nr. 2 und 3 ImmoWertV10
  → 3.514.284 €
↓
Verkehrswert (gerundet) (§ 8 Abs. 1 ImmoWertV) bzw. gemeiner Wert gem. § 9 i.V. §§ 184-188 BewG   ---→ 3.514.000 €
```

Abb. IX 18: Rechenbeispiel allgemeines Ertragswertverfahren

3.2.5.3 Vereinfachtes Ertragswertverfahren (§ 17 Abs. 2 Nummer 2 ImmoWertV10)

Weiterhin kann nach der WertR bei einer Restnutzungsdauer der baulichen Anlagen von mindestens 30 % von der Gesamtnutzungsdauer das vereinfachte Ertragswertverfahren angewendet werden. Der Ertragswert ergibt sich als Barwert der künftigen Reinerträge, die nicht um den Bodenverzinsungsbetrag vermindert werden müssen. Der Bodenwert von selbständig nutzbaren Teilflächen ist jedoch in voller Höhe zu berücksichtigen.

Für das Beispiel aus 3.2.5.2 ergibt sich folgende Berechnung:

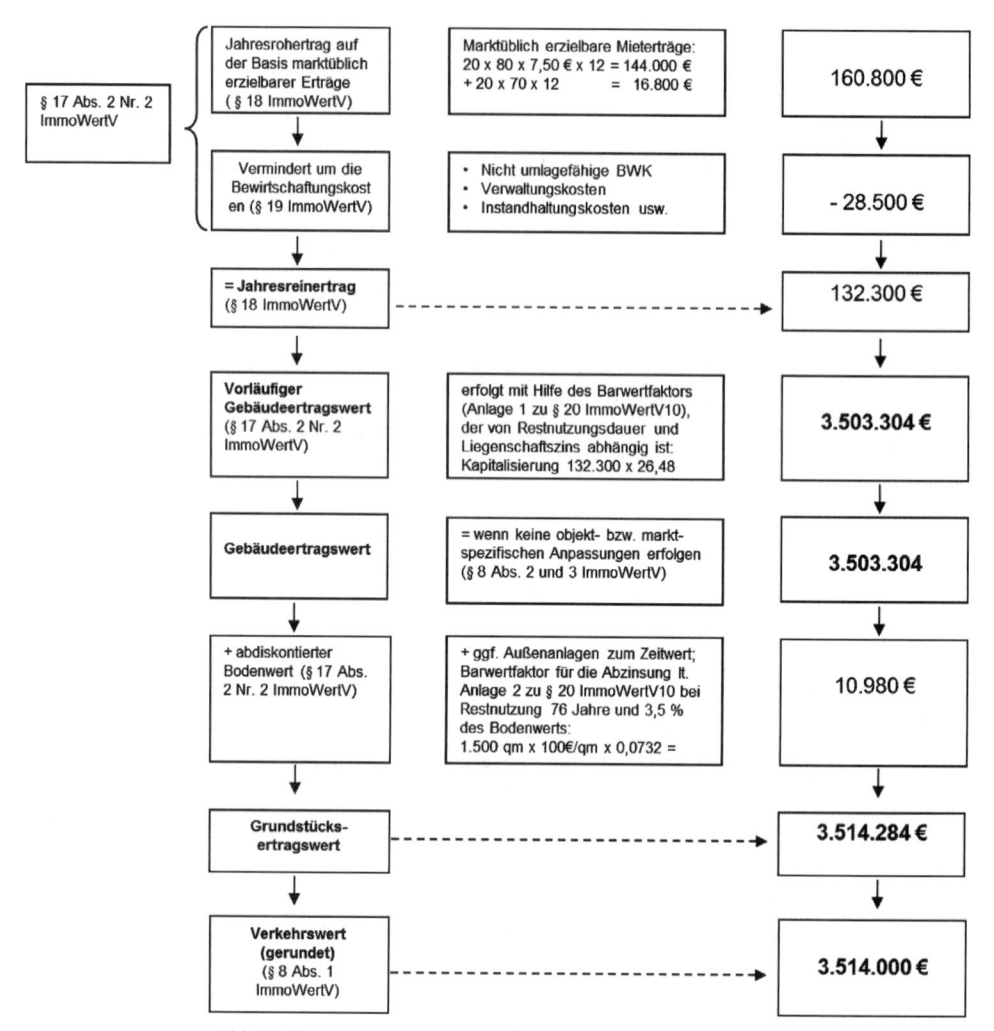

§ 17 Abs. 2 Nr. 2 ImmoWertV	Jahresrohertrag auf der Basis marktüblich erzielbarer Erträge (§ 18 ImmoWertV)	Marktüblich erzielbare Mieterträge: 20 x 80 x 7,50 € x 12 = 144.000 € + 20 x 70 x 12 = 16.800 €	160.800 €
	Vermindert um die Bewirtschaftungskosten (§ 19 ImmoWertV)	• Nicht umlagefähige BWK • Verwaltungskosten • Instandhaltungskosten usw.	− 28.500 €
	= Jahresreinertrag (§ 18 ImmoWertV)		132.300 €
	Vorläufiger Gebäudeertragswert (§ 17 Abs. 2 Nr. 2 ImmoWertV)	erfolgt mit Hilfe des Barwertfaktors (Anlage 1 zu § 20 ImmoWertV10), der von Restnutzungsdauer und Liegenschaftszins abhängig ist: Kapitalisierung 132.300 x 26,48	3.503.304 €
	Gebäudeertragswert	= wenn keine objekt- bzw. marktspezifischen Anpassungen erfolgen (§ 8 Abs. 2 und 3 ImmoWertV)	3.503.304
	+ abdiskontierter Bodenwert (§ 17 Abs. 2 Nr. 2 ImmoWertV)	+ ggf. Außenanlagen zum Zeitwert; Barwertfaktor für die Abzinsung lt. Anlage 2 zu § 20 ImmoWertV10 bei Restnutzung 76 Jahre und 3,5 % des Bodenwerts: 1.500 qm x 100€/qm x 0,0732 =	10.980 €
	Grundstücksertragswert		3.514.284 €
	Verkehrswert (gerundet) (§ 8 Abs. 1 ImmoWertV)		3.514.000 €

Abb. IX 19: Rechenbeispiel vereinfachtes Ertragswertverfahren

3.2.5.4 Discounted Cashflow-Verfahren (§ 17 Abs. 2 Nummer 3 ImmoWertV10)

Erstmals wird in der Wertermittlung von Immobilien das periodisierte Ertragswertverfahren eingeführt, das in seiner Methodik dem Discounted Cashflow-Verfahren (DCF-Verfahren) entspricht. Beide Verfahren basieren auf der gleichen Methode, indem zukünftige Zeitwerte (Erträge, Cashflow) auf die Gegenwart abdiskontiert werden. Der so errechnete Barwert ist der Gegenwartswert der jeweiligen Zahlungsreihe. Der Begriff Cashflow wurde als finanzwirtschaftliche Größe innerhalb der Finanz- und Wertpapieranalyse Anfang der 1950er Jahre in den USA eingeführt. Inzwischen haben sich verschiedene Begrifflichkeiten wie Operative Cashflow, Free Cashflow usw. herausgebildet, gleichwohl haben die Definitionen eine Gemeinsamkeit: der Cashflow ist der Zahlungsüberschuss (Differenz zwischen Ein- und Auszahlungen bzw. zahlungswirksamen Einnahmen und Ausgaben), der dem Kapitalgeber zur Verfügung steht.

Gleichwohl tun sich in Deutschland die Immobilienbewerter noch schwer mit diesem Verfahren, was auf unterschiedliche Gründe zurückzuführen ist. Vielfach wird der Eindruck vermittelt, dass Bewertungsverfahren, die normiert sind, qualitativ höherwertig sind als nicht normierte Bewertungsverfahren. Die „Normierung" an sich ist aus wissenschaftlicher Sicht kein Qualitätsmerkmal. Der Bewerter irrt auf der Basis normierter Verfahren genauso wie auf der Basis nicht normierter Verfahren. Methodisch wird durch beide Verfahren das Zufallsrisiko durch das Irrtumsrisiko ersetzt. Objektiv betrachtet basiert das DCF-Verfahren auf der klassischen Kapitalwertmethode (Net Present Value Method) und ist damit in erster Linie ein Instrument der dynamischen Investitionsrechnung. Die Vorzüge des DCF-Verfahrens gegenüber dem standardisierten Ertragswertverfahren sind:

- Der DCF ist pagatorisch, d. h. es werden ausschließlich zahlungswirksame Stromgrößen (Zahlungsüberschüsse = Cashflows) betrachtet, d. h. kalkulatorische Größen bleiben unberücksichtigt
- Das DCF-Verfahren lässt sich methodisch besser in die Kapitalmarktmodelle integrieren, insbesondere ist die kapitalmarktorientierte Risikobewertung (Sensitivitäten, Ausfallwahrscheinlichkeiten) besser durchführbar
- Finanzintermediäre wie Banken und Versicherungen, die dem Aufsichtsrecht unterliegen, können die DCF-Methode besser in ihre Risikobewertungsmodelle integrieren
- Durch die Modellierung und durch die zeitlich differenzierte Verteilung der Cashflows lässt sich das Investment besser in seiner Entwicklungsperspektive darstellen
- Wachstums- und Schrumpfungsprozesse des Investment lassen sich besser darstellen und berechnen
- Der DCF ist die strategische Preisobergrenze für ein Investment
- Das DCF-Verfahren ermöglicht die Ermittlung des NPV (Net Present Value) und die Bestimmung der Internal Rate of Return (IRR = interner Zinsfuß = Effektivverzinsung)
- Das DCF-Verfahren hat auf den internationalen Märkten eine höhere Akzeptanz als das Ertragswertverfahren und ist damit konsensfähig

Abb. IX 20 gibt einen groben Überblick über das DCF-Verfahren.

Das Institut der Wirtschaftsprüfer (IDW) legt einen Standardaufbau für die DCF-Methode zur Unternehmensbewertung (IDW S1) fest. Auch bei der Bewertung von Vermögensteilen im Rahmen der Erbschafts- und Schenkungsteuer stellt der Wissenschaftliche Beirat beim Bundesministerium der Finanzen fest: „Der Ertragswert stellt den gegenwärtigen Wert zukünftiger Zahlungsüberschüsse der Unternehmung dar. Üblich ist zur Ermittlung des Ertragswertes die Discounted-Cashflow-Methode (DCF-Methode). Die DCF-Methode beruht darauf, die erwarteten Zahlungsüberschüsse der Unternehmung mit einem geeigneten Zinssatz zu diskontieren, welcher die Renditeerwartung der Kapitalgeber widerspiegelt. Zulässig sind auch andere, in der Praxis außerhalb der Besteuerung anerkannte und gebräuchliche Methoden der Bewertung (wie die Bewertung mit Multiplikatoren). Hinzu kommt ein im Gesetz geregeltes vereinfachtes Ertragswertverfahren, das auf dem in der Vergangenheit durchschnittlich erzielten Jahresertrag basiert."[31] Genau genommen ist der DCF der maximale Kaufpreis (Preisobergrenze) für eine Immobilie.

---

[31] Bundesministerium der Finanzen (2012), S. 17

DCF-Verfahren nach dem IDW Standard 1

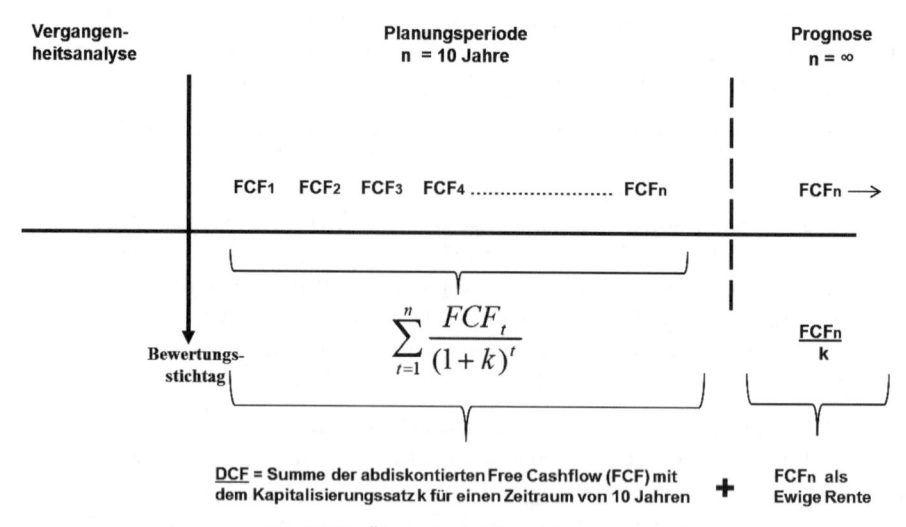

```
Vergangen-          Planungsperiode              Prognose
heitsanalyse         n = 10 Jahre                  n = ∞
```

FCF₁ FCF₂ FCF₃ FCF₄ .... FCFn   FCFn →

Bewertungs- $\sum_{t=1}^{n}\dfrac{FCF_t}{(1+k)^t}$ $\dfrac{FCFn}{k}$
stichtag

DCF = Summe der abdiskontierten Free Cashflow (FCF) mit dem Kapitalisierungssatz k für einen Zeitraum von 10 Jahren   +   FCFn als Ewige Rente

Abb. IX 20: Übersicht DCF-Verfahren

3.3 Sachwertverfahren (§§ 21, 22 und 23 ImmoWertV10)

3.3.1 Ermittlung des Sachwert (§ 21 ImmoWertV10)

„(1) Im Sachwertverfahren wird der Sachwert des Grundstücks aus dem Sachwert der nutzbaren baulichen und sonstigen Anlagen sowie dem Bodenwert (§ 16) ermittelt; die allgemeinen Wertverhältnisse auf dem Grundstücksmarkt sind insbesondere durch die Anwendung von Sachwertfaktoren (§ 14 Absatz 2 Satz 1) zu berücksichtigen.

(2) Der Sachwert der baulichen Anlagen (ohne Außenanlagen) ist ausgehend von den Herstellungskosten (§ 22) unter Berücksichtigung der Alterswertminderung (§ 23) zu ermitteln.

(3) Der Sachwert der baulichen Außenanlagen und der sonstigen Anlagen wird, soweit sie nicht vom Bodenwert miterfasst werden, nach Erfahrungssätzen oder nach den gewöhnlichen Herstellungskosten ermittelt. Die §§ 22 und 23 sind entsprechend anzuwenden."

3.3.2 Ermittlung der Herstellkosten (§ 22 ImmoWertV10)

„(1) Zur Ermittlung der Herstellungskosten sind die gewöhnlichen Herstellungskosten je Flächen-, Raum- oder sonstiger Bezugseinheit (Normalherstellungskosten) mit der Anzahl der entsprechenden Bezugseinheiten der baulichen Anlagen zu vervielfachen.

(2) Normalherstellungskosten sind die Kosten, die marktüblich für die Neuerrichtung einer entsprechenden bauliche Anlage aufzuwenden wären. Mit diesen Kosten nicht erfasste einzelne Bauteile, Einrichtungen oder sonstige Vorrichtungen sind durch Zu- oder Abschläge zu berücksichtigen, soweit dies dem gewöhnlichen Geschäftsverkehr entspricht. Zu den Normalherstellungskosten gehören auch die üblicherweise entstehenden Baunebenkosten, insbesondere Kosten für Planung,

Baudurchführung, behördliche Prüfungen und Genehmigungen. Ausnahmsweise können die Herstellungskosten der baulichen Anlagen nach den gewöhnlichen Herstellungskosten einzelner Bauleistungen (Einzelkosten) ermittelt werden.

(3) Normalherstellungskosten sind in der Regel mit Hilfe geeigneter Baupreisindexreihen an die Preisverhältnisse am Wertermittlungsstichtag anzupassen."

3.3.3 Berücksichtigung der Alterswertminderung (§ 23 ImmoWertV10)

„Die Alterswertminderung ist unter Berücksichtigung des Verhältnisses der Restnutzungsdauer (§ 6 Absatz 6 Satz 1) zur Gesamtnutzungsdauer der baulichen Anlagen zu ermitteln. Dabei ist in der Regel eine gleichmäßige Wertminderung zugrunde zu legen. Gesamtnutzungsdauer ist die bei ordnungsgemäßer Bewirtschaftung übliche wirtschaftliche Nutzungsdauer der baulichen Anlagen."

Das Sachwertverfahren kommt zur Anwendung, wenn die Ersatzbeschaffungskosten des Wertermittlungsobjekts nach den Gepflogenheiten des gewöhnlichen Geschäftsverkehrs preisbestimmend sind. Dies ist in erster Linie bei Ein- und Zweifamilienhäusern der Fall, wenn bei deren Nutzung nicht der erzielbare Ertrag im Vordergrund steht. Somit wird das Sachwertverfahren bei solchen Objekten herangezogen, die am Grundstücksmarkt nach Substanzwertgesichtspunkten behandelt werden. Ausgangspunkt sind dabei die gewöhnlichen Kosten, die unter Berücksichtigung der am Wertermittlungsstichtag vorherrschenden wirtschaftlichen Rahmenbedingungen für die Neuerrichtung einer baulichen Anlage ersatzweise aufzubringen wären. Insoweit definieren sich die zur Ermittlung der „gewöhnlichen" Herstellungskosten herangezogenen Normalherstellungskosten für bauliche Anlagen älterer Baujahrsklassen nicht als „Rekonstruktionskosten". Vielmehr sind unter den gewöhnlichen Herstellungskosten diejenigen Kosten zu verstehen, die am Wertermittlungsstichtag nach wirtschaftlichen Gesichtspunkten sowie unter Berücksichtigung der technischen Entwicklungen aufzubringen wären, um zu einem mit dem älteren Gebäude vergleichbaren Bauwerk zu gelangen. Insoweit geht das Sachwertverfahren von neuzeitlichen Ersatzbeschaffungskosten, also den zeitgemäßen Wiederbeschaffungskosten aus (so auch im angelsächsischen Schrifttum: replacement costs). Dies wird beispielhaft an einer Holzdecke deutlich, die in neuerer Zeit durch Betondecken ersetzt wird.[32]

3.3.4 Der Sachwert und die Sachwertermittlung

Der Sachwert stellt auf den Wert der Grundstückssubstanz am Stichtag der Wertermittlung ab und setzt sich aus drei Komponenten zusammen:

- Sachwert der baulichen Anlagen (ohne Außenanlagen) basierend auf den Herstellungskosten und unter Berücksichtigung der Alterswertminderung (§ 21 Abs. 2 ImmoWertV10)
- Sachwert der baulichen Außenanlagen und der sonstigen Anlagen nach Erfahrungssätzen oder nach gewöhnlichen Herstellungskosten ggf. unter Berücksichtigung der Alterswertminderung (§ 21 Abs. 3 ImmoWertV10)
- Bodenwert nach § 16 ImmoWertV10, der vorrangig nach dem Vergleichswertverfahren zu ermitteln ist.

Somit sind bei der Anwendung des Sachwertverfahrens der Wert der baulichen Anlagen und der Wert der sonstigen Anlagen getrennt vom Bodenwert nach Herstellungskosten zu ermitteln (vgl.

---

[32] Vgl. Kleiber, W./Simon, J./Weyers, G. (2010), S. 1824

§ 21 Abs. 1 ImmoWertV10). Bauliche Anlagen können beispielsweise Gebäude, Außenanlagen und besondere Betriebseinrichtungen sein.

Der Sachwert entspricht dem zeitgemäßen Wiederbeschaffungswert einer Immobilie und leitet sich daher aus den Herstellungskosten ab, die aufzuwenden wären, wenn die Immobilie unter Beachtung wirtschaftlicher Aspekte als in vergleichbarer Weise nutzbarer Neubau am Wertermittlungsstichtag auf der Basis neuzeitlicher, energetischer und wirtschaftlicher Bauweisen aufzuwenden wäre. Daraus ergibt sich eine gravierende Unterscheidung zum Rekonstruktionswert (Reproduktionswert), der sich aus den Herstellungskosten ableitet, die für die genaue Wiederherstellung des Bewertungsobjektes aufzuwenden wäre. Versicherungen z. B. ersetzen lediglich den Rekonstruktionswert, nicht aber den Wiederbeschaffungswert, was oft dazu führt, dass die Eigentümer eines abgebrannten Hauses einen nicht unerheblichen Differenzbetrag (geleistete Versicherungszahlung und Bau/Kauf eines adäquaten Gebäudes) ausgleichen müssen.

3.3.5 Die Richtlinie zur Ermittlung des Sachwerts (Sachwertrichtlinie – SW-RL)

Die Richtlinie zur Ermittlung des Sachwerts gem. §§ 21–23 ImmoWertV10 wurde am 18. Oktober 2012 im Bundesanzeiger veröffentlicht. Mit ihr treten auch die Normalherstellkosten (NHK 2010) in Kraft, womit die NHK 2005 ihre Gültigkeit verlieren und nur noch in sehr begründeten Fällen angewendet werden sollten. Die NHK 2010 basieren auf den neuen Ausstattungsstandards und tragen damit den neuzeitlichen Bauweisen Rechnung.

Weitere Neuerungen sind:

- Die Baunebenkosten sind bereits in den NHK 2010 enthalten
- Auf die Regionalisierung der Herstellungskosten wird verzichtet, diese wird durch die Marktanpassung ersetzt
- Berücksichtigung der wirtschaftlichen Nutzbarkeit des Dachgeschosses: Zu- und Abschläge sind abhängig von der Dachneigung, Giebelbreite und der Drempelhöhe. Fehlt z.B. der Drempel (auch Kniestock genannt), d.h. die Dachkonstruktion liegt direkt traufseitig auf der gemauerten Außenseite auf Deckenhöhe auf, dann ist das mit einem entsprechenden Abschlag in der Bewertung zu berücksichtigen.
- Es erfolgt keine Differenzierung der NHK in Gebäudebaujahresklassen
- Es wird eine lineare Alterswertminderung vorgeschrieben; die max. Gesamtnutzungsdauer wird von 100 auf 80 Jahre verkürzt.

3.3.6 Normalherstellungskosten 2010

Die Anlage 1 zur NHK 2010 enthält entsprechend der Gebäudeart und dem Gebäudestandard die Kostenkennwerte. Diese sind in Euro/qm Brutto-Grundfläche (€/qm BGF) angegeben und erfassen die Kostengruppen 300 und 400 der DIN 276-11/2006, in denen die Umsatzsteuer und die üblichen Baunebenkosten der Kostengruppe 730 und 771 eingerechnet sind.

Das Sachwertfahren wird in 5 Schritten durchgeführt:

1. Ermittlung des Sachwertes der baulichen Anlagen (ohne Außenanlagen) basierend auf den Herstellungskosten unter Berücksichtigung der Alterswertminderung (§21 Abs. 2 ImmoWertV10)

2. Ermittlung des Sachwertes der baulichen Außenanlagen und der sonstigen Anlagen nach Erfahrungssätzen oder nach gewöhnlichen Herstellungskosten, ggf. unter Berücksichtigung der Alterswertminderung
3. Ermittlung des Bodenwertes nach § 16 ImmoWertV10 nach dem Vergleichswertverfahren
4. Die Summe aus Sachwert der baulichen Anlage, der baulichen Außenanlagen und der sonstigen Anlagen und dem Boden ergibt einen vorläufigen Sachwert
5. Anpassung des vorläufigen Sachwerts an die Marktverhältnisse (Sachwertfaktor §§ 8 Abs. 2 Satz 2, 14 Abs. 2 Satz 1 ImmoWertV10) und an die objektspezifischen Grundstücksmerkmale (§ 8 Abs. 2 Satz 2, Abs. 3 ImmoWertV10)

Abb. IX 21 zeigt die Verkehrswertermittlung nach dem Sachwertverfahren:

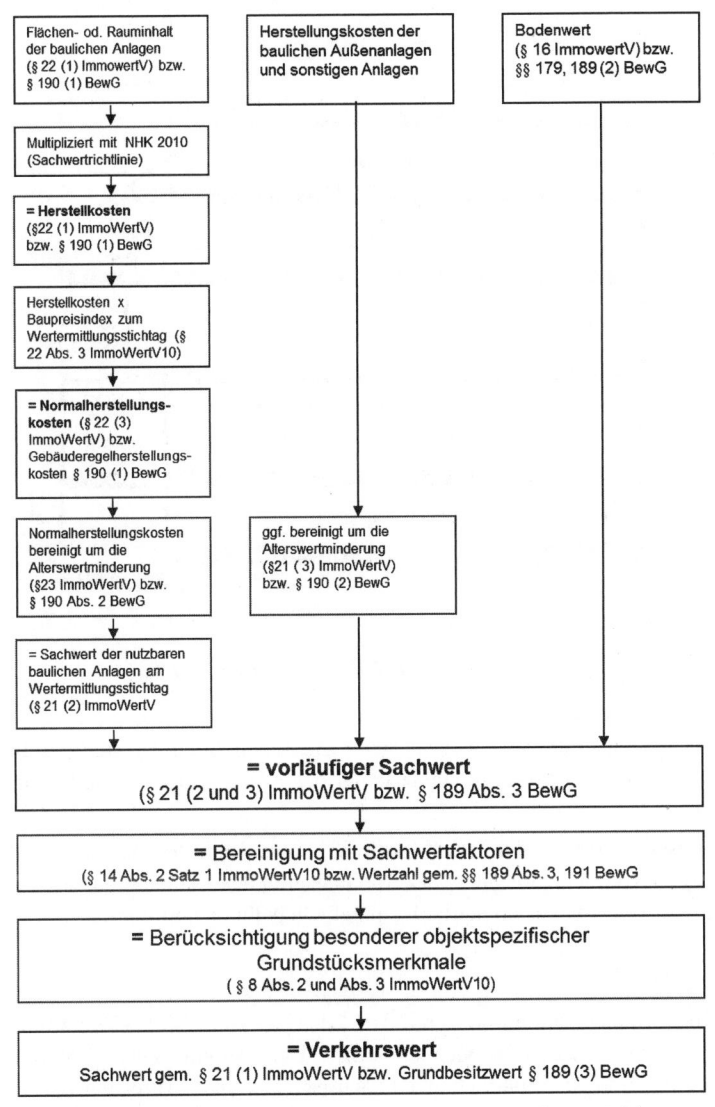

Abb. IX 21: Ermittlung des Verkehrswerts nach dem Sachwertverfahren

3.3.6.1 Brutto-Grundflächen (BGF)

Die BGF ist die Summe der Grundflächen aller Grundrissebenen eines Bauwerks. Die SW-RL 2010 lehnt sich dabei an die DIN 277-1:2005-02 an und unterscheidet die folgenden Bereiche:

- Bereich a: überdeckt und allseitig in voller Höhe umschlossen,
- Bereich b: überdeckt, jedoch nicht allseitig in voller Höhe umschlossen,
- Bereich c: nicht überdeckt

Für die Anwendung der NHK 2010 sind im Rahmen der Ermittlung der BGF die Grundflächen der Bereiche a und b zu Grunde zu legen.

Abb. IX 22 (enthalten in der SW-RL 2010) zeigt die Bereiche:

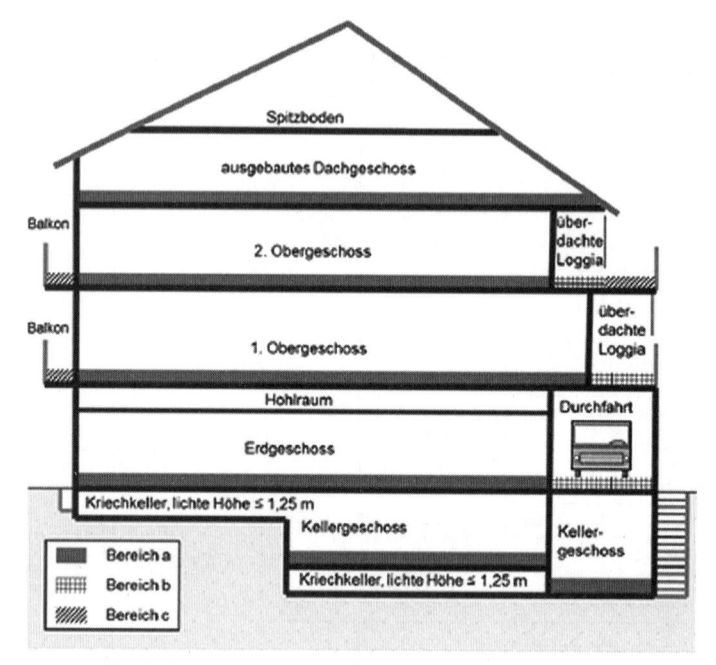

Abb. IX 22: a-, b- und c-Bereiche nach DIN 277-1:2005-02

Spitzböden und Kriechkeller sowie alle Flächen die ausschließlich der Wartung, Inspektion und Instandsetzung von Baukonstruktionen und technischen Anlagen dienen, werden nicht in die BGF eingerechnet.

Eine weitere Besonderheit sind die Dachgeschosse. Soweit diese (wohn-)wirtschaftlich nutzbar sind, werden in die BGF eingerechnet. Der Nutzungsgrad des Dachgeschosses ist abhängig von der Dachneigung, der Gebäudegeometrie, Drempel, Giebelhöhe und -breite.

3.3.6.2 Baupreisindex

Die ermittelten Normalherstellungskosten (NHK 2010) müssen auf den Wertermittlungsstichtag mit Hilfe eines Baupreisindex umgerechnet werden. Der Baupreisindex wird vom Statistischen Bundesamt ermittelt und vierteljährlich in der Fachserie 17 Reihe 4 (Preisindizes für die Bauwirtschaft) veröffentlicht. Dieser bezieht sich auf das Basisjahr 2005 (Preise = 100 %) und wird dann vierteljährlich an die Kostenentwicklung in der Bauwirtschaft angepasst. Beispielsweise lag der Preisindex für Einfamilienhäuser im August 2012 bei 120,2, d. h. im August 2012 sind die Baupreise gegenüber dem Basisjahr 2005 um 20,2 % gestiegen.

3.3.6.3 Lineare Alterswertminderung

Die mit Hilfe des Baupreisindex auf den Bewertungsstichtag aktualisierten Herstellungskosten müssen sodann um die durch das Gebäudealter geminderte Gesamtnutzungsdauer im Verhältnis zur Restnutzungsdauer korrigiert werden. Die lineare Alterswertminderung wird wie folgt berechnet:

$$\text{Alterswertminderung in \%} = \frac{\text{Gesamtnutzungsdauer} - \text{Restnutzungsdauer}}{\text{Gesamtnutzungsdauer}} \times 100$$

Beispielsweise hat ein Einfamilienwohnhaus, Baujahr 1992 mit einer Gesamtnutzungsdauer von 80 Jahren im Bewertungsjahr 2012 (NHK 300.000 €) eine Alterswertminderung von: (80 – 20/80) x 100 = 75 %, also 225.000 €. Das entspricht einer Alterswertminderung von 75.000 € (25 % von 300.000).

3.3.6.4 Sachwertfaktoren

Die Normalherstellungskosten sind nach der Alterswertminderung an die realen Verhältnisse des Grundstücksmarktes und die regionalen Baupreisverhältnisse anzupassen. Die Anpassung erfolgt mittels Sachwertfaktoren, die i. d. R. von den Gutachterausschüssen aus geeigneten Kaufpreisen abgeleitet werden. Liegen solche Sachwertfaktoren nicht vor, kann der Gutachter diese im eigenen Ermessen schätzungsweise festlegen. Diese Marktanpassung muss ausführlich und fundiert begründet werden.

3.3.6.5 Besondere objektspezifische Merkmale

Hierzu zählen grundsätzlich das Grundstück wertbeeinflussende Merkmale, die vom Normalen abweichen und durch Zu- und Abschläge berücksichtigt werden. Zuschläge erfolgen z. B. aufgrund von einem überdurchschnittlichen Erhaltungszustand des Bewertungsobjektes oder besonderen Ertragsverhältnissen (die im Rahmen des Ertragswertverfahrens ermittelt werden müssen). Abschläge erfolgen z. B. durch Baumängel, Bauschäden, wirtschaftliche Überalterung, Freilegungskosten, Bodenverunreinigung, grundstücksbezogene Rechte und Belastungen.

3.3.7 Beispiel für die Berechnung des Sachwertes

Einfamilienwohnhaus:	Reihenmittelhaus (Stuttgart)
Bruttogrundfläche:	Kellergeschoss: 70 qm; Erdgeschoss: 70 qm
	1. Obergeschoss 70 qm; Dachgeschoss: 40 qm
Standard:	mittel, Baujahr 1984, ausgebautes Dachgeschoss
Bodenwert:	€ 200.000 (Bodenrichtwert 800 € x Grundstücksfläche 250 qm)
Wertermittlungsstichtag:	02.09.2012
Restnutzungsdauer:	52 Jahre (Gesamtnutzungsdauer 80 Jahre)
Wirtschaftliche Überalterung:	15.000 €

IX. Immobilienbewertung

```
┌─────────────────────────┐       ┌─────────────────────────┐
│ Flächen- od. Rauminhalt │       │ Bruttogrundfläche:      │
│ der baulichen Anlagen   │──────▶│ 70 + 70 + 70 + 40 =     │
│ (§ 22 Abs. 1            │       │ 250 qm BGF              │
│ ImmowertV10)            │       │                         │
└─────────────────────────┘       └─────────────────────────┘
            │                                  │
            ▼                                  ▼
┌─────────────────────────┐       ┌─────────────────────────┐
│ x  NHK 2010             │       │ NHK 2010: 625 €/qm      │
│ (Sachwertrichtlinie)    │──────▶│ (NHK 2010, Anlage       │
│                         │       │ 1, Gebäude 3.11)        │
└─────────────────────────┘       └─────────────────────────┘
            │                                  │
            ▼                                  ▼
┌─────────────────────────┐       ┌─────────────────────┐     ┌────────────┐
│ = Herstellkosten        │       │ 250qm x 625€/qm=    │     │            │
│ (§21 Abs. 1             │──────▶│                     │────▶│ 156.250 €  │
│ ImmowertV10)            │       │                     │     │            │
└─────────────────────────┘       └─────────────────────┘     └────────────┘
            │
            ▼
┌─────────────────────────┐       ┌─────────────────────────┐
│ Herstellkosten x        │       │ Baukostenindex 8/2012   │
│ Baupreisindex zum       │       │ (Statistisches Bundesamt,│
│ Wertermittlungsstichtag │──────▶│ Fachserie 17, Reihe 4,  │
│ (§ 22 Abs. 3            │       │ 8/2012, S. 19): 120,2   │
│ ImmoWertV10)            │       │ (Basisjahr 2005)        │
└─────────────────────────┘       └─────────────────────────┘
            │                                  │
            ▼                                  ▼
┌─────────────────────────┐       ┌─────────────────────┐     ┌────────────┐
│ = Normalherstellungs-   │       │                     │     │            │
│ kosten (§ 22 Abs. 3     │──────▶│ 156.250 x 1,202     │────▶│ 187.812 €  │
│ ImmoWertV10)            │       │                     │     │            │
└─────────────────────────┘       └─────────────────────┘     └────────────┘
            │
            ▼
┌─────────────────────────┐       ┌─────────────────────┐     ┌────────────┐
│ Normalherstellungs-     │       │ (GND – RND/GND) x 100│    │            │
│ kosten der baulichen    │       │                     │     │ 122.078 €  │
│ Anlage bereinigt um die │       │ (80 – 52/80) x 100 = 65%│ │            │
│ Alterswertminderung     │       │ = 187.812 x 0,65 =  │     │            │
│ (§23 ImmoWertV10)       │       │                     │     │            │
└─────────────────────────┘       └─────────────────────┘     └────────────┘
            │
            ▼
┌─────────────────────────┐
│ Herstellungskosten der  │
│ baulichen Außen-        │
│ anlagen und sonstigen   │
│ Anlagen (§ 22 Abs. 2    │
│ ImmoWertV10)            │
└─────────────────────────┘
            │
            ▼
┌─────────────────────────┐                                   ┌────────────┐
│ Bodenwert               │                                   │            │
│ (§ 16 ImmoWertV10)      │──────────────────────────────────▶│ 200.000 €  │
└─────────────────────────┘                                   └────────────┘
            │
            ▼
┌─────────────────────────┐                                   ┌────────────┐
│ Vorläufiger Sachwert    │──────────────────────────────────▶│ 322.078 €  │
└─────────────────────────┘                                   └────────────┘
            │
            ▼
┌─────────────────────────┐       ┌─────────────────────┐     ┌────────────┐
│ Sachwertfaktoren        │       │ Marktanpassungsfaktor│    │            │
│ (§ 14 Abs. 2 Satz 1     │──────▶│ Stuttgarter Markt: 1,07│──▶│ 344.623 € │
│ ImmoWertV10)            │       │                     │     │            │
└─────────────────────────┘       └─────────────────────┘     └────────────┘
            │
            ▼
┌─────────────────────────┐       ┌─────────────────────┐
│ Berücksichtigung        │       │                     │
│ objektspezifischer      │       │ Wirtschaftliche     │
│ Merkmale (§ 8 Abs. 3    │──────▶│ Überalterung: 15.000 €│
│ ImmoWertV10)            │       │                     │
└─────────────────────────┘       └─────────────────────┘
            │
            ▼
┌─────────────────────────┐                                   ┌────────────────┐
│ Verkehrswert            │                                   │                │
│ (§ 8 Abs. 1             │──────────────────────────────────▶│ 330.000 € (ger.)│
│ ImmoWertV10)            │                                   │                │
└─────────────────────────┘                                   └────────────────┘
```

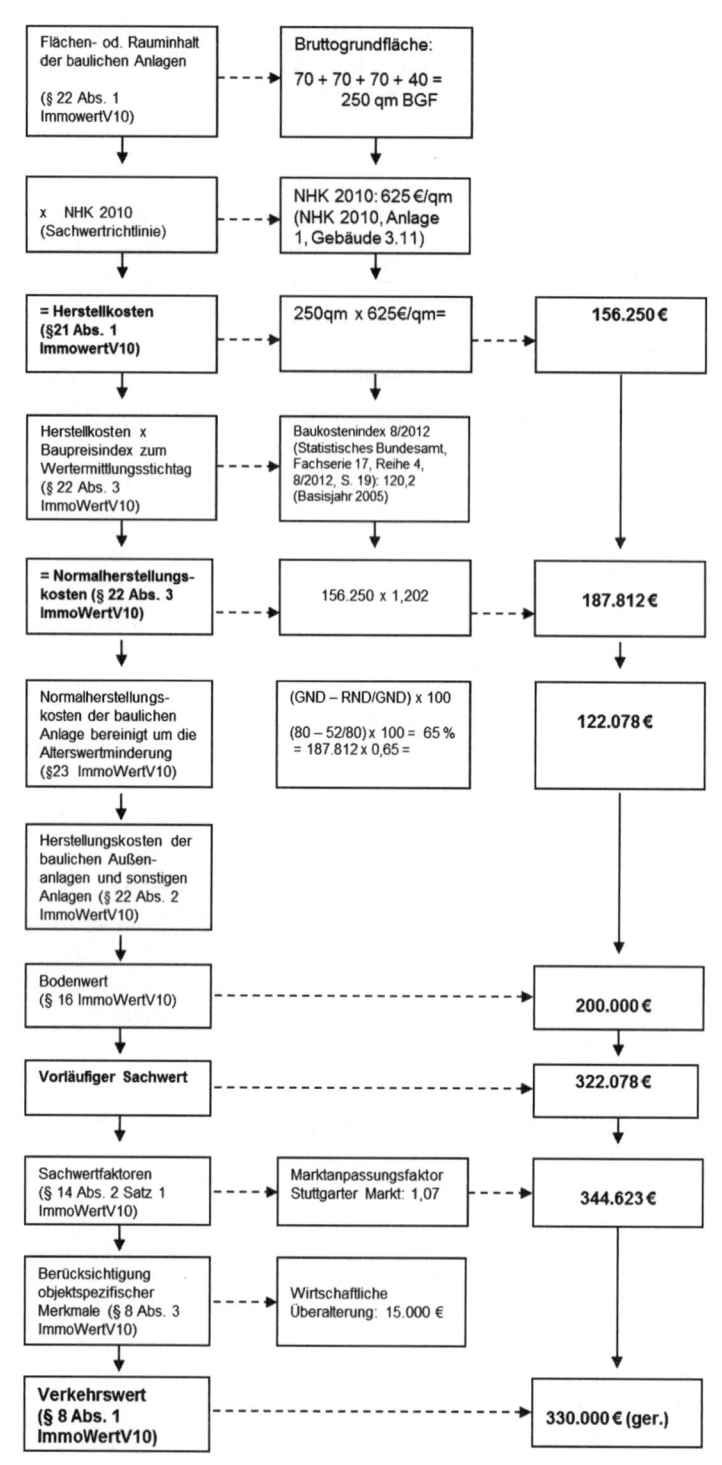

Abb. IX 23: Rechenbeispiel zur Berechnung des Sachwertes

3.4 Exkurs: Erbschaftsteuer- und Schenkungsteuergesetz – Gemeiner Wert

Die Bewertung von Immobilien nach dem Bewertungsgesetz (alt) gab schon Anlass zur Kritik an der ungleichen Behandlung von Immobilien und anderen Vermögenswerten. Während beispielsweise Wertpapier- oder Barvermögen jeweils mit dem Verkehrswert angesetzt wurden, kam bei Grundvermögen oder Betriebsvermögen lediglich eine Quote von 20% bis 80% des Verkehrswertes zum Ansatz. Diese eklatante Ungleichbehandlung von Vermögen bei der Erbschaft- und Schenkungsteuer veranlasste den Bundesfinanzhof im Mai 2001 das noch bis zum 31.12.2008 geltende Erbschaftsteuergesetz dem Bundesverfassungsgericht zur Prüfung vorzulegen. Dieses stellte am 07.11.2006 (Az: 1BvL 10/02) in seinem Urteil fest, dass § 19 ErbStG gegen den Gleichheitssatz des Art. 3 Abs. 1 GG verstößt, da nach diesen Vorschriften ein einheitlicher Steuersatz auf unterschiedlich bewertete Vermögensteile angewendet wird. Nach dem Gleichheitssatz des Art. 3 Abs. 1 GG soll wesentlich Gleiches gleich und wesentlich Ungleiches ungleich zu behandeln sein und deshalb forderte das Bundesverfassungsgericht, dass sich die Wertermittlung unabhängig von der Art des Bewertungsgegenstandes immer am gemeinen Wert nach § 9 Abs. 2 BewG zu orientieren hat. Der gemeine Wert entspricht dem Verkehrswert nach § 194 BauGB. Bei der Ermittlung des gemeinen Wertes sind typisierte und standardisierte Bewertungsverfahren anzuwenden. Zudem müssen diese Verfahren in ihrer Methodik geeignet sein, eine Annäherung an den gemeinen Wert zu gewährleisten. Eine Annäherung ist dann gewährleistet, wenn die Verfahren zu Bewertungsergebnissen führen, die nicht mehr als +/– 20% vom Verkehrswert abweichen.

Entsprechend hat der Gesetzgeber zum 01.01.2009 sowohl das Bewertungsgesetz als auch das Erbschaftsteuer- und Schenkungsteuergesetz geändert. Erhebliche Änderungen haben sich bei der Bewertung des Grundvermögens ergeben, da nicht mehr die nach § 138 ff BewG ermittelten Grundbesitzwerte anzusetzen sind (Steuerwerte), sondern nach normierten bzw. typisierenden Bewertungsverfahren der Verkehrswert zu ermitteln ist. Nach § 182 Abs. 5 BewG gelten folgende typisierende Regelungen:

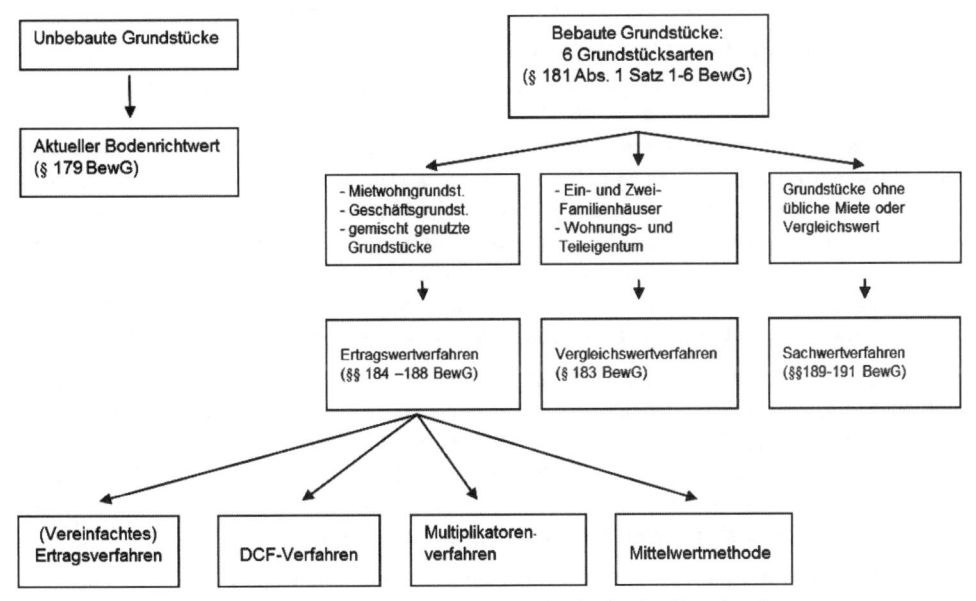

Abb. IX 24: Regelungen zu Bewertungsmethoden für Grundstücke

Für alle Erbschaften und Schenkungen ermitteln die Finanzämter den gemeinen Wert (Verkehrswert) gem. § 9 BewG. i.V.m. §§ 179, 182–196 BewG. Bei der Ermittlung des gemeinen Werts sind die Finanzämter nicht verpflichtet, z. B. wertmindernde Einflüsse wie Dauerwohnrechte, Nießbrauchrechte oder sonstige besondere (sich negativ auswirkende) Eigenschaften wie sonstige testamentarisch festgelegte Nutzungs-Verfügungsbeschränkungen zu berücksichtigen. Damit besteht tendenziell eine Überbewertung von Grundstücken. Der Gesetzgeber schützt den Steuerpflichtigen davor, indem er in § 198 BewG eine Öffnungsklausel (Escape-Klausel) festschreibt: Ist der tatsächliche gemeine Wert des Grundvermögens am Bewertungsstichtag niedriger als der nach den Bewertungsvorschriften ermittelte gemeine Wert, so ist dieser anzusetzen. Jedoch muss der Steuerpflichtige dies (auf seine Kosten) durch ein Gutachten des örtlichen Gutachterausschusses oder eines Grundstückssachverständigen nachweisen.

Der *gemeine Wert der unbebauten Grundstücke* wird wie bisher von den aktuellen Bodenrichtwerten abgeleitet, jedoch entfällt der bis zum 31.12.2008 anzusetzende, 20 %ige Abschlag (§ 146 Abs. 3 BewG – alt), sodass sich der Steuerwert von unbebauten Grundstücken nur noch aus den zuletzt ermittelten Bodenrichtwerten ableitet. Welche Grundstücke gelten nach dem BewG 2009 als unbebaut? Unbebaute Grundstücke sind Grundstücke, auf denen sich keine benutzbaren Gebäude finden. Ein Gebäude ist nutzbar ab dem Zeitpunkt der Bezugsfertigkeit, d. h. ab dem Zeitpunkt, zu dem es den Bewohnern zugemutet werden kann, das Gebäude zu benutzen. Die Abnahme durch die Bauaufsichtsbehörde ist dafür nicht entscheidend. Ebenso sind Grundstücke unbebaut, wenn die auf ihnen stehenden Gebäude auf Dauer keiner Nutzung zugeführt werden können (verfallene Bausubstanz, bauaufsichtsrechtliches Benutzungsverbot bei z. B. statischer Instabilität des Gebäudes). Der Grundbesitzwert errechnet sich wie folgt: Fläche in qm x Bodenrichtwert pro qm. Bei Flächen ohne festgelegte Bodenrichtwerte werden die Grundbesitzwerte auf der Basis vergleichbarer Flächen ermittelt. Dabei gilt grundsätzlich:

- Bauerwartungsland: 25 % des Bodenrichtwertes vergleichbarer Flächen
- Bruttorohbauland: 50 % des Bodenrichtwertes vergleichbarer Flächen
- Nettorohbauland: 75 % des Bodenrichtwertes vergleichbarer Flächen

Für die *bebauten Grundstücke* kommt das Vergleichswert-, Ertragswert- und Sachwertverfahren zur Anwendung. Für die Ermittlung des Ertragswertes sind die in Abb. IX 24 genannten Verfahren grundsätzlich zulässig: Während für die Bewertung von bebauten Grundstücken üblicherweise das vereinfachte Ertragswertverfahren und das DCF-Verfahren angewendet werden, kommt das Multiplikatorenverfahren und die Mittelwertmethode eher bei der Ertragswertermittlung des sonstigen Betriebsvermögens zur Anwendung. Das Multiplikatorenverfahren ist ein einperiodisches Bewertungsverfahren, bei dem einen Vergleichswert aus einem Multiplikator und einer Bezugsgröße gebildet wird wie z. B. EBIT x Branchenfaktor x Umsatz. Dagegen ergibt sich die Mittelwertmethode aus dem Mittelwert der Summe aus Substanz- und Ertragswert. Da beide für die Immobilienbewertung eine untergeordnete Bedeutung haben, werden sie hier nicht weiter dargestellt.

Mit dem neuen Erbschaftsteuer- und Schenkungsteuergesetz wurde auch eine Verschonungsregelung für Grundstücke eingeführt. Nach der Verschonungsregelung für vermietete Wohnimmobilien wird gem. § 13c ErbStG ein Abschlag von 10 % auf den ermittelten Ertragswert vorgenommen, wenn sich das Grundstück gem. § 13c Abs. 3 ErbStG im Inland oder im EU/EWR-Ausland befindet, zu Wohnzwecken vermietet ist und sich im Privatvermögen befindet. Die Verbindlichkeiten können nach § 10 Abs. 6 Satz 5 aber nur zu 90 % in Abzug gebracht werden.

Die nachfolgenden Beispiele zeigen zum einen die Bewertungsunterschiede zwischen altem und neuem Bewertungsgesetz und zum anderen die Differenz in der Erbschaftsbelastung.

Bewertung von unbebauten Grundstücken:

Nach dem Tod seines Vaters erbt der Sohn am 01.10.2010 ein unbebautes Grundstück im baureifen Zustand. Das Grundstück ist 1000 qm groß. Für das Grundstück wurde letztmalig bei Testamentsaufstellung 01.06.2005 ein Bodenrichtwert von 150 €/qm festgelegt. Der aktuelle Bodenrichtwert liegt jedoch bei 200 €/qm.

	Regelung bis 31.12.2008	Regelung ab 1.1.2009
	(Nach Bewertungsgesetz und Erbschaftsteuergesetz)	
Fläche in qm x Bodenrichtwert pro qm:	150.000 €	200.000 €
–Bewertungsabschlag von 20 %:	–30.000 €	0 €
Grundbesitzwert (= steuerpflicht. Erwerb):	120.000 €	200.000 €
Erbschaftsteuer (Steuerklasse I, 11 %):	13.200 €	22.000 €

Da bis zum 31.12.2008 der Steuerwert für bebaute Grundstücke i. d. R. nach dem Ertragswertverfahren ermittelt wurde, ergeben sich gegenüber dem BewG 2009 zum Teil erhebliche Abweichungen, die schon immer Kritikpunkt gegenüber dem Bewertungsgesetz bis 31.12.2008 waren. Dies verdeutlichen die nachfolgenden Beispiele:

Vergleichswertverfahren

Das Rechenbeispiel aus Kapitel 3.1.3 (Abb. IX 13) zum Vergleichswertverfahren ergab für die selbstgenutzte Wohnung einen Verkehrswert von 81.480 €. Nach dem alten BewG hätte sich unter Annahme einer Jahresvergleichskaltmiete für die selbstgenutzte Wohnung von 7 €/qm (= 7 x 40 x 12 = 3.360 €) folgender Ertragswert (=Steuerwert) ergeben:

Jahreskaltmiete:	3.360 €
Vervielfältiger:	12,5 (§ 146 Abs. 2 BewG – alt)
Vorläufiger Ertragswert:	42.000 €
–Alterswertminderung (§ 146 Abs. 4 BewG – alt):	
1980 – 2012 = 32 Jahre x 0,5 =	
16 % vom vorl. Ertragswert:	–6.720 €
Ertragswert/Steuerwert: =	35.280 € (gegenüber 81.480 € nach dem neuen Gesetz; das ist eine Abweichung von 43 %)

Vereinfachtes Ertragswertverfahren:

Nach dem Rechenbeispiel aus Abb. IX 18 bzw. Abb. IX 19 wurde ein Ertragswert von 3.514.000 € errechnet. Entsprechend dem BewG vor 2009 wäre folgender Ertragswert (=Steuerwert) ermittelt worden:

Jahreskaltmiete:	160.800 €
Vervielfältiger:	12,5
(nach altem BewG, § 146 Abs. 2)	
Vorläufiger Ertragswert:	2.010.000 €
–Alterswertminderung :	
2004 – 2012 = 8 Jahre x 0,5%) =	
4 % vom vorl. Ertragswert:	–80.400 €
Steuerwert:	1.929.600 € (gegenüber 3.514.000 € nach dem neuen Recht; das ist eine Abweichung von 55 %)

Sachwertverfahren:

Nach dem Rechenbeispiel aus Abb. IX 23 ergibt sich nach neuem Bewertungsgesetz der Verkehrswert nach dem Sachwertverfahren von 330.000 €. Nach dem alten BewG hätte sich folgender Verkehrswert (Steuerwert) bei einer üblichen Jahresmiete von 16.000 € ergeben:

Marktübliche Jahresvergleichsmiete:	16.000 €
Vervielfältiger	12,5
Vorläufiger Ertragswert:	200.000 €
–Alterswertminderung:	
28 Jahre x 0,5 % = 14 %	–28.000 €
	= 172.000 €
+ Zuschlag 20 % (da EFH)	34.000 €
(nach altem BewG, § 146 Abs. 5)	
Ertragswert (Steuerwert)	= 206.000 € (gegenüber 330.000 € nach neuem Recht; das ist eine Abweichung von 62 %)

Diese Beispielrechnungen bestätigen, dass in der Tat die Abweichungen bei Immobilienvermögen im alten Recht von 20% bis 80% betragen haben und eine Novellierung dringend erforderlich war, wenngleich sich damit für die Betroffenen eine höhere Erbschaft- und Schenkungsteuerlast ergibt, wie die nachfolgenden Beispiele – bis auf wenige Ausnahmen – zeigen:

Ertragswertverfahren:

Für ein fremd vermietetes 20jähriges Mehrfamilienhaus erwirtschaftet Herr Keller jährlich 200.000 €. Der Hypothekenkredit beläuft sich auf 2.445.000 €. Der Ertragswert für das MFH liegt bei 3.600.000 €. Nach dem Tod von Herrn Keller erbt sein Sohn Julian das MFH sowie ein Festgeld in Höhe von 400.000 €.

	Regelung bis 31.12.2008	Regelung ab 01.01.2009
Steuerwert des MFH	2.250.000 €	3.600.000 €
–10 % Verschonung		3.240.000 €
+Festgeld	400.000 €	400.000 €
=Aktivnachlass	2.650.000 €	3.640.000 €
–Abzug Darlehen (100%/90%)	–2.445.000 €	–2.200.500 €
Erwerb	205.000 €	1.439.500 €
–Freibetrag	–205.000 €	–400.000 €
Steuerpflichtiger Erwerb	0 €	1.039.500 €
Erbschaftsteuer (Steuerklasse I, 19%)	0 €	197.505 €

Der Steuerwert des MFH errechnet sich aus Jahresmietertrag x 12,5; davon wird für jedes Jahr ab Fertigstellung bis zum Jahr des Erbfalls 0,5 % pro Jahr, max. 25 %, abgezogen (vgl. § 146 Abs. 4 BewG). In dem o.g. Beispiel: 200.000 x 12,5 = 2.500.000 – 20 x 0,5 % = 2.250.000 €. Die Berechnung erfolgt nach dem Erbschaftsteuergesetz nebst Anlagen.

Ebenso gibt es nach § 13 Abs. 1 Satz 4a,b,c ErbStG auch eine Verschonungsregelung für selbstgenutzte Wohnimmobilien, bei Fortgeltung des Ehegattenprivilegs (sachliche Steuerbefreiung) bei Schenkung des selbstgenutzten Wohneigentums oder bei Erweiterung des Ehegattenprivilegs (auch bei eingetragener Lebenspartnerschaft) im Erbfall, wenn die fortbestehende Eigennutzung mindestens 10 Jahre beträgt (Selbstnutzungsfrist) oder Erweiterung der Steuerbefreiung der selbstgenutzten Wohnimmobilie bei Übertragung auf die Kinder, wenn der Erwerb von Todes wegen ist, bei Einhaltung der Selbstnutzungsfrist von 10 Jahren, bei einer Wohnfläche von nicht mehr als 200 qm (bei größeren Wohnimmobilien erfolgt die Besteuerung anteilig) und sich die selbstgenutzte Wohnimmobilie im Inland bzw. im EU/EWR-Ausland befindet.

Folgendes Beispiel verdeutlicht die Änderungen:

Herr Keller vererbt seinem Sohn Julian das selbstgenutzte zwanzigjährige EFH, Wohnfläche 190 qm, Grundstücksgröße 1.200 qm (Bodenrichtwert 600 €), durchschnittlich marktübliche Miete liegt bei 10 €/qm. Der Verkehrswert beträgt 750.000 €.

a) Fall 1: Der Sohn vermietet das geerbte EFH zur marktüblichen Miete:

	Regelung bis 31.12.2008	Regelung ab 01.01.2009
Jahresmiete: 190 qm x 10 x 12 x 12,5	285.000 €	
–Altersabschlag (20 x 0,5 = 10 %)	–28.500 €	
–Zuschlag EFH von 20 %	51.300 €	
= Steuerwert	307.800 €	750.000 €
–10 % Verschonungsabschlag	–75.000 €	
Freibetrag	205.000 €	–400.000 €
Steuerpflichtiger Erwerb	102.800 €	275.000 €
Erbschaftsteuer (Steuerklasse I: 11 %)	11.308 €	
Erbschaftsteuer (Steuerklasse I: 15 %)	41.250 €	

b) Fall 2: Der Sohn bewohnt das EFH selbst:

	Regelung bis 31.12.2008	Regelung ab 01.01.2009
Jahresmiete: 190 qm x 10 x 12 x 12,5	285.000 €	
–Altersabschlag (20 x 0,5 = 10 %)	–28.500 €	
+ Zuschlag EFH von 20 % (§ 146 Abs. 5 BewG – alt)	51.300 €	
= Steuerwert	307.800 €	750.000 €
–Freibetrag für selbstgenutztes Wohneigentum		–750.000 €
–persönlicher Freibetrag	–205.000 €	
=steuerpflichtiger Erwerb	102.800 €	0 €
Erbschaftsteuer	11.308 €	0 €

Die bestehende Bevorzugung vom Immobilienvermögen bei der Erbschaft- und Schenkungsteuer ist damit beseitigt und der Gesetzgeber hat sich weitgehend in der Ermittlung des gemeinen Wertes an die Vorschriften des BauGB und der ImmoWertV10 angelehnt.

3.5 Beleihungswertverordnung

3.5.1 Entwicklung der Beleihungswertermittlung

Grundlage für die Beleihungswertermittlung vor dem 01. August 2006 war das Hypothekenbankgesetz (HBG) vom 13. Juli 1899 in der Fassung vom 09. September 1998. Nachteilig daran war, dass darin Aussagen zur anzuwendenden Methodik der Beleihungswertermittlung fehlten.

Um diese Lücke zu schließen und die Qualität der Beleihungswertermittlung zu sichern, hatte der Verband deutscher Hypothekenbanken in Absprache mit dem Bundesaufsichtsamt für das Kreditwesen mehrere grundlegende Dokumente zur Beleihungswertermittlung erarbeitet, die vor allem auf Verbandsebene Anwendung gefunden haben.

Das erste Papier mit dem Titel „Grundsatzpapier zum Beleihungswert von Immobilien" wurde im Jahr 1996 vom damaligen vdp veröffentlicht, um damit eine eindeutige Abgrenzung von anderen Wertbegriffen der Immobilienwirtschaft zu schaffen und seine Eigenständigkeit zu unterstreichen. Darin wird zuerst erklärt, was unter dem Beleihungswert zu verstehen ist und welche Anforderungen an diesen Wert gestellt werden. Des Weiteren enthält das Papier eine Definition des Beleihungswerts und eine Erläuterung der einzelnen Aspekte. Außerdem wird der Unterschied zwischen festgesetztem Beleihungswert, der durch den Kompetenzträger der Bank festgestellt wird und dem durch den Gutachter ermittelten Beleihungswert definiert.[33] Abschließend enthält das Schreiben Ansätze zur Methodik der Beleihungswertermittlung, die sowohl für das In- und Ausland Gültigkeit haben sollen und einen Versuch darstellen, die Beleihungswertermittlung zu vereinheitlichen.[34]

Im Nachgang zu der ersten Veröffentlichung zur Klärung der Grundsatzfragen veröffentlichte der vdp 1998 ein Papier mit dem Namen „Wesentliche Aspekte der Beleihungswertermittlung", das die Methodik der Beleihungswertermittlung noch weiter präzisieren sollte. Der Fokus lag dieses Mal eindeutig auf den Faktoren Mietausgangsgrößen, Bewirtschaftungskosten, dem Modernisierungsrisiko und den zu verwendenden Kapitalisierungszinssätzen. Die neue Veröffentlichung sollte die Höhe der Ansätze für die vorgenannten Werte regeln und Anhaltspunkte für deren Ableitung geben. Die vielen Definitionen sollten die schon in der ersten Veröffentlichung begonnene Qualitätssicherung weiter verfolgen. Das sehr umfangreiche Papier diente lange Jahre als Anleitung und Richtschnur für die Beleihungswertermittlung.[35]

Die letzte große Veröffentlichung des vdp zum Thema Beleihungswertermittlung ist das Papier „Ermittlung des Beleihungswertes nach BelWertV auf der Grundlage ausländischer Bewertungen". Bislang gab es zu der Thematik nur eine kurze Aussage im Rahmen des ersten Grundsatzpapiers, dass die Beleihungswertermittlung im Ausland auf Grundlage ausländischer Gutachten erfolgen kann, wenn dieselben Regeln wie im Inland beachtet werden und der ermittelte Wert den Anforderungen an den Beleihungswert gemäß der Definition und der dort genannten Methodik entspricht.[36]

Zu den vorgenannten Veröffentlichungen des Verbandes der Hypothekenbanken mussten die Hypothekenbanken nach HBG zudem gemäß § 13 HBG Wertermittlungsanweisungen für ihre Institute herausgeben und diese mit der zuständigen Aufsichtsbehörde zuletzt der Bundesanstalt für Finanzdienstleistungsaufsicht (BaFin) abstimmen. Diese regelten die Wertermittlung jedoch nur individuell und nicht etwa für alle Pfandbriefemittenten einheitlich. Die Wertermittlungsan-

---

[33] Vgl. Holter, R. (2006), S. 479
[34] Vgl. VDP (1996), S. 5
[35] Vgl. VDP (1998), S. 5
[36] Vgl. VDP (2010), S. 2 f.

weisungen waren vor allem darauf ausgerichtet, Standards für die Beleihungswertermittlung zu definieren und für jedes Unternehmen einheitlich zu gestalten.

Die Abb. IX 25 zeigt die verschiedenen Grundlagen der Beleihungswertermittlung im Zeitablauf.

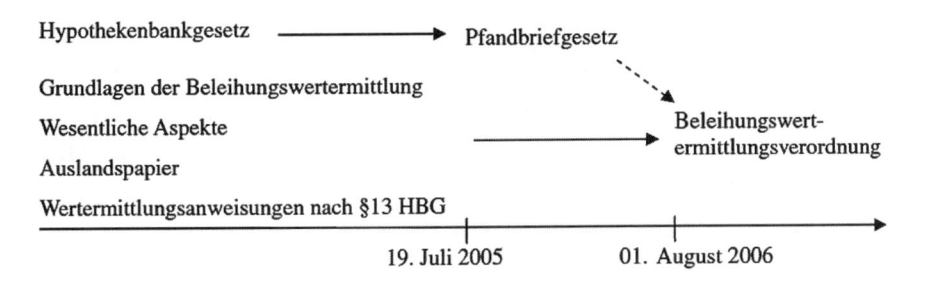

Abb. IX 25: Änderungen der gesetzlichen Grundlagen

Im Rahmen der Neuordnung des Rechts zur Emission von Pfandbriefen durch das Pfandbriefgesetz (PfandBG) und die Abschaffung des Hypothekenbankgesetzes ist prinzipiell jedes Kreditinstitut mit entsprechender Genehmigung berechtigt, Pfandbriefe auszugeben. Um der neuen Situation gerecht zu werden und die Qualität der Pfandbriefe zu sichern war eine einheitliche und vor allem für alle geltende Verordnung zur Ermittlung des Beleihungswertes nötig, denn die Regelungen zur Ermittlung des Verkaufswertes[37] nach Hypothekenbankgesetz galten lediglich für die privaten Kreditinstitute und beschränkten dort die Emission von Pfandbriefen auf die Hypothekenbanken.

Im § 16 Abs. 4 des am 19. Juli 2005 in Kraft getretenen Pfandbriefgesetzes wird das Bundesministerium der Finanzen dazu ermächtigt im Einvernehmen mit dem Bundesministerium der Justiz eine Rechtsverordnung herauszugeben, die die Beleihungswertermittlung in Zukunft regeln soll.

Diese Aufgabe wurde an das BaFin weitergegeben, das in Zusammenarbeit mit den verschiedenen Verbänden der Kreditwirtschaft die neue Beleihungswertermittlungsverordnung geschaffen hat, die seit 01. August 2006, diesmal für alle Pfandbriefemittenten, gilt.

Durch die neue Verordnung werden gem. § 16 Abs. 4 Satz 5 die Wertermittlungsanweisungen nach § 13 HBG unwirksam, anstelle derer tritt die neue Verordnung, die auch die diversen Papiere des vdp ersetzt. Die neue Beleihungswertermittlungsverordnung basiert weitestgehend auf den Wertermittlungsanweisungen nach § 13 HBG, die bilateral zwischen BaFin und den einzelnen Instituten abgestimmt worden sind, und den vorgenannten Papieren des vdp. Die neue Verordnung besteht aus vier Teilen und vier Anlagen. Teil eins regelt die allgemeinen Bestimmungen und Verfahrensgrundsätze der Beleihungswertermittlung. Der zweite Teil spezifiziert die Anforderungen an die Gutachten und den bewertenden Gutachter. Im dritten Teil werden die diversen Wertermittlungsverfahren und die Besonderheiten aufgeführt, die im Rahmen der Beleihungswertermittlung zu berücksichtigen sind. In diesem Teil wird unter anderem auch die Wertermittlung im Ausland geregelt. Der vierte und letzte Teil enthält die Schlussvorschriften.

---

[37] Darunter ist der alte Beleihungswert im Sinne des § 13 HBG zu verstehen.

3.5.2 Philosophie des Beleihungswertes

3.5.2.1 Anwendungsbereich des Beleihungswertes

Die Notwendigkeit einen Beleihungswert zu ermitteln ergibt sich aus § 14 PfandBG.

Der Beleihungswert wird vorwiegend von Pfandbriefbanken benötigt, die ihre vergebenen Kredite über die Ausgabe von Pfandbriefen refinanzieren wollen. Die Darlehensforderungen werden in das Deckungsregister eingetragen, um dann über die Ausgabe von Pfandbriefen verbrieft zu werden. Die Darlehensforderung wird von einem Grundpfandrecht an einem Grundstück gesichert. Abb. IX 26 erklärt die Systematik der Sicherungssysteme von Kreditforderungen und Pfandbrief und deren Zusammenhang.

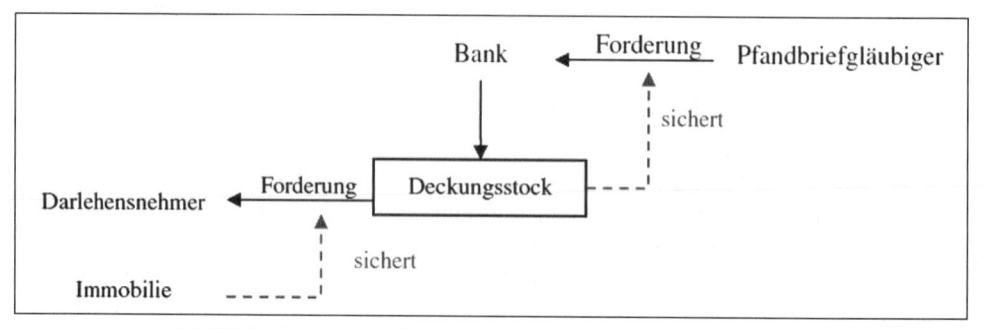

Abb. IX 26: Sicherungsmechanismen der Kredit- und Pfandbriefforderung

Die Beleihungswertermittlung dient dem Ziel, festzustellen, welcher Betrag eines Hypothekarkredits durch ein Grundpfandrecht an der Immobilie abgesichert werden kann und damit für die Deckungsmasse von Pfandbriefen verwendet werden darf.

Zulässig ist eine Verwendung von 60 % des Beleihungswertes der Immobilie für die Pfandbriefdeckung.[38] Die Beleihung[39] bis max. zur 60 % Grenze sorgt für einen angemessen hohen Risikopuffer für den Fall, dass der Darlehensnehmer ausfällt und die Immobilie verwertet werden muss. Eine Refinanzierung der vergebenen Darlehen über die Emission von Pfandbriefen stellt für die Banken eine sehr günstige Art der Geldmittelbeschaffung dar.

Um die Sicherheit des Deckungsstocks und damit die Pfandbriefsicherheit dauerhaft zu gewährleisten, muss der Immobilienwert der Bank zu jedem Zeitpunkt während der Kreditlaufzeit eine ausreichende Kreditsicherheit bieten. Bei einem Ausfall des Kreditnehmers muss durch die Zwangsvollstreckung ein ausreichender Erlös erzielt werden um die Forderung der Bank zu befriedigen. Um das zu gewährleisten werden hohe Anforderungen an den Beleihungswert gestellt.

Grundsätzlich sind Beleihungen über 60 % möglich, allerdings darf der Anteil des Darlehens, der die 60 % Grenze übersteigt nicht über Pfandbriefe, sondern muss über ungedeckte Schuldverschreibungen refinanziert werden. Die genannte 60 % Grenze ist Bestandteil des Vorsichtsprinzips.

Da Immobilienbeleihungen meist längerfristige Finanzierungen sind, kann der Beleihungswert kein stichtagsbezogener Wert, wie z. B. der Verkehrs- und Marktwert sein, sondern darf nur die nachhaltigen und damit langfristigen Eigenschaften einer Immobilie berücksichtigen. Deswegen

---

[38] Vgl. Holter, R. (2006), S. 479
[39] Damit ist die Vergabe von Krediten gegen Sicherheiten gemeint.

wird der Beleihungswert, außer in sehr schlechten Marktphasen, stets unterhalb des Markt- oder Verkehrswertes liegen. In schlechten Marktphasen wird der Beleihungswert identisch mit dem Marktwert sein.

Der Marktwert in seiner Definition nach § 194 BauGB ist ein stichtagsbezogener Wert, zusammengefasst sagt er aus, welchen Preis die Immobilie bei einem Verkauf zum Wertermittlungsstichtag erzielen würde. Im Gegensatz dazu steht der Beleihungswert, erkennbar in Abb. IX 27, er ist idealtypischerweise über die Dauer der Darlehenslaufzeit konstant und unterliegt nicht markt- bzw. konjunkturellen Schwankungen wie der Marktwert. Zu erkennen ist, dass die finanzierende Bank bei einem „default" im Rahmen eines Verkaufsfalls in der Zwangsvollstreckung zu jeder Zeit mindestens den Beleihungswert erzielen würde, damit die Forderung getilgt werden kann.

In Abb. IX 28 wurde ein Darlehen in Höhe der Beleihungswertgrenze gewählt.

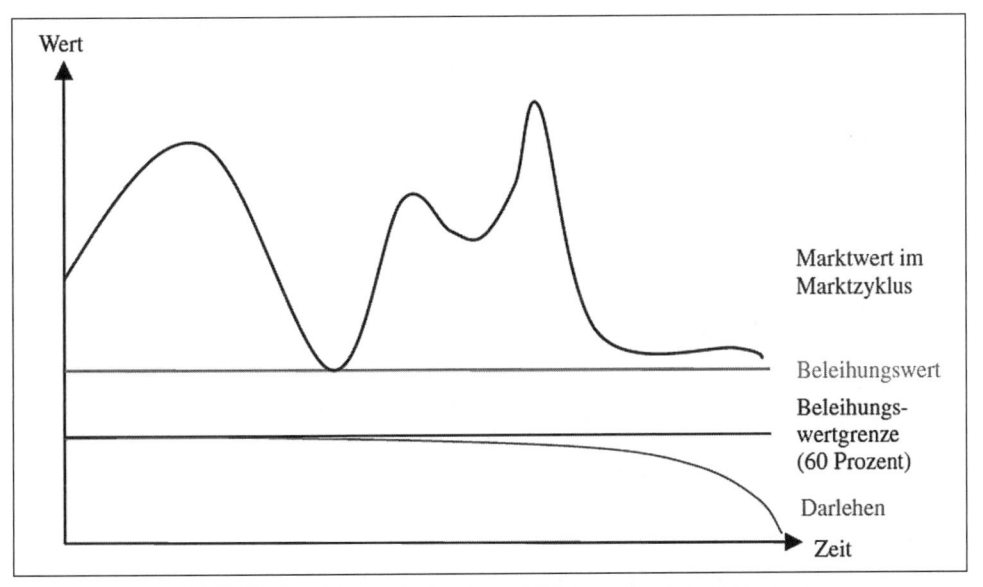

Abb. IX 27: Entwicklung des Markt- und Beleihungswerts im Zeitverlauf

Festzustellen ist, dass der Beleihungswert immer ein Wert ist, der in seiner Höhe strittig ist. Die unterschiedlichen Parteien haben unterschiedliche Ansprüche an die Höhe des Wertes. Dieser Zielkonflikt ist in Abb. IX 29 dargestellt. Der Darlehensnehmer ist an einer hohen Beleihung interessiert und regelmäßig der Meinung, dass sein Objekt mit dem Beleihungswert unterbewertet ist.

Von Sicherheitsbedürfnissen geprägt, ist der Gläubiger in Form der Bank an einem niedrigeren Wert interessiert, der einen ausreichend großen Puffer bildet und damit genügend Sicherheit garantiert. Zu niedrig darf der Betrag jedoch nicht sein, da die Bank bestrebt ist ein großes Darlehen zu vergeben um damit entsprechend gute Margen zu erzielen.

Der Wertermittler, der von der Bank beauftragt wird den Beleihungswert zu ermitteln, muss sich diesem Konflikt stellen, denn für ihn ist es entscheidend, dass der richtige Wert ermittelt wird. Er ist auf Grund der Definition des Beleihungswertes in der Beleihungswertermittlungsverordnung gebunden und darf sich nicht von den unterschiedlichen Anforderungen leiten lassen.

```
       Beleihungswert
           ↑    ↖
          ↗
   Sicherheit              Hohe Beleihung
   – Gläubiger –  ⟷        – Schuldner –
              Zielkonflikt!
```

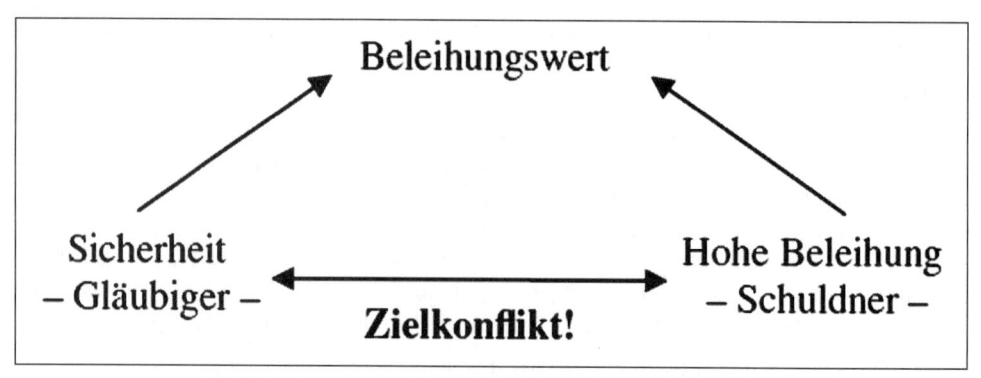

Abb. IX 28: Unterschiedliche Anforderungen an den Beleihungswert

3.5.2.2 Alte und neue Definition des Beleihungswertes

Durch die Beleihungswertermittlungsverordnung wird erstmals der Beleihungswert gesetzlich definiert. Vorher wurde im allgemeinen Sprachgebrauch der Verkaufswert im Sinne des § 12 HBG *„Der bei der Beleihung angenommene Wert des Grundstücks darf den durch sorgfältige Ermittlung festgestellten Verkaufswert nicht übersteigen. [...]"* als Beleihungswert interpretiert.

Seit der Neuregelung des Pfandbriefrechts und Inkrafttreten der Beleihungswertermittlungsverordnung existieren nunmehr zwei Definitionen, die sich nur marginal unterscheiden, jedoch im Kontext gesehen werden müssen um das Wesen des Beleihungswertes in vollem Umfang zu erfassen. Inhaltlich stützen diese sich teilweise auf § 12 HBG.

Im Vergleich der alten Definition mit den beiden Neuen fällt auf, dass diese den Beleihungswert viel genauer charakterisieren. Die alte Bestimmung gliedert sich in drei Kernaspekte. Alle drei wurden in erweiterter Form in die BelWertV übernommen, dazu kommen weitere Aspekte, die den Beleihungswert an sich noch enger regeln sollen.

Zur besseren Übersicht sind im Folgenden erst die Auszüge aus den jeweiligen Gesetzen bzw. Verordnungen aufgeführt, gefolgt von deren Erläuterung.

§ 12 HBG	*„Der bei der Beleihung angenommene Wert des Grundstücks darf den durch sorgfältige Ermittlung festgestellten Verkaufswert nicht übersteigen."*
§ 16 Abs. 2 PfandBG	*„Der Beleihungswert darf den Wert nicht überschreiten, der sich im Rahmen einer vorsichtigen Bewertung der zukünftigen Verkäuflichkeit einer Immobilie [...] ergibt."*
§ 3 BelWertV	*„Zur Ermittlung des Beleihungswerts ist die zukünftige Verkäuflichkeit der Immobilie[...] im Rahmen einer vorsichtigen Bewertung zugrunde zu legen.", „während der gesamten Dauer der Beleihung bei einer Veräußerung voraussichtlich erzielt werden kann."*

Die Definition in § 16 PfandBG basiert weitestgehend auf § 12 HBG. Der Beleihungswert erstreckt sich in der neuen Vorschrift allerdings nicht nur auf Grundstücke, sondern auch auf alle anderen Arten von Immobilien. Der Definition in § 16 PfandBG nach bildet der Marktwert die Obergrenze für den Beleihungswert. Wie schon nach Hypothekenbankgesetz soll die Immobilie nach dem Risiko ihrer zukünftigen Verkäuflichkeit bewertet werden. § 3 BelWertV verdeutlicht noch einmal, dass kein Stichtagswert, sondern ein Wert ermittelt werden soll, der für die Dauer der Beleihung Gültigkeit hat. Allerdings ist die neue Definition strenger gefasst. Im Grundsatzpapier zum Beleihungswert von Immobilien heißt es: „*Im Tiefpunkt einer Rezession kann jedoch hingenommen werden, dass Beleihungswerte oberhalb eines aktuell am Markt erzielbaren niedrigen Marktwertes liegen.*"[40] Diese Aussage widerspricht der Definition und den verbundenen Anforderungen eindeutig und ist nach der aktuellen Definition ausgeschlossen.

Ein weiteres Element ist das Vorsichtsprinzip, das sowohl in § 16 PfandBG als auch in § 3 BelWertV verankert worden ist. Das Vorsichtsprinzip ist der Grundsatz der Beleihungswertermittlung.[41] Dadurch soll sichergestellt werden, dass die Forderung, die durch die Immobilie gesichert worden ist, bei einem Verkauf der Immobilie vollständig befriedigt werden kann.

§ 12 HBG „*Bei der Feststellung dieses Wertes sind nur die dauernden Eigenschaften des Grundstücks und der Ertrag zu berücksichtigen, welchen das Grundstück bei ordnungsmäßiger Wirtschaft jedem Besitzer nachhaltig gewähren kann.*"

§ 16 Abs. 2 PfandBG „*[...] und unter Berücksichtigung der langfristigen, nachhaltigen Merkmale des Objektes, [...]*"

§ 3 Abs. 2 BelWertV „*[...] unter Berücksichtigung der langfristigen, nachhaltigen Merkmale des Objekts, [...]*"

Während in der alten Definition nur die „*dauernden Eigenschaften des Grundstücks*" und dessen Ertrag zu berücksichtigen werden, geht die neue Definition weiter und legt fest, dass die „*langfristigen, nachhaltigen Merkmale des Objekts*", d. h. nicht nur Ertragskomponenten sondern auch sonstige Eigenschaften der Immobilie in die Bewertung einfließen sollen.

Auch sollen nicht nur die Eigenschaften des Grundstücks, sondern des gesamten Objekts betrachtet werden. Nur Eigenschaften, die von Dauer sind, dürfen bei der Ermittlung berücksichtigt werden; ein kurzfristig vorhandener „overrent"[42] z. B. zählt nicht dazu. Allerdings muss in einer „underrent"-Situation[43] die vertragliche Miete angesetzt werden. Die Eigenschaften müssen während der Dauer der Beleihung bestehen.

§ 12 HBG: „*Liegt eine Ermittlung des Verkehrswertes auf Grund der Vorschriften der §§ 192 bis 199 des Baugesetzbuchs vor, so soll dieser bei der Ermittlung des Beleihungswertes berücksichtigt werden.*"

§ 16 Abs. 2 PfandBG: „*Der Beleihungswert darf einen auf transparente Weise und nach einem anerkannten Bewertungsverfahren ermittelten Marktwert nicht übersteigen.*"

Nach § 12 HBG soll ein vorliegender Verkehrswert nach § 194 BauGB bei der Beleihungswertermittlung berücksichtigt werden. Im Gegensatz dazu ist die neue Regelung wesentlich restriktiver, sie legt den Marktwert als Obergrenze des Beleihungswertes fest, eine Überschreitung ist nicht erlaubt. Die Formulierung in § 16 PfandBG zwingt den Wertermittler bei jeder Beleihungswertermittlung einen Marktwert feststellen zu lassen um sicher zu gehen, dass der Beleihungswert diesen nicht übersteigt.

Um sicher zu stellen, was unter dem Marktwert zu verstehen ist, wurde in den § 16 Abs. 2 die Definition des Marktwertes aufgenommen, die allerdings inhaltlich mit der Definition in § 194 BauGB übereinstimmt. Ob die Einführung einer neuen Marktwertdefinition notwendig gewesen ist, bleibt fraglich.

---

[40] VDP (1996), S. 5
[41] Vgl. hierzu ausführlich Kleiber, W. (2006), S. 69–98
[42] Overrent: die Vertragsmiete liegt oberhalb der Marktmiete.
[43] Underrent: die Vertragsmiete liegt unterhalb der Marktmiete.

§ 16 Abs. 2 PfandBG: „Der Marktwert ist der geschätzte Betrag, für welchen ein Beleihungsobjekt am Bewertungsstichtag zwischen einem verkaufsbereiten Verkäufer und einem kaufbereiten Erwerber, nach angemessenem Vermarktungszeitraum, in einer Transaktion im gewöhnlichen Geschäftsverkehr verkauft werden könnte, wobei jede Partei mit Sachkenntnis, Umsicht und ohne Zwang handelt."

§ 194 BauGB „Der Verkehrswert (Marktwert) wird durch den Preis bestimmt, der in dem Zeitpunkt, auf den sich die Ermittlung bezieht, im gewöhnlichen Geschäftsverkehr nach den rechtlichen Gegebenheiten und tatsächlichen Eigenschaften, der sonstigen Beschaffenheit und der Lage des Grundstücks oder des sonstigen Gegenstands der Wertermittlung ohne Rücksicht auf ungewöhnliche oder persönliche Verhältnisse zu erzielen wäre."

In § 16 PfandBG ist außerdem nicht mehr nur die Rede von einem Marktwert nach § 194 BauGB vielmehr wird hier ein Marktwert als Obergrenze definiert, der auf „transparente Weise und nach einem anerkannten Bewertungsverfahren" zu ermitteln ist. Unklar bleibt, was der Gesetzgeber unter einem anerkannten Bewertungsverfahren meint. Zu vermuten ist, dass es sich hier um die normierten Verfahren nach § 13–25 WertV handelt. Allerdings wird mit dieser Formulierung gewährleistet, dass auch andere Verfahren zur Marktwertermittlung herangezogen werden dürfen, sofern sie als anerkannt gelten, was im Zuge der Harmonisierung der Wertermittlung in Europa durchaus auch angloamerikanische und angelsächsische Verfahren wie das Discounted-Cashflow-Verfahren (DCF) oder Residualwertmethode sein können.

In § 16 Abs. 2 PfandBG wird zum einen nicht nur klargestellt, dass ein Beleihungswert den Marktwert nicht übersteigen darf, sondern auch, dass das Gutachten, das den Marktwert hervorbringt auf „transparente Weise" entstanden sein muss.

§ 16 Abs. 2 PfandBG   „[...] der normalen regionalen Marktgegebenheiten [...]"

§ 3 Abs. 2 BelWertV   „[...] der normalen regionalen Marktgegebenheiten [...]"

Der Beleihungswert nach § 16 PfandBG sowie § 3 BelWertV muss an die „regionalen Marktgegebenheiten" bzw. an den „maßgeblichen Grundstücksmarkt" angepasst werden.

Es müssen alle Marktusancen und regionale Besonderheiten berücksichtigt werden. Wichtig ist dabei nicht nur der lokale sondern auch der überregionale Grundstücksmarkt. Der Wert muss auf dem regionalen und maßgeblichen Markt erzielt werden können.

§ 16 Abs. 2 PfandBG   „[...] sowie der derzeitigen und möglichen anderweitigen Nutzungen ergibt."

§ 3 Abs. 2 BelWertV   „[...] sowie der derzeitigen und möglichen anderweitigen Nutzungen [...]"

Festgelegt wird außerdem, das bei der Beleihungswertermittlung die jetzige sowie die zukünftige Nutzung berücksichtigt werden muss. Der Bewerter muss eine Drittverwendungsmöglichkeit prüfen. Es muss geklärt werden, ob überhaupt eine andere Nutzung möglich ist.

§ 16 Abs. 2 PfandBG   „Spekulative Elemente dürfen dabei nicht berücksichtigt werden."

§ 3 Abs. 1 BelWertV   „[...] und unter Ausschaltung von spekulativen Elementen [...]"

Betont wird in den neuen Definitionen, dass „spekulative Elemente" nicht berücksichtigt werden und nicht in die Bewertung einfließen dürfen. Das heißt, es dürfen nur Eigenschaften berücksichtigt werden, die tatsächlich vorhanden sind und deren Bestand besichert ist. Mit dem neuen Paragrafen ist diese Thematik zum ersten Mal gesetzlich verankert worden.

§ 3 Abs. 1 BelWertV   „[...] ist der Wert der Immobilie, der erfahrungsgemäß unabhängig von vorübergehenden, etwa konjunkturell bedingten Wertschwankungen am maßgeblichen Grundstücksmarkt [...]"

§ 3 BelWertV enthält noch ein weiteres neues Element. Es wird fixiert, dass „konjunkturell bedingte Wertschwankungen ausgeschaltet werden müssen. Das soll noch einmal verdeutlichen, dass von einem Beleihungswert ein langfristiger Wert erwartet wird, der in seiner Höhe dauerhaft ist.

Bei einem Vergleich der alten Definition mit den beiden Neuen wird deutlich, dass der Gesetzgeber die Kriterien zur Beleihungswertermittlung erweitert hat, und damit eindeutig wird, was genau der Beleihungswert laut Gesetzgeber ist. Ziel ist es gewesen, eine einheitliche Definition zu schaffen, die als solide Basis für die Immobilienwirtschaft dienen soll.

3.7.3 Wesentliche Änderungen in der Beleihungswertermittlung

In diesem Kapitel sollen die wichtigsten und wesentlichen Änderungen, die das Pfandbriefgesetz und die Beleihungswertermittlungsverordnung für die Beleihungswertermittlung mit sich gebracht haben, paragrafenweise erläutert werden.

§ 16 PfandBG: § 16 PfandBG ist einer der wichtigsten Paragrafen des Pfandbriefgesetztes für die Beleihungswertermittlung. Er gliedert sich in vier Abschnitte. Absatz eins stellt zum ersten Mal Anforderungen an die Qualifizierung des Gutachters. In § 6 BelWertV werden diese Anforderungen noch konkretisiert, sodass für die Beleihungswertermittlung in der Regel ein staatlich bestellter oder nach ISO 17024, z. B. „hypzert" zertifizierter Gutachter in Frage kommt. Langjährige Berufserfahrung und Fachkenntnisse werden ebenfalls vorausgesetzt. § 7 BelWertV schreibt des Weiteren vor, dass der Gutachter personell und organisatorisch unabhängig sein muss. Das heißt, er darf z. B. in keinem verwandtschaftlichen Verhältnis zum Darlehensnehmer stehen. Organisatorische Unabhängigkeit bedeutet, dass der Gutachter, sofern er innerhalb des Kreditinstituts angestellt ist, unmittelbar der Geschäftsleitung unterstehen muss. Der Vorgesetzte darf in diesem Fall nicht in dem Bereich des Kreditgeschäfts tätig sein, damit kein Interessenskonflikt entsteht.

In Absatz zwei findet sich eine der beiden Definitionen des Beleihungswertes und die neu aufgenommene Definition des Marktwertes, (vgl. Kapitel 3.2). Wie bereits beschrieben findet sich in dem Paragrafen auch die Ermächtigung zum Erlass der Beleihungswertermittlungsverordnung.

§ 4 Abs. 3 BelWertV: Der Paragraf bietet einige Neuerungen in Bezug auf die Verfahren, die zur Beleihungswertermittlung herangezogen werden müssen. Grundsätzlich sind bei der Beleihungswertermittlung Sachwert und Ertragswert getrennt zu ermitteln. Die folgende Tabelle zeigt die Ausnahmen von diesem Grundsatz. Dabei wird in einigen Fällen deutlich von dem 2-Säulen-Prinzip des § 4 Abs. 1 BelWertV abgewichen. Das Vergleichswertverfahren ist nicht als eigenständiges Wertermittlungsverfahren zugelassen, es wird jedoch in Sonderfällen aus Gründen der Plausibilisierung zugelassen. Die Erleichterungen in der Beleihungswertermittlung beziehen sich vor allem auf Wohnimmobilien, die von den Darlehensnehmern überwiegend eigengenutzt werden.

Eine weitere wichtige Neuerung ist, dass für alle anderen Objekte, die nicht in der Tabelle aufgeführt worden sind, regelmäßig der Ertragswert maßgeblich ist und nicht überschritten werden darf. Das kann in einigen Fällen von z. B. eigengenutzten Fabrikhallen zu Bewertungsproblemen führen. Ein über dem Ertragswert liegender Sachwert darf hierbei nicht in voller Höhe berücksichtigt werden. In dem umgekehrten Fall muss ein Sachwert, der 20 % unter dem Ertragswert liegt, in der Bewertung nachvollziehbar begründet werden, andernfalls muss der Ertragswert dementsprechend gemindert werden.

Immobilientyp	Ertragswert (EW)	Sachwert (SW)	Vergleichswert
Eigentumswohnung Möglichkeit 1	Entbehrlich, wenn das Objekt nach Zuschnitt, Ausstattungsqualität und Lage zweifelsfrei zur Eigennutzung geeignet ist und eine dauerhafte Nachfrage durch potentielle Eigennutzer besteht	zwingend	anstelle des EW
Eigentumswohnung Möglichkeit 2	Entbehrlich, wenn das Objekt nach Zuschnitt, Ausstattungsqualität und Lage zweifelsfrei zur Eigennutzung geeignet ist und eine dauerhafte Nachfrage durch potentielle Eigennutzer besteht	Entbehrlich, wenn das Objekt nach Zuschnitt, Ausstattungsqualität und Lage zweifelsfrei zur Eigennutzung geeignet ist und eine dauerhafte Nachfrage durch potentielle Eigennutzer besteht	anstelle des EW und SW
Ein- und Zweifamilienhaus Möglichkeit 1	Entbehrlich, wenn das Objekt nach Zuschnitt, Ausstattungsqualität und Lage zweifelsfrei zur Eigennutzung geeignet ist und eine dauerhafte Nachfrage durch potentielle Eigennutzer besteht	zwingend	anstelle des EW
Ein- und Zweifamilienhaus Möglichkeit 2	Entbehrlich, wenn das Objekt nach Zuschnitt, Ausstattungsqualität und Lage zweifelsfrei zur Eigennutzung geeignet ist und eine dauerhafte Nachfrage durch potentielle Eigennutzer besteht	Entbehrlich, wenn das Objekt nach Zuschnitt, Ausstattungsqualität und Lage zweifelsfrei zur Eigennutzung geeignet ist und eine dauerhafte Nachfrage durch potentielle Eigennutzer besteht	anstelle des EW und SW nur wenn Vergleichspreise von min. 5 Vergleichsobjekten vorliegen
Wohn- und Teileigentum	zwingend	Entbehrlich, wenn es sich um Eigentumswohnungen oder in sich selbstständige gewerbliche Einheiten handelt	anstelle des SW

§ 5 Abs. 2 BelWertV: Erstmals wird eindeutig festgelegt, dass Marktwertgutachten, die für den Darlehensnehmer erstellt werden, nicht der Ermittlung des Beleihungswertes dienen dürfen. Mit dieser Vorschrift soll sichergestellt werden, dass die Beleihungswertermittlung auf einer neutralen und unabhängigen Basis erfolgen soll.

§ 11 BelWertV: Im Gegensatz zur vorherigen Praxis bildet das Modernisierungsrisiko eine eigene Position im Rahmen der Bewirtschaftungskosten. In Anlage 1 der BelWertV wird erstmals selbst für Wohnhäuser eine Bandbreite für das Modernisierungsrisiko genannt. In den alten Richtlinien wurde davon ausgegangen, dass bei Wohnhäusern kein Modernisierungsrisiko angesetzt werden muss.

§ 13 BelWertV: Der Paragraf § 13 BelWertV behandelt die Ermittlung des Ertragswertes für die Beleihungswertermittlung in besonderen Fällen und gliedert sich in drei Teile. Der erste Absatz legt fest, dass in den Fällen, in denen der Reinertrag der baulichen Anlagen – im Rahmen des Ertragswertverfahren – kleiner als die Bodenwertverzinsung ist, der Ertragswert nur in Höhe des Grundstückswertes (ohne bauliche Anlagen), oder die Abrisskosten des Gebäudes anzusetzen sind.

Bei einer Restnutzungsdauer der baulichen Anlagen von weniger als 30 Jahren erlaubt Absatz 2 BelWertV zwei Vorgehensweisen. Einerseits kann der Anteil des Bodenwerts am Ertragswert auf die Restnutzungsdauer kapitalisiert werden, andererseits können auch die Abbruchkosten für die baulichen Anlagen ermittelt werden, die dann vom Ertragswert abzuziehen sind. Beide Verfahren führen zu unterschiedlichen Werten, wobei die zweite Methode in den meisten Fällen zu einem höheren Wert führen wird.

Obwohl der Paragraf die Überschrift „Ermittlung des Ertragswertes in besonderen Fällen" trägt und diese der Bedeutung nach eigentlich nur in besonderen, d. h. seltenen Fällen vorkommen sollte, wird auf Grund der deutlich reduzierten Gesamtnutzungsdauern in Anlage 2 der Beleihungswertermittlungsverordnung die Anwendung dieser Vorschrift zur Regel werden.

§ 24 BelWertV: Im Rahmen der Vergabe von Kleindarlehen, d. h. von Darlehen unter 400.000 EUR sind Erleichterungen bei der Beleihungswertermittlung erlaubt. So kann z. B. eine geschulte Person anstelle eines Sachverständigen die Ermittlung übernehmen. Allerdings darf diese Person nicht an der Kreditentscheidung beteiligt sein und darf den Beleihungswert nicht festsetzen. Dieses hat durch eine andere Person zu erfolgen. Um die Qualität in diesem Sektor zu gewährleisten sind regelmäßige Überprüfungen durch einen Gutachter, der die Voraussetzungen des § 6 erfüllt, durchzuführen. Durch die Beleihungswertermittlungsverordnung wurde die Grenze von 306.000 EUR auf 400.000 EUR erhöht um die Attraktivität der Pfandbriefrefinanzierung für Kleindarlehen zu erhöhen und das Retail-Geschäft[44] zu erleichtern.

§ 24 BelWertV bringt eine weitere Erleichterungen mit sich, die vor allem im Hinblick auf die derzeit vermehrt stattfindenden Immobilientransaktionen sinnvoll erscheint. Im Falle einer Kreditportfolioübernahme muss keine erneute Feststellung des Beleihungswertes durchgeführt werden, eine Plausibilisierung durch geeignete Mitarbeiter der Bank ist in diesen Fällen ausreichend.

Diese Vorschrift bietet deutliche Erleichterungen und erhebliche Zeitersparnisse und damit auch verbunden Kosteneinsparungen für Gutachter und Inverstoren, die an solchen Transaktionen teilnehmen.

§ 26 BelWertV: Eine der wesentlichen Neuerungen in der Praxis der Beleihungswertermittlung bringt der § 26 BelWertV mit sich. Erstmals wird der Beleihungswert nicht als fixer Wert verstanden, der bis zum Ende der Darlehenslaufzeit fest steht, sondern als Wert, der durchaus auch korrigiert werden muss, wenn sich die Grundlagen der Beleihungswertermittlung wesentlich verändert haben.

Unter wesentlichen Veränderungen sind z. B. gesunkene Mietansätze, gestiegene Bewirtschaftungskosten, ein deutlich gestiegener Kapitalisierungszinssatz, eine beträchtlich gesunkene Gesamtnutzungsdauer oder ein erheblich gesunkener Verkaufspreis zu verstehen.

Insbesondere ist der Beleihungswert zu überprüfen, wenn das allgemeine Preisniveau auf dem maßgeblichen Grundstücksmarkt drastisch sinkt oder ein Leistungsrückstau bei nicht eigengenutzten Wohnungen von mehr als 90 Tagen entsteht, schreibt § 26 BelWertV vor, dass der Beleihungswert von einem Gutachter überprüft werden muss und bei Bedarf zu mindern ist.

In Abb. IX 29 ist solch eine Anpassung graphisch dargestellt. Sinkt der Marktwert so deutlich ab, wie in dem Schaubild, wird eine Anpassung des Beleihungswertes erforderlich.

Diese neue Vorschrift führt zu einem nach unten dynamischen Wert. Korrekturen nach unten sind jederzeit möglich, wenn sich die Rahmenbedingungen wie beschrieben verändert haben. Eine Veränderung des Beleihungswertes nach oben ist nur bei wesentlichen Veränderungen des Gebäudes oder im Rahmen eines neuen Darlehens möglich.

---

[44] Vergabe von standardisierten Krediten an die breite Masse der Bevölkerung.

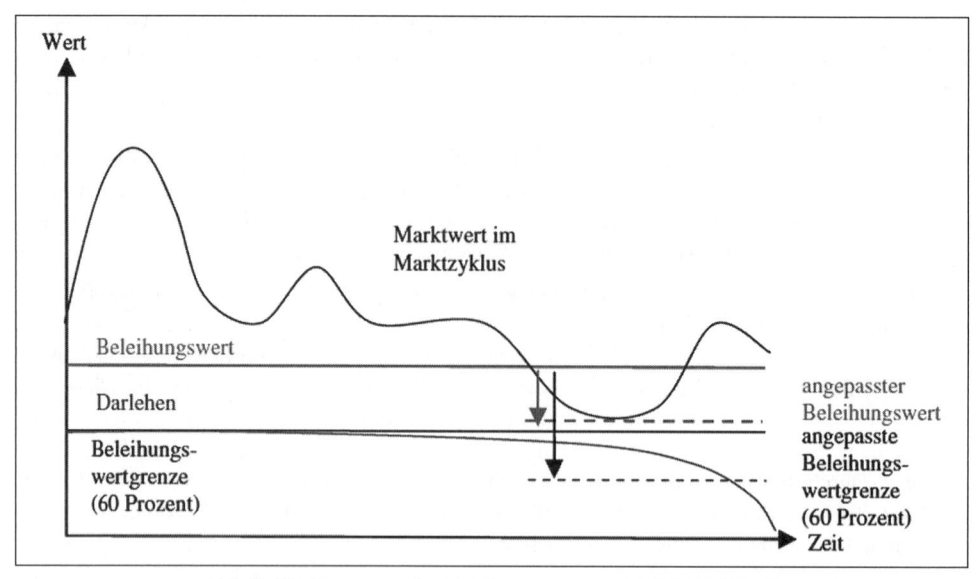

Abb. IX 29: Anpassung des Beleihungswertes nach § 26 BelWertV

Die neue Regelung kann zu einer Unterbesicherung des Darlehens führen, denn mit einer Reduktion des Beleihungswertes ergibt sich automatisch auch eine Verschiebung der 60 % Beleihungswertgrenze nach unten (vgl. Abb. IX 29). Die Bank würde in diesem Fall Sicherheiten nachfordern oder den Kredit kündigen.

Anlage 1 BelWertV: Die in Anlage 1 BelWertV aufgeführten Bandbreiten der Einzelkostenansätze für die Ermittlung der Bewirtschaftungskosten, d. h. im Einzelnen Verwaltungskosten, Instandhaltungskosten, Mietausfallwagnis und Modernisierungskosten, orientieren sich weitestgehend an den in den „Wesentliche Aspekte der Beleihungswertermittlung" aufgeführten Werten. § 11 Abs. 2 BelWertV fordert, dass diese Bandbreiten, außer in besonderen Fällen, eingehalten werden müssen.

Anlage 2 BelWertV: Die Aufnahme von Gesamtnutzungsdauern in die Anlage der Beleihungswertermittlungsverordnung bietet eine weitere Neuerung – es ist davon auszugehen, dass mit dem Begriff Nutzungsdauer in der Anlage 2 BelWertV die Gesamtnutzungsdauer gemeint ist. Im Rahmen der Beleihungswertermittlung schreibt § 12 BelWertV vor, dass die in Anlage 2 BelWertV genannten Erfahrungssätze bei der Wertermittlung zu berücksichtigen sind.

Auffällig ist, dass die genannten Restnutzungsdauern erheblich unter denen der Wertermittlungsrichtlinie (WertR) liegen. Die Restnutzungsdauer liegt in den meisten Fällen 20–30 Jahre unter den Vorgaben der WertR. Sichtbar werden hier der schon angesprochene Risikoaspekt und damit der Unterschied zwischen Markt- und Beleihungswert.

Anlage 3 BelWertV: Die Bandbreiten der Kapitalisierungszinssätze sind in Form der Anlage 3 BelWertV mit in die Beleihungswertermittlungsverordnung aufgenommen worden. Auffällig ist, dass die Bandbreitenobergrenze bei den meisten Gebäudenutzungsarten erhöht worden ist. Am stärksten hat sich die Obergrenze bei der Kategorie Verbrauchermärkte und Einkaufszentren erhöht; hier liegt die Bandbreitenobergrenze jetzt bei 9 % (früher 7,5 %). Auch hier ist eindeutig festzustellen, dass im Gegensatz zum Marktwert Risikoaufschläge gemacht werden.

3.5.4 Schwachstellen des § 25 BelWertV (Auslandsimmobilien)

Im Zuge der Globalisierung der Zunahme von „cross-border"-Geschäften[45] und der Internationalisierung des Kreditgeschäfts gewinnt die Vergabe von hypothekarisch gesicherten Krediten immer mehr an Bedeutung. In der BelWertV wird dem Zustand durch § 25 BelWertV Rechnung getragen, der den rechtlichen Rahmen für die Beleihungswertermittlung im Ausland bildet.

Vor Inkrafttreten der Beleihungswertermittlungsverordnung wurde die Beleihungswertermittlung auf Basis des Grundsatzpapiers „Ermittlung des Beleihungswertes auf der Grundlage ausländischer Bewertungen" betrieben. Im Vergleich des § 25 BelWertV mit dem Grundsatzpapier fällt direkt auf dass eine starke Reduktion der Inhalte stattgefunden hat.

Anders als in den alten Papieren zur Beleihungswertermittlung im Ausland, finden die Erwerbsnebenkosten, die in einigen Ländern bei der Wertermittlung beachtet werden müssen, keine Berücksichtigung. Unklar bleibt dadurch, ob diese bei der Beleihungswertermittlung zu berücksichtigt sind oder nicht. Bis dieser Zustand durch den Gesetzgeber eindeutig geklärt ist, bleibt es dem Gutachter überlassen, diese in Anlehnung an die Marktusancen des Belegenheitslandes anzusetzen oder in Anlehnung an das deutsche Verfahren nicht in Ansatz zu bringen. Da diese nicht unerheblich hoch sind und damit den Wert spürbar beeinflussen, ist hier schnellstmöglich eine eindeutige Regelung empfehlenswert.

§ 4 BelWertV erlaubt bei sprachlicher Interpretation des Textes, bei ausländischen Objekten, in Ländern, in denen auf „ewig" kapitalisiert wird, einen Ansatz der Restnutzungsdauer von 100 Jahren, selbst wenn die Restnutzungsdauer nur noch ein Jahr beträgt. Des Weiteren schreibt er vor, dass dieser Zustand durch erhöhte Gebäudeabschreibungen innerhalb der Bewirtschaftungskosten berücksichtigt werden muss. Das erlaubt jedoch in den Fällen, in denen die 15 % Bewirtschaftungskosten-Mindestgrenze noch nicht erreicht sein sollte, ein „Auffüllen" der Bewirtschaftungskosten durch den Gutachter durch erhöhte Abschreibungen und ermöglicht damit ein Aushebeln der 15 % Bewirtschaftungskosten Mindestgrenze und der damit verbundenen Absicht. Dieser Zustand bedarf unbedingt einer Richtigstellung durch den Gesetzgeber.

In der neuen Verordnung fehlen Kapitalisierungsbandbreiten für wohnwirtschaftliche Nutzung bzw. für gewerbliche Nutzung. Der Zusatz, dass die angegebenen Zahlen nur für in Deutschland gelegene Objekte gilt, lässt folgern, dass die anderen Bandbreiten durchaus auch auf im Ausland gelegene Objekte anwendbar sind.

Unklar bleibt auch, ob die in Anlage 2 BelWertV angegebenen Gesamtnutzungsdauern der baulichen Anlagen nur für Objekte in Deutschland gelten oder auch in Bezug auf im Ausland gelegene Objekte Gültigkeit haben.

Neu aufgenommen wurden diverse Anforderungen an ausländische Marktwertgutachten, die als Grundlage für die Ermittlung des Beleihungswertes dienen sollen. Ausländische Gutachten dürfen zur Beleihungswertermittlung herangezogen werden, wenn sie alle wesentlichen Informationen in Bezug auf das Objekt enthalten und auf einem transparenten und anerkannten Bewertungsverfahren beruhen. Analog zu den vorherigen Ausführungen bleibt auch in diesem Fall offen, was unter einem anerkannten Bewertungsverfahren zu verstehen ist. In jedem Fall dürfen die zu Grunde gelegten Gutachten nicht älter als zwei Jahre sein.

Reichen die Informationen bezüglich der Lage, Ausstattung und Zustand des Objekts aus, erlaubt § 25 BelWertV, dass auf eine Besichtigung des Objekts verzichtet werden kann.

---

[45] Grenzübergreifende Geschäfte oder Transaktionen.

3.6 Die Gutachterausschüsse

3.6.1 Organisation der Gutachterausschüsse

Das Organ des Gutachterausschusses wurde in Deutschland 1960 im Zusammenhang mit der ersten Fassung des Bundesbaugesetzes geschaffen. Hierbei handelt es sich um ein selbständiges und unabhängiges Kollegialorgan, das bei den kreisfreien Städten und Landkreisen an die öffentliche Verwaltung angegliedert ist. Jedoch ist es nicht in die hierarchische Struktur der öffentlichen Verwaltung integriert und zudem von Weisungen unabhängig. Je nach Bundesland können die Ausschüsse direkt an die Kommunen, an die Vermessungs-, Liegenschafts- und Katasterämter oder an die Direktoren der Landesämter für Geoinformation und Landentwicklung (Niedersachsen) angeschlossen sein.

Dem Gutachterausschuss steht regelmäßig ein öffentlicher Bediensteter als Vorsitzender vor. Die weiteren Mitglieder sind ehrenamtlich tätig und vertreten alle Bereiche des Immobilienmarktes: Freiberufler wie öffentlich bestellte Gutachter, Architekten, Immobilienmakler, Bauingenieure, Notare, Vertreter von Banken oder öffentliche Bedienstete der Finanzbehörden/Finanzämter.

Wenn auch die Gutachterausschüsse hoheitlich tätig sind, so ist dennoch die Erstellung eines Gutachtens wegen der fehlenden Bindungswirkung kein Verwaltungsakt gem. § 35 VwVfG. Die Rechtsgrundlagen für die Tätigkeit der Gutachterausschüsse sind das Baugesetzbuch, das Bewertungsgesetz, die Immobilienwertverordnung, die Wertrichtlinien und die Gutachterausschuss-Verordnung.

3.6.2 Aufgaben und Transparenzwirkung der Gutachterausschüsse

Das oberste Ziel der Gutachterausschüsse ist die Schaffung von Transparenz auf den Grundstücks-märkten. Nach einer Studie von Jones Lang LaSalle liegt Deutschland im internationalen Vergleich auf Platz 12 hinsichtlich der Transparenz auf den Immobilienmärkten[46] Eine Ursache für die mittelmäßige Platzierung von Deutschland ist, dass zwar sehr viele Informationen über die Immobilienmärkte vorhanden sind, diese aber nur unkoordiniert und breit verteilt an den unterschiedlichsten Stellen verfügbar sind. In einer globalen Welt ist eine hohe Markttransparenz ein wichtiger Standortfaktor, gerade für Investoren aus dem Ausland. Ineffizient wirken sich die unterschiedlichen Länderregelungen z. B. über die Formen der Auskunftserteilung der Gutachterausschüsse aus. Auskunftssuchende finden je nach Bundesland unterschiedliche rechtliche Regelungen vor, die von den Gutachterausschüssen mehr oder weniger restriktiv ausgelegt werden.[47] Mit der Novellierung des Baugesetzbuches i.Z. mit dem Erbschaftsteuerreformgesetz wurden das Gutachtenwesen stellenweise verbessert (Entbürokratisierung, mehr Transparenz, bessere Vergleichbarkeit der Wertermittlungsergebnisse, Präzisierung von Begriffen und Einführung international gebräuchlicher Begriffe).

Mit Änderungen des BauGB vom 01. Juli 2009 ergeben sich folgende Änderungen:
- § 193 Aufgaben des Gutachterausschusses
- § 195 Kaufpreissammlung
- § 196 Bodenrichtwerte

---

[46] Vgl. Jones Lang LaSalle (2012), S. 9
[47] Vgl. Deutscher Städtetag (2011), S. 6 ff.

- § 198 Oberer Gutachterausschuss
- § 199 Ermächtigungen

§ 193 BauGB regelt die Aufgaben der Gutachterausschüsse:

„(1) Der Gutachterausschuss erstattet Gutachten über den Verkehrswert von bebauten und unbebauten Grundstücken sowie Rechten an Grundstücken, wenn

1. *die für den Vollzug dieses Gesetzbuchs zuständigen Behörden bei der Erfüllung der Aufgaben nach diesem Gesetzbuch,*
2. *die für die Feststellung des Werts eines Grundstücks oder der Entschädigung für ein Grundstück oder ein Recht an einem Grundstück auf Grund anderer gesetzlicher Vorschriften zuständigen Behörden,*
3. *die Eigentümer, ihnen gleichstehende Berechtigte, Inhaber anderer Rechte am Grundstück und Pflichtteilsberechtigte, für deren Pflichtteil der Wert des Grundstücks von Bedeutung ist, oder*
4. *Gerichte und Justizbehörden*

es beantragen. Unberührt bleiben Antragsberechtigungen nach anderen Rechtsvorschriften.

(2) Der Gutachterausschuss kann außer über die Höhe der Entschädigung für den Rechtsverlust auch Gutachten über die Höhe der Entschädigung für andere Vermögensnachteile erstatten.

(3) Die Gutachten haben keine bindende Wirkung, soweit nichts anderes bestimmt oder vereinbart ist.

(4) Eine Abschrift des Gutachtens ist dem Eigentümer zu übersenden.

(5) Der Gutachterausschuss führt eine Kaufpreissammlung, wertet sie aus und ermittelt Bodenrichtwerte und sonstige zur Wertermittlung erforderliche Daten. Zu den sonstigen für die Wertermittlung erforderlichen Daten gehören insbesondere

1. *Kapitalisierungszinssätze, mit denen die Verkehrswerte von Grundstücken im Durchschnitt marktüblich verzinst werden (Liegenschaftszinssätze), für die verschiedenen Grundstücksarten, insbesondere Mietwohngrundstücke, Geschäftsgrundstücke und gemischt genutzte Grundstücke,*
2. *Faktoren zur Anpassung der Sachwerte an die jeweilige Lage auf dem Grundstücksmarkt (Sachwertfaktoren), insbesondere für die Grundstücksarten Ein- und Zweifamilienhäuser,*
3. *Umrechnungskoeffizienten für das Wertverhältnis von sonst gleichartigen Grundstücken, z. B. bei unterschiedlichem Maß der baulichen Nutzung und*
4. *Vergleichsfaktoren für bebaute Grundstücke, insbesondere bezogen auf eine Raum- oder Flächeneinheit der baulichen Anlage (Gebäudefaktor) oder auf den nachhaltig erzielbaren jährlichen Ertrag (Ertragsfaktor).*

Die erforderlichen Daten im Sinne der Sätze 1 und 2 sind den zuständigen Finanzämtern für Zwecke der steuerlichen Bewertung mitzuteilen."

Wesentliche Aufgabe ist die Führung und Auswertung der Kaufpreissammlungen. Grundstücksverträge sind notariell zu beurkunden und der Notar ist verpflichtet, eine Ausfertigung des Grundstückskaufvertrages dem zuständigen Gutachterausschuss zur Verfügung zu stellen. Der Kaufvertrag wird dann vom Gutachterausschuss ausgewertet und in die Kaufpreissammlung aufgenommen, sodass diese jeweils die aktuellen Marktpreise enthält (§ 193 Abs. 5 BauGB). Die Kaufpreissammlung ist die Datenbasis für die Erstellung von Wertgutachten, die Ermittlung der erforderlichen Daten zur Wertermittlung wie Indexreihen (§ 11 ImmoWertV10), Umrechnungskoeffizienten (§ 12 ImmoWertV10) und Vergleichswertfaktoren von bebauten Grundstücken (§ 13 ImmoWertV10), wie Marktanpassungsfaktoren und Liegenschaftszinssätzen (§ 14 ImmoWertV10).

§ 195 BauGB regelt die Kaufpreissammlung und die Auskunftsregelung:

„(1) Zur Führung der Kaufpreissammlung ist jeder Vertrag, durch den sich jemand verpflichtet, Eigentum an einem Grundstück gegen Entgelt, auch im Wege des Tausches, zu übertragen oder ein Erbbaurecht zu begründen, von der beurkundenden Stelle in Abschrift dem Gutachterausschuss zu übersenden. Dies gilt auch für das Angebot und die Annahme eines Vertrags, wenn diese getrennt beurkundet werden, sowie entsprechend für die Einigung vor einer Enteignungsbehörde, den Enteignungsbeschluss, den Beschluss über die Vorwegnahme einer Entscheidung im Umlegungsverfahren, den Beschluss über die Aufstellung eines Umlegungsplans, den Beschluss über eine vereinfachte Umlegung und für den Zuschlag in einem Zwangsversteigerungsverfahren.

(2) Die Kaufpreissammlung darf nur dem zuständigen Finanzamt für Zwecke der Besteuerung übermittelt werden. Vorschriften, nach denen Urkunden oder Akten den Gerichten oder Staatsanwaltschaften vorzulegen sind, bleiben unberührt.

(3) Auskünfte aus der Kaufpreissammlung sind bei berechtigtem Interesse nach Maßgabe landesrechtlicher Vorschriften zu erteilen (§ 199 Abs. 2 Nr. 4)."

Entsprechend der Forderung nach einer höheren Transparenz wurde erstmals mit § 195 Abs. 3 BauGB geregelt, dass grundsätzlich Auskünfte aus der Kaufpreissammlung von anonymisierten Daten bei berechtigtem Interesse erteilt werden können. Der Gesetzgeber lässt jedoch offen, was ein „berechtigtes Interesse" und wie dieses nachzuweisen ist. Hierbei haben die öffentlich bestellten und vereidigten Gutachter sui generis einen Vorteil, da bei ihnen ein „berechtigtes Interesse" grundsätzlich unterstellt wird.

§ 196 regelt die Erstellung der Bodenrichtwerte:

„(1) Auf Grund der Kaufpreissammlung sind flächendeckend durchschnittliche Lagewerte für den Boden unter Berücksichtigung des unterschiedlichen Entwicklungszustands zu ermitteln (Bodenrichtwerte). In bebauten Gebieten sind Bodenrichtwerte mit dem Wert zu ermitteln, der sich ergeben würde, wenn der Boden unbebaut wäre. Es sind Richtwertzonen zu bilden, die jeweils Gebiete umfassen, die nach Art und Maß der Nutzung weitgehend übereinstimmen. Die wertbeeinflussenden Merkmale des Bodenrichtwertgrundstücks sind darzustellen. Die Bodenrichtwerte sind jeweils zum Ende jedes zweiten Kalenderjahres zu ermitteln, wenn nicht eine häufigere Ermittlung bestimmt ist. Für Zwecke der steuerlichen Bewertung des Grundbesitzes sind Bodenrichtwerte nach ergänzenden Vorgaben der Finanzverwaltung zum jeweiligen Hauptfeststellungszeitpunkt oder sonstigen Feststellungszeitpunkt zu ermitteln. Auf Antrag der für den Vollzug dieses Gesetzbuchs zuständigen Behörden sind Bodenrichtwerte für einzelne Gebiete bezogen auf einen abweichenden Zeitpunkt zu ermitteln.

(2) Hat sich in einem Gebiet die Qualität des Bodens durch einen Bebauungsplan oder andere Maßnahmen geändert, sind bei der nächsten Fortschreibung der Bodenrichtwerte auf der Grundlage der geänderten Qualität auch Bodenrichtwerte bezogen auf die Wertverhältnisse zum Zeitpunkt der letzten Hauptfeststellung oder dem letzten sonstigen Feststellungszeitpunkt für steuerliche Zwecke zu ermitteln. Die Ermittlung kann unterbleiben, wenn das zuständige Finanzamt darauf verzichtet.

(3) Die Bodenrichtwerte sind zu veröffentlichen und dem zuständigen Finanzamt mitzuteilen. Jedermann kann von der Geschäftsstelle Auskunft über die Bodenrichtwerte verlangen."

Die Bodenrichtwerte sind flächendeckend und unter Berücksichtigung des Entwicklungszustandes (§ 5 ImmoWertV 10) jeweils zum Ende jeden zweiten Kalenderjahrs zu ermitteln. Neu ist auch, dass die Gutachter Richtwertzonen nach möglichst homogenen Merkmalen, wie Art und Maß der baulichen Nutzung, zu bilden haben. Im Gegensatz zu der Kaufpreissammlung kann jeder, ohne

Nachweis des berechtigten Interesses, Auskunft von der Geschäftsstelle der Gutachterausschüsse über die jeweiligen Bodenrichtwerte verlangen.

§ 198 regelt die oberen Gutachterausschüsse:

„(1) Für den Bereich einer oder mehrerer höherer Verwaltungsbehörden sind Obere Gutachterausschüsse oder Zentrale Geschäftsstellen zu bilden, wenn in dem Bereich der höheren Verwaltungsbehörde mehr als zwei Gutachterausschüsse gebildet sind. Auf die Oberen Gutachterausschüsse sind die Vorschriften über die Gutachterausschüsse entsprechend anzuwenden.

(2) Der Obere Gutachterausschuss oder die Zentrale Geschäftsstelle haben insbesondere die Aufgabe, überregionale Auswertungen und Analysen des Grundstücksmarktgeschehens zu erstellen. Der Obere Gutachterausschuss hat auf Antrag eines Gerichts ein Obergutachten zu erstatten, wenn schon das Gutachten eines Gutachterausschusses vorliegt."

Um die Transparenz des Grundstücksmarktes weiter zu verbessern werden die Grundstücksmarktberichte der regionalen Gutachterausschüsse sowie die des Oberen Gutachterausschuss zu einem landesweiten Grundstücksmarktbericht zusammengefasst.

Der Grundstücksmarktbericht beruht auf Auswertungen der Kaufpreissammlungen. Die Berichte der Gutachterausschüsse und des Oberen Gutachterausschusses werden seit 2009 nach einheitlichen Kriterien erstellt, um den Grundstücksmarkt über den regionalen Bereich hinaus mit Grundstücksmarktberichten benachbarter Gutachterausschüsse vergleichen zu können.

Bestandteile des Grundstücksmarktberichtes sind:

- sonstige zur Wertermittlung erforderliche Daten
- Übersichten über Bodenrichtwerte
- allgemeine Angaben zum Grundstücksmarkt
- mengenstatistische Angaben
- Ergebnisse von Analysen des Grundstücksmarktes

Bei den Geschäftsstellen der Gutachterausschüsse können die Grundstücksmarktberichte eingesehen, erworben oder Auskünfte daraus gegeben werden.

Zu den Aufgaben der Oberen Gutachterausschüssen gehört auch die Erstattung von Obergutachten auf Antrag eines Gerichts oder einer Behörde in einem gesetzlichen Verfahren, aber auch auf Antrag der sonst nach § 193 Abs. 1 BauGB Berechtigten, wenn für das Obergutachten eine bindende Wirkung bestimmt oder vereinbart wurde. Die Erstattung von Obergutachten setzt voraus, dass bereits ein Gutachten eines örtlichen Gutachterausschusses vorliegt.

Liegen bei den örtlichen Gutachterausschüssen Kauffälle für besondere Objekte oder Grundstücke nur vereinzelt vor, soll der Obere Gutachterausschuss diese zentral sammeln und auswerten.

Beispielsweise sind auf der Homepage der Gutachterausschüsse für Grundstückswerte in Niedersachsen (Geoportal) die Informationsbereitstellungen vorbildlich geregelt. Hier können u. a. einfach der landesweite bzw. die regionalen Grundstücksmarktberichte heruntergeladen werden:

Ein weiterer Schritt wäre die Vernetzung der einzelnen Portale zu einem bundeseinheitlichen Datensystem und ein noch weiter führender Schritt zu mehr Markttransparenz.

§ 199 BauGB regelt die Ermächtigungen der Bundesregierung:

„(1) Die Bundesregierung wird ermächtigt, mit Zustimmung des Bundesrates durch Rechtsverordnung Vorschriften über die Anwendung gleicher Grundsätze bei der Ermittlung der Verkehrswerte und bei der Ableitung der für die Wertermittlung erforderlichen Daten einschließlich der Bodenrichtwerte zu erlassen.

Abb. IX 30: Übersicht über Grundstücksmarktberichte in Niedersachsen

(2) Die Landesregierungen werden ermächtigt, durch Rechtsverordnung

1. die Bildung und das Tätigwerden der Gutachterausschüsse und der Oberen Gutachterausschüsse, soweit in diesem Gesetzbuch nicht bereits geschehen, die Mitwirkung der Gutachter und deren Ausschluss im Einzelfall,
2. die Aufgaben des Vorsitzenden,
3. die Einrichtung und die Aufgaben der Geschäftsstelle,
4. die Führung und Auswertung der Kaufpreissammlung sowie die Veröffentlichung der Bodenrichtwerte und sonstiger Daten der Wertermittlung und die Erteilung von Auskünften aus der Kaufpreissammlung,
5. die Übermittlung von Daten der Flurbereinigungsbehörden zur Führung und Auswertung der Kaufpreissammlung,
6. die Übertragung weiterer Aufgaben auf den Gutachterausschuss und den Oberen Gutachterausschuss und
7. die Entschädigung der Mitglieder des Gutachterausschusses und des Oberen Gutachterausschusses

zu regeln."

Hier werden die Regelungszuständigkeiten für die Wertermittlung im föderalen System der Bundesrepublik zwischen der Bundesregierung und den Landesregierungen geregelt. Im Wesentlichen regelt der Bund einheitlich die Verfahrensgrundsätze und -methoden der Wertermittlung, während die Länder das Gutachterwesen und die Datenbeschaffung regeln.

4 Hedonische Immobilienbewertung

Die hedonistische Lebensanschauung geht u. a. auf die Lehre von Epikur (306 v. Chr.) zurück, der den Lebenssinn des Menschen in einem Leben voller Freude und Lust bestimmte. Damit wertete er das Natürliche des irdischen Daseins gegenüber der Metaphysik auf, indem der Mensch nach Glückseligkeit und Harmonie, also nach einem guten Leben, streben sollte. Heute steht Hedonismus für eine überwiegend an materiellen Zielen orientierte, egoistische Lebensweise.

Daran lehnt sich die hedonische Bewertungslehre an, indem sie davon ausgeht, dass sich heterogene Güter wie z. B. Wohnimmobilien aus einer Vielzahl von Attributen wie Lage, Raumaufteilung, Wohnfläche, Zuschnitt, Alter, Nachbarschaft usw. zusammensetzen, die wiederum einen spezifischen individuellen Nutzen (Lust und Freude am Wohnkonsum) stiften. Damit ist der Ausgangspunkt des hedonischen Modells, dass ein Wirtschaftsgut immer aus einem Bündel solcher Attribute besteht und dass dem einzelnen Attribut ein Preiszähler zugeordnet werden kann, d. h. der Preis für ein Wirtschaftsgut ist die Summe der Preiszähler der einzelnen Attribute. Diese Idee geht auf Bailey/Muth/Nourse in 1963 zurück, die eine Methode für die Ermittlung eines Immobilienpreisindexes in den USA entwickelt haben.[48]

In 1968 wurde dann erstmals die hedonische Methode zur Schätzung der Preisentwicklung von Einfamilienhäusern vom Bureau of the Census (Statistikamt der USA) angewendet.

Mit Hilfe der hedonischen Methode lässt sich der Preis einer Immobilie aus einer Linearkombination von mit den einzelnen Preiszählern bewerteten Attributen herleiten. In dem Modell werden 50 bis 70 solcher Attribute identifiziert, um nur einige Attribute zu nennen:

- Kubatur
- Grundstücksfläche
- Anzahl der Zimmer
- Größe der Zimmer
- Zuschnitt der Zimmer
- Anzahl der Nasszellen
- Qualität der Bausubstanz
- Energetische Bauweise
- Freistehend
- Doppelhaus oder Reihenhaus
- Offene oder geschlossene Küche
- Offener Kamin
- Garage oder Carport
- Waschküche und Trockenraum
- Öffentlicher Nahverkehr und Erreichbarkeit der Infrastruktur
- Entfernung zur Innenstadt
- Swimmingpool
- Sauna
- Mikrolage und Nachbarschaft
- Image des Standorts
- Tierhaltung erlaubt
- usw.

In dieser Vielzahl von Attributen werden sowohl Strukturvariablen (Größe, Zustand usw.) als auch Lagevariablen (Mikrostandort, Standortimage usw.) berücksichtigt. Untersuchungen zeigen, dass mit einer Anzahl von ca. 70 Attributen, beispielsweise von einer Wohnimmobilie etwa 85–90 % der Preisunterschiede erklärt werden können, d. h. 10–15 % der Preisunterschiede können nicht durch direkt beobachtbare Attribute erklärt werden und liegen damit im einzelnen persönlichen Entscheidungsverhalten begründet (singuläre Phänomene).

Allgemein kann nun ein linearer Zusammenhang zwischen dem Mietpreis/Kaufpreis (p) und den Attributen (x) z. B. einer Wohnimmobilie auf der Basis realer Transaktionen formuliert werden:

---

[48] Vgl. Bailey, M./Muth, R./Nourse, H. (1963), S. 933 ff.

(1) p = f(x1,...,xN)

Basierend auf dieser funktionalen Beziehung können die hedonischen Kaufpreise/Mietpreise (hn) definiert werden als

(2) hn = dp / dxn = df(x1,...,xN) / dxn, für n = 1,...,N,

wobei hn die aus der Regression geschätzten Koeffizienten sind, oder: Die Gleichung (2) ist partielle Ableitung der Gleichung (1) und drückt die Intensität des Wirkungszusammenhangs der Veränderungen d (delta) des Attributs (xN) auf den Immobilienpreis (p) aus. Die so ermittelten hedonischen Preise zeigen also an, wie stark sich der Kaufpreis/Mietpreis z. B. für eine Wohnimmobilie ändert, wenn sich eines ihrer Attribute um eine Einheit verändert. Demnach bilden sich die Preise oder Mieten für Immobilienobjekte als Summen der erworbenen einzelnen Attribute. Das hier beschriebene Modell der partiellen linearen Regressionsrechnung ist weiterhin auf die Heteroskedastie bzw. die Residuen-Varianzheterogenität zu prüfen. Gerade bei hedonischen Modellen besteht die Gefahr der ungleichen Varianz der Störterme und damit die Verletzung der Gauss-Markov-Annahme einer konstanten Varianz, d. h. einzelne Koordinatenpunkte innerhalb der Punktewolke können mit zunehmender Zeitprojektion oder unvollständiger Attribution stark von der Regressionsgeraden (Störterme oder Residuen) abweichen. Die Attribute sind dann statistisch nicht signifikant bzw. unter-/überschreiten das statistische Signifikanzniveau. Beispiel: Bei einer hedonischen Preisermittlung ergibt sich eine Bandbreite von 200.000 €–250.000 €, gleichwohl gibt es bei gleicher Attribution auch Kaufpreise von 400.000 € und 120.000 €. Läge der Median bei 225.000 € und das Signifikanzniveau bei +/– 10 %, dann sind die beiden Transaktionen von 400.000 € und 120.000 € Residuen (Störterme), die sich wahrscheinlichkeitstheoretisch eher zufällig ergeben haben. Nach Eliminierung dieser Zufallsvariablen kann die Regressionsgerade mit Hilfe des Goldfeld-Quandt-Tests auf Homoskedastie geprüft werden. Insgesamt erlaubt das hedonische Modell, die heterogene Anlageklasse Immobilie in homogene Eigenschaften zu separieren und gleichzeitig den Einfluss auf den Wert eines Objektes zu bestimmen.[49]

Die Analyse beginnt mit der Erfassung einer unabhängigen Variablen (z. B. Wohnfläche) und einer abhängigen Variablen (Kaufpreis) auf der Basis von Kaufpreissammlungen. Abb. IX 31 zeigt den Zusammenhang in Form einer Punkte-Wolke:

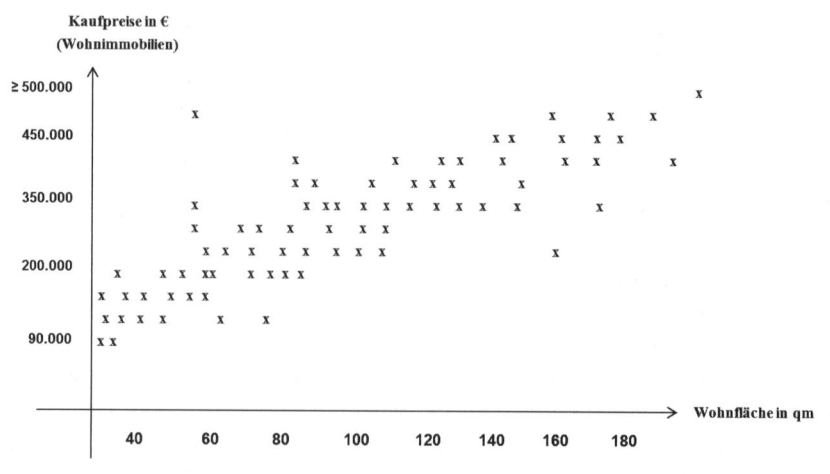

Abb. IX 31: Zusammenhang von Wohnfläche und Kaufpreis in einer Punkte-Wolke

---

[49] Vgl. hierzu ausführlich: Hunziker, S. (2011), S. 4 ff.

4 Hedonische Immobilienbewertung

In einem weiteren Schritt wird die Regressionsrechnung durchgeführt. Wie die Abb. IX 32 zeigt, ergibt sich eine Gerade durch die Punkte-Wolke, die (nach dem Gauss'schen Prinzip der kleinsten Quadrate) die Summe der quadrierten Abweichungen minimiert (lineare Regression):

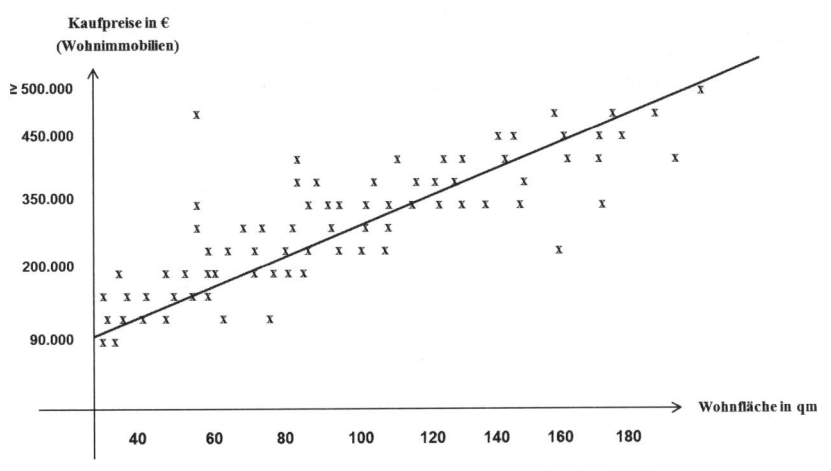

Abb. IX 32: Regressionsrechnung in einer Punkte-Wolke

Abb. IX 32 zeigt nunmehr eine Punkte-Wolke einer tatsächlich durchgeführten Untersuchung der Hypoport AG (hier sind die Variablen aus Gründen der Vereinfachung bereits logarithmiert):

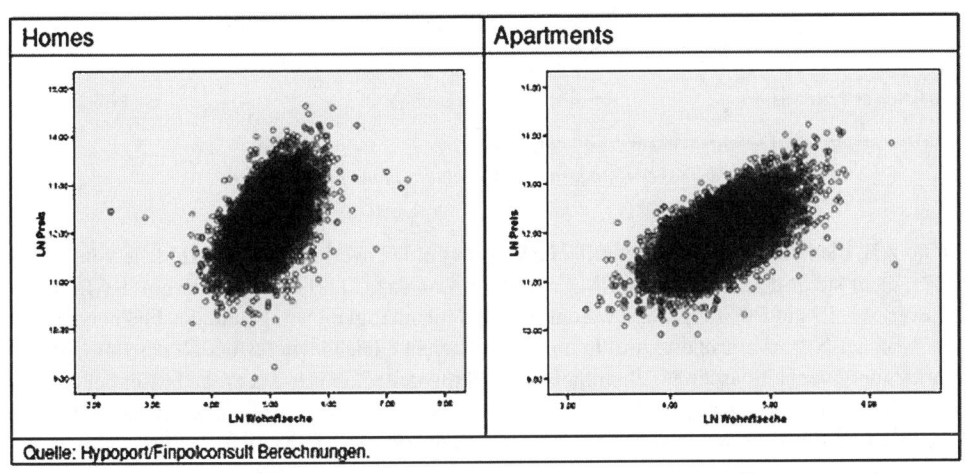

Abb. IX 33: Punkte-Wolke-Untersuchung der Hypoport AG[50]

Wie verschiedene Untersuchungen zeigen, lassen sich die Preisunterschiede für Wohnimmobilien zu etwa 50 % mit dem Attribut der Wohnflächen erklären.

---

[50] Bundesamt für Bauwesen und Raumordnung (2008), S. 17

Die so ermittelten Regressionskoeffizienten entsprechen den impliziten bzw. hedonischen Preisen für das einzelne Attribut. Insoweit das hedonische Modell zu einer ökonomischen Theorie in Bezug steht, so wird daraus ein ökonometrisches Modell. Das hedonische Modell dient der empirischen Bestätigung der Theorie (hier: Theorie über die Immobilienpreisbildung am Markt). Eine solche Theorie wurde von DiPasquale und Wheaton 1996 veröffentlicht, in dem sie eine Theorie über die Gleichgewichtsbildung im Immobilienmarkt entwickelt haben. In einem 4-Quadranten-Modell wird der Zusammenhang des Marktpreises im Gleichgewichtszustand (*) dargestellt (Abb. IX 34).

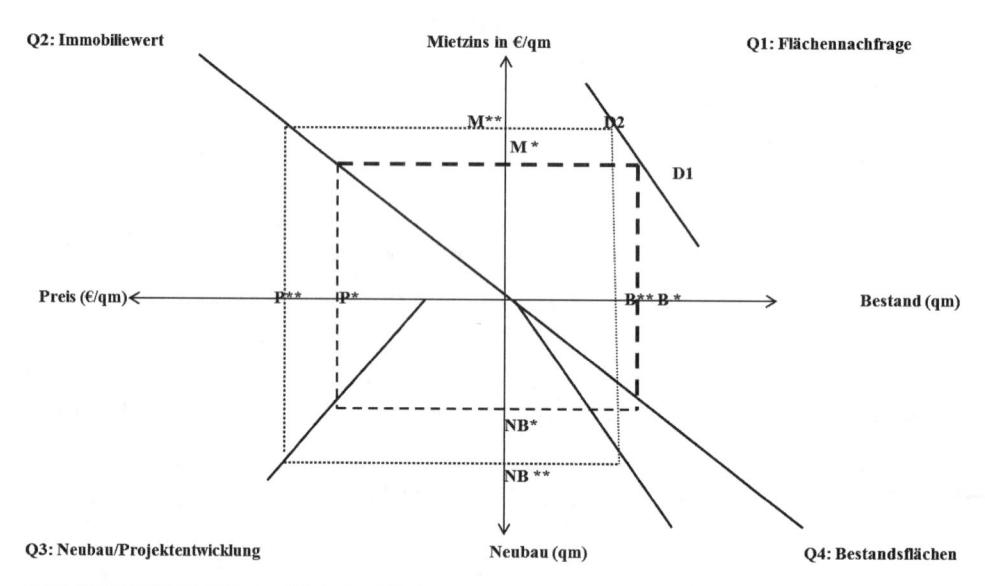

4-Quadranten-Modell

Abb. IX 34: 4-Quadranten-Modell des Immobilienmarktes

Steigt z.B. die Nachfrage nach Wohnfläche von D1 auf D2 (Verknappung der Fläche von B* auf B**), dann steigt der Mietzins von M* auf M**, was dazu führt, dass wiederum der Immobilienwert von P* auf P** steigt, was wiederum die Neubautätigkeit anregt und das Flächenangebot von NB* auf NB** vergrößert wird. In diesem einfachen Gleichgewichtsmodell des Immobilienmarktes wird vom klassische (vollkommenen) Marktmodell (Cobweb-Theorem, besser bekannt als Schweinezyklus) ausgegangen. Die Aufgabe des hedonischen Modells ist, diese Zusammenhänge empirisch zu belegen, was zusammen dann ein ökonometrisches Modell der Preisbildung am Immobilienmarkt ergibt.

Der deutsche Immobilienmarkt gilt als sehr intransparent, was zum einen die kommunale Wohnungs- und Stadtentwicklungspolitik erschwert und zum anderen die Risikoadjustierung der Immobilienpreise als Folge der asymmetrischen Informationsverteilung negativ beeinflusst. Gesetzgeber und Verbände haben in den letzten Jahren verschiedene Maßnahmen ergriffen, um die Transparenz des deutschen Immobilienmarktes insbesondere des Wohnimmobilienmarktes deutlich zu verbessern. Dies auch vor dem Hintergrund einer Früherkennung von Blasenbildungen an den Immobilienmärkten. Mit der Änderung der Regelungen zu den Gutachterausschüssen im

BauGB und der Novellierung der Immobilienwertverordnung sind die Rahmenbedingungen für mehr Transparenz verbessert worden. Intensiv beschäftigt sich das Bundesinstitut für Bau-, Stadt- und Raumforschung (BBSR) als wissenschaftliche Einrichtung im Bundesamt für Bauwesen und Raumordnung (BBR) mit der Analyse von Immobilienpreisen und Wohnungsmieten. Ziel dieser Tätigkeit des BBSR ist die Entwicklung von Instrumenten für eine valide Wohnungs- und Immobilienmarktbeobachtung. Inzwischen hat sich in Deutschland zwar kein Leitindex für die Preisbildung entwickelt, gleichwohl gibt es verschiedene Preisbeobachtungsinstrumente verschiedener Anbieter. Im Zentrum dieser Marktbeobachtungsinstrumente stehen hedonische Modelle. Das BBSR hat hierzu ein Bestandsaufnahme durchgeführt: BBSR, Synopse Immobilienpreisbeobachtung in Deutschland 2010, 01/2010. Einige ausgewählte Indizes sind:

Anbieter	Methode
Statistisches Bundesamt	Mathematisch-Statistisches Verfahren (Hedonik)
empirica ag, Berlin	Hedonische Preise auf Basis einer Regressionsrechnung
Hypoport AG	Hedonischer Immobilienpreisindex (Hypoport Hauspreisindex = HPX)
vdpResearch GmbH	Hedonische Miet- und Preisindizes
Deutsche Bundesbank	Ermittlung von Preisindizes auf Basis typischer Fälle
BulwienGesa AG	Berechnung eines segmentbezogenen und einwohnergewichteten Indexwerts (BulwienGesa Immobilienindex)
Obergutachterausschuss Niedersachsen	Berechnung einer Indexreihe für die Preisentwicklung freistehender Einfamilienhäuser = NIDEX

Damit ist in Deutschland der erste Schritt zu mehr Transparenz gemacht worden. Methoden und Instrumente sind aber immer nur so gut wie ihre Datenbasis ist. Vor diesem Hintergrund ist die Weiterentwicklung und die Zurverfügungstellung der Kaufpreissammlungen der Gutachterausschüsse von großer Bedeutung. Inwieweit sich jedoch in naher Zukunft ein Leitindex für die Immobilienmärkte entwickeln wird, ist von vielen Faktoren abhängig. Es ist jedoch zu erwarten, dass die o. g. „Marktbeobachter" weiterhin eigene Interessen verfolgen und eigene Datenbanken aufbauen werden. Das BBSR hat einen Arbeitskreis „Immobilienpreise" gebildet, der auf kooperativem Wege den Erfahrungsaustausch der Akteure fördert und die methodische Weiterentwicklung der Marktbeobachtung koordiniert. Die hedonische Methode wird dabei eine zentrale Bedeutung haben.

5 Internationale Immobilienbewertung

5.1 Internationale Konvergenz der Immobilienbewertung und Wertdefinitionen

Die bereits in den 1970er Jahren einsetzende Internationalisierung der Märkte hat sich bis heute zu einer globalen Weltwirtschaft fortentwickelt. Handels- und Kapitalströme fließen nahezu ungehindert dahin, wo die Märkte sie hinlenken.

Diese Entwicklung hat auch die Immobilienmärkte erfasst. So suchen Investoren Auslandsimmobilien, um die Portfolios zu diversifizieren. Insbesondere Deutschland hat wegen seiner stabilen Wirtschafts- und Marktentwicklung eine hohe Attraktivität für ausländische Immobilieninvestoren.

Dabei stoßen nicht selten unterschiedliche Geschäftspraktiken und auch divergierende Vorstellung von der richtigen Bewertungsphilosophie aufeinander. Die sich daraus ergebenden Schwierigkeiten sind die Marktwiderstände, die das internationale Immobiliengeschäft erschweren. Während in Deutschland seit 5 Jahrzehnten eine Immobilienbewertung mit einer akribischen Detailgenauigkeit rechtlich verankert wurde, ist in anderen Ländern die Immobilienbewertung mehr oder weniger unreglementiert geblieben. Damit prallen unterschiedliche Bewertungsphilosophien aufeinander, womit sich der Druck des Marktes auf eine Harmonisierung der Immobilienbewertung zumindest europaweit erhöht. Dieser Druck wird umso stärker, je mehr grenzüberschreitende Immobilientransaktionen durchgeführt werden. Die Spannung ist besonders zwischen den deutschen und den angelsächsischen Bewertungsansätzen groß, wenngleich die wirtschaftswissenschaftlichen Grundlagen und auch die Grundproblematik der Bewertung in beiden Wirtschaftsräumen gleich sind. Das Grundproblem jeder Bewertung ist die Verhandlungszone (Bewertungszone) für die Mehrheit der Marktteilnehmer zu finden, um daraus einen möglichst realistischen Preis (als Transaktionswert) abzuleiten. Der gesuchte Wert, der zu einem bestimmten Stichtag dem realistischen Kaufpreis möglichst nahe kommt, kann auf dreifache Weise abgeleitet werden:

1. als Mittelwert aus möglichst vielen konkreten und zeitnahen Transaktionen (Vergleichswert),
2. aus den Herstellungskosten (als quasi-innerer Wert) oder
3. aus den Barwerten zukünftiger Einnahmeüberschüssen.

Alle drei Methoden lassen dem Schätzer/Gutachter mehr oder weniger große Bewertungsspielräume, sodass es nie ein „wahres" Bewertungsergebnis geben kann.

5.1.1 Der britische Bewertungsansatz

Die Immobilienbewertung in Großbritannien ist weltweit die älteste und reicht in den Commonwealth Staaten bis in die frühe Zeit der Besiedlung der „neuen Welt" zurück. Sowohl bei dem Eisenbahnbau als auch bei der Landzuteilung an die Siedler war eine Flächenvermessung und auch eine Bewertung der Flächen notwendig. Diese Aufgaben wurden von den Landvermessern (surveyors) durchgeführt. Sie vermaßen und bewerteten z. B. für die Eisenbahngesellschaften die Flächen, die von den Grundbesitzern abgekauft werden mussten. Im Jahr 1868 schlossen sich die Surveyors in einem Verband zusammen, der 1878 durch die Aufnahme in das Regierungsgesetz als öffentlich-rechtliche Körperschaft anerkannt wurde (Institution of Chartered Surveyors). Im Jahr 1881 wurde ihr von der damaligen britischen Königin Victoria die Royal Charter (königliche Verleihungsurkunde) verliehen (Royal Institution of Chartered Surveyors), und die RICS übernahm damit zusätzlich auch die Aufgabe, die Aus- und Weiterbildung der Immobilienberufe in Großbritannien zu institutionalisieren.[51] Die RICS als weltgrößter Berufsverband der Immobilienbranche vereint derzeit über 120.000 Mitglieder, organisiert in 50 Nationalverbänden von 146 Ländern und versteht sich als die öffentlich anerkannte Autorität in allen Bereichen der Begutachtung, des Eigentums, der Nutzung, der Entwicklung und des Managements von Immobilien in Großbritannien. Sie ist bestrebt, ihre hohen Standards auch in das Ausland zu exportieren. Das kontinentaleuropäische Dach der Organisation bildet die RICS Europe mit Sitz in Brüssel. Ihr gehören derzeit 19 Nationalverbände an: Belux (Belgien und Luxemburg), Nordics (Dänemark, Norwegen, Finnland), Baltische Staaten, Deutschland, Frankreich, Griechenland, Italien, Niederlande, Österreich, Polen, Rumänien, Portugal, Russland und CIS, Schweiz, Spanien, Tschechien,

---

[51] Vgl. Homann, K. (2000), S. 133

Ungarn, Zypern und Türkei. Die RICS Deutschland wurde 1993 in Frankfurt am Main gegründet und hat heute 1.200 Chartered Surveyors.

In Großbritannien wird die Immobilienbewertung in der Rechtstradition des Case Law (Richterrecht- Urteile orientierten sich an Präzedenzfällen) durchgeführt und nicht durch den Gesetzgeber allgemein geregelt (römische Rechtstradition). Dagegen werden die Bewertungsstandards für die Praxis durch die RICS festgelegt (Appraisal und Valuation Manual oder Red Book). Das Red Book umfasst die Bewertungsvorschriften (practice statements), die jedoch nur für die Mitglieder der RICS verbindlich sind. Die RICS hat vor einigen Jahren den „Market Value" eingeführt, den sie von dem Market Value des International Valuation Standards Committee (IVSC) und der The European Group of Valuers Associations (TEGoVA) unverändert übernommen hat.

Im Market Value einer Immobilie werden weder die Transaktionskosten (die nicht selten bis zu 10 % des Kaufpreises ausmachen können) noch die anfallenden Steuern berücksichtigt. Um den Market Value zu bestimmen, haben sich in der britischen Bewertungspraxis 6 Methoden herausgebildet:

1. Vergleichswertverfahren (Comparison Method)
2. Ertragswertverfahren (Investment Method)
3. Sachwertverfahren (Depreciated Replacement Cost Method)
4. Barwertverfahren (Discounted Cashflow Method)
5. Residualverfahren (Residual Method)
6. Gewinnverfahren (Profits Method)

Die letzte Anpassung des Red Book erfolgte 2012, bei der die International Valuation Standards (IVS) völlig übernommen worden sind, sodass auf internationaler Ebene die Vereinheitlichung der Standards für die Immobilienbewertung sehr weit fortgeschritten ist.

5.1.2 Der us-amerikanische Bewertungsansatz

In den USA ist das Appraisal Institute (AI) die maßgebliche Vereinigung von derzeit 23.000 Immobiliengutachtern, vertreten in weltweit 60 Ländern. Das AI wurde ursprünglich 1932 als eine Rechtsberatungsorganisation für Immobilienbewerter und deren Tätigkeit auf der Basis bundes-, landes- und kommunalrechtlicher Vorschriften gegründet. Die Mitglieder haben den Status MAI (Member Appraisal Institute) oder SRA (State-Certified Real Estate Appraiser). Der SRA ist in etwa vergleichbar mit dem in Deutschland tätigen öffentlich bestellten und vereidigten Gutachter für bebaute und unbebaute Grundstücke. In 1989 wurde in den USA das Gutachterwesen reformiert, indem fortan jeder Immobiliengutachter lizensiert bzw. zertifiziert sein musste. Diese Funktion der Lizensierung bzw. Zertifizierung wird durch das Appraisal Institute durchgeführt.

Die Standards für die Immobilienwertermittlung werden seit 1987 in den vom Appraisal Standard Board (ASB) veröffentlichten „Uniform Standards of Professional Appraisal Practice (USPAP)" festgelegt. Damit hat sich seit den frühen 1990er Jahren in den USA eine einheitliche Bewertungspraxis durchgesetzt.

Wie bei den europäischen Institutionen ist der Market Value der wichtigste Wertbegriff in den USA, wenngleich der Begriff nicht detailliert definiert wird. Das erklärt sich damit, dass die rechtlichen Rahmenbedingungen sich je nach Bundesstaat ändern können und sich die Definition der jeweiligen Rechtslage der einzelnen Bundesstaaten anpassen muss. Das gilt im Übrigen auch für die internationalen Bewertungsstandards. Die Mehrheit der Immobilien – sofern sie der Ertragserwirtschaftung dienen – wird nach dem Income Approach (Ertragswertverfahren) bewertet. Dies ist ein sehr zukunftsorientierter Bewertungsansatz, der sich ausschließlich an der zu erwarteten

Ertrags- und Wachstumsentwicklung der Immobilie ausrichtet. Im Vordergrund hierbei steht das DCF-Verfahren.

Vergleichbar mit den britischen Immobilienbewertern wird dabei zwischen der Marktmiete (Market Rent) und der aktuellen Vertragsmiete (Contract Rent) unterschieden. Die Kapitalisierung der Nettoerträge erfolgt entweder pauschal auf der Basis eines aus dem Markt abgeleiteten Diskontierungssatzes (Overall Capitalization Rate) oder aus den nach den einzelnen Ertragskomponenten differenzierten und aus dem Markt abgeleiteten Diskontierungszinssätzen. Das DCF-Verfahren ist ein weiteres Verfahren des Income Approach. Wie auch in der internationalen Unternehmensbewertungspraxis üblich, wird der DCF über 10 Jahre entsprechend seiner (zahlungswirksamen) Einnahmen und Ausgaben modelliert und der Veräußerungserlös am Ende des 10. Jahres (Terminal Value) durch die Abdiskontierung des Netto-Cashflow des 11. Jahres als ewige Rente ermittelt. Der Diskontsatz (Yield) wird aus den Marktdaten und den Renditeerwartungen der Mehrzahl der Investoren ermittelt.

Ein weiterer Bewertungsansatz ist die Vergleichsmethode (Sale Comparison Approach), bei der aus aktuellen Kaufpreisen der Market Value als Comparison Value ermittelt wird. Anders als in Deutschland, sind die Immobilienmärkte in den USA (aber auch in GB) sehr transparent, sodass die Vergleichsmethode nicht nur zu realistischeren, sondern auch für alle Teilmärkte und -segmente geltenden Vergleichswerten führt.

Abb. IX 35 zeigt in etwa die Einflussbereiche der einzelnen Gruppierungen/Verbände auf die internationale Immobilienbewertung

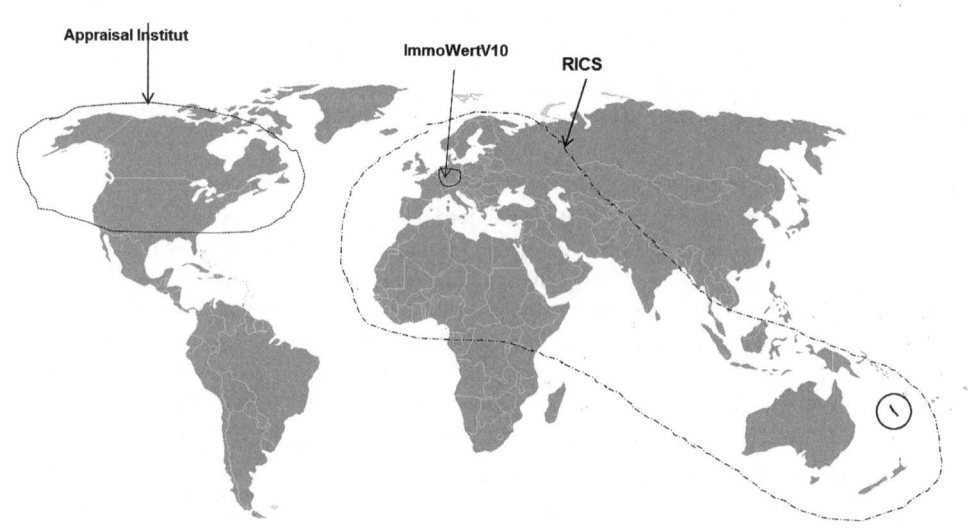

Abb. IX 35: Einflussbereiche von Gruppen, Verbänden und Gesetzen auf die internationale Immobilienbewertung

5.2 (Institutionelle) Immobilienbewertung auf europäischer Ebene

5.2.1 Royal Institution of Chartered Surveyors (RICS)

In Großbritannien existieren keine den deutschen Vorschriften vergleichbaren gesetzlichen Regelungen in Bezug auf die Wertermittlung von Grundstücken. Die Entwicklung von Bewertungsregeln und deren Durchsetzung in der Praxis obliegt dem Berufsverband „Royal Institution of Chartered Surveyors (RICS)" mit Hilfe der Incorporated Society of Valuers and Auctioneers (ISVA) und des Institute of Revenues Rating and Valuation (IRRV) das Red Book verfasst, welches zahlreiche Bewertungsvorschriften und Richtlinien enthält.[52]

5.2.1.1 Ziele und Aufgaben der RICS

Die Aufgaben und Zielsetzungen der RICS können in mehrere Hauptbereiche untergliedert werden:
- Definition und Sicherstellung berufsständischer Standards,
- Bereitstellung von Informationen, Publikationen und Studien
- Aufnahme, Aus- und Fortbildung der Mitglieder,
- Beratung der Regierung zur Gesetzgebung sowie
- Verfolgung einer europäischen Strategie im Hinblick auf die Harmonisierung der Bewertungsstandards.

Die RICS stellt ferner hohe Anforderungen an die Ethik ihrer Mitglieder. So wird das Berufsbild des Chartered Surveyors als die „Property Profession" schlechthin gesehen. Dies bedeutet für die Mitglieder nicht nur die Lieferung eines Wirtschaftsgutes, sondern zusätzlich das Angebot einer kompetenten Beratung auf der Basis besten Wissens und Gewissens sowie vollstem Vertrauens. Grundlage dafür sind die „Rules of Conduct for Members". Das Ziel dieses beruflichen Verhaltenskodex besteht darin, einen Rahmen ethischer Grundsätze zur Verfügung zu stellen, der den Mitgliedern mit Blick auf das breite öffentliche Interesse bei der Erfüllung ihrer Pflichten gegenüber ihren Kunden und Angestellten behilflich sein soll.

Im Wesentlichen werden folgende Verhaltensstandards für Mitgliedern der RICS geregelt: Die Wahrung der Kundeninteressen – in ethischer und legitimer Hinsicht –, die Auftraggeber-Auftragnehmer-Beziehung, die Werbung und das Akquisitionsverhalten der Mitglieder sowie die Beziehung zwischen dem Einzelnen zu den anderen Mitgliedern und der Institution.[53] Die Einhaltung dieser Regeln wird überwacht und Zuwiderhandlungen werden gegebenenfalls sanktioniert.

5.2.1.2 Inhalte des Red Book

Die nun vorliegende 8. Ausgabe der RICS Valuation – Professionale Standards (PS), das sog. Red Book, ist seit 1.1.2012 in Kraft getreten. Die wichtigsten Standards des International Valuation Standard (IVS) von 2011 hat das Red Book unverändert übernommen. Bereits für 2013 ist ein Überarbeitung angekündigt.

Die wichtigsten Standards für Chartered Surveyors weltweit sind die „RICS Appraisal and Valuation Standards", die wegen ihres roten Einbands als „Red Book" bekannt sind. Das Red Book wurde in seiner 8. Neufassung am 01.01.2012 wirksam. Wesentliche Bestandteile sind die Wertebegriffe

---

[52] Vgl. Thomas, M./Leopoldsberger, G./Walbröhl, V. (2000), S. 419
[53] Vgl. RICS Deutschland Ltd. (2010), S. 8 ff.

und Bewertungsregeln, sowie Regelungen bezüglich der notwendigen Qualifikation der Bewerter, dem Umgang mit Interessenskonflikten, der Auftragsannahme, dem Umfang von Besichtigungen oder dem Mindestanforderungen an Gutachten.

1. Anwendungsbereich für die RICS-Standards;
2. Definitionen von Bewertungsparametern;
3. Bewertungsregeln;
4. erläuternde Hinweise zu den Bewertungsregeln.

Das Red Book enthält keinerlei Informationen zu Bewertungsmethoden oder Rechenverfahren; der Schwerpunkt liegt auf der Durchführung und Berichterstattung von Wertermittlungen. Auswahl und genaue Anwendung des passenden Bewertungsverfahrens wird dem einzelnen Gutachter überlassen, der sich nunmehr an den Marktgepflogenheiten orientiert. Das „Red Book" definiert so genau wie möglich die Ziele, die vom Gutachter zu erreichen sind, um sicherzugehen, dass Wertermittlungen für ähnliche Zwecke stets auf der gleichen Basis erstellt werden. Abweichungen vom „Red Book" müssen gut begründet werden.

Die wichtigsten Vorschriften, die für alle Chartered Surveyors weltweit bei der Erstellung schriftlicher Wertgutachten verbindlich sind, befinden sich in den ersten sechs Practice Statements (PS).

PS 1 Qualifications and conflicts of interest (Qualifikation des Gutachters, mögliche Interessenskonflikte)
PS 2 Agreement of Terms of Engagement (Vereinbarung der Auftragsbedingungen)
PS 3 Valuation bases and applications (Bewertungsgrundsatz und Anwendungen)
PS 4 Inspections and material considerations (Besichtigung und sachverhaltensbezogene Überlegungen)
PS 5 Valuation reports and published reference of them (Bewertungsberichte und öffentliche Bezugsrahmen)
PS 6 European Union valuation applications (Bewertungsvorschläge der Europäischen Union)

Als Erläuterung zu den Practice Statements gibt es insgesamt 5 Guidance Notes.

GN 1 Trade-related valuations and goodwill
GN 2 Plant & Machinery
GN 3 Valuations of portfolios and groups of properties
GN 4 Mineral-bearing land and waste management sites
GN 5 Valuation uncertainty

5.2.1.3 Wertbegriffe des Red Book

Der Marktwert (market value) ist der zentrale Wertbegriff des Red Book. Die Definition des Marktwerts im Red Book lautet: „The estimated amount for which a property should exchange on the date of valuation between a willing buyer and a willing seller in an arm's-length transaction after proper marketing wherein the parties had each acted knowledgeably, prudently and without compulsion". In der Übersetzung: Der geschätzte Betrag, für den ein Vermögenswert am Tag der Bewertung zwischen einem kaufbereiten Käufer und einem verkaufsbereiten Verkäufer in einer Transaktion im gewöhnlichen Geschäftsverkehr nach angemessener Vermarktungsdauer ausgetauscht werden sollte, wobei die Parteien mit Sachkenntnis, Umsicht und ohne Zwang handeln.

Der Marktwert bildet die Ausgangsdefinition sämtlicher Wertbegriffe des Red Book und wurde vom IVSC, dem International Valuation Standards Committee, übernommen. Er befindet sich daher auch in dessen White Book und Blue Book.

Unter dem „geschätzten Betrag" wird der wahrscheinlichste Preis verstanden, der bei vernünftigem Verhalten am Markt erzielt werden kann. Somit handelt es sich um den bestmöglichen erzielbaren Preis für den Verkäufer und den vorteilhaftesten Preis für den Käufer.

Die Formulierung „should exchange" (... übertragen werden sollte) bezieht sich vor allem auf die Tatsache, dass es sich um einen geschätzten Betrag und nicht um einen festgelegten oder tatsächlichen Preis handelt.

Der Preis soll für den „Tag der Bewertung" ermittelt werden. Diese Formulierung soll verdeutlichen, dass der Marktwert ein zeitspezifischer Wert ist, der weder zukunfts- noch vergangenheitsgerichtet sein kann. Die Entwicklung der Märkte und ihrer Konditionen ist nicht absehbar und führt schnell zur Fehlerhaftigkeit eines veralteten Gutachtens.

Die Definition sieht außerdem vor, dass Eigentumsübertragung und Vertragsabschluss zeitgleich, ohne eine weitere Veränderung des Preises, erfolgen.

Weitere wichtige Bestandteile sind der „kaufbereite Käufer" und der „verkaufsbereite Verkäufer". Der Käufer muss zum Kauf motiviert sein, aber nicht unter Kaufzwang stehen. Er ist daher nicht bereit, zu jedem Preis zu kaufen, sondern orientiert sich am Markt. Der Gutachter muss seiner Bewertung daher realistische Annahmen bezüglich der Marktlage und des erzielbaren Preises zugrunde legen. Dementsprechend ist der verkaufsbereite Verkäufer weder übermäßig motiviert noch gezwungen, zu jedem Preis zu verkaufen. Er erwartet aber auch keinen realitätsfernen überhöhten Preis. Dieser Verkäufer ist bereit, die Immobilie nach einer angemessenen Vermarktungszeit zum bestmöglichen Marktpreis zu verkaufen.

Die Immobilie soll „nach angemessener Vermarktung" verkauft werden. D. h. die Vermarktung muss in einer angemessenen Form und Dauer erfolgen, um den bestmöglichen Preis zu sichern. Der Vermarktungszeitraum kann entsprechend der Marktlage schwanken, muss aber auf jeden Fall lang genug sein, um eine angemessene Interessentenzahl anzusprechen. Eine weitere wichtige Annahme ist, dass der Vermarktungszeitraum vor dem Bewertungsstichtag liegt, also die Vermarktung bereits erfolgt ist.

Die Parteien sollen „sachkundig, umsichtig und ohne Zwang" handeln. Dieser Teil der Definition impliziert, dass sowohl Käufer als auch Verkäufer über Wesen und Charakteristika der Immobilie und ihre aktuelle und weitere mögliche Nutzung informiert sind und mit der Marktlage am Bewertungsstichtag vertraut sind. Diese Objekt- und Marktdaten werden bei der Bestimmung eines angemessenen Preises von beiden Seiten berücksichtigt. Käufer und Verkäufer, die umsichtig handeln, bemühen sich, gemäß der aktuellsten Information über die Marktlage zu agieren. Beide Parteien sind zwar zum Abschluss motiviert, aber keine Seite ist gezwungen, um jeden Preis eine Einigung zu erzielen (Highest and Best Use concept).

Existing Use Value (EUV)

Die Definition des EUV entspricht zunächst der des Market Value (MV). Sie wurde lediglich um zwei Punkte ergänzt: Zum einen darf die Immobilie in absehbarer Zeit nur für die bestehende Nutzung verwendet werden. Zum anderen muss die Immobilie zum Zeitpunkt des Eigentumsübergangs in allen Teilen, die vom Geschäft belegt sind, sofort bezugsfertig sein. Gemäß den Practice Statements kann es erforderlich sein, zum Existing Use Value (EUV) noch die Anschaffungskosten und/oder die Abschreibung vom Wiederbeschaffungswert etwaiger spezieller Umbauarbeiten hinzuzufügen.

Der EUV wird insbesondere bei der Bewertung von betriebsnotwendigen Liegenschaften einer Unternehmung zu Bilanzierungszwecken angewandt. Dabei steht der Wert unter Beibehaltung der gegenwärtigen Nutzung im Vordergrund. Im Red Book wird erklärt, dass es sich um den Preis handelt, den ein potentieller Eigennutzer für denselben Zweck auf dem Markt hätte zahlen müssen, wenn die Unternehmung genau diesen Vermögensgegenstand verliert. Potentielle Wertsteigerungen werden bei der Wertermittlung nicht berücksichtigt.

Depreciated Replacement Cost (DRC)

Bei der Bewertung von Immobilien, für die aufgrund ihrer besonderen Eigenschaften kein MV feststellbar ist, werden die Depreciated Replacement Costs herangezogen. Das sind die um Abschreibungen geminderten Wiederbeschaffungskosten einer Immobilie. Es handelt sich hierbei um die Gesamtsumme des Grundstückswertes in der aktuellen Nutzung oder eines vergleichbaren Ersatzgrundstücks in identischer Lage und der Bruttokosten für eine Wiederherstellung der baulichen Anlagen. Von Letzteren werden entsprechende Abzüge für Wertminderung wegen Alters, für den Bauzustand, die wirtschaftliche und funktionale Alterung, Umweltfaktoren und anderes gemacht werden. Diese können dazu führen, dass die tatsächlich bestehende Immobilie für die Unternehmung, die sie nutzt, weniger wert ist als eine Neuerrichtung der Immobilie.

Die zu schätzenden Kosten stellen die Kosten für ein Gebäude dar, das am Bewertungsstichtag bezogen werden kann, nachdem die Arbeiten zu einem entsprechend früheren Zeitpunkt begonnen worden sind.

Value of Plant and Machinery to the Business (VPMB)

Der VPMB ist der Wert der Fabrikanlagen und Maschinen für das Geschäft. Er ist definiert als der geschätzte Preis, zu dem ein Teil der in einer Unternehmung genutzten Fabrikanlagen und Maschinen am Bewertungsstichtag hätte verkauft werden können. Es gelten dabei folgende Annahmen: Die Anlagen werden weiterhin zum gleichen Nutzen im Geschäft eingesetzt. Es wird eine angemessene mögliche Profitabilität und Rentabilität der Unternehmung angenommen, wobei beides von der Art der Tätigkeit und vom Wert des gesamten Anlagevermögens abhängig ist. Es handelt sich wiederum um eine Transaktion im üblichen Geschäftsverkehr, in der beide Geschäftspartner sachkundig, umsichtig und ohne Zwang gehandelt haben.

Eine Wertermittlung erfolgt beim VPMB für gewöhnlich in Form der Net Current Replacement Cost. Dieser Wertbegriff dient allein der Bewertung für Firmenberichte, Bilanzen und ähnliche Finanzberichte. Zweck der Bewertung ist es, den Wert von Fabrikanlagen und Maschinen einer Unternehmung zu ermitteln, welche dort in absehbarer Zukunft weiterhin in Betrieb sein werden. Die Anlagen werden hierbei als Ganzes bewertet, nicht als Summe vieler Einzelwerte.

5.2.2 The European Group of Valuers' Association – TEGoVA

Am 4. Mai des Jahres 1977 kam es unter der Führung der RICS und der Mitwirkung belgischer, französischer, deutscher und irischer Immobilienbewertungssachverständiger zur Gründung des Interessenverbandes „The European Group of Valuers Association (TEGoVA)". Zu diesem Zeitpunkt gab es in der Europäischen Gemeinschaft weder ausreichende normative Bestimmungen hinsichtlich der Qualifikation von Immobilienwertermittlungssachverständigen noch einheitliche Richtlinien für die Ausführung von Wertermittlungen für Geschäftsberichte von Kapitalgesellschaften. Die Hauptziele der TEGoVA sind die Schaffung und die Verbreitung einheitlicher Standards für die

Bewertungspraxis, für die Ausbildung und Qualifikation sowie für das Feld Corporate Governance bzw. Ethik der Gutachter. TEGoVA begleitet den europäischen Gesetzgebungsprozess im Kontext von bewertungsrelevanten Sachverhalten und unterstützt seine Mitgliedsverbände in den Ländern der Europäischen Union wie auch in den aufstrebenden Märkten in Mittel- und Osteuropa bei der Einführung und Umsetzung der erarbeiteten Standards. Einzelne Länder werden entweder durch einen einzigen starken Verband oder aber durch eine aus mehreren Organisationen bestehende Delegation repräsentiert. Insgesamt vertritt die TEGoVA die Interessen von 48 Verbänden aus 28 Ländern mit insgesamt 70.000 angeschlossenen Immobilienbewerter. Deutsche Verbands-Mitglieder sind:

- Bund der Öffentlich bestellten Vermessungsingenieure e.V. (BDVI)
- Bundesverband öffentlich bestellter und vereidigter sowie qualifizierter Sachverständiger (BVS)
- Immobilienverband Deutschland IVD – Bundesverband der Immobilienberater, Makler, Verwalter und Sachverständigen
- Verband Deutscher Pfandbriefbanken (vdp)
- Bundesverband Öffentlicher Banken Deutschlands (VÖB).

Die von der TEGoVA erarbeiteten Leitsätze und Richtlinien zu allen wesentlichen Bewertungs- und Sachverständigenbelangen werden seit 1985 im sogenannten „Blue Book" bzw. „Guide Blue" veröffentlicht. Die hier zugrunde gelegten Wertkonzepte und Bewertungsvorschriften orientieren sich an den Vorschlägen des IVSC, die sich ebenfalls im Red Book der RICS wieder finden.

In 2012 erschien die 7. Auflage des Blue Book mit den European Valuation Standards (EVS) 1 bis 5. Materiell gibt es keine wesentlichen Veränderungen zu den vorangegangenen Ausgaben, jedoch wurden einige redaktionelle und strukturelle Änderungen vorgenommen:

Abschnitt 1 – European Valuation Standards and Applications – Europäische Bewertungsstandards und Ergänzungen

1A – European Valuation Standards (EVS)
EVS 1:   Market Value – Marktwert
EVS 2:   Valuation Bases Other than Market Value – Weitere Wertbegriffe außer Marktwert
EVS 3:   The Qualified Valuer – Der qualifizierte Immobilienbewerter
EVS 4:   The Valuation Process – Der Bewertungsprozeß
EVS 5:   Reporting the Valuation – Das Bewertungsgutachten
1B – European Valuation Applications (EVA)
EVA 1:   Valuation for the Purpose of Financial Reporting – Bewertung zum Zweck der Rechnungslegung
EVA 2:   Valuation for Lending Purposes – Bewertung zum Zweck der Beleihung
EVA 3:   Property Valuation for Securitisation Purposes – Bewertung zum Zweck der Verbriefung
EVA 4:   Assessment of Insurable Value – Ermittlung des Versicherungswerts
EVA 5:   Application of Investment Value (Worth) for Individual Investors – Ermittlung des Ankaufwerts für einen einzelnen Investor
EVA 6:   Cross-border Valuation – Grenzüberschreitende Bewertung
EVA 7:   Property Valuation in the Context of the Alternative Investment Fund Managers Directive – Immobilienbewertung zum Zweck der alternativen Anlageentscheidung von einem Fonds Manager
EVA 8:   Property Valuation and Energy Efficiency – Immobilienbewertung und Energieeffizienz

Abschnitt 2 – European Union Legislation and Property Valuation – Europäische Gesetzgebung und Immobilienbewertung

Abschnitt 3 – Other Technical Documents – weitere Erläuterungen

Das Blue Book definiert im European Valuation Standard EVS 1 und 2 die folgenden Wertbegriffe:
- Marktwert (Market Value)
- Marktwert bei fortbestehender Nutzung (Market Value for Existing Use)
- Wert bei alternativer Nutzung (Alternative Use Value)
- Negative Werte (Negative Values)
- Wiederbeschaffungskosten unter Berücksichtigung der Abschreibung (Depreciated Replacement Cost)
- Fair Value (angemessener Wert)

Im Hinblick auf die Verfahren der Wertermittlung verweist das Blue Book auf die folgenden Verfahren, die – wenn auch in teilweise unterschiedlicher Ausgestaltung im Detail – in Europas Immobilienmärkten derzeit praktische Anwendung finden:
- Vergleichswertverfahren (Comparison Method)
- Ertragswertverfahren (Investment Method)
- Sachwertverfahren (Depreciated Replacement Cost Method)
- Barwertverfahren (Discounted Cashflow Method)
- Residualverfahren (Residual Method)
- Gewinnverfahren (Profits Method)

Die Wertbegriffe des Blue Books sind im Standard 1 und 2 niedergelegt. Neben den Definitionen der einzelnen Wertbegriffe werden hier des Weiteren Bewertungsprinzipien, Anmerkungen zur gängigen Praxis sowie der Zweck der Bewertung und allgemeingültige Grundlagen wiedergegeben. Im Folgenden werden die wichtigsten Wertbegriffe des Blue Book wiedergegeben:

Marktwert: Der Marktwert ist der geschätzte Betrag, für den ein Immobilienvermögen am Bewertungsstichtag zwischen einem willigen Verkäufer und einem willigen Käufer, nach angemessener Vermarktungsdauer, in einer Transaktion des gewöhnlichen Geschäftsverkehrs übertragen werden sollte, wobei die Parteien mit Sachkenntnis, Umsicht und ohne Zwang handeln.

Die Definition des Marktwerts wurde sowohl von der TEGoVA wie auch von der Royal Institution of Chartered Surveyors von der IVSC übernommen.

Fair Value: Der faire Wert ist der Betrag, gegen den eine Immobilie zwischen sachkundigen und willigen Parteien im gewöhnlichen Geschäftsverkehr ausgetaucht werden kann.

Der faire Wert kann häufig mit dem Marktwert gleichgesetzt werden, da der „faire Wert" von Grund und Gebäuden normalerweise der Marktwert ist.

Highest and Best Use Value – Höchster und bester Nutzwert: Der Highest and Best Use Value ist der Wert, der sich durch die wahrscheinlichste Nutzung einer Immobilie, die physisch möglich, angemessen begründet, rechtlich genehmigungsfähig und finanziell tragbar ist und die den höchsten Wert für die zu bewertende Immobilie ergibt.

Die Wertdefinition wurde vom IVSC übernommen und findet hauptsächlich in Nordamerika Anwendung. Das Konzept des Highest and Best Use Value ist im Marktwert enthalten, denn derjenige Nutzen, der den höchsten Immobilienwert mit sich bringt, ist der höchste und beste Nutzen.

Existing Use Value – Fortführungswert: Der Nutzungswert ist der geschätzte Preis, für den ein Immobilienvermögen am Bewertungsstichtag bei Fortsetzung seiner bestehenden Nutzung, aber unter der Annahme, dass die Immobilie frei ist, zwischen einem willigen Käufer und einem willigen Verkäufer im gewöhnlichen Geschäftsverkehr nach angemessener Vermarktung übertragen wird, wobei die Parteien mit Sachkenntnis, Umsicht und ohne Zwang gehandelt haben.

Value in Use – Gebrauchswert: Der Gebrauchswert einer Immobilie ist die Summe des Betrages, der durch die Nutzung einer Immobilie bis zum Ende des Lebenszyklus anfällt, sowie des Verkaufserlöses am Ende der Nutzungsdauer. Die Addition der beiden Werte ergibt den Value in Use. Dieser Wertbegriff findet fast ausschließlich zu Bilanzzwecken Anwendung.

Negative Values – Negativer Wert: Negative Werte sind solche Werte, die für den Besitzer oder Eigentümer des Grundstücks eine rechtliche und somit eine wirtschaftliche Verbindlichkeit darstellen. Negative Werte entstehen, wenn Immobilienvermögen physischen, rechtlichen, finanziellen oder vertraglichen Verpflichtungen unterliegen, die einen negativen tatsächlichen oder hypothetischen Cashflow bewirkten. Des Weiteren kann ein negativer Wert entstehen, wenn die Immobilie umfangreicher Sanierungsmaßnahmen bedarf, die bei Ausführung finanziell den Wert des Immobilienvermögens übersteigen würden. In den genannten Fällen wandelt sich die Immobilie in Verbindlichkeiten oder negative Werte.

Alternative Use Value – Wert bei Alternativnutzung: Dieser Begriff stellt den Wert der höchsten und besten Nutzung dar, gleichwohl, ob es sich um die aktuelle oder die zukünftige Nutzung oder aber um eine Sanierungsmaßnahme handelt.

Die bestmögliche Nutzung ist ein Verweis auf den Highest and Best Use Value, und somit auch ein Verweis auf den Marktwert. Der Unterschied besteht beim Alternative Use Value in den Entwicklungsmöglichkeiten, die beim Marktwert außer Betracht bleiben.

Derartige Bewertungen werden häufig zu Sicherungszwecken oder als Teil einer Highest and Best Use Analyse benötigt. So z. B. wenn die Wirtschaftlichkeit oder Rentabilität einer Immobilie geprüft werden soll.

Mortgage Lending Value – Beleihungswert: Der Mortgage Lending Value ist der Wert, der sich aus einer umsichtigen Schätzung der zukünftigen Vermarktbarkeit einer Immobilie ergibt. Hierbei werden die dauerhaften Eigenschaften der Immobilie, die gewöhnlichen und örtlichen Marktbedingungen, die aktuelle Nutzung und angemessene Nutzungsalternativen für die Immobilie berücksichtigt. Weiterhin dürfen keine spekulativen Elemente berücksichtigt werden. Um eine nachvollziehbare Wertermittlung zu erhalten, soll der Mortgage Lending Value eindeutig und transparent dargestellt werden.

5.2.3 International Valuation Standards Committee (IVSC) – Internationale Wertermittlungsstandards (White Book)

Auf der weltweiten Ebene hat sich das International Valuation Standards Committee (IVSC) mit Sitz in London einer Harmonisierung der Bewertungsstandards angenommen. Das International Valuation Standards Committee (IVSC) wurde 1981 gegründet, um international anerkannte Bewertungsstandards sowie Verfahrensanweisungen zur Bewertung von Vermögensgegenständen im Rahmen von Jahresabschlüssen zu entwickeln, zu veröffentlichen und deren weltweite Akzeptanz und Einhaltung zu fördern. Außerdem ist die Harmonisierung unterschiedlicher nationaler Standards erklärtes Ziel dieser Organisation. Dieser gehören 50 nationale Verbände bzw. Institutionen in 43 Ländern an. 2009 traten die deutschen Verbände BIIS (Bundesverband der Immobilien-Investment-Sachverständigen e.V.), vdp (Verband Deutscher Pfandbriefbanken e.V.) und BVS (Bund der öffentlich bestellten und vereidigten Sachverständigen e.V.) aus, sodass heute keine deutschen Verbände mehr dem IVSC angehören. Die operative Arbeit ist gekennzeichnet durch enge Abstimmung mit dem International Accounting Standards Board (IASB) insbesondere bei der Fair Value-Bewertung im Rahmen der IAS 40.[54]

Die aktuelle Fassung „International Valuation Standards" (IVS) – auch als White Book bezeichnet – stammt aus dem Jahr 2011:

Die International Valuation Standards 2011 (IVS 2011)

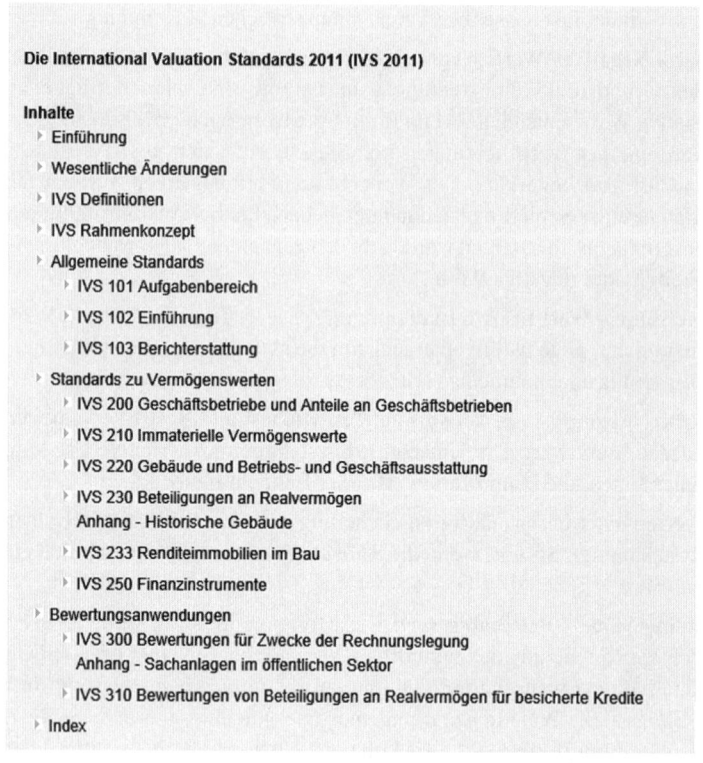

Inhalte
- Einführung
- Wesentliche Änderungen
- IVS Definitionen
- IVS Rahmenkonzept
- Allgemeine Standards
  - IVS 101 Aufgabenbereich
  - IVS 102 Einführung
  - IVS 103 Berichterstattung
- Standards zu Vermögenswerten
  - IVS 200 Geschäftsbetriebe und Anteile an Geschäftsbetrieben
  - IVS 210 Immaterielle Vermögenswerte
  - IVS 220 Gebäude und Betriebs- und Geschäftsausstattung
  - IVS 230 Beteiligungen an Realvermögen
    Anhang - Historische Gebäude
  - IVS 233 Renditeimmobilien im Bau
  - IVS 250 Finanzinstrumente
- Bewertungsanwendungen
  - IVS 300 Bewertungen für Zwecke der Rechnungslegung
    Anhang - Sachanlagen im öffentlichen Sektor
  - IVS 310 Bewertungen von Beteiligungen an Realvermögen für besicherte Kredite
- Index

Abb. IX 36: International Valuation Standards 2011

Die IVS 2011 beschränken sich auf drei Bewertungsstandards: einem zur Marktwertermittlung, einem für andere Bewertungen (Nicht-Marktwert) und einem dritten für Bewertungsgutachten. Daneben gibt es noch Regelungen für Bewertungen für bilanzielle Zwecke bzw. für Beleihungswertermittlungen. Hinzu kommen Anwendungshinweise. Eine Beschreibung von Methoden erfolgt nur ansatzweise.[55]

Das White Book definiert u. a. die folgenden Wertbegriffe:
- Marktwert (Market Value); identisch mit EVS1 (TegoVA) und PS 1 (RICS)
- Unterstellung der bestehenden Nutzung (Value in use)
- Kaufpreis bei zu kurzem Vermarktungszeitraum (Forced Sale Value)
- Sachwert (Depreciated Replacement Cost)

---

[54] Vgl. hierzu ausführlich: Köhling, K. (2011), S. 72 ff.
[55] Vgl. Leopoldsberger, G. (2007), S. 6

Der International Valuation Standard IVS 1 Abs. 1.4 führt als international anerkannte Verfahren zur Ermittlung von marktorientierten Werten folgende Verfahren auf:[56]
- Vergleichswertverfahren (Sales Comparison Method)
- Ertragswertverfahren (Income Capitalisation)
- Barwertverfahren (Discounted Cashflow Method)
- Sachwertorientierte Verfahren (Cost Method)

6 Nicht normierte Wertermittlungsverfahren

6.1 Die Systematisierung der Wertermittlungsverfahren

6.1.1 Normierte und nicht normierte Wertermittlungsverfahren

Die Bewertungspraxis in Deutschland ist sehr stark in Form der Immobilienwertverordnung (ImmoWertV) und den Wertermittlungsrichtlinien (WertR) kodifiziert.

Die in der ImmoWertV 10 geregelten Wertermittlungsverfahren beruhen auf anerkannten Grandsätzen für die Ermittlung von Verkehrswerten. Sie werden daher als normierte Verfahren bezeichnet. Hierzu zählen das Vergleichswertverfahren (§§ 15,16 ImmoWertV), das Ertragswertverfahren (§§ 17–20 ImmoWertV) und das Sachwertverfahren (§§ 21–23 ImmoWertV). Grundsätzlich sind nur die örtlichen Gutachterausschüsse an die Regelungen der ImmoWertV 10 gebunden. Andere Gutachter, wie beispielsweise öffentlich bestellte und vereidigte oder freie Sachverständige sind nicht an diese Regelungen gebunden und somit frei in der Wahl der Bewertungsverfahren.[57] Aufbauend auf diesen Grandsätzen haben sich in der Praxis die Wertermittlungsverfahren weiterentwickelt. Es handelt sich dabei um „Verfahren, die vornehmlich auch im Ausland zur Anwendung kommen und dort vor allem die Grandlage für Investitionsentscheidungen sind".[58]

Die normierten Verfahren unterscheiden zwar zwischen der Verzinsung von Grund und Boden und dem Gebäudeertrag, berücksichtigen aber bestimmte Faktoren wie z.B. Mietsteigerungspotentiale, Mietausfallwagnis und Standortqualität nicht hinreichend.[59] Solche Faktoren und somit eine dynamische Betrachtungsweise der Grundstückswertermittlung finden sich demgegenüber bei den international gebräuchlichen Bewertungsmethoden. Dies kann mit Hilfe der so genannten nicht normierten Verfahren erfolgen. Dazu zählen beispielsweise das internationale Ertragswertverfahren, das Residualwertverfahren und die Discounted Cashflow Methode (DCF).

6.1.2 Gegenüberstellung der deutschen und britischen Wertermittlungsverfahren

Zu den nicht normierten Verfahren im weiteren Sinn können auch die angelsächsischen Wertermittlungsverfahren gezählt werden, da diese nicht gesetzlich geregelt sind und immer mehr Einzug in die Wertermittlungspraxis in Deutschland finden. Im Hinblick auf eine zunehmende Interna-

---

[56] Vgl. IVSC (2011), o. S.
[57] Vgl. Thomas, M./Leopoldsberger, G./Walbröhl, V. (2000), S. 391
[58] Vgl. Kleiber, W./Simon, J./Weyers, G. (1991), S. 715
[59] Vgl. Murfeld, E. (2002), S. 200

tionalisierung der Märkte, insbesondere im Rahmen der Europäisierungsbestrebungen, wäre es empfehlenswert, international anerkannte Bewertungsverfahren aus dem angelsächsischen Raum anzuwenden und zu einer Vereinheitlichung im Bereich der Immobilienbewertung zu kommen.[60]

Aus Großbritannien stammende Verfahren, die in Deutschland bereits zur Anwendung kommen und ohne wesentlich Unterschiede weiterhin auch im angelsächsischen Raum Anwendung finden, werden in einem späteren Kapitel nicht erneut dargestellt. Auf demzufolge auftretende Gemeinsamkeiten, Unterschiede und Überschneidungen wird ggf. im weiteren Text eingegangen bzw. hingewiesen.

6.2 Nicht normierte Verfahren in Deutschland

Bei der Anwendung der nicht normierten Verfahren in Deutschland ist zu beachten, dass sie eine Abweichung vom Regelwerk darstellen und somit in der Regel im Gutachten zu begründen sind.[61] Die meisten der nicht normierten Verfahren, die in Deutschland Anwendung finden, stammen ursprünglich aus dem angelsächsischen Raum. Diese Verfahren sind hauptsächlich von Rendite- und Investitionsüberlegungen geprägt. Vor allem international tätige Unternehmen orientieren sich zunehmend an britischen (Red Book), europäischen (Blue Book) und internationalen (IVS – International Valuation Standards) Bewertungsstandards.

Zu den wesentlichsten nicht normierten Verfahren, die in der deutschen Wertermittlungspraxis immer häufiger Anwendung finden, zählen das Überschlagsverfahren, das Residualwertverfahren und die Discounted Cashflow Methode. Letztere soll in diesem Kapitel allerdings nicht näher erläutert werden.

6.2.1 Überschlagsverfahren

Das Überschlagsverfahren ermöglicht eine schnelle, jedoch nur überschlägige Ermittlung von Kaufpreisen. Dieses Verfahren wird daher hauptsächlich von Maklern, Investoren und ähnlichen Immobilienteilnehmern angewendet. Das Überschlagsverfahren ersetzt aufgrund einer lediglich groben Einschätzung kein sorgfältig erstelltes Gutachten und ist daher in seiner praktischen Anwendbarkeit sehr begrenzt.

Überschlagsverfahren auf Ertragswertbasis: Dieses Verfahren ist in Fachkreisen aufgrund der Anwenderschicht auch unter der Bezeichnung „Makler-Methode" bekannt. Es führt zu Grundstückswerten, die nur unwesentlich von Verkehrswertberechnungen mit dem aufwendigen normierten Ertragswertverfahren abweichen, ohne den Bodenwert in der Vorgehensweise zu berücksichtigen.[62]

Das Überschlagsverfahren besteht aus einer denkbar einfachen Rechnung:

Jahresrohertrag x Vervielfältiger = Grundstückswert

Der Jahresrohertrag ist die Jahresnettokaltmiete. Der Vervielfältiger ergibt sich aus der jeweiligen örtlichen Lage und den gegebenen Marktverhältnissen. Er kann aus den regionalen Immobilienpreisspiegeln oder bei den Maklerverbänden erfragt werden.

---

[60] Vgl. ebenda
[61] Vgl. Thomas, M./Leopoldsberger, G./Walbröhl, V. (2000), S. 391
[62] Vgl. Vogels, M. (1996), S. 14 ff.

Im angelsächsischen Raum ist dieses Verfahren dem Grundsatz nach in Form der Investment Method (siehe späteres Kapitel) und in Deutschland auch als vereinfachtes Ertragswertverfahren (ohne Berücksichtigung des Bodenwerts) wiederzufinden. Die Investment Method ist dort fester Bestandteil der Grundstückswertermittlung.

Nicht anwendbar ist das Überschlagsverfahren bei Grundstücken, die nach Art und Maß der baulichen Nutzung nicht vollständig ausgenutzt sind, sowie bei öffentlich geförderten Sozialwohnungen. Die Anwendung des Verfahrens würde zu verfälschten Ergebnissen fuhren.

Nach § 13 Immo Wert V kann auch im Vergleichswertverfahren durch Vervielfachung des jährlichen Ertrages des zu bewertenden Grundstücks mit einem nach §§ 13, 14 (3) ImmoWertV ermittelten Vergleichsfaktor der Verkehrswert ermittelt werden. Allerdings werden hier an die Ermittlung der Vergleichsfaktoren höhere Anforderungen gestellt.

Kaufpreise nach Lage, Art und Maß der baulichen Nutzung, Größe und Alter der baulichen Anlagen gleichartiger Grundstücke sind auf den nachhaltig erzielbaren jährlichen Ertrag (Ertragsfaktor) zu beziehen. Die Makler-Methode wird also bei entsprechend sorgfältiger Bestimmung des Vervielfältigers zu einem nach ImmoWertV zur Verkehrswertermittlung anerkannten Verfahren.

Überschlagsverfahren auf Sach- oder Vergleichswertbasis: Dieses Verfahren eignet sich hauptsächlich für die Kaufpreisermittlung von Eigentumswohnungen, da diese in m^2 Wohnfläche angegeben werden und somit eine bessere Vergleichbarkeit bieten. Der Kaufpreis errechnet sich dann folgendermaßen:

Wohnfläche x Preis je m^2 x (100 – Bruttogewinn) = Kaufpreis

Die jeweiligen m^2-Preise für Eigentumswohnungen können u. a. den regionalen Immobilienpreisspiegeln der Maklerverbände entnommen werden.

Bei der Bewertung eines Mietwohnhauses liegt die Summe von vergleichbaren Eigentumswohnungen um etwa 15 % bis 20 % höher als die Boden-, Bau- und Nebenkosten des gesamten Wohnhauses. Dieser so genannte Bruttogewinn enthält neben dem Reingewinn Mehrkosten wie z. B. Werbungskosten, Finanzierungskosten oder Notarkosten und muss daher bei der Bewertung von Mietwohnhäusern abgezogen werden. Ungeeignet ist diese Methode jedoch für freistehende 1- und 2-Familienhäuser, Reihenhäuser und unbebaute Grundstücke, da diese sehr individuelle Kaupreise haben können. Die Preisangaben der Maklerverbände dienen nur der groben Information über das jeweilige Preisniveau.[63]

Nach § 14 (3) ImmoWertV kann auch im Vergleichswertverfahren durch Vervielfachung des jährlichen Ertrages des zu bewertenden Grundstücks mit einem nach § 13 Immo WertV ermittelten Vergleichsfaktor der Verkehrswert ermittelt werden. Allerdings werden hier an die Ermittlung der Vergleichsfaktoren höhere Anforderungen gestellt.

Kaufpreise nach Lage, Art und Maß der baulichen Nutzung, Größe und Alter der baulichen Anlagen gleichartiger Grundstücke sind auf eine geeignete Raum- oder Flächeneinheit der baulichen Anlagen (Gebäudefaktor) zu beziehen. Das Überschlagsverfahren auf Sach- oder Vergleichswertbasis wird also bei entsprechender sorgfältiger Bestimmung der Ausgangsdaten zu einem nach WertV zur Verkehrswertermittlung anerkannten Verfahren.

---

[63] Vgl. ebenda, S. 16

6.2.2 Residualwertverfahren

Das Residualwertverfahren – auch als Bauträgermethode bezeichnet – dient insbesondere Bauträgern und Investoren zur Ermittlung des Grundstückswertes in Abhängigkeit einer optimalen Nutzung.[64] Dabei handelt es sich vornehmlich um unbebautes Land mit Entwicklungspotential oder auch um Grundstücke mit abrissbereiten Gebäuden, die neu entwickelt werden sollen.[65]

Dieser so ermittelte Bodenwert stellt also einen Grenzwert dar, den ein Investor im Hinblick auf eine angemessene Rendite tragen kann.[66] Er wird in erster Linie durch den Wert der darauf erstellbaren optimalen und städtebaulich genehmigungsfähigen Bebauung bestimmt. Aufgrund der nutzungsabhängigen Grundstückswertermittlung greifen Bauträger, Projektentwickler und Investoren nahezu aller europäischen Immobilienmärkte auf dieses Verfahren zurück.

Der Begriff Residuum kommt aus dem Lateinischen und bedeutet Überrest. Er bezeichnet also den Betrag, der für das Grundstück ausgegeben werden kann, damit sich das Projekt noch rechnet.[67] Ausgangspunkt für die Berechnung des Residuums ist der Wert des Grundstücks nach vollendeter Bebauung. Dieser Wert wird mit Hilfe des Vergleichswertverfahrens, sofern Veräußerungserlöse vergleichbarer Objekte vorliegen ermittelt. Fehlen allerdings vergleichbare Objekte, so findet das Ertragswertverfahren Anwendung.[68]

Das Residualwertverfahren lässt sich in drei Verfahrensbausteine untergliedern: Der Entwicklungswert nach vollendeter Bebauung des Grundstücks abzüglich der gesamten Entwicklungskosten ergibt das Residuum bzw. den maximal tragbaren Grundstückspreis.

Die Grundgleichung des Residualwertverfahrens ergibt sich demnach folgendermaßen:

Verkehrswert nach vollendeter Bebauung des Grundstücks
./. Gesamtherstellungskosten
= Residuum (tragfähiger Grundstückswert)

Abb. IX 37: Grundschema Residualwertverfahren

Wichtigste und zugleich schwierigste Grundlage für die Anwendung des Verfahrens ist die Entscheidung, auf welche Art und Weise das jeweilige Grundstück entwickelt werden soll, und daraufhin einen Wert für das noch nicht erstellte Projekt vorauszusagen.[69] Ist ein Wert mittels des o.g. Verfahrens ermittelt worden, so werden im nächsten Schritt die Herstellungs- bzw. Entwicklungskosten abgezogen. Dazu gehören die Baukosten, Baunebenkosten, Abrisskosten, Architektenhonorare, sämtliche Gebühren, Entwicklungskosten, Vermarktungskosten für die Vermietung, Finanzierung für das Bauwerk und Marketingkosten.[70] Zusätzlich wird noch ein angemessener Bauträger- bzw. Unternehmergewinn abgezogen, der i.d.R. als prozentualer Anteil der gesamten bisherigen Entwicklungskosten angesetzt wird. Als Differenz ergibt sich dann der Wert des Residuums 1, der auch als Bruttoresiduum bezeichnet wird.

In einem letzten Schritt werden von dem Bruttoresiduum die Fremdkapitalkosten für das Grundstück für die gesamte Projektdauer und die vom Entwickler zu tragenden Erwerbsnebenkosten

---

[64] Vgl. Alda, W./Hirschner, J. (2007), S. 32 f.
[65] Vgl. Scarrett, D. (1991), S. 125
[66] Vgl. Schulz-Wulkow, C. (2003), S. 94
[67] Vgl. Richmond, D. (1994), S. 149
[68] Vgl. Alda, W./Hirschner, J. (2007), S. 33
[69] Vgl. Millington, A. F. (1995), S. 87
[70] Vgl. Richmond, D. (1994), S. 149

abgezogen. Zu diesen gehören unter anderem die Grunderwerbsteuer, Maklercourtage, Notar- und Gerichtskosten. Das Ergebnis ist das Residuum 2, das auch als Nettoresiduum bezeichnet wird. Dieser Grundstückswert stellt den maximal durch den Investor zu zahlenden Grundstückspreis dar.

Durch diese Vorgehensweise können auch negative Grundstückswerte zustande kommen. Dies zeigt lediglich, dass das Grundstück im Augenblick nicht wirtschaftlich bebaubar und dadurch wahrscheinlich unverkäuflich ist.

Beispiel: Ein Büroprojekt ist geplant auf einem Grundstück mit einer Größe von 10.000 m² in einer Randlage von Köln. Wie viel ist das Grundstück aus Sicht des Projektentwicklerwerts? Geplantes Projekt: Zwei Bürogebäude mit insgesamt 20.000 m² Bruttogeschossfläche (BGF), 17.000 m² Nettogeschossfläche (NNF bzw. vermietbare Fläche), Bauzeit 12 Monate, Erwartete Mieteinnahme: 12 €/m²/Monat, = 204.000 €/Monat, nicht umlagefähige Kosten: 6 €/m² NNF/Jahr, Erwartete Rendite: 7,5 %, Annahme: Das Projekt ist zum Zeitpunkt der Fertigstellung voll vermietet, Die Erwerbsnebenkosten betragen 7,00 % des Kaufpreises, Erwarteter Gewinnsatz: 15 % aller Kosten, Baukosten: 1.000,– EUR/m² BGF, Baunebenkosten: 12,5 % der Baukosten, Außenanlagen: pauschal 900.000,– EUR. Maklerhonorar bei Vermietung: 2 Monatsmieten, Finanzierung zu 6 % p.a. für die Bau- und Grundstückszwischenfinanzierung.

Teil 1: Berechnung des Entwicklungswertes

Jahresrohertrag	17.000 m² × 12 €/Monat × 12 Monate	2.448.000,– €
Nicht umlagefähige Kosten	17.000 m² × 6 €/m²/Jahr	./. 102.000,– €
Jahresreinertrag (Net Rent)		= 2.346.000,– €
Vervielfältiger	1/7,50 % = 13,333	
Brutto-Kapitalwert	13,333 × 2.346.000,– €	= 31.279.218,– €
Erwerbsnebenkosten	7,00 % von 29.232.914,– €	./. 2.046.304,– €
Netto-Kapitalwert	1/(1+ 0,07) × 31.279.218,– €	= 29.232.914,– €

Teil 2: Berechnung der Kosten

Baukosten	1.000,– € × 20.000 m²	20.000.000,– €
Baukosten (unvorhergeseh.)	20.000.000,– € × 2,50 %	+ 500.000,– €
		= 20.500.000,– €
Baunebenkosten	12,50 % v. 20.500.000,– €	2.562.500,– €
Außenanlagen etc.		+ 900.000,– €
Vermietung	17.000 m² × 12,– €/m² × 2	+ 408.000,– €
		= 3.870.500,– €
Gewinnerwartung	15,00 % v. 24.370.500,– €	= 3.655.575,– €
Zwischenfinanzierung auf 50 % der Baukosten, Bauzeit: 12 Monate:		
Finanzierungskosten: 6,00 % p.a. (0,50 × 24.370.500,– € × 6,00 %)		= 731.115,– €
		= 28.757.190,– €

Teil 3: Berechnung des Tragfähigen Bodenwerts

Residuum 1	29.232.910,– € ./. 28.757.190,– €	475.720,– €
Tragfähiger Bodenwert (Residuum 2):		
Gesamtprojektdauer (inkl. Planung) 24 Monate, Zins: 6,00 %		
Finanzierungskosten	(475.720,– € ./. 475.720,– €/1,06²)	./. 52.331,– €
Erwerbsnebenkosten	(7,00 % v. 395.691,– €)	./. 27.698,– €
Residuum II	((475.720,– € ./. 52.331,– €)/1,07)	= 395.691,– €
bzw. ca. 40 €/m² Grundstücksfläche		

Abb. IX 38: Berechnung des Residualwertes

Die größten Schwächen dieses Verfahrens sind die Ungewissheit aller Input-Faktoren sowie die Sensitivität und starke Abhängigkeit aller Ergebnisse bei geringer Änderung der zugrunde gelegten Informationen und Annahmen. Problematisch ist hierbei, dass die Schätzungen des Verkehrswertes auf Basis gegenwärtig erzielbarer Mieten beim Ertragswertverfahren – und Vergleichspreise – beim Vergleichswertverfahren vorgenommen werden, obwohl sich die Wertverhältnisse bis zum Zeitpunkt der Fertigstellung des Projektes in der Zukunft entscheidend geändert haben können.[71]

Gleiches gilt auch für die Kosten des Projektes. Dabei handelt es sich nämlich um „Schätzgrößen, die zwar auf Erfahrungswelten beruhen, aber immer noch einen gewissen Unsicherheitsfaktor beinhalten". Dieser geht einher mit einer relativ langen Bauzeit und der Gefahr von konjunkturellen Schwankungen. Überschreitungen von Baukostenvoranschlägen in nicht unerheblicher Höhe, wie sie fast täglich Schlagzeilen machen, signalisieren hier eine weitere Schwachstelle.[72] Auch die Marketing und Vermietungskosten können schnell aus dem Ruder laufen, wenn das Objekt nicht in dem vorgesehenen Zeitraum vermarktet wird. Aufgrund der nur überschlägig und grob veranschlagten Finanzierungskosten ist auch hier bereits ein Kalkulationsproblem vorhanden. Nur kleinste Fehler bei der Festlegung der Faktoren wirken sich überproportional auf das Residuum aus. Die Schätzwerte für den Entwicklungswert und die Kosten sind dabei abhängig vom Standpunkt und der Sicht des Bewerters.[73]

Trotz alledem ist das Residualwertverfahren ein nützliches Werkzeug in einem Markt, in dem der kurzfristige Gewinn und nicht das langfristige Investment Priorität hat. Aufgrund ihrer methodischen Einfachheit und der Tatsache, dass alle tatsächlichen Gegebenheiten eines Objektes wie z. B. Lasten und Beschränkungen berücksichtigt werden können, findet das Verfahren auch in Deutschland häufig praktische Anwendung. Bei der objektiven Bewertung des Grundstückes ist die optimale und städtebauliche genehmigungsfähige sowie wirtschaftlich sinnvollste Bebauung zu unterstellen, da nicht ein individuelles Konzept bewertet werden soll.[74]

6.2.3 Sonstige Verfahren

Als weitere nicht normierte Wertermittlungsmethode in Deutschland gilt die so genannte Discounted Cashflow Method (DCF) bzw. Barwertmethode. Hierbei werden Ein- und Auszahlungen nach Betrag und mit Hilfe der Diskontierung nach ihrem zeitlichen Anfall verarbeitet. Auf dieses Verfahren soll in diesem Kapitel nicht näher eingegangen werden (vgl. hierzu Teil V., Kapitel 3.4.5, sowie Teil IX., Kapitel 3.2.5.4).

6.3 Nicht normierte Verfahren in Großbritannien

In Großbritannien existieren keine den deutschen Vorschriften vergleichbaren gesetzlichen Regelungen in Bezug auf die Wertermittlung von Grundstücken. Die Entwicklung von Bewertungsregeln und deren Durchsetzung obliegt in der Praxis den Berufsverbänden und somit in erster Linie der

---

[71] Vgl. Thomas, M./Leopoldsberger, G./Walbröhl, V. (2000), S. 444
[72] Vgl. Kleiber, W./Simon, J./Weyers, G. (1991), S. 718
[73] Vgl. Scarrett, D. (1991), S. 128
[74] Vgl. Alda, W./Hirschner, J. (2007), S. 33

Royal Institution of Chartered Surveyors (RICS).[75] Das von der RICS herausgegebene „Red Book" wird als Bewertungsvorschrift zugrunde gelegt.

Ferner gibt es in Großbritannien keine Gutachterausschüsse und demnach auch keine Mietspiegel oder Tafeln für Liegenschaftszinssätze. Die für das Gutachten erforderlichen Daten muss der Gutachter selbst ableiten und erklären.

Im Gegensatz zur deutschen WertV enthalten die Richtlinien der RICS keine Vorgaben darüber, welche Methoden bei der Wertermittlung anzuwenden sind. Daher werden im Folgenden die gebräuchlichsten Verfahren in der britischen Bewertungspraxis dargestellt.

6.3.1 Comparitive Method

Die Comparitive Method stimmt in ihrem Anwendungsbereich und der Vorgehensweise mit dem deutschen Vergleichswertverfahren überein. Dieses Verfahren – auch als britisches Vergleichswertverfahren bezeichnet – wird daher ebenso hauptsächlich im wohnwirtschaftlichen Immobilienmarkt sowie für unbebaute Grundstücke angewendet, da sich hier ausreichend vergleichbare Objekte finden lassen.

Allerdings ist die Suche nach geeigneten Vergleichsobjekten schwierig, da die Objekte in möglichst vielen Merkmalen Übereinstimmungen aufweisen sollten. Ähnlich wie beim deutschen Vergleichswertverfahren bilden die Marktpreise vergleichbarer Objekte, so genannte „comparables", aus denen unter Berücksichtigung der Besonderheiten der zu bewertenden Immobilie ihr Preis abgeleitet wird, die Grundlage.[76] Durch Zu- oder Abschläge, z. B. wegen einer besseren oder schlechteren Lage, Größe, Zuschnitt etc. wird dabei versucht, die Preise der Objekte vergleichbar zu machen. Dabei gibt es keine Vorschriften darüber, wie mit den Zu- oder Abschlägen verfahren werden soll. Das liegt allein in den Erfahrungen und Marktkenntnissen des Gutachters. Je mehr Anpassungen jedoch notwendig sind, um eine Vergleichbarkeit zu gewährleisten, desto ungenauer wird der Verkehrswert.[77] Die Comparitive Method stellt zum einen als eigenständiges Verfahren, zum anderen als integrierter Bestandteil anderer Bewertungsmethoden (wie z. B. zur Berechnung der Mietwerte beim DCF-Verfahren) oder nur zur Überprüfung dieser ein wichtiges Werkzeug für den Bewerter dar.

Der Marktwert berechnet sich mittels der Comparitive Method folgendermaßen:

Objektgröße x angepasster Preis/Einheit = Verkehrswert

Grundsätzlich stimmen das deutsche Vergleichswertverfahren und die Comparitive Method in ihrem Anwendungsbereich und ihrer Vorgehensweise überein. In Großbritannien wird die Comparitive Method aufgrund der höheren Transparenz des Immobilienmarktes jedoch häufiger angewendet als in Deutschland, insbesondere bei der Bewertung von Einfamilienhäusern, bei denen in Deutschland das Sachwertverfahren dominiert. Das kann zum einen durch die differenziertere Struktur der regionalen Immobilienmärkte erklärt werden.[78] Zum anderen ist es besonders für freie Sachverständige in Deutschland schwer, direkten Zugang zu den Kaufpreissammlungen der Gutachterausschüsse zu erhalten.

---

[75] Vgl. Thomas, M. (1995a), S. 36
[76] Vgl. Thomas, M./Leopoldsberger, G./Walbröhl, V. (2000), S. 421
[77] Vgl. Britton, W./Davies, K./Johnson, T. (1989), S. 39 ff.
[78] Vgl. Thomas, M./Leopoldsberger, G./Walbröhl, V. (2000), S. 421

Deutsche Sachverständige greifen bei der Bewertung meist auf Zahlenmaterial zurück, das sie an das jeweilige Objekt anpassen, wohingegen britische Gutachter sich stärker an den Besonderheiten des einzelnen Grundstücks orientieren. Sie versuchen hier, mehr individuell passende Vergleichsobjekte zu finden.[79]

Ihre Grunddaten schöpfen die Bewerter in den angelsächsischen Ländern aus Investorenvorgaben, Marktdaten, eigenen Erhebungen und sonstigen Kenntnissen, also insgesamt aus dem, was sie vom Markt überblicken können. Hinzu kommt noch Datenmaterial von den in Großbritannien zweifellos sehr gut organisierten Verbänden.

In Deutschland existiert das Prinzip des Gutachterausschusses. Die Gemeinde erhebt hierdurch unabhängig Marktdaten, denn laut Gesetz ist jeder Kaufvertrag über ein Grundstück oder grundstücksgleiches Recht dem Gutachterausschuss der Gemeinde zur Auswertung zur Verfügung zu stellen. Trotz aller Kritik an den Gutachterausschüssen darf nicht übersehen werden, dass dieses System führend in ganz Europa ist, um eine von unterschiedlichem Kenntnisstand unbeeinflusste Transparenz zu gewährleisten.[80]

6.3.2 Depreciated Replacement Cost Approach (DRC-Approach)

Ob dieses Konzept einen Wertbegriff oder ein Wertermittlungsverfahren darstellt, ist in England noch strittig. Jedoch ist die Definition im Red Book vorhanden und entspricht etwa dem deutschen Sachwert. Das Verfahren findet vor allem bei Bewertungen für Bilanzierungs- und steuerliche Zwecke Anwendung.[81] Es wird nur bei hochspezialisierten Immobilien, so genannten „Specialised Properties", angewendet, für die es aufgrund ihrer besonderen Eigenschaften und geringen Transaktionshäufigkeiten keinen Vermietungsmarkt sowie keinen Markt unter Eigennutzern gibt.

Dies sind beispielsweise Kirchen, Krankenhäuser, Schulen, Ölraffinerien usw. Die wenigen verfügbaren Vergleichspreise sind meist durch die individuellen Nutzungsvorstellungen der Erwerber geprägt, da solche Immobilien nur selten in ihrer ursprünglichen Nutzung verbleiben. Ferner dient das Verfahren als Basis für Brandversicherungen. Der Wert des Grundstücks berechnet sich hierbei folgendermaßen:

Bodenwert + Kosten für Neuerrichtung des Gebäudes = Grundstückswert

Der Bodenwert wird in der Regel mittels der Comparative Method oder des Residualwertverfahrens berechnet.[82]

Die Kosten für die Neuerrichtung eines vergleichbaren Gebäudes sind dabei um Abschläge zu reduzieren, die das Alter, den Bauzustand und Wertminderungen berücksichtigen, die daraus resultieren, dass die bestehenden Gebäude geänderten funktionalen Anforderungen nicht mehr gerecht werden.[83]

Das englische Verfahren kennt neben der Bemessung des Wertes der Baukosten eines Gebäudes bei exakter Wiederherstellung noch einen zweiten Ermittlungsweg. Da es keinen Sinn macht, die Wiederherstellungskosten von Gebäuden mit veralteter Bauweise und veralteten Baumaterialien zu berechnen, wird bei dieser sog. contractors Method auch von den Baukosten für ein neues,

---

[79] Vgl. Adair, A./Downie, M. L./McGreal, S. (1996), S. 139 ff.
[80] Vgl. Vogel, R. R. (2000), S. 203 f.
[81] Vgl. Thomas, M/Leopoldsberger, G./Walbröhl, V. (2000), S. 441 f.
[82] Vgl. Scarrett, D. (1991), S. 181
[83] Vgl. Leopoldsberger, G./Thomas, M./Naubereit, P. (2008), S. 518 f.

modernes Gebäude ausgegangen, das zwar in Funktion, aber nicht in seiner Bauausführung dem zu bewertenden Objekt entspricht.[84]

Hinsichtlich der methodischen Vorgehensweise haben das deutsche und das britische Sachwertverfahren viele Gemeinsamkeiten. Grundlage bilden jeweils die Normalherstellungskosten, die anhand von Erfahrungswerten geschätzt werden.

Es bestehen jedoch hinsichtlich des Anwendungsbereiches und der Anwendungshäufigkeit deutliche Unterschiede. Der britische Gutachter greift nur in Ausnahmefällen auf den Cost Approach zurück, da der Sachwert nicht als der Marktwert des Grundstücks angesehen wird. Das hängt damit zusammen, dass seine Ermittlung nicht auf marktbezogenen Daten basiert.

In Deutschland hingegen wird das Sachwertverfahren sehr häufig angewendet, besonders bei der Bewertung von Grundstücken, bei denen die Eigennutzung im Vordergrund steht.[85] Es ist im § 7 WertV ausdrücklich als zulässiges Wertermittlungsverfahren genannt.

Im Gegensatz zu England, wo der Bodenwert auch mittels Residualwertmethode ermittelt werden kann, ist in Deutschland gemäß § 16 ImmoWertV10 der Bodenwert grundsätzlich nach der Vergleichswertmethode gem. § 15 ImmoWertV10 zu berechnen[86]. Da es in England keine Gutachterausschüsse gibt, werden keine Bodenrichtwerte zur Ermittlung herangezogen, sondern, soweit vorhanden, statistische Marktdaten der Verbände verwendet.

Sowohl in Deutschland als auch in Großbritannien besteht die Möglichkeit, die Kosten für die baulichen Anlagen um Abschreibungen wegen Alters und wegen Baumängeln bzw. Bauschäden zu reduzieren. Im Gegensatz zur britischen Bewertungspraxis ist die Unterstellung eines funktional gleichwertigen „Simple Substitute Building" in Deutschland nicht möglich. Ebenso verhält es sich mit Abschreibungen für Wertminderungen aufgrund geänderter funktionaler Anforderungen an die Immobilie, wie sie die Vorschriften der RICS vorsehen. In Deutschland können dagegen mittels Zu- oder Abschlägen sonstige wertbeeinflussende Umstände berücksichtigt werden.

6.3.3 Investment Method

6.3.3.1 Grundlagen

Die Investment Method dient in erster Linie der Berechnung von Renditeimmobilien. Sie ist vergleichbar mit dem deutschen Ertragswertverfahren. Zu unterscheiden ist die Investment Method im Wesentlichen vom deutschen Ertragswertverfahren bei der Behandlung von Grund und Boden sowie Gebäude als Einheit, beim Ansatz einer ewigen Rente auf Basis eines Opportunitätszinssatzes und bei der Abbildung von Vertragsmieten. Der Investment Value – also der Wert einer Immobilieninvestition – bestimmt sich auf der Basis des Kapitalwertes der zukünftigen Einzahlungsüberschüsse. Daher findet dieses Verfahren häufig Anwendung bei der Bewertung von Immobilien, bei denen die Trennung von Eigentum und Besitz zu Erträgen – z.B. in Form von Mieten – führt.

Um den Investment Value berechnen zu können, bedarf es daher der Kenntnis der Nettoerträge (Mieteinnahmen abzüglich anfallenden Kosten beim Vermieter) und der Anwendung eines angemessenen Kapitalisierungsfaktors,[87] der auf Basis einer bestimmten Rendite – Kapitalisierungszins – bestimmt werden kann. Dabei ist nicht nur die Miethöhe, sondern auch die zeitliche Verteilung der

---

[84] Vgl. Scarrett, D. (1991), S. 175 f.
[85] Vgl. Thomas, M./Leopoldsberger, G./Walbröhl, V. (2000), S. 443
[86] Vgl. Kapitel IX 3.1 zum Vergleichswert
[87] Vgl. Schulz-Wulkow, C. (2003), S. 89

Zahlungen zu beachten. Bei konstanten Netto-Mieteinnahmen ü (Brutto-Mieteinnahmen abzüglich nicht umlagefähiger Bewirtschaftungskosten) und unbegrenzter Laufzeit:

Kapitalisierungszins	$i = \dfrac{Zinssatz}{100}$
Kapitalisierungsfaktor	$\dfrac{1}{i}$
Anschaffungsauszahlung a_0	$ü \times \dfrac{1}{i}$

Abb. IX 39: Kapitalisierung Rentenbarwertfaktor auf ewig

Bei jährlich nachschüssigen Nettomieteinnahmen ü in gleicher Höhe, die nur über einen gewissen Zeitraum erfolgen:

Kapitalisierungszins	$i = \dfrac{Zinssatz}{100}$
Kapitalisierungsfaktor	Rentenbarwertfaktor (RBF) (engl.: year's purchase)
Anschaffungsauszahlung a_0	$ü \times RBF = ü \times \dfrac{(1+i)^n - 1}{i \times (1+i)^n}$

Abb. IX 40: Kapitalisierung mit Rentenbarwertfaktor über eine bestimmte Laufzeit

Bei ständig variierenden Mieteinnahmen bzw. komplexen Zahlungsströmen ist die Anwendung der DCF-Methode zu empfehlen, da diese jede Periode separat betrachtet. Die Ermittlung eines angemessenen Kalkulationszinsfußes für die Kapitalisierung der Nettoerträge kann auf Basis einer Analyse der Renditen erfolgen, die bei vergleichbaren Transaktionen in der näheren Vergangenheit erzielt wurden. Dieser abgeleitete Zinssatz wird als „All Risk Yield" (ARY) bezeichnet. Dieser setzt sich aus einer Basisrendite als Ergebnis der Renditenanalyse und der Erfahrung des Gutachters zuzüglich Risikozuschläge zusammen. Die Risikozuschläge werden subjektiv vom Gutachter bestimmt. Sie betragen in der Regel zwischen 0,25 % und 2 %. Der ARY drückt also das Wertzuwachspotential einer Immobilie aus.

Ist der Kalkulationszinsfuß gefunden, so kann der Rentenbarwertfaktor („year's purchase") abgeleitet werden, der bei Vorliegen einer ewigen Rente dem Kehrwert des ermittelten ARY entspricht.[88]

Der ARY lässt sich finanzmathematisch in folgende Bestandteile aufspalten:

- Opportunitätskosten des Investors (Verzinsung von langfristigen, risikoarmen Anlagen z. B. Staatsanleihen),
- Aufschlag für das Immobilieninvestitionsrisiko, z. B. Mietausfallrisiko, im Vergleich zu einer sicheren Wertpapieranlage,
- Abschlag aufgrund Mietwertsteigerung durch Staffelmieten oder Indexierung,

während bei Alternativanlagen kein Inflationsausgleich stattfindet.

---

[88] Vgl. Scarrett, D. (1991), S. 57 f.

Neben dem ARY gibt es noch weitere Yields, wie beispielsweise der „initial yield", der die statische Anfangsrendite beziffert, und der „current yield", der die aktuelle Rendite widerspiegelt. Jedoch soll an dieser Stelle nicht näher darauf eingegangen werden.

In den nachfolgenden Abschnitten werden verschiedene Verfahren zur Ermittlung des Investment Value erläutert. Sie unterscheiden sich hauptsächlich in der Höhe von Markt- und Vertragsmiete und der Laufzeit der Mietzahlungen.

6.3.3.2 Wertermittlung von zur Marktmiete vermieteten Objekten

Diese Grundform – Vertragsmiete (current-rent) = Marktmiete (rental value) – der Investment Method ist in ihrer Vorgehensweise die einfachste. Kennzeichnend für dieses Modell ist der Verzicht auf explizite Prognosen zukünftig erwarteter Mietwertsteigerungen.[89] Es basiert auf einer Kapitalisierung der Nettomieteinnahmen als ewige Rente mit dem ARY unter der Annahme einer jährlich nachschüssigen Mietzahlung. Die Nettomieteinnahmen bzw. der Jahresreinertrag ergibt sich aus den Bruttomieteinnahmen bzw. dem Jahresrohertrag abzüglich der nicht umlagefähigen Bewirtschaftungskosten. Üblicherweise werden in Großbritannien alle Betriebs- und Instandhaltungskosten auf den Mieter übertragen. Somit verbleiben als nicht umlagefähige Betriebskosten lediglich die Verwaltungskosten beim Vermieter.

Voraussetzung ist, dass regelmäßige Mietanpassungen vertraglich vereinbart sind. Damit werden die Mietentgelte dauerhaft auf dem Marktniveau gehalten. Ferner sind Erwartungen des Bewerters hinsichtlich Mietwertsteigerungen implizit im ARY enthalten.

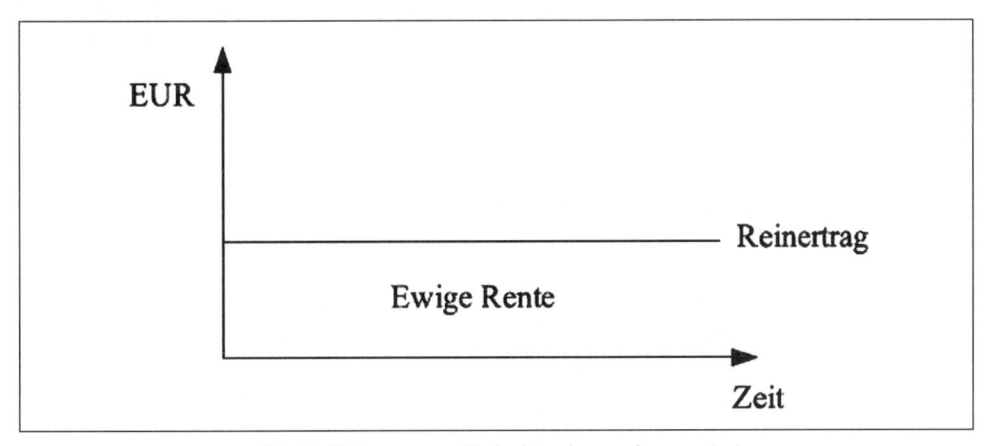

Abb. IX 41: Investment Method (rack-rented properties)

Jahresreinertrag x Vervielfältiger (Year's Purchase) = Kapitalwert (capital value)

Der Vervielfältiger für die ewige Rente ergibt sich als reziproker Wert der an vergleichbare Markttransaktionen angelehnten Rendite (ARY). Um eine aus der Sicht des Investors reine Nettorendite zu erhalten, wird der Kapitalwert noch um die Erwerbsnebenkosten wie Grunderwerbsteuer, Notargebühren und Maklercourtage gekürzt.

Beispiel: Für eine Büroimmobilie (2.200 m²) wurde vor kurzem ein „full repairing and insuring" Mietvertrag über eine Gesamtlaufzeit von 25 Jahren mit regelmäßigen Mietanpassungen im Abstand von 5 Jahren

---

[89] Vgl. Scarrett, D. (1991), S. 76

vereinbart. Bis auf die Verwaltungskosten in Höhe von 3% des Jahresrohertrages sind alle Nebenkosten und Bewirtschaftungskosten vom Mieter zu tragen. Die vereinbarte Miete beträgt 30 €/m²/Monat. Der All Risk Yield für vergleichbare Immobilien liegt bei 5%. Die Erwerbsnebenkosten liegen bei 7,5 % des Kaufpreises.

Jahresrohertrag	(2.200 m² × 30,– €/Monat × 12)		792.000,– €
Verwaltungskosten	(3,00% von 792.000,– €)	./.	23.760,– €
Jahresreinertrag (Net Rent)		=	768.240,– €
Vervielfältiger	(1/5,00% (ARY) = 20)		
Brutto-Kapitalwert	(20 × 768.240,– €)	=	15.364.800,– €
Erwerbsnebenkosten	(7,50% von 14.292.837,– €)	./.	1.071.963,– €
Netto-Kapitalwert	(1/(1+ 0,075) × 15.364.800,– €)	=	14.292.837,– €
(Investment Value)		≈	14.292.800,– €

Abb. IX 42: Berechnung Investment Method (rack-rented properties)

In der Realität entsprechen die gegenwärtig zu erzielenden Mieterträge jedoch nur selten der Marktmiete zum Bewertungsstichtag. Dies führt zu den so genannten „Two-Income-Models", die zum einen die Vertragsmiete bis zur Vertragserneuerung bzw. der Anpassung an die aktuelle Marktmiete und zum anderen die antizipierte Miete für den anschließenden Zeitraum berücksichtigen. In der ersten Phase bis zur Vertragsänderung, wobei stets von einer Staffelmiete oder einem indexierten Mietvertrag ausgegangen wird, kann die Vertragsmiete entweder unter der aktuellen Marktmiete (underrented-properties) oder über der aktuellen Marktmiete liegen (overrented-properties).[90]

6.3.3.3 Wertermittlung von vermieteten Objekten unter der Marktmiete

Bei den underrented properties liegt die Vertragsmiete am Bewertungsstichtag unter der Marktmiete. Gründe hierfür können beispielsweise inflationäre Entwicklungen oder zwischenzeitliche Mietwertsteigerungen sein.[91] In Großbritannien werden bei der Bewertung zwei methodische

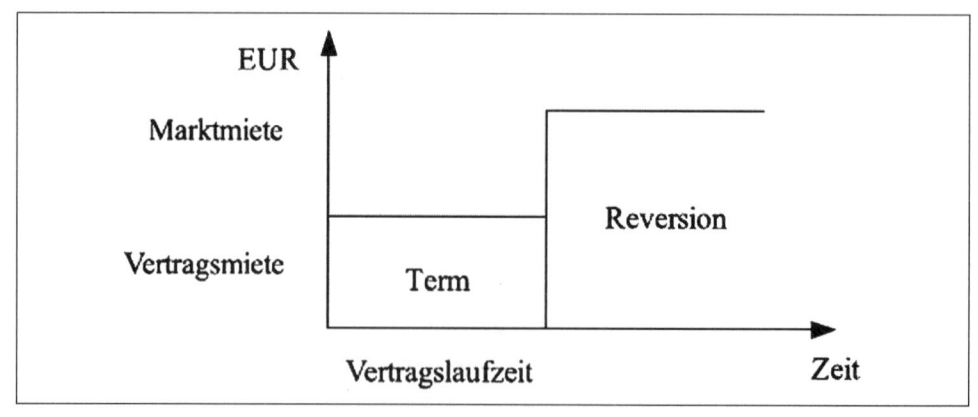

Abb. IX 43: Investment Method (underrented properties), Term und Reversion Approach

---

[90] Vgl. ebenda, S. 79f.
[91] Vgl. Britton, W./Davies, K./Johnson, T. (1989), S. 127f.

Vorgehensweisen – die so genannten „Two Income Models" – unterschieden und angewandt: a) die vertikale Aufspaltung der Einkommensströme in zwei Blöcke, die als „Term" und „Reversion" bezeichnet werden, b) die horizontale Aufspaltung der Einkommensströme in die Blöcke „hardcore" und „top slice". Werden beide Methoden angewandt, müssen sie zum gleichen Ergebnis führen.

Term and Reversion Approach: Bei dieser Methode macht der britische Gutachter einen deutlichen Unterschied zwischen dem Reinertrag über die Restlaufzeit des Mietvertrages – Term – und dem Reinertrag nach Ablauf des Mietvertrages – Reversion. Beim Term wird die Vertragsmiete über die Restlaufzeit des Mietvertrages bzw. bis zu nächsten möglichen Mietanpassung kapitalisiert. Die Höhe der Mieten für den Zeitraum nach Vertragsende bestimmt sich aus dem zum Bewertungszeitpunkt geschätzten gegenwärtigen Mietwert (current rental value). Diese Marktmiete wird dann als ewige Rente mit dem ARY auf den Zeitpunkt der Mietanpassung kapitalisiert und der so ermittelte Kapitalwert der Reversion anschließend um die Dauer des Terms diskontiert.[92]

Bei der Vervielfältigung des Jahresreinertrages des Term wird teilweise in der Praxis ein Zinssatz angewendet, der aufgrund der größeren Sicherheit des „term income" um 0,5 %-1 % niedriger ist als der ARY. Die Summe der Barwerte aus Term und Reversion ergibt schließlich den Investment Value.

Teil 1: Kalkulation „Term"		
Jahresrohertrag (Vertragsmiete bzw. Current Rent)	(2.200 m² × 30,- €/m²/Monat × 12)	792.000,- €
Verwaltungskosten	(3,00 % von 792.000,- €)	./. 23.760,- €
Jahresreinertrag (Net Rent)		= 768.240,- €
Vervielfältiger (Year's Purchase), kapitalisiert über 5 Jahre Restlaufzeit mit 5,00 % (ARY) – 0,50 % = 4,50 %, um größerer Sicherheit Rechnung zu tragen, Vervielfältiger = 4,390		
Zwischensumme „Term"	(4,390 × 768.240,- €)	= 3.372.574,- €
Teil 2: Kalkulation „Reversion"		
Jahresrohertrag (Marktmiete bzw. Current Rental Value)	(2.200 m² × 40,- €/Monat × 12)	= 1.056.000,- €
Verwaltungskosten	(3,00 % von 1.056.000,- €)	./. 31.680,- €
Jahresreinertrag (Net Rent)		= 1.024.320,- €
Vervielfältiger (Year's Purchase), Kapitalisierung als ewige Rente, 1/5,00 % (ARY) = 20, d. h. (20 × 1.024.320,- €)		= 20.486.400,- €
Diskontierung (5,00 %) über Restlaufzeit des Mietvertrages (5 Jahre) = Faktor = 0,7835		
Zwischensumme „Reversion"	(20.486.400,- € × 0,7835)	= 16.051.094,- €
Teil 3: Investment Value		
Brutto-Kapitalwert	(3.372.574,- € + 16.051.094,- €)	= 19.423.668,- €
Erwerbsnebenkosten	(7,5 % von 18.068.528,- €)	./. 1.355.140,- €
Netto-Kapitalwert	(1/(1+ 0,075) × 19.423.668,- €)	= 18.068.528,- €
(Investment Value)		≈ 18.068.500,- €

Abb. IX 44: Berechnung Investment Method (underrented properties), Term and Reversion Approach

---

[92] Vgl. Scarrett, D. (1991), S. 80 f.

Beispiel: Für eine Büroimmobilie (2.200 m²) wurde von kurzem ein „full repairing and insuring" Mietvertrag über eine Gesamtlaufzeit von 25 Jahren mit regelmäßigen Mietanpassungen im Abstand von 5 Jahren vereinbart. Bis auf die Verwaltungskosten in Höhe von 3,0 % des Jahresrohertrages sind alle Nebenkosten und Bewirtschaftungskosten vom Mieter zu tragen. Die vereinbarte Miete beträgt gemäß Mietvertrag 30,00 €/m²/Monat. Der aktuelle Mietwert für vergleichbare Büroimmobilien liegt bei 40 €/m2/Monat. Die Restlaufzeit des Mietvertrages beträgt 5 Jahre. Der All Risk Yield für vergleichbare Immobilien liegt bei 5,00 %. Die Erwerbsnebenkosten liegen bei 7,5 % des Kaufpreises.

Hardcore-Method: Bei dieser Methode wird unterschieden zwischen den gegenwärtigen Mieteinnahmen, dem Hardcore, die den Kern ausmachen, und der Erhöhung nach Ablauf des Mietvertrages, dem Top Slice. Die Erhöhung ergibt sich aus der Differenz zwischen der Marktmiete abzüglich der Vertragsmiete. Sowohl der Hardcore als auch der Top Slice werden als in der Zukunft andauernder Zahlungsstrom interpretiert und daher beide als ewige Rente kapitalisiert. Der Top Slice wird zusätzlich über die Vertragslaufzeit bzw. Zeitraum bis zu nächsten Mietanpassung auf den Bewertungsstichtag abgezinst.[93]

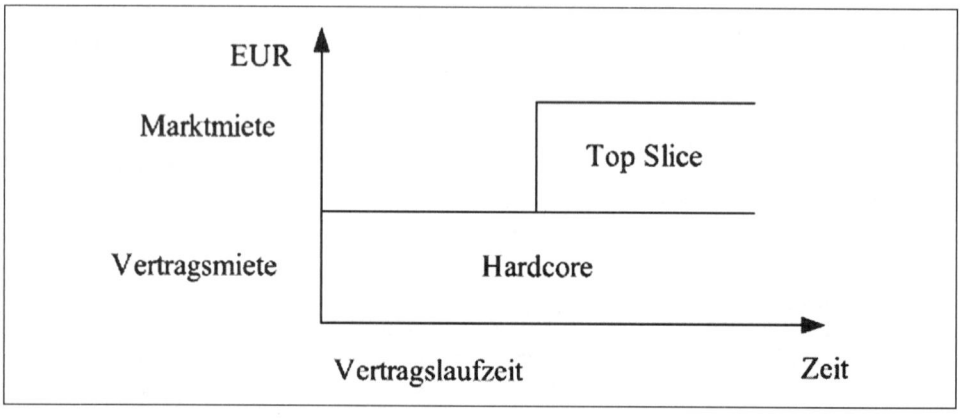

Abb. IX 45: Investment Method (underrented properties), Hardcore-Method

Problematisch bei dieser Methode ist die Wahl der Diskontierungssätze. Meist wird der „marginal yield", der auf den Top Slice angewendet wird, höher angesetzt als der „core yield", der auf den Hardcore angewendet wird, um die Unsicherheit der Mieterhöhungen zu berücksichtigen.

Diese Schwierigkeit kann durch die Verwendung eines einheitlichen Zinssatzes – ARY – umgangen werden. In diesem Fall ist der Investment Value bei Anwendung der Hardcore-Methode und der Term-Reversion-Methode betragsmäßig gleich.

Beispiel: Für eine Büroimmobilie (2.200 m²) wurde von kurzem ein „füll repairing and insuring" Mietvertrag über eine Gesamtlaufzeit von 25 Jahren mit regelmäßigen Mietanpassungen im Abstand von 5 Jahren vereinbart. Bis auf die Verwaltungskosten in Höhe von 3,0 % des Jahresrohertrages sind alle Nebenkosten und Bewirtschaftungskosten vom Mieter zu tragen. Die vereinbarte Miete beträgt gemäß Mietvertrag 30,00 €/m²/Monat. Der aktuelle Mietwert für vergleichbare Büroimmobilien liegt bei 40 €/m²/Monat. Die Restlaufzeit des Mietvertrages beträgt 5 Jahre. Der All Risk Yield für vergleichbare Immobilien liegt bei 5,00 %. Die Erwerbsnebenkosten liegen bei 7,5 % des Kaufpreises.

---

[93] Vgl. Thomas, M. (1995b), S. 83

```
Teil 1: Kalkulation „Hardcore"
Jahresrohertrag            (2.200 m² × 30,- €/m²/Monat × 12)              792.000,- €
(Vertragsmiete bzw. Current Rent)
Verwaltungskosten          (3,00 % von 792.000,- €)                  ./.   23.760,- €
Jahresreinertrag                                                      =  768.240,- €
Vervielfältiger (Year's Purchase), 5,00 % (ARY) als ewige Rente,
Vervielfältiger = 20
Zwischensumme „Hardcore" (20 × 768.240,- €)                           = 15.364.800,- €

Teil 2: Kalkulation „Top-Slice"
Erhöhung d. Jahresrohertrags (2.200 m² × 10,- €/Monat × 12)           =   264.000,- €
Verwaltungskosten          (3,00 % von 264.000,- €)                  ./.    7.920,- €
Erhöhung d. Jahresreinertrags (Marginal Rent)                         =   256.080,- €
Vervielfältiger (Year's Purchase), 5,00 % (ARY) als ewige Rente,
Vervielfältiger = 20       (20 × 256.080,- €)                         = 5.121.600,- €
Diskontierung über Restlaufzeit (5 Jahre) des Mietvertrages
mit dem ARY (5,00 %)
Zwischensumme „Top-Slice" (5.121.600,- € × 0,7835)                    = 4.012.774,- €

Teil 3: Investment Value
Brutto-Kapitalwert         (15.364.800,- € + 4.012.774,- €)           = 19.377.574,- €
Erwerbsnebenkosten         (7,5 % von 19.377.574,- €)                ./. 1.453.318,- €
Netto-Kapitalwert                                                     = 17.924.256,- €
(Investment Value)                                                    ≈ 17.924.250,- €
```

Abb. IX 46: Berechnung Investment Method (underrented properties), Hardcore-Method

6.3.3.4 Marktmiete von über Marktmiete vermieteten Objekten

Anfang der 1990er Jahre trat insbesondere auf dem Büroimmobilienmarkt im Großraum London die Situation auf, dass die Vertragsmiete über dem aktuellen am Markt zu erzielenden Mieten lag. Die Immobilien gelten dann als „overrented". Dieselbe Marktsituation gibt es mittlerweile auch an zahlreichen deutschen Standorten, insofern gehört der Begriff der marktüblich erzielbaren Mieten aus § 18 ImmoWertV10 einer anderen Wirtschaftsära mit weniger ausgeprägten zyklischen Schwankungen und weniger inflationärem Umfeld an.

Über Marktmiete vermietete Immobilien sind normalerweise in Märkten anzutreffen, deren Mietniveau gefallen ist. Auslöser für diese Situation ist in der Regel ein Flächenüberangebot bzw. ein so genannter „Mietermarkt". In solch einer Marktsituation sollte der Sachverständige besonderes Augenmerk auf die Bonität der Mieter, evtl. höhere Vermarktungskosten bzw. Leerstand am Ende der Vertragslaufzeit, Vertragsdauer bzw. Dauer bis zur nächsten Mietanpassung haben und es muss analysiert werden, ob der über Marktmiete liegende Mietanteil überhaupt durch den Mieter erwirtschaftet werden kann.[94]

---

[94] Vgl. White, D. et al. (1999), S. 102 f.

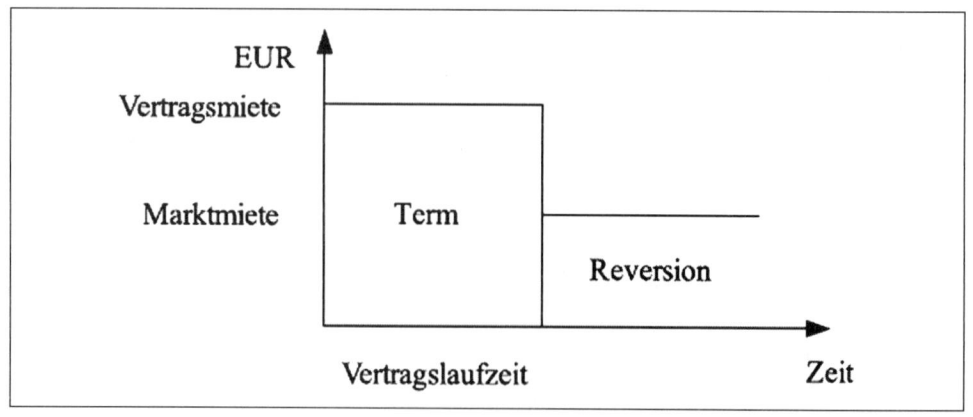

Abb. IX 47: Investment Method (overrented properties), Term and Reversion Approach

Beim Absinken der Marktmieten unter die vertraglich vereinbarte Miete bleibt die grundsätzliche Methode der Term and Reversion und Hardcore Method zwar erhalten, aber die Anordnung der kalkulatorischen Blöcke bzw. Schichten sowie die Höhe des ARY ändern sich.[95]

Term and Reversion Approach: Die Kapitalwerte werden auch hier für jeden Block getrennt berechnet und addiert. Aufgrund des erhöhten Risikos bezüglich des Ausfalls der deutlich über Marktmiete liegenden Vertragsmiete wird für den Term ein – in Abhängigkeit der Bonität des Mieters – erhöhter ARY angenommen, da das erhöhte Risiko aber nur in dem über Marktmiete liegenden Teil des ARY steckt, wird mit einem niedrigerem Risikoaufschlag als beim TopSlice über die Vertragslaufzeit kapitalisiert.

Die Reversion wird durch Kapitalisierung der zum Bewertungsstichtag angenommenen Marktmiete mit dem aus dem entsprechenden Teilmarkt abgeleiteten ARY als ewige Rente auf den Zeitpunkt der Mietanpassung bestimmt und auf den Bewertungsstichtag abgezinst.

Allerdings ist eine Bewertungskalkulation nach dem Term-Reversion-Modell für eine über Marktmiete vermietete Immobilie ungeeignet. Das hängt damit zusammen, dass dem gesamten Mieteinkommen der Vertragslaufzeit, das bereits über der Marktmiete liegt, durch die Wahl der Rendite zusätzliches Wachstum unterstellt wird. Der Vollständigkeit halber soll die Berechnung nach dem Term-Reversion-Modell hier trotzdem kurz erläutert werden.

Beispiel: Für ein Bürogebäude mit 2.200 m² vermietbarer Fläche wurde ein „füll repairing and insuring lease" mit einer Mietanpassung („upwards only") im Abstand von 5 Jahren vereinbart. Die Verwaltungskosten in Höhe von 3,00 % des Jahresrohertrages trägt der Vermieter. Die Mietvertragsrestlaufzeit beträgt 5 Jahre. Die Vertragsmiete liegt mit 45 €/m²/Monat um 10 €/m²/Monat über der Marktmiete in Höhe von 35 €/m²/ Monat. Der ARY für vergleichbare Immobilien beträgt 5,00 %. Der Mieter hat eine gute Bonität. Die Erwerbsnebenkosten liegen bei 7,5 % des Kaufpreises.

Hardcore-Method: In der britischen Praxis wird bei dem Fall, dass die Vertragsmiete über der Marktmiete liegt, die Hardcore-Methode für die Wertermittlung angewendet. Bei dieser Variante wird der Hardcore im Gegensatz zur Ermittlung von „underrented properlies" aus der zum Stichtag ermittelten Marktmiete berechnet. Der Hardcore wird dabei durch die ewige Vervielfältigung der Marktmiete auf Basis des ARY als ewige Rente bestimmt.

---

[95] Vgl. Thomas, M./Leopoldsberger, G./Walbröhl, V. (2000), S. 431

Teil 1: Kalkulation „Term"

Jahresrohertrag	(2.200 m² × 45,- €/m²/Monat × 12)		1.188.000,- €
(Vertragsmiete bzw. Current Rent)			
Verwaltungskosten	(3,00 % von 1.188.000,- €)	./.	35.640,- €
Jahresreinertrag (Net Rent)		=	1.152.360,- €

Vervielfältiger (Year's Purchase), kapitalisiert über 5 Jahre Restlaufzeit mit 5,25 % (ARY) = 5,00 % + 0,25 %, um größerer Sicherheit Rechnung zu tragen; der erhöhte ARY von 6 % steckt allerdings nur in dem Teil des Term, der über Marktniveau liegt (+0,25 %): Vervielfältiger = 4,300

Zwischensumme „Term"   (4,300 × 1.152.360,- €)   = 4.955.148,- €

Teil 2: Kalkulation „Reversion"

Jahresrohertrag	(2.200 m² × 35,- €/Monat × 12)	=	924.000,- €
(Marktmiete bzw. Current Rental Value)			
Verwaltungskosten	(3,00 % von 924.000,- €)	./.	27.720,- €
Jahresreinertrag (Net Rent)		=	896.280,- €

Vervielfältiger (Year's Purchase), Kapitalisierung als ewige Rente, 1/5,00 % (ARY) = 20   (20 × 896.280,- €)   = 17.925.600,- €

Diskontierung (5,00 %) über Restlaufzeit des Mietvertrages (5 Jahre) = Faktor = 0,7835

Zwischensumme „Reversion" (17.925.600,- € × 0,7835)   = 14.044.708,- €

Teil 3: Investment Value

Brutto-Kapitalwert	(14.044.708,- € + 4.955.148,- €)	=	18.999.856,- €
Erwerbsnebenkosten	(7,5 % von 17.674.285,- €)	./.	1.325.571,- €
Netto-Kapitalwert	(1/(1+ 0,075) × 18.999.856,- €)	=	17.674.285,- €
(Investment Value)		≈	17.674.285,- €

Abb. IX 48: Berechnung Investment Method (overrented properties), Term and Reversion Approach

Der Top Slice ergibt sich aus der Differenz zwischen der Vertragsmiete abzüglich der Marktmiete. Er wird über die Restlaufzeit des Mietvertrages abgezinst. Aufgrund des Risikos der Zahlungsunfähigkeit des Mieters wird bei der Diskontierung der Einkommensströme des Top Slice ein höherer Kalkulationszinsfuß verwendet.[96]

Beispiel: Für ein Bürogebäude mit 2.200 m² vermietbarer Fläche wurde ein „füll repairing and insuring lease" mit einer Mietanpassung („upwards only") im Abstand von 5 Jahren vereinbart. Die Verwaltungskosten in Höhe von 3,00 % des Jahresrohertrages trägt der Vermieter. Die Mietvertragsrestlaufzeit beträgt 5 Jahre. Die Vertragsmiete liegt mit 45 €/m²/Monat um 10 €/m²/Monat über der Marktmiete in Höhe von 35 €/m²/Monat. Der ARY für vergleichbare Immobilien beträgt 5,00 %. Der Mieter hat eine gute Bonität. Die Erwerbsnebenkosten liegen bei 7,5 % des Kaufpreises.

---

[96] Vgl. Crosby, N./Goodchild, R. (1992), S. 68–76

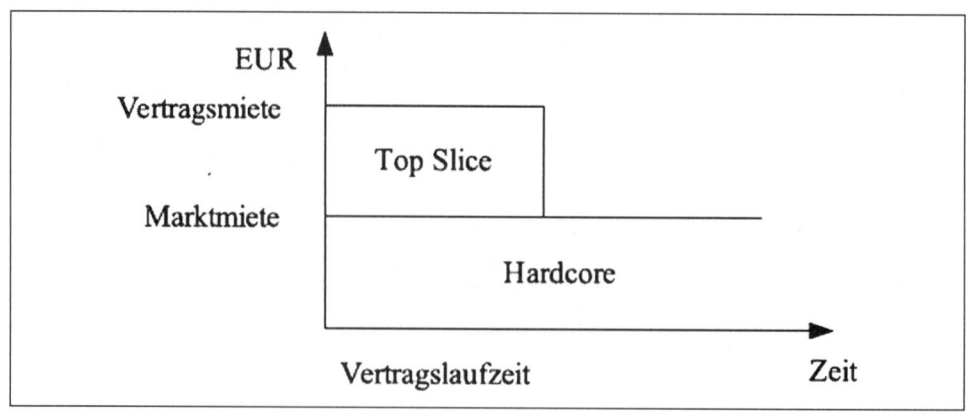

```
                EUR ▲
Vertragsmiete    ┌──────────┐
                 │ Top Slice│
                 │          │
Marktmiete       ├──────────┴──────────────
                 │
                 │         Hardcore
                 │
                 └──────────────────────────▶
                 Vertragslaufzeit        Zeit
```

Abb. IX 49: Investment Method (overrented properties), Hardcore-Method

Teil 1: Kalkulation „Hardcore"

Jahresrohertrag	(2.200 m² × 35,- €/m²/Monat × 12)	924.000,- €
(Marktmiete bzw. Current Rental Value)		
Verwaltungskosten	(3,00% von 924.000,- €)	./. 27.720,- €
Jahresreinertrag (Net Rent)		= 896.280,- €

Vervielfältiger (Year's Purchase), kapitalisiert als ewige Rente mit 5,00% (ARY), Vervielfältiger = 1/0,05 = 20

Zwischensumme „Hardcore" (20 × 896.280,- €)   = 17.925.600,- €

Teil 2: Kalkulation „Top-Slice"

Erhöhung d. Jahresrohertrags	(2.200 m² × 10,- €/Monat × 12)	= 264.000,- €
Verwaltungskosten	(3,00% auf 264.000,- €)	./. 7.920,- €
Erhöhung d. Jahresreinertrags		= 256.080,- €

Vervielfältiger (Year's Purchase), kapitalisiert über Restlaufzeit (5 Jahre) mit 6,00% = 5,00% (ARY) + 1,00% (Risikoaufschlag), Vervielfältiger = 4,212

Zwischensumme „Top-Slice" (256.080,- € × 4,212)   = 1.078.609,- €

Teil 3: Investment Value

Brutto-Kapitalwert	(17.925.600,- € + 1.078.609,- €)	= 19.004.209,- €
Erwerbsnebenkosten	(7,5% von 19.004.209,- €)	./. 1.425.315,- €
Netto-Kapitalwert		= 17.578.894,- €
(Investment Value)		≈ 17.578.900,- €

Abb. IX 50: Berechnung Investment Method (overrented properties), Hardcore-Method

6.3.3.5 Gegenüberstellung – Deutsches Ertragswertverfahren/Investment Method

Hinsichtlich ihres Anwendungsbereiches stimmen das deutsche Ertragswertverfahren und die Investment Method weitgehend überein. Sie kommen bei der Bewertung von bebauten Grundstücken in Betracht, die vorwiegend der Ertragserzielung dienen. Die Verfahren unterschieden sich vor allem in der methodischen Vorgehens weise:[97] Charakteristisch für das deutsche Ertragswertverfahren ist die getrennte Bewertung von Boden und Gebäuden. Ganz im Gegensatz dazu betrachtet der britische Gutachter bei der Investment Method Boden und Gebäude als Einheit.[98] In Großbritannien wird bei der Ermittlung des Jahresrohertrages nicht nur die Markt-, sondern auch die Vertragsmiete berücksichtigt. Um zum Reinertrag zu gelangen, müssen meist nur noch die Verwaltungskosten als nicht auf den Mieter umlagefähige Bewirtschaftungskosten abgezogen werden, da dort durch so genannte „full repairing and insuring leases" Betriebs- und Instandhaltungskosten bereits vom Mieter getragen werden. Das Mietausfallrisiko wird hier im ARY oder durch eine Mietausfallperiode berücksichtigt.

Entgegen dessen schreibt § 17 (1) ImmoWertV 10 besonders die marktüblich erzielbaren Erträge bei der Ermittlung des Jahresrohertrages vor. In der Regel wird die Marktmiete als nachhaltig erzielbarer

Deutsches Ertragswertverfahren	Investment Method
Jahresrohertrag (nachhaltig erzielbarer Rohertrag)	Jahresrohertrag (vertraglich vereinbarte Miete/Marktmiete)
abzüglich Bewirtschaftungskosten (soweit nicht umlagefähig) *Betriebskosten Verwaltungskosten Instandhaltungskosten Mietausfallwagnis*	abzüglich Bewirtschaftungskosten (soweit nicht umlagefähig) *Betriebskosten Verwaltungskosten Instandhaltungskosten*
= Jahresreinertrag des Grundstücks	= Jahresreinertrag des Grundstücks
abzüglich Bodenwertverzinsung (Bodenwert × Liegenschaftszinssatz)	
= Jahresreinertrag der baulichen Anlage	
Kapitalisierung des Gebäudereinertrages über die Gebäude-Restnutzungsdauer auf Basis des Liegenschaftszinssatzes	Kapitalisierung des Grundstücksreinertrages als ewige Rente auf Basis ARY
Zu-/Abschläge unter Berücksichtigung sonstiger wertbeeinflussender Umstände *Reparaturstau bestehende Mietverträge*	Zu-/Abschläge unter Berücksichtigung sonstiger wertbeeinflussender Umstände *Reparaturstau Sonderzahlungen*
zuzüglich Bodenwert	abzüglich Erwerbsnebenkosten *Grunderwerbsteuer Notargebühr Maklercourtage*
= **Ertragswert des Grundstücks**	= **Investment Value**

Abb. IX 51: Vergleich: Deutsches Ertragswertverfahren – Investment Method

---
[97] Vgl. Thomas, M. (1995b), S. 88 f.
[98] Vgl. Kleiber, W./Simon, J./Weyers, G. (1991), S. 725

Rohertrag angesetzt. Liegt die Vertragsmiete über oder unter der Marktmiete, so wird die Differenz in den sonstigen wertbeeinflussenden Umständen berücksichtigt. Gemäß §§ 18,19 ImmoWertV10 sind dann noch die Bewirtschaftungskosten – wie Mietausfallwagnis und Instandhaltungskosten – und die nicht umlegbaren Betriebs- und Verwaltungskosten vom Rohertrag abzuziehen.[99] Im Gegensatz zu den britischen Verfahren, die den Ertragswert direkt aus der Kapitalisierung der Nettoerträge als ewige Rente ermitteln, wird nach dem deutschen Verfahren – aufgrund der Trennung von Boden- und Gebäudebewertung – zunächst der Bodenverzinsungsbetrag (= Bodenwert x Liegenschaftszins) abgezogen, um zum Reinertragsanteil der baulichen Anlagen zu gelangen. Der Liegenschaftszins weist dabei aufgrund seiner Definition gemäß § 14 (3) ImmoWertV10 Ähnlichkeit mit dem ARY auf. Anders als in Großbritannien muss u. a. die Restnutzungsdauer (RND) der Gebäude Berücksichtigung finden.[100] Durch Kapitalisierung des Gebäudeeinertrages mit einem Vervielfältiger – abhängig vom Liegenschaftszins und der RND der Gebäude – ergibt sich der Ertragswert der baulichen Anlagen. Sowohl in Großbritannien als auch in Deutschland kann der Ertragswert der baulichen Anlagen um Zu- oder Abschläge korrigiert werden.

Gebäudealter und -zustand werden beim deutschen Ertragswertverfahren in der Länge der RND, bei der Investment Method in der Anpassung des Diskontierungszinsfußes erfasst. Bei einer RND von über 50 Jahren nähern sich das deutsche und das britische Verfahren einander an, da die Trennung von Boden- und Gebäudebewertung dann nicht mehr ins Gewicht fällt. Die beiden Verfahren berechnen sich demnach folgendermaßen:

6.3.4 Profit Method

Die Profits Method wird normalerweise benutzt für Objektarten, die keinen oder einen sehr beschränkten Markt haben, aber ein Gewinn schaffen können. Aufgrund fehlender vergleichbarer Transaktionen oder unzureichender Markttransparenz ist es bei diesen Objekten nicht möglich, den Mietwert und somit auch den Kapitalwert über entsprechende Vergleichswerte zu bestimmen, insbesondere wenn es sich dabei um eine Spezialimmobilie oder ein Objekt mit Standortmonopol handelt. Bei solchen Immobilien handelt es sich u. a. um Hotels, besonders die mit Sondercharakter wie z. B. ein Schlosshotel, Freizeitobjekte (Ferienpark, Sportzentrum, Erlebnisbad usw.) und Spezialimmobilien wie Kiesgruben und Bergbauobjekte.[101]

Wie andere Bewertungsmethoden versucht dieses Verfahren ein finanzielles Modell auf Basis der indirekten Gewinn-Methode aufzubauen. Über den nachhaltigen Bruttoumsatz des im Bewertungsobjekt untergebrachten Gewerbebetriebs wird der mögliche Mietwert errechnet. Von diesem Bruttoumsatz werden alle anfallenden Bewirtschaftungskosten (Wareneinsatz, Löhne, Energie, Versicherungen etc.), ohne die dabei tatsächlich gezahlte Miete sowie die kapitalmarktübliche Verzinsung des vom Mieter in dem Gewerbebetrieb eingesetzten Kapitals zu berücksichtigen, abgezogen. Diese Differenz wird als „divisible balance" bezeichnet. Hiervon wird ein branchenüblicher Unternehmergewinn in Abzug gebracht. Der verbleibende Betrag stellt die Miete dar, die ein Betreiber aus seiner Unternehmensertragskraft tragen könnte. Dieser Mietnäherungswert wird bei der Profits Method durch Kapitalisierung zu einer die Objektart, die Standortqualität, das potentielle Mietwachstum und Mietausfallwagnis abbildenden Rendite in einen Kapitalwert für das Bewertungsobjekt umgewandelt.

---

[99] Vgl. Scarrett, D. (1991), S. 78
[100] Vgl. Kleiber, W./Simon, J./Weyers, G. (1991), S. 724 ff.
[101] Vgl. White, D. et al. (2003), S. 135 ff.

Um die notwendigen Berechnungen durchzuführen, werden detaillierte Unterlagen des Rechnungswesens und der Controlling-Abteilung des jeweiligen Betriebes über mindestens 3 Jahre benötigt. Dies erlaubt die Identifizierung möglicher Trends des Betriebes (steigender oder fallender Umsatz oder Kosten).

Die Qualität des Managements ist ein sehr wichtiger Faktor. Allerdings beinhaltet der Auftrag nur das jeweilige Objekt zu bewerten. Es müssen möglicherweise Anpassungen vorgenommen werden, um die Ergebnisse eines sehr guten oder sehr schlechten Managements zu einem vernünftigen Mittelwert zu bringen. Auch andere Effekte des Managements müssen ausgeglichen werden, z. B. wird ein Tenniszentrum unter der Leitung eines bekannten Sportlers einen wesentlich höheren Umsatz erwirtschaften. Dies hat jedoch nicht direkt mit der Immobilie zu tun. Dieser besondere Gewinn sollte vom Betriebsergebnis abgezogen werden.

1. Prognose des Bruttobetriebsgewinns
   Geschätzte Bruttoeinnahmen – Warenbezugskosten
   € 1.000.000 – € 200.000   =   € 800.000
2. Schätzung des verteilungsfähigen Gewinns
   Bruttobetriebsgewinn – laufende Betriebskosten (ohne Miete)
   € 800.000 – € 400.000   =   € 400.000
3. Bestimmung des Unternehmeranteils (Opportunitätskosten)
   Unternehmerlohn + Eigenkapitalzinsen
   € 200.000 + € 50.000   =   € 250.000
4. Nettobetriebsergebnis als verfügbare Miete =
   Verteilungsfähiger Gewinn – Unternehmeranteil
   € 400.000 – € 250.000   =   € 150.000
5. Kapitalwert   =   € 1.500.000
   Verfügbare Miete x Kapitalisierungsfaktor
   € 150.000 x 10 (ewiger Rentenbarwertfaktor bei 10 %)

Der oben beschriebene statische Ansatz wird oftmals durch dynamische Rechenmodelle (DCF-Analysen) ersetzt, die zugrunde gelegten Prinzipien bleiben jedoch identisch.

Mit der Vorgehensweise sich nicht mehr auf Mieten bzw. Pachten oder in anderer Weise direkt auf die Immobilie zu beziehen, sondern auf die Erträge abzustellen, die von wirtschaftenden Subjekten mit Hilfe der Immobilie erzielt werden, verlässt die Profits Method eigentlich den Bereich der Immobilienbewertung. Sie ist ein vereinfachtes Unternehmensbewertungsverfahren, das die Immobilienwerte durch einen fiktiven Anteil der Immobilienerträge an den Unternehmenserträgen errechnet.

Der in Form des ewigen Vervielfältigers verwendete Kapitalisierungszinssatz spiegelt die Standortqualität, das potentielle Mietwachstum, das Mietausfallwagnis und die objektspezifische Marktrendite ab.

> Nachhaltiger Bruttoumsatz (aus Rechnungslegungsdaten der letzten Jahre)
> ./. Bewirtschaftungskosten (ohne tatsächlich gezahlte Miete)
> = „divisible balance"
> ./. Unternehmergewinn (branchenüblich)
> = maximal forderbare Miete
> × Vervielfältiger
> = Wert der Immobilie

Abb. IX 52: Berechnung Profit Method

X. Immobilienmarkt und Ausbildung

1 Die Notwendigkeit immobilienspezifischer Aus- und Weiterbildung

Die Immobilie war bis in die 1990er Jahre hinein kein „Erkenntnisobjekt" der Betriebswirtschaftslehre und damit einhergehend war das Fach Immobilienwirtschaft bzw. Immobilienbetriebslehre auch kein akademisch etabliertes Studienfach an den deutschen Hochschulen. Das änderte sich Anfang der 1990er Jahre als immer mehr die ökonomische Dimension der Immobilien gegenüber der bautechnischen und architektonischen Dimension an Bedeutung gewonnen hat. War das Fach bis dahin durch die Ingenieure und Architekten dominiert (selbst das deutsche System der Immobilienbewertung wurde in den 1970er Jahren von Ingenieuren entwickelt und eingeführt), so zeigte sich sehr bald, dass die Immobilie kein „risikoloses" Wirtschaftsgut ist, sondern den gleichen ökonomischen „Gesetzen" unterliegt wie andere Wirtschaftsgüter auch, wenngleich die Unterschiede sehr gravierend sind. Mit der Notwendigkeit einer Shareholder- bzw. wertorientierten Unternehmensführung waren gerade die börsennotierten Non-Property Companies gezwungen, jeden Vermögenswert auf seinen Wertbeitrag zu überprüfen. Machte der Immobilienbestand bei manchen Unternehmungen über 20 % der Bilanzsumme aus, so erklärt sich, warum gerade diese Unternehmungen den Wertschöpfungsprozess und das Management ihres Immobilienbestandes nach betriebswirtschaftlichen Gesichtspunkten näher betrachteten. Diese Entwicklung führte zu neuen Managementansätzen, die als Corporate Real Estate Management/Facility Management (CREM/FM) bezeichnet wurden. Ein Blick in den angelsächsischen Raum zeigte, dass Unternehmen in den USA oder Großbritannien in dieser Hinsicht bereits viel weiter waren. Gerade das Facility Management war ein „Treiber" dieses Entwicklungsprozesses. Dies zeigte sich auch an der Gründung der beiden Verbände: GEFMA e.V. – German Facility Management Association (1989) und IFMA – International Facility Management Association (1996).

Der Facility Manager ist der Generalist, der von Beginn der Wertschöpfungskette bis zu deren Ende die Immobilien begleitet. Dabei sind betriebswirtschaftliche Fragen neben den technischen von zentraler Bedeutung, insbesondere die Kostenrechnung, die Investitionsrechnung und die kaufmännische Verwaltung sind wichtige Elemente des Facility Managements. Mit Beginn der 2000er Jahre wurde der betriebswirtschaftliche Fächerkanon um die Themen Immobilienfinanzierung, Kapitalmarktinstrumente und die marktgerechte Immobilienbewertung erweitert. Viele betriebswirtschaftliche Modelle, Methoden und Techniken wurden auf die Immobilienwirtschaft übertragen, was letztlich auch zu einer Akademisierung des Fachs geführt hat. Heute haben gibt es fast 120 Studiengänge an Hochschulen, die immobilienbezogene Lehrinhalte vermitteln. Dafür besteht in Deutschland für die Immobilienbranche ein breit gefächertes Aus- und Weiterbildungsangebot: Im nicht-akademischen Bereich zählen hierzu der hochwertige Immobilienkaufmann/-kauffrau (IHK) und der Immobilienfachwirt (IHK) sowie die Weiterbildungsakademien, die ein berufsbegleitendes Kontaktstudium zum (Diplom-)Immobilienökonom anbieten. Im akademischen Bereich gibt es seit 2009 die Bachelor- und Masterstudiengänge an den Hochschulen. Für die betriebswirtschaftlichen Studiengänge sind Bachelor of Arts (B.A.) und Master of Arts (M.A.) sowie verschiedene MBA-Abschlüsse relevant, für die Wirtschaftsingenieur-Studiengänge sind es der Bachelor of Science (B.Sc.) und Master of Science (M.Sc.), für die Ingenieur-Studiengänge sind es der Bachelor of Engineering (B. Eng.) und Master of Engineering (M. Eng.). Diese Abschlüsse sind alle gleichwertig.

2 Ausbildungsangebote

Die Ausbildungsangebote mit immobilienspezifischen Bezügen sind vielfältig. Sie erstrecken sich von der Berufsausbildung über Studienmöglichkeiten an der Dualen Hochschule Baden-Württemberg, Fachhochschulen, Berufsakademien und Universitäten bis hin zu Weiterbildungseinrichtungen. Die folgende Übersicht zeigt die immobilienspezifische Aus- und Weiterbildung in diesem Bildungssektor.

Der dreijährige Ausbildungsgang Kauffrau/Kaufmann der Immobilienwirtschaft ist ein anerkannter Ausbildungsberuf nach dem Berufsbildungsgesetz (BBiG). Eine Spezialisierung auf bestimmte Teilgebiete erfolgt in der Regel erst nach der Ausbildung. Dafür wird eine Vielzahl von Weiterbildungsmöglichkeiten mit verschiedenen Schwerpunkten angeboten.

Unter der Voraussetzung der Hochschulreife kann ein immobilienspezifisches Studium an einer Dualen Hochschule, Fachhochschule oder Universität aufgenommen werden. Im Weiterbildungsmarkt gibt es eine Vielzahl von Möglichkeiten, sich immobilienspezifisch zu qualifizieren. Die Abb. X 1 zeigt die Weiterbildungsmöglichkeiten und Qualifikationsstufen.

Grundausbildung • Kaufmann/Kauffrau der Grundstücks- und Wohnungswirtschaft	Berufsausbildung
Weiterbildung • Fachwirt/in der Grundstücks- und Wohnungswirtschaft • Immobilienwirt/in • Fachkaufmann/-frau für Verwaltung von Wohnungseigentum	Qualifikationen durch Weiterbildung, berufsbegleitend möglich
Hochschulstudium (Vertiefung Immobilienwirtschaft) • Berufsakademien • Fachhochschulen • Universitäten	Zugangsvoraussetzung: Hochschulreife

Abb. X 1: Ausbildungsmarkt und Qualifikation[1]

Bedingt durch die lange Zeit unbefriedigende akademische Ausbildungssituation einerseits und wegen der großen Attraktivität der Immobilienbranche andererseits, rekrutiert sich ein Großteil

---

[1] Die Weiterbildung wurde hier eingefügt, da sie sich primär an Kaufleute der Grundstücks- und Wohnungswirtschaft richtet.

```
┌─────────────────────────────────────────────────────────┐
│  Hochschulstudium                                       │
│  • Universitäten                                        │
│  • Fachhochschulen                                      │
│  Kaufleute, Volkswirte, Juristen, Ingenieure,           │
│  Architekten, Geographen u. a.                          │
│                    │                                    │
│                    │ Quereinsteiger                     │
│                    ▼                                    │
│  ┌──────────────────────────────┐    ┌───────────────┐  │
│  │ Privatwirtschaftlich         │    │ Mitglied der  │  │
│  │ organisierte Studien,        │───▶│ Royal         │  │
│  │ i. d. S. Postgraduierte      │    │ Institution   │  │
│  │ Studien                      │    │ of Chartered  │  │
│  │ Ausbildungsziel: z.B.        │    │ Surveyors     │  │
│  │ Immobilienökonom             │    │ (RICS)        │  │
│  │                              │    └───────────────┘  │
│  │                              │    ┌───────────────┐  │
│  │                              │───▶│ Masterstudien-│  │
│  │                              │    │ gänge an      │  │
│  │                              │    │ britischen    │  │
│  │                              │    │ Universitäten │  │
│  └──────────────────────────────┘    └───────────────┘  │
└─────────────────────────────────────────────────────────┘
```

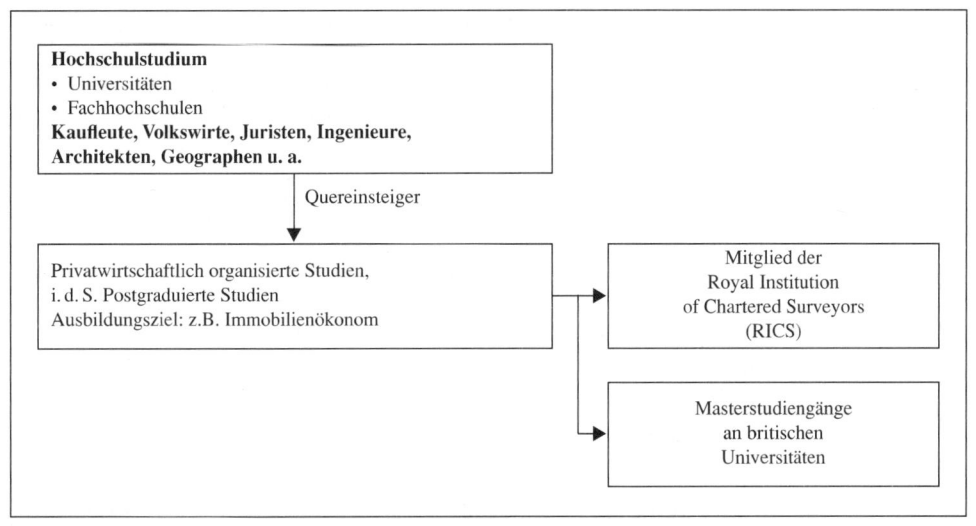

Abb. X 2: Weiterbildungsmarkt und Qualifikationsstufen

der Beschäftigten in Fach- und Führungspositionen aus Hochschulabsolventen verschiedenster Studienrichtungen. Diese „Quereinsteiger" besitzen zunächst in der Regel keinen immobilienspezifischen Studienabschluss, den sie aber im Rahmen von postgraduierten Studiengängen erwerben können. Darüber hinaus bestehen weitere Qualifikationsstufen wie die Mitgliedschaft in der Royal Institution of Chartered Surveyors oder Masterstudiengänge.

3 Studium und Ausbildung an der Dualen Hochschule Baden-Württemberg, Fachhochschule und Universität

3.1 Vollzeitstudiengänge mit immobilienwirtschaftlichem Schwerpunkt

Seit Ende der 1990er Jahre ist die Zahl der Vollzeitstudiengänge mit immobilienwirtschaftlichem Schwerpunkt in Deutschland stark gestiegen. Sowohl Universitäten, die Duale Hochschule Baden-Württemberg und Fachhochschulen haben heute ein breit gefächertes Studienangebot an immobilienwirtschaftlichen Schwerpunkten. Diese können hier nicht abschließend aufgeführt werden, da sich die Studienangebote laufend ändern. Eine aktuelle Übersicht über die RICS-akkreditierten Studiengänge gibt das Royal Institution of Chartered Surveyors (RICS) in Frankfurt a. M.

3.2 Das duale Studium an der Dualen Hochschule Baden-Württemberg

Zum 1. März 2009 wurden die Berufsakademien in Baden-Württemberg in die Duale Hochschule Baden Württemberg mit eigener Hochschulverfassung und -organisation umgewandelt. Sie ist nach dem Vorbild der University of North Carolina in zwei Ebenen unterteilt: 1. Ebene ist das Präsidium und der Vorstand als zentrale Einrichtung, die 2. Ebene sind die einzelnen (unselbstständigen) Standorte (Stuttgart, Mannheim, Karlsruhe, Mosbach, Heidenheim, Villingen-Schwenningen, Ravensburg und Lörrach), die von einem Rektor geleitet werden. Damit wird das seit über 30 Jahren bewährte Prinzip der Verzahnung von Theorie und Praxis endgültig im tertiären Bildungsbereich verankert und hat in Deutschland Vorbildfunktion für das duale Studium. Mit knapp 30.000 Studierenden gehört die DHBW zu den größten Hochschuleinrichtungen und ist mit 9000 Dualen Partnern aus dem gesamten Bundesgebiet tief in der deutschen Wirtschaft verankert. Die Studiengänge der DHBW sind von der Akkreditierungsagentur ZeVA mit 210 ECTS-Punkten akkreditiert. Seit Dezember 2011 ist die DHBW als dritte Hochschule in Deutschland mit einer Systemakkreditierung ausgestattet und seit 2012 Mitglied der deutschen Rektorenkonferenz. Neben den Bachelorabschlüssen vergibt sie auch Masterabschlüsse als akademische Hochschulgrade.

Das Studium zeichnet sich durch eine enge Verzahnung von Theorie und Praxis im Rahmen eines dualen, praxisintegrierenden Studienkonzepts aus. Die einzelnen Semester finden im ständigen, in der Regel zwölfwöchigen, Wechsel zwischen Theoriephasen an der DHBW und berufspraktischen Phasen im Unternehmen oder der sozialen Einrichtung statt.

Die DHBW vermittelt dabei fachwissenschaftliche Grundlagen, anwendungsorientierte Methodenkenntnisse und die Fähigkeit zum theoretisch-systematischen Denken. Während der Praxisphasen wird das Gelernte im beruflichen Alltag umgesetzt. Die Theorie- und Praxisphasen sind durch Rahmenpläne eng aufeinander abgestimmt, so dass neben Fach- und Methodenwissen auch ein hohes Maß an Handlungs- und Sozialkompetenz erworben wird. Die Inhalte werden jedoch nicht nur den neuesten wissenschaftlichen Erkenntnissen angepasst, sondern auch den sich wandelnden Anforderungen der Arbeitswelt. Diese enge Verzahnung von Theorie und Praxis erleichtert den DHBW-Absolventen den späteren Eintritt ins Berufsleben.

Nach einem dreijährigen Intensivstudium und einer wissenschaftlichen Abschlussarbeit (Bachelor-Thesis) wird den Absolventen ein Bachelor-Titel (Bachelor of Arts) verliehen. Der Studiengang Immobilienwirtschaft der Dualen Hochschule Baden-Württemberg Stuttgart besteht seit 1997 und ist durch die Royal Institution of Chartered Surveyors (RICS) akkreditiert, daneben bietet der Standort Mannheim ebenfalls einen Studiengang Immobilienwirtschaft an.

3.3 Berufsakademien nach dem Baden-Württemberger Modell

Berufsakademie ist nicht gleich Berufsakademie. Die duale Studienform wurde Anfang der 1970er Jahre in Baden-Württemberg eingeführt. Leitmotiv war, die duale Berufsausbildung auf den tertiären Bildungsbereich zu übertragen. Damals kam dieser Schritt einer „Revolution" gleich. Das Baden-Württemberger Modell war aber damals nicht nur eine „Revolution", sondern auch eine Vision, die sich heute durch Bologna zum allgemeingültigen Leitmotiv für alle Hochschulen entwickelt hat. Vielfach wurde diese Studienform von ihren Gegnern als „höhere Berufsschule", als „unwissenschaftlich" und hinsichtlich der Methodenkompetenz als „unzulänglich" bezeichnet. Das Bundeshochschulgesetz hat die Berufsakademien nicht aufgenommen, sodass sie formal keine Hochschulen waren und nur aufgrund eines Beschlusses der Kultusministerkonferenz die Abschlüsse denen einer FH gleichgestellt waren. Die Absolventen der Berufsakademien hatten damit über Jahrzehnte Nachteile, wie z. B. kein Zugang zum höheren Dienst, keine Promotionsfähigkeit, keine Anerkennung außerhalb von Baden-Württemberg und bei einem Wechsel an eine Universität wurden i. d. R. die erbrachten Leistungen an der Berufsakademie nicht anerkannt. Insbesondere die Universitäten saßen jahrzehntelang auf einem „sehr hohen Ross" und bekanntlich ist der Fall umso tiefer. Der Markt dagegen hat die „Befindlichkeiten" völlig ignoriert und die Berufsakademien haben sich in ihrem „Nischendasein" zu elitären und extrem leistungsstarken staatlichen Bildungseinrichtungen im tertiären Bildungssektor entwickelt. An einer Berufsakademie kann sich nur derjenige immatrikulieren, der a) die allgemeine Hochschulreife hat oder einen Eignungstest besteht und b) einen Ausbildungsvertrag vorlegen kann. Die Selektion der Studierenden erfolgt über die Dualen Partner, die von den Abiturienten nur die besten aufnehmen; den verbleibenden Abiturienten bleibt dann nur noch ein Studium an einer Universität oder Fachhochschule. Die Vertreter der Berufsakademien haben es den Universitäten jedoch nicht gleich getan, indem sie diese lakonisch als „Resteverwerter" hätten bezeichnen können.

Nach dem Mauerfall haben die Länder Berlin und Sachsen und später das Land Thüringen das Modell übernommen, sodass nur diese Berufsakademien nach dem Baden-Württemberger Modell konzipiert sind. Heute sind die Ressentiments beseitigt und die Abschlüsse aller Hochschularten sind gleichwertig. So bieten die Studienakademie an der Hochschule für Wirtschaft und Recht Berlin, die Berufsakademie Leipzig und die Berufsakademien in Eisenach und Gera Studiengänge in Immobilienwirtschaft an. Diese schließen ebenfalls mit dem Bachelor of Arts ab und befähigen zu einem weiterführenden Masterstudium.

3.4 Fachhochschulstudium

Das Fachhochschulstudium hat als Zugangsvoraussetzungen die Fachhochschulreife und hochschulabhängig zusätzlich ein Vorpraktikum oder sogar eine abgeschlossene Berufsausbildung. Die Studiendauer beträgt mindestens 6 Semester (je noch Fachhochschule addieren sich noch 1–2 Praxissemester) und integriert ein berufsorientiertes Praktikum in das Studium. So bieten manche Fachhochschulen ein Studium mit Praxisphasen und/oder Studium im Praxisverbund an. Die Studierenden können in der vorlesungsfreien Zeit mit den hochschulverbundenen Unternehmen Praktika absolvieren(Praxisphasen) oder aber sogar in einem festen Ausbildungs- oder Praktikantenverhältnis für die Studiendauer (Praxisverbund) stehen. Die FH-Abschlüsse sind i. d. R. mit 180 bis 240 ECTS-Punkten akkreditiert. Fachhochschulen mit immobilienwirtschaftlichen und immobilientechnischen Studienfächer sind u. a. die Fachhochschule Holzminden (HAWK), die Hochschule Mittweida, die Hochschule Biberach, die Hochschule Zittau/Görlitz, sowie die Hochschule für Wirtschaft und Umwelt Nürtingen-Geislingen.

Die Fachhochschulen bieten in der Regel auch im Fortgang zum Bachelorabschluss weiterführende Masterstudiengänge an.

3.5 Universitätsstudium

Die Universitäten bieten ebenfalls immobilienwirtschaftliche und immobilientechnische Schwerpunktfächer an. Viele Universitäten gehen inzwischen dazu über, ähnlich wie die Fachhochschulen, Berufspraktika in die Studiengänge zu integrieren bzw. anzubieten. Die Bachelorstudiengänge dauern ebenfalls 6 Semester und sind i. d. R. mit 180 ECTS-Punkten akkreditiert. Masterstudiengänge runden das Studienangebot ab. Folgende Universitäten bieten entsprechende Studiengänge an: Universität Stuttgart, Universität Regensburg, Bauhaus-Universität Weimar, Universität Leipzig, Universität Darmstadt, Bergische Universität Wuppertal, TU Berlin.

4 Weiterbildungen in der Immobilienwirtschaft

Seit Mitte der 1990er Jahre haben sich verschiedene (nicht akademische) Weiterbildungsinstitutionen (an Hochschulen angeschlossen) gebildet, die ein berufsbegleitendes Kontaktstudium mit einer Dauer von i. d. R. 12–15 Monaten in Teilzeit mit starker Ausrichtung auf die Immobilienwirtschaft anbieten. Diese Studiengänge haben inzwischen eine sehr hohe Reputation am Arbeitsmarkt und werden in vielen Unternehmen einem akademischen Abschluss gleichgesetzt. Studierende an diesen Immobilienakademien sind überwiegend Hochschulabsolventen wie Juristen, Ingenieure, Architekten und Volkswirte, die in ihrem regulären Studium keine immobilienspezifische Ausbildung erfahren haben und sich als „Quereinsteiger" das Fachwissen auf diese Weise aneignen. Inzwischen gibt es drei führende Immobilienakademien mit hoher Reputation und mit einer RICS-Akkreditierung.

1. Die Akademie der Immobilienwirtschaft (ADI) bietet ein 15 monatiges Kontaktstudium an, das mit der staatlichen Abschlussbezeichnung „Diplom-Immobilienökonom/in (ADI)" abschließt,

2. Die International Real Estate Business School (IREBS) mit einem 15monatigen Kontaktstudium, das mit der Bezeichnung „Immobilienökonom/in (IREBS)" abschließt und

3. Das Real Estate Management Institut (REMI) mit einem dreisemestrigen Kontaktstudium, das mit der Bezeichnung „Immobilienökonom/in (EBS)" abschließt.

Literaturverzeichnis

A

Achleitner, A.-K. (2000): Handbuch Investment Banking, 2. Aufl., Wiesbaden
Adair, A./Downie, M. L./McGreal, S. (1996): European Valuation Practice – Theory and Techniques, London
AHO (2004a): Neue Leistungsbilder zum Projektmanagement in der Bau- und Immobilienwirtschaft, Heft 19, Berlin
AHO (2004b): Untersuchungen zum Leistungsbild, zur Honorierung und zur Beauftragung von Projektmanagementleistungen in der Bau- und Immobilienbranche, Heft 9, Berlin
AHO (2006): Interdisziplinäre Leistungen zur Wertoptimierung von Bestandsimmobilien, Heft 21, Berlin
Ahrens, H./Bastian, K./Muchowski, L. (2010): Handbuch Projektsteuerung – Baumanagement, 4. Aufl., Stuttgart
Alda, W./Hirschner, J. (2007): Projektentwicklung in der Immobilienwirtschaft. Grundlagen für die Praxis, 2. Aufl., Wiesbaden
Allerkamp, J. (2012): Auf die Bremse getreten. Kreditverknappung ja, Kreditklemme noch nicht – die Folgen verschärfter Regulierung, in: Sonderbeilage Börsen-Zeitung, Ausgabe Nr. 78 vom 21.04.2012, S. B3
Auckenthaler, C. (1994): Theorie und Praxis des modernen Portfoliomanagements, 2. vollständig überarbeitete und ergänzte Auflage, Wien
Axmann, P. (2011): Falscher Maßstab, in: In Immobilien und Finanzierung – Der langfristige Kredit 18/2011, S. 6

B

Bachmann, W. (1991): Muster-Kontenplan für die Wohnungswirtschaft, Hamburg
Bailey, M./Muth, R./Nourse, H. (1963): A Regression Method for Real Estate Price Index Construction, in: Journal of the American Statistical Association, Vol. 58, S. 933–942
Bär, H.-P. (1997): Asset Securitisation, Wien
Bärmann, J./Pick, E. (2005): Wohnungseigentumsgesetz, Kommentar, 16. Aufl., München
Balck, H. (2010): Zertifizierungen transformieren das Bauen und Betreiben. Bauherrn, Architekten und Ingenieure machen Ernst mit Nachhaltigkeitsforderung, in: Facility Management, Heft 5/2010, S. 30–32
Basler Ausschuss für Bankenaufsicht (2006): Internationale Konvergenz der Eigenkapitalmessung und Eigenkapitalanforderungen. Überarbeitete Rahmenvereinbarung. Umfassende Version, Basel
Basler Ausschuss für Bankenaufsicht (2011): Basel III: Ein globaler Regulierungsrahmen für widerstandsfähigere Banken und Banksysteme. Revidierte Fassung, Basel
Bea, F. X./Dichtl, E./Schweitzer, M. (2002): Allgemeine Betriebswirtschaftslehre, Band 3: Leistungsprozess, Stuttgart
Bea, F. X./Haas, J. (2005): Strategisches Management. 4. Aufl., Stuttgart
Bechtold, R. et al. (2009): EG-Kartellrecht, FKVO, 2. Aufl., München, S. 415–418
Becker, J. (2001): Marketing-Konzeption – Grundlagen des zielstrategischen und operativen Marketing-Managements, 7. überarbeitete Auflage, München
Becker, U. (2001): Zwangsvollstreckung in das unbewegliche Vermögen – Immobiliarvollstreckung, in: Schreiber, K. (Hrsg.): Handbuch Immobilienrecht, Berlin, S. 1081–1194
Bengel, M./Bauer, R./Weidlich, D. (2000): Grundbuch, Grundstück, Grenze, Handbuch zur Grundbuchordnung unter Berücksichtigung katasterrechtlicher Fragen, 5. Aufl., Berlin
Berger, C. (2001): Allgemeines Grundstücksrecht, in: Schreiber, K. (Hrsg.): Handbuch Immobilienrecht, Berlin, S. 65–116
Berk, J./DeMarzo, P. (2011): Grundlagen der Finanzwirtschaft. Analyse, Entscheidung und Umsetzung, München
Bethge, U. (1999): Maklerrecht in der Praxis, 2. Aufl., Bonn
Betsch, O./Groh, A. P./Lohmann, L. G. E. (1998): Corporate Finance – Unternehmensbewertung, M & A und innovative Kapitalmarktfinanzierung, München
Better, M. (2012): Die Bank als Immobilienfinanzierer – ein Modell mit Zukunft, in: Immobilien und Finanzierung – Der langfristige Kredit 05/06/2012, S. 14–15

Beuttler, A. (2001): Immobilien im Betriebsvermögen, in: Gondring, H./Lammel, E. (Hrsg.): Handbuch der Immobilienwirtschaft, Wiesbaden, S. 875–940
Bihler, M. et al. (2001): Kursbuch Altlasten Recht, Toxikologie, Technik, München
Block, R. L. (1998): Investing in REITs, Real Estate Investment Trusts, Princeton, N. J.
Blohm, H/Lüder, K/Schäfer, C. (2006): Investition. Schwachstellen im Investitionsbereich des Industriebetriebes und Wege zu ihrer Beseitigung, 9. Aufl., München
Bobber, M./Brade, K. (1998): Immobilienmarketing, in: Schulte, K.-W. (Hrsg.): Immobilienökonomie, Band I Betriebswirtschaftliche Grundlagen, München, S. 581–644
Bohley, P. (2000): Statistik: Einführendes Lehrbuch für Wirtschafts- und Sozialwissenschaftler, 7. Aufl., München
Bone-Winkel, S./Isenhöfer, B./Hofmann, P. (2008): Projektentwicklung, in Schulte, K-W. (Hrsg.): Immobilienökonomie, Band I Betriebswirtschaftliche Grundlagen, 4. Aufl., München, S. 231–299
Born, K. (2002): Rechnungslegung International, Einzel- und Konzernabschlüsse nach IAS, US-Gaap, HGB und EG-Richtlinien, 3. Aufl., Stuttgart
Böther, U. (2000): Praxis der Bauträgerfinanzierung, Köln
Böttcher, R. (2002): Praktische Fragen des Erbbaurechts, 4. Aufl., Berlin
Bottin, S./Dusil, S. (2008): Zum Anspruch des Erbbauzinsberechtigten auf Zustimmung des Grundstückseigentümers zur Veräußerung des Erbbaurechts an eine GmbH, in: Zeitschrift für Immobilienrecht (ZfIR), Heft Nr. 8, S. 287–289
Brade, K. H. (2001): Strategisches und operatives Immobilien-Marketing, in: Schulte, K.-W./Brade, K. H. (Hrsg.): Handbuch Immobilien-Marketing, Köln, S. 47–78
Brauer, K.-U. (2001): Grundlagen der Immobilienwirtschaft, 3. vollständig überarbeitete Auflage, Wiesbaden
Braun, H.-P. (2007): Ausblick, in: Braun, H.-P.: Facility Management, Erfolg in der Immobilienbewirtschaftung, 5. Aufl., Berlin, S. 141–154
Breidenbach, M. et al. (2008): Immobilienfinanzierung, in: Schulte, K.-W. (Hrsg.): Immobilienökonomie, Band I Betriebswirtschaftliche Grundlagen, 4. Aufl., München, S. 529–626
Brenner, M. (2009): Öffentliches Baurecht, Heidelberg
Britton, W./Davies, K./Johnson, T. (1989): Modern Methods of Valuation of Land, Houses and Buildings, 8. Aufl., London
Bruns, C./Meyer-Bullerdiek, F. (2008): Professionelles Portfoliomanagement, Aufbau Umsetzung und Erfolgskontrolle strukturierter Anlagestrategien, 4. Aufl., Stuttgart
Buchholz, R. (2003): Internationale Rechnungslegung, Die Vorschriften nach IAS, HGB und US-Gaap im Vergleich – mit Aufgaben und Lösungen, 3. vollständig überarbeitete und ergänzte Auflage, Berlin
Bühler, W. (1989): Investment-Banking, Band 24, Wien
Bullinger, R. (2001): Der geschlossene Immobilienfonds in: Gondring, H./Lammel, E. (Hrsg.): Handbuch Immobilienwirtschaft, Wiesbaden, S. 759–804
Bundesamt für Bauwesen und Raumordnung (2008): Hedonischer Immobilienpreisindex Deutschland. Isolierung qualitativer Hauspreismerkmale durch hedonische Regressionsanalyse aus Daten der Europace-Plattform (Hypoport AG) und Machbarkeit eines hedonischen Hauspreisindexes für Deutschland, Forschungsauftrag des BBR durchgeführt durch Hypoport AG/Finpolconsult.de, Berlin
Bundesministerium der Finanzen (2012): Die Begünstigung des Unternehmensvermögens in der Erbschaftsteuer. Gutachten des wissenschaftlichen Beirats beim Bundesministerium der Finanzen 01/2012, Berlin

C

Cadmus, A. (2000): Zur Bewertung von Immobilien-Aktiengesellschaften, in: Finanz Betrieb 2/2000, S. 96–106
Cannon, S. E./Vogt, S. C. (1995): REIT and their Management: An Analysis of Organizational Structure, Performance and Management Compensation, in: The Journal of Real Estate Research, Vol. 10, Nr. 3, S. 297–318
Caroli, M./Lingenhölin, H. M. (2003): Mezzanine-Finanzierung zwischen Eigen- und Fremdkapital, in: Gondring, H./Zoller, E./Dinauer, J. (Hrsg.): Real Estate Investment Banking. Neue Finanzierungsformen bei Immobilieninvestitionen, Wiesbaden, S. 149–162
Carstensen, M. (1986): Finanzinnovationen in der praktischen Anwendung einer Geschäftsbank in: Die Bank 7, S. 352–356
Cluse, M./Engels, J. (2003): Einführung in Basel II, o.O.
Coenenberg, A. G./Gingele, R. (1993): Jahresabschluss und Jahresabschlussanalyse. Betriebswirtschaftliche, handelsrechtliche und steuerrechtliche Grundlagen, 14. überarbeitete Auflage, Stuttgart
Cottin, C./Döhler, S. (2009): Risikoanalyse: Modellierung, Beurteilung und Management von Risiken mit Praxisbeispielen, Wiesbaden
Crosby, N./Goodchild, R. (1992): Reversionary Freeholds: Problems with Overrenting, in: Journal of Property Valuation and Investment, No. 1, S. 67–81

D

Dahlmanns, J. (2009): Erfolgreiche Diversifikation von Geldanlagen: Neue Strategien der Asset Allocation, Hamburg

Dammert, B. (2011): Öffentliches und privates Baurecht, in: Brauer, K.-U. (Hrsg.): Grundlagen der Immobilienwirtschaft. Recht – Steuern – Marketing – Finanzierung – Bestandsmanagement – Projektentwicklung, 7. Aufl., Wiesbaden, S. 117–198

Dasso, J./Woodward, L. (1981): Real Estate Education: Past, Present and Future – The Search for a Discipline, in: The Appraisal Journal, Vol. 49, July 1981, No. 3, S. 413–425

Däumler, K.-D. (1994): Grundlagen der Investitions- und Wirtschaftlichkeitsrechnung, 8. neu bearbeitete und erweiterte Auflage, Herne

Debes, H./Lindner-Figura, J. (1996): Eigentum und sonstige Rechte an Grundstücken, in: Usinger, W.: Recht und Steuern, Handbuch für die Immobilienwirtschaft, Köln, S. 31–68

Deckert, W.-D. (2001): Mein Wohnungseigentum, Rechtsratgeber rund um die Eigentumswohnung, 7. Aufl., Freiburg

Demme, H. (1997): Handbuch für den Makler, 3. Aufl., Braunschweig

Deutsche Bundesbank (Hrsg.) (2003): Neue Mindestanforderungen an das Kreditgeschäft: MaK und Basel II, in: Monatsbericht Januar 2003, Nr. 1, Frankfurt a. M., S. 45–58

Deutscher Städtetag (Hrsg.) (2011): Zur Zukunft der amtlichen Wertermittlung. Thesenpapier des Arbeitskreises Wertermittlung des Deutschen Städtetages, Berlin

Dichtl, H./Petersmeier, K./Poddig, T. (2008): Statistik, Ökonometrie, Optimierung. Methoden und ihre praktischen Anwendungen in Finanzanalyse und Portfoliomanagement. 4. Aufl., Bad Soden/Ts

Diederichs, C. J. (2006): Immobilienmanagement im Lebenszyklus. Projektentwicklung, Projektmanagement, Facility Management, Immobilienbewertung, 2. Aufl., Berlin

DIN (Hrsg.) (2000): DIN 32736, Gebäudemanagement – Begriffe und Leistungen, Entwurf 08/2000, Berlin

DIN (Hrsg.) (2007): DIN EN 15221-1, Facility Management – Teil 1: Begriffe, Entwurf 01/2007, Berlin

DIN (Hrsg.) (2008): DIN 276, Kosten im Bauwesen, Teil 1: Hochbau, Entwurf 12/2008, Berlin

DVP Deutscher Verband der Projektsteuerer e. V. (1994): DVP-Informationen, 3. Aufl., Wuppertal

Dyckerhoff, R./Brandt. J. G. (2002): Das Recht des Immobilienmaklers, 10. Aufl., München

E

Eagle, B./Hudson-Wilson, S. (1994): Real Estate Markets: A Historical Perspective, Managing Real Estate Portfolios, New York

Ehrismann, U. (2000): Pre-IPO-Finanzierung: Der Zwischenschritt zur Börse, in: Stadler, W. (Hrsg.): Venture Capital und Private Equity, Köln, S. 185–190

Eichhorn, A. (1996): Zieladäquanz wohnungspolitischer Instrumente der öffentlichen Hand, in: Jenkis, H. W. (Hrsg.): Kompendium der Wohnungswirtschaft, 3. überarbeitete und erweiterte Auflage, München, S. 159–183

Eisele, W. (1999): Technik des betrieblichen Rechnungswesens, 3. Aufl., München

Ermschel, U./Möbius, C./Wengert, H. (2009): Investition und Finanzierung, Heidelberg

Eschenbruch, K. (2003): Recht der Projektsteuerung, Köln

Eschenbruch, K. (2009): Projektmanagement und Projektsteuerung für die Immobilien- und Bauwirtschaft, 3. Aufl., Köln

Ertle-Straub, S. (2003): Standortanalyse für Büroimmobilien, in: Pelzl, W. (Hrsg.): Reihe Immobilienmanagement Band 4, Norderstedt

Europäische Zentralbank (2001): EZB Monatsbericht Mai 2001, Frankfurt a. M.

F

Fabry, B./Meininger, F./Kayser, K. (2007): Vergaberecht in der Unternehmenspraxis: Erfolgreich um öffentliche Aufträge bewerben, Stuttgart

Falk, B. (1997): Das große Handbuch Immobilienmanagement für Wohn- und Gewerbeimmobilien, Landsberg/L.

Falk, B. (2004): Fachlexikon Immobilienwirtschaft, 3. aktualisierte und erweiterte Auflage, München

Fischer, M. F./Kleeberg, R./Viebrock, J. (2000): Kursbuch Denkmalschutz, 3. Aufl., Bühl/Baden

Flach, K./Tacke-Unterberg, H. (2006): Immobilienentwicklung, in: Murfeld, E. (Hrsg.): Spezielle Betriebswirtschaftslehre der Immobilienwirtschaft, 5. Aufl., Hamburg, S. 463–512

Frenz, N. (2001): Grundstücksrecht und Wiedervereinigung, in: Schreiber, K. (Hrsg.): Handbuch Immobilienrecht, Berlin, S. 1531–1546

Frick, O./Knöll, K. (2010): Baukonstruktionslehre Teil 1, 35. vollständig überarbeitete und aktualisierte Auflage, Stuttgart

Frick, O./Knöll, K. (2008): Baukonstruktionslehre Teil 2, 33. aktualisierte und überarbeitete Auflage, Stuttgart

Friedrichs, K. (2000): Integrale Gebäudeplanung, in: Schulte, K.-W./Pierschke, B. (Hrsg.): Handbuch Facilities Management, Köln, S. 57–80
Fritz, H. (1997): Handbuch Qualitätsmanagement. Erfahrungen aus und für die Baupraxis, Erkrath

G

Gablenz, K. B. (2000): Rechte und Belastungen in der Grundstücksbewertung, Systematische Erfassung wesentlicher wertbeeinflussender Faktoren, 2. Aufl., Düsseldorf
Gabler, J./Lammel, E. (2001): Die Royal Institution of Chartered Surveyors, in: Gondring, H./Lammel, E. (Hrsg.): Handbuch Immobilienwirtschaft, Wiesbaden, S. 1181–1186
Garz, H./Günther, S./Moriabadi, C. (1997): Portfolio-Management, Theorie und Anwendung, Frankfurt a. M.
Gast, C. (1998): Asset Allokation: Entscheidungen im Portfolio-Management, o.O.
GEFMA (Hrsg.) (1999): GEFMA-Richtlinie 130, Flächenmanagement: Leistungsbild, Entwurf 06/1999, Bonn
GEFMA (Hrsg.) (2004a): GEFMA-Richtlinie 100–1, Facility Management – Grundlagen, Entwurf 07/2004, Bonn
GEFMA (Hrsg.) (2004b): GEMFA-Richtlinie 100–2, Facility Management – Leistungsspektrum, Entwurf 07/2004, Bonn
GEFMA (Hrsg.) (2004c): GEFMA-Richtlinie 200, Kosten im Facility Management, Kostengliederungsstruktur zu GEFMA 100, Entwurf 07/2004, Bonn
Gensior, E. (1999): Projektentwicklung im Bau- und Immobilienwesen, in: Nentwig, B. (Hrsg.): Baumanagement im Lebenszyklus von Gebäuden, Weimar
Gerardy, T. (Hrsg.). et al. (02/2003): Praxis der Grundstücksbewertung (Band 1), Grundwerk inkl. 59. Nachlieferung, Landsberg/Lech
Gerlach, R. (2001): Die geschäftspolitische und strategische Bedeutung des Immobiliengeschäfts für Universalkreditinstitute, in: Gondring, H./Lammel, E. (Hrsg.): Handbuch der Immobilienwirtschaft, Wiesbaden, S. 687–713
Ghahremani, A. (1998): Integrale Infrastrukturplanung – Facility Management und Prozessmanagement in Unternehmensinfrastrukturen, Berlin
Glauche, U. (2003): Nachhaltiges Bauen und Facility Management. Von Übereinstimmungen, Grundsätzen und Optimierung, in: Facility Management 9, Nr. 7–8, S. 17–19
Glüder, D. (2002): Promise und Provide – die Verbriefung von Mittelstands- und Wohnungsbaukrediten durch die KfW. Sonderdruck aus Immobilien und Finanzierung – Der langfristige Kredit 17/2002, S 8–11
Gondring, H. (1989): Finanzmärkte im Wandel, Markt- und Struktur im Finanzsystem der USA, Frankfurt a. M.
Gondring, H. (2001): Die fehlende Etablierung das Fachs Immobilienwirtschaft in der deutschen Betriebswirtschaftslehre – Ein Erklärungsversuch, in: Gondring, H./Lammel, E. (Hrsg.): Handbuch der Immobilienwirtschaft, Wiesbaden, S. 3–21
Gondring, H./Lammel, E. (Hrsg.) (2001): Handbuch der Immobilienwirtschaft, Wiesbaden
Gondring, H./Wagner, T. (2012): Facility Management, Handbuch für Studium und Praxis, 2. Aufl., München
Graaskamp, J. A. (1991a): Fundamentals of real estate development, in: Jarchow, S. P. (Hrsg.): Graaskamp on real estate, Washington D. C., S. 228–265
Graaskamp, J. A. (1991b): Redifining the Role of University Education in Real Estate an Urban Land Economis, in: Jarchow, S. P. (Hrsg.): Graaskamp on Real Estate, Washington D. C., S. 40–50
Graaskamp, J. A. (1991c): The Failure of the Universities to Teach the Real Estate Process as an Interdisciplinary Art Form, in: Jarchow, S. P. (Hrsg.): Graaskamp on Real Estate, Washington D. C., S. 51–67
Grabherr, O. (2000): Risikokapitalinstrumente im unternehmerischen Wachstumszyklus, in: Stadler, W. (Hrsg.): Venture Capital und Private Equity, Köln, S. 29–42
Gray, R./Kurz, W./Strupp, C. (1986): Interest Rate Swaps, in: Antl, B. (Hrsg.): Swap Finance Vol. 1, London, S. 3–10
Grill, W./Perczynski, H. (2000): Wirtschaftslehre des Kreditwesens, 34., überarbeitete Auflage, Bad Homburg
Grob, H. L. (1989): Einführung in die Investitionsrechnung: Eine Fallstudiengeschichte, München
Grosskopf, W./König, P. (2001): Die Wohnungspolitik in der Bundesrepublik Deutschland, in: Gondring, H./Lammel, E. (Hrsg.): Handbuch der Immobilienwirtschaft, Wiesbaden, S. 165–184
Grundman, B. (2001): Das Erbbaurecht, in: Schreiber, K. (Hrsg.): Handbuch Immobilienrecht, Berlin, S. 933–988
Grünert, L. (1999): Wertorientierte Steuerung betrieblicher Immobilien, Wiesbaden
Gutachterausschuss für die Ermittlung von Grundstückswerten und sonstige Wertermittlung in Karlsruhe (Hrsg.) (2012): Immobilienmarktbericht Karlsruhe 2011, Köln

H

Hagen, L. (2012): Immobilienfinanzierung bleibt wichtiges Geschäftsfeld, in: Sonderbeilage Börsen-Zeitung, Ausgabe Nr. 39 vom 24.02.2012, S. B12

Hager, H./Beßenroth, S. (2003): Erfolgskomponenten von Immobilieninvestitionen im Rahmen des Portfoliomanagements, in: Strategische und operative Aspekte des Immobilien-Portfoliomanagements – Marktbericht XI, Westdeutsche ImmobilienBank, S. 13, Mainz
Hahn, D. (1996): PuK – Controllingkonzepte, Planung und Kontrolle, Planungs- und Kontrollsysteme, Planungs- und Kontrollrechnung, 5. Aufl., Wiesbaden
Hämmerlein, H. (1988): Die unternehmerische Wohnungswirtschaft: ein verwalteter Wirtschaftszweig, Baden-Baden
Hanau, A. (1928): Die Prognose der Schweinepreise, in: Institut für Konjunkturforschung (Hrsg.): Vierteljahresheft zur Konjunkturforschung, Sonderheft 7, Berlin
Hartung, J./Elpelt, B./Klösener, K.-H. (2005): Statistik, Lehr- und Handbuch der angewandten Statistik, 14. Aufl., München
Hauff, M. (2001): Das große Verwalterhandbuch. Wohnungseigentum sicher managen, 2. Aufl., München
Hayn, S./Waldersee, G. (2002): IAS/US-Gaap/HGB im Vergleich, Stuttgart
Heby, P./Stern, P. (2004): Standortplanung, -bewertung und -controlling. Norderstedt
Held, T. (2010): Immobilien-Projektentwicklung, Wettbewerbsvorteile durch strategisches Prozessmanagement, Heidelberg
Hellerforth, M. (2004): Outsourcing in der Immobilienwirtschaft, Berlin
Hellerforth, M. (2006): Handbuch Facility Management für Immobilienunternehmen, Berlin
Heno, R. (2006): Jahresabschluss nach Handelsrecht, Steuerrecht und internationalen Standards (IFRS), 5. Aufl., Heidelberg
Hens, M./Haub, C./Meyer, T. J. (1998): Shareholder Value und Immobilien – Konzepte wertsteigernder Strategien, Köln
Henssler, M. et al. (2005): Münchener Kommentar zum Bürgerlichen Gesetzbuch: Schuldrecht: Besonderer Teil II, 4. Aufl., München
Hentze, J./Heinecke, A./Kammel, A. (2001): Allgemeine Betriebswirtschaftslehre aus Sicht des Managements, Bern
Hermanns, A./Sauter, M. (Hrsg.) (1999): Management Handbuch Electronic Commerce, München
Heuer, J. H. B./Nordalm, V. (1996): Die Wohnungsmärkte im gesamtwirtschaftlichen Gefüge, in: Jenkis, H. W. (Hrsg.): Kompendium der Wohnungswirtschaft, 3., überarbeitete und erweiterte Auflage, München, S. 23–41
Hielscher, U. (1999): Investmentanalyse, 3., unwesentlich veränderte Auflage, München
Hildebrandt, H. (2001): Grundstückswertermittlung, Aus der Praxis – für die Praxis, 4. Aufl., Stuttgart
Hinsche, S. D. (1995): Investmentmodelle für den Wohnimmobilienmarkt, Bergisch-Gladbach, Köln
Hintzen, U. (2000): Pfändung und Vollstreckung im Grundbuch, Herne
Holter, R. (2006): Inhalt und Wirkung der BelWertV, in: Immobilien und Finanzierung, Nr. 14/2006, S. 478–480
Holthausen-Dux, E. (1996): Das Erbbaurecht (einschließlich Kauf eines Erbbaurechts), in: Usinger, W.: Recht und Steuern. Handbuch für die Immobilienwirtschaft, Köln, S. 321–358
Homann, K. (1999): Immobiliencontrolling: Ansatzpunkte einer lebenszyklusorientierten Konzeption, Wiesbaden
Homann, K. (2000): Kann die Immobilienaktie dem Offenen Immobilienfonds den Rang ablaufen?, in: Immobilien und Finanzierung – Der langfristige Kredit 12/2000, S. 42–44
Homann, K. (2009): Der Facility Manager – ein vielseitiges Berufsbild, in: GEFMA (Hrsg.): Zertifizierte Aus- und Weiterbildungsangebote, S. 7–11
Horschitz, H./Groß, W./Weidner, W. (2000): Bilanzsteuerrecht und Buchführung, Stuttgart
Horváth, P. (1996): Controlling, 5. Aufl., München
Hüffer, U. (2002): Aktiengesetz, Beck'sche Kurz-Kommentare, 5. Aufl., München
Hunziker, S. (2011): Hedonische Modelle zur Schätzung von Mietpreisen für Büroflächen, in: Zeitschrift für immobilienwirtschaftliche Forschung und Praxis (ZfiFP), Nr. 18 vom 25.03.2011, S. 4–7
Hupe, M. (1995): Steuerung und Kontrolle internationaler Projektfinanzierungen, o.O.

I

Ibold, H. C. (2003): Maklerrecht: Immobilien – Partnerschaften – Kapitalanlagen, Berlin-Tiergarten
Ingenstau, H./Korbion, H. et al. (2010): VOB Teile A und B. Kommentar, 17. Aufl., Köln
Innenministerium Baden-Württemberg (2005): Verwaltungsvorschrift des Innenministeriums für die Gewährung von Zuwendungen zur Erhaltung und Pflege von Kulturdenkmalen vom 26. April 2005, AZ: 6–2552.1/3, o.O.
Irsfeld, N. (2001): Internet-Marketing für die Immobilienbranche, in: Schulte, K.-W./Brade, K. H. (Hrsg.): Handbuch Immobilien-Marketing, Köln, S. 393–415
Isenhöfer, B. (1999) Strategisches Management von Projektentwicklungsunternehmen, in: Schulte K.-W. (Hrsg.): Schriften zur Immobilienökonomie, Band 8, Köln
Isenhöfer, B./Väth, A. (2000a): Lebenszyklus von Immobilien, in: Schulte, K.-W. (Hrsg.): Immobilienökonomie, Band I Betriebswirtschaftliche Grundlagen, 2. überarbeitete Auflage, München, S. 143–147

Isenhöfer, B./Väth, A. (2000b): Projektentwicklung, in: Schulte, K.-W. (Hrsg.): Immobilienökonomie, Band I Betriebswirtschaftliche Grundlagen, 2. überarbeitete Auflage, München, S. 149–228
Isenhöfer, B./Väth, A./Hofmann, P. (2005): Immobilienanalyse, in: Schulte, K-W. (Hrsg.): Immobilienökonomie, Band I Betriebswirtschaftliche Grundlagen, 3. Aufl., München, S. 391–452
IVSC (2011): International Valuation Standards Committee; International Valuation Standards, 9th Edition, London

J

Jenkis, H. W. (1995): Grundlagen der Wohnungsbaufinanzierung, München
Jenkis, H. W. (1996a): Einführung in die Wohnungswirtschaftspolitik, in: Jenkis, H.W. (Hrsg.): Kompendium der Wohnungswirtschaft, 3. überarbeitete und erweiterte Auflage, München, S. 65–122
Jenkis, H. W. (1996b): Die Wohnung: Ein Wirtschafts- oder Sozialgut?, in: Jenkis, H.W. (Hrsg.): Kompendium der Wohnungswirtschaft, 3. überarbeitete und erweiterte Auflage, München, S. 213–251
Jentzsch, S. J. (1989): Kapitalmarkt-Swaps Strukturen und Risiken
Jones Lang LaSalle (Hrsg.) (2011): Europäische Büroimmobilienmärkte trotzen in 2011 der Krise – 2012 Stagnation wahrscheinlich, in: Pulse – Jones Lang LaSalle Büroimmobilienuhr – Q4 2011, S. 1
Jones Lang LaSalle (Hrsg.) (2012): Global Real Estate Transparency Index. Global Foresight Series 2012. Real Estate Transparency Back on Track, Chicago
Jung, H. (2007): Controlling, 2. Aufl., München
Jungwirth, D. (1994): Qualitätsmanagement im Bauwesen, unter Mitwirkung der Deutschen Gesellschaft für Qualität, Düsseldorf
Jurgeleit, A. (2001): Eigentumserwerb an Grundstücken, in: Schreiber, K. (Hrsg.): Handbuch Immobilienrecht, Berlin, S. 619–671
Jutz, M. (1989): Swaps und Financial Futures und ihre Abbildung im Jahresabschluss, Stuttgart

K

Kahlen, H. (2001): Facility Management, Band 1, Entstehung, Konzeptionen, Perspektiven, Berlin/Heidelberg
Kaiser, D./Rieken, S./Söhnholz, D. (2010): Asset Allocation, Risiko-Overlay und Manager-Selektion. Das Diversifikationsbuch. Wiesbaden
Kapellmann, K./Messerschmidt, B. (2010): VOB Teile A und B, München
Kaplan, R. S./Norton D. P. (1996): Translating Strategy into Action, Boston
Kaplan, R. S./Norton D. P. (1997): Balanced Scorecard – Strategien erfolgreich umsetzen, Stuttgart
Kapp, T./Goldbeck, A./Morlock, T. (2004): Immobilienakquisitionen eines offenen Immobilienfonds: Kartellrechtliche Zusammenschlusskontrolle?, in: Der Betrieb (DB), Heft 48, S. 2567–2571
Käßer-Pawelka, G. (2001): Immobilienmarketing, in: Gondring, H./Lammel, E. (Hrsg.): Handbuch der Immobilienwirtschaft, Wiesbaden, S. 941–1002
Kinzer, C.-M. (2003): Finanzmanagement – Die Bedeutung des Facility Managements innerhalb der Immobilienwirtschaft, in: Lutz, W. (Hrsg.): Handbuch Facility Management, 2. Aufl., Landsberg/Lech
Kippes, S. (2001): Professionelles Immobilien-Marketing, München
Kleeberg, R./Eberl, W. (2001): Kulturgüter in Privatbesitz, Handbuch für das Denkmal- und Steuerrecht, 2. Aufl., Heidelberg
Kleiber, W. (2006): Zur neuen Beleihungswertverordnung, in: Grundstücksmarkt und Grundstückswert – GuG, Nr. 2, Köln, S. 69–98
Kleiber, W./Simon, J./Weyers, G. (1991): Recht und Praxis der Verkehrswertermittlung von Grundstücken, Kommentar und Handbuch zu den Rechtsgrundlagen des BauGB und der WertV zur Ermittlung des Verkehrswerts von Grundstücken, Köln
Kleiber, W./Simon, J./Weyers, G. (2010): Verkehrswertermittlung von Grundstücken, Kommentar und Handbuch zur Ermittlung von Marktwerten (Verkehrswerten), Versicherungs- und Beleihungswerten der ImmoWertV, 6. Aufl., Köln
Klumpe, W./Nastold, U. A. (1997): Immobilienfonds, 2. Aufl., Bonn
Knaus, E. (2001): Gutachterliche Bewertungsverfahren, in: Gondring, H./Lammel, E (Hrsg.): Handbuch der Immobilienwirtschaft, Wiesbaden, S. 526–542
Knoche, J. P. (2001): Altlasten und Haftung, Heidelberg
Knopp, P. (2011): Basel III: Wird der Aufschwung ausgebremst?, in: Immobilien und Finanzierung – Der langfristige Kredit 11 vom 01.06.2011, S. 24–25
Kochendörfer, B./Liebchen, J. H. (2001): Bau-Projekt-Management, Grundlagen und Vorgehensweisen, Wiesbaden

Köhling, K. (2011): Barwertorientierte Fair Value-Ermittlung für Renditeimmobilien in der IFRS-Rechnungslegung. Empfehlungen zur Konkretisierung eines Bewertungskalküls, in: Beatge, J./Kirsch, H.-J./Thiele, S. (Hrsg.): Reihe: Rechnungslegung und Wirtschaftsprüfung, Band 29, Köln
Kook, H./Sydow, M. (2010): Strategisches Portfoliomanagement in der Immobilienwirtschaft. Ein Leitfaden für Theorie und Praxis, 2. Aufl., Hamburg
Kothe, P. (2000): Altlasten und schädliche Bodenveränderungen, Gefahrenabschätzung, Sanierung, Verantwortlichkeit, 2. Aufl., Stuttgart
Kotler, P./Bliemel, F. (1999): Marketing-Management, 9. Aufl., Stuttgart
KPMG AG Wirtschaftsprüfungsgesellschaft (Hrsg.) (2011): Financial Services. Basel III. Handlungsdruck baut sich auf: Implikationen für Finanzinstitute, o.O.
Kreis, R. (1993): Handbuch der Betriebswirtschaftslehre, München
Kremer, E./Neuhaus, P. (2001): Bergrecht, Stuttgart
Krimmling, J. (2008): Facility Management – Strukturen und methodische Instrumente, 2. Aufl., Stuttgart
Kruschwitz, L. (2004): Finanzierung und Investition, 4. Aufl., München
Kruse, A. (1959): Geschichte der volkswirtschaftlichen Theorien, 4. erweiterte Auflage, Berlin
Kühn, E. (2001): Kreditwirtschaftliche Bewertung von Immobilien, in: Gondring, H./Lammel, E. (Hrsg.): Handbuch der Immobilienwirtschaft, Wiesbaden, S. 543–557
Kühne-Büning, L. (1996): Wohnungswirtschaft und Konjunktur, in: Jenkis, H. W. (Hrsg.): Kompendium der Wohnungswirtschaft, 3., überarbeitete und erweiterte Auflage, München, S. 252–266
Kühne-Büning, L./Heuer, J. (1994): Grundlagen der Wohnungs- und Immobilienwirtschaft, 3. Aufl., Frankfurt a.M.
Kulartz, H./Kus, A./Portz, N. (2009): Kommentar zum GWB-Vergaberecht, 2. Aufl., Köln
Küpper, H.-U. (1997): Controlling, 2. Aufl., Stuttgart
Küpper, M. (2006): Energieeffiziente Planung lässt sich genau quantifizieren, in: Immobilienzeitung, Nr. 6/2006, S. 14
Kurth, H./Grass, H.-G. (1990): Der geschlossene Immobilienfonds, Handbuch für Anleger und Berater, 2. Aufl., Freiburg i. Br.
Kutscher, R. (1997): Der offene Immobilienfonds, ein Wertpapier der Immobilie, in: Brunner, M. (Hrsg.): Immobilien Investment, Produkt, Märkte, Strategien, 2. Aufl., Wiesbaden, S. 195–218

L

Lachmann, J.-P./Volhard, E. (1996): Eigentum, Restitution, Verfügungsbefugnis, Verfügungsbeschränkungen, dingliche Rechte in den neuen Bundesländern, in: Usinger, W.: Recht und Steuern, Handbuch für die Immobilienwirtschaft, Köln, S. 959–990
Lachmann, W. (2003): Volkswirtschaftslehre 2, 2. Aufl., Berlin
Leesmeister, D. (1996): Materielles Liegenschaftsrecht im Grundbuchverfahren, 2. Aufl., Bielefeld
Lehner, C. (2010): Erfolgreiches Portfolio- und Asset Management für Immobilienunternehmen – die 8 Werthebel, Wiesbaden
Leinemann, R. (2010): VOB/B Kommentar, 4. Aufl., München
Leopoldsberger, G. (2007): Britische Gutachter „sehen rot", Serie Wertermittlungsverfahren, Teil 14, in: Immobilien Zeitung, Nr. 28 vom 19.07.2007, S. 6
Leopoldsberger, G./Thomas, M./Naubereit, P. (2008): Immobilienbewertung, in: Schulte, K.-W. (Hrsg.): Immobilienökonomie, Band I Betriebswirtschaftliche Grundlagen, 4. Aufl., München, S. 453–528
Levedag, R. (1983): Kreativität eines freiheitlichen Marktes wird erneut unter Beweis gestellt, in: Handelsblatt vom 04.10.1983
Liang, Y./McIntosh, W. (1998): Sharpe's Alpha: A New Performance Measure, in: Real Estate Finance, Fall 1998, S. 13–17
Limmer, P. et al. (2009): Würzburger Notarhandbuch, 2. Aufl., Münster
Lindtner, A. (2001): Asset-Backed-Securities – Ein Cash Flow-Modell, Sternenfels
Link, J. (2002): Führungssystem, in: Küpper, H.-U./Wagenhofer, A. (Hrsg.): Handwörterbuch Unternehmensrechnung und Controlling, 4. Aufl., Stuttgart, S. 606–616
Locher, H. et al. (2010): Kommentar zur HOAI, 10. Aufl., Düsseldorf
Loipfinger, S./Nickl jr., L./Richter, U. (1997): Geschlossene Immobilienfonds, Grundlagen, Analyse, Bewertung, 2. Aufl., Stuttgart
Lücking, L. (2001): Ansatz des Marketing-Controllings in der Immobilienbranche, in: Schulte, K.-W./Brade, K. H.: Handbuch Immobilien-Marketing, Köln, S. 107–126
Luger, A. E./Pflaum, D. (1996): Marketing: Strategie und Realisierung, München, Wien
Lütge, F. (1949): Wohnungswirtschaft, 2., völlig überarbeitete und stark erweiterte Auflage, Stuttgart

M

Maaß, E. (1996): Grundbuch und Liegenschaftskataster, in: Usinger, W.: Recht und Steuern, Handbuch für die Immobilienwirtschaft, Köln, S. 97–132
Mändle, E./Galonska, J. (1997): Wohnungs- und Immobilien-Lexikon, Hamburg
Mäschle, W. (2002): Maklerrecht von A–Z – Lexikon des öffentlichen und privaten Maklerrechts, München
Mahns, P. (2001): Bausparkgeschäft, in: Gondring, H./Lammel, E. (Hrsg.): Handbuch der Immobilienwirtschaft, Wiesbaden, S. 731–757
Maier, K. M. (1999): Risikomanagement im Immobilienwesen, Leitfaden für Theorie und Praxis, Frankfurt a. M.
Markowitz, H. M. (2008): Portfolio Selection. Die Grundlagen der optimalen Portfolioauswahl (dt. Übersetzung), München
Martinetz, C./Martinetz, D. (1999): Lexikon der Entgiftung von Abgasen, Abwässern, Abfällen und Altlasten, Frankfurt a. M.
Matschke, M./Brösel, G. (2007): Unternehmensbewertung. Funktionen – Methoden - Grundsätze, 3. überarbeitete und erweiterte Auflage, Wiesbaden
Maurer, R./Sebastian, S. (1999): Immobilienfonds und Immobilienaktiengesellschaften als finanzwirtschaftliche Substitute für Immobiliendirektanlagen, in: Zeitschrift für Betriebswirtschaft – Ergänzungsheft, Nr. 3, S. 169–194
Maurer, R./Sebastian, S./Stephan, T. G. (2000): Immobilienindizes im Portfolio-Management, Working Paper Serie der Wolfgang Goethe-Universität, Fachbereich Wirtschaftswissenschaften, Finance & Accounting, Nr. 52, Frankfurt a. M.
May, A./Eschenbaum, F./Breitenstein, O. (1998): Projektentwicklung als Baustein im CRE-Management, Berlin
Meißner, J. E. (2001): Kreditnehmer im Fokus, Offenlegung der wirtschaftlichen Verhältnisse nach § 18 KWG, in: Kredit & Rating Praxis, (Januar 2001), S. 22
Metzner, S. (2002): Immobiliencontrolling – Strategische Analyse und Steuerung von Immobilienergebnissen auf Basis von Informationssystemen, in: Pelzl, W. (Hrsg.): Reihe Immobilienmanagement, Band 1, Leipzig
Metzner, S./Erndt, A. (2002): Moderne Instrumente des Immobiliencontrollings, Stuttgart
Michel-Quapp, U. (2009): Öffentliches Baurecht von A–Z, Berlin
Miles, M. E et al. (1991): Real Estate Development. Principles and Process, Washington D. C.
Millington, A. F. (1995): An introduction to property valuation, Fourth Edition, Bairnsdale Victoria
Mittendörfer, R. (2000): Szenerie der Investoren, in: Stadler, W. (Hrsg.): Venture Capital und Private Equity, Köln, S. 43–70
Möller, D.-A. (1988): Planungs- und Bauökonomie: Wirtschaftslehre für Bauherren und Architekten, München
Moslener, W./Rondeau, E. (Hrsg.) (2001): Facility Management, Band 2, Verfahren, Praxis, Potentiale, Berlin
Motzel, E. (Hrsg.) (1993): Projektmanagement in der Baupraxis – bei industriellen und öffentlichen Bauprojekten, Berlin
Müller, R. (1993): Recht und Rechtsverfolgung im Hypothekarkredit, in: Rückhardt, K.: Handbuch des Hypothekarkredits, 3. Aufl., Frankfurt a. M., S. 261–402
Mütze, M./Abel, M./Senff, T. (2009): Immobilieninvestitionen – Die Rückkehr der Vernunft, München
Muncke, G./Dziomba, M./Walther, M. (2008): Standort- und Marktanalysen in der Immobilienwirtschaft – Ziele, Gegenstand, methodische Grundlagen und Informationsbeschaffung, in: Schulte, K.-W./Bone-Winkel, S. (Hrsg.): Handbuch Immobilien-Projektentwicklung, 3. Aufl., Köln, S. 133–208
Murfeld, E. (2002): Spezielle Betriebswirtschaftslehre der Grundstücks- und Wohnungswirtschaft, 4. Aufl., Hamburg
Mussel, G./Pätzold, J. (2005): Grundfragen der Wirtschaftspolitik, 6. Aufl., München

N

Nävy, J. (2006): Facility Management. Grundlagen, Computerunterstützung, Systemeinführung, Anwendungsbeispiele, 4. Aufl., Berlin
Nestel, W. R. (2001): Einführung in die Gewerbe-Immobilie – Akteure, Typen und Anlageformen, in: Gondring, H./Lammel, E. (Hrsg.): Handbuch Immobilienwirtschaft, Wiesbaden, S. 247–268
Neufert, E. (2002): Bauentwurfslehre, 37. Aufl., Wiesbaden
Neufert, P./Neff, L. (1996): Gekonnt Planen – Richtig Bauen, Haus Wohnung Garten, Wiesbaden
Neuhäuser-Metternich, S./Witt, F.-J. (2000): Kommunikation und Berichtswesen, 2. Aufl., München
Niehaus, G. (2002): Grundlagen der Investitionsentscheidung, in Schäfer, J./Conzen, G. (Hrsg.): Praxishandbuch der Immobilien-Projektentwicklung, München, S. 33–46
Niesslein, G./Lechtape, B. (2005): Ganzheitliche Betrachtung Facility Management und Real Estate Management, in: Schäfer, J./Conzen, G. (Hrsg.): Praxishandbuch der Immobilieninvestitionen: Anlageformen, Ertragsoptimierung, Risikominimierung, München, S. 534–543
Noch, R. (2011): Vergaberecht Kompakt, Handbuch für die Praxis, 5. Aufl., Köln

O

Obst, G./Hintner, O. (1993): Geld-, Bank- und Börsenwesen, 39. Aufl., Stuttgart
OeNB (Oesterreichische Nationalbank) (2012a): Basel II, http://www.oenb.at/de/finanzm_stab/basel_II/basel_ii.jsp
OeNB (Oesterreichische Nationalbank) (2012b): Der Weg zu Basel III, http://www.oenb.at/de/finanzm_stab/baseliii/der_weg_zu_basel_iii.jsp
Oerder, M./Numberger, U./Schönfeld, T. (1999): Bundes-Bodenschutzgesetz – BBodSchG, Kommentar, Stuttgart
Oettle, K. (1996): Wohnungswirtschaft – in den deutschen Wirtschafts- und Sozialwissenschaften vernachlässigt, in: Jenkis H. W. (Hrsg.): Kompendium der Wohnungswirtschaft, 3., überarbeitete und erweiterte Auflage, München, S. 3–22
Olfert, K. (2001): Finanzierung, 11. Aufl., Kiel
Opitz, G. (1998): Geschlossene Immobilienfonds, Wirtschaftliche, rechtliche und steuerliche Konzeptionen, Praxisratgeber, 2. Aufl., Freiburg
Ott, S. (2011): Investitionsrechnung in der öffentlichen Verwaltung, Wiesbaden

P

Palandt, O. (2012): Bürgerliches Gesetzbuch, 71. Aufl., München
Paul, E. (2001): Immobilienbewertung in Europa – Wertlehren, Definitionen und Verfahren, in: Gondring, H./Lammel, E. (Hrsg.): Handbuch der Immobilienwirtschaft, Wiesbaden, S. 611–636
Pellens, B. (2001): Internationale Rechnungslegung, 3. Aufl., Stuttgart
Perridon, L./Steiner, M. (2002): Finanzwirtschaft der Unternehmung, 11., überarbeitete und erweiterte Auflage, München
Pfarr, K. (1984): Grundlagen der Bauwirtschaft, Essen
Pfnür, A. (2002a): Modernes Immobilienmanagement, Heidelberg
Pfnür, A. (2002b): Betriebliche Immobilienökonomie, Heidelberg
Piehler, J. (1998): Studienbrief: Grundlagen der Wertermittlung, Verband deutscher Hypothekenbanken e. V., Berlin
Pierschke, B./Pelzeter, A. (2005): Facilities Management, in: Schulte, K.-W. (Hrsg.): Immobilienökonomie, Band I Betriebswirtschaftliche Grundlagen, 4. Aufl., München, S. 345–384
Pistohl, W. (2004): Handbuch der Gebäudetechnik. Planungsgrundlagen und Beispiele Band 1. Sanitär/Elektro/Förderanlagen, 5. Aufl., München
Pistohl, W. (2003): Handbuch der Gebäudetechnik. Planungsgrundlagen und Beispiele Band 2. Heizung/Lüftung/Energiesparen, 4. Aufl., München
Preugschat, F. (2001): Corporate Real Estate Management, in: Gondring, H./Lammel, E. (Hrsg.): Handbuch der Immobilienwirtschaft, Wiesbaden, S. 355–371
Preuß, N./Schöne, L. B. (2009): Real Estate und Facility Management. Aus Sicht der Consultingpraxis, 3. Aufl., Berlin
Pütter, J. (2007): Energiemanagement – wirtschaftliches Haushalten mit unseren Ressourcen, in: Braun, H.-P.: Facility Management, Erfolg in der Immobilienbewirtschaftung, 5. Aufl., Berlin, S. 99–112
Pyhrr, S. A./Roulac, S. E./Born, W. L. (1999): Real Estate Cycles and Their Implications for Investors and Portfolio Managers in the Global Economy, in: The Journal of Real Estate Research, Vol. 18, Nr. 1, S. 7–68

R

Raffée, H. (1974): Grundprobleme der Betriebswirtschaftslehre, Göttingen
Rappaport, A. (1999): Sharholder Value, Ein Handbuch für Manager und Investoren, 2. vollständig überarbeitete und aktualisierte Auflage, Stuttgart
Rauch, W./Zimmermann, S. (1998): Grundschuld und Hypothek, Der Realkredit in der Bankenpraxis, 2. Aufl., München
Reckenfelderbäumer, M. (1998): Entwicklungsstand und Perspektiven der Prozesskostenrechnung, 2. Aufl., Wiesbaden
Reents, M. (2007): Strukturwandel in der Immobilienwirtschaft, in: Braun, H.-P.: Facility Management, Erfolg in der Immobilienbewirtschaftung, 5. Aufl., Berlin, S. 25–48
Rehkugler, H. (2003): Die Immobilien-AG – Chancen für Unternehmen und Investoren, in: Rehkugler, H. (Hrsg.): Die Immobilien-AG, Bewertung und Marktattraktivität, München, S. 1–32
Reisach, K. H. (2000): Bauträgerrecht und Bauträgerfinanzierung, 2. überarbeitete Auflage, Köln
Reisbeck, T./Schöne, L. B. (2006): Immobilien-Benchmarking: Ziele, Nutzen, Methoden und Praxis, Heidelberg
Reister, D. (2004): Nachträge beim Bauvertrag, Köln
Reithmann, C./Meichssner, C./von Heymann, E. (1995): Kauf vom Bauträger, 7. Aufl., Köln

Richmond, D. (1994): Introduction to Valuation, Third Edition, Mackays of Chatham PLC
RICS Deutschland Ltd. (Hrsg.) (2010): Broschüre, RICS Deutschland. Chartered Surveyors – The property professionals, Frankfurt a. M.
Röll, L. (2005): Wohnungseigentum, in: Schreiber, K. (Hrsg.): Handbuch Immobilienrecht, Berlin, S. 875–932
Rombach, P. (2001): Grundbuch und Grundbuchverfahren, in: Schreiber, K., Handbuch Immobilienrecht, Berlin, S. 765–818
Ropeter, S.-E. (1998): Investitionsanalyse für Gewerbeimmobilien, Köln
Rösel, W. (2000): Baumanagement, Grundlagen, Technik und Praxis, 4. Aufl., Berlin

S

Sabary, S. (2002): Projektentwicklung als Baustein des Netzwerkgedankens, in: Braschel, R. (Hrsg.): Bauen in Netzwerken, Weimar, S. 96–139
Sachsenmaier, M. (2001): Immobilienanlagen in der Asset Allocation – Möglichkeiten und Grenzen, in: Gondring, H./Lammel, E. (Hrsg.): Handbuch der Immobilienwirtschaft, Wiesbaden, S. 639–686
Sailer, E. (1996): Immobilienmakler, in: Jenkis, H. W. (Hrsg.): Kompendium der Wohnungswirtschaft, 3. überarbeitete und erweiterte Auflage, München, S. 439–458
Sailer, E. (2004): Immobilien-Fachwissen von A–Z, Kiel
Sailer, E. (2006): Der Immobilienmakler. Grundlagen – Strategien – Entwicklungspotentiale, Stuttgart
Sailer, E./Kippes, S./Rehkugler, H. (Hrsg.) (2003): Handbuch für Immobilienmakler und Immobilienberater, München
Saputelli, C. (2011): Warum die Immobilienwirtschaft Basel III fürchtet. Teil 1, in: Neue Zürcher Zeitung, Nr. 99 vom 29.04.2011, S. 61
Scarrett, D. (1991): Property Valuation, The 5 Methods, E & FN Spon, London
Schäfer, H. (1998): Unternehmensfinanzen, Heidelberg
Schäfers, W. (1997): Strategisches Management von Unternehmensimmobilien, Köln
Schäfers, W. (1998): Ansätze zur Shareholder Value-Analyse im Corporate Real Estate Management, in: Schulte, K.-W./Schäfers, W. (Hrsg.): Handbuch Corporate Real Estate Management, Köln, S. 819–855
Scharf, A./Schubert, B. (2001): Marketing – Einführung in Theorie und Praxis, 3. überarbeitete Auflage, Stuttgart
Schätzl, L. (2003): Wirtschaftsgeographie 1, Theorie, 9. Aufl., Paderborn
Scheins, J. (2002): Corporate Real Estate Management, in: Braschel, R. (Hrsg.): Bauen in Netzwerken, Weimar, S. 65–93
Schieler, J. (1998): Der leichte Weg zum Qualitätsmanagement: ohne Formalismus zu optimalen Arbeitsabläufen im Baugewerbe,, Köln
Schierenbeck, H. (2003): Grundzüge der Betriebswirtschaftslehre, 16. Aufl., München
Schmidt, B. (1997): Studienbrief: Absicherung von Darlehen durch Grundpfandrechte, Verband deutscher Hypothekenbanken, Bonn
Schmidt, F. (1997): Wesen und Bedeutung von Wohnungs- und Teileigentum sowie einschlägiger Rechtsgebiete, in: Seuß, H.: Praxis des Wohnungseigentums, 4. Aufl., München
Schmidt, R. H./Terberger, E. (1997): Grundzüge der Investitions- und Finanzierungstheorie, 4. Aufl., Wiesbaden
Schmidt, W./Fröhlig, B. (1996): Grundbuch lesen und verstehen, Neuwied
Schmidt-Futterer, W./Blank, H. (1979): Wohnraumschutzgesetze, 3. Aufl., München
Schmitz, T./Wehrheim, M. (2006): Risikomanagement, Grundlagen – Theorie – Praxis, Stuttgart
Schmitz, C. (2010): Unternehmensbewertungstheorie und -praxis – Validität praxisrelevanter Unternehmensbewertungsverfahren, Diss., Bergische Universität Wuppertal
Schneider, D. (1985): Allgemeine Betriebswirtschaftslehre, 2. Auflage der Geschichte betriebswirtschaftlicher Theorie, München
Schneider, H. (2004): Facility Management – Planen – Einführen – Nutzen, 2. Aufl., Stuttgart
Schönmann, H. (1997): Geschichte des deutschen Hypothekarkredits, in: Rüchardt, K. (Hrsg.): Handbuch des Hypothekarkredits, Frankfurt a. M., S. 819–981
Schredelseker, K. (2002): Cashflow, in: Küpper, H.-U./Wagenhöfer, A. (Hrsg.): Handwörterbuch Unternehmensrechnung und Controlling, 4. völlig neu gestaltete Auflage, Stuttgart, S. 251–260
Schreiber, K. (Hrsg.) (2001): Handbuch Immobilienrecht, Berlin
Schulte, K.-W./Bone-Winkel, S./Rottke, N. (2002): Grundlagen der Projektentwicklung aus immobilienwirtschaftlicher Sicht, in: Schulte, K.-W./Bone-Winkel, S. (Hrsg.): Handbuch Immobilien-Projektentwicklung, 2. Aufl., Köln, S. 27–90
Schulte, K.-W./Brade, K. H. (2001): Bedeutung und Aufgaben des Immobilien-Marketings, in: Schulte, K.-W./Brade, K. H. (Hrsg.): Handbuch Immobilien-Marketing, Köln, S. 35–46
Schulte, K.-W./Brade, K. H. (Hrsg.) *(2001):* Handbuch Immobilien-Marketing, Köln
Schulte, K.-W./Schäfers, W. (1998): Einführung in das Corporate Real Estate Management, in: Schulte, K.-W./Schäfers, W. (Hrsg.): Handbuch Corporate Real Estate Management, Köln, S. 25–52

Schulte-Mattler, H/Manns, T. (2012): Basel-III-Neuerungen zur Stärkung der Widerstandskraft der Banken bei künftigen Finanzkrisen, in: Jacobs, J. et al. (Hrsg.): Frühwarnindikatoren und Krisenfrühaufklärung. Konzepte zum präventiven Risikomanagement, Wiesbaden, S. 159–187

Schulz, C. (1990): Rentabilität und Risiko steuerbegünstigter Kapitalanlagen: ein Entscheidungsunterstützungssystem zur Beurteilung privater Kapitalanlagen, Kiel

Schulz-Wulkow, C. (2003): Nationale und internationale Methoden der Immobilienbewertung, in: Rehkugler, H. (Hrsg.): Die Immobilien–AG, Bewertung und Marktattraktivität, München, S. 73–96

Schwartmann, R./Pabst, H. (2001): Bauvorhaben auf Altlasten, München

Schwering, U. (2006): Bauträger-, Makler-, Wohneigentumsrecht, in: Brauer, K.-U. (Hrsg.): Grundlagen der Immobilienwirtschaft, Recht – Steuern – Marketing – Finanzierung – Bestandsmanagement – Projektentwicklung, 7. Aufl., Wiesbaden, S. 261–308

Schwinn, R. (1993): Betriebswirtschaftslehre, München

Sebastian, S. P. (2003): Inflationsrisiken von Aktien-, Renten- und Immobilieninvestment. Eine theoretische und empirische Analyse an Finanzmärkten in Deutschland, Frankreich, Großbritannien und der Schweiz, Bad Soden

Sekretariat des Basler Ausschusses für Bankenaufsicht (Hrsg.) (2001): Erläuternde Angaben zur Neuen Basler Eigenkapitalvereinbarung, o.O.

Seehausen, K.-R. (2000): Denkmalschutz und Verwaltungspraxis, München

Servatius, W. (2012): Funktionsdefizite beim Offenen Immobilienfonds, in: IREBS International Real Estate Business School (Hrsg.): Working Paper 2012/1, Regensburg

Seydel, H. (2005): Maklerrecht: Ein Leitfaden für Makler und ihre Kunden, 4. Aufl., Herne

Soens, M./Brown, R. (1993): Real Estate Asset Management – Executive Strategies for Profit-Making, New York

Spitzkopf, H. A. (1994): Konventionelle Finanzierung von Gewerbeimmobilien, in: Falk, B. (Hrsg.): Gewerbeimmobilien, 6. überarbeitete und erweiterte Auflage, Landsberg/Lech, S. 529–552

Spremann, K. (2006): Portfoliomanagement, 3. Aufl., München

SRU – Sachverständigenrat für Umweltfragen (Hrsg.) (1989): Sondergutachten „Altlasten", Dezember 1989, BT-Dr. 11/6191, Stuttgart

SRU – Sachverständigenrat für Umweltfragen (Hrsg.) (1995): Sondergutachten „Altlasten II", Februar 1995, BT-Dr. 13/380, Stuttgart

Stadlöder, P. (2005): Implementierung des Facility Management in der Planungsphase, in: Kippes, S./Sailer, E. (Hrsg.): Immobilienmanagement, Stuttgart

Staudinger, J. (2008): Kommentar zum Bürgerlichen Gesetzbuch mit Einführungsgesetz und Nebengesetzen. Eckpfeiler des Zivilrechts, Berlin

Steger, J. (2001): Kosten- und Leistungsrechnung, 3. Aufl., München

Stöber, K. (1998): GBO-Verfahren und Grundstückssachenrecht, 2. Aufl., München

Strascheg, F. (2000): MBO/MBI: Die Venture Capital-Praxis, in: Stadler, W. (Hrsg.): Venture Capital und Private Equity, Köln, S. 89–96

Straush, C. (1990): Handbuch Terminhandel. Optionen und Financial Futures. Handelsstrategien und Bewertungsmodelle. Kontraktbedingungen weltweit, Hoppenstedt

Streibich, R. (2011): Erfolgsfaktoren im Bau- und Immobilien-Marketing. Verkaufen in der Krise und in Boomzeiten, Hamburg

Sundhoff, E. (1979): Johann Friedrich Schär, in: Dreihundert Jahre Handelswissenschaft, Beiträge zur Geschichte der Betriebswirtschaftslehre, Nr. 60, Göttingen, S. 163–196

T

Tewes, D. (1996): Praxishandbuch Immobilienkapitalanlagen, Darstellung sämtlicher Modelle aus steuerlicher, wirtschaftlicher und zivilrechtlicher Sicht, 7. Aufl., Kissing

Thomas, M./Leopoldsberger, G./Walbröhl, V. (2000): Betriebswirtschaftliche Immobilienbewertung, in: Schulte, K.-W. (Hrsg.): Immobilienökonomie, Band 1 Betriebswirtschaftliche Grundlagen, 2. überarbeitete Auflage, München, S. 381–448

Thomas, M. (1995a): Income Approach versus Ertragswertverfahren, Teil 1, in: Grundstücksmarkt und Grundstückswert – GuG, Nr. 1/95, S. 35–38

Thomas, M. (1995b): Income Approach versus Ertragswertverfahren, Teil 2, in: Grundstücksmarkt und Grundstückswert – GuG, Nr. 1/95, S. 82–90

Thommen, J.-P./Achleitner, A.-K. (2001): Allgemeine Betriebswirtschaftslehre. Umfassende Einführung aus managementorientierter Sicht. Organisation, 3. Aufl., Wiesbaden

Tytko, D. (1999): Grundlagen der Projektfinanzierung, Stuttgart

U

Ulbricht, T. (2005): Facility-Management und Bewirtschaftungsstrategien von Immobilien, in: BDO Deutsche Warentreuhand AG (Hrsg.): Praxishandbuch Real Estate Management, Stuttgart, S. 524–525

V

Väth, A. (1999): Die Grundstücks-Investmentaktiengesellschaft als Pendant zum REIT: Entwicklung einer Konzeption auf Basis der KAAG-Novelle '98, Köln
VDP (Verband Deutscher Pfandbriefbanken) (Hrsg.) (1996): Grundsatzpapier zum Beleihungswert von Immobilien, Berlin
VDP (Verband Deutscher Pfandbriefbanken) (1998): Wesentliche Aspekte der Beleihungswertermittlung, Belin
VDP (Verband Deutscher Pfandbriefbanken) (2010): Ermittlung des Beleihungswertes nach BelWertV auf der Grundlage ausländischer Bewertungen, Berlin
Versteyl, L./Sondermann, W. (2002): BBodSchG, Kommentar, München
Vogel, R. R. (2000): Angelsächsische Investitionsverfahren und marktorientierte Verkehrswertermittlung in Deutschland, in: Grundstücksmarkt und Grundstückswert – GuG, Nr. 4, Neuwied, S. 202–209
Vogels, M. (1996): Grundstücks- und Gebäudebewertung marktgerecht, mit Formeln, Rechenverfahren, Diagrammen, Tabellen und Rechnernutzung, 5. Aufl., Gütersloh
Vogler, J. (1998): Immobilienrisiko-Management; in: Schulte K.-W./Bone-Winkel, S./Thomas, M. (Hrsg.): Handbuch Immobilien-Investition, Köln, S. 79–123
Volger, K./Laasch, E. (1999): Haustechnik, Grundlagen, Planung, Ausführung, 10. Aufl., Leipzig

W

Wagemann, S. K. (2001): Funktion und Bedeutung von Grundstücksregistern, Eine rechtsvergleichende Studie zum Liegenschaftsrecht von Deutschland, England und Frankreich, Heidelberg
Wagner, T. (2005): Wertorientiertes Facility Management, in: Immobilienzeitung, Nr. 21 vom 06.10.2005, S. 42
Wagner, T. (2006a): „Structure Follows Strategy" gilt auch im Immobilienmanagement. Die Entwicklung von der Immobilienverwaltung zum Asset Management, in: ZfiFP, Nr. 1 vom 23.10.2006, S. 5–6
Wagner, T. (2006b): Was ist Asset Management? In: Immobilienwirtschaft, Nr. 04/2006, S. 60
Walter, B. (2000): Historische Wurzeln und Zukunftsperspektiven des Investment Banking, Frankfurt a. M.
Walter, G. (2001): Grundpfandrechte im Insolvenzverfahren, 9. Aufl., Köln
Walter, M. (2000): Der Liegenschaftszinssatz, wird er überhaupt ermittelt? In: Grundstücksmarkt und Grundstückswert – GuG, Nr. 1, S. 6–7
Walther, M. (2002): Seminar II, Standort- und Marktanalysen für Handelsimmobilien, 2. Deutscher IIR Handelsimmobilienkongress, CRETAIL 2002
Walther, M./Muncke, G./Schwarte, M. (2000a): IZ-Tutorial Nr. 19: Standort- und Marktanalysen. Jede Kuh im Dorf wird erfasst, aber nicht die Zahl der Bürobeschäftigten im Raum Frankfurt, in: Immobilienzeitung, Nr. 19 vom 07.09.2000, S. 10
Walther, M./Muncke, G./Schwarte, M. (2000b): IZ-Tutorial Nr. 18: Standort- und Marktanalysen. Analyseergebnisse und Projektidee: Eine dauernde Rückkopplung ist erforderlich, in: Immobilienzeitung, Nr. 18 vom 24.08.2000, S. 14
Weber, J./Schäffer, U. (2000): Balanced Scorecard und Controlling: Implementierung – Nutzen für Manager und Controller – Erfahrungen in deutschen Unternehmen, 3. Aufl., Wiesbaden
Weigert, M./Pepels, W. (1999): WiSo-Lexikon, Band I – Betriebswirtschaft, Statistik, Wirtschaftsrecht, München
Weirich, H.-A. (2006): Grundstücksrecht, 3. Aufl., München
Weiß, D. (1998): Prozesskostenrechnung und Workflow Management – Konzeption und Umsetzung eines Schnittstellensystems, Wiesbaden
Wellner, K. (2003): Entwicklung eines Immobilien-Portfolio-Management-Systems zur Optimierung von Rendite-Risiko-Profilen diversifizierter Immobilienportfolios, in: Pelzl, W. (Hrsg.): Reihe Immobilienmanagement, Band 3, Leipzig
Werner, T./Burghardt, R. (2006): Der graue Kapitalmarkt, Frankfurt a. M.
Westdeutsche Immobilienbank AG (Hrsg.) (2001): „Immobilien-Investmentbanking", Marktbericht XI, Mainz
White, D. et al. (1999): Internationale Bewertungsverfahren für das Investment in Immobilien, Wiesbaden
Wiederkehr, B./Züger, R.-M. (2010): Risikomanagementsystem im Unternehmen. Grundlagen mit zahlreichen Beispielen, Repetitionsfragen und Antworten, Zürich
Will, H. (2001): Das Grundstück als Gegenstand der Kreditsicherung, in: Schreiber, K. (Hrsg.): Handbuch Immobilienrecht, Berlin, S. 947–1028
Will, L. (1982): Die Rolle des Bauherrn im Planungs- und Bauprozess, Europäische Hochschulschriften, Frankfurt a. M.

Wirth, A./Pfisterer, C./Schmidt, A. (2011): Privates Baurecht praxisnah: Basiswissen mit Fallbeispielen, Wiesbaden
Wöhe, G. (1992): Bilanzierung und Bilanzpolitik, Betriebswirtschaftlich – Handelsrechtlich – Steuerrechtlich, 8. Aufl., München
Wöhe, G. (2010): Einführung in die Allgemeine Betriebswirtschaftslehre, 24. Aufl., München
Wöhe, G./Bilstein, J. (2002): Grundzüge der Unternehmensfinanzierung, 9. Aufl., München
Wolf, K./Runzheimer, B. (2000): Risikomanagement und KonTraG. Konzeption und Implementierung. Grundlagen des Risikomanagements, 2. Aufl., Wiesbaden
Wonhas, P. (1994): Management und Marketing bei offenen Immobilienfonds, in: Zeyer, F. (Hrsg.): Investmentfonds-Management Anlagestrategie, Performanceanalyse, Marketing, München, S. 47–60

Z

Zahn, P. (2007): Gebäudemanagement, in: Braun, H.-P.: Facility Management, Erfolg in der Immobilienbewirtschaftung, 5. Aufl., Berlin, S. 75–98
Zantow, R. (2003): Projektfinanzierung für Immobilien, in: Gondring, H./Zoller, E. (Hrsg.): Real Estate Investment Banking, Wiesbaden, S. 253–273
Zehrer, H./Sasse, E. (2004a): Handbuch Facility Management, Ordner 1, München
Zehrer, H./Sasse, E. (2004b): Handbuch Facility Management, Ordner 2, München
Zerres, C./Zerres, M. P. (2005): Handbuch Marketing-Controlling. 3.Aufl., Berlin
Zimmermann, W./Fries, H.-P. (1995): Betriebliches Rechnungswesen. Bilanz und Erfolgsrechnung – Kosten- und Leistungsrechnung – Wirtschaftlichkeits- und Investitionsrechnung, 6. Aufl., München

Weiterführende Literatur

A

Adam, A. (2000): Renditevorteile durch das Zusammenwirken von Immobilien- und Portfoliomanagement, in: Westdeutsche Immobilienbank (Hrsg.): Marktbericht XI, Mainz, S. 73–81
AHO (2000): Untersuchung zum Leistungsbild des § 31 HOAI und zur Honorierung für die Projektsteuerung, unv. Nachdruck, Berlin
Alda, W. (1998): Offene Immobilienfonds, in: Schulte, K. W./Bone-Winkel, S./Thomas, M. (Hrsg.): Handbuch Immobilien-Investition, Frankfurt a. M., S. 533–571
Andres, M. (1988): Zins- und Währungsswaps als innovative Finanzinstrumente, Wien
Ardalan, C./Seigel, L. (1985): Swap Exposure and Regulatory Concerns, in: Euromoney Finance, November, S. 82
Auckenthaler, C. (2001): Mathematische Grundlagen des modernen Portfoliomanagements, 3. Aufl., Bern
Ausschuss für Bankaufsicht: Eigenkapitalvereinbarung, Januar 2001 b, Basel

B

Ballwieser, W. (1994): Adolf Moxter und der Shareholder Value-Ansatz, in: Ballwieser, W. (Hrsg.): Bilanzrecht und Kapitalmarkt, Düsseldorf, S. 713–737
Bamberg, G./Coenenberg, A. G. (1996): Betriebswirtschaftliche Entscheidungslehre, 9. Aufl., München
Barber, C./Robertson, D./Scott, A. (1997): Property and Inflation: The Hedging Characteristics of U. K. Commercial Property 1967–1994, in: The journal of Real Estate Finance and Economics Vol. 15:1, S. 59–76
Basler Konsultationspapier, Ausschuss für Bankaufsicht, Überblick über die Neue Basler Eigenkapitalvereinbarung, Januar 2001, Basel
Beck, M. (2000): Analyse einzelner Immobilienaktiengesellschaften, in: Bankhaus Ellwanger & Geiger (Hrsg.): Europäische Immobilienaktien, Stuttgart, S. 215–732
Benkert, M. (2000): Steuerliche Konzeptionierung der Immobilien-AG, Vortragsdokumentation, Düsseldorf, S. 1–13
Bestmann, U. (1990): Kompendium der Betriebswirtschaftslehre, 5., überarbeitete und erweiterte Auflage, München/Wien
Beyersdorff, M. (2000): Performancevergleich zwischen deutschen offenen Immobilienfonds und Immobilienaktiengesellschaften, Diplomarbeit am Stiftungslehrstuhl Grundstücks- und Wohnungswirtschaft der Wirtschaftswissenschaftlichen Fakultät der Universität Leipzig, 07.04.2000

Bickel, C. (2002): Bundes-Bodenschutzgesetz, Kommentar, 3. Aufl., Köln
Birkner, M./Bornemann, L.-D. (1997): Die Buchhaltung in der Wohnungs-Wirtschaft, Hamburg
Black, A./Wright, P./Bachman, J. E. (1998): Shareholder Value für Manager, Frankfurt a. M.
Black, F./Jensen, M. C./Scholes, M. (1972): The Capital Asset Pricing Model, Some Empirical Tests, in: Jensen, M. C. (Hrsg.): Studies in the Theory of Capital Markets, New York, S. 79–124
Blank, H./Börstinghaus, U. (04/2000): Kommentar zum BGB-Mietrecht und MHG, München
Blum, C. A. (1997): Integration nicht-traditioneller Asset Classes in die Vermögensverwaltung von High Net Worth Individual, Bern
Bone-Winkel, S. (1994): Das strategische Management von offenen Immobilienfonds – unter besonderer Berücksichtigung der Projektentwicklung von Gewerbeimmobilien, in: Schulte, K.-W. (Hrsg.): Schriften zur Immobilienökonomie, Band 1, Köln
Bone-Winkel, S. (2000): Immobilienportfolio-Management, in: Schulte, K.-W. (Hrsg.): Immobilienökonomie, Band I Betriebswirtschaftliche Grundlagen, 2. überarbeitete Auflage, München, S. 765–813
Brambring, G. (2000): Grundstückskauf, in: Brambring, G./Jerschke, H./Waldner, W. (Hrsg.): Beck'sches Notarhandbuch, 3. Aufl., München, S. 1–210
Brand, E. (2000): Verfahrenskritik zum Discounted-Cash-Flow-Verfahren in der Grundstücksbewertung, in: Grundstücksmarkt und Grundstückswert, 11. Jahrgang, Nr. 4, S. 210–213
Brand, M. (2001): Grundlagen zur ganzheitlichen Projektentwicklung, in: Gondring, H./Lammel, E. (Hrsg.): Handbuch Immobilienwirtschaft Wiesbaden, S. 333–353
Burgtorf, A. (1996): Kunstwerke als Kapitalanlage in einem diversifizierten Portfolio, Frankfurt a. M.
Büschgen, H. E. (2000): Praxishandbuch Leasing, München
Busz, E./Höfler, H./Weßel, H. (2002): Die wichtigsten Rechtsbegriffe der Immobilienwirtschaft, Frankfurt a. M.
Bub, W-R./Treier, G. (1999): Handbuch der Geschäfts- und Wohnraummiete, 3. Aufl., München
Buchert, H./Hering, T./Keuper, F. (2001): Controlling – Aufgaben und Lösungen, München
Brox, H. (2001): Allgemeiner Teil des BGB, 25. Aufl., Köln/Berlin
Brox, H./Walker, W. (2002): Besonderes Schuldrecht, 27. Aufl., München
Brueggemann, W. B./Chen, A. H./Thibodeau, T. G. (1984): Real estate investment funds, Performance an portfolio considerations, in: Journal of the American Real Estate and Urban Economics Association (AREUEA), Vol. 12, 3/1984, S. 333–354

C

Caroli, M. (2000): Finanzierung von Immobilienaktiengesellschaften, in: Bankhaus Ellwanger & Geiger (Hrsg.): Europäische Immobilienaktien, S. 78–80
Caspari, K.-B. (2003): Kapitalmarkt Deutschland, Erfolge und Herausforderungen, Deutsche Börse Group, Frankfurt a. M.
Chmielewicz, K. (1979): Forschungskonzeptionen der Wirtschaftswissenschaft, 2. Aufl., Stuttgart
Clausewitz, C. von (1991): Vom Kriege – Hinterlassenes Werk des Generals, Urtext mit historisch-kritischer Würdigung von W. Hahlweg, 19., erweiterte Auflage, Bonn
Coenenberg, A. G./Salfeld, R. (2003): Wertorientierte Unternehmensführung. Vom Strategieentwurf zur Implementierung, Wiesbaden.
Collisi, B. (1999): Grundzüge des Maklerrechts, 3. Aufl., Königsbrunn/Stuttgart
Conrad, C./Stahl, M. (2000): Risikomanagement an internationalen Finanzmärkten, Stuttgart
Cotts, D. G. (1998): The Facility Management Handbook, Second Edition, New York
Creifelds, C. (2002): Rechtswörterbuch, 17. Aufl., München
Cullon, P./Stein, C. (2000): MBO/MBI: Private Equity als Chance für den Start in Unternehmerleben, in: Stadler, W. (Hrsg.): Venture Capital und Private Equity, Köln, S. 123–140

D

Däumler, K.-D. (1997): Betriebliche Finanzwirtschaft, 7. Aufl., Herne/Berlin
Dedy, H./Stempel, S.: Public-Private-Partnership – Neue Wege in Städten und Gemeinden, in: Deutscher Städte und Gemeindebund (DStGB) (Hrsg.): Dokumentation Nr. 28, Ausgabe 12/2002, Verlagsbeilage „Stadt und Gemeinde INTERAKTIV", Berlin
Demharter, J. (2002): Grundbuchordnung, 24. Aufl., München
Deutscher Bundestag (1997): Drucksache 13/6701, Entwurf eines Gesetzes zum Schutz des Bodens, Berlin
Deutsches Nationalkomitee für Denkmalschutz (2000): Kursbuch Denkmalschutz, 3. Aufl., Bonn
Deutsches Nationalkomitee für Denkmalschutz (2002): Fragen und Antworten zur Bodendenkmalpflege, Bonn
Diederichs, C. J. (1996): Grundlagen der Projektentwicklung, in: Schulte, K.-W. (Hrsg.): Handbuch Immobilien-Projektentwicklung, Köln, S. 17–80
DIN (Hrsg.) (1994): Deutsches Institut für Normung e.V., DIN Taschenbuch 166, 4. Aufl., Berlin

Dinauer, J. (2002): Real Estate Investment Banking – eine fremde Begriffswelt, in: Die Bank, Nr. 4, S. 232–237
Dombret, A. (1988): Die Verbriefung als innovative Finanzierungstechnik, 2. Aufl., Frankfurt a. M.
Dowling, M. (2002): Gründungsmanagement, Vom erfolgreichen Unternehmensstart zu dauerhaftem Wachstum, Berlin/Heidelberg
Drukarczyk, J. (1993): Theorie und Politik der Finanzierung, 2. Aufl. München

E

Elsner, W. (1997): Qualitätsmanagement für Baubetriebe, Teil 1, Information und Anleitung, Teil 2 Das QM-Musterhandbuch für Baubetriebe, Wiesbaden/Berlin
Ernst, D./Häcker J. (2002): Realoptionen im Investment Banking, Stuttgart

F

Fama, E. F./French, K. R. (1992): The Cross-Section of Expected Stock Returns, in: Journal of Finance 47, S. 427–465
Fama, E. F./Macbeth, J. (1973): Risk, Return and Equilibrium, Empirical Tests, in: Journal of Political Economics 81, S. 607–636
Franzius, V./Wolf, K./Brandt, E. (2003): Handbuch der Altlastensanierung, 2. Aufl., Heidelberg

G

Gabele, E./Danneberg, J./Kroll, M. (1995): Immobilien-Leasing, Vertragsformen, Vor- und Nachteile, steuerliche Analyse, 2. Aufl., Wiesbaden
Gabler Wirtschaftslexikon (1988), 12., vollständig neu bearbeitete und erweiterte Auflage, Wiesbaden
Gantenbein, P./Laternser, S./Spremann, K. (2000): Anlageberatung und Portfoliomanagement – Was Banker und Privatinvestoren wissen müssen, Zürich
Garz, H. (2000): Prognostizierbarkeit von Aktienrenditen. Die Ursachen von Bewertungsanomalien am deutschen Aktienmarkt, Wiesbaden
Geiger, N. et al. (2007): Internationales Immobilienmanagement, München
Gerke, W./Steiner, M. (Hrsg.) (2001): Handwörterbuch Bank- und Finanzwesen, Stuttgart
Gerstlberger, W. (1999): Public-Private-Partnerships und Stadtentwicklung. Öffentlich-private Projektgesellschaften zwischen Erweiterung und Aushöhlung kommunaler Handlungsfähigkeit, München und Mering
Goetzmann, W./Rouwenhorst, K. G. (2000): Global Real Estate Markets – Cycles and Fundamentals, NBER Working Paper No. 7566.
Gondring, H. (2007): Risiko Immobilie: Methoden und Techniken der Risikomessung bei Immobilieninvestitionen: Risikoanalyse und Risikomanagement – Erfassung und Analyse von Investitionsrisiken, München
Groh, D./Plagemann, T. (2003): Joint-Venture-Finanzierungen, Joint Ventures in der Projektentwicklung als Instrument des Real Estate Investment Bankings, in: Gondring, H./Zoller, E. (Hrsg.), Real Estate Investment Banking, Wiesbaden, S. 237–251
Gutenberg, E. (1958): Einführung in die Betriebswirtschaftslehre, Wiesbaden
Gutenberg, E. (1975): Die Produktion, 21. Aufl., Berlin
Guy, J. R.F. (1977): The Behaviour of Equity Securities on the German Stock Exchange, in: Journal of Banking and Finance, S. 71–93

H

Halaczinsky, R. (2001): Grunderwerbsteuer, in: Schreiber, K. (Hrsg.): Handbuch Immobilienrecht, Berlin, S. 1215–1242
Hammel, F. (1998): Die Bedeutung des Verkehrswerts für Hypothekenbanken, in: Grundstücksmarkt und Grundstückswert, 9. Jg., Nr. 1, S. 37–39
Harriehausen, C. (2002): Abschied von den Nachweismaklern, in: Frankfurter Allgemeine Sonntagszeitung Nr. 38, Jahrgang 2002, S. V17
Heider, M. (2001): Nutzerorientierte Produktentwicklung, in: Schulte, K.-W./Brade, K. H. (Hrsg.): Handbuch Immobilien-Marketing, Köln, S. 193–2012
Heidorn, T. (2000): Finanzmathematik in der Bankenpraxis vom Zins zur Option, 3. Aufl., Wiesbaden
Henderson, J./Scott, J.-P. (1988): Securitization, Cambridge
Heck, H.-J. (1996): Der Sachverständige, Grundlagen der Sachverständigentätigkeit, in: Bayerlein, W. (Hrsg.): Praxishandbuch Sachverständigenrecht, 2. Aufl., München, S. 4–74

Hey, F. (2003): Mortgage Backed Securitization – Fremdkapitalbeschaffung über den Kapitalmarkt als Bestandteil des Real Estate Investment Banking, München
Hudson-Wilson, S./Elbaum, B. L. (1995): Diversification benefits for investors in real estate, in: The Journal of Portfolio Management, Vol. 21, S. 92–99

J

Jakob, A./Klein, S. (1996): Investment Banking. Bankpolitik, Methoden und Konzepte, Wiesbaden
Jäschke, D. (1997): Probleme der einkommensteuerlichen Behandlung geschlossener Immobilienfonds, Frankfurt a. M.
Jasper, D. (Hrsg.) (2001): Kompakthandbuch Immobilien, Stuttgart
Jauernig, O. (Hrsg.) (2003): Bürgerliches Gesetzbuch, Kommentar, 10. Aufl., München

K

Kesten, R. (2001): Management und Controlling von Immobilieninvestitionen, Strategischer Steuerungsprozess und Investitionsanalysen mittels vollständiger Finanzplanung, Chemnitz
Kippes, S. (1998): Benchmarking für Immobilienunternehmen: Mehr als eine Konkurrenzanalyse, in: Immobilienzeitung, Nr. 13/1998, S. 9
Kleiber, W./Simon, J. (1996): Schätzung und Ermittlung von Grundstückswerten, Eine umfassende Darstellung der Rechtsgrundlagen und praktischen Möglichkeiten einer zeitgemässen Verkehrswertermittlung, 7. Aufl., Berlin
Klug, W. (2002): Die Immobilienanlage als Portfolio-Stabilisator, in: Immobilien und Finanzierung – Der langfristige Kredit 14/2002, S. 426–428
Knopp, L. (Hrsg.) (2000): Das neue Bundes-Bodenschutzgesetz und Altlasten, Band 1, Rothenburg/Tbr.
Knopp, L./Albrecht, E. (1998): Altlastenrecht in der Praxis unter der Berücksichtigung des Bundes-Bodenschutzgesetz, 2. Aufl., Herne/Berlin
Kosiol, E. (1967): Zur Problematik der Planung in der Unternehmung, in: ZfB, 37, Heft 1, S. 77–96
Kötter, R./Staender, L. (1994): Marketing für Gewerbeimmobilien, in: Kühne, L./Heuer, J. H. B. (Hrsg.): Grundlagen der Wohnungs- und Immobilienwirtschaft, 3. Aufl., Frankfurt a. M., S. 609–621
Kröll, R. (1995): Praxis der Wertermittlung, in: Sommer, G./Piehler, J. (Hrsg.): Grundstücks- und Gebäudewertermittlung für die Praxis, Freiburg, Gruppe 8
Kroll, M. (Hrsg.) (2001): Leasing – Handbuch für die öffentliche Hand, Leasing als innovative Investitions-, Dienstleistungs- und Finanzierungsalternative, 7. Aufl., o. O
Kronenbitter, D. (1997–2000): Wertermittlung in Verbindung mit Rechten und Lasten an Grundstücken, in: Gerardy, T./Möckel, R./Troff, H. (Hrsg.), Praxis der Grundstücksbewertung, Band 1, 59. Nachlieferung 2/2003, Landsberg/Lech, S. 5.1.0/1–5.3.2/40
Kruschwitz, L. (1987): Investitionsrechnung, 3. bearbeitete Auflage, München
Kutter, H. (2000):Bauträgervertrag, in: Brambring, G./Jerschke, H./Waldner, W. (Hrsg.): Beck'sches Notarhandbuch, 3. Aufl., München, S. 211–271
Kyrein, R. (1997): Immobilien-Projektmanagement, Projektentwicklung und -steuerung, Köln

L

Lerbinger, P. (1988): Zins- und Währungsswaps. Neue Instrumente im Finanzmanagement von Unternehmen und Banken, Wiesbaden
Lingner, U. (1987): Optionen. Anlagestrategien und Märkte, Wiesbaden
Litke, H.-D. (1993): Projektmanagement – Methoden, Techniken, Verhaltensweisen, 2. Aufl., München
Löbbe, K./Siebe, T. (1996): Die Bau- und Wohnungswirtschaft als Konjunkturlokomotive, in: Jenkis, H. W. (Hrsg.): Kompendium der Wohnungswirtschaft, 3., überarbeitete und erweiterte Auflage, München, S. 267–296

M

McMahan (1989): Property Development, 2. Aufl. New York
Medicus, D. (2002): Schuldrecht I, Allgemeiner Teil, 13. Aufl. München
Miller, M. H./Scholes, M. (1972): Rates of Return in Relation to Risk, A Reexamination of Recent Findings, in: Jensen, M. C. (Hrsg.): Studies in the Theory of Capital Markets, New York, S. 47–78
Möhrle, F. (2003): Immobilienrecht, in: Hoffmann-Becking, M./Rawert, P. (Hrsg.): Beck'sches Formularbuch; Bürgerliches, Handels- und Wirtschaftsrecht, 8. Aufl., München, S. 191–262
Morlock, A./Meurer, K. (2002): Die HOAI in der Praxis, 3. Aufl., Düsseldorf
Müller, U. (1997): Going Public im Geschäftsfeld der Banken, Stuttgart

Mussel, G. (2001): Volkswirtschaftliche Aspekte der Immobilienwirtschaft, in: Gondring, H./Lammel, E. (Hrsg.), Handbuch der Immobilienwirtschaft, Wiesbaden, S 55–74

N

Neumann, G. (1998): Facility Management: Ideale – Praxis – Aussichten, in: Peter Zechel et al. (Hrsg.): Facility Management in der Praxis: Herausforderung in Gegenwart und Zukunft, 2. Aufl., Renningen-Malmsheim, S. 22–33
Nicklisch, F./Weick, G. (2001): VOB Verdingungsordnung für Bauleistungen, 3. Aufl., München
Nicklisch, H. (1932): Die Betriebswirtschaft, Stuttgart
Nieschlag, R./Dichtl, E./Hörschgen, H. (1997): Marketing, 18. Aufl., Berlin
Nirk, R. (2002): Gesellschaftsrecht, Das Recht der verbundenen Unternehmen (Konzernrecht), in: Nirk, R./Reuter, H.-P./Bächle, H.-U. (Hrsg.): Handbuch der Aktiengesellschaft, Band I, 3. Aufl., Köln, Rz. 1–2684
Nolting, C. (2001): Immobilien-Investment und Finanzierung, HVB Real Estate, München
Nolting, C. (2003a): Gedanken zum Konzept eines modernen Real Estate Investment Banking, München
Nolting, C. (2003b): Der Markt der Immobilienfinanzierungen und Gedanken zum Konzept eines neuen Real Estate Investment Banking in Deutschland, München

P

Peiser, R. B./Schwanke, D. (1992): Professional Real Estate Development. The ULI Guide to the Business, Washington D. C.
Petermann, T. (1999): Portfolioseparation, Separationsergebnisse der modernen Portfolio-Theorie (MPT), Bedeutung und Umsetzung im Private Banking, Bamberg
Pflaumer, P. (1998): Investitionsrechnung, 3. verbesserte und erweiterte Auflage, München
Pohnert, F. (1997): Kreditwirtschaftliche Wertermittlungen, Typische und atypische Beispiele der Immobilienbewertung, 5. Aufl., Wiesbaden
Preuß, N. (2001): Sicherung von Ansprüchen auf künftige Rechtsänderung, in: Schreiber, K. (Hrsg.): Handbuch Immobilienrecht, Berlin, S. 1029–1080
Prinz, U. (2000): Grundlage der Unternehmensbesteuerung. Wichtiges zum Körperschaftsteuerrecht, Merkblatt Nr. 4, S. 1–27

R

Rams, A. (2003): Auf der Suche nach neuen Wegen der Finanzierung, Köln
Rauschenberger, R. (2002): Nachhaltiger Shareholder Value, Bern
Reithmann, C./Albrecht, A. (2001): Handbuch der notariellen Vertragsgestaltung, 8. Aufl., Köln
Richter, R./Furubotn, E. (1996): Neue Institutenökonomik. Eine Einführung und kritische Würdigung, Tübingen
Roll, R. (1977): Critique of the Asset Pricing Theory's Tests, in: Journal of Financial Economics, March, S. 129–176
Rottke, N./Wernecke, M. (2001): Management im Immobilienzyklus/Teil 5: Vier Phasen des Immobilienzyklus, in: Immobilienzeitung Nr. 17/2001, S. 10
Rüchardt, K. (06/2001): Studienbrief: Der Beleihungswert, Verband deutscher Hypothekenbanken e. V., Berlin
Rüchardt, K. (o. J.): Der Beleihungswert, VDH Verband deutscher Hypothekenbanken e. V.
Ruda, W. (1998): Ziele privater Kapitalanleger, Wiesbaden

S

Sauthoff, M. (2001): Öffentliches Baurecht – Bauordnungs- und Bauplanungsrecht, in: Schreiber, K. (Hrsg.): Handbuch Immobilienrecht, Berlin, S. 215–328.
Schäfer, E. (1988): Die Unternehmung: Einführung in die Betriebswirtschaftslehre, 10., durchgesehene Auflage, unveränderter Nachdruck, Wiesbaden
Schäfer, J./Conzen, G. (2002): Praxishandbuch der Immobilienprojektentwicklung – Akquisition, Konzeption, Realisierung, Vermarktung, München
Schäfers, W. (1998): Organisatorische Ausrichtung im Immobilienmanagement, in: Schulte, K.-W./Schäfers, W. (Hrsg.): Handbuch Corporate Real Estate Management, Köln, S. 251–269
Schäfers, W. (2000): Corporate Real Estate Management, in: Schulte, K.-W. (Hrsg.): Immobilienökonomie, Band I Betriebswirtschaftliche Grundlagen, 2. überarbeitete Auflage, München, S. 813–869
Schäfers, W./Schlarb, M. (1994): Corporate Real Estate Management – was ist das?, in: immoebs NewsLetter, 1994, Nr. 3, S. 1–3

Schäfers, W./Stock, A. (2001): Shareholder Value und Immobilien, in: Westdeutsche Immobilienbank (Hrsg.): Marktbericht XI, Mainz, S. 42–55

Scharpenack, F./Nack, U./Haub, C. (1998): Immobilienaktiengesellschaften, in: Schulte, K.-W. (Hrsg.): Handbuch Immobilieninvestition, Köln, S. 665–687

Schenk, E./Vogel, F. W./Strotkamp, H. P. (1993): Grundbuch- und Katastersysteme in der Bundesrepublik Deutschland – Entwicklung und aktueller Stand, Schriftreihe des DVW, Tübingen

Schierenbeck, H. (2001): Ertragsorientiertes Bankmanagement, Band 2, Risiko-Controlling und integrierte Rendite Risikostreuung, 7. Aufl., Wiesbaden

Schmalen, H. (1996): Grundlage und Probleme der Betriebswirtschaft, Studienausgabe, 10., überarbeitete und aktualisierte Ausgabe, Köln

Schmieder, M. (2001): Facility Management – Grundlagen und Praxis, in: Gondring, H./Lammel, E. (Hrsg.): Handbuch der Immobilienwirtschaft, Wiesbaden, S. 477–503

Schmolke, S./Deitermann, M. (2000): Industrielles Rechnungswesen, 28., überarbeitete Auflage, Darmstadt

Schneider, K. (2002): Bautabellen für Architekten mit Berechnungshinweisen und Beispielen, 15. Aufl., Düsseldorf

Schnermann, J. (1994): Projektentwicklung für Gewerbe-Immobilien, in: Falk, B. (Hrsg.): Gewerbe-Immobilien, 6. Aufl., Landsberg/Lech, S. 359–372

Schreier, M. (2002): Immobilienaktiengesellschaften als alternatives Investment, in: Pelzl, W. (Hrsg.): Immobilienmanagement, Band 2, Norderstedt

Schreyögg, G. (1984): Grundfragen einer Theorie strategischer Unternehmensführung, Berlin/New York

Schulte, K.-W. (Hrsg.) (2004): Immobilienökonomie, Band I Betriebswirtschaftliche Grundlagen, 3. überarbeitete Auflage, Köln

Schulte, K.-W. et al. (2002): Handbuch Immobilienbanking, Köln

Schulte, K.-W./Bone-Winkel, S. (2002) (Hrsg.): Handbuch Immobilien-Projektentwicklung, 2. Aufl., Köln

Schweitzer, M./Küpper, H.-U. (1995): Systeme der Kosten- und Erlösrechnung, 6. Aufl., München

Seip, S. (2002): Rating von offenen Immobilienfonds/Experten-Symposium: Idee und innovative Konzepte für die Immobilie als Asset Klasse

Sharp, R. (1999): Benchmark and Risk Controls for the Henderson Horizon European Property Securities Fund, Vortragsdokumentation, London.

Sharpe, W. F. (1964): Capital Asset Prices, A Theory of Market Equilibrium under Conditions of Risk, in: Journal of Finance 19, S. 425–442

Sharpe, W. F. (1966): Mutual Fund Performance, in: The Journal of Business 39, S. 119–138

Sieben, G. (1995): Unternehmensbewertung: Discounted Cash Flow-Verfahren und Ertragswertverfahren – Zwei völlig unterschiedliche Ansätze?, in: Lanfermann, J. (Hrsg.): Internationale Wirtschaftsprüfung, Düsseldorf, S. 713–738

Sohni, M. (1997): Sachverständigenwesen in Deutschland und Europa, Bonn

Sontowski, K. (2000): Grundlage der Investition in Immobilienaktien, in: Bankhaus Ellwanger & Geiger (Hrsg.): Europäische Immobilienaktien, Stuttgart, S. 36–49

Spars, G. (2001): Die Wohnungs- und Immobilienwirtschaft im Licht der neuen Institutionenökonomik, in: Gondring, H./Lammel, E. (Hrsg.): Handbuch der Immobilienwirtschaft, Wiesbaden, S. 23–53

Spremann, K. (2000): Portfoliomanagement, München

Spremann, K. (2002): Finanzanalyse und Unternehmungsbewertung, München

Stadtplanungsamt der Stadt Stuttgart (2000): Denkmalschutz und Denkmalpflege, Stuttgart

Stahr, M. (1999): Praxiswissen Bausanierung, Erkennen und Beheben von Bauschäden, Wiesbaden

Steiner, M./Wallmeier (1999): Capital Asset Pricing-Modell (CAPM), in: Thießen, F./ Cramer, J. E. (Hrsg.): Enzyklopädisches Lexikon des Geld-, Bank- und Börsenwesens, S. 292–295

Steiner, M./Bruns, C. (2002): Wertpapiermanagement, 8. Aufl., Stuttgart

T

TEGoVA (Hrsg.) (2000): European Valuation Standards 2000 (Blue Book), 4. Aufl., London

TEGoVA (Hrsg.) (2003a): Europäisches Objekt- und Marktrating, Ein Leitfaden für Gutachter, London

TEGoVA (Hrsg.) (2003b): Europäische Bewertungsstandards, 5. Ausgabe, Bonn

Treynor, J. L. (1965): How to Rate Management of Investment Funds, in: Harvard Business Review, S. 131–136

U

Usinger, W. (Hrsg.) (1999): Immobilien-Recht und Steuern, Handbuch für die Immobilienwirtschaft, 2., vollständig überarbeitete und erweiterte Auflage, Köln

V

Vangerow-Kühn, A. (1982): Bauindustriepraxis; die Projekt- und Konstruktionsabteilung im Baubetrieb, Wiesbaden

Vogel, B./Stratmann, B. (2000): Public Private Partnership in der Forschung, Neue Formen der Kooperation zwischen Wissenschaft und Wirtschaft, in: HIS Hochschul-Informations-System GmbH (Hrsg.): Reihe Hochschulplanung Band 146, Hannover

Von Nell J./Emenlauer, R. (2002): Die Entwicklung einer Nutzungskonzeption als Grundstein der Projektentwicklung, in: Schulte, K.-W./Bone-Winkel, S. (Hrsg.): Handbuch Immobilien-Projektentwicklung, 2. Aufl., Köln, S. 113–128

Vonwyl J. (1989): Währungs- und Zinssatzswaps als Instrument moderner Unternehmungsfinanzierung mit besonderer Berücksichtigung der Analyse von Finanzierungskosten und Finanzierungsstrukturen, Schweiz

Vormbaum, H. (1990): Finanzierung der Betriebe, 8. Aufl., Wiesbaden

W

Waldersee, G. (2002): Synoptische Darstellung für den Einzel- und Konzernabschluss, 3. Aufl., Stuttgart

Warfsmann, J. (1993): Das Capital Asset Pricing Model in Deutschland, Wiesbaden

Webb, J. R. (1990): On the exclusion of real estate from the market portfolio, in: The Journal of Portfolio Management, Vol. 17, Nr. 1, S. 78–84

Weber, J. (1999): Einführung in das Controlling, 8. Aufl., Stuttgart

Wehrheim, M. (2000): Grundlagen der Rechnungslegung, 4. Aufl., München

Werner, B. (2002): Honorarpraxis für Architekten und Ingenieure: Textsammlung, Wiesbaden

Winterstein, I./Nagel, M. B., (2009): Erforderlichkeit der Stellung einer Sicherheit für den Anspruch auf Übertragung eines Erbbaurechts auf eine beschränkt haftende Gesellschaft, in: Neue Juristische Wochenschrift (NJW), 2009 Heft 1, S. 30–33

Wirtschaftsministerium Baden-Württemberg (2003): Verwaltungsvorschrift des Wirtschaftsministeriums für die Gewährung von Zuwendungen zur Erhaltung und Pflege von Kulturdenkmalen (VwV Denkmalförderung) vom 1.1.1987 (GABl. S. 57) i. d. F. vom 8.10.1997 (GABl. S. 613)

Wischnewski, E. (2003): Aktives Projektmanagement für das Bauwesen, Eine Anleitung zur effektiven Unterstützung, Durchführung und Steuerung von Bauprojekten, 4. vollständig überarbeitete Auflage, Braunschweig/Wiesbaden

Wochner, G. (2001): Die Form von Grundstückskaufverträgen und Beurkundungsrecht, in: Schreiber, K. (Hrsg.): Handbuch Immobilienrecht, Berlin, S. 541–568

Wolf, M. (2002): Sachenrecht, 18. Aufl., München

Wulfken, J./Lang, J.-M. (2003): Innovative Formen der Immobilienfinanzierung – Real Estate Securitization, in: Der Syndikus März/April, 2003

Z

Zoller, E./Wilhelm, R. (2002): Kapitalbeschaffung für Immobilien-Developments, in: Schäfer, J./Conzen, G. (Hrsg.): Praxishandbuch der Immobilien-Projektentwicklung, München, S. 100–123

Stichwortverzeichnis

Abberufung des Verwalters 465
Abfallablagerung 163
Abfallablagerungen 189
Abfallgesetz 164
Abfallrecht 173
Abgehängte Decke 372
Abgeltungsklausel 623
Abgeschlossenheit 449
Abgeschlossenheitsbescheinigung 69, 452, 455, 755
Abgrenzungsrechnung 569, 575
Ablauforganisation des Projekts 338
Abmahnung mit Abhilfefrist 636
Abnahme 127f., 131, 135, 137, 141, 211
Abrechnung der erbrachten Leistung 143
Abrechnung des Wohngelds 472
Abrechnungsprinzip 157
Abrechnung über das Hausgeld 472
Abriss 557
Absatzprogramm 394
Abschlagszahlung 143, 156
Abschluss des Verwaltervertrags 465
Abschnittsfinanzierung 722, 728
Abschöpfungs-/Desinvestitionsstrategie 707
Abschreibung 527, 571, 643
Abschreibungsdauer 902
Abschreibungsmethode 912
Abschreibungspflicht 913
Abschreibungsvergünstigungen 776
Absetzung für Abnutzung (AfA) 643, 902
Abstandsflächenbaulast 117
Abstimmungen 474
Abstraktionsprinzip 91, 210, 228
ABS-Transaktion 821, 828
Abteilung I–III 61
Abtretung 733, 747
Abwälzung der Reparaturpflicht 624
Abweichungsanalyse 573, 591
Abweichungsberichte 531, 583
Abzahlungsdarlehen 729
Abzinsung 961
Abzinsungsfaktor 649f.
Abzugspflicht 753
Abzugssteuer 753
Abzugsverpflichtete Leistungsempfänger 753
Accelerated method 912
Accumulated depreciation 910
Acid-Test-Regel 851
Adressrisiko 759
Adverse Selection 701
AGB 754

Agglomerationseffekte 249
Agrarwirtschaftliche Produktionsstandorte 247
AHO 303, 312, 316
AHO Fachkommission Projektsteuerung 313
Akademie der Immobilienwirtschaft (ADI) 1042
Akquisition 301, 416f.
Akquisitionformen 397
Akquisitionsfinanzierung 813
Aktiengesellschaft 219, 848
Aktienindex-Futures 880
Aktienindizes 851
Aktive Akquisition 417
Aktive Auftragsakquisition 417
Aktiver Beschaffungsweg 485
Aktive Verwertungsstrategie 486
Aktivierbare Herstellungskosten nach HGB und IAS 900
Aktivierungspflicht 908
Aktivierungsverbot 908
Aktivierungswahlrecht 899
Aktivseite 564
Aktivvermerk 61
Akzeleratoreffekt 43
Akzessionsprinzip 449
Akzessorietät 105
Akzessorische Personalsicherheit 733
Akzessorische Sicherheit 732
Alleinauftrag 414
Alleineigentum 53, 69, 433
Allgemeine Geschäftsbedingungen (AGB) 612, 754
Allgemeine Kooperationspflicht der Vertragsparteien 131
Allgemeine Normalverteilung 675
Allgemeine Verjährung 230
Allgemeine Wertverhältnisse auf dem Grundstücksmarkt 938, 944
Allgemeine Wohngebiete 288
Allokation 521, 640
Allokation des Investitionskapitals 395
Allokationsfunktion 405
Allowed alternative Treatment 909
All Risk Yield (ARY) 659, 1024
Allstimmigkeit 476
Altablagerungen 164, 166
Altenteil 108
Alternative allowed treatment 909
Alternative Use Value 1013
Alterswertminderung 83, 971
Altlasten 163
Altlasten bei Abschluss des Kaufvertrages 192

Altlastenfonds 195
Altlastenkataster 173
Altlastensanierung 180, 193
Altlastenverdacht 168
Altlastverdächtige Flächen 166
Altstandorte 164 f.
Amerikanische REITs 847
Amortisationsanteil 842
Amortisationsrechnung 553, 645
Amortisationsschwelle 645
Amortisationszeit 645
Amsterdamer Börse 798
Analyse der Marketingsituation 387
Analyse des Bau- und Planungsrechts 282
Analyse des Nutzungskonzepts 290
Anbaurecht 90
Anderkonto 223
Änderungen des ErbbauRG 88
Änderungen in der Beleihungswertermittlung 989
Anfangswertkonzept 662
Anforderungsprofile der Kunden 386
Angebotsanalyse 263
Angebot und Nachfrage 23
Angelsächsische Investmentbanken 798
Angelsächsische Wertermittlungsverfahren 1015
Angemessener Wert 1012
Anhang 895
Ankauf 213
Ankaufsrecht 101
Ankauf von Forderungen 829
Anlageimmobilien 784 f.
Anlageinvestition 41
Anlagenhaftung 192
Anlagen im Bau 898
Anlagestrategien 712, 791
Anlagevermögen 564, 899, 907
Anlaufphase 845
Anmietung 484
Annuität 650, 652
Annuitätendarlehen 724, 728 f., 740, 747
Annuitätenfaktor 652, 728
Annuitätenmethode 553, 648, 657
Anordnungsrecht 129
Anpassung der Vergütung 142
Anpassungsklausel Erbbauzins 84
Anpassungsklauseln 81
Anschaffungsprinzip 893
Anschaffungs- und Herstellungskosten (Eigenbau) 898
Ansparphase 738
Ansparzeit 737
Anspruch auf Eigentumsübertragung 222
Anspruch auf Schadensersatz 133
Anteilserwerb 234
Anteilsscheine 18
Anteilswert 860
Anteilwertermittlung 794
Antragsprinzip 58
Anwartschaftsrecht 214
Anwendungsbereich des Beleihungswertes 984
Anzeigepflicht 752, 754

Apples-to-Apples-Vergleich 589
Appraisal Standard Board (ASB) 1005
Approximation 674
Äquivalenzziffernkalkulation 578 f.
Arbeitnehmersparzulage 738, 742 f.
Arbeitskosten 249
Arbeitskreis Maschinen- und Elektrotechnik staatlicher und kommunaler Verwaltung (AMEV) 518
Arbeitsplatz- und Büroservicemanagement 543
Arbitrage 522
Arbitrage Pricing Theory (APT) 700
Architektenvertrag 145
Arglistiges Verschweigen 227
Arkadenrecht 90
Art der baulichen Nutzung 287
Arten der Securitisation 822
Arten von Altlasten 164
Arten von Baugruben 357
Arten von Nießbrauch 94
Art und Maß der baulichen Nutzung 283
Asset Allocation 293, 640, 685, 709
Asset Backed Loans 821
Asset Backed Securities (ABS) 806 f., 821
Asset Deal 802, 818
Asset-Eigenschaften von Immobilien-AGs 860
Asset-Klassen 888
Asset-Klassen-Allocation 710
Asset Management 521, 806
Asset Manager 522, 568
Assets 888
Asset Securitisation 821
Association of Facility Management (AFM) 495
Attribute 999
Aufbaufinanzierung 764
Aufbauorganisation des Projekts 338
Aufgaben und Befugnisse des WEG-Verwalters 467
Aufgreifschwellen 235
Aufhebung 631
Aufhebung des Kaufvertrages 214
Aufhebung des Provisionsanspruchs 423
Aufhebung des Verwaltervertrags 465
Aufhebungsvertrag 631
Auflassung 54, 222, 228
Auflassungsvormerkung 229, 750
Aufstellung des Wirtschaftsplanes 471
Aufteilungsplan 452
Auftraggeber 340
Auftragsakquisition 417
Aufwendungen in der Bausache 766
Aufwendungsersatz 226, 444
Aufzeichnung von Daten und Belegen 751
Aufzinsungsfaktor 649
Aufzugsanlagen 381
Ausbildungspyramide nach GEFMA 505
Ausfallrisiko 762
Ausfallwahrscheinlichkeit des Krediites 764
Ausfallwahrscheinlichkeit des Schuldners (PD = Probability) 921
Ausführung 36, 127
Ausführungsfristen 131, 133

Ausführungspläne 128
Ausführungsqualität 353
Ausführungsunterlagen 128
Ausführungsvorbereitung 319
Ausgaben 296, 471, 526, 647, 658
Auskunftspflicht 754
Auskunftsregelung 996
Auslagerung 558
Ausnahmeregelung nach § 7 MaBV 751
Ausschließungsdienstbarkeit 90
Ausschreibung
– öffentliche 122
Ausschreibungsunterlagen 124
Ausschuss der Verbände und Kammern der Ingenieure und Architekten für die Honorarordnung e.V. (AHO) 518
Ausschüttungsorientierte Fonds 783
Außenbereich 283
Außenhaut eines Gebäudes 366
Außentüren 372
Außenwände 361
Außerbetriebnehmen 540
Außerordentliche befristete Kündigung 635
Außerordentliche fristlose Kündigung 635
Außerordentliche Kündigungsgründe 635
Außerordentlichen Kündigung 631
Außerplanmäßige Abschreibung 901
Außerplanmäßige Wertminderung nach IAS 912
Ausstattung 397
Aus- und Weiterbildung 1037
Autonomiestrategie 561
Avalkredit 720, 764

Bachelorabschluss 1040
Bachelor of Arts 1040
Bachelorstudiengänge 1037
Bachelor-Thesis 1040
Backdoor-Approach 278, 296
Backdoor-Methode 278
Bad 379
Baden-Württemberger Modell 1041
Bagatellklausel 236
Bagatellschäden 624
Balanced Scorecard (BSC) 526, 532, 585, 604
Balkendecke 364
Balkenplan 327
Balkon 373, 449
Bankaval 721
Bank für Internationalen Zahlungsausgleich 918
Bankgeschäfte 752
Bank Holding Act 797
Bank of England 799
Bank of North America 798
Barrierefreiheit 380
Barrieren
– pneumatische 185
Barwert 648
Barwertfaktor 208, 961 f.
Barwertmethode 1020
Barwertverfahren (Discounted Cashflow Method) 1005, 1012

Basel I 918
Basel II 759, 820, 918 f.
Basel III 923
Basisindikatorenansatz 922
Basler Akkord (Basel I) 918
Basler Ausschuss für Bankaufsicht 918
Basler Eigenkapitalanforderung 919
Bauabzugsteuer 753, 755
Bauaufgabe 269, 312
Bauaufsichtsbehörde 116
Bauausführung 341, 746
Baubeschränkung 90
Baudenkmal 196, 200
Bauen 334
Bauerwartungsland 28
Baufortschritt 766
Baufortschrittfinanzierung 764
Baugenehmigung 751
Baugesetzbuch (BauGB) 283 f.
Baugewerbe 43
Baugrenze 289
Baugrube 357
Baugrund 356
Baugrunduntersuchung 356
Bauhandwerkerrechnungen 767
Bauhandwerkerverträge 761
Bauherreneigenschaft 743
Bauherrenfunktion 311
Baukosten 297, 757
Baukostenüberschreitungen 766
Baukostenüberwachung 766
Baukostenvereinbarung 154
Baulandentwicklung 29
Baulast 115, 117
Baulastenverzeichnis 116
Bauleistung 121
Bauleitplanung 28, 282
Baulinie 289
Baumanagement 334, 339, 347
Baumanager 339, 343
Baumassenzahl (BMZ) 289
Baunutzungskosten von Hochbauten 569
Baunutzungsverordnung (Bau NVO) 282, 284
Bauökonomie 4
Bauplanungsrecht 283
Baupreisentwicklung 24
Baupreisindex 974
Bau-Projektmanagement 332
Baureifes Land 28
Bauspardarlehen 723, 737
Bausparen 722, 736
Bausparkasse 722, 736
Bausparkassengesetz (BSpG) 722
Bausparsumme 737
Bausparsystem 722, 736
Bausparvertrag 737
Baustellen-Marketing 402
Baustoffrechnungen 767
Bautechnik 355
Bautenstandsberichte 767
Bautenstandsbescheinigung 765

Bautenstandsüberwachung 766 f.
Bauträger 34, 743, 745
Bauträger-Controlling 766
Bauträgerfinanzierung 743, 746 ff., 755, 762, 764
Bauträgerkalkulation 757 f.
Bauträgerkredit 758
Bauträgerkreditvertrag 764 f.
Bauträgermethode 1018
Bauträgerrating 760
Bauträgerrisiken 759
Bauträgerverordnung (MaBV) 410
Bauträgervertrag 213, 749, 751
Bauträgerzwischenfinanzierung 765 f.
Bau- und Planungsökonomie 11
Bau- und Planungsrecht 282
Bau- und Wohnungswirtschaft 11
Bauunternehmer 34
Bauvertrag 744
Bauwerksabdichtung 360
Bauwerksmängel 137
Bauwesenversicherung 755
Bauwirtschaft 43, 355
Bauzeiten-/Gelddispositionsplan des Bauträgers 755, 767
Bauzeitinsen 767
Bayes-Regel 682
BCG-Matrix 703
Beauftragungsstrategie 562
Bebaute Grundstücke 954
Bebauungsplan (B-Plan) 29, 282, 286
Bebauungsrecht 90
Bebauungstiefe 290
Bebauungsverbot 90
Bedarfsberichte 583
Bedarfsgerechte Projektentwicklung 302
Bedarfsmarktkonzept 237
Bedingte Termingeschäfte 882
Beeinflussbarkeit der Kosten 497
Beendigung der Mietzeit 636
Beendigung des Erbbaurechts 85
Beendigung des Maklervertrages 428
Befristete Mietverhältnisse 615
Befristungsgrund 615
Befugnisse des Verwalters 456
Begleitschuldverhältnis 90, 94, 108
Begründung des Wohnungs- und Teileigentums 451
Begründung von Sondereigentum 451
Begründung von Wohnungseigentum 452
Behausungsziffer 6
Beherrschungsverhältnis 424
Behinderung und Unterbrechung der Ausführung 132
Behörden und Institutionen 341
Beibehaltungswahlrecht 901
Beihilfe 768
Beizulegender Wert 900
Bekanntmachungsstrategie 401
Belastung des Grundstücks 72, 104, 214
Belastungsbeschränkung 75
Belastungsschwelle 177

Beleihung des Erbbaurechts 75
Beleihungsgrenze 722
Beleihungswert 721, 740, 984 f.
Beleihungswertermittlung 982
Beleihungswertermittlungsverordnung 982 f.
Beleihungswertgrenze 985
Beleuchtung 381
Benchmark 713
Benchmarking 533, 573, 588, 603
Benchmarks 290, 508, 534, 549
Benchmark Treatment 909
Benutzungsdienstbarkeit 90
Beraterfunktion des Maklers 438
Berechnung der Minderung 139
Berechnung der Umsatzerlöse 235
Berechnung des Honorars 159
Berechnungsverfahren 739
Berechnung von Renditeimmobilien 1023
Berechtigtes Interesse 55
Bereitstellung der Bausparsumme 739
Bereitstellungspflicht 130
Berichtswesen 531, 583
Bernoulli-Prinzip 681
Bertreiberimmobilie 785
Berufsakademie 1040
Berufsausbildung 1038
Beschaffenheit der Kaufsache 225
Beschäftigungsabweichung 590
Beschlussdurchführung 468
Beschlussfähige Maßnahmen 461
Beschlussfähigkeit 474
Beschlussfassungen 474
Beschlussprotokoll 463, 476
Beschränkte dingliche Rechte 89
Beschränkt persönliche Dienstbarkeit 62, 89, 92
Besicherungsquote 764
Besitzgesellschaft 842
Besitzkonstitut 735
Besitzübergang 223
Besitzverschaffung 624
Besondere Formen des Erbbaurechts 87
Besondere objektspezifische Grundstücksmerkmale 944
Besondere objektspezifische Merkmale 975
Besondere Wohngebiete 288
Bestandsanalyse 305
Bestandserhaltung 309
Bestandsimmobilien 304
Bestandskennzahlen 537
Bestandsprojektentwicklung 310
Bestands- und Strukturanalyse 305
Bestandsverzeichnis 45
Bestandteile einer Sache 49, 433
Bestandteile eines Bauträgerratings 760
Bestellung des Verwalters 464
Bestellungsbeschluss 465
Besteuerungsobjekt 778
Bestimmtheitsmaß 694
Bestimmung des Barwertfaktors 965
Best Practice 534
Beteiligte am Immobilienmarkt 33

Beteiligte der Projektsteuerung 323
Betreiben 540
Betreiberimmobilien 784
Betreibermodelle 839
Betriebliche Immobilien 478, 489
Betriebliches Immobilienmanagement 486
Betriebliche Wertschöpfung 479
Betriebsabrechnung 569
Betriebsabrechnungsbogen (BAB) 572, 580
Betriebsbuchhaltung 527
Betriebsergebnis 569
Betriebskosten 472, 618f., 961, 964
Betriebskosten-Kennzahlensystem 537, 603
Betriebskosten pro m² 486
Betriebskostenreport 584f.
Betriebskostenverordnung (BetrKV) 528, 618f.
Betriebsnotwendige Immobilien 480
Betriebsphase 557, 846
Betriebsplanung 585
Betriebs- und Nutzungsphase 554
Betriebswirtschaftliche Auswertungen (BWA) 755
Betriebszeiten 612
Beurkundung 214
Beurkundungspflicht 214
Bewegliche Denkmäler 196
Bewertung 564
Bewertung der Altlast 193
Bewertung der Immobilie bei Vermögenszugang 907
Bewertung des Fondsvermögens 794
Bewertung des Immobilien-Leasings 904
Bewertung einer Immobilien-AG 859
Bewertungsanlass 933
Bewertungsansatz 901
Bewertungsgrundsätze 563
Bewertungsmethoden 860
Bewertungsstetigkeit 893
Bewertungsvorschriften 1007
Bewertungszahl 739f.
Bewertungszweck 930
Bewertung von unbebauten Grundstücken 979
Bewilligungsprinzip 58, 228
Bewirtschaftungskosten 580, 960, 962f.
Bewirtschaftungsquote 486
Beziehungsmarketing 418
Bezugspreis 850
Bezugsrecht 850
Bezugsverhältnis 850
BGB-Gesellschaften 772
Bilanz 527, 895
Bilanzausgleich 905
Bilanzidentität 893
Bilanzierung 563
Bilanzierung nach IAS 905
Bilanzierungsgrundsätze 891
Bilanzierungsvorschriften 891
Bilanzierung von Immobilien 891, 907
Bilanz nach IAS 905
Bilanzwahrheit 893
Bilanzwert 897

Billigkeitsschranke 82
Binomialverteilung 674
Blind Pools 775
Blue Book 1012
Bodenbelag 370f.
Bodenbeschaffenheit 356
Bodendenkmäler 196
Bodenfläche 45
Bodenfunktionen 169
Bodenhändler 7
Bodeninformationssysteme 174
Bodenkontamination 193
Bodenleihe 72
Bodennutzung 177
Bodenpolitik 547
Bodenpreisindexreihen 947
Bodenpreissammlungen der Gutachterausschüsse 958
Bodenreform 5
Bodenrichtwert 946, 954, 958
Bodenrichtwertkarten 958
Bodenrichtwertzonen 947
Bodenschaden 165
Bodenverseuchungen 163
Bodenwert 659
Bodenwertverzinsung 965
Bonität 26, 490, 721, 760, 918, 925
Bonitätsbeurteilung 764
Bonitätseinstufung 760
Bonitätsklassen 760
Bonitätskriterien 760
Book value 912
Börsencrash 798
Börsenreife 805
Böschungswinkel 357
Boston-Consulting-Group (BCG) 702
Boston Consulting Matrix 889
Branchenstrukturanalyse 264
Brandmauermitbenutzungsrecht 90
Brandmeldesystem (BM) 542
Brandschutz 272, 291, 341, 470
Break-Even-Point 673
Bridge Financing 813
Briefgrundpfandrecht 105
Briefgrundschuld 747
Briefrechte 736
Britischer Bewertungsansatz 1004
Bruchteilseigentum 53, 462
Bruchteilsgemeinschaften 455
Bruchteilsnießbrauch 63, 94
Bruttogeschossfläche (BGF) 397
Bruttogrundfläche 298
Brutto-Grundfläche (BGF) 298, 974
Bruttoinlandsprodukt 42
Bruttoinvestition 1, 41
Bruttonießbrauch 94
Bruttoproduktionswert 43
Bruttoresiduum 1018
Buchführungspflicht 751
Buchgrundpfandrecht 104
Buchgrundschuld 747

Buchrechte 736
Building Society 736
Bündelvertrag 466
Bundesamt für Wirtschaft und Ausfuhrkontrolle 626
Bundesanstalt für Finanzdienstleistungsaufsicht (BaFin) 770
Bundes-Bodenschutzgesetz (BBodSchG) 164
Bundesmietengesetz 10
Bürgerliches Gesetzbuch (BGB) 284
Bürgschaft 720, 733
Bürgschaftserklärung 621
Business Angels 810
Buy-and-hold-Strategie 797
Buy-and-sell-Strategie 797
Buy Back 817
Buy In 812
Buy Out 812, 816

CAFM 489, 549
CAFM-Programme 599
CAFMS (Computer Aided Facility Management Systems) 549
CAFM-System 530
CAIFM (Computer Aided Integrated Facility Management) 549
Call 883
Cap 747, 885
Capital Asset Pricing Model (CAPM) 659, 685, 699
Capital Markets 806
Cap-Prämie 886
Caption 887
Carrying amount 912
Cash-Cows 395, 704
Cashflow 583, 654, 968
Cashflow (DCF)-Methode 658
Cashflow-Prognosen 522
Cashflow-Rechnung 583
Cashflow related lending 834
Catering 546
Chartered Surveyors 11, 1007
Christaller, Walter 253
Churn-Rate 496, 547
Clayton Anti-Trust Act 801
Clearingstelle 879
Closing 804
Collar 885 f.
Collateralized Mortgage Obligations 20
Commercial Banking 796
Commercial Paper 838, 841
Comparables 1021
Comparitive Method 1021
Comptroller of Currency 800
Computer Aided Design (CAD) 549
Computer Aided Facility Management (CAFM) 542, 549
Contracting 839
Contracting-Modelle 492
Contractor 840
Controlling 535, 566

Controllingkonzeption 567
Controlling-Systeme 567
Cook & Chill 546
Cook & Freez 546
Core-Business 558
Core Yield 1028
Corporate Finance 805
Corporate Governance 1011
Corporate Identity 416
Corporate Income Tax 847, 867
Corporate Raiders 801
Corporate Real Estate Management (CREM) 478, 510, 519, 524, 808
Corporate Real Estate Manager 568
Corporate Restructuring 805
Cost model 910
Costs of conversion 907
Costs of purchase 907
Credit Enhancer 828
Cross-Currency Swap 878
Cross selling 748
Cross Selling Effekte 797
Currency Swap (Währungsswap) 872 f.
Current asset 565
Current Yield 1025

Dachdeckungen 367
Dächer 367
Dachformen 369
Dachverband Deutscher Immobilienverwalter e.V. 466
Damnum 728
Dampfheizung 375
Darlehensphase 740
Datenauswertung 549
Dauerwohnrecht 93
DAX-Unternehmen 563
DCF-Methode 658, 969, 1024
Debt Service Coverage Ratio (DSCR) 834 f., 927
Deckenbekleidung 372
Deckungsbeitragsrechnung 581
Deckungsstock 984
Deep Discount Debts 815
Definition der Immobilie 14
Definition nach DVP/AHO 313
Definition nach HOAI § 31 313
Degressive Abschreibung 747, 902
Deklaratorische Liste 199
Dekontamination 180
Dekontaminationsmaßnahmen 186
Dekontaminationsverfahren 186
Delkrederefunktion 727, 829
Delkredererisiko 727
De-minimis-Klausel 235
Demografische Faktoren 245
Denkmalbegriff 195
Denkmaleigenschaft 195, 199, 206
Denkmäler 196
Denkmalfachbehörde 199
Denkmalgeprägter Verkehrswert 207
Denkmalpflege 197, 200

Denkmalpflegerische Forderungen und Entschädigung 202
Denkmalschutz 195
Denkmalschutzbehörde 196
Denkmalschutzgesetze 198
Denkmalschutzrecht 198
Denkmalverzeichnis 199
Depotbank 790
Depreciated Replacement Cost Approach (DRC-Approach) 1022
Depreciated Replacement Cost (DRC) 1010
Derivative Zahlungen 662
Desinvestitionsphase: 847
Desk Research 267
Detailterminplan 326
Detailuntersuchung 174
Deutsche Aktienkultur 848
Deutsche Komitee Instandhaltung (DKIN) 518
Deutscher Aktienindex (DAX) 851
Deutscher Verband der Projektsteuerer (DVP) 310
Deutscher Verband für Facility Management (GEFMA) 491
Deutscher Vergabe- und Vertragsausschuss für Bauleistungen (DVA) 119
Deutsches Institut für Normung (DIN) 517
Developer 33
Developer-Rechnung 296, 308, 678
Developers 296
Devisenmittelkurs 792
DHBW 1040
Dichtefunktion 676
Dienendes Grundstück 89
Dienstbarkeit
– wettbewerbsbeschränkende 92
Dienstbarkeiten 54
Dienstleistungen des Investment Banking 888
Dienstleistungsfunktion 829
Differenzierungsstrategie 594
DIN 18 022 379
DIN 18 064 365
DIN 18 300 356
DIN 18 960 349, 529, 552, 569, 598
DIN 31 051 540
DIN 32 736 511, 513, 540, 543
DIN 276 297, 349, 529, 552, 596
DIN 277 349, 548
DIN 1054 359
DIN 4108 362
DIN 4109 371
DIN 15221-1 512
DIN 69901 311, 333
DIN EN 15221-1 511
DIN EN ISO 9000 353
Dingliche Einigung 229
Dingliche Rechte 50 f., 54
Dingliches Vorkaufsrecht 98
Dingliches Wohnrecht 92
Dinglich gesichertes Festdarlehen 723
DIN ISO 2859 353
Diplom Facility Manager 506
Direct-Mailing 402

Direktanlage 769
Direktmarketing 400, 402
Disagio 728
Discounted Cashflow 658
Discounted-Cashflow-Ansatz 931
Discounted-Cashflow-Methode (DCF-Methode) 660, 861, 1015
Discounted-Cashflow-Rendite 563
Discounted-Cashflow-Verfahren (DCF) 686, 968, 988
Diskontierungssätze 659
Diskontierungssummenfaktor (DSF) 653
Diskrete Wahrscheinlichkeitsverteilung 674
Dispositive Vorschriften des WEG 458
Distributionspolitik 403
Diversifikation 667, 684, 858
Diversifikationseffekt 688, 691
Diversifikationswirkung 18
Diversifizierungsebenen 709
Divisionskalkulation 578 f., 588, 603
Dokumentieren 540
Doppelfassade 367
Doppelmakler 413, 425, 440, 443
Doppeltätigkeit des Maklers 440
Dorfgebiete 288
Double-loop-learning 532
Dow-Jones-Index 802
Dränleitung 361
Dränschicht 361
Dreidimensionales Portfoliomodell 709
Dreifachrechnung 672
Drei-Objekt-Grenze 780
Dreipersonenverhältnis 753
Drei Säulen der WEG-Verwaltung 470
Drei Säulen von Basel II 919
Drittverwendungsfähigkeit 596
Drittverwendungsmöglichkeit 303
Duale Hochschule Baden-Württemberg 1038
Duales Studium 1039
Duale Studienform 1040
Due Diligence 522, 804
Dulden 89
Duldungspflicht 625
DuPont-Kennzahlensystem 537, 602 f.
Duration 826
Durchgriffshaftung 191
Dynamische Annuitätenmethode 657
Dynamische Investitionsrechnung 672
Dynamische Kapitalwertmethode 673
Dynamische Verfahren 296, 647

Echte Verflechtung 424
E-Commerce 407
ECTS-Punkte 1040
Effektivverzinsung 655, 731
Effizientes Portfolio 694
Effizienzsteigerung 512
Eherechtliches Güterrecht 216
Eigenbedarf 632
Eigenkapitalregulierung 922
Eigenkapitalvorschriften 820

Eigenkapitalzwischenfinanzierung 813
Eigentum 52
Eigentum am Grundstück 215
Eigentümer der Aktiengesellschaft 855
Eigentümererbbaurecht 88
Eigentümergemeinschaft 458
Eigentümergrundschuld 105 f.
Eigentümerselbstverwaltung 464
Eigentümerversammlung 463, 472, 476
Eigentümerziele 567
Eigentumserwerb 209
Eigentumsrecht 54
Eigentumsübergang 54, 211
Eigentumsumschreibung 222
Eigentumsvorbehalt 228
Einfacher Alleinauftrag 427
Einfacher Bebauungsplan 287
Einfacher Maklervertrag 426
Einfacher Mietspiegel 629
Einfache Stimmenmehrheit 475
Einflussgrößen auf das Immobilien-Marketing 387
Einheitspreisvertrag 141
Einkapselung 185
Einkommenseffekt 42
Einkommensteuer 204
Ein-Konten-Modell 765
Einkünfte aus Gewerbebetrieb 784
Einkünfte aus Vermietung und Verpachtung 780, 784
Einkünftequalifikation 779
Einlage 796
Einnahmen 471, 647, 658
Einrede der Vorausklage 720, 733
Einstimmiger Beschluss 458
Einstufige Divisionskalkulation 579
Eintragung 228
Eintragungsbewilligung 59, 90, 228
Eintrittswahrscheinlichkeit 665, 668
Einzelabrechnung 472
Einzelbewertung 893
Einzelfundament 359
Einzelgewerkvergabe 331
Einzelgrundschuld 106
Einzelheizung 375
Einzelkosten 527, 569, 899
Einzelkostenbewertung 899
Einzelobjektanalyse 759
Einzelrisiken mehrerer Dimensionen 669
Einzelzweckgesellschaft 831
Elektrische Anlagen 381
Elektro 380
Endfälliges Darlehen 728
Endfinanzierung 747 f.
Endfinanzierung einer Immobilieninvestition 746
Endogene Erfolgsfaktoren 568
Endrenovierung 623
Endwertkonzept 662
Energieausweis 307
Energiecontrolling 541
Energieeinsparverordnung für Gebäude 307
Energiemanagement 492, 541

Energietechnische Parameter 492
Enge Sicherungsabrede 106
Entnahmekonzept 662
Entscheidungstheorie 665
Entscheidungsvorbereitung 309
Entstehungsphase 32, 596
Entwicklung des Facility Managements 493
Entwicklungschance von Standorten 259
Entwicklungspotential 302
Entwicklungspotential des Marktes 386
Entwicklungszustand 942
Entwicklungszustand einer Immobilie 415
Entwurfsplanung 342
Equity-Kicker 815
Equity-REITs 866
Erbbauberechtigter 72, 87
Erbbaugrundbuch 61, 69
Erbbaurecht 72
Erbbaurechtsbestellung 76
Erbbaurechtsdauer 79
Erbbaurechtsgeber 87
Erbbaurechtsgesetz 71
Erbbaurechtsnehmer 30, 84
Erbbaurechtsverordnung (ErbbauVO) 72 f.
Erbbaurechtsvertrag 71, 74
ErbbauRG 73 f.
Erbbauzins 76 ff.
Erbbauzinsanpassung 78, 83
Erbbauzinserhöhung 82
Erbbauzinsfuß 80
Erbbauzinsreallast 78
Erbbauzinssatz 80
Erbschaftsteuer 781
Erbschaft- und Schenkungsteuer 205
Erbschaft- und Schenkungsteuergesetz 205, 977
Erdarbeiten 356
Erdoberfläche 13, 45, 220, 433
Erfassung schutzwürdiger Objekte 199
Erfolgshonorar 155, 413
Erfolgswahrscheinlichkeit 674
Ergebnis nach DVFA/SG 861
Ergebnisorientierte Serviceleistung 399
Ergebnisorientierung 659
Erhöhung der Kapitalrentabilität 513
Erhöhung des Erbbauzinses 80, 82
Erkennbares Ausfallrisiko 762
Erlaubnis zum Geschäftsbetrieb 755
Erlöschen des Erbbaurechts 85
Erlöskalkulation 758
Erlösstatus 768
Erlös- und Verkaufspreiskalkulation 758
Ermittlung der Lebenszykluskosten 553
Ermittlung des Bodenwertes 954
Ermittlungsmodelle 662
Erneuerungskonzept 306
Ersatzbeschaffungskosten des Wertermittlungsobjekts 971
Erschließungsbaulast 118
Erschließungskosten 756
Erstellungskosten 556
Erstellungsphase 845

Erster Spatenstich 402
Erstverwalter 465
Ertragserzielung 961
Ertragsfaktoren 950, 1017
Ertragskennzahlen 537
Ertragsrahmen 307
Ertragswert in besonderen Fällen 966
Ertragswertverfahren 435, 944, 954, 959, 980, 1033
Ertragswertverfahren (Investment Method) 1005, 1012
Erwartete Rendite 686
Erwartetes Risiko 682
Erwartungswert 681, 695
Erwerbervertrag 750
Erwerbsakt 229
Erwerbsnebenkosten 756
Erwerbsrechte an Grundstücken 97
Erwerb wettbewerblich erheblichen Einflusses 234
Essentialia negotii 211
EU-Fusionskontrollverordnung (FKVO) 231
Euribor Kredit 877
Euribor Zins 877
Europäische Bewertungsstandards 1011
Europarechtsanpassungsgesetz Bau 47
Europaweite Vergabeverfahren 120, 122
European Group of Valuers' Association – TEGoVA 1010
Event-Marketing 402
Ewige Rente 1025
Executive Summary 811
Existing Use Value (EUV) 1009, 1012
Exit 305, 522, 658, 806
Exit der Immobilie 557
Exit-Optionen 817
Exit-Strategie 299
Exklusivverfahren 804
Exogene Erfolgsfaktoren 568
Exposé 436
Expositionsbedingungen 178
Externes Benchmarking 534

Fachhochschule 1038
Fachhochschulstudium 1041
Fachkraft FM 506
Fachwirt FM 506
Facilities 491
Facility-Kosten 535
Facility Management als Dienstleistung 507
Facility Management (FM) 491, 493, 510, 520, 793, 853
Facility Management in den USA 507
Facility Management in Deutschland 507
Facility Management in Frankreich und Niederlande 508
Facility Management in Großbritannien 508
Facility Management Institut (FMI) 494
Facility Manager 500, 502, 563
Factoring 727, 829
Fahrlässigkeit 227
Fair Value 910, 1012

Fair value model 910
Faithful presentation 565, 906
Fälligkeit der Miete 617
Fälligkeitsvoraussetzung 143
Falsa demonstratio 220
Farbgebungsbeschränkung 90
Fassade 366
Faustpfandprinzip 734
Faustpfandrechte 104
Feasibility Analysis 280, 291
Feasibility-Methode 555
Feasibility Study 844, 846
Federal Reserve Act 801
Fensterarten 367
Fensterrecht 90
Fernsehantennenrecht 90
Fernwärmeheizung 375
Fertigbauweise 355
Fertigstellungskurve 39
Festdarlehen 724, 729, 747
Festsetzung des Liegenschafszinssatz 952
Fest verbundene Sachen 49
Festzinsdarlehen 728
FH-Abschluss 1041
Fiduziarische Kreditsicherheiten 720, 732
Field Research 267, 432
Finale Zielgruppe 400
Finance lease 914 f.
Financial Adviser 838
Financial Engineering 838
Financial Futures 881
Financial-Leasing 726
Financial Leverage 856
Financial Management Approach 11
Financial Swaps 869, 872
Finanzbuchhaltung 569
Finanzderivate 868
Finanz-Futures 879
Finanzierung im CREM 490
Finanzierungsalternativen 717
Finanzierungsbestätigung 752
Finanzierungsfunktion 829
Finanzierungsinstrumente 795
Finanzierungskosten 643
Finanzierungs-Leasing 841
Finanzierungsmodell 195
Finanzierungsstrategien 805
Finanzierungsvarianten 717
Finanzierung von Altlastensanierungen 195
Finanzinvestitionen 641
Finanzmarktförderungsgesetz 790
Finanztermingeschäfte 879
First Bank of the United States 798
First-Stage-Financing 811
First Tiers 498
Fixe Kosten 569, 643
Fixkosten 527
Flachdach 370
Flächenabsatz 265
Flächenabsorption 265
Flächenbelegungsanalyse 544

Flächenbereitstellung 481
Flächenbewirtschaftung 486, 547
Flächendefinition 548
Flächengründung 359
Flächenkennzahlen 537
Flächenlayoutplan 547
Flächenmanagement 486, 547
Flächennachfrage 265
Flächennutzungsplan (FNP) 282, 285
Flächenproduktivität 486, 548
Flächenrecycling 486
Floor 747, 885 f.
Floor-Strike-Preise 886
Floortion 887
Flurkarte 45, 70
Flurstück 45, 433
FM-Begriffsbestimmung 510
FM-Dienstleister 502
FM-Dienstleistungen 530
FM-Executive 568
FM-Konzept 504
Fokusstrategie 594
Folgebewertung 899, 908
Folgebewertung als Finanzinvestition gehaltener Immobilien nach IAS 40 910
Folgebewertung im Sachanlagevermögen nach IAS 16 909
Folgebewertung im Umlaufvermögen nach IAS 2 908
Fondscontrolling 793
Fondsgedanke 769
Fondsimmobilien 770
Fondskapital 770
Fondskonzeption 782
Fondsmanagement 789, 793
Fondsvermögen 792
Fördergebietsabschreibung 769
Fördergebietsgesetz 769
Förderungsmöglichkeiten 309
Forderungsverkäufer (Originator) 823
Forecast 520
Formelles Konsensprinzip 58
Formen der Abnahme 136
Formen der Reallast 108
Formen des Leasing 843
Formen von Projektentwicklung 273
Formmangel 215
Formprinzip 58
Formularklauseln 613
Formularvertrag 612, 624
Formverstoß 215
Formvorschriften 611
Formzwang 214
Fortgeführte historische Anschaffungs- und Herstellungskosten 899
Forward-Rate-Agreement 882
Forward-Swap 877
Fossile Energieträger 374
Franchise-System 439
Free Cashflow (FCF) 658
Freie Preisbildung 405

Freigabeversprechen 750
Freihändige Vergabe 123
Freilegung 557
Freistellung 750
Freistellungsbescheinigung 753
Freistellungserklärung 753
Freistellungsgarantie 752
Freistellungsvereinbarung 750
Fremdbezug 558
Fremdgrundschuld 106
Fremdverwaltung 447
Fremdwährungsdarlehen 747
Fremdwährungskredite 725
Fristenplan 623
Fristverlängerungen 133
Frontdoor-Approach 278
Fruchtziehung 94
Full Recourse Financing 833
Fully Let-Method 659
Fundament 359
Fünf-Stufen Modell im Immobilienmanagement 481
Fungibilität 785, 850
Fungibilität der Aktien 860
Fungibilität der Anteilscheine 792
Funktionalausschreibungen 126
Funktionale Wertlehre 933
Funktionalität 290
Fußboden 371
Fußbodenaufbauten 370
Future-Flow-Securitisation 822
Future-Kontrakte 881
Future-Strategie 881
Future (Terminkontrakt) 869, 879

Ganzheitlicher Denkansatz 501
Garagenmietvertrag 608
Garagenrecht 90
Garantie 720
Garantierter Maximalpreis 351
Gartenbenutzungsrecht 90
Gaststättenbetriebsverbot 90
Gauß-Funktion 675
Gauß-Glocke 675
Gauß-Verteilung 675
Gebäudeabrechnungsbogen (GAB) 572 f., 580
Gebäudeautomation (GA) 542
Gebäudebewirtschaftung 479, 497
Gebäudebezogene Objektbuchhaltung 526
Gebäudefaktoren 950, 1017
Gebäudehülle 366
Gebäudeinformationssystem 549
Gebäudeinstandhaltung 490
Gebäudemanagement (GM) 497, 511, 574
Gebäudereinigung 544
Gebäudetechnik 383
Gebäudetypologie 291
Gebrauchspflicht 611
Gebrauchstauglichkeit 619
Gebrauchsüberlassung 617
Gebrauchsüberlassungsvertrag 193, 841

Gebührenrecht 145
Gefahr der Illiquidität 765
Gefährdungshaftung 191
GEFMA 495, 510
GEFMA Richtlinie 100 543
GEFMA Richtlinie 100-1 513, 554
GEFMA Richtlinie 100-2 557
GEFMA Richtlinie 108 585, 596
GEFMA Richtlinie 130 547
GEFMA Richtlinie 200 529, 552, 596
GEFMA Richtlinie 240:2006 555
GEFMA Richtlinie 400:04-2002 549
GEFMA-Richtlinie 650-2 504
GEFMA-Richtlinie 700 502
Gegenstand der Gemeinschaftsordnung 456
Gegenstand der Wertermittlung 939
Gegenwartswert 648
Geh- und Fahrrecht 90
Geldanlage-Instrumente 683
Geltungsbereiche der HOAI 147
Gemeiner Wert 977
Gemeinkosten 527, 569
Gemeinkostenanteile 574
Gemeinschaft der Eigentümer 458
Gemeinschaftliches Eigentum 461
Gemeinschaftseigentum 449 f.
Gemeinschaftsgeschäft 439
Gemeinschaftsordnung 456, 464, 476
Gemeinschaftsverhältnis 460
Genehmigungsplanung 342
Generally Accepted Accounting Principles 892
Generalplaner 331
Generalübernehmer (GÜ) 34, 341, 743 f.
Generalunternehmer (GU) 34, 331, 341, 743 f.
Generalunternehmervertrag 744
Generierung von Einsparungspotentialen 482
Genussrechtskapital 814
Genussschein 814
German Facility Management Association (GEFMA) 495, 516
Gesamtabrechnung 472
Gesamterbbaurecht 87
Gesamtgestehungskosten 756
Gesamtgrundschuld 106
Gesamthandseigentum 452
Gesamthandsgemeinschaft 455
Gesamthandsvermögen 772
Gesamtherstellungskosten 83
Gesamtinvestitionskosten (GIK) 756
Gesamtkostenoptimierung 352
Gesamtkostenverfahren 580
Gesamtportfoliosteuerung 685
Gesamtunternehmensstrategie 595
Geschäftsbesorgungsvertrag 465 f.
Geschäftsfeldkategorisierung 853
Geschäftsführungsrechte 773
Geschäftsordnungsbeschluss 476
Geschäftsraummietvertrag 607, 611, 613
Geschlossene Bausysteme 355
Geschlossene Bauweise 289
Geschlossene Fonds 770

Geschlossene Immobilienfonds 18, 770 f., 864
Geschossdecke 363
Geschossflächenzahl (GFZ) 289, 397
Gesellschaft bürgerlichen Rechts (GbR) 771
Gesellschafterversammlung 773
Gesellschaftsvertrag 218, 771, 848
Gesetzlicher Haftungsausschluss 226
Gesetzliche Schriftform 611
Gesetzliches Vorkaufsrecht 99
Gesetzliche Vertretung 218
Gesetz über Kapitalanlagegesellschaften vom 16. April 1957 769
Gesetz zur Eindämmung illegaler Betätigung im Baugewerbe 753
Gesetz zur Kontrolle und Transparenz im Unternehmensbereich 892
Gesetz zur Regelung der Wohnungsvermittlung 410
Gesetz zur Sicherung von Bauforderungen 768
Gesundheitsgefährdende Stoffe 163
Gewährleistungsansprüche 138, 192, 744
Gewerbebetriebsbeschränkung 90
Gewerbeerlaubnis 745, 749
Gewerbegebiete 288
Gewerbeimmobilie 445
Gewerbemietrechtsstreitigkeiten 637
Gewerbemietvertragsmanagement 529
Gewerbeordnung 410, 749
Gewerberaummietrecht 625
Gewerblicher Grundstückshandel 780
Gewerblicher Realkredit 926
Gewichtsverlustmaterial 249
Gewinnerzielungsabsicht 779
Gewinnmaximierung 388
Gewinnrücklage 910
Gewinn- und Verlustrechnung (GuV) 526, 895
Gewinnverfahren (Profits Method) 1005, 1012
Gewinnvergleichsrechnung 553, 644
Gewöhnlicher Geschäftsverkehr 937
GFZ 29
Gif-Mietfläche 572, 578
Glass Steagall Act 797
Gläubigerschutzprinzip 563
Gleichrangvermerk 68
Gleitklausel 626
GmbH & Co. KG 777
GMP-Modell 351
Going-Concern-Prinzip 893
Going Public 804
Goodwill 819
Grantors Trust (Treuhandgesellschaft) 826
G-REIT 867
Grenzanbaurecht 90
Grenzpreis einer Immobilieninvestition 660
Grobterminplan 326
Grundakten 60
Grundbedürfnisse 42, 555
Grundbuch 45, 54, 433
Grundbuchamtsreform 57
Grundbuchblatt 45, 60
Grundbucheintragungen 60

Grundbuchordnung (GBO) 57
Grundbuchprinzip 55, 58
Grundbuchsystem 229
Grundbuchvermerke 61
Grunddienstbarkeit 61, 89
Grunderwerbsteuer 36, 221
Grundflächenzahl (GRZ) 289
Grundhandelsgewerbe 774
Grundkapital einer Aktiengesellschaft 849
Grundlagen des Maklerrechts 413
Grundmiete 617
Grundmietzeit 726, 841, 905
Grundpfandrecht 50, 63, 104, 721, 735
Grundsatz der Klarheit und Übersichtlichkeit 893
Grundsatz der Vorsicht 893
Grundsätze ordnungsgemäßer Bilanzierung 892
Grundschuld 105, 722, 736
Grundschuldbestellungsurkunde 104
Grundschuldbrief 104, 736
Grundschuldübernahme 750
Grundsteinlegung 402
Grundsteuer 36, 204
Grundsteuergesetz 204
Grundstück 45, 939
Grundstücksakquisition 306
Grundstücksankaufkredit 764
Grundstücksbegriff 45
Grundstücksbestandteile 48, 50
Grundstückseigentum 46, 89, 455
Grundstückseigentümer 33, 61
Grundstücksfläche (GRZ) 397
Grundstücksgesellschaft 860
Grundstücksgleiches Recht 1022
Grundstückskauf 210, 274
Grundstückskaufpreis 756
Grundstückskaufvertrag 211
Grundstückskaufvertragsrecht 209
Grundstücksmarktbericht 997
Grundstücksschenkung 218
Grundstückssicherung 306
Grundstückssubstanz 93
Grundstücksteil 939
Grundstücksteilung 47
Grundstücksveränderung 47
Grundstücksvereinigung 47
Grundstückszustand 941
Grund- und Geschossflächenzahl 29
Gründung einer Aktiengesellschaft 848
Gründungsgesellschafter 772
GRZ 29
Guaranteed Maximum Price 351
Guidance Notes 1008
Guide Blue 1011
Gutachterausschuss 36, 659, 756, 994, 1022
Güter des täglichen Bedarfs 255
Gütergemeinschaft 216
Gutglaubensschutz 217
GU-Vergabe 331

Hafteinlage 775
Haftsumme 775

Haftung nach Eigentumsaufgabe 191
Haftungsausschluss 226 f.
Haftungsbeschränkung 775
Haftungsrisiko 437
Haltedauer 780
Hamburger Modell 775 f.
Handelsgesetzbuch (HGB) 563, 891
Handlungsbereiche des Projektsteuerers 314
Handlungshaftung 192
Handlungslegitimationsnachweis 467
Handlungsstörer 189
Hardcore-Method 1028, 1030
Harte Standortfaktoren 245, 257, 432
Hauptkostenstellen 572
Hauptmietvertrag 608 f.
Hauptnutzfläche 298
Hausarbeitsraum 380
Hausgeld 472
Hausgeldabrechnung 463, 469
Hausmeisterdienste 544
Hausordnung 468, 609
Haustechnik 291, 356
Haustürgeschäfte 610
Hedonische Immobilienbewertung 998
Heimfallanspruch 86
Heimfallgründe 86
Heimfallregeln 76
Heimfallrisiko 75
Heizkostenverordnung 618
Heizung 374
Herrschaftsrecht 46, 52
Herrschendes Grundstück 90
Herrschvermerk 61
Herstellkosten nach DIN 276 330
Herstellungskosten 899, 970
Heterogenität 16, 685
Heteroskedastie 1000
Hexagonale Marktgebiete 255
Highest and Best Use Value 1012
Hilfskostenstellen 573
Hilfskostenstellenplan 572
Hilfssache 51
Hinderung der wirtschaftlichen Verwertung 634
Hinterlüftete Fassade 367
Historische Erkundung 175
HOAI 145
Hochbau 358
Höchstbetragsbürgschaft 733
Höchstliquiditätsgrenze 790
Höhe der baulichen Anlage 289
Höhe der Provision 441
Holding 853
Holding-Konstruktion 855
Homo oeconomicus 686
Honorar als Pauschale 331
Honorararten 152
Honorarberechnung 146
Honorarermittlung nach AHO 329
Honorarermittlung nach HOAI 329
Honorarordnung für Architekten und Ingenieure 145, 284

Honorarschlussrechnung 156
Honorartafel 331
Honorarvereinbarung 154
Honorarzone 151 f., 329
Hostile Takeover 818
Hybride Finanzierung 701
Hybrides Kapital 813
Hybrid-REITs 866
Hydraulikaufzüge 382
Hypothek 105, 721, 736
Hypothekarische Haftung 50
Hypothekarkredit 926
Hypothekenbankgesetz 4
Hypothekensystem 56

IAS 565 f., 892
IASB (International Accounting Standards Board) 894
IASC (International Accounting Standards Committee) 892
IFMA 511
IFMA Deutschland 505
IFRS 892
Illegale Beschäftigung 753
Immobiliarvollstreckung 110
Immobilie als Asset 639
Immobilie als Wirtschaftsgut 2, 16
Immobilie in der Volkswirtschaft 1
Immobilien-AG 18, 847, 864
Immobilienaktie 860, 863
Immobilienanlage 18, 889
Immobilienanlageprodukt 863
Immobilienanleihen 20
Immobilienarten und -typen 14
Immobilien Benchmarking 526
Immobilienberater 34
Immobilienbeschaffung 483
Immobilienbestand 447
Immobilienbestandsbetreuung 485
Immobilienbestandshalter 852
Immobilienbestandspflege 485
Immobilienbetrieb 4
Immobilienbetriebslehre 4, 13
Immobilienbezogene Kostenarten 569
Immobilienbezogene Lehrinhalte 1037
Immobilienbörsen 419
Immobiliencontrolling 408, 534, 567 f., 606
Immobiliendarlehen im IRB-Ansatz 927
Immobiliendarlehen im Standardansatz 926
Immobilienderivate 20
Immobiliendirektanlage 863
Immobilienengagements 717
Immobilienfachwirt (IHK) 1037
Immobilienfinanzierung 717
Immobilienfonds 769, 863
Immobilieninformationssystem 599
Immobilieninvestitionen 553
Immobilieninvestitionsrisiken 639
Immobilieninvestmentanteile 20
Immobilienkaufmann/-kauffrau (IHK) 1037
Immobilien-Kostenmanagement 482

Immobilienkreditgeschäft 748
Immobilien-Leasing 31, 843
Immobilien-Leasingfonds 776
Immobilien-Leasingfonds-Gesellschaft 776
Immobilien-Leasing nach IAS 17 914
Immobilien-Leasingvertrag 776
Immobilienlebenszyklus 520, 554, 595
Immobilienlebenszykluskosten 557
Immobilienmakler 410, 435
Immobilienmanagement 478, 493, 519
Immobilien-Marketing 385 f., 388, 393
Immobilienmarkt 21 f., 28, 32
Immobilienmärkte 520
Immobiliennutzungskosten 588
Immobilienökonom 1037, 1039
Immobilienportfolio-Management 488, 593, 888
Immobilienportfolios 520
Immobilien-Profit-Center („IPC") 567, 572, 585
Immobilienprojektcontrolling 596
Immobilienreporting 584
Immobilienressourcen 478
Immobilien-Sondervermögen 790
Immobilienstrategie 479
Immobilientransaktion 231
Immobilienuhr 710
Immobilienunternehmen 20, 493, 533, 560
Immobilienverband Deutschland (IVD) 420
Immobilienverbriefung 830
Immobilienverwalter 35
Immobilienverwertung 486
Immobilienwertermittlungsverordnung 936
Immobilienwertverordnung 934
Immobilienwirtschaftliche Forschung e.V. (gif) 518
Immobilienwirtschaftliche Kennzahlen 536
Immobilienwirtschaftliche Software 599
Immobilien zur Bildung stiller Reserven 481
Immobilienzyklus 38, 274, 550
Immobilität 16
ImmoWertV10 934
Impairment Losses 910
Imparitätsprinzip 908
Inbetriebnehmen 540
Incorporated Society of Valuers and Auctioneers (ISVA) 1007
Independent Treasury System 799
Indexberechnung 249
Indexklausel 626 f.
Indexmiete 627
Indexreihen 947, 956
Indirekte Immobilienanlagen 19
Indirekter Immobilienbesitz 790
Individualrechte der Wohnungseigentümer 462
Industrialisierte Bauweise 355
Industrial Real Estate Management (IREM) 510
Industriegebiete 288
Inflationsschutz 783
Informationsabläufe 346
Informationsdichte 664
Informationsfunktion des Preises 405
Informationsgewinnung 267

Informationsmanagement 346, 542
Informationsmemorandum 830
Informationsversorgung 569
Informationsverwaltung 549
Infrastrukturelles Gebäudemanagement (IGM) 512, 542
Ingenieurvertrag 145
Inhaberaktie 849
Inhalt eines Verwaltervertrages 467
Inhaltskontrolle 612
Inhouse-Lösungen 561
Initial Public Offerings (IPO) 812, 817
Initial Yield 1025
Initiatorgesellschaften 770
Innenausbau 291, 356
Innenbereich 283
Innentüren 373
Innenwände 361
Inseratensammlung 751
Inskriptionssystem 56
Insolvenzantrag 217, 463
Insolvenz des Bauträgers 765
Insolvenzfähigkeit 462
Insolvenz- und Zwangsversteigerungsvermerk 217
Insolvenzverfahren 463
Insolvenzverwalter 217
Insourcing 561
Inspektionsstrategie 597
Installationen 380
Instandhalten 540
Instandhaltung 621 f.
Instandhaltungskosten 580, 960, 964
Instandhaltungskostenbeitrag 472
Instandhaltungspflicht 622
Instandhaltungsplanung 586
Instandhaltungsstrategie 596
Instandhaltungs- und Sanierungsstau 490
Instandhaltung und Instandsetzung des Gemeinschaftseigentums 468
Instandsetzung 621, 624
Instandsetzungspflicht 622, 624
Institute of Revenues Rating and Valuation (IRRV) 1007
Institutionelle Kunden 807
Institutionen und rechtliche Normen im Facility Management 515
Instrumente der Projektsteuerung 323
Instrumente des Marketing-Controllings 409
Integralberechnung 677
Intensivstudium 1040
Interdisziplinärer Ansatz der Immobilienbetriebslehre 13
Interessentenmakler 439
Interest Rate Swap (Zins-Swap) 872, 875
Intermediäre 807
Internal Rate of Return (IRR) 787
International Accounting Standards (IAS) 891 f.
International Development Research Center (IDRC) 483
Internationale Bewertungsstandards 1016
Internationale Immobilienbewertung 1003

Internationaler Jahresabschluss 563
Internationale Wertermittlungsstandards 1013
International Facility Management Association (IFMA) 495, 516
International Financial Accounting Standards (IFRS) 563
International Financial Reporting Standards (IFRS) 892
International Real Estate Business School (IREBS) 1042
International Valuation Standards Committee (IVSC) 1013
Interne Dienstleistungscenter 561
Interne Flächen-Verrechnung (IFV) 482, 489
Interner Zinsfuß 686
Internes Benchmarking 534
Internet 419
Internet-Marketing 407 f.
Interne Zinsfußmethode 553, 648, 655, 787
In-the-Money Call 884
In-the-Money Put 884
Inventar 51
Inventarwert 792, 865
Investition in Immobilien 717
Investitionsentscheidungen 653
Investitionskosten 555
Investitionsmultiplikator 42
Investitionsrechnung 553, 641, 647
Investitionsrisiko 639
Investitionstheorie 295, 640
Investitions- und Wachstumsstrategie 707
Investmentbanken 797
Investment Banking 795
Investmentgesellschaft 789
Investmentgesetz (InvG) 770, 789
Investment Method 1017, 1023, 1033
Investment Premium Tax 873
Investment Value 1023, 1033
Investor 825
Investor-Developer 858
Investor Relationship Management 852
Investor-Trader 858
IRFS 563
ISO 9001 502
Isodapane 252
Isonutzenquante 697
Isotime 252

Jackson-Biddle-Kontroverse 799
Jahresabschluss (JA) 563, 755, 891, 895
Jahresmiete 963
Jahresreinertrag 961
Jahresrohertrag 299, 1016
Jährliche Reinertrag 962
Jensens-Alpha 714
J-Kurve 809
Joint Venture 235, 790, 838 f.
Junior Debt 814

Kalkulation der Finanzierungsmittel 756
Kalkulationsverfahren 579

Kalkulationszins 653, 655
Kalkulationszinsfuß 1024
Kapazitätseffekt 42
Kapazitätsplanung 344
Kapitalanlagegesellschaft (KAG) 770, 789
Kapitalaufnahmeerleichterungsgesetz 892
Kapitaldienstdeckungsfähigkeit 927
Kapitaldienstfähigkeit 761
Kapitaldienstgrenze 761
Kapitaleinstandspreis 763
Kapitalflussrechnung 895
Kapitalisierung 961
Kapitalisierungszins 1023
Kapitalisierungszinssatz 951
Kapitallebensversicherung 747
Kapitalmärkte 798
Kapitalmarktinstrument 820
Kapitalrückflüsse 648
Kapitalsammelstelle 770
Kapitalwert 655, 787
Kapitalwertformel 653
Kapitalwertmethode 553, 648, 653
Kapitalwiedergewinnungsfaktor 652
Kappungsgrenze 434, 628
Kartografische Darstellung 285
Katasterbuch 71
Katasterkartenwerk 70
Katasterverzeichnis 47
Kauf 484
Kaufgegenstand 220
Kaufkraftniveau 244
Kaufmännisches Gebäudemanagement (KGM) 512, 525, 562
Kaufoption (Call) 883
Kaufpreis 221
Kaufpreisraten nach Baufortschritt 750
Kaufpreissammlung 946, 954, 957, 996
Kaufpreisteilzahlungen 751
Kaufvertrag 30, 211, 215
Kausalitätsprinzip 527
Kaution 621
Kennzahlen 485
Kennzahlenbenchmarking 534
Kennzahlenpyramide 604
Kennzahlensysteme 536, 602
Kernaufgaben der Projektentwicklung 273
Kerngebiete 288
Kerngeschäft 558
Kettenauflassung 216
Klassische Finanzierung 717
Klassische Werbung 402
Kleinreparaturklausel 622, 624
Kleinsiedlungsgebiete 288
Kleinwohnung 7
Klimaanlage 377
Kollektives Zwecksparen 737
Kommanditgesellschaft (KG) 773
Kommanditist 773
Kommunikation 399
Kommunikationsbudget 401
Kommunikationsformel von Lasswell 401

Kommunikationsinstrumente 400, 402
Kommunikationspolitik 399, 404
Kommunikationsstrategie 401
Kommunikationsziele 400
Komplementär 773, 775
Konditionengestaltung 762
Konditionspolitik 407
Konfidenzintervall 678 ff.
Konjunkturverlauf 38
Konkludente Bewilligung 425
Konkurrenzanalyse 264, 409, 602
Konkurrenzschutz 612
Konsensprinzip 228
Konstitutive Liste 199
Kontaktstudium 1042
Kontaminationsverdächtige Flächen 164
Kontenrahmenpläne 529
Kontokorrentkonto 765
Kontokorrentkredit 720
Kontokorrentkreditvertrag 764
Kontokorrentlinie 720
Kontokorrentzinssatz 764
Kontrahierungspolitik 404
Kontrolle der Zins- und Aktienmärkte 800
Kontrollerwerb 234
Kontrollierte Auktion 805
Konzeptionsphase 244
Kooperationsstrategie 562
Kooperation zwischen Maklern 438
Koordination der Gebäudefunktionen 513
Koordinationspflicht 129
Kopfprinzip 458 f., 475
Korrektivstrategie 597
Korrelation 693
Korrelationskoeffizient 693, 791
Kostenanalyse 573
Kostenanschlag 298, 349
Kostenarten 528
Kostenartenplan 569
Kostenartenrechnung 527, 569, 581
Kostenbeeinflussbarkeit 275
Kostenberechnung 297, 349
Kosten der Beurkundung
Kosten des Grundstückskaufvertrages 224
Kosteneffizienz 568
Kosten eines Projekts 274
Kostenfeststellung 349
Kostengruppen 297
Kosten im Hochbau 297
Kostenkennzahlen 536
Kostenkontrolle 325, 588
Kostenmanagement 348
Kostenmodell 910
Kostenorientierte Preisbestimmung 406
Kostenplanung 325, 349
Kostenrahmen für Investition und Nutzung 307
Kostenrechnung 527
Kostenreduktion 350
Kosten-Reduktionspotential 491
Kostenschätzung 297, 349
Kostenstatus 768

Kostenstellen 572
Kostenstellenrechnung 528, 572, 581
Kostensteuerungsinstrumente 514
Kostenträger 578
Kostenträgerrechnung 528, 578, 581
Kostenträgerstückrechnung 578
Kostenträgerzeitrechnung 580
Kostentreiber 586
Kosten- und Leistungsrechnung 527
Kostenvergleichsrechnung 553, 643
Kostenverhalten 352
Kostenverteilerschlüssel 457, 461
Kostenvorteile 488
Kovarianz 692
Kredit 796
Kreditarten bei Immobilien 717
Kreditausfallprämie 764
Kreditausfallwahrscheinlichkeiten 760
Kreditbesicherung 103
Kreditbeurteilung 921
Kreditförderung 724
Kreditleihe 720
Kreditmanagement 759
Kreditprüfung 764
Kreditrating 759
Kreditrisiken bei Bauträgerfinanzierungen 766
Kreditrisiko 921
Kreditsicherung 732
Kreditsicherungsinstrumente 747
Kreditsicherungspraxis 106
Kreditsubstitute 726
Kredit- und Pfandbriefforderung 984
Kreditversicherungsfunktion (Delkrederefunktion) 829
Kreditvertrag 765
Kreditvertragsmodalitäten 764
Kreditwesengesetz (KWG) 752
Kreditwürdigkeitsurteil 752
Kreditzusage 764
Kriegsanleihen 801
Kritische Isodapane 252
Krüppelwalm 370
Küche 379
Kühlung 376
Kumulativleistungen 331
Kumulativrisiko 889
Kundenfrequenz 244
Kundenzufriedenheit 398, 507
Kündigung 631
Kündigung durch den Auftraggeber 133
Kündigung durch den Auftragnehmer 134
Kündigungsbeschränkung 634
Kündigungsfristen 632
Kündigungsgrund 635
Kündigung wegen Eigenbedarfs 633
Kurs-Gewinn-Verhältnis (KGV) 861
Kurzfristige Erfolgsrechnung 580
Kurzfristige Fremdfinanzierung 720

Lagebericht 891
Lagerente 247
Lagerinvestition 41
Länder-Allocation 710
Ländererlass 781
Land Law 71
Landwirtschaft 246
Langfristige Finanzierung 721
Langfristige Fremdfinanzierung 721
Lastenfreistellung 750
Lastentragungspflicht 461
Lasten und Beschränkungen 62
Latente Ausfallrisiken 762
Late Stage-Financing 813
Laufzeit des Erbbaurechts 74, 78
Leasing 484, 726, 839, 841
Leasingerlass 843
Leasingfonds 775 f.
Leasinggeber 842
Leasinggesellschaft 841
Leasingnehmer 842
Leasingobjekt 841
Leasingrate 777, 841
Lebensdauer 16
Lebensdauer von Immobilien 556
Lebenskostenindex 80
Lebensmittelhygieneverordnung (LMHV) 546
Lebenszyklus 36 f., 550, 568
Lebenszykluskosten (LCC) 554, 565, 598
Lebenszykluskostenoptimierung 594
Lebenszyklusqualität 598
Leerstandsphase 37
Legal Due Diligence 804
Legalitätsprinzip 58 f.
Leibgedinge 108
Leistungsarten des Architekten/Ingenieurs 149
Leistungsbeschreibung 125 f.
Leistungsbeschreibung mit Leistungsprogramm 126
Leistungsbeschreibung mit Leistungsverzeichnis 126
Leistungsbild der Projektsteuerung 313
Leistungsbild des technischen Gebäudemanagements 539
Leistungsbilder der HOAI 145
Leistungsdefinition der HOAI 313
Leistungserbringung 130
Leistungsunterbrechung 133
Leistungsvertrag 141
Leistungsverzeichnis 529, 545
Leistungsvorbehalt 627
Leitungsrecht 62, 90
Letter of Intent 804
Leuchtmittel 381
Leveraged-Buy-Out (LBO) 804, 818
Leverage-Effekt 293
Lex generalis 894
Lex specialis 894
Liability Swaps 872
Liberalismus 5 f.
Lichtstrom 381
Liegenschaften 481
Liegenschaftskataster 45, 61, 70

Liegenschaftsmanagement 519
Liegenschaftszinssatz 659, 951, 962, 965
Life-Cycle-Cost-Ansatz (LCCA) 552
Life-Cycle-Costs 497
Limited Recourse 830
Limited Recourse Financing 832
Lineare Abschreibung 902
Lineare Alterswertminderung 975
Lineare Interpolation 656
Liquidationsquote 764
Liquiditätsgeber 824
Liquiditätskennzahlen 850
Liquiditätsmanagement 793
Liquiditätsquoten 790
Liquiditätsrechnung 778
Liquiditätsreserve 668, 683, 720, 821, 852
Liquiditätsstufen 850
Lochfassade 366
Locusprinzip 68
Long Floor 886
Luftaufbereitung 377
Lüftung 376
Lüftungsanlage 376
Lüftungszentrale 377

Machbarkeitsstudie 281
Make or Buy 489, 560
Makler 35, 394, 411, 413
Makleralleinauftrag 414, 426 ff.
Maklerauftrag 426
Maklercourtage 17, 297, 756
Maklerdienstvertrag 426
Maklergemeinschaftsgeschäft 439
Maklergeschäft 431
Maklerklausel 443
Maklerkooperationen 438
Makler-Methode 659, 1016
Maklerprovision 422
Maklerrecht 410
Maklertätigkeit 413
Makler- und Bauträgerverordnung (MaBV) 221, 411, 749
Maklerunternehmen 416, 431
Maklerverbände 410, 420
Maklervertrag 420, 425, 441
Maklerwerkvertrag 426
Makrostandort 245, 256, 432, 670
Management 335
Management-Buy-in (MBI) 812, 818
Management-Buy-out 812, 818
Managementimmobilie 446
Mangel 225
Mängelansprüche 138
Mängelansprüche nach Abnahme 137
Mängelanzeige 620
Mangelbegriff der VOB/B 137
Mangelbeseitigung 138
Mangelhafte Bauausführung 137
Mansarddach 370
Mantelverkauf 852
Marge 763

Marginal yield 1028
Margins 870, 880
Markennamen 397
Markenpolitik 397
Markenschutzgesetzes 419
Marketing-Audit 408
Marketing-Controlling 395, 408
Marketinginstrumente 393
Marketing-Konzeption 388
Marketing-Mix 389, 393, 409, 418
Marketingziele 388
Market Value 1005, 1012
Markfeldstrategien 392
Markowitz 521, 684
Markowitz-Modell 688
Marktanalyse 263
Marktanpassungsfaktoren 951
Marktanteils-/Marktwachstumsportfolio 704
Marktarealstrategien 392
Marktbeherrschende Stellung 237
Marktentwicklungsmatrix 395
Marktforschung 388
Marktkriterien 302
Marktmacht der Lieferanten 386
Marktmiete (rental value) 1025
Marktorientierte Preisbestimmung 406
Marktparzellierungsstrategien 392
Marktportfolio 700
Marktposition 395
Marktposition der Projektentwicklung 292
Marktpreis 25
Marktpreisbildung 25
Marktrecherche 304
Marktrisiko 667, 919
Marktsegmente 415
Marktstimulierungsstrategien 392
Markttransparenz 22, 253, 303, 390, 860
Markt- und Standortanalyse 396, 712
Marktvolumen der FM-Märkte 509
Marktwachstum 395
Marktwert 1012
Marktwertdefinition 987
Massachusetts Institute of Technology (MIT) 481
Maß der baulichen Nutzung 289, 948
Maß des systematischen Risikos 699
Maßgeblichkeitsprinzip 892, 894
Massivbau 362
Massivdecke 363, 371
Masterabschluss 1040
Masterstudiengänge 1037
Materialindex 249
Materielles Publizitätsprinzip 57
Materielle wertbeeinflussende Eigenschaften 937
Materielle Zusammenschlusskontrolle 236
Mauersysteme 363
Maximalkapazität 344
Maximalprinzip 525
McFadden Act 797
McKinsey-Matrix 705
MDAX-Unternehmen 563

Measurement Subsequent of Initial Recognition 909
Medium Term Notes 841
Mehrdimensionale Matrix-Modelle 708
Mehrheitsbeschluss 460
Mehrheitsbeschlüsse in Eigentümerversammlungen 458
Mehrheits-, Minderheits-, Paritäts-Joint-Venture 839
Mehrstufige Deckungsbeitragsrechnung 582 f.
Meistgebot 113
Meldegrenzen 752
Mengenabweichung 591
Merger & Acquisition 802
Merkantilismus 5
Merkmale von bebauten Grundstücken 956
Mess-, Steuer- und Regelanalgen (MSR) 383
Messtechnik 383
Mezzanine-Finanzierung 490, 813 f.
Mezzanine-Investor 814
Mezzanine-Kapital 805, 813
Mietanpassung 626
Mietanpassungsmöglichkeit 625
Mietanpassungsvereinbarung 628
Mietaufhebungsvertrag 631
Mietausfallwagnis 960, 964
Mietdatenbank 629
Mieterhöhung 434, 625, 628
Mieterhöhung nach Modernisierung 434
Mieterhöhungsverlangen 629
Mieterhöhung wegen Modernisierung 630
Mietervorkaufsrecht 614
Mietkaution 621
Mietleasing 905
Mietminderung 612, 619 f.
Miet-/Pachtvertrag 30
Mietpreisbindung 27
Mietpreiskontrolle 9
Mietpreisüberhöhung 617
Mietrendite 435
Mietsicherheiten 621
Mietspiegel 434, 617, 629
Mietveränderung 434
Mietverhältnisse 224
Mietverlängerungsoption 265, 726
Mietvertrag 607, 610, 613
Mietvertragsbedingungen 611
Mietvertragsbeendigung 631
Mietverwaltung 529
Mietvorvertrag 609
Mietwucher 617
Mietzeit 615
Mietzins 617
Mietzinserhöhung 625
Mietzinsforderung 530
Mikrostandort 245, 257, 432, 670
Militärische Altlasten und Rüstungsaltlasten 167
Minderung 139, 226
Minderung des Mietzinses 619
Minderungsanspruch 139
Mindestgebot 113

Mindestkapazität 344
Mindestkapitalanforderung 919
Mindestliquiditätsgrenze 790
Minimalprinzip 525
Minimierung der Nutzungskosten 482
Minimierung des Ressourceneinsatzes 513
Minimum-Varianz-Portfolio 695
Mischgebiete 288
Mischgesetz 412
Mischmietverhältnis 608
Mitbenutzungsrecht 92
Miteigentümer 53
Miteigentumsanteil 451, 453 f.
Mitgliedschaft im Maklerverband 420
Mitmakler 438
Mittelbeschaffung 641
Mittelverwendung 641
Mittelzentren 255
Mitwirkungspflicht 754
Mobilien-Leasing 843
Modelling 520
Moderne Nutzenindifferenzkurve 696
Moderne Portfoliotheorie 685
Modernisierung 309, 542, 624
Modernisierungskosten 630
Modernisierungsumlage 630
Modernisierung von Wohnraum 625
Modifizierter Standardansatz 921
Money Trusts 800
Monitoring 522
Monte-Carlo-Methode 683
Moral Hazard 701
Mortgage Backed Bonds 20
Mortgage Backed Securities (MBS) 490, 807, 825
Mortgage Lending Value 1013
Mortgage-REITs 866
Multi Asset Portfolio 640, 889
Multidisciplinary Approach 11
Multiplikator 957
Multiplikatorenverfahren 978
Multiplikatorprozess 42
Multi-Property-Fonds 784
Mündlicher Mietvertrag 611

Nachbarerbbaurecht 87
Nachbarrechtlicher Ausgleichsanspruch 192
Nacherfüllung 226
Nacherfüllungsanspruch 226
Nacherfüllungspflicht 138
Nachfrageanalyse 264
Nachlassverwaltung 217
Nachrangdarlehen 814
Nachschusspflicht 775
Nachweismakler 422
Nachweistätigkeit 421
Nachweis- und Vermittlungstätigkeit 431
Näherrechte 97
Naive Risikodiversifizierung 694
Namensaktie 849
Nassräume 379
National Banking Act 799

National Charter 799
National Currency Act 799
Nationale Rechnungslegung 891
Nationale Vergabeverfahren 122
National Facility Management Association (NEFMA) 494
Nationalökonomie 246
Nebenkosten 618
Nebenkostenabrechnung 619
Nebenpflichten des Maklers 430
Negative Values 1013
Net Asset Value (NAV) 862
Net Current Replacement Cost 1010
Net Present Value Coverage Ratio (NPVCRt) 834
Net realisable value 908
Netto-Cashflow-Rendite 563
Nettokaltmiete 962
Nettonießbrauch 94
Nettoresiduum 1019
Net Trading Profit 300
Netzplan 327
Netzplantechnik 327
Neubauimmobilien 304
Neubewertung 671, 899, 909
Neubewertungsrücklage 910
Neue Institutionenökonomie (NIÖ) 701
Neuemission von Aktien 817
Neun Leistungsphasen der HOAI 314
Neutrales Ergebnis 569
Neutrality 565
Neuzeitliche Ersatzbeschaffungskosten 971
Nicht betriebsnotwendige Immobilien 481
Nicht normierte Wertermittlungsverfahren 1015
Nicht offenes Verfahren 123
Nicht quantifizierbare Kosten 552
Nichttragende Wände 361
Niederschrift der Beschlüsse 476
Niederspannung 381
Niederstwertprinzip 901
Nießbrauch 63, 89, 93
Non current asset 565
Non-Property Companies 20, 478, 501, 524, 563
Non-Property-Unternehmen 889
Non Recourse Financing 832
Normalherstellungskosten 970f.
Normalherstellungskosten 2010 972
Normalverteilung 675f.
Normalverteilung der Rendite 687
Normenkollision 894
Normierte Verfahren 944, 1015
Normstrategie 594
Normungseinheit 518
Notarielle Beurkundung 214
Novelle des Wohnungseigentumsgesetzes 477
Nutzer 14, 35, 258, 272, 341, 526, 572, 776, 853
Nutzflächenstruktur 302
Nutzungsabweichung 590f.
Nutzungsarten 30
Nutzungsdauer 902, 912
– wirtschaftliche 542, 646
Nutzungsentgelt 62

Nutzungsflexibilität 290, 397, 596
Nutzungsfunktionalität 596
Nutzungsgrad 591
Nutzungskonzeption 290, 306
Nutzungskosten 555
Nutzungskostengruppen 529
Nutzungskosten im Hochbau 349, 529, 598
Nutzungsphase 35, 37, 557, 596
Nutzungsplanung 585
Nutzungsrechte 61, 88
Nutzungs- und Betriebsphase 557
Nutzwert 912
Nutzwertanalyse 259

Obererbbaurecht 87
Oberer Gutachterausschuss 936, 997
Obergrenze für den Beleihungswert 986
Oberzentren 255
Objektbetreuung 343
Objektbeurteilung 761, 764
Objektbewertung 245
Objektgesellschaft 776, 842
Objekt-Gesellschaften 790
Objektgestaltung 397
Objektidentität 423
Objektive Bewertungslehre 930
Objektmakler 439
Objektmanager 500
Objekt-Objekt-Beziehung 929
Objektprinzip 458f., 474f.
Objektüberwachung 343
Objektvermarktungsauftrag 442
Objektwerbung 436
Off balance sheet financing 833
Offene Bauweise 289
Offene Fonds 770
Offene Immobilienfonds 769f., 789, 864
Offenes Verfahren 123
Offenlegungsgrenze 752
Offenlegungspflicht 891
Offenlegungsvorschrift 752
Öffentliche Darlehen 724
Öffentliche Lasten des Grundstücks 224
Öffentliche Preisvorschrift 145
Öffentlicher Glaube 57
Öffentliches Baurecht 283
Öffentliches Maklerrecht 410
Öffentlichkeitsarbeit 403
Öffentlich-rechtliche wertbeeinflussende Gegebenheiten 937
Offering Circular 830
Öffnungsklausel 457, 459
Ökonomische Nutzungsdauer 37
Oligopole 231
One-Property-Fonds 784
Online-Marketing 402
Operate lease 914, 916
Operating-Assets-Securitisation 823
Operating Cashflow 658
Operating-Leasing 726
Operating Leverage 856

Operationalisierung von Unternehmensstrategien 532
Operative Immobilien-Marketing 392
Operatives CREM 490
Operatives Immobiliencontrolling 569
Operatives Immobilienmanagement 520f.
Operatives Marketing-Controlling 408
Opportunitätskosten 654, 1024
Optimale Rendite 500
Optimaler Produktionsstandort 249
Optimales Portfolio 697
Optimalkapazität 344
Optimierung der Immobilie 489
Optimierungsmodelle 662
Optimierungspotential 544, 554, 592
Optionen 869, 883
Optionskäufer 869
Optionsprämie 878
Optionspreis 885
Optionsrecht 101
Optionsverkäufer (Stillhalter) 869
Optionswert 885
Ordentliche Kündigung 631
Organe für die Verwaltung des Gemeinschaftseigentums 463
Originäre Bewirtschaftungsleistung 514
Originäre Zahlungen 662
Originator 821, 823, 830
Ortsgebundenheit 16
Ortsübliche Provision 413
Ortsübliche Vergleichsmiete 434, 626, 628
Outside resource using 560
Outsourcing 489, 499, 558, 560f., 853
Outtasking 561f.
Overrented-properties 1026, 1030
Over the counter-Geschäfte 870

Pagatorischer Gewinn 644
Paralleler Bebauungsplan 286
Parallelkredite 873
Parallelverfahren 804
Parkhausmanagement 399
Participating Mortgage 815
Participating Mortgage-Finanzierung 490
Partielle lineare Regressionsrechnung 1000
Partikularismus 56
Parzelle 45
Passive Akquisition 417
Passive Auftragsakquisition 418
Passive Beschaffungswege 484
Passive Verwertungsstrategie 486
Passivseite 564
Pass-Through-Variante 826
Pauschale 619
Pauschalhonorar 154
Pauschalvertrag 141
Pay-back-Methode 645
Pay-off-Methode 553, 645
Pay-Through-Variante 826
Performance 537, 680
Performance-Measurement-System 532

Performancemessung 640, 713
Periodenabgrenzung 893
Personalfolium 60
Personalkredit 721
Personalservitut 92
Personalsicherheiten 732
Personenidentität 423
Persönliche Zuverlässigkeit 749
Pfahlgründung 360
Pfandbriefbanken 984
Pfandbriefdeckung 984
Pfandbriefgesetz (PfandBG) 983, 989
Pfandbriefsicherheit 984
Pfandbuchsystem 56
Pfandrecht 103, 734
Pflege der Außenanlagen 545
Pflichteinlage 775
Pflichten der Miteigentümer 460
Pflichten des Maklers 430
Pflichtenheft 318, 839
Pflicht zur Offenlegung der wirtschaftlichen Verhältnisse 926
Pfosten-Riegel-Fassade 367
Phasen der Projektentwicklung 276
Phasen der Projektfinanzierung 844
Phasenkonzept 844
Physische Faktoren 257
Pilzdecke 363
Planen 334
Plankalkulationssätze 590
Plankosten 766
Plankostenrechnung 590f.
Planmäßige Abschreibung 901
Planmäßige Wertminderung nach IAS 912
Planung 317
Planung im Immobiliencontrolling 585
Planungsbeteiligte 340
Planungshoheit 286
Planungskosten 756
Planungsleistung 32, 126, 285, 313, 744
Planungsökonomie 4
Planungsphase 32, 317, 844
Planungsprozess einer Projektfinanzierung 846
Planungsqualität 353
Planungsrechtliche Zulassungsmöglichkeiten 283
Planungs- und Umbaukosten 275
Planzeichenverordnung (PlanzV) 284
Plattenbalkendecke 363
Plattenfundament 360
Point-of-Sale-Marketing (POS-Marketing) 402
Policendarlehen 723
Politikinstrumente 404
Poor Dogs 395, 704
Portfolioanalyse 593
Portfoliobildung 667
Portfoliokennzahlen 536
Portfoliomanagement 488, 524, 683, 889
Portfoliomanager 520, 685
Portfoliomatrix 593, 706
Portfoliooptimierung 684
Portfolioplanung 887

Portfoliorendite 700
Portfolio Selection 685
Portfolio Selection Theory 521, 684
Portfoliostrukturierung 640
Portfoliotheorie 684, 703
Portfoliotheorie von Markowitz 640, 685
Portfoliowirkung 889
Potentialorientierte Serviceleistung 399
Practice Statements 1008
Prämienbegünstigte Sparleistungen 743
Präsidialservituts 90
Präventivstrategie 596
Pre-and-After-Sales-Management 398
Preis 931
Preisabweichung 591
Preisanalyse 266
Preisangaben- und Preisklauselgesetz (PaPkG) 81
Preisbildungsstrategien 406
Preisermittlungsverfahren 406
Preisfindung 26, 386
Preisführerschaft 406
Preisindex für Lebenshaltung 434
Preisklauselgesetz 626f.
Preisklauseln 530, 626
Preisklauselverordnung 81
Preispolitik 405
Preispolitische Maßnahmen 407
Preisrechtlicher Charakter der HOAI 152
Preisstoppverordnung 10
Preisstrategie 394, 405
Preis- und Konditionsstrategien 404
Preisvorstellung 932
Prepayment Risk 826
Pressearbeit 403
Primärenergie 374
Primär Investments 806
Primärmarkt 795, 801
Primary Placement 818
Principal 826
Printmedien 402
Prinzipien zur Mehrheitsberechnung 475
Prioritätsprinzip 68
Private Aktienbanken 798
Private Equity 807, 809
Private Equity-Investor 819
Private Finance Initiative (PFI) 508
Private Placement 770, 814
Privates Baurecht 284
Privatkunden 807
Privatrecht 285
Privatrechtliche wertbeeinflussende Gegebenheiten 937
Produktdiversifikation 396
Produktelimination 395
Produktinnovation 394
Produktionsleistung 403
Produktionspotential 41
Produktionsprozess 41, 276
Produktlinien 396
Produktpolitik 394
Produktvariation 395

Profit-Center-Vergleich 588
Profit Method 1034
Project Development 269
Projekt 333
Projektabschluss 322
Projektanalyse 305
Projektbeendigung 847
Projektbeteiligte 271, 340
Projektbezogenes Qualitätsmanagement 354
Projekt-Cashflow 834
Projektentwickler 33
Projektentwicklung 244, 269, 485
Projektentwicklung im engeren Sinne 303
Projektentwicklung im weiteren Sinne 303
Projektentwicklungsfees 300
Projektentwicklungsgesellschaft 852
Projektentwicklungsphase 37
Projektentwicklungsprozess 244, 272, 280, 301
Projektentwicklungsrechnung 278
Projektersteller (Contractoren) 838
Projektfinanzierung 309, 490, 806, 813, 831f., 844, 926
Projektgesellschaft 831, 837
Projekthandbuch 325
Projektidee 556
Projektinitiierung 277
Projektkonzeption 280
Projektleiter 340
Projektmanagement 300, 335f.
Projektmanager 342
Projektoptimierung 300
Projektorganisation 337
Projektrealisierung 300
Projektrisiken 303
Projektrisiko 831
Projektsteuerer 33
Projektsteuerung 311, 335f.
Projektsteuerungsleistungen 329
Projektstruktur 338
Projektstrukturplan 338
Projektstufen 314, 316
Projektträger (Sponsor) 832, 838, 841
Projektüberwachung 321
Projektvermarktung 301
Projektvorbereitung 316
Projektvorbereitungsphase 316
Prokura 219
Property Company 20, 500
Property Cycle 38
Property Index Certificate 20
Property Management 523
Property Securitisation 829f.
Prospekterstellung 788
Provision 412
Provisionsanspruch 413, 420ff., 441, 444
Provisionssicherung 442
Provisionsverpflichtung 441
Prozesskontrolle 592
Prozesskostenrechnung 574, 576, 592
Prozesskostensatz 592
Prozessoptimierung 592

Prozessorientierte Serviceleistungen 399
Prudence 565
Prüfungsbericht 751
Prüfungs- und Anzeigepflicht des Auftragnehmers 130
Psychologische Faktoren 257
Psychologische Werbeziele 400
Public Pricing 862
Public Private Partnership (PPP) 508, 839
Public Real Estate Management (PREM) 510, 519, 524
Public Relations 403
Pujo Committee 800
Pultdach 369
Punkte-Wolke 1000
Put 884

Qualifikationsstufen 1038
Qualifizierte Mehrheit 457
Qualifizierter Alleinauftrag 426
Qualifizierter Bebauungsplan 287
Qualifizierter Makleralleinauftrag 427
Qualifizierter Mietspiegel 629
Qualifizierter Zeitmietvertrag 615
Qualifizierung des Gutachters 989
Qualität 302
Qualitätsführerschaft 406
Qualitätsmanagement 353, 502
Qualitätsmanagementsystem 354
Qualitätspolitik 354
Qualitätsstichtag 941
Qualitätsziele 354
Quantifizierbare Kosten 552
Quantifizierung der Finanzierungsmittel 756
Quasi-Monopole 231
Quereinsteiger 1039
Question Marks 395, 704
Quotenabgeltungsklausel 623
Quotennießbrauch 63, 94

Rack-rented Properties 1025
Rahmenbedingungen für Immobilieninvestitionen 243
Rahmenterminplan 326
Random Walk 674
Rangänderung 69
Rangprinzipien 68
Rangrücktritt 750
Rangstelle im Grundbuch 112
Rangverhältnis 68
Rangverhältnis von Rechten 112
Ratendarlehen 728, 747
Ratenplan nach § 3 MaBV 751
Ratingagentur 825, 921
Ratinginstrumentarium 488
Ratingverfahren 759
Raumbuch 318, 323
Raumeigentumsrechte 69
Raumkonzeption 291
Räumliche Risikostreuung 791
Räumliche Teilmärkte 31

Raumlufttechnische Anlagen 378
Raumordnung 286
Räumung 623, 634
Räumung der Mietsache 636
Real Estate Asset Management (REAM) 522, 808, 887
Real Estate Investment Banking (REIB) 807, 831
Real Estate Investment Trusts (REITs) 20, 522, 847, 866
Real Estate Management Institut (REMI) 1042
Real Estate Management (REM) 519
Real Estate Norm (REN) 261
RealFM e.V. Association for Real Estate and Facility Managers 495, 516
Realfolium 60
Realisationsprinzip 901
Realisierungsphase 556
Realisierungswahrscheinlichkeiten 687
Realkredit 721, 926
Reallast 107
Reallaststammrecht 77
Realsicherheiten 732
Realteilung 776
Rechnungslegung 472
Rechnungslegungssystem 563
Recht
– dingliches 72, 86, 99, 102, 734
– grundstücksgleiches 72
Rechte der Miteigentümer 459
Rechtliche Gegebenheiten und tatsächliche Eigenschaften 937
Rechtsfähigkeit 462
Rechtsgeschäftliche Vertretung 219
Rechtsmangel 226
Rechtsnatur des Maklervertrages 425
Reconciliation Act 867
Recoverable Amount 912
Red Book als Bewertungsvorschrift 1021
Red Book 1007
Redevelopment 35, 37, 486
Regelhonorar 153
Regelsetzer im Facility Management 518
Regeltechnik 383
Regenerative Energiequellen 374
Regionale Märkte 31, 838
Registerverfahrensbeschleunigungsgesetz 57
Regressionsrechnung 1001
Regula falsi 656
Regulierung der Architekten- und Ingenieurkosten 145
Reichs-Grundbuchordnung 57
Reinertrag 960
Reinertrag nach Ablauf des Mietvertrages 1027
Reine Wohngebiete 288
Reingewichtsmaterial 249
Reinigungsmanagement 544
REIT 866
REIT-Aktie 867
REIT Modernization Act 867
Rekonstruktionskosten 971
Relaunch 395

Rendite 786
Renditeberechnung 434
Renditeforderung 293
Renditemethode 787
Renditeobjekt 447, 961
Rendite-Risiko Optimierer 685
Rendite-Risiko-Profil 858
Rendite-Volatilitäts-Diagramm 695, 697
Renovierungsverpflichtungen 623
Rentabilität 644
Rentabilität der Immobilieninvestition 787
Rentabilitätsanalyse 281, 308 f.
Rentabilitätsbetrachtungen 787
Rentabilitätsrechnung 553
Rentabilitätsvergleichsrechnung 644
Rentabilitätsziel 603
Rente 650, 657
Rentenbarwertfaktor 651, 1024
Rentenendwertfaktor 651
Rentenrechnung 650
Rentenschuld 107, 736
Reporting 522, 531, 583
Reportingansätze 531
Reportingkalender 584
Research 806
Reservepflichten für Einlagen 800
Reservierungsvereinbarung 440
Residualverfahren (Residual Method) 1005, 1012, 1018
Residualwertmethode 988
Residuen-Varianzheterogenität 1000
Residuum 1018
Response-Werbung 402
Ressourceneffizienz 499
Restlaufzeit des Mietvertrages 1027
Restnutzungsdauer 964
Restrisiko 683
Restructuring 806
Restwertverteilungsfaktor 652
retained earnings 910
Return on Investment (RoI) 537, 563, 602, 787, 811
Revaluation 909
Revaluation Surplus 910
Reversion 1027
Revitalisierung 486, 557
Reward to Variability Ratio 713
Reward to Volatility Ratio 714
Richtfest 402
RICS Deutschland 1005
Ring Deutscher Makler (RDM) 420
Risiken 788
Risiken einer Asset Securitisation 828
Risikoabgeltung 832
Risikoadjustierung 682
Risikoallokation 835
Risikoanalyse 293, 308
Risikoanalyse bei Immobilieninvestitionen 663
Risikoanalysemodell 669
Risikoanrechnung 918
Risikoaufschläge 992

Risikoaversion 681
Risikoberechnung 673
Risikobereitschaft 666
Risikobetrachtung 762
Risikobewertung 663, 667, 935
Risikodeckungsvolumen 668
Risiko der Zahlungsunfähigkeit 727
Risikodiversifikation 688, 693
Risikodiversifizierung 640
Risikoeinstufung 762
Risiko-Ertrags-Relation 827
Risikofreude 682
Risikogewichtungssätze 921
Risikogruppen 762
Risikoidentifikation 667
Risikokapital 810
Risikokennziffern 713
Risikoklassifizierung 667
Risikokorrelationen 640
Risikokosten 763
Risikolimit 679
Risikomanagement der Banken 925
Risikomaß β 700
Risikominimierung 663
Risikoneigung 293, 659, 666
Risikopolitik 682
Risikoposition 857
Risikopräferenz 659, 666
Risikopräferenzen des Anlegers 712
Risikoprognose 308
Risiko-Rendite-Profil 710
Risiko-Rendite-Struktur 858
Risikostreuung 770, 791
Risikostreuung bei offenen Immobilienfonds 791
Risikostruktur 689, 835, 850, 856
Risikotragfähigkeit 668
Risikotypen 666
Risikovermeidung 682
Risk Exposure 858
Risk sharing 835
Risk-sharing-Prinzip 832, 837
RLT Anlagen 376
Rohbau 356
Rohbauabnahmeschein 767
Rohbauland 28
Rohdecke 371
Rohertrag 960, 962
Rom-I-Verordnung 148
Royal Charter (königliche Verleihungsurkunde) 1004
Royal Institution of Chartered Surveyors (RICS) 10, 1007, 1039
Rückbau des Gebäudes 310
Rückgabe der Mietsache 636
Rücklagen gemäß §§ 6b/6c EStG 782
Rücknahmepreis 790, 794
Rücksichtnahmepflichten 460
Rückstand 635
Rücktritt 226
Rücktrittsrecht 227

Rückwärtskalkulation nach Residualwertverfahren 758
Rückzahlungsmodalitäten 724

Sachanlage 897, 907
Sachenrechtlicher Bestandsschutz 459
Sachenrechtliches Verfügungsgeschäft 210
Sachinvestitionen 641
Sachmangel 225
Sachverständigenausschuss 791
Sachverständiger 181
Sachwert 970
Sachwertfaktoren 975
Sachwertverfahren (Depreciated Replacement Cost Method) 944, 954, 970, 980, 1005, 1012
Saldenverfahren 739
Sale-and-lease-back 31, 416, 484, 502, 916
Sale-and-lease-back-Verfahren 905
Sales 806
Sales & Trading Aktivitäten 806
Sammelheizung 375
Sanierung 184
Sanierungsaufwendungen 193
Sanierungsdurchführung 184
Sanierungserfolg 187
Sanierungsplan 181 ff.
Sanierungsuntersuchung 181
Sanierungsverantwortlichkeit 189
Sanierungsvertrag 179, 183
Sanierung von Altlasten 180
Sanitär 379
SAP R/3 RE 601
SAP Real Estate Map 601
Satisfying Profit 388
Satteldach 369
Schadensersatz 226
Schadensersatzanspruch 140
Schädliche Bodenveränderungen 170
Schätzintervall 656
Scheinbestandteile 50
Schenkungsteuer 781
Schlussabnahmeschein 767
Schlüsselübergabe 624
Schlussrechnung 143
Schlussrenovierung 623
Schlusszahlung 144
Schönheitsreparatur 613, 622 f.
Schriftform 611
Schuldendienstfähigkeit 835
Schuldnerausfall (EAD = Exposure at Default) 921
Schuldrechtliches Verpflichtungsgeschäft 210
Schuldrechtliches Vorkaufsrecht 98
Schutz des Mieters 612
Schutzpflicht des Auftragnehmers 131
Schwachstellenanalyse 492
Schwachstromanlage 381
Schwarzarbeit 753
Schwarze Wanne 361
Schweinezyklus 38
Scoring-Ansatz 668
Scoring-Methode 669

Scoring-Modell 593
Secondary Placement 818
Secondary Purchase 817
Secondary Sale 819
Second Bank of the United States 799
Second-Stage-Financing 813
Second Tiers 498
SEC Rule 415 801
Securitisation 490, 820
Seed Financing 810
Segmentierungsbericht 895
Seilaufzüge 382
Sektor-Allocation 712
SektVO 122
Sekundärenergie 374
Sekundärmarkt 795, 806
Sekundärstruktur 370
Selbstkontrahieren 220
Selbstkosten 581
Selbstkostenerstattungsvertrag 141
Selbstschuldnerische Bürgschaften 733
Selbstständiger Bebauungsplan 286
Selbstverwaltungsrecht 458
Selection 522
Selektive Vorgehensstrategie 707
Sensitivitätsanalyse 308, 671, 788
Service-Agent 824
Serviceangebot 399
Service-Fee 824
Serviceleistungen 399
Servicemaßnahmen 398
Serviceplanung 587
Servicepolitik 398
Servituten 88
Settlement price 880
Share Deal 802, 818
Shareholder Value 497, 502, 563, 759, 806 f., 889, 894
Shareholder Value-Ansatz 860
Sharpe-Ratio 713
Sheddach 369
Short Floor 886
Sicherheit 788
Sicherheitenklasse 761
Sicherheitenklassifizierung 760
Sicherheitenquote 764
Sicherheitsdienst 399, 546
Sicherheitsleistung 144, 870
Sicherung der Makler-Vergütung 442
Sicherung der Wettbewerbsfähigkeit 482
Sicherungsabrede 105, 735
Sicherungsabtretung 733
Sicherungsgeber 824
Sicherungsgrundschuld 106
Sicherungsgut 735
Sicherungshypothek 63
Sicherungsmaßnahmen 185
Sicherungsmechanismen 748
Sicherungsnießbrauch 95
Sicherungspflicht 751
Sicherungspflichten für Bauträger 749

Sicherungsrecht 103, 110
Sicherungsübereignung 735
Simulation 520
Single Asset Portfolio 640, 889
Skelettbau 362
Soft costs 865
Solarheizung 376
Soll-Ist-Vergleich 588, 793
Sollkosten 591
Sondereigentum 69, 449, 459
Sonderform 6b-Fonds 782
Sondergebiete 288
Sonderimmobilie 445
Sondernachfolger 461
Sondernutzungsrechte 450
Sondervermögen 789
Sonstige Anlagen 939
Sonstige wertbeeinflussende Umstände 965
Sortimentspolitik 396
Sortimentsprüfung 395
Sozialklausel 634
Sozioökonomische Faktoren 257
Spannungsklausel 626 f.
Spareinlagen 621
Special Purpose Vehicle (SPV) 823, 847
Spekulationsfrist 779 f.
Sperrfrist 634
Spin-Off 812, 854
Spin-Out 812
Sponsor 840
Staatliche Bausparförderung 742
Stadtbücher 56
Stadtentwicklung 935
Städtische Siedlungsverteilung 253
Stadtplanung 34, 282
Stadt- und Regionalentwicklung 245
Staffelmiete 434, 530, 625
Staffelmietvertrag 626
Stakeholderanalyse 305
Stammaktie 849
Stammgrundstück 69
Stammrecht 77
Standardabweichung 689, 713
Standardabweichung als Risikomaß 687
Standardberichte 531
Standardnormalverteilung 676
Standort 16, 302
Standortabhängige Kosten 245
Standortanalyse 244, 258, 432, 670
Standorteigenschaften 245
Standortfaktoren 245
Standortlehre 246, 248
Standorttheorie der Landwirtschaft 246
Standorttheorie nach Weber 248
Standort- und Marktanalyse 243 f., 281
Standortwahl 396
Stärken-Schwächen-Analyse 260, 670
Starkstromanlage 381
Start-up-Financing 811
Start-up-Phase 811
State banks 799

State Charter 800
Statische Anfangsrendite 299
Statische Investitionsverfahren 646
statische Methode 553
Statische Projektentwicklungsrechnung 296
Statische Rendite 787
Statische Verfahren 296, 642
Steigerung des Unternehmenswertes 566
Stellplatzbaulast 118
Steuerabzug bei Bauleistungen 753
Steuer auf Einkünfte aus Vermietung und Verpachtung 36
Steuerbilanz 891
Steuerliches Ergebnis der Fondsgesellschaft 777
Steuern 308
Steueroptimierung der Anleger 781
Steuerorientierte Fonds 781
Steuerrechnung 778
Steuerrechtliche Behandlung von Beteiligungen 777
Steuerstundungsmodelle 779
Steuertechnik 383
Steuerung 335
Stichtagsbewertung 893
Stichtagsbezogenheit der Wertermittlung 940
Stille Reserven 899
Stillhalteerklärung 78
Stillhalter 883
Stillschweigende Abnahme 136
Stillschweigende Verlängerung 616
Stillsetzen 540
Stimmenmehrheit 475
Stimmenverteilung 476
Strategie der Kostenführerschaft 594
Strategische Asset-Allocation 709
Strategische Ausrichtung einer Immobilien-AG 858
Strategische Bauteile 598
Strategische FM-Kompetenz 501
Strategische Geschäftseinheiten (SGE) 704
Strategische Grundausrichtung 352
Strategische Planung 585
Strategisches CREM 488
Strategisches Facility Management 520
Strategisches Immobiliencontrolling 593
Strategisches Immobilienmanagement 520
Strategisches Marketing-Controlling 408
Strategisches und operatives Controlling 536
Strategisches und operatives Immobilien-Marketing 390
Strategische Ziele 605
Streifenfundament 359
Streitigkeiten aus dem Mietrecht 637
Strenges Niederstwertprinzip 901, 908
Strikepreis 883
Strike (Zinssatz) 885
Stromversorgung 381
Structured Finance 806
Struktur einer Immobilien-AG 853
Strukturierung eines Portfolios 709
Strukturvariablen 999

Studiendauer 1041
Stundenlohnvertrag 141
Stützen 361
Subfinale Zielgruppe 400
Subjektiv-dingliche Reallast 77
Subjektive Bewertungslehre 930
Subjekt-Objekt-Beziehung 929
Subordinated Debt 814
Substanzwert 930, 971
Substitutionsfähigkeit 16
Subunternehmer 341, 744
Suburbanisierungsprozesse 935
Superficies 72
Supranationale Normen 564
Swaps 747, 872
Swaption 878
SWOT-Analyse 260, 670
Synergieeffekte 488
Synthetischer Langfristkredit 870
Synthetische Securitisation 823
Systemakkreditierung 1040
Systematisches Risiko 688
Systematisierung der Wertermittlungsverfahren 1015

Tabelle von Ross 83
Tagesordnungspunkte einer Eigentümerversammlung 473
Taktische Asset-Allocation 712
Taktische Immobilienverwaltung 523
Tangentialpunkt 697
Tankstellenrecht 90
Tätigkeitsanalyse 574
Tax Due Diligence 804
Tax Reform Act 848, 867
Technische Gebäudeausrüstung (TGA) 518
Technische Gebäudeausstattung 492
Technische Nutzungsdauer 17, 37
Technische Risiken 836
Technischer Überwachungsverein (TÜV) 767
Technisches Gebäudemanagement (TGM) 512, 538
Technisches Immobilienmanagement 478
Teilamortisations-Leasingvertrag 776
Teilamortisationsvertrag 904
Teileigentum 449
Teileigentümer der Fondsobjekte 771
Teileigentumsgrundbuch 69, 455, 750
Teilerbbaurecht 88
Teilgrundstück 47
Teilkostenbasis 580
Teilkostenrechnung 581
Teilkündigung 632
Teilmärkte 22, 28
Teilprozesse des IPC 575
Teilprozesskostensätze 577
Teilrechtsfähigkeit 462
Teilrechtsfähigkeit der Wohnungseigentümergemeinschaft 468
Teilung 47, 62, 450
Teilungserklärung 69, 455

Teilungsvertrag 452 f., 455
Telemediengesetzes (TMG) 419
Term 1027
Term and Reversion Approach 1027, 1030
Term income 1027
Termin der Kaufpreiszahlungen 750
Termingeschäfte 869
Terminkontrakt 879
Terminmanagement 344
Terminplanung 325
Terminrahmen 308
Term-Reversion-Methode 1028
Terraingesellschaften 7
Tertiäre Versorgungszentren 253
Tertiärstruktur 374
Textform 611
Theorie der zentralen Orte 253
Third-Stage-Financing 813
Third Tiers 498
Thünen, Johann Heinrich von 246
Thünensches Modell 248
Tiefbau 356
Tiefengründungen 360
Tiers 498
Tilgung 645, 662, 728
Tilgungsdarlehen 724
Tilgungsmodalitäten 728
Tilgungsphase 741
Tilgungsrechnung 652
Tilgungszahlungen 826
Timing 302, 522
Titel-Allocation 712
Tonnenkilometrischer Minimalpunkt 252
Top-down Prozess 532
Top Slice 1028
Total Quality Management (TQM) 502
Total Return 562
Totalübernehmer 744
Totalunternehmen 331
Trader-Developer 858
Trade Sale 804, 817, 819
Trading 806
Trading Profit 300
Traditionelle Nutzenindifferenzkurve 696
Tragende Wände 361
Träger öffentlicher Belange (TÖB) 282
Tragkonstruktion 359
Tragwerke 355
Tragwerksstruktur 291
Transaktionskosten 17
Transaktionsmarkt 639
Transkriptionssystem 56
Transparenzwirkung der Gutachterausschüsse 994
Transportkosten 249
Trennbankensystem 797
Trennungsprinzip 210
Treppen 364
Treppengrundriss 365
Treugeber 774, 780
Treugut 781
Treuhandbeteiligung 781

Treuhänder 774, 780, 824
Treuhand-Kommanditanteil 781
Treuhandkommanditist 775
Treuhandverhältnisse 780
Treuhandvertrag 775
Treynor-Ratio 714
Triple-A-Tranchen 825
True and Fair View 893, 895, 901
True Sale 823
Trust Companies 801, 823
Türen 372
Turnaround 812
Two Income Models 1027

Überbaurecht 90
Übererlös 441
Übergabe des Grundstücks 223
Überhöhter Eigenbedarf 633
Überrendite 713
Überschlagsverfahren 1016
Überschussbarwert 653
Überschusserzielungsabsicht 780
Überwachungsrecht 129
Ubiquitäten 249
Umlage 630
Umlageerklärung 630
Umlaufaufzüge 382
Umlaufvermögen 564, 897
Umrechnungskoeffizienten 948, 956
Umsatzmiete 612
Umsatzschwellen 233
Umsatzsteuer 221, 617
Umwandlungskündigungen 634
Umweltschadensgesetz (USchadG) 165
Umwidmung des Gebäudes 309
Umzugsmanagement 399, 544
Unbebaute Grundstücke 954
Unbefristeter Mietvertrag 615, 632
Underlying 880 f.
Underrented properties 1026
Unechte Verflechtung 424
Unerwartetes Risiko 683
Unfriendly Takeover 818
Ungewissheit 665
Ungewöhnliche und persönliche Verhältnisse 938, 944
Uniform Standards of Professional Appraisal Practice (USPAP) 1005
Unique Selling Proposition (USP) 302, 397
United States Library of Congress 510
Universalbankensystem 797
Universität 1038
Universitätsstudium 1041
University of North Carolina 1039
Unsicherheit 664
Unsystematisches Risiko 688
Unterarten der Grundschuld 106
Unterbodenkonstruktion 371
Unterdecken 372
Untererbbauberechtigter 87
Untererbbaurecht 87

Unterlassen 89
Unterlassungsanspruch 192
Untermaklervertrag 438
Untermietvertrag 608
Unternehmensfinanzierung 821
Unternehmensimmobilien 478
Unternehmenskooperation 839
Unternehmensspezifisches Risiko 688
Unternehmenswert 502, 566, 806, 861
Unternehmerisches Risiko 784
Unternehmungen in der Immobilienbranche 4
Unternehmungsstrategie 479
Unterstützung der Kernprozesse 512
Untersuchung
– orientierende 174
Unterzentren 255
Urkundensystem 56
Ursache-Wirkungs-Kette 565
Ursächlichkeit der Maklertätigkeit 422
Us-amerikanischer Bewertungsansatz 1005
US-GAAP 892
Utilisation 508

Value-at-risk 679
Value Driver 300, 502
Value in Use 1013
Value of Plant and Machinery to the Business (VPMB) 1010
Variable Kosten 527, 569, 643
Varianz 689
Varianzminimaler Punkt 695
Varianz-Minimales-Portfolio 697
VDI/DGQ 550071 502
VDMA 24 196 511, 543
Venture Capital 809 f.
Venture-Finanzierung 810
Veränderungsnachweis 47
Veränderungsrate 496
Veräußerungsbeschränkung 75, 459
Verband Deutscher Makler (VDM) 420
Verband Deutscher Maschinen- und Anlagenbau e.V. (VDMA) 517
Verborgene Mängel 763
Verbotsdienstbarkeit 90
Verbraucherpreisindex 627
Verbraucherschutzfunktion 749
Verbraucherverträge 213
Verbrauchsabweichung 590 f.
Verbrauchsplanung 587
Verbreitung von Immobilien-AGs 852
Verdachtsfläche 165
Verdingungsunterlagen 124
Vereinbarung gegenüber Sonderrechtsnachfolgern 458
Vereinbarungsändernde Beschlüsse 457 f.
Verein Deutscher Ingenieure (VDI) 518
Verein Deutscher Maschinen- und Anlagenbau e. V. (VDMA) 511
Vereinfachtes Ertragswertverfahren 967, 979
Vereinigung 47
Verfahren der kritischen Werte 673

Verfahrensart 123
Verfahren zur Beleihungswertermittlung 989
Verfügungsbeschränkungen 216
Verfügungsbeschränkungen des Eigentümers 61
Verfügungsgeschäft 211
Vergabearten 122
Vergabeordnung 121
Vergabe- und Vertragsordnung für Bauleistungen (VOB) 119, 284
Vergabeunterlagen 124
Vergleichsfaktoren 949, 953
Vergleichsfaktoren für bebaute Grundstücke 957
Vergleichsgrundstücke 955 f.
Vergleichsmietzins 617
Vergleichsobjekte 954
Vergleichspreise 953
Vergleichswertverfahren (Comparison Method) 944, 953, 979, 1005, 1012
Vergleichswohnung 629
Vergütung des Auftragnehmers 141
Vergütung des Maklers 441
Vergütungsarten 142
Vergütungsmodelle 310
Verhaltenskodex 1007
Verhaltenspflichten 460
Verhandlungsverfahren 123
Verjährung des Provisionsanspruches 444
Verjährungsfristen 636
Verjährungsfrist von Mängelansprüchen bei Grundstücken 231
Verjährung von Mängelansprüchen 140, 231
Verkaufserwartungsbericht 584
Verkaufsfaktor 787
Verkaufsmanagement 853
Verkaufsofferte 787
Verkaufsoption (Put) 883
Verkaufsprospekt 770
Verkaufsvorbereitung 306
Verkaufszeitpunkt 522
Verkehrssicherungspflicht 468
Verkehrswert 936, 944
Verkehrswert der Immobilie 431
Verkehrswertermittlung 308, 860
VerkprospG 770
Verlängerungsklausel 616
Verlängerungsoption 616
Verletzung der vertraglichen Pflichten 632
Verlustpotential 668
Verlustquote (LGD = Loss Given Default) 921
Verlustzuführungsmodelle 782
Vermarktung 306, 386
Vermietungsmanagement 793
Verminderter Reinertrag 965
Vermittlungsmakler 422
Vermittlungstätigkeit 421
Vermögenserwerb 233
Vermögenslage des Fonds 792
Vermögenswirksame Leistungen 742
Verpfändung von Baugeld 768
Verpflegungsmanagement 546
Verpflichtungsgeschäft 211

Verrechnete Plankosten 591
Verrechnungsprinzip 527
Versammlungsleiter 466
Verschonungsregelung 978
Verschuldenshaftung 191
Versicherungsdarlehen 723
Versicherungshypothek 724
Versorgungsnießbrauch 95
Verstädterung 5
Versteigerungsbedingung 112
Versteigerungsbedingungen 78
Versteigerungserlös 112
Verteilungsfunktion 676
Vertraglicher Haftungsausschluss 227
Vertragsabschluss 610
Vertragsarten 141
Vertragsfreiheit 425
Vertragsgemäßer Zustand 622
Vertragsmanagement 343, 529
Vertragsmanagement von Dienstleistungsverträgen 530
Vertragsmiete (current-rent) 1025
Vertragsparteien 215, 613
Vertragsvermittlung 421
Vertragszweck 607
Vertreter ohne Vertretungsmacht 219
Vertretungsbefugnis 468
Vertriebsgemeinkosten 899
Vertriebskosten 757
Vervielfältiger 659, 957
Verwalter 448, 463 f.
Verwaltereigenschaft 465
Verwalterhonorar 466
Verwalterpflichten 466
Verwalterrechtsstellung 465
Verwaltervergütung 461
Verwaltervertrag 464 ff.
Verwaltung des Gemeinschaftseigentums 464
Verwaltungsbeirat 456, 463, 471
Verwaltungsgesellschaft 447
Verwaltungskosten 960, 964
Verwaltungskostenbeitrag 472
Verwaltungskosten pro m^2 486
Verwaltungsorgane 464
Verwaltungsquote 486
Verwaltungsunternehmen 445
Verwaltung von eigenen Immobilien 447
Verwaltung von Immobilien 445
Verwaltung von Immobilien für Dritte 448
Verwaltung von Sondereigentum 463
Verwendungsabsicht 616
Verwertungsphase 557
Verwertungsrecht 103, 110
Verwertungsstrategie 486
Verwirkung der Provision 444
Verzinsung der Kapitalrückflüsse 656
Verzinsungsbetrag des Bodenwerts 962, 965
Vier-Felder-Matrix 705
Vinkulierte Namensaktie 849
VOB-Bauvertrag 129
VOB Teil A (VOB/A) 119 f.

VOB Teil B (VOB/B) 119, 121, 127, 285
VOB Teil C (VOB/C) 119, 121, 285
Volatilität 680, 689, 713
Volatilität des Gesamtdepots 694
Vollamortisations-Leasingvertrag 776
Vollamortisationsvertrag 904 f.
Vollarchitektur 149
Vollgeschoss 289
Vollkostenbasis 580
Vollkostenrechnung 528, 574
Vollmacht 219
Vollplatzierung 770
Vollständige Finanzplanung (VoFi) 662, 686
Vollständigkeit 893
Vollzeitstudiengänge 1039
Vollzeitstudium 506
Vollzug eines Zusammenschlusses 240
Vollzugsverbot 240
Vorausdarlehen 742
Voraussetzungen der Abnahme 136
Vorauszahlung 144, 619, 826
Vorbehaltsnießbrauch 94
Vorbereitender Bauleitplan 285
Voreintragung 216
Voreintragungsprinzip 58
Vorfinanzierung 742
Vorgeschobener Eigenbedarf 633
Vorgetäuschter Eigenbedarf 633
Vorhabenbezogenen Bebauungsplan 287
Vorhangfassade 367
Vorkaufsrechte 97
Vormerkung 61, 97, 99, 229
Vorplanung 342
Vorplanungskonzept 307
Vorrang der EU-Fusionskontrolle 232
Vorschriften des WEG 456
Vorsichtsprinzip 565, 894
Vorsitzender des Verwaltungsbeirates 472
Vorsparen 722
Vorteilhaftigkeit der Konzentration von Versorgungseinrichtungen 253
Vorteilhaftigkeit von Investitionsalternativen 656
Vorvertrag 609
Vorzeitiger Bebauungsplan 286
Vorzugsaktie 849

Wachstumsfinanzierung 812
Wagniskapital 810
Wahrscheinlichkeit 677
Wahrscheinlichkeitsdichte 675
Wahrscheinlichkeitsrechnung 673
Währungs-Allocation 711
Währungsgesetz 80
Währungsswap 873
Walmdach 369
Wandbeläge 372
Wände 361
Wärmedämmung 362, 492
Wärmepumpenheizung 376
Wärmeschutz 362, 374
Wärmeverlust 374

Warmluftheizung 376
Wartefrist 628
Wasserhaushaltsgesetz 191
WC 379
Weber, Alfred 248
Wechselkursspekulation 725
WEG 449, 458
Wegerecht 61, 90
WEG-Novelle 477
WEG-Streitigkeiten 477
WEG-Verwalter 468 f.
Weiche Standortfaktoren 245, 257, 432
Weiderecht 90
Weighted Average Cost of Capital (WACC) 659
Weiße Wanne 361
Weiterbildungen 1042
Weiterbildungsmarkt 1039
Weiterbildungsmöglichkeiten 1038
Weitere Grundstücksmerkmale 942
Weite Sicherungsabrede 106
Werbewirkungsmodelle 400
Werbungskosten 779
Werbungskostenabzug 779
Werkvertrag 145, 744
Werkvertragsrecht 285
Wert 931
Wertänderungsrendite 563
Wertbeeinflussende Merkmale 956
Wertbegriff des Blue Book 1012
Wertbegriff des Red Book 1008
Wertbegriff des White Book 1014
Wertberichtigte Kredite 762
Wertdefinition 1012
Wert der baulichen Anlage 962
Wertermittlung 933
Wertermittlungsrichtlinien (WertR) 296, 936, 1015
Wertermittlungsstichtag 940 f., 985
Wertermittlungsverfahren 933
Wertermittlungsverordnung (WertV) 284, 296, 935, 1015
Werteverzehr 643
Wertminderungstest 913
Wertobergrenze 898
Wertorientiertes Facility Management 562
Wertpapiergeschäft 796
Wertprinzip 475
Wertschöpfung 549
Wertschöpfungsprozess 521
Wertschrift 821
Wertsicherungsklausel 626 f.
Werttreiber 502
Wertuntergrenze 899
Wertverzehr 902
Wesentliche Bestandteile 49, 433
Wettbewerbsanalyse 263, 291
Wettbewerbsbeschränkung 134
Wettbewerbsfähigkeit 496
Wettbewerbsstrategie 594
White Book 1013
Widerrufsrecht 610
Widersprüche 61

Wiederbeschaffungswert 972
Wiederkaufsrecht 101
Winterdienste 545
Wirksamkeitsvoraussetzung 57
Wirtschaftliche Faktoren 245
Wirtschaftliche Nutzungsart der Immobilie 415
Wirtschaftliche Nutzungsdauer 17, 902
Wirtschaftliche Risiken 836
Wirtschaftlichkeitsanalyse 281
Wirtschaftlichkeitskennzahl 787
Wirtschaftlichkeitskriterien 563
Wirtschaftlichkeitsprinzip 351
Wirtschaftlichkeits- und Rentabilitätsanalyse 294
Wirtschaftsgeografie 246
Wirtschaftsgrundstück 45
Wirtschaftsplan 463, 471
Wohneigentum 10, 476, 725, 852
Wohneigentumsprogramm 724
Wohneigentumsquote 852
Wohngeld 10, 27, 477
Wohnimmobilie 445
Wohnimmobilienmarkt 31
Wohnraumförderungsgesetz 8
Wohnraumkündigungsgesetz 10
Wohnraumkündigungsschutzgesetz 10
Wohnraummiete 617
Wohnraummietrecht 608, 625
Wohnraummietvertrag 607, 613
Wohnung als Wirtschaftsgut 9
Wohnungsbauprämie 738, 742 f.
Wohnungsbelegungsrecht 92
Wohnungsbesetzungsrecht 92
Wohnungsbewirtschaftung 7
Wohnungseigentum 448 f.
Wohnungseigentümergemeinschaft 218, 456, 462, 467, 477
Wohnungseigentümerversammlung 457, 469
Wohnungseigentumsgrundbuch 61
Wohnungseigentumsverwaltung 445, 448, 463
Wohnungserbbaurecht 87
Wohnungsfrage 7
Wohnungsgemeinnützigkeit 8
Wohnungsgrundbuch 69, 455, 750
Wohnungsmarktwirtschaft
– soziale 10
Wohnungspolitik 8
Wohnungsproduktion 9
Wohnungsrecht 92
Wohnungsunternehmen 4, 25, 447, 746
Wohnungsvermittlungsgesetz (WoVermG) 410, 412
Wohnungswirtschaft 6, 9
Wohnungswirtschaftlicher Kontenplan 569
Wohnungswirtschaftslehre 4
Wohnungswirtschaftspolitik 9
Wohnwirtschaftlicher Realkredit 926
Wucherparagraphen 9
Wunsch nach Immobilieneigentum 769

Zahlung der Vergütung 143
Zahlungsreihe 648
Zahlungsströme 648
Zahlungsverzug 635
Zaunrecht 90
Zedent 733
Zeichnung von Anleihen 838
Zeitablauf 86
Zeithonorar 154
Zeit-mal-Geld-Verfahren 739
Zeitmietvertrag 615
Zeitvergleich 588
Zeit-Wege-Diagramm 328
Zeitwert 792, 884, 908
Zentrale Einrichtungen 253
Zentrale Güter höherer Ordnung 255
Zentrale Güter niederer Ordnung 255
Zentrale Orte höherer Ordnung 255
Zentrale Orte niederer Ordnung 255
Zero-Bonds 815
Zession 733
Zessionar 733
Ziele des Immobilien-Marketings 388
Zielerfüllungsgrad 259
Ziele und Aufgaben der RICS 1007
Zielgrößen-Änderungsrechnung 672
Zielgruppenplanung 400
Zinsanteil 842
Zinsderivat 868, 880
Zinseszinsrechnung 649
Zins-Futures 880
Zins-Kicker 815
Zinsrechnung 648
Zinssicherungsgeschäft 871
Zinsswaps 875
Zinstransaktion 874
Zinsvariables Darlehen 729
Zinsvereinbarungen 728
Zinszahlungen 826
Zivilrechtliche Haftung 191
Zubehör 51, 939
Zufallspfad 674
Zugewinngemeinschaft 216
Zukunftschancen der Immobilienaktie 865
Zusammenschlusskontrolle in Drittstaaten 233
Zusammenschlusskontrollverfahren 231, 238
Zusammenschlustatbestände im GWB 233
Zuschlag 113
Zuschreibung 48
Zuschreibungspflicht 913
Zustandsstörer 189
Zustimmungserfordernis 75
Zuteilung 737, 739
Zuteilungsreihenfolge 739
Zuteilungsvoraussetzungen 739
Zuwendungsnießbrauch 94
ZVEI-Kennzahlensystem 537
Zwangshypothek 110
Zwangsversteigerung 110, 209
Zwangsversteigerungsgesetz 110
Zwangsversteigerungsverfahren 112
Zwangsverwaltung 110
Zwangsvollstreckung 110

Zweckadäquanzprinzip 930
Zwei-Konten-Modell 764
Zwischenfinanzierung 742
Zwischenfinanzierung einer Bauträgermaßnahme 762
Zwischenkredit 742
Zwischenvermietung 609
Zyklen der Immobilie 36